KESVA AN TAVES KERNEWEK

AN GERLYVER MEUR

Kernewek – Sowsnek
Sowsnek – Kernewek

Cornish – English
English – Cornish
Dictionary

Editor
Dr Ken George

2009

Second Edition	Nessa Dyllans
September 2009	mis-Gwynngala 2009
(First edition published in 1993	(Kynsa dyllans gwrys yn 1993
under the title	yn-dann an titel
Gerlyver Kernewek Kemmyn –	*Gerlyver Kernewek Kemmyn –*
An Gerlyver Meur)	*An Gerlyver Meur*)
Dyllys gans	Published by the
KESVA AN TAVES KERNEWEK	CORNISH LANGUAGE BOARD
Gwirbrytyans Dr Ken George	Copyright © Dr Ken George
Pryntys yn Kernow gans:	Printed in Cornwall by:
MPG Books Ltd	MPG Books Ltd
Pedrek Vyktorya	Victoria Square
BOSVENEGH	BODMIN
Kernow	Cornwall
Desin an gudhlenn gans	Cover design by
Fiona Mayne	Fiona Mayne

British Library Cataloguing in Publication Data:
A catalogue record of this book is available from the British Library.

All rights reserved. No part of this publication may be reproduced, stored in a retrieval system or transmitted, in any form or by any means, electronic, mechanical, photocopying, recording or otherwise, without prior permission from the editor and the publishers.

ISBN 978-1-902917-84-9

RAGSKRIF DHE'N KYNSA DYLLANS

Yn mis-Gortheren 1987 yth erviras Kesva an Taves Kernewek treylya diworth lytherennans Mordon, gelwys Unys, dhe'n furv amendys, henwys Kernewek Kemmyn. An towl a veu tewlys dre dreylya yn lent, dre bymp blydhen, ha dyllo gerlyver meur a Gernewek Kemmyn erbynn 1992, blydhen a Europa, ha 25ves penn-bloedh a'n Gesva. Dre ober splann Wella Brown, an Gesva a dhegemmeras gront arghansek diworth Europa rag an treylyans bras ma.

Yn 1988 y feu dyllys gans an Gesva rol a 1100 ger yn Kernewek Kemmyn, rag may halla tus aga usya, hag ynwedh konvedhes dhe well sel an lytherennans amendys. Mis-Genver 1991 y feu dyllys an gerlyver ma yn furv servadow, rag bos edhomm dhe buphuni kavoes rol hirra.

Lemmyn yma devedhys an prys dhe dhyllo an obereth yn tien. Hevlyna y to ha bos klerra dhymm, rag y dhyllo erbynn an prys, nag yw an hwithransow mar vunys dell vynnsen; kler yw ynwedh nag yw hemma marnas kynsa dyllans an Gerlyver, hag y'n blydhynyow a dheu, y fydh edhomm mires arta orto.

Dr Ken George
Bosprenn
mis-Kevardhu 1992

FOREWORD TO THE FIRST EDITION

In July 1987, the Cornish Language Board decided to change from Nance's spelling, known as Unified, to the amended form called **Kernewek Kemmyn.** It was planned to make a slow change over five years, and to publish a comprehensive dictionary of **Kernewek Kemmyn** by 1992, a year for Europe, and the 25th anniversary of the founding of the Board. As a result of splendid work by Wella Brown, the Board received a grant of money from Europe for this great change.

In 1988 a list of 1100 words in **Kernewek Kemmyn** was published by the Board, so that users could better understand the principles of the amended spelling. In January 1991, a provisional edition of this dictionary was published, since everyone needed a longer list.

The time has now come to publish the whole work. This year it has become increasingly obvious to me that in order to complete it in time, the level of checking is not so great as I would have liked; it is also clear that this is but the first edition of the dictionary, and that in years to come, it will need revision.

Dr Ken George
Bosprenn
December 1992

FOREWORD TO THE SECOND EDITION

The first edition of the *Gerlyver Meur* (Cornish – English only) was published in 1993, and all copies have been sold. The source-files used to produce this work have been revised, and new software has written by the editor to produce English – Cornish as well as Cornish – English dictionaries. This second edition contains both in one volume.

Since the publication of the first edition, the corpus of traditional Cornish literature has been increased by some 10% by the discovery of the Middle Cornish play **Bywnans Ke**. This work contains a number of previously unknown words, most of which (e.g. **kedhlow** 'information') have been included in this dictionary.

The opportunity has been taken to improve the spelling of a few words in the light of new knowledge. For example, it appears that Lhuyd confused the words for 'oar' and 'shovel'. OldC *ruif* 'oar' (Welsh *rhwyf*), which would be spelled *roev* in **Kernewek Kemmyn**, was spelled *rêv* by Lhuyd, but this is more likely to be the reflex of a word for 'shovel', corresponding to Welsh *rhaw*. The word for 'pledge' has hitherto been spelled *gwystel*, but spellings in **Bywnans Ke** show that *goestel* is preferable.

The help of many Cornish speakers is gratefully acknowledged, notably George Ansell, Keith Bailey, Wella Brown, Ray Edwards, Tony Hak, Julyan Holmes, Alan Murphy, John Parker, Maureen Pierce, Polin Pris, Tony Snell and Keith Syed; but above all Graham Sandercock and Pol Hodge.

Principal changes from the first edition

- The recommended pronunciation is included.
- Examples are given of Old, Middle and Late Cornish attestations.
- Homographs are distinguished by left superscripts.
- Mutations provoked by words are shown by right superscripts.
- The frequency code (for head-words which are not themselves derivatives) takes account of derivatives, not just the head-word.
- The number of head-words has been increased by about 50%.
- An English – Cornish part is included in the same volume.

1 Introduction

1.1 The Cornish language

Cornish is the national language of Cornwall. It was spoken as a community language (traditional Cornish) until about 1800, and then fell into disuse until it was revived in the early twentieth century. It is one of the six Celtic languages, belonging with Breton and Welsh to the Brythonic branch; the other branch, called Goidelic, comprises Scots, Irish and Manx Gaelic.

The Cornish Language Board is committed to developing Revived Cornish as a modern language fit for everyday use in the twenty-first century. To this end, following the example of the sister languages, Breton and Welsh, the orthography has been much improved (see section 1.6 below). Now the Board is actively expanding and more precisely specifying the lexicon (see section 1.4).

1.2 Warning to those not familiar with Cornish

The use of Cornish in naming houses, children, boats, etc. is to be welcomed, but the proposers of a name must be aware that one cannot just take words from a Cornish dictionary and put them together in the same way as one would in English. The rules of syntax for Cornish are different from those in English. The Cornish Language Board will be pleased to advise in this matter (www.cornish-language.org).

1.3 Aims

This dictionary, like Nance's 1938 dictionary before it, tries to perform two functions simultaneously: to act as a glossary of all words found in the corpus of traditional Cornish literature, and to provide a vocabulary suitable for modern use. It therefore includes all identifiable words from the traditional corpus, even non-Cornish words (see para. 5.2.2). This double aim is increasingly difficult to achieve, since the revived language, although closely based on the traditional, is not, and cannot be, the same as that used historically.

1.4 Lexicon

1.4.1 The traditional lexicon

Nowhere is the difference between the two aims more apparent than in the lexicon. The traditional lexicon is fragmentary, and even in the sixteenth century the native element was inadequate to translate difficult passages. In translating Bonner's homilies, John Tregear failed to use even the limited resources of the Cornish lexicon, but borrowed extensively from English. For the sake of completeness, all of his and other English borrowings are included below (see, for example the words beginning with c). It is the experience of the editor and of the Cornish Language Board that most Cornish speakers prefer words with native Cornish roots, if such are available, but that they would also wish to see all of these words in the dictionary, so that they may choose which word to use. To this end, possible alternatives to obviously English loan-words (an occasionally other words) are given using the abbreviation ALT.

1.4.2 Imbalance between the Cornish and the English lexicon

There are far more words in English than in Cornish. Today's English has at least half a million words. The number of different words in traditional Cornish is about 11,500. No doubt there were other words in use, but these do not happen to appear in the extant literature. The discovery of *Bywnans Ke* added about 250 words to the list.

The count of 11,500 words includes not only those which appear as head-words in a dictionary (e.g. *gweles, penn*) but also their derivatives (e.g. *gwelyn, welas, pennow*). It is perhaps fairer to compare the numbers of head-words. The *Oxford English Dictionary* contains about 218,000 head-words. In the traditional Cornish lexicon, there are only about 6,000 head-words. There is therefore a substantial imbalance between the lexicons of the two languages.

1.4.3 Filling gaps in the lexicon
These include both gaps in the traditional lexicon (words which were in the language but do not happen to feature in the extant literature) and words for modern concepts which did not exist when Cornish was traditionally spoken.

There are three ways of filling the gaps:
- (i) by extending the semantic range of existing Cornish words (note warning in section 1.5);
- (ii) by borrowing words, usually from English, re-spelling them if necessary;
- (iii) by making up new words (neologisms).

In his 1938 dictionary, Nance filled many of the gaps by making up new words with reference to Breton and Welsh. Gendall (2007) has preferred to borrow words from English dialect, but in many cases his borrowed words are not exclusive to the dialect in Cornwall.

Nance's work of expanding the lexicon has been continued by the Vocabulary and Grammar Committee of the Cornish Language Board. In the early 1980s they published three supplements to Nance's dictionaries, entitled *On the Roads, Kitchen Things* and *Home and Office* (Snell and Morris 1981, 1984). The principle adopted by the editors of these supplements was to use, in order of preference:
- (a) an existing Cornish word, with extension of semantic range, e.g.
   maglenn 'gear system', originally 'mesh, snare'
   lost 'queue', originally 'tail';
- (b) a new word constructed from familiar Cornish elements, e.g.
   marghlergh 'bridle way' = *margh* 'horse' + *lergh* 'track'
   glann gales 'hard shoulder' = *glann* 'border' + *kales* 'hard';
- (c) a new word based or Breton or Welsh, e.g.
   oyl-men 'petroleum', cf. Breton *eoul-maen*,
   rosva 'promenade (road)', cf. Welsh *rhodfa*;
- (d) a new word based on other European languages, without giving English any special priority, e.g.
   tuyow oll 'through traffic', cf. Fr. *toutes directions*;
- (e) direct borrowing, e.g.
   patrol 'patrol', cf. Fr *patrouille*;
   radyo 'radio' from international vocabulary.

The Vocabulary and Grammar Committee has continued to devise new words, using the principles laid down by Snell and Morris. Lists of specialized vocabulary are drawn up and each word discussed in detail. The work is painstaking and time-consuming. The subjects of these lists include physics, theatre, geography, law, astronomy and mathematics. Words from the first three of these lists are included in this dictionary.

1.5 Semantics

Since the publication of the first edition, an effort has been made to determine more precisely the meanings of words in the traditional corpus, by examining the context in which they are found. The translators in the Cornish Bible Project have been particularly assiduous in this respect. Ray Edwards published his results under the title **Notennow Kernewek**. Almost all of their findings have been incorporated into this edition.

Tim Saunders and others have emphasized the need for precision in Cornish semantics. While a degree of vagueness may be desirable in poetry, for everyday discourse and particularly in scientific and legal terminology, precision is required. This is not easy to achieve, because the number of English words greatly exceeds that of Cornish words. There is a temptation to assign several English words to each Cornish word, e.g. Gendall (2007) gave 69 meanings to <ethick>. This is satisfactory provided that the set of English words corresponding to one Cornish word are genuine synonyms. There is always a risk of widening the semantic range of an existing Cornish word to such an extent that precision is lost. Nance's 1938 dictionary (CE38) suffers from this, as does Williams' 2000 dictionary (EC00), which is partly an expansion of Nance's work. In the Cornish-English part of the **Gerlyver Kres**, the number of English meanings was generally restricted to three, but this policy caused another problem, in that many common English words were absent from the English – Cornish section. This restriction has now been removed.

A measure of precision and of rationalization has been achieved when devising new words, by defining more precisely the meaning of certain suffixes, e.g.

-edh used for measureable quantities in physics with defined units
 e.g. *doesedh* 'density' in kg m^{-3}
-el used much more extensively than formerly, for adjectives
-onieth used for English *–ology*
-yas used of a professional man
-ydh used for English *-ist*

1.6 Spelling

Four different spelling systems were used for writing traditional Cornish; those of Old, Middle and Late Cornish, and that of Edward Lhuyd. Only the last of these was reasonably fixed, and only the last attempted seriously to indicate the pronunciation. In the twentieth century, Jenner's orthography and Nance's Unified Cornish were fixed, but their links to the pronunciation were tenuous.

Since sound-recording apparatus had not been invented at the time when Cornish was spoken traditionally, we have no direct evidence of how it was pronounced. The nearest that we can get to its pronunciation is the description made by Edward Lhuyd during his visit to Cornwall in 1700. This applies only to the Late Cornish phase; because the sounds of Cornish (like those of any other language) changed with time, it is not applicable to the Middle Cornish phase on which the revived language is based. Otherwise we have to rely on the interpretation of the written texts.

The remarkable revival of Cornish in the twentieth century was initiated by Henry Jenner (1904), who used a spelling which mixed characteristics of Middle, Late and Lhuydian orthographies. Robert Morton Nance (1929) introduced a spelling known as Unified Cornish, which was based on that of Middle Cornish. He used this in his three major dictionaries:

A New Cornish-English Dictionary (1938) CE38
A New English-Cornish Dictionary (1952) EC52
A Cornish-English Dictionary (1955) CE55

During the 1980s, the editor of this dictionary carried out an extensive study of the historical phonology of Cornish, and his recommended pronunciation, given below (section 6), was intended to approximate that of the traditional language *c.*1500. He also proposed an improvement to Nance's orthography, because the requirements of modern speakers are not the same as those of medieval speakers. The historical orthographies (except that of Lhuyd) were used as an *aide-memoire* by people who knew how to speak Cornish. Today we need an orthography which indicates clearly how Cornish should be pronounced. The improved spelling (as used in this dictionary) and recommended pronunciation, known as **Kernewek Kemmyn**, were adopted in principle by the Cornish Language Board in July 1987.

The principles applied in devising **Kernewek Kemmyn** are, in order of importance:
P1) to have a close relation between sounds and writing;
P2) to be simple to learn;
Additional principles, desirable but not necessary and applicable only after P1 and P2 have been satisfied, are, again in order:
P3) to use where possible the same graphemes as are used in Welsh and Breton;
P4) to reflect a historical spelling.

Principles P1 and P2 were achieved by using a largely morpho-phonemic system. This is normal practice in reviving a language from written texts. A phonemic orthography is one in which each phoneme (contrastive sound-unit) is represented by a unique grapheme (letter or group of letters). Using such an orthography, one can work out what the phonemes are from the written word. To determine the pronunciation then depends on knowing the way in which each phoneme is pronounced (its realization), which may vary according to its position in an utterance. The near one-to-one relationship between writing and sound enables learners of Cornish to acquire a fairly accurate pronunciation with ease and speed. A morphemic orthography is one in which parts of words (roots and affixes) are readily discernible, thus enabling easy formation of new words. A morpho-phonemic orthography combines both of these properties. **Kernewek Kemmyn** is also closely linked to the etymology of words.

This dictionary uses **Kernewek Kemmyn** because it is the best orthography available. The Cornish Language Board is determined to ensure that this continues to be the case. This means that **Kernewek Kemmyn** is not set in stone. Improvements are made if new discoveries warrant it. Unpublished research by Keith Bailey has been scrutinized; as a result, the existence of the phoneme /yw/ has been recognized in **Kernewek Kemmyn**, and approved by the Language Board; it is spelled <uw>. Notice is also taken of criticism. All criticisms of **Kernewek Kemmyn** are taken seriously and examined in detail. If they are justified, then action is taken to rectify the perceived faults. This has been the case with some individual words. Criticisms of the system as whole have been found to be untenable.

Research on the historical texts continues, notably on the sound [z] and the relationship between <i ~ y> and <e>. It might result in further improvements to **Kernewek Kemmyn**.

1.7 Pronunciation

There have been sporadic suggestions that Cornish be spelled in a way which reflects the pronunciation of present-day speakers. In the view of the editor, this would be a mistake. The standard of pronunciation of many speakers is low, because:
- (i) insufficient attention has been paid to teaching;
- (ii) some teachers were still influenced by Unified Cornish;
- (iii) there is no body of native speakers to act as a control;
- (iv) it is considered rude to be continually correcting people's pronunciation;
- (v) the unavoidable influence of English.

Teachers are aware of all this and pronunciations have improved of late; the worst effects of interference from English are disappearing, and speakers are making distinctions unknown to Nance, such as [oː] *v.* [ɔː] and [ɛː] *v.* [œː]. Speakers are taking more notice of the length of vowels. There is still room for considerable improvement, however.

3 Sources

3.1 Sources of traditional Cornish

The division between Middle Cornish and Late Cornish is not clear-cut. In the first edition of this dictionary (*CE93*), it was taken as 1575 A.D. This meant that CW. was classified as Late Cornish, since it was written down in 1611, even though its style is that of Middle Cornish. In this edition of the dictionary, texts have been assigned to Middle or Late Cornish on the grounds of style and orthography. In particular, CW. has been re-assigned to Middle Cornish. This means that there is a considerable overlap between the two phases.

Sources of Old Cornish

REF. NO.	TEXT	ABBREVIATION	DATE	DIVISIONS
100	List of Cornish Saints	LS	c. 950	
110	De Raris Fabulis	RF	c. 975	
120	Vocabularium Cornicum	VC.	c. 1200	items

Sources of Middle Cornish

REF. NO.	TEXT		ABBREVIATION	DATE	DIVISIONS
200	Glasney Cartulary		GC	c. 1350	
210	Charter Endorsement		CE	c. 1375	lines
220	*Pascon agan Arluth*		MC.	c. 1400	verses
301	*Origo Mundi*		OM.	c. 1450	lines
303	*Passio Christi*	The Ordinalia	PC.	c. 1450	lines
304	*Resurrectio Domini*		RD.	c. 1450	lines
401	*Beunans Meriasek*, day 1		BM.	1504	lines
402	*Beunans Meriasek*, day 2				
411	**Bywnans Ke**, day 1		BK.	c. 1515	pages
412	**Bywnans Ke**, day 2				+lines[1]
510	Tregear Homilies		TH.	c. 1558	pages[2]
520	*Sacrament of the Altar*		SA.	1576	pages[2]
610	*Creacon of the World*		CW.	1611	lines[3]
620	Holy Communion (Wm. Jackson)		HCWJ	c.1640	
621	Lord's Prayer 1 (?John Keigwin)		LPJK1	c.1690	
622	Apostles' Creed (John Keigwin)		ACJK	c.1690	
623	Ten Commandments (John Keigwin)		TCJK	c.1690	
624	Lord's Prayer 2 (John Keigwin)		LPJK2	1698	
640	End of CW. (John Keigwin)		CWK	1698	lines[3]
650	Charles' Letter (John Keigwin)		CLJK	c.1707	

Notes

1. As in the Cornish Language Board's edition.
2. The pagination in TH. and SA. has hitherto been indicated by labelling *verso* sides with the letter a. In this edition, *recto* sides are labelled r and *verso* sides are labelled v; thus the sides labelled by Nance as TH.3 and TH.3a are here labelled as TH03r and TH03v.
3. The numbering of the lines in CW. varies somewhat in various editions. In seeking a given word, it may be necessary to look one or two lines either side of the number given in the dictionary.

Sources of Late Cornish

REF. NO.	TEXT	AUTHOR	EDITOR	ABBREVIATION
Pre-Lhuydian material				
700	Introduction of Knowledge	Boorde		IKAB
701	Star Chambers	anon.		SC..
702	Consistory Court	anon.		CC..
703	Image of Idlenesse	anon.		II..
704	Collection of Curious Discourses	anon.	Hearne	CCD.
705	Survey of Cornwall	R. Carew		SCRC
710	Boderwyd 5	anon.	Hawke	BOD
711	The Northern Lasse	R. Broome		NLRB
712	War Diary	R. Symonds		WDRS
713	Singular and Plural	G. Fox		SPGF
720	Lord's Prayer	J. Davies		LPJD
721	Ten Commandments	W. Rowe		TCWK
723	Lord's Prayer		W. Camden	LPWC
724	Lord's Prayer	T. Boson	W. Gwavas	LPTB
725	Apostles' Creed	T. Boson		ACTB
726	Ten Commandments	T. Boson		TCTB

730	Genesis Chapter 1	?	W. Gwavas	G1XXG
731	Genesis Chapter 3	W. Rowe		G3WK
732	Matthew Chapter 2	W. Rowe		M2WK
733	Matthew Chapter 4	W. Rowe		M4WK
740	Jowann Chi an Hordh	N. Boson		JCNB
741	Duchess of Cornwall's Progress	N. Boson		DPNB
742	Nebbaz Gerriau dro tho Carnoack	N. Boson		NGNB
743	Miscellaneous prose	?J. Keigwin	W. Gwavas	GCJK
744	Miscellaneous prose	W. Gwavas	W. Gwavas	GCWG
745	Words and Phrases	anon.		WP..
750	Letter about Pilchards	O. Pender		PLOP
751	Letter	W. Bodiner		L1WB
760	Certificate of Marriage	W. Drake	T. Tonkin	CMWD
761	Rhyme in churchwarden's account	anon.		CCWA
762	Rhyme to Nicholas Pentreath	anon.	W. Pryce	NP..
763	Poem "Ma leeaz greage"	J. Jenkins		P1JJ
764	Poem "Cousow do ve"	J. Jenkins		P2JJ
765	On a lazy weaver	?J. Jenkins	W. Gwavas	LW..
766	Folk Rhyme "Na reugh eva re"	anon.	W. Allen	R1WA
767	Folk Rhyme "Kensa blethan"	anon.	W. Allen	R2WA
768	Folk Rhyme	J. Harry		R1JH
769	Hurling-Ball Inscription	T. Boson		BITB
770	Pilchard-curing rhyme	J. Boson	W. Gwavas	PRJBG
771	In Memoriam, Capt. S. Hutchens	J. Boson		SHJB
772	Advice to Arthur Hutchens	J. Boson		KWJB

773	Moaz worra'n vorr	anon.	P. Pool	M1..
774	Whi Teez Preea	anon.	P. Pool	M2..
775	Epitaph for John Jenkins	J. Boson	W.Gwavas	EJJB
776	Epitaph for Jenkins, rewritten	W. Gwavas		EJWG
777	On the death of John Keigwin	J. Boson		EKJB
778	Matthew 19 verse 17	J. Boson		M19JB
779	Couplet 1	?W. Gwavas		LL1WG
780	Couplet 2	?W. Gwavas		LL2WG
781	Proverbs and Rhymes		W. Pryce	PRWP
790	Kanna Kernuak	T. Tonkin		KKTT
791	Song to tune "... Maid of Kent"	J. Tonkin		MKJT
792	Delkiow Seve	E. Chirgwin		DSEC
793	Fisherman's Catch	N. Cater	T. Tonkin	FCNCT
794	Old Hundredth	?T. Boson	W. Gwavas	OHTB

Works by Lhuyd

800*	Lhuyd's notebook	E. Lhuyd		LV
801	Words in *Archaeologica Britannica*	E. Lhuyd		AB
810	Jowann Chi an Hordh	E. Lhuyd		JCNBG
821	Englyn 1	anon.	E. Lhuyd	E1..L
822	Englyn 2	anon.	E. Lhuyd	E2..L
830*	A Cornish Grammar from *AB*.	E. Lhuyd		CGEL
840*	Death of William III	E. Lhuyd		DWEL

Works showing Lhuydian influence

920	Lord's Prayer 1	J. Boson		LPJB1
921	Lord's Prayer 2	J. Boson	W. Gwavas	LPJB2

922	Lord's Prayer		J. Chamberlayne	LPJC
923	Apostles' Creed	J. Boson		ACJB
924	Ten Commandments	J. Boson		TCJB
925	Lord's Prayer	anon.	W. Pryce	LPWP1
926	Lord's Prayer	J. Keigwin+	W. Gwavas	LPWG
927	Lord's Prayer	anon.	W. Pryce	LPWP2
930	Genesis 1	J. Boson		G1JB
940	Jottings addressed to Gwavas	J. Boson		JGJB
941	Scraps	W. Gwavas		CBWG
942	Mottoes and sentences	anon.	W. Pryce	MSWP
943	Common discourse	anon.	W. Pryce	CDWP
944	Names of months	anon.	W. Pryce	NMWP
950	Letter to John Boson	W. Gwavas		L1WG
951	Letter to William Gwavas	J. Boson	W. Gwavas	L1JB
952	Letter to some Americans	W. Gwavas		LAWG
953	Letter to Oliver Pender	W. Gwavas		LOPWG
954	Letter to Thomas Tonkin	W. Gwavas		L2WG
955	Letter to Thomas Tonkin	W. Gwavas		L3WG
960	Certificate of Marriage	W. Drake	W. Gwavas	CMWDG
961	Lazy Weaver	anon.	W. Gwavas	LW..
962	A Cornish riddle	anon.	W. Gwavas	CRWG
963	Six lines of moral advice	J. Boson	?W. Gwavas	MAJB
964	Legal verdict	?W. Gwavas	W. Pryce	LVWG
965	Pilchard-curing rhyme	J. Boson	T. Tonkin	PRJBT
966	Bowls poem	W. Gwavas		BPWG

968	Proverbs and rhymes	anon.	W. Pryce	PRWP
969	Lazy Weaver	anon.	W. Pryce	LW..
981	Fisherman's Catch	N. Cater	W. Borlase	FCNCB
990	A Cornish-English vocabulary	T. Tonkin	W. Pryce	PV

3.2 Sources of revived Cornish

A list of sources used for Revived Cornish is given below in section 5.8.2. It is expected that work on future editions of this dictionary will include the construction of concordances from the major works in revived Cornish. For a discussion of new words, see the preface to the English – Cornish section. For a list of the secondary sources used, see section 5.8.2.

4 Production of the dictionary

The original analysis of the traditional corpus, on which the first edition of the *Gerlyver Meur* was partially based, used parallel text-files comprising the manuscript spelling and a standard spelling (Unified was used for this purpose).

When **Kernewek Kemmyn** became available, it was decided to repeat the analysis, and to include **Bywnans Ke**. This was done under the heading *Nessa Tremen* (George 2000c), using new software written by the editor of this dictionary. Later, separate data-bases were set up for the Cornish-English and English-Cornish sections, and programs were written to check their compatibility.

Five levels may be distinguished when dealing with words:
1 Roots
2 Primary forms, e.g. verbal nouns, singular form of most nouns
3 Forms without mutations
4 Text in **Kernewek Kemmyn**
5 Text in manuscript spelling

The following diagram illustrates the relationship between the various files used.

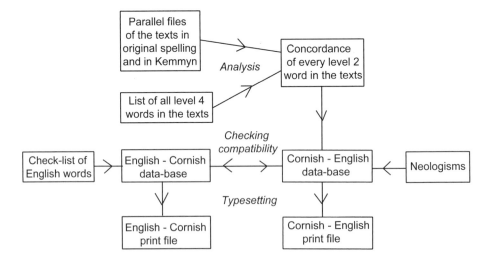

5. Explanation of fields in the Cornish – English part

5.1. General

For entries other than roots, the data are split into two sections, usage and technical. The section on usage is in medium-size print, and the technical section is in small print.

5.2 Head-words

5.2.1 <u>What are head-words?</u>
Head-words are mainly level 2 words (see above), but some common level 3 words are included; e.g. ***yma*** 'there is, there are' is a level 3 word belonging to the level 2 word ***bos*** 'to be', but because it is a common word it is included as a head-word.

5.2.2 <u>Treatment of loan-words</u>
It is useful to classify loan-words in Cornish into the following three groups:
(a) those which are fully assimilated (*Lehnwörter* in German), e.g. ***redya*** 'to read'. These are spelled according to the principles of **Kernewek Kemmyn**, and treated in every way as part of the core vocabulary.
(b) those which are partially assimilated (*Fremdwörter* in German), e.g. ***onderstondya*** 'to understand'. They include a large number of words from Tregear's homilies (**Kernewek Pronter** 'priests' Cornish'). These words are also spelled according to the principles of **Kernewek Kemmyn**, though it is sometimes difficult to decide upon the best spelling, because they are loans. These words appear in the Cornish-English section in ***bold italic*** print, frequently with suggestions for alternatives; in the English-Cornish section they are enclosed in curly brackets.
(c) those which are unassimilated (*Gastwörter* in German); only those which appear individually in lines of Cornish are included in the main listing. Those which appear in wholly foreign lines, or in foreign phrases, are listed separately at the end of the Cornish – English part.

5.2.3 Styles of print

Five different styles of print are used for head-words:
- (H1) most are in **Roman Bold**;
- (H2) in ***Italic Roman Bold*** are partly assimilated loans,
- (H3) Roots and affixes are printed in ROMAN CAPITALS.
- (H4) in ordinary Roman are names of minor characters and minor places in the texts, and exclusively Late Cornish forms.
- (H5) Unassimilated loans appear in *Italic Roman..*

5.2.4 Homographs

Homographs (i.e. words which are spelled the same way, but have a different meaning) are marked by numerical disambiguators in the form of left superscripts. The left position is used because right superscripts are used to indicate initial mutations provoked by the word.

5.3 Recommended pronunciation

Although it is recognized that different speakers pronounce Cornish in different ways, it is desirable for there to be a recommended pronunciation. This recommended pronunciation is given for all words in category H1 above, and for some others as well. The symbols of the International Phonetic Alphabet (IPA) are used. Stressed monosyllables are shown by a stress mark, even though this may not be usual practice. Further details on pronunciation are given in section 6.

5.4 Part of speech

The head-word is followed by a two-digit abbreviation indicating its part of speech. This field may appear more than once, since the same word may function as more than one part of speech. Conventional parts of speech are used, even though they may not be entirely appropriate for a Celtic language. The abbreviations are:

art.	article (definite or indefinite)		
m.	masculine noun	*f.*	feminine noun
n.	unspecified noun	*pl.*	plural noun
coll.	collective noun	*dual*	dual noun
name	name of a person	*place*	name of a place
pron.	pronoun	*adj.*	adjective
adv.	adverb	*conj.*	conjunction
prep.	preposition	*interj.*	interjection
num.	numeral (cardinal or ordinal)		
v.	verbal noun	*ptl.*	verbal particle
p.ptcpl.	past participle	*v.part*	part of a verbal paradigm
plur.	plural noun		

5.5 Derivatives

The following derivatives are included as a matter of course:
- (i) the plural of masculine and feminine nouns (where one exists);
- (ii) the singular of collective nouns (almost always in the form of the suffix **+enn**).

When the derivative consists simply of the head-word plus a suffix, only the suffix is given, using a plus sign; e.g.
skath, +ow to indicate the word for 'boat', ***skath***, and its plural, ***skathow***.

When the addition of the suffix causes other changes, a hyphen may be used; e.g. ***skrifwas, -wesyon*** for ***skrifwas, skrifwesyon***.

In other cases, the derivative is given in full.

5.6 English meaning

In the first edition of *Gerlyver Meur*, the number of meanings was limited to three or less. This restriction has been removed in this edition, in order to enlarge the English – Cornish part. The semantic scope of many words has been clarified by the work of the translators of the Bible, especially Ray Edwards and Keith Syed.

5.7 Etymology and/or morphology

This is laid out between square brackets [.....].

5.7.1 Codes for morphemes

The first set of codes, before a colon, refers to the separate morphemes which make up the word. Morphemes are divided into four main etymological groups, each denoted by code letters, as follows:

C	Celtic	i.e. the path Primitive Cornish (PrimC) < British (Brit) < Common Celtic (CC) < Indo-European (IE)
L	Latin	i.e. the path Primitve Cornish (PrimC) < British Latin (BLat) < Classical Latin (CLat)
E(F)	French	usually along the path Middle Cornish (MidC) < Middle English (MidE) < Old French (OldF)
E(E)	English	usually along the path Middle Cornish (MidC) < Middle English (MidE) < Old English (OldE)

Upper-case letters are used for roots, and lower-case letters for affixes. In addition, the following letters are used:

H	Hybrid etymology; morpheme comes from more than one source
U	Unknown etymology
N	entirely New root
D	etymology in Dispute; different authorities give different sources

5.7.2 Etymologies

For non-compound entries (i.e. roots and simple affixes), the etymology is given. This has usually been taken from the publications listed below, with no attempt to standardize the notation. The authority for the etymology is usually given, using the following abbreviations:

co	Concise Oxford Dictionary
coe	Concise Oxford Dictionary of English Etymology
deb	Dictionnaire Étymologique du Breton
gcsw	Glossary of Cornish Sea Words
gpc	Geiriadur Prifysgol Cymru
hpb	a Historical Phonology of Breton
iyk	Istor ar Yezhoù Keltiek
lheb	Language and History in Early Britain
lp	Lewis & Pedersen: A concise comparative Celtic grammar
vkg	Vergleichende Grammatik der Keltischen Sprachen
wg	Welsh Grammar
Gr.	Graves' thesis on *Vocabularium Cornicum*
Fl.	Works by Léon Fleuriot

5.7.3 Morphologies

The layout of the morphological data consists of the constituent parts, plus any phonological change caused by their juxtaposition, according to the following table:

ACTING FORWARDS

2	lenition (soft mutation)
3	spirantization (breathed mutation)
4	provection (hard mutation)
5	mixed mutation
N	Nasal mutation

ACTING BACKWARDS

A	vowel Affection
O	Orthographic idiosyncrasy
P	Palatalization
S	Svarabhakti

= means the combination of a prefixed and a suffixed element, e.g. DAGR=ENN means DAGR- -ENN.

Note that for words containing more than two morphemes, all the morphemes are indicated in the coding (§5.7.1), but in the description, only two elements are usually shown. For example, the word *anweladewder* 'invisibility' has four morphemes: AN- GWEL –ADOW –DER, but it is listed as "from **anweladow** –DER."

5.8 Attestation

This is laid out between curly brackets {.....}. Here is collected a summary of all the attestations and ancillary sources of the word.

5.8.1 Code for spelling

Following the letter **S** for Spelling is a single-digit code, with the following meanings:

1. native word with regular primary development, e.g. *bara* 'bread', whose development is known, and happens to be the same in Breton and Welsh;
2. native word with regular secondary development, e.g. *dhe* 'to', which has acquired a permanent lenition;
3. native word with an irregular development, which is often explained in a note, e.g. *kulyek* (regular development would have given **kelyek*);
4. word whose root is a loan with phonological features which are compatible with the native system, e.g. *desk* (cf. native *hesk* 'sedge').
5. word whose root is a loan with phonological features which are incompatible with the native system, e.g. *sham* 'shame' (neither [ʃ] nor /-m/ are in the native system);
6. unassimilated loan-word, spelled as in the original language. e.g. *basket*;
7. (not used)
8. word whose spelling is unsure, e.g. *lavasos* 'to venture', which is thus spelled in the texts, but insufficient is known about its development to confirm whether this is a reasonable spelling;
9. a ghost word, i.e. one that has no real existence, e.g. *mestrynses*, which arose from a misreading of a manuscript.

5.8.2 Frequency

Following the letter **F** for Frequency is a single-digit code, which indicates the number of times N that the word is attested in the texts, as follows:

CODE	NO. OF OCCURRENCES N
0	0
1	1
2	2 or 3
3	4 to 9
4	10 to 31
5	32 to 99
6	100 to 316
7	317 to 999
8	1000 to 3162
9	> 3162

For most head-words, the frequency refers to the word itself, plus all its derivatives, in both mutated and unmutated forms. For head-words which are themselves derivatives, the frequency refers only to the derivative.

For $1 < N < 9$, the code is given by the expression *int (2 log N + 2)*.

Where a word appears in the *Vocabularium Cornicum,* and has been copied by Lhuyd and/or Pryce, but appears nowhere else, N is still determined by the total number of appearances in all texts (usually $N = 2$ or 3 in this circumstance).

In the cases of $N = 1$ (a hapax legomenon) and $N = 2$, and sometimes $N > 2$, the source is given, using the abbreviations given in section 3.

In the cases of $N = 0$ (neologisms), the coding **F** 0 is usually followed by an indication of the publication where the word first appeared, using the following abbreviations:

CE38	Nance's 1938 C-E dictionary
EC52	Nance's 1952 E-C dictionary
CE55	Nance's 1955 C-E dictionary
AnLK	*An Lef Kernewek*
GCSW	Nance's *Glossary of Cornish Sea-Words*
AnG	*An Gannas*

CE78	Supplement to Nance's dictionary		
Y1	Extension no. 1 to Nance's dictionary		
Y2	Extension no. 2 to Nance's dictionary		
Y3	Extension no. 3 to Nance's dictionary		
CPNE	Padel's *Cornish Place-Name Elements*		
CE93	***An Gerlyver Meur***, 1993 edition		
FTWC	*First Thousand Words in Cornish*		
GK98	***An Gerlyver Kres***, 1998 edition		
GK00	***An Gerlyver Kres***, 2000 edition		
EC00	Williams' 2000 E-C dictionary		
AnTH	***An Tollgorn Hudel***		
IC.	***Flogholeth Krist***		
GM08	***An Gerlyver Meur***, 2008 edition		

In many cases, the deviser of the new word is also indicated, as follows:

J.A.	Jori Ansell		
W.B.	Wella Brown		
B.C.	Brenda Carne	P.C.	Philip Chadwick
R.E.	Ray Edwards	M.C.	Matthew Clarke
R.R.M.G.	Richard Gendall		
K.J.G.	Ken George		
P.H.	Pol Hodge		
J.G.H.	Julyan Holmes		
E.G.R.H.	Retallack Hooper		
N.K.	Neil Kennedy		
R.L.	Rod Lyon		
P.P.	Polin Pris		
G.M.S.	Graham Sandercock		
A.S.	Tony Snell		
T.S.	Tim Saunders		
K.S.	Keith Syed		
YhaG	***Yeth ha Gerva*** group of the Cornish Language Board		

5.8.3 Attestations in texts

An innovation in this edition of the dictionary is that a selection of attestations is given under the following headings:

- **O** Old Cornish
- **M** Middle Cornish
- **L** Late Cornish

The purpose here is to indicate the range of spellings used in traditional Cornish (usually the commonest are given), in much the same way as a selection of historical forms of place-names is given in Oliver Padel's *A popular dictionary of Cornish place-names*. It is not intended to be a mini-concordance.

The symbols → L and → P mean that these forms have been copied (sometimes incorrectly, sometimes with revised spelling) by Lhuyd and Pryce respectively.

5.8.4 Other attestations
These include:
- **D** Dialectal English spoken in Cornwall
- **P** Place-names in Cornwall (occasionally with 6-figure National Grid references)
- **F** Family-names in Cornwall

5.8.5 Cognates
Breton and Welsh cognates are often included, whether current or historic, after the code-letter **C**:
- **B** Breton cognate
- **W** Welsh cognate

If they are deviant phonologically, they are sometimes enclosed in brackets. Breton words are spelled in the *zedachek* system, and are taken in the first instance from Francis Favereau's *Geriadur ar Brezhoneg a-vremañ*. The primary authority for Welsh words is *Geiriadur Prifysgol Cymru*.

5.8.6 Attestations of derivatives

Derivatives (mainly plurals of nouns) are much less well attested than the singular nouns. Nance gave surprisingly few plurals. Many more have been added in this dictionary, the gaps having been identified by Pol Hodge. In many cases they have been inferred (indicated by *I*). The inferred plural suffix of loan-words from English is often *+ys*, and this was frequently given by Nance; more recent usage is to replace some of these by *+ow* (indicated by *N* for New). Readers may feel that plurals have been assigned to a few words which do not require them: conversely, there may be occasions when a user needs a plural for a word, and none is given; it should then usually be possible to devise one by analogy with other words.

6. Recommended pronunciation

6.1 How to obtain the pronunciation from the spelling

The morphophonemic spelling provides a very good guide to the pronunciation. To determine the pronunciation of a word, one has to consider, in order,
- the position of the stress,
- the nature of the consonants
- the length of the vowels.

6.2 Stress   (for more details, see GMC §§8-12)

6.2.1 Stress in monosyllables
1) Monosyllabic nouns and verbs are normally stressed.
2) The definite article, possessive adjectives, verbal particles, conjunctions and prepositions are normally unstressed.
3) The suffixed pronouns (personal enclitics) are sometimes stressed and sometimes unstressed.

6.2.2 Normal stress in polysyllables
The primary stress (indicated by ') falls on the penultimate syllable; in some words there is a secondary stress (indicated by ˌ) on the fourth syllable from the end.

6.2.3 Double stress
In the following cases of disyllables, both syllables are stressed, the second bearing the primary stress:
1) loose compounds, e.g. *penntir* [ˌpɛnˈtiːr] 'headland';
2) noun and adjective, e.g. *den bras* [ˌdɛːn ˈbraːz] 'big man';
3) place-names of the type noun + qualifier, e.g. *Karnbre* [ˌkarnˈbrɛː]

6.2.4 Ultimate stress
Some words are stressed on the last syllable:
1) where longer forms have been shortened, e.g. *yma* [ɪˈmaː] 'there is, there are', verbs in *-he;*
2) numerous adverbs and prepositions, e.g. *ynwedh* [ɪnˈwɛːð] 'also', *avel* [aˈvɛːl] 'as';
3) compounds of *na-* (negative prefix), e.g. *nahen* [naˈhɛːn] 'any other';
4) certain loan-words from English, e.g. *attes* [attˈɛːz] 'at ease'.

6.2.5 Antepenultimate stress
This is found in:
1) some words of three syllables or more containing an epenthetic vowel, e.g. *banadhel* [ˈbanaðəl] 'broom';
2) certain loan-words from English, e.g. *oratry* [ˈɔratri].

6.3 Vowels

In the lists below, the graphemes in *Kernewek Kemmyn* are shown in ***bold italic type***, and the phonemes which they represent are enclosed thus //. The length of vowels in most words may be determined from the spelling in *Kernewek Kemmyn*.

6.3.1 Length of vowels

Vowels have three possible lengths, depending on the stress and by the nature of the following consonants, according to the following rules:

(a) In unstressed syllables, all vowels are short.

(b) In stressed syllables, vowels are short before consonant groups (except /sp/, /st/ and /sk/) and double consonants.

(c) In stressed syllables, vowels are fully long in monosyllables and of mid-length in polysyllables before single consonants and the consonantal groups /sp/, /st/ and /sk/.

6.3.2 Stressed vowels

The vocalic system of Cornish is most fully developed in stressed vowels. It has the nine phonemes /i, ɪ, ɛ, a, ɔ, o, u, œ, y/, which are represented in **Kernewek Kemmyn** by the nine graphemes <i, y, e, a, o, oe, ou, eu, u>. The recommended pronunciations are as follows:

i   /i/   When long, as *ee* in English *beet*, or preferably even closer, like French /i/; when of mid-length or short, the same sound appropriately reduced in duration.

y   /ɪ/   When short, as *i* in English *bit*, i.e. [ɪ]; when of mid- or full length, the same sound extended appropriately.

e   /ɛ/   When short, as *e* in English *bet*, i.e. [ẹ]; when of mid- or full length, the same sound extended appropriately.

a   /a/   When short, [a], which is the sound of *a* as heard in the English dialect of east Cornwall in words like *bat;* when of mid- and full length, the same sound extended appropriately.

o   /ɔ/   When long, [ɔː], which is similar to that of *ough* in English *bought*, but closer; when short, [ɔ], which is similar to that of *o* in English *pot*, but closer; when of mid-length, between [ɔ] and [ɔː], viz. [ɔ·].

oe /o/   When of full or mid-length, this is a close back rounded vowel, [oː] or [o·] according to length: this sound does not occur in standard English, but is found in French in the words *eau* 'water' and *haut* 'high', which are homophones.   When short, the vowel is unrounded to [ɤ], which is similar to *u* in English *but, cut*, but closer.

ou /u/   When long, as *oo* in English *boot*, i.e. [uː]; when of mid-length and short, the same sound appropriately shortened.

eu /œ/   The basic sound is [œ], which does not occur in English; as *eu* in the French word *peur* 'fear', with appropriate length.

u /y/ This sound does not occur in English, but is represented by *u* in the French word *tu* 'thou'. It may be approximated by saying [iː] (e.g. *ee* in English *beet*) with rounded lips.

6.3.3 Unstressed vowels

The inventory of unstressed vowels is smaller than that for stressed vowels;
(a) original unstressed /œ/ was reduced to [ẹ], which is shown by the change *–uc, -oc* to *–ek* in place-names; i.e. the contrast between /œ/ and /ɛ/ is neutralized;
(b) the contrast between /i/ and /ɪ/ is neutralized;

Kernewek Kemmyn recognizes (a) in its spelling, but the morpho-phonemic principle means that cases of (b) are spelled etymologically. Thus *kegin* 'kitchen' is so spelled because its compounds in which the *i* is stressed (e.g. *keginer* 'cook') are pronounced with [iˑ] not [ɪˑ]. The recommendations for pronouncing unstressed vowels are similar to those for pronouncing stressed vowels, with the exceptions that *i* and *y* are pronounced [ɪ] in closed syllables (those ending in a consonant) and [i] in open syllables (those ending in a vowel).

6.3.4 Summary of recommended pronunciations for vowels

Cornish vowels have three possible lengths, depending on the stress and on the nature of the following consonants. [ː] indicates that the vowel is long, and [ˑ] that it is of mid-length. The recommended pronunciations are as follows:

Spelling	STRESSED			UNSTRESSED
	Long	Mid-length	Short	Short
i	[iː]	[iˑ]	[i]	[i] in open syllables
y	[ɪː]	[ɪˑ]	[ɪ]	[ɪ] in closed syllables
e	[ẹː]	[ẹˑ]	[ẹ]	[ẹ]
a	[aː]	[aˑ]	[a]	[a]
o	[ɔː]	[ɔˑ]	[ɔ]	[ɔ]
oe	[oː]	[oˑ]	[o]	[o]
ou	[uː]	[uˑ]	[ɤ]	[ɤ]
eu	[œː]	[œˑ]		
u	[yː]	[yˑ]	[y]	[y]

6.2 Diphthongs

The Cornish diphthongs are as follows:

ey	/eɪ/	[eɪ]	Like *ey* in English *grey*, but with a closer first element.
ay	/aɪ/	[aɪ]	As *ie* in English *die*.
oy	/ɔɪ/	[ɔɪ]	As *oy* in English *boy*.
iw	/iw/	[iw]	Like *ew* in English *few*, but with a closer first element
yw	/ɪw/	[ɪw]	As *ew* in English *few*.
ew	/ew/	[ẹw]	As *ow* in Cor. pronunciation of Eng. *cow* (W. of St Austell)
aw	/aw/	[aw]	As *ow* in English *cow*.
ow	/ɔw/	[ɔw]	As *ow* in English *blow*.
uw	/yw/	[yw]	As *u* in French *tu* 'thou', followed by [w].

6.3 Semi-vowels

y	/j/	[j]	As *y* in English *yes*.
w	/w/	[w]	As *w* in English *way*.

6.4 Consonants

6.4.1 Single consonants

p	/p/	[p]	As *p* in English *pit, taper, keep*
t	/t/	[t]	As *t* in English *tea, later, beet*; an alveolar [t];
k	/k/	[k]	As *k* in English *kit, taken, beak*.
b	/b/	[b]	As *b* in English *bit, tuba, cube,* except when unvoiced to [p] in combination with other consonants
d	/d/	[d]	As *d* in English *dog, laden, road,* except when unvoiced to [t] in combination with other consonants
g	/g/	[g]	As *g* in English *gap, tiger, vague,* except when unvoiced to [k] in combination with other consonants

f	/f/	[f]	As *f* in English *fat, wafer, safe*.
th	/θ/	[θ]	As *th* in English *thin, pithy, breath*.

gh /x/ In most phonetic environments, this consonant is pronounced [x]. This sound is not found in English, except in careful pronunciations of loan-words, e.g. *ch* in *loch*. It is the voiceless velar spirant written as *ch* in German *Achtung, Bach*. When preceding the stressed vowel, and after stressed /i, ɪ, y/ (e.g. in the word *byghan* 'small'), it is softened to [ɦ]. .

s The interpretation of <s> in the traditional corpus is one of the trickiest problems in Cornish phonology, and is not yet fully solved. In the texts, <s> was used to represent several sounds:
- The reflex of Old Cornish /s/ must originally have been [s], but it was [z] in Late Cornish. Between vowels and when stressed finally, it was probably [z] in Middle Cornish also.
- The reflex of Old Cornish /d/ in some phonetic environments was apparently [z], e.g. *tas* ['taːz] 'father'. After stressed high front vowels, it is thought to have been [ʒ] in Middle Cornish (e.g. *pysi* ['pyˑʒi], later becoming [dʒ].
- In loan-words from French like *plas* 'place', *fas* 'face', <s> probably meant [ts] and is so interpreted in this dictionary.

All of these are at present written <s> in **Kernewek Kemmyn**, but are distinguished in the recommended pronunciations given in the dictionary.

v	/v/	[v]	As *v* in English *vat, river, cave*, except when unvoiced to [f] in combination with other consonants.
dh	/ð/	[ð]	As *th* in English *the, father, with*, except when unvoiced to [θ] in combination with other consonants.
h	/h/	[h]	As *h* in English *hat, behave*.
sh	/ʃ/	[ʃ]	As *sh* in English *ship, lashes, mash*..
ch	/tʃ/	[tʃ]	As *ch* in English *chap, birches, much*.
j	/dʒ/	[dʒ]	As *j* in English *jam*; as *dj* in English *badger, fudge*. .

m	/m/	[m]	As *m* in English *mad, homing, dame*.
n	/n/	[n]	As *n* in English *nut, tenor, seen*.
l	/l/	[l]	A clear [l], as *l* in English *late*.
r	/r/	[r]	A voiced alveolar roll, sounded in all phonetic environments.
ng	/ŋ/	[ŋ]	As *ng* in English *singer, thing*.

6.4.2 Double consonants

These have two different pronunciations, double and single, depending on the phonetic environment. Since double consonants are rather uncommon in English (this statement applies to pronunciation, not spelling), students may find it useful to study how they are pronounced in languages where they are common, e.g. Italian and Japanese.

Consonants *mm, nn, ll, rr* are pronounced double:
    (a)   when stressed finally;
    (b)   when stressed medially between vowels.

mm	/mm/	[mm]	As *m M* in *calm Michael*
nn	/nn/	[nn]	As *n N* in *flatten Nigel*
ll	/ll/	[ll]	As *l L* in *cool Larry*
rr	/rr/	[rr]	As *r R* in *bar Roger*

In all other phonetic environments they are pronounced single, as [m, n, l, r].

Consonants *pp, tt, kk, ff, tth, ggh, ss* are pronounced double when stressed medially between vowels:

pp	/pp/	[pp]	An extended [p]; as *p P* in English *tap Peter*.
tt	/tt/	[tt]	An extended [t]; as *t t* in English *a bit tired*.
kk	/kk/	[kk]	An extended [k]; as *ck c* in English *a sick cat*.
ff	/ff/	[ff]	An extended [f], as *f f* in English *half fed*.
tth	/θθ/	[θθ]	An extended [θ], as *th th* in English *he hath thought*.
ggh	/xx/	[xx]	An extended [x].
ss	/ss/	[ss]	An extended [s].

In all other phonetic environments they are pronounced single, as [p, t, k, f, θ, x, s].

6.5 Variations over time

The pronunciation of traditional Cornish was not static, but like that of all languages, changed slowly with time. Some of the changes took two centuries or more to complete. ***Kernewek Kemmyn*** recognizes in its spelling the results of the following changes:

1. Unrounding of unstressed /œ/ to /ɛ/   *e*
2. Assibilation of /d/ to [z] in certain environments   *s*
3. Lowering of unstressed /e/ to /a/   *a*

but in the following, the spelling represents the situation before the change:

4. Diphthongization of [-yː] to [-ɪʊ]   *u*
5. Unrounding of stressed /œ/ to /ɛ/   *eu*
6. Lowering of unstressed /ɔ/ to /a/   *o*
7. Pre-occlusion of [mm, nn] to [bm,dn]   *mm, nn*
8. Raising of /oː/ to [uː]   *oe*

In Middle Cornish, words in the following groups were spelled with <-e> and pronounced [-ę] or [-eː], whereas in ***Kernewek Kemmyn*** (following Nance) they are spelled with <-a> and pronounced [-a]:

		MIDDLE CORNISH		KERNEWEK KEMMYN
(i)	a large number of verbal nouns, e.g.	*tenne*	'to pull'	***tenna***
(ii)	prepositions with 3rd pl. endings, e.g.	*ynne*	'in them'	***ynna***
(iii)	loan-words with *-é* in Modern French, e.g.	*pyte*	'pity'	***pita***
(iv)	3rd sg. endings in some tenses, e.g.	*ese*	'was'	***esa***
(v)	where a final consonant had been lost, e.g.	*kerense*	'love'	***kerensa***

Thus in unstressed final open syllables, Middle Cornish distinguished between /ɛ/ and /a/, but ***Kernewek Kemmyn*** does not make this distinction.

7   Initial mutations

7.1   Introduction

In common with the other Celtic languages, Cornish is subject to initial mutations, whereby a consonantal sound at the beginning of some words may change to another consonantal sound under certain circumstances. These changes are represented in writing, but only the non-mutated (radical) forms of words are usually given in dictionaries. This means that if you hear or read a word which is mutated, then the word will not appear in the dictionary in this form, but with a different initial letter. For example, if you hear the expression *an gador vras* then you may need to look up *an*, *kador* and *bras* in order to interpret it as 'the large chair'. You may have to look for:

b	instead of	*v, p* or *f*
d		*dh* or *t*
g		*k, h, w* or *hw*
p		*b* or *f*
t		*d* or *th*
k		*g* or *h*
m		*v* or *f*
ch		*j*

Since this aspect of using the dictionary can cause difficulties for learners, a summary of the initial mutations in Cornish is now given. There are five possible states of mutation, and they are conventionally numbered in text-books as follows:

1. radical (dictionary form)
2. soft mutation
3. spirant mutation
4. hard mutation
5. mixed mutation

7.2   Soft mutation

p	→	*b*		*b*	→	*v*
t	→	*d*		*d*	→	*dh*
k	→	*g*		*m*	→	*v*
				ch	→	*j*

When followed by *o*, *u*, *ro* or *ru*, *g* usually changes to *w*; otherwise *g* is lost altogether, e.g. *garr* 'leg', *an arr* 'the leg'.

Soft mutation occurs principally:
- after a large number of individual words, which are indicated in the dictionary by a right superscript 2; e.g. *dha*^{2} 'thy' indicates that soft mutation occurs after this word;
- after the article in all feminine singular nouns and in masculine plural nouns denoting persons;
- in adjectives following a feminine singular noun, or a masculine plural noun denoting persons.

7.3   Spirant mutation

p → *f*
t → *th*
k → *h*   (but *kr* and *kl* are unaffected)

Spirant mutation is indicated by a right superscript 3, and occurs principally:
- after the possessives *ow*^{3} 'my', *hy*^{3} 'her', *aga*^{3} 'their'.
- after the numbers *tri*^{3} 'three (masc.), *teyr*^{3} 'three (fem.)'.

7.4   Hard mutation

b → *p*
d → *t*
g → *k*

Hard mutation is indicated by a right superscript 4, and occurs principally:
- after the present participial particle *ow*^{4};
- after the conjunctions *mar*^{4}, *a*^{4} 'if'.

7.5 Mixed mutation

b	→	f	after 'th	v
d	→	t	after 'th	t
m	→	f	after 'th	v

When followed by *o, u, ro* or *ru, g* usually changes to *hw*; otherwise *g* changes to *h*. Mixed mutation is indicated by a right superscript 5, and occurs principally:
- after the adverbials kyn^5 'although', $maga^5$ 'as', may^5 'so that', ple^5 'where', py^5 'which', yn^5 '-ly':
- after the verbal particle y^5.

7.6 Table of mutations (after Grammar of Modern Cornish, §22).

1	2	3	4	5	5	Key
Unmutated	Soft	Spirant	Hard	Mixed	Mixed after 'th	
B	V	-	P	F	V	-
CH	J	-	-	-	-	No
D	DH	-	T	T	T	mutation
GA	The G is	-	KA	HA	HA	
GE	dropped	-	KE	HE	HE	*
GI	and the	-	KI	HI	HI	No change
GL	next letter	-	KL	-	-	after s, th
GR	becomes	-	KR	-	-	
GW	the	-	KW	HW	W	+
GY	initial	-	KY	HY	HY	In 2nd and 5th
GO+	WO	-	KO	HWO	WO	state mutations,
GU+	WU	-	KU	HWU	WU	as though from
GRO+	WRO	-	KRO	HWRO	WRO	original **gw-**
GRU+	WRU	-	KRU	HWRU	WRU	
K	G*	H#	-	-	-	#
M	V	-	-	F	V	KR and KL
P	B*	F	-	-	-	not affected
T	D*	TH	-	-	-	

8   Abbreviations

For abbreviations of parts of speech, see para. 5.4.

abbr.	abbreviation	*pl.ns.*	place-names
abst.	abstract	*plupf.*	pluperfect
aff.	affection	Port.	Portuguese
ALT	recommended alternative	*poss.*	possibly
Anat.	anatomy	*pres.*	present
Astron.	astronomy	*pret.*	preterite
Biol.	biology	*prob.*	probably
CN	collective noun	*sg.*	singular
colloq.	colloquial	*Sp.*	Spanish
Cor.	Cornish	*spv.*	superlative
dial.	dialect(al)	*syll.*	syllable
dim.	diminutive	*subj.*	subjunctive
e.g.	for example	*trans.*	transitive
elect.	electrical	*T.V.*	television
Eng.	English	*U.S.*	English spoken in the United States of America
exx.	examples		
fig.	figuratively	*vb.*	verb
FN	feminine noun	*vbl.*	Verbal
Fr.	French	VN	verbal noun
fut.	future		
geog.	geography		
geom.	geometry		
Gr.	Greek		
Heb.	Hebrew		
impf.	imperfect		
impv.	imperative		
ind.	indicative		
intrans.	intransitive		
Lat.	Latin		
lit.	literally		
mech.	mechanics, mechanical		
MN	masculine noun		
Mus.	music		
neg.	negative		
num.	numeral		
obj.	object		
occasl.	occasional		
pl.n.	place-name		

9 Bibliography

Brown, W. (2001) *A grammar of modern Cornish.* Cornish Language Board, Saltash; 3rd edn. {GMC}. This is the most comprehensive description of the revived language.

Cartwright, S., Amery, H. and Sandercock, G. (1994). *The first thousand words in Cornish.* Cornish Language Board, Saltash. {FTWC}

Deshayes, A. (2003) *Dictionnaire étymologique du breton.* Le Chasse-Marée, Douarnenez. {deb}

Dunbar, P.A. and George, K.J. (1997) **Kernewek Kemmyn** - *Cornish for the 21st century* Cornish Language Board, Saltash. {KK21}

Favereau, F. (1992) *Geriadur ar brezhoneg a-vremañ.* Skol Vreizh, Montroulez.

Fowler, H.W. and Fowler, F.G. (1964) *The concise Oxford dictionary.* 5th edn., Oxford University Press, Oxford. {co}

Gendall, R.R.M. (2007) *A practical Cornish dictionary.* Published by Richard Gendall.,

George, K.J. (1986) *The pronunciation and spelling of revived Cornish.* Cornish Language Board, Saltash. {PSRC}

George, K.J. (1993) *Gerlyver Kernewek Kemmyn – an Gerlyver Meur.* 1st edn., Cornish Language Board, Saltash. {GLKK}

George, K.J. (ed.) (1998) *Gerlyver Kernewek Kemmyn - An Gerlyver Kres.* 1st edn., Cornish Language Board, Saltash; 2nd edn. This dictionary has both Cornish - English and English - Cornish sections. {GK98}

George, K.J. (ed.) (2000a) *Gerlyver Kernewek Kemmyn - An Gerlyver Kres.* 2nd edn., Cornish Language Board, Saltash. {GK00}

George, K.J. (2000b) *An Tollgorn Hudel* Cornish Language Board, Saltash. Translation of the lyrics of Mozart's *Die Zauberflöte* {AnTH}

George, K.J. (2000c) 'On simplifying the lexical tagging of Cornish texts'. *6th annual conference of the North American Association for Celtic language teachers*, pp. 35-40.

George, K.J. (2006) *Flogholeth Krist*. Cornish Language Board, Callington.. {IC}

Hoad, T.F. (1986) *The concise Oxford dictionary of English etymology.* Oxford University Press, Oxford. {coe}

Jenner, H. (1904) *A handbook of the Cornish language.* David Nutt, London.

Jackson, K.H. (1953) *Language and history in early Britain.* Edinburgh. {lheb}

Jackson, K.H. (1967) *A historical phonology of Breton.* Dublin Institute for Advanced Studies. {hpb}

Lewis, H. and Pedersen, H. (1961) *A concise comparative Celtic grammar.* Enlarged edn., Vanderhoeck and Ruprecht, Göttingen. {lp}

Morris-Jones, J. (1913) *A Welsh grammar.* Clarendon Press, Oxford. {wg}

Nance, R.M. (1929) *Cornish for all.* James Lanham, St Ives.

Nance, R.M. (1938) *A new Cornish – English dictionary.* Federation of Old Cornwall Societies. {CE38}

Nance, R.M. (1952) *An English - Cornish dictionary.* Federation of Old Cornwall Societies. {EC52}

Nance, R.M. (1955) *A Cornish – English dictionary.* Federation of Old Cornwall Societies. {CE55}

Nance, R.M. (1963) *A glossary of Cornish sea-words.* Federation of Old Cornwall Societies. {gcsw}

Onions, C.T. (1993) *The shorter Oxford English dictionary.* Clarendon Press, Oxford. {soed}

Padel, O.J. (1985) *Cornish place-name elements.* English [sic] Place-Name Society, Nottingham. {CPNE}

Padel, O.J. (1988) *A popular dictionary of Cornish place-names.*
Alison Hodge, Penzance:

Pedersen, H. (1909-13) *Vergleichende Grammatik der keltischen Sprachen.* Göttingen. {vkg}

Piette, J.R. (1957) *Istor ar yezhoù keltiek.* Hor Yezh. {iyk}

Prifysgol Cymru (1950-date) *Geiriadur Prifysgol Cymru.* University of Wales Press, Cardiff. {gpc}

Sandercock, G.M. (2004) *Holyewgh an Lergh.* This is a course-book for beginners, tried and tested through many editions over the last 20 years.

Williams, N.J.A. (2000) *English – Cornish dictionary.* Everson Gunn Teoranta, Dublin. {EC00}

KYNSA RANN

KERNEWEK – SOWSNEK

PART ONE

CORNISH - ENGLISH

A

A

¹a ['aː] *interj.* ah
[U:] {S 8; F 5: **M** *a*: **L** *a, ah, ha*} *ha* (OM.2465, 2773, 2774) is treated as this word.

²a² [a] *ptl.* (vbl. ptl.)
[C: Brit (lp)] {S 1; F 9: **M** *a*: **L** *a*}
Often omitted in LateC.

³a² [a] *prep.* of, from Combines with personal pronouns as **ahanav, ahanas, anodho, anedhi, ahanan, ahanowgh, anedha**.
[C: Brit **o* (lp) or **au* or **apo* (Fl.)]
{S 1; F 8: **M** *a*: **L** *a*}

⁴a⁴ [a] *conj.* if
[C:] {S 1; F 5: **M** *a*} Omitted in LateC.

⁵A² ['aˑ] *interj.* O Vocative particle
[C:] {S 8; F 6: **M** *a*} In LateC, *ha* was used by Lhuyd, and *O* (from Eng.) was used.

⁶a ['aː] *v. part* goes *(part of irreg. vb.)*
3 sg. pres. ind. of **mos**
[C: IE (lp)] {S 1; F 6: **M** *a*: **L** *â* (AB.)} There is a case for spelling this as *â*, to distinguish it.

a' [a] *pron.* (part of 2nd sg. in **a'm beus**)
[C: Reduction of ⁸**a'th**]
{S 3; F 5: **M** *a* → P: **L** lost (OHTB)}

a (Eng.) *art.* {S 6; F 3: **M** *a*: **L** *a* (AB282c)}

-¹A [a] *v. part* (VN ending)
[c: Brit **-âmâ* (hpb)] See discussion in KK21.

-²A [a] *suffix* (superlative ending)
[c: Brit **-samos* (hpb)]

-³A [a] *suffix* (fem. abst. noun ending from nouns and adjectives)
[c: Brit **-iyâ* (hpb) < IE (lp)]
This is a reduction of -YDH; e.g. **lowena** 'joy', formed from **lowen** 'joyful'.

-⁴A [a] *v. part* (3rd sg. impf. ind. ending) [c:]

-⁵A [a] *v. part* (3rd sg. impf. subj. ending) [c:]

-⁶A *suffix* me [c:]
-⁷A *suffix* him [c:]

-⁸A *suffix* (place-name suffix) [c:] May occur in names like Leah = ?**legh** -⁸A (Padel)

a-ban² [a'ban] *conj.* since
[cC: ³a 2¹**pan**] {S 1; F 5: **M** *aban*: **L** *aban*}

a-barth [a'barθ] *prep.* for the sake of, beside, in the name of, along with
[cC: ³a 2**parth**] {S 1; F 4: O *abarh* (VC.): **M** *abarth, a barth*: **L** *abarh, barh*}
a-barth Duw for God's sake

a-barth-woeles [abarθ'woˑlẹz] *adv.* down below
[cCC: ³a 2**parth** 2**goeles**]
{S 1; F 1: **M** *a barthe wollas* (CW.1722)}

abas ['aˑbaz] *m.* **+ow** abbot
[L: Reformed from LLat (Gr.)] {S 1; F 3: O *abat* (VC.105) → L,P: **L** *abaz* (AB270a): **+ow** I} This word did not come from CLat *abbâtem* > BLat **abâdem*, since this would have given OldC **abod*, which would be re-spelled **abeus*.

abases [a'baˑzẹs] *f.* **+ow** abbess
[Lc: **abas** -⁴ES] {S 1; F 0(CE38): **+ow** I}

abatti [a'batːi] *m.* **+ow** abbey
[Lc: from **abas** ⁴**ti**] {S 1; F 0(CE38): C B *abati*: **+ow** I} E *abbys* is found in TH.

abattya *v.* beat down, crush
[E(F)c: VN in -YA from F *abattre*]
{S 5; F 2: **M** p.ptcpl. *a batys* (BK08.34); 3rd sg. pres. ind. *abat* (BK13.11)}

abbeys (Eng.) *pl.* {S 6; F 1: **M** *abbys* (TH40v)}

¹abel ['aˑbẹl] *adj.* able, capable, fit *(able)*
[E(F): MidE < OldF *hable* (co)] {S 4; F 4: **M** *abel, abyll*; cp. **appla** (TH41r): **L** *habal* (AB270a)}

²Abel *name* Abel (son of Adam and Eve)
{S 4; F 5: **M** *abel* → P, *abell* → P}

a-bell [a'bẹlː] *adv.* afar
[cC: ³a 2**pell**] {S 1; F 4: **M** *abel* → P, *a bel* → P: **L** *o bel* (AB056c) → P}

aber ['aˑbẹr] *m.* **+yow** mouth *(of river)*
[C: Brit **abbero-* (M) < IE **ad-bher-* (M)]
{S 1; F 3: O *aber* (VC.739) → L,P: **+yow** I}

Aberfal [abẹr'faːl] *place* Falmouth
[CU: **aber** + river-name of unknown meaning]
{S 8; F 0(CE93: J.G.H.)}

Aberplymm [abẹr'plɪmː] *place*
Plymouth
[CU: **aber** + river-name]
{S 8; F 0(CE93: J.G.H.)}

a-berth [a'bẹrθ] *prep.* within
All cases in MidC are followed by **yn**; only in LateC is **a-berth** used by itself.
[cC: Compound of ³**a** {S 1; F 5: M *aberth*: L *aberh* (AB.); *abera* (M4WK)}

a-berth yn within

a-berthek [a'bẹrθẹk] *adj.* intrinsic
[cCc: **a-berth** -¹EK} {S 1; F 0(GK98: A.S.)}

a-bervedh [a'bẹrvẹð] *adv.* inside, indoors, aboard
[cC: ³**a** 2**pervedh**]
{S 1; F 4: M *aberveth* → L,P; *abervath*}

deus a-bervedh! come in!

a-ble [a'blẹː] *adv.* whence, from what place
[cCC: from ³**a** 2**ple**] {S 1; F 1: L *ablê* (CGEL)}

a-blyght [a'blɪxt] *adv.* of a surety
[CE(E): ³**a** + E *plight*]
{S 5; F 1: M *a plygth* (RD.0620)}

abominable (Eng.) *adj.* {S 6; F 2: M *abomynabill* (TH14r), *abominably* (TH49v)}

a-borpos [a'bɔrpɔs] 1. *adj.* deliberate 2. *adv.* purposely, on purpose, deliberately [cE: ³**a** 2**porpos**]
{S 4; F 2: M *a borpos* (BM.2146, BK16.45)}

aborrya v. abhor ALT = **kasa**.
[E(L)c: VN in -YA from MidE < Lat *abhorrêre* (coe)} {S 5; F 3: M *abhorrya*} The <h> in the MidE word was apparently not sounded;

abosteledh [ˌabɔs'tẹˑlẹð] *m.* apostolate, apostles
[Lc: from **abostol** -²EDH, with vowel harmony] {S 3; F 5: M *abesteleth* → L,P:}
One might expect MidC <-oleth>; this is found, but only twice, compared with 50 times in <-eleth>. The form *abesteleth* is found in *RD*, with more vowel harmony.

abostol [a'bɔstɔl] *m.* **abesteli** apostle
[L: CLat *apostolus* (M)} {S 1; F 4: O *apostol* (VC.101) → L,P: M *abostel*; pl. *abestely*:

L pl. *ebestel* (AB043a): C B *abostol*; W *abostol*: **abesteli** M} The pl. shows double vowel-affection; see **abosteledh**.

abostolek [ˌabɔs'tɔˑlẹk] *adj.* apostolic
[Lc: **abostol** -¹EK] {S 1; F 0(CE38)}

above (Eng.) {S 6; F 1: M *above* (BK12.27)}

a-boynt [a'bɔɪnt] 1. *adj.* punctual 2. *adv.* promptly, with alacrity, urgently
[cC: ³**a** 2**poynt**] {S 5; F 1: M *a poynt* (PC.3022)}

Abraham ['abraham] *name* Abraham
[E(O):] {S 5; F 3: M *abraham*}

Abram ['abram] *name* Abraham
[E(O): Shortened form of *Abraham*.]

abrans ['abrans] *f.* +**ow**, *dual* **diwabrans** eyebrow Nance took the gender to be masc.; in Welsh, *GPC* gives both genders; in Breton, the cognate is fem.
[C: CC (M)} {S 1; F 2: O *abrans* (VC.038) → L,P: L *abranz* (BOD.009), pl. *abransaw* (BOD.009): C B *abrant*; W *amrant* 'eyelid'}

abransek [a'branzẹk] *adj.* bushy-browed
[Cc: **abrans** -¹EK] {S 1; F 0(CE38)}
The bardic name of Melville Bennetto.

a-brys [a'brɪːz] *adv.* early, timely, on time, in good time
[cC: ³**a** 2**prys**] {S 1; F 2: M *a brys* (OM.1229): L *a brees* (BOD)}

absolvya v. absolve *(of sins)* ALT = **assoylya**.
[E(L)c: VN in -YA from MidE < Lat *absolvere* (coe); cf. **assoylya** < OldF]
{S 4; F 1: M *p.ptcpl. absoluys* (TH39r)}

absurd (Eng.) *adj.* {S 6; F 1: M *obsurd* (TH39v)}

abundance (Eng.) *n.* {S 6; F 2: M *abundans* (TH14v), *abundance* (TH28v)}

abusya v. abuse ALT = **tebeldhyghtya**.
[E(D)c: VN in -YA from MidE < OldF or Lat (coe)} {S 4; F 1: M *abusia* (TH49v)}

a-byla [a'bɪˑla] *adv.* whence
[cCc: from ³**a** 2**pyla**]
{S 2; F 2: M *byle* (CW.0551) → P}

accidents

accidents (Eng.) *pl.* {S 6; F 1: M *accidens* (SA66v)}

according (Eng.) *conj.* {S 6; F 4: M *according* (TH.), *accordyng* (TH., SA.)}

accusation (Eng.) *n.* ALT = **kuhudhans**. {S 6; F 1: M *accusasion* (TH25r)}

acheson [a'tʃɛ·zɔn] *m.* **+yow, +ys** occasion *(cause)*, cause, motive, reason
[E(F): MidE *achesoun* < OldF *acheson* (soed)] {S 5; F 4: M *acheson* (MC.141, 187) → L,P; *cheyson* (PC.1970) → L,P: **+yow** N (G.M.S.); **+ys** I (CE38)} The *ch-* in the aphetic form in *PC.* was understood by Lhuyd as containing [k-], and was re-spelled *keyson* by him; this form was copied by Pryce.

acts (Eng.) *pl.*
{S 6; F 2: M *actys* (TH23r), *acts* (SA66r)}

a-dal [a'daːl] *prep.* opposite, facing, fronting
[cC: ³a 2tal] {S 1; F 1: L *adal* (PV.6616)}

Adam ['a·dam] *name* Adam
[E(O):] {S 5; F 6: M *adam*: L *Adam*}

adamant ['a·damant] *m.* **+ow, +ys** diamond
[E(F): MidE < OldF (coe)]
{S 5; F 0(CE38): **+ow** N (FTWC); **+ys** I (CE38)}

addya *v.* add ALT = **keworra**.
[E(L)c: VN in -YA from MidE < Lat *addere* (coe)] {S 5; F 1: M *addia* (TH22v)} <dd> is not found in the native Cor. sound system;

aden ['a·dɛn] *f.* **+yow** binding board of a book. The meaning is that given by Nance; that given in *VC.* is 'leaf'. [U:] {S 8; F 1: O *aden* → P: C W *aden* 'fin': **+yow** N}

a-denewen [adɛ'nɛwɛn] *adv.* aside, sideways, on the side
[cC: ³a 2tenewen] {S 1; F 2: M *a denewen* (OM.2063, BM.3113): L *a treneuhan* (NGNB6)}

a-der [a'dɛːr] **1.** *prep.* without, outside, except **2.** *adv.* not, rather than
[cc: Appears to be ³a 2TER-]
{S 8; F 3: M *dar* (MC.135), *adar* (BM.): D "atter" 'outside' (CE38)}

a-dhewis

hi a'th kar a-der my she loves you not me, she loves you rather than me

a-derdro [adɛr'drɔː] *adv.* all around
[ccC: from ³a 2tre 2tro] {S 2; F 2: M *a dre dro* (PC.2102) → P, *a der dro* (CW.1429)}

a-dermyn [a'dɛrmɪn] *adv.* in time, on time, punctually
[cL: ³a 2termyn] {S 1; F 3: M *a dermyn* → P}

a-dhann² [a'ðanː] *prep.* from under, from beneath
[cC: ³a 2dann]
{S 1; F 2: M *a than* (PC.2682) → L,P}

a-dhedro [aðɛ'drɔː] *adv.* about, round about
[ccC: ³a 2de- 2tro]
{S 1; F 1: M *a the dro* (OM.2820)}

a-dhelergh [aðɛ'lɛrx] *adv.* behind, aft, abaft, in arrears *prep.*
[ccC: ³a 2delergh] {S 1; F 4: M *a theller* (BM.3333), *a thellar, a thillar* (TH19r): L *a dhelhar* (AB140b) → P, *a theller* (P2JJ)}

a-dhelergh dhe abaft, behind

a-dherag [aðɛ'raːg] *prep.* before, beforehand, in front of
[ccC: ³a 2derag] {S 1; F 4: M *ha ʒe rag* (MC.240), *a thyrak* (PC.1821) → P} The form without **a**, **dherag** was much commoner in MidC. The conjugation is **a-dheragov, a-dheragos, a-dheragdho, a-dherygdhi, a-dheragon, a-dheragowgh, a-dheragdha.**

a-dhesempis [aðɛ'zɛmpɪz] *adv.* immediately, forthwith, suddenly, instantly
[cC: ³a 2desempis] {S 1; F 5: M *a thysempys* → L,P; *a thesympys*: L *thosympyas* (M4WK)}

a-dhevis [a'ðɛ·vis] *adj.* exact
[cE(F): ³a 2devis] {S 4; F 2: M *a thyuys* (PC.3017), *a theveys* (BM.3916)}

a-dhewis [a'ðɛwis] **1.** *adj.* optional **2.** *adv.* optionally
[cC: ³a 2dewis] {S 1; F 0(GK98: A.S.)}

**a-dhia² **[a'ði·a] *prep.* from, since
[cC: Compound of ³a] {S 8; F 4: M *thea* (TH.)}
a-dhia Nadelik since Christmas

a-dhia'n [a'ði·an] *phrase* from the
[cCC: from **a-dhia an**] {S 8; F 3: M *thean* (TH.)}

a-dhihwans [aðɪ'hwans] *adv.* immediately
[ccC: ³a 2**dihwans**]
{S 1; F 1: M *a thyhons* (OM.2810)}

a-dhistowgh [a'ði·stɔwx] *adv.* immediately
[cC: ³a 2**distowgh**] {S 1; F 2: M *a dystough* (OM.2814), *a thystough* (RD.1243) → P}

a-dhiwar² [aðɪ'waːr] *prep.* from on, from over
[ccC: ³a 2**diwar**] {S 1; F 0(CE38)}

a-dhiwar-leur [aðiwar'lœːr] *adv.* up from the ground
[ccCC: ³a 2**diwar leur**] {S 1; F 0(CE38)}

a-dhiwedhes [aði'wę·ðęz] *adj.* late, recent
[cCc: ³a 2**diwedhes**] {S 1; F 4: M *a thewethas* (TH.), *a the wheras* (CW.0554): L *a dewethaz* (NGNB)}

a-dhiworth [aðɪ'wɔrθ] *prep.* from
[ccC: ³a 2**diworth**] {S 1; F 4: M *ha ʒe worth* (MC.088) → L, *a theworth* (TH50v): L *a thore* (G3WK); *adhart* (AB249b) → P}

adhves ['aðvęz] *adj.* ripe, mellow, mature
[C: Brit *ad-met-* (Fl.)] {S 1; F 1: L *arvez* (AB087b, 284b) → P: C B (*azv*); W *addfed*}

adhvesi [að'vęziː] *v.* ripen
[Cc: **adhves** -¹A]
{S 1; F 0(CE38): C B *azviñ*; cf. W *addfedu*}

adhvetter [að'vętːęr] *m.* ripeness, maturity, mellowness
[Cc: from **adhves** -DER]
{S 1; F 0(CE38): C B *azvder*:}

a-dhyghow [a'ðɪ·ɦɔw] *adv.* on the right hand
[cC: ³a 2**dyghow**]
{S 1; F 4: M *a ʒyghow, a thyow* → P}

a-dhyghowbarth [a̩ðɪɦɔʊ'barθ] *adv.* on the South side
[cCC: ³a 2**dyghow** 2**parth**] {S 1; F 2: M *a thyow barth* (RD.0928, 1172)}

adhyskans [a'ðɪ·skans] *m.* +**ow** education
[cLc: ³a 2**dyskans**]
{S 1; F 0(GK98: R.L.): C W *addysg*: +**ow** I}

adhyskansel [adhys'kanzęl] *adj.* educational
[cLc: **adhyskans** -²EL] {S 1; F 0(GM09: K.J.G.)}

adhyski [a'ðɪ·ski] *v.* educate
[cLc: ³a 2**dyski**]
{S 1; F 0(GK98: R.L.): C W *addysgu*}

adhyskonieth [a̩ðɪskɔn'i·ęθ] *f.* pedagogy
[cCc: **adhysk** -ONIETH] {S 1; F 0(GK98: G.M.S.)}

adhyskoniethel [aðɪskɔni'ę·θęl] *adj.* pedagogical
[cCc: **adhyskonieth** -²EL]
{S 1; F 0(GM09: YhaG)}

adhyskonydh [a̩ðɪs'kɔnɪð] *m.* +**yon** pedagogue
[cCc: **adhysk** -ONYDH]
{S 1; F 0(GM09: YhaG): +**yon** I}

adhyskys [a'ðɪ·skɪz] *adj.* educated
[cLc: ³a 2**dyskys**] {S 1; F 0(GM09: G.M.S.)}
P.ptcpl. of **adhyski**.

adla ['adla] *m.* **adlyon** rogue
[E(E): MidE < OldE *utlah* (>ModE *outlaw*)]
{S 5; F 4: M *adla* → P; pl. *atlyan* (BM.2477): **adlyon** M}

adoptyans [a'dɔptjans] *m.* +**ow** adoption
[E(D)c: MN in -YANS from MidE < OldF *adopter* or CLat *adoptâre* (coe)]
{S 5; F 0(GM09: P.H.): +**ow** I}

-ADOR ['a·dɔr] *suffix* (agency n. suffix) [l: CLat *-atôrem* (gpc)] This was originally *-adur*.

-ADOW ['aˑdɔw] *suffix* (abst. n. ending associated with verbs) [c:]
Metathesis has occurred in Cor. This suffix is found traditionally only in **karadow** 'lovable' and **kasadow** 'hateful', but its use has been much extended recently, in such words as **gweladow** 'visible'.

a-dre [a'drę:] *adv.* from home, away
[cC: ³a 2tre]
{S 2; F 4: M *a dre* → L,P, *adre* → L,P}

a-dreus [a'drœ:z] **1.** *adv.* across, indirectly, transversely, askew **2.** *prep.* across
[cC: ³a 2treus]
{S 1; F 4: M *a drues, a drus, adres* → P}
kewsel a-dreus answer back, talk at cross-purposes

a-dro [a'drɔ:] *adv.* around *prep.*
[cC: ³a 2tro]
{S 1; F 6: M *adro, a dro*: L *adrô* (AB.), *dro*}
a-dro dhe about, concerning, approximately

a-droes [a'dro:z] *adv.* on foot, afoot
[cC: ³a 2⁵troes] {S 1; F 1: L *a drûz* (AB115c)}

a-dryv [a'drɪ:v] **1.** *adv.* behind **2.** *prep.* behind
[cc: Compound of ³a]
{S 1; F 2: M *a dryff* (MC.079) → P: C B *a-dreñv*}
a-dryv tus behind people's backs

adulterers (Eng.) *pl.*
{S 6; F 1: M *advltrers* (TH24r)}

adversary (Eng.) *n.*
{S 6; F 1: M *aduersary* (TH04r)}

advisement (Eng.) *n.* consideration, deliberation Nance's *avysment* is probably a re-spelling of this word. **avis** seems sufficient.
[E(F):] {S 6; F 1: M *advisement* (TH01r)}

affection (Eng.) *n.* ALT = **sergh**.
{S 6; F 1: M *affection* (SA64r)}

affyrmya v. affirm ALT = **afydhya**.
[E(F)c: VN in -YA from MidE *affermen* < OldF *afermer* (coe)] {S 4; F 3: M *affirmya*}

afia [a'fiˑa] *v.* affirm
[E(U)c: VN in -A from MidE *affy* (CE38)]
{S 4; F 1: M 3rd sg. pret. *afias* (PC.1845)}

afina [a'fiˑna] *v.* adorn, decorate, garnish, embellish
[E(F)c: VN in -A from MidE *affine* (CE38)]
{S 4; F 1: L p.ptcpl. *afynes* (CW.0536)}

afinans [a'fiˑnans] *m.* **+ow** decoration, garnish, embellishment, adornment
[E(F)h: MN in -ANS from MidE *affine* (CE38)]
{S 4; F 0(Y1): **+ow** I}

Afrika ['afrɪka] *place* Africa
[L: CLat *Africa* (coe)]
{S 1; F 1: M *aphrica* (TH32r)}

Afrikan ['afrikan] *m.* **+s** African *(male)*
[E:] {S 5; F 1: M pl. *affrycans* (BK32.17): **+s** M}

Afrikanek [afri'kaˑnęk] *adj.* African
[Ec: **Afrikan** -¹EK] {S 5; F 0(GM09: G.M.S.)}

Afrikanes [afri'kaˑnęs] *f.* **+ow** African *(female)*
[Ec: **Afrikan** -⁴ES] {S 5; F 0(EC00): **+ow** I}

afydhya [a'fɪˑðja] *v.* assure, confirm, affirm
[cLc: Compound of **fydhya**]
{S 1; F 1: M 3rd sg. pres. ind. *a fyth* (OM.1788)}

afydhyans [a'fɪˑðjans] *m.* **+ow** affirmation
[cLc: Compound of **fydhans**]
{S 1; F 0(GM09: G.M.S.): **+ow** I}

aga³ [ˌaga] *pron.* their
[C: Brit] {S 8; F 6: M *aga*: L *ago, go*} The original forms of *aga, agan, agas* were **a, *an, *as*; they acquired a /g/ from the neg. ptl. *nag* and later an /a/; see Lewis and Pedersen para. 359. The first *a* represents the demonstrative stem **so-*.

a'ga [ˌaga] *phrase* of their
[cC: Short for ³a **aga**]
{S 2; F 3: M *aga*: L *aga, ago*}

a-gammow [a'gam:ɔw] **1.** *adj.* progressive **2.** *adv.* progressively
[cCc: ³a 2²kamm -²OW] {S 1; F 0(GK98: R.L.)}

agan [agan] *pron.* our
[C: Brit] {S 8; F 7: M *agan*: L *agan, gun*} See **aga**.

a'gan [agan] *phrase* of our
[cC: Short for ³**a agan**] {S 2; F 5: M *agan* → P, *agen*: L *gun* (NGNB7), *gon* (OHTB)}

agas [agas] *pron.* your *(pl.).* See **aga**
[C: Brit] {S 8; F 6: M *agas, agis*: L *ackas, goz, guz*}

agas gweles! see you! (to more than one person)

a'gas [agas] *phrase* of your (pl.)
[cC: Short for ³**a agas**]
{S 8; F 5: M *agas* → P, *agis*}

agenn ['aˑgẹn] *f.* **+ow** stomach *(of animal)*
[U:] {S 8; F 1: L *agan* (BCE04a): D "meagan", which suggests that an [m-] has been lost; cf. G *magen* 'stomach'.: **+ow** I}

ages [ag'ẹːz] *conj.* than May be shortened to **es**; conjugates as **agesov, agesos, agesso, agessi, ageson, agesowgh, agessa**.
[C: Brit *hac-et-* (Fl.)] {S 8; F 4: M *ages, agis*: C B *eget*; W *nogyd* < OldW *hacet*}

a-gettep [a'gẹtːẹp] *adv.* respectively
[cC: ³**a 2kettep**] {S 2; F 0(AnG)}

a-gevres [a'gẹvrẹz] **1.** *adj.* serial **2.** *adv.* serially
[ccC: ³**a 2kevres**]
{S 1; F 0(GK98: A.S.): C B *a-gevret* 'together'}

¹**agh** ['aːx] *interj.* fie, ugh Expression of disapproval or disgust.
[U:] {S 1; F 0(CE38): C B *ac'h*, W *ach*: D (CE38)}

²**agh** ['aːx] *f.* **+ow** offspring, race *(ethnic)*
[C: CC (Fl.)] {S 1; F 3: O *ach* (VC.136) → L,P: C OldB *ac-*; W *ach* 'ancestry'.: **+ow** I}

agha ['aˑxa] *m.* awe, dread
[E(N)c: MidE *aȝe* < ON *agi* (coe)]
{S 4; F 0(CE38):}

¹**aghel** ['aˑxẹl] *f.* **aghlow** axle, axis
[C: AGHL-S] {S 1; F 1: L *Ahal* (LV007.06): C B *ahel*; W *echel*: **aghlow** I} This word was spelled *eghel* in *CE93*, following Nance; but Lhuyd's *Ahal* suggests that **aghel** is better.

²**aghel** ['aˑxẹl] *adj.* racial
[Cc: ²**agh** -²EL] {S 1; F 0(GK98: G.M.S.)}

aghelbynn [a'fiẹlbɪn] *m.* **+ow** lynchpin

[CE(E): **aghel** 2¹**pynn**] {S 4; F 0(EC00): **+ow** I}

Aghevran *name* (name of saint)
{S 8; F 1: O *achobran* (LS): P *Lannachebran* 1086 = St Keverne}

AGHL- [C: CC *aksi-lâ*]

aghskrif ['axskrɪf] *m.* **+ow** pedigree, genealogy
[CL: ²**agh skrif**]
{S 3; F 1: L *Ahskref* (AB224): **+ow** I}

aghskrifer [afi'skriˑfẹr] *m.* **-oryon** genealogist
[CLl: ²**agh skrifer**] {S 3; F 0(EC52): **-oryon** I}

a-gledh [a'glẹːð] *adv.* on the left hand
[cC: ³**a 2kledh**]
{S 1; F 3: M *a gleth* (MC.097, 236, 242) → P}

a-gledhbarth [a'glẹˑθparθ] *adv.* on the north side
[cCC: ³**a 2kledhbarth**] {S 1; F 0(GK98: K.J.G.)}

ago-marghogyon [ˌaˑgɔmar'fiɔˑgjɔn] *f.* knightly service, feudal tenure
[CCcc: The first part is the shortened form of a cognate of W *agwedd*; the second is from **marghek** -YON (CE38)]
{S 8; F 0(CE38): C W *agomarocyon*:}

agrowsenn [a'grɔʊzẹn] *f.* **+ow, coll.** **agrows** dog-rose, hip *(plant)*
[Cc:] {S 8; F 1: L *agroasen* (Borlase): C B *amgroaz*, W *egroes*}

agrya v. agree Followed by **dhe** or **gans**. ALT = **bos unnver**.
[E(F)c: VN in -A from MidE < OldF *agréer* (coe)] {S 4; F 3: M *agrea* (TH.)}

agryans m. **+ow** agreement ALT = **unnverheans**.
[E(F)c: MN in -ANS from MidE < OldF *agréer* (coe)] {S 4; F 2: L *Agreanz* (AB223) → P: **+ow** I}

a-gynnik [a'gɪnːɪk] **1.** *adj.* tentative **2.** *adv.* tentatively
[cL: ³**a 2kynnik**] {S 1; F 0(GK98: R.L.)}

a-gynsow [a'gɪnzɔw] *adv.* lately, recently, just now
[cCc: ³**a 2kyns** + adv. -OW] {S 1; F 3: M *agensow* (OM.0796, RD.0911) → P, *agynsow* (RD.0896): C B *agentaou*; W *gynnau* 'earlier'}

aha

aha [a'ɦaː] *interj.* aha
[E(U): MidE *aha* < *ah ha* (!) (coe)]
{S 4; F 2: M *aha* (OM.0881, BM.1448)}
Note the line *aha belsebuc aha* at *OM.0881*.

ahanan [a'haˑnan] *adv.* hence, from us, of us
[C: Compound of ³a] {S 1; F 5: M *ahanan* → P: L *a hanyn* (TCJK), *a hanen* (AB244b)}

ahanas [a'haˑnaz] *adv.* from thee, of thee
[C: Compound of ³a]
{S 1; F 4: M *ahanas* → P: L *a hanaz* (AB244b) → P; *au hanesta* (M4WK): C B *ac'hanout*}

ahanav [a'haˑnav] *adv.* from me, of me
[C: Compound of ³a] {S 1; F 4: M *ahanaf* → L,P}

ahanowgh [a'haˑnɔʊx] *adv.* from you, of you
[C: Compound of ³a]
{S 1; F 4: M *ahanough* → P}

a-has [a'haːz] *adj.* bitter, severe, hateful
[cC: from AD- ³kas (gpc)]
{S 8; F 4: M *ahas* → P: C W *achas*}

a-henys [a'ɦɛˑnɪz] *adv.* of old, anciently
[CCc: ³a henys] {S 1; F 3: M *a henys*}

a-Howl [a'hɔʊl] *adv.* towards the Sun
Pryce gave 'on the right' as the meaning.
[CC: ³a Howl]
{S 1; F 2: L *Ahul, a houl* (PV.6724)}

ahwer [a'hwɛːr] *m.* **+yow** sorrow, distress, trouble
[cC: Poss. from ³a hwer]
{S 8; F 4: M *awher, awer* → P: D "in a pure weer" 'in distress' (CE283): **+yow** I}

heb ahwer readily

ahwerek [a'hwɛˑrɛk] *adj.* sorrowful
[cCc: **ahwer** -¹EK]
{S 8; F 1: M *a wherak* (BK28.60)}

ahwesydh [a'hwɛˑʒɪð] *m.* **+es** skylark *(bird)*, lark
[C:] {S 8; F 3: O *epidit* (VC.528) → L,P: M *awhesyth* (OM.1203): C MidB *ahuedez*; cf. ModB *alc'houeder* (*ehueder* in Tregor): **+es** N}

a-hys [a'hɪːz] *adv.* full length, outstretched, from end to end

akontyadow

[cC: ³a hys] {S 1; F 4: M *a hys* → P, *a heys*: L *a heaze*: C B *a-hed*}

a-is [a'iːz] *adv.* below, lower
[cC: ³a is] {S 8; F 0(CE38)}

aja *m.* ajys age ALT = **oes**.
[E(F): MidE < OldF *age* (coe)]
{S 5; F 1: M *age* (2 syll.) (PC.1184): **ajys** I}

a-ji [a'dʒiː] **1.** *adv.* inside, within **2.** *prep.* within Used for both location and motion.
[cC: ³a 2chi]
{S 1; F 5: M *agy*: L *adzhÿi* (AB249b), *a goye* (TCWK): P *Gweale Gollas a Choy*}

a-ji dhe inside, within

deus a-ji! come in!

akademek [aka'dɛˑmɛk] **1.** *adj.* academic **2.** *m.* **-ogyon** academic
[Dc: Cornicized form of E *academic* < F or Lat (coe)] {S 5; F 0(GM09: YhaG): **-ogyon** I}

akademi [a'kadɛmi] *m.* **+ow** academy
[E(D): MidE < F *académie* or Lat *acadêmia* (coe)]
{S 5; F 0(EC00): **+ow** N}

akont [a'kɔnt] *m.* **+ow** account *(financial)*, reckoning
[E(F): MidE < AngN *acunte* < OldF *aconte* (coe)]
{S 5; F 1: M *accompt* (TH09r): **+ow** N (G.M.S.)}

akont arghow deposit account

akont kesres current account

akont kreun deposit account

akont poll current account

akontieth [ˌakɔn'tiˑɛθ] *f.* accountancy
[E(F)c: **akont** -IETH] {S 5; F 0(GK98: G.M.S.):}

akontya [a'kɔntja] *v.* count, reckon, esteem
[E(F)c: **akont** -YA]
{S 5; F 4: M *acontia* + 4 other spellings}

akontyadewder [akɔntja'dɛʊdɛr] *m.* **+ow** accountability
[E(F)cc: from **akontyadow** -DER]
{S 5; F 0(GM09: G.M.S.): **+ow** I}

akontyadow [akɔnt'jaˑdɔw] *adj.* accountable
[E(F)c: from **akontya** -ADOW]
{S 5; F 0(GM09: G.M.S.)}

akontyans

akontyans [a'kɔntjans] *m.* **+ow** reckoning
[E(F)h: **akont** -YANS] {**S** 5; **F** 0(CE38): **+ow** I}

akontydh [a'kɔntɪð] *m.* **+yon** accountant
Preferred to *acontor*, as suggested in Y2.
[E(F)c: **akont** -YDH]
{**S** 5; **F** 0(CE93: K.J.G.): **+yon** I}

akord [a'kɔrd] *m.* agreement, harmony *(abst.)*, reconciliation
[E(F): MidE < OldF *acord*- (coe)]
{**S** 5; **F** 3: **M** *acord*:}

gans unn akord with one accord

akordya [a'kɔrdja] *v.* agree, harmonize *(abst.)*, reconcile
[E(F)c: **akord** -YA]
{**S** 5; **F** 2: **M** *acordye* (MC.040); p.ptcpl. *acordys* (BM.0494)}

akordya orth agree with

akordya y golonn gans agree with, be consistent with

bos akordys orth be in accord with

akordyans [a'kɔrdjans] *m.* **+ow** agreement
[E(F)h: **akord** -YANS] {**S** 5; **F** 0(EC52): **+ow** I}

akseptya v. accept ALT = **degemmeres**.
[E(F)c: VN in -YA from MidE]
{**S** 5; **F** 1: **M** *acceptya* (TH23r)}

akt m. **+s** act
[E:] {**S** 5; **F** 1: **M** pl. *actys* (TH46v): **+s M**}
The word was used by Tregear in the expression 'Acts of the Apostles'; **An Testament Nowydh** uses **Oberow**.

akusya v. accuse ALT = **kuhudha**.
[E(F)c: VN in -YA from MidE < OldF *acuser* (coe)] {**S** 5; **F** 3: **M** *acusye* (PC.1625): **L** *akyusia* (LV007.52)}

AKWIT- [E(F): from MidE *acwiten* < OldF *aquiter* (coe)]

akwitya [a'kwɪˑtja] *v.* pay off, absolve *(of a debt)*, discharge *(a debt)*
[E(F)c: AKWIT=YA] {**S** 5; **F** 3: **M** *aquyttya*}

alemma

akwityans [a'kwɪˑtjans] *m.* **+ow** receipt, absolution *(of a debt)*
[E(F)c: AKWIT=YANS] {**S** 5; **F** 0(CE38): **+ow** I}

-AL *suffix* (Rare VN sf.) e.g. *gwighal* 'to squeak'

alabaster [ˌala'baˑstər] *m.* alabaster
[E(F): MidE < OldF *alabastre* (coe)]
{**S** 4; **F** 1: **M** *alabauster* (PC.3136) → P:}

alack (Eng.) *interj.* {**S** 6; **F** 1: **M** *alack* (TH37r)}

alamand ['aˑlamand] *m.* **+ow, +ys** almond
[E(F): MidE < OldF *alemande* (coe)]
{**S** 5; **F** 0(CE38): **+ow** N (G.M.S.); **+ys** I (CE38)}

alann ['aˑlan] *coll.* **+enn** coltsfoot
[c:] {**S** 8; **F** 0(CE93: K.J.G.): **C** OldB *alan*; W *alan*, pl. *alannon*: **+enn** I}

alargh ['aˑlarx] *m.* **elergh** swan
[C: Brit *alarkos* (hpb)] {**S** 1; **F** 0(CE93: K.J.G.): **O** pl. *elerhc* (VC.509) → L,P: **P** pl. *Elerghy* 1349 (Cor. name for Veryan): **C B** *alarc'h*: **elergh** O}
In MidC, this was replaced by MidC *swan* ['swaːn].

Alban ['alban] **1.** *place* Scotland **2.** *m.* **+yon** Scotsman, Scot
[C: CC] {**S** 8; **F** 1: **L** *Alban* (CGEL): **+yon** I}

albanek [al'baˑnɛk] *adj.* Scottish, Scots
[Cc: **Alban** -¹EK] {**S** 8; **F** 0(CE38)}

Albanes [al'baˑnɛs] *f.* **+ow** Scotswoman, Scot
[Cc: **Alban** -⁴ES] {**S** 8; **F** 0(EC52): **+ow** I}

alejya v. cite ALT = **devynna**.
[E(F)c: VN in -YA from MidE < AngN *alegier* (coe)]
{**S** 5; **F** 2: **M** *allegia* (TH01r), *alegya* (TH40r)}

alemma [a'lɛmːa] *adv.* hence, from here
[ccCc: from ³a an le ma]
{**S** 2; **F** 6: **M** *alemma, a lemma*: **L** *alebma*}

alemma rag henceforward, henceforth, hereafter

alena

alena [a'lɛ·na] *adv.* thence, from there
[ccCc: from ³**a an le na**] {S 2; F 5: M *a lena*: L *alenna* (M4WK)} incorrectly spelled *alenna* by Nance; the etymology indicates <n>, and if it had contained /nn/, it would have become *aledna in LateC.

alena rag thenceforward

Ales *place* [C:] {S 8; F 0(CPNE): P Allet, *Lannaled*: C cf. W *Aled*}

a-lemmyn [a'lɛmːɪn] 1. *adj.* current, present 2. *adv.* currently, presently
[CC: ³**a lemmyn**] {S 8; F 0(GK98: G.M.S.)}

a-lergh [a'lɛrx] *prep.* down
[CC: ³**a lergh**] {S 1; F 1: M *alêr* (CGEL)} Used in the phrase *skrefa alêr*, translated in Pryce as 'write down'

a-les [a'lɛːz] *adv.* abroad *(widely)*, apart, widely, outstretched
[CC: ³**a ³les**] {S 1; F 5: M *a les* → P: L *alêz* (AB250b), *aleaz* (CLJK)}

Alexander (Eng.) *name* {S 5; F 1: M *Alexander* (TH39.24)}

Alfatin *name* (name of a king)
{S 5; F 1: M *alphatyn* (BK31.63)}

algat [al'gaːt] *adv.* in any way
[E: MidE *allgate*]
{S 5; F 2: M *algat* (BK08.39, 34.57)}

alhwedh ['alhwɛð] *m.* **+ow** key meaning in OldC was 'lock'.
[C: Brit]
{S 1; F 3: O *alped* (VC.767): M *alwheth*; pl. *alwethow*: L *aluedh* (AB242b) → P; pl. *alhuedhou* (AB242b): C B *alc'houez*; W *allwedd*: **+ow** ML}

alhwedha [al'hwɛ·ða] *v.* lock
[Cc: **alhwedh** -¹A] {S 1; F 2: M p.ptcpl. *alwethys* (BM.3644): L *lyhuetha* (AB048b) → P}

alhwedh-know [ˌalhwɛð'knɔw] *f.*
alhwedhow-know spanner, wrench (U.S.)
[CC: **alhwedh know**]
{S 1; F 0(Y1): **alhwedhow-know** I}

alhwedh-korkynn [ˌalhwɛð'kɔrkɪn] *m.*
alhwedhow-korkynn corkscrew
[CE(O)c: **alhwedh korkynn**]

Almaynek

{S 4; F 0(EC52): **alhwedhow-korkynn** I}

alhwedhor [al'hwɛ·ðɔr] *m.* **+yon** treasurer *(male)*
[Cc: **alhwedh** -OR] {S 1; F 0(CE38): **+yon** I}

alhwedhores [alhwɛ'ðɔ·rɛs] *f.* **+ow** treasurer *(female)*
[Ccc: **alhwedh** -ORES]
{S 1; F 0(GM09: K.J.G.): **+ow** I}

alias (Lat.) otherwise known as
{S 6; F 3: L *alias*}

ALIN- [E(F): MidE < OldF *aligner* (coe)]

alinya [a'liː·nja] *v.* align, line up
[E(F)c: ALIN=YA] {S 4; F 0(Y1): C W *alinio*}

alinyans [a'liː·njans] *m.* **+ow** alignment
[E(F)c: ALIN=YANS] {S 4; F 0(EC00): **+ow** I}

alkan ['alkan] *m.* **alkenyow** metal
[E: MidE *alkami* (gpc)] {S 8; F 0(CE38): P Wheal Olcan: C W *alcan*: **alkenyow** N (K.J.G.)} Rejected by Padel (CPNE).

alkohol ['alkɔhɔl] *m.* **+yow** alcohol
[E: E *alcohol* < Arabic] {S 5; F 0(GM09: P.H.): C cf. B *alkol* < F *alcool*: **+yow** I}

alkoholek [alkɔ'hɔ·lɛk] 1. *adj.* alcoholic 2. *m.* **-ogyon** alcoholic
[Ec: **alkohol** -EK]
{S 5; F 0(GM09: P.H.): **-ogyon** I}

Almann ['alman] *m.* **+ow** German *(male)*
[G: Old High G *Alamann*]
{S 4; F 0(CE38): **+ow** N (Caradar, 1940)}

Almannes [al'manːɛs] *f.* **+ow** German *(female)*
[Gc: **Almann** -⁴ES] {S 5; F 0(CE38): **+ow** I}

Almayn ['almaɪn] *place* Germany
[F: MidF < G *Alamann*- (Larousse)]
{S 5; F 1: M *almayn* (RD.2148)}

almaynek [al'maɪnɛk] *adj.* German
[Fc: **Almayn** -¹EK] {S 5; F 0(CE38):}

Almaynek *m.* German language
[Fc: **Almayn** -¹EK] {S 5; F 0(CE38):}

aloes

aloes [a'lɔ·ęs] *pl.* aloes
This word has three syllables.
[E(H): MidE < OldE *al(e)we* AND OldF *aloes* (coe)] {S 5; F 1: M *aloes* (PC.3198)}

alow ['a·lɔw] *coll.* **+enn** water-lilies
[C:] {S 1; F 0(CPNE): P Porthallow: C W *alaw*: **+enn** N (G.M.S.)}
Nance interpreted Porthallow as containing a sg., and devised a pl. *elew*.

alow dowr lotus
ALOW- [E(F): MidE < OldF *alouer* (coe)]

alowa v. allow
ALT = **gasa** or **ri kummyas dhe**
[E(F)c: ALOW- -¹A] {S 4; F 2: M *alowe* (BM.2259), *allowa* (TH14v); p.ptcpl. *allowys* (TH38r)}

alowans [a'lɔwans] *m.* **+ow** allowance
[E(F)c: ALOW=ANS] {S 4; F 0(Y2): **+ow** I}

als ['als] *f.* **+yow** cliff
[C: Brit *alto-* (M) < CC (Gr.) < IE (lp)] {S 1; F 4: O *als* (VC.733) → L,P: M *als* (BK40.36); pl. *algow* (BK35.44): L *aulz* (NGNB1), *aules* (DPNBL) → P: P *Chynalls*; pl. ?Alsia: C B *aod*; W *allt*: **+yow** P}

altenn ['altęn] *f.* **+ow** razor
[C: CC (Fl.)]
{S 1; F 0(CE38): C B *aotenn*; W *ellyn*: **+ow** I}

altennek [al'tęn:ęk] *adj.* razor-like
[Cc: **altenn** -¹EK] {S 1; F 0(GM09: G.M.S.)}

alter ['altęr] *f.* **+yow** altar
[L: CLat *altâria* (Fl.)] {S 1; F 5: O *altor* (VC.757) → P: M *alter, aulter* (TH., SA.): P *Altarnun*: C B *aoter*; W *allor*: **+yow** I}

altrewan [al'trewan] *f.* **-enyow** step-mother
[C: Brit *altrawenâ* (Fl.)] {S 8; F 3: O *altruan* (VC.141) → L,P: C B *itron* 'lady'; MidW *elltrewyn*: **-enyow** I}
Nance's spelling is retained, but not for the pl.

altrow ['altrɔw] *m.* **+yon** step-father
[C: Brit *altrawo-* (M) < CC *altravo-* (Fl.)] {S 1; F 3: O *altrou* (VC.140) → L,P: C B *aotrou* 'gentleman'; W *athro* 'teacher': **+yon** C (K.J.G.)}

alusen [a'ly·zęn] *f.* **+ow** alms, charity *(gift of money)*

¹**amalek**

[L: BLat *almôsina* < *almosina* < CLat *eleêmosyna* (gpc)] {S 1; F 2: M *alusyon* (BM.0536), *alusyen* (BM.3118); pl. *alesonov* (BM.1829): C B *aluzen*, W *elusen*: **+ow** M}

aluseneth [ˌaly'zę·nęθ] *f.* **+ow** charity *(body)*
[Lc: **alusen** -ETH]
{S 1; F 0(GK98: A.S.): **+ow** N (A.S.)}

alusener [ˌaly'zę·nęr] *m.* **-oryon** almoner
[Ll: **alusen** -¹ER] {S 1; F 0(CE38): **-oryon** I}

alusenji [ˌaly'zęndʒi] *m.* **+ow** almshouse
[LC: **alusen** 2chi] {S 3; F 0(CE38): **+ow** I}

Alwar name (name of a king)
{S 4; F 1: M *alwar* (BM.2463)}

alym ['a·lɪm] *m.* alum
[E(F): MidE < OldF (co)]
{S 5; F 1: L *alym* (LV007.60):}

alyon ['a·ljɔn] *m.* **+s** foreigner, alien
[E(F): MidE < OldF (coe) {S 4; F 2: M *alyon* (BM.2415), *allyon* (BM.2451): **+s** I}

alymona [ˌalɪ'mɔ·na] *m.* **-monies** alimony
[E(L): MidE < Lat *alimônia* (coe)]
{S 4; F 0(Y2): **-monies** I}

am [am] *pron.* my
[C: CC *meme* (lp)] {S 1; F 3: M *am*}
The usual word for 'my' is ³**ow**.

a'm [am] *phrase* of my
[cC: from ³**a am**] {S 1; F 6: M *am*: L *am, a'm* (AB247a) → P: C MidB *am*; W *o'm*}

-**AMA** *pron.* me [c: This arose when a phrase like *gene' mevy* 'with me' was re-interpreted as *gen ama vy*.] A LateC enclitic.

amal ['a·mal] *m.* **emlow** edge, border, side, rim, periphery, verge, margin
[C:] {S 3; F 0(CE38): P *Amble*: C W *ymyl*: **emlow** P (CE38)} One would expect **amel*; the pl. is doubtful (Padel)

amala [am'a·la] *v.* abut
[Cc: **amal** -¹A] {S 1; F 0(EC00)}

¹**amalek** [am'a·lęk] *adj.* peripheral, marginal
[Cc: **amal** -¹EK] {S 3; F 0(GM09: K.J.G)}

²*Amalek* name Amalek
{S 4; F 2: M *amalek* (OM.2781), *amalac* (OM.2786, 2812)}

amalogneth [ˌamaˈlɔgnɛ̨θ] *f.* peripherality
[Ccc: from **amalek** -NETH] {S 3; F 0(AnG 1997)}

amalven [amˈalvɛ̨n] *m.* **amalveyn** kerb-stone
[CC: **amal** 2¹**men**] {S 3; F 0(EC52): **amalveyn** I}

aman [ˈaˑman] *m.* butter
[C: IE (lp)] {S 1; F 1: L *aman* (AB014a):}

amanynn [aˈmaˑnɪn] *m.* **+ow** butter
[C: IE (lp)] {S 1; F 2: O *amenen* (VC.849): L *a manyn* (IKAB), *manyn* (AB045a, 273a) → P: C B *(amann)*; W *ymenyn*: **+ow** N (FTWC)}
The LateC forms suggest that the termination is -YNN (similar to Welsh) rather than -ENN (as in Breton). This choice means that the word is masc.

amanynna [ˌamaˈnɪnːa] *v.* butter
[Cc: **amanynn** -¹A] {S 1; F 0(CE38): C cf. B *amanennañ*}

amari [ˈaˑmari] *m.* **+ow**, **+s** cupboard, locker
[E(U): MidE *ambry* (CE38)] {S 4; F 1: L (Pryce MS.): **+ow** N (FTWC); **+s** I (CE38)}
amari gweli bedside cabinet

amarik [ˈaˑmarɪk] *m.* **-igow** closet
[E(U)c: from **amari** -IK] {S 4; F 0(FTWC): **-igow** (FTWC) }

amaya [aˈmaɪa] *v.* dismay, perplex, bewilder
[E(U)c: VN in -A from MidE] {S 5; F 0(CE38)} Nance took the 2-syll. word *ameys* (OM.0193, BM.2158) as the p.ptcpl. of a verb *amaya*. It may, however, be the Eng. word *amiss*.

amayans [aˈmaɪans] *m.* dismay, perplexity, bewilderment
[E(U)f: MN in -ANS from MidE] {S 5; F 0(EC00):}

aˈm beus [amˈbœːz] *v.* have As this verb is so varied, no specific examples of its parts are given.
[CC: **aˈm** + [b] from **bos** + **eus** 'is']

{S 2; F 7: C B *endevout*} There was a tendency to confuse the verb with **bos**.

nyˈm beus gwaya I cannot move

ambos [ˈambɔz] *m.* **+ow** promise, contract, covenant, pact
[cC: AM- ¹**bos**] {S 1; F 4: M *ambos* → P; pl. *ambosow* → P: C W *amod*: **+ow** M}

ambos demmedhyans engagement (to marry)

ambos surheans insurance policy

ambosa [amˈbɔˑzaː] *v.* promise Followed by **orth** or **dhe**.
[cCc: **ambos** -¹A] {S 1; F 1: M 3rd sg. pret. *ambosas* (RD.0915): C cf. W *amodi*}

ambosa orth nebonan promise to someone

ambosel [amˈbɔˑzɛ̨l] *adj.* conditional
[cCc: **ambos** -¹EL] {S 1; F 0(GM09: G.M.S.)}

ambosys [amˈbɔzɪz] *adj.* engaged *(to be married)*
[cCc: **ambos** -⁶YS] {S 1; F 0(EC00)}

Ambros name Ambrose
{S 4; F 1: M *Ambros* (TH., SA.)}

amen [aˈmɛ̨ːn] *interj.* amen
[L: CLat *âmên* (coe)] {S 1; F 4: M *amen*: L *amen*}

amendya [aˈmɛ̨ndja] *v.* make amends, atone, amend, set right[E(F)c: VN in -YA from MidE < OldF *amender* (coe)] {S 5; F 4: M *amendye, amendya*} Aphetic form *mendya* found at CW.2362.

amendys [aˈmɛ̨ndɪz] *pl.* amends
[E(F)c: MidE < OldF *amendes* (coe)] {S 5; F 3: M *amendys*}

America (Eng.) place
{S 6; F 1: L *America* (LAWG)}

amice (Fr.) [F:] {S 6; F 1: M *amys* (TH.25)} Linen vestment covering neck and shoulders

amiral [ˈamɪral] *m.* **-elyon** admiral
[E(F): MidE *amiral* < OldF *amiral* (coe)] {S 4; F 0(CE38): C B *amiral*: **-elyon** I}

amiss (Eng.) {S 6; F 2: M *ameys* (OM.0193, BM.2158), *a mys* (BK16.03)}

amkan ['amkan] *m.* **+ow** objective, goal
[C: (Fl.)] {S 1; F 0(CE93: K.J.G.):
C OldB *amcan;* W *amcan:* **+ow** I}
Amkan Onan Objective One

amm ['amːʰ] *m.* **+ow** kiss
[C: Brit (Gr.)] {S 1; F 3: O *im* (VC.153) → P:
L *abem* (PV.6518): **+ow** I} According to
Fleuriot, NOT cognate with MidB *aff*

amma ['amːa] *v.* kiss
[Cc: **amm** -¹A] {S 1; F 4: M *amme* → P, *amma*}
amma dhe nebonan kiss someone

ammeth ['amːęθ] *f.*
agriculture, farming
[C: CC *ambi-aktos* (gpc)]
{S 1; F 0(CE38): C OldB *ambaith,* W *amaeth:*}

ammetha [a'mę·θa] *v.* farm
[Cc: **ammeth** -¹A]
{S 1; F 0(CE93: K.J.G.): C W *amaethu*}

ammethel [a'mę·θęl] *adj.* agricultural,
farming, agrarian
[Cc: **ammeth** -¹EL] {S 1; F 0(GM09: G.M.S.)}
an bys ammethel the farming world

ammok ['amːɔk] *m.* defence, protection
[C:] {S 8; F 0(CE38): P ?Cos-abmeck: C MidB
amouc:} Nance wrote *amuk;* he supposed the
word to occur in pl.n. *Cos-abmeck,* but this is
not confirmed by Padel; cf. **kevammok**.

AMONT-
[E(F): MidE < ANor *amunter* < OldF *amonter*]

amontieth [ˌamɔn'ti·ęθ] *f.* computing
[E(F)c: AMONT=IETH] {S 5; F 0(GK98: G.M.S.):}

amontya [a'mɔntja] *v.* count, compute, estimate
May be used transitively or intransitively.
[E(F)c: AMONT=YA] {S 5; F 4: M *amontye*
(MC.040, 059), *amontya* (BK35.88)}
ny amont there's no point in, it's no use, it's useless, it is of no avail

amontyell [a'mɔntjęl] *f.* **+ow** computer
[E(F)c: from **amontya** -ELL]
{S 5; F 0(GM09: G.M.S.): **+ow** I}

amour m. **+s** love (in *PC.*), friend (in *BK.*)
[F: F *amour* 'love'] {S 4; F 4: M *amour* (PC.1632),
amor (BK36.29); pl. *amors* (BK.): **+s** M}

AMOV- [E(F): MidE *ameve* (CE38)]

amovya [a'mɔ·vja] *v.* perturb, agitate, startle
[E(F)c: AMOV=YA]
{S 4; F 1: M p.ptcpl. *amuwys* (BM.1311)}

amovyans [a'mɔ·vjans] *m.* **+ow**
perturbation, agitation
[E(F)h: AMOV=YANS] {S 4; F 0(GL05): **+ow** I}

amser ['amzęr] *f.* **+yow** tense *(of verb)*
[C: CC *amm-stero-* (Fl.)] {S 1; F 2: O *anser*
(VC.466) → P: C B *amzer;* W *amser:* **+yow** }
amser anperfydh imperfect tense
amser berfydh perfect tense
amser worberfydh pluperfect tense
amser ambosel conditional tense

amseryow [am'z·ęrjɔw] *pl.*
period *(menstrual)*
[Cc: **amser** -YOW]
{S 1; F 0(CE93: K.J.G.): C B *amzerioù*}

amstyreth [am'stɪ·ręð] *m.* **+ow**
ambiguity[cLc: AM- **styr** -ETH]
{S 8; F 0(GM09: YhaG): **+ow** I}

amstyryus [am'stɪ·rjys] *adj.* ambiguous
[cLl: AM- **styr** -YUS] {S 8; F 0(GM09: G.M.S.)}

AMYTT- [E(L): MidE < Lat *admittere* (coe)]

amyttya [a'mɪtːja] *v.* admit, acknowledge, concede
[E(L)c: AMYTT=YA] {S 5; F 2: M *amyttya*
(TH37v); p.ptcpl. *amyttys* (TH42v)}

amyttyans [a'mɪtːjans] *m.* **+ow**
admittance, admission
[E(L)c: AMYTT=YANS] {S 5; F 0(Y2): **+ow** I}

an [an] *art.* the
[C: Brit *sindos* (M)] {S 3; F 8: O *en*: M *an*: L *an*:
F Angove = **an gov** '(the) Smith': P Angarrack =
an garrek, and many others: C B *an, ar, al* <
MidB *an;* cf. W *y, yr*} Phonemically, this is
/ann/, but being unstressed, it is realized as
[an] (or, often [ən]), and is therefore spelled
<an>: OldC *en* > MidC F *an*.

an (Eng.) *conj.* if
{S 6; F 2: M *an* (PC.1636, SA62v)}

¹a'n

¹a'n [an] *phrase* of the
[cC: Short for ³a an]
{S 1; F 7: M *an*: L *a'n* (AB.), *an*}

²a'n [an] *phrase* him, it *(obj.)*
e.g. **hi a'n kar** 'she loves him',
Mighal a'n jeves skath 'Michael has a boat'.
[cc: ²a + infixed pronoun '**n**]
{S 5; F 7: M *an*: L *an*}

³a'n [an] *phrase* us
[cc: ²a + infixed pronoun '**n**]
{S 5; F 3: M *an*: L *a'n* (AB247a)}

'**an** [an] *pron.* our. See note on **aga**
[C: Reduced form of **agan**]
{S 2; F 3: C B *hon*; W *ein*}

AN- an *prefix* un-
Causes lenition only before [b-], [d-], [g-] and [m-]. [c: CC *an-* (M) < IE *ņ-* (Fl.)]

-¹AN *suffix* (diminutive suffix) e.g.
kromman 'sickle'. [c: CC *agno-* (gpc)]

-²AN *suffix* (place-name suffix)
[c: Brit *-ana* (Padel)] Probably occurs in names like Fraddon = **fros** -²AN (Padel)

anabel [a'naˑbęl] *adj.* incapable
[cE(F): AN- **abel**] {S 4; F 0(GK98: G.M.S.)}

anadhves [a'naðvęz] *adj.*
unripe, immature
[cC: AN- **adhves**] {S 1; F 0(EC52)}

anall ['aˑnal] *f.* breath
[C: Brit *anatlo-* (hpb) < IE (lp)] {S 2; F 1: M *anel* (BM.4094):} One would have expected *anathel (<th> = /ð/), but /ðęl/ > /ll/; cf. **banadhel**.

analladewder [anala'dęƱdęr] *m.* **+ow**
impossibility
[cCcc: from **analladow** -DER]
{S 1; F 0(GM09: G.M.S.): **+ow** I}

analladow [ana'laˑdɔw] *adj.* impossible
[cCc: AN- 2**galladow**] {S 1; F 0(GM09: K.J.G.)}

analog ['analɔg] *adj.* analogue
[E(F): E *analogue* (coe)] {S 4; F 0(GM09: YhaG)} from international. vocab.

anannedhadow [an‚ anę'ðaˑdɔw] *adj.*
uninhabitable
[cCc: AN- **annedhadow**]
{S 1; F 0(GK98: G.M.S.)}

anannedhys [ana'nęˑðɪz] *adj.*
uninhabited
[cCc: AN- **annedh** -⁶YS]
{S 1; F 0(GM09: G.M.S.)}

a-nans [a'nans] *prep.* down
[CC: ³a **nans**] {S 1; F 1: M *anans* (BK26.50)}

Anastasius (Lat.) *name* {S 6; F 1: M *Anastasius* (TH48r)}

anaswonnys [anaʒ'wɔnːɪz] *adj.*
unknown, unrecognized, unfamiliar
[ccCC: AN- **aswonnys**]
{S 1; F 0(GM09: G.M.S.)}

anav ['aˑnav] *m.* **+es** slow-worm, blindworm
[C: IE (vkg)] {S 1; F 2: O *anaf* (VC.617) → L,P: C B *anav*; W *araf* 'slow': **+es** I} Attempts have been made to borrow W *araf* into Cor., under the spelling *arav*. The word is already in Cor. in the guise **anav**. For 'slow' use **lent**.

anayrobek [anaɪ'rɔˑbęk] *adj.* anaerobic
[cE(F)c: AN- **ayrobek**] {S 5; F 0(GM09: G.M.S.)}

ancient (Eng.) *adj.* ALT = **hen**.
{S 6; F 4: M *auncient, auncyent* (TH.)}

andharganadewder
[anðargana'dęƱdęr] *m.* **+yow**
unpredictability
[ccCcc: AN- 2**darganadewder**]
{S 1; F 0(GM09: G.M.S.): **+yow** I}

andharganadow [anðarga'naˑdɔw] *adj.*
unpredictable
[ccCc: AN- 2**darganadow**] {S 1; F 0(EC00)}

andhemmedhys [‚anðę'męˑðɪz] *adj.*
unmarried, single
[cCc: AN- 2**demmedhys**]
{S 1; F 0(GK98: G.M.S.)}

andhewanadewder [anðęƱana'dęƱdęr]
m. impermeability
[ccCcc: AN- 2**dewanadewder**]
{S 1; F 0(GM09: K.J.G.):}

andhewanadow [anðęƱa'naˑdɔw] *adj.*
impenetrable, impermeable
[ccCc: AN- 2DE- 2**gwan** -ADOW] {S 1; F 0(EC00)}

andhien

andhien [an'ði·ęn] *adj.* incomplete
[cC: AN- 2**dien**] {S 1; F 0(EC00)}

andhifeudhadow [an‚ðifœ'ða·dɔw] *adj.* inextinguishable, unquenchable
[cCc: AN- 2DIFEUDH=ADOW]
{S 1; F 0(GM09: G.M.S.)}

andhiogel [anði'ɔ·gęl] *adj.* insecure
[cCc: AN- **diogel**] {S 1; F 0(GM09: YhaG)}

andhiogeledh [an‚ðiɔ'gę·lęð] *m.* **+ow** insecurity
[cCc: AN- **diogeledh**]
{S 1; F 0(GM09: YhaG): **+ow** I}

andhismygadow [an‚ðɪsmɪ'ga·dɔw] *adj.* inconceivable
[clUc: from AN- **dismyk** -ADOW]
{S 8; F 0(EC00)}

andhivagladow [an‚ðiva'gla·dɔw] *adj.* inextricable
[clLc: AN- 2DI- 2MAGL=ADOW]
{S 1; F 0(GM09: G.M.S.)}

andhoutys [an'ðu·tɪz] *adj.* undoubted
[cE(F)c: AN- 2**dout** -⁶YS]
{S 5; F 0(GM09: G.M.S.)}

andhrehedhadow [anðręhę'ða·dɔw] *adj.* inaccessible, unreachable
[cCcc: AN- 2**dre hedhadow**] {S 1; F 0(EC00)}

¹**androw** [an'drɔw] *m.* **+yow** afternoon
[cC: Shortened from **an derow**] {S 2; F 1: **M** *an drow* (PC.3121): **C B** *enderv*: **+yow** I}
An ellipsis for **an derow-nos** 'start of the night'

²**Androw** ['andrɔw] *name* Andrew
[E:] {S 8; F 3: **M** *androw*: **L** *Andrew*}

androwari ['andrɔ'wa·ri] *m.* **+ow** matinee *(performance of play)*
[cCC from **androw** 2**gwari**]
{S 2; F 0(GM09: YhaG): **+ow** I}

androweyth [an'drɔwęɪθ] *m.* **+yow** afternoon-time
[cCC: **androw** 2¹**gweyth**]
{S 2; F 0(CE38): **C B** *endervezh*: **+yow** I}

androwgosk [an'drɔʊgɔsk] *m.* **+ow** siesta
[cCC: **androw** 2**kosk**]

anewn

{S 2; F 0(GM09: K.J.G.): **+ow** I}

anedha [a'nę·ða] from them, of them
[C: Compound of ³**a**] {S 1; F 5: **M** *annethe* → P, *anetha*: **L** *annẏdha* (AB244b), *anetha* (NGNB3)}
anedha was still in use in LateC, alongside *anothans*.

anedhi [a'nę·ði] *adv.* from her, of her
[C: Compound of ³**a**] {S 1; F 4: **M** *anethy* → L,P: **L** *anothe* (G3WK): **C B** *anezhi*}

aneffeythus [anę'fęɪθys] *adj.* ineffective
[cLl: AN- **effeythus**] {S 1; F 0(GM09: K.J.G.)}

anella [a'nęlːa] *v.* breathe, respire
[Cc: from **anall** -¹A, with vowel aff. provoked by the change [-ę] > [-a].] {S 8; F 2: **M** *anella* (TH02r, 36r), *enella* (TH38v)}

anellans [a'nęlːans] *m.* respiration, breathing
[Cch: from **anella** -ANS] {S 8; F 0(EC52):}

anervys [a'nęrvɪz] *adj.* unarmed
[cL: AN- **ervys**] {S 1; F 0(GM09: G.M.S.)}

anerys [a'nę·rɪz] *adj.* untilled, fallow
[cCc: AN- **erys**] {S 1; F 0(GK98: G.M.S.)}

anes [an'ę:z] **1.** *adj.* troubled, wearied, uneasy **2.** *m.* uneasiness, disquiet
[cE(F): AN- ³**es**] {S 1; F 2: **M** *annes* (OM.0700), *anneys* (BM.2904):}

aneth ['a·nęθ] **1.** *adj.* amazing **2.** *m.* **+ow** marvel, wonder, adventure
[C: AN- + *oeth* (also found in **kevoeth**) (gpc)] {S 3; F 4: **M** *aneth, anath*; pl. *annethow* → P: **C W** *anoeth*: **+ow** M} The diphthong has become a simple vowel in Cor.

leverel anethow tell tales
gul aneth a wonder at

anetholys [anę'θɔ·lɪz] *adj.* unelected
[cCc: AN- **etholys**] {S 1; F 0(GM09: G.M.S.)}

anevadow [anę'va·dɔw] *adj.* undrinkable
[cCc: AN- **evadow**] {S 1; F 0(EC00)}

anewn [an'ęʊn] *adj.* unfair, unjust
[cCc: AN- **ewn**] {S 1; F 0(EC52)}

anewnder [an'ęʊndęr] *m.* **+yow**
iniquity, unfairness
[cCc: AN- ewnder] {S 1; F 0(EC52): +yow I}

anfalladow [anfa'la·dɔw] *adj.* unfailing
[cLc: fall -ADOW] {S 1; F 0(GM09: G.M.S.)}

anfel ['anfęl] **1.** *adj.* naive **2.** *m.* **+yon**
naive person
[cL: AN- fel] {S 1; F 0(GK98: A.S.): +yon I}

anfelder [an'fęldęr] *m.* **+ow** naivety
[cLc: anfel -DER] {S 1; F 0(GM09: G.M.S.): +ow I}

anfeles [an'fę·lęs] *f.* **+ow** ingenue, naive person
[cLc: anfel -¹ES] {S 1; F 0(GM09: YhaG): +ow I}

anfeus ['anfœz] *f.* ill luck, misery, misfortune
[cC: AN- feus] {S 1; F 3: M *anfus* → P:}

anfeusi [an'fœ·zi] *m.* disaster
[cCc: Compound of anfeus] {S 1; F 4: M *anfugy* → P, *anfusy*:}

anfeusik [an'fœ·zɪk] **1.** *adj.* unfortunate, unlucky, wretched **2.** *m.* **-igyon** wretch
[cCc: AN- feusik]
{S 1; F 4: M *anfusyk* → P, *anfugyk* → P; pl. *anfesugyon* (RD.0085) → P: -igyon }

anfeyth ['anfęɪθ] *adj.* infertile
[cL: AN- feyth] {S 1; F 0(GK98: G.M.S.)}

anfeythter [an'fęɪθtęr] *m.* infertility
[cLc: AN- feythter] {S 1; F 0(GK98: G.M.S.):}

anflammadow [anfla'ma·dɔw] *adj.* non-flammable
[cLc: AN- flammadow]
{S 1; F 0(GM09: G.M.S.)}

anformel [an'fɔrmęl] *adj.* informal, casual
[cE(F)c: AN- formel] {S 5; F 0(GM09: YhaG)}

anformoleth [fɔr'mɔ·lęθ] *f.* **+ow** informality
[E(F)c: from formel -ETH]
{S 5; F 0(GM09: YhaG): +ow I}

anfur ['anfyr] *adj.* unwise, imprudent
[cL: AN- fur] {S 1; F 2: O *anfur* (VC.417) → P}

anfurneth [an'fyrnęθ] *f.* imprudence
[cLc: AN- furneth] {S 1; F 0(GK98: E.G.R.H.):}

anger m. anger, trouble ALT = **sorr**.
[E(N): MidE *anger* from vb. (coe)]
{S 4; F 4: M *anger*:}

angoes ['angɤz] *m.* anguish
[E(F): MidE *anguys* (CE38) < AngN *anguisse* (coe)] {S 4; F 2: M *angus* (MC.059,221,224):}
The rhymes in MC.224 with **goes, galloes** and **loes** indicate a spelling **angoes**; i.e. the <u> meant /o/, as in MidC *gallus, arluth*.

angra v. anger ALT = **serri** or **fernewi**, depending on the amount of anger.
[E(N)c: MidE < OldN *angra* (coe)]
{S 4; F 3: M *angre* (MC.195)}

angry (Eng.) *adj.* {S 6; F 3: M *angry*}

Angwynn *name*
[CC: **an gwynn**] {S 1; F 1: L *angwin* (NGNB2): F Angwin} Note Richard Angwin, whose Cornish papers were lost.

anhedhadow [anhę'ða·dɔw] *adj.* unattainable, inaccessible
[Cc: AN- hedhadow] {S 1; F 0(GM09: YhaG)}

anhedhek [an'hę·ðęk] *adv.* incessant, continual, without respite
[cCc: AN- hedhek] {S 1; F 3: M *anhethek* (BM.)}

anhepkorradow [anhępko'ra·dɔw] *adj.* indispensible
[ccCc: AN- hepkorradow]
{S 1; F 0(GM09: K.J.G.)}

anhornus [an'hɔrnys] *adj.* non-ferrous
[cCl: AN- hornus] {S 1; F 0(GK98: G.M.S.)}

anhun ['anhyn] *m.* insomnia
[cC: AN- hun] {S 1; F 0(CE55): C B *anhun*:}

anhunek [an'hy·nęk] *adj.* insomniac
[cCc: anhun -¹EK] {S 1; F 0(EC00)}

anhwek ['anhwęk] *adj.* harsh, unpleasant
[cC: from AN- hweg]
{S 1; F 3: M *anwhek* → P, *anwek*}

anhwekter [an'hwęktęr] *m.* unpleasantness, rudeness
[cCc: anhwek -TER] {S 1; F 0(CE38):}

anjey [an'dʒɛɪ] *pron.* they
[c: Formed in LateC from the 3 pl. ending + enclitic < MidC -*ons y*]
{**S** 3; **F** 6: **L** *an gye* (W.Kerew), *an dzhei* (Lh.)}

ankablus [an'kablys] *adj.* not guilty, innocent
[cCc: AN- **kablus**] {**S** 1; **F** 0(AnG 1983)}

ankar ['ankar] *m.* **ankrys** anchorite, recluse, hermit
[E(E): OldE *ancra* (CE38)]
{**S** 4; **F** 3: **O** *ancar* (VC.112) → L,P: **C** W *ancr*: **ankrys** I} OldC *ancar* kept at face value, with <c> re-written as <k>.

ankarji [an'kardʒi] *m.* **+ow** hermitage
[E(E)C: **ankar** 2**chi**]
{**S** 4; **F** 0(CE38): **C** W *ancrdy*: **+ow** I}

ankarus [an'kaˑrys] *adj.* reclusive
[E(E)l: **ankar** -US] {**S** 1; **F** 0(GM09: G.M.S.)}
The morphology could also be interpreted as AN- **kar** -US 'unfriendly'

ankemmeradewder [ankɛmɛraˈdɛʊdɛr] *m.* unacceptability
[cCcc: AN- **kemmeradewder**]
{**S** 1; **F** 0(GM09: G.M.S.):}

ankemmeradow [anˌkɛmɛˈraˑdɔw] *adj.* unacceptable
[cCc: AN- **kemmeradow**] {**S** 1; **F** 0(GK98: A.S.)}

ankempenn [an'kɛmpɛn] *adj.* untidy
[cC: AN- **kempenn**] {**S** 1; **F** 0(AnG 1986)}

ankempennses [ankɛm'pɛnzɛz] *m.* untidiness
[ccCl: AN- **kempennses**]
{**S** 1; **F** 0(GM09: G.M.S.):}

anken ['ankɛn] *m.* **+yow** misery, grief, trouble
[C: IE (lp)] {**S** 1; **F** 5: **M** *anken* → P: **P** Crankan = [4]**ker anken**: **C** B *anken*; W *angen*: **+yow** I}

ankenedhel
[CC: AN- **kenedhel**]
{**S** 1; **F** 3: **O** *enchinethel* (VC.246) → L,P}

ankenek [an'kɛˑnɛk] **1.** *m.* penance **2.** *adj.* penitential
[Cc: **anken** -¹EK] {**S** 1; **F** 1: **M** *ankenek* (OM.2256) → P, *ankenak* (BK21.59, 32.23):}

ankensi [an'kɛnzi] *adj.* grievous, painful *(mentally)*
[Cc: Compound of **anken**]
{**S** 2; **F** 3: **M** *ankynsy* (MC.184) → P, *ankensy* (PC.1360), *ankengy* (BK19.40)}

ankenya [an'kɛˑnja] *v.* inflict grief
[Cc: **anken** -YA] {**S** 1; **F** 0(CE38): **C** B *ankeniañ*}

ankespar [an'kɛˑspar] *adj.* unlike
[CCL: AN- **kespar**] {**S** 1; **F** 2: **L** *Anghespar* (AB055a) → P} Apparently coined by Lhuyd from OldC *chespar* (VC.120).

ankessonus [ankɛ'sɔˑnys] *adj.* unharmonious
[cLl: AN- **kesson** -US] {**S** 1; **F** 0(GM09: YhaG)}

ankevi [an'kɛˑvi] *v.* forget
[cCc: AN- **kov**A -¹I] {**S** 1; **F** 3: **M** *ankevy* → P: **L** *ankevy* (CLJK): **C** cf. B *ankounac'haat*, W *anghofio*} The p.ptcpl., MidC *ankevys*, became metathesized to *nakeves* in LateC.

ankevi an geryow dry (in theatre)

ankewar [an'gɛwar] *adj.* incorrect
[cC: AN- 2**kewar**] {**S** 3; **F** 0(EC00)}
The form *angewar* in EC00 should be **ankewar**, since AN- does not lenite *k*-.

ankildennadow [ankɪldɛˈnaˑdɔw] *adj.* irreversible
[cCCc: AN- **kildennadow**]
{**S** 1; **F** 0(GM09: G.M.S.)}

ankler ['anklɛr] *adj.* unclear, obscure
[cE(F): AN- **kler**] {**S** 4; **F** 0(GM09: G.M.S.)}

anklevesadewder [anklɛvɛzaˈdɛʊdɛr] *m.* **+yow** immunity *(medical)*
[cCcc: from **anklevesadow** -DER]
{**S** 3; **F** 0(GM09: YhaG): **+yow** I}

anklevesadow [anˌklɛvɛˈzaˑdɔw] *adj.* immune *(medical)*
[cCc: AN- **kleves** -ADOW]
{**S** 3; **F** 0(GM09: YhaG)}

ANKOMBR- [E(F): MidE *encombra* (CE38) < OldF *encombrer* (coe)]

ankombra [an'kɔmbra] *v.* bother, hamper, embarrass
[E(F)c: ANKOMBR- -¹A] {**S** 5; **F** 2: **M** *ancumbra* (BM.2112, 3951); p.ptcpl. *ancombrys* (MC.034)}

ankombrynsi [ˌankɔmˈbrɪnʒi] *m.*
embarrassment
[E(F)c: ANKOMBR=YNSI] {S 5; F 3: **M** *an combrynsy* (OM.2517, 2542) → P, *ancombryngy* (BK02.07):} cf. MidE *encombraunce* (CE38)

ankompes [anˈkɔmpęs] *adj.* uneven
[cC: AN- **kompes**] {S 1; F 0(EC52)}

ankompoester [ankɔmˈpoˑstęr] *m.*
+yow unevenness
[ccLc: AN- **kompoester**]
{S 1; F 0(GM09: G.M.S.): +yow I}

ankor [ˈankɔr] *m.* **+yow** anchor
[E(E): OldE *ancor* (coe)] {S 4; F 2: **O** *ankor* (VC.278) → L,P: **C** B *eor;* W *angor:* **+yow** N (G.M.S.)} In OldC, instead of the expected **ancor,* the form *ancar* is found; this has been affected by OldC *ancar* 'anchorite' and by OldE *ancra* 'anchor'.

ankortes [anˈkɔrtęs] *adj.* brash cf.
diskortes 'impolite'.
[cE(F): AN- **kortes**] {S 4; F 0(GM09: G.M.S.)}

ankorva [anˈkɔrva] *f.* **+ow** anchorage
[E(E)c: **ankor** -VA]
{S 4; F 0(CE38): C W *angorva:* +ow I}

ankorya [anˈkoˑrja] *v.* anchor
[E(E)c: **ankor** -YA] {S 4; F 0(CE55): C B *eoriañ*}

ankoth [anˈkɔːθ] *adj.* unknown, strange, outlandish
[E(E): OldE *uncûð* (Gr.)] {S 4; F 3: **O** *unchut* → L,P: **L** *uncouth* (TCJK) + 4 other spellings}

ankothvos [anˈkɔθfɔz] *m.* **+ow**
unknown thing
[E(E)C: **ankoth** 2¹**bos**]
{S 4; F 1: **M** *an cothfos* (RD.2548): +ow I}

ankov [ˈankɔv] *m.* forgetfulness, oblivion
[cC: AN- **kov**] {S 1; F 0(CE38):}

ankovva [anˈkɔvːa] *f.* forgetfulness
[cCc: AN- **kov** -VA] {S 8; F 0(CE55):}

ankow [ˈankɔw] *m.* Death *(personified)*
[C: IE **nk'u-* (M)]
{S 1; F 4: **O** *ancou* (VC.435) → L,P: **M** *ancow:* L *ankou* (NGNB8): **C** B *ankou;* W *angau:*}

ankres [ˈankręs] *m.* disquiet, distress, unrest
[cC: AN- ²**kres**]
{S 1; F 1: **M** *ancres* (RD.0208): C B *enkres:*}

ankresya [anˈkręˑzja] *v.* disturb
[cCc: **ankres** -YA] {S 1; F 0(EC52)}

ankresyans [anˈkręˑzjans] *m.* **+ow**
disturbance
[cCc: **ankres** -YANS]
{S 1; F 0(GM09: P.H.): +ow I}

ankrydor [anˈkrɪˑdɔr] *m.* **+yon**
unbeliever *(male)*, pagan
[cCc: from AN- KRYS=OR (assibilation blocked)]
{S 8; F 2: **O** *ancredpur* (VC.269) → L,P: C W *anghredwr:* **+yon** I}

ankrydor mor Viking

ankrydores [ankrɪˈdɔˑręs] *f.* **+ow**
unbeliever *(female)*, pagan
[cCc: from AN- KRYS=ORES (assibilation blocked)] {S 8; F 0(GM09: P.H.): +ow I}

ankrysadow [ˌankrɪˈzaˑdɔw] *adj.*
unbelievable, incredible
[cCc: AN- **krysadow**] {S 1; F 0(GK98: K.J.G.)}

ankryjyk [anˈkrɪˑdʒɪk] *adj.* unbelieving
[cC: AN- **kryjyk**] {S 3; F 0(CE93: R.E.)}

anlaghel [anˈlaˑxęl] *adj.* unlawful, illicit, illegal
[cE(E)c: AN- **laghel**] {S 4; F 0(GM09: G.M.S.)}

anles [ˈanlęs] *m.* **+ow** disadvantage
[cC: AN- ²**les**] {S 1; F 0(EC52): +ow I}

anlettrys [anˈlętrɪz] *adj.* illiterate
[cLc: AN- **lettrys**] {S 5; F 0(GM09: K.J.G.)}

anlettryseth [anlęˈtrɪˑzęθ] *f.* illiteracy
[cLc: **anlettrys** -ETH] {S 5; F 0(GM09: K.J.G.):}

anlowr [ˈanlʊr] *adj.* inadequate, insufficient
[cC: AN- **lowr**] {S 8; F 0(GM09: K.J.G.)}

anlowreth [anˈlʊˑręθ] *adj.* inadequacy, insufficiency
[cC: **anlowr** -ETH] {S 8; F 0(GM09: K.J.G.)}

annaghadow [ana'ɦaˑdɔw] *adj.*
undeniable, irrefutable
[cCc: AN- **nagh** -ADOW]
{S 1; F 0(GM09: K.J.G.)}

Annas name Annas
(high priest in Jerusalem)
{S 4; F 4: M *annas, an as*}

annawel [a'nawęl] *f.* **+yow** tempest, hurricane
[cC: Apparently an intensive pf. **ann-** (< CC **ando-*) **awel** (Gr.)]
{S 1; F 2: O *anauhel* (VC.448) → L,P: **+yow** I}

annedh ['anːęð] *f.* **+ow** dwelling, habitation, residence
[C: Brit] {S 1; F 3: M *an eth* (PC.0705) → P: C B *annez*; W *annedd*: **+ow** L} Pryce's pl. *annezo* (PV.6837) appears Breton.

annedhadewder [anęða'dęUdęr] *m.* habitability
[Ccc: from **annedhadow** -DER]
{S 1; F 0(GM09: G.M.S.):}

annedhadow [ˌanęˑðaˑdɔw] *adj.* habitable, inhabitable
[Cc: **annedh** -ADOW] {S 1; F 0(GK98: K.J.G.)}

annedhel [a'nęˑðęl] *adj.* residential
[Cc: **annedh** -¹EL] {S 1; F 0(GM09: K.J.G.)}

annedhi [a'nęˑði] *v.* inhabit
[Cc: **annedh** -¹I]
{S 1; F 3: M p.ptcpl. *anhethys* (OM.1722) → P: L *anneza* (AB275b), *anhethy* (PV.6825)}

annedhik [a'nęˑðik] *m.* **-igow** bed-sit
[Cc: **annedh** -IK]
{S 1; F 0(GM09: YhaG): **-igow** I}

annedhyas [a'nęˑðjaz] *m.* **-ysi** inhabitant
[Cc: **annedh** -³YAS]
{S 1; F 0(EC52): C B *anneziad*: **-ysi** I}

annedhys [a'nęˑðɪz] *adj.* inhabited
[Cc: **annedh** -⁶YS] {S 1; F 2: M p.ptcpl. *anhethys* (OM.1722) → P} P.ptcpl. of **annedhi**.

annetter [a'nętːęr] *m.* **+yow** lodging
[Cc: from **annedh** -TER]
{S 3; F 1: M *annetter* (BK07.29): **+yow** I}

61

ANNI- [E(F): MidE < OldF *anoier* (coe)]

anni ['anːi] *m.* **+ow** annoyance
[E(F): Back-formation from **annia**] {S 4; F 1: M pl. *annyow* (BK15.29) (3 syll.): **+ow** M}

annia [a'niˑa] *v.* tire, weary, vex, annoy, aggrieve
[E(F)c: ANNI=¹A]
{S 4; F 3: M *annye* + 4 other spellings}

annius [a'niˑys] *adj.* annoying
[E(F)l: **anni=us**] {S 4; F 0(GM09: YhaG)}

annorel [a'nɔˑręl] *adj.* unearthly
[cCc: AN- ¹**nor** -¹EL] {S 2; F 0(GM09: G.M.S.)}

annown ['anːɔUn] *m.* underworld, abode of the dead
[cC: from AN- N**down**]
{S 1; F 0(EC52): C B *(anaon)*, W *annwn*:} Celtic equivalent of Hades.

anodho [a'nɔˑðɔ] *adv.* from him, of him
[C: Compound of ³**a**] {S 1; F 5: M *anotho* → L,P; *anotha*: L *anotha* (M2WK), *anẏdha* (CGEL)}

anorak ['anɔrak] *m.* **anoragow** anorak
[E(O): ModE < Eskimo *ánorâq*]
{S 4; F 0(FTWC): **anoragow** N (K.J.G.)}

a-nowydh [a'nɔwɪð] *adv.* recently
[CC: ³**a nowydh**] {S 1; F 2: M *a newyth* (BM.0167), *a nowyth* (BK24.28, 24.36)}

a-nowydh hag a-henys recently and anciently

anoyntya v. anoint ALT = **ura**.
[E(F)c: VN in -YA from MidE < OldF *anoint* 'anointed' (coe)]
{S 5; F 1: M p.ptcpl. *anoyntis* (SA60v)}

anpassadow [anpa'saˑdɔw] *adj.* impassable
[cE(F)c: AN- PASS=ADOW]
{S 4; F 0(GM09: P.H.)}

anperfydh [an'pęrfɪð] *adj.* imperfect
[cL: AN- **perfydh**] {S 1; F 0(CE93: J.G.H.)}

anperfydhder [anpęr'fɪðdęr] *m.* **+yow** imperfection
[cL: **anperfydh** -DER] {S 1; F 0(EC00): **+yow** I}

anpoesek

anpoesek [an'poːzɛk] *adj.*
unimportant, trivial
[cCc: AN- **poesek**] {S 1; F 0(GM09: K.J.G.)}

anpoesekter [anpo'zɛktɛr] *m.*
unimportance
[cCcc: AN- **poesekter**] {S 1; F 0(GM09: G.M.S.):}

anporthadow [anpɔr'θaˑdɔw] *adj.*
intolerable, unbearable
[cCc: AN- **porthadow**] {S 3; F 0(GM09: YhaG)}

anpossybyl [ˌanpɔ'sɪˑbɪl] *adj.*
impossible See **analladow**
[cE(F): AN- **possybyl**] {S 1; F 0(AnG 1985)}

anprederus [anprɛ'dɛˑrys] *adj.*
nonchalant
[cCl: AN- **prederus**] {S 3; F 0(GM09: G.M.S.)}

anpryvyon [an'prɪˑvjɔn] *pl.* insects
[cCc: Unidentified pf. + **pryv** -YON] {S 8; F 1: M *anprevion* (BK38.39): C cf. B *amprevaned*}

anpuredh [an'pyˑrɛð] *m.* **+ow** impurity
[cLc: AN- **puredh**]
{S 1; F 0(GM09: G.M.S.): +ow I}

anrannadow [anran'aˑdɔw] *adj.*
indivisible
[cCc: AN- **rannadow**] {S 1; F 0(EC00)}

anresnadow [anrɛs'naˑdɔw] *adj.*
unreasonable, unfair
[cE(F)c: AN- **resnadow**] {S 4; F 2}

anrewlys [an'rɛʊlɪz] *adj.* irregular
[AN- **rewl** -⁶YS] {S 1; F 0(GM09: G.M.S.)}

anreyth ['anrɛɪθ] *adj.* abnormal
[cL: AN- **reyth**] {S 1; F 0(GK98: A.S.)}

anreythenn [an'rɛɪθɛn] *f.* **+ow**
abnormality *(specific)*
[cLc: **anreyth** -ENN]
{S 1; F 0(GK98: R.L./T.S.): +ow I}

anreythter [an'rɛɪθtɛr] *m.* **+ow**
abnormality *(abst.)*
[cLc: **anreyth** -TER]
{S 1; F 0(GK98: R.L./T.S.): +ow I}

-ANS [ans] *suffix* **-answ** (abst. n. ending) This is the commonest abstract noun suffix, active today. [h: Conflation of

antavadow

MidC -*ans* < OldC -*ant* < IE *-ṇt (wg) and MidE -*ans*, -*ance* < OldF -*ance* (K.J.G.)]

ansans ['ansans] *adj.* unholy, profane, impious
[cL: AN- **sans**] {S 1; F 0(CE38)}

ansansoleth [ˌansan'zɔˑlɛθ] *f.*
impiety, profanity
[cLc: AN- **sansoleth**] {S 1; F 0(CE38):}

anserghek [an'sɛrxɛk] *adj.* independent
[cCc: AN- **serghek**]
{S 1; F 0(CE93)} lit. 'not clinging'.

anserghogeth [ˌansɛr'fɔˑgɛθ] *f.*
independence
[cCc: AN- **serghogeth**] {S 1; F 0(GK98: A.S.):}

ansertan [an'sɛrtan] *adj.* uncertain
[cE(F): AN- **sertan**] {S 1; F 0(GM09: K.J.G.)}

ansoedhogel [ˌansɤ'ðɔˑgɛl] *adj.*
unofficial
[cCcc: from AN- **soedhogel**]
{S 1; F 0(GK98: G.M.S.): C W *answyddogol*}

anstag [an'staːg] *adj.*
unattached, untethered
[cC: AN- **stag**] {S 1; F 0(GM09: K.J.G.)}

Anstis (Eng.) *name*
{S 6; F 2: L *Anstis* (CGEL)}

anstroethys [an'stroˑθɪz] *adj.*
unstructured, informal
[cLc: AN- **strothA** -⁶YS] {S 1; F 0(CE93: K.J.G.)}

ansur ['ansyr] *adj.* unsure, uncertain
[cE(F): AN- **sur**] {S 4; F 0(GM09: G.M.S.)}

ansurneth [an'syrnɛθ] *f.* **+ow**
uncertainty
[cE(F)c: AN- **surneth**]
{S 4; F 0(GK98: R.L.): +ow N (R.L.)}

antavadewder [antava'dɛʊdɛr] *m.*
immunity *(legal)*
[cCcc: from **antavadow** -DER]
{S 1; F 0(GM09: YhaG):}

antavadow [anta'vaˑdɔw] *adj.*
intangible, untouchable, immune *(legal)*
[cCc: AN- **tavadow**] {S 1; F 0(GM09: GG)}

antekrist

antekrist *m.* antichrist ALT = **gorthkrist**.
[E(F): MidE *antechrist* < OldF *antecrist* (coe)]
{S 5; F 2: M *antecrist* (RD.0239, 0247), *antecryst* (RD.0224):}

antell ['antęl] *f.* **antylli** snare, trap, inveiglement
[C: Brit **andell*] {S 1; F 4: M *antell* (MC.019), *antall* (BK13.38); pl. *antylly* (TH05v): L *antell*: P ?Carnantel: C B *antell*; W *annel*: **antylli** M}

antemna [an'tęmna] *m.* **antemnow** anthem
[E(E): MidE *antemne* < *antevne* < OldE *antefen* (coe)] {S 5; F 0(EC52): **antemnow** N (K.J.G.)}

anter *f.*
[U:] {S 8; F 1} Word given in *CE55* with poss. meaning 'open space', apparently derived by Nance from pl.ns. like *Antron* (manuscript copy of *CE38*)

anterrys [an'tęrːɪz] *adj.* unbroken
[cCc: AN- **terrys**] {S 1; F 0(GM09: G.M.S.)}

anteythi [an'tɛɪθi] *adj.* incapable, inert, without normal faculties
[cC: AN- **teythi**] {S 1; F 1: M *antythy* (BM.3052)}

antikwari *m.* +s antiquary
[E(L): ModE < Lat *antîquârius* (coe)]
{S 8; F 1: L (Lh.): **+s** I}

antiquity (Eng.) *n.*
{S 6; F 2: M *antiquite* (TH34v, 49r)}

Antonius (Lat.) *name*
{S 6; F 1: M *Antonyus* (TH46r)}

antowlek [an'tɔʊlęk] *adj.* aimless
[cCc: AN- **towl** -¹EK] {S 1; F 0(GM09: G.M.S.)}

antrethadow [antrę'θaˑdɔw] *adj.* impassable, uncrossable, indigestible
[cUc: AN- **trethadow**] {S 8; F 0(GM09: K.J.G.)}

antryghadewder [antrɪɦa'dęʊdęr] *m.* invincibility
[cCcc: from **antryghadow** -DER]
{S 3; F 0(GM09: G.M.S.):}

antryghadow [ˌantrɪ'ɦaˑdɔw] *adj.* unbeatable, invincible
[cCc: AN- **tryghadow**] {S 3; F 0(GK98: K.J.G.)}

anvlasus

antowlek [an'tɔʊlęk] *adj.* casual *(of labour)*
[cCc: AN- **towl** -¹EK] {S 1; F 0(Y2)}

antreusweladow [anˌtrœswę'laˑdɔw] *adj.* opaque
[cCCc: AN- **treusweladow**]
{S 1; F 0(GM09: K.J.G.)}

anusadow [ˌanys'aˑdɔw] *adj.* unusual
[cE(F)c: AN- **usadow**] {S 4; F 0(GK98: K.J.G.)}

anvap ['anvap] *adj.* childless
[cC: AN- ²**mab**] {S 1; F 2: L *anvab* (AB154c) → P: C W *anfab*} Deduced by Lhuyd from OldC *anuabat* 'childlessness'

anvabeth [an'vaˑbęθ] *f.* childlessness, sterility
[cCc: **anvab** -ETH] {S 1; F 1: O *anuabat* (VC.479) → P:} Following Nance, it is supposed that OldC <-at> meant -ETH.

anvarwel [an'varwęl] *adj.* immortal
[cCc: AN- ²**marwel**] {S 1; F 0(GK98: G.M.S.): C W *anfarwol*; cf. B *divarwel*} Nance suggested *dyvarow*.

anvarwoleth [ˌanvar'wɔˑlęθ] *f.* immortality
[cCc: AN- ²**marwoleth**] {S 1; F 0(GK98: K.J.G.):}

anvas ['anvaz] *adj.* immoral
[cC: AN- ²**mas**] {S 1; F 0(GM09: K.J.G.)}

anvaseth [an'vaˑzęθ] *f.* +ow immorality
[cC: **anvas** -ETH]
{S 1; F 0(GM09: K.J.G.): **+ow** I}

anven ['anvęn] *adj.* weak, infirm
[cC: AN- 2¹**men**] {S 1; F 1: O *anuein* (VC.953)}

anvenowgh [an'vęˑnɔʊx] *adj.* infrequent
[cC: AN- 2**menowgh**] {S 1; F 1: M *an venowgh* (BK36.13)} Anticipated by Nance in *CE55*.

anvlas ['anvlaz] *m.* tastelessness, insipidity
[cC: AN- 2**blas**] {S 1; F 0(CE38):}

anvlasus [an'vlaˑzys] *adj.* insipid, bland, tasteless
[cCl: AN- 2**blasus**]
{S 1; F 0(GK98: G.M.S.): C W *anflasus*}

anvodh

anvodh ['anvɔð] *m.* unwillingness, reluctance
[cC: AN- 2**bodh**]
{S 1; F 2: M *anvoth* (MC.175, BM.0493):}
a'y anvodh against his will

anvodhek [an'vɔ·ðęk] *adj.* reluctant, unwilling
[cCc: **anvodh** -¹EK] {S 1; F 0(GK98: R.L.)}

anvodhogeth [ˌanvɔ'ðɔ·gęθ] *f.* reluctance
[cCc: **anvodh** -OGETH] {S 1; F 0(GK98: A.S.):}

anvoll ['anvɔl] *adj.* opaque
[cU: AN- 2**boll**] {S 8; F 0(GM09: G.M.S.)}

anvollder [an'vɔldęr] *m.* opacity *(in general)*
[cUc: **anvoll** -DER] {S 8; F 0(GM09: G.M.S.):}

anvolledh [an'vɔlːęð] *m.* +**ow** opacity *(quantity in physics)*
[cUc: **anvoll** -EDH]
{S 8; F 0(GM09: K.J.G.): +**ow** I}

anvovadow [anvɔ'va·dɔw] *adj.* immovable *(spiritually)*
[cE(F)c: AN- **movadow**] {S 4; F 0(EC00)}

anvri ['anvri] *m.* disrespect
[cC: AN- 2**bri**]
{S 1; F 1: M *inivri* (TH17r): C W *anfri:*}
gul anvri dhe show disrespect to, dishonour

anwan ['anwan] *f.* **anwenyow** anvil
[C: CC (Fl.)] {S 8; F 1: L *anµan* (AB015b, 069c) → P: C B *annev*; OldW *ennian* > *einion*: **anwenyow** N (K.J.G.)}

anwayadewder [anwaɪa'dęʊdęr] *m.* immobility
[cE(E)cc: from **anwayadow** -DER]
{S 5; F 0(GM09: K.J.G.):}

anwayadow [anwa'ja·dɔw] *adj.* immobile, immovable
[cE(E)c: AN- 2**gwayadow**]
{S 5; F 0(GM09: YhaG)}

anweladewder [anwęla'dęʊdęr] *adj.* invisibility

anwoesi

[cCcc: from AN- 2**gweladewder**]
{S 1; F 0(GK98: K.J.G.)}

anweladow [anwę'la·dɔw] *adj.* invisible
[cCc: AN- 2**gweladow**] {S 1; F 0(GK98: K.J.G.)}

anwir [an'wiːr] *adj.* unreal, untrue
[cCC: AN- 2**gwir**] {S 1; F 0(EC52)}

anwirder [an'wirdęr] *m.* untruth
[cCc: AN- 2**gwirder**] {S 1; F 0(GM09: G.M.S.):}

anwirvos [an'wirvɔz] *m.* +**ow** unreality
[cCC: AN- 2**gwirvos**]
{S 1; F 0(GK98: A.S.): +**ow** I}

anwiryon [an'gwi·rjɔn] *adj.* unrighteous
[cCc: AN- 2**gwiryon**] {S 3; F 0(GM09: G.M.S.)}

anwiw ['anwiw] *adj.* unfit, unworthy, inappropriate, unseemly, unsuitable, unbecoming, improper
[cC: AN- 2**gwiw**] {S 1; F 0(CE38): C W *anwiw*}

anwiwder [an'wiʊdęr] *m.* unworthiness
[cCc: AN- 2**gwiwder**] {S 1; F 0(EC52):}

anwoderrys [anwɔ'dęrːyz] *adj.* uninterrupted
[ccCc: AN- 2**goderrys**] {S 1; F 0(GM09: G.M.S.)}

anwodhvedhys [anwɔð'vę·ðɪz] *adj.* unknown
[cCCc: AN- 2**godhvedhys**]
{S 1; F 0(GM09: K.J.G.)}

anwodhvos *adj.* unknown
[cCC: AN- 2**godhvos**] {S 1; F 2: M *vnwothfos* (TH17v), *vnwothfas* (TH31v)}
Translating Bonner's *vnknowen*; not to be confused with **ankothvos**.

anwoes ['anwɤz] *m.* +**ow** chill, cold *(in the head)*
[cC: AN- 2**goes**] {S 1; F 3: M *anwos* (OM.0362) → P, *anwous* (PC.1222), *anwys* (BM.4188): L *annez* (AB028a) → P: C B *anoued*; W *anwyd*: +**ow** I} lit. 'bloodless'.

anwoesek [an'wo·zęk] *adj.* chilly, apt to catch cold
[cCc: AN- 2**goesek**]
{S 1; F 0(CE38): C B *anoudek*, W *anwydog*}

anwoesi [an'wo·ʒi] *v.* catch cold
[cCc: **anwoes** -¹I] {S 1; F 0(CE38): C B *anouediñ*}

anwoheladow

anwoheladow [anˌwɔhę'laˑdɔw] *adj.*
unavoidable, inevitable
[ccCc: AN- 2**goheladow**]
{**S** 1; **F** 0(GK98: K.J.G.)}

anyagh ['anjax] *adj.* unwell, infirm, unhealthy, unfit *(out of condition),* unsound
[cC: AN- **yagh**] {**S** 1; **F** 2: **O** *aniach* (VC.384) → L,P: **C** Not in B; cf. W *afiach*}

a-ogas [a'ɔˑgas] *adv.* nearby
[CC: ³**a ogas**] {**S** 1; **F** 2: **M** *a ogas* (MC.249) → P}
a-ogas hag a-bell
nearby and far away

a-overbynn *prep.* from overhead
[ceC: ³**a** OVER- 2²**pynn**]
{**S** 4; **F** 1: **M** *a owerbyn* (CW.2288)}

apa ['aˑpa] *m.* **apys** ape, person with ape-like characteristics
[E(E): MidE < OldE *apa* (coe)]
{**S** 4; **F** 0(CE38): **apys** I}

aparel [a'paˑręl] *m.* outfit, gear *(clothes),* apparel
[E(F): MidE *aparaile* (CE38) < OldF *apareil* (coe)]
{**S** 4; **F** 1: **L** *aparell* (CW.1034):}

apert [a'pęrt] *adj.* obvious, evident, open, overt, blatant
[F:] {**S** 5; **F** 4: **M** *apert* → P, *a pert*}

aperya [a'pęˑrja] *v.* injure, harm, impair
[E(U)c: VN in -YA from MidE *apeiren* (CE38)]
{**S** 8; **F** 1: **M** *aperia* (2 syll.) (BM.2793)}

apology (Eng.) *n.* {**S** 6; **F** 2: **M** *apologie* (TH46v): **L** *apolog* (CGEL)}

apostyl *m.* apostlys apostle
[E(H): MidE < OldE *apostol* and OldF *apostle* (coe)] {**S** 5; **F** 5: **M** *appostyll* (TH.); pl. *appostlys* (TH.): **apostlys** M}
Why did Tregear not use the word **abostol** and its pl. **abesteli**, as the user of this dictionary is advised to do? This is one of several instances where Tregear appears not to have known common words. Was he really educated at Glasney?

apposyans

APOYNT- [E(F): MidE < OldF *apointier* (coe)]

apoyntya [a'pɔɪntja] *v.* appoint, nominate, ordain
[E(F)c: APOYNT=YA]
{**S** 5; **F** 4: **M** *appoyntya, poyntya*}
Aphetic form '**poyntya** found in *TH44v.*

apoyntyans [a'pɔɪntjans] *m.* **+ow** appointment
[E(F)h: APPOYNT=YANS] {**S** 5; **F** 0(EC00): **+ow** I}

apparently (Eng.) *adv.*
{**S** 6; **F** 2: **M** *apparantly* (TH32v)}

apperya v. appear ALT = **omdhiskwedhes**.
[E(F)c: VN in -YA from MidE *aperen* < OldF (coe)] {**S** 4; **F** 4: **M** *apperia* (TH., SA.)}
Although <p> rather than <pp> was used in MidE, the word is spelled here with <pp>, to distinguish it from **aperya** 'to injure', and to reflect the origin Lat *ap-* + *pârêre* 'to come into view'.

appetite (Eng.) *n.*
{**S** 6; **F** 1: **M** *appetyd* (TH21r)}

appla ['apla] *adj.* more able
[E(F)c: Comp. of **abel**.]
{**S** 4; **F** 1: **M** *appla* (TH41v)}

Apollo (Lat.) name
{**S** 6; **F** 1: **M** *Apollo* (TH33r)}

Apollyn name Apollo
{**S** 8; **F** 2: **M** *appolyn* (BM.1059); aphetic form *apol* (BM.1236)}

apportion (Eng.) *v.*
{**S** 6; **F** 1: **M** *apporcion* (TH29r)}

APPOS- [E(F): MidE *appose* (CE38)]

apposya [a'pɔˑzja] *v.* examine *(of knowledge),* test by questions
[E(F)c: APPOS=YA]
{**S** 4; **F** 1: **M** p.ptcpl. *apposijs* (BM.0525)}

apposyans [a'pɔˑzjans] *m.* **+ow** examination, test
[E(F)c: APPOS=YANS] {**S** 4; **F** 0(CE55): **+ow** I}

apron

apron ['aprɔn] *m.* **+yow** apron
[E(F): MidE *napron* < OldF *naperon* (coe)] {S 4; F 3: L *apparn* (AB125b, 171b) → P; pl. *aprodnieo* (G3WK): **+yow** L} The fact that Lhuyd wrote *apparn* for the sg. and Kerew wrote *aprodniow* for the pl. has no great significance. The sequences [-rVn] and [-Vrn] were constantly changing order in LateC.

¹**ar** ['aːr] *f.* **+ow** battle, slaughter
[U:] {S 1; F 3: L *ar, hâr* (AB045b) → P: **+ow** I (CE38)}

²**ar** *prep.* on
[C:] {S 2; F 3: L *ar* (PV.6915, 12014)} Variant of **war**.

³**ar** ['aːr] *m.* ploughed land, tilth
[C: Brit **ar-* (gpc)] {S 1; F 0(CE38): C W *âr:*}

AR- *prefix* before, facing, beside [c: CC (Fl.)] A leniting prefix, inactive in MidC.

Arab ['aˑrab] *m.* **Arabyon** Arab
[E(L): ModE < Lat *Arabus* (coe)] {S 5; F 0(AnG1984): **Arabyon** N} Aff. suppressed in pl.

arabek [a'raˑbęk] *adj.* Arabic
[E(L)c: **Arab** -¹EK] {S 5; F 0(CE93: K.J.G.):}

Arabek *m.* Arabic language
[E(L)c: **Arab** -¹EK] {S 5; F 0(CE93: K.J.G.):}

Arabi [a'raˑbi] *place* Arabia
[E(F): OldF *Arabi* {S 4; F 2: M *araby* (OM.1930, 1943)} This reminds us that countries whose name in Eng. ends in <-ia>, and in Fr. in <-ie>, often have Cornish names ending in <-i>.

arader ['aˑradęr] *m.* **ereder** plough
[L: ARADR-S] {S 1; F 4: O *aradar* (VC.342) → P: L *ardar* (AB.) → P: C B *arar*; W *aradr*: **ereder** }

ARADR- [L: CLat *aratrum* (hpb)]

aradror ['aˑradrɔr] *m.* **+yon** ploughman
[Lc: ARADR=OR] {S 1; F 3: O *araderuur* (VC.228) → P: C W *aradrwr*: **+yon** I} OldC *araderuur* shows svarabhakti.

aradow [a'raˑdɔw] *adj.* arable
[Cc: ³**ar** -ADOW] {S 1; F 0(CE38)}

arbennigores

a-rag [a'raːg] **1.** *prep.* before, in front of, in the presence of **2.** *adv.* forward, in front
Conjugates as **a-ragov, a-ragos, a-ragdho, a-rygdhi, a-ragon, a-ragowgh, a-ragdha**. [cC: a³ rag] {S 1; F 5: M *a rag, a rak*: L *arâg* (AB.), *araage* (G3WK)}

a-rag dorn beforehand

arall ['aˑral] *adj.* other, another
The pl. is **erell**. [C: Brit **al-alno-* (Fl.) < CC (lp)] {S 1; F 6: M *arall, aral*: L *aral*: C B *arall*; W *arall*}

an dhew arall the two others, the other two

aras ['aˑraz] *v.* plough
[Cc: ³**ar** -¹AS] {S 1; F 3: M *oras* (BK12.64): L *araz* (AB043c, 245b) → P; *aras* (CDWP, BPWG): C B *arad*}

aray ['aˑraɪ] *m.* **+ow** order, array, arrangement, layout
[E(F): MidE < AngN *arai* (coe)] {S 5; F 3: M *aray*: **+ow** N (K.J.G.)}

araya [a'raɪa] *v.* arrange, order, array
[E(F)c: **aray** -¹A] {S 5; F 1: M p.ptcpl. *arays* (BM.4474)}

araynya *v.* arraign
[E(F)c: VN in -YA from MidE] {S 5; F 1: M p.ptcpl. *araynys* (BK07.71)}

arbenniger [ˌarbę'niˑgęr] *m.* **-oryon** specialist *(male)*, expert
[cCcl: from **arbennik** -¹ER] {S 1; F 0(CE93: G.M.S.): C cf. W *arbenigwr*: **-oryon** I}

arbennigi [ˌarbę'niˑgi] *v.* specialize
[cCcc: from **arbennik** -¹I] {S 1; F 0(GK98: A.S.)}
-I is used to avoid confusion with **benniga**

arbennigores [arbęni'gɔˑręs] *f.* **+ow** specialist *(female)*, expert
[cCclc: from **arbennik** -ORES] {S 1; F 0(GM09: K.J.G.): **+ow** I}

arbennik [ar'bɛnːɪk] *adj.*
special, particular
[cCc: AR- 2**penn**'head' -IK < Brit **arepennîkos* (gpc)] {**S** 1; **F** 2: **L** *arbednek* (AB224) → **P**: **C B** *arbennig*, **W** *arbennig*}
Pryce's *Arbednek* 'usual, customary' appears to have the same construction, but not the same meaning. The suffix is -IK, not -EK.

yn arbennik especially, specially

arbennikter [ˌarbɛ'nɪktɛr] *m.* **+yow**
speciality, specialism
[cCcc: **arbennik** -TER]
{**S** 1; **F** 0(CE93: G.M.S.): +yow I}

arbrevi [ar'brɛˑvi] *v.* experiment
[cLc: AR- 2**previ**]
{**S** 1; **F** 0(GK98: A.S.): **C W** *arbrofi*}

arbrisya [ar'briˑsja] *v.* evaluate
[cE(F)c: AR- 2**pris** -YA] {**S** 4; **F** 0(GK98: A.S.)}

arbrisyans [ar'briˑsjans] *m.* **+ow**
evaluation
[cE(F)c: from **arbrisya** -ANS]
{**S** 4; **F** 0(GM09: G.M.S.): +ow I}

arbrov ['arbrɔv] *m.* **+ow** experiment
[cL: AR- 2**prov**] {**S** 1; **F** 0(GK98: R.L.): **C W** *arbrawf*: +ow N (R.L.)}

arbrovel [ar'brɔˑvɛl] *adj.* experimental
[cLc: **arbrov** -¹EL] {**S** 1; **F** 0(GM09: G.M.S.)}

arbrovji [ar'brɔvji] *m.* **+ow** laboratory
[cL: **arbrovji**] {**S** 1; **F** 0(GM09: P.H.): +ow I}

archer m. **+s** archer
ALT = **sether** or **gwaregor**.
[E(F): MidE < AngN *archer* (coe)]
{**S** 5; **F** 1: **L** *archer* (CW.1559); pl. *archers* (BM.3911): **C B** *archer* 'policeman': +s M}

ardak ['ardak] *m.* **-dagow** delay, check *(in chess)*
[cC: AR- 2TAG-]
{**S** 1; **F** 3: **M** *ardag* → **P**: **C** cf. **W** *atreg*: -dagow I}

ardaga [ar'daˑga] *v.* check *(in chess)*
[cCc: AR- 2**taga**] {**S** 1; **F** 0(EC00)}

ardh ['arð] *m.* **+ow** high place, height
[**C**: CC **arduos* < IE *r̥dwos* (iyk)]
{**S** 1; **F** 3: **L** *arth, earth* (PV.): **P** Erth: **C** OldB *ard*; MidW *ardd*: +ow I}

ardhek ['arðɛk] *adj.* lofty
[Cc: **ardh** -¹EK] {**S** 1; **F** 0(CE93: K.J.G.)}

ardhynus [ar'ðɪˑnys] *adj.* seductive
[cCl: from AR- 2**dynya** -US]
{**S** 1; **F** 0(GM09: YhaG)}

ardhynya [ar'ðɪˑnja] *v.* seduce
[cCc: AR- 2**dynya**] {**S** 1; **F** 0(GK98: A.S.)}

ardhynyans [ar'ðɪˑnjans] *m.* **+ow**
seduction
[cCh: from AR- 2**dynya** -ANS]
{**S** 1; **F** 0(GM09: G.M.S.): +ow }

ardoll ['ardɔl] *m.* **+ow** levy
[cC: AR- 2¹**toll**] {**S** 1; **F** 0(EC00): +ow I}

arenebedh [arɛ'nɛˑbɛð] *m.* **+ow** area
[cCc: from **arenep** -EDH]
{**S** 1; **F** 0(GM09: A.S.): **C W** *arwynebedd*: +ow I}

arenebel [arɛ'nɛˑbɛl] *adj.* superficial
[cCc: from **arenep** -¹EL]
{**S** 1; **F** 0(GM09: G.M.S.): **C W** *arwynebol*}

arenebi [arɛ'nɛˑbi] *v.* surface
[cCc: from **arenep** -¹I] {**S** 1; **F** 0(GM09: G.M.S.)}

arenep [a'rɛˑnɛp] *m.* **-enebow** surface
[cC: AR- **enep**]
{**S** 1; **F** 0(EC00): **C W** *arwyneb*: -enebow I}

areskis [a'rɛˑskɪz] *m.* **+yow** galosh
[cC: AR- **eskis**] {**S** 1; **F** 0(EC00): +yow I}

areth ['aˑrɛθ] *f.* **+yow** oration, declamation, speech, lecture *(lecture),* address *(talk)*
[D: BLat **aratio* (hpb) or CC **a-rekt-* (Fl.)]
{**S** 1; **F** 2: **M** *areth* (PC.0954) → **P**: **C** OldB *arec-*; **W** *araith*: +yow I}

arethor [a'rɛˑθɔr] *m.* **-oryon** orator *(male),* lecturer, public speaker
[Dc: **areth** -OR]
{**S** 1; **F** 0(CE38): **C W** *areithwr*: -oryon I}

arethores [arɛ'θɔˑrɛs] *f.* **+ow** orator *(female),* lecturer, public speaker
[Dcc: **areth** -ORES]
{**S** 1; **F** 0(GM09: K.J.G.): +ow I}

arethva

arethva [aˈrɛθfa] *f.* **+ow** rostrum, platform See also **bynk**.
[Dc: **areth** -VA]
{S 1; F 0(CE38): C W *areithfa*: **+ow** I}

arethya [aˈrɛˑθja] *v.* make a speech, lecture, harangue
[Dc: **areth** -YA] {S 1; F 0(CE38): C W *areithio*}

argas [ˈargaz] *f.* **+ow** aggression
[cC: AR- 2³**kas**]
{S 1; F 0(GM09: G.M.S.): C B *argad*: **+ow** I}

argasor [arˈkaˑzɔr] *m.* **+yon** aggressor
[cCc: AR- 2**kasor**]
{S 3; F 0(GM09: YhaG): **+yon** I}

argasus [arˈkaˑzys] *adj.* aggressive
[cCl: **argas** -US]
{S 1; F 0(GM09: G.M.S.): C B *argadus*}

arge [ˈargɛ] *m.* **+ow** dam, barrage
[cC: AR- 2¹**ke**]
{S 1; F 0(GM09: G.M.S.): C W *argae*: **+ow** I}

argel [ˈargɛl] *f.* **+yow** retreat, secluded place, sequestered place
[cC: AR- 2**kel**]
{S 1; F 0(CE38): P Argal: C W *argel*: **+yow** I}

argeles [arˈgɛˑlɛz] *v.* sequester
[cCc: AR- 2**keles**] {S 1; F 0(GK98: A.S.)}

argelli [arˈgɛlːi] *v.* risk
[cC: AR- 2**kelli**] {S 1; F 0(GM09: G.M.S.)}

argelys [arˈgɛˑlɪz] *adj.* secluded, sequestered
[cCc: AR- 2**kel** -⁶YS] {S 1; F 0(GM09: YhaG)}
P.ptcpl. of **argeles**.

argemmynn [arˈgɛmːɪn] *m.* **+ow** advertisement, notice
[cL: AR- 2**kemmynn**] {S 1; F 0(Y1): **+ow** I}

argemmynna [ˌargɛˈmɪnːa] *v.* advertise, notify
[cLc: **argemmynn** -¹A] {S 1; F 0(Y1)}

argemmynnans [ˌargɛˈmɪnːans] *m.* advertising, publicity
[cLh: **argemmynn** -ANS] {S 1; F 0(EC00):}

arghadow-post

argerdh [ˈargɛrð] *m.* **+ow** process
[cC: AR- 2**kerdh**]
{S 1; F 0(CE93: A.S.): C B *argerz*: **+ow** I}

argerdhes [arˈgɛrðɛz] *v.* process
[cCc: AR- 2**kerdhes**] {S 1; F 0(CE93: A.S.)}

argerdhell [arˈgɛrðɛl] *f.* **+ow** processor
[cCc: ARGERDH -²ELL]
{S 1; F 0(CE93: G.M.S.): **+ow** I}

¹**argh** [ˈarx] *f.* **+ow** coffer, chest, bin, ark *(e.g. of covenant)*
[L: CLat *arca* (M)] {S 1; F 3: M *argh* (BM.3401); pl. *arghov* (PC.1541) → L,P: **+ow** M}

argh vona money-box

²**argh** *m.* **+ow** command
{S 1; F 1: L *argh* (PV.6933): **+ow** I}

¹ARGH- *prefix* arch- [L: CLat *archi-* (Gr.)]
In Welsh, this prefix causes lenition; there are no exx. in trad. Cor. which would show whether the same applied in Cor. Nance assumed no mutation after ¹ARGH-.

²ARGH- [C: CC *arkû* < IE *p̥rsko-* (gpc)]

argha [ˈarxa] *v.* load, charge *(fill up)*
[Lc: ¹**argh** -¹A] {S 8; F 1: L *argha* (PV.6928)}

arghadow [arˈhaˑdɔw] *m.* **+yow** command, order, commandment, decree, bidding
[Cc: ²ARGH=ADOW]
{S 1; F 3: M *arghadow* → L, *arhadow* → L,P: L *aradow* (TCJK) → P: **+yow** N (Y2)}

arghadow dre bost mail order

arghadow-mona [arˈhaˑdɔwˈmɔˑna] *m.*
arghadowyow-mona money-order
[CcL: **arghadow mona**]
{S 1; F 0(Y2): **arghadowyow-mona** I}

arghadow-post [arˈhaˑdɔwˈpɔːst] *m.*
arghadowyow-post postal order, money order (U.S.)
[CcE(F): **arghadow** ²**post**]
{S 4; F 0(Y2): **arghadowyow-post** I}

arghans

arghans ['arxans] *m.* silver, money, finance
[C: CC *argñt* (gpc)]
{S 1; F 4: O *argans* (VC.225): M *arghans* → L,P; *arhans* → L,P: L *arrance* (BITB):
P Venton Ariance: C B *arc'hant*; W *arian*:}

arghans byw quicksilver, mercury

arghans tiogeth housekeeping (money)

arghansek [ar'ɦanzɛk] **1.** *adj.* silvery **2.** *f.* **-egi** ground rich in silver
Nance used this word for 'financial', but it is better to separate 'silvery' and 'financial' by using **arghansel** for the latter.
[Cc: **arghans** -¹EK] {S 1; F 0(EC52): **-egi** I}

arghansel [ar'ɦanzɛl] *adj.* financial
[Cc: **arghans** -¹EL] {S 1; F 0(GM09: YhaG)}

arghanser [ar'ɦanzɛr] *m.* **-oryon** financier, banker
[Cl: **arghans** -¹ER]
{S 1; F 0(CE38): C B *arc'hanter* 'liquidator'; cf. W *arianwr*: **-oryon** I}

arghansereth [ˌarɦan'zɛˑrɛθ] *f.* finance
[Clc: Compound of **arghans** with -ETH]
{S 8; F 0(CE93: G.M.S.): C B *arc'hanterezh*:}
cf. Nance's *arghansoryeth*.

arghanswas [ˌarxanz'waːz] *m.* **-wesyon** bank clerk
[CC: **arghans** 2gwas] {S 1; F 0(Y2): **-wesyon** I}

arghantell [ar'ɦantɛl] *f.* **+ow** silvery stream
[Cc: Derivative of **arghans**]
{S 8; F 0(CPNE): P Tregantle (1st syll. replaced by *Tre*): C B *Arc'hantell*; W *Arianell*: **+ow** I}
The <ll> is unexplained but real (Gr.); found in early forms of the pl.n. *Tregantle*, which now includes a false **tre-**.

arghantti [ar'ɦanti] *m.* **+ow** bank *(for money)*
[CC: from **arghans ti**] {S 1; F 0(CE55): **+ow** I}

¹**arghas** ['arxaz] *m.* **+ow** order, command
[Lc: ²ARGH=¹AS]
{S 1; F 3: L *arrhas* (AB242c) → P: **+ow** I}

²**arghas** ['arxaz] *m.* **+ow** fund, bursary
[Lc: ⁴argh -¹AS] {S 1; F 3: **+ow** I (Y2)}

arghasa [ar'ɦaˑza] *v.* fund
[Lcc: **arghas** -¹A] {S 1; F 0(GM09: G.M.S.)}

arghasans [ar'ɦaˑzans] *m.* funding
[Lch: **arghas** -ANS] {S 1; F 0(GM09: G.M.S.):}

argh-dillas [ˌarx'dilːaz] *f.*

arghow-dillas chest of drawers
[LC: ⁴**argh dillas**]
{S 1; F 0(FTWC): **arghow-dillas** N (FTWC)}

arghdrewydh [ˌarx'drɛwɪð] *m.* **+yon** archdruid
[IC: ¹ARGH- **drewydh**]
{S 8; F 0(CE55): C W *archdderwydd*: **+yon** I}

arghdyagon [ˌarxdɪ'aˑgɔn] *m.* **+yon** archdeacon
[IL: ARGH- **dyagon**] {S 1; F 0(CE38):
C W *archddiagon*: **+yon** N (K.J.G.)}

arghel ['arxɛl] *m.* **+edh** archangel
[IL: ¹ARGH- **el**] {S 1; F 3: O *archail* (VC.004) →
L,P: M pl. *arthelath* (SA60r, CW.0061):
C B *arc'hael*; not in W: **+edh** M}

ARGHEN- [C:]

arghena [ar'ɦeˑna] *v.* put shoes on
[Cc: ARGHEN=¹A]
{S 1; F 0(CE55): C B *arc'henad*; MidW *archenad*}

arghenas [ar'ɦeˑnaz] *m.* footwear, shoes
[Cc: ARGHEN=¹AS] {S 1; F 3: O *orchinat* (VC.797)
→ L,P: C B *arc'henad*; MidW *archenad*:}

arghepskop [ar'ɦɛpskɔp] *m.* **-epskobow** archbishop
[IL: ¹ARGH- **epskop**] {S 1; F 1: O *archescop* (VC.102) → P: M *argh ebscob* (BK08.241, 08.26):
L *arch ispak* (PV10019): C B *arc'heskob*,
W *archesgob*: **-epskobow** I}

arghepskobeth [ˌarɦɛp'skɔˑbɛθ] *f.* **+ow** archbishopric
[ILc: From **arghepskop** -ETH]
{S 1; F 0(CE55): C W *archesgobaeth*: **+ow** I}
Nance gave the gender as masc., but words in -ETH are usually fem.

argheretik

argheretik [ˌarˈhɛrɛtik] *m.* **-igyon** arch-heretic
[lE(F): ¹ARGH- **eretik**]
{S 5; F 1: **M** *arche erytyke* (TH18v): **-igyon** I}

arghjevan [arˈfiˈdʒɛˑvan] *m.* **+es** arch-fiend
[lE(L): ¹ARGH- **jevan**]
{S 5; F 0(AnG 1986): **+es** I}

argh-lyvrow [ˌarxˈlɪvrɔw] *f.*
arghow-lyvrow book-case
[LCc: ⁴**argh lyvrow**] {S 1; F 0(CE93: G.M.S.): **arghow-lyvrow** N (FTWC)}

arghoferyas [ˌarfɔfˈɛrˑjaz] *m.* **-ysi** high priest
[lLc: ¹ARGH- **oferyas**]
{S 1; F 0(CE38): **C** W *archoffeiriad*: **-ysi** I}

arghow [ˈarxɔw] *pl.* treasury
[Lc: ⁴**argh** -OW] {S 1; F 3: **M** *arghov* (PC.1541) → P: **L** *arhov* (LV010.67), *arho* (AB015b)}

arghpedrevan [ˌarfipɛˈdrɛˑvan] *m.* **+es** dinosaur
[lC: ¹ARGH- **pedrevan**]
{S 8; F 0(FTWC): **+es** N (FTWC)}

argoll [ˈargɔl] *m.* risk, danger of loss, perdition
[cC: AR- 2**koll**] {S 1; F 0(CE38): **C** B *argoll*:}

argollus [arˈgɔlːys] *adj.* risky, hazardous
[cCl: **argoll** -YS] {S 1; F 0(GM09: G.M.S.)}

argovrow [arˈgɔvrɔw] *m.* **+yow** dowry
[cC: AR- + cognate of W *cyfrau* 'words'] {S 8; F 0(CE38): **C** B *argourou*; W *argyfrau*: **+yow** I}

argrafa *v.* print Borrowed by Lhuyd from the Welsh; ALT = **pryntya**.
{S 8; F 3: **L** *argrafa* (CGEL) → P: **C** W *argraffu*}

argrevell [arˈgrɛˑvɛl] *f.* **+ow** amplifier
[cCc: AR- 2**krev** -²ELL]
{S 3; F 0(GM09: YhaG): **+ow** I}

argrevhe [argrɛfˈhɛː] *v.* amplify
[cCc: AR- 2**krevhe**] {S 3; F 0(GM09: YhaG)}

argument *m.* **+ys** argument
ALT = **argyans**.

arhwithrans

[E(F): MidE (coe)] {S 5; F 2: **M** *argument* (PC.1661); pl. *argumentys* (SA61v): **+ys** M}

argya [ˈargja] *v.* reason, argue
[E(F)c: VN in -YA from MidE < OldF *arguer* (coe)] {S 4; F 2: **M** *argye* (PC.2467), *argya* (BM.0891, 3332)}
Disyllabic in all three instances in MidC.

argya orth nebonan argue with someone

argyans [ˈargjans] *m.* **+ow** argument
[E(F)h: MN in -ANS formed from **argya**]
{S 4; F 0(CE93): **+ow** I}

arholas [arˈhɔˑlaz] *m.* **+ow** examination
[cCc: AR- HOL=¹AS] {S 1; F 1: **M** *arholas* (BK27.15): **C** cf. W *arholiad*: **+ow** I}
Translated by N.Williams as 'trial of strength'

arholesik [arhɔˈlɛˑʒik] *m.* **-igyon** examinee
[cCc: AR- HOL=ESIK]
{S 1; F 0(GM09: YhaG): **-igyon** I}

arholya [arˈhɔˑlja] *v.* examine
[cCc: AR- **holya**] {S 1; F 0(GM09: G.M.S.)}

arholyades [arhɔlˈjaˑdɛs] *f.* **+ow** examiner *(female)*
[cCc: AR- HOL=YADES]
{S 1; F 0(GM09: K.J.G.): **+ow** I}

arholyas [arˈhɔˑljaz] *m.* **-ysi** examiner *(male)*
[cCc: AR- HOL=³YAS]
{S 1; F 0(GM09: G.M.S.): **-ysi** I}

arhwilas [arˈhwiˑlaz] *v.* scan
[cCc: AR- **hwilas**] {S 1; F 0(GM09: G.M.S.)}

arhwilell [arˈhwiˑlɛl] *f.* **+ow** scanner
[cCc: AR- **hwil** -ELL]
{S 1; F 0(GM09: G.M.S.): **+ow** I}

arhwithra [arˈhwiθra] *v.* survey
[cUc: AR- **hwithra**] {S 1; F 0(EC00)}

arhwithrans [arˈhwiθrans] *m.* **+ow** survey
[cUh: AR- **hwithrans**] {S 1; F 0(EC00): **+ow** I}

Arhwithrans Ordnans Ordnance Survey

arhwithrer

arhwithrer [arˈhwiθrẹr] *m.* **-oryon** surveyor *(male)*
[cUl: AR- **hwithrer**]
{S 8; F 0(GM09: G.M.S.): -oryon I}

arhwithrores [arhwiˈθrɔˑrẹs] *f.* **+ow** surveyor *(female)*
[cUlc: AR- **hwithrores**]
{S 8; F 0(GM09: K.J.G.): +ow I}

ˈaria [aˈriˑa] *interj.* by Mary
[L: Short for **re Varia**]

arlesa [arˈlęˑza] *v.* dilate
[cCc: AR- **lesa**] {S 1; F 0(GM09: YhaG)}

arlesans [arˈlęˑzans] *m.* **+ow** dilation
[cCh: AR- **lesans**]
{S 1; F 0(GM09: YhaG): +ow I}

arlenans [arˈlęˑnans] *m.* adhesion
[cCh: AR- 2GLEN=ANS] {S 1; F 0(GM09: A.S.):}

arloedh [ˈarlɤð] *m.* **arlydhi** lord, master
[C: Brit *ar-gwlywð* (wg)] {S 2; F 7: O *arluit* (VC.188): **M** *arluth* → P; pl. *arlythy* → P: **L** *arlith, arleth,* pls. *arlẏdhi* (AB242c), *arlodho* (CGEL): **P** *Trenargluth 1327* shows former existence of [g] in Cor.: **C** Not in B; W *arglwydd*: **arlydhi** M}

Arloedh an Luyow the Lord of Hosts

arloedhes [arˈloˑðẹs] *f.* **+ow** lady, mistress *(of a house)*
[Cc: **arloedh** -¹ES] {S 2; F 4: O *arludes* (VC.189) → P: **M** *arlothes*, pl. *arluthesow* (BK22.36, 40.63): L *arlothas*: P *Parke an arlothas*: +ow M}

arloedheseth [ˌarlɤˈðęˑzęθ] *f.* ladyship
[Ccc: **arloedhes** -ETH] {S 2; F 0(CE38):}

arloettes [arˈlɤtːẹs] *m.* lordship *(office)*, jurisdiction
[Cl: from **arloedh** -SES]
{S 2; F 2: M *arlottes* (PC.1604) → P:}

arloetteth [arˈlɤtːęθ] *m.* **+ow** lordship *(domain)*, domain
[Cc: from **arloedh** -ETH]
{S 2; F 1: M *arlotegh* (BK14.38): +ow I}

arliw [ˈarliw] *m.* **+yow** tint
[cC: AR- **liw**] {S 1; F 0(EC00): +yow I}

arta

arliwya [arˈliʊja] *v.* tint
[cC: AR- **liwya**] {S 1; F 0(EC00)}

Armorica (Lat.) *place* Brittany
{S 6; F 1: L *Armorica* (PV.6939)}

army (Eng.) *n.*
{S 6; F 2: M *army* (TH56v, 2 cases)}

arnewa [arˈnęwa] *v.* damage by weather
[Cc: from **arnow** -¹A] {S 8; F 0(EC52)}

arnewys [arˈnęwɪz] *adj.* storm-damaged
[Cc: **arnow**A -⁶YS] {S 1; F 0(GM09: G.M.S.)}

arnow [ˈarnɔw] *m.* storm damage
[C:] {S 1; F 0(CE55): C B *arnev* ˈ(thunder)stormˈ:}

arnowydh [arˈnɔwɪð] *adj.* modern
[cC: AR- **nowydh**] {S 1; F 0(Y2): C B *arnevez*}

arnowydhhe [arˌnɔwɪðˈhęː] *v.* modernize
[cCc: **arnowydh** -HE] {S 1; F 0(GM09: G.M.S.)}

arnowydhheans [arˌnɔwɪðˈhęˑans] *m.* **+ow** modernization
[cCch: **arnowydhhe** -ANS]
{S 1; F 0(GM09: G.M.S.): +ow I}

Aron name Aaron
{S 4; F 3: M *aron* (OM.)}

aros [ˈaˑrɔs] *m.* **+yow** poop, stern-deck
[C: CC *(p)ara-sos-to-* (Ernault)] {S 8; F 2: O *airos* (VC.277) → L,P: C B *aros*; not in W: +yow I}

Arrianus (Lat.) *name*
{S 6; F 1: M *Arrianus* (TH32v)}

arsywnans [arˈsɪʊnans] *m.* **+ow** consequence
[CE(F)c: AR=SYW- + [n] + -ANS]
{S 2; F 1: M *arsevnans* (BK18.62): +ow I}
There is some doubt about this word.

art [ˈart] *m.* **+ow, +ys** art
[E(F): MidE < OldF (coe)]
{S 5; F 2: M *art* (BM.2364, CW.2195): +ow N (G.M.S.); +ys I (CE38)}

arta [ˈarta] *adv.* again, once more
[C: Brit **ate-are-reg-* < CC (Fl.)]
{S 8; F 6: M *arte, arta*: L *arta*: C B *adarre*}

Arthur

Arthur ['arθyr] *name* Arthur
Name of the famous king.
[C: Said to be a derivative of Brit **arktos* 'bear']
{S 1; F 5: M *arthur, arthor* (BK.)}

artykyl *m.* **+yklys** article ALT = **erthygel**.
[E(F): MidE < OldF (coe)] {S 5; F 2: M *artickell* (SA64r, twice): **+yklys** N (EC52)}

artweyth ['artwɛɪθ] *m.* artwork
[E(F)C: **art** 2²**gweyth**] {S 1; F 0(GK98: P.H.):}

artydh ['artɪð] *m.* **+yon** artist
[E(F)c: **art** -¹YDH] {S 5; F 0(GL05): **+yon** I}

arv ['arv] *f.* **+ow** weapon, arm *(weapon)*
[L: CLat *arma* (lp) {S 1; F 4: M pl. *arvow* → L,P: L *arv* (AB242b, 248a) → P: **+ow** M}

arvow bywoniethek biological weapons

arvow kymyk chemical weapons

arvow nuklerek nuclear weapons

arva ['arva] *v.* arm
[Lc: **arv** -¹A] {S 1; F 3: M *heirua* (PV12113)}

arvans ['arvans] *m.* **+ow** armament
[Lh: **arv** -ANS] {S 1; F 0(GM09: K.J.G.): **+ow** I}

arval ['arval] *m.* grist, toll *(of flour)*
[cC: AR- 2MAL-] {S 1; F 0(CE38): C W *arfal:*}

arvedh ['arvɛð] *v.* affront, harass, browbeat, insult
[cC: AR- 2BEDH-]
{S 1; F 3: M *arveth* (RD.2407, BK.)}

arvedhenn [ar'vę·ðęn] *f.* **+ow** insult
[cCc: **arvedh** -ENN] {S 1; F 0(GM09): **+ow** I}

arvedhus [ar'vę·ðys] *adj.* insulting
[cCl: **arvedh** -US] {S 1; F 0(EC00)}

arvek ['arvęk] **1.** *adj.* armed **2.** *m.*
arvogyon armed man
[Lc: **arv** -¹EK]
{S 1; F 0(CE38): C W *arfog*: **arvogyon** I}

arveth ['arvęθ] **1.** *m.* **+ow** hire, employment, wages **2.** *v.* hire, employ
Used of hiring a person to do a job of work.
[C:] {S 1; F 2: M *arfeth* (PC.2262) → P; *arveth* (BM.3201): C W *arfaeth* 'purpose': **+ow** I}

arvow

This word is found twice in MidC, each time with <-th>, which in the texts concerned could mean either /-θ/ or /-ð/. It is therefore impossible to say with which of two W words *arfaeth* and *arfedd* it is cognate. In order to avoid homonymy with **arvedh** 'to affront', the editor has chosen to treat <-th> as /-θ/, and to spell the word as **arveth**. This agrees with *GPC*, but disagrees with *CE38* and *Y2*.

arvethadow [arvę'θa·dɔw] *adj.*
employable
[Cc: **arveth** -ADOW] {S 1; F 0(GM09: G.M.S.)}

arvethesik [ˌarvę'θę·ʒɪk] *m.* **-igyon**
employee, hireling
[Cc: **arveth** -ESIK]
{S 1; F 0(GK98:K.J.G.): **-igyon** I}
Preferred to *arfedhysor*, as suggested in *Y2*, since -OR suggests an agent, which is inappropriate here.

arvethor [ar'vę·θɔr] *m.* **+yon** employer *(male)*
[Cc: **arveth** -OR] {S 1; F 0(Y2): **+yon** I}

arvethores [ˌarvę'θɔ·ręs] *f.* **+ow**
employer *(female)*
[Cc: **arveth** -ORES] {S 1; F 0(Y2): **+ow** I}

arvji ['arftʃi] *m.* **+ow** arsenal
[LC: **arv** 2**chi**]
{S 3; F 0(CE38): C W *arfdy*: **+ow** I}

arvluyow [arv'ly·jɔw] *pl.* armed forces
[LCc: **arv lu** -YOW] {S 1; F 0(GM09: YhaG)}

arvor ['arvɔr] *m.* **+yow** coastland, coast, littoral
[cC: AR- 2¹**mor**] {S 1; F 0(GM09: YhaG): L *armor* (PV.6939): C B *arvor*, W *arfor*: **+yow** I}

arvorek [ar'vɔ·ręk] **1.** *adj.* Armoric **2.** *f.* **-egi** coastal region
[cCc: **arvor** -¹EK] {S 1; F 3: L *arvorek* (CGEL): **-egi** I} Archaic name for 'Breton'.

arvorel [ar'vɔ·ręl] *adj.* coastal, littoral
[cCc: **arvor** -¹EL] {S 1; F 0(GM09: G.M.S.)}

arvow ['arvɔw] *pl.* armour
[Lc: **arv** -²OW]
{S 1; F 4: M *arvow, arvov*: L *arvou* (AB242b)}

arvreus ['arvrœz] *f.* **+ow** criticism
[cC: AR- 2**breus**]

arvreusi [ar'vrœ·zi] *v.* criticize
[cCc: AR- 2**breusi**] {S 1; F 0(GM09: A.S.)}

arvreusyades [arvrœz'ja·dęs] *f.* **+ow** critic *(female)*
[cCc: AR- 2**breusyades**]
{S 1; F 0(GM09: K.J.G.): **+ow** I}

arvreusyas [ar'vrœ·zjaz] *m.* **-ysi** critic *(male)*
[cCc: AR- 2**breusyas**]
{S 1; F 0(GM09: K.J.G.): **-ysi** I}

arwask ['arwask] *m.* **+ow** oppression
[cC: AR- 2**gwask**]
{S 1; F 0(GK98: G.M.S.): **+ow** I}

arwaska [ar'wa·ska] *v.* oppress
[cCc: **arwask** -¹A] {S 1; F 0(CE93: K.J.G.)}

arwaskus [ar'wa·skys] *adj.* oppressive
[cCl: **arwask** -US] {S 1; F 0(GM09: G.M.S.)}

Arwennek *place* Arwennack
{S 8; F 2: **M** *arwennek* (OM.2592) → P L *or* Widnack (R1JH)}

arvwisk ['arvwɪsk] *m.* armour
[LC: **arv** 2**gwisk**] {S 1; F 0(GM09: K.J.G.):}

arwodhvos [ar'wɔðvɔz] *v.* to be aware
[cCc: AR- 2**godhvos**] {S 1; F 0(GK00: R.L.)}

arwoedh ['arwɤð] *f.* **+yow** sign, symbol, emblem, armorial device, symptom
[C: Brit *are-weid-yo* (Fl.) < IE] {S 1; F 0(CE38): C B *arouez*; W *arwydd*: **+yow** C}

arwoedha [ar'wo·ða] *v.* signal, signify, make a sign
[Cc: **arwoedh** -¹A]
{S 1; F 0(CE38): C W *arwyddo*; cf. B *aroueziañ*}

arwoedhek [ar'wo·ðęk] *adj.* symbolic, emblematic
[Cc: **arwoedh** -¹EK] {S 1; F 0(CE38)}

arwoedh-fordh [,arwɤð'fɔrð] *f.* **arwoedhyow-fordh** road-sign
[CE(E): **arwoedh fordh**] {S 4; F 0(Y2): **arwoedhyow-fordh** I (K.J.G.)}

arwoedhik [ar'wo·ðɪk] *m.* **-igow** badge
[Cc: **arwoedh** -IK] {S 1; F 0(CE93): **-igow** I}

arwoedhogeth [,arwɤ'ðɔ·gęθ] *f.* symbolism
[Cc: **arwoedh** -OGETH] {S 1; F 0(GK98: A.S.):}

arwoedhor [ar'wo·ðɔr] *m.* **+yon** signalman
[Cc: **arwoedh** -OR] {S 1; F 0(AnG 1986): **+yon** I}

arwoestel [ar'wo·stęl] *m.* **-tlow** pledge
[cC: AR- 2**goestel**]
{S 1; F 0(CPNE): C W *arwystl*: **-tlow** I}

arwoestla [ar'wo·stla] *v.* pledge
[cCc: AR- 2**goestla**] {S 1; F 0(GM09: G.M.S.)}

arys ['a·rɪs] *m.* **+yow** arable field after reaping and before ploughing
[Cc: Derivative of ³**ar**] {S 8; F 0(CE93: B.C.): D "arrish" (recorded in 1984): **+yow** I}

AS- *prefix* re- [c: Brit **ate-* (Fl.) < CC **ate-* (iyk)]

-¹AS [az] *v. part* (VN ending)
e.g. **palas** 'to dig' from **pal** 'spade'. [c:]

-²AS [az] *suffix* **-asow** –ful
[c: Brit *-atyo-s* (wg)] As well as the simple idea of capacity (e.g. **dornas** 'handful' from **dorn** 'hand'), this sf. denotes a completed action (e.g. **gwias** 'web' from **gwia** 'to weave').

³-AS [as] *v. part* (3rd sg. pret. ending)
The commonest 3rd. sg. preterite ending, e.g. **gwelas** 'saw'. [c:]

⁴-AS [az] *v. part* (impers. pret. ending)
[c:] Rarely used, because of confusion with the 3rd sg. ending: e.g. **gwelas** 'there was seen'.

¹a's [as] *phrase* her, it *(obj.)*
e.g. **ev a's kar** 'he loves her',
Maria a's tevo oenik 'Mary had a little lamb'.
[cc: ²**a** + infixed pronoun '**s**]
{S 1; F 5: **M** *as* → P}

²a's [as] *phrase* them e.g. **my a's gwel** 'I see them'.
[cc: ²**a** + infixed pronoun '**s**]
{S 1; F 6: **M** *as* → P: **L** *ez* (M2WK)}

³a's [as] *phrase* you *(pl. obj.)*
[cc: reduction of ²**a agas**]
{S 1; F 4: **M** *as* → P: **L** *as* (TCJK), *es* (IKAB)}

'as [as] *pron.* you *(pl.)*
[C: Shortened form of **agas**]
{S 2; F 4: **M** *as* → P}

ascension

ascension (Eng.) *n.* {S 6; F 3: M *ascencion* (TH.)}

asektour [a'sęktur] *m.* **+s** executor
[E(F): MidE]
{S 5; F 1: M *acectour* (BM.3523): **+s** I}

asen ['aˑzęn] *m.* **-es** donkey, ass
[L: CLat *asinus* (M)] {S 1; F 4: O *asen* (VC.567, 569) → L,P: M *asen, asan* (CW.): L *asen* (TCJK): **-es** I}
E *ass* is supposed to come from the Celtic.

asenik [a'zęˑnɪk] *m.* **-igow**
foal *(of an ass)*
[Lc: **asen** -ɪᴋ] {S 1; F 0(CE38): **-igow** I}

asenn ['aˑzęn] *f.* **+ow** rib, spoke *(of wheel)*, stave *(of barrel)* sg. form **asowenn**
[Cc: FN in -ᴇɴɴ from IE *ast- (gpc)] {S 1; F 3: O *asen* (VC.083): M *asen* (CW.0384), *asan* (CW.0394), *ason* (CW.0449): L *azan* (BOD, AB.): C W *asen,* pl. *asennau:* **+ow** I}

asennek [a'zęnːęk] *adj.* ribbed
[Ccc: **asenn** -¹ᴇᴋ] {S 1; F 0(GK98: G.M.S.)}

Asia (Eng.) *place* {S 6; F 1: M *asia* (TH47r)}

askall ['aˑskal] *coll.* **+enn** thistles
[C: Brit *askall* (Gr.)] {S 8; F 4: O sg. *askellen* (VC.660) → L,P: M *yskol* (BK40.25): L *askal* (AB046b, G3WK) → P; sg. *askallan* (AB019a): C B *askoll;* W *ysgall:* **+enn** OL}

askallek [as'kalːęk] **1.** *adj.* thistly **2.** *f.* **-egi** thistle-patch
[Cc: **askall** -¹ᴇᴋ] {S 8; F 0(CE38): **-egi** I}

askell ['aˑskęl] *f.* **eskelli** wing, fin, naker shell, mother-of-pearl
[L: BLat *ascella* (gpc) < CLat *axilla* (M)] {S 1; F 4: M *ascal* (RD.0290; pl. *astylly* (BK28.35): L *askal* (AB015b, 120c) → P; pl. *askelli* (AB042a) → P, *skelli* (AB031a) → P: C B *askell;* W *asgell:* **eskelli** ML}

askell-dro [askęl'drɔː] *f.* **eskelli-tro** helicopter
[LC: **askell** 2**tro**]
{S 1; F 0(GK98): C B *askell-dro:* **eskelli-tro** I}

askell-groghen [ˌaˑskęl'grɔˑxęn] *m.* **eskelli-kroghen** bat *(creature)*
[LC: **askell** 2**kroghen**]

askorn

{S 1; F 3: L pl. *sgelli grehan* (AB173a) → P: C B *askell-grocʼhen:* **eskelli-kroghen** L}

askellek [as'kęlːęk] *adj.* winged
[LC: **askell** -¹ᴇᴋ]
{S 1; F 0(CE38): C B *askellek,* W *asgellog*}

askloesenn [as'kloˑzęn] *sg.* **+ow,** *coll.* **askloes** chip
[Uc:] {S 8; F 0(CE38): C B *askloed,* W *ysglod*}

askloesi [as'kloˑʒi] *v.* chip, splinter
[Uc: **askloes** -¹ɪ]
{S 8; F 0(CE38): C B *askloediñ,* W *ysglodi*}

askloetti [as'klʏtːi] *m.* **+ow** chip-shop
[UC: from **askloes ti**]
{S 8; F 0(CE93: T.S.): **+ow** I}

askorr ['aˑskɔr] *m.* offspring, produce
[cC: from ᴀs- ɢᴏʀʀ-] {S 1; F 3: M *ascor* (OM.0071) → P, *ascore* (CW.0356): C W *ysgwr:*}
askorr lethek dairy produce

askorra [as'kɔrːa] *v.* produce, yield
[cCc: **askorr** -¹ᴀ] {S 1; F 0(GL05: G.M.S.)}

askorrans [as'kɔrːans] *m.* production, yield
[cCc: **askorr** -ᴀɴs] {S 1; F 0(AnG 1997):}

askorras [as'kɔrːas] *m.* **+ow** product
[cCc: from **askorr** -¹ᴀs]
{S 1; F 0(AnG 1998): **+ow** I}

askorrer [as'kɔrːęr] *m.* **-oryon** producer *(male)*
[cCl: from **askorr** -¹ᴇʀ]
{S 1; F 0(AnG 1995): **-oryon** I}

askorrores [askɔ'rɔˑręs] *f.* **+ow** producer *(female)*
[cCl: from **askorr** -ᴏʀᴇs]
{S 1; F 0(GM09: K.J.G.): **+ow** I}

askorrus [as'kɔrːys] *adj.* productive
[cCl: **askorr** -ᴜs] {S 1; F 0(EC00)}

askorn ['aˑskɔrn] *m.* **eskern** bone
[C: Brit *ast-ko-urn-* (Fl.)] {S 1; F 4: O *ascorn* (VC.044) → P: M *ascorn;* pl. *yscarn:* L *askarn* (BOD), *asgorn* (AB110a, 295b); pl. *yskarne* (BOD): P Crasken = ⁴**ker askorn**: C B *askorn,* W *asgwrn:* **eskern** ML}

askornek

askornek [as'kɔrnęk] *adj.* bony, gaunt
[Cc: **askorn** -¹EK] {S 1; F 2: L *asgornek* (AB110b) → P: C B *askornek*, W *(asgyrnog)*}

askra ['aˑskra] *f.* **+ow** bosom, fold forming pocket
[C:] {S 8; F 3: M *ascra* → P: C B *askre*; W *asgre*: **+ow** I}

askribya v. ascribe ALT = **askrifa**.
[E(F)c: VN in *-ya* from MidE] {S 5; F 1: M *ascribia* (TH32r)}

askrifa [a'skriˑfa] *v.* ascribe
[E(L)c: Cornicized form of MidE *ascribe* < Lat *ascrîbere* (coe)] {S 1; F 0(CE38)}

askrys ['askrɪz] *m.* **+yow** after-shock *(of earthquake)*
[cC: from AS- ²**krys**] {S 1; F 0(GM09: GG): **+yow** I}

askus ['askys] *m.* **+yow** excuse
[E(F): MidE *escuse* < OldF *escuser* (coe)] {S 4; F 0(CE55): **+yow** I}

askusya [as'kyˑzja] *v.* excuse Used transitively.
[E(F)c: **askus** -YA] {S 4; F 2: M *ascusie* (PC.2211), *ascusia* (BM.0324)}

askusyans [as'kyˑzjans] *m.* **+ow** excuse
[E(F)c: **askus** -YANS] {S 4; F 1: M *esgyzianz* (PV10024): **+ow** I}

aslamm ['azlam] *m.* **+ow** rebound, bounce
[cC: AS- **lamm**] {S 1; F 0(GK98: R.L./T.S.): C W *adlam*: **+ow** I}

aslamma [az'lamːa] *v.* rebound, bounce
[cCc: AS- **lamma**] {S 1; F 0(GK98: R.L./T.S.): C W *adlamu*}

asow ['aˑzɔw] *coll.* **+enn** ribs See also **asenn**.
[Cc: PL in -OW from IE *ast-* (gpc)] {S 1; F 4: M *asow* → L,P; *assow*; sg. *asowen* (TH02v): **+enn** MP}

asper ['aˑspęr] *adj.* grim, harsh, stern
[E(L): MidE < Lat *asper* 'rough'] {S 4; F 1: M *asper* (OM.2203)}

ASPI- [E(F): MidE < OldF *espier* (coe)]

assaltya

aspia [a'spiˑa] *v.* espy, observe, spy May be used both transitively and intransitively.
[E(F)c: ASPI- -¹A] {S 4; F 3: M *aspye, aspya*}

aspia orth spy on, look at

aspians [a'spiˑans] *m.* **+ow** reconnaissance, surveillance
[E(F)c: ASPI=ANS] {S 4; F 0(EC00): **+ow** I}

aspier [a'spiˑęr] *m.* **-oryon** observer *(male)*, scout, spy
[E(F)l: ¹ASPI=ER] {S 4; F 0(CE38): **-oryon** I}

aspiores [aspi'ɔˑręs] *f.* **+ow** observer *(female)*, spy
[E(F)lc: ASPI=ORES] {S 4; F 0(GM09: K.J.G.): **+ow** I}

aspiyades [aspi'jaˑdęs] *f.* **+ow** spy *(female professional)*
[E(F)cc: ASPI=YADES] {S 4; F 0(GM09: P.H.): **+ow** I}

aspiyas [a'spiˑjaz] *m.* **aspiysi** spy *(male professional)*
[E(F)c: ASPI=³YAS] {S 4; F 0(CE38): **aspiysi** I}

asrann ['azran] *f.* **+ow** department
[cC: AS- **rann**] {S 1; F 0(Y2): **+ow** I}

Asrann an Kyrghynnedh
Department of the Environment
Asrann Garyans
Department of Transport
Asrann Genwerth
Department of Trade
Asrann Yeghes
Department of Health

asrannel [az'ranːęl] *adj.* departmental
[cC: AS- **rann** -¹EL] {S 1; F 0(GM09: G.M.S.)}

ass ['as] *interj.* how
[U:] {S 8; F 5: M *ass* → L,P; *as*}

assa² ['asːa] *interj.* how
[Uc: **ass** ³a] {S 8; F 3: M *asse* → P}

assaltya v. assault ALT = **settya war**.
[E(F)c: VN in -YA from late MidE < earlier *as(s)aut* < OldF *asaut* (coe)]
{S 5; F 1: M p.ptcpl. *assaultys* (TH30v)}

assay

assay ['asːaɪ] *m.* **+s** attempt, essay, rehearsal
[E(F): MidE < OldF *assai* (coe)]
{S 5; F 0(CE38): **+s** I}

assaya [as'aɪa] *v.* try, endeavour, attempt
[E(F)c: **assay** -¹A] {S 5; F 3: M *assaye* → P}

assembla v. assemble
[E(F)c: VN in -A from MidE]
{S 5; F 1: M *assembla* (TH48r)}

assendya [a'sɛndja] *v.* ascend
Used intransitively in the texts.
[E(L)c: VN in -YA from MidE < Lat *ascendere* (coe)] {S 5; F 3: M *assendia*}
ASSENT- [E(F): MidE < AngN *assenter* (coe)]

assentya [a'sɛntja] *v.* agree, acquiesce, consent, assent
[E(F)c: ASSENT=YA]
{S 5; F 3: M *assentye*; p.ptcpl. *assentyes* → P}
assentya gans take the side of
assentya dhe agree to

assentyans [a'sɛntjans] *m.* **+ow** assent
[E(F)c: ASSENT=YANS] {S 5; F 0(EC52): **+ow** I}

assenyans [a'sęˑnjans] *m.* **+ow** assonance
[cLh: from AS- sonA -YANS]
{S 1; F 0(EC00): **+ow** I}

assenyek [a'sęˑnjęk] *adj.* assonant
[cLh: from AS- sonA -YEK]
{S 1; F 0(GM09: G.M.S.)}

assoylya [a'sɔɪlja] *v.* solve, absolve *(of sins)* Used both transitively and intransitively by Tregear.
[E(F)c: VN in -YA from MidE < F]
{S 4; F 1: M p.ptcpl. *assoyles* (TH24v)}

assurya v. assure
Used transitively; ALT = **surhe**.
[E(F)c: VN in -YA from MidE < OldF *asseurer* (coe)] {S 4; F 2: M *assurya* (TH26r); p.ptcpl. *assuryys* (TH41r)}

astel ['aˑstęl] **1.** *v.* discontinue, suspend, cease **2.** *m.* **+yow** strike *(suspension of work),* stoppage, suspension Used transitively.
[C:] {S 8; F 3: M *astel* → P: **C** cf. B *astal*, equivalent to Cor. **as- dalgh-**: **+yow** I}

astel-ober [ˌastęl'ɔˑbęr] *m.*
astelyow-ober strike, stoppage of work [CL: **astel ober**]
{S 8; F 0(AnG 1986): **astelyow-ober** I}

astel-omladh [ˌastęl'ɔmlað] *m.*
astelyow-omladh cease-fire
[CcC: **astel omladh**]
{S 1; F 0(GK98: A.S.): **astelyow-omladh** I}

astell ['aˑstęl] *f.* **estyll** board *(timber),* plank, splint, shingle *(timber)*
[L: LLat *astilla* (gpc)] {S 8; F 2: L *astell* (PV.7042): **C** W *astell*, pl. *estyll*: **estyll C**}
The <e> in the pl. is unexplained.

astell an oeles mantelpiece

astell-dhelinyans [ˌastęlðę'liˑnjans] *f.*
estyll-delinyans drawing-board
[LcLh: **astell 2delinyans**]
{S 1; F 0(AnG 1996): **estyll-delinyans C**}

astell-omborth [ˌastęl'ɔmbɔrθ] *f.*
estyll-omborth seesaw
[LcC: **astell omborth**]
{S 1; F 0(FTWC): **estyll-omborth** N (FTWC)}

astelyer [as'tęˑljęr] *m.* **-yoryon** striker *(male)* [Cc: **astel** -¹YER]
{S 8; F 0(CE93: K.J.G.): **-yoryon** I}

astelyores [astęl'jɔˑręs] *f.* **+ow** striker *(female)* [Cc: **astel** -YORES]
{S 8; F 0(GM09: K.J.G.): **+ow** I}

astiveri [ˌastɪ'vęˑri] *v.* make up for, compensate, pour back, replenish
[cCc: AS- 4**diveri**] {S 1; F 1: M *astevery* (BM.1590): **C** cf. W *ediforu* 'to regret'} Found in MidC as *astevery*; see **diveri** and **devera**.

astiveryans [ˌastɪ'vęˑrjans] *m.* **+ow** compensation, replenishment
[cCh: VN in -YANS from **astiveri**]
{S 1; F 0(CE55): **+ow** I}

astranj [a'strandʒ] *adj.* strange, foreign, weird, queer
[F: OldF *estrange* (coe)] {S 5; F 2: M *astrang* (OM.1402), *astrange* (BM.0625)}

astronomer m. +s astrologer For 'astronomer' use **steronydh**.
[E(F): MidE *astronomer*]
{S 5; F 1: M *astronymer* (BM.3897): +s I}

Astrot name Ishtar Name of a pagan goddess, found in numerous forms.
[E:] {S 5; F 3: M *astrot* (BK.)}

Asvens ['azvęns] *m.* Advent
[L:]
{S 1; F 0(CE38): C B *Azvent*; cf. W *Adfent* < E:}

asver ['azvęr] *v.* restore *(fig.)*
[C: Brit *ad-bher-] {S 1; F 0(CE93: G.M.S.): C W *adfer*} Reduced from **ysasver**

asvlas ['azvlas] *m.* +ow aftertaste
[cC: AS- 2**blas**] {S 1; F 0(CE38): C B *advlaz*; W *adflas* 'unpleasant aftertaste': +ow I}

aswa ['aʒwa] *f.* +ow gap, breach, pass, chink, aperture
[C: Brit (Fl.)] {S 1; F 0(CE38): P Adjawinjack: C B *(ode)* (metathesized); W *adwy*: +ow N (W.B.)} Written *aswy* by Nance, after the W.

gul aswa make a gap

aswek ['aʒwęk] *adj.* gapped
[Cc: from **aswa** -¹EK]
{S 8; F 0(CE93: K.J.G.): C cf. W *adwyog*}

aswels ['aʒwęls] *coll.* +enn revived pasture, new growth of grass
[cC: AS- 2**gwels**] {S 1; F 1: L *ajels*: +enn I}

aswiwa [aʒ'wiʊa] *v.* adapt
[cCc: AS- 2**gwiw** -¹A] {S 1; F 0(GM09: G.M.S.)}

aswiwans [aʒ'wiʊans] *m.* +ow adaptation
[cCh: AS- 2**gwiw** -ANS]
{S 1; F 0(GM09: G.M.S.): +ow I}

aswolghas [aʒ'wɔlxaz] *m.* backwash
[cCc: AS- 2GOLGH=²AS]
{S 1; F 0(GM09: G.M.S.):}

aswonn ['aʒwɔn] *v.* know *(persons or places)*, recognize, acknowledge, realize, be familiar with
[cC: AS- 2¹**gonn**] {S 1; F 5: M *aswon*: L *adzhan*: C W *adwaen* 'I know'}

aswonn mes ha chi know inside-out

aswonnans [aʒ'wɔn:ans] *m.* +ow acknowledgement
[cCh: **aswonn** -ANS]
{S 1; F 0(CE93: R.E.): +ow I}

aswonnesik [ˌaʒwɔ'nę·ʒɪk] *m.* -igyon acquaintance *(person)*
[cCc: **aswonn** -ESIK]
{S 1; F 0(GM09: K.J.G.): -igyon I}

aswonnvos [aʒ'wɔnvɔz] *m.* knowledge, acquaintance, recognition
[cCC: **aswonn** 2¹**bos**]
{S 1; F 1: M ?*asvos* (BK10.06):}

aswonnys [aʒ'wɔn:ɪz] *adj.* known, recognized, familiar
[cCC: **aswonn** -⁶YS]
{S 1; F 3: M *aswonys* (TH.): L *asuonys* (CGEL)}

asyn Now spelled **asen**.

atal ['a·tal] *coll.* +enn rubbish, mine-waste, junk *(rubbish)*, spoil, refuse, trash (U.S.), garbage (U.S.)
[E(E): OldE *adela* 'liquid filth' (Padel)]
{S 5; F 0(CE38): D "attle" 'mine-waste': +enn I}

atalgist [a'talgɪst] *f.* +yow dustbin, trash can (U.S.), garbage can (U.S.)
[E(E)E(E): **atal** 2**kist**] {S 5; F 0(Y1): +yow I}

¹**a'th** [aθ] *phrase* of thy
[cC: Short for ³**a ath**] {S 8; F 7: M *ath* → P, *ad* → P; reduced to *a* in 2nd sg. of **a'm beus**}

²**a'th** [aθ] *phrase* thee
e.g. **my a'th kar** 'I love thee'
[cc: ²**a** + infixed pronoun '**th**]
{S 8; F 6: M *ath* → L,P; *ad*}

³**a'th** *v. part* (part of **a'm beus**)

Athenys place Athens
{S 6; F 2: M *Athens* (TH29r)}
Athenys is the form used in the **Testament Nowydh**; Tregear used the Eng. spelling.

athro

athro (Welsh) *m.* teacher
{S 6; F 1: **L** *a'hro* (CGEL)}

Atlantek [at'lantęk] *adj.*
[E(L): Cornicization of E *Atlantic* < Lat *Atlanticus* (coe)] {S 5; F 0(EC00)}

atom ['aˑtɔm] *m.* **+ow** atom
[E(F): MidE < OldF *atome* (coe)] {S 5; F 0(GK98: P.H.): **C B** *atom* 'atoms', W *atom*:   **+ow C**}

atomek [a'tɔˑmęk] *adj.* atomic
[E(F)c: **atom** -¹EK] {S 5; F 0(GK98: P.H.): **C B** *atomek*; cf. W *atomig*}

attal [at'taːl] *m.* **attelyow** repayment, recompense, reparation
[cC: from AS- **tal**] {S 1; F 3: **M** *atal* (OM.0427) → P: **C B** *-atal*:   **attelyow** N (K.J.G.)}

yn attal as a repayment

attamya [a'taˑmja] *v.* broach, make a first cut or bite in
[E(U)c: VN in -YA from MidE *attame* (CE38)] {S 5; F 3: **M** *attamye* (MC.153) → P}

attaynya *v.* attain ALT = **drehedhes**.
[E(F)c: VN in -YA from MidE < OldF *atain-* (coe)] {S 5; F 2: **M** *attaynya* (TH14r, 17r)} <tt> rather than <t> is used because of AngN *attain-*.

ATTEND- [E(F): MidE < OldF *atendre* (coe)]

attendya [a'tęndja] *v.* notice, pay attention, take note of
May be used transitively or intransitively.
[E(F)c: ATTEND=YA] {S 5; F 4: **M** *attendya*}

attendyans [a'tęndjans] *m.* **+ow** attention
[E(F)c: ATTEND=YANS] {S 5; F 0(EC52):   **+ow** I}

attent ['atːęnt] *m.* **+ys** attempt, experiment, endeavour
[E(F): MidE < OldF *attent* (coe)] {S 5; F 2: **M** *attent* (BM.2930, TH56r):   **+ys** I}

attes [atːˈęːz] *adj.* comfortable, at ease
[E(H): E *at ease*] {S 5; F 3: **M** *attes* (RD.)}

atti ['atːi] *m.* spite, malice, animosity
[E:] {S 5; F 2: **L** *ate* (CLJK) → P:} Found as *ate* in the motto on a hurling-ball from Paul.

rag atti out of spite

avalenn

attyli [at'tɪˑli] *v.* repay, recompense
[cCc: from AS- **tyli**] {S 1; F 0(CE38)}

Augel name
{S 8; F 2: **M** *augel* (BK17.29, 18.40, 40.41)}

a-ugh [a'yːx] *prep.* above, over, aloft
Forms pronominal prepositions: **a-ughov**, etc.
[cC: ³**a ugh**]
{S 1; F 5: **M** *a vgh* → L,P; *vgh* → L,P}

Aurelius (Lat.) *name*
{S 6; F 1: **M** *Aurelius* (SA64r)}

Auson (Lat.) *name* Ausonius
{S 6; F 1: **L** *Aulsen* (NGNB5)}
A Roman poet, who lived c.310-395 A.D.

authority (Eng.) *n.*
{S 6; F 3: **M** *auctorite, aucthorite* (TH.)}

-AV [av] *v. part* (1st sg. pres. ind ending) e.g. **gwelav** 'I see'.
[c: Brit *-ami* (hpb)]

aval ['aˑval] *m.* **+ow** apple
[C: Brit **abalo-* (M) < IE **abal-n-* (Haywood)]
{S 1; F 5: **M** *aval* → L,P; *avall*; pl. *avalow*: **L** pl. *lavalu* (AB010c, 084c) → P: **P** ?Levalsa: **C B** *aval*; W *afal*:   **+ow** ML}
There were apparently two words in CC, **abalo-* and **abalnâ* (gpc), which gave rise to W *afal* 'apple' and *afall* 'apple-tree' respectively, and to a measure of confusion. Although some of the compounds below are based on W *afall*, here **aval** is used in all of them.

aval-bryansenn [ˌavalbrɪ'anʒęn] *m.* **avalow-b.** larynx
[cCC: **aval bryansenn**]
{S 1; F 0(CE38): **C W** *afalfreuant*:   **avalow-b.** I}

aval-dor [ˌaval'dɔːr] *m.* **avalow-dor** potato See **patatys**.
[CC: **aval dor**] {S 1; F 0(EC52): **C B** *aval-douar*, perhaps calqued on F *pomme de terre* 'ground apple'.: **avalow-dor** I}

avalenn [a'vaˑlęn] *f.* **+ow** apple-tree
[Cc: **aval** -ENN]
{S 8; F 1: **O** *auallen* (VC.679) → L,P: P Nansavallan: **C B** *avalenn*; W *afallen*:   **+ow** I}

avalennek [ˌavaˈlɛnːɛk] *f.* **-egi**
orchard *(for apples)*
[Ccc: **avalenn** -¹EK]
{**S** 1; **F** 0(CE38): **C B** *avalenneg*: **-egi** I}

aval-gwlanek [ˌavalˈgwlaˑnɛk] *m.*
avalow-gwlanek peach
[CCc: **aval gwlanek**]
{**S** 1; **F** 0(CE38): **avalow-gwlanek** I} lit. 'woolly apple'; cf. W *eirinen wlanog* 'woolly sloe'.

aval-kerensa [ˌavalkɛˈrɛnʒa] *m.*
avalow-kerensa tomato
[CCc: **aval kerensa**]
{**S** 2; **F** 0(CE38): **avalow-kerensa** I}
Calqued on dial. "love-apple".

avallann [aˈvalːan] *f.* **+ow**
orchard *(for apples)*
[CC: **aval lann**] {**S** 1; **F** 0(GM09: P.H.): **+ow** I}

aval-paradhis [ˌavalpaˈraˑðɪs] *m.*
avalow-paradhis grapefruit
[CL: **aval paradhis**]
{**S** 1; **F** 0(GK98): **avalow-paradhis** I}

aval-sabenn [ˌavalˈsaˑbɛn] *m.*
avalow-sabenn fir-cone, pine cone (U.S.)   [CE(F)c: **aval sabenn**]
{**S** 8; **F** 0(CE38): **avalow-sabenn** I}

avalwydh [aˈvalwɪð] *coll.* **+enn**
apple-trees
[CCc: **aval 2gwydh**]
{**S** 1; **F** 0(CE38): **C** W *afallwydd*: **+enn** I}

avanenn [aˈvaˑnɛn] *f.* **+ow,** *coll.* **avan**
raspberry
[U:] {**S** 1; **F** 0(CE38): **C** *coll.* W *afan*}

a-vann [aˈvanː] *adv.* aloft, above, overhead
[cC: ³a 2bann]
{**S** 1; **F** 5: **M** *avan* → L; *avadn* (CW.1809)}

a-varr [aˈvarː] *adv.* early
[CC: ³a 2²barr] {**S** 1; **F** 3: **M** *avar* → P}
re a-varr untimely

a-vas [aˈvaːz] *adv.* of value
[CC: ³a 2mas] {**S** 3; **F** 5: **M** *vas*}
Always shortened to '**vas** in the texts.

avaylya v. avail
[E(F)c: VN in -YA from MidE < OldF *valoir* (coe)] {**S** 5; **F** 1: **M** *avaylya* (TH20r)}

avel [aˈvɛːl] *adv.* like, as Combines with pers. pronouns, giving **avelov, avelos, avello, avelli, avelon, avelowgh, avella**. Often shortened to '**vel** in poetry.
[C:] {**S** 8; **F** 6: **M** *avel*: **L** *avel, vel*: **C B** *evel*; W *fel*}

aven [ˈaˑvɛn] *m.* **+yow** image
[L: *imaginem* (Gr.)] {**S** 8; **F** 3: **O** *auain* (VC.366) → P: **L** *avain* (G1JB): **C** Not in B nor in W: **+yow** I}

aventur [aˈvɛntyr] *m.* **+yow** speculation, venture
[E(F): MidE *aventure* < OldF (coe)]
{**S** 4; **F** 0(EC52): **+yow** I}

aventurus [avɛnˈtyˑrys] *adj.* adventurous
[E(F)l: **aventur** -US] {**S** 4; **F** 0(EC00)}

aventurya [ˌavɛnˈtyˑrja] *v.* speculate, make a venture
[E(F)c: **aventur** -YA]
{**S** 4; **F** 0(CE38): **C** cf. B *avanturiñ*}

averryans [aˈvɛrːjans] *m.* **+ow**
aberration
[Lh: Cornicized form of Latin root *aberr-* + -YANS] {**S** 8; **F** 0(GM09: YhaG): **+ow** I}

a-ves [aˈvɛːz] *adj.* outside, away
[cC: ³a 2¹mes]
{**S** 1; **F** 5: **M** *aves**: **P** *avêz* (AB060c), *a vez, vez*}

¹**avi** [ˈaˑvi] *m.* **+ow** liver
[C:] {**S** 8; **F** 2: **O** *aui* (VC.058) → L,P: **C B** *avu*; W *afu*: **+ow** I}
avi glas gizzard

²**avi** [ˈaˑvi] *m.* **+ow** envy, jealousy, ill-will, enmity, rancour
[F: Variant of OldF *envie* (CE55)]
{**S** 4; **F** 3: **M** *avy* (MC.026) → P, *avey* (OM.0314) → P: **+ow** I}
perthi avi orth envy

aviek [aˈviˑɛk] *adj.* hepatic
[Cc: ¹**avi** -¹EK] {**S** 8; **F** 0(EC00)}

avis ['aˑvɪs] *m.* **+yow** advice, opinion, consideration
[E(F): MidE *avis* < OldF (coe)]
{S 4; F 3: M *aveys, avys*: **+yow** I}

avisya [a'viˑsja] *v.* observe, note, make known
[E(F)c: **avis** -YA]
{S 4; F 3: M *avycya* (CW.1803) → P; p.ptcpl. *avysshes*: L p.ptcpl. *aviziyz* (JCNBL40)}

avisya a take note of

avisyans [a'viˑsjans] *m.* **+ow** notice
[E(F)h: **avis** -YANS] {S 4; F 0(CE38): **+ow** I}

avius [a'viˑys] *adj.* jealous
[Cl: ²**avi** -US] {S 8; F 0(GM09: G.M.S.)}

avlan ['avlan] *adj.* unclean, impure
[cC: AV- 2**glan**] {S 1; F 0(CE38): C W *aflan*}

avlaneyth *adj.* unclean
[cCc: Compound of **avlan**] {S 8; F 0(CE38): C W *aflanwaith*} Coined by Nance as *aflaneth*; the meaning given by him is 'unclean', but would appear rather to be 'uncleanness'.

avlavar [av'laˑvar] *adj.* dumb, mute
[cC: AV- **lavar**] {S 2; F 3: O *aflauar* (VC.204, 375) → L,P: C B *amlavar*; W *aflavar*}

avlenter [av'lęntęr] *adj.* matt
[cU: AV- **lenter**] {S 8; F 0(EC00)}

avleythi [av'lęɪθi] *v.* harden
[cCc: AV- **leyth** -¹I]
{S 2; F 1: M *afflythy* (BK06.83)}

avleythys [av'lęɪθɪz] 1. *adj.* hardened, obdurate 2. *m.* **+yon** ruffian, hard man, hard-bitten fellow
[cCc: AV- **leyth** -⁶YS] {S 2; F 3: M *aflythys* (PC.0451), *avlethis* (CW.1150) → P; pl. *aflythygyon* (OM.2745): **+yon** M}

avlymm ['avlɪm] *adj.* obtuse
[cC: AV- **lymm**]
{S 1; F 0(GK98: G.M.S.): C W *aflem*}

avochya *v.* vouch
{S 5; F 1: M *avochya* (BK27.80)}

a-vodh [a'vɔˑð] 1. *adj.* voluntary 2. *adv.* voluntarily
[cC: ³**a** 2**bodh**] {S 1; F 0(GK98: R.L.)}

avodya [a'vɔˑdja] *v.* leave, go away, get out, escape, withdraw
[E(F)c: VN in -YA from MidE *avaunt* 'begone']
{S 5; F 4: M *avodya, vodya*}
In MidC, two different MidE words became confused: these were (i) *(a)voydya* < MidE *avoid* < AngN *avoider*; (ii) *(a)vodya* < MidE *avaunt* 'begone'. Their meanings also became confused; these were: (i) 'avoid, shun' (trans.); (ii) 'leave, go away, escape, withdraw, get out' (intrans.). It is recommended that they be disentangled by using **avoydya** for 'avoid' and **avodya** for 'leave'.

avon ['aˑvɔn] *f.* **+yow** river
[C: Brit *abonâ* (Haywood)]
{S 1; F 4: O *auon* (VC.731) → P: L *aµan* (AB.) → P: P *Awen-Tregare* = Tregeare Water (CPNE): C MidB *auon*; W *afon*: **+yow** N (CE93)}
The pl. is unattested. Nance suggested *avenow* (CE38). The pl. in CE93 has no vowel affection.

avon vaga tributary

avond [a'vɔnd] *interj.* avaunt, begone
[E(F): MidE *avaunt*]
{S 5; F 1: M *avond* (BM.3492)}

AVONS-
[E(F): MidE *avauncen* < OldF *avancier* (coe)]

avonsya [a'vɔnsja] *v.* promote, advance, exalt, progress
Appears transitive. [E(F)c: AVONS=YA]
{S 4; F 2: M *afonsye* (OM.2609), *avonsye* (OM.2612), *avoncya* (BK15.64)}

avonsyans [a'vɔnsjans] *m.* **+ow** promotion, advancement, progression
[E(F)c: AVONS=YANS] {S 4; F 0(CE38): **+ow** I}
Replacement for **remoshyon**.

avonsys [a'vɔnsɪz] *adj.* advanced
[E(F)c: *Cavons=⁶ys*] {S 4; F 0(GM09)}

avonyel [a'vɔnjęl] *adj.* fluvial, riverine
[Cc: **avon** -YEL] {S 8; F 0(GM09: G.M.S.)}
Vowel aff. suppressed.

a-vorow [a'vɔ·rɔw] *adv.* tomorrow
[cE(E): ³a 2**morow**] {S 4; F 4: **O** *auorou* (VC.468) → P: **M** *avorow*: **L** *avuru* (AB249a); *avorou* (LWXX): **C** **W** *yfory*}
Graves suggested that the original might have been the OldC equivalent of ³a 2*bora*, since *morow* did not arise until the MidE phase.

avoutrer [a'vutrer] *m.* **-oryon, +s** adulterer
[Fl: MN in -ER formed from **avoutri**] {S 4; F 1: **M** *advovtrar* (TH14v): **-oryon** N (G.M.S.); **+s** I (CE38)}

avoutres [a'vutres] *f.* **+ow** adulteress
[Fc: FN in -ES formed from **avoutri**] {S 4; F 0(GK98: W.B.): **+ow** I}

avoutri [a'vutri] *m.* adultery
[F: OldF *avoultre* (leb)] {S 4; F 1: **M** *advowtry* (TH16v):} Tregear's *avovter* (TH14v) is mistakenly written for this word.

avowa [a'vɔwa] *v.* avow, confess, acknowledge Used transitively in the texts.
[E(F)c: VN in -A from MidE < OldF *avouer* (coe)] {S 4; F 3: **M** *avowe* (PC.1783); 3rd sg. pres. ind. *avow*}

avoweson [a'vɔwesɔn] *m.* advowson
[E(F): MidE *avowesoun* < OldF *avoeson* (co)] {S 4; F 0(EC52):}

avoydya [a'vɔɪdja] *v.* avoid, shun See **avodya**.
[E(F)c: VN in -YA from MidE *avoid* < AngN *avoider*] {S 5; F 4: **M** *avoydya*}

avresnel [av'reznel] *adj.* irrational, preposterous
[cE(F)c: AV-**resnel**] {S 4; F 0(GM09: YhaG): **C** **W** *afresymol*}

a-vynitha [ˌavɪ'ni·θa] *adv.* for ever
[cC: ³a 2**bynitha**] {S 8; F 3: **L** *a venytha* (LPJK)}

a'w [aw] *phrase* of my
[CC: from ³a ow³] {S 2; F 3: **M** *ov, aw* (TH40r): **L** *a* (NGNB7)}

a-wartha [a'warθa] *adv.* above, aloft, on top, from above
[cC: ³a 2**gwartha**] {S 2; F 5: **M** *awartha* → L,P: **L** *a warrah*: **P** Wartha}

penn a-warth' a-woeles upside-down

awedh ['aweð] *f.* **+yow** watercourse
[C: Compound of Brit **wed-* (K.J.G.)] {S 8; F 0(CPNE): P ?Ardensaweth: **C** **B** *añvez*; cf. W *aweddwr* 'fresh water': **+yow** I}

awel ['awel] *f.* **+yow** wind, gale
[C: CC **awélâ* (Gr.) < IE **awela* (hpb)] {S 1; F 4: **O** *auhel* (VC.446) → P: **M** *awel* (OM.0366, 1147; PC.1209): **L** *auel* (AB084b) → P: **P** *Chiawel*: **C** **B** *avel*; W *awel*: **+yow** C}
awel glor breeze

a-wel [a'weːl] *adj.* visible
[cC: ³a 2²**gwel**] {S 1; F 3: **M** *a weyl* → P, *a wel*}
a-wel dhe before the eyes of, in sight of

awelek [a'we·lek] *adj.* windy
[Cc: **awel** -¹EK] {S 1; F 0(CE55): **C** **B** *avelek*}

¹**awen** ['awen] *f.* inspiration, muse, genius, poetic imagination, flair
[C: CC **awe-n-* (gpc)] {S 1; F 2: **M** *a wen* (BK30.91): **L** *avain* (AB033a): **C** **W** *awen:*}

²**awen** ['awen] *f.* **+ow** jaw, mandible
[L: CLat *habêna* (gpc)]
{S 1; F 0(CE38): **C** MidB *auen*; W *awen*: **+ow** I}

awenek [a'we·nek] **1.** *adj.* poetic, creative, imaginative, inspirational **2.** *m.* **-ogyon** genius *(male)*
[Cc: ¹**awen** -¹EK]
{S 1; F 0(CE55): **C** W *awenog*: **-ogyon** I}

aweni [a'we·ni] *v.* inspire
[Cc: ¹**awen** -¹I] {S 1; F 0(GK98: A.S.)}

awenoges [ˌawe'nɔ·ges] *f.* **+ow** genius *(female)* [Ccc: ¹**awen** -OGES]
{S 1; F 0(GM09: K.J.G.): **+ow** I}

aweyl [a'weɪl] *f.* **+ys, +yow** gospel
[L: CLat *evangelium* (M)]
{S 3; F 4: **O** *geaweil* (VC.354) → L,P: **M** *awayl* → P, *aweyll*; pl. *aweylys* (TH.): **C** **B** *(aviel)*; W *efengyl*: **+ys** M; **+yow** N (G.M.S.)}
an aweyl herwydh the gospel according to

aweyla [a'wɛɪla] *v.* evangelize
[Lc: **aweyl** -¹A] {S 1; F 0(CE38)}

aweylek [a'wɛɪlɛk] *adj.* evangelical
[Lc: **aweyl** -¹EK] {S 1; F 0(CE55)}

aweyler [a'wɛɪlɛr] *m.* **+s** evangelist
[Ll: **aweyl** -¹ER]
{S 1; F 4: M *aweylar* (TH37v, 52v); pl. *aweylers* (TH.): L *wayler* (PV18509): **+s** M}

awgrym ['aʊgrɪm] *m.* mathematics
[E(O): MidE *augrim* (gpc)] {S 5; F 0(EC52): C W *awgrym*:} = *algorithm* < Arabic.

Awgustin name Augustine
{S 8; F 4: M *Augustyn* (TH.), *Augustine* (SA.)}

a-woeles [a'wo·lɛz] *prep.* below, at the bottom
[cC: ³**a 2goeles**]
{S 1; F 4: M *a woles, a wollas*: L *a wolas* (TCTB)}

awos [a'wɔːz] **1.** *conj.* because, though, despite, for the sake of, in spite of, just because of
[C:] {S 8; F 6: M *awos*: L *aųôz* (AB.): C B *evit*}

awos Krist for Christ's sake

awos mernans because of death, though I die

awos merwel even if I die

awos neb tra for anything, at all costs

awos peryll because of danger, at any risk

awos tra for anything

awos travyth for anything, at all costs

war neb 'wos on any account

a-wosa [a'wɔ·ʒa] *adv.* after, afterwards
[cC: ³**a wosa**] {S 1; F 4: M *awose, a wosa*:
L *ouga* (M4WK, NGNB6)}
Used as a preposition at *BM.1129*.

awotta [a'wɔtːa] *interj.* behold Conjugates like **otta**, i.e. **awottavy** etc.
[U: Compound of **ott**] {S 8; F 3: M *a wotta* → P, *ov otte* → P}

awottomma [aˌwɔ'tɔmːa] *interj.* look here
[UC: from **awotta omma**]
{S 8; F 3: M *awot omma* (OM.1719), *ow ottomma* (RD.2177) → P, *awotomma* (BK07.09)}

Awstin name Austin
{S 8; F 4: M *austen*}

awtorita [aʊ'tɔ·rita] *m.* authority
[E: MidE *autorite* (coe) and Lat] {S 5; F 5:
M *auctorite* (TH.):} Always spelled *auctorite* in *TH.*, but the <c> was a learned re-spelling from Latin, and was not pronounced.

awtour ['aʊtur] *m.* **+s** author, writer
[E(F): MidE *autour* < OldF *autor* (coe)]
{S 5; F 3: M *aucthor, auctor* (TH.); pl. *aucthors, auctors* (TH.): **+s** M}

ay ['aɪ] *interj.* hey, hi
[E: MidE] {S 5; F 4: M *ay*}

¹**a'y** [aɪ] *phrase* of his, of its. The only way to tell (apart from context) whether **a'y** means 'of his' or 'of hers' is by examining the following mutation (if there is one).
[cC: ³**a** ²**y**] {S 1; F 6: M *ay* → P: L *ay* (HCWJ)}

a'y oes ever

a'y wosa afterwards

²**a'y** [aɪ] *phrase* of her, of its See ²**a'y**.
[cC: from ³**a hy**] {S 1; F 4: M *ay*: L *a'i* (AB247a)}

ayr ['aɪr] *m.* air
[E(F): MidE *air* < OldF *air* (coe)]
{S 5; F 4: M *ayr, eyer*: L *air* (AB041c, 045b) → P:
C B *aer*; W *aer*:} Replaces OldC *apuit* (for /auir/), cognate with W *awyr* < CLat *âêr*.

ayra ['aɪra] *v.* air
[E(F)c: **ayr** -¹A] {S 5; F 0(Y1)}

ayrborth ['aɪrbɔrθ] *m.* **+ow** airport
[E(F)L: **ayr 2porth**] {S 5; F 0(AnG 1986):
C B *aerborzh*: **+ow** (FTWC)}

ayrbost ['aɪrbɔst] *m.* **+ow** airmail
[E(F)E(F): **ayr** 2²**post**] {S 5; F 0(Y2): **+ow** I}

ayrek ['aɪrɛk] *adj.* airy
[E(F)c: **ayr** -¹EK]
{S 5; F 0(CE38): C cf. W *awyrog*}

ayrel ['aɪrɛl] *adj.* aerial
[E(F)c: **ayr** -¹EL] {S 5; F 0(GM09: YhaG)}

ayrell ['aɪrɛl] *f.* **+ow** ventilator
[E(F)c: **ayr** -²ELL] {**S** 5; **F** 0(GK98: K.J.G.): **+ow** I}

ayrella [aɪ'rɛlːa] *v.* ventilate, air
[E(F)cc: **ayrell** -¹A] {**S** 5; **F** 0(GK98: K.J.G.)}

ayrellans [aɪ'rɛlːans] *m.* ventilation
[E(F)ch: **ayrell** -ANS] {**S** 5; **F** 0(GK98: K.J.G.):}

ayrewnans [aɪ'rɛʊnans] *m.* **+ow** air-conditioning
[E(F)Ch: **ayr ewn** -ANS] {**S** 5; **F** 0(Y2): **+ow** I}

ayrewnell [aɪ'rɛʊnɛl] *m.* **+ow** air-conditioner
[E(F)Cc: **ayr ewn** -ELL] {**S** 5; **F** 0(GM09: G.M.S.): **+ow** I}

ayrfolenn [aɪr'fɔˑlɛn] *f.* **+ow** aerofoil
[E(F)Lc: **ayr folenn**] {**S** 5; **F** 0(GM09: YhaG): **+ow** I}

ayrfreskell [aɪr'frɛˑskɛl] *f.* **+ow** air-freshener
[E(F)Cc: **ayr fresk** -²ELL] {**S** 5; **F** 0(GM09: K.J.G.): **+ow** I}

ayrgylgh ['aɪrgɪlx] *m.* **+yow** atmosphere
[E(F)L: **ayr** 2**kylgh**] {**S** 5; **F** 0(CE38: **C B** *aergelc'h*; **W** *awyrgylch*: **+yow** I}

ayrgylghyek [aɪr'gɪlxjɛk] *adj.* atmospheric
[E(F)Lc: **ayrgylgh** -YEK] {**S** 5; **F** 0(GK98: P.H.): **C** cf. **W** *awyrgylchol*}

ayrlu ['aɪrly] *m.* **+yow** air-force
[E(F)C: **ayr lu**] {**S** 5; **F** 0(GM09: G.M.S.): **+yow** I}

ayrlorgh ['aɪrlɔrx] *f.* **+ow** aerial
[E(F)C: **ayr lorgh**] {**S** 5; **F** 0(Y3): **+ow** I}

ayrobek [aɪ'rɔˑbɛk] *adj.* aerobic
[E(F)c: Cornicization of E *aerobic*] {**S** 5; **F** 0(GM09: G.M.S.)}

aysel ['aɪzɛl] *m.* **+yow** vinegar
[E: MidE *aysel* (CE38)] {**S** 5; **F** 2: **M** *eysyll* (MC.202) → P, *eysel* (PC.2977): **+yow** I}

ayselek [aɪ'zɛˑlɛk] *adj.* vinegary
[Ec: **aysel** -¹EK] {**S** 5; **F** 0(GK98: G.M.S.)}

B (mutations V, P, F)

baban ['baˑban] *m.* **+es** baby
[E: MidE *baban* (coe)] {**S** 4; **F** 1: **M** *baban* (BM.3405): **C W** *baban*: **+es** I}

Babel ['baˑbɛl] *place* Babel
[E: MidE (coe)] {**S** 4; **F** 2: **L** *Babel* (L1JB.9, EJJB.11)}

babi ['baˑbi] *m.* **+ow** baby
[E: MidE (coe)] {**S** 4; **F** 2: **M** *vaby* (BM.3635); pl. *babyov* (3 syll.) (BM.1577): **+ow** M}

Babylon ['baˑbɪlɔn] *place* Babylon
[E:] {**S** 4; **F** 2: **M** *Babylon* (BK02.75, 31.74, 32.03)}

bacheler ['baˑtʃɛlɛr] *m.* **+s** bachelor, junior, young man
[E(F): MidE *bacheler* < OldF *bacheler* (coe)] {**S** 5; **F** 2: **M** *bakcheler* (BM.1417), *bacheler* (BM.1449), *bagcheler* (BM.0825): **+s** I}

bachelerieth [batʃɛlɛ'riˑɛθ] *f.* **+ow** bachelor's degree
[E(F)c: **bacheler** -IETH] {**S** 5; **F** 0(GM09: K.J.G.): **+ow** I}

back-gammon (Eng.) *n.* {**S** 6; **F** 1: **L** *bach-gammon* (PV.7216)}

bad adj. wrong ALT = **drog**.
[E: MidE *badde* (coe)] {**S** 5; **F** 4: **M** *bad* → P}

¹**badh** ['baːð] *m.* **+ys** bath ALT = **kibell**.
[E(E): MidE < OldE *baeð* (coe)] {**S** 4; **F** 2: **M** *bath* (BM.1512, 1777): **+ys** N (CE38)}
The OldE suggests that the ending is <dh>;

²**badh** ['baːð] *m.* **+es** boar
[C:] {**S** 1; **F** 4: **O** *bahet* (VC.595) → L,P: **C** Not in B; **W** *baedd*: **+es** I}

badhya ['baˑðja] *v.* bathe
[E(E)c: ¹**badh** -YA] {**S** 4; **F** 0(CE38): **C W** *baddio*}

bad-ober *m.* **+ow** crime
[EL: **bad ober**] {**S** 5; **F** 3: **+ow** I} Found four times in **Jowann Chi an Hordh**; Nance replaced the word by *drok-ober* in his version.

badus

badus ['baˑdys] *adj.*
lunatic, moonstruck
[Cl: Brit **bad-* + -US (Fl.)] {S 8; F 2: O *badus* (VC.387) → P: C cf. B *bad* 'stupor'}
This has not been up-dated to **basus*.

bagas ['baˑgaz] *m.* **+ow** group, bunch, troop, bevy
[Lc: MN in -¹AS from BLat **baca* < CLat *bâca* (Fl.)] {S 1; F 3: L *bagaz* (AB.) → P: C B *bagad*; W *bagad*: **+ow** I}

bagas ilewydhyon orchestra

bagas-gwari [ˌbagaz'gwaˑri] *m.*

bagasow-gwari play-group
[LcC: **bagas gwari**]
{S 1; F 0(AnG 1986): **bagasow-gwari** I}

bagasik [baˑgaˑʒɪk] *m.* **-igow** batch
[Lcc: from **bagas** -IK] {S 1; F 0(Y2): **-igow** I}

bagel ['baˑgęl] *f.* **baglow** crozier, crook staff
[L: BAGL-S] {S 1; F 2: M *vagyl* (BM.3007): L *bagill* (BOD): C W *bagl*: **baglow** I}

¹bagh ['baːx] *f.* **+ow** hook, fetter, crook *(staff)* [C: Same word as **²bagh**]
{S 1; F 2: L pl. *bahaụ* (AB026a, 046b) → P: C W *bach*: **+ow** L}

²bagh ['baːx] *f.* **+ow** cell *(small room),* jail, nook
[C: CC **bakka* (Fl.) < IE **bak-* (Fl.)]
{S 1; F 1: M *bagh* (BM.3562): C B *bac'h*; W *bach* in pl.ns.: **+ow** I}

bagha ['baˑxa] *v.* trap
[Cc: ¹**bagh** -¹A]
{S 1; F 2: M *baghe* (RD.1150) → P}

BAGL- [L: BLat **bac'lus* < CLat *baculus* (M)]

baglek ['baglęk] *adj.* crooked *(crook-shaped)*
[Lc: ¹BAGL=EK] {S 1; F 0(CPNE): P *Carbaglet*: C B *beleg* 'priest'; W *baglog*}

bak *m.* **+ys** breakwater
[E(E): MidE < OldE *baec* (coe)]
{S 5; F 0(CE38): P *Bake*: **+ys** I}
This is a form of E *back* with a long vowel, e.g. Eng. pl.n. *Bake* in east Cornwall. Why Nance introduced the word is not clear.

²ball

bakbitya *v.* backbite
[Ec: VN in -YA from MidE (soed)]
{S 5; F 1: M *bacbytya* (TH22r)}

bakken ['bakːęn] *m.* bacon ALT = **meghin**.
[E(F): ModE < AngN *bacun* < OldF *bacon* (coe)]
{S 5; F 2: L (Gw., Borlase):}
Probably a dial. pron. of Eng. *bacon*, which etymologically contains /k/ rather than /kk/.

bal ['baːl] *m.* **+yow** mine, area of tin-working
[C: ²**pal**] {S 3; F 2: M *Baal, Bal* (BCE10a): D "bal": C Not in B nor in W in this form, but cf. B *ar bal* 'the spade': **+yow** I} First attested in pl.ns. in late 16th cent., the word appears to be a permanent lenition of **pal**.

balek ['baˑlęk] 1. *adj.* jutting, projecting, protruding, outstanding 2. *m.* **balogow** projection, protrusion
[U: The W cognate is supposed to be a borrowing from E *ballock* (gpc), but the B belies this.] {S 8; F 0(CE38): C B *baleg*; W *balog* 'coppice': **balogow** I}

balegi [baˑlęˑgi] *v.* jut, project
[Uc: from **balek** -¹I] {S 8; F 0(EC00)}

balegva [baˑlęgva] *f.* **+ow** balcony
[Uc: from **balek** -VA]
{S 8; F 0(GM09: YhaG): **+ow** I}

balgh ['balx] *adj.* arrogant, proud
[C: CC **balko-* (deb)]
{S 1; F 0(CE38): C B *balc'h*, W *balch*}

balghder ['balxdęr] *adj.* arrogance
[Cc: **balgh** -DER] {S 1; F 0(EC00): C W *balchder*}

¹ball ['balːI] *f.* **+ow** plague, pest
[C: Brit **bal-no-* (Gr.) < IE **gwlH-n-* (Haywood)]
{S 1; F 3: O *bal* (VC.391) → L,P: L *val* (AB119c) → P: C Not in B except perhaps in *divalav*; W *ball*: **+ow** I}

²ball ['balː] *m.* **+ow** white spot on forehead
[C: CC **ba-lo-* (leb)]
{S 1; F 0(CE38): C B *bal*; W *bal*: **+ow** I}

ballek

ballek ['balːęk] *m.* **-egow** bow-net
[C: CC (gpc)]
{S 8; F 0(EC52): C W *balleg*: **-egow** I}

balweyth ['balwęɪθ] *m.* mining
[CC: **bal** 2²**gweyth**] {S 3; F 0(GM09): G.M.S.):}

balyer ['baˑljęr] *m.* **+yow, +s**
barrel, cask
[U:] {S 8; F 3: L *balliar* (AB., PRJB) → P:
+yow N (FTWC); **+s** I (CE38)}

bambou ['bambu] *coll.* **+enn** bamboo
[E(O): ModE < Dutch *bamboes* (coe)]
{S 5; F 0(GM09): G.M.S.): **+enn** I}

banadhel ['baˑnaðęl] *coll.* **banadhlenn**
broom *(plant)*, besom
[C: BANADHL-S] {S 1; F 4:
O *banathel* (VC.694) → P: L *banal* (AB.) → P;
sg. *bannolan* (AB240c) → P, *bynolan* (PV.7849):
D "bannel": P Park Bannel: **banadhlenn** LP}
BANADHL- [C: Brit *banatlo*- (hpb)]

banadhlek ['banaðlęk] *f.* **-egi**
broom-brake
[Cc: ¹BANADHL=EK] {S 1; F 2: L *banathlek*
(PV.7233), *benallick, benathelick* (PV12449):
P Benallack: F Benallack: **-egi** I}

banana [ba'naˑna] *m.* **+s** banana
[E(O): ModE < Port. or Sp. (coe)]
{S 4; F 0(Y3): **+s** N (FTWC)}

band ['band] *m.* **+ys** band *(musical)*
[E(F): ModE < OldF *bande* (coe)]
{S 5; F 0(CE93: R.R.M.G.): **+ys** I}
The sense 'group of musicians' in Eng. dates
from the 17th cent. (coe)

band brest brass band

baner ['baˑnęr] *m.* **+yow** flag, banner,
standard
[E(F): MidE < AngN *banere* (coe)]
{S 4; F 3: M *baner* → P: **+yow** I}

baner-es flag of convenience

baneronieth [ˌbaˑnęrɔ'niˑęθ] *f.*
vexillology, study of flags
[Ec: **baner** -ONIETH] {S 2; F 0(GM09: K.J.G.):}

baneronydh [ˌbaˑnę'rɔnɪð] *m.* **+yon**
vexillologist

bannek

[Ec: **baner** -ONYDH]
{S 2; F 0(GM09: YhaG): **+yon** I}

baneror [ba'nęrˑɔr] *m.* **+yon**
standard-bearer *(male)*
[E(F)c: **baner** -OR] {S 4; F 0(CE55): **+yon** I}

banerores [banę'rɔˑręs] *f.* **+ow**
standard-bearer *(female)*
[E(F)cc: **baner** -ORES]
{S 4; F 0(GM09: P.H.): **+ow** I}

banishment (Eng.) *n.*
{S 6; F 1: M *banyshement* (TH21r)}

bankenn ['bankęn] *f.* **+ow** bank
(topographical)
[E(N)c: FN in -ENN from MidE *banke*
< OldN *banki (co)]
{S 5; F 1: L *bankàn* (AB042a) → P: **+ow** I}

bann ['banː] *m.* **+ow** height, prominent
place, prominence *(geog.)*
[C: CC *bend- (Fl.)] {S 1; F 4: M *ban* (OM.0933,
BM.3711) → P: L *ban* (AB042b), *vadn*
(PV17286): P Tolvaddon: C OldB *bann-*; W *ban*:
+ow C} Otherwise attested mainly in phrases
like **yn-bann**. Cognate with Scots Gaelic *beinn*,
often anglicized as *Ben*, as in *Ben Nevis*.
BANNAGH- [C: Brit *bannâko- (Gr.) < IE (lp)]

banna ['banːa] *m.* **bannaghow** drop,
bit, jot
[C: Reduction of BANNAGH-]
{S 2; F 4: O *banne* (VC.729) → L,P: M *banne*,
banna: L *badna* (AB027b, 064c; BPWG) → P:
C B *banne*; not in W: **bannaghow** L}
The nearest that Cor. gets to a negative
intensifier, like B *ket*, W *dim*. **kammenn** may
be used similarly, cf. F *pas*.

ny welav banna I can't see a bit

bannaghenn [ba'naˑxęn] *f.* **+ow** drip
[Cc: BANNAGH=ENN]
{S 1; F 0(GM09: P.H.): **+ow** }

bannek ['banːęk] *adj.* peaked,
prominent
[Cc: **bann** -¹EK]
{S 1; F 0(CE78): C B *Bannec* (pl.n.); W *bannog*}

bannya

bannya ['banːja] *v.* read banns
[E(E)c: VN in -YA from MidE < OldE *bannan* 'to proclaim' (coe)]
{S 4; F 2: L p.ptcpl. *beneas, bannes* (CMWD)}

bannys ['banːɪs] *pl.* banns
[E(E)e: MidE *ban* + -²YS] {S 4; F 0(CE38)}

banow ['baˑnɔw] *f.* **bynewi** sow *(pig)*
[C: CC (Gr.)] {S 1; F 3: O *baneu* (VC.593) → L,P: C B *banv;* MidW *banw:* **bynewi** N}
The pl. was apparently devised by Nance (as *bynewy*) from B *binvi*, W *beinw*.

banquet (Eng.) *n.*
{S 6; F 1: M *bankat* (TH52v), *banket* (TH54r)}

bans *m.* **+ow** high place
{S 1; F 2: L pl. *Vanssow* (LV146.06): **+ow** I}
Rejected by Padel; the word may be **bann** + Eng. pl. -*s*.

banyshya *v.* banish ALT = **divroa**.
[E(F)c: VN in -YA from MidE < OldF *baniss-* (coe)]
{S 5; F 1: M p.ptcpl. *banysshys* (TH30r)}
Written as *bansya* by Nance using example of MidC *punsya* 'to punish'.

baptyst *m.* **+ys** baptist ALT = **besydhyer**.
[E(F): MidE < OldF *baptiste* (coe)]
{S 4; F 3: M *baptist:* **+ys** I}
In *BM.4128*, the meaning is 'baptizer';

bara ['baˑra] *m.* bread
[C: IE **bhragen* (lp)] {S 1; F 6: O *bara* (VC.851, 852): M *bara:* L *bara:* P Nampara: F Baragwaneth: C B *bara*, W *bara:*}

bara an gog sorrel

bara barlys barley bread

bara byghan roll

bara goell leavened bread

bara gwaneth wheaten bread
Baragwanath (Johannesburg) is the name of the largest hospital in Africa.

bara gwynn white bread

bara heb goell unleavened bread

bara heydh barley bread

bara kales ship's biscuit

bara kann white bread

bara kergh oaten bread

bardhonek

bara segal rye bread

bara toes underbaked bread

Barabas name Barabbas
[E(H):] {S 4; F 4: M *barabas; baraban* (PC.)}

baramanynn [ˌbara'maˑnɪn] *m.* **+ow** sandwich
[CC: from **bara amanynn**]
{S 2; F 0(FTWC): **+ow** I}

Baramat place Arimathaea
{S 5; F 3: M *baramat* (MC.214); *baramathia* (5 syll.), *baramathya* (4 syll.)}
The initial <b-> comes from Lat. *ab*.

barbarek [bar'baˑręk] *adj.* barbaric
[E(F): MidE < OldF *barbarique*, with -EK substituted] {S 4; F 0(GM09: G.M.S.)}

barbarita [barba'riˑta] *m.* barbarity
[E:] {S 5; F 0(EC00):}

barbarus [bar'baˑrys] *adj.* barbarous
[E(L):] {S 4; F 2: M *barbarus* (TH19r)}

barcados (Eng.) *pl.*
[E(O): pl. of ModE < Sp *barcado* 'boat-load']
{S 6; F 2: L *Barcadoes* (PRJB)}

bardh ['barð] *m.* **berdh** bard *(male)*, poet *(male)*
[C: Brit *bardos* (gpc)] {S 1; F 3: O *barth* (VC.251, 264) → L,P: C B *(barzh);* W *bardd:* **berdh** I}

Bardh Meur Grand Bard

bardhek ['barðęk] *adj.* bardic
[Cc: **bardh** -¹EK] {S 1; F 0(CE38)}

bardhes ['barðęs] *f.* **+ow** bard *(female)*, poet *(female)*
[Cc: **bardh** -⁴ES]
{S 1; F 0(CE38): C Not in B; W *barddes:* **+ow** I}

bardhonek [bar'ðɔˑnęk] **1.** *adj.* poetic **2.** *m.* **-ogow** poem
[Ccc: from **bardh** -ON(I) -¹EK]
{S 1; F 0(CE38): C B *(barzhoneg);* W *barddoneg:* **-ogow** I}
The W word is a derivative of *barddoni* 'poetry'; the suffix -ONI is hardly represented in Cor., so **bardhonek** is best regarded as a direct borrowing from W; the same probably applies to the B word.

bardhonieth

bardhonieth [ˌbarðɔ'niˑęθ] *f.*
poesy, poetry
[Ccc: **bardh** -ONI -ETH] {**S** 1; **F** 0(CE93: K.J.G.):
C B *(barzhoniezh);* W *barddoniaeth*:}

bargen ['bargęn] *m.* **+yow** bargain
[E(F): MidE < OldF *bargaine* (coe)]
{**S** 4; **F** 3: **M** *bargayne*: **+yow** I}

bargen-tir [ˌbargęn'tiːr] *m.*
bargenyow-tir farm,
holding *(of land)*
[E(F)C: **bargen tir**] {**S** 4; **F** 1: **L** *bargenteer*
(NGNB4): **bargenyow-tir** I}

bargenya [bar'gęˑnja] *v.* bargain
[E(F)c: **bargen** -YA]
{**S** 4; **F** 4: **L** *bargidnia* (CDWP, AB050c) → P}

bargesi [bar'gęˑʒi] *v.* hover
[Cc: from **bargos**A -¹I]
{**S** 8; **F** 0(EC52): **C B** *bargediñ*}

bargos ['bargɔz] *m.* **bargesyon** buzzard
[C: Brit **barg-cud-* (gpc) < CC (Fl.)]
{**S** 1; **F** 3: **M** *bargos* (OM.0133) → P, *bargez*
(AB027b, 090c) → P: **P** Carn Barges: **C B** *barged*;
W *barcud*: **bargesyon** N (K.J.G.)}

barlys ['barlɪs] *coll.* **+enn** barley
ALT = **heydh**. [E(E): MidE < OldE *barlić* (coe)]
{**S** 4; **F** 3: **M** *barlys* (CW.1064): **L** *barles* (WXG),
barliz (AB066a, 293b) → P: **C** W *barlys*: **+enn** I}

barn ['barn] *f.* **+ow** judgment
[C: CC **barn-* (gpc)]
{**S** 1; **F** 0(EC52): **C** MidB *barn*, W *barn*: **+ow** I}

barna ['barna] *v.* judge, adjudicate
[Cl: **barn** -¹A] {**S** 1; **F** 2: **L** *barne* (PV.7305);
p.ptcpl. *barnyz* (PV.7305)}

barner ['barnęr] *m.* **+yow**, **+yon** judge,
adjudicator
[Cl: **barn** -¹ER] {**S** 1; **F** 2: **L** *barner* (PV.7305); pl.
barneriow (LVWG): **+yow** L; **+yon** N (K.J.G.)}

barner gwariva theatre critic

¹barr ['barː] *m.* **+ys** bar *(in pub)*,
tribunal, judge's seat
[E(F): MidE *barre* (co) < OldF *barre* (coe)]
{**S** 4; **F** 1: **M** *bar* (PC.2225): **+ys** I}

Baruk

barr golowys lighting bar (for
stage), bar

²barr ['barː] *m.* **+ow** summit, climax,
branching bough, apex
[C: CC **barsos* (gpc)] {**S** 1; **F** 3: **M** pl. *barrow*
(TH.): **L** *bar* (AB.): **C B** *barr*; W *bar*: **+ow** M}

barras ['barːaz] *m.* **+ow** crisis
[Cc: ²**barr** -¹AS] {**S** 1; **F** 0(GK98: A.S.):
C B *barrad* 'squall': **+ow** I}

barrek ['barːęk] *adj.* twiggy
[Cc: ²**barr** -¹EK] {**S** 1; **F** 0(CE38): **C B** *barrek*}

barrenn ['barːęn] *f.* **+ow** small branch,
twig
[Cc: ²**barr** -ENN] {**S** 1; **F** 3: **M** pl. *barennow* (OM.0788, 0839):
L *baren* (PV.7243): **D** "barren": **+ow** ML}

barrhe [bar'hęː] *v.* exalt
[Cc: ²**barr** -HE]
{**S** 1; **F** 1: **L** p.ptcpl. *barrhyz* (CGEL)}

barrlenn ['barlęn] *f.* **+ow** lap
[CC: ²**barr lenn** (deb)]
{**S** 1; **F** 0(CE38): **C B** *barlenn*: **+ow** I}

barrlenna [bar'lęnːa] *v.* hold in lap
[CCc: **barlenn** -¹A]
{**S** 8; **F** 0(EC52): **C B** *barlennañ*}

barrlennell [bar'lęnːęl] *f.* **+ow** laptop
(computer)
[CCc: **barlenn** -ELL]
{**S** 8; **F** 0(GM09: G.M.S.): **+ow** I}

barrya v. bolt ALT = **prenna**.
[E(F)c: ¹**barr** -YA]
{**S** 4; **F** 1: **M** 3rd sg. pres. ind. *var* (PC.3049)}

Bartholomew name Bartholomew
{**S** 5; **F** 2: **M** *Bartholomew* (TH37v)}

barthusek [bar'θyˑzęk] *adj.* wondrous,
wonderful, marvellous, miraculous
[Cc: formed by pseudo-mutation from
*marthusek] {**S** 2; **F** 2: **M** *barthesek* (RD.0109)
→ P, *barthusek* (RD.1177) → P: **P** Wheal Varizick:
C MidB *berzudec*}

Baruk name Baruch
{**S** 4; **F** 1: **M** *Baruch* (TH09v)}

barv

barv ['barv] *f.* **+ow** beard
[L: CLat *barba* (M)]
{S 1; F 2: **O** *barf* (VC.052), *baref* (VC.053): **M** *barvov* (BM.).): **L** *barve* (BOD), *bar* (AB011c, 044c) → P: **C B** *barv*; W *barf*: **+ow M**}

barvek ['barvęk] *adj.* bearded
[Lc: **barv** -¹EK]
{S 1; F 0(CE38): **C B** *barvek*; W *barfog*}

barver ['barvęr] *m.* **-oryon** barber, hairdresser
[Ll: **barv** -¹ER] {S 1; F 0(CE38): **C B** *barver*; cf. W *barfwr*: **-oryon** I}

barvus ['barvys] **1.** *adj.* bearded
2. *m.* **+i** cod
[Ll: **barv** -US < CLat *barbosus*]
{S 1; F 3: **M** pl. *barfusy* (OM.0138) → P: **L** *barvas* (PV.7244, 7313): **+i** M}

bas ['ba:z] *adj.* shallow
[L: CLat *bassus* (gpc)]
{S 1; F 0(CE38): **P** Carn Base: **C B** *bas*; W *bas*}

basa ['ba·za] *v.* stun
[C: Brit **bad-* + -¹A] {S 1; F 0(GK98: A.S.): **C B** *badañ*} cf. **badus** 'moonstruck'

basalt ['ba·salt] *m.* **+ys** basalt
[E(L): E < Lat *basaltês* (coe)]
{S 5; F 0(EC00): **+ys** I}

basaltek [ba'saltęk] *adj.* basaltic
[E(L)c: **basalt** -¹EK] {S 5; F 0(GM09: G.M.S.)}

basar [ba'za:r] *m.* **+s** bazaar, jumble sale, rummage sale (U.S.)
[E(O): MidE < Persian *bâzâr* (coe)]
{S 4; F 0(Y2): **+s** I}

basdhowr ['basðɔʊr] *m.* **+ow** ford *(shallow)*
[Lc: **bas** 2**dowr**]
{S 1; F 1: **L** *basdhoṵr* (AB169a) → P: **+ow** I}

bashe [bas'hę:] *v.* grow shallow, abate
[Lc: **bas** -HE] {S 4; F 3: **M** p.ptcpl. *basseys* (OM.1098, 1127) → P: **L** *bashe* (PV.7316, 7318)}

Basil name Basil
{S 4; F 2: **M** *Basyll* (TH45v), *Basell* (TH51v)}
St Basil the Great of Caesarea.

basket m. **+ys** basket ALT = **kanstell**.
{S 5; F 3: **L** *basket* (AB045b, 051c) → P: **+ys** I}

bather

basnett ['basnęt] *m.* **+ow** helmet, basinet *(headgear)*
[E(F): diminutive of *basin*] {S 5; F 1: **M** *basnet* (RD.2581) → P: **+ow** N (G.M.S.)}

basnett diogeledh safety helmet

bason ['ba·sɔn] *m.* **+yow, +ys** large basin
[E(F): MidE < OldF *bacin* (coe)]
{S 4; F 2: **M** *baʒon* (MC.045), *bason* (PC.0842): **+yow** N (G.M.S.); **+ys** I (CE38)}

bastard ['bastard] *m.* **+yon** bastard
[E(F): MidE < OldF *bastard* (coe)]
{S 5; F 1: **L** *bastard* (AB100b): **+yon** N}

baster ['bastęr] *m.* **+yow** shallowness
[Lc: **bas** -TER]
{S 1; F 0(CE38): **C W** *basder*: **+yow** I}

basva ['basfa] *f.* **+ow** shoal *(topographical)*, shallow
[Lc: **bas** -VA] {S 1; F 0(GM09: K.J.G.): **+ow** I}

bat (Eng.) *n.* {S 6; F 1: **L** *bat* (PV.7321)}
Pryce gave as meaning 'a dormouse'. A flying bat is **askell-groghen** in Cor.

batalyas [ba'ta·ljaz] *v.* fight
[E(F)c: from **batel** -¹YAS with vowel harmony]
{S 5; F 2: **M** *batalyles* (MC.051), *batalyays* (BM.2474)}

batalyas orth fight against

batel ['ba·tęl] *f.* **+yow** battle
[E(F): MidE *bataile* < OldF *bataille* (coe)]
{S 5; F 3: **M** *batal*; pl. *batallyow* (TH28r): **C W** *batel*: **+yow** M}

bath ['ba:θ] *m.* **+ow** coin
[D: Brit *battâ (Fl.) or CLat *batto* (Gr.)]
{S 1; F 3: **O** *bath* (VC.242) → L,P: **C B** *bazh* 'stick'; W *bath*: **+ow** I}

batha ['ba·θa] *v.* coin
[Dc: **bath** -¹A] {S 1; F 0(CE38): **C** Not in B; W *bathu*} Nance wrote *bathy*, evidently thinking that W *-u* should be replaced by C *-y*.

bather ['ba·θęr] *m.* **+yon** coiner
[Dc: **bath** -¹ER] {S 1; F 3: **O** *bathor* (VC.241, 243) → L,P: **C** Not in B; W *bathwr*: **+yon** I}

batt

batt ['bat] *m.* **+ys** bat *(cricket)*, cudgel
[E(E): MidE < OldE *batt* (coe)] {S 4; F 2: M pl. *battys* (PC.0608) → L,P: **+ys** M}

batti ['batːi] *m.* **+ow** mint *(for money)*
[DC: from **bath** ⁴ti]
{S 1; F 0(CE38): C W *bathdy*: **+ow** I}

battyans ['batːjans] *m.* **+ow** innings
[E(E)c: **batt** -YANS] {S 5; F 0(EC00): **+ow** I}

batri ['batri] *m.* **+ow** battery
[E(F): ModE < F *batterie* (coe)]
{S 5; F 0(FTWC): **+ow** N (FTWC)}

¹**bay** ['baɪ] *m.* **+ys** bay *(tree)*
[E(F): MidE < OldF *baie* (coe)]
{S 5; F 1: M pl. *bayys* (PC.0261): **+ys** M}

²**bay** ['baɪ] *m.* **+ow** kiss
[E: MidE *bay* (Gr.)]
{S 5; F 2: M *bay* → P: L *baye* (R2WAT, PRWP); pl. *baiou* (AB110a) → P: **+ow** L}

¹**baya** ['baɪa] *m.* **+ys** bay *(coastal indentation)*
[E(F): MidE < OldF *baie* (coe)]
{S 5; F 1: L *Heah* (LV088.17): **+ys** N (CE38)}
Lhuyd's *Heah* may be emended to *Beah*.

²**baya** ['baɪa] *v.* kiss
[Ec: ²**bay** -¹A] {S 5; F 0(CE38)}

bayli ['baɪli] *m.* **+s** bailiff
[E(F): MidE *bâili* < OldF *baillif* (coe)]
{S 5; F 0(EC52): **+s** N (EC52)}

baywydh ['baɪwɪð] *f.* **+enn** bay-trees
[E(F)C: ¹**bay** 2**gwydh**]
{S 5; F 0(CE38): C W *baewydd*: **+enn** I}

beaten (Eng.) *adj.* {S 6; F 1: L *beaten* (WP--G)}

beautiful (Eng.) *adj.*
{S 6; F 1: M *beautyfull* (TH02r)}

beauty (Eng.) *n.* {S 6; F 1: M *beautye* (TH31r)}

bedh ['bęːð] *m.* **+ow** grave, sepulchre, tomb
[C: Brit *bedo-* (hpb) < IE (lp)]
{S 1; F 6: M *beth* → P; pl. *bethow* → P: L *bêdh* (AB149a), *beath* (NGNB3); pl. *bedhou* (AB242b): P : C B *bez*; W *bedd*:   1:MLP:3: **+ow** }

bedh men sarcophagus, stone-built tomb

BEDH- [C:]

bedha ['bęˑða] *v.* dare, venture, presume
[Cc: BEDH=¹A] {S 8; F 4: M 1st sg. pres. ind. *vethaf, vetha*: L 3rd sg. pres. subj. *vedho* (AB250b): C cf. W *beiddio*}

bedhas ['bęˑðaz] *m.* **+ow** venture
[Cc: BEDH=¹AS] {S 1; F 0(GK98: A.S.): **+ow** I}

bedhek ['bęˑðek] *adj.* daring, venturesome, presumptious
[Cc: ¹BEDH=EK] {S 1; F 0(GK98: G.M.S.)}

bedhekter [bę'ðektęr] *m.* **+yow** presumption
[Ccc: **bedhek** -TER]
{S 1; F 0(GM09: G.M.S.): **+yow** I}

bedhlenn ['bęðlęn] *f.* **+ow** shroud
[CC: **bedh lenn**] {S 1; F 0(GM09: P.H.): **+ow** I}

Bedhwar *name* Bedivere (one of Arthur's knights)
{S 8; F 1: M *bith war* (BK40.47)}

bedhyas ['bęˑðjaz] *m.* **-ysi** challenger
[Cc: BEDH=³YAS] {S 8; F 0(CE55): **-ysi** I}

bedhygla [bęˑðɪgla] *v.* bellow, roar, low *(of cows)*
[Uc: VN in -A from unknown root]
{S 8; F 3: L *pedhigla* (AB142a, 248a) → P}

beg ['bęːg] *m.* **+ow** point of land, spit
[F: OldF *bec* (K.J.G.)] {S 4; F 0(GM09: K.J.G.): L *Cuddenbeak* = **koes y'n beg**: **+ow** I}

begel ['bęˑgęl] *m.* **+yow** navel, hillock, knob
[C: Brit (Fl.)] {S 1; F 3: L *bêgel* (AB017a), *bêgl* (AB176a) → P, *bigel* (CRWG): P The Beggal: C B *begel*; W *bogail*: **+yow** I}

BEGG- [E: MidE *begge* (coe)]
<gg> is not found in the native Cor. sound system. Its appearance here, and in a few other words, represents an extension of that system.

beggya ['bęgːja] *v.* beg
[Ec: BEGG=YA] {S 4; F 0(CE38)}

beggyans ['bęgːjans] *m.* begging
[Ec: BEGG=YANS] {S 4; F 0(GM09: G.M.S.):}

beggyer ['bɛgːjęr] *m.* **+s, -yoryon** beggar
[El: BEGG=¹YER]
{S 4; F 2: M *begyer* (BM.0416, 2021); pl. *veggars* (RD.1507): **+s** M; **-yoryon** N (G.M.S.)}

begh ['bęːx] *m.* **+yow** burden, load
[C: Brit **basky-* (gpc)] {S 1; F 3: M *be* (OM.1057) → P: **C** B *bec'h*; W *baich*: **+yow** I}

beghus ['bę·xys] *adj.* burdensome, onerous
[Cl: **begh** -US] {S 1; F 0(CE38): **C** cf. B *bec'hius*}

beghya ['bę·xja] *v.* burden, oppress, load, impose upon
[Cc: **begh** -YA] {S 1; F 0(CE38): **C** B *bec'hiañ*} Nance thought that the 2nd sg. impv. of this word occurred at OM.0122 (and its copy in CW.): *saw na byhghy war nep cor,* which he translated as 'but oppress them not in any way'. It is much more likely to mean 'unless you sin in any way'; note the particle ²**na** causing lenition of 2nd sg. pres. subj. **peghi**. The verb can remain in Cornish as a cognate of the Breton.

beghyegeth [bęx'jęgęθ] *f.* **+ow** pregnancy
[Cc: **beghyek** -ETH]
{S 1; F 0(GM09: A.S.): **+ow** I}

beghyek ['bęxjęk] *adj.* pregnant
[Cc: **begh** -YEK]
{S 1; F 0(AnG 2007: A.S.): **C** W *beichiog*}

begi ['bę·gi] *v.* bray
[Uc: VN in -I from unidentified root]
{S 8; F 1: L *begy* (PV.7340)} Cognates implied by Nance so far unidentified.

bejeth ['bę·dʒęθ] *f.* **+ow** face, countenance
[E(F): MidE < OldF *visage*] {S 5; F 3: L *budgeth* (G1JB), *bedgeth* (Pryce): **C** B *bizaj*: **+ow** N (FTWC)} This LateC form shows several interesting sound-changes from the MidE, including substitution of [b-] for [v-]).

bejeth dhe vejeth face to face

bel ['bęːl] *m.* war
[C: Brit **bel-* < CC **gwel-* (Fl.)] {S 1; F 1: M *bel* (MC.249): **C** MidB *bel*; W *-fel* in *rhyfel*:}

beler ['bę·lęr] *coll.* **+enn** water-cress, cress
[C: Brit **beruro-* (Haywood) < IE **gweru-* (lp)]
{S 1; F 1: O *beler* (VC.656) → L,P: **C** B *beler*; W *berwr*: **+enn** I}

belerek [bę'lę·ręk] **1.** *adj.* cressy **2.** *f.* **-egi** cress-bed
[Cc: **beler** -¹EK]
{S 1; F 0(CE55): P Blerrick: **-egi** I}

bell (Eng.) *n.* ALT = **klogh**.
{S 6; F 1: M *bell* (BK32.73)}

Belsebuk name Beelzebub (name of a devil)
[E(E): MidE *Beelzebub* < OldE *Belzebub* (coe)]
{S 4; F 4: M *belsebuc* → P, *belsebuk*}

Bemont name (name of a dog)
[E(F): from F *beau mont* 'fair hill']
{S 5; F 1: M *bemont* (BM.3521)}

¹**ben** ['bęːn] *f.* woman
[C: CC (M) < IE (lp)]
{S 1; F 3: M *ben*: **C** B *ben*; W *ben*:} Cognate with E *queen*, used only in **hy ben** 'the other (fem.)'.

hy ben the other (f.)

²**ben** ['bęːn] *m.* **+yow** stump, base, foot (base)
[C:] {S 8; F 0(CE38): P Pentewan = ²**ben tewenn**: **C** B *Ben-* (in pl.n. *Benodet*); cf. W *bôn*: **+yow** I}

benedicite (Lat.) praise
{S 6; F 3: M *benedicite*}

benediction (Eng.) *n.* ALT = **bennath**.
{S 6; F 2: M *benedicconn* (BM.4532), *venedycconn* (BM.3429)}

benefit (Eng.) *n.* {S 6; F 3: M *benefitt* (TH.), pl. *benefittys* (TH51r)}

benel ['bę·nęl] *adj.* feminine, womanly
[Cc: ¹**ben** -¹EL]
{S 1; F 0(GM09: G.M.S.): **C** B *benel*}

benewenn [bę'nęwęn] *f.* **+ow** wench, little woman
[Ccc: from **benow**A -ENN]
{S 1; F 1: M *benewen* (BM.1425): **+ow** I}

benfis

benfis ['bɛnfis] *f.* **+ow** benefice
[E(F): MidE < OldF *benefice* (coe)]
{S 4; F 2: M *benfys* (2 syll.) (OM.2613), *benefys* (BM.2827): **+ow** N}

bengorfonieth [bɛnˌgɔrfɔ'niˑẹθ] *f.* gynaecology
[CCc: ²**ben** 2**korfonieth**]
{S 1; F 0(GK98: K.J.G.):}

bengorfoniethel [bɛnˌgɔrfɔni'ẹˑθɛl] *adj.* gynaecological
[CCc: **bengorfonieth** -²EL]
{S 1; F 0(GM09: YhaG)}

bengorfydh [bɛn'gɔrfɪð] *m.* **+yon** gynaecologist
[CCc: ²**ben** 2**korf** -¹YDH]
{S 1; F 0(GK98: K.J.G.): **+yon** I}

bennath ['bɛnːaθ] *f.* **+ow** blessing, benediction
[L: CLat *benedictio* (hpb)]
{S 3; F 6: M *bennath, banneth*; pl. *bannothow*: L *bednath, bedna*: **+ow** M}

benna'sywes may blessing follow
benna'tuw God's blessing

bennesik [bɛ'nɛˑʒɪk] *adj.* blessed
[L: Back-formation from **bennesikter**.]
{S 1; F 1: L *venethick* (PV10037)} The <th> in Pryce's word may reflect the change [d] > [ð] in English: *Benedic(t)* > *Benethick*

bennesikter [ˌbɛnɛ'ʒiktɛr] *m.* blessedness
[Lc: Noun in -TER from *bennesik*, which in spite of its apparently being a word with -ESIK, is more likely to have come from Lat *benedic(tus)*.] {S 1; F 3: M *benesygter, benegitter*: }
BENNIG- [L: CLat *benedîco* (gpc)]

benniga [bɛ'niˑga] *v.* bless, hallow
[Lc: BENNIG-¹A]
{S 1; F 6: M *benyga*: L *benigia*: P p.ptcpl. ?Crowsmeneggus: C B *binnigañ*; W *bendigo*}

bennigys [bɛ'niˑgɪz] *adj.* blessed
[Lc: BENNIG-⁶YS] {S 1; F 6: M *bynyges, benegas*: L *benigas*: C B *benniget*; W *bendigaid*}
Metathesis occurred in this word, so that the last vowel was [ɛ] rather than [ɪ].

beol

benoleth [bɛ'nɔˑlẹθ] *f.* femininity
[Ccc: ¹**ben** -OLETH] {S 1; F 0(GM09: G.M.S.):}

benow ['bɛˑnɔw] *adj.* female, feminine (*grammatical gender*)
[Cc: ²**ben** -¹OW]
{S 1; F 3: M *benow, benaw* → P: L *benou* (G1JB)}

ben'vas [ˌbɛn'vaːz] *f.* goodwife, housewife, good woman
[CC: from **benyn** 2**mas**] {S 2; F 3: L *benynvas* (CW.):} Although the word is written as 3 syll. in *CW.*, the prosody shows that the word should have been pronounced with 2 syll.

benyn ['bɛˑnɪn] *f.* **+es** woman, wife
[C: Derivative of ²**ben**] {S 1; F 6: O *benen* (VC.203), *bennen* (VC.190): M *benen, benyn*; pl. *benenes*: L *bennen*; pl. *benenez* (AB243a): C Not in B nor in W: **+es** ML}
This word appears to be dimorphic; in MidC the word was commonly spelled *benen* and rhymed with other words in *-en*; one would have expected this to evolve to *benan*, but *venan* is found only once. LateC *bennen* appears to be the reflex of the rarer MidC form *benyn*.

benyn bries bride
benyn nowydh bride
benyn jentyl gentlewoman, lady

benyna [bɛ'nɪˑna] *v.* consort with women
[Cc: **benyn** {S-¹a}]
{S 1; F 2: M *bynene* (PC.2838), *benena* (BK14.61)}

benynek [bɛ'nɪˑnɛk] *adj.* womanly
[Cc: **benyn** -¹EK] {S 1; F 0(EC52)}

benynreydh [bɛ'nɪnrɛɪð] *f.* womankind
[CC: **benyn reydh**] {S 1; F 3: O *benenrid* → P: M *vynynryth* (RD.0851, 0875) → P:}

benynses [bɛ'nɪnzɛz] *m.* womanhood
[Cl: **benyn** -SES] {S 1; F 0(EC52):}

beol ['bɛˑɔl] *m.* **+yow** tub
[L: CLat *bâiula* (Gr.)]
{S 8; F 1: O *baiol* (VC.358): C B *beol*: **+yow** I}

beowta

beowta *m.* beauty ALT = **tekter**.
[E(F):]
{S 5; F 4: M *beawta* (BK.) (3 syll.); pl. *beawtys*:}

ber ['bɛːr] *m.* **+yow** spit *(for roasting)*
[C: CC **beru* (Haywood) < IE (gpc)]
{S 1; F 3: O *ber* (VC.897) → P: L *bêr* (AB172c, JCNBL23): C B *ber*; W *bêr*: **+yow** I}

bera ['bɛˑra] *v.* flow
Nance gave 'to drop' as the meaning.
[Cc: VN in -A from Brit *ber-* (as in **aber**)]
{S 1; F 0(CE38): C B *berañ*; W *beru*}

berdh ['bɛrð] *pl.* bards
[C: Brit **bardî* (gpc)] {S 1; F 0(CE93: K.J.G.): C Not in B, which uses *barzhed*; W *beirdd*}
Nance wrote *byrth* as the pl., but i-aff. of /a/ gave [ɛ] rather than [ɪ].

¹**bern** ['bɛrn] *m.* **+yow** care *(solicitude)*, concern, interest *(concern)*
[C: Same as ²**bern**, with semantic shift 'heap' > 'load' > 'load of care' > 'care' (K.J.G.)]
{S 1; F 4: L *bern* → P: C W *bern* 'grief': **+yow** I}

ny vern it does not matter, it is of no concern

ny vern dhymm I don't care

²**bern** ['bɛrn] *m.* **+yow** heap, rick, stack
[C: Brit **bergn-* (lp) < IE **bherĝh-n* (Haywood)]
{S 1; F 4: M *bern, bearn* → P: C B *bern*; cf. W *bera*: **+yow** I}
Appears to be a derivative of CC **berg-*, which is clearly cognate with G *Berg* 'mountain'.

bernya ['bɛrnja] *v.* pile up, stack
[Cc: ²**bern** -YA]
{S 1; F 0(CE93: K.J.G.): C B *berniañ*; not in W}

¹**berr** ['bɛːr] *adj.* short, brief
[C: Brit **birsa* (iyk) < CC (Fl.)] {S 3; F 5: O *ber* (VC.949) → L,P: M *ber*: L *ber* (E1XXL): P ?Burras: C B *berr*; W *byr*}
<e> is found rather than the expected <y>.

²**berr** ['bɛːr] *f.* **+ow** shank, calf *(of leg)*
[C:] {S 1; F 0(CE38): C W *ber*: **+ow** }

berranall [ˌbɛˈraˑnal] *m.* asthma
[CC: ¹**berr anall**]
{S 3; F 2: L *ber-anal* (AB056b) → P:}

berranellek [ˌbɛrːaˈnɛlːɛk] *adj.* asthmatic
[CCc: from **berranall** -¹EK]
{S 3; F 0(GM09: G.M.S.)}

berrder ['bɛrdɛr] *m.* **+yow** brevity, shortness
[Cc: ¹**berr** -DER]
{S 3; F 0(CE38): C B *berrder*; W *byrder*: **+yow** I}

berrdew ['bɛrdɛw] *adj.* dumpy, endomorphic
[CC: ¹**berr** 2tew] {S 1; F 0(EC00)}

berrgamm ['bɛrgam] *adj.* crook-shanked, bandy-legged, bow-legged
[CC: ²**berr** 2¹**kamm**] {S 3; F 0(CE38): D (CE38)}

berrhe [bɛrˈhɛː] *v.* shorten, abbreviate, abridge
[Cc: ¹**berr** -HE] {S 3; F 0(CE38): C B *berraat*}

berrheans [bɛrˈhɛˑans] *m.* **+ow** abbreviation
[Cch: **berrhe** -ANS] {S 1; F 0(AnG): **+ow** I}

berri ['bɛrːi] *m.* fatness, grossness, obesity
[Cc: borrA -³I < Brit **burrî* (lheb)]
{S 1; F 3: O *berri* (VC.943) → L,P:}

berrik ['bɛrːɪk] *adj.* plump, obese, gross
[Cc: borrA -IK] {S 8; F 1: L *berrick* (PV.7419)}

berrol ['bɛrːɔl] *f.* **+yow** shortlist
[CE(F): from ¹**berr rol**]
{S 4; F 0(GM09: G.M.S.): **+yow** I}

berrolya [bɛrˈrɔˑlja] *v.* shortlist
[CE(F): from ¹**berr rolya**]
{S 4; F 0(GM09: G.M.S.)}

berrskrif ['bɛrskrif] *m.* **+ow** summary, precis, abstract
[CL: ¹**berr skrif**]
{S 3; F 0(GK98: A.S.): C cf. B *berrskrid*: **+ow** I}

berrskrifa [bɛrˈskriˑfa] *v.* summarize
[CLc: **berrskrif** -¹A] {S 3; F 0(GK98: G.M.S.)}

berrwel ['bɛrwɛl] *f.* short-sight, myopia
[CC: ¹**berr** 2²**gwel**] {S 1; F 0(GK98: K.J.G.):}

berr y wel short-sighted

berrwelyek [bęr'wę·ljęk] **1.** *adj.* short-sighted, myopic **2.** *m.* **-ogyon** myope, short-sighted person
[CCc: **berrwel** -YEK]
{**S** 1; **F** 0(GM09: K.J.G.): **-ogyon** I}

bers *m.* **+ow ban**
[L: CLat *bersa* (deb)] {**S** 8; **F** 2: **M** *bers* (BK38.53); pl. *bersow* (BK40.66); **C B** *bers*: **+ow** I} A doubtful word.

bersa *v.* **ban**
[Lc: **bers** -¹A] {**S** 8; **F** 1: **M** p.ptcpl. *bersys* (BK27.39)} A doubtful word.

Bersaba name Bathsheba
{**S** 5; **F** 3: **M** *bersabe* (OM.2121, 2175, 2187) → P}

Bertyl name Bartholomew
{**S** 5; **F** 1: **M** *bertyl* (RD.0971)}

bervys ['bęrvɪz] *adj.* bearded
[Lc: **barv**A -⁶YS] {**S** 1; **F** 1: **M** *byrvys* (BK38.36)}

Berwynn *name* (name of saint)
{**S** 8; **F** 1: **O** *been* (LS)}

berya ['bę·rja] *v.* spit *(stab)*, run through with a sword
[Cc: **ber** -YA]
{**S** 1; **F** 1: **M** 3rd sg. pres. ind. *ver* (BM.2408)}

Beryan *name* Buryan
{**S** 8; **F** 2: **O** *berion* (LS): **L** *burian* (NGNB3), *borrian* (JCNBL): **P** St Buryan}
The stressed vowel is /e/, as shown by the B pl.n. Berrien. The <u> in Buryan appears because E *bury* is pronounced with [e].

Beryth name (name of a pagan god)
{**S** 8; **F** 2: **M** *beryth* (BK04.49, 04.50)}

besont [bę'zɔnt] *m.* **besons** bezant
(gold coin, between one and two of which were worth one pound in the Middle Ages).
[E(F): MidE < OldF *besan* (co)]
{**S** 5; **F** 0(CE38): **besons** N (CE38)}

besow ['bę·zɔw] *coll.* **+enn** birch-trees
[Cc: Brit (Fl.)] {**S** 1; **F** 3: **O** sg. *bedepen* → L,P: **L** *bezau* (AB284b) → P: P Bissoe: **C B** (*bezv*); **W** *bedw*: **+enn** I} Appears to be an exception to the rule that (vowel + /w/) blocks assibilation.

Besseda place Bethesda
{**S** 8; **F** 1: **M** *bessede* (OM.2783)} A pool in Jerusalem; at *OM.2718* a stage-direction in Latin mentions *bethsayda*. Bethsaida is a town in Galilee; the author of *OM.* appears to have confused the two names. (K.S.)

¹**best** ['bę:st] *m.* **+es** beast, animal
[E(F): MidE < OldF *beste* (coe)] {**S** 4; **F** 5: **M** *best* → P, *beast* (CW.); pl. *bestes* → L, *bestas* → L,P: **L** *bêst* (AB043a): **+es** ML} This was the commonest word for 'animal' in MidC; it does not necessarily have to be so today.

²**best** *coll.* moss ALT = **kywni**.
[E(E): MidE < OldE *mos* (coe)]
{**S** 4; **F** 2: **L** (Lh., Borlase): **C** cf. W *mws*} This curious word has been explained as deriving from Eng. *moss*, with a change of vowel, an accreted [-t], and pseudo-mutation, giving [m-] > [b-].

best-hwel ['bę·st'hwę:l] *m.* **bestes-hwel** working animal
According to Lhuyd, 'a labouring beast'.
[E(F)C: ¹**best hwel**] {**S** 4; **F** 2: **L** *best huêl* (AB074a) → P: **bestes-hwel** I}

besydh ['bę·ʒɪð] *m.* **+yow** baptism
[L: CLat *baptiso* (iyk)]
{**S** 1; **F** 2: **M** *begeth* (TH20r), *beseth* (TH37r): **C B** *badez*; **W** *bedydd*: **+yow** I}

besydhven [bę'ʒɪθfęn] *m.* **-veyn** font
[LC: **besydh** 2¹**men**] {**S** 1; **F** 0(CE38): **C** Not in B; **W** *bedyddfaen*: **-veyn** I}

besydhya [bę'ʒɪ·ðja] *v.* baptise
[Lc: **beszydh** -YA]
{**S** 1; **F** 4: **M** *begithia*: **L** *bedzhidhia* (AB013c): **C W** *bedyddio*; cf. B *badeziñ*} <e> is far commoner as the 1st vowel than Nance's <y>.

besydhyans [bę'ʒɪ·ðjans] *m.* **+ow** christening
[Lh: **besydh** -YANS]
{**S** 1; **F** 1: **L** *bedzhidian* (PV.7336): **+ow** I}

besydhyer [bę'ʒɪ·ðjęr] *m.* **-oryon** baptist
[Lh: **besydh** -¹YER] {**S** 1; **F** 0(CE38): **C W** *bedyddiwr*; cf. B *badezour*: **-oryon** I}

besyon

besyon f. +s vision *(apparition)*
ALT = **gwelesigeth**.
[E(F):] {S 8; F 1: M *besyon* (BM.0984): +s I}
Nance wrote *vesyon*, but the MidC form indicates <b->.

Bethlehem *place* Bethlehem
[E(O): E < Hebrew] {S 5; F 3: M *bethlem* (OM.1934; PC.1607, 1652): L *Bethalem* (M2WK)} The reduced form *bethlem* and the metathesized form *Bethalem* are to be regarded as historic. Keith Syed recommends **Bethlehem** for modern use.

Bethsaida (Heb.) *place* {S 6; F 2: M *Bethsaida* (TH45v, 47r)} See also **Besseda**.

betraya v. betray ALT = **trayta**.
[Ec: VN in -A from MidE (coe)]
{S 5; F 1: M *betraya* (SA61r)}

betys ['bɛ·tɪs] *coll.* +enn beet (plant)
[E: MidE *betes* (gpc)]
{S 5; F 0(CE38): C W *betys*: +enn I}

betys rudh beetroot

betys sugra sugar beet

beudhi ['bœ·ði] *v.* drown
May be used transitively or intransitively.
[Cc: VN in -I from IE **gʷʰādʰ-* (gpc)]
{S 1; F 4: M *buthy* → P, *vethy* (CW.) → P: C B *beuziñ*, W *(boddi)*}

beudhowr ['bœ·ðɔʊr] *m.* +yow filthy water, foul water
[CC: Compound of **dowr**] {S 1; F 0(CPNE): P Polborder: C OldW *baudur*: +yow I}

bever ['bɛ·vɛr] *m.* +s beaver
[E(E): OldE *befor* (Gr.) *befer* (Haywood)]
{S 4; F 2: O *befer* (VC.574) → P: C Not in W; cf. OldB *beuer*: +s I}

bewin ['bɛwɪn] *m.* beef
[L: CLat *bovina*] {S 8; F 3: M *bowyn* (BM.3224): L *bouin* (AB033a, 241a) → P: C B *bevin*:}

Bibel ['bɪ·bɛl] *m.* **Biblow** Bible
[E(F): BIBL-S]
{S 4; F 0(CE38): C B *Bibl*, cf. W *Beibl*, reflecting the Great Vowel Shift in Eng.: **Biblow** I}
BIBL- [E(F): MidE < OldF (coe)]

biblek ['bɪblɛk] *adj.* biblical
[E(F)c: ¹BIBL=EK] {S 4; F 0(CE38): C B *biblek*}

bibyn-bubyn [ˌbɪ·bɪn'bʏ·bɪn] *m.*
bibynes-bubyn shrimp
[U:] {S 8; F 1: L *beeban-booban* (Ray): D "beevin bovin": **bibynes-bubyn** N (W.B.)}

bil ['biːl] *m.* +yow muscle
[U:] {S 8; F 1: L *Bil* (LV020.65): +yow I}

bil an garr calf (of leg)

bilen ['bɪ·lɛn] **1.** *adj.* villainous **2.** *adv.* horribly **3.** *m.* +s villain, scoundrel
[E(F): MidE *vilein* < OldF *vilein* (coe), with pseudo-mutation] {S 4; F 4: M *bylen* → P, *belan*; pl. *felans* (BK33.82): C B *bilen*; W *bilaen*: +s M} Forms without pseudo-mutation are also found.

bileni [bɪ'lɛ·ni] *f.* villainy, ill-treatment
[E(F): MidE < OldF *vilenie* (coe), with pseudo-mutation] {S 4; F 4: M *belyny* → P, *vylyny* → P:} Forms without pseudo-mutation are also found.

bili [bɪ·'li] *coll.* +enn pebbles
[Uc: FN in -ENN from unknown root]
{S 8; F 0(CE38): D "bully": P Trevilley: C B *bili*: +enn I}

bilvil ['bɪlvɪl] *m.* +yow billion
[EL: from *bil-* in E *billion* (< F, 16th cent.) + 2³mil] {S 1; F 0(GL05: A.S.): +yow I}

bilvilwas [bɪl'vɪlwas] *m.* -wesyon billionaire
[LLC: **bilvil** 2gwas]
{S 1; F 0(AnG 2007: A.S.): -wesyon I}

bis ['biːs] *f.* +yow vice *(tool)*
[E(F): MidE < OldF *vis*, with pseudo-mutation] {S 4; F 0(CE93): C B *biñs*; cf. W *feis* < ModE *vice*: +yow I}

bismer [bɪs'mɛːr] *m.* infamy, scandal, contempt, ignominy, shame
[E: MidE *bysmare* (CE38)]
{S 4; F 3: M *bysmer*; pl. *bysmeras*:}

gul bismer dhe bring into contempt, scandalize

bismerus

bismerus [bɪsˈmęˑrys] *adj.* infamous, ignominious
[El: **bismer** -US] {**S** 4; **F** 0(GM09: G.M.S.)}

Bithinia (Eng.) *place*
{**S** 6; **F** 1: **M** *bithinia* (TH47r)}

Bitini *place* Bythinia
{**S** 8; **F** 1: **M** *bitini* (BK32.66)}
This form appears to be Latin.

bitya *v.* bite ALT = **dynsel**.
[E(E): VN in -YA from MidE < OldE *bîtan* (coe)]
{**S** 5; **F** 1: **M** 1st sg. pres. ind. *uyttyaf* (BK30.30)}

biw *coll.* cattle
[C:] {**S** 1; **F** 1: **O** *biw* (Sawyer, no. 932):
P Lisbue: **C** B *biou*; MidW *biw*:} Obviously confusable with **bugh** 'cow' in place-names.

Blackbeard (Eng.) *name* {**S** 6; **F** 1: **M** *blak bert* (BM.3228)} Name of a dog.

blam [ˈblaːm] *m.* **+ys** blame, fault
[E(F): MidE < OldF *blâme* (coe)]
{**S** 5; **F** 4: **M** *blam*: **+ys** I}

blamya [ˈblaˑmja] *v.* blame, censure, find fault with
[E(F)c: **blam** -YA] {**S** 5; **F** 4: **M** *vlamye* → P}

blas [ˈblaːz] *m.* **+ow** taste, smell, flavour, relish, zest
[C: CC *mlasto-* (gpc)] {**S** 1; **F** 1: **M** *blas* (RD.2160): **C** B *blas*; **W** *blas*: **+ow** I}

blasa [ˈblaˑza] *v.* taste, smell, relish
[Cc: **blas** -¹A]
{**S** 1; **F** 0(CE38): **C** B *blazañ*; **W** *blasu*}

blasphemous (Eng.) *adj.*
{**S** 6; **F** 1: **M** *blasphemus* (TH19v)}

blast (Eng.) *n.* {**S** 6; **F** 1: **M** *blast* (TH42r)}

blessya *v.* bless ALT = **benniga**.
[E(E)c: VN in -YA from MidE < OldE *blêtsian* (coe)]
{**S** 4; **F** 1: **L** 3rd sg. pres. subj. *blessye* (WDRS)}

blesyon [ˈblę˖zjɔn] *pl.* flavouring
[Cc: **blas**A -YON] {**S** 1; **F** 0(Y1)}

bleudh [ˈblœːð] *adj.* soft, tender, delicate
[C: from OldC *blod* 'flour', with [d] > [ð] (K.J.G.)] {**S** 8; **F** 0(CE38): **C** cf. B *blot*}

bleujennik

This word appears only once in MidC, as the stem of a verb in the line *trystyns vs worth ow bluʒye* (MC.053). Christ is speaking in Gethsemane. Edwards translated the line as 'sorrow is sapping my strength.' The relevant verse (Mark 14:34) is given in the King James Version as: "My soul is exceeding sorrowful unto death." From the verb Nance devised the adjective *bluth*, which he compared with B *blizik* 'delicate'. Rather it is to be compared with B *blot* 'soft'; this has the same root as B *bleud* 'flour', and is pronounced [ˈblœːd] in some dialects. Note the alternation in Welsh between *blawd* 'blossom' and *blodau* 'flowers'. This suggests that the <u> in *bluʒye* stands for /œ/ rather than /y/, and it has therefore been re-spelled **bleudh**.

bleudhder [ˈblœðdęr] *m.* softness, tenderness
[Cc: **bleudh** -DER] {**S** 8; **F** 0(GM09: K.J.G.):}

bleudhhe [blœθˈhęː] *v.* tenderize
[Cc: **bleudh** -HE] {**S** 8; **F** 0(GK98: G.M.S.)}

bleudhya [ˈblœˑðja] *v.* soften, weaken, enervate
[Cc: **bleudh** -YA]
{**S** 8; **F** 2: **M** *bluʒye* (MC.053) → P}

bleudhyans [ˈblœˑðjans] *m.* **+ow** damping *(physics)*
[Ch: **bleudh** -YANS]
{**S** 8; **F** 0(GM09: YhaG): **+ow** I}

BLEUJ- [C: from OldC *blod-* + [j]]
An example of early palatalization [dj] > [ð].

bleujenn [ˈblœˑdʒęn] *f.* **+ow, coll.* **bleujyow** flower, bloom, blossom
[Cc: BLEUJ=ENN] {**S** 3; **F** 3: **O** *blodon* (VC.670) → P: **M** pl. *blegyow* (MC.027) → P: **L** *bledzhan* (AB060b, 240c) → P: **C** W *blodyn*}

bleujenn an gog bluebell

bleujenn fos wallflower

bleujenn ster aster

bleujennik [blœˈdʒęnːɪk] *m.* **-igow** floweret, floret
[Ccc: **bleujenn** -IK] {**S** 3; **F** 0(CE38): **-igow** I}

bleujyow

bleujyow ['blœ·dʒjɔw] *pl.* flowers
[Cc: BLEUJ=YOW]
{S 3; F 2: M *blegyow* (MC.027) → P}

bleujyowa [blœdʒ'jɔʊa] *v.* bloom, blossom, flower
[Ccc: **bleujyow** -¹A] {S 3; F 0(CE38)}

bleujyowek [blœdʒ'jɔʊek] **1.** *adj.* flowery **2.** *f.* **-egi** flower-bed
[Ccc: **bleujyow** -¹EK] {S 3; F 0(CE55): **-egi** I}

bleus ['blœːz] *m.* **+yow** flour
[C: Brit *blâto-* (Fl.) < CC *blâto-* (Gr.) < IE *mlâto-* (Gr.)] {S 1; F 3: O *blot* (VC.920) → P: L *blêz* (AB123a) → P, *blease* (WXG): C B *bleud*; W *blawd*: **+yow** I}
E 'flour' and 'flower' were originally the same word; the distinction is made in Cor. by using **bleus** and **bleuj-** respectively.

bleus bleujyow pollen
bleus fin fine flour
bleus heskenn sawdust
bleus kann white flour
bleus gell wholemeal flour

bleusek ['blœ·zek] *adj.* floury, farinaceous
[Cc: **bleus** -¹EK] {S 1; F 0(CE55)}

blew ['blɛw] *coll.* **+enn** hair
[C: Brit *blewo-* (hpb) < IE *mleus-* (Fl.)]
{S 1; F 3: O *bleu* (VC.039); sg. *bleuyn* (VC.031) → L,P: M *blew* → P, *bleaw* (CW.); sg. *vlewennow* (PC.2095): L *blêu̯* (AB.) → P, *bleaw* (BOD), *blew* (DSEC): C B *blev*; W *blew*: **+enn** O}

blewek ['blɛwek] *adj.* hairy, shaggy
[Cc: **blew** -¹EK]
{S 1; F 3: M *blewake* (CW.1584) → L,P}

blewenn ['blɛwen] *f.* **+ow,** *coll.* **blew** hair *(individual)*
[Cc: **blew** -ENN] {S 1; F 3: O *bleuyn* (VC.031) → L: M pl. *vlewennow* (PC.2095)}

blewenn an lagas eyelash

bleydh ['blɛɪð] *m.* **+es, +i** wolf
[C: Brit *bledjo-* (Gr.)] {S 1; F 4: O *bleit* (VC.559, 561) → P: M *blyth* (BM.1104), *blygh* (CW.1147); pl. *blythes* (TH19v): L *blaidh* (AB.) → P:

blogh

P Carplight: C B *bleiz*, pl. *bleizi*; W *blaidd*: **+es** M; **+i** C (K.J.G.)}
The pl. ending -I is proposed instead of the attested *-es*, because until such time as <z> is introduced, there is potential confusion with **bleydhes** 'she-wolf'.

bleydhek ['blɛɪðek] *adj.* abounding in wolves
[Cc: **bleydh** -¹EK]
{S 1; F 0(CPNE): P Treblethick}

bleydhes ['blɛɪðes] *f.* **+ow** she-wolf
[Cc: **bleydh** -⁴ES] {S 1; F 0(CE38): **+ow** I}

bleyn ['blɛɪn] *m.* **+yow** tip *(end)*, point, peak, forefront
[C: Brit *bleknô-* (Fl.) < CC (M)]
{S 1; F 1: M *blyn* (OM.0779): P Blenkednick: C B *blein*; W *(blaen)*: **+yow** I}

bleynya ['blɛɪnja] *v.* sharpen, point, precede
[Cc: **bleyn** -YA]
{S 1; F 0(CE38): C Not in B; W *blaenio*}

blin ['bliːn] *adj.* soft
[C: IE *mlîno* (Fl.)]
{S 1; F 0(CE93: K.J.G.): C B *blin*; W *blin*}

blipynn ['bli·pɪn] *m.* **+ow** bleep
[Ec: MN in -YNN from E *bleep*]
{S 5; F 0(GM09: G.M.S.): **+ow** I}

bloedh ['bloːð] *m.* age *(in years)*, year *(of age)*
[C: Brit *bledo-* (hpb)] {S 1; F 4: M *bloth* (CW.1977) → P, *vloyth* (BK05.47, 31.19): L *bluth, blouth* (L1WB), *blooth* (BITB):}

bloedhweyth ['blo·ðwɛɪθ] *m.* **+yow** duration of a year
[CC: **bloedh** 2¹**gweyth**] {S 1; F 1: M *blythy* (BM.1537): **+yow** I} It appears MidC *blythy* = **bloedh'ey'** is for this word.

blogh ['blɔːx] **1.** *adj.* hairless, bald, close-shaven **2.** *m.* **bleghyon** bald man
[C:] {S 1; F 1: M 2nd element in *pen blogh* (BM.3828): P Nanplough: C B *blouc'h*: **bleghyon** N (K.J.G.)}

bloghhe

bloghhe [blɔfi'hęː] *v.* make bald
[Cc: **blogh** -HE] {S 1; F 0(CE38): **C B** *blouc'haat*}

bloghter ['blɔxtęr] *m.* baldness
[Cc: **blogh** -TER] {S 1; F 0(GK98: G.M.S.):}

blojon ['blɔˑdʒɔn] *m.* **+s** bludgeon
[E: evidently from MidE, but not recorded in E before 18th cent. (coe)]
{S 5; F 2: **M** *blogon* (OM.2709) → P: **+s** I}
BLONEG- [C: Brit(Fl.)]

blonegek [blɔ'nęˑgęk] *adj.* greasy, lardy
[Cc: ¹BLONEG=EK]
{S 1; F 0(CE38): **C** Not in B; **W** *blonegog*}

blonek ['blɔˑnęk] *m.* **-egow** fat, grease, lard
[C: BLONEG-O] {S 1; F 1: **O** *blonec* (VC.062) → L,P: **M** *blonak* (BK15.21): **L** *blonacke* (BOD): **C B** *bloneg*; **W** *bloneg*: **-egow** I}

blood (Eng.) *n.* {S 6; F 3: **M** *bloud, blout, blod*}

blou *adj.* blue
[E(F): MidE *bleu* < OldF (coe)]
{S 5; F 2: **L** *blou̯* (AB045b, 291a) → P}
May be an attempt to split *glas*. *blow* (BK37.15) may be another example of this word.

bludh Now spelled **bleudh**.

blydhen ['blɪˑðęn] *f.* **blydhynyow** year
[C: Brit **blidanî-* (Fl.) < IE **bhleidh-* (hpb)]
{S 1; F 5: **O** *blipen* (VC.465) → L,P: **M** *blythen*; *blethan* (TH., CW.); pl. *blethynnyov*: **L** *bledhan* (AB.); *blethan*; pl. *blethaniou* (G1JB): **C** MidB *blizen*; **W** *blwyddyn*: **blydhynyow** ML}
For <y> in pl., cf. **fentynyow**.

Blydhen Nowydh Da!
Happy New Year!

blydhenyek [blɪ'ðęˑnjęk] *adj.* yearly, annual
[Cc: **blydhen** -YEK] {S 1; F 0(EC52)}
Nance wrote *bledhennek*, which is at variance with the morpho-phonemics.

bo *conj.* or The form **po** is recommended, because **bo** could be confused with **bo** 'may be' (3 sg. pres. subj. of **bos**).
[C: Variant of **po** with permanent lenition]

bodhenn

boba ['bɔˑba] *m.* **bobys** fool, simpleton, small calf
[E:] {S 4; F 3: **M** *boba* (PC.1778) → P, *bobba* (PC.2385, 2394): **D** "booby" 'small calf' (recorded in 1980): **bobys** I}
booby is not recorded before the 17th c.

Boccus (Lat.) *name* (king of the Medes)
{S 6; F 1: **M** *boccus* (BK29.24)}

bodh ['bɔːð] *m.* **+ow** will, inclination, consent, volition
[C: CC (gpc)]
{S 1; F 6: **M** *both*: **L** *both*: **C W** *bodd*: **+ow** }

bodh da goodwill

bodhar ['bɔˑðar] *adj.* deaf
[C: CC **bodaro-* (deb) < IE (lp)] {S 1; F 3: **O** *bothar* → P: **M** *bothar*: **C B** *bouzar*; **W** *byddar*}

bodhara [bɔ'ðaˑra] *v.* become deaf
Nance gave 'to deafen' as the meaning, but this is best expressed by **bodharhe**.
[Cc: **bodhar** -¹A]
{S 1; F 0(CE38): **C B** *bouzarañ*; **W** *byddaru*}

bodharek [bɔ'ðaˑręk] *m.* **-ogyon** deaf person
[Cc: **bodhar** -¹EK] {S 1; F 1: **M** *bothorek* (BM.0779), *bothorak* (BK03.34), *bothorag* (BK16.73): **L** *bythak* (AB013c, 159b): **-ogyon** I}
Reduced form **bodh'ek** in LateC.

bodharhe [ˌbɔðar'hęː] *v.* deafen
[Cc: **bodhar** -HE] {S 1; F 0(CE38): **C B** *bouzaraat*}

bodharses [bɔ'ðarzęz] *m.* deafness
[Cl: **bodhar** -SES]
{S 1; F 0(CE38): **C B** *bouzarded*; **W** *byddardod*:}

bodhek ['bɔˑðęk] **1.** *adj.* voluntary, consenting **2.** *m.* **-ogyon** volunteer *(male)* [Cc: **bodh** -¹EK]
{S 1; F 0(Y2): **-ogyon** N (AnG 1998)}

bodhel ['bɔˑðęl] *adj.* consensual
[Cc: **bodh** -¹EL] {S 1; F 0(GM09: G.M.S.)}

bodhenn ['bɔˑðęn] *f.* **+ow** corn-marigold
[Cc: FN in -ENN from an unidentified root]
{S 1; F 0(CE38): **D** (CE38): **C B** *bozenn*: **+ow** I}

bodhesik [bɔ'ðę·ʒɪk] *m.* **-igyon** amateur
[Cc: **bodh** -ESIK]
{S 1; F 0(GM09: YhaG): **-igyon** I}

bodhoges [bɔ'ðɔ·gęs] *f.* **+ow** volunteer *(female)*
[Ccc: **bodh** -OGES]
{S 1; F 0(GM09: K.J.G.): **+ow** I}

bodi ['bɔ·di] *m.* **+s** body
Used in verse as a 2 syll. substitute for **korf**.
[E(E): MidE < OldE (coe)]
{S 5; F 4: M *body*: **+s** N (CE38)}

bodily (Eng.) *adv.* {S 6; F 1: M *bodily* (TH01v)}

bodkin (Eng.) *n.*
{S 6; F 1: M *boytkyn* (BK22.46)}

boekka ['bʁk:a] *m.* **+s** hobgoblin, imp, scarecrow
[E: E *bogey* (gpc)]
{S 4; F 2: M *bucka* (CW.1194) → P: D "bucca": P Chybucca: C cf. W *bwci, bwgan*: **+s** I}
This cannot be a Celtic word, with [-kk-], but if it is really from E *bogey*, whence the unvoicing? One may also compare E *puck* 'demon' < Late OldE *pûca* (coe). Nance introduced a word *bygel*, supposedly cognate with W *bwgan*, itself supposed to be a derivative of MidE *bog* 'dreaded thing'.

boekka du bugbear

boekka gwynn ghost

boekka-nos [ˌbʁk:a'nɔːz] *m.*

boekkas-nos goblin
[EC: **boekka nos**] {S 4; F 1: M *bucka noos* (CW.1587): **boekkas-nos** I}

boel ['boːl] *f.* **+yow** axe
[C: Brit *bijalis* (hpb) < IE (lp)]
{S 3; F 3: M *bool* (OM.1001) → L, *boell* (CW.2283): L *bûl* (AB228c): C B *bouc'hal*; W *bwyall*: **+yow** I}
The Cor. word has been reduced from 2 to 1 syll.

boelik ['boː·lɪk] *m.* **-igow** hatchet, chopper
[Cc: **boel** -IK]
{S 3; F 0(CE38): C B *bouc'halig*: **-igow** I}

boemm ['bʁmː] *m.* **+yn** blow, thump, bump
[C: Brit **bemm* (hpb) < CC (lp)] {S 1; F 3: M *bum, bom* → P; pl. *bommyn* → P: C B *bomm*: **+yn** M} The two cases of the pl., spelled *bommyn* at PC.2088 and PC.2729, could be the singular **boemmenn**.

boemmenn ['bʁmːęn] *f.* **+ow** blow, buffet, stroke
[Cc: **boemm** -ENN] {S 1; F 1: M pl. *vommennow* (OM.2324): **+ow** M}

boes ['boːz] *m.* **+ow** food, meal, fodder
[C: Brit **beit-* (Fl.) < CC **bei-t* (gpc) < IE]
{S 1; F 5: O *buit* (VC.878) → L,P: M *boys, bos*; *boos* (CW.): L *bûz* (AB.), *booz*: C B *boued*; W *bwyd*: **+ow** C}

boes atal junk food

boes Pask Passover meal

boes soper supper

boes war'n voes meal-time

boesa ['boː·za] *v.* feed See **leth boes**.
[Cc: **boes** -¹A]
{S 1; F 1: L *buza* (AB276a): D "bush the fire"}

boes-dybri *m.* provision
[CCc: **boes dybri**]
{S 1; F 1: L *booz daber* (CLJK): **boesow-dybri** I}

Boesi [bɔę'siː] *place* Boeotia
{S 5; F 1: M *boecy* (BK32.35)}

boes-mor [ˌboz'mɔːr] *m.* **boesow-mor** sea-food
[CC: **boes mor**]
{S 1; F 0(GM09: G.M.S.): **boesow-mor** I}

boessa ['bʁs:a] *m.* large round earthenware pot, large salting-pot
[Cc: Nance suggested **boes seth** 'food jar', but *sygh* seems just as likely (B.C.)]
{S 8; F 1: M *bosse* (MC.205) → P: D "bussa":}

boesti ['boː·sti] *m.* **+ow** restaurant, eating-house
[CC: from **boes ti**]
{S 1; F 0(CE38): C W *bwyty*: **+ow** I}

bogalenn

bogalenn [bɔˈgaːlęn] *f.* **+ow** vowel
[Lc: FN in -ENN]
{S 8; F 0(AnLK 57): C B *bogalenn*: **+ow** I}
This word appeared in *An Lef Kernewek* as *vogalen*, without pseudo-lenition. Its formation, ultimately from CLat *vôcâlem*, is somewhat irregular.

¹bogh [ˈbɔːx] *m.* **+es** buck *(male goat)*, billy-goat, he-goat
[C: CC **bukko-s* (gpc) < IE **bhukko-* (Haywood)]
{S 1; F 4: O *uoch* (VC.037) → L,P: L *boah* (BOD); pl. *bohaw* (BOD), *bohow* (PV.7606): C B *bouc'h*; W *bwch*: **+es** I} Lhuyd's *buk* is considered to show replacement of [x] by [k], helped in this case by Eng.

²bogh [ˈbɔːx] *f.* **+ow**, *dual* **diwvogh** cheek *(Anat.)*
[L: CLat *bucca* (M)] {S 1; F 4: O *uoch* (VC.037) → L,P: L *bôh* (AB.), *boah* (BOD.015); pl. *bohaw* (BOD.015), *bohow* (PV.7606): C B *boc'h*; W *boch*}

bogh-diank [ˌbɔːxˈdiːank] *m.*
boghes-diank scapegoat
[CC: ¹**bogh diank**] {S 1; F 0(GK98: A.S.): C cf. W *bwch dihangol*: **boghes-diank** I}

boghek [ˈbɔːxęk] *adj.* big-cheeked
[Lc: ²**bogh** -¹EK]
{S 1; F 0(CE38): C B *boc'hek*; W *bochog*}

boghes [ˈbɔːxęz] **1.** *adj.* few, little **2.** *m.* little
[C: Brit **bekk-* (Fl.); related to **byghan**]
{S 1; F 3: M *boghes* → P, *bohes*: C OldB *bochot*; MidW *bychot*:}

boghes venowgh seldom

boghosek [bɔˈɦɔˑʒęk] **1.** *adj.* poor, indigent, destitute **2.** *m.* **-ogyon** pauper *(male)*
[Cc: from **boghes** -¹EK]
{S 1; F 5: O *bochodoc* (VC.297) → L,P: M *bohosek*; pl. *bohosogyon* → L,P: L *bohodzhak* (AB.), *broadjack* (L1WB): **-ogyon** M}

boghosekhe [bɔɦiˌɔʒękˈhęː] *v.* impoverish
[Ccc: from **boghosek** -HE] {S 1; F 0(Y2)}

boghosoges [bɔɦɔˈʒɔˑgęs] *f.* **+ow** pauper *(female)*
[Cc: from **boghes** -OGES]
{S 1; F 0(GM09: P.H.): **+ow** I}

boghosogneth [ˌbɔɦɔˈʒɔgnęθ] *f.* poverty, destitution, want, penury
[Ccc: from **boghosek** -NETH]
{S 1; F 1: M *bohogogneth* (BM.2010):}

boghvlew [ˈbɔxvlęw] *coll.* **+enn** whiskers
[LC: ²**bogh** 2**blew**] {S 1; F 0(CE38): **+enn** I}

Bohem [bɔˈhęˑm] *place* Bohemia
[F:] {S 1; F 1: M *bohem* (TH32r)}
One might have expected *bohemi*, but the French is *Bohème*, not **Bohemie*.

boken *conj.* or else ALT = **poken**.
[cC: Variant of **poken** with permanent lenition]

bokla [ˈbɔkla] *v.* buckle
[E(F)c: VN in -A from MidE < OldF *boucler* (coe)] {S 4; F 1: M *bokla* (TH08r)}

bokler [ˈbɔklęr] *m.* **+s** buckler, small shield
[E(F): MidE *bocler* < OldF *boucler* (coe)]
{S 4; F 1: M pl. *boclers* (MC.074): **+s** M}

¹boks [ˈbɔks] *m.* **byksyn** box *(tree)*
[E(E): OldE *box* (Gr.)]
{S 5; F 3: O *box* (VC.673) → P: M pl. *byxyn* (PC.0261): C W *bocs*; cf. B *beuz*: **byksyn** M}

²boks [ˈbɔks] *m.* **+ow** box *(blow)*
[E: MidE (coe)]
{S 5; F 2: M *box* (MC.081, PC.1269) → P; pl. *boxow* (MC.120) → P, *buxow* (MC.138): **+ow** M}

³boks [ˈbɔks] *m.* **+ys** box *(container)*
[E(E): Late OldE *box* (coe)]
{S 5; F 2: M *box* (MC.034, 036; PC.0485): **+ys** I}

boksas [ˈbɔksaz] *m.* **+ow** flurry of blows, fisticuffs
[Ec: ³**boks** -¹AS]
{S 5; F 3: M pl. *boxsesow* (PC.1362, 1367) → P, *boxsusow* (PC.1389): **+ow** M}
MidC *boxsesow* and *boxsusow* were taken to be the pl. of **boxas* by Nance.

boksusi

boksusi [bɔk'sy·ʒi] *v.* box, cuff, slap, punch
[Ec: ³**box** + an unidentified VN suffix] {S 8; F 2: M *boxusy* (PC.1274), *voxscusy* (MC.083)}

bokyl ['bɔ·kɪl] *m.* **boklow, boklys** buckle
[E(F): MidE < OldF *boucle* (coe)]
{S 5; F 0(EC52): **boklow** N (G.M.S.); **boklys** I (CE38)}

bold ['bɔld] *adj.* bold, daring, audacious
[E(E): MidE < OldE *bald* (coe)]
{S 5; F 3: M *bolde, vold* → P}

bolder ['bɔldẹr] *m.* audacity, boldness, presumption
[E(E)c: from **bold** -DER]
{S 4; F 1: M *volder* (MC.163):}

¹**bolgh** ['bɔlx] *m.* **+ow** gap, pass *(topographical)*, breach
[C: CC **bolko-* (gpc)] {S 1; F 0(CE38): P Trebolgh: C B *boulc'h;* W *bwlch*: **+ow** I} Incorrectly written *bûlgh* by Nance, but the MidC form is clear from pl.n. *Trebolgh*: replaced by **aswa**.

²**bolgh** ['bɔlx] *coll.* **+enn** rounded seed-pods
[C: IE (lp)] {S 1; F 0(CE38): C B *bolc'h*: **+enn** I}

bolgha ['bɔlxa] *v.* breach
[Cc: ¹**bolgh** -¹A]
{S 1; F 0(CE55): C B *boulc'hañ*; not in W}

bolghenn ['bɔlxẹn] *f.* **+ow,** *coll.* **bolgh** capsule, boll
[Cc: ²**bolgh** -ENN] {S 1; F 0(CE38)}

bolghik ['bɔlxɪk] *m.* **-igow** notch
[Cc: ¹**bolgh** -IK]
{S 8; F 0(GM09: G.M.S.): **-igow** I}

boll ['bɔl:] *adj.* transparent, translucent, gauzy
[U:] {S 8; F 0(EC52)}
This word is based on Cor. *bol*, found only once in the line *tev y dar bol* (RD.2537). Nance translated this as 'from dense into flimsy'. In this dictionary, an entirely different interpretation is accepted: the word is taken to be **mol** 'clot' *(q.v.)*. Nevertheless, **boll** is included as a neologism.

bollder ['bɔldẹr] *m.* transparency *(in general)*
[Uc: **boll** -DER] {S 8; F 0(GM09: K.J.G.):}

bolledh ['bɔl:ẹð] *m.* **+ow** transparency *(quantity in physics)*
[Uc: **boll** -EDH] {S 8; F 0(GM09: K.J.G.): **+ow** I}

¹**bolla** ['bɔl:a] *m.* **bollow, bollys** bowl, small basin
[E(E): MidE < OldE *bolla* (coe)]
{S 4; F 3: L *bolla* (AB045c, 053b, 114b) → P: **bollow** N (FTWC); **bollys** I (CE38)}

²**bolla** ['bɔl:a] *m.* **bollys** papal bull
[E(F): MidE < OldF *bulle*]
{S 4; F 3: M pl. *bollys* (BM.): **bollys** M}

bollenn ['bɔl:ẹn] *f.* **+ow** light-bulb, bulb *(for lamp)*
[Uc: **boll** -ENN] {S 1; F 0(AnG 1998): **+ow** I}

bollynn ['bɔl:ɪn] *m.* **+ow** bulletin
[E(F)c: from ²**bolla** -YNN] {S 4; F 0(GM09: K.J.G.): **+ow** I} Better than *bollik*!

bolonjedh [bɔ'lɔndʒẹð] *m.* will, wish
[L:] {S 2; F 5: M *bolunjeth* (OM.), *bolnogeth* (BM.), *blonogath* (TH.): L *bonogath*: C B *bolontez*; cf. W *bodlonedd* 'contentment':} An example of early palatalization [-nt-] > [-ndʒ-].

bolonjedhek [ˌbɔlɔn'dʒẹ·ðẹk] *adj.* willing
[Lc: **bolonjedh** -¹EK] {S 2; F 2: L *volondzhedhek* (CGEL) → P} Coined by Lhuyd.

bolta m. **+ys** bolt ALT = **ebil**.
[E:] {S 5; F 1: M pl. *boltys* (BK05.24): **+ys** M}

bona (Lat.) *adj.* good {S 6; F 3: M *bona*}

bond ['bɔnd] *m.* **+ow** band *(strip)*
[E(F): MidE < OldF *bande* < Gmc (coe)]
{S 5; F 1: L *bond* (AB153b): **+ow** N}

bondenn ['bɔndẹn] *f.* **+ow** tyre
[E(F)c: **bond** -ENN] {S 4; F 0(Y1): **+ow** I}

bond-hatt

bond-hatt [bɔnd'hat] *m.* **bondow-hatt** hat-band
[E(F)E(E): **bond hatt**]
{S 5; F 1: L *bondhat* (PV.7614): **bondow-hatt** I}

bond-ros [bɔnd'rɔːz] *m.* **bondow-ros** tyre
[E(F)C: **bond ¹ros**]
{S 5; F 0(EC52): **bondow-ros** N}

bones ['bɔˑnẹz] *v.* be
[C: Expanded form of **¹bos**] {S 3; F 6: M *bones* → L,P} The VNs *mones* 'to go' and *dones* 'to come' (cf. B *mont* and *dont*) were reduced in MidC to *mos* and *dos*. The VN *bos* (cf. W *bod*) was then given an analogous long form *bones*, which, being disyllabic, is useful in versifying.

boni ['bɔˑni] *f.* **+ow** hatchet
The meaning 'hatchet' is due to Nance; he argued in *CE38* that it was a tool used to cut a plank in two, but not a saw.
[U:] {S 8; F 2: M *bony* (PC.2564): **+ow** I}

bonilapper m.
{S 8; F 1: M *bonilapper* (BM.0077): }
Might be a place-name.

bonjour (Fr.) *phrase* good day
{S 6; F 3: M *bon iour, bonior*}

bonk ['bɔnk] *m.* **+ys** bump, knock, bang
[E:] {S 5; F 3: L *bỳnk* (AB067a) → P: **+ys** I}

bonkya ['bɔnkja] *v.* knock, tap
[Ec: **bonk** -YA] {S 5; F 0(CE38)}

bonkyer ['bɔnkjẹr] *m.* **-oryon** cooper, barrel-maker
[Eh: **bonk** -¹YER] {S 5; F 2: L *bỳnkiar* (AB174a) → P: **P** ?Park Banker: **-oryon** I}

BONN- [C: Root denoting a bird appearing in **bonngors** and **bonnik**.]

bonngors ['bɔngɔrs] *m.* **+es** bittern
[CC: BONN- 2**kors**] {S 1; F 0(CE38): C B *bongorz*; cf. W *bwn y gors*: **+es** I}

bonni ['bɔnːi] *m.* **+ow** cluster, clump, bunch of ore
[U:] {S 8; F 1: L (Borlase): D "buddy": **+ow** N (P.H.)}

bonnik ['bɔnːɪk] *m.* **-iges** meadow pipit
[Cc: BONN=IK] {S 8; F 0(CE38): P Budnick:

borr

D "bodnick": **-iges** I}

bonus ['bɔˑnys] *m.* **+ys** bonus
[E(L): ModE < Lat *bonus* (coe)]
{S 4; F 0(Y2): **+ys** I}

¹bora ['bɔˑra] *m.* **+ow** dawn, morn, daybreak
[C: Brit **mârig-* (Gr.)]
{S 1; F 1: O 1st element of *boreles* (VC.639) → P: C B *beure*; W *bore*: **+ow** N (P.H.)}

²bora m. *borys* boar *(domestic)*
ALT = **badh**.
[E(E): MidE < OldE *bâr* (coe)]
{S 4; F 3: L *bora* (AB.) → P: *borys* N (CE38)}

boragweyth [ˌbɔˑra'gwẹɪθ] *f.* **+yow** morning twilight
[CC: **¹bora gweyth**] {S 8; F 2: L *borègueth* (AB249a) → P: C W *boregwaith*: **+yow** I}

bord m. **+ow** board *(timber)* ALT = **bordh**.
[E(E): MidE < OldE *bord* (coe)]
{S 5; F 2: L *bord* (AB088c) → P: **+ow** I}

bordh ['bɔrð] *m.* **+ow** board *(timber)*, table-top
[C:] {S 1; F 0(IC.): C B *bourzh*, W *bwrdd*: **+ow** I}

bordh du blackboard

bordh hornella ironing-board

boreles [bɔˈrẹˑlẹs] *m.* **+yow** daisy
[CC: from **¹bora ¹les**, but with orig. <-e-> retained.]
{S 1; F 2: O *boreles* (VC.639) → L,P: **+yow** I}

Borgayn ['bɔrgaɪn] *place* Burgundy
[F:] {S 5; F 1: M *borgayn* (BK30.06)}
Nance suggested *Burgoyn* in *EC52*.

Borlowenn ['bɔr'lɔʊẹn] *f.* Venus *(as morning "star")*, north-east
[Ccc: Poss. from **¹bora** + Brit **low-* 'light' (as in **golow**) + -ENN] {S 8; F 2: M *vurluan* (TH18r): L *bỳr-lûan*: C B *berleuen*:}
The last 2 syll. may be cognate with *-llewin* in W *gorllewin* 'West', which may be the same word as B *gwalarn* 'north-west'

borr ['bɔrː] **1.** *adj.* fat **2.** *f.* **+ow** protuberance, paunch
[C:] {S 1; F 3: O *bor* (VC.942) → L,P: C OldB *borr*; W *bwr*: **+ow** I}

¹**bos** ['bɔːz] *v.* be, become, abide, exist
    The verb 'to be', as in many languages, is irregular.
    [C: CC **bu-tâ* (M) < IE **butâ* (Fl.)]
    {**S** 1; **F** 7: **M** *bos*; *boys* (BM.): **L** *bôz* (AB.), *boz, bose, boaz, boaze, bos*: **C B** *bout*; **W** *bod*}

na yll bos impossible

²**bos** ['bɔːz] *f.* **+ow** abode, dwelling-place
    [C: same word as ¹**bos**]
    {**S** 1; **F** 3: **L** *bos*: **P** Found in about 230 place-names; Bod- in the east and Bos- (also Boj-) in the west.: **C B** *bod*; **W** *bod*: **+ow** I}

³**bos** ['bɔːz] *m.* **+ow** bush
    [C:] {**S** 1; **F** 3: **M** *bos* (OM.1397, RD.0539) → P, *busche* (TH55v): **L** *boz* (LV022.51):
    C B *bod*: **+ow** I}

Bosaneth *place*
    {**S** 8; **F** 1: **M** *bosaneth* (OM.2767)}

bosek ['bɔˑzęk] **1.** *adj.* bushy **2.** *f.* **-egi** bushy place
    [Cc: ³**bos** -¹EK]
    {**S** 1; **F** 0(CE38): **C B** *bodeg*: **-egi** I}

Bosheydhlann *place*
    {**S** 8; **F** 2: **M** *behethlen* (OM.2588), *behethlan* (OM.2567)}

bosik ['bɔˑʒik] *f.* **-igow** small habitation
    [Cc: from ²**bos** -IK] {**S** 1; **F** 0(GM09: K.J.G.):
    P Bodiggo: **C B** *bod*; **W** *bod*: **-igow** I}
    The pl.n. (*Bodegoe* in 1723) could mean 'little bushes', but in view of the large number of small habitations around the present farm (all, alas, with Eng. names), this derivation seems more likely.

boslann ['bɔzlan] *f.* **+ow** plantation
    [CC: ³**bos lann**]
    {**S** 1; **F** 0(GM09: G.M.S.): **+ow** I}

Boson *name* {**S** 8; **F** 1}

bost ['bɔːst] *m.* **+ow** boast, brag
    [E(F): MidE < AngN *bost* (coe)]
    {**S** 4; **F** 3: **M** *bost*; pl. *bostov* (BM.1283), *bostow* (TH18v): **+ow** M}

boster ['bɔˑstęr] *m.* **-oryon** boaster, braggart
    [E(F)l: **bost** -¹ER] {**S** 4; **F** 2: **M** pl. *vosteryon* (PC.2109) → P: **-oryon** M}

bostya ['bɔˑstja] *v.* boast, brag
    [E(F)c: **bost** -YA] {**S** 4; **F** 4: **M** *bostye, bostya*}

bosva ['bɔzva] *f.* **+ow** existence, being
    [Cc: ¹**bos** -VA] {**S** 1; **F** 0(CE93: W.B.): **+ow** I}

Bosvenegh [bɔz'vę·nęx] *place* Bodmin
    [CC: ²**bos 2menegh**]
    {**S** 1; **F** 1: **M** *bosuene* (OM.2399)}

Boswolow *place*
    {**S** 8; **F** 1: **L** *bosolo* (NGNB3)}

botas ['bɔˑtas] *coll.* **+enn** boots
    [E(H)c: FN in -ENN from MidE *botes*] {**S** 5;
    F 0(CE38): **C W** *botas*; cf. B *botez* 'boot': **+enn** C}

botas palvek flippers

botell ['bɔˑtęl] *m.* **+ow** bottle
    [E(F): MidE < OldF *botaille* (coe)]
    {**S** 5; **F** 0(CE38): **C B** *boutailh*; **W** *(potel)*: **+ow** I}
    Note spelling; Nance wrote *bottel*.

boteller ['bɔˑtęlːęr] *m.* **-oryon** butler
    [E(F)l: **botell** -¹ER]
    {**S** 5; **F** 3: **M** *boteler* → P; *botler*: **-oryon** I}

botella [bɔˑtęlːa] *v.* bottle
    [E(F)c: **botell** -¹A] {**S** 5; **F** 0(Y1)}

both ['bɔːθ] *f.* **+ow** hump, boss *(stud)*, nave *(of wheel)*, protuberance, hub
    [L: CLat *butta* (gpc)] {**S** 1; **F** 0(CE38): **P** Bolster = **both lester**: **C W** *both*; cf. B *bos* < F *bosse*: **+ow** I}

botha ['bɔˑθa] *v.* emboss
    [Lc: **both** -¹A] {**S** 1; **F** 0(Y3)}

bothans ['bɔˑθans] *m.* **+ow** embossment
    [Lh: **both** -ANS] {**S** 1; **F** 0(GM09: G.M.S.): **+ow** }

bothenn ['bɔˑθęn] *f.* **+ow** hump, swelling, lump
    [Lc: **both** -ENN]
    {**S** 8; **F** 1: **L** (Borlase): **D** (CE38): **+ow** I}
    Nance spelled this as *bothan* and gave the gender as masc., but it looks like a fem. noun in -ENN.

bothek

bothek ['bɔ·θęk] 1. *adj.* hump-backed, bossed 2. *m.* **-oges** blind-fish, pout-fish, **-ogyon**, hunchback
[Lc: **both** -¹EK] {S 1; F 2: M *bothiak* (BK39.51): L *Bothak* (LV022.11): **-oges** I; **-ogyon** I}

bothell ['bɔ·θęl] *f.* **+ow** blister
[Lc: **both** -¹ELL] {S 8; F 0(CE38): **+ow** I}

bothkromm ['bɔθkrɔm] *adj.* convex
[LC: **both kromm**] {S 8; F 0(GM09: YhaG)}

bot'ler ['bɔtlęr] *m.* **bot'loryon** butler
[E(F): Shortened version of *boteller*] {S 5; F 2: M *botler* (OM.1903, 2042, 2170): **bot'loryon** N}

boton ['bɔ·tɔn] *m.* **+yow** button
[E(F): MidE < OldF *bouton*] {S 5; F 2: L *bottum* (AB273a) → P: C B *bouton*; W *botwn*: **+yow** N}

botona [bɔ'tɔ·na] *v.* button
[E(F)c: **boton** -¹A] {S 5; F 0(CE93: K.J.G.): C W *bytyno*; B *boutonañ*} Nance wrote *botonna*, but the word contains /n/ rather than /nn/.

bounds ['bunds] *pl.* tin-bounds, miner's claim
[E(F): MidE < AngN *bounde-* (coe)] {S 5; F 0(CPNE): D "bounds" 'limits of a mining area': P *Bounds Coath*}

bour ['bu:r] *m.* **+yow** embankment
[U:] {S 8; F 0(CE55): C cf. W *bŵr* 'stronghold': **+yow** I} Spelled *bûr* by Nance.

BOW- [C: Brit **bowo*-]

bownder ['bɔʊndęr] *f.* **+yow** lane
[U: The first syll. may be BOW-]
{S 8; F 3: O *bounder* (VC.724) → L,P: D (B.C.): P *Bounder Vean*: **+yow** I} See *CPNE* for further discussion. The dial. meaning is 'lane used for the passage of people and of livestock' (B.C.)

bowji ['bɔʊdʒi] *m.* **+ow** cow-house, cowshed
[CC: BOW- 2**chi** < Brit **bowo-tigos* (Fl.) < CC **bowo-tegos* (gpc)] {S 1; F 2: L *bou̯dzhi* (AB047a) → P: P Bowgie: C OldB *boutig*; W *beudy*: **+ow** I}

bowlann ['bɔʊlan] *f.* **+ow** cow-fold
[CC: BOW- **lann**]
{S 1; F 0(CE38): P Carbouling: **+ow** I}

boya m. boy *(page)* **boyes**

brall

ALT = **gwas** or **paja**.
[E(F): MidE *boie* < AngN **abuié* (coe)]
{S 4; F 2: M *boya* (CW.1650), *baga* (CW.1394); pl. *bois* (2 syll.) (BK40.10)}

brag ['bra:g] *m.* **+ow** malt
[C: IE **mrâki* (Haywood)]
{S 1; F 3: O *brag* (VC.921): M *brag* (OM.2720) → P: L *brâg* (AB045a), *bragg* (P2JJ): C B *brag-*; W *brag*: **+ow** I}

braga ['bra·ga] *v.* brew
[Cc: **brag** -¹A] {S 1; F 0(CE38): C W *brago*} Borlase's *bryhy* may be related, showing a LateC confusion between [g] and [h].

bragas ['bra·gaz] *m.* **+ow** bragget, mix of ale and mead
[E: ModE *bragget*]
{S 8; F 3: O *bregaud* (VC.863) → L,P: L *brakat* (AB095b) → P, *bragot* (AB095b) → P: **+ow** I} OldC *bregaud*, found at VC.863, is thought to be a W form (Gr.). Nance's *bragas* is composite.

brager ['bra·gęr] *m.* **-oryon** brewer, maltster
[Cl: **brag** -¹ER]
{S 1; F 0(CE38): C cf. W *bragwr*: **-oryon** I}

BRAGG- [E: MidE (coe)]

braggya ['brag:ja] *v.* threaten, menace
[Cc: BRAGG=YA] {S 4; F 3: M *braggye* (BM.3507)} <gg> does not form part of the native Cor. sound system.

braggyer ['brag:jęr] *m.* **+s** braggart, menace
[Ec: BRAG=YER] {S 4; F 0(CE38): **+s** I} <gg> does not form part of the native Cor. sound system.

bragji ['bra·gdʒi] *m.* **+ow** brewery, malthouse
[CC: **brag** 2**chi**] {S 3; F 0(CE38): **+ow** I} Nance wrote *brakty*

bragva ['bra·gva] *f.* **+ow** malthouse
[Cc: **brag** -VA] {S 1; F 0(CE38): **+ow** I}

brakes (Eng.) *pl.* thickets ALT = **prysk**.
[E(E): MidE < OldE *bracu* (coe)]
{S 6; F 1: M *brakes* (CW.1363)}

brall ['bral:] *m.* **+ow** dent
[E: dial.] {S 8; F 0(Y1): D : **+ow** I}

brallya ['bral:ja] *v.* dent
[Ec: **brall** -YA] {S 8; F 0(Y1)}

bramm ['bram:] *m.* **bremmyn** fart
[C: CC **brag-smen* (gpc)] {S 1; F 4: **M** *bram* → P;
pl. *bremmyn* (PC.2104) → P: **L** *brabm* (AB052b):
C B *bramm*; W *bram*: **bremmyn** M}

bramma ['bram:a] *v.* fart
[Cc: **bramm** -¹A] {S 1; F 3: **M** *vramme* (RD.2094)
→ P; 3rd sg. pret. *vrammas* (RD.2091) → P:
C W *bramu*; cf. B *brammat*}

brammlenn ['bramlęn] *f.* **+ow** nappy
[CC: **bramm lenn**] {S 1; F 0(GM09): **+ow** I}

bran ['bra:n] *f.* **brini** crow
[C: Brit **brana* (M) < CC (gpc)] {S 1; F 4:
M *bran*; pl. *bryny* (OM.0133, BK32.52): **L** *brân*
(AB.) → P: **P** *Bodbrane*; pl. *Zawn Brinny*:
C B *bran*; W *brân*: **brini** MP}

bran loes hooded crow

bran Marghas Yow hooded crow

branch *m.* **+ys** branch ALT = **barrenn**.
[E(F):] {S 5; F 3: **M** *branch*; pl. *branchys*: **+ys** M}

brandi ['brandi] *m.* **+s** brandy
[E(O): ModE < Dutch *brandewijn*]
{S 4; F 0(EC00): **+s** I}

bran-dre [ˌbraˑn'drę:] *f.* **brini-tre** rook
[CC: **bran** 2tre]
{S 1; F 1: **L** *brândre* (PV.7710): **brini-tre** I}

branell ['braˑnęl] *m.* **+ow** frame for the
moulding of a wooden plough
[Cc: **bran** -²ELL (gpc)] {S 1; F 0(CE38):
C MidB *branell*; W *branel*: **+ow** I}

branva ['branva] *f.* **+ow** rookery
[Cc: **bran** -VA] {S 1; F 0(EC00): **+ow** I}

bran-vras [ˌbraˑn'vra:z] *f.* **brini-bras**
raven Note difference between **bran-vras** 'a
raven' and **bran vras** 'a large crow'.
[CC: **bran** 2bras]
{S 1; F 1: **L** *brân-vraoz* (PV.7710): **brini-bras** I}

¹**bras** ['bra:z] 1. *adj.* big, great, large,
huge 2. *m.* **+yon** great man, large
person
[C: Brit **brasso-* (hpb) < CC (gpc)] {S 1; F 7:
O *bras* (VC.946): **M** *bras*; pl. *bresyon*; spv. *brassa*:
L *brâz* (AB.): **P** *Park Brase*: **C** B *braz*;

W *bras* 'gross': **+yon** M} LateC *broaz* is treated
as here a separate word, here spelled *bros*.

dre vras generally, overall, mostly,
chiefly

bras ha byghan great and small

²**bras** ['bra:z] *m.* **+ow** plot *(conspiracy)*,
conspiracy
[C: CC **mrat-* (gpc) < IE (Fl.)] {S 1; F 2: **M** *bras*
(RD.2334): **L** *brat* (PV.7713): **C** MidB *(barat)*;
W *brad*: **+ow** I} The example in Pryce is
doubtful, since he translated it by 'act, deed'.

brasa ['braˑza] *v.* plot
[Cc: ²**bras** -¹A] {S 1; F 1: **M** 3rd sg. pres. ind.
vras (BK19.30): **C** W *bradu* 'to waste'}

braser ['braˑzęr] *m.* **-oryon** plotter
(male), conspirator
[Cl: ²**bras** -¹ER] {S 1; F 0(CE93: G.M.S.):
-oryon I} Nance wrote *brasyer*.

brashe [bras'hę:] *v.* magnify
[Cc: ¹**bras** -HE] {S 1; F 1: **L** p.ptcpl. *Vrassys*
(LV150.02): C B *brasaat*}

braslavar [bras'laˑvar] *m.* **+ow** threat
[CC: ¹**bras lavar**]
{S 1; F 2: **L** *braôzlavar* (AB084a) → P: **+ow** I}

bras-oberys [ˌbraˑzɔ'bęˑrɪz] *adj.*
magnificent
[CLc: **bras ober** -⁶YS] {S 1; F 1: **L** *braôz-oberyz*
(AB084a)} Prob. coined by Lhuyd.

brasores [braˈzɔˑręs] *f.* **+ow** plotter
(female), conspirator
[Cl: ²**bras** -ORES]
{S 1; F 0(GM09: K.J.G.): **+ow** I}

brassa ['bras:a] *adj.* bigger
[Cc: from ¹**bras** -HA (comp. of ¹**bras**)]
{S 1; F 5: **M** *brassa*}

braster ['braˑstęr] *m.* **+yow** greatness,
size, magnitude
[Cc: ¹**bras** -TER]
{S 1; F 2: **M** *braster* (TH27v), *vraster* (MC.026)
→ P: C B *braster*; W *braster*: **+yow** }

brastereth [bras'tẹ·rẹθ] *f.* greatness
(abst.) [Ccc: **braster** -ETH]
{S 1; F 1: L *brosterath* (CLJK):}

brastir ['braˑstir] *m.* **+yow** continent
[CC: ¹**bras tir**] {S 1; F 0(EC52): **+yow** I}

brastiryel [bras'tirjẹl] *adj.* continental
[CC: **brastir** -YEL] {S 1; F 0(GM09: K.J.G.)}

brath ['braːθ] *m.* **+ow** bite
[C: Brit **bratt-* (gpc)]
{S 1; F 0(CE38): C W *brath*: **+ow** I}

bratha ['braˑθa] *v.* bite
[Cc: **brath** -¹A]
{S 1; F 0(CE93: K.J.G.): C W *brathu*}

brathki ['braθki] *m.* **-keun** biting dog, savage cur
[CC: **brath ki**]
{S 1; F 4: M *brathky* → P; pl. *brathken* (MC.096): L *brakgye* (PV.7714); pl. *bratkkeys* (PV17239): C Not in B; W *brathgi*: **-keun** M}

brathles ['braθlẹs] *m.* **+yow** pimpernel
[CC: **brath ¹les**]
{S 1; F 0(CE38): C W *brathlys*: **+yow** I}

brav ['braːv] *adj.* fine, grand
[E(F): MidE < F *brave* (coe)]
{S 4; F 1: L *braf* (PV.7709): D "braave"} Nance quoted LateC *breyf* at CW.0228 as the sole example in the texts, but <ey> would not have represented [aː] in 1611 (J.G.H.).

bravder ['bravdẹr] *m.* finery, bravery
[E(F)c: **brav** -DER] {S 4; F 0(CE55):}

brawn ['braʊn] *m.* brawn *(meat)*
[E(F): AngN *braun*]
{S 4; F 1: L *brawan* (LV023.04): C W *brawn*:}

braysya ['braɪzja] *v.* braise
[E(F)c: VN in -YA from ModE *braise* < ModF *braiser* (coe)] {S 5; F 0(Y1)}

bre ['brẹː] *f.* **+ow, +yer** hill
Bre Gammbronn is the title of the song 'Camborne Hill', translated by R.R.M.G.
[C: Brit **brigā* (Fl.) < CC **brigā* (gpc) < IE (lp)]
{S 1; F 3: L *brê, brea, bray* (PV.7716): P *Brea*; pl. ?*Bryher*: C B *bre*; W *bre*: **+ow** I; **+yer** P}

bredar *adj.* broad, wide
[U:] {S 8; F 1: L *bredar* (AB077a)}
Apparently a replacement for *ledan*.

breder ['brẹˑdẹr] *pl.* brothers
[C: **broder**A] {S 3; F 3: M *breder* → L,P}

brederedh [brẹ'dẹˑrẹð] *m.* **+ow** brotherhood, brethren, fraternity
[Cc: **broder**A -²EDH]
{S 8; F 4: M *bredereth* → L,P: **+ow** I}

bregh ['brẹːx] *f.* **+ow,** *dual* **diwvregh** arm *(limb)*
[L: CLat *bracchium* (M)]
{S 1; F 4: O *brech* (VC.073) → P: M *bregh* → P: L *brêh* (AB.), *breah* (BOD); pl. *breihou̯* (AB244b) → P: C B *brec'h*; W *braich*}

breghas ['brẹˑxaz] *f.* **+ow** armful
[Lc: **bregh** C{-¹as}] {S 1; F 0(CE38): C cf. B *briad*; W *breicheidio* 'to hug': **+ow** I}

breghel ['brẹˑxẹl] *m.* **bregholow** sleeve
[Lc: **bregh** -²EL] {S 1; F 3: O *brechol* (VC.822) → L,P: C Not in B nor in W: **bregholow** I}

breghellik [brẹ'fɦẹlːɪk] *m.* **-igow** bracelet
[Lcc: **bregh** -¹ELL -IK]
{S 1; F 0(GK98: G.M.S.): **-igow** I}

bregholek [brẹ'fɦɔˑlẹk] *adj.* sleeved
[Lc: **bregh** -OLEK]
{S 1; F 1: L *brohalek* (AB085b)}

bregh-rosell [ˌbrẹˑx'rɔˑzẹl] *f.* **breghow-rosell** rotor-arm
[LCcc: **bregh rosell**]
{S 1; F 0(AnG 1992): **breghow-rosell** I}

breghwisk ['brẹxwisk] *m.* **+ow** brassard, armband
[LC: **bregh** 2**gwisk**] {S 1; F 0(EC52): **+ow** I}

breghyek ['brẹˑxjẹk] *adj.* having arms
[Lc: **bregh** -YEK] {S 1; F 0(CPNE): P *Brechiek* = St Martin, Scilly: C cf. B *brec'hek*}
Nance did not know of this word, and wrote *breghek*, after the B.

bremmyn ['brẹmːɪn] *pl.* farts
[Cc: **bramm**A -¹YN]
{S 1; F 2: M *bremmyn* (PC.2104) → P}

brenn ['brɛn:] *m.* **+ow** hill
[C: IE **brusnjo-* (gpc)] {S 8; F 1: L *bryn* (PV.7819): P *Goen Bren* = Fowey Moor (Bodmin Moor): C OldB *Bren-*; W *bryn*: **+ow** I}
The pls. in place-names are **brennyon*, **brennyow* which correspond to W pl. *brynniau*. Forms with <y> are found, but it appears from the OldB that this is a word in which *e* > *y* in W. Padel's <e> is retained here, as opposed to Nance's <y>.

brennik ['brɛn:ɪk] *coll.* **-igenn** limpets
[Cc: **bronn**A -IK, though **brenn** -IK fits as well] {S 1; F 4: L *brennik* (AB005a, 114a) → P; sg. *brenigan* (AB241c) → P, *bernîgan* (AB114a) → P: P sg. in *Porth Brenegan*: **-igenn** LP}
Lhuyd's sg. *bernîgan* shows metathesis. Even more interestingly, it shows a non-short vowel in the penultimate syllable.

brennva ['brɛnva] *f.* **+ow** conning tower
[Cc: **brenn** -VA] {S 8; F 0(CE93: K.J.G.): **+ow** I}

brennya ['brɛn:ja] *v.* direct, con *(direct a vessel)*, give directions
[Cc: **brenn** -YA]
{S 8; F 0(CE38): C cf. W *breni* 'prow'}
The word is formed from **brennyas**; evidently anyone conning a vessel has to be in a high place (**brenn**), either the prow, or in the case of a submarine, the conning tower (**brennva**.)

brennyades [brɛn'ja·dɛs] *f.* **+ow** look-out *(female)*, officer on watch
[Cc: **brenn** -YADES]
{S 8; F 0(GM09: K.J.G.): **+ow** I}

brennyas ['brɛn:jaz] *m.* **-ysi** look-out *(male)*, officer on watch, pilot *(of a ship)*
[Cc: **brenn** -³YAS (Gr.)]
{S 8; F 3: O *brenniat*: **-ysi** I}

bresel ['brɛ·zɛl] *f.* **+yow** dispute, strife, war. The meaning in MidC was 'dispute' rather than 'war' (Edwards).
[C:] {S 1; F 3: M *bresel* → P: C B *brezel* 'war'; not in W: **+yow** C}

breselek [brɛ'zɛ·lɛk] *adj.* warlike, martial, military
[Cc: **bresel** -¹EK] {S 1; F 1: L *brezeler* (AB086) (<r> may be an error): C B *brezelek*}

breseli [brɛ'zɛ·li] *v.* make war
[Cc: **bresel** -¹I] {S 1; F 0(CE38): C B *brezeliñ*}

breselyer [brɛ'zɛl·jɛr] *m.* **-yoryon** warrior
[Ch: **bresel** -¹YER]
{S 1; F 0(CE38): C cf. B *brezelour*: **-yoryon** I}

breselyas [brɛ'zɛl·jaz] *m.* **-ysi** warrior *(professional)* [Cc: **bresel** -³YAS]
{S 1; F 0(CE38): C B *brezeliat*: **-ysi** I}

¹brest ['brɛ:st] *m.* **+ow** brass
[E(E): MidE < OldE *braes* + accreted [-t]]
{S 8; F 2: L *brêst* (AB109b) → P: **+ow** I}

²brest *m.* **+ys** breast ALT = **diwvronn**.
{S 6; F 1: M *brest* (OM.2717): L *Breast* (LV023.09): **+ys** I}

brest-plat *m.* **+ys** breast-plate
ALT = **lurik**.
{S 6; F 1: M *brustplat* (RD.2591): **+ys** I}

Breten ['brɛ·tɛn] *place* Britain
[E(F): MidE *Bretayne* < OldF *Bretaigne*] {S 5; F 5: M *breten*; *bretayn* (BK.): L *bretten* (NGNB3)}
The orig. Cor. may have been **Predenn*; see **Predennek**.

Breten Veur Great Britain

Breten Vyghan Brittany

Breton ['brɛ·tɔn] *m.* **+yon** Breton *(man)*
[E(F): MidE < F] {S 5; F 0(CE38): C B *Breton*, pl. *Bretoned*: **+yon** N (CE38)}

Bretoneger [,brɛtɔ'nɛ·gɛr] *m.* **-oryon** Breton speaker
[E(F)cc: from **Bretonek** -¹ER]
{S 5; F 0(GL05): **-oryon** I}

bretonek [brɛ'tɔ·nɛk] *adj.* Breton
[E(F)c: **Breton** -¹EK] {S 5; F 0(CE38):}

Bretonek *m.* Breton language
[E(F)c: **Breton** -¹EK] {S 5; F 0(CE38):}

Bretones [brɛ'tɔ·nɛs] *f.* **+ow** Breton *(woman)*
[E(F)c: **Breton** -⁴ES] {S 5; F 0(CE38): **+ow** I}

Bretons (Eng.) *pl.*
{S 6; F 2: L *Bretten* (NGNB6)}

breus

breus ['brœːz] *f.* **+ow** judgment, verdict, criticism, adjudication, doom
[C: CC (gpc)] {S 1; F 5: M *brus, brues*: L *brêz* (Gw.): C B *breut*; W *brawd*: **+ow** I}

Dydh Breus Day of Judgment

breusek ['brœ·zęk] *m.* -ogyon judge
[Cc: **breus** -¹EK] {S 1; F 1: L *brezek* (PV.7747): **-ogyon** I} The meaning given is that of Pryce, but he may have misunderstood this word. It appears rather to be an adjective.

breusel ['brœ·zęl] *adj.* judgmental, critical
[Cc: **breus** -¹EL] {S 1; F 0(GM09: K.J.G.)}

breusi ['brœ·ʒi] *v.* judge
[Cc: from **breus** -¹I]
{S 1; F 3: M *brugy* → P, *brusy*}

breuslys ['brœzlɪs] *f.* **+yow** assize-court, court of law
[Cc: **breus lys**]
{S 1; F 0(CE38): C W *brawdlys*: **+yow** I}

breus-skrif ['brœːskrif] *m.* **+ow** critique
[CL: **breus skrif**]
{S 3; F 0(GM09: YhaG): **+ow** I}

breusverk ['brœzvęrk] *m.* **+ow** criterion
[CE(F): **breus 2merk**]
{S 4; F 0(GK98: A.S.): **+ow** I}

breusyades [brœz'ja·dęs] *f.* **+ow** judge (*female*), adjudicator
[Cc: **breus** -YADES]
{S 1; F 0(GM09: K.J.G.): **+ow** I}

breusyas ['brœ·ʒjaz] *m.* **-ysi** judge (*male*), adjudicator
[Cc: from **breus** -³YAS]
{S 1; F 1: L *brųdzhiaz* (AB081a): **-ysi** I}

breusydh ['brœ·ʒɪð] *m.* **+yon** judge, referee
[Cc: from **breus** -¹YDH]
{S 1; F 2: O *brodit* (VC.177) → L,P: C Not in B; W *brawdydd*: **+yon** I}

breyn ['brɛɪn] *adj.* rotten, decayed, putrid
[C: Brit *brakno* (M) < IE *mr̥k-ni-* (iyk)] {S 1;

brini

F 0(CPNE): P Polbreyn: C B *brein*, W *(braen)*}

breyna ['brɛɪna] *v.* decay
[Cc: **breyn** -¹A]
{S 1; F 0(EC52): C B *breinañ*, W *(braenu)*}

breynans ['brɛɪnans] *m.* decay (*in physics*)
[Ch: **breyn** -ANS] {S 1; F 0(GM09: YhaG):}

breynder ['brɛɪndęr] *m.* rot
[Cc: **breyn** -DER] {S 1; F 0(EC52): C B *breinder*:}

bri ['briː] *f.* esteem, value, credit, worth, importance, reputation, distinction
[C: CC (lp)] {S 1; F 4: M *bry* → P:}

a vri famous, significant, prominent
gul vri a take account of, esteem

brief (Eng.) *adj.* {S 6; F 1: M *brief* (CW.0228)}

bri'el ['bri·ęl] *m.* **br'yli** mackerel
[C: Shortened form of **brithel**] {S 2; F 1: L pl. *brilly* (PV.7739): D "breeal": C B *brezhel*, pl. *brizhili*: **br'yli** LP} Found in chants to count mackerel; B would suggest <y>.

brialli [bri'alːi] *coll.* **briallenn** primroses
[C: Brit (Fl.)]
{S 8; F 0(CE38): C W *briallu*: **briallenn** } Nance borrowed the coll. from the W, with re-spelling of <u>; see **brilu**. He also borrowed the sg. from W *briallen*.

brig ['bri·g] *m.* brigandage
[E:] {S 8; F 1: M *bryg* (BK39.33):}

brilu ['bri·ly] *coll.* **+enn** roses
[C: Brit (Fl.)]
{S 8; F 2: L *breilu* (VC.663) → L,P: C B *brulu* 'foxgloves', W *briallu* 'primroses': **+enn** I}

brin *m.* **+yow** brine
{S 6; F 2: L *Brîn* (LV024.56), *brŷn* (AB096a): **+yow** I}

brini ['bri·ni] *pl.* crows
[Cc: from **bran**A -²I]
{S 3; F 2: M *bryny* (OM.0133; BK32.52): P Zawn Brinny: C B *brini*}
One would expect MidC *breny* as the pl., but vowel harmony is at work here.

brith

brith ['briːθ] **1.** *adj.* streaked, striped, variegated **2.** *coll.* **+enn** tartan
[C:] {S 1; F 3: O *bruit* → L,P: L *brîth* (AB243b) → P: C B *brizh*; W *brith*: **+enn** }

britha ['briˑθa] *v.* dapple, mottle
[Cc: **brith** -¹A]
{S 1; F 0(CE38): C B *brithañ*; W *britho*}

brithek ['briˑθek] *adj.* dappled
[Cc: **brith** -¹EK] {S 1; F 0(CPNE):
P Namprathick = **nans brithek**;: C B *brizhek*}
Padel's C **brethek*, formed from the orig. fem. form of the adj., is possible, but the B *brezhek* which he adduces to support it should be *brizhek*.

brithel ['briˑθel] *m.* **brithyli** mackerel
[C: Brit *brektâ* (Gr.)] {S 1; F 4: O *breithil* (VC.544) → L,P: L *brethal* (AB.) → P; pl. *brilly* (PV.7739): C B *brezhel*, pl. *brizhili*; W *brithyll* 'trout': **brithyli** C (CE38)}

brithenn ['briˑθen] *f.* **+ow,** *coll.* **brith** tartan
[Cc: **brith** -ENN] {S 1; F 0(CE38)}

brithennek [bri'θenːek] *adj.* freckled
[Ccc: **brithenn** -¹EK] {S 1; F 0(CE38)}

brithweyth ['briθweɪθ] *m.* **+yow** mosaic
[CC: **brith** 2²**gweyth**] {S 1; F 0(GK98: G.M.S.):
C W *brithwaith*: **+yow** I}

bro ['brɔː] *f.* **+yow** country, land
[C: Brit **broga* (hpb) < IE (lp) {S 1; F 3: M *vro* → P: P Penbro (cf. Pembroke in Wales):
C B *bro*: **+yow** I}

brocha ['brɔˑtʃa] *m.* **brochys** brooch, clasp
[F: OldF *broche* (Gr.)]
{S 5; F 3: O *broche* (VC.330) → L,P: **brochys** I}
This word suggests that [tʃ] had been borrowed into OldC.

broder ['brɔˑder] *m.* **breder** brother
[C: IE **bhrater* (hpb)]
{S 3; F 5: O *broder* (VC.138): M *broder*; *brodar* (CW.); pl. *breder* (BM.2848): L *breder* (AB.), *brodar* (M4WK); pl. *breder* (AB243a): C B *breur*;
W (*brawd*): **breder** ML}
Normal development would give **breuder*, and some of the MidC spellings reflect this; but the word has been influenced by E *brother*. Lhuyd's spelling may represent the pl.

broder da brother-in-law

broder dre lagha brother-in-law

broderel [brɔ'deˑrel] *adj.* fraternal
[Cc: **broder** -¹EL] {S 3; F 0(GM09: YhaG)}

¹**broenn** ['brʁnː] *coll.* **+enn** rushes
[C: Brit **brugno-* or **bruknâ* (Fl.) < IE (M)]
{S 1; F 1: O sg. *brunnen* (VC.668) → L,P:
M sg. *bronnen* (RD.2096) as part of
penn-broennenn: L *brydn* (AB074a);
sg. *brýdnan* (AB010b): P Lambourne = **lynn broenn**: C B *broenn*; W *brwyn*: **+enn** }

²**broenn** ['brʁnː] *m.* **+ow** grief
[C: CC **brugno-* (gpc)] {S 1; F 1: M *beron* (BK11.28): C W *brwyn*: **+ow** I}

broennek ['brʁnːek] **1.** *adj.* rushy
2. *f.* **-egi** rush-grown marsh
[Cc: ¹**broenn** -¹EK] {S 1; F 2: L *bruinick* (PV.7813), *bruenick* (PV12449):
P Hendraburnick: **-egi** I} Nance also gave a word *bronyn* with the same meaning.

brogh ['brɔːx] *m.* **+es** badger
[C: Brit **brokko-* (iyk) < CC **brokko-* (Gr.)]
{S 1; F 3: O *broch* (VC.564) → L,P: M *brogh* (PC.2926, BM.1280): P Polbrock: **+es** I}
One of the few Celtic words borrowed into Eng., in the form "Brock the badger".

brogha ['brɔˑxa] *v.* fume, fuss, fret
[C: **brogh** -¹A (CE38)]
{S 1; F 0(CE38): C B *broc'hañ*; cf. W *brochi*}

broghek ['brɔˑxek] *adj.* fretful
[C: **brogh** -¹EK] {S 1; F 0(GM09: G.M.S.)}

broghki ['brɔxki] *m.* **-keun** dachshund
[CC: **brogh ki**] {S 1; F 0(EC00): **-keun** I}
Ger. *Dachshund* 'badger dog'.

broghter *m.* **+yow** brightness
ALT = **splannder**.
[Ec: Evidently an abst. noun in -TER from E *bright*]
{S 4; F 1: M *broghter* (TH07r): **+yow** I}
Poss. from E *bright*, or from **brafter* with changes [f] > [x] and [a] > [ɔ] (as in *bras* > *broaze* (Holmes).

bronn ['brɔn:] *f.* **+ow,** *dual* **diwvronn** breast, **+ow,** hill
[C: CC (Fl.)] {S 1; F 4: M *bron* (MC.169, OM.1755); pl. *bronnow* (PC.2648): L *burn, brodn* (BOD); *brodn* (AB.); pl. *brodnaw* (BOD): P Brown Willy = **bronn wennili: C B** *bronn;* W *bron;* **+ow** P (CPNE)} The exx. in *BOD* show two different developments, one with metathesis and one with pre-occlusion.

ri bronn suckle

bronna ['brɔn:a] *v.* suckle, give the breast
[Cc: **bronn** -¹A] {S 1; F 0(CE38): C B *bronnañ*}

bronnek ['brɔn:ęk] *f.* **-egi** drumlin-field, basket of eggs topography
[Cc: *bronn* -¹EK] {S 1; F 0(GM09: P.H.): -egi I}

bronnlenn ['brɔnlęn] *f.* **+ow** bib
[CL: **bronn lenn**] {S 1; F 0(CE38): **+ow** I}

bronnvil ['brɔnvil] *m.* **+es** mammal
[CC: **bronn** 2⁴**mil**] {S 1; F 0(GK98: K.J.G.): **+es** I}

bronnvilek [brɔn'vi·lęk] *adj.* mammalian
[CCc: **bronnvil** -¹EK] {S 1; F 0(GM09: G.M.S.)}

brons ['brɔns] *m.* **+yow** bronze
[E(F): E < F < It *bronzo* (coe)] {S 1; F 0(EC52): **+yow** N}

brood (Eng.) *n.* {S 6; F 1: M *broud* (TH29v)}

¹**bros** ['brɔ:z] *adj.* big
[E(E): MidE < OldE *brâd* (coe)] {S 4; F 5: L *broaze, brauze*} This word has usually been regarded as a Late form of ¹**bras**, though note pl.n. *Trebros* 1375 and pl. *brosyen* (BM.3215). Here it is regarded as a separate word.

²**bros** ['brɔ:z] *m.* **+ow** sting, prick, goad, sharp point
[C: CC (lp)] {S 1; F 2: O *bros* (VC.347) → P: C B *broud;* MidW *brwyd:* **+ow** I}

³**bros** ['brɔ:z] **1.** *adj.* extremely hot **2.** *m.* **+ow** stew, great heat, thick broth
[C: Brit *brutu < IE (lp) (> ModE *broth*)] {S 1; F 1: M *bros* (RD.0142): D "broze": C MidB *brout;* W *brwd:* **+ow** I (Y1)}

brosa ['brɔ·za] *v.* sting, prick, goad, provoke
[Cc: ¹**bros** -¹A] {S 1; F 0(CE38): C B *broudañ*}

brosans ['brɔ·zans] *m.* **+ow** provocation
[Ch: ¹**bros** -ANS] {S 1; F 0(GM09: G.M.S.): **+ow** I}

broster *m.* **+yow** size
[E(E)c: from ¹**bros** -TER] {S 4; F 3: M *broster* (CW.0080) → P: L *braôzder* (AB084a) → P: **+yow** I}

brosweyth ['brɔzwęιθ] *m.* embroidery
[CC: ¹**bros** 2²**gweyth**] {S 1; F 0(CE55): C W *brodwaith:*}

brosya ['brɔ·zja] *v.* stitch, embroider
[Cc: ¹**bros** -YA] {S 1; F 0(CE38): D "broach"}

brosyer ['brɔzjęr] *m.* **-oryon** stitcher, embroiderer
[Cc: ¹**bros** -¹YER] {S 1; F 0(CE55): **-oryon** I}

brosyores [brɔz'jɔ·ręs] *f.* **+ow** stitcher, embroideress
[Cc: ¹**bros** -YORES] {S 1; F 0(CE55): **+ow** I}

brottel ['brɔt:ęl] *adj.* frail, brittle, fickle, fragile, unstable
[E(E): MidE *britil,* < OldE, with change of vowel] {S 4; F 3: M *brotall:* L *brettal* (AB033c): P Pons*brital*}

brow ['brɔw] *f.* **+yow** handmill, quern
[C: Brit *brâwû (Gr.)] {S 1; F 2: O *brou* (VC.911) → L,P: C B *brev;* W *brew-:* **+yow** I}

browagh ['brɔʊax] *m.* **+ow** terror
[C:] {S 1; F 0(CE38): C B *braouac'h:* **+ow** I}

broweghi [brɔ'wę·xi] *v.* terrorize
[Cc: **browagh**A -¹I] {S 1; F 0(CE38): C B *braouac'hiñ;* W *brawychu*}

broweghyades [ˌbrɔʊęɦ'ja·dęs] *f.* **+ow** terrorist *(female)*
[Cc: **browagh**A -YADES] {S 1; F 0(GK98: A.S.): **+ow** I}

broweghyas [brɔ'wę·xjaz] *m.* **-ysi** terrorist *(male)*
[Cc: **browagh**A -³YAS] {S 1; F 0(GK98: A.S.): **-ysi** I}

broylya

broylya ['brɔɪlja] *v.* broil
[E(F)c: VN in -YA from MidE *broille*
< OldF *bru(s)ler* (coe)] {S 4; F 0(Y1)}

brunyon ['bry·njɔn] *coll.* **+enn** groats *(meal)*, oatmeal
[Uc: Apparently a pl. in -YON] {S 8; F 2: L *brudnyan* (WXG10, PV.7816): **+enn** I}

brute (Eng.) *adj.* {S 6; F 1: M *brut* (TH05r)}

bryansenn [brɪ'anʒęn] *f.* **+ow** throat, windpipe, gullet
[Cc: FN in -ENN from Brit **br̥gant-* (lheb)]
{S 8; F 4: O *briansen* (VC.050) → P: M *bryangen* → P: L *brensan* (BOD), *Brandzhian* (LV023.02): C OldB *brehant*; MidW *breuant*: **+ow** I}
This word exceptionally shows palatalization.

brybour ['brɪ·bur] *m.* **+s** vagabond, pilferer, vagrant
[E: MidE (CE38)] {S 5; F 3: M *brybor* → P; *brybrous* (BK09.83): **+s** M}

brygh ['brɪːx] 1. *adj.* variegated, speckled, brindled, freckled 2. *f.* **+i** mote, smallpox, pox
[C: Brit **brikkâ* (gpc)] {S 1; F 2: M *vrygh* (BK15.21); pl. *brehy* (BM.2419): P Brightor = **brygh tir**: C B *brec'h* 'pox'; W *brych*: **+i** M}

brygh almaynek German measles, rubella

brygh rudh measles

brygh yar chicken pox

bryghenn ['brɪ·xęn] *f.* **+ow** afterbirth, placenta
[Cc: **brygh** -ENN]
{S 1; F 0(GM09: YhaG): C W *brych*: **+ow** I}

bryght *adj.* bright ALT = **splann**.
[E(E): MidE < OldE *beorht* (coe)]
{S 4; F 2: M *brygt* (OM.0771), *bright* (BK27.33), *vryght* (BM.1727)}
Also *bryte* (PC.1684), which is in a line of Eng.

bryjyek ['brɪ·dʒjęk] *adj.* convective
[Cc: AJ in -EK from **bryjyon**]
{S 8; F 0(GK98: K.J.G.)}

bryjyon ['brɪ·dʒjɔn] 1. *m.* boiling, convection 2. *v.* boil

110

brysoniethel

[C: Compound of ²**bros**] {S 8; F 3: O *bredion* (VC.901) → P: L *bridzhan* (AB051c) → P:}

brykedh ['brɪ·kęð] *coll.* **+enn** apricots
[E(F): MidE (coe)]
{S 5; F 0(CE38): C cf. B *abrikez*: **+enn** I}

brykk ['brɪk] *m.* **+ow**, **+ys** brick
[E(O): MidE < MidDu (coe)]
{S 5; F 2: L *bryck* (CW.2183), *bricke* (CW.2187): **+ow** N (FTWC); **+ys** I (CE38)}

brykkweyth ['brɪkwęɪθ] *m.* brickwork
[E(O)C: **brykk** 2²**gweyth**]
{S 5; F 0(GM09: G.M.S.):}

bryntin ['brɪntin] *adj.* noble, splendid, superb
[C: Brit **brigantînos* (Fl.)] {S 8; F 3: M *bryntyn* → P, *brentyn*: C B *(brientin)*; W *(brenin)* 'king'}
Not in *CE55*

bryntinses [brɪn'tinzęz] *m.* excellence
[Cl: **bryntin** -SES] {S 1; F 0(EC00):}

¹**brys** ['brɪːz] *m.* **+yow** mind, intention, way of thinking
[C: CC **brit-* (gpc) < IE (lp)] {S 1; F 5: M *brys*: L *brêz* (AB.), *brez*: C B *bred*; W *bryd*: **+yow** I}

a'n brys mental

orth ow brys according to my will

dhe'm brys to my mind

²**brys** ['brɪːz] *m.* **+yow** womb, uterus
[U:] {S 8; F 4: M *brys, breys* → P: **+yow** I}

brysel ['brɪ·zęl] *adj.* mental
[Cc: ¹**brys** -¹EL] {S 1; F 0(GM09: YhaG)}

bryskartha ['brɪ·skarθa] *v.* brainwash
[CCc: from ¹**brys kartha**]
{S 1; F 0(GM09: G.M.S.)}

brysoleth ['brɪ·zɔ·lęθ] *f.* **+ow** mentality
[Ccc: ¹**brys** -OLETH]
{S 1; F 0(GM09: YhaG): **+ow** I}

brysonieth [ˌbrɪzɔ'ni·ęθ] *f.* psychology
[Cc: ¹**brys** -ONIETH]
{S 1; F 0(CE93: K.J.G.): C B *bredoniezh*:}

brysoniethel [ˌbrɪzɔni'ę·θęl] *adj.* psychological
[Ccc: **brysonieth** -²EL] {S 1; F 0(GK98: G.M.S.)}

brysonydh [brɪˈzɔnɪð] *m.* **+yon** psychologist
[Cc: ¹**brys** -ONYDH]
{S 1; F 0(GM09: YhaG): **+yon** I}

Brython [ˈbrɪˑθɔn] *m.* **+yon** Briton, Brythonic Celt
[C: Brit *Brittones (gpc)] {S 1; F 3: L *brethon* (CGEL, LAWG): C B *Brezhon* 'Breton'; W *Brython* 'Briton': **+yon** I}

Brythonek [brɪˈθɔˑnęk] *adj.* Brittonic, Brythonic Celtic
[Cc: **Brython** -¹EK < Brit *Brittonikâ (gpc)]
{S 1; F 3: L *Brethonek* (AB222-224): C B *Brezhonek* 'Breton'; W *Brythoneg* 'British'}

¹**bryton** [ˈbrɪˑtɔn] *coll.* **+enn** thrift (plant), sea-pink
[E:] {S 5; F 0(CE38): D "brittons": **+enn** }

²*Bryton m.* **+s** Briton
[E: E *Briton*]
{S 5; F 1: M pl. *vretons* (BK29.68): **+s** M}

Bryttys pl. Britons
[E:] {S 4; F 2: L *Brittes* (NGNB6), *Brittez* (NGNB7)} cf. colloquial E *Brits*

bryv [ˈbrɪːv] *f.* **+yow** bleat *(of sheep)*
[C: (gpc)] {S 8; F 0(CE38): C W *bref*: **+yow** I}

bryvya [ˈbrɪˑvja] *v.* bleat
[Cc: **bryv** -YA]
{S 8; F 3: L *privia* (AB.) → P: C cf. W *brefu*}
All 7 exx. in LateC are spelled *privia*, whether as a VN standing alone (AB245a, PV15424), or preceded by *dho* (AB044b, PV15424), or by *a* = ⁴**ow** (AB230c, 248a; PV8805). Because Lhuyd did not lenite after *dho* in verbal nouns, all of these exx. are consistent with a VN in [p-] rather than [b-]. If the VN had been [b-], then we would have expected *dho brivia* in Lhuyd's work. Nance, however, wrote *bryvya*, perhaps influenced by Welsh. This form is retained here; in the noun **bryv**, a homograph with **pryv** is thus avoided.

bryw [ˈbrɪw] **1.** *adj.* broken, injured, bruised **2.** *m.* **+yon** bruise
[C:] {S 1; F 3: M *brev*; pl. *vrewyon*: P Brew: C W *briw*: **+yon** M}

brywgik [ˈbrɪʊgɪk] *m.* **-gigow** mincemeat, hash
[CC: from **bryw** 2**kig**]
{S 1; F 0(CE55): C W *briwgig*: **-gigow** I}

brywha *m.* victuals
{S 8; F 1: O *bruha* (VC.913):}

brywi [ˈbrɪwi] *v.* bruise, crush, crumble, mash, bruise, smash, shatter
[Cc: **bryw** -¹I] {S 1; F 3: M *brewy* (OM.2719, 2735) → P: L *browi* (G3WK), *browe* (M4WK); C B *brevi*; cf. W *briwio*}

brywliv [ˈbrɪʊlɪv] *f.* **+ow** grindstone
[CC: **bryw** ³**liv**] {S 1; F 0(CE38): **+ow** I}

bryws [ˈbrɪʊz] *coll.* **+enn** crumbled material
[C: Derivative of **bryw**]
{S 8; F 0(CE38): D "browse": **+enn** I}

brywsi [ˈbrɪʊzi] *v.* crumble
[Cc: **brows** -¹I] {S 8; F 0(CE38)}

brywsyon [ˈbrɪʊzjɔn] *coll.* **+enn** crumbs, fragments
[Cc: **brows** -YON] {S 8; F 1: L *brousian* (AB090b); C B *bruzun*; W *briwsion*: **+enn** I}

brywvann [ˈbrɪʊvan] *m.* **+ow** soreness, inflammation
[Cc: **brew** -VANN]
{S 1; F 1: M *vrewvan* (PC.0478): **+ow** I}

brywvannek [brɪʊˈvanːęk] *adj.* sore
[Cc: **brewvann** -¹EK] {S 1; F 0(GM09: K.J.G.)}

brywyon [ˈbrɪʊjɔn] *coll.* **+enn** crumbs, bits, fragments
[Cc: **brew** -YON] {S 1; F 3: O sg. *breuyonen* (VC.905) → L,P: L *brouian* (AB090b) → P: D "brewyan": C W *briwion*: **+enn** O}

bual [ˈbyˑal] *m.* **+yon** buffalo, bison, wild ox
[L: CLat *bubalus* (hpb)]
{S 1; F 0(CE38): C W *bual*: **+yon** N (K.J.G.)}

bualgorn [byˈalgɔrn] *m.* **-gern** bugle-horn, hunting-horn
[LL: **bual** 2¹**korn**] {S 1; F 0(CE38): **-gern** I}

buan

buan ['by·an] *adj.* quick, lively, fast (speedy)
[C: Brit (Fl.)] {S 1; F 0(CE38): C B *buan*; W *buan*}

bubenn ['by·bęn] *f.* **+ow** lamp-wick
[Uc: Taken to be a FN in -ENN]
{S 8; F 0(CE38)B: D "booban": **+ow** I}

bucket (Eng.) *n.* ALT = **kelorn**. {S 6; F 2: L *bu̧ket* (AB095a) → P}

buddle (Eng.) *n.* {S 6; F 1: L *buddal* (PV.7827)}

budh ['byːð] *m.* **+ow** profit, gain, proceeds
[C: Brit **boudi-* < IE (Fl.) (> ModE *booty*)] {S 1; F 0(CE93: K.J.G.): C OldB *bud*, W *budd*: **+ow** I}

budh kowal gross profit

budh ylyn nett profit

budhadewder [ˌbyða'dęʊdęr] *adj.* profitability
[CCc: from **budhadow** -DER]
{S 1; F 0(GK00: A.S.)}

budhadow [by'ða·dɔw] *adj.* profitable
[CC: **budh** -ADOW] {S 1; F 0(GK00: A.S.)}

¹**budhek** ['by·ðęk] *adj.* victorious
[Cc: **budh** -¹EK]
{S 1; F 0(CE38): P Budock: C OldB; W *buddug*}

²**Budhek** *place* Budock
[Cc: Same word as **budhek**] {S 1; F 1: M *vuthek* (OM.2463): C OldB; W *buddug*}

Budhik ['by·ðɪk] *name* Boudicca, Boadicea
[Cc: Brit *Boudîca* (attested) (gpc)]
{S 1; F 0(CE93: K.J.G.)}

budhogel [by'ðɔ·gęl] *adj.* victorious
[Cc: **budh** -OGEL]
{S 1; F 0(CE55): C W *buddugol*}

budhogoleth [ˌbyðɔ'gɔ·lęθ] *f.* **+ow** victory
[Cc: from **budhogel** -ETH]
{S 1; F 0(CE55): C W *buddugoliaeth*: **+ow** I}

budhrann ['byðran] *f.* **+ow** dividend
[CC: **budh rann**]
{S 1; F 0(GK98: A.S.): C W *buddran*: **+ow** I}

budhynn ['by·ðɪn] *m.* **+ow** meadow
[C: from **bu* 'cattle' + **dynn* 'place' (Padel)]

bughik-Duw

{S 1; F 4: O *budin* (VC.727): L *bidhen* (AB033c): *vythyn* (PV.7443): P *Buthen en Hesk*: C W *buddyn*: **+ow** P} The pl.n. *Penbothidnow* shows pre-occlusion in the pl., as one would expect. Nance's pl. with *-yow* in CE38 appears incorrect, as may be his pl.n. *Penbuthiniowe*.

buds (Eng.) *pl.* {S 6; F 1: M *buddes* (TH08v)}

bugel ['by·gęl] *m.* **+edh** herdsman, pastor
[C: IE *bougoljo-* (hpb)] {S 1; F 3: O *bugel* (VC.197) → L,P: M *bugel*; pl. *bugelath*: L *bigal* (AB229b, 285b): F *Bugel*: P Biggal (common as a rock-name in Scilly): C B *bugel* 'child'; W *bugel*: **+edh** M}

bugel deves shepherd

bugel gever goatherd

bugel gwarthek cowherd

bugel lodhnow neatherd, cowherd

bugel mogh swineherd

bugelek [by'gę·lęk] *adj.* pastoral, bucolic
[Cc: **bugel** -¹EK]
{S 1; F 0(CE38): C W *bugeileg* 'pastoral poem'}

bugeles [by'gę·lęs] *f.* **+ow** shepherdess
[Cc: **bugel** -⁴ES] {S 1; F 0(CE38): C B *bugelez* 'apprentice'; W *bugeiles*: **+ow** I}

bugelya [by'gę·lja] *v.* guard animals
[Cc: **bugel** -YA]
{S 1; F 0(CE38): C B *bugeliañ*; W *bugeilio*}

bugh ['byːx] *f.* **+es** cow
[C: Brit *boukkâ* (M) < CC **boukkâ* (Haywood) < IE **gwou-* (Gr.)]
{S 1; F 3: O *buch* (VC.599) → P: M *bugh* (OM.0123, 1185) → L, *bewgh* (CW.0402): L *biu̧h*, *byu̧h* (AB.), *bew* (WXG): P Penvith: C B *buoc'h*; W *buwch*: **+es** I}
The older pl. was **biw*.

bughes ['by·xęz] *pl.* cattle
[Cc: **bugh** -ES] {S 1; F 0(CE38)}

bughik-Duw [ˌby·xɪk'dyw] *f.* **bughesigow-Duw** ladybird
[CcC: **bugh** -IK Duw] {S 1; F 0(CE38): C B *buoc'hig-Doue*: **bughesigow-Duw** I}

bughkenn ['byxkẹn] *m.* **+ow** cowhide
[CC: **bugh kenn**]
{**S** 1; **F** 0(CE55): **C** Not in B nor in W: **+ow** I}

bughwas ['byxwas] *m.* **-wesyon** cowboy
[CC: **bugh 2gwas**]
{**S** 1; **F** 0(FTWC): **-wesyon** N (FTWC)}

bulhorn [bɪl'hɔrn] *m.* **+es** snail
[U:] {**S** 8; **F** 2: **L** *bulhorn* (AB048c) → P: **D** (CE38): **+es** I}

buorth ['byˑɔrθ] *m.* **+ow** cattle-yard
[C: from **bu* 'cattle' + **gorth* (a form of **garth**) 'yard' (Fl.)] {**S** 1; **F** 0(CE38): **P** pl. Bohortha: **C** OldB *buorth*; W *buarth*: **+ow** P}

burjes ['byrdʒẹs] *m.* **burjysi** burgher, citizen, townsman
[E(F): MidE *burges* < OldF *burgeis* (coe)]
{**S** 5; **F** 2: **M** *burges* (MC.214) → P: **burjysi** I}

burjesek [byr'dʒẹˑzẹk] *adj.* bourgeois
[E(F)c: **burjes** -¹EK] {**S** 1; **F** 0(GK98: T.S.)}

burjesel [byr'dʒẹˑzẹl] *adj.* municipal
[E(F)c: **burjes** -¹EL] {**S** 1; **F** 0(GM09: G.M.S.)}

burjeseth [byr'dʒẹˑzẹθ] *f.* bourgeoisie
[E(F)c: **burjes** -ETH] {**S** 1; **F** 0(GK98: R.L./T.S.):}

burjesti [byr'dʒẹˑsti] *m.* **+ow** guildhall, town-hall
[E(F)C: **burjes ti**] {**S** 1; **F** 0(CE55): **+ow** I}

burjestra [byr'dʒẹˑstra] *f.* **-trevow** borough
[E(F)c: from **burjes tre**]
{**S** 1; **F** 0(EC52): **-trevow** I}

burm ['byrm] *coll.* barm, yeast, leaven
[E(E): MidE < OldE *beorma* (CE38)]
{**S** 8; **F** 1: **L** (Borlase): **D** "burm": **C** W *berm, burm*:} Written *burm* by Borlase; this spelling is retained here, for lack of other information.

burow ['byˑrɔw] *m.* **+yow** bureau
[E(F): ModE < F *bureau*]
{**S** 1; **F** 0(GK98: K.J.G.): **+yow** I}

Burow an Yethow Nebes Kewsys
Bureau for Lesser-used Languages

busel ['byˑzẹl] *coll.* **+enn** cattle-dung
[C:] {**S** 8; **F** 3: **M** *vusell* (BK09.78): **L** *buzl* (AB242a) → P: **C** W *biswail*: **+enn** I}

busel vergh horse-dung

bush ['byːʃ] *m.* **+ys** crowd, mass
[E(E):] {**S** 5; **F** 3: **M** *busch* (BM.3232), *bush* (CW.1091): **D** "bush" (of fish): **+ys** I}

bush (Eng.) *n.* {**S** 6; **F** 2: **M** *bushe* (CW.1542, 1545); pl. *buschys* (BM.1023), *bushes* (CW.)}

bushel ['byʃẹl] *m.* **+s** bushel
[E(F): MidE < OldF *boissel* (coe)]
{**S** 5; **F** 1: **M** *busshell* (TH17v): **+s** I}

but ['byːt] *m.* **+ys** butt *(target for archery)*
[E(F): MidE < OldF *but* (>ModF *but* 'goal')]
{**S** 5; **F** 0(CE55): **+ys** I}

but (Eng.) {**S** 6; **F** 2: **M** *bot* (PC.1638), *but* (BK23.70, SA.59v)}
The first two exx. are in lines of English.

buthuk ['byˑθyk] *coll.* **+enn** earthworms
[U: origin obscure (deb)] {**S** 8; **F** 2: **M** sg. *vethygan* (BK22.88): **L** sg. *bulligan* (Borlase), *beligan* (Pryce MS.): **D** "buliggan, buluggan": **C** B *buzhug*: **+enn** ML} The form in *BK* corresponds more closely to the Breton.

by *adv.* ever
[C: Contraction of **byth** before [n-]]

bydh *adj.* ever   Now spelled **byth**.

bygh *adj.* small
[C:] {**S** 2; **F** 0(CPNE): **P** Denby = **din bygh**; cf. Dunmere = **din meur**: **C** W **bych* in pl.ns. such as *Denbigh*.}

byghan ['bɪˑhan] *adj.* small, little
[C: Brit **bikkagno-* (hpb) < CC **bekk-an* (Fl.)]
{**S** 1; **F** 5: **O** *boghan* (VC.951): **M** *byhan, byan, bean*: **L** *bîan* (AB.), *bean*: **P** This word is very common in place-names.: **C** B *bihan*; W *bychan*}

byghanhe [bɪhan'hẹː] *v.* reduce, make smaller
[Cc: **byghan** -HE] {**S** 1; **F** 0(GK98: G.M.S.)}

byghanna [bɪhanːa] *adj.* smaller
[Cc: Comparative of **byghan**]
{**S** 1; **F** 3: **L** *behathna* (M2WK), *behattna* (Gw. MS.), *behatna* (G1JB) → P: **F** Behenna}

an byghanna smallest

byjyon

byjyon ['bɪˑdʒjɔn] *m.* **+s** dung-hill, midden
[U:] {S 8; F 2: L *bidzheon* (AB154b) → P: **+s** N}

bykken ['bɪk:ęn] *adv.* ever, always
[CC: from **bydh ken**] {S 3; F 4: M *vycken* → P, vickan: L *vican* (CLJK)}
bys vykken for ever
Kernow bys vykken!
Cornwall for ever!

byldya v. build ALT = **drehevel**.
[E(E)c: VN in -YA from MidE < OldE *byldan* (coe)] {S 5; F 4: M *byldya*}

bynitha [bɪ'niˑθa] *adv.* ever, for evermore
[C:] {S 8; F 6: M *bynytha* → P, *benytha* → P}

bynk ['bɪnk] *f.* **+yow** platform, bench
[E(U):] {S 4; F 3: M *vynk* (PC.2868) → P: L *benk* (AB0123a, 145b) → P: **+yow** N (G.M.S.)}
This word is found only once in MidC, in its lenited form, as *an vynk*. Nance, following Lhuyd, took it to be cognate with W *mainc*, and wrote *mynk*. If it is cognate, then it is irregular, for one would expect *menk*. The alternative explanation, MidE *bynk*, is therefore adopted here. Lhuyd's *benk* 'bench' is here supposed to be the same word.

bynnari [bɪ'naˑri] *adv.* for ever
[C:] {S 8; F 5: M *benary* → L,P; *bynary*: C MidB *bet nary*}

bynner ['bɪn:ęr] *adv.* never In the texts, almost always used in negative optative expressions, e.g. **bynner re gyffi dha goen** 'mayest thou never have thy supper'.
[CcC: from **bydh yn eur**]
{S 3; F 3: M *byner* → P, *bydnar* (CW.1159) → P}

byrl ['bɪrl] *m.* **+ys** hug
[U: Back-formation from **byrla**]
{S 8; F 0(GM09: P.H.): **+ys** }
cf. Scots *birl* 'to spin, as in a dance'

byrla ['bɪrla] *v.* hug, embrace
[Uc: VN in -A from obscure root, "perhaps corrupt" (CE38)]
{S 8; F 3: L *býrla* (AB042c) → P, *byrla* (R2WAT, PRWP)}

bysi

¹bys ['bɪːz] *m.* **+ow** world
[C: IE (M)]
{S 1; F 7: O *bit* (VC.010): M *bys* → P, *beys* → P: L *beaz, bŷz* (AB250b): C B *bed*; W *byd*: **+ow** I}
a'n bys worldly

²bys [bɪz] *prep.* until, till, as far as, up to, to, unto, till
[cC: from 2¹**py hys**] {S 2; F 6: M *bys* → L,P: L *bys, byz*: C MidB *bet* < OldB *beheit*; OldW *bet*}
bys dhe up to, until
bys di thither
bys may until
bys nevra evermore
bys omma up to this point
bys pan until
bys vykken for ever
bys vynnari evermore
bys vynitha for ever
bys yn unto, all the way to

³bys ['bɪːz] *m.* **bysies** finger, digit
Strictly speaking, **bys** means 'digit' rather than 'finger'.
[C: CC *bissi-* (deb) < IE (lp)] {S 8; F 3: O *bis* (VC.076, 097), *bes* (VC.078): L *bêz* (AB.), *beez* (BOD): C B *(biz)*; W *bys*: **bysies** I}
bys bras thumb
bys byghan little finger
bys bysow ring finger, fourth finger
bys kres middle finger
bys rag forefinger

bysfel ['bɪsfęl] *adj.* sophisticated, wordly-wise
[CE: from ¹**bys fel**] {S 4; F 0(EC00)}

bysfelder [bɪs'fęldęr] *m.* sophistication
[CEc: **bysfel** -DER] {S 4; F 0(GM09: G.M.S.):}

bysi ['bɪˑzi] *adj.* busy, occupied, diligent, in use
See *Cor. Stud.* **4/5**, 13-14, 1976-77. N.B. MidC line *besy yv thyn bones war* at BM.3904 'it is necessary for us to be cautious', 'we'd better watch out'.

bysies
[E(E): MidE < OldE *bysig* (coe)] {S 4; F 5: M *bysy* → P, *besy* → P} This word was never written with <g>, even in those texts which show palatalization.

bysi yw dhyn it is necessary for us, we must

bysi via dhis godhvos you had better know

bysies [bɪˈziˑe̯z] *pl.* fingers
This word has 3 syllables.
[Cc: Compound of ³**bys**]
{S 1; F 1: L *Byzîaz* (LV026.52): C B *bizied*}

byskeryades [bɪskȩrˈjaˑdȩs] *f.* **+ow** worldling *(female)*
[CCc: from ¹**bys keryades**]
{S 1; F 0(GM09: P.H.): **+ow** I}

byskeryas [bɪsˈkȩˑrjaz] *m.* **-ysi** worldling *(male)*
[CCc: from ¹**bys keryas**] {S 1; F 0(EC00): **-ysi** I}

byskoen [ˈbɪˑskɤn] *f.* **+yow** thimble
[CL: ³**bys** 4³**goen**] {S 1; F 2: L *besgan* (AB054c) → P: D "bysgin" 'finger-stall': **+yow** I}

byskoen arghans silver thimble

byskoen mes acorn-cup

byskweth [ˈbɪˑskwȩθ] *adv.* ever
[CC: LateC variant of **bythkweth**.]
{S 8; F 3: L *bisqueth, besga*: C B *biskoazh*}

bysna [ˈbɪsna] *m.* warning *(to evildoers)*
[E: MidE *bysne* (CE38)]
{S 4; F 3: M *bysne* (PC.2092) → P:}

bysow [ˈbɪˑzɔw] *m.* **bysowyer** ring *(for finger)*
[C: Evidently a compound of ³**bys**]
{S 1; F 3: O *bisou* (VC.325) → P: M *besow* (BK11.42, TH49v): L *bezaṷ* (AB043a, 242a): C B *bizou* (> F *bijou* 'jewel'); not in W: **bysowyer** N (CE38)}
To show how literal some of Tregear's translations were, consider *ledyer an bysow* for 'ringleader'.

bysow skovarn ear-ring**bysowek** [bɪˈzɔʊȩk] *f.* **-egi** keyboard
[Cc: **bysow** -¹EK]
{S 1; F 0(GM09: K.J.G.): C B *bisaoueg*: **-egi** I}

bystel [ˈbɪˑstȩl] *f.* gall, bile
[C: Brit **bistlo-* (Fl.) < IE **bistlo-* (Haywood)]
{S 1; F 3: O *bistel* (VC.059) → P: M *bestyll* (MC.202) → P, *bystel* (PC.2977), *bystyl* (RD.2601): L *bezl* (AB011c), *besl* (AB059a): C B *bestl*; W (*bustl*):}

bys-troes [ˌbɪˑsˈtroːz] *m.* **bysies-troes** toe
[CC: ³**bys** ¹**troes**] {S 1; F 1: O *bis truit* (VC.097) → P: **bysies-troes** I}

bystyon *adj.* foul, filthy Used of water.
{S 8; F 2: L *Bistian, Vistian* (LV020.67)}

bysya [ˈbɪˑzja] *v.* finger
[Cc: ³**bys** -YA]
{S 1; F 0(CE38): C Not in B; W *bysio*}

bysyel [ˈbɪˑzjȩl] *adj.* digital
[Cc: ³**bys** -YEL] {S 1; F 0(GK98: K.J.G.)}

bytakyl [ˈbɪˑtakɪl] *m.* **bytaklys** binnacle
[E(O): MidE *bittacle* < Sp. *bitácula* (coe)]
{S 5; F 0(CE38): **bytaklys** I}

byth [ˈbɪːθ] *adv.* ever
[C: CC (iyk) {S 1; F 6: M *byth*: L *bêth, bŷth* (AB.)} This word was spelled *bydh* in CE93, on the mistaken assumption that it was the same word as **bydh** 'will be'. The Welsh shows that the final consonant is /θ/. See also **vyth**.

byth moy any more, still more, nor yet

na byth moy neither

byth pan whenever, that ever

bythlas [ˈbɪθlas] *adj.* evergreen
[CC: **byth** 2¹**glas**] {S 1; F 0(AnG 1995)}
Nance's *bythwer* appears incorrect, because the <wer> refers to inanimate green; this mistake was perpetuated in *EC00*.

bythkweth [ˈbɪθkwȩθ] *adv.* ever *(in past)*, never *(in past)* Means 'ever' in +ve sentences, and 'never' in -ve sentences.
[CC: from **byth** ¹**gweyth**]
{S 2; F 5: M *bythqueth* → L,P, *bythquath*} The [eɪ] in the last syllable was reduced to [ȩ].

bythkwethek

bythkwethek [bɪθ'kwę·θęk] *adj.*
everlasting, eternal
Coined by Lhuyd, but serves a useful purpose in providing a 3 syll. word for 'eternal', cf. *tragwyddol* in Welsh and *peurbadus* in Breton.
[CCc: **bythkweth** -¹EK]
{S 8; F 2: L *viskethek* (CGEL) → P}

bythwell ['bɪθwęl] *adv.* no better, any better
[CC: **byth 2gwell**]
{S 1; F 1: M *bithwell* (TH22v)}

byttegyns [bɪtːę'gɪns] *adv.*
nevertheless, yet, however
[CcC: from **bydh dhe 2kyns**]
{S 2; F 4: M *bytegyns* → P, *betegyns*}

byttele [bɪtːę'lęː] *adv.* never, the less
[CcC: from **bydh dhe le**]
{S 2; F 1: M *byttele* (TH34r)}

byttiwedh [bi'tiʊęð] *adv.* to the end, after all
[CC: from **bydh diwedh**] {S 2; F 3: M *byteweth* (BM.1148, 1480), *bettevoth* (BK27.76)}

byttiwettha [ˌbɪtːi'węθːa] *adv.*
nevertheless
[CcCc: Superlative of *byttiwedh*]
{S 2; F 2: M *bette thewetha* (TH21v, 34r)}

byttydh ['bɪtːɪð] *adv.* ever
[CC: from **bydh dydh**] {S 3; F 3: M *byttyth*}

¹byw ['bɪw] *adj.* alive, quick, active
[C: CC *biwos* (M) < IE]
{S 1; F 5: O *biu* (VC.432) → L,P: M *byw, bew*: L *bêuu* (AB230b), *beau* (ACJB)}

yn fyw alive

²byw ['bɪw] *m.* **+yow** living flesh
[C: Same word as **¹byw**] {S 1; F 2: O *biw* (VC.042) → L,P: L *bew* (RD.0074): **+yow** I}

byw an lagas pupil (of the eye)

bywa ['bɪwa] *v.* live
[Cc: **¹byw** -¹A] {S 1; F 6: M *bewe* → P, *bewa* → P: L *beųa* (AB.), *bewah* (M4WK)}

bywa orth live on

bywhe

bywbodradow [ˌbɪʊbɔ'draˑdɔw] *adj.*
biodegradable
[CCc: **¹byw** 2PODR=ADOW]
{S 1; F 0(GK98: K.J.G.)}

bywder ['bɪʊdęr] *m.* **+yow** liveliness, activity
[Cc: **¹byw** -DER] {S 1; F 0(CE38): **+yow** I}

bywdern ['bɪʊdęrn] *m.* **+ow** refectory, canteen
[E(E): OldE *beodern* (Calvete)]
{S 4; F 2: M *bindorn* (VC.840) → L,P
(<u> misread as <n>): **+ow** I}

bywdhiverseth [bɪʊði'vęrsęθ] *f.*
biodiversity
[CE(F)c: **¹byw** 2**divers** -ETH]
{S 4; F 0(AnG 2008: G.M.S.):}

bywdreghyans [bɪʊ'dręˑxjans] *m.* **+ow**
vivisection
[CCh: **¹byw** 2**trogh**A -YANS]
{S 1; F 0(EC00): **+ow** I}

bywedh ['bɪwęð] *m.* **+ow** life-style
[Cc: **¹byw** -¹EDH] {S 1; F 0(Y2): **+ow** I}

bywek ['bɪwęk] *adj.* lively, vital *(lively)*
[Cc: **¹byw** -¹EK]
{S 1; F 1: M *bewek* (TH41r): C W *bywog*}

bywekhe [bɪwęk'hęː] *v.* animate
[Ccc: **bywek** -HE] {S 1; F 0(GK98: J.A.)}

bywekheans [bɪwęk'hęˑans] *m.* **+ow**
animation
[Ccch: **bywekhe** -ANS]
{S 1; F 0(GK98: J.A.): **+ow** }

bywekter [bɪ'węktęr] *m.* liveliness, vitality
[Ccc: **bywek** -TER] {S 1; F 0(EC00):}

bywgeunys [bɪʊ'gœˑnɪz] *coll.* **+enn**
biofuel
[CC: **byw 2keunys**]
{S 1; F 0(GM09: K.J.G.): **+enn** I}

bywhe [bɪʊ'hęː] *v.* quicken, bring to life, activate
[Cc: **¹byw** -HE] {S 1; F 0(CE38): C B *bevaat*; W *bywhau*}

bywheans [bɪʊˈhęˑans] *m.* **+ow** activation
[Cch: **bywhe** -ANS] {S 1; F 0(GM09: K.J.G.): **+ow** }

bywnans [ˈbɪʊnans] *m.* **+ow** life
[Ch: ¹**byw** + intrusive [n] + -ANS] {S 1; F 6: M *bewnans*: L *bounaz*: **+ow** I}

bywonieth [bɪwɔˈniˑęθ] *f.* biology
[Cc: ¹**byw** -ONIETH] {S 1; F 0(AnG1983): C B *bevoniezh*:}

bywoniethel [ˌbɪwɔniˈęˑθęl] *adj.* biological
[Ccc: **bywonieth** -²EL] {S 1; F 0(GM09: YhaG)}

bywonydh [ˈbɪˈwɔˑnɪð] *m.* **+yon** biologist
[Cc: ¹**byw** -ONYDH] {S 8; F 0(CE93: G.M.S.): **+yon** I}

bywosek [bɪˈwɔˑzęk] *adj.* biotic
[Cec: Cornicization of E *biotic*] {S 8; F 0(GM09: G.M.S.)}

bywva [ˈbɪʊva] *f.* **+ow** habitat
[Cc: ¹**byw** -VA] {S 1; F 0(CE93: G.M.S.): **+ow** I}

bywweyth [ˈbɪʊwęɪθ] *f.* **+yow** lifetime
[CC: ¹**byw** 2¹**gweyth**] {S 1; F 0(GM09: G.M.S.): **+yow** I}

C

The letter c is not used in **Kernewek Kemmyn**, except in the combination *ch*. There is a case for using <c> instead of <s> in words such as *sita* 'city'. Thus all words beginning with c are unassimilated loan-words, included because they happen to be found in the traditional texts. The Cornish words beginning with *ch-* (also almost all loans, but assimilated to some degree) are arranged in normal alphabetical order.

c (Lat.) {S 6; F 1: M *c* (BM.0099)} Classified as Latin.

Caesarea (Lat.) *place* {S 6; F 1: M *cesarye* (TH43v)} Full name of the place is Caesarea Philippi.

Caius (Lat.) *name* {S 6; F 1: M *Caius* (TH47v)}

Calvaria (Lat.) *place* Calvary {S 6; F 1: M *calvarye* (OM.1180)} This word rhymes with three others in the stanza written <-ye>. The number of syllables indicates that this means [ˈiˑa]. The spelling is therefore interpreted as representing the Latin form of the pl.n.

canonical (Eng.) *adj.* {S 6; F 1: M *canonycall* (TH20v)}

Capernaum (Eng.) *place* {S 6; F 1: M *Capurnahum* (M4WK)} A town on the shore of the Sea of Galilee, now in ruins. Rowe's spelling is intermediate between the Hebrew *Kefar Nachum* 'hamlet of Nahum' and its Anglicized form *Capernaum*.

Cappadocia (Eng.) *place* [E: *Cappadocia* < Gr *Kappadokia* < Persian 'land of beautiful horses'] {S 6; F 1: M *cappadocia* (TH47r)} An inland district in Asia Minor.

captivity (Eng.) *n.* {S 6; F 2: M *captiuite* (TH10r, 15r, 49v)}

carnal (Eng.) *adj.* {S 6; F 3: M *carnall* (TH., CW.)}

carnis (Lat.) *n.* meat {S 6; F 1: M *carnis* (SA60v)}

Carolstadius (Lat.) *name* {S 6; F 1: M *Carolstadyus* (TH33r)} A Protestant reformer.

catechumenus (Lat.) neophyte {S 8; F 1: M *cathecumynys* (BM.1818)}

catholical (Eng.) *adj.* {S 6; F 2: M *catholicall* (TH32v, 40r)}

celestial (Eng.) *adj.* {S 6; F 1: M *celestiall* (TH01v)}

ceremony (Eng.) *n.* {S 6; F 2: M *ceremony* (TH06v), *cerimonye* (TH37r)}

certainly (Eng.) *adv.* {S 6; F 1: M *certanly* (TH20r)}

cetera (Lat.) *n.* other things {S 6; F 1: M *cetera*}

CH (mutation J)

chal ['tʃaːl] *m.* **+ys,** *dual* **dewjal** jowl
[E(E): MidE *chauel* < OldE *ćeafl* (co)]
{**S** 5; **F** 3: **M** *chal* → P}

chalenj ['tʃa·lęndʒ] *m.* **+ys**
challenge, claim
[E(F): MidE *chalenge* < OldF (coe)]
{**S** 5; **F** 1: **M** *chalyng* (BM.2371): **+ys** I}

chalenjya [tʃa'lęndʒja] *v.* challenge, claim, demand as a right
[E(F)c: **chalenj** -YA] {**S** 5; **F** 0(CE58)}

challa ['tʃalːa] *m.* **challys** jawbone, mandible
[E(E): MidE *cholla* < OldE (co)]
{**S** 5; **F** 3: **M** *challa* → P: **challys** I}

chalys m. **+ys** chalice ALT = **kelegel**.
[E(F): MidE < OldF (co)]
{**S** 5; **F** 3: **M** *chalys* (SA.): **+ys** I}

chambour ['tʃambur] *m.* **+yow** bedroom, chamber
[E(F): MidE < OldF *chambre* (co)] {**S** 5; **F** 2: **M** *chammbour* (OM.2110), *chamber* (BK35.90): L *tshombar* (AB052c): P Gulchamber: **+yow** N}

chambour-gwiska [ˌtʃambur'gwi·ska] *m.* **chambouryow-g.** dressing-room, changing-room
[E(F)Cc: **chambour gwiska**]
{**S** 1; **F** 0(AnG 1985): **chambouryow-g.** N}

chambourlen ['tʃamburlęn] *m.* **+s** chamberlain
[E(F): MidE *chamberlaine* < OldF *chamberlain* (coe)] {**S** 5; **F** 0(EC52): **+s** I}

chandelier (Eng.) *n.*
{**S** 6; **F** 1: **M** *chandeler* (TH17v)}

¹*chanel m.* **+yow** channel ALT = **kanel**.
[E(F): MidE < OldF *chanel* (co)]
{**S** 5; **F** 1: L *Shanol* (AB046a): **+yow** I}

²*Chanel place* English [sic] Channel
Mor Bretonek is possible, at least in the W.
[E(F): MidE < OldF *chanel* (co)]
{**S** 5; **F** 1: **M** *chanel* (BM.1089)}

chanj ['tʃandʒ] *m.* **+yow** change
(alteration)
[E(F): AngN *chaunge* < OldF *change* (coe)]
{**S** 5; **F** 2: **M** *change* (TH44v), *chang* (TH56v, 57r): **+yow** N}

chanjya ['tʃandʒja] *v.* change, alter
[E(F)c: **chanj** -YA] {**S** 5; **F** 4: **M** *changia*}

chansel ['tʃansęl] *m.* **+yow** chancel
[E(F): MidE < OldF (co)]
{**S** 5; **F** 0(CE38): **+yow** N}

chansler ['tʃanslęr] *m.* **-oryon** chancellor
[E(F): MidE < AngF *c(h)anceler* (co)] {**S** 5; **F** 1: L *Tshawnslar* (LV144.06): **-oryon** I (K.J.G.)}

chantry (Eng.) *n.*
{**S** 6; **F** 1: **M** pl. *chauntreys* (TH40v)}

chapel ['tʃa·pęl] *m.* **+yow** chapel
[E(F): MidE *chapele* < OldF *chapele* (co)]
{**S** 5; **F** 4: **M** *chapel* → P: L *tshappal* (AB143a): P Porth Chapel: **+yow** N}

chaplen ['tʃaplęn] *m.* **+s** chaplain
[E(F): MidE < OldF *chapelain* (co)] {**S** 5; **F** 2: **M** *chaplen* (BM.3119, 4034, 4065): **+s** I}

chapon ['tʃa·pɔn] *m.* **+s** capon
[F: OldF *chapon*] {**S** 5; **F** 2: **M** *chappon* (OM.1206): L *Tshappen* (LV143.78) → P: **+s** I}
cf. E *capon* < OldE *capun* (co).

chaptra ['tʃaptra] *m.* **chapters** chapter
[E(F): MidE < OldF *chapitre* (coe)] {**S** 5; **F** 5: **M** *chapter* (TH., SA.); pl. *chapters* (TH20v): L *chaptra* (G3WK, M4WK): **chapters** M}

charett ['tʃa·ręt] *m.* **+ys, +ow** chariot
[F: OldF (co)] {**S** 5; **F** 2: **M** *charet* (TH56v); pl. *charettys* (TH56v): **+ys** M; **+ow** N (G.M.S.)}

charj ['tʃardʒ] *m.* **+ys** charge care, responsibility
[E(F): MidE < OldF *charge* (co)]
{**S** 5; **F** 4: **M** *charg*: **+ys** I}

ri an charj a neppyth dhe nebonan commit something to someone

charjya ['tʃardʒja] *v.* charge, make responsible

Charlys
[E(F)c: **charj** -YA] {S 5; F 2: M *charrdgya* (CW.1945); p.ptcpl. *chardges* (CW.1788); 3rd sg. pret. *chargias* (TH02r)}

Charlys ['tʃarlɪs] *name* Charles
{S 5; F 2: M *charlys* (BM.3521): L *Charles* (CLJK..3, CLJK..6)}

charmya v. charm ALT = **soena**.
[E(F)c: VN in -YA from MidE < OldF *charme* (coe)] {S 5; F 1: M *jarm* (BK33.03)}
Found in MidC as *ny a jarm* 'we charm', which shows lenition.

chartour ['tʃartur] *m.* **+s** charter, deed of freehold
[E(F): MidE *chartre* < OldF (co)] {S 5; F 2: M *chartur* (OM.2312), *chartour* (OM.2594): **+s** I}

chas ['tʃaːts] *m.* **+ys** open hunting-ground
[E(F): MidE *chace* < OldF *chace* (co)]
{S 5; F 0(CPNE): P Chacewater: **+ys** I}

chast ['tʃaːst] *adj.* chaste
[E(F): MidE < OldF (co)]
{S 5; F 2: M *chast* (TH33r, CW.1312)}

chastia [tʃasˈtiˑa] *v.* chastise, restrain, chasten
[Fc: VN in -YA from OldF *chastier* (co)]
{S 5; F 3: M *chastya* (BK27.44) 3 syll.}
At BM.1180, the word appears to have 2 syll. instead of the more usual 3.

chastita ['tʃaˑstɪta] *m.* chastity
[E: MidE (coe)] {S 5; F 1: M *chastite* (TH09r):}

chasya ['tʃaˑtsja] *v.* chase, drive, hunt, go hunting, pursue
[E(F)c: **chas** -YA] {S 5; F 3: M *chasye*: L p.ptcpl. *chacyes* (AB226c) → P}

chatel ['tʃaˑtęl] *coll.* **+enn** cattle, chattels, capital *(money)*
[E(F): MidE *chatel* < OldF *chatel* (co)]
{S 5; F 4: M *chatel, chattell*: L *tshattal* (AB115c), *chattoll* (G1JB): **+enn** I}

chayn ['tʃaɪn] *m.* **+ys** chain See **kadon**.
[E(F): MidE *chayne* < OldF *chaeine* (co)]
{S 5; F 2: M *chayne* (CW.0330); pl. *chaynys* (PC.2060, BK06.05): **+ys** M}

chaynya ['tʃaɪnja] *v.* chain

cher
[E(F)c: **chayn** -YA] {S 5; F 2: M p.ptcpl. *chenys* (BM.3809), *cheynys* (BM.3825, 3826)}

chayr ['tʃaɪr] *m.* **+ys** chair *(professorial)*
[E(F): MidE < OldF *chaiere* (co)]
{S 5; F 3: M *cheer, cheare*; pl. *cheyrys* (PC.2229): P Chair Ladder: **+ys** M}

chek ['tʃęːk] *m.* **+ys** cauldron, crock, open kettle, large boiling-pan
[E:] {S 5; F 2: M *chek* (RD.0139): **+ys** I}
chek kyfeyth preserving pan
y'n chek in the hot seat

Chekk ['tʃęk] *adj.* Czech
[E:] {S 5; F 0(GM09: K.S.)}
Pow Chekk Czech Republic

chekkenn ['tʃękːęn] *f.* **+ow** cheque
[E(F)c: FN in -ENN from ModE *cheque* < OldF *eschec* (coe)]
{S 5; F 0(EC52): C B *chekenn*; cf. W *siec*: **+ow** I}
chekkenn igor blank cheque

chekkya ['tʃękːja] *v.* check
[E(F)c: **chekk** -YA] {S 5; F 1: L *jeckya* (GCWG)}

chekkyar ['tʃękːjar] *f.* **chekkyer** stonechat
[E:] {S 8; F 2: L *Tshiekkia* (LV144.10) → *tskekke'r* (AB113c) → P: D "chacker": **chekkyer** I}
Nance gave the gender as masc., but if it is a compound of **yar**, it must be fem.
chekkyar eythin furzechat

Chelleri name Cheldric
(name of Saxon leader).
{S 5; F 2: M *chellery* (BK39.57, 40.04)}

cheni ['tʃęˑni] *coll.* **+enn** china-ware
[E:] {S 5; F 0(CE38): D (CE38): **+enn** I}

chenon ['tʃęˑnɔn] *m.* **+s** canon
[E(F): MidE *chanun* < OldF *chanoine* (coe)]
{S 5; F 1: M pl. *chenons* (BM.2812): **+s** M}
The <e> is unexplained.

chenonri ['tʃęˑnɔnri] *m.* canonry
[F:] {S 5; F 1: M *chenanry* (OM.2772):}

cher ['tʃęːr] *m.* **+yow** mien, demeanour, state of mind, mood
[E(F): MidE *chere* < AngN (co)]
{S 5; F 4: M *cher* → P: **+yow** I}

chershya
brottel y jer moody
gwellha dha jer! cheer up!

chershya ['tʃɛrʃja] *v.* caress, fondle, treat kindly
[E(F)c: VN in -YA from MidE < OldF (co)]
{S 5; F 3: M *chesya*}

cherub ['tʃɛ·ryb] *m.* **cherubim** cherub
These are the forms recommended by Keith Syed; the pl. is a compound of Eng. <ch->, Cor. <-u-> and Heb. <-im>. In MidC, *cherubyn* was a sg. noun.
[E(F): MidE < OldF (co)]
{S 5; F 3: M *cherubyn*: **cherubim** N (K.S.)}

cherubyn m. **+s** cherub See **cherub**.
[E(F): MidE < OldF (co)]
{S 5; F 3: M *cherubyn*: **+s** N (EC52)}

cherya ['tʃɛ·rja] *v.* cheer *(gladden)*, cheer up
[E(F)c: VN in -YA from MidE < F *chérir* (CE38)]
{S 5; F 1: M *cherya* (BM.3193); 3rd sg. pres. ind. *cher* (BK20.90, 22.65): L 3rd sg. pres. ind. *cher* (PV.8109, 8126)}

cherita ['tʃɛ·rɪta] *m.* charity ALT = **alusen**.
[E(F): MidE *charite* < OldF *charité* (coe)]
{S 5; F 5: M *cheryte, charite*:}

cheson m. **+yow** reason
[F: Aphetic form of **acheson**]
{S 5; F 3: M *cheson* (OM.1835, PC.2792), *cheyson* (RD.0460): **+yow** N}

chett ['tʃɛt] *m.* **+ys** young person
One meaning of the Eng. word *chit* is 'very young person' (coe). At *BM.1646*, the Cor. pl. is used of small children, including suckling babes; and at *BM.1509* of both girls and boys, as is shown by the line *an chettis mowes ha mav*. Elsewhere, it is used of older persons; the word appears derogatory;
[E: MidE (co)]
{S 5; F 4: M *chet* → P; pl. *chettys* → P: **+ys** M}

chevalri ['tʃɛ·valri] *m.* knighthood, chivalry, order
[E(F): MidE *chevalerie* < OldF *chevalerie* (co)] {S 5; F 3: M *chevalry* (BM.), *chyvalry* (CW.0290):}

chevisya [tʃɛ'vi·zja] *v.* borrow
[U:] {S 5; F 0(EC52)}

Chiwoen

chi ['tʃiː] *m.* **chiow** house, building
[C: Brit **tigos* (iyk) < CC **tigos* (Haywood) < IE]
{S 3; F 6: O *ti* (VC.233): M *chy*: L *tshÿi* (AB.), *choy, chei*: P Very common element in place-names, mainly in the west.: C B *ti*, W *tŷ*: **chiow** I}
Palatalization of [t-] to [tʃ-] took place c.1350, probably at first within a phrase like **y'n chi**.

Chi an Arlydhi House of Lords
Chi an Gemmynyon
House of Commons
chi annedh dwelling-house
Chiow an Senedh
Houses of Parliament
chi komptya counting house
chi dolli doll's house
chi drog-vri brothel
chi forn bake-house
chi gwari gaming-house, casino
chi gweder greenhouse
An Chi Gwynn The White House
chi hwytha blowing-house
chi marghas market-house
chi pobas bake-house
chi melin mill-house
chi miles cattle-shed, cowshed
chi tiek farm-house

chiefly (Eng.) *adv.*
{S 6; F 2: M *chyfly* (TH43r, SA66v)}

chigok ['tʃi·gɔk] *f.* **-goges** house-martin
[CE(E): **chi** 2*kog*] {S 3; F 2: L *tshÿi kôg* (AB123c), *tshikuk* (AB065c) → P: **-goges** I}

China ['tʃi·na] *place* China
[E:] {S 5; F 0(GM09: YhaG)}

Chinek ['tʃi·nɛk] *place* Chinese
[Ec: from **China** -¹EK}] {S 5; F 0(EC00)}

Chi'sor *place*
{S 8; F 1: M *chysoor* (BK10.502)}

Chiwoen *place*
{S 1; F 1: L *Tshoy Uɥn* (JCNBL17)}

chofar

chofar ['tʃɔˑfar] *m.* **+s** hotplate, chafing-dish
[E:] {S 8; F 2: L *tshofar* (AB034a) → P: **+s** I}

chogha ['tʃɔˑxa] *m.* **choghys** jackdaw
[E: MidE *choghe* (co)] {S 5; F 2: L *tshau̯k* (AB034a), *tshau̯ka* (AB093b), *tshauha* (PV17715): D "chaw": **choghys** N (CE38)}
Nance re-spelled Lhuyd's words as *chok, choca*; these show replacement of [x] by [k]. He re-spelled Pryce's *tshauha* as *chogha*.

choklet ['tʃɔklęt] *coll.* **+enn** chocolate
[E(D): ModE < F *chocolat* or Sp *chocolate* < Mexican *chocolatl*] {S 5; F 0(FTWC): **+enn** I}

chons ['tʃɔːns] *m.* **+yow** chance, luck, lot *(in gambling)*, opportunity, likelihood
[E(F): MidE < AngN *chance* < OldF *cheance* (coe)] {S 5; F 3: M *chons* → P, *chawns*: **+yow** I}
chons da good luck

chonsya ['tʃɔnsja] *v.* chance
[E(F)c: **chons** -YA]
{S 5; F 2: M *chansya* (TH19r), *chauncya* (TH38r); 3rd pl. pret. *chungsyons* (MC.026)}
chonsya dhe happen to

chorl ['tʃɔrl] *m.* **+ys** churl, boor
[E(E): MidE < OldE *ċeorl* (co)]
{S 5; F 4: L *chorle*: **+ys** I}

chorlek ['tʃɔrlęk] *adj.* churlish, boorish
[E(e)c: **chorl** -¹EK] {S 5; F 0(GM09: G.M.S.)}

chownler *m.* **+s** chandler
[E(F): MidE < AngN *chaundeler* < OldF *chandelier* 'candle seller']
{S 5; F 2: L *tshou̯nler* (AB046a): **+s** I}

christian (Eng.) *adj.*
{S 6; F 1: M *cristian* (TH54v)}

Christ's (Eng.) *name*
{S 6; F 1: M *christ ys* (BK26.47)}

churra-nos [ˌtʃyrːaˈnɔːz] *m.* **churrys-nos** nightjar, goatsucker (U.S.)
[EC: Form of E *jar* + **nos**]
{S 5; F 0(CE38): **churrys-nos** I}

chyf ['tʃɪːf] *adj.* chief, main, leading, principal Precedes the noun.
[E(F): MidE *chef* < OldF *chef* (co)]

{S 5; F 4: M *chyf, chyff*}

chyffar ['tʃɪfːar] *m.* **+s** bargain, chaffer
[E(E): MidE *cheffar* = *cheap fare* < OldE *ĉēapfaru* (coe)] {S 5; F 1: M *chyffar* (MC.040): **+s** I}

chyften ['tʃɪftęn] *m.* **+s** chieftain
ALT = **penntern**.
[E(F): MidE *chevetaine* < OldF (co)]
{S 5; F 2: M *chyften* (OM.1445), *cheften* (BM.0003, CW.0116): **+s** I}

chymbla ['tʃɪmbla] *m.* **chymblys** chimney, funnel *(of ship)*
[E: dial. "chimbley"] {S 5; F 2: L *tshimbla* (AB045c) → P, *shimbla* (AB060b): **chymblys** I}

C (continued)

circumspect (Eng.) *adj.*
{S 6; F 2: M *circumspect* (TH05r, 29r)}

circumstance (Eng.) *n.*
{S 6; F 4: M *circumstans* (TH.)}

clearly (Eng.) *adv.*
{S 6; F 1: M *clerly* (TH.56r)}

cofio (Welsh) *v.* remember
{S 6; F 1: L *covio* (PV12922)}
This Welsh word has found its way into Pryce's Vocabulary, no doubt via Lhuyd.

college (Eng.) *n.* {S 6; F 2: M *coleg* (TH48v); pl. *colyges* (TH40v), *colleges* (TH42v)}

Colybrand (Fr.) *name* {S 6; F 1: M *colybrand* (BK37.08)} O. Padel has identified Colybrand as a giant who was killed in the 13th century romance *Gui de Warewic*. Versions of this story are also known in Latin and English.

confusion (Eng.) *n.* Some confusion here about the spelling! {S 6; F 2: M *confucion, confusyon* (TH10r), *confusion* (TH38v)}

congregation (Eng.) *n.*
{S 6; F 2: M *congregacion* (TH31v, 32v)}

conjunction (Eng.) *n.*
{S 6; F 1: M *conjunction* (SA65r)}

consecration (Eng.) *n.*
{S 6; F 3: M *consecration* (SA.)}

consent (Eng.) *n.*
{S 6; F 3: M *conscent, consent* (TH.)}

consideration (Eng.) *n.* {S 6; F 3:
M *consideracion, consyderacion* (TH.)}

constancy (Eng.) *n.*
{S 6; F 1: M *constancye* (TH18r)}

constant (Eng.) *adj.*
{S 6; F 1: M *constant* (TH54v)}

constantly (Eng.) *adv.*
{S 6; F 1: M *constantly* (TH25r)}

contention (Eng.) *n.* {S 6; F 2: M *contencion* (TH16v), *contencyon* (TH36v)}

continent (Eng.) *n.*
{S 6; F 1: M *contynent* (TH44v)}

continual (Eng.) *adj.*
{S 6; F 1: M *contynewall* (TH34r)}

continually (Eng.) *adv.*
{S 6; F 1: M *contynewally* (TH44v)}

contradiction (Eng.) *n.*
{S 6; F 1: M *contradicion* (TH19r)}

controversity (Eng.) *n.*
{S 6; F 1: M *controversity* (TH37r)}
The more usual word these days is *controversy*.

controversy (Eng.) *n.*
{S 6; F 1: M *controuersi* (TH19r)}

conversant (Eng.) *adj.* {S 6; F 2: M *conuersant* (TH19r, 52r), *coversant* (TH55v)}

conversation (Eng.) *m.* life-style
[E(F): MidE < OldF (coe)]
{S 6; F 3: M *conuersasconn*}

convocation (Eng.) *n.*
{S 6; F 1: M *convocation* (TH31r)}

Cor. (Eng.) *n.* {S 6; F 1: M *Cor.* (SA59v)}
Abbreviation for Corinthians.

Corinth (Eng.) *place*
{S 6; F 1: M *Corinthe* (TH47v)}

Corinthians (Eng.) *pl.*
{S 6; F 3: M *Corinthians* (TH.)}

Cornelius (Lat.) *name*
{S 6; F 2: M *Cornelius* (TH48r)}

corporally (Eng.) *adv.*
{S 6; F 1: M *corporally* (SA66r)}

corpus m. (Lat.) body
{S 6; F 1: M *CORPUS* (SA66v)}

correction (Eng.) *n.*
{S 6; F 1: M *correccion* (TH25r)}

corrupt (Eng.) *adj.*
{S 6; F 1: M *corrupt* (TH06v)}

Cotton (Eng.) *name*
{S 6; F 2: L *Cotten* (CGEL)} A reference to the Cottonian Library in London.

countenance (Eng.) *n.*
{S 6; F 1: M *countinans* (TH21v)}

counterfeit (Eng.) *adj.*
{S 6; F 1: M *contyrfett* (TH09r)}

country (Eng.) *n.*
{S 6; F 1: L *country* (WP--G)}

courage (Eng.) *n.* {S 6; F 1: M *corag* (TH25r)}

craft (Eng.) *n.* {S 6; F 1: M *crafft* (TH07v)}

creation (Eng.) *n.* ALT = **gwrians**. {S 6; F 4:
M *creacion, creasion*; pl. *creacions* (TH05v)}

creature (Eng.) *n.* ALT = **kroadur.**
{S 6; F 3: M *creature*}

credo (Lat.) *n.* creed
{S 6; F 2: M *credo* (TH31v, 39r)}
lit. 'I believe', but used as a noun by Tregear.

creek (Eng.) *n.* {S 6; F 1: L *creeg* (PV.8444)}

Creta (Lat.) *place* Crete ALT = **Kreth.**
{S 6; F 1: M *Creta* (TH33v)}

cruelty (Eng.) *n.* ALT = **felder.**
{S 6; F 2: M *cruelty* (TH47r), *cruelte* (SA65v)}

crystal (Eng.) *n.* ALT = **gwrys.**
{S 6; F 1: M *crystel* (BM.1521)}

Cunovallus (Lat.) *name*
{S 6; F 1: L *Cunovallus* (AB009a)}

curiosity (Eng.) *n.*
{S 6; F 1: M *curiosite* (TH55v)}

curiously (Eng.) *adv.*
{S 6; F 1: M *curiously* (TH55v)}

curse (Eng.) *n.* {S 6; F 1: M *cors* (BM.2090)}

custody (Eng.) *n.*
{S 6; F 1: M *custodi* (TH18v)}

custom (Eng.) *n.* {S 6; F 1: M *custom* (TH49r)}

Cyril (Eng.) *name* {S 6; F 3: M *cirill* (TH., SA.)} The fifth-century saint from Alexandria.

D

D (mutations DH, T)

d (Eng.) {S 6; F 3: M *d* (BM.0100): L *d* (CGEL)}

¹da ['da:] *adj.* good, wholesome, of full measure, in-law
[C: CC *dago- (gpc)] {S 1; F 7: O *da* (VC.319): M *da*: L *dâ* (AB.), *da, dah*: C B *da* 'ease'; W *da*}
da yw genev I like, I enjoy
Blydhen Nowydh Da! Happy New Year!
gul da dhe do good to
da lowr mediocre, fair to middling, passable

²da ['da:] *f.* +es doe *(female deer)*
[E(E): OldE *da* (Gr.)]
{S 4; F 2: O *da* (VC.584) → P: +es I}

dader ['da·dẹr] *m.* goodness
[Cc: ¹**da** -DER] {S 1; F 5: M *dader, dadder* → P:}
The <dd> in MidC suggests that the first vowel was shorter than that in **da** 'good', but it does not follow that it was short; it is thought to be of mid-length.

dadhel ['daðẹl] *f.* **dadhlow** argument, dispute, discussion
[C: DADHL-S] {S 1; F 0(CE38): C MidB *dael*; W *dadl*: **dadhlow** I} ModI *Dáil* 'parliament'

dadhelva ['daðẹlva] *f.* +ow debate, discussion, argument
[Cc: **dadhel** -VA]
{S 1; F 0(CE38): D "dalva": +ow I}
DADHL- [C: CC (Fl.) < IE *dhə-tlo- (gpc)]

dadhla ['daðla] *v.* argue, discuss
[Cc: DADHL=¹A] {S 1; F 0(CE38): C W *dadlu*}

dadhlor ['daðlɔr] *m.* +yon debater, orator
[Cc: DADHL=OR] {S 1; F 2: O *datheluur* (VC.218) → P: C W *dadleuwr*: +yon I}
The OldC form has an epenthetic vowel.

da-disposys *v.* well-disposed
[CE(F)c: ¹**da** + p.ptcpl. of **disposya**]
{S 4; F 1: M *da disposis* (TH38r)}

dalgh

daek *adj.* (pl.n. element of unknown meaning)
[Uc:] {S 8; F 2: L *thêk, theage* (PV17105): P Tretheage} Not surprisingly, Pryce confused this with **teg** 'fair'; see *CPNE* p.80.

daffar ['daf:ar] *m.* apparatus, equipment, provision, plant *(equipment)*, kit
[C: Brit *do-ad-par- (M)] {S 8; F 3: M *daver* (MC.050) → P, *daffar* (MC.105), *thafer* (BK14.58): D "daffer": C MidB *daffar*; W *daffar*:}
daffar lymm cutlery
daffar medhel software
daffar nija flying rig (theatre)

daffar-ladhva *m.* ammunition
[CCc: **daffar ladhva**]
{S 8; F 1: M *dafyr lathva* (CLJK):}

dager ['dagẹr] *m.* **dagrow** tear *(weeping)*, drop *(of fluid)*
[C: DAGR-S]
{S 1; F 4: M pl. *daggrow*: L *dagar* (AB242v, 242c) → P; pl. *dagrou* (AB.) → P: C B pl. *daero-* (also *(daelo-)*); W *deigr*: **dagrow** ML}
skoellya dagrow shed tears
DAGR- [C: CC *dakrû (gpc) < IE (Fl.)]

dagrenn ['dagrẹn] *f.* +ow tear *(weeping)*
[Cc: DAGR=ENN] {S 1; F 2: M *dagren* (BM.3319); pl. *dagrennow* (MC.225): +ow M}

dagrewi [da'grẹʊi] *v.* weep, shed tears
[Ccc: **dagrow**A -¹I] {S 1; F 0(CE38): C B *daerouiñ*} Nance also suggested *dagry*.

dagyer ['da·gjẹr] *m.* +s dagger
[E: MidE (coe)] {S 4; F 1: L *dhagier* (JCNBL40): C cf. W *dagr*: +s I}

daily (Eng.) *adv.* {S 6; F 2: M *deyly* (BM.3697), *dayly* (TH21r, 57v)}

daldra ['daldra] *f.* +ow issue *(topic)*
[CC: from **dadhel** 2tra]
{S 2; F 0(GM09: G.M.S.): +ow I}

dalgh ['dalx] **1.** *m.* +ow capacity, content, volume *(spatial)* **2.** *v.* hold
[C: Brit *dalg- < IE *del(ə)gh- (gpc)] {S 1; F 1: L *dal* (MSWP): C B *dalc'h* 'grip'; W *daly*: +ow I}

dalghedh ['dalxęð] *m.* **+ow** volume *(quantity in physics)*, capacity S.I. units are cubic metres
[Cc: **dalgh** -¹EDH]
{**S** 1; **F** 0(GK98: G.M.S.): **+ow** I}
dalghedh kubek cubic capacity

dalghenn ['dalxęn] *f.* **+ow** hold, grasp, grip
[Cc: **dalgh** -ENN] {**S** 1; **F** 3: **M** *dalhen*; pl. *dalhennow* (PC.1126): **+ow** M}
kavoes dalghenn yn take hold of, get a grip on
settya dalghenn yn take hold of, get a grip on

dalghenna [dal'fięnːa] *v.* hold, grasp, retain, arrest, grab
Used transitively, or with **yn**.
[Ccc: **dalghenn** -¹A] {**S** 1; **F** 3: **M** *dalhenna*}

dalghennas [dal'fięnːaz] *m.* **+ow** holding, seizure *(something seized)*, arrest
[Ccc: **dalghenn** -²AS]
{**S** 1; **F** 0(GM09: G.M.S.): **+ow** I}

dall ['dalː] **1.** *adj.* blind, without sight **2.** *m.* **dellyon** blind man
[C: CC **dwallos* < IE **dhwḷno-s* (gpc)]
{**S** 1; **F** 5: **O** *dal* (VC.373): **M** *dal* → L,P; *dall* (TH.): **P** Dal Jo = **dall du** (a hidden rock): **C** B *dall*, **W** *dall*: **dellyon** I (CE38)}

dalla ['dalːa] *v.* blind
[Cc: **dall** -¹A]
{**S** 1; **F** 3: **M** *dalla* → L,P: **C** B *dallañ*, **W** *dallu*}

dalles ['dalːęs] *f.* **+ow** blind woman
[Cc: **dall** -⁴ES]
{**S** 1; **F** 0(CE38): **C** W *dalles*: **+ow** I}

dalleth ['dalːęθ] **1.** *m.* **+ow** start, commencement, origin, outset, beginning **2.** *v.* begin, commence, start, originate
[C:] {**S** 1; **F** 5: **M** *dalleth, dallath*: **L** *dallath* (AB128b), *dalla* (M4WK): **C** No known cognates: **+ow** I}

dallether [da'lę·θęr] *m.* **-oryon** beginner *(male)*, novice, starter
[Cl: **dalleth** -¹ER] {**S** 1; **F** 0(EC52): **-oryon** I}

dallethores [dalę'θɔ·ręs] *f.* **+own** beginner *(female)*, novice, starter
[Cl: **dalleth** -ORES]
{**S** 1; **F** 0(GM09: K.J.G.): **+own** I}

dallethva [da'lęθfa] *f.* **+ow** start *(starting-point)*
[CC: **dalleth** -VA]
{**S** 1; **F** 0(GM09: G.M.S.): **+ow** I}

dallethvos [da'lęθfɔz] *m.* **+ow** origin, genesis, onset
[CC: **dalleth** 2¹bos]
{**S** 1; **F** 3: **M** *dallathfas, thallathfas* → P: **+ow** I}

dallhe [dal'hęː] *v.* blind, dazzle
[Cc: **dall** -HE] {**S** 1; **F** 2: **M** *dalhe* (TH19v), p.ptcpl. *dalheis* (TH46v)}

dama ['daˑma] *f.* **damyow** mother, **damys**, dame
[E(F): MidE < OldF (coe)]
{**S** 5; **F** 4: **M** *dama*: **L** *dama, damah*; pl. *dameow* (SPGF): **damyow** L; **damys** N (CE38)}
dama dha mother-in-law
dama dre lagha mother-in-law
dama kiogh jacksnipe
dama'n hern allis shad

dama-goth [ˌdama'gɔːθ] *f.* **damyow-koth** black bream
[E(F)C: **dama** 2¹KOTH] {**S** 5; **F** 1: **L** *Dâma gôth* (LV047.03): **damyow-koth** I}

damaj ['daˑmadʒ] *m.* **+ys** damage, injury, harm
[E(F): MidE < OldF *damage* (coe)]
{**S** 5; **F** 1: **M** *damach* (BM.1077): **+ys** I}

Damascus (Lat.) *name*
{**S** 6; **F** 1: **M** *Damasus* (TH49r)}

damask (Eng.) *n.*
{**S** 6; **F** 1: **M** *damask* (BK22.46)}

dama-wynn

dama-wynn [ˌdamaˈwɪnː] *f.*
damyow-gwynn grandmother
[E(F)C: **dama 2gwynn**]
{**S** 5; **F** 2: **L** *dama wydn* (AB003b), *dama widn* (AB044a) → P: **damyow-gwynn** I}

damnation (Eng.) *n.* ALT = **dampnyans**.
{**S** 6; **F** 4: **M** *dampnacion, dampnasconn*}
DAMPN- [E(F): MidE < OldF *damner* (coe), with intrusive [p]]

dampnya [ˈdampnja] *v.*
condemn, damn
[E(F)c: DAMPN=YA] {**S** 5; **F** 5: **M** *dampnye* → P}
The attested p.ptcpl. is *dampnys* (q.v.), with no vowel aff.

dampnyans [ˈdampnjans] *m.*
damnation, condemnation
[E(F)c: DAMPN=YANS] {**S** 5; **F** 0(CE93: K.J.G.):}

dampnys [ˈdampnɪz] *adj.* damned
[E(F)c: DAMPN=⁶YS]
{**S** 5; **F** 4: **M** *dampnys* → L,P}

damsel [ˈdamsęl] *f.* **+s** damsel, miss *(girl)*
[E(F): MidE *dameisele* < OldF *dam(e)isele* (coe)]
{**S** 4; **F** 1: **M** *damsel* (OM.2105): **+s** I}

Daniel name Daniel
{**S** 5; **F** 2: **M** *danyell* (TH10r), *daniell* (TH56v)}

danjer [ˈdandʒęr] *m.* **+yow** difficulty, reluctance, danger
[E(F): AngN *da(u)nger* < OldF *danger* (coe)]
{**S** 5; **F** 4: **M** *danger, daunger*: **+yow** N}

heb danjer safely

dann² *prep.* under Occurs mainly in **yn-dann** 'under'. [C:] {**S** 1; **F** 1:
L *DAN* (LV047.51): P *Dannandre*: **C** W *dan*}

dannva [ˈdanva] *f.* **+ow** hiding-place, concealment
[Cc: **dann** -VA]
{**S** 1; **F** 1: L *danva* (PV.8726): **+ow** I}

dannvon [ˈdanvɔn] *v.* send, dispatch, report
[C: **dann** + a root *anfon* (gpc)]
{**S** 1; **F** 6: **O** *danuon* (VC.353): **M** *danvon* → P and many other spellings: L *danen* (CDWP): C Not in B; W *danfon*}

dannvon warlergh send for
dannvon a send in order to

dannvonadow [ˌdanvɔˈnaˑdɔw] *m.*
instructions
[Cc: **dannvon** -ADOW]
{**S** 1; **F** 2: **M** *danvonadow* (PC.0898) → P:}

dannvoner [danˈvɔˑnęr] *m.* **-oryon**
sender *(male)*
[Cl: **dannvon** -¹ER] {**S** 1; **F** 0(EC52): **-oryon** I}

dannvonores [danvɔˈnɔˑręs] *f.* **+ow**
sender *(female)*
[Clc: **dannvon** -ORES]
{**S** 1; **F** 0(GM09: G.M.S.): **+ow** I}

dans [ˈdans] *m.* **dyns** tooth, tine
[C: CC < IE *dn̄t-* (gpc)]
{**S** 1; **F** 5: **O** *dans* (VC.045) → L,P; pl. *dannet* (VC.046) → L,P;: **M** *dans* (BK.); pl. *dyns, dens*: L *danz* (AB.); pl. *denz*: **C** B *dant*, W *dant*: **dyns** ML} The pl. was spelled **dens** in *CE93*, but rhymes indicate that **dyns** is a better spelling.

dans-dhelergh [ˌdansθęˈlęrx] *m.*
dyns-dhelergh back tooth, molar
[CC: from **dans a-dhelergh**] {**S** 3; **F** 2: L pl. *denz dhelhor* (AB054a) → P: **dyns-dhelergh** I}

dansell [ˈdanzęl] *f.* **+ow** cog
[Cc: **dans** -ELL] {**S** 1; **F** 0(GM09: G.M.S.): **+ow** I}

dans-lew [ˌdansˈlęw] *m.* **dyns-lew**
dandelion
[CL: **dans lew**] {**S** 1; **F** 0(EC52): **dyns-lew** I}
Calque on F *dent de lion* 'lion's tooth'

dans-olifans [ˌdansˈɔliˑfans] *m.* ivory
[CF: **dans olifans**] {**S** 5; **F** 2: L *danz elephant* (AB056b) → P:} **olifans** has been subsituted for Lhuyd's *elephant*.

dans-rag [ˌdansˈraːg] *m.* **dyns-rag** front tooth, incisor
[CC: from **dans a-rag**]
{**S** 3; **F** 2: L *danz rag* (AB013b); pl. *denz râg* (AB054a) → P: **dyns-rag** I}

da-ober [ˌdaˑˈɔˑbẹr] *m.* **+ow** good deed
cf. **drog-ober**; ALT = **ober mas**
[CL: ¹**da ober**]
{S 1; F 1: M pl. *da oberow* (RD.2599): **+ow** M}

¹**dar** [ˈdaːr] *m.* **deri** oak-tree
[C: Brit **daru* (Fl.) < IE **dər* (gpc)]
{S 1; F 3: O *dar* (VC.675) → L,P: M *dar*:
P ?Penhaldarva; pl. Eglosderry: F Pendarves:
C OldB *dar*, W *dâr*: **deri** P}

²**dar** [ˈdaːr] **1.** *interj.* what **2.** *ptl.*
(interrogative negative particle)
[C: from **pan dra** (J.G.H.)] {S 8; F 4: M *dar* → P}

DAR- [dar] *prefix* fore- [c: Brit **do-are-* (Fl.)]

darader [daˈraˑdẹr] *m.* **-oryon**
doorkeeper
[Cl: from **daras** -¹ER]
{S 1; F 2: O *darador* (VC.764) → L,P:
C Not in B nor in W: **-oryon** I}

darambos [daˈrambɔz] *m.* **+ow**
stipulation
[ccC: DAR- **ambos**]
{S 1; F 0(GM09: G.M.S.): **+ow** M}

darambosa [daramˈbɔˑza] *v.* stipulate
[ccCc: DAR- **ambosa**] {S 1; F 0(GM09: G.M.S.)}

daras [ˈdaˑraz] *m.* **+ow** door
[C: Brit **dorastu-* (gpc)]
{S 1; F 4: O *darat* (VC.763 → L,P: M *daras*;
pl. *darasow*: L *darraz*; pl. *dariow* (TCJB; <i> =
[dʒ]), *derggawe* (OHTB): P Park Darras:
C B pl. *dorojou* (sg. *dor*); W *drws*: **+ow** ML}

daras-dhelergh [ˌdaˑrazðẹˈlẹrx] *m.*
darasow-dhelergh back door
[CC: from **daras a-dhelergh**] {S 3; F 2: L *Darraz dhelhar* (AB124c) → P: **darasow-dhelergh** I}

daras-rag [ˌdaˑrazˈraːg] *m.* **darasow-rag**
front door
[CC: from **daras a-rag**] {S 3; F 2: L *Darras rag* (AB013b) → P: **darasow-rag** I}

daras-tro [ˌdaˑrasˈtrɔː] *m.* **darasow-tro**
revolving door
[CC: from **daras tro**] {S 1; F 0(GK98: J.A.): **darasow-tro** I}

darbar [ˈdarbar] *m.* **+ow** preparation,
contrivance, equipment, provision
[C: Prob. back-formation from **darbari**] {S 1;
F 0(CE38): D "darber" 'cord-spinning device'
(CE38): C B *darbar*, W *darpar*: **+ow** I}

darbarer [darˈbaˑrẹr] *m.* **-oryon**
assistant
[Cl: **darbar** -¹ER] {S 1; F 0(CE38): C B *darbarer*,
cf. W *darparwr*: **-oryon** I}

darbari [darˈbaˑri] *v.* prepare, make
ready, equip
[Cc: CC **do-are-par-îmi-* (M)] {S 8; F 3:
M 3rd. sg. pres. subj. *tharbara*; 2nd sg. impv.
darber: C B *darbariñ*; cf. W *darparu*}

darbari neppyth dhe nebonan
prepare something for someone

darbarys [darˈbaˑrɪz] *adj.* equipped
[Cc: p.ptcpl. of **darbari**]
{S 8; F 0(GM09: G.M.S.)}

dardhegyans [darˈðẹˑgjans] *m.*
convection
[CCh: DAR- 2DEG=YANS]
{S 1; F 0(GM09: YhaG):}

dardhegyansel [darðẹgˈjanzẹl] *adj.*
convectional
[CCh: **dardhegyans** -²EL]
{S 1; F 0(GM09: G.M.S.)}

dargan [ˈdargan] *f.* **+ow** prediction,
forecast, prophecy
[cC: DAR- 2**kan** < Brit *do-are-kan-* (Fl.)]
{S 1; F 0(CE38): C OldB *darcen-*; cf. W *darogan*
< Brit **do-are-wo-kan-* (gpc): **+ow** I}

dargana [darˈgaˑna] *v.* predict, forecast,
prophesy, foretell
[cCc: DAR- 2**kana**]
{S 1; F 0(CE38): C cf. W *daroganu*}

darganadewder [darganaˈdɛʊdẹr] *m.*
+yow predictability
[cCcc: from **darganadow** -DER]
{S 1; F 0(GM09: K.J.G.): **+yow** I}

darganadow [ˌdargaˈnaˑdɔw] *adj.*
predictable
[cCc: **dargan** -ADOW] {S 1; F 0(AnG 1998)}

dargenyades [dargẹn'ja·dẹs] *f.* **+ow** forecaster *(female)*, seer, prophet
[cCc: DAR- 2kenyades]
{S 1; F 0(GM09: P.H.): +ow I}

dargenyas [dar'gẹ·njaz] *m.* **-ysi** forecaster *(male)*, seer, prophet
[cCc: DAR- 2kenyas]
{S 1; F 0(AnG 1995): -ysi I}

darlesa [dar'lẹ·za] *v.* broadcast
[cCc: DAR- lesa] {S 1; F 0(EC00): C W *darlledu*}

darlesans [dar'lẹ·zans] *m.* **+ow** broadcast, broadcasting
[cCc: DAR- lesans] {S 1; F 0(EC00): +ow I}

darleverel [ˌdarlẹ'vẹ·rẹl] *v.* foretell, forecast, predict
[cCc: DAR- leverel]
{S 1; F 0(CE38): C OldB (CE38)}

darn ['darn] *m.* **+ow** bit, fragment, piece, part
[C: CC *dar-nâ* (gpc)] {S 1; F 3: M *darn* → P; pl. *3arnow* → P: C B *darn*, W *darn*: +ow I}

darnas ['darnaz] *m.* **+ow** portion, fraction
[Cc: darn -²AS] {S 1; F 0(GK98: T.S.): +ow I}

daromdak [dar'ɔmdak] *m.* **-gow** jam *(traffic)*
[ccC: DAR- OM- 2TAG-] {S 8; F 0(Y1): -gow I}

daromres [dar'ɔmrẹz] **1.** *m.* **+ow** oscillation, traffic **2.** *v.* frequent, haunt, come and go
[ccC: DAR- OM- ¹res < CC *do-are-ambi-ret-* (gpc)]
{S 1; F 0(CE38): C B *darempred* 'relationship', W *darymred*: +ow I}

darsywya [dar'sɪʊja] *v.* prosecute
[cFc: DAR- sywya] {S 4; F 0(Y2)}

darsywyades [darsɪʊ'ja·dẹs] *f.* **+ow** prosecutor *(female)*
[cFc: DAR- sywyades]
{S 4; F 0(GM09: P.H.): +ow I}

darsywyans [dar'sɪʊjans] *m.* **+ow** prosecution
[cFc: DAR- sywyans] {S 4; F 0(EC00): +ow I}

darsywyas [dar'sɪʊjaz] *m.* **-ysi** prosecutor *(male)*
[cFc: DAR- sywyas] {S 4; F 0(Y2): -ysi I}

darva ['darva] *f.* **+ow** oak-place
[Cc: ¹dar -VA]
{S 1; F 0(CPNE): P ?Penhaldarva: +ow I}

darvos ['darvɔz] **1.** *m.* **+ow** event, happening **2.** *v.* happen
[cC: DAR- 2¹bos < Brit *do-are-bot-* (Fl.)] {S 1; F 3: M 3rd sg. pres. ind. *darvith* (BK28.02); 3rd sg. pret. *darfa*: C B *darvoud*; W *darfod*: +ow }
The attested exx. are of the verb; the noun is a modern extension.

darwarnya [dar'warnja] *v.* forewarn
[cE(E)c: DAR- 2GWARN=YA] {S 4; F 0(GK98)}

darweri [dar'wẹ·ri] *v.* forewarn
[cE(E): DAR- ²war -¹I] {S 1; F 2: M *derwery* (BK34.55); 2nd. sg. impv. *dar war* (CE.0025)}

darwes ['darwẹz] *coll.* **+enn** ring-worm
[C: The Welsh may come from *tardd + gwden*]
{S 8; F 0(EC52): C B *daroued*; W sg. *darwden* (more commonly *tarwden*): +enn I}

DAS- *prefix* re- [c: Brit *do-ate-* (gpc)]
{S 1; F 2: L *Daz* (AB249c) → P: C W *dad-, dat-*; B *(daz-, das-)*}

¹Das ['da:ts] *place* Dacia province of the Roman Empire {S 5; F 1: M *das*}

²das ['da:z] *f.* **deys** stack, rick
[C:] {S 8; F 0(CE38): C W *das*: **deys** }
das woera haystack

dasa ['da·za] *v.* stack
[Cc: ²das -¹A] {S 8; F 0(CE38): C W *dasu*}

dasannedhi [ˌdaza'nẹ·ði] *v.* resettle, recolonize
[cCc: DAS- annedhi] {S 1; F 0(AnG 1995)}

dasargraf *m.* **+ow** reprint
{S 1; F 1: L *dazargraf* (CGEL): +ow I}

dasargrafa *v.* reprint
{S 1; F 1: L *dazargrafa* (PV.8807)}

dasarva [da'zarva] *v.* rearm
[cLc: DAS- ARVA] {S 1; F 0(AnG 1995): M (GM09: G.M.S.)}

dasarvans

dasarvans [da'zarvans] *m.* **+ow** rearmament
[cLh: DAS- **arvans**]
{S 1; F 0(GM09: G.M.S.): **+ow** I}

dasentra [daz'ɛntra] *v.* re-enter
[cE(F): DAS- **entra**] {S 4; F 0(EC00)}

dasentrans [daz'ɛntrans] *m.* **+ow** re-entry
[cE(F): DAS- **entrans**] {S 4; F 0(EC00): **+ow** I}

dasfolenna [ˌdasfɔ'lɛnːa] *v.* repaginate
[cLcc: DAS- **folenna**] {S 1; F 0(EC00)}

dasfolennans [ˌdasfɔ'lɛnːans] *m.* **+ow** repagination
[cLcc: DAS- **folennans**] {S 1; F 0(EC00): **+ow** I}

dasfreythya [das'frɛɪθja] *v.* refract
[cLc: DAS- FREYTH=YA] {S 4; F 0(GM09: K.J.G.)}

dasfreythyans [das'frɛɪθjans] *m.* refraction
[cLc: DAS- FREYTH=YANS]
{S 4; F 0(GM09: K.J.G.):}

dasfurvya [das'fyrvja] *v.* reform
[cLc: DAS- **furvya**] {S 5; F 0(GK98: K.J.G.)}

dasfurvyans [das'fyrvjans] *m.* **+ow** reformation
[cLh: DAS- **furv** -YANS]
{S 5; F 0(GK98: K.J.G.): **+ow** I}

An Dasfurvyans
The (Protestant) Reformation

das-hwarvos [das'hwarvoz] *m.* **+ow** recurrence
[cC: DAS- **hwarvos**]
{S 1; F 0(GM09: G.M.S.): **+ow** I}

daskalow [das'kalɔw] *m.* **+yow** revocation
[cC: DAS- 4**galow**] {S 1; F 0(EC00): **+yow** I}

daskavoes [das'kaˑvɤz] *v.* recover (*trans.*) [cCc: DAS- **kavoes**]
{S 1; F 1: L *dazkevian* (PV.8809)}
Pryce used a different VN suffix.

daskelwel [das'kɛlwɛl] *v.* revoke
[cC: DAS- 4**gelwel**] {S 1; F 0(GM09: G.M.S.)}

dasleverel

daskemmeres [ˌdaskɛ'mɛˑrɛz] *v.* retake, regain, take back
[cCc: DAS- **kemmeres**]
{S 1; F 1: L *dazkemeraz* (PV.8808)}

dasknias [das'kniˑaz] *v.* ruminate, chew the cud
[cCc: DAS- **knias**] {S 8; F 0(CE38): C B *daskiriat*}

daskoedh ['daskɤð] *m.* **+ow** relapse
[cC: DAS- ²**koedh**] {S 8; F 0(EC52): **+ow** I}

daskoedha [das'koˑða] *v.* relapse
[cCc: DAS- **koedha**] {S 8; F 0(EC52)}

daskoeswikheans [daskɤzwik'hɛˑans] *m.* reforestation
[cCLch: DAS- **koeswikheans**]
{S 1; F 0(GM09: K.J.G.):}

daskorr ['daskɔr] *v.* yield, give up, return to giver, give back
[cC: DAS- 4GORR-] {S 1; F 4: M *dascor* → P}

daskorrans [das'kɔrːans] *m.* **+ow** restitution, rebate
[cCc: DAS- 4**gorrans**]
{S 1; F 0(GK98: K.J.G.): **+ow** I}

daslamm ['daslam] *m.* **+ow** ricochet
[cC: DAS- **lamm**] {S 1; F 0(EC00): **+ow** I}

daslemmel [das'lɛmːɛl] *v.* ricochet
[cCc: DAS- **lemmel**] {S 1; F 0(EC00)}

daslea [das'lɛˑa] *v.* relocate
[cCc: DAS- ¹**le** -¹A] {S 1; F 0(GK98: A.S.)}

dasleans [das'lɛˑans] *m.* **+ow** relocation
[cCh: DAS- ¹**le** -ANS]
{S 1; F 0(GK98: G.M.S.): **+ow** I}

daslenki [das'lɛnki] *v.* gulp, swallow down
[cCc: DAS- **lenki**]
{S 1; F 1: L *dislonka* (Lh.), *dadlynky* (PV.8703)}

daslenwel [das'lɛnwɛl] *v.* replenish, refill
[cCc: DAS- **lenwel**] {S 1; F 0(EC00)}

dasleverel [ˌdaslɛ'vɛˑrɛl] *v.* repeat, resay, restate
[cCc: DAS- **leverel**] {S 1; F 0(CE38)}

dasordena

dasordena [ˌdazɔr'dę·na] *v.* reorganize
[cE(F)c: DAS- **ordena**] {S 4; F 0(GK98: G.M.S.)}

daspeblys [das'pęblɪz] *adj.* repopulated
[cLc: DAS- **peblys**] {S 1; F 0(GM09: G.M.S.)}

daspobla [das'pɔbla] *v.* repopulate
[cLc: DAS- **pobla**] {S 1; F 0(CE93: G.M.S.)}

daspoblans [das'pɔblans] *m.* repopulation
[cLc: DAS- **poblans**] {S 1; F 0(GM09: G.M.S.):}

daspren ['daspręn] *m.* **+yow** redemption, ransom
[cC: DAS- PREN-]
{S 1; F 0(CE38): C B *daspren*: **+yow** I}

dasprena [das'prę·na] *v.* redeem, ransom, buy back
[cCc: DAS- **prena** < Brit **do-ate-pren-amâ* (Fl.)]
{S 1; F 3: M *dysprene* (RD.0216) → P;
p.ptcpl. *dyspernys* (BK04.90);
3rd sg. pres. ind. *thyspreen* (OM.1935):
L *dazprena* (AB249c) → P: C B *dasprenañ*}

dasprenans [das'prę·nans] *m.* **+ow** redemption
[cCh: **daspren** -ANS]
{S 1; F 0(GK98: K.J.G.): **+ow** I}

dasprenyas [das'prę·njaz] *m.* **-ysi** redeemer, re-buyer
[cCc: DAS- **prenyas**] {S 1; F 2:
M *dysprynnyas* (PC.0404, RD.0844) → P: **-ysi** I}

dasprenyer [das'prę·njęr] *m.* **-yoryon** redeemer Alternative to **dasprenyas**.
[cCc: **daspren** -¹YER]
{S 1; F 1: L *disprynniar* (PV.9233): **-yoryon** I}

daspryntya [das'prɪntja] *v.* reprint
[cE(F)c: DAS- **pryntya**] {S 1; F 0(CE38)}

daspryntyans [das'prɪntjans] *m.* **+ow** reprint
[cE(F)c: DAS- **pryntyans**]
{S 1; F 0(EC00): **+ow** I}

dasredya [das'rę·dja] *v.* re-read
[cE(E)c: DAS- **redya**] {S 1; F 0(AnG 1985)}

dasredyans [das'rę·djans] *m.* **+ow** re-reading
[cE(E)c: DAS- **redyans**]

dasson

{S 1; F 0(GM09: G.M.S.): **+ow** I}

dasrenka [das'rę̨nka] *v.* rearrange
[cFc: DAS- **renka**] {S 4; F 0(EC00)}

dasrestra [das'ręstra] *v.* rearrange
[cUc: DAS- **restra**] {S 1; F 0(GM09: G.M.S.)}

dasrestrans [das'ręstrans] *m.* **+ow** rearrangement
[cUc: DAS- **restrans**]
{S 1; F 0(GM09: G.M.S.): **+ow** I}

dasseni [das'sę·ni] *v.* echo, reverberate, resound
[cLc: DAS- **seni**] {S 1; F 0(CE38): C B *dasseniñ*}

dassenyans [das'sę·njans] *m.* **+ow** reverberation
[cLh: DAS- **son**A -YANS] {S 1; F 0(EC52): **+ow** I}

dasserghi [das'sęrxi] *v.* rise again, resurrect
[cCc: DAS- SORGH-A -¹I] {S 1; F 5: M *dasserghy, datherghy*: L 3rd sg. pret. *thasurras* (ACJB): C B *dasorchiñ*} The <ss> and <th> in MidC stood for [ts]. The VN *thoras* in the epitaph to Jenkins may be based on the 3rd sg. pret.

dasserghyans [das'sęrxjans] *m.* **+ow** resurrection
[cCh: DAS- SORGH-A -YANS] {S 1; F 3:
M *thasserghyens* (RD.2632), *daserghyans* (RD.2545), *thethyrryans* (TH49r): L *thethoryans* (ACJK), *thasurrans* (ACJB): C cf. B *dasorc'hidigezh*: **+ow** I} See note on **dasserghi**.

dassevel [das'sę·vęl] *v.* rebuild, set back up
[cCc: DAS- **sevel**] {S 1; F 0(EC52)}

dasskrif ['das:krif] *m.* **+ow** copy
[cL: DAS- **skrif**]
{S 3; F 1: L *das-skref* (CGEL): **+ow** I}

dasskrifa [das'skri·fa] *v.* copy, rewrite, write again
[cLc: DAS- **skrifa**] {S 1; F 0(CE38)}

dasson ['das:ɔn] *m.* **+yow** echo
[cL: DAS- **son**]
{S 1; F 0(CE38): C B *dasson*: **+yow** I}

dastalleth

dastalleth [das'talːęθ] **1.** *m.* **+ow** re-start
2. *v.* re-start
[cC: **das-** 4**dalleth**] {S 1; F 0(AnG 1985): **+ow** I}

dastesedha [ˌdastę'zę·ða] *v.* readjust
[ccCc: DAS- 4**desedha**] {S 1; F 0(GK98: G.M.S.)}

dastesedhans [dastę'zę·ðans] *m.* **+ow** readjustment
[cCc: DAS- 4**desedhans**] {S 1; F 0(EC00): **+ow** I}

dastewynnya [dastę'wɪnːja] *v.* reflect *(of light)*, shine back
[ccCc: DAS- 4**dewynnya**] {S 1; F 0(CE38)}

dastineythi [ˌdastɪ'nęɪθi] *v.* regenerate
[ccCc: DAS- 4**dineythi**] {S 1; F 0(CE38)}

dastineythyans [ˌdastɪ'nęɪθjans] *m.* regeneration
[ccCh: DAS- 4**dineythyans**] {S 1; F 0(CE38):}

dastisplegyans [ˌdastis'plę·gjans] *m.* re-development
[clLh: DAS- 4**displegyans**]
{S 3; F 0(AnG 1986):}

dastochya [das'tɔ·tʃja] *v.* retouch
[cE(F)c: DAS- **tochya**] {S 5; F 0(EC00)}

dastrehevel [ˌdastrę'hę·vęl] *v.* rebuild, reconstruct, raise again
[ccCc: DAS- 4**drehevel**] {S 1; F 0(CE38)}

dastrevelheans [dastręvęl'hę·ans] *m.* reurbanization
[cCcch: DAS- **trevelheans**]
{S 1; F 0(GM09: G.M.S.):}

dastreylya [das'tręɪlja] *v.* retranslate
[cUc: DAS- **treylya**] {S 1; F 0(CE93: R.E.)}

dastyllans [das'tɪlːans] *m.* **+ow** re-publication
[cUh: DAS- 4**dyllans**]
{S 1; F 0(AnG 1985): **+ow** I}

dastyllo [das'tɪlːɔ] *v.* re-publish
[cU: DAS- 4**dyllo**] {S 1; F 0(AnG 1986)}

dasunya [das'y·nja] *v.* reunite
[cCc: DAS- **unya**] {S 1; F 0(EC52)}

dasunyans [das'y·njans] *m.* **+ow** reunion
[cCh: DAS- **unyans**] {S 1; F 0(EC52): **+ow** I}

dasverkya [das'vęrkja] *v.* remark *(mark again)*
[cFc: DAS- 2**merkya**] {S 4; F 0(GM09: G.M.S.)}

dasvywa ['dasfɪwa] *v.* revive, live again
[cCc: DAS- 2**bywa**] {S 1; F 4: M *dasuewe* (RD.0339, 0982) → L,P; *dasfewe* (RD.0451)}

dasvywnans [das'fɪʊnans] *m.* **+ow** revival
[cCh: DAS- 2**bywnans**] {S 1; F 0(CE38): **+ow** I}

daswaynya [das'waɪnja] *v.* reclaim
[cE(F)c: DAS- 2**gwaynya**] {S 1; F 0(AnG 1985)}

daswaynyans [das'waɪnjans] *m.* **+ow** reclamation
[cE(F)c: DAS- 2**gwaynyans**]
{S 1; F 0(GM09: G.M.S.): **+ow** I}

daswel ['daʒwęl] *f.* **+yow** review, revision
[cC: DAS- 2²**gwel**] {S 1; F 0(AnG 1998): **+yow** I}

dasweles [daʒ'wę·lęz] *v.* review, revise
[cCc: DAS- 2**gweles**] {S 1; F 0(AnG)} Nance wrote *dasqueles,* with provection of [gw-].

daswerth ['daswęrθ] *f.* **+ow** resale
[cC: DAS- 2**gwerth**]
{S 1; F 0(GK98: A.S.): **+ow** I}

daswul ['daswyl] *v.* remake, restore, do again
[cC: DAS- 2**gul**] {S 1; F 0(CE38)}

daswrians [das'wri·ans] *m.* **+ow** re-creation, copy, remake
[cCh: DAS- 2**gwrians**]
{S 1; F 0(GK98: G.M.S.): **+ow** I}

datum ['da·tym] *m.* **data** datum
[E(L):] {S 5; F 0(EC00): **data** I}

davas ['da·vaz] *f.* **deves** sheep *q.v.*
[C: Brit *damatos]
{S 1; F 5: O *dauat* (VC.602) → L,P: M *davas*; pl. *deves, devas*: L *davaz* (AB.,), *davas*; pl. *devaz* (AB.), *devas*: P Davas; pl. Trethevas: C B *dañvad*; W *dafad*: **deves** MLP}

Davies (Eng.) *name*
{S 6; F 2: L *Davies* (CGEL)}

Davydh

Davydh ['da·vɪð] *name* David
See also **Dewi**.
[U:] {**S** 1; **F** 4: **M** *dauid* → P,*daveth* → L,P, *dauy* (MC.197): **L** *Davydh*: **C** W *Dafydd*}

de ['dęː] *adv.* yesterday
[C: CC **dési* (gpc)]
{**S** 3; **F** 3: **O** *doy* (VC.469) → P: **M** *de* (BM.3410): **L** *dè* (AB065a) → P: **C** B *dec'h*; W *doe*}

de (Lat.) *conj.* of {**S** 6; **F** 3: **M** *de*}

DE- *prefix* (intensive prefix)
[c: Brit **do-* (M)] Following Nance, this is spelled **dy-** before <e->, to avoid <ee>. Nance also spelled **di-** as *dy-*, which causes confusion.

deadly (Eng.) *adj.* {**S** 6; **F** 1: **M** *deddly* (TH05r)}

deantell [dę'antęl] *adj.* dangerous, unstable, ready to fall, precarious
[cC: DE- **antell**]
{**S** 1; **F** 3: **M** *dyantell* (MC013), *dyantel* (PC.0094) → P: **L** *deeantall* (BOD): **D** "dantels"}

debatya [dę'ba·tja] *v.* dispute, wrangle, contend
[E(F)c: VN in -YA from MidE < OldF *débat* (coe)] {**S** 5; **F** 1: **M** *debatya* (BM.3476)}

deboner [dębɔn'ęːr] *adj.* affable, kind, gracious
[E(F): MidE < OldF *debonaire* = *de bon air* (coe)]
{**S** 4; **F** 2: **M** *deboner* (CE.0034), *dyboner* (MC.129) → P}

debron ['dębrɔn] *m.* **+ow** itch, tickling, urge
[c:] {**S** 1; **F** 3: **M** *debron* (BM.1187), *debren* (BM.3432): **L** *debarn* (AB145a) → P: **C** B *debron*: **+ow** I}

debreni [dę'brę·ni] *v.* itch, tickle
[Cc: **debron**A -¹I]
{**S** 8; **F** 0(CE93: K.J.G.): **C** B *debroniñ*}
Nance wrote *debrenna*, but -A would not cause vowel aff., and <nn> appears incorrect.

debour *adj.* lowly
{**S** 8; **F** 1: **L** DEBOWR (LV048.24)}

Decapolis (Gr.) *place*
{**S** 6; **F** 1: **L** *Decapolez* (M4WK.25)}

decay (Eng.) *n.* {**S** 6; **F** 1: **M** *decay* (TH21r)}

decease (Eng.) *n.* {**S** 6; **F** 1: **M** *decease* (TH26r)}

defia

deceit (Eng.) *n.* {**S** 6; **F** 1: **M** *deceyt* (TH07v)}

declaration (Eng.) *n.*
{**S** 6; **F** 3: **M** *declaracion* (TH.)}

decrees (Eng.) *pl.*
{**S** 6; **F** 1: **M** *decreys* (TH40v)}

DEDHEW- [C: DE- + a root **daw-* + aff.]

dedhewi [dę'ðęwi] *v.* promise
[Cc: DEDHEW=¹I] {**S** 8; **F** 4: **M** p.ptcpl. *dythywys*: **L** *didhiuy* (PV.9131), *thethywy* (PV17127)}

dedhewadow [ˌdęðę'wa·dɔw] *m.* **+yow** promise
[Cc: DEDHEW=ADOW]
{**S** 8; **F** 2: **M** *thythwadow* (OM.1624) → P, *thythewadow* (OM.1871): **+yow** I}

dedhwi ['dę·ðwi] *v.* lay eggs
[Cc: DODHW-A -¹I]
{**S** 1; **F** 0(CE38): **C** B *dozviñ*; W *dodwi*}

deed (Eng.) *n.* {**S** 6; **F** 3: **M** *deda*; pl. *dedys*}

defamya v. defame ALT = **sklandra**.
[E(F)c: VN in -YA from MidE < F]
{**S** 4; **F** 1: **M** *defamia* (TH22r)}

DEFEND- [E(F): OldF *défendre* (coe)]

defendya [dę'fęndja] *v.* erase, defend, delete
[E(F)c: DEFEND=YA] {**S** 5; **F** 3: **M** *defendya* (TH25r, 51r), *defendia* (TH25r)}

defendya dhe-ves expunge

defendyans [dę'fęndjans] *m.* **+ow** erasure, deletion
[E(F)h: *defend=yans*] {**S** 5; **F** 0(EC00): **+ow** I}

defens [dę'fęns] *m.* **+ow** defence, resistance
[E(F): MidE *defens* < OldF *defens* (coe)] {**S** 4; **F** 2: **M** *defens* (PC.2306), *defence* (TH42r): **+ow** I}

deferya v. defer
[E(F)c: VN in -YA from MidE < F (co)]
{**S** 4; **F** 1: **M** p.ptcpl. *defferis* (TH52r)}

defia [dę'fi·a] *v.* defy, challenge
[E(F)c: VN in -YA from MidE < OldF *défier* (coe)]
{**S** 4; **F** 3: **M** *defya* (3 syll.) (BM.0922, BK13.29, TH14v)}

defians [dę'fiˑans] *m.* defiance
[E(F): MidE < OldF *defiance* (coe)]
{S 4; F 0(EC52):}

DEFOL-
[E(F): MidE *defoulen* < OldF *deffouler* (CE38)]

defola [dę'fɔˑla] *v.* defile, pollute, violate
[E(F)c: DEFOL=¹A]
{S 4; F 3: M *dafole* → P; *defollya* (TH.)}

defolans [dę'fɔˑlans] *m.* **+ow** pollution, defilement, violation
[E(F)h: DEFOL=ANS] {S 4; F 0(Y1): **+ow** I}

defowt [dę'fɔʊt] *m.* **+ow** default, defect, failure
[E(F): MidE *defaut(e)* < OldF *defaute* and OldF *défaut* (coe)] {S 5; F 3: M *dyfout* (MC.192) → P, *defout* (TH16r): **+ow** I}

defowtya [dę'fɔʊtja] *v.* default
[E(F)c: **defowt** -YA] {S 5; F 0(GM09: G.M.S.)}

deg ['dęːg] *num.* **+ow** ten
[C: IE **dekm̥* (gpc)] {S 1; F 5: M *dek*: L *dêg* (AB.), *deag*: C B *dek*, W *deg*: **+ow** I}

DEG- [c:]

dega ['dęˑga] *m.* **degedhow** tithe
[Cc: **deg** -³A] {S 8; F 4: M *dege, dega*: L *dega*: **degedhow** I} Prob. for **degedh*

degadow [dę'gaˑdɔw] *adj.* portable
[Cc: DEG=ADOW] {S 1; F 0(GM09: K.J.G.)}

degblydhen [dęg'blɪˑðęn] *f.* **-blydhynyow** decade
[CC: **deg blydhen**]
{S 1; F 0(AnG 1995): **-blydhynyow** I}

degea [dę'gęˑa] *v.* close, enclose, shut
[cCc: DE- 2⁴**ke** -¹A]
{S 1; F 4: M p.ptcpl. *deges* → L,P; *degeys*}

degedhek [dę'gęˑðęk] 1. *adj.* decimal 2. *m.* **-ogow** decimal
[Ccc: **deg** -¹EDH -¹EK] {S 1; F 0(CE93: K.J.G.): **-ogow** I} *dekys* was suggested in Y2.

degedhekhe [dęgęðęk'hęː] *v.* decimalize
[Cccc: **degedhek** -HE] {S 1; F 0(GM09: G.M.S.)}

degedhekheans [dęgęðęk'hęˑans] *m.* **+ow** decimalization
[Cccch: **degedhekhe** -ANS]
{S 1; F 0(GM09: K.J.G.): **+ow** I}

degemmerell [ˌdęgę'męˑręl] *f.* **-ow** receiver *(instrument)*
[cCc: DE- 2KEMMER=ELL]
{S 1; F 0(AnG 2008: M.C.): **-ow** I}

degemmerer [ˌdęgę'męˑręr] *m.* **-oryon** receiver *(male)*, recipient
[cCc: DE- 2KEMMER=¹ER]
{S 1; F 0(EC00): **-oryon** I}

degemmeres [ˌdęgę'męˑręz] *v.* receive, take possession of, accept
[cCc: DE- 2**kemmeres**] {S 1; F 3: M p.ptcpl. *degemorys* (BM.0433), *degemerys* (BM.2573); 3rd sg. pres. ind. *dy gemmer* (PC.0124) → P}

degemmerores [dęˌgęmę'rɔˑręs] *f.* **+ow** receiver *(female)*, recipient
[cCc: DE- 2KEMMER=ORES]
{S 1; F 0(GM09: YhaG): **+ow** I}

degemmerva [ˌdęgę'męrva] *f.* **+ow** reception room
[cCc: DE- 2KEMMER=VA]
{S 1; F 0(GK98: G.M.S.): **+ow** I}

deger ['dęˑgęr] *m.* **-oryon** carrier, bearer
[Cl: DEG=ER] {S 1; F 0(EC00): **-oryon** I}

deges [dę'gyːz] *adj.* closed
Past participle of **degea**.
[cCc: from DE- 2⁴**ke** -⁶YS]
{S 1; F 4: M p.ptcpl. *deges* → L,P; *degeys*}

degevi [dę'gęˑvi] *v.* pay tithes
[Ccc: VN in -I from **dega**]
{S 8; F 2: L *degevy* (CW.1069) → P}

DEGHES- [U:]

deghesenn [dę'fię̆ˑzęn] *f.* **+ow** missile
[Uc: DEGHES=ENN]
{S 8; F 0(CE93: K.J.G.): **+ow** I}

deghesi [dę'fię̆ˑzi] *v.* fling, cast, hurl
[Uc: DEGHES=¹I] {S 8; F 3: M *dehesy* (TH06v), *thehesy* (OM.2703) → P}

deghesi war fling at

deghow
deghow Now spelled **dyghow**.
degi ['dę·gi] *v.* carry
A more regular VN, instead of **doen**.
[Cc:] {S 8; F 6: **M** *degy* (MC.1604b) → P: **L** *dege* (TCJK): **C** cf. B *dougenn;* cf. W *dygyd* 'to steal'}
degoedh [dę'goːð] *v. part* it behoves, is due, is fitting
[cC: DE- 2**koedh**] {S 1; F 4: **M** *degoth* → P: **C** B *degouezh;* W *(digwydd)*}
degoedha [dę'go·ða] *v.* be appropriate
[cCc: DE- 2**koedha**] {S 1; F 4: **M** 3rd sg. pres. ind. *degoth* → P: **L** *dhiguẏdha* (AB104c): **C** cf. B *degouezhout*} Probably coined by Lhuyd to fit the defective verb **degoedh**.
degplek ['dękplęk] *adj.* tenfold
[CL: **deg plek**] {S 3; F 0(CE38)}
degre [dę'gręː] *m.* **degreys** degree, rank, station *(rank)*
[E(F): MidE < OldF *degre* (coe)]
{S 5; F 4: **M** *degre;* pl. *degreys:* **degreys** M}
degrena [dę'grę·na] *v.* shudder, shiver, tremble
[cCc: DE- 2**krena**] {S 1; F 3: **M** *teglene* (PC.1217) → P: **C** W *dygrynu*}
The attested examples have <l> instead of <r>.
degves ['dęgvęz] *num.* tenth
[Cc: **deg** -VES < Brit *decametos* (actually found)] {S 1; F 4: **M** *degves* (OM.0426) → P, *x-ves*: **L** *dekvas* (CLJK), *dekfaz* (AB243b): **C** B *degvet,* W *degfed*}
degynsow [dę'gɪnzɔw] *adv.* recently, just now
[cCc: DE- 2**kyns** + a suffix -OW]
{S 1; F 2: **M** *degenow* (RD.2561) → P}
degynsywa [dęgɪn'sɪwa] *v.* threaten, impend, menace
[cCFc: Poss. a VN in -A from **degynsow**, but DE- 2**kyn'** SYW=A makes better sense. There may have been confusion here.]
{S 8; F 2: **M** *tegensywe* (OM.1079) → P}
degynsywek [dęgɪn'sɪwęk] *adj.* imminent, impending
[cCFc: DE- 2**kyn'** SYW- -¹EK] {S 8; F 0(EC00)}

delanwes
dehelghya [dę'hęlxja] *v.* chase along, hurry
[cCc: DE- **helghya**] {S 1; F 0(CE38): **D** "jale"}
dehengeugh [dę'hęngœx] *m.* **+yon** ancestor
[ccC: DE- **hengeugh**] {S 8; F 3: **O** *dipog* → L,P: **+yon** I} Graves' emendation is accepted here.
dehweles [dę'hwę·lęz] *v.* return, come back, atone
[cCc: DE- **hwel** -¹ES] {S 1; F 3: **M** *dewheles* (OM.0728) → P: **C** W *dychwelyd*}
dehwelyans [dę'hwę·ljans] *m.* **+ow** forgiveness, atonement, return, remission *(of sins)*
[cCh: DE- **hwel** -YANS] {S 1; F 3: **M** *dewyllyens* → P: **L** *dewhythyans* (ACJK): **+ow** I} Forms with <y> are commoner than those without.
dekaya v. decay ALT = **pedri**.
[E(F): VN in -A from MidE < OldF]
{S 5; F 1: **M** *decaya* (TH34v)}
dekkweyth ['dękkwęɪθ] *adj.* ten times
[CC: from **deg gweyth**]
{S 1; F 2: **L** *Deguyth* (AB248c) → P}
deklarya v. declare ALT = **disklerya**.
[E(L)c: VN in -YA from MidE < Lat *dêclârâre* (coe)] {S 4; F 4: **M** *declaria* (TH., SA.)}
deklinya [dę'kli·nja] *v.* decline, bow, stoop
[E(F)c: VN in -YA from MidE < OldF *decliner* (co)]
{S 4; F 3: **M** *declynya* (TH49v); p.ptcpl. *declynes* (TH07r); 3 sg. pres. ind. *thyglen* (BK25.60)}
del ['dęːl] *coll.* **+enn** leaves, foliage See also **delyow**.
[C: CC < IE (Fl.)] {S 1; F 4: **O** sg. *delen* (VC.672) → L,P: **M** *deyl, del, dell, deel*: **L** *deil* (AB243b) → P, *delk* (AB060c) → P; sg. *delkian* (AB243c): **P** ?Trendeal: **C** MidB *del,* W *dail:* **+enn** OL}
dela ['dę·la] *f.* **deledhow** yardarm
[C: CC *deliâ* (Fl.)] {S 2; F 2: **O** *dele* (VC.279) → P: **C** B *delez;* not in W: **deledhow** C}
delanwes [dę'lanwęz] *m.* **+ow** influence
[Cc: DE- **lanwes**] {S 1; F 0(GM09: YhaG): **+ow** I}

deldi

deldi ['dɛldi] *m.* **+ow** pergola
[CC: **del** 2⁴**ti**] {**S** 1; **F** 0(EC00): **+ow** I}
DELAT- [cE(L): DE- + E *late* (K.J.G.)]

delatya [dɛ'laˑtja] *v.* postpone, delay
[cE(L)c: DELAT=YA]
{**S** 5; **F** 2: **L** *dhelledzha* (PV.9103) < 3rd sg. pret. *dhelledzhaz* (JCNBL39)}

  delatya an termyn kill time, retard

delatyans [dɛ'laˑtjans] *m.* **+ow** postponement, adjournment, retardation
[cE(L)h: DELAT=YANS] {**S** 5; **F** 0(EC00): **+ow** I}

delay m. **+s** delay ALT = **ardak**. [E(F):]
{**S** 5; **F** 3: **M** *delay* (BK15.33, 19.53, 32.47): **+s** I}

delenwel [dɛ'lɛnwɛl] *v.* influence
[Cc: DE- **lenwel**] {**S** 1; **F** 0(GM09: YhaG)}

delergh [dɛ'lɛrx] *m.* **+ow** rear, stern, after part, back *(in sport)*
[cC: DE- **lergh**]
{**S** 1; **F** 3: **M** *dylarg* (OM.0961) → L,P: **+ow** I}

deleva [dɛ'lɛˑva] *v.* yawn
[cCc: DE- **leva**] {**S** 1; **F** 0(CE38): **C W** *dylyfu*}

delghyas ['dɛlxjaz] *m.* **-ysi** tenant
[Cc: **dalgh**A -³YAS]
{**S** 1; **F** 0(GK98: A.S.): **C** cf. W*deiliad*: **-ysi** I}

delghyaseth [dɛlɦ'jaˑzɛθ] *f.* **+ow** tenancy
[Ccc: **delghyas** -ETH]
{**S** 1; **F** 0(GK98: A.S.): **+ow** I}

delicious (Eng.) *adj.* delightful
{**S** 6; **F** 2: **M** *delicius* (TH02r); *delicyous* (CW.0360), *delycyans* (CW.2132)}

delinya [dɛ'liˑnja] *v.* draw *(as in art)*, delineate
[cLc: DE- ¹**lin** -YA; cf. Lat *deliniâre*]
{**S** 1; **F** 0(CE38)}

delinyans [dɛ'liˑnjans] *m.* **+ow** drawing, delineation
[cLh: DE- ¹**lin** -YANS] {**S** 1; **F** 0(CE38): **+ow** I}

delit [dɛ'liːt] *m.* **+ys** delight, pleasure, fun
[E(F): MidE *delit* < OldF *delit-* (coe)] {**S** 5; **F** 2: **M** *thylyt* (PC.2323), *delite* (TH21v): **+ys** I}

delivra [dɛ'livra] *v.* deliver, release
Secondary meanings in the texts are 'hand down, 'place in position'.
[E(F)c: VN in -A from MidE < OldF *délivrer* (coe)] {**S** 4; **F** 5: **M** *delyfre*, *thylyfrye*}
Forms in -YA were common in MidC, but are more difficult to pronounce.

  delivra dhe deliver up, hand over
  delivra diworth deliver from
  delivra dhe wari set free

delivrans [dɛ'livrans] *m.* **+ow** deliverance
[E(F): MidE < OldF]
{**S** 4; **F** 1: **M** *delyuerans* (TH08v): **+ow** I}

delk ['dɛlk] *m.* **+ow** necklet
[U:] {**S** 8; **F** 2: **O** *delc* (VC.) → L: **+ow** I}

dell² [dɛl] *conj.* as, so, since, how, in as much as
[C: from OldC **delw* 'image' (Fl.)]
{**S** 3; **F** 7: **M** *del*, *dell*: **L** *del*}
In LateC, **dell** was used for 'that', and may have been confused with *dre* from *hedre*.

  dell hevel as it seems
  dell grysav as I believe

DELLEDH- [C: CC **do-ro-sli-* (deb)]

delledhi [dɛ'lɛˑði] *v.* befit, be suitable
[Cc: DELLEDH=¹I]
{**S** 1; **F** 2: **M** 3rd sg. pres. ind. *deleth* (BM.4253, 4341, 4511): **C B** *dellez*, **W** *derllydd-*}

  dell dhelledh as befits

delledhek [dɛ'lɛˑðɛk] *adj.* fitting, appropriate
[Cc: DELLEDH=¹EK]
{**S** 1; **F** 0(AnTH: K.J.G.): **C B** *dellezeg*}

dell-eus *conj.* that, as
[CC: **dell eus**] {**S** 3; **F** 3: **L** *tres*, *trÿes* (AB232a), *tres* (CGEL)} The morphology is not certain.

dellni ['dɛlni] *m.* blindness
[Cc: **dall**A -NI]
{**S** 1; **F** 0(CE38): **C** Not in B; W *dellni*:}

dell-o *conj.* that was
[CC: **dell o**] {**S** 3; **F** 1: **L** *tro* (CGEL)}
The morphology is not certain.

dell-wra *conj.* that makes
[CC: **dell 2gwra**] {**S** 8; **F** 1: **L** *tra* (LPJK)}
The morphology and syntax are not certain.

dell-yll *conj.* that can
[CC: **dell 2gyll**] {**S** 3; **F** 1: **L** *tr'el* (CGEL)}
The morphology is not certain.

dellys ['dęlːɪz] *adj.* blinded
[Cc: **dall**A -⁶YS] {**S** 1; **F** 0(GM09: G.M.S.)}

dell-yw *conj.* that is
[CC: **dell yw**] {**S** 8; **F** 1: **L** *Treu* (PV17536)}
The morphology is not certain.

dellyon ['dęlːjɔn] *pl.* blind men
[Cc: **dall**A -YON] {**S** 1; **F** 0(CE38)}

delow ['dęlɔw] *m.* **+yow** statue
[C: DELW-S] {**S** 1; **F** 1: **L** *DELW* (LV050.01):
C W *delw* 'image, idol'; cf. B *delwenn*: **+yow** I}
This word also exists in the form **dell**.

delta ['dęlta] *m.* **+ow** delta
[E(O): E < Gk][025]

DELW- [C:] Root of OldC **delw* 'image' > **dell**;
see **delow**.

¹**delya** ['dęˑlja] *v.* put forth leaves
[Cc: **del** -YA] {**S** 1; **F** 0(CE38): **C** W *deilio*}

²**delya** *v.* deal
The line in MidC is a calque on Eng.: *crist a thelyas genan ny* 'Christ dealt with us'.
[E(E)c: VN in -YA from MidE < OldE]
{**S** 4; **F** 1: **M** 3rd sg. pret. *thelyas* (TH40r)}

delyek ['dęˑljęk] *adj.* leafy
[Cc: **del** -YEK] {**S** 1; **F** 0(CE55): **C** B *deliek*,
W *deiliog*} Nance wrote *delek.*

delyow ['dęˑljɔw] *pl.* leaves
[Cc: **del** -YOW (double pl.)]
{**S** 1; **F** 4: **M** *delyow* (OM.0030), *dylyow*
(OM.0077), *dellyow* (CW.0093) → P: **L** *delkyow*:
P Nantillio: **C** B *delioù*}

delyowa [dęl'jɔʊa] *v.* collect leaves,
sweep up leaves
Nance's meaning was 'to put forth leaves'
[Ccc: **delyow** -¹A] {**S** 1; **F** 0(CE55): **C** B *deliaoua*}

delyowek [dęl'jɔʊęk] *adj.* leafy
[Ccc: **delyow** -¹EK]

{**S** 1; **F** 0(CE55): **C** B *deliaouek*}

demma ['dęmːa] *m.* **demmys** dime *(U.S. coin)*
[E(F): MidE < OldF *dime*] {**S** 8; **F** 2: **M** *dymme*
(MC.022), *demma* (PC.2263) → P: **demmys** I}

DEMMEDH- [C: Brit **do-ambi-wed-* 'go together
with intensively']

demmedhi [dę'męˑði] *v.* marry, wed,
espouse
[Cc: DEMMEDH- -¹I < Brit **do-ambi-wed-îmi* (Fl.)
lit. 'intensively together go']
{**S** 1; **F** 4: **M** *domethy* (BM.): **L** *demidhy* (PV.),
dimedha (AB.): **C** B *dimeziñ*; cf. W *dyweddio*
'to be engaged' < Brit **do-wed-*}

demmedhyans [dę'męˑðjans] *m.* **+ow**
wedding, marriage, espousal
[Cc: DEMMEDH=YANS]
{**S** 1; **F** 1: **L** *Dýmidhian* (LV061.03): **+ow** I}

demmedhys [dę'męˑðɪz] *adj.* married,
wed p.ptcpl. of **demmedhi**.
[Cc: DEMMEDH- -⁶YS]
{**S** 1; **F** 3: **L** *demidhyz* (JCNBL) → P}

demondya *v.* demand ALT = **gorholeth**.
[E(F)c: VN in -YA from MidE < OldF *demand*
(coe)] {**S** 5; **F** 2: **M** *demandea* (SA64r):
L *dýmandia* (AB124c) → P}

demonstration (Eng.) *n.*
{**S** 6; **F** 1: **M** *demonstracyon* (TH35r)}

den ['dęːn] *m.* **tus** human being, man,
person, being *(human)* The primary
meaning is 'man' in the sense 'human being';
the meaning 'man' as opposed to 'woman' is
from LateC, secondary, and better expressed
by **gour**. There is no extant grammatical pl.,
and so the suppletive pl. **tus** 'people' is used.
[C: Brit **donyo-* < CC (M)]
{**S** 1; **F** 7: **O** *den*: **M** *den, dean* (CW.): **L** *dên* (AB.),
dean: **P** Ponsandane: **F** Endean = **an den**:
C B *den*; W *dyn*: **tus** ML}

den an klogh sexton, bellringer
den ankoth stranger
den bal miner
den Duw saint

dena

den ergh snowman
den hen elder
den jentyl gentleman
den koskordh retainer (servant), servant
den mas good man, saint
den mor seaman
den skatt bankrupt
den yowynk youth
den y'n bys nobody

dena ['dẹ·na] *v.* suck See also **dynya**.
[Cc: IE (lp)]
{S 1; F 4: M *tene* (MC.161, PC.0438) → L,P; *tena* (BM.1509): C B *denañ*; W *denu* 'to allure'}

denagha [dẹ'na·xa] *v.* deny, retract, disown, refuse, reject
[cCc: DE- **nagha**]
{S 1; F 4: M *dynaghe* → P, *denaha*}

den-arader [ˌdẹ·n'a·radẹr] *m.* **tus-arader** ploughman
[CL: **den arader**]
{S 1; F 1: L *dean ardar* (AB043b): **tus-arader** I}

den-arvow [ˌdẹ·n'arvɔw] *m.* **tus-arvow** armed man
[CLc: **den arvow**] {S 1; F 2: M pl. *tus arvov* (BM.3531, 3910): **tus-arvow** M}

dendil ['dẹndɪl] *v.* earn, gain, deserve
[c:] {S 8; F 4: M *dendyl, dyndyl*: L *dendel* (P1JJ), *dendal* (JCNBG): C cf. W *ennill*}

denel ['dẹ·nẹl] *adj.* human
[Cc: **den** -²EL] {S 1; F 0(EC52)}

denewes [dẹ'nẹwẹz] *f.* **+ow** heifer
[C:] {S 8; F 3: O *deneuoit* → L,P: L *denowes* (WP..G): C Not in B; W *dynawed*: **+ow** N (K.J.G.)}

den-hwel [ˌdẹ·n'hwẹːl] *m.* **tus-hwel** workman
[CC: **den hwel**]
{S 1; F 3: L *dên huêl* (AB058c) → P, *dean weal* (TCJB), *dean whel* (TCJK): **tus-hwel** I}

denial (Eng.) *n.* {S 6; F 1: M *deniall* (TH46r)}

denladh ['dẹnlað] *m.* manslaughter

[CC: **den** LADH-] {S 1; F 2: M *den lath* (MC.124, OM.2335), *denlath* (TH24r):}

denladra [dẹn'ladra] *v.* abduct, kidnap
[CCc: **den ladra**] {S 1; F 0(EC00)}

denladrans [dẹn'ladrans] *m.* **+ow** abduction, kidnap
[CCc: **den ladrans**] {S 1; F 0(EC00): **+ow** I}

denledhyas [dẹn'lẹ·ðjaz] *m.* **-ysi** assassin, hit-man, murderer
[CCc: **den ledhyas**]
{S 1; F 1: M *denleythyas* (TH32v): **-ysi** I}

den-nowydh [ˌdẹn'nɔwɪdh] *m.* bridegroom
[CC; **den nowydh**]
{S 1; F 1: L *Dean nowydh* (LV048.16):}

den-porth [ˌdẹ·n'pɔrθ] *m.* **tus-porth** docker
[CCc: **den porth**] {S 1; F 2: L pl. *tees por* (PRJBG), *teez-porth* (PRJBT): **tus-porth** L}

dens Now spelled **dyns**.

densa ['dẹnza] *m.* good man
[CC: from **den** ¹**da**] {S 1; F 4: M *densa*:}

denses ['dẹnzẹz] *m.* mankind, humanity, human nature
[Cl: **den** -SES] {S 1; F 4: M *denses, densys* → P:}

denseth ['dẹnzẹθ] *m.* humanity
[Cc: Poss. a mis-spelling of **denses**; there was a measure of confusion between [-θ] and [-s] in MidC.] {S 1; F 2: M *densa* (MC.223) → P:}

Densher *place* Devonshire ALT = **Dewnens** [E: dial. pron. of *Devonshire*]
{S 5; F 1: L *Densher* (NGNB4)}

denteth ['dẹntẹθ] *adj.* dainty
[E(F): taken to be a by-form of E *dainty*]
{S 5; F 2: M *dentyth* (BK14.62), *denteth* (BK15.10): C W *dantaith*}

dentethyel [dẹn'tẹ·θjẹl] *adj.* delicious
[E(F)c: **denteth** -YEL]
{S 5; F 0(GM09: K.J.G.): C W *danteithiol*}

denti ['dẹnti] *adj.* dainty, fastidious, fussy
[E(F): MidE < AngN *dainté* (coe)]
{S 5; F 1: L *dentye* (CW.1454): P *Taban Denty*}

denvyth [dęn'vɪːθ] *m.* nobody, anybody *(with implied neg.)*
[CC: **den vyth**]
{**S** 1; **F** 5: **M** *denvyth, den vyth, den vith*: **L** *dên vêth* (AB244c), *den veeth* (NGNB5):}

departya v. depart ALT = **mos (yn kerdh), mos (dhe-ves)** or **diberth**.
[E(F)c: VN in -YA from MidE < OldF *départir* (coe)] {**S** 5; **F** 2: **M** *departia* (TH50v); 3rd sg. pret. *departias* (SA62v)}

der [dęr] *prep.* through, by means of
In the revived language, this form (as well as **dre**) is used before vowels.
[c: Metathesised variant of **dre**] {**S** 2; **F** 6: **O** *ter* (VC.396): **M** *der* (BM., BK., CW.), *dir* (SA.): **L** *der*] OldC *ter* at *VC.396* may be this word.

-DER *suffix* (masc. abst. noun ending)
Formed from adjectives, e.g. **pellder** 'distance' from **pell** 'distant'; see also -TER.
[c: Brit *-tero-* (M)]

derag [dę'raːg] *prep.* before, in the presence of, in front of
Forms with permanent lenition were commoner in MidC than those with <d->. Combines with pers. pronouns as **deragov, deragos, deragdho, derygdhi, deragon, deragowgh, deragdha**.
[cC: DE- **rag** < Brit **do-rak* (Fl.)]
{**S** 1; **F** 5: **M** *therag, the rag*: **L** *de râg* (AB249a), *deraage* (G3WK): **C** B *dirak,* MidW *y rac*}

derag-dorn *adv.* beforehand An obvious calque on Eng.; ALT = **kyns**.
[cCC: **derag dorn**]
{**S** 1; **F** 2: **M** *therag dorn* (TH., SA.)}

deray [dę'raɪ] *m.* **+s** disarray, disorder, confusion
[F: F *derai* (Loth)] {**S** 5; **F** 3: **M** *deray* (OM.2224) → P, *theray* (PC.0380) → P: **+s** I}

deraylya [dę'raɪlja] *v.* scold, brawl, rail
[Fc: VN in -YA from F *railler*, with prefix *de-*]
{**S** 5; **F** 2: **L** *deragglah* (LV051.02), *deragla* (AB074b) → P}

deraylya [dę'raɪljans] *m.* **+ow** scolding, brawl, rail

137

¹derow
[Fc: MN in -YANS from F *railler*, with prefix *de-*] {**S** 5; **F** 0(GM09: K.J.G.): **+ow** I}

dergh ['dęrx] *adj.* bright
[C: Brit < IE (Fl.)] {**S** 1; **F** 0(CPNE): **P** ?Reterth: **C** MidB *derch*; W **derch* in pl.n. *Rhydderch*}

derivador [ˌdęri'vaˑdɔr] *m.* **+yon** reporter *(male)*, announcer, commentator, narrator
[cCc: DAR-A **riv** -ADOR]
{**S** 1; **F** 0(AnG 1986): **+yon** I}

derivadores [dęriva'dɔːręs] *f.* **+ow** reporter *(female)*, announcer, commentator, narrator
[cCc: **derivador** -⁴ES]
{**S** 1; **F** 0(GM09: P.H.): **+ow** I}

derivadow [ˌdęri'vaˑdɔw] *m.* account *(report),* information
[cCc: DAR-A **riv** -ADOW] {**S** 1; **F** 0(CE38):}

derivas [dę'riˑvaz] **1.** *m.* report, statement, commentary, narration **2.** *v.* relate, tell, state, report, narrate
Usually followed by **dhe** rather than **orth** in the texts.
[cCc: MN and VN in -²AS < Brit **do-are-rim-* (Fl.)] {**S** 1; **F** 5: **M** *daryvas* → P:}
derivas dhe relate to

derivasek [dęrɪ'vaˑzęk] *adj.* narrative
[cCcc: **derivas** -¹EK] {**S** 1; **F** 0(GM09: G.M.S.)}

dernigel [dęr'niˑgęl] *adj.* fragmentary
[Ccc: from **dernik** -¹EL]
{**S** 1; **F** 0(GM09: G.M.S.)}

dernik ['dęrnɪk] *m.* **-igow** fragment, little bit
[Cc: **darn**A -IK] {**S** 1; **F** 0(CE38): **-igow** I}

¹derow ['dęˑrɔw] *m.* **+yow** beginning, start, commencement
[C:] {**S** 8; **F** 0(CE38): **C** B *derou,* W *dechrau*: **+yow** I}
From the W and MidB *dezrou* one might have expected more than just [-r-], but the word is unattested, except perhaps in **androw**.

²**derow** ['dɛrɔw] *coll.* **derwenn** oak-trees
[C: DERW-S] {S 1; F 3: M *derow* (OM.1010) → P:
C B *derv*, W *derw*: **derwenn** I (K.J.G.)}
For the sg., Nance preferred *derowen*, stressed
on the 1st syll.

derowel [dɛ'rɔ·wɛl] *adj.* original
[Cc: ¹**derow** -¹EL] {S 8; F 0(GM09: G.M.S.)}

derowva [dɛ'rɔʊva] *f.* **+ow** debut
[Cc: ¹**derow** -VA]
{S 8; F 0(GM09: G.M.S.): **+ow** I}

dervynn ['dɛrvɪn] *v.* deserve, merit
[cC: DAR-A 2MYNN- < Brit **do-are-menn* (Fl.)]
{S 8; F 4: M *dyrfyn, thervyn* → P}

DERW- [C: Brit < IE (Fl.)]

derwek ['dɛrwɛk] **1.** *adj.* abounding in
oaks **2.** *f.* **-egi** place abounding in
oaks
[Cc: DERW=¹EK]
{S 1; F 0(CE38): C B *dervek*: **-egi** I} Nance
preferred *derowek*, stressed on the 1st syll.

desayt m. deceit ALT = **toell**.
[E(F): MidE < OldF *deceite*]
{S 5; F 2: M *dysset* (BM.4045), *deceypt* (TH11r):}

desaytya v. deceive Curious alternative to
desevya; ALT = **toella**.
[E(F)c: **dessayt** -YA]
{S 5; F 1: M *dyssaytye* (MC.1944b)}

description (Eng.) *n.* {S 6; F 2: M *descripcion*
(TH21r)}

desedha [dɛ'zɛ·ða] *v.* situate, fit, locate,
dispose, place, set in place, adjust
[cCc: DE- SEDH- -¹A]
{S 1; F 2: M p.ptcpl. *desethys*}
a dhesedh applicable

desedhans [dɛ'zɛ·ðans] *m.* **+ow**
situation, setting *(location)*,
placement, location, adjustment
[cCc: DE- SEDH=ANS]
{S 1; F 0(GK98: G.M.S.): **+ow** I}

desedheger [ˌdɛzɛ'ðɛ·gɛr] *m.* **-oryon**
commissioner
[cCcl: from **desedhek** -¹ER]
{S 1; F 0(AnG 1998): **-oryon** I}

desedhek [dɛ'zɛ·ðɛk] *m.* **desedhogow**
commission *(group of persons)*
[cCc: DE- SEDH- -¹EK]
{S 1; F 0(CE93: J.G.H.): **desedhogow** I}
Desedhek an Koeswigow
Forestry Commission
Desedhek an Oryon
Boundary Commission

desedhva [dɛ'zɛðva] *f.* **+ow** set *(in
theatre)*
[cCc: DE- SEDH=VA]
{S 1; F 0(GM09: YhaG): **+ow** I}
diswul an dhesedhva strike the set

desedhys [dɛ'zɛ·ðɪz] *adj.* situated
p.ptcpl. of **desedha**.
[cCc: DE- SEDH- -⁶YS]
{S 1; F 3: M *desethys*: L *desedhys* (LV051.05)}

desempis [dɛ'zɛmpɪz] **1.** *adj.* instant,
sudden, immediate **2.** *adv.*
immediately, forthwith, at once
[C:] {S 8; F 5: O *desimpit* (VC.397) → L,P; *desipit*
(VC.398): M *desempys* → P, *desympys*:
C Not in B; cf. W *disymwth*}
koffi desempis instant coffee

desert (Eng.)
{S 6; F 2: M *dysert* (BM.4030, 4138)}
E *desert* appears more likely than C **deserth**.

deserth ['dɛ·zɛrθ] *adj.* precipitous, very
steep
[cC: DE- **serth**] {S 1; F 0(CPNE): P Dizzard}
There is evidently confusion in this word
between DE- and DI-.

deserving (Eng.) *adj.*
{S 6; F 1: M *deserving* (TH11v)}

deservya *v.* deserve ALT = **dendil**.
[E(F)c: VN in -YA from MidE < OldF *deservir*
(coe)] {S 4; F 3: M *deservya* (TH.)}

desessya *v.* decease, die ALT = **merwel**.
[E(L): VN in -YA from MidE]
{S 5; F 1: M *decessia* (TH37r)}

desev

desev ['dę·sęv] *m.* **+ow** supposition, assumption
[U: Back-formation from **desevos**]
{**S** 8; **F** 0(EC00): **+ow** I}

desevos [dę'zę·vɔz] *v.* suppose, speculate, assume
[U:] {**S** 8; **F** 3: **M** *deseuos* (PC.1161) → P, *thy seves* (RD.2014), *deseves* (BM.2417)}

desevya v. deceive ALT = **toella**.
[E(F)c: VN in -YA from MidE < OldF *deceivre* (coe)] {**S** 4; **F** 4: **M** *decevya*}

desin [dę'si:n] *m.* **+yow** design, drawn plan
[E(F): early ModE *designe* < F *desseing* (coe)]
{**S** 4; **F** 0(Y1): **+yow** I}

desinor [dę'si·nɔr] *m.* **+yon** designer *(male)*
[E(F)c: **desin** -OR] {**S** 4; **F** 0(Y1): **+yon** I}

desinores [ˌdęsi'nɔ·ręs] *f.* **+ow** designer *(female)*
[E(F)c: **desin** -ORES] {**S** 4; **F** 0(Y1): **+ow** I}

desinieth [ˌdęsi'ni·ęθ] *f.* design *(as a subject)*
[E(F)c: **desin** -IETH] {**S** 4; **F** 0(Y1):}

desinya [dę'si·nja] *v.* design
[E(F)c: **desin** -YA] {**S** 4; **F** 0(CE93: G.M.S.)}

desir [dę'zi:r] *m.* **+ys** desire, request
[E(F): MidE < OldF *désir* (coe)]
{**S** 4; **F** 4: **M** *desyr*: **+ys** I}

desiradow [dęzɪ'ra·dɔw] *adj.* desirable
[E(F)c: **desir** -ADOW] {**S** 4; **F** 0(EC00)}

desire (Eng.) *v.* {**S** 6; **F** 1: **M** *desire* (TH41r)}
Tregear was using the word as an Eng. word; he could have used the Cor. VN form **desirya**.

desirous (Eng.) *adj.*
{**S** 6; **F** 2: **M** *desyrus* (TH49v), *desyrius* (SA60v)}

desirya [dę'zi·rja] *v.* desire
[E(F)c: **desir** -YA]
{**S** 4; **F** 4: **M** *desyrya, deserya*: **L** *dezeria* (G3WK)}

desk ['dę:sk] *m.* **+ow** desk
[E(L): MidE < MedL *desca* (coe)]
{**S** 4; **F** 0(CE38): **+ow** N (FTWC)}

deskerni [dęs'kęrni] *v.* snarl, gnash

[cCc: from DE- **askorn**A -¹I (CE38)]
{**S** 2; **F** 2: **M** *theskerny* (MC.096) → P}

deskerni orth snarl at

deskernus [dęs'kęrnys] *adj.* surly
[cCl: from DE- **askorn**A -US]
{**S** 1; **F** 0(GK98: A.S.)}

deskria [dęs'kri·a] *v.* descry
[E(F)c: VN in -A from MidE *descrier* (coe)]
{**S** 4; **F** 1: **L** *descreea* (M2XX)}

deskrifa [dę'skri·fa] *v.* describe
[cLc: DE- **skrifa**] {**S** 3; **F** 0(CE38)}

deskrifans [dę'skri·fans] *m.* **+ow** description
[cLh: DE- **skrif** -ANS] {**S** 3; **F** 0(CE38): **+ow** I}
Nance suggested *descryvyans*.

desper [dę'spę:r] *m.* despair
[E(F): AngN *despeir* < OldF *desespeir* (coe)]
{**S** 4; **F** 1: **M** *dysper* (BM.2172):}

despisya v. despise ALT = **dispresya**.
[E(F)c: VN in -YA from MidE *despis-* < OldF (coe)] {**S** 4; **F** 4: **M** *despisia* (TH., SA.)}

despit [dę'spi:t] *m.* **+yow** despite
[E(F): MidE < OldF *despit* (coe)]
{**S** 5; **F** 4: **M** *dyspyt* → P: **+yow** I}

yn despit dhe despite, in spite of, notwithstanding

despitya [dę'spi·tja] *v.* spite, insult
[cE(F)c: **despit** -YA]
{**S** 5; **F** 1: **M** *thyspytye* (PC.1397)}

dessendya v. descend ALT = **diyskynna**.
[E(L): VN in -YA from MidE]
{**S** 5; **F** 1: **M** p.ptcpl. *desendys* (CW.2101)}

desta ['dę·sta] *v.* witness, testify, certify, attest
[Lc: 2**test** -¹A] {**S** 8; **F** 3: **M** *thysca* (OM.2543), *thesca* (OM.2749) → P, *desca* (RD.2115)}
Contains a permanent lenition. <c> has been misread for <t> in the exx. in *Ord.* with <c>.

destans ['dę·stans] *m.* **+ow** attestation
[Lh: 2**test** -ANS] {**S** 8; **F** 0(EC00): **+ow** I}

destitute (Eng.) *adj.*
{**S** 6; **F** 2: **M** *destitud* (TH23v), *destitute* (TH47r)}

destna ['dɛstna] *v.* destine
[E(F)c:] {S 5; F 1: M p.ptcpl. *destnys* (RD.2336)}

destruction (Eng.) *n.* {S 6; F 3: M *destruccion* (TH.), *distructyon* (CW.)}

destryppya [dɛ'strɪp:ja] *v.* strip
[E(E)c: DE- STRYP=YA] {S 5; F 2: M p.ptcpl. *dystryppijs* (MC.177); 3rd sg. pres. ind. *thystryp* (PC.0250); 3rd. sg. pret. *dystryppyas* (MC.130)}

desygha [dɛ'sɪ·xa] *v.* dry up, desiccate
Used both transitively and intransitively.
[cLc: DE- sygh -¹A] {S 1; F 3: M *tesehe* (OM.1128); p.ptcpl. *dyseghys* → P: C B (*disec'hañ*); W *dysychu*}

desyghans [dɛ'sɪ·xans] *m.* desiccation
[cLh: DE- sygh -ANS] {S 1; F 0(GM09: G.M.S.):}

determya *v.* determine ALT = **ervira**.
[E(F)c: VN in -YA from MidE < OldF *déterminer*, with loss of [ɪn].]
{S 5; F 1: L p.ptcpl. *determys* (CW.0235)}

detestable (Eng.) *adj.*
{S 6; F 1: M *detestabyll* (TH21r)}

dettor *m.* creditor The meaning is confusing; ALT = **kendoner** 'debtor' and **kresysor** 'creditor'.
[E(F): MidE < OldF *dettor* (coe)]
{S 5; F 1: M *dettor* (PC.0503)}

deu ['dœ:] *adj.* ended, finished, over
[E: MidE *do* (CE38)] {S 4; F 4: M *due*}

deur ['dœ:r] *v. part* matters, is of interest Usually takes prep. **a**.
[C:] {S 1; F 4: M *dur* → P, *duer* → P, *der* → P: C MidW *dawr*}

ny'm deur it does not matter to me, it does not concern me, I don't care

deuv ['dœ:v] *m.* **+yon** son-in-law
[C: Brit *dâmo-* (Gr.) < CC (Fl.)]
{S 1; F 3: O *dof* → P: M *duf* (PC.0989), *def* (PC.0977); C B *deuñv*; W (*daw*): **+yon** I}

devallow *adj.* weak, infirm
[U:] {S 8; F 1: L *develo* (PV.9007)}
The meanings are those given by Pryce. The word is reminiscent of B *divalav* 'ugly'.

devar Now spelled **dever**.

devarow [dɛ'varɔw] *adj.* stone-dead
[cC: DE- 2**marow**]
{S 1; F 1: L *devarow* (LV037.14)}

devedhek [dɛ'vɛ·ðɛk] **1.** *adj.* future **2.** *m.* **-ogow** future *(finance)*
[cCc: DE- 2BEDH=¹EK] {S 1; F 0(EC00): **-ogow** I}

devedhyans [dɛ'vɛ·ðjans] *m.* **+ow** origin, arrival, descent *(genealogical)*, advent, coming
[cCc: DE- 2BEDH=YANS] {S 1; F 2: M *devethyans* (BM.0439, 0830), *the vythyans* (BK21.32): L *dowethyans* (PV.9340): **+ow** I}

devedhys [dɛ'vɛ·ðɪz] *adj.* come Past participle of **dos**.
[cCc: DE- 2EDH=⁶YS]
{S 1; F 5: M *devethys*: L *devedhez*}

DEVER- [C: Derivative of **dowr** with epenthetic [e] (Padel, but disputed by N.Williams)]

dever ['dɛ·vɛr] *m.* **+ow** duty, what is due, what is incumbent
This word was spelled *devar* by Nance, but <-er> is the usual spelling and rhyme in MidC.
[F: Equivalent of ModF *devoir*]
{S 4; F 3: M *dever* → P, *dufer* (BM.): L *deevar* (BOD): **+ow** I}

devera [dɛ'vɛ·ra] *v.* drip, dribble, trickle, shed tears This verb is treated as intransitive, and distinguished from **diveri**.
[Cc: DEVER=¹A] {S 3; F 3: M *ʒevere* (MC.222, 231), *the wera* (BK09.67): L *devery* (PV.9008)}

deverans [dɛ'vɛ·rans] *m.* **+ow** drip, leakage
[Ch: DEVER=ANS]
{S 3; F 0(GM09: G.M.S.): **+ow** I}

deveras [dɛ'vɛ·raz] *m.* dripping *(fat)*
[Cc: DEVER=¹AS] {S 3; F 0(Y1):}

deverel [dɛ'vɛ·rɛl] *adj.* watery
[Cc: DEVER=¹EL] {S 3; F 0(CPNE): P Deval; also Deverill in Wiltshire}

¹deves ['dɛ·vɛz] *m.* **devosow** rite
[C: CC *demâto-* (gpc)] {S 8; F 0(CE38): C W *defod*; OldB *domot*: **devosow** I} Nance introduced this word as *devos*, but CC *demâto-* would give **deves** in Cor.

¹**deves**

²**deves** ['dę·vęz] *pl.* sheep (pl.)
[C: **davas**A (double aff.) < Brit **damatî*]
{S 1; F 4: M *deves, devas*; L *devas* (WP--G), *devaz* (AB.) → P}

devesik [dę'vę·zɪk] *f.* **-igow** lamb
[Cc: **davas**A -IK] {S 1; F 0(CE55): **-igow** I}
Nance also suggested *davasyk* in CE38.

devessa [dę'vęsːa] *v.* chase sheep
[Cc: VN in -ESSA from **davas**A] {S 1; F 0(CE38)}
Nance wrote *devŷsa, devŷja;* presumably his *ŷ* arose from LateC *deveeder* 'sheep-worrying dog'.

devesyow *pl.* sheep (pl.) Double pl.;
ALT = **deves**. [Cc: **davas**A -YOW]
{S 1; F 3: M *dewysyov* (BM.2981); *devidgyow* (CW.1068) → P}

devetti [dę'vętːi] *m.* **+ow** sheep-cot
[CC: from **davas**A ti] {S 1; F 0(CE55): **+ow** I}
Nance also gave *davatty:* could this be for just one sheep?

devis [dę'viːs] *m.* **+yow** device, fancy, notion
[E(F): MidE *devis* < OldF *devise* (coe)]
{S 5; F 3: M *devys, thevys*: **+yow** N (K.J.G.)}

devisya [dę'vi·zja] *v.* devise, plan, contrive, invent
[E(F)c: **devis** -YA] {S 5; F 0(CE38)}

devnydh ['dęvnɪð] *m.* **+yow** material, stuff, makings, ingredient, use
[C: CC **dam-nijo-* (gpc)] {S 1; F 1: M *defnyth* (PC.2548): C B *danvez;* W *defnydd*: **+yow** I}
gul devnydh a use, make use of
devnydh tir land-use

devnydhya [dęv'nɪ·ðja] *v.* use
[Cc: **devnydh** -YA] {S 1; F 0(AnG 1984): C W *defnyddio*}

devnydhyer [dęv'nɪ·ðjęr] *m.* **-yoryon** consumer *(male),* user
[Ch: **devnydh** -¹YER] {S 1; F 0(Y2): **-yoryon** I}

devnydhyores [dęvnɪð'jɔ·ręs] *f.* **+ow** consumer *(female),* user
[Ch: **devnydh** -YORES]
{S 1; F 0(GM09: P.H.): **+ow** I}

devones [dę'vɔ·nęz] *v.* come
[cC: Arose by analogy with **mones**]
{S 8; F 3: M *deuones* → P, *tevones*}

devorya [dę'vɔ·rja] *v.* devour
[E(F)c: VN in -YA from MidE < OldF *dévorer* (coe)] {S 4; F 2: M *devorya* (TH.); p.ptcpl. *deworijs* (BM.4178)}

devos ['dę·vɔz] *v.* come
[cC: Shortened form of **devones**]
{S 3; F 1: L *dyvoz* (AB247b)}

devosel [dę'vɔ·zęl] *adj.* ritual, customary
[Cc: from ¹**deves** -²EL]
{S 1; F 0(GK98: G.M.S.): C W *defodol*}

devotion (Eng.) *n.*
{S 6; F 3: M *devocyon, devotion*}

devrek ['dęvręk] *adj.* watery, soggy See also **dowrek**.
[Cc: DEVR=¹EK]
{S 8; F 3: L *devrak* (AB112a) → P: C W *dyfrog*}

devri [dę'vriː] **1.** *adj.* definite **2.** *adv.* definitely, seriously, indeed, verily, certainly, truly This word was often used as a filler in mediaeval verse.
[cC: DE- 2**bri**] {S 8; F 6: M *deffry* → L,P, *defry*: C B *devri;* W *(difri)*}

yn tevri definitely

devrogeth [dę'vrɔ·gęθ] *f.* sogginess
[Ccc: DEVR=OGETH] {S 8; F 0(GM09: G.M.S.):}

devyder [dę'vɪ·dęr] *m.* **-oryon** sheep-worrier
[Cl: apparently from **deves** -¹ER] {S 8; F 1: L *deveeder* (Scawen): **-oryon** I} It is difficult to see why the stressed vowel was spelled <ee>.

devynn ['dę·vɪn] *m.* **+ow** extract, quotation, citation, quote, excerpt
[cC: **de-** 2**mynn-**]
{S 1; F 1: M *dyvyn* (BM.0079): **+ow** I}

devynna [dę'vɪnːa] *v.* extract, quote, cite
[cCc: DE- 2MYNN=¹A] {S 1; F 0(CE93: G.M.S.)}
Nance suggested *devynny*.

dew² ['dęw] *num.* two *(m.)*
[C: Brit **dâu* < **dwâu* < **dwôu* (Fl.)]
{S 3; F 6: M *dew, deaw*: L *dêau* (AB244a), *deaw, deu*: P Duloe; C B *daou*; W*dau*}
See George, J.roy.instn.Cornwall, 2007.
an dhew both (m.)

dewana [dę'waˑna] *v.*
penetrate, permeate
[cCc: DE- 2**gwana**]
{S 1; F 1: M p.ptcpl. *dywenys* (OM.0783)}

dewanadewder [dę͵wana'dęʊdęr] *m.*
+yow permeability
[cCcc: from **dewanadow** -DER]
{S 1; F 0(GM09: K.J.G.): +yow I}

dewanadow [͵dęwa'naˑdɔw] *adj.*
penetrable, permeable
[cCc: **de-** 2**gwan** -ADOW]
{S 1; F 0(GM09: G.M.S.)}

dewanans [dę'waˑnans] *m.* **+ow**
penetration
[cCh: **de-** 2**gwan** -ANS]
{S 1; F 0(GM09: K.J.G.): +ow I}

dewanus [dę'waˑnys] *adj.* penetrating, permeating
[cCl: **de-** 2**gwan** -US] {S 1; F 0(CE93: G.M.S.)}

dewareskis [dęʊar'ęˑskɪz] *dual*
galoshes (pair)
[CcC: **dew areskis**] {S 8; F 0(GM09: P.H.)}

dewblegeth [dęʊ'blęˑgęθ] *f.* duplicity
[CCc: from **dewblek** -ETH]
{S 3; F 0(GM09: G.M.S.):}

dewblek ['dęʊblęk] *adj.* double, twofold
[CC: from **dew** 2**pleg**] {S 3; F 0(CE38)}

dewblekhe [dęʊblęk'hęː] *v.* duplicate
[CCc: from **dewblek** -HE]
{S 3; F 0(GK98: G.M.S.)}

dewblekhes [dęʊblęk'hɪːz] *adj.*
duplicated
[CCc: from **dewbleg** -HES] {S 3; F 0(AnG 1986)}

dewboynt ['dęʊbɔɪnt] *m.* **+ow** colon
[CE(F): **dew** 2**poynt**] {S 5; F 0(Y3): +ow I}

dewbries [dęʊ'briˑęz] *m.* **+ow** married couple
[cL: **dew** 2**pries**] {S 1; F 0(EC52): +ow I}

dewdhek ['dęʊðęk] **1.** *num.* twelve
2. *m.* **-egow** dozen
[C: from **dew** 2**deg**]
{S 1; F 5: M *dewthek* → P, *xii, dewthack* (CW.):
L *douthack* (WP..G), *dowthack* (LVWG):
C B *daouzek*, W *deuddeg*: -egow I}

dewdhegves [dęʊ'ðęgvęz] *num.* twelfth
[Cc: from **dewhek** -VES]
{S 1; F 1: M *xii-as* (TH53r)}

dewdhen ['dęʊðęn] *m.* couple *(people)*, pair, man and woman
[cC: **dew** 2**den**] {S 1; F 0(CE38): C W *deuddyn*:}

dewdroes ['dęʊdrɤz] *dual* feet
[cC: **dew** 2⁵**troes**]
{S 1; F 2: M *dev tros* (PC.2781), *thew tros* (PC.3154): C B *daoudroad*, W *deudroed*}
A third case, *ij dreys* at MC.1593, is abnormal.

dewduek [dęʊ'dyˑęk] *adj.* bilateral, bipartite
[CCc: **dew** 2**tu** -¹EK] {S 1; F 0(EC00)}

dewek ['dęʊęk] *adj.* binary
[Cc: **dew** -¹EK] {S 1; F 0(EC00)}

dewel ['dęʊęl] *adj.* dual
[Cc: **dew** -¹EL]
{S 1; F 0(GM09: G.M.S.): C W *deuol*}

dewfrik ['dęʊfrɪk] *dual* **-igow** nostrils
The gender of **frig** is not certain; the spellings in *CW.* suggest rather **diwfrik**, but in Breton, *fri* 'nose' is masc.
[cC: **dew frig**O] {S 1; F 2: M *thyw fridg* (CW.1854), *thew freyge* (CW.1933): -igow I}

dewgarghar [dęʊ'garxar] *dual* **+ow**
manacles, handcuffs
[CL: **dew** 2**karghar**]
{S 1; F 0(GM09: P.H.): +ow I}

dewgens ['dęʊgęns] *num.* forty
[cC: LateC shortening of **dew ugens**] {S 3; F 3:
L *duganz* (AB133a) → P, *doganze* (M4WK)}

dewgorn ['dęʊgɔrn] *dual* horns
[cC: **dew** 2¹**korn**] {S 1; F 0(CE93: R.E.)}

dewgornek [dęʊ'gɔrnęk] *adj.* horned *(having two horns)*
[cC: **dewgorn** -¹EK] {S 1; F 0(GM09: P.H.)}

dewgroch ['dęʊgrɔtʃ] *dual* pair of crutches
[cE(E): **dew** 2**kroch**]
{S 5; F 1: **M** *dev croyth* (BM.4183)}

¹**dewi** ['dęwi] *v.* burn, blaze, flare, kindle *(intrans.)*
[Cc: VN in -I from Brit < CC (Fl.)] {S 3; F 3: **M** *dywy* → P, *tewy* → P: **C B** *deviñ;* W *deifio*}
It appears as if [v] > [w] early in this word.

²**Dewi** ['dęwi] *name* David
See also **Davydh**. [C:] {S 1; F 0(GK98): **F** Trethewey: **C B** *Divi,* W *Dewi*}

³**dewi** *place* (river-name of unknown meaning)
{S 8; F 0(CPNE): **P** Dewey}

dewinieth [dęwɪ'ni·ęθ] *f.* divination
[Lc: FN in -IETH from CLat *dîvînus* (gpc)]
{S 1; F 0(CE38): **C** W *dewiniaeth:*}

dewis ['dęwis] **1.** *m.* **+yow** choice, selection, option **2.** *v.* choose, select
[C:] {S 1; F 4: **M** *dywys* → P, *dewys;* **C B** *diviz* 'preference', W *dewis*: **+yow** I}

dewisek [dę'wi·zęk] *adj.* choosy, fastidious
[Cc: **dewis** -¹EK] {S 1; F 0(GK98: G.M.S.)}

dewisel [dę'wi·zęl] *adj.* optional
[Cc: **dewis** -¹EL] {S 1; F 0(GM09: G.M.S.)}

dewisyans [dę'wi·ʒjans] *m.* **+ow** election, choosing
[Ch: **dewis** -YANS] {S 1; F 0(EC52): **+ow** I}

dewisyas [dę'wi·ʒjaz] *m.* **-ysi** elector
[Cc: **dewis** -³YAS] {S 1; F 0(EC52): **-ysi** I}

dewjal ['dęʊdʒal] *dual* jowls
[CE(E): **dew** 2**chal**] {S 5; F 0(GM09: P.H.)}

dewkans ['dęʊkans] *num.* two hundred
[CC: **dew kans**] {S 2; F 1: **M** *cc* (TH45r)}
Lenition is suppressed (after Nance) to avoid possible confusion with **dewgens** 'forty'.

DEWL- [L: Poss. an alternative form of **diowl**]

dewlagas [dęʊ'la·gaz] *dual* eyes
[cC: **dew lagas**] {S 1; F 4: **M** *dev lagas*: **L** *deau̯lagaz* (AB242b); **C B** *daoulagad;* not in W}

dewlin ['dęʊlɪn] *dual* knees
[cC: **dew** 2**glin**]
{S 1; F 4: **M** *dewlyn, dowlyn*: **L** *dowlin* (MSWP)}

dewloder [dęʊ'lɔ·dęr] *dual* stockings
[CC: **dew loder**] {S 1; F 0(GM09: P.H.)}

Dewlogh *place* Duloe
[CC: **dew** ¹**logh**] {S 1; F 1: **L** *Dulo* (PV.9526)}

dewlysi [dęʊ'lɪ·ʒi] *m.* devilry, diabolical influence
[Lc: Derivative of DEWL-] {S 8; F 3: **M** *deulugy* (RD.2124) → P, *devlugy* (RD.2174, BM.2096):}

Dewnens ['dęʊnęns] *place* Devon
[C:] {S 1; F 1: **L** *Deunanz* (PV.9014): **C B** *Devnent;* W *Dyfnaint*}

dewol *m.* devil
[L: Late back-formation from **dewolow**]
{S 3; F 1: **L** *dewol* (PV.9034)}

dewoleth [dę'wɔl·ęθ] *f.* duality
[Ccc: **dew** -OLETH] {S 1; F 0(GM09: YhaG):}

dewolowi [dęwɔ'lɔʊi] *v.* irradiate
[cCc: DE- 2**golowi**] {S 1; F 0(EC00)}

dewraga [dęʊ'ra·ga] *v.* gush intransitive.
[Ccc: Probably from **dowrek** -¹A with abnormal vowel changes]
{S 8; F 1: **M** *tewraga* (OM.1084)}

dewseudhel [dęʊ'sœ·ðęl] *dual* pair of heels
[cC: **dew seudhel**] {S 1; F 0(GM09: P.H.)}

dewufern [dęʊ'y·fęrn] *dual* ankles
[cC: **dew ufern**] {S 1; F 0(CE38): **C B** *daouufern*}

dew-ugens [ˌdęʊ'y·gęns] *num.* forty, two-score
[cC: **dew ugens**] {S 1; F 3: **M** *dev vgens*: **L** *dewigans* (PV.9031), *du iganz* (PV.9524)}

dewweder [dęʊ'węˑdęr] *dual* **-wedrow** spectacles Another neologism in wide use, and an interesting example of the extension of the dual noun from parts of the body to associated objects. Nance had suggested *spectaclys* and *golokwedrow*.
[cC: **dew** 2**gweder**]
{S 3; F 0(CE93: J.G.H.): **-wedrow** I}

dewwedrik [dɛʊ'wɛdrɪk] *dual* **-igow**
doublet *(optics)* A doublet in optics consists of two lenses designed to reduce aberration.
[ccc: **dew** 2**gwedrik**] {S 3; F 0(GM09): **-igow** I}

dewwodhen [dɛʊ'wɔ·ðɛn] *dual* soles (of feet)
[cC: **dew** 2**godhen**] {S 8; F 0(GM09: P.H.)}

dewwynk ['dɛʊwɪnk] *dual* **+ow** blink
[cE(E): **dew** 2**gwynkya**]
{S 4; F 0(GM09: K.J.G.): **+ow** I}

dewwynkya [dɛʊ'wɪnkja] *v.* blink
[cE(E)c: **dewwynk** -YA]
{S 4; F 0(GM09: K.J.G.)}

dewynn ['dɛwɪn] *m.* **+ow** ray *(e.g. of light),* beam *(radiation)*
[cC: DE- 2**gwynn**]
{S 1; F 0(CE38): C cf. W *tywyn*: **+ow** I}

dewynnek [dɛ'wɪnːɛk] *adj.* radiant, glittering
[cCc: **dewynn** -¹EK] {S 1; F 0(EC52)}

dewynnell [dɛ'wɪnːɛl] *f.* **+ow** radiator
[cCc: **dewynn** -ELL]
{S 1; F 0(GM09: G.M.S.): **+ow** I}

dewynnya [dɛ'wɪnːja] *v.* radiate, twinkle, glitter, shine
[cCc: **dewynn** -YA (K.J.G.)]
{S 1; F 3: M *tewynnye* (MC.243); 3rd sg. pres. ind. *thywhyn* (RD.2533) → P}

dewynnyans [dɛ'wɪnːjans] *m.* **+ow** radiation
[cCh: **dewynn** -YANS]
{S 1; F 0(GM09: YhaG): **+ow** I}

deyn ['dɛɪn] *m.* **+ys** dean
[D: CLat *decanus* or OldF *deiien*]
{S 1; F 2: M *deyn* (BM.2698, 4408): C cf. B *dean*, W *deon*: **+ys** I}

deynji ['dɛɪndʒi] *m.* **+ow** deanery
[DC: **deyn** 2**chi**]
{S 1; F 0(CE38): C cf. W *deondy*: **+ow** I}

deynieth [dɛɪ'niˑɛθ] *f.* **+ow** deanery
[Dc: **deyn** -IETH] {S 1; F 0(CE38): C B *deaniezh*; cf. W *deoniaeth*: **+ow** I}

deys ['dɛɪz] *pl.* ricks, haystacks
[C:] {S 1; F 0(CE38): D "dize"} Pl. of **das**.

dha² [ða] *pron.* thy, your *(sg.)* Following Nance, this word is spelled **dha** in order to distinguish it from **dhe**, even though both words were spelled similarly in MidC (*the*), and probably pronounced identically as [ðə].
[C: CC *towe* (lp)] {S 2; F 8: M *the, tha* (CW.): L *dha* (AB.), *tha, da, de*: C B *da*; W *dy*}

dha weles! see you! (to one person)

dh'a³ *phrase* to their
[CC: Shortened form of **dh'aga**]
{S 3; F 1: L *d'a* (LPJB)}

dhanna *conj.* then ALT = **ena**.
[E(E): MidE < OldE *þanne* (coe)]
{S 4; F 3: L *than* (JCNBG), *dhanna* (JCNBL)}

dh'aga³ [ðaga] *phrase* to their
[CC: from **dhe aga**] {S 2; F 5: M *thaga, thage, thega*: L *da ge* (AB244c), *de gu* (P1JJ)}

dh'agan [ðagan] *phrase* to our
[CC: from **dhe agan**]
{S 2; F 5: M *thagan, thagen, thegan*: L *dho gyn* (AB244b), *tha gan* (CLJK)}

dh'agas [ðagas] *phrase* to your *(pl.)*
[CC: from **dhe agas**]
{S 2; F 4: M *thagas* → P, *thagys*: L *tha guz*}

dhe² [ðə] *prep.* to, for, at
[C: Brit **do*-] {S 2; F 9: M *the, tha* (CW.): L *dho* (AB.), *tha, tho, do*: C B *da*, W(*i*)}
This word has acquired a permanent lenition. Prepositions formed with **dhe** (**dhymm, dhis, dhodho, dhedhi, dhyn, dhywgh, dhedha**) are listed invidually.

dhe'n leur down

dhe wari free (liberated)

dhe-denewen [ðədɛ'nɛwɛn] *adv.* sidelong
[cC: **dhe** 2**tenewen**]
{S 2; F 1: L *the denewhan* (CW.1551)}

dhedha [ˈðęˑða] *prep.* to them
Largely replaced by *thethans, thothans* from TH. onwards. [C:] {**S** 2; **F** 5: **M** *33e* (MC.), *thethe* (Ord.), *dethe* (BM.), *thetha* (TH.): **L** *thotha* (M2WK): **C** **B** *dezho*}

dhedhi [ˈðęˑði] *prep.* to her
[C:] {**S** 2; **F** 4: **M** *thethy*: **L** *dhethi, dhydhi* (AB244b) → P: **C** **B** *dezhi*}

dhe-dhorn *phrase* at hand
{**S** 1; **F** 1: **L** *tha dorn* (M4WK)}
When translating 'at hand' in 'the kingdom of God is at hand', Wm. Rowe used this flagrant calque on English, instead of a more Cornish expression such as **yn ogas**.

dhe-dre [ðəˈdrę:] *adv.* home, homeward(s), back
[cC: **dhe** 2**tre**] {**S** 2; **F** 4: **M** *the dre*}

dhe-hys [ðəˈhɪːz] *adv.* at length
[cC: **dhe** **hys**] {**S** 2; **F** 1: **M** *3ehes* (MC.109)}

dhejy [ðəˈdʒɪː] *pron.* thou *(emphatic)*
Reduplicated pronoun.
[C:] {**S** 3; **F** 4: **M** *the gy, the sy* → P}

dhe-jy *prep.* to thee ALT = **dhis** or **dhiso**; but **dhe-jy** is useful in poetry.
[cC:] {**S** 2; **F** 3: **M** *thege*: **L** *do chee* (P2JJ)}

dhe'm [ðəm] *phrase* to my
[cC:] {**S** 2; **F** 6: **M** *thum, thom*: **L** *dhym* (AB242b)}

dhe'n [ðən] *phrase* to the
[cC: from **dhe** **an**] {**S** 2; **F** 7: **M** *then*: **L** *dhan* (AB.), *than*}

dhe-ni *prep.* to us ALT = **dhyn ni**.
[cC: **dhe** **ni**] {**S** 2; **F** 4: **L** *tha ny* (LPJK), *dha nei* (JCNBL)}

dhe'th[5] [ðəθ] *phrase* to thy, to your (sg.)
[cC:] {**S** 2; **F** 6: **M** *theth* → L,P}

dherag [dęˈraːg] *prep.* before commoner than **derag** in texts.
[cC: Short variant of **a-dherag**]
{**S** 2; **F** 4: **M** *therag*}

dhe-ves [ðəˈvę:z] *adv.* away
[cC: **dhe** 2¹**mes**] {**S** 2; **F** 5: **M** *the ves*: **L** *dẏvêas* (AB051a), *the ves* (TCJK)}

dhe-vy *prep.* to me ALT = **dhymm** or **dhymmo**; but **dhe-vy** is useful in poetry.
[cC:] {**S** 2; **F** 4: **M** *thevy*: **L** *dho vî*}

dhe-wir [ðəˈwiːr] *adv.* in truth, forsooth, verily, truly, really, indeed
[cC: **dhe** 2**gwir**] {**S** 1; **F** 4: **M** *the wyr*}

dhe-woeles [ðəˈwoˑlęz] *adv.* to the bottom, down below
[cC: **dhe** 2**goeles**] {**S** 2; **F** 2: **M** *the woles* (RD.2196), *the wolas* (TH04r)}

dhi [ˈðiː] *adv.* thither, to that place
[C: Permanently lenited variant of **di**] {**S** 2; **F** 3: **M** *3y* (MC.), *thy* (Ord., BK., CW.) → P}

dhis [ˈðiːz] *prep.* to thee, to you (sg.)
[C: Brit (Fl.)] {**S** 8; **F** 7: **M** *thys* → P: **L** *theeze* (G3WK); *dhyz* (AB.), *dhiz* (CGEL): **C** **B** *dit*, MidW *itt*} Rhymes suggest that a spelling with <y> would be better.

dhiso [ˈðiːzɔ] *prep.* to thee, to you (sg.)
[C:] {**S** 2; **F** 6: **M** *thyso* → P, *theso*: **L** *theeza* (TCWK)} According to N.Williams, this form arose by analogy with **dhodho** 'to him'.

dhiworth [ðɪˈwɔrθ] *prep.* from
[C: Short variant of **a-dhiworth**] {**S** 2; **F** 7: **M** *thyworth, theworth*: **L** *thurt, thort*} Commoner than **diworth**; the Late forms are based on the 3rd person forms with *thywort-*.

dhodho [ˈðɔˑðɔ] *prep.* to him
[C:] {**S** 2; **F** 6: **M** *3030* (MC.), *thotho* (Ord.), *dotha* (BM.), *thotha* (BK., TH., CW.): **L** *thotha* (M4WK): **C** **B** *dezhañ*}

dh'omma [ˈðɔmːa] *prep.* hither, to here
[CC: Short variant of **dhe omma**]
{**S** 3; **F** 2: **L** *dhẏbba* (AB066b)}

dh'ow[3] [ðɔw] *phrase* to my **dhe'm** is much more common.
[cC: from **dhe** ³**ow**]
{**S** 2; **F** 3: **M** *thov*: **L** *dha a* (AB245a)}

dhuryen [ˈðyrįęn] *m.* east
[C: Brit *dê-reg-n* < CC *d-eks-reg-n* (gpc)]
{**S** 8; **F** 1: **L** *Thuryan* (MSWP): **C** **W** *dwyrain*:} Regular development would give /dorein/; the sole example of this word in the corpus shows initial lenition and metathesis.

¹dh'y² [ðɪ] *phrase* to his, to its
In order to determine whether **dh'y** means 'to his' or 'to her', one must examine the mutation of the following noun: if the noun begins with a non-lenitable sound, then the context must be examined. Ambiguity is avoided by the use of enclitics after the noun.
[cC: from **dhe ²y**]
{S 2; F 7: M *thy* → P, *зy*: L *tho e*}

²dh'y³ [ðɪ] *phrase* to her, to its See **¹dh'y**.
[cC: from **dhe hy**]
{S 2; F 6: M *thy* → P: L *the e* (G3WK)}

dhy'hwi [ðɪ'hwiː] *prep.* to you (pl.)
[CC: Shortened from **dhywgh hwi**] {S 2; F 6: M *thywhy, dywy, thewhy*: L *tha why*}
Re-interpreted in LateC as **dhe hwi**.

dhy'hwyhwi [ðɪhwɪ'hwiː] *prep.* to you
Emphasizes **hwi**.
[CcC: from **dhywgh hwi hwi**] {S 2; F 3: M *зewy why* (MC.158), *thywhy why* (RD.)}

dhymm ['ðɪmː] *prep.* to me
[C:] {S 2; F 7: M *thym* → L,P: L *dhebm* (AB.): C B *din*}

hemm yw dhymm this is mine
gwra hemma dhymm, mar pleg please do this for me

dhymmo ['ðɪmːɔ] *prep.* to me
[C:] {S 2; F 6: M *thymmo* → L,P; *thybma*}
According to N. Williams, this form arose by analogy with **dhodho** ' to him'.

dhyn ['ðɪːn] *prep.* to us
In LateC, **dhyn ni** was re-interpreted as **dhe-ni**, so **dhyn** was not much used. [C:] {S 2; F 7: M *thyn*: L *dhyn* (AB.) → P: C B *(deomp)*}

dhywgh ['ðɪʊx] *prep.* to you (pl.)
[C:] {S 2; F 6: M *thywgh, theugh*: L *dhiu* (AB.), *thew*: C B *deoc'h*}

di ['diː] *adv.* thither, to that place
[C: CC *dê* (leb)]
{S 1; F 5: M *dy* → P, *thy* → P: C B *di*}

DI-² *prefix* -less Privative prefix.
[C: Brit **dî-* (Fl.)]
{S 1; F 2: L *Di-* (AB249c) → P: C B *di-*, W *di-*}

diagha [di'aˑxa] **1.** *m.* tranquillity **2.** *adj.* unalarmed
[cE(N): DI- **agha**]
{S 4; F 1: M *dyaha* (RD.0402), *thyaha* (BK11.38):}

dial ['diˑal] *m.* vengeance, retribution
[C: DI- + a root *gâl* (gpc)] {S 8; F 4: M *dyal* → L,P; *dyel* → P, *deall* (CW.): L *deal* (CWK2538): C B *dial*, W *dial:*} The unetymological spelling *dyel* arose because of the change [ę] > [a].

tyli dial war wreak vengeance on
diala Now spelled **diella**.

dialar [di'aˑlar] *adj.* without grief
[cC: DI- **2galar**] {S 1; F 1: M *dealer* (BM.3086)}

dialek m. +show dialect ALT = **rannyeth**.
{S 1; F 2: L *dialek* (CGEL); pl. *dialeksho* (CGEL): +show L}

dialhwedh [di'alhwęð] **1.** *m.* **+yow** key *(of lock)* **2.** *adj.* unlocked
[cC: DI- **alhwedh**]
{S 1; F 2: O *dialpet* (VC.768) → P: **+yow** I}

dialhwedha [ˌdial'hwęˑða] *v.* unlock
[cCc: DI- **alhwedha**] {S 1; F 1: M *ny thyalwethas* 'did not unlock' (RD.1445): C B *dialc'houezañ*}

dialhwedhik [ˌdial'hwęˑðɪk] *m.* **-igow** little key
[cCc: DI- **alhwedh** -IK] {S 1; F 1: M *dyalwethy gov* 'little keys' (BM.3690): **-igow** M}

dialloes [di'alːɤz] *adj.* powerless, impotent, unable, incapable
[cCc: DI- **2galloes**]
{S 1; F 0(CE38): C B *dic'halloud;* cf. W *diallu*}

dialloesedh [dia'loˑzęð] *m.* impotence
[cCc: **dialloes** -EDH] {S 1; F 0(GM09: G.M.S.):}

dialor [di'aˑlɔr] *m.* **+yon** avenger
[Cc: **dial** -OR] {S 8; F 0(CE38): **+yon** I}

dianall [di'aˑnal] *adj.* breathless, out of breath
[cC: DI- **anall**] {S 2; F 0(CE38): C B *dianal*}

diank [dɪ'ank] **1.** *m.* **+ow** escape **2.** *v.* escape, run away
[C: Brit *dî-ank-* (Fl.) < CC **dî-eks-ñk-* (gpc)]
{S 1; F 3: M *зeank* (MC.251) → L; *dyank* (PC.1180); p.ptcpl. *dyenkys* → P: C B *diank* 'free'; W *dianc*: **+ow** I}

dianker [dɪ'ankęr] *m.* **-oryon** escapee *(male)* [Cl: **diank** -¹ER] {**S** 1; **F** 0(GM09: G.M.S.): **-oryon** I}

diankores [dɪan'kɔ·ręs] *f.* **+ow** escapee *(female)* [Clc: **diank** -ORES] {**S** 1; **F** 0(GM09: K.J.G.): **+ow** I}

diannedh [di'an:ęð] *adj.* homeless [cC: DI- **annedh**] {**S** 1; **F** 0(Y2)}

diannedhi [ˌdia'nę·ði] *v.* make homeless [cCc: DI- **annedhi**] {**S** p; **F** p}

diannetter [ˌdia'nęt:ęr] *m.* homelessness [cCc: from DI- **annedh** -TER] {**S** 1; **F** 0(GK98: G.M.S.):}

diarghen [di'arxęn] *adj.* barefoot [cC: DI=ARGHEN] {**S** 1; **F** 0(GK98: G.M.S.): **C B** *diarc'hen*}

diaskellek [ˌdias'kęl:ęk] *adj.* wingless [cCc: DI- **askell** -¹EK] {**S** 1; **F** 0(GM09: K.S.)}

diaskorna [ˌdias'kɔrna] *v.* bone *(remove bones)* [cCc: DI- **askorn** -¹A] {**S** 1; **F** 0(Y1)}

dibarder [dɪ'bardęr] *m.* **+yow** inequality [cLc: DI- 2**parder**] {**S** 1; **F** 0(GM09: YhaG): **+yow** I}

dibarow [dɪ'ba·rɔw] **1.** *adj.* odd *(of numbers)*, unmatched, unique, unequalled, unlike others, matchless **2.** *adv.* separately [cLc: DI- 2**parow**] {**S** 1; **F** 2: **L** *debarowe* (CW.0403) → **P**: **C** cf. B *dibar*}

dibarth [dɪ'barθ] *f.* **+ow** separation, segregation, parting, departure [cC: DI- 2**parth**] {**S** 1; **F** 3: **M** *dybarth*: **C B** *dibarzh*: **+ow** I}
kyns dibarth before parting

dibegh ['di·bęx] *adj.* guiltless, sinless [cC: DI- 2**pegh**] {**S** 1; **F** 2: **L** *dibêh* (AB249c) → **P**}

dibenn ['di·bęn] *adj.* headless, endless [cC: DI- 2**penn**'head']

{**S** 1; **F** 0(CE38): **C B** *dibenn*}

dibenna [dɪ'bęn:a] *v.* behead, lop, crop *(truncate)*, execute *(by beheading)* [cCc: **dibenn** -¹A] {**S** 1; **F** 3: **M** *debenna* (BK20.14): **L** *dibenna* (AB104b) → **P**: **C B** *dibennañ*}

dibennans [dɪ'bęn:ans] *m.* **+ow** beheading [cCh: **dibenn** -ANS] {**S** 1; **F** 0(EC52): **+ow** I}

dibenner [dɪ'bęn:ęr] *m.* **-oryon** executioner [cCl: **dibenn** -¹ER] {**S** 1; **F** 0(EC52): **-oryon** I}

diber ['di·bęr] *m.* **dibrow** saddle [C: DIBR-S] {**S** 8; **F** 3: **O** *diber* (VC.961) → L,P: **L** *deeber* (WDRS): **P** *Carrack an deeber*: **C B** *dibr*; not in W: **dibrow** I} The supposed W word *dibr* was in fact taken from *OCV*. An etymological connection with **dybri** 'to eat' has been suggested, since food is kept in saddle-bags.

diber-dowr [ˌdibęr'dɔʊr] *m.* **dibrow-dowr** hat *(broad-brimmed)* lit. 'water-saddle', though Nance interpreted the word as from **diberth dowr**. [CC: **diber dowr**] {**S** 8; **F** 3: **L** *debr doųr* (AB062b) → **P**: **dibrow-dowr** I}

diberth [dɪ'bęrθ] *v.* separate, segregate, disperse, part, depart [cC: DI- 2**parth**A] {**S** 1; **F** 4: **M** *dyberth* (BM.): **L** *debarra* (G1JB), *diberhee* (PV.9128)} In MidC, the VN had no suffix; in LateC, both -A and -I <-ee> were used.

diberthva [dɪ'bęrθva] *f.* **+ow** separation [cCc: **diberth** -VA] {**S** 1; **F** 2: **L** *deberthva* (CW.0083) → **P**: **+ow** I}

diberthys [dɪ'bęrθɪz] *adj.* separated [cCc: **diberth** -⁶YS] {**S** 1; **F** 3: **M** *deberthys*}
klav diberthys separated leper

dibita [dɪ'bi·ta] *adj.* pitiless, heartless, ruthless, relentless [cE(F): DI- 2**pita**] {**S** 5; **F** 3: **M** *dybyte*: **L** *dibitti* (AB249c) → **P**}

diblans

diblans [dɪ'blans] **1.** *adj.* distinct, separate, clear *(distinct)* **2.** *adv.* distinctly
[C: **di-** + ? Cor. cognate of W *plant* 'child']
{S 1; F 4: M *dyblans*: L *dyblans* (CWK2534)}

diblanseth [dɪ'blanzęθ] *f.* **+ow** distinction *(difference)*, separateness
[C: **diblans** -ETH]
{S 1; F 0(GM09: K.J.G.): **+ow** I}

dibluva [dɪ'bly·va] *v.* pluck *(feathers)*
[cLc: DI- 2**pluv** -¹A] {S 1; F 0(EC52)}

dibobel [dɪ'bɔ·bęl] *adj.* depopulated, deserted
[cL: DI- 2**pobel**] {S 1; F 0(AnG 1985)}

dibobla [dɪ'bɔbla] *v.* depopulate
[cLc: DI- 2**pobla**] {S 1; F 0(EC52): C B *diboblañ*}

diboblans [dɪ'bɔblans] *m.* depopulation
[cLh: DI- 2**poblans**] {S 1; F 0(AnG 1995):}

diboell ['di·bɤl] *adj.* senseless *(without reason)*
[cC: DI- 2**poell**] {S 1; F 0(GM09: G.M.S.)}

diboltra [dɪ'bɔltra] *v.* dust
[cE(F)c: from DI- 2**polter** -¹A]
{S 4; F 0(EC52): C cf. B *diboultrennañ*}

dibowes [dɪ'bɔʊęs] *adj.* restless
[cL: DI- 2POWES] {S 1; F 0(EC52): C B *dibaouez*}

dibowester [dɪbɔ'wę·stęr] *m.* restlessness
[cLc: **dibowes** -TER] {S 1; F 0(GM09: G.M.S.):}

DIBR- [C:]

dibra ['dɪbra] *v.* saddle
[Cc: DIBR=¹A] {S 8; F 0(CE38): C B *dibrañ*}

dibreder [dɪ'brę·dęr] *adj.* thoughtless, heedless, careless, irresponsible
[cC: DI- 2**preder**] {S 1; F 0(EC52): C B *dibreder*}

dibredereth [dɪbrę'dę·ręθ] *f.* thoughtlessness, carelessness, irresponsibility
[cCc: **dibreder** -ETH] {S 1; F 0(GM09: K.J.G.):}

dibrer ['dɪbręr] *m.* **-oryon** saddler *(male)* [Cl: DIBR=¹ER]
{S 8; F 0(CE38): **-oryon** I}

dibrores [dɪ'brɔ·ręs] *f.* **+ow** saddler *(female)* [Clh: DIBR=ORES]
{S 8; F 0(GM09: K.J.G.): **+ow** I}

dibygans [ˌdɪbɪ'gans] *adj.* insolvent, improvident
[ccC: DI- 2**pygans**] {S 1; F 0(Y2)}

dibyganseth [ˌdi·bɪ'ganzęθ] *f.* **+ow** insolvency
[ccCc: **dibygans** -ETH] {S 1; F 0(Y2): **+ow** I}

didakla [dɪ'dakla] *v.* dismantle
[cE(E)c: DI- 2TAKL=¹A] {S 4; F 0(EC52)}

didal ['di·dal] *adj.* free *(of charge)*, gratis
[cC: DI- 2TAL-] {S 8; F 0(GM09: G.M.S.)}

diderghi [dɪ'dęrxi] *v.* uncoil
[cCc: DI- 2**terghi**] {S 1; F 0(CE38)}

didhan [dɪ'ða:n] **1.** *adj.* amusing, funny, pleasing **2.** *m.* **-enyow** amusement, entertainment
[C: CC] {S 8; F 0(CE38): C W *diddan*: **-enyow** I}

didhana [dɪ'ða·na] *v.* amuse, entertain, charm
[Cc: **didhan** -¹A]
{S 8; F 3: M *dythane* (RD.2526), *thythane* (OM.0152) → P; 3rd sg. pres. ind. *dythan* (BK20.90): C W *diddanu*; cf. OldB *didanhaot*}

didhanedh [dɪ'ða·nęð] *m.* entertainment
[Cl: **didhan** -¹EDH] {S 8; F 0(GM09: YhaG):}

didhanus [dɪ'ða·nys] *adj.* amusing, entertaining
[Cl: **didhan** -US] {S 8; F 0(CE93)}

didhemmedh [dɪ'ðęm:ęð] *adj.* divorced
cf. **andhemmedhys** 'unmarried'
[cC: DI- 2DEMMEDH-] {S 1; F 0(GM09: P.P.)}

didhemmedhi [ˌdiðę'mę·ði] *adj.* divorce
[cC: DI- 2**demmedhi**] {S 1; F 0(GM09: P.P.)}

didhemmedhyans

didhemmedhyans [ˌdɪðę'mę·ðjans] *m.*
+ow divorce
[cC: DI- 2**demmedhyans**]
{S 1; F 0(GM09: G.M.S.): +ow I}

didhena [dɪ'ðę·na] *v.* wean
[cCc: DI- 2**dena**]
{S 1; F 0(CE38): C cf. B *dizonañ*, W *diddyfnu*}

didheuri [dɪ'ðœ·ri] *v.* interest, concern
[cCc: DI- 2**deur** -¹I]
{S 1; F 1: M 3rd sg. cond. *dythursa* (BK28.47)}

didheurek [dɪ'ðœ·ręk] *adj.* interesting
[cCc: DI- 2**deur** -¹EK] {S 1; F 0(CE93: R.M.N.)}
Coined by Nance on the basis of W *diddorol*, but criticized by Smith in *Kemysk Kernewek*, and omitted from Nance's dictionaries.

didhevnydh [dɪ'ðęvnɪð] *adj.* useless
[cC: DI- 2**devnydh**] {S 1; F 0(AnG)}

didhiwedh [dɪ'ðiƱęð] *adj.* endless
[cC: DI- 2**diwedh**] {S 1; F 0(GM09: G.M.S.)}

didhowra [dɪ'ðɔƱra] *v.* dehydrate
[cCc: DI- 2**dowra**] {S 1; F 0(EC00)}

didhowrans [dɪ'ðɔƱrans] *n.* dehydration
[cCc: DI- 2**dowr** -ANS] {S 1; F 0(EC00)}

didhregynnus [dɪðrę'gɪnːys] *adj.* harmless
[cCcc: DI- 2**dregynnus**] {S 1; F 0(GM09: K.J.G.)}

didhuw [dɪ'ðyw] *adj.* godless
[cC: DI- 2**duw**] {S 1; F 0(EC00)}

didhynnargh [dɪ'ðɪ·nːarx] *adj.* inhospitable, unwelcome
[cC: DI- 2**dynnargh**] {S 1; F 0(GK98: R.L.)}

didhysk [dɪ'ðɪ·sk] *adj.* untaught, inexpert
[cL: DI- 2DYSK-]
{S 1; F 0(CE38): C B *dizesk*, W *diddysg*}

dido [dɪ'dɔː] *adj.* roofless
[cC: DI- 2**to**] {S 1; F 0(EC52): C cf. B *didoenn*}

didoella [dɪ'dɤlːa] *v.* disillusion
[cCc: DI- 2**toella**] {S 1; F 0(EC00)}

diekter

didoellans [dɪ'dɤlːans] *m.* disillusionment
[cCh: from **didoella** -ANS]
{S 1; F 0(GM09: G.M.S.):}

didoll [dɪ'dɔlː] *adj.* tax-free
[cE(E): DI- 2²**toll**] {S 4; F 0(EC52): C W *di-doll*}

didon [dɪ'dɔːn] *adj.* tuneless
[cL: DI 2**ton**] {S 1; F 0(GM09: YhaG)}

didorr [dɪ'dɔrː] *adj.* unbroken, continuous
[cC: DI- ¹**torr**] {S 1; F 0(GM09: K.J.G.)}

didorrva [dɪ'dɔrva] *f.* +ow continuum
[cC: **didorr** -VA] {S 1; F 0(EC00): +ow I}

didre [dɪ'dręː] *adj.* homeless
[cC: DI- 2**tre**] {S 2; F 0(CE93: R.E.)}

didreylya [dɪ'dręɪlja] *v.* divert
[cUc: DI- 2**treylya**] {S 8; F 0(GM09: G.M.S.)}

didreylyans [dɪ'dręɪljans] *m.* +ow diversion
[cUh: DI- 2**treylyans**]
{S 8; F 0(GM09: G.M.S.): +ow I}

didro [dɪ'drɔː] *adj.* straightforward, direct
[cC: DI- 2**tro**] {S 2; F 0(EC52)}

didros [dɪ'drɔːs] *adj.* silent, noiseless
[cC: DI- 2**tros**] {S 1; F 0(EC52): C B *didrouz*}

didruedh [dɪ'dry·ęð] *adj.* merciless, pitiless
[cCc: DI- 2**truedh**] {S 1; F 0(EC00): C B *didruez*}

diegi [di'ę·gi] *m.* sloth, laziness, lethargy
[Cc: from **diek** + noun sf. -I]
{S 8; F 0(CE38): C B *diegi*; W *diogi*:}

diek ['di·ęk] *adj.* lazy, idle, slothful, indolent
[C: Brit *dî-âko-] {S 1; F 3: O *dioc* (VC.307) → L,P: M *thyek* (BM.3360), *dyag* (TH02v), *dyack* (CW.0918): C B *diek*; W *diog*}

diekter [di'ęktęr] *m.* laziness, indolence, idleness
[Cc: **diek** -TER] {S 1; F 0(CE38):}

diella [di'ęl:a] *v.* avenge, wreak vengeance
[Cc: **dial** -¹A]
{S 8; F 4: M *dyelha* (BK23.47): L p.ptcpl. *dylîez* (AB175c) → P}
The <e> arose from the vowel aff. in the p.ptcpl. **diellys**. The unetymological <ll> arose because the difference between /l/ and /ll/ was neutralized in unstressed syllables.

dielvenna [ˌdięl'vęn:a] *v.* analyse
[cLc: **di- elvenn** -¹A] {S 1; F 0(GK98: K.J.G.)}

dielvennans [ˌdięl'vęn:ans] *m.* **+ow** analysis
[cLh: DI- **elvenn** -ANS]
{S 1; F 0(GK98: K.J.G.): **+ow** I}

dielvennel [ˌdięl'vęn:ęl] *adj.* analytical
[cLc: DI- **elvenn** -¹EL] {S 1; F 0(GM09: G.M.S.)}

dielvennydh [ˌdięl'vęn:ɪð] *m.* **+yon** analyst
[cLh: DI- **elvenn** -YDH]
{S 1; F 0(GM09: K.J.G.): **+yon** I}

dien ['di·ęn] *adj.* complete, entire, whole, intact
[C:] {S 8; F 4: M *dyen* → P: C W *dien* 'faultless'}
yn tien completely, altogether, entirely, fully
oll yn tien wholly

dieneth [di'ę·nęθ] *f.* completeness
[Cc: **dien** -ETH] {S 8; F 0(GK98: K.J.G.):}

dienora [ˌdię'nɔ·ra] *v.* dishonour
[cE(F)c: DI- **enora**]
{S 8; F 1: M *dyhonora* (TH.14v)}

dieskis [di'ęskɪz] *adj.* barefoot
[cC: DI- **eskis**]
{S 1; F 2: L *diesgiz* (AB055a) → P}

Dieu (Fr.) *n.* God {S 6; F 3: M *dev, dv, du*}
N.B. Similar confusion of spelling as with Cor. **Duw**; nearly all exx. in lines of French.

difasya [dɪ'fa·tsja] *v.* deface, mar, disfigure
[cE(F)c: DI- **fas** -YA]
{S 4; F 1: L p.ptcpl. *defashes* (CW.0476)}

difasyans [dɪ'fa·tsjans] *m.* **+ow** defacement, disfigurement
[cE(F)c: DI- **fas** -YANS]
{S 4; F 0(GM09: YhaG): **+ow** I}

difastya [dɪ'fa·stja] *v.* unfasten
[cE(E): DI- **fastya**] {S 4; F 0(GK98: A.S.)}

difenn ['di·fęn] **1.** *m.* **+ow** ban, interdiction, prohibition **2.** *v.* forbid, ban, prohibit, interdict
[L: CLat *defendo* (hpb)]
{S 1; F 4: M *dyfen* → P, *defen*: L *tefna* (NGNB4); C B *difenn*: **+ow** I} VN with *-a* at CW.0946.
difenn orth nebonan a wul neppyth forbid someone to do something

difennadow [ˌdifę'na·dɔw] *m.* prohibition
[Lc: **difenn** -ADOW]
{S 1; F 1: M *defennadow* (OM.0238):}

difenner [dɪ'fęn:ęr] *m.* **-oryon** defendant
[LL: **difenn** -¹ER]
{S 1; F 1: O *diffennor* (VC.958) → P: **-oryon** I}

difennlett [dɪ'fęnlęt] *m.* **+ow** veto
[LE(E): **difenn lett**] {S 5; F 0(EC00): **+ow** N}

difennlettya [ˌdɪfęn'lęt:ja] *v.* veto
[LE(E): **difennlett** -YA]
{S 5; F 0(GM09: G.M.S.)}

difennydh [dɪ'fęn:ɪð] *m.* **+yon** prohibitionist
[Lc: **difenn** -¹YDH] {S 1; F 0(EC00): **+yon** I}

difennys [dɪ'fęn:ɪz] *adj.* forbidden, prohibited, banned
[Lc: **difenn** -⁶YZ]
{S 1; F 0(EC00): M *dyfynnys* (OM.0212), *defennys* (CW.0751), *defednys* (CW.1814)}

DIFEUDH- [C: CC *dîspâd-* < IE *dê-eks-bâd-* (gpc)]

difeudhans [dɪ'fœ·ðans] *m.* **+ow** extermination, extinction
[Ch: DIFEUDH=ANS]
{S 1; F 0(GM09: G.M.S.): **+ow** I}

difeudhell [dɪ'fœˑðel̩] *f.* **+ow**
extinguisher
[Cc: DIFEUDH=¹ELL]
{S 1; F 0(GM09: G.M.S.): +ow I}

difeudhi [dɪ'fœˑði] *v.* quench,
extinguish *(a flame)*, put out a fire,
exterminate
[Cc: DIFEUDH=¹I]
{S 1; F 2: M 2 sg. impv. *dyfuth* (OM.2637);
p.ptcpl. *dvvuthys* (BK27.14): C W *diffoddi*}
Clearly linked to **beudhi**, but not simply.

difeyth [dɪ'fɛɪθ] **1.** *m.* **+yow** waste
(land), desert **2.** *adj.* waste, barren
[L: CLat *dēfectus* (lheb)]
{S 1; F 3: O *difeid* (VC.016) → L,P:
M *defyth* → P: C B *divezh*; W *diffaith*: +yow I}

difeythkoes *m.* wild wood, virgin
forest
[cLC: **difeyth koes**] {S 1; F 0(EC52)}
Appears to have been coined by Nance, but with a questionable meaning of **difeyth**.

difeythtir [dɪ'fɛɪθtir] *m.* **+yow**
wasteland, desert
[cLC: **difeyth tir**]
{S 1; F 0(EC52): C W *diffeithdir*: +yow I}

difeythtiryans [dɪfɛɪθ'tiˑrjans] *m.*
desertification
[cLCc: **difeythtir** -YANS]
{S 1; F 0(GM09: G.M.S.):}

difeythya [dɪ'fɛɪθja] *v.* lay waste
[cLc: **difeyth** -YA]
{S 1; F 0(CE38): C W *diffeithio*}

different (Eng.) *adj.*
{S 6; F 1: M *defferent* (TH51r)}

difinweth [dɪ'finwęθ] *adj.* unlimited,
boundless
[cLc: DI- **finweth**] {S 3; F 0(GM09: K.J.G.)}

diformya v. unmake ALT = **diswul**.
[cE(F)c: DI- **formya**]
{S 4; F 1: M 3 sg. pres. ind. *deform* (CW.0173)}

difres [dɪ'fręːz] **1.** *v.* relieve, protect,
save **2.** *m.* **+ow** relief, benefit
Takes the preposition **a**.

difurvyans
[U:] {S 8; F 3: M *thyffres* (PC.2622) → P, *thyffras* (PC.2619, RD.0409): C W *diffred*; cf. B *difred* 'unemployed'; *fred* may be from F *fret* 'freight', but E *freight* < MLG *vrecht*: +ow I}

difresyas [dɪ'fręˑʒjaz] *m.* **-ysi** protector
[Uc: **difres** -³YAS]
{S 8; F 0(CE38): C W *diffreidiad*: -ysi I}

difresyades [ˌdifręʒ'jaˑdęs] *f.* **+ow**
protectress
[Uc: **difres** -YADES] {S 8; F 0(CE55): +ow I}

difresyans [dɪ'fręˑʒjans] *m.* **+ow** relief,
protection
[Uh: **difres** -YANS] {S 8; F 0(EC52): +ow I}

difresyans toll tax relief

difreth [dɪ'fręːθ] *adj.* feeble, powerless
[cC: DI- **freth**] {S 1; F 2:
M *dyfreth* (OM.0593) → P, *deffryth* (CW.1171)}

difrethter [dɪ'fręθtęr] *m.* feebleness
[cCc: **difreth** -TER] {S 1; F 0(CE38):}

difronn [dɪ'frɔnː] *adj.* unrestrained
[cL: DI- **fronn**] {S 3; F 0(GM09: K.J.G.)}

difun [dɪ'fyˑn] *adj.* awake
[cC: From DI- **hun**]
{S 3; F 3: M *dufvn* (RD.0524) → P, *dufen* (BM.3770), *thyfun* (PC.2204) → P: C B *dihun* (but *divun* in central Brittany)}

difuna [dɪ'fyˑna] *v.* awaken, wake up
Intransitive. [cCc: From **dihun** -¹A]
{S 3; F 4: M *thyuvne* (BM.1785), *dyfvna* (BK05.36): L *devina* (PV.9012), *difuny* (PV.9138)}

difunedh [dɪ'fyˑnęð] *m.* sleeplessness
[C: from **dihun** -¹EDH] {S 8; F 0(CE38):}

difunell [dɪ'fyˑnęl] *f.* **+ow** alarm clock
[cCc: **difun** -²ELL]
{S 3; F 0(AnG 1986): C cf. B *dihuner*: +ow I}

difurv [dɪ'fyrv] *adj.* amorphous
[cL: DI- **furv**] {S 1; F 0(EC00)}

difurvya [dɪ'fyrvja] *v.* deform
[cLc: DI- **furvya**] {S 1; F 0(GM09: G.M.S.)}

difurvyans [dɪ'fyrvjans] *m.* **+ow**
deformation
[cLc: DI- **furvyans**]
{S 1; F 0(GM09: G.M.S.): +ow I}

difygya

difygya [dɪ'fɪ·gja] *v.* fail, cease, grow less
[Lc: from **difyk** -¹A] {**S** 1; **F** 3: **M** 3rd sg. pres. ind. *thyfyk* (RD.0078): **L** *tefigia* (AB245a) → P}
na dhifyk everlasting, unfailing
nevra na dhifyk eternal

difygas [dɪ'fɪ·gaz] *m.* **+ow** deficit
[Lc: from **difyk** -²AS]
{**S** 1; **F** 0(GK98: R.L./T.S.): **+ow** I}

difygyek [dɪ'fɪ·gjɛk] *adj.* defective
[Lc: from **difyk** -YEK]
{**S** 1; **F** 0(GK98: R.L./T.S.)}

difygyel [dɪ'fɪ·gjɛl] *adj.* deficient
[Lc: from **difyk** -YEL]
{**S** 1; **F** 0(GM09: G.M.S.): **C** W *diffygiol*}

difyk ['dɪ·fɪk] *m.* **difygyow** failure, eclipse, defect, failing, deficiency, slump
[L: CLat *dîficium* (gpc)] {**S** 1; **F** 0(CE38): **C** W *diffyg*: **difygyow** N (CE38)}
difyk an Howl solar eclipse
difyk an Loer lunar eclipse

digabester [ˌdiga'bɛ·stɛr] *adj.* unchained, at liberty, unconstrained
[cU: DI- 2**kabester**]
{**S** 1; **F** 0(EC52): **C** B *digabestr*}

digamma [dɪ'gam:a] *v.* straighten out
[cCc: DI- 2**kamma**] {**S** 1; **F** 0(GK98: R.L./T.S.)}

digea *v.* unfence ALT = **igeri**.
Use not advised owing to potential confusion with **degea** 'to close';
[cCc: DI- 2⁴**ke** -¹A]
{**S** 1; **F** 1: **M** p.ptcpl. *degys* (CW.2270)}

digelmi [dɪ'gɛlmi] *v.* untie, detach, solve a problem, resolve
[cCc: DI- 2**kelmi**] {**S** 1; **F** 3: **M** *degylmy*}

digemmyska [ˌdigɛ'mɪ·ska] *v.* sort, unravel
[cCc: DI- 2**kemmysk** -¹A]
{**S** 1; **F** 0(AnG): **C** B *digemmeskañ*}

digemusur [ˌdigɛ'my·syr] *adj.* asymmetrical
[ccL: DI- 2**kemusur**] {**S** 1; **F** 0(GK98: R.L./T.S)}

digennertha [ˌdigɛn'nɛrθa] *v.* discourage, demoralize
[ccCc: DI- 2**kennertha**] {**S** 1; **F** 0(GK98: K.J.G.)}

digennerthans [ˌdigɛn'nɛrθans] *m.* **+ow** discouragement, demoralization
[ccCh: DI- 2**kennerth** -ANS]
{**S** 1; **F** 0(GM09: G.M.S.): **+ow** I}

digeredh [dɪ'gɛ·rɛð] *m.* **+ow** excuse
[cC: DI- 2**keredh**] {**S** 1; **F** 0(CE38): **C** W *digerydd*; cf. B *digarez*: **+ow** I}

digeredhi [ˌdigɛ'rɛ·ði] *v.* excuse
[cCc: DI- 2**keredhi**]
{**S** 1; **F** 0(EC52): **C** cf. B *digareziñ*}

digeredhys [dɪgɛ'rɛ·ðɪz] *adj.* excused
[cCc: p.ptcpl. of **digeredhi**]
{**S** 1; **F** 0(GM09: G.M.S.)}

digesson [dɪ'gɛssɔn] *adj.* discordant, disharmonious
[ccL: DI- 2**kesson**] {**S** 1; **F** 1: **L** *dygesson* (AB223)}

digeudh [dɪ'gœ:ð] *adj.* carefree, merry
[cC: DI- 2**keudh**]
{**S** 1; **F** 1: **M** *degueth* (BM.3228)}

digevelsi [ˌdigɛ'vɛlzi] *v.* disjoint
[ccCc: DI- 2**kevals**A -¹I]
{**S** 1; **F** 1: **M** p.ptcpl. *dygavelsys* (PC.3179)}

digig [dɪ'gi:g] *adj.* fleshless
[cC: DI- 2**kig**] {**S** 8; **F** 0(GM09: G.M.S.)}

dig'lenni [dɪ'glɛn:i] *v.* dishearten
[cCc: from DI- 2**kolonn**A -¹I, with loss of the pre-tonic syllable]
{**S** 2; **F** 2: **M** p.ptcpl. *dyglynnys* (BK33.73); 2nd sg. impv. *thyglon* (BK25.59)}

digloes [dɪ'glo:z] *adj.* exposed, without shelter, shut out
[cC: DI- 2**kloes**]
{**S** 8; **F** 3: **M** *dycklos* (CW.1029) → P}
The second element is thought to be **kloes**, since it makes semantic sense and apparently rhymes with **boes**.

dig'lonn

dig'lonn ['dɪglɔn] . *f.* faintheartedness
This word had two syllables in MidC; i.e. it was pronounced ['dɪglɔn]. Loss of the stressed syllable is unusual, but may be explained by back-formation from a MidC verb **dyglenny*. If the disyllabic pronunciation is required, e.g. in poetry, then the word should be spelled **dig'lonn**}. See also **digolonn**.
[cC: DI- 2**kolonn**, with loss of one syllable]
{S 2; F 1: M *dyglon* (BM.3674):}

dignas [dɪ'gnaːz] *adj.*
unnatural, unkindly
[cC: DI- **gnas**]
{S 3; F 3: M *dygnas* → P: C OldB *dignat*}

digodennell [ˌdɪgɔ'dɛnːɛl] *f.* **+ow**
decoder
[cE(F)cc: DI- 2**kodenn** -²ELL]
{S 4; F 0(AnG 1996): **+ow** I}

digodenni [ˌdɪgɔ'dɛnːi] *v.* decode, decipher
[cE(F)cc: DI- 2**kodenn** -¹I]
{S 4; F 0(GM09: YhaG)}

digoeswiga [ˌdɪgʊʒ'wiˑga] *v.* deforest
[cCLc: from DI- 2**koeswik** -¹A]
{S 1; F 0(GM09: G.M.S.)}

digoeswigans [ˌdɪgʊʒ'wiˑgans] *m.*
deforestation
[cCLh: from DI- 2**koeswik** -ANS]
{S 1; F 0(GM09: YhaG):}

digolenni [dɪgɔ'lɛnːi] *v.* dishearten, discourage, depress *(spiritually)*
[cCc: **digolonn**A -¹I] {S 2; F 0(GM09: K.J.G.)}

digolm [dɪ'gɔlm] *m.* solution *(to a problem)*, resolution
[cC: DI- 2**kolm**] {S 1; F 0(AnG 1995):}

digolonn [dɪ'gɔˑlɔn] *f.* faintheartedness, discouragement See **dig'lonn**.
[cC: DI- 2**kolonn**] {S 2; F 0(CE58): C W *digalon*:}

digressya

digolonnek [dɪgɔ'lɔnːɛk] *adj.*
fainthearted Nance used *dygolon* for both 'faintheartedness' and 'fainthearted', but it seems sense to separate these, especially as the word **kolonnek** is attested.
[cC: DI- 2**kolonnek**] {S 2; F 0(GM09: G.M.S.)}

digommol [dɪ'gɔmːɔl] *adj.* cloudless
[cL: DI- 2**kommol**]
{S 3; F 0(EC52): C B *digoumoul*}

digompes [dɪ'gɔmpɛs] *adj.* irregular
[cC: DI- 2**kompes**]
{S 2; F 0(CE38): C B *digompez*}

digompoester [ˌdɪgɔm'poˑstɛr] *m.* **+yow**
irregularity
[ccLc: DI- 2**kompoester**]
{S 1; F 0(CE38): **+yow** I}

digonfortya [ˌdɪgɔn'fɔrtja] *v.* discourage
[cE(F)c: DI- 2**konfortya**]
{S 5; F 1: M p.ptcpl. *dygonfortijs* (MC.0581a)}

digorkynna [dɪgɔr'kɪnːa] *v.* uncork
[cEcc: DI- 2**korkynna**] {S 4; F 0(GM09: G.M.S.)}

digosk [dɪ'gɔsk] *adj.* sleepless
[cL: DI- 2**kosk**]
{S 1; F 0(CE38): C B *digousk*, W *digwsg*}

digoweth [dɪ'gɔˑwɛθ] *adj.*
solitary, alone
[cC: DI- **koweth**] {S 1; F 0(CE38)}

digrafella [ˌdɪgra'fɛlːa] *v.* declutch
[cDcc: DI- 2**krafell** -¹A] {S 1; F 0(EC00)}

digreft [dɪ'grɛft] *adj.* unskilled, inexpert, artless
[cE(E): DI- 2**kreft**]
{S 5; F 2: O *dicreft* (VC.244) → L,P}

digresennans [ˌdɪgrɛ'zɛnːans] *m.*
devolution, decentralization
[cCch: DI- 2**kresenn** -ANS] {S 8; F 0(AnG 1998):}

digresenni [ˌdɪgrɛ'zɛnːi] *v.*
decentralize, devolve
[cCcc: DI- 2**kresenn** -¹I] {S 8; F 0(CE93: K.J.G.): C B *digreizenniñ*} *dygressa* was suggested in Y2.

digressya [dɪ'grɛsːja] *v.* decrease
cf. Nance's *dysencressya* [cE(F)c: DI- 2**kressya**]
{S 4; F 0(CE93: G.M.S.): C cf. B *digresk*}

digressyans [dɪ'grẹsːjans] *m.* **+ow** decrease
[cE(F)c: DI- 2**kressyans**]
{S 4; F 0(GK98: K.J.G.): **+ow** I}

digudh [dɪ'gyːð] *adj.* unconcealed
[cC: DI- 2**kudh**] {S 1; F 0(CE38): C B *diguzh*}

digudha [dɪ'gy·ða] *v.* expose
[cCc: **digudh** -¹A] {S 1; F 0(GM09: G.M.S.)}

digudhans [dɪ'gy·ðans] *m.* **+ow** exposition
[cCh: **digudh** -ANS]
{S 1; F 0(GM09: G.M.S.): **+ow** }

diguv [dɪ'gyːv] *adj.* unkind
[cC: DI- 2**kuv**] {S 1; F 0(EC52)}

dihanow [dɪ'hanɔw] *adj.* anonymous, nameless
[cC: DI- **hanow**] {S 1; F 0(CE38)}

dihares [dɪ'ha·rẹz] 1. *v.* apologize 2. *m.* **+ow** apology
[cCc: DI- 3**kar** -¹ES] {S 1; F 1: C B *digarez*, with lenition: **M** *ov teharas* 'apologizing' (BM.3344): **+ow** N (EC52)}

diharesek [dɪha'rẹ·zẹk] *adj.* apologetic
[cCcc: **dihares** -¹EK] {S 1; F 0(GM09: G.M.S.)}

dihaval [dɪ'ha·val] *adj.* dissimilar, different
[cC: DI- **haval**]
{S 1; F 0(EC52): C cf. B *disheñvel*}

dihedh [dɪ'hẹːð] *m.* cause for regret, reluctance
[C: DI- + cognate of W *hedd* 'peace']
{S 8; F 3: C W *(dyhedd)*: **M** *dyeth* → P:}
dihedh yw dhymm I regret, I am sorry

dihevelebi [dɪˌhẹvẹ'lẹ·bi] *v.* alter, deform, disfigure
[cCc: From DI- **hevelep** -¹I] {S 1; F 0(CE38)}
Found as *defaleby* in *CW*.: see **di'velebi**.

dihevelepter [dɪ'hẹvẹ'lẹptẹr] *m.* **+yow** difference, dissimilarity
[cCc: DI- **hevelepter**]
{S 1; F 0(GK98: G.M.S.): **+yow** I}

dihwans [dɪ'hwans] *adv.* eagerly, quickly, incontinently *(unrestrainedly)*
[cC: DI- **hwans**] {S 8; F 4: **M** *dywhans* → P, *dehwans* → P: **L** *dewhans* (MSWP)}

dihynsas [dɪ'hɪnzaz] *m.* **+ow** diversion *(of road)*, detour, deviation
[cCc: **di- hyns** -²AS] {S 1; F 0(Y1): **+ow** I}

dihynsya [dɪ'hɪnʒja] *v.* deviate, make a detour
[cCc: **di- hyns** -YA] {S 1; F 0(GM09: G.M.S.)}

dilavar [dɪ'la·var] *adj.* speechless
[cC: DI- **lavar**] {S 1; F 0(GM09: G.M.S.)}

dilavaredh [dɪla'va·rẹð] *m.* speechlessness
[cC: **dilavar** -EDH] {S 1; F 0(GM09: G.M.S.):}

dilea [dɪ'lẹ·a] *v.* remove, delete, expunge
[cCc: DI- ¹**le** -¹A] {S 1; F 0(CE38): C W *dileu*}

dileans [dɪ'lẹ·ans] *m.* **+ow** removal, deletion
[cCc: DI- ¹**le** -ANS] {S 1; F 0(EC00): **+ow** I}

dilegha *v.* depart
[cCc: DI- + cognate of B *lec'h* 'place' + -¹A]
{S 8; F 2: L *dileχa* (AB055a) → P}

diles [dɪ'lẹːz] *adj.* profitless, useless
[cC: DI- ²**les**]
{S 1; F 0(CE38): P Trelease: C W *diles*}

dilesh ['dilẹʃ] *adj.* unleashed, unrestrained
[cE(F): DI- **lesh**]
{S 8; F 2: **M** *dylys* (BK19.40), *delys* (BK19.41)}

dileshya [dɪ'lẹ·ʃja] *v.* unleash
[cE(F)c: **dilesh** -YA] {S 5; F 0(EC52)}

dilestra [dɪ'lẹ·stra] *v.* disembark
[cCc: DI- LESTR=¹A]
{S 1; F 0(AnG 1984): C B *dilestrañ*}

dilestrans [dɪ'lẹ·strans] *m.* **+ow** disembarkation
[cCh: DI- LESTR=ANS]
{S 1; F 0(GM09: G.M.S.): **+ow** I}

dileytha

dileytha [dɪ'lɛɪθa] *v.* dehumidify
[cCc: DI- **leyth** -¹A] {**S** 1; **F** 0(GM09: G.M.S.)}

dileythell [dɪ'lɛɪθęl] *f.* **+ow** dehumidifier
[cCl: DI- **leyth** -ELL]
{**S** 1; **F** 0(GM09: G.M.S.): **+ow** I}

diligence (Eng.) *n.*
{**S** 6; **F** 1: **M** *diligens* (TH19r)}

diligens (Lat.) *adj.* diligent
{**S** 6; **F** 2: **M** *dyligens* (TH06r), *diligens* (TH17v)}

diligently (Eng.) *adv.*
{**S** 6; **F** 3: **M** *diligently* (TH.)}

diliw [dɪ'liw] *adj.* colourless, drab
[cC: DI- **liw**]
{**S** 1; **F** 0(CE93: K.J.G.): **C** B *diliv*, W *diliw*}

diliwa [dɪ'liwa] *v.* fade
[cCc: DI *liwa*] {**S** 1; **F** 0(GM09: K.J.G.)}

dillas ['dilːaz] *coll.* **+enn** clothes, clothing, dress *(clothing)*, raiment, apparel, attire
[C: Brit] {**S** 1; **F** 5: **O** *dillat* (VC.806) → L,P: **M** *dyllas* → P: **L** *dillaz* (AB.), pl. *delagone* (<n> misprinted instead of <u>): **C** B *dilhad*; W *dillad*: **+enn** I}

dillas diogeledh safety clothing
dillas gweli bed-clothes

dillasa [dɪ'laˑza] *v.* clothe
[Cc: **dillas** -¹A] {**S** 1; **F** 2: **L** *dilladzhi* (AB173a) → P, 3rd sg. pret. *diladzhas* (PV.9144)}

dillasenn [dɪ'laˑzęn] *f.* **+ow,** *coll.* **dillas** garment, item of clothing
[Cc: **dillas** -ENN] {**S** 1; **F** 0(GK98)}

dillasva [dɪ'lazva] *f.* **+ow** wardrobe
[Cc: **dillas** -VA] {**S** 1; **F** 0(EC52): **+ow** N (EC52)}

dilughell [dɪ'lyˑxęl] *f.* **+ow** demister
[cCc: DI- **lugh** -²ELL]
{**S** 8; **F** 0(CE93: G.M.S.): **+ow** I}

dilughya [dɪ'lyˑxja] *v.* demist
Nance's meaning was 'to sift'.
[cCc: di- **lugh** -YA] {**S** 8; **F** 0(EC52)}

din ['diːn] *m.* **+yow** fort
[C: Brit *dûno-* (gpc) < CC *dounon* (gpc) < IE (> ModE *town*) (Fl.)] {**S** 1; **F** 1: **L** *Din* (PV.9203): **P** Dunmere: **C** OldB *din*, W *din-*: **+yow** I}

dinamm [dɪ'namː] *adj.* immaculate, spotless
[cC: DI- **namm**]
{**S** 1; **F** 0(CE38): **C** B *dinamm*, W *dinam*}

dinamma [dɪ'namːa] *v.* remove a blemish
[cC: DI- **namm** -¹A] {**S** 1; **F** 0(GK98: G.M.S.)}

dinan ['diˑnan] *m.* **-enyow** small fort
[Cc: **din** -AN] {**S** 1; **F** 0(CPNE): **P** Cardinham = **ker dinan** (tautologous): **-enyow** I}

dinas ['diˑnas] *m.* **+ow** fort, earthwork, hill-fort
[Cc: Compound of **din**] {**S** 1; **F** 3: **M** *dynas* (BM.2210): **L** *dinaz* (AB.) → P: **P** Pendennis: **C** W *dinas*: **+ow** I}

dinatur [dɪ'naˑtyr] *adj.* unnatural
[cE(F): DI- **natur**]
{**S** 5; **F** 2: **M** *dinatur* → P: **C** B *dinatur*}

dinek ['diˑnęk] *adj.* fortified
[Cc: **din** -¹EK] {**S** 1; **F** 0(CPNE): **P** Bodinnick}

diner ['diˑnęr] *m.* **+ow** penny
[L: CLat *dênârius* (Gr.)] {**S** 1; **F** 3: **O** *dinair* (VC.915) → L,P: **M** *dyner* → P; pl. *denerov* (BM.3409): **L** *in ar* (IKAB), *dinar* (AB.): **C** B *diner*; not in W: **+ow** M}

dinerenn [dɪ'nęˑręn] *f.* **+ow** penny-piece
[Lc: **diner** -ENN] {**S** 1; **F** 2: **M** pl. *denerennov* (BM.3404): **L** *dinaryn* (AB283a): **+ow** I}

dinerth [dɪ'nęrθ] *adj.* powerless, lacking in energy
[cC: DI- **nerth**] {**S** 1; **F** 0(EC52): **C** B *dinerzh*}

dinertha [dɪ'nęrθa] *v.* neutralize
[cCc: **dinerth** -¹A] {**S** 1; **F** 0(GK98: R.L.)}

dinewi [dɪ'nęʊi] *v.* pour, shed
[Cc: VN in -I] {**S** 8; **F** 2: **M** *thenewy* (PC.0487); 3rd. sg. pres. ind. *thynwa* (OM.1429): **C** B *dinaouiñ*; W *dineu-*}
The B would suggest <ow> in this word, but the -¹I has caused vowel aff.; in addition it might have been influenced by **new** 'trough'.

dineythi

dineythi [dɪ'nɛɪθi] *v.* give birth, beget, generate
Transitive as 'beget', intransitive as 'give birth'.
[cCc: Folk-etymology would suggest DI- **neyth** -¹I 'emerge from a nest']
{**S** 2; **F** 4: **M** *dynythy* → P: **L** *denithy* (CLJK)}

dineythyans [dɪ'nɛɪθjans] *m.* **+ow** birth, generation *(as a process)*
[cCh: DI- **neyth** -YANS]
{**S** 2; **F** 2: **L** *denythyans* (TCJK, PV.8916): **+ow** I}

diniver [dɪ'ni·vɛr] *adj.* innumerable, countless
[cL: DI- **niver**] {**S** 1; **F** 0(CE38): **C B** *diniver*}

Dintagell [dɪn'ta·gɛl] *place* Tintagel
[CC: **din tagell**] {**S** 8; **F** 1: **M** *tyndagyel* (BM.2214)} MidC *tyndagyel* already shows [d-] > [t-] and palatalization of [g].

diogel [di'ɔ·gɛl] *adj.* certain, secure
[C: Brit *di-wo-gel- (Gr.)] {**S** 1; **F** 5: **O** *diogel* (VC.955) → L,P: **M** *dyougel* → L,P; *dyogel*: **C B** *diogel*; **W** *diogel*}

diogeledh [ˌdiɔ'gɛ·lɛð] *m.* security
[Cc: **diogel** -¹EDH]
{**S** 1; **F** 0(CE38): **C W** *diogeledd:*}

diogeli [ˌdiɔ'gɛ·li] *v.* secure, insure
[Cc: **diogel** -¹I]
{**S** 1; **F** 0(CE38): **C B** *diogeliñ*, cf. **W** *diogelu*}

Dionysius (Lat.) *name*
{**S** 6; **F** 1: **M** *Dionisius* (TH47v)}

diplomenn [dɪ'plɔ·mɛn] *f.* **+ow** diploma *(qualification)*
[E(L)c: FN in -ENN from E *diploma* < Lat *diplôma* (coe)] {**S** 4; **F** 0(GM09: YhaG): **+ow** I}

¹**diras** [dɪ'raːz] *adj.* graceless
[cE(F): DI- ²**gras**] {**S** 4; **F** 0(CE38)}

²**diras** [dɪ'raːz] *m.* **+ow** disgrace
[cC: DI- **ras**] {**S** 1; **F** 0(GM09: G.M.S.): **+ow** I}

dirasek [dɪ'ra·zɛk] *adj.* disgraceful
[cC: DI- **rasek**] {**S** 1; **F** 0(GM09: G.M.S.)}

diredhya [dɪ'rɛ·ðja] *v.* degrade
[Lc: DI- ²**gradh**A -YA] {**S** 1; **F** 0(GM09: YhaG)}

diredhyans [dɪ'rɛ·ðjans] *m.* **+ow** degradation
[Lc: DI- ²**gradh**A -YANS]
{**S** 1; **F** 0(GM09: YhaG): **+ow** I}

direktya *v.* direct ALT = **routya** or **kevarwoedha**.
[E(L)c: VN in -YA from MidE < Lat *direct-* (coe)] {**S** 5; **F** 2: **M** *dyrectya* (TH26r, 43r); p.ptcpl. *directys* (TH46v)}

direson [dɪ'rɛ·sɔn] *adj.* irrational
[cE(F): DI- **reson**]
{**S** 1; **F** 1: **M** *dyreson* (BK32.53)}
Anticipated by Rod Lyon and Tim Saunders.

direwl [dɪ'rɛʊl] **1.** *adj.* irregular, unruly, disorderly, obstreperous **2.** *m.* anarchy
[cL: DI- **rewl**] {**S** 1; **F** 0(CE38): **C W** *di-reol:*}

direyth [dɪ'rɛɪθ] *adj.* illegal, illegitimate
[cL: DI- **reyth**] {**S** 1; **F** 0(Y3): **C B** *direizh*}

direythter [dɪ'rɛɪθtɛr] *m.* **+yow** illegality
[cLc: **direyth** -TER] {**S** 1; **F** 0(EC00): **+yow** I}

dirolya [dɪ'rɔ·lja] *v.* unroll
[cE(F)c: **di- rol** -YA] {**S** 4; **F** 0(AnG 1986): **C** cf. **B** *dirollet* 'unfurled, rough'}

diruska [dɪ'ry·ska] *v.* peel, flay, scrape off skin, pare
[cCc: DI- **rusk** -¹A] {**S** 1; **F** 2: **M** p.ptcpl. *dyruskys* (OM.0787, PC.2687) → P: **C B** *diruskañ*}

dis ['diːs] *m.* **+yow** dice, die
[E(F): MidE pl. of *dê* (> ModE *die*), taken as sg. (coe)] {**S** 4; **F** 0(GM09: G.M.S.): **+yow** I}

¹DIS- [dɪs] *prefix* dis- [I: Lat *dis-* (Gr.)]
{**S** 1; **F** 3: **L** *Dyz, dez* (AB249c) → P: **C B** *dis-*}
The spelling convention in B is followed here, even though the prefix is usually unstressed and therefore pronounced [dɪs]. The prefix appears to have come from Latin, since it is found in OldC.

²DIS- [dɪs] *prefix* (intensive pf.)
[c: Brit *dî-eks- (Fl.) < CC *dis-t- (gpc)]
Not to be confused with ¹DIS-, which is a much commoner suffix in Cor.

disakra [dɪ'sakra] *v.* profane, commit sacrilege
[cFc: DI- **sakra**] {**S** 4; **F** 0(CE38): **C B** *disakrañ*}

disakra

disakrans [dɪ'sakrans] *m.* **+ow**
profanation, sacrilege
[cFh: DI- **sakrans**] {S 4; F 0(EC52): +ow I}

disarva [dɪs'arva] *v.* disarm
[lLc: ¹DIS- **arva**] {S 1; F 0(GK98: A.S.)}

disarvans [dɪs'arvans] *m.* disarmament
[lLh: ¹DIS- **arvans**] {S 1; F 0(GK98: A.S.):}

disawer [dɪ'sawęr] *adj.* unsavoury, noisome, repulsive
[cE(F): DI- **sawer**]
{S 4; F 1: M *desawer* (BM.4135)}

discerning (Eng.) *v.* part
{S 6; F 1: M *discerning* (TH36v)}

discharge (Eng.) *n.*
{S 6; F 1: M *dyscharg* (BK34.35)}

discourse (Eng.) *n.*
{S 6; F 1: M *discourse* (TH34r)}

disdayn m. disdain
[E: re-formed with {I¹dis-} from AngN *dedeign* < OldF *desdeign* (coe)]
{S 5; F 1: M *dysdayne* (CW.1446):}

disdaynya v. disdain
[Ec: DISDAYN -YA] {S 5; F 2: M *disdaynya* (TH04r); p.ptcpl. *dysdaynys* (TH33v)}

disebilya [dɪsę'bɪ·lja] *v.* unplug
[lCc: ¹DIS- **ebilya**] {S 1; F 0(GL05: P.P.)}

disedha [dɪ'sę·ða] *v.* unseat
[cCc: DI- SEDH=¹A] {S 1; F 0(EC52)}

disel ['dɪ·sęl] *m.* diesel
[E(G): ModE < German name *Diesel*]
{S 4; F 0(Y1):}

disenor [dɪ'sę·nɔr] *m.* dishonour, disgrace
[lE(F): ¹DIS- **enor**] {S 4; F 2: M *dysenour* (OM.2793), *dishonor* (TH39r):}

disenora [ˌdɪsę'nɔ·ra] *v.* dishonour
[lE(F)c: ¹DIS- **enora**]
{S 4; F 1: M *dishonora* (SA61r)}

diserri [dɪ'sęrːi] *v.* appease, relent, propitiate
[cCc: DI- **serri**] {S 1; F 1: M 3rd sg. pres. subj. *tesorre* (OM.2258)}

diservys [dɪs'ęrvɪz] *adj.* disarmed

157

diskeudh

[cL: ¹DIS- **ervys**] {S 1; F 0(GM09: YhaG)}

dises [dɪs'ę:z] *m.* **+ys** disease, inconvenience
[E(F): MidE < AngN *disease* < OldF *desaise* (coe), also interpretable as ¹DIS- **es**<ease>]
{S 4; F 4: M *dyses, deseys*; pl. *deseyses* (TH.): +ys M}

disesya [dɪs'ę·zja] *v.* vex, molest
[lE(F)c: ¹DIS- **esya**] {S 4; F 3: M *dyseysya* (BK27.55); p.ptcpl. *desesijs*}

disesys [dɪs'ę·zɪz] *adj.* diseased
[lE(F)c: past ptcpl. of **disesya**] {S 4; F 2: M *desesijs* (BM.1771), *thysaysys* (BK16.52)}

disevel [dɪ'sę·vęl] *v.* upset, dismantle, trip up, cause to fall
[cCc: DI- **sevel**]
{S 1; F 2: M p.ptcpl. *desefys* (PC.0097) → P}

di'ska *v.* undress, unclothe May be used transitively or intransitively.
[cCc: Shortened variant of **diwiska**]
{S 2; F 3: M *dysky* → P}

diskan ['dɪ·skan] *f.* **+ow** second part in singing duet cf. **dyskant**
[lC: ²DIS- **kan**]
{S 1; F 0(GK98: G.M.S.): C B *diskan*: +ow I}

kan ha diskan singing duet

diskar ['dɪ·skar] *m.* **+ow** upset, collapse
[U:]
{S 8; F 1: M *dyscar* (BK09.08): C B *diskar*: +ow I}

diskara [dɪs'ka·ra] *v.* upset, collapse
[Uc: **diskar** -¹A] {S 8; F 0(GM09: G.M.S.)}

diskarga [dɪs'karga] *v.* unload, discharge
[lE(F)c: ¹DIS- **karga**]
{S 4; F 0(EC52): C B *diskargañ*}

diskargans [dɪs'kargans] *m.* **+ow** discharge
[lE(F)h: ¹DIS- KARG=ANS]
{S 4; F 0(GM09: YhaG): +ow I}

diskeudh ['dɪskœð] *m.* **+ow** relief *(mental)*
[lCc: ¹DIS- **keudh**]
{S 1; F 0(GM09: YhaG): +ow I}

diskeudhi

diskeudhi [dɪsˈkœˑði] *v.* relieve *(mentally)*
[lCc: ¹DIS- **keudhi**]
{S 1; F 1: M *dyskvthy* (BK35.84)}

diskevelsans [ˌdɪskęˈvęlzans] *m.* **+ow** dislocation
[lcCh: ¹DIS- **kevals**A -ANS]
{S 1; F 0(GM09: G.M.S.): **+ow** I}

diskevelsi [ˌdɪskęˈvęlʒi] *v.* disconnect, dislocate *(of bones)*
[lcCc: ¹DIS- **kevals**A -¹I]
{S 1; F 2: M p.ptcpl. *dyscavylsys* (PC.2771, 3173)
→ P: L *discavylsy* (PV.9642)}

diskevra v. expose, betray
[E(F)c: MidE < OldF *descovrir* (coe)]
{S 4; F 2: L *dyskevera* (CW.0576), *theskyvra* (CW.0577); p.ptcpl. *dyskerwys* (BK38.41)}

diskians [dɪˈskiˑans] **1.** *m.* ignorance **2.** *adj.* ignorant, foolish, witless
[cL: DI- **skians**] {S 1; F 3: O *diskient* (VC.415)
→ L,P: C B *diskiant*:}

disklerya [dɪsˈklęˑrja] *v.* declare
[cCc: ²DIS- **kler** -YA]
{S 4; F 0(CE38): C B *diskleriañ*, W *disgleirio*}
Nance gave the meaning 'to blur, befog', i.e. he saw the word as containing ¹DIS- rather than the much rarer ²DIS-, and thus misinterpreted it as ¹DIS- **kler** -YA. According to *GPC*, the root KLER in this word may be Celtic, rather than from OldF, as suggested under **kler**.

diskleryans [dɪsˈklęˑrjans] *m.* **+ow** declaration
[cCh: ¹**dis- kler** -YANS]
{S 4; F 0(AnG 1997): **+ow** I}

DISKLOS- [E(F): MidE < OldF *desclos-* (coe), also interpretable as ¹DIS- **klos**]

disklosya [dɪsˈklɔˑzja] *v.* disclose, reveal
[E(F)c: DISKLOS=YA] {S 4; F 2: L *disclosya* (CW.2358); p.ptcpl. *dysclosyes* (CW.2121)}

disklosyans [dɪsˈklɔzjans] *m.* **+ow** disclosure, revelation
[E(F)h: DISKLOS=YANS] {S 4; F 0(EC00): **+ow** I}

disklusa [dɪsˈklyˑza] *v.* unstick
[E(F)Lc: ¹DIS- 4**glusa**] {S 1; F 0(GL05)}

diskolya [dɪsˈkɔˑlja] *v.* decarbonize
[lE(E)c: ¹DIS- + Eng. 'coal' +-YA] {S 4; F 0(Y1)}

diskonfort [dɪsˈkɔnfɔrt] *m.* **+ow** discomfort
[lE(F)c: ¹DIS- **konfort**] {S 5; F 0(EC52): **+ow** N}

diskonfortya [ˌdɪskɔnˈfɔrtja] *v.* discourage
[lE(F)c: ¹DIS- **konfortya**]
{S 5; F 1: M p.ptcpl. *dysconfortis* (MC.255)}

diskonneryek *m.* madness
{S 8; F 1: O *discoruunait* (VC.395)}
There is doubt about this word (Gr.). The second element is included in this dictionary as **konneryek**.

diskont [dɪsˈkɔnt] *m.* **+ow** discount
[E(F): MidE < OldF *descompte*]
{S 5; F 0(EC52): C B *diskont*: **+ow** N}

diskontya [dɪsˈkɔntja] *v.* discount, rule out, eliminate
[E(F)c: **diskont** -YA] {S 5; F 0(EC52)}

diskord m. discord
[E(F):] {S 5; F 1: M *discorde* (TH37r):}

diskortes [dɪsˈkɔrtęs] *adj.* impolite, rude
[lE(F): ¹DIS- **kortes**] {S 4; F 0(EC52)}

diskrassyes [dɪsˈkrasːjęs] *adj.* unfavoured, disgraced, out of favour
[lE(F): ¹DIS- 4**grassyes**]
{S 4; F 1: M *dyscrasiis* (BM.1405)}

diskryjyans [dɪsˈkrɪˑdʒjans] *m.* unbelief
[lCc: from ¹DIS- **kryjyans**]
{S 2; F 3: M *thyscregyans*:}

diskryjyk [dɪsˈkrɪˑdʒɪk] **1.** *adj.* unbelieving **2.** *m.* **-ygyon** unbeliever, infidel, agnostic, sceptic, heathen
[lCc: Compound of **krys-** with ¹DIS-]
{S 2; F 3: M *dyscrygyk* → P; pl. *dyscryggygyon* (OM.1855): **-ygyon** M}

diskryjyer

diskryjyer [dɪsˈkrɪˑdʒjer] *m.* **-yoryon**
unbeliever
[lCc: Compound of KRYS- with ¹DIS-]
{S 2; F 2: L *discrygyer* (PV.9218), *discrugyer* (PV.9222), *discrygver* (PV.9644): **-yoryon** I}

diskrysi [dɪsˈkrɪˑʒi] *v.* disbelieve
[lCc: ¹**dis- krysi**] {S 2; F 3: M *thyscrysy* → P: L *dezkrissa* (AB249c) → P}

diskudha [dɪsˈkyˑða] *v.* discover, uncover, reveal, disclose
[lCc: ¹DIS- **kudha**]
{S 1; F 3: M *dyscuthe* (OM.1146) → L,P; *thyscuthe* (PC.1393), *descotha* (CW.1367) → P}

diskudhans [dɪsˈkyˑðans] *m.* **+ow**
discovery
[lCh: ¹DIS- **kudh** -ANS] {S 1; F 0(EC52): **+ow** I}
DISKWEDH- [C: Brit *dî-eks-kom-wed-* (Fl.)]

diskwedhes [dɪsˈkwęˑðęz] *v.* show, exhibit
Used intransitively by Rowe in Matthew 2: *disquethaz* 'appear' [Cc: **diskwedh=¹es**]
{S 1; F 6: M *disquethas* and many other spellings: L *disquethaz* (M2WK: C cf. B *diskouez*}
VN ending -ES partially replaced by -A in LateC, e.g. *diskuedha* (AB070a).

diskwedhyans [dɪsˈkwęˑðjans] *m.* **+ow**
show, exhibition, demonstration, exposition
[Cc: DISKWEDH=YANS]
{S 1; F 3: M *dysqueʒyens* → L,P: L *disquethyans* (CLJK), *diskuedhyans* (AB240b): **+ow** I}

diskwedhynn [dɪsˈkwęˑðɪn] *m.* **+ow**
exhibit
[Cc: DISKWEDH=YNN]
{S 1; F 0(GM09: G.M.S.): **+ow** I}

diskwitha [dɪˈskwiˑθa] *v.* relax, repose, rest, refresh
[cCc: DI- **skwith** -¹A]
{S 1; F 0(CE38): C B *diskuizhañ*}

diskwithans [dɪˈskwiˑθans] *m.*
relaxation
[cCh: DI- **skwith** -ANS] {S 1; F 0(EC00):}

diskynnya *v.* descend

dismygyans

[Cc: Variant of **diyskynna**, reformed with -YA]
{S 3; F 4: M *diskynnya* (CW.0074), *skynnya* → P}
The aphetic form, which is far commoner, is found as early as *BM*.

dislel [dɪsˈlęːl] *adj.* disloyal
[IE(F): ¹DIS- **lel**] {S 4; F 0(EC52): C B *disleal*}

dislelder [dɪsˈlęldęr] *m.* infidelity, disloyalty
[IE(F)c: ¹DIS- **lelder**] {S 4; F 0(EC00):}

dislen [dɪsˈlęːn] *adj.* unfaithful, faithless
[IE(F): ¹DIS- **len**]
{S 1; F 1: O *dislaian* (VC.303) → P}

dislenni [dɪsˈlęnːi] *v.* unveil, uncover
[lCc: ¹DIS- **lenni**] {S 2; F 0(GM09: GG)}

disliw [dɪsˈliw] *adj.* discoloured cf. **diliw**
'colourless'
[IC: ¹DIS- **liw**]
{S 1; F 3: O *disliu* (VC.126, 489) → P: C B *disliv*}

disliwa [dɪsˈliwa] *v.* discolour
[lCc: ¹DIS- **liwa**] {S 1; F 0(CE38)} Nance used *dyslywa* both for 'to discolour' and 'to fade'; the latter is better expressed by **diliwa**.

dislonka *v.* swallow ALT = **lenki**
{S 3; F 2: L *Dislonka* (AB245a) → P}

Dismas name (one of the two thieves crucified with Christ) {S 4; F 3}

dismaylya [dɪsˈmaɪlja] *v.* unwrap, unswathe
[IE(F)c: ¹DIS- **maylya**] {S 5; F 0(CE38)}

dismygel [dɪsˈmɪˑgęl] *adj.* imaginary
[lUc: from **dismyk** -¹EL]
{S 8; F 0(GM09: G.M.S.)}

dismygi [dɪsˈmɪˑgi] *v.* guess, find out, surmise
[lUc: from **dismyk** -¹I]
{S 8; F 4: M *dysmegy* → P: L *dismiggia* (NGNB): C cf. B *dismegañ* 'to scorn'}

dismygyans [dɪsˈmɪˑgjans] *m.* **+ow**
invention
[lUc: from **dismyk** -YANS]
{S 8; F 0(GM09: K.J.G.): **+ow** I}

dismyk

dismyk ['dɪsmɪk] *m.* **-ygow** guess
[IU: DIS- + unknown root]
{S 8; F 1: M *dysmyg* (PC.1382): C cf. B *dismeg* 'scorn', W *dychmyg-* 'imagine': **-ygow** I}

dismygriv [dɪs'mɪgrɪv] *m.* **+ow** estimate *(numerical)*
[IUC: from **dismyk riv**]
{S 8; F 0(GK98: R.L./T.S): **+ow** I}

dismygriva [‚dɪsmɪg'ri·va] *v.* estimate a numerical value
[IUCc: from **dismyk riv** -¹A]
{S 8; F 0(GK98: R.L./T.S)}

dismygwari [‚dɪsmɪg'wa·ri] **1.** *v.* improvise **2.** *m.* improvisation
[IUCc: from **dismyk 2gwari**]
{S 8; F 0(GM09: YhaG):}

dismygyans [dɪs'mɪ·gjans] *m.* **+ow** estimation
[IUc: from **dismyk** -YANS]
{S 8; F 0(GM09: G.M.S.): **+ow** }

disobaya [‚dɪs'ɔbaɪa] *v.* disobey
All the exx. in the texts are followed by a direct object, rather than by **dhe**.
[IE(F)c: ¹DIS- **obaya**]
{S 5; F 3: M *dysobeya* (TH.)}

disobayans [‚dɪs'ɔbaɪans] *m.* **+ow** disobedience
[IE(F)h: DIS- OBAY=ANS] {S 5; F 0(GK98: K.J.G.): **+ow** I} To replace MidC *disobediens* at *TH.04v* (thrice), *TH.05r* and *TH.30v*.

disobedience (Eng.) *n.* ALT = **disobayans**
{S 6; F 3: M *disobedience* (TH.)}

dison [dɪ'sɔːn] **1.** *adj.* soundless, noiseless **2.** *adv.* forthwith, straightway, immediately, without another word
[cL: DI- **son**]
{S 1; F 4: M *dyson* → P: C B *dison*, W *dison*}

disonest [dɪs'ɔ·nęst] *adj.* dishonest
[IE(F): DIS- **onest**] {S 4; F 0(GM09: G.M.S.)}

disonester [dɪsɔ'nę·stęr] *m.* **+yow** dishonesty
[IE(F): DIS- **onester**]
{S 4; F 0(GM09: G.M.S.): **+yow** I}

displesya

disordyr [dɪs'ɔrdɪr] *m.* disorder
[IE(F): ¹**dis- ordyr**]
{S 5; F 1: M *disordyr* (TH39r):}

dispal [dɪ'spaːl] *adj.* scot-free
[cC: DI- **spal**] {S 1; F 0(GK98: A.S.)}

dispareth [dɪs'pa·ręθ] *f.* **+ow** disparity
[ILc: DIS- **pareth**]
{S 1; F 0(GM09: YhaG): **+ow** I}

disparethek [dɪspar'ę·θęk] *adj.* disparate
[ILc: **dispareth** -¹EK] {S 1; F 0(GM09: YhaG)}

dispersya v. disperse ALT = **skoellya (a-les)**.
[E(F)c: VN in -YA from E < MidF *disperser* (coe)] {S 4; F 2: M p.ptcpl. *despersys* (TH31v), *dispersys* (TH47r)}

displegel [dɪs'plę·gęl] *adj.* developing
[cLc: ¹DIS- **pleg** -¹EL]
{S 3; F 0(GM09: G.M.S.): C W *datplygol*}

displegya [dɪs'plę·gja] *v.* unfold, develop, explain
[cLc: ¹DIS- **plegya**]
{S 3; F 0(CE38): C cf. B *displegañ*, W *datblygu*}

displegyans [dɪs'plę·gjans] *m.* **+ow** development, explanation
[cLh: ¹DIS- **pleg** -YANS] {S 3; F 0(EC52): **+ow** I}

displegyansek [‚dɪsplęg'janzęk] *adj.* explanatory
[cLh: **displegyans** -¹EK]
{S 3; F 0(GM09: G.M.S.)}

displegyansel [‚dɪsplęg'janzęl] *adj.* developmental
[cLh: **displegyans** -¹EL] {S 3; F 0(GM09: K.J.G.)}

displesour [dɪs'plę·zur] *m.* **+s** displeasure
[IE(F): ¹DIS- **plesour**]
{S 4; F 4: M *displesure, thyspleasure* (CW.) → P; *displesurs* (TH24r): **+s** M}

displesya [dɪs'plę·zja] *v.* displease
[IE(F)c: ¹DIS- **plesya**] {S 4; F 2: M *displesya* (TH04r); p.ptcpl. *displesijs*}

displesyans [dɪs'plę·zjans] *m.*
  displeasure
  [lE(F)c: ¹DIS- PLES=YANS]
  {S 4; F 1: M *thesplesians* (TH07v):}

displetya [dɪs'plę·tja] *v.* display, unfurl
  [lUc: VN in -YA with ¹DIS- from an unidentified root, possibly E *plait*]
  {S 5; F 2: M p.ptcpl. *dyspletys* (PC.3044); 3rd sg. pret. *thyspletyas* (RD.0528); 2nd pl. impv. *dyspletyogh* (BM.2296)}

displetyans [dɪs'plę·tjans] *m.* **+ow**
  display
  [lUc: Back-formation from **displetya**]
  {S 1; F 0(AnG 1986): **+ow** I}

displewyas [dɪs'plęʊjaz] *v.* splay Used intransitively in the one example in MidC.
  [E(F)c: Apparently a VN in -YAS from MidE < OldF *despleier*(coe)]
  {S 5; F 3: M *thysplevyas* (PC.2832) → P}

disposition (Eng.) *n.* {S 6; F 2: M *disposicion* (TH13v), *disposision* (TH24v)}

disposya v. dispose ALT = **desedha**.
  [E(F)c: VN in -YA from MidE < OldF *disposer* (coe)] {S 4; F 1: M 2nd element in *da-disposis* (TH38r) 'well-disposed'}

dispresya [dɪs'pręˑzja] *v.* despise, decry, neglect
  [lE(F)c: ¹DIS- PRES=YA] {S 4; F 2: M p.ptcpl. *dyspresijs* (MC.002), *dyspresys* (MC.044) → P; 3rd sg. pret. *dyspresyas* (MC.104): L *dispresy* (PV.9234)}

disprevi [dɪs'pręˑvi] *v.* disprove
  [lE(F)c: ¹DIS- **previ**]
  {S 4; F 1: M *thisprevy* (TH36r): C W *disbrofi*}

dispuissant adj. impotent, powerless
  ALT = **dialloes**.
  [F: F *dispuissant*] {S 5; F 3: M *dyspusant* (BK.)}

disputing (Eng.) *v. part*
  {S 6; F 1: M *desputing* (TH38r)}

disputya [dɪs'pyˑtja] *v.* argue, discuss
  [E(F)c: VN in -YA from MidE < OldF *disputer* (coe)] {S 5; F 3: M *dysputye*: C W *disbiwtio*}
  disputya orth dispute with
  disputya erbynn argue against

disranna [dɪs'ranːa] *v.* divide *(mathematically)*
  [lCc: ¹DIS- **ranna**] {S 1; F 0(GK98: R.L./T.S)}

dissembla v. dissemble
  [E(F)c: VN in -A from MidE]
  {S 5; F 2: M *dyssymbla* (TH40v): L *dissembla* (AB150c) → P}

dissent [dɪs'sęnt] *m.* dissent
  [E(F): MidE < OldF (coe)] {S 5; F 0(EC52):}

dissentya [dɪs'sęntja] *v.* dissent
  [E(F)c: **dissent** -YA]
  {S 5; F 1: M *dessentya* (TH32r)}

dissentyans [dɪs'sęntjans] *m.*
  nonconformity
  [E(F)h: **dissent** -YANS] {S 5; F 0(EC52):}

dissentyer [dɪs'sęntjęr] *m.* **-oryon**
  dissenter, nonconformist
  [E(F)h: **dissent** -¹YER] {S 5; F 0(EC52): **-oryon** I}

dissernya [dɪs'sęrnja] *v.* discern
  [E(F)c: VN in -YA from MidE < OldF *discerner* (coe)] {S 4; F 3: M *descernya*}
  dissernya ynter distinguish

distag [dɪ'staːg] *adj.* detached, untethered
  [cC: DI- **stag**] {S 1; F 0(EC52): C B *distag*}

distaga [dɪ'staˑga] *v.* detach, untether, sever, secede
  [cCc: **distag** -¹A]
  {S 1; F 0(CE38): C B *distagañ* 'to pronounce'}

distagadow [ˌdɪsta'gaˑdɔw] *adj.*
  detachable
  [cCc: **distag** -ADOW] {S 1; F 0(GK98: A.S.)}

distagas [dɪ'staˑgaz] *m.* **+ow**
  detachment
  [cCc: **distag** C{-¹as}]
  {S 1; F 0(GK98: A.S.): **+ow** I}

distant (Eng.) *adj.*
  {S 6; F 1: M *dystant* (TH51r)}
  Tregear knew the word **pell** perfectly well; he used it many times; why did he not use it here?

distempra [dɪs'tɛmpra] *v.* ruffle, upset, perturb
[cE(H)c: ¹DIS TEMPR=¹A < OldF *destemprer*]
{S 5; F 1: M *dystempra* (BM.2937)}

distemprans [dɪs'tɛmprans] *f.* +ow perturbation
[CE(H)h: ¹DIS- TEMPR=ANS]
{S 4; F 0(EC00): +ow I}

distenna [dɪs'tɛnːa] *v.* distract
[CCc: ¹DIS- **tenna**] {S 1; F 0(GM09: YhaG)}

distennans [dɪs'tɛnːans] *m.* +ow distraction
[CCh: ¹DIS- **tennans**]
{S 1; F 0(GM09: YhaG): +ow I}

disteudhi *v.* (meaning obscure)
{S 8; F 2: M *thustuthy* (BK19.06), *dystvthy* (BK26.85), 2nd element of *pendystody* (BK30.32)}

distowgh ['dɪ·stɔʊx] *adv.* immediately, suddenly, instantly, at once
[C:] {S 8; F 3: M *dystough* → P: C B *diouzhtu*}

distributya *v.* distribute ALT = **lesranna**.
[E(L)c: VN in -YA from MidE < Lat *distribut-* (coe)] {S 5; F 1: M *distributya* (SA64v)}

distrui [dɪs'try·i] *v.* destroy, undo, ruinate
[E(D)c: MidE *destrui* < OldF *destruire* (coe) or CLat *destruo* (Gregor)]
{S 5; F 4: M *dystrewy*, *destrowy*: L *destrîa* (PV.8942): C cf. B *distrujañ*; W *distrywio*}
The MidE would suggest *des-*, but the numerous spellings in *dys-* in MidC, plus the occasional hyper-correction *dus-* indicate ¹DIS-.

distruyans [dɪs'try·jans] *m.* destruction, mass destruction
[E(D)h: from **distrui** -YANS]
{S 5; F 0(AnG 1998):}

distyr [dɪ'stɪːr] *adj.* insignificant, meaningless, of no account
[cC: DI- **styr**] {S 1; F 0(CE38): C B *dister*}
Introduced by Nance in *CE38* as *dyster*, and re-spelled *dystyr* in *CE55*.

diswar [dɪs'waːr] *adj.* rash, unwary, reckless
[lE(E): ¹DIS- ²**war**]
{S 4; F 1: M *dyswar* (BM.3238)}

diswarder [dɪs'wardər] *m.* recklessness
[lE(E)c: **diswar** -DER] {S 4; F 0(GM09: G.M.S.):}

diswaytyans [dɪs'waɪtjans] *m.* +ow disappointment
[lE(F)c: ¹DIS- 2**gwaytyans**]
{S 5; F 0(GM09: YhaG): +ow I}

diswaytyas [dɪs'waɪtjaz] *v.* disappoint
[lE(F)c: ¹DIS- 2**gwaytyas**]
{S 5; F 0(GM09: YhaG)}

diswrians [dɪs'wri·ans] *m.* +ow undoing
[lCh: ¹DIS- 2**gwrians**]
{S 1; F 2: M *dyswryans* (BK13.69, 38.19): +ow I}

diswruthyl [dɪs'wry·θɪl] *v.* undo
[IC: ¹DIS- 2**gwruthyl**] {S 8; F 2: M *dyswruthyl* (PC.0562, BK32.84) → L,P}

diswrys [dɪs'wrɪːz] *v. part* undone
[IC: ¹DIS- 2¹**gwrys**] {S 1; F 4: M *dyswrys* → P: L *dizureyz* (JCNBL20)}

diswul [dɪs'wyːl] *v.* undo, unmake, spoil, ruin
[IC: ¹DIS- 2**gul**] {S 1; F 5: M *dyswul* → L,P: L *p.ptcpl. dizureyz* (JCNBL20)}

diswuthyl [dɪs'wy·θɪl] *v.* undo
[IC: ¹DIS- 2**guthyl**] {S 8; F 2: M *dyswythyl* (PC.0571) → P, *dyswuthel* (BM.1633)}

disya ['dɪ·sja] *v.* dice meat
[E(F)c: VN in -YA from E *dice* 'cubes' = pl. of *die*.] {S 4; F 0(Y1)}

disygha [dɪ'sɪ·xa] *v.* quench *(thirst)*, refresh
Not to be confused with **desygha** 'to dry up'.
[cLc: DI- **sygha**] {S 1; F 2: M *p.ptcpl. disehys* (OM.1833, 1838): C B *disec'hañ*; cf. W *disychedu*}

divagla [dɪ'vagla] *v.* release *(from trap)*, extricate
[cLc: DI- 2MAGL=¹A] {S 1; F 0(CE38)}

divarenn [dɪ'vaˑrẹn] *f.* **+ow** constant *(in physics and mathematics)*
[cE(D)c: DI- VAR=ENN]
{S 4; F 0(GM09: YhaG): **+ow** I}
divarenn a vreynans decay constant

divarva [dɪ'varva] *v.* shave *(trans.)*
[cLc: DI- 2**barv** -¹A] {S 1; F 0(EC52)}

divedhow [dɪ'vẹˑðɔw] *adj.* sober 'not drunk'
[cC: DI- 2**medhow**] {S 1; F 0(AnG 1986)}

diveghya [dɪ'vẹˑxja] *v.* unburden, unload, disburden
[cCc: DI- 2**beghya**] {S 1; F 0(EC52)}

di'velebi [ˌdivẹ'lẹˑbi] *v.* alter
[cCc: This is written as a shortening of **dihevelebi**, but it may represent *div-helebi* (J.G.H.).] {S 2; F 3: M p.ptcpl. *defalebys* (CW.1601, 1663, 1664) → P: L *defaleby* (PV.8826)}

diveri [dɪ'vẹˑri] *v.* pour, water
A difference is made here between this verb, which is transitive, and **devera**, which is intransitive. [Cc: VN in -I from Brit *dî-ber-* (Fl.)] {S 8; F 3: M *dyvere* (OM.0402) → P: P p.ptcpl. in Treheveras (CPNE): C cf. B *diverañ*; W *diferu* 'to drip'}
Found as *dyvere* in MidC, but the ending was constrained by rhyme. The unconstrained ending (see **astiveri**) seems to be -I.

deverkyans [dẹ'vẹrkjans] *m.* **+ow** demarcation
[cFc: DE- 2**merkyans**]
{S 4; F 0(GM09: G.M.S.): **+ow** I}

divers ['diˑvẹrs] *adj.* various, diverse, miscellaneous
[E(F): MidE *divers* < OldF (coe)] {S 4; F 2: M *dyuers* (BM.4483), *dyvers* (BM.4483), *thyvers* (BK18.18)}

diverseth [dɪ'vẹrsẹθ] *f.* **+ow** variety, diversity
[E(F)c: **divers** -ETH]
{S 4; F 0(GM09: G.M.S.): **+ow** I}
diverseth wonisogethel cultural diversity

divershe [dɪvẹrs'hẹː] *v.* diversify
[E(F)c: **divers** -HE] {S 4; F 0(GM09: G.M.S.)}

diversheans [dɪvẹrs'hẹˑans] *m.* diversification
[E(F)ch: **divershe** -ANS]
{S 4; F 0(GM09: G.M.S.):}

Dives name
{S 4; F 1: M *dyves* (BM.0446) (2 syll.)}

diveth [dɪ'vẹːθ] *adj.* shameless, unabashed, immodest
[cC: DI- 2¹**meth**]
{S 1; F 3: M *dyveth* (MC.191) → P, *deveth* (MC.242): C B *divezh*; cf. W *difeth* 'unfailing'}

divethter [dɪ'vẹθtẹr] *m.* shamelessness
[cCc: **diveth** -TER] {S 1; F 0(GM09: G.M.S.):}

dividya v. divide ALT = **ranna** or **disranna**.
[E(L)c: VN in -YA from MidE < Lat *dîvidere* (coe)] {S 5; F 2: M *devydya* (TH17v, 48r)}

divine (Eng.) *adj.*
{S 6; F 1: M *thevyne* (TH44v)}

divines (Eng.) *pl.*
{S 6; F 1: M *devynes* (TH50v)}

division (Eng.) *n.*
{S 6; F 1: M *devision* (TH49v)}

divlam [dɪ'vlaːm] *adj.* blameless, irreproachable
[cE(F): DI- 2**blam**]
{S 5; F 1: M *deflam* (MC.0324)}

divlas [dɪ'vlaːz] 1. *m.* **+ow** disgust, distaste 2. *adj.* distasteful, disgusting, disgraceful, offensive
[cC: DI- 2**blas**] {S 1; F 3: M *thyfflas* (PC.1418) → P, *dyflas* (PC.2604) → P: C B *divlaz*: **+ow** I}

divlasa [dɪ'vlaˑsa] *v.* be disgusted with, offend, be ashamed of
[cCc: **diblas** -¹A] {S 1; F 1: M *thyflase* (PC.0901)}

divoemmell [dɪ'vʀmːẹl] *f.* **+ow** bumper *(of car)*, buffer *(of train)*, fender *(of boat)*
[cCc: DI- 2**boemm** -²ELL]
{S 1; F 0(AnG 1985): **+ow** I}

divoetter [dɪˈvɤtːer] *m.* **+yow**
starvation, famine
[cCc: from DI- 2**boes** -TER]
{**S** 1; **F** 1: **M** *dyvotter* (OM.0365) → P: **+yow** I}

divotonya [ˌdivɔˈtɔˑnja] *v.* unbutton
[cCc: DI- 2**botonya**] {**S** 5; **F** 0(EC52)}

divres [dɪˈvrɛːz] *m.* **+ow** exile, expatriate, banished person
[cCc: from DI- 2**bro** -⁶YS]
{**S** 8; **F** 1: **O** *diures* (VC.301) → L,P: **+ow** I}

divroa [dɪˈvrɔˑa] *v.* exile, banish
[cCc: DI- 2**bro** -¹A] {**S** 1; **F** 0(CE38)}

divroedh [dɪˈvrɔˑęð] *m.* exile
This word has three syllables.
[cCc: DI- 2**bro** -¹EDH]
{**S** 1; **F** 0(CE38): **C W** *difroedd:*}

divyn [ˈdiˑvɪn] *v.* chop, dissect, mince, cut up
[Cc: VN with pf. DI- from a CC root **ben-* (gpc)]
{**S** 8; **F** 3: **M** *denvyn* (BK34.17); p.ptcpl. *devenys* (BM.2390), *dufunys* (BM.3224): **C W** *difynio*}

diw² [ˈdiw] *num.* two (f.)
[C:] {**S** 1; **F** 4: **M** *dyw, ii*: **L** *diu* (AB242b)}
See George, J.roy.instn.Cornwall, 2007.

an dhiw both (f.)

diwabrans [diwˈabrans] *dual* eyebrows
Nance took the gender of *abrans* to be masc.; in Welsh, *GPC* gives both genders; in Breton, the cognate is fem.
[CC: **diw abrans**]
{**S** 1; **F** 0(CE38): **C B** *diwabrant*}

diwar² [dɪˈwaːr] *prep.* from on top of
[cC: DI- ¹**war**]
{**S** 1; **F** 2: **M** *thywar* (RD.0404), *the war* (BM.4227)} Both exx. in MidC suggest **dhiwar**.

diwarr [ˈdiwar] *dual* legs
[CC: **diw** 2**garr**] {**S** 1; **F** 0(CE38): **C B** *divhar*}

diwaskell [diwˈaˑskęl] *dual* **+ow** wings
[CC: **diw askell**]
{**S** 1; **F** 0(GM09: K.J.G.): **C B** *divaskell*: **+ow** I}

diwbaw [ˈdiʊbaw] *dual* paws
[CC: **diw** 2**paw**]
{**S** 1; **F** 1: **M** *thyv baw* (RD.2076)}

diwbedrenn [diʊˈbędręn] *dual* **+ow**
buttocks, posterior, hindquarters
[CC: **diw** 2**pedrenn**] {**S** 1; **F** 0(EC52): **+ow** I}

diwbleth [ˈdiʊblęθ] *dual* plaits
[CL: **diw** 2**pleth**] {**S** 1; **F** 0(GM09: K.J.G.)}

diwdavell [diʊˈdaˑvęl] *dual* feelers
[CC: **diw** 2**tavell**] {**S** 1; **F** 0(GM09: P.H.)}

diwdhorn [ˈdiʊðɔrn] *dual* fists Although previously thought to be masc., as in Breton, **dorn** is actually fem., as shown by *an thorne vghella* 'the upper hand' (TH34r).
[CC: **diw** 2**dorn**] {**S** 1; **F** 2: **M** *dyw dorn* (RD.2178), *dyw thorn* (RD.2596), *dew thorn* (BK39.48): **C B** (*daouarn*) 'hands'; W *deuddwrn*}

diwedh [ˈdiʊęð] *m.* **+ow** end, finish, outcome
[C: Brit *di-wed-* (Fl.)]
{**S** 1; **F** 6: **M** *dyweth, deweth*: **L** *diụadh* (AB059c), *duath, duah, dua*: **C B** *diwez*, W *diwedd*: **+ow** I}

diwedha [diˈwęˑða] *v.* end, finish, conclude
[Cc: **diwedh** -¹A]
{**S** 1; **F** 4: **M** *dywethe* → P: **L** *dowethe* (NGNB4), *duatha* (MSWP), *diụadha* (AB059c) → P}

diwedhes [diˈwęˑðęz] *adj.* late, tardy
[Cc: Compound of **diwedh**]
{**S** 8; **F** 2: **M** *dewethes* (OM.0629) → P, *dewethas* (RD.1305) → L,P: **L** *dewethaz* (NGNB4), *deụedhaz* (CGEL): **C** cf. B *diwezhat*}

diwedhva [diˈwęðva] *f.* **+ow** ending, termination, expiration
[Cc: **diwedh** -VA] {**S** 1; **F** 3: **M** *dewethfa*: **+ow** I}

diwedhyans [diˈwęˑðjans] *m.* **+ow** ending
[Cc: **diwedh** -YANS]
{**S** 8; **F** 1: **M** *dowethyans* (CW.0417): **+ow** I}
Nance took this word to be **diskwedhyans**.

diwedhyn [dɪˈwęˑðɪn] *adj.* unbending, rigid, stiff, inflexible
[cC: DI- 2**gwedhyn**]
{**S** 1; **F** 0(CE38): **C B** *diwevn*}

diwedhynder [ˌdiwęˈðɪndęr] *m.* rigidity, stiffness
[cCc: DI- 2gwedhyn -DER] {S 1; F 0(EC52):}

diwedhys [diˈwę·ðɪz] *adj.* finished
P.ptcpl. of **diwedha**.
[Cc: diwedh -⁶YS] {S 1; F 0(GM09: G.M.S.)}

diwen [ˈdiwęn] *dual* jaws
[CC: from diw 2gen]
{S 2; F 2: M *thewen* → P, *dywen*}

diweres [dɪˈwę·ręz] *adj.* helpless
[cC: DI- ¹gweres] {S 1; F 0(GK98: R.L.)}

diwerester [dɪwęrˈę·stęr] *m.* helplessness
[cC: from diweres -TER] {S 1; F 0(EC00):}

diwern [dɪˈwęrn] *adj.* dismasted, mastless
[cC: DI- 2¹gwern] {S 1; F 0(CE38): C B *diwern*}

diwernya [dɪˈwęrnja] *v.* dismast
[cCc: DIWERN -YA]
{S 1; F 0(CE38): C B *diwerniañ*}

diwes [ˈdiwęz] *m.* **diwosow** drink, draught *(drink)*
[C: Brit **dê-âti-* (Gr.)]
{S 3; F 5: O *diot* (VC.286,879) → L,P: M *dewes, dewas*; pl. *dewosov* (BM.1473): L *deu̯az* (AB125a), *dewas* (IKAB): C B *died*; W *diod*: **diwosow** M}
In view of the cognates, the <w> in this word looks like a hiatus-filler.

diwessa [diˈwęsːa] *v.* go drinking, booze
[Cc: Conflation of **diwes** + -ESSA]
{S 3; F 0(AnG 1992)}

diwettha [diˈwęθːa] *adj.* later, latter
[Cc: from diwedh -HA (superlative of **diwedh**), though the adj. is **diwedhes**]
{S 1; F 4: M *dewetha*: L *dewetha* (NGNB8), *divetha* (AB124b, 124c) → P}

an diwettha last, latest, ultimate

diweyth [diˈwęɪθ] *adj.* unemployed
[cC: DI- 2²gweyth]
{S 1; F 0(EC52): C W *di-waith*}

diweythieth [ˌdiwęɪˈθi·ęθ] *f.* unemployment
[cCc: diweyth -IETH] {S 1; F 0(GK98: K.J.G.):}

diwfer [ˈdiʊfęr] *dual* shanks, lower legs
[CC: diw fer] {S 1; F 1: M *ʒew ver* (MC.173)}

diwfordh [ˈdiʊfɔrð] *dual* **+ow** dual carriageway
[CE(E): diw fordh]
{S 4; F 0(GM09: K.J.G.): +ow I}

diwgell [ˈdiʊgęl] *dual* **+ow** testicles
[CL: diw 2kell]
{S 1; F 0(EC52): C B *divgell*: +ow I}

diwglun [ˈdiʊglyn] *dual* **+yow** hips, loins
Meaning in *VC.* was 'renes', i.e. 'kidneys'.
[CC: diw 2klun]
{S 8; F 3: O *duiglun* (VC.084) → L,P: M *duklyn* (BM.3312): C B *divglun*: +yow I}

diwiska [dɪˈwi·ska] *v.* undress, unclothe
[cCc: DI- 2gwiska]
{S 1; F 0(CE93): C B *diwiskañ*}

diwith [dɪˈwɪːθ] *adj.* unprotected
[cC: Ci- 2gwith] {S 1; F 0(EC52)}

diwiver [dɪˈwi·vęr] *m.* **+yow** radio, wireless
[cE(E): DI- 2gwiver]
{S 4; F 0(AnG 1985): +yow I}

diwla [ˈdɪʊla] *dual* hands
[CC: from diw leuv, with loss of [-v] in the unstressed syllable.] {S 2; F 5: M *dule* → P, *dowla*: L *doola* (M4WK), *dula* (NGNB7), *diu̯la* (AB242b): C W *dwylo*}

diwlagattell [diʊlaˈgatːęl] *dual* **+ow** binoculars
[CCc: diw lagattell]
{S 8; F 0(GM09: YhaG): +ow I}

diwlens [ˈdiʊlęnz] *dual* **+ow** doublet *(optics)* [CE(L): diw lens]
{S 8; F 0(GM09: YhaG): +ow I}

diwleuv [diʊˈlœːv] *dual* hands
Supposed stressed on the 2nd syll., as opposed to **diwla**. [CC: diw leuv] {S 1; F 4: O *duilof* (VC.871) → L,P: M *dywluef* → L,P}

fastyans diwleuv *m.* handfasting

diwloneth [diʊ'lɔ·nęθ] *dual* kidneys
[CC: **diw loneth**] {S 8; F 0(GM09: K.J.G.)}

diwoesa [dɪ'wo·za] *v.* bleed *(trans.)*, draw blood from
[cCc: DI- **2goes** -¹A]
{S 1; F 3: M *dewose*: C B *(diwadañ)*}

diworth [dɪ'wɔrθ] *prep.* from
[cC: DI- **worth**] {S 1; F 6: M *theworth*: L *thurt, durt*: C B *diouzh*, W *-di wrth*}
The form with permanent lenition, **dhiworth**, was commoner in the texts. In LateC, the word was reformed on the stem **diwort-** from the 3rd personal forms. Combines with pers. pronouns as **diworthiv, diworthis, diworto, diworti, diworthyn, diworthowgh, diworta**.

d'wor' an nos by night
diworth an myttin in the morning

diwotti [di'wɔtːi] *m.* **+ow** public house, alehouse, pub
[CC: from **diwes ti**]
{S 1; F 0(CE38): C W *dioty*: **+ow** I}

diwranna [dɪʊ'ranːa] *v.* double *(in theatre)*
[cCc: **diw ranna**] {S 1; F 0(GM09: YhaG)}

diwreydhya [dɪ'wręɪðja] *v.* eradicate
[cCc: DI- **2gwreydh** -YA] {S 1; F 0(CE38)}

diwri [dɪ'wriː] *adj.* seamless
[cC: DI- **2gwri**] {S 1; F 0(GM09: A.S.)}

diwroev ['diʊrɤv] *dual* **+ow** pair of oars
[CC: **diw roev**] {S 1; F 0(GM09: P.H.): **+ow** I}

diwros ['diʊrɔz] *f.* **+ow** bicycle, bike
A neologism which has gained wide acceptance; Nance had suggested *margh-horn*, based on B *marc'h-houarn*, but this is never used. **diwros** is similar to F *deux roues*, and could even be interpreted as a dual noun.
[CC: **diw ¹ros**] {S 1; F 0(CE93: J.G.H.): **+ow** C}

diwrosa [diʊ'rɔ·za] *v.* cycle, bicycle
[cCc: **diwros** -¹A] {S 1; F 0(CE93: G.M.S.)}

diwrosya [diʊ'rɔ·ʒja] *v.* go on a bicycle tour
[CCc: **diwros** -YA = conflation of **diwros** + **rosya**] {S 1; F 0(CE93: G.M.S.)}

diwskinenn [diʊ'ski·nęn] *dual* ear-rings
[CC: **diw skinenn**] {S 8; F 0(GM09: P.H.)}

diwskoedh ['diʊskɤð] *dual* shoulders
[CC: **diw skoedh**]
{S 1; F 3: M *duscouth* → P: L *Diskodh* (AB242b)}

diwskovarn [diʊ's'kɔ·varn] *dual* ears
[CC: **diw skovarn**]
{S 1; F 0(CE38): C B *divskouarn*}

diwvanek [diʊ'va·nęk] *dual* gloves (pair)
[CcC: **diw 2manek**] {S 1; F 0(GM09: P.H.)}

diwvanek-plat [diʊˌvanęk'plaːt] *dual* gauntlets (pair)
[CcC: **diw 2manek-blat**] {S 5; F 0(GM09: P.H.)}

diwvlydhenyek [ˌdiʊvlɪ'ðę·njęk] *adj.* biennial
[CCc: **diw 2blydhenyek**] {S 1; F 0(EC00)}

diwvogalenn [ˌdiʊvɔ'ga·lęn] *f.* **+ow** diphthong
[CLc: **diw 2bogalenn**] {S 1; F 0(Y3): **+ow** I}

diwvogh ['diʊvɔx] *dual* cheeks
[CC: **diw 2²bogh**] {S 1; F 0(EC52)}

diwvordhos [diʊ'vɔrðɔz] *dual* thighs
[CC: **diw 2mordhos**] {S 1; F 0(EC52)}

diwvregh ['diʊvręx] *dual* arms
[CL: **diw 2bregh**] {S 1; F 4: M *dywvregh*:
L *Dibreh* (AB242b): C B *divrec'h*}

diwvronn ['diʊvrɔn] *dual* breasts
[CC: **diw 2bronn**] {S 1; F 3: O *duiuron*
(VC.055) → L,P: M *devran* (CW.1837) → L,P, *defran* (CW.1910): C B *divronn*}

diwvronner [diʊ'vrɔnːęr] *m.* **+yow** brassiere, bra
[cLl: **diwvronn** -¹ER] {S 1; F 0(CE93):
C B *divvronner*: **+yow** I}

diwwarthol [diʊ'warθɔl] *dual* stirrups
[CC: **diw 2gwarthol**] {S 1; F 0(GM09: P.H.)}

diwweus ['diʊwœs] *dual* lips
[CC: **diw 2gweus**] {S 2; F 0(CE38): C B *diweuz*}

diwwewenn

diwwewenn [diʊ'węwęn] *dual* pair of heels
[Cc: **diw 2gwewenn**] {S 1; F 0(GM09: P.H.)}

diwweyth ['diʊwęɪθ] *adv.* twice
[cC: **diw 2¹gweyth**] {S 1; F 4: M *dywyth* → P: L *duath* (JCNBG10), *dhiueth* (JCNBL)}

diwyethek [diʊ'ję·θęk] *adj.* bilingual
[cCc: **diw yeth** -¹EK]
{S 1; F 0(AnG 1985): C B *divyezhek*}

diwyethogeth [ˌdiʊję'θɔ·gęθ] *f.* bilingualism
[cCc: **diw yeth** -OGETH]
{S 1; F 0(CE93: K.J.G.): C B *divyezhegezh*:}

DIWYS- [C:]

diwysyans [dɪ'wɪ·ʒjans] *m.* +ow industry *(manufacture)*
[Cc: DIWYS=YANS]
{S 1; F 0(GK98: T.S.): C W *diwydiant*: +ow I}

diwysyansel [ˌdiwɪʒ'janzęl] *adj.* industrial
[Ccc: **diwysyans** -²EL] {S 1; F 0(GM09: G.M.S.)}

diwysyk [dɪ'wɪ·ʒɪk] *adj.* earnest, zealous, conscientious, industrious, diligent, assiduous, hardworking
[Cc: DIWYS=YK] {S 8; F 1: M *dywysyk* (RD.1370) → P, *dewy gyk* (BL39.44)}
One might expect this adj. to end in -¹EK, but the textual examples indicate *-yk*.

diwysykter [dɪwɪ'ʒɪktęr] *m.* zeal
[Ccc: **diwysyk** -TER] {S 8; F 0(EC00):}

diwysygneth [ˌdiwɪ'ʒɔgnęθ] *f.* industry *(hard work)*, diligence
[Cc: from **diwysyk** -NETH] {S 8; F 0(EC52):}

diyskynn [di'ɪ·skɪn] *m.* +ow descent
[cL: DI- **yskynn**]
{S 1; F 0(GM09: G.M.S.): +ow I}

diyskynna [ˌdiɪs'kɪnːa] *v.* descend, go down, dismount
[cLc: DI- **yskynna**] {S 1; F 4: M *dijskynna* (MC.004), *dyeskenne* (PC.0313), *dyiskynya* (CW.0233): L *deiskyn* (AB054b) → P}
MidC and LateC variants include **di'skynnya**, **'skynnya, diyskynnya**.

dohajydh

diyskynnus [diɪs'kɪnːys] *adj.* descending
[cLl: DI- **yskynnus**] {S 1; F 0(EC00)}

diyskynnyas [ˌdiɪs'kɪnːjaz] *m.* -ysi descendant
[cLc: DI- **yskynn** -³YAS] {S 1; F 0(EC52): -ysi I}
DODHW- [C:]

doen ['doːn] *v.* carry, transport, bear *(support)*, endure
[C: Brit *duk-n* (Fl.)]
{S 8; F 5: M *don*: L *dôn* (AB247b), *doone* (G3WK): C MidB *doen*, W *dwyn*}

does ['doːz] *adj.* dense *(physically)*
[C:] {S 1; F 0(GK98: K.J.G.): C B *doues*, W *dwys*}

doesedh ['do·sęð] *m.* +ow density *(physics)*
[Cc: **does** -¹EDH] {S 1; F 0(GK98: K.J.G.): C cf. B *douesder*, W *dwyster*: +ow I}

doesedh poblans density of population

doeth ['doːθ] 1. *adj.* civilized, prudent, discreet, sagacious 2. *m.* +yon sage
[L: CLat *doctus* (gpc)] {S 1; F 0(CE38): C W *doeth*: +yon C (CE38)} Nance thought that this word was found in *CE*. and at *BM.2944*.

doethenep [dɤ'θę·nęp] *m.* tact
[LC: **doeth enep**]
{S 1; F 0(GM09: G.M.S.): C W *doethineb*:}

doethter ['doθtęr] *m.* prudence, sagacity, discretion
[Lc: **doeth** -TER] {S 1; F 0(CE38): C W *doethder*: }

dogludhi *v.* tire out (?) There has been much discussion of this new word, which occurs in apparently very different contexts. [E(U)Cc: E *dog* + a cognate of W *lludd* 'exhaustion' + -¹I] {S 8; F 2: M *doglvthy* (BK35.83); p.ptcpl. *dogluthys* (BK13.46)}

dohajydh [dɔha'dʒɪːð] *m.* +yow afternoon, noon to sunset
[cCCcC: from **diworth eghwa an jydh**]
{S 3; F 3: L *dẏhodzhẏdh* (AB010b) → P: +yow I}

dohajydhweyth [ˌdɔha'dʒɪːðwɛɪθ] *adv.*
in the afternoon
[cCccCC: **dohajydh** 2¹**gweyth**]
{S 1; F 0(AnG 1986)}

dojel ['dɔ·dʒęl] *m.* **-es** young pollack
[U:] {S 8; F 0(CE38): D "dudgel": **-es** I} This word is probably Cor., but the form is late.

doktour ['dɔktur] *m.* **+s** doctor *(title)*
[E(F): MidE < OldF *doctour* (coe)] {S 5; F 4: M *doctor, doctour*; pl. *doctours, doctors*: **+s** M}

doktourieth [ˌdɔktu'ri·ęθ] *f.* **+ow**
doctorate, doctor's degree
[E(F)c: **doktour** -IETH]
{S 5; F 0(GK98: K.J.G.): **+ow** I}

¹**dol** *f.* dale
[U:] {S 8; F 1: L *dôl* (PV.9314)}
Found in pl.n. *Doleer*, according to Nance; unconfirmed by Padel.

²**dol** ['dɔːl] *m.* dole, welfare payment
Pryce's meanings were 'a share, a part, one eighth' [E(E): E *dole* < OldE *dâl* (coe)]
{S 4; F 1: L *dôl* (PV.9315):}

dolli ['dɔlːi] *f.* **+ow** doll
[E: Shortened form of pers. name *Dorothy*]
{S 4; F 0(FTWC): **+ow** N (FTWC)}

dolor ['dɔ·lɔr] *m.* **+s** dolour, pain
[E(F):] {S 4; F 3: M *dolor* (BK.); pl. *tholowrs* (BK09.84): **+s** M}

dolos [dɔ'lɔːs] *v.* pretend, give out falsely, dissemble
[L: from Lat *agere dolose* 'to act fraudulently' (CE38)] {S 8; F 2: M *dolos* (MC.250) → P}

domhwel ['dɔmhwęl] *v.* overthrow, subvert, overturn
[ccC: from DE- OM- **hwel**]
{S 1; F 1: M *domhwel* (BM.2652): C W *dymchwel*}
Found in MidC without VN sf.

domhwelyans [dɔm'hwę·ljans] *m.* **+ow**
revolution *(political)*
[ccCh: from **domhwel** -YANS]
{S 1; F 0(CE93: K.J.G.): **+ow** I}

domhwelus [dɔm'hwę·lys] *adj.*
subversive, revolutionary
[ccCl: from **domhwel** -US]

{S 1; F 0(CE93: G.M.S.)}

domination (Eng.) *n.*
{S 6; F 1: M *domynashon* (CW.0056)}

donatists (Eng.) *pl.*
{S 6; F 1: M *donatists* (TH32r)}

Donatus (Lat.) *name*
{S 6; F 1: M *Donatus* (TH32v)}

dones ['dɔ·nęz] *v.* come
[Cc: Contraction of **devones**]
{S 2; F 3: M *dones*: L *deuez* (CGEL): C B *dont*}

doneson [dɔ'nęsɔn] *m.* **+ow** donation, gift
[F: F *donaison*] {S 4; F 1: M *theneson* (BK08.74): C B *donezon*: **+ow** C}

dons ['dɔns] *m.* **+yow** dance
[E(F): MidE (noun) < OldF *danser* (vb.) (coe)]
{S 4; F 2: M *dons* (MC.061), ʒ*ons* (MC.078), *dawns* (BK13.40): C W *dawns*: **+yow** I}

dons-kledha sword-dance

dons meyn stone circle

donsya ['dɔnsja] *v.* dance
[E(F)c: **dons** -YA]
{S 4; F 3: M *donsya*: L *daunsya* (CWK2548)}

donsyer ['dɔnsjęr] *m.* **-yoryon** dancer *(male)*
[E(F)h: **dons** -¹YER]
{S 4; F 0(CE38): **-yoryon** N (CE38)}

donsyores [dɔns'jɔ·ręs] *f.* **+ow** dancer *(female)*
[E(F)c: **dons** -YORES] {S 4; F 0(CE38): **+ow** I}

doom (Eng.) ALT = **breus**.
[E(E): MidE < OldE *dôm* (coe)] {S 6; F 2: M *dome* (BM.2457, 4007); *don* (BK26.20)}

dor ['dɔːr] *m.* **+yow** ground, soil, earth
[C: Brit **dijaro-* (hpb)] {S 1; F 6: O *doer* (VC.012, 334): M *dor, dore*: L *dôr* (AB162c), *doar*: P Dorminack: C B *douar*; W *daear*: **+yow** I}

an dor the ground, the soil

dri dhe'n dor bring down

an nor the world

dorfols

dorfols ['dɔrfɔls] *m.* **+ow** fault *(geological)*
[CC: **dor fols**]
{S 1; F 0(GM09: K.J.G.): **+ow** I}

dorfurvonieth [dɔrfyrvɔ'ni·ęθ] *f.*
geomorphology
[CLc: **dor furv** -ONIETH]
{S 1; F 0(GM09: G.M.S.):}

dorfurvoniethel [dɔrfyrvɔni'ę·θęl] *adj.*
geomorphological
[CLcc: **dorfurvonieth** -¹EL]
{S 1; F 0(GM09: G.M.S.)}

dorfurvonydh [dɔrfyr'vɔ·nɪð] *m.* **+yon**
geomorphologist
[CLc: **dor furv** -ONYDH]
{S 1; F 0(GM09: G.M.S.): **+yon** I}

dorge ['dɔrgę] *m.* **+ow** earth hedge, earthwall, earthwork
[CC: **dor** 2⁴**ke**]
{S 1; F 0(CE38): D "durgy": **+ow** I}

dorgell ['dɔrgęl] *f.* **+ow** cellar, vault, bunker
[CL: **dor** 2**kell**]
{S 1; F 0(CE38): C W *daeargell:* **+ow** I}

dorgi ['dɔrgi] *m.* **dorgeun** terrier
[CC: **dor** 2**ki**]
{S 1; F 0(CE38): C W *daeargi:* **dorgeun** I}

dorgrys ['dɔrgrɪz] *m.* **+yow** earthquake
[CC: **dor** 2²**krys**]
{S 1; F 3: M *dorgrys* (PC.3086) → P, *dorgis* (MC.200, 209) → P: **+yow** N (EC52)}

dorhys ['dɔrhɪz] *m.* **+ow** longitude *(geog.)*
[CC: **dor hys**] {S 1; F 0(GK98: G.M.S.): **+ow** I}

dorhysel [dɔr'hɪ·zęl] *adj.* longitudinal
[CCc: **dorhys** -²EL] {S 1; F 0(GK98: G.M.S.)}

dorles ['dɔrlęz] *m.* **+ow** latitude *(geog.)*
[CC: **dor** ³**les**] {S 1; F 0(GK98: G.M.S.): **+ow** I}

dorlesel [dɔr'lę·zęl] *adj.* latitudinal
[CC: **dorles** -²EL] {S 1; F 0(GK98: G.M.S.)}

dorn ['dɔrn] *f.* **+ow,** *dual* **diwdhorn** hand *(when used as an instrument),* fist, haft

dornskrifa

Although previously thought to be masc., as in Breton, **dorn** is actually fem., as shown by *an thorne vghella* 'the upper hand' (TH34r).
[C: Brit **durno-* (Fl.)] {S 1; F 5: **M** *dorn* → L,P; pl. *dornow*: **L** *darn* (AB230c) → P; pl. *thor[n]ow* (WP..G): P ?Tredorn: C B *dorn,* W *dwrn*}

an dhorn ughella a'm beus
I have the upper hand
dre gildhorn back-handed

dorna ['dɔrna] *v.* thump, thrash, beat, punch, bash
[Cc: **dorn** -¹A] {S 1; F 1: **M** 3rd sg. pres. ind. *dorn* (BK32.12): C B *dornañ*}
Anticipated by Nance in *CE38.*

dornans ['dɔrnans] *m.* **+ow** thumping, thrashing
[Ch: **dorn** -ANS]
{S 1; F 0(GM09: G.M.S.): **+ow** I}

dornas ['dɔrnaz] *m.* **+ow** fistful, handful
[Cc: **dorn** -²AS]
{S 1; F 0(CE38): C B *dornad:* **+ow** I}

dornel ['dɔrnęl] *adj.* manual
[Cc: **dorn** -²EL] {S 1; F 0(GM09: GG)}

dornla ['dɔrnla] *m.* **dornleow** handle, handhold
[Cc: **dorn** -LA]
{S 2; F 1: L (Lh.): **dornleow** I (Y1)}

dornlyver [dɔrn'lɪ·vęr] *m.* **-lyvrow** handbook, manuscript book
[CL: **dorn lyver**]
{S 1; F 0(AnG 1984): C B *dornlevr:* **-lyvrow** I}

dornskrif ['dɔrnskrif] *m.* **+ow** manuscript This word, rather than Nance's *dornscryfa* = **dorn skrif** -¹EDH, is now used.
[CL: **dorn skrif**]
{S 3; F 0(CE93: G.M.S.): **+ow** I}

dornskrifa [dɔrn'skri·fa] *v.* write *(by hand)*
[CLc: **dornskrif** -¹A]
{S 3; F 1: L p.ptcpl. *dorn-skrefyz* (CGEL)}

dornva ['dɔrnva] *f.* **dornvedhi** hand *(unit of length)*, span, hand-breadth cf. **meusva**.
[Cc: Compound of **dorn**]
{S 2; F 0(CE38): **dornvedhi** N (CE38)}

dornweyth ['dɔrnwɛɪθ] *m.* **+yow** handicraft
[CC: **dorn** 2²**gweyth**]
{S 1; F 0(GM09: G.M.S.): **+yow** I}

doronieth [ˌdɔrɔ'ni·ęθ] *f.* geography
[Cc: **dor** -ONIETH]
{S 1; F 0(CE93: G.M.S.): C B *douaroniezh*:}

doroniethel [dɔrˌɔni'ę·θęl] *adj.* geographical
[Ccc: **doronieth** -²EL] {S 1; F 0(GK98: G.M.S.)}

doronydh [dɔ'rɔ·nɪð] *m.* **+yon** geographer
[Cc: **dor** -ONYDH]
{S 1; F 0(GM09: YhaG): **+yon** I}

dororieth [ˌdɔrɔ'ri·ęθ] *f.* geology
[CCc: **dor** ¹**or** -IETH]
{S 1; F 0(EC52): C B *douarouriezh*:}

dororiethel [dɔrɔri'ę·θęl] *adj.* geological
[CCc: **dororieth** -²EL] {S 1; F 0(GM09: YhaG)}

dororydh [dɔ'rɔ·rɪð] *m.* **+yon** geologist
[CCc: **dor** ¹**or** -¹YDH]
{S 1; F 0(EC93: G.M.S.): **+yon** I}

dorslynk ['tɪrslɪnk] *m.* **+yow** landslide
[CE(E): **dor slynk**]
{S 4; F 0(GM09: G.M.S.): **+yow** I}

dorvagh ['dɔrvax] *f.* **+ow** dungeon
[CC: **dor** 2²**bagh**]
{S 1; F 0(GK98: K.J.G.): **+ow** I}

dorydh ['dɔ·rɪð] *m.* **+yon** geographer
[Cc: **dor** -¹YDH] {S 1; F 0(EC52): **+yon** I}

dos ['dɔːz] *v.* come, arrive The verb 'to come', as in many languages, is irregular.
[C: Contraction of **dones**] {S 3; F 8: M *dos*, *doys* (BM.): L *dôz* (AB130a; *doaze*, *dose*: C W *dod*}
This expression was introduced by Nance.

dos erbynn meet with
dos ha happen to, occur, come to
dos ha bos become

dosenn ['dɔ·sęn] *f.* **+ow** dose
[E(F): FN in -ENN from MidE *dose* < F (coe)]
{S 4; F 0(GM09: YhaG): **+ow** I}

dosya ['dɔ·sja] *v.* dose
[E(F): VN in -YA from MidE *dose* < F (coe)]
{S 4; F 0(GM09: YhaG)}

dotya ['dɔ·tja] *v.* dote, act like a fool, become witless
[Ec: VN in -YA from MidE (coe)] {S 5; F 2: M *dotya* (BM.0346); p.ptcpl. *dotyys* (BM.0462)}

double (Eng.) *adj.* {S 6; F 1: M *dobyll* (TH33v)}

doubtful (Eng.) *adj.*
{S 6; F 1: M *dowtfull* (TH53r)}

dour ['duːr] **1.** *adj.* rigorous **2.** *adv.* scrupulously, stringently, rigorously
[U:] {S 4; F 4: M *dour* → P}

doust ['duːst] *m.* dust, chaff
[E(E): MidE < OldE *dûst* (coe)]
{S 5; F 4: M *dowst* → P: L *doust* (G3WK): D "dows" 'dust, chaff' (1991):}
The vowel became shortened in Eng.

doustlenn ['du·stlęn] *f.* **+ow** duster
[E(E)C: **doust lenn**] {S 5; F 0(EC52): **+ow** I}

dout ['duːt] *m.* **+ys** doubt, dread, fear
[E(F): MidE < OldF *dute* (coe)] {S 5; F 6: M *dout* → L,P; *dowt*, *dowte*; pl. *dowtys*: **+ys** M}

na borth dout don't be afraid
heb dout without doubt, undoubtedly

doutya ['du·tja] *v.* doubt, fear
[E(F)c: **dout** -YA] {S 5; F 5: M *dowtya*}

dov ['dɔːv] *adj.* tame, gentle, pet, docile
[C: IE *doma* (lp)] {S 1; F 4: M *dof* → P: L *dhôv* (AB247b): C B *doñv*, W *dof*}

dova ['dɔ·va] *v.* tame, domesticate
[Cc: **dov** -¹A] {S 1; F 3: L *dova* (AB055b, G1JB) → P: C B *doñvañ*}

dovedh ['dɔ·vęð] *m.* tameness
[Cc: **dov** -¹EDH] {S 1; F 0(CE38): C W *dofaidd*:}

dover ['dɔ·vęr] *m.* **-oryon** tamer
[Cl: **dov** -¹ER]
{S 1; F 0(FTWC): **-oryon** I (FTWC)}

dover lewyon lion tamer

dovhe [dɔv'hẹː] *v.* tame, domesticate
[Cc: **dov** -HE] {S 1; F 0(CE38): C B *doñvaat*}

down ['dɔʊn] *adj.* deep, profound
[C: Brit **dumno-* (gpc) < CC **dubno-* (gpc) < IE (lp)] {S 1; F 4: M *dovn, downe*: L *doun* (AB.) → P: P Pooldown: C B *don*; W *dwfn*}

downans ['dɔʊnans] *m.* **+ow** deep valley
[CC: **down nans**]
{S 1; F 0(CPNE): P Dannett: **+ow** I}

downder ['dɔʊndęr] *m.* **+yow** depth, profundity
[Cc: **down** -DER]
{S 1; F 3: L *dounder* (AB.) → P, *dounder* (G1JB): C B *donder*, W (*dyfnder*): **+yow** I (K.J.G.)}

downek *adj.* imperfect
{S 8; F 1: L *tounack* (NGNB5)}

downhe [dɔʊn'hẹː] *v.* deepen
[Cc: **down** -HE] {S 1; F 0(CE38): C B *donaat*}

Downseudhow *place*
[CCc: **down seudhow**] {S 1; F 1: M *dansotha* (RD.0377)} Believed to mean 'deep depressions'.

downvor ['dɔʊnvɔr] *m.* **+yow** ocean, deep sea
[CC: **down** 2¹**mor**] {S 1; F 0(CE38): C B *donvor*, W (*dyfnfor*): **+yow** I}

dowr ['dɔʊr] *m.* **+ow** water, urine *(fig.)*, river
[C: Brit **dubros* (M)] {S 1; F 6: O *dour* (VC.728), *douer* (VC.855): M *dour, dowr*; pl. *dovrow* (BK36.06), *dorrowe* (CW.2322): L *dour* (AB.); *dour*: P Chyandour: C B *dour*; W *dwr*: **+ow** M}

dowr an mor sea-water
dowr dor ground water
dowr soda soda water

dowra ['dɔʊra] *v.* water
[Cc: **dowr** -¹A] {S 1; F 1: L *douria* (AB083c); C B *dourañ*; cf. W *dyfrio*}

dowran ['dɔʊran] *m.* **-enyow** watering-place, oasis
[Cc: **dowr** -AN]
{S 8; F 0(CPNE): P Dowran: **-enyow** I}

dowrargh ['dɔʊrarx] *m.* **+ow** cistern, water-tank
[CL: **dowr argh**] {S 1; F 0(CE38): **+ow** I}

dowrbons ['dɔʊrbɔns] *m.* **+ow** aqueduct
[CL: **dowr 2pons**]
{S 1; F 0(CE38): C B *dourbont*: **+ow** I}

dowrdredan [dɔʊr'drę·dan] *m.* hydroelectricity
[CcC: **dowr 2tredan**] {S 1; F 0(EC00):}

dowrdredanek [ˌdɔʊrdrę'da·nęk] *adj.* hydroelectric
[CcC: **dowr 2tredanek**] {S 1; F 0(EC00)}

dowrek ['dɔʊręk] **1.** *adj.* watery **2.** *f.* **-egi** watery place
[Cc: **dowr** -¹EK] {S 1; F 0(CE38): P Dowrack: F Dowrick: C B *dourek*: **-egi** I}

dowrell ['dɔʊręl] *f.* **+ow** watering-can
[Cl: **dowr** -ELL] {S 1; F 0(GM09: K.J.G.): **+ow** I}

dowrergh ['dɔʊręrx] *m.* slush
Nance translated the B by 'sleet', but Hemon gave 'eau provenant de la fonte de la neige', which could be 'slush'.
[CC: **dowr ergh**]
{S 1; F 0(CE38): C B *dour-erc'h*:}

dowrfols ['dɔʊrfɔls] *m.* **+yow** leak, leakage
[CC: **dowr fols**] {S 1; F 0(CE38): **+yow** I}

dowrgi ['dɔʊrgi] *m.* **dowrgeun** otter
[CC: **dowr 2ki**]
{S 1; F 3: O *doferghi* (VC.573) → L,P: P Trethurgy: C B *dourgi*; W *dwrgi*: **dowrgeun** }

dowrgleudh ['dɔʊrglœð] *m.* **+yow** canal, open drain
[CC: **dowr 2kleudh**]
{S 1; F 0(EC52): **+yow** N (EC52)}

dowrhe [dɔʊr'hẹː] *v.* water, irrigate
[Cc: **dowr** -HE] {S 1; F 2: L *dourhi* (AB141a) → P: C B *douraat*, W (*dyfrhau*)}

dowrheans [dɔʊr'hę·ans] *m.* irrigation
[Cch: **dowrhe** -ANS] {S 1; F 0(GM09: K.J.G.):}

dowrhyns

dowrhyns ['dɔʊrhɪns] *m.* **+yow**
watercourse
[CC: **dowr hyns**] {S 1; F 0(CE38): **+yow** I}

dowrla ['dɔʊrla] *m.* **-leow**
watering-place
[Cc: **dowr** -LA]
{S 1; F 0(CE38): P Durla: **-leow** I}

dowrlamm ['dɔʊrlam] *m.* **+ow** waterfall
[CC: **dowr lamm**] {S 1; F 0(CE38): **+ow** I}

dowrlann ['dɔʊrlan] *f.* **+ow** waterside
[CC: **dowr 2glann**]
{S 1; F 0(CE38): C W *(dyfrlan)*: **+ow** I}

dowrles ['dɔʊrlęs] *m.* **+yow** pond-weed
[CC: **dowr** ¹**les**] {S 1; F 0(EC52): **+yow** I}

dowrva ['dɔʊrva] *f.* **+ow** watering-place
[Cc: **dowr** -VA]
{S 1; F 0(CE38): P *Durva* according to Nance; unconfirmed by Padel.: **+ow** I}

dowrvargh ['dɔʊrvarx] *m.* **-vergh**
hippopotamus
[CC: **dowr 2margh**] {S 1; F 0(CE38): C B *dourvarc'h*; W *dwrfarch*: **-vergh** I}

dowrvelon [dɔʊr'vęˑlɔn] *m.* **+yow**
water-melon
[CE(F): **dowr 2melon**]
{S 4; F 0(FTWC): **+yow** N}

dowrverk ['dɔʊrvęrk] *m.* **+ow**
watermark
[CE(F): **dowr 2merk**] {S 4; F 0(EC00): **+ow** I}

dowryar ['dɔʊrjar] *f.* **-yer** coot
[CC: **dowr yar**]
{S 1; F 0(CE38): C B *douryar*, W *(dyfriar*: **-yer** I}

Drake (Eng.) *name*
{S 6; F 1: L *Drake* (CMWD)}

draght *m.* **+ys** draught *(of wine)*
ALT = **swynnenn**. [E(N): MidE < OldN (coe)]
{S 5; F 1: M *draght* (OM.2627): **+ys** I}

dragon ['draˑgɔn] *f.* **+es** dragon
[E(F): MidE < OldF (coe)]
{S 4; F 4: M *dragon* (BM.1352): L *dragun* (AB055c) → P: C B *dragon*, W *dragon*: **+es** N (G.M.S.)}
In W, *dragon* more commonly means 'warrior', and the usual word for 'dragon' is *draig*.

draylyer

dral ['draːl] *m.* **+yow** scrap, fragment
The only attestation is *ha teuleugh e dral ha dral*, and its meaning is "far from definite" (K.S.). The meanings given here are from Nance.
[C:]
{S 8; F 2: M *dral* (OM.2782): C B *drailh*: **+yow** I}

dralya ['draˑlja] *v.* break into bits
[Cc: **dral** -YA] {S 1; F 0(CE38): C B *drailhañ*}

drama ['draˑma] *m.* **+s** drama
[L: LLat *drâma* (coe)] {S 4; F 0(EC00): **+s** I}

drama-new [ˌdramaˈnęw] *m.*
dramas-new kitchen-sink drama
[LC: **drama new**]
{S 4; F 0(GM09: YhaG): **dramas-new** I}

dramasek [draˈmaˑzęk] *adj.* dramatic cf. **gramasek**.
[E(L): Cornicized form of E *dramatic*]
{S 4; F 0(EC52)}

dramasekhe [draˌmazękˈhęː] *v.*
dramatize
[E(L)c: **dramasek** -HE] {S 4; F 0(GM09: G.M.S.)}

dramm ['dramː] *f.* **+ow** swathe
The gender is taken from B; Nance took it to be masc.
[C:] {S 1; F 0(CE38): C B *dramm*: **+ow** I}

drayl ['draɪl] *m.* **+yow** drag
[E: Back-formation from **draylya**]
{S 5; F 1: L *dral* (PV.9403): **+yow** I}

draylell ['draɪlęl] *f.* **+ow** sleigh, sledge
[Ec: **drayl** -²ELL]
{S 5; F 0(FTWC): **+ow** N (FTWC)}

draylya ['draɪlja] *v.* drag
[E(H)c: VN in -YA from MidE *drailen* (CE38), < OldF *traillier* AND Ger *treilen* (coe)] {S 5; F 2: M p.ptcpl. *draylys* (BM.1352); 2 sg. pres. ind. *thray* (BK.16.26)} Example in *BK*. has lost the [-l], in order to rhyme with the loan-word *gay*.

draylyer ['draɪlję̨r] *m.* **-oryon** trailer, hanger-on
The meaning is 'a person or thing that trails behind' (CE38), 'thing that is dragged behind, e.g. bramble on skirt, unwanted suitor' (CE55)
[Eh: **drayl** -¹YER]
{S 5; F 0(CE38): D "draalyer".: **-oryon** I}

dre

dre² [drę] *prep.* through, by means of
For use before consonants or vowels; alternatively **der** may be used before vowels. Combines with pers. pronouns as **dredhov, dredhos, dredhi, dredho, dredhon, dredhowgh, dredha**. See also **der**.
[C: Brit *trê (Fl.)] {S 1; F 7: O *ter* (VC.396): M *dre, der*: L *dre, der*: C B *dre vraz*}

dre vras generally, for the most part

dredhi ['drę·ði] *adv.* thereby
[C:] {S 1; F 3: M *drethy* → L,P: C B *drezi*}

drefenn ['drę·fęn] *conj.* because, on account of
The spelling *drefan* and the absence of **drefedn* show that the stress was on the first syllable.
[cC: Apparently **dre** 3**penn**'head']
{S 1; F 5: M *drefen, drefan*: L *dreffen* (G3WK)}

dregynn ['drę·gɪn] *m.* mischief, harm, injury, detriment
[Cc: **drog**A -YNN] {S 1; F 3: M *dregyn:*}

dregynna [drę'gɪn:a] *v.* wrong, harm, injure
[Ccc: **dregynn** -¹A] {S 1; F 0(GM09: G.M.S.)}

dregynnel [drę'gɪn:ęl] *adj.* detrimental, harmful
[Ccc: **dregynn** -¹EL] {S 1; F 0(GM09: G.M.S.)}

dregynnus [drę'gɪn:ys] *adj.* mischievous, injurious
[Ccl: **dregynn** -US] {S 1; F 0(GM09: P.H.)}

dregynnys [drę'gɪn:ɪz] *v.* wronged, harmed, injured
[Ccc: **dregynn** -⁶YS] {S 1; F 0(GM09: G.M.S.)} P.ptcpl. of **dregynna**.

drehedhadow [dręhę'ða·dɔw] *adj.* attainable
[cCc: **dre** HEDH=ADOW]
{S 1; F 0(GM09: G.M.S.)}

drehedhes [drę'hę·ðęz] *v.* reach
Intransitive.
[cCc: **dre** HEDH=¹ES] {S 1; F 1: M 3rd sg. pres. subj. *threhetho* (PC.2758) → P}

drehedhyans [drę'hę·ðjans] *m.* +ow attainment

drenek

[cCc: **dre** HEDH=YANS] {S 1; F 0(EC52): +ow I}

drehevel [drę'hę·vęl] *v.* build *(trans.)*, raise, erect, construct, edify, lift up, rise, arise, rise up
Transitive when used of buildings, otherwise may be transitive or intransitive; often used figuratively in the texts.
[cCc: from **dre sevel**]
{S 1; F 5: M *drehevel* → P, *drehevall*: L *dereval* (P2JJ, PV.8925): C W *drychafael*}

drehevyans [drę'hę·vjans] *m.* +ow building, edifice, erection *(building)*, construction
[cCh: from **dre savA** -YANS]
{S 1; F 1: L *Drehevyans* (LV056.08): +ow I}

drehevyek [drę'hę·vjęk] *adj.* constructive
[cCh: from **dre savA** -YEK]
{S 1; F 0(GM09: YhaG)}

drem ['drę:m] *m.* lamentation, keening
[E: MidE *dreme* 'sound, song' (CE38)]
{S 5; F 2: M *drem* (PC.2640) → P:}

dremas [drę'ma:z] *m.* saint, good man
[cC: perhaps from **dre mas**, without lenition, but partially confused with **den mas**]
{S 3; F 5: M *dremas*: L *thermaz* (JCNBL28), *dre-maz* (CDWP):}

dren ['drę:n] *m.* **dreyn** thorn, prickle, bone *(of fish)*
The pl. **dreyn** (q.v.) is treated as a separate word.
[C: Brit *drageno-* (lheb) < CC (gpc)]
{S 1; F 4: O *drain* (VC.698): L *drên* (AB148c, 153a) → P; sg. *draenen* (AB148c) → P: C B *draen*, W *draen*: **dreyn** OM}

dre'n [dręn] *phrase* by the
[CC: Short for **dre an**] {S 3; F 4: M *dren* → P}

drenek ['drę·nęk] **1.** *adj.* thorny, barbed **2.** *m.* -**ogyon** spur-dog *(fish)*
[Cc: **dren** -¹EK] {S 1; F 1: L *dranick* (Ray): C B *draenek*, W *draenog*: -**ogyon** I}

dres [dręs] *prep.* beyond, over, past, above, besides, during, through the course of
Combines with pers. pronouns as **dresov, dresos, dresto, dresti, dreson, dresowgh, dresta.** [c:]
{S 8; F 6: M *dres, drys*: L *dres, drez*: P Pendriscott: F Truscott: C B *dreist*}

dres oll mainly

dresniver [dręs'ni·vęr] *adj.* redundant
[cL: **dres niver**] {S 8; F 0(Y2)}

dresnivereth [ˌdręsnɪ'vę·ręθ] *f.* **+ow** redundancy
[cLc: **dresniver** -ETH] {S 8; F 0(Y2): **+ow** I}

dre'th[5] [dręθ] *phrase* by thy
[CC: **dre 'th**] {S 1; F 2: L *dredha* (AB244b), *derrez* (AB244b), *dredh* (PV.9409)}

drewydh ['dręwɪð] *m.* **+yon** druid
[C: Brit *do-are-wid-* (gpc)] {S 8; F 0(CE38): C OldB *dorguid*; cf. W *derwydd*: **+yon** I}

drewydhek [dre'wɪ·ðęk] *adj.* druidical
[Cc: **drewydh** -¹EK] {S 8; F 0(CE55)}

drewydhieth [ˌdręwɪ'ðię·θ] *f.* druidism
[Cc: **drewydh** -IETH] {S 8; F 0(EC52):}

dreyn ['dręɪn] *coll.* **+enn** thorns
See also **dren**.
[C: Brit *dragenî* (M)] {S 1; F 4: O *drein* (VC.695): M *dreyn* → P: P Trendrine: C B *drein*, W *drain*: **+enn** P (CPNE)}

dreynek ['dręɪnęk] *f.* **-egi** spinney, thicket
[Cc: **dreyn** -¹EK] {S 8; F 0(CE38): P Coldrenick: C B *dreinek*: **-egi** I}

dreyngoes ['dręɪngɤz] *m.* **+ow** spinney
[CC: **dreyn** 2¹**koes**] {S 1; F 0(CE55): **+ow** I}

dreys ['dręɪz] *coll.* **+enn** brambles
[C: Brit *drist* (Fl.)]
{S 3; F 4: O *dreis* (VC.699) → L,P: M *dreys*: L *drize* (P2JJ); sg. *dreizan* (AB141c, 272b) → P: P Lantreise: C B *drez*; W *drys*, more commonly *dyrys*: **+enn** L}
*drys would be expected from the cognates; diphthongization occurred in OldC, perhaps under the influence of **dreyn** 'thorns'.

dreysek ['dręɪsęk] **1.** *adj.* brambly **2.** *f.* **-egi** bramble patch
[Cc: **dreys** -¹EK] {S 3; F 0(CE38): P Nantrisack: C B *drezek*, W *drysog*: **-egi** I} The most interesting pl.n. to contain this word is Striddicks (*Restreysek* 1347), since it shows unexpected confusion between /s/ and /d/.

dreyskoes ['dręɪskɤz] *m.* **+ow** bramble thicket
[CC: **dreys** ¹**koes**]
{S 3; F 0(CE55): C W *drysgoed*: **+ow** I}

dri ['dri:] *v.* bring, take with one, persuade This verb is irregular.
[C:] {S 8; F 6: M *dry*: L *drei* (AB.) → P, *dri*: C W *dyry*}

drink (Eng.) *n.* {S 6; F 1: M *drynk* (BM.1462)}

drivya v. drive
ALT = **lywya** if driving a vehicle is meant.
[E(E)c: VN in -YA from MidE < OldE *drîfan* (coe)]
{S 4; F 2: M *dryvya* (TH13r); p.ptcpl. *dryvys* (TH49v)}

drog ['drɔːg] **1.** *adj.* bad, wicked, naughty **2.** *m.* **+ow** evil, harm, hurt, ill, vice
As an adj., it may precede the noun, but the soft mutation induced thereby is often over-ruled by internal sandhi, in spelling as well as pronunciation.
[C: Brit *drukos* (M)]
{S 1; F 6: O *drog* (VC.320): M *drok, drog*: L *drôg* (AB.), *droag*: C B *droug*; W *drwg*: **+ow** I}

drog ras harsh requittal

drog yw genev I am sorry

droga ['drɔ·ga] *v.* wrong
[Cc: **drog** -¹A] {S 1; F 2: L *droaga* (AB075b) → P}

drog-atti [ˌdrɔgat'tiː] *m.* epilepsy
[CE: **drog atti**] {S 8; F 2: M *rag atty* (?) (BM.2655): L *druggatye* (Gw.):}

drog-brederus [ˌdrɔkpręˈdę·rys] *adj.* spiteful, malicious
[CCl: **drog** 2**prederus**]
{S 8; F 2: L *drog-brederys* (AB084b) → P}

drog-dans [ˌdrɔg'dans] *m.* **drogow-dans** toothache
[CC: **drog** 2**dans**]
{S 8; F 0(GM09: YhaG): **drogow-dans** I}

drogedh ['drɔˑgęð] *m.* **+ow** evil, vice, malice
[Cc: **drog** -¹EDH]
{S 1; F 0(CE38): C W *drygedd*: **+ow** I}

drogewnans [drɔg'ęʊnans] *m.* maladjustment
[CCh: **drog ewnans**] {S 3; F 0(Y3):}

drogewnys [drɔg'ęʊnɪz] *adj.* maladjusted
[CCh: **drog ewn** ⁶-YS] {S 3; F 0(EC00)}

drogfara [drɔg'faˑra] *v.* fare badly
[CE(E)c: **drog fara**]
{S 4; F 3: M 3rd sg. pres. ind. *throg far*}

drog-ger [ˌdrɔg'gęːr] *m.* infamy
[CC: **drog ger**]
{S 1; F 2: O *drocger* (VC.407) → P:}

drog-gerys [ˌdrɔg'gęˑrɪz] *adj.* infamous, notorious
[CCc: **drog gerys**]
{S 1; F 2: O *drocgeriit* (VC.406) → L,P}

drog-gras [ˌdrɔg'graːts] *m.* **+ow** revenge
Calque on MidE *yfla gras* 'evil grace'.
[CE(F): **drog gras**]
{S 8; F 1: M *drog gras* (OM.0550): **+ow** I}

droglamm ['drɔglam] *m.* **+ow** accident, misadventure, adversity, mishap
[CC: **drog lamm**] {S 1; F 3: M *drok lam*: C B *drouklamm*; W *dryglam*: **+ow** I}

drogober [drɔg'ɔˑbęr] *m.* **+ow** misdeed, crime, iniquity, wrongdoing, evil deed
[CL: **drog ober**] {S 1; F 3: M *drok ober* (PC.2902): L *drôg-ober* (AB058b, 060a) → P, *drok-ober* (L1WG): C B *drougober*: **+ow** I}

drogoberer [ˌdrɔgɔ'bęˑręr] *m.* **-oryon** evil-doer, miscreant, malefactor
[CLl: **drog oberer**] {S 1; F 2: O *drochoberor* (VC.313) → L,P: **-oryon** I}

drog-skovarn [ˌdrɔˑk'skɔˑvarn] *m.* **drogow-s.** earache
[CC: **drog skovarn**]
{S 1; F 0(GM09: YhaG): **drogow-s.** I}

drogura [drɔg'yˑra] *v.* smear
[CCc: **drog ura**] {S 1; F 0(EC52)}

drogvrys [drɔg'vrɪːz] *m.* **+yow** spite, grudge, ill-will
[CC: **drog** 2¹**brys**]
{S 1; F 1: L *Drogbrêz* (AB084b): **+yow** I}

drogwas ['drɔgwas] *m.* **-wesyon** rogue, knave, scamp
[CC: **drog** 2**gwas**]
{S 1; F 3: M *drok was, drog was*: **-wesyon** I}

drokoleth [drɔk'ɔˑlęθ] *f.* ill-treatment, wrong, ill-deed
[Cc: from **drog** -OLETH]
{S 8; F 4: M *drokoleth* → P:}
One would expect **drogoleth*, but the devoicing is quite clear from the spellings. They imply that the word was perceived as *drog* + *koleth*, but the meaning of *koleth*, if it is a real word, is obscure.

drog-penn ['drɔkpęn] *m.* **drogow-penn** headache
[CC: **drog penn**]
{S 2; F 0(EC52): **drogow-penn** I}

drok-pes ['drɔkpęz] *adj.* ill-pleased
[CE(F)c: Calque on MidE *ill apaid* (CE38)]
{S 4; F 1: M *drok pys* (PC.3080)}

drokpolat [drɔk'pɔˑlat] *m.* **+ys** rascal
[CE(F): from **drog polat**]
{S 5; F 2: L *drog polat* (CW.): **+ys** I}

droksawer [drɔk'sawęr] *m.* **+yow** stink, ill-favour
[CE(F): from **drog sawer**]
{S 4; F 2: L *Drog-sauarn* (AB060c) → P: **+yow** I}

droktavosek [drɔkta'vɔˑzęk] *adj.* foul-mouthed
[CE(F): from **drog tavosek**]
{S 4; F 1: L *Drog-davazek* (AB084b)}

droktemprys

droktemprys [drɔk'tɛmprɪz] *adj.*
bad-tempered, crabby
[CE(F)c: from **drog** TEMPR=⁶YS]
{S 1; F 0(GM09: G.M.S.)}

drokter ['drɔktɛr] *m.* vice, harm
[Cc: from **drog** -TER] {S 1; F 1: L *drokter* (CLJK):} Prob. a late formation, implying that in LateC **drog** was an adj. rather than a noun.

droktra ['drɔktra] *m.* **+ow** evil
[cC: from **drog** tra]
{S 1; F 2: M *drok tra* (RD.2423): **+ow** I}

droktro ['drɔktrɔ] *f.* **+yow**
unkind action
[cC: from **drog** tro]
{S 1; F 1: M *drok tro*: **+yow** I}

drolla ['drɔl:a] *m.* **drollow** tale, story, narrative, play having a folk-tale plot, yarn
[E:] {S 4; F 2: L *daralla* (JCNBL46) → P: D "droll": **drollow** N (G.M.S.)}

droppya ['drɔp:ja] *v.* drop
[E(E)c: VN in -YA from MidE < OldE (coe)]
{S 5; F 2: M *droppye* (MC.059), ₃*roppye* (MC.173)}

drubba (Eng.) {S 6; F 1: L *drubba* (R2WA)}
Taken as Eng., but might be Cor.

drudh ['dry:ð] *adj.* precious, cherished, dear
[C:] {S 8; F 2: M *druyth* (OM.1621), *druth* (RD.2492) → P: C cf. B *druz* 'fat'; W *drud*}

drumm ['drym:] *m.* **+ow** ridge
[C:] {S 8; F 0(CE55): P Drym; C W *trum*: **+ow** I}
In CE38, this word appeared as *trum*.

DRUSH- [E: dial. Eng.]

drushya ['dry·ʃja] *v.* thresh
[Ec: DRUSH=YA] {S 5; F 2: M 3rd sg. pres. ind. *trush* (BK01.54): L *drushen* (CDWP)}
Nance's version of Lhuyd's *drushen*.

drushyer ['dry·ʃjɛr] *m.* **+yoryon**
thresher *(male)*
[Ec: DRUSH=¹YER] {S 5; F 2: L *drụshier* (AB167a) → P, *drụsher* (AB033c): **+yoryon** N (CE38)}

dur

drushyores [dryʃ'jɔ·rɛs] *f.* **+ow** thresher *(female)*
[Ec: DRUSH=YORES]
{S 5; F 0(GM09: K.J.G.): **+ow** I}

dr'y² [drɪ] *phrase* through his
[CC: from **dre** ²y] {S 3; F 1: M *dry* (RD.0215)}

drylsi ['drɪlʒi] *m.* monotonous noise
[U:] {S 8; F 0(CE38): D "drilsy, driljy":}

dryppenn ['drɪp:ɛn] *m.* **+ow** little drop
[E(O)c: Dim. in -ENN from MidE < Middle Danish *drippe* (coe)]
{S 5; F 1: L *dryppan* (Borlase): **+ow** I}

du ['dy:] *adj.* black, sombre, dark The comparative is **duha**.
[C: Brit **dubo-* (M) < CC **dub-* (Fl.)]
{S 1; F 5: O *dup* (VC.483): M *du*: L *diụ* (AB.) → P; *dew* (DSEC): P Menadue: C B *du*; W *du*}

Du ['dy:] *m.* November
Usually preceded by **mis-**.
[C: as **du**] {S 1; F 1:}

duder ['dy·dɛr] *m.* **+yow** blackness, darkness
[Cc: **du** -DER]
{S 1; F 0(CE38): C B *duder*, W *duder*: **+yow** I}

due (Eng.) *adj.* {S 6; F 3: M *dew* (TH.)}

dughan Now spelled **duwon**.

duhe [dy'hɛ:] *v.* blacken
[Cc: **du** -HE] {S 1; F 0(CE38)}

duk ['dy:k] *m.* **+ys** duke
[E(F): MidE < OldF *duc*] {S 5; F 4: M *duk*; pl. *dukis* (BM.0294), *dukys* (BK29.19): **+ys** M}
The [-k-] in the pl. represents an extension to the Cor. sound-system.

duketh ['dy·kɛθ] *f.* **+ow** duchy
[E(F)c: **duk** -ETH]
{S 5; F 0(GM09): C cf. W *dugiaeth*: **+ow** I}
Nance suggested *ducheth*.

dulas ['dy·las] *adj.* dark green
[CC: **du** 2¹**glas**] {S 1; F 0(GM09: J.P.)}

dur ['dy:r] *m.* **+yow** steel
[D: CLat *dûrus* or Brit **dûro-* (Fl.)]
{S 1; F 0(CE38): C B (*dir*); W *dur*: **+yow** I}

DUR- [E(F): MidE *dure* (CE38)]

durya ['dyˑrja] *v.* endure, last
[Ec: DUR=YA]
{S 4; F 3: **M** *durya* (TH50v), *duria* (TH36r):
L *dyrrya* (CLJK), *diria* (P2JJ), *dirria* (MKJT) → P}

duryadewder [ˌdyrja'dęʊdęr] *m.*
durability
[E(F)c: from **duryadow** -DER] {S 4; F 0(EC00):}

duryadow [dyr'jaˑdɔw] *adj.*
long-lasting, durable, sempiternal, lasting
[E(F)c: from **durya** -ADOW]
{S 4; F 0(GK98: A.S.)}

duryans ['dyˑrjans] *m.* **+yow** duration, persistence
[E(F)h: from **durya** -ANS]
{S 4; F 0(EC00): **+yow** I}

dustuni [dys'tyˑni] *m.* **dustuniow**
witness *(testimony)*, testimony, reference *(for character)*, evidence
[L: PrimC **testvuμni* < CLat *testimonium* (Gr.)]
{S 3; F 4: **O** *tistuni*: **M** *dustuny* → P; *dustynyow* (4 syll.): **dustuniow** M} Permanent lenition and vowel harmony in MidC.

doen dustuni bear witness, witness

dustunia [ˌdɪsty'niˑa] **1.** *v.* testify, bear witness, witness The expression **doen dustuni** is much commoner in the texts.
[Lc: **dustuni** -¹A] {S 3; F 2: **M** ʒ*ustvnee* (4 syll.) (MC.210), *dustynye* (4 syll.) (PC.1337); 3rd sg. pres. ind. *thustun* (BK16.12)}

dustunians [ˌdysty'niˑans] *m.* **+ow**
testimonial
[Lh: **dustuni** -ANS] {S 3; F 0(EC52): **+ow** I}

dustunier [ˌdysty'niˑęr] *m.* **-oryon**
referee *(for character)*, witness *(person)*
It could be argued that there is no need for this word, since its meaning is covered by **dustuni**, but it has been kept nevertheless.
[Ll: MN in -ER from **dustuni**]
{S 3; F 0(Y2): **-oryon** I}

duty (Eng.) *n.* ALT = **dever**.

Duwrnostadha
{S 6; F 3: **M** *duty*; pl. *dutys* (TH51v)}

¹**Duw** ['dyw] *name* God
[C: as **duw**] {S 3; F 8: **O** *duy* (VC.001):
M *du* (MC., BM., TH.), *dev* (Ord.), *dv* (BK.), *dew* (SA., CW.): **L** *Deew, Deu*}

Duw re dallo dhy'hwi thank you
Duw genes goodbye
Duw genowgh hwi goodbye
Duw gweres God speed

²**duw** ['dyw] *m.* **+ow** god
[C: Brit **dêwos* (M)]
{S 3; F 5: **M** *du* (MC., BM., TH.), *dev* (Ord.), *dv* (BK.), *dew* (SA., CW.); pl. *dewow* → L,P:
M *deiu* (TCJB): **P** pl. in Carnsew: **+ow** ML}

duwena [dy'węˑna] *v.* grieve
[Uc: from **duwon**A -¹A] {S 8; F 2: **M** *dvwenna* (BK39.25); 3rd sg. pret. *tuenthas* (BK32.51)}
Vowel aff. is analogical.

duwenik [dy'węˑnɪk] *adj.* distressed, depressed
[Uc: **duwon**A -IK] {S 1; F 2: **M** *dewenyk* (BK21.61), *dvenyk* (BK32.20)}

duwenhe [ˌdywęn'hęː] *v.* grieve
[Uc: from **duwon**A -HE] {S 8; F 4: **M** *duwenhe*}

duwes ['dywęs] *f.* **+ow** goddess
[Cc: **duw** -⁴ES]
{S 3; F 2: **M** *dves* (OM.0155) → P: **+ow** I}

duwon ['dywɔn] *m.* grief, sorrow, suffering [U:]
{S 8; F 5: **M** *duon, dewan*: **L** *dewan* (G3WK):}

kemmeres duwon be sorry

Duwrdadhy'hwi [dywr'daˑðɪˌhwiː]
phrase good day
Taken to be 'God give good day to you'.
[CCCCCC: from ¹**Duw roy dydh** ¹**da dhywgh hwi** (CE38)] {S 8; F 1: **L** *Durdatha why* (SCRC)}
The sg. form is **Duwrdadhejy**.

Duwrnostadha [dywrnɔs'taˑða] *phrase*
goodnight!
Taken to be 'God give good night to you'.
[CCCCC: from ¹**Duw roy nos da dhywgh**
(CE38)] {S 8; F 1: **L** *Ternestatha* (SCRC)}

Duwr'soenno

Duwr'soenno [dywr'sɤnːɔ] *phrase* may God bless Followed by **dhe**, e.g. **Duwr'soenno dhis!** 'may God bless thee!'
[CCCc: from **Duw re soenno**]
{S 8; F 3: M *dursona* (BM., BK.)}

duwses ['dywzęz] *m.* **+yow** deity, godhead
[Cl: **duw** -SES]
{S 3; F 3: M *desys* → P, dugys: **+yow** N (P.H.)}

DY- *prefix* (intensive prefix) [c:]
Used instead of DE- before <e->.

dy'[3] [dɪ] *m.* day *(abbr.)*
[c: Short variant of **dydh**]
{S 3; F 4: M *dy*; also *du*: L *dew* (LV052.57):}
The forms spelled *du* and *dew* are from an oblique case of the word; see Morris Jones' Welsh Grammar p.220.

dy' Fenkost Pentecost
dy' Halann first day of month
dy' Sul Sunday
dy' Lun Monday
dy' Lun Mus Maze Monday
dy' Meurth Tuesday
dy' Meurth Ynys Shrove Tuesday
dy' Mergher Wednesday
dy' Yow Thursday
dy' Gwener Friday
dy' Sadorn Saturday

dyagon [dɪ'aˑgɔn] *m.* **+yon** deacon
[L: CLat *diâconus* (M)] {S 1; F 2: O *diagon* (VC.109) → P: **+yon** N (K.J.G.)}

dybri ['dɪbri] *v.* eat
[Cc: Brit **di-parîm-* (Gr.)]
{S 3; F 6: O *diberi* (VC.839): M *dybry, dybbry*: L *debre* (G3WK): C B *debriñ*}

dydh ['dɪːð] *m.* **+yow** day, date *(date)*
[C: Brit **diyêus* (M)]
{S 1; F 6: O *det* (VC.454): M *dyth, deyth*; pl. *dythyow* → L, *dethyow*: L *dêdh* (AB.), *deth*; pl. *dethiow*: C B *(deiz)*, W *dydd*: **+yow** ML}

an jydh the day
y'n jydh ma today
dydh da good day, hallo

Dydh Vlydhen New Year's Day

dydh-degea [ˌdɪˑðdę'gęˑa] *m.*
dydhyow-degea closing date
[CcCc: **dydh degea**]
{S 1; F 0(AnG 1985): **dydhyow-degea** I}

dydhlyver [dɪð'lɪˑvęr] *m.* **-lyvrow** diary, journal
[CL: *dydh lyver*] {S 1; F 0(EC52): **-lyvrow** I}

dydh-tardh [ˌdɪˑθ'tarð] *m.* daybreak
[CC: **dydh tardh**] {S 1; F 0(CE38):}

dydhvetya [dɪd'vˑętja] *v.* date *(a person)*
[CE(E)c: **dydh 2metya**] {S 5; F 0(GM09: YhaG)}

dydhvetyans [dɪd'vˑętjans] *m.* **+ow** date *(meeting)*
[CE(E)h: **dydh 2metyans**]
{S 5; F 0(GM09: K.J.G.): **+ow** I}

dydhweyth ['dɪˑðwęɪθ] **1.** *adv.* by day, in the daytime **2.** *f.* **+yow** period of a day, day's time
[CC: **dydh 2¹gweyth**] {S 1; F 2: M *dythwyth* (PC.0388), *dethwyth* (BM.2145): **+yow** I}

dydhya ['dɪˑðja] *v.* date *(a document)*
[Cc: **dydh** -YA] {S 1; F 0(GK98: G.M.S.): C B *(deiziañ)*, W *dyddio*}

dydhyador [dɪð'jaˑdɔr] *m.* **+yow** calendar *(as a system)*
[Cl: **dydh** + [y] -ADOR]
{S 1; F 0(EC00): C B *deiziadur*: **+yow** I}

dydhyas ['dɪˑðjaz] *m.* **+ow** date *(specific day)*
[Cc: apparently **dydh** -²YAS] {S 1; F 0(GM09: YhaG): C W *dyddiad*, B *deiziad*: **+ow** I}

dydhyek ['dɪˑðjęk] *adj.* daily
[Cl: **dydh** -YEK]
{S 1; F 0(GM09: P.H.): C B *deiziek*}

dyegri [dɪˑ'ęgri] *v.* shock
[C: back-formation from **dyegrys**]
{S 8; F 0(EC00)}
This verb is formed from the adj. **dyegrys**, as if the <-ys> were a p.ptcpl. It is not; the element is ²**krys** 'quaking'.

dyegrys [dɪˈɛgrɪz] *adj.* shocked, terrified, trembling
[C: DY- + cognate of W *egryd* (CE38)]
{S 8; F 1: M *dyegrys* (BM.3667)}

dyenn [ˈdɪˑɛn] *m.* **+ow** cream
[C:] {S 8; F 1: L *dehen* (PV.8838): C B *dienn*: **+ow** N (FTWC)}
Appears to be an exception to the rule that nouns in <-enn> are fem., thus calling the spelling into question.

dyenn dyns tooth-paste
dyenn rew ice-cream
dyenn molys clotted cream

dyenna [dɪˈɛnːa] *v.* form cream, cream
[Cc: **dyenn** -¹A] {S 8; F 0(CE38): C B *diennañ*}

dyennek [dɪˈɛnːɛk] *adj.* creamy
[Cc: **dyenn** -¹EK] {S 8; F 0(CE38): C B *diennek*}

dyerbynna [ˌdɪɛrˈbɪnːa] *v.* meet, encounter
Takes a direct object in the texts; usage with **gans** or **orth** is modern.
[cCc: DY- **erbynn** -¹A] {S 1; F 4: M *dyerbyne* (MC.167): L *dŷrben*, *dyerben* (LV061.53)}

dyena [dɪˈɛˑna] *v.* pant, gasp, be out of breath
[Cc:] {S 8; F 3: M *tyene* (PC.2511) → P; p.ptcpl. *dyenys* (BK07.30): C cf. W *dyheuo*} The example from *BK.* confirms that Nance was right and the emendation **dyewa** in *CE93* was wrong.

dyenans [dɪˈɛˑnans] *m.* **+ow** gasp
[Cc:] {S 8; F 0(GM09: G.M.S.): **+ow** }

dyffra [ˈdɪfra] *v.* differ
[E(F)c: VN in -A; back-formation from **dyffrans**] {S 4; F 0(AnG 1985)}

dyffrans [ˈdɪfrans] **1.** *m.* **+ow** difference **2.** *adj.* different
When used as an adj., it precedes the noun.
[E(F)h: MidE < OldF (coe)]
{S 4; F 3: M *diffrans* + 5 other spellings: **+ow** I}

dyffransegi [ˈdɪfranˈzɛˑgi] *v.* differentiate *(maths.)*
[E(F)c: from **dyffrans** -¹EK -¹I] {S 4; F 0(EC00)}

dyffransegyans [ˈdɪfranˈzɛˑgjans] *m.* differentiation *(maths.)*
[E(F)c: from **dyffrans** -¹EK -YANS]
{S 4; F 0(EC00):}

dyffransel [dɪˈfranzɛl] *adj.* differential
[E(F)c: **dyffrans** -²EL] {S 4; F 0(GM09: K.J.G.)}

DYFFREYTH- [L: ModL *diffractio* (coe)]

dyffreythya [dɪˈfrɛɪθja] *v.* diffract
[Lc: DYFFREYTH -YA] {S 4; F 0(EC00)}

dyffreythyans [dɪˈfrɛɪθjans] *m.* diffraction
[Lc: DYFFREYTH -YANS] {S 4; F 0(EC00):}

dyghow [ˈdɪˑɦɔw] **1.** *adj.* right *(opposite to left)*, right hand **2.** *m.* south
[C: Brit < CC (Fl.)]
{S 3; F 5: M *dyhow*, *dyghow*: L *dehou* (AB054b), *dyhou* (ACTB): C B *dehou*, W *deau*, *de*:}
In *CE93*, this word was spelled with <e>, which is what would be expected etymologically; <y> is, however, much commoner in the texts.

a'n barth dhyghow dhe at the right hand of

dyghowbarth [dɪɦɔʊˈbarθ] *f.* South
[CC: **dyghow** 2**parth**]
{S 3; F 2: L *dyhou barth, dyhoul barth* (PV.7241):}

dyghowbarthek [ˌdɪɦɔʊˈbarθɛk] *adj.* southern
[CCc: **dyghowbarth** -¹EK]
{S 3; F 0(GM09: G.M.S.)}

dyghowles [ˌdɪɦɔʊˈlɛːs] *f.* **+yow** southernwood
[CC: **dyghow** ¹**les**]
{S 3; F 3: O *dehoules* (VC.635) → L,P: **+yow** I}

DYGHT- [E(E): E *dight* 'to adorn' < OldE *dihtan* (co)]

dyghtya [ˈdɪxtja] *v.* prepare, serve, treat, manage, trim, appoint, deal with
[E(E)c: DYGHT=YA] {S 5; F 5: M *dygtye* → P}

dyghtyans ['dɪxtjans] *m.* **+ow** treatment, handling, management, procedure
[E(E)c: DYGHT=YANS] {S 5; F 0(EC52): **+ow** I}

dyghtyer ['dɪxtjęr] *m.* **-yoryon** manager
[E(E)c: DYGHT=¹YER]
{S 5; F 0(AnG 1997): **-yoryon** I}

dyghtyores [dɪxt'jɔ·ręs] *f.* **+ow** manageress
[E(E)cc: DYGHT=YORES]
{S 5; F 0(GM09: K.J.G.): **+ow** I}

dy'goel [dɪ'goːl] *m.* **+yow** feast-day, holiday, vacation
[cC: from **dydh ¹goel**] {S 2; F 3: M *dugol* (BM.2077, 2201): L *degl* (AB059b) → P: **+yow** I}

dy'goel arghantti bank holiday
dy'goel deys harvest-home
dy'goel kemmyn bank holiday
dy'goel Mighal Michaelmas
dy'goel soedhogel official holiday
dy'goel Stoel Epiphany

dy'goelya [dɪ'goːlja] *v.* go on holiday
[cCc: **dy'goel** -YA] {S 2; F 0(GK98: G.M.S.)}

dy'gweyth [dɪ'gwęɪθ] *m.* **+yow** working day, weekday
[cC: from **dydh ²gweyth**]
{S 2; F 0(CE38): **+yow** I} the *weyth* (RD.1833, 2250) may be this word.

dygynsete [dɪ'gɪnzę‚tę·] *m.* day before yesterday
[CccC: From **dydh kyns es de** (CE38)]
{S 2; F 2: M *degens ytte* (BM.3417): L *de genzhete* (AB249a):}

dyji ['dɪ·dʒi] *m.* **+ow** small cottage
[UC: Compound of **chi**]
{S 8; F 0(CPNE): P The Digey: **+ow** I}

dyjynn ['dɪ·dʒɪn] *m.* **+ow** dot, little piece
[Uc: Dim. in -YNN]
{S 8; F 0(CE38): D "didgan": **+ow** I}

DYLL- [U:]

dyllans ['dɪlːans] *m.* **+ow** publication, edition, emission
[Uh: DYLL=ANS] {S 8; F 0(EC52): **+ow** I}

dyller ['dɪlːęr] *m.* **-oryon** publisher
[Ul: DYLL=¹ER] {S 8; F 0(CE38): **-oryon** I}

¹dyllo ['dɪlːɔ] *v.* emit, issue, publish, release, vent
[Uc: DYLL- + rare VN sf. -O]
{S 8; F 4: M *dyllo* (OM.1099, PC.2105) → P, *duello* (RD.0296) → P: L *dylla* (AB120a)}

²dyllo ['dɪlːɔ] *adj.* lively
[U:] {S 8; F 0(CPNE): P ?Trethella: C B *dillo*}

DYN- [C:] Root found in **dynya**

dynamegieth [dɪnamę'gi·ęθ] *f.* dynamics
[E(O)cc: from **dynamek** -IETH]
{S 5; F 0(GM09: K.J.G.):}

dynamek [dɪ'na·męk] *adj.* dynamic
[E(O)c: Cornicization of E *dynamic*]
{S 5; F 0(GM09: G.M.S.)}

dynamo ['dɪ·namɔ] *m.* **+yow** dynamo
[E(O): ModE < Gk] {S 5; F 0(Y1): **+yow** N (Y1)}

dynita ['dɪ·nɪta] *m.* dignity
[E(F): MidE < OldF *digneté* (coe)]
{S 5; F 4: M *dynyte* → P:}

DYNN- *prefix* [C:] {S 1; F 1: L *dyn* (AB249c)}
Lhuyd supposed that the word **dynnerghi** contained a prefix.

dynnargh ['dɪnːarx] *m.* **+ow** greeting, welcome
[C:] {S 1; F 3: M *thynnargh* (PC.2195) → P: **+ow** I} The three exx. in *BK.* are spelled with <e> rather than <a>, which looks like confusion with the verb.

dynnerghi [dɪ'nęrxi] *v.* greet, salute, welcome The meaning 'welcome' is a modern extension; in the texts it means 'to send greetings from someone absent to someone present'.
[Cc: **dynnargh**A -¹I]
{S 1; F 4: M p.ptcpl. *dynerghys* (RD.1628): L *dynerχhy* (AB249c) → P}

dynsek

In spite of the clear evidence for /nn/, a recent set of signs on the Cornish-English border mis-spells the 3 sg. pres. ind. with <n>.

dynsek ['dɪnzęk] **1.** *adj.* toothy, jagged, dental **2.** *m.* **dynsoges** hake
[Cc: **dans**E -¹EK]
{**S** 3; **F** 2: **O** 1st element of *denshoc dour* (VC.556): **P** *denjack* (PV.8919): **dynsoges** I}

dynsek-dowr [ˌdɪnzęk'dɔʊr] *m.* **dynsoges-dowr** pike *(fish)*
[CcC: **dynsek dowr**] {**S** 3; **F** 1: **O** *denshoc dour* (VC.556): **dynsoges-dowr** I}

dynsel ['dɪnzęl] *v.* bite, chew
[Cc: **dans**E -¹EL]
{**S** 1; **F** 2: **L** *danta* (AB245a) → **P**}

dyns-klav *m.* toothache
{**S** 1; **F** 2: **L** *Denz klâv* (AB.) → **P**:}

dynya ['dɪ·nja] *v.* entice, allure, coax, lure
[Cc: DYN=YA] {**S** 8; **F** 1: **M** *dynnya* (BM.2883): **C** cf. W *denu* 'to allure'}
This may be the same word as **dena** 'to suck'

dynyans ['dɪ·njans] *m.* **+ow** enticement
[Cc: DYN=YANS]
{**S** 8; **F** 0(GM09: G.M.S.): **+ow** I}

dynyansek [dɪn'janzęk] *adj.* enticing, fetching, attractive, alluring
[Cc: **dynyans** -¹EK] {**S** 8; **F** 0(GM09: G.M.S.)}

dyowl ['djɔʊl] *m.* **dywolow** devil, deuce
[L: CLat *diabolus*] {**S** 1; **F** 5: **O** *diauol* (VC.388): **M** *deaul, dyawl*; pl. *dewolow* → **P**: **L** pl. *jawloo* (M4WK): **C B** *diaoul*; **W** *diawl*: **dywolow** M}
an jowl the devil
an dhywolow the devils

dyowles ['djɔʊlęs] *f.* **+ow** she-devil
[Lc: **dyowl** -⁴ES]
{**S** 1; **F** 1: **L** *dzhoules* (AB062b): **+ow** I}

dyowlusi [djɔʊ'ly·ʒi] *m.* devilry
[Lc: **dyowl** -USI] {**S** 1; **F** 2: **M** *dyawlugy* (BK04.32), *thowlugy* (BK05.70):}

dyppa ['dɪpːa] *m.* small pit
[E(E): ModE *dip* (recorded as noun only since 18th c., so may never have been used in trad. Cor.) < OldE *dyppan*]
{**S** 5; **F** 0(CE38): **D** "dippa":}

DYSK- [D: CLat *discere* (iyk) or Brit **disk-* (hpb)]

dyskador [dɪs'ka·dɔr] *m.* **+yon** teacher *(male)*, instructor
[Dl: DYSK=ADOR] {**S** 2; **F** 3: **M** *dyskar* (TH14v): **L** *deskadzher* (CGEL) → **P**: **+yon** I}

dyskadores [ˌdɪska'dɔ·ręs] *f.* **+ow** teacher *(female)*, instructor *(female)*
In general, Nance did not include separate words for female workers.
[Dlc: **dyskador** -⁴ES] {**S** 2; **F** 0(CE93): **+ow** I}

dyskans ['dɪ·skans] *m.* **+ow** lesson, knowledge, instruction, tuition
[Dh: DYSK=ANS] {**S** 1; **F** 5: **M** *discans*: **L** *deskans* (AB118b), *descans*: **+ow** I}

dyskansek [dɪs'kanzęk] *adj.* scholastic
[Dhc: **dyskans** -¹EK] {**S** 1; **F** 0(GK98: A.S.)}

dyskant ['di·skant] *m.* **+ys** descant, second part in plain-song
[E(L): MidE < MedL *diskant* (coe)]
{**S** 5; **F** 1: **M** *dyscant* (OM.0562): **+ys** I}

dyskas ['dɪ·skaz] *m.* **+ow** teaching, doctrine, learning, moral
[Dc: DYSK=¹AS]
{**S** 1; **F** 2: **M** *discas* (TH22v): **+ow** }
Appears to be a word in its own right, rather than **dyskans** with loss of [n] (a common sound-change).

dyskasel [dɪs'ka·zęl] *adj.* doctrinal
[Dc: **dyskas** -¹EL] {**S** 1; **F** 0(GM09: G.M.S.)}

dysker ['dɪ·skęr] *m.* **-oryon** learner
[Dl: DYSK=¹ER]
{**S** 8; **F** 0(GM09: G.M.S.): **-oryon** I}

dyskevres [dɪs'kęvręz] *m.* **+ow** syllabus
[DcC: Portmanteau of DYSK- + **kevres**]
{**S** 1; **F** 0(GK98: A.S.): **+ow** I}

dyski ['dɪˑski] *v.* learn, teach, train, instruct
[Dc: DYSK=¹I]
{S 1; F 6: M *dysky*: L *deski* (AB.), *desky*}
dyski dhe nebonan kana train someone to sing

dyskybel [dɪs'kɪˑbęl] *m.* **dyskyblon** disciple, adherent, pupil, follower
[L: BLat *discip'lus* < CLat *discipulus* (lheb)]
{S 1; F 4: O *discebel* (VC.371) → P: M pls. *dyskyblon* → P; *discabels* (TH33v): L *desgibl* (AB055a) → P;: C B *diskibl*; W *disgybl*: **dyskyblon** ML} A pl. with -YON is also found in MidC, but it is much harder to pronounce.

dysklien [dɪsk'liˑęn] *m.* **+yow** tablet
[DC: DYSK- **lien**] {S 8; F 1: O *disclien* (VC.356): **+yow** I} The second element is here taken to be **lien** 'cloth' rather than **lyenn** 'reading'.

dyskores [dɪs'kɔˑręs] *f.* **+ow** learner
[Dlc: DYSK=ORES]
{S 8; F 0(GM09: G.M.S.): **+ow** I}

dyskys ['dɪˑskɪz] *adj.* learned, erudite
[Dc: dysk=⁶ys]
{S 1; F 5: M *dyskys*, *diskys*: L *deskez*}

dyssipel *m.* dyssiplys disciple
ALT = **dyskybel** (sg.), **dyskyblon** (pl.).
[E(E): MidE < OldE *discipul* (coe)] {S 5; F 2: M *dissipill* (TH21v); pl. *disciplis*: **dyssiplys** M}

dyth ['dɪːθ] *m.* **+ow** recitation, dictum
[L: CLat *dictum*]
{S 8; F 1: M *dyth* (BM.0096): **+ow** N (K.J.G.)}

dythya ['dɪˑθja] *v.* recite
[Lc: **dyth** -YA] {S 8; F 0(GK98: T.S.)}

dyw   Now spelled **duw.**
Dyw   Now spelled **Duw.**
dywes   Now spelled **duwes.**

dywolow [dɪ'wɔˑlɔw] *pl.* devils
[Lc: Plural of **dyowl**] {S 8; F 4: M *dewolow* → P}

dywses   Now spelled **duwses.**

E

e (Lat.) The letter <e>, used in spelling the Latin word *est* 'is'. {S 6; F 1: M *e* (BM.0106)}

e' [ę] *pron.* him, it Direct object, in expressions like **ladh e'!** 'kill him!'
[c: Shortened form of **ev**]
{S 2; F 6: M *e* → P, *a*: L *ê* (AB.): C W *e*}

ea ['ęˑa] *interj.* yes 'yes' is usually expressed by the verb in +ve response mode. See also **ya, ye** and **yea.**
[E: from E *yea*, without the yod and disyllabic]
{S 5; F 4: M *ea*}

earnestly (Eng.) *adv.*
{S 6; F 3: M *ernestly* (TH.)}

easily (Eng.) *adv.*   {S 6; F 1: M *eyssely* (TH19r)}

easy (Eng.) *adj.*   {S 6; F 4: M *eysy* (TH., SA.)}

ebel ['ęˑbęl] *m.* **ebeli** colt, foal
[C: Brit **epâlis* (M) < CC *eqwo-s* (gpc) < IE **ekʷo-* (Haywood)]
{S 1; F 4: O *ebol* (VC.520) → L,P: M *ebel*: L *ebal* (AB.), *eball* (WP); pl. *ebilli* (PV.9745): P Ebal Rocks: C B *ebeul*; W *ebol*: **ebeli** LP}
Nance's *ebol* appears too influenced by the OldC (which was /ębœl/) and the W.

ebil ['ęˑbɪl] *m.* **+yer** bolt, nail, peg, stopper, pin *(electrical)*
[C: Brit **apîl-* (Haywood) < CC **akw-îljo-* (gpc)]
{S 1; F 3: O *obil* (VC.282) → P: M *ebyl* (PC.): C B *ibil*; W *ebill*: **+yer** N}
ebil prenn peg (wooden)
ebil horn nail, bolt (iron), peg (iron)

ebilya [ę'bɪˑlja] *v.* plug
[Cc: **ebil** -YA] {S 1; F 0(GM09: P.P.)}

ebilyer [ę'bilˑjęr] *m.* **+ow** plug *(electrical)*
Treated as a masc. noun with -¹YER, though technically it is a plural with -²YER.
[Cc: **ebil** -²YER] {S 1; F 0(Y1): **+ow** N (FTWC)}

Ebion (Lat.) *name*   {S 6; F 1: M *Ebion* (TH32v)}

e-bost ['ęˑbɔst] *m.* **+yow** e-mail, message
[from Welsh *ebost*] {S 4; F 0(GM09): **+yow** N}

e-bostya [ę'bɔˑstja] *v.* send a message by e-mail
[e-bost -YA] {S 4; F 0(GM09)}

Ebrel ['ębręl] *m.* April
Usually preceded by **mis-**.
[L: CLat *Aprîlis* (gpc)] {S 3; F 2: L *Ebral* (AB016b) → P: C B *Ebrel*; cf. W *Ebrill*:}
W *Ebrill* comes regularly from CLat *Aprîlis*, but B *Ebrel* requires a shortening of the first vowel to BLat *Aprîlis*. Latin short *i* unstressed can give MidC *e*, as in *methek, asen*. MidC *Ebrel* would give the attested LateC *Ebral*.

ebrenn Now spelled **ebron**.

¹ebron ['ębrɔn] *f.* sky, firmament, welkin
[Cc: Brit] {S 2; F 5: O *huibren* (VC.449) → L,P: M *ebron* → P: L *ebron*: C B *oabrenn*; W *wybren*:}
The cognates and the OldC form show that the PrimC form of the root was /ʊɪbr-/. The commonest historical form in MidC was *ebron* (24 occurrences, compared with only 1 for *ebren*). *ebron* is a metathesis, with unstressed /-ʊɪn/ having the same treatment as in **eglos, kador**, i.e. /ɔ/, rather than that in **arloedh, galloes**. *ebron* is thus a better spelling. A further metathesis occurred in CW., to *ebbarn*.

²Ebron *place* Hebron
{S 4; F 1: M *ebron* (CW.0336)}

ebrow ['ębrɔw] *adj.* Hebrew
Ebrow *m.* **+yon** Hebrew
[E(F): MidE *ebreu* < OldF *ebreu* (coe)]
{S 4; F 2: M *ebbrow* (PC.0239): L *hebran* (NGNB3), *hebra* (EKJB): C W *Ebrew*: **+yon** N}

Ebrowek [ę'brɔwęk] *m.* Hebrew *(language)*
[E(F)c: **Ebrow** -¹EK] {S 4; F 0(GM09: P.H.):}

ecclesiastical (Eng.) *adj.*
{S 6; F 2: M *ecclesiasticall* (TH46v, 47v)}

Ecclesiasticus (Lat.) *n.*
{S 6; F 1: M *Ecclesiasticus* (TH08r)}
One of the books in the Apocrypha.

eder ['ęˑdęr] *v. part* one is Impers. pres. of long form of **¹bos**. OldC /d/ in all the other persons was assibilated, but not in this word, being followed by a vowel and /r/.

[C:] {S 1; F 2: M *eder* (OM.2794, 2797)}

-¹EDH [ęð] *suffix* (abst. noun ending from adj.) Nouns formed with this suffix are masc., e.g. **meuredh** 'greatness' from **meur** 'great'. The suffix is used for quantities in physics, e.g. **forsedh** 'force'. [c: CC *-ijâ* (gpc)]

-²EDH [ęð] *suffix* (pl. ending) Rare; found in **eledh** 'angels'. [c: Same as -¹EDH (gpc)]

edhel ['ęˑðęl] *coll.* **edhlenn** poplar-trees, aspen-trees
[C: EDHL-S]
{S 8; F 3: O sg. *aidlen* (VC.700) → L,P (<d> = ð): C cf. (sg.) B *eflenn*; W *aethnen*: **edhlenn** O}

edhen ['ęˑðęn] *f.* **ydhyn** bird, wild fowl
[C: Brit *etno-* (iyk) < CC *pet-no-* (gpc)]
{S 1; F 4: O *hethen* (VC.495) → L,P: M *ethen* → L; pl. *ethyn* (OM.0043): L *idhen* (AB.), *hethen* (G1JB); pl. *ydhyn* (AB229b), *edhnow* (AB010b) → P: **P** ?Carn Pednathan: C B *evn*; W *edn*: **ydhyn** ML}

-EDHES ['ęˑðęz] *suffix* (abst. noun ending) e.g. **plosedhes** 'filth' from **plos** 'filthy'. [c: -¹EDH -²ES]

EDHL- [C:]

edhlek ['ęðlęk] *f.* **-egi** poplar-grove
[Cc: EDHL=¹EK]
{S 8; F 0(CPNE): P ?Trevadlock: **-egi** I}

edhnor ['ęðnɔr] *m.* **+yon** fowler, bird-catcher
[Cc: EDHN=OR] {S 8; F 1: L *edhanor* (PV.9803): **+yon** I} Prob. Pryce's version of **ydhna**

edhnow *pl.* birds
[Cc: from **edhen** -²OW] {S 1; F 2: L *edhnow* (AB010b) → P} LateC alternative for **ydhyn**.

edhomm ['ęˑðɔm] *m.* **+ow** need, want
[C:] {S 1; F 5: M *ethom* → P; metathesized forms *othem, othom* → P; pl. *othommow*: L *oatham* (TCTB), *ortham* (TCJB): P *Bounder Hebwotham*: C B *(ezkom)*: **+ow** M}

Despite the <zh> in B, this word contains [ð] and not [θ], according to *HPB para. 936*.

dres edhomm superfluous

edhommek

edhommek [ę'ðɔmːęk] 1. *adj.* needy
2. *m.* **edhommogyon** needy person
[Cc: **edhomm** -¹EK] {S 1; F 3: M *othommek*; pl. *eʒomogyon*: C B *(ezhommek)*: **-ogyon** M}

edhommva [ę'ðɔmva] *f.* **+ow**
service-station
[Cc: **edhomm** -VA] {S 1; F 0(Y1): **+ow** I}

edhygyon *pl.* cripples
[Ccc: Short for **evredhogyon**.]

edifia v. edify
[E(F)c: VN in -A from MidE < OldF *édifier* (coe)]
{S 5; F 2: M *edifia* (TH31r), *edyfya* (TH42r, twice)}

Edom place Edom {S 5; F 1}
EDREG- [C: Brit *ate-are-rek-* (Fl.)]

edrega [ę'drę·ga] *f.* regret, repentance
[Cc: EDREG=⁴A]
{S 8; F 4: M *edrege* → P, *edrega:*} for **edregydh*.

edregus [ę'drę·gys] *adj.* repentant, regretful
[Cl: EDREG=US] {S 8; F 1: M *eddryggys* (TH40v)}

edrek ['ędręk] *m.* **-egow** regret, remorse, repentance
[C: EDREG-O] {S 8; F 4: M *edrek* → P, *yddrag:* L *edrag* (AB122c) → P: C MidB *azrec*, W *attrec*: **-egow** I} The first <e> in the Cor. appears to be due to vowel harmony.

kemmeres edrek regret
edrek a'm beus I regret
yma edrek dhymm I regret
kavoes edrek repent
koedha yn edrek repent

eev [ę'ę:v] *pron.* him *(emphatic)*, it *(emphatic)* re-duplicated pronoun
[cC:] {S 1; F 3: M *e ef*}

efan ['ę·fan] 1. *adj.* spacious, wide, broad, extensive 2. *adv.* evidently
[C:] {S 3; F 3: M *efan* → P: C B *ec'hon*; cf. W *eang* < Brit *eks-ang-* < CC *eks-ñghu-* (gpc)]

eghek

efander [ę'fandęr] *m.* space *(in general)*, latitude *(abst.)*
[Cc: **efan** -DER]
{S 3; F 1: M *efander* (BK32.57): C B *ec'honder*, W *ehangder:*} Anticipated by Nance in *CE38*.

efani [ę'fa·ni] *v.* expand
[Cc: **efan** -¹I] {S 3; F 0(CE38)}

efanyans [ę'fa·njans] *m.* expansion
[Ch: **efan** -YANS] {S 3; F 0(CE38):}

efanvos [ę'fanvɔz] *m.* space *(Astron.)*
[Cc: **efan** 2¹**bos**] {S 3; F 0(GK98: G.M.S.):}

effect (Eng.) *n.* {S 6; F 3: M *effect* (TH.)}

effection (Eng.) *n.*
{S 6; F 1: M *effeccion* (TH06r)}

effeyth ['ęfːęɪθ] *m.* **+yow** effect
[L: CLat *effectus*] {S 1; F 0(GK98: K.J.G.): C W *effaith*: **+yow** I} cf. B *efed*, also ultimately from Latin, but through F *effet*.

effeyth chi gweder
greenhouse effect

effeythi [ę'fęɪθi] *v.* effect
[Lc: **effeyth** -¹I] {S 1; F 0(GM09: K.J.G.)}

effeythus [ę'fęɪθys] *adj.* effective, efficacious
[Ll: **effeyth** -US] {S 1; F 0(GK98: A.S.)}

-EGENN ['ę·gęn] *suffix* (noun ending)
[c: from -¹EK -ENN]
One might expect -*ogenn*, but there seem to be no examples of this, except perhaps Lhuyd's *guednhogian* 'blister'. There is one example of -EGENN, viz. *kenegan* 'reed-bog' at *TH.08a*. This might suggest that new words should contain -EGENN rather than -OGENN. Lhuyd's *gudzhygan* 'black pudding' has been re-written **goesegenn** (cf. W *gwaedogen*)

Egesippus (Lat.) *name*
{S 6; F 1: M *Egesippus* (TH47v)}

eghan [ę'xaːn] *interj.* alas
[C: CC (CE38)] {S 8; F 3: M *eyghan* (PC.2599) → P, *eyhan* (RD.0700) → P: C cf. W *ochan*}

eghek ['ę·xęk] *m.* **eghogyon** salmon
[C: Brit **esâko-* (Gr.)] {S 1; F 3: O *ehoc* (VC.543) → L,P: C B *eok*; W *eog*: **eghogyon** I (K.J.G.)}

eghenn ['ẹ·xẹn] *f.* **+ow** sort, variety, kind, species, utmost
[Cc: from **agh** -ENN with vowel harmony; Brit **eks-ken-* (lp)] {**S** 8; **F** 5: **M** *eghen* → P, *ehan*: **L** *hehen* (AB244c) → P: **C** OldB *hechen* 'effort'; W *echen* 'lineage': **+ow** I}
The two meanings, exemplified by the two cognates, may not refer to the same word.
dres eghenn exceedingly, to the utmost
eghenn beryllys endangered species

eghwa ['ẹ·xwa] *m.* **eghwoedhow** afternoon-evening
[C:] {**S** 8; **F** 3: **M** *ewhe* (RD.0275) → P: **C** B *ec'hoaz* 'siesta'; W *echwydd* '9 a.m. to 12 noon': **eghwoedhow** C}
The cognates indicate an earlier **eghwoedh*

egin ['ẹ·gɪn] *m.* **+yow** shoot *(of plant)*
[C: Brit **ak-îno* (gpc)]
{**S** 1; **F** 0(CE38): **C** B *egin*; W *egin*: **+yow** I}

egina [ẹ'gi·na] *v.* germinate
[Cc: **egin** -¹A]
{**S** 1; **F** 0(CE38): **C** B *eginañ*, W *egino*}

eginans [ẹ'gi·nans] *m.* **+ow** germination
[Cl: **egin** -ANS] {**S** 1; **F** 0(EC00): **+ow** I}

eglos ['ẹglɔs] *f.* **+yow** church
[L: BLat **eglêsia* < CLat *ecclêsia* (lheb)] {**S** 2; **F** 6: **O** *eglos* (VC.745): **M** *eglos, egglos*; pl. *egglosyow*. **L** *egliz, egles*; pl. *eglezyow* (M4WK): **P** Egloshayle: **C** B *(iliz)*; W *eglwys*: **+yow** ML}
The second syllable shows the secondary development to /ɔ/.
Eglos Vesydhyek Baptist Church
Eglos an Vethodysi Methodist Church
Eglos Pow Sows Church of England
Eglos Katholik Catholic Church

eglosyek [ẹ'glɔ·sjẹk] *adj.* ecclesiastic
[Lc: **eglos** -YEK] {**S** 1; **F** 0(AnG)}

eglyn ['ẹglɪn] *m.* **+yon, +yow** englyn
[U:] {**S** 8; **F** 2: **M** pls. *eglynnyon* (BK25.48), *eglynnyow* (BK40.65): **+yon** M; **+yow** M}

ehal ['ẹ·hal] *m.* **+es** yoke-ox, beast
[C: CC **aglo-* (eg)] {**S** 8; **F** 3: **O** *ehal* (VC.606) → L,P: **C** B *eal*; W *ael*: **+es** I}

ehwians [ẹ'hwi·ans] *m.* **+ow** sally
[Uc: MN in -ANS] {**S** 8; **F** 0(EC00): **+ow** I}

ehwias [ẹ'hwi·az] *v.* ride forth, raid on horseback, sally forth
[Uc: VN in -AS] {**S** 8; **F** 1: **M** *ewyas* (BM.3453) (3 syll.): **C** cf. W *echwa* 'to go astray'}

Ejyp ['ẹ·dʒɪp] *place* Egypt
[E:] {**S** 8; **F** 3: **M** *egip*: **L** *Egyp, Egypt*}
Attested forms with <-t> are less common.

-¹EK *suffix* (adj. ending from noun) **-egi**, (fem. noun ending denoting place), **-ogyon**, (masc. noun from adj.)
This is by far the commonest adjectival ending in Cor. It appears in OldC as *-oc*, in MidC as *-ek*, in vernacular LateC as *-ack* and in Lhuyd's works as *-ak*. It also acts as a noun ending, e.g. from **dren** 'thorn' is formed **drenek**, which is the adj. 'thorny', but is also a noun meaning 'spur-dog' (a barbed fish), pl. **drenogyon**. When applied to mass-nouns, it means 'abounding in', e.g. the mass-noun **pysk** 'fish' gives the adj. **pyskek** 'abounding in fish'. The same word, **pyskek**, also acts as a noun, meaning 'place abounding in fish', i.e. 'fishing-ground'. All of this shows that the conventional parts of speech are not fully appropriate in Cor.
[c: Brit **-âkos* (M)] {**S** 1; **F** 3: **L** *-ek* (PV.): **P** Over 320 places, appearing on maps as *-ock, -ick* and *-ack.*: **C** B *-eg*, W *-og*: **-egi** ; **-ogyon** }

-²EK *suffix* (VN ending) as in **resek** 'to run'.
[c: Brit **-ekâ* < IE **-ikâ* (wg)]

eke (Eng.) *adv.*
{**S** 6; **F** 2: **M** *yk* (PC.1688, 1806): **L** *yk* (AB249a)}

eksaltya *v.* exalt ALT = **ughelhe** or **barrhe**.
[E(L)c: VN in -YA from MidE < Lat *exaltâre* (coe)] {**S** 5; **F** 4: **M** *exaltye*}

eksamnya *v.* examine *(of knowledge)*
ALT = **apposya**.
[E(F)c: VN in -YA from MidE < OldF *examiner* (coe)] {**S** 5; **F** 3: **M** *examnye*}

eksedya

eksedya *v.* exceed
ALT = **tremena** or **mos dres**
[E(F)c: VN in -YA from MidE < OldF *excéder* (coe)] {S 5; F 1: M *excedia* (TH27v)}

eksekutya *v.* execute ALT = **gorlinya**.
[E(F)c: VN in -YA from MidE < OldF *exécuter* (coe)] {S 5; F 3: M *executia* (TH24v); p.ptcpl. *executys* (TH.)}

ekseptya *v.* except
[E(F)c: VN in -YA from MidE < OldF (coe)] {S 5; F 1: M p.ptcpl. *exceptys* (TH15r)}

eksersisa *v.* exercise
[E(F)c: VN in -A from MidE < OldF *exercice* (coe)] {S 5; F 1: M *exercysa* (TH44r)}

eksilya *v.* exile ALT = **divroa**.
[E(F)c: VN in -YA from MidE < OldF *exil* (coe)] {S 5; F 2: M p.ptcpl. *exilyys* (OM.1576) → P}

ekskludya *v.* exclude
ALT = **eskeas** or **keas mes**.
[E(L)c: VN in -YA from MidE < Lat *exclûdere* (coe)] {S 5; F 1: M p.ptcpl. *excludys* (TH22v)}

ekskusya *v.* excuse
[E(F)c: VN in -YA from MidE < OldF] {S 5; F 1: M p.ptcpl. *excusys* (TH50v)}

Eksodus *m.* Exodus
{S 5; F 1: M *Exodus* (TH56v)}
Name of second book in the Old Testament.

eksortya *v.* exhort ALT = **ynnia**.
[E(F)c: VN in -YA from MidE < OldF *exhorter* (coe)] {S 5; F 4: M *exortya* (TH.)}

eksperyans *m.* +ow experiment, proof
ALT = **prevyans** or **arbrov**.
[E(F): MidE < OldF *expérience* (coe)] {S 5; F 3: M *experyans* (BM.4391), *experiens* (TH37r, 40r): +ow I}

ekspondya *v.* expound
[E(F)c: VN in -YA from MidE *expounde* < OldF *espondre* (coe)] {S 5; F 1: M *expondia* (TH53r)}

ekwal 1. *adj.* equal **2.** *adv.* equally
ALT = **kehaval** or **par**. At CW.2198, *egwall* means 'copy'. [E(L): MidE < Lat *aequâlis* (coe)] {S 4; F 3: M *equall*}

Ektour *name* Hector Name of a dog
{S 4; F 1: M *ectour* (BM.3521)}

el ['ẹːl] *m.* **eledh** angel
[L: BLat *agellus* (Loth) < CLat *angelus* (lheb)]

elergh

{S 1; F 5: O *ail* (VC.003) → L,P: M *el* → P, *ell* (TH.), *eall* (CW.); pl. *eleth, elath*: L *êl* (AB240b), *eal* (AB012a) → P; pls. *eledh, elez*: C B *ael*; not in W in this form.: **eledh** ML}

-¹**EL** [ęl] *suffix* (adj. ending) This ending was scarcely used at all by Nance, but since Padel showed that it exists in pl.ns., it has been increasingly used in new words, e.g. **fleghigel** 'infantile' from **fleghik** 'infant'. [c: Brit *-âlos* (wg)]
{S 1; F 0(CPNE): P Keveral: C B *-el*, W *-ol*}

-²**EL** [ęl] *suffix* (VN ending) Causes vowel aff., e.g. **gweskel** 'to press' from **gwask** 'press'. [c: *-âg-li-s* (wg)]

elastek [ę'laˑstęk] *adj.* elastic
[E(L): ModE < Lat *elasticus* (coe)] {S 4; F 0(GM09: G.M.S.)}

elders (Eng.) *pl.* {S 6; F 1: M *elders* (TH32r)}

elect (Eng.) *n.* {S 6; F 2: M *elect* (TH22v, 44v)}

eledhva [ęl'ęðva] *f.* +ow paradise
[Ccc: **eledh** -VA]
{S 1; F 1: M *elethva* (BK04.74): +ow I}

elek ['ęˑlęk] **1.** *adj.* big-browed, jutting **2.** *m.* **eleges** red gurnard
[U:] {S 8; F 0(CE38, GCSW): C cf. W *aeliog*: **eleges** D}
Nance saw this word as *el 'brow' + -¹EK, but his evidence is not supported; in particular his example *elescher* from *VC.* does not contain *el, but *vel* (Gr.)

element (Eng.) *n.* {S 6; F 2: M *elyment* (SA66v); pl. *elementys* (TH56r)}

¹**elen** ['ęˑlęn] *f.* +es fawn
[C: CC *elanî* (gpc)] {S 8; F 0(CPNE): P ?Trezelland: C W *elain*: +es I}

²**Elen** *name* (name of saint)
{S 8; F 1: O *elenn*}

Eler *place* St Hilary
{S 8; F 2: L *Eler* (JCNB)}

elergh ['ęˑlęrx] *pl.* swans
[C: **alargh**A] {S 1; F 2: O *elerhc* (VC.509) → L,P: P Elerky (Veryan) = **elergh** + river-suffix -I.: C B *elerc'h*; W *eleirch*} Pl. of **alargh**.

Elerghi

Elerghi *place* Veryan
The name means 'stream of swans'.
[Cc: **elergh** -⁴I] {**S** 1; **F** 1: **L** *elerchy* (PV.9834)}

eles *pl.* angels
[Le: **el** -²ES] {**S** 1; **F** 3: **L** *elez*} LateC pl. of **el**.

elester [ẹ'lẹ·stẹr] *coll.* **elestrenn** yellow irises, flags (plants)
[D: ELESTR-S] {**S** 1; **F** 3: **O** *elester* (VC.841) → L,P; sg. *elestren* (VC.667) → L,P: **D** "laister": **C** OldB *elestr*; W *elestr*: **elestrenn** O}
ELESTR- [D: BLat *helikstrâ (Gr.) or CC (Fl.)]

elestrek [ẹ'lẹ·strẹk] *f.* **-egi** flag-bed, bed of yellow irises
[Dc: ELESTR=¹EK]
{**S** 1; **F** 0(CE55): **P** *Park an Lastrack*: **-egi** I}
The pl.n. shows that the stress must have passed from the 1ˢᵗ to the 2ⁿᵈ syll.

elgeth ['ẹlgẹθ] *f.* **+yow** chin
[C: Brit (Fl.)] {**S** 1; **F** 2: **O** *elgeht* (VC.051) → L,P: **C B** *elgezh*; W *elgeth*: **+yow** I}
The OldC is to be emended to *elgeth*.

¹eli ['ẹ·li] *m.* **+ow** ointment, salve, balm
[L: CLat*olivum* (Gr.)] {**S** 8; **F** 4: **M** *yly* → P, *ely*; pl. *ylyow* → P, *elyov*: **C W** *eli*: **+ow** M}

²Eli (Heb.) my God {**S** 6; **F** 3: **M** *ely*}

elia [ẹ'li·a] *v.* anoint
[Lc: **eli** -¹A] {**S** 8; **F** 3: **M** *ylye* (PC.0478, 0492) → P; p.ptcpl. *elys* (BM.3416)} If *elys* at BM3416 is really the p.ptcpl., then it has lost a syllable.

Elias name Elias
{**S** 8; **F** 3: **M** *helias*}

Elider name (name of a knight)
{**S** 4; **F** 1: **M** *elider* (BK20.12)}

elik ['ẹ·lɪk] *m.* **eledhigow** cherub, little angel, angel *(in theatre)*
[Lc: **el** -IK]
{**S** 1; **F** 0(CE38): **eledhigow** N (CE38)}

elin ['ẹ·lɪn] *m.* **+yow**, *dual* **dewelin** elbow, **+yow**, angle
The attested cases of this word do not indicate its gender; it is masc. in B and fem. in W. Its compound **kevelin** 'cubit' is masc. (*a gevelyn da* at *OM*.2541), and Nance took it to be masc.

elvennel

[C: Brit *olînâ (Fl.)] {**S** 1; **F** 4: **O** *elin* (VC.074, 746) → L,P: **M** *elyn* (PC.2310): **L** *ilin* (AB015c) → P, *gelen* (AB052c) → P, *geelin* (BOD): **P** Nanjulian: **C B** *ilin*; W *elin*; **+yow** I}
The LateC form with unetymological <g-> may have arisen if *elin* was interpreted as the lenited form of *gelin.

elin sogh obtuse angle

elin lymm acute angle

elin pedrek right angle

elinek [ẹ'li·nẹk] *adj.* angular
[Cc: **elin** -¹EK]
{**S** 1; **F** 0(GK98: G.M.S.): **C B** *ilinek*}

Eliseus (Lat.) *name* Elisha
{**S** 6; **F** 1: **M** *eliseus* (SA60r)}

-¹ELL [ẹl] *suffix* (dim. ending) e.g. **kornell** 'nook' from **korn** 'corner'. [c: Brit *-*ellâ* (gpc)]

-²ELL [ẹl] *suffix* (fem. agency noun ending) e.g. **gwynsell** 'fan' from **gwyns** 'wind'. This sf. is more active than -¹ELL [c:]

ellas [ẹl'laːs] *interj.* alas, alack
[E(F): MidE < OldF *a las* (coe)] {**S** 4; **F** 6: **M** *ellas* → P, *elhas*: **L** *ellaz* (AB249a)} This word contained /ll/ as opposed to /l/; note the remarkable spelling *ethlays* at *CW*.1038.

elow ['ẹ·lɔw] *coll.* **+enn** elm-trees
[U:] {**S** 8; **F** 3: **L** *elaụ* (AB.) → P: **P** ?Trevelloe; sg. in ?Burlorne: **+enn** P (CE38)}

elowek [ẹ'lɔʊ̯ẹk] *f.* **-egi** elm-grove
[Uc: **elow** -¹EK] {**S** 1; **F** 0(CE55): **+egi** I}

els ['ẹls] *m.* **+yon** step-son
[C: IE *altyo-s (lp)] {**S** 1; **F** 2: **O** *els* (VC.142) → L,P: **C** Not in B nor in W: **+yon** I}

elses ['ẹlzẹs] *f.* **+ow** step-daughter
[Cc: **els** -⁴ES]
{**S** 1; **F** 2: **O** *elses* (VC.143) → P: **+ow** I}

elvenn ['ẹlvẹn] *f.* **+ow** element, spark
[L: CLat *elementum* (gpc)]
{**S** 1; **F** 0(CE38): **D** "elvan" (type of stone): **C W** *elfen*; B *elvann*: **+ow** I}

elvennek [ẹl'vẹnːẹk] *adj.* elementary
[Lc: **elvenn** -¹EK] {**S** 1; **F** 0(EC52)}

elvennel [ẹl'vẹnːẹl] *adj.* elemental
[Lc: **elvenn** -¹EL] {**S** 1; **F** 0(GM09: G.M.S.)}

elvenell

elvennell [ęl'vęn:ęl] *f.* **+ow** sparkler *(firework)*
[Lc: **elvenn** -¹ELL]
{S 1; F 0(FTWC): **+ow** N (FTWC)}

emir ['ę·mir] *m.* **+yon** emir
[E(O): E < F < Arabic] {S 5; F 0(EC00): **+yon** I}

emireth [ę'mi·ręθ] *f.* **+ow** emirate
[E(O)c: **emir** -ETH]
{S 5; F 0(GM09: G.M.S.): **+ow** I}

Emissenus (Lat.) *name*
{S 6; F 2: M *Emissenus* (TH54vN), *emissenus* (TH56r), *EMISSENUS* (SA63v)}
Eusebius Emissenus, Bishop of Emessa (modern Hims, in Syria); one of the disciples of Eusebius of Caesarea.

emlow ['ęmlɔw] *pl.* edges, wings *(of a stage)*
[Cc: Irregular pl. of **amal**]
{S 8; F 0(CE38): P Embla}

Emmaws place Emmaus
{S 4; F 2: M *emavs* (RD.1472, TH56v), *emmavs* (RD.1296)} Disyllabic in Cor.

emperes ['ęmpęręs] *f.* **+ow** empress
[E(F): OldF *emperice* (Gr.)]
{S 8; F 2: O *emperiz* (VC.168) → P: **+ow** I}

emperour ['ęmpęrur] *m.* **+s** emperor
A disyllabic variant may be spelled **emp'rour**, cf. W. *emprwr*.
[E(F): MidE *emperour* < OldF (coe)]
{S 8; F 5: O *emperur* (VC.167) → L,P: M *emperour, emprour, empour*: **+s** I}

emperoureth [ˌempę'ru·ręθ] *f.* **+ow** empire
[E(F)c: **emperour** -ETH]
{S 8; F 0(AnG 1985): **+ow** I}

Emperoureth Romanek
Roman Empire

Emperoureth Predennek
British Empire

empire (Eng.) *n.* {S 6; F 2: M *ympyr* (BK27.52), *ympyer* (BK29.64)}

emskemuna [ˌemskę'my·na] *v.* excommunicate, ban, curse
[Lc: VN in -A from CLat *excommunio* (hpb)]

enebi

{S 8; F 5: M *omskemenegy* (TH39r), *omskumenesa* (TH39r); *skemyna* (CW.1212) → P}
The VN has <-a> rather than <-ya>. The p.ptcpl. is much more commonly attested than the VN. Forms with **om-** are commoner, but **em-** appears correct.

emskemunans [ˌemskę'my·nans] *m.* **+ow** excommunication
[Lh: MN in -ANS from CLat *excommunio* (hpb)]
{S 8; F 0(EC52): **+ow** I}

-¹EN *v. part* (1st sg. impf. ind. ending)
e.g. **prenen** 'I used to buy' from **prena** 'to buy'. [c:]

-²EN *v. part* (1st pl. impf. ind. ending)
e.g. **prenen** 'we used to buy' from **prena** 'to buy'. [c:]

-³EN *v. part* (1st sg. impf. subj. ending)
e.g. **prennen** 'I might buy' from **prena** 'to buy'. [c:]

-⁴EN *v. part* (1st pl. impf. subj. ending)
e.g. **prennen** 'we might buy' from **prena** 'to buy'. [c:]

ena ['ę·na] *adv.* there, then, at that place or time
From TH. onwards, the meanings 'there' and 'then' were distinguished by using **ena** and *nena* respectively.
[C:] {S 8; F 7: M *ena*: L *ena, enna*: C W *yna*}

enchantments (Eng.) *pl.*
{S 6; F 1: M *enchontementys* (TH46v)}

endui *v.* endue **lenwel** will serve.
[E(F)c: VN in -I from MidE < OldF *enduire* (coe)] {S 5; F 2: M p.ptcpl. *endewys* (TH01v), *enduwyes* (TH12r), *endewis* (SA60r)}

endurya *v.* endure ALT = **perthi** if sufferance is implied, otherwise **pesya**.
[E(F)c: VN in -YA from MidE < OldF *endurer* (coe)] {S 5; F 1: M *endurya* (TH41v)}

ene' *m.* soul
[C: Shortened from **enev**]
{S 2; F 6: M *ene, ena*: L *ena*}

enebi [ęn'ę·bi] *v.* oppose
[Cc: from **enep** -¹I]
{S 1; F 0(GK98: G.M.S.): C B *enebiñ*}

enebieth

enebieth [ẹnẹ'biˑẹθ] *f.* opposition
[Cc: from **enep** -IETH]
{S 1; F 0(GM09: K.J.G.): C B *enebiezh*:}

enebik [ẹn'ẹˑbik] *m.* **-igow** facet *(geom.)*
[Cc: from **enep** -IK] {S 1; F 0(Y3): **-igow** I}

enep ['ẹˑnẹp] *m.* **enebow** surface, face, page *(of book)*
[C: CC **eni-ek* ʷ⁻ (lheb)] {S 1; F 4: O *enep* (VC.751) → L,P, *eneb* (RF): L *enap* → P: C B *eneb*; W *wyneb*: **enebow** I}
-ENEP e.g. **rondenep** 'roundness'
[C: Same as **enep**]

enev ['ẹˑnẹv] *m.* **+ow** soul
[H: Conflation of CLat *anima* and Brit **ana-mon* (Gr.)] {S 1; F 6: O *enef* (VC.433) → L,P: M *enef, eneff*; pl. *enevow*: L pl. *enevou* (AB230a): C MidB *eneff*; cf. W *enaid*: **+ow** ML}
SA. shows the variant *nenaf,* caused by misdivision of *an enaf,* and its plural *nenevow.*

enevek [ẹ'nẹˑvẹk] *adj.* soulful
[Hc: **enev** -¹EK}] {S 1; F 0(GM09: G.M.S.)}

eneworres [ˌẹnẹ'wɔrːẹs] *m.* point of death lit. 'soul-yielding'
[HCc: from **ene'** 2**gorr-** + an indeterminate sf.]
{S 2; F 1: M *newores* (BM.4350):}

England (Eng.) place {S 6; F 2: M *ynglonde* (TH51r), *englond* (TH51r)}

engrys adj. angered ALT = **serrys**.
P.ptcpl. of **angra** *q.v.*; found as *engrez* in LateC.
[E(N)c: ANGR-A -⁶YS] {S 4; F 2: L *engres* (TCWK), *engrez* (M2WK, CGWG)}

enjoya *v.* enjoy ALT = **omlowenhe yn** or **da yw genev** 'I enjoy'.
[E(F)c: VN in -A from MidE < OldF*enjoier* (coe)] {S 5; F 2: M *inioya* (TH12v), *enioya* (TH16v, twice)}

-ENN [ẹn] *suffix* -ennow (sg. and dim., fem. noun ending)
e.g. **gwydhenn** 'tree' from **gwydh** 'trees in general'; note pl. **gwydhennow** 'individual trees'. It is not always clear whether a given noun is a sg. or a dim.
[c: Brit *-ennâ* < *innâ* (f.) (M)]

ennwydh ['ẹnːwɪð] *coll.* **+enn** ash-trees
[CC: onnA 2**gwydh**]

enowi

{S 1; F 3: L *enwydh* (AB061b, 293a) → P; sg. *enuedhan* (AB240c) → P: **+enn** L}

eno ['ẹˑnɔ] *adv.* yonder, there
[C:] {S 3; F 2: M *eno* (MC.1543a, RD.0159, 2339): C B *eno,* W *yno*}

Enok name Enoch
{S 4; F 2: M *ennoc* (RD.0197), *enoch* (CW.2095, 2111)}

enor ['ẹˑnɔr] *m.* **+s** honour
[E(F): MidE < OldF *onor* (coe)] {S 4; F 5: M *enour, onor, honour, honor*; pl. *onors*: L *anar* (NGNB8): C B *enor*: **+s** M}
The two forms of this word in OldF, *onor* and *enor,* are both reflected in numerous spellings in MidC and LateC. Spellings with <h-> are also found; these follow the Latin, and are learned, since the <h-> was not pronounced. The form **enor** has been adopted as a standard in **Kernewek Kemmyn**.

enora [ẹ'nɔˑra] *v.* honour, venerate
[E(F)c: **enor** -¹A] {S 4; F 5: M *enora, honora*: L p.ptcpl. *onerez* (OHTB): C cf. B *enoriñ*}

enoradow [ẹnɔ'raˑdɔw] *adj.* honourable, venerable
[E(F)c: **enor** -ADOW] {S 4; F 0(GM09: K.J.G.)}

enorys [ẹ'nɔˑrɪz] *adj.* honoured
P.ptcpl. of **enora**. [E(F)c: **enor** -⁶YS]
{S 4; F 4: M *enorys*: L *onerez* (OHTB)}

enos ['ẹˑnɔs] *adv.* yonder, distant but visible
[C:] {S 8; F 3: M *enos*}

ENOW- [C: Brit. (Fl.)]

enowans [ẹ'nɔʊans] *m.* ignition
[Ch: ENOW=ANS] {S 1; F 0(EC00):}

enowell [ẹ'nɔʊẹl] *f.* **+ow** lighter *(for ignition)*
[Cc: ENOW=²ELL]
{S 1; F 0(GM09: K.J.G.): **+ow** I}

enowi [ẹ'nɔʊi] *v.* light up, ignite
[Cc: ENOW=¹I] {S 1; F 1: M p.ptcpl. *annowys*: C B *enaouiñ*}
N.B. discussions about how to spell this word in *Kemysk Kernewek* and in *PSRC*.

enowys [ę'nɔʊɪz] *adj.* alight, ablaze
[Cc: ENOW-⁶YS] {S 1; F 1: M *annowys*}

-¹**ENS** *v. part* (3rd pl. impv. ind. ending)
e.g. **prenens** 'they used to buy' from **prena** 'to buy'. [c:]

-²**ENS** *v. part* (3rd pl. impf. subj. ending)
e.g. **prennens** 'they might buy' from **prena** 'to buy'. [c:]

-³**ENS** *v. part* (3rd pl. impf. ind. ending)
e.g. **prenens** 'let them buy' from **prena** 'to buy'. [c:]

ensampel [ęn'sampęl] *m.* **-plow, -plys** example, instance
[E: MidE] {S 5; F 1: M *ensampill* (TH24r): **-plow** N (G.M.S.); **-plys** N (EC52)}
rag ensampel for example, for instance

Entenin name (name of saint)
{S 8; F 1: O *entenin* (LS)}

entent [ęn'tęnt] *m.* **+ys** purpose, intention
[E(F): MidE *entent* < OldF *entent* (coe)]
{S 5; F 3: M *entent*; pl. *intentys* (TH40v): **+ys** M}
der entent on purpose

entering (Eng.) *n.*
{S 6; F 1: M *entring* (TH19r)}

entitulys adj. entitled
[E(F)c: AJ in -YS from MidE < AngN *entitler* (coe)] {S 5; F 1: M *entitulis* (SA59r)}
May be regarded as the p.ptcpl. of a verb.

entra ['ęntra] *v.* enter In the texts, the verb sometimes takes a direct object; otherwise followed variously by **dhe, a-ji dhe, a-ji** or **yn**.
[E(F)c: VN in -A from MidE < OldF *entrer* (coe)] {S 4; F 4: M *entre, entra*: L *entera* (JGJB)}

entrans ['ęntrans] *m.* **+ow** entrance, entry
[E(F): MidE < OldF] {S 4; F 0(EC00): **+ow** I}

¹**envi** ['ęnvi] *m.* enemy, foe See **eskar**.
[E:] {S 4; F 2: M *envy* (BM.1013, 1069, 3837):}

²**envi** ['ęnvi] *m.* **+ow** ill-will, grudge, envy
[E(F): MidE < OldF *envie* (coe)]
{S 4; F 4: M *envy*: **+ow** I}

envius [ęn'viˑys] *adj.* envious
[E(F): MidE < AngN *envious* < OldF (coe)]
{S 8; F 1: L *envyes* (CW.0439)}

enyval [ę'nɪˑval] *m.* **+es** animal, beast
[L: CLat *animal* (M)]
{S 3; F 3: M pl. *enevalles* (PC.0205): L *eneval* (PV.9909); pl. *enevales* (AB241a) → P: **+es** ML}
enyval dov pet

eos ['ęˑɔs] *f.* **+ow** nightingale
[C:] {S 8; F 0(CE38): C W *eos*: **+ow** C (CE38)}

eosik [ę'ɔˑsɪk] *f.* **-igow** little nightingale
[Cc: **eos** -IK]
{S 8; F 0(CE38): C B (*eostig*), W *eosig*: **-igow** I}

Ephesians (Eng.) *pl.*
{S 6; F 1: M *Ephesians* (TH41v)}

Ephesus (Lat.) *place*
{S 6; F 1: M *Ephesus* (TH35r)}

Epistopus (Lat.) *name* (king of the Greeks) {S 6; F 1: M *Epystopus* (BK29.56)}

EPSKOB- [L: CLat *episcopus*]

epskobeth [ęp'skɔˑbęθ] *f.* **+ow** bishopric, diocese
[Lc: EPSKOB=ETH]
{S 1; F 2: M *epscobath* (TH47r), *epscobeth* (TH50v): C W *esgobaeth*: **+ow** I}

epskop ['ępskɔp] *m.* **epskobow** bishop
[L: EPSKOB-O]
{S 1; F 5: O *escop* (VC.103, 757) → P: M *epscop*; pl. *epscobow*: L *ebscob* (BOD), *ispak* (AB007a, 057a) → P; pl. *epskobou* (AB243b): P *Carn Epscoppe*: C B *eskob*; W *esgob*: **epskobow** ML}
Became metathesized to *ispak* in LateC.

epystyl [ę'pɪˑstɪl] *m.* **epystlys** epistle
[E(F): MidE *epistle* < OldF *epistle* (coe)]
{S 4; F 4: M *epistyll, pistyll* (TH.); pl. *epistlis, pistlis* (TH.): C cf. W *epistol*: **epystlys** M}

¹**er** ['ęːr] *prep.* for, by, on account
[C:] {S 1; F 6: M *er* → P: L *er* (AB.): C W *er*}

²**er** ['ęːr] *m.* **+yon** eagle
[C: CC **er-iro-* (Gr.)] {S 3; F 3: O *er* (VC.496) → L,P: P ?Burniere: C B *er*; W *eryr*: **+yon** I}
The B and C words seem to have suffered haplology.

³er ['ęːr] *m.* defiance, stubbornness, insistence, heresy
[C: CC **sagro*-(gpc)]
{S 3; F 1: **M** *er* (RD.1525): **C W** *haer* 'steadfast':}
The original /h-/ has been lost.

-¹ER [ęr] *suffix* (agency noun ending)
[l: BLat *-ârios* < CLat *-ârius* (hpb)]
Rather confusingly spelled <-or> in OldC. It is better to keep this ending for a human agent.

-²ER [ęr] *v. part* (Impersonal ending of pres. subj.) e.g. **prenner** 'one may buy' from **prena** 'to buy'. [c:]

erba ['ęrba] *m.* **erbys** herb
[E(F): MidE *erbe*] {S 4; F 3: **M** *erb a* (BK15.49); pl. *erbys*: **L** *herba* (PV.8412): **erbys M**}

erber ['ęrbęr] *m.* **+ow, +s** kitchen-garden, arbour
[E(H): MidE *erber*] {S 4; F 3: **M** pls. *erberow, erbers*: **L** *erber* (PV10001): **P** *Erbyer Gwarra*: **C W** *herber*: **+ow** M; **+s** M} Two words are partially confused here, the forerunners of ModE *arbour* < AngN *erber* and ModE *harbour* < OldE *hereheorg* (coe). Nance suggested *harber* for the second of these in *CE38*.

erberjour [ęr'bęrdʒur] *m.* **+s** quartermaster
[E(F): MidE *herbergeour* < OldF (coe)]
{S 1; F 0(CE38): **+s** I (CE38)}

erbynn [ęr'bɪnː] *prep.* against, in readiness for, by the time that
Combines with pers. pronouns as **er ow fynn, er dha bynn, er y bynn, er hy fynn, er agan pynn, er agas pynn, er aga fynn**. Replaced by *warbyn* from *TH.* onwards.
[C: Brit **are-pennî* (gpc)] {S 1; F 5: **M** *erbyn*: **L** *erbyn, bidn, bedn*: **C B** *arbenn*, **W** *erbyn*}

erbynn Nadelik by Christmas

erbynner [ęr'bɪnːęr] *m.* **-oryon** opponent *(male)*, opposer
[Cl: **erbynn** -¹ER]
{S 1; F 0(GM09: C.M.): **-oryon** I}

erbynnores [ˌęrbɪ'nɔˑręs] *f.* **+ow** opponent *(female)*, opposer
[Cl: **erbynn** -ORES]

{S 1; F 0(GM09: K.J.G.): **+ow** I}

erbys ['ęrbɪz] *m.* **+yow** thrift *(saving money)*, economy
[C:] {S 3; F 0(CE38): **C B** *erbed*, W *arbed* 'to save': **+yow** N (K.J.G.)}

erbysek [ęr'bɪˑsęk] *adj.* economical, thrifty
[Cc: **erbys** -¹EK] {S 3; F 0(EC52)}

erbysi [ęr'bɪˑʒi] *v.* save *(amass money)*, economize, retrench
[Cc: **erbys** -¹I]
{S 3; F 0(CE38): **C B** *erbediñ*; cf. W *arbedu*}

erbysiedh [ˌęrbɪ'ʒiˑęð] *m.* **+ow** economy *(system)*
[Cc: **erbysi** -EDH] {S 3; F 0(GG): **+ow** I}

erbysieth [ˌęrbɪ'ʒiˑęθ] *f.* economics
[Cc: **erbys** -IETH] {S 3; F 0(Y2):}

erbysiethek [ˌęrbɪʒi'ęˑθęk] *adj.* economic
[Ccc: **erbysieth** -¹EK] {S 3; F 0(AnG 1996)}

erbysyas [ęr'bɪˑʒjaz] *m.* **-ysi** miser
[Cc: **erbys** -³YAS] {S 3; F 2: **O** *henbidiat* (VC.410) → L: **C W** *arbediad*: **-ysi** I}
OldC *henbidiat* may have a different prefix.

erbysydh [ęr'bɪˑʒɪð] *m.* **+yon** economist
[Cc: **erbys** -¹YDH]
{S 3; F 0(CE93: G.M.S.): **+yon** I}

erbysyon [ęr'bɪˑʒjɔn] *pl.* savings
[Cc: **erbys** -YON] {S 3; F 0(Y2)}

ereder ['ęręḑęr] *pl.* ploughs
[L: ARADR-AS] {S 1; F 0(CE38): **P** *Powder*}
Pl. of **arader**; according to Picken, found in pl.n. *Powder*.

erell ['ęˑręl] *adj.* others pl. of **arall**.
[C: ARALLA] {S 1; F 5: **M** *erel* → P, *erell, erall*: **L** *erel* (AB244c), *rol* (NGNB): **C W** *eraill*}

eresi ['ęręsi] *m.* **eresys** heresy
[E(F): MidE *(h)eresie* < OldF *(h)eresie* (coe)]
{S 4; F 4: **M** *heresy* (TH.); pl. *hereses* (TH.): **eresys** M}
Spellings with <h> are much more common in MidC than those without; but the word was prob. pronounced without [h-].

eretik

eretik m. **+ys** heretic ALT = **gorthkryjyk**.
[E(F): MidE (coe)] {S 5; F 3: M *hereticke* (TH32r); pl. *heretickys* (TH.): **+ys** M}

eretons ['ęrętɔns] *m.* inheritance
[E(F): MidE (coe)] {S 5; F 3: M *eretons* (BM.1953, 3469), *herytans* (TH41r):} A disyllabic variant *hertons* appears at *BM.2452.*

erewi [ę'rewi] *pl.* acres
[Cc: **erow**A -²I] {S 1; F 0(CE38)}

ergh ['ęrx] *coll.* **+enn** snow
[C: CC *argyo-* < IE *pargyo-* (gpc)]
{S 1; F 4: O *irch* (VC.440) → L,P: M *yrgh* (BM.3055), *yrth* (TH56v): L *er* (AB.) → P: C B *erc'h*; W (*eira*): **+enn** I}

erghek ['ęrxęk] **1.** *adj.* snowy **2.** *f.* **-egi** snowfield
[Cc: **ergh** -¹EK]
{S 1; F 0(CE38): C B *erc'hek*: **-egi** I}

erghenn ['ęrxęn] *f.* **+ow**, *coll.* **ergh** snowflake
[Cc: **ergh** -ENN] {S 1; F 0(GK98: P.H.)}

erghi ['ęrxi] *v.* command, order, require, bid, enjoin
[Cc: **argh**-A -¹I] {S 1; F 4: M *yrghy* (MC.2014b) → P: L *arxa* (AB231b) → P: C W *erchi*}
erghi dhe nebonan dos tre order someone to come home

erghlaw ['ęrxlaw] *m.* **+yow** sleet
[CC: **ergh** 2glaw]
{S 1; F 0(CE38): C W *eirlaw*: **+yow** I}

erghwyns ['ęrxwɪns] *m.* **+ow** blizzard
[CC: **ergh** 2¹gwyns]
{S 1; F 0(GM09: G.M.S.): **+ow** I}

erghslynk ['ęrxslɪnk] *m.* **+ow** avalanche
[CE(E): **ergh slynk**] {S 4; F 0(EC00): **+ow** I}

ergila [ę'gi·la] *v.* recoil
[cCc: **ar-** 2**kil** -¹A] {S 1; F 1: L *argila* (AB254a)}
Written *argila* by Lhuyd, but vowel aff. included here.

ergilans [ę'gi·lans] *m.* **+ow** recoil
[cCh: **ar-** 2**kil** -ANS]
{S 1; F 0(GM09: G.M.S.): **+ow** I}

ertach

ermin ['ęrmɪn] *m.* **+es** ermine
[E(F): MidE < OldF (h)*ermine* (co), from Armenia ? (gbv)]
{S 4; F 0(EC52): C B *ermin*, MidW *ermin*: **+es** I}

erita [ę'ri·ta] *v.* inherit
[Fc: VN in -A from F *hériter*] {S 5; F 0(CE38)}

ermit ['ęrmɪt] *m.* **+ys** hermit
[E(F): OldF *ermit*]
{S 4; F 3: O *ermit* (VC.113): M *ermet* (BM.1133), *hermyt* (BM.1948, 1964): C MidB *ermit*: **+ys** I}

erna² [,ęrna] *conj.* till, until Form used before consonants.
[cc: ¹**er** ³**na**]
{S 1; F 4: M *er na* → P: L *ne* (M2WK, NGNB7)}

ernag [,ęrnag] *conj.* till, until Form used before vowels.
[cc: ¹**er** ³**nag**]
{S 1; F 2: M *er na g* (RD.0878, BK29.40) → P}

Erod name Herod
{S 5; F 3: M *erod* (PC.)}

Erodes name Herodias
{S 5; F 1: M *erodes* (PC.1601)}

erow ['ęrɔw] *f.* **erewi** acre *q.v.*
[C: Brit *er-wo* or *er-wâ* (Fl.) < CC *erwi-*]
{S 1; F 2: O *ereu* (VC.338) → L, *erp* (VC.721): M *eraw* (BK.): L *erw* (PV.10006, 10015): P Erra: C B *erv*, pl. *irvi*; W *erw*, pl. *erwau*: **erewi** }

erowhys [ęrɔʊ'hiːz] *m.* **+ow** furlong
[CC: **erow hys**]
{S 1; F 0(CE38): C W *erwyd* 'pole': **+ow** I}

error m. **+s** error ALT = **kammwrians**.
[E(F): MidE < OldF *errour* (coe)]
{S 4; F 3: M *error* (TH.): **+s** I}

errya ['ęr:ja] *v.* err
[E(F)c: VN in -YA from MidE]
{S 1; F 1: M *errya* (TH18v)}
errya dhiworth err from

ertach ['ęrtatʃ] *m.* **-ajys** heritage, birthright
[E(F): MidE < OldF *eritage* (coe)]
{S 5; F 1: M *ertech* (OM.0354): **-ajys** I (CE38)}
Ertach Kernewek Cornish Heritage

erthygel

erthygel [ęr'θɪ·gęl] *m.* **erthyglow** article *(of text)*
[L: BLat *artic'lus* < CLat *articulus* (gpc)]
{S 1; F 0(AnG 1984): C W *erthygl*: **erthyglow** I}

ERTHYL- [C: CC *artîla-* (gpc)]

erthylya [ęr'θɪ·lja] *v.* abort
[Cc: ERTHYL=YA] {S 1; F 0(GM09: A.S.)}

erthylyans [ęr'θɪ·ljans] *m.* **+ow** abortion
[Cc: ERTHYL=YANS]
{S 1; F 0(GM09: A.S.): **+ow** I}

ervin ['ęrvɪn] *coll.* **+enn** turnips
[C: Brit *arbîno-*]
{S 1; F 0(CE38): C B *irvin*; W *erfin*: **+enn** I}

ERVIR- [AR-A 2**mir**]

ervira [ęr'vi·ra] *v.* decide, settle, resolve
May be transitive or intransitive.
[cCc: ERVIR- -¹A] {S 1; F 4: M *ervyre* → P}

ervirans [ęr'vi·rans] *m.* **+ow** decision, settlement, resolution, verdict, determination
[cCh: ERVIR=ANS] {S 1; F 0(EC52): **+ow** I}

ervirus [ęr'vi·rys] *adj.* decisive
[cCl: ERVIR=US] {S 1; F 0(EC00)}

ervirys [ęr'vi·rɪz] *adj.* decided, determined
[cCl: ERVIR=⁶YS] {S 1; F 4: M *yrvyrys* → P}
P.ptcpl. of **ervira**.

ervys ['ęrvɪz] *adj.* armed
[Lc: arvA -⁶YS]
{S 1; F 4: M *ervys* → L,P; *yrvys* → L}

erwir ['ęrwɪr] *adj.* circumspect
[cC: AR-A 2**gwir**] {S 1; F 1: L (Gwavas f122r)}

erya ['ę·rja] *v.* defy
[Cc: ²**er** -YA] {S 3; F 3: M *eria* (BM.0968), *errya* (CW.1110) → P}

erys ['ę·rɪz] *adj.* ploughed
[Cc: AR-A -⁶YS] {S 1; F 0(CE38)}

¹**es** ['ę:z] *conj.* than
[c: Short for **ages**] {S 2; F 6: M *ys* → L,P; *es*}

²**es** ['ę:z] *v. part* thou wast
2 sg. impf. of short form of ¹**bos**.
[C:] {S 1; F 3: M *es*: L *eze* (G3WK)}

³**es** ['ę:z] **1.** *m.* comfort, convenience, ease **2.** *adj.* easy
[E(F): MidE < AngN *ese* (coe)] {S 4; F 4: M *es*:}

ES- *prefix* ex- [c: CC *eks-*]
Found in trad. Cor. in **eskar**; its use has been extended to make a number of new words.

-¹ES *suffix* (VN ending) e.g. **gweles** 'to see'.
[c:]

-²ES *suffix* (abst. noun ending)
e.g. **syghes** 'thirst' from **sygh** 'dry'. [c:]

-³ES *suffix* (pl. ending)
e.g. **myrghes** 'girls' from **myrgh** 'girl'. This suffix applies to humans and animals; when OldC /-ed/ became MidC *-es*, a potential ambiguity arose between this sf. and -⁴ES; in difficult cases, this may be resolved by using -ES for the fem., and forming a new pl. in -YON. [c:]

-⁴ES *suffix* **-esow** (fem. ending) e.g. **duwes** 'goddess' from **duw** 'god'.
[c: Brit *-essâ* < *-issâ* (wg)]

-⁵ES *v. part* (2nd sg. impf. ind. ending)
e.g. **prenes** 'you used to buy' from **prena** 'to buy'. [c:]

-⁶ES *v. part* (2nd sg. impf. subj. ending)
e.g. **prennes** 'you might buy' from **prena** 'to buy'. [c:]

-⁷ES *v. part* (3rd sg. impv. ending) e.g. **prenes** 'let him/her buy' from **prena** 'to buy'. [c:]

esa ['ę·ʒa] *v. part* was
3 sg. impf. of long form of ¹**bos**
[C:] {S 1; F 6: M *ese, esa*: L *era, erra*}
The [ʒ] became rhotacized to [r], giving *era*.

esanella [ęza'nęl:a] *v.* exhale
[cCc: ES- **anella**] {S 1; F 0(GM09: G.M.S.)}

esanellans [ęza'nęl:ans] *m.* **+ow** exhalation, expiration
[cLcc: ES- **anellans**]
{S 1; F 0(GM09: G.M.S.): **+ow** }

esedh ['ẹ·zęð] *f.* **+ow** seat, throne 'in a sitting posture' translates as **a'm esedh, a'th esedh, a'y esedh, a'gan esedh, a'gas esedh, a'ga esedh**, depending on the person.
[C:] {S 8; F 2: **M** *aseth* (MC.0523b) → P, *yseth* (MC.2444a): **C B** *azez*: **+ow** I}

esedha [ę'zę·ða] *v.* sit down
[Cc: **esedh** -¹A]
{S 8; F 5: **M** *ysethe*: **L** *zetha, sedha*: **C B** *azezañ*}

esedhek [ę'zę·ðęk] *m.* **-ogow** session
[Cc: **esedh** -¹EK]
{S 8; F 0(GM09: G.M.S.): **-ogow** I}

esedhva [ę'zęðva] *f.* **+ow** seat, siege, sitting-room, lounge
[Cc: **esedh** -VA]
{S 8; F 2: **M** *ysethva* (MC.0143b), *asethva* (MC.1434b): **C** OldB *asedma*: **+ow** N (FTWC)}

esedhvos [ę'zęðvɔz] *m.* **+ow** eisteddfod
[Cc: **esedh** 2¹**bos**]
{S 8; F 0(CE38): **C W** *eisteddfod*: **+ow** C}
From the Welsh, with modification.

esedhys [ę'zę·ðɪz] *adj.* seated
Past ptcpl. of **esedha**. [Cc: **esedh** -⁶YS]
{S 8; F 3: **M** *ysethys, sethys*: **L** *sethas* (ACJB)}

esel ['ẹ·zęl] *m.* **eseli** member, limb
[C:] {S 1; F 5: **O** *esel* (VC.022) → L,P: **M** *iesel*; pl. *esely* → P, *ysyly* → P: **L** *yssilli* (AB242c), *ezeelee* (BOD): **C B** *ezel*; cf. W *esill*, which may not be the same word.: **eseli** ML}

eseleth [ę'zę·lęθ] *f.* **+ow** membership
[Cc: **esel** -ETH] {S 1; F 0(CE38): **+ow** I}

eseliek [ˌęzę'li·ęk] *adj.* lanky, long-limbed
[Ccc: **eseli** -¹EK] {S 1; F 0(EC52)}

¹**esen** ['ẹ·ʒęn] *v. part* I was
1 sg. impf. of long form of ¹**bos**. [C:]
{S 1; F 3: **M** *esen* → L, *egen*: **L** *ezen* (AB245c)}

²**esen** ['ẹ·ʒęn] *v. part* we were
1 pl. impf. of long form of ¹**bos**.
[C:] {S 1; F 3: **M** *esen* → L, P; *egan*}

esens ['ẹ·ʒęns] *v. part* they were
3 pl. impf. of long form of ¹**bos**.
[C:] {S 1; F 4: **M** *esens* → L,P; *esans* (TH.): **L** *erang*- (G3WK)}

eses ['ẹ·ʒęs] *v. part* you (sg.) were, thou wast 2 sg. impf. of long form of ¹**bos**.
[C:] {S 1; F 3: **M** *eses* → L; *egas*}

esewgh ['ẹ·ʒęʊx] *v. part* you (pl.) were 2 pl. impf. of long form of ¹**bos**.
[C:] {S 1; F 3: **M** *eseugh* (BK09.77); *esow* (TH.): **L** *oezy'* (AB245c) → P}

esfolenna [ęsfɔ'lęn:a] *v.* exfoliate
[cLcc: ES- **folenn** -¹A] {S 1; F 0(GM09: G.M.S.)}

esfolennans [ęsfɔ'lęn:ans] *m.* exfoliation
[cLcc: ES- **folenn** -ANS]
{S 1; F 0(GM09: G.M.S.):}

esherdhya [ęs'hęrðja] *v.* extrude
[cCc: ES- **herdhya**] {S 1; F 0(GM09: G.M.S.)}

esherdhyans [ęs'hęrðjans] *m.* **+ow** extrusion
[cCc: from ES- **herdhya** -ANS]
{S 1; F 0(GM09: K.J.G.): **+ow** I}

esherdhyek [ęs'hęrðjęk] *adj.* extrusive
[cCc: from ES- **herdhya** -¹EK]
{S 1; F 0(GM09: G.M.S.)}

-**ESIGETH** [ęʒi·gęθ] *suffix* (noun ending) e.g. **genesigeth** 'time of birth'.
[cc: from -ESIK -ETH]

-**ESIK** ['ẹ·ʒɪk] *suffix* (vbl. adj. ending) e.g. **genesik** 'native'. [c: Brit *-atîko-* (gpc)]

eskar ['ęskar] *m.* **eskerens** enemy, foe, adversary
[C: CC *eks-karants-* (gpc)]
{S 1; F 5: **M** *escar, yskar*; pl. *yskerens* → P, *eskerans*: **C W** *esgar*: **eskerens** M}

eskarek [ęs'ka·ręk] *adj.* hostile
[Cc: **eskar** -¹EK] {S 1; F 0(GK98: E.G.R.H.)}

eskarogeth [ˌęska'rɔ·gęθ] *f.* hostility, enmity
[Cc: **eskar** -OGETH] {S 1; F 0(GK98: A.S.):}

eskasa [ęs'ka·ʒa] *v.* forsake, relinquish
[cCc: ES- 4**gasa**] {S 1; F 1: **L** *esgara* (AB138b)}

eskeans [ęs'kę·ans] *m.* **+ow** exclusion, elimination
[cCh: ES- ⁴**ke** -ANS]
{S 1; F 0(GK98: K.J.G.): **+ow** I}

eskeas [ẹs'kẹ·az] *v.* exclude, eliminate
[cCc: ES- **keas**] {**S** 1; **F** 0(GK98: A.S.)}

eskelli [ẹs'kẹlːi] *pl.* wings
[Cc: **askell**A -²I] {**S** 1; **F** 3: **M** *astylly* (BK28.35), <k> miscopied as <t>.: **L** *askelli* (AB042a) → P; *skelli* (AB031a) → P}

eskelmi [ẹs'kẹlmi] *v.* indemnify, exclude
[cCc: ES- **kelmi**] {**S** 1; **F** 0(Y2)}

esker ['ẹskẹr] *f.* **+yow,** dual **diwesker** leg, knee *(ship-building)*
[C: CC(K.J.G.)]
{**S** 1; **F** 3: **O** *escher* → L,P: **P** ?Penisker: **C** B *esker*; W *esgair*}

eskerdh ['ẹskẹrð] *m.* **+ow** expedition, exodus, walk-out
[cC: ES- **kerdh**] {**S** 1; **F** 0(GK98: A.S.): **+ow** I}

eskern ['ẹskẹrn] *pl.* bones
[C: **askorn**A]
{**S** 1; **F** 4: **M** *yscarn*: **L** *yskarne* (BOD)}

eskeul ['ẹskœl] *f.* **+yow** escalator
[cL: from ES- **skeul**]
{**S** 1; **F** 0(GK98: K.J.G.): **+yow** I}

eskeulya [ẹ'skœ·lja] *v.* escalate
[cLc: **eskeul** -YA] {**S** 1; **F** 0(AnG 1998)}

eskis ['ẹskɪz] *f.* **+yow** shoe
[C: Brit **ed-skûto* (Fl.)]
{**S** 1; **F** 4: **O** pl. *eskidieu* (VC.818) → P:
M pl. *skyggyow* (OM.1406, TH08r):
L *esgiz* (AB.), pl. *esgizou* (AB250a):
C B *emscid*, W *esgid*: **+yow** OM}

eskis sport trainer (shoe)

eskisyas [ẹs'ki·ʒyaz] *m.* **-ysi** shoemaker, cobbler
[Cc: from **eskis** -³YAS]
{**S** 1; **F** 1: **L** *eskitias* (AB285c01): **-ysi** I}

esknians [ẹs'kni·ans] *m.* erosion
[cCh: from **esknias** -ANS]
{**S** 8; **F** 0(GM09: G.M.S.):}

eskniansel [ẹs'knianzẹl] *adj.* erosional
[cChl: from **esknians** -¹EL]
{**S** 8; **F** 0(GM09: G.M.S.)}

esknias [ẹs'kni·az] *v.* erode
[cCc: from ES- **knias**] {**S** 8; **F** 0(GM09: G.M.S.)}

esknius [ẹs'kniˑys] *adj.* erosive
[cCl: from ES- KNI=US] {**S** 1; **F** 0(GM09: G.M.S.)}

eskorra [ẹs'korːa] *v.* output
[cCc: ES- 4**gorra**] {**S** 8; **F** 0(GM09: YhaG)}

eskorrans [ẹs'korːans] *m.* **+ow** output
[cCh: ES- 4**gorrans**]
{**S** 8; **F** 0(GM09: YhaG): **+ow** I}

eskolm ['ẹskɔlm] *m.* **+ow** indemnity
[cC: ES- **kolm**] {**S** 1; **F** 0(Y2): **+ow** I}

eskravans [ẹs'kra·vans] *m.* **+ow** abrasion
[cCh: ES- KRAV=ANS]
{**S** 8; **F** 0(GM09: G.M.S.): **+ow** I}

eskravas [ẹs'kra·vaz] *v.* abrade
[cCc: ES- **kravas**] {**S** 8; **F** 0(GM09: G.M.S.)}

eskravus [ẹs'kra·vys] *adj.* abrasive
[cCl: ES- KRAV=US] {**S** 8; **F** 0(GM09: G.M.S.)}

eskresek [ẹs'krẹ·zẹk] *adj.* eccentric *(off-centre)*
[cCc: ES- ³**kres** -¹EK] {**S** 1; **F** 0(GM09: G.M.S.)}

eson ['ẹ·zɔn] *v. part* we are
1 pl. pres. of long form of ¹**bos**.
[C: {**S** 1; **F** 4: **M** *eson, esan*: **L** *eren* (CLJK)}

esons ['ẹ·zɔns] *v. part* they are
3 pl. pres. of long form of ¹**bos**.
[C:] {**S** 1; **F** 4: **M** *vsons, esans*: **L** *idzhanz* (CGEL)}

esos ['ẹ·zɔz] *v. part* thou art
2 sg. pres. of long form of ¹**bos**.
[C:] {**S** 1; **F** 4: **M** *esos, esas*}

esov ['ẹ·zɔv] *v. part* I am
1 sg. pres. of long form of ¹**bos**; in LateC, forms in *er-* were used.
[C:] {**S** 1; **F** 5: **M** *esof, esaf*}

esow ['ẹ·zɔw] *m.* **+yow** dearth, privation, shortage, want, need, penury
[C:] {**S** 8; **F** 3: **M** *esow* (OM.0373, BK11.43) → P: **+yow** I}

esowgh ['ẹ·ʒɔʊx] *v. part* you are
2 pl. pres. of long form of ¹**bos**.
[C:] {**S** 1; **F** 4: **M** *esough, esow, egow*: **L** *ero*}

esowi

esowi [ęz'ɔʊi] *v.* deprive
[Cc: esow -¹ɪ] {S 8; F 0(GK98: G.M.S.)}

esperans m. **+ow** hope ALT = **govenek**.
[F: F *esperance*]
{S 4; F 1: L *esperans* (CGEL): **+ow** I}

esperthi [ęs'pęrθi] *v.* export
[cCc: ES- **perthi**] {S 1; F 0(GK98: A.S.)}

esplegya [ęs'plę·gja] *v.* evolve
[cLc: ES- **plegya**] {S 3; F 0(GK98: T.S.)}

esplegyans [ęs'plę·gjans] *m.* evolution
[cLh: ES- **pleg** -YANS] {S 3; F 0(GK98: T.S.):}

esporth ['ęspɔrθ] *m.* **+ow** export
[cC: ES- **porth**] {S 1; F 0(EC00): **+ow** I}

Esq (Eng.) *m.* Abbreviation for Esquire.
{S 6; F 1: L *Esq.* (CGEL)}

Essa ['ęs:a] *place* Saltash
The name **Essa** has long been in use in revived Cornish for Saltash, based on the oldest recorded spelling *Esse* (1201); Padel has pointed out, however, that this is only a Norman spelling of the Eng. word *ash*. It may have been pronounced ['ę·ʃa] in reality. The form **Essa**, erroneous and English though it may be, has taken too deep a hold to be ousted by the possible alternatives *Onnhyli*} or *Trevonnenn*.
[E(E): MidE < OldE] {S 4; F 0(CE93)}

¹Est ['ę:st] *m.* August
Usually preceded by **mis-**.
[C: BLat *agustus* (hpb)] {S 1; F 3: L *east:*}

²Est ['ę:st] **1.** *adj.* east **2.** *m.* east
[E(E): MidE < OldE *êaste* (coe)]
{S 4; F 3: M *yest* (CW.1742): L *est* → P, *east:*}
a'n Est eastern

establyshya v. establish ALT = **fondya**.
[E(F)c: VN in -YA from MidE < OldF]
{S 5; F 1: M p.ptcpl. *establysses* (TH14v)}

estate (Eng.) *n.* {S 6; F 1: M *estate* (TH03r)}

estenna [ęs'tęn:a] *v.* extract, extradite, pull out
[cCc: ES- **tenna**] {S 1; F 0(GK98: G.M.S.)}

estennans [ęs'tęn:ans] *m.* **+ow** extraction, extradition
[cCc: ES- **tenn** -ANS]

estyll

{S 1; F 0(GM09: K.J.G.): **+ow** I}

ester ['ę·stęr] *coll.* **+enn** oysters
[L: ESTR-S] {S 8; F 3: O sg. *estren* (VC.553) → L,P: C B *istr:* **+enn** L}

estewlel [ęs'tęʊlęl] *v.* eject, expel, throw out
[cCc: ES- **tewlel**] {S 1; F 0(GK98: G.M.S.)}

estowl ['ę·stɔʊl] *m.* **+ow** ejection
[cC: ES- **towl**] {S 1; F 0(GM09: K.J.G.): **+ow** I}

ESTR- [L: BLat **ostria* < CLat *ostrea* (Gr.)]

estreghi [ęs'trę·xi] *v.* excise, cut out
[cCc: ES- **treghi**] {S 1; F 0(GM09: G.M.S.)}

estrek ['ę·stręk] *f.* **-egi** oyster-bed
[Lc: ESTR=¹EK] {S 8; F 0(GK98: K.J.G.): **-egi** I}

estren ['ę·stręn] **1.** *adj.* strange, alien, foreign **2.** *m.* **+yon** stranger *(male)*, alien, foreigner
[L: CLat *extrâneus*]
{S 1; F 1: L *Estren* (AB222):
C MidB *estren;* W *estron:* **+yon** I}

estrenes [ęs'trę·nęs] *f.* **+ow** stranger *(female)*, alien, foreigner
[Lc: **estren** -⁴ES] {S 1; F 0(CE38): **+ow** I}

estrenyek [ęs'trę·njęk] *adj.* foreign
[Lc: **estren** -YEK] {S 1; F 0(GK98: K.J.G.)}
Nance (CE38) gave **estrennek* 'strange', but this word does not contain /nn/.

estriga [ęs'tri·ga] *v.* be absent
[cCc: ES- **triga**] {S 1; F 0(GM09: G.M.S.)}

estriger [ęs'tri·gęr] *m.* **-oryon** absentee
[cCl: ES- **triger**] {S 3; F 0(Y2): **-oryon** I}

estrigys [ęs'tri·gɪz] *adj.* absent
[cCc: ES- **trigys**] {S 1; F 0(GM09: G.M.S.)}

estrik ['ę·strɪk] *m.* **-igow** absence
[cC: ES- **trigO**] {S 3; F 0(Y2): **-igow** I}

Estwick (Eng.) *name*
{S 6; F 1: L *Estwick* (CGEL)}

estyll ['ę·stɪl] *coll.* **+enn** boards, shelves
[L:] {S 1; F 1: L sg. *estyllen* (Lh.): **+enn** L}

estyllenn

estyllenn [ęs'tɪlːęn] *f.* **+ow**, *coll.* **estyll** shelf, board *(timber)*
[Lc: **estyll** -ENN] {**S** 1; **F** 1: **L** *astyllen* (Lh.): C B *estelenn*, W *astyllen*} Lhuyd wrote *astyllen*, but may have been influenced by the W; there is a measure of irregularity with this word, which was prob. influenced by **styll**.

estymya v. esteem ALT = **gul vri a**.
[E(F)c: VN in -YA from MidE < OldF *estimer*] {**S** 5; **F** 2: **M** p.ptcpl. *estemys* (TH42r), *estymys* (TH47v)}

¹**esya** ['ę·zja] *v.* ease, make easy, facilitate
[E(F)c: ³**es** -YA] {**S** 4; **F** 4: **M** *eysye* → L,P: **L** *aizia* (AB079c) → P}

²**esya** ['ę·zja] *adj.* easier
[E(F)c: Irregular comp. of ³**es**] {**S** 4; **F** 0(CE38)}

Esyas name Isaiah
{**S** 8; **F** 1: **L** *izias* (M4WK)}

esyer ['ęz·jęr] *m.* **-oryon** facilitator *(male)*
[E(F)c: ³**es** -YER] {**S** 4; **F** 0(GM09: P.H.): **-oryon** I}

esyores [ęz'jɔ·tęs] *f.* **+ow** facilitator *(female)*
[E(F)cc: ³**es** -YORES] {**S** 4; **F** 0(GM09: K.J.G.): **+ow** I}

etc. (Lat.) *phrase* {**S** 6; **F** 4: **M** *etc*: **L** *&c*}

etegves [ę'tęgvęz] *num.* eighteenth
[CCc: from **etek** -VES] {**S** 8; **F** 2: **M** *xviii* (TH06v), *xviii-as* (TH44v)}

etek ['ę·tęk] *num.* eighteen
[CC: from **eth deg** < Brit (hpb)] {**S** 8; **F** 2: **L** *ethdeec* (IKAB), *ithac* (WDRS), *eitag* (AB105b)}

eternal (Eng.) *adj.* A 3-syll. substitute was provided by Lhuyd: **bythkwethek**.
{**S** 6; **F** 4: **M** *eternall*}

¹**eth** ['ę:θ] *v.* **part** went 3 sg. pret. of **mos**
[C:] {**S** 1; **F** 6: **M** *eth* → L,P: **L** *eath, geath*} The form *geath* in LateC presumably arose owing to misdivision of a phrase like *nag eth* 'did not go'.

²**eth** ['ę:θ] *num.* eight

etholer

[C: Brit] {**S** 1; **F** 3: **M** *viii*: **L** *eâth* (AB105b), *eth* (IKAB): **C** B *(eizh)*, W *(wyth)*}

³**eth** *m.* **+ow** odour
[U:] {**S** 8; **F** 1: **M** *eth* (OM.1994): **+ow** I (CE38)} In order to reduce the number of homographs, **ethenn** is suggested for this word.

⁴**eth** *m.* **+ys** hearth In order to avoid homographs, ALT = **oeles**. Although Nance identified this as a separate word, it may be the same as ³**eth**. [U:] {**S** 4; **F** 1: **M** *eth* (PC.1244): **D** ?"eth, yeth": **+ys** I (CE38)}

-ETH [ęθ] *suffix* (abst. noun ending, f.)
e.g. **hireth** 'longing' from **hir** 'long'.
[c: Brit *-aktâ* (gpc)] {**S** 1; **F** 1: **L** *-eth* (AB240b): C B *-ezh*, W *-aeth*}

ethenn ['ę·θęn] *f.* **+ow** odour, scent, vapour, steam, zephyr
[Uc: ³**eth** -ENN] {**S** 8; **F** 0(CE38): C B *aezhenn*: **+ow** I}

ethenna [ę'θęnːa] *v.* evaporate, vaporize
Nance gave the meaning 'to exhale'.
[Ucc: **ethenn** -¹A] {**S** 8; **F** 0(CE38)}

ethennans [ę'θęnːans] *m.* **+ow** evaporation, vaporization
[Ucc: **ethenn** -ANS] {**S** 8; **F** 0(EC00): **+ow** }

ethgweyth ['ęθkwęɪθ] *adv.* eight times
[CC: ⁸**eth** ¹**gweyth**] {**S** 1; **F** 0(CE38)}

ethnek ['ęθnęk] *adj.* ethnic
[E(L)cH: Cornicization of ModE < Lat *ethnicus* 'heathen' (coe)] {**S** 5; **F** 0(AnG 1998)}

ethnogeth [ęθ'nɔ·gęθ] *f.* **+ow** ethnicity
[E(L)c: from **ethnek** -ETH] {**S** 5; **F** 0(GM09: G.M.S.): **+ow** I}

ethol ['ę·θɔl] *m.* **+ow** choice
[C: CC *eks- + d- + dol-* (gpc)] {**S** 1; **F** 1: **M** *ethol* (BK36.30): **C** W *ethol*: **+ow** I}

etholans [ę'θɔ·lans] *m.* **+ow** election, ballot
[Ch: **ethol** -ANS] {**S** 1; **F** 0(AnG): **+ow** I}

etholer [ę'θɔ·lęr] *m.* **-oryon** elector *(male)*
[Cl: **ethol** -¹ER]
{**S** 1; **F** 0(GM09: YhaG): **-oryon** I}

etholi

etholi [ę'θɔ·li] *v.* elect
[Cc: **ethol** -I]
{S 1; F 0(GM09: YhaG): C W *etholi*}

etholores [ęθɔ'lɔ·ręs] *f.* **+ow** elector *(female)*
[Clc: **ethol** -ORES]
{S 1; F 0(GM09: K.J.G.): **+ow** I}

etholys [ę'θɔ·lɪz] *adj.* elected
[Cc: **ethol** -⁶YS]
{S 1; F 0(GM09: K.J.G.)} P.ptcpl. of **etholi**.

eth-ugens [ęθ'y·gęns] *num.* one hundred and sixty, eight score
[CC: **eth ugens**]
{S 1; F 0(GK98: K.J.G.): C B *eizh-ugent*}

ethves ['ęθfęz] *num.* eighth
[Cc: ⁸**eth** -VES] {S 8; F 3: M *viiij#th#* (BM.2075), *viij#ves#* (BM.2197), *viii-as* (TH46v): L *ethas* (AB105a), *ethaz* (AB243b): C B *(eizhved)*}

Ethion name
{S 4; F 1: M *ethyon* (BK32.34) (2 syll.)}

eucharistia n. eucharist
{S 6; F 1: M *EUCHARISTIA* (SA63v)}

eun ['œːn] *adj.* correct, just, straight, proper, valid
This is a different form of the word spelled *ewn* by Nance. The cognates suggest that its vowel should be /œ/, and this is supported by the spellings in CW. (six cases of *en*}), where the [œ] has unrounded to [ę]. See also **ewn**.
[C: Brit *ebn (Fl.)] {S 3; F 5: M *evn*: L *eųn* (AB229b); spv. *ewna* (LW--): C B *eeun*; W *iawn*}

eur ['œːr] *f.* **+yow** hour, time, o'clock
[L: CLat *hora* (lp)] {S 1; F 6: M *vr, er; eare* → P (CW.): L *ųr* (AB.): C B *eur,* W *awr:* **+yow** I}

y'n eur ma now, at this time, presently, at present, actually
y'n eur na then, at that time
pub eur oll all the time

euro ['œ·rɔ] *m.* **+yow** euro *(currency)*
[E: Aphetic form of *Europe*]
{S 4; F 0(GK98: G.M.S.): **+yow** I}

eurodiryow [ˌœrɔ'di·rjɔw] *pl.* eurozone
[ECc: **euro 2tir** -YOW] {S 4; F 0(GM09: G.M.S.)}

euthega

Europa [œ'rɔ·pa] *place* Europe
[E:] {S 4; F 0(AnG)}

europek [œ'rɔ·pęk] *adj.* European
[Ec: **Europ** -¹EK] {S 4; F 0(AnG)}

Eurosenedh [ˌœrɔ'sę·nęð] *m.* European Parliament
[EL: EURO- as international prefix, + **senedh**]
{S 4; F 0(AnG 1986):}

euruster *m.* happiness
[Fc: MN in *-ter* < F *heureux* (perhaps through B *eurus*] {S 4; F 1: L (CGEL):}

euryador [œr'ja·dɔr] *m.* **+yow** timetable
[Lcl: from **eur** -YA -ADOR]
{S 1; F 0(AnG 1985): **+yow** I}
In wide use, though construction is questionable.

euryer ['œ·rjęr] *f.* **+yow** watch *(timepiece)*
[Lc: Derivative of **eur**]
{S 8; F 0(CE38): C B *eurier*: **+yow** I}

eus ['œs]ˌ[ęs] *v. part* is
3 sg. pres. of long form of ¹**bos**, used with indefinite subjects everywhere except in affirmative statements. [C:]
{S 1; F 7: M *us, vs, es*: L *es, ez*: C B *eus,* W *oes*}

nyns eus skapya it is not possible to escape

Eusebius (Lat.) name
{S 6; F 3: M *Eusebius* (TH., SA.)}
Bishop of Caesarea in the early 4th century, known as the father of Church history.

euth ['œːθ] *m.* dread, horror, terror, awe
[C:] {S 1; F 4: M *euth* → P, *vth* → P: C B *euth*:}

euthek Now spelled **euthyk**.

euthekter [œ'θęktęr] *m.* dread
[Ccc: **euth** -¹EK -TER]
{S 8; F 2: M *vthekter* (PC.2653) → P:}

euthega [œ'θę·ga] *v.* terrify, horrify
[Ccc: from **euth** -¹EK -¹A]
{S 8; F 1: M 3rd sg. pres. ind. *ethek* (BK10.40)}

euthkudynnow [ˌœθkyˈdɪnːɔw] *pl.*
dreadlocks
[CUc: **euth kudynnow**] {S 8; F 0(EC00)}

euthvil [ˈœ·θfɪl] *m.* **+es** monster
[CC: **euth** 2⁴**mil**]
{S 1; F 0(CE38): **C** B *euzhvil*: **+es** I}

euthwrians [œθˈwri·ans] *m.* **+ow**
atrocity
[CCh: **euth** 2**gwrians**]
{S 1; F 0(GM09: K.J.G.): **+ow** I}

euthwriansek [œθwriˈanzęk] *adj.*
atrocious
[CChc: **euthwrians** -¹EK]
{S 1; F 0(GM09: G.M.S.)}

euthyk [ˈœ·θɪk] **1.** *adj.* dreadful, horrible, terrible, dire, appalling, awful, terrific, horrid **2.** *adv.* dreadfully, horribly, terribly, awfully
[Cc: **euth** -YK] {S 2; F 5: **M** *vthyk*: **L** *ithik*} One would have expected the adj. to end in -¹EK, but the textual spellings point rather to -yk.

euver [ˈœ·vęr] *adj.* futile, useless, fruitless *(useless)*, pointless, needless
[C: CC *au-ber-* (gpc)] {S 8; F 2: **M** *vfer* (BM.3001), *evver* (BK35.66): **C** B *euver*, W *ofer*} Nance re-spelled MidC *vfer* as *ufer*. The cognates show that <u> means /œ/ and <f> means /v/. The form in *BK.* confirms this.

euveredh [ˈœ·vę·ręð] *m.* futility, uselessness, inanity
[Cc: **euver** -¹EDH] {S 8; F 3: **M** *euereth* → P, *vfereth* → P: **C** W *oferedd*:}

euvergryjyans [ˌœvęrˈgrɪ·dʒjans] *m.*
+ow superstition
[CCc: **euver** 2**kryjyans**]
{S 1; F 0(GK98: A.S.): **+ow** I}

euvergryjyk [ˌœvęrˈgrɪ·dʒɪk] *adj.*
superstitious
[CCc: **euver** 2**kryjyk**] {S 1; F 0(GK98: A.S.)}

ev [ˈęːv] *pron.* he, him, it
[C: Brit *emen* < CC *em-em* (gpc) < IE (Fl.)]
{S 1; F 8: **M** *ef* → P, *eff*: **L** *ev* (AB.), *eve*, *eue*, *eave*: **C** B *eñ*; W *ef*}

EV- [C: CC *ib-o-* (deb) < IE]

¹**eva** [ˈę·va] *v.* drink, sip, imbibe, sup
[Cc: EV=¹A] {S 1; F 5: **M** *eve* → L, *eva* → L,P: **L** *eva*, *evah* (P2JJ): **C** B *evañ*; cf. W *yfed*}

²**Eva** [ˈę·va] *name* Eve
[E:] {S 4; F 5: **M** *eva* → P, *eua*: **L** *Eva*} Definitely contains /-a/

evadow [ę̇ˈva·dɔw] *adj.* drinkable, potable
[Cc: EV=ADOW] {S 1; F 0(EC00)}

Evander name
{S 4; F 1: **M** *euander* (BK32.54)}

evangelist (Eng.) *n.*
{S 6; F 2: **M** *evangelist* (TH08r, 20v)}

evangelium (Lat.) *n.* gospel
{S 6; F 1: **M** *evangelium* (TH37v)}

even (Eng.) *conj.* {S 6; F 3: **M** *even, evyn*}

evident (Eng.) *adj.*
{S 6; F 1: **M** *evident* (TH14v)}

evidently (Eng.) *adv.*
{S 6; F 1: **M** *evyently* (TH02v)}

evil (Eng.) *adj.* Found mainly in the phrase *evil grace*. {S 6; F 3: **M** *yfle* (PC.) → P}

evor [ˈę·vɔr] *coll.* **+enn** hogweed A later name was *losow mogh*, calqued on Eng.
[C: CC *eburo-*] {S 1; F 0(CPNE): **P** ?Lantivers: **C** B *evor*; W *efwr*: **+enn** I}

evredh [ˈęvręð] **1.** *adj.* crippled, mutilated, disabled **2.** *m.* **+yon** cripple
[C: Brit *amrijos* < IE *nprijos* (gpc)]
{S 2; F 2: **M** *effreth* (PC.0399) → P, pl. *evrethyon* (BM.4482): **C** W *efrydd*: **+yon** M} Unstressed /ɪ/ > /e/.

evredhder [ęvˈręðdęr] *m.* **+yow** disability
[Cc: **evredh** -DER] {S 1; F 0(Y2): **+yow** I}

evredhek

evredhek [ev'rẹ·ðẹk] **1.** *adj.* crippled **2.** *m.* **-ogyon** cripple *(male)*, handicapped man, disabled man
[Cc: **evredh** -¹EK]
{**S** 1; **F** 3: **M** *efrethek*: **C** cf. W *efryddiog*: **-ogyon** }

evredhes [ev'rẹ·ðẹs] *f.* **+ow** cripple *(female)*, handicapped woman, disabled woman **evredhoges** would also be acceptable.
[Cc: **evredh** -⁴ES] {**S** 1; **F** 0(Y2): **+ow** I}

evredhi [ev'rẹ·ði] *v.* disable, cripple, handicap
[Cc: **evredh** -¹I] {**S** 1; **F** 0(EC00)}

Evrek ['evrẹk] *place* York
[Cc: from **evor** -¹EK 'abounding in hogweed']
{**S** 1; **F** 0(CE93): **C** W *Efrog*} Apparently coined by A.S.D.Smith in the form *Evrok*, from the W. The name was Latinized as *Eburacum*

Evrek Nowydh New York

Pow Evrek Yorkshire

evr'ek ['evrẹk] *adj.* crippled
[Cc: Short variant of **evredhek**]
{**S** 2; **F** 3: **M** *effreg* (TH.)}

evy [ẹ'viː] *pron.* me re-duplicated pronoun
[C:]
{**S** 2; **F** 4: **M** *evy* → P, *a vy*: **L** *evî* (AB244a), *a vee* (G3WK)}

ewgh ['ẹʊx] *v. part* you were
2 pl. impf. of short form of ¹**bos**.
[C:] {**S** 1; **F** 0(CE93)}

-¹EWGH *v. part* (2nd pl. impf. ind. ending) e.g. **prenewgh** 'you (pl.) used to buy' from **prena** 'to buy'. [c:]

-²EWGH *v. part* (2nd pl. impf. subj. ending) e.g. **prennewgh** 'you (pl.) might buy' from **prena** 'to buy'. [c:]

-³EWGH *v. part* (2nd pl. impv. ending) e.g. **prenewgh** 'buy' from **prena** 'to buy'. [c:]

ewik ['ẹ·wɪk] *f.* **-igow** hind *(female deer)*, doe *(female deer)*, deer *(female)*
[C: CC **owîkâ* (gpc)]
{**S** 1; **F** 4: **O** *euhic* (VC.583, 585) → L,P: **M** pl. *ewyg ow* (BK11.18): **L** *euig* (AB241b).}

ewnans

P Rosuic: **C** Not in B; W *ewig*: **-igow** M} *ewyges* at *OM.0126* appears to be **ewig** + the fem. ending -ES rather than a pl.

ewin ['ẹ·wɪn] *m.* **+es** finger-nail, talon, claw, nipper
[C: Brit **anwîn*- < IE **ṇghw-înâ* (gpc)]
{**S** 1; **F** 4: **O** *euuin* (VC.079) → L,P: **L** *iuin* (AB176b) → P; pl. *iu⤳inaz* (AB176b) → P: **C B** *ivin*; W *ewin*: **+es** L} N.B. aphetic pls. *gweenas* (BOD), *winaz* (AB028a) → P

ewin kennin clove (of garlic)

ewinek [ẹ'wi·nẹk] *adj.* clawed, having long finger-nails
[Cc: **ewin** -¹EK] {**S** 1; **F** 2: **O** *euynoc* → L,P}

ewingarn [‚ewɪn'garn] *m.* **+ow** hoof
[CC: **ewin** 2⁴**karn**]
{**S** 1; **F** 2: **O** *epincarn* → L,P: **+ow** I}

ewinrew [‚ewɪn'rew] *m.* numbness
[CC: **ewin** ⁶**rew**] {**S** 1; **F** 2: **L** *uindrau* (AB165a) → P: **D** "wonders": **C B** *ivinrev*; W *ewinrhew*:}

ewl ['ẹʊl] *f.* **+ow** craving, strong desire
[C:] {**S** 8; **F** 2: **M** *evl* (PC.0046b, 0047); *awell* (MC.010) is disyllabic.: **C B** *youl*; W *ewyll*: **+ow** I}

ewl boes appetite (for food)

ewn ['ẹʊn] *adj.* correct, just, straight, proper, valid
[C: Brit **ebn* (Fl.)]
{**S** 3; **F** 5: **M** *evn*; *en* (CW.): **L** *eun* (AB229b); spv. *ewna* (LWXX): **C B** *eeun*; W *iawn*}
The cognates suggest that the original vowel in this word was /œ/, and this is supported by the spellings in *CW*. (six cases of *en*), where the [œ] has unrounded to [ẹ]; see **eun** Lhuyd's *eun* suggests the diphthong /ew/, but may be just a re-spelling of MidC *evn*.

yn ewn properly

ewna ['ẹʊna] *v.* correct
[Cc: **ewn** -¹A]
{**S** 3; **F** 4: **M** *ewne* (PC.3211) → L: **L** *ouna* (AB.)}

ewnans ['ẹʊnans] *m.* **+ow** correction, amendment, rectification
[Ch: **ewn** -ANS] {**S** 3; **F** 0(EC52): **+ow** I}

ewnder ['eʊndər] *m.* **+yow** equity, justice, right *(legal)*, fairness *(equity)*
[Cc: **ewn** -DER]
{S 3; F 0(CE38): C B *eeunder*: **+yow** I}

ewnhe [eʊn'hęː] *v.* repair, mend, fix (U.S.)
[Cc: **ewn** -HE]
{S 3; F 2: M p.ptcpl. *evnhys* (OM.2525, 2563)} The exx. in *OM.* could also be taken to mean 'of the right length'.

ewnheans [eʊn'hę·ans] *m.* **+ow** repair, mend, justification
[Cch: **ewnhe** -ANS] {S 3; F 0(AnG 1998): **+ow** I}

ewnhynsek [eʊn'hɪnzęk] *adj.* just, upright
[CCc: **ewn hyns** -¹EK]
{S 3; F 3: O *eunhinsic* (VC.402) → L,P}

ewnhynseth [eʊn'hɪnzęθ] *f.* integrity, uprightness
[CCc: **ewn hyns** -ETH]
{S 1; F 0(GK98: E.G.R.H.):}

ewnrann ['eʊnran] *f.* **+ow** ration
[CC: **ewn rann**] {S 1; F 0(EC52): **+ow** I}

ewnranna [eʊn'ranːa] *v.* ration
[CC: **ewn ranna**] {S 1; F 0(GM09: G.M.S.)}

ewnter ['eʊntər] *m.* **ewntres** uncle
[C: Brit *awintro* or *awentro-* (Fl.)]
{S 1; F 2: O *euiter* (VC.149, may be Welsh) → P: M *ownter* (BK.): L *ounter* (AB044b); Lhuyd's forms with <th> are Welsh.: P Henderweather: C B *eontr*; W *ewythr*: **ewntres** N}

ewyn ['eʊɪn] *coll.* **+enn** froth, foam, effervescence, head *(on a glass of beer)*
Nance wrote *ewon*
[C: CC *owino-* < IE *pow-ino-* (gpc)]
{S 1; F 0(CE38): C B *eon*; W *ewyn*: **+enn** I}

ewyn divarva shaving foam

ewynek [ę'wɪ·nęk] *adj.* frothy, foamy, effervescent
[Cc: **ewyn** -¹EK] {S 1; F 0(CE38): C B *eonek*}

ewynell [ę'wɪ·nęl] *f.* **+ow** frother
[Cc: **ewyn** -ELL] {S 1; F 0(GM09: P.H.): **+ow** I}

ewyni [ę'wɪ·ni] *v.* froth, effervesce

[Cc: **ewyn** -¹I]
{S 1; F 0(CE38): C B *eoniñ*; cf. W *ewynnu*}

example (Eng.) {S 6; F 4: M *exampill* (TH.), pl. *examples* (TH., SA.)}

exceeding (Eng.) *adj.* {S 6; F 2: M *exceeding* (TH02r, 05r, 11v)} N.B. use of <e> in *TH.* to denote ['iː], similar to MidC *meras* for **mires**.

excellency (Eng.) *n.* {S 6; F 2: M *excellency* (TH02r), *excelency* (TH03r)}

excellent (Eng.) *adj.*
{S 6; F 3: M *excellent* (TH., SA.)}

exception (Eng.) *n.*
{S 6; F 2: M *exception* (TH22v, 25r)}

Excerces (Lat.) *name* (king of Ituria)
{S 6; F 1: M *excerces* (BK31.52)}

excuse (Eng.) *n.* {S 6; F 2: M *excusse* (TH14v); pl. *excuses* (TH14r)}

Exodi (Lat.) *n.* of (the book of) Exodus
{S 6; F 1: M *exodi* (TH55v)}

expedient (Eng.) *adj.* {S 6; F 2: M *expedient* (BK26.39; TH20v, 36r)}

exposition (Eng.) *n.*
{S 6; F 3: M *exposicion* (TH.)}

expounding (Eng.) *v.* part
{S 6; F 1: M *expounding* (SA65r)}

expressly (Eng.) *adv.*
{S 6; F 1: M *expressly* (TH30r)}

extreme (Eng.) *adj.*
{S 6; F 2: M *extreme* (TH03r, 05r)}

eyl ['ęɪl] 1. *pron.* one *(of two)* 2. *adj.* second
[C: Brit *alyos* < CC (Fl.)]
{S 1; F 5: M *eyl* → P, *neyl* → P, *nyl* → P: L *iel* (NGNB6): C B *eil*, W *ail*}

an eyl the second (of two)

eylenn ['ęɪlęn] *f.* **+ow** second *(of time)*
[Cc: **eyl** -ENN]
{S 1; F 0(GK98: K.J.G.): C B *eilenn*: **+ow** I}

eyles ['ęɪlęs] *coll.* **+enn** liver-fluke, sundew
[U:] {S 8; F 0(CE38): D "iles": **+enn** }

eylgylghya [ęɪl'gɪlxja] *v.* recycle
[CLc: **eyl 2kylgh** -YA] {S 1; F 0(GM09: YhaG)}

eylgylghyans

eylgylghyans [ɛɪl'gɪlxjans] *m.* recycling
[CLc: **eyl 2kylgh** -YANS]
{**S** 1; **F** 0(GM09: YhaG):}

eylradh ['ɛɪlrað] *adj.* secondary
[CL: **eyl 2gradh**] {**S** 1; **F** 0(GM09: YhaG)}

eylya ['ɛɪlja] *v.* second
[Cc: **eyl** -YA] {**S** 1; **F** 0(CE38): **C** cf. W *eilio*}

eyn ['ɛɪn] *pl.* lambs
[C: Brit] {**S** 1; **F** 3: **M** *eyne* (TH.): **L** *ean* (WP--G)
→ P, *ein* (AB042a) → P: **C** B *ein*; W *ŵyn*}
Pl. of **oen**.

Eynda ['ɛɪnda] *place* India
[E(E): MidE] {**S** 5; **F** 2: **M** *eynda* (RD.2457) → P}

eyndek ['ɛɪndɛk] **1.** *adj.* Indian
[E(E)c: from **Eynda** -¹EK] {**S** 5; **F** 0(EC52):

Eyndek *m.* **Eyndogyon** Indian *(man)*
[E(E)c: from **Eynda** -¹EK]
{**S** 5; **F** 0(EC52): **Eyndogyon** I (FTWC)}

Eyndoges [ɛɪn'dɔ·gɛs] *f.* **+ow** Indian
(woman)
[E(E)cc: from **Eynda** -OGES]
{**S** 5; **F** 0(GK98: K.J.G.): **+ow** I}

eynes *pl.* lambs
[Cc: **eyn** -²ES]
{**S** 1; **F** 2: **L** *ennes* (PV14617), *eanes* (PV14641)}
A LateC double pl. Pryce also gives *eunow*

eyrin ['ɛɪrɪn] *coll.* **+enn** sloes, bullace
[C: CC *agrîn-* (gpc)]
{**S** 8; **F** 2: **L** *Aeran* (LV006.03, AB015c) → P:
C B *(irin)*, W *eirin*: **+enn** I}

eythin ['ɛɪθɪn] *coll.* **+enn** gorse
[C: Brit *aktîna* (Fl.) < CC *ak(s)tîno-* (wg)]
{**S** 2; **F** 4: **O** sg. *eythinen* (VC.697) → L,P:
L *eithin* (AB.) → P; sg. *eithinan* (AB240c) → P:
P Trenithan: **C** OldB *ethin*; W *eithin*: **+enn** L}

eythinek [ɛɪ'θi·nɛk] *f.* **-egi** furze-brake,
gorse-patch
[Cc: **eythin** -¹EK]
{**S** 2; **F** 0(CE38): **C** W *eithinog*: **-egi** I}

eythinenn [ɛɪ'θɪ·nɛn] *f.* **+ow,** *coll.*
eythin gorse-bush
[Cc: **eythin** -ENN] {**S** 2; **F** 3: **O** *eythinen* (VC.697)
→ L,P: **L** *eithinan* (AB240c) → P}

falgh

F

fa' *coll.* beans
[C: Form of **fav** with [-v] lost.]
{**S** 2; **F** 1: **M** *fa* (BM.2616)}

faborden [fa'bɔrdɛn] *m.* **+yon** bass
(Mus.)
[E(F): MidE *faburden* < F *faux bourdon* 'drone']
{**S** 4; **F** 2: **M** *faborden* (RD.2359) → P: **+yon** I}

factor (Lat.) *n.* maker
{**S** 6; **F** 1: **M** *factor* (TH56v)}

fagel ['fa·gɛl] *f.* **faglow** flame,
inflammation
[L: FAGL-S] {**S** 1; **F** 0(CE38): **D** "fackle":
C W *ffagl*: **faglow** I}

FAGEL- *prefix* -itis [L: See **fagel**.]
{**S** 1; **F** 0(GK98: A.S.)}

fagel-las [ˌfagɛl'la:z] *f.* gastritis
[LC: FAGEL 2²**glas**] {**S** 8; **F** 0(GK98: A.S.):}

fagel-vryansenn [ˌfagɛlvrɪ'anʒɛn] *f.*
laryngitis [LCc: FAGEL 2**bryansenn**]
{**S** 8; **F** 0(GK98: A.S.):}

FAGL- [L: BLat *fac'la* < CLat *facula*]

fagla ['fagla] *v.* inflame
[Lc: FAGL=¹A] {**S** 1; **F** 0(CE38): **C** W *ffaglu*}

faglenn ['faglɛn] *f.* **+ow** torch,
flashlight (U.S.), beacon
[Lc: FAGL=ENN]
{**S** 1; **F** 0(CE38): **C** W *ffaglen*: **+ow** I}

faglenni [fag'lɛn:i] *v.* torch
[Lcc: **faglenn** -¹I] {**S** 1; **F** 0(GM09: YhaG)}

fai' (Eng.) *n.* Taken to be a short form of *faith*.
{**S** 6; **F** 2: **M** *fe* (RD.0511), *fay* (BM.2421), *faye*
(BK08.33)}

faith (Eng.) *n.* ALT = **fydh**. {**S** 6; **F** 3: **M** *faith*}

faithful (Eng.) *adj.* {**S** 6; **F** 3: **M** *feithfull* (TH.)}

faithfully (Eng.) *adv.* {**S** 6; **F** 2: **M** *feithfully*
(TH33v), *faithfully* (SA65v)}

falgh ['falx] *f.* **fylghyer** scythe *q.v.*
[D: Brit *falkjo-* or CLat *falcem* (M)] {**S** 1; **F** 2:
L *filh* (AB058b) → P: **C** B *falc'h*: **fylghyer** I}
Lhuyd's *filh* comes from the pl.

falghun ['falxyn] *m.* **+es** falcon
[D: CLat *falcônem* or OldF *falcun* (Gr.)]
{S 1; F 2: O *falpun* (VC.525): L *faucun* (AB041a): C B *falc'hun*; not in W: **+es** I}

falghunieth [ˌfalxy'niˑeθ] *f.* falconry
[Dc: **falghun** -IETH] {S 1; F 0(CE93: K.J.G.):} Nance suggested *falghunoryeth* (CE55)

falghuner [fal'ɦyˑnẹr] *m.* **-oryon** falconer
[Dl: **falghun** -¹ER]
{S 1; F 0(CE55): C B *falc'huner*: **-oryon** I}

fall ['falː] *m.* failure, fault, deficiency, fail
[L: CLat *fallô* (Fl.)]
{S 8; F 4: M *fal* → P, *fall*: C B *fall* 'bad':}
heb fall without fail

falladow [fa'laˑdɔw] *m.* **+yow** failure, shortcoming
[Lc: **fall** -ADOW]
{S 1; F 5: M *falladow* → P, *feladov*: L *falladaw* (BOD), *falladou* (AB242c): **+yow** I}
heb falladow without fail, doubtless

fallas ['falːaz] *m.* **+ow** fraud, deceit
[Lc: **fall** -²AS]
{S 1; F 1: L *fallas* (PV10207): **+ow** I}

¹**fals** ['fals] **1.** *adj.* false, treacherous, bogus, spurious **2.** *m.* **+yon** false person
As an adj., it usually precedes the noun.
[E(E): MidE < OldE *false*, reinforced by OldF *fals* (coe)] {S 4; F 5: M *fals* → P, *falge*: L *foulze* (G3WK), *foulz* (AB117c) → P: **+yon** I}

²**fals** ['fals] *f.* **+yow** scythe
[F: OldF *falz*]
{S 4; F 2: L *voulz* (AB293a) → P: **+yow** I}

falsa ['falza] *v.* scythe
[Fc: ²**fals** -¹A] {S 4; F 0(CE93: G.M.S.)}

falseness (Eng.) *n.*
{S 6; F 1: M *falsenes* (TH46v)}

falshe [fals'hẹː] *v.* falsify
[E(E)c: ¹**fals** -HE] {S 4; F 0(GM09: G.M.S.)}

fals-hwystrenn [ˌfals'hwɪstrẹn] *f.* **+ow** stage-whisper
[E(E)E(E)c: **fals hwystrenn**]
{S 5; F 0(GM09: YhaG): **+ow** I}

falslych *adv.* falsely ALT = **yn fals**.
[E(E): MidE] {S 5; F 2: M *falslych* (PC.2438, RD.2263), *falsly* (TH48r)}
This is a MidE spelling; the more modern spelling *falsly* is found at *TH.48*.

falsuri ['falzyri] *m.* falseness, insincerity, foul play
[E(E)e: Appears to be a MidE word = **fals** + a sf. -URI based on false interpretation of words like *luxury*] {S 4; F 4: M *falsury*:}

falswas ['falswas] *m.* **-wesyon** hypocrite
[E(E)C: **fals** 2**gwas**] {S 4; F 0(TN): **-wesyon** N}

falswober [fals'wɔˑbẹr] *m.* **-wobrow** bribe
[E(E)Cc: **fals** 2**gober**]
{S 1; F 0(GM09: K.J.G.): **-wobrow** I}

falswobra [fals'wɔbra] *v.* bribe
[E(E)Cc: **fals** 2**gobra**] {S 1; F 0(GM09: G.M.S.)}

falswobrans [fals'wɔbrans] *m.* **+ow** bribery
[E(E)Ch: from **falswobra** -ANS]
{S 1; F 0(GM09: G.M.S.): **+ow** I}

famous (Eng.) *adj.*
{S 6; F 2: M *famos* (TH29r), *famous* (TH46r)}

famya ['faˑmja] *v.* starve *(intrans.)*
[E(F)c: VN in -YA from MidE *fame* < OldF *afamer*] {S 5; F 1: M *famya* (TH40v)}

famyans ['faˑmjans] *m.* starvation
[E(F)h: MN in -YANS from MidE *fame* < OldF *afamer*] {S 5; F 0(GK98: K.J.G.):}

fangla *v.* contrive
[Ec: VN in -A from E *fangle*]
{S 4; F 1: M p.ptcpl. *fanglys* (TH18v)}

fanja *v.* get, receive, earn ALT = **dendil**.
[Ec: VN in -A from E dial. "fang"]
{S 5; F 1: L *fanja* (PLOP): D "fang" 'to get'}

fannya *v.* fan ALT = **gwynsella**.
[E(E)c: VN in -YA from MidE *fann* < OldE *fann*]
{S 4; F 1: M *fannye* (PC.1243)}

fansi ['fansi] *m.* **+s** pleasure, delight, relish

fantasi
[E(F): Contraction of MidE *fantasy* (coe)]
{S 5; F 2: M *fancye* (CW.0761), *fancy* (CW.1443): +s I (P.H.)}

fantasi ['fantazi] *m.* **+s** fantasy
[E(F): MidE < OldF *fantasie* (coe)]
{S 5; F 2: M *fantasy* (TH37r, 57r): **+s** I}

fantasiek [fanta'ziˑęk] *adj.* fantastic
[E(F)c: **fantasi** -¹EK] {S 5; F 0(GM09: G.M.S.)}

fara ['faˑra] **1.** *m.* behaviour, conduct, demeanour **2.** *v.* behave, fare
[E(E): MidE *faren* (CE38)]
{S 4; F 3: M *fara* → P, *fare*:}

farawell [ˌfaˑra'węlː] *interj.* farewell
See also **farwell**. [EE: E *fare well*] {S 4; F 2: M *farewel* (BK29.05), *farwel* (3 syll.) (BK29.46)}

fardell ['fardęl] *m.* **+ow** bundle, package, parcel *(package)*
[E(F): MidE (CE38) < OldF (> ModF *fardeau*)]
{S 4; F 2: M *farthel* (OM.1617b), pl. *fardellow* (OM.1593): **+ow** M}
The <th> in MidC *farthel* represents [ð], and is a development in English.

fardella [far'dęlːa] *v.* package
[E(F)c: **fardell** -¹A] {S 1; F 0(AnG 1995)}

fardellans [far'dęlːans] *m.* packaging
[E(F)h: **fardell** -ANS] {S 1; F 0(EC00):}

fardellik [far'dęlːɪk] *m.* **-igow** packet
[E(F)c: **fardell** -IK]
{S 1; F 0(GL05: P.K.): **-igow** I}

fardellow [far'dęlːɔw] *pl.* luggage, baggage
[E(F)c: **fardell** -OW]
{S 4; F 1: M *fardellow* (OM.1593)}

fardellow dorn hand-luggage

Farise [fari'sęː] *m.* **+ow**, **+ys** Pharisee
[E(H): OldE *fariseus* AND OldF *pharise* (co)]
{S 4; F 4: M pl. *pharises* (TH.): **+ow** N (TN); **+ys** M}

Faro ['faˑrɔ] *name* Pharaoh
[L: LLat < Gk *Pharaô* (co)]
{S 4; F 3: M *pharo* (OM.)}

fars ['fars] *m.* **+ys** farce *(theatre)*
[E(F):] {S 4; F 0(GM09: YhaG): **+ys** I}

farwell [far'węlː] *interj.* farewell, goodbye See also **farawell**
[E(E)E(E): MidE *farwel* = *fare* + *well*]
{S 5; F 4: M *farwel*}

farya ['faˑrja] *v.* behave, fare
[E(E): MidE *faren* (CE38)]
{S 4; F 3: M *faria* (2 syll.) (BM.3973)}

faryng m. conduct **fara** is commoner.
[E(E)e: MidE (> ModE *faring*)]
{S 5; F 1: M *faryng* (PC.0374):}

fas ['faːts] *m.* **fasow** face, countenance, appearance
[E(F): MidE *fas* < OldF *face*] {S 4; F 5: M *fas* → P, *face*; pl. *fasow* → P: C B *fas*, W *ffas*: **fasow** M}
Sometimes found as *fath* in MidC; see **gras**.

gallas fasow the game is up
lit. 'faces are gone'

fashion (Eng.) ALT = **gis**.
[E(F): MidE *faciun* < AngN *fasun*]
{S 6; F 1: M *fascion* (TH33r): C cf. B *feson*}

FASK- [E: ModE *Fasc-* in *Fascism* (gpc)]

faskor ['faskɔr] *m.* **+yon** fascist
[Ec: FASK=OR]
{S 8; F 0(CE93: A.S.): C B *faskour*: **+yon** I}

faskorieth [faskɔ'riˑęθ] *f.* fascism
[Ecc: **faskor** -IETH] {S 8; F 0(AnG 1983): C B *faskouriezh*; cf. W *Fasgiaeth*:}

fast ['faːst] **1.** *adj.* firm, fast *(fixed)*, permanent **2.** *adv.* firmly
[E(E): MidE *fast* < OldE *faest*]
{S 4; F 5: M *fast* → P: L *fast* (AB249a): C W *ffast*}

fastya ['faˑstja] *v.* fasten, fix, secure, confirm, establish
The Eng. word *fast* 'firm' was used to make a MidC verb with the meanings: (a) 'to make fast' (trans.), either physically, i.e. 'to fasten, fix together, join', or spiritually, i.e. 'to strengthen, confirm'; (b) 'to become fast' (intrans.), as in *may fastyo an colm* 'that the knot might become tight' at PC.1526. The VN endings -A (MidC -*e*) and -YA (MidC -*ye* and -*ie*) are both found applying to both meanings; in addition the 2nd sg. impv. *fasta* 'strengthen' at RD.1163 was taken by Nance as coming from a VN *fasthe*. Only **fastya** is used in this dictionary.

faster ['fastęr] *m.* stability
 [E(E)c: from **fast** -TER] {S 4; F 0(EC52):}

fasya ['faˑsja] *v.* pretend
 [E(F)c: **fas** -YA] {S 4; F 3: M *facie* → P}

fat (Eng.) *adj.* {S 6; F 1: M *fat* (OM.1192)}

fatell[2] ['faˑtęl] *adv.* how
 [C: From OldC **pa delw* 'what sort of image'] {S 8; F 6: M *fattel* → P, *fattel*: **L** *vata l* (IKAB), *fatel* (M2WK)} The spellings with <tt> show that the stress was on the first syllable. The etymology is doubtful.

fatla ['fatla] *adv.* how
 [CC: Possibly from **fatell a** 'how goes it', but if this is correct, it implies loss of stress from **a** 'goes'.] {S 8; F 4: M *fatla* → P: **L** *fatla*}
 fatla genes? how are you?

fav ['faːv] *coll.* **+enn** beans
 [L: CLat *faba*]
 {S 1; F 4: M sg. *faven* (BM.2407, 3481), *favan* (BK07.58): **L** *fâv* (AB150b); sg. *favan* (AB.) → P: **P** Park Fave: **C B** *fav*; **W** (*ffa*): **+enn** ML}

FAVER-
 [E(F): from MidE *favour* < OldF *favour* (coe)]

favera ['faˑvęra] *v.* favour (*esteem*)
 [E(F)c: FAVER=[1]A] {S 5; F 2: M *favera* (TH51r); 2 pl. impv. *faverugh* (BM.3349)}

faveradewder [favęra'dęʊdęr] *m.* favourability
 [E(F)c: from **faveradow** -DER] {S 5; F 0(GM09: G.M.S.):}

faveradow [favęˈraˑdɔw] *adj.* favourable
 [E(F)c: FAVER=ADOW] {S 5; F 0(GM09: G.M.S.)}

faverans ['faˑvęrans] *m.* favour, partiality
 [E(F)h: from **favour** -ANS] {S 5; F 0(EC52):}

favour ['faˑvur] *m.* **+s** favour, appearance
 [E(F): MidE *favour* < OldF *favour*]
 {S 5; F 4: M *favoure*: **+s** I}

fay ['faɪ] *m.* faith ALT = **fydh**.
 [E(F): MidE *fay* < OldF *fei* (> ModF *foi*)]
 {S 4; F 5: M *fey* → P, *fay*:}

faynt adj. feeble ALT = **gwann**.
 [E(F): MidE *feynt* < OldF *feint*]
 {S 5; F 2: M *feynt* (BM.0683, 3068, 3672)}

fayntys ['faɪntɪs] *m.* feigning, pretence, hypocrisy
 [E(F)e: **faynt** -[2]YS]
 {S 5; F 2: M *feyntys* (PC.1478) → P:}

faytour ['faɪtur] *m.* **+s** vagabond, impostor, swindler, vagabond
 [E(F): MidE *feytour* < OldF *feitur*]
 {S 5; F 2: M *feytour* (BM.3436), *faytor* (BK05.17, 38.02): **+s** I} ModE *counterfeiter*

fe ['feː] *m.* **+ow** fief (*feudal estate*)
 [E(F): MidE < AngN *fee* (coe)]
 {S 4; F 1: M *fe* (RD.0093): **P** ?Cusvey: **+ow** I}

FEKL- [E: MidE (CE38)]

fekla ['fękla] *v.* fawn, flatter, pretend
 Found in the phrase **fekla orth** 'act flatteringly towards'.
 [Ec: FEKL=[1]A] {S 5; F 1: M *fecle* (MC.0403a)}

fekler ['fęklęr] *m.* **-oryon** poseur, hypocrite
 [El: FEKL=ER] {S 5; F 0(EC00): **-oryon** I}

fekyl ['fęˑkɪl] *adj.* false, flattering, perfidious
 [E: MidE (CE38)] {S 5; F 3: M *fekyl* → P}
 fekyl cher hypocritical

fel ['feːl] *adj.* cunning, wily, crafty, sly, shrewd
 [E: MidE *fell* 'cunning'] {S 4; F 3: M *fel* (PC.1886) → P, *feyl* (PC.0011): **C W** *ffel*}
 The E and W spellings suggest a short vowel, but the form *feyl* suggests a long vowel; there may be confusion here with **fell**.

felder ['fęldęr] *m.* cunning
 [Ec: **fel** -DER] {S 4; F 0(CE38): **C W** *ffelder*:}

Felek *name* Phillack Name in the OldC list of Cornish saints.
 [C:] {S 8; F 1: **P** Phillack}

felgh ['fęlx] *f.* **+yow** spleen
 [U:] {S 1; F 0(CE93 K.J.G.): **C B** *felc'h*: **+yow** I}

felghya ['fęlxja] *v.* scythe, mow
 [Dc: falghA -YA]
 {S 1; F 0(CE93 K.J.G.): **L** *Filhia* (LV070.01)}
 Nance (CE38) suggested *falghas*, after **B** *falc'hat*

felicity (Eng.) *n.* {S 6; F 1: M *felicite* (TH04r)}

Felip

Felip *name* Philip {S 5; F 2: M *phelip* (RD.0995), *phylip* (RD.1399), *phelyp* (RD.2379)}

fell ['fɛlː] *adj.* cruel, fierce, grim
[E(F): MidE < OldF *fel* (coe)]
{S 4; F 1: M *fel* (OM.1086): C B *fell*}

fellder ['fɛldɐr] *m.* cruelty
[E(F)c: **fell** -DER] {S 4; F 0(GM09: G.M.S.):}

fellyon ['fɛlːjɔn] *pl.* fools
[E(F)c: **foll**A -YON]
{S 4; F 2: M *fellyon* (RD.1273) → P}

felon ['fɛ·lɔn] *m.* +s felon
[E(F): MidE < OldF *felon* (coe)]
{S 4; F 1: M *felon* (PC.1983): +s I}

felshyp *m.* company
ALT = **kowethyans** or **bagas**.
[E(E): MidE *fellowship*, with loss of 2nd syll.]
{S 5; F 1: M *felschyp* (BM.2155):}

felsynn ['fɛlzɪn] *m.* +ow crevice
[Cc: **fols**A -YNN]
{S 1; F 0(GM09: YhaG): +ow I}

felsys ['fɛlʒɪz] *adj.* split P.ptcpl. of **folsa**
[Cc: **fols**A -⁶YS] {S 1; F 0(CE38)}

fenester ['fɛ·nɛstɐr] *f.* **-tri** window *q.v.*
[L: FENESTR-S] {S 1; F 4: O *fenester* (VC.762) → L,P: L *beisdar* (AB059a) → P:
C B (*prenestir*); W *ffenestr*: **-tri** N}
FENESTR- [L: CLat *fenestra*]

fenestri ['fɛ·nɛstri] *pl.* windows
[Lc: FENESTR=²I] {S 1; F 0(CE38): C W *fenestri*}
Taken from W by Nance; the usual pl. in B is *prenestier*.

fenn *m.* bottom
[U:] {S 8; F 2: M *sen* (BK06.84, 11.09, 31.64)}
Here the word *sen* in BK. is identified with the root FENN-, but this may not be correct.
FENN- [L: CLat *fundere* (leb)]

fenna ['fɛnːa] *v.* overflow
[Lc: FENN=¹A] {S 8; F 0(CPNE): P
?Ventonvedna: C B *fennañ*; not in W}

fennleys ['fɛnlɛɪz] *m.* +yow alluvium, silt
[LC: FENN- leys]
{S 3; F 0(GM09: G.M.S.): +yow I}

fennleysel [fɛnlɛɪzɛl] *adj.* alluvial, silty

fergh

[LCc: **fennleys** -¹EL] {S 3; F 0(GM09: G.M.S.)}

fennva ['fɛnva] *f.* +ow flood-plain
[Lc: FENN=VA] {S 8; F 0(CE93: K.J.G.): +ow I}

fennyet ['fɛnjɛt] *f.* +ow flood-gate
[LE(E): FENN- yet] {S 5; F 0(GM09: GG): +ow I}

fenogel ['fɛ·nɔgɛl] *f.* fennel
[L: BLat **fenoc'lum* < CLat *feniculum* (Gr.)]
{S 8; F 3: O *fenochel* (VC.637) → P: L *funil* (AB016b) → P: C B *fanouilh*; W *ffenigl*:}

fenten ['fɛntɛn] *f.* **fentynyow** spring (*water*), fountain, surface well, source
[L: CLat *fôntâna* (M)]
{S 3; F 4: O *fenten* (VC.737): M *fenten, fyntan*: L *fentan* (AB.), *ventan* (AB289a), *fento, venton* (PV.): P As the 1st element, *Fenter-* in east Cornwall, and *Venton-* in the west (CE38): C B (*feunteun*); W *ffynnon*: **fentynyow** L}
The first <e> in the sg. looks like vowel-harmony; the [ɪ] in the pl. is found in pl.ns. like *Penventinue*. Nance (CE38) gave Late *-tidniow*, which if correct may support a sound-change [nj] > [dnj].

¹**fer** ['fɛːr] *m.* +yow fair, market
[L: CLat *feria*] {S 1; F 4: M *fer* → P, *feer*; pl. *feryov*: L *fer*: +yow M}

Fer Krowswynn Royal Cornwall Show

²**fer** ['fɛːr] *f.* +yow, *coll.* **diwfer** shank, lower leg
[C: Brit **spernâ* (lp)]
{S 1; F 3: O *fer* (VC.091, 092) → L,P: M *fer* (BK35.01): C B *fer* 'ankle'; W *ffêr* 'ankle'}
3ew ver (MC.173) appears to be the dual.

ferdhynn ['fɛrðɪn] *m.* +ow farthing
[E(E): MidE < OldE *fēorðing* (coe)]
{S 4; F 0(CE38): +ow I}
Introduced by Nance as *ferdhyn*

ferenn ['fɛ·rɛn] *f.* +ow fairing
present bought at a fair
[E: E *fairing* = *fair* + *-ing* (co)]
{S 4; F 1: L *feran* (PV10240): +ow I}

fergh ['fɛrx] *pl.* forks
[L: **forgh**A] {S 1; F 0(CE38): C W *ffyrch*}

ferla ['fɛrla] *m.* **-leow** fairground
[Lc: ¹**fer** -LA] {S 1; F 0(EC52): **-leow** I}

fernewi [fɛr'nɛwi] *v.* become angry
[D: BLat *fornag-îma* (N.Williams) or F *forneau* + -¹I] {S 8; F 2: M *fernewy* (BK13.15), *fernevwhy* (BK21.47)}

fernoeth ['fɛrnɤθ] *adj.* barelegged
[CC: ²**fer noeth**] {S 1; F 3: M *fernoyth* (MC.0501b) → P}

ferror ['fɛrːɔr] *m.* **+yon** blacksmith, farrier
[E: MidE (CE38)] {S 8; F 2: M *ferror* (PC.2669) → P: **+yon** I}

fers ['fɛrs] *adj.* fierce
[E(F): MidE < AngN *fers* (coe)] {S 4; F 3: M *fers* (BK.)}

ferventness (Eng.) *n.*
{S 6; F 1: M *ferventnes* (TH33v)}

feryl ['fɛ·rɪl] *m.* **+yow** chemist, alchemist
[L: poss. from Latin name *Vergilius* (gpc)] {S 1; F 0(CPNE): P pl. Ferilliow: C W *fferyll*: **+yow** P}

ferylieth [ˌfɛrɪ'liˑɛθ] *f.* pharmacy *(science)*
[Lc: **feryl** -IETH] {S 1; F 0(GM09: K.J.G.):}

ferylva [fɛ'rɪlva] *f.* **+ow** pharmacy *(establishment)*
[Lc: **feryl** -VA] {S 1; F 0(GM09: K.J.G.): C W *fferyllfa*: **+ow** I}

fesont ['fɛ·zɔnt] *m.* **fesons** pheasant
[E(F): MidE *fesaunt* < AngN *fesant* < OldF *fesan* (coe)] {S 5; F 2: M *ffesont* (OM.1192) → L,P: **fesons** I}

¹**fest** ['fɛːst] *adv.* very, extremely, indeed May be used before or after adj. or adv., and unlike **pur**, does not lenite.
[E(E): direct from OldE *faest*; (cf. **fast** < MidE *fast* < OldE *faest*] {S 4; F 5: M *fest* → P: C B *fest* 'firmly', W *ffest* 'firm'}
fest yn ta very well

²**fest** ['fɛːst] *m.* **+ow** feast, banquet
[E(F): MidE < OldF *feste* (co)] {S 4; F 0(CE38): C B *fest*: **+ow** C}

fesya ['fɛ·zja] *v.* drive away, put to flight, chase off, cast out
[E(E)c: VN in -YA from OldE *fesian*] {S 4; F 1: L 3 sg. pret. *fesias* (KKTT): D "veaze"}

feth ['fɛːθ] *m.* **+ow** fact
[L: CLat *factum*] {S 1; F 0(EC00): C cf. W *ffaith*: **+ow** I} This word is unattested in trad. Cor., but this is the form which it would have taken, had it been borrowed from Latin. W *ffaith* was devised by Owen on the basis of *effaith* (gpc); a direct borrowing would have given W **ffaeth*.

FETH- [L: CLat *factus* (gpc)] Unless two different words have become confused, there are two different meanings to this root: 'defeat' and 'luxuriant'.

fetha ['fɛ·θa] *v.* defeat, beat *(defeat)*, conquer, vanquish, overcome, subdue
[Lc: FETH=A] {S 8; F 4: M *fethe* → P: C B *faezhañ*, W *ffaethu* 'to till'}

fethans ['fɛ·θans] *m.* **+ow** defeat, thrashing
[Lh: FETH=ANS]

fethek ['fɛ·θɛk] *adj.* victorious
[Lc: FETH=¹EK] {S 1; F 1: M *fethak* (BK13.52)}

fether ['fɛ·θɛr] *m.* **-oryon** victor, conqueror
[Ll: FETH=¹ER] {S 1; F 0(EC52): **-oryon** I}

fethores [fɛ'θɔ·rɛs] *f.* **+ow** victress
[Llc: FETH=ORES] {S 1; F 0(GM09: K.J.G.): **+ow** I}

fethus ['fɛ·θys] *adj.* luxuriant, beautiful, well-formed, richly adorned, becoming
[Ll: FETH=US] {S 1; F 2: O *faidus* → P: C W *ffaethus*} Re-spelled from OldC *faidus*.

fethyel ['fɛ·θjɛl] *adj.* factual
[Lc: **feth** -YEL] {S 1; F 0(GM09: G.M.S.): C W *ffeithiol*}

fethys ['fɛ·θɪz] *adj.* beaten *(defeated)*
[Lc: FETH=⁶YS] {S 8; F 3: M *fethys* → P}

feus

feus ['fœ·z] *m.* fortune, fate, luck
 [L: CLat *fâta* (Fl.)] {S 1; F 3: **M** *fves* (BK.):}

feusik ['fœ·zɪk] *adj.* fortunate, lucky, propitious
 [Lc: **feus** -IK]
 {S 1; F 2: **O** *fodic* (VC.304) → P: **P** Nanphysick: **C** Not in B; cf. MidW *ffodiawg* 'prosperous'}
 yn feusik fortunately, luckily

fevyr m. +s fever ALT = **terthenn**.
 [E(F): MidE *fevire* < OldF *fêfor*]
 {S 5; F 1: **M** *febyr* (BM.0694): +s I}

feyth ['fɛɪθ] *adj.* fertile, fruitful
 Back-formation from **difeyth**.
 [L:] {S 8; F 0(CE38): **C** cf. W *ffaeth*}

feythter ['fɛɪθtɛr] *m.* fertility, fruitfulness
 [Lc: **feyth** -TER] {S 8; F 0(EC52):}

ffinio (Welsh) *v.* finish
 {S 6; F 2: **L** *ffinney* (L2WG), *finney* (PV10319)}

fi ['fiː] *interj.* fie
 [E(F): MidE *fie* < OldF *fie*] {S 4; F 3: **M** *fy*}

¹**fia** ['fi·a] *v.* cry fie on, despise, decry, disdain
 [E(F): **fi** -¹A] {S 4; F 2: **M** 2 sg. pres ind. *fyghyth* (BM.0429); 1 sg. pret. *feyys* (BM.2491)}

²**fia** ['fi·a] *v.* flee
 [Cc: FI=¹A] {S 1; F 5: **M** *fye, feya*: **L** *fya* (BOD)}
 fia dhe'n fo take flight

fiadow [fi'a·dɔw] *adj.* despicable
 [E(F)c: from ¹**fia** -ADOW]
 {S 3; F 0(GM09: G.M.S.)}

fienas [fi'ɛ·naz] *m.* +ow grief, anxiety, solicitude
 [U:] {S 8; F 3: **M** pl. *fyenasow* → P: **L** *fyenas* (PV10508): +ow M}

FIG- [L: CLat *ficus* (Gr.)]

figbrenn ['figbrɛn] *m.* +yer fig-tree
 [LC: FIG- 2**prenn**]
 {S 1; F 2: **O** *ficbren* (VC.691) → L,P: +yer I}

figdhelenn [fɪg'ð·ɛlɛn] *f.* +ow, *coll.*
 figdhel fig-leaf
 [LCc: FIG- 2**delenn**] {S 1; F 0(GM09: G.M.S.)}

figur ['figyr] +ys *m.* +ys figure *(shape)*

finweth

 [E(F): MidE < OldF (coe)] {S 4; F 3: **M** *fugur, fygur, figure, fegure*: +ys I: +ys I}

figura [fɪ'gy·ra] *v.* figure
 [E(F)c: **figur** -¹A] {S 4; F 2: **M** p.ptcpl. *fuguris* (TH38v), *figurys* (TH52v)}

figys ['fi·gɪs] *coll.* +**enn** figs
 [Le: FIG=²YS] {S 8; F 1: **L** *figgez* (G3WK), *figez* (PV10315); sg. *figezan* (PV10315): +**enn** L}

Fili *name* Philleigh
 Name in the OldC list of Cornish saints.
 [C:] {S 8; F 1: **O** *filii*: **P** Philleigh}

Felipyans name Philippians Name of a book in the New Testament.
 {S 8; F 1: **M** *philipians* (SA66r)}

fiercely (Eng.) *adv.*
 {S 6; F 1: **M** *fersly* (BK31.83)}

filth (Eng.) *n.* {S 6; F 1: **M** *filth* (TH08r)}

¹**fin** ['fiːn] *f.* +**yow** end
 [L: CLat *finis*] {S 1; F 4: **M** *fyn* → P: **L** *fin* (AB242b): **P** Naphene: **C** B *fin*; W *ffin*: +**yow** P}

²**fin** ['fiːn] *adj.* delicate, refined
 [E(F): MidE < OldF *fine* (coe)] {S 4; F 4: **M** *fyn* → P: **L** *fin* (AB123a), *feen*: **C** W *ffin* 'pure'}
 fin gonedhys faultlessly wrought

³*fin* ['fiːn] *m.* +**ys** fine *(penalty)* ALT = **spal**.
 Neuss interpreted this word as 'limit', i.e. ¹**fin**;
 [L: Same word as ²**fin**]
 {S 4; F 1: **L** *fyne* (CW.0249): +**ys** I}

finally (Eng.) *adv.*
 {S 6; F 3: **M** *finally, fynally* (TH.)}

finek ['fi·nɛk] *adj.* final
 [Lc: ¹**fin** -¹EK] {S 1; F 0(CPNE): **P** Trefinnick}

finel ['fi·nɛl] *adj.* final
 [Lc: ¹**fin** -²EL] {S 1; F 0(GM09: G.M.S.)}

finfos ['finfɔs] *f.* +**ow** boundary-dyke
 [LL: ¹**fin fos**]
 {S 1; F 2: **O** *finfos* (Sawyer): +**ow** I}

finshya v. finish ALT = **gorfenna**.
 [E(F)c: VN in -YA from MidE < OldF (co)]
 {S 4; F 1: **M** *fynsya* (BM.3525)}

finweth ['finwɛθ] *f.* +**ow** limit, end, cessation, limitation

finwetha
[Lc: Compound of **¹fin**] {S 3; F 2: **M** *fynweth* (MC.2124a) → P: **P** Trevenwith: **C** B *finvezh*: **+ow** I} Spelled with <-dh> in *CE93*, but Breton and rhymes in *MC*. suggest rather <-th>.

heb finweth unlimited

finwetha [fɪn'wę·θa] *v.* limit
[Lcc: **finweth** -¹A] {S 3; F 0(EC52)}

finweth-toeth [ˌfɪnwęθ'toːθ] *f.*
finwethow-toeth speed-limit
[LcC: **finweth toeth**] {S 3; F 0(Y1): **finwethow-toeth** I}

fiol ['fiˑɔl] *f.* **+yow** vial, shallow cup
[F: OldF *fiole* (Gr.)] {S 4; F 3: **O** *fiol* (VC.876) → L,P: **C** W *ffiol*: **+yow** I}

fion ['fiˑɔn] *coll.* **+enn** narcissi
[C:] {S 1; F 0(CE38): **C** B *fion* 'beech-nuts'; W *ffion* 'fox-gloves': **+enn** I}
N.B. remarkable divergence of meanings in the Brythonic languages.

firm (Eng.) *adj.* {S 6; F 1: **M** *fyrme* (TH50v)}

FISEG- [E(F): MidE *fisike* < OldF *fisique* (coe)]

fisegel [fɪ'zę·gęl] *adj.* physical
[E(F)c: FISEG=¹EL] {S 4; F 0(GM09: YhaG)}

fisegieth [ˌfɪsę'giˑęθ] *f.* physics
[E(F)c: FISEG=IETH] {S 4; F 0(CE93: K.J.G.):}

fisegiethel [ˌfɪzęgi'ęˑθęl] *adj.* physical (*pertaining to physics*)
[E(F)c: **fisegieth** -²EL] {S 4; F 0(GM09: YhaG)}

fisegydh [fɪ'zę·gɪð] *m.* **+yon** physicist
[E(F)c: FISEG=¹YDH] {S 4; F 0(CE93: G.M.S.): **+yon** I}

fisek ['fiˑsęk] *f.* medical science, physic
[E(F): FISEG-O] {S 4; F 1: **M** *fysek* (BM.1418): **C** B *fizik*, W *ffisig*:}
The <-ek> in MidC rhymes with *connek*.

fisyshyen m. **+s** physician ALT = *medhek*.
[E(F): MidE < OldF *fisicien* (co)]
{S 5; F 3: **M** *fecycyen*: **+s** I}

fisment ['fismęnt] *m.* **fismens** countenance (*face*), appearance, complexion, physiognomy
[E(F): MidE *visement* < OldF]
{S 5; F 3: **M** *fysmant* (CW.0526) → P; pl. *fysmens* (BM.1205): **fismens** M}

fisten ['fiˑstęn] *m.* haste, hurry
[L: CLat *festîn*-, with metathesis]
{S 3; F 2: **L** *Fysten* (LV071.51):}

fistena [fɪs'tę·na] *v.* hasten, make haste, hurry
[Lc: **fisten** -¹A] {S 3; F 5: **M** *fystene, fystyne*: **L** *festinna* (AB059a) → P}
Metathesis has occurred in Cor.

flamanek [fla'maˑnęk] *adj.* Flemish
[Fc: from F *Flamand* + -¹EK]
{S 4; F 0(GK98: K.J.G.): **F** Flamank:}

Flamanek *m.* Flemish language
[Fc: from F *Flamand* + -¹EK]
{S 4; F 0(GK98: K.J.G.)}

flamm ['flamː] *m.* **+ow** flame
[L: CLat *flamma* (M)]
{S 1; F 3: **O** *flam* (VC.452, 885) → L,P: **M** *flam*: **C** B *flamm*; W *fflam*: **+ow** C}

flammadow [fla'maˑdɔw] *adj.* flammable, inflammable
[Lc: **flamm** -ADOW] {S 1; F 0(GM09: G.M.S.)}

flammgoes ['flamgɤz] *coll.* **+enn** spurge (*plant*)
[LC: **flamm** 2¹**koes**] {S 1; F 0(CE38): **C** B (*flamoad*); W *fflamgoed*: **+enn** }

flammya ['flamːja] *v.* flame
[Lc: **flamm** -YA]
{S 1; F 0(EC52): **C** W *fflamio*; cf. B *flammañ*}

flappya ['flapːja] *v.* flap
[Ec: VN in -YA from MidE *flap* (co)]
{S 5; F 0(EC52)}

flat (Eng.) *adj.* {S 6; F 1: **M** *flatt* (TH40v)}

flatter ['flatːęr] *m.* **-oryon** deceiver (*male*), wheedler
[E(F)l: from FLATTR=¹ER with loss of [r]]
{S 5; F 1: **M** pl. *flatturyon* (RD.1511): **-oryon** M}

flattering (Eng.) *n.*
{S 6; F 1: **M** *flattering* (CW.1021)}

flattores [fla'tɔˑręs] *f.* **+ow** deceiver (*female*)
[E(F)c: from FLATTR=ORES with loss of [r]]
{S 5; F 1: **M** *flattores* (RD.1067): **+ow** I}

FLATTR- [E(F): Back-formation from **flattra**; cf. MidE *flattery* < OldF *flatterie* (coe)]

flattra ['flatra] *v.* wheedle, beguile, delude
[E(F)c: VN in -A from MidE *flatter*]
{S 5; F 3: M *flattra*}

fleghes ['flę·xęz] *pl.* children
[Uc: **flogh**A -²ES] {S 1; F 5: O *flechet* (VC.135) → L,P: M *fleghes, flehes, flehas*: L *flehaz*}
The orig. pl. may have been **flegh; fleghes* appears to be a double pl., since -ES would not cause vowel affection. See **fleghys, fleghesow.**

fleghesik *m.* infant
[Ucc: Back-formation from **fleghesigow**]
{S 1; F 2: L *flehessig* (AB243b) → P}
Does not look like a genuine word.

fleghesow *pl.* children
[Ucc: **fleghes** -²OW] {S 3; F 3: L *flehezou* (AB243b) → P} This is a double (or triple) pl.; *ffledgiow* (TCJK) may be another example.

fleghigel [flę'ɦi·gęl] *adj.* infantile
[Ucc: from **flogh**A] {S 8; F 0(GK98: G.M.S.)}

fleghik ['flę·xɪk] *m.* infant, little child, nipper
[Uc: **flogh**A -IK] {S 1; F 3: M pl. *flehysygow* (OM.1868), *flehesyggow* (PC.2649); *flehyggyov* (BM.1515, 1535)}

fleghys ['flę·xys] *pl.* children
[UE: **flogh**A -²YS] {S 2; F 5: M *fleghys, flehys*}
This pl. of **flogh** contains the E pl. suffix *-ys*, and was commoner than **fleghes**; it was used in order to make different rhymes.

Flemen ['flę·męn] *m.* **+yon** Fleming, Flemish person
[E(O): MidDutch *Vlâming* (coe)]
{S 4; F 1: L *flemmen* (KKTT): **+yon** I}

fler ['flę:r] *m.* **+yow** stink, stench, bad smell
[L: BLat **flagrare* (lheb) < CLat *fragrare* (M)]
{S 1; F 2: O *flair* (VC.775) → L: M *fleyr* (PC.1547) → P: C B *flaer*: **+yow** I}

flergi ['flęrgi] *m.* **-geun** scent-hound, sniffer-dog
[LC: **fler** 2ki] {S 1; F 0(GM09: GG): **-geun** I}

flerya ['flę·rja] *v.* stink, smell *(stink)*
[Lc: **fler** -YA] {S 1; F 3: M *flerye*: C B *flaeriañ*}

flerynsi [flę'rɪnʒi] *m.* stench, fetidness, foulness *(of stink)*
[Lc: **fler** -YNSI]
{S 1; F 2: M *fleyryngy* (RD.2133):}

flerys ['flę·rɪz] **1.** *adj.* stinking, fetid, frowzy **2.** *m.* **+yon** stinkard P.ptcpl. of **flerya**.
[Lc: **fler** -⁶YS] {S 1; F 3: M *flerys* → P: **+yon** I}

flogh ['flɔ:x] *m.* **fleghes, fleghys** child, young person
[U: OHG *flôh* 'flea' has been suggested by Graves, but the pl. *fleghes*, which appears double, argues in favour of a Celtic origin.]
{S 8; F 6: O *floh* (VC.198) → L,P: M *flogh*: L *flo*: C B *floc'h* 'squire'; not in W: **fleghes** ML; **fleghys** ML}
Meaning in OldC was 'boy' (gl. *puer*).

floghek ['flɔ·xęk] *adj.* childlike
[Uc: **flogh** -²EK] {S 1; F 0(GM09: P.H.)}

floghel ['flɔ·xęl] *adj.* childish, puerile
[Uc: **flogh** -²EL] {S 1; F 0(EC52)}
Nance wrote *floghyl*.

floghelder [flɔ'ɦęldęr] *m.* childishness
[Ucc: **floghel** -DER] {S 1; F 0(GM09: K.J.G.):}
Nance used *flogholeth* for both 'childhood' and 'childishness', but they need to be distinguished.

floghwith ['flɔ·xwɪθ] *m.* child care
[CC: **flogh** 2**gwith**] {S 1; F 0(GM09: G.M.S.):}

flogh-wynn [flɔx'wɪn:] *m.* **fleghes-wynn** grandchild
[UC: **flogh** 2**gwynn**] {S 1; F 1: L *Flo widn* (LV070.11): **fleghes-wynn** I}

flogholeth [flɔ'ɦɔ·lęθ] *f.* childhood, infancy
[Uc: **flogh** -OLETH]
{S 1; F 2: M *flogholeth* (OM.2838) → P:}

floghva ['flɔ·xva] *f.* **+ow** nursery *(for children)*, kindergarten
[Uc: **flogh** -VA] {S 1; F 0(CE38): **+ow** I}

floghwith ['flɔ·xwiθ] *m.* child-care
[UC: **flogh** 2**gwith**] {S 1; F 0(Y2):}

flokk

flokk ['flɔk] *m.* **+ys** flock ALT = **para**.
[E(E): MidE *flock* < OldE *flocc* (coe)]
{**S** 5; **F** 3: **M** *flok*: **+ys** I}

¹**florenn** ['flɔ·rẹn] *f.* **+ow** lock *(of door)*
[Uc: unidentified element + -ENN] {**S** 8; **F** 2: **L** *flýran* (LV070.16, AB149a) → P: **+ow** I}

²**florenn** ['flɔ·rẹn] *f.* **+ow** fine mealy tin
[Uc: Appears to contain -ENN]
{**S** 8; **F** 0(CE38): **D** "floran": **+ow** I}

florennik [flɔ'rẹn:ɪk] *f.* **-igow** lock *(of door)*
[Uc: ¹**florenn** -IK] {**S** 8; **F** 0(Y3): **-igow** I}

floryshya v. flourish ALT = **seweni**.
[E(F)c: VN in -YA from MidE < OldF *floriss-* (coe)] {**S** 5; **F** 2: **M** *florissya* (TH48r), *florysshya* (TH49v)}

floukenn ['flu·kẹn] *f.* **+ow** soft ground
[Ec: Perhaps from Eng. dial. "fluke" 'lucky chance' + -ENN]
{**S** 5; **F** 0(CE38): **D** "flookan": **+ow** I}

¹**flour** ['flu:r] **1.** *adj.* perfect, eminent **2.** *f.* **+ys** flower
[E(F): MidE *flour* < OldF *flur* (co)] {**S** 4; **F** 5: **M** *flour* → P, *flowr*; pl. *flowrys*: **C** B *flour*: **+ys** M}

²**flour** ['flu:r] *m.* **+yow** deck
[E(E): OldE *flôr* 'floor'] {**S** 4; **F** 3: **O** *flur-* in *flurrag* (VC.276) → L,P: **+yow** N (P.H.)}
It is surprising to find OldE *ô* > OldC *û*, when in general PrimC /u/ > MidC /ɔ/; however, /u/ tended to remain before /-r/ (e.g. MidC *gour* 'husband'), and is therefore retained here.

flourenn ['flu·rẹn] *f.* **+ow** fine specimen, flower *(fig.)*
[E(F)c: ¹**flour** -ENN] {**S** 4; **F** 3: **M** *flowran*: **+ow** I}

flour-rag [flur'ra:g] *m.* **flouryow-rag** forecastle, fo'c'sle, prow
[E(E)C: from ²**flour a-rag** (J.G.H.)] {**S** 4; **F** 3: **O** *flurrag* (VC.276) → L,P: **flouryow-rag** N}

flownenn ['flɔʊnẹn] *f.* **+ow** pert girl, hussy, flirt *(female)*, soubrette
[Uc: Unidentified element + -ENN]
{**S** 8; **F** 1: **L** (Gw.): **C** cf. B *flavenn*: **+ow** I}
The Breton word, if cognate, suggests that the [n] in Cor. is intrusive, but there is no evidence other than that of Gwavas.

fogella

flows ['flɔʊz] *m.* nonsense, idle talk, waffle, humbug
[E: MidE *flout* (Loth)]
{**S** 4; **F** 4: **M** *flous*-> P, *flovs, flows*:} If this etymology is correct, it shows E [-t] > C [-s].

flowsa ['flɔʊza] *v.* waffle, talk nonsense, prate
[Ec: **flows** -¹A] {**S** 4; **F** 0(GK98: G.M.S.)}

flu ['fly:] *f.* flu, influenza
[E: Shortened form of *influenza* (coe)]
{**S** 4; **F** 0(GM09: YhaG):}

flu lasek gastric flu

flykkya ['flɪk:ja] *v.* flick cf. **klykkya**.
[E: VN in -YA from E *flick* (imitative) (coe)]
{**S** 5; **F** 0(GM09: G.M.S.)}

flynt ['flɪnt] *m.* **+ys** flint
[E(E): MidE *flint* < OldE *flint* (co)]
{**S** 5; **F** 2: **M** *flynt* (OM.1860): **L** *flent* (AB150b) → P: **+ys** I}

fo ['fɔ:] *m.* **fohow** flight *(escape)*, retreat
[L: BLat *foga* (Fl.) < CLat *fuga* (lp)] {**S** 1; **F** 3: **M** *fo* → P: **C** MidB *fo*; MidW *fo*: **fohow** I}
Plural formed by analogy with **rohow**.

foen ['fo:n] *m.* new-mown hay
[L: CLat *fēnum* (gpc)]
{**S** 1; **F** 0(CE38): **C** W *ffwyn*; cf. B *foenn*, with <nn>, prob. influenced by F *foin*:}

foenek ['fo·nẹk] *f.* **+egi** hayfield
[Lc: **foen** -¹EK] {**S** 1; **F** 0(CE38): **C** W *ffwynog*; cf. B *foenneg*: **+egi** I}

¹**fog** ['fɔ:g] *f.* **+ow** hearth, furnace, blowing-house, focus
[L: CLat *focus* (gpc)]
{**S** 1; **F** 3: **M** *fok* (PC.2717, RD.0280) → P: **L** *foge* (CDWP): **P** Vogue: **C** W *ffog*: **+ow** I}

²**fog** *f.* small cavity in rock
[C: false sg. from the lenited form of **mogow** 'cave'] {**S** 8; **F** 0(CE38): **D** "vug"}
This word was spelled *fug* by Nance.

fogel ['fɔ·gẹl] *adj.* focal
[Lc: ¹**fog** -²EL] {**S** 1; **F** 0(EC00)}

fogella [fɔ'gẹl:a] *v.* focus
[Lcc: **fog** -ELL -¹A] {**S** 1; **F** 0(GM09: G.M.S.)}

fogellys

fogellys [fɔ'gęlːɪz] *adj.* focussed
[Lcc: **fog** -ELL -⁶YS] {S 1; F 0(GM09: G.M.S.)}
P.ptcpl. of **fogella**.

fogenn *f.* dinner-cake made of pastry
[Cc: Late form of **hwiogenn**, with [hw-] > [f-]]
{S 3; F 0(CE38): D "fuggan"}

foger ['fɔ·gęr] *m.* **+yon** stoker
[Ll: ¹**fog** -¹ER] {S 1; F 0(CE55): **+yon** I}

fogya ['fɔ·gja] *v.* stoke
[Lc: ¹**fog** -YA] {S 1; F 0(EC00)}

fol Now spelled **foll**.

fold m. **+ys** fold ALT = **korlann**.
[E(E): MidE *fold* < OldE *fald* (co)] {S 5; F 2:
M *folde* (TH10v, 23r): P Park an fold: **+ys** I}

folenn ['fɔ·lęn] *f.* **+ow** page (*of book*),
sheet of paper, piece of metal foil
[Lc: sg. in -ENN from Lat *folio*] {S 1; F 1: M *folen*
(SA63v): C cf. B *follenn*, with <ll>: **+ow** I}

folenn arghansek bank-note,
bill (U.S.)

folenn bobas baking-foil

folenn ober work-sheet

folenna [fɔ'lęnːa] *v.* paginate
[Lcc: **folenn** -¹A] {S 1; F 0(EC00)}

folennans [fɔ'lęnːans] *m.* **+ow**
pagination
[Lch: **folenn** -ANS] {S 1; F 0(EC00): **+ow** I}

folennik [fɔ'lęnːɪk] *m.* **-igow**
leaflet, flyer
[Lcc: **folenn** -IK] {S 1; F 0(EC52): **-igow** I}

foli ['fɔ·li] *m.* folly
[E(F): MidE < OldF *folie* (co)] {S 1; F 4: M *foly*:}

foll [fɔll] **1.** *adj.* foolish, crazy, wild,
mad **2.** *m.* **fellyon** fool, madman
[L: Lat *follus* (K.J.G.)]
{S 4; F 4: O *fol* (VC.396, 419) → L,P: M *fol*; pl.
fellyon (RD.1273) → P: L *fol* (AB156b): C B *foll*;
cf. W *ffôl* 'foolish', *ffwl* 'fool': **fellyon** M}
The spelling *foyl*, which occurs twice in *BM.*,
suggested that this word had a long vowel,
and came from MidE *fol* < OldF *fol*. It was thus
previously spelled *fol*; the evidence of rhymes,
however, shows that **foll** fits better. It may

fondya

therefore come from Lat *follus*, in contrast to
the noun **foli** from MidE < OldF *folie*.

follenep [fɔ'lę·nęp] *m.* **-enebow** folly,
foolishness
[E(F)c: **foll** enep]
{S 4; F 1: M *foleneb* (BK04.58): **-enebow** I}

folles ['fɔlːęs] *f.* **+ow** mad woman
[E(F)c: **foll** -⁴ES]
{S 4; F 0(CE38): C W *ffoles*: **+ow** I}

follhwarth ['fɔlhwarθ] *m.* **+ow** giggle
[E(F)C: **foll** hwarth]
{S 4; F 0(AnG 1986): **+ow** I}

follhwerthin [fɔl'hwęrθɪn] *v.* giggle
[E(F)Cc: **foll** hwerthin] {S 4; F 0(CE38)}

follneth ['fɔlnęθ] *f.* folly, foolishness
[E(F)C: **foll** -NETH] {S 4; F 3: M *folneth* → L,P:}

folloreth *f.* folly
[E(F)c: Compound of **foll**]
{S 8; F 1: L *foloreth* (AB240c):}

followers (Eng.) *pl.*
{S 6; F 1: M *folowers* (TH24r)}

fols ['fɔls] *m.* **+yow** split, cleft, rift,
schism, fissure
[C: IE (lp)] {S 1; F 1: L *vowlz* (Lh.): C B *faout*; W
(*hollt*): **+yow** I}

linenn fols fault line

folsa ['fɔlza] *v.* split, cleave, rive
[Cc: **fols** -¹A] {S 1; F 3: M 3rd sg. pres. ind.
felge (BM.1273): L *feldzha* (AB059c) → P, *fallia*
(AB059c) → P: C B *faotañ*}

folsans ['fɔlzans] *m.* fission
[Ch: **fols** -ANS] {S 1; F 0(GM09: K.J.G.):}

folya v. follow ALT = **holya**.
[E(E)c: VN in -YA from MidE < OldE *folgian*
(coe)] {S 4; F 4: M *folya* (TH.)}

folyer m. **+s** follower ALT = **holyer**.
[E(F)ce: MN in -YER from MidE, with E pl. -S]
{S 4; F 1: M pl. *folyars* (TH47v): **+s** M}

fond (Eng.) *adj.* {S 6; F 1: M *fonde* (TH55r)}

FOND- [E(F): MidE *found* < OldF *fonder*]

fondya ['fɔndja] *v.* found, institute,
establish, lay foundations [E(F)c:
FOND=YA] {S 5; F 3: M *fondya, fundia*}

fondyans

fondyans ['fɔndjans] *m.* **+ow**
foundation, institute, establishment, institution
[E(F)c: FOND=YANS] {S 5; F 0(CE55): +ow I}

fondyer ['fɔndjęr] *m.* **-oryon** founder
[E(F)c: FOND=¹YER] {S 5; F 0(CE55): -oryon I}

fonologieth [fɔnɔlɔ'gi·ęθ] *f.* phonology
[Oc: from Gk *phônê* + *logos* -IETH]
{S 4; F 0(EC00): C B *fonologiezh:*}

fonologiethel [fɔnɔlɔgi'ę·θęl] *adj.* phonological
[Occ: **fonologieth** -¹EL]
{S 4; F 0(GM09: G.M.S.)}

fonologydh [fɔnɔ'l·ɔgɪð] *m.* **+yon** phonologist
[Oc: from Gk *phônê* + *logos* -¹YDH]
{S 4; F 0(EC00): +yon I}

food (Eng.) *n.* {S 6; F 3: M *food, foode* (TH.)}

fool (Eng.) *n.* {S 6; F 4: M *foole*; pl. *fooles*}

foolishly (Eng.) *adv.*
{S 6; F 1: M *folysly* (TH50v)}

foot (Eng.) *n.* {S 6; F 2: M *foude* (PC.1632), *fout* (RD.1606), *foud* (RD.1612)}
Found in Eng. nicknames.

forberya v. forbear
[E(E)c: VN in -YA from MidE < OldE *forberan* (coe)] {S 4; F 1: M *forberya* (TH04r)}

forbydya v. forbid ALT = **difenn**.
[E(E)c: VN in -YA from MidE *forbid* < OldE *forbêodan* (coe)]
{S 5; F 2: M *forbydya, forbyddya* (TH.)}

fordh ['fɔrð] *f.* **+ow** road, way, route, manner
[E(E): OldE *ford* (> ModE *ford*)]
{S 4; F 5: O *ford* (VC.711) → P (<d> = [ð]):
M *forth, for*; pl. *forthov*: L *vordh* (AB.241c), *vor, vorr*; pl. *fųrų* (AB243a) → P: P Park Vor Trevedra: C Not in B; W *ffordd:* +ow ML}

fordh unnlergh single-track road
y'th fordh on thy way
war ow fordh hir in the long run
fordh a way of (+ noun)
fordh dhe way to (+ verb)

forest

y'n for' ma in this way
Fordh Sen Jamys Milky Way

fordh-a-dro [ˌfɔrða'drɔː] *f.*
fordhow-a-dro roundabout *(for traffic)*, rotary (U.S.)
[E(E)cC: **fordh** ³a 2tro]
{S 1; F 0(Y1): fordhow-a-dro I}

fordh-dhall [fɔrð'ðalː] *f.* **fordhow-dall**
no through road, blind alley, cul-de-sac, no through road, dead end
[E(E)C: **fordh** 2dall]
{S 4; F 0(EC52): fordhow-dall I}

fordh-dhibarth [fɔrðːɪ'barθ] *f.*
fordhow-dibarth road-junction *(T or Y)*
[E(E)cC: **fordh** 2dibarth] {S 4; F 1: L *vor dhiberh* (JCNBL38): fordhow-dibarth I}

fordh-dremen [fɔrð'drę·męn] *f.*
fordhow-tremen by-pass *(road)*
[E(E)C: **fordh** 2TREMEN-] {S 1; F 0(AnG 1983): fordhow-tremen I}

fordh-entra [fɔrð'ęntra] *f.*
fordhow-entra entrance drive
[E(E)E(F)c: **fordh** entra] {S 4; F 0(CE55): fordhow-entra I}

fordh-lan [fɔrð'laːn] *f.* **fordhow-glan**
thoroughfare, clearway, freeway (U.S.)
[E(E)C: **fordh** 2glan] {S 4; F 1: M *forth lan* (BM.3715): fordhow-glan I}

fordhlett ['fɔrðlęt] *m.* **+ow** road-block
[E(E)E(E): **fordh** lett] {S 5; F 0(Y1): +ow I}
The form suggested in *Y1* was *for'let*.

fordh-veur [fɔrð'vœːr] *f.* **fordhow-meur**
main road, highway
[E(E)C: **fordh** 2meur]
{S 4; F 0(CE55): fordhow-meur I}

forest ['fɔ·ręst] *m.* **+ys** forest
[E(F): MidE *forest* < OldF *forest* (coe)]
{S 4; F 3: M *forest*; C B *forest*; W *fforest*: +ys I}

forgh ['fɔrx] *f.* **fergh** fork *(tool)*, prong
[L: CLat *furca* (M)] {S 1; F 2: L *forh* (AB.) → P, *vorh* (AB.) → P: C B *forc'h;* W *fforch* 'fork', *fforch* 'pitchfork': **fergh** C}

forghenn ['fɔrxɛn] *f.* **+ow** prong
Nance used *forgh* for both 'fork' and 'prong'; here **forgh** is treated as a collective noun.
[Lc: **forgh** -ENN]
{S 1; F 0(GM09: K.J.G.): **+ow** I}

forlya ['fɔrlja] *v.* whirl, whisk
[Ec: VN in -YA from MidE *forl-*]
{S 1; F 0(CE38)} *forling* is found in a stage-direction in *BM*.

forlyell ['fɔrljɛl] *f.* **+ow** whisk
[Ec: from **forlya** -ELL]
{S 1; F 0(GM09: G.M.S.): **+ow** I}

¹**form** ['fɔrm] *m.* **+ys** bench
[E(F): MidE *forme* < OldF *forme* (coe)] {S 5; F 1: M pl. *formys* (PC.2229): D "furm": **+ys** M}

²**form** ['fɔrm] *m.* **+ow** shape ALT = **furv**.
[E(F): Same word as ¹**form**]
{S 5; F 4: M *forme:* **+ow** I}

formel ['fɔrmɛl] *adj.* formal
[E(F)c: Cornicized form of E *formal*]
{S 5; F 0(GM09: YhaG)}

formoleth [fɔr'mɔˑlɛθ] *f.* **+ow** formality
[E(F)c: from **formel** -ETH]
{S 5; F 0(GM09: YhaG): **+ow** I}

formya ['fɔrmja] *v.* shape, create ALT = **furvya**.
[E(F)c: ²**form** -YA] {S 5; F 5: M *formye:* L p.ptcpl. *formyys* (AB230a) → P}

formyans ['fɔrmjans] *m.* **+ow** formation
[E(F)h: ²**form** -YANS] {S 5; F 0(EC00): **+ow** I}

formyas ['fɔrmjaz] *m.* **-ysi** creator ALT = **gwrier** or **furvyer**.
[E(F)c: ²**form** -³YAS] {S 5; F 2: M *formyas* (RD.0843, 2524) → P: **-ysi** I}

formyer ['fɔrmjɛr] *m.* **-yoryon** creator
ALT = **gwrier** or **furvyer**.
[E(F)c: ²**form** -¹YER] {S 5; F 3: M *formyer* (OM.0002, BM.3881, CW.1412) → P: **-yoryon** I}

forn ['fɔrn] *f.* **+ow** oven, kiln, stove
[L: CLat *furnus*] {S 1; F 4: O *forn* (VC.917) → L,P: L *vorn* (AB.) → P, *foarn* (CDWP).

P Park Vorn: C B *forn;* W *ffwrn:* **+ow** I}

forn-doemma [fɔrn'dɤmːa] *f.* **fornow-toemma** boiler *(for domestic heating)*
[LCc: **forn** 2**toemma**]
{S 1; F 0(Y1): **fornow-toemma** I}

forner ['fɔrnɛr] *m.* **-oryon** tender of oven, firer *(of pots)*
[Ll: **forn** -¹ER] {S 1; F 0(CE38): C cf. B *fornier*, W *ffwrnwr:* **-oryon** I}

fornes ['fɔrnɛs] *f.* **+ow** furnace
[E(F): MidE < OldF *fornais* (coe)]
{S 1; F 1: M *furnyas* (TH56v): C B *fournez;* W *ffwrnais:* **+ow** N}

forn-gorrdonn [fɔrn'gɔrdɔn] *f.* **fornow-korrdonn** microwave oven
[LcC: **forn** 2**korrdonn**] {S 1; F 0(CE93 K.J.G.): **fornow-korrdonn** I}

fornication (Eng.) *n.* {S 6; F 1: M *fornicacion* (TH16v)}

fornya ['fɔrnja] *v.* bake, tend a kiln
[Lc: **forn** -YA] {S 1; F 0(CE93 K.J.G.): C B *forniañ*} Nance suggested *forna*

fors ['fɔrs] *m.* **+ow** force, strength
[E(F): MidE *force* < OldF *force* (coe)]
{S 4; F 4: M *fors:* C cf. B *forzh:* **+ow** N}

na fors no matter
ny res dhyn fors it need not matter to us
ny wrav fors I don't care

forsedh ['fɔrsɛð] *m.* **+ow** force *(quantity in physics)*
[E(F)c: **fors** -¹EDH]
{S 4; F 0(GM09: YhaG): **+ow** I}

forsakya *v.* abandon, forsake
ALT = **gasa**.
[E(E)c: VN in -YA from MidE *forsake* < OldE *forsacan* (coe)] {S 5; F 3: M *forsakya:* L 3 sg. pret. *forsakiaz* (JCNBL19)}

forsoedh *adv.* forsooth
Rhymes with words in /o/.
[E(E): MidE < OldE *forsôð* (coe)]
{S 4; F 4: M *forsoyth*}

forster ['fɔrstẹr] *m.* **-oryon** forester
[E(F): from MidE, with reduction to 2 syll. as in surname]
{S 4; F 0(EC52): F Forster: **-oryon** I}

forth (Eng.) *adv.* {S 6; F 1: M *forth* (PC.2528)}

fortun ['fɔrtyn] *m.* **+yow** fortune, chance, luck
[E(F): MidE *fortune* < OldF *fortune* (coe)] {S 4; F 2: M *fortyn* (BM.0715), *forten* (BM.1424): C B *fortun* 'marriage'; W *ffortun*: **+yow** I}

fortunya [fɔr'ty·nja] *v.* chance
[E(F)c: **fortun** -YA] {S 4; F 1: L p.ptcpl. *fortidniez* (NGNB7): C B *fortuniañ*}

fos ['fɔːz] *f.* **+ow** wall, rampart
As with many words of this type, there is doubt as to whether the meaning is the piled-up bank or the excavated trench; one cannot make the one without the other. The primary meaning in Cor. seems to be the bank, or wall. In order to avoid confusion, only this meaning will be recommended.
[L: CLat *fossa* (M)] {S 1; F 5: M *fos* → P; pl. *fosow* → L,P; *fossow* → P: L *fôs* (AB.) → P, *fôz* (AB.) → P, *vose*; pl. *voza*: P Ruthvoes: C B *fos* 'ditch, trench'; W *ffos* 'ditch, dyke': **+ow** MLP}

Foseus (Lat.) *name* {S 6; F 3: M *Phoceus* (SA.)}

foslenn ['fɔslẹn] *f.* **+ow** wall-hanging
[LC: **fos lenn**] {S 1; F 0(GM09: G.M.S.): **+ow** I}

fossett f. **+ow** small wall ALT = **fosynn**.
[E: MidE] {S 5; F 1: M *fosset* (BK16.10): **+ow** N}

fosskrif ['fɔ·sskrif] *coll.* **+enn** graffiti
[LL: **fos skrif**] {S 3; F 0(GK98: G.M.S.): **+enn** I}

fosynn ['fɔ·sɪn] *f.* **+ow** small wall
[Lc: **fos** -YNN]
{S 1; F 0(CPNE): P Hendravossan: **+ow** I}

foul m. **+ys** fool ALT = **muskok** or **foll**.
[E(F): MidE < OldF *fol* (co)]
{S 4; F 3: M *foul*: **+ys** I}

foundation (Eng.) *n.* {S 6; F 2: M *fowndacion* (TH32v, 45v), *fondacion* (TH33r)}

¹fow ['fɔw] *coll.* **+enn** beech-trees
[D: Brit **fowya* (gpc) or CLat *fagus*]
{S 1; F 0(CE38): P ?Penfound: C B *faou*, W *ffaw*: **+enn** I}

²fow ['fɔw] *f.* **+ys** cave, den
[U:] {S 1; F 2: M pl. *fowys* (PC.0336) → L,P: D "vow": P Vow: C W *ffau*: **+ys** M}

fowek ['fɔʊẹk] *f.* **-egi** beech-grove
[Dc: ¹**fow** -¹EK]
{S 1; F 0(CE38): C B *faoueg*: **-egi** I}

fowesiges [fɔẹ'ʒɪ·gẹs] *f.* **+ow** fugitive *(female)*, runaway, refugee
[Lc: from **fowesik** -⁴ES]
{S 8; F 0(GM09: P.H.): **+ow** I}

fowesik [fɔ'ẹ·ʒɪk] *m.* **-igyon** fugitive *(male)*, runaway, refugee
[Lc: from **fo** -ESIK] {S 8; F 2: O *fadic* (VC.300) → P: C W *ffoedig*: **-igyon** I}
The OldC form *fadic* appears disyllabic; here a form analogous to the W is preferred, but in order to emphasize that there are 3 syllables, an unetymological <w> has been introduced.

Fowydh ['fɔwɪð] *place* Fowey
[DC: from ¹**fow** 2**gwydh**]
{S 2; M Foath (Carew)}

fowt ['fɔʊt] *m.* **+ys**, **+ow** lack, fault, deficiency
[E(F): MidE *faut* < OldF *faut* (coe)]
{S 5; F 5: M *fout* → L,P; pl. *fawtys*: L *faut* (AB.) → P; pl. *fotou* (AB223): **+ys** M; **+ow** L}

fowt preder thoughtlessness, carelessness

fow-wydh ['fɔʊwɪð] *coll.* **+enn** beech-trees
[DC: ¹**fow** 2**gwydh**] {S 1; F 0(CE38): **+enn** I}

fram ['fraːm] *m.* **+yow** frame
[E(E): MidE < OldE *fram-*] {S 4; F 1: M *fram* (TH45v): C W *ffrâm*; cf. B *framm*, with unexplained <mm>: **+yow** N}

fram ragleurenn proscenium arch

fram-kerdhes [fram'kẹrðẹz] *m.*
framyow-kerdhes walking-frame, zimmer frame, walker (U.S.)
[E(E)Cc: **fram kerdhes**]
{S 4; F 0(AnG 1986): **framyow-kerdhes** N}

framweyth ['framwẹɪθ] *m.* **+yow** structure, framework, set-up
[E(E)C: **fram** 2²**gweyth**]
{S 4; F 0(GK98: J.A.): **+yow** I}

framweythel

framweythel [fram'wɛɪθęl] *adj.*
structural
[E(E)Cc: **framweyth** -¹EL]
{S 4; F 0(GM09: G.M.S.)}

framya ['fra·mja] *v.* frame, contrive, formulate
[E(E)c: **fram** -YA; cf. OldE *framian*]
{S 1; F 2: **M** *framya* (TH21r, 46r): C W *fframio*}

franchis [fran'tʃiːs] *m.* **+yow** franchise
[E(F): MidE (coe)]
{S 5; F 0(CE38): **C** cf. B *frankiz*; cf. W *ffranshies* 'franchise': **+yow** N}

franco-belgian (Eng.) *adj.* {S 6; F 1: L *francan-belgan* (NGNB8)}

frank ['frank] 1. *adj.* free, at liberty, frank 2. *m.* **+yon** freeman
[L: CLat *francus* (gpc)] {S 1; F 2: L *frank* (MSWP, PV10420), *franc* (PV10042): P Trefrank: C B *frank*, W *ffranc*: **+yon** I}

frankedh ['frankęð] *m.* freedom, liberty, frankness
[Lc: **frank** -¹EDH] {S 1; F 0(EC52):}

frankincense (Eng.) *n.*
{S 6; F 1: L *frokensense* (M2WK)}

frankynkys [fran'kɪnkɪs] *m.*
frankincense
[LL: **frank ynkys**, using order of MidE < OldF *franc encens*] {S 3; F 0(TN):}

frankmason [frank'ma·sɔn] *m.* **+s** freemason
[LE(F): **frank mason**] {S 4; F 0(Y3): **+s** I}

frantic (Eng.) *adj.* {S 6; F 1: L *frantik* (M4WK)}

frapp ['frap] *m.* **+ys** blow, strike
[E(F): MidE < F *frappe* (CE38)]
{S 4; F 2: **M** *frap* (BK30.06); pl. *frappys* (BK32.53): L pl. *frappis* (BOD): **+ys** ML}

frappya ['frap:ja] *v.* strike, knock, rap
[E(F)c: **frapp** -YA]
{S 4; F 1: **M** *frappia* (BM.0961)}

frappyans ['frap:jans] *m.* percussion
[E(F)h: **frapp** -YANS] {S 4; F 0(EC00):}

frappyas ['frap:jaz] *m.* **-ysi** striker
[E(F)c: **frapp** -³YAS]

{S 4; F 1: L pl. *frappigy*: **-ysi** I}
fraternity (Eng.) *n.*
{S 6; F 1: L *fraternity* (TH48v)}

fratyer Now spelled **pratyer**.

fraw ['fraw] *m.* **-es** rook *(bird)*
[c:] {S 8; F 1: L *frâu* (AB051c): **-es** I}

free (Eng.) *adj.* {S 6; F 3: **M** *fre*}
freely (Eng.) *adv.* {S 6; F 1: **M** *frely* (TH10v)}
FREG- [c:]

frega ['frę·ga] *v.* tear up, rip, tatter, shred
[Cc: FREG=¹A] {S 8; F 0(CE38): C B *fregañ*}

fregell ['frę·gęl] *f.* **+ow** shredder
[Cc: FREG -²ELL] {S 8; F 0(GK98: K.J.G.): **+ow** I}

fregys ['frę·gɪz] *m.* **+yon** tatterdemalion, raggedy person (U.S.) [Cc: FREG=⁶YS]
{S 8; F 0(CE38): **D** "fraygus": **+yon** I}

fres ['fręːz] *m.* freight
[E: Back-formation from **difres** *q.v.*]
{S 8; F 0(CE93 G.M.S.):}

fresk ['fręːsk] *adj.* fresh
[U:] {S 8; F 0(CE38): **C** B *fresk*; cf. W *ffres*}

freth ['fręːθ] *adj.* fluent, eloquent, eager, outspoken
[C: Brit *srakto-* (leb)]
{S 1; F 4: **M** *freth*: **C** B *fraezh*; W *ffraeth*}

frethter ['fręθtęr] *m.* fluency, eloquence, eagerness
[Cc: **freth** -TER] {S 1; F 0(CE38): C W *ffraethder*:}

freudh ['frœːð] *m.* **+ow** commotion, brawl, violence, disturbance
[C: CC *srâbho-* (gpc)] {S 1; F 2: **M** pl. *frʋthow* (BK09.07): L *froth* (JCNBL46): C B *freuz* 'violence', W *ffrawdd* 'violence': **+ow** I}
In spite of phonetic differences, Lhuyd's *frôth* is identified with this word; Nance suggested also that it could be a variant of *fros*, which would imply OldC [-d] > MidC -*s* > LateC [-θ], a rare phonetic development indeed.

freudha

freudha ['frœ·ða] *v.* fray out
[Cc: **freudh** -¹A] {**S** 1; **F** 0(CE38): **D** "freathe": **C** B *freuzañ* 'to destroy', W *ffrawddu* 'to hurry'}

freudhek ['frœ·ḑęk] *adj.* violent
[Cc: **freudh** -¹EK] {**S** 1; **F** 0(GM09: K.J.G.)}

freudhi ['frœ·ði] *v.* brawl, commit violence
[Cc: **freudh** -¹I] {**S** 1; **F** 0(GK98: G.M.S.)}

FREYTH- [L: ModL *fract*-]

fri ['friː] *m.* **+ow** nose
[C: CC **sri-n-* (deb)]
{**S** 1; **F** 0(CPNE): **P** Treffry: **C** B *fri*: **+ow** C}

FRI- [E(F): MidE < OldF *frire* (coe)]

fria ['fri·a] *v.* fry
[E(F)c: FRI=¹A] {**S** 4; **F** 2: **M** p.ptcpl. *fryys* (BK15.22): **L** *fria* (AB061b): **C** W *ffrio*}

frias ['fri·az] *m.* **+ow** fry-up
[E(F)c: FRI=¹AS] {**S** 4; **F** 0(Y1): **+ow** I}

frikhwyth ['frikhwɪθ] *m.* **+ow** sniff
[CC: from **frig hwyth**] {**S** 2; **F** 0(EC52): **+ow** I}

frikhwytha [frɪk'hwɪ·θa] *v.* sniff
[CC: **frikhwyth** -¹A] {**S** 2; **F** 0(EC52)}

frig ['friːg] *m.* **+ow**, *dual* **dewfrik** nostril
[C: dim. in -IK of **fri** 'nose', condensed to 1 syll.] {**S** 2; **F** 4: **O** *friic* (VC.030) → L,P: **M** pl. *frygov*: **L** *freeg* (BOD.010); pl. *frigau̯* (AB.) → P: **C** cf. B *fri* 'nose'} Found as *friic* in OldC.

frisek ['fri·zęk] *adj.* Frisian
[E(O)c: Compound in -EK from root FRIS-]
{**S** 1; **F** 0(AnG 1997):}

Frisek *m.* Frisian language
[E(O)c: Compound in -EK from root FRIS-]
{**S** 1; **F** 0(AnG 1997):}

froeth ['froːθ] *coll.* **+enn** fruit *(in general)*
[L: BLat **fruxtos* < CLat *fructus* (lheb)]
{**S** 1; **F** 1: **O** *fruit* (VC.681) ['frʊɪθ]: **L** *frueth* (G1JB): **C** B *frouezh*; W *ffrwyth*: **+enn** I} Nance's *fruyth* is a re-spelling of the OldC *fruit*; he made no attempt to advance the word to its MidC form, which would have been **froyth*.

fronn ['frɔnː] *f.* **+ow** brake *(curb)*, restraint
[L: CLat *frenum* (gpc)]

{**S** 3; **F** 2: **L** *frodin* (WDRS), *fruyn, frudn* (PV10432): **C** W *ffrwyn*: **+ow** I}
One would have expected MidC /froːn/, but the LateC *frodin,* suggests that the word developed as if it were /frɔnː/. <-din> shows /-nn/ > [-dən] at the early date of 1644.

fronna ['frɔnːa] *v.* brake, restrain, curb
[Lc: **fronn** -¹A] {**S** 3; **F** 0(CE38): **C** W *ffrwyno*}

fronnow-gober [ˌfrɔnːɔʊ'gɔ·bęr] *pl.* wage restraints
[LcC: **fronnow gober**] {**S** 3; **F** 0(Y2)}

fros ['frɔːz] *m.* **+ow** current *(flow)*, stream, tumult
[C: Brit **frutu-* (hpb) < IE **srutu-s* (M)]
{**S** 1; **F** 2: **O** *frot* (VC.734) → L,P: **L** *frôz* (AB060b): **D** "froze" 'tidal race': **P** ?Fraddon: **C** B *froud*; W *ffrwd*: **+ow** P}

fros goes haemorrhage

frosa ['frɔ·za] *v.* stream, gush, flow
[Cc: **fros** -¹A] {**S** 1; **F** 0(CE38):
C B *froudañ* 'to run about' (of animals)}

froslamm ['frɔ·zlam] *m.* **+ow** cascade
[CC: **fros lamm**] {**S** 1; **F** 0(GM09: K.J.G.): **+ow** I} Nance suggested *lammfros*.

frosva ['frɔ·zva] *f.* **+ow** flume
[Cc: **fros** -VA] {**S** 1; **F** 0(GK98: G.M.S.): **+ow** I}

frosyel ['frɔʒęl] *adj.* gushing
[Cc: **fros** -YEL]
{**S** 1; **F** 0(CPNE): **P** Fentafriddle: **C** W *ffrydiol*}

froward adj.
{**S** 6; **F** 2: **M** *froward* (TH24r, 38v)}

frows ['frɔʊz] *m.* fraud, deceit
[E(F): MidE < OldF *fraude* (coe)]
{**S** 4; **F** 2: **M** *fravs* (RD.1293) → P:}
The MidC word rhymes with *Emmaus*. If the etymology is correct, then it shows E *-d* > C *-s* (another possibility for this is **flows**), but it could come directly from CLat *fraus*.

frowsus ['frɔʊzys] *adj.* fraudulent
[E(F)l: **frows** -US] {**S** 4; **F** 0(EC52)}

frowsya ['frɔʊʒja] *v.* defraud
[E(F)c: **frows** -YA] {**S** 4; **F** 0(GM09: YhaG)}

fruitful adj.
{**S** 6; **F** 1: **M** *frutfull* (TH40r)}

frut

frut ['fryːt] *m.* **+ys** fruit *(in general)*
See also **froeth**.
[E(F): MidE < OldF (coe)] {S 5; F 5: M *ffrut* → P, *frut*; pl. *frutes* → P, *frutys*: **+ys** M}

Fryji *place* Phrygia
Name of a province of the Roman empire.
{S 5; F 1: M *phrygy* (BK32.45)}

Frynk ['frɪnk] 1. *place* France 2. *m.* **+yon** Frenchman
[D: CLat *Francus* or E *Frank*]
{S 3; F 4: M *frynk* (BK33.11): L *Frynk, Frenk*: C W *Ffranc*: **+yon** I (CE38)}

frynkek ['frɪnkęk] *adj.* French
[Dc: **Frynk** -¹EK]
{S 3; F 3: L *Frencock, Vrinkak*: C W *Ffrangeg*:}

Frynkek *m.* French language
[Dc: **Frynk** -¹EK]

Frynkeger [frɪn'kę·gęr] *m.* **-oryon** French-speaker
[Dcl: **Frynkek** -¹ER]
{S 3; F 0(AnG 1985): **-oryon** I}

Frynkes ['frɪnkęs] *f.* **+ow** Frenchwoman
[Dc: **Frynk** -⁴ES] {S 3; F 0(CE38): **+ow** I}

fryya v. set free, free
[E(E)c: VN in -YA from MidE *free* < OldE *frêo*]
{S 4; F 1: L p.ptcpl. *friez* (JCNBL36)}
The spelling of this loan-word is difficult and has been subject to criticism. Presumably it was pronounced differently from **fria** 'to fry', and so should be spelled differently. In *CE93* it was spelled **frya**, but difficulties arise with the paradigm (Edwards). A spelling with **fre-** would fit the loan-word *fre* in *BK*. but not the one attested case. Here the word has been re-spelled **fryya**, but it is recommended that **rydhhe** be used.

fuelenn [fy'ę·lęn] *f.* wormwood
[Uc: According to Graves, a derivative of OldC **fual* 'fetter' < CLat *fibula*. The ending in OldC *fuelein* is taken to be the sg. -ENN.]
{S 8; F 3: O *fuelein* (VC.648) → L,P: C cf. B *huelenn* 'absinthe':}

fug ['fyːg] 1. *adj.* sham, fictitious, phoney, fake 2. *m.* **+yow** fake, feint
[L: CLat *fūcus* (gpc)]

{S 1; F 0(CE38): C W *ffug*: **+yow** I (CE38)} B *feuk* 'annoyance' is not cognate.

FUG- *prefix* pseudo- [L: Same as **fug**]

fugieth [fy'gi·ęθ] *f.* fiction
[Lc: **fug** -IETH] {S 1; F 0(GK98: J.A.):}

fugieth skiensel science fiction

fugiethel [fygi'ę·θęl] *adj.* fictional
[Lcc: **fugieth** -¹EL] {S 1; F 0(GM09: G.M.S.)}

fugya ['fy·gja] *v.* feign, fake, forge, play unfairly
[Lc: **fug** -YA]
{S 1; F 0(CE38): D "feak": C W *ffugio*}

fugyans ['fy·gjans] *m.* **+ow** feigning, forgery
[Lc: **fug** -YANS]
{S 1; F 0(GM09: G.M.S.): **+ow** I}

fukhanow ['fy·khanɔw] *m.* **-henwyn** false name
[LC: from **fug hanow**] {S 2; F 0(CE38): C W *ffugenw*: **-henwyn** I}

fumado [fy'ma·dɔ] *m.* **+s** salted pilchard, sardine
[E(O): ModE < Sp *fumado* 'smoked']
{S 5; F 0(CE38): D "fermaid": **+s** I}

fun ['fyːn] *f.* **+yow** cable, long rope
[L: CLat *fûnis* (gpc)] {S 1; F 1: L pl. *funiou* (PV10441): D "fun": C B *fun*, W *ffun*: **+yow** L}
Nance's *fonen* 'hay-band' is more likely to belong here than to be **foen** -ENN

fundamentum (Lat.) *n.* base
{S 6; F 1: M *fundamentum* (TH48v)}

funenn ['fy·nęn] *f.* **+ow** cable
[Lc: **fun** -ENN]
{S 1; F 1: L *funen* (PV10441): **+ow** I}

fur ['fyːr] *adj.* wise, cautious, discreet, sensible, prudent
[L: CLat *fur-* 'thief' (Gr.)]
{S 1; F 5: O *fur* (VC.243, 416) → P: M *fur, fuer, fure*: L *fir* (AB.) → P, *feere* (M2WK): C B *fur*; MidW *ffur* is probably from *VC*.}

furder ['fyrdęr] *m.* wisdom
[Lc: **fur** -DER] {S 1; F 1: L *fyrder* (PV10501):}

furhe [fyr'hęː] *v.* make wise
[Lc: **fur** -HE] {S 1; F 1: M *furhe* (BK05.45)}

furneth ['fyrnęθ] *f.* wisdom, discretion, prudence
[Lc: **fur** -NETH] {**S** 1; **F** 0(CE38): **M** *furneth* (BK04.20, 26.77, 38.57): **C** B *furnez:*}

furv ['fyrv] *f.* **+ow** form, shape, figure *(form)*, mould *(for casting)*
[L: BLat *forma* < CLat *fôrma* (Gr.)] {**S** 1; **F** 2: **O** *furf* → P: **C** not in B; W *ffurf*: **+ow** I} This word was replaced by *form* in MidC.

furvas ['fyrvaz] *m.* **+ow** format
[Lc: **furv** -AS] {**S** 1; **F** 0(GM09: YhaG): **+ow** I}

furvasa [fyr'va·za] *v.* format
[Lcc: **furvas** -¹A] {**S** 1; **F** 0(GM09: G.M.S.)}

furvell ['fyrvęl] *f.* **+ow** formula, mould
[Lc: **furv** -ELL] {**S** 1; **F** 0(EC00): **+ow** I}

furvella [fyr'vęl:a] *v.* formulate
[Lc: **furvell** -¹A] {**S** 1; **F** 0(GM09: G.M.S.)}

furvellek [fyr'vęl:ęk] *adj.* formulaic
[Lc: **furvell** -¹EK] {**S** 1; **F** 0(EC00)}

furvonieth [ˌfyrvɔ'ni·ęθ] *f.* morphology
[Lc: **furv** -ONIETH] {**S** 1; **F** 0(GM09: K.J.G.):}

furvya ['fyrvja] *v.* form, shape, figure *(form)*, mould *(for casting)*
[Lc: **furv** -YA] {**S** 1; **F** 0(GM09: K.J.G.): **C** not in B; W *ffurfio*}

furvyans ['fyrvjans] *m.* **+ow** formation
[Lh: **furv** -YANS] {**S** 1; **F** 0(GM09: G.M.S.): **+ow** I}

furvyer ['fyrvjęr] *m.* **furvyoryon** creator
[Lh: **furv** -¹YER] {**S** 5; **F** 0(GM09: K.J.G.): **furvyoryon** I}

fusenn ['fy·zęn] *f.* **+ow** rocket
[Fc: FN in -ENN from F *fusée*] {**S** 4; **F** 0(GL05: T.S.): **C** cf. B *fuzeen*: **+ow** I}

fust ['fy:st] *f.* **+ow** club *(weapon)*, truncheon
[L: CLat *fustis*] {**S** 1; **F** 2: **M** pl. *fustow* (PC.1172) → P: **L** *vŷst* (AB.): **C** B *fust*; W *ffust*: **+ow** M}

fusta ['fy·sta] *v.* thrash, whip, beat *(with a club)*, thresh
[Lc: **fust** -¹A] {**S** 1; **F** 2: **L** *fysta* (AB245a) → P}

fustwarak [fyst'wa·rak] *f.* **-waregow** crossbow
[LC: **fust** 2gwarak] {**S** 1; **F** 0(EC52): **-waregow** N (EC52)}

fydh ['fɪːð] *f.* **+yow** faith, trust, reliance, religion
[L: CLat *fides* (M)] {**S** 1; **F** 5: **M** *feyth* → P, *fyth, feith*: **L** *fydh* (AB229b): **C** B *feiz*; W *ffydd*: **+yow** I}

fydhya ['fɪ·ðja] *v.* trust, confide, hope
[Lc: **fydh** -YA] {**S** 1; **F** 3: **M** *fythye* → P}
fydhya yn have faith in, rely on

fydhyadewder [fɪðja'dęʊdęr] *m.* reliability
[Lccc: **fydhyadow** -DER] {**S** 1; **F** 0(GM09: K.J.G.):}

fydhyadow [fɪð'ja·dɔw] *adj.* reliable
[Lcc: from **fydhya** -ADOW] {**S** 1; **F** 0(GM09: G.M.S.)}

fydhyans ['fɪ·ðjans] *m.* confidence, trust, faith
[Lh: **fydh** -YANS] {**S** 1; **F** 0(CE55): **C** B *fiziañs:*}

fydhyansek [fɪð'janzęk] *adj.* confident
[Lhc: **fydhyans** -¹EK] {**S** 1; **F** 0(GM09: P.H.)}

fyll ['fɪlː] *m.* **+ow** fiddle *(Mus.)*, violin
[E(E): MidE < OldE *fiðele* (coe)] {**S** 4; **F** 1: **M** *fylh* (OM.1997): **C** cf. W *ffil* < W *ffilor* 'fiddler' < OldC (gpc): **+ow** I (K.J.G.)} The MidC spelling suggests the above etymology; OldF *viel* > ModE *viol* does not fit so well.

fyllel ['fɪlːęl] *v.* fail
[Cc: from **fall** -¹EL, with enhanced affection] {**S** 3; **F** 3: **M** *fyllell* → P}
fyllel a lack
fyllel dhe fail to
byth na fyll unfailing

fyller ['fɪlːęr] *m.* **-oryon** fiddler *(Mus.)*, violinist *(male)*
[E(E)l: **fyll** -¹ER] {**S** 4; **F** 0(CE38): **-oryon** I} Nance sought to base his *fyllor* on W *ffilor*, but this is a learned borrowing from OldC (gpc); see **harfyller**.

fyllores [fɪ'lɔ·ręs] *f.* **+ow** violinist *(female)* [E(E)c: **fyll** -ORES] {**S** 8; **F** 1: **O** *fellores* (VC.256): **+ow** I}

fyllya ['fɪlːja] *v.* play the fiddle
[E(E)c: **fyll** -YA] {S 4; F 0(GK98: G.M.S.)}

fylm ['fɪlm] *m.* **+ow** film *(cinema, T.V., video)*
[E(E): ModE < OldE *filmen* (coe)]
{S 4; F 0(CE93: J.A.): **+ow** N}

fylm bras feature film

fylmhys ['fɪlmhɪz] *m.* **+ow** footage
[E(E)C: **fylm hys**]
{S 4; F 0(GM09: G.M.S.): **+ow** I}

fylmya ['fɪlmja] *v.* film *(shoot a film)*
[E(E)c: **fylm** -YA] {S 4; F 0(CE93: G.M.S.)}

fynngel ['fɪngęl] *f.* **fynnglow** furrow
[Cl: FYNNGL-S] {S 2; F 0(CE38): C B *c'hwengl*, W *chwynnogl*: **fynnglow** I} Nance spelled the word *fynegel*, and gave 'furrow' as its meaning, but the cognates suggest that the implement making the furrow is more likely.

FYNNGL- [Cl: from **hwynn** -OGL, with [hw-] > [f-].] The sf. -OGL is from Lat *oculus*, found also in **hwibanowl**.

fynngla ['fɪngla] *v.* use a crook for catching sand-eels
[Clc: FYNNGL=¹A]
{S 2; F 0(CE38): D "to vingle" (Kennedy):
C cf. B *finouc'hella* 'to root (as of pigs)' (Vallée)}
Nance's spelling for the verb was *fynegly*; in *GCSW* he compared it with the Breton for 'to root as swine'; semantically these have in common the idea of making a shallow rut or furrow in the ground, hence Nance's translation 'to furrow'. Nance also quoted W *ffyneglu* 'to furrow', but this is not in *GPC*.

fynngler ['fɪnglęr] *m.* **+yow** crook *(for catching sand-eels)*
This implement is an iron rod about 20 cm long, with a hook on the end. It is held in the hand and dragged through the sand.
[Cll: FYNNGL=¹ER]
{S 2; F 0(CE38): D "fingler": **+yow** I}

fynni ['fɪnːi] *coll.* **+enn** bent coarse grass
[U: poss. related to **hwynn**, with [hw-] > [f-]]
{S 8; F 0(CE38): P Rosevidney = ¹**ros fynni**: **+enn** I}

fynni veur tussock grass
D "vidney veor":

fyrmament m. firmament
ebron might serve in some circumstances.
[D: OldF *firmament* or LLat (Gr.)]
{S 5; F 1: O *firmament* (VC.008):
C Not in B; cf. W *ffurfafen*:}

fyrv ['fɪrv] *adj.* firm, steadfast, steady
[L: CLat *firmus*]
{S 1; F 0(CE38): C B *ferv*, W *ffyrf*}
Nance wrote *ferf*, but Lat *i* would give <y> in Cor.; he may have been confused by the fem. form *fferf* in W.

fyrvder ['fɪrvdęr] *m.* firmness, steadfastness
[Lc: **fyrv** -DER]
{S 1; F 0(CE38): C B *fervder*, W *ffyrfder*:}

fysk ['fɪːsk] **1.** *adj.* impulsive, impetuous, hasty **2.** *m.* **+ow** rush *(hurry)*, haste, hurry, dash, bustle
[C: Brit **spid-sk*- (gpc)] {S 1; F 0(CE38): C W *fysg*: **+ow** I}

fyski ['fɪˑski] *v.* rush, hasten, hurry, make haste, dash, bustle
[Cc: **fysk** -¹I] {S 8; F 2: M *fysky* (OM.1685), *fesky* (BM.2099): C W *fysgu*}

FYSL- [E: Eng. dial. "fussle" 'to fuss' (CE38)]

fysla ['fɪsla] *v.* fuss, fidget
[Ec: FYSL=¹A] {S 8; F 0(GK98: G.M.S.)}

fyslans ['fɪslans] *m.* **+ow** fuss
[Eh: FYSL=ANS] {S 8; F 0(GM09: P.H.): **+ow** I}

fyslek ['fɪslęk] **1.** *adj.* fussy, fidgetty, troublesome **2.** *m.* **fyslogyon** nuisance
[Ec: FYSL=¹EK] {S 8; F 1: L (Borlase): **-ogyon** I}

fytt ['fɪt] *m.* **+ys**, **+ow** match *(game)*, bout, fixture
Note similarity of 'a fit' = 'a match'
[E: E *fit* < MidE *fitte* (coe)] {S 5; F 1: M *fyt* (BM.3380): **+ys** I (CE38); **+ow** N}

fyttya ['fɪtːja] *v.* make ready
[Ec: **fytt** -YA] {S 5; F 1: L (Gw.)}

G (mutations W, K, H)

'ga³ [ga] *pron.* their
[C: Short variant of **aga**] {**S** 2; **F** 0(GM09: P.H.)}

Gabriel name Gabriel
{**S** 4; **F** 1: **M** *gabryel* (OM.1927) (3 syll.)}

gadlyng ['gadlɪŋ] *m.* **+s** vagabond
[E: MidE (CE38)] {**S** 5; **F** 3: **M** *gadlyng* (PC.1817, 2691) → P: **+s** I (CE38)}

gahen ['ga·hɛn] *f.* henbane
[C: CC (Gr.)] {**S** 8; **F** 2: **O** *gahen* (VC.633) → P: **P** ?Gahan: **C** No Brittonic cognates known, but cf. OldI *gafann*:} There being no other evidence, the word is spelled as in OldC.

gaja ['ga·dʒa] *m.* **gajys** forfeit, security, pledge
[E(F): MidE *gage* < OldF < Gmc (coe)]
{**S** 5; **F** 1: **M** *gage* (PC.1186): **gajys** I}

gaja-mernans [ˌgadʒa'mɛrnans] *m.* **gajys-m.** mortgage
[E(F)Cc: **gaja mernans**]
{**S** 5; **F** 0(EC52): **gajys-m.** I}

gal ['gaːl] *m.* **+yon** villain, outcast, criminal
[E(E): MidE < OldE *gal* (CE38)]
{**S** 4; **F** 4: **M** *gal* → P: **+yon** I}

GAL- [C:] root found in parts of irregular verb **mos** 'to go'.

galanas [ga'la·nas] *m.* homicide, murder, manslaughter
[c:] {**S** 1; **F** 2: **M** *galanas* (BK08.45): **L** *kalanedh* (PV12607):}

galant ['ga·lant] *adj.* gallant
[F: OldF *galant* (coe)] {**S** 5; **F** 2: **M** *gallant* (BK22.62), *galaunt* (BK24113), *galant* (BK32.77)}

galantedh [ga'lantęð] *m.* gallantry
[Fc: **galant** -EDH] {**S** 5; **F** 0(GM09: G.M.S.):}

galar ['ga·lar] *m.* **+ow** grief, sorrow, affliction
[C: IE (gpc)] {**S** 8; **F** 5: **M** *galar* → P; pl. *galarow* → P: **C B** *glac'har*; W *galar*: **+ow** M}

galarek [ga'la·ręk] *adj.* miserable
[Cc: **galar** -¹EK] {**S** 8; **F** 1: **M** *galarak* (BK09.57)}

galari [ga'la·ri] *v.* grieve, lament, mourn
[Cc: **galar** -¹I] {**S** 1; **F** 0(CE38): **C B** *glac'hariñ*}

galargan [ga'largan] *f.* **+ow** elegy, dirge
[CC: **galar** 2kan] {**S** 1; **F** 0(CE38): **+ow** I}

galarwisk [ga'larwɪsk] *m.* mourning-dress
[CC: **galar** 2gwisk] {**S** 1; **F** 0(CE38):}

Galatians (Eng.) *pl.*
{**S** 6; **F** 3: **M** *Galathians* (TH.)}

galianek *adj.* Gaulish
[U:] {**S** 8; **F** 0(GM09: K.J.G.): **C B** *Galianeg*:}

Galianek [ˌgali'a·nęk] *m.* Gaulish language
[U:] {**S** 8; **F** 0(GM09: K.J.G.): **C B** *Galianeg*:}

Galile place Galilee
[E(F): MidE < OldF (coe)]
{**S** 4; **F** 4: **M** *galile*: **L** *alile*}
Unstressed MidC /-e/ was at first spelled <e>, and later <a>, suggesting a sound-change [ę] > [a]. This word, however, was spelled only with <-e>, in both MidC and LateC, and usually rhymed with words in /-e/. This indicates that the stress was on the final syllable. Nance's *Galyla*, re-spelled as **Galila** in *CE93*, are therefore incorrect; the word is better spelled with <-e>.

¹GALL- [C: IE (Haywood)]

²GALL- [C:] appears in some tenses of 'to go'.

galladewder [gala'dęʊdęr] *m.* **+yow** possibility, potential
[Ccc: from **galladow** -DER]
{**S** 1; **F** 0(GM09: K.J.G): **+yow** I}

galladow [ga'la·dɔw] *adj.* possible, potential
[Cc: ¹GALL -ADOW] {**S** 1; **F** 0(AnG 2007: P.K.)}

gallina [ga'liˑna] *m.* **gallinys** guinea-fowl
[L: Lat *gallîna* (CE38)]
{**S** 1; **F** 0(CE38): **D** "gleany", in use in 1989 (B.C.): **gallinys** N (CE38)}

galloes

galloes ['galːʁz] **1.** *m.* **+ow** power, ability, might **2.** *v.* be able
[Cc: ¹**gall=oes**]
{S 1; F 7: M *gallus, galloys, gallos*: L *gally* (AB.) → P: C B *gallout*, cf. W *gallu*: **+ow** I}

galloes a'm beus war I have power over

galloesedh [ga'loˑzeð] *m.* power *(quantity in physics)* measured in watts.
[Ccc: **galloes** -EDH] {S 1; F 0(GM09: YhaG):}

galloesegi [galʁz'eˑgi] *v.* empower
[Ccc: from **galloesek** -¹I] {S 1; F 0(EC00)}

galloesek [ga'loˑzek] *adj.* powerful, mighty, potent
[Ccc: **galloes** -¹EK < IE **ghalneytâko-* (Haywood)]
{S 1; F 5: O *galluidoc* (VC.245): M *gallosek* → P, *galosek*: L *gallosack* (BOD): C B *galloudek*}
The one textual spelling showing palatalization (*gallogek* at RD.2376) is regarded as an exception.

Gall-Vrythonek *adj.* Gallo-Brittonic
{S 8; F 1: L *Gal-vrethonek* (CGEL)}

galow ['gaˑlɔw] *m.* **+yow** invitation, call, summons, appeal
[C: GALW-S]
{S 1; F 3: M *galow* → P, *gawle* (TH.): L *galu* (AB248a): C B *galv*, W *galw*: **+yow** I}

galow omblek curtain call

galow pymp mynysenn five-minute call

GALW- [C: CC **gal-wen-* < IE (Fl.)]

galwans ['gaˑlwans] *m.* **+ow** appellation
[Ch: GALW=ANS]
{S 1; F 0(GM09: G.M.S.): **+ow** I}

galwansek [gal'wanzek] *adj.* vocational
[Chc: GALW=ANS -¹EK] {S 1; F 0(EC00)}

galwenn ['galwen] *f.* **+ow** call
[Cc: GALW=ENN] {S 1; F 0(CE93: W.B.): **+ow** I}

galwenn bellgows telephone call

galwesiges [ˌgalwę'ʒiˑges] *f.* **+ow** professional *(woman)*
[Ccc: from **galwesik** -⁴ES]
{S 1; F 0(GK98: K.J.G.): **+ow** I}

galwesigeth [ˌgalwę'ʒiˑgęθ] *f.* **+ow** vocation, calling *(vocation)*, profession
[Ccc: from **galwesik** -ETH] {S 1; F 0(EC52): C B *galvidigezh*, W *galwedigaeth*: **+ow** I}

galwesik [gal'węˑʒɪk] **1.** *adj.* professional **2.** *m.* **-igyon** professional *(man)*
[Cc: GALW=ESIK] {S 1; F 0(GK98: A.S.): C W *galwedig*: **-igyon** N (K.J.G.)}

galweyth ['galwęɪθ] *m.* **+yow** crime
[E(E)C: **gal** 2²**gweyth**]
{S 4; F 0(GK98: G.M.S.): **+yow** I}

galweythel [gal'węɪθęl] *adj.* criminal
[E(E)Cc: **galweyth** (X2X)-EL]
{S 4; F 0(GM09: GG)}

gam ['gaːm] *m.* game *(object of hunt)*
[E(E): MidE < OldE *gamen* (coe)]
{S 5; F 2: M *gam* (BM.3230, CW.0810):}

'gan [gan] *pron.* our
[C: Short variant of **agan**] {S 2; F 4: M *gan* → P}

GAN- [C:]

ganow ['gaˑnɔw] *m.* **+ow** mouth, gob *(slang)*
[C: Brit **genowes* (gpc)]
{S 3; F 5: O *genau* (VC.043) → L,P: M *ganow*, pl. *ganowow* (TH07v, 21v): L *ganau̯* (AB.) → P, *ganaw* (BOD), *gannow* (WDRS): P ?Pellagenna: C B *genou*; W *genau*: **+ow** M}
OldC *genau* may be W., and represents the pl. of **gen** *(q.v.)*; the stressed vowel changed to [a] in MidC.

der anow oral, spoken, verbal (spoken)

orth ganow face to face

ganowas [ga'nɔʊ̯az] *m.* **+ow** mouthful
[Cc: **ganow** -²AS]
{S 3; F 0(CE38): C B *genaouad*: **+ow** I}

ganowek [ga'nɔʊ̯ek] *adj.* big-mouthed, gaping
[Cc: **ganow** -¹EK] {S 1; F 0(CE38): C B *genaoueg*}

gans

gans ['gans] *prep.* with, by
[C: CC (Fl.) < IE *kn̥ta* (gpc)]
{**S** 1; **F** 8: **O** *cans* (VC.209, 210): **M** *gans* → P:
L *gen, genz*: **C** B *gant*; **W** *(gan)*}
Prepositions formed with **gans** (**genev, genes, ganso, gensi, genen, genowgh, gansa**) are listed invidually.

gans henna moreover

gansa ['ganza] *prep.* with them
[C: Compound of **gans**]
{**S** 1; **F** 5: **M** *ganse* → P, *gansa*: **C** B *ganto*}
Replaced by *gansans* in later Cor.

gansans *prep.* with them ALT = **gansa**.
[Cc: **gans** + Late form of 3 pl. ending -*ons*]
{**S** 3; **F** 3: **M** *gansans* (TH22v, 49v): **L** *gungans* (KKTT), *gẏnzhanz* (AB244b)}

ganso ['ganzɔ] *prep.* with him
[C: Compound of **gans**]
{**S** 1; **F** 6: **M** *ganso* → P, later *gonsa*: **L** *gunja* (KKTT), *ganza, gonzha* (AB.244b): **C** B *gantañ*}

garan ['ga·ran] *f.* **+es** crane
[C: IE (lp)]
{**S** 1; **F** 3: **O** *garan* (VC.500) → L,P: **P** Cusgarne = **koes garan**: **C** B *garan*; **W** *garan*: **+es** I}

garek ['ga·ręk] *m.* **-oges** garfish
[E(E)c: OldE *gár* 'spear' + -¹EK (gcsw)]
{**S** 8; **F** 2: **L** *girrock* (Ray), *girak* (Lh.) → P:
D "gerrock", "gerrick", "garrick": **-oges** I}

gargasenn [gar'ga·zęn] *f.* **+ow** gullet, glutton, guzzler
[E(F)c: FN in -ENN from OldF *gargate* (gbv)]
{**S** 4; **F** 2: **M** *gargesen* (BM.2423, 3322): **C** B *gargadenn*: **+ow** I}

gargett ['gargęt] *m.* **+ow** garter
[E(F): MidE *garget* < OldF *gargate* (co)]
{**S** 5; **F** 3: **L** *garget* (AB013c, 242c) → P;
pl. *gargettoụ* (AB242c) → P: **+ow** L}

garlont ['garlɔnt] *f.* **+ow** garland, wreath, band *(strip)*
[E(F): MidE < OldF *garlande* (co)] {**S** 5; **F** 3:
M *garlont*; pl. *garlontow* (OM.2499): **+ow** M}

garm ['garm] *f.* **+ow** shout, outcry
[C: CC *gar-(s)mn̥* (gpc) < IE (Fl.)] {**S** 1; **F** 3: **M** *garm* → P: **D** "garm": **C** B *garm*; **W** *garm*: **+ow** I}

garma ['garma] *v.* shout, cry out

223

¹garth

[Cc: **garm** -¹A]
{**S** 1; **F** 4: **M** *garme* → P: **C** cf. B *garmiñ*}

garow ['ga·rɔw] *adj.* rough, rugged, coarse, harsh
[C: GARW-S]
{**S** 1; **F** 5: **M** *garow; garaw* (BK.): **L** *garo* (AB052b) → P: **P** Garrow Tor: **C** B *garv*; **W** *garw*}

yn harow roughly

garowder [ga'rɔʊdęr] *m.* **+yow** roughness, coarseness, harshness
[Cc: **garow** -DER] {**S** 1; **F** 1: **L** *garauder* (PV10612): **C** B *garvder*, C *garwder*: **+yow** I}

GARW- [C: CC *garwo-* (gpc)]

garr ['garː] *f.* **+ow**, *dual* **diwarr** leg, stem, stalk
[C: CC (gpc)] {**S** 1; **F** 4: **M** *gar* (BK40.60);
pl. *garrow* → P: **L** *garr, gar*; pl. *garro* (AB250a) → P: **C** B *(gar)*, W *gar*}

garrek ['garːęk] *adj.* long-legged, leggy
[Cc: **garr** -¹EK]
{**S** 1; **F** 1: **L** *garrek* (Lh.): **C** B *(garek)*}

garrenn ['garːęn] *f.* **+ow** shank, calf *(of leg)*
[Cc: **garr** -ENN]
{**S** 1; **F** 0(CE38): **D** "pednygarren": **+ow** I}

garrgamm ['gargam] *adj.* crook-shanked, bow-legged
[CC: **garr** 2¹**kamm**] {**S** 1; **F** 2: **L** *gar-gabm* (AB169b) → P: **C** B *(gargamm)*, W *gargam*}

garrgamma [gar'gamːa] *v.* straddle
[CCc: **garrgamm** -¹A] {**S** 1; **F** 0(GK98: A.S.)}

garros ['garːɔs] *m.* **+ow** rough promontory
[CC: from **garow** ¹**ros**]
{**S** 2; **F** 2: **L** *guarhaz, garhaz, garras* (PV11407):
P Garras: **C** B *Garros* (pl.n.): **+ow** I}

garrvoth ['garvɔθ] *f.* **+ow** collar stud 'boss with a shank'.
[CC: **garr** 2**both**] {**S** 1; **F** 0(GK98: A.S.): **+ow** I}

¹garth ['garθ] *m.* **+ow** ridge, promontory
[C: thought to be the same word as ⁴**garth**]
{**S** 1; **F** 0(CE38): **P** Liggars: **C** W *garth*: **+ow** I}
became confused with **ardh** 'high ground'.

²**garth** ['garθ] *m.* **+ow** enclosure, yard *(enclosure)*, garden, court *(in street-names)*, courtyard
[C: CC *garto- (Fl.)]
{S 1; F 0(CE38): C B *garzh;* W *garth:* **+ow** I}

garth-gwari [,garθ'gwa·ri] *m.*
garthow-gwari playground
[CC: ²garth gwari]
{S 1; F 0(FTWC): **garthow-gwari** N (FTWC)}

garthow ['garθɔw] *f.* ox-goad
[Cc: pl. of *garth 'rod']
{S 1; F 3: O *garthou* (VC.346) → L,P: C B *garzhoù;* cf. W *garthon:*} Lhuyd's *Arho* (LV011.12) may be the lenited form.

garwa ['garwa] *adj.* rougher
[Cc: GARW=²A] {S 1; F 1: M *garwo* (PC.1197)}

GAS- [C: IE *gat- (gpc)]

gasa ['ga·ʒa] *v.* leave, abandon, renounce, leave off, let *(allow)*, permit, allow
Used in the periphrastic imperative, e.g. **gesewgh ni dhe gerdhes** 'let us walk'
[Cc: GAS=¹A] {S 1; F 4: M *gase, gasa* → P: L *garra:* C W *gadu* (more commonly *gadael*)}
Became *garra* in LateC.

gasa yn-mes omit, leave out

gasadow [ga'ʒa·dɔw] **1.** *adj.* residual **2.** *m.* **+yow** balance *(of bank-account)*, residue, residual
[Cc: GAS=ADOW] {S 1; F 0(Y2): **+yow** I}

gass ['gas] *m.* **+ow** gas
[E(O): Eng. word, first recorded in 1658, from a Dutch word invented by van Helmont, based on Gk *khaos* 'chaos' (soed)]
{S 4; F 0(EC52): **+ow** N (G.M.S.)}

gassow chi gweder greenhouse gases

gass-dor [gas'tɔːr] *m.* **gassow-dor** natural gas
[E(O)C: **gass dor**] {S 1; F 0(AnG 1998): **gassow-dor** I} Calqued on G *Erdgas* 'earth gas'.

gast ['gaːst] *f.* **gesti** bitch *(female dog)*, whore, prostitute, harlot
Used by some as an expletive.
[C: CC (gpc)]
{S 1; F 3: L *gêst* (AB.), *gast* (PV.6704); pl. *gesti* (AB046a): C B *gast,* pl. *gisti;* W *gast:* **gesti** L}

GAV- [E(E): MidE < OldE *(for)gifan* (CE38)]

gava ['ga·va] *v.* forgive, pardon, remit
[E(E)c: GAV=¹A] {S 4; F 5: M *gava:* L *gava*}

gava dhe forgive

gav dhymm excuse me, pardon me

gavadow [ga'va·dɔw] *adj.* pardonable, forgivable
[Cc: GAV=ADOW] {S 4; F 0(GM09: G.M.S.)}

gavel ['ga·vel] *f.* **+yow** grasp, hold, capacity
[C: CC *gabaglâ (gpc)] {S 8; F 1: M *gauel* (MC.237): C W *gafael:* **+yow** I}

gaveledh [gav'e·leð] *m.* **+ow** capacitance *(physical quantity)*
[Cc: **gavel** -¹EDH]
{S 1; F 0(GM09: YhaG): **+ow** I}

gaver ['gaver] *f.* **gever** goat
[C: GAVR-S] {S 1; F 4: O *gauar* (VC.589) → P: M *gaver;* pl. *gyffras* (TH27v): L *gavar;* pl. *gever:* D "gayver"; "gaverhale", from its bleating sound (CE38): P Polgaver Beach: C B *gavr;* W *gafr:* **gever** L}
Nance's *gavar* was influenced by OldC *gauar*.

gaver hal snipe

gaver-vor [,gaver'vɔːr] *f.* **gever-mor** lobster
[CC: **gaver** 2¹**mor**] {S 1; F 3: L *gavar môr* (AB034b, 081a, 241b) → P: **gever-mor** I}

GAVR- [C: Brit *gabro- (Fl.) < CC (Gr.) < IE *gabh-ro (gpc)]

gavrewik [gavr'ewɪk] *f.* **-iges** antelope
[Cc: GAVR- **ewik**]
{S 1; F 0(CE38): C W *gafrewig:* **-iges** I}

Gawen name Gawaine (name of one of Arthur's knights)
{S 1; F 2: M *gawen* (BK20.05, 40.42)}

gay ['gaɪ] (Eng.) *adj.* splendid
[E(F): MidE < OldF *gai* (co)]
{S 6; F 4: M *gay:* L *gay* (CLJK)}

Gebal

Gebal name
{S 1; F 2: M *gebal* (OM.2779,2812, 2813)}

ged- Now spelled **gid-**.

gel ['gɛːl] *f.* **+es** leech
[C: CC **gel-* (Gr.)]
{S 1; F 2: O *ghel* (VC.619) (<gh> = [g]) → L,P: P Polgeel Wood: C W *gêl*: **+es** I}

geler ['gɛˑlɛr] *f.* **+yow** bier, coffin
[C: Brit (lp)]
{S 8; F 2: M *geler* (RD.2320, BM.4487): L *elar* (AB059b): C B *geler*; W (*elor*): **+yow** I}

gelforn ['gɛlfɔrn] *f.* **+ow** forge
[CL: Shortened from **govel forn**]
{S 2; F 0(CE38): D "roar like gelvern": **+ow** I}

gell ['gɛlː] *adj.* light brown, fawn-coloured, tan (*brown*)
[C: CC **ghel-* (gpc) < IE (Fl.) (> ModE *yellow*)]
{S 1; F 0(CE38): C B *gell*; W *gell*}

gell kesten chestnut brown

gellburpur [gɛl'byrpyr] *adj.* puce
[CF: **gell** 2**purpur**] {S 4; F 0(EC00)}

Gelligesow [ˌgɛlːig'ɛˑzɔw] *pl.* Brownies
[Cccc: from **gellik** -⁴ES -²OW] {S 3; F 0(GK98)}

gellik ['gɛlːɪk] *adj.* brownish
[Cc: **gell** -IK] {S 1; F 0(EC52)}

gellrudh ['gɛlryð] *adj.* auburn, russet brown
[CC: **gell rudh**] {S 1; F 0(CE38)}

gellvelyn [gɛl'vɛˑlɪn] *adj.* tawny
[CC: **gell** 2**melyn**] {S 1; F 0(GM09: P.H.)}

gelvin ['gɛlvɪn] *m.* **+es** beak, bill (*of bird*)
[C: Brit **gulbîno-* (lheb)]
{S 8; F 3: O *geluin* (VC.510) → L,P: P ?Methers Colling: C OldB *golbin-*; W *gylfin*: **+es** I}

gelvinek [gɛl'viˑnɛk] **1.** *adj.* long-beaked **2.** *m.* **gelvinogyon** curlew
[Cc: **gelvin** -¹EK] {S 8; F 3: L *gylvinak* (AB241a) → P: C OldB *golbinoc*, B pl.n. *Ar Gelvineg*; W *gylfinog*: **gelvinogyon** I}

gelwel ['gɛlwɛl] *v.* call, summon, invite

genesigeth

[Cc: GALW-A -²EL] {S 1; F 6: M *gelwel, gylwall*: L p.ptcpl. *geluyz, giluyz* (AB248a)}

gelwys ['gɛlwɪz] *adj.* called
[Cc: **galw-A** -⁶YS]
{S 1; F 5: M *gelwys* → P, *gylwys* → P: L *geluyz, giluyz* (AB248a)} P.ptcpl. of **gelwel**

gemm ['gɛmː] *m.* **+ow** gem
[L: CLat *gemma* (lp)]
{S 4; F 1: O (gloss): C W *gem*: **+ow** I}

gemmweyth ['gɛmwɛɪθ] *m.* jewellery
[LC: **gemm** 2²**gweyth**]
{S 1; F 0(GK98: R.L./T.S.):}

gemmweythor [gɛm'wɛɪθɔr] *m.* **+yon** jeweller
[LCc: **gemm** 2**gweythor**]
{S 1; F 0(GM09: K.J.G.): **+yon** I}

gen ['gɛːn] *f.* **+yow,** *dual* **diwen** jaw
[C: CC *gênu-* (gpc) < IE (Fl.)]
{S 1; F 2: L *gerne* (BOD.016), *gên* (AB089a) → P: C B *gen* 'cheek'; W *gên*}

genbalsi [gɛn'balʒi] *m.* tetanus, lockjaw
[CE(F): **gen** 2**palsi**] {S 4; F 0(Y3):}

gene' ['gɛˑnə] *prep.* with me
[C: from **genev**] {S 2; F 5: M *gene, gena* → P}

gene'm *prep.* with me
[Cc: Shortened from **gene' ma*]
{S 2; F 2: L *gennam* (G1JB29, 30)}

genen ['gɛˑnɛn] *prep.* with us
[C:] {S 1; F 5: M *genen, gynen, genan*: L *gennan* (JCNBL14)}

general (Eng.) *adj.* {S 6; F 3: M *generall* (TH.)}

generally (Eng.) *adv.* Usually expressed these days by the borrowing from Breton **dre vras**.
{S 6; F 2: M *generally* (TH44r, 44v)}

genes ['gɛˑnɛs] *prep.* with thee
[C:] {S 1; F 5: M *genes, gynes, genas*: L *ginnez* (NGNB2)}

Duw genes goodbye

genesigeth [ˌgɛnɛ'ʒiˑgɛθ] *f.* **+ow** birth, time of birth, nativity
[Ccc: from **genesik** -ETH]
{S 1; F 3: M *genesegeth*:
C B *ganidigezh*, W *genedigaeth*: **+ow** I}

genesigva [ˌgɛnɛˈʒigva] *f.* **+ow**
  birthplace
  [Ccc: from **genesik** -VA] {S 1; F 1: M *genegygva* (BM.0850): C cf. W *genedigaethfa*: **-ow** I}

genesik [gɛnˈɛˑʒɪk] **1.** *adj.* native-born, natural, aboriginal **2.** *m.* **-igyon** native, aborigine
  [Cc: GAN-A -ESIK] {S 1; F 2: M *gen y gyk* (RD.2186), *genesek* (BM.2287), *genesyk* (BM.3211): C B *ginidik*, W *genedig*: **-igyon** I}
  Genesis (Lat.)
  {S 6; F 4: M *genesis* (TH.): L *Genesis* (G3WK)}

genev [ˈgɛˑnɛv] *prep.* with me
  See also **gene'**. [C:] {S 1; F 6: M *genef, gynef, genaf*: L *genev* (AB244b)}

genn [ˈgɛnː] *m.* **+ow** chisel, iron wedge
  [C: Brit *gendi (Fl.) < CC *ghend- (gpc)]
  {S 1; F 3: M pl. *genov* (OM.2318): L *gedn*: P ?*Placengennov*: **+ow** Mp}

genna [ˈgɛnːa] *v.* chisel, wedge
  [Cc: **genn** -¹A] {S 1; F 0(CE38): C B *gennañ*}

genowgh [ˈgɛˑnɔʊx] *prep.* with you
  [C: Compound of **gans**] {S 1; F 5: M *genough, genogh*: L *genn'o* (J.Boson), *gennoh* (Gw.)}
  Duw genowgh hwi goodbye
  gently (Eng.) *adv.* {S 6; F 1: M *iently* (TH25v)}

gensi [ˈgɛnzi] *prep.* with her
  [C: Compound of **gans**]
  {S 1; F 4: M *gensy, gynsy*: L *goshe* (G3WK)}
  ha gensi what's more, withal

genva [ˈgɛnva] *f.* **+ow** bit *(for horse)*
  [Cc: **gen** -VA]
  {S 1; F 0(CE38): C W *genfa*: **+ow** I}

Genver [ˈgɛnvɛr] *m.* January
  Usually preceded by **mis-**.
  [L: BLat *lânârius < CLat *lânuârius* (gpc)]
  {S 3; F 2: L *Genvar* (AB016c, 067a): C B *Genver*, W *Ionawr*:}
  [j-] > [g-] is rather unexpected in B and C.

genynn [ˈgɛˑnɪn] *m.* **+ow** gene
  [Cc: GAN-A -YNN]
  {S 1; F 0(AnG 1995): C W *genyn*: **+ow** I}

genynnegieth [gɛnˌɪnɛˈgiˑɛθ] *f.* genetics
  [Cccc: from **genynnek** -IETH]
  {S 1; F 0(AnG 1995):}

genynnegydh [gɛnɪnˈɛˑgɪð] *m.* **+yon** geneticist
  [Cccc: from **genynnek** -¹YDH]
  {S 1; F 0(GM09: G.M.S.): **+yon** I}

genynnek [gɛˈnɪnːɛk] *adj.* genetic
  [Ccc: **genynn** -¹EK] {S 1; F 0(AnG 1995)}

genys [ˈgɛˑnɪz] *adj.* born
  [Cc: gan-A -⁶YS] {S 1; F 5: M *genys* → P: L *gennez*: C B *ganet*}

ger [ˈgɛːr] *m.* **+yow** word
  [C: Brit *garjo- (M) < CC (Fl.)] {S 1; F 6: M *ger* → P, *gere*; pl. *geryov, gyrryow*: L *gêr* (AB.), *geer*; pl. *gerrio, gerriau*: C B *ger*; W *gair*: **+yow** ML}
  ger rag ger literal

ger-da [gɛrˈdaː] *m.* **geryow-da** fame, reputation
  [CC: **ger da**]
  {S 1; F 2: O *gerda* (VC.405) → P: **geryow-da** I}

gerdhellni [gɛrˈðɛlni] *m.* dyslexia
  [CCc: **ger** 2**dellni**] {S 1; F 0(EC00):}

gerdhyghtyans [gɛrˈðɪxtjans] *m.* word-processing
  [CE(E)h: **ger** 2**dyghtyans**]
  {S 8; F 0(GM09: G.M.S.):}

gerdhyghtyer [gɛrˈðɪxtjɛr] *m.* **+ow** word-processor
  [CE(E)c: **ger** 2**dyghtyer**]
  {S 8; F 0(AnG 1996): **+ow** I}

gerenn [ˈgɛˑrɛn] *f.* **+ow** single word
  The pl. is derogatory, and means 'mere words'.
  [Cc: **ger** -ENN]
  {S 1; F 1: M *gerennov* (BM.2964): **+ow** M}

gerennek [gɛrˈɛnːɛk] *adj.* voluble, verbose
  [Ccc: **gerenn** -¹EK] {S 1; F 0(EC52)}

gerennogeth [gɛrɛnɔˑgɛθ] *f.* verbosity, loquacity
  [Cccc: from **gerenn** -OGETH]
  {S 1; F 0(GM09: K.J.G.):}

gerennow

gerennow [gẹr'ẹnːɔw] *pl.* mere words, patter, tattle
[Cc: **gerenn** -¹OW]
{S 1; F 1: M *gerennov* (BM.2964)}

Gerens *name* (name of saint)
Cor. equivalent of W. *Geraint*, Lat *Gerontius*
{S 1; F 1: O *gerent* (LS): P Gerrans}

gerlyver [gẹr'lɪˑvẹr] *m.* **-lyvrow** dictionary
[CL: **ger lyver**] {S 1; F 2: L *ger-levar* (AB223); pl. *gerlevro* (AB222): **-lyvrow** L}

gerlyvrynn [gẹr'lɪvrɪn] *m.* **+ow** glossary
[CLc: **ger** LYVR=YNN]
{S 1; F 4: L *gerlevran*: **+ow** I}

Germany (Eng.) *place* ALT = **Almayn**.
{S 6; F 2: M *Germany* (BK39.59, TH32r)}

Germogh *place* Germoe
{S 8; F 2: L *germo* (L1WG, L1JB)}

gerva ['gẹrva] *f.* **+ow** vocabulary
[Cc: **ger** -VA]
{S 1; F 0(CE38): C W *geirfa*: **+ow** I}

gerya ['gẹˑrja] *v.* patter, prate, babble, gabble, be verbose
[Cc: **ger** -YA] {S 1; F 0(CE38): D "garey"}

geryel ['gẹˑrjẹl] *adj.* verbal *(concerning words)*
[Cc: **ger** -YEL] {S 1; F 0(GK98: K.J.G.)}

geryow ['gẹˑrjɔw] *pl.* lyrics
[Cc: **ger** -YOW] {S 1; F 6: M *geryov, gyrryow*: L *gerrio, gerriau*: C B *gerioù*} pl. of **ger**.

gerys-da [ˌgẹrɪz'daː] *adj.* famous, well spoken of, renowned, celebrated
[CcC: **ger** -YES ¹**da**]
{S 1; F 2: O *geriitda* (VC.404) → L,P}

ges ['gẹːz] *m.* **+yow** jeer, mockery, satire, derision, joke, quip, gag
[E(F):] {S 4; F 4: M *ges* → P: L *geaze* (M2WK), *weez* (NGNB8): C MidB *gaes* (CE38): **+yow** I}
gul ges a make fun of

gesedh ['gẹˑzẹð] *m.* **+ow** irony
[E(F)c: **ges** -EDH] {S 4; F 0(EC00): **+ow** I}

gesedhek [gẹz'ẹˑðẹk] *adj.* ironic
[E(F)c: **gesedh** -¹EK] {S 4; F 0(EC00)}

gesigow [gẹˑʒiˑgɔw] *pl.* left-overs
[Ccc: from GAS=ESIK -²OW, with haplology]
{S 3; F 0(GK98: P.H.)}

gesya ['gẹˑzja] *v.* jeer, mock, deride, jest, joke, tell jokes
[E(F)c: **ges** -YA] {S 4; F 3: M *gesya* (BK13.49); p.ptcpl. *gaysys* (BK.)}

gesyer ['gẹˑzjẹr] *m.* **gesyoryon** jester *(male)*, joker, comic, comedian
[E(F)h: **ges** -¹YER] {S 1; F 0(CE55): **gesyoryon** I}

gesyores [gẹz'jɔˑrẹs] *f.* **+ow** jester *(female)*, joker, comic, comedian
[E(F)h: **ges** -YORES]
{S 1; F 0(GM09: K.J.G.): **+ow** I}

gesys ['gẹˑʒɪz] *v. part* left *(remaining)*
[Cc: GAS-A -⁶YS] {S 1; F 4: M *gesys* → L,P: L *gerres* (P1JJ), *garres* (EKJB): P ?The Gedges (name of a rock off Helford, 'left uncovered at low tide')} P.ptcpl. of **gasa**.

gesyon ['gẹˑʒjɔn] *pl.* remains
[Cc: GAS-A -YON] {S 1; F 0(GM09: G.M.S.)}

gevel ['gẹˑvẹl] *f.* **+yow** tongs, pincers, snuffers
[C: CC *ghabh-* (gpc)] {S 1; F 1: L *gevel* (PV10802): C B *gevel*; W *gefel*: **+yow** I}
gevel gnow nutcrackers

gevelhorn [gẹv'ẹlhɔrn] *f.* **gevelhern** tongs *(of iron)*
[CC: **gevel horn**] {S 1; F 2: O *geuelhoern* (VC.783) → P: **gevelhern** I}

geveligow [ˌgẹvẹ'liˑgɔw] *pl.* pliers
[Ccc: from **gevel** -IK -²OW] {S 1; F 0(CE93)}

gevell ['gẹˑvẹl] *m.* **+yon** twin *(male)*
[L: CLat *gemellus* (M)] {S 1; F 0(CE38): C B *gevell*, W *gefell*: **+yon** N (K.J.G.)}

gevella [gẹv'ẹlːa] *v.* twin
[Lc: **gevell** -¹A] {S 1; F 0(CE93: W.B.)}

gevellans [gẹv'ẹlːans] *m.* **+ow** twinning
[Lh: **gevell** -ANS] {S 1; F 0(CE93: W.B.): **+ow** I}

gevelles [gẹv'ẹlːẹs] *f.* **+ow** twin *(female)*
[Lc: **gevell** -⁴ES]
{S 1; F 0(CE38): C W *gefeilles*: **+ow** I}

gevellji

gevellji [gɛv'ɛldʒi] *m.* **+ow** house (*semi-detached*)
[LC: **gevell** 2**chi**]
{S 3; F 0(Y2): C W *gefelldy*: **+ow** I}

gevellys [gɛv'ɛlːɪz] *adj.* twinned *(of towns)*
[Lc: **gevell** -⁶YS]
{S 1; F 0(GM09: G.M.S.): C B *gevellet*}

gevelya [gɛv'ɛ·lja] *v.* torture using pincers
[Cc: **gevel** -YA] {S 8; F 1: M *gewelys* (BK07.70)}

gever ['gɛ·vɛr] *pron.* goats
[C: GAVR-SA] {S 1; F 3: L *gever*}
The pl. *gyffras* is found at *TH.27a*.

gevrik ['gɛvrɪk] *f.* **-igow** young goat, spider-crab, red gurnard
[Cc: GAVR-A -IK]
{S 1; F 0(CE38): D "gaverick": **-igow** I}

gevyans ['gɛ·vjans] *m.* **+ow** forgiveness, pardon, remission
[Ch: GAV-A -YANS] {S 1; F 4: M *gevyans* → P *gyvyans* → P: L *givians*: **+ow** I}

gew Now spelled **guw**.

ghostly (Eng.) *adj.*
{S 6; F 2: M *gostly* (TH28r), *goostly* (TH54v)}

gid ['giːd] *m.* **+ys** guide
[E(F): MidE < OldF *guide* (coe)] {S 5; F 2: M *guyde* (TH36r), *gyde* (TH38r): **+ys** I}
The root was formerly spelled **ged-**, but it is apparent that, as in many other words, MidC <e> here stood for /i/.

gidya ['gi·dja] *v.* guide, conduct, direct
[E(F)c: **gid** -YA] {S 5; F 3: M *gedya* (BM.)}

gidyans ['gi·djans] *m.* **+ow** guidance, clue
[E(F)c: GID=YANS] {S 5; F 0(EC52): **+ow** I}

gidyer ['gi·djɛr] *m.* **-oryon** guide, leader, pilot Note also *gyder* (TH49r).
[E(F)c: MN in -YER; formed from VN **gidya**]
{S 5; F 1: M *gydyar* (TH14r): **-oryon** I}

gidyores [gid'jɔ·rɛs] *f.* **+ow** girl guide
[E(F)c: FN in -YORES; formed from VN **gidya**]
{S 5; F 0(GM09: K.J.G.): **+ow** I}

gis

gift (Eng.) *n.* {S 6; F 3: M *gyfte* (TH01v), *gifte* (SA63v); pl. *gyftes*, *gyftys* (TH02v)}

giglet (Eng.) [E: MidE *giglet* 'wanton woman, giggling girl' (coe)] {S 6; F 2: M *giglot* (PC.1183) → P} This is not the same word as E *gigolo*.

¹gik ['giːk] *m.* **+ys** smallest thing
[E:] {S 8; F 3: M *gycke* (CW.0534) → P, *gyke* (CW.2248): D "gick nor gack" (Thomas: *Randigal Rhymes*) '(not) one thing or the other': **+ys** I}

²gik ['giːk] *m.* **+ys** peep
[E: dial. "geek"] {S 8; F 0(GM09: P.H.): **+ys** I}

gyki ['gi·ki] *v.* peep
[Ec: VN in -I from dial. "geek"]
{S 8; F 0(CE38): D dial. word in use in 1980s (B.C.).} N.B. (a) Australian slang 'a look'; (b) G *gucken* 'to peep, to peek'

gil ['giːl] *m.* guile, deceit
[E(F): MidE < OldF *guile* (co)]
{S 4; F 4: M *gyl*, *gyll* → P:}

heb gil sincerely

gilles ['gɪlːɛs] *coll.* **+enn** lovage
[E(E)C: OldE (> MidE *guyle* 'a brewing' > ModE *guile*) ¹*les* (Gr.)]
{S 4; F 2: O *guyles* (VC.631) → P: **+enn** I}

gilotin [gɪlɔ'tiːn] *m.* **+yow** guillotine
[E(F): ModE < F *guillotine*] {S 5; F 0(AnG 1985): **+yow** N} Named after Citoyen Guillotin, who invented the decapitating variety during the French Revolution; the gender in French is fem., but is taken to be masc. in Cor.

giow ['gi·ɔw] *coll.* **+enn** sinews, tendons, ligaments
[C: Brit (gpc)] {S 8; F 3: O sg. *goiuen* (VC.085) → L,P: C Not in B; cf. W *giau*: **+enn** O}
In order to correspond with the W cognate, OldC *goiuen* needs to be emended to **giouen*. See also **gwewenn**.

gis ['giːz] *m.* **+yow** fashion, custom, manner, style, vogue
[E(F): MidE *gyse* (CE38) < OldF *guise* (co)]
{S 4; F 1: M *geys* (CW.2549): **+yow** I}

herwydh an gis fashionable
herwydh gis stylized
gis koth old-fashioned

gis-leveryans

gis-leveryans [ˌgiˑslęv'ęˑrjans] *m.*
gisyow-l. pronunciation
[E(F)Ch: **gis leveryans**]
{S 4; F 0(AnG 1985): **gisyow-l.** I}

gis-skrifa [ˌgiˑs'skriˑfa] *m.* **gisyow-s.**
style *(literary)*
[E(F)Lc: **gis skrifa**]
{S 4; F 0(AnG 1985): **gisyow-s.** I}

gitar [gɪ'taːr] *m.* **-eryow** guitar
See also **gyttren**
[E(F): ModE < ModF *guitare* (soed)]
{S 5; F 0(GK98: G.M.S.): **-eryow** N}

gitarydh [gɪ'taˑrɪð] *m.* **+yon** guitarist
[E(F)c: **gitar** -¹YDH]
{S 5; F 0(GK98: K.J.G.): **+yon** I}

glan ['glaːn] **1.** *adj.* clean, clear *(clean)*, pure **2.** *adv.* completely, quite, utterly
[C: CC *glano-* (gpc)] {S 1; F 5: M *glan* → P, *gulan* → P: L *glân* (AB170c), *glan* (Gw.): C B *glan,* W *glân*} The spelling *gulan* in MidC shows that [gwl–] was changing to [gl–].
gyllys glan completely gone

glander ['glandęr] *m.* purity, cleanliness, propriety
[Cc: **glan** -DER] {S 1; F 1: M *glander* (BM.0533): C B *glander,* W *glander*:}

glanhe [glan'hęː] *v.* clean, cleanse, clear
[Cc: **glan** -HE]
{S 1; F 3: M *glanhe*: C B *glanaat,* W *glanhau*}

glanheans [glan'hęˑans] *m.* cleaning
[Cch: **glanhe** -ANS] {S 1; F 0(EC00):}

glann ['glanː] *f.* **+ow** bank *(of river)*, brink, waterside, verge
[C: Brit *glanna* (Gr.) < CC *glanno-* (gpc)]
{S 1; F 3: O *glan* (VC.732) → P:
M *glan* (RD.0522): P ?Carrack Gladden: C B *glann;* W *glan*: **+ow** I}
glann gales hard shoulder

glannek ['glanːęk] *adj.* marginal, riparian
[Cc: **glann** -¹EK] {S 1; F 0(GM09: K.J.G.)}

glanyth ['glaˑnɪθ] *adj.* clean

glastan

[C: Compound of **glan**]
{S 8; F 3: L *glannith* (AB.) → P, *glaneth* (Pilchard Rhyme): C cf. W *glanwaith*}

glanythter [gla'nɪθtęr] *m.* cleanliness
[Ccc: Compound of **glan** + -TER]
{S 8; F 3: L *glannuthder* (AB095c) → P, *glanithder* (AB240b): C cf. W *glanwaithder*:}

¹glas ['glaːz] *adj.* blue, green *(of plants)*, light grey, verdant
[C: Brit *glasto-* (M) < CC *glasto-* (gpc) < IE (lp)] {S 1; F 5: M *glas* → P, *glays*: L *glâs, glâz, glaze*: P Carnglaze: C B *glas,* W *glas*} The place-name *Carnglaze* was bestowed by Mr E.A.C.Pascoe, who walked thence to Liskeard to attend Caradar's Cornish classes.

²glas ['glaːz] *m.* **+ow** maw, stomach
[C: Same word as **¹glas**, according to Graves.]
{S 8; F 3: O *glas* (VC.060) → P: M *glas* (OM.2527; PC.2716, 3074): **+ow** I}

glasa ['glaˑsa] *v.* green *(of plants)*, flourish *(of plants)*, put forth leaves
[Cc: **¹glas** -¹A] {S 1; F 3: M *glase* (OM.0584) → P: C B *glazañ;* W *glasu* 'to become blue'}

glasek ['glaˑsęk] *adj.* gastric
[Cc: **²glas** -¹EK] {S 1; F 0(GM09: YhaG)}

glasenn ['glaˑsęn] *f.* **+ow** greensward, green
[Cc: **¹glas** -ENN] {S 1; F 0(CE38): P Chylason: C B *glazenn;* W *glasen* 'young girl': **+ow** I}

glasneth ['glasnęθ] *f.* verdure, greenness, vegetation
[Cc: **¹glas** -NETH] {S 1; F 0(CE38): P Glasney:}

glasprynt ['glasprɪnt] *m.* **+yow** blueprint
[CE(F): **glas prynt**] {S 5; F 0(EC00): **+yow** I}

glasrudh ['glasryð] *adj.* purple, violet *(colour)*
[CC: **¹glas rudh**] {S 1; F 0(EC52)}

glastan ['glaˑstan] *f.* **+enn** evergreen oak-trees
[Cc: **¹glas** + *tan* 'grove' (Gr.)] {S 1; F 4: O sg. *glastannen* (VC.675) → L,P: L *glastan* (AB.) → P;: P Park Glaston; sg. Gulstatman: C B *glastan;* W *glastannen* < OldC (gpc): **+enn** OLP}

glastonn

glastonn ['glaˑstɔn] *m.* **+ow** greensward
[CC: ¹**glas** ¹**tonn**]
{**S** 1; **F** 0(CE55): **C** Not in B; W *glaston*: **+ow** I}

glastir ['glaˑstir] *m.* **+yow**
verdant ground
[CC: ¹**glas tir**] {**S** 1; **F** 0(GK98: K.J.G.): **+yow** I}
Formed to replace Nance's *gwerdhor* and *gwerdir*, which have no B and W cognates, presumably because they contain *gwer* where one would expect *glas*.

glaswas ['glaswas] *m.* **-wesyon**
stripling, greenhorn (U.S.)
[CC: ¹**glas** 2**gwas** 'green fellow']
{**S** 1; **F** 0(GK98: A.S.): **-wesyon** I}

glaveri [glav'ęˑri] *v.* slobber, drivel
[Cc: **glavor**A -¹I]
{**S** 8; **F** 0(CE38): **C** W *glafoeri*; cf. B *glaouañ*}

glavor ['glaˑvɔr] *m.* slobber, drivel
[C: permanent lenition of **klavor** (gpc)]
{**S** 8; **F** 0(CE38): **C** B *glaour*, W *glafoer-*:}

glavorek [gla'vɔˑręk] *adj.* slobbering
[Cc: **glavor** -¹EK] {**S** 8; **F** 0(EC00)}

glaw ['glaw] *m.* **+yow** rain
[C: Brit (K.J.G.)] {**S** 1; **F** 4: **O** *glau* (VC.439) → P: **M** *glaw*: **L** *glâu̯* (AB.), *glaue* (PRWP): **C** B *glaw*, W *glaw* < *gwlaw*: **+yow** I}
glaw a wra it is raining
glaw bras heavy rain, downpour

glawas ['glawaz] *m.* rainfall
[Cc: **glaw** -²AS] {**S** 1; **F** 0(GM09: YhaG):}

glawenn ['glawęn] *f.* **+ow,** *coll.* **glaw**
raindrop
[Cc: **glaw** -ENN] {**S** 1; **F** 0(CE38)}

glawji ['glaʊdʒi] *m.* **+ow** shelter *(building)*
[CC: **glaw** 2**chi**] {**S** 1; **F** 0(CE38): **D** "glowjy"; not to be confused with W *glowty* (Morgannwg), which is from MidW *gwaelawt ti* 'bottom house'.: **+ow** I}

glawlenn ['glaʊlęn] *f.* **+ow** umbrella
[CC: **glaw lenn**]
{**S** 1; **F** 0(CE38): **C** W *glawlen*: **+ow** I}

glawlinenn [glaʊ'liˑnęn] *f.* **+ow** isohyet
[CLc: **glaw linenn**]

gloriously

{**S** 1; **F** 0(GM09: G.M.S.): **+ow** I}
GLEN- [**C**: VN in -A from CC **gli-na-* (gpc)]

glena ['glęˑna] *v.* cling, stick, affix
[Cc: GLEN=¹A] {**S** 8; **F** 3: **M** *glena*: **L** 3rd sg. pret. *glenaz* (JCNBL): **C** MidB *-glenaff*; W *glynu*}
glena orth stick to, adhere

glenus ['glęˑnɪs] *adj.* adhesive
[Cl: GLEN=US] {**S** 8; **F** 0(Y1)}

glenysenn [glę'nɪˑzęn] *f.* **+ow** sticker
[Ccc: GLEN- -⁶YS -ENN]
{**S** 8; **F** 0(GK98: K.J.G.): **+ow** I}

glesin ['glęˑsɪn] *m.* **+yow** lawn, grassy plot
[Cc: ¹**glas**A + adj. sf. -IN (Gr.)]
{**S** 1; **F** 2: **O** *glesin* (VC.654) → P: **D** "glizzon": **P** The Glisson: **C** MidW *glesin*: **+yow** I}

glesni ['glęsni] *m.* greenness
[Cc: ¹**glas**A -NI] {**S** 1; **F** 0(CE55): **C** W *glesni*:}

glesyjyon [glę'zɪˑdʒjɔn] *m.* grass-plot
[Cc: ¹**glas**A -YJYON]
{**S** 3; **F** 2: **M** *glassygyon* (OM.2036) → P:}

glew   Now spelled **gluw**.

glin ['gliːn] *m.* **+yow,** *dual* **dewlin** knee
[C: CC **glûnes* < IE (gpc)] {**S** 1; **F** 2: **M** *glyn* (BK22.95), *glvn* (BK28.58): **C** B *glin*, W *glin*}

gloes ['gloːz] *f.* **+ow** pang, anguish, spasm, qualm
[C:] {**S** 1; **F** 4: **M** *gloys* → P, *glos* → P: **C** B *gloaz* 'wound', W *gloes*: **+ow** I}

gloesa ['gloˑsa] *v.* hurt *(intrans.)*, smart
[Cc: **gloes** -¹A]
{**S** 1; **F** 0(CE38): **C** B *gloazañ* 'to wound'}

glori ['glɔˑri] *m.* glory
[E(F): MidE < AngN *glorie* (coe)]
{**S** 4; **F** 4: **M** *glory*: **C** cf. B *gloar* < F *gloire*; cf. W *gloria* < Lat *gloria*:}

glorifia v. glorify
[E(F)c: VN in -A from E *glorify* < OldF (coe)]
{**S** 4; **F** 2: **M** *glorifia* (TH10r, 14v)}

gloriously (Eng.) *adv.*
{**S** 6; **F** 1: **M** *gloriusly* (TH32v)}

gloryus

gloryus ['glɔˑrjys] *adj.* glorious
[E(F): MidE < AngN *glorius* (coe)]
{S 4; F 4: M *glorijs, gloryes*}
Disyllabic, except at CW.2137 and perhaps at TH47r; if the trisyllabic form is required, it may be spelled **glorius**

glos ['glɔːz] *coll.* **+enn** dried cow-dung used as fuel
[C: (gpc)] {S 8; F 3: M *glose* (CW.1090) → P, *glos* (CW.1105): D "glaws": C B *glaoued*; W *gleuad*: **+enn** L}
The spelling of this word is uncertain; the B may have been influenced by B *glaou* 'coal', but the word does not contain this.

glosses (Eng.) *pl.* {S 6; F 1: M *glosses* (TH22r)}

glotni ['glɔtni] *m.* gluttony
[E(F): MidE < OldF *gloton* + *-y*]
{S 5; F 2: M *glotny* (PC.0052, TH16v), *gloteny* (MC.013): C cf. B *gloutoni*:} With loss of middle syll., this may have been perceived as an abst. noun in -NI. There may also have been a Cor. word cognate with OldB *glethni*, W *glythni* which became influenced by Eng.

¹**glow** ['glɔw] *coll.* **+enn** coal *(in bulk)*
[C: CC *glow-os* (gpc)]
{S 1; F 3: L *glow* (P2JJ), *glou* (AB046b, 145b) → P: P *Gweythenglowe*: C B *glaou*; W *glo*: **+enn** I}

²**glow** ['glɔw] *adj.* bright
[C: CC (gpc)] {S 1; F 0(CPNE): P *Galowras*: C OldB *gloeu* (also ModB *gloa-* in family-name *Gloagen*; W *gloyw*}
Nance confused this word with **gluw** 'sharp'. Padel suggested that both the three exx. in the texts and the exx. in pl.ns. could be either word, but it seems clear to the editor that the word in the texts is **glew** and that in pl.ns. is ²**glow**. The latter may have become confused with ¹**glow**, since coal is bright when it burns.

glowbrenn ['glɔʊbrɛn] *m.* **+yer** charcoal
[CC: ¹**glow** 2**prenn**]
{S 1; F 0(GK98: G.M.S.): **+yer** I}

glowek ['glɔʊęk] *f.* **-egi** coalfield, coal-heap, place abounding in coal
[Cc: ¹**glow** -¹EK]
{S 1; F 0(CE55): C B *glaoueg*: **-egi** I}

gluw

glowji ['glɔʊdʒi] *m.* **+ow** coal-shed, coal-house
[CC: ¹**glow** 2**chi**] {S 3; F 0(CE93: K.J.G.): **+ow** I}

glowwydh ['glɔʊwɪð] *coll.* **+enn** wood *(fuel used to make charcoal)*
[CC: ¹**glow** 2**gwydh**] {S 1; F 0(CE55): **+enn** I}

glowwydhek [glɔʊ'wɪðęk] *f.* **-egi** forested area used by charcoal-burners
[CCc: **glowwydh** -¹EK] {S 1; F 0(CE55): **-egi** I}

glus ['glyːz] *m.* **+ow** glue, paste, birdlime, gum *(glue)*
[L: CLat *glûten* (Gr.)] {S 1; F 2: O *glut* (VC.364) → L,P: C B *glud*; W *glud*: **+ow** I (FTWC)}

glusa ['glyˑza] *v.* stick, glue, paste, gum
Used transitively.
[Lc: **glus** -¹A] {S 1; F 1: M 3rd sg. pres. ind. *glus* (BM.2398): C B *gludañ*, W *gludo*}

glusek ['glyˑzęk] *adj.* sticky
[Lc: **glus** -¹EK]
{S 1; F 0(CE38): C B *gludek*, W *gludog*}

glusles ['glyzlęs] *coll.* **+enn** campions
[LC: **glus** ¹**les**] {S 1; F 0(GK98: G.M.S.): **+enn** I}

gluth ['glyːθ] *m.* **+ow** dew
[C: Brit *wlikt-* (gpc)]
{S 8; F 3: L *glûth* (AB016c, 141b) → P, *glit* (AB131a) → P: C B *glizh*; W *gwlith*: **+ow** I}
The vocalization is not clear; the cognates suggest that [i] > [y] in Cor.

gluthpoynt ['glyθpɔɪnt] *m.* **+ow** dewpoint
[CE(F): **gluth poynt**] {S 3; F 0(GK98: G.M.S.): C W *gwlithbwynt*: **+ow** N}

gluthvelhwenn [glyθ'vęlhwęn] *f.* **+ow** slug
[CCc: **gluth** 2**melhwenn**]
{S 3; F 0(CE38): C W *gwlithfalwen*: **+ow** I}

gluw ['glyw] *adj.* intense, sharp, penetrating, vivid, shrill
[C: CC *gliwâ* (gpc)] {S 8; F 3: M *glv* (OM.2062), *glev* (PC.2088, RD.2582) → P, *glu* (BM.0765): C cf. W *glew*} Nance spelled this word *glew*, and confused it with ²**glow**.

gluwder

gluwder ['glywdẹr] *m.* **+yow** intensity
[Cc: **gluw** -DER]
{S 8; F 0(GM09: YhaG): **+yow** I}

gluwek ['glywẹk] *adj.* intensive
[Cc: **gluw** -¹EK] {S 8; F 0(GM09: YhaG)}

gluwhe [glyʊ'hẹ:] *v.* intensify
[Cc: **gluw** -HE] {S 8; F 0(GM09: YhaG)}

gluwheans [glyʊ'hẹ·ans] *m.* **+ow** intensification
[Cch: **gluwhe** -ANS]
{S 8; F 0(GM09: YhaG): **+ow** I}

glyb ['glɪ:b] *adj.* wet, damp
[C: Brit *wlipo-* < CC *wlik ʷ̵-* (gpc) < IE (lp)]
{S 1; F 4: L *glêb* (AB.) → P: D "clibby" 'damp':
C B *gleb*, W *gwlyb*}

glybor ['glɪ·bɔr] *m.* wetness, moisture, damp, wet
[Cc: **glyb** -OR] {S 1; F 2: O *glibor* (VC.478) → L,P: C B *glebor*; W *gwlybwr*:}

glybya ['glɪ·bja] *v.* wet
[Cc: **glyb** -YA] {S 1; F 3: M *klybye* (PC.0482) → P; 1st pl. impv. *glebyn* (BM.3276): C B *glebiañ*}

glydh ['glɪ:ð] *coll.* **+enn** chickweed
[C: CC (hpb)] {S 8; F 1: L *gledh* (PV10834):
C B (*gleizh*), W *gwlydd*: **+enn** I}

glynn ['glɪ:n] *m.* **+ow** large valley, glen
[C: CC *glend-* (gpc)]
{S 1; F 2: L *glen* (PV10835), *glyn* (PV10911):
P Glynn: F Glynn: C B *glenn* 'Earth' (opposed to Heaven); W *glynn* 'narrow valley': **+ow** I}
N.B. Scots Gaelic *glenn* > E *glen*

glyttra ['glɪtra] *v.* glitter
[E(N)c: VN in -A from MidE < OldN *glitra* (coe)] {S 5; F 1: L *klittra* (Borlase)}

gnas ['gna:z] *f.* **+ow** nature (*character*), quality, character, temperament
[C: Brit *gnat-* (Fl.)]
{S 8; F 2: M *gnas* (PC.1142, 2969): C cf. B *penaos* 'how' = 'what nature': **+ow** I (Y2)}

gnasenn ['gna·zẹn] *f.* **+ow** characteristic, trait
[Cc: **gnas** -ENN]
{S 8; F 0(GM09: G.M.S.): **+ow** I}

go ['gɔ:] *interj.* woe

godegh

Combines with personal pronouns as **go-vy** 'woe is me', **go-jy, go-ev, go-hi, go-ni, go-hwi, go-i**. The form *gwae* by Pryce is prob. Welsh.
[C: IE *wai* (gpc) {S 1; F 0(GM09: G.M.S.):
L *gwae* (PV11807): C B *goa*; W *gwae*}

GO-² *prefix* sub- usually causes lenition. [C:
Brit *wo-* < CC < IE *upo-* (Fl.)]

gobaith (Welsh) *m.* hope
{S 6; F 1: L *gobaith* (L1WG)}

gobalas [gɔ'ba·laz] *v.* skim (*in mining*)
[cCc: GO- 2**palas**] {S 1; F 0(EC52)}

gobans ['gɔ·bans] *m.* **+ow** hollow (*small*), re-entrant (*small*)
[cC: GO- 2**pans**] {S 1; F 0(CE38): P Gobbens:
C W *gobant*: **+ow** I}

gober ['gɔ·bẹr] *m.* **gobrow** reward, pay (*income*), salary, wage, emolument, earnings, income, remuneration
[C: GOBR-S]
{S 1; F 4: M *gobyr, gober, gobar*; pl. *gobrov* (BM.0098): L *gûbar* (AB126b, 155a), *gubbar* (JCNBG): C B *gobr*; W *gwobr*: **gobrow** M}

gober dilavur
unemployment benefit

gober omdennans pension

GOBR- [C: Brit *wo-pro-* (hpb)]

gobra ['gɔbra] *v.* pay wages to, reward, remunerate
[Cc: GOBR=¹A] {S 1; F 0(CE38)}

gobrena [gɔ'brẹ·na] *v.* hire
[cCc: GO- 2**prena**] {S 1; F 2: L *goberna* (PV10914), p.ptcpl. *gobernes* (PV10914)}

gobrenans [gɔ'brẹ·nans] *m.* **+ow** tenancy, lease
[cCh: GO- 2**prenans**] {S 1; F 0(EC52): **+ow** I}

gobrener [gɔ'brẹ·nẹr] *m.* **-oryon** hirer, tenant
[cCl: GO- 2**prener**] {S 1; F 0(EC52): **-oryon** I}

godegh ['gɔ·dex] *m.* **+ow** lair, retreat, holt [cC: GO- 2**tegh** < CC *wo-tek ʷ̵-* (gpc)]
{S 1; F 0(CE38): P Goodakinnin = **godegh** *konyn* (CE38); this form unconfirmed by Padel.: C W *godech*: **+ow** I}

godenow

godenow [gɔ'dɛnɔw] *m.* **+yow** small depression
[cC: GO- 2tenow] {S 1; F 0(CE55): +yow I}

goderri [gɔ'dɛrːi] *v.* interrupt, break the force of, disrupt
[cC: GO- 2terri] {S 1; F 0(CE38): C W *godorri*}

goderrys [gɔ'dɛrːɪz] *adj.* interrupted
[cCc: GO- 2terrys]
{S 1; F 0(GM09: K.J.G.)} P.Ptcpl. of **goderri**.

godewel [gɔ'dɛˑwɛl] *v.* hush
[cCc: GO- 2tewel] {S 8; F 0(GM09: G.M.S.)}

godewl ['gɔˑdɛʊl] *adj.* murky, dusky, dim
[cC: GO- 2tewl] {S 2; F 0(EC52)}

godewlder [gɔ'dɛʊldɛr] *m.* murk, duskiness
[cCc: **godewl** -DER] {S 2; F 0(GM09: G.M.S.):}

godeyl ['gɔˑdɛɪl] *m.* fertilizer
[cC: GO- 2teyl] {S 1; F 0(GL05):}

godh ['gɔːð] *f.* **+ow** mole
[C: Brit *wo-da*] {S 1; F 3: O *god* (VC.577) → L,P: C B *goz*; W (*gwadd*): +ow L}
GODH- [C:] This is the root found in **godhvos**. W *gwybod* < *gwydd-bod* suggests that the vowel was orig. a diphthong, as in **goer** 'knows', but the B *gouzout* and other evidence shows that the vowel in the stem was /ɔ/.

godhalla [gɔ'ðalːa] *v.* dazzle, glare
[cCc: GO- 2dalla] {S 1; F 0(GM09: K.J.G.)}

godhav ['gɔˑðav] *v.* suffer, endure, tolerate, bear (*endure*)
[C: CC *wo-dam-* (gpc)]
{S 1; F 4: M *gothaf* → P, *gothe* (BM.): L *gotha* (BOD): C B *gouzañv*; W *goddef*}

godhen ['gɔˑðɛn] *m.* **godhnow** sole (*of foot*), tread (*of tyre*) *q.v.*
[C: GODHN-S] {S 8; F 2: O *goden* (VC.096) → P: C OldB *guodon*, W *gwadn*: **godhnow** I}

godhes ['gɔˑðɛz] *m.* sediment, deposit, dregs, tea-leaves
[C: CC *wo-dâtu-* (gpc)] {S 8; F 2: O *guthot* → L,P: C OldB *gutdot*, W *gwaddod*:} Apparently unconnected with **koedha**

¹**godhor**

godhesa [gɔð'ɛˑza] *v.* deposit (*geog.*)
[Cc: **godhes** -¹A] {S 8; F 0(GM09: G.M.S.)}

godhesans [gɔð'ɛˑzans] *m.* deposition (*geog.*)
[Ch: **godhes** -ANS] {S 8; F 0(GM09: G.M.S.):}

godhesansel [ˌgɔðɛ'zanzɛl] *adj.* depositional (*geog.*)
[Ch: **godhesans** -¹EL] {S 8; F 0(GM09: G.M.S.)}

godhevel [gɔð'ɛˑvɛl] *v.* suffer, tolerate, bear (*endure*)
[Cc: **godhav**A -¹EL] {S 1; F 5: M *gotheuel*}

godhevus [gɔð'ɛˑvys] *adj.* passive
[Cl: **godhav**A -US] {S 1; F 0(EC52)}

godhevyans [gɔð'ɛˑvjans] *m.* **+ow** suffering
[Ch: **godhav**A -YANS] {S 1; F 0(CE38): +ow I}

godhevyades [ˌgɔðɛv'jaˑdɛs] *f.* **+ow** patient (*female*), sufferer (*female*)
[Cc: **godhav**A -YADES] {S 1; F 0(EC52): +ow I}

godhevyas [gɔð'ɛˑvjaz] *m.* **-ysi** patient (*male*), sufferer (*male*)
[Cc: **godhav**A -³YAS] {S 1; F 0(EC52): -ysi I}

GODHN- [C: CC *wo-tn-* (gpc)]

godhnow ['gɔðnɔw] *pl.* soles
[Cc: GODHN=OW] {S 1; F 0(CE93)}

godhonieth [ˌgɔð'niˑɛθ] *f.* **+ow** science
[Cc: GODH=ONIETH] {S 1; F 0(CE93): C W *gwyddonaieth*: +ow I}

godhoniethek [gɔðˌɔni'ɛˑθɛk] *adj.* scientific
[Ccc: **godhonieth** -¹EK] {S 1; F 0(GK98: A.S.)}

godhonydh [gɔ'ðɔˑnɪð] *m.* **+yon** scientist
[Cc: GODH=ONYDH]
{S 1; F 0(AnG 1998): +yon I}

¹**godhor** [gɔ'ðɔːr] *f.* **godhow** mole
godhow is a suppletive pl.
[CC: from **godh** 2dor] {S 3; F 3: L *gudh dhaôr* (AB160c) → P: **godhow** I}

²godhor

²godhor ['gɔ·ðɔr] *v. part* it is known
[Cc: GODH- + impersonal ending] {S 3; F 0(CE38)} Nance's suggested form for the impersonal pres. ind. of **godhvos**; the truer Celtic form is likely to have been **gos.*

godhosel [gɔ'ðɔzęl] *adj.* sedimentary
[Cc: from **godhes** -²EL]
{S 1; F 0(GM09: G.M.S.)}

godhow *pl.* dregs
[cc: LateC form of **godhes**, with -OW substituted for -*es* under the supposition that it was a pl. suffix.]
{S 3; F 2: L *godho* (AB147c) → P}

godhvedhys [gɔð'vę·ðɪz] *adj.* known
[CCc: GODH- 2BEDH=⁶YS] {S 1; F 4: M *gothvethis*: L *guthnethez* (<n> needs emending to <u>) (NGNB3)} P.ptcpl. of **godhvos**.

godhvos ['gɔðvɔz] **1.** *m.* knowledge, ability **2.** *v.* know, be able
In rapid speech, unvoicing occurs, giving ['gɔθfɔz] or even ['gɔf:ɔz].
[Cc: GODH- 2¹**bos**]
{S 1; F 6: M *gothfos, gothfas*: L *guodhaz* (AB247c), *guthvaz* (NGNB): C cf. B *gouzout*, W *gwybod*:}

godhvos gras a neppyth
give thanks for something
godhvos gras rag neppyth
give thanks for something

godhynsas [gɔ'dɪnzaz] *m.* +**ow** nibble
[cCc: GO- 2**dans**E -¹AS]
{S 1; F 0(GM09: G.M.S.): +**ow** I}

godhynsel [gɔ'dɪnzęl] *v.* nibble
[cCc: GO- 2**dynsel**] {S 1; F 0(GM09: YhaG)}

godhynya [gɔ'ðɪ·nja] *v.* tempt
[cCc: GO- 2**dynya**] {S 8; F 0(GM09: G.M.S.)}

godhynyans [gɔ'ðɪ·njans] *m.* +**ow** temptation
[cCc: GO- 2**dynyans**]
{S 8; F 0(GM09: G.M.S.): +**ow** }

godly (Eng.) *adv.* {S 6; F 1: M *Godly* (TH20v)}

godolgh ['gɔ·dɔlx] *m.* +**ow** knoll
[cC: GO- 2**tolgh**] {S 1; F 0(GM09: G.M.S.): L *go dôl* (PV10921): +**ow** I}

godolghynn [gɔ'dɔlxɪn] *m.* +**ow** small knoll, small tump
[cCc: **godolgh** -YNN] {S 1; F 0(CE38): P Godolphin: F Godolphin: +**ow** I}
Said to be the origin of the pl.n. *Godolphin*, but unconfirmed by Padel.

godoemm ['gɔ·dɤm] *adj.* lukewarm
[cC: GO- 2**toemm**] {S 1; F 0(EC52)}

godorr ['gɔ·dɔr] *m.* +**ow** interruption
Nance also assigned the meaning 'shelter' to this word, evidently thinking of B *goudor* 'shelter'; but this is a different word. Problems like this arose in Unified Cor., in which /r/ and /rr/ were not properly distinguished.
[cC: GO- ¹**torr**]
{S 1; F 0(CE38): C MidW *godor*: +**ow** I}

GODR- [C: Brit **wo-trog-* (gpc)]

godra ['gɔdra] *v.* milk
[Cc: GODR=¹A] {S 8; F 3: L *gudra* (AB.) → P: C B *goro* < *goero*, W *godro*}

godramm [gɔ'dram:] *m.* +**ow** cramp
[Cc: Compound of GODR-]
{S 8; F 1: L (Borlase): D "godrabm": +**ow** I}

godreghi [gɔ'drę·xi] *v.* trim
[cCc: GO- 2**treghi**] {S 1; F 0(GK98: G.M.S.)}

godrek ['gɔdręk] *m.* cow's first milk, beestings
[Cc: GODR=¹EK] {S 8; F 1: L *guedrak* (Borlase):}

Godren *place* Goodern (on modern maps)
{S 8; F 2: M *goddren* (BM.2289), *gooddron* (BK01.53)}

godrev ['gɔdręv] *f.* +**i** small farm, hamlet
[cC: GO- 2**trev**]
{S 1; F 0(CE38): P pl. Godrevy: +**i** P}

godrevedh [gɔ'drę·veð] *f.* third day hence
[cC: GO- 2**trevedh**]
{S 8; F 0(CE55):} Written *godreva* by Nance.

godriga [gɔ'dri·ga] *v.* stay *(for a short time)*, visit, sojourn
[cCc: GO- 2**triga**] {S 1; F 0(EC52)}

godriga dres nos stay overnight

godriga

godriger [gɔ'driˑgęr] *m.* **-oryon** visitor *(male)*
[cCl: GO- 2**triger**]
{S 1; F 0(GK98: K.J.G.): -**oryon** I}

godrigores [gɔdri'gɔˑręs] *f.* **+ow** visitor *(female)*
[cClc: GO- 2**trigores**]
{S 1; F 0(GM09: YhaG): +**ow** I}

godrik ['gɔdrɪk] *m.* **-igow** short stay, visit, sojourn
[cC: from GO- 2**trig**] {S 1; F 0(EC52): -**igow** I}

godroeth ['gɔdrɤθ] *m.* rennet
[cC: GO- 2**troeth**] {S 1; F 0(CE55):
C OldB *guo drot*; W *godrwyth* 'decoction':}

godroetha [gɔ'droˑθa] *v.* curdle with rennet
[cCc: GO- 2**troetha**] {S 1; F 0(CE55)}

godroghya [gɔ'drɔˑxja] *v.* rinse
[cDc; GO- 2**troghya**] {S 3; F 0(GL05)}

godros ['gɔdrɔz] **1.** *v.* threaten, menace **2.** *m.* **+ow** menace, threat
[cC: GO- 2**tros** (Loth)] {S 8; F 2: M *koddros* (RD.2408), *wooddros* (BK19.14), *ruddrys* (BK37.51): C cf. B *gourdrouz* 'menace', whose prefix makes better sense.: +**ow** I}

godybi [gɔ'drˑbi] *v.* hypothesize
[cCc: GO- 2**tybi**] {S 1; F 0(GM09: G.M.S.)}

godybieth [ˌgɔdɪ'biˑęθ] *f.* **+ow** hypothesis
[cCc: GO- 2**tybieth**]
{S 1; F 0(GM09: YhaG): +**ow** I}

godybiethel [gɔˌdɪbi'ęˑθęl] *adj.* hypothetical
[cCc: **godybieth** -¹EL] {S 1; F 0(GM09: K.J.G.)}

¹**goedh** ['goːð] *f.* **+ow** goose
[C: CC *gegdâ* (Gr.)]
{S 1; F 4: O *guit* (VC.515, 517) → L,P: M *goyth*; pl. *gothow*: L pl. *godho* (AB043a, 242c) → P:
P Polgooth: C B *goaz*; W *gwydd*: +**ow** P}

²**goedh** ['goːð] *adj.* wild, fierce, uncultivated
[C: IE *wei-d-* (gpc)] {S 1; F 2: O *guit* (VC.684) → P: C B *gouez*; W *gŵydd*}

goedhan ['goˑðan] *m.* **+es** moth
[U:] {S 8; F 2: O *goupan* (VC.627) → L,P:
C W *gwyddon*: +**es** N (FTWC)}
Nance re-spelled OldC *goupan* as *gowdhan*; **goedhan** fits the W better.

goedhboell ['gɤðbɤl] *m.* chess
[CC: ²**goedh** 2**poell**]
{S 1; F 0(EC52): C W *gwyddbwyll*:}

¹**goedhel** ['goˑðęl] *m.* **goedhyli** thicket
[Cc: ²**goedh** -²EL] {S 1; F 0(EC52): P Menacuddle: **goedhyli** P}
There is a secondary form, *gwydhel*.

²**Goedhel** ['goˑðęl] *m.* **Goedheli** Gael, Irishman
[Cc: ²**goedh** -²EL (gpc)] {S 1; F 3: M *gothal* (BK17.08): L pl. *guidhili* (AB242c) → P:
F *engothall* 1538 'the Irishman' (Padel):
C B *Gouezel*: **Goedheli** L}
Found in the family name *Engothall* 1538 'the Irishman' (Padel). There is a secondary form, **Gwydhel**. The suffix -EL is the same as that in **medhel** (gpc), and is not *-al*, as written by Nance in this word and all its derivatives.

Goedhelek [gɤð'ęˑlęk] *m.* Gaelic language
[Ccc: **Goedhel** -¹EK]
{S 1; F 2: L *Godhalek* (AB222):}

goedhgath ['gɤθkaθ] *f.* **+es** wildcat
[CC: ²**goedh** 2**kath**] {S 1; F 1: L *koitgath*: +**es** N}
Pryce's strange spelling shows influence of OldC.

goedhgennin [gɤθ'kęnːɪn] *coll.* **+enn** saffron
[CC: ²**goedh** 2**kennin**]
{S 1; F 1: O *goitkenin* (PV10931) → P: +**enn** }

goedhik ['goˑðɪk] *m.* **-igow** gosling
[Cc: ¹**goedh** -IK] {S 1; F 0(CE38): -**igow** I}

goedhvil ['gɤθfil] *m.* **+es** wild beast, wild animal
[CC: ²**goedh** 2⁴**mil**]
{S 1; F 3: O *guitfil* (VC.558) → L,P:
C W *gŵyddfil*: +**es** I}
Lhuyd incorrectly recorded this word as *gurthvil*, and this was followed by Nance.

Goedhyan

Goedhyan *name* Gwithian (name of saint)
{S 1; F 1: L *guidian* (LS)}

¹goel ['goːl] *m.* **+yow** sail
[L: CLat *vêlum* (M)]
{S 1; F 4: O *guil* (VC.280) → L,P: M *goyl* → L,P: L *gôl* (AB) → P: C B *gouel*; W (*hwyl*): **+yow** I}

²goel ['goːl] *m.* **+yow** feast, fair, festival
[L: BLat *vig'lia* < CLat *vigilia* (M)] {S 1; F 3: M *gol, woyl*: L *gôl* (AB018a), *goil* (AB059b) → P: P Goldsithney: C B *gouel*; W *gŵyl*: **+yow** }

goel ilow concert

³goel ['goːl] *m.* **+yow** vigil, watch (*vigil*), revel, wake
[L: Same word as ²**goel** (M)]
{S 1; F 0(CE38): C W *gŵyl*: **+yow** }

goelann ['goˑlan] *f.* **+es** gull, seagull, seamew
[C: CC (gpc)] {S 1; F 3: O *guilan* (VC.507) → L,P: L *gullan* (PV1647); pl. *guller* (PV1647): P Gulland Rock: C MidB *goelann* (> ModF *goéland*); W *gwylan*: **+es** N (FTWC)}
E *gull* may come from the Cor.

goeldheys [gɤl'ðęɪz] *m.* harvest home
[CC: ²**goel** 2**deys**]
{S 1; F 0(CE38): D "gulthize":}

goeles ['goˑlęz] *m.* **+ow** bottom, base, lowest part
[C:] {S 1; F 4: M *goles* (OM.2443): L *golaz* (AB.), *goolas* (BOD): D "wollas": P Wollas 'Lower, Nether': C B *goueled*; W *gwaelod*: **+ow** I}

goelesenn [gɤl'ęˑzęn] *f.* **+ow** petticoat, underskirt, slip
[Cc: **goeles** -ENN]
{S 1; F 0(CE38): C B *goueledenn*: **+ow** I}

goelgi ['golgi] *m.* **-geun** watchdog
[CC: ³**goel** 2**ki**]
{S 1; F 0(GM09: G.M.S.): **-geun** I}

goell ['gɤlː] *m.* **+ow** yeast, leaven
[C:] {S 8; F 2: L *gwêl* (LV017.08, 09): C B *goell*: **+ow** I}

goella ['gɤlːa] *m.* **goellys** gull

goemmon

ALT = **goelann**. [E(O): ModE *gull* < C (K.J.G.)]
{S 4; F 1: L pl. *gullys* (Lh. MS.):   4:L:1(Lh.): **goellys** L}

Goelowann [gɤˈlɔʊan] *m.* **+ow** Midsummer's Day
[LC: from ¹**goel Yowann**] {S 1; F 1: L *Golûan*, quoted in *CE38*: **+ow** I} lit. 'John's feast'. This is celebrated on June 24th. The summer solstice in the northern hemisphere usually occurs three days earlier, on June 21st.

goelva ['gɤlva] *f.* **+ow** look-out place, vantage point
[Lc: ³**goel** -VA] {S 1; F 2: O *goelva* (VC.400) → P: P Pedn Olva: C W *gwylfa*: **+ow** I}

¹goelya ['goˑlja] *v.* sail
[Lc: ¹**goel** -YA]
{S 1; F 0(CE38): C B *gouelian*; W (*hwylio*)}

²goelya ['goˑlja] *v.* feast
The one example in the texts is transitive.
[Lc: ²**goel** -YA]
{S 1; F 1: M p.ptcpl. *goleys* (BM.3610)}

goelyador [gɤl'jaˑdɔr] *m.* **+oryon** watchman, sentry, sentinel
[Lcl: ³**goel** -YADOR] {S 1; F 0(EC52): **+oryon** I}

goelyans ['goˑljans] *m.* **+ow** sailing
[Lc: ¹**goel** -YANS] {S 1; F 0(EC00): **+ow** I}

goelyas ['goˑljaz] **1.** *v.* keep watch **2.** *f.* **+ow** night watch
[Lc: ³**goel** -³YAS]
{S 1; F 4: M *golyas* → L,P: **+ow** I}

goelyer ['goˑljęr] *m.* **-yoryon** sailor
(*leisure*) Nance used this word for 'watchman', but to avoid confusion, his word **goelyador** is used here for 'watchman'.
[Lc: ¹**goel** -¹YER]
{S 1; F 0(GM09: G.M.S.): **-yoryon** I}

goemmon ['gɤmːɔn] *coll.* **+enn** seaweed
[C: CC *wi-m-b- (gpc)] {S 8; F 3: L *gubman* (AB009b) → P: P *Park an Gubman*: C B *goumon*; W *gwymon*: **+enn** } In spite of the ModB form, the first syll. seems to have orig. contained a diphthong, which is supported by the form of the F borrowing *goémon*. Lhuyd's spelling *gubman* would fit in with this.

¹goen ['goːn] *f.* **+yow** downland, unenclosed pasture, moor *(upland)*
[C: CC *wâg-nâ- (gpc)] {S 3; F 5: **O** *guen* (VC.723): **M** *gon, goon*; pl. *gonyov* (BM.1037): **L** *gûn* (AB015b), *goon*; pl. *guniau* (AB015b) → P, *gunneau* (NGNB3): **P** Goonhilly and many others: **C B** *geun*; W *gwaun*: **+yow** MLP}
The *î* in Lhuyd's pl. seems to be an error. A pl. without [j] is found in place-names.

Goen Brenn Bodmin Moor, Fowey Moor

²goen ['goːn] *m.* **+yow** gown, robe, monk's habit
[E(F): OldF *gone* (coe)]
{S 4; F 3: **M** *gon* (BM.1902): **L** *gûn* (AB164b) → P, *gun* (JCNBL): **+yow** N (P.H.)}

³goen ['goːn] *f.* **+yow** sheath, scabbard
[L: BLat *vagina* < CLat *vâgina* (Gr.)] {S 3; F 4: **O** *guein* (VC.820) → L,P: **M** *goyn* (MC.072), *won* (PC.1156) → P: **C B** *gouin*; W *gwain*: **+yow** I}

goenbluv ['gonblyv] *coll.* **+enn** cotton-grass
[CC: ¹goen 2pluv] {S 3; F 0(CE38): **+enn**}

goendi ['gondi] *m.* **+ow** moor-house
[CC: ¹goen 2⁴ti] {S 1; F 0(CPNE): **P** Swingey: **+ow** I}

goen-sethow ['goːnˈsɛˑθow] *f.* **goenyow-sethow** quiver *(for arrows)*
[M: ³goen seth -OW]
{S 3; F 0(EC52): **goenyow-sethow** I}

goer ['goːr] *v. part* knows
3 sg. pres. ind. of **godhvos**, usually found lenited, as in **my a woer** 'I know'. In LateC, the lenited form was used as the verbal stem.
[C: Brit *widri (gpc)] {S 1; F 6: **M** *wor* → P, *wore* → P: **L** *ore; ôr, uôr, ûr* (AB.): **C B** *goar*; W *gŵyr*}

goera ['goːra] *m.* hay
[C: CC *wegro- (Gr.)]
{S 2; F 3: **O** *guyraf* (VC.720) → P: **M** *gorre* (OM.1058): **L** *gôrha* (AB060c, 248a) → P, *gorra* (CDWP): **C** Not in B; cf. W *gwair*:}

goera glas silage

goes ['goːz] *m.* **+ow** blood, gore, blood-line
[C: CC *wait-o- (gpc)] {S 1; F 6: **O** *guit* (VC.066): **M** *goys, gois, gos*: **L** *gûdzh* (AB.): **C B** *goad* (usually incorrectly spelled *gwad*; W(*gwaed*) < *gwoed*: **+ow**}

goes nessa near relative, near relation

goesa ['goˑza] *v.* bleed, make bloody
[Cc: **goes** -¹A]
{S 1; F 2: **M** p.ptcpl. *gosys* (MC.219) → P: **P** ?Polgoda: **C B** (*gwadañ*), W (*gwaedu*)}

goesogenn [gɤˈzɔˑgɛn] *f.* **+ow** black-pudding
[Ccc: from **goesek** -ENN] {S 1; F 2: **L** *gudzhÿgan* (AB058c): **C W** *gwaedogen*: **+ow** I}

goesek ['goˑzɛk] *adj.* bloodstained, bloody
[Cc: **goes** -¹EK] {S 1; F 1: **L** *gooshak* (PV11017): **D** "gwidgy-gwee" 'black pinch': **C B** (*gwadek*), W (*gwaedog*)}

goeski ['goˑski] *m.* **-keun** bloodhound
[CC: from **goes ki**] {S 1; F 0(CE38): **-keun** I}

goestel ['goˑstɛl] *m.* **goestlow** pawn, surety, hostage, collateral (U.S.)
[C: GOESTL-S] {S 1; F 2: **O** *guistel* (VC.174) → L,P: **C B** *gouestl*; W *gwystl*: **goestlow** I}
Nance wrote *gwystel*, no doubt influenced by Lhuyd and the Welsh, but OldC <ui> normally gives /o/.

goestel-tir [ˌgɤstɛlˈtiːr] *m.* **goestlow-tir** land mortgage
[CC: **goestel tir**] {S 1; F 0(Y2): **goestlow-tir** I}

GOESTL- [C: IE *gheis-tlo- (gpc)]

goestla ['gɤstla] *v.* pawn, wage
[Cc: GOESTL=¹A] {S 1; F 3: **M** *gustle* (MC.249) → P; p.ptcpl. *gostlys* (BK20.13); 3rd sg. pres. ind. *wostel* (BK12.29): **C B** *gouestlân*, W *gwystlo*} The phrase *gustle bell* in *MC.249* was translated by Edwards as 'to wage a war'. Nance wrote the verb as *gustla* and in CE38 gave its meanings as 'to riot, revolt, raise a tumult'. From this he coined a word *gustel* with the meanings 'riot, tumult'. The <u> in *gustle* stands for /o/, and it therefore appears in this dictionary as **goestel**, with the meanings 'to pledge, to wage'.

goestla bel wage war

¹goeth ['gɔ:θ] *f.* **+ow** stream, watercourse, conduit, canal, pipeline, channel
[C: Brit *wêtt-* (gpc)] {**S** 1; **F** 3: **M** 2nd element of *lyf woth* (OM.1093): **P** Gothers; pl. found in Burgortha = **barr goethow**: **C W** *gŵyth*: **+ow P**} In MidC, the singular of this word meant both 'stream' and 'vein'. The two meanings appear to have been distinguished in the pl. by using *gwythy* for 'veins' and *gothow* for 'streams'. Here a semantic difference is set up by distinguishing **goeth** 'stream' (primary development) from **gwyth** 'vein' (secondary development). cf. **Goedhel** and **Gwydhel**. Spellings with <d> are found in some place-names, which suggest [ð] rather than [θ].

²goeth ['gɔ:θ] *m.* pride, haughtiness, vainglory, vanity
[C: Brit *weik-* (gpc)] {**S** 1; **F** 4: **O** *goth* (VC.429) → L,P: **M** *goyth, goth*: **C** Not in B; **W** *gŵyth* 'anger':}

goethek ['gɔ·θęk] *f.* **-egi** place abounding in streams
[Cc: ¹**goeth** -¹EK] {**S** 1; **F** 0(CPNE): **P** Trewothack: **C B** *gwazhek*: **-egi** I}

goethel ['gɔ·θęl] **1.** *adj.* watery **2.** *m.* **+yow** watery ground
[Cc: ¹**goeth** -²EL] {**S** 1; **F** 0(CPNE): **P** Perranarworthal: **C** cf. B *gwazhell*: **+yow** I}

goethus ['gɔ·θys] *adj.* proud, haughty, conceited, vain
[Cl: ²**goeth** -US] {**S** 1; **F** 3: **O** *gothus* (VC.428) → L,P: **M** *gothys*}

go-ev [ˌgɔ·'ęv:] *interj.* woe to him
[Cc: **go ev**] {**S** 1; **F** 4: **M** *goef* → P} Sometimes found contracted to **gwev** in MidC, as at *BM.2311*.

gogell ['gɔ·gęl] *f.* **+ow** pulpit, little cell
[cL: GO- 2**kell**] {**S** 1; **F** 1: **L** *ogall* (CBWG): **+ow** I}

gogerdher [gɔ'gęrðęr] *m.* **-oryon** toddler *(male)*
[cCl: GO- 2**kerdher**] {**S** 1; **F** 0(GK98: P.H.): **-oryon** I}

gogerdhes [gɔ'gęrðęz] *v.* toddle
[cCc: GO- 2**kerdhes**] {**S** 1; **F** 0(GK98: P.H.)}

gogerdhores [gɔgęr'ðɔ·ręs] *f.* **+ow** toddler *(female)*
[cCl: GO- 2**kerdhores**] {**S** 1; **F** 0(GM09: YhaG): **+ow** I}

goghi ['gɔ·xi] *coll.* **+enn** wasps
[C: CC *woks-* < IE *wops-* (gpc) (> ModE *wasp*)] {**S** 8; **F** 3: **O** sg. *guhien* (VC.532) → L,P: **C B** *(moui)*, **W** *gwchi*: **+enn** O}

gogoedh ['gɔ·gɤð] *m.* **+ow** lapse
[cC: GO- 2**koedh**] {**S** 1; **F** 0(GM09: G.M.S.): **+ow** I}

gogoedha [gɔ'go·ða] *v.* lapse
[cCc: GO- 2**koedha**] {**S** 1; **F** 0(GM09: K.J.G.)}

gogosk ['gɔ·gɔsk] *m.* **+ow** nap, doze
[cC: GO- 2**kosk**] {**S** 1; **F** 0(GK98: K.J.G.): **+ow** I}

gogoska [gɔ'gɔ·ska] *v.* nap, doze
[cCc: GO- 2**koska**] {**S** 1; **F** 0(GK98: K.J.G.): **C** cf. B *gougousket*}

gogow ['gɔ·gɔ] *f.* **+yow** cave
[C:] {**S** 2; **F** 1: **L** *googoo* (PV18141): **D** "gug": **P** Ogo: **C W** *ogof*: **+yow** I}

gogledh ['gɔglęð] *f.* north
[cC: GO- 2**kledh**] {**S** 1; **F** 1: **L** *go gleth* (MSWP): **P** ?Vounder Gogglas: **C W** *gogledd*:}

gogrygha [gɔ'grɪ·xa] *v.* crimp
[cCc: GO- 2**krygha**] {**S** 1; **F** 0(GM09: G.M.S.)}

gogrys ['gɔgrɪz] *m.* **+yow** suspicion
[cC: GO- 2KRYS-] {**S** 1; **F** 2: **M** *gorgys* (RD.1499, 1501): **+yow** I} MidC *gorgys* has here been emended by J.G.H. Nance's emendation was *gorthgres*.

gogrysek [gɔ'grɪ·zęk] **1.** *adj.* suspect **2.** *m.* **-ogyon** suspect
[cCc: GO- 2KRYS=¹EK] {**S** 1; **F** 0(GM09: G.M.S.): **-ogyon** I}

gogrysi [gɔ'grɪ·ʒi] *v.* suspect, be suspicious
[cCc: from **gogrys** -¹I] {**S** 1; **F** 0(GM09: G.M.S.)}

goheladow [gɔhę'la·dɔw] *adj.* avoidable
[cCc: GO- 3**kel** -ADOW] {**S** 3; **F** 0(EC00)}

gohel ['gɔ·hęl] *m.* avoidance
[cC: GO- 3**kel**] {**S** 3; **F** 0(EC00):}

goheles

goheles [gɔ'hę·lęz] *v.* shun, avoid, be shy of
[cCc: GO- 3**keles**] {S 3; F 3: M *goheles*: C W *gochelyd*} Spirant mutation is unusual.

gohelfordh [gɔ'hęlfɔrð] *f.* **+ow** diversion *(of road)*, alternative route
[cCE(E): GO- 3**kel fordh**] {S 4; F 0(EC52): **+ow** I}

gohelus [gɔ'hę·lys] *adj.* shy, retiring, bashful, coy
[cCl: GO- 3**kel** -US] {S 1; F 0(CE38)}

gohydh ['gɔ·hɪð] *f.* **+ow** daughter-in-law
[C: Brit **wo-sed-î* (gpc)] {S 1; F 3: O *guhit* (VC.163) → L,P: C B *gouhez*; W *(gwaudd)*: **+ow** I}

gokki ['gɔkːi] **1.** *adj.* foolish, silly, stupid, absurd, daft **2.** *m.* **+es** foolish person, imbecile
[E: MidE *goky*] {S 5; F 5: M *goky* → P, *gocky*; pl. *gockyes* (PC.1149), *gokyes* (RD.1136): D "gucky": **+es** M} Prob. a variant of E *gawky*; it must be a loan-word because it contains [-kk-].

gokkia [gɔ'ki·a] *v.* behave foolishly
[Ec: **gokki** -¹A] {S 5; F 2: M *cokya* (BK04.83); 2nd pl. pres. ind. *gokyvgh* (BK25.66)}

gokkihe [gɔki'hęː] *v.* make silly
[Ec: **gokki** -HE] {S 5; F 1: M p.ptcpl. *gokyhes* (BK05.42)}

gokkineth [gɔ'ki·nęθ] *f.* folly, foolishness, stupidity, absurdity
[Ec: **gokki** -NETH] {S 5; F 3: M *gokyneth* → P:}

golans [gɔ'lans] *m.* **+ow** small valley
[cC: from GO- **nans**, with [n] > [l]] {S 2; F 0(CE55): P *Golant*, which shows the OldC form with <-t>.: **+ow** I}

goleder [gɔ'lę·dęr] *f.* **goledrow** incline
[cC: GO- **leder**] {S 1; F 0(EC52): **goledrow** I}

goledrek [gɔ'lędręk] *adj.* inclined *(sloping)*
[cC: GO- **ledrek**] {S 1; F 0(GM09: G.M.S.)}

golghva

goleski [gɔ'lę·ski] *v.* singe, char, smoulder, scorch
[cCc: GO- **leski**] {S 1; F 0(CE38): C W *golosgi*}

golewder [gɔ'lęʊdęr] *m.* **+yow** glory, radiance, brightness, illumination
[Cc: **golow** -DER] {S 8; F 4: M *golowder, golevder*: L *goleųder* (AB153c): C W *goleuder*: **+yow** I}

goleyth ['gɔ·lęɪθ] *m.* **+ow** roast meat, collop
[C: Brit **wo-lekt-* (Gr.)] {S 1; F 1: O *guleit* (VC.898): C Not in B; W *golwyth*: **+ow** I}

goleythenn [gɔ'lęɪθęn] *f.* **+ow** rasher
[Cc: **goleyth** -ENN] {S 1; F 0(GM09: K.J.G.): **+ow** I}

golf ['gɔlf] *m.* golf
[E(U):] {S 4; F 0(Y3):}

golfva ['gɔlfːa] *f.* **+ow** golf-links
[E(U)c: **golf** -VA] {S 4; F 0(EC00): **+ow** I}

golgh ['gɔlx] *m.* **+yon** wash, swash
[C: CC **wolk-* (gpc)] {S 8; F 0(CE38): **+yon** N (CE38)}

golghadow [gɔl'fia·dɔw] *adj.* washable
[Cc: **golgh** -ADOW] {S 8; F 0(EC00)}

golghas ['gɔlxaz] *m.* **+ow** washing
[Cc: **golgh** -²AS] {S 8; F 0(EC52): **+ow** I}

golghi ['gɔlxi] *v.* wash
[Cc: **golgh** -¹I] {S 8; F 5: M *golhy*: L *gulhi* (AB245b), *gully* (PRJBT): C B *gwalc'hiñ*}

golghi an lestri wash the dishes

golghlin ['gɔlxlɪn] *m.* **+yow** washing-up liquid
[CC: **golgh** ³**lin**] {S 8; F 0(EC00): **+yow** I}

golghores [gɔl'fiɔ·ręs] *f.* **+ow** washerwoman
[Ccc: **golgh** -ORES] {S 1; F 0(CE38): **+ow** I} Nance wrote *golgheres*.

golghti ['gɔlxti] *m.* **+ow** laundry, wash-house
[CC: **golgh** ⁴**ti**] {S 2; F 0(CE38): **+ow** I}

golghva ['gɔlxva] *f.* **+ow** bathroom, wash-place, washroom (U.S.)
[Cc: **golgh** -VA] {S 1; F 0(CE38): C W *golchfa*: **+ow** N (K.J.G.)}

golghva-gerri

golghva-gerri [ˌgɔlxvaˈgɛrːi] *f.*

golghvaow-kerri car-wash
[CcCc: **golghva 2kerri**] {S 1; F 0(FTWC): **golghvaow-kerri** N (FTWC)}

golghyon [ˈgɔlxjɔn] *pl.* slops, suds
[Cc: **golgh** -YON] {S 1; F 0(CE38): C W *golchion*}

goli [ˈgɔˑli] *m.* **+ow** wound, sore
[C:] {S 1; F 4: M *goli* → P; pl. *golyow* (3 syll.): C B *gouli*: **+ow** M}

goli byw ulcer

golia [gɔˈliˑa] *v.* wound
[Cc: **goli** -¹A] {S 1; F 2: M p.ptcpl. *golyys* (PC.3183), *wolijs* (BM.2490): C B *gouliañ*}

goliadow [gɔlɪˈaˑdɔw] *adj.* vulnerable
[Cc: **goli** -ADOW] {S 1; F 0(GM09: YhaG)}

gologhas [gɔˈlɔˑxas] *m.* adoration, worship
[C:] {S 8; F 3: M *gologhas* → P: C OldB *guolohit*, W *golochwyd*:}

gologva [gɔˈlɔgva] *f.* **+ow** outlook, perspective
[Cc: from **golok** -VA]
{S 1; F 0(EC52): C W *golygfa* 'scenery': **+ow** I}

golok [ˈgɔˑlɔk] *f.* **-ogow** sight, vision, look
[C: Brit *wo-luk- (gpc)] {S 1; F 4: M *golok* → P: L *woolok* (CLJK): C W *golwg*: **-ogow** I}

golow [ˈgɔˑlɔw] **1.** *adj.* bright, brilliant **2.** *m.* **+ys** light
[C: Brit *wo-lugu (gpc)] {S 1; F 5: O *golou* (VC.450) → L,P: M *golow*; pl. *golowys*: L *gulou* (Lh.), *gullou* (G1JB); pl. *golowis*: P Burngullow = **bronn golow**: C B *goulou*; W *golau*: **+ys** ML}

golow dydh daylight

golowas *m.* enlightening
{S 8; F 1: L *golouas* (PV10946)}

golowbrenn [gɔˈlʊbrɛn] *m.* **+yer** lamp-post
[CC: **golow 2prenn**] {S 1; F 0(CE38): **+yer** I}

golowek [gɔˈlʊɛk] *adj.* luminous
[Cc: **golow** -¹EK] {S 1; F 0(EC52)}

golowgylgh [gɔˈlʊgɪlx] *m.* **+yow** halo *(around Sun or Moon)*
[CL: **golow 2kylgh**] {S 1; F 0(EC00): **+yow** I}

golowi [gɔˈlɔwi] *v.* illuminate *(with light)*, shine, lighten *(shine)*
[Cc: **golow** -¹I] {S 1; F 4: M *colowhy*, *collowye*: L *kylyui* (AB245b, 248a), *goloua* (PV.)}

golowji [gɔˈlʊdʒi] *m.* **+ow** light-house
[CC: **golow 2chi**]
{S 2; F 0(CE38): C W *goleudy*: **+ow** I}
Welsh (and hence Cornish) words are calqued on Eng.; Breton uses *tour-tan*, lit. 'fire tower'.

golowlester [ˌgɔlʊˈlɛˑstɛr] *m.* **-lestri** lamp
[CC: **golow lester**]
{S 1; F 2: L *goloulestr* (AB075c) → P: **-lestri** I}

golowva [gɔˈlʊva] *f.* **+ow** beacon *(site)*
[Cc: **golow** -VA] {S 1; F 0(CE38): **+ow** I}

golowyans [gɔˈlʊjans] *m.* **+ow** enlightenment
[Cc: **golow** -YANS]
{S 1; F 0(GM09: G.M.S.): **+ow** I}

golowylyon [ˌgɔlɔˈwɪˑljɔn] *pl.* spangles, tinsel, sequins
[Ccc: from **golow** -²EL -YON, with vowel harmony] {S 8; F 0(CE38): D "golowillions" (with Eng. pl.)}

golowyjyon [ˌgɔlɔˈwɪˑdʒjɔn] *m.* radiance
[Cc: **golow** -YJYON] {S 8; F 1: M *golvygyen* (BM.3681):} This word has also been interpreted as a double pl. of **golow**.

golowynn [gɔˈlɔwɪn] *m.* **+ow** ray *(radiation)*, beam *(radiation)*
[Cc: **golow** -YNN] {S 1; F 0(CE38): **+ow** I}

golowynn-X X-ray

golowys [gɔˈlɔwɪs] *pl.* lighting
[Ce: **golow** -²YS] {S 1; F 4: M *golowys*: L *golowis* (LV076.08)}

golowys an hel house-lights

gols [ˈgɔls] *m.* **+ow** head of hair
[C: CC *wolt- (gpc)] {S 1; F 3: O *gols* (VC.032) → L,P: C OldB *guolt*; W *(gwallt)*: **+ow** I}
Cognate with E *weald*, G *Wald* 'woodland'.

golslin

golslin ['gɔlslin] *m.* **+yow** shampoo
[CC: **gols** ³**lin**]
{S 1; F 0(GM09: G.M.S.): **+yow** I}

golusegi [ˌgɔlyz'ę·gi] *v.* enrich
[Ccc: from **golusek** -¹I] {S 1; F 0(GM09: K.J.G.)}

golusegyans [ˌgɔlyz'ę·gjans] *v.* enrichment
[Ccc: from **golusek** -YANS]
{S 1; F 0(GM09: YhaG):}

golusek [gɔ'ly·zęk] **1.** *adj.* rich, wealthy, affluent **2.** *m.* **golusogyon** rich man
[Cc: AJ in -EK from CC **wo-lau-to-n* (gpc)]
{S 1; F 3: O *puludoc* (VC.296) → L,P: C Not in B; W *goludog*: **golusogyon** I} Replaced in MidC by *rych*.

golusoges [gɔly'zɔ·gęs] *f.* **+ow** rich woman
[Cc: from **golusek** -⁴ES]
{S 1; F 0(GM09: P.H.): **+ow** I}

golusogneth [ˌgɔly'zɔgnęθ] *f.* affluence, riches, wealth
[Ccc: from **golusek** -NETH]
{S 1; F 0(GK98: K.J.G.):}

golvan ['gɔlvan] *m.* **+es** sparrow
[C: Brit **gulbanos* (M) < CC (gpc)] {S 1; F 4: O *goluan* (VC.513) → L,P: C B *golvan*; W *golfan*: **+es** I} Lhuyd wrote *Gylvange* for 'hedge sparrow' (LV084.29). His use of *-ge* rather than *-ke* suggests either that *Gylvange* was a close compound, or that **golvan** is fem. (it is masc. in B and W). Neither seems likely.

golvan ke hedge sparrow
golvan chi house sparrow

Gomer name
{S 5; F 2: L *Gomar* (EJJB, E1JB)}

Gomorra place Gomorrah
{S 5; F 1: M *gamorre* (TH06v)}

gonador [gɔ'na·dɔr] *m.* **+yon** sower *(male)* [Cc: prob. created by Lhuyd, by appending *-adar* to the supposed root of **gonis**.] {S 8; F 2: L *gẏnnadar* (AB148a, 240c) → P: **+yon** I}

gonadores [gɔna'dɔ·ręs] *f.* **+ow** sower *(female)* [Ccc: **gonador** -⁴ES}]

gonis

{S 8; F 0(GM09: K.J.G.): **+ow** I}

GONEDH- This root was confused with the word **gonis**, so that the same meanings became assigned to both: 'to till the ground', by simple extension, 'to sow seed'; by wider extension, 'to work' and 'to serve'.
[C: CC **wognim-* (gpc)]

gonedha [gɔn'ę·ða] *v.* cultivate *(crops)*, till, work, serve
[Cc: gonedh=1A] {S 1; F 4: M *gonythe* (BK28.21); p.ptcpl. *gonethys* (BM.4392, CW.0103): C B *gouneziñ*, W *gweinyddu*} The primary meaning of this verb was 'to cultivate, to till' (5 of the 11 attested cases fit this). This meaning 'work the land' was extended to 'work in general' (4 cases). Through confusion with the word **gonis**, the meaning 'to serve' also applied to this verb (2 cases).

gonedhek [gɔn'ę·ðęk] *m.* **-ogyon** farmer, cultivator, husbandman
Pryce gave the meanings 'a husbandman, a farmer', to which we may add (considering the verb **gonedha**) 'a cultivator'.
[Cc: GONEDH=¹EK] {S 1; F 2: M *Gonythick*, *Gonethick* (PV.11015): **-ogyon** I}

gonedhyas [gɔn'ę·ðjaz] *m.* **-ysi** farmer, cultivator
The Latin meaning in OCV is *agricola*, i.e. 'tiller, farmer'. [Cc: GONEDH=³YAS]
{S 1; F 2: O *gunithiat* (VC.338) → L: **-ysi** I}

gonedhys [gɔn'ę·ðɪz] *adj.* wrought
[Cc: GONEDH=⁶YS] {S 1; F 2: M *gonethys* (BM.4392, CW.0103)} P.ptcpl. of **gonedha**.

gonis ['gɔ·nɪz] **1.** *m.* **+yow** work, service *(in general, not in church)* **2.** *v.* work, toil, labour, cultivate *(crops)*
Used both transitively and intransitively.
[C: CC **wo-gnî-tu-* (gpc)] {S 1; F 5: M *gonys*: L *gunnes* (Gw.): D "gunnies": C B *gounid* 'to gain'; W *gweinid* 'to serve': **+yow** I}

Gonis Yeghes Health Service
Gonis Yowynkneth Youth Service

gonisek [gɔ'niˑzęk] *m.* **-ogyon** servant, workman
The meaning 'workman' appears only in LateC; it is better to use **gonisyas** for this.
[Cc: **gonis** -¹EK]
{S 1; F 3: **O** *gonidoc* (VC.846) → L,P: **L** *gonesek* (PV11008): **C B** *gonideg* 'cultivator'; W *gweinidog* 'ecclesiastical minister': **-ogyon** I}
N.B. name of Breton grammarian, Ar Gonideg.

gonisogeth [ˌgɔni'zɔˑgęθ] *f.* **+ow** culture, service
[Cc: **gonis** -OGETH] {S 1; F 0(CE55): **+ow** I}
Nance wrote *gonysegeth*, but -EK becomes -OG- medially.

gonisogeth tir agriculture, cultivation

gonisogethel [gɔnizɔg'ęˑθęl] *adj.* cultural
[Ccc: **gonisogeth** -²EL] {S 1; F 0(GM09: G.M.S.)}

gonisyas [gɔ'niˑʒjaz] *m.* **-ysi** workman, labourer
[Cc: **gonis** -³YAS]
{S 1; F 3: **M** pl. *gonesugy* → P: **-ysi** M}
This word is found in MidC only as a plural, with the meaning 'workmen'. Pryce recorded it as the plural of **gonysek**, but this is not the case etymologically.

¹**gonn** ['gɔn:] *v. part* I know
1 sg. pres. ind. of **godhvos**.
[C: Brit *wi-n-d-* (gpc)]
{S 1; F 5: **M** *won* → L,P: **C** MidB *gounn* (replaced by ModB *gouzon*), MidW *gwnn*}

²**gonn** ['gɔn:] *m.* **+ys, +ow** gun
[E: MidE *gonne* (coe)] {S 4; F 1: **L** *gwdn* (LV081.11): **C W** *gwn*: **+ys** M; **+ow** N (G.M.S.)}
The pl. is found in stage directions in *BM*..

³GONN- know [C: 2¹**gonn**] {S 1; F 3: **L** *won* (PV18713); 2nd sg. *woa'th* (PV18701), *wo'ath* (PV18713); 1st pl. *wonyn* (PV18713)}
Reformed present tense of 'to know' based on the 1st sg. **gonn**- as root.

gonner ['gɔn:ęr] *m.* **-oryon** gunner
[El: ²**gonn** -¹ER] {S 4; F 0(EC00): **-oryon** I}

gonn-jynn [ˌgɔn'dʒɪ:n] *m.*
gonnow-jynn machine-gun

[EE(E): ²**gonn jynn**]
{S 5; F 0(GK98: P.H.): **gonnow-jynn** I}

good (Eng.) *adj.* {S 6; F 3: **M** *gode*}

goodly (Eng.) *adv.*
{S 6; F 2: **M** *goodly* (TH53v, CW.1825)}

gor ['gɔ:r] 1. *adj.* broody *(of hen)* 2. *m.* suppuration, pus
[C:] {S 1; F 0(CE38): **C B** *gor*, W *gor:*}

¹GOR- *prefix* [c: form of **gour** used as pf.]

²GOR- *prefix* over- causes either lenition or spirantization.
[c: CC *wer*- (iyk) < IE *uper*- (M)]

gorambos [gɔ'rambɔs] *m.* **+ow** bond *(promise)*
[cC: ²GOR- **ambos**] {S 8; F 0(Y2): **+ow** I}

gorbassya [gɔr'bas:ja] *v.* surpass
[cE(F)c: ²GOR- 2**passya**]
{S 4; F 0(GM09: G.M.S.)}

gorbeblys [gɔr'bęblɪz] *adj.* overpopulated
[cLc: ²GOR- 2**peblys**] {S 1; F 0(EC00)}

gorberfydh [gɔr'bęrfɪd] *adj.* pluperfect
[cL: ²GOR- 2**perfydh**] {S 1; F 0(GM09: G.M.S.)}
amser worberfydh pluperfect tense

gorbeski [gɔr'pęˑski] *v.* overgraze
[cCc: ²GOR- 2**peski**] {S 8; F 0(GM09: G.M.S.)}

gorbobla [gɔr'bɔbla] *v.* overpopulate
[cLc: ²GOR- 2**pobla**] {S 1; F 0(GM09: G.M.S.)}

gorboblans [gɔr'pɔblans] *m.* overpopulation
[cLh: ²GOR- 2**poblans**] {S 1; F 0(GM09: G.M.S.)}

gorboellek [gɔr'bʊl:ęk] *adj.* mad, irrational, out of one's senses
Refers to the madness one step beyond genius.
[cCc: ²GOR- 2POELL=¹EK] {S 3; F 1: **O** *gurbullock*: **C** cf. W *gorffwyllog*, with spirant mutation}

gordalas [gɔr'daˑlaz] *m.* **+ow** bonus
[cCc: ²GOR- 2TAL=¹AS] {S 1; F 0(EC00): **+ow** I}

gordennys [gɔr'dęn:ɪz] *adj.* overstretched, strained
[cCc: ²GOR- 2**tenn** -⁶YS]
{S 1; F 0(GM09: G.M.S.)}

gordermyn [gɔr'dɛrmɪn] *m.* overtime
[cL: ²GOR- 2termyn] {S 1; F 0(GM09: G.M.S.):}

gordevi [gɔr'dę·vi] *v.* overgrow, luxuriate
[cCc: ²GOR- 2tevi] {S 8; F 0(EC52)}
Replacement for **overdevi**.

gordevyans [gɔr'dę·vjans] *m.* **+ow** overgrowth, luxuriance
[cCc: ²GOR- 2tevyans] {S 8; F 0(EC52): +ow I}
GORDH- [E(E): OldE *wurðe* (coe)]

gordhiwedh [gɔr'ðiƱęð] 1. *m.* **+ow** conclusion 2. *adv.* conclusively, finally
[cC: ²GOR- 2diwedh] {S 1; F 2: M *gorʒewyth* (MC.155), *gorthewyth* (RD.1035) → P: +ow I}

gordhiwessa [gɔrðiƱ'ęsːa] *v.* binge *(drink)*
[cCc: from ²GOR- 2diwes -ESSA]
{S 8; F 0(GM09: G.M.S.)}

gordhoester [gɔr'ðoː·stęr] *m.* degeneracy *(in nuclear physics)*
[cCc: ²GOR- 2does -TER]
{S 1; F 0(GM09: YhaG):}

gordhroglamm [gɔr'ðrɔglam] *m.* **+ow** catastrophe
[cCC: ²GOR- 2droglamm]
{S 1; F 0(GK98: P.H.): +ow I}

gordhroglammek [ˌgɔrðrɔg'lamːęk] *adj.* catastrophic
[cCCc: **gordhroglamm** -¹EK]
{S 1; F 0(GK98: P.H.)}

gordhya ['gɔrðja] *v.* worship, adore
[E(E)c: GORDH=YA] {S 4; F 6: M *gorthye*, *gorthya*: L *urria* (AB049a), *worria* (TCJB)}

gordhyans ['gɔrðjans] *m.* worship, adoration, glory
[E(E)c: GORDH=YANS] {S 4; F 5: M *gorthyans*: L *guoryans* (AB063c), *worriance* (M4WK):}

gordhyllans [gɔr'ðɪlːans] *m.* **+ow** dismissal *(sacking)*
[cCh: ²GOR- 2dyllans]
{S 8; F 0(GM09: G.M.S.): +ow I}

gordhyllo [gɔr'ðɪlːɔ] *v.* sack *(dismiss)*, terminate employment of, dismiss, fire, expel
[cC: ²GOR- 2dyllo] {S 8; F 0(Y2)}

gordhythya [gɔr'ðɪ·θja] *v.* declaim
[Lc: ²GOR- 2dythya] {S 8; F 0(GM09: YhaG)}

gordhythyans [gɔr'ðɪ·θjans] *m.* **+ow** declamation
[Lch: ²GOR- 2dyth -YANS]
{S 8; F 0(GM09: YhaG): +ow I}

gordoemma [gɔr'dʏmːa] *v.* overheat
[cCc: ²GOR- 2toemma] {S 1; F 0(EC52)}

gordoll ['gɔrdɔl] *m.* **+ow** super tax
[cE(E): ²GOR- 2¹toll] {S 1; F 0(Y2): +ow I}

gordremena [gɔrdrę'mę·na] *v.* exceed
[cCc: ²GOR- 2tremena] {S 1; F 0(GM09: G.M.S.)}

goredhomm [gɔr'ę·ðɔm] *m.* **+ow** emergency
[Cc: ²GOR- edhomm] {S 1; F 0(GM09): +ow I}

gorek ['gɔ·ręk] *adj.* pussy *(suppurating)*
[Cc: **gor** -¹EK] {S 1; F 0(GM09: G.M.S.)}

gorell ['gɔręl] *f.* **+ow** incubator
[Cc: **gor** -²ELL] {S 1; F 0(EC00): +ow I}

gorenn ['gɔ·ręn] *f.* **+ow** abscess
[Cc: **gor** -ENN] {S 1; F 0(GK98: K.J.G.): +ow I}

goresek [gɔ'rę·zęk] *v.* jog, canter
[cCc: GO- **resek**] {S 1; F 0(GK98: P.H.)}

goreseger [ˌgɔręz'ę·gęr] *m.* **-oryon** jogger *(male)*
[cCcl: from **goresek** -¹ER]
{S 1; F 0(GK98: P.H.): -oryon I}

goresegores [gɔrˌęzę'gɔ·ręs] *f.* **+ow** jogger *(female)*
[cCcc: from **goresek** -ORES]
{S 1; F 0(GK98: YhaG): +ow I}

gorewin [gɔr'ęwɪn] *m.* **+es** dew-claw
[cC: ²GOR- **ewin**] {S 1; F 0(EC52): +es I}

gorewnter [gɔr'ęƱntęr] *m.* **-tres** great-uncle
[cC: ²GOR- **ewnter**] {S 1; F 0(EC52): -tres I}

gorfals

gorfals ['gɔrfals] *adj.* superabundant, profuse
[cC: ²GOR- 3**pals**] {S 1; F 0(CE38)}

gorfalster [gɔr'falstɛr] *m.* **+yow** superabundance, surfeit, glut, profusion
[cCc: ²GOR- 3**palster**] {S 1; F 0(CE38): +yow I}

gorfenn ['gɔrfɛn] *m.* **+ow** end, finish, conclusion
[cC: ²GOR- 3³PENN-] {S 1; F 5: M *gorfen* → P, *gorfan*: C B *gourfenn*, W *gorffen*: +ow I}

gorfenna [gɔr'fɛnːa] *v.* finish, conclude, terminate, come to an end
[cCc: **gorfenn** -¹A] {S 1; F 3: M *gorfenne* (OM.0228), *worfene* (PC.2111) → L,P; 1st sg. plup. *gorfensen* (BK28.15): C W *gorffennu*; cf. B *gourfenn* (no VN sf.)}

gorfennys [gɔr'fɛnːɪz] *adj.* finished, concluded, ended
Unattested p.ptcpl. of **gorfenna**.
[cCc: **gorfenn** -⁶YS] {S 1; F 0(GM09)}

gorfordh ['gɔrfɔrð] *f.* **+ow** motorway, highway
[cE(E): ²GOR- **fordh**] {S 4; F 0(GL05): +ow I}

gorgath ['gɔrgaθ] *m.* **+es** tom-cat
[cC: ¹GOR- 2**kath**]
{S 1; F 2: L *gurkath* (AB241b) → P: +es I}

gorge ['gɔrgɛ] *m.* **+ow** low hedge
[cC: ²GOR- 2⁴**ke**]
{S 8; F 0(CE38): D "gurgy": +ow I}

gorgeredh [gɔr'gɛ·rɛð] *f.* **+ow** crack-down
[cC: ²GOR- 2**keredh**]
{S 3; F 0(GK98: A.S.): +ow I}

gorgemmeryans [ˌgɔrgɛm'ɛ·rjans] *m.* **+ow** obsession
[cCc: ²GOR- 2**KEMMER=YANS**]
{S 1; F 0(GM09: G.M.S.): +ow I}

gorgemmerys [ˌgɔrgɛm'ɛ·rɪz] *adj.* obsessed
[cCc: ²GOR- 2**kemmerys**] {S 1; F 0(CE93: P.D.)}

gorgi ['gɔrgi] *m.* **-geun** dog *(male)*
[cC: ¹GOR- 2**ki**]

gorhel-tan

{S 1; F 0(CE38): L *worgy* (PV.7552): D "mazed as a gurgy": P Carworgy: **-geun** I}
This word was used as a pers. name, and as such appears in pl.ns. like *Carworgie* = **Kar Worgi**, the venue of the Cornish Language Weekend, 1981-85.

gorgoynt ['gɔrgɔɪnt] *adj.* bizarre
[cE(F): ¹*gor*- 2**koynt**] {S 5; F 0(GM09: K.J.G.)}

gorgudha [gɔr'gy·ða] *v.* overlap
[cCc: ²GOR- 2**kudha**] {S 1; F 0(AnG 1985)}

gorgudhans [gɔr'gy·ðans] *m.* **+ow** overlap
[cCh: from **gorgudha** -ANS]
{S 1; F 0(GM09: P.H.): +ow I}

gorhan ['gɔrhan] *f.* **+ow** incantation, enchantment
[cC: ²GOR- 3**kan**]
{S 1; F 0(CE38): C W *gorchan*: +ow I}

gorhana [gɔr'ha·na] *v.* enchant
[cCc: ²GOR- 3**kana**]
{S 1; F 0(CE38): C W *gorchanu*}

gorharga [gɔr'harga] *v.* overload
[cFc: ²GOR- 3**karga**] {S 1; F 0(EC52)}

gorhegina ['gɔrhɛ'gi·na] *v.* overcook
[cLc: ²GOR- 3**kegina**] {S 1; F 0(GM09: K.J.G.)}

¹**gorhel** ['gɔrhɛl] *m.* **-holyon** ship, vessel *(ship)*, ark *(ship)*
[U:] {S 8; F 5: O *gurthel* (VC.931): M *gorhel, gorhyl*: L *gurhal* (AB.), *goral* (M4WK), *gurroll* (DPNB); pl. *gorollion* (PRJBT): **-holyon** L}

²**gorhel** ['gɔrhɛl] *adj.* lavish
[cC: ²GOR- ¹**hel**] {S 1; F 0(EC00)}

gorhelas [gɔr'hɛ·laz] *m.* **+ow** shipment, shipload
[Cc: ¹**gorhel** -²AS]
{S 8; F 0(GM09: G.M.S.): +ow I}

gorhel-tan [ˌgɔrhɛl'taːn] *m.* **gorholyon-tan** steamship
[UC: **gorhel tan**] {S 8; F 0(AnG 1986): **gorholyon-tan** I} cf. **karr-tan**.

gorhemmynn [gɔr'hęmːɪn] *m.* **+ow**
command, order, commandment,
injunction
[D: Brit *wor-* + either Brit *kom-bin-* (hpb) or
CLat *commendo* (Gr.)]
{**S** 1; **F** 5: **O** *gurhemin* (VC.183) → L,P:
M *gorhemmyn* → P: **L** *guorhemmyn* (AB231b):
C B *gourc'hemenn*; W *gorchymyn*: **+ow** I}
Nance treated this word both as a MN and a
VN. Since I can find no evidence for its use as
a VN, the verb is here written with -A, as
suggested by the LateC evidence.

gorhemmynna [ˌgɔrhę'mɪnːa] *v.*
command, order *(command)* The
commonest construction is **gorhemmynna dhe
nebonan may/na** + subjunctive (Edwards).
[Dc: **gorhemmynn** -¹A]
{**S** 1; **F** 4: **M** 3rd sg. pres. ind. *worhemmyn*:
L *karebma* (L1JB), *gorhmenna* (AB085a)}

gorhemmynnadow [gɔrˌhęmɪ'naˑdɔw]
m. greetings, commandments
[Dc: **gorhemmynn** -ADOW]
{**S** 1; **F** 3: **M** *gorhemmynnadow*, and a shorter
form *gormynadow*: **L** *guorhemmynadow*
(AB242c), *gurhemminadou*:}

gorhemmynnel [ˌgɔrhę'mɪnːęl] *adj.*
mandatory
[Dc: **gorhemmynn** -¹EL]
{**S** 1; **F** 0(GM09: G.M.S.)}

gorhemmynnyas *m.* command
[Dc: **gorhemmynn** -²YAS]
{**S** 8; **F** 1: **L** *guorhemmynnias* (AB242c)}

gorhengeugh [gɔr'hęngœx] *m.* **+yon**
remote ancestor,
great-great-great-grandfather
[ccC: ²GOR- **hengeugh**]
{**S** 8; **F** 2: **O** *gurhhog* (VC.132) → L,P: **+yon** I}
Nance wrote *gorhok*; see **hengeugh**.

gorhenyades [gɔrhęn'jaˑdęs] *f.* **+ow**
enchantress
[cCc: ²GOR- 3**kenyades**]
{**S** 1; **F** 0(GM09: G.M.S.): **+ow** I}

gorhenyas [gɔr'hęˑnjaz] *m.* **-ysi**
enchanter
[cCc: ²GOR- 3**kenyas**]

{**S** 1; **F** 1: **O** *purcheniat* (VC.311): **-ysi** I}

gorher ['gɔrhęr] *m.* **+yow** cover, lid,
paten
[C: Back-formation from **gorheri** (gpc)]
{**S** 8; **F** 2: **O** *gurbor* (VC.754) → L,P: **C B**
goulc'her; cf. W *gwerchyr*: **+yow** I}

gorheras [gɔr'hęˑraz] *m.* **+ow** covering,
horse-cloth, roof of mouth
[cCc: **gorher** -²AS]
{**S** 8; **F** 1: **L** *gueres* (PV11521): **+ow** I}

gorheri [gɔr'hęˑri] *v.* cover, put a lid on,
hide *(cover)*
[C: CC *wor-korio-* (gpc)] {**S** 8; **F** 2: **M** *gorhery*
(PC.2655) → P; 3rd sg. pret. *goreraz* (G3WK)}
The root seems to be *kor-*, which may be
related to **gorra**; it has suffered vowel aff.

gorholedh [gɔr'hɔˑlęð] *m.* **+ow**
requisition, demand, request,
requirement
[cU: contains ²GOR-] {**S** 8; **F** 2: **M** *gorholeth*
(OM.0675, 2841): **+ow** I (P.H.)}

gorhota [gɔr'hɔˑta] *m.* **-hotow** overcoat,
greatcoat
[cE(F): ²GOR- 3**kota**]
{**S** 5; **F** 0(GM09: K.J.G.): **-hotow** N}

gori ['gɔˑri] *v.* suppurate, fester, hatch,
incubate
[Cc: **gor** -¹I] {**S** 1; **F** 0(CE38): **C B** *gori*, W *gori*}

gorians [gɔ'riˑans] *m.* **+ow** incubation
[Ch: **gori** -ANS] {**S** 1; **F** 0(EC00): **+ow** I}

gorladha [gɔr'laˑða] *v.* massacre
[cCc: ²GOR- **ladha** {**S** 1; **F** 0(GM09: K.J.G.)}

gorladhva [gɔr'laˑðva] *f.* **+ow** massacre
[cCc: ²GOR- **ladhva**] {**S** 1; **F** 0(GL05): **+ow** I}

gorlanow [gɔr'laˑnɔw] *m.* **+yow** high
water
This word is best kept for the instant of high
water.
[cC: ²GOR- **lanow**] {**S** 1; **F** 0(EC52):
C W *gorlanw*; cf. B *gourlen*: **+yow** I}

gorlanwes [gɔr'lanwęz] *m.* **+ow** surplus,
glut, repletion
[cCc: ²GOR- **lanwes**] {**S** 1; **F** 0(EC52): **+ow** I}

gorlavur

gorlavur [gɔr'la·vɪr] *m.* overwork
[cL: ²GOR- **lavur**] {S 1; F 0(EC00):}

gorlavurus [gɔrla'vy·rys] *adj.* labour intensive
[cLl: **gorlavur** -US] {S 1; F 0(GM09: G.M.S.)}

gorlavurya [ˌgɔrla'vy·rja] *v.* overwork
[cLc: **gorlavur** -YA] {S 1; F 0(EC00)}

gorlesa [gɔr'lę·za] *v.* sprawl
[cCc: ²GOR- **lesa**] {S 1; F 0(GM09: G.M.S.)}

gorlesans [gɔr'lę·zans] *m.* **+ow** sprawl
[cCc: ²GOR- **lesans**]
{S 1; F 0(GM09: G.M.S.): **+ow** I}

gorlesans trevel urban sprawl

gorleski [gɔr'lę·ski] *v.* incinerate
[cCc: ²GOR- **leski**] {S 1; F 0(CE38)}

gorlewin [gɔr'lęwɪn] *f.* west
[C:] {S 8; F 2: L *gorleuen* (PV11028):
C W *gorllewin*:}
May have been taken by Lhuyd from the W.

gorleythenn [gɔr'lęɪθęn] *f.* **+ow,** *coll.*
gorleyth sole *(fish)*
[cCc: ²GOR- **leythenn**]
{S 8; F 0(EC52): C B *garlizhenn*}
²**gor-** has been substituted for B *gar-*.

gorlinya [gɔr'li·nja] *v.* liquidate, execute, quell
[cCc: ²GOR- ¹**lin** -YA]
{S 1; F 1: M *worlynya* (BK30.72)}

gorliwder [gɔr'liʊdęr] *m.* garishness, gaudiness
[cCc: ²GOR- **liw** -DER] {S 1; F 0(GM09: G.M.S.):}

gorliwys [gɔr'liwɪz] *adj.* gaudy, garish
[cCc: ²GOR- **liw** -⁶YS] {S 1; F 0(EC52)}

gorlostenn [gɔr'lɔ·stęn] *f.* **+ow,** *coll.*
gorlost earwig
[cCc: ²GOR- **lostenn**]
{S 1; F 0(CE38): C B *garlostenn*}
The W *gorlosten* quoted in *CE38* has not been found in *GPC*. It appears that B *gar-* is a by-form of B *gour-*, C ²GOR-.

gorlosk ['gɔrlɔsk] *m.* incineration
[cC: ²GOR- losk}] {S 1; F 0(GM09: K.J.G.):}

gorloskell [gɔr'lɔskęl] *f.* **+ow** incinerator
[cCc: **gorlosk** -ELL] {S 1; F 0(EC00): **+ow** I}

gorlybya [gɔr'lɪ·bja] *v.* drench
[cCc: ²GOR- 2**glybya**] {S 1; F 0(GM09: P.H.)}

gorm ['gɔrm] *adj.* brown, dun
[C: CC (gpc)] {S 1; F 0(CE38): **P** Trecorme:
C OldB *Uurm-*; W *gwrm*}

gormel ['gɔrmęl] **1.** *v.* praise, laud, glorify **2.** *m.* **gormolys** praise
[cC: from ²GOR- MEUL-]
{S 3; F 4: M *gormel*; pl. *gormolys* (BK.): L *gormall*
(OHTB): **gormolys** M}

gormola [gɔr'mɔ·la] *f.* **gormoledhow** praise, triumph, glory
[cCc: from ²GOR- MEUL=³A]
{S 2; F 2: L (Lh., Gw.): **gormoledhow** I}
The final <-a> is for -EDH.

gormoladow [ˌgɔrmɔ'la·dɔw] *m.* praise
[cCc: from ²GOR- MEUL=ADOW]
{S 2; F 2: M *wormoladow* (BK11.04, 21.36):}

gormoledha [ˌgɔrmɔl'ę·ða] *v.* triumph
[cCcc: ²GOR- MEUL=EDH -¹A] {S 1; F 0(EC52)}

gormoledhek [ˌgɔrmɔl'ę·ðęk] *adj.* triumphant
[cCcc: from ²GOR- MEUL=EDH -¹EK]
{S 1; F 0(GK98: K.J.G.)}

gor'mynnadow [ˌgɔrmɪ'na·dɔw] *m.* greetings, commandments
[Dc: Short variant of **gorhemmynnadow**] {S 2;
F 3: M *gormennadov*: **L** *germynadow* (TCJK2):}

goroker [gɔr'ɔ·kęr] *m.* compound interest
[cE: ²GOR- **oker**] {S 5; F 0(Y2):}

gorow ['gɔ·rɔw] *adj.* male, masculine *(grammatical gender)*
[cc: ¹GOR- -¹OW] {S 1; F 4: M *gorow, gorawe* → P:
L *gurrou* (G1JB)}

gorowra [gɔr'ɔʊra] *v.* gild over, cover with gold leaf
[cCc: ²GOR- **owr** -¹A]
{S 1; F 1: M p.ptcpl. *gorovrys* (BM.3396)}

GORR- [C: Brit *wor-reg* (Fl.)]

gorra

gorra ['gɔrːa] *v.* put, place, set
[Cc: GORR=¹A] {S 3; F 6: M *gorre, gorra*: L *gurra, gorra, gora*: C MidB *gourra* 'to lift'}

gorra a-denewen put aside, reserve

gorra arghans dhe invest

gorra nebonan take someone, give a lift to someone

gorra yn insert

gorra yn le substitute

gorrans ['gɔrːans] *m.* +ow lift *(in car)*, ride *(in car)*
[Ch: GORR=ANS] {S 1; F 0(Y1): +ow I}
The word actually in *Y1* is *gorras*.

gorreydh ['gɔrːeɪð] *m.* male
[cC: ¹GOR- **reydh**]
{S 1; F 3: O *gurruid* (VC.019) → L,P: M *gorryth*: D cf. "gallywow" 'hermaphrodite' (CE38):}

gorsav ['gɔrsav] *m.* +ow station
[cC: ²GOR- **sav**]
{S 1; F 0(CE38): C W *gorsaf*: +ow I}

gorsav yn-dann dhor underground station, subway station (U.S.)

gorsavla [gɔr'savla] *m.* -leow standstill
[cC: ²GOR- **savla**]
{S 1; F 0(GM09: G.M.S.): -leow I}

gorsedh ['gɔrseð] *f.* +ow meeting of bards, gorsedd, throne
The mutation after **an** is irregular, i.e. **an Orsedh** (instead of the expected *an *worsedh*).
[C: Brit *wor-essed-* (gpc) < IE *uper-en-sed-* (gpc)] {S 1; F 0(CE38): C W *gorsedd*; B *goursez* was derived from the W.: +ow I}

Gorsedh Kernow Cornish Gorsedd

gorsim ['gɔrsɪm] *m.* +yon gorilla
[cL: ²GOR- **sim**] {S 1; F 0(Y3): +yon N}

gorsita [gɔr'siːta] *f.* -sitys metropolis
[cE(F): ²GOR- **sita**]
{S 5; F 0(GM09: P.H.): -sitys I}

gorskeusi [gɔr'skœːʒi] *v.* overshadow
[cCc: from ²GOR- 2**skeus** -¹I]
{S 1; F 0(GM09: G.M.S.)}

gorskoellyek [gɔr'skʊlːjɛk] *adj.* profligate

gorthfagh

[cCc: ²GOR- **skoellyek**] {S 1; F 0(GM09: K.J.G.)}

gorspena [gɔr'spɛna] *v.* overspend
[cEc: ²GOR- **spena**] {S 4; F 0(GM09: G.M.S.)}

gorth ['gɔrθ] *adj.* opposed, contrary, stubborn, perverse, obstinate, refractory
[C: Brit *wurt-* (M) < CC **writ* < IE **werto-* (gpc)] {S 1; F 2: M *gorth* (BM.3394), *worth* (RD.1470): C OldB *gurt*, W *gwrth*}

GORTH- ['gɔrθ] *prefix* anti-
[c: same as the word **gorth**]

gorthapposya [gɔrθa'pɔːzja] *v.* cross-examine
[cE(F)c: APPOS=YA] {S 4; F 0(GM09: YhaG)}

gorthapposyans [gɔrθa'pɔːzjans] *m.* +ow cross-examination
[cE(F)c: APPOS=YANS]
{S 4; F 0(GM09: YhaG): +ow I}

gorthdhelenn [gɔrθ'θɛːlɛn] *f.* +ow counterfoil, stub *(of ticket)*
[cCc: GORTH- 2**delenn**] {S 1; F 0(Y2): +ow I}

gorthdhigolonn [gorθθi'gːlɔn] *adj.* antidepressant
[ccC: GORTH- 2**dhigolonn**] {S 3; F 0(EC00)}

gorthenebieth [gɔrθɛnɛ'biːɛθ] *f.* +ow antagonism
[cCc: GORTH- **enebieth**] {S 1; F 0(GM09: G.M.S.): C W *gwrthwynebiaeth*: +ow }

gorthenebydh [gɔrθɛn'ɛːbɪð] *m.* +yon antagonist
[cCc: from **gorthenep** -¹YDH] {S 1; F 0(GM09: G.M.S.): C W *gwrthwynebydd*: +yon I}

gorthenep [gɔrθ'ɛːnɛp] *m.* -ebow reverse side, opposite side
[cC: GORTH- **enep**] {S 1; F 1: L *gorthenab* (BK13.35): C W *gwrthwyneb*: -ebow I}
Anticipated by Nance in *CE38*.

Gortheren [gɔrθ'ɛːrɛn] *m.* July
[C:] {S 8; F 2: M *gortheren* (BM.2070): L *gor ephan* (PV.9931), *gorephan* (PV14122):}

gorthfagh ['gɔrθfax] *m.* +ow barb
[cC: GORTH- 5¹**bagh**] {S 1; F 0(EC52): +ow I}

gorthfil *m.* snake
[cC: GORTH- 2⁴**mil**] {S 9; F 0(CE38)}
Coined by Nance by wrongly emending *gorþfel* (VC.613); the word is actually **goedhvil**.

gorthkenter [gɔrθ'kęntęr] *f.* **-trow** rivet
[cL: GORTH **kenter**] {S 1; F 0(EC52): -trow I}

gorthkentrewi [ˌgɔrθkęntr'ęwi] *v.* rivet
[cLcc: GORTH- **kentrewi**] {S 1; F 0(EC52)}

gorthkolm ['gɔrθkɔlm] *m.* **+ow** anti-node
[cC: GORTH- **kolm**]
{S 1; F 0(GM09: P.H.): +ow I}

gorthkrist ['gɔrθkrist] *m.* antichrist
[cE(F): GORTH- **Krist**] {S 1; F 0(GK98: K.J.G.):}

gorthkryjyk [gɔrθ'krɪˑdʒɪk] *m.* **-kryjygyon** heretic
[cC: GORTH- **kryjyk**]
{S 3; F 0(GK98: K.J.G.): -kryjygyon I}

gorthkryjyans [gɔrθ'krɪˑdʒjans] *m.* **+ow** heresy
[cC: GORTH- **kryjyans**]
{S 3; F 0(GK98: K.J.G.): +ow I}

gorthnaswedhek [ˌgɔrθnaʒ'węˑðęk] *adv.* anti-clockwise
[cCcc: GORTH- **naswedhek**]
{S 1; F 0(GM09: K.J.G.)} See **naswedhek**.

gorthparth ['gɔrθparθ] *f.* **+ow** counterpart
[cC: GORTH- **parth**]
{S 8; F 0(GM09: G.M.S.): +ow I}

gorthpoes ['gɔrθpɤs] *m.* **+ow** counterweight, counterbalance, counterpoise
[cL: GORTH- **poes**]
{S 1; F 0(EC52): C W *gwrthbwys*: +ow I}

gorthpoesa [gɔrθ'poˑza] *v.* counterbalance
[cL: **gorthpoes** -¹A] {S 1; F 0(EC52)}

gorthpoynt ['gɔrθpɔɪnt] *m.* counterpoint *(music)*
[cE(F): GORTH- **poynt**]
{S 5; F 0(GK98: G.M.S.): C W *gwrthbwynt*:}

gorthrew ['gɔrθręw] *m.* **+yow** anti-freeze
[cC: GORTH- **rew**]
{S 1; F 0(Y1): C W *gwrthrew*: +yow I}

gorthroghya [gɔr'θrɔˑxja] *v.* immerse, plunge under water
[cCc: ²GOR- 3**troghya**] {S 3; F 0(CE38)}

gorthvlonek [gɔrθ'vlɔˑnęk] *adj.* greaseproof
[cE: GORTH- 2**blonek**] {S 1; F 0(GM09: G.M.S.)}

gorthsedhi [gɔrθ'sęˑði] *v.* countersink
[cCc: GORTH- **sedhi**]
{S 5; F 0(GK98: G.M.S.): C W *gwrthsoddi*}

gorthter ['gɔrθtęr] *m.* opposition, stubbornness, obstinacy
[Cc: **gorth** -TER] {S 1; F 0(EC52):}

gorthtro ['gɔrθtrɔ] *f.* **+yow** inversion
[cC: GORTH- **tro**] {S 1; F 0(EC00): +yow I}

gorthtrowyns [gɔrθ'trɔwɪns] *m.* **+ow** anticyclone
[cCC: GORTH- **trowyns**]
{S 1; F 0(GM09: G.M.S.): +ow I}

gorthtrowynsek [gɔrθtrɔ'wɪnzęk] *adj.* anticyclonic
[cCCc: GORTH- **trowynsek**]
{S 1; F 0(GM09: G.M.S.)}

gorthugher [gɔr'θyˑɦęr] *m.* **+ow** evening
[CC: **gorth** + cognate of W *ucher*]
{S 8; F 4: O *gurthuper* (VC.457) → L,P: M *gorthuer* (RD.1304), *gorʒewar* (BM.0103), *gurthvhar* (BK10.61); pl. *gvrthvherow* (BK33.20): L *gẏdhihu̯ar* (AB052b), *gethihuer* (G1JB): C Not in B nor in W: +ow M}

gorthugherweyth [gɔrθˌyˑɦęr'węɪθ] *adv.* in the evening
[CC: **gorthugher** 2¹**gweyth**]
{S 8; F 0(AnG 1986)}

gorthvater [gɔrθ'faˑtęr] *m.* anti-matter
[cE(F): GORTH- 2**mater**] {S 5; F 0(GM09: P.H.):}

gorthwenon [gɔrθ'wɛˑnɔn]
m. **-wenenyow** antidote
[cC: GORTH- 2**gwenon**]
{S 1; F 0(GK98: A.S.): -**wenenyow** I}

gorthwyns ['gɔrθwɪns] m. **+ow**
head-wind
[cC: GORTH- 2¹**gwyns**] {S 1; F 0(EC52): **+ow** I}

gorthybell [gɔr'θɪˑbęl] f. **+ow**
answering machine
[Cc: from **gorthyp** -ELL]
{S 1; F 0(GM09: G.M.S.): **+ow** I}

gorthybi [gɔr'θɪˑbi] v. answer, reply,
counter, respond
Used transitively, e.g. **dha worthybi my a wra**
(OM.0206) 'I shall answer thee'; or is followed
by **dhe**, e.g. **gorthyp dhymm** (OM.2229)
'answer me'.
[Cc: from **gorthyp** -¹I]
{S 1; F 5: M *gorthyby* → L,P; *gurryby*}
gorthybi dhe answer

gorthyp ['gɔrθɪp] m. **gorthybow**
answer, reply, response
[C: GORTH- + a root *yb- 'speech']
{S 8; F 5: M *gorthyb* → P; *gorryb* (CW.) → P;
pl. *gorthebov*: L pl. *worthebaw* (BOD),
gorrybowhe (PV11035): **gorthybow** ML}

gorti ['gɔrti] m. **gwerti** husband,
man of the house
[cC: ¹GOR- ⁴**ti**] {S 1; F 4: M *gorty* → P: **gwerti** I}

gortos ['gɔrtɔs] v. await, wait for
Transitive or intransitive.
[C:] {S 1; F 5: M *gortos, gortas*: L *gurtaz*
(NGNB1); *kýrtaz* (AB138b): C B *gortoz*}
As with many other verbs, the VN was
changed in LateC, giving Lhuyd's *dho gortha*
and the pl.n. *Mene Gurta*.
gortos nebonan wait for someone
ha henna ow kortos
in the meantime

gorughel [gɔr'yˑḥęl] adj. sublime,
supreme
[cC: ²GOR- **ughel**] {S 1; F 1: L *gorewhal* (Lh.)}

goruvel [gɔr'yˑvęl] adj. obsequious
[cL: ²GOR- **uvel**] {S 1; F 0(EC52)}

gorvarghas [gɔr'varxaz] f. **+ow**
supermarket
[cL: ²GOR- 2**marghas**] {S 1; F 0(Y1): **+ow** I}

gorvarthys [gɔr'varθɪs] adj. stupendous
[cLc: ²GOR- 2**marthys**] {S 8; F 0(GK98: A.S.)}

gorvegh ['gɔrvęx] m. **+yow** overload
[cC: ²GOR- 2**begh**]
{S 1; F 0(GM09: K.J.G.): **+yow** I}

gorveghya [gɔr'vęˑxja] v. overload
[cCc: ²GOR- 2**beghya**] {S 1; F 0(Y1)}

gorvirans [gɔr'viˑrans] m. **+ow**
supervision
[cCh: ²GOR- 2**mir** -ANS]
{S 1; F 0(GM09: G.M.S.): **+ow** I}

gorvires [gɔr'viˑręz] v. supervise
[cCc: ²GOR- 2**mires**] {S 1; F 0(GM09: G.M.S.)}

gorvodrep [gɔr'vɔdręp] f.
gorvodrebedh great-aunt
[cC: ²GOR- 2**modrep**] {S 1; F 0(EC52):
C B *gourvoereb*: **gorvodrebedh** I}

gorvynn ['gɔrvɪn] m. **+ow** ambition,
aspiration
[cC: ²GOR- 2MYNN-] {S 1; F 0(CE38): **+ow** I}
The meanings given in *CE38* were 'envy,
jealousy, rivalship'.

gorvynnus [gɔr'vɪn:ys] adj. ambitious
[cCl: **gorvynn** -US] {S 1; F 0(GM09: G.M.S.)}

gorwedh ['gɔrwęð] m. lying posture
The expression 'lying down' translates as **a'm
gorwedh, a'th worwedh, a'y worwedh, a'y
gorwedh, a'gan gorwedh, a'gas gorwedh, a'ga
gorwedh**, depending on the person.
[C: Brit *wor-wed-]
{S 1; F 3: M *wroweth* (BM.4538), *groweth*
(TH39v): L *goruedh* (AB250a) → P:}

gorwedha [gɔr'węˑða] v. lie down
[Cc: **gorwedh** -¹A] {S 1; F 3: L *guruedha*
(AB245a), *gorwetha* (TCWK)}
The metathesized form of this word,
growedha is treated separately.

gorwedhva [gɔr'węðva] f. **+ow** couch,
lair
[Cc: **gorwedh** -VA] {S 1; F 0(CE38): **+ow** I}

gorwel

gorwel ['gɔrwęl] *f.* **+yow** horizon
[cC: ²GOR- 2¹**gwel**]
{S 1; F 0(EC52): C W *gorwel*: **+yow** I}

gorweles [gɔr'wę·lęz] *v.* oversee
[cCc: ²GOR- 2**gweles**] {S 1; F 0(GK98: K.J.G.)}
Replacement for **overweles**.

gorwelyek [gɔr'wę·lįęk] *adj.* horizontal
[cCc: **gorwel** -YEK] {S 1; F 0(GK98: K.J.G.)}

gorwir ['gɔrwir] *adj.* surreal
[cC: ²GOR- 2**gwir**] {S 1; F 0(AnG 1997)}

gorwitha [gɔr'wi·θa] *v.* mind, be very careful
[cCc: ²GOR- 2**gwitha**]
{S 8; F 3: M 2nd sg. impv. *gorwith* → P}

gorwoelyades [gɔrwol'ja·dęs] *f.* **+ow** supervisor *(female)*, invigilator, monitor
[cLc: ²GOR- 2**goelyades**]
{S 1; F 0(GM09: P.H.): **+ow** I}

gorwoelyas [gɔr'wo·ljaz] **1.** *v.* monitor **2.** *m.* **-ysi** supervisor *(female)*, invigilator, monitor, overseer
[cLc: ²GOR- 2**goelyas**]
{S 1; F 0(GK98: A.S.): **-ysi** I}

gorwolok [gor'wɔ·lɔk] *f.* **-ogow** overview
[cC: ²GOR- 2**golok**] {S 1; F 0(EC00): **-ogow** I}

gorwul ['gɔrwyl] *v.* do strictly, overdo
[cC: ²GOR- 2**gul**]
{S 1; F 1: M 2nd sg. impv. *gor gura* (OM.0987)}

gorylla [gɔ'rɪl:a] *m.* **gorylles** gorilla
[E: ModE] {S 4; F 0(FTWC): **gorylles** N (FTWC)}

gos ['gɔ:z] *v. part* it is known Impers. pres. ind. of **godhvos**; form based on B.
[C: Brit *wid-t-* < IE (Fl.)]
{S 8; F 0(CE93: K.J.G.): C B *gous*, W *gwŷs*}

goserri [gɔ'sęr:i] *v.* miff
[cCc: GO- **serri**] {S 1; F 0(EC00)}

goskes ['gɔ·skęz] *m.* **goskeusow** shade, shelter, cover
[cC: from GO- **skeus**] {S 2; F 3: M *guskys* (OM.0356) → P: L pl. *kosgazo* (PV12939):

goslowysi

C B *gwasked*, W *gwasgod*: **goskeusow** L}

goskeusek [gɔ'skœ·zęk] *adj.* shady, sheltered, shadowed
[cCc: GO- **skeusek**] {S 1; F 1: L *guaskottek* (AB176a): C B *gwaskedek*, W *gwasgodog*}
Lhuyd's word is more likely to be Breton.

goskeusi [gɔ'skœ·ʒi] *v.* shelter, shade, cover, put under cover
[cCc: GO- **skeusi**] {S 1; F 3: M p.ptcpl. *goskesys* (OM.1718) → L,P: L *kosgaza* (AB248a), *goskesy* (PV11110): C B *gwaskediñ*, W *gwasgodi*}

goskeuswydh [gɔ'skœʒwɪð] *coll.* **+enn** shady trees
[cCC: GO- **skeuswydh**]
{S 1; F 0(CE38): C W *gwasgodwydd*: **+enn** I}

goskotter [gɔs'kɔt:ęr] *m.* **+yow** shade
[cCc: from GO- **skeus** -TER]
{S 1; F 2: M *goscotter* (OM.0361) → P: **+yow** I}

goslowes [gɔ'zlɔʊęs] *v.* listen, pay attention
Followed in the texts by **dhe**, **orth** or a direct object. [Cc: From ²GOR- + a root cognate with B *selaou*, W *sylw-* + -¹ES]
{S 3; F 5: M *golsowas*: L *gazowaz* (G3WK)}
A metathesized variant *golsowes* was common in MidC, but is not used in **Kernewek Kemmyn**. A stranger metathesized variant *siglowough* (2nd pl. impv.) is found in *BK*.

goslowes orth listen to
goslowes dhe listen to

goslowva [gɔ'zlɔʊva] *f.* **+ow** hearing *(legal)*
[Cc: **goslow** -VA]
{S 3; F 0(GM09: G.M.S): **+ow** I}

goslowyades [gɔzlɔʊja·dęs] *f.* **+ow** hearer *(female)*, listener *(female)*
[Cc: **goslow** -YADES]
{S 3; F 0(GM09: P.H.): **+ow** }

goslowyas [gɔ'zlɔʊjaz] *m.* **-ysi** hearer *(male)*, listener *(male)*
[Cc: **goslow** -³YAS] {S 3; F 0(CE38): **-ysi** I}

goslowysi [ˌgɔzlɔ'wɪ·ʒi] *pl.* audience
[Cc: **goslow** -YSI] {S 3; F 0(CE38)}

gosper

gosper ['gɔˑspęr] *m.* **+ow** evensong, vespers See also **gwesper**.
[L: CLat *vesper* (M)] {S 2; F 1: M *wosper* (BK25.10): C B pl. *gousperoû*; W *gosber*: **+ow** C}

gossen ['gɔsːęn] *f.* **+yow** rust, ferruginous earth
[U: Poss. a late form of **(an) gorsenn**; reed-beds often produce rusty-looking soil. (K.J.G.)] {S 8; F 3: L *gossan* (PV11111, 11210), *gozan* (PV11111, 11210): D "gossan": **+yow** I}

gossenek [gɔsˈęˑnęk] *adj.* rusty
[Uc: **gossen** -¹EK] {S 8; F 0(EC52)}

gosseni [gɔsˈęˑni] *v.* rust, go rusty
[Uc: **gossen** -¹I] {S 8; F 1: L *gosheny* (PV11109)}

gostoedh ['goˑstʀð] *m.* subject *(of a monarch)*
[U:] {S 8; F 3: M *gostoyth* (BK.):}

gostydh ['gɔstɪð] *adj.* liable, susceptible, obedient, submissive, subservient, subordinate
MidC *gustith the lyas kynda a cleves ha gwannegreth* 'susceptible to many kinds of illness and weakness'
[U: Same word as **gostoedh**] {S 8; F 4: M *gustyth* → P}

gostytter [gɔsˈtɪtːęr] *m.* **+yow** susceptibility, obedience
[Uc: from **gostydh** -TER] {S 8; F 0(GK98: G.M.S.): **+yow** I}

Gotham (Eng.) place
{S 6; F 2: L *Gothoam* (PV11128)}

Gothland (Eng.) place
{S 6; F 1: M *godland* (BK19.42)}

gour ['guːr] *m.* **gwer** adult male person, husband, man *(as opposed to woman)*
The primary meaning is 'adult male person', cf. **den** 'human being', **gour ha benyn** 'man and woman', **gour ha gwreg** 'man and wife'. When prefixed, this word may reduce to **gor-**.
[C: Brit **wiros* < CC **wiro-s* < IE **wiro-s* (gpc)] {S 1; F 5: O *gur*: M *gour*, *gor*; pl. *gwer* (BK18.22, TH31r): L *gûr* (AB.), *goore* (G3WK): C B *gour*; W *gŵr*: **gwer** M}

goverek

gour pries bridegroom, groom (at a wedding)

gour gwedhow widower

gourel ['guˑręl] *adj.* masculine, manly, virile
[Cc: **gour** -²EL] {S 1; F 0(EC52): C B *gourel*}

gourhys ['gurhɪz] *m.* **+ow** fathom
[CC: **gour hys**]
{S 1; F 0(CE38): C B *gourhed*; W *gwryd*: **+ow** I}

gouroleth [guˈrɔˑlęθ] *f.* masculinity, manliness, virility
[Cc: **gour** -OLETH]
{S 1; F 0(CE38): C B *gourelezh*:}

gourses ['gurzęz] *m.* manhood
[Cl: Kgour -ses] {S 1; F 0(GM09: K.J.G.):}

gov ['gɔːv] *m.* **+yon** smith, blacksmith
[C: CC **gobann-* (gpc)] {S 1; F 4: O *gof* (VC.220) → P: M *goff*, *gof*: L *gôv* (AB058a), *gove* (CDWP): P Trengove: F Angove: C B *gov*; W *gof*: **+yon** I}

govedhow [gɔˈvęðw] *adj.* tipsy
[cC: Go- ²**medhow**] {S 1; F 0(EC52)}

govel ['gɔˑvęl] *f.* **+i** smithy, forge
[C: Compound of **gov**] {S 1; F 2: O *govail* (VC.221) → L,P: C B *govel*; W *(gefail)*: **+i** P}

govelya [gɔvˈęˑlja] *v.* forge
[Cc: **govel** -YA] {S 1; F 0(AnG 1998)}

govenek [gɔvˈęˑnęk] *m.* **-egow** hope
rag thym yma govenek (OM.0460) 'since I have hope'; *noryshys gans govenek (spe nutrita)* (TH.49r) 'nourished by hope'.
[cC: Go- ²**menek** (deb)] {S 8; F 3: M *govenek* → L: C B *goanag*, W *gofynag*: **-egow** N}

gover ['gɔˑvęr] *m.* **+ow** brook, stream, creek (U.S.)
[C: Brit **wo-berw-* (Gr.)] {S 1; F 3: O *guuer* (VC.736) → L,P: M *gover* (OM.1845). *govar* (TH08v); pl. *goverov* (BM.1971): P Pengover: C B *gouer*; W *gofer*: **+ow** M}

goverek [gɔˈvęˑręk] *adj.* snuffling, snivelling
[cCc: Go- ²**merek**]
{S 8; F 2: L *goverick* (PV11135)}

goverik

goverik [gɔ'vęˑrɪk] *m.* **-igow** streamlet, rill, rivulet
[Cc: gover -IK]
{S 1; F 0(CE55): P Coverack: -igow I}
GOVERN-
[E(F): Back-formation from **governans**, which was no doubt perceived as GOVERN=ANS]

governa [gɔv'ęrna] *v.* govern, rule, regulate
[E(F)c: GOVERN=A]
{S 4; F 4: M *gouerna*: L *govarna* (AB248a)}
The form *governye* is found in the Ordinalia.

governans [gɔv'ęrnans] *m.* **+ow** government
[E(F)h: MidE *governance* < OldF (coe)]
{S 4; F 4: M *governans*: **+ow** I}

governansel ['gɔvęr'nanzęl] *adj.* governmental
[E(F)c: **governans** -¹EL]
{S 4; F 0(GM09: G.M.S.)}

government (Eng.) *n.*
{S 6; F 2: M *governement* (TH42r), *gouernement* (TH42v, 47v)}

governour [gɔv'ęrnur] *m.* **+s** governor
[E(F): MidE < OldF *governeor* (coe)] {S 5; F 3: M *governour*; pl. *governors* (TH41v): **+s** M}

govires [gɔ'viˑręz] *v.* glance
[cCc: GO- 2mires] {S 1; F 0(GM09: K.J.G.)}

govis ['gɔˑviz] *m.* **+yon** regard, account *(regard)*
[C: Brit *wo-bîd] {S 8; F 4: M *govys* → L,P; pl. *govygyon* → L,P: C W *gofid*: **+yon** M}
a'm govis on my account, because of me

govisyon [gɔ'viˑʒjɔn] *m.* sorrow, care *(worry)*, regret
[U: Taken to be the pl. of **govis**]
{S 8; F 3: M *govegyon* (PC.1062) → P, *govygyon* (RD.1154) → L,P:}

govrennik [go'vręnːɪk] *coll.* **-igenn** barnacles
[cCc: GO- brennik]
{S 1; F 0(GM09: K.J.G.): -igenn }

gow

govryjyon [gɔ'vrɪˑdʒjɔn] *v.* simmer, parboil
[cC: GO- 2bryjyon] {S 8; F 0(Y1)}

go-vy [ˌgɔˑ'vɪː] *interj.* woe is me
[Cc: go 2my] {S 8; F 5: M *govy* → P, *gouy, gove*}

govynn ['gɔˑvɪn] **1.** *m.* **+ow** question, query **2.** *v.* ask, question, query, request
[cC: GO- 2MYNN-] {S 1; F 5: M *govyn*: L *gophen* (AB071b, 141b), *gofen* (M2WK): **+ow** I}
govynn neppyth orth nebonan ask something of someone
govynn dhiworth ask of
govynn mar ask if
govynn prag ask why

govynnadow [ˌgɔvɪ'naˑdɔw] *m.* request, enquiry
[cCc: GO- 2MYNN=ADOW]
{S 1; F 1: M *wovynnadow* (PC.0599):}

govynnans m. questioning
[cCh: **govynn** -ANS]
{S 1; F 1: L *orphennyaz* (CGEL)}

govynnek [gɔ'vɪnːęk] *m.* **-egi** questionnaire
[cCc: GO- 2MYNN=¹EK]
{S 1; F 0(AnG 1997): -egi I}

govynnus [gɔ'vɪnːys] *adj.* curious, inquisitive
[cCl: **govynn** -US] {S 1; F 0(EC00)}

govynnva [gɔ'vɪnva] *f.* **+ow** enquiry office, information booth (U.S.)
[cCc: **govynn** -VA] {S 1; F 0(Y2): **+ow** I}

gow ['gɔw] *m.* **+yow** lie, untruth, falsehood, fabrication
[C: Brit *gaw (lheb)] {S 1; F 5: M *gow, gov; gowe* (CW.): L *gou* (AB.), *gou* (TCJB); pl. *geuan* (PV10740): C B *gaou*, W *gau*: **+yow** I}
heb wow certainly
leverel gow tell a lie

gowegneth [gɔʊ'ęgnęθ] *f.* falsehood, falsity
[Ccc: **gowek** -NETH]
{S 1; F 3: M *gowegneth* (RD.0906) → L,P:}

gowek ['gɔʊęk] 1. *adj.* lying 2. *m.* **gowygyon** liar
[Cc: **gow** -¹EK]
{S 1; F 4: O *gauhoc* (VC.309), *gowhoc* (VC.423): M *gowek*; pl. *gowygyon* → L,P: L *gûak* (AB.), *gooack* (GCWG): C W *geuog* (more usually *euog*): **gowygyon** M}
One would have expected *gowogyon as the pl.

gowir ['gɔ·wir] *adj.* virtual
[cL: GO- 2**gwir**] {S 1; F 0(GM09: G.M.S.)}

gowl ['gɔʊl] *f.* +**ow** fork *(Y-shape)*, bifurcation, crotch
[C: CC *gablo- (gpc)] {S 1; F 2: L *Goul, gol* (PV.11141): P ?Treal: C B *gaol*; W *gafl*: +**ow** I}

gowlek ['gɔʊlęk] *adj.* forked
[Cc: **gowl** -¹EK] {S 1; F 0(EC52)}

gowleverel [,gɔʊlęv'ę·ręl] *v.* lie, tell a lie
[CCc: **gow leverel**] {S 1; F 1: L *gowleveria* (PV11201)} LateC change of VN ending.

gowleveryas [,gɔʊlęv'ę·rjaz] *m.* -**ysi** inveterate liar, teller of lies
[CCc: **gow leveryas**]
{S 1; F 2: O *gouleueriat* (VC.424) → L: -**ysi** I}

gowli ['gɔʊli] *m.* +**ow** false oath, perjury
[CC: **gow** ²**li**] {S 1; F 1: F 0(CE38): +**ow** I}

gowlia [gɔʊ'li·a] *v.* forswear oneself, commit perjury
[CCc: **gowli** -¹A]
{S 1; F 1: M *govlya* (BM.3740) (3 syll.)}

gownagh ['gɔʊnax] 1. *adj.* sterile 2. *f.* -**es** calfless cow
[C: CC] {S 1; F 2: M *gafna* (BK15.17): L *Gawna* (LV072.59). P Crowner Rocks: C B *gaonac'h*: -**es** I}

gowolok [go'wɔlɔk] *f.* -**ogow** glance
[cC: GO- 2**golok**] {S 1; F 0(EC00): -**ogow** I}

goyeyn ['gɔ·jęɪn] *adj.* cool, chilly
[cC: GO- **yeyn**] {S 1; F 0(EC52)}

goyeynder [gɔ·'jęɪndęr] *m.* chill, cool
[Cc: **goyeyn** -DER] {S 3; F 0(GM09: G.M.S.):}

goyeynhe [gɔjęɪn'hę:] *v.* cool
[Cc: **goyeyn** -HE] {S 3; F 0(GM09: G.M.S.)}

grabalyas [gra'ba·ljaz] *v.* grapple, clutch, cling
[E(F)c: **grabel** -¹YAS, with vowel harmony]
{S 4; F 1: L *crabaliaz* (PV.8436)}

grabel ['grabęl] *m.* **grablow, grablys** grappling iron, grapnel, grappling hook (U.S.)
[E(F): MidE < OldF *grapil*, with [-p-] > [-b-]]
{S 4; F 2: M *grabel* (RD.2268, 2271): D "grabble": **grablow** N (G.M.S.); **grablys** I (CE38)}

gradh ['gra:ð] *m.* +**ow** grade, step, degree, stair
[L: CLat *gradus* (Gr.)]
{S 1; F 3: O *grat* (VC.772) → L,P: M *ras* (OM.2455): C Not in B; W *gradd*: +**ow** I}
The example in *OM.* may not be this word.

gradhel ['gra·ðęl] *adj.* gradual
[Lc: **gradh** -¹EL] {S 1; F 0(GM09: G.M.S.)}

gradhesiges [,graðę'ʒi·gęs] *f.* +**ow** graduate *(female)*
[Lcc: from **gradhesik** -⁴ES]
{S 1; F 0(GK98: J.A.): +**ow** I}

gradhesik [grað'ę·ʒɪk] *m.* -**igyon** graduate *(male)*
[Lc: **gradh** -ESIK]
{S 1; F 0(GK98: J.A.): -**igyon** I}

gradhya ['gra·ðja] *v.* graduate
[Lc: **gradh** -YA] {S 1; F 0(CE38): C W *graddio*}

gradhyans ['gra·ðjans] *m.* +**ow** graduation *(from college)*
[Lc: **gradh** -YANS] {S 1; F 0(EC00): +**ow** I}

grafi [Ec: VN in -I from E *graph*]
{S 4; F 1: L *graphy* (PV11219)}

graffya ['graf:ja] *v.* graft
[E(F)c: VN in -YA from MidE *graff*- < OldF *grafe* (co)]
{S 1; F 2: M p.ptcpl. *graffys* (TH06r, 51v)}
p.ptcpl. *graffys* found in MidC.

graghell

graghell ['graˑxęl] *f.* **+ow** pile, heap
[U:] {S 8; F 2: L *graχel* (AB053a) → P: D "grackle": **+ow** I}

graghella [graɦ'ęlːa] *v.* pile, heap
[Uc: **graghell** -¹A] {S 8; F 0(CE38)}

graghellys [graɦ'ęlːɪz] *adj.* heaped
P.ptcpl. of **graghella**
[Uc: **graghell** -⁶ʏs] {S 8; F 0(GM09: G.M.S.)}

gral ['graːl] *m.* grail
[E(F): MidE *graal* < OldF *graal* (coe)]
{S 4; F 0(GM09: R.M.N.):} Used by Nance in **Bro Goth**, but not found in his dictionaries.
An Gral Sans The Holy Grail

gramaryon m. **+s** Latin master
ALT = **latimer**.
[E(F): MidE < OldF *gramarien* (coe)]
{S 4; F 1: M *gramarion* (BM.0092): **+s** I (CE38)}

gramasek [gra'maˑzęk] **1.** *adj.* grammatical **2.** *m.* **-egow** grammar
[E(F)c:] {S 4; F 3: L *Grammatek* (CGEL); pl. *Grammatèkio* (CGEL): **-egow** N}

gramer ['graˑmęr] *m.* **+yow** grammar
The meaning in the text is a Latin grammar.
[E(F): MidE < AngN *gramere* (coe)]
{S 4; F 2: M *grammer* (BM.0020, 0036), *gramer* (BM.0076): **+yow** I}

gramm ['gramː] *m.* **+ow** gram
[E(F): ModE < ModF *gramme*]
{S 4; F 0(Y1): **+ow** I}

grand (Fr.) *adj.* great {S 6; F 2: M *grant* (PC.3133, RD.0095)} Followed by *mercy* in the texts, and therefore interpreted as French *grand*, because of the common expression *gromercy* 'great thanks'.

grappa ['grapːa] *m.* **grappys**, **grappow** grape
[E(F): MidE < OldF *grape* (coe)]
{S 5; F 1: M pl. *grappys* (TH39v): **grappys** M; **grappow** N (G.M.S.)}

gras ['graːts] *m.* **grasow** thanks, gratitude, grace
[E(F): MidE < OldF *grace* (coe)]
{S 4; F 6: M *gras* → L,P; *grath* → P; *grace*: L *grace*; *grâz* (AB231b); pl. *grasaw*:
P Ventonraze: C B *gras*, W *gras*: **grasow** M}

gravath

This word was often spelled *grath* in MidC; here <th> suggests an unvoiced sound, distinct from [s], here taken to be [ts]. The pl. was almost always spelled with <ss>, i.e. unvoiced.

meur ras thank you
meur ras bras thanks a million
meur ras a'th ro teg thank you for your fine gift
meur ras ow ri dhymm henna thank you for giving that to me

grasek ['graˑtsęk] *adj.* thankful
[E(F)c: **gras** -¹EK] {S 1; F 1: M *grajak* (BK05.55)}
The <j> in the one example is not easily explained.

grassa ['graˑtsa] *v.* thank, give thanks for
[E(F)c: either a reduction of **gras** -HE, or a VN in -A subject to the same treatment as the pl. **grassys**.] {S 4; F 5: M *grasse* is the commonest MidC spelling, but note *graca* (BK09.58):
L ?p.ptcpl. *gor zehez* (JCNBL44)}

grassa neppyth dhe nebonan thank someone for something

grasyans ['gratsjans] *m.* thanks
[E(F)h: **gras** -ʏANS]
{S 8; F 2: L *gorseans* (CLJK), *gor zehâz* (PV15907):}
The morphology of this word is doubtful.

grassyes ['grasːjęs] *adj.* gracious, pious
[E(F): E *gracious*, but perhaps influenced by the p.ptcpl. of **grassa**.] {S 4; F 3: M *grassyes* (BM.)}

grassylen {S 8; F 2: M *grassylen* (HCWJ)}
This word is suspect.

grastal ['graˑstal] *m.* **+yow** gratuity, tip *(money)*
[E(F)c: **gras** TAL-] {S 4; F 0(Y2): **+yow** I}

gravath ['graˑvaθ] *f.* **+ow** barrow *(vehicle)*, stretcher *(for carrying)*, litter *(for carrying)*
[U:] {S 1; F 2: L *gravar* (AB021a) → P:
C B *gravazh*: **+ow** I}

gravath-dhiwla

gravath-dhiwla [ˌgraˑvaθ'ðiʊla] *f.*
gravathow-diwla hand-barrow,
handcart (U.S.)
[UCC: **gravath** 2**diwla**]
{**S** 1; **F** 2: **L** *gravar dųla* (AB046c) → P, *gravar dhula* (AB170b): **gravathow-diwla** I}

gravath-ros [ˌgraˑvaθ'rɔːz] *f.*
gravathow-ros wheel-barrow
[UC: **gravath** ¹**ros**] {**S** 1; **F** 2: **L** *gravar rôz* (AB046c, 170b) → P: **gravathow-ros** I}
GRAV- [E(E): OldE *grafan* (M)]

gravedh ['graˑvęð] *m.* gravity *(in physics)*
[Ec: Eng. *grav-* + -¹EDH] {**S** 8; **F** 0(GK98):}

gravya ['graˑvja] *v.* engrave, carve, sculpt
[E(E)c: GRAV=YA] {**S** 4; **F** 3: **O** *grauio* (VC.367) → L: **M** p.ptcpl. *grauys* (PC.3136) → P: **L** *gravia* (AB146c) → P, p.ptcpl. *garoules* (TCTB)}

gravyans ['graˑvjans] *m.* **+ow** engraving, sculpture
[E(E)c: GRAV=YANS] {**S** 4; **F** 0(CE38): **+ow** I}

gravyer ['graˑvjęr] *m.* **-yoryon** engraver *(male)*, sculptor
[E(E)c: GRAV=YER] {**S** 4; **F** 2: **O** *gravior* (VC.365) → L,P: **-yoryon** I}

gravyores [grav'jɔˑręs] *f.* **+ow** engraver *(female)*, sculptress
[E(E)c: GRAV=YORES] {**S** 4; **F** 0(GM09: P.H.): **+ow** I}

¹gre ['gręː] *f.* **+ow** herd, stud *(animals)*, flock *(animals)*
[D: CLat *gregem* (Gr.) or IE (lp)] {**S** 1; **F** 0(CE38): **P** Tregray: **C** B *gre*, W *gre*: **+ow** I} 1st element of **grelynn**.

²gre ['gręː] *m.* **+ys** rank, status, position
[E(F): Aphetic form of MidE *degree* < OldF (coe)]
{**S** 4; **F** 3: **M** *gre* (PC.0777, BK26.82) → P: **+ys** I}

Grecians (Eng.) *pl.* {**S** 6; **F** 1: **M** *Greciens* (SA63v)}

gredi ['gręˑdi] *m.* **+ow** cattle-shed
[DC: ¹**gre** 2⁴**ti**] {**S** 1; **F** 0(CPNE): **P** Gready:
+ow I} cf. Nance's *grejy*.

Greece (Eng.) *place* {**S** 6; **F** 1: **M** *grece* (BK29.55)}

greg ['gręːg] *m.* **+ow** cackling
[U:] {**S** 8; **F** 0(CE38): **C** cf. B *gragailh*, W *gregar*: **+ow** I} Introduced by Nance as *grek*.

grega ['gręˑga] *v.* cackle
[Uc: **greg** -¹A] {**S** 8; **F** 0(CE38): **C** cf. B *gragailhat*}

grievous (Eng.) *adj.* {**S** 6; **F** 2: **M** *grevaus* (TH03r), *grevaws* (TH04r), *grevos* (TH28v)}

grievously (Eng.) *adv.*
{**S** 6; **F** 2: **M** *grevously* (TH39r, 46v, 55v)}

grek *adj.* Greek

Grek ['gręːk] *m.* **Grekys** Greek *(person)*
[E(F):] {**S** 5; **F** 3: **M** *grek* (BK28.80); pl. *Grekys* (TH26v), *Grickys* (TH56r): **Grekys** M}

Greka ['gręˑka] *m.* Greek language
[E(E): OldE (coe)] {**S** 5; **F** 1: **L** *Greka* (EKJB):}

grelynn ['gręˑlɪn] *f.* **+ow** pond *(for livestock)*
[DC: ¹**gre lynn**] {**S** 1; **F** 3: **O** *grelin* (VC.742) → L,P: **P** pl. *Garlidna*: **C** W *grelin*: **+ow** P} N.B. pre-occlusion in pl.

greons pl. greyhounds ALT = **milgeun**.
[E(E): from pl. of OldE *grîghund* (co)]
{**S** 4; **F** 1: **M** *greons* (BM.3220)}

greun ['grœːn] *coll.* **+enn** grain *(in bulk)*, spawn
[D: CC *grân*- < IE (Gr.) or CLat *granum* (hpb)]
{**S** 1; **F** 3: **O** sg. *gronen* (VC.687, 919) → P: **L** *grean* (PV11228, 15236): **D** "grean": **P** *Streatt and Grean*; sg. Trewornan: **C** B *greun*; W *grawn*: **+enn** P}

greunaval [grœ'naˑval] *m.* **+ow** pomegranate
[DC: **greun aval**]
{**S** 1; **F** 0(CE52): **C** W *grawnafal*: **+ow** I}

greunavalik [ˌgrœna'vaˑlɪk] *m.* **-igow** passion-fruit
[DCc: **greunaval** -IK] {**S** 1; **F** 0(EC00): **-igow** I}

greunek ['grœˑnęk] *adj.* granular
[Dc: **greun** -¹EK] {**S** 1; **F** 0(EC00)}

greunji ['grœndʒi] *m.* **+ow** granary, grange, barn
[DC: **greun 2chi**] {S 3; F 0(CE55): **P** Park an grengy (Mylor): **C W** *grawndy*: **+ow** I}

greunvoes ['grœnvɤz] *m.* **+ow** cereal
[DC: **greun 2boes**]
{S 1; F 0(EC00): **C W** *grawnfwyd*: **+ow** I}

greuv ['grœːv] *m.* **+ow** face, front of body
[E: MidE *gruf, grof*, whence *grovelling* (CE38)]
{S 4; F 2: **M** *grueff* (BM.2367, 2420, 4134): **+ow** N}

grev ['grɛːv] *m.* **+ow** grief, bother
[E(F): MidE *greef* (CE38) < AngN *gref* (coe)]
{S 4; F 4: **M** *greff* → P: **+ow** I}
  heb grev no bother, no worries, no problem
  gul grev dhe grieve (trans.)

grevons ['grɛˑvɔns] *m.* **+ys** complaint *(medical)*, grievance
[E(F): MidE *grevaunce* (CE38) < OldF *grevance* (coe)] {S 4; F 2: **M** *grefons* (BM.1000, 1004, 1438): **+ys** I}

grevya ['grɛˑvja] *v.* grieve, trouble, aggrieve, bother
May take a direct object, or **dhe**
[E(F)c: **grev** -YA]
{S 4; F 4: **M** *grevye* → P: **L** *greevia* (KKTT)}
  grevya dhe nebonan trouble someone

Grew m. Greek language This single instance of the word in trad. Cor. may not mean 'Greek' at all; Nance considered it to be an unusual spelling of **gwrewgh**. His interpretation is supported by Mark 16:15.
[U:] {S 8; F 1: **M** *grew* (RD.2464)}

grija ['griˑdʒa] *m.* **grijow** starry ray
[U:] {S 8; F 0(CE38): **D** "greeja": **grijow** N}

gris ['griːz] *m.* **+yow, +ys** stair, step, rung
[E(F): MidE *grise* < OldF *gres* (gpc)]
{S 4; F 0(CE38): **C W** *gris*: **+yow C** (FTWC); **+ys** I (CE38)}

grisfordh ['grisfoɾð] *f.* **+ow** stairway
[E(F)E(E): **gris fordh**] {S 4; F 0(EC00): **+ow** I}

grogys ['grɔˑgɪs] *m.* **+yow** belt, girdle
[C: Metathesized from GO- 2¹**krys** < Brit *wo-krist-* 'undershirt' (Gr.)]
{S 3; F 3: **O** *grugis* (VC.794) → L,P: **C B** *gouriz*, **W** *gwregys*: **+yow** I}
  grogys diogeledh safety belt
  grogys kador seat belt

grogysa [grɔˈgɪˑsa] *v.* gird, girdle
[Cc: **grogys** -¹A] {S 3; F 0(GK98: K.S.): **C B** *gourizañ*, **W** *gwregysu*}

grogys-gwynsell [ˌgrɔˑgɪsˈkwɪnzɛl] *m.* **grogysyow-gwynsell** fan-belt
[CCc: **grogys gwynsell**]
{S 3; F 0(Y1): **grogysyow-gwynsell** I}

grolyek ['grɔˑljɛk] **1.** *adj.* craking, cracked-voiced **2.** *m.* **-ogyon** craker, complainer
[Cc:] {S 8; F 0(CE38): **D** "grulliack": **C** cf. B *groilh*: **-ogyon** I}

gromersi [grɔˈmɛrsi] *interj.* great thanks
[FF: MidE *graunt merci*]
{S 4; F 4: **M** *gromercy, gramercy*}

grommya ['grɔmːja] *v.* growl, rumble, roar
[Ec: VN in -YA from MidE *grumme* (coe)]
{S 8; F 0(CE38): **C** cf. B *grognal*, W *grwgnach*, which may be Celtic; cf. also B *grommelat*, F *grommeler*}

grommyans ['grɔmːjans] *m.* **+ow** growl, rumble, roar
[Ec: from **grommya** -ANS]
{S 8; F 0(GM09: YhaG): **+ow** I}

grond ['grɔnd] *m.* **+ow** ground, foundation, base, basis
[E(E): MidE < OldE *grund* (co)]
{S 5; F 4: **M** *grond*: **L** *ground* (WXG): **+ow** N}

grondwas ['grɔndwas] *m.* **-wesyon** groundling *(theatre)*
[E(E)c: **grond** 2**gwas**]
{S 5; F 0(GM09: YhaG): **-wesyon** I}

grondya ['grɔndja] *v.* found, base, lay foundations
[E(E)c: **grond** -YA] {S 5; F 3: **M** *grondya*}

gronn ['grɔnː] *m.* **+ow** mass *(heap)*, bundle, bunch
[C: IE **ghrendh-* (gpc)] {S 1; F 1: M *gron* (BM.0542): C B *gronn*; W *grwn* 'ridge': **+ow** I}
gyllys yn gronn huddled up

gronna ['grɔnːa] *v.* bundle, amass
[Cc: **gronn** -¹A]
{S 1; F 0(EC52): C B *gronnañ* 'to envelop'}

gronnedh ['grɔnːęð] *m.* **+ow** mass *(in physics)*
[Cc: **gronn** -¹EDH]
{S 1; F 0(GK98: K.J.G.): **+ow** I}

gronndir ['grɔndir] *m.* **+yow** landmass
[CC: **gronn** 2tir]
{S 1; F 0(GM09: G.M.S.): **+yow** I}

gront ['grɔnt] *m.* **+ow**, **+ys** grant, leave, permission
[E(F): MidE < OldF *greanter* (co)] {S 5; F 4: M *gront, graunt*: **+ow** (G.M.S.); **+ys** (EC52)}

grontya ['grɔntja] *v.* grant, award, accord
[E(F)c: **gront** -YA] {S 5; F 5: M *gronntye* → P}
grontya neppyth dhe nebonan grant something to someone

groom (Eng.) *n.* [E(U): MidE, of unknown origin (coe)] {S 5; F 1: M *grome* (BM.2458)}

grot ['grɔːt] *m.* **+ys** groat *(silver coin worth 1/60 of a pound)*
[E: MidE < Middle Dutch *groot* (coe)] {S 5; F 2: M *groyt* (BM.3326), *groet* (BK30.08): **+ys** I}

grow ['grɔw] *coll.* **+enn** gravel, grit, coarse sand
[C: CC **grawa-* (gpc)]
{S 1; F 2: O *grou* (VC.738) → L,P: D "graow": C B *gro* 'beach'; W *gro*: **+enn** I}

growan ['grɔʊan] *m.* **-enyow** granite
[C: CC **griyan-* (gpc)] {S 8; F 1: L *grouan* (PV11228): P *Wheal Growan*: C B *grouan*; W *graean*: **-enyow** I} One might expect **gron*, but the word has been influenced by **grow**.

growanek [grɔ'waˑnęk] **1.** *adj.* granitic **2.** *f.* **-egi** granite outcrop
See **growynnek**.

growynn
[Cc: **growan** -¹EK] {S 8; F 0(GK98):
C cf. B *grouaneg* 'gravelly': **-egi** I}

growdir ['grɔʊdɪr] *m.* **+yow** gravelly subsoil, scouring sand
[CC: **grow** 2tir] {S 1; F 0(CE38): D "growder": C W *grodir*: **+yow** I}

growedh ['grɔwęð] *m.* lying posture
This word combines with pers. pronouns as **a'm growedh**, lit. 'at my lying', **a'th wrowedh**, **a'y wrowedh**, **a'y growedh**, **a'gan growedh**, **a'gas growedh**, **a'ga growedh**.
[C: Metathesis of **gorwedh**]
{S 3; F 3: M *groweth* → P:}
a'y wrowedh prone

growedha [grɔ'węˑða] *v.* lie down, recline
[Cc: **growedh** -¹A] {S 3; F 4: M *growethe* → L,P: L *crewetha* (TCTB), *crovetha* (TCJB)}
Metathesized variant of **gorwedha**, here treated as a separate word.

growek ['grɔwęk] *f.* **-egi** gravel pit
[Cc: **grow** -¹EK] {S 1; F 0(CE55): **-egi** I}

growgleudh ['grɔʊglœð] *m.* **+yow** gravel pit
[CC: **grow** 2kleudh] {S 1; F 0(CE55): **+yow** I}

grows ['grɔʊz] *coll.* **+enn** gooseberries
[U:] {S 8; F 0(CE38): **+enn** I} Devised by Nance from W., but cognate not yet identified.

growsvos ['grɔʊsfɔz] *m.* **+ow** gooseberry bush
[UC: **grows** 2³bos]
{S 8; F 0(GM09: K.J.G.): **+ow** I}

growsyon *pl.* dregs ALT = **godhes**
[E: MidE *gurgeons* 'coarse meal' < F *grugeons* (soed)]
{S 4; F 0(CE38): D "grushions", "growjions"}

growven ['grɔʊvęn] *m.* **-veyn** gritstone
[CC: **grow** 2¹men]
{S 1; F 0(GM09: G.M.S.): **-veyn** I}

growynn ['grɔwɪn] *coll.* **+enn** gravel, grit *(stone)*
[Cc: **grow** -YNN] {S 1; F 2: M *growyn* (OM.2756), *gryn* (BK15.53): **+enn** I} This is regarded as a separate word from **growan**.

growynnek

growynnek [grɔ'wɪn:ęk] **1.** *adj.*
gravelly, gritty **2.** *f.* **-egi** gravel-pit
[Ccc: **growynn** -¹ᴇᴋ] {S 1; F 0(CE38): C cf. B *grouaneg*, W *gronynnog*: **-egi** I}

grudh ['gry:ð] *f.* **+ow** jaw, cheek
(*Anat.*), mandible
[C: IE *ghroud-* (gpc)] {S 1; F 2: O *grud* (VC.035) → L,P: C Not in B; W *grudd*: **+ow** I}

grudhek ['gry·ðęk] *adj.* jawed
[Cc: **grudh** -¹ᴇᴋ] {S 1; F 0(GM09: G.M.S.)}

grug ['gry:g] *m.* **+ow** heather, ling
(*plant*)
[C: CC *wroiko-* (gpc)]
{S 2; F 0(CE38): P Grogoth; pl. Trugo: C B (*brug*; W *grug*: **+ow** P}

grugek ['gry·gęk] **1.** *adj.* heathery **2.** *f.*
+egi heath
[Cc: **grug** -¹ᴇᴋ]
{S 2; F 0(CE38): C W *grugog*: **+egi** I}

grugloen ['gryglʌn] *m.* **+yow**
heather-bush
[CC: **grug loen**] {S 2; F 1: L *Gruglan* (LV043.57): D "griglans": **+yow** I}
The identification of the 2nd element is not secure. Cf. B **lann** 'furze'.

grugyar ['gry·gjar] *f.* **-yer** partridge
[CC: **grug yar**] {S 1; F 3: M pl. *grvgyer* (OM.0132) → P, *grugyer* (OM.1203) → P: C B (*klujar*); W *grugiar*: **-yer** M}

grugyerik [gryg'ję·rɪk] *f.* **-igow** young partridge
[CCc: **grug yerik**] {S 1; F 2: L *gy̌rgîrik* (AB117b) → P: **-igow** I}

Gryffyn name
{S 4; F 2: M *gryffyn* (OM.2343) → P}

gryll ['grɪl:] *m.* **+es** cricket (*insect*),
spider-crab
[L: CLat *grillus* (CE38)] {S 8; F 2: L *grill* (AB046a) → P: D "griggle": C B *grilh*: **+es** I}

gryllya ['grɪl:ja] *v.* chirp
[Uc: **gryll** -ʏᴀ] {S 1; F 0(EC52): C B *grilhañ*}

gryllyans ['grɪl:jans] *m.* **+ow** chirping
[Uh: **gryll** -ᴀɴs] {S 8; F 0(EC52): **+ow** I}

grymm ['grym:] *adj.* grim
[E(E):] {S 4; F 2: M *grym* (BK22.61, 32.76)}

GRYSL- [E(E): from MidE *grisly* 'causing horror' < OldE *grislic* (coe)]

grysel ['grɪ·sęl] *adj.* grisly, frightful,
gruesome
[E(E)c: GRYSL-S, seen as an adj. in -ᴇʟ]
{S 4; F 2: M *grisyl* (PC.2118) → P}

grysla ['grɪzla] *v.* grin, snarl, show
one's teeth
[E(E)c: GRYSL=¹ᴀ] {S 4; F 3: L *grisla* (AB141a) → P; 3rd sg. pret. *grizlas* (PV.6502): D "grizzle" 'to grin' (later 'to fret')}

gryslans ['grɪzlans] *m.* **+ow** grin
[E(E)h: GRYSL=ᴀɴs]
{S 4; F 0(GM09: P.H.): **+ow** I}

gryslenn ['grɪzlęn] *f.* **+ow** snarl
[E(E)c: GRYSL=ᴇɴɴ]
{S 4; F 0(GM09: K.J.G.): **+ow** I}

guérir (Fr.) *v.* heal {S 6; F 2: M *guerir* (PV11524)} It is not clear how this French word found its way into Pryce's vocabulary.

guider (Eng.) *n.* {S 6; F 1: M *gyder* (TH49v)}

guilty (Eng.) *adj.* ALT = **kablus**.
{S 6; F 2: M *gilty* (SA61r)}

gul ['gy:l] *v.* do, make, perform,
accomplish
[C: Shortened form of **gwruthyl**]
{S 8; F 8: M *gul, gull; gwyll* (CW.): L *gîl* (AB.), *geele, gweel*}

gul dhe cause to

gul ges a make a joke of,
mock, ridicule

gul glaw rain

gul da dhe do good to

gull (Eng.) {S 6; F 2: L pl. *gulles* (AB243a), *gullez* (AB245a)} The origin of E *gull* may be C **goelann**; here the word has been borrowed back into Cornish.

gulver ['gylvęr] *m.* **-oryon** maker
[Cu: Compound of **gul**]
{S 8; F 1: L *Guilver* (ACJB): **-oryon** I}

gul-vri

gul-vri *m.* {S 1; F 1: M *gwylvry* (CLJK)} Nance (*Old Cornwall*, 1(4)) translated Keigwin's word as 'making account' = 'esteem', but the original word in Charles Stuart's letter is *obedience*.

Guron *name* (name of saint) A cycle-path in Bodmin is called St Guron's Way. The name also appears in Gilbert & Sullivan's *Princess Ida*. {S 8; F 1}

gusigenn [gy'ʒi·gęn] *f.* **+ow** bladder, blister
[Lc: FN in -ENN, poss. from CLat *vesîca*]
{S 8; F 3: L *gudzhygan* (AB010b): D "goosygen": C cf. B *c'hwezigell*, W *chwyisgen*: **+ow** I}

guthyl ['gy·θɪl] *v.* do, make
[C:] {S 8; F 5: M *guthyl* → P, *guthel* → P}

¹guw ['gyw] *m.* **+ow** spear, lance, javelin
[C: CC *wo-gaisu* (gpc) {S 3; F 5: O 2nd element of *hochpuyu* (VC.238): M *gu* → P, *gew* → P: C B (*goaf*); W *gwayw*: **+ow** I}

²guw ['gyw] *m.* **+ow** woe, grief, misery
[C: CC < IE *wai* (gpc)] {S 8; F 4: M *gew* → P, *gv*; pl. *guow*: C B *gwâ*, W *gwae*: **+ow** I}
This word was spelled *gew* by Nance; it is one of the small group of words recognized as containing the phoneme /yw/.

guwa ['gywa] *v.* spear
[Cc: ¹**guw** -¹A] {S 8; F 2: M *gy* (PC.2924) → P} The line in *PC*. is **hag a'n guw ewn dh'y golonn** 'and spear him direct to his heart'. The earlier [-yw] had been reduced to [-y:] and then unrounded to [-i:]. Pryce did not understand this, and replaced <gy> by <gyd> 'guide'.

gwag ['gwa:g] 1. *adj.* empty, void, vacant, vacuous, blank, inane 2. *m.* **+yon** cave
[L: BLat *vacus* (Fl.) < CLat *vacuus* (M)]
{S 8; F 4: M *gvak*: L *guâg* (AB.) → P, *gwage* (M4WK); pl. *guagion* (PV17829): P Boswague: C B *gwak* 'soft'; W *gwag*: **+yon** L}

gwagel ['gwa·gęl] *f.* **+es** skua
[U:] {S 8; F 1: L *wagel* (Ray). **+es** I}

gwagenn ['gwa·gęn] *f.* **+ow** blank
[Lc: **gwag** -ENN]
{S 8; F 0(GM09: G.M.S.): **+ow** I}

gwagla ['gwagla] *m.* **-leow** vacancy, hiatus
[Lc: **gwag** -LA]
{S 1; F 0(EC52): C W *gwagle*: **-leow** I}

gwagva ['gwagva] *f.* **+ow** vacuum, void
[Lc: **gwag** -VA]
{S 1; F 0(CE38): C W *gwagfa*: **+ow** I}

gwagvedh ['gwagvęð] *m.* **+ow** cenotaph
[CC: **gwag** 2**bedh**] {S 1; F 0(EC00): **+ow** I}

gwahalyeth [gwa'ha·ljęθ] *m.* **+ow** peer (nobleman), satrap (*Persian official of high rank*)
[C:] {S 8; F 2: O *guahalgeh* (VC.176) → L,P: C W *gwahaliaeth* 'prince': **+ow** N (K.J.G.)}
Found as *guahalgeh* in OldC; the second <g> was interpreted by Graves as [j].

gwakhe [gwak'hę:] *v.* evacuate, vacate
[Cc: from **gwag** -HE] {S 1; F 0(EC52)}

gwakheans [gwak'hę·ans] *m.* **+ow** evacuation
[Ccc: **gwakhe** -ANS] {S 1; F 0(EC52): **+ow** I}

gwakter ['gwaktęr] *m.* **+yow** emptiness
[Lc: from **gwag** -TER] {S 1; F 0(CE38): C B *gwakter* 'softness'; W *gwacter*: **+yow** I}

gwalader ['gwa·ladęr] *m.* **-oryon** leader
[C: CC (gpc)] {S 1; F 0(CPNE): P Trewalder: C W *gwaladr*; found in B pl.ns. as *-valaer*: **-oryon** N} The ending **-er** is treated in the pl. as if it were -¹ER.

gwalgh ['gwalx] *m.* **+ow** glut, satiety, repletion
[C: CC *wal-g-* (gpc) < IE (lp)]
{S 1; F 0(CE38): D "wolla" 'bunch of rich ore': C B *gwalc'h*; W *gwala*: **+ow** I}

gwalgha ['gwalxa] *v.* satiate, cloy, stuff
[Cc: **gwalgh** -¹A]
{S 1; F 0(CE38): C B *gwalc'hañ*}

¹gwall ['gwal:] *m.* **+ow** mischance, neglect, defect, accident, lapse
[C: CC *wel-* (gpc)]
{S 1; F 1: M *wal* (PC.1180): C B *gwall*, W *gwall*: **+ow** I}

dre wall accidentally

²**gwall** ['gwal:] *m.* **+ow** wall ALT = fos.
[E(E): MidE < OldE *weall* (coe)] {S 4; F 2: L *Gual* (LV080.20) → P: P : C W *gwal*: **+ow** N}

gwallek ['gwal:ęk] *adj.* walled
[E(E)c: ¹**gwall** -¹EK] {S 4; F 2: L *vallack* (PV17902), *vallick* (PV17902): F Vallack}

gwan ['gwa:n] *f.* **+yow** stab, prick, piercing, jab
[C: CC *wan-* (gpc)] {S 8; F 3: M *gwan* (MC.205, CW.1966): L *guân* (AB154c) → P: C W *gwân*: **+yow** I}

gwana ['gwa·na] *v.* stab, sting, prick, puncture, pierce, jab
[Cc: **gwan** -¹A] {S 8; F 4: M *wane* → P: L *guana* (AB.) → P: C B *gwanañ*, W *gwanu*}

gwanas ['gwa·naz] *m.* **+ow** puncture
[Cc: **gwan** C{-¹as}] {S 8; F 0(Y1): **+ow** I}
GWANDR- [E(E): MidE < OldE *wandrian* (coe)]

gwandra ['gwandra] *v.* wander, roam, rove, stray
[E(E)c: GWANDR=¹A] {S 4; F 4: M *guandre* → L,P: L *gwandra* (M4WK)}

gwandrek ['gwandręk] *adj.* wandering, peripatetic
[E(E)c: GWANDR=¹EK] {S 4; F 0(GK98: J.A.)}

gwandryades [gwandr'a·dęs] *f.* **+ow** wanderer *(female)*, rover, roamer, nomad
[E(E)c:] {S 4; F 0(GM09: P.H.): **+ow** I}

gwandryas ['gwandraz] *m.* **-ysi** wanderer *(male)*, rover, roamer, nomad
[E(E)c: from GWANDR=³YAS] {S 4; F 1: M pl. *gwandresy* (TH33r): **-ysi** M}

gwaneth ['gwa·nęθ] *coll.* **+enn** wheat
[C: CC *wo-nikto-* (gpc)] {S 3; F 3: M *gwaneth* (CW.1064): L *guanath* (AB297b) → P, *gwanath* (Gw.): C B *gwinizh*; W *gwenith*: **+enn** I}

gwanethek [gwan'ę·θęk] *f.* **-egi** wheatfield
[Cc: **gwaneth** -¹EK] {S 4; F 0(CE55): **-egi** I}

gwanettir [gwan'ęt:ir] *m.* **+yow** wheatland

[CC: from **gwaneth tir**]
{S 3; F 0(CE55): P *Gonitor*: **+yow** I}

gwann ['gwan:] 1. *adj.* weak, frail, feeble, immoral 2. *m.* **+yon** weakling
May come before a noun, in which case it means 'immoral'.
[C: CC *wanno-* (gpc)]
{S 1; F 5: O *guan* (VC.379, 389) → P: M *gwan*, *guan*: L *guadn* (AB.) → P: P Bodwen: C B *(gwan)*, W *gwan*: **+yon** P}

gwanna ['gwan:a] *v.* weaken
[Cc: **gwanna** -¹A] {S 1; F 1: M *qvana* (BK28.71)}

gwannder ['gwandęr] *m.* **+yow** weakness, feebleness
[Cc: **gwann** -DER] {S 1; F 3: M *gwander* → P: L *guander* (AB240b) → P: C B *(gwander)*, W *gwander*: **+yow** I}

gwannegredh [gwan'ęgręð] *m.* **+ow** weakness, infirmity, frailty
[Cc: Unidentified compound of **gwann**]
{S 8; F 3: M *gwannegreth* (TH.): **+ow** I}

gwannhanow [gwan'ha·nɔw] *m.* **-henwyn** bad name
[CC: **gwann hanow**]
{S 1; F 1: M *gwan hanow* (TH28v): **-henwyn** I}

gwannhe [gwan'hę:] *v.* weaken, grow feeble
[Cc: **gwann** -HE] {S 1; F 1: L p.ptcpl. *gwadn hez* (NGNB1): C B *(gwanaat)*, W *gwanhau*}

gwannliwek [gwan'liwęk] *adj.* pale, pallid
[CCk: **gwann liw** -¹EK]
{S 1; F 0(GM09: G.M.S.)}

gwannober [ˌgwan:'ɔ·bęr] *m.* **+ow** misdeed
[CL: **gwann ober**]
{S 1; F 3: M *gwadn ober* (CW.); pl. *gwan oberowe* (CW.1167) → P: **+ow** ML}

gwannrewardya *v.* pay poorly
[CEc: **gwann** + VN in -YA from E *reward* < AngN *rewarder* (coe)]
{S 4; F 1: M *quan rewardya* (BM.3261)}

gwannwikor [ˌgwanːˈwiˑkɔr] *m.* **+yon** bad trader
[CLc: from **gwann** 2**gwikor**]
{**S** 3; **F** 1: **M** *gwan wecor* (MC.040): **+yon** I}

gwannwre'ti [ˌgwanːˈwrę̆ˑti] *f.* adulteress
[CCC: from **gwann** 2**gwre'ti**]
{**S** 1; **F** 2: **L** *guadn-gyrti* (JCNBL):}
Found as *guadngurti* in LateC.

gwar [ˈgwaːr] *adj.* chaste
[C: CC (gpc)] {**S** 8; **F** 1: **O** *guaf* (VC.121); **C W** *gwâr* 'civilized'} Emended from OldC *guaf* by Graves; there is also a case for *gwor*.

gwara [ˈgwaˑra] *coll.* **gwarenn** merchandise, commodities, goods, wares
[E(E): OldE *warae* (Gr.)] {**S** 4; **F** 3: **O** *paroe* (VC.268) → **P**: **M** *guara* (PC.0318, 0341): **C** cf. **W** *gwâr*: **gwarenn** N (P.H.)}

gwara devnydhyoryon consumer goods

gwaraji [ˈgwaˑraji] *m.* **+ow** warehouse
[E(E)C: **gwara** 2**chi**] {**S** 5; **F** 0(EC00): **+ow** I}

gwarak [ˈgwaˑrak] *f.* **-egow** bow *(arc)*, arc, arch
[cC: GWA- **rag** (gpc)] {**S** 1; **F** 4: **O** *guarac* (VC.357) → **P**: **M** *gwaracke*; pl. *guaregov* (BM.3911): **L** *guarrak* → **P**: **C W** *gwarag*; cf. **B** *gwareg*: **-egow** M}
The etymology **gwarr** -¹EK, which applies to W *gwarrog* and may apply to the B *gwareg*, at first sight appears more likely, but the following evidence argues against it: (i) the ending is <-ak> not <-ek>; (ii) the word seems to contain /r/ rather than /rr/; (iii) the pl. is not *gwarrogow*.

gwarak wisk coat-hanger

gwardya v. guard ALT = **gwitha**.
[E(F)c: VN in -YA from MidE < OldF *garder* (coe)] {**S** 4; **F** 1: **M** *gwardya* (BK07.50)}

gwareger [gwarˈęˑgęr] *m.* **-oryon** archer, bowman
[cCl: from **gwarak** -¹ER, with vowel harmony]
{**S** 3; **F** 0(CE38): **C B** *gwareger*: **-oryon** I}

gwari [ˈgwaˑri] **1.** *v.* play, act **2.** *m.* **+ow** game, play, fun
[C: Brit (Fl.)]
{**S** 3; **F** 5: **M** *guary*; pl. *guariow* (3 syll.) (RD.1330): **L** *gwary* (P1JJ), *guare* (AB.): **P** Plain an Gwarry: **C B** *c'hoari*, **W** *chwarae*: **+ow** M}

gwari mildamm jigsaw puzzle

gwari-dall [ˌgwaˑriˈdalː] *m.*
gwariow-dall lottery
[CC: **gwari dall**]
{**S** 3; **F** 0(EC52): **gwariow-dall** I}

gwaridi [gwaˈriˑdi] *m.* **+ow** theatre, playhouse *(for drama)*
[CC: **gwari** 2⁴**ti**]
{**S** 1; **F** 2: **L** *guardy* (AB163b) → **P**: **+ow** I}

gwaridiel [ˌgwariˈdiˑęl] *adj.* theatrical
[CCc: **gwaridi** -¹EL] {**S** 1; **F** 0(GM09: G.M.S.)}

gwariek [gwaˈriˑęk] *adj.* playful
[Cc: **gwari** -¹EK] {**S** 3; **F** 0(EC52)}

gwariell [gwaˈriˑęl] *f.* **+ow** toy
[Cc: **gwari** -²ELL]
{**S** 3; **F** 0(CE93: K.J.G.): **C B** *c'hoariell*: **+ow** I}

gwarier [gwaˈriˑęr] *m.* **-oryon** player, actor
[Cl: **gwari** -¹ER]
{**S** 3; **F** 0(CE38): **C B** *c'hoarier*: **-oryon** I}

gwari-kan [ˌgwaˑriˈkaːn] *m.*
gwariow-kan opera
[CC: **gwari kan**] {**S** 3; **F** 0(CE38): **C B** *c'hoarigan*: **gwariow-kan** } The Breton word is a close compound, whereas the Cor., devised by Nance, is a loose compound.

gwarila [gwaˈriˑla] *m.* **-leow** stage
[CC: from **gwari le**]
{**S** 2; **F** 0(GM09: YhaG): **-leow** I}

gwarila balek thrust stage

gwari-merkyl [ˌgwaˑriˈmęrkɪl] *m.*
gwariow-m. miracle play
[CE(F): **gwari merkyl**]
{**S** 5; **F** 2: **L** *guare mirkl* (AB049c) → **P**: **gwariow-m.** I}

gwari-mir

gwari-mir [ˌgwaˑri'miːr] *m.*
gwariow-mir miracle play, spectacle
[CE(F): **gwari mir**] {S 5; F 1: L *guary-meer* (PV11405): **gwariow-mir** I}

gwariores [ˌgwari'ɔˑręs] *f.* **+ow** actress, player
[Cc: **gwari** -ORES]
{S 3; F 0(CE93: K.J.G.): **+ow** I}

gwari-sagh [ˌgwaˑri'saːx] *m.*
gwariow-sagh raffle
[CL: **gwari sagh**]
{S 3; F 0(EC52): **gwariow-sagh** I}

gwari-sebon [ˌgwaˑri'sęˑbɔn] *m.*
gwariow-s. soap-opera
[CL: **gwari sebon**] {S 1; F 0(AnG 1994): **gwariow-s.** I}   Calqued on Eng.

gwariva [gwa'riˑva] *f.* **+ow** theatre
[Cc: **gwari** -VA] {S 3; F 1: L *Guerevo* (CGEL): C B *c'hoariva*; W *chwaraefa*: **+ow** I}

GWARN- [E(E): MidE < OldE *warnian* (coe)]

gwarnya ['gwarnja] *v.* warn, notify, caution
[E(E)c: GWARN=YA]
{S 4; F 5: M *guarnye* → P, *gwarnya*: L p.ptcpl. *gwarnez* (M2WK): C cf. Gwenedeg 2nd pl. impv. *goarnet* 'gardez'.}

gwarnyans ['gwarnjans] *m.* **+ow** warning, proclamation, notification
[E(E)h: MN in -YANS from MidE < OldE *warnian* (coe)] {S 4; F 0(CE38): **+ow** I}

gwarr ['gwarː] *f.* **+ow** nape, curve
[C: IE *wer-s-* (gpc)] {S 1; O *gwar* (VC.054): C B *(gwar)* 'curved'; W *gwar*: **+ow** I}

gwarrgromm ['gwargrɔm] **1.** *adj.* stooping **2.** *m.* **+ow** stoop
[CC: **gwarr 2kromm**] {S 1; F 0(EC52): C W *gwargrwm* (more commonly *gwargam*): **+ow** I}

gwarrgromma [gwar'grɔmːa] *v.* stoop
[Cc: **gwarrgromm** -¹A]
{S 1; F 0(GK98: K.J.G.): C W *gwargrymu*}

gwarrlenn ['gwarlęn] *f.* **+ow** shawl
[CC: **gwarr lenn**] {S 1; F 0(CE52): **+ow** I}

gwarthevyek

gwartha ['gwarθa] **1.** *m.* **-evyow** summit, top **2.** *adj.* upper, higher
[C: **gwarthav**, with loss of [-v]]
{S 2; F 4: M *gwarʒe* (MC.135), *guartha* (OM.1074): L *guarra* (PV11408): D "wartha": P Wartha, used a a sub-division of land-holdings: **-evyow** I}

gwarthav ['gwarθav] **1.** *m.* **-evyow** summit, top **2.** *adj.* upper, higher
[C: CC *wor-tamo-* (gpc)] {S 1; F 2: L *gwarthav* (AB004c) → P; *guarra* (PV11408): C W *gwarthaf*, cf. OldB dim. *Uuortemic*: **-evyow** I}
The usual form in MidC was without the final [-v]; this was restored by Lhuyd.

GWARTHEG- [C:]

gwarthegva [gwarθ'ęgva] *f.* **+ow** cattle-yard
[Cc: **gwartheg** -VA] {S 1; F 0(CE55): **+ow** I}

gwarthek ['gwarθęk] *coll.* horned cattle
[C: GWARTHEG-O] {S 1; F 3: M *guarthek* (OM.1065) → P, *gwarthak* (BK06.28): L *guarrhog* (AB115c) → P: P *Goenwarrack*:}

gwarthevya [gwarθ'ęˑvja] *v.* dominate, prevail
[Cc: GWARTHAV-A -YA] {S 1; F 0(CE38)}

gwarthevyans [gwarθ'ęˑvjans] *m.* domination, supremacy
[Cc: GWARTHAV-A -YANS] {S 1; F 0(EC00):}

gwarthevyades [ˌgwarθęv'jaˑdęs] *f.* **+ow** suzeraine
[Cc: GWARTHAV-A -YADES]
{S 1; F 0(CE38): **+ow** I}

gwarthevyas [gwarθ'ęˑvjaz] *m.* **-ysi** overlord, suzerain
[Cc: GWARTHAV-A -³YAS]
{S 1; F 3: M *gwarthevyas*: **-ysi** I}

gwarthevydh [gwarθ'ęˑvrð] *m.* **+yon** supremacist
[Cc: GWARTHAV-A -¹YDH]
{S 1; F 0(EC00): **+yon** I}

gwarthevyek [gwarθ'ęˑvjęk] *adj.* dominant
[Ch: GWARTHAV-A -YEK]
{S 1; F 0(GM09: G.M.S.)}

gwarthol

gwarthol ['gwarθɔl] *f.* **-yow** stirrup
[cC: from **gorth gowl**] {S 2; F 0(CE38):
C W *gwarthafl* > *gwarthawl*: **-yow** I}
This form is taken from W, with the final diphthong reduced.

gwas ['gwaːz] *m.* **gwesyon** servant, follower, apprentice, fellow, chap, stagehand, man *(fellow)*, guy (U.S.)
[C: IE **upo-stho-* (lp)] {S 1; F 6: O *guas* (VC.243): M *guas, gwas*; pl. *guesyon*: L *gwâz* (AB.); *gwaz*: P Boswase: **gwesyon** M}

gwas-hwel [ˌgwaˑsˈhwęːl] *m.* **gwesyon-hwel** workman
[CC: **gwas hwel**]
{S 1; F 2: L *gossel* (TCWK): **gwesyon-hwel** I}

gwask ['gwaːsk] *f.* **+ow** press, stress
[C: CC **wedh-sk-* < IE (gpc)]
{S 1; F 3: M *guask* → P: **+ow** I}
An Wask The Press

gwaska ['gwaˑska] *v.* squeeze, press, compress
[Cc: **gwask** -¹A] {S 1; F 3: M 1st sg. pres. ind. *wascaf* (PC.2094); 3rd sg. prs. subj. *wasko* (PC.2725): L *guasga* (AB127c) → P}

gwaskedh ['gwaˑskęð] *m.* stress *(quantity in physics)*, pressure, compression
[Cc: **gwask** -¹EDH] {S 1; F 0(CE93: K.J.G.):
C W *gwasgedd*:} *gwascas* was suggested in *Y1*.
gwaskedh ayr air pressure

gwaskubyllenn [ˌgwaskyˈbɪlːęn] *f.* **+ow** squeegee (mop)
[CLc: from **gwask skubyllenn**]
{S 1; F 0(Y1): **+ow** I}

gwasonieth *f.* servitude ALT = **kethneth**.
[Cc: **gwas** -ONIETH] {S 1; F 0(CE38):
C B *gwazoniezh*} The word *gwasanaeth* used by Gw. and Pr. is Welsh, meaning 'bondage'. This is a curious use of -ONIETH by Nance.

gwast ['gwaːst] *adj.* waste
[E(F): MidE < OldNorF *wast* (coe), with <w-> replaced by <gw-> {S 4; F 1: M *wast* (RD.2155): P Tarewaste} The use of <gw-> is supported by Lhuyd's *guastia* 'to lay waste'

gwastas ['gwaˑstaz] *adj.* flat, smooth
[C: CC **wo-stato-s* (gpc)]
{S 2; F 0(CE38): C B *goustad*; W *gwastad*}
Nance thought that the word exists in a pl.n., *Noon Wastas*, but this was refuted by Padel. This form is retained, although the regular development would be *gostas*.

gwastya ['gwaˑstja] *v.* lay waste, squander, devastate
[E(F)c: **gwast** -YA] {S 4; F 3: M *vastya* (BM.3613); p.ptcpl. *wastys* (CW.2363); 2nd. sg. impv. *wast* (RD.0905): L *guastia* (AB051a) → P: C W *wastio*, B *gwastañ*}
Here Lhuyd's version with <gw-> rather than <w-> is used, since it is more Celtic.

gwav ['gwaːv] *m.* **+ow** winter
[C: Brit **gijâmo-* (Gr.)]
{S 8; F 4: O *goyaf* (VC.464) → L,P: M *gwaf* (CW.0365), *gwave* (CW.1699): L *guâv* (AB.), *gwave* (PLOP): C B *goañv*; W *gaeaf*: **+ow** I}

gwavas ['gwaˑvaz] *m.* **+ow** winter-time
[Cc: **gwav** -²AS] {S 1; F 4: L *Gwavas*:
P Gwavas Lake: F Gwavas: **+ow** I}

gwavgoska [gwavˈgɔˑska] *v.* hibernate
[CCc: **gwav** 2**koska**] {S 1; F 0(GM09: P.H.)}

gwavi ['gwaˑvi] *v.* winter, pass the winter. Nance used this for 'to hibernate', but that is not the same thing as 'to winter'.
[Cc: **gwav** -¹I] {S 8; F 0(CE38): C B *goañviñ*; cf. W *gaeafu*} No vowel aff.

gwavos ['gwaˑvɔz] *f.* **+ow** winter dwelling
[Cc: from **gwav** 2⁴**bos**] {S 8; F 0(CE38):
P Gwavas Lake (part of Mount's Bay):
F Gwavas: C W *gaeafod*: **+ow** I}

GWAY- [E(E): MidE < OldE *weg* (coe)]

gwaya ['gwaɪa] **1.** *v.* move, stir *(move)* **2.** *m.* **gwayow** move Transitive or intransitive.
[E(E): GWAY=¹A] {S 5; F 4: M *guaya*; pl. *gwayow* (BK25.53): L *guaya* (G1JB): **gwayow** M}

gwayadow [gwaɪˈaˑdɔw] *adj.* mobile, movable
[E(E)c: GWAY=ADOW] {S 5; F 0(Y1)}

gwayans ['gwaɪans] *m.* **+ow** movement, motion
[E(E)h: GWAY=ANS] {S 5; F 0(EC00): **+ow** I}

gwayn ['gwaɪn] *m.* **+yow** gain, win, profit, advantage
[E(F): MidE < OldF *gain* (coe)]
{S 5; F 3: M *gwayn* (MC.114), *gwayne* (CW.0792): L *gwayne* (NGNB7), *guaian* (PV11335): **+yow** N}

gwaynya ['gwaɪnja] *v.* gain, win, profit, procure
[E(F)c: **gwayn** -YA]
{S 5; F 3: M p.ptcpl. *guanys* (BM.2035); 3rd sg. pres. ind. *gvayn* (BM.0388): L *guaynia* (AB081c, 289b) → P, *gwaynia* (MSWP)}

gwaynyer ['gwaɪnjęr] *m.* **-yoryon** winner *(male)*
[E(F)c: **gwayn** -¹YER]
{S 5; F 0(GM09: K.J.G.): **-yoryon** I}

gwaynyores [gwaɪn'jɔ·ręs] *f.* **+ow** winner *(female)*
[E(F)c: **gwayn** -YORES]
{S 5; F 0(GM09: P.H.): **+ow** I}

GWAYT- [E(F): MidE < OldNorF *waitier* (coe)]

gwaytyans ['gwaɪtjans] *m.* **+ow** expectation
[E(F)c: GWAYT=YANS] {S 5; F 0(CE38): **+ow** I}

gwaytyas ['gwaɪtjaz] *v.* take care, mind, be sure to, hope, expect
May be followed by a direct object, by a VN, or by **may** or **²na**.
[E(F)c: GWAYT=¹YAS]
{S 5; F 5: M *gwettyas* (TH15v), *gwetias* (TH55v): L *quachas* (KKTT), *quatiez* (NGNB1)}
This word was written as *gwaytya* in *CE38* and *CE93*, but this appears incorrect.

gwaytys ['gwaɪtɪz] *adj.* expected, due
[E(F)c: GWAYT=⁶YS] {S 5; F 0(GM09: G.M.S.)}
P.ptcpl. of **gwaytyas**.

gwayvya ['gwaɪvja] *v.* abandon, relinquish
[E(F)c: VN in -YA from MidE < AngN *weyver* (coe)] {S 4; F 1: M *gwevye* (MC.247)}

This word was previously spelled **gwevya** (q.v.), as in *CE38*. In *EC52* Nance included also the meaning 'to wave', but this is not the same word. The two verbs, corresponding to Eng. 'waive' and 'wave' are distinguished in this edition by spelling them **gwayvya** and **gwevya** respectively.

gweder ['gwę·dęr] *m.* **gwedrow,** *dual* **dewweder** glass
[L: GWEDR-S] {S 3; F 3: M *gwedyr, weder*: L *gueder* (AB018c) → P: C B *gwer*; W *gwydr*}

gweder-mires [ˌgwę·dęr'mi·ręz] *m.* **gwedrow-mires** mirror, looking-glass
[LCc: **gweder mires**]
{S 3; F 0(CE38): **gwedrow-mires** I}

gwedh ['gwęːð] *f.* **+ow** aspect
[C: CC *widâ* (gpc)]
{S 1; F 0(GM09: K.J.G.): C W *gwedd*: **+ow** I}

gwedhow ['gwę·ðɔw] **1.** *adj.* widowed, bereft of wife or husband **2.** *m.* **+yon** widower
[C: GWEDHW-S] {S 1; F 3: O *guedeu* (VC.207) → L,P: C Not in B; W *gweddw*: **+yon** N (K.J.G.)}

GWEDHR- [U:] Attested only in LateC. Lhuyd's *guedhra* could have come from E *wither*, with [gw-] substituted for [w-], and /ɪ/ > [ę]. Here the word is taken at its face value.

gwedhra ['gwęðra] *v.* wither, wilt
[Uc: GWEDHR- -¹A]
{S 8; F 3: L *guedhra* (AB043b) → P}

gwedhrans ['gwęðrans] *m.* **+ow** atrophy, withering, wilting
[Uh: GWEDHR=ANS] {S 8; F 0(EC00): **+ow** I}

gwedhrys ['gwęðrɪz] *adj.* withered, atrophied
P.ptcpl. of **gwedhra**.
[Uh: GWEDHR=⁶YS] {S 8; F 0(EC00)}

GWEDHW- [C: CC *widhewâ* (gpc)]

gwedhwes ['gwęðwęs] *f.* **+ow** widow
[Cc: GWEDHW=¹ES] {S 1; F 2: M *gwethfas* (TH40v), *wethvas* (SA64r): **+ow** I}

gwedhyn

gwedhyn ['gwę·ðɪn] *adj.* pliable, flexible, supple, pliant
[C:] {S 8; F 2: M *gweʒyn* (MC.131) → P: C B *(gwevn)* 'supple'; W *gwydn* 'tough'}

gwedhynder [gwę'ðɪndęr] *m.* flexibility, suppleness
[Cc: **gwedhyn** -DER] {S 8; F 0(CE38): C MidW *gwydnder* 'toughness':}

GWEDR- [L: CLat *vitrum* (gpc)] The vowel is taken as /e/ rather than the expected /I/.

gwedra ['gwędra] *v.* glaze
[Lh: GWEDR- -¹A] {S 3; F 0(CE38): C B *gwerañ*, W *gwydro*}

gwedrans ['gwędrans] *m.* glazing
[Lh: GWEDR=ANS] {S 3; F 0(EC00):}

gwedrek ['gwędręk] *adj.* glassy
[Lc: GWEDR- -¹EK] {S 3; F 0(EC52): C B *gwereg*}

gwedrenn ['gwędręn] *f.* +ow tumbler *(glass)*, drinking glass
[Lc: GWEDR=ENN] {S 3; F 3: L *guedran* (AB242a) → P: C B *gwerenn*: **+ow** I}

gwedrennas [gwędr'ęnːaz] *m.* +ow glassful
[Lcc: GWEDRENN -²AS] {S 3; F 0(AnG 1985): **+ow** I}

gwedrik ['gwędrɪk] *m.* **-igow** lens *(of glass)*
[cc: GWEDR=IK] {S 3; F 0(EC00): **-igow** I}

¹gwel ['gwę:l] *m.* **+yow** field
[U:] {S 1; F 4: M *guel, gwel*: L *guêal* (AB042a) → P, *gweal*: P numerous field-names with Gweal: **+yow** I} In *CE93*, this word was supposed to be the same as **²gwel**, with the sense transferred: 'sight' > 'view' > 'view over an open field' > 'open field' > 'field' (K.J.G.). Since **²gwel** is fem. and **¹gwel** is masc., this suggestion now appears less likely than Padel's comparison with W *gwaell* 'skewer', in the sense 'long strip of land'.

²gwel ['gwę:l] *f.* **+yow** sight, vision, view, prospect, scene, vista
[C: Brit *wel- (gpc)] {S 1; F 4: M *guel* → P: L *gweale* (G3WK): C B *gwel*, W *gwêl*: **+yow** I}

gwelesek

³gwel ['gwę:l] *coll.* **+enn** rods, poles, wands
[C: Brit *weyâ- (Gr.)] {S 3; F 4: M *guel, gueel* (OM.): C B *gwial, -enn*; W *gwiail, gwialen* 'twigs': **+enn** ML}

gweladewder [gwęla'dęʊdęr] *adj.* visibility
[Ccc: from **gweladow** -DER] {S 1; F 0(GK98: K.J.G.)}

gweladow [gwę'la·dɔw] *adj.* visible
[Cc: GWEL=ADOW] {S 1; F 0(GK98: K.J.G.)}

gwelenn ['gwę·lęn] *f.* **gwelynni**, *coll.* **gwel** rod, pole, stave, shaft *(rod)*, wand, cue *(snooker)*
[Cc: ³**gwel** -ENN] {S 3; F 5: O *guailen* (VC.165) → L,P; *guaylen* (VC.683): M *guelen*; pl. *guelynny* → P: L *guelan* (AB.): C cf. B *gwialenn*}

gwelenn-byskessa [ˌgwę·lęnbɪsk'ęsːa] *f.* **gwelynni-pyskessa** fishing-rod
[CcCc: **gwelenn** ²**pyskessa**] {S 1; F 0(EC52): **gwelynni-pyskessa** }

gwelenn-dhornigell [ˌgwę·lęnðɔr'ni·gęl] *f.* **gwelynni-dornigell** crankshaft
[CcCcc: from **gwelenn** ²**dorn** -IK -²ELL] {S 1; F 0(Y1): **gwelynni-dornigell** I}

gwelennfurvek [ˌgwęlęn'fyrvęk] *adj.* ectomorphic
[CcLc: **gwelenn** **furv** -¹EK] {S 1; F 0(GM09: P.H.)}

gwelenn-skubell [ˌgwę·lęn'sky·bęl] *f.* **gwelynni-skubell** broom-stick
[CcLc: **gwelenn** **skubell**] {S 1; F 0(EC52): **gwelynni-skubell** I}

gweles ['gwę·lęz] *v.* see, behold, perceive
[Cc: ²**gwel** -¹ES] {S 1; F 7: M *gueles, gwelas*: L *guelaz* (AB.); *gwellaz*}

dha weles! see you! (to one person)
agas gweles! see you! (to more than one person)

gwelesek [gwęl'ę·zęk] *adj.* visual
[Ccc: **gweles** -¹EK] {S 1; F 0(EC00)}

gwelesigeth

gwelesigeth [ˌgwɛlɛˈʒiˑgɛθ] *f.* **+ow**
vision *(apparition)*
[Ccc: from ²**gwel** -ESIK -ETH] {S 1; F 0(CE38): C W *gweledigaeth*: **+ow** C (K.J.G.)}

gwelesik [gwɛlˈɛˑʒɪk] *m.* **-igow** visual *(theatre)*
[Ccc: from **gweles** -IK]
{S 1; F 0(GM09: YhaG): **-igow** I}

gwelesydh [gwɛlˈɛˑzɪð] *m.* **+yon**
visionary, seer
[Ccc: from **gweles** -¹YDH]
{S 1; F 0(EC00): **+yon** I}

gwelghys [ˈgwɛlxɪz] *adj.* satiated, replete
[Cc: **gwalgh** -⁶-YS] {S 1; F 0(GM09: G.M.S.)} P.ptcpl. of **gwalgha**.

gwelgist [ˈgwɛlgɪst] *f.* **+yow**
video-cassette
[CE(E): ²**gwel 2kist**] {S 4; F 0(GK98): **+yow** I}

gwelhevin [gwɛlˈhɛˑvɪn] *coll.* aristocrats, ruling class
[Cc: Derivative of **gwella** < OldC **gwelhav*]
{S 8; F 3: M *guelhevyn* (BM.): L *gueshevyn* (AB128a) → P:} According to Graves, Nance was wrong in supposing that OldC *guesbeuin* (VC.175) is an example of this word, but Lhuyd may have thought so.

gweli [ˈgwɛˑli] *m.* **+ow** bed, layer, stratum
[C: Brit **wo-leg-* (Gr.) < IE **upo-legho-* (Haywood)] {S 3; F 5: O *gueli* (VC.) → L,P: M *guely* → P: L *guili* (JCNBL); pl. *gueliau* (AB242c) → P: P *Guely breteny*: C B *gwele*; W *gwely*: **+ow** L}
The final vowel changed from /ɪ/ to /i/.

gweli kala' straw bed
gweli pluv feather bed
gweli an mor seabed

gweli-dydh [ˌgwɛˑliˈdɪːð] *m.*
gweliow-dydh settee, day-bed, sofa
[CC: **gweli dydh**]
{S 3; F 0(CE38): **gweliow-dydh** I}

gweli-growedh *m.* "one bed-ridden"

[CC: **gweli growedh**] {S 1; F 1: L *gueli-croweth*}
There may be some semantic confusion here.

gwelivedhes [ˌgwɛliˈvɛˑðɛz] *f.* **+ow**
midwife
[CCc: **gweli 2bedh**=¹**es**] {S 8; F 2: L *Glývedhaz* (LV075.08) → *Glývedhaz* (AB103c) → P: **+ow** I}

gwelivesi [ˌgwɛliˈvɛˑʒi] *v.* go into labour
[Ccc: **gwelivos**A -¹I]
{S 3; F 0(GM09: YhaG): C B *gwilioudiñ*}

gwelivos [gwɛˈliˑvɔz] *m.* childbed, confinement
[Cc: **gweli** 2¹**bos**]
{S 3; F 2: L *golovas* (AB007b, 131c) → P:}

gwell [ˈgwɛlː] *adj.* better, superior
[C: CC **wel-no-* (gpc)] {S 1; F 6: M *guel, gwel, gwell*: L *gwell, gwel*: C B *gwell*, W *gwell*}

gwell yw genev I prefer

gwella [ˈgwɛlːa] *adj.* best
[Cc: **gwell** -²A] {S 1; F 6: M *guella, gwelha*: L *guella* (AB.); *gwella*: P ?*Park Gwella*}

oll an gwella all the best
(calque on Eng.)

gwellhe [gwɛlˈhɛː] *v.* improve, ameliorate
[Cc: **gwell** -HE]
{S 1; F 3: M *guelhe* (RD.1643) → P: C B *gwellaat*}

gwellha dha jer! cheer up!

gwellheans [gwɛlˈhɛˑans] *m.* **+ow**
improvement
[Ccc: **gwellhe** -ANS]
{S 1; F 0(GK98: K.J.G.): **+ow** I}

gwels [ˈgwɛls] *coll.* **+enn** grass
[C: Brit **welt-* (M)] {S 1; F 4: M *gwels*; sg. *welsan* (TH07r): L *guêlz* (AB064a) → P, *gwelz* (G1JB): P ?*Zawn Wells*: C B *geot*; W *gwellt*: **+enn** I}

gwelsek [ˈgwɛlzɛk] **1.** *adj.* grassy **2.** *f.* **-egi** grass-plot
[Cc: **gwels** -¹EK]
{S 1; F 0(CE38): P *Illiswilgig* (Scilly) = **ynys welsek**: C B *geotek*; W *gwelltog*: **-egi** I}

gwelsigow [gwɛlˈʒiˑgɔw] *pl.* scissors
[Ccc: Word in -IGOW formed from **gwelsow**]
{S 8; F 0(CE93)}

gwelsladh

gwelsladh ['gwęlslað] *m.* **+ow** herbicide
[CC: **gwels ladh**]
{S 1; F 0(GM09: G.M.S.): **+ow** I}

gwelsow ['gwęlzɔw] *pl.* shears, clippers
[C: perhaps related to **gols**]
{S 8; F 2: L *guedzhou* (AB243b) → P:
C W *gwellau*; cf. B *gweltre*}

gwelsowas [gwęl'zɔʊaz] *m.* fertility
[Cc: Derivative of **gwels**] {S 8; F 2: O *peltopat* (VC.480) → L: C OldB *gueltogat*:}
Nance's re-spelling of OldC *peltopat*

gwelstir ['gwęlstɪr] *m.* **+yow** grassland
[CC: **gwels tir**]
{S 1; F 0(GK98: G.M.S.): **+yow** I}

gwelstiryel [gwęls'tiˑrjęl] *adj.* grassland
[CCc: **gwelstir** -YEL] {S 1; F 0(GM09: G.M.S.)}

gwelv ['gwęlv] *f.* **+ow** lip See also **gwevel**.
[C: Metathesis of earlier **gwevl*]
{S 2; F 3: L *gwelve* (BOD), *guelv* (AB007b) → P; pls. *gwelvaw* (BOD), *guelvanz* (AB075a) → P:
C B *geol*; W *gwefl*: **+ow** L}

gwelva ['gwęˑlva] *f.* **+ow** viewpoint, belvedere, point of view
[Cc: ²**gwel** -VA] {S 1; F 0(EC52): **+ow** I} Coined by Nance; not to be confused with **goelva**.

gwelvek ['gwęlvęk] *adj.* thick-lipped
[Cc: **gwelv** -¹EK] {S 3; F 1: L *guelvek* (AB268)}

gwelvenn ['gwęlvęn] *f.* **+ow** lip
[Cc: **gwelv** -ENN] {S 3; F 1: L pl. *guelawennow* (PV11506): **+ow** L}

gwelynni [gwę'lɪnːi] *pl.* rods
[Ccc: Irregular pl. in -I of **gwelenn**]
{S 3; F 2: M *guelynny* → P}

gwen ['gwęːn] *f.* **+yow** smile
[C: CC **wen-* (gpc)]
{S 1; F 0(IC.): C B *gwen*, W *gwên*: **+yow** I}

gwenen ['gwęˑnęn] *coll.* **+enn** bees
[C:] {S 8; F 4: O sg. *guenenen* (VC.530) → L,P:
L *guanan* (AB.) → P, *gwennen* (P1JJ):
C B *gwenan*; W *(gwenyn)*: **+enn** O}

Gwener ['gwęˑnęr] *f.* Venus, Friday
[L: CLat *Veneris* (M)] {S 1; F 4: M *guener* (BM.):
L *guenar* (AB054c) → P:
C B *Gwener*, W *Gwener*:}

gwenton

Gwener an Grows Good Friday

gwenn ['gwęnː] *m.* **+ow** anus
[E: MidE *grenne* (CE38)] {S 8; F 3: M *gwen* (RD.0292) → P, *guen* (RD.2084, 2355): L *gweden*:
+ow I} Rhymes in MidC, and LateC *gweden* suggest /nn/ rather than /n/.

gwennel ['gwęnːęl] *f.* **gwennili** swallow *(bird)*, weaver's shuttle
[L: LLat *vannellus* (Gr.)] {S 1; F 3: O *guennol* → L,P: M *gwenhal* (BK14.64): P Brown Willy =
bronn wennili: C OldB *guennol*, B *gwennili* (pl.); W *gwennol*: **gwennili** P}
The sg. in ModB is *gwennilienn*.

gwennenn ['gwęnːęn] *f.* **+ow** blister, wen, sore
[Uc: Appears to be a FN in -ENN]
{S 8; F 2: L *guenan* (AB132c) → P: **+ow** I}

gwennogenn [gwę'nɔˑgęn] *f.* **+ow** wart
[Uc: FN in -ENN]
{S 8; F 2: L *guedhogian* (AB172a) → P: **+ow** I}

gwenon ['gwęˑnɔn] *m.* **-enyow** poison, venom
[L: CLat *venênum*]
{S 1; F 3: O 1st element of *guenoinreiat* (VC.321) → L,P: C Not in B; W *gwenwyn*: **-enyow** I}
The commonest development has been assumed in up-dating the OldC form.

gwenonek [gwę'nɔˑnęk] *adj.* poisonous, venomous, toxic
[Lc: **gwenon** -¹EK] {S 1; F 0(CE38)}

gwenonriyades [ˌgwęnɔnri'jaˑdęs] *f.* **+ow** poisoner *(female)*
[LCc: **gwenon riyades**]
{S 1; F 0(GM09: K.J.G.): **+ow** I}

gwenonriyas [ˌgwęnɔn'riˑjaz] *m.* **-riysi** poisoner *(male)*
[LCc: **gwenon riyas**]
{S 1; F 2: O *guenoinreiat* (VC.312) → P: **-riysi** I}

gwenton ['gwęntɔn] *m.* **-enyow** spring *(season)*
[C: Brit **wesantêno-* (lheb)] {S 8; F 3:
O *guaintoin* (VC.461) → L,P: L *guainten* (AB171c) → P: P Trengwainton:
C Not in B; W *gwanwyn*: **-enyow** I}

gwentonel

gwentonel [gwęn'tɔ·nęl] *adj.* vernal
[Cc: **gwenton** -¹EL] {S 8; F 0(GM09: G.M.S.)}

gwer ['gwę:r] *pl.* husbands, men
pl. of **gour**. [C:]
{S 8; F 2: **M** *gwer* (BK18.22, TH31r): **C** W *gwŷr*}

¹gweres ['gwę·ręz] **1.** *v.* help, aid, assist **2.** *m.* help, assistance, aid **3.** *interj.* help!
[C: CC *wo-ret-* (hpb)]
{S 8; F 6: **M** *gueres* → P, *gweras*: **L** *guerraz* (CGEL), *gwerras* (OHTB): **C** B *(gwarez)* 'protection'; W *gwared* 'deliverance':}

gweres dhymm! help me!
gweres laghel legal aid

²gweres ['gwę·ręz] *m.* **+ow** soil, ground, earth, mould
[C:] {S 8; F 3: **O** *gueret* (VC.013) → L,P: **M** *werys* (BK23.69), *gweras* (CW.2082), *gwyrras* (CW.2085) → P: **P** Penwerris: **C** cf. OldB *gueretreou* 'districts'; W *gweryd*: **+ow** I}

gwereser [gwęr'ę·zęr] *m.* **-oryon** helper *(male)*, assistant
[Cl: **¹gweres** -¹ER] {S 8; F 0(CE38): **-oryon** I}

gweresonieth [ˌgwęręzɔ'ni·ęθ] *f.* pedology
[Cc: **²gweres** -ONIETH]
{S 8; F 0(GM09: G.M.S.):}

gweresores [ˌgwęrę'zɔ·ręs] *f.* **+ow** helper *(female)*, assistant
[Clc: **¹gweres** -ORES]
{S 8; F 0(GM09: K.J.G.): **+ow** I}

gwerin ['gwę·rɪn] *f.* populace, folk, proletariat, common people
[C: CC *warînâ* (gpc)]
{S 1; F 0(EC52): **C** B *gwerin*, W *gwerin*:}

Yeth an Werin informal gathering at which Cornish is spoken

gwerinek [gwę'ri·nęk] *adj.* popular, proletarian
[Cc: **gwerin** -¹EK] {S 1; F 0(EC52)}

gwerinel [gwę'ri·nęl] *adj.* democratic
[Cc: **gwerin** -²EL]
{S 1; F 0(GK98: A.S.): **C** W *gwerinol*; B *gwerinel*}

GWERR-

gwerinieth [ˌgwęrɪ'ni·ęθ] *f.* **+ow** democracy
[Cc: **gwerin** -IETH] {S 1; F 0(EC52): **C** W *gweriniaeth*; cf. B *gwerinelezh*: **+ow** I}

gweriniethor [gwęrˌini'ę·θɔr] *m.* **+yon** democrat
[Ccc: **gwerinieth** -OR] {S 1; F 0(GK98: A.S.): **C** W *gwerinaethwr*: **+yon** I}

gwerinor [gwę'ri·nɔr] *m.* **+yon** peasant *(male)*, pawn *(in chess)*
[Cc: **gwerin** -OR] {S 1; F 0(Y3): **+yon** I}

gwerinores [gwęrɪ'nɔ·ręs] *f.* **+ow** peasant *(female)*
[Cc: **gwerin** -ORES]
{S 1; F 0(GM09: YhaG): **+ow** I}

gwerison ['gwęrisɔn] *m.* **+s** reward
[F: F *guérison* 'cure'] {S 4; F 2: **M** *weryson* (RD.1677), *gwereson* (BK07.52): **+s** I}

¹gwern ['gwęrn] *f.* **+ow** mast
[C: Same word as **²gwern** 'alder-trees']
{S 1; F 2: **O** *guern* (VC.281) → L,P: **M** *gvern* (RD.2331); pl. *wernow* (CW.2293) → P: **C** B *gwern*; W *gwern*: **+ow** M}

²gwern ['gwęrn] **1.** *coll.* **+enn** alder-trees **2.** *f.* **+ow** alder-swamp, marsh, swamp
[C: Brit *werno-* (hpb)] {S 1; F 4: **O** sg. *guernen* (VC.678) → L,P: **L** *warne* (PV.): **C** B *gwern*; W *gwern*: **+enn** O: **+ow** I}

gwernek ['gwęrnęk] **1.** *adj.* marshy **2.** *f.* **-egi** alder-grove, marshland
[Cc: **gwern** -¹EK] {S 1; F 2: **L** *guernick*, *guarnick*, *gwarnick* (PV11527): **P** Gwarnick: **C** B *gwerneg*, W *gwernog*: **-egi** I}

gwernis ['gwęrnɪs] *m.* **+yow** varnish
[L: MLat *veronix* (coe)]
{S 4; F 0(GM09: G.M.S.): **C** B *gwernis*: **+yow** I}

gwernisya [gwę'ni·sya] *v.* varnish
[Lc: **gwernis** -YA] {S 4; F 0(GM09: G.M.S.)}

gwernyar ['gwęrnjar] *f.* **-yer** bustard
[CC: **²gwern yar**] {S 1; F 0(EC00): **-yer** I}

GWERR- [E(F): MidE *guerre* < OldF < Gmc]

gwerrya

gwerrya ['gwɛrːja] *v.* wage war
[Ec: GWERR=YA] {S 4; F 1: M *guerrya* (BM.3454)}

gwerryor ['gwɛrːjɔr] *m.* **+s** warrior
[Ec: GWERR=YOR] {S 8; F 3: M *gwerryor, gverror* (BK.); pl. *gverryors*: **+s** M}

gwers ['gwɛrs] *f.* **+ow** verse
[L: CLat *versus* (M)] {S 1; F 2: M *vers* (BM.4435); pl. *gveresow* (BK40.65): **+ow** I}
The example from *BK.* is not certain.

gwers veythrin nursery-rhyme

gwersieth [gwɛrˈsiˑɛθ] *f.* versification
[Lc: **gwers** -IETH] {S 1; F 0(EC52):}

gwersya ['gwɛrsja] *v.* versify
[Lc: **gwers** -YA] {S 1; F 0(GM09: G.M.S.)}

gwerth ['gwɛrθ] *f.* **+ow** sale
[C: CC **wert-* (gpc)] {S 1; F 0(CE38):
C B *gwerzh*, W *gwerth*: **+ow** I}
Lhuyd's *Guerh* (AB248a) may mean the root GWERTH- or the VN **gwertha**.

gwertha ['gwɛrθa] *v.* sell
[Cc: **gwerth** -¹A] {S 1; F 5: M *guerthe*: L *gwarra* (PLOP): C B *gwerzhañ*, W *gwerthu*}

gwerthadewder [gwɛrθaˈdɛʊdɛr] *m.*
+ow saleability
[Ccc: from **gwerthadow** -DER]
{S 1; F 0(GM09: G.M.S.): **+ow** I}

gwerthadow [gwɛrˈθaˑdɔw] *adj.*
saleable
[Cc: **gwerth** -ADOW] {S 1; F 0(GM09: G.M.S.)}

gwerthas ['gwɛrθaz] *m.* **+ow** sale *(act of selling)*
[Cc: **gwerth** -²AS] {S 1; F 0(Y2): **+ow** I}

gwerthbris ['gwɛrθpris] *m.* **+yow** sale price
[CE(F): **gwerth** 2pris] {S 4; F 0(Y2): **+yow** I}

gwerther ['gwɛrθɛr] *m.* **-oryon** salesman, vendor *(male)*, seller *(male)*
[Cl: **gwerth** -¹ER] {S 1; F 0(EC52): **-oryon** I}

gwerthevin [gwɛrθˈɛˑvin] *m.* primate *(cleric)*
[C: Brit **wortamîno-* (lheb)] {S 8; F 1:
O *guesbeuin* (VC.175):} Emendation by Graves.

gwerthji ['gwɛrθtʃi] *m.* **+ow** shop

gwestyades

[CC: **gwerth** 2chi] {S 1; F 0(CE38): **+ow** I}

gwerthores [gwɛrˈθɔˑrɛs] *f.* **+ow** saleswoman, vendor *(female)*, seller *(female)*
[CC: **gwerth** -ORES] {S 1; F 0(Y2): **+ow** I}

gwerthys ['gwɛrθɪz] *f.* **+ow** shuttle, spindle
[C: CC **wert-id* (Gr.)]
{S 8; F 2: O *gurhthit* (VC.834) → L:
C B *(gwerzhid)*; W *gwerthyd*: **+ow** I}

gweskel ['gwɛˑskɛl] *v.* beat, knock, hit, strike *(hit)*
[Cc: **gwask**A -¹EL] {S 1; F 5: M *gueskel*:
L *gueskall* (AB080): C B *gweskel*}

gweskys ['gwɛˑskɪz] *adj.* beaten
[Cc: **gwask**A -⁶YS] {S 1; F 4: M *gweskis*:
L *gweskes*} P.ptcpl. of **gweskel**.

gwesper ['gwɛˑspɛr] *m.* **+ow** evensong, vespers See also **gosper**.
[L: CLat *vesper* (M)]
{S 1; F 2: M *gwespar* (MC.230) → P:
C B pl. *gousperoû*; W *gosber*: **+ow** C}

gwest f. **+ow** lodging
[C: CC **west-* (gpc)] {S 1; F 3: M *gvest* (OM.0356), *guest* (OM.0361) → P: **P** ?Westway:
C OldB *guest-* 'feast'; W *gwest*: **+ow** I}

gwester ['gwɛˑstɛr] *m.* **-oryon** guest *(male)* [Cl: **gwest** -¹ER]
{S 1; F 0(CE93: W.B.): **-oryon** I}

gwesti ['gwɛˑsti] *m.* **+ow** guest-house, hotel
[CC: **gwest** ⁴ti] {S 1; F 0(CE38): P ?Westnorth:
C W *gwesty*: **+ow** I} A different etymology is proposed for the W word.

gwestores [gwɛsˈtɔˑrɛs] *f.* **+ow** guest *(female)*
[Cc: **gwest** -ORES]
{S 1; F 0(CE93: W.B.): **+ow** I}

gwestyades [gwɛstˈjaˑdɛs] *f.* **+ow** lodger *(female)*
[Cc: **gwest** -YADES]
{S 1; F 0(CE93: K.J.G.): **+ow** I}

gwestyas

gwestyas ['gwɛˑstjaz] *m.* **-ysi** lodger *(male)* [Cc: **gwest** -³YAS]
{S 1; F 0(CE93: K.J.G.): **-ysi** I}

gwesyon ['gwɛzˑjɔn] *pl.* servants
[Cc: **gwas**A -YON] {S 1; F 3: M *guesyon* → L,P: C B *gwizien*, W *gweisien*}

gweth ['gwɛ:θ] *adj.* worse
[C: CC **wakto-* (gpc)]
{S 8; F 5: M *gweth*: L *guaeth* (AB243b), *weath*: C B *(gwazh)*; W *gwaeth*}

gwethhe [gwɛθ'hɛː] *v.* make worse, worsen, deteriorate, aggravate
The example in MidC is transitive.
[Cc: **gweth** -HE]
{S 8; F 1: M *guethe* (RD.1416): C B *gwashaat*}

gwethheans [gwɛθ'hɛˑans] *m.* **+ow** deterioration, aggravation
[Cch: **gwethhe** -ANS]
{S 8; F 0(GM09: K.J.G.): **+ow** I}

gwethter ['gwɛθtɛr] *m.* deterioration
[Cc: **gweth** -TER] {S 1; F 1: L *guethder* (CGEL):}

gwettha ['gwɛθːa] *adj.* worst
[Cc: from **gweth** -²A]
{S 8; F 3: M *gweʒe* (MC.196), *guetha* (PC.1130): L *gwetha* (GCJK), *guetha* (AB243b)}

gweus ['gwœːz] *f.* **+yow**, *dual* **diwweu⸱s** lip *(human)*
[C: CC **wo-* + derivative of **b(e)u-* (gpc)]
{S 2; F 3: O *gueus* (VC.049) → L,P: M pl. *gwessyow* (TH07v): C B *gweuz*; W *gwefus*} OldC *gueus* < **gwevus* must have been disyllabic; pl. is found as *gwessyow* in MidC.

gweusel ['gwœˑzɛl] *adj.* labial
[Cc: **gweus** -²EL] {S 2; F 0(GM09: G.M.S.)}

gwev ['gwɛːv *interj.* woe to him
[CC: Monosyllabic form of **go-ev**]
{S 2; F 3: M *gweve* → P, *gwef*}
GWEVL- [C: Brit (K.J.G.)]

gwevel ['gwɛˑvɛl] *f.* **gwevlow** lip
[GWEVL-S] {S 1; F 1: M pl. *weflow* (BK28.54): C B *geol*; W *gwefl*: **gwevlow** M}
This word was metathesized to *gwelv* in LateC; this form is here treated as a separate entry.

gweythor

gwevya ['gwɛˑvja] *v.* wave, flourish *(of a sword)*
[E(E)c: VN in -YA from OldE *wafian* with analogical vowel aff. (coe)]
{S 4; F 0(EC52)} See also **gwayvya**.

gwewenn ['gwɛʊɛn] *f.* **+ow**, *dual* **diwwewenn** heel
[Cc: from **giowenn** 'tendon'] {S 8; F 2: L *gueuan* (AB045c), *gwewan*: C W *gewyn*, pl. *giau*}

gweylgi ['gwɛɪlgi] *f.* ocean *(personified, poetic)* lit. 'wolf-hound'
[CC: Compound of **ki** from CC **wai-lo-s* 'wolf' (gpc)] {S 1; F 1: L *Vylgi* (PV18327): P Pennywilgie Point.: C W *gweilgi* 'ocean':}

¹**gweyth** ['gwɛɪθ] *f.* **+yow** occasion
[C: Same word as ²**gweyth** (gpc)] {S 1; F 4: M *guyth* → P: L *guêth* → P: C B *gwech*: **+yow** I}
Although commentators agree that this is the same word as ²**gweyth**, deriving from CC **wektâ*, which would give MidC *gweyth*, it behaved as if it were /gwɪθ/; there is therefore a case for spelling it and its compounds with *-wyth*, as did Nance.

²**gweyth** ['gwɛɪθ] *m.* **+yow** work, mine-working, tin-working
[C: Brit **wektâ* (Haywood) < CC **wektâ* (gpc)]
{S 1; F 2: O *gueid* (VC.231): M *guyth*, *weyth* → P: L *guaith* (AB108c) → P: P *Gwyth an bara*: C OldB *gueid-*; W *gwaith*: **+yow** I}

gweytha ['gwɛɪθa] *v.* work, exploit, set to work
[Cc: ²**gweyth** -¹A]
{S 1; F 1: M *quethe* (OM.0689): C cf. W *gweithio*}

gweythans ['gwɛɪθans] *m.* **+ow** exploitation
[Cl: ²**gweyth** -ANS]
{S 1; F 0(GM09: P.H.): **+ow** I}

gweythor ['gwɛɪθɔr] *m.* **+yon** worker, workman
[Cc: ²**gweyth** -OR]
{S 1; F 4: O *gueidɒur* (VC.225) → L,P: M pl. *guythoryon* (OM.2331) → L,P: C W *gweithwr*: **+yon** M}
Found as *gueiduur* in OldC.

gweythores

gweythor arghans silversmith
gweythor kober coppersmith
gweythor chi house-builder

gweythores [gwɛɪθ'ɔˑrȩs] *f.* **+ow** worker *(female)*
[CC: ²gweyth -ORES]
{S 1; F 0 (GM09: K.J.G.): +ow I}

gweythlu ['gwɛɪθly] *m.* **+yow** work-force
[LC: ²gweyth lu]
{S 1; F 0(GM09: G.M.S.): +yow I}

gweythres ['gwɛɪθrȩs] *m.* **+ow** deed, action, function
[CC: ²gweyth ¹RES] {S 1; F 4: M *gwythres* → P: C MidB *guezret*, W *gweithred*: +ow I}

gweythresa [gwɛɪθ'rȩˑza] *v.* activate, implement
[CCc: gweythres -¹A] {S 1; F 0(GM09: G.M.S.)}

gweythresans [gwɛɪθ'rȩˑzans] *m.* **+ow** activation, implementation
[CCh: gweythres -ANS]
{S 1; F 0(GM09: K.J.G.): +ow I}

gweythresek [gwɛɪθ'rȩˑzȩk] *m.* **-ogyon** executive, functionary
[CCc: gweythres -¹EK] {S 1; F 0(CE93: J.G.H.): C W *gweithredog* 'doer': -ogyon I}

gweythresel [gwɛɪθ'rȩˑzȩl] *adj.* functional
[CCc: gweythres -²EL] {S 1; F 0(GK98: G.M.S.)}

gweythreser [gwɛɪθ'rȩˑzȩr] *m.* **-oryon** agent *(male)*
[CCl: gweyth reser]
{S 1; F 0(GM09: G.M.S.): -oryon I}

gweythresores [gwɛɪθrȩ'zɔˑrȩs] *f.* **+ow** agent *(female)*
[CClc: gweyth resores]
{S 1; F 0(GM09: K.J.G.): +ow I}

gweythresydh [gwɛɪθ'rȩˑʒɪð] *m.* **+yon** activist
[CCc: from gweythres -¹YDH]
{S 1; F 0(GM09: K.J.G.): +yon I}

gweythva ['gwɛɪθfa] *f.* **+ow** factory

gwibes

[Cc: ²gweyth -VA]
{S 1; F 0(CE38): C W *gweithfa*: +ow I}

gweythva vegyans factory farm

GWI- [C:]

gwia ['gwiˑa] *v.* weave, knit, twine
[Cc: GWI=¹A] {S 8; F 1: L *guîa* (AB163b) → P: P ?Trevia: C cf. B *gweañ*; W *gwau*}

gwiader [gwi'aˑdȩr] *m.* **-oryon** weaver, spider
[CCc: from gwias -¹ER]
{S 1; F 3: L *gueâdar* (AB013c), *gweader* (LWXX): C B *gwiader*: -oryon I}

gwiadores [gwia'dɔˑrȩs] *f.* **+ow** weaver
[Ccc: from gwias -ORES]
{S 1; F 0(CE38): +ow I}

gwians ['gwiˑans] *m.* knitting
[Ch: GWI=ANS] {S 1; F 0(GM09: G.M.S.):}

gwias ['gwiˑaz] *m.* **+ow** web, texture, woven cloth, fabric
[Cc: GWI=²AS] {S 1; F 2: O *guiat* (VC.828) → P: C B *gwiad*; W (*gwead*): +ow N (FTWC)}

gwias kevnis spider's web

gwiasedh [gwi'aˑzȩð] *m.* **+ow** texture
[Ccc: gwias -¹EDH]
{S 1; F 0(GK98: A.S.): C W *gweadedd*: +ow I}

gwiasva [gwi'azva] *f.* **+ow** web-site
[Ccc: gwias -VA] {S 1; F 0(AnG 1997): +ow I}

GWIB- [C:]

gwibenn *f.* **+ow** gnat ALT = **gwibesenn**.
[Cc: GWIB=ENN]
{S 2; F 3: L *guiban* (AB.) → P: +ow I}

gwiber ['gwiˑbȩr] *m.* **gwibres** poor-cod
[L: CLat *vípera* (gpc)]
{S 1; F 0(CE38): D "gwibber": C cf. B *gwiber* 'viper', W *gwiber* 'viper': **gwibres** I}

gwibes ['gwiˑbȩz] *coll.* **+enn** gnats, mosquitoes
[C:] {S 1; F 3: O sg. *guibeden* (VC.539) → L,P: M sg. *we besen* (BM.2421): L *Gwibaz* (LV083.65): P Menawicket: +enn OM} This word had another form, apparently secondary, with /hw-/, as shown by pl.ns. like Lawhibbet = **nans hwibes**. The example from *BM.* could theoretically represent this form.

gwibesek

gwibesek [gwib'ę·zęk] *adj.*
infested by gnats
[Cc: **gwib=³es** -¹EK]
{S 1; F 0(CPNE): P Halabezack: C W *gwybedog*}

gwibessa [gwib'ęsːa] *v.* waste time, spin out time lit. 'to hunt gnats'.
[Ccc: from **gwibes** -¹A]
{S 1; F 0(CE38): C W *gwybeta*}

gwig ['gwiːg] *f.* **+ow** village
[L: CLat *vîcus* (M)] {S 1; F 3: L *guîk* (PV.):
P Gweek: C OldB *guic* 'town part of a parish';
W *gwig* 'forest, village': **+ow** I}
The Cor. word may have meant originally 'village in or near a forest'.

¹gwigh ['gwiːx] *coll.* **+enn** periwinkles
[C: CC (gpc)] {S 1; F 2: L pl. *Gwihaz* (LV083.70);
sg. *gu⤳ihan* (AB013c, 240c) → P:
C cf. W *gwichiad*: D "gwean": **+enn** LD}

²gwigh ['gwiːx] *m.* **+yow** squeak, creak
[C:] {S 1; F 0(CE38): C B *gwic'h*, W *gwich*:
+yow C (K.J.G.)}

gwighal ['gwi·xal] *v.* squeak
[Cc: **²gwigh** -AL]
{S 1; F 0(CE38): C B *gwic'hal*; cf. W *gwichio*}

gwikor ['gwi·kɔr] *m.* **+yon** trader *(male)*, businessman, chandler, peddler, hawker
[LC: from **gwig gour**] {S 3; F 4: O *guicgur* (VC.267) → L,P: M *gwicker* (CW.1141); pl. *guykcoryon* → P: C MidB *guygourr*: **+yon** M}

gwikores [gwɪ'kɔ·ręs] *f.* **+ow** trader *(female)*, businesswoman, chandler, peddler, hawker
[LCc: **gwikor** -¹ES]
{S 3; F 0(GM09: P.H.): **+ow** I}

gwin ['gwiːn] *m.* **+yow** wine
[L: CLat *vînum* (M)] {S 1; F 5: O *guin* (VC.859) → P: M *guyn, gwyn, gwyne*: L *guîn* (AB.):
C B *gwin*, W *gwin*: **+yow** I}

gwin-fyllys m. gwinyow-f. vinegar
ALT = **aysel**. {S 1; F 2: O *guinfellet* (VC.862) → P: **gwinyow-f.** I}

gwinbrenn ['gwɪnbręn] *m.* **+yer** vine, grape-vine
[LC: **gwin 2prenn**] {S 1; F 3: O *guinbren* (VC.703) → L,P: C W *gwinbren*: **+yer** I}

gwinji ['gwɪndʒi] *m.* **+ow** vinery
[LC: **gwin 2chi**]
{S 3; F 0(GK98: G.M.S.): **+ow** I}

gwinlann ['gwɪnlan] *f.* **+ow** vineyard
[LC: **gwin lann**]
{S 1; F 0(CE38): C W *gwinllan*: **+ow** I}

gwinreun ['gwɪnrœn] *coll.* **+enn** grapes
[LL: **gwin 2greun**]
{S 1; F 0(CE38): C W *gwinrawn*: **+enn** I}

gwinwask ['gwɪnwask] *f.* **+ow** wine-press
[LC: **gwin 2gwask**] {S 1; F 0(EC52): **+ow** I}

gwinwedrenn [gwin'wędręn] *f.* **+ow** wine-glass
[LLc: **gwin 2gwedrenn**]
{S 1; F 0(CE38): **+ow** I}

gwinwel ['gwɪnwęl] *coll.* **+enn** maple-trees
[LC: **gwin 2³gwel**] {S 3; F 0(CE38):
C W sg. *gwiniolen*: **+enn** I} Nance's *gwynyol* appears to be based directly on the Welsh, without sufficiently considering the meaning.

gwir ['gwiːr] **1.** *adj.* true, real, right, actual **2.** *m.* **+yow** right, truth, justice, prerogative
[C: CC *wîros* < IE *wêros* (gpc)] {S 1; F 7:
M *guyr, gwyr*: L *guîr* (AB172c), *guir*: C B *gwir*,
W *gwir*: **+yow** }

yn hwir truly, really, indeed, actually

gwir tremen right of way

gwirbryntya [gwɪr'brɪntja] *v.* copyright
[CE(F)c: **gwir 2pryntya**]
{S 5; F 0(GM09: YhaG)}

gwirbryntyans [gwɪr'brɪntjans] *m.* **+ow** copyright
[CE(F)c: **gwir 2pryntyans**]
{S 5; F 0(AnG 1986): **+ow** I}

gwirder ['gwirdęr] *m.* **+yow** truth
[Cc: **gwir** -DER] {S 1; F 2: M *guyrder* (OM.1732) → L,P: C W *gwirder*: **+yow** I}

gwirenn

gwirenn ['gwɪ·rẹn] *f.* **+ow** fact
[Cc: **gwir** -ENN] {S 1; F 0(GM09: K.J.G.): **+ow** I}

gwires ['gwɪ·rẹz] *f.* **gwirosow** liquor, drink *(spirits)*, spirits *(alcoholic)*
[E(E): OldE *werod* (gpc)]
{S 4; F 2: M *wyras* (PC.2975) → P: C Not in B; W *gwirod*: **gwirosow** I}

gwirhaval [gwɪr'ha·val] *adj.* likely
[CC: **gwir haval**] {S 1; F 0(EC52)}

gwirhe [gwɪr'hẹ:] *v.* verify
[Cc: **gwir** -HE] {S 1; F 0(GM09: K.J.G.)}

gwirheans [gwɪr'hẹ·ans] *m.* **+ow** verification
[Cch: **gwirhe** -ANS]
{S 1; F 0(GM09: K.J.G.): **+ow** I}

gwirhevelep [ˌgwɪrhẹv'ẹ·lẹp] *adj.* plausible
[CC: **gwir hevelep**]
{S 1; F 1: L (Lh.)} Coined by Lhuyd.

gwirhevelepter [gwɪrˌhẹvẹl'ẹptẹr] *m.* plausibility, verisimilitude
[CCc: **gwir hevelepter**]
{S 1; F 1: L *'ûrhevlepter* (CGEL):} Coined by Lhuyd.

gwirleveryas [ˌgwɪrlẹv'ẹ·rjaz] *m.* **-ysi** teller of the truth
[CCc: **gwir leveryas**]
{S 1; F 2: O *guirleueriat* (VC.421) → L,P: **-ysi** I}

gwirotti [gwɪrɔt:i] *m.* **+ow** kiddleywink, dive (U.S.)
[E(E)C: from **gwires** ⁴ti]
{S 1; F 0(CE38): C Not in B; W *gwiroty*: **+ow** I}

gwirvos ['gwɪrvɔz] *m.* **+ow** reality
[Cc: **gwir** 2¹**bos**]
{S 1; F 0(GK98: E.G.R.H.): **+ow** I}

gwirvosek [gwɪr'vɔ·zẹk] *adj.* realistic
[Cc: **gwirvos** -¹EK] {S 1; F 0(GM09: G.M.S.)}

gwirvreus [ˌgwir'vrœ:z] *m.* justice
[CC: **gwir** 2**breus**]
{S 1; F 2: M *guyr vres* (PC.0515), *guyr vrus* (OM.2237), *wyr vreus* (PC.2901):}

gwiryek ['gwirjẹk] *m.* **-ogyon** claimant
[Cc: **gwir** -YEK]
{S 1; F 1: M *gwyryak* (BK27.52): **-ogyon** I}

gwiskva

gwiryon ['gwɪ·rjɔn] *adj.* righteous, genuine, just, true, ingenuous, sincere, truthful
[CC: from **gwir ewn** (gpc)]
{S 3; F 4: O *guirion* (VC.421) → P: M *guyryon*, *gwyrryan*: C B *gwirion*, W *gwirion*}

gwiryonedh [gwɪr'jɔ·nẹð] *m.* truth
[CCc: **gwiryon** -¹EDH] {S 1; F 5: M *guyryoneth* → L; *gwryoneth* (TH.) → L: L *gwîranath* (Gw.): C B *gwirionez*, W *gwirionedd*:}

gwiryonses [gwɪr'jɔnzẹz] *m.* sincerity, authenticity, truthfulness
[CCl: **gwiryon** -SES]
{S 1; F 0(CE38): C B *gwirionded*, W *gwiriondod*:}

gwiryow ['gwɪ·rjɔw] *pl.* rights
[Cc: **gwir** -YOW] {S 1; F 0(CE55): C B *gwirioù*}

gwiryow kemmyn civil rights

gwis ['gwi:z] *f.* **+i** sow *(pig)*
[C: CC *wet-si* (gpc)]
{S 1; F 3: O *guis* (VC.594) → L,P: P Treweese: C B *gwiz*; MidW *gwŷs*: **+i** C}

gwisk ['gwi:sk] *m.* dress *(clothes)*, apparel, attire, husk, pod
[C: IE *wêsko-* (gpc)] {S 1; F 2: L *guîsk* (AB173a) → P: C B *gwisk*; W *gwisg*:}

gwisk horn armour

gwiska ['gwɪ·ska] *v.* dress, clothe, wear, coat
[Cc: **gwisk** -¹A] {S 1; F 5: M *guyske*: L *guisca* (II), *guesga* (AB245a): C B *gwiskañ*, W *gwisgo*}

gwiskas ['gwɪ·skas] *m.* **+ow** layer, coating, covering, raiment, outfit *(clothes)*, costume *(for a play)*
[Cc: **gwisk** C{-¹as}] {S 1; F 1: L *gweskas* (Pr.): C B *gwiskad*, W *gwisgad*: **+ow** I}

gwiskti ['gwɪ·skti] *m.* **+ow** vestry
[CC: **gwisk** ⁴ti] {S 1; F 2: O *guiscti* → L,P: C cf. W *gwisgaty*: **+ow** I}

gwiskva ['gwɪ·skfa] *f.* **+ow** changing-room
[CC: **gwisk** -VA]
{S 1; F 0(GM09: G.M.S.): **+ow** I}

gwiskyades

gwiskyades [gwisk'ja·dęs] *f.* **+ow**
dresser *(female)*
[Cc: **gwisk** -YADES]
{**S** 1; **F** 0(GM09: YhaG): **+ow** I}

gwiskyas ['gwi·skjaz] *m.* **-ysi** dresser
(male) [Cc: **gwisk** -³YAS]
{**S** 1; **F** 0(GM09: YhaG): **-ysi** I}

gwith ['gwi:θ] *m.* custody, care
(keeping), keeping, storage
[U:] {**S** 8; **F** 4: **M** *wyth* → P, *gwyth*: **L** *weeth*
(JCNBG); **C** Not in B nor in W:}
kemmer with! take care!
gwith an kreslu police custody

gwitha ['gwi·θa] *v.* keep, guard,
reserve, preserve, retain, be sure to
[Uc: **gwith** -¹A]
{**S** 8; **F** 6: **M** *guythe, gwetha*: **L** *gwitha*}
gwitha orth guard from
gwitha rag guard from, protect from
gwitha war watch over

gwithans ['gwi·θans] *m.* conservation
[Uh: **gwith** -ANS] {**S** 8; **F** 0(GM09: YhaG):}

gwithlann ['gwiθlan] *f.* **+ow** reserve *(of
land)*
[UC: **gwith lann**] {**S** 8; **F** 0(GK00: A.S.): **+ow** I}

gwithti ['gwiθti] *m.* **+ow** museum, store
[Uc: **gwith** ⁴ti] {**S** 8; **F** 0(CE55): **+ow** I}

gwithva ['gwiθfa] *f.* **+ow** storehouse,
depot, reserve *(of land)*
[Uc: **gwith** -VA] {**S** 8; **F** 0(CE38): **D** cf. "wippa"
'net-store in boat' (CE38): **+ow** I}
gwithva natur nature reserve

gwithyades [gwɪθ'ja·dęs] *f.* **+ow**
guardian *(female)*, warden,
custodian, keeper
[Uc: **gwith** -YADES] {**S** 8; **F** 0(AnG 1984): **+ow** I}
gwithyades tren guard (of train)

gwithyades-chi [gwɪθ,ja·dęs'tʃi:] *f.*
gwithyadesow-chi housekeeper
(female)
[UcC: **gwithyades chi**]
{**S** 8; **F** 0(Y2): **gwithyadesow-chi** I}

gwiwer

gwithyades-kres [gwɪθ,ja·dęs'krę:z] *f.*
gwithyadesow-kres policewoman
[UcC: **gwithyades** ¹**kres**]
{**S** 8; **F** 0(GM09: P.H.): **gwithyadesow-kres** I}

gwithyans ['gwi·θjans] *m.* preservation,
stewardship
[Uh: **gwith** -YANS] {**S** 8; **F** 1: **L** (Lh.):}

gwithyas ['gwi·θjaz] *m.* **gwithysi** guard
(male), guardian, warden, keeper,
custodian
[Uc: **gwith** -³YAS]
{**S** 8; **F** 4: **O** *guidthiad* (VC.196) → L: **M** *guythyas*
→ L,P; pl. *guythysy* → L: **gwithysi** ML}
gwithyas milva zoo-keeper (male)
gwithyas tren guard (of train)

gwithyas-kres [,gwiθjas'krę:z] *m.*
gwithysi-gres policeman
[UcC: **gwithyas** ¹**kres**]
{**S** 8; **F** 0(EC52): **gwithysi-gres** I}

gwius ['gwi·ys] *adj.* winding, intricate,
tortuous
[Cl: GWI=US]
{**S** 1; **F** 1: **M** cp. *weusa* (TH17v), 3 syll.}

GWIVR-
[E(E): OldE *wîr*, through ModW *gwifr* (co)]

gwiver ['gwi·vęr] *coll.* **gwivrenn** wire
(in general)
[E(E): GWIVR-S] {**S** 4; **F** 0(CE38): **gwivrenn** I}

gwiw ['gwiw] *adj.* fit, worthy, proper,
appropriate, suitable, meet *(suitable)*,
fitting, apt
[C: CC *wisus* (gpc)] {**S** 1; **F** 5: **M** *guyw* → P:
C B *gwiv* 'alert', W *gwiw*} A few spellings in
MidC have <-ff> rather than <-w>.
bos gwiw dhe deserve to

gwiwder ['gwiʊdęr] *m.* **+yow**
worthiness, suitability, fitness
[Cc: **gwiw** -DER] {**S** 1; **F** 0(EC52): **C** B *gwivder*
'vivacity'; W *gwiwder* 'worthiness': **+yow** I}

gwiwer ['gwiwęr] *m.* **-ow** squirrel
[L: CLat *vîverra* 'ferret' (gpc)]
{**S** 1; **F** 0(CE38): **C** B *gwiñver*; W *gwiwer*: **-ow** I}

gwlan

gwlan ['gwlaːn] *coll.* **+enn** wool
[C: Brit *wlano-* (hpb) < CC *wlənâ* (gpc) < IE (>
E *wool*) (Gr.)] {S 1; F 4: **O** *gluan* (VC.831) →
L,P: **L** *gulân* (AB075c, 294a), *glane* (P2JJ):
C B *gloan*; W *gwlan*: **+enn** I}

gwlan koton cotton-wool

gwlanek ['gwlaˑnęk] **1.** *adj.* woollen, woolly **2.** *m.* **gwlanogow** jersey, jumper *(garment)*, sweater
[Cc: **gwlan** -¹EK] {S 1; F 0(CE38): **C B** *gloanek*, W *gwlanog*: **gwlanogow** I}

gwlanenn ['gwlaˑnęn] *f.* **+ow** flannel
[Cc: **gwlan** -ENN] {S 1; F 0(CE38): **C B** *gloanenn* 'woollen coat'; W *gwlanen*: **+ow** I}

gwlan-gweder [ˌgwlaˑn'gwęˑdęr] *m.* fibre-glass
[LC: **gwlan gweder**] {S 3; F 0(GM09: K.J.G.):}
Better than **gweder-gwlan** as suggested previously.

gwlas ['gwlaːz] *f.* **+ow** country, land
[C: Brit *wlatis* (M) < CC *wlat-* (gpc)]
{S 1; F 6: **O** *gulat* (VC.715) → L,P: **M** *gulas, glas, gwlas*: **L** *glâs* (AB284a), *glaze* (MKJT): **P** *Pedden an wollas* = **Penn an Wlas** 'Land's End':
C B *glad* 'wealth'; W *gwlad*: **+ow** M}

Gwlas an Hav Somerset

gwlasek ['gwlaˑzęk] *adj.* pertaining to a country
[Cc: **gwlas** -¹EK] {S 1; F 0(CE38)}

gwlaskarer [gwlas'kaˑręr] *m.* **-oryon** patriot
[CCl: from **gwlas karer**]
{S 1; F 0(CE38): **C** W *gwladgarwr*: **-oryon** I}

gwlaskerensa [ˌgwlaskęr'ęnʒa] *f.* patriotism
[CCc: from **gwlas kerensa**] {S 1; F 0(CE38):}

gwlaskor ['gwlaˑskɔr] *f.* **-kordhow** kingdom, realm
[CC: from **gwlas kordh**] {S 2; F 5: **M** *glascor* → P, *gwalskor*: **L** *g'laskor* (CGEL): **-kordhow** I}

gwledh ['gwlęːð] *f.* **+ow** banquet, repast, feast *(meal)*
[C: CC *wlidâ* (gpc)]
{S 1; F 0(IC.): **C B** *gwlez*, W *gwledd*: **+ow** I}

gwreg

gwlesik ['gwlęˑʒɪk] *m.* **-igyon** leader
[Cc: **gwlas**A -IK]
{S 1; F 1: **L** *Ulezek* (CGEL): **P** Trelissick:
C MidB *gloedic* 'count'; W *gwledig*: **-igyon** I}

gwlygh ['gwlɪːx] *m.* damp, moist
[C: Brit *wlik-s-* (gpc)]
{S 1; F 0(CE38): **C B** *glec'h*; W *gwlych*:}
Nance took this as a noun.

gwlygha ['gwlɪˑxa] *f.* wetness, moisture
[Cc: **gwlygh** -³A]
{S 1; F 0(CPNE): **P** ?Tregleath:}

gwlyghi ['gwlɪˑxi] *v.* soak
[Cc: **gwlygh** -¹I]
{S 1; F 0(EC52): **C B** *glec'hiñ*; cf. W *gwlychu*}

GWR- [C: Brit *wrag-* (gpc)]
Root of irreg. vb. **gul** 'to make, to do'

gwra *m.* commandment
Imperative used as a noun.
[C: 2nd sg. impv.of **gul**] {S 1; F 3: **L** *gwra*}

gwradh ['gwraːð] *f.* **+ow** radius
[L: CLat *radius*] {S 1; F 0(EC00): **+ow** I}

gwradhel ['gwraˑðęl] *adj.* radial
[Lc: **gwradh** -¹EL] {S 1; F 0(EC00)}

gwragedh ['gwraˑgęð] *pl.* wives pl. of **gwreg**
[Cc:] {S 1; F 3: **M** *gvraget* (OM.0976), *gwregath* (TH31r, CW.2438): **L** *guragedh* (AB243a): **P** *Krucgruageh*: **C B** *gwragez*; W *gwragedd*}

gwragh ['gwraːx] *f.* **+es** witch, hag
[C: CC *wrakkâ* (gpc)] {S 1; F 3: **O** *gruah* (VC.211) → P: **L** *gurâh* (AB004c, 173a):
P Crows an Wra: **C B** *gwrac'h*; W *gwrach*: **+es** I}
The C (or the W) word was borrowed into Eng. as *wrasse* (name of an ugly fish).

gwragh oeles wood-louse

gwrannenn ['gwranːęn] *f.* **+ow** wren
[E(E)c: Apparently a FN in -ENN from OldE *wrenna* (co)] {S 8; F 3: **L** *guradnan* (AB.) → P:
+ow I} Lhuyd also wrote *Guradn* at AB009c.

gwras *v. part* made
[C:] {S 2; F 4: **L** }
LateC form for 3rd sg. pret. of **gul** 'to make', to be distinguished from **gwrug** 'did'.

gwreg ['gwręːg] *f.* **gwragedh** wife, matron, woman

gwregel

The primary meaning is 'wife'.
[C: Brit *wrakô-* (gpc)]
{S 1; F 6: O *grueg*: M *gurek, gruek*; pl. *gvraget* (OM.0976): L *gurêg* (AB.); *gwreg* and many other spellings; pl. *guragedh* (AB243a): C B *gwreg*; W *gwraig*: **gwragedh** }

gwregel ['gwrɛ·gɛl] *adj.* wifely
[Cc: **gwreg** -²EL] {S 1; F 0(EC52): C B *gwregel*}

gwregoleth [gwrɛ'gɔ·lɛθ] *f.* wifeliness
[Cc: **gwreg** -OLETH]
{S 1; F 0(GK98: K.J.G.): C B *gwregelezh*:}

gwrekk ['gwrɛk] *m.* +ys wreck
[E(F): MidE < AngN *wrec* < Gmc (co)]
{S 5; F 1: L *gurek* (Borlase): +ys I}

gwremm ['gwrɛm:] *m.* +ow hem
[C: CC *wo-rem-no* (deb) < IE *wrembo-* (gpc)]
{S 1; F 0(CE38): C B *gwrem*, W *gwrym*: +ow N}
In spite of the Breton spelling, the word appears to contain /mm/.

gwres ['gwrɛ:z] *f.* heat, ardour
[C: IE *gʷʰrenso-* (M)] {S 1; F 2: L *gres, gures* (PV11239): C B *gwrez*, W *gwres*:}

gwresek ['gwrɛ·zɛk] *adj.* ardent
[Cc: **gwres** -¹EK] {S 1; F 0(CE38): C W *gwresog*}

gwresenn ['gwrɛ·zɛn] *f.* +ow fertile ground
[Cc: **gwres** -ENN] {S 1; F 0(CE55): +ow I}

gwre'ti ['gwrɛ·ti] *f.* housewife
[CC: from **gwreg** ⁴ti] {S 2; F 3: M *wreghty* → P:}

gwreydh ['gwrɛɪð] *coll.* +enn roots
[C: Brit *wradyo-* (Haywood) < CC *wradyo-* (gpc)] {S 1; F 4: O sg. *grueiten* (VC.688) → P: M *gwryth* (BK13.13), *gvryth* (BK40.25); sg. *wreythan* (TH.); pl. *gwrythyow*: L sg. *guredhan* (AB.); pl. *gurèdhiou* (AB242b): C B *gwrizienn* (sg.); W *gwraidd*: +enn OML}
The i-aff. in OldC *grueiten* appears genuine.

gwreydhya ['gwrɛɪðja] *v.* take root, root
[Cc: **gwreydh** -YA] {S 1; F 3: M p.ptcpl. *gurythyys* (OM.2084) → L,P; 2nd pl. impv. *gurythyoug* (OM.1894): L *ureha* (AB149b)}

gwreydhyel ['gwrɛɪðjɛl] *adj.* radical
[Cc: **gwreydh** -YEL] {S 1; F 0(AnG 1998)}

gwreydhyoleth ['gwrɛɪð'jɔ·lɛθ] *f.* radicalism
[Ccc: from **gwreydhya** -YOLETH]
{S 1; F 0(GM09: YhaG):}

gwreydhyow ['gwrɛɪðjɔw] *pl.* roots
[Cc: **gwreydh** -YOW]
{S 1; F 3: M *gurythyow*: L *gurèdhiou* (AB242b): C B *gwriziou*; W *gwreiddiau*} a dbl. pl.

gwri ['gwri:] *m.* +ow stitch, seam, join, suture [C: Brit (lp) < CC (Fl.)]
{S 1; F 2: M *gvry* (RD.1921) → P: D "grie" 'thin seam of ore': C B *gwri*, W (*gwni*): +ow I}

gwri glow coal seam

gwriador [gwri'a·dɔr] *m.* +yon stitcher *(male)* [Ccc: from **gwrias** -OR]
{S 1; F 0(CE38): C W (*gwniadwr*): +yon I}

gwriadores [ˌgwria'dɔ·rɛs] *f.* +ow seamstress, stitcher *(female)*
[Ccc: from **gwriador** -⁴ES]
{S 1; F 0(CE38): +ow I}

gwrians ['gwri·ans] *m.* +ow action, deed, creation, manufacture, making
[Cc: Derivative of GWR- + -ANS]
{S 1; F 4: M *guryans* → P: +ow I}

gwrias ['gwri·az] *v.* sew, stitch
[Cc: **gwri** -²AS]
{S 1; F 2: M p.ptcpl. *gwryes* (BK16.39): L 3rd sg. pret. *wrovas* (G3WK): C B *gwriat*, W (*gwniad*)}

gwrier ['gwri·ɛr] *m.* -oryon maker, creator, manufacturer
[Cl: Derivative of GWR=¹ER]
{S 1; F 4: M *gwrear* (2 syll.) (CW.) → P; *gwrer* (1 syll.) (BK04.15): L *grwiar* (ACJK): -oryon I}

gwrug ['gwry:g] *v. part* did, made
1st and 3rd sg. pret. of **gul**, usually found in its lenited form **wrug**: in LateC, the meaning 'made' was expressed by *gwras*.
[C:] {S 8; F 7: M *rug* (MC., BK., TH.), *wruk* (Ord.), *ruk* (BM.), *wrug* (CW.): L *reeg, rig; ryg* (AB.): C MidW *goruc* (ih)}

gwruthyl ['gwry·θɪl] *v.* create, construct, build, fabricate, put together, put into effect, put into action, perform, carry out

gwryghon
[C:] {**S** 8; **F** 5: **M** *gruthyl* → L,P; *wruthyl*: **L** *gurîthyl* → P: **C** cf. W *gwneuthur*}

gwryghon ['gwrɪˑxɔn] *coll.* **+enn** sparks
[Cc:] {**S** 8; **F** 2: **M** sg. *guryghon* (PC.2101), *gryghonen* (PC.2717): **C** B *gwrac'h* 'spark', W *gwrychion*: **+enn** M}

GWRYN- [C:]

gwrynya ['gwrɪˑnja] *v.* wrestle, hug, squeeze
[Cc: GWRYN=YA]
{**S** 8; **F** 3: **M** *wrynnye* (PC.1887); 3rd sg. pres. ind. *guryn* (PC.1132) → P: **L** p.ptcpl. *guridnias* (AB128a) → P: **C** cf. B *gouren* 'wrestling'}

gwrynyans ['gwrɪˑnjans] *m.* **+ow** hug, clinch
[Cc: GWRYN=YANS] {**S** 8; **F** 0(EC52): **+ow** }

gwrynyer ['gwrɪˑnjęr] *m.* **-yoryon** wrestler *(male)* [Cl: GWRYN -[1]YER]
{**S** 8; **F** 0(CE38): **C** cf. B *gourener*: **-yoryon** I}

gwrynyores [gwrɪn'jɔˑręs] *f.* **+ow** wrestler *(female)* [Clc: GWRYN -YORES]
{**S** 8; **F** 0(GM09: P.H.): **+ow** I}

[1]**gwrys** ['gwrɪːz] *adj.* done P.ptcpl. of **gul**.
[Cc: from GWR=[6]YS] {**S** 1; **F** 6: **M** *guris* (MC.), *gurys* (Ord.), *grueys* (BM.), *gwrys* (BK., TH.), *gwryes* (CW.): **L** *gwrez* (NGNB): **C** B *graet*}

[2]**gwrys** ['gwrɪːz] *m.* **+ow** crystal
[U:] {**S** 8; **F** 2: **M** *gurys* (PC.1790) → P, *grueys* (BM.1288): **+ow** N (G.M.S.)}

gwrysonieth [ˌgwrɪsɔ'niˑęθ] *f.* crystallography
[Uc: [2]**gwrys** -ONIETH] {**S** 8; **F** 0(GM09: G.M.S.):}

gwryth ['gwrɪːθ] *f.* **+yow** deeds, performance, actions
[C:] {**S** 8; **F** 3: **M** *guryth* (PC.2023), *gruyth* (RD.0876), *wryth* (RD.0850) → P: **C** MidW *gwreith*: **+yow** I}

gwrythya ['gwrɪˑθja] *v.* perform
[Cc: **gwryth** -YA] {**S** 8; **F** 0(GM09: YhaG)}

gwrythyans ['gwrɪˑθjans] *m.* **+ow** doings, actions, deeds, works, performance

Gwydheles

[Ch: **gwryth** -YANS] {**S** 8; **F** 2: **M** *gwrythyans* (TH25v, 34v, 14r): **+ow** I}

gwrythyer ['gwrɪˑθjęr] *m.* **-oryon** performer
[Ch: **gwryth** -[1]YER]
{**S** 8; **F** 0(GK98: G.M.S.): **-oryon** I}

gwydenn ['gwɪˑdęn] *f.* **+ow** loop, noose, bight *(of rope)*
[Cc: FN in -ENN from CC (gpc)]
{**S** 8; **F** 2: **O** *guiden* (VC.348) → L: **C** B *gwedenn*, W *gwyden*: **+ow** I}
Nance's *gûsen* follows Lhuyd's *gûzen* (not found). The Eng. cognate is *withy*, and the word refers to a rope used to bind withies.

gwydh ['gwɪːð] *coll.* **+enn** trees
[C: Brit *widhu- (gpc) < CC *wid- (Gr.)]
{**S** 1; **F** 6: **M** *gveyth*: **L** *gueidh* (AB243a), *gweeth* (G3WK): **P** Weeth; sg. Withen: **C** B *gwez*, W *gwŷdd*: **+enn** OMLP}

gwydhek ['gwɪˑðęk] **1.** *adj.* wooded **2.** *f.* **-egi** woodland
[Cc: **gwydh** -[1]EK] {**S** 1; **F** 0(CE38): **P** Bowithick: **C** B *gwezek*, W *gwyddog*: **-egi** I}

[1]**gwydhel** *m.* thicket
[C: Secondary form of **goedhel**] {**S** 8; **F** 0(CE38): **P** Withiel: **C** W *gwyddel*; cf. B pl.n. *Trevezel*} Confusable in pl.ns. with **Gwydhel** 'Irishman' and with **goethel** 'watery ground'.

[2]**Gwydhel** ['gwɪˑðęl] *m.* **Gwydhyli** Gael *(male)*, Goidelic Celt, Irishman
[C: Secondary form of **Goedhel**]
{**S** 2; **F** 1: **L** pl. *Guidhili* (AB242c): **F** *Wydel* 1327 (Padel).: **C** W *Gwyddel*: **Gwydhyli** L}

gwydhelek *adj.* Gaelic, Goidelic Celtic

Gwydhelek [gwɪð'ęˑlęk] *m.* Gaelic language
[Cc: **Gwydhel** -[1]EK] {**S** 2; **F** 0(CE38): **C** W *Gwyddeleg*; cf. B *gouezeleg*:}

Gwydheleger [ˌgwɪðęl'ęˑgęr] *m.* **-oryon** Gaelic speaker
[Ccl: from **Gwydhelek** -[1]ER]
{**S** 1; **F** 0(AnG 1986): **-oryon** I}

Gwydheles [gwɪð'ęˑlęs] *f.* **+ow** Irishwoman, Gael *(female)*
[Cc: **Gwydhel** -[4]ES] {**S** 2; **F** 0(CE38): **+ow** I}

Gwynnes

Gwydhennek *name*
(name of Cornish saint)
[Ccc: **gwydhenn** -¹EK] {S 1; F 1: **O** *geuedenoc*
(LS): **P Lanwydhennek** = Padstow }

gwydhlann ['gwɪðlan] *f.* **+ow**
plantation *(of trees)*
[CC: **gwydh lann**]
{S 1; F 0(GK98: G.M.S.): **P** ?Trewidland: **+ow** I}

gwydhvos ['gwɪðvɔz] *coll.* **+enn**
honeysuckle, woodbine
[Cc: Compound of **gwydh**] {S 1; F 0(CE38):
C B *gwezvoud*; W *(gwyddfid)*: **+enn** I}

gwydhyel ['gwɪ·ðjęl] *adj.* wooded
[Cc: **gwydh** -YEL]
{S 1; F 0(CPNE): **P** Withiel, Lostwithiel}

gwydhyow ['gwɪ·ðjɔw] *m.* **+yow** video
[E(L): ModE < CLat *video* 'I see'] {S 1; F 0(GK98:
K.J.G.): **+yow** I} The 1st syll. is formed on the
Latin *vid-* 'see',and the 2nd syll. is based on a
Cor. spelling of the Eng. pronunciation.

gwydhyv ['gwɪ·ðɪv] *m.* **+yow** bill-hook,
hedging-bill
[C: CC *widubyo-n* (gpc)] {S 1; F 0(CE38):
C OldB *guedob*, W *(gwddyf)*: **+yow** I}

gwyg ['gwɪ·g] *coll.* **+enn** tares,
bindweed, climbing weed
[L: CLat *vicia* (gpc)] {S 1; F 0(CE38):
D "weggas": **C B** *gweg*; W *gwyg*: **+enn** I}

gwygbys ['gwɪgbɪs] *coll.* **+enn**
chickpeas
[CE(E): **gwyg** 2**pys**] {S 4; F 0(EC00): **+enn** }

gwyll ['gwɪl:] *m.* **+yow** vagrant, tramp
[C: Variant of **gwyls** (Gr.)]
{S 8; F 3: **O** *guill* (VC.569) → P: **L** pl. *guilleiu*
(AB088c) → P: **C** MidW *gwyll*: **+yow** L}
Lhuyd's *guilleiu* was incorrectly shown as sg.

gwyls ['gwɪls] **1.** *adj.* wild, savage,
fierce, uncultivated **2.** *m.* **+yon**
savage
[C: CC *weltî-* (gpc)] {S 1; F 4: **M** *gwyls*: **L** *guelz*
(AB160a) → P: **C** Not in B; W *gwyllt*: **+yon** I}

gwylsymp ['gwɪlʒɪmp] *m.* **+ys** sucker
(on plant)
[CE: **gwyls ymp**] {S 4; F 0(EC00): **+ys** I}

gwyrghes

gwylgoes ['gwɪlgɤz] *m.* **+ow** jungle
[CC: from **gwyls** 2¹**koes**]
{S 2; F 0(EC00): **+ow** I}

gwylvos ['gwɪlvɔz] *m.* **+ow** wilderness,
wild forest land
[Cc: from **gwyls** 2³**bos**]
{S 8; F 4: **M** *guylfos* (BM.): **+ow** I}

gwylter ['gwɪltęr] *m.* **-tres** hunting-dog,
large greyhound, mastiff
[L: CLat *veltris* < Gaulish (CE38)]
{S 8; F 2: **O** *guilter* (VC.609) → L,P: **-tres** I}
cf. Gallo-Latin *vertragus* 'greyhound' < Celtic
*wer- + **tragus* 'footed' (I.Williams)

Gwynedd (Welsh) *place* {S 6; F 1: **L** *Guenez*
(CGEL)} In his spelling with <-z>, Lhuyd may
have been confused with Breton; Welsh <dd>
often corresponds to Breton <z>.

gwynk ['gwɪnk] *m.* **+ow** wink *(of eye)*
[E(E): Back-formation from **gwynkya**]
{S 4; F 0(GK98: K.J.G.): **+ow** I}

gwynkya ['gwɪnkja] *v.* wink
[E(E)c: VN in -YA from Cornicised form of
OldE *wincian*] {S 4; F 0(EC52)}

gwynn ['gwɪn:] *adj.* white, blessed, fair
(in colour)
An Rosenn Wynn is the title of the song 'The
White Rose', translated by Julyan Holmes.
[C: Brit **windos* (M)] {S 1; F 5: **O** *guyn*
(VC.482): **M** *guyn* → P, *gwyn* → P:
L *guydn* (AB010b, 042b) → P: **P** Ventonwyn:
C B *gwenn*; W *gwyn* (m.), *gwen* (f.)}

gwynnder ['gwɪndęr] *m.* **+yow**
whiteness, brightness
[Cc: **gwynn** -DER] {S 1; F 1: **M** *gvynder*
(BM.3667): **C B** *gwennder*, W *gwynder*: **+yow** I}

gwynndonn ['gwɪndɔn] *f.* **+ow** ley land
[CC: **gwynn** 2¹**tonn**]
{S 1; F 0(CE55): **C** W *gwyndon*: **+ow** I}

gwynnek ['gwɪn:ęk] **1.** *adj.* whitish,
hoar **2.** *m.* **-oges** whiting
[Cc: **gwynn** -¹EK] {S 1; F 3: **L** *guydnak* (AB010b)
→ P, *widnack* (R1JHG): **P** Winnick: **-oges** I}

gwynnel ['gwɪn:ęl] *v.* wriggle, writhe,
squirm, struggle

Gwynnes
[Cc:] {S 8; F 0(CE38): C B *gwinkal* 'to lash out'}
Written by Nance as *gwenel*

Gwynnes *name*
(name of Cornish saint)
[Cc: Compound of **gwynn**]
{S 8; F 1: O *gwenosan* (LS)}

Gwynngala [ˌgwɪnˈgaˑla] *m.*
September Usually preceded by **mis-**.
[CC: **gwynn** 2**kala**]
{S 2; F 2: M *gvyn gala* (BM.2076), *gvyngala* (BM.2200): L *guedngala* (PV14122):}

gwynngalgh [ˈgwɪngalx] *m.* **+yow**
whitewash
[CL: **gwynn** 2²**kalgh**] {S 1; F 0(EC00): **+yow** I}

gwynngalghya [gwɪnˈgalxja] *v.*
whitewash
[CLc: **gwynngalgh** -YA] {S 1; F 0(EC00)}

gwynnhe [gwɪnˈhęː] *v.* whiten, ripen
(of corn) [Cc: **gwynn** -HE]
{S 1; F 0(CE38): C B *gwennaat*, W *gwynhau*}

gwynn-oy [ˈgwynːɔɪ] *m.* **gwynnow-oy**
egg-white, albumen
[CC: **gwynn oy**]
{S 1; F 0(GM09: P.H.): **gwynnow-oy** I}

gwynnrew [ˈgwɪnręw] *m.* numbness
cf. **ewinrew** [CC: **gwynn rew**] {S 1;
F 0(CE38):D "gwenders": C W *gwynrhew*:}

Gwynnuwer *name* Guinevere
Name of Arthur's queen.
{S 8; F 3: M Spelled 5 different ways in *BK*.}

gwynnvys [ˈgwɪnvɪz] **1.** *m.* bliss, felicity
2. *adj.* blessed, fortunate, blissful
[CC: **gwynn** 2¹**bys**] {S 1; F 4: O *guenp̨uit* (VC.413) → L,P: M *guyn vys*: L *gwenhez* (NGNB3): C B *gwenved*, W *gwynfyd*:}

¹gwyns [ˈgwɪns] *m.* **+ow** wind, breath
[C: IE *wênto-* (vkg)]
{S 1; F 4: O *guins* (VC.445): M *guyns*: L *guenz* (AB297b) → P, *gwenz* (CDWP): P Trewince:
C B *gwent*; W *gwynt*: **+ow** I}

gwyns a-dro whirlwind, tornado

²gwyns [ˈgwɪns] *f.* **+ys** winze, windlass, winch
[E:] {S 4; F 0(CE38): **+ys** I} There are two different ideas here: a winze is a tunnel connecting two levels in a mine; it may be sloping or a vertical shaft.

gwynsa [ˈgwɪnza] *v.* winnow
[Cc: ¹**gwyns** -¹A] {S 1; F 1: L *gwyns* (Borlase): C B *gwentañ*, W *gwynto*}

gwynsek [ˈgwɪnzęk] *adj.* windy
[Cc: ¹**gwyns** -¹EK] {S 1; F 0(CE38):
P Adjawinjack: C W *gwyntog*}
Nance wrote *gwynsak* because he did not back-date the LateC form.

gwynsell [ˈgwɪnzęl] *f.* **+ow** fan
(appliance)
[Cc: ¹**gwyns** -²ELL] {S 1; F 2: L *guinzal* (AB060a): C cf. W *gwyntyll*: **+ow** I}

gwynsella [gwɪnzˈęlːa] *v.* fan, winnow
[Ccc: **gwynsell** -¹A] {S 1; F 0(EC52)}

gwyns-ethenn [ˌgwɪnzˈęˑθęn] *f.*
steam-driven winch
[ECc: ²**gwyns ethenn**] {S 4; F 0(AnG 1986):}

gwyr' [ˈgwɪr] *adj.* green
[L: Shortened from **gwyrdh**]
{S 2; F 4: L *guêr* (AB.) → P: P Tresquare}

gwyrdh [ˈgwɪrð] *adj.* green
[L: BLat *virˈdis* < CLat *viridis* (Gr.)]
{S 1; F 4: O *guirt* → L,P: L *guirdh* (AB174c); *guêr* (AB.) → P: C B *gwer* < MidB *gwezr*, with metathesis; W *gwyrdd*}
OldC *guirt* shows a final spirant consonant which had gone by Lhuyd's time.

Gwyrdhor *place* (place-name)
[LC: from **gwyrdh** 2**dor**]
{S 1; F 1: M *guer-thour* (OM.2591)}

gwyrgh [ˈgwɪrx] *adj.* virginal, innocent, chaste
[L: CLat *virgô* (gpc)] {S 1; F 1: M *gruegh* (BM.1692): C B *gwerc'h*; W *(gwyry)*}
Identification of MidC word is not certain.

gwyrghes [ˈgwɪrxęs] *f.* **+ow** virgin, maid, maiden
[Lc: **gwyrgh** -⁴ES] {S 1; F 5: M *guerhes*; *wyrhes* (TH.) → P, *worthias* (SA.); pl. *gwerhesow* (BK.):
C B *gwerc'hez*; W *(gwyry)*: **+ow** M}

gwyrven

gwyrven ['gwɪrvẹn] *m.* **-veyn** emerald
[CC: gwyr 2¹men] {S 3; F 0(EC52): -veyn I}

gwyrwels ['gwɪrwẹls] *coll.* **+enn** growing grass
[LC: **gwyr** 2**gwels**] {S 2; F 2: L *gueruelz* (AB113c) → P: C W *gwyrddwellt*: **+enn** I}

gwys ['gwiːz] *m.* **+yow** vice *(sin)*
[L: CLat *vitium* (gpc)]
{S 1; F 0(IC.): C B *(gwid)*, W *gwŷd*: **+yow** I}

gwyth ['gwɪːθ] *f.* **+i** vein
[C: See **goeth** (the primary development).]
{S 2; F 4: O *guid* (VC.086) → L,P: M *goth* → P, *goyth* (BK30.29); pl. *gwyʒy* (MC.1834), *guythy* (BM.3053, 2993): **+i** M}

gwythi ['gwɪ·θi] *coll.* **+enn** veins, blood-vessels
[Cc: See **goeth**.] {S 2; F 2: M *gwyʒy* (MC.1834), *guythy* (BM.3053, 2993):
C B sg. *(gwazhienn)*; W sg. *gwythien*: **+enn** I}

gwythiek [gwɪ'θi·ẹk] *adj.* bloodshot, veined
[Ccc: **gwythi** -¹EK]
{S 2; F 0(CE38): C cf. W *gwythiennog*}

gyllys ['gɪlːɪz] *adj.* gone P.ptcpl. of **mos**.
[Cc: ²GALL- -⁶YS, with vowel harmony]
{S 8; F 5: M *gyllys*: L *gellez, gilliz*}

Gylmyn *name* (name of saint)
{S 8; F 2: M *gylmyn* → L}

Gyni ['gɪ·ni] *place* Guinea
[E: *Guinea* (part of the west coast of Africa) (coe)] {S 8; F 2: L *Gini* → P}

Gyni Nowydh New Guinea

gyrr ['gɪrː] *m.* gripes
[U:] {S 8; F 3: L *girr* (AB056b, 079c) → P:}

gyth ['gɪːθ] *m.* **+yow** complaint
[C:] {S 1; F 1: M *gyth* (RD.0852):
C W *gyth* 'murmur': **+yow** I}

gyttrens *pl.* gitterns *(forerunners of guitar)* Graham Sandercock has emphasized the need to distinguish this mediaeval instrument from the modern guitar, by using **gitar** for the latter.
[E: MidE *gitern* < OldF *guiterne*]
{S 5; F 1: M *gyttrens* (OM.1998)}

hager

H

ha [ha] *conj.* and *(before consonants)*, while, and so, plus
[c: Shortened form of **hag**]
{S 2; F 8: O *ha* (VC.561): M *ha*: L *ha*: P ?Tuzzy Muzzy Croft = ?**tus ha mowesi**: C B *ha*, W *a*}

h'a² *phrase*
[CC: from **ha** ²a] {S 2; F 1: M *ha* (RD.2105)}

h'as *phrase* and your
[CC: Short variant of **hag agas**]
{S 2; F 2: M *has* (TH02v, 22r)}

habadin (Heb.) Intended to mean 'bondage'. Hebrew *ha-'abadim* means 'the slaves' (K.S.)
{S 6; F 1: L *habadin*- (TCJK.0)}

habadoellya [ˌhabad'ɤlːja] *m.* row *(disturbance)*, racket *(noise)*, uproar
[C:] {S 8; F 0(CE38): D "obbadillia", "hubbadullia": C cf. B *kabaduilh*; W *cabidwl*:}

habadrylsi [ˌhaba'drɪlʒi] *m.* row *(disturbance)*
[C:] {S 8; F 0(CE38): D "uppadriljy":}

Hablys *adj.* Maundy
{S 8; F 2}
as in phrase **Dy' Yow Hablys**; see **Kablys**.

hag [hag] *conj.* and *(before vowels)*
[c: Brit **ac* (hpb) < IE (lp)] {S 1; F 7: M *hag*:
L *hag*: P Mevagissey} There was a tendency in LateC to replace *hag* by *ha*.

ha'ga³ [haga] *phrase* and their
[cc: from **hag aga**] {S 2; F 5: M *haga*: L *ha ga*}

ha'gan [hagan] *phrase* and our
[cc: from **hag agan**] {S 2; F 3: M *hagan*}

ha'gas [hagas] *phrase* and your
[cc: from **hag agas**]
{S 2; F 4: M *hagis*: L *ha guz* (MSWP)}

hager ['ha·gẹr] *adj.* ugly, hideous, foul
This adj. precedes its noun, which is subject to lenition. Close compounds of this type are usually written without hyphens, and subject to the usual rule of penultimate stress. The use of hyphens in Late Cornish, however, in such compounds as *hager-breev*, suggest that each of their elements was subject to

hager-awel
penultimate stress, i.e. [ˌhagerˈbriːv] rather than [haˈgerbriv]. They are therefore spelled with hyphens in this dictionary.
[C: HAGR-S] {S 1; F 5: M *hager* → P: L *hagar*: C B *(hakr)*, W *hagr*}

hager dowl rotten luck

hager-awel [ˌhaˈgɛˈrawel] *f.* **+yow** bad weather, storm
[CC: **hager awel**] {S 1; F 2: L *hagar-auel* (AB161c): P Haggarowel: **+yow** I}

hager-bryv [ˌhaˈgɛrˈbrɪːv] *m.*
hager-bryves serpent
[CC: **hager** 2*pryv*] {S 1; F 3: L *hagar-breeve* (G3WK): **hager-bryves** I}

hager-ober [ˌhaˈgɛrˈɔˈbɛr] *m.* **+ow** crime
[CC: **hager ober**]
{S 1; F 2: M pl. *hageroberou* (JCNBL): **+ow** L}

HAGR- [C: Brit *sakro-* (gpc)]

haha [haˈhaː] *interj.* ha-ha
[E(E): OldE ha ha (coe)]
{S 4; F 1: M *haha* (BM.1416)}

hakkra [ˈhakra] *adj.* uglier
[Cc: Comp. of **hager**]
{S 1; F 4: M *haccre*: L *hàkra* (AB243b)}

hakkya [ˈhakːja] *v.* hack, hew, chop, slash
[E(E)c: VN in -YA from MidE < OldE *haccian* (coe)]
{S 5; F 1: M 3rd sg. pret. *hakyas* (OM.2228)}

hakkya dhe demmyn hack to pieces

hakney [ˈhaknɛɪ] *m.* **+s** ambling nag, hack *(horse)*
[E(F): MidE < AngN *hakenei* (coe), but note F *haquenée* < MidE *haquenei* (nde); the origin may be the pl.n. Hackney in Middlesex.]
{S 5; F 1: M *hakney* (OM.1966): C cf. B *inkane* 'pony': **+s** N (CE38)}

hakter [ˈhaktɛr] *m.* ugliness
[Cc: from HAGR=TER]
{S 2; F 2: L *hacter* (CW.0288) → P:}

hal [ˈhaːl] *f.* **halow** moor, marsh, streamwork for tin
[C:] {S 1; F 3: M *hal* (OM.1780), *haal* (OM.2708); pl. *hellov* (BM.3411): L *hâl* (AB.) →

P; pl. *halou* (AB245a) → P: P Hale: **halow** ML}
The semantic evolution seems to have been 'dirty water' > 'standing water' > 'marsh' (Padel).

Halann first day See **Kalann**. {S 1; F 3}

Hale (Eng.) *name* {S 6; F 1: L *Hale* (LVWG)}

half-hours (Eng.) {S 6; F 1: M *halfovrs* (BK10.06)} Interpretation may not be correct.

HAL- [E(F): MidE < OldF *hallier* (coe)]

halya [ˈhaˈlja] *v.* haul, hoist
[E(F)c: HAL=YA]
{S 4; F 3: M 2nd sg. impv. *hale* (2 syll.) (PC.); 3rd pl. impv. *hallyens* (RD.2275): C W *halio*}

halyans [ˈhaˈljans] *m.* haulage
[E(F)h: HAL=YANS] {S 4; F 0(GM09: G.M.S.):}

halyer [ˈhaˈljɛr] *m.* **-yoryon** haulier
[E(F)h: HAL=[1]YER]
{S 4; F 0(GM09: G.M.S.): **-yoryon** }

ha'm [ham] *phrase* and my
[cc:] {S 2; F 5: O *ham* (RF): M *ham*: L *ha'm* (JCNBL) → P}

hamster [ˈhamstɛr] *m.* **+s** hamster
[E(G): ModE < G (co)]
{S 4; F 0(FTWC): **+s** N (FTWC)}

h'an [han] *phrase* and our
[CC: Shortened from **ha agan**]
{S 2; F 3: L *han* (CLJK), *hain* (AB244b) → P}

[1]**ha'n** [han] *phrase* and the
[CC: from **hag an**] {S 2; F 7: M *han*: L *ha an*}

[2]**ha'n** *phrase* and it
[CC: Shortened form of **hag** [3]*a'n*]
{S 2; F 2: M *han* (TH02r, 52r)}

hanaf [ˈhaˈnaf] *m.* **+ow** cup, beaker, trophy
[C: < Gmc, cf. E *hamper* (Gr.)]
{S 1; F 3: O *hanaf* (VC.875) → L,P: M *haneth* (TH22v): L *hanath* (AB.): C B *hanaf*: **+ow** I}

hanafas [haˈnaˈfaz] *m.* **+ow** cupful
[Cc: **hanaf** -[2]AS] {S 1; F 0(CE93): **+ow** I}

hanas [ˈhaˈnaz] *m.* **+ow** sigh, murmur
[C: Brit (lp)] {S 1; F 1: M *hanas* (MC.079): C B *huanad*; W *ochenaid*: **+ow** I}
The one example in MidC may in fact be a VN, 'to sigh'.

hanasa [ha'naˑza] *v.* sigh, murmur, speak under one's breath
[Cc: **hanas** -¹A] {S 1; F 2: **L** *hẏnadzha* (AB062c, 159c) → P: **C** cf. B *huanadiñ*, W *ochneidio*}

hanasans [ha'naˑzans] *m.* **+ow** sigh
[Ch: **hanas** -ANS] {S 1; F 2: **L** *hẏnadzhaz* (AB062c) → P, *hanadzhans* (AB013): **+ow** I}

hanasenn [ha'naˑzẹn] *f.* **+ow** sigh
[Cc: **hanas** -ENN] {S 1; F 3: **L** *hanadzhan* (AB008c, 159c) → P: **C B** *huanadenn*: **+ow** I}

HANDL- [E(E): MidE < OldE *handlian* (CE38)]

handla ['handla] *v.* handle, stroke, pat, manipulate
[E(E)c: HANDL=¹A] {S 4; F 3: **M** *handle*}

handlans ['handlans] *m.* handling, manipulation
[E(E)h: HANDL=ANS] {S 4; F 0(EC00):}

haneth ['haˑnẹθ] *adv.* tonight, this evening
[C: Brit (lp)] {S 3; F 4: **M** *haneth*: **L** *hanath* (AB053b): **C B** *(fenozh)*}

hangya v. hang ALT = **kregi**.
[E(E)c: VN in -YA from MidE < OldE *hangian* (coe)] {S 4; F 2: **M** *hangya* (TH07v); p.ptcpl. *hangys* (BM.1245)}

hanna (Eng.) {S 6; F 1: **L** *hanna* (R2WA)}
Not clear whether this is Eng. or Cor.

hanow ['hanɔw] *m.* **henwyn** name, noun
[C: Brit *anman* (M) < IE (lp)] {S 1; F 6: **M** *hanow, hanov*; pl. *hynwyn, henwyn*: **L** *hanaw* (G3WK), *hanno* (Gw.): **C B** *anv*, W *(enw)*: **henwyn** }

hanow teylu surname

hanow gwari stage name

hanow pluvenn pseudonym, pen-name, nom-de-plume

hanow kuntellek collective noun

hanow verbel verbal noun

hanow-gwann [ˌhanɔƱ'gwan:] *m.* **henwyn-gwann** adjective
[CC: **hanow gwann**] {S 1; F 0(EC52): **C B** *anv-gwan*: **henwyn-gwann** I}

hansel ['hansẹl] *m.* **+yow** breakfast
[E(E): MidE < OldE *handselen* 'given into the hands' (CE38)]
{S 4; F 3: **M** *hansell* (BM.0110), *honthsel* (BM.0960): **L** *haṵnsel* (AB067b) → P, *haunsell* (CDWP): **+yow** I}

hansli ['hansli] *m.* **-livyow** brunch
[E(E)C: Portmanteau of **hansel** + ¹**li**]
{S 4; F 0(GK98: P.H.): **-livyow** I}

hanter ['hantẹr] *m.* **+yow** half
[C: IE *sṇtero- (lp)] {S 1; F 4: **M** *hanter*: **L** *hanter*: **C B** *hanter*; W *hanner*: **+yow** I}
The word usually provokes lenition in Breton, but not in Welsh or Cornish. Its compounds are accordingly treated as loose, and spelled with a hyphen. The pl.n. *Hantergantick* originally contained *Hendre* (CPNE).

hanter-bys [ˌhantẹr'bɪːz] *m.* **+ow** hemisphere *(of a planet)*
[CC: **hanter** ¹**bys**]
{S 1; F 0(GM09: G.M.S.): **+ow** I}

hanter-delergh [ˌhantẹr'dẹˑlẹrx] *m.* **+ow** half-back *(sport)*
[CcC: **hanter delergh**]
{S 1; F 0(GM09: G.M.S.): **+ow** I}

hanter-diner [ˌhantẹr'diˑnẹr] *m.* **+ow** halfpenny
[CL: **hanter diner**]
{S 1; F 2: **L** *hanter diner* → P: **+ow** I}

hanter-dohajydh [ˌhantẹrˌdɔha'dʒɪːð] **+yow** *m.* mid-afternoon
[CCCCC: **hanter dohajydh**] {S 8; F 1: **L** *hanter dogha geyth* (PC.1912): **+yow** I}

hanter-dydh [ˌhantẹr'dɪːð] *m.* **+yow** midday, noon
[CC: **hanter dydh**]
{S 1; F 4: **M** *hanter dyth* → L,P: **+yow** I}

hanteri [han'tẹˑri] *v.* halve
[Cc: **hanter** -¹I] {S 1; F 0(GM09: YhaG)}

hanter-kans ['hantẹr'kans] *num.* **+ow** fifty
[CC: **hanter kans**]
{S 1; F 3: **M** *hanter cans* → L: **C B** *hanterkant*: **+ow** I}

hanter-kylgh

hanter-kylgh [ˌhantɛr'kɪlx] *m.* **+yow** semicircle
[CL: **hanter kylgh**] {S 1; F 0(CE38): C B *hantergelc'h*, W *hanner-cylch*: **+yow** I}
Nance suggested *hantergelgh*, but **hanter** does not lenite in Cornish.

hanter-Loer [ˌhantɛr'loːr] *f.* **+yow** half-Moon
[CL: **hanter Loer**] {S 1; F 1: L *hanter loer* (LV088.02): C W *hanner Lloer*: **+yow** I}

hanter-nos [ˌhantɛr'nɔːz] *f.* midnight
[CC: **hanter nos**] {S 1; F 2: M *hanter nos* → P: C B *hanternoz*:}

hanter-our [ˌhantɛr'uːr] *m.* **+yow** half-hour *(duration)*
[CE: **hanter our**] {S 1; F 1: L *hanter ûr*: **+yow** I}

hanwel ['hanwɛl] *adj.* nominal
[Cc: HANW=¹EL] {S 1; F 0(GM09: YhaG)}

hanwesik [han'wɛˑʒɪk] *m.* **-igyon** nominee
[Cc: HANW=ESIK] {S 1; F 0(GK98: K.J.G.): **-igyon** I}

hanwesigeth [ˌhanwɛ'ʒiˑgɛθ] *f.* **+ow** nomination
[Ccc: from **hanwesik** -ETH] {S 1; F 0(EC52): **+ow** I}

happ ['hap] *m.* **+ys** chance, fortune, luck
[E(N): MidE < OldN *happ* (coe)] {S 5; F 1: M *hap* (BM.1285): **+ys** I}
dre happ fortuitously

happen (Eng.) *v.* part
{S 6; F 1: M *happyn* (TH41r)}

happriv ['hapriv] *m.* **+ow** random number
[E(E)C: **happ riv**] {S 5; F 0(GK98: G.M.S.): C W *haprif*: **+ow** I}

happwari [hap'waˑri] **1.** *v.* gamble **2.** *m.* **+ow** gambling, gamble
[E(E)C: **happ 2gwari**] {S 5; F 0(EC52): **+ow** I}

happwayn ['hapːwaɪn] *m.* **+yow** windfall *(financial)*
[E(E)E(F): **happ 2gwayn**]

harlot

{S 5; F 0(EC00): **+yow** I}

happy (Eng.) *adj.* {S 6; F 1: M *happy* (TH04r)}

happya ['hapːja] *v.* chance, happen
[E(E)c: **happ** -YA]
{S 5; F 1: M 3rd sg. pret. *apyas* (PC.1438)}

harber ['harbɛr] *m.* **+ys** refuge, shelter, lodging
[E(E): MidE < OldE *hereborg* (coe)]
{S 4; F 2: M *harber* (BM.2291, 3303): C W *herber*: **+ys** I (CE38)}

hardh ['harð] *adj.* bold, presumptious, audacious, intrepid, resolute
[U: Nance suggested a word cognate with MidB *hezr*, W *hydr*, which would have been *hyther* in MidC (<th> = /ð/), but affected by OldE *heard*.] {S 8; F 4: M *harth* → P, *hard* → P: C cf. B *her*, W *hydr*}
Nance's *harth* has been re-written with <-dh>.

hardhder ['harðdɛr] *m.* boldness, audacity
[Uc: **hardh** -DER] {S 8; F 0(GK98: G.M.S.):}

hardigras m. severity ALT = **sevureth**.
[E(F): MidE *hardegrace* (CE38)]
{S 5; F 1: M *hardygrath* (BM.0948):}

harlych adv. exactly ALT = **poran**.
[E(E): MidE < OldE *heardlice* (CE38)]
{S 8; F 3: M *harlych* → P}

harfyll ['harfɪl] *m.* **+ow** fiddle *(Mus.)*
[U: Poss. a conflation of **harf* < OldE *hearpe* 'harp' and **fyller* 'minstrel', cf. W *ffilor* (Gr.). Campanile suggested a MedL **harpella*]
{S 8; F 3: O *harfel* (VC.257): **+ow** I}

harfyller [har'fɪlːɛr] *m.* **-oryon** fiddler, violinist *(male)*
[Ul: **harfyll** -¹ER]
{S 8; F 2: O *harfellor* (VC.255) → L,P: **-oryon** I}

harfyllores [ˌharfɪ'lɔˑrɛs] *f.* **+ow** fiddler violinist *(female)*
[Uc: **harfyll** -ORES]
{S 8; F 3: O *fellores* (VC.256) → L,P: **+ow** I}

harlot m. **harlos** rogue ALT = **drogwas**.
[E(F): MidE < OldF *harlot* (coe)] {S 5; F 5: M *harlot* → P; pl. *harlos* (PC.3071, 3073): **harlos** M} The sense 'prostitute' did not arise in Eng. until the 15th century.

harlotri *m.* debauchery The meaning in *CW.* appears to be 'pollution'.
[E: MidE *harlotry* (coe)]
{S 4; F 1: M *harlutry* (CW.0090) → P:}

harlotwas *m.* **-wesyon** rogue
[HC: **harlot** 2**gwas**]
{S 5; F 3: M *harlot was*: **-wesyon** I}

¹**harow** ['ha·rɔw] *interj.* help!
[E(F): MidE < OldF *haro* (CE38)] {S 2; F 4: M *harow* (RD.), *harov* (BM.), *haraw* (BK.)}

²**harow** ['ha·rɔw] *m.* **herwys** harrow
[E: MidE < OldN *harwjan* (coe)] {S 4; F 3: M pl. *hyrwas* (BK02.52): L *harau̯* (AB104b, 295b) → P; *harraw* (CDWP): **herwys** M}

harp *pl.* **+ys** harp ALT = **telynn**.
[E(E): MidE < OldE *hearpe* (coe)]
{S 4; F 1: M pl. *harpes* (OM.1996): **+ys** M}

Harry (Eng.) *name*

harth ['harθ] *m.* **+ow** bark *(of a dog)*, baying *(of a hound)*
[C: CC *art-* (Fl.)]
{S 1; F 0(CE38): C B *harzh*: **+ow** I}

hartha ['harθa] *v.* bark
[Cc: **harth** -¹A]
{S 1; F 3: L *hartha* (AB034c), *harrah* (AB034c), *harha* (AB077a) → P: C cf. B *harzhal*}

has ['haːz] *coll.* **+enn** seed *(in general)*, sperm, progeny
[C: CC **sato-* (gpc)]
{S 1; F 5: M *has, hays*: L *hâz* (AB028a, 285a), *haaze* (G3WK): C B *had*, W *had*: **+enn** I}

ha's *phrase* and them
[CC: Shortened form of **hag** ⁷**a's**]
{S 2; F 2: M *has* (TH02v, 22r)}

hasa ['ha·za] *v.* sow, run to seed
[Cc: **has** -¹A]
{S 1; F 0(CE38): C B *hadañ*, W *hadu*}

hasek ['ha·zęk] 1. *adj.* seedy 2. *f.* **-egi** seedbed
[Cc: **has** -¹EK] {S 1; F 1: L *hâzick* (PV12027): C B *hadeg*, W *hadog*: **-egi** I}

hasladh ['hazlað] *m.* **+ow** spermicide
[CC: **has ladh**] {S 1; F 0(GM09: G.M.S.): **+ow** I}

haslett ['hazlęt] *m.* **+ow** contraceptive [CE(E): **has lett**]
{S 1; F 0(GK98: R.L.): **+ow** N (R.L.)}

ha'ss *phrase* and how
[CC: Shortened form of **hag ass**]
{S 2; F 2: M *hess* (RD.0983) → P}

hast ['haːst] *m.* haste, hurry
[E(F): MidE < OldF *haste* < Gmc]
{S 4; F 4: M *hast* → P: C B *hast*; W *hast*:}

hastenep [hast'ę·nęp] *m.* haste
[E(F)C: **hast enep**]
{S 4; F 1: M *hastenab* (SA66r):}

hastily (Eng.) *adv.*
{S 6; F 2: M *hastely* (BK07.77, 25.87)}

hastya ['ha·stja] *v.* hasten
[E(F)c: **hast** -YA] {S 4; F 2: M *hastia* (BK05.71, 29.09); p.ptcpl. *hastys* (BK29.21)}

hatt ['hat] *m.* **+ow, +ys** hat
[E(E): MidE < OldE *haett* (coe)] {S 5; F 1: L *hat* (AB063b, 153b): **+ow** N (FTWC); **+ys** I (CE38)} The pl.n. *Hatt* is Eng; see **hod**.

ha'th [haθ] *phrase* and thy
[CC: **ha 'th**] {S 2; F 5: M *hath* → L,P}

hatred (Eng.) *n.*
{S 6; F 2: M *hatrid* (TH16v, 23r)}

hatya *v.* hate ALT = **kasa**.
[E(E)c: VN in -YA from MidE < OldE *hatian* (coe)] {S 5; F 1: M *hatya* (TH15v)}

haut (Fr.) *adj.* high
{S 6; F 2: M *hovt* (BK24.60), *hawt* (BK38.50)}

hav ['haːv] *m.* **+ow** summer
[C: Brit **samos* (M)] {S 1; F 4: O *haf* (OM.462) → P: M *haf, have*: L *hâv* (AB041c, 042a) → P, *have* (PLOP,KKTT): C B *hañv*; W *haf*: **+ow** I}

haval ['ha·val] *adj.* similar, resembling
In *CE38*, Nance stated that **haval** "takes *dhe* or *orth*". This is not borne out by the exx. in trad. Cor. (over 25 of them), in which the preposition is invariably *dhe*.
[C: Brit **samalis* (Fl.) < IE **sem-* (gpc) (> ModE *same*)]
{S 1; F 5: M *haval* → P, *havall*: L *haval* (G1JB): C B *hañval*, W *hafal*}

haval dhe similar to
bos haval dhe resemble

havalder [ha'valdęr] *m.* **+yow** similarity
[Cc: **haval** -DER] {S 1; F 2: L *havalder* (TCJK): C B *hañvalder*: **+yow** I}

havar ['ha·var] *m.* **-eryow** fallow-land in summer
[CC: **hav** ³AR] {S 1; F 0(CE38): P Goonhavern = goen havar: C W *hafar*: -eryow I}

havarel [ha'va·ręl] *adj.* fallow in summer
[CCc: **havar** -²EL] {S 8; F 0(CPNE): P ?*Haferell*}

havas ['ha·vaz] *m.* **+ow** summer-time
[Cc: **hav** -²AS] {S 2; F 2: L *havas* (CBWG) → P: P Hammett (in east), Hewas (farther west): C cf. B *hañvezh*: **+ow** I}

have (Eng.) *v. part* {S 6; F 2: M *haue* (OM.0198) *haf* (PC.1824), *hav* (BK07.18)}

havek ['ha·vęk] *adj.* summery
[Cc: **hav** -¹EK] {S 1; F 0(EC52): P Trehawke: C B *hañvek*; W *hafog* 'abundant'} It is not difficult to see how this word became wrongly identified with the reflex of OldE *haefoc* 'hawk'.

havi ['ha·vi] *v.* pass the summer
[Cc: **hav** -¹I] {S 3; F 1: L *have* (NGNB7): C B *hañviñ*; cf. W *hafio*} Vowel aff. suppressed.

havos ['ha·vɔz] *f.* **+ow** summer dwelling, shieling
[Cc: From **hav** 2²**bos**] {S 3; F 0(CE38): P *Hammett* in the E., and *Hewas* in the W.: C B *Hanvod* (pl.n.); W *hafod*: **+ow** I}

havrek ['havręk] *f.* **-egi** arable land
[CCc: from **havar** -¹EK] {S 8; F 0(CE38): P Haverack: C B *havreg*: -egi I}

Havren ['havręn] *place* Severn
[C: Brit (iyk)] {S 8; F 0(CE38): C W *Hafren*}

havyades [hav'ja·dęs] *f.* **+ow** summer visitor, summer tourist
[Cc: **hav** -YADES] {S 1; F 0(CE38): **+ow** I}

havyas ['ha·vjaz] *m.* **-ysi** summer visitor, summer tourist
[Cc: **hav** -³YAS] {S 1; F 0(CE38): -ysi I}

ha'w³ [haw] *phrase* and my
[cc: from **hag** ³**ow**] {S 2; F 5: M *haw* → P, *hav*: L *ha* → (NGNB7)}

hawn m. **+yow** haven ALT = **porth**.

[E(E): OldE *haefen* (coe)] {S 5; F 2: L (Borlase): D "hawn": P Polhawn: C W *hafn*: **+yow** I}

¹hay ['haɪ] *f.* **+ow** enclosure
[E(E):] {S 5; F 2: L *hay, hey* (PV12040): P The gender is shown by an ancient pl.n. *Hay thu.*: C cf. B *he* 'cleft' < F *haie* (ih): **+ow** N}

²hay ['haɪ] *interj.* hey, hi
[E: E *hey*] {S 5; F 1: M *hay* (OM.0505)}

¹ha'y² [haɪ] *phrase* and his
[cc: from **hag** ³y] {S 2; F 6: M *hay* → L,P: L *ha e*}

²ha'y³ [haɪ] *phrase* and her
[cc: from **ha hy**] {S 2; F 4: M *hay* → L,P: L *ha e*}

hayl ['haɪl] *interj.* hail *(greeting)*
[E(N): MidE *hail* < OldN *heill* (coe)] {S 5; F 5: M *heyl, hayl*}

haylya ['haɪlja] *v.* hail *(greet)*
[E(N)c: **hayl** -YA] {S 5; F 1: M 2nd pl. impv. *heilyough* (PC.2833)}

he *n.* This word, given in *CE38* is a ghost; i.e. a word with no real existence. According to Graves, OldC *he* (VC.068) is for *[c]he[n]* = **kenn** 'skin'.

HE-² *prefix* -able [c: CC *su-]
The meaning is 'easily able'. In Breton and Welsh, this prefix is stressed in words of two syllables, so it is likely that the same applied in Cornish. The pronunciation given in the **Gerlyvrik** needs amending.

-HE ['hę:] *suffix* (VN ending)
Formed from adjectives, e.g. **duhe** 'to blacken' from **du** 'black'. [c:]

heartily (Eng.) *adv.*
{S 6; F 1: M *hartely* (TH09v)}

heathens (Eng.) *pl.*
{S 6; F 2: M *hethans* (BK25.30), *hethens* (TH22v)} This interpretation of *BK25.30*, offered by M.Polkinghorn, is now considered more likely than a word meaning 'a stop'.

heb [hęb] *prep.* without, lacking, not counting
Lenites in a few set phrases; combines with pers. pronouns as **hebov, hebos, hebdho, hebdhi, hebon, hebowgh, hebdha**.
[C: Brit *sep-* (hpb) < IE (lp)]
{S 1; F 7: M *heb, hep*: L *heb*}

hebask

heb fordh trackless
heb kost free of charge
heb wow truly

hebask ['hę·bask] *adj.* calm, quiet, sedate, peaceful, serene
[cL: HE- 2**pask**] {S 8; F 0(CE38): C B *(habask)*}

Keynvor Hebask Pacific Ocean

hebaska [hę'ba·ska] 1. *m.* calm, serenity, solace 2. *adj.* soothing
[cLc: **hebask** -³A]
{S 8; F 1: M *hebasca* (BM.3753):}

hebaskhe [hębask'hę:] *v.* soothe, sedate, pacify
[cLc: **hebask** -HE] {S 8; F 0(EC52)}

hebaskheans [hębask'hę·ans] *m.* sedation
[cLch: **hebaskhe** -ANS] {S 8; F 0(GK98: K.J.G.):}

hebleth ['hęblęθ] *adj.* flexible, supple, easy to weave
Nance spelled this word *heblyth* and gave 'pliant' as its meaning. In CE38 he distinguished it from **hebleth** 'easily interwoven': but it is difficult to believe that they are not the same word, especially as there is no evidence to support a word **plyth*.
[cC: HE- 2**bleth**] {S 8; F 2: M *hyblyth* (MC.131) → L,P: C W *hybleth*}

Hebrews (Eng.) *pl.* ALT = **Ebrowyon**; the book in the Old Testament was translated into Cornish by G.M.S.
{S 6; F 1: M *hebrues* (TH13r)}

¹**hedh** ['hę:ð] *m.* +**ow** full-stop, respite
[C: CC **sâg-* (gpc); back-formation from **hedhi**]
{S 1; F 0(CE38): C W *hedd* 'peace': +**ow** I}
The root HEDH- occurs in the words **anhedhek, dihedh** and **hedhi**, but does not appear in trad. Cor. as a word by itself.

²**hedh** ['hę:ð] *m.* stag ALT = **karow**.
[C:] {S 8; F 0(CE38): P ?*cruceyd*}
Existence doubtful;
HEDH- [C:]

hedhadewder [hęða'dęŨdęr] *m.* accessibility, attainability
[Ccc: from **hedhadow** -DER]

hedorr

{S 1; F 0(GM09: YhaG):}

hedhadow [hę'ða·dɔw] *adj.* attainable, accessible, reachable
[Cc: HEDH=ADOW] {S 1; F 0(GK98: K.J.G.)}

hedhas ['hę·ðaz] *m.* +**ow** access
[Cc: HEDH=²AS]
{S 1; F 0(GM09: G.M.S.): +**ow** I}

hedhel ['hę·ðęl] *m.* **hedhlow** plough-handle
[C: HEDHL-S] {S 1; F 0(CE38):
C MidB *haezl*, W *haeddel*: **hedhlow** I}

hedhes ['hę·ðęz] *v.* reach, attain, fetch
[Cc: VN in -ES from a Celtic root]
{S 1; F 5: M *hethas* → P: L *hedhaz* (AB250b), *heathes* (MKJT): C cf. W *haeddu* 'to reach for'}

hedheuryer [hęð'œrjęr] *m.* +**ow** stop-watch
[CLc: **hedh euryer**]
{S 1; F 0(GM09: K.J.G.): +**ow** C}

HEDHL- [C: CC *seĝh-* (gpc)]

hedhi ['hę·ði] *v.* stop *(intrans.)*, cease, pause, rest, halt
[Cc: ¹**hedh** -¹I] {S 1; F 3: M *hethy* → P:
L 2nd pl. impv. *hezu* (AB275b): C cf. B *hezañ*}

heb hedhi incessant, continual, perpetual, uninterrupted

hedhlor ['hęðlɔr] *m.* +**yon** ploughman
[Cc: HEDHL=OR]
{S 1; F 2: M *hethlor* (BK11.05, 12.62): +**yon** I}

hedhyw [hę'ðiw] *adv.* today
[C: Brit **se-diwu* (hpb) < CC (lp)] {S 3; F 5:
O *hępeu* (VC.467): M *hethyv, hythew* → P, *hethow*: L *hidhu* (AB.), *hithow*: C B *hiziv*; W *heddiw*} Apparent change [iw] > [ɪw]

bys y'n jydh hedhyw hitherto, to the present time
re'n jydh hedhyw by this day
hedhyw y'n jydh nowadays
y'n jydh hedhyw this very day, at present

hedorr ['hę·dɔr] *adj.* fragile, easily breakable
[cC: HE- 2¹**torr**] {S 1; F 0(CE38): C B *hedorr*}

hedorreth

hedorreth [hẹ'dɔrːẹθ] *f.* fragility
[cCc: **hedorr** -ETH] {S 1; F 0(GM09: G.M.S.):}

hedra Now spelled **hedre**.

Hedra ['hẹdra] *m.* October
Usually preceded by **mis-**. [C:] {S 2; F 1: L *Hedra* (PV14122): C B *Here*; W *Hydref*:}

hedre² [hẹ'drẹː] *conj.* while, as long as
[c:] {S 8; F 5: M *hedre*: L *tre, try*} Like many other words with OldC /-e/, this word was spelled with <-e> in early MidC, but whereas most of the other words were written with <-a> in later MidC texts, this word continued to be spelled with <-e>. This led N.Williams to suppose that the word was stressed on the second syllable. This is accepted here, and the spelling **hedre** is therefore recommended.

hedro ['hẹdrɔ] *adj.* fickle, changeable
[cC: HE- 2tro] {S 1; F 0(CE38): C B *hedro*}

hedrogh ['hẹdrɔx] *adj.* cuttable
[cC: HE- 2trogh] {S 1; F 1: L *hydruk* (Borlase)}

hegar ['hẹˑgar] *adj.* amiable, kindly, affectionate, affable, genial
[cC: HE- 2kar] {S 1; F 2: M *hegar* (MC.040) → L,P: C B *hegar*, W *hygar*}

hegaras [hẹ'gaˑraz] *adj.* amiable
[cCc: Compound of **hegar**]
{S 8; F 1: L *hegaraz* (CGEL): C B *hegarat*}

hegaredh [hẹ'gaˑrẹð] *m.* amiability, affection
[cCc: **hegar** -EDH] {S 1; F 0(GM09: G.M.S.):}

hegas ['hẹˑgas] *adj.* hateful, repulsive
[cC: HE- 2KAS-] {S 1; F 0(CE38): C B *hegas*}

heglyw ['hẹglɪw] *adj.* resonant, easily audible
[cC: HE- 2klyw] {S 1; F 0(CE38)}

hegoel ['hẹˑgɤl] *adj.* credulous, trustful, superstitious
[cC: HE- 2koel] {S 1; F 1: M *hogul* (OM.0627): C W *hygoel* 'credible'}

hegoeledh [hẹ'goˑlẹð] *m.* +ow credulity, superstition
[cCc: **hegoel** -¹EDH] {S 1; F 0(CE38): +ow I}

hegos ['hẹˑgɔs] *adj.* ticklish

[cU: HE- 2kos] {S 1; F 0(CE38)}

heinous (Eng.) *adj.* {S 6; F 2: M *heynys* (TH29r), *heynes* (TH47v)}

¹hel ['hẹːl] *adj.* bountiful, generous, munificent, liberal *(with money)*, benevolent
[C: Brit *saglo- (wg)] {S 1; F 3: O *hail* (VC.408) → L,P: M *heel* (BK.): C B *hael*; W *hael*}

²hel ['hẹːl] *f.* +yow hall
[E: OldE *heall* (Padel] {S 4; F 3: O *hel* (VC.932) → L,P: M *hel*: P *Halwyn*: C W *hal*: +yow I}

hel an dre town-hall
hel leun full house (theatre)

helder ['hẹldẹr] *m.* +yow generosity, hospitality, liberality, munificence, bounty, benevolence
[Cc: ¹**hel** -DER] {S 1; F 1: L *haelder* (LPJB): C B *haelder*, W *haelder*: +yow I}

heledh ['hẹˑlẹð] *m.* +ow amplitude
[Cc: ¹**hel** -¹EDH] {S 1; F 0(GM09: YhaG): +ow I}

Helen name
{S 5; F 1: M *helen* (BM.1158)}

helergh ['hẹˑlẹrx] *adj.* late, in the rear
[cC: HE- lergh] {S 1; F 3: M *holergh* (MC.244) → P, *hearlyrgh* (BK15.57) → P}

helerghell [hẹ'lẹrxẹll] *f.* +ow detector
[cCc: **helergh** -ELL]
{S 1; F 0(GM09: YhaG): +ow I}

helerghi [hẹ'lẹrxi] *v.* track, detect
[cCc: **helergh** -¹I]
{S 8; F 2: M p.ptcpl. *hellyrghys* (OM.2118) → P: L *hellyrghy* (PV12119)}

helerghyades [hẹlẹrĥ'jaˑdẹs] *f.* +ow detective *(female)*, sleuth, tracker
[cCc: **helergh** -YADES]
{S 1; F 0(GM09: P.H.): +ow I}

helerghyans [hẹ'lẹrxjans] *m.* detection
[cCh: **helergh** -YANS] {S 8; F 0(EC00):}

helerghyas [hẹ'lẹrxjaz] *m.* -ysi detective *(male)*, sleuth, tracker
[cCc: **helergh** -³YAS] {S 1; F 0(CE38): -ysi I}

helgh

helgh ['hɛlx] *m.* **+ow** hunt
[C: Brit *selg- (M) < CC *selĝ- (gpc) < IE (lp)] {S 1; F 0(CE38): P Brill: **+ow** I}

helghi ['hɛlxi] *v.* hunt, go hunting
[Cc: **helgh** -¹I] {S 1; F 3: M *helly* (CW,0320); 3rd sg. pres. ind. *helgh* (BK07.68, 32.57), *helh* (BK.28.30): P Goonhilly Downs: C B *helc'hiñ* 'to tire'; W *(hely)*}

helghor ['hɛlxɔr] *m.* **+yon** hunter
[Cc: **helgh** -OR] {S 1; F 3: O *helhpur* (VC.237) → P: M *helhor* (BK08.88): **+yon** I}

helghores [hɛl'xɔ·rɛs] *f.* **+ow** huntress
[Cc: **helgh** -ORES] {S 1; F 0 (GM09: YhaG): **+ow** I}

helghva ['hɛlxva] *f.* **+ow** hunting-ground, chase *(for hunting)*
[Cc: **helgh** -VA] {S 1; F 0(EC52): **+ow** I}

helghwisk ['hɛlxwɪsk] *m.* hunting-dress
[CC: **helgh** 2**gwisk**] {S 1; F 0(EC52):}

helghya ['hɛlxja] *v.* hunt, chase, pursue, go hunting
[Cc: **helgh** -YA] {S 1; F 4: M *helghya* (BM.): L *helfia* (AB171a) → P}

helghyades [hɛlɧ'ja·dɛs] *f.* **+ow** huntress *(professional)*, persecutor
[Cc: **helgh** -YADES] {S 1; F 0(GM09: YhaG): **+ow** I}

helghyas ['hɛlxjaz] *m.* **-ysi** hunter *(professional)*, persecutor
[Cc: **helgh** -³YAS] {S 1; F 3: O *helhiat* (VC.317) → L,P: **-ysi** I}

helghyer ['hɛlxjɛr] *m.* **-yoryon** hunter
[Ch: **helgh** -¹YER] {S 1; F 1: L *hellier* (PV12117):C W *hiliwr*: **-yoryon** I}

helgi ['hɛlgi] *m.* **-geun** hound, hunting-dog
[CC: from **helgh** 2**ki** with loss of [x]] {S 2; F 0(CE38): C W *helgi*: **-geun** I}

helgik ['hɛlgik] *m.* game *(meat)*
[CC: from **helgh** 2**kig** with loss of [x]] {S 2; F 0(CE38):}

hembrenkyas

helgorn ['hɛlgɔrn] *m.* **-gern** hunting-horn
[CC: from **helgh** 2¹**korn** with loss of [x]] {S 2; F 0(CE38): **-gern** I}

helik Now spelled **helyk**.

hell Now spelled **hyll**.

hell (Eng.) *place* {S 6; F 1: M *hel* (BK13.41)}

heller ['hɛl:ɛr] *m.* **helloryon** wild-natured individual
[U: poss. from **helghyer**] {S 8; F 0(CE93: B.C.): D "heller" (1980s): **helloryon** I}

Hellys ['hɛl:ɪs] *place* Helston
[cC: from **hen lys**] {S 2; F 2: M *hellas* (RD.0673): L *Helles* (NGNB1)}

helvargh ['hɛlvarx] *m.* **-vergh** hunter *(horse)*
[CC: from **helgh** 2**margh** with loss of [x]] {S 2; F 0(CE38): **-vergh** I}

helyk ['hɛ·lɪk] *coll.* **-ygenn** willows, osiers
[C: CC *salik-s (M) < IE (Gr.)]
{S 1; F 4: O sg. *heligen* (VC.704) → L,P: L *helak* (AB.) → P, *hellick* (PV12120); sg. *helagan* (AB143c) → P: P Heligan, Penhellick. F Penhaligon: C B *haleg*, W *helyg*: **-ygenn** OLPF}

helyk-lowarth [ˌhɛ·lɪk'lɔʊarθ] *m.* **+ow** willow-garden
[CC: **helyk lowarth**] {S 1; F 0(CE38): P Poss. in pl.n. *Halgolluir*.: **+ow** I}

helygweyth [hɛ'ligwɛɪθ] *m.* wickerwork
[CC: from **helyk** ²**gweyth**] {S 1; F 0(EC00):}

hembronk ['hɛmbrɔnk] *v.* lead, conduct, bring
[C: IE *sem-bhronk- (gpc)] {S 3; F 4: M p.ptcpl. *hombronkis*; 3rd sg. pres. ind. *hombronk*: L 2nd sg. impv. *hombrek*: C B *ambroug*; W *hebrwng*} This word has many different spellings in the texts, with and without vowel aff.

hembrenkyas [hɛm'brɛnkjaz] *m.* **-ysi** leader, conductor
[Cc: **hembronk**A -³YAS] {S 8; F 2: O *hebrenchiat* (VC.106, 170) → L: C MidW *hebryngyat*: **-ysi** }

hemm

hemm ['hɛmː] *pron.* this *(m.)*
Form of **hemma** used before **yw** or **o**.
[C:] {S 2; F 4: M *hem* → L,P; *hemm*}

hemma ['hɛmːa] *pron.* this one (m.)
[C:] {S 1; F 6: M *hemma; hebma* (CW.): L *hemma, ebah*: C B *hemañ*}
MidC *helma* may not be the same word.

hen ['hɛːn] *adj.* ancient, old, long-standing
Usually stands before the noun.
[C: Brit **seno-* (M) < IE **sen-* (lp)] {S 1; F 4: M *hen* → P: L *heân* (PV12045): C W *hen*}

HEN- *prefix* ancient, veteran
[c: same as **hen**]

henavek [hɛ'naˑvɛk] **1.** *adj.* senior, elderly **2.** *m.* **-ogyon** elder
[C: Compound of HEN-]
{S 8; F 1: L *empack* (NGNB2): C cf. W *hynafgwr* 'elder'; B *hena(v)our* 'eldest son': **-ogyon** I}
Reconstructed by Nance from LateC *empack*; the reconstruction may not be right, but the word usefully fills a gap in the vocabulary.

henbyth ['hɛnbɪθ] *m.* **+ow** antique
[cC: HEN- 2¹**pyth**] {S 3; F 0(GK98: P.H.): **+ow** I}

hendas ['hɛndaz] *m.* **+ow** ancestor, forefather, grandfather
[cC: HEN- 2**tas**]
{S 1; F 4: O *hendat* (RF14, VC.129) → L,P: M *hendas* → L,P; pl. *hendasow* → P: C B *hendad* 'ancestor'; W *hendad* 'ancestor': **+ow** M}

hender ['hɛndɛr] *m.* antiquity
[Cc: **hen** -DER]
{S 1; F 0(CE38): C B *hender*, W *hender*:}

hendhyskonieth [hɛnðɪskɔ'niˑɛθ] *f.* archaeology
[cDcc: HEN- 2DYSK=ONIETH]
{S 1; F 0(GM09: G.M.S.):}

hendhyskoniethel [hɛnðɪskɔniɛˑθɛl] *adj.* archaeological
[cDccc: **hendhyskonieth** -¹EL]
{S 1; F 0(GM09: G.M.S.)}

hendhyskonydh [hɛnðɪs'kɔˑnɪð] *m.* **-yon** archaeologist
[cDcc: HEN- 2DYSK=ONYDH]

henhwedhel

{S 1; F 0(GM09: G.M.S.): **-yon** I}

hendi ['hɛndi] *m.* **+ow** ancient house
See **henji**. [cC: HEN- 2⁴**ti**]
{S 1; F 0(GM09): F *Hendy*: **+ow** I}

hendra ['hɛndra] *f.* **hendrevow** home farm, family farm
[cC: from HEN- 2**tre**]
{S 2; F 1: L *hendra* (PV.9345): P *Hendra*: C W *hendref*: **hendrevow** I}

henedh ['hɛˑnɛð] *m.* **+ow** generation *(people in a family)*, descendants, posterity
[Cc: < **henveth* (CE38)]
{S 8; F 4: M *hvneth* (BK.): L *henath* (TCTB): C W *henfedd*: **+ow** N (G.M.S.)}

henfordh ['hɛnfɔrð] *f.* **+ow** ancient track
[cE(E): HEN- **fordh**] {S 4; F 0(CE38): P *Henver*: C W *henffordd*: **+ow** I}

hengarr ['hɛngar] *m.* **-gerri** veteran car
[cC: HEN- 2**karr**]
{S 1; F 0(GM09: G.M.S.): **-gerri** I}

Hengistus (Lat.) *name* Hengist
{S 6; F 1: M *hengystus* (BK39.66)}

hengeugh ['hɛngœx] *m.* **+yon** ancestor, great-great-grandfather
[cC: HEN- + a word cognate with W *caw* 'swaddling-cloth' (Gr.)] {S 1; F 3: O *hengog* (VC.130) → L,P: M *hengyke* (CW.1701) → P: L *hinge* (NGNB5): **+yon** I (CE38)} Graves' hypothesis is accepted here that <-og> in OldC *hengog* means [-œx]. Nance wrote *hengok(g)*.

hengov ['hɛngɔv] *m.* **+yow** tradition
[cC: **hen** 2**kov**]
{S 1; F 0(GK98: J.A.): C B *hengoun*: **+yow** I}

hengovek [hɛn'gɔˑvɛk] *adj.* traditional
[cCc: **hengov** -¹EK]
{S 1; F 0(GK98: J.A.): C cf. B *hengounel*}

henhwedhel [hɛn'hwɛðɛl] *m.* **-dhlow** legend, fable
[cC: HEN- **hwedhel**] {S 1; F 0(EC52): **-dhlow** I}

henji ['hɛndʒi] *m.* **+ow** ancient house
[cC: HEN- 2**chi**] {S 3; F 1: M *hensy* (BM.1307): P Hingey: C W *hendy*: **+ow** I}
Taken by Nance to the pl. of *hens* 'path'.

henkyn ['hɛnkɪn] *m.* iron peg
[U:] {S 8; F 0(CPNE): P ?Nanjenkin: C B *hinkin*:}

henlann ['hɛnlan] *f.* **+ow** old cemetery
[cC: HEN- **lann**] {S 1; F 0(CPNE): P Helland: C W *henllan*: **+ow** I}

henlavar [hɛn'laˑvar] *m.* **+ow** proverb, saying
[cC: HEN- **lavar**] {S 1; F 0(GK98): **+ow** I}

henlys ['hɛnlɪs] *f.* **+yow** old court
[cC: **hen lys**] {S 2; F 0(CE38): P Helston: **+yow** I} Became *hellys* in place-names.

henn ['hɛnː] *pron.* that (*m.*)
Form of **henna** used before **yw** or **o**.
[C: CC *sindo- (gpc)] {S 2; F 6: M *hen, henn*: L *hed* (AB232a): C B *hen*; W *hyn* 'this'}

henna ['hɛnːa] *pron.* that one (m.)
[C:] {S 1; F 7: M *henna*; *hedna* (CW.): L *henna, hedna, hedda*: C B *hennezh*, W *hynny*}

henses ['hɛnzɛz] *m.* antiquity
[Cl: **hen** -SES] {S 1; F 0(CE38):}

hensouder [hɛn'suˑdɛr] *m.* **-oryon** veteran (*soldier*)
[cE(F): HEN- 2**souder**]
{S 5; F 0(GM09: G.M.S.): **-oryon** I}

henstudhyans [hɛn'styˑðjans] *m.* **+ow** antiquarianism
[cE(F)c: HEN- **studhyans**]
{S 4; F 0(GM09: G.M.S.): **+ow** I}

henstudhyer [hɛn'styˑðjɛr] *m.* **-yoryon** antiquary
[cE(F)c: HEN- **studhyer**]
{S 4; F 0(GM09: K.J.G.): **-yoryon** I}

henvamm ['hɛnvam] *f.* **+ow** grandmother
[cC: HEN- 2**mamm**]
{S 1; F 1: O *henmam* (RF14): **+ow** I}

henvilonieth [ˌhɛnvilɔ'niˑɛθ] *f.* palaeozoology
[cCc: HEN- 2⁴**mil** -ONIETH]

{S 1; F 0(CE93: T.S.):}

henwel ['hɛnwɛl] *v.* name, nominate
[Cc: HANW-A -¹EL] {S 1; F 6: M *henwel*: L *henual* (AB.); *hanwall* (TCTB)}

henwyn ['hɛnwɪn] *pl.* names
[Cc: HANW-A -¹YN]
{S 1; F 4: M *henwyn* → P, *hynwyn* → P}

henwys ['hɛnwɪz] *adj.* named
[Cc: HANW-A -⁶YS] {S 1; F 5: M *henwys* → P, *hynwys* → P: L *henwez* (NGNB3), *henuez* (AB.)}

henys ['hɛˑnɪz] *m.* old age
[Cc: HEN=¹YS]
{S 1; F 1: M 2nd element of *a henys* (BM.0167):}

hepfordh ['hɛpfɔrð] *adj.* trackless, impassable
[CC: from **heb fordh**]
{S 1; F 2: O *hebford* (VC.721) → L,P}

hepken [hɛp'kɛːn] *adv.* only, merely
lit. 'without other', cf. *heb ken* 'without reason'
[cC: **heb ken**]
{S 1; F 2: M *heb ken* (MC.178) → P}

hepkorr ['hɛpkɔr] *v.* renounce, relinquish, surrender, give up, yield
[cC: **heb** 4GORR-]
{S 1; F 3: M *hepcor* (RD.0459, 1433), *hebcor* (BK37.39)}

hepkorradow [hɛpko'raˑdɔw] *adj.* dispensible
[cCc: **hepkorr** -ADOW] {S 1; F 0(GM09: K.J.G.)}

hepkorrans [hɛp'kɔrːans] *m.* **+ow** renunciation
[cCh: **heb** 4**gorrans**] {S 1; F 0(CE38): **+ow** I}
Nance wrote *hepcoryans*, but -YANS goes with /-r/ rather than with /-rr/.

heptu [hɛp'tyː] *adj.* neutral, impartial
[cC: **heb tu**] {S 1; F 0(Y1)}

heptueth [hɛp'tyˑɛθ] *f.* neutrality, impartiality
[cCc: **heptu** -ETH] {S 1; F 0(EC00):}

her ['hɛːr] *m.* **heryon** heir, successor
[E(F): MidE *eir* < OldF *heir*]
{S 4; F 3: M *er* (RD.1525, BM.0372), *heare* (CW.1135); pl. *erryan* (TH10v): **heryon** M}

herdhya ['hɛrðja] *v.* ram, push, shove, thrust
[Cc: **hordh**A -YA] {**S** 1; **F** 4: **M** *herʒya* (MC.221), *hertye* (PC.2923), *herthye* (RD.2286) → P: **C** W *hyrddio*}

herdhyans ['hɛrðjans] *m.* **+ow** push, thrust
[Cc: **hordh**A -YANS] {**S** 1; **F** 0(CE38): **+ow** I}

hered ['hɛ·rɛd] *adj.* readable *(easy to read)*
[cC: HE- RED-] {**S** 1; **F** 0(GM09: K.J.G.)}

heres ['hɛ·rɛs] *f.* **+ow** heiress
[E(F)c: **her** -⁴ES] {**S** 4; **F** 0(CE38): **+ow** I}

heresies (Eng.) *pl.*
{**S** 6; **F** 1: **M** *hereses* (TH47v)}

heretical (Eng.) *adj.*
{**S** 6; **F** 1: **M** *hereticall* (TH33r)}

hermit (Eng.) *n.* {**S** 6; **F** 1: **L** *hermit* (PV12207)}

hern ['hɛrn] *coll.* **+enn** pilchards, sardines
[E(E): MidE < OldE *hêring* (coe)] {**S** 4; **F** 4: **L** *hern, hearn*; pl. *hernan* (AB.) → P: **+enn** L}

hernenn vyghan sprat

hern-gwynn [ˌhɛrnˈgwɪnː] *coll.*

hernenn-wynn herring
[E(E)cC: **hern** 2**gwynn**] {**S** 4; **F** 2: **L** sg. *hernan guidn* (AB033c, 278c): **hernenn-wynn** I}

herness ['hɛrnɛs] *m.* **+ow** harness
[E(F): MidE *herneis* < OldF *harneis* (coe)] {**S** 4; **F** 0(CE38): **+ow** I}

hernessya [hɛrnˈɛsːja] *v.* put on harness
[E(F)c: **herness** -YA] {**S** 4; **F** 1: **M** p.ptcpl. *hernessijs* (BM.3221)}

hernya ['hɛrnja] *v.* shoe *(a horse)*
[Cc: **horn**A -YA] {**S** 1; **F** 3: **L** *herniah* (CDWP) → P}

hernyek ['hɛrnjɛk] *adj.* iron
[Cc: **horn**A -YEK] {**S** 1; **F** 2: **L** *herniok, herniak* (PV12241)} Appears to be an alternative to **hornek**, with vowel aff.

hernyer ['hɛrnjɛr] *m.* **-oryon** ironmonger
[Ch: **horn**A -¹YER] {**S** 1; **F** 2: **O** *heirnior* (VC.222) → P: **C** cf. B *houarner*, cf. W *haearnwr*: **-oryon** I} Nance preferred to create *hornor*.

Herod name
{**S** 5; **F** 4: **M** *herodes* (MC.): **L** *Herod* (M2WK)} The Herod in *MC.* and that in *M2WK* were different kings.

herwydh ['hɛrwɪð] *prep.* in accordance with, on the authority of
[C:] {**S** 8; **F** 4: **M** *herwyth* → L,P: **L** *heruedh* (AB244c) → P, *herwith* (BOD): **C** B *hervez*}

herwydh an lagha legitimate, lawful

yn herwydh adjoining, in the company of

herya ['hɛ·rja] *v.* inherit
[E(F)c: **her** -YA] {**S** 4; **F** 0(GM09: G.M.S.)}

herynn *m.* **+ys** herring ALT = **hernenn**.
[E(E): OldE *hêring* (coe)] {**S** 4; **F** 3: **O** *hering* (VC.545) → P: **M** pl. *herynnys* (BK15.20): **+ys** M}

hes ['hɛːz] *f.* **+ow** swarm, flock *(of birds)*, school *(of whales)*, shoal *(of fish)*
[C: IE *satya* (lp)] {**S** 1; **F** 3: **L** *hêz* (AB014c) → P: **C** B *hed*, W *haid*: **+ow** I}

¹hesk ['hɛːsk] *adj.* milkless *(of cow)*
[C: CC *siskwo-* (gpc)] {**S** 1; **F** 0(CE38): **C** W *(hesb)*}

²hesk ['hɛːsk] *coll.* **+enn** saw-grass
[C: CC *seska* (Gr.) < IE (lp)] {**S** 1; **F** 3: **O** sg. *heschen* (VC.646) → L,P: **P** Sconhoe; sg. Heskyn: **C** B *hesk*; W *hesg*: **+enn** OLP}

¹heskenn ['hɛ·skɛn] *f.* **+ow** saw *(tool)*
[Cc: Same as **heskenn** 'sedge'] {**S** 1; **F** 0(CE38): **C** B *heskenn*: **+ow** I}

heskenn gadon chain saw

heskenn vond band saw

heskenn warak bow saw

²heskenn ['hɛ·skɛn] *f.* **+ow**, *coll.* **hesk** sedge *(one individual plant)*
[Cc: **²hesk** -ENN] {**S** 1; **F** 1: **O** *heschen* (VC.646): **C** B *heskenn*}

³heskenn ['hę·skęn] *f*. **+ow** yearling ewe
[Cc: ¹hesk -ENN]
{S 1; F 1: L *Hysgan* (LV090.53): +ow I}

heskenna [hęsk'ęnːa] *v*. saw
[Ccc: **heskenn** -¹A]
{S 1; F 0(CE38): C B *heskennañ*}

heski ['hę·ski] *v*. lose milk, dry up
[Cc: ¹**hesk** -¹I]
{S 8; F 2: M *heskey* (BM.3818): L p.ptcpl. *Heskys* (LV089.13): C B *heskiñ*; cf. W *hesbio*}

heskynn ['hę·skɪn] *m*. **+ow** marsh
[Cc: **hesk** -YNN]
{S 1; F 0(CE55): P Heskyn: +ow I}
Interpreted here as a dim., though Padel suggests that "-*in* is probably a spelling of -*en*".

hesp ['hę·sp] *m*. **+ow** hasp
[E(E): OldE *haepse* (Gr.)] {S 4; F 2: O *hesp* (VC.770) → P: C cf. W *hesben*: +ow I}

¹hester ['hę·stęr] *m*. **+yow** trough
[U:] {S 8; F 1: L *Hester* (LV089.10): +yow I}

²*Hester* name Esther
{S 4; F 1: M *Hester* (TH06v)}

hesya ['hę·ʒja] *v*. swarm, flock, shoal (*of fish*)
[Cc: **hes** -YA] {S 1; F 0(CE38): C W *heidio*}

heudh ['hœ·ð] *adj*. joyful, merry, glad
[Cc: Not in B; W *hawdd*] {S 1; F 3: M *hueth* (MC.225), *huth* (OM.0297), *hveth* (BK38.40): L *hêdh* (AB058b): P Huthnance = **heudh nans** 'happy valley': F Huthnance}

heudhadow [hœ'ða·dɔw] *adj*. enjoyable
[Cc: **heudh** -ADOW] {S 1; F 0(GM09: YhaG)}

heudhi ['hœ·ði] *v*. be glad, be eased
[Cc: **heudh** -¹I] {S 1; F 2: M p.ptcpl. *huthys* (RD.0483) → P: L *huthy* (PV12411)}
Pryce's VN is accepted here. See also **heudhe**.

heudhder ['hœðdęr] *m*. joyfulness, rejoicing, happiness
[Cc: **heudh** -DER]
{S 1; F 0(CE38): C W *hawdd-der* 'ease':}

heudhhe [hœð'hę·] *v*. gladden, ease, make happy, be glad, be eased
Used intransitively in the one case found: *may huth-thaho ow colon* 'may my heart be gladdened'. The word *huthys* at RD.0483 implies a VN **heudha**.
[Cc: **heudh** -HE]
{S 1; F 2: M 3rd sg. pres. subj. *huth-thaho* (RD.1877) → P: C W *hawddhau* 'to facilitate'}

heudhik ['hœ·ðɪk] *adj*. glad
[Cc: **heudh** -IK] {S 8; F 2: M *hutyk* (OM.2818) → P, *huthyk* (RD.2304)}

heveladow [ˌhęvę'la·dɔw] *adj*. apparent
[Cc: **hevel** -ADOW] {S 1; F 0(GM09: A.S.)}

hevelebi [ˌhęvęl'ę·bi] *v*. liken, make similar
[Cc: from **hevelep** -¹I] {S 3; F 0(CE38)}

hevelenep [ˌhęvęl'ę·nęp] *m*. likeness, similitude. Used by Tregear to translate Bonner's *lykenesses*; as if he considered it as the pl. of **hevelep** (K.S.)
[Cc: from **haval enep**, with vowel harmony]
{S 1; F 1: M *hevelenep* (TH01v):}

hevelep [hęv'ę·lęp] **1.** *m*. **hevelebow** likeness, resemblance **2.** *adj*. like, similar. Use as an adj. is an extension; in the texts it is used as a noun.
[C: Perhaps a shortened form of **hevelenep**.]
{S 3; F 4: M *hevelep* → L,P: C B *heveleb*; cf. W *cyffelyb*: **hevelebow** I}

hevelepter [ˌhęvęl'ęptęr] *m*. **+yow** likeness, similarity, image
[Cc: **hevelep** -TER]
{S 3; F 1: L *hevelepter* (PV12223): +yow I}

heveli [hęv'ę·li] *v*. seem
[Cc: **haval**A -¹I] {S 1; F 5: M *hevely*: L 3rd sg. pres. ind. *hevol* (NGNB4)}

dell hevel apparently, as it seems

hevis ['hę·vɪs] *m*. **+yow** shirt (*rough*), hair-shirt, blouse, smock
Apparently worn next to the skin (Edwards).
[C: < Gmc (Gr.)] {S 1; F 4: O *heuis* (VC.821) → P: M *hevys* (BM.1968, 4443): L *hevez* (AB.) → P: C B *hiviz* 'blouse'; MidW *hefis*: +yow I}

hevisweyth [ˌhęvɪs'węɪθ] *m*. smocking
[CC: **hevis** 2²**gweyth**] {S 1; F 0(EC52):}

hevlyna [hɛv'lɪˑna] *adv.* this year
[C: PrimCB *heβlɪneð* (hpb)]
{**S** 2; **F** 0(CE38): **C** B *hevlene*}

hevva ['hɛvːa] *f.* swarming, flocking, shoaling *(of fish)*
[Cc: OldC *hed* (> **hes**) + -VA]
{**S** 2; **F** 0(CE38): **D** "hevva" (traditionally shouted on spying a shoal of pilchards); the word is also applied to a type of cake, often incorrectly anglicized to 'heavy cake':}

hewel ['hɛwɛl] *adj.* conspicuous, easily visible, obvious, manifest
[cC: HE- 2²**gwel**]
{**S** 1; **F** 2: **L** *heuel* (AB250a) → P: **C** B *hewel*}

heweledh [hɛ'wɛˑlɛð] *m.* **+ow** manifestation
[cC: **hewel** -EDH]
{**S** 1; **F** 0(GM09: G.M.S.): **+ow** I}

heweres [hɛ'wɛˑrɛz] *adj.* helpful, auxiliary, ready to help
[cC: HE- 2¹**gweres**]
{**S** 1; **F** 1: **M** *heweres* (BM.3133)}

hewoel ['hɛˑwɤl] *adj.* vigilant, watchful, alert
[cC: HE- 2²**goel**]
{**S** 1; **F** 3: **O** *hepuil* (VC.399) → L,P}

hewoelder [hɛ'wɤldɛr] *m.* vigilance, watchfulness
[cCc: **hewoel** -DER] {**S** 1; **F** 0(EC52):}

hewul ['hɛwyl] *adj.* practicable, feasible, doable
[cC: HE- 2gul] {**S** 1; **F** 1: **L** *hogil* (AB250a)}

hewulder [hɛ'wyldɛr] *m.* practicality, feasibility
[cCc: **hewul** -DER] {**S** 1; **F** 0(GM09: G.M.S.):}

heydh ['hɛɪð] *coll.* **+enn** barley
[C: Brit *sasyo-* (hpb)] {**S** 1; **F** 1: **M** *heyth* (RD.0377); **C** B *heiz*; W *haidd*: **+enn** I}
Replaced in trad. Cor. by *barlys.*

heydhek ['hɛɪðɛk] *f.* **-egi** barley-field
[Cc: **heydh** -¹EK]
{**S** 1; **F** 0(CE38): **C** B *heizeg*: **-egi** I}

heydhlann ['hɛɪðlan] *f.* **+ow** barley-land
[Cc: **heydh lann**]
{**S** 1; **F** 0(GM09: P.H.): P ?Bohelland: **+ow** I}

heyji ['hɛɪdʒi] *pl.* ducks
[Cc: pl. in -I of ³**hos**] {**S** 8; **F** 2: **L** *heidzhe* (Lh.), *higi* (PV12041): P Polhigey: **C** B *houidi*}

heyjik ['hɛɪdʒɪk] *m.* **-igow** duckling
[Cc: from ³**hos** -IK, but formed by Nance by analogy with **heyji.**]
{**S** 8; **F** 0(CE38): **C** B *houadig*, but note B pl.n. *Hoedic*, with aff.: **-igow** I}

¹**heyl** ['hɛɪl] *m.* **+yow** estuary
[C: Brit *salja* (ih)] {**S** 8; **F** 0(CE38): P Hayle, Egloshayle: **C** Not in B nor in W: **+yow** I}
Etymologically, this word is to be compared with **hyli** 'brine', and with **hal** 'moor'

²**Heyl** ['hɛɪl] *place* Hayle
[C: Brit *salja* (ih)] {**S** 1; **F** 1: **M** *heyl* (PC.2744)}

heylyek ['hɛɪljɛk] *adj.* estuarine
[Cc: ¹**heyl** -YEK] {**S** 8; **F** 0(GM09: G.M.S.)}

heylynn ['hɛɪlɪn] *m.* **+ow** creek
[Cc: ¹**heyl** -YNN] {**S** 8; **F** 0(CPNE): P Ellenglaze = **heylynn glas**: **+ow** I}

hi ['hiː] *pron.* she, it, her *(obj.)*
[C: CC *sî* (lp) < IE *sî* (gpc)]
{**S** 1; **F** 6: **M** *hy*: **L** *hei* (JCNBL), *hie*: **C** B *hi*, W *hi*}

hig ['hiːg] *m.* **+ow** hook
[D: Brit (Gr.) or Gmc *hega* (leb)]
{**S** 8; **F** 3: **O** *hyc* (VC.236) → L,P: **L** *îg* (AB033c, 065a) → P; pl. *îgo* (LV090.63): **+ow** L}

higenn ['hiˑgɛn] *f.* **+ow** hook
[Dc: **hig** -ENN]
{**S** 8; **F** 0(CE55): **C** B *higenn*; not in W: **+ow** I}

higenna [hig'ɛnːa] *v.* hook, hitch
[Dcc: **higenn** -¹A]
{**S** 1; **F** 0(CE55): **C** B *higennañ*}

hik ['hiːk] *m.* **+ow** hiccup
[E: Onomatapoeic]
{**S** 5; **F** 0(CE38): **C** B *hik*: **+ow** I}

hikas ['hiˑkaz] *v.* hiccup
[Ec: **hik** -²AS] {**S** 5; **F** 0(EC52): **C** B *hikat*}

hil ['hiːl] *f.* **+yow** race *(ethnic)*
[C: CC *sê-lo-* (gpc)]
{**S** 1; **F** 0(EC52): **C** B *hil*, W *hil*: **+yow** I}

hilgasieth

hilgasieth [hɪlga'zi·ęθ] *f.* racism
[CCc: **hil** 2¹**kas** -IETH]
{S 1; F 0(GM09: K.J.G.): C W *hilgasedd:*}

hilgasydh ['hɪl'ga·zɪð] *m.* +**yon** racist
[CCc: **hil** 2¹**kas** -¹YDH]
{S 1; F 0(GM09: K.J.G.): +**yon** I}

¹**hin** ['hi:n] *m.* +**yow** border
[C:] {S 8; F 0(CPNE): P Hingham:
C OldB *Hin-;* OldW *-hin:* +**yow** N (K.J.G.)}

²**hin** ['hi:n] *f.* +**yow** climate
[C:] {S 1; F 0(CE93: K.J.G.):
C B *hin*, W *hin:* +**yow** I}

hinek ['hi·nęk] *adj.* climatic
[Cc: ²**hin** -¹EK] {S 1; F 0(GM09: G.M.S.)}

hinonieth [ˌhinɔ'ni·ęθ] *f.* climatology
[Cc: ²**hin** -ONIETH] {S 1; F 0(CE93: K.J.G.):}

hinoniethel [hinɔni'ę·θęl] *adj.* climatological
[Cc: **hinonieth** -²EL] {S 1; F 0(GM09: YhaG)}

hinonydh [hi'nɔnɪð] *m.* +**yon** climatologist
[Cc: ²**hin** -ONYDH]
{S 1; F 0(AnG 2005: A.S.): +**yon** I}

hir ['hi:r] *adj.* long, tall, lengthy
[C: CC **sîros* (gpc)] {S 1; F 5: O *hir* (VC.948):
M *hyr:* L *hîr* (AB.); *heer* (PRJB): P Bowglyheere:
F Annear: C B *hir;* W *hir*}

hirbedrek [hir'będręk] 1. *adj.* rectangular, oblong 2. *m.*
hirbedrogow rectangle, oblong
[cCc: **hir** 2**pedrek**]
{S 1; F 0(GK98: K.J.G.): **hirbedrogow** I}

hirbellder [hir'bęldęr] *adj.* long-distance
[cCc: **hir** 2**pellder**] {S 1; F 0(AnG 1986)}

hirbenys [hir'bę·nɪz] *v.* carry out a long penance [cL: **hir** 2**penys**]
{S 1; F 1: M *hyr penys* (BM.3885)}

hirbren ['hirbręn] *m.* hire-purchase
[CC: **hir** 2**pren**] {S 1; F 0(GM09: G.M.S.):}

hirbrena [hir'brę·na] *v.* buy on hire purchase, rent-to-own (U.S.)
[CCc: **hir** 2**prena**] {S 1; F 0(Y2)}

hirgylgh

hirdrumm ['hirdrym] *m.* +**ow** long ridge
[CC: **hir** 2**trumm**]
{S 8; F 0(CPNE): P Penhedra: +**ow** I}

hirder ['hirdęr] *m.* +**yow** length, tedium
[Cc: **hir** -DER]
{S 1; F 0(CE38): C B *hirder*, W *hirder:* +**yow** I}

hireth ['hi·ręθ] *f.* +**ow** longing, nostalgia, yearning, wistfulness
[Cc: **hir** -ETH] {S 1; F 4: M *hyreth* → P:
L *hirrath*: C B *hiraezh*; W *hiraeth:* +**ow** I}

hirethek [hir'ę·θęk] *adj.* longing, yearning, wistful, homesick
[Ccc: **hireth** -¹EK] {S 1; F 2: M *herethek*
(BM.4314, 4526), *hyrethtak* (BK33.27)}

hirgamm ['hirgam] *m.* +**ow** stride
[CC: **hir** 2²**kamm**]
{S 1; F 0(GM09: G.M.S.): +**ow** I}

hirgamma [hir'gam:a] *v.* stride
[CCc: **hirgamm** -¹A] {S 1; F 0(GM09: G.M.S.)}

hirgernyades [hirgęrn'ja·dęs] *f.* +**ow** trumpeter *(female)*
[cCc: **hirgornA** -YADES] {S 1; F 1: +**ow** I}

hirgernyas [hir'gęrnjaz] *m.* -**ysi** trumpeter *(male)*
[cCc: **hirgornA** -³YAS]
{S 1; F 1: L *hirgerniad* (AB167b): -**ysi** I}

hirgi ['hirgi] *m.* -**geun** greyhound
[CC: **hir** 2**ki**] {S 1; F 0(GM09: G.M.S.): D long dog: -**geun** I}

hirgorn ['hirgɔrn] *m.* **hirgern** trumpet
[cC: **hir** 2¹**korn**] {S 1; F 3: O *hirgorn* (VC.251,
252) → L,P: C Not in B nor in W: **hirgern** I}

hirgrenn ['hirgręn] *adj.* cylindrical
[cC: **hir** 2**krenn**]
{S 3; F 0(EC52): C W *hirgrwn* 'elliptical'}

hirgrennenn [hir'gręn:ęn] *f.* +**ow** cylinder
[cCc: **hirgrenn** -ENN] {S 3; F 0(GL05): +**ow** I}

hirgylgh ['hirgɪlx] *m.* +**yow** ellipse, oval
[cL: **hir** 2**kylgh**] {S 1; F 0(CE38): C B *hirgelc'h*,
W *hirgylch:* +**yow** N (FTWC)}

hirgylghyek

hirgylghyek [hir'gɪlxjęk] *adj.* elliptical, oval
[cLc: **hirgylgh** -YEK] {S 1; F 0(CE93: K.J.G.): C B *hirgelc'hiek*; cf. W *hirgylchog*}

hirhe [hir'hęː] *v.* lengthen, elongate
[Cc: **hir** -HE]
{S 1; F 0(CE38): C B *hiraat*, W *hirhau*}

hirheans [hir'hę·ans] *m.* +ow elongation
[Cch: **hirhe** -ANS] {S 1; F 0(EC52): +ow I}

hirlamma [hir'lamːa] *v.* perform the long jump
[cLc: **hir lamma**] {S 1; F 0(GK98: K.J.G.)}

hirneth ['hirnęθ] *f.* long time
[Cc: **hir** -NETH] {S 8; F 2: L *hyrenath* (CW.1728) → P: C B *hirnez*, cf. W *hiraeth* 'longing':}

hiroes ['hi·rʀs] *m.* longevity, great age
[cC: **hir oes**]
{S 1; F 0(CE38): C B *hiroad*, W *hiroed*:}

Hirtasi name (name of the king of the Parthians)
{S 4; F 1: M *hirta sy* (BK31.91)}

hirvaner [hir'va·nęr] *m.* +yow streamer, pendant
[CE(F): **hir** 2*baner*]
{S 4; F 0(GM09: G.M.S.): +yow I}

hirviga [hir'vi·ga] *v.* procrastinate
[CCc: from **hir** 2*mik* -¹A]
{S 1; F 1: M *hyrvyge* (BK03.10)}

hirvryjyon [hir'vrɪ·dʒjɔn] *v.* stew
[CC: **hir** 2*bryjyon*] {S 8; F 0(GM09: G.M.S.)}

hirwel ['hi·rwęl] *f.* long-sight, hypermetropia
[cC: **hir** 2²**gwel**] {S 1; F 0(GK98: K.J.G.): C B *hirwel* 'presbyopia':}

hirwelyek [hir'wę·ljęk] *adj.* long-sighted, hypermetropic
[cCc: **hirwel** -YEK] {S 1; F 0(GM09: K.J.G.)}

hiryarth ['hi·rjarθ] *f.* +ow long ridge
[cC: from **hir** ¹*garth*]
{S 8; F 0(CPNE): P Harewood: +ow I}

history (Eng.) *n.* {S 6; F 2: M *HISTORYE* (TH46v), *HISTORY* (TH47r)}

hoelanek

ho ['hɔː] *interj.* ho!, stop!, halt!
[E(H): OldN *hó* AND OldF *ho* (coe)]
{S 4; F 2: M *ho* (BM.2493, 3563)}

hoba ['hɔ·ba] *m.* +s pet, pony, cob, hobby
[E: from MidE *hoby*, a by-form of the name *Robin* (coe)] {S 4; F 2: L *Hobba* (LV089.30): P ?Stable Hobba: C W *hobi*: +s N (FTWC)}

oen hoba pet lamb

hoberjon ['hɔ·bęrdʒɔn] *m.* +s habergeon, sleeveless coat of chainmail
[E(F): MidE *habergeoun* (CE38)]
{S 5; F 1: M *hobersen* (RD.2536): +s N (CE38)} MidC *hobersen* is held to indicate a measure of confusion between /s/ and /dʒ/.

hobihors *m.* +ys hobby-horse
[E: MidE]
{S 5; F 1: M *hobyhors* (BM.1061): +ys I}

hod ['hɔːd] *m.* +ys hood
[E(E): OldC *hot* /hɔd/ < OldE *hôd* (Gr.)]
{S 5; F 3: O *hot* (VC.328) → P: M *hot*: C Not in B nor in W: +ys I} Not up-dated from OldC, to avoid confusion with **hos**. Nance spelled the word as *hot*, and gave it the meaning 'hat'. Edwards has pointed out to the editor that at the time of OldC, there was less semantic difference between 'hood' and 'hat' than there is now. See **hatt**.

hodya ['hɔ·dja] *v.* injure
[Ec: VN in -YA] {S 5; F 2: M p.ptcpl. *hoddyys* (BK09.48), 3rd sg. pret. *hoddyas* (BK40.53)}

hoelan ['ho·lan] *coll.* +enn salt
[C: Brit *salannos* (M) < CC **salein-* (gpc)]
{S 2; F 4: O *holoin* (VC.850) → L,P: L *holan* (AB015a, 143b), *holan* (PRJB): C B *holen* (also *hoalen*); W *halen* < *halwyn*: +enn } According to Graves, OldC *haloin* was metathesized to **hoilan* (cf. B *hoalen*).

hoelan koth salt once used

hoelanedh [hʀ'la·nęð] *m.* +ow salinity
[Cc: **hoelan** -¹EDH] {S 2; F 0(GK98: K.J.G.): C W *halwynedd*: +ow I}

hoelanek [hʀ'la·nęk] *adj.* salty, saline
[Cc: **hoelan** -¹EK] {S 2; F 0(CE38): C W *halenog*}

hoelaner

hoelaner [hɤ'laˑnẹr] *m.* **-oryon** salter *(male)*, salt-maker
[Cl: **hoelan** -¹ER]
{S 3; F 2: **O** *haloinor* (VC.289) → L,P: **-oryon** I}

hoelanores [hɤla'nɔrẹs] *f.* **+ow** salter *(female)*, salt-maker
[Clc: **hoelan** -ORES]
{S 3; F 0(GM09: YhaG): **+ow** I}

hogan ['hɔˑgan] *m.* hawthorn [C:]
{S 8; F 0(CE38): **D** "hoggan" 'haw': **C** B *hogan*:}

hogen [hɔ'gẹːn] *adv.* still, even, yet, perpetually
Always found as the last word of a clause.
[C:] {S 8; F 2: **M** *hogen* → P, *hagan* (BK.): **L** *hagen* (AB172c): **C** B *hogen* 'but'; cf. W *hagen* 'nevertheless'}

hogenn ['hɔˑgẹn] *f.* **+ow** heap, pie, baked pastry, oggy
[Uc:] {S 1; F 0(CE38): **D** "hoggan" 'lump of baked dough' may be this word, but has prob. been influenced by **hwiogenn**.:
P Vellanhoggan Mills: **C** B *hogenn* 'pile': **+ow** I}

hogh ['hɔːx] *m.* **-es** pig, swine, hog
[C: Brit **sukko-* (M) < CC **sukko-* (gpc)] {S 1; F 4: **O** *hoch* (VC.592) → L,P: **L** *hôx*, *hôh* (AB.):
P Nansough: **C** B *hoc'h*; W *hwch* 'sow': **-es** I}

hoghwuw ['hoxwyw] *m.* **+yow** boar-spear
[CC: **hogh** 2¹**guw**]
{S 3; F 3: **O** *hochpuyu* (VC.238) → L,P: **+yow** I}

hogshead (Eng.) *n.*
[E: MidE (coe)] {S 6; F 1: **L** *Hosket* (PLOP)}

hok ['hɔːk] *m.* **+ys** hawk
Found in the phrase **maga feri avel hok**, with the slang meaning 'as high as a kite'.
[E(E): MidE < OldE *hafoc* (coe)]
{S 5; F 1: **M** *hok* (BM.1901): **+ys** I}

HOK- [E:]

hokya ['hɔˑkja] *v.* hesitate, postpone, falter
[Ec: HOK=YA]
{S 5; F 3: **M** *hokye* (OM.0198, RD.1891) → P, *hokkye* (PC.2828)} Nance used <-kk->.

heb hokya without further ado

hokyans ['hɔˑkjans] *m.* **+ow** hesitation
[Eh: HOK=YANS] {S 5; F 0(EC52): **+ow** I}

HOL- [C: CC **seg-* (iyk)] One would have expected **heul-* in MidC.

holya ['hɔˑlja] *v.* follow, go after, come after
[Cc: HOL=YA] {S 3; F 4: **M** *holye* → P: **C** B *heuliañ*; cf. W *holi* 'to ask'}

holyer ['hɔˑljẹr] *m.* **-oryon** follower, partisan
[Ch: HOL=¹YER] {S 2; F 0(CE38): **-oryon** I}

homm ['hɔmː] *pron.* this (*f.*) Form of **homma** used before **yw** or **o**.
[C:] {S 2; F 1: **M** *holm* (BM.1090)}

homma ['hɔmːa] *pron.* this one (f.), this woman
[C:] {S 1; F 4: **M** *homma* → P, *holma*: **L** *hodda* (CGEL): **C** B *homañ*}
The form *holma* may not have the same origin.

homyli m. *homylys* homily
[E(F): 16th. cent form of MidE *omelie* < OldF *omelie*, with restored [h-] from CLat (coe)]
{S 5; F 4: **M** *homely* (TH., SA.); pl. *homyles* (TH30v): **homylys** M}

honan ['hɔˑnan] *m.* self, own Combines with pers. pronouns as **ow honan, dha honan, y honan, hy honan, agan honan, agas honan, aga honan**.
[C: Same word as **onan**, with accreted [h-].] {S 2; F 6: **M** *honon* (MC.), *honan* (Ord.), *honyn* (BK., TH., CW.): **L** *honnen* (M4WK): **C** B *unan*, W *hunan*:} As with **onan**, the spelling of the unstressed vowel varied in MidC, partly according to the words it was rhymed with. The commonest spelling was <y>, but here the etymological spelling <a> has been adopted.

y honan by himself, alone, on his own

y honan oll all on his own

aga honan themselves

agas honan yourselves

dha honan thyself, yourself

hy honan herself

ow honan myself

honanieth

honanieth [ˌhɔna'niˑęθ] *f.* **+ow** identity
[Cl: **honan** -IETH] {S 1; F 0(GM09): **+ow** I}

hond ['hɔnd] *m.* **hons** hound, dog *(as term of abuse)*
[E(E): MidE < OldE *hund* (coe)]
{S 5; F 1: M *hond* (BM.2414): **hons** I}

honesty (Eng.) *n.*
{S 6; F 1: M *honesty* (CW.0583)}

honn ['hɔnː] *pron.* that *(f.)*
Form of **honna** used before **yw** or **o**.
[C:] {S 2; F 3: M *hon* → L,P}

honna ['hɔnːa] *pron.* that one (f.)
[C:] {S 1; F 5: M *honna* → L,P: L *hodda* (AB.) → P: C B *honnezh*}

hons ['hɔns] *adv.* yonder, over there
[C: Brit (lp) < CC (gpc)] {S 1; F 3: M *hans* (OM.1780) → P, *hanys* (CW.1545): L *hons* (PV12310): P ?Hunds: C B *hont*; W *hwnt*}

an chi hons yonder house, that house over there

honter m. **+s** hunter ALT = **helghyer**.
[E: MidE (coe)]
{S 5; F 2: M *honter* (BM.3161, 3229): **+s** I}

hopys ['hɔˑpɪs] *coll.* **+enn** hops
[E(E): MidE]
{S 5; F 0(CE38): C W *hopys*: **+enn** I}

hopysek [hɔ'pɪˑzęk] *coll.* **+egi** hop-garden
[E(E)c: **hopys** -¹EK] {S 5; F 0(CE38): **+egi** I}

hora ['hɔˑra] *f.* **horys** whore, prostitute, harlot
[E(E): MidE < OldE *hôre* (coe)] {S 4; F 3: M *hore* (OM.): L *hora* (AB.) → P: **horys** I}

Horace name

hor'benn ['hɔrbęn] *m.* **+ow** battering-ram
[CC: from **hordh** 2**penn**'head'] {S 2; F 3: M pl. *horvenow* (OM.2322): L *horven* (PV12317): **+ow** M} <nn> (rather than <n>) and <b> (rather than <v>) might be expected in MidC. The morphology may not be correct.

hordh ['hɔrð] *m.* **+es** ram, maul
[C:] {S 1; F 4: O *horþ* (VC.603): M *horth* (BM.3395): L *hor*; pl. *hẏrroz* (AB243c) → P:

hosi

P Chyanhor: C B *horz* 'mallet', W *hwrdd*: **+es** L}

horji ['hɔrji] *m.* **+ow** brothel, whorehouse
[E(E)c: from **hora** 2**chi**]
{S 5; F 0(GM09: G.M.S.): **+ow** I}

horn ['hɔrn] *m.* **hern** iron *(metal)*
[C: Brit **isarno-* (M) < IE (lp)] {S 1; F 4: O *hoern* (VC.769): M *horn* → L,P: L *hôarn* (AB015a): P Bosorne: C B *houarn*; W *haearn*: **hern** C}

horn margh horse-shoe

hornek ['hɔrnęk] **1.** *adj.* like iron, ferric **2.** *f.* **-egi** iron-bearing ground
[Cc: **horn** -¹EK] {S 1; F 1: L *hornick* (PV12241): P Castle Horneck: **-egi** I}

hornell ['hɔrnęl] *f.* **+ow** smoothing-iron, iron *(appliance)*
[Cc: **horn** -²ELL] {S 1; F 0(Y1): **+ow** I}

hornella [hɔrn'ęlːa] *v.* iron, press
[Cc: **hornell** -¹A] {S 1; F 0(Y1)}

hornus ['hɔrnys] *adj.* ferrous
[Cl: **horn** -US] {S 1; F 0(GK98: K.J.G.)}

horsen m. **+s** whoreson
[E: 'son of a whore'] {S 4; F 3: M *horsen*; pl. *horsens* (BM.3734): **+s** M}

¹**hos** ['hɔːz] *coll.* **+enn** hose *(clothing)*, stockings
[E(E): OldE *hosa* (coe)]
{S 4; F 1: L *hôz* (AB136c) → P: **+enn** I}

²**hos** ['hɔːs] *adj.* hoarse, husky
[E(E): OldE *hâs* (coe)]
{S 4; F 2: O *hos* (VC.796) → L,P: D "hoaze"}
The MidE word was superseded in E by a derivative of OldN *hârs* (coe)

³**hos** ['hɔːz] *m.* **heyji** duck *q.v.*
[C: Brit (lp)] {S 1; F 4: O *hoet* (VC.506) → L,P: M *hos* (BK21.66): L *haz* (AB241b) → P; pl. *higi* (PV12041): P Resores; pl. Poligy: C B *houad*; W *hwyad*: **heyji** }

hosanow [hɔ'zaˑnɔw] *pl.* hose (clothing)
[E(E): OldE **hosan* + -²OW]
{S 8; F 1: O *fosaneu* (VC.817) → P: C W *hosanau*} emended from OldC *fosaneu*.

hosi ['hɔˑsi] *v.* speak hoarsely
[E(E)c: ²**hos** -¹I] {S 4; F 0(CE38)}

host

host (Eng.) *n.* {S 6; F 2: M *host* (SA66r)}

hostleri [hɔstl'ẹ·ri] *m.* **+s** inn, alehouse
[E(F): OldF *hostelerie* (coe)]
{S 4; F 1: L *hostleri* (PV12319): C B *ostaleri*: **+s** I}

hosyans ['hɔ·sjans] *m.* hoarseness
[E(E)c: Compound of ²hos]
{S 4; F 2: L *hoiziaz* (AB136c) → P:} Lhuyd's *-iaz* has been replaced by -YANS.

hothys *pl.*
[U:] {S 8; F 1: M *hotheys* (BM.4446)} Nance translated this as 'blankets, coverings, rags'.

hou ['huː] *interj.* hallo!, hey!, hi!
[E(E): MidE < OldE *hû* (coe)]
{S 4; F 4: M *hou* → P, *hov, how*}

Howen *name* Howel
[C:] {S 8; F 2: M *ovwan* (BK18.19), *howen* (BK39.32, 39.41): C Hywel}
Name of a knight; there may be confusion here between the names Howel and Owen.

Howl ['hɔʊl] *m.* Sun, sunshine
[C: Brit **sâwl-* (gpc) < IE (lp)]
{S 1; F 4: O *heuul* (VC.006) → L,P: M *houl* → P, *howle*: L *hoṷl* (AB.), *houl* (Gw.): P ?Wheal Howl: C B *heol*; W *haul*:}

howlbellva [hɔʊl'bẹlva] *f.* **+ow** aphelion
[CCc: **howl** 2**pell** -VA]
{S 1; F 0(GM09: K.J.G.): **+ow** I}

howldrehevel [ˌhɔʊldrẹ'hẹ·vẹl] *m.* **+yow** sunrise, east
[CcCc: from **howl drehevel**]
{S 1; F 0(CE38): **+yow** I}

howldrevel [hɔʊl'drẹ·vẹl] *m.* **+yow** sunrise, east
[CcCc: shortened form of **howldrehevel**]
{S 3; F 2: L *hoṷdreval* (AB005a) → P: **+yow** I}
a'n howldrevel eastern

howldro ['hɔʊldrɔ] *f.* **+yow** heliotrope (*flower*)
[CC; **howl** 2**tro**] {S 1; F 0(EC00): **+yow** I}

howlek ['hɔʊlẹk] *adj.* solar Note difference between **howlek** 'solar' and **howlyek** 'sunny'.
[Cc: **howl** -¹EK] {S 1; F 0(EC00)}

howtyn

howllenn ['hɔʊlːẹn] *f.* **+ow** sunshade, parasol, awning
[CC: **howl lenn**] {S 1; F 0(EC52): **+ow** I}

howlleski [hɔʊl'lẹ·ski] *v.* tan (*sunburn*)
[CCc: **howl leski**] {S 1; F 0(GL05)}

howlleskys [hɔʊl'lẹ·skɪs] *adj.* sunburnt
[CCc: **howlloskA** -⁶YS] {S 1; F 0(EC00)}

howllosk [hɔʊl'lɔːsk] *m.* sunburn
[CCc: **howl losk**] {S 1; F 0(EC00):}

howlnamm ['hɔʊlnam] *m.* **+ow** sunspot
[CC: **howl namm**]
{S 1; F 0(GM09: K.J.G.): **+ow** I}

howlnesva [hɔʊl'nẹsfa] *f.* **+ow** perihelion
[CCc: **howl nes** -VA]
{S 1; F 0(GM09: K.J.G.): **+ow** I}

howlsavla [hɔʊl'savla] *m.* **-leow** solstice
[CC: **howl savla**]
{S 1; F 0(GM09: K.J.G.): **-leow** I}

howlsedhes [hɔʊl'sẹ·ðẹz] *m.* **+ow** sunset, west
[CCc: **howl** SEDH=²ES] {S 1; F 2: L *Hoṷlzedhas* (AB104c) → P, *houl zethas* (MSWP): **+ow** I}
a'n howlsedhes western

howlsplann ['hɔʊlsplan] *m.* sunshine
[CC: **howl splann**] {S 1; F 0(AnG 1985):}

howlvleujenn [hɔʊl'vlœ·dʒẹn] *f.* **+ow** sunflower
[Cc: **howl** 2**bleujenn**]
{S 3; F 0(GM09: K.J.G.): **+ow** I}

howlwedrow [hɔʊl'wẹdrɔw] *pl.* sun-glasses
[CLc: **howl** 2**gwedrow**] {S 1; F 0(AnG 1986)}

howlwolow [hɔʊ'wɔ·lɔw] *m.* sunlight
[CC: **howl** 2**golow**] {S 1; F 0(GM09: G.M.S.):}

howlyek ['hɔʊljẹk] *adj.* sunny
[Cc: **howl** -YEK] {S 1; F 0(CPNE): P Bosoljack}
Nance's *howlek* is not attested.

howtyn ['hɔʊtɪn] *adj.* haughty, peremptory
[E(F): Compound of MidE *haut* < OldF *haut* 'high'] {S 8; F 2: M *hovtyn* (OM.2069), *houtyn* (RD.0545)}

hoyden

hoyden *f.* **+s** hoyden, ladette
Originally masc. in Eng., but from 17th cent. was applied to 'a boisterous girl' (coe), so is here regarded as fem.
[E(U):] {S 5; F 1: L *hoeden* (PV12246): **+s** I}

hual *m.* **-elyow** fetter ALT = **karghar**.
{S 8; F 2: L *fual, hual* (AB230c): **-elyow** I}

HUD- [C: CC **soito-* (gpc)]

hudel ['hyˑdęl] *adj.* magical, enchanting, illusory, fascinating
[Cc: HUD=¹EL]
{S 1; F 2: O *hudol* (VC.314) → L,P}

huder ['hyˑdęr] *m.* **-oryon** magician (*male*), enchanter, sorcerer
[Cl: HUD=¹ER] {S 1; F 3: M *huder* → P: L *hydor* (AB240c) → P: **-oryon** I}

hudores [hy'dɔˑręs] *f.* **+ow** magician (*female*), enchantress, sorceress
[Cc: HUD=ORES] {S 1; F 0(CE93: K.J.G.): **+ow** I}

hudh *m.* covert (ghost-word)
In *CE38*, Nance invoked this word to explain the pl.n. *Huthnance* (also found as a family name), but Padel argued that this is **heudh nans** 'happy valley'. In any case W *hudd* is formed from compounds of *cudd* 'hidden', and is not a separate word.

hudhygel ['hyˑðɪgęl] *m.* soot, grime
[L: HUDHYGL-S] {S 1; F 0(CE38): C W *huddygl*; cf. B *huzil*:} Nance's reconstruction of the forerunner of Lhuyd's *Filgedh*; see **hylgedh**.

HUDHYGL-
[L: BLat *sûdic'lum* < CLat *sûdiculum* (gpc)]

hudhyglek [hy'ðɪglęk] *adj.* sooty
[Lc: HUDHYGL=¹EK] {S 1; F 0(EC52)}

hudhyglenn [hy'ðɪglęn] *f.* **+ow,** *coll.* **hudhygel** smut
[Lc: HUDHYGL=ENN] {S 1; F 0(GM09: K.J.G.)}

hugeous (Eng.) *adv.*
{S 6; F 1: L *hugez* (M4WK)}
Rowe translated the Biblical phrase 'exceeding high mountain' by *hugez Meneth euhall*.

huk ['hyːk] *f.* **+ys** riding-hood, hooded cloak
[E(F): MidE *huke* < OldF *hucque* (CE38)] {S 5;

hunrosa

F 2: M *hugk* (PC.0922), *huk* (RD.1837): **+ys** I}

hulla ['hylːa] *m.* **hullevow** nightmare
[CC: from **hun lev**] {S 2; F 1: L *Hilla* (LV089.22): D "hilla": **hullevow** N}

Humber (Eng.) *place*
{S 6; F 1: M *hombyr* (BK39.64)}

humbly (Eng.) *adv.*
{S 6; F 2: M *humbly* (TH33v, 41r)}

humblya *v.* humble ALT = **uvelhe**.
[E(F)c: VN in -YA from MidE < OldF (coe)]
{S 1; F 1: M *humblya* (TH09v)}

humility (Eng.) *n.*
{S 6; F 1: M *humylite* (TH06v)}

hun ['hyːn] *m.* **+yow** sleep, slumber
[C: IE **sopno-s* (M)]
{S 1; F 4: O *pun* (VC.398): M *hun* → P, *huyn* → L: C B *hun,* W *hun:* **+yow** I}

hunes ['hyˑnęz] *m.* **+ow** sleep, slumber
[Cc: **hun** -²ES]
{S 8; F 1: M *huenneys* (BM.4448): **+ow** I}

hungan ['hyngan] *f.* **+ow** lullaby
[CC: **hun** 2kan] {S 1; F 1: L *Hygan* (LV090.14): **+ow** I} The identification of Lhuyd's *Hygan* with this word may not be correct, especially as he translates it by W *blinder* 'fatigue'.

huni ['hyˑni] *pron.* one
[C:] {S 1; F 4: M *huny* → P: C B *hini*}

pub huni everyone, everybody

an huni rudh the red one. Expressions like **an huni rudh** are not attested in the texts. They are an extension to the grammar, based on Breton, introduced by Wella Brown.

hunlev ['hyˑnlęv] *m.* **+ow** nightmare
[CC: **hun lev**] {S 1; F 0(CE38): C W *hunllef*: **+ow** I} Precursor of **hulla**.

hunros ['hyˑnrɔz] *m.* **+ow** dream, vision (*dream*)
[CC: poss. **hun** ¹ros] {S 8; F 3: M *hunrvs* (OM.1954): L *hendrez* (M2WK) → P: **+ow** I}

hunrosa [hyn'rɔˑza] *v.* dream
[CCc: **hunros** -¹A] {S 8; F 2: M 3rd sg. pret. *henrosas* (RD.0517): L *henrosa* (PV12135, 12402)}

hunya

hunya ['hy·nja] *v.* sleep, slumber
[Cc: **hun** -YA]
{S 1; F 2: M *[h]vny[a]* (BK05.34); 2nd sg. pres. ind. *hvnyth* (BK26.81): C cf. B *hunañ*, W *huno*} The second example is much more doubtful than the first.

hunyek ['hy·njęk] *adj.* sleepy, drowsy
[Cc: **hun** -YEK] {S 1; F 0(EC52)}

HURL- [E: MidE (coe)]

hurlya ['hyrlja] *v.* hurl
[Ec: HURL=YA] {S 4; F 1: L *Hyrla* (LV090.22)}

hurlyas ['hyrljaz] *m.* -ysi hurler
[Ec: HURL=³YAS]
{S 4; F 1: L *hurleyey* (BITB): -ysi L}

hurlyow ['hyrljɔw] *v.* hurlings
[Ec: HURL=YOW] {S 4; F 2: L *Hyrleaw* (LV090.51), *hyrlîau* (AB245a) → P}

hurtya *v.* hurt ALT = **shyndya**.
[E(F): VN in -YA from MidE < OldF *hurter* (coe)] {S 5; F 3: M *hurtya* (TH48r); p.ptcpl. *hurtys* (TH26r): L *hertia* (AB075b) → P}

hus ['hy:z] *m.* +ow enchantment, charm, illusion, magic
[C: CC *soito- (lp), MidC development of OldC *hud*] {S 1; F 2: M *hus* (PC.2695, BM.3376) → P: +ow I}

yn-dann hus spellbound

husa ['hy·za] *v.* enchant, charm, beguile, entrance, fascinate
[Cc: **hus** -¹A] {S 1; F 0(CE38): C B *hudañ*, W *hudo*} Nance wrote *huda*, but OldC <d> > MidC <s> when purely intervocalic.

husenn ['hy·zęn] *f.* +ow spell *(magic)*
[Cc: **hus** -ENN] {S 1; F 0(GM09: K.J.G.): +ow I}

husys ['hy·ʒɪz] *adj.* spellbound, enchanted
[Cc: from **hus** -⁶-YS] {S 1; F 0(GM09: G.M.S.)} P.ptcpl. of **husa**.

huskosk ['hy·skɔsk] *m.* hypnotism, mesmerism
[CL: from **hus kosk**] {S 1; F 0(EC52):}

huskoskek [hys'kɔ·skęk] *adj.* hypnotic
[CLc: **huskosk** -¹EK] {S 1; F 0(GM09: G.M.S.)}

hwaff ['hwaf:] *m.* +ys blow, punch *(blow)*, gust
[E: MidE *waff* 'gust' (gpc)] {S 8; F 3: M *whaf* → P; pl. *whaffys* (OM.2747): C W *chwaff*: +ys M}

hwaffa ['hwaf:a] *v.* punch
[Ec: **hwaff** -¹A] {S 8; F 0(GM09: YhaG)}

HWANN- [C: (K.J.G.)]

hwannenn ['hwan:ęn] *f.* +ow flea
See **hwynn**. [Cc: HWANN=ENN]
{S 1; F 3: O *hpannen* (VC.625) → L,P: C B *(c'hwenenn)*; W *chwannen*: +ow I}

hwans ['hwans] *m.* +ow desire, longing, wish Followed by (i) VN directly, (ii) **dhe** + VN, (iii) noun directly, (iv) ³a + noun.
[C: CC *swant- (gpc)]
{S 1; F 4: M *whans* → P: L *huanz* (AB250b): C B *c'hoant*; W *chwant*: +ow I}

hwansa ['hwanza] *v.* desire, covet, long for, hanker after
[Cc: **hwans** -¹A] {S 1; F 2: M *whanse* (TH16v); p.ptcpl. *wensys* (SA64v): C W *chwantu*}

hwansek ['hwanzęk] *adj.* desirous, wishful, longing, covetous
Followed by **dhe**, e.g. **ass on hwansek oll dhe bysi** (PC.0037)
[Cc: **hwans** -¹EK] {S 1; F 3: M *whansek* PC.0037) → P, *whansack* (CW.1794): L *whanzach* (MSWP): C B *c'hoantek*, W *chwannog*}

hwansekter [hwanz'ęktęr] *m.* covetousness
[Ccc: **hwansek** -TER] {S 1; F 0(GM09: G.M.S.):}

hwar ['hwa:r] *adj.* meek, gentle, mild, submissive, placid
[C: Brit *waro- (hpb)]
{S 3; F 3: M *whar*, *war* → P: C MidB *(goar)*; W *gwar*}

HWAR- [C: CC *swar-] Root of **hwarvos**.

hware [hwar'ẹ:] *adv.* immediately, forthwith, at once, right away
In some circumstances, "dreckly" might be a suitable meaning in Eng.
[C: (K.J.G.)] {S 8; F 6: M *whare* → P, *wharre* → P: L *whrea* (M2..): C Apparently related to B *doare*}
MidC *whare* commonly rhymed with words such as *tresse* 'third', but unlike those words, it was apparently stressed on the final syllable.

hwarhe [hwar'hẹ:] *v.* civilize, humanize, make gentler
[Cc: **hwar** -HE] {S 1; F 0(CE38)}

hwarth ['hwarθ] *m.* **+ow** laughter
[C: (Fl.)] {S 1; F 2: M *wharthe* (CW.2407) → P: C B *c'hoarzh*; W *chwarth*: **+ow** I}

hwarthus ['hwarθys] *adj.* laughable, comic, ridiculous, funny, humorous
[Cl: **hwarth** -US] {S 1; F 0(CE38): C B *c'hoarzhus*, W (*chwarddus*)}

hwarvedhyans [hwar'vẹ·ðjans] *m.* **+ow** happening, event, occurrence
[DCc: HWAR- 2BEDH=YANS]
{S 1; F 0(EC00): **+ow** I}

hwarvedhys [hwar'vẹðɪz] *adj.* happened, befallen, occurred, taken place   P.ptcpl. of **hwarvos**. Two shortened forms are found in MidC: *whyrfys* at OM.1415 and *werys* at BM.1412.
[CCc: HWAR- 2BEDH=⁶YS]
{S 1; F 4: M *wharfethys* → P: C B *c'hoarvezet*}

hwarvos ['hwarvɔz] **1.** *v.* happen, befall, occur, take place, come to pass **2.** *m.* **+ow** event, happening
[Cc: HWAR- 2¹**bos** < Brit **swar-butâ* (Fl.)]
{S 1; F 5: M *wharfos*: L 3rd sg. pres. ind. *where* (NGNB4): C B *c'hoarvout*: **+ow** I}

hwath ['hwa:θ] *adv.* yet, still, again, once more
[C: Brit (hpb)]
{S 1; F 6: M *whath, wath, wheth*: L *huâth* (AB.); *whath*: C B *c'hoazh*; W *chwaith* '(n)either'}

301

hwegenn
hwath pella furthermore
na hwath not yet

hwatt ['hwat] *m.* **+ys** whack, slap, smack
[E: MidE *wap* 'whack' (gpc)]
{S 5; F 3: M *wat* (PC.1384) → P, *what* (RD.0604): C W *chwat*: **+ys** I}

hwedh ['hwẹ:ð] *m.* **+ow** swelling, tumour
[C:] {S 8; F 3: L *huedh* (PV12329, 18306): C W *chwydd*: **+ow** I}

hwedhel ['hwẹðel] *m.* **hwedhlow** story, tale, fabrication *(tale)*, false report
[C: HWEDHL-S] {S 1; F 4: M *whethel* (BK22.28) (1 syll.), *whelth* (MC.109); pl. *whethlow*: L *huedhel* (AB243c): D "whiddles": C MidB (*hezl*); W *chwedl*: **hwedhlow** }
HWEDHL-
[C: Brit **sketlo*- (lp) < IE *skwetlom-* (gpc)]

hwedhla ['hwẹðla] *v.* tell tales, gossip
[Cc: HWEDHL=¹A] {S 1; F 0(CE38)}

hwedhlow ['hwẹðlɔw] *pl.* stories, nonsense, tattle
[Cc: HWEDHL=²OW] {S 1; F 4: M *whethlow* → L,P: P ?*Helygy Whethlowe*}

hwedhi ['hwẹ·ði] *v.* swell
[Cc: **hwedh** -¹I] {S 8; F 2: L *hwedhy* (LV090.09), *huedhi* (PV12329)}

hwedner ['hwẹdnẹr] *m.* **+ow** sixpence
[CL: Short for **hwegh diner**]
{S 8; F 1: L (Borlase): **+ow** I}

hweg ['hwẹ:g] **1.** *adj.* sweet, dear, pleasant, pleasing, kind, gentle, nice **2.** *m.* **+ow** darling
[C: CC **sweko-s* (gpc)]
{S 1; F 6: M *whek, wek*; *wheake* (CW.): L *huệg* (AB.); *wheag*: D "whacca" 'sweetmeats' may be for **hwegow**.: C B *c'hwek*; W *chweg*: **+ow** MD}

hwegenn ['hwẹ·gẹn] *f.* **+ow** pet *(endearment)*, darling, sweeting
[Cc: **hweg** -ENN]
{S 1; F 1: M pl. *wegennov* (BM.1565): **+ow** M}

hweger ['hwɛ·gɛr] *f.* **hwegrow**
mother-in-law
[C: HWEGR-S]
{S 1; F 3: O *hpeger* (VC.162) → L,P: C Not in B; W *chwegr*: **hwegrow** N (CE38)}

hwegh ['hwɛːx] *num.* six
[C: IE *swek's* (M)] {S 1; F 4: M *vi, whea*: L *whegh, wheeath, whee; huêx* (AB269a): P *An Whea Mogovan*: C B *c'hwec'h*; W *chwech*}

hweghkorn ['hwɛxkɔrn] *m.* **+yow**
hexagon
[CC: **hwegh** ¹**korn**] {S 1; F 0(CE93: K.J.G.): C B *c'hwec'hkorn*: **+yow** I}
an Hweghkorn Frynkek the French Hexagon

hweghkornek [hwɛɦ'kɔrnɛk] *adj.*
hexagonal
[CC: **hweghkorn** -¹EK] {S 1; F 0(GM09: YhaG)}

hweghmis ['hwɛxmɪs] *m.* **+yow**
semester
[CC: **hwegh mis**]
{S 1; F 0(CE93: K.J.G.): **+yow** I}

hweghrannell [hwɛɦ'ranːɛl] *f.* **+ow**
sextant
[CCc: **hwegh rann** -²ELL]
{S 1; F 0(EC00): **+ow** I}

hwegh-ugens [ˌhwɛ·ɦ'yˑgɛns] *num.* six score (120)
[CC: **hwegh ugens**]
{S 1; F 0(GK98: K.J.G.): C B *c'hwec'h-ugent*}

hweghves ['hwɛxfɛz] *num.* sixth
[Cc: **hwegh** -VES]
{S 1; F 4: M *whefes* (OM.0049), *wehes* (BM.2069), *vi-as* (TH.): L *hueffas* (AB026a), *veffras* (G1JB)}
The cluster /xv/ is unvoiced in normal speech to [fif]; in fast speech the /v/ may be lost, as in BM.2069 *wehes*, or the cluster reduced to [ff], as in Lhuyd's *hweffaz*.

hwegoll ['hwɛ·gɔl] *adj.* darling, sweetest, kindest
[CCC: **hweg oll**] {S 1; F 3: M *whegol* (MC.164) → L,P; *whek ol* (OM.)}

HWEGR- [C: Brit *swekru-* (Haywood) < IE *swek(u)r-* (gpc)]

hwegrew ['hwɛgrɛw] *m.* icing *(on cake)*
[CC: **hweg** ⁶**rew**] {S 1; F 0(Y1):}

hwegrewi [hwɛg'rɛwi] *v.* ice a cake
[CCc: **hwegrew** -¹I] {S 1; F 0(Y1)}

hwegron ['hwɛgrɔn] *m.* **+yon**
father-in-law
[C: IE *swekru-no-* (gpc)] {S 2; F 3: M *hpigeren* → L,P: C Not in B; W *chwegrwn*: **+yon** N}

hwegynn ['hwɛ·gɪn] *m.* **+ow** sweet
A semantic difference may be made between **hwegynn** 'sweetmeat' and **hwegenn** 'sweet child'. Nance wrote both words as *whegyn*.
[Cc: **hweg** -YNN] {S 1; F 0(CE38): **+ow** I}

hwekhe [hwɛk'hɛː] *v.* sweeten
[Cc: from **hweg** -HE] {S 1; F 0(EC52)}

hwekter ['hwɛktɛr] *m.* sweetness, pleasantness, kindness
[Cc: **hweg** -TER]
{S 1; F 3: M *whecter* → L,P: C B *c'hwekter*:}

hwel ['hwɛːl] *m.* **+yow** work, mine-working
[C: CC *swel-* (Fl.) < IE *swelo-* (gpc)]
{S 1; F 5: M *wheyl*: L *huêl* (AB.); *wheal, whele*; pl. *huelio* (AB242c), *wheliow* (Gw.): P Wheal + name of mine: C Either W *chwil* 'a search' or W *chwêl* 'a turning' (Padel), or W *chwŷl-* (Fl.); OldB *hoel-*: **+yow** L}
Appears to be identical with the root in **omhweles**.

hwelyow fordh road-works

hwelbark ['hwɛlbark] *m.* **+ow** industrial estate, industrial park (U.S.)
[CE(F): **hwel 2park**] {S 4; F 0(Y1): **+ow** I}

hweldro ['hwɛldrɔ] *m.* **+yow** revolution *(in mechanics)*
[CC: **hwel 2tro**]
{S 1; F 0(Y1): C W *chwyldro*: **+yow** I}

hwelji ['hwɛldʒi] *m.* **+ow** workshop
[CC: **hwel 2chi**]
{S 3; F 0(GM09: G.M.S.): **+ow** I}

hwelros ['hwɛlrɔz] *f.* **+ow** flywheel
[CC: **hwel ¹ros**]
{S 1; F 0(Y1): **C W** *chwylrod*: **+ow** I}

hwel-sten [hwɛl'stɛːn] *m.*

hwelyow-sten tin working
[CL: **hwel sten**] {S 1; F 1: **L** *huêl-stean* (AB060b): **hwelyow-sten** I}

hwenenn ['hwɛ·nɛn] *f.* **+ow** nipple, teat
[Uc: taken to be a FN in -ENN]
{S 8; F 1: **L** *hwenan* (LV090.07): **+ow** I}

hwenn ['hwɛnː] *coll.* **+enn** weeds
[C: (K.J.G.)] {S 8; F 0(CE38): **C B** *c'hwenn*; **W** *chwyn*: **+enn** I} Etymologically, this word should be **hwynn**, but this would cause potential confusion with **hwynn** 'fleas'.

hwennek ['hwɛnːɛk] **1.** *adj.* weedy **2.** *f.* **hwennegi** weed-patch
[Cc: **hwenn** -¹EK] {S 8; F 0(CE38): **hwennegi** I}

hwennladh ['hwɛnlað] *m.* **+ow** weed-killer
[CC: **hwenn** LADH-]
{S 8; F 0(GM09: GG): **+ow** I}

¹hwer ['hwɛːr] *v. part* happens
3 s pres. of **hwarvos**. [C: HWAR-A]
{S 8; F 3: **M** *wher* → **P: L** *where* (NGNB4)}

pandr'a hwer? what's happening?, what's going on?, what's the matter?

pyth eus hwarvedhys? what's happened?

²hwer *m.* **+yow** danger
[U:] {S 8; F 1: **M** pl. *wheryow* (CLJK): **+yow** M}

hwern ['hwɛrn] *m.* **+yow** quarrel
[C:] {S 8; F 0(IC.): **C B** *huern*, **W** *chwyrn* 'rapid': **+yow** I}

hwerow ['hwɛrɔw] *adj.* bitter, sharp, harsh, acrid
[C: CC *(k)swerwos* (gpc)]
{S 1; F 4: **M** *wherow* (RD.2601) → **P: L** *huero* (AB241a) → **P: C B** *c'hwerv*; **W** *chwerw*}

hwerowder [hwɛr'ɔʊdɛr] *m.* bitterness, acerbity
[Cc: **hwerow** -DER] {S 2; F 1: **M** *wherewder* (TH07v):}

hwerow-hweg [ˌhwɛrɔʊ'hwɛːg] *adj.*
bitter-sweet Name of the first feature film in Cornish (2002).
[CC: **hwerow hweg**] {S 1; F 0(GM09: P.H.)}

hwers ['hwɛrs] *m.* **+ow** moment *(time)*, short while
[L: CLat *vers* 'period of time']
{S 8; F 1: **M** *whers* (BK38.56): **+ow** I}
See discussion in the Cornish Language Board's edition of *BK*. Compare also Gwenedeg *a huerso vras* 'depuis longtemps'.

hwerthin ['hwɛrθin] *v.* laugh
[Cc: **hwarth**A -IN] {S 1; F 4: **O** *hƥerþin* (VC.938): **M** *wherʒyn* (MC.222); 2nd sg. impf. subj. *wharthes* (OM.0153): **L** *huerthin, huerhin* (AB.): **C B** *(c'hoarzhin)*; **W** *chwerthin*}

hwerthin orth laugh at

hwerthinva [hwɛr'θinva] *f.* laughter
[Ccc: **hwerthin** -VA]
{S 1; F 3: **M** *wyrthy^va* (BK22.69):}

hwerydh ['hwɛ·rɪð] *pl.* sisters
[Cc: **hwoer**A -²YDH] {S 8; F 0(CE38): **C W** *chwiorydd*} Coined by Nance on the basis of the W; the evidence for analogous vowel aff. of /o/ in other words is limited.

hwerik ['hwɛ·rɪk] *f.* **-igow** little sister
[Cc: **hwoer**A -IK] {S 8; F 0(AnG 1984): **-igow** I} The <e> in this word is doubtful.

hwesker ['hwɛ·skɛr] *coll.* **+enn** insects
[CC: from **hwegh esker** 'six legs']
{S 2; F 0(GK98: K.J.G.): **+enn** I}
There is no extant trad. word for 'insect'. In *EC52* Nance extended the meaning of **pryv**, already in use for 'worm, dragon, serpent, reptile, vermin', to include 'insect' (as in Welsh). The present editor prefers to devise an entirely new word, in order to reduce the semantic load on **pryv**. The most distinguishing feature of insects is that they have six legs, and this fact is used in the new word. Cf. colloq. **ethgarr** 'spider' (Ray Chubb).

hwetek ['hwɛ·tɛk] *num.* sixteen
[CC: from **hwegh 4deg**] {S 2; F 3: **L** *whedeec* (IKAB), *wheetaeck* (WDRS), *huettag* (AB147b) → **P: C B** *c'hwezek*}

hwetegves

hwetegves [hwę'tę·gvęz] *num.* sixteenth
[CCc: from **hwetek** -VES]
{S 1; F 3: M *xvi, xvi-as* (TH.): C B *c'hwezegvet*}

hwettya ['hwęt:ja] *v.* whack, slap, smack
[Ec: **hwatt**A -YA] {S 5; F 0(GK98: G.M.S.)}

Hwevrer ['hwęvręr] *m.* February
Usually preceded by **mis-**.
[L: CLat *Februarius*]
{S 1; F 3: L *Huevral* (AB.) → P, *huerval* (AB.) → P: C B *C'hwevrer*; W *Chwefror*:}
All of the examples in LateC have <-l>, as in dialectal W *Chwefrol*.

hwi² ['hwi:] *pron.* you *(pl.)*, ye
Although this word was sometimes applied in trad. Cor. to individuals, it is recommended that its use be now restricted to more than one person. When used vocatively, this pronoun causes 2nd state mutation, e.g. **hwi voghosogyon!** 'you paupers!'
[C: CC **swî* (M)] {S 1; F 7: M *why, wy*: L *huei* (AB.); *why, whei*: C B *c'hwi*; W *chwi*}

hwib ['hwi:b] *f.* **+ow** pipe *(Mus.)*
[C: Shortening of **hwiban**] {S 1; F 0(CE38): C Not in B; W *chwib* 'whistle': **+ow** I}
VC.254 was read by Nance as *wib* and re-spelled *whyb*; Graves, however, read the word as *pib*.

hwiban ['hwi·ban] *f.* whistling *(by mouth)*
[C:] {S 1; F 0(CE38): C B *c'hwiban*; W *chwiban*:}

hwibana [hwi'ba·na] *v.* whistle *(by mouth)*
[Cc: **hwiban** -¹A] {S 1; F 0(EC52)}

hwibanowl [hwi'ba·nɔʊl] *f.* **+yow** whistle *(instrument)*
[Cl: **hwiban** -OWL (Gr.)] {S 1; F 1: O *pibonoul* (VC.260): C Not in B; W *chwibanogl*: **+yow** I}
The ending -OWL is very rare, and Nance did not know how to treat it; he wrote *whybonol* in CE38 and *whybonel* in CE55. I have preferred to leave it as -OWL.

hwibanowlik [ˌhwiba'nɔʊlik] *f.* **-igow** piccolo

hwilresek

[Cl: **hwibanowl** -IK] {S 1; F 0(EC00): **-igow** I}

hwibanor [hwi'ba·nɔr] *m.* **+yon** whistler *(male)*
[Cc: **hwiban** -OR] {S 8; F 1: O *pibanor* (VC.798) → P: C Not in B; W *chwibanwr*: **+yon** I}

hwibanores [hwiba'nɔ·ręs] *f.* **+ow** whistler *(female)*
[Ccc: **hwiban** -ORES]
{S 8; F 0(GM09: P.H.): **+ow** I}

hwibes See **gwibes**.

hwibon ['hwi·bɔn] *m.* **+es** stork
[C:] {S 1; F 0(CE38): C B *c'hwibon*; W *chwibon*: **+es** I}

hwigenn ['hwi·gęn] *f.* crumb *(of loaf)*, soft part of bread
[U:] {S 8; F 2: L *huigan* (Lh., B.Victor):}

hwil ['hwi:l] *m.* **+es** beetle, chafer
[C: Brit **swei-* (gpc)]
{S 1; F 1: L *uîl* (LV153.56): P *Polwhele*: F *Polwheal*: C B *c'hwil*; W *chwil*: **+es** C}

hwilas ['hwi·laz] *v.* seek, search for, try
Transitive only.
[Cc: (Fl.)] {S 1; F 6: M *whylas, whelas*: L *huillaz* (AB133c), *whelas*: C B *c'houiliat*; cf. W *chwilio*}

hwilenn ['hwi·lęn] *f.* **+ow** beetle, chafer
[Cc: **hwil** -ENN]
{S 1; F 3: O *hpilen* (VC.535) → L,P: M *welen* (BM.3983), *gwelan* (BK13.80): L *huîlan* (AB145b) → P: D "willen": C W *chwilen*: **+ow** I}
Found in the saying "**Ny gosk hwilenn yn-dann droes**" (BM., BK.) 'a beetle does not sleep underfoot'.

hwilenn dhu cockroach

hwilessa [hwɪl'ęs:a] *v.* catch beetles
[Cc: **hwil** -ESSA] {S 1; F 0(CE38): C B *c'hwiletañ*; W *chwilota* 'to pry'}

hwilresek [ˌhwil'rę·zęk] *m.* orienteering
[CCc: from **hwilas** + **resek**] {S 1; F 0(GK98: K.J.G.):} The word could also be interpreted as containing **hwil** 'beetle'; the impression given by a crowd of orienteers running around in a forest being reminiscent of beetles.

hwilreseger

hwilreseger [ˌhwilrɛzˈɛˑgɛr] *m.* **-oryon**
orienteer *(male)*
[CCcl: from **hwilresek** -¹ER]
{S 1; F 0(GK98: K.J.G.): **-oryon** N}

hwilresegores [hwilrɛzɛˈgɔˑrɛs] *f.* **+ow**
orienteer *(female)*
[CCclc: from **hwilresek** -ORES]
{S 1; F 0(GM09: K.J.G.): **+ow** I}

hwil-tan [ˈhwiːlˌtaˑn] *m.* **hwiles-tan**
moped
[CC: **hwil tan**] {S 1; F 0(GL05: K.J.G.):
C B *c'hwil-tan*: **hwiles-tan** I}

hwiogenn [hwiˈɔˑgɛn] *f.* **+ow**
dinner-cake made of pastry
[Cc:] {S 1; F 1: L *hogan* (PV12247): D "fuggan",
with [f-] < [hw-]: C W *chwiogen*: **+ow** I}

hwyski [ˈhwɪˑski] *m.* **+ow** whisky
[E(O): from Scots Gaelic *usquebaugh* (coe)]
{S 4; F 0(GM09: YhaG): **+ow** I}

hwistel [ˈhwiˑstɛl] *f.* **hwistlow** shrew
(mouse)
[C:] {S 1; F 0(CE38): C W *chwistl*: **hwistlow** N
(K.J.G.)}

HWITHR- [U:]

hwithra [ˈhwiθra] *v.* examine,
investigate, scrutinize, probe, carry
out research, inspect
[Uc: HWITHR=¹A]
{S 8; F 3: M *whythre* (OM.1414) → P}

hwithrans [ˈhwiθrans] *m.* **+ow** research,
investigation, inspection, scrutiny
[Uh: HWITHR=ANS] {S 8; F 0(AnLK 87): **+ow** I}

hwithrer [ˈhwiθrɛr] *m.* **-oryon**
researcher *(male)*, investigator,
inspector, scrutineer
[Ul: HWITHR=¹ER]
{S 8; F 0(CE93: K.J.G.): **-oryon** I}

hwithrores [hwɪˈθrɔˑrɛs] *f.* **+ow**
researcher *(female)*, investigator,
inspector, scrutineer

hwymm-hwamm

[Uc: HWITHR=ORES]
{S 8; F 0(CE93: K.J.G.): **+ow** I}

hwoer [ˈhwoːr] *f.* **hwerydh** sister *q.v.*
[C: IE **swesôr* (gpc)]
{S 8; F 4: O *puir* (VC.139) → L,P: M *hore*
(TH31r), *hoer* (CW.1330, 1336): L *hôr* (AB.) → P:
P Lawhyre: C B *c'hoar*; W *(chwaer)*: **hwerydh** }
There is a case for spelling this word **hoer**
(Schrijver).

hwyflyn [ˈhwɪflɪn] *adj.* roaring,
blustering
[E: MidE (> ModE *whiffling* = *whiff* + *-ing*)]
{S 4; F 2: M *whyflyn* (RD.2311), *whylfyn*
(BK04.70): D "whiffling"}
N.B. use of *whiffling* in Carroll's *Jabberwocky*.

hwyhwi [hwɪˈhwiː] *pron.* you *(pl.)*, ye
Reduplicated, emphatic form of **hwi**.
[cC: from **hwi hwi**] {S 1; F 2: M *why why*
(OM.1653, 2209): L *huyhuî* (AB244b)}

hwyj [ˈhwɪːdʒ] *m.* vomit
[C: CC **skei-* (gpc)] {S 3; F 0(GM09: YhaG):}

hwyja [ˈhwɪˑdʒa] *v.* vomit, spue, puke,
throw up
[Cc: **hwyj** -¹A] {S 3; F 3: L *huedzha* (AB010b,
177b) → P: C B *(c'hwediñ)* 'to posset';
W *chwydu*}
In his notebook, Lhuyd distinguished the
words for 'to vomit' and 'to sweat' as *Hwedzhia*
and *Hweza* respectively. The <Hw-> suggests
that these words were taken from an
informant, because textual sources used
<wh->. This implies that the phonetic
evolution of [-d-] > [-ð-] and of [-s-] >
[-z-] were kept apart, at least in the Cor.
spoken by Lhuyd's informant. The **hwyja**
given here is based partly on Lhuyd.

hwymm-hwamm [ˈhwɪmhwam] **1.** *adv.*
capriciously, whimsically,
unsteadily, this way and that **2.** *adj.*
haphazard, slapdash
[E: E *whim-wham*]
{S 4; F 1: M *whym wham* (PC.2734): D
"whim-wham": C W *chwim-chwam*}

hwynn

hwynn ['hwyn:] *coll.* **hwannenn** fleas
[C: HWANNA] {S 1; F 3: O sg. *hpannen* (VC.625)} → L,P: **L** *whidden* (PV12424): **C B** *c'hwenn*; **W** *chwain*: **hwannenn** }
The vocalic alternation <a> (sg.). v. <y> (pl.) is surprising.

hwypp ['hwɪp] *m.* **+ys** whip
[E: MidE (*h*)*wipp-* (coe)]
{S 5; F 3: **M** *whyp* → P; pl. *whyppys* (PC.2048, 2056): **C W** *chwip*: **+ys M**}

hwyppya ['hwɪp:ja] *v.* whip
[Ec: **hwypp** -YA] {S 1; F 2: **M** p.ptcpl. *whyppys* (BK05.47), *whippys* (SA59v)}

HWYRN- [C: Brit (Fl.)]

hwyrni ['hwɪrni] *v.* hum, buzz, whirr, snore
[Cc: HWYRN=¹I]
{S 1; F 0(CE38): **C** MidB *huerni*; **W** *chwyrnu*}

hwyrnians [hwɪr'ni·ans] *m.* **+ow** hum, buzz, whirr
[Cc: **hwyrni** -ANS]
{S 1; F 0(GM09: P.H.): **+ow I**}

hwyrnores [hwɪr'nɔ·rẹs] *f.* **+ow** hornet
[Cc: HWYRN=ORES] {S 1; F 2: O *hpirnores* (VC.534) → L,P: **C** Not in B nor W: **+ow I**}

hwys ['hwɪ:z] *m.* **+ow** sweat, perspiration
[C: CC *swid-t-* (gpc)]
{S 1; F 4: **M** *whys* → P: **L** *huèz* (AB157c) → P, *wheeze* (G3WK): **C B** *c'hwez*; **W** *chwys*: **+ow I**}

hwysa ['hwɪ·za] *v.* sweat, perspire See **hwyja**.
[C: **hwys** -¹A]
{S 1; F 3: **M** *wese* (MC.058): **L** *hueza* (AB157c) → P: **C B** *c'hwezañ*; **W** *chwysu*}

hwysti ['hwɪ·sti] *m.* **+ow** sweat-shop
[CC: **hwys ti**] {S 1; F 0(GK00: A.S.): **+ow I**}

HWYSTR- [E(E): OldE *hwaestrian* (CE38)]

hwystra ['hwɪstra] *v.* whisper
[E(E)c: HWYSTR=¹A] {S 4; F 1: **M** p.ptcpl. *wystrys* (PC.1254): **D** "whister"}

hwystrenn ['hwɪstrẹn] *f.* **+ow** whisper
[E(E)c: HWYSTR=ENN]
{S 4; F 0(GK98: K.J.G.): **+ow I**}

hyg

hwyth ['hwɪ:θ] *m.* **+ow** blast *(of wind)*, blowing, puff, breath *(one breath)*
[C: IE *swidz-* (gpc)]
{S 1; F 3: **L** *huêdh* (AB167c), *huez* (PV.): **P** *Tollan Wheath*: **C B** *c'hwezh*; **W** *chwyth*: **+ow I**}
The final consonant in both Lhuyd and Pryce does not agree with the expected [-θ].

hwytha ['hwɪ·θa] *v.* blow *(wind)*, puff, breathe, inflate, blast *(of wind)*, play *(of a wind instrument)*
[Cc: **hwyth** -¹A]
{S 1; F 5: **M** *whythe*: **L** *huetha* (AB245a), *whetha* (PRJBT): **C B** *c'hwezhañ*; **W** *chwythu*}

hwythans ['hwɪ·θans] *m.* inflation
[Ch: **hwyth** -ANS] {S 1; F 0(GM09: P.H.):}

hwythek ['hwɪ·θẹk] *adj.* puffy
[Cc: **hwyth** -¹EK] {S 1; F 0(GM09: G.M.S.)}

hwythell ['hwɪ·θẹl] *f.* **+ow** whistle *(instrument)*, jet *(of air)*
[Cc: **hwyth** -²ELL]
{S 1; F 0(CE38): **C W** *chwythell*: **+ow I**}

hwythenn ['hwɪ·θẹn] *f.* **+ow** bubble
[Cc: **hwyth** -ENN]
{S 1; F 0(CE93: G.M.S.): **+ow I**}

hwythennek [hwɪθ'ẹn:ẹk] *adj.* bubbly
[Cc: **hwythenn** -¹EK] {S 1; F 0(GM09: G.M.S.)}

hwythfi ['hwɪθfi] *v.* swell, bubble
[Cc: **hwyth** -FI] {S 8; F 1: **M** *hothfy* (BM.4458): **L** *huedhi* (AB018c)}

hwythfians [hwɪθ'fi·ans] *m.* **+ow** swelling, surge *(of sea)*
[Cch: **hwythfi** -ANS] {S 1; F 2: **L** *huethvians* (AB045a) → P: **+ow I**}

hwythson ['hwɪθsɔn] *m.* **+yow** spirant *(consonant)*
[CL: **hwyth son**] {S 1; F 0(EC00): **+yow I**}

hwythsonek [hwɪθ'sɔ·nẹk] *adj.* aspirate
[CL: **hwythson** -¹EK] {S 1; F 0(GM09: K.J.G.)}

hy[3] [hɪ] *pron.* her, its
[C: CC *esyas* (lp)] {S 1; F 6: **M** *hy, y*: **L** *e*}

hyg ['hɪ:g] *f.* **+ow** cheat *(act of cheating)*, swindle
[U:] {S 8; F 0(CE38): **C B** *heg* 'tease': **+ow I**}

hyga ['hɪ·ga] *v.* play tricks, cheat, fiddle, tease
[Uc: **hyg** -¹A]
{**S** 8; **F** 2: **L** (PV12231): **C** **B** *hegañ* 'tease'}

hyger ['hɪ·gęr] *m.* **-oryon** cheat *(male)*, swindler
[Uc: **hyg** -¹ER]
{**S** 8; **F** 0(GM09: YhaG): **-oryon** I}

hygores [hɪ'gɔ·ręs] *f.* **+ow** cheat *(female)*, swindler
[Uc: **hyg** -ORES] {**S** 8; **F** 0(GM09: YhaG): **+ow** I}

hyhi [hɪ'hiː] *pron.* her *(emphatic)*, it *(f., emphatic)* Emphatic form of the enclitic pronoun.
[cC:] {**S** 1; **F** 2: **M** *hy hy* (MC.198, OM.0292)}

Hykka name Dick
[E:] {**S** 4; **F** 1: **L** *hecka* (PV12104)}

hylgedh *m.* **+ow** soot
[L: A metathesized variant of **hudhygel*]
{**S** 8; **F** 1: **L** *Fylgeth* (AB.) → P, *Fylgedh* (AB062a): **+ow** I} Nance's emendation of Lhuyd's F- to H- is accepted here.

hyli ['hɪ·li] *m.* **+ow** brine, salt water, sea-water
[C: Brit **salia* (ih)] {**S** 8; **F** 1: **M** *hyly* (RD.2318): P ?Porthilly: **C** **W** *-heli* in pl.n. *Pwllheli*: **+ow** I}
One would have expected **hely* in MidC.

hyll ['hɪlː] *adj.* tardy, slow, reluctant
[U:] {**S** 8; **F** 3: **M** *hel* (OM.0468), *hyl* (BM.3331), *hyll* (BK05.77), *hil* (BK06.59)}
This word is found four times with four different spellings, as shown. The etymology is not known, all of which makes the choice of spelling difficult. Nance wrote *hell*, but he did not have the evidence from BK.

hyllder ['hɪldęr] *m.* tardiness, slowness, reluctance
[Uc: **hyll** -DER] {**S** 8; **F** 0(GM09: YhaG):}

hyllgan ['hɪlgan] *f.* **+ow** ballad
[UC: **hyll** 2kan]
{**S** 8; **F** 0(GM09: G.M.S.): **+ow** I}

hymna ['hɪmna] *m.* **hymnys** hymn
[E(F): MidE *imne* < OldF *ymne* (coe)]
{**S** 5; **F** 0(CE38): **hymnys** I}

Nance put an intrusive [p] in this word, by analogy with **dampnya**.

hynledan [hɪnl'ę·dan] *coll.* **+enn** plantain, waybread
[CC: from **hyns ledan**]
{**S** 3; **F** 2: **O** *enlidan* (VC.651) → L,P: **C** **W** *henllydan*; cf. MidB *hetledan*: **+enn** I}

hyns ['hɪns] *m.* **+yow** road, course, way, path
[C: IE **sento-* (gpc)]
{**S** 1; **F** 2: **M** *hyns* (BM.1932): **L** *henz* (JCNB): **C** **B** *hent*, **W** *hynt*: **+yow** I}
Nance's pl. *hensy* appears not to exist; he became confused with **henji** 'ancient house'.

hyns dall blind alley

hynsa ['hɪnza] *pl.* fellows, peers
[C:] {**S** 8; **F** 4: **M** *hynse* → P, *hensa*: **C** **B** *hentez*} **hynsa** is for **hynsedh*.

hynsador [hɪn'za·dɔr] *m.* **+yow** itinerary, route-map
[Cl: **hyns** -ADOR] {**S** 8; **F** 0(EC00): **+yow** I}

hyns-horn [ˌhɪns'hɔrn] *m.* **hynsyow-horn** railway lit. 'path of iron'.
[CC: **hyns horn**] {**S** 1; **F** 0(EC52): **C** **B** *hent-houarn*: **hynsyow-horn** I}

hyns-tira [ˌhɪns'ti·ra] *m.* **hynsyow-tira** runway
[CCc: **hyns tira**]
{**S** 1; **F** 0(FTWC): **hynsyow-tira** N (FTWC)}

hypocrisy (Eng.) *n.*
{**S** 6; **F** 1: **M** *hypocrisy* (TH09r)}

hys ['hɪːz] *m.* **+ow** length, extent
[C: CC **si-tu-* (gpc)]
{**S** 1; **F** 4: **M** *hys* → L,P, *heys* → P, *hes*: **L** *hêz* (AB231a) → P: **C** **B** *hed*, **W** *hyd*: **+ow** I}

hys-ha-hys [ˌhɪ·sha'hɪːz] *adv.* end-to-end
[CcC: **hys ha hys**]
{**S** 1; **F** 1: **M** *hysseas* (MC.045)}

hyster *m.* length   ALT = **hys**.
[Cc: from **hys** -TER] {**S** 1; **F** 1: **L** *fester* (NGNB1)}
Formed, unnecessarily, by analogy with **braster**;

I

i ['iː] *pron.* they, them
[C: CC *yoi (lp)] {S 1; F 7: M *y*: L *y*, also *i*}
This was replaced in LateC by [an'dʒəɪ], spelled variously (e.g. Lhuyd's *an dzhei*, elsewhere *an jye*), which arose from MidC *-ons y* (3 p pres. ending + enclitic).

-¹I [i] *v. part* (VN ending)
e.g. **prederi** 'to think' from **preder** 'thought'.
[c: Brit *-îmâ* (hpb)]

-²I [i] *suffix* (pl. ending) e.g. **leughi** 'calves' from **leugh** 'calf' [c: Brit *-î-* (wg)]

-³I *suffix* (abst. noun suffix) [c:]

-⁴I [i] *suffix* (river-name suffix) [c:]
Usually spelled <y> on maps, e.g. *Inny, Fowey Enni, Fowi* in Cor.

-⁵I [i] *pron.* her, it e.g. **ywi** 'she is', reduced from **yw hi** [c: reduced from **hi**]

-⁶I *v. part* (3rd sg. impf. ind. ending) e.g. **gweli** 'used to see' from **gweles** 'to see'. [c:]

-⁷I *v. part* (2nd sg. pres. subj. ending)
e.g. **gwylli** 'may you see' from **gweles** 'to see'. [c:]

Ia ['iˑa] *name* Patron saint (female) of St Ives.
{S 1; F 1: M *ya* (BK35.07)}

Iceland (Eng.) *place*
{S 6; F 1: M *island* (BK19.38)}

idhyow ['iˑðjɔw] *coll.* **+enn** ivy
[C: Brit *edes-yaw* (Fl.) < CC *edenno-* < IE *ped-enno-* (gpc)] {S 8; F 2: L *idhio* (Lh.015c, 065a): P *Bosithow*: C cf. B *iliav*: **+enn** I}

idhyowek [ɪð'jɔwęk] 1. *adj.* ivy-clad
2. *f.* **-egi** ivy-clad place
[Cc: **idhyow** -¹EK] {S 1; F 0(CE38): C B *(iliaveg)*: **-egi** N (EC38)}

idiot (Eng.) *n.* {S 6; F 2: M *ydyot* (BK04.45), *idiot* (TH30r): L *edyack* (PV.9808): D "edjack"}

idolatry (Eng.) *n.*
{S 6; F 2: M *ydolatri* (TH14r), *idolatri* (TH16v)}

idols (Eng.) *pl.* {S 6; F 1: M *ydols* (TH14v)}

-IETH ['iˑęθ] *suffix* (fem. abst. noun ending, from noun), -ism e.g.

medhegieth 'medicine' from **medhek** 'doctor'.
[c: a form of -ETH, to which accreted /j/ > /ɪ/ > /i/ (wg)]

ifarn ['iˑfarn] *m.* **+ow** hell
[L: BLat *îferna* < CLat *înferna* (hpb)] {S 8; F 5: M *yffarn, yfarn, effarn* pl. *yffarnow*: L *ifarn*: P *Halsferran*: C B *ifern*, W *(uffern)*: **+ow** M}
The expected reflex of CLat *înferna* would be *ifern*, as in Breton; but the attested spellings differ from this in two respects: (i) <y-> > <e-> suggests /ɪ/ rather than /i/, but **ifarn** is used here, following Lhuyd; (ii) <-arn> is much commoner than <-ern>, though interestingly, the word is rhymed with **bern** at RD.0261, 2234 and **spern** at RD.2553, suggesting [-ęrn].

ifarnek [ɪ'farnęk] *adj.* hellish, infernal
[Lc: **ifarn** -¹EK] {S 8; F 0(CE38)}

igerell [ig'ęˑręl] *f.* **+ow** opener
[Cc: **igor**A -²ELL] {S 3; F 0(Y1): **+ow** I}

igeri [ig'ęˑri] *v.* open, disclose, explain
[Cc: **igor**A -¹I]
{S 1; F 5: M *ygery, egery*: L *ageri* (AB245b)}

igeryans [ig'ęˑrjans] *m.* **+ow** opening *(e.g. of shop)*
[Cc: **igor**A -YANS]
{S 1; F 0(GM09: YhaG): **+ow** I}

ignorance (Eng.) *n.*
{S 6; F 3: M *ignorans* (TH.)}

ignorant (Eng.) *adj.*
{S 6; F 2: M *ignorant* (TH14v, 18v)}

igolenn [i'gɔˑlęn] *f.* **+ow** whetstone, hone
[Cc: FN in -ENN] {S 8; F 3: M *agolan*: L *agolan* (AB): P *Nancegollan*: **+ow** I}

¹igor ['iˑgɔr] *m.* **igeryow** daisy
[C: Same as ²**igor**]
{S 1; F 2: L *êgr, egr* (AB044c): **igeryow** N}

²igor ['iˑgɔr] *adj.* open
[C: Brit (hpb)] {S 1; F 4: L *Uger, Yger* (PV.9815)}
yn igor openly

ii (Lat.) *num.* (two in Roman numerals)
{S 6; F 1: M *II* (SA66r)}

-IK [ɪk] *suffix* **-igow** (dim. ending) e.g.
tasik 'daddy' from **tas** 'father'.
[c: Brit *-îkâ* (wg)]

ilewydh [ɪl'ęwɪð] *m.* **+yon** musician
[Nc: **ilow** -¹YDH] {S 8; F 0(CE38): **+yon** I}

ill (Eng.) *adj.* {S 6; F 2: **M** *elf* (RD.0574) → P}

ilow ['ɪ·lɔw] *f.* music, tune, melody
[N: See note] {S 8; F 0(CE38):}
This word is so well established in revived Cor. that most speakers would be surprised to learn that it is not a traditional word. It arose in the 1920s, when a recorder of the St Ives Old Cornwall Society noted the dialect word *"lew"* as meaning 'music'. In fact "lew" and "music" are noted in Nance's *Glossary of Cornish Sea-Words* as dialect words for different kinds of mist; the second word is also recorded as "muzzick", and evidently has nothing to do with music. (The first word is given in this dictionary as **lugh**). Julyan Holmes is responsible for discovering this remarkable mistake; his copy of *Randigal Rhymes* by Joseph Thomas belonged formerly to Dr Dexter, and in this copy is found, added to a list of words of Cornish origin, the handwritten note *'LEW' St Ives O.C. 1927 = W. eilyw*. The author of the note was evidently seeking a Welsh word similar to "lew", meaning 'music'; but in writing *eilyw*, a further mistake was made; this word means 'grief' and 'aspect' (gpc). The W word sought seems to be *eilio* 'to compose', a derivative of MidW *eil* 'second' (cf. C **eyl**) with the meaning 'to accompany'. In *CE38*, Nance quoted two other W words, both meaning 'music' but of doubtful etymology: *eilon* and *alaw*. Nance's *ylow* has here been re-spelled **ilow**, but since the word is based on a misconception, its spelling is somewhat immaterial. Purists would eliminate it, but what should be put in its place? The words coined in B and W are respectively *sonerezh* and *cerddoriaeth*; the word used in trad. Cor. was probably **music*. In the view of the editor, this is a case where the need for a Cor. word and the widespread actual use of the word **ilow** override the fact that the word has no real basis.

ilow rokk rock music

ilowari [ilɔ'wa·ri] *m.* **+ow** musical *(play)*
[NC: **ilow** 2**gwari**]
{S 8; F 0(GM09: YhaG): **+ow** I}

ilowek [ɪ'lɔ·węk] *adj.* musical
[Nc: **ilow** -¹EK] {S 8; F 0(GM09: YhaG)}

imagination (Eng.) *n.*
{S 6; F 2: **M** *ymaginacion* (TH21r); pl. *ymaginacions* (TH14r)}

imaj ['i·madʒ] *m.* **+ys** image
[E(F): MidE < OldF (coe)]
{S 5; F 3: **M** *ymach* in BM., with unvoiced final consonant; *ymag* in TH.: **+ys** I}

imajer ['i·madʒęr] *m.* **-oryon** sculptor
[E(F)l: **imaj** -¹ER] {S 5; F 0(CE38): **-oryon** I}

imajri ['i·madʒri] *m.* sculpture *(in abst. sense)*, carving
[E(F): MidE < OldF *imagerie* (coe)]
{S 5; F 0(CE38):}

immortal (Eng.) *adj.* {S 6; F 2: **M** *immortall* (TH02v), *ymmortall* (TH15r)}

imperfection (Eng.) *n.*
{S 6; F 1: **M** *imperfeccion* (TH09v)}

impossible (Eng.) *adj.* ALT = **analladow**.
{S 6; F 1: **M** *impossibly* (TH56v)}

-IN [ɪn] *v. part* (VN ending) [c: Brit *-în-î (wg)] A rare suffix, apparently occurring only in **hwerthin**.

incarnation (Eng.) *n.* {S 6; F 2: **M** *carnacyon* (BK01.38), *carnacion* (TH13v)}

incessantly (Eng.) *adv.*
{S 6; F 1: **M** *incessantly* (TH16r)}

inclination (Eng.) *n.* {S 6; F 2: **M** *inclynacion* (TH04v), *inclinacion* (TH04v)}

incomprehensibly (Eng.) *adv.*
{S 6; F 1: **M** *incomprehensibily* (TH15r)}

inconstancy (Eng.) *n.*
{S 6; F 1: **M** *inconstancie* (TH18v)}

indeed (Eng.) *adv.* {S 6; F 4: **M** *in ded, in dede*}

indifferent (Eng.) *adj.*
{S 6; F 1: **M** *indifferent* (TH26v)}

infancy (Eng.) *n.* {S 6; F 1: **M** *infancy* (TH28r)}

infidel (Eng.) *n.* {S 6; F 2: **M** *infidelle* (TH29r); pl. *infideles* (TH16v, 51r)}

infirmities (Eng.) *pl.*
{S 6; F 1: **M** *infirmytes* (TH03r)}

inheritance (Eng.) *n.*
{S 6; F 1: **M** *inheritance* (SA60r)}

injury

injury (Eng.) *n.* {S 6; F 1: M *inivry* (TH48v)}

innocency (Eng.) *n.* {S 6; F 3: M *innocencye* (TH.)}

innocent (Eng.) If 'not guilty' is meant, ALT = **digablus** for the adj., **tus dhigablus** for the noun.
[E(D): MidE < OldF *innocent* or Lat *innocêns* (coe)]
{S 6; F 2: M adj. *innocent* (TH15v, 25r); pl. noun *ynocens* (BM.1708), *innocentys* (TH24v)}

innocently (Eng.) *adv.*
{S 6; F 1: M *innocently* (TH25v)}

installation (Eng.)
{S 6; F 1: M *installasconn* (BM.3017)}

instead (Eng.) *conj.* {S 6; F 3: M *in stede*}

institution (Eng.) *n.*
{S 6; F 2: M *institucion* (TH52r, 52v, 54r)}

instruction (Eng.)
{S 6; F 2: M *instruccion* (TH30v, 31v)}

instructors (Eng.) *pl.*
{S 6; F 1: M *instructours* (TH52v)}

interlude (Eng.) *n.*
[E(L): MidE < MLat *interlûdium* (coe)]
{S 5; F 2: L *antarlick* (AB049c) → P}

interpretation (Eng.) *n.*
{S 6; F 3: M *interpretacion* (TH.);
pl. *interpretacions* (TH22r)}

intolerable (Eng.) *adj.*
{S 6; F 1: M *intollerabill* (TH15v)}

invisible (Eng.) *adj.* ALT = **anweladow**.
{S 6; F 1: M *invisible* (TH56r)}

invisibly (Eng.) *adv.*
{S 6; F 3: M *invisibly* (TH.)}

-IR *v. part* (Impers. pres. ind. ending)
e.g. **prenir** 'one buys' from **prena** 'to buy'. [c:]

Ireneus (Lat.) *name* {S 6; F 4: M *Ireneus* (TH., SA.)} St Irenaeus was bishop of Lugdunum (now Lyon) in Gaul in the 2nd century A.D.

ironek [i'rɔ·nęk] *adj.* ironic
[E(F)c: Cornicized form of E *ironic*]
{S 4; F 0(GM09: YhaG)}

is [is] *prep.* below, under
[c: IE **pêd-su-* (gpc)]
{S 1; F 3: L spv. *isa, iza* (PV.): P Trevisquite}

iselhe

¹IS- *prefix* vice-, lower, sub-, under-, deputy [c: Same as **is**] A productive suffix.

-²IS *v. part* (1st sg. pret. ending) e.g. **gwelis** 'I saw' from **gweles** 'to see'. [c:]

-³IS *v. part* (3rd sg. pret. ending) [c:]
Applies to verbs in -EL, many in -I, and some others; see *GMC para. 180;* e.g. **dybris** 'he ate' from **dybri** 'to eat'.

-⁴IS *v. part* (Impers. pret. ending) [c:]
Applies to verbs in -EL, many in -I, and some others; see *GMC para. 180;* e.g. **dybris** 'one ate' from **dybri** 'to eat'.

isamiral [ˌi·s'amiral] *m.* **-elyon** vice-admiral
[CF: IS- **amiral**] {S 4; F 0(EC00): **-elyon** I}

ischansler [ɪs'tʃanslęr] *m.* **+s** vice-chancellor
[cE(F): IS- **chansler**] {S 5; F 0(AnG 1997): **+s** I}

Iscariot (Eng.) *name*

isel ['i·zęl] *adj.* low, lowly, modest, vulgar, soft *(of sound)*, base
[C: CC **isselo-* (gpc)]
{S 1; F 4: M *ysel*: L *izal*: P *Nanjizal*}

iselder [ɪz'ęldęr] *m.* lowliness, inferiority
[Cc: **isel** -DER]
{S 1; F 4: M *yselder*: L *iseldor* (AB068c):}

iseldir [ɪz'ęldir] *m.* **+yow** lowland
[CC: **isel** 2tir] {S 1; F 0(CE38): **+yow** I}

iseldiryek . *adj.* pertaining to the Netherlands, Dutch

Iseldiryek [ˌɪzęl'di·rjęk] *m.* Dutch language
[CCc: **iseldir** -YEK] {S 1; F 0(AnG 1996):}

Iseldiryow [ˌɪzęl'di·rjɔw] *pl.* Netherlands
[CCc: **isel** 2tiryow] {S 1; F 0(CE38)}

iselhe [ɪzęl'hę:] *v.* lower, abase, degrade, dip *(headlights)*
[Cc: **isel** -HE]
{S 1; F 2: M p.ptcpl. *eselhys* (BK02.67, 27.28)}

iselheans

iselheans [ɪzɛl'hɛːans] *m.* lowering, abasement
[Ccc: **iselhe** -ANS] {S 1; F 0(GK98: K.J.G.):}

iselvor [ɪz'ɛlvɔr] *m.* **+yow** low water
This word is best kept for 'the instant of low water', cf. **trig** 'low tide, period when the tide is out', **marowvor** 'neap tide'.
[CC: **isel** 2**mor**] {S 1; F 0(CE38): **+yow** I}

iselweyth [ɪz'ɛlwɛɪθ] *m.* depression *(mental)*
[CC: **isel** 2²**gweyth**]
{S 8; F 1: M *eselweth* (BK07.42):}

isetholans [ˌɪsɛ'θɔːlans] *m.* **+ow** by-election
[cCh: IS- **etholans**]
{S 1; F 0(GM09: K.J.G.): **+ow** I}

isfordh ['ɪsfɔrð] *f.* **+ow** underpass
[cE(E) IS- **fordh**]
{S 4; F 0(GM09: G.M.S.): **+ow** I}

isframweyth [ɪs'framwɛɪθ] *m.* infrastructure, substructure
[cE(E)C: IS- **framweyth**] {S 4; F 0(GK98: A.S.): }

isfros ['ɪsfrɔz] *f.* **+ow** undercurrent, undertow
[cLc: IS- 2**fros**] {S 1; F 0(GM09: K.J.G.): **+ow** I}

Isi *name* Issey (name of saint)
{S 1; F 1: O *iti* (LS)}

iskaderyer [ˌɪskad'ɛːrjɛr] *m.* **-yoryon** vice-chairman *(male)*
[cLh: IS- **kaderyer**]
{S 1; F 0(AnG 1985): **-yoryon** I}

iskaderyores [ɪskadɛr'jɔːrɛs] *f.* **+ow** vice-chairman *(female)*
[cLhc: IS- **kaderyores**]
{S 1; F 0(GM09: YhaG): **+ow** I}

iskarga [ɪs'karga] *v.* download
[cE(F)c: IS- **karga**] {S 4; F 0(GM09: K.J.G.)}

iskell ['iːskɛl] *m.* **+ow** soup, clear broth, pottage
[L: Clat *iuscellum* (lheb)] {S 1; F 3: O *iskel* (VC.793); L *isgal* (AB074b): **+ow** I}

iskell kig stock (broth)
iskell pur consommé

islywydh

iskessedhek [ˌɪskɛs'sɛːðɛk] *m.* **-ogow** sub-committee
[ccCc: IS- **kessedhek**]
{S 1; F 0(CE93: J.G.H.): **-ogow** I}

iskesweyth [ɪs'kɛʒwɛɪθ] *m.* **+yow** substructure
[ccC: IS- **kesweyth**]
{S 1; F 0(GM09: K.J.G.): **+yow** I}

iskevresek [ɪskɛv'rɛːzɛk] *adj.* subsequential
[ccCc: IS- **kevresek**] {S 1; F 0(GM09: G.M.S.)}

iskweres [ɪs'gwɛːrɛz] *m.* **+ow** subsoil
[cC: IS- 4²**gweres**] {S 3; F 0(GM09: P.H.): **+ow** I}

island (Eng.) *n.* Nowhere is the word **ynys** found in Tregear; did he not know it?
{S 6; F 1: M *ilond* (TH51r)}

islavarek [ˌɪsla'vaːrɛk] **1.** *adj.* subjunctive **2.** *f.* subjunctive
[cCc: IS- **lavar** -¹EK] {S 1; F 0(GM09: W.B.):}

islavrek [ɪs'lavrɛk] *m.* **-ogow** underpants, knickers, pants
[cC: IS- **lavrek**]
{S 1; F 0(GK98: K.J.G.): **-ogow** I}

islavarenn [ˌɪsla'vaːrɛn] *f.* **+ow** subordinate clause
[cCc: IS- **lavar** -ENN]
{S 1; F 0(GM09: G.M.S.): **+ow** I}

isledya [ɪs'lɛːdja] *v.* subduct
[cE(E)c: IS- **ledya**] {S 5; F 0(GM09: K.J.G.)}

isledyans [ɪs'lɛːdjans] *m.* **+ow** subduction
[cE(E)c: IS- LED=YANS]
{S 5; F 0(GM09: G.M.S.): **+ow** I}

islostenn [ɪs'lɔstɛn] *f.* **+ow** underskirt, petticoat, slip
[cCc: IS- **lostenn**]
{S 1; F 0(GM09: K.J.G.): C B *islostenn*: **+ow** I}

islywydh [ɪs'lɪwɪð] *m.* **+yon** vice-president
[cCc: IS- **lywydh**] {S 1; F 0(EC52): **+yon** I}

islonk ['islɔnk] *m.* **+ow** abyss, gorge, chasm
[cC: IS- **lonk**]
{S 1; F 0(CE38): P ?Izzacampucca: **+ow** I}

ismek ['ismęk] *coll.* **-egenn** salves
[U:] {S 8; F 2: M *ysmek* (BK15.12), pl. *ysnegow* (BK15.60), individual pl. *ysmegennow* (BK15.08): **-egenn** I}
Brian Murdoch wonders if the word may be connected with MidE *smec* (cf. G *schmecken*).

ispann ['iˑspan] *m.* **+ow** lining *(of clothes)*
[cL: IS- **pann**] {S 1; F 0(Y1): **+ow** I}

ispobla [is'pɔbla] *v.* underpopulate
[cLc: IS- **pobla**] {S 1; F 0(GM09: G.M.S.)}

ispoblans [is'pɔblans] *m.* **+ow** underpopulation
[cLh: IS- **poblans**]
{S 1; F 0(GM09: G.M.S.): **+ow** I}

ispoynt ['iˑspɔɪnt] *m.* **+ow** minimum, nadir
[cE(F): IS- **poynt**] {S 5; F 0(Y1): **+ow** I}

ispoyntel [is'pɔɪntęl] *adj.* minimal, minimum
[cE(F)c: **ispoynt** -¹EL] {S 5; F 0(GM09: G.M.S.)}

isos ['iˑsɔz] *adv.* downward(s) lit. 'below thee'.[C:] {S 1; F 3: O *sot* (VC.472), copied by Lhuyd and Pryce}

isradhek [is'raˑðęk] *adj.* undergraduate
[cLc: IS- 2**gradh** -¹EK] {S 1; F 0(EC00)}

isradhesik [israð'ęˑʒɪk] *m.* **-ogyon** undergraduate
[cLc: IS- 2**gradhesik**]
{S 1; F 0(GM09: K.J.G.): **-ogyon** I}

isrenkas [is'ręnkaz] *m.* **+ow** underclass
[cFc: IS- **renkas**] {S 4; F 0(GM09: K.J.G.): **+ow** I}

isrenkel [is'ręnkęl] *adj.* subordinate
[cFc: IS- **renk** -¹EL] {S 4; F 0(GM09: K.J.G.)}

isrudh ['isryð] *adj.* infra-red
[cC: IS- **rudh**] {S 1; F 0(EC00)}

issa *adj.* lowest
[Cc: from IS=HA] {S 1; F 3: L *isa, iza* (PV.): P ?Treeza 'lowest farm': F Trevisa}

issavonek [ˌissa'vɔˑnęk] *adj.* sub-standard
[cCc: IS- ¹**savonek**] {S 1; F 0(CE93: G.M.S.)}

issedhes [is'sęˑðęz] *m.* **+ow** subsidence
[cCc: IS- **sedhes**]
{S 8; F 0(GM09: YhaG): **+ow** I}

issedhi [ɪs'sęˑði] *v.* subside
[cCc: IS- **SEDHI**] {S 8; F 0(GM09: G.M.S.)}

isskrifennyades [isskrifęn'jaˑdęs] *f.* **+ow** under-secretary *(female)*
[cLcc: IS- **skrifennyades**]
{S 3; F 0(GK98: YhaG): **+ow** I}

isskrifennyas [ˌisskrif'ęnːjaz] *m.* **-ysi** under-secretary *(male)*
[cLcc: IS- **skrifennyas**]
{S 3; F 0(GK98: G.M.S.): **-ysi** I}

isstanchya [ɪs'stantʃja] *v.* under-seal
[cE(F)c IS- **stanchya**] {S 5; F 0(Y1)}

istenna [ɪs'tęnːa] *v.* subtract
[cCc: IS- **tenna**] {S 1; F 0(GM09: YhaG)}

istennans [ɪs'tęnːans] *m.* **+ow** subtraction
[cCc: IS- **tennans**]
{S 1; F 0(GM09: YhaG): **+ow** I}

istewisyans [ˌistę'wiˑzjans] *m.* **+ow** by-election
[cCh: IS- 4**dewisyans**]
{S 1; F 0(AnG 1998): **+ow** I}

istitel [ɪs'tiˑtęl] *m.* **istitlow** subtitle
[cE(F): IS- **titel**]
{S 5; F 0(AnG 1994): istitlow N (G.M.S.)}

istitla [ɪs'titla] *v.* subtitle
[cE(F)c: from **istitel** -¹A] {S 5; F 0(GK98: J.A.)}

iston ['iˑstɔn] *m.* **+yow** line of harmony (e.g. tenor)
[cL: IS- **ton**] {S 1; F 0(GK98: K.J.G.): **+yow** I}

istorek [ɪs'tɔˑręk] *adj.* historical
[E(L)c: from **istori** -¹EK] {S 4; F 0(CE38)}

istori ['ɪstɔri] *m.* **+ow** history
[E(L): MidE < Lat *historia* (coe)]
{S 4; F 0(CE38): **+ow** I}

istorior [ˌɪstɔ'riˑɔr] *m.* **+yon** historian
[E(L)c: **istori** -OR] {S 4; F 0(CE38): **+yon** I}

istreghi [ɪs'trɛ·xi] *v.* undercut
[cCc: IS- **treghi**] {S 1; F 0(GM09: GG)}

istrovannel [ˌɪstrɔ'vanːęl] *adj.*
sub-tropical
[cCcc: IS- **trovannel**] {S 1; F 0(GK98: K.J.G.)}

istrovannow [ˌɪstrɔ'vanːɔw] *pl.*
sub-tropics
[cCcc: IS- **trovannow**] {S 1; F 0(GM09: G.M.S.)}

isyeth ['i·sjęθ] *f.* **+ow** slang
[cC: IS- **yeth**] {S 1; F 0(GM09: G.M.S.): **+ow** I}

isyurl ['i·sjyrl] *m.* **+ys** viscount
[cE(N): IS- **yurl**] {S 4; F 0(CE38): **+ys** I}

isyurles [ɪs'jyrlęs] *f.* **+ow** viscountess
[cE(N)c: IS- **yurles**]
{S 4; F 0(GM09: K.J.G.): **+ow** I}

italek . *adj.* Italian

Italek [ɪ'taˑlęk] *m.* Italian language
[E(L)c: MidE < Lat *Italicus*, with -¹EK substituted for -*ic*.]
{S 5; F 0(CE38):}

Itali [ɪ'taˑli] *place* Italy
[E:] {S 5; F 0(CE38)}

Ituri Illuria(?)
[L:] {S 8; F 2: M *inury* (BK31.54), *itvry* (BK32.05)}

-IV *v. part* (1st sg. pres. subj. ending)
e.g. **prenniv** 'I may buy' from **prena** 'to buy'.
[c:]

ivra ['ivra] *coll.* **ivrenn** darnel, rye-grass, tares
[U:] {S 8; F 1: L *ivre* (AB015c): **ivrenn** I}

Iwerdhon [ɪ'węrðɔn] *place* Ireland
[C: CC (lp)]
{S 1; F 2: L *worthen* (KKTT), *uordyn* (PV18142)}

iwerdhonek *adj.* Irish

Iwerdhonek [ˌiwęr'ðɔˑnęk] *m.* Irish language
[Cc: **Iwerdhon** -¹EK] {S 1; F 0(CE38):}

J

The letter **j** occurs in Cornish only as (i) the second state mutation of **ch**; (ii) in loan-words.

jag ['dʒaːg] *m.* **+ys** jag, jar *(shock)*, jolt
[E: dial. MidE (coe)]
{S 5; F 2: M *iag* (PC.2817) → P: **+ys** I}

jag tredan electric shock

jakk ['dʒak] *m.* **+ow** jack *(for car)*
[E: ModE < MidE name *Iakke* 'Jack' (coe)]
{S 5; F 0(Y1): **+ow** I (Y1)}

Jakka ['dʒakːa] *name* Jack
[E: MidE *Iakke* (coe)]

jamm' ['dʒamː] *adv.* ever
[F: Shortened form of **jammes**] {S 5; F 2:
M *jam* (BK34.23, 35.39), *iam* (CW.1921)}

jammes ['dʒamːęs] *adv.* never
[F: MidF *jamais*]
{S 5; F 3: M *jammes* (OM.1711) → P, *jammas* (PC.0933) → P, *iammes* (RD.0677): C B *jamez*}

Jamys ['dʒaˑmɪs] *name* James
[E:] {S 5; F 3: M *iamys, jamys*: L *Jamez* (M4WK), *James* (KKTT)}

jangal ['jangal] *m.* **+ow** jungle
[O: direct borrowing from Hindi *jangal*]
{S 8; F 0(GM09: YhaG): **+ow** I}

jardin ['dʒardɪn] *m.* **+yow** garden
[F: MidF *jardin*] {S 5; F 2: M *jardyn* (TH02r), *iarden* (CW.1801): **+yow** N}

Jared name Jared
{S 5; F 1: M *jared* (CW.2097)}

jarn ['dʒarn] *m.* **+yow** garden
[F: Shortened form of **jardin**]
{S 5; F 3: L *dzharn* (AB.) → P: **+yow** N}

jarrik ['dʒarːɪk] *m.* **-igow** small jar
[Fc: Dim. in -IK from F *jarre* < Arabic *jarra* (coe)] {S 5; F 1: M pl. *jorrygow* (BK15.04): **-igow** M} The word *jar* was not recorded in Eng. until the 16th cent.

javel

javel ['dʒaˑvel] *m.* **+yon** rascal
[E: MidE *javel*]
{S 5; F 2: M *javal* (BK02.21, 05.41, 38.55): **+yon** I}
The <-al> in BK. has been back-dated to <-el>.

jayler ['dʒaɪler] *m.* **+s** gaoler, jailer
[E(F): MidE *gailer* < OldF *gaiolere* (coe)]
{S 5; F 4: M *geyler, geiler* → P; pl. *geylers* (BM.3563, 3601): **+s** M}

jell ['dʒel:] *m.* **+ow** gel, gelatine
[E(F): abbreviation of ModE *gelatine* < ModF *gélatine* (coe)] {S 8; F 0(EC00): **+ow** I}
Both *gelatine* and *gel* were borrowed into Eng. in the 19th century, with short stressed *e*.

jella ['dʒel:a] *v.* gel
[E(F)c: **jell** -¹A] {S 8; F 0(GM09: K.J.G.)}

jenevra [dʒenˑevra] *m.* gin *(drink)*
[E(F): OldF *genevre* (co)] {S 5; F 0(EC52):}

Jenkins (Eng.) *name*

Jenkyn name (name of a comic character in *BM.*).
{S 5; F 2: M *ienkyn* (BM.1417)}

jenna ['dʒen:a] *f.* **+ow** doll
[U:] {S 5; F 0(GM09: R.R.M.G.): **+ow** I}

Jenna name Jane

Jentil ['dʒentɪl] *m.* **+ys** Gentile
[E(L): MidE < Lat *gentîlis* (coe)]
{S 5; F 2: M pl. *Jentyls* (TH14v), *Gentyls* (TH45v): L pl. *Gentelles* (M4WK): **+ys** ML}

jentyl ['dʒentɪl] *adj.* gentle, pleasing, well-born
[E(F): MidE < OldF *gentil* (coe)]
{S 5; F 5: M *gentyl*: L *gentle* (BITB)}

jentylys ['dʒentɪlɪs] *m.* gentleness, grace
[F: OldF *gentillesse*]
{S 5; F 1: M *gentylys* (OM.2105):}

jerkynn ['dʒerkɪn] *m.* **+ow** jerkin, jacket, short coat

314

Job

[E(U): MidE, of unknown origin (coe)]
{S 5; F 2: L *Dzherkin* (LV063.02 → AB033c): **+ow** I} Treated here as a diminutive, and spelled with <-ynn>.

Jermen name Jeremiah
{S 5; F 1: L *Jerman* (M2WK)}

Jesmas name (name of one of the two thieves crucified with Christ)
{S 5; F 2: M *iesmas* (PC.2337, 2351)}

jest ['dʒęːst] *m.* **+ys** jest
[E(F): MidE *geste* < OldF (coe)]
{S 5; F 2: M *gyst, gist* (BK.): **+ys** I}

jestya ['dʒęˑstja] *v.* jest ALT = **gesya**.
[E(F)c: VN in -YA from MidE *geste* < OldF (coe)] {S 5; F 2: M *jestia* (TH55v); 3rd sg. pres. ind. *gest* (BK19.08, 19.09)}

jet (Eng.) *n.* {S 6; F 2: M *ieit* (CW.0658) → P}
Apparently means 'jot'.

jevan ['dʒęˑvan] *m.* **+ow** demon, fiend
[E(L): MidE < MLat *daemon* (lp)]
{S 5; F 3: M *ievan* → P: **+ow** N (EC00)}

jevanek [dʒęˑvaˑnęk] *adj.* demonic, fiendish
[E(L)c: **jevan** -EK] {S 5; F 0(GM09: G.M.S.)}

jins ['dʒiːns] *m.* jeans
[E(F):] {S 5; F 0(FTWC):}
Eng. word re-spelled according to principles of **Kernewek Kemmyn**, although, having a long vowel preceding two consonants, it does not conform to the Cor. sound system.

jiraf [dʒɪˈraːf] *m.* **+es** giraffe
[E(O): ModE *giraffe* < Arabic *zarafah* (co)]
{S 5; F 0(FTWC): **+es** N (FTWC)}

jist ['dʒiːst] *m.* **+ys** joist, beam *(timber)*, prop
[E(F): MidE *giste* < OldF *giste* (coe)]
{S 5; F 4: M *gyst* (OM.) → P; pl. *gystys* (PC.3067) → P, *jystes* (CW.2269): **+ys** M}

Job name Job
{S 5; F 2: M *Job* (TH06v, 07v, 08r)}

jogler

jogler ['dʒɔglęr] *m.* **-oryon**, **+s** juggler, buffoon, impostor
[E(F): MidE *iogeler* < OldF *joglere* (coe)]
{S 5; F 1: M *jugleer* (BM.0921): **-oryon** N (FTWC); **+s** I (CE38)}
This word was spelled in many different ways in both MidE and OldF. Nance spelled it *juglour*; here <-er> is preferred, and <jo-> reflects both the CLat *joculâtor* and the common change OldC /u/ > MidC /ɔ/.

jolif ['dʒɔ·lif] *adj.* jolly, lively, gay *(cheerful)*
[E(F): MidE *jolif* (> ModE *jolly*) < OldF *jolif* (coe)] {S 5; F 1: M *iolyf* (RD.2013): C MidB *joliff*}

jolifter [dʒɔ'liftęr] *m.* jollity, liveliness
[E(F)c: *jolif* -TER] {S 5; F 0(GM09: G.M.S.):}

Jonathan (Eng.) *name* {S 6; F 1: L *Jonathan* (CGEL)}

Jori ['dʒɔ·ri] *name* George
[C:] {S 8; F 0(CE93): F *Jory*}

Joriek [dʒɔ'ri·ęk] *adj.* Georgian *(historical)*
[Cc: **Jori** -¹EK] {S 8; F 0(EC00)}

jorna ['dʒɔrna] *m.* **jorneow** day
[E(F): MidE < OldF *jornee* (coe)]
{S 5; F 5: M *jorna* (CW.): L *dzhýrna* (AB.); *jorna*; pl. *Jornehow* (G1XXG14): **jorneow** L}

jornal ['dʒɔrnal] *m.* **+s**, **+yow** journal
[E(F): MidE < OldF *jornal* (coe)]
{S 5; F 0(EC52): **+s** (CE38); **+yow** I}

jornalyas [dʒɔr'na·ljaz] *m.* **-ysi** journalist
[E(F)c: *jornal* -³YAS]
{S 5; F 0(AnG): **-ysi** I} i-aff. suppressed.

Josilin place (name of a town in Brittany, spelled *Josilin* in Breton and *Josselin* in French.
{S 5; F 1: M *josselyne* (BM.1142)}

j'oue (Fr.) *v. part* I hear
{S 6; F 1: M *iove* (MC.227)}

joust ['dʒuːst] *m.* **+ys** joust
[E(F): MidE < OldF *juste* (coe)]
{S 5; F 0(CE38): **+ys** I}

joustya ['dʒuˑstja] *v.* joust

jujutsu

Followed by **orth**. [E(F)c: **joust** -YA]
{S 5; F 1: M 3rd sg. pres. ind. *iust* (BM.2317)}

Jovyn ['dʒɔ·vɪn] *name* Jove, Jupiter *(god)*
[E:] {S 5; F 5}

Jowann ['dʒɔʊan] *name* John
This spelling partially reflects the LateC pronunciation with [dʒ]; e.g. Lhuyd's *Dzhûan*; the earlier and preferred form is **Yowann**, *q.v.*

jowdyn ['dʒɔʊdɪn] *m.* **+s** rascal, knave, vagrant
[E: MidE *jaudewyn* (CE38)]
{S 5; F 4: M *iaudyn* → P: **+s** I}

jowel ['dʒɔʊęl] *m.* **+ys** jewel
[E(F): MidE *iowel* < AngN *j(e)uel* < OldF *joel* (coe)] {S 5; F 2: M *jewall* (TH54v): L *jooal* (KKTT): **+ys** I} For back-dating of LateC *jooal*, cf. MidC *lowen* 'happy' > LateC *looan*.

joweler [dʒɔʊ'ę·lęr] *m.* **-oryon** jeweller
[E(F)l: **jowel** -¹ER] {S 5; F 0(CE38): **-oryon** N}

jowl ['dʒɔʊl] *m.* **+ow** devil (male)
[L:] {S 3; F 5: M *ioul* (Ord.), *iovle* (BM.), *jowl* (BK.), *jowle* (CW.): L *dzhiaul* (AB292a), *jowle* (M4WK): **+ow** I}
Palatalized form found after **an** and **unn**.

jowles *f.* devil (female), she-devil
ALT = **dyowles**. [Lc: **jowl** -⁴ES]
{S 8; F 1: L *dzhoules* (PV.9728):
Palatalized form formed from **jowl**.

joy ['dʒɔɪ] *m.* **joyys** joy
[E(F): MidE < OldF *joie* (coe)]
{S 5; F 5: M *ioy* → P; pl. *ioyes*: **joyys** M}

Judith name Judith
{S 5; F 1: M *Judith* (TH06v)}

judo ['dʒy·dɔ] *m.* judo
[E(O): ModE < Japanese (co)] {S 5; F 0(FTWC):}

judgement (Eng.) *n.* {S 6; F 4: M *judgement, judgment* (TH.); pl. *iugementys* (TH10r)}

juj *m.* **+ys** judge ALT = **breusyas**.
[E(F): MidE < OldF *juge* (coe)]
{S 5; F 3: M *judge*: L *gudge* (Gw.): **+ys** I}

jujutsu [dʒy'dyɪtsy] *m.* ju-jitsu
[E: from Japanese *jû-jutsu* (coe)]
{S 5; F 0(GM09: P.H.):} *jujutsu* is an alternative spelling in Eng., and closer to the Japanese.

jujment

jujment *m.* judgment ALT = **breus**.
[E(F): MidE < OldF *jugement* (coe)]
{S 5; F 4: M *judgment* (TH29v):}

jujya *v.* judge ALT = **breusi**.
[E(F)c: **juj** -YA] {S 5; F 5: M *iuggye* → L}

junt *m.* +ys joint ALT = **mell**.
[E(F): MidE < OldF *joint* (coe)] {S 5; F 2: M *iunt* (BM.0857); pl. *iunctis* (MC.181): +ys M}

junya ['dʒyˑnja] *v.* join, connect
Followed by **dhe** or **gans** in the texts.
[E(F)c: VN in -YA from MidE < OldF *joign* (coe)]
{S 5; F 4: M *ioynya*: L *dzhunia* (AB074b) → P}

Jupiter (Eng.) *name* ALT = **Yow**.

just (Eng.) *adj.* {S 6; F 3: M *just*}

juster ['dʒyˑstẹr] *m.* +s justiciary
[E(F): shortened from MidE *justicere* (CE38)]
{S 5; F 2: M *iucter* (MC.076); pl. *iucters* (MC.156): +s M}

justifia *v.* justify
[E(F)c: VN in -A from MidE < OldF *justifier* (coe)]
{S 5; F 2: M *justyfia* (TH09r), *iustyfia* (TH09r)}

Justinus (Lat.) *name*
{S 6; F 1: M *Justinus* (TH46v, TH57r)}
Justin the Martyr lived from 100-165 A.D.

justis ['dʒyˑstis] *m.* +yow justice *(judge)*, magistrate
[E(F): MidE < OldF (coe)] {S 5; F 5: M *iustis*: L pl. *iutiziou* (JCNBL31): +yow }

justisyel [dʒysˈtiˑsjęl] *adj.* justicial, magisterial
[E(F)c: **justis** -YEL] {S 5; F 0(GM09: YhaG)}

jy ['dʒiː] *pron.* thee
[c: Palatalized form of OldC enclitic pronoun *ty*] {S 3; F 6: M *gy* → P, *ge* → P: L *dzhî* (AB247a)} An unvoiced form is also found, as *chee* and *tshî* in LateC, indicating [tʃiː]; but more interestingly, as *sche* in CW., suggesting [ʃiː]. This implies that the voiced form was at one stage [ʒiː] rather than [dʒiː].

jynn-golghi

jydh ['dʒɪːð] *m.* day (after **an** or **unn**)
[C:] {S 3; F 5: M *gyth, geyth, geth*: L *dzhêdh* (AB052b):}
Palatalized form of **dydh** after **an** and **unn**.

a'n jydh topical

jynn ['dʒɪn:] *m.* +ow, +ys machine, engine, motor, gin *(machine)*
[E(F): MidE; aphetic form of OldF *engin* 'engine'] {S 5; F 2: L *gyn* (CW.0440), *jyn* (CW.0482): +ow N (FTWC); +ys I (CE38)}

jynn-amontya [ˌdʒɪnaˈmɔntja] *m.*
jynnow-amontya computer
[E(F)E(F)c: **jynn amontya**]
{S 5; F 0(AnG 1985): **jynnow-amontya** N}

jynn-barlenn [dʒɪnˈbarlęn] *m.*
jynnow-barlenn laptop
[E(F)CC: **jynn barrlenn**]
{S 5; F 0(GM09: G.M.S.): **jynnow-barlenn** I}

jynn-diwros [ˌdʒɪnˈdiʊrɔz] *m.*
jynnow-diwros motor-cycle, motor-bike
[E(F)cC: **jynn diwros**] {S 5; F 0(FTWC): **jynnow-diwros** N (FTWC)}

jynn-ebron [ˌdʒɪnˈɛbrɔn] *m.*
jynnow-ebron aircraft, aeroplane
[E(F)Cc: **jynn ebron**]
{S 5; F 0(FTWC): **jynnow-ebron** I}

jynn-ethenn [ˌdʒɪnˈęˑθęn] *m.*
jynnow-ethenn steam-engine
[E(F)Cc: **jynn ethenn**]
{S 5; F 0(AnG 1986): **jynnow-ethenn** N}

jynn-glesin [ˌdʒɪnˈglęˑsɪn] *m.*
jynnow-glesin lawn-mower
[E(F)Cc: **jynn glesin**] {S 5; F 0(FTWC): **jynnow-glesin** N (FTWC)}

jynn-golghi [ˌdʒɪnˈgɔlxi] *m.*
jynnow-golghi washing-machine
[E(F)Cc: **jynn golghi**]
{S 5; F 0(Y1): **jynnow-golghi** I}

jynn-gorthybi

jynn-gorthybi [ˌdʒɪŋɔrˈθɪˑbi] *m.*
  jynnow-g. answering machine
  [E(F)Cc: **jynn gorthybi**]
  {S 5; F 0(GM09: P.H.): **jynnow-g.** I}

jynn-gwrias [ˌdʒɪnˈgwriˑaz] *m.*
  jynnow-gwrias sewing-machine
  [E(F)Cc: **jynn gwrias**]
  {S 5; F 0(EC00): **jynnow-gwrias** I}

jynnji [ˈdʒɪndʒi] *m.* **+ow** engine-house
  [E(F)C: **jynn 2chi**] {S 5; F 0(EC52): **+ow** I}

jynn-keber [ˌdʒɪnˈkęˑbęr] *m.*
  jynnow-keber beam-engine
  [E(F)C: **jynn keber**]
  {S 5; F 0(GK98: G.M.S.): **jynnow-keber** I}

jynn-krygh [ˌdʒɪnˈkrɪːx] *m.*
  jynnow-krygh goffering-iron
  [E(F)C: **jynn krygh**] {S 5; F 0(CE93: B.C.):
  D "jinny-creek" (1984).: **jynnow-krygh** I}

jynn-lestri [ˌdʒɪnˈlęstri] *m.* **jynnow-l.**
  dish-washer
  [E(F)Cc: **jynn lestri**]
  {S 5; F 0(GM09: P.H.): **jynnow-l.** I}

jynn-mysi [ˌdʒɪnˈmɪˑʒi] *m.*
  jynnow-mysi reaper *(machine)*
  [E(F)Cc: **jynn mysi**] {S 5; F 0(GK98: G.M.S.):
  jynnow-mysi N (G.M.S.)}

jynn-palas [ˌdʒɪnˈpaˑlaz] *m.*
  jynnow-palas excavator
  [E(F)Cc: **jynn palas**] {S 5; F 0(FTWC):
  jynnow-palas N (FTWC)}

jynn-pryntya [ˌdʒɪnˈprɪntja] *m.*
  jynnow-pryntya printer *(machine)*
  [E(F)E(F)c: **jynn pryntya**] {S 5; F 0(GK98:
  G.M.S.): **jynnow-pryntya** N (G.M.S.)}

jynn-rolya [ˌdʒɪnˈrɔˑlja] *m.*
  jynnow-rolya steam-roller
  [E(F)E(F)c: **jynn rolya**] {S 5; F 0(FTWC):
  jynnow-rolya N (FTWC)}

jynn-skeusenn [dʒɪnˈskœˑzęn] *m.*
  jynnow-skeusenn camera
  [E(F)Cc: **jynn skeusenn**]
  {S 5; F 0(EC00): **jynnow-skeusenn** I}

jynnskrifa [dʒɪnˈskriˑfa] *v.* type

Jyw

[E(F)Lc: **jynn skrifa**] {S 5; F 0(GK98: G.M.S.)}

jynn-skrifa [ˌdʒɪnˈskriˑfa] *m.*
  jynnow-skrifa typewriter
  [E(F)Lc: **jynn skrifa**]
  {S 5; F 0(EC52): **jynnow-skrifa** I}

jynn-snod [ˌdʒɪnˈsnɔːd] *m.*
  jynnow-snod tape-recorder
  [E(F)E(E): **jynn snod**]
  {S 5; F 0(GM09: G.M.S.): **jynnow-snod** I}

jynn-tan [ˌdʒɪnˈtaːn] *m.* **jynnow-tan**
  fire-engine
  [E(F)C: **jynn tan**] {S 5; F 0(FTWC):
  jynnow-tan N (FTWC)} In *CE38,* Nance gave
  the meaning 'steam-engine'.

jynn-tenna [ˌdʒɪnˈtęnna] *m.*
  jynnow-tenna tractor
  [E(F)Cc: **jynn tenna**]
  {S 5; F 0(EC52): **jynnow-tenna** I}

jynn-toemma [ˌdʒɪnˈtʊmma] *m.*
  jynnow-toemma heater
  [E(F)Cc: **jynn toemma**]
  {S 5; F 0(Y1): **jynnow-toemma** I}

jynn-tro [ˌdʒɪnˈtrɔː] *m.* **jynnow-tro**
  lathe
  [E(F)c: **jynn tro**]
  {S 5; F 0(GM09: P.H.): **jynnow-tro** I}

jynnweyth [ˈdʒɪnwęɪθ] *f.* **+ow**
  machinery, mechanism
  [E(F)C: **jynn 2²gweyth**] {S 5; F 0(CE38): **+ow** I}

jynnweythek [dʒɪnˈwęɪθęk] *adj.*
  mechanical
  [E(F)Cc: **jynnweyth -¹EK**] {S 5; F 0(Y1)}

jynnweythor [dʒɪnˈwęɪθɔr] *m.* **+yon**
  mechanic
  [E(F)Cc: **jynnweyth -OR**]
  {S 5; F 0(GL05: G.M.S.): **+yon** I}

Jyw [ˈdʒɪw] *m.* **+ys** Jew ALT = **Yedhow**.
  [E(F): MidE *Giu* < OldF *giu* (coe)]
  {S 5; F 4: M *Jeu* (TH07v), *Jew* (TH14v); pl. *Jewys*
  (TH.): **+ys** M}
  <ew> is thought to mean [ɪw] in this word.

kab ['kaːb] *m.* **+ow** cab *(of lorry)*
[E(F): If the same word as (taxi-)cab, then a shortening of F *cabriolet* (coe)]
{S 4; F 0(Y1): **+ow** I}

kabel ['kaˑbęl] *m.* blame, censure, accusation, libel, calumny, defamation
[L: KABL-S] {S 1; F 2: M *cabel* (OM.2673) → P:}

kabester [ka'bęˑstęr] *m.* **-trow** halter, noose, loop
[L:] {S 1; F 1: L *Cebester* (LV030.12): D cobesta, cabester, combesta: **-trow** I}

KABL- [L: BLat **cap'lare* < CLat *capulare* (Fl.)]

kabla ['kabla] *v.* blame, censure, incriminate, libel
[Lc: KABL=¹A] {S 8; F 4: M p.ptcpl. *cablys* (PC.2434): D cab, scabelogus: L *cably* (PV.)} The VN is not attested in MidC. Nance wrote *cably*.

kablans ['kablans] *m.* **+ow** incrimination
[Lc: KABL=ANS] {S 8; F 0(GM09: P.H.): **+ow** I}

kablus ['kablys] *adj.* guilty, blameworthy, culpable
[Ll: KABL=US] {S 1; F 0(CE38)}

Kablys ['kablɪz] *m.* Maundy
[L: CLat *capitilavium* (hpb) or *capillatio* (Fl.)]
{S 1; F 3: M *hablys* → P: C B *Kamblid*, W *Cablyd*:}
dy' Yow Hablys Maundy Thursday

kabol ['kaˑbɔl] *m.* **+yow** mix-up, hotchpotch
[C:] {S 8; F 0(EC52): **+yow** N (EC52)}
Cognates and dialect suggest that <a> and <o> respectively are the appropriate vowels to use in this word.

kabolenn [ka'bɔˑlęn] *f.* **+ow** splashing stone
[Cc: **kabol** -ENN] {S 8; F 0(CE38): D caboulen, cabooly-stone and caboleen 'stone tied to rope and splashed into the water to drive pilchards back into the seine' (CE38): **+ow** I}

kaboler [ka'bɔˑlęr] *m.* **-oryon** stirrer
[Cl: **kabol** -¹ER]
{S 8; F 0(CE38): D "cabooler": **-oryon** I}

kaboli [ka'bɔˑli] *v.* stir, splash
[Cc: **kabol** -¹I]
{S 8; F 0(CE38): D "cabooly-stone"}

kabolva [ka'bɔlva] *f.* **+ow** mix-up, hotchpotch
[Cc: **kabol** -VA]
{S 8; F 0(EC52): C W *cybolfa*: **+ow** I}

kabynn ['kaˑbɪn] *m.* **+ow** cabin
[E(F)c: **kab** -YNN] {S 4; F 0(CE93: G.M.S.): **+ow** I} Here treated as a dim. of **kab**, but the Eng. comes from MidE < OldF *cabane* (co).

KACH- [E(F): MidE *cachen* < AngN *cachier* (coe)]

kacha ['kaˑtʃa] *m.* **kachys** latch, door-catch
[E(F): MidE, from vb.]
{S 5; F 0(CE38): D "catch": **kachys** I}

kachya ['kaˑtʃja] *v.* catch, snatch, capture
[E(F)c: KACH=YA] {S 5; F 4: M *cachye* (PC.0055): L *catcha* without [j] (CDWP)}

kachyans ['kaˑtʃjans] *m.* **+ow** catch, snatch, capture
[E(F)c: KACH=YANS]
{S 5; F 0(GM09: K.J.G.): **+ow** I}

kader ['kaˑdęr] *adj.* comely, beautiful, pretty
[C: CC **kat-ro-* (gpc)] {S 1; F 2: O *carder* (VC.125) → L,P} Replaced in MidC by *teg*.

kaderel *adj.* chair-like
[Lc: ¹kadorA -²EL]
{S 8; F 0(CPNE): P ?Tregatherall}
If the interpretation is correct, then the early form *Tregaderel* 1308 suggests that /ɔ/ in MidC **cador* suffered analogous aff. to [ę].

kaderya [ka'dęˑrja] *v.* take the chair, chair, preside
[Lc: ¹kadorA -YA] {S 8; F 0(CE38)}

kaderyer

kaderyer [ka'dɛ·rjɛr] *m.* **-oryon** chairman
[Lh: ¹kadorA -YER] {S 8; F 0(CE38): **-oryon** I}
Following Nance, vowel aff. is assumed here.

kadon ['ka·dɔn] *f.* **+yow** chain, bond, trace *(link)*, range *(of mountains)*
[L: CLat *catêna* (hpb)] {S 1; F 0(CE38): **+yow** I}

kadona [ka'dɔ·na] *v.* chain
[Lc: **kadon** -¹A] {S 1; F 0(GM09: YhaG)}

¹**kador** ['ka·dɔr] *f.* **+yow** chair, seat
[L: CLat *cathedra* (M)] {S 1; F 2: L *cadar* (PV.7924): **D** cader 'a fishing-line frame': **P** Pen a Gader: **C** B *kador*, W *cadair*: **+yow** I}
This word would have been **cador* in MidC; note also *pengadoer* 1302 (Padel).

²**Kador** *name* Cador The Duke of Cornwall in BK. {S 8; F 2: M *cador* (BK17.12, 18.29)}

kador-dreth [ˌka·dɔr'drɛːθ] *f.*
kadoryow-treth deck-chair, lawn-chair (U.S.)
[LC: ¹**kador** 2¹**treth**]
{S 1; F 0(FTWC): **kadoryow-treth** I}

kador-herdhya [ˌka·dɔr'hɛrðja] *f.*
kadoryow-herdhya push-chair
[LCc: ¹**kador** hordhA -YA]
{S 1; F 0(FTWC): **kadoryow-herdhya** I}

kador-ros [ˌka·dɔr'rɔːz] *f.*
kadoryow-ros wheel-chair
[LC: ¹**kador** ¹**ros**]
{S 1; F 0(FTWC): **kadoryow-ros** I}

kador-vregh [ˌka·dɔr'vrɛːx] *f.*
kadoryow-bregh armchair
[LL: ¹**kador** 2**bregh**]
{S 1; F 0(CE38): **kadoryow-bregh** I}

kafor *m.* **+s** chafer ALT = **hwil**.
[E(E): OldE *ceafor* (coe)]
{S 4; F 2: **O** *cafor* (VC.533) → P: **+s** I (EC52)}
Found as *cafor* in OldC, with [k-] substituted for [tʃ-].

kagal ['ka·gal] *m.* dung of sheep or goats or rodents, clotted filth on fleece or clothing
[L: KAGL-S] {S 8; F 2: L *Kagal* (LV27.09):

kalav

C W *cagl, cagal*; MidB *cagal*:}
The second vowel appears to be epenthetic, and if so, one would have expected <e>; however <a> is found in the cognates.
KAGL- [L: Lat *caco-* + *l* (gpc)]

kagla ['kagla] *v.* void excrement, spatter with filth
[Lc: KAGL=¹A] {S 1; F 1: L *Caillar* (PV.7934): **D** "caggled" 'covered in dirt': **C** W *caglo*}

kaja ['ka·dʒa] *f.* **kajow** daisy
[U:] {S 8; F 2: L (Borlase): **P** ?Dorcatcher: **kajow** N (K.J.G.)}

kaja velyn corn-marigold

kaja vras ox-eye daisy

kakenn *f.* **kakys** cake ALT = **tesenn**.
[E(N)c: FN in -ENN from MidE < OldN *kaka* (coe)] {S 5; F 2: L *kakan*, pl. *kakez* (AB121a) → P: **kakys** L}

kala' ['ka·la] *coll.* **kalavenn** straw *(in bulk)*
[L: Variant of **kalav** with loss of [-v]]
{S 2; F 4: **O** *kala* (VC.802) → L,P: **M** *cala* → P: L *kalav* (AB.): **kalavenn** I}

kala' gweli straw bedding

kalamajina [ˌkalama'dʒi·na] *m.* **+s** cuckoo ray
[U:] {S 8; F 0(CE38): **D** "calamajeena"; Nance surmised in *GCSW* that the word might stand for *carlath ymajynow*.: **+s** I}

Kalann ['ka·lan] *m.* **+ow** first of month, calends
[L: CLat *calendae* (Fl.)] {S 1; F 3: **M** *halan* (BK23.89): L *kalan* (AB045c) → P: **+ow** I}

Kalann Genver New Year's Day

Kalann Gwav All Hallows

Kala' Hedra first of October

Kala' Me May Day

kalav ['ka·lav] *coll.* **+enn** straw *(in bulk)*
[L: CLat *calamus* {S 1; F 4: **O** *kala* (VC.802) → L,P: **M** *cala* → P: L *kalav* (AB.): **+enn** I}

kalavenn [ka'laːvẹn] *f.* **+ow,** *coll.* **kala** straw *(individual)*
[Lc: **kalav** -ENN] {S 2; F 0(GM09: K.J.G.)}

Kalef *name*
{S 4; F 1: M *calef* (OM.1880)}

kalender [ka'lẹndẹr] *m.* **+yow** calendar
[E(F): MidE *kalender* < AngN *calender* (coe)]
{S 4; F 0(GM09: YhaG): C W *calendr*, B *kalander*}: **+yow** I}

kalennik [ka'lẹnːik] *m.* **-igow** New Year's gift, Christmas box
[Lc: **Kalann**A -IK] {S 1; F 0(EC52): **-igow** I}

kales ['kaːlẹz] *adj.* hard, difficult, severe, arduous, hard-bitten, tough
[C: Brit **kaletos* (gpc) < CC (Fl.)]
{S 1; F 4: **M** *cales*: **L** *kallish*: **P** Carrick Calys}

kalesenn [ka'lẹːzẹn] *f.* **+ow** marble *(small sphere)*, callosity
[Cc: **kales** -ENN] {S 1; F 0(CE38): **+ow** I}
kalesenn gig tumour

kaleshe [ˌkaːlẹs'hẹː] *v.* harden, set *(harden)*
[Cc: **kales** -HE] {S 1; F 0(CE38)}

Kalesvolgh *name* Excalibur name of King Arthur's sword
{S 1; F 1: **M** *calesvol* (BK40.26)}

kalesweyth [ˌkalẹʒ'wẹɪθ] *m.* hardware
cf. **medhelweyth** 'software'
[CC: **kales** 2²**gweyth**] {S 1; F 0(CE93: P.H.):}

kaletter [ka'lẹtːẹr] *m.* **+yow** difficulty, hardness
[Cc: from **kales** -TER] {S 1; F 3: **M** *caletter*: **L** *kaletter*: **+yow** I} Tregear used **kaletter** to translate 'calamity'.

¹**kalgh** ['kalx] *f.* **+yow** penis
[C: Brit **kalgo-* (hpb)] {S 3; F 3: **L** *kal*: **P** Calvadnack: **C** B *kalc'h*, cf. W *caly*: **+yow** I}
The final [x] is not recorded in Cor. There would therefore be a case for spelling the word as **kal**, which would not be liable to confusion with **kalgh** 'lime'. The vowel was short, however, as is shown by *càl* (LV027.55), as would be expected after the loss of [x]. This would imply a spelling **kall**, which would be liable to confusion with **kall** 'cunning' and **kall** 'tungstate'.

²**kalgh** ['kalx] *m.* lime *(mineral)*
[L: CLat *calcem* (Fl.)]
{S 1; F 2: **O** (Sawyer): **L** *kalx* (AB045c):}

kalghhe [kalɦi'hẹː] *v.* calcify
[Lc: **kalgh** -HE] {S 1; F 0(EC00)}

kalghheans [kalɦi'hẹːans] *m.* calcification
[Lch: **kalghhe** -ANS] {S 1; F 0(GM09: G.M.S.):}

kalghwolow [kalɦi'wɔːlɔw] *m.* limelight
[Lc: **kalgh** 2**golow**] {S 1; F 0(GM09: YhaG):}

KALK- [L:]
Root found in MidC *calcoryan* 'calculators'

kalkar ['kalkar] *m.* **-kres** weever *(fish)*
[C:] {S 8; F 0(CE38): **-kres** N (CE38)}

kalkenn ['kalkẹn] *f.* **+ow** father-lasher *(fish)* Ray used this word for 'weever fish', but dial. "callykin" applies to 'father-lasher'.
[Cc: FN in -ENN, related to **kalkar**]
{S 8; F 1: **L** (Ray): **D** "callykin": **+ow** I}

kalkonieth [ˌkalkɔ'niːẹθ] *f.* calculation *(as a science)*
[Lc: KALK=ONIETH] {S 8; F 0(AnG 1986):}

kalkor ['kalkɔr] *m.* **+yon** calculator *(human)*
[Lc: KALK=OR] {S 1; F 1: **M** pl. *calcoryan* (BM.1375): **+yon** M}

kalkores [kalk'ɔːrẹs] *f.* **+ow** calculator *(human)*
[Lc: KALK=ORES] {S 1; F 0(GM09: P.H.): **+ow** I}

¹**kalkya** ['kalkja] *v.* calculate
[Lc: KALK=YA] {S 8; F 0(CE55)}

²**kalkya** ['kalkja] *v.* caulk
[E(F)c: VN in -YA from MidE < OldF *cauquer* (coe)] {S 4; F 1: **M** *me a galke* 'I shall caulk' (CW.2287)}

kalkyans ['kalkjans] *m.* **+ow** calculation *(an individual)*
[Lh: KALK=YANS] {S 8; F 0(CE93: K.J.G.): **+ow** I}

¹**kall** ['kalː] *adj.* cunning
[L: BLat *cal'dus* < CLat *callidus* (Gr.)]
{S 1; F 3: **O** *cal* (VC.418): **L** *kall* (AB.)}

²kall ['kal:] *m.* **+ow** tungstate of iron
[U:] {S 1; F 1: L *gal* 'rust' (PV10529): **D** (CE38): **+ow** I}

kallder ['kaldẹr] *m.* cunning
[Lc: ¹**kall** -DER] {S 1; F 0(CE55):}

kallenn ['kal:ẹn] *f.* **+ow** iron ore
[Uc: ²**kall** -ENN] {S 1; F 0(CE38): **+ow** I}

Kalmana name
{S 4; F 1: M *kalmana* (CW.1330)}

kalmynsi [kal'mɪnʒi] *m.* stillness, tranquillity, calm
[E(F)c: Apparently E *calm* + -YNSI]
{S 8; F 1: L *kallamingi* (AB166a) → P:}

Kalon (river-name of unknown meaning) [C:] {S 8; F 0(CPNE)}

kals ['kals] *m.* **+ow** heap, abundance
[U:] {S 1; F 3: M *cals* → P: **+ow** I}

kals meyn heap of stones

kalter ['kaltẹr] *f.* **+yow** kettle
[L: CLat *caldâria* (Gr.) (> E *caldera*)]
{S 8; F 3: O *caltor* → L,P: **+yow** I}

Kalvari place Calvary
[E(L): MidE < Lat *calvâria* (coe)]
{S 4; F 1: M *galvary* (MC.162)} *calvarye* (4 syll.) at OM.1180 has been interpreted as Latin *Calvaria*.

Kam name {S 5; F 1: M *cam* (OM.1052)}

kamera ['kamẹra] *m.* **+s** camera
[E(L): ModE < Lat *camera* 'vault' (co)]
{S 4; F 0(FTWC): **+s** N (K.J.G.)}

¹**kamm** ['kam:] 1. *adj.* bent, crooked, distorted, wrong, erroneous, wry 2. *m.* **+ow** wrong, trespass, person who is morally crooked
[C: Brit **kambo-* < CC (Fl.)]
{S 1; F 5: O *cam* (VC.381): M *cam*: L *kabm*: P Camborne: **+ow** L (J.Boson)}

²**kamm** ['kam:] *m.* **+ow** step, pace, a bit, footstep [C: Brit**kanksman* (gpc)]
{S 1; F 4: M *cam*: L *cabm*, pl. *cabmow*: **+ow** L}

war gamm vigorously
ke war gamm! back off!,

leave me alone! Nance misunderstood these expressions (J.G.H.).

kamma ['kam:a] *v.* bend, curve
[Cc: ¹**kamm** -¹A] {S 1; F 3: M *gamma*: L *camma*}
Also found as *Cabmy*, with typical <-y> as VN ending, in Pryce.

kammamserenn [ˌkamam'sẹ·rẹn] *f.* **+ow** anachronism
[CCc: ²**kamm amser** -ENN]
{S 1; F 0(GM09: K.J.G.): **+ow** I}

kammamseryek [ˌkamam'sẹ·rjẹk] *adj.* anachronistic
[CCc: ²**kamm amser** -YEK]
{S 1; F 0(GM09: G.M.S.)}

kammarrek [kam:'ar:ẹk] *adj.* bandy-legged
[CCc: ¹**kamm** 2**garrek**]
{S 1; F 2: L *kabmgarrek* (AB169b) → P}

kammas ['kam:az] *f.* **+ow** bend, bay *coastal indentation)*
[Cc: ¹**kamm** -²AS]
{S 1; F 0(CPNE): **P** Gamas Point: **+ow** I}

kammberghennegi [kamˌbẹrxẹ'nẹ·gi] *v.* usurp
[Lcc: ²**kamm** 2**perghennegi**] {S 1; F 0(EC00)}

Kammbronn ['kambrɔn] *place* Camborne
[CC: ¹**kamm bronn**] {S 3; F 3: M *cambron*}
Kambronn 1469-70. Expected lenition is absent.

kammder ['kamdẹr] *m.* crookedness
[Cc: ¹**kamm** -DER] {S 1; F 0(CE38):}

kammdhavas [kam'ða·vaz] *m.* sheep-track
[CC: ²**kamm** 2**davas**] {S 1; F 0(CE38):}
Nance quoted *cabmdhavas* from Pryce, but all cases of this seem to be for **kammneves** 'rainbow'. This confusion shows that there were two mutations of *davas* 'sheep': *dhavas* and *navas* (found in pl.n. *Porth Navas*, recorded as *Porranavas* 1729. The word appears to be a close compound, because of the mutation of **davas**, but it would be better as a loose compound, **kamm-davas**, with a pl. **kammow-davas**.

kammdhegyans [kam'ðę·gjans] *m.* **+ow**
miscarriage
[CCc: **kamm** 2DEG=YANS]
{S 1; F 0(GM09: G.M.S.): **+ow** }

kammdremena [ˌkamdrę'mę·na] *v.*
transgress *(intrans.)*, trespass
[CCc: ¹**kamm** 2tremena]
{S 1; F 3: **M** *cam dremene* (OM.0337), *cam tremene* (RD.0040) → P}

kammdremener [ˌkamdrę'mę·nęr]
m. **-oryon** trespasser *(male)*
[CCl: ¹**kamm** 2TREMEN=¹ER]
{S 1; F 0(GM09: P.H.): **-oryon** I}

kammdremenores [kamˌdremę'nɔ·ręs]
f. **+ow** trespasser *(female)*
[CClc: ¹**kamm** 2TREMEN=ORES]
{S 1; F 0(GM09: K.J.G.): **+ow** I}

kammdybi [kam'dɪ·bi] *v.* err in thought
[CCc: ¹**kamm** 2tybi]
{S 1; F 2: **M** *gan dip* (RD.0996) → P}

kammdybyans [ˌkam'dɪ·bjans] *m.* **+ow**
error, mistaken opinion
[CCc: ¹**kamm** 2tybyans]
{S 1; F 1: **L** *kabmdybianz* (AB223): **+ow** I}

kammek ['kamːęk] *f.* **-ogow** rim, felloe *(rim of wheel)*
[Cc: ¹**kamm** -¹EK]
{S 1; F 0(CE55): **-ogow** I}

kammenn ['kamːęn] **1.** *adv.* in no way, not at all, no-wise **2.** *f.* **+ow** pace *(just one)*
[Cc: ²**kamm** -ENN]
{S 1; F 4: **M** *cammen*: **L** *kammen*: **+ow** I}
   kammenn vyth in no way at all

kammfydhwas [kam'fɪ·ðwas]
m. **-wesyon** confidence trickster, conman
[CLC: ¹**kamm** fydh 2gwas]
{S 1; F 0(Y2): **-wesyon** I}

kammfydhweyth [kam'fɪ·ðwęɪθ] *m.*
+ow confidence trick
[CLC: ¹**kamm** fydh 2²gweyth]

{S 1; F 0(Y2): **+ow** I}

kammfydhya [kam'fɪ·ðja] *v.* mistrust
[CLc: ¹**kamm** fydhya] {S 1; F 0(GM09: G.M.S.)}

kammfydhyans [kam'fɪ·ðjans] *m.*
mistrust
[CLc: ¹**kamm** fydhyans]
{S 1; F 0(GM09: G.M.S.):}

kammgedhla [kam'gęðla] *v.* misinform
[CCc: **kamm** 2kedhla] {S 2; F 0(GM09: YhaG)}

kammgedhlow [kam'gęðlɔw] *pl.*
misinformation
[CCc: **kamm** 2kedhlow]
{S 2; F 0(GM09: YhaG)}

kammgemmeres [ˌkamgę'mę·ręz] *v.*
mistake
[CCc: ¹**kamm** 2kemmeres]
{S 1; F 0(GM09: G.M.S.)}

kammgemmeryans [ˌkamgę'mę·rjans]
m. **+ow** mistake
[CCc: ¹**kamm** 2kemmeryans]
{S 1; F 0(EC52): **+ow** I}

kammgemmerys [ˌkamgę'mę·rɪz] *adj.*
mistaken
[CCc: ¹**kamm** 2KEMMER- -⁶YS] {S 1; F 0(EC00)}

kammgolm ['kamgɔlm] *m.* **+ow**
granny-knot
[CC: ¹**kamm** 2kolm] {S 1; F 0(EC52): **+ow** I}

kammgonvedhes [ˌkamgɔn'vę·ðęz]
1. *v.* misunderstand **2.** *m.* **+ow**
misunderstanding
[CcCc: ¹**kamm** 2konvedhes]
{S 1; F 0(GK98): **+ow** I}

kammgryjyans [kam'grɪ·dʒjans] *m.*
+ow heresy
[CCc: from ¹**kamm** 2kryjyans]
{S 2; F 0(CE38): **+ow** I}

kammgryjyk [kam'grɪ·dʒɪk] **1.** *adj.*
heretical **2.** *m.* **-jygyon** heretic
[CC: ¹**kamm** 2kryjyk]
{S 2; F 0(EC52): **-jygyon** I}

kammhynsek [kam'hɪnzęk] *adj.* unjust, unrighteous, malignant
[CCc: from ¹**kamm hyns** -¹EK]
{**S** 1; **F** 3: **M** *camhinsic* (VC.306, 403): **L** *kamhinsek* (AB113b) → P}

kammhynseth [kam'hɪnzęθ] *f.* **+ow** injustice, wrong
[CCc: from ¹**kamm hyns** -ETH]
{**S** 8; **F** 2: **M** *cammensyth* (TH15r), *kammynsoth* (TH15v): **+ow** I}

kammlagas [kam'la·gaz] *m.* **+ow** squint
[CC: ¹**kamm lagas**] {**S** 1; **F** 0(EC52): **+ow** I}

kammlagasek [ˌkamːla'ga·ʒęk] *adj.* squinting, cross-eyed
[CCc: ¹**kamm lagasek**]
{**S** 1; **F** 2: **L** *kabmlagadzhak* (AB155b)}

kammledya [kam'lę·dja] *v.* mislead
[CE(E)c: ¹**kamm ledya**] {**S** 5; **F** 0(GM09: P.H.)}

kammleverel [ˌkamlę've·ręl] *v.* mispronounce
[CCc: ¹**kamm leverel**] {**S** 1; **F** 0(CE38)}

kammleveryans [ˌkamlę'vę·rjans] *m.* **+ow** mispronunciation
[CCh: ¹**kamm leveryans**]
{**S** 1; **F** 0(EC52): **+ow** I}

kammneves [ˌkamː'nę·vęz] *f.* **+ow** rainbow, spectrum *(poetic)*
[CCc: ¹**kamm nev** -²ES 'crooked heavens']
{**S** 1; **F** 3: **O** *camniuet* (VC.436): **M** *gabm thavas* (CW.2502): **L** *cabm-thavaz* (PRWP): **+ow** I}
In LateC, this word was interpreted as containing the nasal mutation of **davas** 'sheep'; in CW, we find *an gabm thavas* 'the rainbow'.

kammonderstondya v. misunderstand
ALT = **kammgonvedhes**.
[CEc: ¹**kamm** onderstondya]
{**S** 5; **F** 1: **M** *camvnderstondia* (TH18r)}

kammskoedhek [ˌkamː'sko·dęk] *adj.* crooked-shouldered
[CCc: ¹**kamm skoedhek**]
{**S** 1; **F** 1: **L** *kabmsgudhak* (AB063b)}

kammskrif ['kamskrɪf] *m.* **+ow** mistake *(in writing)*
[CL: ¹**kamm skrif**] {**S** 3; **F** 0(CE93): **+ow** I}

kammskrifa [kam'skri·fa] *v.* make a mistake in writing, write wrongly, miswrite
[CLc: ¹**kamm skrifa**] {**S** 3; **F** 0(CE55)}

kammusya [kam'yzja] *v.* misuse
[CE(F)c: ¹**kamm usya**] {**S** 4; **F** 0(EC00)}

kammva ['kamva] *f.* **+ow** stile
[Cc: ²**kamm** -VA] {**S** 1; **F** 0(CE38): **+ow** I}

kammva-dro [ˌkamva'drɔː] *f.*
kammvaow-tro turnstile
[CcC: **kammva** 2tro]
{**S** 1; **F** 0(EC52): **kammvaow-tro** I}

kammvethyans [kam'vę·θjans] *m.* malnourishment
[CCc: ¹**kamm** 2²**meth** -YANS]
{**S** 1; **F** 0(GM09: G.M.S.):}

kammvethys [kam'vę·θɪz] *adj.* malnourished
[CCc: ¹**kamm** 2²**meth** ⁶-YS]
{**S** 1; **F** 0(GM09: G.M.S.)}

kammvreusi [kam'vrœ·ʒi] *v.* misjudge
[CCc: ¹**kamm** 2**breusi**] {**S** 1; **F** 0(CE38)}

kammweyth ['kamwęɪθ] *m.* misdeed, trespass, error
[CC: ¹**kamm** 2²**gweyth**] {**S** 1; **F** 4: **M** *hamwyth* (PC.3029a): **L** *kabmoth* (LPJK):}

kammweythres [kam'węɪθręz] *m.* **+ow** misdeed, wrongdoing
[CCC: ¹**kamm** 2**gweythres**] {**S** 1; **F** 0(CE38): **+ow** I}

kammwonis [kam'wɔ·niz] 1. *v.* blunder, bungle 2. *m.* **+yow** blunder
[CC: ¹**kamm** 2**gonis**] {**S** 1; **F** 0(CE38): **+yow** I}

kammworthybi [ˌkamwɔr'θɪ·bi] *v.* reply impertinently, answer back
[CC: ¹**kamm** 2**gorthybi**] {**S** 1; **F** 2: **M** *gam worthyby* (PC.1268); 3 sg. pret. *cam worthybys* (PC.1403)}

kammworthyp [kam'wɔrθɪp] *m.* **-ybow** impertinence
[CC: ¹**kamm** 2**gorthyp**]
{**S** 1; **F** 0(CE38): **-ybow** I}

kammwrians [kam'wriˑans] *m.* **+ow** misdeed, error
[CCh: ¹**kamm** 2**gwrians**]
{S 1; F 0(AnG 1988): **+ow** I}

kammwul ['kamːwyl] *v.* make a mistake, do ill, err
[CC: ¹**kamm** 2**gul**] {S 1; F 3: M *gamwul* (PC.1065): L 3 sg. pret. *camb grwyeg* (LPJD)}

kamp ['kamp] *m.* **+ow, +ys** camp, bivouac
[E(F): MidE < OldF (coe)]
{S 4; F 0(EC52): **+ow** N (G.M.S.); **+ys** I (EC52)}

kamp-hav [ˌkamp'haːv] *m.* **kampow-hav** holiday camp, summer camp (U.S.)
[E(F)C: **kamp hav**]
{S 4; F 0(Y1): **kampow-hav** N (G.M.S.)}

kampoell ['kampɤl] *m.* **+ow** mention, comment, reference, remark
[cC: Back-formation from **kampoella**]
{S 3; F 0(EC52): **+ow** I}

kampoell mappa map reference

kampoella [kam'pɤlːa] *v.* mention, refer to, comment
[cCc: **kampoell** -¹A] {S 3; F 3: M p.ptcpl. *campollys* (BM.2204): L *compla* (P2JJ)}
Most forms of this word and its derivatives were written with *cam*-, and it may have been perceived as containing **kamm**; whereas the prefix is really **ken-** with assimilation of [n] to [m] before [p], and unexplained change of vowel: the word is thus spelled with <m> rather than <mm>.

kampoellans [kam'pɤlːans] *m.* **+ow** reference *(e.g. in a letter)*
[cCh: from **kampoell** -ANS]
{S 3; F 0(EC52): **+ow** I}

kampoellys [kam'pɤlːɪz] *adj.* mentioned, aforesaid
[cCc: from **kampoell** -⁶YS]
{S 3; F 1: M *campollys* (BM.2204)}

kampva ['kampva] *f.* **+ow** camp-site
[E(F)c: **kamp** -VA] {S 4; F 0(Y1): **+ow** I}

kampya ['kampja] *v.* camp, encamp, bivouac
[E(F)c: **kamp** -YA] {S 4; F 0(EC52)}

kampyer ['kampjɛr] *m.* **-oryon** champion
[Lh: MN in -YER from CLat *campus* (gpc)]
{S 8; F 2: L *kampur* (AB044a), *kampier* (PV12612): **-oryon** N}
Apparently adapted by Lhuyd from Welsh.

kampyorieth [ˌkampjɔ'riˑɛθ] *f.* **+ow** championship
[Lhc: from **kampyer** -IETH] {S 8; F 0(CE93: G.M.S.): **+ow** I} cf. Nance's *campyory*.

kams ['kamz] *f.* **+ow** surplice, alb
[D: Ultimately < CLat *camisia* (Gr.)]
{S 8; F 3: O *cams* (VC.790) → L,P: **+ow** I}

kan ['kaːn] *f.* **+ow** song, poem
[C: IE *qan- (hpb)] {S 1; F 5: M *can*, pl. *canow*: L *can*, pl. *gannow*: C B *kan*, W *can*: **+ow** ML}

kan werin folk-song

kana ['kaˑna] *v.* sing, sound *(of an instrument)*
[Cc: **kan** -¹A] {S 1; F 5: M *cane*: L *kana, kanna*: C B *kanañ*, W *canu*}

kanabyer [kaˑnaˑbjɛr] *pl.* hemp-field
[Lc: pl. in -YER from MidC **canab* 'hemp', orig. < CLat *cannabis*] {S 8; F 0(CE55)}

kanabys [kaˑnaˑbɪs] *coll.* **+enn** cannabis
[E(L): E *cannabis*]
{S 4; F 0(GM09: G.M.S.): **+enn** I}

kanel ['kaˑnɛl] *f.* **kanolyow** channel, water-channel, inlet *(of sea)*, television channel
[L:] {S 4; F 0(CE38): D "cannel": P The Gannel: **kanolyow** N (K.J.G.)}

kanell ['kaˑnɛl] *m.* **+ow** spigot, peg, plug
[F: MidF *canelle*] {S 4; F 1: L (Borlase): **+ow** I}

kaner ['kaˑnɛr] *m.* **-oryon** singer *(male)*
[Cl: **kan** -¹ER] {S 1; F 0(CE38): **-oryon** I}

kangourou [kangu'ruː] *m.* **+s** kangaroo
[E(O): ModE, perhaps from an Aboriginal word (coe)] {S 5; F 0(FTWC): **+s** I}

kanjon

kanjon ['kandʒɔn] *m.* **+s** freak, abnormal person, wretch
[E(F): MidE < OldF *cangeon* (CE38)]
{**S** 8; **F** 3: **M** *kangeon* → **P**: **+s** I (CE38)}
This word is not F *cochon* 'pig', but comes from LateL *cambio(n-)* 'changeling' (K.S.)

kanker ['kankęr] *m.* **kankres** crab, cancer
[L: CANCR-S] {**S** 1; **F** 3: **O** *cancher* (VC.551) → **P**: **L** *kankar* (AB.), pl. *kenkraz* (AB243a) → **P**: **D** "canker" 'harbour crab': **kankres** L}
KANKR- [L: CLat *cancrum* (Gr.)]

kankreginek [ˌkankrę'giˑnęk] **1.** *adj.* carcinogenic **2.** *f.* **-ogow** carcinogen
[LCc: KANKR- *egin* -¹EK]
{**S** 1; **F** 0(EC00): **-ogow** I}

kanmel ['kanmęl] *v.* laud, praise highly, eulogize, acclaim
[CC: **kan** + root from Brit *mal-]
{**S** 3; **F** 0(CE38)}

kanmola [kan'mɔˑla] *m.* **-moledhow** eulogy, acclamation
[CCc: from **kan** + MEUL=¹EDH]
{**S** 3; **F** 0(EC52): **-moledhow** I}

kanmoledhek [ˌkanmɔ'lęˑðęk] *adj.* eulogistic
[CCc: from **kan** + MEUL=¹EDH -¹EK]
{**S** 3; **F** 0(GM09: K.J.G.)}

kann ['kanː] **1.** *adj.* bright white **2.** *m.* brightness, shine, fluorspar
[C: Brit *kandos* < IE (Fl.)]
{**S** 1; **F** 3: **O** *can* (VC.852) → L,P: **P** Polcan:}
Only the adjectival use is attested in the texts.

¹kanna ['kanːa] *m.* **kannow** can, tin *(container)*
[E(E): OldE *canne* (Gr.)] {**S** 4; **F** 2: **O** *kanna* (VC.927) → L,P: **kannow** N (FTWC)}

²kanna ['kanːa] *v.* bleach, blanch
[Cc: **kann** -¹A] {**S** 1; **F** 0(CE38)}

kannboeth ['kanbɤθ] *adj.* incandescent
[CC: **kann** 2*poeth*] {**S** 8; **F** 0(EC00)}

kannboethter [kan'bɤθtęr] *m.* incandescence

kanon

[CCc: **kannboeth** -TER] {**S** 8; **F** 0(EC00):}

kanna-pobas [ˌkanːa'pɔˑbaz] *m.*
kannow-pobas baking tin, baking pan (U.S.)
[E(E)Cc: ¹**kanna pobas**]
{**S** 4; **F** 0(Y1): **kannow-pobas** I}

kanna-rostya [ˌkanːa'rɔˑstja] *m.*
kannow-r. roasting-tin, roasting pan (U.S.)
[E(E)E(F)c: ¹**kanna rostya**]
{**S** 4; **F** 0(Y1): **kannow-r.** I}

kannas ['kanːaz] *f.* **+ow** messenger, ambassador, envoy, delegate, representative N.B. **An Gannas**, name of a magazine in Cornish, published every month from 1976 to the present.
[C:] {**S** 8; **F** 5: **M** *cannas, canhas*, pl. *canhasow*: **L** *cadnas* (BOD.097), pl. *kannasow* (ACJK): **+ow** ML}

kannasedh [ka'naˑzęð] *m.* **+ow** delegation
[Cc: **kannas** -EDH] {**S** 8; **F** 0(EC00): **+ow** I}

kanna-tesenn [ˌkanːa'tęˑsęn] *m.*
kannow-tesenn cake-tin, cake pan
[E(E)Cc: ¹**kanna tesenn**]
{**S** 4; **F** 0(AnG 1985): **kannow-tesenn** I}

kanna-torth [ˌkanːa'tɔrθ] *m.*
kannow-torth loaf tin, bread pan (U.S.)
[E(E)C: **kanna**¹ **torth**]
{**S** 4; **F** 0(Y1): **kannow-torth** I}

kannatti [ka'natːi] *m.* **+ow** embassy, mission-house
[CC: from **kannas ti**] {**S** 1; **F** 0(CE38): **+ow** I}

kanndir ['kandir] *m.* **+yow** quartz
[CC: **kann** 2*tir*] {**S** 1; **F** 0(CE38): **D** Thought by Nance to occur in "carn tyer".: **+yow** I}

kannlin ['kanlɪn] *m.* **+yow** bleach
[CC: **kann** ³*lin*]
{**S** 1; **F** 0(GM09: G.M.S.): **+yow** I}

kanon ['kaˑnɔn] *m.* **+yow** cannon
[E(F): MidE *canon* < OldF *canonie* (coe)]
{**S** 4; **F** 0(CE55): **+yow** N (FTWC)}

kanores

kanores [ka'nɔ·rẹs] *f.* **+ow** singer *(female)*
[Cc: **kan** -ORES]
{S 1; F 2: O *canores* (VC.116) → P: **+ow** I}

kanou [kan'uː] *m.* **+yow** canoe
[E(O): ModE < Sp *canoa*]
{S 5; F 0(FTWC): **+yow** N (K.J.G.)}

kans ['kans] *num.* **+ow** hundred
[C: IE *k̂m̥tom* (M)] {S 1; F 5: M *cans*, pl. *cansow*: L *kanz*: P Kelsters: **+ow** M}

kans bloedh hundred years old
kans kolm knotgrass

kansblydhen [kanz'blɪ·ðẹn] *f.*
kansblydhynyow century, hundred years
[CC: **kans blydhen**] {S 1; F 2: M *c blethan* (TH13v, 51r): **kansblydhynyow** I}

kansewin [kan'zẹ·wɪn] *coll.* **+enn** orpine *(plant)*
[CC: **kans ewin**] {S 1; F 0(EC52): **+enn** I}
Sedum Telephium, a member of the Crassulaceae family.

kanskweyth ['kanskwẹɪθ] *adv.* a hundred times
[CC: **kans** 4¹**gweyth**]
{S 1; F 2: M *can quyth* (PC.0574) → L,P}
Lhuyd, followed by Pryce, wrote *kanzuyth*; he may have misread MidC <q> as <z>. Here the <s> in **kans** is restored.

kanspeuns ['kanspœns] *m.* **+ow** hundred pound weight
[CE(E): **kans peuns**]
{S 1; F 1: M *cans puns* (PC.3144): **+ow** I}

kansplek ['kansplẹk] *adv.* hundredfold
[CL: from **kans pleg**] {S 1; F 0(CE38)}

kanspoes ['kanspɤs] *m.* **+ow** hundredweight
[CL: **kans poes**]
{S 1; F 1: L *canz-pooz* (PRJBG): **+ow** I}

kansrann ['kanzran] *f.* **+ow** percentage, per cent
[CC: **kans rann**] {S 1; F 0(Y2): **+ow** I}

kanstell ['kanstẹl] *f.* **+ow** basket
[L: MedL *canistellum*] {S 3; F 1: L (Pryce, according to Nance): C B *kanastell*: **+ow** I}

kanstroes ['kanstrɤz] *m.* **-es** centipede
[CC: **kans** ¹**troes**] {S 1; F 0(GK98: P.H.): **-es** I}

kansves ['kanzvẹz] *num.* hundredth
[Cc: **kans** -VES] {S 1; F 0(CE38)}

kansvil ['kanzvɪl] *num.* **+yow** hundred thousand
[CL: **kans** 2³**mil**] {S 1; F 1: M *cans vyl*: **+yow** I}
Reason for lenition is obscure.

kanter ['kantẹr] *m.* **kantrow** frame *(for fishing)*
[U:] {S 8; F 0(CE38): **kantrow** I}

kantol ['kantɔl] *f.* **+yow** candle, spark-plug
[L: BLat *cantêla* < CLat *candêla* (M)]
{S 1; F 4: O *cantuil* (VC.782) → P: M *kantyll* (TH.): L *kantl* (AB046a) → P: **+yow** I}

kantol goer wax candle, taper
kantol soev tallow candle

kantolbrenn [ˌkantɔl'brẹnː] *m.* **+yer** candle-stick
[LC: **kantol** 2**prenn**] {S 1; F 2: O *cantulbren* (VC.756) → P: M *coltrebyn* (TH17v): **+yer** I}

kantoler [kan'tɔ·lẹr] *m.* **+yow** chandelier, candelabrum Nance also assigned the meaning 'chandler', orig. 'maker or seller of candles', later 'retail dealer'.
[Ll: **kantol** -¹ER] {S 1; F 0(CE38): **+yow** I}

kantykyl m. canticle
[E(F): MidE < OldF *canticle* (co)]
{S 5; F 0(CE38)}

kanvas ['kanvas] *m.* **+ys** canvas
[E(F): MidE *canevas* < OldNorF (coe)]
{S 4; F 2: M *canfas* (TH06v): **+ys** I}

kapel m. cable ALT = **fun**.
[E(F): MidE < AngN (coe)] {S 5; F 1: M *capel* (BM.0467):} Substitution of [p] for [b] is most unusual; one would expect the opposite:

Kapernaitys inhabitants of Capernaum
{S 5; F 1: M *capernaitys* (TH57r)}

kappa

kappa ['kapːa] *m.* **kappow** cap
[E(E): MidE *cappe* (Gr.) < OldE (coe)] {S 4; F 3: L *capa* (VC.811) → L,P: **kappow** N (K.J.G.)}

kapten ['kaptẹn] *m.* **+yon** captain
[E(F): ModE *captain* < MidE *capitain* < late OldF (coe)] {S 5; F 0(CE38): **+yon** N (K.J.G.)}

kapyas ['ka·pjas] *m.* **+ow** writ of arrest, warrant (for arrest)
[L: Lat *capias*]
{S 8; F 1: M *capios* (PC.2266): **+ow** I}

kar ['kaːr] *m.* **kerens** kinsman, relative *(male)*, relation, parent, friend
In trad. Cor., the meaning 'friend' was used only by Lhuyd and J.Boson (ck).
[C: Brit **karants* (Gr.) < CC **karants* (M)]
{S 1; F 4: O *car* (VC.156, 157) → P: M *car*; pl. *kerens*: L *kâr* (AB042c); pl. *keranz*: **kerens** M}

KAR- *prefix* [D:] [C: Unstressed form of [4]**ker** found in pl.ns., e.g. **Karesk** 'Exeter']

kara ['ka·ra] *v.* love, like, care for
[Cc: **kar** -[1]A] {S 1; F 6: M *care* → P: L *kara* (AB.)}
dell y'm kyrri please

karadewder [ˌkara'dẹʊdẹr] *m.* lovableness, loving-kindness, amiability, fondness
[Ccc: **karadow**A -DER] {S 8; F 3: M *caradevder*:}

karadow [ka'ra·dɔw] **1.** *adj.* beloved, loving, lovable, amiable **2.** *m.* **+yon** loved one
[Cc: **kar** -ADOW]
{S 1; F 5: M *caradow* → P; pl. *caradowyon* → P: L *kardoụion* (AB242c): **+yon** ML}

karaoke [kara'ɔ·kẹ] *m.* karaoke
[E: from Japanese *karaoke*]
{S 5; F 0(GM09: P.H.):}

karate [ka'ra·tẹ] *m.* karate
[E: from Japanese *karate*]
{S 5; F 0(GM09: P.H.):}

karavan ['karavan] *m.* **+s** caravan, trailer (U.S.)
[E(F): ModE < F *caravane* (coe)]
{S 4; F 0(Y1): **+s** I}

karbon ['karbɔn] *m.* carbon
[E(F): ModE < F *carbone* (coe)] {S 5; F 0(EC00):}

kardigan ['kardɪgan] *m.* **+s** cardigan
[E: ModE *cardigan*, after the 7th earl of Cardigan] {S 5; F 0(GL05): **+s** I}
The family-name of the earl is an Anglicization of the Welsh *Ceredigion*.

kardinal ['kardɪnal] *m.* **-es** cardinal
[E(F): MidE < OldF *cardinal* (coe)]
{S 4; F 0(CE38): **-es** I}

Kardydh [kar'dɪːð] *place* Cardiff
[CC: Cornicized form of W *Caerdydd*]
{S 3; F 0(GM09: G.M.S.)}

karer ['ka·rẹr] *m.* **-oryon** boy-friend, lover *(male)*
[Cl: **kar** -[1]ER] {S 1; F 0(CE55): **-oryon** I}

kares ['ka·rẹs] *f.* **+ow** kinswoman, relative *(female)*, girl-friend
This word is the fem. form of **kar**, whose primary meaning is 'relative'. Its primary meaning should therefore be 'female relative'. The meaning 'friend' assigned by Nance is secondary. 'Female lover' is better expressed by **karores** or **keryades**.
[Cc: **kar** -[4]ES] {S 1; F 0(CE38): C W *cares* 'female relative, female friend': **+ow** I}

Karesk [kar'ẹːsk] *place* Exeter
[DC: KAR- + name of river] {S 8; F 3: L *karesk* (JCNBL13)} The name of the river, *Exe* in Eng., **Esk** in Cor., *Isca* in Latin, is a common Celtic name for rivers, found also as *Axe*, *Usk*, *Esk*, and perhaps meaning just 'water'.

karetys [kar'ẹ·tɪs] *coll.* **+enn** carrots
[E(F): MidE < OldF *carrots*]
{S 5; F 1: L *karetys* (AB114a) → P: **+enn** I}

karg ['karg] *m.* **+ow** load, cargo, burden, shipment, consignment
[F: OldF] {S 4; F 2: L *karg* (AB222) → P: **+ow** I}

karga ['karga] *v.* load, charge *(e.g. a battery)*
[Fc: **karg** -[1]A] {S 5; F 0(CE38)}

Kargens [kar'gẹns] *place* Canterbury
[DC: KAR- + lenited Cornicized form of *Kent*]
{S 8; F 0(TN)}

Kargront

Kargront [kar'grɔnt] *place* Cambridge
[DE: KAR- + first part of *Grantchester*]
{S 5; F 0(GM09: G.M.S.)}

kargys ['kargɪz] *adj.* loaded
[Fc: **karg** -⁶YS]
{S 5; F 0(EC52)} p.ptcpl. of **karga**.

karghar ['karxar] *m.* **+ow** fetter, shackle, gyves
[L: CLat *carcarem*] {S 1; F 3: M pl. *carharow*:
L *karhar* (AB046b): **+ow** M}

karghara [kar'fia·ra] *v.* shackle, pillory, put in stocks
[Lc: **karghar** -¹A] {S 1; F 3: M *carhara*}
Shortened to *cara* at MC.075.

karghar-prenn [ˌkarxar'prɛn:] *m.* stocks
[LC: **karghar prenn**] {S 8; F 1: L (Lhuyd MS.):}

kargrol ['kargrɔl] *m.* **+yow** bill *(of lading)*
[FE(F): **karg rol**] {S 4; F 0(EC00): **+yow** I}

karjel ['kardʒɛl] *m.* **+yow** accordion
[U:] {S 8; F 0(EC00): **+yow** I} dialect word.

karleyth ['karlɛɪθ] *f.* **+ow** ray *(fish)*, skate
[CC: Poss. from **kowr** ²**leyth** 'giant flat-fish' (gcsw); see **gorleythenn**.]
{S 8; F 3: L *karlath* (AB136a, 241b) → P; pl. *Karleithau* (LV029.07): **+ow** L}

karleyth drylost smooth ray

¹**karn** ['karn] *m.* **+ow** rock-pile, tor, cairn, underlying rock
[C: Brit *karno-* (Haywood) < CC (Fl.)] {S 1; F 4: M *carn* → P: L *karn* (AB146b); pl. *karnou* (AB245a) → P: P Carn Brea: D "carn" 'fishing-ground with rocky bottom'.: **+ow** L}
Poss. same word as ²**karn** (gpc), but disputed by Fleuriot.

²**karn** ['karn] *m.* **+ow** hoof
[C: CC *karnu-* (iyk)]
{S 1; F 2: L *karn* (AB086a) → P: **+ow** I}

karn kollan knife-handle

karnan [karnan] *m.* **-enyow** rock-pile *(small)*
[Cc: ¹**karn** -AN] {S 1; F 1: L *carnon*: P Carnon Downs: **-enyow** I}

Karnbre [karn'brɛ:] *place* Carn Brea
[CC: ¹**karn bre**] {S 1; F 2: M *carnebre* (BM.0784), *carnbre* (BM.0966)}

karnedh ['karnɛð] *m.* **+ow** heap *(of rocks)*
[Cc: ¹**karn** -¹EDH] {S 1; F 0(CE38): **+ow** I}

karnedhek [kar'nɛ·ðɛk] *adj.* rocky, abounding in cairns
[Ccc: **karnedh** -¹EK]
{S 1; F 0(CPNE): P Carnethick}

¹**karnek** ['karnɛk] **1.** *adj.* rocky **2.** *f.* **-egi** rocky ground
[Cc: ¹**karn** -¹EK] {S 1; F 0(CE38): P Cannamanning (see *CPNE* p.40): **-egi** I}

²**karnek** ['karnɛk] *adj.* hoofed
[Cc: ²**karn** -¹EK] {S 1; F 0(CE38)}

Karnki [karn'ki:] *place* Carnkie
As with most place-names, the pronunciation in Eng. differs from that in Cor.
[CC: ¹**karn ki**] {S 1; F 2: L *carnkie* (PV12842)}

Karnsuyow *place*
{S 1; F 2: L *carn suyow* (OM.2311)}

kar-ogas [ˌkar'ɔ·gas] **1.** *adj.* kin **2.** *m.* **kerens-ogas** kin, close relative, near relative, close relation, near relation
[CC: **kar ogas**]
{S 1; F 2: L *kâr agos* (AB048c): **kerens-ogas** I}

karol ['ka·rɔl] *m.* **+yow** dance to sung music, carol
[F: OldF *carole* (coe)] {S 4; F 2: O *karol* (VC.771) → L,P: C W *carol*; cf. B *koroll*: **+yow** I}

karoli [ka'rɔ·li] *v.* dance to sung music
[Fc: **karol** -¹I] {S 4; F 2: L *korolli* (AB274c) → P}

karores [ka'rɔ·rɛs] *f.* **+ow** girl-friend, lover *(female)*
[Clc: **kar** -ORES] {S 1; F 0(GM09: YhaG): **+ow** I} Fem. form of **karer**.

karow ['karɔw] *m.* **kerwys** stag, deer *(male)*
[C: KARW-S] {S 1; F 4: O *caruu* (VC.582): M *karow*; pl. *kyrwas* (BK.): L *karo* (AB.): P Pencarrow: **kerwys** M}

karow ergh reindeer

karp ['karp] *m.* **+es** carp *(fish)*
[E(F): MidE < OldF *carpe* (coe)]
{S 4; F 0(GM09: G.M.S.): **+es** I}

karpenter ['karpɛntɛr] *m.* **-oryon**
carpenter ALT = **ser-prenn**.
[E(F): MidE < AngN *carpenter* (coe)]
{S 5; F 2: M pl. *karpentorryon* (OM.2410), *karpentoryon* (OM.2422): **-oryon** M}
The pl. *carpenters* is also found (at *OM.2457*).

karr ['kaːr] *m.* **kerri** car, cart, vehicle
The meaning has been extended to include any vehicle, as in Breton; the alternative would be to find a separate word for 'vehicle', as in Welsh.
[C: CC (Fl.) (> CLat *carrus* > ModE *car*)]
{S 1; F 0(CE38): C B *karr*, pl. *kirri*; W *car*: **kerri** C (CE38)} ModE *car* < CLat *carrus*, borrowed from Celtic.

karr bonk dodgem

karr gobrena hire car, rental car (U.S.)

karr kreslu police car

karrak ['kaːrak] *m.* **+ys** carrack *(great ship)* [E(F): MidE < OldF *caraque*]
{S 4; F 0(CE38): **+ys** I}

karrbons ['karbɔns] *m.* **+ow** cart-bridge
[CL: **karr** 2**pons**]
{S 1; F 0(CE38): P *Carbis*: **+ow** I}

karrdeyl ['kardɛɪl] *m.* manure
[CC: **karr** 2**teyl**] {S 1; F 0(CE38):}

karregi [ka'rɛˑgi] *pl.* rocks
[Cc: Apparently formed from **karrek** as if it contained -¹EK.]
{S 1; F 1: M *karrygy* (OM.0478): P *park Caregy*}

karrek ['kaːrɛk] *f.* **kerrek, karregi** rock
[C: CC < IE (Fl.)] {S 1; F 4: M *carrak*; pl. *karrygy* (OM.0478): L *karrak* (AB.); pl. *kerrig* (PV12806): P Angarrack: **kerrek** L; **karregi** M}

karrek sans rock altar

karrek vols roche moutonnée

karr-fun [ˌkar'fyːn] *m.* **kerri-fun** cable-car
[CL: **karr fun**]
{S 1; F 0(GM09: GG): **kerri-fun** }

Karvenow

karrhyns ['karhɪns] *m.* **+yow** cart-track, carriageway, highway
[CC: **karr hyns**]
{S 1; F 0(CE38): **+yow** I (K.J.G.)}

karrigell [ka'riˑgɛl] *f.* **+ow** trolley *(e.g. in supermarket)*, caddy
[Ccc: from **karr** -IK -²ELL]
{S 1; F 0(FTWC: G.M.S.): **+ow** C (FTWC)}

karr-klavji [ˌkar'klavdʒi] *m.* **kerri-klavji** ambulance
[CCC: **karr klavji**] {S 3; F 0(FTWC): **kerri-klavji** I (FTWC)}

karrji ['kardʒi] *m.* **+ow** garage
The meaning in pl.ns. is 'cart-house' rather than 'garage'.
[CC: **karr** 2**chi**]
{S 3; F 0(CE38): P Cargey Gate: **+ow** I}

karrostel [kar'ɔˑstɛl] *m.* **+yow** motel
[CE(F): **karr ostel**]
{S 4; F 0(GK98: P.H.): **+yow** I}

karr-resek [ˌkar'rɛˑzɛk] *m.* **kerri-resek** racing-car
[CCc: **karr resek**]
{S 1; F 0(FTWC): **kerri-resek** N (FTWC)}

karr-slynk [ˌkarr'slɪnk] *m.* **kerri-slynk** sledge
[CE(E): **karr slynk**]
{S 4; F 0(GM09: P.H.): **kerri-slynk** I}

karr-stret [ˌkarr'strɛːt] *m.* **kerri-stret** tram, street-car (U.S.)
[CE(E): **karr stret**]
{S 5; F 0(GM09: G.M.S.): **kerri-stret** I}

karr-tan ['kartan] *m.* **kerri-tan** car, motor-car, automobile
[CC: **karr tan**] {S 1; F 0(CE38): **kerri-tan** I}
A hangover from earlier times, when a motor-car was a "marked" object; nowadays a car without a motor needs to be marked. The pronunciation has thus become the irregular ['kartan] rather than [ˌkar'taːn], which it would be were it considered as a marked object.

Karvenow *place* (place near Glasney)
{S 8; F 1: M *carvenow* (RD.0094)}

karrvil ['karvɪl] *m.* **+es** carthorse
[CC: **karr** 2⁴**mil**] {S 1; F 0(CE38): **+es** I}

kartenn ['kartẹn] *f.* **+ow** card
[Fc: Form in -ENN from ModF *carte*]
{S 4; F 0(CE38): **+ow** I}
  kartenn Nadelik Christmas card
  kartenn benn-bloedh birthday card
  kartenn gendon debit card

kartenn-bost [ˌkartẹn'bɔːst] *f.*
kartennow-post post-card
[FcE(F): **kartenn** 2⁴**post**]
{S 4; F 0(Y2): **kartennow-post** I}

kartenn-gresys [ˌkartẹn'grẹˑʒɪz] *f.*
kartennow-kresys credit-card
[FcE(F): **kartenn** 2**kresys**] {S 8; F 0(Y2): **kartennow-kresys** I}

kartennik [kar'tẹnːɪk] *m.* **-igow** small card, business card
[Fcc: **kartenn** -IK] {S 8; F 0(AnG 1985): **-igow** I}

kartenn-vona [ˌkartẹn'vɔˑna] *f.*
kartennow-mona cash-card, ATM card (U.S.)
[FccL: **kartenn** 2**mona**]
{S 1; F 0(Y2): **kartennow-mona** I}

karth ['karθ] *m.* **+yon** purge, scouring, cleansing, griping, retching
[C: CC *kart-* (Fl.)]
{S 1; F 1: M (SCRC): C cf. B *skarzh*: **+yon** I}
This word is known indirectly from Carew's misinterpretation of the pl.n. Killigarth (probably **kil an gath**) as 'he has lost his griping' (**koll y garth**) (J.G.H.).
  karth ethnek ethnic cleansing

kartha ['karθa] *v.* scour, purge, cleanse, rid, gripe, retch, flush
[Cc: **karth** -¹A] {S 1; F 0(CE38)}

karthkleudhyans [karθ'klœˑðjans] *m.* drainage
[CCc: **karth kleudh** -YANS]
{S 1; F 0(GM09: G.M.S.):}

karthprenn ['karθprẹn] *m.* **+yer** plough-staff
[CC: **karth prenn**] {S 1; F 0(CE38): **+yer** I}

karthpib ['karθpib] *m.* **+ow** sewer-pipe
[CL: **karth pib**] {S 1; F 0(EC52): **+ow** I}

karthva ['karθfa] *f.* **+ow** sewage works
[Cc: **karth** -VA] {S 1; F 0(GM09: G.M.S.): **+ow** I}

karthyon ['karθjɔn] *pl.* sewage
[Cc: **karth** -YON]
{S 1; F 0(GM09: G.M.S.): C W *carthion*}

KARW- [C: CC *karwo-s* (gpc)]

karya ['kaˑrja] *v.* transport
[E(F)c: VN in -YA from MidE < AngN *carier* (coe)] {S 4; F 2: M p.ptcpl. *carys* (TH31r): L *coria, cariah* (CDWP)}
Taken as disyllabic, cf. **marya**.

karyans ['kaˑrjans] *m.* transport, carriage *(act of carrying)*, haulage, transportation. (2 syll.).
[E(F)h: MN in -YANS from MidE < AngN *carier* (coe)] {S 4; F 0(Y1):}

karyn ['kaˑrɪn] *m.* **+yes** carrion, carcass
[E(F): MidE *careyn* (CE38) < AngN *caroine* (coe)] {S 4; F 3: M *caryn* (CW.2466), pl. *carynnyas*: **+yes** M}

¹**kas** ['kaːs] *m.* hate, hatred, hostility, misery, wretchedness
[C: Brit *kad-t-* < IE (> ModE *hate*) (Fl.)]
{S 1; F 4: M *cas* → P: C B *kas*, W *casː*}

²**kas** ['kaːs] *m.* **+ys** case, instance
[E(F): MidE *cas* < OldF *cas* (coe)]
{S 1; F 5: M *cas*: L *kaz* (JCNBL45): **+ys** I}
  yn neb kas in any case
  y'n kas na in that case

³**kas** ['kaːz] *f.* **+ow** battle, fight, war
[C: Brit *katus* (iyk) < CC < IE (Fl.)]
{S 1; F 4: O 1st element of *cadwur* (VC.179) → P: M *cas* → P, pl. *casow*: **+ow** M}

kasa ['kaˑsa] *v.* hate, abhor, detest
[Cc: ¹**kas** -¹A] {S 1; F 4: M *casa*}

kasadewder [ˌkasa'dẹʊdẹr] *m.* hatefulness, detestation, repugnance, loathsomeness, abhorrence
[Ccc: **kasadow**A -DER] {S 1; F 0(CE38):}
cf. **karadewder**.

kasadow [ka'saˑdɔw] *adj.* hateful, detestable, repulsive, obnoxious, revolting, loathsome, repugnant, abhorrent
[Cc: ¹kas -ADOW] {S 1; F 4: M *casadow* → P}

kasbeler [kaz'bęˑlęr] *coll.* **+enn** wintercress [CC: ³kas beler]
{S 8; F 0(CE38): D "casabully": +enn I}

¹**kasek** ['kaˑzęk] *f.* **kasegi** mare
[C: IE *kanstikâ* (gpc)] {S 1; F 5: O *cassec* (VC.566): M *casak*: L *kazak* (AB.), *gassick* (PV.); pl. *cassiggy* (PV.8035): P Nancassick: **kasegi** L} Carew's *cazock* shows that the intervocalic consonant (originally [s]) was in 1602 perceived as [z].
kasek asen she-ass

²**kasek** ['kaˑzęk] *adj.* warlike
[Cc: ³kas -¹EK] {S 1; F 1: M *gasek* (BK24.81)}

kasek-koes [ˌkaˑzęk'koːz] *f.*
kasegi-koes woodpecker
[CC: ¹kasek ¹koes] {S 1; F 1: L *kazek coit* (PC12628): **kasegi-koes** I}

kasel ['kaˑzęl] *f.* **+yow** arm-pit, aisle, underarm (U.S.)
[C: IE *qnk's-* (M)] {S 1; F 3: M *gasel* (BM.1419): L *kazal* (AB.044b) → P: +yow I}

kaskarm ['kaskarm] *f.* **+ow** slogan
[CC: ³kas 4garm] {S 3; F 0(GM09: G.M.S.): +ow I} The Cor. is partly calqued on the Scots Gaelic *sluagh* 'army' + *gairm* 'cry'.

kaskleudh ['kasklœð] *m.* **+yow** entrenchment, trench *(for warfare)*
[CC: from ³kas kleudh] {S 1; F 0(GK98: G.M.S.): +yow I}

kaskorn ['kaˑskɔrn] *m.* **kaskern** battle-horn
[CD: from ³kas ¹korn] {S 1; F 0(CE38): **kaskern** N (CE38)}

kaskyrgh ['kaˑskɪrx] *m.* **+ow** campaign
[CC: from ³kas KYRGH-] {S 1; F 0(GK98): +ow I}

kaskyrghes [kas'kɪrxęz] *v.* campaign
[CCc: kaskyrgh -¹ES] {S 1; F 0(GK98)}

kaslann ['kazlan] *f.* **+ow** battlefield
[CC: ³kas lann] {S 1; F 0(CE38): +ow I}

kaslys ['kazlɪs] *f.* **+yow** headquarters *(military)* [CC: ³kas lys]
{S 1; F 0(CE38): P Gadles: +yow I}

kaslu ['kazly] *m.* **+yow** regiment
[CC: ³kas lu] {S 1; F 0(EC52): +yow I}

kaslywydh [kaz'lɪˑwɪð] *m.* **+yon** commander *(military)*, marshal
[CCc: ³kas lywydh]
{S 1; F 0(EC00): C W *cadlywydd*: +yon I}

kasor ['kaˑzɔr] *m.* **+yon** warrior, fighter
[Cc: from ³kas -OR] {S 3; F 3: O *cadwur* (VC.179) → L,P: +yon I}
The OldC form might have developed in MidC to *cador*, which is confusable with the word for 'chair'; reformed using ³kas.

kasorek [ka'zɔˑręk] *adj.* militant
[CCc: kasor -¹EK] {S 3; F 0(EC00)}

kaspoel ['kaˑspʏl] *f.* **+yow** battle-axe
[CC: from ³kas 4boel] {S 1; F 0(EC52): +yow I}

kaspows ['kaˑspɔws] *f.* **+yow** coat of mail, bullet-proof jacket
[CL: from ³kas pows] {S 1; F 0(CE38): +yow I}

kast ['kaːst] *m.* **+ys** trick, dodge *(trick)*
[E(N): MidE *cast* < OldN *kasta* (coe)] {S 4; F 2: M *cast* (PC.1884, RD.0036): C W *cast*: +ys I}

kastek ['kaˑstęk] *adj.* tricky
[E(N)c: kast -¹EK]
{S 4; F 0(GM09: G.M.S.): C cf. W *castiog*}

kastya ['kaˑstja] *v.* trick
[E(N)c: kast -YA] {S 4; F 0(CE38): C W *castio*}

kastell ['kaˑstęl] *m.* **kastylli, kestell** castle, fortress, hill-fort, village, tor
[L: CLat *castellum* (gpc)] {S 1; F 4: M *castel*, pl. *castylly*: L *kastal*, pls. *kastilli* (AB242c), *kestel* (PV12620): **kastylli** ML; **kestell** L}
The secondary meaning 'village', also found in W. pl.ns., may have arisen through translation of Lat. *castellum* in the Vulgate; Nance arbitrarily distinguished this by using -*ys* for its pl. The secondary meaning 'tor' appears in B. pl.ns., and may have applied in Cornwall. The form *kestel* found in pl.ns. was originally pl., but became sg.

kastell tewes sand-castle

kastiga [kas'ti·ga] *v.* flog, thrash, castigate
[E(L)c: from **kastik** -¹A] {S 1; F 0(CE38)}

kastik ['ka·stɪk] *m.* **-igow** flogging, castigation
[E(L): from E *castigate* < Lat *castîgâre* (coe)] {S 1; F 0(CE38): D "casteeg": **-igow** I}

Kastil [kas'tiːl] *place* Castile
{S 8; F 1: M *castyl* (BK19.69)}

kasul ['ka·syl] *m.* **+yow** chasuble
[L: CLat *casula* (gpc)] {S 1; F 0(EC52): **+yow** I}

kasvargh ['kazvarx] *m.* **kasvergh** war-horse, charger *(horse)*
[CC: ³**kas** 2**margh**] {S 1; F 0(CE38): **kasvergh** I}

Kasvelyn *name*
{S 8; F 1: M *casvelyn* (BM.2465)} Name of a king, apparently based on Latin *Cassivellanus*

kasworhel [kaʒ'wɔrhęl] *m.* **-worholyon** warship
[CC: ³**kas** 2**gorhel**] {S 1; F 0(GM09: G.M.S.): **-worholyon** I}

kaswrier [kaʒ'wri·ęr] *m.* **-oryon** warmonger
[CC: ³**kas** 2**gwrier**] {S 1; F 0(GM09: G.M.S.): **-oryon** I}

kaswydh ['kaʒwɪð] *coll.* **+enn** thicket
[CC: ³**kas** 2**gwydh** (gpc)] {S 1; F 0(CE38): P Cadgwith: **+enn** I}

kasyer ['ka·sjęr] *m.* **+ow** large sieve
[U:] {S 8; F 1: L *kazher* (Lh.): D "casier, cayer": **+ow** I}

kasyuv [ka·zjyv] *m.* **+yon** war-lord
[CC: ³**kas yuv**] {S 3; F 0(GM09: K.J.G.): **+yon** N (K.J.G.)}

kath ['ka:θ] *f.* **kathes** cat
[D: Brit **kattos* (M) or CLat *cattus* (Gr.)] {S 1; F 4: O *kat* /kaθ/ (VC.578): M *cath, cathe*: L *kâth*: **kathes** N (CE38)} As in many names of animals, there is a risk of confusion between the pl. in -ES and the fem. form in -ES. A tom-cat is translated by **gorgath**.

kath helyk catkin

kath vlewek hairy caterpillar

kathes ['ka·θęs] *f.* **+ow** she-cat
[Dc: **kath** -⁴ES] {S 1; F 0(CE38): **+ow** I}

kathik ['ka·θɪk] *f.* **-igow** kitten, pussy
[Dc: **kath** -IK] {S 3; F 0(CE38): **-igow** I} Vowel aff. has been suppressed, as in **mammik, tasik**.

kathji ['kaθtʃi] *m.* **+ow** cattery
[DC: **kath** 2**chi**] {S 5; F 0(AnG 1986): **+ow** I}

katholigieth [kaθɔlɪ'gi·ęθ] *f.* Catholicism
[E(F)c: from **katholik** -IETH] {S 4; F 0(GM09: K.J.G.):}

katholik [ka'θɔ·lɪk] *adj.* Catholic
[E(F): MidE < OldF *catholique* (coe)] {S 4; F 5: M *catholyk*} Attested 76 times, all in *TH*.

kav ['ka:v] *m.* **+yow** cave
[E(F): MidE < OldF (coe)] {S 4; F 2: M *caff* (BM.): **+yow** N}

KAV- [c: Brit **kab-*]

kavach m. **+ys** cabbage ALT = **ongel**.
[E(F): MidE < OldF *caboche* 'head' (coe)] {S 5; F 2: L *kavatsh* (AB.) → P: **+ys** I}
The other alternative, **kowl**, is confusable with **kowl** 'soup'.

kavadewder [kava'dęʊdęr] *m.* availability
[ccc: **kavadow**A -DER] {S 1; F 0(EC00):}

kavadow [ka'va·dɔw] *adj.* available, obtainable
[cc: KAV=ADOW] {S 1; F 0(EC00)}

kavanskeus [ka'vanskœz] *m.* **+ow** evasion, subterfuge
[CC: Cognate of W *cyfan* + **skeus** (CE38)] {S 8; F 2: M *kavanskis* → P, pl. *govanscosow* (BK06.67): **+ow** M}

kavanskeusa [ˌkavan'skœ·za] *v.* evade, shirk
[CCc: **kavanskeus** -¹A] {S 8; F 2: M *kauanscuse* (OM.0321) → P}

kavas ['ka·vaz] *m.* **+ow** vessel *(container)*, can
[Cc: ¹KAV=AS] {S 8; F 2: O *cafat* (VC.874) → L,P: **+ow** I}

kavasa [ka'vaːza] *v.* can
  [Ccc: **kavas** -¹A] {S 8; F 0(Y1)}

kavoes ['kaˑvɤz] *v.* get, find, acquire, procure, obtain, have
  [cc: KAV- + VN ending]
  {S 1; F 6: **M** *cafos, kafus*: **L** *cawas, kauaz*}
  The spelling <oe> in the unstressed syllable is justified by the very common spelling *cafus* in MidC.

  kavoes dre nerth extort

kavow ['kaˑvɔw] *pl.* grief, trouble, sorrow
  [Cc:] {S 1; F 3: **M** *cavow* → P}

kavyllek [ka'vɪlːęk] *adj.* contentious
  [E(F)c: AJ in -EK from MidE < OldF *caviller* (coe)] {S 8; F 1: **M** *cafalek* (OM.2784)}

kawgh ['kaʊx] *m.* excrement, dung
  [C:] {S 8; F 3: **M** *cawgh*: **L** *kâuh* (AB154c) → P:}
  The extant forms all support [awx], though it is unusual for this diphthong to be followed by a consonant. For consistency, all the derivatives have been spelled with <aw>.

kawgha ['kaʊɦa] *v.* void excrement, defecate
  [Cc: **kawgh** -¹A] {S 8; F 2: **L** *kaka* (PV12602)}

kawghbib ['kaʊxpɪb] *f.* +ow +ow foul sewer
  [CL: **kawgh** 2**pib**]
  {S 5; F 0(AnG 1996): **+ow** I: **+ow** I}

kawghla ['kaʊxla] *m.* -**leow** privy
  [Cc: **kawgh** -LA] {S 8; F 0(CE38): **-leow** I}

kawghti ['kaʊxti] *m.* +**ow** privy
  [CC: **kawgh ti**] {S 8; F 0(CE38): **+ow** I}

kawghwas ['kaʊxwas] *m.* -**wesyon** filthy fellow
  [CC: **kawgh** 2**gwas**]
  {S 8; F 2: **M** *caugh was* (PC.2103), *caugh+guas* (PC.2715) → P: **-wesyon** I}

kaws ['kaʊz] *m.* +**ys** cause
  [E(F): MidE < F]
  {S 4; F 3: **M** *cawse* (TH.); pl. *cawses*: **+ys** M}

kawser ['kaʊzęr] *m.* -**oryon** cause *(person)*
  [E(F)l: **kaws** -¹ER]

{S 4; F 1: **M** *causer* (BM.4001): **-oryon** I}

kawsya ['kaʊzja] *v.* cause
  [E(F)c: **kaws** -YA]
  {S 4; F 3: **M** *cawsia* (TH., SA.)}

¹**kay** ['kaɪ] *m.* **kayow** quay, wharf, platform *(of railway station)*
  [E(F): MidE *key* < OldF *kai* (coe)] {S 5; F 0(CE38): **D** "kay": **kayow** N (FTWC)}

²**Kay** *name* Kay Arthur's seneschal
  {S 8; F 2: **M** *kay* (BK18.01)}

kayak ['kajak] *m.* -**agow** kayak
  [E: from an Inuit language]
  {S 5; F 0(GM09: P.H.): **-agow** N (P.H.)}

Kayfas name Caiaphas
  {S 4; F 4: **M** *cayfas, cayphas*} Usually disyllabic in MidC, but where trisyllabic, it is spelled **Kaifas** in **Kernewek Kemmyn**.

Kayn name Cain
  {S 5; F 5: **M** *caym, cayme* → P} Spellings in <-m> are commoner than those in <-n>.

¹**ke** ['kęː] *m.* **keow** hedge, fence, low wall of earth and stone
  [C: Brit **kagh* (Fl.)] {S 1; F 4: **M** *ke, kee* → P: **L** *gê* (AB053b), pl. *kêau*: **keow** M}

  bos war an ke abstain (in a vote)
  war an ke abstaining (in a vote)

²**Ke** ['kęː] *name* Ke
  The eponymous hero of *BK*.
  [C:] {S 8; F 5: **M** *ke*: P *Kea*}

³**ke** ['kęː] *v. part* go 2 sg. impv. of **mos**.
  [C:] {S 1; F 5: **M** *ke*: **L** *ke*}

KE- *prefix* con- [C: IE **kom-*] Has many by-forms, e.g. **kem-, kom-, kon-**.

keas ['kęˑaz] *v.* hedge, enclose, shut
  [Cc: ⁴**ke** -¹AS] {S 1; F 3: **M** *geys* (BK16.06), monosyllabic: **L** *kêaz* (AB104c) → P}

  keas mes exclude, preclude

keber ['kęˑbęr] *f.* **kebrow** beam *(timber)*, rafter, joist, girder
  [L: KEBR-S]
  {S 1; F 3: **O** *keber* (VC.836) → L,P: **kebrow** I}

  keber valek cantilever

KEBR- [L: BLat *caprio* (Fl.)]

kebrek ['kɛbrɛk] *adj.* abounding in planks
[Lc: ¹KEBR=EK]
{S 1; F 0(CPNE): P Kiberick Cove}

kebrenn ['kɛbrɛn] *f.* **+ow** rafter
[Lc: KEBR=ENN]
{S 1; F 1: L *kebren* (AB283c): **+ow** I}

kedhel ['kɛðɛl] *m.* **kedhlow** tale
[cC: Shortened form of **kyhwedhel**]
{S 2; F 2: M *kethel* (BK22.26); pl.*getlow* (BK27.37): **kedhlow** M} The word was monosyllabic at *BK22.26*: ['kɛðl].

kedhla ['kɛðla] *v.* inform
[cCc: from **kedhel** -¹A] {S 2; F 0(GM09: K.J.G.)}

kedhlow ['kɛðlɔw] *pl.* information
[cCc: from **kedhel** -²OW]
{S 2; F 1: M *getlow* (BK27.37)}

kedhor ['kɛ·ðɔr] *coll.* **+enn** pubic hair
[C: CC (K.J.G.)] {S 8; F 0(CE38): **+enn** I} Nance wrote <th> in this word and its derivatives, but <dh> is suggested by the cognates. Lhuyd wrote *ketorva* for 'groin', which does not help.

kedhorieth [ˌkɛðɔ'ri·ɛθ] *f.* puberty
[Cc: **kedhor** -IETH] {S 8; F 0(CE38):}
The ending -IETH seems odd here.

kedhorva [kɛ'ðɔrva] *f.* **+ow** groin
[Cc: **kedhor** -VA]
{S 8; F 2: L *ketorva* (AB070c) → P: **+ow** I}

kedhow ['kɛ·ðɔw] *m.* mustard
[U:] {S 8; F 0(CE38):}

kedreylya [kɛ'drɛɪlja] *v.* convert
[cUc: KE- 2**treylya**] {S 8; F 0(GM09: G.M.S.)}

kedreylyans [kɛ'drɛɪljans] *m.* **+ow** conversion
[cUc: KE- 2**treylyans**]
{S 8; F 0(GM09: K.J.G.): **+ow** I}

Kedron place Cedron (name of a brook in Jerusalem)
{S 8; F 3: M *cedron* → P}

kedrynn [kɛ'drɪn:] *f.* **+ow** trouble, quarrel, dispute
[cC: KE- 2**trynn**]
{S 8; F 0(CE38): D "cudridn": **+ow** I}

kedrynna [kɛ'drɪn:a] *v.* quarrel
[cCc: **kedrynn** -¹A]
{S 8; F 0(CE38)} Nance suggested *kedrynya*, but -A wis better since the word contains /nn/.}

keek ['kɛ·ɛk] *adj.* hedged
[Cc: ⁴**ke** -¹EK]
{S 1; F 0(CE55): P Tregeage = **tre geek**.}

keffrys [kɛ'frɪːz] *adv.* also, likewise, too, as well
[CC: from **keth prys**] {S 1; F 6: M *keffrys, kyffrys* → P: L *keffryz* (AB248c) → P}

keffrysyas [kɛ'frɪ·zjaz] *m.* **-ysi** ally, confederate
[CCc: from **keth** ¹**brys** -³YAS]
{S 1; F 0(CE38): **-ysi** I}
It is clear from *CE38* that Nance intended this word to be based on B *kevred-*, lit. 'to run together', (cf. W *cyfred* 'race'). This, however, would invite confusion with words containing **kevres** 'series'. The problem arises because the words corresponding to W *cyfred* 'race' and *cyfres* 'series' might have been confused in Cor., owing to the sound-change [-d] > [-z]. The editor's solution is to spell the new word **keffrysyas**, which is closer to Nance's *kefrysyas*, but to interpret its morphology differently, viz. from **keth** ¹**brys** -²YAS, 'one of the same way of thinking'.

kefowys *pl.* fellow-countrymen (?)
{S 8; F 1: M *kefrowhas* (BK34.80)}
The word has been re-spelled to correspond more to its supposed meaning.

keger ['kɛ·gɛr] *coll.* **+enn** hemlock
[C: related to **kegis** (coe)]
{S 8; F 0(CE38): D "keggar": **+enn** I}

keghik ['kɛ·xɪk] *m.* **-igow** little cap
[Cc: ¹**kogh**A -IK] {S 1; F 0(CE55): **-igow** I}
Written *cughyk* by Nance.

¹**kegin** ['kɛ·gɪn] *f.* **+ow** kitchen
[L: BLat *cocîna* < CLat *coquîna* (Fl.)] {S 1; F 4: O *keghin* (<gh> = /g/) (VC.882) → P: M *gegyn*: L *kegin* (AB.) → P: P Park an Gegen: **+ow** C}

²**kegin** ['kɛ·gɪn] *f.* **+es** jay
[U:] {S 1; F 0(CE38): **+es** I}

kegina

kegina [kẹ'giˑna] *v.* cook
[Lc: ¹**kegin** -¹A] {S 1; F 1: M p.ptcpl. *kegynys* (BK11.14)} The word *kegi,* suggested in *FTWC,* may now be discarded.

keginer [kẹ'giˑnẹr] *m.* **-oryon** cook
[Ll: ¹**kegin** -¹ER] {S 1; F 0(CE38): **-oryon** I}

keginieth [ˌkẹgɪ'niˑẹθ] *f.* cookery, cuisine
[Lc: ¹**kegin** -IETH] {S 1; F 0(Y1):}

keginys [kẹ'giˑnɪz] *adj.* cooked
[Lc: ¹**kegin** -⁶YS] {S 1; F 0(GM09)} Replaces *kegys.*

kegis ['kẹˑgɪz] *coll.* **+enn** hemlock, umbelliferous plant
[C: Brit *kokîto-* (hpb)] {S 1; F 3: L *kegaz* (AB.) → P: **+enn** I}
kegis hweg celery

kegisek [kẹ'giˑzẹk] **1.** *adj.* abounding in hemlock **2.** *f.* **-egi** place abounding in hemlock
[Cc: **kegis** -¹EK] {S 1; F 0(CE55): **-egi** I}

Kegyllek *place* (name of a place near Glasney)
{S 8; F 1: M (OM.2593)}

kehaval [kẹ'haˑval] **1.** *adj.* similar, equal, corresponding **2.** *adv.* alike
[cC: KE- **haval** < Brit *ko-samal-* (Fl.)] {S 1; F 2: M *kehavall* (CW.2202) → P}

keher ['kẹˑhẹr] *coll.* **+enn** muscle, flesh
[C: Brit **ko-ser-* (gpc)] {S 8; F 3: O *cheber* (VC.090) → P; for <b> read <h>: M *keher:* L *kehar:* **+enn** I}

keherek [kẹ'hẹˑrẹk] *adj.* muscular
[Cc: **keher** -¹EK] {S 1; F 0(CE38)}

keherfurvek ['kẹhẹr'fyrvẹk] *adj.* mesomorphic
[CLc: **keher furv** -¹EK] {S 1; F 0(GM09: P.H.)}

keherekter [kẹhẹ'rẹktẹr] *m.* muscularity, brawn
[Cc: ¹**keherek** -TER] {S 1; F 0(EC00):}

kehevelep [ˌkẹhẹ'vẹˑlẹp] *adj.* similar, identical
[cC: KE- **hevelep**] {S 1; F 0(GM09: J.G.H.)}

kelegel

keheveli [ˌkẹhẹ'vẹˑli] *v.* compare
[cCc: **kehaval**A -¹I] {S 1; F 0(AnG 1988)} This word is now instead of Nance's suggested *kevalhe,* from W *cyhafalhau.*

kehevelus [ˌkẹhẹ'vẹˑlys] *adj.* comparative
[cCl: **kehaval**A -US] {S 8; F 0(GM09: G.M.S.)}

kehevelyans [ˌkẹhẹ'vẹˑljans] *m.* **+ow** comparison
[cCc: **kehaval**A -YANS] {S 1; F 0(GM09: G.M.S.): **+ow** I}

kehys [kẹ'hɪːz] *adj.* of equal length
[cC: KE- **hys**] {S 1; F 0(CE38)}
kehys ha the same length as

kehysedh [kẹ'hɪˑzẹð] *m.* **+ow** equator, equinoctial *(celestial equator),* extent
[cCc: **kehys** -¹EDH] {S 1; F 2: L *kehedzhe* → P: **+ow** I}

kehysedhel [kẹhɪ'zẹˑðẹl] *adj.* equatorial
[cCcl: **kehysedh** -¹EL] {S 1; F 0(GM09: G.M.S.)}

kehysnos [kẹ'hɪˑznɔs] *f.* **+ow** equinox
[cCC: **kehys** ¹**nos**] {S 1; F 0(EC00): **+ow** I}

kekeffrys [kẹkẹ'friːz] *adv.* also, alike, withal, moreover, as well
[cCC: from KE- **keffrys**] {S 1; F 5: M *kekeffrys* → P: L *kekeffryz* (AB249a)}

kekemmys [kẹ'kẹmːɪs] **1.** *adv.* as many as, as much as **2.** *pron.* whoever, whatever
[ccC: from KE- **kemmys**] {F 3: M *kekemmys*}

kel ['kẹːl] **1.** *adj.* hidden **2.** *m.* **+yow** hideout, shelter, bower
[C: CC **kel-* (gpc)] {S 1; F 2: M *geyl* (BM.1438), *keel* (BK15.50): P ?Coskeyle: C W *cêl*: **+yow** I}
yn-dann gel in secret

keladow [kẹ'laˑdɔw] *m.* concealment, secrecy, subterfuge
[Cc: **kel** -ADOW] {S 1; F 3: M *keladow* → P:}

kelegel ['kẹˑlẹgẹl] *m.* **-glow** chalice
[L: BLat **calic'lus* < CLat *caliculus* (lheb)] {S 3; F 2: O *kelegel* (VC.753) → P: **-glow** I (CE38)} The first <e> may be attributed to vowel-harmony.

keler

keler ['kɛ·lɛr] *coll.* **+enn** earthnuts, pignuts
[C: CC (gpc)] {S 8; F 1: L *keler* (LV102.28): D "kellas", with Eng. pl.: **+enn** I}

keles ['kɛ·lɛz] *v.* hide, conceal, keep secret
[Cc: **kel** -¹ES] {S 1; F 4: M *keles* (OM.0853) → P; *gellas* (CW.) → P}

keles ha kavoes hide and seek

kelesonek *adj.* Caledonian, Scottish
[Cc: Cornicized form of *Caled-* in *Caledonian*, + -¹EK] {S 8; F 1: L *Kelezonek* (CGEL)}

kell ['kɛl:] *f.* **+ow** cell *(Biol.)* **+ow,** *dual* **diwgell,** testicle
[L: CLat *cella* (gpc)]
{S 1; F 0(CE38): C B *kell*; W *caill*: **+ow** I}

Kella *name* (of a stag)
[Cc: Derivative of **kell** (K.B.)]
{S 8; F 1: M *kella* (BK11.39)}

kellek ['kɛl:ɛk] *adj.* uncastrated
[Lc: **kell** -¹EK] {S 1; F 0(CE38)}

kellester [kɛ'lɛ·stɛr] *m.* **+yow** flint
[C: Brit (Fl.)] {S 3; F 2: L *cellester* (AB283a) → P: P Kelsters: **+yow** I}

¹kelli ['kɛl:i] *v.* lose, forfeit
[Cc: **koll**A -¹I]
{S 1; F 5: M *kelly* → P: L *kelli* (AB.)}

²kelli ['kɛl:i] *f.* **kelliow** grove, copse, holt
[C: Brit *kallîa* (hpb) < CC (Gr.)]
{S 1; F 4: O *kelli* (VC.709) → L: M pl. *kyllyov* (BK.): L *gelly* (PV.): P Kelly: **kelliow** MP}

kellian [kɛ'li·an] *f.* **+ow** small grove
[Cc: ²**kelli** -AN]
{S 1; F 0(CPNE): P *Killian*: **+ow** I}

kelligenn [kɛ'li·gɛn] *f.* **+i,** *coll.* **kellik** razor-fish, razor-shell
[Ccc: may be short for **kellyllik** -ENN]
{S 8; F 3: L *kilygan* (PV12907, 13044); pls. *kýligi* (AB033c, 241c) → P, *kilygys* (PV12907): D "cleg" represents the coll. form}

kellignowydh [ˌkɛl:i'gnɔwɪð] *coll.* **+enn** nut-grove
[CCc: ²**kelli** 2know 2gwydh]

kelyn

{S 1; F 0(CE55): **+enn** I}

Kelliwik [ˌkɛl:iwik] *place* Callington
The name **Kelliwik** is used by Cornish speakers for Callington only as a contrast with **Kellivre** for Kelly Bray.
[CL: ²**kelli** 2**gwig**]
{S 1; F 2: M *gyllywyk* (BK17.19, 17.35)}
Padel's interpretation of the early form of Callington found in Domesday Book (*Calweton*) 'bare hill settlement' is correct; the town is not to be identified with Arthur's base.

kellyllik [kɛ'lɪl:ɪk] *f.* **-igow** penknife
[Cc: from **kollell**A -IK] {S 8; F 2: O *kellillic* (VC.873) → P: **-igow** I} This word may be Welsh. See also **kelligenn**

kellynn ['kɛl:ɪn] *coll.* **+enn** duckweed
[CC: from **kenn lynn**]
{S 1; F 1: L *kelin* (Borlase): **+enn** I}

kellys ['kɛl:ɪz] *adj.* lost
[CC: **koll**A -⁶YS] {S 1; F 5: M *kellys, kyllys*: L *kellez*} p.ptcpl. of ¹**kelli**.

kelmi ['kɛlmi] *v.* tie, bind, lash, knot
[Cc: **kolm**A -¹I] {S 1; F 5: M *gelmy*: L *kelmy* (AB.)} LateC variant *colma* (PV.8308)

kelmi orth tie to

kelorn ['kɛ·lɔrn] *m.* **kelern** bucket, pail
[C: CC (Fl.)] {S 1; F 0(CE38): **kelern** C}

kelskrifer [kɛl'skri·fɛr] *m.* **-oryon** cryptographer
[CLc: **kel skrifer**] {S 3; F 0(EC00): **-oryon** I}

kelskrifonieth [kɛlˌskrifɔ'ni·ɛθ] *f.* cryptography
[CLc: **kel skrif** -ONIETH]
{S 3; F 0(GM09: G.M.S.):}

Kelt ['kɛlt] *m.* **+yon** Celt
[L: CLat *Celtae*] {S 1; F 0(CE38): **+yon** I}

Keltek ['kɛltɛk] *adj.* Celtic
[Lc: **Kelt** -¹EK] {S 1; F 1: L *Keltek* (AB223)}

kelus ['kɛ·lys] *adj.* cagey
[Cl: **kel** -US] {S 1; F 0(EC00)}

kelva ['kɛlva] *f.* **+ow** cache
[Cc: **kel** -VA] {S 1; F 0(EC00): **+ow** I}

kelyn ['kɛ·lɪn] *pl.* pups
[C: **kolyn**A] {S 8; F 0(CE38)}

kelynik

kelynik [kẹ'lɪ·nɪk] *m.* **-igow** little pup
[Cc: **kolyn**A -IK] {S 2; F 0(CE55): -igow I}

kelynn ['kẹ·lɪn] *coll.* **+enn** holly, holly-trees
[C: Brit **kolinn-* (lheb) < CC (Fl.)]
{S 1; F 2: O *kelin* (VC.692) → P: L sg. *kelinen* (AB241c): P *Park en Gellyn*: **+enn** L}

kelynn byghan butcher's broom

kelynn Frynk barberry

kelynnek [kẹ'lɪnːẹk] **1.** *adj.* abounding in holly **2.** *f.* **-egi** holly-grove
[Cc: **kelynn** -¹EK]
{S 1; F 2: L *kelennek* (AB042c), *kelynnek* (PV12706): P Clinnick: F Kelynack: -egi I}

kelyon ['kẹ·ljɔn] *coll.* **+enn** flies
[C: Brit *kulyones* (hpb) < IE (lp) {S 1; F 2: O sg. *kelionen* (VC.536) → L,P: **+enn** OL}

kelyon kig blowflies, bluebottles

kelyon margh horse flies, gadflies

kelyonek [kẹl'jɔ·nẹk] *adj.* full of flies, flyblown
[Cc: **kelyon** -¹EK] {S 1; F 0(CE38)}

KEM- [c: IE **kom-*] One of many by-forms of **ke-**.

Kembra ['kẹmbra] *place* Wales
[C: Brit **Kombrogî* (gpc)]
{S 8; F 2: M *kembra* (BK15.54, 17.41): F *Kembre*} Nance's *Kembry* appears incorrect.

kembrek *adj.* Welsh

Kembrek ['kẹmbrẹk] *m.* Welsh language
[C: Brit **Kombrogikâ* (gpc)] {S 8; F 2: L *Gembrack* (PLOP), *Kembrek* (Gwavas):}

Kembres ['kẹmbrẹs] *f.* **+ow** Welshwoman
[Cc: from **Kembro** -⁴ES] {S 1; F 0(CE38): **+ow** I}

Kembrian 1. *adj.* Welsh **2.** *m.* **+s** Welshman
[Ce: Appears to be KEMBR- 'Wales' + E -IAN, as in *Cambrian*]
{S 8; F 3: L *Kembrîon* (AB242c) → P, *Kembreean* (NGNB7); pl. *Kembreeanz* (NGNB6): **+s** L}

Kembro ['kẹmbrɔ] *m.* **+yon** Welshman

kemmynegores
[C: Brit **Kombrogos* (gpc)] {S 8; F 3: L pl. **Kembrîon** (AB242c): P Chykembro: **+yon** L}

KEMMER- [C: KE- + reflex of IE **bher-* (lp)]

kemmeradewder [kẹˌmẹra'dẹʊdẹr] *m.* acceptability
[Ccc: **kemmeradow**A -DER]
{S 1; F 0(GK98: R.L./T.S.):}

kemmeradow [ˌkẹmẹ'ra·dɔw] *adj.* acceptable
[Cc: KEMMER=ADOW] {S 1; F 0(GK98: R.L./T.S.)}

kemmeres [kẹ'mẹ·rẹz] *v.* take, receive
[Cc: KEMMER=¹ES] {S 1; F 6: M *kemeres* → P: L *kymeras* (JCNBL12); C B *kemeret*}
The spelling with <m> in both MidC and Breton arises because the /mm/ in the VN is reduced to [m], being unstressed. That the phoneme is indeed /mm/ is shown by the 2nd sg. impv.: MidC *kemmer*, LateC *kebmer*.

kemmeres yn-mes remove

kemmeres truedh have pity

kemmeryans [kẹ'mẹ·rjans] *m.* **+ow** reception
[Cc: KEMMER=YANS]
{S 1; F 1: M *kemeryanz* (CLJK): **+ow** I}

kemmyn ['kẹmːɪn] **1.** *adj.* common, vulgar **2.** *m.* **+yon** commoner
[L: CLat *communio* (Fl.)] {S 1; F 3: M *kymmyn*, *kemmyn*: P pl. Tregaminion: **+yon** P}

yn kemmyn commonly

kemmynegor [kẹmɪ'nẹ·gɔr] *m.* **+yon** communist *(male)*
[Lcc: from **kemmyn** -¹EK -OR]
{S 1; F 0(GK98: A.S.): **+yon** }

kemmynegorek [kẹmɪnẹ'gɔ·rẹk] *adj.* communist
[Lccc: **kemmynegor** -¹EK] {S 1; F 0(GK98: A.S.)}

kemmynegores [kẹmɪnẹ'gɔ·rẹs] *f.* **+ow** communist *(female)*
[Lccc: from **kemmynegor** -⁴ES] {S 1; F 0(GK98: A.S.): **+ow** I}

kemmynegoreth [kɛmɪnɛ'gɔːrɛθ] *f.*
communism
[Lccc: from **kemmynegor** -ETH]
{S 1; F 0(GK98: A.S.):}

kemmynieth [kɛmɪ'niːɛθ] *f.* **+ow**
community
[Lc: **kemmyn** -IETH] {S 8; F 0(CE93: G.M.S.):
+ow I} Nance suggested *kemeneth* in *EC52*, but the morphology is not clear.

kemmynn ['kɛmːɪn] *f.* **+ow** bequest, legacy, endowment
[L: CLat *commendô* (Fl.)]
{S 1; F 1: M *gymmyn* (TH50v): **+ow** I}

kemmynna [kɛ'mɪnːa] *v.* bequeath, endow, leave by will
[Lc: **kemmynn** -¹A] {S 1; F 4: M *kemynna* → P}

kemmynnadow [kɛmɪ'naːdɔw] *m.*
+yow bequest
[Lc: **kemmynn** -ADOW]
{S 1; F 0(CE38): **+yow** I}

kemmynneth [kɛ'mɪnːɛθ] *f.* **+ow**
commendation, recommendation, introduction
[Lc: **kemmynn** -ETH]
{S 8; F 1: L pl. *comenetha* (GCJK): **+ow** L}

kemmynnro [ˌkɛmːɪn'rɔː] *m.* **-rohow**
legacy
[LC: **kemmynn** ro] {S 1; F 0(EC52): **-rohow** I}

kemmynnskrif [ˌkɛmːɪn'skriːf] *m.* **+ow**
will *(testament)*
[LL: **kemmynn skrif**]
{S 3; F 0(GM09: GG): **+ow** I}

kemmys ['kɛmːɪs] *adj.* so much, as much as, as many as
[cC: KE- **myns** with loss of [n]]
{S 1; F 5: M *kymmys, kemmys; kebmys* (CW.): L *kemyz* (AB249a)}

kemmysk ['kɛmːɪsk] *m.* **+ow** mixture, blend, alloy, miscellany, admixture, assortment, medley
[C: Brit **ko-mik-sk-* (Fl.)]
{S 1; F 1: O *commisc* (VC.561): **+ow** I}

kemmyska [kɛ'mɪːska] *v.* mix, mingle, blend, confuse
[Cc: **kemmysk** -¹A] {S 8; F 3:
M p.ptcpl. *kemyskys*: L *kemysky* (PV12715)}
Following Pryce, Nance wrote *kemysky*, but this is likely to be a LateC form (Pryce often used <-y> for verbal nouns which had <-a> in MidC. Nance often wrongly equated W -*u* with C -*y*; here the B ending has been used.

kemmyskys [kɛ'mɪːskɪz] *adj.* mixed, blended, confused
[Cc: **kemmysk** -⁶YS] {S 8; F 3: M *kemyskys*}

kempenn ['kɛmpɛn] *adj.* tidy, neat, orderly. Nance also suggested as meanings 'trim, spruce, prim, concise, elegant, compact'. This is semantic overloading of a useful word.
[cC: KEM- **penn**'head'] {S 1; F 0(CE38)}

kempenna [kɛm'pɛnːa] *v.* tidy, set in order
[cCc: **kempenn** -¹A] {S 1; F 0(CE38)}

kempennses [kɛm'pɛnzɛs] *m.* tidiness, neatness
[cCl: **kempenn** -SES] {S 1; F 0(EC52):}

kempennyades [ˌkɛmpɛn'jaːdɛs] *f.* **+ow**
orderly *(female)*
[cCcc: **kempenn** -YADES]
{S 1; F 0(GM09: K.J.G.): **+ow** I}

kempennyades gols hairdresser

kempennyas [kɛm'pɛnːjaz] *m.* **-ysi**
orderly *(male)*
[cCc: **kempenn** -³YAZ]
{S 1; F 0(GM09: K.J.G.): **-ysi** I}

kempennyas gols hairdresser

kemper ['kɛmpɛr] *m.* **+yow** confluence, junction of streams
[C: IE **k'om-bher-* (hpb)]
{S 3; F 0(CE38): P Gamper: **+yow** I}

kemusur [kɛ'myːzyr] **1.** *m.* **+yow**
symmetry, proportion **2.** *adj.*
symmetrical, fitting
[cL: KE- **musur**] {S 1; F 0(CE38): **+yow** I}

kemusurel [kɛmy'zyːrɛl] *adj.*
proportional
[cLc: **kemusur** -¹EL] {S 1; F 0(GM09: G.M.S.)}

¹ken

¹ken ['kẹːn] **1.** *adj.* other, another, different **2.** *adv.* otherwise, else
Precedes noun, e.g. **dhe gen le** 'to another place' (except at *OM.2647*).
[C: CC **k'ina* (lp)]
{S 8; F 6: M *ken* → P: L *ken, keen* → P}

²ken ['kẹːn] *m.* **+yow** cause, reason, lawsuit According to Graves, the orig. meanings were 'lament, complaint', as in **kyni**.
[U:] {S 8; F 5: O *chen* (VC.956; <ch> = /k/) → P: M *ken* → P: **+yow** I}

KEN- [c:] Alternative form of **ke-**.

kena *v.* light
[C: CC **kon-dâu-* (gpc)] {S 8; F 0(CE38): D "kenner"} The spelling of dial. "kenner" is unexpected; if really cognate with the W, one would have expected [-dn-] in LateC and in dialect. Nance wrote *cuna*. There might be a link with **keunys**.

kenans ['kẹˑnans] *m.* **+ow** litigation
[Uh: ²**ken** -ANS] {S 8; F 0(Y2): **+ow** I}

kenbrederedh [ˌkẹnbrẹ'dẹˑrẹð] *m.* **+ow** confraternity
[cCc: KEN- brederedh] {S 1; F 0(EC52): **+ow** I}

kenderow ['kẹndẹrɔw] *m.* **kenderwi** cousin *(male)* [C:]
{S 1; F 1: L *handeru* (PV12004): **kenderwi** C}

kendevryon [kẹn'dẹvrjɔn] *m.* **-enyow** meeting of waters
[cCc: KEN- DEVR=YON] {S 8; F 2: O *cendefrion, Cendeurion* (Sawyer): **-enyow** I}

kendon ['kẹndɔn] *f.* **+ow** debt, debit, liability
[U:] {S 8; F 3: L *kyˆ.ndan* (AB.) → P: **+ow** N (EC00)}

kavoes kendon borrow
ri kendon lend
ri neppyth yn kendon dhe nebonan lend something to someone

kendoner [kẹn'dɔˑnẹr] *m.* **-oryon** debtor *(male)* [Ul: **kendon** -¹ER]
{S 8; F 2: M *kendoner* (PC.0502) → P: **-oryon** I}

kendonores [ˌkẹndɔ'nɔˑrẹs] *f.* **+ow** debtor *(female)*
[Uc: **kendon** -ORES] {S 8; F 0(GM09: K.J.G.) **+ow** I}

kendowrow [kẹn'dɔʊrɔw] *pl.* meeting of waters
[cCc: KEN- dowrow] {S 1; F 0(CPNE): P *Condurrow, Condurra*}
Padel's interpretation of pl.ns. *Condurrow* and *Condurra*, which Nance had interpreted as **ken-** + pl. of **dor** 'meeting of grounds'.

kenedhel ['kẹnẹðẹl] *f.* **-dhlow** nation
[C: KENEDHL-S]
{S 1; F 3: O *kinethel* → L,P: **-dhlow** I}

KENEDHL- [C: CC **kenetl-* (gpc)]

kenedhlegi [ˌkẹnẹð'lẹˑgi] *v.* nationalize
[Ccc: from **kenedhlek** -¹I] {S 1; F 0(CE38)}

kenedhlegys [ˌkẹnẹð'lẹˑgɪz] *adj.* nationalized
[Ccc: from **kenedhlegi** -⁶YS] {S 1; F 0(GM09: G.M.S.)} P.ptcpl. of **kenedhlegi**.

kenedhlek ['kẹnẹðlẹk] *adj.* national
[Cc: ¹KENEDHL=EK] {S 1; F 0(CE38)}

kenedhloger [ˌkẹnẹ'ðlɔˑgẹr] *m.* **-oryon** nationalist *(male)*
[Ccl: from **kenedhlek** -¹ER]
{S 1; F 0(AnG 1998): **-oryon** I}

kenedhlogeth [ˌkẹnẹ'ðlɔˑgẹθ] *f.* **+ow** nationality
[Cc: KENEDHL=OGETH] {S 1; F 0(CE38): **+ow** I}
Formed as *kenethlegeth* by Nance.

kenedhlogores [ˌkẹnẹðlɔ'gɔˑrẹs] *f.* **-ow** nationalist *(female)*
[Ccl: from **kenedhlek** -ORES]
{S 1; F 0(GM09: K.J.G.): **-ow** I}

kenek ['kẹˑnẹk] *m.* **-oges** ring-worm
[U:] {S 8; F 2: L *kýnak* (AB164a) → P; pl. *kinougas* (PV12908): **-oges** L}
Lhuyd's meaning was 'Tinea capitis', lit. 'worm of the head'. Nance interpreted this as 'ring-worm'. He also thought that the word was represented in the pl.n. Kennack Sands, and added the meaning 'lug-worm'. Padel rejected this explanation, and wrote that this pl.n. contains rather **keunek** 'reed-bed'.

Kenel

Kenel *place* (name of a place near Glasney)
{S 8; F 1: M *kenel* (RD.0093)}

kenhanow [kẹn'hanɔw] *m.* **-henwyn** alias
[cC: ¹**ken hanow**] {S 8; F 0(EC00): **-henwyn** I}

keniterow [ˌkẹ'nitẹrɔw] *f.* **keniterwi** cousin *(female)*
[C: Brit **kom-nex'ti-derwa* (hpb)]
{S 8; F 0(CE38): **keniterwi** C} Nance's form *kenytherow* tends to follow the W.

keniver [kẹ'niˑvẹr] *adj.* as many, so many, everyone
[cL: KE- **niver**] {S 1; F 5: M *kynyver*: L *kŷ.îvar, kŷnifar*} In LateC, [v] > [f] in this word.

kenkia [kẹn'kiˑa] *v.* contend
[cCc: KEN- **ki** -¹A (CE55)]
{S 8; F 2: L *kennkia* (AB080c) → P}

kenkidh ['kẹnkɪð] *m.* **+yow** second home, imparked residence
[U:] {S 8; F 0(CPNE): P Kenketh: **+yow** I (K.J.G.)}

kenlyther [kẹn'lɪˑθẹr] *m.* **+ow** covering letter
[UL: ²**ken lyther**] {S 8; F 0(Y2): **+ow** I}

kenn ['kẹnː] *m.* **+ow** skin, hide, peel
[C: CC **kend-n-* (gpc)] {S 1; F 3: O *[c]he[n]* (VC.068) → P: M *ken* (PC.2138, 2141): **+ow** I}

kenna ['kẹnːa] *v.* coat with film
[Cc: **kenn** -¹A]
{S 1; F 0(CE38): D p.ptcpl. "keddened"}

kennek ['kẹnːẹk] *adj.* scummy
[Cc: **kenn** -¹EK] {S 1; F 0(CE55)}

kennenn ['kẹnːẹn] *f.* **+ow** film *(covering)*, cataract *(on eye)*, membrane. An extension of the meaning to include 'photographic film' would be appropriate (J. Chesterfield). [Cc: **kenn** -ENN]
{S 1; F 1: O *cennen* (gloss): **+ow** I}

kennerth ['kẹnːẹrθ] *m.* **+ow** encouragement
[cC: KEN- **nerth**] {S 1; F 0(CE38): **+ow** I}

kennertha [kẹ'nẹrθa] *v.* encourage, boost, motivate
[cCc: **kennerth** -¹A] {S 1; F 0(EC52)}

kennerthas [kẹ'nẹrθaz] *m.* **+ow** booster *(e.g. vaccination)*
[cCc: **kennerth** -²AS]
{S 1; F 0(GM09: G.M.S.): **+ow** I}

kennerthell [kẹ'nẹrθẹl] *f.* **+ow** booster *(e.g. rocket)*
[cCc: **kennerth** -ELL]
{S 1; F 0(GM09: G.M.S.): **+ow** I}

kennerthik [kẹ'nẹrθɪk] *m.* **-igow** fillip
[cCc: **kennerth** -IK]
{S 1; F 0(GM09: G.M.S.): **-igow** I}

kennin ['kẹnːɪn] *coll.* **+enn** garlic, ramsons
[Cc: **kann**A -IN (Zimmer) < CC (Fl.)] {S 8; F 3: O *kenin* (VC.629) → P: L *kinin* (AB015c) → P: P *lyncenin* (Sawyer): **+enn** I} Lhuyd wrote *kinin*, where <dn> might have been expected; N.Williams suggested that the sg. occurs in the pl.n. Boskednan (unconfirmed by Padel).

kennin ewinek garlic

kenninek [kẹ'niˑnẹk] **1.** *adj.* abounding in garlic **2.** *f.* **-egi** place abounding in garlic
[Ccc: **kennin** -¹EK]
{S 8; F 0(CPNE): P Ganinick: **-egi** I}

kennys ['kẹnːɪz] *adj.* canned, tinned
[E(E)c: from **kanna** -⁶YS]
{S 4; F 0(GM09: G.M.S.)}

kenogonieth [kẹnɔgɔ'niˑẹθ] *f.* helminthology (scientific study of worms)
[Uc: from **kenek** -ONIETH]
{S 8; F 0(GM09: K.J.G.):}

kenogydh [kẹ'nɔˑgɪð] *m.* **+yon** helminthologist
[Uc: from **kenek** -¹YDH]
{S 8; F 0(EC00): **+yon** I}

kenow ['kẹˑnɔw] *m.* **+es** puppy
[C: CC **kanawô-* (gpc)] {S 1; F 1: L *kenna* (PV10026): P Boskenna: **+es** I}

kensynsi

kensynsi [kɛn'sɪnʒi] *v.* keep hold of
[cCc: KEN- **synsi**] {S 1; F 2: L *ganzingy* (FCNC)}

kentel ['kɛntɛl] *m.* **+yow** event, occasion, lesson, precept
Appears masc. in Cor., though fem. in Breton.
[C: CC **kan-tlon* (deb)]
{S 1; F 2: M *kental* (BK05.11): L *Centle* (BITB): C B *kentel*, W *cathl*: **+yow** C}

kenter ['kɛntɛr] *f.* **kentrow** nail
[L: KENTR-S] {S 1; F 5: M *kenter*, pl. *kentrow*: L *kentar* (AB.) → P; pl. *kentrou* (AB.) → P: P *chingenter*: **kentrow** ML}

kentevynn [kɛn'tɛ·vɪn] *m.* **+ow** concrete
[cCc: KEN- TEV=YNN] {S 8; F 0(Y1): **+ow** I}
Calqued on E *concrete* < Lat *concrētus* 'grown together'
KENTR- [L: CLat *centrum* (gpc)]

kentra ['kɛntra] *v.* nail, drive in a spike
[Lc: KENTR=¹A]
{S 1; F 1: M 2 sg. impv. *kentr* (PC.2772)}
kentra orth nail to

kentreni [kɛn'trɛ·ni] *v.* become maggoty
[Cc: KONTRON-A -¹I] {S 8; F 1: M 1 pl. pres. ind. *kentreynnyn* (RD.0074)}

kentrenn ['kɛntrɛn] *f.* **+ow** nail
[Lc: KENTR=ENN]
{S 1; F 1: L *kentran* (AB282a): **+ow** I}

kentrek ['kɛntrɛk] *adj.* spur-shaped
[Lc: ¹KENTR=EK]
{S 1; F 0(GK98: K.J.G.): P Skentrick Wood}
KENTREV- [cC: ¹**ken trev**]

kentreva [kɛn'trɛ·va] *v.* stay, abide
[cCc: KENTREV=A]
{S 8; F 2: L *kontreva* (AB049c) → P}

kentrevek [kɛn'trɛ·vɛk] **1.** *adj.* neighbouring **2.** *m.* **-ogyon** neighbour *(male)*
[cCc: KENTREV=¹EK] {S 1; F 5: M *kentrevek*, pl. *kentrevogyan*: L *contrevack*, *kyntrevak*; pl. *contravagian*: **-ogyon** ML}

kenwertha

Pryce's pl. *contrevogiow* looks as if he has misread <-on> as <-ou>, and then re-written the <-ou> as <-ow>.

kentrevel [kɛn'trɛ·vɛl] *adj.* neighbourhood
[cCc: KENTREV=¹EL] {S 1; F 0(GM09: G.M.S.)}

kentreveth [kɛn'trɛ·vɛθ] *f.* **+ow** neighbourhood
[cCc: KENTREV=ETH] {S 1; F 0(Y2): **+ow** I}

kentrevoges [ˌkɛntrɛ'vɔ·gɛs] *f.* **+ow** neighbour *(female)*
[cCc: KENTREV=OGES]
{S 1; F 1: M *kentrevoges* (BM.1551): **+ow** I}

kentrevogeth [ˌkɛntrɛ'vɔ·gɛθ] *f.* neighbourliness
[cCc: KENTREV=OGETH] {S 1; F 0(Y2):}

kentrewi [kɛn'trɛ·wi] *v.* nail with many nails
[Lcc: **kentrow**A -¹I]
{S 1; F 3: M p.ptcpl. *kentrewys*}

kentriga [kɛn'tri·ga] *v.* tack *(nail)*
[Lcc: from **kentrik** -¹A]
{S 1; F 0(GM09: G.M.S.)}

kentrik ['kɛntrɪk] *f.* **-igow** tack *(nail)*, small nail
[Lc: KENTR=IK] {S 1; F 0(EC52): **-igow** I}

kentrynn ['kɛntrɪn] *m.* **+ow** spur *(for boot)*, incentive, stimulus
[Lc: KENTR=YNN]
{S 1; F 1: M *kentron* (Carew): **+ow** I}

kentrynna [kɛn'trɪnːa] *v.* spur, stimulate, motivate
[Lcc: **kentrynn** -¹A] {S 1; F 0(CE38)}

kentrynnans [kɛn'trɪnːans] *m.* **+ow** stimulation
[Lch: **kentrynn** -ANS] {S 1; F 0(EC00): **+ow** I}

kenwerth ['kɛnwɛrθ] *m.* **+ow** commerce, trade
[cC: KEN- 2**gwerth**] {S 1; F 0(CE38): C B *kenwerzh*, a neologism: **+ow** I}

kenwertha [kɛn'wɛrθa] *v.* trade
[cCc: **kenwerth** -¹A]
{S 1; F 0(EC52): C B *kenwerzhañ*}

kenwerthel

kenwerthel [kẹn'wẹrθẹl] *adj.*
commercial
[cCc: **kenwerth** -²EL]
{S 1; F 0(GK98: K.J.G.): C B *kenwerzhel*}
Nance suggested *kenwerthek* in EC52.

kenwerther [kẹn'wẹrθẹr] *m.* **-oryon**
tradesman
[cCl: KENWERTH -¹ER]
{S 1; F 0(AnG 1986): **-oryon** I}

kenwoes ['kẹnwɤz] *m.* (meaning obscure)
[cC: KEN- 2**goes**] {S 8; F 1: M pl. *kenwesow* (BK17.59)} Wella Brown took *ken-* to correspond to E *con-* (as in *consanguinary*), i.e. 'companion who is related by blood', but it might mean the opposite.

kenwoestel [kẹn'wo·stẹl] *m.*
kenwoestlow bet, wager
[cC: KEN- 2**goestel**] {S 1; F 0(GK98: K.J.G.): **kenwoestlow** N}

kenwoestla [kẹn'wɤstla] *v.* bet, wager
[cCc: KEN- 2**goestla**] {S 1; F 0(EC52)}

kenyades [kẹn'ja·dẹs] *f.* **+ow** singer *(professional female)*
[Cc: kanA -YADES] {S 1; F 0(CE55): **+ow** I}

kenyas ['kẹ·njaz] *m.* **-ysi** singer *(professional male)*
[Cc: kanA -³YAS] {S 1; F 3: O *cheniat* (VC.115), *keniat* (VC.261) → L,P: **-ysi** I}

kenys ['kẹ·nɪz] *m.* singing, sounding *(of instruments)*, crowing *(of cock)*
[Cc: kanA -¹YS] {S 1; F 0(CE38):}
Thought by Nance to occur at PC.0903, but that example may just be the p.ptcpl. of *kana*.

keor ['kẹ·ɔr] *m.* **+yon** hedger
[Cc: ¹**ke** -OR] {S 1; F 0(GM09: G.M.S.): **+yon** I}

kepar [kẹ'paːr] *adv.* like, alike, in the same way
[CL: from **keth par**] {S 1; F 6: M *kepar*: L *pokâr*}
The metathesis to [pə'kaːr] in later Cor. is first found in CW.

kepar ha like

¹**ker** ['kẹːr] *adj.* dear, costly, expensive,

kerdhva

pricey, cherished
[F: NorF *quer* (cf. ModF *cher*)]
{S 1; F 6: M *ker*: L *kêr, kear*}

²**ker** ['kẹːr] *f.* **+yow** fort, camp *(earthwork)*, hill-fort
[D: Brit **kag-râ* (Fl.) or BLat **quadra* or a derivative of *ke* 'hedge'] {S 1; F 3: L *car* (PV.8017): P Cardinham: **+yow** }
When unstressed in pl.ns., this word is spelled **Kar-**, e.g. **Karesk** 'Exeter'. Pryce's spelling *caer* may have been influenced by Welsh.

kera ['kẹ·ra] *v.* fortify *(strengthen a defence-work)*
[Dc: ²**ker** -¹A]
{S 1; F 0(CPNE): P p.ptcpl. ?Kerris: C W *caeru*}

kerdh ['kẹrð] *m.* **+ow** walk, journey
[C: CC < IE **sker-* (Fl.)]
{S 1; F 5: O *kerd* (VC.714) (<d> = /ð/): M *kerth* → P: L *kerr* (AB044a): **+ow** I}

kerdhans ['kẹrðans] *m.* walk
[Ch: **kerdh** -ANS] {S 1; F 2: L *kerans* (PV12734)}
Pryce's meaning was 'away'.

kerdher ['kẹrðẹr] *m.* **-oryon** pedestrian *(male)*, walker
[Cl: **kerdh** -¹ER] {S 1; F 0(EC52): C B *kerzer*; cf. W *cerddwr*: **-oryon** I}

kerdhes ['kẹrðẹz] *v.* walk
[Cc: **kerdh** -¹ES] {S 1; F 5: M *kerthes*: L *kerdhez* (AB.), **kerras**: C B *kerzhout*, W *cerdded*}

kerdhin ['kẹrðɪn] *coll.* **+enn** rowan-trees, mountain-ash
[C: Brit (Fl.)]
{S 1; F 2: L *kerden* (AB109c) → P: D "care" 'rowan' may come from the Cor.: **+enn** I}

kerdhores [kẹr'ðɔ·rẹs] *m.* **+ow** pedestrian *(female)*, walker
[Clc: **kerdh** -ORES]
{S 1; F 0(GM09: K.J.G.): **+ow** I}

kerdhva ['kẹrðva] *f.* **+ow** footpath, promenade, parade
[Cc: **kerdh** -VA]
{S 1; F 0(CE38): C B *kerzva*, W *cerddfa*, both book-words, may be compared with E *footway*, (cf. G *Fussweg*) which appears on official signs, but is not used in speech.: **+ow** I}

keredh

keredh ['kɛ·rɛð] *f.* **+yow** rebuke, reproach, chastisement, reproof, reprimand, scolding
[C: CC *kariyo- (gpc)] {**S** 3; **F** 0(CE38): **C** B *karez*, W *cerydd*: **+yow** N (K.J.G.)} One would expect <-ydh>, but the spelling is influenced by the one extant form MidC *kerethys* 'rebuked'; the fem. gender is taken from the cognates.

keredhi [kɛ·rɛ·ði] *v.* rebuke, reproach, reprove, tell off, reprimand
[Cc: **keredh** -¹I] {**S** 3; **F** 3: **M** p.ptcpl. *kerethys*}

kerens ['kɛ·rɛns] *pl.* kinsmen, parents
pl. of **kar**
[C: CC *karants (gpc)]
{**S** 1; **F** 3: **M** *kerens*: **L** *keranz* (AB050c) → P}

kerensa [kɛ·rɛnʒa] *f.* love, charity, affection
[Cc: from **kerens** ³-A < IE *karantijo-m (gpc)]
{**S** 1; **F** 6: **M** *kerense* → P: **L** *crenga*:}

kerensedhek [ˌkɛrɛn'ʒɛ·ðɛk] *adj.* loving, beloved
[Ccc: from **kerens** -¹EDH -¹EK]
{**S** 1; **F** 3: **M** *kerengeak* (TH.)}
[ð] is missing in all MidC spellings.

keres ['kɛ·rɛs] *coll.* **+enn** cherries
[F: MidF < MedL *ceresia* (K.J.G.)]
{**S** 4; **F** 0(CE38): **+enn** I}

keresik [kɛ·rɛ·ʒɪk] **1.** *adj.* dear **2.** *m.* **-igyon** sweetheart, darling, dear one
[Cc: **kar**A -ESIK] {**S** 1; **F** 0(CE38): **C** B *karedig*; W *caredig* < MidW *ceredig*: **-igyon** I}

kereswydh [kɛ·rɛswɪð] *coll.* **+enn** cherry-trees
[LC: **keres** 2**gwydh**]
{**S** 1; **F** 0(GM09: G.M.S.): **+enn** I}

Kerew [kɛ·rɛw] *name* Rowe
{**S** 8; **F** 1: **L** *Kerew* (G3WK.25)}

kergh ['kɛrx] *coll.* **+enn** oats
[C: Brit *korkya (hpb) < CC (lp)]
{**S** 1; **F** 4: **O** *keirch* (VC.853): **M** *kerth* (CW.1064): **L** *kerh* (AB). → P; *keer* (WX): **+enn** I}
The form in CW. shows [x] > [θ].

343

Kernewek

kerghdir ['kɛrxdir] *m.* **+yow** oatland
[CC: **kergh** 2**tir**]
{**S** 1; **F** 0(CE55): **C** W *ceirchdir*: **+yow** I}

kerghek ['kɛrxɛk] *f.* **-egi** oat-field
[Cc: **kergh** -¹EK]
{**S** 1; **F** 0(CE38): **C** B *kerc'heg*: **-egi** I}

kerghwels ['kɛrxwɛls] *coll.* **+enn** oat-grass
[CC: **kergh** 2**gwels**]
{**S** 1; **F** 0(CE38): **C** W *ceirchwellt*: **+enn** I}

kerghydh ['kɛrxɪð] *f.* **+yon** heron
[C: Brit *kurkito- (lheb) < CC (Fl.)]
{**S** 1; **F** 3: **O** *cherhit* (VC.501): **L** *kerhidh* (AB043b) → P: **P** ?Polkerth: **+yon** N (K.J.G.)}

kerghydhva [kɛr'fɪðva] *f.* **+ow** heronry
[Cc: **kerghydh** -VA] {**S** 1; **F** 0(EC52): **+ow** I}

¹**kern** ['kɛrn] *f.* **+ow** side, pate
[C: CC *kernâ (gpc)] {**S** 1; **F** 1: **L** *kern* (LV093.17): **C** B *kern*, W *cern*: **+ow** I}

²**kern** ['kɛrn] *pl.* horns
[D: ¹**korn**A] {**S** 1; **F** 0(CE38)}

kerneth ['kɛrnɛθ] *f.* dearness, expensiveness
[Fc: ¹**ker** -NETH] {**S** 1; **F** 0(CE38): **C** B *kernez*:}

Kerneweger [ˌkɛrnɛʊ'ɛ·gɛr] *m.* **-oryon** Cornish speaker
[Cl: from **Kernewek** -¹ER]
{**S** 1; **F** 0(GM09): **-oryon** I}

kernewek *adj.* Cornish

Kernewek [kɛr'nɛʊɛk] *m.* Cornish language
[C: Brit *Kornowiko- (hpb)]
{**S** 1; **F** 5: **L** *curnooack* (NGNB), *kernuak* (L1WG)}
Not attested in MidC, unless one counts *Cornowok* recorded in 1572.

Kernewek Koth Old Cornish
Kernewek Kres Middle Cornish
Kernewek Diwedhes Late Cornish
Kernewek Dasserghys Revived Cornish
Kernewek Unys Unified Cornish
Kernewek Dre Lyther Cornish by Correspondence

Kernewekhe [kɛrˌnɛʊɛkˈhɛː] *v.*
Cornicize, make Cornish
[Cc: **Kernewek** -HE] {S 1; F 0(CE38)}

Kernewek-Sowsnek *adj.*
Cornish-English
[CC: **kernewek sowsnek**]
{S 1; F 1: L *Kernûak-Zouznak* (CGEL)}

Kernewes [kɛrˈnɛʊɛs] *f.* **+ow**
Cornishwoman
[Cc: **Kernow**A -⁴ES] {S 1; F 0(CE38): **+ow** }

¹**kernik** [ˈkɛrnɪk] *f.* **-igow** little tor
[Dc: ¹**karn**A -IK] {S 1; F 2: L *kernick* (PV12804):
P Kernick: **-igow** I}

²**kernik** [ˈkɛrnɪk] *f.* **-igow** little horn
[Dc: ¹**korn**A -IK] {S 1; F 2: M *kyrnyk* (BK11.39);
pl. *gernygov* (BM.3396): P Kernick: **-igow** M}
In *BK.*, **Kernik** is the name of a stag.

Kernow [ˈkɛrnɔw] **1.** *place* Cornwall
2. *m.* **+yon** Cornishman
[C: Brit *Kornowyâ* (hpb)]
{S 1; F 5: M *kernow*: L *kernow*, pl. *curnowean*
(NGNB). F Curnow: **+yon** L}

Kernow bys vykken!
Cornwall for ever!

kernya [ˈkɛrnja] *v.* hoot *(a horn)*
[Dc: ¹**korn**A -YA] {S 1; F 0(GM09: K.J.G.)}

kernyas [ˈkɛrnjaz] *m.* **-ysi** horn-player, horner
[Dc: ¹**korn**A -³YAS]
{S 1; F 3: O *cherniat* (VC.258) → L,P: **-ysi** I}

kerrek [ˈkɛrːɛk] *pl.* rocks
This is the trad. pl. of **karrek**; the other pl., **karregi**, appears newer.
[C: **karrek**A] {S 1; F 1: L *kerrig* (PV.12806)}

kersyek [ˈkɛrsjɛk] **1.** *adj.* abounding in reeds **2.** *f.* **-egi** reed-bed
[Cc: **kors**A -YEK] {S 1; F 0(CE38): P
Pengersick: **-egi** I}
The exx. show vowel aff., which would be provoked by -YEK, but not by -¹EK.

kert [ˈkɛrt] *m.* **+ow**, **+ys** lorry, cart, truck (U.S.)
[E(E): MidE < OldE *cert* (f.) (gpc)] {S 4; F 1:
M *kert* (RD.0236): **+ow** N (FTWC)}
+ys I (CE38)}

kert torrva breakdown lorry

kerth [ˈkɛrθ] *f.* **+ow** property, possession, asset
[L: CLat *certus*] {S 1; F 3: M *kerth*: C B *kerz*:
+ow I} In *BF*, the spellings of *kerz* 'temporary possession' and *kerzh* 'walk' are reversed from those one might expect.

kertik [ˈkɛrtɪk] *m.* **-igow** van
[E(E)c: **kert** -IK]
{S 4; F 0(GL05: K.J.G.): **-igow** I (FTWC)}

kertji [ˈkɛrtji] *m.* **+ow** cart-house
[E(E)c: **kert** 2CHI]
{S 2; F 0(GM09: G.M.S.): **+ow** I}

kertya [ˈkɛrtja] *v.* cart
[E(E)c: **kert** -YA] {S 5; F 0(GM09: G.M.S.)}

KERV-
[MidE < OldE *ceorfan*, with vowel aff. (coe)]

kervya [ˈkɛrvja] *v.* carve
[E(E)c: KERV=YA] {S 4; F 0(CE38): C W *cerfio*}

kervyans [ˈkɛrvjans] *m.* **+ow** carving
[E(E)c: KERV=YANS]
{S 4; F 0(GM09: G.M.S.): **+ow** I}

kervyer [ˈkɛrvjɛr] *m.* **-yoryon** carver
[E(E)c: KERV=YER]
{S 4; F 0(GM09: G.M.S.): **-yoryon** I}

kerweyth [ˈkɛrwɛɪθ] *m.* **+yow** fortification, earthwork
[DC: ²**ker** 2²**gweyth**] {S 1; F 0(EC52): **+yow** I}

kerwys [ˈkɛrwɪz] *pl.* stags
[Cc: **karw**-A -YS (pl.)] {S 1; F 3: M *kerwys* (BK.):
P Nankervis, Liskeard}

KERY- [C: Brit *karijo-s* (gpc)]

kerya [kɛˈrɪˑa] *v.* cobble, make shoes, mend shoes
[Cc: KERY=¹A] {S 8; F 0(CE38)}

keryades [kɛrˈjaˑdɛs] *f.* **+ow** lover *(female)*
[Cc: **kar**A -YADES]
{S 1; F 0(CE38): C Not in B nor in W: **+ow** I}

keryas [ˈkɛˑrjaz] *m.* **-ysi** lover *(male)*
[Cc: **kar**A -³YAS]
{S 1; F 0(CE38): C B *kariad*; W *cariad*: **-ysi** I}

keryer

keryer ['kɛˑrjɛr] *m.* **-oryon** shoemaker, cobbler
[Cl: **kery=¹er**]
{S 8; F 1: **O** *chereor* (VC.290) → L,P: **-oryon** I}

keryn ['kɛˑrɪn] *f.* **+yow** tub, butt *(container)*, vat, open barrel
In *BK.*, the word is used of the tub in which Tewdar performs his ablutions. As in Breton, a **keryn** may have been used for making cream, hence the dog's name *Lap Keryn* in *BM.*} Also of interest is B *toull-kirin*, 'a dangerous pit in a bog', perhaps containing mud with the consistency of cream.
[L: BLat **cerêna* (gpc) < CLat *carênum* (Gr.)]
{S 2; F 4: **O** *keroin* (VC.930): **M** *keryn*: **L** *Ceron* (LV033); **C** B *kirin*; W *cerwyn*: **+yow** I}

keryner [kɛ'rɪˑnɛr] *m.* **-oryon** cooper, barrel-maker
[Ll: **keryn -¹ER**]
{S 2; F 0(GM09: G.M.S.): **-oryon** I}

kerynva [kɛ'rɪˑnva] *f.* **+ow** cooperage
[Lc: **keryn -VA**]
{S 2; F 0(GM09: G.M.S.): **+ow** I}

kes ['kɛːz] *adj.* hedged
[Cc: from ⁴**ke -⁶YS**] {S 8; F 1: **M** *kees* (BK16.45)}

KES- *prefix* co- [c: CC **ki-tu-* (gpc)]
{S 1; F 3: **L** *kes-* (PV12809), *ket* (AB250a) → P;: **C** MidB *quet-*; W *cyd-*}
This prefix is /kez-/; its pronunciation depends on what follows; e.g. [kes] before voiceless stops /p,t,k/, but [kez] before vowels.

kesaghlek [kɛz'axlɛk] *adj.* co-axial
[cCc: KES- **AGHL=¹EK**] {S 1; F 0(EC00)}

kesakordyans [kɛzak'ɔrdjans] *m.* **+ow** consensus
[cE(F)h: KES- **akordyans**]
{S 5; F 0(GM09: G.M.S.): **+ow** I}

kesalkan [kɛz'alkan] *m.* **-enyow** alloy
[cE: KES- **alkan**]
{S 4; F 0(EC00): **-enyow** N (K.J.G.)}

keschanj ['kɛstʃandʒ] *m.* **+yow** exchange, swap
[cE(F): from KES- **chanj**] {S 5; F 0(Y2): **+yow** I}

keskar

keschanjya [kɛs'tʃandʒja] *v.* exchange, interchange, swap
[cE(F)c: **keschanj -YA**] {S 5; F 0(Y2)}

kesenn ['kɛˑzɛn] *f.* **kesow** clod, turf
[Uc: apparently a sg. in -ENN]
{S 8; F 2: **L** *Kezan* (PV12817, 12840); pl. *kesow* (CDWP), *Kezau* (PV.12840): **kesow** L}

keser ['kɛˑzɛr] *coll.* **+enn** hail *(weather)*
[C: Brit **kassark-* (Gr.)]
{S 8; F 3: **O** *keser* (VC.441) → P: **L** *kezer* (CDWP); *kezzar* (AB.): **+enn** N (EC52)}

keserenn [kɛ'zɛˑrɛn] *f.* **+ow,** *coll.* **keser** hail-stone
[C: **keser -ENN**] {S 8; F 0(EC52)}

kesfurvyans [kɛs'fyrvjans] *m.* **+ow** conformity
[cLh: KES- **furvyans**]
{S 1; F 0(GM09: G.M.S.): **+ow** I}

kesjunt ['kɛzdʒynt] *m.* **+ys** manifold *(mech.)*
[cE(F): **kes- junt**] {S 5; F 0(EC00): **+ys** I}

keskal ['kɛskal] *m.* **+yon** accomplice, accessory *(in crime)*
[cE(E): KES- **⁴gal**]
{S 5; F 0(GM09: G.M.S.): **+yon** I}

keskalar [kɛs'kaˑlar] *m.* **+ow** condolence, commiseration
[cC: from KES- **⁴galar**] {S 1; F 0(EC52): **+ow** I}

keskalari [ˌkɛska'laˑri] *v.* condole, commiserate
[cCc: **keskalar -¹I**] {S 8; F 0(EC52)}

keskalwans [kɛs'kaˑlwans] *m.* **+ow** convocation
[cCh: KES- **⁴galwans**]
{S 1; F 0(GM09: G.M.S.): **+ow** I}

keskan ['kɛskan] *f.* **+ow** concert
[cC: from KES- **kan**] {S 1; F 0(EC52): **+ow** I}

keskar ['kɛˑskar] **1.** *v.* disperse, scatter **2.** *m.* dispersion, scattering
The verb is intransitive; see also **pyth-keskar** 'dispersion of wealth'.
[C:] {S 8; F 2: **M** *keskar* (OM.0360), *kescar* (RD.0910): **C** W *gwasgar*:}

keskelmi

keskelmi [kęs'kęlmi] *v.* liaise
[cCc: **keskolm**A -¹ɪ] {S 1; F 0(GK98: J.A.)}

keskelmi orth liaise with

keskeltek [kęs'kęltęk] *adj.* inter-Celtic
[cLc: from KES- **Keltek**] {S 1; F 0(AnG 1985)}

keskerdh ['kę·skęrð] *m.* **+ow** organized walk, procession, march
[cC: from **kes- kerdh**] {S 1; F 0(CE38): +ow I}
This word received wide publicity in June 1997, **Keskerdh Kernow** being the name given to the march from St Keverne to London to commemorate the quincentenary of the Cornish Uprising of 1497.

keskerdher [kęs'kęrðęr] *m.* **-oryon** marcher *(male)*
[cCl: **keskerdh** -¹ER]
{S 1; F 0(GK98: P.H.): -oryon I}

keskerdhes [kęs'kęrðęz] *v.* walk together, march, troop
[cCc: from KES- **kerdhes**]
{S 1; F 0(CE38): C W *cydgerdded*}

keskerdhores [ˌkęskęr'ðɔ·ręs] *m.* **+ow** marcher *(female)*
[cCl: **keskerdh** -ORES]
{S 1; F 0(GM09: K.J.G.): +ow I}

keskeverya [ˌkęskę'vę·rja] *v.* converge
[cCc: from KES- **kever** -YA]
{S 1; F 0(GM09: A.S.): C W *cydgyfeirio*}

keskeveryans [ˌkęskę'vę·rjans] *m.* **+ow** convergence
[cCc: from KES- **kever** -YANS]
{S 1; F 0(GM09: A.S.): +ow I}

keskewsel [kęs'kęʊzęl] *v.* converse *(speech)*, chat
[cCc: from KES- **kewsel**] {S 1; F 0(CE38)}

keski ['kę·ski] *v.* admonish, tell off
[Uc: **kosk**-A -¹ɪ] {S 8; F 4: M *kesky* → P}

kesklena [kęs'klę·na] *v.* cling together
[cCc: from KES- 4**glena**] {S 1; F 0(EC52)}

kesklenans [kęs'klę·nans] *m.* cohesion
[cCc: from KES- 4**glen=ans**] {S 1; F 0(EC00):}

kesklenedh [kęs'klę·nęð] *m.* **+ow** coherence
[cCc: from KES- 4**glen=edh**]
{S 1; F 0(GM09: K.J.G.): +ow }

kesklenus [kęs'klę·nɪs] *adj.* coherent
[cCl: from KES- 4GLEN=US] {S 1; F 0(EC00)}

kesklusa [kęs'kly·za] *v.* agglutinate
[cCc: from KES- 4**glusa**] {S 1; F 0(EC00)}

kesklusans [kęs'kly·zans] *m.* agglutination
[cCc: from KES- 4**glus** -ANS]
{S 1; F 0(GM09: K.J.G.):}

kesklywans [kęs'klɪ·wans] *m.* **+ow** audition
[cCh: KES- **klywans**]
{S 1; F 0(GM09: K.J.G.): +ow I}

kesknians [kęs'kni·ans] *m.* corrosion
[cCh: from **kesknias** -ANS]
{S 8; F 0(GM09: G.M.S.):}

kesknias [kęs'kni·az] *v.* corrode
[cCc: from KES- **knias**] {S 8; F 0(GM09: G.M.S.)}

kesknius [kęs'kni·ys] *adj.* corrosive
[cCl: from KES- KNI=US] {S 1; F 0(GM09: K.J.G.)}

keskodhevek [ˌkęskɔ'ðę·vęk] *adj.* sympathetic
[cCc: from KES- 4**godhav**A -¹EK]
{S 8; F 0(GM09: G.M.S.)}

keskodhevel [ˌkęskɔ'ðę·vęl] *v.* sympathize, condole
[cC: from KES- 4**godhevel**] {S 1; F 0(CE38)}

keskolm ['kę·skɔlm] *m.* **+ow** liaison
[cC: from KES- **kolm**]
{S 1; F 0(GK98: J.A.): +ow I}

keskolonn [kęs'kɔ·lɔn] *adj.* unanimous, in accord
[cC: from **kes- kolonn**] {S 3; F 2: M *kescolon* (PC.0002b, PC.1076, BM.1756)}

keskolonneth [kęskɔ'lɔn:ęθ] *f.* unanimity
[cCc: **keskolonn** -ETH] {S 3; F 0(GM09: YhaG):}

keskomunya [ˌkęskɔ'my·nja] *v.* communicate
[cLc: from KES- **komunya**]
{S 5; F 0(GK98: G.M.S.)}

keskomunyans

keskomunyans [ˌkęskɔ'myˑnjans] *m.*
+ow communication
[cLh: from KES- **komunyans**]
{**S** 5; **F** 0(GK98: G.M.S.): **+ow** I}

keskonvedhes [kęskɔn'vęˑðęz] **1.** *m.*
mutual understanding **2.** *v.*
understand one another
[ccCc: from KES- **konvedhes**]
{**S** 1; **F** 0(GM09: P.H.):}

keskorra [kęs'kɔrːa] *v.* collate, assemble
(trans.), put together
[cC: from KES- 4**gorra**] {**S** 1; **F** 2: **L** *getgorra*
(PV10736); p.ptcpl. *ketgorryz* (CGEL)}

keskorrans [kęs'kɔrːans] *m.* **+ow**
collation [cCh: from **keskorra** -ANS]
{**S** 1; **F** 0(GM09: G.M.S.): **+ow** I}

keskoweth [kęs'kɔwęθ] *m.* **+a**
companion *(male)*, associate
[cC: from **kes- koweth**]
{**S** 1; **F** 2: **M** pl. *keskeweʒa* (MC.110) → P: **+a** M}

keskowethes [kęskɔ'węˑθęs] *f.* **+ow**
companion *(female)*, associate
[cC: from **kes- kowethes**]
{**S** 1; **F** 0(GM09: K.J.G.): **+ow** I}

keskowethyans [ˌkęskɔ'węˑθjans] *m.*
+ow companionship
[cCh: from KES- **kowethyans**]
{**S** 1; **F** 0(EC00): **+ow** I}

keskows ['kęˑskʊs] *m.* **+ow**
conversation, chat
[cC: from KES- **kows**] {**S** 1; **F** 0(CE55): **+ow** I}
Keskowsow is the name of an amusing book
by John Parker.

keskristyon [kęs'kriˑstjɔn] *m.*
keskristonyon fellow Christian
[cL: from KES- **ristyon**]
{**S** 4; **F** 4: **M** *kyscristyan* (TH.): **keskristonyon** I}

keskronna [kęs'krɔnːa] *v.* conglomerate
[cCc: from KES- 4**gronna**]
{**S** 1; **F** 0(GM09: G.M.S.)}

keskronnans [kęs'krɔnːans] *m.*
conglomeration
[cCh: from **keskronna** -ANS]

347

kesordena

{**S** 1; **F** 0(GM09: G.M.S.):}

keskusulyans [ˌkęsky'syˑljans] *m.* **+ow**
conference
[cCh: from KES- **kusulyans**]
{**S** 1; **F** 0(AnG 1998): **+ow** I}
keskusulyans barrek
summit conference

keskwirhe [kęskwɪr'hęː] *v.* corroborate
[cCc: KES- 4**gwirhe**] {**S** 1; **F** 0(GM09: YhaG)}

keskyans ['kęˑskjans] conscience
[U:] {**S** 8; **F** 2: **L** *keskians* (AB050c)-> P}

keslamm ['kęzlam] *m.* **+ow** coincidence
[cC: **kes- lamm**] {**S** 1; **F** 0(CE93: G.M.S.): **+ow** I}

keslamma [kęz'lamːa] *v.* coincide
[cCc: **keslamm** -¹A] {**S** 1; **F** 0(GK98: R.L.)}

kesles ['kęzlęz] *m.* mutual interest
[cC: KES- ²**les**] {**S** 8; **F** 0(AnG 1998):}

keslinek [kęz'liˑnęk] *adj.* cognate,
collateral
[cLc: KES- **linek**] {**S** 1; **F** 0(EC52)}

keslinel [kęz'liˑnęl] *adj.* collinear
[cLc: KES- ¹**lin** -²EL] {**S** 1; **F** 0(GK98: K.J.G.)}

keslowena [ˌkęzlɔ'węˑna] *f.*
congratulations
[cCc: KES- **lowena**] {**S** 1; **F** 0(AnG 1985):}

keslowenhe [kęzlɔʊęn'hęː] *v.*
congratulate
[cCc: KES- **lowenhe**] {**S** 1; **F** 0(CE38)}

kesoberi [ˌkęzɔ'bęˑri] *v.* co-operate,
collaborate
[cLc: KES- **oberi**] {**S** 2; **F** 1: **M** *kysober* (BK04.19)}
This word first appeared in *EC52*. When found
in *BK.*, the last syllable was missing, and this
may be the original form.

kesoberer [ˌkęzɔ'bęˑręr] *m.* **+yon**
collaborator, co-worker
[cLl: KES- **oberer**] {**S** 1; **F** 0(EC52): **+yon** I}

kesoberyans [ˌkęzɔ'bęˑryans] *m.*
co-operation, collaboration
[cLc: KES- **oberyans**] {**S** 2; **F** 0(CE38):}

kesordena [ˌkęzɔr'dęˑna] *v.* co-ordinate
[cE(F)c: KES- **ordena**] {**S** 4; **F** 0(GK98: G.M.S.)}

kesordenans [kęzɔr'dę·nans] *m.* **+ow**
co-ordination
[cE(F): KES- **ordenans**] {S 4; F 0(EC00): **+ow** I}

kesordenor [ˌkęzɔr'dę·nɔr] *m.* **+yon**
co-ordinator
[cE(F)c: KES- **ordenor**]
{S 4; F 0(GK98: G.M.S.): **+yon** I}

kespar ['kę·spar] *m.* **+ow** spouse, mate *(married person)*, partner
[cL: from KES- **par**]
{S 1; F 2: O *chespar* (VC.120) → P: **+ow** I}

kespareth [kęs'pa·ręθ] *f.* **+ow**
partnership
[cLc: **kespar** -ETH]
{S 1; F 0(GM09: G.M.S.): **+ow** I}

kesplegadow [ˌkęsplę'ga·dɔw] *adj.*
compatible
[cLc: from KES- **plegadow**]
{S 3; F 0(GK98: A.S.)}

kesplethenna [kęsplę'θęnːa] *v.*
intertwine
[cL: from KES- **plethenn** -¹A] {S 1; F 0(EC00)}

kesplethi [kęs'plę·θi] *v.* dovetail
[cCc: from KES- **plethi**] {S 1; F 0(EC00)}

kespoes ['kę·spʏs] *m.* **+ow** equilibrium, poise
[cL: from KES- **poes**] {S 1; F 0(EC52): **+ow** I}

kespoesa [kęs'po·sa] *v.* poise, equilibrate
[cLc: **kespoes** -¹A] {S 1; F 0(EC52)}

kesresek [kęz'rę·zęk] *adj.* concurrent
[cCc: KES- ⁴**res** -¹EK] {S 1; F 0(GM09: G.M.S.)}

kesreynya [kęz'ręɪnja] *v.* reign together
[cE(F)c: KES- **reynya**]
{S 4; F 3: M *kysraynya* → P}

Kesroesweyth [kęz'roʒwęɪθ] *m.*
Internet
[cCC: KES- **roesweyth**] {S 1; F 0(AnG 1997):}

kessedhek [kęs'sę·ðęk] *m.* **-sedhogow**
committee
[cCc: from KES- **sedhek**]
{S 1; F 0(CE93J.G.H.): **-sedhogow** I}

kesseni [kęs'sę·ni] *v.* harmonize, accord
[Lc: **kesson**A -¹I] {S 1; F 0(CE38)}

kessenyans [kęs'sę·njans] *m.* **+ow**
harmony, euphony, agreement
[Lh: **kesson**A -YANS] {S 1; F 1: L (Lh.): **+ow** I}

kesserghek [kęs'sęrxęk] *adj.*
interdependent
[cCc: KES- **serghek**] {S 1; F 0(EC00)}

kesserghogeth [ˌkęssęr'fiɔ·gęθ] *f.*
interdependence
[cCc: KES- **serghogeth**] {S 1; F 0(GM09: YhaG):}

kesskrifa [kęs'skri·fa] *v.* correspond
[cLc: KES- **skrifa**] {S 3; F 0(CE38)}

kesskrifans [kęs'skri·fans] *m.* **+ow**
correspondence *(letters)*
[cLh: KES- **skrifans**] {S 3; F 0(EC00): **+ow** I}

kesskrifer [kęs'skri·fęr] *m.* **-oryon**
correspondent
[cLl: KES- **skrifer**] {S 3; F 0(EC52): **-oryon** I} An **Kesskrifer** was the name of the magazine of **Kernewek Dre Lyther**.

kessoylyans [kęs'sɔɪljans] *m.* **+ow**
compromise
[cE(F)h: shortened from KES- **assoylyans**]
{S 4; F 0(AnG 2007: G.M.S.): **+ow** I}

kesson ['kęsːɔn] *adj.* harmonious, euphonious, consistent
[L: CLat *consonus* (Fl.)] {S 1; F 1: L pl. *kessonyow* (AB223): C OldB *coson*; W *cyson*}

kessonenn [kęs'sɔ·nęn] *f.* **+ow**
consonant
[Lc: **kesson** -ENN]
{S 1; F 0(CE38): C B *kensonenn*: **+ow** I}

kessonennel [ˌkęsɔ'nęnːęl] *adj.*
consonantal
[Lcc: **kessonenn** -²EL] {S 1; F 0(GK98: G.M.S.)}

kesstrif ['kęstrif] *m.* **+ow** competition, contest
[cE(F): KES- **strif**] {S 4; F 0(CE38): **+ow** I}

kesstrifus [kę'stri·fys] *adj.* competitive
[cE(F)l: from **kesstrif** -US] {S 4; F 0(EC00)}

kesstrivor

kesstrivor [kę'stri·vɔr] *m.* **+yon** competitor
[cE(F)c: KES- strivor] {S 4; F 0(EC52): +yon I}

kesstrivya [kę'stri·vja] *v.* compete
[cE(F)c: from KES- **strivya**]
{S 4; F 0(CE38): **C** cf. B *kenstrivañ*}

kessydhya [kęs'sɪ·ðja] *v.* punish, chastise, castigate, carpet
[Uc: VN in -YA with unidentified root]
{S 8; F 1: **L** *gossythy* (PV11114)}
Nance added an <-a> to Pryce's form.

kessydhyans [kęs'sɪ·ðjans] *m.* **+ow** punishment, retribution
[Uh: MN in -YANS with unidentified root]
{S 8; F 1: **M** *gossythyans* (CW.1121): +ow I}

kessynsi *v.* wager, bet
[cCc: KES- **synsi**]
{S 1; F 1: **L** *gusendzhi* (Borlase)}

kest ['kę:st] *f.* **+ow** narrow-mouthed basket
[L: CLat *cista* (gpc)]
{S 1; F 0(CE55): **P** ?Lankeast: **F** Keast 'paunch':
C B *kest*; W *cest*: +ow I}

kestalkya v. converse *(speech)*
ALT = **keskewsel**.
[cEc: from KES- + E *talk* + -YA]
{S 5; F 1: **M** *kestalkye* (BM.0236)}

kestav ['kę·stav] *m.* **+ow** contact
[cC: from KES- TAV-] {S 1; F 0(Y1): +ow I}

kestava [kęs'ta·va] *v.* contact
[cCc: **kestav** -¹A] {S 1; F 0(Y1)}

kesten ['kę·stęn] *coll.* **+enn** chestnuts
Nance, following Breton and Welsh, gave both 'chestnuts' and 'chestnut-trees' as the meaning. It is better to have a separate word for the trees. [L:]
{S 8; F 0(CE38): **C B** *kistin*, cf. W *castan*: +enn I}

kestenwydh [kęs'tęnwɪð] *coll.* **+enn** chestnut-trees
[LC: **kesten** 2**gwydh**]
{S 8; F 0(GM09: P.P.): **C** W *castanwydd*: +enn I}

kesteudhi [kęs'tœ·ði] *v.* coalesce
[cCc: KES- **teudhi**] {S 1; F 0(GM09: K.J.G.)}

keswel

kesunnses [kęz'ynzęz] *m.* amalgam
[cCl: KES- **unnses**] {S 3; F 0(AnG 1994):}

kesunya [kęz'y·nja] *v.* unite, combine, merge, amalgamate
[cCc: KES- **unya**] {S 8; F 0(CE38)}

kesunyans [kęz'y·njans] *m.* **+ow** union, combination, merger, amalgamation, league *(company)*, juncture
[cCc: KES- **unyans**] {S 8; F 0(CE38): +ow I}
kesunyans lavur trade union

kesva ['kęzva] *f.* **+ow** board *(group of people)*, assembly
[cc: KES=VA]
{S 1; F 3: **O** *chetua* (VC.186) → L,P: +ow I}
Kesva an Taves Kernewek Cornish Language Board
kesva apposyans examination board
Kesva Tornyaseth Kernow Cornwall Tourist Board

kesvargenya [kęzvar'gę·nja] *v.* barter
[cE(F)c: KES- 2**bargenya**]
{S 4; F 0(GM09: G.M.S.)}

kesvarner [kęz'varnęr] *m.* **-oryon** shipmate
[cE(F): KES- 2**marner**]
{S 4; F 0(GM09: K.J.G.): -oryon N (K.J.G.)}

kesvyw ['kęzvɪw] *adj.* living together
[cCc: KES- 2**byw**]
{S 1; F 1: **M** *kys vew* (BK08.54)}

kesvywa [kęz'vɪwa] *v.* live together, cohabit
[cCc: **kesvyw** -¹A]
{S 1; F 1: **M** *kes vewa* (CW.1314)}

kesvywnans [kęz'vɪʊnans] *m.* **+ow** living together, cohabitation
[cCh: KES- 2**bywnans**] {S 1; F 0(CE38): +ow I}

keswel ['kęzwęl] *f.* **+yow** interview
[cC: KES- 2²**gwel**]
{S 1; F 0(GK98: K.J.G.): +yow I}

kesweler

kesweler [kęz'wę·lęr] *m.* **-oryon** interviewer *(male)*
[cCc: **keswel** -¹ER]
{S 1; F 0(GM09: G.M.S.): **-oryon** I}

kesweles [kęz'wę·lęz] *v.* interview
[cCc: **KES**- 2**gweles**] {S 1; F 0(GK98: P.H.)}

keswelesik [ˌkęswę'lę·ʒik] *m.* **-igow** interviewee
[cCc: **keswel** -ESIK]
{S 1; F 0(GM09: K.J.G.): **-igow** I}

keswelores [kęzwę'lɔ·ręs] *m.* **+ow** interviewer *(female)*
[cCc: **keswel** -ORES]
{S 1; F 0(GM09: G.M.S.): **+ow** I}

kesweyth ['kęzwɛɪθ] *m.* **+yow** structure
[cC: **KES**- 2²**gweyth**]
{S 1; F 0(GM09: YhaG): **+yow** I}

kesweythel [kęz'wɛɪθęl] *adj.* structural
[cC: **kesweyth** -¹EL] {S 1; F 0(GM09: G.M.S.)}

keswia [kęz'wi·a] *v.* entwine, interweave
[cCc: **KES**- **gwia**] {S 1; F 0(AnG 2007: A.S.)}

keswlasek [kęz'wla·zęk] *adj.* international
[cCc: **KES**- 2**gwlasek**] {S 1; F 0(EC52)}
Nance wrote *kesgwlasek*, but this contravenes his own rules of mutation as laid out in Appendix II of *CE38*.

kesya ['kę·ʒja] *v.* unite, copulate
[cc: **KES**=YA] {S 8; F 0(CE38): D "kidge": C B *kejañ* 'to meet'; W *cydio*}

kesyewa [kęʒ'ję·wa] *v.* yoke together, conjugate
[cCc: **KES**- **yewa**] {S 1; F 0(CE38)}

kesyewans [kęʒ'ję·wans] *m.* **+ow** conjugation
[cCh: from **kesyewa** -ANS]
{S 1; F 0(EC52): **+ow** I}

kesyewansel [kęʒję'wanzęl] *adj.* conjugational
[cChc: **kesyewans** -¹EL] {S 1; F 0(GM09: G.M.S.)}

¹**keth** ['kę:θ] *adj.* same, identical
[C: Brit] {S 8; F 6: M *keth* → P}

²**keth** ['kę:θ] **1.** *adj.* servile, subject, captive **2.** *m.* **+yon** slave *(male)*, serf *(male)*, bondman, captive
[C: CC *kaktos* < IE *qaptos* (gpc)] {S 1; F 3: O *caid* (VC.192, 193) → L,P: M *keth* → P: **+yon** N}

kethel ['kę·θęl] *f.* **+i** knife
[U:] {S 8; F 2: O *kethel* (VC.819, 872) → P: **+i** N (CE38)}

kethes ['kę·θęs] *f.* **+ow** slave *(female)*, bondmaid, serf
[Cc: ²**keth** -⁴ES] {S 1; F 3: O *caites* (VC.195) → L,P: L *kaithes* (TCJB): **+ow** I}

kethneth ['kęθnęθ] *f.* slavery, servitude, bondage, captivity
[Cc: ²**keth** -NETH] {S 1; F 0(CE38): C B *kaezhnez*}

kethreydhel [kęθ'rɛɪðęl] **1.** *adj.* homosexual **2.** *m.* **-ogyon** homosexual
[CCc: **keth reydhel**]
{S 1; F 0(GM09: A.S.): **-ogyon** I}

kethsam ['kęθsam] *adj.* selfsame, identical, very same, exactly the same
[CE(N): ¹**keth** + Eng. *same*]
{S 5; F 6: M *kythsam* (TH., SA.)}

kethwas ['kęθwas] *m.* **-wesyon** bondman
[CC: ²**keth** 2**gwas**]
{S 1; F 0(CE38): C W *caethwas*: **-wesyon** I}

kettell² ['kęt:ęl] *adv.* as soon as
[Cc: from ¹**keth dell**] {S 2; F 3: M *kettel* (RD.1318, 1329) → P, *kettyl* (PC.0986) → P}

kettella [kęt'tęl:a] *m.* that same way
[CCC: from ¹**keth dell** ¹**na**]
{S 2; F 3: M *ketella* → P, *kettella* → P:}
yn kettella just like that

kettellma [kęt'tęlma] *m.* this same way
[CCC: from ¹**keth dell** ¹**ma**]
{S 2; F 3: M *ketelma:*}
yn kettellma just like this

kettep

kettep ['kɛtːɛp] *adj.* each, every
[C: Compound of KES- (OldC *cyt*-)] {S 2; F 5: M *kettep* → P, *ketep* → L: C MidB *quitib*}
  yn kettep penn everybody
  yn kettep poll everyone, everybody
  yn kettep gwas to the last man
  kettep onan everyone

kettermyn [kɛt'tɛrmɪn] *m.* same time
[CL: from ¹**keth termyn**]
{S 2; F 1: L *kettermen* (PV12824):}
  yn kettermyn simultaneously, at the same time

kettermynyek [kɛtɛr'mɪnjɛk] *adj.* synchronous, co-terminous, simultaneous
[CLc: **kettermyn** -YEK] {S 2; F 0(EC00)}

kettermynyekter [kɛtˌtɛrmɪn'jɛktɛr] *m.* simultaneity
[CLcc: **kettermynyek** -TER] {S 2; F 0(EC00):}

kettermynyegi [kɛtɛrmɪn'jɛˑgi] *v.* synchronize
[CLcc: from **kettermynyek** -¹I] {S 2; F 0(EC00)}

kettestenn [kɛt'tɛˑstɛn] *f.* **+ow** context
[CLc: from ¹**keth testenn**]
{S 2; F 0(GK98: R.L./T.S.): **+ow** I}

kettoeth [kɛt'toːθ] *adv.* as soon as
[cC: from KES- **toeth**] {S 2; F 4: M *kettoth* → L,P}
  kettoeth ha'n ger instantly

kettost [kɛt'toːst] *adv.* as soon as
[CE(F): from **keth tost**]
{S 5; F 2: L *kettost* (AB250a) → P}
Lhuyd gave the same meaning to this word as to **kettoeth**, and may have thought it a variant thereof; but is may be a separate word containing **tost**.

kettuel [kɛt'tyˑɛl] *adj.* parallel
[CCc: from ¹**keth tu** -²EL]
{S 2; F 0(GK98: K.J.G.)}

kettuoleth [kɛty'ɔˑlɛθ] *f.* parallelism
[CCcc: from ¹**keth tu** -OLETH]
{S 2; F 0(GM09: YhaG):}

keudh ['kœːð] *m.* **+ow** sorrow, grief, travail

351

keunji

[C: Brit *kâdo-s* (gpc)] {S 1; F 4: M *kueth* → P, *cuth* → P: C B *keuz*; W *cawdd*: **+ow** I}

keudhesigeth [ˌkœðɛˈʒiˑgɛθ] *f.* contrition, repentance, regret
[Ccc: from **keudhesik** -ETH]
{S 1; F 0(CE38): C B *keuzidigezh*:}

keudhesik [kœ'ðɛˑʒɪk] *adj.* sorry, contrite, repentant
[Cc: **keudh** -ESIK]
{S 1; F 3: M *cuthygyk* (PC.1423, RD.1521) → P, *sithisgyk* (BK39.45): C B *keuzidik*}

keudhesikhe [kœðˌɛʒik'hɛː] *v.* cause to repent
[Ccc: **keudhesik** -HE]
{S 1; F 0(CE38): C B *keuzidikaat*}

keudhi ['kœˑði] *v.* grieve, make sorry
[Cc: **keudh** -¹I]
{S 1; F 4: M *cvthy* → P: C B *keuziñ*}

keugh ['kœːx] *m.* **+yon** grandfather
[C:] {S 8; F 2: O Found as 2nd element in *hengog, dipog, gurhhog* (VC.): C cf. W *caw* (Gr.): **+yon** I (K.J.G.)}
This word was spelled *cok* by Nance.

¹**keun** ['kœːn] *pl.* dogs
[C: Brit **kunes* (hpb) < IE (lp)]
{S 3; F 3: M *kuen*: L *kên* (AB046a) → P: C B *kon* (though *chas* is more commonly used); W *cwn*}

²**keun** ['kœːn] *coll.* **+enn** reeds, rushes
[L: LLat *cána* (O.J.P)]
{S 1; F 0(CPNE): P Penquean: **+enn** I}

keunegenn [kœ'nɛˑgɛn] *f.* **+ow** bog, reed-bed
[Lcc: from **keunek** -ENN]
{S 1; F 1: M *kenegan* (TH08v), used to translate Bonner's *fountayne*.: **+ow** I}

keunek ['kœˑnɛk] 1. *adj.* reedy 2. *f.* -egi reed-bed, marsh *(reedy)*
[Lc: ¹**keun** -¹EK] {S 1; F 0(CE38): P Kennack; pl. Kenegie: **-egi** P}

keunji ['kœndʒi] *m.* **+ow** kennel *(for several dogs)*, doghouse (U.S.)
[CC: ⁴**keun 2chi**] {S 1; F 0(CE38): P Kingey: C W *cwndy*: **+ow** I}

keunys

keunys ['kœˑnɪz] *coll.* **+enn** firewood, fuel
[C: CC **kom-dauto-* (gpc)] {S 1; F 4: M *kunys* → P: L *kinnis* (AB.) → P: **+enn** I}

keunys menhes fossil fuel

keunysek [kœ'nɪˑʒek] **1.** *adj.* abounding in firewood **2.** *f.* **-egi** place abounding in firewood
[Cc: **keunys** -¹EK] {S 1; F 0(CE38): C B *keuneudek*: P Kenidjack: **-egi** I}

keunysenn [kœ'nɪˑzen] *f.* **+ow,** *coll.*
keunys piece of firewood, billet
[Cc: **keunys** -ENN] {S 1; F 0(CE38)}

keunyser [kœ'nɪˑzer] *m.* **-oryon** fuel-gatherer *(male)*
[Cl: **keunys** -¹ER] {S 1; F 0(CE55): **-oryon** I}

keunysores [ˌkœnɪ'zɔˑres] *f.* **+ow** fuel-gatherer *(female)*
[Lc: **keunys** -ORES] {S 1; F 0(CE55): **+ow** I}

keunyssa [kœ'nɪsːa] *v.* gather firewood
[Cc: from **keunys** -¹A] {S 1; F 0(CE38): C B *keuneutañ*}

keur ['kœːr] *m.* **+yow** choir
[H: Appears to be from a mixture of F and L sources]
{S 8; F 3: M *cur*: C B *keur*, W *côr*: **+yow** I}

keurgan ['kœrgan] *f.* **+ow** chant, song *(choral)* [HC: **keur** 2**kan**]
{S 8; F 0(CE38): C W *corgan*: **+ow** I}

keurgana [kœr'gaˑna] *v.* chant
[HCc: **keurgan** -¹A] {S 8; F 0(EC00)}

keus ['kœːz] *m.* **+yow** cheese
[L: CLat *caseus* (M)]
{S 1; F 4: O *cos* (VC.848) → P: L *kêz* (AB., PRWP): C B *keuz*; W *caws*: **+yow** N (FTWC)}

keusveydh ['kœsfeɪð] *m.* cheese whey
[LC: **keus** 2**meydh**] {S 8; F 0(CE38):}

keuswask ['kœˑswask] *f.* **+ow** cheese-press
[LC: **keus** 2**gwask**] {S 1; F 0(CE55): **+ow** I}

An Geuswask The Cheesewring

KEV- [kev] *prefix* co- [C: IE **kom*-] {S 1; F 3: L *Kov, Kÿv* (AB250a) → P}

kevarwoedher

kevals ['keˑvals] *m.* **+yow** joint, articulation
[C: Brit **kom-alt* (Gr.)] {S 8; F 2: O *chefals* → P: C cf. OldW *cimalted*: **+yow** I}

kevambos [kev'ambɔz] *m.* **+ow** contract, covenant, treaty, agreement, indenture
[cC: KEV- **ambos**]
{S 8; F 0(CE38): C W *cyfamod*: **+ow** I}

kevammok [kev'amːɔk] *m.* **-ogow** battle, fight
[cC: KEV- **ammok**]
{S 1; F 0(CPNE): P *Meskavammok*: C W *cyfamwg* 'defends, fights': **-ogow** I}

kevannedhi [ˌkeva'neˑði] *v.* occupy
[cCc: KEV- **annedhi**] {S 1; F 0(CE38)}

kevar ['keˑvar] *m.* **+yow** joint-tillage
[cC: KEV- ³**ar**] {S 1; F 0(CE38): P *Keveral*: C B *keñver*; W *cyfar*: **+yow** I}

kevaras [kev'aˑraz] *v.* plough together
[cCc: **kevar** -¹AS] {S 1; F 0(CE38):
P *Tregavaras*: C W *cyfarad* 'partnership'}

Kevardhu [kevar'ðyː] *m.* December
[C: Compound of **du**]
{S 8; F 1: L *kevardhin* (PV14122): C cf. B *Kerzu*:}

kevarghewi [ˌkevar'ɦeˑwi] *v.* invest
[cLcc: KEVARGHOW -¹I] {S 1; F 0(AnG 1998)}

kevarghow [ˌkev'arxɔw] *m.* **+yow** investment
[cLcc: KEV- **arghow**] {S 1; F 0(EC00): **+yow** I}

kevarwoedh [kev'aˑrwx̌ð] *m.* **+ow** guidance, direction *(guidance)*
[cC: KEV- **arwoedh** < Brit **kom-are-weid-* (gpc)]
{S 8; F 0(CE38): C W *cyfarwydd*: **+ow** I}

kevarwoedha [ˌkevar'woˑða] *v.* direct, guide, indicate
[cCc: **kevarwoedh** -¹A]
{S 1; F 2: M 2nd sg. impv. *kevarwouth* (PC.1043) → P: C W *cyfarwyddo*}

kevarwoedher [ˌkevar'woˑðer] *m.* **+yon** guide *(male)*, pilot
[cCl: **kevarwoedh** -¹ER] {S 1; F 0(CE58): C cf. W *cyfarwyddwr*: **+yon** I}

kevarwoedhores

kevarwoedhores [kɛvˌarwɤˈðɔˑrɛs] *f.*
+ow guide *(female)*, pilot
[cCc: **kevarwoedh** -ORES]
{S 1; F 0(CE55): **+ow** I}

kevarwoedhyades [kɛvˌarwɤðˈjaˑdɛs] *f.*
+ow director *(female)*
[cCc: **kevarwoedh** -YADES]
{S 1; F 0(CE55): **+ow** I}

kevarwoedhyans [ˌkɛvarˈwoˑðjans] *m.*
+ow guidance
[cCh: **kevarwoedh** -YANS]
{S 1; F 0(CE38): **+ow** I}
kevarwoedhyans gwari stage directions

kevarwoedhyas [ˌkɛvarˈwoˑðjaz] *m.* **-ysi**
director *(male)*
[cCc: **kevarwoedh** -³YAS]
{S 1; F 0(CE38): **-ysi** I}

kevasrann [kɛvˈazran] *f.* **+ow** faculty *(of university)*
[ccC: KEV- **asrann**] {S 1; F 0(EC00): **+ow** I}

kevelek [kɛˈvɛˑlɛk] *m.* **-oges** woodcock
[C: May contain **kevyl** (gpc)]
{S 8; F 3: L *kyvelak* (AB.) → P:
C B *keveleg*; W *cyffylog*: **-oges** I}

kevelekka [ˌkɛvɛˈlɛkːa] *v.* shoot woodcock
[Cc: from **kevelek** -¹A] {S 1; F 0(CE38)}

kevelin [kɛˈvɛˑlin] *m.* **+yow** cubit
[cC: KEV- **elin**] {S 1; F 4: M *keuelyn* → P:
C B *(kefelin)*, W *cyfelin*: **+yow** I}

kevelsi [kɛˈvɛlʒi] *v.* articulate
[cCc: KEV- ²alsA -¹I] {S 1; F 0(EC00)}

kevenna [kɛˈvɛnːa] *v.* remember, memorize
[Ccc: Compound of **kov** with vowel aff.
and -¹A] {S 8; F 2: M 2nd pl. impv. *kevenovgh* (BK18.17), *kevennovgh* (BK21.05)}

kever [ˈkɛˑvɛr] *m.* concern
[C: CC *com-are* (deb)] {S 8; F 3: M *keuer* → P:
L *gever* (JCNBL): C B *keñver*, W *cyfair*:}
yn kever about, concerning Ray Edwards reminded us that **yn kever** followed

kevoes

by a noun is not attested. It is an extension to the grammar introduced by Nance.
y'm kever concerning me
yn dha gever towards you, in your regard, in my duty to you, in my obligation to you
y'th kever for you, about you
KEVERN- [cC: KE- ²²**bern**]

kevernya [kɛˈvɛrnja] *v.* compile
[cCc: KEVERN=YA] {S 1; F 0(GM09: G.M.S.)}

kevernyans [kɛˈvɛrnjans] *m.* **+ow** compilation
[cCc: KEVERN=YANS]
{S 1; F 0(GM09: G.M.S.): **+ow** I}

kevernyer [kɛˈvɛrnjɛr] *m.* **-yoryon** compiler *(male)*
[CCC: KEVERN=YER]
{S 1; F 0(GM09: G.M.S.): **-yoryon** I}

kevernyores [kɛvɛrnˈjɔˑrɛs] *f.* **+ow** compiler *(female)*
[cCc: KEVERN=YORES] {S 1; F 0(GM09: K.J.G.): **+ow** I}

keveylya [kɛˈvɛɪlja] *v.* accompany
[cCc: KEV- **eylya**] {S 1; F 0(EC00): C W *cyfeilio*}

keveylyans [kɛˈvɛɪljans] *m.* **+ow** accompaniment
[cCh: KEV- **eyl** -YANS] {S 1; F 0(EC00): **+ow** I}

keveylydh [kɛˈvɛɪlɪð] *m.* **+yon** accompanist
[cCc: KEV- **eyl** -¹YDH] {S 1; F 0(EC00): **+yon** I}

kevloskell [kɛvˈlɔˑskɛl] *f.* **+ow** combustion engine
[cCc: KEV- **losk** -ELL] {S 1; F 0(GM09: G.M.S.):
+ow I} B *keflusker* 'engine' has a different root.

kevnis [ˈkɛvniz] *coll.* **+enn** spiders
[C:] {S 1; F 0(CE38): **+enn** I}

kevoes [ˈkɛˑvɤs] *adj.* contemporary
[cC: **kev- oes**] {S 1; F 0(CE38): C W *cyfoed*}
kevoes gans of the same age as, contemporary with

kevoesenn [kęv'oˑzęn] *f.* **+ow** cohort *(demographic)* [cCc: **kevoes** -ENN] {S 1; F 0(GM09: K.J.G.): **+ow** I}

kevoeth ['kęˑvɤθ] *m.* **+ow** power
[C: Brit *kom-okto-âko-] {S 1; F 1: L *kovaith* (PV12945): **+ow** N (CE38)}

kevoethek [kę'voˑθęk] *adj.* powerful, mighty
[C: Brit *kom-okto-âko-] {S 1; F 3: O *chefuidoc* (VC.001) → L,P: C Not in B; W *cyfoethog* 'rich'} Translates 'omnipotens' in VC. A second attestation given by Graves as *kevuithoc* does not appear to exist.

kevogas [kęv'ɔˑgas] *adj.* adjacent
[cC: KEV- **ogas**] {S 3; F 0(GK98: R.L.): C W *cyfagos*}

kevradh ['kęvrað] *m.* **+ow** rate
[cC: KEV- 2**gradh**] {S 1; F 0(Y2): **+ow** I}
kevradh chanj rate of exchange
kevradh difyk lapse-rate
kevradh mernans death rate
kevradh oker rate of interest
kevradh toll rate of tax

kevrang ['kęvraŋ] *f.* **+ow** hundred *(land unit)*
[U:] {S 3; F 3: M *keverang* (BM.2217) (2 syll.): L *Cevern* (LV034.02); pl. *gevern anko* (NGNB2), *kyvur ancou* (PV.6812): P pl. *Meenkeverango*: C MidB *cuuranc* 'military assembly'; W *cyfranc* 'encounter': **+ow** L}

kevrenn ['kęvręn] *f.* **+ow** share, dividend, fastening, link
[cC: KEV- **rann**A]
{S 3; F 0(CE38): D "kevern, keveran" 'fastening': C B *(kevrenn)*; W *cyfran*: **+ow** I}
The W cognate and its derivatives contain *ran*, whereas the B ones contain *renn*, i.e. the vowel has been affected. There is no obvious reason for this affection. The only evidence for *ran* is the dial. word "keveran" 'fastening' (which Nance treated as a separate word), and *kevrennek*, found twice in TH. Since this evidence indicates vowel affection, as in B, spellings with <renn> are adopted here.

kevrenna [kęv'ręnːa] *v.* share, divide, apportion
[cCc: KEV- **ranna**]
{S 3; F 0(CE38): C B *kevrennañ*; W *cyfrannu*}

kevrenner [kęv'ręnːęr] *m.* **-oryon** participator *(male)*, shareholder
[cCl: KEV- **rann**A -¹ER] {S 3; F 0(CE38): C B *kevrenner*; cf. W *cyfrannwr*: **-oryon** I}

kevrennek [kęv'ręnːęk] **1.** *adj.* participating, associated **2.** *m.* **-ogyon** stakeholder
[cCc: KEV- **rann**A -¹EK] {S 3; F 3: M *kevrennek*: C B *kevrennek*; W *cyfrannog*: **-ogyon** I}

kevrennoges [kęvrę'nɔˑgęs] *f.* **+ow** stakeholder
[cCcc: KEV- **rann**A -OGES]
{S 3; F 0(GM09: K.J.G.): **+ow** I}

kevrennores [kęvrę'nɔˑręs] *f.* **+ow** participator *(female)*, shareholder
[cCl: KEV- **rann**A -ORES]
{S 3; F 0(GM09: K.J.G.): **+ow** I}

kevres ['kęvręz] *m.* **+ow** series, sequence
[cC: KEV- ⁴**res**]
{S 1; F 0(EC52): C W *cyfres*: **+ow** I}

kevresegyans [ˌkęvrę'zęˑgjans] *m.* **+ow** serialization
[cCch: from **kevresek** -YANS]
{S 1; F 0(EC00): **+ow** I}

kevresek [kęv'ręˑzęk] *adj.* serial, sequential
[cCc: KEVRES -¹EK] {S 1; F 0(GK98: A.S.)}

kevresell [kęv'ręˑzęl] *f.* **+ow** sequencer
[cCc: **kevres** -²ELL]
{S 1; F 0(CE93: G.M.S.): **+ow** I}

kevri ['kęvri] *v.* contribute
[cC: KEV- **ri**] {S 1; F 0(GK98: A.S.)}

kevriv ['kęvriv] *m.* **+ow** score *(in game)*, tally [cC: KEV- **riv**]
{S 1; F 0(GK98: A.S.): C W *cyfrif*: **+ow** I}

kevriva [kęv'riˑva] *v.* score *(in game)*, tally
[cCc: **kevriv** -¹A] {S 1; F 0(GM09: G.M.S.)}

kevriyas

kevriyas [kɛv'riˑjaz] *m.* **kevriysi** contributor
[cCc: KEV- **riyas**]
{S 1; F 0(GK98: A.S.): **kevriysi** N}

kevrin ['kɛvrin] *m.* **+yow** mystery, secret
[cC: KEV- **rin** < Brit **kom-rin-* (Fl.)]
{S 1; F 0(CE38): C B *kevrin;* W *cyfrin:* **+yow** I}

kevrinek [kɛv'riˑnɛk] *adj.* mysterious, occult, secret
[cCc: KEVRIN -¹EK]
{S 1; F 0(CE38): C B *kevrinek;* not in W}

kevro ['kɛvrɔ] *m.* **kevrohow** contribution
[cC: KEV- **ro**] {S 1; F 0(GK98: A.S.): -**rohow** I}

kevryllys [kɛv'rɪlːɪz] *adj.* corrugated
[cCc: KEV- **ryll** -⁶YS] {S 8; F 0(Y1)}

kevyl *m.* horse or horses [L:]
{S 8; F 3: L *keffyl, kevil* (PV12639): P Penkevil: F Nancekivell: C W *ceffyl*} The family name Nancekivell appears to be **nans kevyl**; but Padel *(CPNE p. 57)* states that *Nanskeval* contains rather a personal name **cuvel*.

kevysta [kɛ'vɪˑsta] *f.* **+ow** seat
[C: Brit **kom-estyed-*] {S 8; F 1: O *kefiste* (VC.757): C W *cyfeistedd:* **+ow** I}
Re-spelled from OldC *kefiste;* a modernized form would be **kevesedh**.

kevywi [kɛ'vɪwi] *m.* **+ow** party *(feast)*, feast
[cCc: KE- 2byw -I; cf. CLat *convîvium* 'feast' (CE38)] {S 1; F 2: M *kyff uywy* (BM.0293), *kyfuywy* (BK20.89): C cf. B *kouvi:* **+ow** I}

kevywya [kɛ'vɪʊja] *v.* hold a party, feast together
[cCc: KE- 2byw -YA]
{S 1; F 0(CE38): C cf. B *kouviañ*}

kevywyades [kɛvɪʊ'jaˑdɛs] *f.* **+ow** party-goer *(female)*, table companion
[cCc: KE- 2byw -YADES]
{S 1; F 0(GM09: YhaG): **+ow** I}

kevywyas [kɛ'vɪʊjaz] *m.* **-ysi** party-goer *(male)*, table companion
[cCc: KE- 2byw -³YAS]

355

keweroniethel

{S 1; F 0(CE38): C cf. B *kouviad:* **-ysi** I}

kew ['kɛw] 1. *adj.* hollow 2. *f.* **+yow** hollow
[H: Variant of *kow (q.v.)*]
{S 3; F 1: M *kew* (BK15.52): P Angew: C B *kev;* W *cau* 'hollow': **+yow** I}

kewar [kɛ'waːr] *adj.* correct, exact, precise
[C: CC *ko-wîros* (gpc)]
{S 3; F 2: M *gewar* (MC.138) → P: C W *cywir*}
One would have expected **kewyr* in MidC.
yn kewar exactly

kewara [kɛ'waˑra] *v.* correct
[Cc: **kewar** -¹A] {S 3; F 0(GM09: G.M.S.)}

kewargh ['kɛʊarx] *coll.* **+enn** hemp *(plants)*, marijuana
[C: Brit **ko-werko-* (Fl.)] {S 1; F 3: L *kûer* (AB.) → P: C B *koarh;* W *cywarch:* **+enn** I}

kewarghlenn [kɛ'warxlɛn] *f.* **+ow** canvas
[CC: **kewargh lenn**] {S 1; F 0(EC52): **+ow** I}

kewer ['kɛʊɛr] *f.* **+yow** weather
[U:] {S 8; F 3: L *keųar* (AB.) → P, *kuer* (CDWP): **+yow** I}

kewera [kɛ'wɛˑra] *v.* fit, fulfil, keep a promise
[Cc: from **kewar** -¹A]
{S 8; F 0(CE38): C cf. W *cyweirio*}

keweras [kɛ'wɛˑraz] *m.* fulfilment, perfection
[Cc: from **kewar** -²AS]
{S 8; F 2: M *koweras* (MC.083) → P:}

kewerder [kɛ'wɛrdɛr] *m.* accuracy, correctness, precision
[Cc: from **kewar** -DER]
{S 8; F 0(CE38): C W *cyweirder:*}

keweronieth [kɛʊɛrɔ'niˑɛθ] *f.* meteorology
[Uc: **kewer** -ONIETH] {S 8; F 0(GK98: K.J.G.):}

keweroniethel [kɛʊɛrɔni'ɛˑθɛl] *adj.* meteorological
[Uc: **keweronieth** -²EL] {S 8; F 0(GM09: YhaG)}

keweronydh [kęƱę'rɔnɪð] *m.* **+yon** meteorologist
[Uc: **kewer** -ONYDH]
{S 8; F 0(GM09: YhaG): **+yon** I}

keweyth ['kęwęɪθ] *m.* hedging, topiary
[CC: ⁴**ke** 2²**gweyth**] {S 1; F 0(EC52):}

keworra [kę'wɔrːa] *v.* add
[cC: KE- 2**gorra**] {S 1; F 0(Y2)}

keworrans [kę'wɔrːans] *m.* **+ow** addition, supplement
[cCh: KE- 2**gorrans**] {S 1; F 0(Y2): **+ow** I}

keworransel [ˌkęwɔ'ranzęl] *adj.* additional, supplementary
[cChc: **keworrans** -²EL] {S 1; F 0(CE93: K.J.G.)}
keworransys was suggested in Y2.

kewsel ['kęƱzęl] *v.* speak, talk, converse. Followed by **orth** or **dhe**.
[Cc: kowsA -¹EL]
{S 8; F 6: M *keusel*, *kowsal*: L *kowsa*: C B *kaozeal*}
kewsel erbynn speak against
kewsel a speak about

kewsell ['kęƱzęl] *f.* **+ow** speaker *(instrument)*
[Cc: kowsA -ELL]
{S 8; F 0(GM09: K.J.G.): **+ow** I}

kewydh ['kęwɪð] *coll.* **+enn** brushwood, hedging
[CC: ¹**ke** 2**gwydh**]
{S 8; F 0(CE38): C B *kewez*: **+enn** I}

keyn ['kęɪn] *m.* **+ow** back, ridge, keel
[C: Brit **kebno-* (hpb) or **kemno-* (vkg)] {S 1; F 5: O *chein* (VC.071) → P: M *keyn*: L *kein* (AB.) → P; *kine* (BOD.): P *Carrack Kine*: C B *kein*; W *cefn* (also, archaically *cain* 'ridge'): **+ow** I}
keyn dorn back of hand
keyn lomm bare-backed
dres keyn again, over again

keyndir ['kęɪndir] *m.* **+yow** background
[CC: **keyn** 2**tir**]
{S 1; F 0(GK98: P.H.): C W *cefndir*: **+yow** I}

keyndirwel [kęɪn'diˑrwęl] *m.* scenery
[CCC: **keyn** 2**tirwel**] {S 1; F 0(GM09: YhaG):}

keyn-dreynek [ˌkęɪn'dręɪnęk] *m.* **-oges** stickleback
[CCc: **keyn dreynek**] {S 1; F 0(EC52): **-oges** I}

keynek ['kęɪnęk] **1.** *adj.* strong-backed **2.** *m.* **-ogow** shad *(fish)*
[Cc: **keyn** -¹EK] {S 1; F 2: L *keinak* (AB240c) → P; pl. *kwnigw* (LV030.15): P Castle Canyke: **-ogow** L}

keynlenn ['kęɪnlęn] *f.* **+ow** backdrop *(in theatre)* [CC: **keyn lenn**]
{S 1; F 0(GM09: YhaG): **+ow** I}

keynskrifa [kęɪn'skriˑfa] *v.* endorse
[CLc: **keyn skrifa**] {S 1; F 0(EC52)}

keynskrifedh [kęɪn'skriˑfęð] *m.* **+ow** endorsement
[CLc: **keyn skrifedh**] {S 1; F 0(EC52): **+ow** I}

keynres ['kęɪnręz] *m.* **+yow** torrent, brook
[CC: **keyn** ¹**res**]
{S 1; F 2: O *chahenrit* (VC.735) → P: **+yow** I}
OldC *chahenrit* needs emending to make it fit.

keynvor ['kęɪnvɔr] *m.* **+yow** ocean
[CC: **keyn** 2**mor**]
{S 1; F 0(CE38): C B *keinvor*, W *cefnfor*: **+yow** I}
Keynvor Atlantek Atlantic Ocean
Keynvor Eyndek Indian Ocean
Keynvor Hebask Pacific Ocean

keynvoryek [kęɪn'vɔˑrjęk] *adj.* oceanic
[CCc: **keynvor** -YEK] {S 1; F 0(GM09: YhaG)}

keynvro ['kęɪnvrɔ] *f.* **+yow** outback
[CC: **keyn** 2**bro**] {S 1; F 0(EC00): **+yow** I}

ki ['kiː] *m.* **keun** dog, hound *q.v.*
[C: CC **kwô(n)* (Gr.)] {S 1; F 5: O *chi* (VC.561), *ki* (VC.608) → L,P: M *ky*; pl. *kuen* → P: L *kei* (AB.), *kie* (WDRS); pl. *kên* (AB046a) → P: P Carnkie: C B *ki*; W *ci*: **keun** ML}

kib ['kiːb] *f.* **+ow** cup, receptacle
[L: CLat *cûpa*]
{S 1; F 0(CE38): C B *kib*, W *cib*: **+ow** I}

kibell ['kiˑbęl] *f.* **+ow** bath, tub, bucket *(large)*
[Lc: **kib** -¹ELL] {S 1; F 0(CE38): D "kibell" 'tub': C B *kibell*: **+ow** I}

kibya ['kiˑbja] *v.* snatch
[Ec: VN in -YA from MidE *kip* (gpc)]
{S 4; F 0(CE38): **D** "keeb": **C** W *cipio*}

kidell ['kiˑdęl] *m.* **+ow** stake-net
[D: CLat or MidE (CE38)]
{S 4; F 0(CE38): **C** B *kidell:* **+ow** I}

ki-deves [ˌkiˑ'dęˑvęz] *m.* **keun-deves** sheepdog   [CC: **ki deves**]
{S 1; F 0(EC52): **keun-deves** N (FTWC)}

kig ['kiːg] *m.* **+yow** meat, flesh
[C: CC (Fl.)] {S 1; F 6: **O** *chic* (VC.067), *kig* (VC.892): **M** *kyc* → **P**: **L** *kîg* (AB.228a): **+yow** I}

 kig bewin beef
 kig mogh pork
 kig yar chicken meat
 yn kig yn kneus physically

kiga ['kiˑga] *v.* grow flesh
[Cc: **kig** -¹A] {S 1; F 0(CE38): **C** W *cigo*}

kigbrenn ['kigbręn] *m.* **+yer** skewer
[CC: **kig 2prenn**] {S 1; F 0(CE38): **+yer** I}

kiger ['kiˑgęr] *m.* **-oryon** butcher
[Cl: **kig** -¹ER] {S 1; F 0(CE38): **C** B *kiger;* cf. W *cigwr* (more usually *cigydd*): **-oryon** I}

kigereth [ki'gęˑręθ] *f.* butchery *(trade)*
[Clc: **kiger** -ETH] {S 8; F 0(CE38): **C** B *kigerezh:*} Mistranslated by Nance as 'butcher's shop'.

Kigwynn *name*
[CC: **ki gwynn**] {S 1; F 0(CE38): **L** *Keigwin*} Re-spelled form of the name *Keigwin*.

ki-hir *m.* keun-hir greyhound
ALT = **hirgi**. [CC: **ki hir**]
{S 1; F 1: **L** *ky heer* (PV12842): **keun-hir** I}

kigliw ['kigliw] *adj.* flesh-coloured
[CC: **kig liw**] {S 1; F 2: **L** *kigliu* (AB063b)}

kikti ['kikti] *m.* **+ow** butcher's shop
[CC: from **kig** ⁴ti] {S 1; F 0(EC52): **+ow** I}

kigver ['kikfęr] *m.* **+yow** fleshhook, skewer
[CC: **kig 2ber**] {S 1; F 2: **O** *kinguer* (VC.894) → L,P: **C** Not in B nor in W: **+yow** I}

kiji ['kiˑdʒi] *m.* **+ow** kennel *(for one dog)*, dog-house (U.S.)
[CC: **ki 2chi**] {S 3; F 0(CE38): **+ow** I}

¹**kil** ['kiːl] *m.* **+yow**, **+ys** skittle, ninepin, bowling pin (U.S.)
[F: F *quille*] {S 4; F 3: **L** *Kîl* (LV035.53), *keal* (Pryce MS.); pl. *Kiliaw* (LV035.53), *keelez* (Gw.): **C** B *kilhoù* 'skittles': **+yow** L (Lh.); **+ys** L (Gw.)}

²**kil** ['kiːl] *m.* **+yer** nook, recess, nape *(of neck)*, back
[C: CC *qû-los* (Fl.)] {S 1; F 4: **O** *chil* (VC.026): **M** *kyl*: **L** *kîl* (AB227a) → **P**: **P** *Kilquite;* pl. ?*Killier*: **C** B *kil;* W *cil*: **+yer** P}

¹**kila** ['kiˑla] *m.* companion, mate *(pal)*
Used only in the phrase **y gila** lit. 'his mate'.
[C:] {S 2; F 5: **M** *gyle*, *gela* → L,P: **L** *gilla* (NGNB6): **C** B *kile;* W *cilydd:*}

 y gila the other (m.)

²**kila** ['kiˑla] *v.* recede, draw back
[Cc: ²**kil** -¹A]
{S 1; F 0(CE38): **C** B *kilañ*; cf. W *cilio*}

kilamiral [ˌkiˑl'amiral] *m.* **-elyon** rear-admiral
[CF: ²**kil amiral**] {S 4; F 0(EC00): **-elyon** I}

kilbost ['kilbɔst] *m.* **+ow** jamb
[CE(E): ²**kil** 2¹**post**] {S 4; F 0(EC00): **+ow** N}

kilans ['kiˑlans] *m.* **+ow** recession
[Ch: ²**kil** -ANS] {S 1; F 0(AnG 1996): **+ow** I}

kilbenn ['kilbęn] *m.* **+ow** back of the head
[CC: ²**kil** 2**penn**]
{S 1; F 2: **M** *kylban* (CW.1112) → P: **+ow** I}

kildenn ['kildęn] *m.* **+ow** retreat, recoil, withdrawal, regression
[CC: ²**kil** 2**tenn**] {S 1; F 0(CE38): **+ow** I}
Nance thought that *kylden* at RD.0244 might represent this noun; it is more likely to be the verbal noun (see **kildenna**).

kildenna [kil'dęnːa] *v.* pull back, retreat, recoil, withdraw, reverse, regress, retract
[CCc: **kildenn** -¹A] {S 1; F 3: **M** *kylden* (RD.0244) → P; 3rd sg. pres. ind. *kylden* (RD.2082)} The VN in MidC was *kylden;* here Nance is followed by adding a VN ending, giving **kildenna**. The verb may be used transitively or intransitively.

kildennadow [kɪldę'na·dɔw] *adj.*
reversible
[CCc: **kildenn** -ADOW] {S 1; F 0(GM09: K.J.G.)}

kildennas [kil'dęnːaz] *m.* **+ow**
withdrawal
[CCc: **kildenn** -²AS] {S 1; F 3: **+ow** I}

kildhans ['kilðans] *m.* **-dhyns** molar tooth
[CC: ²**kil** 2**dans**] {S 1; F 0(CE38): C B *kildant*; W *cilddant*: **-dhyns** I}

kildhorn ['kilðɔrn] *f.* **+ow** back of hand
[CC: ²**kil** 2**dorn**]
{S 1; F 0(GM09: G.M.S.): **+ow** I}

kildhydhya [kɪl'ðɪ·ðja] *v.* backdate
[CCc: ²**kil** 2**dydhya**] {S 1; F 0(GM09: G.M.S.)}

kildreylya [kɪl'dręɪlja] *v.* revert
[CUc: ²**kil** 2**treylya**] {S 8; F 0(GM09: G.M.S.)}

kildreylyans [kɪl'dręɪljans] *m.* **+ow**
reversion
[CUh: ²**kil treylyans**]
{S 8; F 0(GM09: G.M.S.): **+ow** I}

kildro ['kildrɔ] *f.* **+yow** backward turn, ruse, reversal
[CC: ²**kil** 2**tro**]
{S 1; F 0(CE38): C B *kildro*; W *cildro*: **+yow** I}

kilenn ['ki·lęn] *f.* **+ow** nook
[Cc: ²**kil** -ENN] {S 1; F 0(CE38): **+ow** I}

kilfia [kɪl'fi·a] *v.* desert
[CCc: ²**kil** ¹**fia**] {S 1; F 0(GM09: A.S.)}

kilfo ['kilfɔ] *m.* **+yow** desertion
[CL: ²**kil fo**] {S 1; F 0(GM09: K.J.G.): **+yow** I}

kilfurvya [kil'fyrvja] *v.* backform
[CLc: ²**kil furvya**] {S 1; F 0(GM09: G.M.S.)}

kilfurvyans [kil'fyrvjans] *m.* **+ow**
back-formation
[CLc: ²**kil furv** -YANS] {S 1; F 0(EC00): **+ow** I}

kilgegin [kil'gę·gɪn] *f.* **+ow** scullery
[CL: ²**kil** 2**kegin**] {S 1; F 0(EC00): **+ow** I}

kilgi ['kilgi] *m.* **kilgeun** coward, sneak
[CC: ²**kil** 2**ki**]
{S 1; F 0(CE38): C W *cilgi*: **kilgeun** I}

kilgieth [kil'gi·ęθ] *f.* cowardice
[CC: **kilgi** -ETH] {S 1; F 0(GM09: G.M.S.):}

358

KIS-

kilgorf ['kilgɔrf] *m.* **+ow** backside
We cannot be sure of the meaning; literally the word means 'back of the body'. [CC: ²**kil** 2**korf**] {S 1; F 1: M *kylgorf* (BK31.79): **+ow** I}

KILO- *prefix* kilo-
[E(F): ModE < ModF (1795) < Gk (coe)]

kilogramm [ˌkilɔ'gramː] *m.* **+ow**
kilogram
[E(F): KILO- **gramm**] {S 4; F 0(CE93): **+ow** I}

kilslynkya [kil'slɪnkja] *v.* back-pedal *(fig.)* [CE(E)c: ²**kil slynkya**] {S 4; F 0(EC00)}

kilwarila [kilwa'ri·la] *m.* **-leow**
downstage
[CCc: ²**kil** 2**gwarila**]
{S 1; F 0(GM09: YhaG): **-leow** I}

kilweytha [kil'węɪθa] *v.* work backwards in mine e.g. along a lode.
[CCc: ²**kil** 2²**gweyth** -¹A]
{S 1; F 0(GK98: G.M.S.)}

kinda ['kɪnda] *m.* **+s** kind, sort
especially with regard to the sex or species of living things. ALT = **eghenn**.
[E(E): MidE < OldE *cynde* (coe)] {S 5; F 4: M *kynde* → P; pl. *kyndes* (SA62v): **+s** M}

erbynn *kinda* against nature

kindness (Eng.) *n.*
{S 6; F 2: M *kyndnes* (TH02v), *kyndens* (TH11v)}

king (Eng.) *n.* ALT = **myghtern** or **ruw**.
[E(E): MidE < OldE *cyning* (coe)] {S 6; F 4: M *kyng, king*; pl. *kynggys* (2 syll.) (PC.1682)}

kinyewel [kɪn'ję·węl] *v.* dine, eat main meal
[Lc: **kinyow**A -¹EL] {S 8; F 3: L *kekeųal* (AB127c) → P, *kỳneual* (AB245b) → P: C cf. W *ciniawa*}

kinyow ['ki·njɔw] *m.* **kinyewow** dinner
cf. **koen**. [L: Compound from BLat **cîna* < CLat *cêna* (iyk)] {S 8; F 3: M *kynyow* (OM.1140): L *kidniaų* (AB127c) → P, *kidneau* (M2XX):
C W *ciniaw*: **kinyewow** N (CE38)}

kiogh ['ki·ɔx] *f.* **+yon** snipe *(bird)*
[C:] {S 8; F 2: L *kîo* (AB286a) → P: P *Trekee*:
C B *gioc'h*; W *giach*: **+yon** N (K.J.G.)}

KIS- [C:]

kist ['kiːst] *f.* **+yow** box *(container)*, chest *(container)*
[E(E): MidE < OldE *cist* (coe)]
{S 8; F 1: M *gyst* (PC.2582): +yow I}

kistenn ['kiˑstęn] *f.* **+ow** small box
[E(E)c: **kist** -ENN]
{S 8; F 1: L (Borlase): C W *cisten*: +ow I}
kistenn liwyow paint-box

kist-lyther [ˌkiˑst'lɪˑθęr] *f.*
kistyow-lyther letter-box
[E(E)L: **kist lyther**]
{S 8; F 0(Y1): **kistyow-lyther** I}

kist-vaglenn [ˌkiˑst'vaglęn] *f.*
kistyow-maglenn gear-box
[E(E)Lc: **kist 2maglenn**]
{S 8; F 0(Y1): **kistyow-maglenn** I}

kistven ['kiˑstvęn] *f.* **-veyn** burial chamber in tumulus
[E(E)C: **kist 2¹men**]
{S 8; F 1: L (Borlase): -veyn I}

kisus ['kiˑzus] *adj.* destructive, damaging
[Cl: KIS=US] {S 1; F 0(GM09: YhaG)}

kisya ['kiˑzja] *v.* destroy, damage
[Cc: KIS=YA]
{S 1; F 0(CE38): C W *cisio* 'to strike'}

kisyans ['kiˑzjans] *m.* destruction, damage
[Cc: KIS=YANS] {S 1; F 0(GM09: G.M.S.):}

klabytter [kla'bɪtːęr] *m.* **+s** bittern
[E: MidE *clawe bitore* (CE38) = *"claw bittern"*; *bittern* is from OldF.] {S 4; F 2: L *klabitter* (AB043b, 045a) → P: +s N (CE38)}

klamder ['klamdęr] *m.* **+yow** faint, swoon
[C: Appears to be related to **klav**]
{S 3; F 1: M *klamder* (PC.2593):
C Poss. related to B *klemm* 'complain':
D "clammed", "clamoured" 'often ill': +yow I}

klamdera [klam'dęˑra] *v.* faint, lose consciousness, swoon, wilt
[Cc: **klamder** -¹A] {S 3; F 4: M *clamdere* → P}

klamderek [klam'dęˑręk] *adj.* liable to faint
[Cc: **klamder** -¹EK]
{S 3; F 1: M *clanderak* (BK28.57)}

klamderydh [klam'dęˑrɪð] *m.* **+yon** anaesthetist
[Cc: **klamder** -¹YDH] {S 3; F 0(EC00): +yon I}

klapp ['klap] *m.* chatter, gabble, babble
[E: MidE *clappe* (gpc)] {S 5; F 2: M *clap* → P: L *clap* (CLJK): P *Melynclap*: C W *clap*:}
syns dha glapp hold thy tongue

klappkodh ['klapkɔð] *f.* **+ow** mobile telephone
One of several words suggested for 'mobile phone'; this one is literally 'chat pod'; it remains to be seen which one will prevail.
[EU: **klapp kodh**] {S 5; F 0(GM09: T.S.): +ow I}

klappya ['klapːja] *v.* chatter, gabble, babble, jabber, yap
[Ec: **klapp** -YA] {S 5; F 4: L *clappia*}

klappyer ['klapːjęr] *m.* **+s** chatterer *(male)*, gabbler, talkative man
[Eh: **klapp** -¹YER] {S 5; F 2: L *clapier* (PV.8205); pl. *clappiers* (NGNB2): +s L}

klappyores [klap'jɔˑręs] *f.* **+ow** chatterer *(female)*, gabbler, talkative woman
[Eh: **klapp** -YORES]
{S 5; F 0(GM09: K.J.G.): +ow I}

klass ['klas] *m.* **+ys**, **+ow** class, category
[E(L): MidE < Lat *classis* (coe)]
{S 4; F 0(CE38): +ys I; +ow N (G.M.S.)}

klassa ['klasːa] *v.* classify, categorize
[E(L)c: **klass** -¹A] {S 4; F 0(CE38)}

klassans ['klasːans] *m.* **+ow** classification
[E(F)h: **klass** -ANS] {S 4; F 0(EC52): +ow I}

klassek ['klasːęk] *adj.* classic, classical
[E(L)c: **klass** -¹EK] {S 4; F 0(EC52)}

klatter ['klatːęr] *m.* noisy chatter, gab
[E(E): KLATTR-S] {S 4; F 0(CE38):}

KLATTR- [E(E): MidE < OldE *clatrian* (coe)]

klattra ['klatra] *v.* chatter, talk noisily, clatter
[E(E)c: KLATTR=¹A] {S 5; F 2: M *clattra* (BM.0861); 3rd sg. impf. ind. *flattra* (BK05.74)}

klav ['kla:v] 1. *adj.* sick, ill 2. *m.* **klevyon** sick person, invalid
[C: Brit **klamo-* (hpb) < IE **klamo-* (Haywood)] {S 1; F 5: O *claf* (VC.385): M *claf, claff*; pl. *clevyon* → L: L *klâv* (AB041c, 076a), *clave*; pl. *glevyan* (M4WK): C B *klañv*, W *claf*: **klevyon** }

klav diberthys separated leper

klavji ['klavdʒi] *m.* **+ow** hospital
Orig. meaning was 'lazar-house'. [CC: **klav** 2chi] {S 3; F 0(CE38): P *Clodgy*: **+ow** P}

klavjior [klav'dʒi·ɔr] *m.* **+yon** nurse *(male)* [CCc: **klavji** -OR] {S 3; F 0(CE93: G.M.S.): **+yon** I}

klavjiores [ˌklavdʒi'ɔ·rɛs] *f.* **+ow** nurse *(female)*
[CCc: **klavji** -ORES] {S 3; F 0(EC52): **+ow** I}

klavor ['kla·vɔr] *m.* leprosy
[Cc: **klav** + rare abst. sf. -OR] {S 1; F 0(CE38):}

klavorek [kla'vɔ·rɛk] 1. *adj.* leprous 2. *m.* **-ogyon** leper
[Ccc: **klavor** -¹EK < Brit **klamorâko-* (Haywood)] {S 1; F 3: O *clafhorec* (VC.386) → P: M *clovorek* (BK03.36): C OldW *claforog*: **-ogyon** I}

kledh ['klɛ:ð] 1. *adj.* left *(opposite of right)*, northern 2. *m.* north
To avoid confusion, the more precise **goledh** or the loan-word **north** may be used if 'north' is meant.
[C: CC **kliyâ* (gpc)] {S 1; F 4: M *cleth*: L *klêdh* (AB.) → P: C B *(kleiz)*, W *cledd*:}

kledha ['klɛ·ða] *m.* **kledhedhyow** sword
[C: from KLEDHEV-] {S 2; F 5: M *clethe, cletha*: L *kledha* (AB.), *cletha* (G3WK); pl. *clethythyow*: C B *kleze*; W *cleddyf*: **kledhedhyow** M}
The orig. /v/ was lost in the sg., and replaced by /ð/ in the pl. The expression *an gletha* at TH.25 suggests that the word is fem., but *an cletha* is also found on the same page, and this may be a mistake. Different pls. are found in LateC: *clethyow* (CLJK) and *clythyon* (PV10504).

kledha byghan dagger, poinard

kledha kamm scimitar

kledha kromm cutlass

kledha meur claymore

kledhbarth [ˌklɛ·ð'barθ] *f.* **+ow** north, northern side
[CC: **kledh** 2parth] {S 1; F 0(GK98): **+ow** I}

a'n gledhbarth northern

kledhek ['klɛ·ðɛk] 1. *adj.* left-handed 2. *m.* **-ogyon** left-handed person
[Cc: **kledh** -¹EK] {S 1; F 2: L *kledhek* (AB145a, 150c) → P: C W *cleddog*: **-ogyon** I}

kledher ['klɛ·ðɛr] *coll.* **kledhrenn** hand-rail, rail
[C: CC **kli-trâ* (gpc)]
{S 1; F 0(EC52): **kledhrenn** I}

KLEDHEV- [C: CC **kladobyo-* (gpc)]

kledhevik [klɛ'ðɛ·vik] *m.* **-igow** dagger, dirk, poinard [Cc: KLEDHEV=IK]
{S 1; F 0(GM09: K.J.G.) **-igow** I}

kledhevor [klɛ'ðɛ·vɔr] *m.* **+yon** swordsman *(amateur)*
[Cc: KLEDHEV=OR] {S 1; F 0(CE38): **+yon** I}

kledhevyas [klɛ'ðɛ·vjaz] *m.* **-ysi** swordsman *(professional)*
[Cc: **kledhev**=³**yas**] {S 1; F 0(CE38): **-ysi** I}

kledhya ['klɛ·ðja] *v.* wield a sword
[Cc: from KLEDHEV=YA] {S 8; F 0(CE38)}

klefni ['klɛfni] *m.* lameness
[Lc: **klof** -NI] {S 1; F 0(CE38):}
If vowel aff. applies with **dellni**, then it should apply here, in spite of Nance's *clofny*.

kleger ['klɛ·gɛr] *m.* **+yow** precipice, cliff, crag
[C: CC **kloker-* (gpc)]
{S 8; F 3: L *cleghar, cleggo* (PV.8211): P *Cligga*, Clicker: C B *kleger*; W *clegyr* 'rock': **+yow** I}

klegerek [klɛ'gɛ·rɛk] *adj.* precipitous, cliffed, craggy
[Cc: **kleger** -¹EK] {S 8; F 0(CE38)}

klegh

klegh ['klɛːx] *pl.* bells
[L: **klogh**A]
{S 1; F 1: **O** 1st element of *clechti* (VC.785)}

²**kleghi** ['klɛˑxi] *v.* ordain, bell
[**klegh** -¹I]
{S 1; F 1: **M** p.ptcpl. *cleghys* (BK08.37)}

¹**kleghi** ['klɛˑxi] *coll.* **+enn** icicles
[LC: Short for **klegh yey**]
{S 8; F 3: **M** *clehy* (BM.3055): **L** *clehe* (CDWP) → P; *klihi* (AB.) → P: **+enn** I}

²**kleghi** ['klɛˑxi] *v.* ordain, bell
[**klegh** -¹I]
{S 1; F 1: **M** p.ptcpl. *cleghys* (BK08.37)}

kleghik ['klɛˑxɪk] *m.* **-igow** little bell
[Lc: **klogh**A -IK]
{S 1; F 2: **O** *clechic* → L,P: **-igow** I}

kleghti ['klɛxti] *m.* **+ow** belfry
[LC: **klogh**A ti] {S 1; F 2: **O** *clechti* (VC.785) → P: **C B** *kloc'hdi*; W *clochdy*: **+ow** }

kleghtour ['klɛxtur] *m.* **+yow** belfry, steeple   [LF: **klogh**A **tour**]
{S 5; F 0(CE38): **D** ? "cleeta", a taboo word for a church-tower (gcsw): **+yow** I}

klem ['klɛːm] *m.* **+ys** defence, counterclaim, plea
[E(F): MidE *claime* (CE38) < OldF *claim*- (coe)] {S 5; F 2: **M** *clem* (RD.0625) → P: **C B** *klemm* 'to complain', direct from OldF: **+ys** I}

Kleofa name Cleophas
{S 5; F 1: **M** *cleophe* (MC.167)}

kler ['klɛːr] *adj.* clear, spotless, evident
See **disklerya**. [E(F): MidE *clêr* < OldF *cler* (coe)] {S 4; F 4: **M** *cler*: **C** cf. **B** *sklaer*}

klerder ['klɛrdɛr] *m.* **+yow** clearness, clarity, transparency
[E(F)c: **kler** -DER]
{S 1; F 0(CE38): **C** cf. **B** *sklaerder*, found in pl.n. *Sclerder Abbey*, near Looe.: **+yow** I}

klerfordh ['klɛrfɔrð] *f.* **+ow** clearway, expressway
[E(F)E(E): **kler fordh**]
{S 4; F 0(Y1): **C W** *clirffordd*: **+ow** I}

klerfordh drevel urban clearway

kleves

klerhe [klɛr'hɛː] *v.* clear, brighten, clarify   [E(F)c: **kler** -HE]
{S 4; F 1: **M** p.ptcpl. *clerys* (TH03v)}

klerheans [klɛr'hɛˑans] *m.* **+ow** clarification
[E(F)ch: **klerhe** -ANS] {S 4; F 0(EC00): **+ow** I}

klerji ['klɛrdʒi] *coll.* the learned, clergy
At *BM.1382*, the word appears to mean 'scholarship'. [E(F): MidE < OldF *clergé* and *clergie* (coe)] {S 5; F 3: **M** *clergy*:}

klerya ['klɛˑrja] *v.* brighten
[E(F)c: **kler** -YA]
{S 1; F 1: **M** p.ptcpl. *clerys* (TH03v)}

kleryon ['klɛˑrjɔn] *m.* **+s** clarion
[E(F)c: MidE < MedL *clâriô* (coe), but assimilated to **kler** -YON} {S 4; F 0(EC00): **M** pl. *cleryons* (BM.0276): **+s** M}

kleudh ['klœːð] *m.* **+yow** ditch, trench, excavation
[C: CC *klâdo*- (gpc)] {S 1; F 2: **M** *cleath* (CW.1138): **L** *klêdh* (AB.) → P; pl. *kledhioŭ* (AB242b) → P: **P** Cargloth: **C B** *kleuz*, W *clawdd*: **+yow** I} The texts do not record a form with spellings indicating [œ], only the later [ɛ], but the place-names and the cognates indicate a former [œ].

kleudhi *v.* bury
{S 1; F 2: **L** *clethy* (PV.8206); p.ptcpl. *clethyys* (PV.8206)} This looks like a typical LateC VN in -I. The more usual word for 'to bury' is **ynkleudhyas**. Nance introduced *kleudhya* for 'to dig a trench'.

kleudhya ['klœˑðja] *v.* dig a trench
[Cc: **kleudh** -YA] {S 1; F 0(CE38): **C B** *kleuziañ*}

kleudhyer ['klœˑðjɛr] *m.* **-yoryon** trencher, digger of trenches
[Cc: **kleudh** -¹YER]
{S 1; F 0(GM09: G.M.S.): **-yoryon** I}

kleves ['klɛˑvɛz] *m.* **+ow** illness, sickness, malady, complaint
[C: Brit *klamito*- (gpc)] {S 3; F 5: **O** *clepet* (VC.390): **M** *cleves*, *cleues*, *clevas*; pl. *clevegov* (BM.1457): **L** *klevaz* (AB028a) → P, *clevas* (M4WK); pl. *Clefedzhio* (LV034.65): **+ow** M}

klevesans

kleves an myghtern scrofula
kleves bras leprosy
kleves kogh scarlet fever, scarlatina
kleves meur leprosy
kleves melyn yellow fever
kleves seson ague, malaria

klevesans [klę'vę·zans] *m.* **+ow**
infection
[Ch: **kleves** -ANS] {S 3; F 0(EC00): **+ow** I}
klevesans an skevens
chest infection

klevesi [klę'vę·ʒi] *v.* infect
[Cc: from **kleves** -¹I] {S 3; F 0(EC00)}

klevesus [klę'vę·ʒys] *adj.* infectious
[Cl: from **kleves** -US] {S 3; F 0(EC00)}

klevesys [klę'vę·ʒɪs] *adj.* infected
[Cl: from **kleves** -⁶YS] {S 3; F 0(EC00)}
P.ptcpl. of **klevesi**.

kleys ['klęɪz] *m.* **+yow** trench, ditch
[C: CC *klad-ty-* (gpc)] {S 1; F 0(CE38): **P** Clees;
pl. Clijah: **C W** *clais*: **+yow** P}

kliens ['kli·ęns] *m.* **+ow** client
[L: CLat *cliens* (coe)]
{S 1; F 0(AnG 2009): **+ow** I}

kliken *adj.* left {S 8; F 1: **L** *Kliken* (LV054.08)}
Looks like dial. "kliken" < Cor. kledh

kloeregieth [ˌklorę'gi·ęθ] *f.* **+ow**
clerkship, ministry
[Lc: from **kloerek** -IETH]
{S 1; F 0(CE55): **C B** *kloaregiezh*: **+ow** I}

kloerek ['klo·ręk] *m.* **-ogyon** cleric,
clergyman, clerk
[L: CLat *clêrus* 'clergy' + -¹EK (Gr.)]
{S 1; F 3: **O** *cloireg* (VC.108) → L,P: **C B** *kloareg*;
cf. W *clerig* < E: **-ogyon** I}

kloes ['klo:z] *f.* **+yow** hurdle, fence,
crate, trellis, lattice, rack, harrow
[D: Brit **kleitâ* or BLat *clêta* (Gr.)]
{S 1; F 3: **O** *cluit* (VC.838) → L,P: **C B** *kloued*;
W *clwyd*: **+yow** I}

kloes-ayra [ˌklo·z'aɪra] *f.*
kloesyow-ayra airing rack
[DE(F)a: **kloes ayra**]
{S 5; F 0(Y1): **kloesyow-ayra** I}

kloes-diwvronn [ˌklo·zdiʊ'vrɔn:] *f.*
kloesyow-d. chest *(Anat.)*, rib-cage
[DCC: **kloes diwvronn**] {S 1; F 2: **O** *cluit
duivron* (VC.055) → L,P: **kloesyow-d.** I}

kloes-kras [ˌklo·s'kra:z] *f.*
kloesyow-kras toast-rack
[DC: from **kloes kras**]
{S 1; F 0(Y1): **kloesyow-kras** I}

kloes-platyow [ˌklo·s'pla·tjɔw] *f.*
kloesyow-platyow plate-rack
[DE(F)c: **kloes platyow**]
{S 5; F 0(Y1): **kloesyow-platyow** I}

kloes-syger [ˌklo·s'sɪ·gęr] *f.*
kloesyow-syger drainer *(rack)*
[DC: **kloes syger**]
{S 1; F 0(GK98): **kloesyow-syger** I}

kloesweyth ['klo·ʒwęɪθ] *m.* fencing
(barrier)
[DC: **kloes** 2²**gweyth**] {S 1; F 0(GM09: G.M.S.):}

kloesya ['klo·ʒja] *v.* harrow
[Dc: **kloes** -YA] {S 1; F 2: **L** *klodzha* (AB104c) →
P: **C** cf. B *klouediñ*, cf. W *clwydo*}

klof ['klɔ:f] *adj.* lame
[L: LLat *cloppus* (gpc)] {S 1; F 2: **O** *clof*
(VC.374) → L,P: **C** Not in B; W *cloff*}

klofi ['klɔ·fi] *v.* go lame
[Lc: **klof** -¹I] {S 1; F 0(CE38): **C W** *cloffi*}

klog ['klɔ:g] *f.* **+ow** crag, cliff
[C: Evidently related to **kleger**] {S 8; F 2: **L** *clog*
(PV.8221): **P** *Carn Clog*, unconfirmed by Padel.:
C W *clog*: **+ow** N (CE38)}
Nance also suggested *clûgh*.

klogh ['klɔ:x] *m.* **klegh** bell
[L: MLat *clocca* 'bell' (Gr.)]
{S 1; F 3: **O** *cloch* (VC.784) → L,P; *choch*
(VC.839): **C B** *kloc'h*; W *cloch*: **klegh** I}
MLat *clocca* also gave E *clock* and *cloak*, which
appear in Cor. as **klokk** and **klok** respectively.

klogh an eos harebell
klogh an marow death knell
klogh dybri refectory bell
klogh meur church bell

kloghbrennyer [klɔɦ'prɛnːjɛr] *pl.*
gallows lit. 'bell-beams'
[LCc: **klogh** 2**prennyer**] {**S** 1; **F** 3:
M *cloghprennyer* (BM.0923, 1241): **L**
klox-prednier (JCNBL29) → **P**: **P** Comprigney}

klok ['klɔːk] *m.* **+ys** cloak
[E(L): MidE < MedL *clocca* 'bell' (because cloaks were bell-shaped)] {**S** 5; **F** 1: **M** *glok* (PC.2682): **C** cf. W *clogyn*: **+ys** N}

klokk ['klɔk] *m.* **+ow** clock
[E(L): MidE < MedL *clocca* 'bell' (coe)]
{**S** 5; **F** 0(CE38): **C** W *cloc*: **+ow** N (FTWC)}

klokkweyth ['klɔkːwɛɪθ] *m.* clockwork
[E(L)C: **klokk** 2²**gweyth**] {**S** 5; **F** 0(GK98: P.H.)}

klopenn ['klɔˑpɛn] *m.* **+ow** skull, numskull
[C: Brit **klokopenno-* (hpb)]
{**S** 1; **F** 0(CE93): **C** B *klopenn*: **+ow** I}

KLOPP- [F: F *écloper* (CE38)]

kloppek ['klɔpːɛk] **1.** *adj.* lame, limping **2.** *m.* **-ogyon** one who limps
[Fc: ¹KLOPP=EK]
{**S** 4; **F** 2: **L** *kloppek* (AB048b) → **P**: **-ogyon** I}

kloppya ['klɔpːja] *v.* limp, hobble
[Fc: KLOPP=YA] {**S** 4; **F** 2: **L** *Cloppia* (LV034.67), *gloppia* (KKTT)}

klor ['klɔːr] *adj.* mild, meek, modest
[C: Brit **klisaro-* (gpc)] {**S** 1; **F** 4: **M** *clor* → P, *clour*: **C** B *klouar*; W *claear*}

klorder ['klɔrdɛr] *m.* mildness, modesty
[Cc: **klor** -DER]
{**S** 1; **F** 0(CE38): **C** B *klouarder*, W *claearder*:}

¹**klos** ['klɔːz] **1.** *adj.* enclosed, closed, shut **2.** *m.* **+yow**, **+ys** enclosure, close, precinct, ring
[E(F): MidE < OldF *clos*]
{**S** 4; **F** 4: **M** *clos*: **L** *Clos* (PV.8224): **C** B *kloz*, W *clos*: **+yow** N (G.M.S.); **+ys** I (CE38)}

²**klos** ['klɔːz] *m.* glory, fame, renown
[C: CC **klut-on* (gpc)] {**S** 1; **F** 3: **M** ?*los* (BK25.29): **L** *Klôs* (AB277c, MSWP), *Clos* (PV.8224): **C** W *clod* 'fame', OldB *clot*:}

klosown ['klɔzɔʊn] *m.* claustrophobia
[E(F)C: ¹**klos own**] {**S** 4; **F** 0(EC00):}

klosownek [klɔ'zɔʊnɛk] *adj.* claustrophobic
[E(F)Cc: ¹**klos ownek**] {**S** 4; **F** 0(EC00)}

klosriv ['klɔzriv] *m.* **+ow** quota
[E(F)C: ¹**klos riv**]
{**S** 4; **F** 0(GM09: G.M.S.): **+ow** I}

klott ['klɔt] *m.* **+ow** gob
(mouthful of spit)
[E(E): MidE < OldE *clott* (coe)]
{**S** 5; **F** 1: **M** *clotte* (PC.1399): **+ow** N}

kloudys pl. clouds ALT = **kommol**.
[E(E)e: MidE < OldE *clûd* (coe)] {**S** 5; **F** 2: **L** *clowdes* (CW.0004), *clowdys* (CW.0075)}

klout ['kluːt] *m.* **+ys** clout, blow, patch, wad
[E(E): MidE < OldE *clût* (coe)]
{**S** 5; **F** 3: **M** *clout* (RD.0384, 0387) → L,P; pl. *cloutys* (RD.1509): **L** *Clwt* (LV035.18): **+ys** M}

klout bolghenn tripe

kloutya ['kluˑtja] *v.* clout, patch
[E(E)c: **klout** -YA] {**S** 5; **F** 2: **M** 3rd sg. pres. ind. *glowt* (BK31.03), *clowte* (CW.0219) → P}

kloutyans ['kluˑtjans] *m.* wadding
[E(E)c: **klout** -YANS] {**S** 5; **F** 0(GM09: G.M.S.):}

klow ['klɔw] *m.* **+yow** lock *(of door)*
[D: CLat *clâvus* or Brit **klâwos* (Fl.)] {**S** 1; **F** 0(GK98: K.J.G.): **C** B *klaou*, W *clo*: **+yow** I}

kloyster ['klɔɪstɛr] *m.* **+s** cloister
[E(F): MidE < OldF *cloistre* (coe)]
{**S** 5; **F** 2: **O** *cloister* (VC.881) → P: **L** pl. *clowsters* (CW.2027): **C** cf. B *kloastr*: **+s** M}

¹**klun** *m.* **+yow** meadow ALT = **peur**.
[C: CC (K.J.G.)] {**S** 1; **F** 0(CE38): **P** *Clun Ewic* (CE38): **C** W *clun*: **+yow** I}
Nance found a pl.n. *Clun Ewic* in *Domesday Book*, but Padel regarded the element as doubtful. Nance gave the pl. as *clunnow*, which would imply /nn/.

²**klun** ['klyːn] *f.* **+yow**, *dual* **diwglun** hip *(anat.)*, haunch, loin See **diwglun**.
[C: IE (lp)] {**S** 1; **F** 3: **M** *clvn* (RD.0523) → P: **L** pl. *clenniaw* (Borlase, quoted in *CE38*): **C** B *klun*, W *clun*}

klus

klus ['klyːz] *m.* **+yow** heap, roost
[C: Brit *kloi-tâ-* (gpc)] {S 1; F 0(CPNE): P pl. found in pl.n. Menaclidgey: **C** B *klud* 'perch'; W *clud* 'bundle': **+yow** P (CPNE)}

klusya ['klyˑʒja] *v.* roost
[Cc: VN in -YA from cognate of B *klud* 'perch' (which may be the same word as **klus** 'heap')] {S 5; F 0(CE38): **D** (CE38): **C** cf. B *kludañ*}

klyji ['klɪˑdʒi] *coll.* **+enn** toffee
[U:] {S 5; F 0(CE38): **D** "clidgy": **+enn** I}

klyjya ['klɪˑdʒja] *v.* clutch, cleave
[Uc: VN in -YA related to **klyji**] {S 5; F 0(CE55)} cf. 'glitch'.

KLYKK- [E: E **click** (imitative)]
All loan-words in Cornish with this root are spelled with <kk>.

klykkas ['klɪkːaz] *m.* **+ow** clique
[Ec: KLYKK=²AS] {S 4; F 0(GM09: G.M.S.): **+ow** I}

klykket ['klɪkːęt] *m.* **+ys** latch
[E: MidE *clicket*] {S 4; F 0(CE38): **C** B *kliked*, W *cliced*: **+ys** I}

klykkya ['klɪkːja] *v.* click
[Ec: KLYKK=YA] {S 4; F 0(EC00)}

klypp ['klɪp] *m.* **+ys** clip
[E(E): MidE < OldE vb. *clyppan* (coe)] {S 5; F 0(GM09: P.H.): **+ys** I}

klys ['klɪːz] *adj.* snug, cosy, sheltered
[C: CC *klîto-* < IE *kl̥-to-* (gpc)] {S 1; F 0(CE38): **C** B *kled*; W *clyd*} Cleese (in Morval) is not this word, but **kleys**; the word **klys** that far east would appear with <-d>.

klysa ['klɪˑza] *v.* make snug, shelter
[Cc: **klys** -¹A] {S 1; F 0(CE38): **C** W *clydu*}

klyster ['klɪˑstęr] *m.* cosiness
[Cc: from **klys** -TER] {S 1; F 0(GM09: G.M.S.):}

klyswydh ['klɪʒwɪð] *coll.* **+enn** shelter-belt, sheltering trees
[Cc: **klys** 2gwydh] {S 1; F 0(CE38): P Treglidgwith (unconfirmed by Padel): **+enn** I}

klyw ['klɪw] *m.* sense of hearing
[C: Brit *kluw-* (hpb) < IE (dbg)] {S 1; F 0(CE38): L *Glow* (LV075.01): **C** B *klev*, W *clyw*:}

klywadow [klɪˈwaˑdɔw] *adj.* audible

KNI-

[Cc: **klyw** -ADOW] {S 1; F 0(GM09: K.J.G.)}

klywans ['klɪwans] *m.* hearing, sense of hearing
[Ch: **klyw** -ANS] {S 1; F 2: L *clowance* (PV.8213, 8227):}

klywell ['klɪwęl] *f.* **+ow** hearing-aid
[Cc: **klyw** -²ELL] {S 1; F 0(GM09: P.C.): **+ow** I}

klywes ['klɪwęz] *v.* hear, feel
[Cc: **klyw** -¹ES] {S 1; F 5: M *clewas* → P, *clowas*: L *clowaz* (M2WK); *klyṷez* (AB245b): **C** B *kleved*, W *clywed*}

klywes gans hear from
klywes a hear about, hear of

klywwelyek [klɪʊˈwęˑljęk] *adj.* audio-visual
[CCc: **klyw** 2²gwel -YEK] {S 1; F 0(AnG 1997)}

knakk ['knak] 1. *interj.* snap 2. *adv.* immediately
[E(E): MidE *knak* < Gmc (C.Bice)] {S 5; F 2: M *knak* (BM.1644, 1652)}

knava ['knaˑva] *m.* ***knavys*** knave
ALT = **drogwas**.
[E(E): MidE < OldE *cnafa* (coe)] {S 4; F 3: M *knava* (TH28v): L *kẏnava* (AB097c) → P: **knavys** I (CE38)}

knegh ['knęːx] *m.* **+yow** hillock, mound
[C: Brit < CC *knukko-* (Fl.)] {S 3; F 0(CE55): P Penknight = **penn knegh**: **C** B *krec'h*; W *cnwch*: **+yow** I}
The orig. <o> changed to <e> in Breton; early forms of pl.n *Penknight* (only example) show <e> also in MidC. According to Pedersen, the Cor. form with <o> developed into MidC *conna* 'neck'.

kneus ['knœːz] *coll.* **+enn** skin
[U:] {S 1; F 3: M *knevs* → P, *knes*; sg. *knesen* (BM.3144): **C** W *cnawd* 'flesh': **+enn** M}

knew ['knęw] *m.* **+yow** fleece
See **knyvyas**. [C: CC (Fl.)]
{S 8; F 2: M *knew* (TH23r): L *knêu* (AB170c) → P: **C** B *kreoñ*: **+yow** I}

KNI- [C: CC *kna-*]

knias ['knɪ·az] *v.* gnaw, corrode
[Cc: KNI=¹AS] {S 8; F 0(EC52): **C** cf. B *krignat*, cf. W *cnoi*} Introduced by Nance as *knŷas*, and evidently based on the B and W.

knight (Eng.) *n.* {S 6; F 2: M *kynght* (BM.3549); pl. *kynghtis* (2 syll.) (BM.1178)}

knivil ['knɪ·vɪl] *m.* **+es** rodent
[CC: KNI- 2⁴mil] {S 1; F 0(Y3): **+es** I}

knouk ['knuːk] *m.* **+ys** knock
[E(E): MidE < OldE *cnucian* 'to knock'; C.Bice points out that the form *cnucian* is West Saxon, and that ModE *knock* < the Mercian form *cnocian*.] {S 5; F 2: M *knouk* (PC.2085, 2091, 2719): **C** cf. W *cnoc*: **+ys** N (CE38)}

knoukya ['knu·kja] *v.* knock
[E(E)c: **knouk** -YA] {S 5; F 3: M *knoukye*: L p.ptcpl. *gnakiaz* (JCNBL41)}

know ['knɔw] *coll.* **+enn** nuts
[C: Brit *knowes* (hpb)] {S 8; F 3: **C** B *kraoñ*; W *cnau*: **L** sg. *knýfan* (AB051c) → P, *kỳnýphan* (AB074a) → **P**: **P** Callenowth; sg. found in Killiganoon: **+enn** L} Lhuyd's forms both show a consonantal [f] in place of a semi-vowel; the second form shows an epenthetic vowel in the cluster [kn].

knowenn dhor peanut, groundnut
knowenn frynk walnut
knowenn gofenn Brazil nut
knowenn goll hazelnut
knowenn goko coconut

knowa ['knɔwa] *v.* gather nuts
[Cc: **know** -¹A] {S 1; F 0(CE38): **C** B *kraoña*, W *cneuo*}

knowek ['knɔwęk] **1.** *adj.* nutty **2.** *f.* **-egi** nut-grove
[Cc: **know** -¹EK] {S 1; F 0(CE38): **P** Crockett: **-egi** I}

knowwydh ['knɔʊwɪð] *f.* **+enn** nut-trees
[CCc: **know** 2gwydh] {S 1; F 0(CE55): **+enn** I}

knyvyas ['knɪ·vjaz] *v.* shear *(e.g. sheep)*
[Cc: **knyv** -¹YAS] {S 8; F 2: M p.ptcpl. *knevys* (TH23r): **L** *kỳniviaz* (AB164c) → **P**: **C** cf. B *kreoñv*-; cf. W *cneifio*}

¹koedh
This word is evidently related to **knew** 'fleece'; it would be helpful if the root in both words were spelled the same, but the evidence is too scanty to allow this easily.

kober ['kɔ·bęr] *m.* copper
[L: BLat *coprum* < CLat *cuprum* (Gr.)] {S 1; F 3: **O** *cober* (VC.226) → P: L *kober* (AB.) → P:}

koberenn [kɔ'bę·ręn] *f.* **+ow** copper coin
[Lc: **kober** -ENN] {S 1; F 0(Y2): **+ow** I}

koberweyth [kɔ'bęrwęɪθ] *m.* copperwork
[LC: **kober** 2²gweyth] {S 1; F 0(GK98: G.M.S.):}

kocha ['kɔ·tʃa] *m.* **kochow, kochys** coach, stage-coach, carriage *(of train)*
[E(F): MidE < OldF *coche* (coe)] {S 5; F 0(CE38): **kochow** N (FTWC); **kochys** I (CE38)}

kocha dybri dining-car

kochya ['kɔ·tʃja] *v.* coach
[E(F)c: from **kocha** -YA] {S 5; F 0(GM09: G.M.S.)}

kochyades [kɔtʃ'j·adęs] *f.* **+ow** coach *(female)*
[E(F)cc: from **kocha** -YADES] {S 5; F 0(GM09: G.M.S.): **+ow** I}

kochyas ['kɔ·tʃjaz] *f.* **+ysi** coach *(male)*
[E(F)cc: from **kocha** -³YAS] {S 5; F 0(GM09: G.M.S.): **+ysi** I}

kodenn ['kɔ·dęn] *f.* **+ow** code
[E(F)c: FN in -ENN from MidE *code* < OldF (co)] {S 1; F 0(AnG 1996): **C** cf. W *cod*: **+ow** I}

kodenn bost post-code, zip code (U.S.)

kodenn varr bar-code

kodh ['kɔːð] *f.* **+ow** pod, husk
[U: Perhaps from E *cod* 'bag, pod' (K.J.G.)] {S 8; F 3: L *kûth* (AB013b); pl. *kuthu* (AB.): **+ow** I}

kodh fav bean pod
kodh bys peasepod

¹koedh ['koːð] *v.* part it behoves
[C: 3rd sg. pres. ind. of **koedha**] {S 1; F 5}

y koedh dhymm I ought, it behoves me

²koedh ['koːð] *m.* **+ow** fall, tumble
[C: CC **keid-* (gpc)] {S 1; F 0(CE38): **C** B *kouez*; MidW *cwydd*: **+ow** I}

koedha ['koˑða] *v.* fall, happen, befall, tumble *(fall)*
[Cc: **koedh** -¹A] {S 1; F 6: **M** *cothe*: **L** *kodha* (AB.), *cotha* (Boson)}

koedha yn edrek repent
gasa dhe goedha drop

koeg ['koːg] **1.** *adj.* empty, worthless, vain **2.** *m.* **+yon** worthless person
[C: CC **kajko-* (Haywood)] {S 1; F 3: **O** *cuic* (VC.380) → L,P: **M** *kuk* (BM.): **L** *cok* (PV.8249): **D** ?pl. "kegyons" (CE38): **P** Nancekuke: **+yon** N (K.J.G.)}

koegas ['koˑgas] *m.* **+ow** worthless person The meaning given by Pryce was 'priest', but if the etymology is correct, the word was used in a derogatory manner. It may even represent a form of **kawghwas**.
[CC: poss. from **koeg 2gwas** (J.G.H.)] {S 8; F 2: **L** *coggaz* (SCRC, PV.8243): **+ow** I}

koeg-kowser [kɤk'kɔʊzɛr] *m.* **-oryon** wind-bag
[CCl: **koeg kowser**] {S 8; F 1: **L** pl. *cogazers* (M2WK): **-oryon** I} The curious word *coggazers* used by Wm. Rowe for the Wise Men in his translation of part of Matthew 2, is explained (with some diffidence) by Julyan Holmes as **koeg-kowser** 'empty speaker' + Eng. pl. *-s*. If this is correct, it may have lost its derogatory connotation by the late 17th cent.

koeglinas [kɤg'liˑnaz] *f.* **+enn** dead-nettles   [CC: **koeg linas**]
{S 1; F 2: **O** *coiclinhat* → P: **+enn** I}

koel ['koːl] *f.* **+yow** omen, belief
[C: Brit **kailo-* (Fl.)] {S 1; F 3: **M** *coyl* (BM.); *coole* → P: **C** OldB *coil*; W *coel*: **+yow** C} The forms *coole* (CW.0594) and *kooll* (CW.0649) show that /o/ developed to [uː] before /l/, as well as before /s/, /z/, /θ/ and /ð/.

koela ['koˑla] *v.* trust, heed
[Cc: **koel** -¹A]
{S 1; F 5: **M** *cole* → P: **L** *golla* (AB242b)}

koela orth trust, pay heed to
koel orthiv trust me

koelans ['koˑlans] *m.* **+ow** trust
[Ch: **koel** -ANS] {S 1; F 0(AnG 1985): **+ow** I}

koelyek ['koˑlj̨ek] *m.* **-ogyon** soothsayer *(male)*, fortune-teller, diviner
[Cc: **koel** -YEK]
{S 1; F 3: **O** *chuillioc* (VC.310) → L,P: **-ogyon** I}

koelyoges [kɤl'jɔˑgɛs] *f.* **+ow** soothsayer *(female)*, fortune-teller, diviner
[Cc: **koel** -YOGES]
{S 1; F 2: **O** *cuillioges* (VC.315) → L: **+ow** I}

koen ['koːn] *f.* **+yow** late dinner, supper
[L: CLat *cêna* (hpb)]
{S 1; F 4: **M** *goyn* (MC.042): **L** *kôn* → P: **+yow** I}

koena ['koˑna] *v.* take late dinner
[Lc: **koen** -¹A] {S 1; F 2: **L** *kona* (JCNBL24)}

koer ['koːr] *coll.* **+enn** wax
[L: CLat *cêra* (Fl.)]
{S 1; F 3: **O** *coir* (VC.781) → L,P: **M** *cor* (PC.2723) → L: **L** *kôr* (AB018a): **+enn** I}

koer selya sealing-wax

koera ['koˑra] *v.* wax
[Lc: **koer** -¹A]
{S 1; F 0(CE55): **C** B *koarañ*, W *cwyro*}

koerenn ['koˑrɛn] *f.* **+ow,** *coll.* **koer** cake of wax
[Lc: **koer** -ENN] {S 1; F 0(CE55)}

¹koes ['koːz] *m.* **+ow** wood *(as trees)*
[C: Brit *kêto-* (Fl.)] {S 1; F 5: **O** *cuit* (VC.705) → L,P: **M** *coys, cos* → P; pl. *cosow* → P: **L** *kooz* (PRJB); *kûz* (AB.); pl. *kozou* (AB243a): **P** When stressed, *-quite* in E., *-coose* in W.; when unstressed, *Cut-* in E., *Cus-* in W.: **+ow** ML}

²koes ['koːz] *f.* **+ow** leg
[L: CLat *coxa* (gpc)]
{S 1; F 1: **M** *coys* (BK31.79): **C** W *coes*: **+ow** I}

koesek ['koˑzɛk] *adj.* woody
[Cc: **¹koes** -¹EK] {S 1; F 0(CE38): **P** ?Quethiock: **C** B *koadek*; W *coedog* (but *coediog* in N.)}

koesfinel

koesfinel [kɤs'fi·nęl] *coll.* **+enn** wild thyme
[CE(E): ¹**koes** + OldE *finol* 'fennel' (Gr.)]
{S 8; F 1: O *coifinel* (VC.658): **+enn** I}

koeskath wild cat
[CC: from ¹**koes kath**] {S 1; F 1: L *koitgath* (AB241b)} Appears to have been copied or miscopied from *VC.*.

koeswik ['ko·ʒwɪk] *f.* **-igow** forest
[CL: from ¹**koes** 2**gwig**]
{S 1; F 0(CE55): C W *coedwig*: **-igow** I}

koeswik law rain-forest

koeswikheans [ˌkɤʒwik'hę·ans] *m.* afforestation
[CLch: **koeswik** -HE -ANS]
{S 1; F 0(GM09: K.J.G.):}

koeswiger [kɤz'wi·gęr] *m.* **-oryon** forester
[CLl: from **koeswik** -¹ER] {S 1; F 0(GM09: G.M.S.): C cf. W *coedwigwr*: **-oryon** I}

koeswigieth [ˌkozwi'gi·ęθ] *f.* forestry *(science)* [CLc: from **koeswik** -IETH]
{S 1; F 0(GM09: G.M.S.):}

koesyorgh ['ko·zjɔrx] *m.* **-yergh** wild buck
[CC: ¹**koes yorgh**] {S 8; F 3: O *kytiorch* (VC.586) → L,P: **-yergh** N (K.J.G.)}
OldC *kytiorch* was interpreted by Lhuyd, Zeuss and Nance as **koes yorgh**, but Graves suggested that OldC *kyt-* stands for E *kid*.

koeth ['ko:θ] *adj.* excellent
[L: CLat *coctus* (gpc)] {S 1; F 3: M *coyth* (BK.)}

koethter ['kɤθtęr] *m.* excellence
[Lc@ **koeth** -TER] {S 1; F 0(GM09: G.M.S.):}

kofenn ['kɔ·fęn] *f.* **+ow** pasty, container
[E(F)c: from KOFR=ENN]
{S 8; F 2: L *Cophan* (LV037.51, 52): **+ow** I}

kofenn avalow apple pasty
kofenn gig meat pasty

kofer ['kɔfęr] *m.* **kofrow**, **kofrys** coffer
[E(F): KOFR-S] {S 4; F 3: M *cofyr* (BM.3643): L *kôphor* (AB043b) → P: **kofrow** N (G.M.S.); **kofrys** N (CE58)}

kofer bras chest

kofer horn strong-box, safe

koffi ['kɔfːi] *m.* **+ow** coffee
[E(O): ModE < Dutch *koffie* (coe)]
{S 4; F 0(CE38): **+ow** N}

koffiji [kɔ'fi·dʒi] *m.* **+ow** cafe, coffee-house [E(O)C: **koffi** 2**chi**]
{S 4; F 0(FTWC): **+ow** N (FTWC)}

KOFR- [E(F): MidE < OldF *coffre* (coe)]

kofrik-erbys [ˌkɔfrɪk'ęrbɪz] *m.* **-igow-erbys** money-box, piggy-bank
[E(F)C: KOFR=IK **erbys**]
{S 5; F 0(Y2): **-igow-erbys** }

kofrynn ['kɔfrɪn] *m.* **+ow** casket
[E(F)c: KOFR=YNN] {S 5; F 0(CE38): **+ow** I}

¹**kog** ['kɔːg] *f.* **+es** cuckoo
[C:] {S 1; F 4: O *goc* (VC.640) → P: M *gog*: L *kôg* (AB241b): P Kilgogue: **+es** N (CE38)}

²**kog** ['kɔːg] *m.* **+ow** cook *(male)*
[L: BLat *côcus* < CLat *coquus* (Gr.)] {S 1; F 3: O *kog* (VC.883) → L,P: **+ow** I} Misread by Lhuyd, who spelled the word *kêg* (AB051c).

koger ['kɔ·gęr] *m.* **kogrow** winding stream
[C: KOGR-S]
{S 1; F 0(CPNE): P ?Kuggar: **kogrow** I}

koges ['kɔ·gęs] *f.* **+ow** cook *(female)*
[Lc: ²**kog** -⁴ES] {S 1; F 0(CE38): **+ow** I}

kogforn ['kɔgfɔrn] *f.* **+ow** cooker, cooking-stove
[LL: ²**kog forn**] {S 1; F 0(CE93: A.S.): **+ow** I}

¹**kogh** ['kɔːx] *m.* **+ow** hood, crown *(of hat)*, cover *(of beehive)*, bonnet, hull
[C: Brit **kukkus* (Gr.) < CC (Fl.)]
{S 1; F 0(CE38): O 2nd element in *pengugh* (VC.827): D "gook": **+ow** N (FTWC)}

²**kogh** ['kɔːx] *adj.* blood-red, scarlet
[L: LLat *coccum* 'berry of the scarlet oak' (gpc)]
{S 1; F 1: M *cough* (PC.2326): P Killicoff}

koghynn ['kɔ·xɪn] *m.* **+ow** dug mine on a lode, coffin mine
[Cc: ²**kogh** -YNN] {S 8; F 0(CPNE): D "coffin": P Koffan: **+ow** I}

KOGR-

KOGR- [C: Brit *kukrâ* (Padel)]

kogrekter [kɔˈgrɛktɛr] *m.* **+yow** sinuosity
[Ccc: KOGR- -¹EK -TER]
{**S** 1; **F** 0(GM09: K.J.G.): **+yow** I}

kogrenn [ˈkɔgrɛn] *f.* **+ow** meander
See **koger**. [Cc: KOGR=ENN]
{**S** 1; **F** 0(CE93: K.J.G.): **+ow** I}

kogrenni [kɔˈgrɛnːi] *v.* meander
[Ccc: **kogrenn** -¹I] {**S** 1; **F** 0(GM09: K.J.G.)}

kohort [ˈkɔhɔrt] *m.* **+ys** cohort *(military)*
A tenth of a legion in the Roman army.
[E(D): MidE < OldF *cohorte* or CLat *cohort-* (coe)] {**S** 5; **F** 0(TN): **+ys** I}

kok [ˈkɔːk] *m.* **kokow** fishing boat
[H: Prob. a LateC version of ¹**kogh**, but perhaps influenced by MidE *cock* 'cockboat' < OldF *coque*.]
{**S** 8; **F** 4: **L** *cock* (L1WB), *kok* (AB.); pl. *coocoe* (PRJB) → P, *kụkụ* (AB.) → P: **kokow** L}

kokeyn [kɔˈkɛɪn] *m.* cocaine
[E: Re-spelling of Eng.] {**S** 5; **F** 0(GM09: P.K.):}

kokk *m.* **+es** cock *(male bird)* ALT = **kulyek**. [E(E): OldE *cocc* (coe)]
{**S** 8; **F** 2: **L** *kok* (AB088a) → P: **+es** I}

kokk Gyni turkey cock

koklys [ˈkɔklɪs] *coll.* **+enn** cockles
[E(F): MidE < MLat *cochilia* (co)]
{**S** 5; **F** 0(EC52): **+enn** N (K.J.G.)}
Nance wrote *cocla, coclys*.

koko [ˈkɔ·kɔ] *m.* cocoa
[E(O): E < Sp *coco* (coe)] {**S** 5; **F** 0(EC00):}

kokynn [ˈkɔ·kɪn] *m.* **+ow** little boat
[Hc: **kok** -YNN] {**S** 8; **F** 0(GCSW): **D** see *GCSW*: **P** Porthcocking, St Ives (unconfirmed by Padel): **F** Cocking: **+ow** I}

kolen [ˈkɔ·lɛn] *m.* **kelyn** pup, puppy, cub, whelp
[C: CC *koligno-* (Gr.)]
{**S** 3; **F** 3: **O** *coloin* (VC.610) → L,P: **C B** *kolen*: **kelyn** N (CE38)} The OldC form shows a diphthong in the 2nd syll.

kolenn [ˈkɔ·lɛn] *f.* **+ow,** *coll.* **koles** coal *(one lump)*

kollell

[E(E)c: Apparently E *coal* + -ENN] {**S** 4; **F** 4: **L** *kolan* (AB.) → P; coll. *koles* (AB243a)}

kolenn vyw live coal
kolenn varow cinder

koler [ˈkɔ·lɛr] *m.* **+yow** rage
[E(F): MidE *coler* < OldF *colere* (coe) (spelled *choler* in ModE)]
{**S** 4; **F** 1: **L** *koler* (L1JB): **+yow** I}

kolera [ˈkɔ·lɛra] *m.* cholera
[E(L): MidE < Lat (co)]
{**S** 4; **F** 0(GK98: G.M.S.):}

kolgh [ˈkɔlx] *m.* **+ow** point, spike
[C:] {**S** 8; **F** 3: **L** pl. *kụlhụ* (AB013b, 043c) → P: **+ow** L}

kolghes [ˈkɔlxɛz] *f.* **+ow** quilt, bedspread, duvet, comforter (U.S.)
[L: CLat *culcita* (Fl.)] {**S** 8; **F** 0(CE38): **C B** *(golc'hed)*; W *cylched*: **+ow** I}

¹koll [ˈkɔlː] *m.* **+ow** loss, damage, perdition
[C: Brit **koldi-* (iyk) < IE **qoldh-* (hpb)]
{**S** 1; **F** 4: **M** *koll*: **L** *kol*: **+ow** I}

²koll [ˈkɔlː] *coll.* **+enn** hazel-trees
[C: CC **kosl-* (gpc) < IE (Fl.)] {**S** 1; **F** 0(CPNE): **P** Presingol; sg. Fentongollan: **+enn** P}

kollan [ˈkɔlːan] *f.* **+ow** large sheath-knife, bread-knife
[C: Appears as if **kollell** was perceived as a word in -²ELL, giving a false root **koll-**, to which was added the sf. -AN.] {**S** 8; **F** 4: **M** *gollan*: **L** *kỵlhan* (AB013c): **+ow** I}

kollas [ˈkɔlːaz] *f.* **+ow** hazlett, small group of hazel-trees
[Cc: poss. ²**koll** -²AS]
{**S** 3; **F** 0(CPNE): **P** Roscollas: **+ow** I}

kolldhel [ˈkɔlðɛl] *adj.* deciduous
[CC: ¹**koll** 2del] {**S** 1; **F** 0(GM09: YhaG)}

kollell [ˈkɔlːɛl] *f.* **kellylli** knife
[C: A loan from OldW *celeell* (Gr.)] {**S** 8; **F** 3: **O** *collel* (VC.367, 872) → L,P: **kellylli** N (CE38)}

kollell bleg pen-knife, clasp-knife, pocket knife (U.S.)
kollell gamm curved knife
kollell gervya carving knife

kollell-lesa

kollell ravya chasing-tool, scalpel
kollell vara bread knife
kollell-lesa [ˌkɔlːelˈlẹ·za] *f.* **kellylli-lesa** octopus
[CCc: **kollell lesa**]
{S 8; F 0(CE38): **D** "goluzzow": **kellylli-lesa** I}

kollenki [kɔlˈlęnki] *v.* swallow, scoff
[cCc: from KOWL- **lenki**] {S 2; F 0(CE38)}
In LateC, the VN ending was changed, giving *klunka* (Borlase), which gave dial. "clunk".

kollenwel [kɔlˈlęnwęl] *v.* fulfil, complete
[cCc: Reduced form of **kowllenwel**]
{S 2; F 5: **M** *collenwel* → L,P}

kolles [ˈkɔlːęz] *m.* **+ow** loss
[Cc: ¹**koll** -²ES] {S 1; F 2: **O** *collet* → L,P: **+ow** I}

kollji [ˈkɔldʒi] *m.* **+ow** college, chapter *(of cathedral)*
[E(L): A syncopated form of MidE *collegy* < Lat *collegium* (Bice)]
{S 8; F 3: **M** *colgy* (BM.): **+ow** I}

kollva [ˈkɔlva] *f.* **+ow** state of loss, destruction
[Cc: ¹**koll** -VA] {S 1; F 0(CE55): **+ow** I}

kollwydh [ˈkɔlwɪð] *coll.* **+enn** hazel-trees
[CC: ²**koll** 2**gwydh**] {S 1; F 2: **O** sg. *colwiden* (VC.677) → L,P: **P** Colwith: **+enn** O}

kollwydhek [kɔlˈwɪˑðęk] **1.** *adj.* abounding in hazel-trees **2.** *f.* **-egi** hazel-grove
[CCc: **kollwydh** -¹EK]
{S 1; F 0(CPNE): **P** *Colvithick*: **-egi** I}

kolm [ˈkɔlm] *m.* **+ow** knot, tie *(link)*, bond *(link)*, node
[C: CC (lp)] {S 1; F 3: **M** *colm* → P: **+ow** I}
kolm konna necktie, tie

kolmans [ˈkɔlmans] *m.* **+ow** binding
[Ch: **kolm** -ANS]
{S 1; F 0(GM09: YhaG): **+ow** I}

kolmedh [ˈkɔlmęð] *m.* **+ow** league *(e.g. football)* [Cc: **kolm** -EDH]
{S 1; F 0(GM09: K.J.G.): **+ow** }

kolommenn-goes

kolmek [ˈkɔlmęk] *adj.* knotty
[Cc: **kolm** -¹EK]
{S 1; F 0(CE38): **C** cf. B *skoulmek*}

kolmel [ˈkɔlmęl] *adj.* nodal
[Cc: **kolm** -²EL] {S 1; F 0(GM09: YhaG)}

kolmenn [ˈkɔlmęn] *f.* **+ow** fastening
[Cc: **kolm** -ENN] {S 1; F 4: **M** *colmen* → P; *colmennow* → P: **+ow** ML}

kolmer [ˈkɔlmęr] *m.* **-oryon** binder *(human)* [Cl: **kolm** -¹ER]
{S 1; F 1: **L** pl. *colmurian* (CDWP): **-oryon** L}

kolmoleth [kɔlˈmɔˑlęθ] *f.* nodality
[Cc: **kolm** -OLETH] {S 1; F 0(GM09: YhaG):}

kolm-re [kɔlmˈręː] *m.* **kolmow-re** slip knot
[CC: **kolm** + shortened form of **rydh**] {S 8; F 2: **M** *colm re* (PC.1525) → P: **kolmow-re** I}

kolmweyth [ˈkɔlmwęɪθ] *m.* knotwork
[CC: **kolm** 2²**gweyth**] {S 1; F 0(GK98: P.H.):}

kolodhyon [kɔˈlɔðjɔn] *coll.* **+enn** bowels, guts, intestines
[U:] {S 8; F 3: **O** sg. *culurionein* → L,P: **+enn** O}
OldC *culurionein* was amended to *colutionen* by Graves.

kolomm [ˈkɔˑlɔm] *f.* **kelemmi** dove, pigeon
[L: CLat *columba* (lp)]
{S 1; F 4: **O** *colom* (VC.504): **M** *colom* → P; pl. *gelemmy* (BK25.34): **L** *kolom* (AB.) → P: **P** Porthcollum: **kelemmi** M}

kolommenn [kɔˈlɔmːęn] *f.* **+ow,** *coll.* **kelemmi** dove, pigeon
It is clear that both words, **kolomm**} and **kolommenn**}, were used for 'dove' in trad. Cor. Both Tregear and Lhuyd give both forms. Nance's mass pl. *colomas* is now superseded by **kelemmi**, and the individual pl. is **kolommennow**.
[Lc: **kolomm** -ENN] {S 1; F 4: **M** *colomman* (TH31r): **L** *kylobman* (AB.) → P}

kolommenn-goes [kɔlˌɔmːęnˈgoːz] *f.* **kelemmi-koes** wood-pigeon
[LcC: **kolommenn** 2¹**koes**] {S 1; F 2: **L** *kylobman Kûz* (AB112a, 241b) → P: **kelemmi-koes** I}

kolommji

kolommji [kɔ'lɔmdʒi] *m.* **+ow** dove-cote, pigeon-house, culverhouse
[LC: **kolomm** 2chi]
{S 3; F 0(CE38): **C** cf. W *colomendy*: **+ow** I}

kolommyer [kɔ'lɔmːjęr] *m.* **+s** dove-cote
[F: Prob. < F *colombier*, but perhaps interpreted as **kolomm** -²YER]
{S 8; F 3: **L** *Clymiar* (LV034.68), *klymmiar* (AB033a) → P: **P** Clumyer; pl. Clumyers: **+s** P}

kolon ['kɔ·lɔn] *m.* **+yow** colon *(Anat.)*, intestines
[C: Short variant of **kolodhyon**]
{S 2; F 1: **M** *colon* (PC.1743): **+yow** I}

kolonn ['kɔ·lɔn] *f.* **+ow** heart, courage
[C: Brit (iyk)] {S 3; F 6: **O** *colon* (VC.056) → P: **M** *colon* → P; pl. *colonow*: **L** *kolan* (AB.); pl. *kolonnow* (CLJK): **+ow** ML}
Normal development would have given MidC **calon*. The pl., too, is unexpected.
kolonn drogh broken heart

kolonna [kɔ'lɔnːa] *v.* hearten
[Cc: **kolonn** -¹A] {S 8; F 2: **M** *kelenys* (BK23.87), *kvlenys* (BK38.50)}
Like many other verbs, the VN is not attested, so that we cannot be sure of its form.

kolonnek [kɔ'lɔnːęk] **1.** *adj.* hearty, bold, brave, kindly, spirited, valiant, courageous **2.** *m.* **-ogyon** friendly person
[Cc: **kolonn** -¹EK] {S 3; F 4: **M** *colonnek* → L,P: **L** *kylednak* (AB150c) → P: **-ogyon** I}

kolonnekter [ˌkɔlɔ'nęktęr] *m.* bravery, courage, boldness, fortitude, valour
[Ccc: **kolonnek** -TER] {S 3; F 0(EC52):}

kolonnenn [kɔ'lɔnːęn] *f.* **+ow** core *(of apple, etc.)* [Cc: **kolonn** -ENN]
{S 3; F 0(CE38): **C B** *kalonenn*: **+ow** I}

kolonnweyth [kɔ'lɔnwęɪθ] *f.* courage
[CC: **kolonn** 2²gweyth]
{S 1; F 1: **M** *kolonwith* (CLJK):}

kolor ['kɔ·lɔr] *m.* **+s** colour ALT = **liw**, but this 2-syll. word may be useful in poetry.
[E(F): MidE < OldF *colur* (coe)] {S 4; F 2:

KOMMEND-

M *colour* (PC.1684), *holor* (BK38.11); pl. *colors* (TH07v): **C** cf. W *colur* < Lat *colôr-*: **+s** M}

kolorenn [kɔ'lɔ·ręn] *f.* **+ow** collar-bone
[E(F)c: FN in -ENN from E *collar* < AngN *coler* (coe)] {S 4; F 1: **M** *coloren* (BK26.60): **+ow** I}

kolorya [kɔ'lɔ·rja] *v.* colour ALT = **liwya**.
[E(F)c: **kolor** -YA]
{S 4; F 1: **M** p.ptcpl. *colorys* (BK22.33)}

koloven [kɔ'lɔ·vęn] *f.* **+yow** column
[L: CLat *columna*] {S 1; F 0(CE38): **C** Not in B, which uses *kolonenn* < F; W *colofn* is a book-word.: **+yow** I}

kolovenydh [kɔlɔ've·nɪð] *m.* **+yon** columnist
[Lc: **koloven** -¹YDH]
{S 1; F 0(AnG 2008): **+yon** I}

kolpes ['kɔlpęs] *m.* **+ow** lever, fulcrum
[U:] {S 8; F 0(CE38): **D** "colpice, coupress".: **+ow** I}

kolpes-vaglenn [ˌkɔlpęs'faglęn] *m.* **kolpesow-maglenn** gear-lever, gear-stick, gearshift (U.S.)
[ULc: **kolpes** 2**maglenn**]
{S 8; F 0(Y1): **kolpesow-maglenn** I}

kolpon ['kɔlpɔn] *m.* **+s** coupon
[E(F): cf. F *coupon*] {S 4; F 0(EC52): **+s** N}
The word is related to F *couper* 'to cut'.

kolter ['kɔltęr] *m.* **koltrow** coulter *(of plough)*
[C: CLat *cultrum*] {S 1; F 3: **O** *colter* (VC.344) → L,P: **C B** *koultr*; W *cwlltr*: **koltrow** N (CE38)}

KOM- *prefix* con-
[C:] One of many by-forms of **ke-**.

komedi ['kɔmędi] *m.* **+s** comedy
[E(L):] {S 5; F 0(GM09: YhaG): **+s** I}

komm ['kɔmː] *m.* **+ow** small valley, dingle
[C: Brit **kumb-* < IE (lp)]
{S 1; F 1: **L** pl. *commow* (PV.8319): **P** Gomm; pl. ?Gummow: **C B** *komm*; W *cwm*: **+ow** LP}
Borrowed into Eng. at an early stage, where it appears as pl.ns. *Combe* and *Coombe*.

KOMMEND- [E(L): MidE < Lat *commendâre* (coe)]

kommendya

kommendya [kɔ'mẹndja] *v.* recommend, commend, introduce, present
[E(L)c: KOMMEND=YA] {S 4; F 2: M *comendya*: L 2nd sg. impv. *commende* (IKAB)}

kommendyadow [kɔmẹnd'ja·dɔw] *adj.* commendable
[E(L)c: from **kommendya** -ADOW] {S 4; F 0(GM09: G.M.S.)}

kommendyans [kɔ'mẹndjans] *m.* +ow recommendation, commendation, introduction
[E(L)c: VN in -YA from MidE < Lat *commendâre* (coe)] {S 4; F 0(EC52): +ow I}

kommol ['kɔmːɔl] *coll.* +enn cloud *(as a mass)*
[L: BLat **cumb'lus* < **cum'lus* < CLat *cumulus* (gpc)] {S 3; F 0(CE38): C B *koumoul*, W *cwmwl*: +enn I}

kommolek [kɔ'mɔ·lẹk] *adj.* cloudy, overcast
[Lc: **kommol** -¹EK] {S 3; F 2: L *komolek* (AB162a) → P: C B *koumoulek*; W *cymylog*}

kommol-sugra [ˌkɔmːɔl'sygra] *coll.* **kommolenn-sugra** candy-floss
[LE(F): **kommol sugra**] {S 4; F 0(FTWC): **kommolenn-sugra** I}

kommondment *m.* +ys commandment
ALT = **arghadow**. [E: MidE (coe)] {S 5; F 5: M *commondment*; pl. *commondementys* (TH.): L *commaundement* (IKAB): +ys M}

kommunyon *m.* Holy Communion
ALT = **komun** or **komunyans**.
{S 4; F 2: M *communyon* (TH39r), *communion* (SA66r): L *Cymmiwnion* (LV044.02):}

kommynn ['kɔmːɪn] *m.* +ow dell
[Cc: **komm** -YNN] {S 1; F 0(CE55): +ow I}

kommyttya *v.* commit
[E(L)c: VN in -YA from MidE < Lat *committere* (coe)] {S 5; F 3: M *commyttya* (TH.)}

komner *m.* +s commoner
ALT = **kemmyn**, pl. **kemmynyon**.
[E(L): MidE < Lat *commûnârius* (coe)] {S 5; F 1: M pl. *comners* (PC.2470): +s M}

komondya *v.* command, order
ALT = **erghi**. [E(F)c: VN in -YA from MidE *commaunde* < AngN *comander* (coe)]
{S 4; F 5: M *commondya, comondya*}
Was previously spelled with <mm>, but for consistency with **demondya**, <m> is required.

kompani *m.* +s company ALT = **kowethas**.
[E(F): MidE *compainie* < AngN *compainie* (coe)] {S 5; F 4: M *company*: C W *cwmni*: +s I}
A 2-syll. form, *compny* is found at *BM.0580*;

komparya *v.* compare ALT = **keheveli**.
[E(F)c: VN in -YA from MidE < OldF *comparer* (coe)] {S 5; F 3: M *comparya*}

kompas ['kɔmpas] *m.* +ow circumference, extent
[E(F): MidE < OldF *compas* (coe)]
{S 5; F 1: L *compas* (CW.0019): +ow I}

kompella [kɔm'pẹlːa] *v.* compel
[E(L)c: VN in -A from MidE < Lat *compellere* (coe)] {S 4; F 1: M p.ptcpl. *kompellys* (TH30v)}

kompes ['kɔmpẹs] *adj.* even, level, right *(morally)*, straight, upright, calm *(of sea)*, valid
[cC: from KOM- **poes** < Brit **kompesso-* (hpb)]
{S 2; F 5: M *compes, compys*: L *compez*: P Ventongimps = **fenten gompes**:
C B *kompez*; W *cymwys*}

bos kompes gans be even with

komplek ['kɔmplẹk] *adj.* complex, complicated
[cL: from KOM- **pleg**] {S 8; F 0(EC52)}

komplekhe [kɔmplẹk'hẹː] *v.* complicate
[cLc: **komplek** -HE] {S 1; F 0(EC00)}

kompleth ['kɔmplẹθ] *adj.* complex, complicated, intricate, abstruse
[cL: KOM- **pleth**] {S 1; F 0(CE55)}

komplethter [kɔm'plẹθtẹr] *m.* +yow complication
[cLc: **kompleth** -TER] {S 1; F 0(EC00): +yow I}

Komplin ['kɔmplɪn] *m.* Compline
[E(F): ModE < MidE *cumplie* < OldF *complie*]
{S 1; F 0(AnG 1986):} The [n] arose by analogy with *Matin(s)*.

kompoesa [kɔm'poˑsa] *v.* make even, validate, impose, make happen, fulfil, put into effect, carry out, burden, inflict
[cLc: KOM- **poesa**] {S 1; F 3: L *compoza* (TCWK); p.ptcpl. *composez* (M2WK, M4WK)}

kompoesans [kɔm'poˑsans] *m.* **+ow** validation
[cLh: from **kompoesa** -ANS] {S 1; F 3: **+ow** I}

kompoester [kɔm'poˑstẹr] *m.* **+yow** evenness, right, rightness, correctness, propriety, validity, equilibrium
[cLc: KOM- **poester**] {S 1; F 3: M *compuster* (TH07v): L *composter:* **+yow** I}

komprehendya v. comprehend, include ALT = **synsi ynno**.
[E(D)c: VN in -YA from MidE < OldF *comprehender* or Lat *comprehendere* (coe)] {S 5; F 1: L p.ptcpl. *comprehendys* (CW.0011)}

kompressa v. oppress ALT = **gwaska**.
[E(D)c: VN in -YA from MidE < OldF *compresser* or LLat *compressâre* (coe)] {S 5; F 1: M *compressa* (OM.1424)}

komptya count ALT = **nivera** or **rekna**.
[E(F)c: VN in -YA from MidE] {S 5; F 2: M *contya* (TH23r); p.ptcpl. *contys* (TH56v), *comptys* (CW.1991)}

komun ['kɔˑmyn] *m.* **+yow** communion
[L: CLat *commûnio* (gpc)]
{S 8; F 0(CE38): **C** W *cymun:* **+yow** I}

Komun Sans Holy Communion

komunya [kɔ'myˑnja] *v.* take the Sacrament, take Communion
[Lc: **komun** -YA] {S 5; F 1: M p.ptcpl. *comunijs* (BM.4272): **C** cf. W *cymuno*}

komunyans [kɔ'myˑnjans] *m.* **+ow** communion
[Lh: **komun** -YANS] {S 8; F 0(CE38): **+ow** I}

KON- *prefix* con-
[c: IE **kom-*] One of many by-forms of **ke-**

Konan *name* Conan
{S 1; F 3: M *conan, conany* (BM.)}

konduk m. conduct ALT = **fara**.
[E(L): MidE < CLat *conductus* (coe)]
{S 8; F 1: L *conduyke* (CW.0085):}

koneri [kɔ'nẹˑri] *m.* **+s** rabbit warren
[E:] {S 8; F 0(CE55): **+s** I}

konfessya [kɔn'fẹsːja] *v.* confess
[E(F)c: VN in -YA from MidE < OldF *confesser* (coe)] {S 4; F 4: M *confessia* (TH., SA.)}

konfessor [kɔn'fẹsːɔr] *m.* **+s, +yon** confessor
[E(F)c: VN in -YA from MidE < OldF *confesser* (coe)] {S 4; F 1: M pl. *confessors* (BK21.29): **+s** M; **+yon** N (K.J.G.)}

konfirmya v. confirm ALT = **surhe**.
[E(F)c: VN in -YA from MidE < OldF *confirmer* (coe)] {S 5; F 3: M *confirmya*}

konfondya v. confound
[E(F)c: VN in -YA from MidE < AngN *confundre* (coe)] {S 5; F 3: M *confondya* (TH46v), *confoundya* (BK16.001)}

konfort ['kɔnfɔrt] *m.* **+s** comfort *(spiritual)*, consolation, support, encouragement
[E(F): MidE < OldF *confort* (coe)]
{S 5; F 4: M *confort:* **+s** I}

konfortya [kɔn'fɔrtja] *v.* console, comfort, support
[E(F)c: **konfort** -YA] {S 5; F 5: M *confortye:* L p.ptcpl. *comfortyes* (M2WK)}

konforter [kɔn'fɔrtẹr] *m.* **+s** comforter
[E: MidE] {S 5; F 2: M *conforter* (TH36r): **+s** I}

Kongar *name* (name of saint)
{S 8; F 1: O *cuncar* (LS)}

konin ['kɔˑnɪn] *m.* **+es** rabbit, coney
[E(F): MidE *cunin* < AngN *coning* (coe)]
{S 4; F 2: L *kynin* (AB053a) → P: P Park Connin: **C** W *cwning;* B *koulin* is from a metathesis of OldF *conil:* **+es** }

koningenn [ˌkɔnɪn'gẹnː] *m.* **+ow** rabbit-skin
[E(F)C: **konin** 2**kenn**]
{S 4; F 1: L *kynîngen* (PV13108): **+ow** I}

koninessa [ˌkɔnin'ęsːa] *v.* go rabbiting
[E(F)c: **konin** -ESSA]
{S 1; F 0(CE38): **C** cf. B *koulineta*}

konjorya *v.* implore
[E(F)c: VN in -YA from MidE < OldF *conjurer* (coe)]
{S 5; F 2: **M** 3rd sg. pres. ind. *conior* (PC.1321)}

konkerrour *m.* **+s** conqueror
ALT = **trygher**. [E(F): MidE < AngN *conquerour* (coe)] {S 5; F 2: **M** *conquerror* (BM.0932, 2403), *conquerior* (BK18.59): **+s** I (CE38)}

konkerrya *v.* conquer ALT = **tryghi**.
[E(F)c: VN in -YA from MidE < OldF *conquerre* (coe)] {S 5; F 2: **M** *conquerrye* (OM.0909), *conquerya* (BK19.72)}

konkludya *v.* conclude In the texts, the word also meant 'confute, refute', and in TH07*v*, 'include'. ALT = **gorfenna** expresses the meaning 'to end'.
[E(L)c: VN in -YA from MidE < Lat *conclûdere* (coe)] {S 5; F 4: **M** *concludia*}

konkwest *m.* **+ys** conquest
ALT = **tryghans**.
[E(F): MidE < OldF *conquest* (coe)]
{S 5; F 1: **M** *conquest* (RD.2629): **+ys** I}

konna ['kɔnːa] *m.* **+ow** neck, narrow strip of land
[C: PrimC /knɔx/ (Pedersen) < CC *knukko-* (Fl.); see also **knegh**]
{S 8; F 4: **O** *conna* (VC.027) → L,P: **M** *conna, gonha*: **L** *kodna* (AB.), *codna* (DPNB): **P** Cudna Reeth: **C** W *cnwch* 'summit': **+ow** N}

konna-botell [ˌkɔnːa'bɔˑtęl] *m.*
konnaow-botell bottleneck
[CE(F): **konna botell**]
{S 5; F 0(GM09: G.M.S.): **konnaow-botell** I}

konna-bregh [ˌkɔnːa'bręːx] *m.*
konnaow-bregh wrist
[CL: **konna bregh**] {S 8; F 3: **M** *conna bregh* (PC.2762): **L** *codna breah* (BOD), *kodna brêh* (AB046c) → P: **konnaow-bregh** I}

konna-gwynn [ˌkɔnːa'gwɪnn] *m.*
konnaow-gwynn weasel
[CC: **konna gwynn**] {S 8; F 3: **L** *kodna guidn* (AB096b) → P: **konnaow-gwynn** I}

konna-tal [ˌkɔnːa'taːl] *m.* forehead
[CC: **konna tal**] {S 8; F 2: **L** *codntall* (BOD), *godna talle* (G3WK)} Nance (*CE38*) considered this a late corruption for *corn tal*.

konna-tir [ˌkɔnːa'tiːr] *m.* **konnaow-tir** isthmus
[CC: **konna tir**] {S 8; F 1: **L** *codna teer* (NGNB1): **konnaow-tir** N}

konna-troes [ˌkɔnːa'trɔːz] *m.*
konnaow-troes instep
[CC: **konna ¹troes**]
{S 8; F 0(CE38): **konnaow-troes** I}

konnar ['kɔnːar] *f.* fury, rabies, rage, mania
[C: Brit **kon-dari-* (Fl.)] {S 2; F 2: **L** *conner, connor* (PV.8325): **C** B *kounnar*; W *cynddar-*:}

konneri [kɔ'nęˑri] *v.* rage
[Cc: **konnar**A -¹I] {S 2; F 0(EC00)}

konneryek [kɔ'nęˑrjęk] *adj.* rabid, furious, manic, mad (U.S.)
[Cc: **konnar**A -YEK]
{S 2; F 3: **O** *conerioc* (VC.392) → L,P: **C** MidB *conniryec*; MidW *kyndeiryawc*}

konnyk ['kɔnːɪk] **1.** *adj.* clever, smart, expert **2.** *m.* **konnygyon** expert
Used as a noun at CW.1404, meaning 'skill'.
[E(N): Same as **konnyng**] {S 4; F 3: **M** *connek* (BM.1421, 1427), *gonycke* (CW.1404): **L** *kýdnik* (AB169a) → P: **konnygyon** N (AnG 1998)}

pur gonnyk very clever

konnyng *adj.* clever ALT = **konnyk**.
[E(N): MidE *cunning* < OldN *kunnandi* (coe)]
{S 5; F 1: **M** *connyngh* (PC.1458)}

¹kons ['kɔːns] *m.* **+ow** pavement, causeway, sidewalk (U.S.)
[E:] {S 4; F 0(CE38): **D** (CE38): **P** Chycoanse: **+ow** N (FTWC)}
Phonetic treatment and spelling similar to those of **dons**.

²kons ['kɔns] *f.* **+yow** vagina
[E(E): MidE *cunte*] {S 4; F 2: **L** *konz* (LV21.58), *gons* (PV11012), *guns* (PV11141): **C** W *cont*: **+yow** I}

konsayt

konsayt [kɔn'saɪt] *m.* **+s** fancy, opinion, notion
[E: MidE (coe)] {S 5; F 2: M *consceyt* (TH09v), *conseyt* (BM.0361): **+s** I}

konsekratya *v.* consecrate ALT = **sakra**.
[E(L)c: VN in -YA from MidE < Lat *consecrâre* (coe)] {S 5; F 2: M p.ptcpl. *consecratis*}

konsel ['kɔnsęl] *m.* **+yow** council
[E: Back-formation from MidC *conseler* 'councillor']
{S 4; F 0(CE38): C W *cwnsel*: **+yow** N}

Konsel Kernow Cornwall Council
Konsel Diogeledh Security Council

konseler ['kɔnsęlęr] *m.* **-oryon** councillor See *kons'ler*.
[E(F): MidE *counseiller* < OldF *conseillere* (co)] {S 4; F 3: M *conseler, consler*: **-oryon** I}

konsernya *v.* concern
ALT = a phrase with **deur** or **bern**.
[E(F)c: VN in -YA from MidE from OldF *concerner* or LLat *concernere* (coe)] {S 4; F 3: M *consernya* (TH., SA.)}

konsevya [kɔn'sę·vja] *v.* conceive
[E(F)c: VN in -YA from MidE < OldF *conceiv-* (coe)] {S 4; F 3: M *concevya*}

konshyans ['kɔnʃjans] *m.* **+ow** conscience ALT = **kowses**.
[E(F): MidE < OldE (coe)]
{S 4; F 3: M *concyans, consciens*: **+ow** I}

kons'ler *m.* councillor
[E(F): Shortened form of **konseler**]
{S 4; F 2: M *consler* (RD.0013, BK13.06)}

KONSTRYN-
[E(F): MidE < OldF *constraindre* (coe)]

konstryna [kɔn'strɪ·na] *v.* constrain, compel, force ALT = **stroetha**.
[E(F)c: KONSTRYN- -¹A]
{S 4; F 1: M *construe* (PC.1512)}

konstrynans [kɔn'strɪ·nans] *m.* **+ow** constraint
[E(F)h: KONSTRYN=ANS] {S 4; F 0(EC00): **+ow** I}

konstrynys [kɔn'strɪ·nɪz] *adj.* forced
[E(F)c: KONSTRYN- -⁶YS] {S 4; F 0(EC00)}

konsumya *v.* destroy ALT = **kisya**.

konteth

[E(L)c: VN in -YA from MidE < Lat *consûmere* (coe)] {S 5; F 3: L p.ptcpl. *consumys* (CW.)}

konsven ['kɔnsfęn] *m.* **-veyn** paving-stone
[EC: ¹**kons** 2¹**men**]
{S 5; F 0(GM09: G.M.S.): **-veyn** I}

konsya ['kɔnsja] *v.* pave
[Ec: ¹**kons** -YA] {S 4; F 0(CE38)}

konsydra *v.* consider ALT = **prederi**.
[E(F)c: VN in -A from MidE < OldF *considérer* (coe)] {S 5; F 4: M *consyddra, consydra*}

konsystya *v.* consist
[E(L)c: VN in -YA from MidE < Lat *consistere* (coe)] {S 4; F 2: M *concistia* (TH20v), *conscistia* (TH36r), *consistia* (TH56r)}

kontaynya *v.* contain ALT = **synsi yn**.
[E(F)c: VN in -YA from MidE *conteine* < OldF (coe)] {S 5; F 3: M *conteynya* (TH56r)}

kontentya *v.* satisfy
Nance suggested using **kollenwel bodh**.
[Ec: VN in -YA from MidE (coe)]
{S 5; F 2: M *contentys* (TH10v, CW.0667)}

konter ['kɔntęr] **1.** *adj.* contrary, opposite, cross **2.** *m.* **+s** opposite, caunter lode, cross lode
[E(F): MidE *countre-* < AngN *countre-* (coe)]
{S 5; F 0(CE55): **+s** I}

konternot [ˌkɔntęr'nɔːt] *m.* **+ys** counter-tenor, descant
[E(F)E(F):]
{S 5; F 1: M *conternot* (OM.0561): **+ys** I}

konteth ['kɔntęθ] *f.* **+ow** county, hundred of Cornwall
Not to be used to describe Cornwall, which is a dukedom; see **duketh**.
[E(F)c: MidE < OldF *conte* + -ETH]
{S 8; F 1: M *conteth* (BM.0512): **+ow** I}
In *EC52*, Nance wrote *conteth*, m., pl. *-ow*. This appears inconsistent; if the ending is -ETH, then the word is fem.; if the word is masc., then the ending should be -EDH, which Nance would have indicated in the pl. form. Comparison with W words such as *brenhiniaeth* 'kingdom', *iarllaeth* 'earldom', which are fem., suggests that **konteth** should be fem.

KONTRADI- [E(F): MidE < F *contredire* (CE38)]

kontradia [ˌkɔntra'di·a] *v.* contradict, controvert
[E(F)c: KONTRADI=¹A]
{S 5; F 1: M *contradye* (PC.2426)}

kontradians [ˌkɔntra'di·ans] *m.* +ow contradiction
[E(F)h: KONTRADI=ANS] {S 5; F 0(EC00): +ow I}

kontradiek [ˌkɔntra'di·ęk] *adj.* contradictory
[E(F)h: KONTRADI=¹EK] {S 5; F 0(EC00)}

kontrari [kɔn'tra·ri] **1.** *adj.* contrary, in opposition **2.** *adv.* otherwise **3.** *m.* opposer
[E(F): MidE < AngN *contrarie* (coe)]
{S 4; F 4: M *contrary* → P:}
y'n kontrari part on the other hand
yn kontrari dhe hemma against this
dhe'n kontrari to the contrary

kontraryus [ˌkɔn'tra·rjys] *adj.* opposite ALT = **konter**.
[E: MidE *contrarious* (CE38)] {S 4; F 2: M *contraryus* (PC.1731) → P} 3 syll. in MidC.

kontrewaytya [ˌkɔntrę'waɪtja] *v.* ambush
[Ec: VN in -YA from MidE *countrewaite* (CE38)]
{S 5; F 1: M p.ptcpl. *contreweytys* (PC.2299)}

kontrewaytyans [ˌkɔntrę'waɪtjans] *m.* +ow ambush
[Ec: VN in -YANS from MidE *countrewaite* (CE38)] {S 5; F 0(EC52): +ow I}

kontrolya [kɔn'trɔ·lja] *v.* order about, control
[E(F)c: VN in -YA from MidE < F *controle* (coe)] {S 5; F 2: L *controllya* (CW.1679); p.ptcpl. *controllys* (CW.1124)}

kontron ['kɔntrɔn] *coll.* +enn maggots
[C: Brit]
{S 1; F 1: O sg. *contronen* (VC.626): +enn O}

kontronek [kɔn'trɔ·nęk] *adj.* maggoty, flyblown
[CCc: **kontron** -¹EK]
{S 1; F 0(CE38): C B *kontronek*, W *cynrhonog*}

kontroversita *m.* -sitys controversy
[E(L): MidE] {S 5; F 2: M *contravercyte* (TH38r); pl. *contravercytys* (TH38r): -sitys M} also *controuersi* at TH.19.

kontynewa *v.* continue ALT = **pesya**.
[E(F)c: VN in -A from MidE < OldF *continuer* (coe)] {S 5; F 4: M *contynewa* (TH.)}

konvaya *v.* convey
[E(F)c: VN in -A from MidE]
{S 5; F 1: M 3rd sg. pres.subj. *convya* (BK18.25)}

konvayour [kɔn'vaɪur] *m.* +s covered entrance, subway *(underground walkway)*
[E(F): MidE] {S 5; F 0(CE38): +s I} Found in stage directions in CW.

konvedhes [kɔn'vę·ðęz] **1.** *v.* understand, perceive, realize, comprehend, make out **2.** *m.* understanding, comprehension
[cCc: KON- 2**bedh**=¹**es**] {S 1; F 4: M *convethas* (CW.) → P: L p.ptcpl. *gonvethez*:}

konvertya *v.* convert ALT = **treylya**.
[E(F)c: VN in -YA from MidE < OldF *convertir* (coe)] {S 5; F 1: M *convertya* (TH51r)}

konviktya *v.* confute
[E(L)c: VN in -YA from MidE < Lat (coe)]
{S 5; F 1: M p.ptcpl. *convyctijs* (MC.018)}

kop ['kɔːp] *m.* +ys cope, cloak
[E(E): MidE *câpe* < OldE *câpe (coe)]
{S 5; F 1: M *cop* (PC.0931): +ys I}

kopel ['kɔpęl] *m.* **koplow** couple, pair
[E(F): KOPL-A] {S 5; F 1: M pl. *copplow* (CW.2413): D "cuplaw": **koplow** 1} Nance also wrote *copla*.

kopi ['kɔ·pi] *m.* +ow copy, facsimile
[E(F): MidE < OldF *copie* (coe)]
{S 5; F 0(CE38): +ow I}

kopia [kɔ'pi·a] *v.* copy
[E(F)c: **kopi** -¹A] {S 5; F 0(CE38)}

KOPL- [E(F): MidE < OldF *copler* (coe)] The French comes from CLat *côpula*; if borrowed into British this would have given *cobel in MidC.

kopla

kopla ['kɔpla] *v.* couple
[E(F)c: KOPL=¹A] {S 5; F 0(EC00)}

koplans ['kɔplans] *m.* **+ow** coupling
[E(F)h: KOPL=ANS] {S 5; F 0(EC00): **+ow** I}

¹kor ['kɔːr] *m.* **+ow** turn, manner, style, shift *(work)*
[C:] {S 8; F 4: **M** *cor* → **P**: **D** "core" 'shift of work': **C B** *kor-*; **W** *cor-*: **+ow** N (Y2)}

war neb kor in some way

²kor ['kɔːr] *m.* **+yow** hedge, boundary
[C:] {S 1; F 1: **L** *kûr* (AB108c): **P** Spargo: **C W** *côr*: **+yow** I} Lhuyd's *kûr*, which evidently comes from W *cwr* 'border', is thought to be the same word as Padel's *cor*.

Korawys [kɔ'rawɪs] *m.* **+yow** Lent
[L: BLat *cadragesma* (gpc) < CLat *quadragêsima* (M)] {S 8; F 0(CE38): **C B** *Koraiz*; **W** *(Grawys)*: **+yow** I} The spelling of this word is doubtful.

korbel ['kɔrbęl] *m.* **korblys**, **+yow** bracket
[E(F): MidE < OldF *corbel* (coe)] {S 5; F 2: **M** pl. *corbles* (OM.2466, 2474): **C W** *corbel*; cf. B *korbell* direct from F.: **korblys** M; **+yow** N}

kordenn ['kɔrdęn] *f.* **kerdyn** string, cord
[F: OldF *corde* (K.J.G.)] {S 1; F 3: **O** *corden* (VC.248) → **P**: **M** *corden* (BK25.74); pl. *kerdyn* (MC.131) → **P**: **L** pl. CERDYN (LV033.02): **C W** *corden*; cf. B *kordenn*: **kerdyn** ML}

kordh ['kɔrð] *m.* **+ow** clan, tribe, extended family
[C: CC (Fl.)] {S 1; F 0(CPNE): **P** Trigg; pl. *Langorthou*: **C** MidB *-cor*; **W** *cordd*: **+ow** P} This word appears in Latinized names such as *Petrocorii* 'four tribes' and *Tricorii* 'three tribes' > Trigg. There is some doubt as to whether the [-ð] is a secondary development; the old name for Fowey, *Langorthou* may contain the pl.

kores ['kɔˑręz] *f.* **+ow** weir, enclosure of stakes to trap fish
[C: Derivative of **²kor** (Padel)] {S 1; F 0(CE38): **P** Nancorras: **C B** *(gored)*; **W** *cored*: **+ow** I}

korev ['kɔˑręv] *m.* **+ow** beer, ale

korfonieth

[C: Brit (Gr.)] {S 2; F 4: **O** *coruf* (VC.858)->L, *coref* (VC.861) → L,P: **M** *corff* (BM.0661): **L** *kor* (AB.): **C** MidB *coreff;* **W** *cwrw*: **+ow** N (FTWC)} MidC *corff* is confusable with MidC *corf* 'body'.

kor' gwella strong ale
kor' byghan small beer
korev gwynn lager

korf ['kɔrf] *m.* **+ow** body, person, corpse
[L: CLat *corpus*] {S 1; F 6: **M** *corf* → P; pl. *corfow* → P: **L** *korf* (AB.): **P** Nancor: **+ow** L}

korf eglos nave
korf eskern skeleton

korfek ['kɔrfęk] *adj.* corpulent, portly, bodily
[Lc: **korf** -¹EK]
{S 1; F 0(CE38): **C B** *korfek*; **W** *corffog*}

korfigel [kɔr'fiˑgęl] *adj.* corpuscular
[**korf** -IG -EL] {S 1; F 0(GM09: K.J.G.)}

korfigenn [kɔr'fiˑgęn] *f.* **+ow** corpuscle
[**korf** -IG -ENN] {S 1; F 0(GM09: K.J.G.): **+ow** I (K.J.G)}

korf-lagha [ˌkɔrf'laˑxa] *m.*
korfow-lagha constitution
[LE(E): **korf lagha**] {S 4; F 0(AnG 1997): **korfow-lagha** I}

korf-laghel [ˌkɔrf'laˑxęl] *adj.* constitutional
[LE(E): **korf laghel**] {S 4; F 0(GM09: G.M.S.)}

korflann ['kɔrflan] *f.* **+ow** churchyard, cemetery, graveyard
[LC: **korf lann**] {S 1; F 2: **L** *gorlan* (AB048c) → P: **+ow** I} Lhuyd may have confused this word with **korlann**.

korflin ['kɔrflin] *m.* **+yow** body-fluid
[LC: **korf** ³**lin**] {S 1; F 0(GM09: G.M.S.): **+yow** I}

korfliw ['kɔrfliw] *m.* **+yow** tattoo *(on body)*
[LC: **korf liw**] {S 1; F 0(GM09: P.H.): **+yow** I}

korfonieth [ˌkɔrfɔ'niˑęθ] *f.* anatomy *(science)*
[LC: **korf** -ONIETH] {S 1; F 0(GK98: P.H.):}

korfoniethel

korfoniethel [kɔrfɔni'ę·θęl] *adj.*
anatomical
[LC: **korfonieth** -²EL] {S 1; F 0(GM09: YhaG)}

korforeth [kɔr'fɔ·rẹθ] *f.* **+ow**
corporation
[Lc: FN in -ETH from Latin root *corpor-* (gpc)]
{S 1; F 0(EC00): **C** W *corfforaeth*: **+ow** I}

korfwithyas [kɔrf'wi·θjaz] *m.* **-ysi**
bodyguard
[LCc: **korf 2gwithyas**]
{S 1; F 0(AnG 1997): **-ysi** I}

korhwyth ['kɔrhwɪθ] *m.* **+ow** spiral, eddy
[CC: ¹**kor hwyth**]
{S 1; F 0(CE38): **C** B *korc'hwezh*: **+ow** I}

korhwythel [kɔr'hwɪθęl] *adj.* spiral
[CCc: **korhwyth** -¹EL] {S 1; F 0(GM09: G.M.S.)}

korkynn ['kɔrkɪn] *m.* **+ow** cork *(stopper)*, bung
[Ec: Dim. in -YNN from MidE (coe)]
{S 4; F 0(EC52): **C** W *corcyn*: **+ow** I}

korkynna [kɔr'kɪnːa] *v.* cork
[Ecc: **korkynn** -¹A] {S 4; F 0(GM09: K.J.G.)}

korlann ['kɔrlan] *f.* **+ow** fold *(enclosure)*, enclosure
[CC: Either **kordh** or ²**kor** + **lann** (Padel)]
{S 8; F 0(CE38): **P** Carland: **C** W *corlan*: **+ow** I}

korlann dheves sheep-fold

¹**korn** ['kɔrn] *m.* **kern,** *dual* **dewgorn** horn *(of animal)*, **kern,** horn *(musical)*, hooter
[D: Brit or CLat *cornû* (Fl.)] {S 1; F 4: **O** *corn* (VC.259): **M** *corn* → P: **L** *corne* (II), *korn* (AB.) → P: **C** B *korn*; W *corn*; **kern** I}

korn eva drinking horn

korn tan tinder box

²**korn** ['kɔrn] *m.* **kernow** corner
[D: Same word as ¹**korn** (Padel)]
{S 1; F 3: **M** *corn, corne*: **kernow** N (CE38)}

korn an oeles chimney corner

korn dowr creek

korn tal forehead

korrbryvel

kornek ['kɔrnęk] *adj.* horned
[Dc: ¹**korn** -¹EK] {S 1; F 0(CE38): **C** B *kornek*}

kornell ['kɔrnęl] *f.* **+ow** nook, corner
[Dc: ²**korn** -¹ELL]
{S 1; F 2: **L** *kornal* (AB013c) → P: **C** cf. W *cornel* < E *corner*, with [-r] > [-l].: **+ow** P}

kornella [kɔr'nęlːa] *v.* corner
[**kornell** -¹A] {S 1; F 0(EC00)}

kornett ['kɔrnęt] **+yow** *m.* **+ow** nook
[F: MidE < MidF *cornet* 'small horn']
{S 5; F 3: **M** *cornet* (TH33r); pl. *cornettow* (TH31v), *cornettyow* (TH34v): **L** *kornat* (AB013c) → P: **+yow** M: **+ow** M}

kornhwilenn [kɔrn'hwi·lęn] *f.*
kernhwili lapwing, peewit
[DUc: Derivative of ¹**korn**]
{S 8; F 3: **L** *kodna hŵilan* (AB169b) → P, *karn na huila* (JCNBL37) → P: **P** Codnawillan: **C** W *cornchwiglen*: **kernhwili** P}
The best form of this word is difficult to establish. It appears that the ¹**korn** was replaced by **konna** as the first element. Nance took *karn na huila* as a pl., and re-spelled it as *kernwhyly*.

tyller kernhwili lonely place

kornya ['kɔrnja] *v.* butt, ram
[Dc: ¹**korn** -YA] {S 3; F 0(CE38)} One would have expected vowel aff. here; see **kernya**.

korr ['kɔrː] **1.** *prefix* micro- **2.** *m.* **+yon** dwarf *(male)*, pigmy
[C: Brit **kor-so-* (Fl.)]
{S 1; F 3: **O** *cor* (VC.247) → L,P: **M** *gor* (BK28.24): **C** B *korr*; W *cor*: **+yon** I (K.J.G.)}

korrbibenn [kɔr'bi·bęn] *f.* **+ow**
capillary tube
[CLc: **korr 2pibenn**]
{S 1; F 0(GK98: P.H.): **+ow** I}

korrbryv ['kɔrbrɪv] *m.* **+es** microbe, germ *(microbe)*
[CC: **korr 2pryv**] {S 1; F 0(EC52): **+es** I}

korrbryvel [kɔr'brɪ·vęl] *adj.* microbial, germ
[CC: **korrbryv** -¹EL] {S 1; F 0(GM09: G.M.S.)}

korrbryvladh [kɔr'brɪvlað] *m.* +**ow** microbicide
[CCC: **korrbryv** LADH-]
{S 1; F 0(GM09: GG): +**ow** I}

korrdonn ['kɔrdon] *f.* +**ow** microwave
[CC: **korr** 2²**tonn**]
{S 1; F 0(GM09: K.J.G.): +**ow** I}

korrdonnell [kɔr'dɔnnęl] *f.* +**ow** microwave oven
[CCl: **korrdonn** -ELL]
{S 1; F 0(GM09: K.J.G.): +**ow** I}

korrektya v. correct ALT = ewnhe.
[Ec: VN in -YA from MidE (coe)]
{S 5; F 3: M *correctya* (TH.)}

korres ['kɔrːęs] *f.* +**ow** dwarf *(female)*, pigmy
[Cc: **korr** -⁴ES]
{S 1; F 2: L *korres* (AB096c) → P: +**ow** I}

korrfylm ['korfɪlm] *m.* +**ow** microfilm
[CE(E): **korr fylm**] {S 4; F 0(GM09: GG): +**ow** I}

korrgowsell [kɔr'gɔʊzęl] *f.* +**ow** microphone
[CCl: **korr** 2**kows** -²ELL]
{S 1; F 0(GM09: G.M.S.): +**ow** I}

korrhin ['kɔrhin] *f.* +**yow** microclimate
[CC: **korr** ²**hin**]
{S 1; F 0(GM09: G.M.S.): +**yow** I}

korrhinonieth [kɔrhinɔ'niˑęθ] *f.* microclimatology
[CCc: **korr hinonieth**]
{S 1; F 0(GM09: G.M.S.):}

korrhinoniethel [kɔrhinɔni'ęˑθęl] *adj.* microclimatological
[CCc: **korr hinoniethel**]
{S 1; F 0(GM09: G.M.S.)}

korrhinonydh [kɔrhi'nɔnɪð] *m.* +**yon** microclimatologist
[CCc: **korr hinonydh**]
{S 1; F 0(GM09: G.M.S.): +**yon** I}

korrigan [kɔ'riˑgan] *m.* +**es** elf
[Ccc: from **korrik** -AN]
{S 1; F 0(GL05: K.J.G.): C B *korrigan*: +**es** I}

korrik ['kɔrːɪk] *m.* -**igow** midget, gnome
[Cc: **korr** -IK]
{S 1; F 0(CE38): C B *korrig*: -**igow** I}

korrnegys [kɔr'nęˑgɪs] *m.* +**yow** micro-enterprise
[CL: **korr negys**]
{S 3; F 0(GM09: G.M.S.): +**yow** I}

korrskommynn [kɔr'skomːɪn] *m.* +**ow** microchip
[CCc: **korr** SKOMM=YNN]
{S 8; F 0(GM09: K.J.G.): +**ow** I}

korruptya v. corrupt ALT = legri.
[E(F)c: VN in -YA from MidE < OldF *corrupt* or Lat *corruptus*] {S 5; F 3: M *corruptia* (TH.)}

korrvagh ['kɔrvax] *f.* +**ow** nook
[CC: **korr** 2⁴**bagh**] {S 1; F 0(CE55): +**ow** I}

korrvarvus [kɔr'varvys] *m.* -**i** haddock
[CLl: **korr** 2**barvus**]
{S 1; F 0(EC52): -**i** N (CE38)}

korrvywonieth [kɔrˌvɪwɔ'niˑęθ] *f.* microbiology
[Cc: **korr** 2**bywonieth**] {S 1; F 0(GM09: YhaG):}

korrwelek [kɔr'węˑlęk] *adj.* microscopic
[CCc: **korr** 2²**gwel** -¹EK]
{S 1; F 0(GM09: G.M.S.)}

korrwelell [kɔr'węˑlęl] *f.* +**ow** microscope
[CCc: **korr** 2²**gwel** -ELL]
{S 1; F 0(GM09: G.M.S.): +**ow** I}

korrwibes [kɔr'wiˑbęz] *coll.* +**enn** midges
[CC: **korr** 2**gwibes**] {S 1; F 0(GM09: K.J.G.): +**enn** I} Eng. *midge* is related to *midget*, which in Cor. is **korr**.

korryar ['kɔrːjar] *f.* -**yer** partridge
[CC: **korr yar**] {S 1; F 1: L *cor-jar* (PV10819): C W *coriar*: -**yer** I}

korryerik [kɔr'jęˑrɪk] *f.* -**igow** young partridge
[CC: **korr yerik**] {S 1; F 1: L *corgark* (PV10819): -**igow** I}

¹kors ['kɔrs] *m.* **+ow** moment, spell *(period of time)* Found in *powesough lymmyn vn cors* 'hang on a moment'.
[E(F): MidE < OldF *cours* (coe)]
{S 4; F 2: **M** *cors* (PC.2146) → P: **+ow** I}
Prob. the same word as ³**kors**.

²kors ['kɔrs] *coll.* **+enn** fen, reed-grown bog, reeds
[C: CC (Gr.)] {S 1; F 1: **O** sg. *koisen* (VC.645): **D** "gosses": **P** Goss Moor: **F** Goss: **+enn** O}

³kors ['kɔrs] *m.* **+ow** course
[E(F): MidE < OldF *cours* (coe)]
{S 4; F 2: **M** *corse* (BM.1086), *covrs* (BK18.38), *cors-* (BK19.50): **C** W *cwrs*: **+ow** I}

korsek ['kɔrsęk] **1.** *adj.* reedy **2.** *f.* **-egi** reed-bed
[Cc: ²**kors** -¹EK] {S 1; F 0(CPNE): **C** B *korzeg*; cf. W *corsiog*: **-egi** I} This is the expected form, but the exx. in *CPNE* are rather of **kersyek**, *q.v.*

korsenn ['kɔrsęn] *f.* **+ow, *coll.* kors** reed, cable, cane *(sugar)*, flex
[Cc: ²**kors** -ENN] {S 1; F 1: **O** *koisen* (VC.645)}
korsenn dredanek electric cable

korslynk ['kɔrslɪnk] *m.* **+ow** helter-skelter
[CE(E): ¹**kor slynk**] {S 1; F 0(FTWC): **+ow** I}

korswigenn [kɔrs'wi·gęn] *f.* **+ow, *coll.* korswik** guelder-rose, cranberry-bush
[CLc: from ²**kors** 2**gwik** -ENN] {S 8; F 0(CE55)}

kort *f.* **+ys** court ALT = **lys**, or for a court of law, **breuslys**.
[E(F): MidE < AngN *curt*] {S 5; F 3: **M** *corte* (BM.3177), *corte* (BM.3177), *covrt* (BK03.35): **L** *cort* (WXG): **C** W *cwrt*: **+ys** I}

kortes ['kɔrtęs] *adj.* courteous, polite
[E(F): MidE < OldF *corteis* (coe)]
{S 5; F 4: **M** *cortys* → P: **C** B *kourtes*; W *cwrtais*}

kortesi ['kɔrtęsi] *m.* **+s** courtesy, politeness, good manners
[E(F): MidE < OldF *cortesie* (coe)] {S 5; F 2: **M** *cortesy* (BK14.49), *curtessye* (CW.0763), *corteysy* (BM.0299): **C** B *kourtezi*: **+s** I}

korwyns ['kɔrwɪns] *m.* **+ow** whirlwind, tornado
[CC: ¹**kor** 2¹**gwyns**] {S 1; F 0(CE38): **C** B *korvent*; W *corwynt*: **+ow** I}

kos ['kɔːz] *f.* **+ow** itching, tickling
[U:] {S 8; F 0(CE38): **C** W *cos*: **+ow** I}

kosa ['kɔ·za] *v.* itch, tickle, tingle
[Uc: **kos** -¹A] {S 8; F 2: **M** 3rd sg. pres. subj. *cosso* (PC.2084) → P: **C** cf. W *cosi*}

kosel ['kɔ·zęl] *adj.* quiet, tranquil, still
[U:] {S 8; F 4: **M** *cosel* → P: **L** *kuzal* (AB149a), *cusal* (PRWP): **D** "cuzzle"}
yn kosel quietly

koselek [kɔ·zę·lęk] *adj.* calm
[Uc: **kosel** -¹EK] {S 8; F 1: **M** *cosolak* (BK30.28)} Strange to have the adjectival sf. -EK added to an adjective.

koselhe [kɔzęl'hęː] *v.* quieten, pacify, soothe
[Uc: **kosel** -HE]
{S 1; F 1: **M** p.ptcpl. *coselheys* (BM.2182)}

¹kosin [kɔ'siːn] *m.* **+yow** cosine
[E:] {S 5; F 0(GM09: YhaG): **+yow** I}

²*kosin* *m.* **+s** cousin ALT = **kenderow** (m.) and **keniterow** (f.). [E(F):]
{S 4; F 4: **M** *cosyn*; pl. *cosyns, cosnys*: **+s** M}

¹kosk ['kɔːsk] *m.* sleep, mould *(fungus)*, rot in timber
[L: BLat *quesc-* < CLat *quiescere* (M)] {S 1; F 3: **O** *guske* (VC.396) → L,P: **M** *coske* (BM.3770): **L** *kusg* (AB152b) → P: **C** B *kousk*; W *cwsg*:}

²kosk ['kɔːsk] *f.* **+ow** admonishment
[C: Root of **keski**] {S 8; F 0(CE55): **+ow** I}

koska ['kɔ·ska] *v.* sleep, go mouldy, get dry rot
[Lc: ¹**kosk** -¹A] {S 1; F 5: **M** *coske*: **L** *kusga* (AB135a), *cuskah* (M2WK): **C** cf. B *kousket*}

koskador [kɔs'ka·dɔr] *m.* **+yon** sleeper
[Ll: ¹**kosk** -ADOR] {S 3; F 2: **O** *cuscador* (VC.397) → P: **C** MidW *cysgadur*: **+yon** I}
koskador desempis one who falls asleep quickly

koskas ['kɔˑskaz] *m.* **+ow** sleep, doze, nap
[Lc: ¹**kosk** -²AS] {S 1; F 0(CE38): **+ow** I}

koskles ['kɔsklęs] *m.* morphia, morphine, opium
[LC: ¹**kosk** ¹**les**] {S 1; F 0(EC52):}

koskordh ['kɔˑskɔrð] *coll.* retinue, dependants, household
[C: Brit **kost-kord-* (Fl.) Compound of **kordh**] {S 2; F 4: **O** *goscor* (VC.137) → P, *coscor* (VC.191) → L,P: **M** *cosker* (BM.1282), *coskar* (BM.2358): **L** *goskordhi* (AB058b) → P: **P** *Bownds an Coskar*: **C** MidB *coscor*; MidW *cosgordd*:} The <-dh> was apparently restored by Lhuyd. If the reduced form is needed, it may be spelled **koskor**'.

koskrosya [kɔsk'rɔˑʒja] *v.* sleep-walk, somnambulate
[CCc: **kosk rosya**] {S 1; F 0(EC00)}

koskrosyer [kɔsk'rɔˑʒjęr] *m.* **-oryon** sleep-walker, somnambulator
[CCc: **kosk rosyer**]
{S 1; F 0(GM09: G.M.S.): **-oryon** I}

koskti ['kɔskti] *m.* **+ow** dormitory
[LC: ¹**kosk** ⁴**ti**]
{S 1; F 2: **O** *cuscti* (VC.800): **+ow** I}

kosoleth [kɔ'zɔˑlęθ] *f.* quiet, quietude, quietness, stillness, tranquillity
[Uc: from **kosel** -ETH] {S 8; F 4: **M** *cosoleth* → P: **L** *kÿzalath* (AB050b) → P:}

kosoletha *v.* quieten LateC form; ALT = **koselhe**. Lhuyd's meaning was 'to make friends, to reconcile'.
[Ucc: VN in -A from **kosoleth**]
{S 8; F 1: **L** *kÿzalatha* (AB050c)}

KOSM- [E: E < Gr *kósmos* (coe)]

kosmek ['kɔsmęk] *adj.* cosmic
[Ec: KOSM=EK] {S 5; F 0(GM09: YhaG)}

kosmonieth [ˌkɔsmɔ'niˑęθ] *f.* cosmology
[Ec: KOSM=ONIETH] {S 5; F 0(GM09: YhaG):}

kosmoniethel [kɔsmɔni'ęˑθęl] *adj.* cosmological
[Ec: KOSMONIETH -²EL] {S 5; F 0(GM09: YhaG)}

kosmonydh [kos'mɔnɪð] *m.* **+yon** cosmologist
[Ec: KOSM=ONYDH]
{S 5; F 0(GM09: YhaG): **+yon** I}

kosmos ['kɔsmɔs] *m.* cosmos
[E(O): E < Gk *kósmos* (coe)]
{S 5; F 0(GM09: G.M.S.):}

¹**kost** ['kɔːst] *m.* **+ow** cost, expense, charge, outlay
[E(F): MidE < AngN *cost* (coe)] {S 4; F 1: **M** *cost* (RD.2231): **C** B *koust*, W *cost*: **+ow** N}

kost handlans handling cost

mos yn kost go to expense

²**kost** ['kɔːst] *m.* **+ys** region, district
ALT = **ranndir** [E(F):]
{S 4; F 3: **M** *cost*, pl. *costes* (TH43v): **+ys** M}

kosta ['kɔˑsta] *m.* costmary, alecost *(plant)*
[F: OldF *coste* (Gr.)] {S 4; F 2: **O** *coste* (VC.643) → P: **C** cf. MidB *costenn*:}

kostek ['kɔˑstęk] *adj.* costly, expensive, pricey
[E(F)c: ¹**kost** -¹EK] {S 4; F 0(CE93)}

kostenn ['kɔˑstęn] *f.* **+ow** target, large shallow straw basket
[U:] {S 8; F 3: **L** *kostan* (AB.) → P: **D** "costan": **C** W *costen* 'hive': **+ow** I}

kostenna [kɔs'tęnːa] *v.* target
[Uc: **kostenn** -¹A] {S 8; F 0(GK98: J.A.)}

Kostentin *name* Constantine Name of a Roman emperor
[L: CLat *Constantînus*] {S 1; F 5: **M** *costentyn* → P: **P** Constantine: **C** W *Custennin*}

kostli adj. costly
ALT = **ker**. [E: E *costly*]
{S 5; F 2: **M** *costly* (BK15.08), *gostly* (BK15.60)}

kostow-mentons [ˌkɔstɔʊ'męntɔns] *pl.* maintenance costs
[E(F)cE(F): **kostow mentons**] {S 4; F 0(Y2)}

kostrel ['kɔstręl] *m.* **+s** flask, flagon, decanter
[E: MidE (gpc)]
{S 4; F 0(EC52): **C** W *costrel*: **+s** N (EC52)}

kostya

kostya ['kɔ·stja] *v.* cost
[E(F)c: ¹**kost** -YA]
{S 4; F 2: M 3rd sg. pres. ind. *cost* (BM.3326); 3rd pl. pres. ind. *costyans* (CW.2446)}

kostyans ['kɔ·stjans] *m.* **+ow** cost
[E(F)h: ¹**kost** -YANS] {S 4; F 0(CE38): **+ow** I} LateC *costyans* (CW.2445) looks at first sight like this word, but is more likely to mean 'they cost'.

kota ['kɔ·ta] *m.* **kotow** coat
[E(F): MidE *cote* < OldF *cote* (coe)]
{S 5; F 3: L *kota* (AB033c, 168a) → P, *cota* (NGNB4): **kotow** N (FTWC)}

kota arvow coat-of-arms

kota glaw raincoat

¹**koth** ['kɔ:θ] **1.** *adj.* old, ancient, long untilled **2.** *m.* **re goth** old man
[C: Brit **kotto*- (Haywood)]
{S 1; F 5: O *coth* (VC.208): M *coth*: L *kôth* (AB.), *coth*: P Dolcoath: C B *kozh*; not in W: **re goth** I}

²**koth** ['kɔ:θ] **1.** *adj.* familiar **2.** *m.* **re goth** familiar friend
[E(E): OldE *cuð* (opposite is E *uncouth* 'unknown') (Gr.)] {S 8; F 3: M *cooth* → P; *coth*: **re goth** I} N.B. semantic conflation with **koth** 'old' in the familiar sense of 'old man'.

kothenep [kɔ'θɛ·nɛp] *m.* antiquity *(abst.)* [CC: ¹**koth enep**]
{S 1; F 2: M *cotheneb* (TH34v, 49r):}

kothenn ['kɔ·θɛn] *f.* **+ow** undug subsoil
[Cc: ¹**koth** -ENN]
{S 1; F 0(CE38): D "cothan": **+ow** I}

kothhe [kɔθ'hɛ:] *v.* grow old
[Cc: ¹**koth** -HE] {S 1; F 0(CE38): C B *koshaat*}

kothman ['kɔθman] *m.* **+s** comrade, friend
[DE(E): ¹**koth** or ²**koth** (or both) + E *man*]
{S 4; F 5: M *cothman*; pl. *cothmans*: L *kydhman* (AB014a, 151b): **+s** M}

kothnans *adj.* ancient
{S 8; F 2: L *kothnans* (PV12942), *kothnanz* (PV16815)} Pryce twice mentions the phrase *kothnanz tavazow*, which he translates as 'ancient tongues'.

kovadh

kothni ['kɔθni] *f.* old age
[Cc: ¹**koth** -NI] {S 1; F 0(CE38): C B *kozhni*:}

kothwas ['kɔθwas] *m.* **-wesyon** old fellow, old man, old guy (U.S.), gaffer
[CC: ¹**koth** 2**gwas**] {S 1; F 2: M *coth was* (PC.1695), *coet was* (BK40.07): **-wesyon** I}

koton ['kɔ·tɔn] *m.* **-enyow** cotton
[E(F): MidE *coton* < OldF (co)]
{S 5; F 0(EC52): C B *koton*: **-enyow** I}

kott ['kɔt] *adj.* short, brief, curt
[U: May be related to F *court*]
{S 5; F 4: M *cot* → P, *cut* → P}

kotthe [kɔt'hɛ:] *v.* shorten
[Uc: **kott** -HE] {S 5; F 0(CE38)}

kottheans [kɔt'hɛ·ans] *m.* **+ow** contraction, shortening
[Uch: **kotthe** -ANS] {S 5; F 0(EC00): **+ow** I}

kottha ['kɔθ:a] *adj.* older, senior
[Cc: Comp. of ¹**koth**]
{S 1; F 4: M *cotha* → P: L *cotha*}

kottni ['kɔtni] *m.* curtness
[Uc: **kott** -NI] {S 5; F 0(GM09: G.M.S.):}

koukou ['ku·ku] *f.* **+s** cuckoo
[E: From the bird's song, influenced by Eng.]
{S 5; F 1: L *Cwkw* (LV041): D "Guckow": C B *koukoug*; W *cwcw*: **+s** I}

kour ['ku:r] *m.* **+yow** court
[F: F *cour* (CE38)] {S 4; F 3: M *cur* (BM.2011): L *kur* (PV.): **+yow** I} This is Nance's *cûr*.

kourser ['kursɛr] *m.* **+s** charger *(horse)*
[E(F): MidE < OldF *corsier* (coe)]
{S 5; F 2: M *courser*: **+s** I (CE38)}

kov ['kɔ:v] *m.* **+yow** memory, recollection
[C: CC **komen* (gpc) < IE **kom-men* (lp)] {S 1; F 5: M *cof*: L *ko, co*: C B *koun*; W *cof*: **+yow** I}

perthi kov a remember

perthi y'n kov remember

kovadh ['kɔ·vað] *m.* **+ow** remembrance, record
[Cc: Derivative of **kov**] {S 8; F 2: M *couath* (OM.1283) → P, *covath* (OM.1359): **+ow** I}

kovadha [kɔ'va·ða] *v.* record
[Ccc: **kovadh** -¹A] {S 8; F 0(GM09: G.M.S.)}

kovadhor [kɔ'va·ðɔr] *m.* **+yon** recorder
[Ccc: **kovadh** -OR]
{S 8; F 0(CE38): C cf. W *cofadwr*: **+yon** I}

kovaytis [kɔ'vaɪtɪs] *m.* greed, covetousness
[E(F): MidE *coveitise* (CE38) < OldF *coveitise* (sod)] {S 5; F 3: M *govaytis* (MC.015, 062), *govaytys* (BK14.34), *coveytes* (CW.0998):}

kovaytya [kɔ'vaɪtja] *v.* covet
[E(F)c: VN in -YA from MidE *koveite* < OldF *coveitier* (coe)] {S 5; F 2: M 1st sg. pres. ind. *govytya* (BK14.39): L *covityah* (TCWK)}

kovhe [kɔv'hẹ:] *v.* remind, remember, commemorate
[Cc: **kov** -HE] {S 1; F 2: M 3rd sg. pres. ind. *cofua* (PC.0827) → P: L 2nd sg. impv. *kova* (TCJB): C B *kounaat*}

kovheans [kɔv'hẹ·ans] *m.* **+ow** commemoration
[Ccc: **kovhe** -ANS] {S 1; F 0(AnG 1986): **+ow** I}

kovia [kɔ'vi:a] *v.* hatch, incubate, protect, cherish
Nance connected the two meanings by the phrase 'cherish as a hen its chicks'
[E(F)c: VN in -A from MidE *covey* (CE38) < OldF *covee* (coe)] {S 4; F 2: M *covya* (BM.1355); 3rd sg. pres. subj. *covea* (BK10.21)}

kovlyver [kɔv'lɪ·vẹr] *m.* **-lyvrow** register
[CL: **kov lyver**] {S 1; F 0(EC52): **-lyvrow** I}

kovnotenn [kɔv'nɔ·tẹn] *f.* **+ow** record *(a single record)*, minute
[CE(F)c: **kov notenn**]
{S 5; F 0(GK98: A.S.): **+ow** N}

kovnotyans [kɔv'nɔ·tjans] *m.* **+ow** minute *(a single record)*
[CE(F)c: **kov notyans**]
{S 5; F 0(Y2): C cf. W *cofnodion*: **+ow** I}

kovro ['kɔvrɔ] *m.* **kovrohow** souvenir, keepsake, memento
[CC: **kov ro**]
{S 1; F 0(CE38): C W *cofrodd*: **kovrohow** I}

kovskrifa [kɔv'skri·fa] *v.* register
[CLc: **kov skrifa**] {S 3; F 0(Y2)}

kovskrifans [kɔv'skri·fans] *m.* **+ow** registration
[CLc: **kov skrifans**] {S 3; F 0(EC00): **+ow** I}

kovskrifla [kɔv'skrifla] *m.* **-leow** registry
[CLc: **kov skrif** -LA] {S 3; F 0(Y2): **-leow** I}

kovskrifenn [kɔv'skri·fẹn] *f.* **+ow** register, archive, memorandum
[CLc: **kov skrif** -ENN] {S 3; F 0(Y2): **+ow** I}

¹kovva ['kɔv:a] *f.* **+ow** hiding-place, hideout, concealment
[Cc: LateC form of **kudhva** (CE38)]
{S 8; F 3: M *gova* (CW.1848): L *gova* (KKTT), *govah* (G3WK): **+ow** I}

²kovva ['kɔv:a] *f.* **+ow** remembrance, memory, recollection
[Cc: **kov** -VA] {S 1; F 0(CE38): **+ow** I}

kow ['kɔw] **1.** *adj.* hollow **2.** *f.* **+yow** hollow
[H: Brit **kowos* + CLat *cauus* (Fl.)]
{S 1; F 0(CE38): P Angew: C B *kev*; W *cau* 'hollow': **+yow** I}
Nance treated *cow* and *kew* as two separate words, having the respective meanings 'hollow' and 'enclosure', but they are evidently the same word. The form *kew* is so common, however, that it must be treated as a variant.

kowa ['kɔwa] *v.* hollow
[Hc: **kow** -¹A] {S 1; F 0(CE38)}

kowal ['kɔwal] **1.** *adj.* complete, entire, whole, thorough, gross *(financial)*, full **2.** *adv.* completely, entirely, wholly, fully, totally
[C:] {S 8; F 4: M *cowal* → P: C OldB *couual*}

kowann ['kɔʊan] *f.* **+ow** owl
[L: CLat *cavannus*] {S 1; F 0(CE38): C B *kaouenn*; MidW *cuan*: **+ow** I}

kowans ['kɔʊans] *m.* **+ow** excavation
[Hh: **kow** -ANS]
{S 1; F 0(CE55): D "gounce": **+ow** I}

koward

koward 1. *adj.* cowardly **2.** *m.* **+s** coward ALT = **kilgi**.
[E(F): MidE *couard* < *cuard* < OldF *cuard* (coe)] {**S** 5; **F** 2: **M** *coward* (OM.2157), *goward* (BK12.36); pl. *cowards* (BK34.27): **+s** M}

kowardi *m.* cowardice ALT = **kilgieth**.
[E:] {**S** 5; **F** 1: **M** *gowardy* (OM.2161):}

kowas ['kɔʊaz] *f.* **kowasow** shower, rainstorm, blast *(of rain)*
[C: Brit (Fl.)] {**S** 1; **F** 3: **O** *couad* (VC.447) → L,P: **M** *cowes* (OM.1081), *gowes* (OM.1080), *cowas* (TH31r): **L** *kûas* (AB028a, 067c) → P: C B *kaouad*; W *cawad*, later *cawod*: **kowasow** I} Both *cowas* and *cowes* are found in MidC; the first appears to be correct, and the second a reversed spelling caused by the change [ę] > [a] in unstressed syllables. This means that the pl. is **kowasow** (B *kaouadoû*), and that Nance's *cowosow* needs revision.

kowas wyns gust, squall
kowas geser hail shower
kowas niwl thick mist

kowasek [kɔ'waˑzęk] *adj.* showery
[Cc: **kowas** -¹EK] {**S** 1; **F** 0(CE38): **C** W *cawodog*}

kowasell [kɔ'waˑzęl] *f.* **+ow** shower *(domestic)* [Cc: **kowas** -ELL] {**S** 1; **F** 0(GM09: K.J.G.): **+ow** I}

kowatti [kɔ'watːi] *m.* **+ow** shelter
[CC: from **kowas** ⁴ti] {**S** 1; **F** 0(CE55): **+ow** I}

kowbal ['kɔʊbal] *m.* **+yow** ferry
[L: BLat *caupalus* (Fl.)] {**S** 1; **F** 0(CE38): **P** First element of *Kebellans* = **kowbalhyns**: **C** OldB *caubal*; W *ceubal*: **+yow** I}

kowbalhyns [kɔʊ'balhɪns] *m.* **+ow** ferry-crossing
[LC: **kowbal hyns**] {**S** 1; **F** 0(CE38): **P** *Kebellans*: **C** OldB *Caubal hint*: **+ow** I}

kowbrenn ['kɔʊbręn] *m.* **+yer** hollow tree
[HC: **kow** 2**prenn**] {**S** 1; **F** 0(EC52): **+yer** I}

kowdarn ['kɔʊdarn] *m.* **+s** cauldron
[E(F): MidE *caudroun* < AngN *caudron* (coe)] {**S** 4; **F** 2: **L** *kaudarn* (AB045b, 077b) → P: **+s** I} The metathesis may be late.

kowethasek

kowdoll ['kɔʊdɔl] *m.* **kowdell** crater
[CC: **kow** 2¹**toll**] {**S** 1; **F** 0(EC00): **kowdell** I}

kowell ['kɔˑwęl] *m.* **+ow** cage, pannier basket, coop. An exception to the rule that nouns in <-ell> are fem.; this one is masc. because it does not contain -ELL.
[L: CLat *cauella* (Fl.)] {**S** 1; **F** 3: **L** *kaual* (AB.), *kawall* (PRJBG): **C** B *kavell* 'cradle'; W *cawell*: **+ow** I}

kowell edhen birdcage
kowell gwenen beehive
kowell kankres crab-pot
kowell lesk cradle

kowella [kɔ'węlːa] *v.* cage, coop up
[Lc: **kowell** -¹A] {**S** 1; **F** 0(GM09: G.M.S.)}

kowellik [kɔ'węlːɪk] *m.* **-igow** sink-basket
[Lc: **kowell** -IK] {**S** 1; **F** 0(Y1): **-igow** I}

kowesi [kɔ'węˑʒi] *v.* shower
[Cc: **kowas**A -¹I] {**S** 1; **F** 0(CE55): **C** W *cawodi*}

¹**kowesik** [kɔ'węˑʒɪk] *adj.* hollowed
[Hc: from **kow** -ESIK] {**S** 1; **F** 0(CPNE): **P** Cowyjack: **C** W *ceuedig*}

²**kowesik** [kɔ'węˑʒɪk] *m.* **-igow** flurry
[Cc: **kowas**A -IK] {**S** 1; **F** 0(GM09: G.M.S.): **-igow** I}

koweth ['kɔwęθ] *m.* **+a** companion *(male)*, friend, mate, fellow, pal, peer
[C: Brit **ko-wekt-* (gpc)] {**S** 1; **F** 5: **M** *cowyth* → L,P; pl. *cowethe, cowetha* → P: **C** W *cywaith*: **+a** M} The pl. ending -A is for -EDH.

kowethas [kɔ'węˑθaz] *m.* **+ow** company, society, association, fellowship, group, firm
Gender is in doubt: masc. at BM.1287,2885,4381 but fem. at BM4256.
[Cc: **koweth** -²AS]
{**S** 1; **F** 3: **M** *cowethas*: **C** W *cyweithas*: **+ow** I}

Kowethas an Yeth Kernewek
Cornish Language Fellowship

kowethasek [kɔʊę'θaˑzęk] *adj.* social
[Ccc: **kowethas** -¹EK] {**S** 1; **F** 0(EC00)}

kowethek

kowethek [kɔʊ'ę·θęk] *adj.* friendly
[Cc: **koweth** -¹EK] {S 1; F 0(GM09: G.M.S.)}

kowethes [kɔʊ'ę·θęs] *f.* **+ow**
companion *(female)*, friend
[Cc: **koweth** -⁴ES]
{S 1; F 3: M *cowethes* → P: **+ow** I}

kowethlyver [kɔʊęθ'lɪ·vęr] *m.* **-lyvrow**
manual, handbook
[CL: **koweth lyver**] {S 1; F 2: O *copeidliuer* (VC.793)} → L,P: **-lyvrow** I}

kowethya [kɔʊ'ę·θja] *v.* keep company, consort
[Cc: **koweth** -YA]
{S 1; F 1: M p.ptcpl. *cowethys* (MC.041)}

kowethyades [ˌkɔʊęθ'ja·dęs] *f.* **+ow**
colleague, partner, associate
[Cc: **koweth** -YADES]
{S 1; F 0(GK98: K.J.G.): **+ow** I}

kowethyadow [ˌkɔʊęθ'ja·dɔw] *adj.*
sociable
[Ccc: from **koweth** -YA -ADOW]
{S 1; F 0(GK98: A.S.)}

kowethyans [kɔʊ'ę·θjans] *m.* **+ow**
fellowship, association, company
[Ch: **koweth** -YANS] {S 1; F 2: L *kowethyans* (ACJK), *cowethyans* (PV.8431): **+ow** I}

kowethyas [kɔʊ'ę·θjaz] *m.* **-ysi**
colleague, partner, associate
[Cc: **koweth** -³YAS] {S 1; F 0(CE38): **-ysi** I}

kowfordh ['kɔʊfɔrð] *f.* **+ow** tunnel, subway
[HE(E): **kow fordh**]
{S 4; F 0(EC52): C W *ceuffordd*: **+ow** I}

kowgans ['kɔʊgans] *adj.* certain, sure
[C: Brit **kowo-kant-* (Fl.)]
{S 1; F 0(CE38): C MidB *cougant*; W *ceugant*}
This word was replaced by MidC *certen*.

kowganseth [kɔʊ'ganzęθ] *f.* **+ow**
certainty
[Cc: **kowgans** -ETH]
{S 1; F 0(GL05: K.J.G.): **+ow** I}

kowgromm ['kɔʊgrɔm] *adj.* concave
[CC: **kow 2kromm**] {S 8; F 0(GM09: YhaG)}

²kowlek

¹kowl ['kɔʊl] *coll.* **+enn** cabbage
(in general), kale
[L: CLat *caulis*]
{S 1; F 2: O *caul* (VC.655) → L: **+enn** I}

²kowl ['kɔʊl] *m.* **+ow** soup, broth, pottage
[L: BLat **câg'lum* (gpc) < CLat *coâgulum* (lp)]
{S 1; F 3: O *caul* (VC.655) → L,P: C B *kaoul*; W *caul*: **+ow** I} Did the words for 'cabbage' and 'soup' fall together in Cornish? This is one of the vexing questions that cannot be answered without trad. native speakers. The problem may be avoided by using **ongel** for 'cabbage' and **soubenn** for 'soup'.

KOWL- *prefix* [c: Form of **kowal**]

kowla ['kɔʊla] *v.* curdle, clot, coagulate
[Lc: **²kowl** -¹A] {S 1; F 1: L p.ptcpl. *kowlys* (LV95.02)} Lhuyd's *kowlys* could be for **kowles**, but is here taken as a separate word.

kowlardak [koʊl'ardak] *m.* **-agow**
checkmate
[cU: KOWL- **ardak**] {S 8; F 0(EC00): **-agow** I}

kowldevi [kɔʊl'dę·vi] *v.* grow fully, be fully grown
[cCc: KOWL- **2tevi**] {S 2; F 2: M p.ptcpl. *cowle devys* (CW.1858, 1938)}

kowldhiwedha [ˌkɔʊlði'wę·ða] *v.*
complete
[ccCc: KOWL- **2diwedha**]
{S 1; F 1: M p.ptcpl. *cvl dewethys* (BK16.11)}

kowl'kontya [kɔʊl'kɔntja] *v.* reckon fully
[cE(F)c: Reduction of KOWL- **akontya**]
{S 2; F 1: M p.ptcpl. *cowle comptys* (CW.0793)}

kowldhrehevel [ˌkɔʊlðrę'hę·vęl] *v.*
finish building
[ccCc: from KOWL- **2drehevel**]
{S 2; F 2: M *coul dreheuel* (OM.2340); 3rd sg. pres. ind. *coul threha* (OM.2342)}

¹kowlek ['kɔʊlęk] *f.* **-egi** cabbage plot
[Lc: **¹kowl** -¹EK] {S 1; F 0(CE38): **-egi** I}

²kowlek ['kɔʊlęk] **1.** *adj.* gluttonous **2.** *m.* **-ogyon** glutton

kowlennik
[Lc: ²kowl -¹EK] {S 1; F 0(CE38):
D "cowlack": **-ogyon** I}
The word is taken to include ²**kowl** 'soup' rather than ¹**kowl** 'cabbage', since gluttons are more likely to consume soup than cabbage!

kowlennik [kɔʊ'lɛnːɪk] *f.* **-igow** sprout *(Brussels)* [Lcc: ¹kowl -ENN -IK] {S 1; F 0(EC52): **-igow** I}

kowllenwel [kɔʊ'lɛnwɛl] *v.* fulfil, complete
[cCc: KOWL- **lenwel**] {S 1; F 5: M *cowlenwel* (OM.0534) → L,P} The reduced form **kollenwel** is commoner in the texts.

kowles ['kɔʊlɛz] *coll.* **+enn** curd, coagulation, jelly
[U:] {S 1; F 0(EC52): L *cowles* (PV13143): D Found as 2nd element in "malagowla": C B *kaouled;* W *ceuled:* **+enn** N (G.M.S.)}

kowles gwynn blancmange

kowlesenn [kɔʊ'lɛˑzɛn] *f.* **+ow,** *coll.* **kowles** clot
[Uc: **kowles** -ENN] {S 1; F 0(CE93: G.M.S.)}

kowlik ['kɔʊlɪk] *m.* **-igow** sprout *(Brussels)* [Lc: ¹kowl -IK] {S 1; F 0(FTWC): **-igow** N (FTWC)}

kowlleski [kɔʊ'lɛˑski] *v.* burn up, consume by fire, incinerate
[cLc: KOWL- **leski**] {S 1; F 0(CE55)}

kowllybya [kɔʊ'lɪˑbja] *v.* saturate
[cCc: KOWL- 2**glybya**] {S 1; F 0(GM09: P.H.)}

kowllybyans [kɔʊ'lɪˑbjans] *m.* saturation
[cCc: from KOWL- 2**glybya** -ANS] {S 1; F 0(GM09: K.J.G.):}

kowlogneth [kɔʊ'lɔgnɛθ] *f.* gluttony
[Lc: ²kowl -OGNETH] {S 1; F 0(CE38):}

kowlvleujenn [kɔʊl'vlœˑdʒɛn] *f.* **+ow** cauliflower, broccoli
[LCc: ¹kowl 2**bleujenn**]
{S 3; F 0(EC52): **+ow** N (EC52)}

kowlwerth ['kɔʊlwɛrθ] *adj.* wholesale
[cC: KOWL- 2**gwerth**] {S 2; F 0(EC52)}

kowlwertha [kɔʊl'wɛrθa] *v.* sell wholesale
[cCc: **kowlwerth** -¹A] {S 2; F 0(GM09: G.M.S.)}

kowlwerther [kɔʊl'wɛrθɛr] *m.* **-oryon** wholesaler
[cCc: **kowlwerth** -¹ER]
{S 2; F 0(GM09: G.M.S.): **-oryon** I}

kowlwrians [kɔʊl'wriˑans] *m.* **+ow** completion, implementation, accomplishment, achievement
[cCc: KOWL- 2**gwrians**] {S 1; F 0(EC00): **+ow** I}

kowlwul ['kɔʊlwyl] *v.* complete, accomplish, finish doing, implement
[cC: KOWL- 2**gul**] {S 2; F 2: M p.ptcpl. *coul wreys* (OM.2412), *coul wrys* (OM.2454, 2581)}

kownans [kɔʊnans] *m.* **+ow** ravine, gorge
[HC: **kow nans**] {S 1; F 2: M *kewnans* (BK16.18a, 16.21): P Cownance, Kynance: C W *ceunant:* **+ow** I}

kowr ['kɔʊr] *m.* **kewri** giant
[C: Brit **kauˈros < *kauaros* (Iheb)] {S 1; F 1: M *gower* (BK32.16): C B *kaour;* W *cawr:* **kewri** C}

kowrek ['kɔʊrɛk] *adj.* gigantic, enormous, immense, colossal
[Cc: **kowr** -¹EK] {S 1; F 0(GK98)}

kowrekter [kɔʊ'rɛktɛr] *m.* **+yow** immensity
[Ccc: **kowrek** -TER] {S 1; F 0(EC00): **+yow** I}

kowres ['kɔʊrɛs] *f.* **+ow** giantess
[Cc: **kowr** -⁴ES] {S 1; F 0(CE38): **+ow** I}

kowrgarow [kɔʊr'gaˑrɔw] *m.* **-gerwys** elk
[CC: **kowr** 2**karow**]
{S 1; F 0(EC00): **-gerwys** I (K.J.G.)}

kowrogeth [kɔʊ'rɔˑgɛθ] *f.* **+ow** enormity
[Ccc: from **kowrek** -ETH]
{S 1; F 0(GM09: K.J.G.): **+ow** I}

kowrolifans [kɔʊrɔ'liˑfans] *m.* **-es** mammoth
[cF: **kowr olifans**]
{S 4; F 0(GM09: G.M.S.): **-es** I}

kowrvalow

kowrvalow [kɔʊr'vaˑlɔw] *m.* **+yow** hibiscus
[CE(E): **kowr** 2**malow**] {**S** 4; **F** 0(EC00): **+yow** I}

kowrvargh ['kɔʊrvarx] *m.* **-vergh** camel
[CC: **kowr** 2**margh**] {**S** 1; **F** 3: **O** *caurmarch* (VC.568): **C** Not in B nor in W: **-vergh** I}

kows ['kɔʊz] **1.** *m.* **+ow** speech, talk, discourse, speaking **2.** *v.* talk
[C: Brit (lp)] {**S** 1; **F** 6: **C** B *kaoz*: **M** *cows*: **L** *kouz*: **+ow** I} A Celtic etymology appears more likely than F *causer* 'to chat', since this sense did not arise in F until the 17th cent.

kowsans ['kɔʊzans] *m.* **+ow** manner of speech
[Ch: **kows** -ANS] {**S** 1; **F** 0(EC52): **+ow** I}

kowser ['kɔʊzęr] *m.* **-oryon** speaker *(male)*
[Cl: **kows** -¹ER] {**S** 1; **F** 0(EC52): **-oryon** I}

kowses ['kɔʊzęz] *m.* **+yow** inward thought, conscience, conviction
[Cc: Perhaps **kows** -²ES] {**S** 8; **F** 3: **M** *gowsys* (MC.015, 036) → P; pl. *gousesow* (PC.0885) → P, *cowgegyow* (BM.0149): **+yow** M}

treylya y gowsesyow change his mind

kowsores [kɔʊ'zɔˑręs] *f.* **+ow** speaker *(female)* [Cl: **kows** -ORES]
{**S** 1; **F** 0(GM09: K.J.G.): **+ow** I}

kowva ['kɔʊva] *f.* **+ow** cavity
[Hc: **kow** -VA]
{**S** 1; **F** 0(CE38): **C** W *ceufa*: **+ow** I}

kowynn ['kɔwɪn] *m.* **+ow** mould *(for casting)*
[Hc: **kow** -YNN] {**S** 1; **F** 0(Y1): **+ow** I}

koynach m. **-ajys** coinage of tin
[E(F): MidE < OldF *coigniage* (coe)]
{**S** 5; **F** 0(EC52): **-ajys** I}

koynt ['kɔɪnt] *adj.* strange, extraordinary, unusual, odd, curious, peculiar, queer, weird, rum, eccentric
[E(F): MidE (> ModE *quaint*) < OldF]

kraghdardh

{**S** 5; **F** 4: **M** *coynt* → P: **C** cf. B *koant* 'pretty', borrowed from F at a later stage, with different sound and meaning.}

koyntnans m. **+ow** countenance
ALT = **fas**.
[E(F): MidE < AngN *cuntenance* (coe)]
{**S** 5; **F** 1: **M** *goynntnans* (BK28.55): **+ow** I}
Possibly influenced by the word **koynt**.

koynturi [kɔɪn'tyˑri] *m.* strangeness
[E(F)e: **koynt** -URI] {**S** 5; **F** 1: **M** *goynt wyry* (BK12.30): **C** B *koantiri* 'beauty':}

koyntys ['kɔɪntɪs] *f.* **+yow** oddity, unusual thing, peculiarity, quirk
[E(F): MidE < OldF]
{**S** 5; **F** 3: **M** *coyntys*: **+yow** I}

kraban ['kra'baˑnɔw] *f.* **+ow** talon, nipper
[C:] {**S** 8; **F** 2: **M** pl. *crabanow* (BK37.42): **L** pl. *crabanaw* (BOD.062): **C** B *kraban*: **+ow** I}

krabys adj. crabbed
[Ec: P.ptcpl. of an unrecorded verb in -YA from E *crab* < OldE *crabba* (coe)]
{**S** 8; **F** 1: **M** *crabbys* (TH09r)}

kraf ['kraːf] **1.** *adj.* grasping, greedy, tenacious, miserly **2.** *m.* **+ow** grasp, grip, **krefyon**, miser
[D: OldE **craef* (Förster) or Brit **krap-s-* (wg)]
{**S** 8; **F** 2: **O** *craf* (VC.411) → P: **L** *krâf*: **+ow** I; **krefyon** I}
This does not seem to be the same as **krav-**.

krafa ['kraˑfa] *v.* grasp, stitch roughly
[Dc: **kraf** -¹A] {**S** 1; **F** 0(CE38): **D** "crafe"}

krafell ['kraˑfęl] *f.* **+ow** clutch *(in car)*
[Dc: **kraf** -²ELL] {**S** 1; **F** 0(Y1): **+ow** I}

krag ['kraːg] *coll.* **+enn** sandstone
[U:] {**S** 8; **F** 0(CPNE): **P** Crackington: **C** MidB *cragg*; W *craig*: **+enn** P}

kragh ['kraːx] **1.** *adj.* scurvy, scabby **2.** *m.* **kreghi** scurf
[C: CC (gpc)]
{**S** 1; **F** 1: **M** pl. *crehy* (BM.2418): **kreghi** M}

kraghdardh ['kraxdarð] *m.* impetigo
[CC: **kragh** 2**tardh**] {**S** 1; **F** 0(EC00):}

krakk ['krak] 1. *m.* **+ys** crack, snap, pop *(noise)* 2. *interj.* crack
Used by Philip Knight in his story **Krakk Taran** to denote cocaine in smokable form. [E: MidE] {S 5; F 3: M *crak*: L *crack*: **+ys** I}

krakk y gonna very steep

krakkya ['krak:ja] *v.* crack, snap, break
Used intransitively in the texts, of a heart breaking. [E(E)c: **krakk** -YA < OldE *craccian* (coe)] {S 5; F 3: M *crakye* → P}

Krakow place Krakow
[U:] {S 8; F 1: M *cragow* (BK19.50)}

KRAM- [U:]

KRAMBL- [E: MidE, with reduction of [skr-] to [kr-] (K.J.G.)]

krambla ['krambla] *v.* climb, creep
cf. E *clamber*, related to *climb*. [Ec: KRAMBL=¹A] {S 5; F 3: L *grambla* (AB.) → P}

kramblek ['kramblęk] *adj.* climbing
[Ec: KRAMBL=¹EK] {S 5; F 0(GM09: G.M.S.)}

krambler ['kramblęr] *m.* **-oryon** climber
[Ec: KRAMBL- -¹ER] {S 5; F 3: **-oryon** I}

krammenn ['kram:ęn] *f.* **+ow,** *coll.*
kramm scab over sores
[Uc:] {S 8; F 0(CE38)} Even though the B and W have <-m->, it is thought more likely that the word contains /-mm-/.

krampoeth ['krampɤθ] *coll.* **+enn** pancakes
[U:] {S 1; F 3: L *krampedh* (AB075b) → P; sg. *krampothan* (AB075b) → P: **+enn** L}

krampoeth mowesi pennywort

krampoetha [kram'po·θa] *v.* beg for pancakes
[Uc: **krampoeth** -¹A] {S 1; F 0(CE38)}

kramvil ['kramvɪl] *m.* **+es** reptile
[UC: KRAM- 2⁴**mil**] {S 8; F 0(GK98: K.J.G.): **+es** I}
The trad. word for 'reptile' was **pryv** *q.v.*, which was used also for 'worm, dragon, serpent'. A word is required to denote 'reptile' alone. The E word *reptile* is a derivative of Lat *repere* 'to crawl' (coe). It is evident that the means of locomotion was more important in past times than the characteristics of cold-bloodedness or egg-laying, which also help to distinguish what are now classed as reptiles. The new word **kramvil** emphasizes the crawling aspect of these creatures; cf. B *stlejvil*.

kramvilek [kram'vi·lęk] *adj.* reptilian
[UCc: **kramvil** -¹EK] {S 8; F 0(GM09: G.M.S.)}

kramya ['kra·mja] *v.* crawl, creep
[Uc: KRAM=YA] {S 8; F 2: L *kramia* (G1JB): D "crame"}

krana m. kranys crane ALT = **garan**.
[E(E): MidE < OldE *cran* (coe)] {S 4; F 2: L *krâna* (AB064b): **kranys** I}

krann ['kran:] *coll.* scrub, bracken
[C:] {S 1; F 0(CPNE): P ?Goodagrane: C B *krann*:} Doubtful; may exist in pl.ns.

kranndir ['krandir] *m.* **+yow** scrubland
[CC: **krann** 2tir] {S 1; F 0(GK98: G.M.S.): **+yow** I}

krannek ['kran:ęk] *adj.* scrubby
[Cc: **krann** -¹EK] {S 1; F 0(GM09: G.M.S.)}

krap m. grip ALT = **dalghenn**.
[U: E *grab* (gpc) seems unlikely, since it is from LowG, and would therefore not easily find its way into B.] {S 8; F 0(CE38): C B *krap*; W *crap*}

kras ['kra:z] 1. *adj.* parched, toasted 2. *coll.* **+enn** toast *(food)*
[C:] {S 1; F 0(CE38): C B *kras*; W *cras*: **+enn** I}

krasa ['kra·sa] *v.* toast, parch
[Cc: **kras** -¹A] {S 1; F 0(CE38): C B *krazañ*; W *crasu*}

krasell ['kra·sęl] *f.* **+ow** toaster
[Cc: **kras** -ELL] {S 1; F 0(GM09: G.M.S.): **+ow** I}

krasenn ['kra·sęn] *f.* **+ow** piece of toast
[Cc: **kras** -ENN] {S 1; F 0(CE38): C B *krazenn*: **+ow** I}

kraster ['kra·stęr] *m.* aridity
[Cc: **kras** -TER] {S 1; F 0(CE38): C W *craster*:}

KRAV- [C: CC (gpc)]

kravas ['kra·vaz] 1. *v.* scrape, scratch, claw 2. *m.* **+ow** scratch
[Cc: KRAV=¹AS] {S 8; F 0(CE38): C B *kravat*; cf. W *crafu*: **+ow** I}

kravell

kravell ['kra·vęl] *f.* **+ow** scraper, hoe
[Cc: ²KRAV=ELL]
{S 1; F 0(CE38): C B *kravell*, W *crafell*: **+ow** I}

kravellas [kra'vęlːaz] *v.* scrape *(mechanically)*, hoe
[Ccc: **kravell** -¹AS]
{S 1; F 0(CE38): C B *kravellat*; cf. W *crafellu*}

kravlost ['kravlɔst] *m.* **+ow** knocker *(mine-spirit)*, goblin lit. 'scrape-tail'
[cC: KRAV- **lost**]
{S 8; F 1: M *graf lost* (BK21.49): **+ow** I}

kraw ['kraw] *m.* **+yow** hole, perforation, socket
[C: Brit **krawo-* (Fl.)] {S 8; F 2: M *krov* (BM.0468): L *krow* (Lh.): **+yow** I} It is supposed that <-ov> and <-ow> are in error for /-aw/.

kraw lagas eye socket
kraw naswydh eye (of needle)
KRAW- *prefix* -ostomy [C: Same as **kraw**]
{S 1; F 0(GM09: J.A.)}

kraw-kolon [ˌkraʊ'kɔ·lɔn] *m.*
krawyow-kolon colostomy
[CC: **kraw kolon**]
{S 8; F 0(GK98: J.A.): **krawyow-kolon** I}

kreador [krę'a·dɔr] *m.* **+yon** creator
[L: CLat *creātor*] {S 5; F 3: O *creador* (VC.493) → P: M *creator* (TH.): **+yon** I}

kreatya *v.* create ALT = **gwruthyl**.
[E(L)c: VN in -YA from MidE < Lat (coe)]
{S 5; F 4: M *creatya*}

kreatur *m.* **+s** creature ALT = **kroadur**.
[E(F):]
{S 5; F 4: M *creatur* → P; pl. *creaturs*: **+s** M}

krebogh ['krę·bɔx] *adj.* wrinkled, withered, decrepit *(of person)*
[C: CC (gpc)] {S 8; F 0(CE38): D "cribbage-faced": C W *crebach* 'shrivelled'} The spelling is due to Nance.

krefni ['kręfni] *f.* greed, avarice
[Dc: **kraf**A -NI] {S 1; F 2: M *grefnye* (CW.0681) → P;} misused at CW.0682 instead of **kraf**.

kreft ['kręft] *f.* **+ow** craft, workmanship, occupation requiring manual skill
[E(E): OldE *craeft*] {S 5; F 3: O *creft* (VC.229) → L,P: M *creft*: **+ow** I}

krefter ['kręftęr] *m.* **-oryon** craftsman, artificer, artisan
[E(E)l: **kreft** -¹ER]
{S 5; F 2: O *creftor* (VC.230) → P: **-oryon** I}

kreg ['krę:g] **1.** *adj.* hoarse **2.** *m.* **+yon** hoarse person
[U:] {S 8; F 2: O *creg* (VC.376) → P: **+yon** I}

kreghi ['krę·xi] *pl.* scurf pl. of **kragh**
[Cc: **kragh**A -²I] {S 1; F 1: M *crehy* (BM.2418)}

kreghyn ['krę·xɪn] *pl.* skins
[C: **kroghen**A] {S 1; F 2: M *crehyn* (TH19v), *krehen* (CW.1475) → P: C B *krec'hin*}

kreghynva [krę'fɪɪnva] *f.* **+ow** tannery
[C: **kroghen**A -VA] {S 1; F 0(EC52): **+ow** I}

kregi ['krę·gi] *v.* hang, suspend
[Lc: **krog**A -¹I]
{S 1; F 5: M *cregy* → P: L *kregi* (AB159c), *kreg*}

kregi war depend on

kregyans ['krę·gjans] *m.* **+ow** suspension
[Lh: **krog**A -YANS] {S 1; F 0(Y1): **+ow** I}

kregyar ['krę·gjar] *f.* **-yer** landrail *(bird)*
[UC: **kreg yar**] {S 1; F 0(EC52): **-yer** I}

krekter ['kręktęr] *m.* hoarseness
[Uc: from **kreg** -TER] {S 8; F 0(GK98: G.M.S.):}

kren ['krę:n] *m.* **+yow** trembling, shaking, quake, vibration
[C: Brit (Fl.)] {S 1; F 3: M *cren* (MC.057; BK12.31, 28.41) → P: L *kern* (PV12802): P Kellygreen: **+yow** I} Nance's pl. *crennow* is incorrect; the word contains /n/ not /nn/.

kren an leghow fit of the ague

krena ['krę·na] *v.* shake, tremble, vibrate
[Cc: **kren** -¹A] {S 1; F 4: M *crenne*: L *krenna, kernah*: C B *krenañ*, W *crynu*} MidC *crenne* is unexpected; the word contains /n/ not /nn/; this influenced Nance's spelling *crenna*. Usually intransitive.

krener ['krɛ·nər] *m.* **-oryon** quaker
[Cl: kren -¹ER] {S 1; F 0(CE38): **-oryon** I}

krenn ['krɛnː] *adj.* round, circular
[C: CC **krund-i-* (gpc)]
{S 1; F 2: **C B** *krenn;* 'round, middle'; cf. W *crwn*: **L** *kren, kern* (AB141c) → P}
It seems that there was confusion in trad. Cor. between /kren/ 'shake' and /krenn/ 'round'. The spelling in **Kernewek Kemmyn** removes this confusion; the words form a minimal pair.

krennder ['krɛndər] *m.* roundness
[Cc: **krenn** -DER] {S 1; F 0(CE38): **C B** *krennder:*}

krennwreydh ['krɛnwrɛɪð] *coll.* **+enn** bulb (of plant)
[CCc: **krenn 2gwreydh**]
{S 1; F 0(EC52): **+enn** I}

krenus ['krɛ·nys] *adj.* shaky
[Cl: **kren** -US] {S 1; F 0(GM09: K.J.G.)}

krenynn ['krɛ·nɪn] *m.* **+ow** tremor, shudder
[Cc: **kren** -YNN]
{S 1; F 0(GM09: G.M.S.): **+ow** I}

krer ['krɛːr] *m.* **+yow** relic *(of saint)*
[C: CC **kredra* (gpc)]
{S 8; F 0(CE38): **C W** *crair*: **+yow** I}

krerva ['krɛrva] *f.* **+ow** reliquary, shrine
[Cc: **krer** -VA]
{S 8; F 0(CE38): **C W** *creirfa*: **+ow** I}

¹kres ['krɛːz] *m.* peace
[C: CC **kred-* (gpc)] {S 8; F 5: **M** *cres* → P: **L** *crees*: **C** MidB *cret*, W *cred* 'belief, trust':}

²kres ['krɛːz] *f.* faith
[C: Same as **¹kres**] {S 1; F 2: **L** *krez* (AB230c):}

³kres ['krɛːz] **1.** *adj.* middle, medium, intermediate **2.** *m.* **+yow** centre *(middle)*, waist
[C: IE **kr-su* (lp)] {S 3; F 5: **M** *cres, creys*: **L** *krêz* (AB172a): **P** Park Crees: **+yow** I}

kresek ['krɛ·zɛk] **1.** *adj.* average, mediocre **2.** *m.* **kresogow** average
[Cc: **³kres** -¹EK]
{S 8; F 0(Y2): **kresogow** I (K.J.G.)}

kresel ['krɛ·zɛl] *adj.* central
[Cc: **³kres** -¹EL] {S 8; F 0(GM09: G.M.S.)}

kresenn ['krɛ·zɛn] *f.* **+ow** centre *(building)*
[Cc: **³kres** -ENN]
{S 8; F 0(Y2): **C B** *kreizenn*: **+ow** I}

kresenn brenassa shopping centre

kresenn gemmynieth community centre

kresenn yowynkneth youth centre

kresik ['krɛzɪk] *m.* **-igow** crisp
[Cc: **kras**A -IK] {S 1; F 0(AnG): **-igow** I}

kreslu ['krɛzly] *m.* **+yow** police, police force
[UC: **¹kres lu**] {S 8; F 0(Y1): **C** cf. W *heddlu* lit. 'peace army': **+yow** I}

kreslu gustel riot police

kresoesel [krɛz'oːzɛl] *adj.* mediaeval
[³**kres oes** -¹EL] {S 8; F 0(GM09: G.M.S.)}

kresogeth [krɛ'zɔ·gɛθ] *f.* mediocrity
[Ccc: **³kres** -OGETH] {S 8; F 0(GM09: K.J.G.):}

kresoleth [krɛ'zɔ·lɛθ] *f.* centrality
[Ccc: **³kres** -OLETH] {S 8; F 0(GM09: K.J.G.):}

kressya ['krɛsːja] *v.* increase, multiply, extend
[Ec: Aphetic form of **ynkressya**]
{S 4; F 3: **M** *cressya*: **L** *kressia*}

kressys ['krɛsːɪs] *adj.* increased, extended
[Ec: P.ptcpl. of **kressya**]
{S 4; F 0(GM09: G.M.S.)}

kresten ['krɛ·stɛn] *coll.* **+enn** crust
[U: E *crust* (gpc) seems unlikely; the ending appears to be -EN not -ENN.]
{S 8; F 0(CE38): **C B** *kresten*: **+enn** I}

krestenigow [ˌkrɛstɛ'niːgɔw] *pl.* croutons
[Ucc: from **kresten** -IK -OW]
{S 8; F 0(GM09: K.J.G.)}

krestenyek [krɛs'tɛ·njɛk] *adj.* crusty
[Uc: **kresten** -YEK] {S 8; F 0(GM09: YhaG)}

kresva ['krɛsfa] *f.* **+ow** centre *(building)*
[Uc: **³kres** -VA] {S 8; F 0(Y1): **+ow** I}

kreswas ['krɛzwas] *m.* **-wesyon** centre *(in rugby)* [UC: ³**kres** 2**gwas**]
{S 8; F 0(GK98: K.J.G.): **-wesyon** I}

kresys ['krɛ·ʒɪz] *m.* credit, confidence
[E(F): MidE < F *crédit* (coe)] {S 1; F 0(Y2):}

kresysor [krɛ'ʒɪ·zɔr] *m.* **+yon** creditor *(male)*
[E(F)c: **kresys** -OR] {S 4; F 0(Y2): **+yon** I}

kresysores [ˌkrɛʒɪ'zɔ·rɛs] *f.* **+ow** creditor *(female)*
[E(F)c: **kresys** -ORES] {S 4; F 0(Y2): **+ow** I}

Kreth *place* Crete
{S 8; F 1: M *creth* (BK32.25)}

kreun ['krœːn] *m.* **+yow** reservoir, artificial pond, reserve *(of money or materials)*
[C:] {S 8; F 2: L *Cren* (LV039.07); pl. *Crenniaw*: P ?Park Crane (CPNE): C W *crawn* 'accumulation': **+yow** L}

kreun melin mill-pool

kreunans ['krœ·nans] *m.* **+ow** accumulation, storage, saving
[Ch: **kreun** -ANS]
{S 8; F 0(GM09: G.M.S.): **+ow** I}

kreunell ['krœ·nɛl] *f.* **+ow** accumulator
[Cc: **kreun** -²ELL] {S 8; F 0(GK98: P.H.): **+ow** I}

kreuni ['krœ·ni] *v.* accumulate, gather, store
[Cc: **kreun** -¹I] {S 1; F 2: M p.ptcpl. *crunys* (MC.022) → P: L *CRYNNY* (LV040.12)}

KREUP- [E(E): OldE *crēopan* (coe)]

kreupya ['krœ·pja] *v.* creep
[E(E)c: KREUP=YA]
{S 5; F 2: M *cruppya* (CW.0910, 0921)}

kreupyans ['krœ·pjans] *m.* creep *(in physics)*
[E(E)h: KREUP=YANS] {S 5; F 0(GM09: YhaG):}

krev ['krɛːv] *adj.* strong, mighty, vigorous
[C: Brit **krimo-* (Haywood)]
{S 3; F 5: O *crif*: M *cref*: L *krêv* (AB.); *creve*}

Either the /ɪ/ in OldC *crif* /krɪv/ changed abnormally early to [ɛ], or MidC *cref* represents a generalized fem. form.

krevder ['krɛvdɛr] *m.* **+yow** strength, might
[Cc: **krev** -DER] {S 3; F 4: M *creffder*: L *krevder* (AB.): **+yow** I}

krevenn ['krɛ·vɛn] *f.* **+ow** crust, scab
[Cc: FN in -ENN from Brit **greup-* (gpc)]
{S 8; F 1: L *Crevan* (LV039.09): D "crevan": C MidB *creuuenn*, W *crafen*: **+ow** I}

krevennek [krɛ'vɛnːɛk] *adj.* crusty
[Ccc: **krevenn** -¹EK] {S 8; F 0(EC00)}

krevhe [krɛf'hɛː] *v.* strengthen, make strong, reinforce, fortify
[Cc: **krev** -HE] {S 3; F 3: M *creffe* (TH52r, SA63v): L *crefhe* (NGNB1)}

krevhes [krɛf'hɪːz] *adj.* fortified
[Ccc: from **krevhe** -⁶YS]
{S 3; F 1: M *crefeis* (TH56r)}
Used by Tregear to translate 'certified'.

krevya *v.* strengthen
[Cc: **krev** -YA] {S 3; F 1: M *creffya* (SA63v)}

krey ['krɛɪ] *m.* **+ow** chalk
[F: F *craie*] {S 5; F 0(FTWC): **+ow** N}

kreyon ['krɛjɔn] *m.* **+yow** crayon
[F: F *crayon*, originally 'stick of chalk'.]
{S 4; F 0(FTWC): **+yow** N (FTWC)}

kreyth ['krɛɪθ] *coll.* **+enn** scar, cicatrice
[C: CC (Fl.)] {S 1; F 0(CE38): C B sg. *(kleizenn)*; W *craith*: **+enn** I} A dbl. pl. **kreythyow** would not be out of place; cf. **gwreydhyow**.

kreythya ['krɛɪθja] *v.* scar
[Cc: **kreyth** -YA]
{S 1; F 1: M p.ptcpl. *crethis* (BK40.26)}

kri ['kriː] *m.* **+ow** cry, call, clamour
[E(F): MidE < OldF *cri* (coe)]
{S 4; F 4: M *cry*: L *krei*: **+ow** I}

kria ['kri·a] *v.* cry
[E(F)c: **kri** -¹A]
{S 4; F 5: M *crye* → P: L *kreia* (AB176c) → P}

krib

krib ['kriːb] *f.* **+ow** comb, crest, reef
(of rocks) [C: Brit **krîpâ* < CC **krêkwâ* (lp)]
{S 1; F 3: L *krîb* (AB115b) → P; *creeb* (BOD.047):
P Greeb: **+ow** P}

krib ji ridge of a house

kriba ['kriˑba] *v.* notch
[Uc: VN in -A from unknown root] {S 8;
F 0(CE38): **D** "crib": **C** cf. W *cripio* 'to scratch'}

kribas ['kriˑbaz] *v.* comb
[Cc: **krib** -¹AS] {S 1; F 3: L *kribaz* (AB119c);
kriba (AB049c) → P} **kribas** is used here to
avoid a homograph with **kriba** 'to split'.

kribell ['kriˑbęll] *f.* **+ow** tassel, tuft
[Cc: **krib** -¹ELL]
{S 1; F 0(CE38): **C** B *kribell*, W *cribell*: **+ow** I}

kribella [krɪ'bęlːa] *v.* tease out rope,
form a tassel
[Ccc: **kribell** -¹A] {S 1; F 0(CE38): **D** "cribble"}

kribenn ['kriˑbęn] *f.* **+ow** crest
[Cc: **krib** -ENN] {S 1; F 3: L *Criban* (LV039.54):
P Gribbin Head: **+ow** I}

kribenn gulyek cock's comb
kribenn vel honeycomb

kribya ['kriˑbja] *v.* card wool
[Cc: **krib** -YA] {S 1; F 1: L *krîbia* (AB245a)}

kribin ['kriˑbɪn] *f.* **+ow** wool-card
[Cc: **krib** -IN]
{S 1; F 0(CE38): **C** B *kribin*; W *cribin*: **+ow** I}

kribyon ['kriˑbjɔn] *pl.* combings
[Cc: **krib** -YON] {S 1; F 0(CE38): **C** W *cribion*}

krier ['kriˑęr] *m.* **-oryon** crier
[E(F)l: **kri** -¹ER] {S 4; F 0(EC52): **-oryon** I}

krier an dre town crier

krin ['kriːn] **1.** *adj.* dry, brittle, parched,
withered, arid **2.** *m.* **+yon** dry
material
[C: CC **krê-no-*]
{S 1; F 0(CE38): P ?Menacrin Downs:
D "crinion": **C** B *krin*; W *crin*: **+yon** D (CE38)}

krina ['kriˑna] *v.* become dry or brittle
[Cc: **krin** -¹A]
{S 1; F 0(CE38): **D** "creen": **C** B *krinañ*; W *crino*}

krinder ['krindęr] *m.* dryness, aridity

kristonhe

[Cc: **krin** -DER]
{S 1; F 0(CE38): **C** B *krinder*; W *crinder:*}

krindir ['krindɪr] *m.* **+yow** arid land
[CC: **krin** 2tir]
{S 1; F 0(CE55): **C** W *crindir*: **+yow** I}

¹**kris** ['kriːz] *m.* vigour
This word is here identified with B *kriz* 'cruel',
and thus regarded as separate from ²**krys**,
though they may in fact be the same word.
Nance gave the meanings 'energy, force,
speed'; this may be satisfactory in poetry, but
from the point of view of mechanics, these
words should be clearly distinguished. The
word is found only in the phrase **gans meur
(a) gris**. [C:] {S 8; F 4: **M** *grys*, *greys*}

²**kris** ['kriːz] *m.* **+yow** fold, wrinkle
[U:] {S 1; F 0(CE38): P pl. Tregidgio:
C B *kriz*: **+yow** P}

³**Kris** *name* (name of saint)
{S 8; F 1: **O** *crite* (LS)}

Krist ['kriːst] *name* Christ
[E(E): MidE < OldE *Crîst* (coe)]
{S 4; F 7: **M** *crist* → P, *Christ* → P: L *Chreest*
(MKJT)} There is a case for the spelling
<Kryst> (Edwards).

KRISTON- [L: CLat *Chrîstiânus* with loss of [j]
(K.J.G.)] In Eng, the reflex of OldE *crîsten* was
replaced in the 16th cent. by *Christian* < CLat
Chrîstiânus. MidC words in *criston-* suggest
that the Latin word was borrowed into Cor.
earlier than the 16th cent.

Kristonedh [krɪs'tɔˑnęð] *m.*
Christianity
This word was formerly spelled with <-th>. In
BK. it is always rhymed with words in /-ð/.
Since the author of *BK* hardly ever confused
/-θ/ and /-ð/ in rhyme, it is reasonable to
suppose that <-th> here means /-ð/.
[Lc: KRISTON=EDH]
{S 4; F 3: **M** *christonath* (BK.); *cristoneth* (TH.):}

Kristones [krɪs'tɔˑnęs] *f.* **+ow** Christian
(female) [Lc: ¹KRISTON=ES]
{S 4; F 1: **M** *cristones* (TH33r): **+ow** I}

kristonhe [krɪstɔn'hęː] *v.* christen
[Lc: KRISTON=HE]
{S 4; F 0(CE55): **C** cf. B *kristenaat*}

kristoni [krɪs'tɔ·ni] *v.* christen
[Lc: KRISTON=¹I]
{S 4; F 1: M p.ptcpl. *cristonys* (TH.37v)}

Kristonyon [krɪs'tɔn·jɔn] *pl.* Christians
[Lc: KRISTON=YON]
{S 4; F 5: M *cristonyon*: L *krestųdnian* (AB242c)}
The form *cristenyon*, found once in MidC compared with 24 forms with <-o-> or <-u->, may be explained by analogous vowel aff. Lhuyd's form shows [nj] > [dn].

Kristyon ['kri·stjɔn] 1. *adj.* Christian
2. *m.* **Kristonyon** Christian *(male)*
[L: CLat *Chrîstiânus*] {S 4; F 4: M *cristyon*: **Kristonyon** ML} This word retained [j] in Cor.

kriv ['kri:v] *adj.* raw *(uncooked)*, unripe
[C:] {S 1; F 2: M *kreff* (SA66v): L *krîv* (AB052c); *creve* (PV13143): D "creeved" 'uncooked': C W *(cri)*, B *(kriz)*}

krivder ['krivdęr] *m.* rawness *(uncooked state)*
[Cc: **kriv** -DER] {S 1; F 0(CE55):}

kro ['krɔ:] *adj.* fresh *(of food)*
[C: Variant of **kriv**]
{S 8; F 1: L *cro* (Crankan rhyme)}

kroadur [krɔ'a·dyr] *m.* +yon creature
[L: CLat *creatûram* (Gr.)]
{S 3; F 1: O *croadur* (VC.494): +yon I}
Replaced in MidC by the Eng. word *creature*.

kroch ['krɔ:tʃ] *m.* +ow, *dual* **dewgroch**, +ys crutch
[E(E): MidE < OldE *cryc* (coe)]
{S 5; F 1: M *croyth* (BM.4183); +ys I (CE38)}

KRODH- [C:]

krodhek ['krɔ·ðęk] *adj.* grumbling, carping, fault-finding
[Cc: ¹KRODH=EK] {S 1; F 2: M *crothak* (BK40.12); *crothacke* (CW.1103) → P}

krodhvol ['krɔðvɔl] *m.* +yow complaint, grumble, gripe
[Cc: Compound of KRODH-] {S 8; F 2: M *crothval* (OM.1836) → P: +yow I (K.J.G.)}

krodhvolas [krɔð'vɔ·laz] *v.* complain, grumble, gripe
[Ccc: **krodhvol** -¹AS] {S 8; F 1: M *croffolas* (OM.1662) → P: C B *krozmolat*}
Nance indicated stress on the 1st syll., but this is not supported by the Breton.

krodhvolas war complain at

kroeder ['kro·dęr] *m.* **kroedrow** coarse sieve, riddle *(strainer)*
[C: KROEDR-S] {S 1; F 2: O *croider* (VC.923) → P: L *krodar* (AB052b): **kroedrow** I}

kroeder-kroghen [ˌkrodęr'krɔ·xęn] *m.* **kroedrow-k.** hold-all, bodhran
[CC: **kroeder kroghen**] {S 1; F 0(CE38): D "crowdy crawn": **kroedrow-k.** I}

KROEDR- [C: CC *kreitro-* (gpc)]

kroedra ['krʉdra] *v.* sift, winnow
[Cc: KROEDR=¹A]
{S 1; F 2: M *kroddre* (PC.0882) → P}

kroen ['kro:n] *m.* +ow thong, strap
[C: Reduction of **kroghen**] {S 2; F 3: M pl. *cronow* → P: L *croon* (PV.8533): +ow M}

kroenegynn [krʉ'nę·gɪn] *m.* +ow little toad
[Ccc: **kroenek** -YNN] {S 2; F 1: L (attributed to Dolly Pentreath): +ow I}

kroenegynn hager du ugly black little toad

kroenek ['kro·nęk] 1. *adj.* skinny
2. *m.* -ogow toad
[Cc: Shortened form of **kroghen** -¹EK]
{S 2; F 5: O *crounoc* (VC.614) → P: M *cronek*: L *kranag* (AB.): -ogow I}

kroenek du dark toad

kroenek ervys tortoise

kroenek melyn light toad

kroenogas [krʉ'nɔ·gaz] *v.* hop like a toad
[Ccc: from **kroenek** -¹AS]
{S 2; F 1: L *cranagaz* (PV.8441)}

kroener ['kro·nęr] *m.* -oryon skinner, fellmonger *(dealer in animal skins)*, currier *(one who colours leather)*
[Cc: **kroen** -¹ER]
{S 2; F 0(CE38): C W *croenwr*: -oryon I}

kroft

kroft ['krɔft] *m.* **+ow** croft
[E(E): MidE < OldE (coe)]
{S 5; F 0(CE38): P Croftnoweth; pl. Croftow:
C W *crofft* (more frequently *grofft*): **+ow** P}

krog ['krɔːg] *f.* **+ow** hanging, suspension, tweak
[L: BLat *croc-em* (gpc)]
{S 1; F 4: M *crok, crog*: D "grock": **+ow** I}

krogbrenn ['krɔkpręn] *m.* **+yer** gallows
[LC: **krog** 2**prenn**] {S 1; F 0(CE38):
C B *krougprenn*; W *crocbren*: **+yer** I}

krogen ['krɔ·gęn] *f.* **kregyn** shell, carapace, skull
[C: Brit *krok-* (Gr.)] {S 1; F 4: O *crogen* (VC.557)
→ P: M *grogen*: L *krogan* (AB.), pl. *kregin*
(AB050b): P Roscroggan: **kregyn** L}

krogen an glin knee-cap

krogen Sen Jamys scallop

krogenn ['krɔ·gęn] *f.* **+ow** snare, springe, noose
[Lc: **krog** -ENN]
{S 8; F 1: L *Crockan* (PV.8522): **+ow** I}

krogenyek [krɔ'gę·nęk] *adj.* having a shell, thick-shelled
[Cc: **krogen** -¹YEK]
{S 1; F 0(CE38): C cf. B *krogennek*}

kroger ['krɔ·gęr] *m.* **+yon** hangman
[Ll: **krog** -¹ER]
{S 1; F 0(CE38): C B *krouger*: **+yon** I}

kroghen ['krɔ·xęn] *f.* **kreghyn** skin, hide *(skin)* [C: Brit *krokn-* (M)]
{S 1; F 4: O *croin* (VC.069) → L,P: M *croghen* →
P; pl. *crehyn* (TH19v), *krehen* (CW.1475) → P:
L *krohan* (AB.): **kreghyn** M}

kroghen an lagas eyelid

kroghen fronn brake-lining

kroghena [krɔ'fię·na] *v.* flay, skin
[Cc: **kroghen** -¹A]
{S 1; F 1: M p.ptcpl. *crathvnys* (BK37.48)}
[x] > [θ] in the one example available.

kroghendanow [ˌkrɔ·xęn'da·nɔw] *adj.* sensitive lit. 'thin skin'.
[CC: **kroghen** 2**tanow**]

393

kromman

{S 1; F 0(GK98: A.S.): C W *croendenau*}

krogla ['krɔgla] *m.* **-leow** gibbet, hanging-place
[Lc: **krog** -LA]
{S 1; F 0(CE38): P Grogla (unconfirmed by
Padel): C B *krouglec'h*: **-leow** I}

kroglath ['krɔglaθ] *f.* **+ow** noose, springe, snare
[Lc: **krog** lath]
{S 1; F 0(CE38): C cf. B *krouglas*: **+ow** I}

kroglenn ['krɔglęn] *f.* **+ow** curtain, hanging
[LC: **krog** lenn]
{S 1; F 0(CE38): C W *croglen*: **+ow** I}

kroglenn dhiogeledh safety curtain

kroglenn-bann [ˌkrɔglęn'banː] *f.*

kroglennow-bann curtain-up
(theatre) [LCC: from **kroglenn yn-bann**]
{S 1; F 0(GM09: YhaG): **kroglennow-bann** I}

kroglenn-nans [ˌkrɔglęn'nans] *f.*

kroglennow-nans curtain-down
(theatre) [LCC: from **kroglenn yn-nans**]
{S 1; F 0(GM09: YhaG): **kroglennow-nans** I}

krokkenn *f.* **+ow** crock
[E(F)c: FN in -ENN from E *crock*]
{S 8; F 1: L *Crockan* (LV162.53): **+ow** I}

krokodil ['krɔkɔdɪl] *m.* **+es** crocodile
[E(F): MidE < OldF *cocodrille* (coe)] {S 5;
F 0(EC52): C B *krokodil*, W *crocodil*: **+es** I}

kromm ['krɔmː] *adj.* curved, crooked, bent [C: Brit *krumbo-* < CC (Fl.)]
{S 1; F 2: M *crom* (OM.2443) → P: L *krųm*
(AB053b): D "crum": P Trencrom}

kromma ['krɔmːa] *v.* bend
[Cc: **kromm** -¹A] {S 1; F 0(CE38): C B *krommañ*}

kromman ['krɔmːan] *f.* **+ow** sickle, curve, crescent
[Cc: **kromm** -¹AN]
{S 1; F 2: L *Crybman* (LV040.10), *krobman*
(AB009b): C W *cryman*: **+ow** C} In *CE93*, this
word was spelled **krommenn**; the W suggests
that **kromman** is a better spelling.

kromman eythin furze-hook

krommbil ['krɔmbil] *f.* **+yow** gizzard
[CC: **kromm** 2pil] {S 1; F 0(CE38): **C** Not in B; W *crombil*: **+yow** C}

krommdo ['krɔmdɔ] *m.* **+how** dome
[CC: **kromm** 2to] {S 1; F 0(EC00): **+how** I}

krommedh ['krɔm:ęð] *m.* **+ow** curvature
[Cc: **kromm** -¹EDH]
{S 1; F 0(GM09: K.J.G.): **+ow** I}

krommedhek [kro'mę·ðęk] *adj.* curvaceous
[Ccc: **krommedh** -¹EK] {S 1; F 0(GM09: G.M.S.)}

krommenn ['krɔm:ęn] *f.* **+ow** small bream
[Cc: **kromm** -ENN]
{S 1; F 0(CE38): **D** "grobman": **+ow** I}

krommgenter [krɔm'gęntęr] *f.* **-gentrow** staple
[CC: **kromm** 2kenter]
{S 1; F 0(EC00): **-gentrow** I}

krommgentra [krɔm'gęntra] *v.* staple
[CC: **kromm** 2kentra] {S 1; F 0(GM09: G.M.S.)}

krommgentrell [krom'gęntręll] *f.* **+ow** stapler
[CCc: **kromm** 2²KENTR=ELL]
{S 1; F 0(GM09: K.J.G.): **+ow** I}

krommgorn ['krɔmgorn] *m.* **-gern** crumhorn
[CC: **kromm** 2¹korn] {S 1; F 0(EC00): **-gern** I}

krommlegh ['krɔmlęx] *f.* **+yow** cromlech, megalithic chamber-tomb
[CC: **kromm** legh]
{S 1; F 0(CE38): **P** Grambler: **C** B *krommlec'h*; W *cromlech*: **+yow** I}

krommnen ['krɔmnęn] *m.* **+yow** vaulted ceiling
[CC: **kromm** nen]
{S 1; F 0(CE38): **C** W *cromnen*: **+yow** I}

krommvagh ['krɔmvax] *f.* **+ow** bracket *(punctuation)*, parenthesis
[CC: **kromm** 2¹bagh] {S 1; F 0(EC00): **+ow** I}

kronk ['krɔnk] *m.* **+ys** thump, stroke, bang *(knock)*, wallop
[E: Back-formation from **kronkya**]
{S 5; F 1: M pl. *cronkys* (TH24r): **+ys** M}

kronkya ['krɔnkja] *v.* beat, thrash, wallop, tan, flog
[Ec: VN in -YA from dial. Eng.]
{S 5; F 4: M *cronkye*: L *kronkia* (AB.)}

kronkyans ['krɔnkjans] *m.* **+ow** beating, thrashing, flogging
[Ec: MN in -YANS from dial. Eng.]
{S 5; F 0(GM09: G.M.S.): **+ow** I}

kropya ['krɔ·pja] *v.* penetrate, probe, crush inwards
[E(E)c: VN in -YA from MidE *grope* (CE38)]
{S 5; F 3: M *cropye*}

kropyl *m.* **+s** cripple ALT = **evredhek**.
[E(E): MidE *crupel* < OldE *crypel* (coe)]
{S 5; F 1: M *cropyl* (BM.4205): **+s** I (CE38)}

krosser ['krɔs:ęr] *m.* **+s** crozier-bearer
[E(N)l: MidE *cross* + -¹ER] {S 4; F 3: M *crosser* → P: **+s** I (CE38)} Also found with -*yer* in MidC, from OldF *crossier* (coe).

kroth ['krɔ:θ] *f.* **+ow** belly, crop *(of bird)*
[C: CC **krutto-* (gpc)] {S 1; F 0(CE38): **D** "grooth": **C** W *crwth* 'convexity', cf. *croth* 'womb' < CC **kruttâ* (gpc): **+ow** C} The Cor. forms of the two W cognates given here would have fallen together.

krothek ['krɔ·θęk] *adj.* pot-bellied
[Cc: **kroth** -¹EK] {S 1; F 0(CE55): **C** W *(crythog)*}

kroust ['kru:st] *m.* **+yow** picnic lunch, meal taken to work, snack
[E(F): MidE *crouste* < OldF *crouste* (coe)] {S 5; F 3: M *croust* (OM.1901) → P: P *krųst* (AB089b) → P: **+yow** N (FTWC)} The vowel remained long in Cor., and became a diphthong in dial., whereas in E *crust* it became short.

¹**krow** ['krɔw] *m.* bloodshed, gore *(blood)*, death *(bloodshed)*
[C: IE (lp)]
{S 8; F 3: M *crow* (MC.074, 131) → P:}

²**krow** ['krɔw] *m.* **+yow** hut, shed, shack, sty
[C: CC **krâwo-* (gpc)] {S 1; F 3: L *kroų* (AB.) → P: **D** "crow": **P** Roskrow: **C** W *craw*: **+yow** I}

krowd

krow deves sheep-cot, sheep shed (U.S.)
krow gever goat-shed
krow goedhow goose-house
krow mogh pigsty
krow prenn chalet
krow yer chicken-shed

krowd ['krɔʊd] *m.* **+ys** violin, fiddle *(Mus.)* [E: MidE (CE38)]
{**S** 5; **F** 3: **M** *crowd* (OM.1997) → L,P: **-ys** I}
Although stated by Nance to be from MidE, this word may derive from a C **croth*, cognate with W *crwth*.

krowder ['krɔʊdęr] *m.* **-oryon** violinist *(male)*, fiddler [EI: **krowd** -¹ER]
{**S** 5; **F** 1: **L** *crowder* (PV.8543): **-oryon** I (CE93)}

krowdores [krɔʊ'dɔ·ręs] *f.* **+ow** violinist *(female)*, fiddler
[Elc: **krowd** -ORES]
{**S** 5; **F** 0(GM09: K.J.G.): **+ow** I}

krowdra ['krɔʊdra] *v.* loiter, idle
[Uc: VN in -A from obscure root]
{**S** 8; **F** 0(CE38): **D** "crowder, crowdle"}
Nance spelled this word *crowder*.

krowji ['krɔʊdʒi] *m.* **+ow** one-roomed cottage, cabin
[CC: ²**krow** 2**chi**]
{**S** 3; **F** 0(CE38): **P** Crowgey: **+ow** I}

krows ['krɔʊz] *f.* **+yow** cross, rood
[L: CLat *crux* (M)] {**S** 5; **F** 5: **O** *crois* (VC.755) → L,P: **M** *crows* → P: **L** *krouz* (AB016b): **P** Crows an Wra: **+yow** I} Normal development of OldC *crois* would have given MidC **cros*; **krows** is an abnormal development, cf. **Sows**.

krows eglos transept
y'n grows on the cross

krowsek ['krɔʊzęk] *adj.* cross-shaped, set crosswise, cross-tempered, peevish, petulant, testy, touchy
[Lc: **krows** -¹EK] {**S** 3; **F** 0(CE38): **D** "crowzack"}

krowseryow [krɔʊ'zę·rjɔw] *pl.* crossword puzzle [LCc: **krows** 2**geryow**]
{**S** 3; **F** 0(Y3): **C** W *croesair*}

krug

krowsfordh ['krɔʊsfɔrð] *f.* **+ow** crossroads
[LE(E): **krows fordh**] {**S** 4; **F** 0(CE38): **C** Not in B; W *croesffordd*: **+ow** I}

krows-hyns ['krɔʊshɪns] *m.* **+yow** crossroads
[LC: **krows hyns**] {**S** 3; **F** 0(CE38): **C** B *kroazhent*; not in W: **+yow** I}

krowsik ['krɔʊzɪk] *f.* **-igow** little cross
[Lc: **krows** -IK]
{**S** 3; **F** 0(CE38): **C** B *kroazig*, W *croesig*: **-igow** I}

krowslinel [krɔʊz'li·nęl] *adj.* diagonal
[LLc: **krows** ¹**lin** -¹EL] {**S** 1; **F** 0(GM09: G.M.S.)}

krowslinenn [krɔʊz'li·nęn] *f.* **+ow** diagonal
[LLc: **krows linenn**]
{**S** 1; **F** 0(EC00): **C** cf. W *croeslinell*: **+ow** I}

krowskas ['krɔʊskaz] *f.* **+ow** crusade
[LC: **krows** ³**kas**] {**S** 1; **F** 0(EC00): **+ow** I}

krows-prenn ['krɔʊspręn] *f.* **+yer** crucifix, crows-staff
[LC: **krows prenn**] {**S** 3; **F** 5: **M** *crows pren* → P: **P** *Crouspren*: **+yer** I}

krowsvaner [krɔʊs'fa·nęr] *m.* **+yow** cross flag
[LE(F): **krows** 2**baner**] {**S** 3; **F** 0(CE55): **+yow** I}

krowsya ['krɔʊsja] *v.* crucify
[Lc: **krows** -YA] {**S** 3; **F** 5: **M** *crousye*}
Also found as *crouse* in MidC.

kruel ['kry·ęl] *adj.* cruel ALT = **fell**.
[E(F): MidE < OldF (coe)]
{**S** 5; **F** 4: **M** *cruel* (BM., TH.)}

kruelder [kry'ęldęr] *m.* **+yow** cruelty
[E(F)c: **kruel** -DER]
{**S** 5; **F** 1: **L** *crowwelder* (BOD.067): **+yow** I}

krug ['kryːg] *m.* **+ow** mound, hillock, tumulus, barrow *(tumulus)*
[C: Brit *krouko-* (Gr.) or *kroukâ* (Fl.)]
{**S** 1; **F** 4: **O** *cruc* (VC.718) → L,P: **M** *cruk* (RD.0377): **L** *krŷg* (AB049a); *creeg* (PV14305): **P** Trencreek; pl. Cregoe: **F** Crago: **+ow** P}

krugell

The expected pl. was given as *crugyow* by Nance, but pl.ns. (e.g. *Cregoe*) and the family-name *Crago* show a pl. in -OW.

krug moryon ant-hill

krugell ['kry·gęl] *f.* **+ow** little mound
[Cc: **krug** -¹ELL] {S 1; F 0(CE38): P Creagle: C B *krugell*; cf. W *crugyll*: **+ow** P}

krugya ['kry·gja] *v.* pile up in a mound, put in a heap
[Cc: **krug** -YA] {S 1; F 0(CE38): C W *crugio*}

krugynn ['kry·gɪn] *f.* **+ow** little mound
[Cc: **krug** -YNN] {S 1; F 0(CE38): C W *crugyn*: **+ow** I} May occur in pl.ns., but no definite exx.

KRULL- [E(O): MidE *crolle* < Dutch (coe)]
One might have expected /ɔ/ rather than /y/ in the stem.

krullya ['kryl:ja] *v.* curl
[E(O)c: KRULL-YA] {S 4; F 3: L p.ptcpl. *krýlliaz* (AB047c, 052b) → P}

krullys ['kryl:ɪz] *adj.* curly, curled
[E(O)c: KRULL- -⁶YS]
{S 4; F 3: L *krýlliaz* (AB047c, 052b) → P}

kruskynn ['kryskɪn] *m.* **+ow** flagon, beer-jug, stein (U.S.)
[U:] {S 8; F 0(CE55): **+ow** I}
Re-spelled from Nance's *cruskyn*.

kryg m. fissure ALT = **fols**.
[E: dial. form of E *crack* (K.J.G.)] {S 8; F 0(CE38): D "creag", spelled *cryk(g)* by Nance}

krygell ['krɪ·gęl] *f.* **+ow** cricket *(insect)*, spider-crab
[U: The first syll. is evidently the same as in E *cricket* < OldF *criquet* (coe)]
{S 8; F 0(CE38): D "creagle": **+ow** I}

krygh ['krɪːx] *m.* **+yow** wrinkle, ripple, crinkle
[C: CC *krikso-* < IE *kripso-* (gpc)]
{S 1; F 0(CE38): D *jinny-creek* 'goffering iron' (1984).: P Knightor = **krygh tir**;
C B *krec'h*; W *crych*: **+yow** P}

krygha ['krɪ·xa] *v.* wrinkle, ripple, shrivel, crinkle
[Cc: **krygh** -¹A]
{S 1; F 0(CE93: K.J.G.): C W *crychu*}

krykket

kryghias [krɪ'fiˑaz] *v.* neigh, whinny
[VN in -AS from an onomatapoeic root (K.J.G.)] {S 8; F 3: L *krýhiaz* (AB248a) → P: C cf. B *c'hwirinat* 'whinny', *grizinkal* 'neigh', W *gweryru*}
Lhuyd also noted forms like *kýnihas*.

kryghlamm ['krɪxlam] *m.* **+ow** somersault
[CC: **krygh lamm**] {S 1; F 0(CE38): D "crickmal", with [x] > [k] and metathesis.: C W *crychlam*: **+ow** I}

kryghlemmel [krɪfi'lęmːęl] *v.* somersault
[CCc: **krygh lemmel**]
{S 1; F 0(CE38): C cf. W *crychlamu*}

kryghylli [krɪ'fɪlːi] *v.* jolt, rattle, shake
Used transitively. [Ccc: VN in -I containing **krygh**] {S 8; F 3: M p.ptcpl. *crehellys* (MC.184) → P: L *crehylly* (PV.8503)}

kryghyllyans [krɪ'fɪlːjans] *m.* concussion
[Ccch: from **kryghylli** -ANS]
{S 8; F 0(AnG 1985):}

kryjyans ['krɪ·dʒjans] *m.* **+ow** belief, faith, creed, religion
[Cc: from KRYS=YANS] {S 2; F 5: M *crygyans*: L *kredzhans* (AB059b), *kridzhans* (AB240c): **+ow** I}
The <jy> represents [dʒj] in the sequence [dj] > [dʒj] > [dʒ]. The gender in MidC is clearly indicated by the line *BM.0838: helma ov cregyans ythyv* 'this is my faith'. Nance changed the first word to *homma*, presumably on the evidence from *CW.0175* and *CW.2318*, which suggest a fem. gender. Usually, nouns in -(Y)ANS are masc. and this may be a case where the gender changed.

kryjyk ['krɪ·dʒɪk] **1.** *adj.* believing, religious **2.** *m.* **kryjygyon** believer
[C: Compound of KRYS-]
{S 8; F 0(CE38): **kryjygyon** I}

krykanas [krɪ'kaˑnaz] *v.* cluck
[UCc: Onomatapoeic syll. + **kan** -¹AS]
{S 8; F 1: L *Crykànaz* (LV041.11)}

krykket ['krɪkːęt] *m.* cricket *(game)*
[E(F): MidE < OldF *criquet*] {S 5; F 0(EC00):}

kryllas ['krɪl:az] *f.* **+ow** rough hut, ruin of ancient dwelling, remains *(of building)*
[Ccc: Development of *cryghyllyas* (CE38)] {S 8; F 0(CE38): P Tregirls: D "crellas": **+ow** I}

krym *m.* fragment ALT = **darn**.
[U:] {S 8; F 0(CE55)} No cognates have been identified for this word, spelled *crym* by Nance; it might refer to *Crim Rocks* (Scilly).

¹**krys** ['krɪːz] *m.* **+yow** shirt, shift *(shirt)*, chemise
[C: CC *krid-su* (gpc) < IE *qrd(h)-su* (Fl.)] {S 1; F 3: O *kreis* (VC.815) → L,P: C B *krez*; W *crys*: **+yow** I}

krys hwys sweatshirt
krys nos nightshirt
krys T tee-shirt

²**krys** ['krɪːz] *m.* **+yow** shaking, quivering, quaking
[C: Brit (Fl.)] {S 1; F 0(CE38): C OldB *crit*; W *cryd*: **+yow** I}
KRYS- [C: CC *kred-dhê* (Fl.)]

krysadewder [krɪzaˈdɛʊdər] *m.* credibility
[Ccc: from **krysadow** -DER] {S 1; F 0(EC00):}

krysadow [krɪˈzadˑɔw] *adj.* credible, believable
[Cc: KRYS=ADOW] {S 1; F 0(EC00)}

krys-hok ['krɪshɔk] *m.* **+ys** kestrel
[EE(E):] {S 8; F 2: L *krȳssat* (AB041a) → P, with [-k] > [-t]: D "cress-hawk": **+ys** I}

krysi ['krɪˑʒi] *v.* believe, have faith in
[Cc: KRYS=¹I] {S 1; F 6: M *crysy, crygy, cresy, cregy* → P: L *kridzhi, kredzhi* (AB.)}

krysi dhe nebonan believe someone, have faith in someone
krysi yn believe in

Krysostom *name* Chrisostom
{S 8; F 4: M *chrisotom* (TH., SA.)}

kryspows ['krɪˑspɔʊs] *f.* **+yow** jacket, waistcoat
[CL: ¹**krys pows**]
{S 3; F 0(CE38): C W *crysbais*: **+yow** I}

kryspows oferyas cassock

kryswels ['krɪˑʒwęls] *coll.* **+enn** quaking-grass
[CC: ²**krys** 2**gwels**] {S 1; F 0(EC52): **+enn** }

krysya ['krɪˑʒja] *v.* quiver, quake
[Cc: ²**krys** -YA] {S 1; F 0(CE38): C B *krisiañ*}

krytyk *m.* critic ALT = **arvreusyas**.
[E(L): MidE < Lat *criticus* (coe)] {S 5; F 0(CE55)}

kryw ['krɪw] *m.* **+yow** weir
[C: CC *krou-î* (gpc)] {S 1; F 0(CPNE): P Cutcrew: C W *cryw*: **+yow** I}

kub ['kyːb] *m.* **+ow** cube
[E(F): MidE < OldF *cube* (coe)] {S 4; F 0(FTWC): **+ow** N (FTWC)}

kubek ['kyˑbęk] *adj.* cubic
[E(F)c: **kub** -EK] {S 4; F 0(GM09: YhaG)}

kudh ['kyːð] **1.** *adj.* hidden, concealed, covert **2.** *m.* **+ow** hiding place
[C: CC *koudo-* (gpc)] {S 1; F 1: L *kîth* (AB245c): **+ow** I}
The <th> in Lhuyd's form is unexpected.

pans kudh hidden dip

kudha ['kyˑða] *v.* hide, conceal, cover
[Cc: **kudh** -¹A] {S 1; F 5: M *cuthe*: L *kitha* (AB.)}

kudha dhiworth hide from

kudhadow [kyˈðaˑdɔw] *adj.* latent
[Cc: **kudh** -ADOW] {S 1; F 0(EC00)}

kudhans ['kyˑðans] *m.* **+ow** covering, concealment, cover *(hiding-place)*
[Ch: **kudh** -ANS] {S 1; F 0(CE38): **+ow** I}

kudhenn ['kyˑðęn] *f.* **+ow** soft layer on hard rock, reef *(lode)*
[Cc: **kudh** -ENN] {S 1; F 0(CE38): D "keathan", "guthenn": **+ow** I}

kudhgenn ['kyðgęn] *m.* **+ow** foreskin
[CC: **kudh** 2**kenn**]
{S 1; F 0(GM09: G.M.S.): **+ow** I}

kudhlenn ['kyðlęn] *f.* **+ow** veil, cover *(of a book)*
[CC: **kudh lenn**]
{S 1; F 0(CE38): C W *cuddlen*: **+ow** I}

kudhliw ['kyðliw] *m.* **+yow** camouflage
[CC: **kudh liw**] {S 1; F 0(EC00): **+yow** I}

kudhon ['ky·ðɔn] *f.* **+es** wood-pigeon
[U:] {S 8; F 3: **O** *cudon* (VC.505) → P: **L** *kẏdhon* (AB.).: **+es** I}
Lhuyd's form comes from the OldC (a true Late form would have ended in <-an>).

kudhva ['kyðva] *f.* **+ow** hiding place
[Cc: Cc: **kudh** -VA]
{S 1; F 0(GM09: G.M.S.): **+ow** I}

kudhvreselyer [ˌkyðvrẹ'zę·ljęr]
m. **-yoryon** guerilla
[CCc: **kudh** 2breselyer]
{S 1; F 0(EC00): **-yoryon** I}

kudhwolow [kyð'wɔ·lɔw] *m.* **+ys** curfew
[CC: **kudh** 2golow] {S 1; F 0(GM09: G.M.S.): **+ys** I} Calque on the F *couvre feu*.

kudhys ['ky·ðɪz] *adj.* hidden
[Cc: **kudh** -¹YS] {S 1; F 4: **M** *cuthys*: **L** *keethez* (PV12636)} P.ptcpl. of **kudha**.

kudynn ['ky·dɪn] *m.* **+ow** problem, lock *(of hair)*, skein
[D: CLat *condylus* or Brit **ko-hud-* (deb)]
{S 1; F 2: **O** *cudin* (VC.033) → P: **L** pl. *kydẏnnou* (AB049b): **P** *Boscudden*, pl. found in *Cadedno*: **C** B *kudenn*, W *cudyn*: **+ow** L}

kudynn vyth no problem

kudynnasek [ˌkydɪ'na·zęk] *adj.* problematic
[Dcc: **kudynn** -²AS -¹EK]
{S 1; F 0(GM09: G.M.S.)}

kudynnik [ky'dɪn:ɪk] *m.* **-igow** hitch *(problem)* [Dcc: **kudynn** -IK]
{S 1; F 0(GM09: G.M.S.): **-igow** I}

kuffya v. cuff
[Ec: VN in -YA from E *cuff*, origin unknown (coe)] {S 8; F 1: **M** p.ptcpl. *cuffeys* (TH15v)}

kugoll ['ky·gɔl] *m.* **+ow** cowl, hood *(of monk)*
[L: CLat *cuculla* (> ModE *cowl*); > ModF *cagoule* > ModE *cagoule*)]
{S 1; F 2: **O** *cugol* (VC.823) → L,P: **+ow** I}

kugoll bardh bard's hood

KUHUDH- [C:] One would expect **kehudh-*, but vowel harmony has played a part here.

kuhudha [ky'hy·ða] *v.* accuse, denounce, tell tales about
[Cc: KUHUDH=¹A] {S 3; F 4: **M** *kuhuthe* → L,P}
At *OM.0164*, the VN is found with the ending *-as*.

kuhudhans [ky'hy·ðans] *m.* **+ow** accusation, indictment
[Ch: KUHUDH=ANS] {S 3; F 0(CE38): **+ow** I}

kuhudhor [ky'hy·ðɔr] *m.* **+yon** accuser *(male)* [Cc: **kuhudh**=or]
{S 3; F 0(CE38): **C** W *cyhuddwr*: **+yon** I}

kuhudhores [kyhy'ðɔ·ręs] *f.* **+ow** accuser *(female)*
[Cc: **kuhudh**=ores]
{S 3; F 0(GM09: K.J.G.): **+ow** I}

kuhudhyas [ky'hy·ðjaz] *m.* **-ysi** accuser
[Cc: **kuhudh**=³yas] {S 3; F 0(CE55):
C cf. W *cyhuddiad* 'accusation': **-ysi** I}

kuhudhyasek *m.* accuser
ALT = **kuhudhor**. [Ccc:]
{S 8; F 2: **O** *cuhupudioc* (VC.957) → P}
The emendation and re-spelling from OldC are doubtful;

kui ['ky·i] *v.* foal
[Uc: VN in -I from an obscure root]
{S 8; F 1: **L** (Borlase): **D** "to geey"}

kul ['ky:l] *adj.* narrow
[C: Brit **koilo-* < CC (Fl.)]
{F 2: **O** *cul* (VC.945) → L,P: **P** Percuil}

kulder ['kyldęr] *m.* **+ow** narrowness, constriction
[Cd: **kul** -DER]
{S 1; F 0(CE38): **C** W *culder*: **+ow** I}

kuldir ['kyldɪr] *m.* **+yow** isthmus
[CC: **kul** 2tir]
{S 1; F 0(CE38): **C** W *culdir*: **+yow** I}

kulregh ['kylręx] *coll.* **+enn** culrage, smartweed, water-pepper *Polygonum hydropiper*.
[E(F): MidE < OldF *culrage* = *cul* + *rage* (soed)]
{S 8; F 1: **M** *culregh* (BK15.56): **+enn** I}

kulvor ['kylvɔr] *m.* **+yow** strait
[CC: **kul** 2¹mor]
{S 1; F 0(CE38): **C** W *culfor*: **+yow** I}

kulwolow ['kyl'wɔ·lɔw] *m.* **+ys** spotlight
[CC: **kul 2golow**]
{**S** 1; **F** 0(GM09: G.M.S.): **+ys** I}

kulyek ['ky·ljęk] *m.* **+es, -oges** cock, cockerel, rooster, bird *(male)*
[C: Brit **kalyâkos* (Gr.)] {**S** 3; **F** 4: **O** *chelioc* (VC.517, 618) in compounds → L,P: **M** *colyek* (MC.049, 086): **L** *kųlliag* (AB.); pl. *kulliages* (PV13029): **D** "culliack" 'worthless person': **P** Kergilliack: **+es** L; **-oges** (CE38) }
One would expect MidC **kelyek*, but the first vowel changed to /y/.

kulyek goedh gander
kulyek gwyls grouse
kulyek Gyni turkey-cock
kulyek hos drake

kulyek-gwyns [ˌky·ljęk'gwɪns] *m.*
kulyeges-gwyns weathercock, weathervane
[CC: **kulyek gwyns**]
{**S** 3; **F** 0(CE38): **kulyeges-gwyns** I}

kulyek-kenys [ˌky·ljęk'kę·nɪz] *m.*
cockcrow
[CCc: **kulyek kan**A -⁶YS]
{**S** 3; **F** 2: **M** *kullyek kenys* (PC.0903) → P:}

kulyek-reden [ˌky·ljęk'rę·dęn] *m.*
kulyeges-reden grasshopper
[CC: **kulyek reden**] {**S** 8; **F** 3: **O** *chelioc reden* (VC.618) → L,P: **kulyeges-reden** I}
Nance's *culyek-reden askellek* for 'locust' is best replaced by **lokust** (K.S.).

kulyn ['ky·lɪn] *coll.* **+enn** chaff
[E(E): OldE **culling*]
{**S** 4; **F** 2: **O** *culin* (VC.922) → P: **+enn** I}

kummyas ['kym:jaz] *m.* **+ow**
permission, leave, licence, permit, clearance *(permission)*
[H: Brit **kom-ambi-gat-* + CLat *commeâtus* (Fl.)]
{**S** 8; **F** 4: **M** *cummyas*: **L** *kibmiaz*: **P** Porth Kidney Sands: **+ow** I}

kummyas-lywya [ˌkym:jaz'lɪʊja] *m.*
kummyasow-lywya driving licence, driver's license (U.S.)
[HCc: **kummyas lywya**]
{**S** 8; **F** 0(Y1): **kummyasow-lywya** I}

kuntell ['kyntęl] **1.** *v.* gather, pick *(e.g. flowers)*, collect *(trans.)* **2.** *m.* **+ow** gathering, collection, meeting
[C: Brit **kontull-* (Gr.)] {**S** 3; **F** 5: **M** *kuntel*: **L** *kẏntl* (AB.), *cuntle* (P2JJ): **P** Cargentle: **+ow** I}
Pl. forms *kontiliow* and *cuntillian* are found in LateC. ModB *kutuilh* is thought to be influenced by F.

kuntellek [kyn'tęl:ęk] *adj.* collective
[Cc: **kuntell** -¹EK] {**S** 3; **F** 0(EC00)}

kuntelles [kyn'tęl:ęz] *m.* **+ow**
gathering, meeting, assembly, congress
[Cc: **kuntell** -²EZ]
{**S** 3; **F** 2: **O** *cuntellet* (VC.185) → P: **+ow** I}

kuntelles kemmyn blydhenyek (K.K.B.)
annual general meeting (A.G.M.)
Kuntelles Keltek Celtic Congress
Kuntelles Kernow Cornish Assembly

kuntellor [kyn'tęl:ɔr] *m.* **+yon** collector *(male)*
[Cc: **kuntell** -OR] {**S** 3; **F** 0(EC00): **+yon** I}

kuntellores [kyntę'lɔ·ręs] *f.* **+ow**
collector *(female)*
[Ccc: **kuntell** -ORES] {**S** 3; **F** 0(EC00): **+ow** I}

kuntellva [kyn'tęlva] *f.* **+ow**
meeting-place, rendezvous
[Cc: **kuntell** -VA]
{**S** 8; **F** 1: **M** *contulva* (TH31r): **+ow** I}

kuntellyans [kyn'tęl:jans] *m.* **+ow**
gathering, meeting, congregation
[Ch: **kuntell** -YANS]
{**S** 8; **F** 1: **L** *cuntillyans* (PV.8625): **+ow** I}

kur ['ky:r] *m.* **+yow** care, cure, remedy
[E(F): MidE < OldF (coe)]
{**S** 4; **F** 4: **M** *cur* → P: **+yow** N}

kuriek [ky'ri·ęk] *m.* **kuriegi** pimple, red spot on skin

kurun
[U:] {S 8; F 2: L *kyrîak* (AB078a) → P: **kuriegi** N (K.J.G.)}

kurun ['ky·ryn] *f.* **+yow** crown
[L: CLat *corôna* (Gr.)]
{S 3; F 4: O *curun* (VC.327): M *curyn*: L *keeren* (BOD.003): **+yow** I} The first <u> in C and B is due to vowel-harmony.

kurun spern crown of thorns, *(colloq.)* hangover

kuruna [ky'ry·na] *v.* crown
[Lc: **kurun** -¹A] {S 3; F 4: M *keruna* → P}

kurunans [ky'ry·nans] *m.* **+ow** coronation
[Lh: **kurun** -ANS] {S 3; F 0(CE55): **+ow** I}

kurungylgh [ky'ryngɪlx] *m.* **+yow** corona *(solar)*
[LL: **kurun** 2**kylgh**]
{S 1; F 0(GM09: YhaG): **+yow** I}

kurunik [ky'ry·nɪk] *f.* **-igow** coronet
[Lc: **kurun** -IK] {S 3; F 0(CE55): **-igow** I}

kurya ['ky·rja] *v.* cure
[E(F)c: **kur** -YA] {S 4; F 1: M *cvrys* (BK40.50)}

kuryns ['ky·rjɪns] *adj.* skilful
[E:] {S 8; F 1: M *gurryns* (BK15.63): C W *cywraint*}

kussya v. curse ALT = *milliga*.
[Ec: VN in -YA from variant of E *curse* (coe)]
{S 4; F 3: M *cussya*: L p.ptcpl. *cushez* (G3WK)}

kussynn ['kysːɪn] *m.* **+ow** kiss, peck *(small kiss)*
[Ec: OldE *cyss* 'kiss' + -YNN (K.J.G.)]
{S 4; F 2: O *cussin* (VC.153) → L,P: **+ow** I}

kusul ['ky·syl] *f.* **+yow** advice, counsel, opinion
[L: BLat *côsilium* < CLat *consilium*]
{S 3; F 5: O *cusul* (VC.217) → P: M *cusyl* → P; pl. *cusullyow*: L *kyssyl*; pl. *kysylgou* (AB242c): **+yow** ML} The 2nd [y] in C and B is caused by vowel harmony.

kusulya [ky'sy·lja] *v.* advise, counsel
[Lc: **kusul** -YA]
{S 3; F 4: M *cusullye*: L 3 sg. pret. *kynsiliaz* (JCNBL.25) may be the same verb}

kusulya a advise to

kusulyador [kysyl'ja·dɔr] *m.* **+yon** counsellor
[L: BLat *côsiliâtor* (Gr.)] {S 3; F 1: O *cusulioder* (VC.216): **+yon** I} Replaced by **konseler** from MidC and *kusulyer* from LateC.

kusulyans [ky'sy·ljans] *m.* **+ow** consultation
[Lh: **kusul** -YANS] {S 3; F 0(CE55): **+ow** I}

kusulyas [ky'sy·ljaz] *m.* **-ysi** consultant
[Lc: **kusul** -³YAS] {S 3; F 0(CE55): C cf. W *cysuliad* 'consultation': **-ysi** I}

kusulyek [ky'sy·ljęk] *adj.* advisory, consultative
[Lc: **kusul** -YEK] {S 3; F 0(CE93: J.G.H.)}

kusulyer [ky'sy·ljęr] *m.* **-oryon** counsellor
[Lh: **kusul** -YER]
{S 3; F 1: L *kyssylier* (AB240c): **-oryon** I}

kuv ['kyːv] 1. *adj.* dear, kind, loving 2. *m.* **+yon** dear one
[C: CC *koimo-* (Fl.)] {S 1; F 5: M *cuf* → P; pl. *cufyon* → P: D "keef": **+yon** M}

kuv kolonn loved one, dearly beloved, sweetheart In the texts, **kuv kolonn** almost always refers to God or Christ.

kuva ['ky·va] *m.* **kuvys** sawn-down barrel
[F: F *cuve* 'barrel'] {S 4; F 0(CE38): D "keeve", applied in 1980 to a 'granite or slate trough used for salting bacon' (B.C.): **kuvys** I}

kuvder ['kyftęr] *m.* kindness, clemency, lenience
[Cc: **kuv** -DER] {S 1; F 0(CE38): C B *kuñvder:*}

kwakkya ['kwakːja] *v.* quack
[Ec: VN in -YA from E; imitative]
{S 5; F 0(AnG 1985)}

kwallok ['kwalːɔk] *m.* **+s** hulking fellow
[E:] {S 5; F 2: M *quallok* (OM.2068) → P: **+s** I (CE38)}

¹**kwarel** ['kwa·ręl] *m.* **+s** claim, dispute
[E(F): MidE *querele* < OldF *querele* (coe)]
{S 5; F 3: M *quarel*: **+s** I}

²kwarel

²kwarel ['kwaˑre̯l] *m.* **+s** pane of glass
[E(F): MidE < OldF *quarel* (> ModF *carreau* 'square') (coe)]
{S 5; F 0(CE38): **D** "quarle": **C W** *cwarel*: **+s** I}

kwart ['kwart] *m.* **+ys** quart ALT = **renn**.
[E(F): MidE < OldF *quarte* (coe)]
{S 5; F 1: **M** *quart* (Boorde): **+ys** I}

kwarter ['kwarter̯] *m.* **kwartrys** quarter *(geog.)*, quarter *(fraction)*
[E(F): AngN *quarter* < OldF *quartier* (coe)]
{S 5; F 2: **M** *gwarter* (CW.1740): **L** *quarter* (NGNB1): **kwartrys** N (CE38)}

kwartron ['kwartrɔn] *m.* **+ys** quarter *(fraction)*, quarter *(geog.)*
[E(F): MidE *quarteron* < OldF *quartron* (CE38)]
{S 5; F 3: **M** *quartron*: **L** *Kṳartan* (AB133b) → P: **+ys** N (CE38)} In *CE38* Nance included a word *quarten*, but this appears to be an evolved form of *quartron*. The evolution is shown by *quartron* (BM.0980) > *quarton* (BM.1548) by loss of [r], > *Quartan* (Gw.) with sound-change [ɔ] > [a]. The <e> in *quartren* (BM.1541) is a reversed spelling, introduced to rhyme with *certen*.

kwartrona [kwar'trɔˑna] *v.* quarter, cut in quarters
[E(F)c: **kwartron** -¹A]
{S 5; F 2: **M** *quartrona* (BM.1918, 3608)}

kwestyon *m.* **+ow, +s** question
ALT = **govynn**.
[E(F): AngN *questiun* < OldF *question* (coe)]
{S 5; F 4: **M** *questyon, queston*; pls. *questonow, questons*: **+ow** M; **+s** M}

kweth ['kwęːθ] *f.* **+ow** cloth
[U:] {S 8; F 5: **M** *queth*, pl. *quethow*: **+ow** M}
kweth lestri dishcloth

kwetha ['kwęˑθa] *v.* cover with a cloth
[Uc: **kweth** -¹A] {S 8; F 3: **M** *quetha*}

kweth-leur [ˌkwęˑθ'lœːr] *f.*
kwethow-leur floor-cloth
[UC: **kweth leur**]
{S 5; F 0(Y1): **kwethow-leur** I}

kweth-ponn [ˌkwęˑθ'pɔnː] *f.*
kwethow-ponn duster, dustcloth (U.S.)
[UU: **kweth ponn**] {S 5; F 0(Y1): **kwethow-ponn** I} Lenition suppressed by [-θ]

kwethynn ['kwęˑθɪn] *m.* **+ow** napkin
[Uc: **kweth** -YNN] {S 5; F 0(GK98: P.H.): **+ow** I}

kwilkyn ['kwɪlkɪn] *m.* **+yow** frog
[C:] {S 8; F 3: **O** *guilschin* (VC.615): **L** *kṳilken* (AB.), *quilkin* (PV11620): **D** "quilkin": **+yow** I} It is difficult to arrive at a satisfactory spelling for this word; the original [gw-] was devoiced to [kw-].

kwit ['kwiːt] **1.** *adv.* completely, deservedly **2.** *adj.* free
[E(F): MidE *quît* < OldF *quite* (not the same source as ModE *quit*) (coe)] {S 5; F 4: **M** *quyt*} Much used in Breton, e.g. *mont kuit* 'go away'.

kwitya ['kwiˑtja] *v.* quit, exit
[E(F)c: **kwit** -YA] {S 5; F 1: **M** 2nd sg. impv. *quyk* (OM.1530)} Nance (*CE38*) thought that MidC *quyk* was a mistake for *quyt*.

kwityans ['kwiˑtjans] *m.* **+ow** exit *(of actor)* [E(F)c: **kwit** -YANS]
{S 5; F 0(GM09: YhaG): **+ow** I}

kwoff ['kwɔfː] *m.* repletion
[U: May be E *quaff* 'drink copiously', but cf. B *koeñv* 'swelling'] {S 8; F 0(CE38): **D** "quaff":}

kwoffi ['kwɔfːi] *v.* overeat, binge, gorge, swell up
[Uc: **kwoff** -¹I]
{S 8; F 0(CE38): **C** cf. B *koeñviñ* 'to swell'}

kwoffys ['kwɔfːɪz] *adj.* swollen, bloated
[Uc: **kwoff** -⁶YS] {S 8; F 0(GM09: G.M.S.): **C** cf. B *koeñvet* 'swollen'}

kwykk *adj.* quick ALT = **uskis**.
[E(E): MidE < OldE *cwic*, cognate with C **byw** (coe)] {S 5; F 4: **M** *quik*}

kwyllenn ['kwɪlːe̯n] *f.* **+ow** quill
[Ec: FN in -ENN from E *quill* < Gmc. (coe)]
{S 5; F 3: **L** *kṳillan* (AB116c) → P: **+ow** I}

kwys ['kwɪːz] *m.* **+yow** quiz
[E(U): Origin in English unknown (coe)]
{S 8; F 0(GM09: YhaG): **+yow** I}

KY- [c: Yet another form of KE-]

ky [kɪ] *conj.* so An alternative to ²**mar**
[C:] {S 8; F 3: **L** *kẏ* (AB248c) → P: **C B** *ken*}

kyf ['kɪːf] *m.* **+yon** stump, root-stock, tree-trunk, stub
[L: CLat *cippus* (gpc)]
{S 8; F 0(CPNE): P Cutkive Wood: C B *kef*; W *cyff*: **+yon** N (CE38)}

kyfeyth ['kɪˈfɛɪθ] *m.* **+yow** preserve, jam, confection
[L: CLat *confectio*] {S 8; F 0(CE38): C B *(kivij)* 'tanner's bark'; W *cyffaith*: **+yow** I}

kyfeyth owraval marmalade

kyfeythya [kɪˈfɛɪθja] *v.* preserve
[Lc: **kyfeyth** -YA]
{S 8; F 0(CE38): C W *cyffeithio*}

kyfeythyer [kɪˈfɛɪθjɛr] *m.* **-yoryon** confectioner
[Lh: **kyfeyth** -¹YER] {S 8; F 0(EC52): **-yoryon** I}

kyfi ['kɪˈfi] *v.* confide in
[Uc: VN in -YA from unknown root]
{S 8; F 1: M *hyfye* (CW.0573)}
According to Neuss, the MS. has *kysye*, rhyming with *anfugye* two lines later, but Stokes read the word as *kyfye*. Nance recognized that the <-ye> means [-iː], as elsewhere in *CW.*, and wrote *kyfy*. Neuss suggested that *kysye* is for *krysi*, which makes reasonable sense. If this interpretation is correct, then **kyfi** is unattested.

kyf-kov [kɪfˈkɔːv] *m.* **kyfyon-kov** memory-stick, data-stick
[LC: **kyf kov**]
{S 1; F 0(GM09: P.P.): **kyfyon-kov** I}

kyfyans ['kɪˈfjans] *m.* confidence, trust, reliance
[Uh: MN in -YANS from unknown root]
{S 8; F 2: M *gyffyans* (OM.1808), *kefyans* (BM.3076):} Keith Syed points out that in neither of these cases is the meaning proved beyond doubt (the word might be **gevyans**); so in view of the uncertainty about **kyfi**, the root **kyf-** may be a ghost.

kygel ['kɪˈgɛl] *f.* **+yow** distaff
[L: BLat *conucella* < *coluc(u)la*] {S 3; F 4: O *kigel* (VC.833) → P: M *gygel* → P: L *gigal* (AB.) → P: D "kiggal": **+yow** I} This word has not evolved regularly. One would expect *kegel* as

at OM.0425, but forms with <i> or <y> as the first vowel are commoner.

kyhwedhel [kɪˈhwɛˈðɛl] *m.*
kyhwedhlow tidings, tale, rumour, hearsay, gossip
[cC: KY- **hwedhel** < CC *ko(m)-sketlo-* (gpc)]
{S 1; F 0(CE38): D "kywhiddle" 'nonsense, load of rubbish': C W *cychwedl*; B pl. *keloù* 'news': **kyhwedhlow** I}

kyhwedhla [kɪˈhwɛðla] *v.* disseminate, talk about, gossip
[cCc: KY- HWEDHL- -¹A]
{S 8; F 2: M p.ptcpl. *cavethlys* (PC.0551): L miscopied by Tonkin as *taveth lys* (PV16818)} Nance followed the misreading of Tonkin, and in *CE38* gave *tavethly* as 'to broadcast'.

kyjyvek [kɪˈdʒɪˈvɛk] *adj.* on heat
[Uc: AJ in -¹EK]
{S 8; F 1: L *Gydzhivak* (LV043.13a)}

kyjyves [kɪˈdʒɪˈvɛz] *v.* be on heat
[Uc: VN in -¹ES]
{S 8; F 1: L *Cydzhivaz* (LV043.13)}

kykesow [kɪˈkɛˈzɔw] *pl.* Cornish heath
[C:] {S 8; F 0(CE38): D "kekezza"}
This is Nance's spelling of the dialect word; it appears to be a Cor. word, but is a late form, since [-k-] is not Cor.

kylgh ['kɪlx] *m.* **+yow** circle, round, ring *(circle)*
[L: BLat **circ'lus* < CLat *circulus* (Fl.)] {S 3; F 2: O *delc* (VC.329) → P is identified as this word: P Kilkhampton: C B *kelc'h*, W *cylch*: **+yow** I}

kylghenn ['kɪlxɛn] *f.* **+ow** circuit
[Lc: **kylgh** -ENN] {S 3; F 0(CE38): **+ow** I}

kylghfordh ['kɪlxfɔrð] *f.* **+ow** ring-road, beltway (U.S.)
[LE(E): **kylgh fordh**] {S 4; F 0(Y1): **+ow** I}

kylghgan ['kɪlxgan] *f.* **+ow** round *(song)*, roundelay
[LC: **kylgh** 2*kan*] {S 1; F 0(EC00): **+ow** I}

kylghigow [kɪlˈɦiˈgɔw] *pl.* hoop-la
[Lcc: from **kylgh** -IK -²OW] {S 3; F 0(FTWC)}

kylghlyther

kylghlyther [kɪlɦɪˈlɪˑθe̞r] *m.* **+ow** circular
  [LL: **kylgh lyther**] {S 3; F 0(EC00): **+ow** I}

kylghres [ˈkɪlxre̞z] *f.* **+ow** cycle
  [LC: **kylgh** ¹**res**]
  {S 3; F 0(GM09: YhaG): C W *cylchred*: **+ow** C}

¹**kylghresek** [kɪlɦɪˈre̞ˑze̞k] *adj.* cyclic, cyclical
  [LC: **kylghres** -¹EK] {S 3; F 0(GM09: YhaG)}

²**kylghresek** [kɪlɦɪˈre̞ˑze̞k] *v.* circulate
  [LC: **kylghres** -²EK] {S 3; F 0(EC00)}

kylghresyas [kylɦɪˈre̞ˑʒjaz] *m.* **+ow** circulation
  [LCc: **kylgh resyas**] {S 1; F 0(GM09: G.M.S.): C W *cylchrediad*: **+ow** I}

kylghva [ˈkɪlxva] *f.* **+ow** dress circle (in theatre)
  [LC: **kylgh** -VA] {S 3; F 0(GM09: YhaG): **+ow** I}
  kylghva veur grand circle (in theatre)

kylghya [ˈkɪlxja] *v.* encircle
  [Lc: **kylgh** -YA] {S 3; F 0(GK98: K.J.G.): C B *kelc'hiañ*, W *cylchio*} Nance suggested *kelghy*.

kylghyek [ˈkɪlxje̞k] *adj.* circular, round
  [Lc: **kylgh** -YEK] {S 3; F 0(EC52): C B *kelc'hiek*}

kylghynn [ˈkɪlxɪn] *m.* **+ow** circlet
  [Lc: **kylgh** -YNN] {S 3; F 0(GM09: K.J.G.): C B *kelc'henn* 'bracelet': **+ow** I}
  Formed with -YNN in order to distinguish this from **kylghenn** 'circuit'.

kyllas [ˈkɪlːas] *coll.* **+enn** shale, slate
  [U:] {S 8; F 0(CE38): D "killas" refers to rocks in Cornwall other than the granite outcrops and their surrounding metamorphic aureoles.: **+enn** I}

kyllasek [kɪˈlaˑze̞k] *adj.* shaly
  [Uc: **kyllas** -¹EK] {S 8; F 0(GM09: G.M.S.)}

ky'm *phrase* [CC: Shortened form of **kyn y'm**]
  {S 2; F 1: M *ken* (RD.1530)}

kymygenn [kɪˈmɪˑge̞n] *f.* **+ow** chemical
  [E(D)c: from **kymyk** -ENN]
  {S 5; F 0(GM09: G.M.S.): **+ow** I}

kymygieth [ˌkɪmɪˈgiˑe̞θ] *f.* chemistry
  [E(D)c: from **kymyk** -IETH]
  {S 5; F 0(GK98: K.J.G.):}

kymygiethel [kɪmɪgiˈe̞ˑθe̞l] *adj.* chemical
  [E(D)cc: **kymygieth** -²EL]
  {S 5; F 0(GM09: YhaG)}

kymygydh [kɪˈmɪˑgɪð] *m.* **+yon** chemist (*scientist*) [E(D)c: from **kymyk** -¹YDH]
  {S 5; F 0(GM09: YhaG): **+yon** I}

kymyk [ˈkɪˑmɪk] *adj.* chemical
  [E(D): MidE *chymick* < OldF *chimique* or ModL *chimicus* (coe)] {S 5; F 0(EC52)}

kymyst [ˈkɪˑmɪst] *m.* **+yon** chemist (*dispensing*), pharmacist
  [E(F): early ModE *chymist* < F *chimiste* (coe)]
  {S 5; F 0(EC52): **+yon** I (K.J.G.)}

kyn⁵ [kɪn] *conj.* though, although
  [c:] {S 8; F 6: M *kyn* → P: L *kŷn, ken* → P}
  Although followed by a single consonant, the vowel is short in this word, since it is unstressed. This is the form of the word found before consonants.

kyn' *conj.* before   ALT = **kyns**.
  [c: < OldC *cynt* with loss of [-t]] {S 2; F 4: M *kyn*: L *kyn* (AB230c) → P} Spelled **kyn'** to emphasize that the word is a form of **kyns**;

¹KYN- pre- [c: Shortened form of **kyns**]

²KYN- [C: CC (cf. Irish *caoine* > E *keening*)]

kynbogh [ˈkɪnbɔx] *m.* **+es** wether goat
  [cC: Compound of ¹**bogh**]
  {S 8; F 2: L *kînbŷk* (AB065c) → P: **+es** I}

kyner [ˈkɪˑne̞r] *m.* -**oryon** mourner (*male*)
  [Cl: ²KYN=¹ER] {S 8; F 0(EC52): -**oryon** I}

kynflogh [ˈkɪnflɔx] *m.* -**fleghes** embryo
  [CC: ¹KYN- **flogh**] {S 3; F 0(Y3): -**fleghes** }

kyngel [ˈkɪnge̞l] *f.* **kynglow** girdle
  [L: BLat *cing'la* < CLat *cingula* (gpc)]
  {S 1; F 0(CE38): C W *cyngl*; cf. MidB *cenclenn*: **kynglow** I}

kyni [ˈkɪˑni] *v.* lament, mourn, wail, bemoan, moan, whine
  [Cc: ²KYN=¹I] {S 8; F 3: M *kyny*}

kynliw ['kɪnliw] *m.* **+yow** primer *(paint)*
[CC; ¹KYN- **liw**]
{S 3; F 0(GM09: G.M.S.): **+yow** I}

kynnik ['kɪn:ɪk] **1.** *v.* offer, propose **2.**
m. **-igow** offer, proposal, proposition
[D: CLat *condîcô* or Brit (Fl.)]
{S 1; F 0(CE38): C B *kinnig*; W *cynnig*: **-igow** }

kynoesel [kɪn'oˑzęl] *adj.* primeval
[cCc: ¹KYN- **oes** -¹EL] {S 2; F 0(GM09: G.M.S.)}

kynores [kɪ'nɔˑręs] *f.* **+ow** mourner *(female)*
[Cl: ²KYN=ORES] {S 8; F 0(GM09: K.J.G.): **+ow** I}

kynradh ['kɪnrað] *adj.* primary
[cL: ¹KYN- 2**gradh**]
{S 2; F 0(GM09: YhaG): C W *cynradd*}

kyns ['kɪns] **1.** *prep.* before *(in time)*, ere **2.** *adv.* formerly, sooner, rather, previously, earlier **3.** *adj.* former, previous, prior, ex-
[c: Brit **kint-*] {S 1; F 6: M *kyns*: L *kenz*}
kyns oll above all, particularly
kyns es lemmyn formerly, hitherto, previously, before now, before

kynsa ['kɪnza] **1.** *adj.* first, foremost, initial **2.** *num.* first
[Cc: **kyns** -²A] {S 1; F 5: M *kynsa*: L *kensa, kenza*}
kynsa genys first born

kynsadhves [kɪn'zaðvęz] *adj.* premature
[CC: **kyns adhves**] {S 1; F 0(GM09: K.J.G.)}

kynseghwa [kɪn'zęˑxwa] *m.* forenoon
[CC: **kyns eghwa**] {S 8; F 2: L *Cyndzhewha* (LV044.11), *kenzhoha* (AB249a) → P:}

kyns-ena [kɪnz'ęˑna] *adv.* before that
[CC: **kyns ena**]
{S 1; F 2: L *kenzenna* (AB249a) → P}

kynser ['kɪnsęr] *m.* **+i** apprentice
[cC: KYN- **ser**] {S 1; F 0(GM09: K.J.G.): **+i** I}

kynserneth [kɪn'sęrnęθ] *m.* **+ow** apprenticeship
[cCc: KYN- **serneth**]
{S 1; F 0(GM09: G.M.S.): **+ow** I}

kyns-gour [kɪns'kuːr] *m.* **kyns-gwer** ex-husband
[CC: **kyns gour**]
{S 1; F 0(GM09: P.H.): **kyns-gwer** I}

kyns-gwreg [kɪns'kwręːg] *f.* **kyns-gwragedh** ex-wife
[CC: **kyns gwreg**]
{S 1; F 0(GM09: P.H.): **kyns-gwragedh** I}

kyns-hes ['kɪnshęz] *f.* **+ow** first swarm
[cC: **kyns hes**] {S 1; F 0(EC52): **+ow** I}

kynsistorek [ˌkɪnzɪsˑtɔˑręk] *adj.* prehistoric
[cE(L)c: **kyns istorek**] {S 4; F 0(AnG)}

kyns-lemmyn [kɪns'lęm:ɪn] *adv.* before now, hitherto
[CC: **kyns lemmyn**] {S 1; F 4: M *kyns lymmyn*: L *kenzemmyn* (AB249a) → P}

kynsow ['kɪnzɔw] *adv.* just now
[Cc: Compound of **kyns**]
{S 1; F 0(CE38): C B *kentaou*; MidW *cynneu*}

kyns-skrif [kɪns'skriːf] *m.* **+ow** draft *(of document)* [CL: **kyns skrif**]
{S 3; F *: L *kenz-skref* (CGEL): **+ow** I}

Kynt *place* Kent
{S 8; F 1: M *kint* (BK39.66)}

kynth [kɪnθ] *conj.* though, although
[c:] {S 8; F 5: M *kynth* → P}
Found before vowels and [h-].

kynvann ['kɪnvan] *m.* **+ow** lamentation, lament, mourning, moan, wailing
[Cc: ²KYN=VANN]
{S 8; F 0(CE38): C cf. W *cwynfan*: **+ow** I}

kynvannel ['kɪnvan:ęl] *adj.* mournful
[Ccc: **kynvann** -¹EL] {S 8; F 0(GM09: G.M.S.)}

kynvannus ['kɪnvan:ys] *adj.* lamentable
[Ccl: **kynvann** -US] {S 8; F 0(EC00)}

kynwel ['kɪnwęl] *f.* **+yow** preview
[cC: ¹KYN- 2²**gwel**]
{S 2; F 0(GM09: G.M.S.): **+yow** I}

kynweles [kɪn'węˑlęz] **1.** *m.* first sight **2.** *v.* preview
[cCc: ¹KYN- 2**gweles**]
{S 2; F 1: M *kyn welas* (BK40.35):}

kynweres

kynweres [kɪn'wę·ręz] *m.* first aid
[cC: ¹KYN- 2¹**gweres**]
{**S** 2; **F** 2: **M** *kynweres* (BM.0544) → L,P:} This may not be a real word; the scribe may have meant **kemmeres** (Combellack).

kynyav ['kɪ·njav] *m.* **+ow** autumn, fall (U.S.) [cC: Brit **kentu-gyamo-* (lp) = **kyns gwav**] {**S** 2; **F** 3: **O** *kyniaf* (VC.463) → L,P: **L** *kidniadh* (AB044b) → P: **+ow** I}

kynyavel [kɪn'ja·vęl] *adj.* autumnal
[cCc: **kynyav** -¹EL] {**S** 2; **F** 0(GM09: G.M.S.)}

kynyavos [kɪn'ja·vɔz] *m.* **+ow** autumn dwelling
[cCc: **kynyav** 2²**bos**] {**S** 1; **F** 0(CE38): **P** Kernewas: **C** Not in B nor in W: **+ow** I}

kynyas ['kɪ·njaz] *v.* harvest
[cCc: perhaps from **kynyav** -¹AS] {**S** 8; **F** 1: **L** *Cidniaz* (LV035.09)}

kyrghes ['kɪrxęz] *v.* fetch, bring, get
[Cc: VN in -ES from a CC root (gpc)] {**S** 1; **F** 5: **M** *kyrhas* → P} The phrase *yn kergh*, found four times in MidC, is thought to be meant for **yn kerdh** 'away'.

kyrghynn ['kɪrxɪn] *m.* **+ow** close environment, surroundings, vicinity, environs
[L: CLat *circinnus* (Fl.)]
{**S** 1; **F** 4: **C** MidB *querchen*; MidW *kyrchyn*: **M** *kerghyn*: **L** *kirthen* (BOD.061): **+ow** I}

yn kyrghynn around,
in the vicinity of
y'm kyrghynn around me

kyrghynna [kɪr'fiɪnːa] *v.* surround, encircle
[Lc: **kyrghynn** -¹A] {**S** 1; **F** 0(EC00)}

kyrghynnedh [kɪr'fiɪnːęð] *m.* **+ow** environment
[Lc: **kyrghynn** -¹EDH] {**S** 1; **F** 0(Y1): **+ow** I}

kyrghynnedhel [ˌkɪrxɪ'nę·ðęl] *adj.* environmental
[Lcc: **kyrghynnedh** -²EL]
{**S** 1; **F** 0(GK98: G.M.S.)}

kyrghynnedhor [ˌkɪrxɪ'nę·ðɔr] *m.* **+yon** environmentalist
[Lcc: **kyrghynnedh** -OR]
{**S** 1; **F** 0(GK98: A.S.): **+yon** I}

kyrghynnonieth [ˌkɪrxɪnɔ'niːęθ] *f.* **+ow** environmental science
[Lcc: **kyrghynn** -ONIETH]
{**S** 1; **F** 0(GM09: G.M.S.): **+ow** I}

kyttrin [kɪt'triːn] *m.* **+yow** bus, omnibus
[D: 3 etymologies have been proposed: (a) Cuban-Spanish *quitrín*; 'gig, light chaise'; (b) Irish-English *kitareen* 'horse-drawn gig'; (c) name of the proprietor of a transport company in Penzance (Kit Treen).][Nance (*Old Cornwall*, 8, 349-350, argued in favour of (b). The editor of this dictionary prefers (c).] {**S** 8; **F** 0(CE93): **D** "kitareen": **+yow** N (FTWC)} Nance did not admit this word in *CE55*, preferring *cocha kemyn*. Although not Cor. in origin, **kyttrin** has now established itself in modern Cor. vocabulary.

kyttrinik [kɪt'tri·nɪk] *m.* **-igow** minibus
[Dc: **kyttrin** -IK]
{**S** 8; **F** 0(GM09: K.J.G.): **-igow** I}

kyttrinva [kɪt'trɪnva] *f.* **+ow** bus-station, bus-stop
[Dc: **kyttrin** -VA] {**S** 8; **F** 0(CE93: K.J.G.): **+ow** I}

kyvedhow [kɪ'vęðɔw] *adj.* drunk
Is **kyvedhow** more or less intoxicated than **medhow**? [cC: KY- 2**medhow**]
{**S** 1; **F** 1: **L** *kÿvedha* (AB125a)}

Kywa name (name of saint)
{**S** 8; **F** 1: **O** *uai* (LS)}

kywlett m. **+ow** bedspread
ALT = **kolghes**. [D: Ultimately from CLat *culcita*, but via E *quilt* ?] {**S** 8; **F** 3: **L** *kÿulat* (AB118b, 155b) → P: **+ow** N}

kywni ['kɪʊni] *coll.* **+enn** moss
[C:] {**S** 8; **F** 0(CE38): **D** "cuney" 'mouldy': **C** B *(kinvi)*: **+enn** I}

kywnia [kɪʊ'ni·a] *v.* become mossy
[Cc: **kywni** -¹A] {**S** 8; **F** 0(CE38)}

kywniek [kɪʊ'ni·ęk] *adj.* mossy
[Cc: **kywni** -¹EK] {**S** 8; **F** 0(CE38)}

L

-LA *suffix* place [c: Unstressed form of ¹**le**]
{S 2; F 0(CE38): P Durla: C B *-le*, W *-le*}

labol ['la·bɔl] *adj.* brindled, striped
Name of a dog.
[U:] {S 8; F 1: M *labol* (BM.3223)}

labydha [la'bɪ·ða] *v.* stone, throw stones at
[Lc: VN in -A from CLat *lapidare*]
{S 1; F 0(CE38): C B *labezañ*, cf. W *llabyddio*}
Nance wrote *labedha*.

lack (Eng.) *n.*
{S 6; F 3: M *lake, lak* (TH.): L *lak* (PV13144)}

ladel *m.* **+yow** ladle ALT = **lo ledan**.
[E:] {S 4; F 1: M *ladal* (BK15.23): **+yow** I}

lader ['ladęr] *m.* **ladron** thief *(male)*, robber, pilferer, brigand
[L: LADR-S]
{S 1; F 5: O *lader* (VC.299): M *lader*; pl. *laddron, ladron*: L *ladar, lader*; pl. *leddarn*: P pl. in Lanhadron: C B *laer*; W *lleidr*: **ladron** MLP}

LADH- [C: CC (M)]

ladha ['la·ða] *v.* kill, slay, slaughter, terminate, put to death, switch off
[Cc: LADH=¹A] {S 1; F 6: M *lathe, latha*: L *ladha* (AB.), *latha*: C B *lazhañ*}

ladhadow [la'ða·dɔw] *adj.* lethal
[Cc: LADH=ADOW] {S 1; F 0(GM09: GG)}

ladhden *m.* manslaughter
ALT = **denladh**. [CC: LADH- den]
{S 1; F 1: L *lathden* (PV13213):}

ladher ['la·ðęr] *m.* **-oryon** killer
[Cl: LADH- -¹ER] {S 1; F 0(EC52): **-oryon** I}

ladhva ['la·ðva] *f.* **+ow** slaughter, murder, killing
[Cc: LADH=VA]
{S 1; F 1: L *lathfa* (CLJK): C W *lladdfa*: **+ow** I}

LADR- [L: CLat *latro* (M)]

ladra ['ladra] *v.* steal, rob
[Lc: LADR=¹A]
{S 1; F 4: M *laddre, laddra*: L *ladra, laddra*}

ladrans ['ladrans] *m.* **+ow** robbery *(individual crime)*, larceny, theft
[Lc: LADR=ANS] {S 1; F 0(CE55): **+ow** I}

ladras ['ladraz] *m.* swag
[Lc: LADR=²AS] {S 1; F 0(GM09: G.M.S.):}

ladres ['ladręs] *f.* **+ow** thief *(female)*, robber, sluice
[Lc: LADR=⁴ES] {S 1; F 0(CPNE): P ?Polladras: C B *laerez*: **+ow** I}

ladrynsi [la'drɪnʒi] *m.* robbery *(in general)*, larceny, theft
[Lc: LADR=YNSI]
{S 1; F 0(EC52): C cf. B *laeroñsi:*}

lafyl ['la·fɪl] *adj.* lawful, permissible *(legally)*
[E(N): MidE < OldN (coe)]
{S 4; F 3: M *lafyl* (BM.4301), *lawfull* (TH.)}

lagas ['la·gaz] *m.* **lagasow,** dual **dewlagas** eye
[C: Brit **lukato-* (gpc)]
{S 1; F 5: O *lagat* (VC.) → L,P: M *lagas* → P; pl. *lagasow*: L *lagas* (BOD.008), *lagaz* (AB.) → P; pl. *lagagow* (G3WK): D "laggas" 'patch of blue in clouded sky': C B *lagad*; W *llygad*}

lagas du black eye, spotted persicaria
lagasow bysow wall-eye
lagasow molys blear eye
yn lagas an bys in the limelight

lagasek [la'ga·ʒęk] 1. *adj.* big-eyed
2. *m.* **-ogyon** sharp-sighted person, big-eyed person
[Cc: from **lagas** -¹EK] {S 1; F 3: M *lagasek* (BM.), *lagajak* (BK.): L *lagadzhek* (AB105b) → P: F Legassick: **-ogyon** I}

lagasenn [la'ga·ʒęn] *f.* **+ow** large ring for mooring
[Cc: **lagas** -ENN]
{S 1; F 0(CE93: R.R.M.G.): C B *lagadenn*: **+ow** I}

LAGATT-
[C: Compound formed from OldC *lagat* 'eye']

lagatta

lagatta [la'gat:a] *v.* stare, gawk, gaze, glare
[Cc: LAGATT=¹A] {S 8; F 0(CE55)}

lagattell [la'gat:ęl] *f.* **+ow** monocular
[Cc: LAGATT=ELL]
{S 8; F 0(GM09: YhaG): **+ow** I}

¹lagatter [la'gat:ęr] *m.* **lagattres** blind fish
[Cl: LAGATT=¹ER]
{S 1; F 0(CE38): D "lagatta": **lagattres** I}

²lagatter [la'gat:ęr] *m.* **-oryon** starer *(male)*, gazer, goggler, gawker (U.S.)
[Cl: Same as **lagatter** 'blind fish']
{S 8; F 0(CE55): **-oryon** I}

lagattores [laga'tɔ·ręs] *f.* **+ow** starer *(female)*, gazer, goggler, gawker (U.S.) [Clc: LAGATT=ORES]
{S 8; F 0(GM09: K.J.G.): **+ow** I}

LAG- [L: CLat *lacus*]

lagenn ['la·gęn] *f.* **+ow** puddle, pond, slough
[Lc: LAG=ENN] {S 1; F 2: O *sagen* → L,P: C B *lagenn*; not in W: **+ow** I} Emended from OldC *sagen*; see alternative emendation **stagenn**.

lagenna [la'gęn:a] *v.* splash, spatter, bespatter
[Lcc: **lagenn** -¹A] {S 1; F 0(CE38)}

LAGH- [E(E): from **lagha**]

lagha ['la·xa] *f.* **laghys**, **laghow** law, dogma
[E(E): MidE *laghe* (CE38) < OldE *lagu* (coe)]
{S 4; F 5: M *laha, la*; pl. *lahys* → P, *lays*: L *laha*; pl. *lahez* (AB243a), *lahes* (MSWP): **laghys** ML; **laghow** N (G.M.S.)}

dre lagha in-law

laghasek [la'ɦa·zęk] *adj.* dogmatic
[E(E)c: **lagha** + an ending corresponding to <-atic> in E *dogmatic*] {S 8; F 0(GM09: G.M.S.)}

laghel ['la·xęl] *adj.* legal, lawful, permissible *(legally)*, legitimate
[E(E)c: from LAGH=¹EL]
{S 4; F 0(GK98: G.M.S.)}

laghenn ['la·xęn] *f.* **+ow** law *(individual)*

lamentya

[E(E)c: from LAGH=ENN]
{S 4; F 0(GK98: P.H.): **+ow** I}

laghwas ['la·xwas] *m.* **-wesyon** solicitor's clerk, law, clerk (U.S.)
[E(E)C: from LAGH- 2**gwas**]
{S 4; F 0(Y2): **-wesyon** I}

laghyas ['la·xjaz] *m.* **-ysi** solicitor *(male)*, lawyer *(male)*, male attorney (U.S.)
[E(E)c: from LAGH=³YAZ] {S 4; F 0(Y2): **-ysi** I}

laghyades [laɦi'ja·dęs] *f.* **+ow** solicitor *(female)*, lawyer *(female)*, female attorney (U.S.)
[E(E)c: from **lagh=yades**]
{S 4; F 0(GK98: G.M.S.): **+ow** I}

lagya ['la·gja] *v.* splash
[Lc: LAG=YA] {S 1; F 0(CE38): D "lag"}

lagyar ['la·gjar] *f.* **-yer** moorhen
[LC: LAG- **yar**] {S 1; F 0(CE38): **-yer** I}

laka f. lakys stream ALT = **gover**.
In dialect, E *lake* means 'stream'; the word is related to **logh**;
[E(E): MidE < OldE *lacu* (Bice)] {S 5; F 2: L *lakka* (AB132c) → P: P Lackavear: **lakys** I (CE38)}

lakka ['lak:a] *adj.* worse
[U:] {S 8; F 4: M *lacka* → L,P}

lakya v. lack ALT = **fyllel**.
[Ec: VN in -YA from ?Gmc **lak-* (coe)]
{S 5; F 1: M *lakya* (BK19.03)}

Lallansek [la'lanzęk] *m.* Scots *(language)* [Ec: MN in -¹EK from *Lallans*]
{S 8; F 0(GM09: K.J.G.):}

Lallow *name* (name of saint)
{S 8; F 1: O *lallu* (LS)}

Lamek name Lamech (biblical character)
{S 5; F 3: M *lamec* (CW.)}

lamentably (Eng.) *adv.*
{S 6; F 1: M *lamentably* (TH08v)}

lamentya v. lament ALT = **kyni**.
[E(D)c: VN in -YA from MidE < Lat *lamenter* or F *lâmentârî* (coe)]
{S 5; F 2: M *lamentya* (TH06v, 40v)}

lamm

lamm ['lamː] *m.* **+ow** leap, jump, bound, spring
[C: Brit **langmen* (iyk) < IE **lng-smn̥* (Fl.)]
{**S** 1; **F** 3: **M** *lam* → P: **P** Lamledra: **C** B *lamm;* W *llam:* **+ow** I}

war unn lamm at once, in a trice
yn unn lamm at once, in a trice

lamma ['lamːa] *v.* leap, jump, bound
[Cc: **lamm** -¹A] {**S** 1; **F** 3: **M** *lamme* (RD.2093) → P; 3rd sg. pret. *lammas* (RD.2090) → P}

lammer ['lamːer] *m.* **-oryon** jumper *(male)*
[Cc: **lamm** -¹ER]
{**S** 1; **F** 0(GM09: G.M.S.): **-oryon** I}

lammleder [lamˈlẹdẹr] *f.* **-ledrow** precipice
[CU: **lamm leder**] {**S** 8; **F** 0(CE55): P Lambledra: **-ledrow** I} A word coined on the basis of the pl.n. *Lambledra*.

lammlenn ['lamlẹn] *f.* **+ow** parachute
[CC: **lamm lenn**]
{**S** 1; **F** 0(FTWC): **+ow** N (FTWC)}

lammores [laˈmɔˑrẹs] *f.* **+ow** jumper *(female)* [Cc: **lamm** -ORES]
{**S** 1; **F** 0(GM09: K.J.G.): **+ow** I}

lammvogh ['lamvɔx] *m.* **+es** springbok
[CC: **lamm** 2¹**bogh**] {**S** 1; **F** 0(EC00): **+es** I}

lank ['lank] *m.* **+yow** adolescent *(male)*
[C:] {**S** 8; **F** 0(GM09: YhaG): **C** W *llanc;* cf. B *lankon:* **+yow** C}

lankes ['lankẹs] *f.* **+ow** adolescent *(female)* [Cc: **lank** -⁴ES]
{**S** 8; **F** 0(GM09: K.J.G.): **C** W *llances:* **+ow** I}

lann ['lanː] *f.* **+ow** church-site, chapel, monastic close
[C: CC **landa* (gpc)] {**S** 1; **F** 4: **M** *gulan* (OM.0859), *lan* (CLJK): **L** *lan* (PV.): **P** about fifty names (CPNE): **C** B *lann,* W *llan:* **+ow** I}

Lannanta *place* Lelant
{**S** 8; **F** 1: **L** *lalant* (CC.)}
[n] > [l] already evident in *CC.*, dated 1572.

lannergh ['lanːẹrx] *m.* **+i** clearing *(in a wood)*, glade

lappyores

[C: Apparently a compound of **lann**]
{**S** 1; **F** 3: **O** *lanherch* (VC.710) → L,P: **L** *lanner'* (CGEL): **P** *Landrake, Lanner,* and also *Lanark* in Scotland: **C** Not in B; W *llanerch:* **+i** P}

Lannerghi *place*
{**S** 8; **F** 1: **M** *lanerhy* (OM.2400)}

Lannstefan [lanˈstẹˑfan] *place*
Launceston pl.n. 'church-site of Stephen'
[CL: **lann** + NP **Stefan**] {**S** 1; **F** 0(CE93)}

lanow ['lanɔw] *m.* **+yow** high tide, fullness
[C: LANW-S] {**S** 1; **F** 1: **M** *lanow* (BK29.80): **C** B *lanv;* W *llanw:* **+yow** I}

lantern m. **+s** lantern ALT = **lugarn**.
[E(F): MidE < OldF *lanterne* (co)]
{**S** 5; **F** 3: **M** *lantern;* pl. *lanterns:* **+s** I}

LANW- [C: Brit **lanwos* (Fl.) < IE **plnwo-* (gpc)]

lanwes ['lanwẹz] *m.* **+ow** abundance, flood stream
[Cc: LANW-²ES] {**S** 1; **F** 2: **M** *lanwes* (OM.1430) → P: **C** Not in B; W *llanwed:* **+ow** I}

LAPP- [E(E): OldE *hleap-* (CE38)]

lappa ['lapːa] *m.* **lappys** lappet, flap, fold *(flap)*, lobe, tag
[E(E): MidE < OldE *lappa* (CE38)]
{**S** 4; **F** 1: **M** *lappa* (PC.1244): **lappys** I}

lappan m. **+ow** May mean 'lappets'.
{**S** 8; **F** 1: **M** pl. *lappanow* (BK01.54): **+ow** M}

lappya ['lapːja] *v.* leap, perform gymnastics
[E(E)c: LAPP=YA] {**S** 4; **F** 0(CE38)}

lappyans ['lapːjans] *m.* gymnastics, acrobatics
[E(E)h: LAPP=YANS] {**S** 4; **F** 0(Y3):}

lappyer ['lapːjẹr] *m.* **-yoryon** acrobat *(male)*, gymnast, tumbler (U.S.)
[E(E)h: LAPP=¹YER]
{**S** 4; **F** 3: **O** *lappior* (VC.265) → L,P: **-yoryon** I}

lappyores [lapˈjɔˑrẹs] *f.* **+ow** acrobat *(female)*, gymnast
[E(E)c: LAPP=YORES]
{**S** 4; **F** 2: **O** *lappiores* (VC.266) → L,P: **+ow** I}

lapya ['laˑpja] *v.* lick, lap
[E(E)c: VN in -YA from MidE < OldE *lapian* (CE38)]
{S 5; F 1: M 3rd sg. pres. ind. *lap* (BM.3226)}

larchwydh ['lartʃwɪð] *f.* **+enn** larch-trees
[ECc: E *larch* (< Gmc) + 2**gwydh**]
{S 1; F 0(GM09): **+enn** I}

largely (Eng.) *adv.* {S 6; F 1: M *largely* (TH39v)}

larj ['lardʒ] *adj.* generous, liberal
[E(F): MidE < OldF *large*] {S 5; F 4: M *largy* (TH.); sp. *largya* (CW.): L *lardzh* (AB042c) → P}

larjes ['lardʒes] *m.* bounty, generosity
[E(F): MidE] {S 5; F 3: M *larges* (OM.):}

larjya adj. more generous
[E(F)c: Irregular comp. of **larj**]
{S 5; F 3: M *largya*}

¹**las** ['laːz] *m.* **+ow** dram, liquor, alcohol
[C: CC (Fl.) < IE **lat-* (gpc)] {S 1; F 3: O *lad* (VC.880) → P: M *las* (BK17.17, 20.55): C OldB *lat*; W *llad*: **+ow** I}

²**las** ['laːts] *m.* **+ow**, **+ys** lace *(snare)*
[F: OldF *laz*]
{S 4; F 2: M *las* (BK19.31); pl. *lasys* (OM.2474): C MidB *lacc*: **+ow** N (FTWC); **+ys** M}

¹**lasek** ['laˑzęk] **1.** *adj.* alcoholic **2.** *m.* **-ogyon** alcoholic
[Cc: ¹**las** -¹EK] {S 1; F 0(GK98: J.A.): **-ogyon** I}

²**Lasek** *name* (name of saint)
{S 1; F 1: O *latoc* (LS)}
Also name of place, Ladock on maps.

lasogeth [la'zɔˑgęθ] *f.* alcoholism
[Ccc: from ¹**las** -OGETH] {S 1; F 0(GK98: J.A.):}

lash ['laʃ] *m.* **+ys** lash, slash, stroke
[E(U): MidE (coe)]
{S 5; F 1: M *lasche* (MC.138): **+ys** I}

lashya ['laʃja] *v.* lash *(strike)*
[E(U)c: lash -YA] {S 5; F 0(GM09: G.M.S.)}

Lasser name Lazarus
{S 8; F 1: M *lasser* (BM.0450)}

last ['laːst] *m.* nastiness, loathsomeness, noisomeness
[C:] {S 4; F 2: M *last* (MC.202) → P:}

lastedhes [las'tęˑðęz] *m.* filth, scum, vermin
[Cc: **last** -EDHES]
{S 1; F 0(CE38): C cf. B *lastez* 'rubbish, weeds':}
The B <-z> implies /ð/ rather than /θ/.

lasvyth [laz'vɪθ] *m.* not a drop, nothing
[Cc: ¹**las vyth**]
{S 1; F 1: O *laduit* (VC.959) → L,P:}

lasweyth ['laːtswęɪθ] *m.* lacework)
[FC: ²**las** 2²**gweyth**] {S 4; F 0(GM09: G.M.S.):}

lasya ['laˑtsja] *v.* fasten, lace
[Fc: ²**las** -YA] {S 4; F 1: M *lacie* (PC.2575)}

lath ['laːθ] *f.* **+ow** staff *(rod)*, rod, yard *(measure)*
[C: CC **slattâ* (gpc) < IE **slatna* (hpb)] {S 8; F 1: M *lath* (BK16.18): C B *lazh*; W *llath*: **+ow** I}

lattha ['laθːa] *m.* **latthys** lath
[E(E): MidE *latthe* < OldE *laett* (coe)]
{S 4; F 1: M pl. *lathys* (OM.2446): **latthys** M}
Chaudhri (2007:126) took the sg. to be *lath*, and considered possible confusion between the pl. *lathys* (OM.2446) and *lasys* (OM.2474).

latthya ['laθːja] *v.* latch
[Cc: VN in -YA from **latha**]
{S 4; F 1: M p.ptcpl. *laʒijs* (MC.179)}

latti ['latːi] *m.* **+ow** slaughter-house, abattoir
[CC: from **ladh** ⁴**ti**]
{S 2; F 0(GK98: K.J.G.): 2:I:0: **+ow** }

lattis ['latːɪs] *m.* **+ow** lattice
[E(F): MidE < OldF *lattis* (coe)]
{S 5; F 1: L *Lattiz* (LV094.07): **+ow** N}

latimer ['laˑtɪmęr] *m.* **+s** interpreter, Latin master
[E: MidE] {S 5; F 2: L *Latimer* (Hals): **+s** I}
Found in *CE38*; Hals is a notoriously unreliable source.

Latin ['laˑtin] *m.* Latin language
[D: MidE < OldF *latin* or Lat *Latînus* (coe)]
{S 1; F 3: M *laten* (BM.0081), *latyn* (TH57v): L *latten* (NGNB5):} Lhuyd's *ladin* (CGEL) appears influenced by Welsh.

lava ['laˑva] *m.* lava
[E(O): Eng < It *lava* (coe)] {S 4; F 0(EC00):}

lavar ['laˑvar] *m.* **+ow** sentence, speech, utterance
[C: CC *labaro- (M)] {S 1; F 5: O *lauar* (VC.427): M *lavar*; pl. *lauarow*: L *lavar*; pl. *lavarow*: C B *lavar*; W *llafar*: **+ow** ML}

lavar koth proverb, motto

heb na hirra lavarow without further ado

braslavar boast

lavarenn [la'vaˑrẹn] *f.* **+ow** phrase
[Cc: **lavar** -ENN] {S 1; F 0(EC00): **+ow** I}

lavasos [la'vaˑzɔs] *v.* venture, dare, presume, permit
[C: CC (gpc)] {S 8; F 3: M *lauasos* (PC.1226, RD.0873) → P: C MidB *lafuaez*; cf. W *llafasu*}

lavrek ['lavrẹk] *m.* **lavrogow** trousers, breeches, pants (U.S.)
[C: Brit *labrâk- (Gr.)] {S 1; F 3: O *lafroc* (VC.) → L,P: L *lavrak* (AB013c, 045a; KWJB): C B *lavreg*; not in W: **lavrogow** I}

lavrek berr shorts (clothing)

lavrek byghan underpants

lavroges [lav'rɔˑgẹs] *f.* **+ow** slut, sloven
[Cc: from **lavrek** -⁴ES] {S 1; F 0(EC52): **+ow** I}

lavur ['laˑvyr] *m.* **+yow** labour, toil, work
[L: CLat *labôr-* (gpc)] {S 1; F 4: M *lavur* → P, *lafur, lavyr*: C B *(laur)* 'pain'; W *llafur*: **+yow** I}

Parti Lavur Labour Party

lavur digreft unskilled labour

lavurus [la'vyˑrys] *adj.* laborious, toilsome
[Ll: **lavur** -US < CLat *labôriôsus* (gpc)] {S 1; F 0(CE38): C Not in B; W *lafurus*}

lavurya [la'vyˑrja] *v.* labour, toil, work, travel
[Lc: **lavur** -YA] {S 1; F 5: M *lafurye* → P, *lavyrrya* → L,P: C Not in B; W *llafurio*}

lavuryans [la'vyˑrjans] *m.* **+ow** toil, working
[Lh: **lavur** -YANS] {S 1; F 2: M *lafuryans* (BM.0480): L *lavirrians* (P1JJ): **+ow** I}

lavuryas [la'vyˑrjaz] *m.* **-ysi** labourer
[Lc: **lavur** -³YAS] {S 1; F 0(GM09: G.M.S.): **-ysi** I}

lavurys [la'vyˑrɪz] *adj.* worn out
[Lh: **lavur** -⁶YS] {S 1; F 2: M *lafuryys* (OM.2823, BM.1567), *lafurryys* (OM.1225)}

lavyn ['laˑvɪn] *m.* **+yon** sand-eel, launce
See **lown**.
[L: BLat *lamna* < CLat *lamîna*] {S 2; F 0(GM09: G.M.S.): L pl. found in Act of Parliament, 1605, as *lavidnian*:: D pl. "vidnans": C B *laon*; W *llafn* 'blade': **+yon** LD}

law ['law] *adj.* miserable
[C: CC *lagwo- (gpc)] {S 1; F 0(IC.): C B *lav*, W *llaw*}

law (Eng.) *n.* {S 6; F 2: M *law* (TH14r), *la* (TH14r); pl. *lawes* (TH13v)}

lawa ['lawa] *m.* praise
[Uc: VN in -A] {S 8; F 4: M *lawe* → P:}

dh'y lawa! praise him!

lawd m. praise ALT = **gormel**.
[E(F): MidE < OldE *laude* (coe)] {S 5; F 2: M *lawde* (TH01r), *laude* (TH25r):}

lawdya v. laud ALT = **gormola**.
[E(F)c: VN in -YA from MidE < Lat *laudâre* (coe)] {S 5; F 1: M *laudia* (CW.0057)}

lawen adj. young (?)
[U:] {S 8; F 3: M *lawen* (BM.3413), *lawan* (CW.1720): L *lawan* (LV094.51)}
Precedes the noun. The word is used in *BM.* of a tom-cat, and Nance translated it as 'uncastrated'. However, Lhuyd translated *Lawan iâr* into Welsh as *Kiw*, now spelled *cyw* and meaning both 'chicken' and 'young animal'. Were it not for the doubt concerning its meaning, it might be usefully employed in devising a word for 'adolescent'. It does not seem to have anything to do with **lowenn-ki**.

lawethan name (name of a devil)
[E(L): MidE < Lat] {S 8; F 3: M *lawethan* (RD.0128, 0137) → P}
This word, ultimately from Heb. *liwyâthân*, appears in ModE as *leviathan*.

lawntyer m. **+s** lantern ALT = **lugarn**.
[E:] {S 5; F 3: L *Lawntier* (LV094.16), *launtier* (AB081b) → P: **+s** I}

lay

lay (Eng.) *n.* {**S** 6; **F** 2: **M** *lay* (PC.0936): **L** *laye* (R2WA, PRWP)}

laya *v.* lay
[E(E)c: VN in -YA from OldE (coe)]
{**S** 4; **F** 1: **M** *laya* (TH45v)}

¹le ['lẹ:] *m.* **leow** place, situation, spot *(location)*, site, position
When unstressed as a suffix, this word takes the form -LA. Cf. B *lec'h* 'place' < CC **leg-so* (Fl.) Lhuyd's *lêx* may be influenced by the Breton.
[C: CC **lego-* (Fl.)] {**S** 1; **F** 6: **M** *le*: **L** *le* (M4WK); *lêx* (AB.): **C** B *da bep lec'h*: **leow** I}

dhe bub le through (traffic)
yn le instead

²le ['lẹ:] *adj.* less, lesser, smaller
[C: CC **lagjûs < *lagh-jôs* (gpc) < IE (lp)]
{**S** 3; **F** 4: **M** *le*: **L** *lê* (AB.); *le*: **C** OldB *lei*; W *llai*}

lea ['lẹ·a] *v.* site
[Cc: **¹le** -¹A] {**S** 1; **F** 0(GM09: G.M.S.)}

leader (Eng.) *n.* ALT = **ledyer**. The example in *TH.* occurs in the phrase *pen Leder an besow*, a direct translation of 'chief ringleader'.
{**S** 6; **F** 2: **M** *Leder* (TH49v): **L** *Lyder* (AB144c)}

leb *conj.* which, who, what
[U:] {**S** 8; **F** 1: **L** *leb* (AB134c)}

led ['lẹ:d] *m.* **+yow** lead *(electrical)*
[E(E): Back-formation from **ledya**]
{**S** 5; **F** 0(Y1): **+yow** I}

ledan ['lẹ·dan] *adj.* wide, broad
[C: IE **pḷtano-* (M)] {**S** 3; **F** 3: **M** *ledan* → L,P: **P** Roseladden: **C** B *ledan*; W *llydan*}
Regular development would give **lydan,* but the limited textual evidence favours <e>.

ledander [lẹ'dandẹr] *m.* **+yow** expanse
[Cc: **ledan** -DER]
{**S** 3; **F** 0(GM09: YhaG): **+yow** I}

ledan-dhelyek [ˌlẹdan'ðẹ·ljẹk] *adj.* broad-leaved
[CCc: **ledan ²delyek**]
{**S** 3; **F** 0(GM09: G.M.S.): **C** W *lydan-ddeiliog*}

ledanenn [lẹ'da·nẹn] *f.* **+ow** plantain
[Cc: **ledan** -ENN] {**S** 3; **F** 1: **L** (Borlase): **+ow** I}

ledanles [ˌlẹdan'lẹ:z] *m.* **+yow** plantain
[CC: **ledan ¹les**]

411

ledrys

{**S** 3; **F** 2: **L** *ledanles* (AB121b) → P: **+yow** I}

leder ['lẹ·dẹr] *f.* **ledrow** slope, slant, cliff
[U: LEDR-S] {**S** 8; **F** 2: **L** *ledra* (PV13315), *ledr* (PV13315): **C** cf. W *llethr*: **ledrow** I}
This may not be a genuine word, but it fulfils a need. Padel (1985) wrote: "Pryce's Cornish *ledr, ledra* 'a cliff, a steep hill' were probably invented in order to explain the pl.n. Lambledra." Nance's spelling is retained here, since the word has attained some currency in everyday parlance.

ledher ['lẹ·ðẹr] *m.* **+ow** leather
[C: LEDHR-S]
{**S** 1; **F** 0(CE38): **C** B *ler*; W *lledr*: **+ow** I}

LEDHR- [C: IE **letro-* (> ModE *leather*) (gpc)]

ledhrek ['lẹðrẹk] *adj.* leathery, leather
[Cc: LEDHR=¹EK] {**S** 2; **F** 0(GM09: G.M.S.)}

ledhrenn ['lẹðrẹn] *m.* **+ow** leather strap
[Cc: LEDHR=ENN]
{**S** 2; **F** 0(GK98: G.M.S.): **+ow** I}

ledhys ['lẹ·ðɪz] *adj.* killed, slain, murdered
[Cc: LADH-A -⁶YS]
{**S** 3; **F** 5: **M** *lethys* → L,P: **L** *lethez* (M2WK)}

LEDR- See **leder**. [U:]

ledra ['lẹdra] *v.* slope
[Uc: LEDR=¹A] {**S** 8; **F** 0(CE38): **C** W *llethru*}

ledras ['lẹdras *m.* **+ow** gradient *(in general)*
[Uc: LEDR=²AS] {**S** 8; **F** 0(Y1): **+ow** I}

ledredh ['lẹdrẹð] *m.* **+ow** gradient *(numerical)* e.g. 5% or 1 in 20.
[Uc: LEDR=¹EDH] {**S** 8; **F** 0(GM09: YhaG): **+ow** I}

ledrek ['lẹdrẹk] *adj.* sloping, leaning, inclined *(sloping)*, slanting
[Uc: LEDR=¹EK] {**S** 8; **F** 0(CE38): **C** cf. W *llethrog*}

ledrynn ['lẹdrɪn] *m.* **+ow** ramp
[Uc: LEDR=YNN] {**S** 8; **F** 0(GK98: W.B.): **+ow** I}

ledrys ['lẹdrɪz] *adj.* stolen
[Lc: LADR-A -⁶YS]
{**S** 1; **F** 3: **M** *leddrys* (RD.0354), *lyddrys* (RD.0611): **L** *ledryz* (AB249a) → P}

ledya

ledya ['lɛ·dja] *v.* lead, conduct
[E(E)c: VN in -YA from MidE < OldE *laedan* (co)]
{S 5; F 4: M *ledya* → P: L *lêdia* (AB055c), *ledya*}

ledyer ['lɛ·djɛr] *m.* **ledyoryon** leader
[E(E)H: MN in -YER from MidE < OldE *laedan* (co)] {S 5; F 1: M *Leder* (TH49v): **ledyoryon** I}

leel ['lɛ·ɛl] *adj.* local
[Cc: ¹**le** -²EL] {S 1; F 0(GK98: G.M.S.): C W *lleol*}

leftenant [lɛf'tɛ·nant] *m.* **+s** lieutenant
[E(F): MidE < F *lieutenant*, but with the ModE pronunciation] {S 1; F 0(EC00): **+s** N (EC00)}

leg ['lɛːg] **1.** *adj.* lay, non-clerical **2.** *m.* **+yon** layman
[L: CLat *lâicus* (gpc)] {S 8; F 4: O *leic* (VC.119) → L,P: M *lek*: L *leig* (NGNB3): P ?Ventonleague: C B *lik*; W *lleyg*: **+yon** I}

legessa [lɛ'gɛsːa] *v.* catch mice
[Cc: from **logos**A -¹A with aff. provoked by the change [–ɛ] > [–a].]
{S 3; F 1: M *legessa* (BM.3414)}

legest ['lɛ·gɛst] *m.* **+i** lobster
[L: CLat *locusta* (Lh.)]
{S 8; F 3: O *legest* (VC.552): L *legast* (AB.); pl. *legesti* (AB242c): C B (*legestr*); not in W: **+i** L}

legestik [lɛ'gɛ·stɪk] *m.* **-igow** langoustine
[Lc: **legest** -IK] {S 2; F 0(Y3): **-igow** I}

¹legh ['lɛːx] *f.* **+yon** slab, tablet, flat stone
[C: CC **likkâ* (gpc)]
{S 1; F 0(CE38): P Penlee Point; pl. Treloyan: C MidB *lec'h*; W *llech*: **+yon** P}

²legh ['lɛːx] *m.* rickets
[C: Perhaps the same as ¹**legh** (gpc)]
{S 1; F 1: L (Lh.): C B *lec'h*; W *llech*:}
The spelling **legh** is adopted to agree with the cognates; Lhuyd actually wrote *lêauh*, which shows the [ɛʊ] diphthong. Nance expressed this word as a pl. *leghow*, perhaps to avoid confusion with **legh** 'slab'.

leghenn ['lɛ·xɛn] *f.* **+ow** slate, thin flat stone
[Cc: ¹**legh** -ENN] {S 1; F 3: M *lehan* (BK02.361, 02.37): L *lehan* (AB.) → P: **+ow** I}

lelder

leghven ['lɛxvɛn] *m.* **-veyn** flagstone
[CC: ¹**legh** 2¹**men**] {S 1; F 0(CE38): C Not in B; W *llechfaen*: **-veyn** I}

LEGR- [C:]

legras ['lɛgraz] *m.* **+ow** corruption, decadence
[Cc: LEGR=¹AS] {S 8; F 3: M *le gras* (BK09.75): L *legriaz* (AB223), *legradz* (PV13321); pl. *legriadzho* (AB223) → P: C W *llygriad*: **+ow** L}
This word may have been devised by Lhuyd from the Welsh, and if this is true, the word in BK. has been misinterpreted.

legri ['lɛgri] *v.* corrupt
[Cc: LEGR=¹I] {S 8; F 1: L *legria* (PV13321): C W *llygru*} Tonkin may have thought that Lhuyd's *legriaz* was part of a verb.

legrys ['lɛgrɪz] *adj.* corrupted, degenerate P.ptcpl. of **legri**.
[Cc: LEGR=⁶YS] {S 8; F 0(EC00)}

legryster [lɛ'grɪ·stɛr] *m.* degeneracy
[Ccc: from **legrys** -TER]
{S 8; F 0(GM09: G.M.S.):}

lehe [lɛ'hɛː] *v.* lessen, reduce, minify
[Cc: ²**le** -HE] {S 1; F 4: M *lee* (BM.0481): L *beha* (NGNB2): C W *lleihau*}

leheans [lɛ'hɛ·ans] *m.* **+ow** lessening, reduction
[Cch: **lehe** -ANS] {S 1; F 0(EC52): **+ow** I}

lejek ['lɛ·dʒɛk] *f.* **lejegow** heifer
ALT = **denewes**.
[U:] {S 8; F 3: L *Ledzick* (LV094.59), *lèdzhek* (AB240c) → P, *leoyock* (Gw.): P pl. ?Poljigga (unconfirmed by Padel): **lejegow** P}
More information is required to arrive at a satisfactory spelling.

lekses ['lɛksɛz] *m.* laity
[Ll: from **leg** -SES] {S 8; F 0(CE38):}

lel ['lɛːl] *adj.* loyal, faithful, trusty
[E(F): MidE *leal* < OldF *leial*]
{S 4; F 6: M *lel*; *lell* (TH.), *leall* (CW.): L *leal*}

lel wonis devotion

lelder ['lɛldɛr] *m.* loyalty, fidelity, faithfulness
[E(F)c: **lel** -DER] {S 4; F 0(CE55):}

lelduri ['lɛldyri] *m.* loyalty
[E(F)e: **lel** -DURI] {S 4; F 2: M *lelldury* (TH26v):}

Lelyas ['lɛ·ljaz] *m.* **Lelysi** Loyalist
[E(F)c: **lel** -³YAS] {S 4; F 0(AnG 1983): **Lelysi** I}

lema (Heb.) {S 6; F 1: M *lama* (PC.2955)}
Spoken by Christ on the cross.

lemen ['lɛ·mɛn] *conj.* only, save, but
[C:] {S 8; F 3: C W *namyn*}
Easily confused with **lemmyn** in the texts, but distinguished therefrom by Jenner and Nance; confirmed by Julyan Holmes.

lemmel ['lɛmːɛl] *v.* leap, jump, bound, spring
[Cc: **lamm**A -¹EL] {S 1; F 3: L *lebmal* (AB.) → P}

lemmik ['lɛmːɪk] *m.* **-igow** little drop
[Cc: ¹**lomm**A -IK]
{S 1; F 1: M *lemyk* (BM.3313): **-igow** I}

lemmyn ['lɛmːɪn] *adv.* now, at present
[D: Lewis and Pedersen compared W *namyn*; Graves compared W *llyman* < *(g)wel yma(n)* 'see here'; neither of these comparisons is convincing.] {S 3; F 7: O *luman* (VC.470): M *lemmyn, lemyn, lymmyn* and many other spellings: L *lebmen, lebben*: C MidB *loman* (Fl.)}
Confusable with **lemen**.

¹len ['lɛːn] *adj.* faithful, trusty, loyal
[C: (gpc)] {S 3; F 5: O *laian* (VC.302) → L,P: M *len*: C B *lean* 'monk, nun', W *lleian* 'nun'}

²len ['lɛːn] *m.* **+yow** stitch *(of land)*, strip *(of land)*, lane *(on a wide road)* [U:]
{S 1; F 0(CPNE): P *Lean*: C W *llain*: **+yow** I}

lenduri ['lɛndyri] *m.* sincerity, good faith
[Ce: ¹**len** -DURI] {S 5; F 3: M *lendury* → P:}

lenes ['lɛ·nɛs] *f.* **+ow** nun, ling-fish
[Cc: ¹**len** -⁴ES (Gr.)] {S 3; F 3: O *laines* (VC.114) → L,P: M *lenesow* (OM.0138) → P: L *Lenez* (LV097.03): C B *leanez*: **+ow** M} The vowel sequence in OldC *laianes* was smoothed in MidC; the word has two distinct meanings.

len-grysi [ˌlɛ·n'grɪ·ʒi] *v.* believe fully
[CCc: **len** 2**krysi**] {S 1; F 2: M *len grysy* (RD.2461); 3rd sg. pres. subj. *len grysso* (RD.2466)}

lenji ['lɛndʒi] *m.* **+ow** nunnery
[CC: ¹**len** 2**chi**]
{S 2; F 0(CE38): C B *leandi*, W *lleiandy*: **+ow** I}

lenki ['lɛnki] *v.* swallow
[Cc: LONK-A -¹I] {S 1; F 3: L p.ptcpl. *lenkis* (BM.3949); 3rd sg. pres. ind. *lonk* (BM.3226): L *lenky* (AB160b) → P: C W *llyncu*}

lenn ['lɛnː] *f.* **+ow** cloth *(individual)*, blanket, flannel
[C: CC(K.J.G.)]
{S 1; F 3: O *len* → L,P: L *ledn* (PV13434); pl. *lednow* (DSEC): C B *lenn*; W *llen*: **+ow** LP}

lenn dhu blind (curtain)

LENN- [L: CLat *legendum*]

lenna ['lɛnːa] *v.* read aloud
[Lc: LENN=¹A] {S 2; F 1: L *lenn* (PV13338): C B *lenn*; cf. W *darllen*}
The Cor. descendant of CLat *legendum* was in fact **lyenn** (*q.v.*). The usual word for 'to read' was *redya*, borrowed from OldE. Lhuyd introduced **lenna** on the basis of the cognates. A semantic difference may be made between **redya** and **lenna** by using the latter for reading aloud, as in church.

lennans ['lɛnːans] *m.* **+ow** reading
[Lh: LENN=ANS] {S 2; F 0(GM09): **+ow** I}

lennas ['lɛnːaz] *m.* **+ow** read-through
[Lh: LENN=²AS] {S 2; F 0(GM09: YhaG): **+ow** I}

lenner ['lɛnːɛr] *m.* **-oryon** reader
[Lc: ¹**lenn**=er] {S 1; F 2: L *lenner* (PV13338); pl. *lennerio* (PV13338): **-oryon** I} Pryce's pl. has been replaced by a more appropriate one.

lennlyver [lɛn'lɪ·vɛr] *m.* **-lyvrow** lectionary
[LL: LENN- **lyver**] {S 2; F 0(CE93): **-lyvrow** I}

lenni ['lɛnːi] *v.* veil, cover, clothe
[Cc: **lenn** -¹I] {S 2; F 0(CE93): C W *lennu*}
Although W -*u* usually corresponds to C -A, -I is used here to avoid confusion with **lenna**.

lennva ['lɛnva] *f.* **+ow** lectern
[Lc: LENN=VA] {S 2; F 0(GK98: G.M.S.): **+ow** I}

lens

lens ['lɛnz] *f.* **+ow,** *coll.* **diwlens** lens
Applies to a lens of any material.
[E(L): E < Lat *lens* (coe)]
{S 8; F 0(GM09: YhaG)}
  lens gowgromm lens (concave)
  lens vothkromm lens (convex)
lent ['lɛnt] *adj.* slow
[F: OldF *lent* (le)]
{S 5; F 2: M *lent* (BM.3245, 3263)}
  yn lent slowly
lenter ['lɛntɛr] *m.* gloss, shine, lustre, sheen
[C: LENTR-S]
{S 8; F 0(CE38): C cf. B *lintr*, W *llathr*:}
LENTR- [C: Brit **lent-ro-* (gpc)]
lentri ['lɛntri] *v.* shine
[LENTR=¹I] {S 1; F 0(EC52)}
lentrus ['lɛntɛr] *adj.* glossy, shiny, lustrous
[Cc: LENTR=US]
{S 8; F 0(GM09: G.M.S.): C B *lintrus*}
lentvil ['lɛntfɪl] *m.* **+es** sloth
[FC: **lent** 2²**mil**] {S 5; F 0(EC00): **+es** I}
lenwel ['lɛnwɛl] *v.* fill, endue
[Cc: LANW-A -¹EL] {S 1; F 4: M *lenwys*: L *lenal*}
  lenwel a fill with
leper (Eng.) *n.* ALT = **lover** or **klavorek**.
[E(F): MidE < OldE *lèpre* (coe)]
{S 6; F 3: M *leper*; pl. *lepers*}
leppik ['lɛpːɪk] *m.* **-igow** tab, tag
[E(E)c: from **lappa** -IK]
{S 5; F 0(GM09: YhaG): **-igow** I}
lergh ['lɛrx] *m.* **+ow** trace *(track),* track
[C: Brit **lorgo-* (lheb) < CC (Fl.)]
{S 1; F 4: M *lergh* → P, *lyrth* (TH.): L *lêr* (AB124b, 249c); C B *lerc'h*; W *(llwrw)*: **+ow** I}
¹**les** ['lɛːz] *m.* **+yow** plant, wort
[C: Back-formation from the pl. = **los**A -YOW]
{S 2; F 3: O *les* (VC.628, 640) → L,P:
C The pl. is represented by W *llysiau*: **+yow** P}
  les an gog marigold
²**les** ['lɛːz] *m.* profit, advantage, benefit, usefulness
[C: CC (Fl.)] {S 8; F 4: O *les* (VC.323) → L,P:
M *les*: C OldB *les*; W *lles*:}
  dhe les useful, interesting, worthwhile
  lesow hag anlesow advantages and disadvantages
³**les** ['lɛːz] *m.* **+yow** width, breadth
[C:] {S 1; F 3: M *les* → P: D "lace":
C B *led*; W *lled*: **+yow** I}
⁴**les** ['lɛːs] *conj.* lest
[E: E *lest*]
{S 4; F 3: L *leez* (M4WK), *lese* (GCWG)}
LES-² step- [C: CC (gpc)]
lesa ['lɛˑza] *v.* spread, unfold, expand
[Cc: ³**les** -¹A] {S 1; F 2: M *lese* (PC.0221) → P}
lesans ['lɛˑzans] *m.* **+ow** spread
[Cc: ³**les** -ANS] {S 1; F 0(CE38): **+ow** I}
lesarveth [lɛzˈarvɛθ] *m.* **+ow** deployment
[CC: ²**les arveth**]
{S 1; F 0(GM09: G.M.S.): **+ow** I}
les-dynsek [ˌlɛsˈtɪnzɛk] *m.*
lesyow-dynsek dandelion
[CCc: ¹**les dynsek**]
{S 1; F 0(CE93): **lesyow-dynsek** I}
lesek ['lɛˑzɛk] *adj.* profitable
[Cc: ²**les** -¹EK] {S 1; F 1: L *lezak* (LV097.69)}
lesel ['lɛˑzɛl] *adj.* beneficial
[Cc: ²**les** -¹EL] {S 1; F 1: C W *llesol*}
lesflogh ['lɛsflɔx] *m.* **-fleghes** step-child
[cC: LES- **flogh**] {S 1; F 0(CE38): **-fleghes** I}
lesh ['lɛʃ] *m.* **+ow** leash
[E(F): MidE < OldF *lesse* (co)] {S 5; F 0(FTWC):
+ow N (FTWC)} Nance suggested *lesha*
les-hanow [lɛsˈhanɔw] *m.* **-henwyn** nickname, alias
[cC: LES- **hanow**] {S 1; F 0(CE38): C B *lesanv*;
W *llysenw*: **-henwyn** I}
les-henwel [lɛsˈhɛnwɛl] *v.* nickname
[cCc: LES- **henwel**] {S 1; F 0(CE38):
C B *lesenvel*; cf. W *llysenwi*}

les-hwoer

les-hwoer ['lęshwɤr] *f.* **-hwerydh**
step-sister
[cC: LES- hwoer] {S 1; F 0(CE38): C B *lezc'hoar*;
W *llyschwaer*: **-hwerydh** N (CE38)}

leshya ['lę·ʃja] *v.* leash hounds
This special use of F *laisser* 'to let' meant 'to let
(a dog) run on a slack lead' (coe).
[E(F)c: VN in -YA from MidE < OldF *lesse* (coe)]
{S 5; F 1: M p.ptcpl. *lescijs* (BM.3220)}

leshyans ['lę·ʃjans] *m.* **+ow** licence
[E(F): MidE < OldF *licence* (coe)] {S 5; F 2:
M *lessyans* (BM.2275), *lescyens* (BM.2771),
lescyans (BM.3463): C cf. B *lisañs*: **+ow** I}

lesk ['lę:sk] *m.* **+ow** swing, oscillation, cradle
[C:] {S 8; F 3: L *lesk* → L,P: C B *lusk*: **+ow** I}
Nance's spelling with <e> was based on
Lhuyd. The original vowel might have been
[y], as in B *lusk,* but this would not have given
LateC <e>; another possibility is /œ/.

leska ['lę·ska] *v.* swing, rock, oscillate
[Cc: lesk -¹A] {S 8; F 0(CE55): C B *luskañ*}

leskas ['lę·skaz] *m.* **+ow** fluctuation
[Cc: lesk -²AS] {S 8; F 0(GM09: G.M.S.): **+ow** I}

leskella [lęs'kęl:a] *v.* fluctuate
[Ccc: leskell -¹A] {S 8; F 0(Y2)}

leski ['lę·ski] *v.* burn
[Cc: losk-A -¹I < Brit **losk-îmi* (Fl.)]
{S 1; F 5: M *lesky*: L *leski* (AB.); *leske* (DPNB):
C B *leskiñ*; W *llosgi*}

les-loes [lęs'lo:z] *m.* **lesyow-loes**
horehound *(plant)*
[CC: ¹les loes] {S 1; F 3: O *lesluit* (VC.652) →
L,P: **lesyow-loes** I}

lesk-lovan [ˌlę·sk'lɔ·van] *m.*
leskow-lovan swing *(plaything)*
[CC: lesk lovan] {S 8; F 0(EC52):
leskow-lovan N (EC52)}

Lesow ['lę·zɔw] *place* Brittany, Armorica
[C:] {S 1; F 3: L *Lezo, Lezou* (AB223):
C W *Llydaw*} Lhuydian borrowing from
Welsh; perhaps poetic.

Lesowek *place* Breton *(language)*

¹**lester**

[Cc: **Lesow** -¹EK] {S 1; F 1: L *Lezauek* (AB222):
C W *Llydaweg*} Lhuydian borrowing from
Welsh; perhaps poetic.

lesranna [lęz'ran:a] *v.* distribute
[CCc: ²les ranna] {S 1; F 0(GK98: K.J.G.)}

lesrannans [lęz'ran:ans] *m.* **+ow**
distribution
[CCc: ²les rannans]
{S 1; F 0(GM09: G.M.S.): **+ow** I}

lesrannell [lęz'ran:ęl] *f.* **+ow** distributor
(elec.) [CCc: ²les rann -ELL]
{S 1; F 0(GM09: K.J.G.): **+ow** I}

lesrennyas [lęz'ręn:jaz] *m.* **-ysi**
distributor
[CCc: ²les rennyas]
{S 1; F 0(GM09: G.M.S.): **-ysi** I}

lesruw ['lęsryw] *m.* **lesruvow** regent
[cC: LES- ruw] {S 1; F 0(EC00): **lesruvow** I}

lesruvaneth [ˌlęsry'va·nęθ] *f.* **+ow**
regency
[CCcc: LES- ruvaneth] {S 8; F 0(EC00): **+ow** I}

les-serghek [lęs'sęrxęk] *m.*
lesyow-serghek burdock
[CCc: ¹les serghek] {S 1; F 2: O *lesserchoc*
(VC.653) → L,P: **lesyow-serghek** I}

lesson (Eng.) *n.* ALT = **kentel** or **dyskans**.
{S 6; F 3: M *lesson* (TH.); pl. *lessons* (TH34r)}

LEST- [U:]

lesta ['lę·sta] *v.* prevent, hinder, thwart
[Uc: LEST=¹A]
{S 8; F 1: M 3rd sg. pres. ind. *lest* (BM.3751)}

lestans ['lę·stans] *m.* prevention
[Uh: LEST=ANS] {S 8; F 0(EC00):}

lestas ['lę·staz] *m.* **+ow** step-father
ALT = **altrow**. [cC: LES- tas]
{S 1; F 0(CE38): C B *leztad*; W *llystad*: **+ow** I}

¹**lester** ['lę·stęr] *m.* **lestri** vessel
(container or ship)
[C: CC **les-tro-* (gpc)] {S 1; F 4: O *lester*
(VC.271) → L,P; pl. *listri* (VC.270) → L,P: M
lester: C B *lestr*; W *llestr*: **lestri** OLP}

lester kethyon slaver (ship), slave-ship

les-hwoer

²lester *m.* width LateC formation; **les** would appear sufficient.
[Cc: ³**les** -TER] {S 2; F 1: L *lester* (NGNB1):}

lester-gwari [ˌlẹstẹrˈgwaˑri] *m.*
lestri-gwari yacht
[CC: **lester gwari**]
{S 1; F 0(EC52): **lestri-gwari** I}

lester-kok m. lestri-kok 'the name of an engine for taking fish' (Pryce)
lit. 'a vessel boat' [CH: ¹**lester kok**]
{S 8; F 1: L *lester cok* (PV13410): **lestri-kok** I}

lester-sedhi [ˌlẹˑstẹrˈsẹˑði] *m.*
lestri-sedhi submarine
[CCc: **lester sedhi**]
{S 1; F 0(FTWC): **lestri-sedhi** N (FTWC)}

les-terth [ˈlẹˑstẹrθ] *m.* **lesyow-terth** feverfew *(plant)*
[CC: ¹**les** TERTH- (as in **terthenn**)] {S 1; F 2: O *lesdeith* (VC.632) → L,P: **lesyow-terth** I}

les-toesek [lẹsˈtoːsẹk] *m.*
lesyow-toesek betony *(plant)*
[CCc: ¹**les toes** -¹EK] {S 8; F 2: O *lesdushoc* (VC.642) → L: **lesyow-toesek** I}

lestrier [ˈlẹstriẹr] *m.* **+yow** dresser, plate-rack
[Ccl: **lestri** -¹ER] {S 1; F 0(CE38): **+yow** I}

lesus [ˈlẹˑzys] *adj.* advantageous
[Cl: ²**les** -US] {S 1; F 0(GM09: G.M.S.)}

lesvab [ˈlẹzvab] *m.* **-vebyon** step-son
ALT = **els**. [cC: LES- 2**mab**] {S 1; F 0(CE38): C B *lezvab*; W *llysfab*: **-vebyon** I}

lesvamm [ˈlẹzvam] *f.* **+ow** step-mother
ALT = **altrewan**. [cC: LES- 2**mamm**]
{S 1; F 0(CE38): C B *lezvamm*; W *llysfam*: **+ow** I}

lesvroder [lẹzˈvrɔˑdẹr] *m.* **-vreder** step-brother
[cC: LES- 2**broder**] {S 3; F 0(CE38): C B *lezvreur*; W *llysfrawd*: **-vreder** I}

lesvryjyon [lẹsˈfriˑdʒjɔn] *v.* parboil cf. **govryjyon**.
[cC: LES- 2**bryjyon**] {S 8; F 0(Y1)}

lesvyrgh [ˈlẹzvɪrx] *f.* **+es** step-daughter
ALT = **elses**. [cC: LES- 2**myrgh**]

¹lester
{S 3; F 0(CE38): C B *lezverc'h*; W *llysferch*: **+es** I}

leswedh [ˈlẹˑʒwẹð] *m.* **+ow** frying-pan
[E:] {S 8; F 1: L *letshar* (AB061c, 144b) → P: D "latchet" 'cake made in frying-pan'.: C cf. W *lletwad* 'ladle' < OldE *hlaedfaet* (gpc): **+ow** I} Written *lejer* by Nance.

leswedh fria-down deep-fat frier

leswolok [lẹʒˈwɔˑlɔk] *f.* **-ogow** panorama
[cC: ³LES 2**golok**]
{S 1; F 0(GM09: G.M.S.): **-ogow** I}

leth [ˈlẹːθ] *m.* **+ow** milk
[D: CLat *lactis* (M) or Brit *lexto-* (M)]
{S 1; F 4: O *lait* (VC.867) → L,P: M *leth*: L *lêath* (AB014c) → P, *laeth* (CDWP): P *Menedlaed*: C B *laezh*; W *llaeth*: **+ow** I}

leth boesa buzzy-milk, cow's first milk, beestings

lethegenn [lẹˈθẹˑgẹn] *f.* **+ow**, *coll.*
lethek sow-thistle
[Dcc: from **lethek** -ENN] {S 1; F 0(EC52)}

lethek [ˈlẹˑθẹk] 1. *adj.* milky 2. *m.* **-egow** milky place
[Dc: **leth** -¹EK] {S 1; F 0(CE38): **-egow** }
The pl.n. *Nathaga Rocks* may contain the plural noun **lethegow** (CPNE); a reference to white foam around the rocks reminiscent of milk.

lethti [ˈlẹθti] *m.* **+ow** dairy
[DC: **leth ti**] {S 1; F 0(GM09: P.H.): **+ow** I}

le'ti [ˈlẹˑti] *m.* **+ow** dairy
[DC: from **leth ti**]
{S 2; F 0(CE38): P Laity: F Laity: **+ow** I}

lett [ˈlẹt] *m.* **+ow**, **+ys** hindrance, obstruction, check, blockage, barrier, impediment, obstacle
[E(E): MidE, from the OldE vb. *lettan* (coe)]
{S 5; F 4: M *let*: **+ow** N (G.M.S.); **+ys** I (CE55)}
The sg. was spelled *let* in MidC, but this does not necessarily mean that the vowel was long as in *yet*. Neither does the fact that *let* was made to rhyme with *yet* mean that that they were perfect rhymes; in *OM*., the words *wren* 'we do' [ˈwreːn] and *pen* 'head' [ˈpenː] were made to rhyme.

lettrys

heb lett incessantly, easily, uninterrupted

lettrys ['lɛtrɪz] *adj.* literate, learned, lettered
The phrase **lettrys ha leg** is found in the texts. [Ec: from MidE 'lettered', with substitution of Cor. for Eng. past ptcpl.] {S 5; F 3: M *lettrys, letrys*: L *letryz* (CGEL)}

lettryster [lɛ'trɪˑstɛr] *m.* literacy
[Ecc: from **lettrys** -TER] {S 5; F 0(EC00):}

lettya ['lɛtːja] *v.* hinder, impede, prevent, block, obstruct
[E(E)c: **lett** -YA] {S 5; F 5: M *lettye, lettya*}

lettya chekkenn stop a cheque

lettya rag prevent from

letus ['lɛˑtys] *coll.* **+enn** lettuce *(in general)*
[E(F): MidE *letus*, related to OldF *laitue* (coe)] {S 5; F 0(CE38): C W *letus*: **+enn** I}

leugh ['lœːx] *m.* **+i** calf
[C: IE *lâpego* (vkg)] {S 1; F 4: O *loch* (VC.585, 600) → L,P: M *levgh*; pl. *ley* (TH.27v): L *leaṷh* (AB.), *leaw* (Gw.): P *Park Lew*; pl. ?*Parkanloy*: C B *leue*; W *llo*: **+i** MP}

leughkenn ['lœˑxkɛn] *m.* **+ow** calfskin, vellum
[CC: **leugh kenn**] {S 1; F 0(CE38): C B *leuegen*: **+ow** I}

leughti ['lœˑxti] *m.* **+ow** calf-house
[CC: **leugh ti**] {S 1; F 0(CE38): **+ow** I}
Said by Nance to occur in pl.n. *Lutey*, but this does not agree with the pronunciation, and is unconfirmed by Padel.

leun ['lœːn] *adj.* full
[C: CC *lâno-* (M) < IE *pl̥nos* (M)] {S 1; F 6: M *leun, luen, lene*: L *lên* (AB.), *lean*: C B *leun*; W *llawn*}

leun a ras full of grace

leunder ['lœndɛr] *m.* fullness
[Cc: **leun** -DER] {S 1; F 0(CE38):}

leunhe [lœn'hɛː] *v.* fill
[Cc: **leun** -HE] {S 1; F 0(CE38)}
Lhuyd's *leana* may represent this word; however, **lenwel** is more common.

leunwordhya [ˌlœˑn'wɔrðja] *v.* worship fully
[CHc: **leun 2gordhya**] {S 1; F 1: M 3rd sg. pres. ind. *lvnenworth* (BK16.51)}

leur ['lœːr] *m.* **+yow** floor, ground, storey
Of the two pls. given by Lhuyd, the first is preferred. [C: CC *lâro-* < IE *plâro-* (> E *floor*)] {S 1; F 5: O *lor* (VC.759) → L,P: M *lur*: L *lêr* (AB.) → P; pls. *lerriou, lèroṷ* (AB242c): C B *leur*; W *llawr*: **+yow** L}

an leur Earth *(as opposed to Heaven)*

leurlenn ['lœrlɛn] *f.* **+ow** carpet
[CC: **leur lenn**] {S 1; F 0(CE38): C Not in B; W *(llorlen)*: **+ow** I}

leusik ['lœˑʒɪk] *adj.* on heat See **kyjyvek**.
[Cc: from CC *lâto-* + adj. -IK (gpc)] {S 1; F 0(CE38): C W *llodig*, cf. B *ludig*}

leuv ['lœːv] *f.* **+yow,** *dual* **diwla, diwleuv** hand *(in general)*
[C: CC *lâmâ* < IE *pl̥-mâ* (gpc)] {S 1; F 5: O *lof* (VC.075) → L,P: M *luef* → P, *leff* → P: C OldB *lom*; W *(llaw)*}

leuvbann ['lœvban] *m.* **+ow** felt *(material)*
[CL: **leuv 2pann**] {S 1; F 0(CE38): **+ow** I}

leuvtoesa [lœf'toˑza] *v.* massage
[CCc: **leuv toesa**] {S 1; F 0(GM09: YhaG)}

leuvtoesans [lœf'toˑzans] *m.* **+ow** massage [CCh: from **leuvtoesa** -ANS] {S 1; F 0(GM09: YhaG): **+ow** I}

leuvvedhegel [ˌlœˑv'vɛˑðɛˑgɛl] *adj.* surgical
[CLc: from **leuvvedhek** -¹EL] {S 8; F 0(GM09: G.M.S.)}

leuvvedhegieth [ˌlœˑv'vɛðɛˑgiˑɛθ] *f.* surgery *(as science)*
[CLc: **leuv 2medhegieth**] {S 8; F 0(GM09: YhaG):}

leuvvedhegneth [ˌlœˑvvɛ'ðɛgnɛθ] *f.* surgery *(as treatment)*
[cLc: **leuv 2medhegneth**] {S 8; F 0(EC00):}

leuvvedhek

leuvvedhek [lœv'vẹ·ðẹk] *m.* **-ogyon** surgeon
[CL: **leuv** 2**medhek**] {S 2; F 0(CE38): **-ogyon** I}

leuvwelenn [lœv'wẹ·lẹn] *f.* **-welynni** baton
[CCc: **leuv** 2**gwelenn**]
{S 1; F 0(EC00): **-welynni** I}

lev ['lẹːv] *m.* **+ow** voice, utterance, cry
[C: Brit (K.J.G.)] {S 1; F 4: M *lef* → L,P: L *leave* (G3WK): C B *leñv* 'cry'; W *llef*: **+ow** I}

leva ['lẹ·va] *v.* cry out, shout, utter
[Cc: **lev** -¹A] {S 1; F 1: M 3rd. sg. pret. *leves* (OM.2434): C B *leñvañ*; cf. W *llefain*}

leven ['lẹvẹn] *adj.* smooth, even, level, sleek
[C: LEVN-S] {S 3; F 2: L *leven* (AB063c) → P: P Porthleven: C OldB *limn*; W *llyfn*}
The cognates would lead one to expect **lyven.*

levena [lẹ·vẹ·na] *v.* smooth, level, skim
[Cc: **leven** -¹A] {S 3; F 1: M *lavana* (BK14.65)}

levenhe [‚lẹvẹn'hẹː] *v.* smooth, level
[Cc: **leven** -HE]
{S 1; F 1: M ?p.ptcpl. *lyfynhas* (BK40.22)}

leuv-gorhel [‚lœv'gɔrhẹl] *m.* hand-luggage [CC: **leuv gorhel**]
{S 8; F 2: O *lofgurhchel* (VC.928) → P:}

leverel [lẹ'vẹ·rẹl] *v.* say, tell, relate, utter
[Cc: **lavar**A -¹EL] {S 1; F 7: M *leuerel, leverall*: L *laveral* (Lh.), *laule* (M2WK), *lâol* (AB.)}

leverel dhe say to

leveryades [‚lẹvẹr'ja·dẹs] *f.* **+ow** speaker *(female)*, talker, teller *(of tales)*, spokeswoman
[Cc: **lavar**A -YADES]
{S 1; F 0(GM09: P.H.): **+ow** I}

leveryans [lẹ'vẹ·rjans] *m.* **+ow** pronunciation
[Ch: **lavar**A -YANS]
{S 1; F 3: L *laveryanz* (AB223) → P: **+ow** I}

leveryas [lẹ'vẹ·rjaz] *m.* **-ysi** speaker *(male)*, talker, teller *(of tales)*, spokesman

leys

[Cc: **lavar**A -³YAS]
{S 1; F 2: O (VC.421, 424): **-ysi** I}
Found as an element in compound words.

LEVN- [C: CC **sli-m-no-* (gpc)]

levna ['lẹvna] *v.* smooth, level, press *(of clothes)*
[Cc: **levn**=¹a]
{S 3; F 0(CE55): P p.ptcpl. ?Levenus Hill}

levnell ['lẹvnẹl] *f.* **+ow** level *(tool)*
[Cc: LEVN-²ELL] {S 3; F 0(EC00): **+ow** I}

levrith ['lẹvriθ] *m.* sweet milk
[C: Brit] {S 1; F 3: O *leuerid* (VC.868) → L,P: P Trelevra: C B *livrizh*; W *llefrith*:}

Levyas ['lẹ·vjaz] *m.* **-ysi** Levite
[E(L)c: MN in -YAS from MidE < LLat (co)]
{S 4; F 0(GK98: K.S.): **-ysi** I}

¹**lew** ['lẹw] *m.* **+yon** lion
[L: BLat **lewo-* < CLat *leo* (Gr.)] {S 1; F 3: O *leu* (VC.560) → L,P: C B *lev*, (though *leon* is more common); W *llew*: **+yon** N (K.J.G.)}

²**lew** ['lẹw] *f.* **+yow** league *(3 miles)*
[L: CLat *leugo-* (deb)]
{S 1; F 0(GM09: K.J.G.): C B *lev*: **+yow** I}

lewd (Eng.) *adj.* {S 6; F 3: M *levd*}

lewdness (Eng.) *n.* {S 6; F 2: M *lewdevnys* (BK27.24), *lewdnes* (TH25v)}

lewes ['lẹ·wẹs] *f.* **+ow** lioness
[Lc: **lew** -⁴ES]
{S 1; F 1: L *leues* (PV13416): **+ow** I}

lewik ['lẹ·wɪk] *m.* **lewigow** lion cub
[Lc: **lew** -IK]
{S 1; F 0(CE38): **lewigow** N (CE38)}

lewpard ['lẹʊpard] *m.* **+es** leopard
[E(F): MidE < OldF] {S 4; F 0(CE38): C B *loupard*, W *llewpart*: **+es** I}

lewsel ['lẹʊzẹl] *v.* relax, untie, slacken, loosen, unbend
[E(N)c: ¹**lows**A -¹EL]
{S 4; F 2: L *louzall* (AB077b) → P}

leys ['lẹɪz] *m.* **+yow** mud, slime, ooze
[C: Brit **latjo-* < CC (gpc)] {S 3; F 3: M *leys* → P: C B *lec'hid*; W *llaid*: **+yow** I}

leysek

leysek ['lɛɪzęk] **1.** *adj.* muddy **2.** *f.* **-egi** mire
[Cc: **leys** -¹EK]
{**S** 8; **F** 0(CE38): **P** ?Lithiack, with [d] > [ð] in Eng.; ?Landlizzick (*Landleysek* 1229).: **-egi** I}

¹leyth ['lɛɪθ] *adj.* humid, moist
[C: Brit *lexto- < CC *leg-to- (gpc)]
{**S** 1; **F** 0(CE38): **C B** *leizh*; **W** *llaith*}

²leyth ['lɛɪθ] *f.* **+ow** flounder, flat-fish
[C:] {**S** 8; **F** 0(CE38): **L** 2nd element of **karleyth** (Lh.).: **C** cf. B *lizhenn*; **W** *llythien*: **+ow** L}
This word is found only in compounds, and therefore unstressed. The vowel is in doubt; it has been taken as /eɪ/, following Lhuyd's *karleithau*, but it may have been /i/, as in B.

leytha ['lɛɪθa] *v.* humidify, moisten, dampen, rot through damp
[Cc: ¹**leyth** -¹A] {**S** 1; **F** 0(CE38): **C B** *leizhañ*}

leythedh ['lɛɪθęð] *m.* humidity
(as a physical quantity)
[Cc: ¹**leyth** -¹EDH] {**S** 1; **F** 0(GM09: K.J.G.):}

leythter ['lɛɪθtęr] *m.* humidity
(in general)
[Cc: ¹**leyth** -TER] {**S** 1; **F** 0(EC52):}

¹li ['li:] *f.* **livyow** lunch(eon)
[U: ¹**liv**, with loss of [-v]]
{**S** 2; **F** 3: **M** *ly* (OM.1140, RD.2149): **O** *li* (PRWP) → **P**: **C B** *lein*: **livyow** I}

²li ['li:] *m.* **+ow** oath
[C: CC *lugh (gpc)]
{**S** 8; **F** 0(CE38): **C W** *llw*: **+ow** }

lia ['li·a] *v.* take an oath
[Cc: ²**li** -¹A] {**S** 8; **F** 0(CE38)}
Inferred from **gowlia**.

libel ['li·bęl] *m.* **+s** label
[E(F): MidE < OldF *libel* (coe)]
{**S** 4; **F** 1: **M** *lybell* (MC.189): **+s** I}

liber (Lat.) *n.* book {**S** 6; **F** 2: **L** *liber* (CGEL)}

lien ['li·ęn] *m.* **+yow** napkin, kerchief, linen cloth
[C: Brit *liganyo- (Gr.) or *lîsanyon (Fl.)]
{**S** 1; **F** 4: **O** *lien* (VC.805, 871) → L,P: **M** *lyen*, *lyan*; pl. *lyynnyov* (BM.4446): **L** *lîan* (AB.): **P** Park Lean: **C B** *lien*; **W** *lliain*: **+yow** M}

lien bedh shroud
lien dorn handkerchief
lien diwla napkin
lien konna scarf
lien gweli sheet (for a bed), bed-sheet, bed-linen
lienyow gweli bedding
lien moes table-cloth

liener [lɪ'ę·nęr] *m.* **-oryon** draper
[Cl: **lien** -¹ER] {**S** 1; **F** 0(CE38): **C B** *liener*; cf. **W** *llieinwr*: **-oryon** I}

lies ['li·ęs] **1.** *pron.* many **2.** *adj.* many
[C: Brit *plê-jôs-to- (gpc)] {**S** 1; **F** 6: **M** *lyes*, *lyas*: **L** *lîaz* (AB.), *leeas*: **C B** *lies*; **W** *lliaws*}
Reversed spellings *lues* in MidC show that [y] was in the process of being unrounded to [i]; followed by sg. nouns.

lies chi many houses, a lot of houses

lies- ['li·ęs] *prefix* multi-
[C: Same as **lies**] {**S** 1; **F** 0(EC00)}

liesek ['li·ęzęk] *adj.* multiple, various, plural
[Cc: **lies** -¹EK] {**S** 1; **F** 0(EC52)}

liesgonisogethel [ˌli̯ęzgɔnɪzɔ'gę·θęl] *adj.* multicultural
[CCcc: **lies gonisogethel**]
{**S** 1; **F** 0(GM09: G.M.S.)}

lieshe [ˌli̯ęs'hę:] *v.* multiply
[Cc: **lies** -HE] {**S** 1; **F** 0(CE38): **C B** *liesaat*}

liesheans [ˌli̯ęs'hę·ans] *m.* multiplication
[Cch: **lieshe** -ANS] {**S** 1; **F** 0(EC00):}

lieskenedhlek [ˌli̯ęs'kęnęðlęk] *adj.* multi-national
[CCc: LIES- **kenedhlek**] {**S** 1; **F** 0(AnG 1998)}

lieskonnyk [ˌli̯ęs'kɔn:ɪk] *adj.* versatile
[CE(N): **lies konnyk**] {**S** 4; **F** 0(EC00)}

lieskonnykter [ˌli̯ęskɔ'nɪktęr]] *m.* versatility
[CE(N): **lieskonnyk** -TER]
{**S** 4; **F** 0(GM09: G.M.S.):}

lieskweyth

lieskweyth [ˌliₑs'kweɪθ] *adv.* often, many times
[CC: **lies** 4¹**gweyth**] {S 1; F 3: M *lyes guyth*}

liesliw [ˌliₑs'liw] *adj.* multicoloured
[CC: **lies liw**] {S 1; F 0(GM09: G.M.S.)}

liesplek ['liₑsplₑk] *adj.* **-egow** plural, manifold
[CL: from **lies pleg**] {S 3; F 0(CE38): **-egow** I}

liesporpos [ˌliₑs'pɔrpɔs] *adj.* multi-purpose
[CE(F): **lies** ²**porpos**] {S 4; F 0(EC00)}

liesroasek [ˌliₑsrɔ'aˑzₑk] **1.** *adj.* multi-talented **2.** *m.* **-ogyon** polymath
[CCc: **lies roasek**]
{S 2; F 0(GM09: G.M.S.): **-ogyon** I}

lies-tre *adv.* often
[CC: **lies** + ?**tregh**] {S 8; F 1: L *liaztrê* (AB249a)}

liesplekhe [liₑsplₑk'heː] *v.* duplicate *(a document)*
[CLc: **liesplek** -HE] {S 1; F 0(AnG 1985)}

liesskrifa [ˌliₑs'skriˑfa] *v.* photocopy, make copies of a document
[CLc: **lies skrif** -¹A] {S 1; F 0(AnG 1986)}

liesskrifell [ˌliₑs'skriˑfₑl] *f.* **+ow** photocopier
[CLc: **lies skrif** -ELL]
{S 1; F 0(GM09: G.M.S.): **+ow** I}

liester [lɪ'ₑstₑr] *m.* **+yow** multiplicity, plurality
[Cc: **lies** -TER] {S 1; F 3: L *liasder* (AB051b) → P: C B *liester*: **+yow** I}

liesranna [ˌliₑs'ranːa] *v.* play many parts
[CCc: **lies ranna**] {S 1; F 0(GM09: YhaG)}

liesriv [ˌliₑs'riːv] *m.* **+ow** multiple *(maths.)*
[CC: LIES- **riv**]
{S 1; F 0(EC00): **+ow** I}

liesriva [ˌliˑₑs'rɪˑva] *v.* multiply *(maths.)*
[CC: **liesriv** -¹A] {S 1; F 0(GM09: G.M.S.)}

lieswregek [ˌliₑs'wrₑˑgₑk] *adj.* polygamous
[CCc: LIES- 2**gwreg** -ETH] {S 1; F 0(EC00)}

lieswregeth [ˌliₑs'wrₑˑgₑθ] *f.* polygamy
[CCc: LIES- 2**gwreg** -ETH] {S 1; F 0(Y2):}

liesyethek [ˌliₑs'jₑˑθₑk] **1.** *adj.* polyglot **2.** *m.* **-ogyon** polyglot *(male)*
[CCc: LIES- **yeth** -¹EK] {S 1; F 0(Y2): **-ogyon** I}

liesyethel [ˌliₑs'jₑˑθₑl] *adj.* multilingual
[CCc: LIES- **yeth** -¹EL] {S 1; F 0(GM09: G.M.S.)}

liesyethoges [ˌliₑsjₑ'θɔˑgₑs] *f.* **+ow** polyglot *(female)*
[CCc: LIES- **yeth** -OGES]
{S 1; F 0(GM09: YhaG): **+ow** I}

light (Eng.) *adj.* {S 6; F 3: M *lygth*}

lij ['liːdʒ] **1.** *adj.* liege **2.** *m.* **+ys** liege
[E(F): MidE < OldF *lige* (coe)]
{S 5; F 3: M *lich* (BM.): **+ys** I}

lik *adj.* enough
[U:] {S 5; F 3: L *lik* (L1JB), *lÿk* (AB.) → P}

likely (Eng.) *adv.* {S 6; F 1: M *lyckly* (TH29r)}

likour *m.* **+s** liquor ALT = ¹**las**.
[E(F): MidE *licour* < OldF *licour* (coe)] {S 5; F 2: M *lycour* (MC.202) → P, *lycor* (BM.1512): **+s** I}

lili ['liˑli] *f.* **+s** lily
[E(E): OldE *lilje* (Gr.)]
{S 4; F 2: O *lilie* (VC.662) → L,P: C W *lili*: **+s** I}
Nance took the gender from Welsh.

lili Gorawys daffodil

lim ['liːm] *m.* **+yow** lime *(mineral)*, cement
[E(E): MidE < OldE *lîm* (coe)]
{S 5; F 3: M *lym* (OM.2282, 2317, 2450): L *Lim* (LV096.58): **+yow** I}

limaval [lim'aˑval] *m.* **+ow** lime *(fruit)*
In CE38, Nance gave as the meanings of his *lŷmaval* both 'lemon' and 'lime-fruit'. Here they are distinguished by using **lymmaval** for the former.
[E(F)C: ModE *lime* + **aval**, cf. **owraval**]
{S 5; F 0(CE38): **+ow** I}

limven ['limvₑn] *m.* **-veyn** limestone
[E(E)C: **lim** 2¹MEN]
{S 5; F 0(GM09: G.M.S.): **-veyn** I}

¹lin ['liːn] *m.* **+yow** line
[L: BLat *lînja* < CLat *lînea* (gpc)]
{**S** 1; **F** 3: **M** *lyn, lyne*: **L** *lîn* (LV097.75):
C B *lin-*; W *lin*: **+yow** I}

²lin ['liːn] *coll.* **+enn** linen, flax
[L: CLat *lînum* (gpc)] {**S** 1; **F** 2: **M** *lyn* (MC.221, BM.3504) → P: **C** B *linenn*; W *llin*: **+enn** I}

³lin ['liːn] *m.* **+yow** fluid, liquid, lotion
[C: CC **lî-no-* (gpc)]
{**S** 8; **F** 2: **M** *lyn* (MC.221, BM.3504) → P:
C B *lin*; W *llin*: **+yow** N (FTWC)}
lin sebon detergent, washing-up liquid

linas ['liˑnaz] *coll.* **+enn** nettles
[C: CC **ni-nat* (Fl.) < IE **nat-* > ModE *nettle*]
{**S** 1; **F** 4: **O** *linhaden* (VC.649) → L,P:
M *lynes* (BK26.32), *lynas* (BK28.20, TH09r):
L *linaz* (AB178a) → P: **P** ?Park Lines:
C B *linad*; W (*danadl*): **+enn** O}

linasek [liˑnaˑzẹk] *f.* **-egi** nettle-bed
[Cc: **linas** -¹EK] {**S** 1; **F** 0(CE55): **-egi** I}

lindir ['lindir] *m.* **+yow** flax-land
[LC: ²**lin** 2**tir**] {**S** 1; **F** 0(CE55): **+yow** I}

linek ['liˑnẹk] *f.* **-egi** flax-field
[LC: ²**lin** -¹EK]
{**S** 1; **F** 1: **L** *linec* (PV12631): **C** B *lineg*: **-egi** I}

linenn ['liˑnẹn] *f.* **+ow** line, streak
[Lc: ¹**lin** -ENN] {**S** 1; **F** 2: **O** *linin* (VC.809) → L,P: **C** B *linenn*; cf. W *llinell* = *llin + -ell*: **+ow** I}

linenna [li'nẹnːa] *v.* outline, sketch, draw lines
[Lcc: **linenn** -¹A] {**S** 1; **F** 0(CE38): **C** B *linennañ*}

linennans [li'nẹnːans] *m.* **+ow** sketch, line-drawing, outline
[Lch: **linenn** -ANS] {**S** 1; **F** 0(CE38): **+ow** I}

linennell [li'nẹnːẹl] *f.* **+ow** straight-edge
[Lcc: **linenn** -²ELL] {**S** 1; **F** 0(EC52): **+ow** I}

linenn-varow [ˌlinẹn'vaˑrɔw] *f.*
linennow-marow deadline
A calque on Eng. [LcC: **linenn** 2**marow**]
{**S** 1; **F** 0(AnG): **linennow-marow** I}

linoges [liˑnɔˑgẹs] *m.* **+ow** linnet
[Lc: ²**lin** -OGES] {**S** 1; **F** 0(CE93: K.J.G.):
C B *linegez*; (cf. W *llinos* < OldF *llinot*): **+ow** I}

linos ['liˑnɔs] *coll.* **+enn** duckweed, green slime on stones [U:]
{**S** 8; **F** 0(CE38): **C** B *linoch*; W *llinos*: **+enn** I}

linyek ['liˑnjẹk] *adj.* linear
[Lc: ¹**lin** -YEK] {**S** 1; **F** 0(GM09: YhaG)}

linyel ['liˑnjẹl] *adj.* fluid, liquid
[Cc: ³**lin** -YEL] {**S** 8; **F** 0(GM09: G.M.S.)}

linyeth ['liˑnjẹθ] *f.* **+ow** lineage, ancestry, progeny, blood-line
[Lc: ¹**lin** -YETH] {**S** 4; **F** 4: **M** *lynnyeth, lynyath, lynneth* → P: **+ow** I}

lion (Eng.) ALT = **lew**.
[E(F): MidE *liun* < AngN *liun* < Lat *leôn-* (coe)]
{**S** 6; **F** 2: **M** *lyon* (MC.021; TH03v)}

lisiw ['liˑsiw] *m.* **+yow**
washing-powder, lye
[L: CLat *lixiva* (gbv)] {**S** 8; **F** 0(CE38):
C B *lisiw*, W *lleisw* 'urine': **+yow** I}
Spelled *lysyow, lyjyow* by Nance.

list ['liːst] *m.* **+ys** list *(for jousting)*
[E(E): MidE < OldE *lîste* (coe)]
{**S** 4; **F** 1: **M** *lyst* (RD.0223): **+ys** I}

literal (Eng.) *adj.*
{**S** 6; **F** 1: **M** *letterall* (TH26v)}

lith ['liːθ] *m.* **+yow** limb, member *(part of body)*
[E(E): MidE *lith* < OldE *lith* (CE38)] {**S** 4; **F** 2:
M *leyth* (MC.132), *lyth* (PC.2512, RD.0848) → P;
pl. *lythyowe* (CW.2281): **+yow** M}
The vowel in this word has been taken as /i/, on the weak grounds that it was rhymed with **skwith** in *PC.*, but it may have been /ɪ/.

¹liv ['liːv] *f.* **+yow** lunch(eon)
[U:] {**S** 1; **F** 0(CE38): **C** cf. B *lein*: **+yow** I}
li is commoner for the sg.

²liv ['liːv] *f.* **+yow** file *(tool)*, rasp
[L: CLat *lîma* (gpc)]
{**S** 1; **F** 0(CE38): **C** B *livn*; W *llif*: **+yow** I}

³liv

³liv ['liːv] *m.* **+ow** flood, deluge, inundation
[C: CC *lêi- (gpc)] {S 1; F 4: M *lyf* (OM.), *lyw* (CW.); pl. *lyfow* (OM.) → P, *lyvyow* (CW.): C MidB *liv-*; W *llif*: **+ow** M} N.B. different treatments of both sg. and pl. in *OM.* and *CW.*

liva ['li·va] *v.* flood, inundate, swamp
[Cc: ³**liv** -¹A]
{S 1; F 0(CE38): C B *liñvañ*; W *llifo* 'to flow'}

livans ['li·vans] *m.* **+ow** flooding
[Cl: ³**liv** -ANS] {S 1; F 0(GM09: YhaG): **+ow** I}

lively (Eng.) *adv.* {S 6; F 1: M *lyvely* (TH22r)}

livra ['livra] *v.* liberate, set free, release
[Fc: VN in -A from **livreson**]
{S 4; F 1: M *lyfrye* (PC.2038)}

livrel ['livręl] *adj.* liberal *(politically)*
[Fc: AJ in -EL from **livra**]
{S 4; F 0(GK98: G.M.S.)}

Livrel Gwerinel Liberal Democrat

livreson [liv'rę·sɔn] *m.* liberation, delivery
[F: OldF (> ModF *livraison* 'delivery']
{S 4; F 2: M *lyfreson* (RD.1676) → P:}

LivWer ['li·vwęr] *adj.* LibDem *(i.e. Liberal Democrat)*
[FC: short for **Livrel Gwerinel**]
{S 4; F 0(GK98: G.M.S.)}

livwoeth ['lɪvwɤθ] *m.* **+ow** stream in spate
[CC: ³**liv** 2¹**goeth**]
{S 1; F 1: M *lyfwoth* (OM.1093): **+ow** I}
Taken to be a close compound.

livwolow [lɪv'wɔ·lɔw] *m.* **+ys** floodlight
[CC: ³**liv** 2**golow**]
{S 1; F 0(GM09: G.M.S.): **+ys** I}

¹livya ['li·vja] *v.* lunch
[Uc: ¹**liv** -YA] {S 1; F 3: M *lyfye* (BM.)}

²livya ['li·vja] *v.* file *(to scrape)*
[Lc: ²**liv** -YA]
{S 1; F 0(CE38): C W *llifio*; cf. B *livnañ*;}

livyet ['li·vjęt] *m.* **+ow** flood-gate
[CE(E): ³**liv yet**]
{S 5; F 0(GM09: K.J.G.): **+ow** N}

loder

liw ['liw] *m.* **liwyow** colour, hue, complexion
[C: Brit *liwo- (pb) < IE *sliwo- (Haywood)]
{S 1; F 4: O *liu* → L,P: M *lyw*: L *liu* (AB049a): P Trelew: C B *liv*; W *lliw*: **liwyow** I}

liw bual buff (colour)

liwa ['liwa] *v.* colour, dye, depict
[Cc: **liw** -¹A]
{S 1; F 1: M 3rd sg. pres. ind. *lyw* (PC.0697)}

liwans ['liwans] *m.* **+ow** picture, painting, colouring, coloration, depiction
[Ch: **liw** -ANS]
{S 1; F 1: L *Livans* (LV096.61): **+ow** I}

liwek ['liwęk] *adj.* coloured, hued, tinted, dyed
[Cc: **liw** -¹EK] {S 1; F 0(CPNE): P ?Trelewack}

liwer ['liwęr] *m.* **-oryon** dyer
[Cl: **liw** -¹ER] {S 1; F 2: O *liuor* (VC.362) → L,P: L *liu̯iar* (AB.) → P: C MidB *liuer*: **-oryon** I}

liwles ['liʊlęs] *m.* **+yow** woad
[CC: **liw** ¹**les**]
{S 1; F 0(CE38): C W *lliwlys*: **+yow** I}

lo ['lɔː] *f.* **loyow** spoon
[L: BLat *lêga* (lheb)]
{S 2; F 3: O *loe* (VC.777): M *lo* (BM.3226): L *lo* (AB048c) → P; pl. *leu̯* (AB048c) → P: C B *loa*; W *llwy*: **loyow** L}

lo an jowl trap-door

lo (Eng.) *interj.* {S 6; F 2: M *lo* (TH17r, 36v)}

lo-balas [ˌlɔ·'ba·lasz] *f.* **loyow-palas** trowel
[LDc: **lo** 2**palas**]
{S 1; F 0(AnG 1985): **loyow-palas** I}

lo-de [ˌlɔ·'dęː] *f.* **loyow-te** teaspoon
[LD: **lo** 2**te**] {S 4; F 0(CE93: G.M.S.): **loyow-te** I}

loder ['lɔdęr] *m.* **lodrow** stocking
[C: LODR-S] {S 1; F 4: O *loder* (VC.795) → L,P: L *lẏdrau̯* (AB003b, 045c) → P: C B *loer*; W *llawdr*: **lodrow** L}

lodhen

lodhen ['lɔðən] *m.* **lodhnow** bullock, steer, beast
[C: LODHN-S] {S 1; F 4: **M** *lon, lodn* (CW.) → L,P; pl. *lothnow* (OM.1175) → P: **L** pl. *lu̯dnu̯* (AB242c) → P, *lowdnow* (TCJK): **C** B *loen* 'animal' < MidB *loezn*; W *llwdn*: **lodhnow** M}
This word, **lodn* in OldC, seems to have been subject to different treatments: (i) no change, (ii) [d] > [ð].

lodhen-davas [ˌlɔðən'daˑvaz] *m.* **lodhnow-davas** wether (sheep)
[CC: **lodhen davas**] {S 1; F 1: **L** *lodon davaz* (AB172c): **lodhnow-davas** I}

LODHN- [C: CC **lutno-* (deb)]

LODR- [C: CC **lâtro-* (gpc)]

lodrik ['lɔdrɪk] *m.* **-igow** sock
[Cc: LODR=IK] {S 1; F 0(CE93): **-igow** I}

loen ['loːn] *m.* **+ow** grove
ALT = **kelli** or **prysk**. [L: CLat *lignum* (gpc)] {S 1; F 0(CE93): **L** pl. *loinou* (PV13521): **P** pl. ?Luna: **C** OldB *Loin*; W *llwyn*: **+ow** L}
There is no clear evidence for this word, since the <oi> in Pryce's *loinou* looks bogus, and the instances of place-names are doubtful. J.Holmes argues that the word is unnecessary.

loenek 1. *adj.* bushy 2. *f.* -egi thicket
[Lc: **loen** -¹EK]
{S 1; F 1: **L** *withellonack* (Borlase): **-egi** I}
Said to be contained in Borlase's *withellonack* 'lion', for **(an) woethvil loenek** (CE38)

Loer ['loːr] *f.* **+yow** Moon
[C: Brit **lugrâ* (Fl.)] {S 1; F 4: **O** *luir* (VC.007) → P: **M** *loer* → P, *lor*: **L** *lûr* (AB.) → P, *lur* (LAWG): **C** B *loar*; W *lloer*: **+yow** I}

loerdrevel [lɪr'drɛˑvɛl] *m.* **+yow** moonrise [CcCc: from **loer drehevel**]
{S 3; F 0(GM09: K.J.G.): **+yow** I}

loerek ['loˑrɛk] 1. *adj.* lunatic, moonstruck 2. *m.* **-ogyon** lunatic
[Cc: **loer** -¹EK]
{S 1; F 0(CE55): **C** cf. W *lloerig*: **-ogyon** I}

loerel ['loˑrɛl] *adj.* lunar
[Cc: **loer** -²EL]
{S 1; F 0(GK98: K.J.G.): **C** B *loarel*}

loerell ['loˑrɛl] *f.* **+ow** satellite *(artificial)*

[Cc: **loer** -²ELL]
{S 1; F 0(GK98: K.J.G.): **C** B *loarell*: **+ow** I}

loergann ['loˑrgan] *m.* moonlight
[CC: **loer** 2**kann**]
{S 1; F 0(CE38): **C** B *loargann*; W *lloergan*:}

loersav ['loˑrsav] *m.* **+ow** lunar standstill
The point where the Full Moon reaches its maximum declination north or south.
[CC: **loer sav**] {S 1; F 0(GM09: K.J.G.): **+ow** I}

loersedhes [lɪr'sɛˑðɛz] *m.* **+ow** moonset
[CCc: **lowr** SEDH=²ES]
{S 1; F 0(GM09: K.J.G.): **+ow** I}

loes ['loːz] *adj.* grey, hoary, mouldy
[C: CC **lêto-* (Gr.)] {S 1; F 5: **M** *loys* → P, *los* → P: **L** *lûdzh* (AB.); *looez* (NGNB1): **P** Lidcutt, Carrick Lûz: **F** Liddicoat: **C** B *louet*; W *llwyd*}

loesedh ['loˑzɛð] *m.* greyness
[Cc: **loes** -¹EDH] {S 1; F 0(EC52): **C** W *llwydedd*:}

loesik ['loˑzɪk] *adj.* greyish
[Cc: from **loes** -IK] {S 1; F 0(CE38)}

loesies ['loˑzlɛs] *m.* **+yow** mugwort, wormwood
[CC: **loes** ¹**les**]
{S 1; F 1: **O** *lotles* (VC.659): **+yow** I}

loesni ['loˑzni] *m.* greyness
[Cc: **loes** -NI] {S 1; F 0(EC52): **C** W *llwydni*:}

loesrew ['loˑzrɛw] *m.* **+yow** hoar-frost
[CC: **loes** ²**rew**]
{S 1; F 0(CE38): **C** W *llwydrew*: **+yow** I}

loesvelyn [lɪz'vɛˑlɪn] *adj.* beige
[CC: **loes** 2**melyn**] {S 1; F 0(EC00)}

loeth ['loːθ] *m.* **+ow** tribe
[C: Brit **luxt-* (lheb) < CC **lukt-* (gpc)] {S 1; F 2: **O** *leid* (VC.158) → L,P; *luid* (VC.182) → L,P; *luir* (VC.170): **C** W *llwyth*: **+ow** C (CE38)}
OldC *leid* emended to *loid* by I.Williams.

loethel ['loˑθɛl] *adj.* tribal
[Cc: **loeth** -²EL] {S 1; F 0(AnG 2008: A.S.)}

loethelieth [loθɛ'liˑɛθ] *f.* tribalism
[Cc: **loethel** -IETH] {S 1; F 0(AnG 2008: A.S.):}

log ['lɔːg] *f.* **+ow** cell *(monastic)*, booth
[L: CLat *locus* (Fl.)] {S 1; F 0(CE38): **P** Luxulyan = **Log Sulyen**: **C** B *Lok-*; MidW *lloc*: **+ow** I}

logel

logel ['lɔ·gęl] *m.* **+yow** coffin, sarcophagus, tomb, sepulchre
These different meanings are found in different texts. Not to be confused with B *logell* 'cabin', W *llogell* 'purse', which are from CLat *locellus* 'chest'.
[L: BLat **loc'lus* < CLat *loculus* 'coffin' (Gr.)]
{S 1; F 3: **O** *logel* (VC.752) → L,P: **M** *logell* (MC.233), *logol* (RD.2179): **+yow** I}

¹logh ['lɔːx] *m.* **+ow** lake *(close to sea)*, pool, inlet of water, loch
[C: CC **loko-* (Gr.)] {S 1; F 3: **L** *lo, loe, loo* (PV13506): **P** *Looe*: **C** B *loc'h*; W *llwch*; also Scots Gaelic *loch*: **+ow** I}

²logh ['lɔːx] *adj.* lax, remiss, negligent, neglectful, loose
[U:] {S 8; F 1: **M** *logh* (BM.3798)}

³Logh ['lɔːx] *place* Looe
[C: Same as **¹logh**] {S 1; F 0(CE38): **P** Looe}

logheth ['lɔxęθ] *f.* laxity
[Cc: **²logh** -ETH] {S 8; F 0(GM09: YhaG):}

logos ['lɔ·gɔz] *coll.* **+enn** mice
[C: Brit **lukôts* (Fl.)] {S 1; F 4: **O** sg. *logoden* (VC.091,580) → L,P: **M** sg. *logosan* (CW.0406): **L** *logaz* (AB019b); sg. *lẏgodzhan* (AB.) → P: **P** Treloggas: **C** B *logod*; W *llygod*: **+enn** OLP}

logosek [lɔ'gɔ·ʒęk] *adj.* abounding in mice
[Cc: **logos** -¹EK] {S 1; F 0(CPNE): **P** Legossick}

logrym ['lɔgrɪm] *m.* **+ow** logarithm
[E(L): Reduction of E *logarithm* < Lat *logarithmus* (coe)] {S 4; F 0(EC00): **+ow** N (EC00)} For formation, cf. **awgrym** < *algorithm*

logrymek [lɔg'rɪ·męk] *adj.* logarithmic
[E(L)c: **logrym** -¹EK] {S 4; F 0(EC00)}

loik ['lɔ·ɪk] *f.* **-igow** spatula
[Cc: **lo** -IK] {S 1; F 0(GM: K.J.G.): **-igow** }

lok ['lɔːk] *m.* presence
[E(E): MidE noun < OldE vb. *lôcian* 'to look']
{S 8; F 2: **M** *lok* (PC.2329, BM.3375):}

y'm lok in my presence

lokust ['lɔ·kyst] *m.* **+es** locust Borrowed by the translators of the Bible in order to avoid **kulyek-reden askellek** 'winged cricket'.

lonethel

[E(L):] {S 5; F 0(TN): **+es** I}

lo-ledan [ˌlɔ·'lę·dan] *f.* **loyow-ledan** ladle
[LC: **lo ledan**] {S 3; F 0(Y1): **loyow-ledan** I}

Lombardi ['lɔmbardi] *place* Lombardy
[E: MidE] {S 4; F 1: **M** *lumbardy* (BM.1534)}

¹lomm ['lɔmː] *adj.* bare, nude, naked
[C: CC (gpc)]
{S 1; F 0(CE38): **P** Carlumb: **C** W *llwm*}

²lomm ['lɔmː] *m.* **+ow** drop
[C: CC (gpc)] {S 1; F 0(CE38):
C B *lomm*; W *llym-* in *llymaid* 'sip': **+ow** I}

lommas ['lɔmːaz] *m.* **+ow** small bream
[U: Possibly a derivative of **¹lomm**]
{S 8; F 2: **L** *lobmaz* (AB041a) → P: **+ow** I}

lommder ['lɔmdęr] *m.* nudity, bareness
[Cc: **¹lomm** -DER] {S 1; F 0(CE38):
C W *llwmder*, more commonly *llymder*:}

lommenn ['lɔmːęn] *f.* **+ow** sip, sup
[Cc: **²lomm** -ENN]
{S 1; F 2: **L** *lommen* (PV13522): **+ow** I}

lommhe [lɔm'hęː] *v.* strip bare, denude
[Cc: **¹lomm** -HE] {S 1; F 0(CE38)}

lo'n ['lɔːn] *m.* **+ow** bullock, steer
[C: Shortened form of **lodhen**]
{S 3; F 3: **M** *lon*: **+ow** I}

lonch ['lɔntʃ] *m.* **+ow** launch
[E(F): from the verb < AngN *launcher* (coe)]
{S 5; F 0(EC00): **+ow** N}

lonchya ['lɔntʃja] *v.* launch
[E(F)c: **lonch** -YA] {S 5; F 0(EC00)}

londer ['lɔndęr] *m.* **+yow** gutter
[E: dial. word] {S 4; F 0(EC52): **+yow** N}

londya *v.* land ALT = **tira**.
[E(E)c: VN in -YA from MidE *land* < OldE *land*]
{S 5; F 1: **M** *londia* (BM.1093)}

loneth ['lɔ·nęθ] *f.* **-i**, *dual* **diwloneth** kidney
[C:] {S 8; F 2: **L** *lonath* (AB030c, 138c) → P: **D** "linuth": **C** B *lounezh*}

lonethel [lɔ'nę·θęl] *adj.* renal
[Cc: **loneth** -²EL] {S 8; F 0(GM09: K.J.G.)}

lonethven [lɔn'ęθfęn] *m.* **-veyn** jade *(precious stone)*, kidney-stone
[CC: **loneth** 2¹**men**] {**S** 1; **F** 0(EC00): **-veyn** I}

longya v. belong
[Ec: VN in -YA from MidE *longen* (coe)]
{**S** 4; **F** 2: **M** *longia* (TH27v), *longya* (TH51r); *han pythe along the30 gye* (CW.2254) 'and that which belongs to thee'}

Longys name (name of a soldier)
[L:] {**S** 4; **F** 3: **M** *longis, longys*}

lo'nji ['lɔndʒi] *m.* **+ow** bullock-house
[CC: **lo'n** + 2**chi**] {**S** 3; **F** 0(CE55): **+ow** I}

lonk ['lɔnk] *m.* **+ow** gully, gullet
[C: Brit **lunko-* (hpb)] {**S** 1; **F** 0(CPNE): P *Trelonk*; C B *lonk*; W *llwnc*: **+ow** I}

lonklynn ['lɔnklɪn] *m.* **+ow** whirlpool, vortex
[CC: **lonk lynn**]
{**S** 1; **F** 0(CE38): C W *llwnclyn*: **+ow** I}

lonktreth ['lɔnktrę̨θ] *m.* **+ow** quicksand
[CC: **lonk** ¹**treth**]
{**S** 1; **F** 0(CE38): C B *lonktraezh*: **+ow** I}

lonkwolghi [lɔnk'wɔlxi] *v.* gargle
[CCc: **lonk** 2**golghi**] {**S** 1; **F** 0(GM09: YhaG)}

lons ['lɔns] *m.* **+ow** lance
[E(F): MidE < OldF (coe)] {**S** 4; **F** 0(GM09: P.H.): **+ow** I} Back-formation from **lonsya**.

lonsik ['lɔnsɪk] *m.* **-igow** lancet
[Cc: **lons** -IK] {**S** 4; **F** 0(GM09: P.H.): **-igow** I}

lonsya ['lɔnsja] *v.* lance
[E(F)c: **lons** -YA] {**S** 4; **F** 1: **M** *lavncya* (BK15.65)} Thought to have a sexual connotation in *BK*.

lord (Eng.) *n.* ALT = **arloedh** or **yuv**. {**S** 6; **F**: **M** *lord*} Almost all exx. are in lines of Eng.

lorden ['lɔrdęn] *m.* **+yon**, **+s** clown
[E(F): MidE *lurdayne* < OldF *lourdon* (CE38)] {**S** 5; **F** 2: **M** *lorden* (PC.2585, BM.0776, BK09.56): **+yon** N (G.M.S.); **+s** N (CE38)}

lordya v. domineer
[E(E)c: VN in -YA from MidE *lord* < OldE *hlaford* (coe)]
{**S** 5; **F** 2: **M** *lordye* (OM.0901), *lordya* (CW.0455)}

lorel ['lɔ·ręl] *m.* **+s** vagrant, rascal, bum (U.S.) [E: MidE *lorel* (Loth)] {**S** 4; **F** 3: **M** *lorel, loral*; pl. *lorels* (PC.1125): **+s** M}

lorgh ['lɔrx] *f.* **+ow** staff *(rod)*, pole, walking-stick, cane
[C: CC **lorgo-* (Gr.) < IE (lp)] {**S** 1; **F** 4: O *lorch* (VC.682) → P: **M** *lorgh* → P: **L** *lòr* (AB044b, 290b) → P: **C** cf. MidW *llwrw* 'club': **+ow** I}

lorgh-resa [,lɔrx'rę·za] *m.* **lorghow-resa** track-rod *(mach.)* [CCc: **lorgh resa**]
{**S** 1; **F** 0(Y1): **lorghow-resa** I}

¹LOS- [C: CC **lussjo-* (lheb) < IE **lupst-* (Gr.)]

²**los** ['lɔːs] *adj.* soiled, squalid
[E(F): OldF *lous*]
{**S** 4; **F** 3: **M** *los* (BM.1967, 2256) → P: **L** *louz* (AB281c) → P: **C** B *louz* 'dirty'}

losedh ['lɔsęð] *m.* squalidness
[E(F)c: ²**los** -EDH] {**S** 4; **F** 0(GM09: G.M.S.):}

losek adj. stinking
[Cc: ²**los** -¹EK] {**S** 8; **F** 1: **L** *lu̯edik* (AB132c)} The proffered morphology is doubtful.

losel ['lɔ·zęl] *m.* **+s** rascal, vagrant, lout, bum (U.S.)
[E: MidE (CE38)] {**S** 4; **F** 4: **M** *losel* (PC., BM.) → P; pl. *losels* (PC.2589): **+s** M}

loselwas [,lɔzęl'waːs] *m.* **-wesyon** tramp, hobo (U.S.) [EC: **losel** 2**gwas**]
{**S** 4; **F** 1: **M** *losel was* (PC.2718): **-wesyon** I}

losk ['lɔːsk] *m.* burning, combustion, inflammation
[C: IE **luq-sk'-* (lp)] {**S** 1; **F** 3: O *losc* (VC.285) → L,P: **C** B *losk*; W *llosg*:}

loskans ['lɔ·skans] *m.* **+ow** cremation
[Ch: **losk** -ANS] {**S** 1; **F** 0(GM09: YhaG): **+ow** I}

loskvann ['lɔ·skvan] *m.* **+ow** burning, combustion
[Cc: **losk** -VANN] {**S** 1; **F** 1: **M** *loscvan* (RD.1249) → P: **C** W *llosgfan*: **+ow** }

loskven ['lɔ·skvęn] *m.* **-veyn** brimstone, sulphur
[CC: **losk** 2¹**men**]
{**S** 1; **F** 0(CE38): C W *llosgfaen*: **-veyn** I}

loskvenek

loskvenek [lɔsk'vę·nęk] *adj.* sulphuric
[CCc: **loskven** -¹EK] {S 1; F 0(EC52)}

loskvenus [lɔsk'vę·nys] *adj.* sulphurous
[CCl: **loskven** -US] {S 1; F 0(EC52)}

loskvenydh [lɔsk'vę·nɪð] *m.* **+yow**
volcano
[CC: **losk 2menydh**]
{S 1; F 0(CE38): C W *llosgfynydd*: **+yow** I}

loskvenydhyek [ˌlɔskvę'nɪ·ðjęk] *adj.*
volcanic
[CCc: **loskvenydh** -YEK] {S 1; F 0(EC52)}

losonieth [ˌlɔsɔ'ni·ęθ] *f.* botany
[Cc: ¹**los** -ONIETH] {S 1; F 0(GK98: K.J.G.):}

losoniethel [lɔzɔnɪ'ę·θęl] *adj.* botanical
[Cc: **losonieth** -²EL] {S 1; F 0(GK98: G.M.S.)}

losonydh [lɔ'zɔ·nɪð] *m.* **+yon** botanist
[Cc: from ¹**los** -ONYDH]
{S 1; F 0(GK98: K.J.G.): **+yon** I}

losow ['lɔ·zɔw] *coll.* **+enn** herbs q.v.
[Cc: ¹**los** -¹OW] {S 1; F 4: M sg. *losowen*
(BM.1483): L sg. *lẏzûan* (AB.) → P, *lushan*
(G1JB): P Trelossa: C B *louzoù*: **+enn** I}
This is the non-affected pl. of **los**, the other
being **lesyow**.

losowedh [lɔ'zɔʊęð] *m.* vegetation
[Ccc: **losow** -EDH] {S 1; F 0(GM09: G.M.S.):}

losoweger [ˌlɔzɔ'wę·gęr] *m.* **-oryon**
vegetarian *(male)*
[Cccl: from **losowek** -¹ER]
{S 1; F 0(GM09: P.H.): **-oryon** I}

losowegores [lɔzɔʊę'gɔ·ręs] *f.* **+ow**
vegetarian *(female)*
[Ccclc: from **losowek** -ORES]
{S 1; F 0(GM09: YhaG): **+ow** I}

losowek [lɔ'zɔʊęk] **1.** *adj.* herbal,
vegetarian **2.** *f.* **-egi** herb garden,
vegetable garden, kitchen-garden
[Ccc: **losow** -¹EK] {S 1; F 0(CE38): P Polly Joke
= poll **losowek**: C B *louzaouek*: **-egi** I}

losowenn [lɔ'zɔʊęn] *f.* **+ow**, *coll.* **losow**
herb
[Ccc: **losow** -ENN] {S 1; F 4: M *losowen*
(BM.1483): L *lẏzûan* (AB.) → P, *lushan* (G1JB)}

lostlavar

losowenn an hav lily of the valley
losowenn lagas celandine
losowenn Sen Yowann
St John's wort

losower [lɔ'zɔʊęr] *m.* **-oryon** herbalist
[CCl: **losow** -¹ER] {S 1; F 0(CE38):
C B *louzaouer*; cf. W *llyseuwr*: **-oryon** I}

losowji [lɔ'zɔʊdʒi] *m.* **+ow** greenhouse
[CcC: **losow** 2chi]
{S 3; F 0(CE38): C cf. W *llysieudy*: **+ow** I}

losow-kegin [ˌlɔzɔʊ'kę·gɪn] *coll.*
losowenn-gegin vegetables
[CcL: **losow kegin**]
{S 1; F 0(CE55): **losowenn-gegin** I}

losow-mogh [ˌlɔzɔʊ'mɔːx] *coll.*
losowenn-vogh hogweed
[CcC: **losow mogh**] {S 1; F 0(CE38):
D "lizzamoo" appears to be a translation of the
Eng.; the Celtic word for this plant is **evor.**:
losowenn-vogh I}

losowys [lɔ'zɔwɪs] *pl.* herbs
[Ccc: **losow** -²YS] {S 1; F 3: M *losowys*
(OM.0031, 1742): L *lozoṷez, lẏzẏuyz* (AB243a)}
Apparently a double pl.

lost ['lɔːst] *m.* **+ow** tail, queue, tail-back
[C: CC *lustâ* (gpc) < IE *lusto- (hpb)]
{S 1; F 4: M *lost* → P; pl. *lostov* (BM.1352),
lostow (BK35.43): L *lôst*; pl. *losia* (FCNC):
P Lostwithiel: C B *lost*; W *llost*: **+ow** ML}

gul lost queue, wait,
wait in line (U.S.)

lostek ['lɔ·stęk] **1.** *adj.* big-tailed **2.**
m. **-ogyon** fox
[Cc: **lost** -¹EK] {S 1; F 2: L *lostek* (AB179a, 298b)
→ P: P ?Polostoc Zawn: **-ogyon** I}

lostenn ['lɔ·stęn] *f.* **+ow** skirt
[Cc: **lost** -ENN]
{S 1; F 0(CE38): C B *lostenn*: **+ow** I}

lostenn vrith kilt

lost-hes [ˌlɔ·st'hęːz] *f.* **+ow** third swarm
[CC: **lost hes**] {S 1; F 0(EC52): **+ow** I}

lostlavar [lɔst'la·var] *m.* **+ow** cue
[CC: **lost lavar**] {S 1; F 0(GM09: YhaG): **+ow** I}

lost-ledan [lɔst'lę·dan] *m.* **+es** beaver
[CC: **lost ledan**] {**S** 3; **F** 1: **L** *lost-slavan* (PV13535): **C** W *llostlydan*: **+es** N (FTWC)}
Pryce translated his word by 'dirty tail'; here it is supposed to represent **lost-ledan**, with the same meaning as in Welsh.

lostleverel [lɔstlę'vę·ręl] *v.* cue, prompt
[CCc: **lost leverel**] {**S** 1; **F** 0(GM09: YhaG)}

Lostwydhyel [ˌlɔ·st'wɪ·ðjęl] *place* Lostwithiel
[CCc: **lost 2gwydhyel**]
{**S** 1; **F** 1: **M** *lostuthyel* (OM.2400)}

lostya ['lɔ·stja] *v.* queue, wait in line (U.S.) [Cc: **lost** -YA] {**S** 1; **F** 0(Y2)}

loub ['luːb] *m.* **+yow** slime, sludge, lubricant, lubricating oil
[E(L): This is assumed to be a back-formation from ModE *lubricate* < Lat *lûbricâre* (17th cent.)]
{**S** 8; **F** 2: **L** *loob* (PV13525, 17530): **D** "loob": **+yow** N}

louba ['lu·ba] *v.* lubricate, oil
[E(L)c: **loub** -¹A] {**S** 8; **F** 0(CE38)}
Formed by Nance from **treylouba**.

loubek ['lu·bęk] *adj.* slimy
[E(L)c: **loub** -¹EK] {**S** 8; **F** 0(GM09: K.J.G.)}

Loundres ['lundręs] *place* London
[F: MidF] {**S** 5; **F** 2: **L** *Loundrez* (Gwavas) → P, *Loundres* (Gwavas): **C** B *Londrez*}

lout ['luːt] (Eng.) *n.* ALT = **losel**. [E: 16th cent. Eng.] {**S** 6; **F** 1: **M** *lowte* (CW.1502)}

lovan ['lɔ·van] *f.* **lovonow** rope
[C:] {**S** 8; **F** 4: **O** *louan* (VC.349) → L,P: **M** *lovan*; pl. *lovonow*: **P** *Reenie Lovan*: **C** B *louan*; W *-llyfan*: **lovonow** M}
lovan dynn tightrope

lovanenn [lɔ'va·nęn] *f.* **+ow** twine
[Cc: **lovan** -ENN]
{**S** 8; **F** 2: **L** *lovannan* (AB164b) → P: **+ow** I}

lovaner [lɔ'va·nęr] *m.* **lovanoryon** rope-maker *(male)*, roper
[Cl: **lovan** -¹ER]
{**S** 8; **F** 0(GK98: K.J.G.): **lovanoryon** I}

lovanores [ˌlɔva'nɔ·ręs] *f.* **+ow** rope-maker *(female)*, roper

[Cl: **lovan** -ORES]
{**S** 8; **F** 0(GM09: K.J.G.): **+ow** I}

lovanweyth [lɔ'va·nwęɪθ] *m.* ropework, rigging
[CC: **lovan** 2²GWEYTH] {**S** 8; **F** 0(AnG 2008):}

lover ['lɔvęr] *m.* **lovryon** leper
[C: LOVR-S] {**S** 1; **F** 0(CE38):
C W *llwfr*: **lovryon** I} E *leper* is found in MidC.

loverji ['lɔvęrdʒi] *m.* **+ow** leper-hospital, lazar-house
[CC: **lover** 2chi] {**S** 2; **F** 0(EC52): **+ow** I}

lo-veur [ˌlɔ·'vœːr] *f.* **loyow-meur** tablespoon
[LC: **lo** 2meur] {**S** 1; **F** 0(Y1): **loyow-meur** I}
LOVR- [C:]

lovenn ['lɔ·vęn] *f.* **+ow** weasel, ferret
[C:] {**S** 1; **F** 0(GM09: K.J.G.): **C** W *llofen*; not in B: **+ow** I} A possible attestation of this word is **lovan** at BK22.98; but the gender does not fit; the word in BK. may be the Eng. word *lion*.

lovennan [lɔ'vęnːan] *m.* **+es** stoat, ermine Not to be confused with B *laouenan* 'wren', which has a different root.
[Cc: **lovenn** -¹AN] {**S** 1; **F** 3: **O** *louennan* (VC.576) → L,P: **C** W *llofennan*: **+es** I}

lovrek ['lɔvręk] **1.** *adj.* leprous **2.** *m.* **-ogyon** leper
[Cc: LOVR=¹EK] {**S** 1; **F** 0(CE38): **-ogyon** I}

lovryjyon [lɔv'rɪ·dʒɔn] *m.* leprosy
[Cc: LOVR=YJYON]
{**S** 1; **F** 1: **M** *lovrygyan* (BM.1356):}

low ['lɔw] *coll.* **lowenn** lice
[C: Brit **lowes* (hpb) < IE (lp)]
{**S** 1; **F** 1: **O** sg. *lopen* (VC.624) → L,P: **L** *lou* (AB115c) → P; *loow* (PV13610); sg. *lûan* (AB115c) → P: **C** B *laou*; W *llau*: **lowenn** OL}

lowarn ['lɔʊarn] *m.* **lewern** fox
[C: Brit **lowerno-* (lheb)] {**S** 1; **F** 4: **O** *louuern* (VC.563) → L,P: **M** *lowarn*: **L** *lûarn* (AB.): **P** *Lanlawren*: **F** *Lewarne*: **C** B *lowarn*, pl. *lern*; W *llywarn*, pl. *llewyrn*: **lewern** P}

lowarnek [lɔʊ'arnęk] *adj.* abounding in foxes, foxy [Cc: **lowarn** -¹EK] {**S** 1; **F** 0(CPNE): **P** ?Lawarnick}

lowarnes [lɔʊ'arnęs] *f.* **+ow** vixen
[Cc: **lowarn** -¹ES]
{S 1; F 1: L *lowernez* (PV13546): **+ow** I}

lowarnik [lɔʊ'arnɪk] *m.* **lewernigow** fox-cub [Cc: **lowarn** -IK]
{S 1; F 0(FTWC): **lewernigow** I (FTWC)}

lowarth ['lɔʊarθ] *m.* **+yow** garden
This word is fem. in B.; in Cor., the gender is shown by pl.n. *Lowarglas*.
[C: from **lub* 'herb' + **garth**] {S 1; F 4: O *luporth* (VC.684) → P: M *lowarth* (MC.140, 233) → P: L *lûar* (AB.) → P, *looar* (G3WK): P *Lowarth an Men*: C B *liorzh*: **+yow** C}

lowartha [lɔ'warθa] *v.* garden
[Cc: **lowarth** -¹A] {S 1; F 0(CE38): C B *liorzhañ*}

lowarther [lɔ'warθęr] *m.* **-oryon** gardener
[Cl: **lowarth** -¹ER]
{S 1; F 0(CE38): C B *liorzher*: **-oryon** I}

lowarthieth [ˌlɔʊar'θi·ęθ] *f.* horticulture
[Cc: **lowarth** -IETH]

lowarthydh [lɔ'warθɪð] *m.* **+yon** horticulturalist
[Cc: **lowarth** -¹YDH]

lowek ['lɔʊęk] *adj.* lousy
[Cc: **low** -¹EK]
{S 1; F 0(CE38): C B *laouek*; W *lleuog*}

lowen ['lɔʊęn] *adj.* joyful, happy, glad
[C: Brit *lawen-* (hpb)] {S 1; F 5: O *louen* (VC.939): M *lowen, lowan*: L *lûan* (AB248c), *looan*: P *Nanceloan*: C B *laouen*; W *llawen*}

Nadelik lowen! Merry Christmas!
penn-bloedh lowen! happy birthday!

lowena [lɔ'wę·na] *f.* joy, bliss, happiness, gladness
[Cc: **lowen** -³A] {S 2; F 6: M *lowene* → L, *lowena*: P *Barlowanna*: C B *levenez*; W *llawenydd*:}
Pl.n. *Barlowennath* shows the ending still present; see **lowenedh**.

lowena dhis! joy to thee!

lowender [lɔ'węnder] *m.* mirth, gaiety
[Cc: **lowen** -DER]
{S 1; F 3: M *lowender, lowendar* → P: L *loander* (M2WK): C B *laouender*:}

Lowender Pyran (a Celtic festival held in Perranporth each October)

lowenedh [lɔ'wę·nęð] *m.* joy, felicity
[Cc: **lowen** -¹EDH] {S 1; F 1: L *lauenez* (AB062c): P *Barlowennath*:} This is the older form of **lowena**; it is not clear whether Lhuyd's form really represents this word.

lowenek [lɔ'wę·nęk] *adj.* merry, glad, jolly, cheerful
[Cc: **lowen** -¹EK]
{S 1; F 4: M *lowenek*: L *lauenik* (AB042a) → P, *lowe weny cke* (IKAB): P *Lewannack*}

lowenhe [lɔʊęn'hę:] *v.* rejoice, comfort, make glad Transitive and intransitive.
[Cc: **lowen** -HE]
{S 1; F 4: M *lowenhe* → P: C B *laouenaat*}

lowenn-ki [ˌlɔʊęn'ki:] *f.* **low-ki** dog-louse
[CcC: **lowenn ki**]
{S 8; F 2: O *lewenki* (VC.537) → P: **low-ki** I}

lower ['lɔʊęr] *adj.* many, much
[C: CC **lowero-* (gpc)]
{S 8; F 4: M *lower*: L *laur* (AB169a)}
Not to be confused with **lowr** 'enough'; in *SA*. there is the interesting reversed spelling **lowarth**, which shows that [-rθ] > [-r] c.1550. Followed by a sg. noun, e.g. *yn lower le* 'in many places' (MC.210).}

¹lown ['lɔʊn] *m.* **+yow** blade, sliver, lamina See **lavyn**, which is the same word.
[L: CLat *lamina* (Gr.)] {S 1; F 0(CE38): D "lawn": C B *laon*; W *llafn*: **+yow** I}

²lown ['lɔʊn] *m.* **+yow** concourse, open working area
[E(F): MidE *laund* 'glade' < OldF *launde* (coe)]
{S 4; F 0(CE38): D "lawn"; note also "The Lawn", old name for the concourse at Paddington Railway Station.: **+yow** I}
The occurrence of this word in pl.ns. was rejected by Padel. It is the same word as E *lawn* with a development of an older meaning; etymologically it may be the same word as **lann**.

lownek ['lɔʊnęk] *adj.* laminated, flaky
[Lc: ¹**lown** -¹EK] {**S** 1; **F** 0(EC52)}

lownya ['lɔʊnja] *v.* slice, cut, veneer, flake [Lc: ¹**lown** -YA]
{**S** 1; **F** 0(CE38): **C** B *laoniañ*; **W** *llafnio*}

lownyans ['lɔʊnjans] *m.* **+ow** slice, veneer
[Lh: ¹**lown** -YANS] {**S** 1; **F** 0(EC52): **+ow** I}

¹**lowr** ['lɔʊr] **1.** *adj.* enough, ample, sufficient, adequate **2.** *adv.* sufficiently, amply, in plenty
[C: CC (lp)] {**S** 1; **F** 5: **M** *lour*; *lowr* (BK.), *lowre* (TH.), *lower* (CW.): **L** *laur* (AB.); *lowar* (KKTT)}

da lowr good enough, O.K.
bos lowr suffice

²**lowr** ['lɔʊr] *coll.* laurels
[L: CLat *laurus* (gpc)] {**S** 8; **F** 0(CE93: K.J.G.)}

lowrwydh ['lɔʊrwɪð] *coll.* **+enn** laurel-trees
[LC: ²**lowr** 2*gwydh* (gpc)] {**S** 8; **F** 0(CE38): **C** W *llawrwydd*: **+enn** I} Nance wrote *lorwyth*, but it is difficult to see how he arrived at this spelling from the Welsh.

¹**lows** ['lɔʊs] *adj.* loose, slack, careless
[E(N): MidE *los* < OldN *louss* (co)]
{**S** 4; **F** 2: **M** *lows*; spv. *lawsa* (BK15.15).}

²**lows** ['lɔʊz] *m.* **+ow** shoot, sprout
[U:] {**S** 8; **F** 1: **L** (Crankan rhyme, according to Nance): **C** Nance compared W -*lawd* in *gweirlawd*, a word not found in *GPC*.: **+ow** }

lowsedhes [lɔʊ'zę·ðęz] *m.* slackness, negligence, looseness
[E(N)c: ¹**lows** -EDHES] {**S** 4; **F** 0(CE38):}

lowswas ['lɔʊswas] *m.* **-wesyon** slacker
[E(N)C: ¹**lows** 2*gwas*] {**S** 4; **F** 0(GM09: K.J.G.): **-wesyon** I}

lowsya ['lɔʊsja] *v.* unloose, untie
[E(N)c: ¹**lows** -YA] {**S** 4; **F** 3: **M** *lowsya* (TH.)}

lowta ['lɔʊta] *m.* loyalty
[F: F *loyauté*] {**S** 5; **F** 5: **M** *laute, leaute, lowta*:} Most of Pryce's spellings are miscopied.

loyas ['lɔ·jaz] *f.* **+ow** spoonful
[Lc: **lo** -¹AS, with epenthetic [j]] {**S** 1; **F** 0(CE38): **C** B *loaiad*: **+ow** I} Nance put both *loas* and *loyas* in CE38, but only *loyas* in EC52.

loyas-te [ˌlɔ·jas'tę:] *f.* **+ow** teaspoonful
[LcE(O): **loas te**] {**S** 4; **F** 0(Y1): **+ow** I}

loyas-veur [ˌlɔ·jaz'vœːr] *f.* **loasow-meur** tablespoonful
[LcC: **loas** 2*meur*] {**S** 1; **F** 0(Y1): **loasow-m.** I}

lu ['lyː] *m.* **+yow** army, crowd, host (*army*)
[C: Brit **slougo-*] {**S** 1; **F** 4: **O** *luu* (VC.270) → L,P: **M** *lu* (MC.163): **P** First element of Newlyn = **lu lynn**: **C** B *lu*; W *llu*: **+yow** I}

lu diogeledh security force
lu lestri fleet, navy

Lucius (Lat.) *name*
{**S** 6; **F** 1: **M** *lucius* (TH51r)}

ludh ['lyːð] *m.* **+yow** fatigue
[C:] {**S** 1; **F** 0(GM09: K.J.G.): **C** W *lludd*: **+yow** C} This may appear in *lvthky* (BK31.94).

ludhki *m.* **-keun** ?sluggard
[CC: **ludh ki**] {**S** 8; **F** 1: **M** *lvthky* (BK31.94): **-keun** I}

lugarn ['lyˑgarn] *m.* **lugern** lamp, lantern, light
[D: CLat *lucerna* (Fl.) or CC **louk-arno-* (Gr.)] {**S** 1; **F** 2: **O** *lugarn* (VC.779) → L,P: **C** B *lugern* 'brightness'; W *llugern*: **lugern** N (CE38)}

lugarn-byghan [ˌlyˑgarn'bɪˑɦan] *m.* **lugern-byghan** side-lamp
[DC: **lugarn byghan**]
{**S** 1; **F** 0(Y1): **lugern-byghan** N (Y1)}

lugarnleyth [ˌlygarn'lęɪθ] *f.* **+es** brill
[DC: **lugarn** ²**leyth**] {**S** 8; **F** 1: **L** *lug aleth* (Ray): **D** "lugaleaf", "lugalay".: **+es** I}

lugh ['lyːx] *m.* **+ow** sea-smoke, sea-mist
[C:] {**S** 8; **F** 0(CE38): **D** "lew" 'fine mist rising from water'; see **ilow**.: **C** W *lluwch* 'spray': **+ow** I}

lughes ['lyˑxęz] *coll.* **+enn** lightning
[C: Brit **leuk-* (Gr.)] {**S** 1; **F** 4: **O** *lupet* (VC.438) → P: **M** *luhes* → P; sg. *luhesen* (RD.0293) → P: **L** *Lewes* (LV097.60), *lowas* (AB003b), *louas* (AB062a); **C** B *lucʼhed*; W *lluched*: **+enn** M}

lughesenn

lughesenn [lyˈhęˑzęn] *f.* **+ow**, *coll.*
lughes lightning stroke, flash
[Cc: **lughes** -ENN]
{S 1; F 2: M *luhesen* (RD.0293) → P}

lughesi [lyˈhęˑʒi] *v.* flash
[Cc: from **lughes** -¹I]
{S 1; F 0(CE38): C B *lucʹhediñ*}

¹luk *m.* luck ALT = **chons**.
[E(G): MidE < LowG *luk* (coe)]
{S 5; F 3: L *luk* (JCNBL30, LOPWG) → P:}

²Luk [ˈlyːk] *name* Luke Name of the saint
[U:] {S 5; F 4: M *Luk*}

lull (Eng.) *n.* {S 6; F 2: L *lull* (R2WA, PRWP)}

Lulynn [ˈlyˑlɪn] *place* Newlyn
[CC: **lu lynn**] {S 1; F 3: L *Newlyn*} The LateC examples have been included here, but evidently they reflect the Anglicized form.

Lun [ˈlyːn] *m.* Monday
[L: CLat (dies) lunae (M)]
{S 1; F 2: L *lîn* (AB054c) → P:}

lurik [ˈlyˑrɪk] *m.* **-igow** breastplate
[L: CLat *lôrîca* (gpc)]
{S 1; F 0(CPNE): P Calerick: F Penhallurick (after the pl.n.): C W *llurig*: **-igow** I}

lurkya *v.* lurk ALT = **skolkya** or **omgeles**.
[Ec: VN in -YA from MidE (coe)]
{S 4; F 2: M *lurkya* (TH31v, 34v)}

lus [ˈlyːz] *coll.* **+enn** bilberries, whortleberries, whinberries, blueberries (U.S.)
[C:] {S 1; F 0(CE38): C B *lus*; W *llus*: **+enn** I} Berries belonging to the genus *Vaccinium*.

lusek [ˈlyˑsęk] *adj.* abounding in bilberries
[Cc: **lus** -¹EK] {S 1; F 0(CPNE): P ?Carnlussack}

Lusi *name* Lucius (Roman emperor)
[L: CLat *Lucius*] {S 5; F 4: M *lucy* (BK.)}

Lusifer *name* Lucifer (name of a fallen angel) [U:] {S 5; F 4: M *lucyfer*}

lusu [ˈlyˑʒy] *coll.* **+enn** ashes, embers
[C: CC (gpc)] {S 1; F 4: M *lusew* → P: L *lidzyu* (AB048a) → P: P ?Ludgvan: C W *lludw* cf. B *ludu*: **+enn** I} Although the commonest spelling in MidC is *lusew*, it is thought (following J.Holmes) that the <-ew> represents unstressed /-y/, as in **Yesu**.

lusuek [lyˈzyˑęk] **1.** *adj.* ashy **2.** *f.* **-egi** ash-heap
[Cc: **lusu** -¹EK] {S 1; F 1: L *luediek* (Lh.): **-egi** I}

Lusuennik [ˌlyzyʹęnːɪk] *name* Cinderella
[Ccc: **lusuenn** -IK] {S 1; F 0(EC00)}

lust [ˈlyːst] *m.* **+ys** lust
[E(E): MidE < OldE *lust* (coe)] {S 4; F 4: M *lust*; pl. *lustis* (BM.0427), *lustys* (TH16v): **+ys** M}

lustek [ˈlyˑstęk] *adj.* lusty
[E(E)c: **lust** -¹EK] {S 4; F 0(GM09: K.J.G.)}

Lybi [ˈlɪˑbi] *place* Libya
[E:] {S 4; F 2: M *lyby* (BK31.43, 32.06)}

lyenn [ˈlɪˑęn] *m.* **+ow** literature
[L: CLat *legendum*] {S 3; F 1: M *lyen* (BM.2931): C B *(lenn)* 'to read'; W *llên*: **+ow** I}
CLat *legendum* > PrimWCB **leʒenn*; the ʒ was lost, giving **leenn*; in MidC this was spelled *lyen*, in B the *e* was shortened, and in W the *ee* was smoothed to *ê*. Lhuyd then borrowed B *lenn* into LateC to form *lenna*.

lyennek [ˈlɪˑęnːęk] *adj.* literary
[Lc: **lyenn** -¹EK] {S 3; F 0(EC52)}

lyennladrans [ˌlɪęnʹladrans] *m.* plagiarism
[LLh: **lyenn ladrans**] {S 1; F 0(EC00):}

lyennogeth [ˌlɪęʹnɔˑgęθ] *f.* literacy
[Lcc: **lyenn** -OGETH] {S 3; F 0(GM09: YhaG):}

lyfans [ˈlɪˑfans] *m.* **+es** toad
[C:] {S 1; F 0(CE38): P Polyphant = **poll lyfans**: C MidB *Leffant*; W *llyffant*: **+es** I}

lyfansas [lɪʹfanzaz] *v.* hop like a toad
[Cc: **lyfans** -¹AS] {S 8; F 0(CE55)} It is not clear why Nance chose *-as* as a VN ending.

lyftya *v.* lift ALT = **drehevel**.
[E(N)c: VN in -YA from MidE < OldN *lypta* (coe)] {S 5; F 1: M p.ptcpl. *lyftys* (TH53v)}

lyha [ˈlɪˑha] *adj.* least, smallest, minimum
[Cc: spv. of ²**le**, with <h> retained]
{S 8; F 3: M *lyha* → P: L *leiah* (AB091b) → P; *lita* (NGNB6)}

lyjyon

lyjyon ['lɪ·dʒjɔn] *m.* **+s** legion *(divison of army)*
[E(F): MidE < OldF *legion* (coe)]
{S 5; F 2: M *lygyon* (MC.072, PC.1164): +s I}

lyklod m. likelihood ALT = **chons.**
[E: E *likelihood*]
{S 5; F 2: L *lirkland* (NGNB3), *likland* (NGNB6):} Spelling is that of Nance (CE38).

Lymbo place limbo (region on the border of Hell)
[E(L): MedL *limbô* (coe)]
{S 5; F 2: M *lymbo* (CW.2017, 2062)}

lymm ['lɪm:] *adj.* sharp *(pointed)*, keen, acute
[C: CC *slibsmos* (gpc)]
{S 1; F 3: M *lym* → P: C B *lemm*; W *llym*}

lymma ['lɪm:a] *v.* sharpen, whet, hone
[Cc: **lymm** -¹A] {S 1; F 3: M p.ptcpl. *lemmys* (MC.160, CW.2283): L *lebma* (CDWP, AB041b) → P: C B *lemmañ*; W *llymu*}

lymmaval [lɪm'a·val] *f.* **+ow** lemon
See also **limaval**. [CC: **lymm aval**]
{S 5; F 0(GM09: K.J.G.): +ow I}

lymmder ['lɪmdęr] *m.* sharpness
[Cc: **lymm** -DER] {S 1; F 0(CE38): C B *lemmder*; W *llymder*:}

lymmelin [lɪ'mę·lin] *m.* **+yow** angle *(acute)*
[CC: **lymm elin**] {S 1; F 0(EC00): +yow I}

lymmvlas ['lɪmvlas] *m.* **+ow** tang
[CC: **lymm 2blas**]
{S 1; F 0(GM09: G.M.S.): +ow I}

LYMN- [F: MidE (coe)]

lymna ['lɪmna] *v.* paint *(of a picture)*, illuminate *(of a picture)*, illustrate
[Fc: LYMN=¹A] {S 5; F 0(EC52)}

lymnans ['lɪmnans] *m.* **+ow** painting, picture, illustration
[Fh: LYMN=ANS] {S 5; F 0(AnG 1997): +ow I}

lymner ['lɪmnęr] *m.* **-oryon** artist, painter *(artist)*, illustrator
[Fl: LYMN=¹ER] {S 5; F 0(CE38): -oryon I}

Lyskerrys

lynn ['lɪn:] *f.* **+yn** pond, pool, lake *(inland)*, mere
[C: Brit *lind-* < CC (Fl.)]
{S 1; F 3: O 1st element of *pisclin* (VC.740): M *lyn* (BK19.21, 36.33); pl. *lennyn* (BK28.38): L *lyn* (PV13639): D *lydne* in a document of 1613: P Lidden: C B *lenn*; W *llyn*: +yn M}

lynn varow ox-bow lake

lynnbysk ['lɪnbɪsk] *m.* **-buskes** carp *(fish)*
[CL: **lynn 2pysk**] {S 1; F 0(CE38): -buskes I}

Lynndir ['lɪndir] *place* Lake District
[CC: **lynn 2tir**] {S 1; F 0(GM09: G.M.S.)}

lynnek ['lɪn:ęk] *adj.* abounding in ponds
[Cc: **lynn** -¹EK] {S 1; F 0(CPNE): P ?Carlannick}

lys ['lɪ:z] *f.* **+yow** court, hall, palace
[C: CC *lisso-* (Fl.)]
{S 1; F 3: M *les, lis* (PV13342): P Liskeard, Lizard: C B *lez*; W *llys*: +yow I}

lys an lagha court of law

lys justisyel magistrates' court

Lysardh ['lɪzarð] *place* Lizard
[CC: **lys ardh**] {S 1; F 1: L *Lizard* (NGNB1)}
Boson's spelling is the anglicized one found on maps.

lyskannas [lɪs'kan:az] *f.* **+ow** ambassador, diplomat
[CC: **lys kannas**] {S 1; F 0(EC52): +ow I}

lyskannasedh [ˌlɪska'na·zęð] *m.* diplomacy
[CCc: **lyskannas** -¹EDH] {S 1; F 0(EC52):}

lyskannasek [ˌlɪska'na·zęk] *adj.* diplomatic
[CCc: **lyskannas** -¹EK] {S 1; F 0(EC52)}

lyskannatti [ˌlɪska'nat:i] *m.* **+ow** embassy
[CCC: from **lyskannas** ⁴ti]
{S 1; F 0(GK98: G.M.S.): +ow I}

Lyskerrys [lɪs'kęr:ɪz] *place* Liskeard
[CC: **lys + kerwys** 'stags', or personal name]

lystenn
{S 3; F 0(CE93)} The uncertainty in the second element leads to the use of the Cor. form (with [-d] > [-z]) found in the Middle Ages.

lystenn ['lɪstęn] *f.* **+ow** bandage, list, swaddling-band, selvedge, fillet
[D: MidE *list* or MidF *liston* (CE38)] {S 4; F 2: M *lysten* (OM.0808, 0840) → P: **+ow** I}

lystenna [lɪsˈtęnːa] *v.* bandage
[Dc: **lystenn** -¹A] {S 4; F 0(GK98: G.M.S.)}

Lystewdar *place* Lestowder
[CC: **lys Tewdar**]
{S 1; F 2: M *lestevdar* (BM.2267, 2284)}

lyswas [ˈlɪˑʒwas] *m.* **-wesyon** courtier
[CC: **lys 2gwas**]
{S 1; F 0(GK98: K.J.G.): **-wesyon** I}

lysyek [ˈlɪˑʒjęk] *adj.* courtly
[Cc: **lys** -YEK] {S 1; F 0(GM09: G.M.S.)}

lyther [ˈlɪˑθęr] *m.* **+ow** letter *(epistle)*
[L: CLat *littera*]
{S 1; F 4: M *lyther* (BM.2806), *lether* (BK23.29); pl. *leʒerow* (BM.0073), *lytherov* (BM.2796): L *lether* (PLOP), pl. *lytherau̯* (AB.) → P, *letherau̯* (NGNB3); C B *(lizher)*; W *llythyr*: **+ow** ML}

lyther apert patent
lytherow kresys references (for potential employees), credentials

lytherdoll [lɪˈθęrdɔl] *m.* **+ow** postage
[LE(E): **lyther** 2¹**toll**] {S 4; F 0(CE38): **+ow** I}

lytherenn [lɪˈθęˑręn] *f.* **+ow** letter *(of alphabet)* [Lc: **lyther** -ENN]
{S 1; F 3: O *litheren* (VC.749) → L,P: L *litheren* (CGEL); *lethero* (CGEL): C B *(lizherenn)*; W *llythyren*: **+ow** I}

lytherenna [ˌlɪθęˈręnːa] *v.* spell
[Lcc: **lytherenn** -¹A]
{S 1; F 0(CE38): C B *(lizherennañ)*}

lytherennans [ˌlɪθęˈręnːans] *m.* **+ow** spelling, orthography *(specific spelling-system)*, spelling-system
[Lch: **lytherenn** -ANS]
{S 1; F 0(CE93: K.J.G.): **+ow** I}

lytherennek [ˌlɪθęˈręnːęk] *f.* **-egi** alphabet
[Lcc: **lytherenn** -¹EK]

{S 3; F 0(CE93: K.J.G.): C B *lizherenneg*: **-egi** I}

lytherennieth [lɪθęręˈniˑęθ] *f.* orthography *(in general)*
[Lcc: **lytherenn** -IETH] {S 1; F 0(CE38):}

lytherva [lɪˈθęrva] *f.* **+ow** post-office
[Lc: **lyther** -VA]
{S 1; F 0(CE38): C W *llythyrfa*: **+ow** I}

lytherwas [lɪˈθęrwas] *m.* **-wesyon** postman
[LC: **lyther 2gwas**]
{S 1; F 0(CE38): C W *llythyrwas*: **-wesyon** I}

lyvenn [ˈlɪˑvęn] *f.* **+ow** leaf *(of paper)*, page *(of book)*
[E(E)c: FN in -ENN from ModE *leaf* < OldE *lêaf* (coe)] {S 4; F 3: L *lîvan* (AB111b) → P: **+ow** I}

lyver [ˈlɪˑvęr] *m.* **lyvrow** book
[L: CLat *librum* (Fl.)]
{S 1; F 5: O *liuer* (VC.748): M *lyver, levyr*; pl. *lyffrow, lyfryow*: L *levar*; pl. *levrou̯* (AB.), *levra* (EJJB): C B *levr*; W *llyfr*: **lyvrow** ML}

lyver notennow notebook

lyver-akontow [ˌlɪˑvęraˈkɔntɔw] *m.*
lyvrow-akontow ledger, account book
[LE(F)c: **lyver akontow**]
{S 5; F 0(Y2): **lyvrow-akontow** I}

lyver-dydhyow [ˌlɪˑvęrˈdɪˑðjɔw] *m.*
lyvrow-dydhyow calendar
[LCc: **lyver dydhyow**] {S 1; F 0(CE38): **lyvrow-dydhyow** N (CE38)}

lyverji [lɪˈvęrdʒi] *m.* **+ow** bookshop, bookstore (U.S.) [LCc: **lyver 2chi**]
{S 3; F 0(CE38): C W *llyfrdy*: **+ow** I}

lyver-termyn [ˌlɪˑvęrˈtęrmɪn] *m.*
lyvrow-termyn periodical, magazine
[LL: **lyver termyn**]
{S 1; F 0(EC52): **lyvrow-termyn** I}

lyverva [lɪˈvęrva] *f.* **+ow** library
[Lc: **lyver** -VA] {S 1; F 3: L *levarva* (CGEL) → P: C W *llyfrfa*: **+ow** I}

lyverwerther [ˌlɪvɛr'wɛrθɛr] *m.* **-oryon** bookseller
[LCl: **lyver 2gwerther**]
{**S** 1; **F** 0(CE55): **-oryon** I}

lyveryades [ˌlɪvɛr'jaˑdɛs] *f.* **+ow** librarian
[Lc: **lyver** -YADES]
{**S** 1; **F** 0(GM09: G.M.S.): **+ow** I}

lyveryas [lɪ;vɛˑrjaz] *m.* **-ysi** librarian
[Lc: **lyver** -³YAS]
{**S** 1; **F** 0(GM09: G.M.S.): **-ysi** I}

lyvrik ['lɪvrɪk] *m.* **-igow** booklet, pamphlet
[Lc: LYVR=IK]
{**S** 1; **F** 0(EC52): **C B** *levrig*: **-igow** I}

lyw ['lɪw] *m.* **+yow** rudder, helm
[C: CC *luwyo-* < IE (Fl.)] {**S** 1; **F** 3: **O** *leu* → L,P: **C B** *lev-*; W *llyw*: **+yow** I}

lywya ['lɪʊja] *v.* drive, steer, direct
[Cc: **lyw** -YA] {**S** 8; **F** 1: **L** *leua* (LPTB): **C B** *leviañ*; W *llywio*} Nance's *lywyas* may have been influenced by *lywyader*.

lywyader [lɪʊ'jaˑdɛr] *m.* **-oryon** steersman, helmsman, coxswain
[Cl: **lyw** + an agent sf.] {**S** 2; **F** 1: **L** *lêuiader* (PV13424): **P** Trelawder: **-oryon** I}
Pryce's *lêuiader* may be taken from B and W words in Lhuyd, but the word is found in the pl.n. *Trelawder*. Pryce's meanings 'master or pilot of a ship' may be taken from *OCV*.

lywyans ['lɪʊjans] *m.* **+ow** steering
[Cc: **lyw** -YANS] {**S** 8; **F** 0(EC00): **+ow** I}

lywydh ['lɪwɪð] *m.* **+yon** director, president. The original historical meanings were 'pilot, steersman, helmsman'
[Cc: **lyw** -¹YDH]
{**S** 1; **F** 1: **O** *leuuit* (VC.274) → L,P: **P** Treloweth: **C** Not in B; W *llywydd*: **+yon** I}

lywyer ['lɪʊjɛr] *m.* **-yoryon** driver, pilot *(of aircraft)* The original meaning was 'steersman'. [Cc: **lyw** -¹YER] {**S** 1; **F** 1: **L** *Liwiar* (LV099.01): **C B** *levier*; cf. W *llywiwr*: **-yoryon** I}

M (mutations V, F)

'm² my Occurs in combinations like **a'm, y'm, dhe'm**.
[C: Short for **am** 'my']

¹ma [ma] *pron.* this
[C: Short for **omma**] {**S** 1; **F** 7: **M** *ma*: **L** *-ma* (AB.), *mah* (M4WK) *ma*: **C B** *-mañ*}

²ma [ma] *conj.* so that
[C: Brit (Fl.)] {**S** 1; **F** 5: **M** *ma*: **L** *ma*}

³ma [ma] *v. part* is
Part of long form of **bos**, more usually found with a particle attached, as **yma**.
[C:] {**S** 1; **F** 4: **M** *ma*}

⁴ma *pron.* my
[C:] {**S** 1; **F** 2: **L** *ma* (PV14024), *mo* (PV14127): **C B** *ma, va*; W *fy*}
This may be a genuine alternative to the more usual **ow**, but the evidence is very scanty.

MA- *prefix* plain [C: Brit **magos* < CC (Fl.)]
{**S** 1; **F** 0(CPNE): **P** Found only in one pl.n., *Menheniot*, in Cor., **Mahunyes** = **ma-** + personal name; cf. the W pl.n. *Machynlleth*. The lenited form **-VA** is common as a suffix.: **C** OldB *ma-*; W *ma-*}

'ma ['maː] *v. part* there is
[C: Shortened form of **yma**]
{**S** 2; **F** 4: **M** *ma*: **L** *ma*}

-MA *pron.* me [C: CC **me* (lp)] {**S** 1; **F** 5}

mab ['maːb] *m.* **mebyon** son, male child, boy
[C: Brit **mapyo-* (hpb) < IE **mak ʷo-* (Haywood)]
{**S** 1; **F** 7: **O** *mab* (VC.133, 204), pl. *mebion* (VC.370): **M** *mab, map, mabe*; pl. *mebyon*: **L** *mab*; Lhuyd's *meibion* (AB111a) appears influenced by Welsh.: **P** Mabe: **C B** *mab*; W *mab*: **mebyon** }

mab an pla son of the plague

mab dre lagha son-in-law

mab-besydh [ˌmaˑb'bɛˑʒɪð] *m.* **mebyon-vesydh** godson
[CL: **mab besydh**] {**S** 1; **F** 0(EC00): **mebyon-vesydh** I}

mab-bronn

mab-bronn [ˌmaˑpˈprɔnː] *m.* mother's son lit. 'son of (the) breast';
[CC: **mab bronn**] {S 1; F 3: M *mab pron:*}

mab-den [ˌmaˑbˈdẹːn] *m.* mankind
[CC: **mab den**] {S 1; F 6: M *map den, mabden*: C MidB *mab den*; W *mab dyn*:}

mab-gov [ˌmaˑbˈgɔːv] *m.* **mebyon-gov** smith's apprentice
[CC: **mab gov**] {S 1; F 1: M *mab gof* (PC.2724): **mebyon-gov** I}

maban [ˈmaˑban] *m.* **mebyn** little son pl. not to be confused with **mebyon**
[Cc: **mab** -¹AN] {S 1; F 2: M pl. *mebyn* (BK20.17): L pl. *mebyn, vebbyn* (PV13712): **mebyn** ML}

mab-lyenn [ˌmaˑbˈlɪˑẹn] *m.* **mebyon-lyenn** cleric, clergyman
[CL: **mab lyenn**] {S 1; F 4: M *mab-lyen* → P; pl. *mebyen lyen* (BM.): L *mableean* (OHTB): C W *mab llên*: **mebyon-lyenn** M}

mab-meythrin [ˌmaˑbˈmẹɪθrɪn] *m.* **mebyon-veythrin** foster-son
[CC: **mab meythrin**] {S 1; F 2: O *mab meidrin* (VC.148) → L,P: C cf. W *mab maeth*: **mebyon-veythrin** I}

mabses [ˈmabzẹz] *m.* boyhood
[Cl: **mab** -SES] {S 1; F 0(EC52):}

mab-wynn [ˌmaˑbˈwɪnː] *m.* **mebyon-wynn** grandson
[CC: **mab 2gwynn**] {S 1; F 1: L *mab widn* (LV101.14): **mebyon-wynn** I} This compound would appear to contravene the fundamental rules of mutation, (i.e. one might expect **mab gwynn**), but these rules do not apply in this case.

mab-wynn hynsa great-grandson

mad (Eng.) ALT = **mus**. [E(E): MidE < OldE *gemaed(e)d* (co)] {S 6; F 1: M *mad* (OM.0489)}

mabyar [ˈmaˑbjar] *f.* **-yer** pullet, young chicken, young fowl
[CC: **mab yar**] {S 1; F 0(CE38): D "mabyer": P Park Mabier (?pl.): **-yer** P (CPNE)}

madama [maˈdaˑma] *f.* **madamys** madam, lady, ma'am, milady

434

magereth

[E(F): MidE < OldF *ma dame* 'my lady' (co)] {S 1; F 1: M *madama* (PC.1935): **madamys** I}

madra [ˈmadra] *m.* groundsel
[C: Brit *madr-* (Gr.)] {S 8; F 2: O *madere* (VC.636) → P: C B *madre*:} Re-spelled from OldC *madere*.

Madron *place* Madron
[L: CLat *matrona*] {S 1; F 1: L *Madern* (NGNB3)} LateC form shows metathesis, as does the more usual Cornish form **Eglosvadern**.

MAG- [C: Brit *mak-* (Fl.)]

¹**maga** [ˈmaˑga] *v.* feed, nourish, rear *(bring up)*, raise *(of children or animals)*,
[Cc: MAG=¹A] {S 1; F 5: M *maga* → P: L *maga* (OHTB): C B *magañ*; W *magu*}

²**maga**⁵ [ˈmaˑga] *conj.* as
[C:] {S 8; F 5: M *maga*: L *maga*}

maga ta as well

maga hwynn avel an leth as white as milk

maga freth avel turant as eager as a tyrant

maˈgan [magan] *phrase* so that we
[Cc: ²**ma** + infixed pronoun ˈ**gan**] {S 1; F 1: M *magan* (OM.1749)}

maˈgas [magas] *phrase* so that you
[Cc: ²**ma** + infixed pronoun ˈ**gas**] {S 1; F 2: M *ma gys* (OM.0348), *ma gas* (PC.0226)}

Magdalenen name Magdalen
{S 5; F 1: M *magdalenen* (MC.167)}

magel [ˈmagẹl] *f.* **maglow** mesh, entanglement
[L: MAGL-S] {S 1; F 0(CE38): C OldB *magl-*; W *magl*: **maglow** I}

mager [ˈmaˑgẹr] *m.* **-oryon** breeder, rearer
[Cl: MAG=¹ER] {S 1; F 0(CE55): C B *mager*; cf. W *magwr*: **-oryon** I}

magereth [maˈgẹˑrẹθ] *f.* nurture, upbringing
[Clc: **mager** -ETH] {S 1; F 0(CE38): C B *magerezh*; cf. W *magwraeth*:}

maghteth ['maxtɛθ] *f.* **+yon** maid, maiden, maidservant
[C: Brit *makko-texta* (hpb)]
{S 1; F 4: O *mahtheid* (VC.200) → L,P: M *maghteth*: L *mathtath* (IKAB), *maiteth* (TCTB): C B *matezh*; W *machdaith*: **+yon** C}
MAGL- [L: BLat **mac'la* < CLat *macula* (Gr.)]

maglenn ['maglɛn] *f.* **+ow** trap, snare, mesh, gear *(mech.)*, grating
[Lc: MAGL=ENN] {S 1; F 2: O *maglen* (VC.240) → L,P: C Not in B nor in W: **+ow** I}

maglenn dhelergh reverse gear

maglenna [ma'glɛnːa] *v.* trap, ensnare, entangle, engage gear
[Lcc: **maglenn** -¹A]
{S 1; F 1: M 3rd sg. pres. subj. *maglenha* (BK25.75): C Not in B; cf. W *maglu*}
Supersedes *magly* (CE38) and *magla* (CE93)

maglenna 'bann change up, shift up (U.S.)

maglenna 'nans change down, shift down (U.S.)

maglennans [ma'glɛnːans] *m.* **+ow** ensnarement, entrapment
[Lch: **maglenn** -ANS]
{S 1; F 0(GM09: YhaG): **+ow** I}

magma ['magma] *m.* magma
[E(O): E *magma* < Gk (coe)] {S 5; F 0(EC00):}

magmasek [mag'maˑzɛk] *adj.* magmatic
[E(O)c: Cornicized form of E *magmatic*]
{S 5; F 0(GM09: G.M.S.)}

magnyfia v. magnify
ALT = **brashe** or **meurhe**.
[E(L)c: VN in -YA from MidE < Lat *magnificare* (co)] {S 4; F 1: M *magnifya* (TH11r)}

magor ['maˑgɔr] *f.* **+yow** ruin, relic *(of building)*
[L: CLat *maceria* (lp)] {S 1; F 0(CE38): P Maker, Magor: C B *moger* 'wall'; W *magwyr*: **+yow** I}

magores [ma'gɔˑrɛs] *f.* **+ow** nurse *(nanny)*, nanny, breeder, rearer
[Cc: MAG=ORES] {S 1; F 0(CE38): C B *magerez*; cf. W *magwres*: **+ow** I}

Mahomm ['maˑhɔm] *name* Muhammad
[E(F): MidE < OldF (coe)] {S 8; F 4: M *mahum*}

maid (Eng.) *n.* {S 6; F 1: M *mad* (BK40.63)}

maiden (Eng.) *n.*
{S 6; F 1: M *maiden* (BK03.561)}

m'aidez (Fr.) *phrase* help me!
{S 6; F 1: M *may des* (PC.0362)}

main (Eng.) *adj.* {S 6; F 1: L *mêan* (AB060a)}

mainly (Eng.) *adv.*
{S 6; F 1: M *manly* (BK26.03)}

maker m. **+s** maker ALT = **gwrier**.
[E: MidE (coe)] {S 5; F 2: M *vaker* (CW.0155, 0202); *maker* (CW.1308): **+s** I}

mal ['maːl] *interj.* pest
[F: F *mal*] {S 4; F 2: M *mayl* (BM.1408, 1469), *mal* (BM.3746): C W *y fall* 'the plague'}
MAL- [C: CC **mel-* (gpc)]

mala ['maˑla] *v.* grind, mill Introduced by Nance on the basis of the cognates; the trad. word is **melyas**. [Cc: MAL=¹A]
{S 1; F 0(CE38): C B *malañ*; W *malu*}

malan ['maˑlan] *m.* **+es** devil
[L: CLat *malignus* (gpc)]
{S 8; F 3: M *malan* → P: C W *malen*: **+es** I}

malbew² ['malbɛw] *interj.* plague
[FF: F *mal beau* 'epilepsy' (Loth)] {S 5; F 4: M *malbew* → P, *malbe*} lit. 'plague a bit'

malbew damm plague take

malefactors (Eng.) *pl.*
{S 6; F 1: M *malefactors* (TH30r)}

malell ['maˑlɛl] *f.* **+ow** grinder *(tool)*
[Cc: MAL=ELL] {S 1; F 0(GM09: G.M.S.): **+ow** I}

maler ['maˑlɛr] *m.* **-oryon** grinder *(person)*, miller
[Cl: MAL=¹ER] {S 1; F 0(CE38): C B *maler*; cf. W *malwr*: **-oryon** I}

malice (Eng.) *n.* {S 6; F 1: M *malice* (TH30r)}

malignant (Eng.) *adj.*
{S 6; F 2: M *malignant* (TH31v)}

¹mall ['malː] *m.* **+ow** haste, eagerness, urgency, keenness [U:]
{S 1; F 4: M *mall* → P, *mal*: C B *mall*: **+ow** I}

mall yw genev I am keen, I am in a hurry

²**mall** *phrase* that he/she can
[Cc: from **may hyll**]
{S 1; F 2: L *mal* (AB178b, BPWG) → P}

malla *phrase* that he might be able
[Ccc: from **may halla**] {S 1; F 1: M *polla* (CLJK)}

mallart ['malːart] *m.* **mallars** mallard
[E(F): MidE < OldF *malart* (co)]
{S 5; F 1: M *mallart* (OM.1199): D "mollard": **mallars** N (CE38)}

mallava *phrase* that he might be able
[Cccc: from **may halla va**]
{S 1; F 1: L *mal dha va* (JCNBL39)}

mallborth ['malbɔrθ] *m.* **+ow** emergency exit
[UL: ¹**mall** 2¹**porth**]
{S 1; F 0(GM09: YhaG): **+ow** I}

mallen *phrase* that we might be able
[Ccc: from **may hallen**] {S 1; F 1: M *mollen* (CWK2537)} Keigwin's meaning was 'that we may be able', because the pres. subj. had been replaced by the impf. subj.

mallo *phrase* that he/she may be able
[Ccc: from **may hallo**] {S 1; F 3: L *mollough* (TCJK), *polla* (CLJK), *mol* (TCTB), *mala* (M2WK)} Sometimes spelled with <-a> in the texts, because the difference between the pres. and the impf. subj. had been effaced.

mallsa *phrase* that he/she would be able [Ccc: from **may hallsa**]
{S 1; F 2: L *malga* (TCWK, M2WK, M4WK)}

malow ['maˑlɔw] *coll.* **+enn** mallow, hollyhocks
[E(E): OldE *mealuwe* (co)] {S 4; F 1: O *malow* (VC.638): C cf. MidB *malvenn*: **+enn** I}

mamm ['mamː] *f.* **+ow** mother
[C: IE *mammâ* (hpb)] {S 1; F 6: O *mam*: M *mam*; pl. *mammov*: L *vabm* (AB079b): P Bamham: C B *mamm*; W *mam*: **+ow** M}

mammek ['mamːek] *f.* **-egi** matrix
[Cc: **mamm** -¹EK] {S 1; F 0(EC00): **-egi** I}

mammel ['mamːel] *adj.* maternal, motherly

[Cc: **mamm** -²EL] {S 1; F 0(EC52): C B *mammel*}

mammeth ['mamːęθ] *f.* **+ow** nursing mother, wet nurse
[CC: **mamm** ²**meth**] {S 2; F 3: O *mamaid* (VC.147) → L,P: M *mammeth* (SA59v); pl. *mammethov* (BM.1675): C W *mamaeth*: **+ow** M} No lenition of 2nd element.

mamm-guv [ˌmam'gyːv] *f.*
mammow-kuv great-grandmother
[CC: **mamm** 2**kuv**] {S 1; F 0(GK98: K.J.G.): C B *mamm-guñv*; W *mam-gu* 'grandmother': **mammow-kuv** I}

mammik ['mamːɪk] *f.* **-igow** mummy, mum, mommy (U.S.)
[Cc: **mamm** -IK] {S 3; F 0(CE38): C B *mammig*: **-igow** I} Vowel affection is suppressed.

mammoleth [ma'mɔˑlęθ] *f.* maternity, motherhood
[Cc: **mamm** -OLETH] {S 1; F 0(EC52): C B *mammelezh:*}

mammskrif ['mamskrif] *m.* **+ow** original text, original manuscript
[CL: **mamm skrif**] {S 1; F 0(CE38): C cf. B *mammskrid*: **+ow** I}

mamm-teylu [ˌmam'tęɪly] *f.*
mammow-t. matriarch, mistress *(of a house)*, materfamilias
[CCC: **mamm teylu**] {S 1; F 2: O *manteilu* (VC.215) → L,P: C Not in B nor in W.: **mammow-t.** I}

mamm-vesydh [ˌmam'vęˑʒɪð] *f.*
mammow-besydh godmother
[CL: **mamm** 2**besydh**] {S 1; F 0(EC52): **mammow-besydh** I}

mammveth ['mamvęθ] *f.* **+ow** foster-mother
[CC: **mamm** 2²**meth**] {S 1; F 0(CE38): C W *mamfeth*: **+ow** I} cf. **mammeth**, without mutation

mammvro ['mamvrɔ] *f.* **+yow** motherland, homeland
[CC: **mamm** 2**bro**] {S 1; F 0(CE38): C B *mammvro*: **+yow** I}

mamm-wynn

mamm-wynn [ˌmam'wɪnː] *f.*
mammow-gwynn grandmother
[CC: **mamm 2gwynn**] {S 1; F 0(CE93): mammow-gwynn I}

mammyeth ['mamːjęθ] *f.* **+ow**
mother-tongue, native language
[CC: **mamm yeth**] {S 1; F 0(CE38): C B *mammyezh*; W *mamiaith*: **+ow** I}

¹**ma'n** [man] *phrase* so that he
The '**n** is either an object pronoun 'him, it', as in **ma'n gweler** 'that one may see him' (PC.1940, 1963); or part of the verb **a'm beus**, as in **ma'n jeffo payn** 'so that he may have pain' (RD.2049).
[Cc: ²**ma** ²'**n**] {S 1; F 4: M *man* → P}

²**ma'n** *phrase* so that we
[Cc: ²**ma** ³'**n**] {S 2; F 2: M *man* (OM.1958) → P, *may* (RD.0769)}
This is a shortened version of **ma'gan**. Neither of the two cases in MidC is straightforward. OM.1958 reads *man bethen drethe sylwans* 'that we shall have through them salvation'; here **a'm beus** has acquired an ending; i.e. *man bethen* has replaced **ma'gan bydh**. RD.0769 reads *may ben nepith aswonfas*} 'that we shall have some inkling', emended by Nance to *ma'n bo*.

managh ['maˑnax] *m.* **menegh** monk
[D: BLat *manachus* < CLat *monachus* (M) or Brit *manacho-* (hpb)]
{S 1; F 3: O *manach* (VC.110) → L,P: L *manah* (JCNBL): P *Bosvannah*; pl. ?*Tremaine*: C B *manac'h*; W *mynach*: **menegh** P}

managhek [maˈnaˑxęk] *adj.* monastic
[Dc: **managh** -¹EK] {S 1; F 0(CE38): P *Meneage*}

managhes [maˈnaˑxęs] *f.* **+ow** nun
[Dc: **managh** -⁴ES] {S 1; F 2: O *manaes* (VC.111) → L,P: C B *manac'hes*; W *mynaches*: **+ow** I}
Found in OldC as *manaes*; the [x] has been restored.

managhti [maˈnaxti] *m.* **+ow** monastery
[DC: **managh ti**]
{S 1; F 0(CE38): C B *manati*: **+ow** I}

manal ['maˑnal] *f.* **+ow** sheaf, rectorial tithes

[C: Brit *man-atla* (leb) {S 1; F 3: L *manal* (AB033a, 241a) → P: C B (*malan*): **+ow** I}

manala [maˈnaˑla] *v.* put in sheaves, heap
[Cc: **manal** -¹A]
{S 1; F 0(CE38): P p.ptcpl. in *Carnmenellis*}

mane (Eng.) {S 6; F 1: L *Mân* (LV101.60)}

maneger [maˈnęˑgęr] *m.* **-oryon** glover
[Ll: **maneg** -¹ER]
{S 3; F 0(CE55): C B *maneger*: **-oryon** I}

manek ['maˑnęk] *f.* **manegow** glove
[L: CLat *manica* (lp) {S 3; F 3: L *manak* (AB.) → P; pl. *menik* (AB243a): **manegow** M}
An example of unstressed Latin *i* giving *e* > *a* rather than /ɪ/, like **asen**.

manek lowarn foxglove
manek rudh foxglove

manek-blat [ˌmanękˈplaːt] *f.*
manegow-plat gauntlet
[LE: **manek plat**] {S 5; F 1: M pl. *manegow plat* (RD.2589): **manegow-plat** M}

¹**maner** ['maˑnęr] *f.* **+ow** manner, custom, way, manner
[E(F): MidE < AngN *manere* < OldF *maniere* (co)] {S 4; F 6: M *maner* → P; pl. *manerow*: C W *maner*: **+ow** M}

yn kepar maner similarly, likewise
yn neb maner somehow

²**maner** ['maˑnęr] *m.* **+s** manor
[E(F): MidE < AngN *maner* < OldF *manoir* (co)] {S 4; F 2: M *maner* (BK16.14); pl. *maners* (BM.0305): C B *maner*; W *maner*: **+s** M}
Anticipated by Nance in *EC52*.

manerlych adv. fittingly
[E: MidE *manerly* (CE38)]
{S 5; F 2: M *manerlich* (OM.2200) → P}

manerji [maˈnęrdʒi] *m.* **+ow** manor-house
[E(F)C: ²**maner** 2chi] {S 4; F 0(EC52): **+ow** I}

manhood (Eng.) *n.*
{S 6; F 1: M *manhot* (BM.3174)}

Manicheus (Lat.) *name* {S 6; F 2: M *Manicheus* (TH32v), *Maniche* (TH48v)}

manifest (Eng.) *adj.*
{S 6; F 3: M *manifest, manyfest*}

manifold (Eng.) *adj.*
{S 6; F 1: M *manyfold* (TH36r)}

manly (Eng.) *adv.*
{S 6; F 2: M *manly* (BM.1194, 2344)}

mann ['manː] **1.** *m.* nothing, nil, null **2.** *num.* zero **3.** *adv.* at all
[C:] {S 1; F 4: M *man* → P: C B *mann*; cf. W *mân* 'ground small, trifling':}

MANN- *prefix* petty [C: Same as **mann**]

manna ['manːa] *m.* manna
[E(L):] {S 4; F 1: M *manna* (TH57v):}

mannbluv ['manblyv] *coll.* **+enn** fluff, down *(fine feathers)*
[UL: MANN- 2**pluv**] {S 1; F 0(CE38): C W *manblu*: **+enn** I}

mannbluvek [man'bly·vęk] *adj.* fluffy
[ULc: MANN- 2**pluvek**] {S 1; F 0(GM09: P.H.)}

mannboynt ['manbojnt] *m.* **+ow** absolute zero
[CE(F): **mann** 2**poynt**] {S 5; F 0(GM09: YhaG): **+ow** I}

mannhe [man'hęː] *v.* nullify
[Cc: **mann** -HE] {S 1; F 0(GM09: G.M.S.)}

mannladra [man'ladra] *v.* pilfer
[cCc: MANN- 2**ladra**] {S 1; F 0(EC00)}

mannvlew ['manvlęw] *coll.* **+enn** fine hair
[UC: **mann** 2**blew**] {S 1; F 0(CE38): **+enn** I} Stated by Nance to be based on B, but B word not yet identified.

mannvona [man'vɔ·na] *m.* **mannvonys** petty cash
[cL: MANN- 2**mona**] {S 1; F 0(EC00): **mannvonys** I}

mannvrywi [man'vrɪwi] *v.* pulverize
[cCc: MANN- 2**brywi**] {S 8; F 0(EC00)}

Manow ['ma·nɔw] *place* Isle of Man
[C:] {S 1; F 0(CE38): C B *Manav*; W *Manaw*} Some Manx people prefer the spelling *Isle of Mann.*

manowek *adj.* Manx

Manowek [ma'nɔwęk] *m.* Manx language [Cc: **Manow** -¹EK]
{S 1; F 0(CE38): C B *manaveg*; W *Manaweg*:}

mans ['mans] **1.** *adj.* crippled, maimed, mutilated **2.** *m.* **+yon** amputee, cripple, maimed person
[F: OldF *mans* (Loth)] {S 4; F 3: O *mans* (VC.383) → L,P: M *mans*: **+yon** I}

mansions (Eng.) *pl.*
{S 6; F 1: M *mansyons* (CW.2021)}

mantedh ['mantęð] *coll.* stones (in body)
[U:] {S 8; F 2: L *mantedh* (AB080c) → P}

mantell ['mantęl] *f.* **mantelli** cloak, mantle, cape
[L: CLat *mantellum* (Gr.)] {S 1; F 3: O *mantel* (VC.812) → L,P: M *vantel* (PC.), *mantall* (SA.): C B *mantell*; W *mantell*: **mantelli** I}

mantell-nos [,mantęl'nɔːz] *f.* **mantelli-nos** dressing-gown
[LC: **mantell** ¹**nos**] {S 1; F 0(FTWC): C B *mantell-noz*: **mantelli-nos** C (FTWC)}

mantol ['mantɔl] *f.* **+yow** balance, scales *(for weighing)*
[C: Brit < CC (Fl.)] {S 8; F 1: L *Mantol* (LV105.63): C OldB *montol*; W *mantol*: **+yow** I} Star-sign and constellation.

An Vantol Libra, The Scales

mantolys [man'tɔ·lɪz] *adj.* balanced, measured
[Cc: **mantol** -⁶YS] {S 8; F 0(GM09: G.M.S.)}

manus (Lat.) *n.* hands {S 6; F 2: M *manus* (OM.1898; BM.4329, 4435)}

manylya [ma'nɪ·lja] *v.* detail
[Uc: VN in -YA from **manylyon**] {S 1; F 0(GK98: R.L./T.S)}

manylyon [ma'nɪ·ljɔn] *pl.* details, low-grade tin, small particles
[U: pl. in -YON; poss. a compound of **mann**] {S 8; F 0(CE38): D "manillion": C W *manylion* 'refined'}

mappa ['map·a] *m.* **mappow** map
[L: MLat *mappa*] {S 4; F 0(CE38): **mappow** N}

¹mar

¹mar⁴ [mar] **1.** *conj.* if, if only **2.** *m.* doubt
[C: IE (lp)] {S 1; F 7: M *mar*: L *mar*:}
mar pleg please
heb mar of course, without doubt, undoubtedly

²mar² [mar] *adv.* so, as
[c: Brit]
{S 1; F 7: M *mar*: L *mar, mor*; C MidB *mar*}

mara⁴ [mara] *conj.* if
[cc: **¹mar ⁴a**] {S 1; F 6: M *mara* → P, *mar a* → P}

maras [maraz] *conj.* if
[c: Formed from **mars** with the introduction of an epenthetic vowel]
{S 2; F 4: M *mara s, mar as*}

marbel ['marbęl] *m.* marble *(rock)*
[E(F): MidE < OldF *marbre* (co)]
{S 5; F 2: L *marbell* (CW.2184, 2189): C cf. B *marbr* < F; W *marbl*:}

marblenn ['marblęn] *f.* **+ow** marble *(sphere)*
[E(F)c: Root from **marbel** + -ENN]
{S 5; F 0(GK98: K.J.G.): **+ow** I (K.J.G.)}

Marchion (Lat.) *name*
{S 6; F 1: M *Marchion* (TH32v)}

marchondis [martʃɔn'diːs] *m.* merchandise
[E(F): MidE *marchaundise* < OldF *marchandise* (coe)] {S 5; F 0(CE55):}

marchont ['martʃɔnt] *m.* -ons merchant, trader, dealer ALT = **gwikor**.
[E(F): MidE < OldF *marchant* (co)] {S 5; F 4: M *marchont* (BM.1880), *marchant* (TH50v): L *vertshant* (JCNBL13); pl. *vertshants*: -ons L}

margarin [marga'riːn] *m.* **+yow** margarine
[E(F): ModE < F (co)]
{S 1; F 0(GK98: A.S.): **+yow** N}

margh ['marx] *m.* **mergh** horse, stallion
[C: Brit *markos* (M) < IE **marko-* (hpb)]
{S 1; F 5: O *march* (VC.565): M *margh*; pl. *verth* (TH56v): L *marh*; pl. *verh*: P Carn Marth, which shows the sound-change [-rx] > [-rθ]: C B *marc'h*; W *march*: **mergh** }

Marghasyow

The usual pl. is **mergh**, but **marghes** is found in pl.ns. such as Goonvaris.

margh dall blind man's buff
margh kellek stallion

marghador [marˈɦaˑdɔr] *m.* **+yon** marketeer *(male)*, merchant
[Lc: from **marghas** -OR, but influenced by Lat *mercator*] {S 1; F 0(CE38): C B *marc'hadour*; W *(marchnadwr)*: **+yon** I}

marghadores [ˌmarɦaˈdɔˑręs] *f.* **+ow** marketeer *(female)*, merchant
[Lc: from **marghas** -ores]
{S 1; F 0(CE38): **+ow** I}

marghas ['marxaz] *f.* **+ow** market
[L: BLat **marcâtus* < CLat *mercatus*]
{S 1; F 3: M *marghas* (PC.0316, 2419) → P, *marras* (TH25v); pl. *marhasow* (PC.0335) → P: L *marhaz* (AB026a, 061a): P Marazanvose = **marghas an fos**: C B *marc'had*; W *(marchnad)*: **+ow** M}

marghas warthek cattle market
marghas stokk stock market

marghasa [marˈɦaˑza] *v.* trade, market
[Lc: **marghas** -¹A] {S 1; F 1: L *marhazno* (PV13831): C B *marc'hata*; W *(marchnata)*}

marghasans [marˈɦaˑzans] *m.* marketing, trading
[Lh: **marghas** -ANS] {S 1; F 0(EC00):}

marghasadow [ˌmarxaˈzaˑdɔw] *adj.* marketable meaning 'worthy of being marketed'
[Lc: **marghas** -ADOW] {S 1; F 0(Y2)}

marghasla [marˈɦazla] *m.* **-leow** market-place
[Lc: **marghas** -la] {S 1; F 0(CE55): C B *marc'hallac'h*; W *(marchnadle)*: **-leow** I}

marghasva [marˈɦazva] *f.* **+ow** market-place, mall *(shopping)*
[Lc: **marghas** -va]
{S 1; F 0(CE55): C W *(marchnadfa)*: **+ow** I}

Marghasyow [ˌmarxaʒˈjɔw] *place* Marazion

marghatti
[LL: **marghas Yow**]
{S 1; F 3: L *marghes iow* (PC.2668): P *varha dzhou* (JCNBL), *marhazow* (R1JHG)}
Originally, there were two settlements close together; *Marghasyow* = **marghas Yow** 'Thursday market' > Market Jew, and *Marghasvyghan* = **marghas vyghan** 'little market' > Marazion.

marghatti [mar'ɦatːi] *m.* **+ow**
market-house
[LC: from **marghas ti**]
{S 1; F 0(CE55): C W *(marchnaty)*: **+ow** I}

marghboll ['marxbɔl] *m.* **+ow**
horse-pond
[CC: **margh** 2**poll**] {S 1; F 0(CE38): P Park Marble (unconfirmed by Padel): **+ow** I}

marghek ['marxęk] *m.* **-ogyon**
horseman, knight, cavalier, rider
(male, on horseback)
[Cc: **margh** -¹EK < Brit **markâko-* (hpb)]
{S 1; F 5: M *marrek* → P, *marrak*; pl. *marogyon* → L,P; *marregyon* → L: L *marhak* (AB240c), *marrack* (NGNB4);
C B *marc'heg*; W *marchog*: **-ogyon** ML}

Marghek an Tempel
Knight Templar

marghes ['marxęz] *pl.* horses
The more usual pl. is **mergh**.
[Cc: **margh** -²ES] {S 1; F 0(CE38): P Noonvares}

marghkenn ['marxkęn] *m.* **+ow**
horsehide
[CC: **margh kenn** < Brit **markokendo-* (hpb)]
{S 1; F 0(CE38): C B *marc'hken*; W *marchgen*: **+ow** I}

marghlergh ['marxlęrx] *m.* **+ow**
bridle-way
[CC: **margh lergh**] {S 1; F 0(Y1): **+ow** I}

margh-leska [ˌmarx'lęˑska] *m.*
mergh-leska rocking-horse
[CCc: **margh lesk** -¹A]
{S 8; F 0(FTWC): **mergh-leska** I (FTWC)}

marghlynn ['marxlɪn] *m.* **+ow**
horse-pond
[CC: **margh lynn**] {S 1; F 0(CE38): **+ow** I}

marghoges [mar'ɦɔˑgęs] *f.* **+ow**
horsewoman, rider
(female, on horseback)
[Ccc: from **marghek** -⁴ES]
{S 1; F 0(CE38): **+ow** I}

marghogeth [mar'ɦɔˑgęθ] *v.* ride, be on horseback
[Ccc: from **marghek** + rare VN ending -ETH]
{S 1; F 3: M *marogeth* → P: C MidB *marheguez*; W *marchogaeth*}

marghogethek [ˌmarɦɔ'gęˑθęk] *adj.*
equestrian
[Cccc: **marghogeth** -¹EK]
{S 1; F 0(GM09: K.J.G.)}

marghogieth [ˌmarɦɔ'giˑęθ] *f.*
horsemanship, chivalry, knighthood
[Ccc: from **marghek** -IETH]
{S 1; F 0(CE38): C cf. MidW *marchogaeth*:}

marghoglu [mar'ɦɔgly] *m.* **+yow**
cavalry
[CcC: from **marghek lu**]
{S 1; F 0(CE38): **+yow** I}

margh-skrifa [ˌmarx'skriˑfa] *m.*
mergh-skrifa easel
[CLc: **margh skrif** -¹A] {S 3; F 0(FTWC): **mergh-skrifa** N (FTWC)}

marghti ['marxti] *m.* **+ow** stable
[CC: **margh ti**]
{S 1; F 0(CE38): C W *marchdy*: **+ow** I}

marghven ['marxvęn] *m.* **-veyn**
mounting-block
[CC: **margh** 2¹**men**] {S 1; F 0(CE38): **-veyn** I}

marghvran ['marxvran] *f.* **-vrini** raven
[CC: **margh** 2**bran** < Brit **markobrana* (hpb)]
{S 1; F 3: O *marhuran* (VC.497) → L,P: M *varghvran* (OM.1106): C B *(marvran)* < MidB *marchbran*: **-vrini** I}

Maria [ma'riːa] *name* Mary
[L:] {S 1; F 6: M *maria, marya*: L *Maria* (AB245c), *Mareea* (M2WK)}

Maria Wynn Blessed Mary

Marie (Fr.) *name* Mary
{S 6; F 1: M *mari* (RD.1386)}

Mark *name* Mark (name of the saint)
[E:] {S 4; F 3: M *Mark* (TH.)}

marnas ['marnaz] *conj.* unless, except, save
[c:] {S 1; F 5: M *marnas, marnes* → P, *mars* → P: L *mar nyz* (JCNBL32)}
Abbreviated as **mar's** and **ma's**.

marner ['marnɛr] *m.* **marners, marnoryon** sailor, mariner
[E(F): MidE < AngN < OldF *marinier* (co)]
{S 4; F 1: M pl. *marners* (BM.0587): **marners** M; **marnoryon** N (FTWC)}

marow ['marɔw] **1.** *adj.* dead, deceased **2.** *m.* **re varow** deceased person
[C: **marw**-S]
{S 1; F 6: M *marow, marov*: L *maro* (AB.); *maraw* (M2WK): C B *marv*; W *marw*: **re varow** C}

marow sygh stone dead

marowji ['marɔʊdʒi] *m.* +ow mortuary
[CC: **marow** 2chi] {S 1; F 0(EC00): +ow I}

marowvor ['marɔʊvor] *m.* +yow neap tide
[CC: **marw**-S 2¹mor]
{S 1; F 0(CE38): C B *marvor*: +yow I}

marrow m. marrow
[E(E):] {S 4; F 3: L *maru* (AB015b, 087c) → P:}

mars [marz] *conj.* if
[c: ⁴**mar** + a particle cognate with B *d*-]
{S 1; F 6: M *mars, mar s*: L *mar s* (JCNBL), *mor s* (P2JJ): C B *mar d*-}

mar's [marz *conj.* unless
[c: Short for **marnas**] {S 2; F 4: M *mars* → L,P}

martesen [mar'tɛˑsɛn] *adv.* perhaps, perchance, possibly, maybe
[C:] {S 8; F 4: M *mar tesen* → P, *martesyn*: L *metessen* (NGNB), *martezen* (JCNBL) → P: C cf. B *marteze*}
The Breton may be from **mar tre se* 'if that turns', but the form *matren* (from Karaez) belies this; it shows retention of the [-n] present in the Cor.: similarly Karaez Breton retains [-n] in *goeren* 'July', cf. standard written Breton *gouere* and Cor. **Gortheren**.

marth ['marθ] *m.* +ow wonder, astonishment, surprise, amazement
Appears to be used adjectivally at *OM*.2082.
[L:] {S 1; F 5: M *marth* → P: C B *marzh*; W *marth* 'sorrow': +ow I}

marthek *adj.* remarkable
[Lc: **marth** -¹EK] {S 1; F 1: L *mardhek* (CGEL)}
Appears in the phrase *ma mardhek dhebm*; the more usual phrase is **yma marth dhymm**. <dh> appears to be in error for <th>.

marthus ['marθyz] *m.* +yon, +i, +ow marvel, miracle, wonder
[L: CLat *virtut*- (hpb)] {S 8; F 4: M *marʒus* (MC.200), *marthus* (MC.254); pls. *marthegyon* → L,P, *marthussyan, marodgyan*; *marthusy* → P; *marthusow*: L *marudgyan* (MSWP): C cf B *burzhud*: +yon ML; +i M; +ow M}
This is not an adj. in -US, but a noun. The adj. was *marthys*}. MidC -*us* here came from Lat -*ut*, and not Lat -*osus*. *marthys* may have come from the unrounding of -*us*. The pl. **marthusyon** was used as an adj., meaning 'marvellous' in *TH*., and as a sg. noun in *CW*..

marthusek [mar'θyˑʒɛk] *adj.* wonderful
See also **barthusek**. [Clc: **marthus** -¹EK]
{S 1; F 1: M *marthojek* (BK04.27)}

marthys ['marθɪs] **1.** *adj.* wonderful, marvellous, amazing, astounding **2.** *adv.* wonderfully, marvellously, amazingly, astoundingly See **marthus**.
[Ll: Perhaps **marth** -US, with unrounding of [y]] {S 8; F 5: M *marthys* → P}

martyr (Eng.) *n.* {S 6; F 3: M *martyr* (TH.)}

martyrdom (Eng.) *n.* {S 6; F 3: M *martyrdom* (TH.)}

marvellous (Eng.) *adj.* {S 6; F 3: M *marvelus* (TH.)}

MARW- [C: IE **marwo*- (hpb)]

marwel ['marwɛl] *adj.* mortal, fatal, terminal *(of illness)*, deadly
[Cc: MARW=¹EL]
{S 1; F 0(CE38): C W *marwol*, B *marvel*}
Nance wrote *marwyl, -wol*.

marwoestel [mar'wo·stęl] *m.*
marwoestlow mortgage
[CC: from **marw-** 2**goestl**-S]
{S 2; F 0(EC52): **marwoestlow** I}

marwoestla [mar'wo·stla] *v.* mortgage
[CCc: from **marw-** 2**goestla**]
{S 2; F 0(GK98: K.J.G.)}

marwoleth [mar'wɔ·lęθ] *f.* mortality, fatality, demise
[Cc: **marw=oleth**]
{S 1; F 0(EC52): **C** W *marwolaeth* 'death':}

Mary (Eng.) *name* {S 6; F 1: **M** *Mary* (ACJK)}

marya ['ma·rja] *v.* marry
ALT = **demmedhi**. [E(F)c: VN in -YA from MidE < OldF *marier* (co)]
{S 4; F 1: **M** p.ptcpl. *maryys* (BM.0312) 2 syll.}

maryach m. **-jys** marriage
ALT = **demmedhyans** or **priosoleth**.
[E(F): MidE < OldF *mariage* (co)]
{S 5; F 2: **M** *maryag* (BM.0177), *maryach* (BM.0332), *mariag* (TH31r): **-jys** I}

Maryon name Mary (mother of Christ)
[E:] {S 4; F 2: **M** *maryon* (BM.1182, 3565) 2 syll.}

mas ['ma:z] *adj.* good *(morally),* virtuous, moral
[C: Brit *matis (M) < CC (Fl.)]
{S 1; F 4: **O** *uat* (VC.190) → L: **M** *mas*: **L** *vâz* (AB., CDWP) → P: **C** B *mad*; MidW *mad*}

ma's [maz] *conj.* unless
[c: Short for **marnas**] {S 2; F 6: **M** *mas*: **L** *buz*}
Confused with ¹**mes** in LateC.

maskel ['maskęl] *f.* **masklow** husk, pod
[U:] {S 1; F 0(CE38): **C** B *maskl*, W *masgl*: **masklow** I}

masken ['ma·skęn] *m.* **+yow** bier
[CC: shortened from **marow skown**]
{S 3; F 1: **M** *vasken* (BM.4358): **+yow** I}

masoberer [ˌmazɔ'bę·ręr] *m.* **-oryon** well-doer *(male)*
[CLl: **mas ober** -¹ER]
{S 1; F 1: **L** *mâtoberur* (AB128c): **-oryon** I}

masoberores [mazˌɔbę'rɔ·ręs] *f.* **+ow** well-doer *(female)*
[CLlc: **mas ober** -ORES]

442

mathemategydh
{S 1; F 0(GM09: K.J.G.): **+ow** I}

mason ['ma·sɔn] *m.* **+s** mason
[E(F): MidE < OldF *masson* (co)]
{S 4; F 3: **M** pl. *masons* (OM.): **+s** M}
A 3-syll. pl, *masones*, is found at OM.2470.

Massen name Maximus
[L: *Maximus*] {S 8; F 1: **M** *massen* (BM.3156)}

masvrysek [maz'vrɪ·zęk] *adj.* well-intentioned
[CCc: **mas** 2¹**brys** -¹EK]
{S 1; F 1: **L** *maz-brezek* (CGEL)}
Since **mas** appears to be a qualifier, one would expect lenition of the second element.

mata ['ma·ta] *m.* **matys** mate *(pal),* comrade, companion
[E(G): MidE < MLG *mate* (co)]
{S 5; F 4: **M** *mata* (BM., BK.); pl. *matis* (BM.): **L** *matas* (IKAB): **matys** ML}
Found in chants for counting mackerel.

mater ['ma·tęr] *m.* **+s, +ow, +yow** matter, subject, affair
[E(F): MidE < AngN *matere* < OldF *matiere* (co)]
{S 5; F 5: **M** *mater*, pl. *maters*, *matters*; *vaterow*: **+s** M; **+ow** M; **+yow** N}

mater tykkli delicate matter

mater-redya [ˌmatęr'rę·dja] *m.* reading-matter
[E(F)Ec: **mater** red=ya] {S 1; F 0(CE78):}

materyel [ma'tę·rjęl] *adj.* material
[E(F)c: **mater** -YEL] {S 5; F 2: **M** *materiall* (TH55r, 56v); *material* (TH57r)}

materyoleth [ˌmatęr'jɔ·lęθ] *f.* materialism
[E(F)cc: from **materyel** -ETH]
{S 5; F 0(GK98: A.S.):}

materyolethek [matˌęrjɔ'lę·θęk] *adj.* materialistic
[E(F)ccc: **materyoleth** -¹EK]
{S 1; F 0(GK98: A.S.)}

mathemategydh [maθęma'tęg·ɪð] *m.* **+yon** mathematician
[E(D)c: from **mathematek** -¹YDH] {S 5; F 0(GM09: G.M.S.): **+yon** I}

mathematek [maθę'ma·tęk] *f.*
mathematics
[E(D): Cornicized form of E *mathematic-* < F *mathématique* or L *mathêmaticus* (coe)]
{S 5; F 0(GM09: G.M.S.): C W *mathemateg*; cf. B *mathematik*:}

Matthew ['maθ:ęw] *name* Matthew
[E(O): MidE < Heb] {S 5; F 4: M *mathew, mathe*: L *Matthew* (M4WK)}

Matthi ['maθ:i] *name* Matt
[E(O): diminutive of **Matthew**]
{S 5; F 0(GM09: P.H.)} Note <tth> for [θθ].

Maudlen (Eng.) *place*
{S 6; F 1: M *maudlen* (RD.0920)}

maw ['maw] *m.* boy, lad, youth, servant
mebyon may be used as a suppletive pl.
[C: Brit *magu-* (M) < IE (lp)]
{S 1; F 5: M *mav*: L *mâu̯* (AB.); *maw*:}

may[5] [maɪ] *conj.* so that
[cc: ²**ma** ⁵**y**] {S 1; F 7: M *may*: L *mai* (AB.); *ma* (Gw.)} Other meanings in the texts are 'at which point', 'in which', 'in whom'.

MAYL- [E(F): MidE *mayle* (CE38) < MidF (Fl.)]

maylya ['maɪlja] *v.* wrap, bind, swathe, envelop, lag [E(F)c: **mayl=ya**]
{S 5; F 4: M *malye* (OM.1750), *vayle* (PC.3197)}

maylyans ['maɪljans] *m.* **+ow**
wrapping, lagging
[E(F)h: **mayl=yans**] {S 5; F 0(EC52): **+ow** I}

maylyer ['maɪljęr] *m.* **+s** envelope, wrapper
[E(F)h: MAYL=¹YER] {S 5; F 0(CE55): **+s** I}

may'm [maɪm] *phrase* that I
[CC: from **may am**] {S 1; F 3: M *mam, maym*}
In *GMC* §291, Wella Brown wrote that **may** "becomes **ma** ..... before infixed pronouns." This remark applies also to **may'n** and **may's**.

may'n [maɪn] *phrase* that he
[CC: **may** + infixed pronoun]
{S 1; F 1: L *may* (PV10640)}
Part of **may'n jeffo** 'that he may have'

mayn ['maɪn] **1.** *adj.* average, mean *(average)*, medium **2.** *m.* **+ys** means, instrument, agency
[E(F): MidE < OldF *meien* (co)] {S 5; F 4: M *mayn* → P; pl. *menys* (TH.): **+ys** M}

mayner ['maɪnęr] *m.* **-oryon** broker, middleman, intermediary
[E(F)l: **mayn** -¹ER] {S 5; F 0(Y2): **-oryon** I}

mayni ['maɪni] *m.* **+ow** household, crew, troop, set of chessmen, staff *(group of workers)*
[E(F): MidE *meynee* < OldF *maisnee* (CE38)]
{S 4; F 3: M *meyny* → L,P: **+ow** N} In MidC, this word rhymed with **ki** and **leski**, i.e. /i/; in MidE (Chaucer), it rhymed with MidE /e/.

¹**may's** [maɪs] *phrase* that she
[CC: **may** + infixed pronoun]
{S 1; F 2: L *mays* (CW.2503) → P}

²**may's** [maɪs] *phrase* that they
[CC: **may** + infixed pronoun] {S 1; F 3: L *mays* (RD.0160) → P, *may* (RD.1585) → P}

maystri ['maɪstri] *m.* mastery, domination, control
[E(F): MidE < OldF *maistrie* (co)]
{S 5; F 5: M *meystry* → P, *maystri* → P:}

gul maystri war
exercise control over

mayth [maɪθ] *conj.* so that
Used before vowels. [cc: ²**ma yth**]
{S 1; F 6: M *may th* → P}
In MidC, the word was split, the <th-> forming the beginning of the next word.

may'th [maɪθ] *phrase* that thou
[CC: **may** + infixed pronoun]
{S 1; F 1: L *may* (PC.2108)}

Me ['mę:] *m.* May Usually preceded by **mis-**.
[L: CLat *Maius* (Fl.)] {S 1; F 3: M *me* (BM.3338): L *Mê* (AB014c) → P: C B *mae*; W *Mai*:}

mean (Eng.) *adj.* {S 6; F 2: L *mên* (AB055c, 056a)} Found in the expression *en mên termen* 'in the meantime'.

meaning (Eng.) *n.* {S 6; F 3: M *menyng* (TH.)} Tregear used *styrrya* but not *styr*.

mebel ['mę·bęl] *m.* furniture
[F: MEBL-S]
{S 4; F 2: M *mebyl* (BM.1688), *mebel* (BK19.29):}

MEBL-

On the evidence from *BK.*, the epenthetic vowel has been changed from <y> to <e>.

MEBL- [F: F *meuble*]

mebla ['mɛbla] *v.* furnish
[Fc: MEBL=¹A] {**S** 4; **F** 0(EC00)}

mebyn ['mɛˑbɪn] *pl.* little sons, little boys Not to be confused with **mebyon**
[Cc: mabA -¹YN] {**S** 1; **F** 2: **M** *mebyn* (BK20.17): **L** *mebyn, vebbyn* (PV13712)}

mebyon ['mɛˑbjɔn] *pl.* sons, boys
May be used as the suppletive pl. of **maw**.
[Cc: mabA -YON < Brit **mapyones*]
{**S** 1; **F** 3: **O** *mebion* (VC.370) → **P**: **M** *mebyon*: **L** *meibion* (AB111a); **C B** *mibien*; **W** *meibion*}

Mebyon Kernow
(Cor. political party)

Med *name* **+ys** Mede
{**S** 4; **F** 2: **M** pl. *medys* (BK29.24, 40.48), *medes* (BK28.79)}
Both sg. and pl. appear in the translation of the Bible co-ordinated by Keith Syed.

medalenn [mɛ'daˑlɛn] *f.* **+ow** medal
[E(F)c: FN in -ENN from ModE *medal* < F *médaille* (coe)]
{**S** 4; **F** 0(GM09: G.M.S.): **C B** *medalenn*: **+ow** I}

medh ['mɛːð] *m.* mead *(drink),* hydromel
[C: CC (lp) < IE **medhu* (hpb)] {**S** 1; **F** 3: **M** *meth* (OM.2294, 2435) → **P**: **C** MidB *mez*; **W** *medd*:}

¹MEDH- *adj.* middle@@a@ [C: Brit **medjo-* < CC (Fl.)] {**S** 1; **F** 0(CPNE): **P** Methleigh}
Padel (1985) wrote: "The element was replaced at an early date (during or before the OldC period) by its derivative *perveth*, ... and that in turn was replaced by *cres* in the MidC period." Here MEDH- is treated as a root, and **pervedh** given the meaning 'interior'.

²MEDH- speech [C: Brit **med-* < CC (Fl.)]

medhador [mɛ'ðaˑdɔr] *m.* **+yon**
mediator *(male)* [Cl: ¹MEDH=ADOR]
{**S** 3; **F** 0(GM09: K.J.G.): **+yon** I}

medhadores [mɛða'dɔˑrɛs] *f.* **+ow**
mediator *(female)* [Clc: **medhador** -ES]
{**S** 3; **F** 0(GM09: K.J.G.): **+ow** I}

medhek

MEDHEG- [L: CLat *medicus* (M)]

medhegel [mɛ'ðɛˑgɛl] *adj.* medical
[LC: MEDHEG=¹EL]
{**S** 1; **F** 0(GK98: K.J.G.): **C W** *meddygol*}

medhegieth [mɛðɛ'giˑɛθ] *f.* medicine *(as science)* [Lc: MEDHEG=IETH]
{**S** 8; **F** 2: **M** *mythygyeth* (RD.1670), *methegyeth* (BM.1487): **C B** *mezegiezh*; cf. W *meddyginiaeth*:}
Both exx. in MidC have 4 syll.

medhegiethel [mɛðɛgi'ɛˑθɛl] *adj.* medicinal
[Lcc: **medhegieth** -¹EL]
{**S** 8; **F** 0(GM09: G.M.S.)}

medheglynn [mɛ'ðɛglɪn] *m.* **+ow**
metheglin, spiced mead
[Lc: **medheg-** + cognate of W *llyn* 'drink' (gpc)]
{**S** 1; **F** 0(CE38): **C W** *meddyglyn*: **+ow** I}

medhegneth [mɛ'ðɛgnɛθ] *f.* **+ow**
medicine *(as remedy)*
[Lc: **medheg=neth**] {**S** 8; **F** 3: **O** *medhecnaid* (VC.284) → L,P: **L** *methacknath* (LL2WG): **+ow** I}
Graves suggested that OldC *medhecnaid* may be for **medhecinaid*, corresponding to MidW *meddyginiaeth*; it this is so, then the morphology suggested here does not apply.

medhegva [mɛ'ðɛgva] *f.* **+ow** clinic, surgery *(place)*, medical centre, doctor's office (U.S.)
[Lc: **medheg=va**]
{**S** 1; **F** 0(EC52): **C W** *meddygfa*: **+ow** I}

medhek ['mɛˑðɛk] *m.* **medhogyon**
doctor, physician
The Brittonic word for 'doctor' comes from Latin *medicus*, whence the spelling **medhyk** in *CE93*. It seems, however, that this is a case where too much weight has been given to the expected development. Although Lhuyd wrote *Medhik*, the commonest MidC spelling was *methek*, whence Nance's *medhek*. The forms *methag* (TH25v) and *vethak* (BK.) support this. Until the discovery of *BK.*, the plural was unattested. The plural found in *BK.* is *vethogyan*, which supports **medhek** as the singular.

medhek-dyns
[L: MEDHEG-O] {S 1; F 4: O *medhec* (VC.283) →
L,P: M *methek*; pl. *vethogyan* (BK10.29):
L *medhik* (AB240c): P Tremethick: F Trevithick:
C B *mezeg*; W *meddyg*: **medhogyon** M}

medhek-dyns [ˌmɛˈðɛgˈdɪns] *m.*
medhogyon-dyns dentist
[LC: **medhek dyns**] {S 1; F 0(EC52):
C B *mezeg-dent*: **medhogyon-dyns** I}

medhel ['mɛˈðɛl] *adj.* soft, delicate
[U:] {S 3; F 4: M *methel, medel*; *medall* (CW.) →
L,P: C OldB *midal*; W *meddal*}
One would expect *methal, but MidC spellings
indicate <e>. The form *metheu* at *PC.0698*,
spelled *medhew* by Nance, is taken to be a
by-form with vocalization of [-l].

medhelder [mɛˈðɛldɛr] *m.* softness,
delicacy
[Uc: **medhel** -der]
{S 3; F 2: L *medalder* (AB093b, 240b) → P:}

medhelhe [mɛðɛlˈhɛː] *v.* soften,
weaken, enervate
[Uc: **medhel** -he]
{S 3; F 1: M p.ptcpl. *medelhe ys* (BM.4311)}

medhelweyth [ˌmɛðɛlˈwɛɪθ] *m.*
software cf. **kalesweyth** 'hardware'.
[UC: **medhel** 2²**gweyth**] {S 3; F 0(AnG 1996):}

medher ['mɛˈðɛr] *m.* -**oryon** speaker
[Cl: ²MEDH=¹ER] {S 1; F 1: L pl. *metherwin*
(NGNB2): -**oryon** L} The interpretation of
metherwin as **medhoryon** is due to Nance.

medhes ['mɛˈðɛz] *v.* speak, say
[Cc: ²MEDH=¹ES] {S 1; F 6: M *methes* (OM.0159)
→ P} The form of this verb by far the most
commonly found in the texts is MidC *yn meth*
> LateC *medh, meth* 'quoth'.

medhow ['mɛˈðɔw] **1.** *adj.* drunk,
intoxicated **2.** *m.* **medhewon** drunk
(person) [C: MEDHW-S]
{S 1; F 4: O *meddou* (VC.860): M *methov*
(BM.1045, 3734), *meth ew* (BK05.41): L *mèdho*
(AB056b) → P: **medhewon** I}
The pl. is by analogy with **Yedhewon**.

MEDHW- [C: Brit **medwo-* (hpb)]

medhwenep [mɛðˈwɛˈnɛp] *m.*
drunkenness, intoxication
[CC: MEDHW- ENEP] {S 1; F 1: M *methewnep*
(TH16v):} MidC *methewnep* has metathesis.

medhwi ['mɛðwi] *v.* intoxicate,
get drunk
[Cc: MEDHW=¹I]
{S 1; F 0(CE38): C B *mezviñ*; W *meddwi*}

medhwynsi [mɛðˈwɪnʒi] *f.* habitual
drunkenness, alcoholism
[Cc: MEDHW=YNSI]
{S 1; F 0(CE38): C B *mezventi*:}

medhyk Now spelled **medhek**.
MEDR- [C:]

medra ['mɛdra] *v.* aim, aspire, notice
[Cc: **medr**=¹a] {S 8; F 3: M *meddra* (CW.1550):
L *medra* (AB231b) → P; *madra* (P1JJ): C W
medru}

medras ['mɛdraz] *m.* +**ow** aim,
aspiration
[Cc: **medr**=¹as] {S 1; F 0(GK98: A.S.): +**ow** I}

medror ['mɛdrɔr] *m.* +**yon** marksman
[Cc: MEDR=OR] {S 1; F 0(EC00): +**yon** I}

medyner [mɛˈdɪˈnɛr] *f.* +**yow** hinge
[U:] {S 8; F 1: O *medinor* (VC.936):
C cf. MidB *mudurun* (Gr.): +**yow** I}

Medys pl. Medes
[E: MidE] {S 4; F 2: M *medes* (BK28.79), *medys*
(BK29.24, 40.48)}

meek (Eng.) *adj.*
{S 6; F 2: M *myke* (TH10r), *myk* (TH38r)}

meet (Eng.) *adj.* ALT = **gwiw**.
{S 6; F 3: M *mytt* (TH.), *met* (SA.)}

meghin ['mɛˈxin] *m.* +**yow** bacon
[Cc: ¹moghA -IN (Gr.) < Brit **magesîno-* (Fl.)]
{S 1; F 3: O *mehin* (VC.847) → L,P: C B *(bihin)*;
W *mehin*: +**yow** I}

meghyek *adj.* stinking
[Uc:] {S 8; F 2: L *mexiek* (AB132c) → P}

megi ['mɛˈgi] *v.* smoke, smother, stifle
[Cc: **mog**A -¹I]
{S 1; F 3: L *megi, megy* (PV13931): C W *mygu*}

megi difennys no smoking

meginow [mę'gi·nɔw] *pl.* bellows
[C: Brit (lp)]
{S 8; F 3: M *mygenow* (PC.2713): L *Miginaw* (LV105.21) → L,P: C B *meginou*; W *meginau*}

megrim ['męgrɪm] *m.* migraine
[E(F): MidE form of *migraine* (coe)]
{S 8; F 0(EC00):}

megyans ['mę·gjans] *m.* **+ow** culture, nutriment, sustenance, diet
[Ch: MAG-A -YANS]
{S 1; F 3: M *megyans*: **+ow** I}

megyans selyek staple diet

¹megys ['mę·gɪz] *v. part* smoked, choked   MidC *rag own bos megis* 'for fear of being choked' [Cc: MOG-A -⁶YS]
{S 1; F 2: M *megis* (MC.206) → P}

²megys ['mę·gɪz] *v. part* reared
[Cc: MAG-A -⁶YS] {S 1; F 4: M *megys* → L,P}

mekya *v.* humble oneself
[E(E)c: VN in -YA from E *meek* (K.S.)]
{S 5; F 1: M *mekya* (TH09r)}

mel ['mę:l] *m.* **+yow** honey
[C: CC **meli* (iyk) < IE **meli* (iyk)]
{S 1; F 4: O *mel* (VC.912) → L,P: M *mel* (OM.1430, RD.0144, BK15.04): L *mêl* (AB059a, 088a): C B *mel*; W *mel*: **+yow** I}

mela ['mę·la] *v.* gather honey
[Cc: mel -¹A] {S 1; F 0(CE38): C B *mela*; W *mela*}

Melar *name* Mylor
{S 8; F 1: O *meler* (LS)}

melder ['męldęr] *m.* **+yow** darling, sweetness, honey (U.S. endearment)
[Cc: mel -DER] {S 1; F 2: M *melder* (RD.0457, 0476) → P: **+yow** I}

melek ['mę·lęk] *adj.* honeyed, honey-yielding
[Cc: mel -¹EK] {S 1; F 0(CE38): P *Pollemellecke*: C B *melek*; W *melog*}

meles ['mę·lęz] *m.* **+ow** red ochre, ruddle
[U:] {S 8; F 2: O *melet* (VC.363) → L,P: **+ow** I}

melgennek [męl'gęn:ęk] *adj.* suave lit. 'honey-skinned'
[CCc: mel 2kenn -¹EK] {S 1; F 0(GK98: A.S.)}

melgowas [męl'gɔʊaz] *f.* **+ow** honeydew
[CC: mel 2kowas]
{S 1; F 0(CE38): C W *melgawod*: **+ow** I}

MELHW- [C: Brit **melw*- (Gr.)]

melhwenn ['męlhwęn] *f.* **+ow** slug
[Cc: MELHW=ENN] {S 1; F 2: O *melpen* (VC.620) → L,P: C MidB *melhuenn*; W *malwen*: **+ow** I}

melhwes ['męlhwęz] *coll.* **+enn** snails
[Cc: MELHW=²ES] {S 1; F 4: L *melhuez* (AB.) → P, *molhuez* (AB.); sg. *molhuÿdzhon* (AB.) → P: P sg. Melledgan (rock in Scilly): **+enn** LP}

melhwesek [męl'hwę·ʒęk] *adj.* snail-like
[Cc: melhwes -¹EK] {S 1; F 0(GK00: K.J.G.): P Found in the name of a snail-shaped rock, *Meludjack*, GR 768164.}

melhwessa [męl'hwęs:a] *v.* catch snails
[Cc: melhw=essa]
{S 1; F 0(CE38): C B *melc'houeta*}

melhwyoges [,męlhwɪ'ɔ·gęs] *f.* **+ow** tortoise
[Cc: melhw=yoges]
{S 8; F 2: O *melpioges* (VC.621) → P: C Not in B; instances in W are taken from *VC*.: **+ow** I}

melin ['mę·lɪn] *f.* **+yow** mill
[L: CLat *molîna* (M)]
{S 1; F 4: O *melin* (VC.910) → L,P: M *melyn* (BK16.181, 16.21): P Mellingoose, and many other exx.: C B *milin*; W *melin*: **+yow** I}

melin buber pepper-mill

melin goffi coffee-mill

meliner [mę'li·nęr] *m.* **-oryon** miller
[Ll: melin -¹ER] {S 1; F 3: L *belender* (AB.) → P: P *Park Belender*: F *Melender*: C B *miliner*; cf. W *melinwr*: **-oryon** I}

This word acquired an intrusive [d] in MidC, as shown by the family-name *Melender* 1562; by Lhuyd's time, it had been subjected to false de-lenition, and become *belender*.

melinji [mę'lindʒi] *m.* **+ow** mill-house
[LC: melin 2chi] {S 1; F 0(CE38): P Mellingey: C W *melindy*: **+ow** I}

Sometimes appears in pl.ns. with <B->, due to false delenition, e.g. *Bolingey*.

melin-sidhla [ˌmɛlin'siðla] *f.*
melinyow-s. bolting-mill
[LCc: **melin sidhla**]
{**S** 1; **F** 0(AnG 1994): **melinyow-s.** I}

melin-wyns [ˌmɛˑlin'wɪns] *f.*
melinyow-gwyns windmill
[LC: **melin** 2¹**gwyns**] {**S** 1; **F** 0(CE55):
P Vellanvens: **melinyow-gwyns** N (FTWC)}

mell ['mɛlː] *m.* **+ow** joint, articulation, link, connection
[C: Brit *mal (Fl.)] {**S** 1; **F** 4: **M** pl. *mellow*:
L +*Mâl*: **D** "merl" 'link of chain': **+ow** ML}
The exx. in Lhuyd do not fit, and may not apply to the same word.
mell keyn vertebra

mellek ['mɛlːɛk] *adj.* jointed, articulated
[Cc: **mell** -¹EK] {**S** 1; **F** 0(CE55): **C B** *mellek*}

mellya ['mɛlːja] *v.* interfere, meddle, molest Takes **orth** or **gans**.
[Cc: **mell=ya**] {**S** 8; **F** 4: **M** *mellya*}

mellyans ['mɛlːjans] *m.* **+ow** interference, meddling, molestation
[Cc: **mell=yans**] {**S** 8; **F** 0(CE38): **+ow** I}

mellyon ['mɛlːjɔn] *coll.* **+enn** clover, violets
[C:] {**S** 3; **F** 2: **O** sg. *melhyonen* (VC.664) → L,P:
C B *melchon*; W *meillion*: **+enn** O}
For the sg., one would have expected OldC *meltyonen (Jackson), but evidence of pl.ns. supports OldC *melhyonen* as an irregular development, similar to that in Welsh. Nance distinguished two separate words, which he spelled *melyon* 'violets' and *mullyon* 'clover', but no etymological evidence has been found for this.
mellyon melyn bird's foot trefoil
mellyon tryliw viola (plant)

mellyonek [mɛl'jɔˑnɛk] **1.** *adj.* clovery **2.** *f.* **-egi** clover-patch
[Cc: **mellyon** -¹EK]
{**S** 3; **F** 0(CPNE): P Molenick: **C B** *melchonek*; W *meillionog*: **-egi** I}

melodi ['mɛlɔdi] *m.* **+ow** melody, music *(melody)* The specific meaning is not clear from the context; the word may mean 'music' in general. [E(F): OldF *melodie*]
{**S** 5; **F** 2: **M** *melody* (BK25.49, 35.16): **+ow** N}

melodrama [mɛlɔ'draˑma] *m.* **+s** melodrama
[E:] {**S** 5; **F** 0(GM09: YhaG): **+s** I}

melon ['mɛˑlɔn] *m.* **+yow** melon
[E(F): MidE < OldF (co)]
{**S** 4; **F** 0(FTWC): **+yow** N (FTWC)}

mels ['mɛls] *pl.* wether sheep (pl.)
[C:] {**S** 1; **F** 0(CE38): **C B** *meot*; W *myllt*}

melyas ['mɛˑljaz] *v.* grind
[Cc: MAL-A -¹YAS] {**S** 1; **F** 2: **L** *meliaz* (Lh.) → P}

melyn ['mɛˑlɪn] *adj.* yellow, blond
[C: Brit *melinos (Fl.) < IE **melino-* (hpb)]
{**S** 1; **F** 4: **O** *milin* (VC.485): **M** *melyn* (OM.1965, BM.3227) → L,P: **L** *melen* (AB243c), *mellen* (DSEC): P Gwealmellin: **C B** *melen*; W *melyn*}

melynder [mɛ'lɪndɛr] *m.* yellowness
[Cc: **melyn** -der]
{**S** 1; **F** 0(CE38): **C B** *melender*; W *melynder*:}

melynek [mɛ'lɪˑnɛk] *m.* **-oges** goldfinch
[Cc: **melyn** -¹EK]
{**S** 1; **F** 0(CE38): **C W** *melynek*: **-oges** I}
melynek eythin yellowhammer

melynhe [mɛlɪn'hɛː] *v.* make yellow
[Cc: **melyn** -he] {**S** 1; **F** 0(CE38): **C B** *melenaat*}

melynik [mɛ'lɪˑnɪk] *adj.* jaundiced, yellowish
[Cc: **melyn** -ik] {**S** 1; **F** 0(CE38): **C** cf. **B** *melenek*}

melyn-oy [ˌmɛlɪn'ɔi] *m.* **melynyow-oy** egg-yolk
[CC: **melyn oy**] {**S** 1; **F** 2: **L** *Melyn-oî* (AB175a) → P: **C B** *melen-vi*: **melynyow-oy** I}

melys ['mɛˑlɪs] *adj.* insipid, very sweet, honeyed
[C: Brit **melisso-* < **melit-to-* (gpc)]
{**S** 1; **F** 0(CE38): **D** "milsy", with metathesis.:
C B *milis*; W *melys*}

melyseth [mɛ'lɪˑzɛθ] *f.* **+ow** perfume
[CE(E): **melys** ³**eth**]
{**S** 1; **F** 0(GM05: P.P.): **+ow** I}

melyshe

melyshe [mɛlɪs'hɛː] *v.* sweeten
[Cc: **melys** -HE] {S 1; F 0(GM09: G.M.S.)}

melyssand [mɛ'lɪsːand] *m.* **+ys** dessert, sweet *(dessert)*
[CE(E): **melys sand**]
{S 5; F 0(GM09: P.P.): **+ys** I}

melysweyth [mɛ'lɪswɛɪθ] *m.* confectionery
[CC: **melys** ²**gweyth**] {S 1; F 0(GM09: G.M.S.):}

members (Eng.) *pl.*
{S 6; F 3: **M** *mymbers* (TH.), *members* (SA.)}

¹**men** ['mɛːn] *m.* **meyn** stone *q.v.;* see also **menow**
[C: Brit **magno-* (M)] {S 1; F 5: **M** *men*; pl. *meyn*: L *mên* (AB.), *mean*; pl. *mein* (AB.): P Mean, and many others: C B *maen*; W *maen*: **meyn** }

men kov monument

men ploumenn plum-stone

²**men** ['mɛːn] *adj.* strong, able, stalwart
[E(E): OldE *maein* 'strong' (Gr.)]
{S 4; F 5: **M** *ven* → P}
May have been confused with ¹**men** e.g. **tus ven** could mean 'strong men' or 'men of stone'.

toeth men at full speed

yn fen quickly

men-bedh [ˌmɛˑn'bɛːð] *m.* **meyn-bedh** gravestone
[CC: ¹**men bedh**]
{S 1; F 0(CE38): **meyn-bedh** I}

mendardh ['mɛndarð] *coll.* **+enn** saxifrage
[CC: ¹**men** ²**tardh**]
{S 1; F 0(CE38): C B *maendarzh*: **+enn** I}

men-du [ˌmɛˑn'dyː] *m.* jet *(mineral)*
[CC: ¹**men du**] {S 1; F 0(AnG 1985):}

men-flynt [ˌmɛˑn'flɪnt] *m.* **meyn-f.** flintstone
[CE: ¹**men flynt**]
{S 5; F 1: L *Mên-slêt* (LV102.32): **meyn-f.** I}

Meneg [mɛn'ɛːg] *place* Meneage
[Cc: from **managh** -¹EK] {S 2; F 3: **M** *menek* (BM.2267, 2285): L *Mêneage* (PV.6634)}
MENEG- [C:]

menestrouthi

menegek [mɛ'nɛˑgɛk] *adj.* indicative
[Cc: MENEG=¹EK] {S 1; F 0(EC00)}

menegenn [mɛ'nɛˑgɛn] *f.* **+ow** index *(number)* [Cc: MENEG=ENN]
{S 1; F 0(GM09: G.M.S.): **+ow** I}

meneges [mɛ'nɛˑgɛz] *v.* mention, report, confess sins, indicate, index
[Cc: MENEG=¹ES]
{S 1; F 2: **M** *menegas* (TH08r), *meneges* (TH08v), *venegas* (TH09r): C cf. B *menegiñ*, W *mynegi*}
In *CE38*, Nance knew of no attestations of this word; he sensibly suggested *menegy*, following the cognates. When *TH.* was subsequently discovered, the VN was attested as *meneges*, and the word had to be changed.
Note from *CE93*: Such is the nature of our fragmentary knowledge of traditional Cornish. How many other words would be found to be "wrong" were another major text to be discovered ?
Answer: Now that *BK.* has been discovered, the answer is "very few".

menegh ['mɛˑnɛx] *pl.* monks
[D: **managh**A]
{S 1; F 0(CE38): P ?Tremaine: C B *menec'h*}

meneghi [mɛ'nɛˑxi] *m.* **+ow** sanctuary, refuge, place of asylum
[C: Brit *manachia* (hpb)]
{S 1; F 0(CE38): P Bodmin = ²**bos meneghi**: C B *minic'hi*; MidW *menechi*: **+ow** I}

meneghiji [ˌmɛnɛ'ɦiˑdʒi] *m.* **+ow** sanctuary
[CC: **meneghi** 2**chi**] {S 3; F 0(CE55): **+ow** I}

menegva [mɛ'nɛgva] *f.* **+ow** index *(of a book)*, catalogue, inventory
[Cc: **meneg=va**] {S 1; F 0(GK98: G.M.S.): **+ow** I}

menek ['mɛˑnɛk] *m.* **-egow** mention, indication
[C:] {S 8; F 0(CE38): C B *meneg*, cf. W *manag*: **-egow** I}

menestrouthi [ˌmɛnɛs'truˑθi] *m.* instrumental music, minstrelsy
[E(F): MidE *mynstralcye* < OldF *menestralsie* (CE38)]
{S 5; F 2: **M** *menestrouthy* (OM.0770) → P:}

mengleudh

mengleudh ['mɛŋglœð] *m.* **+yow** quarry *(stone-pit)*
[CC: ¹men 2kleudh] {S 1; F 0(CE38): P ?Pits Mingle; pl. *Maengluthion*: C B *mengleuz*; W *maenglawdd*: **+yow** P}

mengleudhya [mɛn'glœˑðja] *v.* quarry
[CCc: mengleudh -YA] {S 1; F 0(GK98: K.J.G.)}

mengleudhyans [mɛn'glœˑðjans] *m.* quarrying
[CCc: mengleudh -YANS] {S 1; F 0(GM09: G.M.S.):}

menisk ['mɛnɪsk] *m.* **+ow** meniscus
[E(L): E < L *meniscus*] {S 1; F 0(GM09: YhaG): +ow N}

menistration (Eng.) *n.*
{S 6; F 1: M *ministracion* (TH31r)}

men-kov [ˌmɛˑn'kɔːv] *m.* **meyn-kov** memorial stone
[CC: ¹men kov] {S 1; F 0(EC52): meyn-kov I}

menhe [mɛn'hɛː] *v.* petrify, turn to stone, fossilize
[Cc: ¹men -HE] {S 1; F 0(AnG 1998)}

menheans [mɛn'hɛˑans] *m.* **+ow** petrification, fossilization
[Cc: menhe -ANS] {S 1; F 0(GM09: G.M.S.): +ow I}

menhesenn [mɛn'hɛˑzɛn] *f.* **+ow** fossil
[Cccc: from ¹men -HE -⁶YS -ENN] {S 8; F 0(GM09: G.M.S.): +ow I}

menhir [mɛn'hiːr] *m.* **+yon** long-stone, standing stone
[CC: ¹men hir] {S 1; F 0(GM09: G.M.S.): L *mênhere* (PV12110): P Menear: F Manhire: C B *maen-hir*; W *maen hir*: **+yon** P}
The pl., found in the pl.n. *Menherion*, could also be regarded as noun + pl. adj. (Padel).

meni Now spelled **mayni.**

men-melin [ˌmɛˑn'mɛˑlɪn] *m.* **meyn-melin** millstone
[CL: ¹men melin] {S 1; F 0(EC52): meyn-melin I}

menonieth [mɛnɔ'niˑɛθ] *f.* petrology
[Cc: ¹men -ONIETH] {S 1; F 0(GM09: K.J.G.):}

mention

menow ['mɛˑnɔw] *pl.* individual stones
[Cc: ¹men -²OW] {S 1; F 2: L *meanow* (M4WK), *minow* (PRJB)} This is probably a LateC formation to replace MidC *meyn*, but it is conveniently retained with the more specialized meaning.

menowgh ['mɛˑnɔʊx] **1.** *adj.* frequent **2.** *adv.* often, repeatedly, frequently
[C: IE *menegh- (gpc)] {S 8; F 5: M *menough* → P, *menogh*: L *mennow* (MSWP): C W *mynych*}

yn fenowgh often, frequently

menowghder [mɛ'nɔʊxdɛr] *m.* **+yow** frequency
[Cc: menowgh -DER] {S 8; F 0(GK98): C W *mynychder*: +yow I}

menowghedh [mɛ'nɔʊxɛð] *m.* **+ow** frequency Quantity in physics, measured in hertz. [Cc: menowgh -EDH] {S 8; F 0(GM09: YhaG): +ow I}

menoyl ['mɛˑnɔɪl] *m.* **+ys** petrol
[CE(F): ¹men oyl] {S 4; F 0(AnG 2008: M.C.): +ys I}

men-pobas [ˌmɛˑn'pɔˑbaz] *m.* **meyn-pobas** bakestone, griddle
[CCc: ¹men pobas] {S 1; F 1: L *Mân Pòbaz* (LV101.66): meyn-pobas I}

men-poeth [ˌmɛˑn'poːθ] *m.* **meyn-poeth** hotplate
[CC: ¹men poeth] {S 1; F 0(GM09: G.M.S.): meyn-poeth I}

menta ['mɛnta] *f.* mint *(plant)*
[L: CLat *menta* (Gr.)] {S 1; F 1: O *mente* (VC.657) → L,P:}

mentena [mɛn'tɛˑna] *v.* maintain, uphold, abet, stand by
[E(F)c: VN in -A from MidE < OldF *maintenir* (co)] {S 4; F 4: M *venteyne* → P} Some forms in MidC have -*ya*.

mentenour [mɛn'tɛˑnur] *m.* **+s** maintainer
[E(F): MidE < OldF] {S 5; F 2: M *mentenour* (BM.3023, 3499): +s I}

mention (Eng.) *n.*
{S 6; F 4: M *mencion* (TH.), *mention* (SA.)}

mentons ['mɛntɔns] *m.* maintenance, upholding
[E(F): MidE < OldF (co)]
{S 4; F 1: M *mentons* (BM.3518):}

men-towlbrenn [ˌmɛˑn'tʊwlbrɛn] *m.*
meyn-towlbrenn sling-stone
[CCC: ¹**men** towl ²**prenn**]
{S 1; F 0(EC52): **meyn-towlbrenn** I}

menweyth ['mɛnwɛɪθ] *m.* masonry, stonework
[CC: ¹**men** 2²**gweyth**]
{S 1; F 0(CE38): C W *maenwaith:*}

menweyther [mɛn'wɛɪθɛr] *m.* -**oryon** mason
[CC: **menweyth** -¹ER]
{S 1; F 0(GM09: G.M.S.): -**oryon** I}

menya ['mɛˑnja] *v.* mean
All exx. save two in *TH.;* ALT = **styrya**.
[E(E)c: VN in -YA from MidE < OldE *maenian* (co)] {S 4; F 4: M *menya*: L *menia* (KKTT14)}

menydh ['mɛˑnɪð] *m.* +**yow** mountain, hill
[C: Brit *monijo-* (M) < IE (lp)]
{S 1; F 5: O *menit* (VC.717): M *meneth*; pl. *menythyow*: L *menedh* (AB230c), *meneth* (M4WK); pl. *menedhiou* (AB242b), *menithiow* (BOD): P *Mena*; pl. *Penmynytheowe*: C B *menez*; W *mynydd*: +**yow** MLP}

menydhyek [mɛ'nɪˑðjɛk] *adj.* mountainous
[Cc: **menydh** -YEK] {S 1; F 0(CE55): P ?*Trenethick*: C B *meneziek*} The two place-names (in St Germans and Wendron) may contain a personal name **Bennesik** rather than an adjectival form of **menydh**.

menydhyer [mɛ'nɪˑðjɛr] *m.*
menydhyoryon mountaineer *(male)*
[Ch: **menydh** -¹YER] {S 1; F 0(FTWC): **menydhyoryon** N (FTWC)}

menydhyores [mɛnɪð'jɔˑrɛs] *f.* +**ow** mountaineer *(female)*
[Chc: **menydh** -YORES]
{S 1; F 0(GM09: K.J.G.): +**ow** I}

menyster ['mɛˑnɪstɛr] *m.* -**oryon**, -**trys** minister
[H: MENYSTR-S] {S 4; F 3: M *minister* (TH42v); pl. *ministers* (TH.): C Not in B; W *menestr*: -**oryon** N (G.M.S.); -**trys** I (CE38)}

Menyster a-barth Fordhow
Minister for Highways

Menyster Estrenyek
Foreign Minister

MENYSTR- [H: OldF *menestre* and Lat *ministr-*] Both OldC *menistror* and MidC *menystra* (which is all the evidence we have to go on) suggest the influence of OldF *menestre*; since, if direct from CLat *ministr-*, one would not expect <e>.

menystra [mɛ'nɪˑstra] *v.* administer, serve
[Hc: MENYSTR=¹A] {S 4; F 3: M *venystra* (BM.0523), *mynystra* (TH42r)}

menystrek [mɛ'nɪˑstrɛk] *adj.* administrative
[Hc: MENYSTR=¹EK] {S 4; F 0(EC00)}

menystrans [mɛ'nɪˑstrans] *m.* +**ow** administration, ministry
[Hh: **menystr**=**ans**] {S 4; F 0(CE93): +**ow** I}

Menystrans Ammeth
Ministry of Agriculture

menystrer [mɛ'nɪˑstrɛr] *m.* -**oryon** administrator, butler
[Hl: MENYSTR=¹ER] {S 4; F 2: O *menistror* (VC.294) → L,P: -**oryon** I}

menystri *m.* +s ministry
{S 8; F 1: M *mynystery* (TH45v): +s I}

meppik ['mɛpːɪk] *m.* -**igow** small son
[Cc: from **mab**A -IK]
{S 3; F 2: L *meppig* (JCNBL44) → P: -**igow** I}
The <pp> in this word is unexpected; regular development would give *mebik.

¹**mer** ['mɛːr] *m.* +**yon** mayor, sheriff
[L: BLat *maijor* (M) < CLat *mâior* (lp)]
{S 1; F 2: O *mair* (VC.178) → L,P: C B *maer*; W *maer*: +**yon** N (K.J.G.)}

²mer

²mer ['mɛːr] *m.* marrow *(of bone)*
[C: Brit < CC (Fl.) < IE *smer- (gpc)]
{S 1; F 0(CE38): C B *(mel);* W *mêr:*}
ER- [C:]
The original root seems to have been BER-, but in view of dial. "murrick", **mer-** is used here.

mera ['mɛ·ra] *v.* snivel
[Cc: MER=¹A]
{S 3; F 0(CE38): C W *meru* cf. B *berañ*}

mer-boes [ˌmɛ·r'boːz] *m.* **meryon-boes** steward
[LC: ¹mer boes] {S 1; F 1: O *mair-buit* (VC.292): **meryon-boes** N (K.J.G.)}

merdhin ['mɛrðɪn] *m.* **+yow** sea-fort
[CC: ¹morA 2din < Brit *Moridunum* (Padel)]
{S 1; F 2: O *mereðen* (Sawyer): M *merthyn* (RD.0094): P Merthen: **+yow** I}

merek ['mɛ·rɛk] **1.** *adj.* snivelling **2.** *m.* **-ogyon** sniveller *(male)*
[Cc: MER=¹EK] {S 3; F 0(CE38): D "murrick": C cf. B *mec'hiek:* **-ogyon** I}

meres ['mɛ·rɛs] *f.* **+ow** mayoress
[Lc: ¹mer -⁴ES] {S 1; F 0(CE55): **+ow** I}

meres-voes [ˌmɛrɛs'foːz] *f.* **meresow-boes** stewardess
[LcC: meres boes]
{S 1; F 0(GM09: YhaG): **meresow-boes** I}

mergh ['mɛrx] *pl.* horses
[C: marghA]
{S 1; F 3: M *mergh* (OM.1065; BM.1352, 2393): L *merh* (AB243a, 244a): P Ventonveth}
The pl. **marghes** is found in pl.ns.
an vergh the horses

Mergher ['mɛrxɛr] *m.* Wednesday, Mercury
[L: CLat *Mercurii* (hpb)]
{S 1; F 3: M *merher* (BM.2254): L *Marhar* (AB015c, 054c) → P: C B *Merc'her;* W *Mercher:*}

merghik ['mɛrxɪk] *m.* **-igow** pony
[Cc: marghA -IK] {S 1; F 0(CE55): **-igow** I}

meri ['mɛ·ri] *adj.* merry, high *(intoxicated)* [E(E): MidE < OldE *myrige* (co)]
{S 4; F 3:M *mery*}
maga feri avel hok as high as a kite
lit. 'as merry as a hawk'

mersi

merit ['mɛ·rɪt] *m.* **+ys** merit
[E(F): MidE < OldF *merite* (coe)]
{S 5; F 2: M *merite* (TH47r); pl. *meritys* (TH12v, 16r): **+ys** M}

merji ['mɛrdʒi] *m.* **+ow** home of mayor
[LC: ¹mer 2chi] {S 1; F 0(CE55): **+ow** I}

merk ['mɛrk] *m.* **+yow** mark, brand
[F: OldF *merque* < Gmc (K.J.G.)] {S 4; F 3: M *merk* (OM.2535), *merke* (CW.): **+yow** I}

merk-post [ˌmɛrk'pɔːst] *m.* **merkyow-post** post-mark
[FE(F): **merk post**]
{S 4; F 0(AnG 1994): **merkyow-post** I}

merkuri ['mɛrkyri] *m.* mercury The older name is **arghans byw**, i.e. 'quicksilver'.
[E(F): MidE < OldF {S 5; F 0(GM09: P.H.):}

merkya ['mɛrkja] *v.* mark, observe
[Fc: merk -YA]
{S 4; F 4: M *merkya*: L *markia* (CGEL)}

merkyans ['mɛrkjans] *m.* **+ow** marking
[Fc: merk -YANS] {S 4; F 0(EC00): **+ow** I}

merkyl ['mɛrkɪl] *m.* **merklys** miracle
[E(F): MidE < OldF (co) {S 4; F 4: M *merkyl* → P; pl. *merclys*: L *merkl* (CGEL): **merklys** M}

Merlin (Eng.) *name*
{S 6; F 2: L *Merlin* (DPNB)}

mernans ['mɛrnans] *m.* **+ow** death
[Ch: from **marow** -ANS, with unexplained vowel aff. and intrusive [n]]
{S 8; F 6: M *mernans* → P, *myrnans*: L *marnans* (AB.); *mernaz* (M2WK): **+ow** I}
gorra dhe vernans put to death

meroges [mɛ'rɔ·gɛs] *f.* **+ow** sniveller *(female)* [Ccc: MER=OGES]
{S 3; F 0(GM09: K.J.G.): **+ow** I}

mersi ['mɛrsi] *m.* mercy
[E(F): MidE < OldF *merci* (co) {S 4; F 6: M *mercy* → P, *merci*: C B *mersi;* W *mersi:*}
kria mersi war nebonan rag neppyth beg mercy from someone for something
kemmeres mersi a have mercy on

mersiabyl

pysi mersi war Dhuw
pray God for mercy

mersiabyl *adj.* merciful
[Ee: **mersi** -abyl] {S 4; F 2: M *mersiabal* (RD.1406) → P, *mercyabyl* (BM.2173)}

merther ['mɛrθɛr] *m.* **+yon** martyr
[L: Lat *martyr*] {S 8; F 0(CE38): P Merther: C B *merzher*; W *merthyr*: **+yon** N (CE38)} According to *CPNE*, the meaning in place-names is 'grave of a saint'.

mertherya [mɛr'θɛˑrja] *v.* martyr
[Lc: **merther** -ya] {S 1; F 3: M *verthurye* (RD.1282); p.ptcpl. *mertherijs*: C MidB *merzeryaff*; cf. W *merthyru*}

mertherynsi [ˌmɛrθɛˑ'rɪnʒi] *f.* martyrdom
[Lc: **merther** -YNSI] {S 1; F 0(CE38): C B *merzherenti*:}

merwel ['mɛrwɛl] *v.* die, perish, expire, decease
[Cc: MARW-A -¹EL] {S 1; F 6: M *merwel* → L,P: L *merwall* (G3WK): C B *mervel*}

Meryasek [mɛr'jaˑʒɛk] *name* (name of the patron saint of Camborne)
The eponymous hero of *BM*.
[C:] {S 8; F 6: M *meryasek* (BM.): L *Meriazhek* (AB224): C B *Meriadeg*; W *Meriadog*}

merys ['mɛˑrɪs] *coll.* **+enn** medlar
[U:] {S 1; F 0(CE38): C W *merys*: **+enn** I}

meryw ['mɛˑrɪw] *coll.* **+enn** juniper
[CE: poss. ²**mer** + E *yew* (gpc)] {S 1; F 0(CE38): C W *meryw*: **+enn** I}

¹**mes** ['mɛːz] 1. *m.* **+yow** open field, open country 2. *adv.* out
[C: Brit *magest-* (Fl.) < CC (lp)]
{S 1; F 5: M *mes* → L,P: L *mêz* (AB244b, 250b) → P, *meaz* (M4WK): P Venton Vaise: C B *maez*; W *maes*: **+yow** I}

mes a out of

²**mes** ['mɛːz] *coll.* **+enn** acorns
[C: Brit (Fl.) < CC (Gr.) < IE *med-tu-* (Haywood)] {S 1; F 3: O sg. *mesen* (VC.686) → L,P: D "mesen tree" 'oak' (1985): C B *mez*; W *mes*: **+enn** O}

³**mes** ['mɛːz] *conj.* but
[U:] {S 1; F 6: M *mes*: L *mez, bez, buz*: C B *met*}

mesa ['mɛˑza] *v.* gather acorns
[Cc: ²**mes** -¹A]
{S 1; F 0(CE38): C B *mesa*; W *mesa*}

mesavon [mɛzˑaˑvɔn] *f.* **+yow** distributary
[CC: ¹**mes avon**]
{S 1; F 0(GM09: G.M.S.): **+yow** I} cf. W *allafon*.

meschons ['mɛstʃɔns] *m.* **+yow** mischance
[E(F): MidE < OldE *meschance* (coe)]
{S 5; F 0(EC52): **+yow** I}

meschyv ['mɛstʃɪv] *m.* **+yow** injury, harm, ruin
[E(F): MidE *meschief* < OldF *meschever* (coe)]
{S 5; F 4: M *myshyf, myscheff, myschyw, vysshew* → P: **+yow** I}
The historic forms with <-w> suggest that a spelling with <-v> is better than one with <-f>.

meschyvya [mɛsˑtʃɪˑvja] *v.* injure, ruin
[E(F)c: VN in -YA from MidE *myscheve* (CE38) < OldF *mesch(i)ef* (coe)]
{S 5; F 2: M p.ptcpl. *myshevys* (OM.1704)}

mesek ['mɛˑsɛk] *f.* **-egi** cultivated land
[Cc: ¹**mes** -¹EK]
{S 1; F 0(CE55): P Messack: **-egi** I}

MESKL-
[L: BLat *musc'lus* (lheb) < CLat *musculus*]

meskel ['mɛˑskɛl] *coll.* **mesklenn** mussels
[L: MESKL-S] {S 1; F 3: O sg. *mesclen* (VC.554) → L,P: L *besl* (AB023a) → P, *bezl* (AB096b); *bezlen* (AB241c): P ?Ogo Mesul; sg. ?Carn Veslan: C B *meskl*; W *misgl*: **mesklenn** OLP}
Lhuyd's *bezlen* shows false de-lenition and loss of [k].

meslenn *f.* **+ow** mastiff *(dog)*
[Uc: taken as a FN in -ENN]
{S 8; F 2: L *meslan* (AB093b, 240c) → P: **+ow** I}

messaj ['mɛsˑadʒ] *m.* **+ys, +ow** message
[E: MidE (back-formation from *messager*)]
{S 5; F 2: M *messag* (BK23.85, 24117): **+ys** N (CE38); **+ow** N (G.M.S.)} Anticipated by Nance (CE38) and spelled *messach* by him.

messejer

messejer ['mɛsːɛdʒɛr] *m.* **+s** messenger
ALT = **kannas**. [E(F): MidE < OldF *messager* (co)] {S 5; F 4: M *messyger* → P, *messeger*: **+s** I}

messent ['mɛsːɛnt] *adj.* musty
[E(F): MidE *mausent* (CE38) < F *mal sent*]
{S 5; F 1: M *messent* (BM.3398)}

mester ['mɛ·stɛr] *m.* **mestrysi** master
[E(F): OldE < OldF *maistre*] {S 4; F 6: O *maister* (VC.350, 370) → P: M *mester*; pls. *mestrygy, meisters*: L *vaster* (JCNBG), *vester* (JCNBL): C B *mestr*; W *meistr*: **mestrysi** M}

mester mebyon schoolmaster
mester syrk ringmaster

Mester ['mɛ·stɛr] *m.* Mister, Mr
Abbreviated, as in English, to **Mr.**
[E(F): Same word as **mester**] {S 4; F 0(CE38):}

MESTR- [F: Back-formation from **mester**, which could be interpreted as MESTR-S]

mestres ['mɛ·strɛs] *f.* **+ow** mistress
[E(F)c: MESTR=⁴ES] {S 4; F 2: M *meystres* (CE.00310: L *vestrez* (JCNBL45): **+ow** I}

Mestres ['mɛ·strɛs] *f.* **+ow** Mrs, Mistress, Ms, Miss *(of adult women)*
[E(F)c: Same word as **mestres**]
{S 4; F 0(CE38): **+ow** I}
This title, abbreviated **Mres**, may be applied to all adult women irrespective of marital status. This corresponds to the use of E *Mistress* up to the 16th century, (and continuing today in Scotland), a title which has more recently been abbreviated in English as *Ms*.

Mestresik [mɛs'trɛ·zɪk] *f.* **-igow** Miss *(of girls)*
[E(F)cc: **mestres** -IK] {S 4; F 0(EC52): **-igow** I}

mestrev ['mɛ·strɛv] *f.* **+ow** suburb
[Cc: from ¹**mes trev**]
{S 1; F 0(GM09: G.M.S.): C W *maestref*: **+ow** I}
cf. *mestra* (CE38), *mestre* (Y1).

mestrevek [mɛs'trɛ·vɛk] *adj.* suburban
[CCc: **mestrev** -¹EK] {S 1; F 0(Y1)}

MESTROGH- *prefix* -ectomy [CC: ¹**mes 2trogh**] {S 1; F 0(GM09: J.A.)}

mestrogh-brys [ˌmɛstrɔˈbriːz] *m.*
mestroghow-b. hysterectomy

[CCC: MESTROGH- ²**brys**]
{S 8; F 0(GK98: J.A.): **mestroghow-b.** I}

mestronieth [ˌmɛstrɔˈniˑɛθ] *f.* **+ow** master's degree
[E(F)c: MESTR=ONIETH]
{S 4; F 0(AnG 1994): C B *mestroniezh*: **+ow** I}
Seems an odd use of -ONIETH; the word has been taken from Breton.

mestrynses [mɛs'trɪnʒɛs] *m.* dominion, domination, mastery
[E(F)c: MESTR=YNSES]
{S 4; F 1: M *mesternges* (MC.102):}
MidC *mesternges* translates 'kingdom', and is perhaps meant to be **myghternans**.

metelyek [mɛ'tɛ·ljɛk] *adj.* metallic
[E(F)c: metolA -YEK] {S 5; F 0(GM09: K.J.G.)}

meter ['mɛ·tɛr] *m.* **metrow** metre *(unit)*
[E(F): E < F *metre*]
{S 1; F 0(AnG 1982): **metrow** N (AnG 1982)}

¹**meth** ['mɛːθ] *f.* **+ow** failure, shame, disgrace
[C:] {S 1; F 4: M *meth* → P: C B *mezh* 'shame'; W *meth* 'failure': **+ow** I}
Nance, following Lhuyd, treated the words for 'failure' and 'shame' as separate, MN and FN respectively. The first meaning was evidently 'failure', and later 'shame arising from failure'.

meth a'm beus I am ashamed
kemmeres meth be ashamed

²**meth** ['mɛːθ] *m.* nurture, nourishing
[C: Brit **mak-to-* (gpc)] {S 1; F 2: O Found in **mammeth, methrin, tasveth**: C W *maeth*:}
metha be ashamed
[Cc: ¹**meth** -¹A] {S 1; F 1: L *metha* (PV14039)}

methardak [mɛ'θardak] *m.* **-dagow** stalemate
[CcC: ¹**meth ardak**] {S 1; F 0(EC00): **-dagow** I}

methek ['mɛ·θɛk] *adj.* ashamed
[Cc: ¹**meth** -¹EK] {S 1; F 3: M *methek* (TH.)}
bos methek a be ashamed of

Metheven [mɛ'θɛ·vɛn] *m.* June
Usually preceded by **mis-**.
[C: Brit **medio-saminos* 'midsummer']

mether

{S 8; F 2: L *efin* (AB033a), *ephan* (PV.9931, 14122): C B *mezheven* (often incorrectly interpreted as *miz even*); W *Mehefin*:} <th> is used rather than <dh>, because the theoretical [ð] is unvoiced by the following [h].

mether ['mẹ·θẹr] *m.* **-oryon** victualler *(male)*, caterer
[Cl: ²**meth** -¹ER]
{S 8; F 2: O *maidor* → L,P: **-oryon** I}

metherieth [ˌmẹθẹ'ri·ẹθ] *f.* catering
[Cl: **mether** -IETH] {S 8; F 0(GM09: G.M.S.):}

method ['mẹ·θɔd] *m.* **+ys** method
[E(D): F *méthode* or L *methodus* (coe)]
{S 5; F 0(EC00): **+ys** I}

Methodek [mẹ'θɔ·dẹk] *adj.* Methodist
[Ec: Eng. -*ist* replaced by Cor. -¹EK]
{S 1; F 0(AnG 1985)}

Methodydh [mẹ'θɔ·djaz] *m.* **-yon** Methodist
[Ec: Eng. -*ist* replaced by Cor. -YDH]
{S 1; F 0(GM09: K.J.G.): **-yon** I}

methores [mẹ'θɔ·rẹs] *f.* **+ow** victualler *(female)*, caterer
[Clc: ²**meth** -ORES]
{S 8; F 0(GM09: K.J.G.): **+ow** I}

methtas *m.* **+ow** foster-father ALT = **tasveth**.
[CC: ²**meth tas**] {S 8; F 2: L *medhdas* (AB052a) → P: **+ow** I} Coined by Lhuyd from the W, and written by him as *medhdas*.

methus ['mẹ·θys] *adj.* shameful, ignominious
[Cl: ¹**meth** -US] {S 1; F 0(CE38): C B *mezhus*}

methuster [mẹ'θy·stẹr] *m.* shamefulness, ignominy
[Clc: **methus** -TER] {S 1; F 0(GM09: G.M.S.):}

methya ['mẹ·θja] *v.* feed, nourish
[Cc: ²**meth** -YA] {S 1; F 3: L *methia* (AB042b, 245a) → P: C cf. W *maethu*}
Lhuyd's *methia* may have been coined by him, or the [-ja] may represent a LateC replacement of a different VN ending. Nance's *methy* was wrongly based on the W.

meurder

methyans ['mẹ·θjans] *m.* **+ow** feed, feeding, nutrition
[Cc: ²**meth** -YANS]
{S 1; F 0(GM09: G.M.S.): **+ow** I}

methynn ['mẹ·θɪn] *m.* **+ow** nutrient
[Cc: ²**meth** -YNN] {S 1; F 0(GM09: A.S.): **+ow** I}

metol ['mẹ·tɔl] *m.* **metelyow** metal
ALT = **alkan**. [E(F): MidE < OldF (co)]
{S 5; F 2: L *metol* (AB047c) → P: C cf. B *metal*; W *metel*: **metelyow** N} Lhuyd's <o> is rather unexpected, but is kept here.

METR- [F: F *mètre* (coe)]

Metro *m.* Undergound

metregi [mẹ'trẹ·gi] *v.* metricate
[Fc: from METREK -¹I] {S 5; F 0(Y2)}

metregieth [ˌmẹtrẹ'gi·ẹθ] *f.* metrication
[Fcc: from **metrek** -IETH] {S 5; F 0(Y2):}

metrek ['mẹtrẹk] *adj.* metric
[Fc: METR=¹EK] {S 5; F 0(EC52): C cf. W *metrig*}

metya ['mẹ·tja] *v.* meet, encounter
ALT = **dyerbynna**. Takes a direct obj., or is followed by **gans** or **orth**.
[E(E)c: VN in -YA from MidE < OldE *mêtan* (co)] {S 5; F 4: M *vetye* → P: L 3rd sg. pret. *vettiaz* (JCNB)}

metyans ['mẹ·tjans] *m.* **+ow** meeting
[E(E)h: MN in -YANS from MidE < OldE *mêtan* (co)] {S 5; F 0(CE93): **+ow** I}

MEUL- **praise** [C: Brit **mâlima* (K.J.G.)]
Found as *mel* in **gormel**.

Meva *name* (name of a Celtic saint)
{S 8; F 1: O *memai* (LS): P Mevagissey}

meur ['mœːr] *adj.* great, large, many, substantial
[C: Brit **mâ-ros* < CC (Fl.)]
{S 1; F 7: M *mur, mer; mear* (CW.): L *mêr* (AB.); *mear*: P "*veor*" in pl.ns.: C B *meur*; W *mawr*}

meur a many, a lot of

meur a jiow a lot of houses

meur y golonn magnanimous

yn mar veur dell for as much as

meurder ['mœrdẹr] *m.* greatness
[Cc: **meur** -DER]
{S 1; F 2: L *mo̯urder* (AB084a) → P:}

meuredh ['mœ·rɛð] *m.* grandeur, majesty, pomp, magnificence
[Cc: **meur** -¹EDH]
{S 1; F 0(CE38): C W *mawredd*:}
hy meuredh (H.M.) her majesty
y veuredh his majesty

meuredhek [mœ'rɛ·ðɛk] *adj.* majestic
[Ccc: **meuredh** -¹EK]
{S 1; F 0(GM09: G.M.S.): C W *mawreddog*}

meureryek *adj.* high-flown
[CCc: **meur** 2ger -YEK] {S 8; F 2: L *moụeriak* (AB084a) → P} Appears to be a misreading by Lhuyd of a word (not identified) in *VC*. The interpretation may be incorrect.

meurgerys [mœr'gɛ·rɪz] *adj.* beloved, much loved, popular
[CCc: **meur** 2kerys] {S 1; F 0(CE93)}

meurgolonn [mœr'gɔ·lɔn] *f.* magnanimity
[CC: **meur** 2kolonn]
{S 1; F 0(GK98: R.L., T.S.):}

meurgolonnek [mœrgɔ'lɔnːɛk] *adj.* magnanimous
[CCc: **meurgolonn** -¹EK]
{S 1; F 0(GM09: G.M.S.)}

meurhe [mœr'hɛː] *v.* magnify, make great
[Cc: **meur** -HE] {S 1; F 0(CE38): C W *mawrhau*}

meur-oberer magnificent
{S 8; F 2: L *moụrobrụr* (AB084a) → P} Appears to be a misreading by Lhuyd of a word (not identified) in *VC*. The interpretation may be incorrect.

Meurth ['mœrθ] *m.* Tuesday, March, Mars
[L: CLat *Martis* (hpb)]
{S 1; F 3: L *merh* (AB014c) → P:}

meurthek ['mœrθɛk] *adj.* martian
[Lc: **meurth** -¹EK] {S 1; F 0(GM09: G.M.S.)}

meurthwas ['mœrθwas] *m.* **-wesyon** martian
[LC: **meurth** 2gwas]
{S 1; F 0(GK98: K.J.G.): **-wesyon** I}

meus ['mœːz] *m.* **+i** thumb
[C:] {S 1; F 2: L *meas* (BOD), *bes* (PV.7422); pl. *bessi* (PV.7422): C B *meud*; W *(bawd)*: **+i** L}

meusva ['mœzva] *f.* **meusvedhi** inch
[Cc: Compound of **meus**]
{S 3; F 1: L *misue* (CCD): C W *modfedd*; cf. B *meudad*: **meusvedhi** I}

meusya ['mœ·ʒja] *v.* thumb a lift, hitch-hike, hitch
[Cc: **meus** -YA] {S 1; F 0(Y1)}

-MEVY [mɛ'vɪː] *pron.* me *(emphatic)* [cC:]

mewgh ['mɛʊx] *m.* **+yow** bail, guarantee, warranty
[C: CC *makkos* (gpc)]
{S 8; F 2: M *meugh* (PC.1118) → P: C OldB *meic* (pl.); W *mach*, pl. *meich*: **+yow** C}
MidC *meugh* has been re-spelled **mewgh**. The vocalization of the Cor. word does not agree with the cognates, and may have been written as an eye-rhyme for *whyleugh* 'ye seek'.

mewghya ['mɛʊxja] *v.* stand bail, guarantee
[Cc: **mewgh** -YA] {S 8; F 0(CE55): C W *meichio*}

mewghyer ['mɛʊxjɛr] *m.* **-yoryon** guarantor, one who stands bail, bail-bondsman (U.S.)
[Ch: **mewgh** -¹YER] {S 8; F 0(Y2): **-yoryon** I}

mewl ['mɛʊl] *m.* **+ow** disgrace, reproach, stigma
[C: Brit *mebl-* < CC < IE (Fl.)]
{S 8; F 2: M *meul* (PC.2048), *meavl* (RD.0079) → L, *mevle* (BM.1166):
C OldB *mepl-*; W *mefl* 'shame': **+ow** I}

Mewynn *name* Mewan (name of a saint) {S 8; F 1: O *megunn* (LS)}

meydh ['mɛið] *m.* **+ow** whey
[C: Brit *midga* (hpb) < CC (Fl.)]
{S 1; F 3: L *Meith* (LV102.20), *meith* (AB149c, 289a) → P: C OldB *meid*; W *maidd*: **+ow** I}

meyl ['mɛɪl] *m.* **+i** mullet
[D: CLat *mugil* or OldF *meuil* (Gr.)] {S 1; F 3: O *mehil* (VC.546) → L,P: L *mehal* (AB095a) → P; pl. *mehilli* (AB095a) → P:
C B *meilh*; not in W: **+i** L}

meylessa [mɛɪl'ɛsːa] *v.* catch mullet
[Dc: **meyl** -ESSA] {S 1; F 0(CE38)}

meyn ['mɛɪn] *pl.* stones
[C: Brit **magnî*] {S 1; F 4: **M** *meyn*: **L** *mein* (AB.): **P** *Bosvine*: **F** *Vine*: **C B** *mein*}
an veyn the stones

meyndi ['mɛɪndi] *m.* **+ow** stone-house
[CC: **meyn** 2⁴**ti**]
{S 1; F 0(CPNE): **P** *Mountjoy*: **+ow** N}

meynek ['mɛɪnɛk] **1.** *adj.* stony **2.** *f.* **-egi** stony place, rockery
[Cc: **meyn** -¹EK]
{S 1; F 2: **L** *meny, veney* (PV13936), *vynick* (PV18326): **P** *Carvinack*: **-egi** I}

meythrin ['mɛɪθrin] *v.* rear, raise *(of a child)*
[C: Brit **maxtrîn* (lheb) or **maktrîn* (Haywood)] {S 1; F 1: **O** *meidrin* (VC.148) → L,P: **C W** *meithrin*}
Found as second element of **mab-meythrin**.

meythrinva [mɛɪθ'rinva] *f.* **+ow** nursery
[Cc: **meythrin** -VA]
{S 1; F 0(GM09: P.H.): **+ow** I}

Micyppa (Lat.) *name* (name of a king of Babylon) {S 6; F 1: **M** *micyppa* (BK31.72)}

Middlesex (Eng.) *place*
{S 6; F 1: **L** *Middlesex* (LVWG)}

Mighal [mɪ'ɦaːl] *name* Michael
[U:]
{S 8; F 4: **M** *myhal*: **L** *mihâl* (AB012a, 012c) → P}

might (Eng.) *v.* part
Commonly found in Eng. phrases such as *so mot I go*, lit. 'so I may go'. {S 6; F 4: **M** *mot*}

mighty (Eng.) *adj.*
{S 6; F 1: **M** *myghty* (BK18.48)}

migorn ['mi·gɔrn] *m.* **+ow** cartilage, knuckle
[C: Brit (Fl.)] {S 1; F 0(EC52): **C B** *migourn*; **W** *migwrn*: **+ow** I}

mik ['miːk] *m.* **+ow** squeak
[U:] {S 8; F 1: **L** *mycke* (CW.0535): **C** cf. **B** *mik*: **+ow** I}

mikenn ['mi·kɛn] *f.* **+ow** malice, animosity
[Uc:] {S 8; F 2: **L** *mikan* (JCNBL46) → P: **C** cf. **W** *mic* 'spite, malice': **+ow** I}
N.B. [-k] rather than [-g].

¹**mil**² ['miːl] *m.* **+yow** thousand
[L: CLat *mîlia* (gpc)] {S 1; F 5: **M** *myl*; pl. *myllyow*: **L** *mîl* (AB090c), *meele* (BITB); pl. *millyow*: **C B** *mil*; **W** *mil*: **+yow** ML}

²**mil** ['miːl] *m.* **+es** animal, wild beast
[C: CC **mîlo-* < IE **smelo-* (gpc)] {S 1; F 4: **O** *mil* (VC.607) → L,P: **L** *mil* (G1JB), *mîl* (AB110c); pl. *miliow* (PV14110): **C B** *mil*; **W** *mil*: **+es** I}
The pl. ending *-iow* is found in LateC, but -ES is used here to avoid confusion with **milyow** 'thousands'. The orig. meaning in Brittonic was apparently 'small domestic animal'.

milast ['mi·last] *f.* **milisti** greyhound
[CC: ²**mil** 2**gast**]
{S 1; F 0(CE38): **C W** *milast*: **milisti** I}

milblek ['milblɛk] *adv.* thousandfold
[LL: from ¹**mil** 2**pleg**] {S 3; F 2: **M** *myl blek* (OM.0523, BK35.35) → P}

milchamath (Heb.) war
Keigwin seems to have used a Hebrew word by mistake. {S 6; F 1}

mildir [mɪl'diːr] *m.* **+yow** mile
[LC: ¹**mil** 2**tir**] {S 1; F 3: **M** *myldyr* (RD.2497): **L** *myll der*, *myle dere* (IKAB), *moldeer* (NGNB1): **C W** *milltir*: **+yow** I}

mildroes ['mildrɤz] *m.* **-es** millipede
[LC: ¹**mil** ¹**troes**]
{S 1; F 0(CE38): **C W** *miltroed*: **-es** I}

milgi ['milgi] *m.* **milgeun** greyhound
[CC: ²**mil** 2**ki**] {S 1; F 2: **M** *mylgy* (PC.2927, BM.1281) → P; pl. *mylguen* (BM.3166): **C B** *milgi*; **W** *milgi*: **milgeun** M}

milgolm ['milgɔlm] *coll.* **+enn** knotgrass
[LC: ¹**mil** 2**kolm**]
{S 1; F 0(CE38): **C** cf. **B** *milg(o)lom*: **+enn** I}

milhyntall [mɪl'hɪntal] *m.* **+ow** maze, labyrinth
[LCC: from ¹**mil hyns dall**]
{S 1; F 0(CE38): **C B** *milhentall*: **+ow** I}

militant (Eng.) *adj.* {S 6; F 2: **M** *militant* (TH41v, 43v)}

milliga

milliga [mɪ'li·ga] *v.* curse, revile
[Uc: VN in -A from unidentified root]
{S 1; F 5: **M** *mylyge* (OM.0271) → P; p.ptcpl.
mylyges: **L** p.ptcpl. *meligas* (BOD): **C** B *milligañ*}
One would expect the p.ptcpl. 'cursed' to end
in *-ys* > *-es*, but the ending is clearly *-es* > *-as*.

million (Eng.) *n.*
{S 6; F 1: **M** *mylyon* (RD.2258)}

milonieth [milɔ'ni·ęθ] *f.* zoology
[Cc: ²**mil** -ONIETH] {S 1; F 0(GM09: YhaG):}

miloniethel [milɔni'ę·θęl] *adj.*
zoological
[Cc: **milonieth** -¹EL] {S 1; F 0(GM09: YhaG)}

milonydh [mi'lɔ·nɪð] *m.* **+yon** zoologist
[Cc: ²**mil** -ONYDH]
{S 1; F 0(GM09: YhaG): **+yon** I}

mil-pryv *m.* "the druid's, or serpent's
egg" {S 1; F 1: **L** *mîl-prêv* (PV14111):}

milus ['mi·lys] **1.** *adj.* brutal, beastly,
bestial **2.** *m.* **milusyon** brute
[Cl: ²**mil** -US] {S 1; F 0(GM09: YhaG): **M** pl.
myllusyon (BM.3805): *milusyon* M} The pl.
could also be interpreted as a pl. adj. (Padel).

miluster [mɪ'ly·stęr] *m.* brutality,
beastliness, bestiality
[Clc: **milus** -TER] {S 1; F 0(EC00):}

milva ['milva] *f.* **milvaow** zoo,
menagerie
[Cc: ²**mil** -VA] {S 1; F 0(CE38): **C** W *milfa*
'menagerie': **milvaow** N (EC52)}

milvedhegieth [ˌmi·lvęðę'gi·ęθ] *f.*
veterinary science
[CLc: from **milvedhek** -IETH]
{S 1; F 0(GK98: G.M.S.):}

milvedhegiethel [milvęðęgi'ę·θęl] *adj.*
veterinary
[CLc: **milvedhegieth** -¹EL]
{S 1; F 0(GM09: G.M.S.)}

milvedhek [mɪl'vę·ðęk] *m.* **-ogyon** vet
(male), veterinary surgeon
[CL: ²**mil** 2**medhek**] {S 1; F 0(EC52): **-ogyon** I}

milvedhoges [mɪlvę'ðɔ·gęs] *f.* **+ow** vet
(female), veterinary surgeon

min

[CL: ²**mil** 2**medhoges**]
{S 1; F 0(GM09: K.J.G.): **+ow** I}

milves ['milvęz] *num.* thousandth
[Lc: ¹**mil** -VES]
{S 1; F 0(CE38): **C** B *milved*, W *milfed*}

milvil² ['milvɪl] *m.* **+yow** million
[LL: ¹**mil** 2¹**mil**] {S 1; F 2: **M** *myl vyl* (RD.0132,
0141): **C** Not in B; W *milfil*: **+yow** I}

milvilwas [mɪl'vilwas] *m.* **-wesyon**
millionaire
[LLC: **milvil** 2**gwas**]
{S 1; F 0(CE93: T.S.): **-wesyon** I}

milvlew ['milvlęw] *coll.* **+enn** fur
[CC: ²**mil** 2**blew**]
{S 1; F 0(GM09: K.J.G.): **+enn** I}

milvloedh ['milvlʁð] *phrase* thousand
years old
[LC: ³**mil** 2**bloedh**] {S 1; F 0(CE38)}

milvlydhen [mɪl'vlɪ·ðęn] *f.* **+yow**
millennium
[LC: ³**mil** 2**blydhen**] {S 1; F 0(CE38): **+yow** I}

milwell ['milwęl] *adj.* far better
[LC: ³**mil** 2**gwell**] {S 1; F 3: **M** *myl wel* (PC.0755,
2847) → P} lit. 'one thousand (times) better'.

milweth ['milwęθ] *adj.* far worse
[LC: ³**mil** 2**gweth**] {S 1; F 2: **M** *myl weth*
(RD.0348) → P} lit. '1000 (times) worse'.

milweyth ['milwęɪθ] *adv.*
thousand times
[LC: ³**mil** 2¹**gweyth**]
{S 1; F 4: **M** *mylwyth*: **L** *milweth* (AB232a) → P}

milyon *num.* million ALT = **milvil**.
{S 4; F 1: **M** *mylyon* (RD.2258)}

mim ['miːm] *m.* **+yow** mime
[E(F):] {S 5; F 0(GM09: YhaG): **+yow** I}

mimya ['mi·mja] *v.* mime
[E(F)c: **mim** -YA] {S 5; F 0(GM09: YhaG)}

min ['miːn] *m.* **+yow** face, lip, mouth,
tip *(end)*, edge, border, brim
[C: IE *mekno- (lp)] {S 1; F 4: **M** *myn*: **L** *mein*
(AB058a, 292b) → P; pl. *meyne* (PV13937): **P**
Mingoose: **C** B *min*; W *min*: **+yow** I}

syns dha vin shut your mouth

mind (Eng.) *n.*
{S 6; F 4: M *mynde, mynd*: L *meend* (GCJK)}

mindu [mɪn'dyː] *adj.*
swarthy, blackavised
[CC: **min du**]
{S 1; F 1: M *myendu* (Leland, quoted in *CE38*)}

minfel ['minfęl] *coll.* **+enn** yarrow, milfoil
[L: CLat *millefolium* (Gr.)] {S 8; F 2: O *minfel* (VC.644) → L,P: C B *milfer*; W *minfel*: **+enn** }

mingamm [mɪn'gamː] *m.* **+ow** grimace
[CC: **min 2kamm**]
{S 1; F 0(CE38): C W *mingam*: **+ow** I}

mingamma [mɪn'gamːa] *v.* grimace
[CCc: **min 2kamma**] {S 1; F 0(GK98: K.J.G.)}

mingow [mɪn'gɔw] *adj.* lying
[CC: **min gow**] {S 3; F 2: M *myn gov* (BM.2379), *myn gou* (BM.2655)}

mingreft [mɪn'gręft] *m.* make-up
[CE(E): **min 2kreft**] {S 5; F 0(GM09: YhaG):}

minhwarth ['minhwarθ] *m.* **+ow** smile
[CC: **min hwarth**]
{S 1; F 0(CE38): C B *minc'hoarzh*: **+ow** I}

minhwerthin [mɪn'hwęrθin] *v.* smile
[CCc: **min hwerthin**]
{S 1; F 0(CE38): C B *minc'hoarzhin*}

minliw ['minliw] *m.* **+yow** lipstick
[CC: **min liw**] {S 1; F 0(GM09: A.S.): **+yow** I}

minrew ['minręw] *adj.* grey-bearded
[CC: **min rew**]
{S 1; F 1: M *myn reyv* (BM.2385)} lit. 'frost face'

minvlew ['minvlęw] *coll.* **+enn**
whiskers, moustache
[CC: **min 2blew**]
{S 1; F 0(CE38): C B *minvlev*: **+enn** I}

minya ['miˑnja] *v.* nuzzle
[Cc: **min** -YA] {S 1; F 0(CE38): D "meen"}

minyek ['miˑnjęk] **1.** *adj.* long-muzzled, pointed **2.** *m.* **minyoges** long-nosed skate
[Cc: **min** -YEK] {S 1; F 0(CE55): C W *miniog*: **minyoges** I} Nance suggested *mynek*.

miowal [mɪ'ɔʊal] *v.* mew
[Ec: VN in -AL from onomatopoeia]
{S 8; F 0(CE38): C B *miaoual*; W *mewial*}

mir ['miːr] *m.* **+ow** appearance *(of a person)*, look *(appearance)*
[L: CLat *mîrârî*]
{S 1; F 1: M *mir* (BK28.52): C W *mir*: **+ow** I}
The reference is to Christ: what He looks like.

miraj ['miˑradʒ] *m.* **+ys** mirage
[E(F): ModE < F *mirage* (coe)]
{S 5; F 0(EC00): **+ys** I} cf. **messaj**; the first syllable is reminiscent of **mir**.

mirer ['miˑręr] *m.* **-oryon** spectator *(male)*, observer, onlooker
[Ll: **mir** -¹ER] {S 1; F 0(EC52): **-oryon** I}

mires ['miˑręz] *v.* look, behold, observe
[Lc: **mir** -¹ES] {S 1; F 6: M *myres, meras*: L *mîras* (AB043c), *meraz* (KWJB): C B *mirout* 'keep'; not in W} **mires dhe** is also found *(BM.3656)*.

mires orth look at, watch, regard
mires war look upon

mirewgh ['miręʊx] *interj.* behold
2 pl. impv. of **mires**. [Lc: **mir** -⁷⁵EWGH] {S 1; F 5: M *merough* → P, *merough*: L *mero, meero*}

mirji ['mirdʒi] *m.* **+ow** observatory
[LC: **mir 2chi**] {S 2; F 0(EC52): **+ow** I}

mirores [mi'rɔˑręs] *f.* **+ow** spectator *(female)*, observer, onlooker
[Llc: **mir** -ORES] {S 1; F 0(GM09: K.J.G.): **+ow** I}

mirour ['miˑrur] *m.* **+s** mirror
[E(F): MidE *mirour* < OldF *mirour* (coe)]
{S 5; F 1: M *myrryr* (TH15v): **+s** I}
Anticipated by Nance in *CE38*. There may have been an association in the minds of MidC speakers with the word **mir**.

mirth (Eng.) *n.* {S 6; F 1: M *merth* (BK25.49)}

mis ['miːz] *m.* **misyow** month
[C: CC *mîns* (Fl.) < IE *mêns* (gpc)]
{S 1; F 4: O *mis* (VC.460) → L,P: M *mys*; pl. *mysyov* (BM.0803): L *mîz* (AB.), *mees* (PRJBG), *miz* (PRJBT): C B *miz*; W *mis*: **misyow** M}

mis-Du [ˌmiˑs'tyː] *m.* **misyow-Du**
November
[cC: **mis du**] {S 1; F 3: L *mîz diụ* (AB100b) → P, *mez-du* (CRWG): **misyow-Du** N (P.H.)}

mis-Ebrel

mis-Ebrel [ˌmiːz'ɛbrɛl] *m.* **misyow-E.**
April
[cL: **mis Ebrel**] {S 3; F 3: L *miz ebral* (AB043b, L1JB) → P: **misyow-E.** N (P.H.)}

miserable (Eng.) *adj.* {S 6; F 2: M *miserabill* (TH03r, 10r), *miserabyll* (TH07r)}

miserably (Eng.) *adv.*
{S 6; F 1: M *miserably* (TH09r)}

misery (Eng.) *n.*
{S 6; F 3: M *miseri* (TH.); pl. *miseries* (TH51r)}

mis-Est [ˌmiːz'ɛːst] *m.* **misyow-Est**
August
[cL: **mis Est**] {S 1; F 2: M *meys est* (BM.2197): L *mez-east* (Gwavas): **misyow-Est** N (P.H.)}

mis-Genver [ˌmiːs'kɛnvɛr] *m.*
misyow-G. January
[cL: **mis Genver**] {S 1; F 2: L *mîz yenvar* (PV14122): **misyow-G.** N (P.H.)}

mis-Gortheren [ˌmiːskɔr'θɛːrɛn] *m.*
misyow-G. July
[cC: **mis Gortheren**] {S 8; F 2: M *mys gortheren* (BM.2194): L *miz gorephan* (AB074a) → P: **misyow-G.** N (P.H.)}

mis-Gwynngala [ˌmiːskwɪn'gaːla] *m.*
misyow-G. September
[cCL: **mis Gwynngala**]
{S 2; F 2: L *mîz guedn-gala* (AB148c) → P: **misyow-G.** N (P.H.)}

mis-Hedra [ˌmiːs'hɛdra] *m.* **misyow-H.**
October
[cC: **mis Hedra**] {S 8; F 1: L *mîz-hedra* (AB105b) → P, *mys heddra* (CLJK), *messe heddra* (BITB): **misyow-H.** N (P.H.)}

mis-Hwevrer [ˌmiːs'hwɛvrɛr] *m.*
misyow-H. February
[cL: **mis Hwevrer**] {S 1; F 1: L *Mîs-Huevral* (NMWP): **misyow-H.** N (P.H.)}

mis-Kevardhu [ˌmiːskɛvar'ðyː] *m.*
misyow-K. December
[cC: **mis Kevardhu**]
{S 8; F 2: L *mîs kevardhiụ* (AB053c) → P, *miz-kevardhiu* (L3WG): **misyow-K.** N (P.H.)}

modrep

miskweyth ['miːskwɛɪθ] *m.* **+ow** period of a month
[CC: **mis 4¹gweyth**]
{S 1; F 0(CE38): C W *misgwaith*: **+ow** I}

mis-Me [ˌmiːs'mɛː] *m.* **misyow-Me**
May
[cL: **mis Me**] {S 1; F 1: M *vys mee* (BK15.18): L *mîz mê* (AB084b) → P, *mîz mea* (MSWP): **misyow-Me** I}

mis-Metheven [ˌmiːsmɛ'θɛːvɛn] *m.*
misyow-M. June
[CC: **mis Metheven**] {S 8; F 3: M *mes metheven* (BM.4303): L *miz ephan* (AB074b) → P: **misyow-M.** I} Lhuyd's *miz ephan* indicates that the month's name was shortened in LateC, as in colloquial Breton *miz even* for *miz mezheven*.

mis-Meurth [ˌmiːs'mœrθ] *m.*
misyow-Meurth March
[cL: **mis Meurth**]
{S 1; F 2: L *mîz merh* (AB028c, 086c) → P, *mez-merh* (CRWG): **misyow-Meurth** I}

misyek ['miːsjɛk] *adj.* monthly
[Cc: **mis -YEK**]
{S 1; F 0(CE38): C B *miziek*; not in W}

mita ['miːta] *m.* **mitys** mite
[E(O): MidE < Du *mîta* (coe)]
{S 5; F 1: M *mittes* (SA64r): **mitys** M}

miter ['miːtɛr] *m.* **+s** mitre
[E(F): MidE < OldF (coe)]
{S 5; F 2: M *muter* (BM.3010), *vytour* (OM.2615) → P: **+s** N (CE38)} The <u> in *muter* is taken as a reversed spelling for /i/.

Mizraim (Heb.) *place*
{S 6; F 1: M *Mitzrayim* (TCJK)}

mo ['mɔː] *m.* **+yow** hour before dawn, dusk, twilight
[U:] {S 8; F 1: M *mo* (BM.2738): **+yow** N (P.H.)}
mo ha myttin by night and by day

modrep ['mɔdrɛp] *f.* **modrebedh** aunt
[C: Brit **mâtrapî* (M)]
{S 1; F 2: O *modereb* (VC.151) → P; pl. *modreped* (RF14.03): L *modrap* (AB021a, 042c): C B *moereb*; W *modryb*: **modrebedh** C}

Modres

Modres *name* Modred
{S 1; F 4: M *modres* (BK.): L Tremodrett}
Endings in <-t> and <-th> also found in *BK.*; for discussion see Chaudhri (2007), §4.2.2.

modrewi bracelet, ring
[CC: **meus** + cognate of W *-rwy*} {S 8; F 2: O *moderuy* (VC.326) → P: C W *modrwy*}
Nance left this word in its OldC guise, as *modrewy*. The first element could be up-dated to **meus**, but it is not so clear how to up-date the second.

moel ['moːl] *adj.* bald, bare, hairless
[C: CC (Fl.) < IE **mai-* (gpc)]
{S 1; F 1: L *moel* (PV14131): P Molinnis = **moel ynys**: F the surname *Moyle*, common in Redruth, which has the spelling-pronunciation ['mɔɪl].: C B *moal*; W *moel*}

moelder ['moldɐr] *m.* baldness, bareness
[Cc: **moel** -DER] {S 1; F 0(CE38): C W *moelder*:}

moelhe [mʏl'hęː] *v.* make bald
[Cc: **moel** -HE] {S 1; F 0(CE38): C B *moalaat*}

Moelvra ['mʏlvra] *place* Mulfra
[CC: from **moel** 2**bre**]
{S 2; F 1: L *moel vre* (PV14131)}

¹**moen** ['moːn] *adj.* slender, thin, slim
[C: Brit **meino-* < CC (Fl.)]
{S 1; F 3: O *muin* (VC.947) → L,P: M *mon* (OM.2444): L *moin* (PV14137, 14301): P Mean-Moon: C B *moan*; W *mwyn* 'gentle'}

²**moen** ['moːn] *m.* +**ow** ore, mineral
[C:] {S 1; F 2: L pl. *moina* (PV14202): P ?Tremoan: C W *mwyn*: +**ow** L}

moen sten tin-ore

moender ['mondɐr] *m.* slenderness, slimness
[Cc: ¹**moen** -DER] {S 1; F 0(GM09: G.M.S.):}

moendi ['mondi] *m.* +**ow** mineral-house, building *(for processing ore)* [CC: ²**moen** 2⁴**ti**]
{S 1; F 0(CPNE): P Rosemundy: +**ow** N}

moenek ['moˑnęk] 1. *adj.* mineral 2. *f.* **moenegi** ore-bearing ground
[Cc: ²**moen** -¹EK]

{S 1; F 0(CE55): P *Monek*: **moenegi** I}

moengleudh ['mongl̨œð] *m.* +**yow** opencast mine-working
[CC: ²**moen** 2**kleudh**] {S 1; F 0(CE38): P Mongleath: C W *mwynglawdd*: +**yow** I}

moenhe [mʏn'hęː] *v.* slim, taper
[Cc: ¹**moen** -HE] {S 1; F 0(GM09: J.P.)}

moes ['moːz] *f.* +**ow** table
[L: BLat *mêsa* < CLat *mensa* (lheb)]
{S 1; F 4: O *muis* (VC.843) → L,P: M *vois*: C B *(meuz)*; MidW *mwys* 'hamper': +**ow** I}

moes an pythow prop table

moesenn ['moˑsęn] *f.* +**ow** table *(statistical)* [Lc: **moes** -ENN]
{S 1; F 0(GM09: YhaG): +**ow** I}

¹**moeth** *adj.* rich, fruitful
{S 8; F 2: L *veath*, *voeth* (PV.18131): C W *moeth* 'luxury'} Not known elsewhere; the meanings are those given by Pryce. The word may be linked with **kevoethek**.

²**moeth** ['moːθ] *m.* +**ow** breakdown, indignities, fiasco, flop *(in theatre)*
[C: CC **muk-to-* (deb)]
{S 8; F 1: M pl. *mothow* (OM.1226): C B *mouezh* 'stink', W *mwyth* 'fever': +**ow** M}

mog ['mɔːg] *m.* smoke, fume, reek
[C:] {S 1; F 4: M *mok, moog* (CW.): L *môg* (AB062a) → P: C W *mwg*; cf. B *moged*:}
MOG- [c:]

moga ['mɔˑga] *v.* choke
[Cc: MOG=¹A] {S 1; F 0(GK98): C B *mougañ*}
The p.ptcpl. may appear in *MC.206*.

moggha ['mɔxːa] *adj.* most
[Cc: ²MOGH=²A] {S 1; F 4: M *mogha* → L, *moghya* → P} Spv. of ²**mogh**; there was some confusion between this word and **moyha**.

¹**mogh** ['mɔːx] *pl.* pigs, swine (pl.)
[C: CC **mukku-* (Fl.) < IE (lp)]
{S 1; F 4: M *mogh* (OM.1065): L *môh* (AB.) → P: C B *moc'h*; W *moch*}

²**mogh** ['mɔːx] *adj.* great
[C:] {S 8; F 2: M *mogh* (BM.0955), *meg* (BK30101), *mog* (BK31.07)}
Nance translated *mogh* as 'vain', but it seems to be the same word as those found in *BK*.

moghhe [mɔfi'hẹː] *v.* magnify, enlarge, increase, augment
[Cc: MOGH=HE] {S 1; F 3: M p.ptcpl. *moghheys*}

moghheans [mɔfi'hẹˑans] *m.* **+ow** magnification, enlargement, increase, augmentation
[Cch: **moghhe** -ANS] {S 1; F 0(EC00): **+ow** I}

mogow ['mɔˑgɔw] *f.* **+yow** cave, cavern
[C:] {S 1; F 1: L *vooga* (PV18141): D "foogo": P Vugga Cove: C B *mougev*: **+yow** N (K.J.G.)} Pryce's *vooga* has Late permanent lenition. The learned term *fogou* and dial. "foogo" come from this word.

Mohammed's (Eng.) *name* {S 6; F 3: M *mahommys* (PC.0575) and 3 other spellings}

mokkya v. mock ALT = **gul ges** or **gesya**.
[E(F)c: VN in -A from MidE < OldF *mocquer* (coe)] {S 5; F 2: M *mockya* (TH49v); p.ptcpl. *mockys* (TH14v)}

mol ['mɔːl] *m.* **+yow** clot, hardened blood
[U:] {S 1; F 1: M *bol* (RD.2537): C W *môl*: **+yow** I} The attestation of this word depends on Nance's interpretation of *dar bol* as *dre vol*.

¹**mola** ['mɔˑla] *v.* clot
[Uc: **mol** -¹A] {S 8; F 2: L p.ptcpl. *mwlez* (LV101.02), *meliaz* (AB245b): C W *molu*}

²**mola** ['mɔˑla] *v.* mould *(for casting),* knead
[Fc: poss. from F *mouler* 'to mould'] {S 4; F 0(CE93: J.G.H.): D "moole" (Thomas' *Randigal Rhymes*): C B *moulañ* 'to mould, to print'} This word, if it existed in Cor., may have been confused with ¹**mola**.

molas ['mɔˑlas] *m.* **+ys** treacle, molasses
[E(O): E *molasses* < Portuguese (coe)] {S 4; F 1: L (Borlase): **+ys** I}

MOLDR-
[E: MidE *mordre* with dissimilation [r] > [l]]

moldra ['mɔldra] *v.* murder, assassinate
[Ec: MOLDR=¹A] {S 4; F 2: M *moldra* (BM.1189, 1718), 3rd sg. pret. *fuldrys* (BK28.10)}

moldrans ['mɔldrans] murder
[Eh: MOLDR=ANS] {S 4; F 0(EC00)}

moldrer ['mɔldrẹr] *m.* **-oryon** murderer
[El: MOLDR=¹ER] {S 4; F 0(CE38): **-oryon** I}

moldrores [mɔl'drɔˑrẹs] *f.* **+ow** murderess
[El: MOLDR=ORES] {S 4; F 0(GM09: K.J.G.): **+ow** I}

moldrys ['mɔldrɪz] *adj.* murdered
[Eh: MOLDR=⁶YS] {S 4; F 0(GM09: G.M.S.)} P.ptcpl. of **moldra**.

molgh ['mɔlx] *f.* **+i** thrush
[C: Brit **mesalkâ* or **misalkâ* (gpc) < IE (lp)] {S 1; F 4: O *moelh* (VC.503) → L,P: L *mola* (AB.): P Carvolth: C B *moualc'h*: W *mwyalch*: **+i** N (K.J.G.)}

molgh-dhu [mɔlfi'ðyː] *f.* **molghi-du** blackbird
[CC: **molgh** 2du] {S 1; F 2: L *mola dhi̥u* (AB013c) → P: **molghi-du** N}

molgh-las [mɔlfi'laːz] *f.* **molghi-glas** fieldfare
[CC: **molgh** 2¹glas] {S 1; F 1: L *Mola lâz* (AB013c) → P: **molghi-glas** N}

molleth ['mɔlːẹθ] *f.* **mollothow** curse, malediction, imprecation
[L: MOLLOTH-A] {S 8; F 5: M *molleth, mollath*; pl. *molothow*: L *mollath* (PRWP): C B *mallozh*; W *melltith*: **mollothow** M} The sg. shows unexplained vowel aff.

molla'tyw God's curse

mollethi [mɔ'lẹˑθi] *v.* curse, execrate, swear
[Lc: **molleth** -¹I] {S 8; F 4: M *voleythy* (MC.018): L *molletha* (AB084b) → P, *molythia* (AB068c) → P} Lhuyd wrote *molletha*, but -A would not cause vowel aff.; this looks like a case of LateC substitution of VN ending.

mollethyans [mɔ'lẹˑθjans] *m.* **+ow** malediction
[Lh: **molleth** -YANS] {S 8; F 2: L *mollethians* (AB084b) → P: **+ow** I}

momentom [mɔ'mẹntɔm] *m.* momentum
[E(L): E < L *momentum*, with *-om* replacing *-um*] {S 5; F 0(GM09: YhaG):}

momentomedh [mɔmɛn'tɔˑmɛð] *m.*
momentum *(as a physical quantity)*
[E(L)c: **momentom** -EDH]
{S 5; F 0(GM09: P.H.):}

Monika name Monica
{S 5; F 1: **M** *monica* (SA66r)}

MOLLOTH- [L: CLat *maledictio* (lp)]

mollothek [mɔ'lɔˑθɛk] *adj.* cursed, accursed, execrable
[Lc: MOLLOTH=¹EK] {S 8; F 3: **M** *mollothek*: **L** *Moledhek* (LV105.66)} *molak* at BK30.27 may be a reduced form of this word.

mols ['mɔls] *m.* **mels** wether (sheep) *q.v.*
[C: Brit *molto-* (hpb) < CC *molto-* (gpc)]
{S 1; F 4: **O** *mols* (VC.604) → L,P:
M *mols* (OM.1384): **L** *moulz* (AB241b):
P The Mouls: **C B** *maout*; **W** *mollt*: **mels** }

mon ['mɔːn] *m.* dung, manure
[F: OldF *moun* (leb)] {S 8; F 0(CE38): **D** "mun":}

mona ['mɔˑna] *coll.* cash, money, change
[L: CLat *moneta*] {S 2; F 4: **M** *mone* → P, *mona*:
L *monnah* (AB115c), *mona*: **C B** *moneiz*:}
monyys (PC.0505) may represent an earlier form with /z/, or it may be a pl.

mona kemmyn currency
mona munys small change

monarchy (Eng.) *n.* {S 6; F 1: **M** *monarchy* (TH50r)}

mones ['mɔˑnɛz] *v.* go This is the full form of the VN; the commoner **mos** is a contraction.
[C: Brit (Fl.)] {S 1; F 5: **M** *mones* → L,P; *monas* → P: **C** MidB *monet*; MidW *myned*}

monesek [mɔ'nɛˑzɛk] *adj.* monetary
[Lc: from CLat *moneta* with <t> > <s>, + -¹EK]
{S 8; F 0(GK98: A.S.)}

mong ['mɔŋ] *f.* **+ow** mane
[C: Brit *mongo-* < CC < IE (M)] {S 3; F 0(CE38):
C B *moue*; **W** *mwng*: **+ow** N} Lhuyd's *Mân* (LV101.60) is thought to be Eng. *mane*.

mongar ['mɔngar] *f.* **-ger** horse-collar
[U: Perhaps a compound of **mong**] {S 8; F 2:
L *myngar* (AB164b) → P: **-ger** N (CE38)}

mongarenn [mɔng'aˑrɛn] *f.* **+ow** horse-collar
[Uc: **mongar** -ENN]
{S 8; F 0(CE38): **D** "mungern": **+ow** I}

Mongvras name (name of devil)
[CC:] {S 8; F 2: **M** *monfras* (BM.2338, 3370)} The name of this devil has been read as *moufras*, but in *CE93* it was suggested that the reading should be *monfras*, for **mong vras** 'great mane'.

monsoun [mɔn'suːn] *m.* **+yow** monsoon
[E(O): E *monsoon* < early modern Dutch *monssoen* (coe)] {S 5; F 0(EC00): **+yow** N}

mont ['mɔnt] *m.* **+ys** mount
[E(E): MidE < OldE *munt* (coe)]
{S 5; F 3: **M** *mont, vownt* → P:
P Mount (may of course be direct from Eng.):
C W *Mwnt* in pl.ns.: **+ys** I}

¹**mor** ['mɔːr] *m.* **+yow** sea
[C: Brit *mori* < CC (Fl.) < IE *mori* (hpb)]
{S 1; F 5: **O** *mor*: **M** *mor*; *more* (SA.), *moer* (CW.):
L *môr* (AB.), *moar, more*: **P** Mên an Mor:
C B *mor*; **W** *mor*: **+yow** C}
When unstressed as a prefix in a word of 3 syll. or more, this word became *mul-* in dial., even before Cornish ceased to be spoken as a community language.

An Mor Rudh The Red Sea

²**mor** ['mɔːr] *coll.* **+enn** berries
[C: Brit *miyaro-* (M) < CC *smera* (iyk)]
{S 1; F 3: **O** *moyr-* (VC.702) → L,P: **L** sg. *Moran* (AB044b, 240c): **C B** *mouar*; **W** *mwyar*: **+enn** L}

mora ['mɔˑra] *v.* put to sea
[Cc: ¹**mor** -¹A] {S 1; F 0(CE38): **C B** *morañ*}

moral (Eng.) *adj.* {S 6; F 1: **M** *morall* (TH27v)}

morast ['mɔˑrast] *f.* **moristi** blue shark
[CC: ¹**mor** 2*gast*]
{S 1; F 0(CE38): **C B** *morc'hast*: **moristi** I}

morbenn ['mɔrbɛn] *m.* **+ow** mallet
[LC: MOR- (< CLat *morth*) 2*penn*'head' (CE38)]
{S 2; F 2: **M** *morben* (OM.2704) → PV17103:
C W pl.n. *Morben* near Machynlleth: **+ow** I}

morbiesenn [ˌmɔrbi'ɛˑzɛn] *f.* **+ow**, *coll.*
morbies oystercatcher
[CCc: ¹**mor** *piesenn*] {S 1; F 0(EC00)}

mor-bras

mor-bras *m.* ocean
ALT = **keynvor**. [CC: ¹**mor** ¹**bras**]
{S 1; F 1: L Môr bras (LV105.76)}

morbrenn ['mɔrbrɛn] *m.* **+yer**
bramble-bush
[CC: ²**mor** 2**prenn**]
{S 1; F 1: O *moyrbren* (VC.702) → L,P:
C MidB *mouarprenn* 'mulberry bush': **+yer** I}

mordan ['mɔrdan] *m.* phosphorescence
[CC: ¹**mor** 2**tan**] {S 1; F 0(CE38):}

mordanek [mɔr'daˑnɛk] *adj.*
phosphorescent
[CC: **mordan** -¹EK] {S 1; F 0(EC52)}

mordardh ['mɔrdarð] *m.* surf
[CC: ¹**mor** 2**tardh**] {S 1; F 0(CE38):}

mordardha [mɔrˈdarða] *v.* surf
[CCc: **mordardh** -¹A] {S 1; F 0(AnG 1997)}

mordarow [mɔr'daˑrɔw] *m.* **morderewi**
sea-bull
[CC: ¹**mor** 2**tarow**]
{S 1; F 1: M *mordarow* (BK01.23): **morderewi** I}
Which creature is meant is not clear.

mordhos ['mɔrðɔz] *f.* **+ow**, *dual*
diwvordhos thigh
[C: Brit *moryeitâ* (Haywood) < IE (lp)]
{S 1; F 4: O *morƥoit* (VC.087): M pl. *morʒosow*
(MC.229) → P: L *morras* (BOD.042), *morraz*
(AB.) → P: C B *morzhed*; W*morddwyd*}

mordhos hogh ham

mordid [ˌmɔrˈdiːd] *m.* **+ys** tide
[CE(E): ¹**mor** 2**tid**]
{S 5; F 1: L *mor-teed* (PRWP): **+ys** I}

Mordir Nowydh [ˌmɔrdɪr'nɔwɪð] *place*
New Zealand
[CCC: ¹**mor** 2**tir nowydh**] {S 1; F 0(AnG 1998)}

mordonn ['mɔrdɔn] *f.* **+ow** wave
(in sea), sea-wave
[CC: ¹**mor** 2²**tonn**] {S 1; F 0(CE38): C W *mordon*:
+ow I} *Mordon*: Nance's bardic name.

mordros ['mɔrdrɔs] *m.* **+ow**
sound of surf
[CC: ¹**mor** 2**tros**]
{S 1; F 0(CE38): C B *mordrouz*: **+ow** I}

mordrik ['mɔrdrɪk] *m.* **-igow** low tide
[CC: from ¹**mor** 2**trig**]
{S 8; F 0(CE38): C W *mordrai*: **-igow** I}

mor-du [ˌmɔˑr'dyː] *coll.* **morenn-dhu**
blackberries
[CC: ²**mor du**] {S 1; F 3: L sg. *moran diu*
(AB044b, 094c) → P: **morenn-dhu** L}

moredh ['mɔˑrɛð] *m.* **+ow** sorrow, grief,
melancholy
[C: Brit < IE (Fl.)] {S 8; F 3: M *moreth* → P:
C B *(mored, morc'hed)*; OldW *morget*: **+ow** I}

moredhek [mɔ'rɛˑðɛk] *adj.* melancholy,
pining, homesick, morbid, woeful,
sorrowful
[Cc: **moredh** -¹EK] {S 8; F 4: M *morethek* → P}

morek ['mɔˑrɛk] *adj.* maritime, marine
[Cc: ¹**mor** -¹EK] {S 1; F 2: L *moresk* (PV14219),
morick (PV14219): C B *morek*}

morel ['mɔˑrɛl] *adj.* jet-black
[E(F): MidE < OldF (> ModF *moreau*) (CE38)] {S
4; F 1: M *morel* (BM.2111)}

moren ['mɔˑrɛn] *f.* **+yon** maiden, girl,
lass
[C: Brit *morignâ* (vkg) < IE (Fl.)]
{S 2; F 3: O *moroin* (VC.199) → L,P: M *voren*,
voran: C OldB *moroin*; W *morwyn*: **+yon** C}

moren bries bridesmaid

morenn-gala' *f.* **morennow-kala**
garden strawberry
[CcL: **morenn** 2**kala'**] {S 2; F 1: L *moran kala*
(AB044b): **morennow-kala** I}

morer ['mɔˑrɛr] *m.* **+es** erne *(bird)*,
sea-eagle
[CC: ¹**mor** ³**er**]
{S 8; F 0(CE38): C W *môr-eryr*: **+es** I}

morfordh ['mɔrfɔrð] *f.* **+ow** seaway
[CE(E): ¹**mor fordh**] {S 4; F 0(EC00): **+ow** I}

morgasor [mɔr'gaˑzɔr] *m.* **+yon** marine
[CCc: ¹**mor kasor**] {S 1; F 0(EC00): **+yon** I}

morgan ['mɔrgan] *f.* **+ow** shanty *(song)*
[CC: ¹**mor** 2**kan**] {S 1; F 0(EC00): **+ow** I}

morgath ['mɔrgaθ] *f.* **+es** skate
[CD: ¹**mor 2kath**] {S 1; F 1: L *mor-kath* (PV14219): C B *morgazh* 'octopus': **+es** C}

morgelynn [mɔr'gę·lɪn] *coll.* **+enn** sea-holly
[CC: ¹**mor 2kelynn**]
{S 1; F 0(CE38): C W *môr-gelyn*: **+enn** I}

morgi ['mɔrgi] *m.* **morgeun** dogfish
[CC: ¹**mor 2ki**] {S 1; F 2: L *mor-gi* (MSWP), *morgi* (PV14217): D "murgy": **morgeun** }

morgowl ['mɔrgɔʊl] *coll.* **+enn** sea-kale
[CL: **mor 2**¹**kowl**]
{S 1; F 2: L *mulgouly* (Ray): D "murgil": C found in W pl.n. *Porthcawl*: **+enn** }

morgowles [mɔr'gɔʊlęz] *coll.* **+enn** jellyfish
[CL: ¹**mor 2kowles**]
{S 1; F 1: L *morgoulis* (Borlase): **+enn** I}

morgroenek [mɔr'gro·nęk] *m.* **-oges** blenny
[CCc: ¹**mor 2kroenek**] {S 2; F 1: L *mylgronak* (LV106.13): D "mullygranick" shows [r] > [l] and an epenthetic vowel; "bulgranit" is even more removed from the Cor., showing false de-lenition and [-k] > [-t]: these words are graphic illustrations of how words change when the original etymology is forgotten.: **-oges** I}

morhesk ['mɔrhęsk] *coll.* **+enn** marram grass, sandspire
[CC: ¹**mor hesk**] {S 1; F 0(CE38): P *Moresk*: C W *moresg*: **+enn** I} May be represented by pl.n. *Moresk*, though not mentioned by Padel.

morhogh ['mɔrhɔx] *m.* **+es** porpoise, dolphin
[CC: ¹**mor hogh**]
{S 1; F 3: O *morhoch* (VC.542) → L,P: P ?The Morah: C B *morhoc'h*; W *morhoch*: **+es** I}

morhwynnenn [mɔr'hwɪn:ęn] *f.* **+ow,** *coll.* **morhwynn** sand-hopper
[CC: ¹**mor hwynn**]
{S 8; F 0(CE38): C B *morc'hwen*, W *morchwain*}

morlader [mɔr'la·dęr] *m.* **-ladron** pirate
[CL: ¹**mor lader**] {S 1; F 0(CE38): C B *morlaer*; W *morleidr*: **-ladron** I}

morlann ['mɔrlan] *f.* **+ow** shore
[CC: ¹**mor 2glann**]
{S 1; F 0(GM09: K.J.G.): **+ow** I}

morlanow [mɔr'la·nɔw] *m.* **+yow** high tide
[CC: ¹**mor lanow**]
{S 1; F 0(CE38): C W *môr-lanw*: **+yow** I}

morlenwel [mɔr'lęnwęl] *v.* rise *(of tide)*
[CCc: ¹**mor lenwel**]
{S 1; F 2: L *morLenell* (LV105.77) → P}

morlinenn [mɔr'li·nęn] *f.* **+ow** coastline
[CLc: ¹**mor linenn**]
{S 1; F 0(GM09: G.M.S.): **+ow** I}

morlu ['mɔrly] *m.* **+yow** navy
[CC: ¹**mor lu**]
{S 1; F 0(CE93): C OldB [*mo*]*rlu*: **+yow** I}

morlynn ['mɔrlɪn] *m.* **+yn** lagoon
[CC: ¹**mor lynn**] {S 1; F 0(EC00): **+yn** I}

mornader [mɔr'na·dęr] *f.* **mornadres** lamprey
[CC: ¹**mor nader**]
{S 1; F 2: O *mornader* (VC.555) → L,P: C Not in B: **mornadres** N (CE38)}

mornaswydh [mɔr'naʒwɪð] *f.* **+ow** pipe-fish
[CC: ¹**mor naswydh**]
{S 8; F 0(CE38): C W *môr-nodwydd*: **+ow** I}

mornya v. mourn ALT = **kyni**.
[E(E)c: VN in -YA from MidE < OldE (coe)]
{S 5; F 3: M *mornya* (CW.)}

moronieth [ˌmɔrɔ'ni·ęθ] *f.* oceanography
[Cc: ¹**mor** -ONIETH] {S 1; F 0(GK98: K.J.G.):}

moroniethel [mɔrɔni'ę·θęl] *adj.* oceanographic(al)
[Cc: **moronieth** -²EL] {S 1; F 0(GM09: K.J.G.)}

moronydh [mɔ'rɔ·nɪð] *m.* **+yon** oceanographer
[Cc: ¹**mor** -ONYDH]
{S 1; F 0(GM09: K.J.G.): **+yon** I}

morostik [mɔr'ɔ·stɪk] *m.* **-igow** flotilla
[CE(F)c: ¹**mor ²ost** -IK] {S 4; F 0(EC00): **-igow** I}

morow ['mɔ·rɔw] *f.* morrow,
following day
[E: MidE *morowe* (coe)] {S 1; F 3: M *vorov*
(BM.3606, 3612, 3982): L *Mŵrw* (LV150.53):}

morrep ['mɔrːẹp] *m.* **-ebow** sea-shore,
sea-board, seaside, coast,
seaward portion of a coastal parish
in Cornwall
[Cc: Possibly from ¹**mor ryb** 'by the sea', but
the syntax is very unusual.]
{S 8; F 1: L *morep* (PV14209): D "morreps"
'moorland by the coast, scrubland': P Morrab
Gardens, Penzance: **-ebow** I}

Morrydh *name*
(name of an Arthurian knight)
{S 8; F 1: M *morreth*}

morsarf ['mɔrsarf] *f.* **morserf**
sea-serpent
[CC: ¹**mor sarf**] {S 1; F 0(CE38):
C Not in B; W *morsarff*: **morserf** I}

mort (Fr.) *adj.* dead
{S 6; F 1: M *mort* (BK30.54)}

mortal (Eng.) *adj.* {S 6; F 3: M *mortall* (TH.)}

mortality (Eng.) *n.*
{S 6; F 1: M *mortalite* (TH12r)}

morthelik-ankow [mɔr'θẹ·lik'ankɔw] *m.*
mortheligow-ankow
death-watch beetle
[LcC: **morthol**A -IK **ankow**]
{S 3; F 0(CE38): **mortheligow-ankow** }

mortes ['mɔrtẹs] *m.* **+ys** mortise
[E(F): MidE *mortais* < OldF *mortoise* (coe)]
{S 4; F 1: M *morter* (PC.2816): **+ys** I}
Emended here to *mortes*.

morthol ['mɔrθɔl] *m.* **+ow** hammer
[L: CLat *martellus* (hpb)]
{S 3; F 3: M pl. *mortholow* (OM.1002): L *morthol*
(AB084b, 084c) → P: C B *morzhol*; W *morthwyl*:
+ow I}

mortholek [mɔr'θɔ·lẹk] *adj.* dinted,
dented
[Lc: **morthol** -EK]
{S 1; F 1: M *morthelek* (PC.2731) → P}

mortholya [mɔr'θɔ·lja] *v.* hammer
[Lc: **morthol** -YA]
{S 1; F 0(CE38): C B *morzholiañ*}

mortholynn [mɔr'θɔ·lɪn] *m.* **+ow** tappet
[Lc: **morthol** -YNN] {S 1; F 0(Y1): **+ow** I}

morva ['mɔrva] *f.* **+ow** sea-marsh
[Cc: ¹**mor** -VA] {S 1; F 2: L *morva* (PV14222):
P Morvah: C OldB *morma*-; W *morfa*: **+ow** I}

morvanagh [mɔr'va·nax] *m.* **-venegh**
monk-fish
[CL: ¹**mor** 2**managh**]
{S 1; F 0(CE38): D "mulvanaagh": **-venegh** I}

morvargh ['mɔrvarx] *m.* **-vergh**
seahorse
[CC: ¹**mor** 2**margh**] {S 1; F 0(CE38):
C B *morvarc'h*, W *morfarch*: **-vergh** I}

morvelhwenn [mɔr'vẹlhwẹn] *f.* **+ow**
sea-slug
[CCc: ¹**mor** 2**melhwenn**]
{S 1; F 0(AnG 1985): **+ow** I}

Morvelys *place*
{S 8; F 1: M *voruelys* (BM.3415)}
Tentatively identified with Morval.

morvil ['mɔrvɪl] *m.* **+es** whale
[CC: ¹**mor** 2¹**mil**] {S 1; F 3: O *moruil* (VC.541)
→ L,P: C B *morvil*; W *morfil*: **+es** I}

morvildir [mɔr'vildɪr] *m.* **+yow** mile
(nautical) [CCC: ¹**mor** 2**mildir**]
{S 1; F 0(EC00): **+yow** I}
Could also be interpreted as **morvil** 2**tir** 'land
of sea-monsters'!

morvleydh ['mɔrvlẹɪð] *m.* **+i** shark
[CC: ¹**mor** 2**bleydh**]
{S 1; F 0(CE38): C B *morvleiz*, W *morflaidd*: **+i** I}

morvoren [mɔr'vɔ·rẹn] *f.* **+yon** mermaid
[CC: ¹**mor** 2**moren**] {S 2; F 3: M *morvoron*
(PC.1742) → P, *vorvoran* (PC.2403) → P:
C OldB *mormoroin*; W *morforwyn*: **+yon** C}

morvran ['mɔrvran] *f.* **-vrini** cormorant
[CC: ¹**mor** 2**bran**] {S 1; F 0(CE38):
C MidB *morvran*; W *morfran*: **-vrini** I}

morvugh ['mɔrvyx] *f.* **+es** walrus
[CC: ¹**mor** 2**bugh**] {S 1; F 0(CE38):
C B *morvuoc'h*, W *morfuwch*: **+es** I}

morwas ['mɔrwas] *m.* **-wesyon** seaman, matelot, mariner
[CC: ¹**mor** 2**gwas**] {S 1; F 0(CE38): **-wesyon** I}

morwels ['mɔrwęls] *coll.* **+enn** grasswrack, sea-wrack
[CC: ¹**mor gwels**] {S 1; F 0(CE38): **+enn** I}

morwennol [mɔr'węnːɔl] *f.* **-wennili** tern, sea-swallow
[CC: ¹**mor** 2**gwennol**]
{S 1; F 0(CE38): C B *mor-wennol*: **-wennili** I}

morwuw ['mɔrwyw] *m.* **+ow** harpoon
[CC: ¹**mor** 2¹**guw**] {S 1; F 0(EC00): **+ow** I}

moryon ['mɔrjɔn] *coll.* **+enn** ants
[C: Brit **morvî* < CC (Fl.)]
{S 1; F 3: O sg. *meuρionen* (VC.622) → L,P: L *mųrrian* (AB.) → P; sg. *mųrrianan* (AB.): D "muryons" 'ants', with Eng. pl.: C B *merien*; W *myrion* (Morgannwg): **+enn** OL}
OldC *meuρionen* is more like W *mywionen*.

¹**mos** ['mɔːz] *v.* go The verb 'to go', as in many languages, is irregular.
[C: Shortened form of **mones**] {S 2; F 7: M *mos*; *moys* (BM.): L *mæz* (AB.); *moaz, mose*}
  mos dres exceed
  mos erbynn meet with
  mos ha bos become
  mos yn-rag proceed, advance
  mos dhe-ves go away
  mos dhe wari go away

²**mos** ['mɔːz] *m.* **+ow** stink
[C: CC (Fl.)] {S 1; F 1: L pl. *Mwzw* (LV106.07): C B *mouz* 'dung'; MidW *mws* 'stinking': **+ow** L}

mosegi [mɔ'zęˑgi] *v.* stink
[Ccc: from **mosek** -²I] {S 1; F 3: M *movsegy* (RD.0171) → P, *mosogy* (BK06.29)}

mosek ['mɔˑzęk] *adj.* stinking, pungent
[Cc: ²MOS=¹EK] {S 1; F 2: M *mosek* (BM.2131): L *musac* (PV14303)}

mosokter [mɔ'zɔktęr] *m.* stink, pungency
[Ccc: from **mosek** -TER]
{S 2; F 2: M *mosater* (BK06.15), *mosokter* (BK06.43), *mosogter* (BK07.31):}

most ['mɔːst] *m.* **+yon** filth, impurity, muck
[C: Possibly ²**mos-** with accreted [-t] (K.J.G.)]
{S 8; F 1: L pl. (Lh. MS.): **+yon** L}
Pl. found as *vistian* in Lh. MS., according to CE38, but this is unconfirmed.

mostedhes [mɔs'tę·ðęz] *m.* filth, dirt, defilement
[Cc: **most** -EDHES] {S 8; F 4: M *mostethes* → P:}

mostenn ['mɔˑstęn] *f.* **+ow** stain
[Cc: **most** -ENN] {S 8; F 0(GL05): **+ow** I}

mostya ['mɔˑstja] *v.* befoul, soil, dirty, contaminate
[Cc: **most** -YA] {S 8; F 3: M *mostye, mostya*}

mostyans ['mɔstjans] *m.* **+ow** fouling, contamination
[Ch: **most** -YANS] {S 8; F 0(EC00): **+ow** }

mostys ['mɔˑstɪz] *adj.* befouled, soiled, contaminated
[Cc: **most** -⁶YS] {S 8; F 3: M *mostys* (RD.1927) → P; *vostyys* (PC.0867)} P.ptcpl. of **mostya**.

mot (Eng.) *v. part* might
{S 6; F 1: M *mot* (OM.2358)}

mothow Now spelled **moethow**.

motor ['mɔˑtɔr] *m.* **+s** motor
[E(L): E < L *motor* (coe)] {S 5; F 0(GM09: YhaG): **+s** I} International vocab.

mott ['mɔt] *m.* **+ys** mote
[E(E): MidE < uninflected OldE form *mott* (coe)] {S 5; F 1: M pl. *mottis* (BM.1275): **+ys** M}

mount (Eng.) *n.*
{S 6; F 2: M *monnt* (OM.1931), *mownt* (TH56v)}

moutya ['muˑtja] *v.* moult, sulk, mope
[Ec: VN in -YA from MidE *mouten* (CE38)]
{S 5; F 0(CE38): D "mooty":
C cf. B *mouzhet* 'sulky'}

moutyans ['muˑtjans] *m.* **+ow** huff, sulk
[Eh: MN in -YANS from MidE *mouten* (CE38)]
{S 5; F 0(EC00): **+ow** I}

MOV- [E(F): MidE < AngN *mover* (coe)]

movadow [mɔ'vaˑdɔw] *adj.* movable (spiritually)
[E(F)c: MOV=ADOW] {S 4; F 0(EC00)}

movya ['mɔˑvja] *v.* move *(spiritually)*, incite, arouse, motivate
[E(F)c: MOV=YA] {S 4; F 3: M *movya*}
Although <o> may have been written instead of <u> in MidE, in order to avoid a sequence of minims, the vowel appears to have been /ɔ/ in Cor. Tregear always wrote <o>. The p.ptcpl. *mevijs* at MC.004 also suggests /ɔ/ in the root, because aff. would not apply to /u/.

es y vovya nervous

movyans ['mɔˑvjans] *m.* **+ow** movement *(emotional)*, motivation
[E(F)h: MOV=YANS] {S 4; F 0(CE38): **+ow** I}

mowa ['mɔwa] *m.* **mowys** grimace
[E: MidE *mowe* (CE38)] {S 4; F 0(CE38): M pl. *mowys* (MC.095, 196): **mowys** M}

mowes ['mɔʊęs] *f.* **mowesi** girl, lass
[Cc: from **maw** -⁴ES < Brit *moguissa (lp)]
{S 1; F 5: M *mowes*; pl. *mowysy*: L *môz*, *mœz* (AB.), *moaz*; pl. *muzi* (AB174c, 242c), *moesse* (DSEC): C B *maouez* 'woman': **mowesi** ML}

mowes-hwel [ˌmɔʊęs'hwęːl] *f.* **mowesi-hwel** maidservant
[CC: **mowes hwel**]
{S 1; F 1: L *moas weal* (TCJB): **mowesi-hwel** I}

Mowgan name Mawgan
{S 8; F 1: L *maucan* (LS)}

moy ['mɔɪ] *adj.* more
[C: Brit *mâjûs (gpc) or *mê-is (Fl.)] {S 1; F 6: M *moy*: L *mûy* (AB248c), *moy*: C B *mui*; W *mwy*}

moyha ['mɔɪha] *adj.* most, maximum
[Cc: from **moy** -²A, with orig. <h> retained < Brit *mai-isamos] {S 2; F 4: M *moyha*, *moygha* → P: L *moya* (AB228a, 243b) → P; *moyha* (DPNBL): C B *muiañ*; W *mwyaf*}
Spv. of **moy**; see also **moggha**.

moyhes [mɔɪ'hiːz] *adj.* increased
[Cc: **moy** -HES] {S 2; F 1: M *moy hes* (BK28.70)}

Moyses ['mɔɪzęs] *name* Moses
[F:] {S 8; F 5: M *moyses* (2 syll.)}

Mr ['męˑstęr] *m.* Mr
[E(F):][E(F): OldE < OldF *maistre*]
{S 2; F 0(CE38): C B *mestr*; W *meistr*:}

Same abbreviation as in English, but standing for **mester**.

mujovenn [myˈdʒɔˑvęn] *f.* **+ow** ridge
[Uc:] {S 8; F 2: L *mỳdzhovan* (AB074a) → P: P Pedn Bejuffin: **+ow** I} The spelling of this word reflects its development in LateC, but insufficient is known about its origin to reconstruct an earlier form. Padel (1985) compared B *moudenn* 'mound of earth'. Graves suggested that it is related to **medyner** 'hinge' and **meginow** 'bellows'.

mul ['myːl] *m.* **+yon** mule
[L:] {S 1; F 0(CE38): C B *mul*, W *mul*: **+yon** I (K.J.G.)}

mules ['myˑlęs] *f.* **+ow** mule
[Lc: **mul** -⁴ES]
{S 1; F 0(CE38): C B *mulez*, W *mules*: **+ow** I}

multitude (Eng.) *n.* ALT = **routh**
{S 6; F 1: M *multitude* (TH44v)}

munys ['myˑnɪz] *adj.* minute, little, tiny, miniature, small
[L: CLat *minutus*] {S 3; F 3: M *munys*: L *miniz* (AB169c) → P, *meenez* (GCJK): C B *munud*}
The rounding and unrounding of the vowels are reversed as compared with the Lat; see **mynysenn**.

munysenn [myˈnɪˑzęn] *f.* **+ow** miniature [Lc: **munys** -ENN]
{S 3; F 0(GM09: G.M.S.): **+ow** I}

murder (Eng.) *n.* {S 6; F 3: M *murdyr*, *murder*}

mus ['myːz] 1. *adj.* mad 2. *m.* **+yon** madman
[L: CLat *mutus* 'mute']
{S 1; F 2: M *mvs* (RD.0971) → P: C B *mud* 'mute'; W *mud* 'mute': **+yon** I}
The cognates show that the orig. meaning was 'mute, dumb'; the change to 'mad' is similar to that of *dumb* in American Eng., though this was influenced by Ger. *dumm*.

musell ['myˑsęl] *f.* **+ow** lip
[F: OldF *musel* (> ModF *museau*, ModE *muzzle*) (deb)]
{S 4; F 0(GM09: K.J.G.): C B *muzell*: **+ow** I}

musellek [myˈzęlːęk] *adj.* thick-lipped
[Fc: **musell** -¹EK]
{S 4; F 1: O *museloc* (VC.382): C B *muzellek*}

muskegi [mys'kę·gi] *v.* rave
[LCc: from **muskok**A -¹¹]
{S 8; F 3: M *muskegy* (RD.1466) → P; p.ptcpl. *muskegys*: L p.ptcpl. *meskeeges* (NGNB2)}

muskogenn [mys'kɔ·gęn] *f.* **+ow** madman
[LCc: from **muskok** -ENN]
{S 8; F 1: L *miskoggan* (PV14125): **+ow** I}

muskogneth [mys'kɔgnęθ] *f.* madness
[LCc: from **muskok** -NETH]
{S 8; F 3: M *muscoghneth* (PC.1283, 1990) → P, *muscokneth* (RD.1128): L *mascogna* (MKJT):}

muskok ['my·skɔk] **1.** *adj.* mad, insane **2.** *m.* **-ogyon** madman, fool, lunatic
[LC: **mus** ¹**kog**, with /-g/ spelled as [-k]] {S 8; F 4: M *muscok* → P; pl. *vuscogyon* (MC.026): L *meskat* (AB.) → P; *mescack* (KKTT): **-ogyon** I}
Lhuyd's *meskat* shows the change [-k] > [-t], which was quite common in LateC, but in this case may have been influenced by his *meskatter*. At PC.0961, the word may be used adjectivally.

muskotter [mɪs'kɔt:ęr] *m.* madness, lunacy, insanity
[LCc: from **muskok** -TER]
{S 8; F 2: L *meskatter* (AB071b, 085b) → P:}
Re-spelled from Lhuyd's *meskatter*.

Mustensar name (name of an African king)
{S 8; F 1: M *mvstensar* (BK32.15)}
This is reminiscent of the Fatimid ruler al-Mustansir (1036-1094) (K.S.)

musur ['my·zyr] *m.* **+yow** measure, moderation
[L: BLat **mesûra* < CLat *mênsûra* (gpc)]
{S 3; F 2: M *musur* (OM.0393), *measure* (TH27v, 42r): C B *(muzul)*; W *mesur*: **+yow** I}
The first <u> may be due to vowel-harmony, but cf. MidC words like *tumbyr*, *trufel*, *munys*, *turant*. In TH., the Eng. *measure* was used.

musura [my'zy·ra] *v.* measure, moderate
[Lc: **musur** -¹A] {S 3; F 3: M *vusure* (OM.2568); p.ptcpl. *musurys*: C W *mesuro*; cf. B *muzuliañ*}

musurans [my'zy·rans] *m.* **+ow** measurement
[Lh: **musur** -ANS] {S 3; F 0(EC52): **+ow** I}

musurell [my'zy·ręl] *f.* **+ow** meter, gauge, measure *(tool)*
[Lc: **musur** -²ELL] {S 3; F 0(Y1): **+ow** I}

musurell-doeth [myz͵yręl'do:θ] *f.* **musurellow-toeth** speedometer
[LcC: **musurell** 2**toeth**]
{S 3; F 0(Y1): **musurellow-toeth** I}

musuronieth [myz͵yrɔ'ni·ęθ] *f.* metrology
[Lc: **musur** -ONIETH] {S 3; F 0(GM09: K.J.G.):}

musuryades [myzyr'ja·dęs] *f.* **+ow** surveyor *(for map-making)*
[Lcc: **musur** -YADES]
{S 3; F 0(GM09: K.J.G.): **+ow** I}

musuryas [my'zy·rjaz] *m.* **-ysi** surveyor *(for map-making)*
[Lc: **musur** -³YAS] {S 3; F 0(CE93: K.J.G.): **-ysi** I} *musurer* was suggested in Y2.

musurys [my'zy·rɪz] *adj.* measured
[Lc: **musur** -⁶YS] {S 3; F 0(CE93: K.J.G.): M *musurys*} P.ptcpl. of **musura**.

my ['mɪː] *pron.* I, me
[C: IE **me*(lp)] {S 1; F 8: M *my, me*: L *mî* (AB.); *mi, me*: C B *me*; W *(mi)*}

ministry (Eng.) [E(L): MidE < Lat *ministerium* (co)] {S 6; F 1: M *mynystery* (TH45v)}

myghtern [mɪfi'tęrn] *m.* **+edh, +yow** king, sovereign, monarch
[C: Brit **makko-tigernos* (M)] {S 3; F 6: M *myghtern, mytern*; pl. *myghterneth*: L *mӳtêrn* (AB065c), *matern*; pl. *maternyow*: C OldB *machtiern*: **+edh** M; **+yow** L} Regular development would have given **maghtern*; LateC *matern* is thought not to be this regular development, but the result of pre-tonic [ɪ] > [a]. **tern** by itself might make a useful word.

myghternans [mɪfi'tęrnans] *m.* **+ow** kingdom
[Ch: **myghtern** -ANS]
{S 3; F 2: L *miternans, thernas* (LPJB): **+ow** I}

myghterneth [mɪfi'tɛrnẹθ] *f.* **+ow** kingdom
[Cc: **myghtern** -ETH] {S 1; F 3: M *mighternedh* (LPJK): L *mychterneth* (LPWG1): **+ow** I}

myghternes [mɪfi'tɛrnẹs] *f.* **+ow** queen, monarch
[Cc: **myghtern** -⁴ES] {S 3; F 4: M *myternes, myghternas*: L *mẏternes* (AB138a) → P, *maternas* (SPGF): **+ow** I}

myghternses [mɪfi'tɛrnzẹz] *m.* sovereignty, kingship
[Cl: **myghtern** -SES] {S 3; F 0(CE55):}

mygli ['mɪgli] *v.* cool off, grow indifferent
[Uc: VN in -I from **mygyl**] {S 8; F 0(CE38): C B *mingliñ*}

mygyl ['mɪ·gɪl] *adj.* lukewarm, tepid
[U:] {S 8; F 0(CE38): D "miggle": C B *mingl*}

mygylder [mɪ'gɪldẹr] *m.* indifference, coolness
[Uc: **mygyl** -DER] {S 8; F 3: L *mẏgilder* (AB162b, 240b) → P:}

myjenn ['mɪ·dʒẹn] *f.* **+ow** mite, pinch
[Uc:] {S 8; F 0(CE38): D "midgan": **+ow** I} The final syllable is taken to be -ENN.

myll ['mɪl:] *f.* **+es** poppy, corn-poppy, field poppy (U.S.), millet The meaning 'millet' was given by Nance (EC52).
[L: CLat *milium* (Gr.)] {S 1; F 2: O *mill* (VC.647) → L: C B *mell*; W *(mill)*: **+es** I}

MYNCH- [E: Eng. dial. "minchy"]

mynchya ['mɪntʃja] *v.* play truant, play hookey (U.S.)
[Ec: MYNCH=YA] {S 5; F 0(CE38): D "minchy"}

mynchyans ['mɪntʃjans] *m.* **+ow** truancy
[Eh: MYNCH=YANS] {S 5; F 0(EC00): **+ow** I}

mynchyer ['mɪntʃjẹr] *m.* **-yoryon** truant
[Eh: MYNCH=¹YER] {S 5; F 0(EC00): **-yoryon** I}

mynkek ['mɪnkẹk] *coll.* **-ogenn** heather, ling
[U:] {S 1; F 0(CE38): D "nekegga": C W *myncog*: **-ogenn** I}

mynn ['mɪn:] *m.* **+ow** kid *(goat)*, young goat
[U:] {S 1; F 3: O *min* (VC.590) → L,P: L pl. *menas* (Gw.): D "minny": C B *menn*; W *myn*: **+ow** I}
MYNN- [C: Brit *menn* (Fl.)]

mynnenn ['mɪn:ẹn] *f.* **+ow** baby goat
[Uc: **mynn** -ENN] {S 1; F 3: L *mẏnnan* (AB013c, 241b) → P: **+ow** I} One would have expected LateC *mydnan*.

mynnas ['mɪn:az] *m.* **+ow** wish, purpose, intent, intention, volition
[Cc: MYNN=¹AS] {S 1; F 3: M *mynnas* → P: **+ow** I}

mynnasek [mɪ'na·zẹk] *adj.* optative
[Ccc: **mynnas** -¹EK] {S 1; F 0(EC00)}

mynnes ['mɪn:ẹz] *v.* wish, want, intend, be willing to
[Cc: MYNN=¹ES] {S 3; F 8: M *vynnes*: C B *mennout*; cf. W *mynnu* (*mynnyd* in S. Wales)} Lhuyd's *menni* may show W influence.

mynnes orth nebonan require of someone

na vynnav no thanks

mynnik ['mɪn:ɪk] *m.* **-igow** little kid (goat)
[Uc: **mynn** -IK] {S 1; F 0(CE55): **-igow** I} Nance's pl.n. *Minnick* is doubtful.

mynowes [mɪ'nɔʊẹz] *m.* **+ow** awl
[C: Brit < CC (Fl.)] {S 1; F 2: L *beneųas* (AB023a), *bene-ųez* (AB157b) → P: P *Rosemanowas*: C B *menaoued*; W *mynawyd*: **+ow** I} Lhuyd's *benewas* shows false delenition.

myns ['mɪns] *m.* **+ow** size, amount, dimension, quantity, magnitude, bulk, deal, as many as, as much as, all who, whoever
[C: Brit *mantî-* (M)] {S 3; F 6: M *myns*: L *menz*: C B *ment*; W *maint*: **+ow** I} One might have expected *mens* in MidC.

mynsek ['mɪnzẹk] *adj.* sizeable, hefty, bulky, considerable
[Cc: **myns** -¹EK] {S 3; F 0(GM09: G.M.S.)}

mynshe [mɪnsˈhɛː] *v.* quantify
[Cc: **myns** -HE] {S 3; F 0(GM09: K.J.G.)}

mynsonieth [ˌmɪnzɔˈniˑęθ] *f.* **+ow**
geometry
[Cc: **myns** -ONIETH] {S 3; F 0(CE38):
C B *mentoniezh*, W *meintoniaeth*: **+ow** I}

mynsoniethel [mɪnzɔniˈęˑθęl] *adj.*
geometric(al)
[Cc: **mynsonieth** -²EL] {S 3; F 0(GM09: YhaG)}

mynsonydh [mɪnˈzɔˑnɪð] *m.* **+yon**
geometer
[Cc: **myns** -ONYDH]
{S 3; F 0(GM09: YhaG): **+yon** I}

mynster [ˈmɪnstęr] *m.* **+s** endowed
church, minster
[E(E): MidE < OldE *mynster* (coe)]
{S 4; F 0(CPNE): P Porthminster: **+s** I}

mynstral [ˈmɪnstral] *m.* **+s** minstrel
[E(F): MidE *minstral* < OldF *menestral* (coe)] {S 5; F 3: M pl. *menstrels*: **+s** M}

mynysenn [mɪˈnɪˑzęn] *f.* **+ow** minute
(of time)
[H: LLat *minûta*, but with influence from MidE < OldF *minute*] {S 3; F 0(CE38): C B *munutenn*, cf. W *munud, mynud, muned, myned*: **+ow** I}
In this spelling, following Nance, both vowels in the root are unrounded; in the W, all possible combinations of rounding and unrounding are found.

myrgh [ˈmɪrx] *f.* **myrghes** daughter,
girl, female child, young woman
[C: Brit **merkess-* (hpb) or *merga (iyk)]
{S 3; F 4: O *much* (VC.134) → L,P: M *myrgh, mergh*; pl. *myrhes* (OM.1038), *myrghes* (PC.2639); L *merh* (AB.), *verth* (TCWK), *mer* (TCJB): C B *merc'h*; W *merch*: **myrghes** M}
The cognates show that the spelling *mergh*, which is found, is the regular one; **myrgh** is chosen, following Nance, since it does not conflict with **mergh** 'horses', and since it was much commoner in MidC: the word may have been affected by MidC *gwyrghes* 'virgin'.

myrgh-vesydh [ˌmɪrxˈvęˑʒɪð] *f.*
myrghes-besydh god-daughter
[CL: **myrgh** 2besydh]
{S 3; F 0(EC00): **myrghes-besydh** I}

myrgh-veythrin [ˌmɪrxˈvęɪθrɪn] *f.*
myrghes-meythrin foster-daughter
[CC: **myrgh** 2meythrin]
{S 3; F 0(EC52): **myrghes-meythrin** I}

myrghik [ˈmɪrxɪk] *f.* **myrghesigow**
little girl
[Cc: **myrgh** -IK]
{S 3; F 0(CE38): **myrghesigow** I}

myrghses [ˈmɪrxzęz] *m.* girlhood
[Cl: **myrgh** -SES] {S 1; F 0(GM09: K.J.G.):}

myrgh-wynn [ˌmɪrxˈwɪnː] *f.*
myrghes-gwynn granddaughter
[CC: **myrgh** 2gwynn] {S 3; F 1: L *Merh widn* (LV102.55): **myrghes-gwynn** I}

myrgh-wynn hynsa
great-granddaughter

myrr [ˈmɪrː] *m.* myrrh
[E(E): MidE < OldE *myrra* (coe)]
{S 4; F 2: M *myr* (PC.3143), *mer* (PC.3198):
L *ere* (M2WK):}

myrtwydh [ˈmɪrtwɪð] *f.* **+enn**
myrtle-trees
[EC: E *myrt* + 2gwydh]
{S 5; F 0(CE38): C W sg. *myrtwydden*: **+enn** I}

¹**MYS-** [C: Brit *metô* (Fl.)]

²**MYS-** [E(E): MidE *mis-* < OldE *mis-* (coe)]

mysel *m.* reaper ALT = **myswas**.
[C: Brit *metelâ (Haywood)]
{S 8; F 2: O *midil* (VC.339) → L: **+yon** I}

myser [ˈmɪˑzęr] *m.* **-oryon** reaper
[Cl: ¹MYS=¹ER] {S 1; F 3: L *midzhar* (AB.) → P; pl. *megouzion* (CDWP): **-oryon** I}

mysi [ˈmɪˑʒi] *v.* reap
[C: from ¹MYS=¹I < Brit *metîma (hpb)]
{S 1; F 3: L *midzhi* (AB015c, 090a) → P; *medge* (CDWP): C B *mediñ*; W *medi*}

mysk [ˈmɪːsk] *m.* middle, midst
[C: IE **mik'-sk'-* (lp)] {S 1; F 5: M *mysk, meske*: L *mêsk* (AB072a), *mesk*:}

y'ga mysk among them
y'gan mysk among us
y'gas mysk among you

myska ['mɪˑska] *v.* blend, mingle
[Cc: **mysk** -¹A] {S 1; F 0(CE38)}

myskas ['mɪˑskaz] *m.* **+ow** blend
[Cc: **mysk** -²AS] {S 1; F 0(GM09: YhaG): **+ow** I}

myskemmeres [ˌmɪskę'męˑręz] *v.* mistake
[E(E)Cc: ²MYS- **kemmeres**]
{S 4; F 3: M *myskemeras* (TH57v): L *miskẏmeraz* (AB057b) → P, *miskemerez* (AB248b)}

myskemmeryans [ˌmɪskę'męˑrjans] *m.* **+ow** misunderstanding
[E(E)Cc: ²MYS- **kemmeryans**]
{S 4; F 1: L *myskẏmerians* (AB057b): **+ow** }

myskreydh ['mɪˑskręɪð] *m.* **+yow** hybrid
[CC: **mysk reydh**] {S 1; F 0(GM09: G.M.S.): **+yow** I} Shorter than Nance's *kemmyskryth*.

myskreydha [mɪsk'ręɪða] *v.* hybridize
[CCc: **myskreydh** -¹A] {S 1; F 0(GM09: G.M.S.)}

myskreydhek ['mɪˑskręɪðęk] *adj.* hybrid
[CCc: **myskreydh** -¹EK] {S 1; F 0(GM09: K.J.G.)}

myster ['mɪˑstęr] *m.* **+ys** craft, guild, trade
[E(L): MidE *mystir* < MLat *mysterium* (CE38)]
{S 4; F 0(CE38): **+ys** I}

mysterden [ˌmɪstęr'dę:n] *m.* **+s** craftsman, member of trade-guild
[E(L)C: **myster den**, calqued on MidE *mystirman* (CE38)] {S 4; F 3: M pl. *vysterdens* (OM.2416, 2431) → P: **+s** M}

mysterlu [ˌmɪˑstęr'ly:] *m.* **+yow** trade union
[E(L)C: **myster lu**] {S 4; F 0(GL05): **+yow** I}

mystery (Eng.) ALT = **kevrin**.
[E(F): MidE < AngN *misterie* (coe)]
{S 6; F 3: M *mystery*; pl. *mysteris*}

mystical (Eng.) *adj.*
{S 6; F 2: M *misticall* (TH31r), *mystical* (TH41v)}

mystrest ['mɪˑstręst] *m.* mistrust
[E(E)E(E): ²MYS- TREST-]
{S 4; F 1: L *mystrust* (CW.1743):}

mystrestya [mɪs'tręˑstja] *v.* mistrust, doubt
[E(E)E(E)c: ²MYS- **trestya**]
{S 4; F 1: L *mystunstya* (CW.0675)}

myswas ['mɪʒwas] *m.* **-wesyon** reaper
[Cc: ¹**mys**- 2**gwas**] {S 1; F 1: L pl. *megouzion* (Pr.) (<g> = [dʒ]): **-wesyon** L}

mytour m. **+s** mitre ALT = *miter*.
[E:] {S 5; F 1: M *mytour* (PV18413): **+s** I}

myttin ['mɪt:in] **1.** *m.* **+yow** morning, forenoon
[L: BLat *matû-tîna* < CLat *mâtûtîna* (M)]
{S 3; F 5: O *metin* (VC.456) → L,P: M *myttyn*: L *metten*: C B *(mintin)*; W *meitin*: **+yow** C (FTWC)}

myttinweyth [mɪ'tinwęɪθ] **1.** *m.* forenoon, morning, duration of the morning **2.** *adv.* during the morning
[LC: **myttin** 2¹**gweyth**]
{S 3; F 0(CE38): C B *(mintinvezh):*}

N

¹'**n** *art.* the
[c: Reduced form of **an**]

²'**n** *pron.* him, it Infixed pronoun.
[C:]

³'**n** *pron.* us
[c: Reduced form of **agan**]

¹**na** [na] *adv.* that e.g. **an chi na** 'that house'.
[C: Aphetic form of **ena**]
{S 2; F 7: M *na*: L *-na* (AB.), *na*}

²**na**² [na] **1.** *ptl.* (negative vbl.ptl.) **2.** *conj.* that not
[c: CC (gpc)] {S 2; F 7: M *na*: C W *na*}

³**na** [na] *conj.* nor
[c: CC (gpc)] {S 2; F 7: M *na*: L *na*}

na fella no longer
na hwath not yet
na ... na neither ... nor

⁴na

⁴na [na] *interj.* no, nay The usual way of expressing 'no' is to use **na** with a conjugated verb. If there is no verb, then **na** may be used.
[c: CC (gpc)] {S 4; F 5: M *na*: L *na*}

na fella no further

Naaman *name* Naaman
{S 5; F 2: M *naamam* (BM.0742), *naaman* (BK10.43)} Trisyllabic in both cases.

Nadelik [na'dɛˑlɪk] *m.* **-igow** Christmas
[L: CLat *Natâlîcia*]
{S 1; F 3: L *Nadelik* (AB097a) → P, *Nadelik* (CRWG): C B (*Nedeleg*), W *Nadolig*: **-igow** I}

Nadelik lowen! Merry Christmas!

nader ['naˑdɛr] *f.* **nadres** viper, adder
[C: NADR-S] {S 1; F 3: O *nader* (VC.612) → L: M *murder* (OM.1756); pl. *neddras* (TH29v): L *naddẏr* (AB.) → P, *nadar* (AB.) → P: C B *naer*; W *neidr*: **nadres** M}
MidC *neddras* may be a metathesis; Nance's pl. *nadron* is by false analogy with *ladron*.

nader-margh [ˌnaˑdɛr'marx] *f.*
nadres-m. dragonfly
[CC: **nader margh**] {S 1; F 1: L *Nadar marh* (LV106.56): **nadres-m.** I}
NADR- [C: Brit **natrik-* (Gr.) < IE **nêtr-* (gpc)]

nadh ['naːð] *m.* hewing, chopping
[C: CC **snad-* (gpc)] {S 8; F 0(CE38): P Carricknath Point: C W *nadd*:}
Padel (1985, p.171) believed that the pl.n. is more likely to contain this word than **nath** 'puffin'.

nadha ['naˑða] *v.* hew, chop
[Cc: **nadh** -¹A] {S 8; F 0(GK98: G.M.S.)}

¹nag [nag] *conj.* nor
Used before vowels. [c: CC (gpc)]
{S 1; F 5: M *nag*: L *nag*: C W *nac*}

²nag [nag] *ptl.* that not
Used before vowels in **bos** and **mos**.
[c: CC (gpc)]
{S 1; F 6: M *nag, na g*: L *nag, na g*: C W *nac*}

na'ga³ *phrase* nor their
[CC: short for ³**na aga**]
{S 1; F 2: M *naga* (TH23r): L *na ge* (TCTB)}

na'gan *phrase*
[CC: from ²**na agan**]

nammenowgh

{S 1; F 3: M *nag yn* (OM.1609) → P, *nagan* (OM.2821), *nagen* (BK27.89)} Part of **a'm beus**

na'gas *phrase* nor your
[CC: short for ³**na agas**]
{S 1; F 2: L *na guz* (TCJB)}

nagh ['naːx] *m.* **+ow** denial, refusal
[C:] {S 1; F 4: M *nagh*: C B *nac'h*: **+ow** I}

nagha ['naˑxa] *v.* deny, refuse, renounce, decline
[Cc: **nagh** -¹A]
{S 1; F 5: M *naghe* → P, *naha*: C B *nac'hañ*} *naghhe* at PC.1280 may represent **nagh** -HE.

nagonan [nag'ɔˑnan] *pron.* no-one, not one
[cC: ²**nag onan**] {S 3; F 4: M *nag onan, nagonyn*: L *nagonen* (AB101a) → P, *nag wonnen* (BPWG)} The textual spellings show the same variants as in **onan** (*q.v.*)

nahen [na'hɛːn] **1.** *adj.* any other, any more **2.** *adv.* otherwise (*with neg.*)
[cC: ³**na 3ken**] {S 2; F 4: M *nahen* → P, *nahene* (TH.): L *na hene* (TCWK, TCTB)}

nahyns [na'hɪns] *adv.* not earlier
[CC: ³**na 3kyns**] {S 1; F 1: L *na henz* (JCNBL45)}

naker ['nakɛr] *m.* **nakrys** kettle-drum, timpano
[E(F): MidE < OldF *nacaire* (CE38)]
{S 5; F 1: M pl. *nakrys* (OM.1998): **nakrys** M}

na'm *phrase* not me
[CC: from ²**na am**] {S 1; F 4: M *nam* → P}

nameur [na'mœːr] **1.** *adj.* not many **2.** *adv.* not much
[cC: from **neb meur** (gpc)] {S 2; F 3: M *namur, na mere* → P: C B *nemeur*; W *nemawr*}

namm ['namː] *m.* **+ow** defect, flaw, blemish, exception, blot, stain, speck
[C:] {S 1; F 4: M *nam* → P: C B *namm*; W *nam*: **+ow** I}

namma ['namːa] *v.* blemish, stain, blot
[Cc: **namm** -¹A] {S 1; F 0(GM09: K.S.)}

nammenowgh [na'mɛˑnɔʊx] *adv.* seldom, rarely, not often
[CC: from **namm menowgh**] {S 1; F 2: M *na menogh* (BM.2693, 3047): L *mennau* (NGNB2)}

nammna² ['namna] *adv.* almost, nearly, well nigh
[Cc: **namm** ³**na**] {S 2; F 4: **M** *namna* → P}

nammnag ['namnag] *adv.* almost, nearly, well nigh Used before vowels.
[Cc: **namm** ¹**nag**] {S 1; F 3: **M** *namnag* → P}

nammnygen [namnɪ'gęːn] *adv.* just now
[Cc: Compound of **namm**, possibly **nammnag kyn**'] {S 8; F 1: **M** *nam nygen* (BM.3680)}

namoy [na'mɔɪ] **1.** *adj.* any more **2.** *adv.* again *(with neg.)*
[cC: ³**na moy**] {S 2; F 5: **M** *na moy*: **L** *na mųî* (AB250b), *na moy*: **C W** *namwy*}

¹**na'n** *phrase* nor the
[CC: short for ³**na an**] {S 1; F 3: **M** *nan*}

²**na'n** *phrase* not him
[CC: ²**na** ²'**n**] {S 1; F 5: **M** *nan* → P}

³**na'n** *phrase* not us
[CC: ²**na** ³'**n**] {S 1; F 2: **M** *nan*}

naneyl [na'nęɪl] *conj.* neither
Originally this word meant to 'neither of two', but by Tregear's time, it was used for 'neither' generally.
[ccC: from ³**na an eyl**]
{S 2; F 4: **M** *na nyl* → P, *naneyll* (TH.): **L** *na neile* (AB098c), *noniel* (NGNB): **C W** *nannaill*}

naneyl ... na neither ... nor

¹**nans** ['nans] *m.* **+ow** valley, dale
[C: IE **nm̥-tu-* (gpc)]
{S 1; F 4: **O** *nans* (VC.719) → L,P: **M** *nanssow* (MC.170): **P** *Lan-* and *Lam-* in examples of pl.ns.: **C** OldB *nant*; W *nant*: **+ow** M}

²**nans** ['nanz] *ptl.* now *(in phrase)*
[C: formed from **na(w)* (cf. W *neu*) by analogy with **ny** and **nyns** (CE38)]
{S 1; F 5: **M** *nans* → L,P; *nang* → P}

nans yw ago

nans yw seythun a week ago

nansi interj. not so
[F: *non si* (CE38)] {S 4; F 1: **M** *nan sy* (RD.0405)}

nappya ['nap:ja] *v.* nap ALT = **gogoska**.
[E(E)c: VN in -YA from MidE < OldE *hnappian* (coe)] {S 5; F 1: **M** *napya* (BM.0958)}

narration (Eng.) *n.* [E(D): OldF or Lat, 15th cent. (coe)] {S 6; F 1: **M** *narracion* (TH45r)}

nas ['naːz] *f.* **+ow** nature *(character)*, disposition
[L: CLat *nâtiô* (gpc)] {S 8; F 0(GM09: K.S.): **M** *nas* (correction to PC.1142): **C W** *nawd*; cf. B *neuz*: **+ow** I}
There may have been confusion with **gnas**.

¹**na's** *phrase* not us
[CC: ²**na** ¹'**s**] {S 1; F 3: **M** *nas* → P}

²**na's** *phrase* not them
[CC: ²**na** ²'**s**] {S 1; F 3: **M** *nas* → P}

Nasare place Nazareth
{S 4; F 4: **M** *nazare*: **L** *Nazareth* (M4WK)}
No exx. with <-a> are found in the texts.

NASK- [C: CC (deb)]

naska ['naˑska] *v.* yoke
[Cc: NASK=¹A] {S 1; F 2: **M** *naske* (BK11.29); 3rd sg. pres. ind. *nask* (BK11.33): **C B** *naskañ*}

naswedhek [naʒ'węˑðęk] *adv.* clockwise
'going in the direction of the hand of a clock'. Nance's *gans an howl* is inappropriate in the southern hemisphere.
[Ccc: from **naswydh** WEDH=¹EK, with haplology] {S 1; F 0(GM09: K.J.G.)}

naswydh ['naˑʒwɪð] *f.* **+yow** needle, hand *(of clock)*
[C: CC(K.J.G.); related to **neus** < IE **snê-*] {S 1; F 3: **M** *nasweth* (BM.0468): **L** *nadzhedh* (AB010b, 290a) → P: **C B** *nadoz*; W *nodwydd*: **+yow** I}

nath ['naːθ] *m.* **+es** puffin
[U:] {S 8; F 0(CE38): **+es** I}
According to Padel (1985, p.171), *nath* is unlikely to be Cornish in origin because it lacks B and W cognates; it is a dialect word.

na'th *phrase* not thee
[CC: ²**na** '**th**] {S 1; F 4: **M** *nath*}

nation (Eng.) ALT = **kenedhel**.
[E(F): MidE < OldF *nation* (coe)]
{S 6; F 4: **M** *nascon*; pl. *nacions*: **C W** *nasiwn*}

natur ['naˑtyr] *f.* **+yow** nature, character
[E(F): MidE < OldF (coe)] {S 5; F 5: **M** *natur* → P, *nature*: **L** *natyr* (AB070c) → P: **C B** *natur*; W *natur*: **+yow** I}

erbynn natur against nature

naturel

naturel [na'tyˑrel] *adj.* natural
[E(F)c: **natur** -²EL] {S 5; F 3: M *naturall* (TH.): C B *naturel*; cf. W *naturiol*}
The form *naturall*, which occurs seven times in TH., appears Eng., not least because it precedes a noun; but it could be interpreted as an evolved form of Cor. **naturel*.

natureth [na'tyˑreθ] *f.* natural affection, human nature
[E(F)c: **natur** -ETH] {S 5; F 1: M *natureth* (MC.223): **C** cf. B *naturiezh*; W *naturiaeth*:}

naturor [na'tyˑrɔr] *m.* **+yon** naturalist
[E(F)c: **natur** -OR] {S 5; F 0(CE38): **C** W *naturwr*: **+yon** I}

naughty (Eng.) [E(E): Adj. from *nought* (coe)]
{S 6; F 1: M *noghty* (TH32r)}

naw ['naw] *num.* nine
[C: Brit **nawan* < CC < IE **newn* (gpc)] {S 1; F 4: M *naw, ix*: **L** *nâu̯* (AB282a) → P, *naw*: P Gonorman Downs: **C** B *nav*; W *naw*}

nawmen ['naʊmen] *m.* knuckle bones
[CC: **naw** ¹**men**] {S 1; F 0(CE55):}

naw-ugens [ˌnaw'yˑgens] *num.* nine score (top score in darts)
[CC: **naw ugens**] {S 1; F 0(GK98: K.J.G.): **C** B *nav-ugent*}

nawves ['naʊvez] *num.* ninth
[Cc: **naw** -VES < Brit **nawmetos* (gpc)] {S 1; F 3: M *ix* (TH08v): **L** *nau̯hu̯as* → P: **C** B *naoved*; W *nawfed*}

¹**na'y**² *phrase* nor his
[CC: short for ³**na** ²**y**] {S 1; F 3: M *nay*}

²**na'y**³ *phrase* nor her
[CC: short for ³**na hy**] {S 1; F 1: M *nay* (RD.1926)}

neb ['neːb] **1.** *pron.* some **2.** *adv.* any **3.** *conj.* who The excessive use of **neb** as an indefinite article should be guarded against.
[c: IE **ne-k ʷo-s*] {S 1; F 7: M *neb, nep*: **L** *neb, nep, leb*: **C** B *neb*, W *neb*}
In the texts, *neb* as a conj. was also used to mean 'where'; e.g. *pur ewn neb e fenna mos* (BK01.33) 'exactly where I wish to go'.

neb le anywhere

neb lies not many, very few

nedhores

neb tyller anywhere

neb unn a certain, a particular

nebden *pron.* someone
Lhuyd's translation was "Some, something, a little", but this does not appear correct.
[CC: **neb den**] {S 1; F 1: L *nebdên* (AB100a)}

nebes ['neˑbez] **1.** *m.* few, some **2.** *adj.* few **3.** *adv.* somewhat, a little
[C: Brit **nepâto-* (gpc)]
{S 3; F 5: M *nebes, nebas*: **L** *nebaz* (AB.), *nebbaz* (NGNB): **C** B *nebeud*; W *nebawd*:}

mar nebes so little

nebes hir somewhat long

war nebes lavarow in a few words

nebonan [neb'ɔˑnan] *pron.* someone, anyone, somebody
[cC: **neb onan**] {S 3; F 2: M *nep onon* (RD.1403): **L** *nebonen* (JCNBL) → P}

nebreydh ['nebreɪð] *adj.* neuter
[cC: **neb reydh**] {S 1; F 0(EC52)}

necessary (Eng.) *adj.* [E(F): AngN *necessarie* (coe)] {S 6; F 4: M *necessary* (TH.)}

necessity (Eng.) *n.* [E(F): OldF (coe)]
{S 6; F 1: M *necessite* (TH04r)}

nedh ['neˑð] *coll.* **+enn** nits
[C: CC **snidâ* (gpc)] {S 1; F 3: **L** *nêdh* (AB078a) → P; sg. *nedhan* (AB078a) → P: **C** MidB *nezenn* (sg.); W *nedd*: **+enn** L}

NEDH- [C: Brit **nij-* < IE **snê-* (gpc)]

nedha ['neˑða] *v.* spin (of yarn), twist (of yarn)
[Cc: NEDH=¹A] {S 1; F 4: M *nethe* → P: **L** *nedha* → P: **C** B *nezañ*; W *nyddu*}

nedhans ['neˑðans] *m.* **+ow** spin (of yarn), twist
[Ch: NEDH=ANS]
{S 1; F 0(GM09: G.M.S.): **+ow** I}

nedher ['neˑðer] *m.* **-oryon** spinner (male) [Cl: NEDH=¹ER]
{S 1; F 0(CE38): **C** cf. W *nyddwr*: **-oryon** I}

nedhores [neˑðɔˑres] *f.* **+ow** spinner (female)
[C: NEDH=ORES] {S 1; F 0(CE38): **+ow** I}

negedh
[ˈnɛˑgɛð] *m.* **+ow** negation
[U:] {S 8; F 0(EC00): **+ow** I}

negedhi [nɛˈgɛˑði] *v.* negate
[Uc: **negedh** -¹I] {S 8; F 0(EC00)}

negedhek [nɛˈgɛˑðɛk] *adj.* negative
[Uc: **negedh** -¹ᴇᴋ] {S 8; F 0(CE93: J.G.H.)}

negedhenn [nɛˈgɛˑðɛn] *f.* **+ow** negative *(photographic)*
[Uc: **negedh** -ᴇɴɴ]
{S 8; F 0(GM09: K.J.G.): **+ow** I}

negedhys [nɛˈgɛˑðɪz] 1. *adj.* apostate 2. *m.* **+yon** apostate, turncoat
[U: Compound of **negedh**] {S 8; F 3: M *nygethys* → P: C cf. B *negezet*: **+yon** I}

negh [ˈnɛːx] *m.* **+ow** vexation, embarrassment
[C:]
{S 1; F 0(IC.): C B *nec'h*; W *nych* 'grief': **+ow** C}

negys [ˈnɛˑgɪs] *m.* **+yow** business, transaction, affair, errand
[L: CLat *necesse* (gpc)]
{S 3; F 5: M *nygys* → L,P; *negys* → L,P; pl. *negysyow*: C W *neges*: **+yow** M}
negys orth business with
mones negys to go on an errand

negysieth [ˌnɛgɪˈziˑɛθ] *f.* **+ow** enterprise
[Lc: **negys** -ɪᴇᴛʜ]
{S 8; F 0(GM09: G.M.S.): **+ow** I}

negysyadow [ˌnɛgɪsˑˈjaˑdɔw] *adj.* negotiable
[Lc: from **negysyas** -ᴀᴅᴏᴡ]
{S 8; F 0(GM09: G.M.S.)}

negysyans [nɛˈgɪˑsjans] *m.* **+ow** negotiation
[Lc: **negys** -ʏᴀɴs]
{S 8; F 0(GM09: G.M.S.): **+ow** I}

negysyas [nɛˈgɪˑsjaz] *v.* negotiate
[Lc: **negys** -¹ʏᴀs] {S 1; F 2: M *nygyssas* (BK23103, 24.07), *nygyssyas* (BK24.15)}

negysydh [nɛˈgɪˑsɪð] *m.* **+yon** businessman, representative, negotiator
[Lc: **negys** -¹ʏᴅʜ] {S 8; F 0(GM09: R.M.N.): **+yon** I} The word *negegath* (SA61v) was identified by Nance (Old Cornwall 4(11), p.433) as this word, but it is more likely to be a mis-spelling of **genesigeth**.

nell [ˈnɛlː] *m.* **+ow** strength, power, force
[U:] {S 8; F 4: M *nel* → P: **+ow** I}

nemmys [ˈnɛmːɪz] *adj.* blemished, stained
[Cc: **namm**A -⁶ʏs] {S 1; F 0(GM09: G.M.S.)}

nen [ˈnɛːn] *m.* **+yow** ceiling
[C: Brit **nin*- (Fl.)] {S 3; F 1: O 1st element of *nenbren* (VC.837): C W *nen*; cf. B *nein*, also *lein*: **+yow** I} /ɪ/ has been lowered to /e/.

nena [ˈnɛˑna] *adv.* then.
Might be worth using in order to distinguish the two meanings of **ena** 'there' and 'then'.
[C: **ena** with accreted [n-]]
{S 2; F 5: M *nena* (TH. onwards): L *nena, nenna*}

nenbrenn [ˈnɛˑnbrɛn] *m.* **+yer** ridge-pole, roof-tree
[CC: **nen** 2**prenn**] {S 1; F 2: O *nenbren* (VC.837) → L,P: C W *nenbren*: **+yer** I}.

nenlenn [ˈnɛˑnlɛn] *f.* **+ow** canopy
[CC: **nen lenn**]
{S 1; F 0(CE38): C W *nenlen*: **+ow** I}

Nephthaly (Heb.) place {S 6; F 2: L *Nepthaly* (M4WK.13), *Nephthaly* (M4WK.15)}

nep-pell [nɛpˈpɛlː] *adv.* at some distance
[cC: **neb**4 **pell**]
{S 1; F 4: M *na pel*: C MidB *nep pel*; W *nepell*}

nep-prys [nɛpˈprɪːz] *adv.* sometime, at any time
[cC: **neb**4 **prys**] {S 1; F 3: M *neb pryes*}

neppyth [ˈnɛpːɪθ] *m.* something, anything
[cC: **neb**4 **pyth**] {S 1; F 4: M *neb pyth, nampith* (TH.): L *nepeth* (AB.) → P, *nepeath* (OHTB): C W *nepeth*:}

neptra [ˈnɛptra] *pron.* anything
[cC: from **neb**4 **tra**] {S 1; F 3: O *nebtra* (VC.960) → P: M *neb tra* (CW.0699)}

nep-tu [nɛp'ty:] *adv.* somewhere, anywhere
[cC: **neb4 tu**] {S 1; F 2: M *neb tu*(BM.1915), *neb tew* (CW.1043)}

ner'der *m.* power
[Cc: from **nerth** -DER]
{S 8; F 1: L *nerder* (LPJB1):}
This word shows -DER as an active suffix. It and *ol ner* 'almighty' show that MidC *nerth* 'might' > LateC *ner* 'mighty'.

Nero *name* Nero Name of a Roman emperor
{S 1; F 2: M *Nero* (TH47r)}

nerth ['nɛrθ] *m.* **+ow** power, might, strength, force, energy
For use in physics, see **nerthedh**.
[C: CC **ner-to* (gpc)]
{S 1; F 5: M *nerth* → P: L *nearth* (LPTB): P Trenerth: C B *nerzh*; W *nerth*: **+ow** I}

nertha ['nɛrθa] *v.* strengthen *(a person)*, fortify
[Cc: **nerth** -¹A]
{S 1; F 0(CE38): C B *nerzhañ*; cf. W *nerthu*}

nerthedh ['nɛrθɛð] *m.* **+ow** energy *(in physics)* [Cc: **nerth** -EDH]
{S 1; F 0(GM09: YhaG): **+ow** I}

nerthek ['nɛrθɛk] *adj.* powerful, mighty, potent, strenuous, robust, energetic
[Cc: **nerth** -¹EK] {S 1; F 0(CE38): C W *nerthog*}

nerthogeth [nɛr'θɔ·gɛθ] *f.* stamina
[Ccc: from **nerth** -OGETH]
{S 1; F 0(GK98: A.S.): C B *nerzhegezh*:}

nerv ['nɛrv] *coll.* **+enn** nerves
[E(L): ModE < Lat *nervus* (co)] {S 1; F 0(GK98: K.J.G.): C cf. W *nerf* 'nerve': **+enn** I}

nervenn ['nɛrvɛn] *f.* **+ow,** *coll.* **nerv** nerve
[E(L)c: **nerv** -ENN]
{S 1; F 0(GK98: K.J.G.): C B *nervenn*}

nervus ['nɛrvys] *adj.* nervous, edgy
[E(L)l: **nerv** -US]
{S 1; F 0(GK98: K.J.G.): C B *nervus*, W *nerfus*}

nes ['nɛ:z] *adj.* near
[C: IE **nezd-* (gpc)] {S 1; F 5: M *nes* → P: L *nêz* (AB243b), *nez* (NGNB4): C B *nes* 'near'; W *nes*}
Nance gave 'nearer' as the meaning.

dos nes dhe draw near to, approach

nesa ['nɛ·za] *v.* approach *(intrans.)*, draw near, near
[Cc: **nes** -¹A] {S 1; F 2: M *nesse* (BM.4269); 3rd sg. pres. ind. *neys* (RD.2504); 2nd sg. impv. *nes* (OM.1404): L *nesse* (PV14502): C cf. W *nesu-*}

nesadewder [ˌnɛza'dɛʊdɛr] *m.* approachability
[Ccc: from **nesadow** -DER]
{S 1; F 0(GM09: G.M.S.):}

nesadow [nɛ'za·dɔw] *adj.* approachable
[Cc: **nes** -ADOW] {S 1; F 0(GM09: G.M.S.)}

nesarvorel [nɛzar'vɔ·rɛl] *adj.* inshore, nearshore
[CcCc: **nes arvorel**] {S 1; F 0(GM09: G.M.S.)}

neshe [nɛs'hɛ:] *v.* approach
[Cc: **nes** -HE]
{S 1; F 0(CE38): C B *nesaat*; W *nesau*}

neshevin [nɛs'hɛ·vɪn] *pl.* kinsmen, next of kin, kindred
[C: Brit **nes-ham-înos* (Fl.)] {S 8; F 3: O *nesheuin* (VC.155) → L,P: M *nessevyn* (BM.)}

neskar ['nɛ·skar] *m.* **neskerens** near relative, near relation, kin
[CC: **nes kar**]
{S 1; F 0(GK98: T.S.): **neskerens** I}

nesogas [nɛ'zɔ·gas] *adj.* approximate
[CC: **nes ogas**] {S 8; F 0(GM09: G.M.S.)}

nessa ['nɛs:a] **1.** *adj.* nearer, next **2.** *num.* second
[Cc: from **nes** -²A] {S 1; F 5: M *nessa*: L *nessa*: P Park Nessa: C B *nesañ*; W *nesaf*}

nessa dorn second-hand

nester ['nɛ·stɛr] *m.* proximity, nearness, propinquity
[Cc: **nes** -TER] {S 1; F 0(EC52):}

nesriv ['nɛsrɪv] *m.* **+ow** approximation *(maths.)*.
[CC: **nes riv**] {S 1; F 0(GM09: A.S.): **+ow** I}

nesriva [nęs'ri·va] *v.* approximate *(maths.)*
[CC: **nesriv** -¹A] {S 1; F 0(GM09: A.S.)}

neth *place* (river-name of unknown meaning)
[C:] {S 8; F 0(CPNE): **P** ?*Straetneat*: **C** cf. W *Nedd* '(River) Neath'} It is not clear whether the final consonant is /-θ/ or /-ð/.

-NETH [nęθ] *suffix* (fem. abst. noun ending from adj.)
[U: poss. Celtic, but influenced by E *-ness*] In spite of B *-nez*, (rather than *-nezh*), it appears that this suffix is /-neθ/. An example is **furneth** 'wisdom' from **fur** 'wise'.

neus ['nœːz] *coll.* **+enn** thread *(in general)*, yarn *(thread)*
[C: CC **snât-* (gpc)] {S 1; F 2: **O** sg. *noden* (VC.809) → L,P: **C** B *neud*: **+enn** O}

neusa ['nœ·za] *v.* fray out, fringe
[Cc: **neus** -¹A] {S 1; F 0(CE38)}

neusenn ['nœ·zęn] *f.* **+ow,** *coll.* **neus** thread *(individual)*
[Cc: **neus** -ENN] {S 1; F 2: **O** *noden* (VC.809) → L,P: **C** B *neudenn*} This word has been re-formed from **neus** + -ENN.

neusenna [nœ'zęnːa] *v.* thread, embroider
[Ccc: **neusenn** -¹A]
{S 1; F 0(CE38): **C** B *neudennañ*}

neusynn ['nœ·ʒɪn] *m.* **+ow** filament
[Cc: from **neus** -YNN] {S 1; F 0(Y2): **+ow** I}
NEUV- [C: IE **snâ-*]

neuvell ['nœ·vęl] *f.* **+ow** float *(e.g. for fishing)*
[Cc: NEUV=ELL] {S 1; F 0(GK98: K.J.G.): **+ow** I}

neuvella [nœ'vęlːa] *v.* float
[Ccc: **neuvell** -¹A] {S 1; F 0(GK98: K.J.G.)}

neuvelladewder [nœvęla'dęʊdęr] *m.* buoyancy
[Ccc: from **neuvelladow** -DER]
{S 1; F 0(GM09: G.M.S.):}

neuvelladow [ˌnœvę'laˑdɔw] *adj.* buoyant
[Ccc: **neuvell** -ADOW] {S 1; F 0(GK98: K.J.G.)}

neuvelladow heptu neutrally buoyant

neuvwisk ['nœvwɪsk] *m.* swimwear
[CC: NEUV- 2**gwisk**] {S 1; F 0(GK98: K.J.G.):}

neuvya ['nœ·vja] *v.* swim
The traditional word for 'to swim' was **nija**, which also meant 'to fly' and 'to float'. In Revived Cornish, it is convenient to have separate words for these three meanings.
[Cc: NEUV=YA]
{S 1; F 0(CE38): **C** W *nofio*; cf. B *neuñviñ*}

neuvyer ['nœ·vjęr] *m.* **-yoryon** swimmer *(male)*
[Ch: NEUV=YER]
{S 1; F 0(GK98: A.S.): **-yoryon** I}

neuvyores [nœv'jɔˑręs] *f.* **+ow** swimmer *(female)*
[Ch: NEUV=YORES]
{S 1; F 0(GM09: K.J.G.): **+ow** I}

nev ['nęːv] *m.* **+ow** heaven
[C: CC **nem-* (gpc)] {S 1; F 7: **O** *nef* (VC.002): **M** *nef, neff*: **L** *nêv* (AB.); *nefe* and many other spellings: **C** B *neñv*; W *nef*: **+ow** I}

nevek ['nę·vęk] *adj.* heavenly, celestial
[Cc: **nev** -¹EK] {S 1; F 0(CE38)}

neves ['nę·vęz] *m.* **+ow** sacred grove
[C: Brit **nemetos*] {S 1; F 0(CPNE): **P** Lanivet = **lann neves**: **C** W *nyfed*: **+ow** I}

nevesek [nę'vę·zęk] *adj.* pertaining to a sacred grove
[Cc: **neves** -¹EK]
{S 1; F 0(CPNE): **P** Trenovissick}

nevra ['nęvra] *adv.* never *(in neg. phrases)*, ever
[E(E): MidE < OldE *naefre* (co)] {S 4; F 6: **M** *neffre, nefre, neffra*: **L** *nevra* (AB.); *nevera*} The <ff> in MidC is thought to represent [v]. Used when dealing with future events. At *BM*.4461, **nevra** ⁴**ow** was written as *neffrev*, i.e. **nevr' ow**.

new ['nęw] *f.* **+yow** trough, sink
[C: Brit *nâwjâ* < IE (gpc)]
{S 1; F 0(CE38): **C** B *nev*; W *noe*: **+yow** I}

new droghya dip (for sheep)

neyth ['nɛɪθ] *m.* **+ow** nest
[C: Brit **ni-sed* (lp) < IE **nizdo-* (gpc)]
{**S** 2; **F** 4: **O** *neid* (VC.522) → L,P: **L** *nyth* (BM.3302), *nyeth* (BK28.30): **P** *neith* (AB099a), *nyth* (PV.); pl. *neitho* (AB.), *nythow* (PV14432): **C** **B** *neizh*; W *nyth*: **+ow** M}
Nance was too influenced by Welsh here; the Cor. word, like the Breton, suffered diphthongization, at least in OldC. The <y> in Pryce's *nyth* could also represent [ɛɪ].

Neythan name Nectan
{**S** 1; **F** 2: **L** *n'ython* (PV.7552), *nython* (PV10142): **P** Trenithon}

neythi ['nɛɪθi] *v.* nest, build a nest
[Cc: **neyth** -¹I]
{**S** 2; **F** 1: **M** *nyezy* (MC.206): **C** cf. W *nythu*}

neythik ['nɛɪθɪk] *m.* **-igow** niche
[Cc: **neyth** -IK]
{**S** 2; **F** 0(GM09: G.M.S.): **-igow** I}

neythva ['nɛɪθva] *f.* **+ow** nesting-place
[Cc: **neyth** -VA]
{**S** 2; **F** 0(CE38): **C** W *nythfa*: **+ow** I}

ni ['niː] *pron.* we, us
[C: CC **snîs* (gpc)]
{**S** 1; **F** 8: **M** *ny*: **L** *ny, ni, nei*: **C** **B** *ni*; W *ni*}

-NI [ni] *suffix* (masc. abst. noun ending)
The MidE ending *-ony* was identified with this sf.; e.g. **glotni** 'gluttony'. [c: Brit **-gnîmu* (wg)]

Nicholas (Eng.) *name*
{**S** 6; **F** 1: **L** *Nicholas* (NP..)}

Nihon ['niːhɔn] *place* Japan
[Japanese *Nihon*] {**S** 4; **F** 0(GL05)}

nihonek *adj.* Japanese
kolmwyk nihonek
Japanese knotweed

Nihonek [nɪ'hɔːnɛk] *m.* Japanese (*language*)
[**Nihon** -¹EK] {**S** 4; **F** 0(GM09: K.J.G.):}

nij ['niːdʒ] *m.* **+ow** flight *(in air)*
[C: Brit **natiâ* < IE **sna-t-* (gpc)]
{**S** 3; **F** 3: **M** *nyg* → P: **C** **B** *nij*; W *naid* 'leap': **+ow** I} The recorded spellings of this word and its derivatives are also consistent with the diphthong /eɪ/.

nija ['niːdʒa] *v.* fly
In trad. Cor., this word also meant 'to swim' and 'to float'; but it is convenient to distinguish meanings by using **nija** for 'to fly', **neuvya** for 'to swim', and **neuvella** for 'to float'. [Cc: **nij** -¹A]
{**S** 2; **F** 4: **M** *nyge* (OM.1023, RD.0552) → P: **L** *nyidzha* (AB099b, 295a) → P; *neidga* (G1JB): **C** cf. B *nijal*; W *neidio*} An example of early palatalization of [dj] in **nid-ya*.

nijer ['niːdʒɛr] *m.* **-oryon** flyer, aviator
[Cl: **nij** -¹ER] {**S** 2; **F** 0(GM09: G.M.S.): **-oryon** I}

nijys ['niːdʒɪz] *adj.* air-borne
[Cc: **nij** -⁶YS]
{**S** 2; **F** 2: **L** *neidges* (EKJB), *nighies* (L1WG)}

Nikodem name Nichodemus
{**S** 4; **F** 3: **M** *nychodemus*}
The Latinate form with <-us> is found 6 times, and *nychodem* once, at RD.0626.

Niot name Neot
{**S** 2; **F** 1: **O** *nioth* (LS): **P** St Neot}
Name of a saint; <-t> not up-dated to <-s>.

Nise place Nicaea
{**S** 1; **F** 2: **M** *Nice* (SA65v)}

nisita ['niːsɪta] *m.* ignorance, folly
[E(F):] {**S** 5; **F** 3: **M** *nycyte*:}

nith ['niːθ] *f.* **+ow** niece
[C: Brit **nexti* (lheb) < IE **neptî* (gpc)] {**S** 1; **F** 2: **O** *noit* (VC.145) → L,P: **C** MidB *niz*, W *nith*: **+ow** I (EC52)} OldC *noit* shows a diphthong, but <i> is written here, to fit **keniterow**.

nivel ['niːvɛl] *m.* **+yow** level, tier
[F: OldF *nivel* (> ModF *niveau*) (coe)]
{**S** 4; **F** 0(CE93): **+yow** I}
The change [l-] > [n-] occurred in F.

niver ['niːvɛr] *m.* **+ow** number
[L: CLat *numerus* (gpc)] {**S** 1; **F** 3: **M** *neuer* (MC.228) → P, *nyuer* (OM.0569) → P, *nyver* (BM.1539): **C** B *niver*; W *nifer*: **+ow** I}

nivera [ni'vɛːra] *v.* count, reckon, number
[Lc: **niver** -¹A] {**S** 1; **F** 3: **M** *neuera* (MC.183) → P; p.ptcpl. *nyfyrys* (OM.1544, RD.0558) → L: **L** *nivera* (AB248a)}

niverenn [nɪ'vɛ·rɛn] *f.* **+ow** numeral
[Lc: **niver** -ENN]
{**S** 1; **F** 0(CE55): **C** B *niverenn*: **+ow** I}

nivierieth [ˌnɪvɛ'ri·ęθ] *f.* numeration
[Lc: **niver** -IETH] {**S** 1; **F** 0(GK98: K.J.G.):}

niveronieth [nɪvɛrɔ'ni·ęθ] *f.* **+ow** arithmetic
[Lc: **niver** -ONIETH]
{**S** 1; **F** 0(GK98: P.H.): **+ow** I}

niveroniethel [nɪvɛrɔni'ę·θęl] *adj.* arithmetic(al)
[Lc: **niveronieth** -²EL] {**S** 1; **F** 0(GK98: YhaG)}

niverus [nɪ'vɛ·rys] *adj.* numerous
[Ll: **niver** -US]
{**S** 1; **F** 0(GK98: G.M.S.): **C** B *niverus*}

niveryans [nɪ'vɛ·rjans] *m.* **+ow** counting, census, enumeration, count
[Lh: **niver** -YANS] {**S** 1; **F** 0(CE38): **+ow** I}

niwl ['nɪʊl] *m.* **+ow** mist, fog, haze
[U:] {**S** 8; **F** 2: **L** *niul* (AB097c) → P: **C** B *nivl-*; W *niwl*: **+ow** I} This word has been spelled with <iw>, following Lhuyd and the Breton, yet since the Welsh comes from *nywl* (gpc), the spelling might be <yw>.

niwlek ['nɪʊlęk] *adj.* misty, foggy
[Uc: **niwl** -¹EK] {**S** 8; **F** 0(CE38): **C** W *niwlog*}

niwlenn ['nɪʊlęn] *f.* **+ow** fog-bank
[Uc: **niwl** -ENN]
{**S** 1; **F** 0(CE38): **C** B *nivlenn*; W *niwlen*: **+ow** I}

niwlgorn ['nɪʊlgɔrn] *m.* **-gern** fog-horn
[CL: **niwl** 2¹**korn**] {**S** 1; **F** 0(AnG 1984): **-gern** I}

niwllaw ['nɪʊl:aw] *m.* drizzle
[CC: **niwl** 2**glaw**] {**S** 1; **F** 0(EC52):}
gul niwllaw drizzle

niwl-ster [ˌnɪʊl'stę:r] *m.* **niwlow-ster** nebula
[UC: **niwl ster**] {**S** 1; **F** 0(CE38): **niwlow-ster** I}

niwlrew ['nɪʊlręw] *m.* **+yow** hoar-frost
[UC: **niwl** ²**rew**] {**S** 1; **F** 0(CE55): **+yow** I}

niwlus ['nɪʊlys] *adj.* nebulous
[Ul: **niwl** -¹US] {**S** 8; **F** 0(GM09: G.M.S.)}

niwlvok ['nɪʊlvɔk] *m.* smog

Appears in the title of the poem **Niwlvok y'n Howldrevel** 'Smog in the East'.
[UC: from **niwl** 2**mog**] {**S** 1; **F** 0(GM09: K.J.G.):}

niwlwias [nɪʊl'wi·az] *m.* **+ow** gauze
[UCc: **niwl** 2**gwias**] {**S** 1; **F** 0(EC52): **+ow** I}

no (Eng.) *adj.* [E(E): OldE *nô* (coe)]
{**S** 6; **F** 2: **M** *no* (OM.2674, TH.)}

Noala *place*
{**S** 8; **F** 1: **M** *voala* (BM.2078)} Parish in Brittany

¹**nobyl** ['nɔ·bɪl] **1.** *adj.* noble **2.** *m.* **+ys** nobleman
[E(F): MidE < OldF (co)]
{**S** 4; **F** 4: **M** *nobyl*: **C** W *nobl*: **+ys** I}

²**nobyl** ['nɔ·bɪl] *m.* **noblys** noble *(coin)*
[E(F): Same word as ¹**nobyl**] {**S** 4; **F** 3: **M** *nobyl* (BM.3338; BK15.50, 30.08): **C** W *nobl*: **noblys** I} This gold coin was worth one-third of a pound.

noeth ['no:θ] *adj.* naked, nude
[C: CC **noxtos* < IE **nog*ʷ- (gpc)]
{**S** 1; **F** 4: **M** *noth*, *noeth*, *nooth* → P: **L** *noath*: **P** ?Goon Noath: **C** B *noazh*; W *noeth*}

NOETH- [C: IE **neik* (gpc)]
On observing that C **toeth** 'speed' corresponds to B *tizh*, it is reasonable to assume that the *noth*- in *nothlennow* means NOETH-, corresponding to B *nizh* and W *nith*. This makes the root a homophone of **noeth** 'naked'.

noetha ['no·θa] *v.* winnow
[Cc: NOETH=¹A] {**S** 1; **F** 0(CE38): **C** B *nizhañ*; W *nitho*} Nance wrote *nothya* so that there would no confusion with his *notha* 'nakedness'.

noethedh ['no·θeð] *m.* nakedness, nudity
[Cc: **noeth** -¹EDH] {**S** 2; **F** 2: **L** *nootha* (CW.0967) → P: **C** W *noethaidd*}
The supposed ending -¹EDH has been restored, in order to avoid a homograph with **noetha** 'to winnow'.

noethlenn ['no·θlęn] *f.* **+ow** winnowing-sheet
[CC: **noeth lenn**] {**S** 1; **F** 2: **M** pl. *nothlennow* (PC.0881) → P: **+ow** M}

nogadh

nogadh *m.* +ow litter (animal-bed)
[U:] {S 8; F 1: L *nògadh* (LV108.10): +ow I}
Found only in Lhuyd's notebook, translated by him as W *Gwasawd* 'litter; on heat'

nomber *m.* +s number ALT = **niver**.
[E(F): MidE < AngN *numbre* < OldF *nombre* (coe)] {S 4; F 4: M *number*: +s I}

nombra *v.* number ALT = **nivera**.
[E(F): MidE < OldF *nombre* (coe)]
{S 4; F 1: M *numbra* (TH08v)}

non (Fr.) *adv.*
{S 6; F 2: M *nan* (OM.0485, RD.0405)}

nor ['nɔːr] *m.* world
[C: N**dor**] {S 2; F 5: M *nor, nore, noer*: L *nor, oar, aor*: P Annor (Scilly)}

Norgagh ['nɔrgax] *place* Norway
[U:] {S 8; F 1: M *norgagh*}
Not perhaps the expected form of the country's name; the <a> may represent an earlier <e>.

norgaghek *adj.* Norwegian

Norgaghek [nɔrˈgaˑxęk] *n.* Norwegian language
[Uc:] {S 8; F 0(GM09: G.M.S.)}

Norman ['nɔrman] *m.* +ow, +es Norman
[E(F): MidE < OldF *Norman* (coe)]
{S 5; F 1: L *Norman* (CGEL);
pl. *Normanno* (CGEL): +ow L; +es I}

normanek [nɔrˈmaˑnęk] *adj.* Norman
[E(F)c: **Norman** -¹EK] {S 1; F 0(AnG 1985)}

norter ['nɔrtęr] *m.* good manners, nurture
[E(F): MidE *norture* (> ModE *nurture*)]
{S 4; F 1: M *norter* (BM.0287):}

north ['nɔrθ] *m.* north
ALT = **kledh-barth** or **gogledh**.
[E(E): MidE < OldE *norð*]
{S 4; F 2: M *north* (BM.2328, 3427; BK28.74): C W *north*; cf. B *norz* < /norθ/:}

north-est [ˌnɔrθˈęːst] *m.* north-east
[E(E)E(E): **north** ²**est**] {S 4; F 2: M *north-yst* (BM.0664): L *noor east* (PRJBG, PRJBT):}

²**nos**

north-west [ˌnɔrθˈwęːst] *m.* north-west
[E(E)E(E): **north west**] {S 4; F 0(CE93: K.J.G.):}

norvys ['nɔrvɪz] *m.* Earth, world
[CC: N**dor** 2¹**bys**] {S 2; F 5: M *nor vys, norvys*: L *nor vez* (JCNBL46), *nôr vez* (PV17505):}

norvysel [nɔrˈvɪˑzęl] *adj.* terrestrial, Earthlike
[CCc: **norvys** -²**el**] {S 2; F 0(GM09: K.J.G.)}

norysshya *v.* nourish ALT = **maga**.
[E(F)c: VN in -YA from MidE < OldF *noriss*- (coe)]
{S 5; F 1: M p.ptcpl. *norysshys* (TH49r)}

¹**nos** ['nɔːz] *f.* +ow night, eve of feast
[C: CC *nokt-stu-* (lp)]
{S 1; F 5: O *nos* (VC.455) → L,P: M *nos*: L *nôz* (AB030b) → P, *noz*: C B *noz*; W *nos*: +ow I}
The noun **nos** is fem. and sing., so one might expect **da** to become **dha**, were it not for the fact that this mutation is in some cases suppressed after [-s]; e.g. **eglos teg** rather than **eglos *deg**. No cases definitely indicating [d] > [ð] after [-s] have been found; at *PC.2549* is found *crous da* 'good cross', and in *BK.*, there are 3 exx. of *da* after a masc. pl. noun denoting persons: in all of these cases, *da* might actually mean **dha**. If lenition was suppressed in these cases, then one would expect the [-s] to devoice the *da* to [ta], as in **eglos teg**. In *TH.*, there are exx. of *tus tha* 'good people', but here the *-s* comes from original /-d/. Here **nos dha** is recommended, with **nos da** as an alternative.

nos dha! goodnight!
nos da! goodnight!
dy' Mergher dhe nos Wednesday night
haneth dhe nos tonight
dre nos through the night
nos Kalann Gwav Hallowe'en

²**nos** ['nɔːs] *adv.* yonder
[c: Aphetic form of **enos**]
{S 8; F 2: M *nos* (OM.1397) → P}

³nos ['nɔːz] *m.* **+ow** token
[L: CLat *nota*] {S 1; F 2: L *noz* (AB231a) → P: C OldB *not;* W *nod:* **+ow** I}

nosedhek *adj.* notable
{S 1; F 1: L *nodzhedzhek* (CGEL)}

noskan ['nɔˑskan] *f.* **+ow** serenade, nocturne
[CC: ¹**nos kan**]
{S 1; F 0(GK98: A.S.): C W *nosgan:* **+ow** I}

noswara [nɔs'waˑra] *m.* contraband goods
[CE(E): ¹**nos** 2**gwara**] {S 4; F 0(GK98: A.S.):}

nosweyth ['nɔsweɪθ] **1.** *adv.* at night **2.** *f.* **+yow** night-time
[CC: ¹**nos** 2¹**gweyth**] {S 1; F 1: M *noswyth* (BM.1785): C B *nozvezh;* W *noswaith:* **+yow** I}

noswikor [nɔs'wiˑkɔr] *m.* **+yon** smuggler *(male),* contrabandist
[CLc: ¹**nos** 2**gwikor**]
{S 3; F 0(GK98: A.S.): **+yon** I} lit. 'night trader'

noswikorek [ˌnɔswɪ'kɔˑrɛk] *adj.* contraband
[CLcc: **noswikor** -¹EK] {S 1; F 0(GK98: A.S.)}

noswikores [nɔswi'kɔˑrɛs] *f.* **+ow** smuggler *(female),* contrabandist
[CLc: **noswikor** -⁴ES]
{S 3; F 0(GM09: K.J.G.): **+ow** I}

noswikorieth [nɔsˌwikɔ'riˑeθ] *f.* smuggling
[CLcc: **noswikor** -IETH]
{S 1; F 0(GK98: J.A.N.S):}

nosya ['nɔˑzja] *v.* note, notate
[Cc: ³**nos** -YA]
{S 1; F 1: L p.ptcpl. *nodzhyz* (CGEL)}

nosyans ['nɔˑzjans] *m.* **+ow** notation
[Ch: ³**nos** -YANS] {S 1; F 0(EC00): **+ow** I}

not *m.* **+ys** note ALT = **notenn**.
[E(F): MidE < OldF (co)]
{S 5; F 2: M *note* (TH55vN): L *not* (PV14536): **+ys** I} The example from Pryce is taken from the adverb **war-not**.

not (Eng.) *conj.* {S 6; F 4: M *not:* L *not* (GCWG)} Found 30 times in texts, but that does not make it an assimilated loan-word.

notable (Eng.) *adj.* [E(F): OldF (coe)]
{S 6; F 3: M *notabyll* (TH.)}

notably (Eng.) *adv.* {S 6; F 2: M *notably* (TH.)}

notenn ['nɔˑtɛn] *f.* **+ow** note
[E(F)c: NOT=ENN]
{S 5; F 0(CE93):
C B *notenn;* cf. W *nodyn:* **+ow** I}

noter ['nɔˑtɛr] *m.* **-oryon** notary, solicitor
[E(L): MidE < Lat (co)] {S 5; F 0(CE93: K.J.G.): C B *noter;* W *noter:* **-oryon** I}

noth- Now spelled **noeth-**

notya ['nɔˑtja] *v.* make known, remark, note
[E(F)c: NOT=YA]
{S 5; F 5: M *notye:* C W *notio* 'to make known'}

notyans ['nɔˑtjans] *m.* **+ow** note
[E(F)c: NOT=YANS] {S 5; F 0(EC52): **+ow** I}

notys ['nɔˑtɪz] *adj.* noted
[E(F)c: NOT- -⁶YS] {S 5; F 0(EC52)}

now *adv.* now
Used in verse as a 1-syll. substitute for **lemmyn**, or even, as in BM.3426, as a replacement. [E(E): MidE < OldE *nû* (co)] {S 4; F 4: M *nov, now*}

nowedhys [nɔ'weˑðɪz] *m.* tidings, news
[Cc: from **nowydh** -²YS]
{S 3; F 3: M *nowethys* → P:} For construction, cf. ModE *news,* ModF *nouvelles.*

noweja *adj.* new, fresh
[Cc: Compound of **nowydh**]
{S 8; F 1: L *nouedzha* (PV14532)}

nowejans *m.* **+ow** novelty, innovation
[Cc: Compound of **nowydh**] {
{S 8; F 2: L *nouedzhanz* (CGEL) → P: **+ow** I}

nown ['nɔʊn] *m.* hunger, starvation
[C: Brit **nowinjo-* (lheb)]
{S 8; F 3: O *naun* (VC.941) → P: M *nown* (OM.0400), *nawn* (BK06.35), *newn* (BK07.11): C B *naon;* W *newyn:*}

nownek ['nɔʊnɛk] *adj.* hungry
[Cc: **nown** -¹EK] {S 8; F 0(CE38): C W *newynog*}

nownsegves [nɔʊn'ʒęgvęz] *num.*
nineteenth
[Cc: from **nownsek** -VES] {S 1; F 1:
L *Nowndzhagvas* (LV108.16): C B *naontegved*}

nownsek ['nɔʊnʒęk] *num.* nineteen
[Cc: Brit **nawandekan-t-* (gpc)] {S 1; F 3: **M** *xix*
(BM.1569), *nownsag* (TH01r): **L** *nawdeec* (IKAB),
nounjack (WDRS), *noundzhak* (AB176b):
C B *naontek*; cf. W *nawngant* (archaic)}

nowodhow [nɔ'wɔ·ðow] *pl.* news
[Cc: from **nowydh** -²OW with substitution of vowel] {S 3; F 4: **M** *nowothow*: **L** *neuydho* (AB228c), *noadho* (AB242c)}

yeyn nowodhow bad news

nowydh ['nɔwɪð] *adj.* new
[C: Brit **nowijo-* (gpc)] {S 1; F 5: **M** *nowyth* →
P: **L** *nowydh* (LV.,AB016a) → P, *noueth*:
C B *nevez*, W *newydd*}

nowydh flamm brand new

nowydhhe [nɔwɪð'hę:] *v.* renovate, renew, update
[Cc: **nowydh** -HE] {S 1; F 0(CE38): C B *nevesaat*}

nowydhheans [nɔwɪð'hę·ans] *m.* +ow
renovation, renewal
[Cch: **nowydhhe** -ANS]
{S 1; F 0(GM09: K.J.G.): +ow I}

¹noy ['nɔɪ] *m.* +ens nephew
[L: CLat *nepotem* (Edwards)] {S 8; F 3: **O** *noi*
(VC.144) → L,P: **M** *noe* (BK.): +ens N (CE38)}

²Noy ['nɔɪ] *name* Noah
[E(O):] {S 4; F 5: **M** *noe*}
This name was sometimes monosyllabic, sometimes disyllabic, in MidC.

noys *m.* +ys noise ALT = **tros**.
[E(F): MidE < OldF *noise* (coe)] {S 4; F 2:
M *noyes* (RD.2296), *noyys* (BM.2711): +ys I}

nuklerek [ny'klę·ręk] *adj.* nuclear
[Hc: from E *nuclear* + -¹EK] {S 8; F 0(AnG 1983)}

ny² [nɪ] *ptl.* not
[C: IE **ne* (gpc)]
{S 1; F 8: **M** *ny* → P: **L** *ni* (AB.): C B *ne*}

ny'gan *phrase* not us
[CC: from ²**ny agan**]
{S 1; F 3: **M** *ny gen*} also part of **a'm beus**

ny'gas *phrase*
[CC: from ²**ny agas**] {S 1; F 2: **M** *ny gys*
(OM.1222), *nygis* (BM.1770)} part of **a'm beus**.

nygromons *m.* necromancy
[E(F): OldF *nigromancie* (coe)]
{S 4; F 1: **M** *nygromons* (BK13.39):}
This word was anticipated by Nance in *EC52*
in the form *nygromans*. The ending <-ons>
appears better, however, rhyming with **dons**.

ny'm [nəm] *phrase* not me
[CC: from ²**ny am**] {S 1; F 5: **M** *nym*: **L** *nym*
(AB232a)} Also part of **a'm beus**, where the
spelling *num* suggests schwa.

ny'n [nɪn] *phrase* not him
[CC: ²**ny 'n**] {S 1; F 5: **M** *nyn* → P}
Also part of **a'm beus**

¹ny's [nɪs] *phrase* not her
[CC: ²**ny ¹'s**] {S 1; F 5: **M** *nys* → P}
Also part of **a'm beus**

²ny's [nɪs] *phrase* not them
[CC: ²**ny ²'s**] {S 1; F 4: **M** *nys* → P}
Also part of **a'm beus**

³ny's [nɪs] *phrase* [CC: ²**ny ³'s**]
{S 1; F 1: **M** *nys* (RD.1943)} Part of **a'm beus**

ny'th [nɪθ] *phrase* not thee
[CC: ²**ny 'th**] {S 1; F 5: **M** *nys* → P, *ny*}
Also part of **a'm beus**, where the final
consonant was often lost; e.g. **ny 'fydh** 'thou
shalt not have', for **ny'th fydh**.

nyhewer [nɪ'hęwęr] *adv.* last night, yesterday evening
[C: Brit **nox'tier* (hpb)] {S 8; F 2: **M** *newer*
(BM.0103): **L** *nehuer, nehwer* (JCNBL):
C B *neizheur*} The spelling of this word is
particularly difficult, because the three
attested forms are far removed from the
Breton cognate, and have probably been
influenced by the word **gorthugher**. The form
nyhewer is that used by Nance.

nyni [nɪ'ni:] *pron.* we emphatic enclitic
[CC: from **ni ni**] {S 1; F 4: **M** *ny ny*}

nyns [nɪnz] *ptl.* not Used before vowels in
bos and **mos**. [C:] {S 1; F 7: **M** *nyns* → L,P *nyng*
→ P: **L** *nyn g* (DPNBB, MSWP), *neg* (OHTB):
C MidB *nend*, W *nid*} Suffered the
sound-change [nɪnz] > [nɪz] in later MidC.

O

o [ɔ] *v. part* was 3 sg. impf. of short form of ¹**bos**. [C: Brit **esât* (M)]
{S 1; F 7: **M** *o*: **L** *o*: **C B** *oa*, **W** *oedd*}

O (Eng.) *interj.* ALT = **A**. {S 6; F 2: **M** *o* (TH18v, SA60r)}

-O *v. part* (3rd sg. pres. subj. ending)
e.g. **gwello** 'may he see' from **gweles** 'to see'. [c:]

OBAY- [E(F): MidE < OldF *obeir* (co)]

obaya [ɔ'baɪa] *v.* obey, submit In the texts, **obaya** is sometimes followed by a direct object, and sometimes it takes **dhe**. [E(F)c: OBAY=¹A]
{S 5; F 4: **M** *obeya*: **C** cf. **W** (dial.) *gobeio*}

obayans [ɔ'baɪans] *m.* obedience
[E(F)h: OBAY=ANS] {S 5; F 0(EC52):}
To replace MidC *obedyens* at TH.42, and *obediens* at TH.05 and TH.49a (twice).

obedience (Eng.) *n.* {S 6; F 3: **M** *obediens* (TH.)}

obedient (Eng.) *adj.* {S 6; F 3: **M** *obedient*}

obediently (Eng.) *adj.* {S 6; F 1: **M** *obediently* (TH39r)}

ober [ˈɔ·bęr] *m.* **+ow** work, act, deed
The phrase *yn ober* (MC.065) appears to be an Anglicism, a calque on *indeed*.
[L: CLat *opera* (Fl.)] {S 1; F 5: **M** *ober* → L,P;: **C B** *ober*, MidW *ober*: **+ow** M}

ober da proper job
ober mas good deed

oberador [ˌɔbę'ra·dɔr] *m.* **+yon** operator *(male)*
[L: Cornicization of *operator*]
{S 3; F 0(GM09: YhaG): **+yon** I}

oberadores [ˌɔbęra'dɔ·ręs] *f.* **+ow** operator *(female)*
[L: **oberador** -⁴ES]
{S 3; F 0(GM09: K.J.G.): **+ow** I}

oberenn [ɔ'bę·ręn] *f.* **+ow** job, task, exercise *(e.g. in school)*, work *(opus)*, chore (U.S.)
[Lc: **ober** -ENN] {S 1; F 0(CE93): **+ow** I}

oberer [ɔ'bę·ręr] *m.* **-oryon** worker *(male)*, doer, performer
[Ll: **ober** -¹ER < CLat *operârius*]
{S 1; F 2: **O** *oberor* (VC.219): **C** cf. **B** *oberour*; not in W: **-oryon** I}

obereth [ɔ'bę·ręθ] *f.* **+ow** major work, deed, opus
[Lc: **ober** -ETH] {S 1; F 3: **M** *obereth*: **+ow** I}

oberi [ɔ'bę·ri] *v.* work, do, perform, operate
[Lc: **ober** -¹I]
{S 1; F 3: **M** *opery* (BM.2613); p.ptcpl. *oberys*: **L** *obery* (PV14621); p.ptcpl. *oberyz* (AB248b)}

oberores [ɔbę'rɔ·ręs] *f.* **+ow** worker *(female)*, doer, performer
[Llc: **ober** -ORES]
{S 1; F 0(GM09: K.J.G.): **+ow** I}

ober-tre [ˌɔbęr'trę:] *m.* **oberow-tre** homework
[LC: **ober tre**] {S 1; F 0(GM09): **oberow-tre** I}

oberwas [ɔ'bęrwas] *m.* **-wesyon** workman
[LC: **ober 2gwas**] {S 1; F 2: **L** *oberuaz* (PV10103, 14621): **-wesyon** I}

oberyans [ɔ'bę·rjans] *m.* **+ow** operation
[Lh: **ober** -YANS] {S 1; F 0(AnG 1996): **+ow** I}

oblation (Eng.) *n.* [E(F): MidE < OldF *oblation* (coe)] {S 6; F 3: **M** *oblacion, oblashion*}

observya *v.* observe ALT = **aspia**.
[E(F)c: VN in -YA from MidE < OldF *observer* (coe)] {S 4; F 1: **M** *observia* (TH37r)}

obstinate (Eng.) *adj.* {S 6; F 1: **M** *obstynat* (TH38v)}

obtaynya *v.* obtain ALT = **kavoes**.
[E(F)c: VN in -YA from MidE *obteine* < OldF *obtenir* (coe)] {S 5; F 3: **M** *obtaynia, optaynya*}

occasion (Eng.) ALT = **prysweyth** or **treveth**.
[E(F): MidE < OldF *occasion* (coe)] {S 6; F 2: **M** *occacion* (TH15v), *occasion* (CW.2333, 2335)}

odd (Eng.) *adj.* {S 6; F 1: **M** *od* (BK10.11)}

oden

oden ['ɔ·dęn] *f.* **+yow** kiln, furnace
[C: CC (gpc)] {S 8; F 1: O 1st element of *odencolc* (Sawyer): C W *odyn*: **+yow** I}

oden-galgh [ˌɔ·dęn'galx] *f.*
odenyow-kalgh lime-kiln
[CC: **oden** 2²**kalgh**] {S 8; F 1: O *odencolc* (Sawyer): C W *odyn-galch*: **odenyow-kalgh** I}
The first <c> in OldC *odencolc* may mean [g].

odour 'ɔ·dɔr *m.* **+s** odour, aroma
[E(F): MidE < AngN *odour* < OldF *odor* (coe)]
{S 4; F 1: M *odor* (RD.0144): **+s** I (EC52)}

Oecumenius (Lat.) *name* (bishop of Trikka in Thessaly, c.990 A.D.)
{S 6; F 3: M *Oecumenius* (TH.)}

OEL- [C:]

oela ['o·la] *v.* weep, cry, lament *(trans.)*, shed tears
[Cc: OEL=¹A] {S 2; F 5: M *ole, ola*: L *uôla* (AB248a), *whola* (M2WK): C B *gouelañ*}
The cognate shows that the Cor. word has permanent lenition.

oeles ['o·lęz] *f.* **+ow** hearth, fireplace
[C: Brit *aidh-l-eti-* (wg)] {S 1; F 3: O *oilet* (VC.900) → P: L *olaz* (AB015a) → P: C B *oaled*; W *aelwyd*: **+ow** I}

oelva ['olva] *f.* weeping, wailing, lamentation
[Cc: OEL=VA] {S 1; F 2: M *olua* (MC.004) → P: L *olva* (M2WK):}

oelvann *m.* weeping
{S 8; F 1: L *guelvan* (PV11507):}
Pryce gives the meaning 'to weep'; his word may represent a form in [g-] (like the Breton) with the suffix -VANN.

oen ['o:n] *m.* **eyn** lamb
[C: Brit *ogno-* (M) < CC *ognos* (lheb) < IE *agʷ(h)no-* (gpc)] {S 1; F 5: O *oin* (VC.605) → L,P: M *on, one*; pl. *eyne*: L *ôan* (AB042a), *oane* (Gw.); pls. *ein* (AB042a), *eanes* (PV14641): C B *oan*; W *oen*: **eyn** ML}

oenes ['o·nęs] *f.* **+ow** ewe-lamb
[Cc: **oen** -⁴ES]
{S 1; F 0(CE38): C W *oenes*: **+ow** I}

oengenn ['ɤngęn] *m.* **+ow** lamb-skin

OFER-

[CC: **oen** 2kenn]
{S 1; F 0(CE38): C B *oangen*: **+ow** I}

oenik ['o·nɪk] *m.* **eynigow** lambkin, little lamb
[Cc: **oen** -IK]
{S 1; F 0(CE38): C W *oenig*: **eynigow** I}

oer ['o:r] *adj.* excessively cold, freezing, frigid, glacial *(very cold)*
[C: CC *ougro-* (lp)] {S 1; F 2: O *oir* (VC.857) → P: C Not in B; W *oer*}

oerlyp ['o·rlɪp] *adj.* clammy
[CC: **oer** 2glyb]
{S 1; F 0(GM09: G.M.S.): C W *oerwlyb*}

oerni ['orni] *m.* frigidity *(meteorological)*
[Cc: **oer** -NI] {S 1; F 0(CE38): C W *oerni*:}

oerwyns ['orwɪns] *m.* **+ow** blizzard, icy wind
[CC: **oer** 2¹**gwyns**] {S 1; F 0(CE38): **+ow** I}

oes ['o:z] *m.* **+ow** age, period *(of time)*
[C: Conflation of two words: (i) cognate of B *oad*, W *oed* < Brit *ai-to* (M) < CC (Gr.) < IE (lp); (ii) cognate of W *oes* < Brit *ait-tu-* (gpc)]
{S 1; F 5: O *huis* (VC.453) → L,P: M *oys; oydge* (CW.2102) → P: L *ûz* (AB.), *uz* (L1JB): C B *oad*, W *oed* and W *oes*: **+ow** I}
OldC *huis* is cognate with W *oes* (otherwise it would have ended in <-d>), and MidC *oydge*, being palatalized, is cognate with W *oed*. It is not clear which word is meant in the other historical examples, and all are treated as cognate with W *oes* and spelled **oes**.

Oes Brons Bronze Age
Oes Men Stone Age
Oesow Kres Middle Ages

-OES [-ɤz] *v. part* (VN ending) e.g. **kavoes** 'to get'. [c:]

oesweyth ['o·zwęɪθ] *f.* **+yow** epoch *(period of time)*, age *(period of time)*, era. It would be useful to distinguish the Eng. meanings, so far as geology is concerned.
[CC: **oes** 2¹**gweyth**] {S 1; F 0(CE38): **+yow** I}

OFER- [L: Back-formation from **oferenn**]

oferenn [ɔˈfɛˑrɛn] *f.* **+ow** mass *(church service)*, eucharist, religious service
[L: CLat *offerenda* (lp)] {S 1; F 3: M *oferen*: C B *oferenn*; W *offeren*: **+ow** I}

oferenni [ˌɔfɛˈrɛnːi] *v.* celebrate mass
[Lc: **oferenn** -¹I] {S 1; F 0(CE38): C B *oferenniñ*; cf. W *offerennu*}

ofergugoll [ˌɔfɛrˈgyˑgɔl] *m.* **+ow** chasuble
[LL: OFER- 2**kugoll**] {S 8; F 3: O *ofergugol* (VC.789) → L,P: **+ow** I} I. Williams suggested that the first element is from OldE *ofer* 'over'.

oferyas [ɔˈfɛˑrjaz] *m.* **oferysi** priest, celebrant
[Cc: OFER=³YAS] {S 1; F 2: O *offeiriad* (AB127c), *offeriat* (AB143a) → P: C W *offeiriad*: **oferysi** I} Lhuyd's form appears to be Welsh; Nance substituted *-yas* as the suffix.

oferyasek [ˌɔfɛrˈjaˑzɛk] *adj.* priestly, sacerdotal
[Ccc: **oferyas** -¹EK] {S 1; F 0(GK98: A.S.)}

offenders (Eng.) *pl.* {S 6; F 3: M *offenders, offendars* (TH25v)}

offendya [ɔˈfɛndja] *v.* resist, offend, strive against
[Ec: VN in -YA from MidE (coe)]
{S 5; F 4: M *offendye*}

offens [ˈɔfːɛns] *m.* **+ys** offence, breach, opposition
[E(F): MidE *offens* < OldF *offens* (coe)]
{S 4; F 4: M *offens*; pl. *offencys* (TH.): **+ys** M}

offensus [ɔˈfɛnsys] *adj.* offensive *(on the attack)*
[El: **offens** -US] {S 4; F 0(GM09: G.M.S.)}

offering (Eng.) *n.* cf. **offrynn** {S 6; F 1: M *offering* (SA64r)}

offis [ˈɔfːɪs] *m.* **offisys** office *(abst.)*, function, position
[E(F): MidE < OldF (coe)]
{S 4; F 4: M *offis* (TH.): C W *offis*: **offisys** I}

offiser [ˈɔfːɪsɛr] *m.* **+s** officer
ALT = **soedhek**.
[E(F): MidE < AngN *officer* (coe)]
{S 4; F 2: M *offiser* (TH31r); pl. *offisers*

(TH32r, 33v): **+s** M}

offra [ˈɔfːra] *v.* offer
[Hc: VN in -A from MidE < OldE *offrian* and OldF *offrir* (coe)] {S 4; F 4: M *offra* (TH., SA.)}

offrynn [ˈɔfrɪn] *m.* **+ow** offering
[E(E): MidE < OldE *offrung* (coe)]
{S 4; F 4: M *offryn* → P, *offren*: C cf. W *offrwm* < *offrwng*: **+ow** I}

offrynna [ɔˈfrɪnna] *v.* offer, sacrifice
[E(E)c: **offrynn** -¹A]
{S 4; F 4: M *offrynne, offrynnya*}

ogas [ˈɔˑgas] **1.** *adj.* near, close, adjoining, nigh **2.** *adv.* nearly, almost, virtually *(nearly)* **3.** *m.* proximity, propinquity, vicinity
[C: Brit (Fl.)] {S 3; F 5: O *ogos* (VC.156) → L,P: M *ogas* → L, *oges* → L: L *ogaz*: P ?August Rock: C B *hogoz*; W *agos*:} The C word appears to have been metathesized. The form *oges* is a reversed spelling, caused by the sound-change [e] > [a] in unstressed syllables.

yn hy ogas near to her

ogasti [ɔˈgasti] *adv.* nearly, almost
[CC: from **ogas di**]
{S 3; F 3: M *ogasty* (TH21r, 22r): L *oggastigh* (NGNB1, NGNB5), *augutti* (PLOP)}

-OGES [ˈɔˑgɛs] *suffix* (fem. noun ending, from adj.) e.g. **marghoges** 'female rider', from **margh** 'horse'. [cc: from -¹EK -⁴ES]

-OGETH [ˈɔˑgɛθ] *suffix* (fem. abst. noun ending) [c: from -¹EK -ETH] Nance wrote *-egeth* rather than *-ogeth*. No example has been found in trad. Cor. to check, but cf. -OGNETH, which is attested. A modern example is **tiogeth** 'household' from **ti** 'house'.

ogh [ˈɔːx] *interj.* oh, ah, alas This is 'an interjection of grief or dismay' rather than of 'mild surprise' (R.E.).
[C: CC (K.J.G.)]
{S 8; F 4: M *ogh* → P: L *oh* (AB249a): C W *och*}

oghen [ˈɔˑxɛn] *pl.* oxen
[C: Brit *uxenos* (hpb) < IE (lp)] {S 1; F 2: M *ohan*: L *ohan* (CDWP): C B *oc'hen*; W *ychen*}

-OGNETH ['ɔgnęθ] *suffix* (fem. abst. noun ending) e.g. **boghosogneth** 'poverty'.
[c: from -¹EK -NETH]

ojyon ['ɔ·dʒjɔn] *m.* **oghen** ox
[C: Brit *otyon (M)] {S 2; F 4: O *odion* (VC.598): L *udzheon* (AB.), *odjyan* (TCWK): P Rosudgeon: C B *ejen*; W *eidion*: **oghen** ML}
The sequence *odion* (VC.598) > *udzheon* (Lhuyd) > *odgan* (18th cent.) shows the phonetic development [dj] > [dʒj] > [dʒ]; the spelling here reflects the mid stage. The Cor. does not show expected vowel aff.

oker ['ɔ·kęr] *m.* interest *(money)*, usury
[E: MidE *oker* 'usury' (gpc)]
{S 5; F 0(CE38): C W *ocr*:}

okerer [ɔ'kę·ręr] *m.* **-oryon** money-lender *(male)*, usurer
[El: **oker** -¹ER] {S 5; F 0(CE38): **-oryon** I}

okerores [ɔkę'rɔ·ręs] *f.* **+ow** money-lender *(female)*, usurer
[El: **oker** -ORES] {S 5; F 0(GM09: K.J.G.): **+ow** I}

okkupya *v.* occupy ALT = **kevannedhi**.
[E(F)c: VN in -YA from MidE < AngN *occupier* (coe)] {S 5; F 1: M *occupya* (CW.0255)}

ol ['ɔ:l] *m.* **+ow** trace *(track)*, track, print *(e.g. of foot)*, trail, vestige
[C: Brit (Fl.)] {S 1; F 4: M *ol* → P; pl. *olow*: L pl. *oleow* (CLJK): C OldB *ol-*, W *ôl*: **+ow** ML}
ol troes footprint

-OLETH ['ɔ·lęθ] *suffix* (fem. abst. noun ending) e.g. **flogholeth** 'childhood' (*OM.2838*), from **flogh** 'child'.
[c: from -²EL -ETH]

olew ['ɔ·lęw] *m.* **+ow** olive-oil
[L: BLat *olewum < CLat *oleum* (lheb)] {S 1; F 3: O *oleu* → L,P: C B *olev-*; W *olew*: **+ow** I}

olewbrenn [ɔ'lęʊbręn] *m.* **-yer** olive-tree
[LC: **olew 2prenn**]
{S 1; F 3: O *oleubren* (VC.701) → L,P: **-yer** I}

olewenn [ɔ'lę·węn] *f.* **+ow** olive
[Lc: **olew** -ENN] {S 1; F 1: L *oleuen* (AB.): **+ow** }

olewi [ɔ'lę·wi] *v.* smear *(with oil)*
[Lc: **olew** -¹I] {S 1; F 0(CE38): C B *oleviñ*}

olifans [ɔ'li·fans] *m.* **-es** elephant
[F: OldF *olifant* (Gr.)] {S 4; F 2: O *oliphans* (VC.570) → L,P: C B *olifant*: **-es** I}

oliv ['ɔ·liv] *m.* **+yow** olive-tree
[E(F): MidE < OldF (coe)]
{S 4; F 3: M *olyf, olyff*: C W *olif*: **+yow** N}

olivenn [ɔ'li·vęn] *f.* **+ow** olive
[E(F)c: **oliv** -ENN]
{S 4; F 0(GM09: K.J.G.): **+ow** I}

Olivet place Olivet
{S 5; F 2: M *olyuetd* (RD.2398), *olyved* (RD.2409)}

oll ['ɔl:] **1.** *adj.* all, every **2.** *adv.* wholly, entirely, completely **3.** *pron.* everyone, everything
[C: CC (lp)] {S 1; F 7: M *ol, oll, holl*: L *ol, oll, ul*: C B *holl*; W *oll, holl*}
onan hag oll one and all
an bys oll the whole world
ha'n darasow oll deges and every single door closed
wolkomm owgh oll you are welcome, everyone
rag bones oll teg ha da because everything was fine and good
oll myns all those who
oll-barth *adv.* altogether
[CC: apparently a shortening of **oll war-barth**] {S 3; F 1: L *Olbarthy* (LV151.03)}

olldhalghus [ɔl'ðalxys] *adj.* comprehensive, all-embracing
[CCl: **oll 2dalgh** -US] {S 1; F 0(GM09: G.M.S.)}

ollgalloes [ɔl'galːɤz] *m.* omnipotence
[CC: **oll galloes**] {S 1; F 0(CE38):}

ollgalloesek [ˌɔlga'lo·ʒęk] *adj.* almighty, omnipotent
[CCc: **ollgalloes** -¹EK] {S 1; F 3: M *ol gallosek* (RD.0752), *ol gallogak* (BK03.75), *ol gollousacke* (CW.0013): L *ol gallouseck* (CLJK), *olghallusek* (LAWG): C B *ollc'halloudek*; W *hollalluog*}
Lenition occurs in B and W but not in C.

ollgalloester

ollgalloester *adj.* almighty
[CCc: **ollgalloes** -TER] {S 3; F 2: M *ol-galluster, ol galluter* (ACJK)} A noun-form has been substituted for the required adj. **ollgalloesek**.

ollgemmyn [ɔl'gęmːɪn] *adj.* general
[CC: **oll 2kemmyn**] {S 1; F 0(GL05)} Curiously reminiscent of G *allgemein*, with the same meaning.

ollnerth *adj.* almighty
ALT = **ollgalloesek**. [CC: **oll nerth**] {S 1; F 3: L *vlnerth* (ACTB), *ol ner* (ACJB)} Found as *ol ner* in LateC;

Ollsyns ['ɔlsɪns] *pl.* All Saints, All Hallows
[CL: **oll syns**] {S 1; F 1: M *hollsens* (TH39r): C B *hollsent*}

ollvys ['ɔlvɪz] *m.* **+ow** universe
[CCc: **oll 2¹bys**] {S 1; F 0(GK00: K.J.G.): **+ow** I}

ollvysel [ɔl'vɪˑzęl] *adj.* global, universal
[CCc: **ollvys** -²EL] {S 1; F 0(GK00: K.J.G.): C B *hollvedel* 'universal'}

OM-² [əm-] *prefix* self-, auto- [c:]

omaj ['ɔˑmadʒ] *m.* homage
[E(F): MidE *omage* < OldF *omage* (coe)] {S 5; F 0(CE55):}

omajer ['ɔmadʒęr] *m.* **+s** vassal, retainer
[E(F)l: **omaj** -¹ER] {S 5; F 1: M *omager* (BM.3482): **+s** I}

omakontya [ˌɔma'kɔntja] *v.* give an account of oneself
[cE(F)c: OM- **akontya**] {S 5; F 1: M *omacontya* (BK35.91)}

omamendya [ˌɔma'męndja] *v.* correct oneself
[cE(F)c: OM- **amendya**] {S 1; F 1: M *ym-amendye* (OM.1526)}

omaskusya [ˌɔmas'kyˑsja] *v.* excuse oneself
[cE(F)c: OM- **askus** -YA] {S 5; F 0(AnG 1985)}

omassaya [ˌɔmas'aɪa] *v.* test oneself, practise, rehearse
[cE(F)c: OM- **assaya**] {S 1; F 1: M *ym-assaya* (PC.2302)}

ombareusi [ˌɔmba'rœˑʒi] *v.*

ombrofyer

prepare oneself
[cLc: OM- 2**pareusi**] {S 1; F 1: M *ombaruge* (BK25.09); 1st pl. impv. *omparusen* (BM.3244)}

ombellhe [əmbęl'hęː] *v.* distance oneself
[cCc: OM- 2**pellhe**] {S 1; F 0(AnG 1985)}

omberthi [əm'bęrθi] *v.* balance, poise
[cCc: OM- 2**perthi**] {S 1; F 0(CE93: W.B.)}

omblegya [əm'blęˑgja] *v.* submit, bow
[cLc: OM- 2**plegya**] {S 1; F 1: M 2nd impv. *ompleg* (BOD)}

omblegyans [əm'blęˑgjans] *m.* **+ow** submission, bow
[cLc: OM- 2**plegyans**] {S 1; F 0(GM09: G.M.S.): **+ow** I}

omborth ['ɔmbɔrθ] *adj.* balanced, poised
[cC: OM- 2PORTH-] {S 1; F 1: L *omber* (NGNB2): P Mean Amber}

ombraysya [əm'braɪzja] *v.* show off
[cEc: OM- 2**praysya**] {S 1; F 1: M *ym-breyse* (PC.1677)}

ombreder [ɔm'bręˑdęr] *m.* **+ow** meditation
[cC: OM- 2**preder**] {S 3; F 0(EC00): **+ow** I}

ombrederi [ˌɔmbrę'dęˑri] *v.* ponder, reflect, consider, meditate
[cCc: OM- 2**prederi**] {S 1; F 1: M *ompredery* (BM.2857)}

ombrena [əm'bręˑna] *v.* redeem oneself
[cCc: OM- 2**prena**] {S 1; F 1: M *ombrene* (BM.1252)}

ombrevi [əm'bręˑvi] *v.* prove oneself
[cLc: OM- 2**previ**] {S 1; F 3: M *ombrevy*}

ombrofya [əm'brɔˑfja] *v.* offer onself, stand as a candidate, apply *(for a post)*
[cE(F)c: OM- 2**profya**] {S 5; F 0(CE93)}

ombrofyer [əm'brɔˑfjęr] *m.* **-oryon** candidate, applicant
[cE(F)h: OM- 2¹PROF=YER] {S 5; F 0(EC52): **-oryon** I}

omdenna

omdenna [əm'dɛnːa] *v*. withdraw, retire, depart
Usually intransitive, but may be transitive.
[cCc: OM- 2**tenna**] {S 1; F 4: M *ymdenne* → P, *omdenna*: C B *en em dennañ*}

omdennans [əm'dɛnːans] *m*. **+ow** withdrawal, retirement
[cCh: from **omdenna** -ANS]
{S 1; F 0(GM09: K.J.G.): **+ow** I}
omdennans a-varr early retirement

omdennys [əm'dɛnːɪz] *adj*. retired *(from work)*
[cCc: from **omdenna** -[6]YS] {S 1; F 0(GL05)}

omdewlel [əm'dɛʊlɛl] *v*. wrestle
[cCc: OM- 2**tewlel**] {S 1; F 0(CE38)}
The presumed earlier form of **omdowla**.

omdhal ['ɔmðal] *v*. quarrel, strive
[cC: perhaps from OM- 2**dadhel**]
{S 8; F 3: L *omdhal* (AB.) → P}

omdhalgh ['ɔmðalx] *m*. **+ow** attitude
[cC: OM- 2DALGH-]
{S 1; F 0(GK98: A.S.): C B *emzalc'h*: **+ow** I}

omdharbari [ˌɔmðarˈbaˑri] *v*. prepare oneself
[cCc: OM- 2**darbari**] {S 1; F 0(AnG 1986)}

omdhaskorr [əmˈðaˑskɔr] *v*. capitulate, surrender
[ccC: OM- 2**daskorr**] {S 1; F 0(GK98)}

omdhegi [əmˈðɛˑgi] *v*. behave
[cCc: OM- 2**degi**]
{S 1; F 2: M 1st pl. pres. ind. *omthegen* (BM.3451); 2nd sg. impv. *omdok* (BM.2344)}

omdhegyans [əmˈðɛˑgjans] *m*. **+ow** behaviour, bearing *(comportment)*, deportment
[cCc: OM- 2DEG=YANS] {S 1; F 2: M *omthegyans* (BK21.14, 21.22): **+ow** I}

omdhibarth [əmˈðiˑbarθ] *f*. **+ow** secession
[ccC: OM- 2**dibarth**] {S 1; F 0(EC00): **+ow** }

omdhiberth [əmˈðiˑbɛrθ] *v*. secede
[ccC: OM- 2**diberth**] {S 1; F 0(EC00)}

omdhihares [ˌɔmðɪˈhaˑrɛz] *v*.

omdhivarva

excuse oneself
[ccCc: OM- 2DI- 3**kar** -[1]ES] {S 1; F 0(AnG 1986)}

omdhiserri [ˌɔmðɪˈsɛrːi] *v*. calm down
[ccCc: OM- 2DI- **serri**] {S 1; F 0(GK98: G.M.S.)}

omdhisevel [ˌɔmðɪˈsɛˑvɛl] *v*. overbalance, stumble, trip and fall
[ccCc: OM- 2DI- **sevel**]
{S 1; F 1: M p.ptcpl. *om desevys* (MC.014)}

omdhi'sker [əmˈðiˑskɔr] *m*. **-oryon** stripper *(male)*
[ccCl: shortened from OM- 2DI- 2**gwisk** -[1]ER]
{S 1; F 0(EC00): **-oryon** I}

omdhi'skores [ˌɔmðɪsˈkɔˑrɛs] *f*. **+ow** stripper *(female)*
[ccClc: shortened from OM- 2DI- 2**gwisk** -ORES]} {S 1; F 0(EC00): **+ow** I}

omdhiskwedhes [ˌɔmðɪsˈkwɛˑðɛz] *v*. appear
[cCc: OM- 2**diskwedhes**]
{S 1; F 2: M *im-thysquethas* (RD.1496): L *desquethaz* (M2WK)}

omdhiskwedhyans [ˌɔmðɪsˈkwɛˑðjans] *m*. **+ow** appearance *(an appearance)*
[cCc: OM- 2**diskwedhyans**]
{S 1; F 0(GK98: G.M.S.): **+ow** I}

omdhiskwitha [ˌɔmðɪˈskwiˑθa] *v*. relax
[ccCc: OM- 2**diskwitha**]
{S 1; F 0(GK98: G.M.S.)}

omdhisoedha [ˌɔmðɪˈsoˑða] *v*. abdicate, resign
[ccCc: OM- 2DI- **soedh** -[1]A] {S 1; F 0(EC00)}

omdhisoedhans [ˌɔmðɪˈsoˑðans] *m*. **+ow** abdication, resignation
[ccCc: OM- 2DI- **soedh** -ANS]
{S 1; F 0(EC00): **+ow** I}

omdhisplegyans [ˌɔmðɪsˈplɛˑgjans] *m*. self-development
[ccLh: OM- 2**displegyans**] {S 3; F 0(EC00):}

omdhivarva [ˌɔmðɪˈvarva] *v*. shave *(oneself)*
[ccLc: OM- 2**divarva**] {S 1; F 0(GM09)}

omdhivas [əm'ðiˑvaz] 1. *adj.* bereft
2. *m.* **+ow** orphan *(male)*
[ccC: OM- 2DI- 2**mas** (gpc)]
{**S** 1; **F** 2: **M** *omthevas* (BM.1827, TH40r): **C** B *emzivad*; W *amddifad*: **+ow** I}
MidC *omthevas* has been re-spelled here so as to agree with the cognates. It is unlikely that the morphology was appreciated by the speakers of MidC; they might have interpreted it as OM- + a derivative of **tevi**, i.e. 'growing by oneself'.

omdhivasa [ˌɔmðɪ'vaˑza] *v.* orphan, bereave *(of parents)*
[ccCc: **omdhivas** -¹A] {**S** 1; **F** 0(CE38): **C** W *amddifadu* 'to deprive'}

omdhivases [ˌɔmðɪ'vaˑzęs] *f.* **+ow** orphan *(female)*
[ccCc: **omdhivas** -⁴ES] {**S** 8; **F** 0(GK98: K.J.G.): **+ow** I} Nance wrote *omdhevades*, in which he appears to have treated -*as* as a suffix similar to -¹YAS, and devised a non-existent form -*ades* from it.

omdhivatti [ˌɔmðɪ'vatːi] *m.* **+ow** orphanage
[ccCC: from **omdhivas** ⁴ti]
{**S** 8; **F** 0(CE38): **+ow** I}

omdhivlamya [ˌɔmðɪ'vlaˑmja] *v.* exculpate
[ccEc: OM- 2DI- 2**blamya**]
{**S** 5; **F** 1: **M** *omthyvlanya* (BK06.56)}

omdhivroa [ˌɔmðɪ'vrɔˑa] *v.* emigrate
[ccCc: OM- 2**divroa**] {**S** 1; **F** 0(GK98: G.M.S.)}

omdhivroans [ˌɔmðɪ'vrɔˑans] *m.* **+ow** emigration
[ccCh: OM- 2DI- 2**bro** -ANS]
{**S** 1; **F** 0(GK98: G.M.S.): **+ow** I}

omdhivroyades [əmðɪvrɔ'jaˑdęs] *f.* **+ow** emigrant *(female)*
[ccChc: OM- 2DI- 2**bro** -YADES]
{**S** 1; **F** 0(GM09: K.J.G.): **+ow** I}

omdhivroyas [ˌɔmðɪ'vrɔˑjaz] *m.* **+ysi** emigrant *(male)*
[ccCh: OM- 2DI- 2**bro** -³YAS]
{**S** 1; **F** 0(GM09: G.M.S.): **+ysi** I}

omdhiwiska [ˌɔmðɪ'wiˑska] *v.* undress oneself
[ccCc: OM- 2**diwiska**] {**S** 1; **F** 0(CE93)}
Nance suggested *omdhy'sky*.

¹**om-dhoen** [əm'ðoːn] *m.* behaviour
[cC: OM- 2**doen**] {**S** 2; **F** 1: **M** *omthon* (BK28.65):}
Nance took this word to be a VN, but in order to reduce potential confusion with **omdhoen** 'to conceive', the VN is here rendered as **omdhegi**.

²**omdhoen** ['ɔmðʁn] *v.* conceive *(a child)*
[cC: OM- 2**doen**] {**S** 2; **F** 3: **M** *emʒon* (MC.169): **L** *humthan* (G3WK) → P, *umthan* (CDWP)}

omdhrehevel [ˌɔmðrę'hęˑvęl] *v.* raise oneself up
[cCCc: OM- 2**drehevel**]
{**S** 1; **F** 1: **M** *ym-threheuel* (RD.0395)}

omdhyghtya [əm'ðɪxtja] *v.* look after oneself, order oneself
[cE(E)c: OM- 2**dyghtya**]
{**S** 1; **F** 1: **M** 1st pl. impv. *om ʒygtyn* (MC.2464)}

omdowl ['ɔmdɔʊl] *m.* **+ow** wrestling
[cC: OM- 2**towl**]
{**S** 1; **F** 1: **L** pl. *omdowlow* (CLJK): **+ow** }
  omdowl morek sea daffodil

omdowla *v.* wrestle See **omdewlel**
[cCc: **omdowl** -¹A]
{**S** 3; **F** 1: **L** *ymdoula* (AB081c) → P}

omdowler [əm'dɔʊlęr] *m.* **-oryon** wrestler *(male)*
[cCl: **omdowl** -¹ER] {**S** 1; **F** 3: **L** *ymdoular* (AB081c) → P: **-oryon** I}

omdowlores [əmdɔʊ'lɔˑręs] *f.* **+ow** wrestler *(female)*
[cClc: **omdowl** -ORES]
{**S** 1; **F** 0(GM09: K.J.G.): **+ow** I}

omervirans [ˌɔmęr'viˑrans] *m.* self-determination
[ccCh: OM- **ervirans**] {**S** 1; **F** 0(AnG 1998):}

omfogyans [əm'fɔˑgyans] *m.* accommodation *(optical)*
[cCc: OM- **fog** -YANS] {**S** 2; **F** 0(GM09: YhaG):}

omfolsadow [ˌɔmfɔl'zaˑdɔw] *adj.* fissile
[cCc: OM- **fols** -ADOW] {S 1; F 0(GK98: A.S.)}

omgamma [əm'gamːa] *v.* distort
[cCc: OM- 2**kamma**]
{S 1; F 1: M *omgamme* (MC.196)}
omgamma min grimace
omgamma orth grimace at, make a face at

omgammer [əm'gamːer] *m.* -**oryon** contortionist
[cCl: OM- 2¹**kamm** -¹ER]
{S 1; F 0(EC00): -**oryon** I}

omgavoes [əm'gaˑvɤz] *v.* be situated, find oneself
[cCc: OM- 2**kavoes**]
{S 1; F 1: M 1st pl. impv. *omgyffyn* (BK36.66)}
Similar to F *se trouver* 'to find oneself'.

omgeles [əm'gęˑlęz] *v.* hide oneself, lurk
[cCc: OM- 2**keles**] {S 1; F 0(GK98)}

omgelli [əm'gęlːi] *v.* lose oneself, merge *(intrans.)*
[cCc: OM- 2**kelli**]
{S 1; F 1: M *um gelly* (BK28.56)}

omgemmeres [əmgę'męˑręz] *v.* undertake, become responsible for
[cCc: OM- 2**kemmeres**] {S 1; F 1:
M 3rd sg. pres. ind. *omgemer* (BM.1882)}

omgemmeryans [ˌɔmgę'męˑrjans] *m.*
+**ow** responsibility, undertaking
[cCc: OM- 2**kemmeryans**]
{S 1; F 0(EC52): +**ow** I}

omgemmeryek [ˌɔmgę'męˑrjęk] *adj.* responsible
[cCc: OM- 2KEMMER=YEK] {S 1; F 0(GL05)}

omgemmyska [ˌɔmgę'mɪˑska] *v.* mingle
[ccCc: OM- 2**kemmyska**] {S 1; F 0(AnG 1986)}

omgerdh ['ɔmgęrð] *m.* evolution
[cC: OM- 2**kerdh**] {S 1; F 0(AnG 1985):}

omgerdhes [əm'gęrðęz] *v.* evolve
[cCc: OM- 2**kerdhes**] {S 1; F 0(GK98)}

omgethneth [əm'gęθnęθ] *f.* addiction
[cCc: OM- **kethneth**] {S 1; F 0(GM09: G.M.S.):}

omglywans [əm'glɪwans] *m.* +**ow** feeling, sensation
[cCh: OM- 2**klywans**] {S 1; F 0(AnG): +**ow** N}

omglywansel [ˌɔmglɪ'wanzęl] *adj.* sensual
[cChc: **omglywans** -²EL] {S 1; F 0(GK98: A.S.)}

omglywansus [ˌɔmglɪ'wanzys] *adj.* sensuous
[cChl: OMGLYWANS -US] {S 1; F 0(GK98: A.S.)}

omglywes [əm'glɪwęz] *v.* feel, sense
[cCc: OM- 2**klywes**] {S 1; F 1:
M 3rd sg. pres. ind. *um glow* (BK27.22);
1st pl. pres ind. *omglowugh* (BM.0709)}

omgnoukya [əm'gnuˑkja] *v.* knock oneself
[cE(E)c: OM- 2**knoukya**]
{S 1; F 1: M *ymknouke* (PC.2324)}

omgommendya [ˌɔmgɔ'męndja] *v.* introduce oneself
[cLc: OM- 2**kommendya**] {S 1; F 0(AnG 1987)}

omgonfortya [ˌɔmgɔn'fɔrtja] *v.* comfort oneself
[cE(F)c: OM- 2**konfortya**]
{S 1; F 2: M *omconfortya* (BM.3080);
2nd sg. impv. *omconfort* (BM.3671);
2nd pl. impv. *omgonfortyough* (BK13.58)}

omgonvedhes [ˌɔmgɔn'vęˑðęz] *v.* understand each other
[ccCc: OM- 2**konvedhes**] {S 1; F 0(AnG 1985)}

omgregi [əm'gręˑgi] *v.* hang oneself
[cCc: OM- 2**kregi**] {S 1; F 3: M *omgregy*
(MC.105), *ymgregy* (PC.1516); *omgrogas*
(BK30.94): L *Omgregys* (LV110.03)}

omgudha [əm'gyˑða] *v.* hide oneself
[cCc: OM- 2**kudha**] {S 1; F 0(CE38)} *omgwetha*
(CW.1517) and *om gwethen* (CW.0856) are here taken to be from **omgwetha**.

omguntell [əm'gyntęl] *v.* meet *(intrans.)*, gather, collect *(intrans.)*, assemble *(intrans.)*
[cC: OM- 2**kuntell**] {S 8; F 0(CE93)}

omgusulya [ˌɔmgy'sy·lja] *v.* discuss
[cLc: OM- 2**kusulya**]
{S 1; F 1: M *imcusylle* (RD.0561)}

omgwetha [əm'gwę·θa] *v.* cover oneself with a cloth
[cUc: OM- 2**kwetha**]
{S 4; F 2: M *omgwetha* (CW.1517); 1st pl. impv. *om gwethen* (CW.0856)} The words in *CW* were previously thought to be from *omgudha*.

omgyfyans [əm'gɪ·fjans] *m.* self-confidence
[cUc: OM- 2**kyfyans**] {S 1; F 0(GK98: R.L.):}

omherdhya [əm'hęrðja] *v.* obtrude
[cCc: OM- **herdhya**] {S 1; F 0(AnG)}

omhowla [əm'hɔʊla] *v.* sunbathe
[cCc: OM- **howl** -¹A] {S 1; F 0(CE38)}

omhweles [əm'hwę·lęz] *v.* fall down, tip up, tip over
Intransitive; cf. **domhweles**
[cCc: OM- HWEL=¹ES]
{S 1; F 4: M p.ptcpl. *vmhelys* → P}

omhwelyans [əm'hwę·ljans] *m.* +ow upheaval, upset
[cCh: OM- HWEL=YANS] {S 1; F 0(EC52): +ow I}

omhwelyans glas green revolution

omhwithra [əm'hwiθra] *v.* examine oneself
[cCc: OM- **hwithra**] {S 8; F 0(AnG 1988)}

omhwithrans [əm'hwiθrans] *m.* introspection, self-examination
[cCh: OM- **hwithrans**] {S 8; F 0(EC00):}

omjastia [əmdʒas'ti·a] *v.* criticize oneself
[cEc: OM- 2**chastia**] {S 5; F 1: M 1st sg. pret. *om chastyys* (BK07.06) 4 syll.}

omjershya [əm'dʒęrʃja] *v.* be at ease
[cE(F)c: OM- 2**chershya**] {S 5; F 1: M 2nd pl. impv. *omgersyogh* (BM.0296)}

omjerya [əm'dʒę·rja] *v.* cheer oneself up, be of good cheer
[cE(F)c: OM- 2**cher** -YA] {S 5; F 1: M 2nd pl. impv. *omgeryough* (BK27.76)}

omjunya [əm'dʒy·nja] *v.* merge
[cE(F)c: OM- **junya**] {S 5; F 0(CE93: R.E.)}

omladh ['ɔmlað] **1.** *v.* fight **2.** *m.* +ow fight
[cC: OM- **ladh**]
{S 1; F 4: M *omlath, emloth* → L,P: +ow I}

omladha [əm'la·ða] *v.* kill oneself, commit suicide
[cCc: OM- **ladha**]
{S 1; F 2: M *em-lathe* (RD.2073) → L,P}

omladhans [əm'la·ðans] *m.* +ow suicide
[cCc: OM- **ladhans**] {S 1; F 0(EC52): +ow I}

omlavar 1. *adj.* dumb **2.** *m.* dumb person ALT = **avlavar**.
[cC: OM- **lavar**] {S 1; F 2: M *omlauar* (MC.025), *omlavar* (TH57v)}

omlena [əm'lę·na] *v.* adhere
[cCc: OM- 2**glena**] {S 1; F 0(GM09: K.J.G.)}

omlenans [əm'lę·nans] *m.* +ow adherence
[cCh: from OM- 2**glena** -ANS] {S 1; F 0(GM09: G.M.S.): C cf. W *ymlyniad*: +ow I}

omlenni [əm'lęn:i] *v.* cover oneself
[cCc: OM- **lenni**] {S 1; F 0(GM09: G.M.S.)}

omlesa [əm'lę·za] *v.* spread *(intrans.)*, expand
[cCc: OM- **lesa**] {S 1; F 0(EC52)}

omlesans [əm'lę·zans] *m.* +ow expansion
[cCh: OM- **lesans**]
{S 1; F 0(GK98: G.M.S.): +ow I}

omlesedh [əm'lę·zęð] *m.* expansivity, coefficient of expansion
[cCc: OM- ³**les** -EDH] {S 1; F 0(GM09: YhaG):}

omlesek [əm'lę·zęk] *adj.* expansive
[cCc: OM- ³**les** -¹EK] {S 1; F 0(GM09: G.M.S.)}

omlet ['ɔmlęt] *m.* +ow omelette
[E(F): ModE < F *omelette* < *alumette* 'thin plate' (co)] {S 5; F 0(FTWC): +ow n (FTWC)}

omlettya [əm'lęt:ja] *v.* stop oneself
[cE(E)c: OM- **lett** -YA] {S 5; F 0(GK98: R.E.)}

omlowenhe [əmlɔʊęn'hę:] *v.* rejoice, enjoy oneself
[cCc: OM- **lowenhe**] {S 1; F 0(CE38)}

omlusek

omlusek [əmˈlyˑzęk] *adj.* self-adhesive
[cLc: OM- 2glusek] {S 1; F 0(AnG 1986)}

omma [ˈɔmːa] *adv.* here
[C: Brit (Fl.)] {S 8; F 7: M *omma, vmma*: L *ybma, obba, ubba*: C B *amañ*; W *yma*}

omnagh [ˈɔmnax] *m.* self-denial
[cC: OM- **nagh**] {S 1; F 0(EC00):}

omrewl [ˈɔmręʊl] *f.* autonomy, self-rule
[cL: OM- **rewl**] {S 1; F 0(Y3):}

omrewlys [əmˈręʊlɪz] *adj.* autonomous
[cLc: OM- **rewl** -⁶YS] {S 1; F 0(GM09: G.M.S.)}

omri [ˈɔmri] *v.* surrender, dedicate
Takes **dhe**. [cC: OM- **ri**]
{S 1; F 3: M *omry* (BM., TH.)}
omres dhe addicted

omrians [əmˈriˑans] *m.* +ow dedication
[cCh: **omri** -ANS]
{S 1; F 0(GM09: G.M.S.): +ow I}

omrolya [əmˈrɔˑlja] *v.* enrol, enlist
[cE(F)c: OM- **rol** -YA] {S 4; F 0(EC52)}

omrolyans [əmˈrɔˑljans] *m.* +ow enrolment, enlistment
[cE(F)c: OM- **rol** -YANS]
{S 4; F 0(GM09: G.M.S.): +ow I}

omsakrifia [əmˌsakriˈfiˑa] *v.* sacrifice oneself
[cE(F)c: OM- + **sakrifia**] {S 4; F 0(CE93: R.E.)}

omsav [ˈɔmsav] *m.* +ow movement *(political),* uprising, insurrection
[cC: OM- **sav**]
{S 1; F 0(AnG 1985): C B *emsav*: +ow I}

omsawya [əmˈsaʊja] *v.* save oneself
[cCc: OM- **sawya**] {S 1; F 3: M *ym-sawye* (PC.2878), *omsawya* (CW.2374)}

omsedhi [əmˈsęˑði] *v.* subside
[cCc: OM- **sedhi**]
{S 1; F 0(GK98: A.S.): C cf. W *ymsuddo*}

omsedhes [əmˈsęˑðęz] *m.* subsidence
[cCc: OM- SEDH=²ES] {S 1; F 0(GM09: G.M.S.):}

omsettya [əmˈsętːja] *v.* set oneself, attack, raid. The meanings 'attack' and 'raid' come from Caradar's *omsettyans*, and do not apply in the texts.

omvetya

[cE(E)c: OM- **settya**] {S 5; F 3: M *emsetty* (CE.0026); 3rd sg. pret. *omsettyas* (MC.020); 2nd sg. impv. *omset* (BK33.58)}

omsettya orth oppose
omsettya dhe undertake to

omsettyans [əmˈsętːjans] *m.* +ow attack, raid
[cE(E)c: OM- SETT=YANS]
{S 5; F 0(EC52): +ow I}
Found in Caradar's *Kemysk Kernewek* in connection with air raids.

omsevel [əmˈsęˑvęl] *v.* rise up
[cCc: OM- **sevel**] {S 1; F 0(AnG 1986)}

omsoena [əmˈsoˑna] *v.* cross oneself
[cCc: OM- **soen** -¹A]
{S 1; F 1: M *omsone* (BM.2319)}

omstyryansek [ˌɔmstɪrˈjanzęk] *adj.* self-explanatory
[cLcc: OM- **styr** -YANS -¹EK]
{S 1; F 0(GM09: G.M.S.)}

omsynsi [əmˈsɪnʒi] *v.* hold oneself
[cCc: OM- **synsi**] {S 1; F 2: M *ym-sensy* (OM.2222); 2nd sg. impv. *vinsens* (CW.0279)}

omsywya [əmˈsɪʊja] *v.* follow, be consequent upon
[cFc: OM- **sywya**]
{S 4; F 1: M *ymsywe* (PC.2450)}

omvadhya [əmˈvaˑðja] *v.* bathe *(oneself)*
[cE(E)c: OM- 2**badhya**] {S 4; F 0(EC00)}

omvedhwi [əmˈvęðwi] *v.* get drunk
[cCc: OM- 2MEDHW=¹I] {S 1; F 0(AnG 1992)}

omvegyans [əmˈvęˑgjans] *m.* subsistence
[cCc: OM- 2**megyans**] {S 1; F 0(GM09: G.M.S.):}

omvegyansek [ˌɔmvęgˈjanzęk] *adj.* subsistent
[cCcc: **omvegyans** -¹EK]
{S 1; F 0(GM09: G.M.S.)}

omvetya [əmˈvęˑtja] *v.* meet *(one another)*
[cE(E)c: OM- 2**met=ya**] {S 5; F 0(AnG 1986)}

omvodhek [əm'vɔ·ðęk] *adj.*
self-indulgent, complaisant, wilful, selfish
[cCc: OM- 2**bodh** -¹EK] {S 1; F 0(GK98: A.S.)}

omvodhogeth [ˌɔmvɔ'ðɔ·gęθ *f.*
selfishness
[cCcc: from **omvodhek** -ETH]
{S 1; F 0(GM09: G.M.S.):}

omvodhya [əm'vɔ·ðja] *v.* indulge oneself, be complaisant, be wilful
[cCc: OM- 2**bodh** -YA]
{S 1; F 0(GK98: A.S.): **C** cf. W *ymfoddhau*}

omvodhyans [əm'vɔ·ðjans] *m.* **+ow**
self-indulgence
[cCc: OM- 2**bodh** -YANS]
{S 1; F 0(GM09: K.J.G.): **+ow** I}

omvyska [əm'vɪ·ska] *v.* involve
[cCc: OM- 2**mysk** -¹A] {S 1; F 0(GM09: G.M.S.)}

omvyskans [əm'vɪ·skans] *m.*
involvement
[cCh: OM- 2**mysk** -ANS]
{S 1; F 0(GM09: G.M.S.):}

omvyskys [əm'vɪ·skɪz] *adj.* involved
[cCc: OM- 2**mysk** -⁶YS] {S 1; F 0(GM09: G.M.S.)}
P.ptcpl. of **omvyska**.

omwana [əm'wa·na] *v.* stab oneself N.B. MidC *y honan yth ym wanas gans y gollan* 'by himself he stabbed himself with his dirk'.
[cCc: OM- 2**gwana**]
{S 1; F 1: **M** 3rd sg. pret. *ym-wanas* (RD.2065)}

omwen [əm'węn] *v.* wriggle, writhe, wince
[cC: OM- 2GWEN-] {S 1; F 1: **M** *ym-guen* (RD.2097)} Found in MidC as *ymguen,* without the VN ending -EL, as in **gwenel**

omweres [əm'wę·ręz] *v.* take care of oneself
[cC: OM- 2¹**gweres**]
{S 1; F 3: **M** *ymweres, omweras* → P}

omweskel [əm'wę·skęl] *v.* strike oneself
N.B. MidC *marthys scon yth em wyskys yn golon* 'with astounding speed he struck himself in the heart'
[cCc: OM- 2**gweskel**]

{S 1; F 1: **M** 3rd sg. pret. *em-wyskys* (RD.2067)}

omwetha [əm'wę·θa] *v.* pine away
[cCc: OM- 2**gweth** -¹A] {S 1; F 1: **M** *ymwethe* (RD.1170)} Written *omwethhe* by Nance.

omwiska [əm'wi·ska] *v.* dress oneself, put on clothing
[cCc: OM- 2**gwiska**] {S 1; F 1: **L** *emwyske* (PV.9844): **C** cf. B *en em wiskañ*} Pryce's spelling looks as if it was taken from MidC, but the exact source has not been found.

omwith ['ɔmwiθ] *m.* **+ow** exercise *(physical)*
[cC: OM- 2**gwith**]
{S 8; F 0(GM09: G.M.S.): **+ow** I}
N.B. Graham Sandercock's song *Omwith*.

omwitha [əm'wi·θa] *v.* keep oneself, guard oneself, be careful, exercise
Followed by **orth, rag, diworth** or, in neg. sentences, **na**(g).
[cUc: OM- 2**gwith** -¹A]
{S 1; F 4: **M** *omweʒe* → P, *omguythe, omwetha*}

omwitha diworth
guard oneself from

omwitha rag protect oneself from

omwithek [əm'wi·θęk] *adj.*
conservative *(physics),* defensive
[cCc: OM- 2**gwith** -¹EK] {S 1; F 0(GM09: YhaG)}

omwodhvos [əm'wɔðvɔz] *m.*
consciousness, self-consciousness, self-awareness
[cCc: OM- 2**godhvos**]
{S 1; F 0(GK98: T.S.): **C** W *ymwybod*:}

omwolghi [əm'wɔlxi] *v.* wash oneself
[cCc: OM- 2**golghi**] {S 8; F 1: **M** 2nd pl. impv. *omgolhough* (BM.1642)}

omworra [əm'wɔrːa] *v.* engage (get involved)
[cCc: OM- 2**gorra**] {S 3; F 0(GM09: G.M.S.)}

omwovernans [ˌɔmwɔ'vęrnans] *m.* **+ow**
self-government
[cE(F)h: OM- 2**governans**]
{S 4; F 0(GM09: P.H.): **+ow** I}

omwovynn [əm'wɔ·vɪn] *v.* wonder
[ccC: OM- 2**go**- 2**mynn**-] {**S** 1; **F** 0(CE93)}

omwul [əm'wyːl] *v.* pretend, claim to be, turn oneself into
[cC: OM- 2**gul**] {**S** 1; **F** 2: **M** *ymwryl* (PC.0962) → P, *umwul* (BM.2366) + conjugated forms}

omyaghhe [əmyafi'hęː] *v.* get better (be restored to health)
[cCc: OM- **yagh** -HE] {**S** 1; **F** 0(GM09: K.J.G.)}

omystynna [‚ɔmɪs'tɪnːa] *v.* extend (*intrans.*), stretch oneself
[cLc: OM- **ystynna**] {**S** 1; **F** 0(AnG 1985)}

omyttya v. omit ALT = **gasa mes**.
[E(L)c: VN in -YA from MidE < Lat *omittere* (coe)] {**S** 5; **F** 1: **M** *ommyttya* (TH46r)}

on ['ɔːn] *v. part* we are 1 pl. pres. of short form of ¹**bos**.
[C:] {**S** 1; **F** 6: **M** *on, one*: **C B** *omp*}

-ON [ɔn] *suffix* (pl. ending) [c: Brit *-ones* (wg)] Rare; found in **Sowson** 'Englishmen' from **Sows** 'Englishman'.

onan ['ɔ·nan] **1.** *num.* one **2.** *pron.* one person, one thing Used in counting; otherwise 'one' (as in 'one man went to mow') is **unn**.
[C: Derived from Brit *un- (Fl.)] {**S** 1; **F** 6: **M** *onon* (MC.), *onan* (Ord.), *onen* (BM.), *onyn* (BK., TH,, SA., CW.): **L** *wonen* (NGNB), *ųonan* (AB135a, 176c), *ųynyn* (CGEL): **C B** *unan*}
The word was polymorphic in MidC;*onyn* was the commonest form, but *onen* and *onan* were frequent, too; the vowel was often chosen to make an eye rhyme. The form **onan** appears to be etymologically correct. The pronominal use (e.g. **an onan** 'the one') is based on Eng., and is being replaced by **an huni**, based on Breton.

onan hag oll one and all

onderstondya v. understand
ALT = **konvedhes**. The archetypal "Kernewek Pronter" word, roundly rejected for everyday use by Cornish speakers at a Language weekend.
[E(E)c: VN in -YA from MidE < OldE *understandan* (coe)]

{**S** 4; **F** 5: **M** *vnderstondia* (TH.)}

onest ['ɔ·nęst] *adj.* proper, seemly, decent, honest
[E(F): MidE *onest* < OldF *onest* (coe)]
{**S** 4; **F** 3: **M** *onest* → L,P: **C B** *onest*; W (*gonest*)}

onester [ɔ'nę·stęr] *m.* propriety, decency, decorum, honesty
[E(F)c: from **onest** -TER]
{**S** 4; **F** 3: **M** *honester, onester:*}

ongel ['ɔngęl] *m.* **+yow** cabbage, colewort
[U:] {**S** 8; **F** 1: **L** *yngl* (LV160.04): **+yow** I}

ongrassyes [ɔn'gratsjęs] *adj.* graceless, reprobate   ALT = **diras**.
[cE: MidE, equivalent to ModE "*ungracious*"]
{**S** 5; **F** 4: **M** *ongrassyas*}

-ONIETH [ɔ'ni·ęθ] *suffix* (fem. abst. noun ending, from noun), -ology
e.g. **mynsonieth**'geometry' from **myns** 'size'.
[c: Brit *-onîsâ + -ETH]
{**S** 1; **F** 0(CE93): **C B** *-oniezh*}

only (Eng.) *adv.* [E:] {**S** 6; **F** 5: **M** *only*}
This Eng. word was common in *TH.*, but may be avoided by using **marnas**.

onn ['ɔnː] *coll.* **+enn** ash-trees
[C: Brit *onno-* (hpb) < IE *osno* (gpc)]
{**S** 1; **F** 3: **O** sg. *onnen* → L,P: **M** sg. *onen* (BM.3289): **L** *on* (AB240c); sg. *onnan* (AB240c): P sg. Rosenannon: **C B** *onn*; W *on*: **+enn** OMLP}

onnek ['ɔnːęk] *f.* -**egi** ash-grove
[Cc: **onn** -¹EK]   {**S** 1; **F** 0(CE38): **P** ?Trenannick: **C B** *onneg*:   -**egi** I}

onour m. honour
[E(F): MidE (*h*)*onour* (coe)] {**S** 4; **F** 4: **M** *onour*}
enor is the recommended spelling; **enour** is a variant, justified by MidC rhymes in [-ur].

onpossybyl adj. impossible
ALT = **na yll bos, analladow** or **anpossybyl**. Tregear preferred pure Eng. *impossible*; [cE: MidE, equivalent to ModE "*unpossible*"] {**S** 4; **F** 3: **M** *vnpossyble*}

-¹ONS *v. part* (3rd. pl. pres. ind. ending)
e.g. **prenons** 'they buy' from **prena** 'to buy'.
[c:]

-²ONS *v. part* (3rd. pl. pres. subj. ending) e.g. **prennons** 'they may buy' from **prena** 'to buy'. [c:]

-ONYDH [ɔˑnɪð] *suffix* (masc. noun ending), -ologist
e.g. **bywonydh** 'biologist' from **byw** 'alive'.
[c: from -ONIETH -¹YDH]
{S 1; F 0(GM09: YhaG)}

onyonenn [ɔnˈjɔˑnẹn] *f.* **+ow**, *coll.* **onyon** onion
[E(F)c: FN in -ENN from MidE *unyon* < AngN *union* (coe)]
{S 4; F 0(CE38): **C** B *ognon*; W *wniwn*}

open adv. openly ALT = **yn igor**.
[E(E): OldE *open* (coe)] {S 5; F 2: M *open* (BM.0410, 0676), *opyn* (BM.4152)}
cf. *TH.*, in which *openly* is found 6 times.

openly (Eng.) *adv.*
{S 6; F 3: M *openly* (TH., SA.)}

opet [ˈɔˑpẹt] *m.* ope, alley
[Ee: Eng. dim. of MidE *ope* (cf. **opia**)]
{S 5; F 0(CPNE): **P** Opetjew 'black alley'}

opia v. open ALT = **igeri**.
[E(E)c: VN in -A from MidE *ope*, a clipped form of *open* (coe)]
{S 5; F 1: M *opea* (CW.0240) 3 syll.}

opinion (Eng.) *n.* {S 6; F 2: M *opynyon* (TH48r), *oppynyon* (TH55v)}

oppressya v. oppress ALT = **arwaska**.
[E(E)c: VN in -YA from MidE < OldE *oppresser* (coe)] {S 4; F 1: M p.ptcpl. *oppressys* (TH25r)}

opprobrious (Eng.) *adj.*
{S 6; F 1: M *opprobrius* (TH30r)}

¹or [ˈɔːr] *f.* **+yon** border, edge, boundary, frontier
[C: Brit *oryono-* (hpb)]
{S 2; F 0(CPNE): **L** *ẏrhian* (AB086b) → P: **C** B *or*, W *ôr*: **+yon** L} No vowel aff. in pl.

²or [ˈɔːr] *v. part* one is
Impers. of pres. of short form of **¹bos**.
[C:] {S 8; F 0(CE93): **C** B *eur*}

or (Eng.) *conj.* {S 6; F 1: M *or* (OM.2419)}

-OR [ɔr] *suffix* **-oryon** (agency noun ending)
[c: a lenited, reduced form of **gour** 'man'] The agent is human and male. This suffix was spelled <-uur> in OldC, e.g. *gweiduur*, i.e. *gweythor* 'workman' from **gweyth** 'work'.

oratri [ˈɔˑratri] *m.* **+s** oratory
[E(F): MidE < AngN *oratorie* (coe)]
{S 4; F 2: M *oratry* (BM.0639, 0654, 3854): **C** cf. W *oratori*: **+s** I}

Orcades (Lat.) *place* Orkney {S 6; F 1: M *Orcados* (BK19.15)}

ORDEN- [E: Back-formation from **ordenans**]

ordena [ɔrˈdẹˑna] *v.* put in order, ordain, arrange, appoint, organize
[Ec: ORDEN=¹A] {S 4; F 5: M *ordene, ordenya, ordne*. **C** cf. W *ordeinio*} This word is usually pronounced [ɔrˈdẹˑna], which is supported by the MidC by-form *ordenya*; the common by-form *ordne*, however, suggests that the pronunciation [ˈɔrdəna] was used.

ordenal [ˈɔrdənal] *m.* **+ys** service-book, prompt-book, primer
[L: MLat *ordinale* (CE38)]
{S 4; F 0(CE38): **+ys** I}

ordenans [ˈɔrdənəns] *m.* **+ow** ordinance, decree
[E(F): MidE < OldF *ordenance* (coe)]
{S 4; F 3: M *ordynans, ordenanns*: **+ow** I}

ordenari [ˈɔrdənari] *m.* **+s** official
ALT = **soedhek**.
[E(F): MidE < OldF *ordinarie* (coe)]
{S 4; F 1: M (Carew): **+s** I}

ordenor [ɔrˈdẹˑnɔr], *m.* **-yon** organizer, stage manager
[E(F)c: ORDEN=OR] {S 4; F 0(CE93): **-yon** }

ordir [ˈɔrdɪr] *m.* **+yow** borderland, march *(border district)*
[CC: ¹or 2tir] {S 1; F 0(CE55): **+yow** I}

ordyr [ˈɔrdɪr] *m.* **ordyrs** order *(religious)*
[E(F): MidE *ordre* < OldF *ordre* (coe)] {S 4; F 4: M *ordyr, order*; pl. *orders* (TH.): **C** cf. W *ordor*: **ordyrs** M}

ordys [ˈɔrdɪs] *pl.* holy orders
[E: Apparently from MidE *ordres* with loss of [r]] {S 5; F 2: M *ordys* (BM.0521, 0529)}.

oremus (Lat.) *v. part* lit. 'let us pray'
{S 6; F 1: M *oremus* (RD.0648)}

-ORES ['ɔˑrẹs] *suffix* -oresow (fem. agency noun ending) [c: -OR -⁴ES]
The agent is human and female; e.g. **harfyllores** 'lady fiddler' from **harfyll** 'fiddle'.

organ ['ɔrgan] *m.* +s organ *(Mus.)*
[E(F): MidE < OldF *organe* (coe)] {S 4; F 1: L pl. *organs* (OM.1999): C W *organ*: +s M}

organek [ɔr'gaˑnẹk] *adj.* organic
[E(F)c: Cornicised form, < F *organique* (co)] {S 4; F 0(EC52)}

organydh [ɔr'gaˑnɪð] *m.* +yon organist
[E(F)c: organ -¹YDH] {S 4; F 0(CE38): C W *organydd*: +yon I}

orgelus [ɔr'gẹˑlys] **1.** *adj.* proud **2.** *m.* +yon proud person
[F: OldF, through MidE *orgulous* or possibly MidB *ourgouilh(o)us*, with -US instead of -*ous*] {S 8; F 0(CPNE): P fld.n. *Croftenorgellous*.: +yon I}

original (Eng.) *adj.*
{S 6; F 3: M *originall* (TH.)}

Origen name Origen (a Greek writer)
[E:] {S 4; F 1: M *Origine* (TH45r)}

Orlyans name Orleans (name of a duke)
[F:] {S 4; F 1: M *orlyans* (BM.0282)}

orrenn ['ɔrːẹn] *f.* +ow bundle of thatch
[Uc: Taken to be a word in -ENN] {S 8; F 0(CE38): D "orran": +ow I}

ors ['ɔrs] *m.* +es bear
[L: CLat *ursus* (M)] {S 1; F 3: O *ors* (VC.571) → L,P: P An Ors: +es N (FTWC)} OldF *ours* gave B *ourz* and might have given OldC *ors*.

orses ['ɔrsẹs] *f.* +ow she-bear
[Lc: ors -⁴ES] {S 1; F 0(CE38): +ow I}

orsik ['ɔrsɪk] *m.* -igow bear-cub, teddy-bear [Lc: ors -ik]
{S 1; F 0(FTWC): -igow N (FTWC)}
N.B. **Piknik an Orsigow** 'The Teddy-bears' Picnic', translated by K.J.G.

orslann ['ɔrslan] *f.* +ow bear-pit
[LC: **ors lann**] {S 1; F 0(GM09: P.H.): +ow I}

orth ['ɔrθ] *prep.* at, by, per Combines with pers. pronouns as **orthiv, orthis, orto, orti, orthyn, orthowgh, orta**.
[c: 2**gorth** < CC **urt* (Fl.)] {S 1; F 6: M *orth*, *worth*: L *uorth* (AB.); *urt*: C B *ouzh*, W *wrth*}
In MidC, *orth* and *worth* were used in different texts. **orth** is standard in **Kernewek Kemmyn**. LateC *urt* is the stem of the 3rd personal forms.

orven ['ɔrvẹn] *m.* -veyn boundary stone
[CC: **or** 2**men**] {S 1; F 0(GM09: K.J.G.): -veyn I}
Nance wrote *ormen*.

os ['ɔːz] *v. part* thou art, you (sg.) are
2 sg. pres. of short form of ¹**bos**. [C:] {S 1; F 6: M *os*; *oys* (BM.): L *ooz* (M2WK): C B *out*, W *wyt*}

-OS *v. part* (VN ending) [c:]
Rare; found in **lavasos** 'to presume'.

Ose name Hosea (name of a prophet)
[E: MidE *Oze* < Hebrew] {S 8; F 1: M *Oze* (TH11v)}

ospes ['ɔsˑpẹs] *m.* +yow hospice
[L: CLat *ospes* (gpc)] {S 1; F 0(GM09: YhaG): +yow I}

¹**ost** ['ɔːst] *m.* +ys innkeeper *(male)*, landlord, host
[E(F): MidE < OldF *oste* (coe)] {S 4; F 3: L *ost* (JCNBL) → P: +ys I}

²*ost* ['ɔːst] *m.* +ys army, host ALT = **lu**.
[E(F): MidE < OldF *ost* (coe)] {S 4; F 3: M *ost* → P: +ys I}

osta ['ɔsta] *phrase* thou art, you (sg.) are, are you (sg.)
[CC: from **os tejy**] {S 2; F 5: M *osta, ose, osa, oge, ote, ota*: L *osta*}

ostel ['ɔˑstẹl] *f.* +yow lodging, hostel, hotel
[E(F): MidE < OldF *ostel* (coe)] {S 4; F 2: M *ostel* (OM.1710) → P: +yow I}

ostel yowynkneth youth hostel

Ostell name Austell (name of a saint)
[C:] {S 8; F 1: O *austoll* (LS)}

ostelri ['ɔˑstẹlri] *m.* +ow hostelry
[E(F): MidE < OldF*ostelerie* (coe)] {S 4; F 1: L (Borlase): +ow N} Although in Borlase's word-list, it may not have been in use in Cor.

ostes

ostes ['ɔ·stęs] *f.* **+ow** hostess, innkeeper *(female)*
[E(F): MidE < OldF *ostesse*, equivalent to ¹ost -⁴ES] {S 4; F 3: L *hostes* (IKAB), *ostez* (JCNBL22) → P: C W *ostes*: **+ow** I}
ostes ayr air hostess

Ostralek [ɔs'tra·lęk] *adj.* Australian
[Ec: AJ in -¹EK from **Ostrali**] {S 8; F 0(GM09: G.M.S.)}

Ostrali [ɔs'tra·li] *place* Australia
[E: from Eng., with modification of 1st syll. and suppression of last to correspond with other names of countries; some Cor. speaking Australians dislike this form.] {S 8; F 0(AnG 1998)}

ostya ['ɔ·stja] *v.* lodge, stay *(at a hotel, etc.)*
[E(F)c: ¹ost -YA] {S 5; F 3: L *ostia* (JCNBL) → P}

ostyans ['ɔ·stjans] *m.* hospitality, accommodation, lodging, board and lodging
[E(F)h: ¹ost -YANS] {S 5; F 0(CE55):}

o'ta ['ɔ·ta] *phrase* thou art, you (sg.) are, are you (sg.)
[CC: from **os tejy**] {S 2; F 4: M *ote, ota*: C B *out-te*}

ott ['ɔt] *interj.* see, lo, behold
[U:] {S 5; F 2: M *ot* (PC.0370, RD.2183)}
ott ha see how

otta ['ɔt:a] *interj.* behold, here is, there is Combines with the personal pronouns as **ottavy** 'behold me', **ottajj, ottava, ottahi, ottani, ottahwi, ottensi.** [U:]
{S 4; F 5: M *otte* (Ord.), *atta* (BM.), *yta* (CW.)}

ottena [ɔt'ę·na] *interj.* look there
cf. F *voilà*
[UC: **ott ena**] {S 4; F 1: M *at ena* (BM.1408)}

ottomma [ɔt'ɔm:a] *interj.* look here
cf. F *voici.* [Uc: **ott omma**]
{S 4; F 4: M *ot omma* → P, *at oma* → P}

OUL- [E(E): MidE < Gmc (= ModE *howl*) (coe)]

oula ['u·la] *m.* **oulys** owl
[E(E): OldE *ûle* (CE38)]

overdevi

{S 5; F 1: O *hule* (VC.524) → L,P: L *ųla* (AB045a): P Coffin Ula: **oulys** I}

oulya ['u·lja] *v.* howl, cry
[E(E)c: **oul=ya**] {S 5; F 3: L *ųllia* → P}

oulyans ['u·ljans] *m.* **+ow** howl
[E(E)c: **oul=yans**] {S 5; F 0(CE38): **+ow** I}

ouns ['uns] *m.* **+yow** ounce
[E(F): MidE < OldF *unce* (co)]
{S 5; F 0(CE38): C cf. W *owns*: **+yow** I}
ouns devrek fluid ounce

our ['u:r] *m.* **+ys** hour *(duration)*
[E(N): MidE *our* < AngN *ure* (coe)]
{S 4; F 4: M *our* (RD.2555) → L,P; *ower* (CW.2390) → L: L *ûr* (AB015b, 148a): **+ys** I}

out ['u:t] *interj.* out, oh
[E(E): MidE < OldE *ût* (coe)]
{S 5; F 6: M *out* → P, *owt*}

outlayer [ut'laɪęr] *m.* **+s** outlaw
[E(E): MidE < OldE *ûtlaga* (coe)]
{S 5; F 2: M *outlayer* (BM.0927, 1866): **+s** I}

outray ['u·traɪ] *m.* **+ow** outrage, outrageous action, atrocity
[E(F): MidE < OldF (coe)]
{S 5; F 1: M *o try* (MC.021): **+ow** N}

outrayus [ut'raɪys] *adj.* outrageous, atrocious
[E(F)l: **outray** -US] {S 5; F 0(EC00)}

outya ['u·tja] *v.* hoot, jeer
[Ec: VN in -YA from MidE *huten* (co)]
{S 5; F 2: M *owtya* (BK01.24, 01.25)}

ov ['ɔ:v] *v. part* I am
1 sg. pres. of short form of ¹**bos**.
[C:] {S 1; F 6: M *of; off* (BM., TH.); *ove* (CW.): L *o*: C B *on*; W *wyf*}

over (Eng.) *adv.*
{S 6; F 2: M *over* (CW.0614) → P}

OVER- *prefix* over- Causes lenition when combined with native verbs; may be replaced by **gor-**. [E(E): MidE < OldE *ofer-* (coe)]

overdevi *v.* overgrow ALT = **gordevi**.
[E(E)Cc: **over-** 2**tevi**] {S 4; F 2: M *over devys* (CW.1505, 1665), *overdevys* (CW.1602)}

overkommya v. overcome ALT = **fetha**.
[Ec: VN in -YA from MidE]
{S 5; F 3: M *ouercommya*}

oversettya v. overwhelm
[EEc: OVER- **settya**]
{S 5; F 1: M *oversettya* (BK29.32)}

overweles v. oversee ALT = **gorweles**.
[ECc: OVER- 2**gweles**]
{S 4; F 2: M *ouerwelas* (TH31r, 41v)}

ovydh ['ɔ·vɪð] *m.* +**yon** ovate
[L: CLat *vates* 'soothsayer' (CE38)]
{S 8; F 0(CE38): +**yon** N (CE38)}

¹**ow**³ [ɔw] *adj.* my Tended to be lost in LateC.
[C:] {S 2; F 8: M *ow, ov*: L *o, a*: C ModB *ma* < OldB *mo* retains [m-]}

²**ow**⁴ [ɔw] *ptl.* –ing Found before consonants; causes provection; e.g. **ow tybri** 'eating'. It was usually omitted in LateC.
[c: Brit **wurt* (hpb)]
{S 1; F 8: M *ow, ov*: L *a*: C B *o*}

³**ow** [ɔw] *interj.* ow *(cry of pain)*
[Onomatapoeic] {S 4; F 3: M *ow* (BK., CW.)}

-¹OW *suffix* (adj. ending)
e.g. **benow** 'feminine' [C:]

-²OW [ɔw] *suffix* (pl. ending) The commonest pl. ending, e.g. **chiow** 'houses' from **chi** 'house'. [c: Brit **-owes* (hpb)] {S 1; F 3: L *ou, au, o, u* (AB242c): C B *-où*, W *-au*} By Lhuyd's time, the pronunciation [ɔw] was archaic; he mentions three other pronunciations, to which may be added [ə].

Owbra ['ɔʊbra] *name*
(name of a sorceress)
{S 1; F 2: M *ovbra* (BK14.57, 15.01, 15.61)}

owgh [ɔʊx] *v.* part you are
2 pl. pres. of short form of ¹**bos**.
[C:] {S 1; F 5: M *ough, owgh, ogh*: L *o*: C B *oc'h*}

-¹OWGH *v. part* (2nd pl. pres. ind. ending) e.g. **prenowgh** 'you buy' from **prena** 'to buy'. [c:]

-²OWGH *v. part* (2nd pl. pres. subj. ending) e.g. **prennowgh** 'you may buy' from **prena** 'to buy'. [c:]

-OWL [ɔʊl] *suffix* [l: CLat *-oculum* (Gr.)]

Rare; found in **hwibanowl** 'whistle'.

own ['ɔʊn] *m.* fear, dread, fright
[C: CC (gpc)] {S 1; F 5: M *own, ovn, owne*: L *oun* (AB.), *oun*: C B *aon*; W *ofn*:}

kemmeres own take fright, fear
na borth own don't be afraid
perthi own be afraid, fear

own (Eng.) *adj.*
{S 6; F 2: M *owne* (CW.1298, 1529)}

owna *v.* fear
[Cc: **own** -¹A]
{S 1; F 2: L *ouna* (AB245a), *ouna* (MSWP, PV14803)} LateC formation; MidC used **own a'm beus**, **perthi own (a)**, **kemmeres own (a)**.

ownek ['ɔʊnęk] **1.** *adj.* afraid, fearful, timid **2.** *m.* **ownogyon** coward
[Cc: **own** -¹EK]
{S 1; F 3: M *ownek* → L,P: P Lansownick: C W *ofnog*; cf. B *aonik*: **ownogyon** I}

ownekhe [ɔʊnęk'hęː] *v.* frighten, intimidate
[Ccc: **ownek** -HE]
{S 1; F 1: L p.ptcpl. *ownakes* (PV14804)}

ownekter [ɔʊ'nęktęr] *m.* timidity
[Ccc: **ownek** -TER] {S 1; F 0(EC00):}

ownus [ɔʊnys] *adj.* apprehensive
[Cl: **own** -US]
{S 1; F 0(GM09: G.M.S.): C W *ofnus*}

ownuster [ɔʊ'ny·stęr] *m.* apprehension
[Clc: **ownus** -TER] {S 1; F 0(GM09: K.J.G.):}

owr [ɔʊr] *m.* gold
[L: CLat *aurum*] {S 1; F 4: M *owr, our* → P: L *our* (AB.), *aur* (M2WK): C B *aour*; W *aur*:}

owra ['ɔʊra] *v.* gild
[Lc: **owr** -¹A] {S 1; F 0(CE38)}

owraval [ɔʊ'ra·val] *m.* +**ow** orange *(fruit)* [LC: **owr aval**]
{S 1; F 0(CE38): C W *eurafal*: +**ow** I}

owrbysk ['ɔʊrbɪsk] *m.* **owrbuskes** goldfish
[LL: **owr** 2**pysk**] {S 1; F 0(CE38): C W *eurbysg*: **owrbuskes** I (CE38)}

owrdynk ['ɔʊrdɪnk] *m.* **+es** goldfinch
[LU: owr 2tynk] {S 4; F 0(CE38): +es I}

owrek ['ɔʊręk] **1.** *adj.* golden
2. *f.* **-egi** gold-mine
[Lc: owr -¹EK] {S 1; F 2: M *owriek* (SA66r):
L *oyrek* (AB142c) → P: **-egi** I}

owrer ['ɔʊręr] *m.* **-oryon** goldsmith
[Ll: owr -¹ER] {S 1; F 2: O *eure* (VC.224):
-oryon I} The identification with OldC *eure*
may not be strict; i.e. Nance may have coined
owror as a replacement for *eure*. OldC *eure*
may actually be W; the C would have been
*oura > MidC *owra, which would lead to
potential confusion with **owra** 'to gild'.

owrgi ['ɔʊrgi] *m.* **-geun** jackal
[LC: owr 2ki] {S 1; F 0(Y3): C B *aourgi*: **-geun** I}

owrlin ['ɔʊrlɪn] *m.* **+yow** silk
[LL: owr ²lin] {S 1; F 3: M *ourlyn* (OM.1752,
BM.1965) → L,P: **+yow** I}

owrlinek [ɔʊr'lɪ·nęk] *adj.* silken
(made of silk)
[LLc: owrlin -¹EK] {S 1; F 0(GM09: G.M.S.)}

owrlinus [ɔʊr'lɪ·nys] *adj.* silky
(feels like silk)
[LLl: owrlin -US] {S 1; F 0(GM09: G.M.S.)}

owrwern ['ɔʊrwęrn] *coll.* linden-trees
[LC: owr 2²gwern] {S 1; F 0(EC00)}

owth [ɔʊθ] *ptl.* **-ing** Found before vowels
and /h-/; e.g. **owth eva**, **owth holya**.
[C: Brit **wurt-* (hpb)] {S 1; F 5: M *ow th*; *owh, ow*
(TH.): L *a* (AB247c, 248a): C B *oc'h*} This form
was replaced by *ow* or lost completely.

oy ['ɔɪ] *m.* **+ow** egg
[C: Brit (Gr.)]
{S 8; F 3: O *uy* (VC.521): M *oye* → P; pl. *oyow*
(BK15.24): L *oi* (AB110c, 295b) → P; pl. *eyo*
(IKAB), *oyow* (PV14815): P ?Porthoy:
C B *vi*; W *wy*: **+ow** ML}

ny dal oy it's absolutely worthless
lit. 'it's not worth an egg'.

ny rov oy I don't care a bit
lit. 'I don't give an egg'

oyez (Fr.) *interj.* hear! ALT = **klywewgh**.

{S 6; F 3: M *oyeth* (OM.2297, 2419): L *o yêx*
(AB249a)}

oygell ['ɔɪgęl] *f.* **+ow** ovary
[CC: oy 2⁴kell] {S 1; F 0(EC00): **+ow** I}

oyl ['ɔɪl] *m.* **oylys** oil
[E(F): MidE *oile* (co)]
{S 4; F 4: M *oel* → P, *oyl, oyle*: C W *oil*: **oylys** I}

oylbuth ['ɔɪlbyθ] *m.* **+ow** oilwell
[E(F)L: oyl 2puth]
{S 4; F 0(GM09: G.M.S.): **+ow** I}

oylek ['ɔɪlęk] **1.** *adj.* oily **2.** *f.* **-egi**
oilfield
[E(F)c: oyl -¹EK] {S 4; F 0(EC52): **-egi** I}

oynment m. **+ys** ointment ALT = **eli**.
[E(F): MidE *oignement* < OldF *oignement* (co)]
{S 5; F 3: M *oynment* → P: **+ys** I}

oyven ['ɔɪvęn] *m.* **-veyn** oolite
[CC: oy 2¹men] {S 1; F 0(EC00): **-veyn** I}

oyveynek [ɔɪ'vęɪnęk] *adj.* oolitic
[CCc: oy 2meynek] {S 1; F 0(GM09: YhaG)}

limven oyveynek oolitic limestone

P (mutations B, F)

pab ['pa:b] *m.* **+ow** pope
[L:] {S 1; F 3: M *pap*: C B *pab*, W *pab*: **+ow** I}

pabel ['pa·bęl] *adj.* papal
[Lc: pab -¹EL] {S 1; F 0(GM09: G.M.S.)}

pabell ['pa·bęl] *f.* **+ow** pavilion
[L: BLat *papiliô < CLat *pâpiliô* (gpc)]
{S 1; F 0(GM09: G.M.S.): C W *pabell*: **+ow** I}

pabeth ['pa·bęθ] *f.* **+ow** papacy
[Lc: pab -ETH]
{S 1; F 0(CE38): C W *pabaeth*: **+ow** I}

pack (Eng.) *n.* {S 6; F 1: M *pac* (BK05.76)}

padell ['pa·dęl] *f.* **+ow** pan
[L: CLat *patella* (M)] {S 1; F 3: O 1st part of
padel hoern (VC.899): M *padal* (BK15.21):
L *padal* (AB.) → P: P *Porth an Badall*:
C B *padell* 'flat rock'; W *padell*: **+ow** I}

padell-bobas

padell-bobas [ˌpaˈdel'bɔˈbaz] *f.*
padellow-pobas baking-pan
[LCc: padell 2pobas]
{S 1; F 0(Y1): padellow-pobas I}

padell-bonn [ˌpaˈdel'bɔnː] *f.*
padellow-ponn dust-pan
[LU: padell 2ponn] {S 1; F 0(Y1): padellow-ponn I}

padell-dhorn [ˌpaˈdel'ðɔrn] *f.*
padellow-dorn saucepan
[LC: padell 2dorn]
{S 1; F 0(CE38): padellow-dorn I}
Nance wrote *p.-dorn*, which is questionable; in loose compound nouns of this type, where the first element is fem., the initial letter of the 2nd element is lenited, except where this would be prevented by the 1st element ending in [-s] or [-θ].

padell-doemma [ˌpaˈdeld'ɤmːa] *f.*
padellow-toemma warming-pan
[LCc: padell 2toemma]
{S 1; F 1: L (Lh. MS): padellow-toemma I}

padell-fria [ˌpaˈdel'friˈa] *f.*
padellow-fria frying-pan
[LE(F)c: padell fria]
{S 4; F 0(GK98): padellow-fria I}

padell-horn [ˌpaˈdel'hɔrn] *f.*
padellow-horn iron pan
[LC: padell horn]
{S 1; F 1: O *padel hoern*: padellow-horn I}

padellik [paˈdelːɪk] *f.* **-igow** saucer
[Lc: padell -ik] {S 1; F 0(CE38): C cf. W *padelleg* 'knee-pan': **-igow** I}

pader ['paˈdẹr] *m.* **+ow** Lord's Prayer, pater, bead *(of rosary)*
[L: CLat *pater* (for *Pater noster* 'our Father')]
{S 1; F 4: M *pater* (MC.228); pl. *bederow* (MC.228): L *pader, padar*: C W *pader*; cf. B *pater*: **+ow** M}

padera [paˈdẹˈra] *v.* repeat prayers
[Lc: pader -¹A]
{S 1; F 0(CE38): C W *padera*; cf. B *pateriañ*}
In CE38, Nance also suggested *pederewa*

paderenn [paˈdẹˈren] *f.* **+ow** bead

palfray

[Lc: pader -ENN]
{S 1; F 0(CE38): C B *(paterenn)*: **+ow** I}

paderow [paˈdẹˈrɔw] *pl.* rosary
[L: pader -OW] {S 1; F 1: M *bederow* (MC.228)}

Paffan name (name of a pagan "saint")
{S 4; F 1: M *paffan* (BK07.75)}

pagan ['paˈgan] *m.* **+ys, +yon** pagan
[E(L): MidE < CLat *pâgânus* (coe)]
{S 4; F 3: M *pagan*; pl. *bagans* (BK39.59): C B *pagan*, pl. *paganiz*; W *pagan*: **+ys** C (CE38); **+yon** N (G.M.S.)}

pahan *adj.* what
[cC: Perhaps from ¹**py eghenn**]
{S 3; F 1: M *pahan* (RD.2058)}

painful (Eng.) *adj.* {S 6; F 1: M *paynfull* (TH15v)}

paja ['paˈdʒa] *m.* **pajys** page *(boy)*, lackey, serving-boy
[E(F): MidE < OldF *page* (coe)]
{S 5; F 3: M *page, pagya*; pl. *pagys*: **pajys** M}

paja mergh groom (for horses), stable-lad

pal ['paːl] *f.* **+yow** spade, shovel
[D: OldF, since CLat *pâla* would give *peul*, or IE *k ʷel-* (gpc)] {S 4; F 4: M *baal* (OM.0380) → L,P; *bal* (OM.0392), *fal* (OM.0396): C B *pal*; W *pâl*: **+yow** I}

palader ['palaðẹr] *m.* **-adrow** shaft
[C: CC *k ʷalatro-* (gpc)] {S 1; F 1: L *palador* (PV14825): C W *paladr*: **-adrow** I} The Welsh cognate means 'shaft of a spear', but Pryce took the word to mean 'shaft of a mine'.

palas ['paˈlaz] *v.* dig, excavate
[Dc: pal -¹AS] {S 4; F 4: M *palas* → P: C B *palat*}

pale (Eng.) *n.* fence
{S 6; F 1: M *paell* (TH40v)}

paler ['paˈlẹr] *m.* **-oryon** digger, shoveller, navvy
[Dl: pal -¹ER] {S 4; F 0(CE38): **-oryon** I}

palfray ['palfraɪ] *m.* **+s** palfrey, saddle-horse
[E(F): MidE < OldF *palefrei* (CE38)] {S 5; F 1: M *palfray* (OM.1966): C W *palffrai*: **+s** I}

pali

pali ['paˑli] *m.* velvet, brocade
[E(F): MidE < OldF *palie* (CE38)]
{S 4; F 2: M *baly* (PC.1784) → P: C MidW *pali:*}
a bali velvet

pall ['palː] *m.* **+ow** mantle, pall
[L: CLat *palla* (gpc)] {S 1; F 2: M *pal* (PC.2128, BK22.49): C MidW *pall:* **+ow** I}

pallenn ['palːęn] *f.* **+ow** blanket, covering *(material)*
[Lc: **pall** -ENN]
{S 1; F 0(CE38): C B *pallenn:* **+ow** I}
pallenn vargh horse-cloth

palm ['palm] *m.* **+ow**, **+ys** palm-branch, palm-frond
[E(L): MidE < MedL *palma* (lp)]
{S 5; F 2: M *palm* (MC.029, PC.0261): C B *palm*, W *palm:* **+ow** N (G.M.S.); **+ys** I (CE38)}

palmek ['palmęk] *f.* **-egi** place abounding in palm-trees
[E(L)c: **palm** -¹EK] {S 5; F 0(GM09):
P An Palmek (name of house): **-egi** I}

palmer ['palmęr] *m.* **-oryon** pilgrim *(from the Holy Land),* palmer
[E(F): MidE < AngN *palmer* (coe)] {S 5; F 1:
M pl. *palmoryon* (RD.1477): **-oryon** M}

palmwydh ['palmˌwɪˑð] *coll.* **+enn** palm-trees
[E(L)C: **palm** 2gwydh] {S 3; F 0(GM09: K.S.):
C cf. B *palmez:* **+enn** I}

palores [paˈlɔˑręs] *f.* **+ow** chough
lit. 'female digger' [Dc: **pal** -ores]
{S 4; F 3: O *palores* (VC.527) → L,P: **+ow** I}

pals ['pals] *adj.* plentiful, numerous, copious Follows a pl. noun.
[C: Brit **palt* < IE **kʷel-* (Fl.)] {S 1; F 2: M *pals* (MC.165; BK23.06, 28.34): C B *paot*, MidW *pallt*}

palshe [palsˈhęː] *v.* abound, multiply *(intrans.)*
[Cc: **pals** -he] {S 1; F 0(CE38): C B *paotaat*}

palsi ['palzi] 1. *m.* **+s** paralysis, palsy 2. *m.* **palsyon** paralysed person
[E(F): MidE *palesi* < OldF *paralisie* (coe)]

pa'n

{S 4; F 1: M *palgy* (BM.4483): **+s** I: **palsyon** I}
The form *palgy* in MidC supports the idea that [s] was sometimes palatalized.

palster ['palstęr] *m.* **+yow** plenty, abundance
[Cc: **pals** -ter]
{S 1; F 0(CE38): C B *paoter:* **+yow** I}

palsya ['palʒja] *v.* paralyse
[E(F)c: from **palsi** -YA]
{S 4; F 1: L p.ptcpl. *palgeaz* (M4WK)}

palsyes ['palʒjęs] *adj.* paralysed
[E(F)c: p.ptcpl. of **palsya**]
{S 4; F 1: L *palgeaz* (M4WK)}

palv ['palv] *f.* **+ow** palm *(of hand)*
[L: CLat *palma* (M)] {S 1; F 3:
O *palf* (VC.080) → L,P: C B *palv*; W *palf:* **+ow** I}

palva ['palva] *v.* caress, stroke
[Lc: **palv** -¹A] {S 1; F 0(EC52): C W *palfu*}

palvala [palˈvaˑla] *v.* grope, feel one's way
[LCc: from **palv** 2gavel -¹A (gpc)]
{S 1; F 0(CE38): C W *palfalu*}
Based by Nance on Welsh.

palvalans [palˈvaˑlans] *m.* **+ow** groping
[LCh: from **palv** 2gavel -ANS]
{S 1; F 0(GM09: G.M.S.): **+ow** I}

palvas ['palvaz] *m.* **+ow** caress, stroke *(of hand)*
[Lc: **palv** {-¹AS] {S 1; F 0(EC52): **+ow** I}
palvas kerensa caress

palys ['paˑlɪs] *m.* **palesyow** palace
[E(F): MidE *paleis* < OldF *paleis* (coe)]
{S 4; F 3: M *palys:* C B *palez*; W *palas:* **palesyow** C (K.J.G.)}

¹**pan**² [pan] *conj.* when
Used relatively; 'when' in a question is **p'eur**.
[C: Brit (Fl.)] {S 1; F 7: M *pan:* L *py, pe, po, pan:* C B *pa*; W *pan*}

²**pan** [pan] *adj.* what
[cC: Apparently from **py eghenn**, but may be from **py an**.]
{S 3; F 5: M *pan:* L *pa an* (AB240b)}

pa'n *phrase* when ... it
[Ccc: Short for **pan y'n**]
{S 2; F 1: M *pan* (MC.104)}

pana

pana² [pana] *adj.* what
[cc: ¹**pan** ³**a**]
{S 3; F 5: M *pana, pan a*: L *panna* (NGNB)}

panda ['panda] *m.* **+s** panda
[E(O): ModE < Nepali (coe)]
{S 4; F 0(FTWC): **+s** I (K.J.G.)}

pandemek [pęn'dę·męk] *m.* **-ogow** pandemic
[Oc: MN in -¹EK from Gk *pándêmos*]
{S 5; F 0(GM09: G.M.S.): **-ogow** I}

pandra ['pandra] *pron.* what
[cC: ⁷**pan** 2**tra**] S 1; F 6: M *pandra, pendra; pandr* before certain verbs: L *pandr* before **yw**}

pandr'a ['pandra] *phrase* what + verbal particle
[cC: from **pandra** ²**a**] {S 3; F 5: M *pandra* → P}

panenn *f.* **+ow** parsnip
[cc: Reduced form of **panesenn**]
{S 3; F 1: L *panan* (AB240c): **+ow** I}

panes ['pa·nęs] *coll.* **+enn** parsnips
[C:] {S 1; F 3: L sg. *panan* (AB114a, 240c) → P: D "pane": C B *panez*; W *panas*: **+enn** I}

pann ['pan:] *m.* **+ow** cloth, woven fabric
[L: BLat *pannus* < CLat *pânnus* (Gr.)]
{S 1; F 4: O *pan* (VC.808): M *pan*; pl. *pannow*: L *padn*: C cf. W *pân*, with unexpected long vowel: **+ow** M}

pannell ['pan:ęl] *m.* **+ow** panel *(of people)*
[Ll: **pann** -¹ELL < LLat **pannell* (coe)]
{S 1; F 0(Y2): **+ow** I}
The spelling *panel* < E was suggested in Y2, but **pannell** is more Cornish. The meaning was 'piece of cloth' > 'piece of parchment' > 'piece of parchment on which names of jurors were written' > 'jurymen' > 'panel'.

pannellydh [pa'nęl:ɪð] *m.* **+yon** panellist
[Lc: **pannell** -YDH] {S 1; F 0(EC00): **+yon** I}

panner ['pan:ęr] *m.* **-oryon** draper
[Ll: **pann** -¹ER] {S 1; F 0(CE38): **-oryon** I}

pann-ledan [,pan'lę·dan] *m.* **pannow-l.** broad-cloth
[LC: **pann ledan**] {S 3; F 0(EC52): **pannow-l.** I}

pannweyth ['pan:węɪθ] *coll.* **+enn** drapery, textiles
[LC: **pann** 2²**gweyth**] {S 1; F 0(EC52): **+enn** }

pans ['pans] *m.* **+ow** hollow, dingle, dell, re-entrant *(large)*, dip *(geog.)*
[C: IE *kʷant-] S 1; F 0(CE38): P Banns: C B *pant-*; W *pant*: **+ow** I}

paper ['pa·pęr] *m.* **+yow** paper
[E(F): MidE *papir* < AngN *papir* (coe)]
{S 5; F 2: L *papar* (AB047c) → P; pl. *papyrio* (AB222): C B *paper*; W *papur*: **+yow** L}

paper gorthsaym greaseproof paper
paper omsugna blotting paper
paper paros wallpaper
paper privedhyow toilet paper
paper skrifa writing paper

paper-nowodhow [,pa·pęrnɔ'wɔ·ðɔw] *m.* **paperyow-n.** newspaper
[E(F)Cc: **paper nowodhow**]
{S 5; F 0(CE93: G.M.S.): **paperyow-n.** I}

paperweyth [,papęr'węɪθ] *m.* paper-work
[E(F)C: **paper** 2²**gweyth**] {S 5; F 0(AnG 1997):}

papistical (Eng.) *adj.*
{S 6; F 1: M *papisticall* (TH32v)}

papynjay [,papɪn'dʒaɪ] *m.* **+s** parrot
[E(F): MidE *pape(n)iai* < OldF *papingay* (coe)]
{S 5; F 0(CE38): **+s** N (CE38)}

papynjay-tredanek [papyn,dʒaɪtrę'da·nęk] *m.* **papynjays-t.** answering machine
[E(F)cCc: **papynjay tredanek**]
{S 5; F 0(GM09: P.D.): **papynjays-t.** I}

¹par [par] *prep.* by
[F: F *par*] {S 4; F 3: M *par*}

²par ['pa:r] *m.* **+ow** equal, mate, match *(equal)*, sort, kind, par
[L: CLat *parem*] {S 1; F 6: M *par*; pl. *parow, paraw*: L *par*; pl. *parow*: C B *par*: **+ow** ML}

tus a'n par na such people
heb par unequalled, matchless

³par [par] *adv.* as, just as
[F: MidF *par* (Fl.)] {S 4; F 5: M *par* → P}
par dell yw just as it is
PAR- [L: CLat *par-* 'to prepare']

¹para ['paˑra] *m.* **parys** team, gang, squad, drove, flock
[U:] {S 8; F 2: M *para* (BK33.30, TH33r): L *parah* (OHTB): C cf. MidW *parri*: **parys** I}
para teknogel technical crew

²para *v.* prepare
[Lc: LateC back-formation from **parys** 'ready']
{S 3; F 2: L *parra* (PRJBG, PRJBT)}

parabolenn [ˌparaˈbɔˑlẹn] *f.* **+ow** parable, parabola
[Lc: Lat *parabola* + -ENN]
{S 1; F 0(CE38): C B *parabolenn*: **+ow** I}

parabyl m. **-blys** parable
ALT = **parabolenn**.
[E(F): MidE *parable* < OldF *parabole* (coe)]
{S 4; F 1: M *parabill* (TH40r): **-blys** }

paradhis [paraˈðɪs] *f.* paradise
[L: CLat *paradîsus* (hpb)]
{S 1; F 5: M *parathys* → P, *paradys*: L *paraves* (G3WK): C cf. B *paradoz*; W *paradwys*:}

parchemin [parˈtʃẹˑmin] *m.* **+yow** parchment, vellum
[F: OldF *parchemin* (Gr.)] {S 5; F 2: O *parchemin* (VC.359) → L: **+yow** N}

parcheminek [partʃẹˈmiˑnẹk] *adj.* like parchment or a thin skin, parchment
[Fc: **parchemin** -¹EK] {S 5; F 1: L *parshmennek* (AB088b)}

parder ['pardẹr] *m.* **+yow** equality
[Lc: ²**par** -DER] {S 1; F 0(GM09: A.S.): **+yow** I}

pardie (Fr.) *adv.* assuredly (lit. 'by God')
ALT = **a-barth Duw**. [E(F): *par Dieu*]
{S 6; F 2: M *parde* (PC.1111), *parda* (TH02v); note <-a> here}.

pardon m. **+ow** pardon ALT = **gevyans**.
[E(F): MidE < OldF *pardon* (coe)]
{S 5; F 1: M *pardon* (TH30v): **+ow** I}

pardona v. pardon ALT = **gava**.
[E(F)c: *pardon* -¹A] {S 5; F 2: M *pardona* (TH38v): L *pardẏna* (AB244c)}

pares ['paˑrẹs] *f.* **+ow** equal
[Lc: ²**par** -⁴ES] {S 1; F 0(CE93): C B *parez*: **+ow** I}

pareth ['paˑrẹθ] *f.* **+ow** parity
[Lc: ²**par** -ETH] {S 1; F 0(GM09: K.J.G.): **+ow** I}

pareusi [paˈrœˑʒi] *v.* prepare, make ready
[Lc: from **parys** -¹I] {S 1; F 3: M *parusy* (PC.0675), *parugy* (BK01.26)}

parfet adj. perfect ALT = **perfydh**.
[E(F): MidE *parfet* < *parfit* < OldF *parfit* (coe)]
{S 5; F 3: M *parfet* (BK., CW.2354)}

pargh ['parx] *v.* endure, hold out, last
[C: Brit *parg-*] {S 8; F 2: M *peragh* (BM.1475), *paragh* (BM.1885, 2488): C W *parhau* (dialectally *para*)}
The 3 exx. in MidC were spelled as if disyllabic, but the scansion (1 syll.) and the rhymes (e.g. *margh*) make it clear that ['parx] was intended. The second <a> is therefore epenthetic, and probably occurred in everyday speech; **paragh** is an acceptable poetic alternative, as in the 3rd verse of Tony Snell's song *Kan an Sider*.

parhapp [parˈhap:] *adv.* perhaps, perchance
[E: MidE (CE38)]
{S 5; F 2: M *parhap* (OM.1352), *par hap* (CW.0660), *perhaps* (CW.1147)}

park ['park] *m.* **+ow** field, close, enclosure, park
[E(F): MidE < OldF *parc* (coe)] {S 4; F 3: M *park* (BK10.562): L *park* (PV.); pl. *parkou* (PV14905): P Park as a field-name is very common: C B *park*; W *parc*: **+ow** I} The modern spelling *parc*, sometimes seen in new housing estates, is incorrect, and its use should cease.

park-kerri [ˌparkˈkẹrːi] *m.* **parkow-k.** car-park, parking lot (U.S.)
[E(F)Cc: **park kerri**]
{S 4; F 0(CE93: G.M.S.): **parkow-k.** I}

parkya ['parkja] *v.* park, enclose The meaning in *CE38* was 'to enclose, to put in a field', which is also expressed by **keas**.
[E(F)c: **park** -YA] {S 4; F 3: M *barkya* (BK15.42): C cf. B *parkañ*} Verbal nouns in -YA from Eng.

parkynn
loan-words containing [a] do not usually suffer analogous vowel aff. For those purists who think that they should, **perkel** might be an acceptable alternative.

parkynn ['parkɪn] *m.* **+ow** small field
[E(F)c: **park** -ynn] {S 4; F 0(CE38):
P Parkanheer: **+ow** I} Introduced by Nance to explain pl.ns. like *Parkanheer*.

parledh ['parlęð] *m.* **+ow** parlour
[U: appears to come from the Eng.]
{S 4; F 2: L *parledh* (AB013c) → P: **+ow** I}

parlet ['parlęt] *m.* **+s** prelate
[E(F): Metathesis of MidE < OldF *prelat* (coe)]
{S 5; F 3: M *parlet* (BM.): **+s** I}

paros ['paˑrɔz] *m.* **+yow** party wall
[L: CLat *parietem* (Gr.)] {S 1; F 2: O *poruit* (VC.760) → L,P: C Not in B; ModW *pared* < MidW *parwyd*: **+yow** N (FTWC)}
This word is found only in OldC; in up-dating it, the commonest development of OldC /ui/ has been assumed.

parosweyth [,parɔz'weɪθ] *m.* **+yow** wainscoting *(party wall)*
[LC: **paros** 2²**gweyth**] {S 1; F 0(TN): **+yow** I}

parow ['paˑrɔw] *adj.* even *(of numbers)*
[Cc: Back-formation from **dibarow**]
{S 1; F 0(GK98: K.J.G.)}

parri *v.* part [U:] {S 8; F 1: L *barri* (AB055a)}

parricide (Eng.) *n.*
{S 6; F 1: M *parricide* (TH29r)}

paschal (Eng.) *adj.*
{S 6; F 2: M *paschal* (TH52r, 52v)}

parsell ['parsęl] *m.* **+ow** squad, band *(group of people)*, set, cast *(of a play)*
[E(F): MidE *parcelle* 'small party or company' < OldF (coe)] {S 4; F 3: M *parcel*: **+s** N (K.J.G.)}

parsella [par'sęlːa] *v.* cast *(a play)*
[E(F)c: **parsell** -²A] {S 4; F 0(GM09: YhaG)}

part ['part] *m.* **+ys** share, part
ALT = **parth** or **rann**.
[E(F): MidE < OldF *part* (coe)] {S 5; F 4: M *part, parte*; pl. *partys* (TH21v, 36r): **+ys** M}

parth ['parθ] *f.* **+ow** side, behalf, part, act *(of a play)*, zone

[C: IE *kʷer- (Fl.)] {S 8; F 5: M *parth*: L *parh* (Lh.) → P: C B *parzh*, W *parth*: **+ow** I}

parti ['parti] *m.* **+ow** party *(political)*, set of opponents
[E(F): MidE *parti* < OldF *parti* (coe)]
{S 5; F 1: M *party* (BM.3477):
C W *parti*: **+ow** N (G.M.S.)}

participation (Eng.) *n.*
{S 6; F 1: M *participation* (SA65r)}

particular (Eng.) *adj.*
{S 6; F 1: M *particular* (TH38r)}

particularly (Eng.) *adv.*
{S 6; F 2: M *particularly* (TH05r, 20r)}

partly (Eng.) *adv.* ALT = yn rann.
{S 6; F 2: M *partly* (TH29r, 46r)}

Partys pl. Parthians
{S 5; F 2: M *partys* (BK31.92, 32.01)}

parya ['paˑrja] *v.* pair, couple
[Lc: ²**par** -YA] {S 1; F 0(CE38)}

parys ['paˑrɪz] *adj.* ready, prepared, cooked [L: CLat *parātus* (Gr.)]
{S 3; F 6: O *parot* (VC.902): M *parys, paris*: L *parez* (AB113a), *parrez* (NGNB): C B *pared* 'cooked with water'; W *parod*}
One would expect *pares, but the word was evidently seen as containing -⁶YS; cf. ¹**para**.

gul parys make ready

¹**pas** ['paːz] *m.* **+ow** cough
[C: IE (Fl.)] {S 1; F 1: L *pâz* (AB030, 168b) → P: C B *paz*; W *pas* 'whooping cough': **+ow** I}

²**pas** ['paːts] *m.* **+ys** pace, step
[E(F): MidE *pas* < OldF *pas* (coe)] {S 1; F 3: M *pas* (BM.): C B *paz*: **+ys** I (CE38)}

pasa ['paˑsa] *v.* cough
[E(F)c: ¹**pas** -¹A] {S 1; F 0(CE38): C cf. B *pasaat*}

pas-garm [,paˑs'karm] *m.* **pasow-g.** whooping-cough
[E(F)C: ¹**pas garm**] {S 1; F 0(CE38): **pasow-g.** I}

pasifia *v.* pacify ALT = **hebaskhe**.
[E(D)c: VN in -YA from MidE < OldF or Lat (coe)] {S 4; F 1: M p.ptcpl. *pacifies* (TH10v)}

¹**Pask** ['paːsk] *m.* **+ow** Easter, Passover
[L: CLat *Pascha* (hpb)]

²pask
{S 1; F 4: M *pask* → P: L *pâsk*: F pl. *Pascoe*
C B *Pask*, W *Pasg*: **+ow** F}
Pask Byghan Low Sunday

²pask ['paːsk] *m.* nourishment
[L: CLat *pascô* (Fl.)] {S 1; F 0(CE38): C OldB
pasc-, MidW *pasc:*}

PASS- [E(F)c: Root of MidE < OldF *passer* (coe)]

passadow [pa'saˑdɔw] *adj.* passable
[E(F)c: PASS=ADOW] {S 4; F 0(GM09: P.H.)}

passhyon ['paʃːjɔn] *m.* **+s** passion
[E(F): MidE < OldF (coe)]
{S 5; F 5: M *passyon* → P, *pasconn, pascion*: **+s** I}

passya ['pasːja] *v.* pass, overtake
[E(F)c: PASS=YA]
{S 4; F 4: M *passya*: C W *pasio*; cf. B *paseal*}

past ['paːst] *m.* **+ow** paste
[E(F): MidE < OldF (co)] {S 4; F 0(FTWC): **+ow**
N} Used by Nance in *EC52* to denote 'pastry'.

pastell ['paˑstęl] *f.* **+ow** morsel, scrap
[U:] {S 1; F 1: M 1st element of *pastel dyr*
(BM.2450): C B *pastell*: **+ow** I}

pastell-dir [ˌpaˑstęl'diːr] *f.*
pastellow-dir smallholding,
allotment, parcel *(of ground)*
[UC: **pastell** 2tir] {S 1; F 1: M *pastel dyr*
(BM.2450): **pastellow-dir** I}

pastell-vro [ˌpaˑstęl'vrɔː] *f.*
pastellow-vro district, constituency
[UC: **pastell** 2bro] {S 1; F 0(CE38):
C B *pastell-vro*: **pastellow-vro** I}

pasti ['paˑsti] *m.* **+ow** pasty
[E(F): ModE < MidE *pastee* < OldF *pastée* (coe)]
{S 4; F 0(CE38): **+ow** N (K.J.G.)} Had this
word really been borrowed into MidC from
MidE, it would have become **pasta*.

pat m. **+ys** pate
[E(U): MidE (coe)] {S 5; F 2: M *pat* (PC.1385);
pl. *patis* (BM.0957): **+ys** M}
Found in oath **re'm pat**.

patatys [pa'taˑtɪs] *coll.* **+enn** potatoes
ALT = **avalow-dor**.
[E(O): pl. of E *potato* < Sp *patata*]
{S 8; F 0(CE38): C B *patatez*: **+enn** I}

patience (Eng.) *n.*
{S 6; F 1: M *paciens* (TH09r)}

patiently (Eng.) *adv.*
{S 6; F 1: M *paciently* (TH23r)}

patriarch (Eng.) *n.* ALT = **ugheldas**.
[E(F): MidE < OldF *patriarche* (coe)]
{S 6; F 2: M *patriark* (TH06r, 13r)}

patrol ['patrɔl] *m.* **+yow** patrol
[E(F): E < F *patrouille* (coe)]
{S 4; F 0(Y2): **+yow** I}

patrolya [pa'trɔˑlja] *v.* patrol
[E(F)c: **patrol** -YA] {S 4; F 0(EC00)}

patron ['patrɔn] *m.* **+yow** pattern,
example, model
[E(F): MidE *patron* < OldF *patron* (coe)] {S 4;
F 0(CE38): D "pattron": **+yow** I (K.J.G.)}

paw ['paw] *f.* **+yow**, *dual* **diwbaw** paw,
claw *(of crab)*, fluke *(of anchor)*, hand
(pejoratively)
[E(F): MidE *pawe* < OldF (coe)] {S 1; F 3:
M *paw* (RD.1666) → P, *pav* (BM.3362): C B *pav*}

pawa ['pawa] *v.* paw
[E(F)c: **paw** -¹A] {S 8; F 0(CE38)}

pawgamm ['paʊgam] *adj.* club-footed
[E(F)C: **paw** 2¹**kamm**]
{S 8; F 0(CE38): C B *pavgamm*}

pawgenn ['paʊgęn] *m.* **+ow** moccasin,
slipper
[E(F)C: **paw** 2**kenn**]
{S 8; F 1: O *paugen* (VC.824) → P: **+ow** I}

payn ['paɪn] *m.* **+ys** pain, torment,
torture. The pronunciation is nearer to that
of ModE *pine* than to that of ModE *pain*.
[E(F): MidE *paine* < OldF *peine* (coe)]
{S 5; F 6: M *payn, peyn*; pl. *paynys, peynys,
paynes*: **+ys** M}
paynys bras agony
war bayn mernans on pain of death

paynes ['paɪnęs] *f.* **+ow** peahen
[Lc: from **payon** -⁴ES]
{S 8; F 1: L *payness* (AB241b): **+ow** I}

paynt ['paɪnt] *m.* **+ow** paint
[E(F): MidE < OldF *peint* (coe)] {S 5; F 0(CE38):
+ow N}

payntya

payntya ['paɪntja] *v.* paint *(a surface)*
[E(F)c: **paynt** -YA] {S 5; F 1: M *payntia* (TH07v)} Nance suggested *pêntya* as the spelling.

payntyer ['paɪntjęr] *m.* **payntyoryon** painter *(of surfaces)*
[E(F)h: **paynt** -¹YER] {S 5; F 0(GK98: K.J.G.): **payntyoryon** N (K.J.G.)}

paynya ['paɪnja] *v.* torture, inflict pain
[E(F)c: **payn** -YA] {S 5; F 4: M *peynye* → P}

payon ['paɪɔn] *m.* **+es** peacock
[L: BLat *pawônem < CLat *pâvônem* (Gr.)] {S 8; F 3: O *paun* (VC.528) → L: M *payon* (OM.0132, TH09r): C B *paun*; W *paun*: **+es** I} The 2 syll. word represents the MidC form; the OldC word was *paun*.

payonans [pa'jɔˑnans] *m.* **+ow** swagger
[Lh: **payon** -ANS] {S 8; F 0(GM09: G.M.S.): **+ow** I}

payoni [pa'jɔˑni] *v.* swagger, strut, show off
[Lc: **payon** -¹I] {S 8; F 0(GK98: A.S.)}

pe ['pęː] *v.* pay, pay for, settle accounts with [E(F): MidE < OldF *paie* (coe)] {S 4; F 4: M *pe* → P: L *pea*: C B *pae*; W *pae*}

peacock (Eng.) *n.* {S 6; F 1: M *peacok* (TH09r)}

peber ['pęˑbęr] *m.* **-oryon** baker
[Cl: POB=¹ER, with unexplained aff.] {S 8; F 2: O *peber* (VC.918) → L,P: C B *pober*; cf. W *pobydd*: **-oryon** I}

peberynn [pę'bęˑrɪn] *m.* **+ow** harbour-crab
[Clc: ¹**pob=er** -YNN, with unexplained aff.] {S 8; F 0(CE38): D "peperan": **+ow** I}

peblys ['pęblɪz] *adj.* populated
P.ptcpl. of **pobla**.
[Lc: POBL-A -⁶YS] {S 1; F 0(CE38)}

pebores [pę'bɔˑręs] *f.* **+ow** baker
[Cc: **pob=ores**, with unexplained aff.] {S 8; F 0(CE38): **+ow** I}

pechya ['pęˑtʃja] *v.* pierce
[Ec: VN in -YA from MidE *picche* (CE38)] {S 5; F 2: M *bechye* (MC.218) → P}

¹Peder ['pęˑdęr] *name* Peter
[L: CLat *Petrus*] {S 1; F 6: M *pedyr* (MC., TH.)

pedros

→ P, *peder*: L *Peder* (M4WK)}

²peder ['pęˑdęr] *num.* four *(f.)*
[C: PEDR-S] {S 1; F 3: M *pedyr* → L,P; *peder*}

pedergweyth [pę'dęrgwęɪθ] *adv.* four times
[CC: **peder gweyth**] {S 1; F 1: M *pedergwyth* (MC.227)}

PEDR- *prefix* tetra-, quadr-, four-fold
[c: Brit *petru-* 'four']

pedreda [pę'dręˑda] *f.* (?)four fords
[cC: PEDR- **rys** < Brit **petru-rit-* (Padel)] {S 8; F 0(CPNE): P *Padreda*} See Padel (1985, p.176).

pedrek ['pędręk] **1.** *adj.* square **2.** *m.* **-ogow** square
[cc: ¹PEDR-=EK] {S 1; F 0(CE38): D "pedrack mow": **-ogow** N (FTWC)}

pedrenn ['pędręn] *f.* **+ow**, *dual* **diwbedrenn** buttock, hind-quarter
[cc: **pedr=enn** 'quarter'] {S 8; F 3: M pl. *peydrennow* (PC.2094) → P: L *patchan* (BOD.041), *patshan* (AB048b) → P} The attested forms may be a re-formation on the masc. form of the numeral, i.e. LateC *pajer* + -ENN.

pedresyf [pę'drę·sɪf] *f.* **-es** newt, lizard
[Cl: PEDR- or PODR-A + a word < CLat *i sêpa* (Gr.)] {S 8; F 2: O *pedresif* (VC.616) → L,P: C Not in B nor in W: **-es** I} Early Welsh authors read this word as *gwedresif*, and borrowed it in this form; Nance followed them, but Graves argued convincingly for the form used here.

pedrevan [pę'dręˑvan] *f.* **-es** lizard
[cc: Derivative of PEDR-] {S 8; F 3: L *pedrevan* (AB143b, 240c) → P: **-es** N (FTWC)}

pedrevanas [ˌpędrę'vaˑnaz] *v.* creep on all fours, crawl [ccc: VN in -AS from PEDR-] {S 8; F 2: M *pedrevanas* (BM.4218): L *Pedervànaz* (LV112.57)}

pedri ['pędri] *v.* rot, decay, fester, corrupt [Cc: **podr-A** -¹I] {S 1; F 4: M *pedry* → P: C W *pydru*}

pedros ['pędrɔz] *f.* **+ow** quad-bike
[CC: PEDR- ¹**ros**] {S 1; F 0(GM09: K.J.G.): **+ow** I}

pegh ['pɛːx] *m.* **+ow** sin
  [L: Shortened form of **peghes**]
  {**S** 1; **F** 5: **M** *pegh*: **L** *pêh* (AB115b), *pe* (TCJB); pl. *pêhou* (LPJC): **+ow L**}

pegha ['pɛˑxa] *v.* sin
  [Lc: **pegh** -¹A]
  {**S** 1; **F** 4: **M** *peghe, peha*: **L** *peha* (ACJB)}

peghador [pɛˈɦaˑdɔr] *m.* **+yon** sinner
  [Ll: **pegh** -ADOR < CLat *peccator* (lp)]
  {**S** 1; **F** 4: **M** *pehadur*; pl. *pehadoryon*: **L** *pehadourrian* (LPTB); **C** **W** *pechadur*: **+yon L**}

peghadores [ˌpɛɦaˈdɔˑrɛs] *f.* **+ow** sinner
  [Llc: **pegh** -ADOR -⁴ES]
  {**S** 1; **F** 3: **M** *peghadures* → L,P: **+ow I**}

peghadow [pɛˈɦaˑdɔw] *m.* sinning, transgression
  [Lc: **pegh** -adow]
  {**S** 1; **F** 3: **M** *pecadow* (OM.1173) → L,P:}

peghes ['pɛˑxɛz] *m.* **peghosow** sin, offence *(sin)*
  [L: CLat *peccatum* (hpb)] {**S** 1; **F** 5: **M** *peghes, pehas* → L,P; pl. *pehosow*: **L** pl. *pehozow* (ACJK): **C B** *pec'hed*, **W** *pechod*: **peghosow** }

pel ['pɛːl] *f.* **+yow** ball, sphere, orb
  [L: CLat *pila* (Gr.)]
  {**S** 8; **F** 3: **L** *pel* (PV14944), *bele* (DPNB); *peliow* (BPWG) → P: **P** ?Penpell: **C W** *pêl*: **+yow L**}

pel an norvys globe

Pelagius (Lat.) name {**S** 6; **F** 1: **M** *Pelagius* (TH32v)} A 4th century monk regarded as a heretic by the Roman Catholic Church.

pel-ayr [ˌpɛˑlˈaɪr] *f.* **pelyow-ayr** balloon
  [LE(F): **pel** ayr]
  {**S** 8; **F** 0(FTWC): **pelyow-ayr** N (FTWC)}

peldroes ['pɛldrɤz] *f.* football, soccer
  [LC: **pel** 2¹**troes**] {**S** 8; **F** 0(CE38): **C W** *peldroed*:}

peldroesyas [pɛlˈdroˑʒjaz] *m.* **-ysi** footballer *(professional)*
  [LCc: from **peldroes** -³YAS]
  {**S** 8; **F** 0(GM09: K.J.G.): **-ysi I**}

peldroesyer [pɛlˈdroˑʒjɛr] *m.* **-yoryon** footballer
  [LCc: **peldroez** -¹YER]
  {**S** 8; **F** 0(GM09: G.M.S.): **-yoryon I**}

peldroesyores [ˌpɛldrɤʒˈjɔˑrɛs] *m.* **+ow** footballer *(female)*
  [LCcc: from **peldroes** -YORES]
  {**S** 8; **F** 0(GM09: K.J.G.): **+ow I**}

pel-ganstell [pɛlˈganstɛl] *f.* basketball
  [LL: **pel** 2**kanstell**] {**S** 4; **F** 0(FTWC):}

pelikan ['pɛlikan] *m.* **+es** pelican
  [E(E): OldE (co)] {**S** 5; **F** 0(FTWC): **C** cf. **B** *pelikant*: **+es I** (FTWC)}

pell ['pɛlː] *adj.* far, distant, long, remote
  [C: IE *k^welso-* (Fl.)] {**S** 1; **F** 6: **M** *pell, pel*: **L** *pell, pel*: **P** Goonbell: **C B** *pell*, **W** *pell*}

pella ['pɛlːa] *adj.* farther, extra
  [Cc: **pell** -²A] {**S** 1; **F** 5: **M** *pella, pelha*: **L** *pella*} Comparative of **pell**.

pellaboynt [ˌpɛlːaˈbojnt] *m.* **+ow** apogee
  [CcE(F): **pell** -²A 2**poynt**]
  {**S** 5; **F** 0(EC00): **+ow I**}

pellbennti [pɛlˈbɛnti] *m.* **+ow** tele-cottage
  [CcC: **pell** 2**pennti**] {**S** 1; **F** 0(AnG 1995): **+ow I**}

pellder ['pɛldɛr] *m.* **+yow** distance
  [Cc: **pell** -DER] {**S** 1; **F** 4: **M** *pelder, peldar*: **C B** *pellder*: **+yow I**}

¹**pellenn** ['pɛlːɛn] *f.* **+ow** ball, dumpling, lump, bullet
  [Lc: Lat *pilla* + -ENN (gpc)]
  {**S** 1; **F** 2: **O** *pellen* (VC.832) → L,P: **P** Trebellan: **C B** *pellenn*, **W** *pellen*: **+ow I**}
  The Welsh shows that the word contains /ll/ and not /l/.

²**pellenn** ['pɛlːɛn] *f.* **+ow** furrow
  [Cc: **pell** -ENN]
  {**S** 1; **F** 1: **L** pl. *peleno* (LV115.11): **+ow L**}
  No pre-occlusion recorded in Lhuyd's word

pellenni [pɛˈlɛnːi] *v.* roll into a ball
  [Lcc: ¹**pellenn** -¹I]
  {**S** 1; **F** 0(CE38): **C B** *pellenniñ*; cf. W *pellennu*}

pellennik [pɛˈlɛnːɪk] *f.* **-igow** pill
  [Lcc: ¹**pellenn** -ik] {**S** 1; **F** 0(CE93: K.J.G.): **C B** *pellennig*: **-igow C** (K.J.G.)}

peller ['pɛlːɛr] *m.* **-oryon** remover of charms, white wizard
[Cl: pell -¹ER] {S 1; F 0(CE38): -oryon I}

pellgens ['pɛlgɛns] *m.* **+ow** midnight service on Christmas Eve
[L: CLat *pullicantiô* 'cockcrow' (gpc)]
{S 8; F 0(CE38): C B *pellgent*, W *pylgain, plygain*: +ow I} The meaning is due to Nance; the etymology would suggest rather 'matins' or 'dawn office'.

pellgewsel [pɛl'gɛʊzɛl] *v.* telephone
[CCc: pell 2kewsel]
{S 1; F 0(CE38): C cf. B *pellgomz*}

pellgomunyans [ˌpɛlgɔ'myˑnjans] *m.* **+ow** telecommunication
[CLh: Bpell 2komun -yans]
{S 8; F 0(GK98: G.M.S.): +ow I}

pellgows ['pɛlgɔʊs] *m.* telephony
[CC: pell 2kows] {S 1; F 0(CE38):}

pellgowser [pɛl'gɔʊzɛr] *m.* **+yow** telephone
[CCl: pell 2kowser] {S 1; F 0(CE38): C cf. B *pellgomz*: +yow N (FTWC)}

pellhe [pɛl'hɛː] *v.* send far away, expel, eject, banish
[Cl: pell -HE] {S 1; F 2: M p.ptcpl. *pelleys* (BM.2083) → P: C B *pellaat*, W *pellhau*}

pellores [pɛ'lɔˑrɛs] *f.* **+ow** remover of charms, white witch
[Clc: pell -ORES] {S 1; F 0(GM09: K.J.G.): +ow I}

pellskrifa [pɛl'skriˑfa] *v.* fax, telegraph
Nance gave 'telegraph' as the meaning of his new word; 'fax' is the obvious modern equivalent.
[CLc: pell skrif -¹A]
{S 3; F 0(CE38): C B *pellskrivañ*}

pellskrifenn [pɛl'skriˑfɛn] *f.* **+ow** fax *(message)*
Nance's meaning, 'telegram', is now historical.
[CLc: pell skrif -ENN]
{S 3; F 0(CE38): C cf. B *pellskridenn*: +ow I}

pellvotonek [pɛlvɔ'tɔˑnɛk] *f.* **-egi** remote control
[CE(F)c: pell 2boton -¹EK]

{S 5; F 0(GL05): -egi I}

pellwel ['pɛlwɛl] *f.* hypermetropia, long sight
[CC: pell 2²gwel] {S 1; F 0(GM09: K.J.G.):}

pellwelell [pɛl'wɛˑlɛl] *f.* **+ow** telescope
[CCc: pellwel -ELL] {S 1; F 0(GM09: YhaG): C cf. B *pellweler* 'clairvoyant': +ow I}
Nance (CE38) suggested *pellweler*, but this implies a human agent. In the interests of semantic precision, this needs to be replaced by a word with -ELL.

pellweler [pɛl'wɛˑlɛr] *m.* **–oryon** clairvoyant
[CCl: pellwel -¹ER]
{S 1; F 0(GM09: YhaG): -oryon I}

pellwelores [pɛlwɛ'lɔˑrɛs] *f.* **+ow** clairvoyant
[CClc: pellwel -ORES]
{S 1; F 0(GM09: YhaG): +ow I}

pellwolok [pɛl'wɔˑlɔk] *f.* **pellwologow** television
[CC: pell 2golok]
{S 1; F 0(EC52): pellwologow N (FTWC)}

pellwolok kylgh deges (PWKD) closed-circuit television (CCTV)

pellyst ['pɛlːɪst] *m.* **+ow** fur-lined cloak, garment of fur
[F: OldF *pelisse* (Gr.)] {S 4; F 3: O *pellist* (VC.813, 827) → L,P: +ow I}

pelvas [pɛl'vaːz] *f.* baseball
[LE(F): pel + E *base*] {S 4; F 0(FTWC):}

pelyek ['pɛljɛk] *adj.* spherical
[Lc: pel -YEK] {S 4; F 0(EC00)}

pemont m. **+ys** payment ALT = **talas**.
[E(F): MidE < OldF *paiement* (coe)]
{S 5; F 3: M *pemont*: +ys I}

penans ['pɛˑnans] *m.* **+ow** penance
[E(F): MidE < OldF (coe)]
{S 4; F 3: M *penans*: +ow I}

gul penans do a penance

penitent (Eng.) *adj.* {S 6; F 2: M *penitent* (TH08v), *penytent* (TH38v)}

Pender

Pender *name* (surname of one of the Newlyn School, Oliver Pender)
{S 4; F 1: **L** *Pender* (PLOP)}

Pendrasys name
(name of the king of Egypt)
{S 8; F 1: **M** *pendrasys* (BK31.81)}

Penkost ['pɛnkɔst] *m.* **+ow**
Whitsuntide, Pentecost
[E(E): from *Pentecost*] {S 8; F 3: **M** *fencost* (TH44v): **L** *Penkast* (AB.) → P: **F** *Pencaste* (CE38): **C** cf. B *Pantekost*, W *Pentecost*: **+ow** I}

penn ['pɛnː] *m.* **+ow** head, end, summit
[C: Brit *pennos* (M) < CC **qendo-* (Fl.)] {S 1; F 6: **O** *pen* (VC.023, 031): **M** *pen*: **L** *pedn* > *pedden*: **P** Very common as B2 (Padel): **+ow** ML}

Penn an Wlas Land's End

penn dhe benn end to end, completely

¹PENN- *prefix* individual [c: same as **penn**]
Does not cause lenition; cf. B *pemoc'h* < *penn moc'h* 'individual pig', W *penty* 'house without out-houses'. This use may be represented in MidC by *pen tarov, pen horth, pen margh, pen bogh* in a scene in *BM.* in which the sacrifice may be of an individual of each of these animals, rather than their heads.

²PENN- *prefix* chief, main, leading, prime, principal, staple
The same rule for lenition is applied as in the case of ³PENN-. In the texts, only *pen wlas* 'main land' shows lenition, at *RD.2530*; in place-names, **pennoelva** may show it.
[c: same as **penn**]

³PENN- *prefix* end [c: same as **penn**]
This prefix sometimes lenites in Brittonic, but the circumstances are difficult to determine. In the Cor. texts, the only exx. of lenition are *pen vlythen* 'end of the year' at *RD.0072* and *pen vys* 'end of the month' at *PC.1646*, though in other cases lenition may have occurred without being written. In **Kernewek Kemmyn**, lenition is applied (i) to words beginning with [gw-]; (ii) to the two exx. above, as special cases.

pennaghel [pɛn'aːxɛl] *f.* **-aghlow** pole

penn-boba

(*geog.*), pivot
[CC: ³PENN- **aghel**] {S 1; F 0(AnG): **-aghlow** I}

pennaghlek [pɛn'axlɛk] *adj.* polar
[CCc: ³**penn-** AGHL=EK] {S 1; F 0(EC00)}

pennals *f.* head cliff
[cC: ²PENN- ¹**als**] {S 1; F 1: **L** *penals* (PV.6736)}
The meaning is that in Pryce; both it and the morphology are doubtful.

penn-ardh [pɛn'arð] *m.* **pennow-ardh**
promontory
[cC: ³PENN- **ardh**] {S 1; F 0(CE38): **P** Penare: **pennow-ardh** I} It is possible that in some pl.ns. the 2nd element is **garth**.

penn-ardhek [pɛn'arðɛk] *adj.* salient
[cCc: ³PENN- **ardh** -¹EK] {S 1; F 0(GK98: A.S.)}

penn-bagas [ˌpɛn'baˑgaz] *adj.* shock-headed
[CCc: **penn** 'head' **bagas**]
{S 1; F 1: **L** *pednvagas*, noted in *CE38*}

penn-barvus [pɛn'barvys] *m.* **pennow-barvus**
three-bearded rockling
[CLl: **penn** 'head' **barvus**] {S 1; F 0(CE38): **D** "pedn borbas": **pennow-barvus** I}

pennbenyn [pɛn'bɛˑnɪn] *f.* **+es**
leading lady (theatre)
[cC: ²PENN- **benyn**] {S 1; F 0(GM09: YhaG): **+es** I}

penn-bloedh [pɛn'bloːð] *m.* **pennow-bloedh**
birthday, anniversary
[cC: ³PENN- **bloedh**] {S 1; F 0(CE38): **C** Not in B; W *pen-blwydd*: **pennow-bloedh** I}

penn-bloedh lowen!
happy birthday!

penn-blogh [ˌpɛn'blɔːx] *m.* **pennow-blogh** shaven pate
[cC: **penn** 'head' **blogh**] {S 1; F 1: **M** *pen blogh* (BM.3828): **pennow-blogh** I}

penn-boba [ˌpɛn'bɔˑba] *m.* **pennow-boba** blockhead
[CE: **penn** 'head' **boba**] {S 4; F 1: **M** *pen boba* (BK03.67): **pennow-boba** I} lit. booby-head

penn-bras

penn-bras [ˌpɛn'brɑːz] *m.* **pennow-bras**
thick-head, fool
[Cc: **penn** 'head' **¹bras**]
{S 1; F 2: **M** *pen braas* (CW.1338): **L** *Pedn brauze* (SCRC): **pennow-bras** I}

penn-broennenn [ˌpɛn'brʊnːɛn] *m.*
pennow-broennenn rush-head *(insult)*, fool
[CCc: **penn** 'head' **broennenn**] {S 1; F 1: **M** *pen bronnen* (RD.2096): **pennow-broennenn** I}

penn-bros [ˌpɛn'brɔːz] *m.* **pennow-bros**
fan *(e.g. of sport)*, fanatic, hot-head
[CC: **penn** 'head' **²bros**]
{S 1; F 0(AnG 1995): **pennow-bros** I}

pennchambour [pɛn'tʃambur] *m.* **+s**
master bedroom, main bedroom
[cE(F): **²PENN- chambour**]
{S 5; F 0(GK98: K.J.G.): **+s** I}

penndaga [pɛn'dɑˑga] *v.* perplex, bewilder, confuse
[CCc: **penn** 'head' **2taga**] {S 1; F 0(GK98: T.S.)}

penndegys [pɛn'dɛˑgɪz] *adj.* perplexed, bewildered, confused
[CCc: p.ptcpl. of **penndaga**]
{S 1; F 0(GK98: T.S.)}

penn-dewlin [ˌpɛndɛʊ'liːn] *m.*
pennow-dewlin point of knee
[CCC: **³PENN- dewlin**] {S 1; F 3: **M** *pendewlyn* (PC.3020) → P: **pennow-dewlin** I}
mos war benn-dewlin kneel
koedha dh'y benn-dewlin kneel
war benn-dewlin kneeling
(on both knees in all 3 expressions)

penn-disteudhi *m.* (meaning obscure; appears to be a term of abuse)
{S 8; F 1: **M** *pendystody* (BK30.32)}

penn-diwglun [ˌpɛn'diʊglyn] *m.*
pennow-diwglun hip *(Anat.)*, haunch
[ccC: **³PENN- diwglun**]
{S 1; F 0(CE38): **pennow-diwglun** I}

penndra ['pɛndra] *f.* hamlet

penn-elin

[cC: from **¹PENN- 2tre**] {S 8; F 0(CE38)}
Occurrence in pl.ns. unconfirmed by Padel; one would not expect lenition.

penn-dro [ˌpɛn'drɔː] **1.** *adj.* giddy, dizzy **2.** *f.* giddiness, vertigo, dizziness, nausea; rounders, gid *(disease of sheep)*
[CC: **penn** 'head' **2tro**, short for **penn a-dro**]
{S 2; F 0(CE38): **D** 'rounders', 'gid', i.e. a disease of sheep, whose brains are compressed by the cyst of a tapeworm: the affected animal constantly walks around in circles, weakens and dies. (B.C.): **C** W *pendro*:}

penn-drog [ˌpɛn'drɔːg] *adj.* wicked
[CC: **penn** 'head' **drog**] {S 1; F 2: **L** *pedn-dhrog* [sic] (AB084b); *pedn-drog* (PV.9501)}

penn-droppya [ˌpɛn'drɔpːja] *v.* nod
[CE(E)y: **penn** 'head' **droppya**]
{S 5; F 2: **L** *pendruppia* (AB135a) → P}

penn-du [ˌpɛn'dyː] *m.* **pennow-du**
tadpole, blackhead
[CC: **penn** 'head' **du**]
{S 1; F 1: **L** *pedn diu* (AB136b): **pennow-du** I}

penndu [pɛn'dyː] *coll.* **+enn** bulrushes
[CC: **penndu**]
{S 1; F 1: **L** sg. *pendiuen* (AB043c): **+enn** I}

penndyskador [ˌpɛndɪs'kɑˑdɔr] *m.* **+yon**
headmaster, head-teacher *(male)*
[cLl: **²PENN- dyskador**] {S 3; F 0(CE93): **+yon** I}

penndyskadores [pɛnˌdɪska'dɔˑrɛs] *f.*
+ow headmistress, head-teacher *(female)* [cLlc: **²PENN- dyskadores**]
{S 3; F 0(GK98): **+ow** I}

penneglos [pɛn'ɛglɔs] *f.* **+yow**
cathedral
[cL: **²PENN- eglos**] {S 1; F 0(CE38): **+yow** I}

pennek ['pɛnːɛk] *adj.* big-headed
[Cc: **penn** 'head' **-¹EK**]
{S 1; F 0(CE38): **F** Penneck: **C B** *pennek*}

penn-elin [ˌpɛn'ɛˑlin] *m.* **pennow-elin**
elbow
[cC: **³PENN- elin**]
{S 1; F 0(CE38): **pennow-elin** I}

pennfenten

pennfenten [pɛn'fɛntɛn] *f.* **-tynyow**
head-spring, source *(of stream)*
[cL: ²PENN- fenten]
{S 1; F 0(CE38): P Penventon: -tynyow P}

pennfester [pɛn'fɛˑstɛr] *m.* **+yow**
halter, head-stall
[cU: Compound of **penn** 'head']
{S 1; F 0(CE38): C W *pennfestr*: +yow I}

penn-foll [ˌpɛn'fɔlː] *adj.* panicky
[CC: **penn** 'head' **foll**]
{S 8; F 0(CE38): C B *pennfoll*}

pennfordh ['pɛnfɔrð] *f.* **+ow** main road
[cE(E): ²PENN- **fordh**]
{S 4; F 0(GM09: G.M.S.): +ow I}

pennfrosek [pɛn'frɔˑzɛk] *adj.*
mainstream
[cCc: ²PENN- fros -¹EK] {S 1; F 0(GK98: K.J.G.)}

penngarn ['pɛngarn] *m.* **+es** gurnard
[CU: Compound of **penn**]
{S 8; F 3: M pl. *pengarnas* (CW.0409) → P: L *pen garn* (AB033c) → P: +es L}

penngarn glas grey gurnard

penn-gasenn [pɛn'gaˑsɛn] *f.*
pennow-gasen stomach, maw
[cCc: shortened from ³PENN- **gargasenn** (K.J.G.)] {S 8; F 1: M *pengasen* (BM.3927): pennow-gasen I}

Penngelli *name* Pengelly (surname)
[CC: Shortened from **penn** 'end' **an** ²**kelli**, or a close compound] {S 1; F 1}

penn-glas [ˌpɛn'glaːz] *m.* **pennow-glas**
scabious *(plant)*, horse's skull
[CC: **penn** 'head' ¹**glas**] {S 1; F 0(CE38): D "penglaze" 'horse's skull carried on a pole as a hobby-horse': F Penglase: **pennow-glas** I}

penn-glin [ˌpɛn'gliːn] *m.* **pennow-glin**
knee-cap
[cC: ³PENN- **glin**] {S 1; F 3: O *penclin* (VC.089) → P: M *ben gleyn* (MC.056); L *pedgleen* (BOD.043), *pedn glin* (AB063a) → P: C W *pen-glin*, but also *pen-lin*: **pennow-glin** I}

mos war benn-glin
kneel *(on one knee)*
war benn-glin

penn-ha-min

kneeling *(on one knee)*

penn-glow [ˌpɛn'glɔw] *m.*
pennow-glow coal-tit, titmouse
[CC: **penn** 'head' **glow**] {S 1; F 0(CE38): C B *pennglaou*: **pennow-glow** I}

penn-goeles [pɛn'goˑlɛz] *m.* **pennow-g.**
bottom end
[CC: ³PENN- **goeles**]
{S 1; F 1: M *pen golas* (MC.184): **pennow-g.** I}

penngogh ['pɛngɔx] *m.* **+ow** hooded fur cloak
[CC: **penn** 'head' 2¹**kogh**]
{S 1; F 2: O *pengugh* (VC.827) → L,P: C OldB *penncuh*, MidW *pengwch*: +ow I}

penngour [pɛn'guːr] *m.* **-gwer** leading man *(theatre)*
[cC: ²PENN- **gour**]
{S 1; F 0(GM09: YhaG): -gwer I}

penngover [pɛn'gɔˑvɛr] *m.* **+yow** source *(of stream)*
[cC: ³PENN- **gover**]
{S 1; F 0(CPNE): P Pengover Green: +yow I}
Interpreted here as a close compound, but might be a loose compound, in which case the pl. would be **pennow gover**.

penngwarioryon [pɛngwari'ɔˑrjɔn] *pl.*
leading actors
[cC: ²PENN- **gwarioryon**]
{S 1; F 0(GM09: YhaG)}

penn-gwynn [ˌpɛn'gwɪnː] **1.** *adj.*
white-headed **2.** *m.* **pennow-gwynn**
penguin
[CC: **penn** 'head' **gwynn**] {S 1; F 1: L (Gw.): **pennow-gwynn** } The Eng. word, meaning 'white head', is obviously from either C or W, and was orig. applied to the Great Auk of Newfoundland, which, unlike the present bearer of the name, does have a white head.

penn-ha-min [ˌpɛnha'miːn] *m.*
pin-game
[CcC: **penn** 'head' **ha min**]
{S 1; F 0(CE38): D "pednamean":}

pennhembrenkyas [ˌpɛnhɛm'brɛnkjaz] *m.* **pennhembrynkysi** general *(of army)* [cCc: ²PENN- hembrenkyas] {S 1; F 0(CE55): pennhembrynkysi I}

pennhyns [ˌpɛn'hyns] *m.* **+yow** terminus [cC: ³PENN- hyns] {S 1; F 0(EC52): +yow I}

penn-jowl [ˌpɛn'jɔʊl] *m.* **pennow-jowl** devil's head [CE: penn 'head' jowl] {S 3; F 1: L *Pedn+joll* (SCRC): pennow-jowl I}

pennjustis [pɛn'dʒy·stɪs] *m.* **+yow** chief justice [cE(F): ²PENN- justis] {S 5; F 1: M *pen iustis* (MC.119): +yow I}

penn-kales [ˌpɛn'ka·lɛz] **1.** *adj.* hard-headed, obstinate, stubborn **2.** *m.* **pennow-kales** obstinate person [CC: penn 'head' kales] {S 1; F 0(CE38): C B *penn-kaled*: pennow-kales I}

penn-kamm [ˌpɛn'kam:] *adj.* wrong-headed, wrynecked [CC: penn 'head' ¹kamm] {S 1; F 0(CE38): C B *penngamm*} The reason for lenition in B here is obscure.

penn-kangour [ˌpɛn'kangur] *m.* **pennow-kangour** centurion [CCC: from penn 'head' kans gour] {S 3; F 2: O *pencanguer* (VC.316) → P: pennow-kangour I} The OldC appears to contain the pl. **gwer** rather than the expected sg. **gour**.

penn-kansbloedh [pɛn'kanzblɤð] *m.* **pennow-k.** centenary, centennial (U.S.) [cCC: ³PENN- kans bloedh] {S 1; F 0(AnG): pennow-k. I}

pennklavjior [pɛnklav'dʒi·ɔr] *m.* **+yon** staff nurse [cCCc: ²PENN- klavjior] {S 3; F 0(AnG 1986): +yon I}

pennklavjiores [pɛnˌklavdʒi'ɔ·rɛs] *f.* **+ow** staff nurse, head nurse (U.S.) [cCCc: ²PENN- klavjiores] {S 3; F 0(AnG 1986): +ow I}

penn-klun [pɛn'kly:n] *f.* **pennow-klun** hip *(Anat.)* [cC: ³PENN- klun] {S 1; F 1: O *penclun* (VC.088) → L,P: pennow-klun I}

penn-koeg [ˌpɛn'ko:g] *adj.* empty-headed [CC: penn 'head' koeg] {S 1; F 4: M *pen cok* → P, *pen cog*} Nance's *pen-cok* represented both 'empty head' and 'cuckoo pate'.

penn-kogh [ˌpɛn'kɔ:x] *adj.* broken pate [CC: penn 'head' ²kogh] {S 1; F 1: M pl. *pennow cough* (PC.2326)}

pennkostennow [ˌpɛnkɔs'tɛn:ɔw] *pl.* key targets, primary targets, objectives [cUcc: ²PENN- kostennow] {S 8; F 0(GK98: A.S.)}

penn-kreghi [ˌpɛn'krɛ·xi] *m.* **pennow-kreghi** scabby pate [CCc: penn 'head' kreghi] {S 1; F 1: M *ben krehy* (CW.2327): pennow-kreghi N (CE38)}

pennlavar [pɛn'la·var] *m.* **+ow** epilogue [cC: ³PENN- lavar] {S 1; F 0(GM09: YhaG): +ow I}

pennlinenn [pɛn'li·nɛn] *f.* **+ow** headline, heading [cLc: ²PENN- linenn] {S 1; F 0(AnG 1985): +ow I}

pennlugarn [pɛn'ly·garn] *m.* **pennlugern** headlamp, headlight [cC: ²PENN- lugarn] {S 1; F 0(AnG 1985): pennlugern I}

penn-medhow [ˌpɛn'mɛðɔw] *m.* **pennow-medhow** drunkard [CC: penn 'head' medhow] {S 1; F 1: M pl. *pennov methov* (BM.1045): pennow-medhow M}

pennmen ['pɛnmɛn] *m.* **-meyn** cornerstone [cC: ³PENN- ¹men] {S 1; F 0(EC52): -meyn I}

pennmenyster

pennmenyster [ˌpɛnmɛˈnɪˑstɛr] *m.* **+yon**
prime minister
[cH: ²PENN- **menyster**]
{S 4; F 0(AnG 1985): **+yon** I}

penn-noeth [ˌpɛnˈnoːθ] *adj.*
bare-headed
[CC: **penn** 'head' **noeth**]
{S 1; F 1: M *pennoth* (BM.0440)}

pennobereth [pɛnɔˈbɛˑrɛθ] *f.* **+ow**
masterpiece, masterwork
[cL: ²PENN- **obereth**]
{S 1; F 0(GM09: G.M.S.): **+ow** I}

pennoelva [ˌpɛnːˈɤlva] *f.* **+ow** look-out place, observation post
[cLc: ²PENN- 2**goelva**] {S 1; F 0(CE38):
P Pedn Olva: **+ow** I} An alternative etymology is **penn oelva** 'headland of lamentation', cf. Mount Misery, near Newlyn, perhaps a look-out for overdue boats.

pennowi [pɛˈnʊi] *v.* glean
[Ccc: **pennow** -¹I]
{S 1; F 0(GM09: K.J.G.): C B *pennaouiñ*}

penn-pali [ˌpɛnˈpaˑli] *m.* **pennow-pali**
blue-tit
[CE(F): **penn** 'head' **pali**] {S 1; F 0(CE38):
D "pednpaly": **pennow-pali** I}

penn-pella [ˌpɛnˈpɛlːa] *m.*
pennow-pella
extremity, uttermost end
[CCc: **penn** 'end' **pell** -²A] {S 1; F 0(GM09:
K.J.G.): C B *penn-pellañ*: **pennow-pella** I}

penn-pil [pɛnˈpiːl] *m.* **pennow-pil**
tatty head
[CL: **penn** 'head' ³**pil**]
{S 1; F 1: M *pen pyl* (BK03.48): **pennow-pil** I}

penn-pilus [ˌpɛnˈpiˑlys] *m.*
pennow-pilus punk
[CLl: **penn** 'head' ³**pil** -US] {S 8; F 1: L *pedn pylles* (CW.2319): **pennow-pilus** I}

pennplas [ˈpɛnplats] *m.* **+ow**
headquarters, chief seat
[cE(F): ²PENN- **plas**]
{S 1; F 1: M *penplas* (BM.2268): **+ow** I}

Pennrynn

Pennpoll *place* Penpoll (GR 837422)
[CC: ³PENN- ¹**poll**]
{S 1; F 2: M *penpol* (BK16.182, 16.23)}

pennpoynt [ˈpɛnpɔɪnt] *m.* **+ow**
bullet-point
[cE(F): ²PENN- **poynt**]
{S 5; F 0(GM09: YhaG): **+ow** I}

penn-pral [ˌpɛnˈpraːl] *m.* **pennow-pral**
skull *(of animal)*
[CU: **penn** 'head' + unidentified element] {S 8;
F 3: L *Pedn pral* (AB052a) → P: **pennow-pral** I}

pennpusorn [pɛnˈpyˑsɔrn] *m.* **+ow**
principal refrain in plain chant
[cC: ²PENN- **pusorn**]
{S 8; F 1: M *pen pusorn* (RD.2353): **+ow** I}

penn-pyst [ˌpɛnˈpɪːst] 1. *m.*
pennow-pyst fool 2. *adj.* foolish, stupid
[CU: **penn** 'head' + **pyst**]
{S 8; F 2: M *pen pyst* (OM.2641, BM.2438) → P, *pen pist* (BK04.75): **pennow-pyst** I}

pennrewl [ˈpɛnrɛʊl] *f.* **+ow** principle
[cL: ²PENN- **rewl**] {S 1; F 0(EC00): **+ow** I}

pennrewler [pɛnˈrɛʊlɛr] *m.* **-oryon**
director
[cLl: ²PENN- **rewler**]
{S 1; F 1: L *pen rowler* (CW.0514): **-oryon** I}

pennriv [ˈpɛnriv] *m.* **+ow** prime number
[cC: ²PENN- **riv**] {S 1; F 0(GM09: G.M.S.): **+ow** }

penn-rudh [ˌpɛnˈryːð] 1. *adj.* red-haired
2. *m.* **pennow-rudh** red-head
[CC: **penn** 'head' **rudh**] {S 1; F 1: L *pedn-rŷdh* (AB142a): **pennow-rudh** I}

penn-rynn [pɛnˈrɪnː] *m.* **pennow-rynn**
headland *(on coast)*, promontory
[cC: ³PENN- **rynn**]
{S 1; F 0(CE38): P Penryn: **pennow-rynn** I}

Pennrynn [pɛnˈrɪnː] *place* Penryn
The name means 'promontory', or more literally, 'end of a hill'.
[cC: ³PENN- **rynn**]
{S 1; F 2: M *penryn* (OM.2589, RD.0673)}

penn-sagh

penn-sagh [ˌpɛnˈsɑːx] *m.* mumps
[CC: **penn** 'head' **sagh**]
{S 1; F 0(CE38): C B *pennsac'h*, W *pensach*:}

Pennsans [ˌpɛnˈsans] *place* Penzance
The name means 'holy head(land)'; the <z> appears in the Eng. spelling owing to "new lenition", which does not feature in **Kernewek Kemmyn**.
[CC: **penn** 'head' **sans**] {S 1; F 2: L *Pensans* (DPNBL), *Penzans* (DPNBB), *Penzanz* (CGEL)}

pennser [ˈpɛnsɛr] *m.* **+i** architect *(male)*
[cC: ²PENN- **ser**]
{S 1; F 0(GK98: A.S.): C W *pensaer*: **+i** I}

pennseres [pɛnˈsɛˑrɛs] *f.* **+ow** architect *(female)*
[cCc: **pennser** -⁴ES]
{S 1; F 0(GK98: A.S.): **+ow** I}

pennserneth [pɛnˈsɛrnɛθ] *f.* architecture *(art of)*
[cCc: **pennser** -NETH] {S 1; F 0(GK98: A.S.):}

pennsernethel [ˌpɛnsɛrˈnɛθɛl] *adj.* architectural
[cCcc: **pennserneth** -²EL]
{S 1; F 0(GK98: G.M.S.)}

pennseviges [ˌpɛnzɛˈviˑgɛs] *f.* **+ow** princess
[Cc: from **pennsevik** -⁴ES]
{S 1; F 0(CE38): **+ow** I}

pennsevigeth [ˌpɛnzɛˈviˑgɛθ] *f.* **+ow** nobility, aristocracy
[Cc: from **pennsevik** -ETH]
{S 1; F 0(CE38): C W *pendefigaeth*: **+ow** I}

pennsevigyans [ˌpɛnzɛˈviˑgjans] *m.* nobility
[Ch: from **pennsevik** -YANS]
{S 1; F 1: L *pednzhivikianz* (PV14930):}
Prob. invented by Lhuyd.

pennsevik [pɛnˈzɛˑvɪk]
m. **-igyon, -igyow** prince
[C: Brit **penno-tamikos*]
{S 1; F 4: O *pendeuig* (VC.169) → L,P: M *pensevyk*: L *pednzhivik* (CGEL) → P;

pls. *pednzivigian* (AB108c) → P; *pednzhivikio* (CGEL): C B *(pinvidik)* 'rich' (with metathesis); W *pendefig* 'nobleman': **-igyon** L; **-igyow** L}

pennseythun [pɛnˈsɛɪθyn] *f.* **+yow** weekend
[cC: ³PENN- **seythun**] {S 1; F 3: M *pen sythyn* → L,P; *pen sythen* (BM.0595): **+yow** I}

pennsita [pɛnˈsiˑta] *f.* **-sitys** capital city
[cE(F): ²PENN- **sita**] {S 5; F 0(EC52): **-sitys** I}

penn-skav [ˌpɛnˈskaːv] *adj.* scatter-brained, hare-brained
[CC: **penn** 'head' **skav**]
{S 1; F 0(CE38): C B *penn-skañv*}

pennskol [ˈpɛnskɔl] *f.* **+yow** university, institution of higher education
[cL: ²PENN- **skol**] {S 1; F 0(AnG): **+yow** I}

pennskrif [ˈpɛnskrɪf] *m.* **+ow** editorial *(article)*
[cL: ²PENN- **skrif**] {S 3; F 0(AnG 1985): **+ow** I}

pennskrifa [pɛnˈskriˑfa] *v.* edit
[cLl: ²PENN- **skrifa**] {S 3; F 0(GM09: G.M.S.)}

pennskrifer [pɛnˈskriˑfɛr] *m.* **-oryon** editor *(male)*
[cLl: ²PENN- **skrifer**]
{S 3; F 0(AnG 1986): **-oryon** I}

pennskrifores [pɛnskriˈfɔrɛs] *f.* **+ow** editor *(female)*
[cLl: ²PENN- **skrifores**]
{S 3; F 0(GM09: K.J.G.): **+ow** I}

pennsoedhva [pɛnˈsɤðva] *f.* **+ow** headquarters *(e.g. of a company)*
[cCc: ²PENN- **soedhva**]
{S 1; F 0(GK98: G.M.S.): **+ow** I}

penn-sogh [ˌpɛnˈsɔːx] **1.** *adj.* stupid, slow-witted, dim **2.** *m.*
pennow-sogh dolt, dimwit
[CC: **penn** 'head' **sogh**]
{S 1; F 0(CE38): **pennow-sogh** I}

penn-tan [ˈpɛntan] *m.* **+yow** back-log of fire
[cC: ³PENN- **tan**] {S 1; F 0(CE38): C B *penn-tan*, W *pentan*: **+yow** I}

penn-tarow [pęn'taˑrɔw] *m.*
pennow-tarow bull-head
A term of abuse. [CC: **penn** 'head' **tarow**]
{S 1; F 2: M *pen taraw* (BK06.01, 07.49), *pen tarow* (BK05.25): **pennow-tarow** I}

penntern ['pęntęrn] *m.* **+edh** chieftain
[cC: ²PENN- + **tern* (as in **myghtern**)]
{S 1; F 0(GK98: G.M.S.): **+edh** I}
Seems a suitable replacement for **chyften**.

penn-teylu [ˌpęn'tęɪly] *m.*
pennow-teylu head *(of family)*
[CC: **penn** 'head' **teylu**] {S 1; F 1: O *penteilu* (VC.214)} → L,P: **pennow-teylu** I}

pennti ['pęnti] *m.* **+ow** cottage, cot *(small house)*
[cC: ¹PENN- ⁴ti] {S 1; F 0(CE38): C B *pennti*, W *penty*: **+ow** C} Clearly a newly borrowed compound; the MidC would have been **pensy*.

penn-tir [pęn'tiːr] *m.* **pennow-tir** headland *(on coast)*, promontory, cape
[cC: ³PENN- **tir**]
{S 1; F 0(CE38): P Pentire: **pennow-tir** I}

Penntorr [ˌpęn'tɔrː] *place* Torpoint
Torpoint never had a traditional Cor. name, being a relatively new town; the form **Penntorr** has found acceptance among most Cor. speakers.
[cC: ³PENN- ²**torr**] {S 1; F 0(CE93: K.J.G.)}

Penntreth *name* Pentreath (surname)
[CC: ³PENN- **treth**] {S 1; F 1: L *pentreath* (NX)}

penntrigva [pęn'trɪgva] *f.* **+ow** headquarters
[CCc: ²PENN- **trigva**]
{S 1; F 1: M *fen tregfe* (BM.2215): **+ow** I}

pennvis ['pęnvɪs] *m.* **+yow** end of the month
[cC: ³PENN- 2**mis**] {S 1; F 3: M *pen vys* (PC.1646) → L,P; *penbys* (BK29.10): **+yow** I}

pennvlydhen [pęn'vlɪˑðęn] *f.* **-vlydhynyow** end of the year
[cC: ³PENN- 2**blydhen**] {S 1; F 2: M *pen vlythen* (RD.0072) → L,P: **-vlydhynyow** I}

penn-vyghternedh [ˌpęnvɪˑfi'tęrnęð] *m.*

Pennwydh

king of kings
[CC: Short for **penn an vyghternedh**]
{S 1; F 3: M *pen vyghterneth*:}

pennwari [pęn'waˑri] *m.* **+ow** final *(game)* [cC: ³PENN- 2**gwari**]
{S 1; F 0(AnG 1986): **+ow** I} Lenition is applied here, because it is found in Breton in such words as *pennwele* 'bolster' and *pennwern* 'end of a marsh', which have [gw] > [w] after *penn-*.

pennweli [pęn'węˑli] *m.* **+ow** head-board *(of a bed)*
[cC: ³PENN- 2**gweli**]
{S 3; F 0(CE38): C B *pennwele* 'bolster': **+ow** C} Nance suggested 'bolster' as the meaning, as in Breton, but this is better translated by **treuspluvek**.

pennweythor [pęn'węɪθɔr] *m.* **+yon** foreman
[cCc: ²PENN- 2**gweythor**] {S 1; F 0(Y2): **+yon** I}

pennweythresek [ˌpęnwęɪθ'ręˑzęk] *m.* **-ogyon** chief executive
[cCCc: ²**penn-** 2**gweythresek**]
{S 1; F 0(AnG 1997): **-ogyon** I}

pennwisk ['pęnwisk] *m.* **+ow** head-dress, headgear
[CC: **penn** 'head' 2**gwisk**]
{S 1; F 0(AnG 1985): **+ow** I}

pennwivrenn [pęn'wivręn] *f.* **+ow** terminal *(electrical)*
[cCc: ³PENN- 2**gwivrenn**]
{S 1; F 0(GM09: G.M.S.): **+ow** C}

pennwlas ['pęnwlaz] *f.* **+ow** chief country
[cC: ²PENN- 2**gwlas**]
{S 1; F 1: M *pen wlas* (RD.2530): **+ow** I}

pennwydh ['pęnwɪð] *m.* extremity
[cU: Close compound of ³PENN-]
{S 1; F 0(CE38): P Penwith}
This word was introduced by Nance to explain the pl.n. *Penwith* (reputedly stressed on first syllable), but it was rejected by Padel.

Pennwydh ['pęnwɪð] *place* Penwith
[cU:] {S 1; F 2: M {I¹penw} (BM.0783), *penweth* (BM.2217)}

penn-yar [ˌpɛnˈjaːr] *m.* **pennow-yar** harvest neck
[CC: **penn** 'head' **yar**]
{S 1; F 0(CE38): D "pedna-yar", perhaps for **penn an yar**.: **pennow-yar** I}

pennynn [ˈpɛnːɪn] *m.* **+ow** tadpole, head of buddle
[Cc: **penn** 'head' -YNN]
{S 1; F 1: L *pednan* (PV14927): D "pednans": P pl. ?Poolpanenna: **+ow** P}

penn-ys [ˌpɛnˈɪːz] *m.* **pennow-ys** ear of corn
[cC: **penn** 'head' **ys**]
{S 1; F 2: L *pedn ŷz* (AB034a), *pedn îz* (AB153a); pl. *pednou îs* (AB267): **pennow-ys** L}

pension (Eng.) *n.* [E(F): MidE < OldF (coe)]
{S 5; F 1: M *pencon* (MC.038)}

penys [ˈpɛˑnɪz] **1.** *m.* **+yow** penance, fast **2.** *v.* do penance, fast
[L: CLat *penitentia*] {S 1; F 4: M *penys* → P: L *penes* (M4WK): C B *pened*; W *penyd*: **+yow** I}

penytti [pɛˈnɪtːi] *m.* **+ow** penitentiary, hermitage
[LC: from **penys** ⁴**ti**]
{S 1; F 0(CE38): C B *peniti*: **+ow** I}

¹**per** [ˈpɛːr] *m.* **+yow** crock *(large jar)*
[C: Brit **paryo-* < CC **kʷaryo-* < IE (lp)] {S 1; F 3: O *per* (VC.891) → L,P: C B *per*; W *pair*: **+yow** I}

²**per** [ˈpɛːr] *coll.* **+enn** pears
[L: BLat *per* < CLat *pira* (lheb)]
{S 1; F 3: L *pêr* (AB133a); sg. *peran* (AB133a) → P: C B *per*: **+enn** L}

perbrenn [ˈpɛrbrɛn] *m.* **+yer** pear-tree
Genus *Pyrus* [LC: ²**per** 2**prenn**]
{S 1; F 3: O *perbren* (VC.689) → L,P: **+yer** I}

perfect (Eng.) **1.** *adj.* **2.** *adv.*
{S 6; F 2: M *perfect* (BM.0019, 0214)}

perfection (Eng.) *n.* {S 6; F 2: M *perfection* (TH02v), *perfeccion* (TH02v, 26v)}

perfectly (Eng.) *adv.*
{S 6; F 1: M *perfectly* (TH12r)}

performance (Eng.) *n.*
{S 6; F 1: M *performance* (TH52r)}

performya *v.* perform ALT= **gwrythya**.
[E(F)c: VN in -YA from MidE < AngN *perfourmer* < OldF *parfournir* (coe)]
{S 4; F 3: M *performya* (TH.)}

perfydh [ˈpɛrfɪð] *adj.* perfect, entire
[L: CLat *perfectus*]
{S 1; F 5: M *perfyth* → P, *perfyth*; *perfect* in TH.: C MidB *perfez*; cf. W *perffaith*}

perfydhder [pɛrˈfɪðdɛr] *m.* perfection
[Lc: **perfydh** -DER] {S 1; F 0(EC00):}

perghenn [ˈpɛrxɛn] *m.* **+ow** owner
[L:] {S 1; F 3: M *perhen* → L,P: L *peren* (R1JHG): C B *perc'henn*; W *perchen*: **+ow** I}
lit. 'a fool his master', i.e. one whom none but a fool would employ.

foul y berghenn worthless vagrant

perghenna [pɛrˈɦɛnːa] *v.* own, claim
[Lc: **perghenn** -¹A]
{S 1; F 0(CE38): C B *perghennañ*}

perghennegi [ˌpɛrɦɛˈnɛˑgi] *v.* claim, appropriate
[Lcc: from **perghennek** -¹I]
{S 1; F 0(CE38): C W *perchenogi* 'to own'}

perghennek [pɛrˈɦɛnːɛk] *m.* **-ogyon** owner *(male)*, possessor
[Lc: **perghenn** -¹EK]
{S 1; F 2: M *perhennek* (BM.0016), *berhennak* (BK24.46): C Not in B; W *perghennog*: **-ogyon** I}

perghennieth [ˌpɛrxɛˈniˑɛθ] *f.* **+ow** ownership
[Lc: **perghenn** -IETH]
{S 1; F 0(CE38): C B *perc'henniezh*: **+ow** I}

perghennogeth [ˌpɛrxɛˈnɔˑgɛθ] *f.* **+ow** ownership, possession
[Lc: **perghenn** -OGETH]
{S 1; F 0(CE38): C W *perchenogaeth*: **+ow** I}

perghennoges [ˌpɛrxɛˈnɔˑgɛs] *f.* **+ow** owner *(female)*, possessor
[Lc: **perghenn** -OGES]
{S 1; F 0(GM09: K.J.G.): **+ow** I}

perghennus [pɛrˈɦɛnːys] *adj.* possessive
[Ll: **perghenn** -US] {S 1; F 0(EC00)}

pergherin [pęr'fię·rin] *m.* **+yon** pilgrim
See also **pryerin**.
[L: BLat *pergerinus* < CLat *peregrinus*]
{**S** 1; **F** 3: **O** *pirgirin* (VC.336) → L,P: **C** B *pirc'hirin*; W *pererin*: **+yon** I}

pergherinses [pęrfię'rinzęz] *f.* **+ow** pilgrimage
[Ll: **pergherin** -SES] {**S** 1; **F** 0(CE38): **C** B *pirc'hirinded*; W *pererindod*: **+ow** I}

perisshya v. perish ALT = **merwel**.
[E(F)c: VN in -YA from MidE < OldF *périr* (coe)] {**S** 5; **F** 2: **M** *peryssya* (TH40r); p.ptcpl. *perisshys* (TH25r)}

perl ['pęrl] *m.* **+ys** pearl
[E(F): MidE *perle* < OldF (coe)] {**S** 4; **F** 0(CE38): **C** cf. B *perlez* 'pearls', sg. *perlezenn*: **+ys** I}

perlann ['pęrlan] *f.* **+ow** pear orchard
[LC: ²**per lann**]
{**S** 1; **F** 0(CE38): **C** W *perllan*: **+ow** I}

perpetual (Eng.) *adj.*
{**S** 6; **F** 1: **M** *perpetual* (BK14.44)}

perpetually (Eng.) *adv.*
{**S** 6; **F** 2: **M** *perpetually* (TH07r, 20r)}

persecutor (Eng.) *n.*
{**S** 6; **F** 2: **M** *persecutor* (TH47r)}

persekutya v. persecute
[E(F)c: VN in -YA from MidE < OldF *persécuter* (coe)] {**S** 5; **F** 1: **M** *persecutia* (TH22r)}

per-seth [pęr'sę:θ] *m.* **peryow-seth** two-handled pot
[CC: ¹**per** ²**seth**] {**S** 1; **F** 2: **O** *perseit* (VC.926) → P: **peryow-seth** I}

perseverance (Eng.) *n.*
{**S** 6; **F** 1: **M** *perseverens* (TH56r)}

persevya v. perceive
[E(F)c: VN in -YA from MidE < OldF *persévérer* (coe)] {**S** 5; **F** 4: **M** *percevya* (TH., SA.)}

persil ['pęrsɪl] *coll.* **+enn** parsley
[E(F): MidE *persil* < OldF *peresil* (co)]
{**S** 4; **F** 0(EC52): **C** B *perissilh*; cf. W *persli*: **+enn** I} No advertising intended !

person ['pęrsɔn] *m.* **+s** person
[E(F): MidE < OldF *persone* (coe)]
{**S** 4; **F** 4: **M** *person*; pl. *persons*: **+s** M}

personel [pęr'sɔ·nęl] *adj.* personal
[E(F)c: **person** -²EL] {**S** 4; **F** 0(GK98: G.M.S.)}

personoleth [pęrsɔ'nɔ·lęθ] *f.* **+ow** personality
[E(F)c: **person** -OLETH] {**S** 4; **F** 0(EC00): **+ow** I}

perswadya v. persuade
[E(L)c: VN in -YA from MidE < Lat *persuâdêre* (coe)] {**S** 5; **F** 2: **M** *persuadya* (TH45r, 54v)}

pertaynya v. pertain Followed by **dhe**.
[E(F)c: VN in -YA from MidE *parte(i)ne* < OldF *partenir* (coe)] {**S** 5; **F** 3: **M** *pertaynya* (TH.)}

perth ['pęrθ] *f.* **-i** thicket, brake *(vegetation)*, hedge of bushes
[C: CC] {**S** 1; **F** 0(CE38): **P** Penberth (cf. Perth in Scotland): **F** Penberthy: **C** W *perth* 'bush': **-i** PF (CE38)}

perthi ['pęrθi] *v.* bear *(endure)*, endure, tolerate, withstand
[Cc: PORTH-A -¹I] {**S** 1; **F** 5: **M** *perthy* → P: **L** *perri* (CLJK), *perthe* (TCTB)}
  perthi orth hold out against
  perthi kov remember, recall
  perthi own be afraid

perthyans ['pęrθjans] *m.* **+ow** endurance, patience, toleration, tolerance, forbearance, experience *(something experienced)*
[Ch: PORTH-A -YANS]
{**S** 1; **F** 2: **L** *perthyans* (CLJK): **+ow** I}

perthyer ['pęrθjęr] *m.* **-yoryon** patient *(male)*
[Cc: PORTH-A -YER]
{**S** 1; **F** 0(GM09: P.H.): **-yoryon** I}

perthyores [pęrθ'jɔręs] *f.* **+ow** patient *(female)*
[Cc: PORTH-A -YORES]
{**S** 1; **F** 0(GM09: YhaG): **+ow** I}

perthygel [pęr'θɪ·gęl] *m.* **-glow** particle *(elementary)*
[L: CLat *particula* (coe)]
{**S** 1; **F** 0(GM09: T.S.): **-glow** I}
Treated as if the word had been borrowed into British, through *partic'l*-; cf. **erthygel**.

perukenn

perukenn [pę'ry·kęn] *f.* **+ow** wig
[E(F)c: FN in -ENN from MidE < F *perruque* (coe)]
{S 5; F 0(GM09: A.S.): C B *perukenn*: **+ow** I}

pervedh ['pęrvęð] *m.* **+ow** interior
[L: CLat *permedius* (Loth)] {S 1; F 0(CE38): P Trebarveth: C OldB *permed*, W *perfedd*: **+ow** I} In texts, found only in **a-bervedh**.

pervedhel [pęr'vę·ðęl] *adj.* internal, interior
[Lc: **pervedh** -²EL] {S 1; F 0(GK98: G.M.S.)}

pervedhdir [‚pęrvęð'di:r] *m.* **+yow** hinterland
[LC: **pervedh** 2tir]
{S 1; F 0(GM09: K.J.G.): **+yow** I}

pervers ['pęrvęrs] *m.* **+ys** setback
[E(F): MidE < OldF *pervers* (coe)]
{S 4; F 2: M *purvers* (OM.0882) → P: **+ys** I}

perverse (Eng.) *adj.*
{S 6; F 1: M *perverse* (TH23v)}

peryll ['pę·rɪl] *m.* **+ow** danger, peril, risk, hazard
[E(F): MidE < OldF *péril* (coe)]
{S 4; F 4: M *peryl* → P, *perill*: C cf. W *perygl* < BLat *peric'lum* < CLat *perîculum*: **+ow** I}

peryllus [pę'rɪl:ys] *adj.* dangerous, perilous, risky, hazardous
[E(F)l: **peryll** -US] {S 4; F 0(EC52)}

peryllya [pę'rɪl:ja] *v.* incur risk, be endangered
[E(F)c: **peryll** -YA]
{S 4; F 1: M *peryllya* (BM.0615)}

¹pes ['pę:z] *v.* part paid
[E(F)c: from **pe** -⁶YS] {S 4; F 4: M *pes, peys*}
pes da pleased

²pes ['pę:z] *adv.* how many
Followed by sg. noun.
[C:] {S 4; F 2: M *pes* (IKAB), *peze* (PV15112): C B *pet*; MidW *pet*} The cognates and the phonology ([-z] < [-d]) show that this word is not a shortening of **py lies**.
pes termyn how long

³pes ['pę:s] *interj.* peace Call for silence.
[E(F): MidE *pes* < AngN *pes* (coe)]

peswardhek

{S 4; F 4: M *pes, peys*}

pesek ['pę·zęk] **1.** *adj.* decayed, rotten **2.** *m.* **pesogyon** rotter *(male)*
[Cc:] {S 8; F 1: L *pesach* (PV15035): D "pezzack": **pesogyon** I}

peski ['pę·ski] *v.* graze *(feed)*, fatten
[Cc: **pask**A -¹I] {S 8; F 0(CE38): P Park Pisky (unconfirmed by Padel): C W *pesgi* 'to fatten animals', cf. B *paskañ*, 'to nourish'}

peskweyth ['pęskwęɪθ] *adv.* how many times
[CC: from ³**pes** 4¹**gweyth**]
{S 2; F 3: M *pysough* (PC.0828), *peswueth* (TH24r), *pesqwythe* (CW.2503) → P}

peskweyth may whenever, as often as

peskytter adv. whenever
[Ccc: from **peskweyth dell** (Nance)] {S 8; F 2: M *peskytter* (TH03v), *pyskotter* (TH06v)}
Edwards substituted **peskweyth** in his edition of *TH*. Bonner's text read *whatsoeuer daye* in the first case, and *daylye* in the second.

pesoges [pę'zɔ·gęs] *f.* **+ow** rotter *(female)*
[Cc:] {S 8; F 0(GM09: P.H.): **+ow** I}

pesogeth [pę'zɔ·gęθ] *m.* rot, decay
[Ccc:] {S 8; F 0(GM09: G.M.S.):}

pestilence (Eng.) *n.* {S 6; F 2: M *pestilens* (TH22r), *pestilence* (TH48r)}

peswar ['pęʒwar] *num.* four *(m.)*
[C: IE *kʷetwores (M)] {S 1; F 4: M *peswar*: L *padzhar* (AB.); *pager*: C B *pevar*, W *pedwar*}

PESWAR- *prefix* quadr-

peswardhegves [‚pęʒwar'ðęgvęz] *num.* fourteenth
[CCc: from **peswardhek** -VES]
{S 1; F 2: M *xiiii* (TH46v), *xiiii-as* (TH47r)}

peswardhek [pęʒ'warðęk] *num.* fourteen
[CC: **peswar** 2deg]
{S 1; F 3: L *peswardeec* (IKAB), *pedgwarthac* (WDRS), *pazuardhak* (AB134c) → P}

peswarkorn [ˌpɛʒwar'kɔrn] *m.* **+ow**
quadrangle
[CDc: **peswar ¹korn**] {S 1; F 0(Y3): **+ow** I}

peswar-kornek [ˌpɛʒwar'kɔrnɛk] *adj.*
four-cornered, quadrangular
[CDc: **peswar kornek**] {S 1; F 0(AnG 1986)}

peswarlamm [pɛʒ'warlam] *m.* **+ow**
gallop
[CC: **peswar lamm**] {S 1; F 0(GM09: K.J.G.): **+ow** I} When galloping, a horse has all four hooves off the ground at the same time.

peswarlemmel [ˌpɛʒwar'lɛmːɛl] *v.*
gallop
[CCc: **peswar lemmel**] {S 1; F 0(GM09: K.J.G.)}

peswar-paw [ˌpɛʒwar'paw] *m.* **+es** newt, lizard, ranatra *(water-insect)*
lit. 'four paw' [cC: **peswar paw**]
{S 1; F 1: L (Lh.): D "pajerpow": **+es** I}

peswar-troesek [ˌpɛʒwar'troˑzɛk] *adj.*
four-footed
[CCc: **peswar ¹troes** -¹EK] {S 1; F 2: M *peswar trosak* (BK18.56, 24106), *peswar trosek* (TH02r)}

peswar-ugens [ˌpɛzwar'yˑgɛns] *num.*
eighty, four-score
[CC: **peswar ugens**]
{S 1; F 2: L *padzhar iganz* (AB100a), *padzhar igans* (AB105b): C B *pevar-ugent*}

peswora [pɛʒ'wɔˑra] *num.* fourth
[Cc: **peswar** -²A, by analogy with 1st 3 ord. nos.] {S 1; F 4: M *peswora*: L *padzhuera* (AB134b); *padgurra* (G1JB)}

pesya ['pɛˑʒja] *v.* last, endure, continue
[Cc: VN in -YA from a root PAS-]
{S 1; F 4: M 1st pres. ind. *bydgyaf* (CW.); 3rd sg. pres. ind. *pys, peys*: L 3rd sg. pres. ind. *beiz* (AB245c): C cf. B *padout*}

ny besyav bones gwelys I cannot endure being seen

pesyans ['pɛˑʒjans] *m.* **+ow**
continuation
[Cc: from **pesya** -ANS] {S 1; F 0(GL05): **+ow** I}

pethik ['pɛˑθɪk] *m.* **-igow** slap
[Uc: Apparently a dim. in -IK] {S 8; F 0(CE38): D "pethick": F Pethick: **-igow** I}

Petilianus (Lat.) *name* {S 6; F 1: M *Petilianus* (TH48r)} Donatist bishop of Cirta, c.400 A.D.

petition (Eng.) *n.* [E: MidE < OldF *petition* (co)] {S 6; F 1: M *petyconn* (BM.4300)}

peub ['pœːb] *pron.* all, everyone, everybody See Padel (1979).
[C: CC *kʷakʷo-s* (lp)]
{S 1; F 5: M *pup* → P; *peb* → L,P: C W *pawb*}

peub oll everyone, everybody

peul ['pœːl] *m.* **+yow** post, stake, pylon, pole, spire, pile *(post)*, prop *(rugby)*
[L: CLat *pâlus* (leb)] {S 1; F 0(CE38): P Carn Pele, according to Nance; unconfirmed by Padel.: C B *peul*; W *pawl*: **+yow** I}

peulge ['pœlgɛ] *m.* **+ow** palisade, railing
[LC: **peul** 2⁴**ke**] {S 1; F 0(EC52): **+ow** I}

peulven ['pœlvɛn] *m.* **-veyn** pillar, standing stone
[Lc: **peul** 2¹**men**] {S 1; F 0(CPNE): P ?Bospolvans: C B *peulvan*: **-veyn** I}

peuns ['pœnz] *m.* **+ow** pound *(money or weight)*
[E(E): MidE < OldE *pund* (coe)]
{S 8; F 4: M *puns*; pl. *punsow, bynsow* → P: L *penz, pens*: **+ow** M}

peur ['pœːr] *m.* **+yow** pasture
[U:] {S 1; F 0(CE38): P ?Trembear: C B *peur*; W *pawr*: **+yow** I}

p'eur⁵ ['pœːr] *adv.* when, at what time used in questions.
[CL: from ¹**py eur**] {S 2; F 3}

peurell ['pœˑrɛl] *f.* **+ow** browser *(comp.)*
[Uc: **peur** -ELL] {S 1; F 0(GM09: K.J.G.): **+ow** I}

peuri ['pœˑri] *v.* graze *(feed)*, browse *(feed)*
[Uc: **peur** -¹I]
{S 1; F 0(CE38): C B *peuriñ*; W *pori*}

peurla ['pœrla] *m.* **-leow** grazing-place
[Uc: **peur** -LA] {S 1; F 0(CE55): **-leow** I}

peurva

peurva ['pœrva] *f.* **+ow** grazing-place, pasture
[Uc: **peur** -VA] {S 1; F 0(CE38): C W dial. *parfa* 'grass': **+ow** I} Written *porva* by Nance.

peurwels ['pœrwęls] *m.* **+ow** grazing-place
[UC: **peur 2gwels**] {S 1; F 0(CE38): **+ow** I}

piano [pɪˈaˑnɔ] *m.* **+s** piano
[E(O): ModE < It *piano e forte* 'soft and loud' (co)] {S 4; F 0(Y3): **+s** N (FTWC)}

pib ['piːb] *f.* **+ow** pipe, flute
[L: CLat *pîpa*]
{S 8; F 3: O *pib* → L,P: C W *pib* 'tube': **+ow** C}
an Bib the Tube, the Underground
pibow sagh bagpipes

piba ['piˑba] *v.* pipe
[Lc: **pib** -¹A] {S 1; F 3: M *peba* (CW.2547): L *pyba* (CWK2547)}

pibell ['piˑbęl] *f.* **+ow** pipe
[Lc: **pib** -¹ELL] {S 1; F 0(CPNE):
P The best known pl.n. containing this word is *Praze an Beeble* = **Pras an bibell**.: C W *pibell*: **+ow** I (EC52)}

pibenn ['piˑbęn] *f.* **+ow** tube
[Lc: **pib** -ENN] {S 1; F 3: L *pîban* (AB163c, 167c) → P: C B *pibenn*: **+ow** I}

pibennek [pɪˈbęnːęk] *adj.* tubular
[Lcc: **pibenn** -¹EK] {S 1; F 0(EC52)}

pibenn-dhowr [ˌpiˑbęnˈðɔʊr] *f.* **pibennow-dowr** hose-pipe
[LcC: **pibenn 2dowr**]
{S 1; F 0(FTWC): **pibennow-dowr** I}

pibenn-garth [ˌpiˑbęnˈgarθ] *f.* **pibennow-karth** sewer
[LcC: **pibenn 2karth**]
{S 1; F 0(GK98: K.J.G.): **pibennow-karth** I}

pibenn-gawgh [ˌpiˑbęnˈgaʊx] *f.* **pibennow-kawgh** foul sewer
[LcC: **pibenn 2kawgh**]
{S 1; F 0(AnG 1997): **pibennow-kawgh** I}

pibenn-sygera [ˌpiˑbęnsɪˈgęˑra] *f.* **pibennow-sygera** drainpipe
[LcC: **pibenn sygera**]

pigorn

{S 1; F 0(GM09: K.J.G.): **pibennow-sygera** I}

piber ['piˑbęr] *m.* **-oryon** piper
[Ll: **pib** -¹ER]
{S 1; F 2: M pl. *pyboryon* (BM.4563): L *peeber* (WXG): P *Wheal an Peber*: **-oryon** M}

pibweyth ['pɪbwęɪθ] *m.* pipework
[LC: **pib 2²gweyth**] {S 1; F 0(GM09: G.M.S.):}

pibydh ['piˑbɪð] *m.* **+yon** piper
[Lc: **pib** -¹YDH] {S 8; F 2: O *pibhit* (VC.253) → L: C W *pibydd*: **+yon** I}

picture (Eng.) *n.* ALT = **lymnans** or **liwyans**.
[E(L): MidE < Lat *pictûra* (coe)]
{S 6; F 1: M *pycture* (TH40r)}

pies ['piˑęz] *coll.* **+enn** magpies
[U:] {S 8; F 0(CE38): P Park Pyas (Nance): C W pl. *piod*: **+enn** I (CE38)} The word has been re-spelled to agree with the W cognate.

piety (Eng.) *n.* {S 6; F 1: M *piety* (TH57r)}

pig ['piːg] *m.* **+ow** point, smart
[U:] {S 1; F 0(CE38): L *Peg* (PV14936): P ?Pyg: C Padel identified as cognates B *pig* 'pick, pickaxe' and W *pig* 'beak, spout': **+ow** I}

piga ['piˑga] *v.* prick, peck, sting
[Uc: **pig** -¹A] {S 1; F 3: L *piga* (AB132b) → P}

pigas ['piˑgaz] *m.* **+ow** prick, peck, sting
[Uc: **pig** -²AS]
{S 8; F 0(CE55): C cf. W *picas* 'pickaxe': **+ow** I}

pigell ['piˑgęl] *f.* **+ow** pick
[Uc: **pig** -¹ELL] {S 8; F 2: L *pigol* (AB086c, 142c) → P: D "piggal": C B *pigell* 'hoe'; cf. W *picell* 'lance, spear', which may not have the same root.: **+ow** I}

pigellas [pɪˈgęlːaz] *v.* use a pick
[Ucc: **pigell** -¹AS] {S 8; F 0(CE93: K.J.G.): C B *pigellat* 'to hoe'}
Nance's *pygola* has a different VN ending, and the <o> is presumably from a false application of vowel aff.

piger ['piˑgęr] *m.* **+yow** goad, stimulant
[Ul: **pig** -¹ER] {S 8; F 0(CE38): **+yow** I}

pigorn ['piˑgɔrn] *m.* **pigern** cone
[UD: from **pig 2¹korn**] {S 8; F 0(CE38): C W *pigwrn*; cf. B *pikern*: **pigern** I (K.J.G.)}
Written *pykern* by Nance.

pigornel

pigornel [pi'gɔrnẹl] *adj.* conical
 [UDc: **pigorn** -¹EL] {S 8; F 0(GM09: P.H.)}

pik ['piːk] *m.* **+ys** pike *(weapon)*
 [E(F): MidE < OldF *pique*] {S 5; F 1: C B *pik* (also meaning 'point', as **pig** above): **+ys** I} This word may really be the same as **pig**; since neither is attested, one certainly cannot treat them as a minimal pair. Nance spelled the word as *pŷk,* meaning both 'pike' and 'point'; in **Kernewek Kemmyn** the word for 'point' is spelled **pig**. In *CE55,* Nance introduced the spelling *pyk* for 'pick' (a MidE shortening of the vowel), but this is unnecessary, since 'pick' is translated by **pigell**, and other words may be used to translate 'hoe'.

pik-pik ['pikpik] *adj.* fizzy
 [E(F)E(F): **pik pik**] {S 5; F 0(GM09: YhaG): C B *pik-pik* (colloq.)}

¹pil ['piːl] *m.* **+ys** arrowhead
 [E(E): MidE < OldE *pîl* (coe)]
 {S 4; F 2: L *peyll* (CW.1558) → P: **+ys** I}

²pil ['piːl] *m.* **+yow** pile, heap, hillock, mound
 [E(F): MidE < OldF *pile* (coe)]
 {S 4; F 3: M *pyl* (BM.1621): L *pîl* (AB154b) → P: P The Peal: C cf. B *pil* 'rock': **+yow** I}

pil godhor mole-hill

³pil ['piːl] *coll.* **+enn** rags, fringe, tatter, peel, coating
 [L: BLat **pîlus* < CLat *pilus*]
 {S 1; F 1: O sg. *pillen* (VC.810) → L,P: **+enn** O}

pilar m. **+s** pillar
 ALT = **kolovenn** or **peulvan**.
 [E(F): MidE *piler* < AngN *piler* (coe)]
 {S 4; F 3: M *pyllar;* pl. *pillars*: **+s** M} /e/ > /a/ in early MidE (coe).

pilas 'piˑlas *coll.* **+enn** oats *(bald)*
 [U: poss. < OldE **pil-âte* (Padel)]
 {S 8; F 0(CE38): D "pillas": P Noon Billas: C B *pilad;* cf. W *pilcorn* 'oats': **+enn** I}

Pilat name Pilate
 [E:] {S 1; F 5: M *pylat*: **L** *Pilat*}

pildrev ['pildrẹv] *f.* **+ow** shanty *(town)*
 [LC: ³**pil** 2*trev*] {S 1; F 0(GM09: G.M.S.): **+ow** I}

pilek ['piˑlẹk] *adj.* heaped
 [E(F)c: ²**pil** -¹EK]
 {S 4; F 0(CPNE): P Poss. in pl.n. *Penpillick.*}

pilenn ['piˑlẹn] *f.* **+ow,** *coll.* **pil** fringe
 [Lc: ³**pil** -ENN] {S 1; F 2:
 O *pillen* (VC.810) → L,P: C B *pilhenn;* W *pilyn*}

pilennek [pi'lẹnːẹk] *adj.*
 fringed, ragged [Lcc: **pilenn** -¹EK]
 {S 1; F 0(CE38): C B *pilhenneg*}

pill (Eng.) *n.* ditch, manor
 {S 6; F 2: L *pil, pill* (PV15121)}

pilya ['piˑlja] *v.* peel, strip
 [Lc: ³**pil** -YA] {S 1; F 2: M p.ptcpl. *pelys* (BM.3418); 3rd sg. cond. *pylse* (BM.3828):
 L *pilez* (AB045c) → P: C W *pilio*}

pilyek ['piˑljẹk] **1.** *adj.* useless
 2. *m.* **pilyogyon** useless person, spider-crab
 [Lc: ³**pil** -YEK] {S 8; F 0(CE38): D "pilliack": **pilyogyon** I} The root may not be ³**pil**, but **pyl**, if that is a separate word.

pin ['piːn] *coll.* **+enn** pine-trees
 [L: CLat *pîn-* (Fl.)] {S 1; F 1: L *pin* (PV15125): C B *pin;* W *pîn*: **+enn** I}

pinaval [pin'aˑval] *m.* **+ow** pineapple
 [LC: **pin** *aval*] {S 1; F 0(Y3): **+ow** N (FTWC)}

pinbrenn ['pinbrẹn] *m.* **+yer** pine-tree
 Genus *Pinus* [LC: **pin** 2**prenn**]
 {S 1; F 3: O *pinbren* (VC.680) → L,P: **+yer** I}

pinta ['piːnta] *m.* **+ow** pint
 [E(F): MidE < OldF *pinte* (coe)]
 {S 4; F 0(EC52): **+ow** I}

pis m. **+ys** piece ALT = **tamm** or **darn**.
 [E(F): MidE *pece* < AngN *pece* (coe)]
 {S 4; F 3: M *pice* (CW.2284): L *piz* (AB113b) → P, *pis* (JCNBL): **+ys** I}

PIS- [E(F): MidE < OldF *pisser*]

pisa ['piˑza] *v.* urinate, piss
 [E(F)c: PIS=¹A] {S 4; F 2: L *pîza* (AB087a) → P}

pisas ['piˑzaz] *m.* urine, piss
 [E(F)c: PIS=¹AS] {S 4; F 2: L *pîzaz* (AB177c) → P:}

pistyll ['piˑstɪl] *m.* **+ow** waterfall, spout
 [C:] {S 1; F 0(CPNE): D "pistil" 'little fall or drop of water'.: P Pistil Ogo: C W *pistyll*:
 +ow I}

pistylla [pɪs'tɪl:a] *v.* spout
[Cc: **pistyll** -¹A] {S 1; F 0(EC52)}

pisva ['pi·sfa] *f.* **+ow** urinal
[E(F)c: PIS=VA] {S 4; F 0(AnG 1985): **+ow** I}

pita ['pi·ta] *m.* **pitys** pity
[E(F): MidE *pite* < OldF *pité* (coe)]
{S 5; F 4: M *pyte*: **pitys** I}
kemmeres pita orth have pity on

piteth ['pi·tęθ] *f.* compassion
[Ec: Derived from MidE *pite* under the supposition that the [-ę] represented Cor. -ETH] {S 8; F 3: M *piteth*:}

pitethus [pi'tę·θys] *adj.* compassionate, pitiful, touching
[Ecl: **piteth** -US]
{S 8; F 1: M *pytethays* (BM.1678)}

pith ['pi:θ] *adj.* greedy, avaricious, grasping, stingy, mean
[C:] {S 1; F 2: M *pyth* (RD.1958, BK29.22), *pith* (TH31v): C B *pizh*}

pithneth ['piθnęθ] *f.* greed, avarice, cupidity, stinginess, meanness
[Cc: **pith** -NETH] {S 8; F 1: M *pythneth*:}

pitsa ['pitsa] *m.* **+s** pizza
[E: ModE < It *pizza*] {S 4; F 0(EC00): **+s** I}

piw ['piw] *pron.* who
Used in questions, not as a relative pronoun.
[C: Brit < CC < IE **kʷei* (M)]
{S 1; F 5: M *pyv* (Ord., BM.), *pyw* (Ord.), *pew* (BK., TH., SA.): L *piu* (AB229c), *pew* (DSEC)}

¹**piwa** ['piʊa] *v. part* own, possess, be entitled to
[Cc: **piw** -¹A] {S 1; F 5: M 3rd sg. pres. ind. *pew* → P: L *pewi* (Borlase)}
an fleghes a biw an keun the children own the dogs, the dogs belong to the children

²**piwa** *pron.* who
[C: Extended form of **piw**]
{S 2; F 2: M *pyuha* (AB134c), *piua* (AB135a)}

piwas ['piʊaz] *m.* **+ow** reward, award, prize, trophy
[Cc: **piw** -¹AS] {S 8; F 2: M *peuas* (MC.117) → P:

L *poes* (SHJB): **+ow** I (Y2)}
ri piwas dhe reward

piwek ['piwęk] *adj.* genitive *(case)*
[Cc: **piw** -¹EK] {S 1; F 0(EC00)}

piwpynag [piʊpɪ'na:g] *pron.* whoever
[Ccc: **piw pynag**] {S 1; F 3: M *puppenag* (PC.0023) → P, *pyv penagh* (RD.2383, 2466): L *piua bennak* (AB244c) → P}

pla ['pla:] *m.* **+ow** plague, pest, pestilence, nuisance, anathema
[U: Looks like E *plague* without the [-g]]
{S 8; F 3: M *pla* → P: C W *pla*: **+ow** I}

plag ['pla:g] *m.* **+ys** plague, visitation *(of evil)*, affliction, contagion
[E(L): MidE < Lat *plâga* (coe)]
{S 4; F 3: M *plage*; pl. *plagys*: **+ys** M}

plagya ['pla·gja] *v.* plague, afflict
[E(L)c: **plag** -YA] {S 4; F 2: M *plagia* (TH53v); p.ptcpl. *plagys* (CW.1574, 1614)}

plagus ['pla·gys] *adj.* contagious
[E(L)l: **plag** -US] {S 4; F 0(EC00)}

plainly (Eng.) *adv.*
{S 6; F 4: M *playnly, pleynly* (TH.)}

plaladh ['pla·lað] *m.* **+ow** pesticide
[UCl: **pla ladh**]
{S 4; F 0(GM09: G.M.S.): **+ow** I}

planchenn ['plantʃęn] *f.* **+ow** landing
[E: dialectal Eng., treated as a noun in -ENN]
{S 5; F 0(GM09: YhaG): **+ow** I}

planet ['pla·nęt] *m.* **+ys**, **+ow** planet
[E(F): MidE < OldF *planète* (coe)]
{S 5; F 2: M pl. *planattis* (CW.2157), *planantis* (CW.1407): L *plananth* (PV15138): C cf. B *planedenn*, W *planed*: **+ys** L; **+ow** N (G.M.S.)}

plank ['plank] *m.* **plenkys**, **+ow** plank, board *(timber)*
[E(F): MidE < NorF *planke* (coe)]
{S 4; F 4: M pl. *planckes* (CW.2256, 2285): L pl. *plankys* (AB243a) → P, *plenkoz* (AB243a): **plenkys** ML; **+ow** N (G.M.S.)}

plans ['plans] *m.* **+ow** plant
[E(F): MidE < OldF *plante* (coe)]
{S 4; F 2: L *planz* (AB121b) → P:
C B *plant* 'plants', *plantenn* 'plant': **+ow** I}

plansa

If really from OldF, then it must have been borrowed before assibilation of <-nt> to <-ns>.

plansa ['planza] *v.* plant
[E(F)c: **plans** -¹A] {S 4; F 4: **M** *planse* → P}

plansor ['planzɔr] *m.* **+yon** planter
[E(F)c: **plans** -OR] {S 4; F 0(EC52): **+yon** I}

plas ['plaːts] *m.* **plasow** mansion, stately home, country seat, place place *(mansion)*, at table
[E(F): MidE < OldF (coe)] {S 4; F 5: **M** *plas, plath;* place → P: **L** *plâs* (AB111b) → P: **C B** *plas* 'place', **W** *plas* 'mansion': **plasow** I}

plasenn ['plaˑzẹn] *f.* **+ow** record *(sound-recording)*, disc, recording
[E(F)c: FN in -ENN based on B *pladenn*] {S 4; F 0(FTWC): **C B** *pladenn:* **+ow** I (FTWC)} This new word has been formed by replacing the <-d-> in Breton *pladenn* by <-s->. This is irregular, because OldC <-d-> followed by a vowel and a nasal consonant remained as <-d-> (e.g. **ledan**).

plasenn arghansek compact disc

plastek ['plaˑstẹk] **1.** *adj.* plastic **-ogow** **2.** *m.* plastic
[Ec: Cornicization of E *plastic*] {S 4; F 0(EC00): **-ogow** N (K.J.G.)}

plastekhe [ˌplastẹk'hẹː] *v.* plasticize
[Ecc: **plastek** -HE] {S 4; F 0(GM09: G.M.S.)}

plastekheans [ˌplastẹk'hẹˑans] *m.* plasticization
[Ecch: **plastekhe** -ANS] {S 4; F 0(GM09: G.M.S.):}

plaster ['plaˑstẹr] *m.* **+yow** plaster
[E(E): PLASTR-S] {S 1; F 0(CE38): **C B** *plastr,* **W** *plastr:* **+yow** I}

PLASTR- [E(E): OldE]

plastra ['plastra] *v.* plaster
[E(E)c: PLASTR-¹A] {S 1; F 0(CE38): **C B** *plastran~*}

plat ['plaːt] **1.** *adj.* flat **2.** *m.* **+yow, +ys** plate, plate metal
[E(F): MidE < OldF (coe)] {S 5; F 1: **L** *blat* (LV143.71): **+yow** N (FTWC); **+ys** I (CE38)}

523

pledyas

platas ['plaˑtaz] *m.* **+ow** plateful, helping, serving
[E(F)c: **plat** -²AS] {S 5; F 0(EC00): **+ow** I}

plat-niver [ˌplaˑt'niˑvẹr] *m.* **platyow-niver** number-plate
[E(F)L: **plat niver**] {S 5; F 0(AnG 1985): **platyow-niver** N (G.M.S.)}

platt ['plat] *adj.* flat, squat
[E(L): MidE *platte* (coe) < MedL *platta* (coe)] {S 5; F 0(CE38): **D** "plat-footed": **C** cf. B *plat*}

¹plattya ['platːja] *v.* crouch, squat, cower, flatten
[E(L)c: **platt** -YA] {S 5; F 1: **M** *plattya* (CW.1545): **D** "platty" (CE38): **C** cf. B *platad*}

²plattya *v.* plait ALT = **pletha**.
[E(F): VN from MidE < OldF *pleit* (coe)] {S 5; F 1: **M** p.ptcpl. *plattys* (TH15v)}

¹playn ['plaɪn] *adj.* plain *(obvious)*, evident
[E(F): MidE < OldF *plain* (coe)] {S 5; F 4: **M** *playn; playne* → P}

²playn ['plaɪn] *m.* **+ys** carpenter's plane
[E(F): MidE < OldF (coe)] {S 5; F 0(CE38): **+ys** I}

playnya ['plaɪnja] *v.* plane
[E(F)c: ²**playn** -YA] {S 5; F 3: **M** *playne* (CW.)} MidC *pleynnya* in TH.09 is not this verb, but means 'more plainly'.

ple[5] ['plẹː] *adv.* where
[cC: from ¹**py le**] {S 2; F 4: **M** *ple* → L,P}

PLED- [E(F): MidE *plede* < AngN *pleder* (coe)]

pledya ['plẹˑdja] *v.* plead, advocate
[E(F)c: PLED=YA] {S 5; F 0(CE38)}

pledades [plẹd'jaˑdẹs] *f.* **+ow** advocate *(female)* [E(F)c: PLED=YADES] {S 5; F 0(GM09: YhaG): **+ow** I}

pledyans ['plẹˑdjans] *m.* **+ow** plea
[E(F)c: PLED=YANS] {S 5; F 0(GM09: G.M.S.): **+ow** I}

pledyas ['plẹˑdjaz] *m.* **-ysi** advocate *(male)* [E(F)c: PLED=³YAS] {S 5; F 0(GM09: YhaG): **-ysi** I}

pledyer

pledyer ['plę·djęr] *m.* **-oryon** pleader *(male)*, defendant
[E(F)h: ¹PLED=YER] {S 5; F 0(CE38): -oryon I}

pledyores [plęd'jɔ·ręs] *f.* **+ow** pleader *(female)*, defendant
[E(F)h: ¹PLED=YORES]
{S 5; F 0(GM09: YhaG.): +ow I}

pleg ['plę:g] *m.* **+ow** bend, fold *(bend)*, crease
[L: CLat *plicâre*] {S 3; F 3: M *plek* → P: +ow I}
One might have expected **plyk* in MidC; see **plegya**.

plegadow [plę'ga·dɔw] **1.** *adj.* pleasing, inclined **2.** *m.* inclination
[Lc: **pleg** -ADOW] {S 3; F 4: M *plegadow*, *plygadow* → P: L *plegadowe* (GCWG):}

plegell ['plę·gęl] *f.* **+ow** folder
[Lc: **pleg** -²ELL]
{S 3; F 0(Y2): C W *plygell*: +ow I}

plegenn ['plę·gęn] *f.* **+ow** pleat
[Lc: **pleg** -ENN] {S 3; F 0(EC00): +ow I}

plegenna [plę'gęn:a] *v.* pleat
[Lc: **plegenn** -¹A] {S 3; F 0(EC00)}

pleg-mor [ˌplę·g'mɔ:r] *m.* **plegow-mor** bay *(coastal indentation)*, bight *(of sea)*
[LC: **pleg mor**]
{S 3; F 0(CE38): C B *pleg mor*: **plegow-mor** I}

plegya ['plę·gja] *v.* bend, fold, crease
Two verbs have apparently fallen together here: 'to bend' < CLat *plicare* and 'to please' < CLat *placere*. There is a slight semantic overlap, in so far as one bends over (kow-tows) in order to please. All of the exx. in MidC mean 'to please'; Rowe's extraordinary *blonk*, apparently for **ow plegya**, translating 'pleasant' (Gen.3:6). The other exx. in LateC are in translations of the 2nd commandment, and mean 'to bow down', i.e. 'to bend'. Of these, Rowe's *pledgie* and perhaps the others appear to have <g> = [dʒ] rather than <g> = [g], perhaps occasioned by confusion with another verb, **plesya** 'to please'. [Lc: **pleg** -YA]
{S 3; F 5: M *plegye*: L *plegya* (AB068c), *pleghie* (TCJB): C cf. B *plegañ*, W *plygu*}

mar pleg please

²**plenta**

plegya dhe be pleasing to
plegya gans be pleasing to
plegya yn dor bow down

plegyans ['plę·gjans] *m.* **+ow** tendency, bent, inclination
[Lh: **pleg** -YANS] {S 3; F 0(CE38): +ow I}

ple'ma ['plę·ma] *phrase* where is
[CCC: from ¹**py le yma**]
{S 2; F 4: M *ple ma, plema*}

plemmik ['plęm:ɪk] *m.* **plemmigow** plummet, plumb-bob
[Lc: **plomm**A -IK]
{S 1; F 1: M *plemyk* (BM.3314): **plemmigow** I}

ple'mons [plę'mɔ:ns] *phrase* where they are
[CCC: from ¹**py le ymons**]
{S 2; F 2: M *ple mons* (PC.2579) → P}

plen ['plę:n] **1.** *adj.* plain **2.** *m.* **+ys** plain, town square
[E(F): MidE < OldF *plain* (coe)]
{S 4; F 3: M *plen* → P: P Plain an Gwarry: C B *plaen*; W *plaen*: +ys I}

plen an gwari playing-place, open-air theatre

plen an varghas market-place

y'n plen in the round

plengan ['plęngan] *f.* **+ow** plain-song
[E(F)C: **plen** 2kan] {S 4; F 0(EC00): +ow I}

plenkynn ['plęnkɪn] *f.* **+ow** board *(timber)*
[E(F)c: **plank**A -YNN]
{S 4; F 3: M *plynken* (PC.2517), *plyenkyn* (CW.2286); pl. *plynkennow* (OM.2475) → P: L *plankan* (AB033c, 160b): +ow L}
The spellings *plynken* and *plynkennow* represent a metathesis of **plenkynn*. *plyenkyn* is closer to **plenkynn**.

¹***plenta*** *f.* plenty ALT = **pals** or **plenteth**.
[E(F): MidE *plente* < *plenteth* < OldF *plentet* (coe)] {S 5; F 3: M *plenta, plenty*:}

²**plenta** ['plęnta] *m.* **plentys** plaint
[E(F): MidE *pleinte* < OldF *plainte* (coe)]
{S 5; F 0(CE38): **plentys** I}

plenteth ['plɛntɛθ] *f.* plenty
[E(F): MidE *plenteth* < OldF *plentet* (coe)]
{S 4; F 1: M *plenteth* (BK15.28):}

plentethus [plɛn'tɛ·θys] *adj.* bountiful
[E(F)l: **plenteth** -US]
{S 4; F 1: M *plentethus* (BK21.35)}

plentya ['plɛntja] *v.* complain
[E(F)c: VN in -YA from MidE *pleinte* < OldF *plainte* (coe)] {S 5; F 1: M *plentye*}

plentyades [plɛnt'ja·dɛs] *f.* **+ow** plaintiff *(female)*
[E(F)c: from ²**plenta** -YADES]
{S 5; F 0(GK98: K.J.G.): **+ow** I}

plentyas ['plɛntjaz] *m.* **-ysi** plaintiff *(male)* [E(F)c: from ²**plenta** -³YAS]
{S 5; F 0(GK98: G.M.S.): **-ysi** I}

plepynag [ˌplɛpɪ'na:g] *conj.* wherever
[cCcc: **ple pynag**] {S 2; F 0(EC52)}

plesont adj. pleasant ALT = **hegar**.
[E(F): MidE < OldF *plaisant* (coe)]
{S 5; F 2: M *pleysant* (TH02r), *pleasant* (TH03v)}

plesour ['plɛ·sur] *m.* **+s** pleasure
[E(F): MidE *plesir* < OldF *plesir* (coe)]
{S 4; F 3: M *pleasure*; pl. *plesurs* (TH24r): **+s** M}

plestrynn ['plɛ·strɪn] *m.* **+ow** plaster *(small)*, band-aid (U.S.)
[E(F)c: PLASTR-A -YNN] {S 4; F 0(GK98): **+ow** I}

plesya ['plɛ·zja] *v.* please
[E(F)c: VN in -YA from MidE *plese* < OldF *plaisir* (coe)]
{S 4; F 4: M *plesya* → L,P: C W *plesio*, from same source; cf. B *plijout*, direct from OldF.}

pleth ['plɛ:θ] *f.* **+ow** plait *(of hair)*, ridge *(of corn-mow)*, pigtail
[L: BLat **pletta* (hpb)]
{S 1; F 2: M *pleth* (RD.0854): L *plêth* (AB245a) → P: D "plaith": C B *plezh*; W *pleth*: **+ow** I}

ple'th ['plɛ:θ] *phrase* where
[cCc: from **ple yth**] {S 2; F 3: M *pleth* → P}

pletha ['plɛ·θa] *v.* plait, braid, wattle, twine
[Lc: **pleth** -¹A] {S 1; F 0(CE38): C B *plezhañ*, W *plethu*} Nance also gave *plethy* and *plethya*.

plethenn ['plɛ·θɛn] *f.* **+ow** plait *(of hair)*, braid, reel *(dance)*
[Lc: **pleth** -ENN]
{S 1; F 0(CE38): D "plethan": **+ow** I}
N.B. name of dance **Plethenn Lulynn** 'Newlyn (Fishermen's) Reel'

plethenn onyon string of onions

plether ['plɛ·θɛr] *m.* **-oryon** braider *(male)*, plaiter
[Ll: **pleth** -¹ER]
{S 1; F 0(CE55): C Not in B nor in W: **-oryon** I}

plethores [plɛ'θɔ·rɛs] *f.* **+ow** braider *(female)* [Cc: **pleth** -ORES]
{S 1; F 0(CE55): C Not in B nor in W: **+ow** I}

plethweyth ['plɛθwɛɪθ] *m.* plaited work
[LC: **pleth** 2²**gweyth**]
{S 1; F 0(CE55): C Not in B nor in W:}

plethys ['plɛ·θɪs] *adj.* plaited
P.ptcpl. of **pletha**.
[Lc: **pleth** -⁶YS] {S 1; F 0(GM09: K.J.G.)}

pliant adj. pliant ALT = **heblyth**.
[E: MidE *pliant*] {S 5; F 1: M *blyant* (BK28.59)}

plisk ['pli:sk] *coll.* **+enn** husks, pods
[U:] {S 8; F 1: L *plysg* (AB132c) → P; sg. *pliskin* (AB163a) → P: C B *plusk*; W *plisg*:
D sg. "pliscan": **+enn** L}
The /y/ in the B may be the orig. vowel, which became unrounded in W and C.

pliskenna [plis'kɛn:a] *v.* shell, husk
[Ucc: **pliskenn** -¹A] {S 8; F 0(CE55)}

plit ['pli:t] *m.* **+ys** plight, predicament, condition
[E(E): MidE < OldE *pliht* (coe) (cf. G *Pflicht*)]
{S 5; F 3: M *plyt*, *pleyt*, *plet*: **+ys** I}

plomm ['plɔm:] *m.* lead *(metal)*
[L: CLat *plumbum* (M)] {S 1; F 3: L *plobm* (AB.) → P: C B *plom* < F *plomb*; W *plwm*:}

plommer ['plɔm:ɛr] *m.* **-oryon** plumber
[Ll: **plomm** -¹ER]
{S 1; F 0(GM09: K.J.G.): **-oryon** I}

plommgoedha [plɔm'go·ða] *v.* plummet
[LCc: **plomm** 2**koedha**]
{S 1; F 0(GM09: YhaG)}

plommsten ['plɔmstɛn] *m.* pewter
[LL: PLOMM STEN] {S 1; F 0(EC00):}

plommwedhek [plɔm'wɛ·ðɛk] *adj.* vertical
[LCc: **plomm** ¹WEDH=EK] {S 1; F 0(GK98: K.J.G.)} Loosely 'going in the direction of lead'.

PLONT- [E(E): MidE < OldE *plantian* (coe), with change of vowel]

plontya ['plɔntja] *v.* disseminate, propagate
[E(E)c: PLONT=YA]
{S 5; F 1: M *plontye* (RD.1355)}

plontyans ['plɔntjans] *m.* propaganda
[E(E)c: PLONT=YANS] {S 5; F 0(CE38):}

plos ['plɔːz] 1. *adj.* dirty, filthy, foul 2. *m.* **+yon** foul person, foulness, defilement
[cE(F): Poss. from **pur** ²**los** 'very dirty' (K.J.G.)]
{S 8; F 5: M *plos* → L,P; *bleysyon* (BK09.98), *plussyon* (RD.1497): P Tol Plous: **+yon** M}

plos y daves foul-mouthed

plosedhes [plɔ'zɛ·ðɛz] *m.* foulness, filth, rubbish
[cE(F)c: **plos** -EDHES]
{S 8; F 1: M *plosethes* (BM.3527):}

plosegi [plɔ'zɛ·gi] *v.* get dirty
[cE(F)cc: from **plosek** -¹I]
{S 8; F 1: M *progy* (BK06.33)} Nance introduced this word in CE38, and here MidC *progy* is identified with it.

plosek ['plɔ·sɛk] 1. *adj.* dirty 2. *m.* **plosogyon** filthy fellow
[cE(F)c: **plos** -¹EK] {S 8; F 3: M *plosek* (PC.0451, RD.1847, BM.3255) → P: **plosogyon** I}

ploswas ['plɔ·swas] *m.* **ploswesyon** filthy fellow, foul person
[cE(F)C: **plos** 2gwas] {S 8; F 2: M *plos was* (PC.2846) → P: **ploswesyon** I}

plottya v. plot   ALT = **brasya**.
[E(F)c: VN in -YA from MidE *plotte* (co) < OldE *plot* (coe)] {S 5; F 1: L *plodia* (KKTT10)}

PLOUM- [E(E): MidE < OldE *plûme* (coe)]

ploumbrenn ['plumbrɛn] *m.* **+yer** plum-tree
[E(E)C: PLOUM- 2prenn]
{S 5; F 3: O *plumbren* (VC.690) → L,P: **+yer** I}

ploumenn ['pluˑmɛn] *f.* **+ow** plum
[E(E)c: PLOUM=ENN]
{S 5; F 3: L *pluman* (AB131a, 131b) → P, *plymon* (AB110b) → P: **+ow** I}

ploumenn sygh prune

ploumsugen [plum'syˑgɛn] *m.* **+es** three-bearded rockling
[E(E)C: PLOUM- **sugen** (Nance)]
{S 5; F 0(CE38): D "plumzuggan": **+es** I}

ploumsugesenn [,plumsy'gɛˑzɛn] *f.* **+ow** three-bearded rockling
[E(E)Cc: The difference between this and **ploumsugen** is not clear; -ESENN may represent the sg. of a pl., cf. **logosenn**.]
{S 5; F 1: L *Planozhagezan* (LV116.17): **+ow** I}

plowghya ['plɔʊxja] *v.* make a great splash
[Ec: VN in -YA from MidE] {S 4; F 0(CE55)}

plu Now spelled **pluw.**

plural (Eng.) *adj.* ALT = **liesplek**.
{S 6; F 1: M *plurel* (TH08v)}

plurality (Eng.) *n.*
{S 6; F 1: M *pluralite* (TH01v)}

plustrenn ['plyˑstrɛn] *f.* **+ow** mole *(on skin)*
[Uc: Word in -ENN with obscure root.]
{S 8; F 0(CE38): C B *plustrenn:* **+ow** I}

pluv ['plyːv] *coll.* **+enn** plumage, feathers
[L: CLat *plûma* (M)]
{S 1; F 3: M *pluf* (BK25.35): L *plîv* → P; sg. *blyven* (AB244c): C B *pluñv*, W *pluf*: **+enn** L}

pluva ['plyˑva] *v.* grow feathers
[Lc: **pluv** -¹A] {S 1; F 0(CE55): C B *pluañ*, W *pluo*} Nance gave *pluvya* in CE38.

pluvek ['plyˑvɛk] *f.* **pluvogow** cushion, pillow
[Lc: **pluv** -¹EK] {S 1; F 3: O *plufoc* (VC.804) → L,P: C B *plueg;* W *plufog:* **pluvogow** I (FTWC)}

pluvenn ['plyˑvẹn] *f.* **+ow,** *coll.* **pluv** pen, feather, quill, plume
[Lc: **pluv** -ENN] {S 1; F 3: O *pluuen* (VC.361) → L,P: M *pluven* (BM.0071):
C B *pluenn;* W *pluen* (N.), *plufyn* (S.)}

pluvenn blomm pencil

pluvennek [ply'vẹnːẹk] *adj.* feathered
[Lcc: **pluvenn** -¹EK] {S 1; F 0(GM09: G.M.S.)}

pluvynn ['plyˑvɪn] *f.* **+ow** little feather
[Lc: **pluv** -YNN]
{S 1; F 0(CE38): D "pleven": **+ow** I}

pluw ['plyw] *f.* **+ow** parish
[L: CLat *plêbem*] {S 2; F 4: O *plui* (VC.106): M *plu*: L *plêụ* (AB113b) → P, *pleaw*: P Pelynt: C W *plwyf;* B *Plou-* in pl.ns.: **+ow** I} This word was spelled *plu* by Nance and in *CE93;* and *plyw* in *GK98.* Keith Bailey showed that it is one of a few words with /yw/, spelled <uw>.

pluwek ['plywẹk] **1.** *adj.* parochial **2.** *m.* **pluwogyon** parishioner *(male)*
[Lc: **pluw** -¹EK]
{S 2; F 0(CE38): C W *plywfog*: **pluwogyon** I}

pluwoges [ply'woˑgẹs] *f.* **+ow** parishioner *(female)*
[Lc: **pluw** -OGES]
{S 2; F 0(GM09: YhaG): **+ow** I}

plynch ['plɪntʃ] *m.* **+ys** flinch
[E(F): Back-formation from **plynchya**]
{S 5; F 2: M *plynch* (PC.1004) → P: **+ys** I}

war unn plynch in a twinkling

plynchya ['plɪntʃja] *v.* flinch, wince
[E(F)c: VN in -YA from MidE < OldF *flenchir* (coe), but influenced by MidE *blench* < OldE *blencan*] {S 5; F 1: M *plynchye* (MC.130)}

plyw Now spelled **pluw**.

¹**po** [pɔ] *conj.* or
[c: Unstressed form of ²**py** or provected form of 3 sg. pres. subj. of ¹**bos**]
{S 2; F 6: M *po, bo*: L *po*}
Other forms are *py* (the primary development, confusable with **py** 'which') and *bo* (permanent lenition, confusable with **bo** 'may be').

po ..... po either ..... or

²**po** *phrase* when there may be
[CC: Shortening of **pan vo**]
{S 2; F 3: L *po* (JCNB12, AB.) → P}

POB- [C: Brit *popima* (iyk) < CC *kʷekʷ-* < IE *pekʷ-* 'cook' (Gr.)]

pobas ['pɔˑbaz] *v.* bake
[Cc: ¹POB=AS]
{S 1; F 4: M *pobaz* (AB.) → P: L *peba* (AB017a)}

pobel ['pɔˑbẹl] *f.* **poblow** people, folk
[L: POBL-S] {S 1; F 6: O *popel* (VC.181), *pobel* (VC.184): M *pobel, pobell, bobyll*: L *poble*: C B *pobl;* W *pobl*: **poblow** I}

pobel-chi *m.* poblow-chi staff *(people)*
ALT = **meyni**. [LC: **pobel chi**] {S 1; F 1: L *pobel-choy* (NGNB4): **poblow-chi** I}

POBL- [L: BLat *pop'lus* < CLat *populus* (M)]

pobla ['pɔbla] *v.* populate, people
[Lc: POBL=¹A]
{S 1; F 0(CE38): C B *poblañ;* cf. W *pobli*}

poblans ['pɔblans] *m.* **+ow** population
[Lh: POBL=ANS]
{S 1; F 0(AnG 1986): C B *poblañs*: **+ow** I}

poblek ['pɔblẹk] *adj.* public
[Lc: ¹POBL=EK] {S 1; F 0(CE38): C B *poblek,* W *poblog*} Nance suggested 'populous' as the meaning, but **poblus** is now used for this.

poblogeth [pɔ'blɔˑgẹθ] *m.* **+ow** republic
[Lcc: from **poblek** -ETH]
{S 1; F 0(EC00): **+ow** I}

poblogethek [pɔblɔ'gẹˑθẹk] *adj.* republican
[Lcc: **poblogeth** -¹EK] {S 1; F 0(EC00)}

poblus ['pɔblys] *adj.* populous
[Ll: POBL=US] {S 1; F 0(CE93: G.M.S.)}

pochya ['pɔˑtʃja] *v.* trample wet soil
[Ec: VN in -YA from dial. Eng.]
{S 5; F 0(CE93: B.C.): D "poach"}

pod *m.* pot
[F: OldF *pot*] {S 5; F 1: M *poyt* (BM.3225)}
E *pot* comes from OldE *pott*, with a short vowel, yet the one example in MidC is spelled *poyt*, suggesting a long vowel, and rhyming with *groyt* 'groat'. It is spelled here with <-d>, which although alien to the MidC sound system, fits with Lhuyd's *podik*, and incidentally with the Breton

poder

Combellack suggested that *poyt* was meant to be *poynt*, but this is unlikely, because it rhymes with *groyt* 'groat'.

poder ['pɔ·dęr] **1.** *adj.* rotten, decayed, corrupt **2.** *m.* rot, decay
[L: PODR-S] {S 1; F 2: L *poder* (BM.3085): P *?Porpoder Field*: C W *pwdr*:}

podh ['pɔːð] *m.* sheep-rot
[C:] {S 3; F 1: M *poth* (BM.3066): C cf. B *peud*; W *pwd*:} Found as *poth* in MidC; the <-d> in the cognates suggests that <th> means /ð/, but the phonetic development of this word is irregular.

podik ['pɔ·dɪk] *m.* **-igow** jug
[Fc: **pod** -IK]
{S 5; F 0(CE38): D "paddick": **-igow** I}

podik oyl oil can

podik-musura [,pɔ·dɪkmy'sy·ra] *m.* **-igow-musura** measuring jug
[FcLc: **podik musura**]
{S 5; F 0(AnG 1985): **-igow-musura** I}

podin ['pɔ·dɪn] *m.* **+s** pudding
[E: MidE *poding*; cf. OldF *bodin* (co)]
{S 4; F 0(EC52): **+s** I}
Nance wrote *pudyn*, but <o> seems better.

podin bara bread pudding
podin Nadelik Christmas pudding
PODR- [L: CLat *putrid*-]

podradow [pɔ'dra·dɔw] *adj.* perishable
[Lc: PODR=ADOW] {S 1; F 0(Y2)}

podredha *v.* bruise
{S 8; F 1: L *bodrethe* (PV.7602)}
Pryce (or Tonkin) evidently thought that *podredhes* meant 'bruised' (it means 'rot'), and devised *podredhe* as a verb.

podredhek [pɔ'drę·ðęk] *adj.* corrupt, festering
[Lc: PODR=EDHEK]
{S 8; F 2: M *podrethek* (BM.0541, 3061, 4205)}

podredhes [pɔ'drę·ðęz] *m.* **+ow** corruption, putridity, festering sore
[Lc: PODR=EDHES]
{S 8; F 2: M *bodrethes* (OM.2714) → P: **+ow** I}

podrek ['pɔdręk] **1.** *adj.* corrupt, decayed, full of sores, depraved, putrid
2. *m.* **podrogyon** depraved person
[Lc: ¹PODR=EK] {S 1; F 3: M *podrek* (BM.3048): L *poddrack* (DPNB) → P: **podrogyon** I}

podrogeth [pɔ'drɔ·gęθ] *f.* depravity
[Lcc: PODR=OGETH] {S 8; F 0(GM09: YhaG):}

podrynn ['pɔdrɪn] *m.* **+ow** rotter
[Lc: PODR=YNN]
{S 1; F 2: M *poddren* (BM.2290), *podren* (BM.3323): C W *pwdryn* 'lazy person': **+ow** I}

poell ['pʏlː] *m.* **+ow** intelligence, reason
[C: CC *kʷeis-l-* (M) < IE *kʷeis-* (gpc)]
{S 1; F 0(CE38): C MidB *poell*, W *pwyll*: **+ow** I}
Recorded in Cor. only in compounds, e.g. **kampoella**.

poellek ['pʏlːęk] *adj.* intelligent
[Cc: **poell** -¹EK] {S 1; F 0(GL05)}

poen ['poːn] *m.* **+ow** pain *(of spirit)*
[L: CLat *poena* (lp)] {S 1; F 4: M pl. *ponow* → P: L *poan* (AB055b) → P: C B *poan*: **+ow** M}
One might expect a pl. with -YOW, but the pl. found in MidC is *ponow*; cf. W *poenau*. The sg. is not found in MidC; it was apparently replaced by **payn**. Lhuyd's *poan* looks as if he mistook the Breton word for Cornish.

poenvos ['pʏnvɔz] *m.* **+ow** trouble, vexation, misery
[Lc: **poen** 2¹**bos**]
{S 1; F 4: M *ponfos* → P, *ponfos* → P: **+ow** I}

poenvosek [pʏn'vɔ·zęk] *adj.* troubled, vexed, miserable
[Lcc: **poenvos** -¹EK] {S 1; F 2: M *ponfosyk* (RD.1256) → P, *ponvogyk* (BK.)}

poenvotter [pʏn'vɔtːęr] *m.* state of trouble, state of misery, wretchedness
[Lcc: from **poenvos** -TER]
{S 1; F 4: M *ponvotter* → P:}

poenya ['po·nja] *v.* run
[Lc: **poen** -YA] {S 1; F 4: M *ponye*: L *pųnnia* → P; 3rd sg. pret. *poonias* (KKTT): C B *poaniañ*}

poes

poes ['poːz] 1. *adj.* heavy, important, close, sultry, onerous, ponderous 2. *m.* **+ow** weight, pressure, stage weight
[L: BLat *pêsum* < CLat *pênsum* (M)]
{S 1; F 4: M *poys* → P, *pos* → P: L *pûz* (AB003b), *pouz* (KWJB): C B *pouez*; W *pwys*: **+ow** I}

poesa ['poˑsa] *v.* lean, weigh
[Lc: **poes** -¹A] {S 1; F 3: M *pose* (MC.206); 3rd sg. cond. *posse* (MC.205) → P: L *puza* (AB127c) → P: C B *pouezañ*; W *pwyso*}
poesa war-rag lean forwards
poesa war accentuate

poesedh ['poˑsęð] *m.* **+ow** weight *(quantity in physics)*
[Lc: **poes** -¹EDH] {S 1; F 0(GK98: K.J.G.): **+ow** I}

poesedhek [pɤˈzęˑðęk] *adj.* positive cf. **negedhek** 'negative'.
[Lcc: **poesedh** -¹EK] {S 1; F 0(GK98: K.J.G.)}

poesedhogeth [pɤsęˈðɔˑgęθ] *f.* positivity
[Lccc: **poesedh** -OGETH]
{S 1; F 0(GM09: YhaG):}

poesek ['poˑsęk] *adj.* important, weighty, outstanding
[Lc: **poes** -¹EK] {S 1; F 0(GK98: G.M.S.)}

poesekter [pɤˈzęktęr] *m.* importance, weightiness
[Lc: **poesek** -TER] {S 1; F 0(GM09: G.M.S.):}

poesigys *adj.* torrid
{S 8; F 2: L *Poesygys* (AB288a) → P}
Apparently coined by Lhuyd from MidC *posygyon* without understanding its meaning.

poeslev ['poˑslęv] *m.* **+ow** accent, emphasis, stress *(emphasis)*
[LC: **poes lev**] {S 1; F 0(EC52):
C cf. B *pouezmouezh*, W *pwyslais*: **+ow** I}
gans poeslev emphatic

poesleva [pɤsˈlęˑva] *v.* accentuate, emphasize, stress
[LCc: **poeslev** -¹A] {S 1; F 0(GK98: G.M.S.)}

poester ['poˑstęr] *m.* heaviness, pressure on one's head before a thunderstorm breaks
[Lc: **poes** -TER] {S 1; F 2: L *pysder* (AB240b), *poezder* (PV15232): D "poster" 'thundercloud':}

poesven ['pɤsfęn] *m.* tungsten
[LC: **poes** 2¹**men**}] {S 1; F 0(EC00):}

poesyjyon [pɤˈzɪˑdʒjɔn] *m.* oppression, drowsiness, heaviness
[Lc: **poes** -YJYON] {S 8; F 2: M *posygyon* (OM.0526), *possygyon* (OM.1906) → P:}

poeth ['poːθ] *adj.* scorching, extremely hot
[C: Brit **poxtos* (iyk) < IE **pequto*- (hpb)]
{S 1; F 0(CE38): P Brimboyte = **bronn boeth**.: C B *poazh*; W *poeth*}
Found only in the word **poethvann**

poetha ['poˑθa] *v.* heat
[Cc: **poeth** -¹A] {S 1; F 0(CE38):
C B *poazhañ* 'to cook'; cf. W *poethi*}

poethhe [pɤθˈhęː] *v.* heat
[Cc: **poeth** -HE] {S 1; F 0(CE38)}

poethter ['pɤθtęr] *m.* heat
[Cc: **poeth** -TER] {S 1; F 0(CE38):}

poethvann ['poˑθvan] *m.* extreme heat, scorching heat
[Cc: **poeth** -VANN]
{S 1; F 3: M *pocvan* → P, *potvan* (RD.2343):}
pocvan looks like a misreading

pojer ['pɔˑdʒęr] *m.* **+yow** small bowl
[E(F): Shortened form of MidE *poteger* < OldF *potager* (coe)] {S 5; F 2: L *podzher* (AB046c) → P: D "podger": **+yow** N}

pok ['pɔːk] *m.* **+yow** poke, prod
[E(G): MidE < LowG *poken* (coe)]
{S 5; F 0(CE38): D "pock" with a shortened vowel.: **+yow** I}

poken [pɔˈkęːn] *conj.* or else, otherwise
[cC: **po** ¹**ken**]
{S 2; F 4: M *po ken* → L,P, *bo ken* → L,P}

poket ['pɔˑkęt] *m.* **+ow** pocket
[E(F): MidE *poket* < AngN *poket* (co)] {S 5; F 2: L *Phokkat* (JCNBL35) → P: C W *poced*: **+ow** N}

¹pokk

¹pokk ['pɔk] *m.* **pokkys** pockmark
[E(E): MidE *pock* (pl. *pocks, pox*) < OldE *pocc-* (coe)] {S 5; F 3: L pl. *pokkys* (AB082a, 169c) → P: **pokkys** L} Nance's sg. *pocca* appears to be incorrect.

pokkys munys smallpox
pokkys frynk venereal disease

²pokk ['pɔk] *m.* **+ow** kiss
[L: explained by Graves as a loan from OldI *poc* [pog] < BLat *pâcem*, pron. as spelled.] {S 8; F 3: **O** *poc* (VC.153) → P, *pocc* (VC.154) → L: C B *pok*, MidW *poc*: **+ow** I}

pokya ['pɔˑkja] *v.* poke, prod, thrust
[E(G)c: VN in -YA from MidE (coe)] {S 8; F 2: L *pokkia* (AB167b) → P}

polat ['pɔˑlat] *m.* **+ys** fellow, bloke, guy (U.S.) [E(F): MidE < AngF *poulot* (ModE *pullet* 'small hen')] {S 5; F 3: **M** *polat* (CW.0141); pl. *polatis* (CW.2355): L *follat* (JCNBL26) → P: **+ys** M} The <a> may represent an earlier <o>.

polisi ['pɔlisi] *m.* **+s** policy
[E(F): MidE < OldF *policie* (coe)] {S 5; F 0(EC00): **+s** I}

politeger [ˌpɔlɪˈtɛˑgɛr] *m.* **-oryon** politician *(male)* [E(F)l: from **politek** -¹ER] {S 5; F 0(AnG 1998): **-oryon** I}

politegieth [pɔlˌɪtɛˈgiˑɛθ] *f.* politics
[E(F)c: from **politek** -IETH] {S 5; F 0(GK98: A.S.):}

politegores [pɔlɪtɛˈgɔˑrɛs] *f.* **+ow** politician *(female)*
[E(F)l: from **politek** -ORES] {S 5; F 0(GM09: K.J.G.): **+ow** I}

politek [pɔˈliˑtɛk] *adj.* political
[E(F): MidE < OldF *politique* (coe)] {S 5; F 2: **M** *polytyk* (TH29r, 41v): C cf. B *politikel*, W *politicaidd*}

¹poll ['pɔl:] *m.* **+ow** pool, pond, pit, anchorage
[C: IE (Gr.)] {S 1; F 4: **O** *pol* (VC.741): M *pol, poll*; pl. *pollov* (BM.4190): L *pol* (AB.), *pul* (AB043c) → P, *pul* (LVWG): **P** Numerous places with Pol-: C B *poull*; W *pwll*: **+ow** M}

poll glow coal-pit, coal-mine
poll goedh goosepond
poll glow colliery
poll greun dammed-up pond
poll growynn gravel-pit
poll heyji duckpond
poll hoelan salt pond
poll hyli brine-pit
poll kroenek toadpool
poll margh horsepond
poll melin millpond
poll neuvya swimming pool
poll owr gold-mine
poll pennynnow tadpole pond
poll pri claypit
poll pri gwynn china-clay pit
poll sten tin-pit
poll stronk dirty pool
poll tewes sand-pit
poll troyllya whirlpool

²poll ['pɔl:] *m.* **+ow** head, poll *(head)*
[E(U): MidE (coe)] {S 4; F 4: **M** *pol* → P: **+ow** I}

pollenn ['pɔl:ɛn] *f.* **+ow** puddle, rock-pool, little pool
[Cc: ¹**poll** -ENN] {S 1; F 3: L *polan* (AB.) → P: D "pollan" 'small pool': **+ow** I} -ENN appears to be used as a dim.

pollgleudh ['pɔlglœð] *m.* **+yow** moat
[CC: ¹**poll** 2**kleudh**] {S 8; F 0(EC52): **+yow** I}

Pollitetes (Lat.) *name* (the Duke of Bythinia) {S 6; F 1: **M** *pollitetes* (BK32.67)}

poll-kil [pɔlˈkiːl] *m.* **pollow-kil** nape
[CC: ²**poll** ²**kil**] {S 1; F 2: L *polkeel* (BOD.006), *Pol kîl* (LV116.32): **pollow-kil** I}

poll-krow [pɔlˈkrɔw] *m.* **pollow-krow** blood-bath [CC: ¹**poll** ¹**krow**] {S 1; F 0(GM09: GG): **pollow-krow** I}

poll-ros [pɔlˈrɔːz] *m.* **pollow-ros** wheel-pit of a water-wheel
[CC: ¹**poll** ¹**ros**] {S 1; F 1: **M** *polros* (SX): D "pulrose" (CE38): **pollow-ros** I}

polltrigas

polltrigas [pɔl'tri·gaz] *m.* **+ow** gaiters, spatterdashes
[U: Nance suggested ¹**poll trig** -AS 'mudstoppers', or a compound of a word corresponding to B *trikheuzoû* < F *triquehouse*.] {S 8; F 1: L (Borlase): **+ow** I}

polonek *adj.* Polish

Polonek [pɔ'lɔ·nęk] *m.* Polish language
[Fc: AJ in -EK on root in F *Polonais*] {S 4; F 0(GK98: K.J.G.):}

Poloni [pɔ'lɔ·ni] *place* Poland
[Ff: Suffix in -I on root in F *Polonais*] {S 4; F 0(GK98: K.J.G.)}

pols ['pɔls] *m.* **+yow** moment, instant, pulse, throb, short time, short distance
[D: CLat *pulsum* (Fl.) or OldF *pouls* (CE38)] {S 8; F 4: M *pols* → P, *polge* (BM.): C cf. B *poulz-*: **+yow** I}

pols alemma a short distance away

polsa ['pɔlza] *v.* pulsate, throb
[Dc: **pols** -¹A] {S 8; F 0(EC52)}

polsans ['pɔlsans] *m.* **+ow** pulsation, throbbing
[Dh: **pols** -ANS] {S 8; F 0(EC00): **+ow** I}

pol'ta ['pɔlta] *m.* a good while
[Dc: from **pols da**] {S 2; F 3: M *polta* (CW.2404): L *polta* (NGNB), *pẏlta* (AB249a) → P:}

polter ['pɔltęr] *m.* **+yow** powder, dust
[M: POLTR-S] {S 4; F 0(CE38): C B *poultr*: **+yow** I}

polter-gonn [ˌpɔltęr'gɔn:] *m.*

polteryow-gonn gunpowder
[F: **polter** ²**gonn**] {S 4; F 0(AnG 1986): **polteryow-gonn** I}
POLTR- [F: OldF *poldre* (deb)]

poltra ['pɔltra] *v.* sprinkle with dust
[Fc: POLTR=¹A] {S 4; F 0(GM09: J.G.H.)}

pompell ['pɔmpęl] *f.* **+ow** pump
[E: FN in -ELL from MidE *pompe* (coe)] {S 5; F 0(GM09: P.H.): C cf. B *pomp*: **+ow** I} Nance suggested *pump*.

pompell ayr air-pump

ponsynn

pompya ['pɔmpja] *v.* pump
[Ec: **pomp** -YA] {S 1; F 0(GK98: A.S.)}

pompyon ['pɔmpjɔn] *m.* **+s** pumpkin, gourd, marrow *(vegetable)*
[E:] {S 8; F 0(CE38): C W *pompiwn*: **+s** C}

pomster ['pɔmstęr] *m.* **+s** quack-doctor
[El: Back-formation from **pomstri**] {S 5; F 1: L *ponster* (PV15302): **+s** I}

pomstri ['pɔmstri] *m.* quackery
[E: MidE *pawmestri* (> ModE *palmistry*) (coe)] {S 8; F 0(CE55):}

pondra *v.* ponder ALT = **ombrederi**.
[E(F)c: VN in -A from MidE < OldF *pondérer* (coe)] {S 4; F 1: M *pondra* (TH01r)}

poneyl [pɔ'nęɪl] *conj.* otherwise
[CCC: from **po an eyl**] {S 2; F 3: M *bonyl* (BM.0409), *bo neyl* (BM.2461, 3538): L *poni, pẏni* (AB249b)}

ponn ['pɔn:] *m.* **+ow** light flying dust
[U:] {S 8; F 1: L *pilm* (PV15124): D "podn": **+ow** I}

ponnegi [pɔ'nę·gi] *v.* pollinate
[Ucc: from **ponnek** -¹I] {S 8; F 0(EC00)}

ponnegyans [pɔ'nę·gjans] *m.* **+ow** pollination
[Ucc: from **ponnek** -YANS] {S 8; F 0(EC00): **+ow** I}

ponnek ['pɔn:ęk] **1.** *adj.* dusty **2.** *f.* **-egi** dustheap
[Uc: **ponn** -¹EK] {S 8; F 0(CE55): **-egi** N (CE55)}

pons ['pɔns] *m.* **+yow** bridge
[L: CLat *pontem* (Gr.)] {S 1; F 2: O *pons* (VC.725) → L,P: M *pons* (OM.2804, 2811), *bons* (CE.0018): P Ponsanooth = **pons an woedh**: C B *pont*, W *pont*: **+yow** I}

ponsfordh ['pɔnsfɔrð] *f.* **+ow** viaduct
[LE(E): **pons fordh**] {S 4; F 0(CE38): **+ow** I}

ponsik ['pɔnzɪk] *m.* **-igow** little bridge
[Lc: **pons** -IK] {S 1; F 0(CE38): **-igow** I}

ponsynn ['pɔnzɪn] *m.* **+ow** little bridge
[Lc: **pons** -YNN] {S 1; F 0(CE38): **+ow** I} Nance introduced this word as an alternative explanation for pl.ns. like *Ponsandane*,

Pontelin
Ponsongath, usually taken to include **Pons an** rather than **Ponsynn**.

Pontelin *place* (a place in Brittany)
{S 8; F 2: M *pontelyne* (BM.1139, 1947)}

Pontius (Lat.) *name* {S 6; F 2: M *Pontius* (ACJK): L *Pontious* (ACTB), *Ponshioz* (ACJB)}

Pontus (Lat.) *place* (a region in Asia Minor) {S 6; F 1: M *pontus* (TH47r)}

poor (Eng.) *adj.*
{S 6; F 2: M *poor* (BK30.02), *pore* (TH40v)}

popa ['pɔˑpa] *m.* **popys** puffin
[E(E): Apparently E *pope* < OldE *pâpa* (coe)]
{S 5; F 0(CE38): D "pope", first recorded by Ray in 1662.: **popys** I}

popett ['pɔˑpęt] *m.* **+ow** doll, puppet
[E: MidE] {S 5; F 0(EC52): **+ow** N (FTWC)}
Apparently introduced by Nance from E *poppet* 'small human figure' and F *poupée* 'doll'.

popti ['pɔpti] *m.* **+ow** bakery, bake-house, baker's shop
[CC: POB- ⁴ti] {S 1; F 1: O *popei* (VC.916) → L,P: C W *popty*: **+ow** I} Emended from OldC *popei*

por ['pɔːr] *coll.* **+enn** leeks
[Cc:] {S 1; F 1: L sg. *porran* (PV15315): C B *pour*: **+enn** L}

poran [pɔr'aːn] *adv.* quite, exactly, rightly, precisely
[IC: Apparently from ²**pur ewn**]
{S 8; F 4: M *poran* → P}

porbugel [pɔr'byˑgęl] *m.* **-edh** bottle-nosed shark
[LC: PORGH- 'pig' + **bugel** (Nance)]
{S 8; F 0(CE38): D "porbeagle": **-edh** I}

porghell ['pɔrxęl] *m.* **+i** porker, vear, young pig [L: CLat *porcellus* (Fl.)]
{S 1; F 4: O *porchel* (VC.597) → L,P: M *porhel* (BM.1557), *poral* (BK30.07), *porrell* (TH27v): L *porhal* (AB084a, 124a) → P, pl. *porelli* (AB242c): D "porl": P *Wheal an Porrall*: C B *porc'hell*; W *porchell*: **+i** L}

porghella [pɔr'fięl:a] *v.* farrow
[Lc: **porghell** -¹A] {S 1; F 0(CE38): C B *porc'hellañ*} Nance wrote *porghelly*.

porghell-dor [ˌpɔrxęl'dɔːr] *m.*

porghellow-dor aardvark
[LC: **porghell dor**]
{S 1; F 0(EC00): **porghellow-dor** I}

porghellik [pɔr'fięl:ɪk] *m.* **-igow** sucking-pig, piglet
[Lc: **porghell** -IK] {S 1; F 0(CE38): **-igow** I}

¹**porpos** ['pɔrpɔs] *m.* **porpesow** porpoise
ALT = **morhogh**.
[E(F): MidE *porpas* < OldF *porpois* (coe)]
{S 4; F 3: M *porpus* (OM.0136) → L,P: L *Porpoz* (LV116.52); pl. *porpezou* (AB114a) → P: **porpesow** L}
In his notebook, Lhuyd gave the meaning in Welsh 'moelrhawn', i.e. 'porpoise'. In *AB.*, he put the word under the Latin heading *Passer* 'sparrow', but qualified the Cornish entry by *maculosus* 'spotted'. He also wrote "a kind of fish call'd a plaice". Nance (*GCSW*) commented that this meaning 'seems very doubtful'. The word was copied by Pryce with the correct meaning attached, but as Nance wrote, it "is hardly C[ornish]".

²**porpos** ['pɔrpɔs] *m.* **+ys** purpose, design, intent
[E(F): MidE < OldF *porpos* (coe)]
{S 4; F 4: M *porpos, purpos*: C W *pwrpas*: **+ys** I}

porposya [pɔr'pɔˑzja] *v.* purpose
[E(F)c: ²**porpos** -YA]
{S 4; F 2: M *purposia* (TH29r); p.ptcpl. *purposyys* (TH31r), *purposys* (TH35r)}

porres [pɔr'ręːz] *adv.* urgently, absolutely, of necessity
[IC: Apparently from ²**pur** ¹**res**]
{S 8; F 4: M *porrys* → P}

pors ['pɔrs] *m.* **+ys** purse ALT = **yalgh**.
[E(E): MidE < OldE *purs* (coe)] {S 4; F 3: M *pors* (BM.1875, 2089), *borse* (BM.1888); pl. *porses* (BM.1906): C W *pwrs*: **+ys** M}

porser ['pɔrsęr] *m.* **-oryon** purser *(male)*, bursar
[E(E)l: **pors** -¹ER] {S 4; F 0(EC00): **-oryon** I}

porsores [pɔr'sɔˑręs] *f.* **+ow** purser *(female)*, bursar
[E(E)l: **pors** -ORES]
{S 4; F 0(GM09: YhaG): **+ow** I}

porsvil

porsvil ['pɔrsvɪl] *m.* **-es** marsupial
[E(E)c: **pors** 2²**mil**] {**S** 4; **F** 0(GM09: P.H.): **-es** I}

port ['pɔrt] *m.* **+ys** porthole, entry port, cargo port
[E(F): MidE < OldF *porte* (coe)]
{**S** 5; **F** 1: **M** *port* (OM.0962): **+ys** I}

port (Eng.) *n.* port-hole
{**S** 6; **F** 1: **M** *port* (CW.2268)}

portal m. **+s** portal, portico ALT = **porth**.
[E(L): MidE < MedL *portâle* (coe)]
{**S** 5; **F** 3: **L** *Portal* → P: **+s** I}

¹**porth** ['pɔrθ] *m.* **+ow** gateway, entrance, porch
[L: CLat *porta* (M)] {**S** 1; **F** 4: **O** *porth* (VC.765): **M** *porth* (RD.2574); pl. *porthow*: **L** *porth* (AB067a, 169b) → P; *porthow*: **P** Portlooe, Porthkea (both inland): **C B** *porzh*; **W** *porth* 'gate of a church or castle': **+ow** ML}

porth an warioryon stage door

²**porth** ['pɔrθ] *m.* **+ow** cove, harbour, port, haven
[L: CLat *portus*] {**S** 1; **F** 2: **L** *porth* (AB029a) → P: **D** "porth": **P** Found in many coastal names: **C B** *porzh*; **W** *porth*: **+ow** I}

PORTH- [C: Root found in **perthi**]

porthadow [pɔr'θa·dɔw] *adj.* tolerable, bearable
[Cc: PORTH=ADOW] {**S** 3; **F** 0(GM09: YhaG)}

porther ['pɔrθęr] *m.* **-oryon** doorkeeper, janitor, porter *(male)*
[Ll: ¹**porth** -¹ER < CLat *portarius*]
{**S** 1; **F** 1: **L** (Pryce, according to *CE38*): **C W** *porthor*: **-oryon** I}

Porthia [pɔr'θi·a] *place* St Ives
[LC: ²**porth** + saint's name] {**S** 1; **F** 3: **L** *Porthia* (FCNC), *Poreeah* (NGNB1), *Preea* (M2XX)}

porthlann ['pɔrθlan] *f.* **+ow** dockland, harbourside
[LC: ²**porth** 2**glann**]
{**S** 1; **F** 0(GM09: G.M.S.): **+ow** I}

porthores [pɔr'θɔ·ręs] *f.* **+ow** porter *(female)*
[Lc: ¹**porth** -ORES] {**S** 1; **F** 2: **M** *portheres* (PC.1225) → L: **+ow** I}

possybyl

Porthpyran [pɔrθ'pɪ·ran] *place* Perranporth
[LC: ²**porth** + saint's name] {**S** 8; **F** 0(GK98)}

porthver ['pɔrθfęr] *m.* **+yon** portreeve
[LL: ¹**porth** 2¹**mer**]
{**S** 1; **F** 0(EC00): **+yon** N (K.J.G.)}

Porthynys *place* Mousehole
[CC: ²**porth** *ynys*]
{**S** 1; **F** 1: **L** *porth ennis* (R1JH)}

portmantell [pɔrt'mantęl] *m.* **+ow** portmanteau
[E(F): ModE < F *portemanteau* (coe)]
{**S** 5; **F** 0(CE55): **+ow** I}
Nance has back-dated *manteau* to *mantell*, though there is no evidence that the full word was ever found with this earlier termination.

portraya [pɔr'tra·ja] *v.* portray, depict
[E(F)c: VN in -A from MidE < OldF *portraire* (coe)] {**S** 5; **F** 0(CE38)}

portrayans [pɔr'tra·jans] *m.* **+ow** portrait, depiction
[E(F)h: MN in -YANS from MidE < OldF *portraire* (coe)] {**S** 5; **F** 0(CE38): **+ow** I}

Portyngal ['pɔrtɪŋgal] *place* Portugal
[E: MidE (CE38)] {**S** 5; **F** 0(CE38)}

portyngalek *adj.* Portuguese

Portyngalek [ˌpɔrtɪŋ'ga·lęk] *m.* Portuguese language
[Ec: **Portyngal** -¹EK] {**S** 5; **F** 0(EC52):}

porvenn ['pɔrvęn] *f.* **+ow, coll. porv** rush, wick *(of candle)*
[Uc:] {**S** 8; **F** 0(CE38): **D** "purvan"}

posna ['pɔsna] *v.* poison
[E(F)c: VN in -A from shortened form of MidE *poison* < OldF *puison* (coe)]
{**S** 5; **F** 1: **M** p.ptcpl. *posnys* (OM.1559)}

possession (Eng.) *n.* ALT = **kerth**.
[E(F): MidE < OldF (coe)] {**S** 6; **F** 2: **M** *poscessyon* (BM.2400), *possesyon* (TH28r)}

possibly (Eng.) *adv.*
{**S** 6; **F** 1: **M** *possibly* (TH20r, 22v)}

possybyl [pɔ'sɪ·bɪl] *adj.* possible
It seems scarcely possible to do without this word! ALT = **galladow**.

¹**post**
[E(F): MidE < OldF *possible* (coe)]
{S 4; F 2: M *possybil* (PC.1032), *possibil* (TH54r): C B *posubl*}

¹**post** ['pɔːst] *m.* **+ow** post *(pole)*, column, pillar, stanchion
[E(E): OldE *post* (co)]
{S 4; F 3: O *post* (VC.766) → L,P: M *post* (MC.130; PC.2058, 2071): L *post, pôs* (AB049a): P Trebost: C B *post*; W *post*: **+ow** I}

post arwoedh sign-post

²**post** ['pɔːst] *m.* post *(mail)*, mail
[E(F): ModE < F *poste* (co)] {S 4; F 0(EC52):}

postvester [pɔst'vę·stęr] *m.* **-vestrysi** post-master
[E(F)E(F): ²**post** 2**mester**]
{S 4; F 0(EC52): **-vestrysi** I}

postvestres [pɔst'vę·stręs] *f.* **+ow** post-mistress
[E(F)E(F): ²**post** 2**mestres**]
{S 4; F 0(EC00): **+ow** I}

postya ['pɔstja] *v.* post, mail (U.S.)
[E(F)c: ²**post** -YA] {S 4; F 0(EC52)}

pot ['pɔːt] *m.* **+yow** kick
[U: Poss. a form of Eng. *put*]
{S 5; F 0(CE38): D "poot": **+yow** I}

potestas (Lat.) *n.* powers
{S 6; F 1: M *potestas* (CW.0055)} for *potestates*.

poteste (Lat.) *n.* power
{S 6; F 1: M *poteste* (BK32.48)}

pott ['pɔt] *m.* **+ow** pot See also **pod**.
[E(E): MidE < OldE *pott* (coe)]
{S 5; F 0(CE38): **+ow** N}

pott horn iron pot
pott pri earthenware pot

pott-gwynn [ˌpɔt'kwɪnː] *m.*
pottow-gwynn hasty-pudding, bag-pudding
[E(E)C: **pott gwynn**] {S 5; F 2: L *pot guidn* (AB058c) → P: **pottow-gwynn** N}

pott-mesenn [ˌpɔt'mę·sęn] *m.*
pottow-m. acorn-cup
[E(E)Cc: **pott** ²**mes** -ENN] {S 5; F 0(CE38): C B *pod-mezenn* 'foreskin': **pottow-m.** N}

pott-te [ˌpɔt'tę:] *m.* **pottow-te** teapot
[E(E)E(O): **pott te**]
{S 5; F 0(CE38): C B *pod-te*: **pottow-te** N}

pottya *v.* put ALT = **gorra**.
[Ec: VN in -YA from MidE *potte* (coe)]
{S 5; F 2: M 2nd sg. pres. ind. *pottyth* (BM.3486), 3rd. sg. pres. ind. *putt* (TH13r)}

pottys ['pɔtːɪs] *pl.* entrails, guts, intestines
[E:] {S 5; F 3: M *pottys* (BK06.28, 15.24), *pottis* (BM.1272): L *pòttez* (LV116.60)}

potya ['pɔ·tja] *v.* kick
[Uc: **pot** -YA]
{S 5; F 1: M p.ptcpl. *pottyys* (OM.2807)}

pour adj. ?rotten ALT = **breyn, pesek**.
[U:] {S 8; F 2: M *pour* (BM.2444, BK09.57)}

pour (Fr.) *prep.* for
{S 6; F 2: M *pur* (MC.045) → P}

pow ['pɔw] *m.* **+yow** country, province, region, countryside
[L: CLat *pâgus* (Fl.)]
{S 1; F 6: O *pou* (VC.716): M *pow, pov*: L *pou* (AB.); *pow*: C OldB *pou*; W *pau*: **+yow** I}

Pow Sows England
Pow Frynk France
Pow Grek Greece
Pow Chekk Czech Republic

¹**powdir** ['pɔʊdir] *m.* **+ow** countryside
[CC: **pow** 2**tir**]
{S 8; F 0(GM09: G.M.S.): P Powder: **+ow** }

²**Powdir** ['pɔʊdir] *place* Powder *(name of a hundred in Cornwall)*
[CC: **pow** 2**tir**] {S 8; F 1: M *powder* (BM.2288)} According to Picken, this name contains **pow**.

powel ['pɔʊęl] *adj.* rural
[Cc: **pow** -²EL] {S 1; F 0(AnG 2001)}

power ['pɔʊęr] *m.* **+s** power
This loan-word is worth keeping for its scientific sense; its general sense is rendered by **galloes**.
[E(F): MidE *poer* < AngN *poer* (coe)]
{S 4; F 4: M *power; powers* (TH.): L *pohar* (M4WK, GCJK), *pour* (G1JB): C W *pŵer*: **+s** M}

powes ['pɔʊȩs] **1.** *m.* **+ow** rest, truce, repose, interval *(in theatre)*, pause **2.** *v.* rest, pause, repose
Always intrans. [L: CLat *pausa* (vkg)] {**S** 8; **F** 5: **M** *powes* → P, *powas*: **L** *poaz* (TCTB): **C** B *paouez*; cf. W *gorffwys* 'rest': **+ow** I}

heb powes uninterrupted, incessant

powesva [pɔ'wȩsfa] *f.* **+ow** resting-place, state of rest
[Lc: **powes** -VA] {**S** 8; **F** 3: **M** *powesva* (TH10v), *bowesva* (OM.0145, CW.0415) → P: **+ow** I}

Powl ['pɔʊl] *name* Paul
[L: CLat *Paulus*] {**S** 1; **F** 5: **M** *povle*: **L** *powle*} There are numerous variant spellings in the texts.

pows ['pɔʊz] *f.* **+yow** coat, gown, frock, dress
[L: CLat *pexa* (M)] {**S** 3; **F** 4: **O** *peis* (VC.814) → L, *peus* (VC.826) → P: **M** *pows*, *pous*: **L** pl. *bowze* (G3WK): **C** OldB *Peis-*; MidW *peis*: **+yow** L} The alternation *peis* / *pows* may be compared with **Seys** / **Sows**.

pows nessa undergarment

poynt ['pɔɪnt] *m.* **+ys, +ow** point, item
[E(F): MidE < OldF *point* (coe)] {**S** 5; **F** 4: **M** *poynt*, pl. *poyntys* (TH34r, 36r): **L** *point*: **C** cf. W *pwynt*: **+ys** M; **+ow** N}

yn poynt da in good health Used with the long form of ¹**bos**, as is shown by the MidC line *dar nynsusy in poynt da* at BM.1403.

'poyntya ['pɔɪntja] *v.* appoint
[E(F)c: Aphetic variant of **apoyntya**] {**S** 5; **F** 4: **M** *poyntya* → P}

poyson m. **+ys** poison ALT = **gwenon**.
[E(F): MidE *poison* < OldF *puison* (coe)] {**S** 4; **F** 2: **M** *poyson* (TH07v, 42r): **+ys** I}

prag ['praːg] *adv.* why, wherefore, what for, how come Lhuyd also recorded a form *fra*; this is likely to be a misreading. [cC: Shortened from **pyrag**] {**S** 2; **F** 5: **M** *prag* → L,P: **L** *bra g* (KKTT): **C** B *perak*}

praga ['praˑga] **1.** *adv.* why **2.** *m.* reason
[cC: Lengthened form of **prag**] {**S** 3; **F** 5: **M** *praga* → L,P: **L** *fraga*:}

praktis ['praktis] *m.* **+yow** practice
[E(F):] {**S** 5; **F** 0(CE38): **+yow** I}

praktisya [prak'tiˑsja] *v.* practise
[E(F)c: VN in -YA from MidE < OldF *pra(c)tiser* (coe)] {**S** 5; **F** 2: **M** *practysya* (TH39r); p.ptcpl. *practisis* (TH20r)}

pramm ['pramː] *m.* **+ow** pram
[E: ModE, short for *perambulator*] {**S** 4; **F** 0(GK98: K.J.G.): **+ow** I}

pranks (Eng.) pl. [E: Origin unknown (coe)] {**S** 6; **F** 1: **M** *prankys* (TH46v)}

pras ['praːz] *m.* **+ow** meadow, common pasture [L: CLat *pratum* (M)] {**S** 1; **F** 3: **M** *pras*, *prays*; pl. *prasov*, *prasaw*, *prasow*: **L** *prâs* (PV15334): **D** "praze" 'meadow': **P** Praze: **C** B *prad*: **+ow** M}

pras goedh goose-green

pratt ['prat] *m.* **+ys** trick, prank, lark
[E: MidE < OldF *praet* 'craft' (CE38)] {**S** 5; **F** 3: **M** *prat* → P, *pratt*: **C** W pl.n. *Parc y prat*: **+ys** I}

gul pratt play a trick

pratyer ['praˑtjȩr] *m.* **+s** orator
[Ec: MN in -¹YER from MidE *prate*] {**S** 5; **F** 1: **L** *fratier* (NGNB2): **+s** I} The word *fratier* in LateC is a misreading of *pratier*, according to Julyan Holmes; cf. misreading of *praga* as *fraga*.

prays ['praɪz] *m.* **+ys** praise
[E: MidE, from vb. (coe)] {**S** 5; **F** 3: **M** *prayse*: **+ys** I}

pray (Eng.) *v. part* {**S** 6; **F** 2: **M** *pray* (OM.2688, BK18.44), *praya* (CW.0592)}

praysya ['praɪzja] *v.* praise
[E(F)c: VN in -YA from MidE < OldF *preisier* (coe)] {**S** 5; **F** 4: **M** *breysya*: **L** 2nd pl. impv. *preezyo* (OHTB)}

precepts (Eng.) pl. [E(L): MidE < Lat (coe)] {**S** 6; **F** 2: **M** *preceptys* (TH10r, 27v)}

precious (Eng.) *adj.*
{**S** 6; **F** 4: **M** *precyous*, *precius*}

predennek [prȩ'dȩnːȩk] *adj.* British
[Cc: Brit] {**S** 3; **F** 0(CPNE): **P** Predannick: **C** W *Prydeinig*}

Predennek *m.* British language

preder ['prɛ·dɛr] *m.* **+ow** thought, worry, anxiety, care *(worry)*
[C: Brit *pritero-* (hpb)] {S 3; F 4: M *preder*; pl. *prederow* → P: L *pridar* (PV15414): C B *preder*; W *pryder*: **+ow** M} Regular development would give MidC **pryder*, but <e> is so widespread in this word and its derivatives that they are spelled with <e>.

prederek [prɛ'dɛ·rɛk] *adj.* conscientious
[Cc: **preder** -¹EK] {S 3; F 1: M *prederak* (BK10.13)}

prederi [prɛ'dɛ·ri] *v.* consider, reflect, think, ponder, deliberate, worry May take ³a.
[Cc: **preder** -¹I] {S 3; F 6: M *predery*: L *prediri* (AB.); *pedeere* (NGNB): C cf. B *prederiañ*, W *pryderu*}

prederus [prɛ'dɛ·rys] *adj.* careful, anxious, solicitous, thoughtful, worrying
[Cl: **preder** -US] {S 3; F 4: O *priderus* (VC.423): M *prederys* (TH64r): L *prẏderys* (AB.) → P: C W *pryderus*; cf. B *prederius*}

prederyans [prɛ'dɛ·rjans] *m.* **+ow** opinion
[Ch: **preder** -YANS] {S 3; F 2: M *p[r]ederyans* (CLJK): L pl. *brederyanzo* (AB222): **+ow** L}

prederys [prɛ'dɛ·rɪz] *adj.* worried
[Cc: **preder** -⁶YS] {S 3; F 0(CE93: W.B.)}

PREDHEG- [L: CLat *praedicāre* (leb)]

predheger [prɛ'ðɛ·gɛr] *m.* **-oryon** ranter *(male)*, rabble-rouser
[Ll: ¹PREDHEG=ER] {S 1; F 0(CE55): **-oryon** I}

predheges [prɛ'ðɛ·gɛz] *v.* rant, make a noisy speech
[Lc: PREDHEG=¹ES] {S 1; F 3: M *pretheges* (PC.1009, RD.0598) → P, *prethegys* (BK13.19)}

predhek ['prɛ·ðɛk] *m.* **-egow** rant
[L: PREDHEG-O]
{S 1; F 0(CE55): **-egow** N (CE55)}

predhegores [prɛðɛ'gɔ·rɛs] *f.* **+ow** ranter *(female)*, rabble-rouser
[Ll: ¹PREDHEG=ORES]
{S 1; F 0(GM09: YhaG): **+ow** I}

preferya v. prefer
For 'I prefer', ALT = **gwell yw genev**.
[E(F)c: VN in -YA from MidE < OldF *préférer* (coe)] {S 4; F 1: M *preferrya* (TH08v)}

pregoth ['prɛ·gɔθ] **1.** *m.* **+ow** sermon, formal speech **2.** *v.* preach
[L: CLat *praecepta* (M)]
{S 8; F 5: M *pregoth* → P, *brogath*: L *procath* (BOD), *progath* (AB016a, 050b): **+ow** I} The verb acquired an ending -¹A in LateC, e.g. *porogga* (AB077c) → P, *boroga* (M4WK)

pregowther [prɛ'gɔʊθɛr] *m.* **-oryon** preacher *(male)*
[Ll: **pregoth** -ER, with [ɔ] changed to [ɔʊ]] {S 8; F 3: M *pregowther* (TH25r), *progowther* (CW.2347); pl. *progothorryan* (TH42r): L *progathar* (AB019b, 050b) → P: C cf. W *pregethwr*: **-oryon** M}

pregowthores [prɛgɔʊ'θɔ·rɛs] *f.* **+ow** preacher *(female)*
[Ll: from **pregowther** -¹ES]
{S 8; F 0(GM09: YhaG): **+ow** I}

PREN- [C: CC (Fl.) < IE (lp)]

prena ['prɛ·na] *v.* buy, purchase, redeem, pay for
[Cc: PREN=¹A]
{S 1; F 6: O p.ptcpl. *prinid* (VC.192): M *prene*, *perna*: L *perna*: C B *prenañ*; W *prynu*} Often metathesized in texts to *perna*, cf. dial. W *pyrnu*

ty a'n pren you'll pay for it, you'll catch it

prenas ['prɛ·naz] *m.* **+ow** purchase
[Cc: PREN=¹AS] {S 1; F 0(Y2): **+ow** I}

prenassa [prɛ'nasːa] *v.* go shopping
[Cc: PREN- + conflation of -²AS -¹A and -ESSA] {S 8; F 0(CE93: J.G.H.)}

prenasser [prɛ'nasːɛr] *m.* **-oryon** shopper *(male)*
[Ccl: from **prenassa** -¹ER]
{S 8; F 0(EC00): **-oryon** I}

prenassores [prɛna'sɔ·rɛs] *f.* **+ow** shopper *(female)*
[Ccl: from **prenassa** -ORES]
{S 8; F 0(GM09: K.J.G.): **+ow** I}

prenedh

prenedh ['prɛ·nęð] *m.*
atonement, expiation
[Cc: PREN=EDH] {S 1; F 1: M *brena* (MC.234):}
Found as *brena*, but the full suffix is used here to avoid confusion with the VN.

prener ['prɛ·nęr] *m.* **-oryon** buyer *(male)*, purchaser, customer
[Cl: ¹PREN=ER]
{S 1; F 2: L *pernar* (AB137b) → P: **-oryon** I}

prenn ['prɛnː] *m.* **+yer** timber, wood *(as timber)*, beam, sawn log, lot *(in gambling)*, lumber (U.S.)
[C: CC *qrendos* (M) < IE *kʷresno-* (M)]
{S 1; F 5: O *pren* (VC.223, 706): M *pren*; pl. *prennyer* → P: L *predn* (AB010, 079c): P *Ponspren*; C B *prennañ*; W *pren*: **+yer** M}

prenna ['prɛnːa] *v.* bar, bolt, lock
The meaning is 'to put a log of wood across a door'. [Cc: **prenn** -¹A] {S 1; F 3: M *prenne* (RD.0165, PC.3039) → P: C B *prennañ*}

prennek ['prɛnːęk] *adj.* wooden, woody
[Cc: **prenn** -¹EK]
{S 1; F 2: L *prenick, pridnick, prinick* (PV15342)}

prenn-krows *m.* wooden cross
[CL: **prenn krows**] {S 3; F 3: M *pren crous* (PC.)} Appears to be an alternative to the more usual **krows-prenn**.

prennweyth ['prɛnːwɛɪθ] *m.* woodwork
[CC: **prenn** 2²**gweyth**] {S 1; F 0(EC52):}

prennweythor ['prɛnːwɛɪθɔr] *m.* **+yon** woodworker
[CC: **prenn** 2**gweythor**]
{S 1; F 0(GM09: G.M.S.): **+yon** I}

prenores [prɛ'nɔ·rɛs] *f.* **+ow** buyer *(female)*, purchaser, customer
[Cc: PREN=ORES] {S 1; F 0(Y2): **+ow** I}

prenyades [prɛn'jaˑdęs] *f.* **-ow** buyer *(female professional)*, purchaser
[Cc: ¹PREN=YADES]
{S 1; F 0(GM09: K.J.G.): **-ow** I}

prenyas ['prɛ·njaz] *m.* **-ysi** buyer *(male professional)*, purchaser
[Cc: PREN=³YAS] {S 1; F 0(CE38): **-ysi** I}

preparation (Eng.) *n.* Bonner wrote *preparation.* {S 6; F 1: M *reparacion* (TH54r)}

preparer (Eng.) *n.*
{S 6; F 1: M *preparer* (TH08r)}

preparya v. prepare ALT = **pareusi**.
[E(D)c: VN in -YA from MidE < F or Lat (coe)]
{S 5; F 3: M *preparia* (TH.)}

prerogative (Eng.) *n.* {S 6; F 2: M *prerogatyff* (TH44v), *prerogative* (TH48v)}

Presagus (Lat.) *name*
(name of a crozier-bearer)
{S 6; F 1: M *presagus* (BM.3931)}

presens ['prɛ·sęns] *m.* presence
[E(F): MidE < OldF *présence* (coe)]
{S 4; F 3: M *presens:*}

present m. **-ens** gift, present ALT = **ro**.
[E: MidE (coe)] {S 5; F 2: M *present* (BM.3397), *presont* (BM.3402): **-ens** I}

present (Eng.) *adj.* at this time, in this place {S 6; F 3: M *present* (TH.)}

presentya v. present ALT = **kommendya**.
[E(F)c: VN in -YA from MidE < OldF (coe)]
{S 5; F 2: M *presentya* (CW.0721); 2nd sg. impv. *presant* (BK34.34)}

presep ['prɛ·sęp] *m.* **presebow** manger
[L: CLat *praesepe* (M)] {S 1; F 0(CE38): C B *prezeb*, W *preseb*: **presebow** I}

preservya v. preserve ALT = **gwitha**.
[E(F): VN in -YA from MidE < OldF *préserver* (coe)] {S 4; F 3: M *preservia* (TH.)}

preshyous adj. precious ALT = **drudh**.
[E(F): MidE < OldF *precios* (coe)]
{S 5; F 3: M *precyous* → P}

prest ['prɛːst] **1.** *adj.* readily, ever **2.** *adv.* quickly, continually, incessantly, always, constantly
[F:] {S 4; F 6: M *prest* → L,P: C B *prest*}

presumptious (Eng.) *n.*
{S 6; F 1: M *presumptuos* (TH55v)}

presumya v. presume ALT = **bedha**.
[E(F)c: VN in -YA from MidE < OldF *présumer* (coe)] {S 5; F 2: M *presumya* (TH29r, 36v)}

pretendya

pretendya v. pretend ALT = **omwul**.
[E(D)c: VN in -YA from MidE < F or Lat (coe)]
{S 5; F 2: **M** pretendya (TH19v), *pretendia* (TH20r, 23v)}

pretty (Eng.) *adj*.
{S 6; F 1: **M** *pretty* (BK12.65)}

prevaylya v. prevail
[E(L)c: VN in -YA from MidE *prevayle* < Lat (coe)] {S 5; F 3: **M** *prevaylya* (TH.)}

preventya v. forestall ALT = **lettya**.
[E(L)c: VN in -YA from MidE *praevent-* < Lat (coe)] {S 5; F 1: **M** 3rd sg. pres. ind. *prevent* (CW.0492)}

previ ['prɛ·vi] v. prove, test, taste, try, experience
[Lc: prov**A** -¹I] {S 8; F 5: **M** *prevy*: **L** *previ* (JCNBL32): **C** **W** *profi*, without vowel aff.}

prevyans ['prɛ·vjans] *m*. **+ow** test, experience, experiment
[Lh: prov**A** -YANS] {S 8; F 0(GK98): **+ow** N}

prey (Eng.) *n*. ALT = **preydh**.
[E(F): MidE *praie* < OldF *preie* (coe)]
{S 6; F 2: **M** *pray* (MC.021, BM.1872)}

preydh ['prɛɪð] *m*. **+yow** prey, spoil (*plunder*), loot, booty
[L: CLat *praedium* (lp) or *preda* (hpb)]
{S 1; F 0(CE38): **C B** *preiz*: **+yow** I}

preydha ['prɛɪða] v. prey on, loot
[Lc: **preydh** -¹A] {S 1; F 0(EC52): **C B** *preizañ*}

preydher ['prɛɪðɛr] *m*. **-oryon** predator, marauder, pirate
[Ll: **preydh** -¹ER]
{S 1; F 0(CE55): **C B** *preizer*: **-oryon** I}

pri ['priː] *m*. **+ow** clay, earth
[C: IE (lp)]
{S 2; F 4: **M** *pry*: **L** *prÿi* (AB012b), *prî* (AB043c) → P: **P** *Pit-pry*: **C B** *pri*; **W** *pridd*: **+ow** I}

pri gwynn china-clay, kaolin
pri pib pipe-clay

¹**pria** v. take
{S 8; F 1: **L** *prîez* (CGEL)}

²**pria** ['pri·a] v. daub
[Cc: **pri** -¹A] {S 8; F 1}

pride (Eng.) *n*. {S 6; F 1: **M** *pryde* (TH06v)}

538

pris

priek ['pri·ɛk] *f*. **priegi** clayey place
[Cc: **pri** -¹EK] {S 2; F 0(CE38): **P** Rospreages: **C B** *priek*; **W** *priddog*: **priegi** I}

prienn ['pri·ɛn] *f*. **+ow** clayey place
[Cc: **pri** -ENN]
{S 2; F 2: **L** *prîan* (PV15412): **D** "*pryan*": **C B** *prienn* 'object of pottery': **+ow** I}

pries ['pri·ɛz] 1. *adj*. married 2. *m*. **priosow** spouse
[L: CLat *prîvâtus* (Gr.)]
{S 1; F 5: **O** *priot* → L,P: **M** *bryes* → L,P, *pryas* → P: **C B** *pried*; **W** *priod*: **priosow** I}

prileghenn [pri'lɛ·xɛn] *f*. **+ow** tile
[CCc: **pri leghenn**]
{S 2; F 0(CE38): **C W** *priddlech*: **+ow** I (CE38)}

primacy (Eng.) *n*. {S 6; F 3: **M** *primacy*}
Found six times, with six different spellings.

principal (Eng.) 1. *adj*. chief 2. *m*. chief ruler
[E(F): MidE < OldF (coe)]
{S 6; F 3: **M** *pryncipall, principall*}

principally (Eng.) *adv*.
{S 6; F 1: **M** *principally* (TH43r)}

priosel [pri'ɔ·zɛl] *adj*. matrimonial, conjugal
[Lc: from **pries** -²EL] {S 1; F 0(EC52)}
This has been reformed on **pries**, rather than keeping OldC [-d-] before vowel + [-l].

priosoleth [ˌpriɔ'zɔ·lɛθ] *f*. state of marriage, matrimony
[Lc: from **pries** -OLETH]
{S 1; F 0(EC52): **C B** *priedelezh*:}
This has been reformed on **pries**, rather than keeping OldC [-d-] before vowel + [-l-].

pris ['priːs] *m*. **+yow** price, value, reputation
[E(F): MidE *pris* < OldF *pris* (coe)]
{S 4; F 4: **M** *brys*: **L** *prîz* (AB030b, 128a), *priz*, *preeze*: **C B** *priz*; **W** *pris*: **+yow** I}

a bris valuable
a bris isel cheap
dres pris priceless

prisner ['prɪznǝr] *m.* **+s, -oryon** prisoner *(male)*
[E(F): 2-syll. reduction of MidE word.]
{S 4; F 4: M *presner*; pl. *prysners*: **+s** M; **-oryon** N (G.M.S.)}
The pl. *prysnes* with loss of <r> is found in *PC*.

prisnores [prɪz'nɔːręs] *f.* **+ow** prisoner *(female)*
[E(F)c: Substitution of -ORES for E -*er* in **prisner**] {S 4; F 0(GK98: J.A.): **+ow** I}

prison ['prɪˑzɔn] *m.* **+yow** prison, gaol, jail
[E(F): MidE < OldF *prisun* (coe) {S 4; F 5: M *prison* → P, *preson*: L *bressen* (M4WK): **+yow** I}

prisonya [pri'zɔˑnja] *v.* imprison, incarcerate, jail
[E(F)c: **prison** -YA]
{S 4; F 3: M p.ptcpl. *presonys, prisonys*}

prisonyans [pri'zɔˑnjans] *m.* **+ow** imprisonment, incarceration
[E(F)c: **prison** -YANS] {S 4; F 0(EC52): **+ow** I}

prisya ['priˑsja] *v.* price
[E(F)c: **pris** -YA] {S 4; F 0(Y2)}

prisyans ['priˑsjans] *m.* **+ow** pricing
[E(F)h: **pris** -YANS] {S 4; F 0(AnG 1998): **+ow** I}

prithee (Eng.) *phrase* {S 6; F 3: M *praytha*}
The last syll. appears unstressed. Found not only in the Eng. phrase *I prithee* but also in its semi-Cornish variant **y'n** *prithee*.

priva ['priˑva] *adj.* private, intimate, secret, privy
[E(F): MidE *prive* < OldF *privé* (> ModE *privy*)]
{S 4; F 4: M *pryve* → P: L *preva* (PV15408)}

privedh ['priˑvęð] *adj.* secret, private
[U:] {S 8; F 4: M *pryueth* → P, *prevath*: L *prevath* (M2WK)}

privedhyow [pri'vęˑðjɔw] *pl.* toilet, conveniences *(toilets)*, lavatory, privy
[Uc: **privedh** -YOW]
{S 8; F 0(CE93): C B *prïvezioù*}

privetter [pri'vętːęr] *m.* privacy
[Uc: From **privedh** -TER] {S 1; F 1: M p[ri]vecter (BK35.59):} Anticipated by Nance in *CE38*.

privilege (Eng.) *n.*
{S 6; F 2: M *privileg* (TH44v)}

privita ['priˑvɪta] *m.* **-tys** privity
[E(F): MidE < OldF *privité* (coe)] {S 5; F 2: M *prevetta* (CW.0857) → P: **-tys** I (CE38)}

priweyth ['priˑwęɪθ] *m.* pottery
[CC: **pri** 2²gweyth] {S 2; F 0(CE38):}

priweythor [pri'węɪθɔr] *m.* **+yon** clay-worker *(male)*, potter
[Cc: **pri** 2gweythor]
{S 2; F 0(GK98: G.M.S.): **+yon** I}

priweythores [priwęɪ'θɔˑręs] *f.* **+ow** clay-worker *(female)*, potter
[Cc: **pri** 2gweythores]
{S 2; F 0(GM09: YhaG): **+ow** I}

priweythva [pri'węɪθva] *f.* **+ow** clay-works, pottery
[CCc: **pri** 2gweythva]
{S 2; F 0(AnG 1986): **+ow** I}

problem ['prɔblęm] *m.* **+ys** problem
ALT = **kudynn**. [E(D): MidE < OldF *problème* or Lat *problêma* (coe)] {S 5; F 0(EC52): **+ys** I}

Proboes name Probus (name of a saint)
{S 1; F 1: O *propus* (LS)}

procession (Eng.) *n.* ALT = **keskerdh**.
[E(F): MidE < OldF (coe)] {S 6; F 2: M *procescyon* (BM.1861), *procession* (BM.4174)}

proclamation (Eng.) *n.* ALT = **gwarnyans**.
{S 6; F 1: M *proclamacion* (TH07r)}

prodigal (Eng.) *adj.*
{S 6; F 1: M *prodigall* (TH09v)}

profession (Eng.) *n.*
{S 6; F 2: M *profession* (TH32v, 45r)}

professor [prɔ'fęsːɔr] *m.* **+yon** professor *(male)*
[D: MidE < OldF *professeur* or Lat *professor* (coe)] {S 4; F 0(CE93): **+yon** I}

professores [prɔfę'sɔˑręs] *f.* **+ow** professor *(female)*
[Dc: **professor** -¹ES]
{S 4; F 0(GM09: YhaG): **+ow** I}

professya [prɔ'fɛsːja] *v.* profess
[E(F)c: VN in -YA from MidE *profess* < OldF (coe)] {S 4; F 2: M *professia* (TH18v, 31r)}

profet *m.* **+ys** prophet ALT = **profoes**.
[E(F): MidE < OldF *prophète* (coe)]
{S 5; F 4: M *profet*; pl. *prophetys*: L *prophet* (M2WK): **+ys** M}

profoes ['prɔ'fxz] *m.* **+i** prophet
[L: CLat *prophêta* (Gr.)] {S 2; F 4: O *profuit* (VC.100): M *profus*; pl. *brofusy* (MC.073), *profugy* (PC.1480): C W *proffwyd*: **+i** M} The <u> in the commonest MidC spelling, *profus*, is interpreted as /o/ (cf. **galloes**).

profoesa [prɔ'foːza] *v.* prophesy
[Lc: **profoes** -¹A]
{S 2; F 0(CE38): C W *proffwydo*; cf. B *profediñ*}

profya ['prɔ'fja] *v.* proffer, suggest, propose, offer
[E(F)c: VN in -YA from MidE < AngN (coe)]
{S 8; F 3: M *profia* (BM.1116, 2880)}
Nance appended to his list of meanings 'to try, essay, attempt', but these belong to the verb **previ**, which has a different root, viz. **prov-**.

profyans ['prɔ'fjans] *m.* **+ow** offer, suggestion, proposal
[E(F)h: MN in -YANS from MidE < AngN (coe)]
{S 8; F 0(EC52): **+ow** I}

programm ['prɔgram] *m.* **+ow** computer program
[E(F): ModE < ModF *programme* (coe)]
{S 4; F 0(EC52): **+ow** I}

prokurya *v.* procure
ALT = **kavoes** or **gwaynya**.
[E(F)c: VN in -YA from MidE < OldF *procurer* (coe)] {S 5; F 2: M *procuria* (TH13r); p.ptcpl. *procurijs* (TH15r)}

promys *m.* **+ys, +yow** promise
ALT = **ambos** or **dedhewadow**.
[E(L): MidE < Lat *prômissum* (coe)]
{S 5; F 4: M *promys*; pls. *promysyow* (TH.), *promyses* (TH13v): **+ys** M; **+yow** M}

promysya *v.* promise
ALT = **ambosa** or **dedhewi**.
[E(L)c: **promys** -YA] {S 5; F 4: M *promysya*}

proneness (Eng.) *n.*

{S 6; F 1: M *prones* (TH07r)}

prononsya *v.* pronounce
[E(F)c: VN in -YA from MidE < OldF *pronuncier* (coe)] {S 4; F 2: M *peononcia* (TH07v), *prononcea* (TH54r)}

pronter ['prɔntɛr] *m.* **+yon** priest, parson, clergyman, vicar
[L: Conflation of CLat *praebendarius* and *presbiter* (Gr.)] {S 3; F 5: O *prounder* (VC.107) → L: M *pronter* → L; pl. *prontyrryan*: L *proanter*; pl. *prounterian* (MKJT): P Golden Praunter = ⁴*gwel an pronter*: C cf. MidW *pryfder* 'priest': **+yon** MLP} MidW *pryfder* is from CLat *presbiter* (gpc); the Cor. word is also to be compared with B *proner* < F *prôneur* 'preacher'.

pronteredh [prɔn'tɛˑrɛð] *m.* clergy, priesthood
[Lc: **pronter** -¹EDH]
{S 3; F 2: M *prontereth* (TH38v):}

pronterji [prɔn'tɛrdʒi] *m.* **+ow** parsonage, rectory, vicarage
[CC: **pronter** 2chi] {S 3; F 0(CE38): **+ow** I}

prontores [prɔn'tɔˑrɛs] *f.* **+ow** priestess, parson, clergywoman, vicar
[Lc: from **pronter** ⁴-ES]
{S 3; F 0(GM09: YhaG): **+ow** I}

proper (Eng.) *adj.*
{S 6; F 2: M *proper* (TH24r, 32v)}

prophecy (Eng.) *n.*
{S 6; F 2: M *prophesy* (TH18r)}

prosedya *v.* proceed ALT = **mos yn-rag**.
[E(F)c: VN in -YA from MidE < OldF *procéder* (coe)] {S 5; F 3: M *procedya*}

proses ['prɔˑsɛs] *m.* **+ys** passage *(of scripture)*, passage *(of time)* Archaic meanings of the Eng. word *process*
[E:] {S 6; F 3: M *processe* (TH.): **+ys** I}

prosodek [prɔ'sɔˑdɛk] *adj.* prosodic
[E(L): Cornicization of E *prosodic*]
{S 5; F 0(EC00)}

prosperi (Lat.)
{S 6; F 1: M *PROSPERI* (TH56r)}

prosperity (Eng.) *n.*
{S 6; F 1: M *prosperyte* (BK08.31)}

prosperya

prosperya v. prosper ALT = **seweni**.
[E(D)c: VN in -YA from MidE < OldF or Lat (coe)] {S 4; F 1: M *prosperya* (TH49v)}

prosternya [prɔs'tɛrnja] v. lay low
[Ec: VN in -YA from unidentified root] {S 8; F 1: M *prosternyng* (BK33.82)} The one example looks like an Eng. present ptpcl., but it is used as a 2nd pl. impv.

Protestant ['prɔtɛstant] 1. *m.* **-ans** Protestant 2. *adj.* Protestant
[E(L): ModE < Lat *prôtestâns* (coe)] {S 5; F 0(EC52): **-ans** I}

protestya v. protest
[E(F)c: VN in -YA from MidE < OldF *protester*.] {S 5; F 1: M *protestia* (SA64v)}

prout ['pruːt] 1. *adj.* proud 2. *m.* **+yon** proud person ALT = **goethus**.
[E(E): MidE < OldE *prût* (coe)] {S 5; F 4: M *prout* → P: **+yon** N}

prouyt ['pruˑɪt] *interj.* call to cattle
[U:] {S 5; F 0(CE55): D "prooit"}

prov ['prɔːv] *m.* **+ow** proof, test, trial
[L: CLat *probô* (Fl.)] {S 1; F 4: M *prof* → P, *proff*: C MidB *prouff*, W *prawf*: **+ow** I}

gul prov prove

proverbs (Eng.) *pl.*
{S 6; F 1: M *proverbis* (TH08r)}

provia [prɔ'viˑa] *v.* procure, furnish, supply, provide
[E(L)c: VN in -A from MidE < Lat (> ModE *provide*)] {S 8; F 4: M *profia, provia*: L *proveyha* (AB075a) → P, *prẏvia* (AB129b) → P}

provia rag provide for

provians [prɔ'viˑans] *m.* **+ow** supply, provision
[E(L)h: MN in -ANS from MidE < Lat (> ModE *provide*)] {S 8; F 0(EC00): **+ow** }

providence (Eng.) *n.*
{S 6; F 1: M *providens* (TH46v)}

province (Eng.) *n.*
{S 6; F 1: M *province* (TH47r)}

proviyades [prɔvi'jaˑdɛs] *f.* **+ow** supplier *(female)*, provider
[E(L)c: from **provia** -YADES]

{S 8; F 0(GM09: YhaG): **+ow** I}

proviyas [prɔ'viˑjaz] *m.* **-ysi** supplier *(male)*, provider
[E(L)c: from **provia** -³YAS] {S 8; F 0(GK98: K.J.G.): **-ysi** I}

provocation (Eng.) *n.*
{S 6; F 1: M *provocacion* (TH03v)}

provokya v. provoke ALT = **brosya**.
[E(F)c: VN in -YA from MidE < OldNorF] {S 5; F 1: M p.ptcpl. *provokys* (TH07r)}

prow ['prɔw] *m.* gain, profit, benefit, advantage, proceeds
[E(F): MidE *prowe* < OldF *prou* (CE38)] {S 4; F 2: M *prow* (PC.2658), *brow* (BK23.37), *frow* (BK33.48):}

kavoes prow profit

prydydh ['prɪˑdɪð] *m.* **+yon** poet
[C:] {S 1; F 3: O *pridit* (VC.263) → L,P: M *prydyth* (BK30.54): **+yon** C (CE38)}

prydydhes [prɪ'dɪˑðɛs] *f.* **+ow** poetess
[Cc: **prydydh** -⁴ES] {S 1; F 0(CE38): **+ow** I}

prydydhi [prɪ'dɪˑði] *v.* compose poetry
[Cc: **prydydh** -¹I] {S 1; F 0(CE38): C cf. W *prydyddu*}

prydydhieth [ˌprɪdɪ'ðiˑɛθ] *f.* poetry
[Cc: **prydydh** -IETH] {S 1; F 0(CE38): C W *prydyddiaeth*:}

prydydhyek [prɪ'dɪˑðjɛk] *adj.* poetic
[Cc: **prydydh** -YEK] {S 1; F 0(CE38)}

pryerin [prɪ'ɛˑrɪn] *m.* **+yon** pilgrim
[L: A metathesized form of **pergherin**.] {S 3; F 2: M *pryeryn* (RD.1261) → P: **+yon** N}

prykk ['prɪk] *m.* **+ow** point, degree, pitch
[E(E): MidE < OldE *pricca* (coe)] {S 5; F 3: L *pryck* (CW.0599), *prick* (CW.0784): **+ow** I}

pryl ['prɪːl] *m.* **+yon** tinstone
[U:] {S 4; F 0(CE38): D "prill": **+yon** N (CE38)}

pryns ['prɪns] *m.* **+ys** prince
[E(F): MidE < OldF (coe)] {S 4; F 5: M *pryns, prence, prince*; pl. *princis*: P Goon Prince: C B *priñs*: **+ys** M}

prynses ['prɪnsęs] *f.* **+ow** princess
[E(F)c: **pryns** -⁴ES]
{S 4; F 0(CE38): C B *priñsez*: **+ow** I}

prynseth ['prɪnsęθ] *f.* **+ow** principality
Formed by analogy with **konteth**; cf. **duketh**.
[E(F)c: **pryns** -ETH]
{S 4; F 0(GK98: K.J.G.): **+ow** I}

prynsipata m. -tys principality
ALT = **prynseth**.
[E(F): MidE < OldF *principalte* (coe)]
{S 5; F 2: M *pryncipawta* (BK20.60); pl. *pryncipatys* (CW.0053): **-tys** M}

prynt ['prɪnt] *m.* **+ow** print
[E(F): MidE *prent* < OldF *preinte* (coe)]
{S 5; F 1: L *prynt* (CW.1749): **+ow** N (G.M.S.)}

prynter ['prɪntęr] *m.* **-oryon** printer *(male)*
[E(F)l: **prynt** -¹ER] {S 5; F 0(CE55): **-oryon** I}

pryntji ['prɪntdʒi] *m.* **+ow** printing-office
[E(F)C: **prynt** 2chi] {S 5; F 0(CE38): **+ow** I}

pryntores ['prɪntoręs] *f.* **+ow** printer *(female)*
[E(F)l: **prynt** -ORES]
{S 5; F 0(GM09: YhaG): **+ow** I}

pryntya ['prɪntja] *v.* print
[E(F)c: **prynt** -YA] {S 5; F 0(CE38)}

pryntyans ['prɪntjans] *m.* **+ow** print-run
[E(F)h: **prynt** -YANS] {S 5; F 0(EC52): **+ow** I}

prys ['prɪːz] *m.* **prysyow** time, meal-time, season
[C: Brit **pritu* (M) < IE **kʷr̥tu*- (Haywood)]
{S 1; F 5: O *prit* (VC.458): M *prys*; *preys* (BM.), *pryes* (CW.); pl. *preggyov* (BM.1972): L *prêz* (AB018c), *preze* (MKJT): C B *pred*; W *pryd* 'form': **prysyow** M}

prys gweli bed-time
prys li lunchtime
prys mos time to go
prys te teatime
y'n gwella prys fortunately, luckily
y'n gwettha prys unfortunately, unluckily, unhappily

prys-boes [prɪz'boːz] *m.* **prysyow-boes** meal-time
[CC: **prys boes**] {S 1; F 2: M *pris bos* (PC.2784) → L,P: **prysyow-boes** I}

prysk ['prɪːsk] *m.* **+ys** thicket, outback
[C:] {S 1; F 1: L pl. *pryskys* (PV16301): P Priske: F Prisk: C not in B; W *prysg*: **+ys** L}

pryskel *m.* thicket
[C: **prysk** -²EL] {S 1; F 0(CE38)} Nance thought that the pl. is found in pl.ns., but this is not confirmed by Padel. Nance also introduced the compounds *prysclowek* and *prysclowwyth*.

pryskwydh ['prɪˑskwɪð] *coll.* **+enn** copse
[C: **prysk** 2gwydh]
{S 1; F 0(CE38): C W *prysgwydd*: **+enn** I}

pryskynn ['prɪˑskɪn] *m.* **+ow** thicket *(small)*, shrub
[Cc: **prysk** -YNN]
{S 1; F 0(CPNE): P Trebisken: **+ow** I}

prysweyth ['prɪˑʒwęɪθ] *m.* **+yow** moment, instant, occasion, epoch *(instant of time)*
[CC: **prys** 2¹gweyth]
{S 1; F 2: M *prygwyth* (PC.1055) → P: **+yow** I}

prysweythyel [prɪˑʒ'węɪθjęl] *adj.* momentary, instantaneous
[CCc: **prysweyth** -YEL] {S 1; F 0(GM09: G.M.S.)}

pryv ['prɪːv] *m.* **+es**, **+yon** worm, creeping creature
An examination of the 18 cases of **pryv** and its plurals in trad. Cor. showed no clear case of **pryv** by itself meaning 'worm', but its derivatives (given below) show that the meaning 'worm' was included. Five times **pryv** was contrasted with **best**. Five times **pryv** was used as a term of abuse, applied to men and devils. Four times **pryv** was applied to the serpent which tempted Eve, and twice to the dragon in *BM*. The other two cases refer to the pl. **pryves** and it is not clear what was meant. In addition, Wella Kerew used **hager bryv** four times to denote the serpent which tempted Eve.

pryvenn
There is no clear case of **pryv** meaning 'insect', yet Nance used *pryf* to translate 'insect' in *EC52*. Cf. the meanings of the Eng. word *worm*, today (1) 'creeping limbless invertebrate', (2) 'endoparasitic helminth', (3) 'larva of insect, maggot', but formerly also (4) 'serpent, dragon' (as in the legend of *The Lambton Worm*), (5) reptile (coe). The editor feels that in modern usage, the semantic range of **pryv** should be reduced to the first three meanings of E *worm* stated above. New words are proposed for 'insect' and 'reptile', viz. **hweskerenn** and **kramvil** respectively.
[C: Brit **premes* (iyk)] {**S** 1; **F** 4: **O** *prif* (VC.581) → L: **M** *preff, preif*; pls. *prevas, prevyon* → P: **L** *prêv* (AB.) → P: D "praav": **C** B *preñv*, W *pryf*: **+es** M; **+yon** M}

pryv del caterpillar

pryv malan pipe-fish

pryv nor earthworm

pryv owrlin silkworm

pryv prenn woodworm

pryvenn ['prɪˑvɛn] *f.* **+ow** worm, larva
[Cc: **pryv** -ENN] {**S** 1; **F** 2: **L** *prevan* (AB164a) → P: **P** Innis Pruen: **+ow** I} Taken as a dim. by Padel; glossing Lat *tinea* 'worm'.

pryvesek [prɪˈvɛˑzɛk] *adj.* wormy, verminous
[Ccc: **pryves** -¹EK]
{**S** 1; **F** 0(CE38): **C** W *pryfedog*}

pryvessa [prɪˈvɛsːa] *v.* hunt vermin
[Cc: **pryv** -ESSA] {**S** 1; **F** 0(CE38)}

pryvyon ['prɪˑvjɔn] reptiles, vermin
[C: **pryv** -YON]
{**S** 1; **F** 2: **M** *prevyon* (OM.1160, BM.3526) → P} The first example refers to the reptiles entering the Ark; the second is used as a term of abuse.

pub [pyb] **1.** *adj.* each, every
The adj. was pronounced differently from the pronoun **peub**; see Padel (1979).
[c: CC (Fl.)] {**S** 2; **F** 7: **M** *pub, pup*: **L** *pẏb* (AB.); *pub, peb*: **C** B *peb*; W *pob*}

pub eur always

pub eur oll all the time;

pub huni everyone, everybody

pub termyn always

pub le everywhere

pub-dydh [pəbˈdɪːð] *adv.* every day
Two exx. show internal unvoicing.
[CC: **pub dydh**] {**S** 8; **F** 2: **M** *pup teʒ* (MC.228), *pup tyth* (OM.0831), *pub dyth* (LPJK)}

pub-dydhyek [pəbˈdɪðjɛk] *adj.* daily
[CCc: **pup-dydh** -¹EK] {**S** 8; **F** 0(GM09)}

puber ['pyˑbɛr] *m.* **+yow** pepper
[U:] {**S** 8; **F** 0(CE38): **C** B *pebr*; W *pupur*: **+yow** I} This word, due to Nance, follows the W. presumably because following the B would conflict with **peber** 'baker'.

publican (Eng.) *n.*
{**S** 6; **F** 1: **M** *publican* (TH08v)}

pubonan [pybˈɔˑnan] *pron.* everyone, everybody
[cC: **pub onan**] {**S** 2; **F** 3: **M** *pub onan* (MC043, 199), *pub onon* (MC.137): **L** *pub onyn* (MSWP), *pub honyn* (PV15506)}

punishment (Eng.) ALT = **kessydhyans**.
[E(F): MidE < OldF *punissement* (coe)] {**S** 6; **F** 3: **M** *punysment* (TH.); pl. *punyshmentys* (TH24v)}

punshya *v.* punish ALT = **kessydhya**.
[E(F)c: VN in -YA from MidE *punische* < OldF (coe)] {**S** 5; **F** 3: **M** *punsya* → P}

punyon ['pyˑnjɔn] *m.* **+s** gable
[F: F *pignon*] {**S** 5; **F** 0(CE38): **+s** I (CE38)} Spelling is that of Nance.

pup-prys [pəpˈpriːz] *adv.* always
[cC: from **pub prys**] {**S** 3; **F** 5: **M** *pup prys* → L,P} In the texts, this was almost always written as 2 words.

pup-tra [pəpˈtraː] *m.* everything
[CC: from **pub tra**] {**S** 3; **F** 5: **M** *pup tra* → L,P: **L** *pyb tra* (NGNB4), *pob tra* (Gw.):}

¹**pur** ['pyːr] *m.* mucus *(nasal)*, phlegm
[U:] {**S** 8; **F** 2: **L** *pur* (AB033a, 095a) → P:}

²**pur²** ['pyːr] *adj.* pure, clean, absolute
2. *adv.* very 2nd state mutation caused when used as an adverb, 'very'.
[L: CLat *purus*]
{**S** 1; **F** 7: **M** *pur*: **L** *por*: **P** Polpeor: **C** B *(peur)*; W *pur*}

purchasya

purchasya *v.* purchase ALT = **prena**.
[E(F)c: VN in -YA from MidE < AngN *purchacer* < OldF *pourchacier* (coe)]
{S 5; F 3: M *purchasia* (TH.)}

puredh ['pyˑrẹð] *m.* purity
[Lc: ²**pur** -EDH] {S 1; F 0(EC52): C W *puredd:*}

purek ['pyˑrẹk] *adj.* snotty, snivelling
[Uc: ¹**pur** -¹EK] {S 8; F 1: L *purica* (PV15507)}

purgation (Eng.) *n.*
{S 6; F 1: M *purgacion* (TH14r)}

purhe [pyr'hẹː] *v.* purify, refine
[Lc: ²**pur** -HE] {S 1; F 0(GK98: K.J.G.)}

purheans [pyr'hẹˑans] *m.* **+ow** purification, absolution *(of sins)*
[Lch: **purhe** -ANS]
{S 1; F 0(GK98: G.M.S.): **+ow** I}

purjya ['pyrdʒja] *v.* purge
[E(F)c: VN in -YA from MidE < OldF *purger* (coe)] {S 5; F 3: M *purgya* (TH14r): L *pẏrdzha* (AB132b) → P}

purkat *m.* pulpit ALT = **gogell**.
[L: Lat (CE38)]
{S 8; F 2: L *pẏrkat* (AB141c, 158a) → P}

purpur ['pyrpyr] **1.** *adj.* purple **2.** *m.* purple cloth
[F:] {S 8; F 3: M *purpur:*}

purra ['pyrːa] *adj.* veriest
[Cc: spv. of ²**pur**] {S 1; F 3: M *purra* → P}

pursuivant (Fr.) *n.*
{S 6; F 1: M *purcevand* (BK37.06)}

PURSYW- [E(F): MidE *pursiwe* < OldF *porsivre* (coe), but could be interpreted as **pur syw-**]

pursywya [pyrˈsɪʊja] *v.* pursue
[E(F)c: PURSYW=YA]
{S 4; F 1: M *pursuya* (TH23r)}

pursywyans [pyrˈsɪʊjans] *m.* **+ow** pursuit
[E(F)h: PURSYW=YANS]
{S 4; F 0(GM09: K.J.G.): **+ow** I}

purva ['pyrva] *f.* **+ow** refinery
[Cc: ²**pur** -VA] {S 1; F 0(EC00): **+ow** I}

puskes ['pyˑskẹz] *pl.* fish(es)
[L: CLat *piscâtus*, with change of vowel]

pyffya

{S 3; F 5: M *puskes, puskas*: L *pẏsgaz* (AB.), *pusgaz*} One might expect **pyskes*, but the unusual spelling is quite clear.

pusketti [pysˈkẹtːi] *m.* **+ow** aquarium
[LC: from **puskes** ⁴**ti**]
{S 3; F 0(EC52): C W *pysgoty*: **+ow** I}

pusorn ['pyˑsɔrn] *m.* **+ow** bundle, bale, burden
[U:] {S 8; F 2: M *pusorn* (RD.0542) → P: **+ow** I}

pusornas [pyˈzɔrnaz] *v.* bale, bundle together
[Uc: **pusorn** -¹AS] {S 8; F 2: L *bozzorrez*}

puth ['pyːθ] *m.* **+ow** well
[L: CLat *puteus* (iyk)] {S 1; F 0(CE38): D "peeth": P Park Peeth: C cf. B *puñs*: **+ow** I}

¹**py** [pɪ] *pron.* which, what
[c:] {S 1; F 5: M *py*: L *pe*: C B *pe*, MidW *py*}
This is not the same word as **py** 'or'. In the texts, the word was also used for 'who'.

py lies how many

py le pynag wherever

²**py** [pɪ] *conj.* or The form **po** is preferred, since it has no homographs.
[c: CC (same as 3 s impf. subj. of ¹**bos**) (Fl.)]
{S 3; F 5: O *pi*: M *py* → L,P: C B *pe*, W *pe*}

³**py** [pɪ] *adv.* where The word **ple** is preferred, since it has no homographs.
[c: Prob. the same as ¹**py**]
{S 1; F 4: M *py, pe* → P}

pych ['pɪːtʃ] *m.* **+ys**, **+ow** stab, thrust, piercing
[E: MidE, from vb. *piche* (coe)] {S 5; F 1: M *pych* (PC.3017): **+ys** I (CE38); **+ow** N (GM09)}

pycher ['pɪˑtʃer] *m.* **+s** pitcher *(jug)*
[E(F): MidE < AngN *picher* (coe)] {S 5; F 3: M *pycher* (PC.0629, 0662), *fycher* (PC.0656): L *pitchar* (AB087a) → P: C cf. W *piser*: **+s** I}

pychya ['pɪˑtʃja] *v.* pierce, stab, transfix
[Ec: **pych** -YA] {S 5; F 0(CE55)}

Pyder *place* Pydar (name of a hundred)
[C:] {S 8; F 1: M *peddre* (BM.2211)}

pyffya ['pɪfːja] *v.* puff
[E(E)c: VN in -YA from OldE *pyffan* (coe)]
{S 4; F 0(CE38): C cf. W *pwffio*}

pyffyer

pyffyer ['pɪfːjẹr] *m.* **-s** dolphin
[E(E)h: MN in -YER from **pyffya**]
{S 4; F 0(CE38): D "piffer": **-s** I}

¹pyg ['piːg] *m.* **+ow** pitch *(tar)*, tar
[L: CLat *picem* (hpb)] {S 1; F 3: M *pek* (OM.0954), *peyke* (CW.2260, 2291): L *pêg* (LVWG): C B *(speg)*, W *pyg*: **+ow** I}

²pyg pig Found in the expression *pig bihan* 'runt'. [E(E): MidE *pigge* < OldE (coe)]
{S 4; F 1: L *pig* (AB124a)}

pygans [pɪ'gans] *m.* wherewithal, livelihood, requisites, necessities, means
[cC: **¹py gans**] {S 1; F 4: M *pegans* → P:}

pygemmys [pɪ'gẹmːɪs] *adv.* how much
[ccC: From **¹py 2kemmys**] {S 2; F 2: M *py gymmys* (MC.185, OM.2104): C B *pegement*}

pyglenn ['pɪglẹn] *f.* **+ow** tarpaulin
[LC: **¹pyg lenn**] {S 1; F 0(CE38): **+ow** I}

pygvoen ['pɪgvɤn] *m.* pitchblende
[LC: **¹pyg ²moen**] {S 8; F 0(EC00):}

pyla *adv.* where
[cc: from **¹py le** {S 2; F 3: M *pele* (MC.245), *pylea* (CW.2126) → P}
Nance treated this as one word, but it is better treated as two: **py le** 'what place', the shortened form of which is **ple**. In *MC.,*, the 2nd syll. was stressed, and pronounced ['eː]; in *CW.*, the 2nd syll. was forced to rhyme in [–a] as indicated by the spelling <-ea>.

pylf ['pɪlf] *m.* **+ow** cloak
[E: MidE *pelf*]
{S 4; F 2: M *pylf* (BK03.36, 32.64): **+ow** I}

pyll ['pɪlː] *m.* **+ow** creek
[C:] {S 8; F 0(CPNE): P Pednanpill Point: **+ow** I} A word with similar meaning and form is found in place-names in England (around the Severn) and in Wales.

pylla ['pɪlːa] *v.* plunder, spoil, pillage, rifle, ransack
[E(F)c: VN in -A from MidE < OldF *piller* (coe)]
{S 4; F 3: M *pyle* (BM.3423, 3430), *pela* (CW.1441); 3rd sg. pres subj. *pela* (BM.1268)}

pyltya ['pɪltja] *v.* pelt
[E(U)c: VN in -YA from MidE (coe)]

pynakyl

{S 8; F 1: M *pyltye* (MC.112)}

pyment ['pɪˑmẹnt] *m.* **+ys** spiced wine
[E: *pimento* < Sp *pimiento* was not recorded before the 17th cent.]
{S 8; F 3: M *pyment* (OM.1915) → P: **+ys** I}

pymp ['pɪmp] *num.* five
[C: CC < IE **penkʷe* (M)] {S 1; F 4: M *pymp, v:* L *pemp:* C B *pemp*, W *(pump)*}

pympbys [pɪmp'pɪːz] *m.* **+ow** starfish
[cC: **pymp ³bys**]
{S 1; F 0(CE38): C B *pempiz* 'hemlock': **+ow** I}

pympdelenn [pɪmp'dęˑlẹn] *f.*
pympdelyow cinquefoil
[cCc: **pymp delenn**] {S 1; F 0(CE38): C B *pempdelienn*: **pympdelyow** I}

pympes ['pɪmpẹz] *num.* fifth
[Cc: Reduced from **pymp** -VES]
{S 2; F 4: M *pympes, v, v-as:* L *pempas:* C B *pempvet, pempet*, W *pumed*}

pymthegves [pɪm'θęˑgvẹz] *num.* fifteenth
[cCc: from **pymthek** -VES] {S 2; F 0(CE38)}

pymthek ['pɪmθẹk] *num.* fifteen
[cC: from **pymp 2deg**, with loss of [p] and unvoicing, < Brit **pempedecan* (gpc)]
{S 2; F 3: M *pymʒek, xv:* L *pemdhak* (AB135a) → P, *pemthac* (WDRS)} There are only a few exx. of this word, but all save one show loss of [p].

pynag [pɪ'naːg] *pron.* whoever, whatever
[cC: **¹py nag**]
{S 1; F 4: M *pynag, penag* → P: L *bennak* (AB134c, 244c) → P: C B *(bennak)*, W *(bynnag)*}

pynagoll ['pnagɔl] *pron.* whosoever, whatsoever
[cCC: **pynag oll**]
{S 1; F 4: M *penagel* (BK.) (2 syll.), *penagull*}

pynakyl ['pɪˑnakɪl] *m.* **pynaklys** pinnacle
[E(F): MidE < OldF *pinacle* (coe)]
{S 5; F 2: M *pynakyl* (PC.0084, 0088), *penakyll* (MC.013): **pynaklys** I}

pynchya ['pɪntʃja] *v.* pinch
[E(F)c: VN in -YA from MidE < OldF *pincier* (coe)] {S 5; F 1: M p.ptcpl. *pynchis* (TH34r)}

pyneyl [pɪ'nɛɪl] *pron.* which *(of two)*
[cccC: from **py a'n eyl**]
{S 2; F 3: M *py nyl* (PC.), *peneyl* (BM.1257): L *peniel* (NGNB6), *pelîha* (AB178b)}

pynila *pron.* which of two
{S 8; F 1: M *pe nyle* (MC.125)}
This was previously interpreted as a variant of **pyneyl**, but it may be ¹**py** Nkila, which would form a double rhyme with **skila**.

¹pynn ['pɪnː] *m.* lit. 'head'
As in **er agan pynn** 'against us'.
[C: Brit *pennî* 'head's'(gen.)] {S 3; F 4: M *pyn* → L,P: L *pidn* (LPJB), *pedn* (LPTB)}

²pynn ['pɪnː] *m.* **+ow** pin, dowel, peg
[E(E): OldE *pinn* (coe)]
{S 4; F 2: L *pidn* (AB048b, 115b): **+ow** I}

pynn meus drawing pin

pynna ['pɪnːa] *v.* pin together
[E(E)c: ¹**pynn** -¹A]
{S 4; F 1: M 3rd sg. pres. ind. *pyn* (OM.0963)}

pynsel ['pɪnsɛl] *m.* **+s** brush *(of artist)*
[E(F): MidE *pensel* < OldF *pincel* (> ModF *pinceau*)] {S 4; F 0(CE38): **+s** I (CE38)}
The spelling is due to Nance.

pynsel plomm lead-pencil

pynser ['pɪnsɛr] *m.* **+yow** pincers *(pair)*
[E(F): MidE *pinsers* < OldF *pincier* (coe)]
{S 4; F 2: M *pynsor* (PC.3149, 3151): **+yow** I}

pypynag [pɪpɪ'naːg] *pron.* whatever
[ccC: ¹**py pynag**]
{S 1; F 4: M *pepenag* → P: L *pepynnag* (AB244c)}

pyrag [pɪ'raːg] *adv.* why
[CC: ¹**py rag**] {S 1; F 2: L *perag* (AB249b) → P; *porag* (PV15308): C B *perak*}

pyraga [pɪ'raːga] *adv.* why
[cC: an extended form of **pyrag**, cf. **praga**]
{S 2; F 2: M *pyraga* (BM.0395, 1050)}

Pyran ['pɪˑran] *name* Perran
[C:] {S 1; F 0(CE93): P Perranporth and many other places} The spelling *Perran* represents LateC and dialect. The spelling *Piran* is an Anglicized form of the MidC.

pys ['pɪːz] *coll.* **+enn** peas
[E(E): MidE < OldE *pise* (coe)] {S 4; F 2: L *pêz* (AB121a, 150b) → P: C W *pys:* **+enn** I}

PYS- [C: Brit (lp)]

pysadow [pɪ'ʒaˑdɔw] *m.* prayer, supplication, appeal, entreaty
[Cc: PYS=ADOW] {S 1; F 4: M *pyiadow, pejadow, pesadow* → L: L *pydzhadou* (AB127c) → P:}
Palatalization in this word is analogical.

pyseul [pɪ'sœːl] *pron.* whatever, how many, how much
[cC: ¹**py seul**] {S 1; F 1: M *pezealla* (AB135a)}

pysi ['pɪˑʒi] *v.* pray, entreat, beg
[Cc: PYS=¹I] {S 1; F 6: M *pysy, pesy, pegy*: L *pidzhi* (AB109a), *pidgee* (Gw.)}

pysi nebonan a wul neppyth ask someone to do something

pysi neppyth diworth nebonan ask something from someone

pysi rag pray for

pysi war Dhuw pray to God

my a'th pys I pray thee, I prithee

pysk ['pɪːsk] *m.* **puskes** fish *q.v.*
[L: CLat *piscem* (M)] {S 1; F 4: O *pisc* (VC.540); pl. *puskes, puskas*: M *pysk* (OM.0139, PC.2404): L *pêsk* (AB018c, 143c) → P, *pesk, pysg*; pl. *pysgaz* (AB.), *pusgaz*: **puskes** ML}

pysk hag askloes fish and chips

pyskador [pɪsˈkaˑdɔr] *m.* **+yon** fisherman
[L: CLat *piscatorem* (Gr.)] {S 3; F 3: O *piscadur* (VC.234) → L,P: M *puscador* (TH45v): L *pysgadar* (AB017a, 120c) → P; pl. *poscaders* (M4WK): C cf. B *pesketaer*; W *pysgodwr*: **+yon** I}

pyskador an myghtern kingfisher

pyskek ['pɪˑskɛk] *f.* **-egi** fishing-ground
An interesting application of the suffix -EK meaning 'abounding in'.
[Lc: **pysk** -¹EK] {S 1; F 0(AnG 1983): **-egi** I}

pyskessa [pɪsˈkɛsːa] **1.** *v.* fish **2.** *m.* fishing
[Lc: **pysk** -ESSA] {S 1; F 2: L *pysgetta* (AB120c) → P: C B *pesketañ*, W *pysgotaː*}

pysklynn ['pɪˑsklɪn] *f.* **+ow** fish-pond
  [LC: **pysk lynn**]
  {**S** 1; **F** 2: **O** *pisclin* (VC.740) → L,P: **+ow** I}

PYST- [C: Brit (Fl.)]
  Brittonic root found in **pystri** and **pystik**.

pyst ['pɪːst] *m.* **+yon** fool
  [E: dial. "pist" 'fool' (CE38)] {**S** 8; **F** 2: **M** *pyst* (BK09.59): L *pyst* (PV15536): **+yon** I}
  Found also in the expression **penn-pyst**

pystiga [pɪsˈtiˑga] *v.* harm, hurt, injure
  [Ccc: from **pystik** -¹A]
  {**S** 8; **F** 2: **M** *pystege* (MC197), *pystige* (PC.0098): L p.ptcpl. *pesticks* (M4WK)}

pystigys [pɪsˈtiˑgɪz] *adj.* injured, hurt
  [Ccc: from **pystik** -⁶YS]
  {**S** 8; **F** 1: **L** *pestiks* (M4WK)}

pystik ['pɪˑstɪk] *m.* **pystigow** hurt, injury, lesion
  [Cc: PYST=IK] {**S** 8; **F** 2: **M** *pystyk* (RD.2305) → P: **C** B *pistig*: **pystigow** I}

pystri ['pɪˑstri] *m.* sorcery, witchcraft, magic
  [Cc: derivative of PYST-] {**S** 8; **F** 2: **M** *pystry* (PC.1765, BM.4077) → P: **C** MidB *pistri:*}

pystria [pɪsˈtriˑa] *v.* bewitch, work magic
  [Ccc: **pystri** -¹A] {**S** 8; **F** 1: **M** p.ptcpl. *pystrys* (BK16.38) (should be 3 syll.)}
  Anticipated by Nance in *CE38*.

pystrier [pɪsˈtriˑer] *m.* **-oryon** sorcerer, magician, wizard
  [CCl: **pystri** -¹ER] {**S** 8; **F** 3: **M** *pistryor* (PC.1767) → L,P; *pystryour* (RD.1854), *pystryer* (BK13.23): **-oryon** I} 3 syll. in all exx.

pystriores [ˌpɪstriˈɔˑreṣ] *f.* **+ow** sorceress
  [CCc: **pystri** -ORES] {**S** 8; **F** 2: **M** *pestryores* (OM.2668) → L,P: **+ow** I}

¹**pyth** ['pɪːθ] *pron.* what
  [c: Perhaps the same as ²**pyth**]
  {**S** 3; **F** 5: **M** *pyth* → P: **C** W *beth*}

²**pyth** ['pɪːθ] *m.* **+ow** thing, property, possession, asset

[C: Brit *pett-* (M) < IE (lp)] {**S** 8; **F** 6: **M** *pyth, peth, peth*: **L** *pêth* (AB.), *peth, peath*; pl. *pethou* (PV15039), *fettow* (DSEC) → P: **C** B *pezh*; W *peth*: **+ow** } The <y> does not agree with the cognates, but is clear in the spellings.

an pyth that which
pyth an bys worldly wealth

³**pyth** *adv.* where It is better to reserve **pyth** for 'what', and use **ple** for 'where'.
  [c: Form of ³**py** for use before vowels]
  {**S** 8; **F** 3: **M** *pyth* → P}

py'th *phrase* where ALT = **ple'th**.
  [CC: from ³**py yth**] {**S** 3; **F** 3: **M** *pyth, py th*}

pyth-keskar *m.* dispersion of wealth
  {**S** 8; **F** 2: **M** *peth kescar* (MC.024) → P}

pythyon ['pɪˑθjɔn] *coll.* **+enn** leaves *(of a book)*
  [U:] {**S** 8; **F** 2: **O** sg. *biþionen* (VC.360) → L,P: **+enn** O}

pytt ['pɪt] *m.* **+ow** pit
  [E(E): OldE *pytt* (soed)]
  {**S** 5; **F** 3: **M** *pytt*: **+ow** N}

p'yw *phrase* who is
  [CC: **piw yw** reduced by haplology] {**S** 3; **F** 4: **M** *pyv* → P; variant *pywe* < **piw yw ev**}

Q

<q> is not used in Cornish, but appears here in a few unassimilated loan-words.

quality (Eng.) *n.* {**S** 6; **F** 3: **M** *qualite* (TH02v, 05r); pl. *qualites* (TH.)}

quantity (Eng.) *n.* Did Thomas Stephyn not know the word **myns**?
  {**S** 6; **F** 2: **M** *quantite, quantyte* (SA64r)}

quarry (Eng.) *n.* {**S** 6; **F** 2: **L** *ku̯are* (AB060b) → P, *ku̯arre* (AB080c)}

quiet (Eng.) *adj.*
  {**S** 6; **F** 2: **M** *quyat* (TH41r, 51r)}

quite (Eng.) *adv.*
  {**S** 6; **F** 2: **M** *quit* (BK13.56, 28.63)}

R

rach ['raːtʃ] *m.* caution, heed, care
[E(E): MidE *reche* < OldE *rêcan* (coe)]
{S 5; F 2: M *rach* (PC.2722) → P:}
gans rach carefully
Racha (Heb.) *n.* fool
{S 6; F 2: M *Racha* (TH28v, 29v)}
Rachel *name* Rachel
[E(H):] {S 5; F 1: L *Rachel* (M2WK)}
radar ['raˑdar] *m.* **+s** radar
[E: ModE *radar*, acrostic from RAdio Detection And Ranging] {S 4; F 0(Y1): **+s** I}
radell ['raˑdęl] *m.* **+ow** scree, clitter, loose stones, rubble
[c:] {S 1; F 0(CE38): D "radgell": P ?Radjel: C B *radell* 'raft'; W *radell* 'bakestone': **+ow** I}
radyo ['raˑdjɔ] *m.* **+yow** radio
[E: ModE *radio*, abbrev. of *radiotelegraphy* (coe)]
{S 5; F 0(Y1): **+yow** I (Y1)}
raff ['rafː] *adj.* worthless
Precedes the noun.
[E(E): MidE *raff*, as in *riff-raff*] {S 4; F 2: M *raf* (BK02.70, 28.26), *ruf* (BK04.78): D raffle fish}
rag [rag] **1.** *prep.* for, in order to, for the purpose of **2.** *conj.* for.
See *GMC* para. 154 for more details. Combines with personal pronouns as **ragov, ragos, ragdho, rygdhi, ragon, ragowgh, ragdha**.
[c: Brit **rak-* < IE **prak* (hpb)]
{S 1; F 8: M *rag* → P, *rak* (PC., RD.) → P: L *rag*: P Raginnis: C B *rak*, W *rhag*}
Nance appeared undecided on the spelling, and gave both *rak* and *rag*. In **Kernewek Kemmyn**, *rag* is used in accordance with the phonemic principle in monosyllables.
RAG-[2] *prefix* fore-, pre- [c: Same as **rag**]
Nance spelled this prefix *rak-* before <p>, <s> and <t>, following Breton practice. In this dictionary, following *GMC* §273, the leniting prefix is spelled *rag-* in all words, except before <h->, where *rak-* is used so as to avoid <gh>, e.g. **rakhanow**; and also before <k->.
ragadhves [rag'aðvęz] *adj.* precocious
[cC: RAG- **adhves**] {S 1; F 0(EC52)}

ra'gan *phrase* for our
[CC: from **rag agan**] {S 1; F 1: L *rag gun* (BPWG)}
ragarghas [rag'arxaz] *m.* **+ow** booking, reservation
[cCc: **rag-** ARGH=[1]AS] {S 1; F 0(Y1): **+ow** I}
ragarveth [rag'arvęθ] *m.* **+ow** advance *(of wages)*
[cC: RAG- **arveth**] {S 1; F 0(Y2): **+ow** I}
ragarwoedh [rag'arwɤð] *f.* **+yow** portent, presage [cC: RAG- **arwoedh**] {S 1; F 0(EC52): **+yow** I (K.J.G.)}
ra'gas *phrase* for your
[CC: from **rag agan**]
{S 1; F 3: M *ragas* → P: L *rag guz*}
ragavon [rag'aˑvɔn] *f.* **+yow** tributary
[cC: RAG- **avon**] {S 1; F 0(GM09: G.M.S.): C W *rhagafon*: **+yow** I}
ragbreder [rag'bręˑdęr] *m.* **+ow** forethought, precaution
[cC: RAG- 2**preder**]
{S 3; F 0(CE38): C B *rakpreder*: **+ow** I}
ragbren ['ragbręn] *m.* **+ow** subscription
[cC: RAG- 2PREN-]
{S 1; F 0(CE38): C B *rakpren*: **+ow** I}
ragbrena [rag'bręˑna] *v.* subscribe
[cCc: RAG- 2**prena**]
{S 1; F 0(CE38): C B *rakprenañ*}
ragbrener [rag'bręˑnęr] *m.* **-oryon** subscriber *(male)* [cCl: RAG- 2**prener**]
{S 1; F 0(GK98: G.M.S.): **-oryon** I}
ragbrenores [ragbrę'nɔˑręs] *f.* **+ow** subscriber *(female)*
[cClc: RAG- 2**prenores**]
{S 1; F 0(GM09: P.H.): **+ow** I}
ragdal ['ragdal] *m.* advance payment
[cC: RAG- 2TAL-] {S 1; F 0(Y2):}
B *raktal* 'immediately' is not cognate.
ragdas ['ragdaz] *m.* **+ow** forefather
[cC: RAG- 2**tas**] {S 8; F 2: L *rhagadaz* (PV15835); pl. *rhagdazu* (AB084b) → P: **+ow** L}
In other words, e.g. **tekter**, /-gd-/ is subject to internal sandhi, and is pronounced [-kt-] and spelled <-kt->.

ragdewlel

ragdewlel [rag'dęƱlęl] *v.* preplan
[cC: RAG- 2**tewlel**] {S 1; F 0(GM09: YhaG)}

ragdhannvon [rag'ðanvɔn] *v.*
send ahead
[cC: RAG- 2**dannvon**]
{S 1; F 1: M p.ptcpl. *rag danfenys* (BK26.71)}

ragdho ['ragðɔ] *prep.* for him
[C: Compound of **rag**]
{S 1; F 5: M *ragtho*: L *ragta*}

ragdhydhya [rag'ðɪ·ðja] *v.* predate
[cCc: RAG- 2**dydhya**] {S 1; F 0(GM09: YhaG)}

ragdres ['ragdręs] *m.* **+ow** project
[cE(F): RAG- 2**tres**]
{S 4; F 0(GM09: J.P.): C B *raktres*: **+ow** I}

ragdresa [rag'drę·sa] *v.* project
[cE(F)c: **ragdres** -¹A] {S 4; F 0(GM09: K.J.G.)}

ragdybi [rag'dɪ·bi] *v.* presuppose
[cCc: RAG- 2**tybi**] {S 8; F 0(EC52)}

ragdybyans [rag'dɪ·bjans] *v.*
presupposition
[cCc: RAG- 2**tybyans**] {S 8; F 0(EC52)}

rage (Eng.) *n.* {S 6; F 1: M *rag* (TH48r)}

rager ['ra·gęr] *m.* **+yow** foreword
[cC: RAG- 2**ger**]
{S 1; F 0(CE38): C B *rakger*: **+yow** I}

ragerghi [rag'ęrxi] *v.* book, reserve *(e.g. a room)*
[cCc: RAG- **erghi**] {S 1; F 0(Y1)}

ragerghys [rag'ęrxɪz] *adj.* booked, reserved *(booked)* P.ptcpl. of **ragerghi**.
[cCc: RAG- **erghys**] {S 1; F 0(EC00)}

rag-gorrys {S 8; F 1: L *raggorrys* (PV15626)}
Pryce gave the meaning of this word as 'to let forth'; this must be a mistake; the word appears be the p.ptcpl. of a verb meaning 'to put forward'.

ragilow [ra'gi·lɔw] *m.* **+yow** overture, prelude
[cN: RAG- **ilow**] {S 8; F 0(EC00): **+yow** I}

raglavar [rag'la·var] *m.* **+ow** preface, foreword, preamble, prologue
[cC: RAG- **lavar**]
{S 1; F 0(CE38): C B *raklavar*: **+ow** I}

ragresegydh

raglenn ['raglęn] *f.* **+ow** over-trousers
[cC: RAG- **lenn**] {S 1; F 0(CE38): **+ow** I}

raglev ['raglęv] *m.* **+ow** vote
[cC: RAG- **lev**] {S 1; F 0(Y2): **+ow** I}

ragleva [rag'lę·va] *v.* vote
[cCc: RAGLEV -¹A] {S 1; F 0(Y2)}

ragleverys [ˌraglę'vę·rɪz] *adj.* aforesaid, already mentioned. May be regarded as the p.ptcpl. of a verb **ragleverel**.
[cCc: RAG- **leverys**] {S 1; F 2: M *rag leueris* (MC.224), *rag leverys* (BK04.47)}

ragnotya [rag'nɔ·tja] *v.* specify
[cE(F)c: RAG- **notya**] {S 5; F 0(GM09: G.M.S.)}

ragnotyans [rag'nɔ·tjans] *m.* **+ow** specification
[cE(F)c: RAG- **notyans**]
{S 5; F 0(GM09: G.M.S.): **+ow** I}

ragober [rag'ɔ·bęr] *m.* **+ow** rehearsal, preparation *(e.g. in decorating)*
[cL: RAG- **ober**] {S 1; F 0(GK98: A.S.): **+ow** I}

ragoberi [ˌragɔ'bę·ri] *v.* rehearse
[cLc: **ragober** -¹I] {S 1; F 0(GK98: A.S.)}

ragomogh m. hog
[FC: F *ragot* 'young boar' + **mogh**]
{S 8; F 1: L *ragomo* (Symonds):}

ragon ['ragɔn] *prep.* for us
[C: Compound of **rag**]
{S 1; F 5: M *ragon* → P, *ragan* (TH.): L *ragon*}

ragos ['ragɔz] *prep.* for thee
[C: Compound of **rag**]
{S 1; F 4: M *ragos* → P: L *ragoz* → P}

ragov ['ragɔv] *prep.* for me
[C: Compound of **rag**] {S 1; F 4: M *ragof* → P}

ragowgh ['ragɔƱx] *prep.* for you
[C: Compound of **rag**]
{S 1; F 4: M *ragough*: L *rago* → P}

ragown ['ra·gɔƱn] *m.* presentiment, foreboding
[cC: RAG- **own**] {S 1; F 0(CE38):}

ragresegydh [ˌragrę'zę·gɪð] *m.* **+yon** precursor, predecessor
[cCcc: from **ragresek** -¹YDH] {S 1; F 0(CE38): C not in B; W *rhagredegydd*: **+yon** I}

ragresek [rag'rɛ·zɛk] *v.* run before
[cCc: RAG- **resek**] {S 1; F 0(CE38)}

ragreser [rag'rɛ·sɛr] *m.* **-oryon**
forerunner, harbinger
[cCl: RAG- **reser**]
{S 1; F 0(CE38): C B *rakreder*: **-oryon** I}

ragrestra [rag'rɛstra] *v.* pre-arrange
[cCc: RAG- **restra**] {S 1; F 0(AnG 1986)}

ragsel ['raksɛl] *m.* **+yow** premise
[cC: RAG- ¹**sel**] {S 1; F 0(EC00): **+yow** I}

ragsettya [rak'sɛtːja] *adj.* prescribe
[cE(E)c: RAG- **settya**] {S 1; F 0(AnG 1994)}

ragskeus ['rakskœz] *m.* **+ow** pretext
[cC: **rag skeus**] {S 1; F 0(GK98: G.M.S.): **+ow** I}

ragvlas ['ragvlas] *m.* **+ow** foretaste
[cC: RAG- 2**blas**]
{S 1; F 0(CE38): C B *rakvlaz*: **+ow** I}

ragvreus ['ragvrœz] *m.* **+ow** prejudice
[cC: RAG- 2**breus**] {S 1; F 0(CE38): **+ow** I}

ragvreusi [rag'vrœ·ʒi] *v.* pre-judge, prejudicate
[cCc: RAG- 2**breusi**] {S 1; F 0(EC52)}

rag-vy *prep.* for me
[cC:] {S 3; F 1: L *rag ve* (LOPWG)} Shows typical loss of ending in pronominal preposition in LateC; cf. **dhe-vy**.

ragwari [rag'wa·ri] **1.** *v.* upstage **2.** *m.* **+ow** prelude *(play)*
[cC: RAG- 2**gwari**] S 1; F 0(GM09: P.H.): **+ow** I}

ragwarier [ragwa'ri·ɛr] *m.* **-oryon**
forward *(sport)*
[cCl: RAG- **gwarier**]
{S 3; F 0(GM09: G.M.S.): **-oryon** I}

ragwarila [ragwa'ri·la] *m.* **-leow**
upstage
[cCc: RAG- 2**gwarila**]
{S 2; F 0(GM09: YhaG): **-leow** I}

ragwarnyans [rag'warnjans] *m.* **+ow**
premonition
[cE(E)h: RAG- 2**gwarnyans**]
{S 4; F 0(GM09: K.J.G.): **+ow** I}

ragwel ['ra·gwɛl] *m.* **+yow** foresight
[cC: RAG- 2¹**gwel**]

{S 1; F 0(CE38): C B *rakwel*: **+yow** I}

ragweles [rag'wɛ·lɛz] *v.* foresee
[cCc: RAG- 2**gweles**] {S 1; F 0(CE38): C B *rakwelout*, W *rhagweled*}

ragwir ['ra·gwir] *m.* **+yow** priority
[cC: RAG- 2**gwir**] {S 1; F 0(Y1): **+yow** I}

rakan ['ra·kan] *m.* **+ow** garden rake
[U:] {S 5; F 3: L *rackan* (AB136b, 296b), *rakkan* (AB033c), *rachan* (PV15618): **+ow** N (CE38)}

rakana [ra'ka·na] *v.* rake
[Uc: **rakan** -¹A] {S 8; F 0(CE38): C W *rhacanu*}

rakhanow [rak'hanɔw] *m.* **rakhenwyn**
pronoun
[cC: RAG- **hanow**] {S 2; F 0(CE38): C B *raganw*; W *rhagenw*: **rakhenwyn** I}

rakhanwel [rak'hanwɛl] *adj.*
pronominal
[cCc: from RAG- **hanwel**]
{S 2; F 0(GM09: YhaG)}

rakhenna [rak'hɛnːa] *conj.* therefore
[cC: from **rag henna**] {S 2; F 6: M *rag henna*, *rak henna*: L *raghenna* (AB249b)}

rakhenwel [rak'hɛnwɛl] *v.* name before
[cCc: from RAG- **henwel**]
{S 2; F 1: L p.ptcpl. *raghanuyz* (CGEL)}

rakherdhell [rak'hɛrðɛl] *f.* **+ow**
propeller
[cCc: RAG- **hordh**A -²ELL]
{S 2; F 0(GK98: G.M.S.): **+ow** N}
Back-formation from **rakherdhya**, otherwise there is no reason for vowel aff.

rakherdhya [rak'hɛrðja] *v.* propel
[cCc: from RAG- **herdhya**] {S 2; F 0(Y1)}

rakka ['rakːa] *m.* **rakkow** amusing tale, amusing story
[U:] {S 5; F 2: O *racca* (VC.895) → P: **rakkow** N (G.M.S.)}

rakkeas [rak'kɛ·az] *v.* preclude
[cCc: from RAG- **keas**] {S 1; F 0(GK98: G.M.S.)}

rakkemmeres [ˌrakːɛ'mɛ·rɛz] *v.*
appropriate
[cCc: from RAG- **kemmeres**]
{S 1; F 1: L 3rd sg. pres. ind. *rakemera* (CGEL)}

rakker

rakker ['rakːɛr] *m.* **-oryon** story-teller
(male), raconteur
[Ul: from **rakka** -¹ER]
{**S** 5; **F** 0(CE93: G.M.S.): **-oryon** I}

rakkores ['raˈkɔːrɛs] *f.* **+ow** story-teller
(female), raconteuse
[Ul: from **rakka** -ORES]
{**S** 5; **F** 0(GM09: P.H.): **+ow** I}

ralli ['ralːi] *m.* **+s** rally *(of cars, etc.)*
[E(F): ModE noun < ModF vb. *rallier* (coe)]
{**S** 4; **F** 0(Y1): **+s** I}

Rama place Rama (biblical place-name)
{**S** 5; **F** 1: **L** *Rama* (M2WK)}

rambla ['rambla] *v.* waddle
[Uc: VN in -A from unidentified root]
{**S** 8; **F** 2: **L** *rambla* (AB169c) → P: **C** cf. B *ramblein* (CE38)}

ramping (Eng.) *adj.*
{**S** 6; **F** 1: **M** *ramping* (TH19v)}

rancour (Eng.) *n.* {**S** 6; **F** 1: **M** *rancor* (TH30r)}

rann ['ranː] *f.* **+ow** part, share, portion, division
[C: CC *rasnâ* < IE *pr̥sna* (lp)]
{**S** 1; **F** 5: **M** *ran* → L,P: **L** *radn* → P, *radden*: **C** B *rann*; W *rhan*: **+ow** I}

  rann vrassa majority
  yn rann partly
  kemmeres rann participate, take part

ranna ['ranːa] *v.* share, divide, distribute, part
[Cc: **rann** -¹A] {**S** 1; **F** 4: **M** *ranne* → P: **L** *radna* (AB055a) → P: **C** B *rannañ*; W *rhannu*}

rannadow [raˈnaˑdɔw] *adj.* divisible
[Cc: **rann** -ADOW] {**S** 1; **F** 0(EC00)}

rannans ['ranːans] *m.* **+ow** partition
[Ch: **rann** -ANS] {**S** 1; **F** 0(EC00): **+ow** I}

ranndal ['ranˌdaˑl] *m.* **+ow** dividend
[CC: **rann** 2TAL-] {**S** 1; **F** 0(Y2): **+ow** I}

ranndalas [ranˈdaˑlaz] *m.* **+ow** instalment
[CCc: **ranndal** -²AS] {**S** 1; **F** 0(Y2): **+ow** I}

ranndir ['ranˌdiˑr] *m.* **+yow** region,
district [CC: **rann** 2tir]
{**S** 1; **F** 0(CE38): **C** B *ranndir*; W*rhandir*: **+yow** I}

ranndiryel [ranˈdiˑrjɛl] *adj.* regional, district
[CCc: **ranndir** -YEL] {**S** 1; **F** 0(GK98: G.M.S.)}

ranndra ['ranˌdra] *f.* **-drevow** suburb, ward *(part of a town)*, district *(of a town)*
[Cc: from **rann** 2tre] **S** 1; **F** 0(CE38): **-drevow** I}

ranndra negysyel business district

rannel ['ranːɛl] *adj.* partial
[Cc: **rann** -²EL] {**S** 1; **F** 0(GM09: YhaG)}

ranneves [ranˈnɛˑvɛz] *f.* **+ow** constellation in the sense defined by the International Astronomical Union, viz. an area of the sky. [CC: **rann neves**]
{**S** 1; **F** 0(GM09: K.J.G.): **+ow** I}

ranngylgh ['rangɪlx] *m.* **+yow** sector
[CL: **rann** 2kylgh]
{**S** 1; **F** 0(GM09: G.M.S.): **+yow** I}

ranngylghyel [ranˈgɪlxjɛl] *adj.* sectoral
[CLc: **ranngylgh** -YEL] **S** 1; **F** 0(GM09: G.M.S.)}

rannji ['ranˌdʒiˑ] *m.* **+ow** flat, apartment
[CC: **rann** 2chi]
{**S** 1; **F** 0(CE38): **C** B *ranndi*; W*rhandy*: **+ow** I}

rannlavar [ranˈlaˑvar] *m.* **+ow** clause
[CC: **rann lavar**]
{**S** 1; **F** 0(GM09: G.M.S.): **+ow** I}

rannles ['ranlɛs] *m.* **+ow** commission *(money)*
[CC: **rann** ²**les**] {**S** 1; **F** 0(Y2): **+ow** I}

rannriv ['ranˌriˑv] *m.* **+ow** fraction *(math.)* [CC: **rann riv**]
{**S** 1; **F** 0(Y2): **C** W *rhanrif*: **+ow** I}

rannrivel [ranˈriˑvɛl] *adj.* fractional
[CCc: **rannriv** -¹EL] {**S** 1; **F** 0(GM09: G.M.S.)}

rannvor ['ranˌvɔˑr] *m.* **+yow** sea-area
As used in the shipping forecasts.
[CC: **rann** 2¹**mor**] {**S** 1; **F** 0(AnG 1995): **+yow** I}

rannvro ['ranˌvrɔˑ] *f.* **+yow** province, region
[CC: **rann** 2**bro**]
{**S** 1; **F** 0(CE38): **C** B *rannvro*: **+yow** I}

rannvroyel [ran͵vrɔˑjęl] *adj.* provincial
[CCc: **rannvro** -YEL] {S 1; F 0(GM09: G.M.S.)}

rannwelyek [ran'węˑljęk] *adj.* partially sighted
[CCc: **rann 2²gwel** -YEK] {S 1; F 0(GM09: K.J.G.)}

rannyeth ['ran͵jęˑθ] *f.* **+ow** dialect
[CC: **rann yeth**] {S 1; F 0(CE38): C B *rannyezh*: **+ow** I}

rannyethel [ran'jęˑθęl] *adj.* dialectal
[CCc: **rannyeth** -¹EL] {S 1; F 0(GM09: G.M.S.)}

rapp ['rap] *m.* **+ow** rap-song
[E:] {S 4; F 0(EC00): **+ow** N}

ras ['raːz] *m.* **+ow** grace, blessing, virtue
[C: CC (gpc)]
{S 1; F 6: M *ras, rays* (BM.); pl. *rasow*: L *'raz* (AB231b): C W *rhad*, OldB *Rad-* (gpc): **+ow** M}
Not a form of **gras** with permanent lenition, but a native word. In the texts, it is difficult to distinguish this word from the lenited form of **gras**, when they are both spelled *ras* and seem to have almost the same meaning.

rasek ['raˑzęk] *adj.* graceful
[Cc: **ras** -¹EK] S 1; F 2: M *rajak* (BK03.65, 05.49)}
The spelling with <-j->, suggesting [dʒ], indicates that this word is a compound of **ras** rather than **gras**: one would not expect the sound represented by <s> in **gras** to become palatalized.

rask ['raːsk] *f.* **+ow** plane *(tool)*
[C:] {S 2; F 0(CE38): C B *rask*: **+ow** I}

raska ['raˑska] *v.* plane
[Cc: **rask** -¹A] {S 2; F 0(CE38): C B *raskañ*}

raskel ['raˑskęl] *f.* **rasklow** spokeshave
[C: RASKL-S] {S 1; F 0(CE38): C W *rhasgl*: **rasklow** I} Evidently the same word as **rask**, but with loss of [l] in Breton; Nance assigned different meanings.
RASKL- [C:]

rastell ['raˑstęl] *f.* **restell** hayrake, grill, rack, grid
[F: OldF *rastell* (> ModF *râteau*)]
{S 8; F 0(EC52): C B *rastell* 'rake'; cf. W *rhastl* 'rack': **restell** I}

rastell dhynsek rack (mech.)
rastell gras toast-rack

rastella [ras'tęlːa] *v.* grill
[Fc: **rastell** -¹A] {S 8; F 0(Y1)}

rath ['raːθ] *m.* **+es** rat
[U:] {S 1; F 0(CE93: K.J.G.): C B *razh*, not in W: **+es** I}
RATH- [C:]

ratha ['raˑθa] *v.* scrape, rasp
[Cc: RATH=¹A]
{S 1; F 0(CE38): C B *razhañ*; W *rhathu*}

rathell ['raˑθęl] *f.* **+ow** grater, rasp
[Cc: RATH=²ELL] {S 1; F 0(EC52): **+ow** I}

rathella [raˑθęlːa] *v.* grate
[Ccc: **rathell** -¹A] {S 1; F 0(EC52)}

RAVN- [E(F): MidE *ravyne* (CE38) < OldF *raviner* (coe)]

ravna ['ravna] *v.* ravage, violate
[E(F)c: RAVN=¹A]
{S 4; F 2: M *raffna* (BM.1871, 2091, 2144)}

ravner ['ravnęr] *m.* **-oryon** marauder
[E(F)l: RAVN=¹ER] {S 4; F 0(CE38): **-oryon** I}

RAVSH- [E(F): MidE *raviss-* < OldF *ravir* (coe)]

ravshya ['ravʃja] *v.* entrance, ravish *(delight)*
[E(F)c: RAVSH=YA]
{S 4; F 1: M p.ptcpl. *rafsys* (RD.0198)}

ravshyans ['ravʃjans] *m.* **+ow** rapture, transport *(of delight)*
[E(F)c: RAVSH=YANS] {S 4; F 0(CE38): **+ow** I}

raw ['raw] *f.* **+yow** strop, bond *(cord)*
[U:] {S 8; F 0(CE55): C B *rav* (not *raou*, as in CE38): **+yow** I} Nance's *raff* is really this word.

Raw place (name of a sub-division of the Killiow estate; prob. a surname)
[U:] {S 8; F 2: M *raw* (BK10.441, 10.50)}

raylya *v.* rail
[E(F)c: VN in -YA from MidE < MidF *railler* (coe)] {S 5; F 1: M *reylya* (TH55v)}

raynya ['raɪnja] *v.* rein
[E(F): MidE < OldF *raigne, raigne* (coe)]
{S 1; F 1: M *regnrya* (BK29.02)}

¹re ['rɛː] *pron.* some, persons, things, ones
[C: CC (lp)] {S 1; F 6: M *re* → P: L *re* (AB.), *ri* (M4WK): C B *re*; W *rhai*}
an re ma these
an re na those

²re² [rɛ] *ptl.* (perfective and optative particle)
[C: Brit **ro-* (Fl.) < IE **pro-* (lp)]
{S 8; F 7: M *re*: L *re, ry*: C B *ra*; MidW *rhy*}

³re² ['rɛː] **1.** *adv.* too, excessively **2.** *m.* too much, too many, excess
[C: Brit **roue* (hpb)]
{S 1; F 5: M *re*: L *re*: C B *re*; W *rhy:*}

⁴re² [rɛ] *prep.* by *(in oaths)*
Used before consonants, e.g. **re Jovyn** 'by Jove'. [c:] {S 8; F 6: M *re*: L *re*}

r.e. *phrase* e.g.
[CC: abbreviation for **rag ensampel**]

rebell ['rɛ·bɛl] *m.* **+ys** rebel
[E(F): MidE < OldF *rebelle* (coe)]
{S 4; F 1: M *rebel* (BK28.06): **+ys** I} Anticipated by Nance in *CE38*; used adjectivally in *BK*.

rebellya [rɛ'bɛlːja] *v.* rebel
[E(F)h: **rebell** -YA] {S 4; F 0(CE38)}

rebellyans [rɛ'bɛlːjans] *m.* **+ow** rebellion
[E(F)h: MidE < OldF *rébellion* (coe)]
{S 4; F 1: L *rebellyans* (CW.0292): **+ow** I} Evidently seen as a word in -YANS.

rebuk *m.* **+ys** rebuke ALT = **keredh**.
[E: MidE (15th cent.), from the verb (coe)] {S 5; F 3: M *rebuk* (TH24r); pl. *rebukys* (TH.): **+ys** M}

rebukya *v.* rebuke ALT = **keredhi**.
[E(F)c: VN in -YA from MidE < AngN *rebuker*]
{S 5; F 4: M *rebukya*}

rech ['rɛːtʃ] *m.* **+ys** hound
[E: MidE]
{S 5; F 1: M pl. *rechys* (BM.3166): **+ys** M}

recompense (Eng.) ALT = **attal**.
[E(F): MidE < F *récompense* (coe)]
{S 6; F 1: M *recompens* (TH24r)}

recourse (Eng.) *n.* {S 6; F 2: M *recourse* (TH03r), *recoursse* (TH19r)}

RED- [E(E): OldE *redian* (coe)]

redeemer (Eng.) *n.* Did Tregear not know the word **dasprenyer**, used in the Ordinalia? This is one of many examples suggesting that his vocabulary was significantly different from previous authors. {S 6; F 2: M *redemar* (TH01r, 11r), *redymer* (TH39v)}

redemption (Eng.) ALT = **dasprenans**.
[E(F): MidE < OldF *rédemption* (coe)]
{S 6; F 3: M *redempcion*}

reden ['rɛ·dɛn] *coll.* **+enn** bracken, ferns
[C: Brit **ratina* (iyk)]
{S 3; F 3: O *reden* (VC.666) → L,P: P sg. *redanan* (AB240c) → P: C B *raden*; W *rhedyn*: **+enn** L}

redenek [rɛ'dɛ·nɛk] **1.** *adj.* ferny **2.** *f.* **-egi** fernbrake
[Cc: **reden** -¹EK] {S 8; F 0(CE38): P Redinnick: C B *radenek*; W *rhedynog*: **-egi** I}

redik ['rɛ·dɪk] *coll.* **redigenn** radishes
[E(E): OldE *redic*] {S 5; F 2: O *redic* (VC.665) → L,P: C Not in B nor in W: **redigenn** I}

redya ['rɛ·dja] *v.* read
[E(E)c: RED=YA < OldE *redian*]
{S 5; F 4: M *redye, redya*} Borrowed in OldC.

redyadow [rɛd'ja·dɔw] *adj.* legible, readable
[E(E)cc: from **redya** -ADOW]
{S 5; F 0(GM09: YhaG)}

redyans ['rɛ·djans] *m.* **+ow** reading
[E(E)c: RED=YANS] {S 5; F 0(GK98): **+ow** I}

redyer ['rɛ·djɛr] *m.* **-oryon** reader *(male)*
[E(E)h: RED=YER] {S 5; F 3: O *redior* (VC.117) → L,P: M *redyer* (PC.1168): **-oryon** I}

redyores [rɛd'jɔ·rɛs] *f.* **+ow** reader *(female)*
[E(E)c: RED=YORES]
{S 5; F 1: O *rediores* (VC.118): **+ow** I}

redymya *v.* redeem Why did Tregear not use *dasprena*, the usual word in the texts?
[Ec: VN in -YA from MidE *redeem*]
{S 4; F 3: M *redymya* (TH., SA.)}

referya *v.* refer ALT = **kampoella**.
[E(F)c: VN in -YA from MidE < OldF *référer* (coe)] {S 4; F 2: M *referrya* (TH23r, 36v)}

refraynya

refraynya *v.* refrain
[E(F)c: VN in -YA from MidE < OldF *refréner* (coe)] {S 5; F 2: M *refraynya* (TH04r, 27v)}

refreshya *v.* refresh ALT = **disygha**.
[E(F)c: VN in -YA from MidE < OldF *refreschi(e)r* (coe)]
{S 5; F 1: M *refressya* (TH43v)}

refusya *v.* refuse
ALT = **nagha** or the stronger **denagha**.
[E(F)c: VN in -YA from MidE < OldF *refuser* (coe)] {S 4; F 3: M *refusia* (TH.)}

regal (Eng.) *adj.* {S 6; F 1: M *regall* (TH51r)}

reˈgan *phrase* us
[CC: from ⁴**re agan**] {S 3; F 2: M *regen* (BM.1311, 1758), *regyn* (BM.3883)}

regardya *v.* regard ALT = **mires orth**.
[E(F)c: VN in -YA from MidE < OldF *regarder* (coe)] {S 5; F 3: M *regardia* (TH., SA.)}

reˈgas *phrase* you
[CC: from ⁴**re agas**]
{S 3; F 4: M *ragas*: L *ragges* (WDRS)}

regnation (Eng.) *n.* 'reign, the act of reigning'.
{S 6; F 1: M *regnation* (BK24.95)}

regydh ['rɛˑgɪð] *coll.* **+enn** embers
[C:] {S 8; F 3: O sg. *regihten* (VC.886) → L,P: C B *regez*: **+enn** I}

regydhenn ['rɛˑgɪð] *f.* **+ow,** *coll.* **regydh** live coal
[C:] {S 8; F 3: O *regihten* (VC.886: needs emendation to *regithen*) → L,P}

rejoysya *v.* rejoice ALT = **omlowenhe**.
[E(F)c: VN in -YA from MidE *reioyse* < OldF *re(s)joïr* (coe)] {S 5; F 3: M *reiosya*}

reken ['rɛˑkɛn] *m.* **reknow** bill *(financial)*, account, reckoning, invoice
[E(E): MidE < OldE (ge)recenian < Gmc. (coe)]
{S 5; F 2: M *reken* (BM.2836), *rekyn* (TH09r): L *rechen* (IKAB): **reknow** N (Y2)}

reken gwerth bill of sale

rekenva [rɛˈkɛnva] *f.* **+ow** till *(in shop)*, check-out
Also to be used as a notice: 'Pay Here'
[E(E)c: **reken** -VA] {S 5; F 0(Y1): **+ow** I}

relystyon

REKN- [E(E): Back-formation from **reken**]

rekna ['rɛkna] *v.* reckon, count
[E(E)c: REKN=¹A] {S 5; F 3: M *rekna* (BM.0799)}

reknans ['rɛknans] *m.* **+ow** reckoning
[E(E)h: REKN=ANS] {S 5; F 0(EC00): **+ow** I}

reknell ['rɛknɛl] *f.* **+ow** calculator
[E(E)c: **rekn**=²**ell**] {S 5; F 0(Y2): **+ow** I}

rekommendya *v.* recommend
ALT = **kommendya**.
[E(L): MidE < MedL *recommendâre* (coe)] {S 5; F 1: L 3rd sg. pret. *recommaundias* (BOD.093)}

rekonsilya *v.* reconcile ALT = **unnverhe**.
[E(F)c: VN in -YA from MidE < OldF *réconcilier* or Lat *reconciliâre* (coe)]
{S 5; F 1: M p.ptcpl. *reconcilis* (TH26r)}

rekord ['rɛˑkɔrd] *m.* **+ys** record, witness, testimony See **kovadh**.
[E(F): MidE < OldF *record* (coe)]
{S 5; F 2: M *record* (OM.1243, CW.2205): **+ys** I}

rekordya [rɛˈkɔrdja] *v.* record, witness
[E(F)c: **rekord** -YA]
{S 5; F 4: M *recordya, recordia*}

rekordyans [rɛˈkɔrdjans] *m.* **+ow** recording *(sound, etc.)*
[E(F)h: **rekord** -YANS]
{S 1; F 0(AnG 1985): **+ow** I}

rekwest *m.* **+ys** request ALT = **govynn**.
[E(F): MidE < OldF *requeste* (coe)]
{S 6; F 1: M pl. *requestys* (TH46v): **+ys** M}

rekwirya *v.* require
[E(F)c: VN in -YA from MidE *require* < OldF *requier-* (coe)] {S 5; F 4: M *requiria*}

relessya *v.* release. ALT = **delivra (dhe wari)**
[E(F)c: VN in -YA from MidE *reles(s)e* < OldF *relesser* (coe)] {S 4; F 2: M *relessia* (TH38v), p.ptcpl. *relessys* (TH38v)}

relevya *v.* relieve ALT = **difres**.
[E(F)c: VN in -YA from MidE *releve* < OldF *relever* (coe)]
{S 4; F 1: M p.ptcpl. *relevis* (SA66r)}

religion (Eng.) *n.*
{S 6; F 2: M *religion* (TH29, 49v, 54v)}

relystyon [rɛˈlɪˑstjɔn] *pl.* low-grade tin
[U:] {S 8; F 0(CE55)} So spelled in *CE55*.

¹**re'm** [rəm] *phrase* by my
[Cc: ⁴**re 'm**] {S 3; F 5: M *rum* → P}

²**re'm** [rəm] *phrase* (perfective particle + infixed pronoun 'me')
e.g. **hi re'm gwelas** 'she has seen me'.
[Cc: ⁴**re 'm**] {S 3; F 5: M *rum* → L,P}

remaynya *v.* remain ALT = **gortos**.
[E(F)c: VN in -YA from MidE *remain-* < OldF *remanoir* (coe)] {S 5; F 2: M *remaynya* (TH57v, CW.2075), *remaynea* (SA63r)}

remedi ['rẹ·mẹdi] *m.* **+s** solution, remedy, redress
[E(F): MidE < AngN *remedie* (coe)] {S 5; F 2: M *remedy* (BK19.04, TH24r, CW.0424): **+s** I}
nyns eus dhymmo remedi there's no way out
lit. 'there is to me no solution'.

remembra [rẹ'mẹmbra] *v.* remember
ALT = **perthi kov** or **kevenna**.
[E(F)c: VN in -YA from MidE < OldF *remembrer* (coe)] {S 5; F 4: M *remembra*}

remembrans [rẹ'mẹmbrans] *m.* **+ow** remembrance ALT = **kovadh**.
[E(F): MidE < OldF (coe)] {S 5; F 3: M *remembrans* (TH., SA.): **+ow** I}

remenant ['rẹmẹnant] *m.* **+ow** remainder, residue, remnant, rest
[E(F): MidE < OldF *remenant* (coe)] {S 5; F 3: M *remenant* (BM.2503, TH33v), *remnant* (SA62r): L *remenat* (AB.) → P; pl. *remenadou* → P: **+ow** L}

remission (Eng.) *n.* {S 6; F 2: M *remission* (TH27v), *remiscion* (TH39r), *remyscion* (TH45v)}

remm ['rẹm:] *m.* rheumatism
[C:] {S 8; F 0(CE38): C B *remm:*}

remotion (Eng.) *m.* promotion, advancement ALT = **avonsyans**.
[E(F): MidE] {S 6; F 1: M *remoconn* (BM.2011)}

REMOV- [E(F): MidE *remove* < OldF *remov-* (coe)]

remova [rẹ'mɔ·va] *v.* remove, move, budge. Used transitively and intransitively.
[E(F)c: REMOV=¹A] {S 4; F 3: M *remmvve* (OM.2057), *remvfe* (RD.0396) → P}

removans [rẹ'mɔ·vans] *m.* **+ow** removal
[E(F)c: REMOV=ANS]
{S 5; F 0(GK98: K.J.G.): **+ow** I}

remyttya *v.* remit ALT = **gava**.
Used of sins in MidC;
[E(L)c: VN in -YA from MidE < Lat *remittere* (coe)]
{S 5; F 2: M *remittia* (TH39r), *remyttya* (TH44r)}

¹**re'n** [rẹn] *phrase* by the
e.g. **re'n jydh hedhyw** 'by this day'.
[cc: from ³**re an**] {S 1; F 5: M *ren* → P, *run* (BK.)} The spelling <run> suggests [rən].

²**re'n** [rən] *phrase* (perfective particle + infixed pronoun 'him')
e.g. **my re'n gwelas** 'I have seen him'
[Cc: ⁴**re 'n**] {S 1; F 4: M *ren* → P}

ren [rən] *prep.* by Used in oaths before a vowel, e.g. **ren ow thas** 'by my father'.
[C:] {S 3; F 4: M *ren* → P}

rendra *v.* render ALT = **ri**.
[E(F)c: VN in -YA from MidE < OldF *rendre*]
{S 4; F 1: M *ryndra* (TH24r)}

renk ['rẹnk] *m.* **+ow** rank
[F: OldF *renc* (deb)]
{S 8; F 0(CE38): C B *renk*, W *rhenc*: **+ow** C}

renka ['rẹnka] *v.* arrange, rank in order
[Fc: **renk** -¹A] {S 8; F 0(CE38): C B *renkañ*}
Nance wrote *renkya*.

renkas ['rẹnkaz] *m.* **+ow** social class
[Fc: **renk** C{-¹as}] {S 8; F 0(Y2): **+ow** I}
renkas ughel upper class
renkas kres middle class
renkas ober working class

renki ['rẹnki] *v.* snore, snort, gurgle, croak
[Cc: RONK-A -¹I] {S 8; F 3: L *renki* (AB017a), *renkia* (AB140c) → P}

renkyades [rẹnk'ja·dẹs] *f.* **+ow** snorer *(compulsive)* [Cc: RONK-A -YADES]
{S 8; F 0(GM09: K.J.G.): **+ow** I}

renkyas ['rẹnkjaz] *m.* **-ysi** snorer *(compulsive)*
[Cc: RONK-A -³YAS] {S 8; F 2: L *rhengkiaz* (AB140c) → P: **-ysi** I}

renn ['rɛnː] *m.* **+ow** quart
[C:] {S 1; F 0(IC.): C B *renn*, W *rhen*: **+ow** I}

rennyades [rɛnˈjaˑdɛs] *f.* **+ow** stewardess
[Cc: **rann**A -YADES] {S 1; F 0(GM09: P.H.): **+ow** I}

rennyas ['rɛnːjaz] *m.* **-ysi** carver *(of meat)*, seneschal, steward, dealer
[Cc: **rann**A -³YAS] {S 1; F 3: O *renniat* (VC.293, 845) → L,P: C W *rhanniad*: **-ysi** I}

renownsya v. renounce
ALT = **hepkorr** or **nagha**.
[E(F)c: VN in -YA from MidE < OldF *renoncer* (coe)] {S 4; F 1: M *renowncya* (TH03r)}

rent ['rɛnt] *m.* **+ow, +ys** rent
[E(F): MidE < OldF *rente* (coe)]
{S 5; F 1: M *rent* (BM.3264): **+ow** N (G.M.S.); **+ys** I (CE38)}

reowta [rɛˈɔʊta] *m.* dignity, respect
[F:] {S 5; F 3: M *reoute* → P:}
Spellings with <-a> did not appear before *BK*.

repentya v. repent ALT = **koedha yn edrek**.
[E(F)c: VN in -YA from MidE < OldF *repentir* (coe)] {S 5; F 3: M *repentya*}

reperya v. have recourse to takes **dhe**.
[E(F)c: VN in -YA from MidE < OldF *réparer* (coe)] {S 5; F 2: M *reperya* (TH17r, 48r)}

repoblek [rɛˈpɔblɛk] *f.* **-ogow** republic
[E(F): Cornicised spelling of E *republic*]
{S 8; F 0(EC52): **-ogow** I}

reportya v. report ALT = **derivas**.
[E(F)c: VN in -YA from MidE < OldF *reporter* (coe)] {S 5; F 3: M *reportya*}

reprev *m.* **+ow** reproof ALT = **keredh**.
[E(F): Back-formation from **repreva**] {S 5; F 2: M *repreff* (BM.1770), *repref* (BK02.39): **+ow** I}

repreva v. reprove ALT = **keredhi**.
[E(F)c: VN in -A from MidE < OldF *reprover*, with unexplained vowel aff.]
{S 5; F 3: M *repryfa*, *reprovia*}

reputya v. repute ALT = **gerya**.
[E(L)c: VN in -YA from MidE < Lat *reputâre* (coe)] {S 5; F 2: M *reputya* (TH22v); p.ptcpl. *reputyes* (TH42v)}

¹**res** ['rɛːz] *m.* need, necessity
In the present tense, **res** is used with **yw**, not with **yma**.
[L: CLat *ratio* (lp)] {S 1; F 6: M *res*, *reys* → P, *rys* → P: L *reiz* (AB.): C B *red*; W *rhaid*:}
Since this word almost invariably rhymes with words in <-ys>, it might be more correct to spell it **rys**.

a res essential, mandatory

res yw dhyn we must,

it is necessary for us

heb res unnecessary

na res unnecessary

²**res** *v. part* must
[C: Same as ¹**res**]
{S 1; F 4: M *res*, *rys*, *reys*: L *rese* (Gw.)}
Here **res** may be regarded as a defective verb. The negative usage (e.g. **ny res dhymm** 'I need not') is well attested. The positive usage (**my a res**) dates from *SA*. and is not considered standard.

³**res** ['rɛːz] *ptl.* (perfective and optative particle)
Used before vowels in the verb **mos**.
[c:] {S 8; F 4: M *res* → P, *reg* → P}

⁴**res** ['rɛːz] *m.* **+ow** race, course, running of water, flow
[C: CC (lp)] {S 1; F 0(CPNE): P Race, Penrice: C B *red*, W *rhed*: **+ow** I}

⁵**res** ['rɛːz] *f.* **+yow** row *(line of objects)*, line [C: IE (lp)]
{S 1; F 0(CE38): C B *rez*; W *rhes*: **+yow** I}

⁶**res** ['rɛːz] *adj.* given
[C: P.ptcpl. of **ri**]
{S 8; F 5: M *res*, *rys*, *reys*: L *reaze*, *resse*}

re's [rəs] *phrase* (Verbal particle + infixed pronoun 'them')
May be optative or perfective.
[Cc: ²**re 's**] {S 1; F 3: M *res*}

resa ['rɛˑsa] *v.* set in line
[Cc: ⁴**res** -¹A]
{S 1; F 0(CE38): D "race": C B *rezañ*}

res-a-dro [ˌrɛzaˈdrɔː] *m.* **resow-a-dro** roundabout *(at fair)*, merry-go-round

resayt
[CcC: ⁴res ³a 2tro]
{S 1; F 0(FTWC): **resow-a-dro** N (FTWC)}

resayt [rę'saɪt] *m.* **+yow** recipe
[E(F): MidE *receit* 'recipe' < AngN *receite*]
{S 5; F 0(Y1): **+yow** I (Y1)}
Nance spelled the word *resŷt*, which reflects ModE pronunciation, but to be consistent, <-ayt> is required here.

resegva [rę'zęgva] *f.* **+ow** course, career, orbit
[Ccc: from **resek** -VA]
{S 1; F 2: O *redegua* → P: C W *rhedegva*: **+ow** I}
resegva jynn-diwros motocross

resegydh [rę'zę·gɪð] *m.* **+yon** runner, racer
[Ccc: from **resek** -¹YDH]
{S 1; F 0(CE38): **+yon** I}
Deduced from **ragresegydh**.

resek ['rę·sęk] *v.* run *(of liquids and people)*, run through (with a sword), race. When Tregear used the word of people, it was in a pejorative sense: 'to (wilfully) go astray, to run into heresy'.
[Cc: ⁴res -¹EK] {S 1; F 4: M *resek, resak* → P: L *rezek* (AB248a): C B *redeg*, W *rhedeg*}

resell ['rę·zęl] *f.* **+ow** cursor, cross-wire, cross-hairs
[Cc: ⁴res -²ELL] {S 1; F 0(GK98: K.J.G.): **+ow** I}

reser ['rę·zęr] *m.* **-oryon** runner *(male)*, racer
[Cl: ⁴res -¹ER] {S 1; F 0(CE38):
C B *reder*; cf. W *rhedwr*: **-oryon** I}

resistance (Eng.) *n.* {S 6; F 2: M *resistens* (TH23r), *resystens* (TH50v)}

reski ['rę·ski] *m.* **reskeun** coursing hound
[CC: from ⁴res **ki**] {S 1; F 0(CE38):
C Not in B nor in W: **reskeun** I}

reskyon ['rę·skjɔn] *pl.* shavings
[Cc: **rask**A -YON] {S 2; F 0(EC52)}

resna ['ręzna] *v.* reason
[E(F)c: Shortened from **reson** -¹A]
{S 4; F 2: M *resna* (TH55r, 55v; CW.2396)}

resnadow [ręz'na·dɔw] *adj.* reasonable, fair
[E(F)c: Shortened from **reson** -ADOW] {S 4; F 2}

resnel ['ręznęl] *adj.* rational
[E(F)c: Shortened from **reson** -¹EL] {S 4; F 2}

reson ['rę·zɔn] *m.* **+s** reason, logic, argument
[E(F): MidE *reson* < OldF *resun* (coe)] {S 4; F 5:
M *reson*; pl. *resons*: C B *rezon*; W *rheswm*: **+s** M}
herwydh reson logical

resonhe [ręzɔn'hę:] *v.* rationalize
[E(F)c: **reson** -HE] {S 4; F 0(GM09: G.M.S.)}

resonheans [ręzɔn'hę·ans] *m.* **+ow** rationalization
[E(F)ch: **resonhe** -ANS]
{S 4; F 0(GM09: G.M.S.): **+ow** I}

resores [rę'zɔ·ręs] *f.* **+ow** runner *(female)*, racer
[Clc: ⁴res -ORES] {S 1; F 0(GM09: P.H.): **+ow** I}

resortya v. resort. Takes **dhe**.
[E(F)c: VN in -YA from MidE < OldF *resortir* (coe)] {S 5; F 2: M *resortya* (BM.2269, TH38r)}

respect (Eng.) *n.*
{S 6; F 2: M *respect* (TH25v, 57v)}

RESSEV- [E(F): Back-formation from **resseva**]

resseva [rę'sę·va] *v.* receive, accept
ALT = **degemmeres**, though this word was far less common than **resseva** in MidC.
[E(F)c: VN in -A from MidE < OldF *receivre* (coe)]
{S 4; F 5: M *receva; recevia* (SA.): C cf. B *resev*}

ressevans [rę'sę·vans] *m.* **+ow** reception
[E(F)h: RESSEV=ANS]
{S 4; F 1: M *recevans* (TH53v): **+ow** I}

rester ['rę·stęr] *f.* **restri** arrangement
[Uc: RESTR-S]
{S 1; F 0(CE38): C W *rhestr*: **restri** N (CE38)}

restorya v. restore. ALT = **daskorr**.
[E(F)c: VN in -YA from MidE < OldF *restorer* (coe)] {S 4; F 3: M *restoria*}

restorita m. restitution ALT = **daskorrans**.
[F:] {S 5; F 1: M *restorite:*}

RESTR- [U:]

restra ['rεstra] *v.* arrange, tidy, file *(put in a drawer)*
[Uc: RESTR=¹A] {S 1; F 0(CE38): **D** "ruster" 'to comb hair': **C** Not in B; W *rhestru*}

restrans ['rεstrans] *m.* **+ow** organization *(abst.)*, arrangement
[Uh: RESTR=ANS] {S 1; F 0(Y2): **+ow** I}

restrenn ['rεstrεn] *f.* **+ow** file *(document)*
[Uc: RESTR=ENN] {S 1; F 0(CE93: K.J.G.): **+ow** I} *restryn* was suggested in Y2.

restrennva [rεs'trεnva] *f.* **+ow** filing cabinet
[Ucc: **restrenn** -VA] {S 1; F 0(CE93: K.J.G.): **+ow** I} *restrynva* was suggested in Y2.

restrer ['rεstrεr] *m.* comb
[Ul: RESTR=¹ER]
{S 1; F 0(CE38): **D** "ruster" 'comb':}

restya v. rest ALT = **powes**.
[E(E)c: VN in -YA from E < OldE *rest* (coe)]
{S 4; F 2: **M** *restye* (RD.2586) → P}

resurrection (Eng.) *n.* Tregear knew the word **dasserghyans**; why did he not use it here? {S 6; F 1: **M** *resurreccion* (TH42v)}

reswas ['rε·ʒwas] *m.* **-wesyon** courier
[CC: ⁴**res** 2**gwas**] {S 1; F 0(EC52): **-wesyon** I}

resya v. need
{S 1; F 1: **L** p.ptcpl. *reizyz* (CGEL)}
Verb coined by Lhuyd from **res** 'need'.

resyas ['rε·ʒjaz] *m.* **+ow** rhythm
[Cc: ⁴**res** -²YAS]
{S 1; F 0(GK98: E.G.R.H.): **C** W *rhediad*: **+ow** I}

resyek ['rε·ʒjεk] *adj.* rhythmic
[Cc: ⁴**res** -YEK] {S 1; F 0(GM09: G.M.S.)}

retaynya v. retain ALT = **gwitha**.
[E(F)c: VN in -YA from MidE < AngN *retei(g)n*- < OldF *retenir* (coe)]
{S 5; F 3: **M** *retaynya* (TH.)}

re'th [rəθ] *phrase* (Verbal particle + infixed pronoun 'thee')
Used in both optative (e.g. **joy re'th fo** 'mayest thou have joy') and perfective (e.g. **my re'th welas** 'I have seen thee') phrases.
[Cc: ²**re 'n**] {S 1; F 5: **M** *reth* → P}

reudh ['rœ:ð] *m.* distress, upset
[C:] {S 1; F 0(GK98: G.M.S.): **C** B *reuz:*}

reudhi ['rœ·ði] *v.* upset, distress
[Cc: **reudh** -¹I] {S 1; F 3: **M** *ruthy, rvthy*: **C** cf. B *reuzin~* 'to put up with (pain)'}

reudhys ['rœ·ðɪz] *adj.* distressed
[Cc: **reudh** -⁶YS] {S 1; F 0(GM09: G.M.S.)}

¹**reun** ['rœ:n] *coll.* **+enn** coarse hair of mane
[U:] {S 8; F 3: **M** *ruen* (BM.1968, 4443): **L** *rên* (AB073c) → P: **+enn** I}
Could this be linked with **reun** 'seal' ?

²**reun** ['rœ:n] *m.* **+yon** seal *(mammal)*
[D: The B and W cognates, with OldI *rón*, would suggest a Celtic origin, but Pedersen argued for a borrowing from OldE *hrân*.]
{S 1; F 1: **M** *ruen* (OM.2464): **P** Cargreen: **C** B *reun-*; W *-rhon*: **+yon** N (K.J.G.)}

reuv ['rœ:v] *f.* **+ow** shovel
[C: CC *râm- (gpc)] {S 1; F 3: **L** *rêv* (AB.) → P: **C** W *rhaw*, MidB *reuf*: **+ow** I}
Lhuyd, followed by Nance, spelled this word the same way as that for 'oar'. In this dictionary, they are separated (see **roev**.)

reuv-tan [rœf'ta:n] *f.* **reuvow-tan** fire-shovel
[CC: **reuv tan**] {S 1; F 2: **L** *rêv tân* (AB018b) → P: **reuvow-tan** I}

rev Now spelled **roev**.

revedh ['rε·vεð] **1.** *adj.* strange, astounding **2.** *m.* **+ow** wonder
[C:] {S 8; F 2: **L** *Rapha* (LV121.57), *reveth* (NGNB5): **C** W *rhyfedd*: **+ow** I}

revelation (Eng.) *n.*
{S 6; F 2: **M** *revelacion* (TH14r, 17r)}

Reven *place* Rome
{S 8; F 2: **L** *Reve* (PV15822): **C** W *Rhufain*}
Coined by Lhuyd from the Welsh.

Revener *m.* Roman
{S 8; F 2: **L** *Revener* (PV15822): **C** W *Rhufeinwr*}
Coined by Lhuyd from the Welsh.

reverence (Eng.) *n.*
{S 6; F 1: **M** *reuerens* (TH50v)}

reverent (Eng.) *adj.*
{S 6; F 2: **M** *reverent* (SA62r, 63v)}

reverthi [rę'vęrθi] *f.* **+ow** spring tide
[C: Brit *ro-ber-ti-* < CC (Fl.)] {S 8; F 0(CE93: K.J.G.): **C B** *reverzi*, **W** *rhyferthwy*: **+ow** I}

revertya v. revert. Followed by *dhe*.
[E(F)c: VN in -YA from MidE < OldF *revertir* (coe)] {S 5; F 1: **M** *revertya* (BK25.51)}

revrons ['ręvrɔns] *m.* reverence, respect, deference
[E(F): MidE < OldF *révérence* (coe)]
{S 4; F 4: **M** *reuerens* (2 syll.):}
There were many different spellings in MidC.

¹**rew** ['ręw] *m.* **+yow** row *(line of objects)*, succession, line
[E(E): MidE *rew* (coe)]
{S 8; F 3: **M** *rew* → P, *ro*: **+yow** I}
yn rew mass
askorr yn rew mass production
kynsa rew front row (in theatre)
yn unn rew consecutively

²**rew** ['ręw] *m.* **+yow** frost, ice
[C: IE **preuso-* (hpb)] {S 1; F 3: **O** *rew* (VC.442): **M** *rew* (BK28.09), *reaw* (CW.1667): **L** *rêau* (AB.), *reu* (CDWP) → P: **C B** *rev*; **W** *rhew*: **+yow** I}

reward m. reward   ALT = *piwas*.
[E(F): MidE < AngN *reward* (coe)]
{S 5; F 3: **M** *reward, rewarde*:}

rewardya v. reward   ALT = *gobra*.
[E(F)c: reward -YA] {S 5; F 4: **M** *rewardye*}

rewek ['rę·węk] *adj.* frosty
[Cc: ²**rew** -¹EK]
{S 1; F 0(AnG 1998): **C W** *rhewog*}

rewell ['rę·węl] *f.* **+ow** freezer
[Cc: ⁶**rew** -²ELL] {S 1; F 0(GK98: K.J.G.): **+ow** I}

rewi ['rę·wi] *v.* freeze
[Cc: ²**rew** -¹I] {S 1; F 1: **M** p.ptcpl. *rewys* (BM.3057): **C W** *rhewi*, **B** *reviñ*}

rewl ['ręʊl] *f.* **+ys**, **+ow** rule, order, regulation, management
[L: CLat *regula* (Fl.)]
{S 1; F 4: **M** *revle* and many other spellings → P; pl. *revlys* (BM.0069): **L** *roul* (KKTT): **C B** *reol*; **W** *rheol*: **+ys** M; **+ow** N (G.M.S.)}
rewl voes diet (as in "go on a diet")
mes a rewl insane

rewlell ['ręʊlęl] *f.* **+ow** ruler *(tool)*
[Lc: rewl -²ELL] {S 1; F 0(CE93: W.B.): **+ow** I}

rewler ['ręʊlęr] *m.* **-oryon** ruler *(head of state)*   [Ll: rewl -¹ER]
{S 1; F 3: **M** *revler*: **L** *rowler* (SPGF); pl. *rowledges* (SPGF): **C W** *rheolwr*: **-oryon** I}

rewlerynn [ręʊ'lę·rɪn] *m.* **+ow** regulator *(elect.)*
[Llc: **rewler** -YNN] {S 1; F 0(Y1): **+ow** I}

rewlya ['ręʊlja] *v.* rule *(trans.)*, regulate, control
[Lc: rewl -YA] {S 1; F 4: **M** *reulye* etc.: **L** *roulia* (AB.), *rowlia* (G3WK) → P}
rewlya boes diet

rewlyans ['ręʊljans] *m.* **+ow** ruling, regime
[Lh: rewl -YANS] {S 1; F 0(EC00): **+ow** I}

rewlyas ['ręʊljaz] *m.* **-ysi** ruler *(head of state)*
[Lc: rewl -³YAS] {S 1; F 1: **M** (TH.): **-ysi** M}

rewys ['rę·wɪz] *adj.* frozen
[Cc: ²**rew** -⁶YS] {S 1; F 1: **M** *rewys* (BM.3057)}

reydh ['rɛɪð] *f.* **+ow** sex, gender
[C:] {S 1; F 2: **L** *ryth* (PV16027): **C B** *(reizh)*: **+ow** I} Nance's *ryth* was based on the suffixes in OldC *gurruid* 'male', *benenrid* 'female', and in MidC *gorryth* 'man'. Graves argued, apparently on orthographic grounds, that *-rid* and *-ryth* represent the same suffix, but that *-ruid* is different: his argument is not accepted here; spellings like OldC *guid* for 'vein' show it to be false. On semantic grounds, all three suffixes are assumed to be the same word. The word appears to contain /ð/ rather than /θ/, despite the B cognate being spelled *reizh* rather than *reiz*.

reydhek ['rɛɪðęk] *adj.* sexy
[Cc: **reydh** -¹EK] {S 1; F 0(GM09: P.H.)}

reydhel ['rɛɪðęl] *adj.* sexual
[Cc: **reydh** -²EL]
{S 1; F 0(GK98: A.S.): **C B** *reizhel*}

reyn ['rɛɪn] *m.* **+ys** reign
[E(F): MidE < OldF *regne* (co)] {S 1; F 2: **M** *regn* (BK06.48), *reign* (TH47, twice): **+ys** I}

reynya ['rɛɪnja] *v.* reign
[E(F)c: **reyn** -YA] {S 1; F 3: M *raynya*}

reyth ['rɛɪθ] **1.** *adj.* right, regular **2.** *m.* **+yow** right, law *(act)*, order
[L: CLat *rect*-] {S 1; F 1: M *ryeth* (BK28.31): C B *reizh*; W *rhaith*: **+yow** I} Anticipated by Nance (*CE38*), who spelled the word as *reth*; but Latin *-ect-* should give -EYTH- *(HPB para. 227(3).* Not to be confused with **reydh** 'sex' (*ryth* in Unified Cor.), nor with **rydh** 'free' (also *ryth* in Unified Cor.).
Reyth an Senedh Act of Parliament

reythenn ['rɛɪθęn] *f.* **+ow** statute
[Lc: **reyth** -ENN] {S 1; F 0(GM09: G.M.S.): **+ow** I}

reythor ['rɛɪθɔr] *m.* **-yon** rector
[L: CLat *rector*] {S 1; F 0(GM09: G.M.S.): C W *rheithor*: **-yon** I}

reythses ['rɛɪθsęz] *m.* equity
[Ll: **reyth** -SES] {S 1; F 0(CE38): C B *reizhded*:}

reythyans ['rɛɪθjans] *m.* **+ow** legislation
[Lh: **reyth** -YANS] {S 1; F 0(EC00): **+ow** I}

reythyansel [rɛɪθ'janzęl] *adj.* legislative
[Lh: **reythyans** -¹EL] {S 1; F 0(GM09: G.M.S.)}

rhine (Eng.) *n.* cf. OldE *ryne*; 'a large open ditch or drain' (soed) {S 6; F 3: L *Rine, Ryne* (PV15846); *Rin* (PV16020)}

ri ['ri:] *v.* give, grant, render, present
[C: Brit **rodi* (hpb)] {S 8; F 7: M *ry* → P: L *rei* (AB.) → P: C B *reiñ*; W *rhoi*} In the texts, it sometimes appears to mean 'create'.

rians ['ri·ans] *m.* **+ow** donation
[Ch: **ri** -ANS] {S 1; F 0(CE38): **+ow** I}

ribin ['ri·bin] *m.* **+ow** streak, thin line
[L: CLat *rapina* (deb)] {S 1; F 0(CE38): C B *ribin* 'narrow passage', W *rhibin*: **+ow** C (K.J.G.)}

ribot ['ri·bɔt] *m.* **+ys** rake *(licentious person)*
[E(F): MidE < OldF *ribaud* (> ModE *ribald*) (coe)] {S 5; F 3: M *rybot* (BK.): **+ys** I}

rider ['ri·dęr] *m.* **ridrow** sieve, riddle *(strainer)*
[E(E): OldE *hrîder* (coe)] {S 4; F 2: L *ridar* (AB013c) → P: **ridrow** I (CE38)}

ridra ['ridra] *v.* sift, sieve
[E(E)c: Back-formation from **rider**, as if that word contained a root **ridr**-] {S 4; F 0(CE38)}

riek ['ri·ęk] *adj.* dative
[Cc: **ri** -¹EK] {S 1; F 0(EC00)}

rim ['ri:m] *m.* **+yow** rhyme
[E(F): MidE < OldF *rim* (co)] {S 5; F 1: L *reem* (NGNB8): C B *rim*: **+yow** I (K.J.G.)}

rimya ['ri·mja] *v.* rhyme
[E(F)c: **rim** -YA] {S 5; F 0(CE38)}

rimyador [rim'ja·dɔr] *m.* **+yow** dictionary *(rhyming)*
[E(F)L: **rim** -YADOR] {S 8; F 0(EC00): **+yow** I}

rin ['ri:n] *m.* **+yow** secret, mystery
[C:] {S 1; F 0(CE38): C B *rin*; W *rhin*: **+yow** I}

ris ['ri:s] *coll.* **+enn** rice
[E(F): MidE *rys* < OldF *ris* (coe)] {S 4; F 0(CE93: K.J.G.): C B *riz*; cf. W *reis*: **+enn** I (K.J.G.)}

risenn ['ri·sęn] *f.* **+ow,** *coll.* **ris** grain of rice
[E(F)c: **ris** -ENN] {S 4; F 0(GK98: K.J.G.)}

risin ['ri·sɪn] *coll.* **+enn** castor-oil plants
[L: Lat *Ricinus communis* (K.S.)] {S 1; F 0(GM09: R.M.N.): **+enn** } See *Old Cornwall* 5(12), p.520.

riv ['ri:v] *m.* **+ow** number
[C: IE (Fl.)]
{S 1; F 0(CE38): C OldB *rim*, W *rhif*: **+ow** I}

riva ['ri·va] *v.* number
[Cc: **riv** -¹A] {S 1; F 0(GM09)}

rivell ['ri·vęl] *f.* **+ow** dial
[Cc: **riv** -ELL] {S 1; F 0(GM09: G.M.S.): **+ow** I}

river (Eng.) *m.* ALT = **avon**.
[E(F): MidE < AngN *river* (coe)] {S 6; F 2: M *ryuer* (BM.1141); pl. *ryvars* (TH53r)}

riw ['riw] *f.* **+yow** slope
[C:] {S 8; F 0(CPNE): P Trefrew: C W *rhiw*: **+yow** I}

riyas ['ri·jaz] *m.* **-riysi** giver, donor
[Cc: **ri** -³YAS] {S 1; F 2: O 2nd element of *guenoinreiat* (VC.312) → P: **-riysi** I}

ro ['rɔ:] *m.* **rohow** gift, present, donation

road
[C:] {S 2; F 4: **M** *ro* → **P**; pl. *rohow* (MC251) → L,P, *roow* → **P**, *royow* (TH.): **L** *rô* (AB012b): **C B** *ro*; **W** *rhodd*: **rohow M**}
The <h> in the pl. **rohow** is non-etymological, and present merely to ease pronunciation.

ro dhe Dhuw oblation

road (Eng.) *n.* anchorage {S 6; F 1: **M** *rode*}

roas ['rɔˑaz] *m.* **+ow** talent, gift
[Cc: **ro** -²AS] {S 2; F 0(GM09: P.H.): **+ow I**}

roasek [rɔ'aˑzęk] *adj.* gifted, talented
[Ccc: **roas** -¹EK] {S 2; F 0(GK98: A.S.)}

ROBB- [E(F): OldE < OldF *rob*- < Gmc (coe) [bb] is not found in the native Cor. sound system.

robbers (Eng.) *pl.* {S 6; F 1: **M** *robbers* (TH19r)}

robbya ['rɔbːja] *v.* rob
[E(F)c: ROBB=YA] {S 4; F 4: **M** *robbia*: **L** p.ptcpl. *robbiaz* (AB153c) → P}

robbyer ['rɔbːjęr] *m.* **-yoryon** robber *(male)* [E(F)c: ROBB=¹YER]
{S 4; F 2: **O** *robbior* (VC.412) → L,P: **-yoryon I**}

robbyores [rɔb'jɔˑręs] *f.* **+ow** robber *(female)* [E(F)c: ROBB=YORES]
{S 4; F 0(GM09: YhaG): **+ow I**}

Roboam name Rehoboam
{S 5; F 1: **M** *Roboam* (TH50v)}

robot ['rɔˑbɔt] *m.* **+ow** robot
[E(O): E *robot* < Czech *robota* 'compulsory service' (coe)] {S 5; F 0(EC00): **+ow I**}

roemm ['rʁmː] *m.* rum
[E: ModE, origin unknown (coe)]
{S 8; F 0(GM09: YhaG):}

roes ['roːz] *f.* **+ow** net
[L: CLat *rête* (Gr.)] {S 1; F 4: **O** *ruid* (VC.235) → L,P: **M** *ros*: **L** *rûz* (AB.) → P; *rooz* (PRJB); *rosow* (WX): **D** "rooze": **C B** *roued*, **W** *rhwyd*: **+ow L**}

roes-fardellow [ˌroˑsfar'dęlːɔw] *f.*
roesow-fardellow luggage-rack
[LE(F)c: **roes fardell** -²OW]
{S 4; F 0(CE93: R.E.): **roesow-fardellow I**}

roesweyth ['roˑʒwęɪθ] *m.* **+yow** network
[LC: **roes** 2²**gweyth**] {S 1; F 0(EC52): **C W** *rhwydwaith*: **+yow I** (K.J.G.)}

roesweytha [roz'węɪθa] *v.* network
[LCc: **roesweyth** -¹A] {S 1; F 0(AnG 1997)}

roeth ['roːθ] *m.* **+ow** shape
[C: CC (gpc)] {S 8; F 2: **L** *Roath* (G1XXG02) → P: **C W** *rhith*: **+ow I**}
This word is treated similarly to **toeth** and **stroeth**, i.e. its vowel is taken to be /o/.

roev ['roːv] *f.* **+ow** oar
[L: CLat *remus* (Haywood)]
{S 3; F 3: **O** *ruif* (VC.272) → L,P: **L** *rêv* (AB.014c, 138c) → P: **C B** *roeñv*; **W** *rhwyf*: **+ow I**}
Normal development of OldC *ruif* would have given MidC *royf* /rov/ > LateC *roov*, but Lhuyd wrote *rêv*. He was evidently confused by the word for 'shovel', here spelled **reuv**.

roev dhewbennek paddle

roevador [rʁ'vaˑdɔr] *m.* **+yon** rower *(male)*, oarsman
[Ll: **rev** -ADOR]
{S 3; F 2: **O** *ruifadur* (VC.273) → L,P: **L** *revadar* (AB.) → P: **C** cf. MidW *rwyfyadur*: **+yon I**}

roevadores [rʁva'dɔˑręs] *f.* **+ow** rower *(female)*, oarswoman
[Ll: **roevador** -⁴ES]
{S 3; F 0(GM09: K.J.G.): **+ow I**}

roevya ['roˑvja] *v.* row, paddle *(row)*
[Lc: **roev** -YA]
{S 3; F 0(CE38): **C B** *roeñviañ*; cf. **W** *rhwyfo*}

roevyans ['roˑvjans] *m.* rowing *(boat)*
[Lh: **roev** -YANS] {S 3; F 0(CE38):}

rogh ['rɔːx] *m.* **+ow** grunt
[C:] {S 1; F 0(CE38): **C B** *roc'h*; **W** *rhoch*: **+ow I**}
This may be represented in Cor. by **ronk**.

¹**rogha** ['rɔˑxa] *v.* grunt
[Cc: **rogh** -¹A] {S 1; F 0(CE38): **C** cf. **B** *roc'hal*; **W** *rhochi, rhochian*}

²**rogha** ['rɔˑxa] *m.* **roghys** ray *(fish)*, thornback
[E(E): OldE *hreoche* (Gr.)] {S 4; F 1: **O** *roche* (VC.549): **C** Not in B nor in W: **roghys I**}

rogha-bros [ˌrɔxa'brɔːz] *m.* **roghys-bros** sting-ray
[E(E)C: **rogha** ²**bros**]
{S 4; F 0(GM09: G.M.S.): **roghys-bros I**}

roghwarth ['rɔxwarθ] *m.* **+ow** chortle
[CCc: Portmanteau from **rogh** + **hwarth**]
{S 1; F 0(GM09: P.H.): **+ow** I}

roghwerthin [rɔɦ'wɛrθin] *v.* chortle
[CCc: Portmanteau from **rogh** + **hwerthin**]
{S 1; F 0(GK98: P.H.)}

Rohan place (place in Brittany)
{S 8; F 1: M *rohan* (BM.1936)}

rokk ['rɔk] *adj.* rock *(music)*
[E(E): OldE *rocc-* (coe)] {S 5; F 0(GM09: YhaG)}

rol ['rɔːl] *f.* **+yow** roll *(list)*, list, inventory
[E(F): MidE < OldF *rolle, role*] {S 4; F 2: M *rol* (PC.0422, BM.2842): C B *roll*; W *rhòl*: **+yow** I}
There is doubt as to whether this word had /l/ or /ll/; Nance has been followed.

rol negys agenda

rol verr short list

rolas ['rɔˑlaz] *m.* **+ow** catalogue
[E(F)c: **rol** -²ᴬˢ]
{S 4; F 0(GK98: R.L./T.S.): **+ow** I}

rolbrenn ['rɔlbrɛn] *m.* **+yer** roller *(wooden)*, rolling-pin, reel *(wooden)*, spool
[E(F)c: **rol** 2**prenn**] {S 4; F 0(CE38): **+yer** I}

rol-dhu [ˌrɔˑl'ðyː] *f.* **rolyow-du** blacklist
[E(F)C: **rol** 2**du**]
{S 4; F 0(AnG 1985): **rolyow-du** I}

rolven ['rɔlvɛn] *m.* **rolveyn** stone roller
[E(F)C: **rol** 2¹**men**] {S 4; F 0(CE38): **rolveyn** I}

rol-voes [ˌrɔˑl'voːz] *f.* **rolyow-boes** menu. Applicable only to food.
[E(F)C: **rol** 2**boes**]
{S 4; F 0(AnG 1980): **rolyow-boes** I}

rolya ['rɔˑlja] *v.* roll
[E(F)c: **rol** -ʸᴬ]
{S 4; F 2: L *rhullio* (Lh.): C W *rholio*; cf. B *rollañ*}

Rom ['rɔːm] *place* Rome
[E: MidE] {S 5; F 5: M *Rome, Rom*}
Rome was sometimes pronounced ['roːm] in MidE (Ekwall (1975), para. 83), and this may have been the pronunciation in Cor.

Roman ['rɔˑman] *m.* **+s, +yon** Roman

[E:] {S 5; F 3: M pl. *romans*: L pl. *Romans* (NGNB6); **+s** ML; **+yon** N (K.J.G.)}

romanek [rɔ'maˑnɛk] *adj.* Roman
[Ec: **Roman** -¹ᴱᴷ] {S 5; F 0(EC52)}

romans ['rɔˑmans] *m.* **+ow** novel, tale, romance
[E(F): MidE *romaunt* 'tale of chivalry' < OldF *romant* (co)] {S 4; F 0(GK98: G.M.S.):
C B *romant*, cf. W *rhamant*: **+ow** I}

romansegydh [ˌrɔman'zɛˑgɪð] *m.* **+yon** romanticist
[E(F)cl: from **romansek** -¹ʸᴰᴴ]
{S 4; F 0(GM09: K.J.G.): **+yon** I}

romansek [rɔ'manzɛk] *adj.* romantic
[E(F)c: **romans** -¹ᴱᴷ]
{S 4; F 0(EC52): C cf. W *rhamantus*}

romansogeth [ˌrɔman'zɔˑgɛθ] *f.* romanticism
[E(F)cc: from **romans** -ᴼᴳᴱᵀᴴ]
{S 1; F 0(GK00: A.S.):}

rond ['rɔnd] *adj.* round, rotund, circular
ALT = **kylghyek**. [E(F): MidE *rond* < OldF *rond* (coe)] {S 5; F 2: M *rond* (BM.3408): L *round* (JCNBL27, 35): C B *ront*}

rondenep [rɔnd'ɛˑnɛp] *m.* **-enebow** roundness, circularity
[E(F)c: **rond** -ᴱᴺᴱᴾ]
{S 4; F 1: M *rowndenab* (BK04.60): **-enebow** I}

rondfurvek [rɔnd'fyrvɛk] *adj.* endomorphic
[E(F)Lc: **rond furv** -¹ᴱᴷ] {S 4; F 0(GM09: P.H.)}

ronk ['rɔnk] **1.** *adj.* hoarse, croaking
2. *m.* **+ow** snore, snort, croak
[C: Perhaps a late form of **rogh**.]
{S 8; F 0(CE38): D "runky" 'hoarse': **+ow** I}

ronkanall [rɔn'kaˑnal] *f.* wheeze
[CC: **ronk anall**] {S 8; F 0(GM09: G.M.S.):}

ronkanella [rɔnka'nɛlːa] *v.* wheeze
[CCc: **ronk anella**] {S 8; F 0(GM09: K.J.G.)}

ronson ['rɔnsɔn] *m.* **+s** ransom
ALT = **daspren**. [E(F): MidE *ransoun* < OldF *ransoun* (coe)] {S 4; F 3: M *raunson*: **+s** I}
The 2nd vowel was nasal in F, and this nasality accounts for the spelling <au> in *TH*.

ronsona

ronsona [rɔn'sɔˑna] *v.* ransom
[E(F)c: **ronson** -¹A]
{S 4; F 1: **M** *raunsona* (TH15r)}

ronsyn ['rɔnsɪn] *m.* **-es** nag *(horse)*, ass
[F: OldF *roncin* (co)] {S 8; F 3: **L** *rouzan* (TCTB10), *rozan* (TCJB10), *rounsan* (PV15923): **-es** I} According to Padel (1985, p.335), *Goenrounsen* does NOT contain this word, but rather a personal name.

¹**ros** ['rɔːz] *f.* **+ow** wheel, circle
[C: Brit **rota* (iyk) < IE **rota* (iyk)]
{S 1; F 3: **L** *rôz* (AB141c, 296b) → P: **C B** *rod*; **W** *rhod*: **+ow** I}

ros dhynsek gear wheel, pinion

ros dhowr water wheel

ros lywya steering wheel

ros nedha spinning-wheel

ros parys spare wheel

ros veur big wheel

²**ros** ['rɔːz] *adj.* foul, filthy
[C:] {S 1; F 0(CPNE): **P** Polroad}

³**ros** ['rɔːz] *v. part* gave
P.ptcpl. of **ri** 'to give'. [C:]
{S 1; F 5: **M** *ros*: **L** *rôs* (AB032a), *rowze* (G3WK)}

⁴**ros** ['rɔːz] *m.* **+yow** hill-spur, spur *(topographic)*, promontory, moor
[C: Brit **rost*- (Haywood)]
{S 1; F 4: **L** *rosh* (AB169b, 297b), *rose* (PV15919): **P** (very common in pl.ns. such as Penrose): **C B** *roz*; **W** *rhos*: **+yow** I}
See Padel (1985) for a discussion of the meaning of this word.

⁵**ros** ['rɔːz] *coll.* **+enn** roses
[L:] {S 1; F 1: **M** *ros* (BK36.08): **+enn** I}

rosa-noblenn *f.* **+ow** rose-noble (coin)
[EEc: The first word is **rosa** < MidE *rose*; the second is from ²**nobyl** -ENN] {S 4; F 1: **M** pl. *rose noblennov* (BM.2881) 5 syll.: **+ow** M}

rosell ['rɔˑzęl] *f.* **+ow** rotor, roulette wheel
[Cc: ¹**ros** -²ELL]
{S 1; F 0(GK98: K.J.G.): **C B** *rodell*: **+ow** I}

rosella [rɔ'zęlːa] *v.* spin, whirl, rotate
Seems to be the best word to use for 'to rotate';

rostell

'to revolve' needs to be translated by a different word.
[Ccc: **rosell** -¹A] {S 1; F 0(CE38): **C B** *rodellañ*}

rosellans [rɔ'zęlːans] *m.* **+ow** rotation, whirl
[Cch: **rosell** -ANS] {S 1; F 0(EC00): **+ow** I}

rosellek [rɔ'zęlːęk] *adj.* rotary, rotatory
[Cch: **rosell** -¹EK] {S 1; F 0(GM09: K.J.G.)}

rosellenn [rɔ'zęlːęn] *f.* **+ow** whirl *(for a spindle)* [Ccc: **rosell** -ENN]
{S 1; F 2: **L** *rôzellen* → P: **+ow** I}

roser ['rɔˑzęr] *m.* **-oryon** stroller *(male)*
[Cl: ¹**ros** -¹ER]
{S 1; F 0(CE38): **D** "rousy-vounder": **-oryon** I}
<-er> is used rather than <-yer>, which would cause vowel affection.

Rosewa *place* (name of a forest)
[CC: ⁴**ros** + ?saint's name **Ewa**]
{S 8; F 3: **M** *rosewa* (BK.)} The supposed location for this forest is just N.E. of Old Kea.

rosik ['rɔˑʒɪk] *f.* **-igow** castor
[Cc: ¹**ros** -IK] {S 1; F 0(Y3): **-igow** I}

roskis ['rɔˑskis] *m.* **+yow** roller-skate
[CC: from ¹**ros** eskis]
{S 2; F 0(FTWC): **+yow** I (FTWC)}

roskisya [rɔ'skiʒˑja] *v.* roller-skate
[CCc: from **roskis** -YA]
{S 2; F 0(GM09: G.M.S.)}

roskisyer [rɔ'skiʒˑjęr] *m.* **-yoryon** roller-skater
[CCc: from **roskis** -¹YER]
{S 2; F 0(GM09: G.M.S.): **-yoryon** I}

rosla ['rɔzla] *m.* **-leow** cart-rut
[Cc: ¹**ros** -LA] {S 1; F 0(CE38): **-leow** I}

rosores [rɔ'zɔˑręs] *f.* **+ow** stroller *(female)* [Clc: ¹**ros** -ORES]
{S 1; F 0(GM09: YhaG): **+ow** I}

ros-rydh [ˌrɔˑz'rɪːð] *f.* **rosow-rydh** free-wheel
[CC: ¹**ros rydh**] {S 8; F 0(Y1): **rosow-rydh** I}

rostell ['rɔˑstęl] *f.* **+ow** skate-board
[CC: from ¹**ros astell**] {S 2; F 0(Y1): **+ow** I}

rostella

rostella [rɔs'tęl:a] *v.* skate-board
[CCc: **rostell** -¹A] {S 2; F 0(EC00)}

rosteller [rɔs'tęl:ęr] *m.* **-oryon** skate-boarder
[CCl: **rostell** -¹ER]
{S 2; F 0(GM09: G.M.S.): **-oryon** I}

rostya ['rɔ·stja] *v.* roast
[E(F)c: VN in -YA from MidE < OldF *rostir* (coe)] {S 4; F 3: L *rostia* (AB165a, 248a) → P}

rosva ['rɔzva] *f.* **+ow** promenade, avenue
[Cc: ¹**ros** -VA] {S 1; F 0(Y1): C W *rhodfa*: **+ow** I}

Rosvargos
{S 1; F 1: L *rôsbargus* (PV.7239)}
The 1540 spelling *Lostbargous* of this pl.n. appears to mean 'tail of a buzzard'.

rosvoes ['rɔ·zvɤz] *f.* **+ow** trolley *(for food)*
[CL: ¹**ros** 2**moes**] {S 1; F 0(Y1): **+ow** I}

¹**roswydh** ['rɔʒwɪð] *f.* **+yow** ford
[C:] {S 1; F 0(CPNE): P *Redwith Mill*: C B *roudouz*; W *rhodwydd*: **+yow** I}

²**roswydh** ['rɔswɪð] *coll.* **+enn** rhododendrons
[CC: ⁵**ros** 2**gwydh**]
{S 1; F 0(GM09: G.M.S.): **+enn** I}

rosya ['rɔ·ʒja] *v.* stroll, ramble, hike
[Cc: ¹**ros** -YA] {S 1; F 0(CE38): D "rousy"}

rosyas ['rɔ·ʒjaz] *m.* **+ow** walk, stroll, ramble
[Cc: ¹**ros** -²YAS] {S 1; F 0(CE38): C W *rhodiad*: **+ow** I} Vowel aff. suppressed.

rosyer ['rɔ·zjęr] *m.* **-yoryon** rambler *(male)*, stroller
[Cc: ¹**ros** -¹YER] {S 1; F 0(CE38): **-yoryon** I}

rosynn ['rɔ·zɪn] *m.* **+ow** little promontory
[Cc: ⁴**ros** -YNN] {S 1; F 0(CPNE): P ?Roozen Cove: C W **rhosan*, found in pl.ns.: **+ow** I} -YNN is considered more likely than -AN, since both possible cases in Cor. pl.ns. are in -*en*.

rosyores [rɔʒ'jɔ·ręs] *f.* **+ow** rambler *(female)*, stroller

rudha

[Ccc: ¹**ros** -YORES]
{S 1; F 0(GM09: K.J.G.): **+ow** I}

roth Now spelled **roeth**.

roum ['ru:m] *m.* **+ys** room *(chamber)*
[E(E): MidE *roum* (CE38) < OldE *rûm* (coe)]
{S 5; F 4: M *rome*; pl. *romes* → L, *romys* → P: **+ys** M}

ROUT- [E(F): MidE < OldF *route* (coe)]

rout ['ru:t] *m.* **+ys** mob, rabble, crowd
One meaning is 'disorderly company' (coe)
[E(F): MidE *route* < OldF *route* (coe)]
{S 5; F 3: M *rowt* (BK.): **+ys** I}

router ['ru·tęr] *m.* **+s** director, ruler, controller, producer *(theatrical)*
[E(F)l: ROUT=¹ER]er] {S 5; F 0(GM09: K.J.G.): M pl. *rowtors* (MC.100): **+s** M}

routh ['ru:θ] *f.* **+ow** crowd, throng, multitude
[E(F): MidE *route* < OldF *route* (coe)]
{S 8; F 3: M *ruth* (MC.108) → P: L *ruth* (M4WK): **+ow** N (CE38)} Variant of *rout*.

routya ['ru·tja] *v.* direct, control, rule *(trans.)*
[E(F)c: ROUT=YA] {S 5; F 4: M *rowtya*}

routyans ['ru·tjans] *m.* direction *(e.g. of a film)*
[E(F)h: ROUT=YANS] {S 5; F 0(GK98: J.A.):}

roweth ['rɔʊęθ] *m.* importance, prestige, leverage *(influence)*
[U:] {S 8; F 3: M *roweth* → P: L *rowath* (BOD.110):}

royally (Eng.) *adv.*
{S 6; F 1: M *ryally* (TH55r)}

rubi ['ry·bi] *m.* **+ow** ruby
[E(F):] {S 4; F 0(EC52): **+ow** N}

rudh ['ry:ð] *adj.* red
[C: CC (Gr.) < IE (Fl.)] {S 1; F 5: O *rud* (VC.484): M *ruth* → P: L *rŷdh* (AB091a): P Redruth 'red ford': C B *ruz*; W *rhudd*}

rudha ['ry·ða] *v.* redden, blush
[Cc: **rudh** -¹A]
{S 1; F 0(CE38): C B *ruzañ*; W *rhuddo*}

rudhek

rudhek ['ry·ðęk] *m.* **-ogyon** robin, redbreast
[Cc: **rudh** -¹EK] {**S** 1; **F** 2: **L** *rydhik* (AB013c) → P: **C** Not in B nor in W: **-ogyon** N (K.J.G.)}

rudhgogh ['ryðgɔx] *adj.* crimson
[CL: **rudh** 2²**kogh**] {**S** 1; **F** 0(GM09: G.M.S.)}

rudhik ['ry·ðɪk] *adj.* reddish, ruddy
[Cc: **rudh** -IK] {**S** 1; **F** 1: **L** *rydik* (PV16011)}

rudhlas [ˌry·ð'laːz] *adj.* purple
[CC: **rudh** 2¹**glas**] {**S** 1; **F** 0(CE38)}

rudhloes [ˌry·ð'loːz] *adj.* russet
[CC: **rudh loes**] {**S** 1; **F** 0(EC52)}

rudhvelyn [ryð've·lɪn] *adj.* orange
[CC: **rudh** 2**melyn**]
{**S** 1; **F** 2: **L** *rîdh-velyn* (AB062a) → P}

rudhwynn [ryð'wɪnː] *adj.* pink, gay *(slang)*
[CC: **rudh** 2**gwynn**]
{**S** 1; **F** 0(GM09: P.H.): **C B** *ruzwenn*}

rudhwynnik [ryð'wɪnːɪk] *adj.* pinkish
[CC: **rudh** 2**gwynnik**] {**S** 1; **F** 0(GM09: K.J.G.)}

RUGL- [C:]

rugla ['rygla] *v.* rattle
[Cc: RUGL=¹A] {**S** 8; **F** 0(EC52): **C W** *rhuglo*}

ruglenn ['ryglęn] *f.* **+ow** rattle
[Cc: RUGL=ENN]
{**S** 8; **F** 0(EC52): **C W** *rhuglen*: **+ow** I}

¹run ['ryːn] *f.* **+yow** hill, hillside
[C: CC *roino-* < IE (Fl.)]
{**S** 1; **F** 4: **M** *rvn* (BK15.51); pl. *runyow* (PC.2654): **L** *reen* (PV15837): **D** "reens" 'a hilly field': **P** Reen: **C B** *run*, MidW *run*: **+yow** M}

²run ['ryːn] *m.* **+yow** rune
[E(N): E < OldN] {**S** 1; **F** 0(AnG 1997): **+yow** I}

rusk ['ryːsk] *f.* **+enn** bark *(of a tree)*, rind, peel
[C: CC (Gr.)] {**S** 1; **F** 4: **O** *rusc* (VC.671) → P: **M** sg. *rusken* (OM.0778) → P: **L** *rîsk* (AB032a) → P: **D** "risk": **C B** *rusk*; **W** *(rhisgl)*: **+enn** M}

rust ['ryːst] *adj.* rough
[F: OldF *ruste*] {**S** 4; **F** 0(GM09: J.G.H.): **P** Tarista < *Trerust* 1501 (GR 210524): **C B** *rust*}

Ruvon

runenn ['ry·nęn] *f.* **+ow** hill
[Cc: **run** -ENN]
{**S** 1; **F** 3: **O** *runen* (VC.718) → L,P: **+ow** I}

runner (Eng.) *n.*
{**S** 6; **F** 1: **M** *renner* (BK03.35)}

ruskek ['ry·skęk] *adj.* rough-barked
[Cc: **rusk** -¹EK] {**S** 1; **F** 0(CE38)}

russek *adj.* Russian

Russek ['rysːęk] *m.* Russian language
[Fc:] {**S** 5; **F** 0(AnG 1998):}

Russi ['rysːi] *place* Russia
[F:] {**S** 5; **F** 0(AnG 1998)}

RUT- [E(F): E *rut* (as of deer) < OldF *rut* (coe)]

ruta ['ry·ta] *m.* rue *(herb)*
[L: MLat *ruta*] {**S** 5; **F** 1: **O** *rute* (VC.641) → L,P: **C** cf. B *ruz*; W *rhud* from CLat *ruta*:}
An original borrowing from CLat would have given MidC *rus.

rutsonek [ryt'sɔ·nęk] *adj.* fricative
[E(F)Lc: RUT- **son** -¹EK] {**S** 5; **F** 0(EC00)}

rutya ['ry·tja] *v.* rub, apply friction
[E(F)c: RUT=YA] {**S** 5; **F** 3: **L** *rhŷttia* (AB118a) → P: **D** "rut": **C W** *rhwto*}

rutyans ['ry·tjans] *m.* **+ow** friction, rubbing
[E(F)c: RUT=YANS]
{**S** 5; **F** 0(CE93: K.J.G.): **+ow** I}

rutyer ['ry·tjęr] *m.* **+yow** rubber *(eraser)*, eraser
[E(F)c: RUT=YER]
{**S** 5; **F** 0(EC52): **+yow** N (FTWC)}

ruvanes [ry'va·nęs] *f.* **+ow** queen
[Ccc: **ruw** + unidentified element <an> + -⁴ES]
{**S** 8; **F** 3: **O** *ruifanes* → L,P: **C B** *rouanez*, W *rhwyfanes*: **+ow** I}

ruvaneth [ry'va·nęθ] *f.* **+ow** kingdom, realm
[Ccc: **ruw** + unidentified element <an> + -ETH]
{**S** 8; **F** 3: **O** *ruifanaid* → L,P: **+ow** I}

Ruvaneth Unys United Kingdom

Ruvon *name* (name of saint)
{**S** 8; **F** 2: **O** *rumon* (LS.): **L** *Ruan* (PV16020)}

ruw ['ryw] *m.* **+yon** king, ruler
The word more usually used for 'king' is **myghtern**, but **ruw** is useful in verse, being monosyllabic. Its development from OldC is taken to be similar to that of **duw**.
[D: CLat *regem* (Haywood) or CC **reig-smn* (Gr.)] {S 1; F 4: **O** *ruy* (VC.164) → L, *ruif* (VC.183) → P, *ray* (VC.327): **M** *rv* (BK16.49, 21.12): **C** B *roue*: **+yon** N}

ruwek ['rywęk] *adj.* kingly
[Dc: **ruw** -¹EK] {S 1; F 0(GM09: G.M.S.)}

ryal Now spelled **ryel**.

ryb [rɪb] *prep.* beside, by, close to, hard by
Forms pronominal prepositions **rybov, rybos, rybdho, rybdhi, rybon, rybowgh, rybons**.
[l: CLat *ripa* 'bank'] {S 8; F 5: **M** *ryb* → P, *ryp* → P: **L** *reb* → P: **P** Morrab: **C** Not in B nor in W}

rybfordh ['rɪpfɔrð] *f.* **+ow** slip-road
[lE(E): **ryb fordh**] {S 4; F 0(Y1): **+ow** I}

rybwarila [rɪbwa'ri·la] *m.* **-leow** offstage
[cCc: **ryb** 2**gwarila**]
{S 2; F 0(GM09: YhaG): **-leow** I}

rych ['rɪːtʃ] *adj.* rich, sumptuous, wealthy
[E(H): MidE < OldE *rîce* (co) and OldF *riche* (coe)] {S 5; F 4: **M** *rych, ryche*}

rychedh ['rɪ·tʃęð] *m.* richness *(e.g. of a culture)*
[E(H)c: **rych** -¹EDH] {S 5; F 0(GK98: J.A.):}

rychys ['rɪ·tʃɪs] *m.* wealth, riches
[E(F): MidE *richesse* < OldF]
{S 5; F 4: **M** *rychys, rychyth*:}

ryddya v. rid ALT = **kartha**. [dd] is not found in the native Cor. sound system;
[E(N)c: VN in -YA from MidE < OldN *ryðja* (coe)] {S 5; F 2: **M** *ryddia* (TH14v); p.ptcpl. *ryddys* (TH15v)}

rydh ['rɪːð] *adj.* free, open, clear *(free)*
[C:] {S 8; F 3: **L** *ryth* (PV.): **C** W *rydd*}

rydhambos [rɪ'ðambɔz] *m.* **+ow** free hand, carte blanche
[CC: **rydh ambos**] {S 1; F 0(Y2): **+ow** I}

rydhhe [rɪð'hę:] *v.* set free, release
[Cc: **rydh** -HE]
{S 1; F 0(GK98: A.S.): **C** W *rhyddhau*}

rydhwari [rɪð'wa·ri] *v.* improvise, wing it
[Cc: **rydh** 2**gwari**] {S 1; F 0(GM09: YhaG)}

rydhses ['rɪðzęz] *m.* freedom, liberty
[Cl: **rydh** -SES]
{S 1; F 0(CE38): **C** MidW *rhydd-did*:}

ryel ['ri·ęl] *adj.* royal, kingly, regal
The spelling of this word (previously *ryal*) is discussed at length in the Cornish Language Board's edition of **Bywnans Ke**.
[E(F): MidE < OldF *roial* (co)]
{S 4; F 4: **M** *ryel, ryal*}

ryelder [ri'ęldęr] *m.* pomp, magnificence
[E(F)c: **ryel** -DER] {S 4; F 4: **M** *ryelder*:}

ryeleth [ri'ęlęθ] *f.* royalty
[E(F)c: **ryel** -ETH] {S 4; F 0(GM09: G.M.S.):}

ryg ['rɪːg] *m.* **+yow** cattle wart
[U:] {S 8; F 0(CE93: B.C.): **D** "rigg": **C** cf. W *rhygnu* 'to rub' (as cattle do when infected): **+yow** I}

rygdhi ['rɪgði] *prep.* for her
[C: Compound of **rag**]
{S 1; F 4: **M** *rygthy* (MC.184, BM.4016)}

ryjer ['rɪ·dʒęr] *m.* **-es** inadequately castrated steer
[E(N): dial. E *ridger* < MidE *ridgel* < OldN (soed)] {S 5; F 0(CE93: B.C.): **D** "ridger": **-es** I}

ryll ['rɪl:] *f.* **+ow** cleft, furrow
[E(G): MidE < LowG *ril, rille* (co)]
{S 8; F 0(CE38): **D** "rill" 'cleft': **P** Rill: **+ow** N (K.J.G.)} Not confirmed by Padel (1985); the meaning of *rill* in standard Eng. is 'rivulet'.

rynk ['rɪnk] *f.* **+i** quail
[C:] {S 8; F 2: **O** *rinc* (VC.519) → P: **C** cf. W *rhegen* 'quail': **+i** N (CE38)}

rynn ['rɪn:] *m.* **+ow** point *(of land)*, bluff
[C: CC (Fl.)]
{S 1; F 0(CE38): **P** Penryn = **penn rynn**: **C** OldB -*rinn*; W *rhyn*: **+ow** I}
Confused with **run** in Nance's dictionaries.

rynni

rynni ['rɪnːi] *v.* shiver
[Cc: VN in -ɪ]
{S 8; F 1: M *rynny* (RD.2343): C W *rhynnu*}

rypsav ['rɪpsav] *m.* **+ow** lay-by
[CC: **ryb**4 **sav**] {S 1; F 0(Y1): **+ow** I}

rys ['rɪːz] *f.* **+yow** ford
[C: CC *ritus* (iyk) < IE *pr̥tus* (iyk)]
{S 1; F 1: O *rid* (VC.726) → L,P: L *rys* (AB268b):
P Numerous pl.ns., usually with *Res-* rather
than *Rys-*, presumably relate to the fact that
the element is there unstressed. The pl. is
found in Ridgeo.: C OldB *rit*; W *rhyd*: **+yow** P}
The IE form gave also ModE *ford* and CLat
portus > C **porth**.

Rysoghen [rɪz'ɔˑxɛn] *place* Oxford
[CC: **rys oghen**]
{S 1; F 0(CE93): C W *Rhydychen*}

Rysor *place* (a division of the Killiow
estate)
[CC: perhaps **rys** or 'ford of the boundary']
{S 8; F 2: M *soor* (BK10.142, 10.561)}

Rysrudh [rɪz'ryːð] *place* Redruth
[CC: **rys rudh** 'red ford']
{S 1; F 1: L *Redruth* (NGNB1): P Redruth}

¹**ryw** ['rɪw] *m.* **+yow** kind, type
[C:] {S 1; F 2: L *riu* (PV15902): C B *reo*, W *rhyw*:
+yow I} Perhaps borrowed by Lhuyd from
Welsh, and copied by Pryce.

ryw Now spelled **ruw**.

S

s (Lat.) The letter <s>, used in spelling the Latin
word *est* 'is'. {S 6; F 1: M *s* (BM.0106)}

-s *suffix* (pl. ending) [e: MidE *-s*]
Applies almost exclusively to loan-words, e.g.
baners; there is a tendency to replace this
ending with a more Cor. one, e.g. **baneryow**.

-sa *v. part* (3rd sg. plupf. ending)
e.g. **prensa** 'he had bought' from **prena** 'to
buy'. [c:]

¹'s her Infixed pron. found in ¹a's and ¹y's. [c:]

²'s them Infixed pronoun found in ²a's and

²y's. [c:]

sabaghthani (Heb.) Spoken by Christ on the
cross. {S 6; F 1: M *zabatani* (PC.2955)}

sa'bann [sa'banː] *phrase* stand up
(command)
[CC: Short for **sav yn-bann**]
{S 1; F 2: L *seban* (PV16206)}

sabenn ['saˑbɛn] *f.* **+ow,** *coll.* **sab**
conifer, fir-tree, evergreen tree
Genus *Abies* [E(F): MidE < OldF *sap*]
{S 8; F 4: L *zaban* (AB.) → P: C cf. B *saprenn*}

sabgoes ['sabgɤz] *m.* **+ow** taiga, wood
(coniferous)
[E(F)C: **sab** 2¹**koes**] {S 5; F 0(EC00): **+ow** I}

Sabot ['saˑbɔt] *m.* **+ys** Sabbath
[E(E): MidE < OldE *sabat* (coe)]
{S 5; F 3: M *sabot*: L *Sabbat* (TCJK): **+ys** I}

sacrificed (Eng.) *v.* part
{S 6; F 1: M *sacrificed* (SA61r)}

sad ['saːd] *adj.* serious, constant,
steadfast, solemn
[E(E): MidE < OldE *saed* (coe)]
{S 5; F 3: M *sad, sadt*}

Sadorn ['saˑdɔrn] *m.* Saturn *(planet or
god)*, Saturday
Name of day is usually preceded by **dy**'.
[L: CLat *Saturni* (Fl.)] {S 1; F 2: L *zadarn*
(AB030b, 054c) → P: C B *Sadorn*, W *Sadwrn*:}

sadron ['sadrɔn] *coll.* drones
[C: Brit *satron* (Fl.)]
{S 1; F 2: O sg. *sudronen* (VC.531) → P}

sadronenni [ˌsadrɔ'nɛnːi] *v.* buzz,
drone
[Ccc: **sadronenn** -¹I]
{S 1; F 0(CE38): C B *sardonenniñ*}

safron ['safrɔn] *m.* saffron
[E(O): MidE *safron* < Arabic *za'farân* (K.S.)]
{S 4; F 0(CE38): C W *saffrwm*:}

sagh ['saːx] *m.* **seghyer** bag, sack
[L: CLat *saccus* <M>]
{S 1; F 3: O *sach* (VC.388) → P: M *sagh*
(BK13.63); pl. *syehar* (TH06v): L *Zâh* (AB030b,
143a) → P: C B *sac'h*, W *sach*: **seghyer** M}

sagh dyowl demoniac

sagha ['sa·xa] *v.* put in a bag
[Lc: **sagh** -¹A]
{**S** 1; **F** 0(CE38): **C B** *sac'hañ*, W *sachu*}

saghas ['sa·xaz] *m.* **+ow** sackful
[Lc: **sagh** -²AS]
{**S** 1; **F** 0(GM09: GG): **C B** *sac'had*: **+ow** I}

saghlenn ['saxlęn] *m.* **+ow** sackcloth
[LC: **sagh lenn**] {**S** 1; **F** 0(CE38): **+ow** I}

saghwisk ['sa·xwɪsk] *f.* sackcloth *(garments)*
[LC: **sagh 2gwisk**] {**S** 1; **F** 0(CE38):}

Sainte (Fr.) *f.* saint
{**S** 6; **F** 1: **M** *synte* (RD.1386)}

SAKR- [F: F *sacr*-]

sakra ['sakra] *v.* consecrate, ordain, hallow
[Fc: SAKR=¹A] {**S** 4; **F** 4: **M** *sacra* → P}

sakrament ['sakramęnt] *m.* **+ys** sacrament
[E(F): MidE *sacrement*] {**S** 5; **F** 5: **M** *sacrament* (TH., SA.); pl. *sacramentys* (TH., SA.), *sacrements* (BM.0997): **+ys** M}

sakrans ['sakrans] *m.* **+ow** consecration
[Fh: SAKR=ANS] {**S** 4; **F** 0(EC52): **+ow** I}

sakrifia [sakri'fi·a] *v.* sacrifice
[E(F): MidE *sacryfye* (CE38) < OldF (K.J.G.)]
{**S** 4; **F** 3: **M** *sacryfye*}

sakrifis [sakri'fi:s] *m.* **+ow** sacrifice
[E(F): MidE < OldF (coe)]
{**S** 4; **F** 4: **M** *sacryfys, sacrifice*: **+ow** N}

sakrifisa v. sacrifice ALT = **sakrifia**.
[E(F)c: **sakrifis** -¹A]
{**S** 5; **F** 1: **M** *sacryfice* (CW.2388) (3 syll.)}

sal ['sa:l] *f.* **+yow** room
[F: F *salle*] {**S** 4; **F** 3: **M** *sal* (BK18.34, 23.21, 25.80): **C B** *sal*: **+yow** C}

salad ['sa·lad] *m.* **+ys** salad
[E(F): ModE < MidE < OldF *salade*]
{**S** 5; **F** 0(Y1): **+ys** I}

Salamon name Solomon
{**S** 5; **F** 4: **M** *salamon, salmon*}
The Cor. form is **Seleven**.

sall ['sal:] *adj.* salty, saline
[L: CLat] {**S** 8; **F** 3: **L** *zal* (AB013c, 143c) → P}

salla ['sal:a] *v.* salt, souse
[L: **sall** -¹A] {**S** 8; **F** 3: **M** p.ptcpl. *selis* (SA60v): **L** *zalla* (AB143c, 245a) → P: **C B** *sallañ*}

sallyour ['sal:jur] *m.* **+s** salt-cellar
[E: MidE (CE38)] {**S** 5; **F** 0(CE38): **+s** I}

salm ['salm] *m.* **+ow** psalm
[E(E): MidE < OldE *salm* (coe)]
{**S** 4; **F** 3: **M** *psalme* (TH.), *psalm* (SA.): **+ow** N}

salmus (Lat.) *n.* shawm
(ancient musical instrument)
{**S** 6; **F** 1: **M** *psalmus* (OM.1998)}

Salome name Salome
{**S** 5; **F** 2: **M** *salome* (RD.0699, 1074)}

salow ['sa·lɔw] *adj.* safe, healthy, well *(healthy)*
[C: SALW-S] {**S** 1; **F** 3: **M** *salov* (BM.): **C B** *salv*}

salowder [sa'lɔʊdęr] *m.* safety
[Cc: **salow** -DER] {**S** 1; **F** 0(GM09: P.H.):}

SALUS- [E: MidE *salute*, with replacement in MidC of <t> by <g>]

salusi [sa'ly·ʒi] *v.* salute
[Ec: SALUS=¹I] {**S** 8; **F** 3: **M** *salugy*: **C B** *saludiñ*}

salusyans [sa'ly·ʒjans] *m.* **+ow** salutation
[Eh: SALUS=YANS] {**S** 8; **F** 0(EC00): **+ow** I}

salvation (Eng.) ALT = **selwyans**.
[E(F): MidE < OldF *salvacion*]
{**S** 6; **F** 4: **M** *saluasconn* (BM.), *salvacion* (TH.)}

salwer ['salwęr] *m.* **-oryon** saviour
[Cl: SALW=¹ER] {**S** 1; **F** 1: **L** *salver* (AB143c): **C B** *salver*: **-oryon** I}

Samaria (Lat.) *place*
{**S** 6; **F** 1: **M** *Samarya* (TH46v)}

sampel ['sampęl] *m.* **samplow** example, sample, specimen
[E(F): MidE; aphetic form of OldF *essample*]
{**S** 5; **F** 1: **L** *sompel* (NGNB8): **C** cf. W *siampl*: **samplow** I}

yn sampel for example

sampla ['sampla] *v.* sample
[E(F)c: VN in -A from MidE < OldF]
{**S** 5; **F** 0(CE38)}

Samson name (name of a saint)
{**S** 5; **F** 1: **M** *samson*}

sand

sand ['sand] *m.* **+ow** course *(of meal)*, dish *(food)*
[E(E): OldE *sand* 'meal'] {S 5; F 2: **O** *sant* (VC.896) → L,P: **+ow** N} Not up-dated to **sans*, to avoid confusion with **sans**.

sandal ['sandal] *m.* **+yow, +ys** sandal
[E: MidE (co)]
{S 4; F 0(CE38): **+yow** N (FTWC); **+ys** I (CE38)}

sanktyfia v. sanctify ALT = **sanshe**.
[E(F)c: VN in -YA from MidE < OldF *saintifier* + Lat *sanctificâre* (coe)] {S 5; F 2: **M** p.ptcpl. *sanctyfyes* (TH11r), *sanctifies* (TH31r)}

sans ['sans] **1.** *adj.* holy, sacred **2.** *m.* **syns** saint *q.v.*
[L: CLat *sanctus* <M>]
{S 1; F 5: **M** *sans* → P; pl. *syns*: **L** *zanz* → P; pl. *seinz* (AB.), *sanzow* (ACJB): **P** Penzance: **C B** *sant*; **W** *sant*: **syns** ML}

sansel ['sanzęl] *adj.* saintly, pious
[Lc: **sans** -²EL] {S 2; F 0(CE38): **C B** *santel* 'holy'} The existence of the word **sansoleth** suggests that there may have been a word **sansel* for 'saintly'; Nance evidently thought so, when he suggested *sansyl*.

sanses ['sanzęs] *f.* **+ow** saint *(female)*
[Lc: **sans** -⁴ES] {S 1; F 1: **M** pl. *sansesov* (BM.0579): **C B** *santez*: **+ow** M}

sanshe [sans'hę:] *v.* sanctify, hallow
[Lc: **sans** -HE] {S 1; F 0(CE93: K.J.G.)}

sansoleth [san'zɔ·lęθ] *f.* saintliness, sanctity, holiness, piety
[Lc: **sans** -OLETH] {S 1; F 3: **M** *sansolath*: **L** *sanstolath* (BOD.113): **C B** *santelezh*:} This word has been re-formed, since phonetic evolution would give **santoleth*.

sansolethus [ˌsanzɔ'lę·θys] *adj.* sanctimonious
[Lcl: **sansoleth** -US] {S 1; F 0(GK98: A.S.)}

sansow *pl.* saints ALT = **syns**.
[Lc: **sans** -²OW] {S 8; F 3: **L** *sanzow* (ACJK, ACJB), *zanzo* (ACTB) → P}
A LateC reformed plural.

sarchya v. search ALT = **hwilas**.
[E(F): MidE < ANor *sercher* (coe)]
{S 5; F 2: **M** *sarchia* (TH36v, SA64v)}

saven

sarf ['sarf] *f.* **serf** snake, serpent
[L: *serpens* (lp)] {S 1; F 2: **M** *sarf* (OM.0286, 0797) → P: **C** Not in B; **W** *sarff*: **serf** I}

sarf gonna scarf *(colloq.)*

sarfek ['sarfęk] *adj.* serpentine
[Lc: **sarf** -¹EK] {S 1; F 0(CE55)}

sarf-nija [ˌsarf'ni·dʒa] *f.* **serf-nija** kite *(toy)*
[LCc: **sarf nija**] {S 3; F 0(FTWC): **C** Calqued on B *sarpant-nij*: **serf-nija** I (FTWC)}

sarfven ['sarfːęn] *m.* **-veyn** serpentine *(rock)* [LC: **sarf** 2¹men]
{S 1; F 0(GK98: G.M.S.): **-veyn** I}

Sarsyn ['sarsɪn] *m.* **+s** Saracen, Moor *(person)* [E(F): MidE < OldF *Sar(r)asin* (coe)] {S 4; F 2: **M** *sarsyn* (PC.2027) → P: **+s** I}

sarsynek [sar'sɪ·nęk] *adj.* Moorish
[E(F)c: **Sarsyn** -¹EK] {S 4; F 0(CE38)}

satin ['saːtɪn] *m.* satin
[E: from *Tseutung*, whence satin came.] {S 5; F 1: **M** *satynn* (BK22.48): **C B** *satin*, W *satin*:}

satisfaction (Eng.) *n.*
{S 6; F 2: **M** *satisfaction* (SA64r), thrice}

Satnas ['satnas] *name* Satan
[U:] {S 5; F 4: **M** *satnas* → P, *satanas*: **L** *Satnaz* (M4WK)}

satysfia v. satisfy ALT = **kollenwel bodh**.
[E(F)c: VN in -YA from MidE < OldF *satisfier* (coe)] {S 5; F 2: **M** *satysfya* (TH45r); p.ptcpl. *satisfies* (TH10v)}

sav ['saːv] *m.* stand, stance, erect posture. Combines with personal pronouns as **a'm sav, a'th sav, a'y sav, a'y sav, a'gan sav, a'gas sav, a'ga sav**.
[C: Brit **stab* (Fl.) < IE **stha-* (hpb)]
{S 1; F 3: **M** *saf, saff*: **C B** *sav*; W *saf*:}

savanna [sa'vanːa] *m.* savanna
[E(O):] {S 4; F 0(GM09: YhaG):}

saven ['savęn] *f.* **savnow** geo, cleft, gully
[C:] {S 1; F 2: **L** *sowne* (PV10416), *sawan* (PV16408): **P** *Savenheer* = **saven hir**: **C B** *saon* 'valley'; **W** *safn* 'mouth': **savnow** I}

savla

The two forms, one with <v> and one with <w>, lends weight to the idea that Cornish had a bilabial sound, sometimes represented by <v> and sometimes by <w>.

savla ['savla] *m.* **savleow** position, standpoint, status
[Cc: **sav** -LA] {**S** 1; **F** 0(CE38): **C** MidB *saffle*, pl. *saffleau*; W *safle*: **savleow** N}

savla-govynn [ˌsavlaˈgɔˑvɪn] *m.* **savleow-govynn** request-stop
[CccC: **savla govynn**] {**S** 1; **F** 0(Y1): **savleow-govynn** I}

savla-kyttrin [ˌsavlakɪtˈriːn] *m.* **savleow-kyttrin** bus-stop
[CcD: **savla kyttrin**] {**S** 5; **F** 0(Y1): **savleow-kyttrin** I}

savon ['saˑvɔn] *f.* **+ow** standard
[Cu: Compound of **sav**] {**S** 8; **F** 0(CE93: G.M.S.): **C** W *safon*: **+ow** I}

savonegi [ˌsavɔˈnęˑgi] *v.* standardize
[Cucc: from **savonek** -¹I] {**S** 1; **F** 0(GK98: A.S.)}

savonek [saˈvɔˑnęk] *adj.* standard
[Cuc: **savon** -¹EK] {**S** 8; **F** 0(CE93: G.M.S.)}

Savyour m. Saviour ALT = **Selwyas**.
All but one of the 91 examples are in *TH.* or *SA*. There are numerous variant spellings.
[E(F): MidE *sauve(o)ur* < OldF *sauvêour* (coe)] {**S** 4; **F** 5: **M** *Saviour*:}

saw ['saw] **1.** *adj.* safe, sound **2.** *conj.* except
[E(F): MidE *sauf* < OldF (CE38)] {**S** 4; **F** 6: **M** *saw* → P, *so* (TH.): **L** *sowe* (KKTT), *sa̭u* (AB.)}

sawder ['saʊdęr] *m.* safety, preservation
[E(F)c: **saw** -DER] {**S** 1; **F** 1: **M** *sawder* (CLJK):}

sawel *adj.* healthful
[E(F)c: Compound of **saw**] {**S** 8; **F** 2: **L** *sawell* (PV16107), *saw-ell* (PV16107)}

sawer ['sawęr] *m.* **+yow** savour, flavour, taste
[E: interpreted as SAWR-S] {**S** 8; **F** 3: **M** *sawer*: **L** *sa̭uarn* → P: **C** W *sawr*: **+yow** I}

sawgh ['saʊx] *m.* **+ow** load, burden, horse-load

No form with <-gh> is recorded, but this ending is included in order to distinguish the word from **saw**. Nance suggested that the word came from **saugh* by analogy with W *sawch*, but this W word has not been found.
[U:] {**S** 8; **F** 4: **M** *saw* → P: **L** *sawe* (P2JJ): **+ow** I}

sawment ['sawmęnt] *m.* **sawmens** salve
[E: MidE (CE38)]
{**S** 5; **F** 2: **M** *savment* (BM.1373, 1638), *sawment* (CW.2185): **sawmens** I}

SAWR- [E:]

sawra ['saʊra] *v.* savour, taste
[Ec: SAWR=¹A] {**S** 1; **F** 0(CE38): **C** W *sawru*}
Nance suggested *sawory*.

sawrans ['saʊrans] *m.* **+ow** seasoning, flavouring
[Eh: SAWR=ANS] {**S** 8; **F** 0(CE93: K.J.G.): **+ow** I}
The form *saworyans* was suggested in *Y1*.

sawrek ['saʊręk] *adj.* savoury, tasty
[Ec: SAWR=¹EK] {**S** 1; **F** 0(CE38)}

sawrenn ['saʊręn] *f.* **+ow** taste
[Ec: SAWR=ENN] {**S** 1; **F** 0(CE38): **+ow** I}

sawrys ['saʊrɪz] *adj.* seasoned, flavoured
[Ec: SAWR=⁶YS] {**S** 8; **F** 0(CE93: K.J.G.)}
P.ptcpl. of **sawra**; the form *saworys* was suggested in *Y1*.

sawya ['saʊja] *v.* save *(from danger)*, rescue, preserve, heal
[E(F)c: **saw** -YA]
{**S** 4; **F** 6: **M** *sawye* → P, *sawya* → P: **L** *sowia*: **C** cf. W *safio*, influenced by E *save*}
  sawya a preserve from
  sawya dhiworth preserve from

sawyans ['saʊjans] *m.* **+ow** rescue
[E(F)h: **saw** -YANS]
{**S** 4; **F** 0(GM09: P.H.): **+ow** I}

Saxons (Eng.) *pl.* {**S** 6; **F** 2: **M** *saxens* (BK39.57), *Saxons* (TH51r)}

saya ['saja] *m.* light fine serge
[E(L): MidE *saye* < MedL *sagium*]
{**S** 5; **F** 0(CE38): **P** Vellan Sajia (Nance, rejected by Padel):}

saym

saym ['saɪm] *m.* pilchard-oil, train-oil
[E: MidE *sayme* (CE38)]
{S 5; F 3: M *seym* (OM.2708) → P: L *sain* (PRJBG), *saime* (PRJBT): C W *seim:*}

schism (Eng.) *n.* {S 6; F 3: M *scisme* (TH40v, 50v); pl. *scismes* (TH42v, 48v)}

schismatic (Eng.) {S 6; F 2: M *scismatyk* (TH32v); pl. *scismatickys* (TH31v)}

schismatical (Eng.) **1.** *adj.* **2.** *n.*
{S 6; F 2: M *scismaticall* (TH32r, 36v); pl. *scismaticals* (TH31v)}

Scotland (Eng.) *place* ALT = **Alban.**
{S 6; F 2: M *scotland* (BK17.29, 39.64, 40.41)}

scruples (Eng.) *pl.*
{S 6; F 1: M *scruples* (TH55r)}

Scurel-wyrly (Eng.) *name* (name of a dog) {S 6; F 1: M *scurel wyrly* (BM.3227)} Presumed to be Eng.

se ['sɛː] *m.* **seow** throne, seat
[E(F): MidE < AngN *se* < OldF *sie* (co)]
{S 4; F 4: M *se* → P, *sea*: **seow** N (K.J.G.)}

Sebede name Zebedee
{S 8; F 2: L *Zebde* (M4WK)}

sebon ['sɛ·bɔn] *m.* **+ow** soap
[H:] {S 8; F 2: L (Scawen, Borlase): C W *sebon*: **+ow** I} Does not come directly from CLat *sâpô-*.

seboni [sɛ'bɔ·ni] *v.* soap, lather *(with soap)* [Hc: **sebon** -¹I] {S 8; F 0(CE38): C W *seboni* 'to soap, to soft-soap'}

sebon-les [ˌsɛ·bɔn'lɛːs] *f.* **+yow** soapwort
[LC: **sebon** ¹les] {S 8; F 0(CE93: N.K.): **+yow** I}

sebonus [sɛ'bɔ·nys] *adj.* soapy, saponaceous
[Ll: **sebon** -US] {S 8; F 0(GK98: A.S.)}

secondly (Eng.) *adv.*
{S 6; F 2: M *secondly* (TH13v, 53v)}

secret (Eng.) *n.*
{S 6; F 2: M *secret* (TH30r, 56r)}

secretly (Eng.) *adv.* {S 6; F 2: M *sekertly* (BK08.71), *secretly* (TH28r)}

sect (Eng.) *n.*
{S 6; F 3: M *sect* (TH30v); pl. *sectes* (TH.)}

segi

sedition (Eng.) *n.*
{S 6; F 1: M *sedicion* (TH16v)}

SEDH- [C: Brit < CC (Fl.)]

sedhek ['sɛ·ðɛk] **1.** *adj.* sedentary **2.** *f.* **-ogow** tribunal, sitting
[Cc: SEDH=¹EK]
{S 1; F 1: M *sethek* (MC.077): **-ogow** I}

sedher ['sɛ·ðɛr] *m.* **-oryon** diver, dipper *(bird)*
[Cl: SEDH=¹ER]
{S 1; F 1: L *Zethar* (PV19208): **-oryon** I}
  sedher downvor deep-sea diver
  sedher meur big dipper

sedhes ['sɛ·ðɛz] *m.* **+ow** sinking, setting
[Cc: Compound of SEDH-]
{S 8; F 0(CE38): **+ow** I} Found in **howlsedhes**.

sedhi ['sɛ·ði] *v.* sink, dip, dive, submerge, set *(of Sun)*
[Cc: SEDH=¹I] {S 8; F 1: M p.ptcpl. *sethys* (PC.0863): C cf. W *suddo*}

sedhvyrgh [sɛð'vɪrx] *f.* **+es** usher *(female)* [CC: SEDH- 2**myrgh**]
{S 3; F 0(GM09: G.M.S.): **+es** I}

sedhwas ['sɛ·ðwas] *m.* **-wesyon** usher *(male)* [CC: SEDH- 2**gwas**]
{S 1; F 0(GM09: YhaG): **-wesyon** I}

sedusya v. seduce ALT = **ardhynya**.
[E(F)c: VN in -YA from MidE *seduse* < OldF *seduis*] {S 5; F 1: M *seducia* (TH49v)}

see (Eng.) *v. part* {S 6; F 3: M *sy, se*}

seemly (Eng.) *adj.* [E(N): MidE < OldN *sœmiligr* (co)] {S 6; F 3: M *semly, semely*}

Seferinus (Lat.) *name*
{S 6; F 1: M *sepherinus* (TH47v)}

seg ['sɛːg] *coll.* **+enn** draff, brewer's grains
[U:] {S 8; F 2: L *zeage* (P1JJ): C W *soeg*: **+enn** I} The C vowel does not correspond with the diphthong in W.

segi ['sɛ·gi] *v.* soak, steep
[Uc: **seg** -¹I] {S 8; F 0(CE38)}

seigneur

seigneur (Eng.) *n.* lord {S 6; F 2: M *synour* (OM.1911), *senior* (BK30.54)}

sekerder *m.* security ALT = **diogeledh**.
[E(F)c: MN in -DER from MidE < OldF *secure*]
{S 8; F 2: L *sekerder* (AB060a) → P:}

sekond *num.* second ALT = **nessa**.
[E(F): MidE < OldF *second* (coe)]
{S 5; F 4: M *second*}

¹sel ['sɛːl] *f.* **+yow** base, foundation
[L: CLat *solia* (lheb)] {S 1; F 3: O *sel* (VC.758) → L,P: C W *sail*: **+yow** I}

²sel ['sɛːl] *f.* **+yow** seal *(for document)*, impression
[E(F): MidE < AngN *seal* < OldF *seel* (coe)]
{S 4; F 1: M *sel* (OM.2600): C W *sêl*: **+yow** I}

selder ['sɛldər] *m.* **+yow** cellar, basement
[E(F): dial. form < MidE*celer* < AngN *celer* (CE38, coe)] {S 4; F 2: L *selda* (AB047b) → P: D "cellder": **+yow** N}

Seleven *name* Solomon
{S 8; F 2: O *salamun* (LS): L *St Levan* (JCNBG)}

sellys ['sɛlːɪz] *adj.* salted
[Lc: *sall*A -⁶YS] {S 1; F 1: M *selis* (SA60v)]

selsik [sɛl'sik] *coll.* **-igenn** sausages
[L: CLat *salsicia* (hpb)]
{S 1; F 0(CE38): C pl. B *silzig*; W *selsig*}

selva ['sɛlva] *f.* **+ow** base *(military)*
[Lc: ¹sel -VA] {S 1; F 0(GM09: GG): **+ow** I}

selven ['sɛlvən] *m.* **selveyn** foundation stone
[LC: ¹sel 2¹men]
{S 1; F 0(CE38): C W *sylfaen*: **selveyn** I}

selvenel [sɛl'vɛːnəl] *adj.* fundamental, basic
[LCc: **selven** -¹EL] {S 1; F 0(GM09: G.M.S.)}

selwador [sɛl'waːdɔr] *m.* **+yon** saviour
[Cl: SALW-A -ADOR]
{S 8; F 4: M *sylwadur* → P: **+yon** I}

selwel ['sɛlwəl] *v.* save
Used only in connection with salvation; the general word for 'to save' is **sawya**.
[Cc: SALW-A -¹EL]
{S 1; F 5: M *selwel* → P, *sylwel* → P}

572

-²SEN

Nance's *sylwel* shows enhanced affection.

selworsav [sɛl'wɔrsav] *m.* **+ow** base-station *(for radio etc.)*
[CcC: ¹sel 2**gorsav**]
{S 1; F 0(GM09: GG): **+ow** I}

selwyans ['sɛlwjans] *m.* salvation
[Ch: **salw**-A -YANS] {S 1; F 4: M *sylwyans* → P, *sylwans* → L,P; *selwyans, selwans*:}

Selwyas ['sɛlwjaz] *m.* Saviour
[Cc: SALW-A -³YAS] {S 1; F 3: M *sylwyas* → L,P:}

¹selya ['sɛːlja] *v.* found, base, establish
[Lc: ¹sel -YA] {S 1; F 0(CE38): C W *seilio*}

²selya ['sɛːlja] *v.* seal
[Lc: ²sel -YA] {S 1; F 1: M p.ptcpl. *selis* (SA60v)}

selyek ['sɛːljɛk] *adj.* basic
[H: ¹sel -YEK] {S 1; F 0(CE93)}

semlans ['sɛmlans] *m.* **+ow** appearance
[E(F):] {S 5; F 3: M *semlant* (RD.2060), *symblans* (TH01v): L *semblanz* (NGNB5): C B *seblant*: **+ow** I} The 3 exx. are treated as the same word, previously spelled as **semlant**.

sempel ['sɛmpəl] *adj.* simple, foolish, ordinary, plain
[E(F): MidE < OldF (co)] {S 5; F 3: M *sempel, sempill*: C cf. B *simpl*, W *syml*}

sempelhe [ˌsɛmpəl'heː] *v.* simplify, make simple
[E(F)c: **sempel** -HE]
{S 5; F 0(CE38): C W *symlhau*}

sempledh ['sɛmpləð] *m.* simplicity
[E(F)c: from **sempel** -¹EDH] {S 5; F 0(EC52):}

sempledhek [sɛm'plɛˑðək] *adj.* simplistic
[E(F)cc: **sempledh** -¹EK]
{S 5; F 0(GM09: G.M.S.)}

Sen [sɛn] *m.* saint *(as title)*
[E(F): MidE] {S 4; F 6: M *syn* (BK.),
S. (TH., SA.): L *San* (MSWP), *St.*:}

-¹SEN *v. part* (1st sg. plupf. ending)
e.g. **prensen** 'I had bought' from **prena** 'to buy'. [c:]

-²SEN *v. part* (1st pl. plupf. ending)
e.g. **prensen** 'we had bought' from **prena** 'to buy'. [c:]

Sen Ostell

Sen Ostell [sɛn'ɔ·stɛl] *place* St Austell
[E(F)C:] {S 8; F 0(CE93): P St Austell}
The spelling, especially of the first syllable, is doubtful.

Senan *place* Sennen
{S 8; F 1: L *Sennen* (CMWD)}

sendal ['sɛndal] *m.* fine linen
[E(F): MidE < OldF *cendal* (coe)]
{S 4; F 3: M *cendal* → P:}

senedh ['sɛ·nɛð] *m.* **+ow** senate, parliament, synod
[L: conflation of CLat *sinodus* and *senatus* (Gr.)]
{S 1; F 2: O *sened* (VC.187) → L,P: C B *senez*; W *senedd*: **+ow** I}

Senedh an Stenoryon Cornish Stannary Parliament

senedher [sɛ'nɛ·ðɛr] *m.* **-oryon** senator
[Ll: **senedh** -¹ER] {S 1; F 1: L pl. *senezerrio* (Lh.): **-oryon** I (K.J.G.)}

seni ['sɛ·ni] *v.* sound *(of an instrument)*, play *(an instrument)*, ring *(of a bell)*, knell
[Lc: **son**A -¹I] {S 1; F 0(CE38): C B *seniñ*}

seni korn toot

-SENS *v.* part (3rd pl. plupf. ending)
e.g. **prensens** 'they had bought' from **prena** 'to buy'. [c:]

sens Now spelled **syns**.

sense (Eng.) *n.* {S 6; F 2: M *sens* (TH26v, 36r)}

senser ['sɛnsɛr] *m.* **+s** censer
[E(F): MidE *senser* < AngN *senser* (coe)]
{S 5; F 0(CE55): **+s** N (CE55)} Nance wrote *sensour*, whose ending appears wrong.

sensible (Eng.) {S 6; F 1: M *sencible* (TH56r)}

sentence (Eng.)
{S 6; F 2: M *sentens* (TH51v), *sentence* (SA62r)}

sententiae (Lat.) *n.* opinions
{S 6; F 1: M *sententie* (TH56r)}

sentri ['sɛntri] *m.* **+s** sanctuary
[U:] {S 4; F 0(CE38): **+s** I}
In (unspecified) pl.ns., according to Nance, unconfirmed by Padel.

Senturi name

serghek

{S 8; F 2: M *sentury* (MC.208), *centurie* (PC.3119)}

senyans ['sɛnjans] *m.* sounding *(of instruments)*, playing *(of instruments)*
[Lc: **son**A -YANS] {S 1; F 0(GM09: G.M.S.):}

seow ['sɛ·ɔw] *pl.* stalls *(in theatre)*
[E(F)c: **se** -OW] {S 4; F 0(GM09: YhaG)}

separatya v. separate ALT = **diberth**.
[E(L)c: VN in -YA from MidE < Lat *sēparat-* (coe)] {S 5; F 3: M *seperatya*}
Note MidC spelling in *TH*.; the editor has corrected countless pieces of work in which the Eng. word was mis-spelled *seperate*.

sepulchre (Eng.) *n.*
{S 6; F 1: M *sepulcer* (TH07v)}

ser ['sɛːr] *m.* **+i** craftsman, artificer, artisan
[C: Brit **saero-* < IE **sapero-* (Haywood)]
{S 1; F 2: O *sair* (VC.223) → P: C Not in B; W *saer*: **+i** N (CE38)}

ser prenn carpenter, joiner

ser men stone-mason, mason

serafyn ['sɛ·rafɪn] *m.* **+yon** seraph
[E(E): MidE *seraphin* < OldE] {S 4; F 2: M *serafyn* (OM.0634), *seraphyn* (CW.0041) → P: **+yon** I} Heb. pl. *seraphim* taken as sg.

Seraptim (Heb.) *place* (name of a mountain) {S 6; F 2: M *seraptyn* (BM.1342), *seraptim* (BM.1715), *sareptim* (BM.1735)}
Identified by Stokes as *Soracte*, (now Monte Soratte in Italian), about 45 km N. of Rome.

seren *f.* requiem mass, mass for the dead {S 9; F 0(EC00)} It was formerly thought that this word occurred at *SA66r*. It is a ghost-word; the correct reading is *oferen*.

sergh ['sɛrx] *m.* **+ow** affection, fondness, attachment *(physical and emotional)*
[C:] {S 1; F 2: M *sergh* (BK22.56, 35.42): C B *serc'h*; W *serch*: **+ow** I}
Anticipated by Nance in *CE38*.

serghek ['sɛrxɛk] **1.** *adj.* dependent **2.** *m.* **-ogyon** dependant *(male)*
[Cc: **sergh** -¹EK] {S 1; F 0(EC00): **-ogyon** I}

serghi

serghi ['sɛrxi] *v.* cling, be attached The VN ending is in doubt; -I has been chosen here (cf. **erghi**), whereas Nance chose -*a*.
[Cc: **sergh** -¹ɪ] {S 1; F 0(CE38): C B *serc'hiñ* 'vivre en concubinage'; W *serchu*}

serghogenn [sɛr'hɔ·gɛn] *f.* **+ow**, *coll.*
serghek goosegrass, cleavers *(plant)*
[Ccc: from **serghek** -ENN]
{S 1; F 0(CE38): C B *seregenn*, with loss of [x]}

serghogenn vras burdock

serghoges [sɛr'hɔ·gɛs] *f.* **+ow**
dependant *(female)*
[Ccc: **sergh** -OGES]
{S 1; F 0(GM09: K.J.G.): **+ow** I}

serghogeth [sɛr'hɔ·gɛθ] *f.* **+ow**
dependence
[Cc: from **serghek** -ETH]
{S 1; F 0(GM09: A.S.): **+ow** I}

serjont ['sɛrdʒɔnt] *m.* **serjons** sergeant
[E(F): MidE]
{S 5; F 0(CE38): **serjons** N (CE38)}

sermon (Eng.) ALT = **pregoth**.
[E(F): MidE *sermun* < AngN *sermun* (coe)]
{S 6; F 3: M *sermon* (TH.); pl. *sermons* (TH46r)}

serneth ['sɛrnɛθ] *m.* **+ow** artifice
[Cc: **ser** -NETH] {S 1; F 0(EC00): **+ow** I}

serpont m. **serpons** serpent ALT = **sarf**.
[E(F): MidE < OldF *serpent* (coe)]
{S 5; F 4: M *serpent*; pls. *serpons* (TH07v) and *serpentis* (CW.0407): **serpons** M}
The spelling with <o> is found only in the *Ordinalia*; later texts have <e> as in Eng.

¹**serri** ['sɛrːi] *v.* anger, annoy, vex
[Cc: **sorr**A -¹ɪ] {S 1; F 5: M *serry* → P: C B *serriñ* 'to shut'; W *sorri*, without vowel aff., cf. C **terri** and W *torri*}

serri orth be angry with

²**serri** ['sɛrːi] *v.* shut
[Fc: VN in -I from OldF *serre* (deb)]
{S 4; F 2: M *ser* (BK04.75, 39.01): C B *serriñ*}
May be a borrowing from Breton.

serr dha dhiwen shut your mouth

serrys ['sɛrːɪz] *adj.* angry, angered, cross P.ptcpl. of **serri**.

servont

[Cc: **sorr**A -⁶YS] {S 1; F 5: M *serrys* → P: L *zerroz* (GCWG): C B *serret* 'shut'}

sertan ['sɛrtan] **1.** *adj.* certain **2.** *adv.* certainly
[E(F): MidE < OldF (coe)] {S 4; F 6: M *certan* → P, *certen*, *sertan*, *serten*: C B *serten*; W *syrten*}
The ending (the expected <-en> or the evolved <-an>) varied according to text and the rhyme; <-an> was commoner.

serth ['sɛrθ] *adj.* steep, sheer, perpendicular, abrupt. The meaning in PC. would appear to be 'sharp'.
[C:] {S 1; F 2: M *serth* (PC.2140) → P: P ?Killiserth: C B *serzh*; W *serth*}

sevel dhe serth stand to attention

serthi ['sɛrθi] *v.* rise straight up, rise sharply, stand upright
[Cc: **serth** -¹ɪ] {S 1; F 0(CE38)}

serthter ['sɛrθtɛr] *m.* steepness, abruptness
[Cc: **serth** -TER] {S 1; F 0(CE38):}

sertifia v. certify
[E(F)c: VN in -A from MidE < OldF *certifier* (coe)] {S 4; F 1: M p.ptcpl. *sertifyes* (TH56r)}

Sertori name (name of a king)
{S 8; F 1: M *sertory* (BK31.42)}

sertus adv. verily
[E: MidE (CE38)] {S 8; F 1: M *certus* (OM.2122)}

SERV- [E(F): MidE < OldF *servir* (coe)]

servabyl [sɛr'va·bɪl] *adj.* ready to serve
[E(F): MidE] {S 4; F 1: M *seruabyll* (MC.019)}

servadow [sɛr'va·dɔw] *adj.* provisional, serviceable, makeshift
[E(F)c: SERV=ADOW] {S 4; F 0(CE93: K.J.G.)}

servant (Eng.) *n.* {S 6; F 1: M *seruant* (TI108r)}

servis ['sɛrvɪs] *m.* **+yow** service *(including in church)*
[E(F): MidE < OldF *servise* (coe)] {S 4; F 5: M *seruys*: L *serves* (WX): C cf. B *servij*: **+yow** I}

servont *m.* *-ons* servant
ALT = **servyas** (sg.), **servysi** (pl.)
[E(F): MidE < OldF (co)]
{S 5; F 5: M *servont*; pl. *servons*: **-ons** M}

servya ['sęrvja] *v.* serve
[E(F)c: SERV=YA]
{S 4; F 5: M *servye*: L *servia* (JCNB)}

servyades [sęrv'ja·dęs] *f.* **+ow** servant *(female)*, server, waitress
[E(F)c: SERV=YADES]
{S 4; F 0(CE93: R.E.): **+ow** I}

servyas ['sęrvjaz] *m.* **-ysi** servant *(male)*, server, waiter
[E(F)c: SERV=³YAS] {S 4; F 3: M pl. *servysy* → P, *servygy*: L *sirvigy* (BOD), *servisi* (AB242c), *servidzhi* (AB242c) → P: **-ysi** ML}

servyour ['sęrvjur] *m.* **+s** tray
[E(F): MidE] {S 4; F 0(CE38): **+s** I}

-¹SES *suffix* (masc. abst. noun ending from noun) e.g. **uvelses** 'humility' from **uvel** 'humble'. [l: CLat *-tât-* (gpc)] There is a conflict here between the etymologically expected *-ses* and the *-sys* found in MidC; word with this suffix were often rhymed with words in <-ys>.

-²SES *v.* **part** (2nd sg. plupf. ending) e.g. **prenses** 'you had bought' from **prena** 'to buy'. [c:]

sesa ['sę·sa] *v.* sequestrate, take seizin of a freehold This is the earliest meaning of E *seize* (coe); cf. **sesya**.
[E(F)c: VN in -A from MidE < OldF *seisir* (coe)] {S 4; F 1: M *seysse* (OM.2768)}

Sesar ['sę·sar] *name* Caesar
[E(L): MidE < Lat *Caesar*]
{S 4; F 4: M *cesar* → P, *sesar*} The MidC spelling *cesar* implies [s-], i.e. a borrowing.

seson ['sę·sɔn] *m.* **+yow**, **+s** season, time *(period)*, period *(of time)*
[E(F): MidE *seson* < OldF *seson* (coe)]
{S 4; F 4: M *seson* (BM., BK.), *season* (CW.): **+yow** N (FTWC); **+s** I (CE38)}

sessya *v.* cease ALT = **hedhi**.
[E(F)c: VN in -YA from MidE *cessen* < OldF *cesser* (coe)]
{S 4; F 3: M *cessia* (TH04r), *sessia* (TH38v) → P}

sesya ['sę·zja] *v.* seize, lay hold of, grab, apprehend
[E(F)c: VN in -YA from MidE < OldF *seisir* (coe)] {S 4; F 3: M *sesya* → L}

¹**seth** ['sę:θ] *f.* **+ow** arrow
[L: CLat *sagitta*]
{S 1; F 4: M *seth* → P; pl. *sethow*: L *zêath* (AB030b) → P: C B *saezh*; W *saeth*: **+ow** M}

²**seth** ['sę:θ] *m.* **+ow** large jar, crock *(container)*
[L: BLat *sitta* < CLat *situla* (Gr.)] {S 1; F 3: O *seit* (VC.889) → L,P: L *zeâth* (AB106c) → P: **+ow** I} OldC *seit* shows diphthongization (cf. **neyth**), but Lhuyd's *zeath* does not.

³*Seth name* Seth
{S 1; F 4: M *seth, seyth*}

sethan ['sę·θan] *f.* **-enyow** dart, arrow *(small)*
[Lc: ¹**seth** -AN] {S 1; F 3: L *zethan* (AB143b, 297a) → P: **-enyow** I}
Previously spelled **sethenn**, on the assumption that <-an> meant -ENN.

sether ['sę·θęr] *m.* **-oryon** archer, gannet, solan goose
[Ll: ¹**seth** -¹ER] {S 1; F 3: O *saithor* (VC.511) → L,P: L *zethar* (AB.) → P: C B *saezher* 'archer'; cf. W *saethwr* 'shooter': **-oryon** I}

An Sether Sagittarius, The Archer (star-sign and constellation)

sethik ['sę·θɪk] *f.* **-igow** dart
[Lc: ¹**seth** -IK] {S 1; F 0(CE93: J.G.H.): **-igow** I}
Goensethik is one Cornish rendering of *Dartmoor*, but the element *Dart* does not really refer to a dart; it is a Celtic river-name.

Sethorek [sę'θɔ·ręk] *m.* **-ogyon** Sagittarian *(male)*
[Llc: from **sether** -¹EK]
{S 1; F 0(EC00): **-ogyon** I}

Sethoroges [ˌsęθɔ'rɔ·gęs] *f.* **+ow** Sagittarian *(female)*
[Llc: from **sether** -OGES] {S 1; F 0(EC00): **+ow** I}

SETT- [E(E): from OldE *settan* 'to set' (coe)]

settla *v.* settle ALT = **trevesiga**.
[E(E)c: VN in -A from MidE < OldE (coe)] {S 5; F 1: L *setla* (GCJK)}

settya ['sɛtːja] *v.* set, place, appoint
[E(E)c: SETT=YA] {S 5; F 5: M *settya* → P: L 3rd sg. pret. *settias* (BOD.075)}

settya orth resist, oppose

settya erbynn resist, oppose

ny settyav gwelenn gala
I don't care a straw

settya neppyth war
set something upon

settyans ['sɛtːjans] *m.* **+ow** setting *(location)*
[E(E)c: SETT=YANS] {S 5; F 0(AnG 1985): **+ow** I}

seudh ['sœːð] *m.* **+ow** depression *(topographical)*
[C:] {S 1; F 0(CPNE): C W *sawdd*: P Found only in pl.n. *Dansotha* = **down seudhow**.: **+ow** P}

seudhel ['sœˑðɛl] *m.* **+yow**, *dual* **dewseudhel** heel
[C:] {S 1; F 0(CE38): C B *seul*, W *sawdl*}

seul² ['sœːl] *pron.* whoever, as many as
Often followed by subjunctive, as in **Seul a vynno bones krev** 'He who would valiant be'.
[C:] {S 1; F 3: M *suel* → P, *sul* → P: L *sýl* (AB.): C B *seul*; W *sawl*}

seu'l ['sœːl] *m.* **+yow** heel
[C: Shortened form of **seudhel**]
{S 2; F 0(CE38): C B *seul*: **+yow** }

seulabrys [sœlaˈbrɪːz] *adv.* formerly, already
[CcC: **seul a-brys**]
{S 1; F 3: M *solabrys*: C B *seulabred*}

seuladhydh [ˌsœlaˈðɪːð] *adv.* formerly
[CcC: **seul** ³a **2dydh**] {S 1; F 3: M *solatheth*}

seulvegyns [ˌsœlvɛˈgɪns] *adv.* as soon as possible
[CcC: **seul** + **ve** 'might be' + **2kyns**]
{S 8; F 3: M *sulvegyns* (BK.)}

sevel ['sɛˑvɛl] *v.* stand, rise, raise up, stay still
Almost always intransitive in the texts.
[Cc: savA -¹EL] {S 1; F 6: M *sevel* → P, *sevel*, *sevall*: L *zeval*: C B *sevel*; W *sefyll*}

sevel orth stand against, withstand

sevel erbynn stand against

sevys a descended from

sevellek [sɛˈvɛlːɛk] *f.* **-oges** redwing
[C:] {S 1; F 0(CE38): D "swellack", "shewollock": P ?Treswallock (unconfirmed by Padel): C cf. B *savelleg* 'landrail', B family name *Sevellec*: **-oges** I}

sevelyek [sɛˈvɛˑljɛk] **1.** *m.* **-yogyon** bystander **2.** *adj.* static
[Ccc: **sevel** -YEK] {S 8; F 2: L *sevyllyake* (CW.0457) → P: **-yogyon** I}

several (Eng.) *adj.*
{S 6; F 2: M *severall* (TH02r, 18r, 20r)}

severally (Eng.) *adv.*
{S 6; F 3: M *severally* (TH.)}

sevi ['sɛˑvi] *f.* **+enn** strawberries
[C:] {S 8; F 3: L *seue* (DSEC), *sẏvi* (AB007b) → P, *sevi* (AB061b) → P: P *Wheal an Sevy*: C B *sivi*; W *syfi*: **+enn** I}

sevia [sɛˈviˑa] *v.* pick strawberries
[Cc: **sevi** -¹A] {S 1; F 0(CE38)}

seviek [sɛˈviˑɛk] *f.* **-egi** strawberry-bed
[Cc: **sevi** -¹EK] {S 8; F 0(CPNE): P Sheviock, Saveock: C W *syfiog*: **-egi** I}

sevur ['sɛˑvyr] *adj.* severe, serious, grave
[E(D): MidE < OldF *severe* or CLat *sevêrus* (coe)] {S 8; F 0(CE38)}
Back-formation from *sevureth*.

sevureth [sɛˈvyˑrɛθ] *f.* seriousness, severity, gravity *(abst.)*
[E(D)c: **sevur** -ETH]
{S 8; F 2: M *sevureth* (BM.0938):}

SEW- [E(E): OldE *seowian* (Gr.)]

SEWAJ-
[E(F): MidE *swage* < OldF *souager* (CE38)]

sewajya [sɛˈwaˑdʒja] *v.* assuage, relieve, mitigate
[E(F)c: SEWAJ=YA]
{S 5; F 1: M *sewagya* (BM.1004)}

sewajyans [sɛˈwaˑdʒjans] *m.* mitigation
[E(F)c: SEWAJ=YANS] {S 5; F 0(GM09: P.H.):}

sewen ['sɛ·wɛn] *adj.* successful, prosperous
[U:] {S 8; F 0(CE38): C B *seven* 'polite'}

sewena [sɛ'wɛ·na] *f.* success, prosperity, welfare
[Uc: **sewen** -³A]
{S 1; F 2: L *sewena, sowena* (PV16318):}

seweni [sɛ'wɛ·ni] *v.* succeed, prosper, flourish *(succeed)*, thrive
[Uc: **sewen** -¹I] {S 1; F 4: M *sowyny* → P}

sewenus [sɛ'wɛ·nys] *adj.* successful
[Ul: **sewen** -US] {S 1; F 1: M *sowenys* (BK36.49)}

sewenyans [sɛ'wɛ·njans] *m.* +ow success, prosperity
[Uh: **sewen** -YANS]
{S 8; F 1: M *sawynyans* (CLJK): +ow I}

-SEWGH *v. part* (2nd pl. plupf. ending)
e.g. **prensewgh** 'you had bought', from **prena** 'to buy'. [c:]

sewt ['sɛʊt] *m.* +ys suit *(of cards)*, colour *(of material)* The given meaning is deduced from the context; it corresponds to the obsolete meaning 'livery'; the word was spelled *sevt* in MidC.
[E(F): MidE *seute* < AngN *siute*]
{S 5; F 1: M *sevt* (RD.2551): +ys I}

sewyades [sɛʊ'ja·dɛs] *f.* +ow seamstress, tailoress
[E(E)c: SEW=YADES]
{S 4; F 2: L *seuyades* (AB241a) → P: +ow I}

sewyas ['sɛʊjaz] *m.* -ysi stitcher, tailor
[E(E)c: SEW=³YAS]
{S 4; F 2: O *seuyad* (VC.291) → L,P: -ysi I}

Seys ['sɛɪz] *m.* +on Englishman
Alternative to **Sows**.
[L: CLat *Saxones*] {S 1; F 0(CPNE): P *Carsize*: F *Tresize*: C W *Sais*: +on I}

seytegves [sɛɪ'tɛgvɛz] *num.* seventeenth
[CCc: from **seytek** -VES]
{S 1; F 1: M *xvii* (TH56v)}

seytek ['sɛɪtɛk] *num.* seventeen
[CC: from **seyth degO**] {S 1; F 3: L *sythdeec* (IKAB), *seitag* (AB148c): C B *seiteg*}

seyth ['sɛɪθ] *num.* seven
[C: IE *septm̥ (hpb)] {S 1; F 4: M *seyth, syth*: L *seith* (AB148c) → P: C B *seizh*; W*saith*}
This word is unusual in that most CC words in /s-/ changed to /h-/. Rhymes approximately with *faith*; Nance's suggested pronunciation with the vowel in *high* was based on ModW; the MidW was *seith*.

seythblydhenyek [ˌsɛɪθblɪ'ðɛ·njɛk] *adj.* septennial
[cCc: **seyth blydhenyek**] {S 1; F 0(GK98: A.S.)}

seythdelenn [sɛɪθ'dɛ·lɛn] *f.* tormentil *(herb)*
[cCc: **seyth del** -ENN] {S 1; F 0(EC52):}

seythgweyth ['sɛɪθgwɛɪθ] *adv.* seven times
[CC: **seyth ¹gweyth**] {S 1; F 0(CE55)}

seythkorn ['sɛɪθkɔrn] *m.* +ow heptagon
[CC: **seyth ¹korn**]
{S 1; F 0(GK98: K.J.G.): +ow I}

seythkornek [sɛɪθ'kɔrnɛk] *adj.* heptagonal
[CC: **seythkorn** -¹EK] {S 1; F 0(GK98: G.M.S.)}

seythplek ['sɛɪθplɛk] *adj.* sevenfold
[CL: **seyth plegO**]
{S 1; F 1: M *vij plag* (CW.1613)}

seyth-ugens [sɛɪθ'y·gɛns] *num.* seven score
[cC: **seyth ugens**]
{S 1; F 0(GK98: K.J.G.): C B *seizh-ugent*}

seythun ['sɛɪθyn] *f.* +yow week
[L: BLat *septimôna* < CLat *septimâna*, perhaps interpreted as **seyth hun**.]
{S 1; F 4: O *seithum* (VC.459) → L,P: M *sythyn*: L *sithen* (WX), *zeithan* (AB.) → P: C B *sizhun*; not in W: +yow C}

seythunyek [sɛɪ'θy·njɛk] *adj.* weekly
[Lc: **seythun** -YEK]
{S 1; F 0(GK98: K.J.G.): C B *sizhuniek*}

seythves ['sɛɪθvɛz] *num.* seventh
[Cc: **seyth** -VES]
{S 1; F 4: M *seythves* → P, *sythvas*: L *sithas* (TCTB), *seithaz* (AB243b):
C B *seizhved*; W *seithfed*}

shafta

shafta [ˈʃafta] *m.* **-ys** mine-shaft
[E(G): MidE < MidLowG *schacht*] {S 5; F 0(CE38): **P** pl. found in Park Shaftis: **-ys** P}

shaga [ˈʃaːga] *m.* **+ys** shag *(bird)*
ALT = **spilgarn**. [E(E): MidE < OldE *sceacga* (coe)] {S 5; F 2: **L** *shagga* (AB051c) → P, *shaga* (AB089c): **shagys** I}

shakya [ˈʃaːkja] *v.* shake, wag
[E(E)c: VN in -YA from MidE < OldE *scacan* (co)] {S 5; F 3: **M** *shackya*: **L** *shakiah* (Pryce)}

sham [ˈʃaːm] *m.* **+ys** shame, disgrace
[E(E): MidE < OldE *scamu* (co)]
{S 5; F 4: **M** *schame, sham*: **C W** *siom*: **+ys** I}

kemmeres sham a be ashamed of

shamya [ˈʃaːmja] *v.* shame, humiliate, mortify
[E(E)c: **sham** -YA] {S 5; F 2: **M** p.ptcpl. *schamys* (BM.0420), *shamys* (BK40.59)}

shap [ˈʃaːp] *m.* **+ys** shape, form
[E(E): MidE (Fl.) < OldE *gesceap* (co)]
{S 5; F 3: **M** *shap* → P: **C W** *siâp*: **+ys** I}

shapya [ˈʃaːpja] *v.* shape, form, fashion, model
[E(E)c: **shap** -YA]
{S 5; F 3: **M** *shapya* → P: **C W** *siapio*}

shara m. ***sharys*** share ALT = **rann**.
[E(E): MidE *share* < OldE *scearu* (co)]
{S 5; F 1: **M** *shara* (CW.0685): **sharys** I}

shark m. **+ys** shark
ALT = **morvleydh**, pl. **morvleydhi**.
[E(U): MidE, of unknown origin (coe)]
{S 5; F 2: **L** pl. *skarkeas* (AB033c) → P: **+ys** L}

sheft m. shaft of spear ALT = **gwelenn**.
[E(E): MidE < OldE *sceaft* (co), not the same origin as **shafta**] {S 5; F 1: **M** *sheft* (OM.2494)}

shepherds (Eng.) *pl.*
{S 6; F 1: **M** *sheppardys* (TH33v)}

SHEREW- [E(E): Back formation from **sherewa**.]

sherewa [ˈʃęˈrę̃a] *m.* **sherewys** rogue
[E(E): MidE *scherewe* (CE38) < OldE *scrêawa* (co)] {S 5; F 3: **M** *scherevwa*; pl. *scherewys*: **sherewys** M}

sherewneth [ˈʃęˈrę̃nęθ] *f.* roguery
[E(E)c: SHEREW=NETH]
{S 5; F 3: **M** *scherewneth* (MC.019, 052) → P:}

sherewynsi [ˈʃęrę'wɪnʒi] *m.* wickedness, iniquity
[E(E)c: SHEREW=YNSI]
{S 5; F 3: **M** *scherewynsy* (OM.0942) → P, *scherwynsy* (BM.2337), *sherewynsy* (CW.2246):}

sherp adj. sharp ALT = **lymm**.
[E(E): MidE < OldE *scearp*] {S 5; F 3: **M** *scherp*}

shinya v. shine ALT = **dewynnya** or **splanna**.
[E(E): MidE < OldE *scînan* (coe)]
{S 5; F 3: **M** *shynya* (TH.)}

Shirlywyt name
{S 8; F 1: **M** *schyrlywyt* (BM.3379)}

Shiyades [ʃiˈjaːdęs] *f.* **+ow** Shiite *(female)* [Ec: MN in -YADES from E *Shiite*]
{S 5; F 0(GM09: K.J.G.): **+ow** I}

Shiyas [ˈʃiːjaz] *m.* **Shiysi** Shiite *(male)*
[Ec: MN in -YAS from E *Shiite*]
{S 5; F 0(EC00): **Shiysi** I}

shoppa m. workshop, shop
[E(H): MidE < OldF *eschoppe* and OldE *sceoppa* (coe)]
{S 5; F 0(CPNE): **C** cf. W *siop*: **P** Ponson Joppa}

shora [ˈʃɔːra] *m.* **+ys** fit, seizure, convulsion
[U:] {S 5; F 2: **M** pl. *schorys* (BM.0681), *schoris* (BM.2633): **+ys** M}
Nance identified this word with E *shower*.

shour [ˈʃuːr] *m.* **+ys** large quantity
Applied to corn and money in *CW*.
[E(E): MidE < OldE (coe)] {S 5; F 2: **M** *shower* (CW.1187), *showre* (CW.2446): **+ys** I}

shuta m. water-conduit Apparently included by Nance to explain pl.n. *Shutta*, but there is no evidence of this word in Cor.
[E(F): MidE < OldF *chute* (co)]
{S 5; F 0(CE55): **P** Shutta}

SHYND- [E: MidE *shende* (Loth)]

shyndya [ˈʃɪndja] *v.* injure, hurt, ruin, harm. Some instances suggest a stronger meaning: 'break' or 'destroy'.
[Ec: SHYND=YA]
{S 8; F 4: **M** *syndye, schyndye* → P}

shyndys

shyndys ['ʃɪndɪz] *adj.* injured
[Ec: p.ptcpl. of **shyndya**]
{S 8; F 3: M *syndis*; *shyndyys* → P}

¹**si** ['siː] *m.* **+ow** buzz, hiss
[C:] {S 1; F 0(CE38): C W *si*: **+ow** I}

²**si** ['siː] *v.* fancy, itch, hanker
[C:] {S 8; F 0(CE38): C cf. W *ysu*}

si (Fr.) *conj.* if {S 6; F 2: M *s ye* (OM.0485), *se* (OM.2680), *sy* (RD.0405)}

sia ['si·a] *v.* buzz, hiss
[Cc: ¹**si** -¹A] {S 1; F 0(CE38): C W *sio*}

sians ['si·ans] *m.* **+ow** fancy, whim, caprice
[Ch: ²**si** -ANS] {S 8; F 2: L *seeanz* (NGNB4), *seeaznz* (P1JJ): **+ow** I}

siansek [si'anzęk] *adj.* arbitrary, fanciful
[Chc: **sians** -¹EK] {S 8; F 0(GM09: K.J.G.)}
A form in -*us* was suggested in *EC00*.

sider ['si·dęr] *m.* cider
[E(F): MidE < OldF *sidre* (coe)] {S 5; F 3: O *sicer* (VC.870) → P: M *cydyr* (BM.1969), *syder* (BM.4451): C cf. B *chistr*; W *seidr*:}

sidhel ['siðęl] *m.* **sidhlow** filter, strainer
[U: SIDHL-S]
{S 1; F 0(CE38): C B *sil*; W (*hidl*): **sidhlow** I}
SIDHL- [U:]

sidhla ['siðla] *v.* filter, strain, sift
[Uc: SIDHL=¹A]
{S 1; F 0(CE38): C B *silañ*; W(*hidlo*)}

sidi ['si·di] *f.* **+ow** compact disc
[E: Eng. *C.D.*, short for *compact disc*]
{S 5; F 0(GM09: M.C.): **+ow** I}

sieur (Fr.) *n.* sir {S 6; F 1: M *syour* (PC.1802)}

sigarik [si'ga·rɪk] *m.* **-igow** cigarette
[E(F)c: MN in -IK from ModE *cigar* < F *cigare* (coe)] {S 4; F 0(GM09: K.J.G.): **-igow** I}

signification (Eng.) *n.*
{S 6; F 1: M *significacion* (TH57v)}

sim ['siːm] *m.* **+yon** monkey
[L: CLat *sîm*] {S 8; F 2: O *sim* (VC.572) → L,P: C MidB *cim*; MidW *sim-*: **+yon** N (K.J.G.)}

579 *Sipryan*

similitude (Eng.) *n.* {S 6; F 3: M *similitud* (TH.); pl. *similitudes* (TH01v)}

Simon name Simon
{S 5; F 4: M *symon*: L *Simnen* (M4WK)}

Simoni (Lat.) *name* to Simon
{S 6; F 1: M *SIMONI* (TH46v)}

¹**sin** ['siːn] *m.* **+ys**, **+yow** sign, mark, symptom
[E(F): MidE < OldF *signe* (coe)] {S 4; F 4: M *syn* → P, *signe*: L pl. *Seenez* (G1XXG14); dbl. pl. *signezou* (G1JB): C B *sin*; cf. W *sein*, a later borrowing: **+ys** L; **+yow** N (G.M.S.)}

sin an grows sign of the cross

²**sin** ['siːn] *f.* **+yow** sine
[E(L): E *sine* < Lat *sinus* (coe)]
{S 4; F 0(EC00): **+yow** N}

sina ['si·na] *v.* sign, signal
[E(F)c: ¹**sin** -¹A] {S 4; F 0(CE38): C B *sinañ*}

Sinai place Sinai
{S 5; F 1: M *Sinai* (TH56v)}

sinans ['si·nans] *m.* **+ow** signature
[E(F)h: ¹**sin** -ANS]
{S 4; F 0(GM09: K.J.G.): **+ow** I}

sindonn ['sindɔn] *f.* **+ow** sine-wave, sinusoid
[E(L)C: ²**sin** 2²**tonn**] {S 5; F 0(EC00): **+ow** I}

sindonnel [sin'dɔnːęl] *adj.* sinusoidal
[E(L)Cc: **sindonn** -²EL] {S x; F 0(GM09: K.J.G.)}

sinell ['si·nęl] *f.* **+ow** signal
[E(F)c: ¹**sin** -²ELL]
{S 4; F 0(GK98: G.M.S.): **+ow** I}

sinema ['si·nęma] *m.* **+ow** cinema
[E(F): E *cinema* < F *cinéma* (coe)]
{S 5; F 0(FTWC): **+ow** I}

sinella [si'nęlːa] *v.* signal
[E(F)cc: **sinell** -¹A] {S 4; F 0(GK98: G.M.S.)}

singular (Eng.) *adj.* {S 6; F 2: M *singular* (TH02v), *singuler* (TH12r)}

sinya ['si·nja] *v.* indicate
[E(F)c: ¹**sin** -YA] {S 4; F 1: M 2nd pl. pres. ind. *synyovg* (BK18.38)}

Sipryan name Ciprian (name of a saint)
{S 4; F 3: M *Ciprian*}

sira

sira ['siːra] *m.* **sirys** sire, father
This word was used in LateC for 'father' in preference to **tas**. See also **syrr, syrra**.
[E(F): MidE < OldF *sieire* (coe)]
{S 4; F 5: **M** *sera* (CW.1182): **L** *zeerah* (M4WK), *sira* (AB.) → P: **sirys** I}

sira-da [ˌsiːra'daː] *m.* **sirys-dha** father-in-law [E(F)C: **sira da**]
{S 1; F 1: **M** *syre da* (PC.0570): **sirys-dha** I}

sira-wynn [ˌsiːra'wɪnː] *m.* **sirys-wynn** grandfather
[E(F)C: **sira 2gwynn**] {S 1; F 3: **L** *sira ųidn* (AB044b) → P: **sirys-wynn** I}

sirkumsisya v. circumcise. Replaced by **trodreghi** by most translators of the Bible.
[E(F): VN in -YA from MidE < OldF *circonciser* (coe)] {S 5; F 1: **M** p.ptcpl. *circumsicis* (TH27v)}

sita ['siːta] *f.* **sitys** city
[E(F): MidE *cite* < OldF *cite* (coe)]
{S 5; F 4: **M** *cyte* → L,P; pl. *cytes* (PC.0132), *cities* (TH53v): **L** *cyte* (M4WK): **sitys** M}
This loan-word does not contain the suffix -ITA < E -*ity*.

sivil ['siːvil] *adj.* civil
[E(F): MidE < OldF (coe)] {S 4; F 0(EC52)}

sivilta [si'vilta] *m.* civility
[E(F): MidE < OldF *civilité* (coe)]
{S 4; F 0(EC52):}

siw ['siw] *m.* **+yon** bream
[U:] {S 8; F 4: **M** pl. *sheywan* (CW.0409): **L** *ziu̯* (AB041a) → P; pl. *ziu̯ion* (AB041a) → P: **+yon** ML}

skajynn ['skaːdʒɪn] *m.* **+ow** vagabond, tramp
[U:] {S 8; F 0(CE38): **D** "scadgan": **+ow** I}

skala ['skaːla] *m.* **+ys** dish *(bowl)*, saucer
[D: OldE < OldN *skál* (coe) or OldF *escale* (CE38) or LLat *scala* (Gr.)]
{S 1; F 2: **O** *scala* (VC.877) → L,P: **+ys** I}

skaldya ['skaldja] *v.* scald
[E(F)c: VN in -YA from MidE *scalde* AngN *escalder* (coe)] {S 2; F 2: **M** *sclaldya* (BM.3059); p.ptcpl. *skaldys* (BM.2107)}

skansek ['skanzɛk] **1.** *adj.* scaly, flaky

skatt

2. *m.* **-ogyon** scaly creature
[Cc: **skans** -¹EK] {S 8; F 0(CE38): **C B** *skanteg* 'dace', *skantek* 'scaly': **-ogyon** I}

skansenn ['skanzɛn] *f.* **+ow,** *coll.* **skans** scale *(of fish)*, flake
[Cc:] {S 8; F 0(CE38): **C B** *skant*}
The pl. was written *scant* by Nance, but there is no need to preserve [-t] here, since the word is probably Celtic, and there is a need to differentiate it from **skant** 'scarce'.

skant ['skant] **1.** *adj.* scarce, scant **2.** *adv.* scarcely, hardly, barely
The adverb is followed by a negative vb.
[E(N): MidE < OldN *skamt*]
{S 5; F 4: **M** *scant* → P: **L** *skant, skent* → P}

skantys ['skantɪs] *pl.* knickers, panties
[E(N)e: **skant** -²YS] {S 5; F 0(GM09: R.L.)}

skantlowr ['skantlɔʊr] *adv.* scarcely, hardly. Followed by an affirmative vb.
[E(N)C: **skant lowr**]
{S 5; F 2: **M** *schanlour* (BM.0543), *scantlor* (BM.4459): **L** *scantlower* (L1WB)}

skantlyn ['skantlɪn] *m.* **+s** foot-rule, template, pattern
[E(F): MidE *scantlon* < OldF *escantillon* (> ModF *échantillon* 'sample'); but last syllable replaced by MidE -*ling* (coe)]
{S 5; F 1: **M** *scannt lyn* (OM.2510): **+s** I}

skapya ['skaːpja] *v.* escape, get away, slip out
[E(F): VN in -YA from MidE *scape* (aphetic) < ANor *ascapper* (coe)] {S 5; F 4: **M** *scappya* → P}
There is conflicting evidence as to the length of the stressed vowel in this word. Nance treated it as short.

skart ['skart] *m.* **+ow** scarf *(join in timber)*, spline
[E(H): MidE < OldF **escarf* + OldN (coe)]
{S 4; F 2: **M** *scarf* (OM.2523, 2530): **+ow** N}

Skaryoth name Iscariot
[U:] {S 4; F 2: **M** *scharyoth* (MC.035), *scaryoth* (MC.104) → P}

skatt ['skat] **1.** *adj.* crushed, bankrupt **2.** *m.* **+ow** blow

skath

[E(F): Identified by Nance as a variant of **skwat**] {S 5; F 2: L *skat* (AB049a) → P: **D** "scat" orig. 'crushed', later 'broken', 'hit', 'abandoned' (of a mine), 'finished' (in a game of marbles): **+ow** I}

den skatt bankrupt

skath ['skaːθ] *f.* **+ow** boat
[L: CLat *scapha* (K.J.G.)]
{S 3; F 4: **M** *schath* (RD.) → P: **L** *skath* (AB.) → P; pl. *scatha* (PV16344): **P** Scathe; Portscatho = **porth skathow**: **C** B *skaf;* W *(ysgraff):* **+ow** P} [-f] > [-θ]

skath-hir [ˌskaˑθ'hiːr] *f.* **skathow-hir** longboat, barge
[LC: **skath hir**] {S 3; F 1: L *Skath hîr* (LV127.07): **skathow-hir** I}

skath-kloes [ˌskaˑθ'kloːz] *f.* **skathow-kloes** raft
[LC: **skath kloes**]
{S 3; F 0(CE38): **skathow-kloes** I}

skath-roes [ˌskaˑθ'roːz] *f.* **skathow-roes** seine-boat
[LC: **skath roes**] {S 3; F 1: L *Skath rŵz* (LV127.08): **skathow-roes** I}

skath-roevya [ˌskaˑθ'roˑvja] *f.* **skathow-roevya** rowing-boat
[LLc: **skath roevya**] {S 3; F 0(FTWC): **skathow-roevya** N (FTWC)}

skath-sawya [ˌskaˑθ'saʊja] *f.* **skathow-sawya** lifeboat
[LE(F)c: **skath sawya**]
{S 3; F 0(EC52): **skathow-sawya** I}

skath-tan [ˌskaˑθ'taːn] *f.* **skathow-tan** motor-boat
[LC: **skath tan**]
{S 3; F 0(FTWC): **skathow-tan** N (FTWC)}

skathweyth ['skaˑθweɪθ] *m.* boatcraft
[LC: **skath** 2²**gweyth**] {S 3; F 0(GM09: G.M.S.)}

skath-woelya [ˌskaˑθ'woˑlja] *f.* **skathow-goelya** sailing-boat
[LLc: **skath** ³**goelya**]
{S 3; F 0(FTWC): **skathow-goelya** N (FTWC)}

skath-ynn [ˌskaˑθ'ɪnː] *f.* **skathow-ynn** narrow-boat

skawenn-wragh

[LC: **skath ynn**] {S 3; F 0(AnG 1997): **skathow-ynn** I}

skattra ['skatra] *v.* scatter
[E: VN in -¹A from MidE *skatere* (coe)]
{S 5; F 1: L (Borlase)}

skav ['skaːv] *adj.* light *(not heavy)*, nimble, swift, fleet, frivolous
[C: IE (lp)] {S 1; F 4: **M** *scaf* → P: **L** *Sgâv* (AB011a) → P: **C** B *skañv;* W *ysgafn*}

skavder ['skaftər] *m.* lightness, quickness, frivolity
[Cc: **skav** -DER] {S 1; F 2: L *skavder* (AB240b) → P: **C** B *skañvder:*}

skavell ['skaˑvel̩] *f.* **+ow** stool
[L: CLat *scabellum* (Gr.)]
{S 1; F 4: **O** *scauel* (VC.773) → L,P: **M** *scavall* (SA.): L *skaval* (AB046a, 148a) → P: **C** B (*skabell):* W *ysgafell:* **+ow** I}

skavell-droes [ˌskaˑvel̩'droːz] *f.* **skavellow-troes** foot-stool
The expressions **skavell y dreys** and **skavell ow threys** are found in *SA*.
[LC: **skavell** 2¹**troes**] {S 1; F 2: L *skavall droose* (CW.0020); pl. *skaval droasa* (PV16114): **skavellow-troes** I} Pryce's pl. is ill-formed.

skavell-groenek [ˌskaˑvel̩'groˑnek] *f.* **skavellow-kroenek** toadstool, mushroom
[LCc: **skavell** 2**kroenek**]
{S 2; F 0(CE38): **skavellow-kroenek** N (EC52)}

skavhe [skaf'hɛː] *v.* lighten *(reduce weight)*, alleviate
[Cc: **skav** -HE] {S 1; F 0(CE38): **C** B *skañvaat*}

skaw ['skaw] *coll.* **-enn** elder-trees See also **skewyek** and **skewys**.
[C: Brit (Fl.)] {S 1; F 3: **M** sg. *scawan* (BK30.94): **L** sg. *Skaυan, Sgân* (AB011a) → P: **D** "scow" 'elder-tree': **P** Trescowe: F Boscawen: **C** B *skav;* W *ysgaw*: **-enn** LPF}

skawenn-wragh [ˌskawen'wraːx] *f.* **skawennow-gwragh,** *coll.* **skaw-gwragh** sycamore-tree
[CcC: **skawenn** 2**gwragh**] {S 1; F 0(GK98: K.J.G.): **C** B *skavenn-wrac'h*}

skenna ['skɛnːa] *m.* **skennys, skennow** sinew, tendon
[U:] {S 8; F 2: M pl. *skennys* (MC.183) → L,P: **skennys** M; **skennow** N (G.M.S.)}

skennenn ['skɛnːɛn] *m.* **+ow** tough bit of meat
[Uc: Singulative of **skenna**] {S 8; F 1: L *Scednan* (LV126.18): D "skednan": **+ow** I} Nance spelled this word *skennyn*, i.e. he took it to be a diminutive; but the Late ending <-an> suggests rather the singulative ending //-enn//.

skentel ['skɛntɛl] *adj.* learned, wise, adept, intelligent, knowing, skilled
[Lc: Reduced variant of **skientel**] {S 3; F 3: M *skentyl* → P}

skentoleth [skɛn'tɔ·lɛθ] *f.* wisdom, knowledge
[Lc: Reduced variant of **skientoleth**] {S 3; F 3: M *skenteleth* → L,P:}

skeri ['skɛ·ri] *v.* skim
[Uc: VN in -I from unknown root] {S 8; F 1: M p.ptcpl. *skerys* (BK14.64)}

skes ['skɛːz] *m.* **+ow** skate *(e.g. on ice)*
[E(O): Back-formation from **skesya**] {S 4; F 0(GM09: G.M.S.): **+ow** I}

skesya ['skɛ·ʒja] *v.* skate
[E(O)c: VN in -YA + new root based on ModE *skate* < Dutch, with vowel aff. and change to <-s> applied.] {S 4; F 0(FTWC)}

sket ['skɛːt] *adv.* straightway, headlong
[E(N): MidE *skêt* < OldN] {S 5; F 1: M *sket* (PC.1639)}

sketh ['skɛːθ] *m.* **+ow** strip, tatter, shred
[U:] {S 8; F 0(CE38): D "skethi". **+ow** I}

skethenn ['skɛ·θɛn] *f.* **+ow** strip, tatter
[Uc: **sketh** -ENN] {S 8; F 0(CE38): D "skethan": **+ow** I}

skethenna [skɛ'θɛnːa] *v.* shred, slice, tatter
[Ucc: **skethenn** -¹A] {S 8; F 0(CE38)}

skethennek [skɛ'θɛnːɛk] *adj.* tattered, shredded
[Ucc: **skethenn** -¹EK] {S 8; F 0(AnG 1988)}

skether ['skɛ·θɛr] *m.* **skethrow** splinter, sliver
[C: SKETHR-S] {S 8; F 0(CE38): **skethrow** I}
SKETHR- [C:] All derivatives of this root are somewhat doubtful.

skethra ['skɛθra] *v.* lop, prune, chop
[Cc: SKETHR=¹A] {S 8; F 0(CE38): C W *ysgythru* 'to scratch, to carve'}

skethrek ['skɛθrɛk] **1.** *adj.* tattered, splintered **2.** *m.* **-ogyon** tatterdemalion, ragged fellow
[Cc: SKETHR=¹EK] {S 8; F 0(CE38): D Nance compared dial. "shedrack".: **-ogyon** I}

skethrenn ['skɛθrɛn] *f.* **+ow** splinter, lopping
[Cc: SKETHR=ENN] {S 8; F 0(CE38): **+ow** I}

skethrik ['skɛθrɪk] *m.* **-igow** little splinter
[Cc: SKETHR=IK] {S 8; F 0(CE38): **-igow** I}

skeul ['skœːl] *f.* **+yow** ladder, scale
[L: CLat *scala* (M)] {S 1; F 0(CE38): C B *skeul*; W *ysgawl*: **+yow** I}
skeul lovan rope ladder

skeulya ['skœ·lja] *v.* scale, climb by ladder
[Lc: **skeul** -YA] {S 1; F 0(CE55): C B *skeuliañ*}

skeus ['skœːz] *m.* **+ow** shadow, suspicion
[C: CC (Gr.) < IE (Fl.)]
{S 1; F 3: O *scod* (VC.492) → L,P: M *schus* (BM.3233), *skesse* (TH07r): L *Skêz* (AB176a) → P: P *Polskeys*; C B *skeud*; W **ysgod* (in compounds): **+ow** I}

skeusek ['skœ·zɛk] *adj.* shady, shadowy
[Cc: **skeus** -¹EK] {S 1; F 1: L *skodek* (AB176a): P ?Castle Skudzick: C B *skeudek*}

skeusenn ['skœ·zɛn] *f.* **+ow** photograph, picture
[Cc: **skeus** -ENN] {S 2; F 0(CE93): C B *skeudenn*: **+ow** I} If this word had been formed in OldC, and up-dated, it would have been **skeudenn*. Nance suggested *fotograf*.

skeusenner [skœ'zɛn:ɛr] *m.* **-oryon**
photographer *(male)*
[Ccl: **skeusenn** -¹ER]
{**S** 2; **F** 0(GK98: G.M.S.): **-oryon** I}

skeusennieth [ˌskœzę'ni·ęθ] *f.*
photography *(as a science)*
[Ccc: **skeusenn** -IETH] {**S** 2; **F** 0(GM09: G.M.S.)}

skeusennores [skœzę'nɔ·ręs] *f.* **+ow**
photographer *(female)*
[Ccl: **skeusenn** -ORES]
{**S** 2; **F** 0(GM09: K.J.G.): **+ow** I}

skeusennweyth [skœ'zɛn:wɛɪθ] *f.*
photography
[CcC: **skeusenn** 2²gweyth]
{**S** 2; **F** 0(CE93: G.M.S.):}

skeusi ['skœ·ʒi] *v.* get away quickly, evade capture
The meaning is evidently 'to get into shadow'.
[Cc: **skeus** -¹I]
{**S** 1; **F** 2: **M** *skvsy* (OM.0139) → P}

skeusliw ['skœ·zliw] *m.* **+yow** tinge
[CC: **skeus liw**] {**S** 1; **F** 0(EC00): **+yow** I}

skeusliwa [skœz'liwa] *v.* tinge
[CC: **skeus liwya**] {**S** 1; **F** 0(EC00)}

skeuswydh ['skœ·ʒwɪð] *coll.* **+enn**
privet
[CC: **skeus** 2gwydh]
{**S** 1; **F** 0(CE38): **D** "skedgewith": **+enn** I}

skevens ['skę·vęns] *pl.* lungs, lights *(lungs)* [C: IE] {**S** 1; **F** 3: **O** *sceuens* (VC.057) → P: **L** *skephans* (BOD.040; AB027b, 132a): **C** B *skevent*; W *ysgyfaint*} Related to *skav*.

skewyek ['skęʊjęk] *adj.* abounding in elder-trees
Nance thought that this word meant 'sheltered'; he gave as the adjectives from **skaw** the words *scawennek* and later *scawek*, but these are based on B *skaveg* and *skavenneg*.
[Cc: **skawA** -YEK]
{**S** 1; **F** 0(CPNE): **P** Skewjack: **C** B *skivieg*}

skewys ['skęwɪz] *m.* **+ow**
place of elder-trees

583

skiens

Nance interpreted this word as a p.ptcpl. of a vb. **skewya* 'to shelter', but no such vb. existed.
[Cc: **skawA** -¹YS]
{**S** 1; **F** 0(CPNE): **P** Skewes: **+ow** I}

ski ['ski:] *m.* **+ow,** *dual* **dewski** ski
[E: Back-formation from **skia**]
{**S** 1; **F** 0(GM09: G.M.S.)}

skia ['ski·a] *v.* ski
[Ec: VN in -A from ModE *ski*, now international, orig. Norwegian.]
{**S** 1; **F** 0(AnG 1985)}

skians ['ski·ans] *m.* **+ow** knowledge, sense, intellect, wits
MidC *skyens* represents the older form of the word, and *skyans* the newer form, after the well-known sound-change [ę] > [a]. Normally the older form would be used, but there is a case here for having two separate words: **skians** 'knowledge' (Nance's *skyans*) and **skiens** 'science' (Nance's *scyens*).
[L: CLat *scientem* (Gr.)]
{**S** 3; **F** 5: **O** *scient* (VC.389): **M** *skyens, skyans*; pl. *skyansow* (BK17.75): **L** *skeeanz, skîans*: **C** B *skiant* < MidB *squient*: **+ow** M}

mes a'y skians out of his wits

skiansek [skɪ'anzęk] **1.** *adj.* intellectual, wise, knowledgeable **2.** *m.* **-ogyon**
intellectual *(male)*
Similarly to **skians/skiens**, the original word is here split into two, with separate meanings: **skiensek** 'scientific' and **skiansek** 'intellectual'.
[Lc: **skians** -¹EK]
{**S** 3; **F** 4: **O** *skientoc* (VC.414) → L,P: **M** *skyansek* (BM.0377): **L** *skientek*: **-ogyon** I}

skiansoges [ˌskian'zɔg·ęs] *f.* **+ow**
intellectual *female)*
[Lc: **skians** -OGES]
{**S** 3; **F** 0(GM09: P.H.): **+ow** I}

skiansogyon [ˌskian'zɔ·gjɔn] *pl.*
intelligentsia
[Lcc: from **skiansek** -YON] {**S** 3; **F** 0(EC00)}

skiens ['ski·ęns] *m.* **+ow** science
Etymologically, this is the same word as **skians**. Following Nance, a semantic difference is made between this form 'science' and the later form **skians** 'knowledge'.

skiensek
[L: CLat *scientem* (Gr.)] {S 1; F 5: O *scient* (VC.389): M *skyens, skyans*; pl. *skyansow* (BK17.75): L *skeeanz, skîans*: C B *skiant* < MidB *squient*: **+ow** M}

skiensek [skɪˈɛnzɛk] *adj.* scientific
Similarly to **skians/skiens**, the original word is here split into two, with separate meanings: **skiensek** 'scientific' and **skiansek** 'intellectual'.
[Lc: **skiens** -¹EK] {S 1; F 4: O *skientoc* (VC.414) → L,P: M *skyansek* (BM.0377): L *skientek*}

skiber [ˈskiˑbɛr] *f.* **+yow** barn
[C:] {S 1; F 3: M *skyber* (PC.0638, 0679): L *skibor* (AB066a) → P, *skeber* (CDWP); pl. *skiberiowe* (PV16411): P Skibber Whidden; Skyburriowe: C B *skiber*; W *ysgubor*: **+yow** LP}

SKIENT- [L: CLat *scientem* (Gr.)]
Also found as a reduced form **skent-**

skientel [skiˈɛntɛl] *adj.* learned, wise
[Lc: SKIENT=EL] {S 1; F 3: M *skentyl* → P}
Found only once in this full form in the texts: *skyental* (BK05.09); otherwise found only as a reduced form, **skentel**.

skientoleth [ˌskiɛnˈtɔˑlɛθ] *f.* knowledge, wisdom
Also found in reduced form as **skentoleth**
[Lc: SKIENT=OLETH] {S 1; F 3: M *skyentoleth*: L *skeeantolath* (BOD.114), *skiantoleth* (AB240c):}

skil *m.* nook, recess
[C: Variant of **kil** (*q.v.*)] {S 8; F 0(CE38): P ?Skillywadn} Unconfirmed by Padel.

skila [ˈskiˑla] *f.* **skilys** reason, cause
[E(N): MidE *scylle* (Loth) < OldN *skila* 'to decide'] {S 4; F 3: M *scyle* (MC.) → P: **skilys** I}

skinenn [ˈskiˑnɛn] *f.* **+ow** ear-ring
[U:] {S 8; F 2: O *scinen* (VC.333) → L,P: **+ow** I}
This may not be a genuine word; Graves emended OldC *scinen* to **spinen*. It fulfils a need, however, and is in use.

skit [ˈskiːt] *m.* **+ys** squirt, diarrhoea
[D:] {S 5; F 0(CE38): D "skeet" 'to syringe': C cf. B *skid* 'diarrhoea': **+ys** I} Nance suggested an Eng. origin (try substituting <h> for <k>), but the B cognate suggests otherwise.

skitell [ˈskiˑtɛl] *f.* **+ow** syringe
[Dc: **skit**] {S 5; F 0(FTWC): **+ow** N (FTWC)}

skitlenn [ˈskɪtlɛn] *f.* **+ow** pizzle

(of a bull) It may seem odd for a word denoting such a male object to have a feminine gender, but note that **kalgh** is also fem. The word may be related to **skit**, but alternatively might be from E *skittle*.
[Ec: FN in -ENN]
{S 8; F 1: L *Skitlan* (LV127.06): **+ow** I}

skitya [ˈskiˑtja] *v.* squirt, syringe, inject
[Dc: **skit** -YA] {S 5; F 0(CE38)}

skityans [ˈskiˑtjans] *m.* **+ow** injection
[Dh: **skit** -YANS] {S 5; F 0(EC52): **+ow** I}

sklander [ˈsklandɛr] *m.* **+yow** slander, scandal, stumbling-block
[E(F): Back-formation from **sklandra**]
{S 4; F 0(CE38): **+yow** }

sklandra [ˈsklandra] *v.* slander, defame, offend, be a stumbling-block
[E(F): MidE *sclaundre* (aphetic) < AngN *esclaundre* (coe) interpreted as SKLANDR=¹A]
{S 5; F 3: M *sclandra* (BM.3747); p.ptcpl. *sclandrys* → P}

sklewya *v.* shelter
[Uc:] {S 9; F 0(CE38)} Devised by Nance by supposing that fld.n. *Sclewes* represents a p.ptcpl.; rejected by Padel.

SKOCH- cut [E(U): MidE **scoch* 'cut, incision' (coe)] {S 5; F 1: L *Scoch* (LV126.53)} Found only in **skochfordh**, apart from the copy in Lhuyd's notebook.

skochfordh [ˈskɔtʃfɔrð] *f.* **+ow** short-cut, alley, passage
Since the word is found only once in the texts, the meaning is a guess.
[E(U)E(E): SKOCH- **fordh**]
{S 5; F 1: M *scochforth* (MC.164): **+ow** I}

skoedh [ˈskoːð] *f.* **+ow**, *dual* **diwskoedh** shoulder
[C: Brit **skeda* < CC **skedyo-* (Haywood)]
{S 1; F 4: O *scuid* (VC.070) → L,P: M *scoth, scouth* (PC.) → P: M *skûdh* (AB011a); pl. *skothow* (BOD.024): C B *skoaz*; W *ysgwydd*}

skoedhek [ˈskoˑðɛk] *adj.* broad-shouldered
[Cc: **skoedh** -¹EK]
{S 1; F 0(CE38): F Trescothick: C cf. B *skoaziek*}

skoedhlien [ˌskoˑðˈliˑęn] *m.* **+yow**
priest's amice, amice,
shoulder-piece, superhumeral
[CL: **skoedh lien**]
{S 1; F 2: **O** *scuitlien* (VC.792) → L,P: **+yow** I}

skoedhya ['skoˑðja] *v.* support,
sponsor, assist
[Cc: **skoedh** -YA] {S 1; F 2: **M** p.ptcpl. *scoothyes* (CLJK): **L** *skoothez* (NGNB2): **C B** *skoazian͂*}

skoedhyans ['skoˑðjans] *m.* **+ow**
support *(abst.)*, backing *(abst.)*
[Ch: **skoedh** -YANS] {S 1; F 0(EC52): **+ow** I}

skoedhyer ['skoˑðjęr] *m.* **-oryon**
supporter *(male)*, sponsor
[Ch: **skoedh** -¹YER] {S 1; F 0(EC52): **-oryon** I}

skoedhyores [skʁðˈjɔˑręs] *f.* **+ow**
supporter *(female)*, sponsor
[Ch: **skoedh** -YORES]
{S 1; F 0(GM09: K.J.G.): **+ow** I}

skoell ['skʁlː] *m.* waste
[C: CC *skoil-* (deb)]
{S 8; F 1: **L** (Keigwin): **C B** *skuilh*:}

skoellva ['skʁlva] *f.* **+ow** tip *(for rubbish)*, dump
[Cc: **skoell** -VA] {S 8; F 0(CE55): **+ow** I}

skoellya ['skʁlːja] *v.* waste, squander,
spill, pour
[Cc: **skoell** -YA] {S 8; F 5: **M** *scullye* → P:
L *skoyah* (TCWK): **C B** *skuilhan͂*}
skoellya a-les disperse

skoellyans ['skʁljans] *m.* **+ow** spillage,
spill
[Cc: **skoell** -YANS] {S 8; F 0(EC00): **+ow** I}

skoellyek ['skʁlːjęk] **1.** *adj.* wasteful,
prodigal **2.** *m.* **-ogyon** spendthrift
(male), waster, wastrel
[Cc: **skoell** -YEK]
{S 1; F 0(CE38): **D** "scullyak": **-ogyon** I}

skoellyoges [skʁlˈjɔˑgęs] *f.* **+ow**
spendthrift *(female)*, waster, wastrel
[Ccc: **skoell** -YOGES]
{S 1; F 0(GM09: YhaG): **+ow** I}

skoellyon ['skʁlːjɔn] *pl.* slops
[Cc: **skoell** -YON] {S 8; F 0(CE38): **D** "scullion"}

skoes ['skoːz] *m.* **+ow** shield,
escutcheon, safeguard
[C: Brit *sketo-* < IE (lp)]
{S 1; F 2: **M** *scos* (PC.0022a), *scoys* (BK21.40):
C B *skoed*; MidW *ysgwyd*: **+ow** I}
skoes byw human shield

skoeske ['skoˑskę] *m.* **+ow**
crash-barrier
[CC: from **skoes** ⁴**ke**] {S 1; F 0(Y1): **+ow** I}

skoestell ['skoˑstęl] *f.* **+ow** dashboard
[CC: from **skoes astell**] {S 2; F 0(Y1): **+ow** I}

skoeswas ['skoˑʒwas] *m.* **-wesyon**
shield-bearer
[CC: **skoes 2gwas**] {S 1; F 0(CE38): **-wesyon** I}
Based on W, according to Nance, but the W
cognate has not been identified.

skol ['skɔːl] *f.* **+yow** school
[L: CLat *schola* (M)]
{S 1; F 4: **O** *scol* (VC.368) → L,P: **M** *scol*:
L *sc--* (NGNB5): **C B** *skol*; W *ysgol*: **+yow** I}
skol elvennek elementary school
skol gynsa primary school
skol nessa secondary school,
high school
skol nos night school
skol ramasek grammar school
skol Sul Sunday school
skol veythrin nursery school

skoler ['skɔˑlęr] *m.* **-oryon** scholar
(male) [Ll: **skol** -¹ER]
{S 1; F 3: **M** *scholar* (SA60r): **L** *skylųr* (AB146a)
→ P; pl. *skylųrion* (AB242c) → P: **-oryon** L}
Lhuyd also has *skolàryo* (CGEL).

skolheygieth [ˌskɔlhęrˈgiˑęθ] *f.*
scholarship *(learning)*
[Lccc: from **skolheyk** -IETH] {S 1; F 0(CE38):}

skolheygses [skɔlˈhęrgzęz] *m.*
scholarship *(learning)*
[Lccl: from **skolheyk** -SES]
{S 1; F 0(CE38): **C W** *ysgolheictod*:}

skolheygyek [skɔl'hɛɪgjęk] *adj.*
scholastic
[Lccc: from **skolheyk** -YEK]
{**S** 1; **F** 0(GM09: G.M.S.)}

skolheyk ['skɔlhɛɪk] *m.* **skolheygyon**
student
[Lcc: from **skol** -HA -IK] {**S** 1; **F** 3: **O** *scolheic*
(VC.369) → L,P: **C** W *ysgolhaig* < MidW
yscolheic: **skolheygyon** I}

skolji ['skɔldʒi] *m.* **+ow** school-house
[LC: **skol** 2chi]
{**S** 1; **F** 0(CE38): **C** W *ysgoldy*: **+ow** I}

skolk ['skɔlk] *m.* **+yow** sneak
[E(N): MidE skulk < OldN (coe)]
{**S** 4; **F** 0(CE38): **+yow** N}

skolksywya ['skɔlksɪʊja] *v.* stalk
[E(N)Fc: **skolk sywya**] {**S** 4; **F** 0(EC00)}

skolkya ['skɔlkja] *v.* skulk, lurk, sneak
[E(N)c: **skolk** -YA] {**S** 4; **F** 1: **M** *scolchye*
(MC.074); 2nd pl. impv. *scolkyough* (PC.1002)}

skolores [skɔ'lɔˑręs] *f.* **+ow** scholar
(female)
[Lc: **skol** -ORES] {**S** 1; **F** 0(CE55): **+ow** I}

skolvester [skɔl'vęˑstęr] *m.* **skolvestri**
schoolmaster
[LE(F): **skol** 2mester]
{**S** 4; **F** 0(GK98: G.M.S.): **skolvestri** I}

skolvestres [skɔl'vęˑstręs] *f.* **+ow**
schoolmistress
[LE(F): **skol** 2mestres]
{**S** 4; **F** 0(GM09: G.M.S.): **+ow** I}

skombla ['skɔmbla] *v.* defecate *(of*
animals or birds)
[Fc: VN in -A from MidE *scumber* (CE38)]
{**S** 8; **F** 1: **M** *scumbla* (BM.3952): **D** "scumber"}
SKOMM- [U:]

skommenn ['skɔmːęn] *f.* **+ow** splinter,
chip *(of wood)*
[Cc: SKOMM=ENN] {**S** 8; **F** 1: **L** *scobman*
(Borlase): **C** cf. W *gosgymon*: **+ow** I}
Borlase's <-an> has been taken as the LateC
form of -ENN, but the Welsh suggests rather
MidC *-on*.

skommow ['skɔmːɔw] *pl.* wreckage,
matchwood
[Cc: SKOMM=OW]
{**S** 8; **F** 1: **L** *Scwbmo* (LV129.16): **D** "scumbma"}

skon ['skɔːn] *adv.* quickly, soon, at once
[U:]
{**S** 8; **F** 6: **M** *scon* → L,P: **L** *skon* (AB249a) → P}
SKON- [E(E): MidE < OldE *scunian* (coe)]

skons ['skɔns] *m.* **+ow** fortress
[E(F): MidE (CE38)] {**S** 4; **F** 2: **M** *scons*
(RD.2579) -> *stous* (PV16614): **+ow** N}
The reading *stons*, due to Norris and copied by
Nance, appears incorrect; so does that in
Pryce; the word should be read *scons* cf. E
ensconced.

skonya ['skɔˑnja] *v.* refuse, deny,
withhold, reject, shun
[E(E)c: SKON=YA] {**S** 4; **F** 3: **M** *sconye* → P} This
is the same word as E *shun*; the MidC spelling
sconya could mean either [sk–] or [ʃ–]; it
seems that [sk–] > [ʃ–] in Eng. in this word.
Here <sk-> is used, following OldE and Nance.
skonya a abstain
skonya a wul neppyth refuse to do
something
skonya aswonn ignore

skonyans ['skɔˑnjans] *m.* **+ow** refusal,
rejection
[E(E)h: SKON=YANS] {**S** 4; **F** 0(EC52): **+ow** I}

skor ['skɔːr] *m.* **+yow** score *(in game)*
[E(E): MidE < OldE *scoru* (co)] {**S** 4; **F** 0(EC52):
C W *sgôr*, *ysgôr*: **+yow** N (K.J.G.)}
SKORJ- [E(F): Perceived as root of **skorjya**]

skorja ['skɔrdʒa] *m.* **-jys** scourge
[E(F):] {**S** 5; **F** 3: **M** *scorgye* (MC.130), *scorge*
(PC.2107); pl. *scorgijs* (MC.131), *skorgys*
(PC.2056): **-jys** I}

skorjya ['skɔrdʒja] *v.* scourge
[E(F)c: SKORJ=YA] {**S** 5; **F** 3: **M** p.ptcpl. *scorgyys*
(RD.2538), *scorgis* (BM.2602), *scurgis* (TH15v);
3rd sg. pret. *scorgyas* (MC.130)}

skorn ['skɔrn] *m.* **+ys** scorn, mockery, affront
[E(F): MidE (aphetic) < OldF *escharnir* (coe)]
{S 4; F 2: M *scorn* (PC.0368), *scorne* (BM.0368): **+ys** I}

skornya ['skɔrnja] *v.* mock, scorn, ridicule, scoff
[E(F)c: **skorn** -YA] {S 4; F 4: M *scornye* → P}

skornyadow [skɔrn'jaˑdɔw] *adj.* ridiculous
[E(F)c: from **skornya** -ADOW]
{S 4; F 0(GM09: G.M.S.)}

skorr ['skɔːr] *m.* **+ow** branch
See also **skorrenn**. [C: Brit **skorr-* (Haywood) < IE **skorso-* (Haywood)]
{S 1; F 2: M *scor* (BK19.34): P pl. *skiraû* (AB063b) → P: P ?Scor Rock: **+ow** L}

skorrek ['skɔːrɛk] *adj.* branched
[Cc: **skorr** -¹EK] {S 1; F 0(CE38)}

skorrenn ['skɔːrɛn] *f.* **+ow** branch, bough, vein, seam of ore
[Cc: **skorr** -ENN] {S 1; F 4: O *scorren* (VC.685): M *scoren*, pl. *scorennow*: L *skiran* (AB003b), *skoren* (AB136a): P ?Scorran Lode: D *scorran*: **+ow** ML}
As with the word **skorr**, some of the forms have <i> or <y> instead of <o>, e.g. *skyrennov* (BM.3403). Following Nance, these are treated as variants, since Lhuyd gives them the same meanings, but they might represent a different word.

skorya ['skɔˑrja] *v.* score *(in game)*
[E(E)c: **skor** -YA] {S 4; F 0(EC52)}

skot ['skɔːt] *m.* **+ys** score, tavern score
[E(H): MidE *scot* < OldN *skot* + OldF *escot* (coe)] {S 5; F 1: M *scot* (BM.3340): C cf. B *skodenn* 'fee': **+ys** I}

Skott m. **+ys** Scotsman, Scot
ALT = **Alban**. [E(E): pl. *Scottas* < LLat *Scottus* (coe)] {S 8; F 1: M *scot* (BK30.44): **+ys** I}

Skott-Vrythonek adj. Scots Gaelic
ALT = **Albanek**. {S 8; F 1: L *Skot-Vrethonek* (CGEL)} Made up by Lhuyd; rendered as 'Scotch-British' in Pryce.

skourya v. scour ALT = **kartha**.

[E(E)c: VN in -YA from MidE < Dutch *schûren* (coe)]
{S 5; F 1: M 3rd sg. pret. *scurryas* (TH22r)}

skout ['skuːt] *f.* **+ys** hussy
ALT = **flownenn**. [E: MidE *scowte* (CE38)]
{S 5; F 1: M *scout* (OM.2667): **+ys** I}

skov ['skɔːv] *m.* rich tin-ore
[U:] {S 8; F 2: L *skove, scove* (PV16419):}

skovarn ['skɔˑvarn] *f.* **skovornow**, *dual* **diwskovarn** ear, handle of jar
[C: Brit **skob-* (Fl.)] {S 3; F 4: O *scouarn* (VC.034) → L,P: M *scovern* (MC.), *scoforn* (PC.); *scovornow*: L *skovarn* (BOD.014); pl. *skovornow*: P Scovarn: C B *skouarn*; MidW *ysgyfarn*}

skovarnek [skɔ'varnɛk] **1.** *adj.* long-eared, having handles **2.** *m.* **-ogyon** hare
[Cc: **skovarn** -¹EK]
{S 3; F 4: O *scouarnoc* → L,P: L *skouarnak* (AB.): D "scavernick" 'hare': C OldB *scobarnocion* (pl.); W *ysgyfarnog*: **-ogyon** C}

skovenn ['skɔˑvɛn] *f.* **+ow** ground rich in tin
[Uc: **skov** -ENN] {S 8; F 0(CE55): **+ow** I}

skovva ['skɔvːa] *f.* **+ow** shelter, refuge, tabernacle *(dwelling-place)*, haven
[Cc: from **skeus** -VA] {S 3; F 2: M *scovva* (OM.1717) → P: **+ow** N (Y1)}

skowl ['skɔʊl] *m.* **-es** kite *(bird)*
[C: Brit **skub-l-* (Haywood)]
{S 1; F 3: O *scoul* → L,P: P Fentenscroll: C B *skoul*; W *ysgwfl*: **-es** I}
Bre Skowl Kit Hill

skrambla ['skrambla] *v.* scramble
See also **krambla**. [Ec: VN in -A from MidE]
{S 5; F 0(GM09: YhaG)}

skravinas [skra'viˑnaz] *v.* scratch, claw
[U:] {S 8; F 2: L *skrivinas* (AB145a) → P}

skraw ['skraw] *m.* **-es** black-headed gull
[C:] {S 8; F 0(CE38): C B *skrav* 'tern, sea-swallow'; cf. B *skrev* 'gull': **-es** I}

skrawik ['skrawɪk] *m.* **-igow** tern, black-headed gull

skriba

skriba
[Cc: **skraw** -IK] {S 8; F 0(CE38): **D** "scarraweet" identified with this word by Nance: **-igow** I}

skriba ['skri·ba] *m*. **skribys** scribe *(Biblical)* For scribe in general, use **skrifwas**.
[E(L): MidE < Lat *scrîba* (coe)]
{S 4; F 3: **M** pl. *scribis* (TH.): **skribys** M}

skrif ['skri:f] *m*. **+ow** writing, article *(of text)*, script
[L: CLat *scrîb*- (M)] {S 3; F 3: **L** *skreef* (NGNB), *skrêf* (AB248a): **+ow** I}
This word (possibly a back-formation from **skrifa**), and all its derivatives, are spelled with <f> rather than the expected regular development <v>. It is evident that [v] was unvoiced, at least partially, from spellings such as Lhuyd's *skrepha, skrîfa*.

skrifa ['skri·fa] *v*. write
[Lc: **skrif** -¹A]
{S 3; F 6: **M** *scrife* → P, *scriffa*: **L** *skreefa* (NGNB3), *skrîfa* (AB231b): **C B** *skrivañ*}

skrifans ['skri·fans] *m*. **+ow** writing
[Lh: **skrif** -ANS]
{S 3; F 1: **L** *skrefyanz* (CGEL): **+ow** I}

skrifedh ['skri·feð] *f*. **+ow** writing, inscription, writ
[Lc: **skrif** -¹EDH]
{S 3; F 4: **M** *screffa*: **L** *skrividh* (AB146c): **+ow** I}
The forms found in MidC are without [-ð].

skrifenn ['skri·fẹn] *f*. **+ow** writing, letter, script, document
[Lc: *skrif* -ENN]
{S 3; F 2: **O** *scriuen* (VC.353) → P: **+ow** I}
The OldC word may come direct from Lat *scribenda*, in which case it contained [v].

skrifennyades [ˌskrifẹn'ja·dẹs] *f*. **+ow** secretary *(female)* [Lcc: **skrifenn** -YADES]
{S 3; F 0(CE93: G.M.S.): **+ow** I}

skrifennyas [skrɪ'fẹn:jaz] *m*. **-ysi** secretary *(male)* [Lcc: **skrifenn** -³YAS]
{S 3; F 3: **O** *scriuiniat* (VC.351) → L,P: **-ysi** I}

skrifer ['skri·fẹr] *m*. **+s, -oryon** writer *(male)*
[Ll: **skrif** -¹ER] {S 3; F 1: **L** pl. *screffars* (M2WK): **+s** L; **-oryon** N (G.M.S.)}

skrogenn

skrifiti [skri'fi·ti] *pl*. graffiti *(colloq.)*
ALT = **fosskrif**. [Lo: **skrif** + end of Italian *graffiti*] {S 8; F 0(GM09)}

skriflyver [skrɪf'lɪ·vẹr] *m*. **-lyvrow** manuscript book
[LL: **skrif lyver**]
{S 3; F *: **L** pl. *skreflevro* (CGEL): **-lyvrow** I}

skrifores [skri'fɔ·rẹs] *f*. **+ow** writer *(female)*
[Llc: **skrif** -ORES] {S 3; F 0(GM09: P.H.): **+ow** I}

skrifwas ['skrifwas] *m*. **-wesyon** scribe, clerk
[LC: **skrif** 2gwas] {S 3; F 0(CE38): **-wesyon** I}

skrifyades [skrif'ja·dẹs] *f*. **+ow** writer *(female professional)*, scribe
[Lc: **skrif** -YADES]
{S 3; F 0(GM09: YhaG): **+ow** I}

skrifyas ['skri·fjaz] *m*. **-ysi** writer *(male professional)*, scribe
[Lc: **skrif** -³YAS]
{S 3; F 1: **L** *skrefyaz* (CGEL): **-ysi** I}

skrij ['skri:dʒ] *m*. **+ow** screech, scream, shriek
[U: Back-formation from **skrija**]
{S 2; F 0(EC00): **+ow** I}

skrija ['skri·dʒa] *v*. cry out, screech, shriek
[Uc: cf. ModE *screech* < MidE *scriche* (coe)]
{S 2; F 2: **M** 2nd sg. impv. *scryg* (RD.0853a): **L** *Scryega* (LV129.14): **C B** *skrijañ*; cf. **W** *ysgryd*}

skrin ['skri:n] *f*. **+yow** screen
[E: MidE < NorF *escren* (coe)] {S 4; F 0(EC00): **C W** *sgrin*, cf. **B** *skramm* < OldF: **+yow** I}

skrinva ['skrinva] *f*. **+ow** gnashing
[Uc: Compound in -VA of an unrecorded verb]
{S 1; F 1: **M** *skrymba* (RD.2344): **C** cf. **B** *skrignal* 'to gnaw': **+ow** I}

skrogenn ['skrɔ·gẹn] *f*. **+ow** gallows-bird
[Cc: [s-] + **krog** -ENN]
{S 2; F 0(CE38): **D** "scroggan": **+ow** I}
Nance's *scrogyn* is inconsistent with the rules of vowel affection, and Late [-an] presupposes [ẹ] rather than [ɪ] in MidC.

skrubel coll. beasts of burden
[U:] {S 8; F 2: L *yskrybl* (AB074a) → P}

skruth ['skryːθ] *m.* **+ow** shudder, shock, panic, fright
[U:] {S 8; F 2: M *scruth* (MC.254), *scruyth* (BK13.14), *skrvth* (SA66v): **+ow** I}
The W and B cognates of this word and its compounds mentioned by Nance in *CE38* have not been identified, so its spelling is in doubt.

skrutha ['skryˑθa] *v.* shudder, be horrified, panic
[Uc: **skruth** -¹A] {S 8; F 0(CE38)}

skruth-estyll [skry'θęˑstɪl] *m.* stage fright
[UC: **skruth estyll** 'fear of boards'] {S 8; F 0(GM09: YhaG):}

skruthus ['skryˑθys] *adj.* shocking, horrible, ghastly
[Uc: **skruth** -US] {S 8; F 0(CE38)}

skruthys ['skryˑθɪz] *adj.* shocked, horrified
[Uc: **skruth** -¹YS] {S 8; F 0(GM09: P.H.)}
P.ptcpl. of **skrutha**.

skrynkya ['skrɪnkja] *v.* snarl, grimace
[E(F)c: VN in -YA, with [s-], from OldF *grigner*] {S 8; F 1: M *scrynkye* (OM.0570): D "skrink": C cf. B *skrignal* 'to gnash'}
  skrynkya orth grimace at

skryp ['skrɪːp] *m.* **+ys** wallet
[D: MidE *scrip* or OldN *skreppa*] {S 5; F 2: M *scryp* (PC.0914, 0920): **+ys** I}

Skryptor ['skrɪptɔr] *m.* **+s** Scripture
[E(L): MidE < CLat *scriptûra* (coe)] {S 5; F 5: M *scryptor, scriptur(e)* (TH., SA.); pl. *scripturs* (TH.): L *scriptir* (PV16141): **+s** M}

SKUB- [L: CLat *scopa* (M)]

skuba ['skyˑba] *v.* sweep, brush
[Lc: SKUB=¹A] {S 1; F 2: L *skibia* (AB172a) → P: C B *skubañ*; W *ysgubo*}

skubell ['skyˑbęl] *f.* **+ow** broom *(implement)*
[Lc: SKUB=²ELL] {S 1; F 0(CE38): C B *skubell*, W *ysgubell*: **+ow** C}

skubellek [sky'bęlːęk] **1.** *adj.* rubbishy, trashy (U.S.) **2.** *m.* **-ogyon** untidy person
[Lcc: **skubell** -¹EK] {S 1; F 0(CE55): **-ogyon** I}

skubelloges [ˌskybę'lɔˑgęs] *f.* **+ow** untidy person
[Lcc: **skubell** -OGES] {S 1; F 0(CE55): **+ow** I}

skubell-sugna [ˌskybęl'sygna] *f.*
  skubellow-sugna vacuum-cleaner
[LcCc: **skubell sugna**] {S 1; F 0(Y1): **skubellow-sugna** I}

skubell-wolghi [ˌskybęl'wɔlxi] *f.*
  skubellow-golghi mop
[LcCc: **skubell** 2**golghi**] {S 1; F 0(FTWC): **skubellow-golghi** I (FTWC)}

skuberya *v.* sweep
[Cc: Compound of SKUB-] {S 8; F 1: L *scaberia* (PV16109)}

skuberyas *m.* **-ysi** sweeper, sweep
[Cc: Compound of SKUB-] {S 8; F 1: L *scaberias* (PV16109): **-ysi** I}

skubyllenn [sky'bɪlːęn] *f.* **+ow** brush *(small)*, mop
[Lc: FN in -ENN from BLat **scôpilla* (Gr.)] {S 1; F 2: O *scubilen* (VC.799) → P: C B *skubellenn*: **+ow** I}
  skubyllenn bast pastry brush
  skubyllenn baynt paint-brush
  skubyllenn dhyns tooth-brush

skubyon ['skyˑbjɔn] coll. **+enn** sweepings
[Lc: SKUB=YON] {S 1; F 0(CE38): C B *skubien*, W *ysgubion*: **+enn** I}

skudell ['skyˑdęl] *f.* **+ow** dish *(bowl)*, soup-bowl
[L: CLat *scutella* (Gr.)] {S 1; F 3: O *scudel* (VC.844) → L,P: M *scudel* (MC.043): L *skidal* (AB046c) → P: D "scuddle": C B *skudell*; not in W: **+ow** I}
  skudell loerell satellite dish

skudellas [sky'dęlːaz] *f.* **+ow** dishful
[Lc: **skudell** C{-¹as}] {S 1; F 0(Y1): C B *skudellad*: **+ow** I}

skward

skward ['skward] *m.* **+yow** tear *(rip)*, rip, rent *(rip)*, laceration, slit
[E: dial. Eng. (Loth)] {S 1; F 0(CE38): **+yow** I}

skwardya ['skwardja] *v.* tear, rip, rend, lacerate
[Ec: **skward** -YA] {S 5; F 4: M *squardye, squerdye* → P: D p.ptcpl. "squarded"}

skwatt ['skwat] *m.* **+ow** crushing blow
The one occurrence in MidC is used adverbially, and was interpreted by Nance as 'with a bang'; although this could fit the context, there is no direct evidence for it. See the variant **skatt** for other meanings.
[E(F): Back-formation from **skwattya**] {S 5; F 1: M *skuat* (PC.2816): D (CE38): **+ow** N}

skwattya ['skwat:ja] *v.* crush, hit, squash, quash
[E(F)c: VN in -YA from MidE < OldF *esquatir*, with dial. meaning 'to crush, to flatten'] {S 5; F 4: M p.ptcpl. *squattys* → P: L *skuattia* (AB117b, 142b) → P, *squatcha* (PRJBG)}
The vowel appears to be short.

skwier ['skwi·ęr] *m.* **+yon** esquire
[E(F): MidE < OldF *esquier* (co)] {S 4; F 3: M *squyer* (OM.2004, BM.0057); pl. *squyerryon* (OM.1640): L *skuerrion* (AB242c) → P, with loss of a syllable: C W *sqwier*: **+yon** ML}
The pl. -YON is unusual after <-er>.

skwir ['skwi:r] *m.* **+ys** standard *(basis of comparison)*, set-square
[E(F): MidE *squire* < OldF *esquere* (coe)] {S 4; F 2: M *squyr* (OM.2510, 2544): C W *sgwir*; cf. B *skouer* 'example': **+ys** I}
MidE *squire* > ModE *square*. <i> rather than <y> is indicated by the W, and a rhyme with **gwir**.

skwirglassya [ˌskwir'glas·ja] *n* stereotype
[E(F)E(L)c: **skwir** 2**klass** -YA] {S 4; F 0(EC00)}

skwith ['skwi:θ] *adj.* tired, weary
[C: Brit (hpb)] {S 1; F 4: M *squyth* → P: L *skîth* (AB076c) → P: C B *skuizh*; not in W}

skwith marow dead tired

skwitha ['skwi·θa] *v.* tire
[Cc: **skwith** -¹A]
{S 1; F 3: M p.ptcpl. *squytheys* (OM.0477) → P:

L *skuythi* (PV16423): C B *skuizhañ*}

skwithans ['skwi·θans] *m.* tiredness
[Ch: **skwith** -ANS]
{S 1; F 2: M *squythens* (PC.0477) → P:}

skwithhe [skwiθ'hę:] *v.* tire, weary, make tired
[Cc: **skwith** -HE] {S 1; F 0(CE93)}

skwithhes [skwiθ'hı:z] *adj.* wearied
[Cc: Past ptcpl. of **skwithhe**] {S 1; F 0(GK98)}

skwithter ['skwiθtęr] *m.* fatigue, tiredness, weariness
[Cc: **skwith** -TER]
{S 1; F 1: M *squithder* (CLJK): C B *skuizhder:*}

skwithus ['skwi·θys] *adj.* tiring, boring, wearisome, tedious
[Cl: **skwith** -US] {S 1; F 0(CE93)}

skwych ['skwı:tʃ] *m.* **+ys** jerk, twitch, spasm
[E(G): dial. form of ModE *switch* < MidE < LowG (coe)] {S 5; F 2: M *skwych* (RD.2595) → P: D "squitch" 'to jerk, to shrug': **+ys** I}

skwychell ['skwı·tʃęl] *f.* **+ow** switch *(electric)* [E(G)c: **skwych** -²ELL]
{S 5; F 0(GK98: A.S.): **+ow** I}

skwychya ['skwı·tʃja] *v.* switch, jerk, twitch
[E(G)c: **skwych** -YA] {S 5; F 0(CE38)}

skwychya yn fyw switch on
skwychya yn farow switch off

skyll ['skıl:] *coll.* **+enn** sprouts, shoots, eyes (of potato)
[C:] {S 8; F 3: M *skyl* (OM.2720) → P: C cf. MidW *ysgewyll* (CE38): **+enn** I}
Found as *skyl* in MidC in the phrase *mar venys avel skyl brag* 'as small as malt-sprouts'. Appears as a prefix in Breton in *skilbaotr* 'small boy', which would agree with the idea of 'growing' or 'shooting up'.

skylla ['skıl:a] *v.* sprout
[Cc: **skyll** -¹A] {S 8; F 0(GM09: YhaG)}

skyllwynn ['skılwın] *adj.* whitish
[CC: **skyll** 2**gwynn**]
{S 8; F 1: M *schylwyn* (BM.3391)}

SKYRM- [E: root of E *skirmish*]

skyrmya ['skɪrmja] *v.* fence *(with swords)*
[Ec: SKYRM=YA] {S 8; F 0(EC52)}

skyrmyans ['skɪrmjans] *m.* **+ow** fencing *(with swords)*, skirmish
[Eh: SKYRM=YANS] {S 8; F 0(EC52): **+ow** I}

skyrr ['skɪrr] *coll.* **+enn** splinters
[C: related to **skorr** (gpc)] {S 8; F 0(CE38): C W pl. *ysgyr;* cf. B sg. *skirrienn* (deb): **+enn** I} Appears to contain /rr/ rather than /r/.

skyrra ['skɪrra] *v.* splinter
[Cc: **skyrr** -¹A] {S 8; F 0(GM09: YhaG)}

skyrrys ['skɪr:ɪz] *adj.* splintered
[Cc: **skyrr** -⁶-YS] {S 8; F 0(GM09: YhaG)} P.ptcpl. of **skyrra**.

slaba ['sla·ba] *m.* **slabow** kitchen-range
[E:] {S 4; F 0(EC52): **slabow** I (Y1)} Written *slabba* by Nance, but /bb/ is alien to the Cor. sound-system.

slakya v. slacken, abate
[E(E)c: VN in -YA from MidE *slake* (coe) < OldE *slaec* (co)] {S 5; F 1: L *slackya* (CW.2471)}

sleygh ['slɛɪx] *adj.* clever, skilful, adroit
[E(N): MidE *sleigh* (CE38)] {S 8; F 2: M *slegh* (BK36.04): L *slêv* (AB118u) → P} The example from *BK.* shows that <-gh> should be added to the earlier spelling *sley*.

sleyghneth ['slɛɪxnęθ] *f.* skill, dexterity, cleverness
[E(N)c: **sleygh** -NETH] {S 4; F 2: M *sleyneth* (MC.212) → P:}

slim m. **+yow** slime. ALT = **leys**.
[E(E): OldE *slîm* (coe)] {S 5; F 2: M *sleme* (CW.0238), *slem* (CW.0254): **+yow** N}

sloj ['slɔːdʒ] *m.* **slejys** sledgehammer
[E(E): MidE *slegge* (CE38) < OldE *slecg* (coe)] {S 8; F 1: M pl. *slodyys* (OM.2318): **slejys** } The MidE word evidently contained [dʒ], but the pl. found in MidC is written, interestingly, as *slodyys*, which could be a reversed spelling, reflecting the sound change [dj] > [dʒ].

Nance re-wrote the pl. as *slodyes* and introduced a sg. *slodya.* The vowel <o> suggests that the <e> in MidE was interpreted as an affection. It is difficult to arrive at a solution which is consistent with all the evidence. Here the sg. has been written as **sloj**, keeping Eng. [dʒ], and the pl. as **slejys**, with vowel aff.

slokkya ['slɔk:ja] *v.* entice
[Ec: VN in -YA from dial. "slock"] {S 5; F 0(EC52): **D** "slock"}

slow (Eng.) *adj.* {S 6; F 1: M *slow* (TH29v)}

slynk ['slɪnk] **1.** *adj.* slippery **2.** *m.* **+ow** slide, skid
[E(E): Back-formation from **slynkya**] {S 4; F 0(CE38): **P** Slinky Dean: **+ow** N (FTWC)} N.B. E *slinky* 'slippery', name of a spring which slides down stairs

slynkva ['slɪnkfa] *f.* **+ow** chute
[E(E)c: **slynk** -VA] {S 4; F 0(GM09: G.M.S.): **+ow** I}

slynkya ['slɪnkja] *v.* slide, slip, skid, lapse, creep
[E(E)c: VN in -YA from MidE < OldE *slincan* (CE38)] {S 8; F 3: M *slynckya* → P: **P** Slinke Dean = **slynkya** 2tin}

smartya v. hurt *(intrans.)*
[E(E)c: VN in -YA from OldE (coe); cf. G *schmerzen*] {S 5; F 1: M *smyrtya* (TH50v)}

smat ['smaːt] **1.** *adj.* hardy, rough **2.** *m.* **+ys** hard-bitten fellow, tough guy, thug
[E(E): MidE < OldE *smaete* 'smitten, beaten' (CE38)] {S 5; F 3: M *smat* → P: **+ys** I}

smelling (Eng.) *n.*
{S 6; F 1: M *smyllyng* (OM.1743)}

smodh adj. smooth ALT = **gwastas** or **leven**.
[E(E): MidE < OldE *smôð* (coe)] {S 4; F 1: L *smoth* (CW.0535)}

snell ['snęlː] **1.** *adj.* quick, speedy, active **2.** *adv.* quickly
[E(E): MidE < OldE (CE38) cf. G *schnell*] {S 4; F 2: M *snel* (RD.2144, BM.3368), *snell* (BM.4342)}

snod ['snɔːd] *m.* **+ow, +ys** ribbon, tape, fillet
[E(E): OldE *snôd* (> ModE *snood*) (M)] {S 5; F 2: O *snod* (VC.332) → L,P: D "snead" 'ribbon of fish as bait": C cf. W *ysnoden*; not in B: **+ow** N (FTWC); **+ys** I (CE38)} This word is cognate with **neus**; it would have become **snos* in MidC, but has not been up-dated here, since it is in wide use in its extant form.

snod gaffer gaffer tape

snod kudha masking tape

snodskrif ['snɔdskrɪf] *m.* **+ow** tape-recording
[E(E)L: **snod skrif**]
{S 5; F 0(GM09: G.M.S.): **+ow** I}

so (Eng.) *conj.* {S 6; F 4: M *so*}

soda ['sɔːda] *m.* soda
[E(L): MedL (co)] {S 5; F 0(EC52):}

soder ['sɔːdɛr] *m.* solder
[E(F): MidE < OldF *soudure* (co)]
{S 4; F 0(CE55): C B *souder*, W *sodr*:}

Sodom place Sodom
{S 5; F 1: M *sodome* (TH06v)}

sodon ['sɔːdɔn] *m.* **+ys** sultan
[E: MidE *saudan* (CE38)]
{S 4; F 1: M *sodon* (OM.2056): **+ys** I}

sodoneth [sɔ'dɔːnɛθ] *f.* **+ow** sultanate
[Ec: **sodon** -ETH]
{S 4; F 0(GM09: G.M.S.): **+ow** I}

sodra ['sɔdra] *v.* solder
[E(F)c: VN in -A from **soder**]
{S 4; F 0(CE38): C W *sodro*; cf. B *soudañ*}

¹**soedh** ['soːð] *f.* **+ow** office *(job)*, occupation, position
[L: CLat *sedes* (Gregor)]
{S 1; F 1: M *soth* (RD.1881): C W *swydd*: **+ow** I}

²**soedh** ['soːð] *m.* sooth, truth
[E(E): MidE < OldE *sôð* (coe)] {S 4; F 2: M *soȝ* (CE.0021), *south* (PC.1629):} Spelled *sodh* in CE93, because it was rhymed with **bodh** in CE.; however, its compound **forsoedh** clearly contains /-oð/, so this word should also.

soedha ['soːða] *v.* hold office, serve *(in employment)* [Lc: ¹**soedh** -¹A]

{S 1; F 2: M 2nd sg. impv. *soth* (MC.175) → P}

soedhek ['soːðɛk] *m.* **-dhogyon** officer *(male)*, official
[Lc: ¹**soedh** -¹EK]
{S 1; F 0(CE38): C W *swyddog*: **-dhogyon** I}

soedhel ['soːðɛl] *adj.* occupational
[Lc: ¹**soedh** -¹EL] {S 1; F 0(GM09: G.M.S.)}

soedhogel [sʊ'ðɔːgɛl] *adj.* official
[Lc: ¹**soedh** -OGEL]
{S 1; F 0(Y2): C W *swyddogol*}

soedhoges [sʊ'ðɔːgɛs] *f.* **+ow** officer, official
[Lc: ¹**soedh** -OGES]
{S 1; F 0(GM09: P.H.): **+ow** I}

soedhogoleth [ˌsʊðɔ'gɔːlɛθ] *f.* officialdom
[Lcc: from **soedhek** -OLETH]
{S 1; F 0(CE93: K.J.G.):}

soedhva ['sʊðva] *f.* **+ow** office *(work-place)*, place of employment
[Lc: ¹**soedh** -VA]
{S 1; F 0(CE38): C W *swyddfa*: **+ow** I}

soedhva an post post office

soedhva doll tax-office

soedhva govskrifa register office

soedhva greslu police station

soegenn ['soːgɛn] *f.* **+ow** damp place
[Cc: FN in -ENN from a root SOEG- cognate with W *soeg*-] {S 1; F 0(CE55): C cf. W *soeglyd* 'sodden': **+ow** I}

soen ['soːn] *m.* **+yow** charm, blessing
[L: CLat *signum* (lp)]
{S 1; F 0(CE38): D "soon": C W *swyn*: **+yow** I}

soena ['soːna] *v.* bless, charm
[Lc: **soen** -¹A] {S 1; F 4: M *sona* → P: L *zona* (AB245a) → P: C W *swyno*}

soenell ['soːnɛl] *f.* **+ow** charm *(item)*, talisman
[Lc: **soen** -²ELL] {S 1; F 0(CE93: G.M.S.): **+ow** I}

soenellik [sʊ'nɛlːɪk] *f.* **-igow** amulet
[Lc: **soenell** -IK]
{S 1; F 0(GM09: YhaG): **-igow** I}

soev ['soːv] *m.* tallow, suet
[L: CLat *sêbum* (M)]
{S 1; F 3: O *suif* (VC.063) → P: M *sof* (BK15.24):
L *soa, soath* (PV16437): C B *soav*; MidW *swyf*:}
The development of this word appears to have been different from that of OldC *ruif* 'king'.

¹sogh ['sɔːx] *adj.* blunt
[C: **stukkos* (deb)] {S 1; F 0(CE38): C B *soc'h*}
Nance quoted OldC *soch* as an example, but he appears to have been confused with ²**sogh**.

²sogh ['sɔːx] *m.* **+yow** ploughshare
[L: BLat *soccus* < Gaulish (Gregor)]
{S 1; F 3: O *soch* (VC.343) → P: L *zôh* (AB030b, 177b) → P: C B *soc'h*; W *swch*: **+yow** I}

soghelin [sɔ'fiẹ·lɪn] *m.* **+yow** obtuse angle
[CC: ¹**sogh elin**] {S 1; F 0(EC00): **+yow** I}

sojet ['sɔ·dʒẹt] *m.* **+s** subject *(e.g. of a king)*, liege
The MidC line *ol y sogete kyn fons syns* must mean 'all His subjects, though they be saints', and was thus translated by Hooper. It seems that Nance read *sogete* as a sg., writing it as *sojeta*; but this would put too many syllables into the line: it is better to emend *sogete* to *sogets*, implying a sg. **soget* which agrees with MidE. The example in LateC does not help, since it is spelled *subiect*; note also the pl. *subiectys* in TH06v.
[E(F): MidE *soget* < OldF *soget* (coe)]
{S 5; F 3: M *subiect* (CW.0379); pl. *sogete* (MC.211), *subiectys* (TH06v): **+s** M}

sojet ankow mortal

sokor ['sɔ·kɔr] *m.* succour, helper, aid
[E(F): MidE *socour* < *socurs* < OldF *sucurs* (> ModF *secours*) (coe)] {S 5; F 4: M *sokyr*, pl. *soccors* (BK.): C cf. B *sikour*, W *swcr*:}

sokra ['sɔkra] *v.* succour, relieve, aid
[E(F)c: VN in -A from MidE *socour*]
{S 4; F 4: M *socra*: C W *swcro*}

solas ['sɔ·las] *m.* solace, relief
[E(F): MidE < OldF *solas* (co)] {S 4; F 2: M *solas* (BK12.04, 25.48): C MidW *solas*:}
Correctly anticipated by Nance in *CE38*.

solem ['sɔ·lẹm] *adj.* solemn
[E(F): MidE *solempne* < OldF *solempne* (coe)]

{S 5; F 2: M *solem* (TH20r, 51v)}
Nance spelled this word *solempne*.

SOLEMPN-
[E(F): MidE *solempne* < OldF *solempne*]

solempnita [ˌsɔ'lẹmpnɪta] *m.* **-nitys** solemnity, ceremony
[E(F): MidE < OldF *solempnité* (coe)]
{S 5; F 2: M *solempnyty* (TH01r), *solempnŷtŷ* (CW.2083): **-nitys** I}

solempnya [sɔ'lẹmpnja] *v.* celebrate
[E(F)c: SOLEMPN=YA] {S 5; F 0(CE55)}

solempnyans [sɔ'lẹmpnjans] *m.* **+ow** celebration
[E(F)h: SOLEMPN=YANS]
{S 5; F 0(GM09: G.M.S.): **+ow** I}

solempnyel [sɔ'lẹmpnjẹl] *adj.* ceremonial
[E(F)h: SOLEMPN=YEL] {S 5; F 0(GM09: G.M.S.)}

soler ['sɔ·lẹr] *m.* **+yow** loft, attic, upper floor, gallery
[L: LLat *solârium* (Gr.)] {S 1; F 2: O *soler* → L,P: D "soller": C cf. B *solier* < OldF *solier*: **+yow** I}

Soli name Sol (Sun god)
[U:] {S 8; F 3: M *soly* (BM.)}

Solon name
{S 4; F 1: M *Solon* (TH29r)}

sols ['sɔls] *m.* **+ow** shilling Coin worth one-twentieth of a pound, finally withdrawn from circulation at the end of 1990.
[L: BLat **sol'dus* < CLat *solidus* (Fl.)] {S 1; F 3: O *sols* (VC.914) → L,P: L *zou̯lz* (AB151c) → P: C B *saout* 'cattle'; W *swllt*: **+ow** I}

solyd ['sɔ·lɪd] *adj.* solid
[E(L): MidE < Lat *solidus* (coe)]
{S 5; F 0(GM09: YhaG)}

somm ['sɔmː] *m.* **+ow** sum
[L: CLat *summa* (Fl.)]
{S 1; F 2: M *sum* (BM.1604, TH07v):
C OldB *som*, W *swm*: **+ow** N}

somma ['sɔmːa] *v.* sum
[Lc: **somm** -¹A] {S 1; F 0(GM09: G.M.S.)}

sommenn ['sɔmːẹn] *f.* **+ow** sum, total
[Lc: **somm** -ENN]
{S 1; F 1: L *sobmen* (CE38): **+ow** I}

sommys ['sɔmːɪz] *v.* flit, move about
[L: CLat *summût-* (gpc)]
{S 8; F 1: O 2nd element of *hihsomet* 'bat' (VC.523): C W *symud* 'move'}
The spelling of the second vowel is doubtful.

somna v. summon
[E(F)c: VN in -A from MidE < OldF *somondre* (co)]
{S 5; F 1: M p.ptcpl. *somonys* (BK26.35), 3 syll.}

somper [sɔm'peːr] *adj.* unequalled
[E(F): MidE *saumpere* < F *sans pair* 'without equal'] {S 4; F 3: M *somper*} In *BK.*, this was written as two separate words: *savns per*

son ['sɔːn] *m.* **+yow** sound *(noise)*, noise
[L: CLat *sonus* (M)]
{S 1; F 4: M *son* → P: C B *son*; W *swn*: **+yow** I}

gas dha son be quiet

son korn toot

songist ['sɔŋgɪst] *f.* **+yow**
audio-cassette
[LE(E): **son 2kist**] {S 1; F 0(AnG 1984): **+yow** I}

sonlergh ['sɔnlɛrx] *m.* **+yow**
sound-track
[LC: **son lergh**] {S 1; F 0(GM09: YhaG): **+yow** I}

sononieth [ˌsɔnɔ'niˑęθ] *f.* acoustics
[Lc: **son** -ONIETH] {S 1; F 0(GK98: P.H.):}

sononiethel [sɔnɔniˑęˑθęl] *adj.* acoustic
[Lc: **sononieth** -¹EL] {S 1; F 0(GK98: G.M.S.)}

-SONS *v.* part (3rd pl. pret. ending)
e.g. **prensons** 'they bought' from **prena** 'to buy'. [c:]

sonskrif ['sɔnskrɪf] *m.* **+ow**
sound-recording
[LL: **son skrif**] {S 3; F 0(CE93): **+ow** I}
In *EC52*, *sonscryfa* was suggested for 'gramophone record', *-a* being for -EDH.

sonskrifa [sɔn'skriˑfa] *v.* record, make a sound-recording
[LLc: **sonskrif** -¹A] {S 3; F 0(CE93)}

sonsnod ['sɔnsnɔd] *m.* **+ow** audio-tape
[LE(E): **son snod**]
{S 5; F 0(AnG 1985): **+ow** I (G.M.S.)}

soper ['sɔˑpɛr] *m.* **+yow** supper
[E(F): MidE < OldF *soper* (co)]
{S 5; F 3: M *soper*: C W *swper*: **+yow** N}

sopposya v. suppose, intend, have in mind ALT = **tybi** or **desevos**.
[E(F)c: VN in -YA from MidE < OldF *supposer* (coe)] {S 4; F 4: M *supposia* → P: L *syppozia* (JCNBL) → P, *sybbosia* (AB048c) → P}

soprano [sɔ'praˑnɔ] *f.* **soprani** soprano
[E(O): E < It *soprano*] {S 4; F 0(EC00): C B *soprano*, W *soprano*: **soprani** C}

sopya ['sɔpˑja] *v.* sup
[E(F)c: VN in -YA from MidE < OldF *soper* (coe)] {S 5; F 2: M *sopye* (MC.041, PC.0703), *soppye* (PC.0605)}

SORD- [E(F): MidE *sorde* < F *sourdre* (CE38)]

sordya ['sɔrdja] *v.* arouse, stir up, rouse, evoke, arise
May be used transitively or intransitively, but only of trouble or quarrels.
[E(F)c: SORD=YA] {S 8; F 3: M p.ptcpl. *sordijs* (MC.160): L *sordya* (PV16506)}
Pryce's *surgya* (PV16642) is tentatively identified with this word.

sordyans ['sɔrdjans] *m.* **+ow** rising, mutiny
[E(F)c: SORD=YANS] {S 8; F 0(EC00): **+ow** I}

sordyas ['sɔrdjaz] *m.* **-ysi** rebel, insurgent
[E(F)c: SORD=³YAS]
{S 8; F 0(GM09: G.M.S.): **-ysi** I}

SORGH- [C:] Root found (affected) in **dasserghi**.

sorn ['sɔrn] *m.* **+ow** nook, corner
[C:] {S 8; F 3: M *sorn* (PC.3056, RD.0539) → P: P Sourne: C B pl.n. *Le Sourn*: **+ow** I} No source has been found for Nance's pl. *sernow*; it must be by analogy with **korn/kernow**.

sorr ['sɔrː] *m.* anger, ire, wrath
[C:] {S 1; F 4: M *sor* → P: L *zoer* (G3WK):}

sorrvann ['sɔrvan] *m.* indignation
[Cc: **sorr** -VANN] {S 1; F 0(GK98: A.S.):}

¹sort ['sɔrt] *m.* **+ow** sort, kind, variety
[E(F): MidE < OldF *sorte* (coe)]
{S 5; F 4: M *sort*; pl. *sortowe* (CW.): L *sort*; pl. *sorto* (M4WK): C B *seurt*, W *sort*: **+ow** ML}

a bub sort miscellaneous

²sort

²sort ['sɔrt] *m.* **+es** hedgehog
[F: OldF (> ModF *sourd* 'deaf')] {S 5; F 3: O *sort* (VC.579) → P: L *zart* (AB056b): D "zart": C B *sourd* 'salamander'; not in W: **+es** I}

sortya ['sɔrtja] *v.* sort
[E(F)c: ¹**sort** -YA] {S 5; F 0(EC52)}

sos ['sɔːs] *m.* friend
[E(F): shortening of MidE *social* < OldF *social* (coe)] {S 8; F 1: L *sûaz* (Lh.): D "soce" (CE38):}

sosten ['sɔˑstęn] *m.* sustenance, food, provisions, victuals, refreshments
[E(F): Back-formation from **sostena**] {S 4; F 3: M *susten* → P:}

sostena [sɔsˈtęˑna] *v.* sustain
[E(F)c: VN in -A from MidE *sosteine* < AngN *sustein-* (coe)] {S 4; F 2: M *sostone* (OM.0398), *sustone* (OM.0682), p.ptcpl. *sostoneys* (OM.1163)}

sostenadow [sɔstęˈnaˑdɔw] *adj.* sustainable
[E(F)c: **sosten** -ADOW] {S 4; F 0(GM09: YhaG)}

sostenadewder [ˌsɔstęnaˈdęʊdęr] *m.* sustainability
[E(F)c: from **sosten** -ADOW -DER] {S 4; F 0(AnG 2008: G.M.S.):}

sosyel ['sɔˑsjęl] *adj.* social
[E(F)c: **sos** -YEL or Cornicization of MidE *social*] {S 8; F 0(GM09: YhaG)}

sotel ['sɔˑtęl] *adj.* crafty, subtle, obedient
[E(F): MidE < OldF *sotil* (coe)] {S 5; F 4: M *sotel* → P, *sottall* → P}

sotelneth [sɔˈtęlnęθ] *f.* **+ow** subtlety, sleight
[E(F)c: **sotel** -NETH] {S 5; F 1: M *subtelnath* (SA60v): **+ow** I}

Soth ['sɔːθ] *m.* South
[E(E): MidE < OldE *sûð* (coe)] {S 4; F 2: M *soyth* (BM.2292), *sovyth* (BK28.74) 1 syll.:}
In order to reconcile the OldE form with the MidC, one must suppose that the word was borrowed suffciently early for /u/ > /ɔ/, but sufficiently late for /ð/ > /θ/. See **dyghow**.

a'n Soth southern

sowdhan

SOUB- [E(E): MidE < OldF *soupe* (coe)]

souba ['suˑba] *v.* soak, steep, saturate
[E(F)c: SOUB=¹A] {S 5; F 0(CE38): C B *soubañ*} Written as *sûba* by Nance.

soubans ['suˑbans] *m.* saturation
[E(F)h: SOUB=ANS] {S 5; F 0(EC52):}

soubenn ['suˑbęn] *f.* **+ow** soup, broth
[E(F)c: SOUB=ENN] {S 5; F 2: O *suben* (VC.904) → L,P: D "subban": C B *soubenn*; not in W: **+ow** I (CE38)}

soubenna [suˈbęnːa] *v.* break bread, sup
[E(F)c: **soubenn** -¹A] {S 5; F 0(CE55): C B *soubennañ* 'to sup, to consume soup'}

souder ['suˑdęr] *m.* **-oryon** soldier
[E(F): MidE *souder* < OldF *souder* (co)] {S 5; F 4: M pls. *sovdoryon*, *sovdrys*: C cf. W *sowdiwr*: **-oryon** M}

souderji [suˈdęrji] *m.* **+ow** barracks
[E(F)C: **souder** 2chi] {S 5; F 0(EC52): **+ow** I}

soudrys *pl.* soldiers [E(F)e:]
{S 5; F 3: M *sovdrys* (BM.)} Eng. pl. of **souder**.

soul (Eng.) *n.* Found mainly in the Eng. phrase *by my soul*. {S 6; F 4: M *sovle, sowl*}

sound (Eng.) *m.* [E(F): MidE *sun* < OldF *son* (coe)] {S 5; F 2: M *sownde* (TH56v)}

soundness (Eng.) *n.*
{S 6; F 1: M *sowndnys* (TH45v)}

soundya *v.* sound ALT = **seni**.
[E(F)c: VN in -YA from MidE *sun* < OldF *son* (coe)] {S 5; F 2: M *sowndya* (TH53r, intrans.); p.ptcpl. *soundis* (SA61v, trans.)}

sovran ['sɔvran] **1.** *adj.* sovereign **2.** *m.* **+s** sovereign
[E(F): MidE *soverein* < OldF *soverain* (coe)] {S 5; F 3: M *soveran*; 2 syll. in verse: **+s** I (CE38)}

sovranedh [sɔvˈraˑnęð] *m.* sovereignty
[E(F)c: **sovranedh**] {S 4; F 0(GK98: G.M.S.):}

sowdhan ['sɔʊðan] *m.* confusion, stupefaction, bewilderment, straying
[D: cf. E *sudden*] {S 8; F 2: M *sowthan* (TH17v, TH31r): C B *saouzan*:}
Not to be confused with B *souezhenn*.

mos yn sowdhan go astray

sowdhanas [sɔʊ'ða·naz] *v.* be confused, stray, surprise, stupefy
[Dc: **sowdhan** -¹AS] {S 8; F 3: M *sowthanas* (PC.2417) → P; p.ptcpl. *sawthenys* (PC.0610) → P} The ending <-as> may be provoked by the double rhyme with *ahanas*. Pryce gave *sawtheny* as the VN.

sowdheni *v.* mislead   ALT = **sowdhanas**.
[Dc: **sowdhan**A -¹I]
{S 8; F 2: L *sawtheny* (PV16104)}
One of Pryce's many verbal nouns with -I.

sowdhenys [sɔʊ'ðę·nɪz] *adj.* confused, stupefied
[Dc: **sowdhan**A -⁶YS] {S 8; F 2: M *sawthenys* (PC.0610) → P} P.ptcpl. of **sowdhanas**.

soweth [sɔ'wę:θ] *interj.* alas
[cC: A word cognate with B *zo* 'is' + 2**gweth**]
{S 1; F 4: M *soweth* → P: L *sẏu̯êth* (AB042a, 106b) → P: C B *siwazh*, W *ysywaeth*}

-SOWGH *v. part* (2nd pl. pret. ending)
e.g. **prensowgh** 'you (pl.) bought' from **prena** 'to buy'. [c:]

sowl ['sɔʊl] *coll.* **+enn** thatch, stubble
Brenda Carne's suggestion is accepted that **sowl** means 'thatch'; see **arys**.
[L: BLat **stub'la* < CLat *stipula* (Fl.)] {S 8; F 2: L *zou̯l* (AB155a) → P: P *Park-soule*: C B *soul* 'thatch'; W *sofl* 'stubble': **+enn** I (CE38)}

sowla ['sɔʊla] *v.* thatch
[Lc: **sowl** -¹A] {S 8; F 0(GM09: G.M.S.)}

sowlek ['sɔʊlęk] **1.** *adj.* stubbly **2.** *f.* **-egi** stubble field
[Lc: **sowl** -¹EK]
{S 8; F 0(CE38): C B *souleg*: **-egi** I}

sowlwoedh ['sɔʊlwɤð] *f.* **+ow** stubble goose
[LC: **sowl** 2²**goedh**] {S 8; F 0(CE38): **+ow** I}

sowmens *pl.* salmon   ALT = **eghoges**.
[E(F):] {S 4; F 1: M *sowmens* (OM.0136)}

¹**sows** ['sɔʊs] *m.* **+ow** sauce
[E(F):] {S 4; F 1: L *saws* (Lh. MS.): **+ow** I}

²**Sows** ['sɔʊz] *m.* **+on** Englishman, Saxon
[L: BLat *Saxo*] {S 1; F 3: M *sovs* (BK09.15):

L *zou̯z* (AB042c), *saws* (PV.8641); pl. *Sausen* (NGNB), *zou̯zon* (AB242c): **P** pl. Tresawson: C B *Saoz*, W *Saws*: **+on** L}

sowser ['sɔʊsęr] *m.* **+yow** saucer
[E(F): ModE < MidE < OldF *saussier* (coe)]
{S 4; F 0(CE55): **+yow** I}

Sowses ['sɔʊzęs] *f.* **+ow** Englishwoman
[Lc: **Sows** -⁴ES] {S 1; F 0(CE38): **+ow** I}

sowsneger [sɔʊs'nę·gęr] *m.* **-oryon** English speaker, anglophone
[Ll: from **sowsnek** -¹ER]
{S 1; F 0(AnG 1985): **-oryon** I}

sowsnek *adj.* English

Sowsnek ['sɔʊznęk] *m.* English language
[L: L *Saxonicus*] {S 1; F 4: L *Sousenack* (NGNB), *zou̯znak* (AB023c, 042c):}

sowsnekhe [sɔʊznęk'hę:] *v.* anglicize
[Lc: **sowsnek** -HE] {S 1; F 0(AnG 1985)}

sowsnekheans [sɔʊznęk'hę·ans] *m.* anglicization
[Lch: **sowsnekhe** -ANS] {S 1; F 0(AnG 1985):}

Sowson-Kernow *adj.* Anglo-Cornish
{S 8; F 1: L *Sousen-Curnow* (NGNB8)}

sowter ['sɔʊtęr] *m.* psalter
[E(F): MidE *sauter* < AngN *sauter* (coe)]
{S 5; F 0(CE38):}

sowtri ['sɔʊtri] *m.* **+s** psaltery, zither
[E(F): MidE *sautrie* < OldF *sauterie* (coe)]
{S 5; F 1: M *savtry* (OM.1997): **+s** I (CE38)}

spadell ['spa·dęl] *f.* **+ow** spatula
[L: CLat *spatula*] {S 1; F 0(EC52): **+ow** I}

spadh ['spa:ð] *adj.* castrated, gelded, spayed
[C:] {S 1; F 0(CE38): C B *spazh*}

spadha ['spa·ða] *v.* castrate, geld, spay
[Cc: **spadh** -¹A] {S 1; F 0(GK98: K.J.G.):
C B *spazhañ*, W *ysbaddu*} Nance wrote *spadhy*.

spadhesik [spa·ðę·ʒɪk] *m.* **-igyon** eunuch, castrato
[Cc: **spadh** -ESIK] {S 1; F 0(GK98: K.J.G.):
C cf. B *spazhiad*: **-igyon** I}

spagetti

spagetti [spa'gɛtːi] *coll.* **+enn** spaghetti
[E(O): ModE < It] {**S** 5; **F** 0(FTWC): **+enn** I}
Re-spelling of Italian word, retaining the double consonant.

spal ['spaːl] *m.* **+yow** fine *(penalty)*, forfeiture, penalty
[U:] {**S** 8; **F** 0(CE38): **D** "spale": **+yow** I}

spala ['spaˑla] *v.* fine
[Uc: **spal** -¹A] {**S** 8; **F** 0(CE38)}

spalyer ['spalˑjɛr] *m.* **+s** mine labourer
[Dh: Prosthetic [s-] + **pal** -¹YER]
{**S** 2; **F** 0(CE55): **+s** I}

spar ['spaːr] *adj.* spare
[E(E): Root of MidE < OldE *sparian* (coe)]
{**S** 1; **F** 0(GM09: G.M.S.)}

sparbyl ['sparbɪl] *m.* **-blys** sparable, small headless wedge-shaped iron nail
[E: ModE *sparable* < *sparrow-bill* (coe)]
{**S** 4; **F** 0(CE38): **P** *Park Sparbles*: **-blys** I (CE38)}
Unconfirmed by Padel.

sparya ['spaˑrja] *v.* spare
[E(E)c: SPAR=YA] {**S** 4; **F** 4: **M** *sparya*: **L** *sparria* (AB113a) → P}

sparyon ['spaˑrjɔn] *pl.* spares, spare parts
[E(E)c: SPAR=YON] {**S** 4; **F** 0(Y1)}

spas ['spaːts] *m.* **+ow** space *(not astron.)*
[E(F): Aphetic form of OldF *espace* (coe)]
{**S** 5; **F** 4: **M** *spas* → L,P, *spath, space*: **+ow** N}

spavenn ['spaˑvɛn] *f.* **+ow** lull, quiet interval, intermission
[F: FN in -ENN from OldF *espandre* (Gr.)]
{**S** 8; **F** 1: **O** *spauen* (VC.015): **+ow** I}

spavennhe [ˌspavɛnˈhɛː] *v.* lull
[Fcc: **spavenn** -HE] {**S** 8; **F** 0(CE38)}

spavnell ['spavnɛl] *f.* **+ow** lull
[Fc: Dim. in -ELL of **spavenn**] {**S** 8; **F** 0(CE38):
D "spanell" 'the calm side of a rock around which a tidal stream is running': **+ow** I}
The connection (if any) between this and B *spanell* 'spatula for pancakes' is obscure.

Spayn ['spaɪn] *place* Spain
[E:] {**S** 5; **F** 2: **M** *spayn* (RD.2147), *spain* (BK31.64, 32.04): **C** B *Spagn*, W *Sbaen*}

spaynek *adj.* Spanish

Spaynek ['spaɪnɛk] *m.* Spanish language
[Ec: **Spayn** -¹EK] {**S** 5; **F** 0(CE38):}

Spayner ['spaɪnɛr] *m.* **-oryon** Spaniard *(male)*
[E(F)l: MidE *Spaynard* < OldF *Espaignart* (coe), interpreted as **Spayn** -¹ER]
{**S** 4; **F** 0(CE93: K.J.G.): **-oryon** I}
Nance suggested *Spanyer*, from dial. Eng., but this is a late metathesized form.

spayngi ['spaɪŋgi] *m.* **-geun** spaniel
[E(F)c: **Spayn** 2gi] {**S** 5; **F** 0(GM09: P.H.):
-geun I} Nance suggested *spanyal*, after Lhuyd's *spanial*, but this is a late metathesized form of the MidE.

Spaynores [spaɪˈnɔˑrɛs] *f.* **+ow** Spaniard *(female)* [E(F)lc: **Spayn** -ORES]
{**S** 4; **F** 0(GM09: P.H.): **+ow** I}

special (Eng.) *adj.*
{**S** 6; **F** 1: **M** *speciall* (TH13v)}

speda f. success, prosperity ALT = **sewen**.
[E(E): MidE < OldE *spêd*, with unexplained <-a>] {**S** 5; **F** 3: **M** *spede, speda*:}

spedhas ['spɛˑðaz] *coll.* **+enn** briars, brambles
[C: IE *sqhwiya-t-* (M)]
{**S** 1; **F** 3: **M** *spethes* → P, *spethas*: **P** Wheal Sperris: **C** B *spezat*; W *ysbyddad*: **+enn** I}

spedhasek [spɛˑðaˑzɛk] *f.* **-egi** briar-brake, bramble patch
[Cc: **spedhas** -¹EK] {**S** 1; **F** 0(CE55): **-egi** I}

spedya ['spɛdja] *v.* succeed, progress
[E(E)c: VN in -YA from MidE < OldE *spêd* (coe)] {**S** 5; **F** 4: **M** *spedye*}

spekkyar ['spɛkːjar] *f.* **-yer** speckled hen
[E(E)C: E *speck* (< MidE < OldE *specca* + **yar**]
{**S** 8; **F** 2: **L** *spekkiar* (AB033c) → P: **-yer** I}

SPEN- [E: MidE *spene* (CE38)]

spena ['spę·na] *v.* spend, expend, use up
[Ec: SPEN- -¹A] {S 4; F 3: M *speyna*} N.B. p.ptcpl. *spendys* in TH09v and *spendyys* in TH41r.

spenans ['spę·nans] *m.* **+ow** expenditure, spending
[Eh: SPEN- -ANS] {S 4; F 0(GM09: K.J.G.): **+ow** I}

spens ['spęns] *m.* **+ow** larder, pantry
[E(F): MidE aphetic form < OldF *despense* (coe)] {S 4; F 2: L *spens* (AB034a, 047b) → P: D "spence" 'cupboard under stairs': C W *sbens*: **+ow** I (Y1)}

spenser ['spęnsęr] *m.* **-oryon** butler
[E(F)c:] {S 4; F 2: M *spencer* (PC.0802, BM.0268): **-oryon** I (K.J.G.)}

spera m. sperys spear ALT = **guw**.
[E(E): MidE < OldE *spere* (coe)] {S 4; F 2: M *spera* (TH15v, CW.1995): **sperys** I (CE38)}

spern ['spęrn] *coll.* **+enn** thorns
[C: Brit **spern-* (Gr.)] {S 1; F 4: M *spern*: L *spearn* (G3WK); sg. *spernan* (AB.) → P: P Trespearn; sg. Sparnon: C B *spern*: **+enn** L}

spern du blackthorn

spern melyn buckthorn

spern gwynn hawthorn

spernek ['spęrnęk] **1.** *adj.* thorny, prickly **2.** *f.* **-egi** thornbrake
[Cc: **spern** -¹EK] {S 1; F 1: O *spernic* (VC.696): P Sparnick: C B *sperneg*: **-egi** I}

speshly adv. especially ALT = **yn arbennik**.
[E: MidE (coe)] {S 5; F 3: M *specially* (TH.), *spesly* (BM.3695) 2 syll.}

speshyal **1.** *adj.* special **2.** *m.* intimate friend **arbennik** may serve for the adj.
[E(F): MidE < OldF *especial* (coe)] {S 5; F 4: M *specyall* → P, *speciall*:}

spik f. **+ys** spike. ALT = **kolgh**.
[E(U): MidE *spyk* (coe)] {S 5; F 3: M *spik* (PC.2670); pl. *spykis, spygys*: **+ys** M} Plurals of loan-words in [-k] are of interest, since if assimilated to the Cor. sound system, they would have [-g-]. Here there are 2 exx. of <-k-> and 1 of <-g->.

spiknard ['spiknard] *m.* spikenard
[E(D): MidE < MedL *spîca nardî* or OldF *spicanard* or MidLowG *spîkenard* (coe)] {S 5; F 0(CE38):}

spilgarn ['spilgarn] *m.* **-es** shag *(bird)*
[C: poss. from a word meaning 'dangling', cognate with B *a-ispilh*, + **garr** -enn (CE38)] {S 8; F 0(CE38): D "spilgarn": **-es** I}

spinenn f. **+ow** thorn ALT = **spernenn**.
This is an emendation of OldC *scinen*; Nance treated *scinen* as a word meaning 'earring' (see **skinenn**).
[Lc: sg. in -ENN from CLat *spîna*] {S 8; F 1: O *scinen* (VC.333): C W *ysbin* 'thorn'; cf. B *spinañ* 'to pierce': **+ow** I}

spinach ['spi·natʃ] *m.* spinach
[E(O): ModE < Dutch (co)] {S 5; F 0(EC52):}

spiritual (Eng.) *adj.*
{S 6; F 2: M *spirituall* (TH51r, 56r; SA63v)}

spiritually (Eng.) *adv.*
{S 6; F 1: M *spiritually* (TH42r)}

spis ['spi:s] *m.* **+ys, +yow** spice
[E(F): MidE *spyce* < OldF *espice* (CE38)] {S 4; F 1: M *spycys* (MC.234): **+ys** M; **+yow** N (G.M.S.)}

spisek ['spi·sęk] *adj.* spicy
[E(F)c: **spis** -¹EK] {S 4; F 0(EC52)}

spiser ['spi·sęr] *m.* **-oryon, +s** grocer *(male)*, spicer
[E(F)c: **spis** -¹ER] {S 4; F 0(CE38): **-oryon** N (G.M.S.); **+s** I}

spisores [spi'sɔ·ręs] *f.* **+ow** grocer *(female)*, spicer
[E(F)c: **spis** -ORES] {S 4; F 0(GM09: YhaG): **+ow** I}

spisti ['spi·sti] *m.* **+ow** grocer's shop
[E(F)c: **spis** ti] {S 4; F 0(CE93): **+ow** I}

spit ['spi:t] *m.* spite, malice, rancour
[E(F): MidE, aphetic form of OldF *despite* (coe)] {S 5; F 4: M *spyt*:}

spit dhe in spite of

spiteful (Eng.) *adj.*
{S 6; F 2: M *spyttefull* (TH55v), *spitfull* (SA61r)}

spitefully (Eng.) *adv.*
{S 6; F 1: M *spytfully* (TH55v)}

spitus ['spiˑtys] *adj.* spiteful, malicious, vicious, virulent
[E(F)l: MidE *spytus* (CE38), seen as **spit** -US]
{S 5; F 1: M *spytis* (MC.112)}

spitya ['spiˑtja] *v.* spite
[E(F)c: **spit** -YA]
{S 5; F 3: L *speitia* (AB052b, 173a) → P}

splann ['splan:] *adj.* shining, bright, splendid, superb
[U:] {S 1; F 5: M *splan* → P: L *spladn* → P: C B *splann*}

splanna ['splan:a] *v.* shine
[Cc: **splann** -¹A]
{S 1; F 2: L *splanna* (AB062a) → P}

splannder ['splandẹr] *m.* **+yow** brightness, brilliance
[Uc: **splann** -DER] {S 1; F 3: M *splandar* (CW.0287): L *splander*: C B *splannder*: **+yow** I}

splannhe [splan'hẹ:] *v.* make bright, illuminate *(with light),* burnish
[Uc: **splann** -HE] {S 1; F 0(CE38): C B *splannaat*}

splatt ['splat] *m.* **+ow** plot *(of ground)*
[E: MidE *splott*] {S 5; F 0(CE38): P Splattenridden = **splatt an reden**: **+ow** I} Splatt dhe wertha is the only Cor. lang. film so far to win an award at the Celtic Film Fest.

splennyjyon [splę'nɪˑdʒjɔn] *m.* brightness, luminosity
[Uc: **splann**A -YJYON] {S 1; F 0(CE38): C B *splannijenn*:} Nance wrote *splanyjyon*.

spong ['spɔŋ] *m.* **+ow** sponge
[L: CLat *spongus* (hpb)] {S 1; F 1: M *spong* (MC.202): C B *spoue*; W *ysbwng*: **+ow** I} The editors of Y1 wanted to re-write this word as *sponj*, but this appears to be incorrect.

spongya ['spɔŋgja] *v.* sponge
[Lc: **spong** -YA] {S 1; F 0(Y1)}

sport ['spɔrt] *m.* **+ow, +ys** sport, game *(competition)* [E(F): MidE, aphetic form of OldF *desport* (coe)]
{S 5; F 2: M *sport* (BM.1056, 1871): C B *sport*, W *sbort*: **+ow** N (FTWC); **+ys** I (CE38)}

sportva ['spɔrtva] *f.* **+ow** stadium
[E(F)c: **sport** -VA]

{S 5; F 0(Y1): C B *sportva*: **+ow** I}

sportya ['spɔrtja] *v.* sport, go hunting
[E(F)c: **sport** -YA] {S 5; F 3: M *sportya*}

sportyades [spɔrt'jaˑdẹs] *f.* **+ow** sportswoman *(professional)*
[E(F)cc: **sport** -YADES]
{S 5; F 0(GM09: K.J.G.): **+ow** I}

sportyas ['spɔrtjaz] *m.* **-ysi** sportsman *(professional)* [E(F)c: **sport** -³YAS]
{S 5; F 0(GM09: K.J.G.): **-ysi** I}

spot (Eng.) *n.* {S 6; F 1: M *spot* (TH30v)}

spouse (Eng.) *n.* {S 6; F 3: M *spowse*}

sprall ['spral:] *m.* **+ow** fetter, shackle, impediment, inhibition
[U:] {S 8; F 0(CE38): **+ow** I}

spralla ['spral:a] *v.* fetter, inhibit
[Uc: **sprall** -¹A] {S 8; F 0(CE38): D "spral"}

sprallyer ['spral:jẹr] *m.* hobble
[Uh: **sprall** -¹YER] {S 8; F 0(CE38):}

spredya v. spread ALT = **lesa**.
[E(E)c: VN in -YA from MidE < OldE (coe)]
{S 1; F 1: M p.ptcpl. *spredys* (TH51r)}

sprus ['spry:z] *coll.* **+enn** kernels, pips
[C:]
{S 8; F 4: M *spus* (OM.) → P, *spruse* (CW.) → P; sg. *sprusan* (CW.) → P: C cf. B *splus*: **+enn** M}

sprusenn ['spryzẹn] *coll.* **+ow,** *coll.* **sprus** kernel, pip, nucleus, core
[Cc: **sprus** -ENN]
{S 8; F 3: M *sprusan* (CW.) → P}

sprusennek [spry'zẹn:ẹk] *adj.* pippy
[Cc: **sprusenn** -¹EK] {S 8; F 0(GM09: G.M.S.)}

spruswydh ['spryswɪð] *coll.* **+enn** spruce-trees
[ECc: E *spruce* + 2**gwydh**]
{S 1; F 0(EC00): **+enn** I}

spryngya v. spring ALT = **lemmel**.
[E(E)c: VN in -YA from MidE < OldE *springan* (coe)] {S 4; F 3: M *spryngya*}

spynnya v. spin *(a coin)* Used of a coin; for spinning a thread, ALT = **nedha**.
[E(E)c: VN in -YA from MidE < OldE *spinnan* (coe)]
{S 4; F 1: M 3rd sg. pres. ind. *spyn* (BK30.08)}

spyrys ['spɪ·rɪz] *m.* **+yon**, **+yow** spirit, fairy, mettle
[L: BLat **spirit-* < CLat *spîritus* (Gr.)]
{S 1; F 6: **O** *spirit* (VC.434): **M** *spyrys* → P, *spuris;* pl. *spurugian* (TH35v): **L** *speriz;* pl. *Sprydzhio* (LV133.01): **D** "spriggan" 'elf', with [dʒ], is taken to be the pl. **spyrysyon.**: **C B** *spered;* W *ysbryd*: **+yon** MD; **+yow** L}

An Spyrys Sans The Holy Spirit

spyrysel [spɪ'rɪ·zęl] *adj.* spiritual
[Lc: **spyrys** -²EL] {S 1; F 0(GM09: YhaG)}

spyrysoleth [spɪrɪ'zɔ·lęθ] *f.* spirituality
[Lcc: **spyrys** -OLETH] {S 1; F 0(GM09: YhaG):}

spys ['spɪːz] *m.* **+ow** period *(of time)*, interval
[L: CLat *spatium* (lp)] {S 3; F 4: **M** *spys* → P, *speys* → P: **C** cf. W *ysbaid:* **+ow** I} The W might lead one to expect **spes,* but *spys* is far commoner. This is not the same word as **spas.**

a verr spys shortly, soon, in a short while

spyti m. hospice, hospital
[U:] {S 8; F 0(CE38)} Nance thought that this word might occur in the pl.n. Nanspeyty; this is unconfirmed by Padel

¹**stag** ['staːg] **1.** *adj.* fixed, fastened, attached **2.** *adv.* on the very spot **3.** *m.* **+ow** tether, nightmare *(in which one is fixed)*
[C:] {S 1; F 1: **M** *stak* (BM.1368): **C B** *stag:* **+ow** I (CE38)}

²**stag** ['staːg] *m.* **+ow** mud, mire
[C: Poss. same as ¹**stag**, i.e. 'stuck in mud'.] {S 8; F 0(CPNE): **D** "stagged" 'stuck in mud'.: **P** Pollstack: **+ow** I}

staga ['sta·ga] *v.* tether, fix *(attach)*, attach
[Cc: **stag** -¹A] {S 1; F 0(CE38): **C B** *stagañ*}

stagell ['sta·gęl] *f.* **+ow** attachment *(physical, including e-mail),* tie *(link),* bond *(link),* appendage
[Cc: **stag** -²ELL]
{S 1; F 0(CE38): **C B** *stagell:* **+ow** I}

stagen ['sta·gęn] *m.* **+yow** pond
[L: CLat *stagnum* (Gr.)] {S 1; F 2: **O** *sagen* (VC.730) → L: **+yow** I} Emended by Lhuyd from OldC *sagen;* see also **lagenn.**

stagsav ['staksav] *m.* **+ow** stand-off, deadlock, impasse
[CC: ¹**stag sav**] {S 1; F 0(GK98: A.S.): **+ow** I}

stakena [sta'kę·na] *v.* stake, drive a stake
[E(E)c: VN in -A from MidE < OldE *staca* (coe)]
{S 8; F 1: **M** p.ptcpl. *stakenys* (BK32.43)}

stall ['stalː] *m.* **+ow** stall
[E(E): MidE < OldE *steall* (coe)] {S 4; F 4: **M** *stall* (TH.): **C** cf. B *stal* 'shop': **+ow** I} There is no support for the <-a> in Nance's *stalla;* he corrected the word to *stall* in his MS. notes, but the correction was not made in *CE55.*

stall tenna shooting gallery

stall-marghas [ˌstalː'marxaz] *m.* **stallow-m.** market-stall
[E(E)L: **stall marghas**]
{S 4; F 0(AnG 1984): **stallow-m.** I}

stamp ['stamp] *m.* **+ys**, **+ow** postage-stamp, tin-stamp
[E(F): MidE < OldF *estampe* (coe)] {S 5; F 1: **L** pl. *stampes* (CDWP): **+ys** L; **+ow** N (G.M.S.)}

stampya ['stampja] *v.* stamp
[E(E): VN in -YA from ModE < MidE < OldE **stampian* (coe)] {S 5; F 0(CE38)}

stanch ['stantʃ] *adj.* staunch, watertight, waterproof
Line OM.0954, referring to the planks in Noah's Ark, reads *gans pek bethens stanchvrys.* Nance translated this as 'let them be staunchly paid over with pitch'. In his typescript, he treated *stanchvrys* as two words, but in *CE38,* he gave a compound verb *stanch-ura* 'to pay a ship's hull with pitch'. Here *stanchvrys* is treated as two words, **stanch** 'waterproof' and **urys** 'greased'. The same line was used at CW.2290, but the copyist did not understand *vrys,*} and substituted *gwryes* 'made'.
[E(F): MidE < OldF *estanche* (coe)] {S 5; F 2: **M** *stanch* (OM.0954), *stanche* (CW.2290)}

stanchynn ['stantʃɪn] *m.* **+ow** gasket
[E(F)c: **stanch** -YNN] {S 5; F 0(Y1): **+ow** I}

stank ['stank] *m.* **+yow** heavy tread, stamp *(of foot)*
[H: Conflation of E *stamp* and Cor. cognate of B *sankañ*, W *sangu* (CE38)]
{S 8; F 0(CE38): **+yow** I}

stankya ['stankja] *v.* stamp *(with foot)*, tread
[Hc: **stank** -YA] {S 8; F 0(CE38): D "stank"}

stap m. **+ys** step ALT = **kamm** or **pas**.
[E(E): MidE < OldE *stearc* (coe)]
{S 8; F 1: M *stap* (BM.3286): **+ys** I}

stark ['stark] *adv.* fixedly
[E(E): MidE < OldE *stearc* (coe)]
{S 4; F 1: L *start* (CW.1625): C cf. B *start*}
Textual *start* was emended to *stark* by Nance in order to "rhyme" with *merck*.

starkhe [stark'hẹː] *v.* fixate
[E(E)c: **stark** -HE] {S 4; F 0(EC00)}

starkheans [stark'hẹˑans] *m.* **+ow** fixation
[E(E)cc: **starkhe** -ANS] {S 4; F 0(EC00): **+ow** I}

starn ['starn] *f.* **+yow** framework, chassis, harness, mounting
[C:] {S 1; F 0(CE38): C B *starn*: **+yow** I}

stat ['staːt] *m.* **+ow, +ys** state *(political)*, status, estate
[E(H): MidE < CLat *status* and aphetic form of OldF *estate*]
{S 5; F 5: M *stat, state*; pl. *statys* (BK37.59): C B *stad*, W *stad*: **+ow** N (G.M.S.); **+ys** M}

stately (Eng.) *adv.* [E: MidE (coe)]
{S 5; F 1: M *stately* (CW.0607)}

statya ['staˑtja] *v.* convey an estate
[E(H)c: **stat** -YA] {S 5; F 1: M *statya* (BM.0413)}

steadfastness (Eng.) *n.*
{S 6; F 1: M *stedfastnes* (TH18r)}

steda m. stedys steed, horse
ALT = **margh**.
[E(E): MidE < OldE *stêda* (coe)]
{S 5; F 1: M *stede* (OM.1964): **stedys** I (CE38)}

stedfast ['stędfast] *adj.* steadfast
[E(E): MidE < OldE *stedefaest* (coe)]
{S 5; F 2: M *stedfast* (PC.0949, 3225; TH34r)}

Stefan ['stęˑfan] *name* Stephen
[Greek *Stephanos*] {S 1; F 1: L *Stephan* (LV099.51): P Launceston}

stella adv. still
[E(E): MidE < OldE *stille* (coe)]
{S 4; F 3: L *stella*}

sten ['stęːn] *m.* tin *(metal)*
[L: CLat *stagnum* (deb)] {S 1; F 4: L *stean* → P, *stên* (AB.): C B *staen*, W *ystaen*:}

sten du unsmelted tin

sten gwynn smelted tin

stenek ['stęˑnęk] 1. *adj.* stannary 2. *f.* **-egi** tin ground, stannary
[Lc: **sten** -¹EK]
{S 1; F 0(CE38): P Stennack: **-egi** I}

stenor ['stęˑnɔr] *m.* **+yon** tinner, **+es**, wagtail, dipper *(bird)*
[Lc: **sten** -OR]
{S 1; F 3: L *stenor* (AB094c, 240c); pl. *stynnorian* (L1JB), *stennerion* (PV16538): **+yon** L; **+es** I}

stenus ['stęˑnys] *adj.* tin-bearing, stannous
[Ll: **sten** -US] {S 1; F 1: L *stênes* (CDWP)}

ster ['stęːr] *coll.* **+enn** stars
[C: IE (lp)] {S 1; F 3: M *steyr* (MC.211), *steare* (CW.): L *steare* (M2WK); dbl. pl. *Sterez* (G1XXG16): **+enn** OL}

sterenn ['stęˑręn] *f.* **+ow, coll. ster** star
[Cc: **ster** -ENN] {S 1; F 4: O *steren* (VC.005): L *steran* (M2WK), *sterran* (AB); pl. *sterradnou* (G1JB): P *Wheal Sterren*}

sterenn lostek comet

sterennek [stę'ręnːęk] 1. *adj.* starry 2. *f.* **-egi** asterism
[Ccc: **sterenn** -¹EK] {S 1; F 0(CE38): **-egi** I}

sterenni [stę'ręnːi] *v.* sparkle, twinkle, star *(in film)*
[Ccc: **sterenn** -¹I] {S 1; F 0(CE38)}

sterennik [stę'ręnːɪk] *f.* **-igow** asterisk, little star
[Ccc: **sterenn** -IK] {S 1; F 0(CE38): **-igow** I}

sterenn-leski

sterenn-leski *f.* **sterennow-leski** comet
ALT = **sterenn lostek**. [CcCc: **sterenn leski**]
{S 1; F 1: L *Sterre Lesky* (LV133.12): **sterennow-leski** I}

sterenn-wandra *f.* **sterennow-gwandra** planet ALT = **planet**.
[CcCc: **sterenn 2gwandra**] {S 1; F 1: L *Sterre gwandra* (LV133.13): **sterennow-gwandra** I}

sterfisegieth [stęrˌfizęˈgiˑęθ] *m.* astrophysics
[CLc: **ster fisegieth**] {S 1; F 0(GM09: G.M.S.):}

sterfisegiethel [stęrfizęgiˈęˑθęl] *adj.* astrophysical
[CLcc: **sterfisegieth** -¹EL]
{S 1; F 0(GM09: G.M.S.)}

sterfisegydh [ˌstęˈrfiˈzęˑgɪð] *m.* **+yon** astrophysicist
[CLc: **ster fisegydh**] {S 1; F 0(EC00): **+yon** I}

stergann [ˈstęrgan] *m.* starlight
[CC: **ster 2kann**]
{S 1; F 2: M *stergan* (OM.0036) → L,P:}

stergylgh [ˈstęrgɪlx] *m.* zodiac
[CL: **ster 2kylgh**] {S 2; F 0(EC00):}

sterji [ˈstęrdʒi] *m.* **+ow** planetarium
[CC: **ster 2chi**] {S 3; F 0(GM09: K.J.G.): **+ow** I}

sterlyn [ˈstęrlɪn] **1.** *adj.* sterling
2. *m.* sterling
[E(F): MidE < OldF *esterlin* (coe)]
{S 4; F 1: M *sterlyn* (PC.1554):}

steronieth [ˌstęrɔˈniˑęθ] *f.* astronomy
[Cc: **ster** -ONIETH] {S 1; F 0(GK98: K.J.G.):}

steroniethel [stęrˌɔniˈęˑθęk] *adj.* astronomical
[Ccc: **steronieth** ²EL] {S 1; F 0(GM09: YhaG)}

steronydh [stęˈrɔˑnɪð] *m.* **+yon** astronomer
[Cc: **ster** -ONYDH]
{S 1; F 0(GK98: G.M.S.): **+yon** N (G.M.S.)}

stervarner [stęrˈvarnęr] *m.* **-oryon** astronaut
[CE(F): **ster 2marner**]
{S 4; F 0(FTWC): **-oryon** N (FTWC)}

stevell-omwolghi

stervonni [stęrˈvɔnːi] *m.* **+ow** star cluster
[CU: **ster 2bonni**]
{S 8; F 0(GM09: K.J.G.): **+ow** I}

stervya [ˈstęrvja] *v.* die of cold; corpse
(theatre) The English word 'corpse' is here used as a verb.
[E(E): MidE *sterve* < OldE *steorfan* (cf. G *sterben* 'to die')] {S 4; F 2: M p.ptcpl. *storuys* (MC.1774) -> *steuys* (PV16604)}
Nance's suggested emendation (following Pryce?) to include vowel aff. is accepted.

steus [ˈstœːz] *f.* **+ow** course *(of study)*, series
[C:] {S 1; F 0(CE38): C B *steud-* 'series', MidW *ystawd* 'arrangement': **+ow** I}

steuv [ˈstœːv] *f.* **+ow** warp
[L: CLat *stâmen* (gpc)]
{S 1; F 0(CE38): C B *steuñv*, W *ystof*: **+ow** C}

steuvi [ˈstœˑvi] *v.* warp
[C: **steuv** -¹I] {S 1; F 0(CE38): C B *steuñviñ*}

stevell [ˈstęˑvęl] *f.* **+ow** room
[L: CLat **stabellum*] {S 3; F 3: O *stevel* (VC.933) → L,P: P ?Steval: C W *ystafell*: **+ow** I (K.J.G.)}
With i-aff. or vowel harmony; replaced in MidC by *roum*. Nance's pl. *stevelyow* is ill-formed.

stevell wyrdh green room (theatre)

stevell-dhybri [ˌstęˑvęlˈðɪbri] *f.*
stevellow-dybri dining-room
[LCc: **stevell 2dybri**]
{S 3; F 0(GK98): **stevellow-dybri** I}

stevell-oberyans [ˌstęˑvęlɔˈbęˑrjans] *f.*
stevellow-o. operating theatre, operating room (U.S.)
[LLh: **stevell oberyans**] {S 1; F 0(AnG 1996): **stevellow-o.** I}

stevell-omwolghi [ˌstęˑvęlømˈwɔlxi] *f.*
stevellow-omwolghi bathroom
[LcCc: **stevell omwolghi**] {S 1; F 0(FTWC): **stevellow-omwolghi** }

stevnik ['stɛvnɪk] *f.* **-igow** palate
[Cc: Dim. in -IK of a word < IE *sto-men-* (Haywood)] {S 1; F 2: O *stefenic* (VC.048) → L,P: C W *sefnic*: **-igow** I}
OldC *stefenic* had a svarabhakti vowel. The root is the same word as **sawn**, but with a different treatment, retaining the [t].

stevnikhe [ˌstɛvnɪk'hɛː] *v.* palatalize
[Ccc: **stevnik** -HE] {S 1; F 0(EC00)}

stevnikheans [ˌstɛvnɪk'hɛˑans] *m.* palatalization
[Ccc: **stevnikhe** -ANS] {S 1; F 0(EC00):}

stevya ['stɛˑvja] *v.* hasten
[Ec: VN in -YA from MidE (CE38)] {S 4; F 2: M *stevya* (MC.239) → P: D "stave"}

stif ['stiːf] *f.* **+ow** jet, squirt, spurt
[C:] {S 3; F 0(CE38): C B *stiv*, pl. *stivoù*: **+ow** C}

stifa ['stiˑfa] *v.* squirt, spurt
[Cc: **stif** -¹A] {S 3; F 0(EC52): C B *stivañ*}

stifek ['stiˑfɛk] *m.* **-oges** squid
[Cc: **stif** -¹EK] {S 3; F 3: L *stifak* (AB148c) → P: C cf. B *stivell* 'source': **-oges** I}
For [f] instead of [v], cf. **skrifa**.

stifludh ['stiflyð] *m.* jet-lag
[CC: **stif ludh**] {S 3; F 0(GM09: YhaG):}

stiwenn ['stiwɛn] *f.* **+ow** slap
[Uc: Taken to be a noun in -ENN] {S 8; F 0(GM09: YhaG): L *stiran* (Lh.): D "stuan" (CE38): **+ow** }

stiwenna [sti'wɛnːa] *v.* slap
[Ucc: **stiwenn** -¹A] {S 8; F 0(CE38)} Nance wrote *stewanny*.

stiwennik [sti'wɛnːɪk] *m.* **-igow** pat
[Ucc: **stiwenn** -IK] {S 8; F 0(GM09: G.M.S.): **-igow** I}

stlav ['stlaːv] **1.** *adj.* lisping
2. *m.* **stlevyon** lisper
[C: a compound of Brit **lab-* or Brit *s-laf (Gr.)] {S 8; F 2: O *stlaf* → L,P: **stlevyon** I}

stlavedh ['stlaˑvɛð] *adj.* lisping
[Cc: **stlav** -¹EDH] {S 1; F 0(CE38): C cf. B *stlabez* 'filth'}

stlevi ['stlɛˑvi] *v.* lisp
[Cc: **stlavA** -¹I] {S 1; F 0(CE38)}

stlevyon ['stlɛˑvjɔn] *pl.* lispers
[CC: **stlavA** -YON] {S 1; F 0(CE55)}

Stoel ['stoːl] *m.* Epiphany
[U:] {S 1; F 3: L *stûl* (AB057a) → P: C W *Ystwyll*:}

stoff ['stɔfː] *m.* **+ys** goods, stuff, substance
[E(F): MidE *stoff* < OldF *estoffe* (coe)] {S 4; F 3: M *stoff* (BM.): L *stuff* (CDWP): C W *stwff*: **+ys** I}

stoffki ['stɔfki] *m.* **-keun** drug-addict, junkie
[E(F)C: **stoff ki**] {S 4; F 0(GK98: T.S.): **-keun** I}

stoffya ['stɔfːja] *v.* stuff
[E(F)c: **stoff** -YA] {S 4; F 0(CE38): C W *stwffio*}

stoffyans ['stɔfːjans] *m.* **+ow** stuffing
[E(F)c: **stoff** -YA] {S 4; F 0(GM09: G.M.S.): **+ow** I}

stokk ['stɔk] *m.* **+ys**, **+ow** stump, stock
[E(E): OldE *stoc* (CE38)] {S 5; F 3: O *stoc* (VC.708) → L,P: M pl. *stockys* (BM.3554): P *Street an Stock*; pl. Sticker: **+ys** M; **+ow** N (G.M.S.)}
y'n stokkys in the stocks

stokkynn ['stɔkːɪn] *f.* **+ow** stub
[E(E)c: **stokk** -YNN] {S 5; F 0(GK98: A.S.): **+ow** I}

stol ['stɔːl] *f.* **+yow** stole
[L: CLat *stola* (Gr.)] {S 1; F 1: O *stol* (VC.702) → L,P: C B *stol*; W *ystol*: **+yow** I}

stol-leuv [stɔl'lœːv] *f.* **stolyow-leuv** priest's maniple
[LC: **stol leuv**] {S 1; F 2: O *stollof* (VC.793) → P: **stolyow-leuv** I}

stoppya ['stɔpːja] *v.* stop *(trans.)*, block
[E(E)c: VN in -YA from MidE < OldE *stoppian* (coe)] {S 5; F 3: M *stopya* (BM.1423), *stoppya* (TH19r): L *stoppia* (KKTT): C W *stopio*}

stoppyer ['stɔpːjɛr] *m.* **+s** stopper, plug
[E(E)h: MN in -YER from MidE < OldE *stoppian* (coe)] {S 5; F 0(EC52): **+s** I}

stordi adj. sturdy
[E(F): MidE *stourdie* < OldF *estourdi* (CE38)] {S 5; F 1: M *stordy* (PC.2271)}

stork

stork *m.* **+ys** stork ALT = **hwibon**.
[E(E): OldE *storc* (coe)]
{**S** 4; **F** 2: **O** *storc* (VC.502) → **P**: **+ys** I}

story (Eng.) *n.* {**S** 6; **F** 1: **M** *story* (TH47r)}

stos ['stɔːz] *m.* **+ow** gnat, gadfly
[E(E):] {**S** 4; **F** 2: **O** *stut* (VC.538) → L,P: **+ow** I}
Up-dated from OldC *stut*

stoul ['stuːl] *m.* **+yow** timber frame in mine
[G: G *Stuhl*] {**S** 4; **F** 0(CE38): **+yow** N}
A term brought to Cornwall by German miners during the LateC phase; there is no evidence that it was used in spoken Cor.

stout ['stuːt] *adj.* proud
[E(F): MidE *stout* 'proud' < AngN *stout* (coe)]
{**S** 5; **F** 5: **M** *stout, stowt*}

stoutya ['stuˑtja] *v.* become proud
[E(F)c: **stout** -YA]
{**S** 5; **F** 1: **M** *stowtya* (BK21.47)}

straght ['straxt] *adj.* strict
[E(E): MidE *straȝt*] {**S** 5; **F** 3: **M** *stryght* (TH44v), *strayte* (CW.0656): **L** *straft* (M4WK, PLOP)} The spelling here reflects the MidE form, which developed into *straft*, as recorded in LateC. cf. *strayt* in *CW*. Note also *stryght(t)* in *TH.44a*.

straitly (Eng.) *adv.*
{**S** 6; **F** 1: **M** *straitly* (CW.0632)}

strangeness (Eng.) *n.*
{**S** 6; **F** 1: **M** *strangnes* (CW.1800)}

stranger (Eng.) {**S** 6; **F** 2: **M** *stranger* (BK08.21, TH56v); pl. *strangers* (TH33r)}

stranj *adj.* strange ALT = **koynt**.
[E(F): MidE < aphetic form of OldF *estrange*]
{**S** 5; **F** 3: **M** *strang*} The form without aphesis is also found in MidC.

stras ['straːz] *m.* **+ow** low ground, flat valley
[C: Brit < CC (Fl.) < IE (lp)] {**S** 1; **F** 2: **M** *strays* (BK28.58): **L** pl. *strasa, strassow* (PV16624): **D** "straits" (of a boat) identified with this word by Nance: **P** Penstraze: **C** B *strad* 'bottom'; W *ystrad*: **+ow** LP} Cognate with Scots Gaelic *srath*, which appears Anglicized as *strath*.

strastir ['strastɪr] *m.* **+yow** polder

stretynn

[CC: from **stras tir**] {**S** 1; **F** 0(EC00): **+yow** I}

stray (Eng.) *adj.* {**S** 6; **F** 3: **M** *stray* (TH.)}

strech ['strɛtʃ] *m.* **+ys** delay
[E(E): Back-formation from **strechya**]
{**S** 5; **F** 2: **M** *strech* (RD.0117) → P: **+ys** I}

strechya ['strɛˑtʃja] *v.* spin out time
[E(E)c: VN in -YA from MidE < OldE *streccan* (coe)] {**S** 5; **F** 4: **M** *strechya* → P, *streche* → P: **L** *stretha* (GCJK)}

stredh ['strɛːð] *f.* **+ow** stream, brook
[U:] {**S** 8; **F** 2: **O** *stret* (VC.743) → P: **M** *streth* (MC.219), *streyth* (OM.0772) → P:
P The Straythe: **C** Not in B nor in W: **+ow** I}
A link with Scots Gaelic *srath* 'wide valley' (cf. C **stras**) seems more likely than one with B *strouezh* 'brushwood'.

strekys ['strɛˑkɪs] *f.* **strokosow** stroke, blow
Edwards has pointed out that the forms *strekis* in *MC.227* and *strokyas* at *OM.2716* are fem. sg., and the trisyllabic forms are pl.
[E(E)u: MidE *strôk* < OldE **strâc* (coe) + an ending which caused vowel aff.]
{**S** 5; **F** 3: **M** *strekis* (MC.227), *strokyas* (OM.2716); pl. *strokosow* → P: **strokosow** M}

strel ['strɛːl] *m.* **+yow** mat, rug
[L: BLat **strag'lum* < CLat *strâgulum* (Gr.)]
{**S** 1; **F** 2: **O** *strel* (VC.841) → P: **P** Trestrayle: **F** Trestrail: **C** OldB *straul*: **+yow** I}

strel gweli bedside mat

strel moes table mat, place mat

strelik ['strɛˑlɪk] *m.* **-igow** beer or table mat
[Lc: **strel** -IK] {**S** 1; **F** 0(GK98: P.H.): **-igow** I}

strem *m.* **+ys** stream ALT = **gover** or **stredh**.
[E(E). MidE *streem* < OldE *stroam* (CE38)]
{**S** 5; **F** 1: **M** pl. *stremys* (OM.1083): **+ys** M}

stret ['strɛːt] *m.* **+ow, +ys** street
[E(E): MidE < OldE *straet* (CE38)]
{**S** 5; **F** 0(CE38): **P** Stret an Pol: **C** cf. B *straed*, W *stryd*: **+ow** N (FTWC): **+ys** I (CE38)}

stretynn ['strɛˑtɪn] *m.* **+ow** alley, little street, lane *(in town)*
[E(E)c: **stret** -YNN]
{**S** 5; **F** 0(CE38): **P** Street an Garrow: **+ow** I}

stretwikor

Invoked by Nance as a grammatical explanation of *Street an Garow* in St Ives (= **stretynn garow**) cf. **ponsynn**.

stretwikor [strɛt'wiˑkɔr] *m.* **+yon** costermonger *(male)*, street-trader
[E(E)LC: **stret** 2**gwikor**]
{**S** 5; **F** 0(GM09: K.J.G.): **+yon** I}

stretwikores [strɛtwi'kɔˑrɛs] *f.* **+ow** costermonger *(female)*, street-trader
[E(E)LCc: **stretwikor** -⁴ES]
{**S** 5; **F** 0(GM09: YhaG); **+ow** I}

streyl ['strɛɪl] *f.* **+yow** currycomb
[L: BLat *strag'lum* < CLat *strâgulum* (Fl.)]
{**S** 3; **F** 3: **O** *streyl* (VC.937) → L,P: **C** OldB *straal*; cf. OldW family name *Striguil*: **+yow** I}
Diphthongization has occurred in OldC *streil*, which distinguishes it from **strel**.

streylya ['strɛɪlja] *v.* apply a curry-comb to a horse
[Lc: **streyl** -YA]
{**S** 3; **F** 0(CE38)} Nance's form was *strylla*.

strif ['striːf] *m.* **+ow** strife
[E(F): MidE < OldF *estrif* (CE38)] {**S** 4; **F** 3: **M** *stryff*, *stryf* → P: **L** *streef* (KKTT): **+ow** I} <-f> appears correct in the noun; <-v-> in the verb.

strifwerth ['striˑfwɛrθ] *m.* **+ow** auction
[E(F)C: **strif** 2**gwerth**] {**S** 4; **F** 0(EC52): **+ow** I}

strifwertha [ˌstrifˈwɛrθa] *v.* auction
[E(F)Cc: **strif** 2**gwertha**] {**S** 4; **F** 0(GM09: P.H.)}

strik ['striːk] **1.** *adj.* active, nimble **2.** *m.* **+ys** hyphen
[E(E): MidE *streke* (CE38) < OldE *stric* (coe)]
{**S** 5; **F** 3: **L** *Strîk* (AB.) → P: **D** "strick": **+ys** I}
The Eng. forms suggest <y>, but <i> is confirmed from Lhuyd's *strîk*. cf. ModE *streaker* 'person who runs at high speed naked in public'.

STRIV- [E(F): MidE *strîven* < OldF *estriver* (coe)]

striver ['striˑvɛr] *m.* **-oryon** wrangler *(male)* [E(F)l: STRIV=¹ER]
{**S** 4; **F** 2: **O** *strifor* (VC.305) → P: **-oryon** I}

strivores [stri'vɔˑrɛs] *f.* **+ow** wrangler *(female)* [E(F)lc: STRIV=ORES]
{**S** 4; **F** 0(GM09: P.H.): **+ow** I}

strivya ['striˑvja] *v.* strive, contend, wrangle
[E(F)c: STRIV=YA]
{**S** 4; **F** 3: **M** *strevye*: **C** cf. B *strivañ*}

strivyans ['striˑvjans] *m.* **+ow** contention
[E(F)c: STRIV=YANS] {**S** 4; **F** 0(CE38): **+ow** }

striw ['striw] *m.* **+yow** sneeze
[C:] {**S** 8; **F** 0(EC00): **+yow** I}
Spelled with <iw> because of Lhuyd's *striu̯hi*; B *streviñ* and W *trew* would suggest rather <ew>.

striwi ['striwi] *v.* sneeze
[Cc: **striw** -¹I] {**S** 8; **F** 2: **L** *strihu̯e* (AB154c) → P, *striu̯hi* (AB154c) → P: **C** B *streviñ*}

stroeth ['stroːθ] *adj.* tight, strict, stringent
[L: CLat *strictus*] {**S** 3; **F** 2: **M** *stroyt* (TH27v); cp. *stroytia* (TH27v), *stroytya* (TH37r): **C** B *strizh*} The <oy> suggests /o/ rather than /ɔ/ in this word; cf. B *tizh* and C **toeth**.

stroetha ['stroˑθa] *v.* squeeze, constrict, constrain, embrace
[Lc: **stroeth** -¹A]
{**S** 3; **F** 3: **M** *strothe* → P, *strotha* → P}

stroethter ['stroθtɛr] *m.* strictness
[Lc: **stroeth** -TER] {**S** 1; **F** 0(GM09: G.M.S.):}

stroethys ['stroˑθɪz] *adj.* limited
[Lc: **stroeth** -⁶YS] {**S** 3; **F** 1: **M** *strothys* (OM.1297)} p.ptcpl. of **stroetha**.

strol ['strɔːl] *m.* mess *(untidiness)*, litter *(rubbish)*, garbage (U.S.)
[C:] {**S** 8; **F** 0(CE38): **C** B *strouilh* 'dirt':}

strolgist ['strɔlgɪst] *f.* **+yow** litter-bin, garbage can (U.S.)
[CD: **strol** 2**kist**] {**S** 8; **F** 0(Y1): **+yow** I}

strolya ['strɔˑlja] *v.* make untidy, trash (U.S.)
[Cc: **strol** -YA]
{**S** 8; **F** 0(CE38): **C** *strouilhañ* 'befoul'}

strolyek ['strɔˑljɛk] *adj.* dirty, messy
[Cc: **strol** -YEK] {**S** 8; **F** 0(CE38): **C** B *strouilhek* 'muddied'}

stronk

stronk ['strɔnk] 1. *adj.* dirty *(of liquid)* 2. *m.* filth
[C:] {S 1; F 0(CE38): P Polstrong = **poll stronk**.: C B *stronk*:}

stronka ['strɔnka] *v.* pollute water, befoul water
[Cc: **stronk** -¹A] {S 1; F 0(CE38): C B *stronkañ*} *stronga* in CE38.

stroth Now spelled **stroeth**.

strus ['stryːz] *m.* **+yow** ostrich
[U:] {S 8; F 0(CE38): C cf. W *estrys*: **+yow** I}

stryng *m.* clasp, buckle
[E(E): OldE *streng* (coe)] {S 5; F 2: O *streing* (VC.331) → P}

stryppya *v.* strip
[Ec: VN in -YA from MidE *stripe*, *strepe* (coe)] {S 5; F 2: M p.ptcpl. *strepys* (BM.1933); 2nd pl. impv. *streppyogh* (BM.1929)}

studh ['styːð] *m.* **+yow** state, condition, predicament
[U:] {S 8; F 2: M *stuth* (RD.2519, 2570): C B *stuz*: **+yow** I}

STUDH- [E(F): back-formation from **studhya**]

studhla ['styðla] *m.* **-leow** studio
[E(F)c: STUDH=LA] {S 4; F 0(GK98: G.M.S.): **-leow** I}

studhva ['styθfa] *f.* **+ow** study *(room)*
[E(F)c: STUDH=VA] {S 4; F 0(AnG 1984): **+ow** I}

studhya ['sty·ðja] *v.* study
[E(F)c: MidE *stodye* (CE38) < OldF *estudier* (coe)] {S 4; F 2: M *stuthya* (BM.1490), *stethya* (BM.1495): C cf. B *studiañ*, W *astudio*}
The [ð] (spelled <th> in MidC) is unexplained.

studhyans ['sty·ðjans] *m.* **+ow** study *(piece of work)* [E(F)c: STUDH=YANS] {S 4; F 0(GM09: P.H.): **+ow** I}

studhyer ['sty·ðjęr] *m.* **studhyoryon** student *(male)*
[E(F)c: STUDH=¹YER] {S 4; F 0(EC52): **studhyoryon** I}

studhyores [styð'jɔ·ręs] *m.* **+ow** student *(female)*
[E(F)cc: STUDH=YORES]

{S 4; F 0(GM09: P.H.): **+ow** I}

studhyus ['sty·ðjys] *adj.* studious
[E(F)cl: from **studhya** -US] {S 4; F 0(GK98: A.S.)}

study (Eng.) *n.*
{S 6; F 2: M *study* (TH18v, 21r)}

stumm ['stymː] *m.* **+ow** bend, turning
[C: Brit *stong-* (hpb)] {S 1; F 0(CE38): P Stencoose: C B *stumm* 'appearance'; W *ystum*: **+ow** I}

stumma ['stymːa] *v.* turn, bend, wind *(turn)*
[Cc: **stumm** -¹A] {S 1; F 0(CE38): C B *stummañ* 'to fashion'; cf. W *ystumio*}

stummlynn ['stymlɪn] *f.* **-lynnyn** ox-bow lake, mortlake, cut-off *(lake)*
[CC: **stumm lynn**] {S 1; F 0(EC00): **-lynnyn** I}

STYKK- [E(E): MidE < OldE *sticca* (coe)]

stykkenn ['stɪkːęn] *f.* **+ow** stake, post
[E(E)c: STYKK=ENN] {S 5; F 1: L *stikedn* (AB112a) → P: **+ow** (Borlase)}
Lhuyd's termination <-edn> would appear to be an error.

stykkenna [stɪ'kęnːa] *v.* stake
[E(E)cc: **stykkenn** -¹A] {S 5; F 0(CE38)}

styll ['stɪlː] *m.* **+yow** beam *(timber)*, rafter
[L: MLat *stillus* (CE38)] {S 3; F 3: M pl. *styllyow* (OM.2441, 2471, 2488) → P: L *stil* (AB165b) → P: **+yow** M}

styllenn ['stɪlːęn] *f.* **+ow** hedge *(in a mine)*
[Lc: **styll** -ENN] {S 3; F 1: L *stillen* (PV16608): **+ow** I}
Pryce also gave the meaning 'streamwork'.

styr ['stɪːr] *m.* **+yow** meaning, significance
[L: CLat *historia* (M)] {S 1; F 0(CE38): C B *ster*, W *ystyr*: **+yow** I} In *CE38* as **ster*.

styrrya *v.* stir *(intrans.)* Tregear himself gave **gwaya** as an alternative.
[Ec: VN in -YA from MidE] {S 1; F 2: M *styrrya* (TH48v)}

styrya

styrya ['stɪˑrja] *v.* mean, explain, signify, define, interpret
[Lc: **styr** -YA] {S 1; F 3: M *styrrya*}

styryans ['stɪˑrjans] *m.* **+ow** definition, explanation, interpretation, signification
[Lh: **styr** -YANS] {S 1; F 0(GK98): **+ow** I}

styryansek [stɪr'janzɛk] *adj.* explanatory
[Lh: **styryans** -¹EK] {S 1; F 0(EC00)}

styward m. **+s** steward   ALT = **rennyas**.
[E(E): MidE, from *sty ward* 'guardian of a (pig)sty'] {S 5; F 2: M *styward* (BM.2221), *stywart* (BM.2363): **+s** I (CE38)}

stywya ['stɪʊja] *v.* stew
[E(F)c: VN in -YA from MidE < OldF *estuver* (coe)] {S 4; F 2: M *styvya* (BK14.59, 15.03); p.ptcpl. *stewys* (BK15.33)}

suant ['syˑant] *adj.* level, even
[E: E *suant*] {S 5; F 0(CPNE): **D** "suant": **P** ?Catasuent Cove}

subject (Eng.) **1.** *adj.* **2.** *n.*
{S 6; F 3: M *subiect* (BK28.11, 33.79); pl. *soget* (BK25.07), *sogys* (BK31.48)}

subjection (Eng.) *n.*
{S 6; F 1: M *subiection* (TH54v)}

submyttya v. submit
[E(L)c: VN in -YA from MidE < Lat *submittere* (coe)] {S 5; F 2: M *submyttya* (TH11v, 37v)}

substans ['sybstans] **+ow** substance
[E(F): MidE < OldF (coe)]
{S 4; F 4: M *substans*: **+ow** N}

succession (Eng.) *n.* {S 6; F 3: M *succession* (TH.); pl. *successions* (TH03v)}

successors (Eng.) *pl.*
{S 6; F 3: M *successors* (BK., TH.)}

suddenly (Eng.) *adv.*
{S 6; F 1: M *sodenly* (TH55v)}

Sudeley (Eng.) *place* {S 6; F 1: M *Sudeley* (CLJK)} Name of a castle near Winchcombe in Gloucestershire.

sufficient (Eng.) *adj.* {S 6; F 4: M *sufficiant*}

sufficiently (Eng.) *adv.*
{S 6; F 1: M *sufficiently* (TH11r)}

sugra

suffra v. suffer   ALT = **godhevel**.
[E(F)c: VN in -A from MidE *suffre* < AngN *suffrir* (coe)] {S 4; F 4: M *suffra* (TH.)}

sugal ['syˑgal] *coll.* **+enn** rye
[L: CLat *secâle* (Gr.)]
{S 3; F 3: L *sogall* (WX), *sygal* (AB.) → P: **P** Croft Sugal: **C** B *segal*: **+enn** I}
One would expect <e> rather than <u>, but Padel compares OldC *chelioc* > MidC *kullyek* 'cock'.

sugaldir [sy'galdɪr] *m.* **+yow** rye ground
[LC: **sugal** 2tir]
{S 3; F 0(CE38): **P** Segoulder: **+yow** I}

sugalek [sy'gaˑlɛk] *f.* **-egi** rye-field
[Lc: **sugal** -¹EK]
{S 3; F 1: L *sygalek* (PV16645): **-egi** I}

sugen ['syˑgɛn] *m.* **+yow** juice, sap, syrup, essence
[C: SUGN-S] {S 8; F 2: L *sygan* (AB013b, 157c) → P: **D** "zuggans": **C** cf. B *chug*: **+yow** N (K.J.G.)}

sugen aval apple-juice
sugen froeth fruit juice
sugen limaval lime-juice
sugen owraval orange-juice

SUGN- [C:]

sugna ['sygna] *v.* suck
[Cc: SUGN=¹A]
{S 1; F 0(CE38): **C** B *sugnañ*; W *sugno*}

sugnans ['sygnans] *m.* suction
[Ch: SUGN=ANS] {S 1; F 0(Y1):}

sugnek ['sygnɛk] *adj.* juicy, sappy
[Cl: SUGN- -¹EK] {S 1; F 0(EC52)}

sugner-goes [,sygnɛr'go:z] *m.*
sugneres-goes vampire
[Cl: SUGN=¹ER **goes**] {S 1; F 0(EC00): **C** B *suner-gwad*: **sugneres-goes** I}

sugnus ['sygnys] *adj.* succulent
[Cl: SUGN=US] {S 1; F 0(GK98: A.S.)}

sugra ['sygra] **1.** *m.* sugar **2.** *v.* sugar (*sweeten with sugar*)
[E(F): MidE *sugre* < OldF *sukere* (coe)]
{S 4; F 0(CE38): **C** cf. B *sukr* < F *sucre*; W *siwgr*, reflecting a later E pronunciation:}

suit

suit (Eng.) *n.* {S 6; F 1: M *svt* (BK23.58)}

Sul ['syːl] *m.* **+yow** Sunday
[L: CLat *Solis* (hpb)]
{S 1; F 4: M *sul* → P: L *zil* → P, *zeel*; pl. *zelio* (CMWD): C B *Sul*; W *Sul*: **+yow** L}

sulfur ['sylfyr] *m.* sulphur
[E(F): MidE *sulphre* < OldF (coe)]
{S 5; F 0(EC00):}

Sulweyth ['sylwɛɪθ] **1.** *m.* **+yow** Sunday *(time)* **2.** *adv.* on a Sunday
[LC: **Sul** 2¹**gweyth**] {S 1; F 3: L *zeelva* (TCWK), *zilgueth* (AB249a) → P: **+yow** I}

superscription (Eng.) *n.*
{S 6; F 1: M *superscripcion* (TH46v)}

superstition (Eng.) *n.*
{S 6; F 1: M *supersticion* (TH47v)}

supplication (Eng.) *n.*
{S 6; F 1: M *supplicacion* (TH08v)}

suppressya *v.* suppress
[E(L)c: VN in -YA from MidE *suppress-* < Lat (coe)] {S 5; F 2: M *suppressia* (TH28v), *suppressy* (TH42r), *suppressya* (TH42v)}

supremacy (Eng.) *n.*
{S 6; F 1: M *supremacye* (TH49v)}

supreme (Eng.) *adj.*
{S 6; F 1: M *supreme* (TH50v)}

supremity (Eng.) *n.*
{S 6; F 2: M *supremite* (TH49r, 51r)}

sur ['syːr] **1.** *adj.* sure **2.** *adv.* surely
[E(F): MidE < OldF *sur* (coe)]
{S 4; F 7: M *sur* → P, *suer, sure*: L *seere*: C B *sur*; cf. W *siwr* < ModE}
The Eng. adverb *surly* is found at *BM.*3600.

surely (Eng.) *adv.* {S 6; F 3: M *surly, surely*}

surhe [syr'hɛː] *v.* insure, assure, ensure, confirm
[E(F)c: **sur** -HE] {S 4; F 0(EC52)}

surheans [syr'hɛˑans] *m.* **+ow** insurance, assurance
[E(F)h: **surhe** -ANS] {S 4; F 0(EC52): **+ow** I}

surkot ['syrkɔt] *m.* **+ys** overcoat
ALT = **gorhota**. [E: MidE *surcote* (CE38)]
{S 5; F 3: M *cercot* (PC.1784, 2074) → P: **+ys** I}

surneth ['syrnɛθ] *f.* **+ow** certainty

sygenn

[E(F)c: **sur** -NETH] {S 4; F 0(EC00): **+ow** I}

surredi [syrɛ'diː] *adv.* most surely, verily, really
[E: MidE] {S 5; F 3: M *surredy* → P}

swan m. **+ys** swan ALT = **alargh**.
Rhymes with E *ran*, not with *Ron*.
[e(e): MidE < OldE *swan* (coe)]
{S 4; F 1: M *swan* (OM.0133): **+ys** I}

swarvya v. swerve
[E(E)c: VN in -YA from MidE *swarve* (oed) < OldE *sweorfan* 'scour' (coe)]
{S 4; F 2: M *swarvia* (TH18v), *swarvya* (TH38r)}

swaysya ['swaɪsja] *v.* swing *(one's arms, or a golf club)*
[Ec:] {S 5; F 0(CE38): D "swaize"}
Stage-direction in *BM.* contains the word *suagynk*, taken by Nance to be the Eng. pres. ptcpl.

sweet (Eng.) *adj.* {S 6; F 1: M *suyt* (PC.1684)}

Swistir ['swiˑstir] *place* Switzerland
[FC: F *Suisse* + **tir**]
{S 4; F 0(AnG: G.M.S.): C W *Swistir*}

swynnenn ['swɪnːɛn] *f.* **+ow** swig, draught
[Uc: Contains -ENN]
{S 8; F 1: L *sṷidnan* (AB065a) → P: **+ow** I}

sy ['sɪː] *pron.* thee, you *(sg.)*
[C: Assibilated form of OldC enclitic pronoun **ty.*] {S 3; F 4: M *sy, se*: L *si* (AB287c)}

sybwydh ['sɪˑbwɪð] *coll.* **+enn** fir-trees, evergreen trees
[FC: From OldF *sapin* + 2**gwydh**, with vowel harmony] {S 4; F 3: O *sibuit* (VC.700) → L,P: L sg. *sibuydhen* (AB144b): **+enn** L}
Re-spelled from OldC *sibuit*.

syg ['sɪːg] *f.* **+ow** attachment *(physical)*, tie *(link)*, leash, bond, trace *(of a harness)*
[U:] {S 1; F 0(CE38): C W *syg*: **+ow** I}

sygenn ['sɪˑgɛn] *f.* **+ow** attachment *(physical)*, loop, cord for fastening
[Uc: **syg** -ENN] {S 1; F 0(CE38): D "siggen" 'a loop on the lead of a fishing-line': **+ow** I}

syger

syger ['sɪ·gęr] *adj.* oozing, sluggish, leaky, slow, idle, lethargic, lazy
[L: CLat *securus*]
{S 8; F 3: L *sîger* (AB047a) → P}

sygera [sɪ'gę·ra] *v.* ooze
[Lc: **syger** -¹A] {S 8; F 0(CE38): L (Lh.)}

sygerans [sɪ'gę·rans] *m.* **+ow** leak
[Lh: **syger** -ANS] {S 8; F 0(EC00): **+ow** I}

sygerneth [sɪ'gęrnęθ] *f.* idleness, laziness, lethargy
[Lc: **syger** -NETH] {S 8; F 1: L *Segernath* (Gw.):}

sygerus [sɪ'gę·rus] *adj.* idle, at leisure
[L: CLat *securus*] {S 8; F 3: L *segeris* (AB069a) → P, *segyrys* (AB169a)}

sygh ['sɪːx] *adj.* dry, parched, arid, waterless, withered
[L: CLat *siccus* (M)] {S 1; F 5: M *sygh* → P, *segh* → P: L *zêh* (AB150a) → P, *zeth* (G1JB): P Polzeath: C B *sec'h*; W *sych*}

sygha ['sɪ·xa] *v.* dry, wipe N.B. difference between **sygha** 'to dry' and **syggha** 'drier'.
[Lc: **sygh** -¹A] {S 1; F 4: M *seha* → L,P; *seghe*}

syghan ['sɪ·xan] *m.* **-enyow** dry place
[Lc: **sygh** -AN] {S 1; F 2: L *zian* (AB285b), *sehan* (PV.7805): P Bozion: C OldB -*sican*; MidW -*sychan*: **-enyow** I} Spelled *seghen* in CE38, but the suffix is not -ENN; there is no evidence to support Nance's *seghek*.

syghborth ['sɪxbɔrθ] *m.* **+ow** dry-dock
[LL: **sygh** 2**porth**]
{S 1; F 0(GK98: G.M.S.): C W *sychborth*: **+ow** I}

syghes ['sɪ·xęz] *m.* thirst
[Lc: **sygh** -²ES] {S 1; F 3: M *seghes* → P: L *zehaz* (AB026a): C B *sec'hed*, W *syched*:}

yma syghes dhymm I am thirsty

syghla ['sɪxla] *m.* **-leow** dry place
[Lc: **sygh** -LA] {S 1; F 0(CE38): **-leow** I} Nance wrote that the pl.n. *Zelah* contained this word, but it is more likely to come from OldE *sele* 'hall'.

syghnans ['sɪxnans] *m.* **+ow** streamless valley
[LC: **sygh nans**] {S 1; F 1: L *signans* (PV16331): P Pensignance: C W pl.n. *Sychnant*: **+ow** I}

syghor ['sɪ·xɔr] *m.* drought, dryness
[Lc: **sygh** -OR]
{S 1; F 3: O *sichor* (VC.477): L *zehar* (AB012b, 240b) → P: P Nanseers: C B *sec'hor*:}

syght ['sɪxt] *m.* sight ALT = **gwel**.
[E(E):] {S 5; F 4: M *syght*, *sight*:}

syghter ['sɪxtęr] *m.* drought, dryness
ALT = **syghor**. [Lc: **sygh** -TER]
{S 1; F 2: L *zexter* (AB240b) → P:}

syghtir ['sɪxtir] *m.* **+yow** dry land
[LC: **sygh tir**] {S 1; F 0(CE38): **+yow** I}

syghtnow ['sɪxtnɔw] *m.* **+yow** streamless valley
[LC: **sygh tnow**]
{S 1; F 0(CPNE): P Sithnoe: **+yow** I}

sygnyfia *v.* signify. ALT = **styrya**.
[E(F): VN in -YA from MidE < OldF *signifier* (coe)] {S 5; F 4: M *signifia* (TH., SA.)}

syllabenn [sɪ'la·bęn] *f.* **+ow** syllable
[E(F)c: FN in -ENN from MidE < AngN *sillable* (coe)]
{S 4; F 0(CE38): C B *silabenn*; cf. W *sillaf*: **+ow** I}

Syllan ['sɪlːan] *place* Scilly
[C:] {S 8; F 2: L *Sillan* (DPNB)}

sylli ['sɪlːi] *f.* **+es** eel
[C: Brit *seld- (Haywood) < IE (vkg)]
{S 8; F 4: O *selli* (VC.548) → P: M *sylly* (BK23.10), pl. *syllyes* (OM.0136), *selyas* (CW.0409) → P: L *zilli* (AB.) → P; pl. *zilliez* (AB243a): C B *sili* 'eels', sg. *silienn*; cf. W *llysywen*, which seems to have been metathesized.: **+es** ML}
Also *selya* 'a conger eel' (PV16226), which might represent a sg. **syllienn**

Sylvester *name* Sylvester
{S 5; F 4: M *seluester* (BM.)}

symbal ['sɪmbal] *m.* **+ys** cymbal
[E(F): MidE < OldF *symbale* (co)] {S 5; F 1: M pl. *cymbalys* (OM.1999): **+ys** M}

symfoni ['sɪmfɔni] *m.* **+s** hurdy-gurdy
[E(F): MidE < OldE *symphonie* (coe)]
{S 5; F 1: M *symphony* (OM.2000): **+s** I (CE38)}

-SYN *suffix* (1st pl. pret. ending) e.g.
prensyn 'we bought' from **prena** 'to buy'. [c:]

synaga ['sɪnaga] *m.* **synagys** synagogue
[E(F): Apparently a shortened form of MidE *sinagoge* < OldF *sinagoge* (coe)]
{S 4; F 1: M pl. *synagys* (PC.1255): **synagys** M}
SYNS- [L: CLat *sentio* 'I feel'] The large number of spellings in <y> in MidC, and OldB *sintim*, suggest that /e/ was replaced by /ɪ/.

syns ['sɪns] *pl.* saints
[C: **sans**E] {S 1; F 4: M *syns* → P, *sens* → P: L *seinz* (AB243a) → P}
Lhuyd's form appears influenced by W.

synsas ['sɪnzaz] *m.* **+ow** contents, holding
[Lc: SYNS=¹AS] {S 1; F 0(AnG 1995): **+ow** I}

synsell ['sɪnzęl] *f.* **+ow** clip *(e.g. paper-clip)*
[Lc: SYNS=²ELL] {S 1; F 0(CE93: W.B.): **+ow** I}

synsi ['sɪnʒi] *v.* hold
[Lc: SYNS=¹I] {S 3; F 6: M *synsy, sensy* → P: L *sendzha* (AB043a) → P: C B *sentiñ* 'to feel'} The meaning changed from 'feel' > 'value' > 'hold'.

synsys grateful
synsys dhe beholden to, bound to

synsyas ['sɪnʒjaz] *m.* **-ysi** holder
[Lc: from SYNS=³YAS] {S 3; F 2: O *sinsiat* (VC.409) → P: **-ysi** I}

synt [sɪnt] *m.* Saint *(as title)*
[F: *saint*] {S 4; F 4: M *synt* → L,P:}

synthesek [sɪn'θęˑzęk] *adj.* synthetic
[E(O)c: Cornicized form of ModE *synthetic* < Gk *synthesis*] {S 4; F 0(Y1)}

synthesya [sɪn'θęˑʒja] *v.* synthesize
[E(O)c: VN in -YA based on **synthesek**] {S 4; F 0(GM09: G.M.S.)}

Syri *place* Syria
{S 4; F 1: M *syry* (BK32.55)}

syrk ['sɪrk] *m.* **+ow** circus *(show)*
[F: ModF *cirque*] {S 4; F 0(GK98: K.J.G.): C B *sirk*: **+ow** C (K.J.G.)}

syrr ['sɪr:] *m.* **+ys** sir
[E(F): MidE, unstressed form of *sire* < OldF (coe)]
{S 8; F 5: M *syr, ser*; pl. *serys*: C W *syr*: **+ys** M}

syrra ['sɪr:a] *m.* **syrrys** sir, sirrah
[E(F): MidE *sire* < OldF (coe)]
{S 8; F 4: M *syre* 2 syll., *sera* → P: L *sarra* (DSEC): **syrrys** I}
syrra 'sir' and **sira** 'father' both came from MidE *sire*. That there was a real distinction is shown by the line *Why ra bose ye seera, sarra weage* 'you will be his father, fair sir', from *Delkiow Sevi*.

³-**SYS** *v. part* (2nd sg. pret. ending) e.g. **prensys** 'you bought' from **prena** 'to buy'. [c:]

⁴-**SYS** *v. part* (Impers. plupf. ending) e.g. **prensys** 'one had bought' from **prena** 'to buy'. [c:]

system ['sɪˑstęm] *m.* **+ow** system
[E(D): E < F *système* or L *systêma* (coe)]
{S 5; F 0(AnG): **+ow** I}

systemasek [ˌsɪstę'maˑzęk] *adj.* systematic
[E(D)c: Cornicization of E *systematic*]
{S 5; F 0(GM09: G.M.S.)}

syth ['sɪ:θ] *adj.* direct, upright
[C: Brit *si-zd-* (wg)]
{S 1; F 3: M *syth* (BK.): C W *syth*}

sythol ['sɪˑθɔl] *m.* **+s** dulcimer
[E(D): MidE]
{S 4; F 1: M *cythol* (OM.1997): **+s** I} The word, but not the instrument, is related to E *zither*.
SYW- [F: Metathesis of *sui-* in F *suivre* 'to follow']

sywya ['sɪʊja] *v.* follow, result
[Fc: SYW=YA] S 4; F 5: M *sywe* → P, *sewya* → P: L *suyah* (MSWP)}
a syw following, subsequent

sywyans ['sɪʊjans] *m.* **+ow** result, consequence
[Fc: SYW=YANS] {S 4; F 0(CE93): **+ow** I}

sywyansel [sɪʊ'janzęl] *adj.* consequential
[Fcc: **sywyans** -¹EL] {S 4; F 0(GM09: G.M.S.)}

sywyas ['sɪʊjaz] *m.* **-ysi** follower
[Fc: SYW=³YAS] {S 4; F 1: M pl. *sewysy* (TH49r): **-ysi** M}

T (mutations D, TH)

t (Lat.) The letter <t>, used in spelling the Latin word *est* 'is'. {S 6; F 1: **M** *t* (BM.0106)}

-TA [tə] *pron.* **thou**
In writing, **ta** is joined to the rest of the verb (e.g. **osta** 'thou art'), except where a sound or syllable has been omitted (e.g. **a yll'ta** 'can you' for **a yllydhta**). [c: from misdivision of re-duplicated enclitic pronoun **tejy** as -TA -JY]

table (Eng.) [E(F): OldF (coe)] ALT = **moes**.

Tabor place (name of a mountain) {S 4; F 3: **M** *tabor* → P}

tabou [ta'buː] *m.* **+s taboo**
[E:] {S 5; F 0(EC00): **+s** I}

tabour ['taˑbur] *m.* **+s, +yow drum,**
tabor The -YOW pl. has been used in a song. The word may be applied to the drum of a brake (Y1). [E(F): MidE < OldF (co)] {S 5; F 1: **M** pl. *tabours* (OM.1995): **C** W *tabwrdd*; cf. B *taboulin*: **+s** M; **+yow** N (G.M.S.)}

tâche (Fr.) *n.* spot {S 6; F 1: **L** *Taish* (PV16720)}

tag ['taːg] *m.* **+ow choking, strangulation**
[C: CC *to-ang-ô* (leb)]
{S 1; F 1: **L** *Thâg* (LV137.53): **+ow** I}

taga ['taˑga] *v.* **choke, stifle, strangle, constrict, suffocate, throttle, gag, clog**
[Cc: **tag** -¹A]
{S 1; F 4: **M** *tage, taga* → L,P: **L** p.ptcpl. *tegez* (AB157c) → P: **C** B *tagañ*; W *tagu*}

tagell ['taˑgęl] *f.* **+ow constriction, choke**
[Cc: **tag** -²ELL] {S 1; F 1: **L** *tagel* (PV17315): P Tintagell = **din tagell**: **C** B *tagell* 'collar, snare'; W *tagell* 'jowl': **+ow** N (Y1)}

tag-hir [tak'hiːr] *m.* **tagow-hir cuttlebone**
[CC: **tag hir**]
{S 1; F 1: **L** *taghir* (Borlase): **tagow-hir** I}

takel ['takęl] *m.* **taklow thing**
[E(E): from MidE *takyl*, cf. MLG *takel* (coe)]
{S 5; F 4: **M** pl. *taclow*: **L** *takel* (PV16713, 16721);

pl. *tacklow*: **taklow** L} The sg. was probably devised from the pl. by Tonkin.

takkenn ['takːęn] *f.* **+ow short time**
[Ec: FN in -ENN from an unidentified E word] {S 8; F 1: **L** *teken* (AB115a): **+ow** I}

takkya ['takːja] *v.* **nail, fasten, affix**
[Ec: VN in -YA from MidE *tak*; cf. OldF *tache* (co)] {S 4; F 4: **M** *takkye* → L,P}

takkya orth nail to

TAKL- [E(E): from MidE *takyl*, cf. MLG *takel* (coe)]

takla ['takla] *v.* **furnish, array, deck**
[E(E)c: TAKL=¹A] {S 4; F 2: **M** p.ptcpl. *taklays* (BM.3004), *teklys* (CLJK): **L** *Tackla* (LV134.51)}

taklenn ['taklęn] *f.* **+ow item, object**
[E(E)c: TAKL=ENN] {S 4; F 3: **M** pl. *taclennow* (TH., SA.): **C** cf. W *teclyn*: **+ow** M}

taklow ['taklɔw] *pl.* **things (abstract or concrete)** Sometimes used as suppletive pl. of **tra**, but note the pl. *traou* recorded by Pryce. [E(E)c: TAKL=²OW]
{S 4; F 4: **M** *taclow*: **L** *tacklow*: **C** W *taclau*}

takya ['taˑkja] *v.* **clap hands**
[Ec:] {S 5; F 0(CE38): **D** "tack": **C** cf. B *stlakal, strakal*} Nance's spelling is preserved to distinguish this word from **takkya**, though there is no obvious reason for this.

tal ['taːl] *f.* **+yow brow, forehead, temple** *(of head),* **gable, front**
[C: Brit < CC *talu* (Fl.)]
{S 1; F 5: **O** *tal* (VC.028) → P: **M** *tal* → P: **L** *tâl* (AB.) → P: **D** "talyow" 'garrets'.: **P** (numerous places with Tol-, Tal-): **C** B *tal*, W *tal*: **+yow** D}

tal doemm warm front

tal yeyn cold front

TAL- [C:] Root found in **ev a dal** 'he owes'.

talar ['taˑlar] *m.* **headland** *(in field)*
[CC: **tal** ³ar] {S 1; F 0(CE38): P Dollar: **C** W *talar*:}

talas ['taˑlaz] *m.* **+ow payment**
[Cc: TAL=²AS] {S 1; F 0(Y2): **+ow** I}

talbenn ['talbęn] *m.* **+ow knob**
[CC: **tal 2penn**'head'] {S 8; F 0(CE38): **C** B *talbenn*: **+ow** I}

talek

talek ['taˑlɛk] **1.** *adj.* big-browed **2.** *m.* **taloges** roach *(fish)*, dace
[Cc: **tal** -¹EK] {S 1; F 3: O *talhoc* → L,P: P Retallack: **taloges** I}
E.G.R.Hooper, who was the third Grand Bard of Cornwall, and editor of *An Lef Kernewek*, was usually known as Talek.

talenep [tal'ɛˑnɛb] *m.* **-enebow** facade, frontage
[CC: **tal enep**] {S 1; F 0(EC00): **-enebow** I}

talent (Eng.) *n.* ALT = **roas**.
{S 6; F 2: M *talant* (BK22.64, 32.74)}

taler ['taˑlɛr] *m.* **-oryon** payer *(male)*
[Cl: TAL=¹ER] {S 1; F 0(Y2): **-oryon** I}

taler toll tax-payer

tales (Eng.) *pl.*
{S 6; F 2: M *talys* (TH18v, twice)}

talesik [ta'lɛˑzɪk] *m.* **-igyon** payee
[Cc: TAL=ESIK] {S 1; F 0(GK00: K.J.G.): **-igyon** I} *tylysor* was suggested in Y2.

talgamm ['talgam] **1.** *adj.* sullen **2.** *m.* **+ow** scowl, frown
[CC: **tal** 2¹**kamm**] {S 1; F 0(GK00: A.S.): **+ow** I}

talgamma [tal'gamːa] *v.* scowl, frown
[CCc: **talgamm** -¹A] {S 1; F 0(GK00: A.S.)}

talgell ['talgɛl] *f.* **+ow** pantry, buttery, store-cellar
[CL: **tal** 2**kell**] {S 1; F 2: O *talgel* (VC.909) → L,P: C MidW *talgell*: **+ow** I}

talgh ['talx] *m.* **telghyon** bran, grist
[C: Brit **talko-* (Haywood) < IE (lp)] {S 1; F 3: O *talch* → L,P: C W *talch*: **telghyon** C}

talik ['taˑlɪk] *m.* **-igow** garret, gallery, gods *(in theatre)*, attic
[Cc: **tal** -IK] {S 8; F 2: L *Tallack, Tallick, Tallock* (PV16729): **-igow** I}
This word may be the same as **talek**, but the distinction introduced by Nance is kept here.

talk (Eng.) *n.* {S 6; F 2: M *talke* (TH21r); pl. *talkys* (TH19v)}

talkya *v.* talk ALT = **kewsel**.
[E(E)c: VN in -YA < MidE] {S 5; F 3: M *talkya*}

tallyour ['talːjur] *m.* **+s** serving-dish, trencher, platter
[E(F): MidE *tailloir*] {S 5; F 3: M *tallyovr* (PC.0749) → P: L *talhair* (AB076b) → P: **+s** I}

talores [ta'lɔˑrɛs] *f.* **+ow** payer *(female)*
[Cl: TAL=ORES] {S 1; F 0(GM09: P.H.): **+ow** I}

talores toll tax-payer

talsogh ['talsɔx] **1.** *adj.* stupid, dull *(of wit)* **2.** *m.* **+yon** dullard
[CC: **tal sogh**] {S 1; F 3: O *talsoch* (VC.308) → L,P: **+yon** I}

talsogha [tal'sɔˑxa] *v.* dumb down
[CCc: **talsogh** -¹A] {S 1; F 0(GM09: GG)}

talverr ['talvɛr] *m.* **+es** skate *(fish)*
[CC: Compound of **tal**] {S 1; F 0(CE38): D "talver"; if this is **tal 2berr**, it suggests that **tal** is fem.: **+es** I}

TALVES- [CC: TAL- + lenited alternative of ¹**bos**, corresponding to B *bezañ*]

talvesa [tal'vɛˑza] *v.* value, price, prize
[CCc: TALVES=A]
{S 8; F 1: M *talvega* (CLJK): C cf. B *talvezout*}

talvesor [tal'vɛˑzɔr] *m.* **+yon** valuer *(male)* [CCc: TALVES=OR]
{S 8; F 0(EC00): **+yon** I}

talvesores [ˌtalvɛ'zɔˑrɛs] *f.* **+ow** valuer *(female)* [CCc: TALVES=ORES]
{S 8; F 0(GM09: YhaG): **+ow** I}

talvesys [tal'vɛˑʒɪz] *adj.* valued, prized
[CCc: TALVES=⁶YS] {S 8; F 0(GM09: G.M.S.)}

talvos ['talvɔz] *v.* value
[Cc: TAL- 2¹**bos**]
{S 1; F 4: L *talvez* (AB169a) → P: C B *talvoud*}

talvosegyans [talvɔ'zɛˑgjans] *m.* **+ow** valuation
[Cccc: from **talvosek** -YANS]
{S 1; F 0(GM09: G.M.S.): **+ow** I}

talvosek [tal'vɔˑzɛk] *adj.* valuable, of value
[Ccc: **talvos** -¹EK] {S 1; F 0(EC52)}

talvosogeth [ˌtalvɔzɔˑgɛθ] *f.* **+ow** value, worth
[Ccc: **talvos** -OGETH]
{S 1; F 0(EC52): C B *talvoudegezh*: **+ow** I}

talyel
Nance wrote *talvesygeth,* whose suffix does not correspond to B *-egezh.*

talyel ['taˑlẹl] *adj.* frontal
[Cc: **tal** -YEL] {**S** 1; **F** 0(GM09: K.J.G.)}

tam *adj.* tame ALT = **dov.**
[E(E): MidE < OldE *tam* (coe)] {**S** 5; **F** 2: **M** *dam* (BK30.42), *tame* (BM.3369), *tam* (BK18.55)}
The minimal pair **tam** v. **tamm** shows the phonemic contrast between /m/ and /mm/.

Tamar ['taˑmar] *place* Tamar *(name of river)* Celtic river-name, said to mean 'gently flowing'; cf. Thames, Thame, Teme.
[C:] {**S** 1; **F** 2: **M** *tamar* (CE.0018), *tamer* (BM.2208): **P** Tamar}

tamm ['tam:] *m.* **temmyn** piece, bit, fragment
[C: Brit **tangmen* (iyk) {**S** 1; **F** 5: **M** *tam* → L,P; pl. *dymmyn* (OM.0357, 2228) → P: **L** *tabm* → P: **P** *Taban Denty*: **C** B *tamm;* **W** *tam*: **temmyn** }

tamm ha tamm gradually, bit by bit

tan ['taːn] *m.* **+yow** fire
[C: CC **tepn* (hpb) < IE **tepn-* (Haywood)]
{**S** 1; **F** 5: **O** *tan* (VC.884) → P: **M** *tan* → P, *tane* → P: **L** *tân* (AB.) → P: **C** B *tan,* W *tân*: **+yow** C}

gans tan on fire, ablaze
tan y'n golonn enthusiasm
gorra tan yn set alight, set on fire

tanbellenn [tanˈbẹlːẹn] *f.* **+ow** bomb, shell *(explosive)*
[CLc: **tan** 2**pellenn**] {**S** 1; **F** 0(CE38): **C** W *tânbelen* 'cannon-ball': **+ow** I}

tanbellenn dir land mine
tanbellenn gonnyk smart bomb

tanbellenna [ˌtanbẹˈlẹnːa] *v.* bomb, bombard
[CLcc: **tanbellenn** -¹A] {**S** 1; **F** 0(EC52)}

tanbrenn ['tanbrẹn] *m.* **-yer** match *(lucifer)* [CC: **tan** 2**prenn**]
{**S** 1; **F** 1: **M** pl. *tan prynner* (OM.1290): **-yer** M}

tanek ['taˑnẹk] *adj.* fiery, igneous
[Cc: **tan** -¹EK] {**S** 1; **F** 0(CE38)}

tangasor [tanˈgazɔr] *m.* **+yon** fireman, firefighter

tanowheans
[CCl: **tan** 2**kasor**] {**S** 3; **F** 0(GM09: P.P.): **+yon** I}

tank ['tank] *m.* **tankow** tank
[E: E *tank,* partly < Port *tanque* (co)]
{**S** 4; **F** 0(Y1): **tankow** }

tank puskes fish-tank

tanker ['tankẹr] *m.* **+yow** tanker
[E: ModE *tanker* (20th cent.) (coe)]
{**S** 4; **F** 0(Y1): **+yow** N (Y1)}

tanker oyl oil tanker

tanlester [tanˈlẹstẹr] *m.* **-lestri** fire-ship
[CC: **tan lester**] {**S** 1; **F** 0(EC52): **-lestri** I}

tanlu ['tanly] *m.* **+yow** fire brigade
[CC: **tan lu**] {**S** 1; **F** 0(GM09: P.P.): **+yow** I}

tann² ['tanː] *prep.* by Commonest in **yn-dann** 'under'
[c: Brit (Fl.)]
{**S** 1; **F** 2: **M** *tan* (MC.049, OM.2534): **C** W *tan*}

tann ow fydh by my faith

tanna ['tannː] *v. part* take
[U:] {**S** 8; **F** 4: **M** 2nd sg. impv. *tan;* 2nd pl. impv. *tannegh* (BM.0960)}
A defective vb., used only in the impv. The /nn/ is shown by the 2nd pl.form, and also by a variant 2nd sg. form *tanha* (CE.0009).

Tanonius (Lat.) *name* {**S** 6; **F** 1: **M** Tanonius (TH45v)}

tanow ['tanɔw] *adj.* thin, rare, frugal, scarce, tenuous, flimsy
[C: Brit **tanauos* (iyk) < IE (lp)]
{**S** 1; **F** 4: **M** *tanow* → P: **L** *tanaṿ* (AB.) → P: **D** dial. "canno", with substitution of [k-] for [t-];: **P** Retanna: **C** B *tanv;* W *tenau*}
cf. C **ganow** / W *genau.*

tanowder [taˈnɔʊdẹr] *m.* **+yow** scarcity, rarity, slenderness, thinness
[Cc: **tanow** -DER] {**S** 1; **F** 2: **L** *tanauder* (AB136b, 240b) → P: **+yow** I}

tanowhe [ˌtanɔʊˈhẹː] *v.* attenuate, diminish, dilute
[Cc: **tanow** -HE] {**S** 2; **F** 0(CE38)}

tanowheans [ˌtanɔʊˈhẹˑans] *m.* attenuation, diminution, dilution
[Cc: **tanowhe** -ANS] {**S** 2; **F** 0(EC00):}

tanses

tanses ['tanzęz] *m.* **+yow** bonfire, blaze
[Cu: Compound of **tan**] {S 8; F 1: M *tanges* (BM.2106): C B *tantad*: **+yow** I}
TANT- [C: Brit (Fl.)]

tanta ['tanta] *v.* woo, court
[Cc: TANT -¹A] {S 8; F 0(EC52)}

tantans ['tantans] *m.* **+ow** courtship, wooing
[Ch: TANT=ANS] {S 8; F 0(EC52): **+ow** I}

tanter ['tantęr] *m.* **-oryon** suitor, wooer
[Cl: TANT=¹ER] {S 8; F 2: O *tanter* (VC.201): C B *tanter* (Fl.): **-oryon** I}

tanvaglenn [tan'vaglęn] *f.* **+ow** fire-grate
[CLc: **tan 2maglenn**] {S 1; F 0(CE38): **+ow** I}

tanweyth ['taˑnwęɪθ] *coll.* **+enn** fireworks
[CC: **tan 2²gweyth**] {S 1; F 0(EC52): **+enn** I}

taper m. taper (wax candle)
ALT = **kantol goer.** [E(E): OldE *taper* (Gr.)]
{S 5; F 2: O *taper* (VC.780) → P}

tapp ['tap] *m.* **+ow, +ys** tap *(e.g. of bath)*
[E(E): MidE < OldE *taeppa* (co)] {S 5; F 0(CE38): **+ow** N (FTWC); **+ys** I (CE38)} Borlase evidently thought that this word had been borrowed into Cor., for he recorded a phrase *tap an canel*; this is, however, Eng. *tap* and *cannell* (*cannell* 'pipe' is from F *canelle*).

taran ['taˑran] *f.* thunder
[C: Brit *taran*- (Gr.)] < CC (Fl.)]
{S 3; F 3: O *taran* (VC.437) → P: M *taran* → P; pl. *tar enys* (BK36.46): L *taran* (AB164c); pl. *tarednow* (CDWP): P Treamble = **Taranboll**: C B *taran*; W *taran*:}
Although the word originally contained /-an/, its compounds (LateC pl. *tarednow* and VN *tredna*) were perceived as containing /-enn-/.

tarder ['tardęr] *m.* **terder** auger, drill
[C: Brit *taratro*- (hpb)] {S 3; F 3: M *thardar* (OM.1002): L *tardar* (AB007b, 162b) → P: C W *taradr*, pl. *terydr*: **terder** C}
One might have expected *tarader*.

tardh ['tarð] *m.* **+ow** explosion, bang, burst, outburst, eruption

tarosvannus

[C:] {S 1; F 2: L *tarth* (PV16807, 16931): C B *tarzh*; W *tardd* 'source': **+ow** I}

tardh taran thunderclap

tardh an jydh daybreak

tardha ['tarða] *v.* explode, burst, dawn, break *(of day)*, erupt
[Cc: **tardh** -¹A] {S 1; F 3: M *tarʒe*: L *tardha* (AB117c, 132b) → P}

tardhadow [tar'ðaˑdɔw] *adj.* explosive
[Cc: **tardh** -ADOW] {S 1; F 0(GM09: G.M.S.)}

tardhell ['tarðęl] *f.* **+ow** vent, loophole, outlet
[Cc: **tardh** -²ELL] {S 1; F 0(CE38): **+ow** I}

tardhson ['tarθsɔn] *m.* **+yow** plosive
[CL: **tardh son**] {S 1; F 0(EC00): **+yow** I}

tardra ['tardra] *v.* bore, drill, tap a barrel
[Cc: TARDR=¹A] {S 8; F 0(CE38)}

TARENN- [C: Root reformed from **taran** on the false assumption that [-an] represented /-enn/.]

tarenna [ta'ręnːa] *v.* thunder, roar
[Cc: TARENN=¹A] {S 3; F 3: L *tredna* (AB164c) → P, *trenna* (AB248a) → P}

tarennans [ta'ręnːans] *m.* thundering
[Cc: TARENN=ANS] {S 3; F 0(EC00):}

tarennek [ta'ręnːęk] *adj.* thundery, like thunder
[Cc: TARENN=¹EK] {S 3; F 0(CE38): C W *taranog*}

tarenner [ta'ręnːęr] *m.* **-oryon** thunderer
[Cl: ¹**tarenn=er**] {S 3; F 0(CE38): **-oryon** I}
Nance mentioned cognates, but they have not been identified.

tarosvann [ta'rɔzvan] *m.* **+ow** ghost, apparition *(ghost)*, spectre, phantom
[Cc: Word with -VANN whose 1st element is OldC *taruut*-, corresponding to W *tarfu* 'to scare'] {S 2; F 3: O *taruutuan* (VC.491) → L,P: M *tarosvan*: **+ow** I} The [v] in MidC *tarvos* has been lost.

tarosvannus [ˌtarɔz'vanːys] *adj.* ghostly, spectral *(of ghosts)*
[Ccl: **tarosvann** -us] {S 2; F 0(CE38)}

tarow ['tarɔw] *m.* **terewi** bull
[C: Brit *tarwos* < CC *tarwos* (hpb) < IE (lp)]
{S 1; F 3: M *tarow*: L *taro* (AB.) → P, *tarrow* (WX): P Poltarrow: C B *tarv*, W *tarw*: **terewi** C}

tarow-hes [ˌtarɔʊˈhęːz] *f.* **+yow** second swarm
[CC: **tarow hes**] {S 1; F 0(EC52): **+yow** I}

tartenn ['tartęn] *f.* **+ow** tart *(food)*
[E(F)c: FN in -ENN from E < OldF *tarte* (coe)]
{S 5; F 0(GL05): **+ow** I}

tarya ['taˑrja] *v.* tarry
[E(E): MidE *tary* (coe)] {S 4; F 2: M *tarye* (RD.0445); 2nd pl. impv. *darsough* (BK25.85)}

tas ['taːz] *m.* **+ow** father, dad
[C: Brit *tatos* (M)]
{S 1; F 7: O *tat* (VC.127, 149, 152) → L,P: M *tas* → P, *tase*; pl. *tasow*: L *tâz* (AB.) → P, *taz*; pl. *tazow*: C B *tad*, W *tad*: **+ow** ML}

Tas Nadelik Father Christmas

tas-besydh [ˌtaˑzˈbęˑʒɪð] *m.*
tasow-vesydh godfather
[CL: **tas besydh**]
{S 1; F 0(EC52): **tasow-vesydh** I}

tasek ['taˑzęk] 1. *adj.* paternal, patronal
2. *m.* **tasogyon** spiritual father, patron saint, patron
[Cc: **tas** -¹EK] {S 1; F 2: M *tasek* (BM.2852), *dasak* (BK24.79): **tasogyon** I}

tasekter [taˈzęktęr] *m.* fatherhood
[Ccc: **tasek** -TER] {S 1; F 0(EC00):}

tas-gwynn [ˌtaˑzˈgwɪnː] *m.* **tasow-wynn** grandfather
[CC: **tas gwynn**]
{S 1; F 1: L (Lh.): **tasow-wynn** I}

tasik ['taˑʒɪk] *m.* **-igyon** daddy, dad
[Cc: **tas** -IK] {S 3; F 0(CE38): C B *tadig*: **-igyon** N (P.H.)} Vowel aff. is suppressed.

tas-kuv [ˌtaˑsˈkyːv] *m.* **tasow-guv** great-grandfather
[CC; **tas kuv**]
{S 1; F 0(GK98: K.J.G.): C B *tad-kuñv*; W *tad-cu* 'grandfather': **tasow-guv** I}

tasoges [taˈzɔˑgęs] *f.* **+ow** patroness
[Cc: **tas** -OGES] {S 1; F 0(AnG 1986): **+ow** I}

tasogeth [taˈzɔˑgęθ] *f.* patronage
[Cc: **tas** -OGETH] {S 1; F 0(EC52): C B *tadegezh* 'paternity', W *tadogaeth* 'paternity':}

tasoleth [taˈzɔˑlęθ] *f.* paternity, fatherhood cf. **mammoleth**
[Cc: **tas** -OLETH] {S 1; F 0(GK98):}

tassans ['tasːęns] *pl.* patron saint, holy father
[CL: **tas sans**]
{S 8; F 2: M pl. *tassens* (BM.2328, 3427)}

tast ['taːst] *m.* **+ys** taste
[E(F): MidE < OldF *tast* (co)]
{S 4; F 0(CE93): **+ys** I}

tastya ['taˑstja] *v.* taste
[E(F)c: **tast** -YA] {S 4; F 4: M *tastya*: C W *tastio*}

tasveth ['tazvęθ] *m.* **+ow** foster-father
[Cc: **tas** 2²meth]
{S 1; F 2: O *tatuat* (VC.146) → L,P: **+ow** I}

tatou [taˈtuː] *m.* **+s** tattoo *(military)*
[E(F):] {S 5; F 0(EC00): **+s** I}

TAV- [c: Brit *taba*- or *tama*- (Fl.)]

tava ['taˑva] *v.* touch, stroke, grope
[cc: TAV=¹A] {S 1; F 3: M *dava* → P: L *Taveol* (LV135.29): C B *tañvañ*, MidW *tafaw*}

tavadow [taˈvaˑdɔw] *adj.* tangible
[cc: TAV=ADOW] {S 1; F 0(EC00)}

tavell ['taˑvęl] *f.* **+ow** probe, feeler, antenna
[Cc: TAV=²ELL] {S 1; F 0(GK98: K.J.G.): **+ow** I}

tavella [taˈvęlːa] *v.* probe
[Ccc: **tavell** -¹A] {S 1; F 0(GK98: G.M.S.)}

tavern ['taˑvęrn] *m.* **+yow** tavern, inn
[L: CLat *taverna* (leb) {S 1; F 3: M *tavern* (BM.3308): L *tavargn* (AB047a) → P, *tavarn* -> AB160b: C B (*tavarn*); W (*tafarn*): **+yow** I}

tavernor [taˈvęrnɔr] *m.* **+yon** innkeeper
[Lc: **tavern** -OR] {S 1; F 0(CE93): C B *tavernour*, W *tafernwr*: **+yon** I}

taves ['taˑvęz] *m.* **tavosow** tongue, language
[C: Brit *tauât* (hpb) < IE (lp)]
{S 1; F 5: O *tauot* (VC.047) → L,P: M *taves*, *tavas*; pl. *tavosow* (TH21v): L *tavaz* → P: P ?Hantertavis: C B *teod*; W *tafod*: **tavosow** M}

taves-nader
Kesva an Taves Kernewek
Cornish Language Board
taves-nader [ˌtaˑvez'naˑder] *m.*
tavosow-nader adder's tongue fern
[CC: **taves nader**]
{S 1; F 2: L *Tavaz nadar* (LV135.23) → P: **tavosow-nader** I} Calque on English.

tavethli *v.* broadcast ALT = **darlesa**.
This ghost word was introduced by Nance from its supposed p.ptcpl. at *PC.0551*, read by him as *tavethlys*. The reading *cavethlys*, p.ptcpl. of *kyhwedhla*, is more likely.

tavlinenn [tav'liˑnen] *f.* **+ow** tangent
[CLc: TAV- **linenn**]
{S 1; F 0(GK98: P.H.): **+ow** I}

tavlinennel [tavli'nenːel] *adj.* tangential
[CLcc: **tavlinenn** -¹EL] {S 1; F 0(GM09: G.M.S.)}

tavol ['taˑvɔl] *coll.* **+enn** dock-plants
[D: CLat *tabula* (Gr.) or Brit **taual* (hpb)]
{S 1; F 3: O sg. *tauolen* (VC.630) → L,P: L *Tavl* (LV135.24); sg. *tavolan* (AB015, 076): C B *teol*; W *tafol*: **+enn** OL}

tavosa [ta'vɔˑza] *v.* scold, tell off
[Cc: from **taves** -¹A]
{S 1; F 0(CE38): C cf. W *tafodi*}

tavosans [ta'vɔˑzans] *m.* **+ow** scolding, telling off
[Ch: from **taves** -ANS]
{S 1; F 0(GM09: G.M.S.): **+ow** I}

tavosek [ta'vɔˑzek] **1.** *adj.* verbose, talkative, long-tongued **2.** *m.*
tavosogyon chatterbox
[Cc: from **taves** -¹EK] {S 1; F 2: L *tavazek* (AB081b) → P: D "tavasock": **tavosogyon** I}

tavoseth [ta'vɔˑzeθ] *f.* **+ow** idiom, way of speaking
[Cc: from **taves** -ETH] {S 8; F 3: L *tavazeth* (CGEL) → P: C cf. W *tafodiaith*: **+ow** I} Perhaps coined by Lhuyd from Welsh.

tavosethek [ˌtavɔˑzeˑθek] *adj.* idiomatic
[Ccc: **tavoseth** -¹EK] {S 8; F 0(GM09: G.M.S.)}

taw ['taw] *m.* silence, quiet
[C: Brit **tawit* < CC (Fl.)] {S 1; F 0(CE38):

C B *tav*; W *taw*:} The *taw* found in the texts is the 2nd sg. impv. of **tewel**.

taw taves keep quiet, hold thy tongue

tawel ['tawel] *adj.* quiet
[Cc: **taw** -²EL]
{S 1; F 0(CPNE): P Tredaule: C W *tawel*}

tawesek [ta'weˑzek] *adj.* silent, taciturn
[Cc: Compound of **taw** in -¹EK]
{S 8; F 0(CE38): C B *tavedek*, W *tawedog*}

tawesigeth [ˌtaweˈʒiˑgeθ] *f.* taciturnity
[Cc: **taw** -ESIGETH] {S 8; F 0(CE55):}

te ['teː] *m.* **+ow** tea
The Cor. pron. approximates that of the 17th cent., when the word was borrowed.
[E(O): ModE < Dutch *thee* (co)]
{S 4; F 0(CE38): **+ow** I}

teat (Eng.) *n.* {S 6; F 2: L *tidi* (AB084c, 296a)}

tebel ['teˑbel] **1.** *adj.* evil, wicked
2. *m.* **+es** evil person
This adj. precedes the noun, as in *tebel art* 'black magic' (BM.2364).
[L: Lat *debilis* 'weak', with [d-] > [t-] (CE38)]
{S 4; F 6: M *tebel* → P, *teball*; pl. *tebeles* → P: L *teball* (GCWG); pl. *tebelas* (BOD.073):
+es ML}

tebeldhiwedha [ˌtebelðiˈweˌða] *v.* come to a sticky end
[LCc: **tebel** 2**diwedha**]
{S 4; F 1: M *deball dowethŷ* (CW.0519)}

tebeldhyghtya [ˌtebelˈðɪxtja] *v.* abuse, treat badly, ill-treat, mistreat
[LE(E)c: **tebel** 2**dyghtya**]
{S 4; F 1: M p.ptcpl. *tebel dyghtys* (PC.2634)}

tebeldhyghtyans [ˌtebelˈðɪxtjans] *m.*
+ow abuse, ill-treatment, mistreatment
[LE(E)h: **tebel** 2**dyghtyans**]
{S 4; F 0(EC52): **+ow** I}

tebel-el [ˌtebelˈeːl] *m.* devil, evil one
[LL: **tebel el**] {S 1; F 4: M *tebel el*:}

tebelfara [ˌtebelˈfaˑra] *v.* misbehave
[LE(E): **tebel fara**] {S 4; F 0(EC00)}

tebelwas [ˌtɛbɛlˈwaːz] *m.* **-wesyon** wicked person
[LC: **tebel** 2**gwas**]
{**S** 1; **F** 2: **M** *tebel was* (MC.038); pl. *tebel wesion* (PC.2605): **-wesyon M**}

tebelwrians [ˌtɛbɛlˈwriˑans] *m.* **+ow** evildoing
[LE(E)c: **tebel** 2**gwrians**]
{**S** 4; **F** 1: **M** *tebelwrians* (BM.3502): **+ow I**}

tebott [ˈtɛˑbɔt] *m.* **+ow** teapot
[E(O)E(E): **te** 2**pott**]
{**S** 5; **F** 0(CE93): **C W** *tebot*: **+ow N** (G.M.S.)}

teg [ˈtɛːg] **1.** *adj.* fine, beautiful, pretty, lovely, handsome, fair **2.** *adv.* quite, completely
[C:] {**S** 1; **F** 6: **O** *teg* (VC.123): **M** *tek* → **P**: **L** *têg* (AB.) → **P**, *teag*: **P** Nanteague: **C W** *teg*; cf. **B** *tik* 'fond of'}

teg-awel [ˌtɛˑgˈawɛl] *f.* calm
[CC: **teg awel**] {**S** 1; **F** 1: **L** *têg-auel* (AB084b):}

tegenn [ˈtɛˑgɛn] *f.* **+ow** trinket, jewel, ornament
[Cc: **teg** -enn] {**S** 1; **F** 0(CE38): **+ow I**}
tegenn Dhuw butterfly

tegennel [tɛˈgɛnːɛl] *adj.* ornamental
[Ccc: **tegenn** -¹EL] {**S** 1; **F** 0(GM09: G.M.S.)}

tegh [ˈtɛːx] *m.* **+ow** flight *(escape)*, retreat
[C: CC *tech-* (lp)]
{**S** 1; **F** 0(CE38): **C B** *tec'h* 'flight': **+ow I**}

teghes [ˈtɛˑxɛz] *v.* flee
[Cc: **tegh** -¹ES]
{**S** 1; **F** 0(CE93: K.J.G.): **C B** *tec'hout*; **W** *techu*} The VN ending is here taken from Breton; Nance wrote *teghy*, which is unsupported.

teghiji *m.* retreat
[CcC: **tegh** -¹I 2**chi**] {**S** 3; **F** 0(CE38)}
Nance thought that this word is represented in the pl.n. *Tehidy*, but this was rejected by Padel. The <y> in Nance's *teghy* is wrongly deduced from **W** *techu*. The noun 'retreat' may be translated by **godegh**.

tegwelek [tɛgˈwɛˑlɛk] *adj.* scenic
[CCc: **teg** 2²**gwel** -¹EK] {**S** 1; **F** 0(GM09: G.M.S.)}

tegynn [ˈtɛˑgɪn] *m.* **+ow** trinket, toy
[Cc: **teg** -YNN] {**S** 1; **F** 0(CE38): **+ow I**}

tegys [ˈtɛˑgɪz] *v. part* choked
[Cc: **tag**A -⁶YS] {**S** 1; **F** 0(CE38)}

tejy [tɛˈdʒiː] *pron.* thee *(emphatic)*
[cC: Re-duplicated enclitic pronoun] {**S** 1; **F** 3: **M** *te gey* (OM.1809) → P, *the gy* (PC.0295a)}

tekhe [tɛkˈhɛː] *v.* beautify
[Cc: from **teg** -he]
{**S** 1; **F** 1: **M** p.ptcpl. *tekkeys* (BM.1601)}

tekka [ˈtɛkːa] *adj.* finer, prettier
[Cc: from **teg** -ha] {**S** 1; **F** 4: **M** *teka, tekca* → P}

tekkenn [ˈtɛkːɛn] *f.* **+ow** scrap, bit
[Uc: FN in -ENN from unidentified root]
{**S** 5; **F** 2: **L** *teken* (AB115a), *tèken* (AB249a): **C** cf. **B** *takenn*: **+ow I**}
rag tekkenn for a little while, for a short time

teknegieth [tɛknɛˈgiˑɛθ] *f.* **+ow** technology
[E(F)c: from **teknek** -IETH]
{**S** 5; **F** 0(GM09: G.M.S.): **+ow I**}

teknegiethel [tɛknɛgiˈɛˑθɛl] *adj.* technological
[E(F)c: **teknegieth** -¹EL]
{**S** 5; **F** 0(GM09: G.M.S.)}

teknek [ˈtɛknɛk] *m.* **-ogow** technique
[E(F):] {**S** 5; **F** 0(GM09: YhaG): **-ogow I**}

teknogel [tɛkˈnɔˑgɛl] *adj.* technical
[E(F)c: from **teknek** -²EL]
{**S** 5; **F** 0(GM09: YhaG)}

tekst [ˈtɛkst] *m.* **+ow** text
[E(F): MidE < OldF *text* (co)]
{**S** 5; **F** 2: **M** *text* (TH26v, 37v, 42r): **+ow I**}

tekter [ˈtɛktɛr] *m.* beauty, finery
[Cc: from **teg** -ter] {**S** 1; **F** 4: **M** *tekter* → L,P:}

tektonek [tɛktɔˈnɛk] *adj.* tectonic
[E(L): Cornicization of E *tectonic* < Lat *tectonicus* (coe)] {**S** 5; **F** 0(EC00)}

tektonieth [tɛktɔˈniˑɛθ] *f.* tectonics
[E(L)c: FN in -IETH using E *tecton-* as a root]
{**S** 5; **F** 0(GM09: G.M.S.):}

tell

tell ['tɛlː] *pl.* holes
[C: ¹**toll**A] {S 3; F 3: M *tell* → P}. See ¹**toll**.

tellek ['tɛlːɛk] **1.** *adj.* riddled, pockmarked **2.** *m.* **tellogyon** ragamuffin *(male)*
lit. 'full of holes'; formed from pl. **tell** 'holes', since -EK does not cause vowel affection.
[Cc: **tell** -¹EK] {S 1; F 3: M *tellek, tyllak*: L *tollek* (AB047a) → P: **tellogyon** I}

telli ['tɛlːi] *v.* bore holes, drill holes
[Cc: ¹**toll**A -¹I] {S 1; F 4: M *telly* → P: L *tolla* (AB248a): C W *tyllu*} Lhuyd's form may represent a LateC substitution of -¹A for -¹I.

tellik ['tɛlːɪk] *m.* **-igow** pore, tiny hole
[Cc: ¹**toll**A -IK] {S 1; F 0(CE38): **-igow** I}

telloges [tɛˈlɔˑgɛs] *f.* **+ow** ragamuffin *(female)*
[Cc: **tell** -OGES] {S 1; F 0(GM09: P.H.): **+ow** I}

tellvolla [tɛlˈvɔlːa] *m.* **-vollow** colander
[CE(E): ¹**toll**A 2¹**bolla**]
{S 4; F 0(GK98: K.J.G.): **-vollow** N}

tellyades [tɛlˈjaˑdɛs] *f.* **+ow** tax inspector
[E(E)c: ¹**toll**A -YADES]
{S 4; F 0(GM09: P.H.): **+ow** I}

tellyas ['tɛlːjaz] *m.* **-ysi** tax inspector
[E(E)c: ¹**toll**A -³YAS] {S 4; F 0(Y2): **-ysi** I}

telor ['tɛˑlɔr] *m.* **+yon** warbler
[C:] {S 8; F 0(EC52): C W *telor*: **+yon** I}

telori ['tɛˑlɔri] *v.* warble
[Cc: **telor** -¹I] {S 8; F 0(GM09: K.J.G.): C W *telori*} Nance wrote *telora*, but since the word is borrowed from Welsh, one might as well use the Welsh form *telori*.

telynn ['tɛˑlɪn] *f.* **+ow** harp
[C:] {S 1; F 3: O *telein* (VC.250) → L,P: C B *telenn*; W *telyn*: **+ow** I}

telynnek [tɛˈlɪnːɛk] *adj.* lyric, lyrical
[Cc: **telynn** -¹EK] {S 1; F 0(EC52)}

telynnya [tɛˈlɪnːja] *v.* play a harp
[Cc: **telynn** -YA]
{S 1; F 0(CE38): C cf. B *telennañ*}
One might have expected **telynna*.

temprans

telynnyer [tɛˈlɪnːjɛr] *m.* **-oryon** harpist *(male)* [Ch: **telynn** -¹YER]
{S 3; F 2: O *teleinior*: C cf. B *telennour*, W *telynwr*, both from noun.: **-oryon** I}
One would have expected *-or* rather than *-ior* in OldC.

telynnyores [tɛlɪnˈjɔˑrɛs] *f.* **+ow** harpist *(female)*
[Cc: **telynnyor** -⁴ES] {S 1; F 0(CE38): **+ow** I}

temmik ['tɛmːɪk] *m.* **temmigow** little bit, particle, mite
[Cc: **tamm**A -IK]
{S 1; F 3: L *temmig* (AB113c, 243b) → P; pl. *demigou* (AB113c) → P: C B *tammig*, W *tammik*, without vowel aff.: **temmigow** I}

tempel ['tɛmpɛl] *m.* **templow** temple *(building)* [E(E): OldE *tempel* (co)]
{S 4; F 4: M *tempel* → L,P: L pl. *tempello* (PV16914): P ?Tempellow: C cf. W *teml*: **templow** N} In *CE38,* Nance wondered if the form *tempel* might be "more Celtic" than the form *templa*, and assigned a pl. *templow* to it. This is unattested, but a similar pl. might have been seen in the pl.n. *Tempellow*, otherwise explained by Padel as poss. containing **tin** and **pel**.

templa ['tɛmpla] *m.* **templys** temple *(building)* [E(F): MidE < OldF *temple* (co)]
{S 4; F 4: M *temple* (OM., PC.) ['temple]; pl. *templys* → L,P: L *templo* (LOPWG): **templys** M} The attested pl. *templys* has been assigned to **templa**, but it could just as easily belong to **tempel**.

temporal (Eng.) *adj.*
{S 6; F 2: M *temporall* (TH04r, 51r)}

tempore (Lat.) *n.* of the time
{S 6; F 1: M TEMPORE (TH46r)}

TEMPR- [E(H): MidE < OldE *temprian* + OldF *temprer* (co)]

tempra ['tɛmpra] *v.* tame, subdue, moderate, temper
[E(H)c: TEMPR=¹A] {S 4; F 3: M *tempre*; 3rd sg. pres. ind. *temper* (BM.0163, 1164)}

temprans ['tɛmprans] *m.* temperance
[E(H)h: **tempr=ans**] {S 4; F 0(EC52):}

tempredh

tempredh ['tɛmprɛð] *m.* **+ow**
temperature
[E(H)c: TEMPR=EDH] {**S** 4; **F** 0(GK98: A.S.):
C cf. W *tymheredd*, closer to Latin: **+ow** I}

tempredhell [tɛm'prɛ·ðɛl] *f.* **+ow**
thermometer
[E(H)cc: **tempredh** -ELL]
{**S** 4; **F** 0(GM09: G.M.S.): **+ow** I}

tempredhlinenn [ˌtɛmprɛð'li·nɛn] *f.*
+ow isotherm
[E(H)cLc: **tempredh linenn**]
{**S** 4; **F** 0(GM09: YhaG): **+ow** I}

temprek ['tɛmprɛk] *adj.* temperate, sober *(in behaviour)*
[E(H)c: TEMPR=¹EK] {**S** 4; **F** 0(GK98: A.S.)}

temprer ['tɛmprɛr] *m.* **-oryon** tamer, moderator
[E(H)l: ¹TEMPR=ER] {**S** 4; **F** 0(CE38): **-oryon** I}

temprys ['tɛmprɪz] *adj.* moderate
[E(H)c: TEMPR=⁶YS] {**S** 4; **F** 0(EC00)}

TEMPT- [E(F): MidE < OldF *tenter* (co)]
temptation (Eng.) *n.* ALT = **temptyans**.
[E(F): MidE < OldF *temptacioun* (co)]
{**S** 6; **F** 4: **C** W *temtasiwn*: **M** *temptacyon*, pl. *temtacions* (TH03v): **L** *tentation*}

tempter ['tɛmptɛr] *m.* **-oryon** tempter
[E(F): MidE < OldF *tempteur* (co)]
{**S** 5; **F** 1: **L** *tempter* (M4WK): **-oryon** I}

temptores [tɛmp'tɔ·rɛs] *f.* **-ow**
temptress
[E(F)c: TEMPT=ORES]
{**S** 5; **F** 0(GM09: K.J.G.): **-ow** I}

temptya ['tɛmptja] *v.* tempt
[E(F)c: **tempt=ya**] {**S** 5; **F** 4: **M** *temptye*:
L *depmtya* (M4WK): **C** W *temtio*}

temptyans ['tɛmptjans] *m.* **+ow**
temptation Coined to replace MidE *temptacyon*. [E(F)c: TEMPT=YANS]
{**S** 5; **F** 0(CE93: K.J.G.): **+ow** I}

tender ['tɛndɛr] *adj.* tender
[E(F): MidE < OldF *tendre* (co)] {**S** 4; **F** 2: **M** *tender* (BM.0115), *tendyr* (TH01r)}

tennis

tenewen [tɛ'nɛwɛn] *m.* **tenwennow**
side This word is definitely masculine, as shown by the line *an tenewen thy gela*. It does not contain the singulative ending -ENN. It developed an intrusive [r] in LateC.
[Cc: Compound of **tanow**]
{**S** 8; **F** 5: **O** *tenepen* (VC.082) → **P**: **M** *tenewen* → P; pl. *denwennow* (OM.2442) → P, *tynwennow* (PC.2084): **L** *terneuan* (AB.), *ternuan* (KKTT): **tenwennow** M}

tenki ['tɛnki] *v.* destine
[Cc: **tonk**-A -¹I]
{**S** 8; **F** 0(CE38): **C** B *tonki*; W *tyngu* 'to swear'}

tenkys ['tɛnkɪz] *f.* **+yow** fate, destiny
[Cc: **tonk**-A -⁶YS]
{**S** 8; **F** 0(CE38): **C** B *tonkad*, W *tynged*: **+yow** I}

tenn ['tɛn:] *m.* **+ow** pull, tug, draught *(drink)*, shot, wooden beam in tension, stretcher *(wooden beam)*
[D: CLat *tend*- (lp) or CC **ten*- (Fl.)]
{**S** 1; **F** 4: **M** *ten* → P; pl. *tennow* (OM.2445, 2474), *tennov* (BM.2965): **+ow** M}

tenna ['tɛn:a] *v.* pull, attract, shoot, draw *(drag)*, draw *(a sword)*, fire *(a weapon)*, shoot
[Dc: **tenn** -¹A] {**S** 1; **F** 5: **M** *tenne* → **P**: **L** *tedna* → L,P; **C** B *tennañ*; W *tynnu*}

tenna yn-mes remove, extract, pull out

tennans ['tɛn:ans] *m.* **+ow** strain
[Ch: **tenn** -ANS]
{**S** 1; **F** 0(GM09: G.M.S.): **+ow** I}

tennell ['tɛn:ɛl] *f.* **+ow** trigger
[Cc: **tenn** -ELL] {**S** 1; **F** 0(GM09: G.M.S.): **+ow** I}

tenner ['tɛn:ɛr] *m.* **-oryon** puller, drawer *(person)*
[Dl: **tenn** -¹ER] {**S** 1; **F** 0(CE55): **-oryon** I}

tennik ['tɛn:ɪk] *f.* **-igow** ripple, wavelet
[Cc: ²**tonn**A -IK] {**S** 1; **F** 0(GK98: P.H.): **-igow** I}

tennis ['tɛn:ɪs] *m.* tennis
[E(F): MidE *tenes* < OldF *tenez* 'take' (co)]
{**S** 4; **F** 0(EC52):}

tennis moes table-tennis

tennlester

tennlester ['tɛnlę·stɛr] *m.* **-lestri** tug *(boat)*
[DC: **tenn** lestr-S] {S 1; F 0(CE38): **-lestri** I}

tennroes ['tɛnrɤz] *f.* **+ow** draw-net
[DL: **tenn roes**]
{S 1; F 0(CE38): C W *tynrwyd*: **+ow** I}

tennros ['tɛnrɔz] *f.* **+ow** pulley
[DC: **tenn** ¹**ros**] {S 1; F 0(GM09: G.M.S.): **+ow** I}

tennstrif ['tɛnstrif] *m.* **+ow** tug-of-war
[DE(F): **tenn strif**]
{S 4; F 0(GK98: K.J.G.): **+ow** I}

tennvargh ['tɛnvarx] *m.* **-vergh** draught-horse
[DC: **tenn** 2**margh**] {S 1; F 0(CE38): **-vergh** N}

tennven ['tɛnvɛn] *m.* **tennveyn** magnet, lodestone
[DC: **tenn** 2¹**men**] {S 1; F 0(CE38): **tennveyn** I}

tennvenek [tɛn'vę·nęk] *adj.* magnetic
[DCc: **tennven** -¹EK] {S 1; F 0(Y3)}

tennvos ['tɛnvɔz] *m.* **+ow** attraction
[Dc: **tenn** 2¹**bos**]
{S 1; F 2: M *denuos* (PC.0020) → P: **+ow** I}

tennvosek [tɛn'vɔ·zęk] *adj.* attractive
[Dc: **tennvos**-¹EK] {S 1; F 0(GM09: K.J.G.)}

tenor ['tę·nɔr] *m.* **+yon** tenor
[E(F): MidE < OldF *tenor* (co)]
{S 4; F 0(EC52): **+yon** N (K.J.G.)}

tent (Eng.) *n.* {S 6; F 1: M *tent* (BK24.21)}

tenwennel [tɛn'wɛn:ęl] *adj.* lateral
Irregularly formed; see **tenewen**.
[Cc: from **tenewen** -¹EL]
{S 8; F 0(GM09: YhaG)}

ter ['tę:r] *adj.* eager, insistent, urgent, fervent, vehement
[U:] {S 1; F 0(CE38): C B *taer*; W *taer*}
Nance's *ter* 'clear', supposed by him to be in the pl.n. *Poltair*, was rejected by Padel.

TER- *prefix* intermittent [c:] meaning not clear.

-TER [tɛr] *suffix* (masc. abst. noun ending) [c: Brit *-*tero-* (M)]
Formed from adjectives, e.g. **serthter** 'steepness' from **serth** 'steep'; see also -DER.

terlenter

terder ['tɛrdɛr] *m.* eagerness
[Uc: **ter** -der]
{S 1; F 0(EC52): C B *taerder* 'violence':}

terewi ['tɛrɛwi] *pl.* bulls
[C:] {S 1; F 0(CE38): C B *tirvi*}

tereylya [tę'rɛɪlya] *v.* alternate
[cCc: TER- **eyl** -YA] {S 1; F 0(GM09: A.S.)}

tereylyans [tę'rɛɪlyans] *m.* **+ow** alternation
[cCc: TER- **eyl** -YANS]
{S 1; F 0(GM09: G.M.S.): **+ow** I}

tereylyadow [tɛrɛɪl'ja·dɔw] *adj.* alternating
[cCc: from **tereylya** -ADOW]
{S 1; F 0(GM09: A.S.)}

terfysk ['tɛrfɪsk] *m.* turbulence
[cC: TER- **fysk**] {S 1; F 0(GM09: YhaG):}

terfyskus [tɛr'fɪ·skys] *adj.* turbulent
[cCl: **terfysk** -US] {S 1; F 0(GM09: G.M.S.)}

tergh ['tɛrx] *f.* hole
Since this is a hapax legomenon, there is some doubt about the meaning. [C:] {S 1; F 1: M *dergh* (BK24.61): C W *terch* 'bung-hole' }

terghi ['tɛrxi] *v.* wreathe, coil
[Cc: ²**torgh**A -¹I] {S 1; F 0(CE38): C W *torchi*}

terghya ['tɛrxja] *v.* rootle, root *(of pigs)*
[Cc: ⁴**torgh**A -YA] {S 1; F 0(CE38)}
Cognates not identified.

tergravas [tɛr'gra·vaz] *v.* scarify
[cCc: TER- 2**kravas**] {S 1; F 0(GK98: A.S.)}

teri ['tę·ri] *v.* insist, be eager
[Uc: **ter** -¹I]
{S 1; F 0(CE38): C B *taeriñ*; cf. W *taeru*}

terlemmel [tɛr'lɛm:ęl] *v.* gambol, frisk, skip
[cCc: TER- **lemmel**]
{S 1; F 1: M *terlemel* (BM.2100)}

terlenki [tɛr'lɛnki] *v.* gulp
[cCc: TER- **lenki**]
{S 1; F 0(CE38): C W *(darlyncu)*}

terlenter [tɛr'lɛntɛr] **1.** *adj.* scintillating, twinkling **2.** *m.* **-lentrow** twinkle
[cCc: TER- **lenter**] {S 1; F 0(EC00): **-lentrow** I}

terlentri [tɛr'lɛntri] *v.* glisten, twinkle, sparkle, scintillate
[cCc: TER- LENTR=¹I] {S 1; F 3: L *terlentry* → P}

terlesa [tɛr'lɛ·za] *v.* diffuse
[cCc: TER- **lesa**] {S 1; F 0(GM09: K.J.G.)}

terlesans [tɛr'lɛ·zans] *m.* **+ow** diffusion
[cCc: TER- **lesans**]
{S 1; F 0(GM09: G.M.S.): **+ow** I}

terms (Eng.) *pl.*
[E(F): pl. of MidE *term* < OldF *terme* (coe)]
{S 6; F 2: M *termys* (TH18v), *termes* (TH55v)}

termyn ['tɛrmɪn] *m.* **+yow** time, term, period
[L: LLat *terminus* (Gr.)] {S 1; F 6: M *termyn* → P, *tyrmyn*; pl. *tyrmynnyow* (TH52v), *terminnyow* (CLJK): L *termen*: C B *termen*; cf. W *terfyn* 'end': **+yow** M} Borrowing is late, or the word would be **tervyn*.

a-dermyn on time

a dermyn dhe dermyn from time to time

a verr dermyn briefly, shortly

rag an termyn for the time being

termyn a dheu future

termynek [tɛr'mɪ·nɛk] **1.** *adj.* dawdling, dilatory **2.** *m.* **-ogyon** time-waster *(male)* [Lc: **termyn** -¹EK]
{S 1; F 0(CE38): D "tarmenack": **-ogyon** I}

termynoges [ˌtɛrmɪ'nɔ·gɛs] *f.* **+ow** time-waster *(female)*
[Lc: **termyn** -OGES]
{S 1; F 0(GM09: YhaG): **+ow** I}

TERN [C: Brit **tigernos* 'chieftain']
Found in **myghtern** 'king'.

ternija [tɛr'ni·dʒa] *v.* flutter, flit
[cCc: TER- **nija**] {S 1; F 1: M *trenyge* (OM.1142): C W *(darneidio)* 'to prance'; cf. B *tarnijal*}

ternoeth ['tɛrnɤθ] *adj.* half-naked
[cC: TER- **noeth**]
{S 8; F 3: M *ternoeth* → P: P ?Ternooth}

ternos ['tɛrnɔs] *adv.* next day, on the morrow, the day after
[ccC: Shortening of **tro an nos** (Fl.)] {S 3; F 3: M *ternos* → L,P: C B *(an) tronoz*; W *(trannoeth)*}

ternos vyttin tomorrow morning, on the following morning

ternwelenn [tɛrn'wɛ·lɛn] *f.* **+ow** sceptre
[cCc: TERN- 2**gwelenn**]
{S 1; F 0(GK98: A.S.): C W *teyrnwelen*: **+ow** I}

terras ['tɛr:as] *m.* **+ow** terrace
[E(F): MidE < OldF (coe)]
{S 4; F 0(EC52): **+ow** I}

terri ['tɛr:i] *v.* break, pick *(e.g. flowers)*
[Cc: ³torrA -¹I] {S 1; F 6: M *terry* → L,P: L *terhi* (AB245b) → P: C B *terriñ*; W *torri*}

terri chi tear down a house

terri syghes slake thirst

terri an jydh daybreak

terrible (Eng.) *adj.*
{S 6; F 2: M *terribill* (TH51v, 54r)}

terroes ['tɛr:ɤz] *m.* **+ow** havoc, destruction, downfall, calamity
[U:] {S 8; F 4: M *terrus* → P: **+ow** I}
Rhymes show that the final vowel was /o/.

terroesa [tɛ'ro·za] *m.* **terroesedhow** disaster, havoc
[Uc: **terroes** -¹A] {S 8; F 1: M *teroge* (RD.2303): **terroesedhow** N (K.J.G.)}
Perhaps for earlier **terroseth*, with the poss. meaning 'finish of chase'.

terroesus [tɛ'ro·ʒys] *adj.* disastrous
[Ul: **terroes** -US] {S 1; F 0(GK98: A.S.)}

terroesva [tɛ'ro·zva] *f.* **+ow** disaster area
[Uc: **terroes** -VA] {S 1; F 0(GK00: A.S.): **+ow** I}

terror (Eng.) *n.* {S 6; F 1: M *terrvr* (BK18.62)}

terrys ['tɛr:ɪz] *adj.* broken
[Cc: ³torrA -⁶YS] {S 1; F 4: M *terrys*}
P.ptcpl. of **terri**.

terrysi [tɛ'rɪ·ʒi] *pl.* ?downfall
[U: related to **terroes**] {S 8; F 2: M *terrygy* (PC.0112), *derrygy* (BK09.10)}
The meaning is due to Nance, who took the word to be the pl. of **terroes**.

terskrif ['tɛrskrif] *m.* **+ow** jotting
[cL: TER- **skrif**] {S 3; F 0(GM09: K.J.G.): **+ow** I}

terskrifa

terskrifa [tɛr'skriˑfa] *v.* jot
[cL: TER- **skrifa**] {S 3; F 0(GM09: K.J.G.)}

terthenn ['tɛrθɛn] *f.* **+ow** fever, influenza, flu
[L: CLat *tertio*- 'three-day ague'] {S 3; F 0(CE93): C B *terzhienn*, W *teirthon*: **+ow** M}
In *CE93*, the word *tarthennov* (BM.1423) was taken as the pl. of **terthenn**. It is now thought that *tarthennov* is more likely to be 'small explosions', i.e. farts. N.Williams has criticized the entry for **terthenn**, stating that "*fevyr* means 'fever' (of whatever origin), *terthen* means 'tertian ague, malaria'". In Breton, *terzhienn* is used of any fever; in Welsh, *teirthon* is also applicable to any fever, and is indeed used generically. Ref. Morfydd Owen: "Names for Sicknesses and Disease in Medieval Welsh". Paper presented to the XIII-ICCS, Bonn, July 2007. It is therefore quite reasonable to suppose that Cor. *terthenn* may also be applied to any fever.

terthennek [tɛr'θɛnːɛk] *adj.* feverish
[Lc: **terthenn** -¹EK] {S 3; F 0(GM09: G.M.S.)}

Tertull name Tertullian
{S 8; F 1: M *Tertull* (THN54v)}
TERV- [C:]

terva ['tɛrva] *v.* make a tumult
[Cc: TERV=¹A] {S 1; F 0(CE93: K.J.G.): C W *tyrfu*} Nance wrote *tervy*.

tervans ['tɛrvans] *m.* **+ow** tumult, din, turmoil
[Ch: TERV=ANS]
{S 1; F 1: M *tervyns* (RD.2576): **+ow** }

tervansus [tɛr'vanzys] *adj.* tumultuous
[Chl: **tervans** -US] {S 1; F 0(GM09: G.M.S.)}

tervyajor [ˌtɛrvɪ'aˑdʒɔr] *m.* **+yon** tourist
[cE(F)c: TER- **vyajor**]
{S 5; F 0(AnG 1986): **+yon** I}

tervysk ['tɛrvɪsk] *m.* **+ow** muddle
[cC: TER- 2**mysk**] {S 1; F 0(GK98: A.S.): **+ow** I}
Not the same as **kemmysk** 'mixture'

tervyska [tɛr'vɪˑska] *v.* muddle, muddle up
[cC: TER- 2**mysk** -¹A] {S 1; F 0(GK98: A.S.)}

testeudhi

tes ['tɛːz] *m.* heat, warmth
[C: Brit *tepst- (Gr.) < IE *tepstu- (Haywood)]
{S 1; F 2: O *tes* (VC.475) → P: C B *tez*; W *tes*:}

tesa ['tɛˑza] *v.* heat, warm in the sunshine
[Cc: **tes** -¹A] {S 1; F 0(CE38): C B *tezañ*}

tesek ['tɛˑzɛk] *adj.* hot, sultry, hot-tempered, irritable
[Cc: **tes** -¹EK] {S 1; F 0(CE38): D cf. "teazy" 'irritable'.: C W *tesog*}

tesenn ['tɛˑzɛn] *f.* **+ow** cake
[Cc: **tes** -enn] {S 8; F 4: L *tezan* (JCNBG) → P: C W *teisen*: **+ow** C}

tesenn dhyenn cream cake
tesenn gales biscuit, cookie
tesenn vyghan bun

tesogneth [tɛ'zɔgnɛθ] *f.* irritability
[Cc: **tes** -OGNETH] {S 1; F 0(GK98: G.M.S.):}

test ['tɛːst] *m.* **+ow** witness
[L: CLat *testis*]
{S 2; F 3: O *tist* (VC.425): M *test* (RD.1812, BM.3750) → P: C B *test*; W *tyst*: **+ow** I}

testament ['tɛˑstamɛnt] *m.* **-ns** testament *(Biblical)*
[E(L): MidE < Lat *testamentum* (coe)]
{S 5; F 3: M *testament* (TH., SA.): **-ns** I}

Testament Koth Old Testament
Testament Nowydh New Testament

testenn ['tɛˑstɛn] *f.* **+ow** subject *(of study)*, topic
[Lc: FN in -ENN from CLat *textus* (Gr.)]
{S 1; F 0(CE38): C B *testenn*; cf. W *testun* < CLat *testimonia*: **+ow** I}

testennel [tɛs'tɛnːɛl] *adj.* topical
[Lcc: **testenn** -¹EL] {S 1; F 0(GM09: G.M.S.)}

testeudhans [tɛs'tœˑðans] *m.* welding
[CCh: **tes teudh** -ANS] {S 1; F 0(GM09: K.J.G.):}

testeudhenn [tɛs'tœˑðɛn] *f.* **+ow** weld
[CCc: **tes teudh** -ENN]
{S 1; F 0(GM09: K.J.G.): **+ow** I}

testeudhi [tɛs'tœˑði] *v.* weld
[CCc: **tes teudhi**] {S 1; F 0(GM09: K.J.G.)}

testifia *v.* testify ALT = **dustunia**.
[E(L)c: VN in -YA from MidE < Lat *testificâre* (coe)]
{S 4; F 2: M *testifia* (TH07v), *testifya* (TH46v)}

testskrif ['tɛ·stskrif] *m.* **+ow** certificate, testimonial
[LL: **test skrif**] {S 3; F 0(EC52): **+ow** I}

teth ['tɛ:θ] *f.* **+i, +ow** teat
[U:] {S 1; F 0(CE38): L *tidi* (AB112c): C B *tezh*; W *teth*: **+i** L; **+ow** I}
Lhuyd's pl. appears doubtful.

tethenn ['tɛ·θɛn] *f.* **+ow** teat, nipple, udder
[Uc: **teth** -enn]
{S 1; F 3: L *tethan* (AB.) → P: **+ow** I}

tetivali [ˌtɛti'va·li] *interj.* tut-tut, tush, nonsense
[D: Lat *titivillicium* or E *tilly-vally*, with misreading of <l> as <t>, by Jordan.]
{S 8; F 3: M *tetŷ valy* (CW.1303), *tety valy* (CW.2379) → P}

teudh ['tœ:ð] *adj.* molten, melted, melting
[C: CC *tâyo-* (Fl.)] {S 1; F 2: O *tot* (VC.017) → L,P: C B *teuz*; W *tawdd*}

teudher ['tœ·ðɛr] *m.* **-oryon** smelter
[Cl: **teudh** -¹ER] {S 1; F 0(CE55): **-oryon** I}

teudhergh ['tœ·ðɛrx] *m.* slush
[CC: **teudh ergh**]
{S 1; F 0(CE55): C B *teuzerc'h*:}

teudherigva [ˌtœðɛ'rigva] *f.* **+ow** fuse-box
[Clcc: from **teudherik** -VA]
{S 1; F 0(Y1): **+ow** N}

teudherik [tœ'ðɛ·rɪk] *m.* **-igow** fuse
[Clc: **teudh** -¹ER -IK] {S 1; F 0(Y1): **-igow** N}

teudhi ['tœ·ði] *v.* melt, smelt, thaw, fuse
[Cc: **teudh** -¹I] {S 1; F 2: L *tedha* (AB054a) → P: C B *teuziñ*, cf. also *steuziñ* 'to disappear'; W *toddi*} Lhuyd's *-a* has been taken as a LateC form, and has been replaced by -I, as found in the cognates.

teudhji ['tœθtʃi] *m.* **+ow** foundry, smelting-house
[CC: **teudh** 2chi] {S 3; F 0(EC52): **+ow** I}

teudhla ['tœðla] *m.* **-leow** foundry
[Cc: **teudh** -LA]
{S 2; F 0(CE55): C B *teuzlec'h*: **-leow** I}

teudhlester ['tœðlɛstɛr] *m.* **-lestri** crucible
[CC: **teudh lester**] {S 1; F 0(EC52): C B *teuzlestr*; W *tawddlestr*: **-lestri** I}

teudhva ['tœðva] *f.* **+ow** foundry
[Cc: **teudh** -VA] {S 1; F 0(CE38): **+ow** I}

teuregel [tœ'rɛ·gɛl] *adj.* parasitic
[Cc: from **teurek** -¹EL] {S 1; F 0(GM09: K.J.G.)}

teuregonieth [tœrˌɛgɔ'ni·ɛθ] *f.* parasitology
[Cc: from **teurek** -ONIETH]
{S 1; F 0(CE93: G.M.S.):}

teuregonydh [tœrɛ'gɔ·nɪð] *m.* **+yon** parasitologist
[Cc: from **teurek** -ONYDH]
{S 1; F 0(GM09: G.M.S.): **+yon** I}

teurek ['tœ·rɛk] *coll.* **teurogenn** parasites, bugs
[C:] {S 1; F 1: C B *teureug*, W sg. *torogen*: **teurogenn** I}

TEV- [C: Brit < IE (Fl.)]

tevesiges [ˌtɛvɛ'ʒi·gɛs] *f.* **+ow** adult *(female)*
[Cc: **tevesik** -⁴ES] {S 1; F 0(GK98: K.J.G.): **+ow** I}

tevesik [tɛ'vɛ·ʒɪk] **1.** *adj.* adult **2.** *m.* **-igyon** adult *(male)*
[Cc: TEV=ESIK]
{S 1; F 0(GK98: K.J.G.): **-igyon** I}

tevi ['tɛ·vi] *v.* grow
[Cc: **tev**=¹i]
{S 8; F 5: M *tevy* → P: L *tivi* (AB245a), *tivia* (AB245a) → P: C B *tiñvañ*; W *tyfu*}

tevyans ['tɛ·vjans] *m.* **+ow** growth
[Cc: **tev**=yans] {S 8; F 0(EC52): **+ow** I}

tew ['tɛw] *adj.* thick, fat, dense, impervious
[C: Brit *tegus* (iyk) < IE (lp)] {S 1; F 4: M *tew*: L *têu* (AB153b) → P: C B *tev*, W *tew*}

tewal

tewal ['tɛʊal] *adj.* dark, gloomy, obscure
[C:] {S 1; F 3: L *teual* (AB.) → P: **P** Lantuel: **C** B *teñval*; W *tywyll*}
This LateC variant fits the cognates better than the MidC variant, **tewl**.

Tewdar *name* Tewdar (name of a tyrant)
{S 8; F 4: **M** *teuthar, tewdar* (BK), *tevdar* (BM.)}

tewder ['tɛʊdɛr] *m.* +yow thickness, fatness
[Cc: **tew** -der]
{S 1; F 2: L *teuder* (AB240b) → P: **+yow** I}

tewedh ['tɛwɛð] *m.* +ow storm
[C:]
{S 8; F 0(CE38): **C** W *tywydd* 'weather': **+ow** I}

tewedh keser hail storm

tewedha [tɛ'wɛ·ða] *v.* weather
[Cc: **tewedh** -¹A] {S 8; F 0(GK98: G.M.S.)}

tewedhans [tɛ'wɛ·ðans] *v.* weathering
[Ch: **tewedh** -ans] {S 8; F 0(GK98: G.M.S.)}

tewedhek [tɛ'wɛ·ðɛk] *adj.* weather-beaten
[Cc: **tewedh** -¹EK]
{S 1; F 0(CE38): **D** "towethack"}

tewedhys [tɛ'wɛ·ðɪz] *adj.* weathered
[Cc: **tewedh** -⁶YS] {S 8; F 0(GM09: G.M.S.)}
P.ptcpl. of **tewedha**.

tewel ['tɛwɛl] *v.* be silent, cease speaking
[Cc: **taw**A -²EL]
{S 8; F 4: **M** *tewel* → L,P: **C** B *tevel*, W *tawel*}

tewes ['tɛwɛz] *coll.* +enn sand
[C:] {S 8; F 0(GM09: G.M.S.): L *t-ẏmos* (AB284c): **C** W *tywod*: **+enn** C} Nance wrote *tewesyn* for 'grain of sand', after W *tywodyn*.

tewesek [tɛ'wɛ·zɛk] *adj.* sandy
[Cc: **tewes** -¹EK] {S 8; F 0(CE38): **C** W *tywodog*}

tewesven [ˌtɛwɛz'vɛːn] *m.* -veyn sandstone
[CC: **tewes** 2¹men]
{S 1; F 0(GM09: G.M.S.): -**veyn** I}

tewhe [tɛʊ'hɛː] *v.* thicken, fatten

Tewynn Pleustri

[Cc: **tew** -he] {S 1; F 0(CE38)}

tewl ['tɛʊl] *adj.* dark, gloomy, sombre
See also **tewal**. [C: 1 syll. variant of *tewal*]
{S 2; F 3: **M** *teul* (RD.) → P, *tewlle* (TH.): **C** B *teñval*; W *tywyll*}

tewlder ['tɛʊldɛr] *m.* darkness
[Cc: **tewl** -DER] {S 2; F 3: L *tuylder* (G1JB) → P, *tiulder* (AB240b) → P:}

tewlel ['tɛʊlɛl] *v.* throw, cast, toss, fling
[Cc: **towl**A -²EL]
{S 1; F 5: **M** *teulel* → L,P: L *tyulel* (AB245b) → P; *toula* (PV.): **C** B *(teurel)*; cf. W *taflu*}
Replaced by *towla* in LateC, cf. B *taolañ*.

tewlel prenn cast lots

tewlel towl plan

tewlel yn-mes throw out, eject, expel

tewlel yn-kerdh throw out, eject, expel

tewlhe [tɛʊl'hɛː] *v.* darken, become dark
[Cc: **tewl** -he] {S 2; F 0(CE38)}

tewlwolow [tʊwl'wɔ·lɔw] *m.* half-light
[CC: from **tewl** 2**golow**]
{S 2; F 0(CE38): **D** "tulla lulla":}

tewlyjyon [tɛʊl'ɪ·dʒjɔn] *m.* darkness, obscurity
[Cc: **tewl** -YJYON] {S 2; F 1: L *Tiwuigon* (PV17324): **C** cf. B *teñvalijenn*:}

tewolgow [tɛ'wɔlgɔw] *m.* darkness
[Ccc: Poss. from **tewal** -IK -²OW (Gr.)]
{S 8; F 4: **O** *tipuigou* (VC.451): **M** *tewolgow* → P: L *tolgo* (M4WK), *tulgu* (AB.) → P: **D** dial. word *tulgey* in Lewis Carroll's *Jabberwocky*.:}

tewynn ['tɛ·wɪn] *m.* +ow dune
[C:] {S 8; F *: **D** "towan": **P** Porthtowan = **porth tewynn**: **C** B *tevenn*; W *tywyn*: **+ow** I}

Tewynn Pleustri [ˌtɛwɪn'plœ·stri] *place* Newquay
[CU: **tewynn** + unidentified 2nd element]
{S 8; F 0(CE93)} The interpretation **p'lestri** for **porth lestri** 'harbour for boats', was dismissed by Padel (1988). The 2nd element exists today in the pl.n. Fistral.

tewynnek [tę'wɪnːęk] *adj.* duned
[Cc: **tewynn** -¹EK] {S 8; F 0(CE55)}

teyl ['tęɪl] *m.* manure
[C: Brit *talyo-* (hpb)] {S 1; F 4: **L** *teil* (AB059c) → P, *tŷle* (AB080a, 083a) → P: **C B** *teil;* W *tail:*}

teylek ['tęɪlęk] *f.* **teylegi** dung-heap, midden
[Cc: **teyl** -¹EK] {S 1; F 0(CE38): **P** Parkandillack = **park an deylek**.: C W *teilog:* **teylegi** I}

teylu ['tęɪly] *m.* **+yow** family, household
[C: Brit *tego-slougo-* 'house-army' (lheb)] {S 1; F 3: **O** *teilu* (VC.137, 215) → L,P: **C** Not in B; W *teulu:* **+yow** I}

teyluweth *f.* ?family
[Cu: Compound of **teylu**] {S 8; F 1: **M** *tylvweth* (BK22.68)}

teyr³ ['tęɪr] *num.* three *(fem.)*
[C: Brit (lp) < CC (Fl.)] {S 1; F 4: **M** *tyr, teyr:* **L** *tair* (AB.) → P, *teir* (PV.): **P** Terras = **teyr rys**: **C B** *teir;* W *tair*}

teyrgweyth ['tęɪrgwęɪθ] *adv.* thrice
[CC: **teyr** ¹**gweyth**] {S 1; F 4: **M** *tergweyth*: **L** *teir gueth* (AB162b) → P}

teyrros ['tęɪrːɔz] *f.* **+ow** tricycle Cf. **diwros** 'bicycle'.
[CC: **teyr** ¹**ros**] {S 1; F 0(Y1): **+ow** I}

teythi ['tęɪθi] *pl.* attributes, faculties, abilities, qualities
[U:] {S 8; F 2: **M** *tythy* (MC.018), *teythy* (BM.2644)}

teythyek ['tęɪθjęk] **1.** *adj.* indigenous, local, home-grown, vernacular, aboriginal **2.** *m.* **teythyogyon** native *(male),* local, aborigine
[Uc:] {S 1; F 2: **O** *teithioc* (VC.194) → L,P: **C** MidW *teithiog:* **teythyogyon** I}

teythyoges [tęɪθ'jɔˑgęs] *f.* **+ow** native *(female),* local, aborigine
[Uc:] {S 1; F 0(GM09: YhaG): **+ow** I}

'TH **thee** Infixed pronoun found in **a'th** and **y'th**. [C:]

the (Eng.) *art.* {S 6; F 4: **M** *the*}
Nearly all exx. in lines of English.

thee (Eng.) *pron.* {S 6; F 3: **M** *the, thy, tha*}
Nearly all exx. in lines of English.

thema ['θęˑma] *m.* **themow** theme
[E:] {S 5; F 0(GM09: K.J.G.): **themow** I}

then (Eng.) *adv.* {S 6; F 2: **L** *dhan* (JCNBL)}

Theodosius (Lat.) *name*
{S 6; F 1: **M** *Theodosius* (TH39r)}
Roman emperor from A.D. 379 to 395.

Theofylact (Eng.) *name*
{S 6; F 1: **M** *Theophelact* (SA65v)}
An 11th cent. biblical commentator.

¹ti ['tiː] *m.* **+ow** oath, imprecation
[C: CC *stu* (lp)]
{S 3; F 2: **M** *ty* (MC.085, BM.3740): **+ow** I}

²ti ['tiː] *v.* swear
[C: CC *stu* (lp)] {S 3; F 5: **M** *ty* (BK02.58, TH07v): **L** *te, ti, ty* (PV16823): **C B** *tou* 'oath', *touiñ* 'to swear'; cf. W *tyngu*}
According to Nance, the B cognates suggest that a Cor. noun *to* was replaced by the VN *ty*. The 3rd sg. pres. ind. was written *te* in the Ordinalia, but *to* in BK..

bedhav y di I dare say

³ti ['tiː] *v.* roof
[C:] {S 8; F 0(GM09: K.J.G.): **L** 1st sg. pres. ind. *ty* (PV.7083, 17802)}

⁴ti *m.* house
[C: Brit *tigos*] {S 1; F 3: **O** *ti* (VC.744) → P: **P** Tywardreath} Older form of **chi**.

tia *v.* swear
[Cc: ²**ti** -¹A] {S 3; F 3: **L** *tia* (TCJB), *tíah* (AB074b) → P} LateC replacement for ²**ti**.

Tiberi *name* Tiberius (name of Roman emperor) [L:] {S 8; F 1: **M** *tibery*}

Tiberias (Lat.) *place* {S 6; F 1: **M** *Tiberias* (TH42v)} A town on the western shore of the Sea of Galilee, built in about A.D. 20, and named after the emperor Tiberius.

tiek ['tiˑęk] *m.* **tiogow, tiogyon** farmer *(male),* householder
[Cc: ⁴**ti** -¹EK < Brit *tigâkos* (Fl.)] {S 1; F 4: **O** pl. *tiogou* (VC.184) → P: **M** pl. *tyowgow* (BK09102): **L** *tîak* (AB.) → P: **F** Tyack → P: **C B** *tieg;* W *taeog:* **tiogow** OM; **tiogyon** N (CE38)} It is not clear whence Nance got the pl. *tiogyon*.

tigenn

tigenn ['tiˑgęn] *f.* **+ow** handbag
[Uc: FN in -ENN from unknown root]
{S 8; F 1: L *tigan* (Borlase): **+ow** I}

tiger ['tiˑgęr] *m.* **tigri** tiger
[E(F): MidE *tygre* < OldF *tigre* (coe)]
{S 4; F 0(CE38): **tigri** N (K.J.G.)}
Pl. in -I used so as not to conflict with **tigres**.

tigres ['tigręs] *f.* **+ow** tigress
[E(F)c: E *tigress* (coe)] {S 4; F 0(CE38): **+ow** I}

tim ['tiːm] *m.* thyme
[E(F): MidE < OldF *thym*]
{S 5; F 1: L *tîm* (AB163c):}

timber (Eng.) *n.* ALT = **prenn**.
{S 6; F 2: M *tvmbyr* (OM.2479), *tumbyr* (OM.2484), *tymber* (CW.2284)}

Timotheus (Lat.) *name* Timothy
{S 6; F 1: M *Tymotheus* (TH18v)}

tin ['tiːn] *f.* **+yow** arse, posterior, rump
Appears to be vulgar; 'arse' might be the best rendering.
[C: CC **tûqnâ* (Fl.)] {S 1; F 5: M *tyn* → P: L *teen* (PRJB): C MidB *(din)*, W *tin*: **+yow** I}

tingogh ['tingɔx] *m.* **+es** redstart *(bird)*
lit. 'red rump'
[CC: **tin** 2²**kogh**] {S 1; F 0(CE38): **+es** I}

tinwynn ['tinwɪn] *f.* **+ow** wheatear *(bird)* lit. 'white rump'.
[CC: **tin** 2**gwynn**] {S 1; F 0(CE38): **+ow** I

tioges [tiˈɔˑgęs] *f.* **+ow** farmer *(female)*, countrywoman
[Cc: ⁴**ti** -OGES] {S 1; F 0(CE38): **+ow** I}
Nance wrote *tyeges*, which is based on a false understanding of vowel affection, and cited as evidence the pl.n. *Forty Acres*; according to Padel, this name is Eng.

tiogeth [tiˈɔˑgęθ] *f.* **+yow** household
[Cc: ⁴**ti** -OGETH]
{S 1; F 0(CE38): C B *tiegezh*: **+yow** I}

tiogyon [tiˈɔˑgjɔn] *pl.* farmers
[Cc: ⁴**ti** -OGYON] {S 1; F 0(CE38)}

tior ['tiˑɔr] *m.* **+yon** thatcher *(male)*, slater
[Cc: ⁴**ti** -OR]
{S 8; F 3: M pl. *tyorryon* (OM.2411, 2423, 2486) → P: L *tyor* (PV17802, 17817): **+yon** M}

tirvusuryas

tiores [tiˈɔˑręs] *f.* **+ow** thatcher *(female)*, slater
[Cc: ⁴**ti** -ORES] {S 8; F 0(GM09: YhaG): **+ow** I}

tir ['tiːr] *m.* **+yow** land, ground, territory
[C: Brit **tîrsos* (iyk) < CC **têres* (Fl.)]
{S 1; F 6: O *tir* (VC.011) → P: M *tyr* → P; pl. *tyryow*: L *tîr* (AB.) → P, *teer* → P; pl. *tirriou* (AB243b) → P: C B *tir*; W *tir*: **+yow** ML}
Lhuyd and Pryce also give a pl. *terroz*, which may represent **tir** -²YS.

tir meur mainland

tira ['tiˑra] *v.* land, come ashore
[Cc: **tir** -¹A]
{S 1; F 2: L *teera* (DPNB) → P: C cf. W *tirio*}

tirans ['tiˑrans] *m.* **+ow** landing
[Ch: **tir** -ANS] {S 1; F 0(CE93: R.E.): **+ow** I}

tiredh ['tiˑręð] *m.* **+ow** territory, land
[Cc: **tir** -¹EDH] {S 1; F 4: M *tyreth* → P: L *tereath* (TCTB): **+ow** I}

tiredhel [tɪˈrę·ðęl] *adj.* territorial
[Ccc: **tiredh** -²EL] {S 1; F 0(GM09: K.J.G.)}
Nance suggested *tyredhek* in EC52.

tirhe [tirˈhęː] *v.* land
[Cc: **tir** -HE]
{S 1; F 2: M p.ptcpl. *tyrhys* (BK01.34), 3rd sg. pret. *dyrhas* (BK02.362, 02.41)}

tirlanow [ˌtiˑrˈlaˑnɔw] *m.* landfill
cf. **morlanow**.
[CC: **tir lanow**] {S 1; F 0(GM09: YhaG):}

tir-nans [ˌtiˑrˈnans] *m.* **tiryow-nans** valley-land
[CC: **tir nans**]
{S 1; F 1: M *ternans* (BM.3933): **tiryow-nans** I}

tirvusuryades [tirvɪzyrˈjaˑdęs] *f.* **+ow** land-surveyor *(female)*
[CLc: **tir** 2**musuryades**]
{S 4; F 0(GM09: P.H.): **+ow** I}

tirvusuryas [ˌtirvyˈzyˑrjaz] *m.* **-ysi** land-surveyor *(male)*
[CLc: **tir** 2**musuryas**]
{S 4; F 0(AnG 1996): **-ysi** I}

tirwedh

tirwedh ['tiˑrwęð] *f.* **+ow** relief *(topographical)*, landform
[CC: **tir 2gwedh**]
{S 1; F 0(GM09: G.M.S.): **+ow** I}

tirwedhek [tɪr'węˑðęk] *adj.* topographic(al)
[CCc: **tirwedh** -¹EK] {S 1; F 0(GM09: G.M.S.)}

tirwel ['tiˑrwęl] *m.* **+yow** landscape
[CC: **tir 2²gwel**]
{S 1; F 0(GK98: G.M.S.): **+yow** I}

titel ['tiˑtęl] *m.* **titlow, titlys** legal right, title *(legal)*, deed *(legal)*
[E(F): MidE < OldF *title* (co)] {S 5; F 2: **M** *tytel* (BM.2371), *tytyll* (TH06r), *thytyll* (TH06v): titlow N (G.M.S.); titlys I (CE38)}

tiyas ['tiˑjaz] *m.* **tiysi** juror
[Cc: ²**ti** -³YAS] {S 3; F 1: **L** *teaze* (TCWK): **tiysi** I}

tnow ['tnɔw] *m.* **-i** valley-bottom
[C: Brit (lp)] {S 1; F 1: **L** *tvow* (BK15.51): **P** Sithnoe: **C B** *(traoñ)*, OldW *tnou*: **-i** C}

to ['tɔː] *m.* **tohow** roof
[C: CC *togâ* (Gr.)] {S 1; F 3: **O** *to* (VC.761) → P: **M** *to*: **C B** *to*; **W** *tô*: **tohow** I} The pl. has non-etymological <h>, by analogy with **rohow**.

to sowl thatched roof

tobakko *m.* tobacco
[E: E *tobacco* < Sp *tabaco* (coe)]
{S 5; F 2: **L** *týbakko* (AB160b) → P:}

Tobesi name
{S 4; F 3: **M** *tobesy* (BM.)}

Toby (Eng.) *name* {S 6; F 1: **L** *Toby* (CMWD)}

toch ['tɔːtʃ] *m.* **+ys** moment
[E(F): MidE < OldF (coe)]
{S 5; F 3: **M** *tuch* → P: **C** cf. **W** *twtsh*: **+ys** I}

tochya ['tɔˑtʃja] *v.* touch
[E(F)c: **toch** -YA] {S 5; F 5: **M** *tochya*: **L** *thotcha* (G3WK): **C** cf. **W** *twtsio*}

ow tochya as regards, regarding, concerning

tochya pib light a pipe

toell ['tɤlː] *m.* deceit, fraud, deception, trickery

toemmas

[C: Brit *tuill*- (Gr.)] {S 1; F 3: **M** *tol* (OM.2559), *tovl* (PC.0286), *toll* (CW.1987) → P, *tull* (CW.2308) → P: **C B** *touell*; **W** *twyll*:}

toella ['tɤlːa] *v.* deceive, cheat, fool, trick
[Cc: **toell** -¹A] {S 1; F 5: **M** *tolla* → P: **L** *tallah* (G3WK), *tulla* (AB117c)}

toeller ['tɤlːer] *m.* **-oryon** deceiver *(male)*
[Ch: **toell** -¹ER] {S 1; F 2: **O** *tullor* (VC.422) → P: **M** *toller* (BK37.49): **-oryon** I}

toellgast ['tɤlgast] *m.* **+ys** hoax
[CE(N): **toell 2kast**]
{S 4; F 0(GM09: K.J.G.): **+ys** I}

toellgastya [tɤl'gaˑstja] *v.* hoax
[CE(N): **toellkast** -YA] {S 4; F 0(GM09: K.J.G.)}

toellores [tɤ'lɔˑręs] *f.* **+ow** deceiver *(female)*
[Cc: **toell** -ORES] {S 1; F 0(CE38): **+ow** I}

toellwisk ['tɤlwɪsk] *m.* **+ow** disguise
[CC: **toell 2gwisk**] {S 1; F 0(CE38): **+ow** }

toellwiska [tɤl'wiˑska] *v.* disguise
[CCc: **toellwisk** -¹A] {S 1; F 0(EC52)}

toemm ['tɤmː] *adj.* warm, ardent
[C: Brit *temmo-* (Haywood) < IE *tepesmo* (lp)]
{S 1; F 4: **O** *toim* (VC.856) → L,P: **M** *tum* (BM.1778), *dum* (BK37.47): **L** *tųbm* (AB.) → P, *tooben* (PRJBG): **P** Park Tuban: **C B** *tomm*, (Gw. *toemm*); **W** *twym*}

toemma ['tɤmːa] *v.* warm
[Cc: **toemm** -¹A]
{S 1; F 3: **M** p.ptcpl. *tommys* (PC.0839); 3rd sg. impv. *tommans* (PC.0833) → P: **L** *tubma* (AB045b) → P: **C B** *tommañ*, **W** *twymo*}

toemmas ['tɤmːaz] *m.* **+ow** blow, heat *(blow)*
One meaning of the word 'heat' in *SOE* is 'a single bout of action, a stroke'. In his notebook, Lhuyd translated the word as 'Heats', recognizing the connection with **toemm**.
[Cc: **toemm** -²AS] {S 8; F 2: **M** pl. *tummasow* (MC.138) → L,P: **+ow** M}

toemmder ['tʏmdẹr] *m.* warmth, heat
[Cc: **toemm** -DER]
{S 1; F 4: **O** *tunder* (VC.473) → P: **M** *tomder*: **L** *tomder* (AB.): **C B** *tommder*; **W** *twymder*:}

toemmell ['tʏm:ẹl] *f.* **+ow** heater
[Cc: **toemm** -ELL]
{S 1; F 0(GM09: G.M.S.): **+ow** I}

toemmhe [tʏm'hẹ:] *v.* warm
[Cc: **toemm** -HE] {S 1; F 0(CE38)}

toemmheans-kres [tʏm‚hẹ·ans'krẹ:z] *m.* central heating
[CchK: **toemmhe** -ANS ³**kres**]
{S 1; F 0(CE93: K.J.G.):}

toemmyjyon [tʏ'mɪ·dʒɔn] *m.* warmth
[Cc: **toemm** -YJYON] {S 2; F 0(CE38):}

¹**toes** ['to:z] *m.* dough
[C: IE (lp) {S 1; F 0(CE38): **C B** *toaz*; **W** *toes*:}

toes gwari play-dough

²**toes** ['to:z] *m.* **+ow** tuft, tassel, bunch
[C:] {S 1; F 1: **M** *tus* (PC.0967): **D** "tosh": **C B** *touez*; **W** *twysg* (Gr.): **+ow** I}

toesa ['to·za] *v.* knead
[Cc: ²**toes** -¹A] {S 1; F 0(CE38): **C B** *toazañ*}

toesenn ['to·zẹn] *f.* **+ow** bouquet
[Cc: ¹**toes** -ENN]
{S 1; F 0(GM09: G.M.S.): **+ow** I}

toeth ['to:θ] *m.* haste, hurry, speed, pace *(speed)*, alacrity
[C: Brit **tex'ta* (hpb) < CC (lp)] {S 3; F 4: **M** *toth* → P, *touth*: **L** *tooth* (PV17408): **C** cf. **B** *tizh*; **W** *taith* 'journey':} Fleuriot thought that although C **toeth** is related to B *tizh,* they are not the same: he compared rather B *tus* 'trot'. Rhymes in MidC indicate that the vowel in this word is /o/ rather than /ɔ/.

toeth bras high speed

toeth da high speed, with alacrity

toeth men high speed, with alacrity

toethya ['to·θja] *v.* speed, go too fast
[Cc: **toeth** -YA] {S 3; F 0(EC00)}

tokyn ['tɔ·kɪn] *m.* **toknys, tokynyow** ticket, symptom, token, docket, sign
[E(E): MidE < OldE *tacen* (co)] {S 5; F 4: **M** *tokyn, token* → P; pl. *toknys* (OM.0716):

C W *tocyn*: **toknys** M; **tokynyow** N}

tokyn mos-ha-dos return ticket

yn tokyn as a sign of, as a mark of

tokyn omaj complimentary ticket

ri lies tokyn omaj paper the house (give away complimentary tickets)

tokynva [tɔ'kɪnva] *f.* **+ow** ticket-office, booking office
[E(E)c: **tokyn** -va] {S 5; F 0(Y1): **+ow** I}

tokynwas [tɔ'kɪnwas] *m.* **-wesyon** ticket inspector
[E(E)C: **tokyn** 2gwas]
{S 5; F 0(GM09: G.M.S.): **-wesyon** I}

tolgh ['tɔlx] *m.* **+ow** hillock
[U:] {S 8; F 0(CE38): **C W** *twlch* (not in *GPC*): **+ow** } Nance saw this word in the family name *Godolphin*, but his W cognate has not been identified.

¹**toll** ['tɔl:] *m.* **tell** hole, orifice
[C: IE **tuk-slo-* (Haywood)] {S 1; F 5: **M** *tol, toll*; pl. *tel* (PC.3174) → P, *tell* (MC.134) → P: **L** *tol*: **C B** *toull*, **W** *twll*: **tell** M}

²**toll** ['tɔl:] *f.* **+ow** tax, toll *(tax)*, duty *(tax)*, tariff
[E(E): OldE *toll* (Haywood)]
{S 4; F 0(CE38): **C W** *toll*: **+ow** I}

tolladow [tɔ'la·dɔw] *adj.* taxable
[E(E)c: ²**toll** -ADOW] {S 1; F 0(EC00)}

toll-annedh [‚tɔl'an:ẹð] *f.* **tollow-a.** rate *(on property)*, property tax
[E(E)C: ²**toll annedh**] {S 4; F 0(Y2): **tollow-a.** I}

tollans ['tɔl:ans] *m.* taxation
[E(E)h: ²**toll** -ANS] {S 4; F 0(EC52):}

toll-benn [‚tɔl'pẹn:] *f.* **tollow-penn** poll-tax
[E(E)C: ²**toll** 2PENN]
{S 4; F 0(CE93): **tollow-penn** I}

tollbons ['tɔlbɔns] *m.* **+ow** toll-bridge
[E(F)L: ²**toll** 2pons]
{S 1; F 0(Y1): **C W** *tollbont*: **+ow** I}

tollborth ['tɔlbɔrθ] *m.* **+ow** toll-gate
[E(E)L: ²**toll** 2porth] {S 1; F 0(CE38): **C W** *tollborth*: **+ow** I}

toll-boton

toll-boton [ˌtɔl'bɔˑtɔn] *m.* **tell-boton**
button-hole
[CE(F): ¹**toll boton**]
{S 5; F 0(EC52): **tell-boton** N}

toll-brenas [ˌtɔl'brę·naz] *f.*
tollow-prena purchase tax
[E(E)Cc: ²**toll 2prenas**]
{S 4; F 0(Y2): **tollow-prena** I}

toll-dhowr [ˌtɔl'ðɔʊr] *f.* **tollow-dowr**
water rate
[E(E)C: ²**toll 2dowr**]
{S 4; F 0(Y2): **tollow-dowr** I}

toll-dir [ˌtɔl'diːr] *f.* **tollow-tir** land tax
[E(E)C: ²**toll 2tir**] {S 4; F 0(Y2): **tollow-tir** I}

toller ['tɔlːęr] *m.* **-oryon** tax collector
[E(E)l: ²**toll** -¹ER] {S 1; F 2: O *tollor* (VC.318)
→ L,P: C Not in B; cf. W *tollwr*: **-oryon** I}

tollfordh ['tɔlfɔrð] *f.* **+ow** toll-road
[E(E)E(E): ²**toll fordh**] {S 4; F 0(Y1): **+ow** I}

Tollfrik *name*
Name of a demon, lit. 'hole-nostril'
{S 1; F 1: M *tulfryk* (RD.2353)}

tollgarr ['tɔlgar] *m.* **-gerri** taxi
[E(E)C: ²**toll 2karr**] {S 4; F 0(EC00): **-gerri** I}

toll-gevoeth [ˌtɔl'gę·vɤθ] *f.*
tollow-kevoeth wealth tax
[E(E)C: ²**toll 2kevoeth**]
{S 4; F 0(Y2): **tollow-kevoeth** I}

tollgorn ['tɔlgɔrn] *m.* **tollgern** flute, cornet
[CD: ¹**toll 2¹korn**]
{S 1; F 2: O *tollcorn* (VC.262) → L,P: **tollgern** I}

tollgorn sowsnek recorder (Mus.)
An Tollgorn Hudel The Magic Flute

tolli ['tɔlːi] *v.* levy tax
[E(E)c: ²**toll** -¹I] {S 1; F 0(CE38): C W *tolli*}
Vowel aff. suppressed, to avoid confusion with **telli**.

tollji ['tɔldʒi] *m.* **+ow** toll-house, customs-house
[E(E)C: ²**toll 2chi**] {S 5; F 0(CE38): **+ow** I}

tollores [tɔ'lɔˑręs] *f.* **+ow** tax collector
[E(E)lc: ²**toll** -ORES]
{S 1; F 0(GM09: YhaG): **+ow** I}

tollva ['tɔlva] *f.* **+ow** toll-booth
[E(E)c: ²**toll** -VA]
{S 4; F 0(CE38): C W *tollfa*: **+ow** I}

Tollva an Wlas Inland Revenue

tollven ['tɔlvęn] *m.* **tollveyn** holed stone
[CC: ¹**toll 2¹men**]
{S 1; F 0(CE38): P Tolvan: **tollveyn** I}

toll-vernans [ˌtɔl'vęrnans] *f.*
tollow-mernans death duty
[E(E)Ch: ²**toll 2mernans**]
{S 4; F 0(GK98: K.J.G.): **tollow-mernans** I}

toll-wober [ˌtɔl'wɔˑbęr] *f.* **tollow-gober**
income tax
[E(E)C: ²**toll 2gober**]
{S 4; F 0(Y2): **tollow-gober** I}

tollwas ['tɔllwas] *m.* **-wesyon** customs officer
[E(E)c: ²**toll 2gwas**] {S 4; F 0(GM09: G.M.S.): **-wesyon** I}

tomals *m.* quantity
{S 8; F 2: L *tomals* (AB134b) → P: D "tummals" 'lots, heaps'} Nance (CE38) compared this word with W *talm*, I *tamal* 'amount'

Tommas ['tɔmːas] *name* Thomas
[E(L): MidE < Lat *Thômâs* (coe), with changes]
{S 8; F 4: M *thomas* → P: L *Tubmas* (WX, CMWDG): C B *Tomaz*; W *Tomos*} The /mm/ in Cor. is shown by the LateC form *Tubmas*.

tommenn ['tɔmːęn] *f.* **+ow** earth-bank, dyke, embankment, levée
[Uc: FN in -ENN from an unidentified root]
{S 8; F 2: L *Twban* (LV144.21), *tûban* (AB042a): D "tubban" 'a turf': P Tubbon: C W *tomen*: **+ow** I}
Lhuyd's <b> evidently reflects the evolution [mm] > [bm] > [bb], giving dial. "tubban", "tob".

tommenn ergh snowdrift

Tommi *name* Tommy
{S 8; F 2: L *tųbmy, tųbby* (AB010b)}

ton ['tɔːn] *m.* **+yow** tune, melody, tone, music *(tune)*
[L: CLat *tonus* (hpb)]
{S 1; F 0(CE38): C B *ton*; W *tôn*: +yow I}

ton kerdh march (tune)

TONK- [C:]

Tonkin (Eng.) *name*
{S 6; F 1: L *Tonkin* (MSWP)}

tonlev ['tɔˑnlęv] *m.* **+ow** intonation
[LC: **ton lev**] {S 1; F 0(CE93: K.J.G.): +ow I}

¹**tonn** ['tɔnː] *m.* **+ow** turf
[C: CC *tondâ* < IE (Fl.)] {S 1; F 4: M *ton* → P: P *Todden*: C W *ton*: +ow I}

²**tonn** ['tɔnː] *f.* **+ow** wave, billow
[C: CC (gpc)] {S 1; F 1: L (Lh.) (CE38): C OldB *tonn*; W *ton*: +ow I}

tonnas ['tɔnːaz] *m.* **+ow** ton, tonne
[E(E)c: MN in -AS from OldE *tunne* (co)] {S 4; F 0(AnG 1997): C B *tonnad*: +ow I}

¹**tonnek** ['tɔnːęk] *adj.* wavy, rough *(of sea)*
[Cc: ¹**tonn** -¹EK] {S 1; F 0(CE38): C W *tonnog*}

²**tonnek** ['tɔnːęk] *n.* flock, crowd
[Cc: ²**tonn** -¹EK]
{S 1; F 2: M *tonek* (MC.257) → L,P}

tonnell ['tɔnːęl] *f.* **+ow** tun, keeve
[F: OldF *tonnelle*] {S 4; F 2: O *tonnel* (VC.929) → L,P: C B *tonell*; W *tunnell*: +ow I}

tonnhys ['tɔnhɪz] *m.* **+ow** wavelength
[CC: ¹**tonn hys**] {S 1; F 0(AnG 1984): +ow I}

tonnhys hir long wave

tonnhys kres medium wave

tonnhys berr short wave

tont ['tɔnt] *adj.* impudent, saucy, pert, cheeky, impertinent, insolent
[E(F): MidE *taunt* < OldF (coe)] {S 5; F 2: M *tont* (BM.3470), *dovnt* (BM.3570): D "taunt"}

tonteth ['tɔntęθ] *f.* impudence, cheek *(rudeness)*, impertinence, insolence
[E(F)c: **tont** -ETH] {S 5; F 0(GK98: K.J.G.):}

tontya ['tɔntja] *v.* be cheeky, taunt
[E(F)c: **tont** -YA]
{S 5; F 1: M *tountya* (BM.3300)}

tonya ['tɔˑnja] *v.* intone, accentuate
[Lc: **ton** -YA] {S 1; F 0(CE55): C B *toniañ*} Vowel aff. suppressed.

topp ['tɔp] *m.* **+ys** top, summit, peak
[E(E): MidE < OldE *topp* (coe)] {S 5; F 3: M *top* → P: P Top Lobm: C W *top*: +ys N (CE38)}

toppynn ['tɔpːɪn] *m.* **+ow** tip *(end)*
[E(E)c: **topp** -YNN] {S 5; F 0(CE38): P Carn Topna (unconfirmed by Padel): +ow I}

tor' ['tɔr] *m.* **tornow** turn
[E(F): Shortened form of **torn**]
{S 3; F 5: M *tor*: L *tor* (AB111c) → P: **tornow** I}

y'n tor' ma at this time, at this juncture

torchenn f. **+ow** torch ALT = **faglenn**.
[E(F)c: FN in -ENN from E *torch* < OldF *torche* (coe)] {S 8; F 2: L *torxan* (AB069a) → P: +ow I}
Lhuyd appears to have been confused here if the above morphology is correct; he may have first written <torchan>, with <ch> meaning [tʃ], then re-written the word as <torxan>, influenced by the fact that in Welsh, <ch> means [x].

¹**torgh** ['tɔrx] *m.* **+es** boar, barrow pig
[C: Brit *torko-* (hpb) < IE (lp)] {S 1; F 3: O *torch* (VC.596) → L,P: P ?Reterth: C B *tourc'h* (but *Torc'h* in pl.ns.); W *twrch*: +es I}

²**torgh** ['tɔrx] *f.* **tergh** wreath, neck-chain, torque, spring *(coil)*
[L: CLat *torquês* (gpc)]
{S 8; F 0(CE38): C W *torch*: **tergh** C}

torghedh ['tɔrxęð] *m.* torque *(physical quantity)*
[Lc: ²**torgh** -¹EDH] {S 8; F 0(GM09: YhaG):}

torment ['tɔrmęnt] *m.* **tormentys** torment, torture
[E(L): MidE *torment* < Lat *tormentum* (coe)] {S 5; F 4: M *torment* → P; *turmontys* (TH15v): **tormentys** M}

tormentor [tɔr'męntɔr] *m.* **+ys** tormentor, torturer
[E(E): MidE < OldF *tormenteor* (coe)] {S 5; F 4: M pls. *tormentoris*, 4 syll., *tormentors*, 3 syll.: +ys M}

tormentya

tormentya [tɔr'mɛntja] *v.* torment, torture
[E(L)c: **torment** -YA] {S 5; F 3: **M** *tormontya*: **L** p.ptcpl. *tormentyas* (M4WK)}

torn ['tɔrn] *m.* **+ow** turn, deed, tour, ward *(part of parish)*
See also the variant **tor¹**. The word is used to denote parts of the parish of St Keverne' (CPNE), and this idea has been extended to cover the meaning 'ward'.
[E(F): MidE < AngN **torn* < OldF *torn* (co)]
{S 4; F 5: **M** *torn* → **P**: **L** *darn* (AB244a): **P** Turn-Bean: **+ow** N}

torn da good turn

gul torn da do a good turn

tornyades [tɔrn'ja·dɛs] *f.* **+ow** tourist *(female)* [E(F)cc: **torn** -YADES]
{S 4; F 0(GM09: K.J.G.): **+ow** I}

tornyas ['tɔrnjaz] *m.* **-ysi** tourist *(male)*
[E(F)c: **torn** -³YAS]
{S 4; F 0(GK98: K.J.G.): **-ysi** I}

tornyasek [tɔrn'ja·zɛk] *adj.* touristic
[E(F)cc: **tornyas** -¹EK] {S 4; F 0(GM09: G.M.S.)}

tornyaseth [tɔrn'ja·zɛθ] *f.* tourism
[E(F)cc: **tornyas** -ETH] {S 4; F 0(GK98: K.J.G.):}

¹torr ['tɔr:] *f.* **+ow** belly, abdomen, stomach, womb
[C: Brit **torr-* (Haywood) < IE **stortso-* (hpb)]
{S 1; F 4: **O** *tor* (VC.072) → **P**: **M** *tor* → L,P; pl. *torrow* → **P**: **L** *dor* (BOD.099): **P** Tor Noon: **C** B *(tor)*; W *tor*: **+ow** M}
/rr/ > /r/ in B (HPB §1158)

torr an dhorn palm (of hand)

²torr ['tɔr:] *f.* **+ow** tor
[C: Thought to be the same word as **¹torr**]
{S 1; F 0(CE38): **P** Found in many place-names: **+ow** I}

³torr ['tɔr:] *m.* **+ow** break, fracture, rupture
[C:] {S 1; F 0(CE38): **C** B *torr*, W *tor*: **+ow** I}
Found as the root in **terri**

torradow [tɔ'ra·dɔw] *adj.* breakable
[Cc: **³torr** -ADOW] {S 1; F 0(GM09: P.H.)}

torrva

torras ['tɔr:az] *m.* **+ow** litter *(of animals)*, bellyful
[Cc: **¹torr** -²AS]
{S 1; F 0(CE38): **C** B *(torad)*: **+ow** I}

torrek ['tɔr:ɛk] **1.** *adj.* big-bellied, pregnant **2.** *m.* **-ogyon** big-bellied man The meaning 'pregnant' is an extension.
[Cc: **¹torr** -¹EK]
{S 1; F 2: **L** *torrog* (PV14623, 17417): **-ogyon** I}

torrgek ['tɔrgɛk] *m.* **-gegow** cut-throat
[CE(E): **³torr** + OldE] {S 8; F 1: **M** *torgak* (BK22104): **C** W *torgeg*: **-gegow** C}
Appears to be cognate with W *torgeg* 'cut-throat', which comprises *tor* 'cut' (= C *torr*) + *ceg* 'mouth', poss. a loan from OldE. N.Williams emended the word to *torrak* with the meaning 'pregnant'. T.Chaudhri took the word to be a metathesized form of *trosek* 'foot-soldier'.

torrgyngel [tɔr'gɪŋgɛl] *f.* **-gynglow** cummerbund, horse's bellyband
[CL: **¹torr** **2kyngel**]
{S 8; F 0(CE38): **C** W *torgengl*: **-gynglow** I}

torrlann ['tɔrlan] *f.* **+ow** bank *(topographical)*
[CC: **²torr** **2glann**] {S 1; F 1: **M** *dor gvlan* (OM.0096): **C** W *torlan*: **+ow** I}

torrleveryades [tɔrlɛvɛr'ja·dɛs] *m.* **+ow** ventriloquist *(female)*
[CCc: **¹torr leveryades**]
{S 1; F 0(GM09: P.H.): **+ow** I}

torrleveryas [ˌtɔrlɛ'vɛ·rjaz] *m.* **-ysi** ventriloquist *(male)*
[CCc: **¹torr leveryas**] {S 1; F 0(CE38): **-ysi** I}

torr-men [ˌtɔr'mɛːn] *m.* saxifrage
[CC: **³torr** **¹men**]
{S 1; F 0(CE38): **C** B *torr-maen*; W *tormaen*:}

torroges [tɔ'rɔ·gɛs] *f.* **+ow** big-bellied woman
[Cc: **¹torr** -OGES] {S 1; F 0(GM09: K.J.G.): **+ow** I}

torrva ['tɔrva] *f.* **+ow** rupture, breach, breakdown
[Cc: **³torr** -VA]
{S 1; F 2: **M** *torva* (TH28r, twice): **+ow** N}

torrwyns

torrva ambos breach of contract
torrva ji burglary
torrva dhemmedhyans divorce
torrwyns ['tɔrwɪns] *m.* flatulence
[CL: ¹torr 2¹gwyns] {S 1; F 0(GM09: K.J.G.):}
torrwynsek [tɔr'wɪnzęk] *adj.* flatulent
[CLc: **torrwyns** -¹EK] {S 1; F 0(GM09: G.M.S.)}
torth ['tɔrθ] *f.* **+ow** loaf, large cake
[L: CLat *torta* (lp)] {S 1; F 3: M *torth* (RD.1314) → P: L *torth* (AB112b, 230c), *torh* (AB029a): C B *torzh*, W *torth*: **+ow** I}
torth-vara [tɔrθ'va·ra] *f.* **torthow-bara** loaf of bread **torth a vara** is also found.
[CC: **torth 2bara**] {S 1; F 1: M *torth vara* (RD.1490): **torthow-bara** I}
torthell ['tɔrθęl] *f.* **+ow** small loaf, bun
[Lc: **torth** -¹ELL] {S 8; F 0(CPNE): P Tater Du: C B *torzhell* 'tumour': **+ow** N (FTWC)}
The ending -ELL and the B cognate suggest a fem. gender, but the pl.n. does not (unless *Du* represents **dhu**).
tossya *v.* toss. ALT = **tewlel**.
[E(U)c: VN in -YA from MidE (coe)]
{S 4; F 1: M p.ptcpl. *tossys* (TH30v)}
tost ['tɔ:st] *adv.* soon
[F: OldF *tost* (> ModF *tôt* 'early')]
{S 4; F 2: M *tost* (BK28.76, 31.33)}
touching (Eng.) *v. part* concerning {S 6; F 2: M *tochyng* (BK15.27), *toching* (BK26.28)}
toul ['tu:l] *m.* **+ys**, **+ow** tool, implement
[E(E): MidE < OldE *tôl* (coe)]
{S 4; F 2: M *towyll* (MC.156), *toul* (PC.2678); pl. *tooles* (CW.0980): **C** cf. W pl. *twls*, sg. *twlsyn*: **+ys** M; **+ow** N (FTWC)}
toul lowarth [ˌtu·l'lɔʊarθ] *m.*
toulow-lowarth garden tool
[E(E)C: **toul lowarth**] {S 1; F 0(AnG 1985): **toulow-lowarth** N (G.M.S.)}
tour ['tu:r] *m.* **+yow** tower, steeple
[F: OldF *tur* (Gr.)] {S 4; F 4: O *tur* (VC.935): M *tour*: L *tûr* (AB.): C B *tour*; W *twr*: **+yow** I}
tour routya control tower
tourik ['tu·rɪk] *m.* **-igow** turret
[Fc: **tour** -IK] {S 1; F 0(CE38): **-igow** I}

towlennores

towargh ['tɔʊarx] *coll.* **+enn** peat, turf *(for burning)*, sod
[C:] {S 1; F 0(CE38): D "toor": C B *taouarc'h*; W *tywarch*: **+enn** I}
towarghek [tɔ'warxęk] 1. *adj.* peaty 2. *f.* **-egi** peat-bog, turbary
[Cc: **towargh** -¹EK] {S 1; F 0(CE38): P Park an Turk (unconfirmed by Padel): C B *taouarc'heg*: **-egi** I}
towarghweyth [ˌtɔʊarx'węɪθ] *m.* turfwork, turbary
[CC: **towargh** 2²gweyth] {S 1; F 0(CE38):}
towell ['tɔʊęl] *m.* **+ow** towel
[E(F): MidE < OldF *toaille* (co)] {S 4; F 1: M *toval* (PC.0836): C B *touailh*; W *towel*: **+ow** I}
towl ['tɔʊl] *m.* **+ow** throw, plan, design
[C: Brit (lp)] {S 1; F 5: M *toul* → P, *towl*: L *towl* (CRWG): C B *taol*: **+ow** I}
towla *v.* throw
{S 2; F 4: M *dowla* (BK28.40): L *toųla* (AB.): C B *taolañ*} LateC replacement for earlier *tewlel*
towladow [tɔʊl'a·dɔw] *adj.* disposable
[Cc: **towl** -ADOW] {S 1; F 0(EC00)}
towlargh ['tɔʊlarx] *m.* **+ow** budget
[CL: **towl argh**] {S 1; F 0(Y2): **+ow** I}
towlbrenn ['tɔʊlbręn] *m.* **+yer** sling *(weapon)*
[CC:] {S 1; F 0(EC52): **+yer** I}
towlenn ['tɔʊlęn] *f.* **+ow** programme, schedule, scheme
[Cc: **towl** -ENN]
{S 1; F 0(CE93): C W *taflen* 'list': **+ow** I}
towlenn ober schedule of work
towlenna [tɔʊ'lęn:a] *v.* program
[Ccc: **towlenn** -¹A] {S 1; F 0(Y2)}
towlenner [tɔʊ'lęn:ęr] *m.* **-oryon** programmer
[Ccl: **towlenn** -¹ER] {S 1; F 0(Y2): **-oryon** I}
towlennores [ˌtɔʊlę'nɔ·ręs] *f.* **+ow** programmer
[Ccc: **towlenn** -ORES] {S 1; F 0(Y2): **+ow** I}

towlgost ['tɔʊlgɔst] *m.* **+ow** price quotation, estimate of cost
[CE(F): towl 2kost]
{S 4; F 0(Y2): **+ow** N (AnG 1984)}

towl-howl [ˌtɔʊl'hɔʊl] *m.* sunstroke
[CC: **towl howl**]
{S 1; F 0(AnG 1996): C B *taol heol:*}

towl-hys [ˌtɔʊl'hiːz] *m.* **towlow-hys** range *(of missile etc.)*
[CC: **towl hys**]
{S 1; F 0(GK98: R.L./T.S.): **towlow-hys** I}

toyt m. trifle   ALT = **truflenn**.
[E:] {S 5; F 2: M *toyt* (BK09.87), *doyt* (BK23.33)}

tra ['traː] *f.* **+ow** thing, article *(object)*, affair q.v.
[C:] {S 1; F 6: M *tra*: L *tra*; pl. *traou* (CGEL, PV17430): C B *tra*:   **+ow** L}

trade (Eng.) *n.*   ALT = **kenwerth**.
{S 6; F 3: M *trad, trade* (TH.)}

tradition (Eng.) *n.*   ALT = **hengov**. {S 6; F 3: M *tradicion* (TH37r); *tradicions* (TH.)}

tragesort [tra'gɛˑsɔrt] *m.* **-es** spider-crab
[CCE(F): see note]
{S 8; F 1: L *tragezaut* (Ray):   **-es** I (CE38)}
Nance (gcsw) suggested that this name is a combination of *tregath*, corresponding to Gwenedeg *tregah* 'octopus', and *sort* 'sea-urchin'. The word *tregah* is a dialectal form of B *targazh* 'tom-cat, octopus' (deb), itself from B *tarw* + *kazh* 'bull cat'. The basis of the Cor. word is then **tarow** 2**kath** ²**sort**.

trajedi ['tradʒɛdi] *m.* **+ow** tragedy
[E(F): MidE < OldF *tragédie* (coe)]
{S 5; F 0(EC00):   **+ow** N}

trajek ['traˑdʒɛk] *adj.* tragic
[E(F): Cornicization of E *tragic* < F *tragique* (coe)]   {S 5; F 0(GM09: G.M.S.)}

tramm ['tramː] *m.* **+ow** tram
[E:] {S 4; F 0(GM09: K.J.G.):   **+ow** I}

tramor [tra'mɔːr] *adj.* overseas, abroad *(overseas)*
[CC: from **tro mor** (Fl.)]
{S 3; F 2: L *tremor* (AB250a), *tra mor* (PV17431): C B *tramor*, W *tramor*}

tramynn m. anything
[CC: **tra mynn**] {S 1; F 1: L *tramyn* (PV17501):} Comprises **tra** 'thing' and the root of **mynnes** 'to wish'; Pryce gave 'what you will' as a translation.

trank ['trank] *m.* period *(of time)*
[U:] {S 8; F 2: M *trank* (PC.0042, 1562) → P:}

trank heb worfenn for ever and ever

transfigura v. transfigure
ALT = **treusfigura**, as used in the translation of the New Testament (2004).
[Ec: VN in -A from E *transfigure*]
{S 4; F 1: M p.ptcpl. *transfiguris* (TH56v)}

transformya v. transform
ALT = **treusfurvya**.
[E(F)c: VN in -YA from MidE < OldF *transformer* (coe)] {S 5; F 2: M p.ptcpl. *transformys* (SA66v), *transformys* (CW.2113)}

transgression (Eng.) *n.*
{S 6; F 3: M *transgression* (TH.)}

transubstantiation (Eng.) *n.* {S 6; F 2: M *transsubstantiation* (TH56v, 57r)}

transyek ['tranʒɛk] *m.* ecstasy
[E(F)c: MN in -YEK from MidE *trance* < OldF *transe* (coe)]
{S 4; F 1: L *transyek* (Borlase): D "tranyak":}

trapp ['trap] *m.* **+ys** trap-stile
[E(E): MidE < OldE *traeppe* (coe)]
{S 5; F 0(CE38): P *Park an Trapp*:   **+ys** I}

travail (Eng.) *n.* labour
{S 6; F 1: M *travill* (TH27v)}

travalya [tra'vaˑlja] *v.* walk far, travel, trudge, labour
In English, the two meanings of the original word are separated by using different spellings: *travail* (archaic) 'labour (including childbirth)' and *travel* 'journey'. In Cornish, the first meaning applied in MidC, and the second in LateC. There is a case for separating the meanings by restricting **travalya** to 'journey', and using **travla** for 'labour'.
[E(F)c: VN in -YA from MidE < OldF *travail* 'painful effort' (coe)] {S 4; F 3: M *travela* (TH05v), *trafla* (TH13v): L *travalia* (PV17504); 3rd sg. pret. *travaliaz* (JCNB)}

travyth

travyth ['traˑvɪθ] *f.* nothing, anything *(in neg. phrases)*
[Cc: **tra vyth**] {S 1; F 5: M *travyth*: L *traveth*:}

tra-wul *f.* business. ALT = **negys**
[CC: **tra 2gul**] {S 1; F 1: L *tra-gweele*:}

trayn ['traɪn] *m.* **+ys** enticement, guile, allure. Bonner's word is *traynes*. Tregear has not supplied a Cornish translation.
[E(F): MidE < OldF *train*]
{S 5; F 1: M *traynes* (TH05v): **+ys** M}

traynya ['traɪnja] *v.* entice, beguile, lure
[E(F)c: **trayn** -YA]
{S 5; F 0(CE93: K.J.G.)} cf. MidE *train* 'to allure'.

trayson ['traɪsɔn] *m.* treason, treachery, perfidy
[E(F): MidE < AngN *treisoun* < OldF *traison* (co)] {S 5; F 3: M *treyson*:}

TRAYT- [E(F): back-formation from **traytour**]

trayta ['traɪta] *v.* betray
[E(F)c: TRAYT=¹A] {S 5; F 3: M *ȝrayta* (MC.145) → P; ?3rd sg. pret. *traysys* (BK38.24)}

traytour ['traɪtur] *m.* **+s** traitor
[E(F): MidE < OldF *traitour* (coe)]
{S 5; F 4: M *traytour*; pl. *traytours*:
C cf. B *treitour*: **+s** M} MidC spellings show <ay> ~ <ey> and <or> ~ <our>.

trayturi ['traɪtyri] *m.* treachery
[E(F): MidE < OldF *trecherie*; cf. F *tricher* 'to cheat' (co)] {S 5; F 2: M *tretury* (MC.194), *treghury* (RD.0090):}

traytus ['traɪtys] *adj.* treacherous
[E(F)l: TRAYT=US] {S 5; F 0(EC00)}

tre ['trɛː] *f.* **trevow** farmstead, village, town, home
[C: from **trev**, with loss of [-v]] {S 2; F 6: M *tre*: L *tre, trea*: P Tre- is the commonest pl.n. element in Cornwall: **trevow** ML}
Appears as -*dra* when suffixed in pl.ns.

yn tre at home

TRE- *prefix* through [c:]
{S 1; F 2: L *Tre* (AB250a) → P}

treatise (Eng.) *n.* {S 6; F 1: M *treatise* (TH56r)}

trebuchya [trɛˈbyˑtʃja] *v.* trip, stumble
[Fc: VN in -YA from F *trébucher*]

tregeredh

{S 5; F 3: L *trebytchya* → P}

trebyl ['trɛˌbɪl] *m.* **+yon** treble *(Mus.)*
[E(F): MidE < OldF (co)]
{S 4; F 1: M *trebyl* (RD.2360): **+yon** I}

tredan ['trɛˑdan] *m.* electricity
[cC: TRE- 2tan] {S 1; F 0(CE38): C B *tredan*; W *trydan*:} B *dre dan* in *karr dre dan* 'motor-car' is not cognate with W *trydan* (I.Humphreys).

tredanek [trɛˈdaˑnɛk] *adj.* electric
[cCc: **tredan** -¹EK] {S 1; F 0(CE38): C B *tredanek*}

tredaner [trɛˈdaˑnɛr] *m.* **-oryon** electrician
[cCl: **tredan** -¹ER] {S 1; F 0(AnG 1984): C B *tredaner*; cf. W *trydanwr*: **-oryon** I}

tredangwetha [ˌtrɛdanˈgwɛˑθa] *v.* electroplate
[cCCc: **tredan kwetha**] {S 1; F 0(Y3)}

tredanhe [trɛdanˈhɛː] *adj.* electrify
[cCc: **tredan** -HE] {S 1; F 0(EC52)}

tredanladha [ˌtrɛdanˈlaˑða] *v.* electrocute
[cCCc: **tredan ladha**] {S 1; F 0(Y3)}

tredanva [trɛˈdanva] *f.* **+ow** power station, power plant
[cCc: **tredan** -VA]
{S 1; F 0(GK98: K.J.G.): **+ow** I}

tredanva-wyns [trɛˌdanvaˈwɪns] *f.* **tredanvaow-gwyns** wind-farm
[cCcC: **tredanva** 2¹gwyns] {S 1; F 0(GK98: K.J.G.): **tredanvaow-gwyns** I}

tredh *prep.* between ALT = **yntra**.
[C: Stressed syll. from YNTREDH-]
{S 3; F 2: L *treeth* (G3WK)}

Tregenver *place* Tregenver
[CC: **tre 2Kenver** (NP)]
{S 1; F 1: M *tregenver* (OM.2593): P Tregenver}
Pl.n. in parish of Budock

tregeredh [trɛˈgɛˑrɛð] *f.* **+ow** mercy *(loving kindness)*, sympathy
[CCc: from **tru** 2KAR=EDH]
{S 3; F 3: M *tregereth*: C B *trugarez*; W *trugaredd*: **+ow** I}
The cognates would suggest *trugaredh*, but the MidC spellings show otherwise.

tregeredhus [ˌtrɛgɛ'rɛ·ðys] *adj.*
merciful, sympathetic
[CCcl: from **tregeredh** -US]
{**S** 3; **F** 0(CE38): **C B** *trugarezus*}

tregeredhva [ˌtrɛgɛ'rɛðva] *f.* **+ow**
mercy-seat
[CCcc: from **tregeredh** -VA]
{**S** 1; **F** 0(GK98: K.S.): **C W** *trugareddfa*: **+ow** I}

tregh ['trɛːx] *m.* **+ow** cut *(slice)*, chop, section, slice, tranch
[C: **trogh**A] {**S** 1; **F** 3: **O** *trech* (VC.707, 903) → L,P: **M** *tregh*: **+ow** I}

treghel ['trɛ·xɛl] *adj.* sectional
[Cc: **tregh** -¹EL] {**S** 1; **F** 0(GM09: G.M.S.)}

tregher ['trɛ·xɛr] *m.* **-oryon** tailor, cutter
[Cl: **trogh**A -¹ER]
{**S** 1; **F** 1: **L** *trehar* (DSEC): **F** Trehair: **-oryon** I}

tregherieth [ˌtrɛɦɛ'ri·ɛθ] *f.* tailoring
[Clc: **tregher** -IETH] {**S** 1; **F** 0(GK98: A.S.):}

tregheriethel [trɛɦˌɛri'ɛ·θɛl] *adj.*
sartorial
[Clcc: **tregherieth** -²EL]
{**S** 1; **F** 0(GM09: G.M.S.)}

treghesik [trɛ'ɦɛ·ʒik] *m.* **-igyon**
amputee
[Cc: **trogh**A -ESIK]
{**S** 1; **F** 0(GM09: K.J.G.): **-igyon** I}

treghi ['trɛ·xi] *v.* cut, carve *(of meat)*
[Cc: **trogh**A -¹I] {**S** 1; **F** 4: **M** *trehy* → P: **L** *trehe*, *terhi*: **C B** *(troc'hañ)*; W *trychu*}

treghik ['trɛ·xɪk] *m.* **-igow** nick *(small cut)* [Cc: **trogh**A -IK]
{**S** 1; **F** 0(GM09: K.J.G.): **-igow** I}

treghores [trɛ'ɦɔ·rɛs] *f.* **+ow** tailoress
[Clc: **trogh**A -ORES]
{**S** 1; **F** 0(GM09: K.J.G.): **+ow** I}

treghyas ['trɛ·xjaz] *m.* **-ysi** cutter
[Cc: **trogh**A -³YAS] {**S** 1; **F** 2: **M** pl. *trehesy* (OM.2411) → L,P: **-ysi** ML}

tregynn ['trɛ·gɪn] *m.* **+ow** drawer *(furniture)*
[E(E)c: **trog**A -YNN] {**S** 4; **F** 0(Y1): **+ow** I}

635

tremengummyas

Trehembys *place*
[CU: **tre** + unknown element]
{**S** 8; **F** 1: **M** *trehembys* (OM.2311): **P** spelled *Treghembrys* in 1412.} Pl.n. in parish of Mabe

trehwelek [trɛ'hwɛ·lɛk] *adj.* rebellious
[cCc: TRE- **hwel** -¹EK]
{**S** 1; **F** 1: **M** *trewylhyk* (BK29.23)}

trehweles [trɛ'hwɛ·lɛz] *v.* upset
[cCc: TRE- **hwel** -¹ES]
{**S** 1; **F** 2: **M** *trewelas* (BK18.60, 20.08): **C** cf. B *troc'holiañ* 'to upset, capsize'}

trehwelus [trɛ'hwɛ·lys] *adj.* upsetting
[cCl: TRE- **hwel** -US]
{**S** 1; **F** 2: **M** *trowelas* (BK23.94)}

trel- Now spelled **treyl--**.

Trelawny *name*
{**S** 6; **F** 1: **L** *Trelawny* (CGEL)}

treleba *conj.* until
[CCC: from **yntra neb ha**]
{**S** 8; **F** 1: **L** *treleba* (TCTB2)}

trembla v. tremble ALT = **krena**.
[E(F)c: VN in -YA from MidE < OldF *trembler* (coe)] {**S** 4; **F** 1: **M** *trembla* (SA59r)}

tremen ['trɛ·mɛn] *m.* passage
[C: TRE- + a root related to **mon**- in **mones** 'to go'] {**S** 1; **F** 2: **L** *tremyn* (PV17531): **C B** *tremen*:}

tremena [trɛ'mɛ·na] *v.* pass, die, pass away
Usually intransitive in the texts, but cases of transitive use are also found (e.g. *MC.258; BM.1510*).
[Cc: **tremen** -¹A]
{**S** 1; **F** 5: **M** *tremene* → P: **L** *tremenez* (AB250a) → P: **C W** *tremynu* 'walk'; cf. B *tremen(et)*}

tremena dres pass by, overtake, pass over

tremenadow [ˌtrɛmɛ'na·dɔw] *adj.*
transitory
[Cc: **tremen** -ADOW] {**S** 1; **F** 0(GM09: GG)}

tremenel [trɛ'mɛ·nɛl] *adj.* transitional
[Cc: **tremen** -¹EL] {**S** 1; **F** 0(GM09: G.M.S.)}

tremengummyas [ˌtrɛmɛn'gymːjaz] *m.*
+ow passport
[CH: **tremen** 2**kummyas**] {**S** 8; **F** 0(Y1): **+ow** I}

tremenva [trę'męnva] *f.* **+ow**
passing-place
[Cc: **tremen** -VA] {S 1; F 0(CE38): **+ow** I}
Nance did not distinguish this word from **tremenvann**.

tremenvann [trę'męnvan] *f.* passing away
[Cc: **tremen** -VANN] {S 1; F 0(GK98: K.J.G.): C B *tremenvan* 'death agony':}

tremenyades [ˌtręmęn'jaˑdęs] *f.* **+ow**
passer-by *(female)*, traveller
[Cc: **tremen** -YADES]
{S 1; F 0(GM09: K.J.G.): **+ow** I}

tremenyans [trę'męˑnjans] *m.* **+ow**
transition
[Ch: **tremen** -YANS] {S 1; F 0(EC52): **+ow** I}

tremenyas [trę'męˑnjaz] *m.* **-ysi**
passer-by *(male)*, traveller
[Cc: **tremen** -³YAS]
{S 1; F 0(CE38): C B *tremeniad;*
MidW *tremyniad* 'phantom': **-ysi** I}

tremenys [trę'męˑnɪz] *adj.* dead, passed away
[Cc: **tremen** -⁶YS] {S 1; F 4: M *tremenys*}

tremm ['tręmː] *f.* **+ow** sight, look
[C: IE **drk'sma* (lp)]
{S 8; F 0(CE38): C B *dremm;* W *trem:* **+ow** I}
It appears that B *dremm* is original, with [d-] > [t-] as a later development (I.Humphreys)

tremmynn ['tręmːɪn] *m.* **+ow** face, look, aspect
[Cc: Apparently **tremm** -YNN] {S 1; F 1:
M *tremyn* (PC.1287): C cf. MidW *tremyn(t)*
'sight': **+ow** I} The 2nd element appears to be a dim. rather than **min** 'face'.

tren ['tręːn] *m.* **+ow** railway train
[E(F): MidE < OldF *train* (coe)]
{S 4; F 0(EC52): C B *tren;* W *tren:* **+ow** C (Y1)}
tren fres goods train
tren toeth bras (T.T.B.)
high speed train

trenesik [trę'nęˑʒik] *m.* **-igyon** trainee
[E(F)c: **tren** -ESIK]
{S 4; F 0(GM09: K.J.G.): **-igyon** I}

tren-fardellow [ˌtręˑnfar'dęlːɔw] *m.*
trenow-fardellow baggage-train
[E(F)E(F)c: **tren fardell** -²OW]
{S 4; F 0(AnG 1985): **trenow-fardellow** C}

trenija [trę'niˑdʒa] *v.* flutter
[cCc: TRE- **nija**] {S 3; F 2: L *tarneidzha* (AB166a)
→ P, *trenẏdzha* (AB250a)} Lhuyd gave as meanings 'to swim over, to fly over'.

trenja ['tręndʒa] *adv.* two days hence, on the day after tomorrow
[ccC: Short for **tre an jydh**]
{S 3; F 2: L *trenzha* (AB249a) → P}

trenk ['tręnk] *adj.* acid, sharp *(of taste or smell)*, acrid, sour
[C:]
{S 1; F 3: M *trynk* (BK39.17), *trink* (BK39.24):
L *trink* (KKTT), *trenk* (AB005a): C B *trenk*}

trenkenn ['tręnkęn] *f.* **+ow** acid
[Cc: **trenk** -ENN] {S 1; F 0(GK98: G.M.S.):
C B *trenkenn:* **+ow** I}

trenkhe ['tręnk'hęː] *v.* acidify
[Cc: **trenk** -HE] {S 1; F 0(CE38): C B *trenkaat*}

trenkles ['tręnklęs] *m.* rhubarb
[CC: **trenk** ¹**les**] {S 1; F 0(CE38):}

trenkravya [tręnk'raˑvja] *v.* etch
[CCc: from **trenk gravya**] {S 3; F 0(Y3)}

trenkravyans [tręnk'raˑvjans] *m.* **+ow**
etching
[CCc: from **trenk gravyans**]
{S 3; F 0(GM09: K.J.G.): **+ow** I}

trenkter ['tręnktęr] *m.* acidity, sourness, sharpness *(of taste)*
[Cc: **trenk** -TER] {S 1; F 0(CE38): C B *trenkter:*}

trenya ['tręˑnja] *v.* train
[E(F)c: **tren** -YA] {S 4; F 0(GM09: G.M.S.)}

trenya ['tręˑnja] *v.* train
[E(F)c: **tren** -YA] {S 4; F 0(GM09: G.M.S.)}

trenyades [tręn'jaˑdęs] *f.* **+ow** trainer *(female)* [E(F)cc: **tren** -YADES]
{S 4; F 0(GM09: G.M.S.): **+ow** I}

trenyans ['trɛ·njans] *m.* training
[E(F)c: **tren** -YANS] {S 4; F 0(GM09: G.M.S.):}

trenyas ['trɛ·njaz] *m.* **-ysi** trainer *(male)*
[E(F)c: **tren** -³YAS]
{S 4; F 0(GM09: G.M.S.): **-ysi** I}

Trerun *place* Trereen
[CC: **tre run**] {S 8; F 2: L *trerin* (JCNBG13), *tre rin* (JCNBL13)}

tres ['trɛːs] *m.* **+ow** trace *(track)*, track
[E(F): MidE < OldF (coe)]
{S 4; F 1: M *tres* (OM.2549): **+ow** I (CE38)}

tresa ['trɛ·sa] *v.* draw *(as in art)*, trace *(as in art)*
[E(F)c: **tres** -¹A]
{S 4; F 0(GK98: A.S.): C B *tresañ*}

tresas ['trɛ·saz] *m.* **+ow** drawing, tracing
[E(F)c: **tres** -¹AS] {S 4; F 0(GK98: A.S.): **+ow** I}

tresenn ['trɛ·sɛn] *f.* **+ow** trace *(as in art)*, graph, chart
[E(F)c: **tres** -ENN]
{S 4; F 0(CE93: G.M.S.): **+ow** I}

tresennek [trɛ'sɛnːɛk] *adj.* graphic
[E(F)c: **tresenn** -¹EK] {S 4; F 0(GM09: G.M.S.)}

tresklenn ['trɛsklɛn] *sg.* **+ow,** *coll.* **treskel** missel-thrush
[Cc:] {S 8; F 0(CE38): C B pl. *(draskl);* W sg. *tresglen*} It is not clear whether the B or the W forms are better; Nance gave both.

tresor ['trɛ·zɔr] *m.* **+yow, +ys** treasure
[E(F): MidE *tresor* < OldF *tresor* (coe)]
{S 4; F 3: M *treasur* (BM.0051), *treasure* (TH11r), *tresure* (TH19r): L *throzor* (M2WK): C W *trysor*; cf. B *teñzor*: **+yow** N (FTWC); **+ys** I (CE38)}

tresorva [trɛ'zɔrva] *f.* **+ow** treasury
[E(F)c: **tresor** -VA] {S 4; F 0(Y2): **+ow** I}

tresorya [trɛ'zɔ·rja] *v.* treasure, keep with care
[E(F)c: **tresor** -YA] {S 4; F 0(CE38)}

tresoryer m. **-yoryon** treasurer
ALT = **alhwedhor**.
[E(F)c: **tresor** -YER] {S 4; F 0(CE55): **-yoryon** I}

trespassers (Eng.) *pl.*
{S 6; F 1: M *trespasces* (TH29v)}

tressa ['trɛsːa] *num.* third
[C: Formed from regular **trysa** by analogy with **nessa** 'second'.]
{S 3; F 5: M *tresse* → P, *iii-a*}
Tressa Bys Third World

trest ['trɛːst] *m.* trust, expectation, reliance
[E(E): MidE *trest* < OldE (coe)]
{S 4; F 4: M *trest* → P:}
Trest Ertach Kernow Cornwall Heritage Trust
Trest Gwith-Yeghes Healthcare Trust

trestya ['trɛ·stja] *v.* trust, confide
Followed by many different prepositions and constructions.
[E(E)c: **trest** -YA]
{S 4; F 4: M *trestye*: L *tresya* (GCWG)}

tresya ['trɛ·sja] *v.* trace
[E(F)c: **tres** -YA < OldF *tracier* (coe)]
{S 4; F 0(CE93: G.M.S.): C cf. B *tresañ*}

tresyades [trɛs'jaːdɛs] *f.* **+ow** draughtswoman
[E(F)c: **tres** -YADES] {S 4; F 0(GK98: K.J.G.): **+ow** I}

tresyas ['trɛ·sjaz] *m.* **-ysi** draughtsman
[E(F)c: **tres** -³YAS]
{S 4; F 0(GK98: K.J.G.): **-ysi** I}

· ¹**treth** ['trɛːθ] *m.* **+ow** beach, strand, sea-shore
[D: CLat *tractus* (Gr.) or CC (Fl.)]
{S 1; F 4: O *trait* (VC.738) → P: L *treath* → P, *drêath* (AB.) → P: P Portreath = **porth treth**: C B *traezh*; W *traeth*: **+ow** I}

²**treth** ['trɛːθ] *m.* **+yow** ferry, passage over water
[U: semantic development from W *treth* 'toll' > 'toll paid to cross a river' > 'crossing the river']
{S 8; F 0(CE38): P Treath: C B *(treizh)*; W *treth* 'toll': **+yow** C}
The pl.ns. *Treath* (2 exx.), if indeed this word, do not show diphthongization as in B.

tretha

tretha ['trɛ·θa] *v.* cross by a ferry, digest
[Uc: ²treth -¹A]
{S 8; F 0(CE38): C B *(treizhañ)* 'digest'}

trethadow [trɛ'θa·dɔw] *adj.* passable, crossable, digestible
[Uc: ²treth -ADOW] {S 8; F 0(GM09: K.J.G.)}

trethans ['trɛ·θans] *m.* **+ow** digestion
[Uh: ²treth -ANS]
{S 8; F 0(GM09: G.M.S.): +ow I}

trethek ['trɛ·θɛk] *adj.* sandy
[Dc: ¹treth -¹EK] {S 1; F 0(CE38): C B *traezhek*}

trethenn ['trɛ·θɛn] *f.* **+ow** sandy patch
[Dc: ¹treth -ENN] {S 1; F 0(CE38): D "drethan": F Trethan: +ow I}

trethes [trɛ'θɛːz] *m.* extreme heat
[cC: TRE- 3**tes**] {S 3; F 2: O *tredes* (VC.476) → P:} Nance assumed that <d> in OldC *tredes* meant <th>; i.e. he assumed, possibly being influenced by W *trachwres*, that *tre-* caused spirantization in this word. Lenition would be more likely, giving OldC *tredes*, which would have become *treses* in MidC. Nance's spelling is retained here.

trethor ['trɛ·θɔr] *m.* **+yon** ferryman
[Uc: ²treth -OR] {S 1; F 0(CE38): +yon I}

treth-vor *m.* seaside
[CC: treth 2¹mor] {S 8; F 1: L *trea vor* (M4WK):}

trethyades [trɛθ'ja·dɛs] *f.* **+ow** passenger on a ferry
[Uc: ²treth -YADES] {S 1; F 0(CE38): +ow I}

trethyas ['trɛ·θjaz] *m.* **-ysi** passenger on a ferry
[Uc: ²treth -³YAS]
{S 1; F 0(CE38): C B *tretzhluul.* **-ysi** I}

trettya ['trɛtːja] *v.* trample, stamp *(with foot)*, tread
[E(E)c: VN in -YA from a form of OldE *tredan* (coe) cf. G *treten*]
{S 5; F 2: M *trettya* (BM.1393, 2030)}

treudhel ['trœ·ðɛl] *adj.* threshold
[Uc: Stem of **treudhow** + -¹EL]
{S 8; F 0(GM09: G.M.S.)}

treudhow ['trœ·ðɔw] *m.* threshold

treuskorra

[U: May be a pl. in -OW] {S 8; F 2: L *truzu* (AB034a) → P: C B *treuzoù*; cf. W *trothwy*:} Lhuyd's form may be Breton.

treus ['trœːz] **1.** *adj.* transverse, cross, wicked **2.** *m.* **+yon** nonsense
[C: Brit (lp)] {S 1; F 4: M *trus* → P, *treus*: C B *treuz*; W *traws*: +yon N (CE55)}
TREUS- trans- [C: Brit (lp)]

treusatlantek [trœsat'lantɛk] *adj.*
[cE(L): TREUS- **Atlantek**] {S 5; F 0(EC00)}

treusfigura [trœsfɪ'gy·ra] *v.* transfigure
[cE(F)c: TREUS- **figura**] {S 4; F 0(TN)}

treusfigurans [trœsfɪ'gy·rans] *m.* **+ow** transfiguration
[cE(F)h: TREUS- **figur** -ANS]
{S 4; F 0(TN): +ow I}

treusfurvya [trœs'fyrvja] *v.* transform, transfigure
[cLc: TREUS- **FURVYA**] {S 1; F 0(GK98: G.M.S.)}

treusfurvyans [trœs'fyrvjans] *m.* **+ow** transformation, metamorphosis
[cLh: TREUS- **furvyans**]
{S 1; F 0(GK98: K.J.G.): +ow I}

treusfurvyek [trœs'fyrvjɛk] *adj.* metamorphic
[cLc: TREUS- FURV -YEK]
{S 1; F 0(GM09: G.M.S.): C cf. W *trawsffurfiol*}

treus-heskenn [ˌtrœ·s'hɛ·skɛn] *f.* **+ow** cross-saw
[CCc: **treus heskenn**] {S 1; F 0(EC52): +ow I}

treusi ['trœ·zi] *v.* cross, pass over, traverse
[Cc: **treus** -¹I] {S 1; F 3: M 1 pl. impv. *trussen* (MC.246) → P; 2nd pl. impv. *trussogh* (BM.1552, 1555): D "treeze" 'dawdle': C B *treuziñ*; W *trosi* 'to turn'}
The 3 instances given above are taken to be from this verb, rather than from a MidE verb *trusse* 'to truss', as supposed by Nance. It is unfortunate that the VN is not attested, because it would be interesting to compare it with **breusi**.

treuskorra [trœs'kɔrːa] *v.* transmit
[cCh: TREUS- 4**gorra**] {S 2; F 0(EC00)}

treuskorrans [trœs'kɔrːans] *m.* **+ow** transmission
[cCh: TREUS- 4**gorrans**] {S 2; F 0(EC00): +ow I}

treuskorrell [trœs'kɔrːęl] *f.* **+ow** transmitter
[cCh: TREUS- 4GORR=ELL] {S 2; F 0(GM09: G.M.S.): +ow I}

treuskynna [trœs'kɪnːa] *v.* transcend
[cCc: Cornicized form of *transcend*] {S 2; F 0(EC00)}

treuslemmel [trœs'lęmːęl] *v.* leap over
[cCc: TREUS- **lemmel**] {S 1; F 1: L *driz-lebmal* (PV.9434)}

treuslytherenna [trœsˌlɪθę'ręnːa] *v.* transliterate
[cLcc: TREUS- **lytherenna**] {S 1; F 0(GM09: YhaG):}

treusnija [trœs'niˑdʒa] *v.* fly over, overfly
[cCc: TREUS- **nija**] {S 3; F 0(GK98)}

treuspass ['trœˑspas] *m.* **+ow** trespass, transgression, offence *(trespass)*
[cE(F): MidE < OldF *trespas* (coe), but with **treus** as 1st syll.] {S 4; F 4: M *trespas*: +ow I} The spelling with **treus** is justified by spellings such as *truspys* in MidC.

treuspasser [trœs'pasːęr] *m.* **-oryon** offender, transgressor
[cE(F)l: **treuspass** -¹ER] {S 4; F 0(EC00): -oryon I}

treuspassya [trœs'pasːja] *v.* trespass, transgress, offend
[cE(F)c: **treuspass** -YA] {S 4; F 1: M *trespascye* (PC.1441)}

treusperthi [trœs'pęrθi] *v.* transport, transfer
[cLc: TREUS PORTH-A -¹I] {S 1; F 0(Y2)}

treusplansa [trœs'planza] *v.* transplant
[cE(F)c: TREUS **plansa**] {S 1; F 0(CE38): C B *treuzplantañ*; W *trawsblannu*}

treuspluvek [trœs'plyˑvęk] *f.* **-ogow** bolster
[cLc: **treus pluvek**] {S 1; F 0(EC52): -ogow I}

treusporth ['trœspɔrθ] *m.* **+ow** transfer, transport
[cL: TREUS- PORTH-] {S 1; F 0(Y2): +ow I}

treusprenn ['trœspręn] *m.* **+yer** transom, cross-piece, cross-bar, perch *(for birds)*, thwart
[cC: **treus prenn**] {S 1; F 2: M *truspren* (PC.2562) → P: +yer I}

treusskrif ['trœːskrɪf] *m.* **+ow** transcript
[cL: TREUS- **skrif**] {S 3; F 0(GK98: G.M.S.): +ow I}

treusskrifans [trœs'skriˑfans] *m.* **+ow** transcription
[cLh: TREUS- **skrifans**] {S 3; F 0(GM09: G.M.S.): +ow I}

treusskrifa [trœs'skriˑfa] *v.* transcribe
[cLc: TREUS- **skrifa**] {S 3; F 0(GK98: A.S.)}

treussplannadow [ˌtrœsːpla'naˑdɔw] *adj.* translucent
[cCc: TREUS **splann** -ADOW] {S 1; F 0(GM09: K.J.G.)}

treustelli [trœs'tęlːi] *v.* perforate
[cCc: TREUS **tell** -¹I] {S 1; F 0(GM09: G.M.S.): C B *treuztoullañ*}

treuster ['trœˑstęr] *m.* **treustrow** cross-beam, cross-bar
[Cc: Compound of **treus**] {S 1; F 3: O *troster* (VC.835) → L,P: M pl. *tresters* (OM.0963) → P: C B *treustr*; W *trawstr*: **treustrow** I}

treustregh ['trœstręx] *m.* **+ow** cross-section
[CC: **treus tregh**] {S 1; F 0(GM09: G.M.S.): +ow I}

treustreghel [trœs'tręxęl] *adj.* cross-sectional
[CC: **treustregh** -¹EL] {S 1; F 0(GM09: G.M.S.)}

treustremen [trœs'tręˑmęn] *m.* **+yow** transit
[cC: TREUS- **tremen**] {S 1; F 0(GM09: G.M.S.): +yow I}

treustremena [trœstrę'męˑna] *v.* transit
[cCc: TREUS- **tremena**] {S 1; F 0(GM09: G.M.S.)}

treustrevans [trœs'trẹ·vans] *m.*
transhumance
[cCc: TREUS- **trev** -ANS] {S 1; F 0(EC00):}

treustroeth ['trœ·strɤθ] *m.* **+ow**
transfusion
[cC: TREUS- **troeth**]
{S 1; F 0(CE93: G.M.S.): +ow I}

treustroetha [trœs'tro·θa] *v.* transfuse
[cCc: **treustroeth** -¹A] {S 1; F 0(CE93: G.M.S.)}

treustrumm ['trœ·strym] *m.* **+ow** bait
(for fish)
[cC: **treus** 4**drumm**]
{S 1; F 0(CE38): D "trestram"; lit. 'across the back' (the way in which the fish is cut).: +ow I}

treusva ['trœ·sfa] *f.* **+ow** crossing-place, crossing
[Cc: **treus** -VA] {S 1; F 0(Y1): +ow I}
  treusva hyns-horn level crossing on a railway
  treusva gerdhoryon pedestrian crossing

treusverya [trœs'bẹ·rja] *v.* transfix
[cCc: TREUS- 2**berya**] {S 1; F 0(GM09: G.M.S.)}

treusvysek [trœs'fɪ·zęk] *adj.* worldwide
[cCc: **treus** 2¹**bys** -¹EK] {S 1; F 0(AnG 1995)}

treusvywa [trœs'fɪwa] *v.* survive
[cCc: TREUS- 2**bywa**] {S 1; F 0(GM09: K.J.G.)}

treusvywer [trœs'fɪwęr] *m.* **-oryon**
survivor
[cCl: TREUS- 2**byw** -¹ER]
{S 1; F 0(GM09: P.H.): -oryon I}

treusvywnans [trœz'vɪʊnans]· *m.* **+ow**
survival
[cCh: TREUS- 2**bywnans**]
{S 1; F 0(GM09: K.J.G.): +ow I}

treuswlasek [trœz'wla·zęk] *adj.*
transnational
[cCc: TREUS- 2**gwlasek**]
{S 1; F 0(GM09: G.M.S.)}

treusweladow [ˌtrœzwę'la·dɔw] *adj.*
transparent
[cCc: TREUS- 2**gweladow**]
{S 1; F 0(GM09: K.J.G.)}

treuswels ['trœzwęls] *coll.* **+enn** couch grass
[cC: **treus** 2**gwels**] {S 1; F 0(EC52): +enn I}

treusworra [trœz'wɔrːa] *v.* transfer
[cCc: TREUS- 2**gorra**] {S 3; F 0(AnG 1986)}

treuswrians [trœz'wri·ans] *m.* **+ow**
transaction
[cCh: TREUS- 2**gwrians**]
{S 1; F 0(GM09: G.M.S.): +ow I}

treuswul ['trœz·wyl] *v.* transact
[cC: TREUS- 2**gul**] {S 1; F 0(GM09: G.M.S.)}

trev ['trẹːv] *coll.* **+enn** farmstead
trev is a collection of houses; **trevenn** is an individual house. Lhuyd's translation of *Treven* as W *tai* 'houses' appears incorrect. See **tre**.
[C: Brit *****treb**- < IE (lp)]
{S 1; F 3: M sg. *trevyn* (TH21v): L sg. *treven* (AB055c) → P, *drevon* (OHTB), *treaven* (P2JJ): P Drift: C B *trev*; W *tref*: +enn }

trevas ['trẹ·vaz] *f.* **+ow** harvest, crop
[Cc: **trev** C{-¹as}] {S 1; F 1: M *drevas* (OM.0425): C B *trevad*: +ow I}

trevasa [trẹ'va·za] *v.* harvest
[Ccc: **trevas** -¹A] {S 1; F 0(GM09: G.M.S.)}

trevbark ['trẹvbark] *m.* **+ow** housing estate
[CE(F): **trev** 2**park**] {S 4; F 0(Y2): +ow I}

treveglos [trẹ'vęglɔs] *f.* **+yow**
churchtown, village
[CL: **trev eglos**] {S 1; F 0(CE38): +yow I}

trevel ['trẹ·vęl] *adj.* urban
[Cc: **trev** -²EL]
{S 1; F 0(GM09: G M S)· C W *trefol*}

trevelhe [trẹvęl'hęː] *v.* urbanize
[Ccc: **trevel** -HE] {S 1; F 0(GM09: G.M.S.)}

trevelheans [trẹvęl'hę·ans] *m.*
urbanization
[Ccch: **trevelhe** -ANS] {S 1; F 0(GM09: G.M.S.):}

trevesiga [ˌtrẹvę'ʒi·ga] *v.* settle
(on new land)
[Cc: from **trevesik** -¹A] {S 1; F 0(GK98: G.M.S.)}

trevesigans [ˌtrẹvẹˈʒiˈgans] *m.*
colonization, settlement
[Ch: from **trevesik** -ANS]
{S 1; F 0(GM09: G.M.S.):}

trevesigel [ˌtrẹvẹˈʒiˈgẹl] *adj.* colonial,
settlement
[Ccc: from **trevesik** -²EL]
{S 1; F 0(GK98: G.M.S.): **C W** *trefedigol*}

trevesiges [ˌtrẹvẹˈʒiˈgẹs] *f.* **+ow**
countrywoman
[Ccc: from **trevesik** -⁴ES]
{S 1; F 0(GK98: G.M.S.): **+ow I**}

trevesigeth [ˌtrẹvẹˈʒiˈgẹθ] *f.* **+ow**
colony, settlement
[Cc: from **trevesik** -ETH]
{S 1; F 0(CE38): **C W** *trefedigaeth*: **+ow I**}

trevesigoleth [trẹvẹʒiˈgɔˑlẹθ] *f.*
colonialism
[Cccc: from **trevesik** -OLETH]
{S 1; F 0(GM09: G.M.S.):}

trevesik [trẹˈvẹˑʒɪk] *m.* **-igyon**
countryman, rustic
[Cc: **trev** -ESIK]
{S 1; F 3: **O** *treuedic* (VC.227, 334, 337) → L,P:
C B *trividig*; **W** *trefedig*: **-igyon I**}

trevesik-dor [trẹvˌẹˑʒɪkˈdɔːr] *m.*
trevesigyon-dor inhabitant
[CcC: **trevesik dor**] {S 1; F 2: **L** trevedig-doer
(AB069b): **trevesigyon-dor I**}

¹**treveth** [ˈtrẹˑvẹθ] *f.* **+ow** domicile,
residence, homestead
[Cc: **trev** -ETH] {S 8; F 1: **L** *treveth* (NGNB5):
+ow I} The ending is thought to be -ETH;
theoretically it could be -EDH, but in LateC this
would in all probability have been lost.

²**treveth** [ˈtrẹˑvẹθ] *f.* **+yow** occasion
(time) Gender shown by *an drevath* (TH35r).
[U: cf. **traweythyow**]
{S 8; F 4: **M** *treveth* → P: **+yow I**}

trevlann [ˈtrẹvlan] *f.* **+ow** township
[CC: **trev lann**] {S 1; F 0(EC00): **+ow I**}

trevlu [ˈtrẹvly] *m.* **+yow** militia
[CC: **trev lu**] {S 1; F 0(EC52): **+yow I**}

trew [ˈtrẹw] *m.* saliva, spittle
[C: CC **strew-ô* (leb), with loss of [s-]]
{S 3; F 0(CE38):}

trewa [ˈtrẹˑwa] *v.* spit
[Cc: **trew** -¹A]
{S 8; F 4: **M** *trewe* → P: **L** *treffia* (AB154a) → P}

trewesi [trẹˈwẹˑzi] *adj.* ardent, forceful,
emphatic
This word was translated by Lhuyd as
'mournful, lamentable, sorrowful, grievous'.
These meanings fit the five instances of the
word of which Lhuyd was aware, viz. those in
MC. Nance gave the meanings 'sad, serious',
and re-spelled the word as *truesy*, suggesting
that he took it to be a derivative of **tru** 'alas,
woe'. Of the ten instances in MidC known to
Nance, four are collocated with blows. In
MC., the word is used twice of the act of
kissing: firstly Judas betraying Christ with a
kiss (MC.065), and later Mary kissing Christ's
body (MC.231). The word is also used to
describe the nails used in the Crucifixion
(MC.159), and Mary's anguish on witnessing
Christ crucified (MC.225). At OM.0511, it is
used by Abel making his burnt offering to
God. Neither here nor at BM.0975 do the
aforementioned meanings fit very well. The
word also occurs at BK36.04, in a line where
Guinevere says to her handmaidens: *dellough
slegh ha trevysy*. Here a suggestion by Keith
Bailey is followed, that the word has nothing
to do with **tru**. It was never spelled with
<tru->. Rather it is a compound of the Cor.
cognate of W *traw-* 'to strike'. This would
explain the association with blows. The
meaning 'forceful' was then extended and
applied to other circumstances.
[Cc: Brit **taraw-issâ-in-*] {S 8; F 4:
M *trewesy* → P: **L** *dreuesy* (AB082a)}

treweythus [trẹˈwẹɪθys] *adj.* occasional,
scarce, rare, sporadic
[CCl: 4**dre** 2¹**gweyth** -US]
{S 8; F 2: **L** *trauythes* (AB136b) → P}

treweythyow [trẹˈwẹɪθjɔw] *adv.*
sometimes, occasionally
[CCc: 4**dre** 2¹**gweyth** -YOW] {S 8; F 3:
M *trewythyov*: **L** *terwitheyaw* (OHTB)}

trewyas ['trɛwjaz] *m.* spittle, sputum, saliva
[Ccc: from **trew** -YA -²AS]
{S 8; F 1: L *trifiaz* (AB143c):}
[f] ~ [w] in the root meaning 'spit'; see **trewa**.

TREYL- [U:] This was spelled *trel-* in CE93, but Julyan Holmes has shown that *treyl-* is better.

treylouba [trɛr'lu·ba] *v.* stir
[UE(L)c: TREYL- **loub** -¹A]
{S 8; F 1: L *treyloob* (PV17530): **D** "treloobing"}

treylva ['trɛɪlva] *f.* **+ow** change, transformation, turning point
[Uc: TREYL=VA]
{S 8; F 1: **M** *trelva* (TH56v): **+ow** I}

treylya ['trɛɪlja] *v.* turn, twist, convert, translate
[Uc: TREYL=YA] {S 8; F 5: **M** *tryle* → P, *trelya*, *treyla*: **L** *trailia* (AB.) → P, *traylyah* (G3WK)}
  treylya dhiworth turn from
  treylya dhe turn to

treylyades [trɛɪl'ja·dɛs] *f.* **+ow** translator *(female professional)*
[Ucc: TREYL=YADES]
{S 8; F 0(GM09: G.M.S.): **+ow** I}

treylyans ['trɛɪljans] *m.* **+ow** translation, mutation
[Uc: TREYL=YANS]
{S 8; F 1: L pl. *traillianzo* (AB222): **+ow** I}

treylyas ['trɛɪljaz] *m.* **-ysi** translator *(male professional)*
[Uc: TREYL=³YAS]
{S 1; F 0(GM09: G.M.S.): **-ysi** I}

treylyer ['trɛɪljɛr] *m.* **-oryon** translator *(male)*
[Uc: TREYL=YER] {S 1; F 0(CE55): **-oryon** I}

treylyores [trɛɪl'jɔ·rɛs] *f.* **+ow** translator *(female)* [Uc: TREYL=YORES]
{S 1; F 0(GM09: K.J.G.): **+ow** I}

TREYN- [U: Poss. < F *traîner* (CE38), but this would mean <ay> rather than <ey>]

treynas ['trɛɪnaz] *m.* **+ow** tail-back *(traffic)*
[Uc: TREYN=¹AS] {S 8; F 0(Y1): **+ow** I}

treynya ['trɛɪnja] *v.* lag, hang back, lag behind, dawdle
[Uc: TREYN=YA]
{S 8; F 3: **M** *drynya* (PV.9514)} Nance suggested that the dial. word "trainygoat", meaning 'shag', came from C *tren y gota*.

trez *conj.* between
[C:] {S 8; F 1: L *trez* (AB244b)} This appears to be the stressed syllable in **yntredha** 'between them', but with <z> instead of <dh>; Lhuyd may have been confused by B *etrezo*.

tri³ ['tri:] *num.* three *(m.)*
[C: IE **treies* (hpb)]
{S 1; F 6: **M** *try*: **L** *trei* (JCNBG, AB.)}

tria ['tri·a] *v.* try *(in court)*
[E(F)c: VN in -A from MidE < OldF *trier* (coe)]
{S 4; F 3: **M** *trea* → P, *trya*: **L** *trîa* (AB162a) → P}

trial ['tri·al] *m.* **+s** trial *(legal)*
[E(F): MidE < AngN *trial* (coe)]
{S 4; F 1: **L** *treall* (WX): **+s** I}

tribe (Eng.) *n.* ALT = **kordh**.
{S 6; F 1: **M** *tryb* (TH50v)}

tribun ['tri·byn] *m.* **+yon** tribune
Commander of a cohort in the Roman army.
[L:] {S 4; F 0(TN): **+yon** I}

trig ['tri:g] *m.* low tide, position
[L: CLat *trîco-* (Fl.)] {S ?; F g: **M** *trvg* (BK29.80): L *trig*: **D** "trig-meat", i.e. shore-gathered shellfish: **P** Trigg Rocks: **C** OldB *tric*:}

triga ['tri·ga] *v.* dwell, live *(at a place)*, reside, abide, stay, remain
The p.ptcpl. **trigys** may be used with either the long or the short form of ¹**bos**: *vmma nyn gew ef tregis* (MC.255) 'He does not remain here'; *yma tregys in cambron* (BM.0687) 'He dwells in Camborne'.
[Lc: **trig** -¹A] {S 3; F 6: **M** *trega* → P, *tryge*: **L** *trigia* (AB049c), *treegaz* (OHTB): **C** W *trigo*} Different VN endings are apparent in LateC.
  bos trigys dwell

triger ['tri·gɛr] *m.* **-oryon** dweller *(male)*, inhabitant, lodger, resident
[Lh: **trig** -¹ER] {S 3; F 3: L *treger* (PV17521, 17606); pl. *Tregoryon* (AB223) → P: **-oryon** L}

trigores [tri'gɔ·rẹs] *f.* **-ow** dweller
(female), inhabitant, lodger, resident
[Lh: **trig** -ORES] {S 3; F 0(GM09: K.J.G.): -ow I}

trigow *m.* dwelling
[Cc: **trig** -²OW]
{S 8; F 2: **L** *Trigow* (LV143.15, 54)} This word
may correspond to *Trigga-* in place-names. It is
not corroborated anywhere else. It looks like a
plural. Lhuyd may have been confused here.

trigva ['trɪgva] *f.* **+ow** address *(place)*,
abode, country seat, dwelling-place
[Lc: **trig** -VA]
{S 3; F 4: **M** *trigva* → P: **C W** *trigfa*: +ow I}

trihans ['tri·hans] *num.* three hundred
[CC: **tri 3kans**] {S 1; F 2: **M** *trey-hans*
(OM.1996): **L** *trei kanz* (PV17512)}

trihorn ['tri·hɔrn] *m.* **trihern** triangle
[CD: **tri 3¹korn**] {S 1; F 0(CE38): **C B** *tric'horn*:
trihern N (FTWC)}

trihornegi [ˌtrihɔr'nẹ·gi] *v.* triangulate
[CDcc: from **trihornek** -¹I] {S 1; F 0(EC00)}

trihornegyans [ˌtrihɔr'nẹ·gjans] *m.* **+ow**
triangulation
[CDcc: from **trihornek** -YANS]
{S 1; F 0(EC00): +ow I}

trihornek [tri'hɔrnẹk] *adj.* triangular
[CDc: **trihorn** -¹EK]
{S 1; F 0(CE38): **C B** *tric'hornek*}

trihornvil [trɪ'hɔrnvɪl] *m.* **+es**
triceratops
[CDC: **trihorn 2⁴mil**] {S 1; F 0(EC00): +es I}

Trinita f. Trinity. ALT = **trynses**.
[E(F): MidE < OldF *trinite* (co)]
{S 5; F 1: **M** *trynyte* (OM.0058):}

trinity (Eng.) *n.*
{S 6; F 1: **M** *trinitie* (CW.0343)}

trist ['triːst] *adj.* sad, mournful, gloomy
[L: CLat *trîstis* (gpc)] {S 1; F 3: **O** *trist* (VC.940)
→ L,P: **M** *trest*: **C B** *trist*, **W** *trist*}

tristans ['tri·stans] *m.* sadness, sorrow
[Lh: **trist** -ANS]
{S 1; F 2: **M** *trystans* (MC.223) → L,P:}

tristhe [trɪst'hẹː] *v.* sadden
[Lc: **trist** -HE] {S 1; F 0(CE38)}

tristyns ['tri·stɪns] *m.* sadness, sorrow
[Lc: Apparently a variant of **tristans**]
{S 8; F 4: **M** *trystyns*:}
Forms without <n> also found, showing the
sound-change [-ns] > [-s] when unstressed.

tri-ugens [trɪ'y·gẹns] *num.* sixty,
threescore
[cC: **tri ugens**] {S 1; F 3: **M** *tryvgons*:
L *trei igans* (AB149c) → P: **C B** *tri-ugent*}

deg ha tri-ugens seventy

tro ['trɔː] *f.* **+yow** turn, circuit,
excursion
[C: Brit **trogyo-* (hpb)]
{S 1; F 4: **O** *tro* (VC.324): **M** *tro*: **L** *tro* (AB134a)
→ P: **C B** *tro*; **W** *tro*: +yow I}

war neb tro at some time

tro-askell [trɔ'a·skẹl] *f.* **troyow-askell**
helicopter **askell-dro** is also in use.
[CL: **tro askell**] {S 1; F 0(Y1): **troyow-askell** I}

trobel ['trɔ·bẹl] *m.* **troblow** trouble
[E(F): TROBL-S] {S 4; F 3: **M** *trobell* (CW.):
C W *trwbl*: **troblow** N}

TROBL- [E(F): MidE < OldF *truble* (coe)]

trobla ['trɔbla] *v.* trouble, vex, molest,
bother
[E(F)c: TROBL=¹A]
{S 4; F 3: **M** *throbla* (BM.0949):
L p.ptcpl. *troublez* (M2WK): **C** cf. **W** *trwbli*}

troblys ['trɔblɪz] *adj.* troubled
[E(F)c: TROBL=⁶YS]
{S 4; F 3: **M** *troplys* → P: **L** *troublez* (M2WK)}

troboll ['trɔ·bɔl] *m.* **+ow** whirlpool
[CC: **tro 2¹poll**]
{S 1; F 0(GK98: G.M.S.): **C W** *trobwll*: +ow I}

troboynt ['trɔ·bɔɪnt] *m.* **+ow** turning
point
[CE(F): **tro 2poynt**] {S 5; F 0(GK98: G.M.S.):
C W *trobwynt*; not in B: +ow N}

troboyntel [trɔ'bɔjntẹl] *adj.* crucial
[CE(F)c: **troboynt** -²EL] {S 5; F 0(GM09: YhaG)}

trodreghi [trɔ'drẹ·xi] *v.* circumcise
[CC: **tro 2treghi**] {S 1; F 0(GM09: K.S.)}

troe'lergh ['trolɛrx] *m.* **+ow** footpath
[CC: from ¹**troes lergh**]
{S 2; F 2: O *trulerch* (VC.712) → L,P: **+ow** I}

troell ['trɔ·ɛl] *f.* **+ow** lathe
[Cc: **tro** -²ELL] {S 1; F 0(GK98: G.M.S.): **+ow** I}

troen ['troːn] *m.* **+yow** nose, snout, point *(of land)*, trunk *(of animal)*
[C: CC *stroknâ* < *sroknâ* (lheb)]
{S 1; F 3: O *trein* (VC.029) → L,P: L *tron* (PV17527, 17623): P Restronguet = **ros troen** goes: C Not in B; W *trwyn*: **+yow** I}
OldC *fron* and *friic* are from the same root.

troenek ['tro·nɛk] *adj.* nasal
[Cc: **troen** -¹EK] {S 1; F 0(EC00)}

troenell ['tro·nɛl] *f.* **+ow** nozzle
[Cc: **troen** -²ELL] {S 1; F 0(GM09: K.J.G.): **+ow** I}

troengornvil [trʏn'gɔrnvil] *m.* **+es** rhinoceros
[CDC: **troen** 2¹**korn** 2¹**mil**] {S 1; F 0(CE38): C W *trwyngornfil*: **+es** C (EC52)}

troenn ['trɔ·ɛn] *f.* **+ow** turn, caunter lode, cross lode
[Cc: **tro** -enn] {S 1; F 0(CE38): D "trone": **+ow** I}

¹**troes** ['troːz] *m.* **treys,** *dual* **dewdroes** foot *(Anat.)*
[C: Brit *trogeto-* (lheb) < CC *tragh-* (Fl.)]
{S 1; F 6: O *truit* (VC.) → L,P: M *troys, trovs, tros* → P; pl. **treys**: L *trûz* (AB.) → P, *trooz, trooze*; pl. *treiz* (AB.) → P: C B *troad*, W *troed*}

²**troes** ['troːz] *m.* **treysi** starling
[C: CC < IE (Fl.)] {S 8; F 2: O *troet* (VC.514) → P: M pl. *treysy* (BM.2399): **treysi** M}

troesek ['tro·zɛk] **1.** *adj.* large-footed **2.** *m.* **-ogyon** foot-soldier, infantryman
[Cc: ¹**troes** -¹EK]
{S 1; F 1: M *trosak*: C B *troadeg*: **-ogyon** I}

troesell ['tro·zɛl] *f.* **+ow** pedal
[Cc: ¹**troes** -¹ELL]
{S 1; F 0(Y1): C B *troadell*: **+ow** I}

troesella [trʏ'zɛlːa] *v.* pedal
[Ccc: **troesell** -¹A] {S 1; F 0(Y1)}

troesenn ['tro·zɛn] *f.* **+ow** starling
[Cc: ²**troes** -ENN]

{S 8; F 3: L *trodzhan* (AB.) → P: **+ow** I}

troes-hys [ˌtro·s'hːɪz] *m.* **treys-hys** foot *(unit of length)*
[CC: ¹**troes hys**] {S 1; F 2: M *trosheys* (MC.180), *trois hys* (PC.2757): **treys-hys** C}

troesla ['trʏzla] *m.* **troesleow** treadle, pedal, foothold
[Cc: ¹**troes** -LA] {S 1; F 0(CE38): C W *troedle* 'foothold': **troesleow** I}

troeslu ['tro·zly] *m.* infantry
[CC: ¹**troes lu**] {S 1; F 0(EC00):}

troes-plat [trʏs'plaːt] *adj.* splay-footed
[CE: ¹**troes plat**] {S 5; F 2: L *Trûz blat* (LV143.71), *trûz-blat* (AB121b)} The reason for the lenition [p] > [b] is not clear.

troespons ['tro·spɔns] *m.* **+ow** footbridge
[CL: ¹**troes pons**] {S 1; F 0(GK98: J.A.): **+ow** I}

troesvedhegieth [trʏzvęðę'giˑɛθ] *f.* chiropody
[CLc: from **troesvedhek** -IETH]
{S 3; F 0(GM09: G.M.S.):}

troesvedhek [trʏz'vęˑðɛk] *m.* **-ogyon** chiropodist
[CL: ¹**troes** 2**medhek**] {S 3; F 0(Y3): **-ogyon** I}

troesya ['tro·ʒja] *v.* trudge, plod, hike
[Cc: ¹**troes** -YA] {S 1; F 0(CE38): D "troach"}
The origin of ModE *trudge* is recorded as obscure, first attested in 1547. It is quite possible that it comes from the Cor. The dial. form is "troach".

troesyades [troʒ'jaˑdęs] *f.* **+ow** pedlar *(female)* [Ccc: ¹**troes** -YADES]
{S 1; F 0(GM09: K.J.G.): **+ow** I}

troesyas ['tro·ʒjaz] *m.* **-ysl** pedlar *(male)*
[Ch: ¹**troes** -³YAS]
{S 1; F 0(GM09: K.J.G.): **-ysi** I}

troesyer ['tro·ʒjɛr] *m.* **-yoryon** plodder *(male)* [Ch: ¹**troes** -¹YER]
{S 1; F 0(CE38): D "troacher": **-yoryon** I}

troesyores [trʏʒ'jɔˑręs] *f.* **+ow** plodder *(female)* [Ch: ¹**troes** -YORES]
{S 1; F 0(GM09: K.J.G.): **+ow** I}

troeth

troeth ['troːθ] *m.* **+ow** infusion, decoction
[C:] {S 8; F 0(CE38): C W *trwyth*: **+ow** I}

troetha ['troˑθa] *v.* infuse
[Cc: **troeth** -¹A] {S 8; F 0(CE55): C W *trwytho*}

trog ['trɔːg] *m.* **+ow** chest *(box)*, coffin, case, trunk, boot *(of car)*, suitcase
[E(E): MidE < OldE *trog* (CE38) > ModE *trough*] {S 5; F 3: M *trok*: **+ow** N (EC52)}

trogel ['trɔˑgęl] *m.* earthly life
[U:] {S 8; F 2: M *trogel* (BM.1926, 4367):}
yn trogel in the flesh

trogenter [trɔ'gęntęr] *f.* **-gentrow** screw
[CL: **tro 2kenter**]
{S 1; F 0(CE93: K.J.G.): **-gentrow** I}

trogentra [trɔ'gęntra] *v.* screw
[CLc: from **trogenter** -¹A] {S 1; F 0(GL05)}

trogentrell [trɔ'gęntręl] *f.* **+ow** screw-driver
[CLc: **tro 2KENTR=²ELL**]
{S 1; F 0(CE93: K.J.G.): **+ow** I}

trogh ['trɔːx] **1.** *adj.* cut, wretched, cracked, broken **2.** *m.* **+ow** cut *(incision)*
[C: Brit **truks-i-* < IE (Haywood)]
{S 1; F 4: O *troc* (VC.472): M *trogh* → P; pl. *dryhow* (BK34.17): D "droke", showing [t-] > [d-] and [x] > [k]: P Truck Hill: C B *trouc'h*, W *trwch*: **+ow** M}

¹**TROGH-** *prefix* **-otomy** [C: Same as **trogh**] {S 1; F 0(GM09: J.A.)}

²**TROGH-** [D: Probably a Celtic root TROGH-, but poss. from E *tuck* with intrusive [r] (Padel)]

trogh-bryansenn [ˌtrɔˑxbrɪ'anʒęn] *m.* **troghow-b.** trachaeotomy
[CCc: **trogh bryansenn**]
{S 8; F 0(GK98: J.A.): **troghow-b.** I}

trogher ['trɔˑxęr] *m.* **+yow** coulter *(of plough)*
[Cl: **trogh** -¹ER] {S 1; F 2: L *troher* (CDWP), *trohar* (PV17619): **+yow** I}

troghva ['trɔˑxva] *f.* **+ow** cutting *(e.g. on road)*
[Cc: **trogh** -VA] {S 1; F 0(EC52): **+ow** I}

troghya ['trɔˑxja] *v.* dip, plunge, immerse
[Dc: ²TROGH- -YA] {S 3; F 1: L *Trykkia* (LV018.59): P Vellyndruchia: C cf. W *trochu*: Absence of vowel aff.

troghya deves sheep-dipping

troghyer ['trɔˑxjęr] *m.* **-yoryon** tucker *(male)*, fuller
[Dh: ²TROGH=¹YER]
{S 3; F 3: L *trykkiar* (AB.) → P: **-yoryon** I}
Lhuyd's *trukkiar* is a late form, for it shows substitution of [k] for [x]; the absence of vowel aff. avoids homophony with **treghyer**.

troghyores [trɔɦ'jɔˑręs] *f.* **+ow** tucker *(female)*, fuller
[Dhc: ²TROGH=YORES]
{S 3; F 0(GM09: K.J.G.): **+ow** I}

trog-tenna [ˌtrɔˑk'tęnːa] *m.* **trogow-tenna** drawer *(furniture)*
[E(E)Cc: **trog tenna**]
{S 4; F 0(Y1): **trogow-tenna** I}

trogylgh ['trɔˑgɪlx] *m.* **+yow** circuit
[CL: **tro 2kylgh**]
{S 1; F 0(GK98: G.M.S.): **+yow** I}

troha ['trɔˑha] *prep.* towards
Form used before consonants.
[Cc: **tro ha**] {S 1; F 4: M *troha*} The <gh> in MidC *trogha*, written <x> by Lhuyd and copied by Pryce, appears to be in error for <h>.

trohag ['trɔˑhag] *prep.* towards
Form used before vowels.
[Cc: **tro hag**] {S 1; F 0(CE38)}

troha'n ['trɔˑhan] *phrase* towards the
[Ccc: from **tro ha an**] {S 1; F 4: M *trohan* → L,P}

troll ['trɔlː] *m.* **+ow** wheel *(instrument of torture)*
[E: MidE *troll* (gpc)]
{S 4; F 1: M *drol* (BK06.54): C W *trol*: **+ow** I}

tromm ['trɔmː] *adj.* sudden, immediate, prompt
[U:] {S 8; F 3: M *trom* → P: C B *trumm*}

tromma ['trɔmːa] *v.* exacerbate
[Uc: **tromm** -¹A] {S 8; F 1: M *tromhas* (BK39.29)}

trommder ['trɔmdęr] *m.* suddenness
[Uc: **tromm** -DER]
{S 8; F 0(CE38): C B *trummder*:}

trompa ['trɔmpa] *m.* **trompys** large trumpet, trump
[E(F): MidE *trompe* < OldF (coe)] {S 4; F 1: M pl. *trompys* (BM.0276): **trompys** M}

trompour ['trɔmpur] *m.* **+s** trumpeter
[E(F)e: from **trompa** -OUR]
{S 5; F 1: M pl. *trompours* (OM.1996): **+s** M}

tron ['trɔ:n] *m.* **+ys, +yow** throne
[E(F): MidE *trone* < OldF *trone* (coe)]
{S 4; F 4: M *tron* → P, *trone, thron*; pl.*tronys* (CW.0041) → P: **+ys** M; **+yow** N (G.M.S.)}

TRONK- [C: Brit *tronk*- (deb)]

tronkys ['trɔnkɪs] *m.* ablutions
[Ce: TRONK=²YS]
{S 5; F 2: M *tronkys* (BK14.41, 14.411, 14.43): C cf. B *kouronk* 'bath', MidB *gouzronkadur*:}
gul tronkys take a bath

tron-sedha *m.* throne
[E(F)Cc: from **tron esedha**]
{S 2; F 1: M *thron setha* (CW.0016)}

trop ['trɔ:p] *m.* **+ys** figure of speech, trope
[E(L): MidE *trope* < CLat *tropus* (coe)]
{S 5; F 1: M *trope* (SA59r): **+ys** I}

tros ['trɔ:z] *m.* **+ow** noise, clamour, sound *(noise)*
[C:] {S 1; F 4: M *tros* → L; pl. *trosow* (BK15.53): L *troz* (FCNCT), *trôs, trôz* (PV17625): D "troze" 'noise made by fish when breaking surface': C B *trouz*; W (*trwst*): **+ow** M}

trosek ['trɔ·zęk] *adj.* noisy
[Cc: **tros** -EK] {S 1; F 0(GK00: T.E.)}

troskenn ['trɔskęn] *f.* **+ow** scab
[Uc: FN in -ENN from unknown root]
{S 8; F 1: L *trosgan* (LV143.63): **+ow** I}

trosus ['trɔ·zys] *adj.* boisterous
[Cl: **tros** -US] {S 1; F 0(GM09: G.M.S.)}

troth (Eng.) *n.* {S 6; F 1: M *troyth* (BM.1485)}

trova ['trɔ·va] *f.* **+ow** circuit
[Cc: **tro** -VA] {S 1; F 0(GK00: G.M.S.): **+ow** I}

trovann ['trɔ·van] *m.* **+ow** tropic
[Cc: **tro** -VANN]
{S 1; F 0(GK98: G.M.S.): **+ow** N}

trovannel [trɔ·van:ęl] *adj.* tropical
[Cc: **trovann** -²EL] {S 1; F 0(GK98: G.M.S.)}

trovya ['trɔ·vja] *v.* find, discover
[Fc: VN in -YA from F *trouver*] {S 4; F 3: L *trovia* (PV17628); p.ptcpl. *trouviaz* (FCNC) → P}

trovyans ['trɔ·vjans] *m.* **+ow** find
[Fc: VN in -YANS from F *trouver*]
{S 4; F 0(EC00): **+ow** I}

troweyth ['trɔwęɪθ] *f.* **+yow** cycle *(of motion)*
[CC: **tro** 2¹**gweyth**] {S 1; F 0(Y1): **+yow** I}

trowyns ['trɔwɪns] *m.* **+ow** cyclone
[CC: **tro** 2**gwyns**]
{S 1; F 0(GM09: G.M.S.): C W *trowynt*: **+ow** I}

trowynsek [trɔ'wɪnzęk] *adj.* cyclonic
[CCc: **tro** 2**gwynsek**] {S 1; F 0(GM09: G.M.S.)}

troyll ['trɔɪl:] *m.* **+yow** spin, swirl, ceilidh, fest-noz
[U:] {S 8; F 0(AnG 1984): D "troyll": C W *troell*; cf. MidB *traoill* 'spool' < OldF *travoil* (flmb): **+yow** I} The spelling of this word is based on dial. "troyl", not on the Welsh; it was orig. 2 syll., cf. Nance's *trôyll*, but is now pronounced as 1 syll.).

troyllya ['trɔɪl:ja] *v.* spin around, gyrate, rotate, swirl
[Uc: **troyll** -YA]
{S 8; F 2: L *troillia* (AB061b) → P}

troyllyans ['trɔɪl:jans] *m.* **+ow** gyration, rotation
[Uh: **troyll** -YANS] {S 8; F 0(EC00): **+ow** I}

tru ['try:] *interj.* alas, woe
[C: Brit **troug* (Gr.)]
{S 8; F 4: M *tru* → P: C MidB *tru*, MidW *tru*}

truan ['try·an] *adj.* miserable, poor *(in spirit)*, wretched, doleful
[Cc: Compound of **tru**] {S 8; F 0(CE38): D name of little finger: C W *truan*}

trubyt ['try·bɪt] *m.* tribute
[E(L): MidE < Lat *tribûtum* (coe)]
{S 8; F 4: M *trubyt, trubut*:}

truedh
Many of the attested forms suggest that the Eng. word was metathesized in Cor.

truedh ['try·ęð] *m.* pity, mercy *(compassion)*, compassion, pathos, sad state of affairs
[Cc: **tru** -¹EDH]
{S 1; F 5: M *trueth*: L *truath* (TCTB), *triuath* (AB244c), *trua* (Tonkin): C B *truez*:}

truedh a'm beus I have pity
kemmeres truedh a have pity on, have mercy on

truedhek [try'ę·ðęk] *adj.* piteous, compassionate, plaintive, pathetic, lamentable, pitiable
[Ccc: **truedh** -¹EK]
{S 1; F 3: M *truethek* (BM.2152), *trewethek* (BM.3823): L *trauedhak* (AB092c, 166c) → P}

truesi Now spelled **trewesi**.

trufel ['try·fęl] *adj.* trifling, trivial
[E(F): TRUFL-S] {S 4; F 3: M *trufel* (RD.1055): L *trafyl* (PV17433)}

TRUFL- [E(F): MidE *trufle* < OldF (CE38)]

trufla ['tryfla] *v.* trifle, dally, toy with
[E(F)c: TRUFL=¹A] {S 4; F 0(CE38)}

truflenn ['tryflęn] *f.* +ow trifle
[E(F)c: TRUFL=ENN]
{S 4; F 0(GK98: K.J.G.): +ow I}

trufleth ['tryflęθ] *f.* +ow triviality
[E(F)c: TRUFL=ETH]
{S 4; F 0(GM09: YhaG): +ow I}

trumach ['try·matʃ] *m.* **trumajow**, **trumajys** sea-voyage
[E:] {S 5; F 3: M *trumech* (OM.1650) → P, *trumach* (BM.1075): **trumajow** N (G.M.S.); **trumajys** I (CE38)}

trumpet (Eng.) *n.* {S 6; F 2: M *trompet* (TH56v), *trumpet* (TH56v)}

Truru ['try·ry] *place* Truro
[CC: TRY- + another element]
{S 8; F 2: L *Tre Ridzhiw, Trev-riw* (LV143.02)}
Lhuyd's forms represent not contemporary pronunciations, but rather his interpretations of the name. They are incorrect, because the first element is not **tre** but TRY- 'triple'. The 'three' in the name probably refers to the three streams which meet in the centre of town. Padel suggests that the second element might be from **berow** 'boiling'. The form *Truru* is found in other writings.

truth ['try:θ] *m.* +ow trout
[D: CLat *tructa* (CE38) or OldE *truht* (Gr.)]
{S 1; F 3: O *trud* (VC.547) → L,P: M *trvth* (BK23.10): C cf. B *dluzh*; not in W: +ow I}

TRY-³ triple [C: Brit]
This is not the same as **tri** 'three'.

¹**trybedh** ['trɪ·bęð] *m.* +ow tripod, brandise
[L: CLat *tripedem* (Gr.)]
{S 1; F 3: O *tribet* → P: L *trebath* (AB019a, 166c) → P: C B *trebez*; W *trybedd*: +ow I}

²**trybedh** ['trɪ·bęð] *m.* +ow post-horn
[U:] {S 8; F 2: L *tribba* (Gw.), pl. *trebedho* (LV142.58): +ow L}
Lhuyd wrote the pl. as if sg.

trybedhik [trɪ'bę·ðɪk] *m.* -igow trivet
[Lc: ¹**trybedh** -IK]
{S 1; F 0(GM09: P.H.): -igow I}

tryden ['trɪ·dęn] *m.* triumvirate, group *(of three men)* [cC: TRY- **den**]
{S 8; F 1: M *tredden* (MC.237):} The <dd> suggests that the preceding vowel was not long; here the first syllable has been taken to be the prefix **try-** rather than the numeral **tri**.

trydhegves [trɪ'ðę·gvęz] *num.* thirteenth
[Cc: from **trydhek** -VES]
{S 3; F 1: M *xiii-as* (TH41v)}

trydhek ['trɪ·ðęk] *num.* thirteen
[C: Brit] {S 3; F 3: L *tredhek* (AB166a) → P, *tardhak* (AB166c)}

trydydh ['trɪ·dɪð] *m.* +yow period of three days
[cC: TRY- **dydh**] {S 8; F 3: M *triddyth* (PC.0532) → P, *treddeth* (BM.3895): +yow I} The <dd> suggests that the preceding vowel was not long; here the first syllable has been taken to be the prefix **try-** rather than the numeral **tri**.

tryflek ['trɪflęk] *adj.* triple, threefold
[cL: from TRY- 3**pleg**] {S 3; F 0(CE38)}

tryforgh

tryforgh ['trɪfɔrx] *f.* **-fergh** trident, three-pronged fork
[cL: **try- forgh**]
{S 8; F 2: L *trivorh* (AB166c) → P: **-fergh** I}
The first syllable is taken as the prefix **try-** 'triple'; if it meant the numeral 'three', it ought to be **teyr** here, since **forgh** is fem.

tryg Now spelled **trig**.

Tryger ['trɪˑgęr] *place* Trigg
[cC: TRY- + an element perhaps related to **kordh**]
{S 8; F 1: M *tryger* (PC.2274): C cf. B *Treger*}

trygh ['trɪːx] **1.** *adj.* superior, victorious, triumphant **2.** *m.* **+ow** victory, triumph, conquest
[C: IE *treg-s* (hpb)] {S 3; F 1: M *drug* (BK08.31): C B *trec'h*, W *trech*: **+ow** I}
The cognates would suggest *tregh*; the <y> in this word and all its derivatives is taken from MidC *tryher* 'victor' at *OM.1235;* using <y>, as did Nance, has the advantage of avoiding homographs with **tregh** 'cut'. The one example in *BK.* is doubtful.

trygher ['trɪˑxęr] *m.* **-oryon** victor, conqueror
[Cl: **trygh** -¹ER] {S 3; F 2: M *tryher* (OM.1235) → P: C B *trec'her*; cf. W *trechwr*: **-oryon** I}

tryghi ['trɪˑɦi] *v.* conquer, triumph
[Cl: **trygh** -¹I] {S 3; F 0(CE38): C B *trec'hiñ*}

tryghores [trɪˈɦɔˑręs] *f.* **+ow** victress
[Clc: **trygh** -ORES]
{S 3; F 0(GM09: K.J.G.): **+ow** I}

trymil ['trɪˑmɪl] *num.* three thousand
[cL: TRY- ³mil] {S 8; F 3: M *tremmyl* (BM.)}

trymis ['trɪˑmis] *m.* **+yow** school term, quarter (*of a year*), three months, trimester
[cC: TRY- **mis**]
{S 1; F 1: M *tremmys* (BM.1491): **+yow** I}

trymisyek [trɪˈmiˑzjęk] *adj.* termly, quarterly
[cCc: **trymis** -YEK] {S 1; F 0(Y2): C B (*trimiziek*)}

trymynsek [trɪˈmɪnzęk] *adj.* three-dimensional

turenn

[cCc: TRY- **myns** -¹EK] {S 1; F 0(GK98: K.J.G.)}

trynn ['trɪnː] *f.* **+ow** trouble, quarrel, fuss
[C:] {S 8; F 0(CE38): **+ow** I}
kedrynn and MidW *trynni* 'battle' suggest /nn/ in this word; ModW *trin* may be a by-form.

Trynses ['trɪnʒęz] *f.* Trinity
[L: BLat *trin'tat-* < CLat *trinitâtem* (M)] {S 1; F 5: M *drynsys, dryngys*: L *Drenzhez* (AB243b):}
The spelling with <-es> is what one would expect, but the rhymes suggest rather <-ys>.

trysa ['trɪˑʒa] *num.* third This is the regular development; the other form is **tressa** (*q.v.*).
[C: Brit *tritios* (actually attested)]
{S 1; F 5: M *tryge, trege* (RD.) → L,P: L *tridgya* (R2WAT, PRWP): C B *trede*, W *trydydd*}

Trythell *name* {S 8; F 2: L *Trethell* (CMWDT), *Trythal* (CMWDG)}

tu ['tyː] *m.* **+yow** direction, way, side, bearing
[C: CC (Fl.) < IE (lp)] {S 1; F 5: M *tu*: L *tu* (NGNB): C B *tu*, W *tu*: **+yow** I}

tu ha towards
bos heb tu abstain (in a vote)
a'n eyl tu to one side

tuedh ['tyˑęð] *m.* **+ow** trend, tendency
[Cc: **tu** -¹EDH] {S 1; F 0(Y2): C W *tuedd*: **+ow** I}

tuedha [tyˈęˑða] *v.* tend
[Ccc: **tuedh** -¹A]
{S 1; F 0(GM09: G.M.S.): C W *tueddu*}

tulyfant [tɪˈlɪˑfant] *m.* **+ys** turban
[E: MidE (CE38)] {S 5; F 0(CE38): **+ys** I}

turant ['tyˑrant] *m.* **turans** tyrant, despot, ruler by force
[E(Γ). MidE *tyrant* < OldF *tyrant* (ᴄɴ)]
{S 5; F 4: M *turant*: **turans** I}

turantieth [tyranˈtiˑęθ] *f.* **+ow** tyranny
[E(F)c: **turant** -IETH]
{S 5; F 0(GM09: K.J.G.): **+ow** I}

turenn ['tyˑręn] *f.* **+ow** turtle-dove
[L: Prob. from *turturen* by haplology (Gr.)]
{S 3; F 2: O *turen* (VC.526) → L,P:
C Not in B nor in W in this form.: **+ow** I}

Turk

Turk ['tyrk] *m.* **+ys, +yon** Turk
[E:] {S 4; F 2: M *turk* (TH49v); pl. *turkys* (TH16v, 24r): **+ys** M; **+yon** n (G.M.S.)}

turnypenn *f.* **+ow** turnip ALT = **ervinenn**.
[Ec: FN in -ENN from E *turnip*] {S 5; F 3: L *turnupan* (AB034a) → P, *tyrnypan* → P: **+ow** I}

Turpyn *name*
{S 5; F 3: M *turpyn* (BK.)} Appears as Saint Turpyn in *BK.*, but seems to be a bogus saint.

tus ['ty:z] *pl.* people, persons, men *(human beings)*
Used as suppletive pl. of **den**.
[C: IE *teuta* (hpb)]
{S 1; F 6: M *tus*: L *dîz* (AB.), *teez*: C B *tud*}

tush (Eng.) *n.* Found in the phrase *ow kull tusch ragtha*, translating Bonner's 'or tushe at him'. {S 6; F 1: M *tusch* (TH30r)}

Tutton (Eng.) *name*
{S 6; F 1: L *Tutton* (DPNB)}

ty² ['tɪː] *pron.* thou, you *(sg.)*
[C: CC (Fl.)]
{S 1; F 7: M *ty, te*: L *chee*: C B *te*, W *(ti)*}

tyas ['tɪ·az] *v.* address someone as "thou"
[Cc: **ty** -¹AS] {S 1; F 1: M *tyas* (TH30r)}

TYB- [C: Brit (Fl.)]

Tyber *place* Tiber
[E:] {S 8; F 3: M *tyber* (RD.)} Name of the river flowing through Rome; it is *Tevere* in Italian.

tybi ['tɪ·bi] *v.* suppose, fancy *(suppose)*, imagine, think, hold an opinion
[Cc: TYB=¹I] {S 8; F 3: M *teby* (BM.3350): L *tibiaz* (PV17310): C cf. W *tybied*}

tybieth [tɪ'bi·ęθ] *f.* **+ow** theory
[Cc: TYB=IETH] {S 8; F 0(GM09: YhaG): **+ow** I}

tybiethel [ˌtɪbi'ę·θęl] *adj.* theoretical
[Ccc: **tybieth** -²EL] {S 8; F 0(GM09: G.M.S.)}

tybyans ['tɪ·bjans] *m.* **+ow** opinion, thought, notion, idea, concept, supposition
[Cc: TYB=YANS]
{S 8; F 3: M *tybyans* (RD.1213) → L,P: **+ow** I}

tygri ['tɪgri] *m.* **-es** kestrel
[U:] {S 8; F 0(CE38): D "tickaree, tigry, tiggery": **-es** I}

Tygys *name* (name of a king)
[U:] {S 8; F 1} Formerly read as *Pygys*

tykk ['tɪk] *m.* **+ow** tick *(of clock)*
[E:] {S 5; F 0(EC00): **+ow** I}

tykki-Duw [ˌtɪkːi'dyw] *f.* **tykkies-Duw** butterfly
[CcC: LateC form of **tegenn Duw** (CE38)]
{S 3; F 2: L *tikki deu* (AB034a) → P, *tikki deu*: **tykkies-Duw** I}

tykkli ['tɪkli] *adj.* delicate, critical, tricky
[E(E): MidE < Gmc] {S 5; F 1: M *tykly*}

tykkya ['tɪkːja] *v.* tick
[Ec: **tykk** -YA] {S 5; F 0(EC00)}

tylda ['tɪlda] *m.* **tyldow, tyldys** tent, tabernacle *(tent)*
[E: Back-formation by Nance from **tyldya**]
{S 5; F 0(CE38): C cf. B *teltenn*, W (dial.) *tilt*: **tyldow** N (G.M.S.); **tyldys** I (CE38)}

tyldya ['tɪldja] *v.* erect a tent
[Uc:] {S 4; F 2: M *tyldye* (OM.1073) → P}

tyli ['tɪ·li] *v.* owe, recompense, reward
[Cc:] {S 8; F 6: M *dylly* (lenited) → P: L 3rd sg. pres. ind. *dâl* (AB.) → P: C cf. B *dleoud*, W *dyled*} Nance wrote *tylly*; the orig. form may have had [d-].

y tal dhymm I ought

ny dal mann it is worthless

ny dal dhis you ought not

tyller ['tɪlːęr] *m.* **+yow** place, spot, location, locality
[U:] {S 8; F 5: M *tyller* → P, *teller*; pl. *tellyryow*: L *telhar* (AB.) → P; pl. *Telàryo*: D "telyer, tillier, telyar" 'space between two ribs in a boat': **+yow** M}

tylva ['tɪlva] *f.* **+ow** check-out, till
[Cc: Root of **tyli** + -VA]
{S 8; F 0(GM09: K.J.G.): **+ow** I}

tymm {S 8; F 2: M *tỳm, tybm* (CGEL)}
Word used by Lhuyd to illustrate pre-occlusion, but its meaning is unknown.

tynk ['tɪnk] *m.* **-es** chaffinch
[U:] {S 4; F 0(CE38): D "tink": **-es** I}

tynkyal ['tɪnkjal] *v.* tinkle, clink
[Uc: VN in -YAL, partially onomatopoeic]
{S 8; F 0(CE38): C W *tincial*}

tynkyans ['tɪnkjans] *m.* **+ow** tinkling, clinking
[Uc: MN in -YANS from **tynkyal**]
{S 8; F 0(GM09: G.M.S.): **+ow** I}

tynn ['tɪn:] *adj.* tight, intense, sharp, cruel, strict, taut, tense, mordant
[C: IE *tuqna (lp)] {S 1; F 5: M *tyn* → P: D "tidden" 'painful': C B *tenn*, W *tyn*}

tynnbrena [tɪn'brẹ·na] *v.* buy dearly
[CCc: **tynn** 2prena] {S 1; F 1: M 3rd sg. pres. ind. *tynbren* (BK32.22)}

tynnder ['tɪndęr] *m.* tension, tightness
[Cc: **tynn** -DER] {S 1; F 0(CE38): C B *tennder*:}

tynnedh ['tɪn:ęð] *m.* **+ow** strain *(physical quantity)*, tension
[Cc: **tynn** -¹EDH] {S 1; F 0(GM09: K.J.G.): **+ow** I}

tynnhe [tɪn'hę:] *v.* tighten
[Cc: **tynn** -HE] {S 1; F 0(EC52)}

tynnlovan ['tɪnlɔvan] *f.* **+ow** tightrope
[CC: **tynn** lovan] {S 1; F 0(EC00): **+ow** I}

tynnow ['tɪn:ɔw] *pl.* tights
[Cc: **tynn** -²OW] {S 1; F 0(FTWC)}

Tyrconnel (Eng.) *name*
{S 6; F 1: L *Trip-cunnen* (KKTT8)}

tys-ha-tas [ˌtɪ·sha'ta:s] *adv.* noisily, tit for tat. The meaning is not clear.
[U: "imitative" (CE38)]
{S 8; F 2: M *tys-ha-tas* (PC.)}

tysk ['tɪ:sk] *f.* **+ow** sheaf, mass *(heap)*
[C:] {S 8; F 0(CE38): P pl. ?Carntiscoe: C B *tesk*: **+ow** P}

tyskenn ['tɪ·skęn] *f.* **+ow** sheaf, bunch
[Cc: **tysk** -ENN]
{S 8; F 0(CE38): D "tescan, tiskan": **+ow** I}

tythya ['tɪ·θja] *v.* hiss, seethe, sizzle
[Uc: VN in -YA from unidentified root]
{S 8; F 2: L *tithia* (AB150a) → P: D "tethan"}

U

ufern ['y·fẹrn] *m.* **+yow**, *dual* **dewufern** ankle
[C: Brit *opi-spernâ (Gr.)]
{S 1; F 2: O *lifern* (VC.094) → L,P: C B *ufern*}

ugens ['y·gęns] *num.* twenty
[C: CC *wiknt (Fl.) < IE *wikm̥ti (hpb)]
{S 1; F 5: M *ugens*: L *iggans* (NGNB), *igans* (AB.): P ?Eggens-warra: C B *ugent*; W *ugain*}

ugensplek [y'gęnsplęk] *adj.* twentyfold
[Cl: from **ugens pleg**] {S 3; F 0(CE38)}

ugensves [y'gęnzvęz] *num.* twentieth
[Cc: **ugens** -VES] {S 1; F 3: M *xx-as* (TH44r), *xx* (TH56r): L *iganzvath* (AB243b) → P}

UGH-² *prefix* over-
[c: CC *ouks (Fl.) < IE *oups- (hpb)]

ugh ['y:x] *prep.* above
Combines with personal pronouns: e.g. **ughos** 'above thee'. [C: Shortened form of **a-ugh**]
{S 3; F 4: M *vgh* → P}

ughboynt ['yxbɔɪnt] *m.* **+ow** maximum, acme, zenith
[cE(F): UGH- 2poynt]
{S 5; F 0(Y1): **+ow** I (K.J.G.)}

ughboyntel [yfi'bɔɪntęl] *adj.* maximal, maximum, zenithal
[cE(F)c: **ughboynt** -¹EL]
{S 5; F 0(GM09: G.M.S.)}

ughdek ['yfidęk] *adj.* high-tech
[cE(F): shortened from **ugh** 2teknogel]
{S 5; F 0(GM09: G.M.S.)}

ughel ['y·fięl] *adj.* high, lofty, loud
Sometimes found before a noun.
[C: CC *ouxselo- < IE *oupselo- (Haywood)]
{S 1; F 5: M *vghel, huhel* → P: L *ęuhal* → P: P Carnowall: C B *uhel*; W *uchel*}

ughelas [y'fię·laz] *v.* ascend
[Cc: **ughel** -¹AS] {S 1; F 2: L *yųhellaz*}
This word is not found elsewhere, and Lhuyd may have confused it with another word.

ugheldas [y'fięldaz] *m.* **+ow** patriarch
[cC:**ughel** 2tas] {S 1; F 2: O *hupeltat* (VC.099) → P: C B *uheldad*: **+ow** I}

ughelder [y'fi̯ɛldɘr] *m.* **+yow** height, altitude, elevation, superiority, stature
[Cc: **ughel** -DER]
{S 1; F 4: M *vhelder* → P: L *hiuhelder* (AB229c) → P, *ęuhelder* (AB240b): C B *uhelder*: **+yow** I}

ugheldir [y'fi̯ɛldɪr] *m.* **+yow** highland
[cC: **ughel** 2**tir**] {S 1; F 1: L *Ehualdir* (AB222): C W *ucheldir*: **+yow** I}

An Ugheldiryow The Highlands

ugheldiryek [ˌyfi̯ɛl'dɪˑrjɛk] *adj.* highland
[CCc: **ugheldir** -¹EK] {S 1; F 0(AnG 1985)}

ughelgompesenn [ˌyfi̯ɛlgɔm'pˑɛzɛn] *f.* **+ow** plateau
[CCc: **ughel** 2**kompes** -ENN] {S 1; F 0(GM09: K.J.G.): C B *uhelgompezenn*: **+ow** I} Nance (EC52) suggested *gwastattyr*, but this means 'flat ground', not 'elevated flat ground'.

ughelgowser [ˌyfi̯ɛl'gɔʊzɛr] *m.* **+yow** loudspeaker
[CCl: **ughel** 2**kowser**]
{S 1; F 0(AnG 1983): C B *uhelgomzer*: **+yow** I}

ughelhe [ˌyfi̯ɛl'hɛː] *v.* exalt, heighten, elevate
[Cc: **ughel** -HE]
{S 1; F 3: M p.ptcpl. *vghelhys* (BK06.47): L p.ptcpl. *ugheles* (LPJK): C B *uhelaat*}

ughelhwansek [ˌyˑfi̯ɛl'hwanzɛk] *adj.* ambitious
[CCc: **ughel hwansek**] {S 1; F 0(EC00)}

ughelor [y'fi̯ɛlɔr] *m.* **+yon** noble, prince
[Cc: **ughel** -OR]
{S 1; F 2: O *huɒelɒur* (VC.173) → L,P: C Not in B; W *uchelwr* 'freeholder': **+yon** I}

ughelvarr [y'fi̯ɛlvar] *coll.* **+enn** mistletoe
[cC: **ughel** 2²**barr**] {S 1; F 0(CE38): C B *uc'helvarr*, W *uchelfar*: **+enn** I}

ughelver [y'fi̯ɛlvɛr] *m.* **-veryon** high sheriff
[cL: **ughel** 2¹**mer**]
{S 1; F 2: O *huɒeluair* (VC.172) → L,P: C MidW *uchelvaer*: **-veryon** N (K.J.G.)}

ughframweyth [yfi'fraˑmwɛɪθ] *m.* **+yow** superstructure
[cE(E)C: UGH- **framweyth**]
{S 4; F 0(GK98: J.A.): **+yow** I}

ughgapten [yfi'gaptɛn] *m.* **+yon** major *(rank)*
[cE(F): UGH- 2**kapten**] {S 5; F 0(GM09: G.M.S.): C W *uchgapten*: **+yon** I}

ughgarga [yfi'garga] *v.* upload
[cE(F)c: UGH- 2**karga**] {S 1; F 0(GM09: K.J.G.)}

ughgesweyth [yfi'gɛʒwɛɪθ] *m.* **+yow** superstructure
[ccC: UGH- 2**kesweyth**]
{S 1; F 0(GM09: K.J.G.): **+yow** I}

ughhewoel [yfi'hɛˑwɤl] *adj.* very watchful, wide awake
[ccC: UGH- **hewoel**]
{S 1; F 2: O *hichheɒuil* (VC.401) → P}

ughlamma [yfi'lamːa] *v.* perform the high jump
[cCc: UGH- **lamma**] {S 4; F 0(FTWC)}

ughlel ['yfi̯ɛl] *adj.* hi-fi Eng. is short for *high fidelity.*
[cE(F): UGH- **lel**] {S 4; F 0(GM09: G.M.S.)}

ughradh ['yfiɪað] *adj.* higher grade
[cL: UGH- 2**gradh**] {S 1; F 0(GK98: G.M.S.): C W *uchradd*}

ughskrif ['yfiskrɪf] *m.* **+ow** superscription
[cL: UGH- **skrif**] {S 3; F 0(GM09: K.J.G.): **+ow** I}

ughsommys [yfi'sɔmːɪz] *m.* **-es** bat *(creature)*
[cCc: UGH- **sommys**]
{S 1; F 2: O *hihsomet* → L,P: **-es** I}

ughson ['yfisɔn] *m.* **+yow** ultrasound
[cL: UGH- **son**]
{S 1; F 0(GM09: G.M.S.): **+yow** I}

ughsonek [yfi'sɔˑnɛk] *adj.* ultrasonic
[cLc: **ughson** -¹EK] {S 1; F 0(EC00)}

ughvarghas [yfi'farfiaz] *f.* **+ow** hypermarket
[cL: UGH- 2**marghas**]
{S 1; F 0(GK98: G.M.S.): +ow I}

ughverk ['yfifęrk] *m.* **+ow** accent *(in writing)*, diacritic. Strictly speaking this applies to diacritics placed above letters.
[cF: UGH- 2**merk**] {S 4; F 0(GL05): +ow I}

ughvoelyas *m.* Swiss person (?)
{S 8; F 1: L *hiuhvoeliet* (AB007b)}

UN- *prefix* uni-, mono- [C: Brit **oinos* (iyk) < IE (Fl.)] Although most words containing 'one' as a prefix have been spelled with **unn**, a few retained the etymological spelling with *un-*, notably **unya**.

uncharitable (Eng.) *adj.* {S 6; F 2: M *vncharitable* (TH29v), *vncharitabill* (TH30r)}

uncharitableness (Eng.) *n.*
{S 6; F 3: M *vncharitablines* (TH.)}

uncharitably (Eng.) *adv.*
{S 6; F 2: M *vncharitably* (TH28v, 29r, 30r)}

understanding (Eng.) *n.*
{S 6; F 4: M *vnderstonding* (TH., SA.)}

unfitty (Eng.) *adj.*
{S 6; F 2: M *vnvitty* (TH54v), *vnfitty* (TH56v)}

union (Eng.) *n.* {S 6; F 1: M *vnion* (TH15r)}

unity (Eng.) *n.* {S 6; F 4: M *vnite* (TH.)}

universal (Eng.) *adj.* {S 6; F 2: M *vnyuersall* (TH31v), *vniversall* (TH34v)}

universality (Eng.) *n.*
{S 6; F 1: M *vniversalite* (TH34v)}

universita *m.* university ALT = **pennskol**.
[E(F): MidE < OldF *université* (coe)]
{S 5; F 1: M *vniversite* (BM.0078):}

unjust (Eng.) *adj.* {S 6; F 1: M *vnuist* (TH22r)}

unkinda *adj.* unnatural, ungrateful
ALT = **dinatur**. [E:]
{S 5; F 3: M *vnkunda* (TH.), *vnkinda* (CW.)}

unkindness (Eng.) *n.*
{S 6; F 1: M *vnkyndenys* (TH30v)}

unn ['yn:] **1.** *adj.* one, only, sole, particular **2.** *art.* a certain
[C: Brit **oinos* (iyk) < IE (Fl.)] {S 3; F 6: M *vn*:

L *idn, idden*: C B *un*; W *un*} Etymologically, this word was *un*, but LateC *idden* shows that it was treated as /ynn/. This does not apply, however, to all of the compounds.

UNN- *prefix* uni-, mono- [C: same as **unn**]

unnegves [yn'nęgvęz] *num.* eleventh
[Cc: from **unnek** -VES] {S 1; F 3: M *xi* (TH.), *11o* (SA66r): L *ydn'hakvas* (AB176r) → P}

unnek ['yn:ęk] *num.* eleven
[C: Brit (Fl.)] {S 1; F 3: M *xj* (BM.1586): L *unec* (IKAB), *idnac* (WDRS), *idnak* (AB176r) → P: C B *unneg*; MidW *undeg*}

unnigedh [yn'ni·gęð] *m.* solitude
[Ccc: from **unnik** -¹EDH] {S 1; F 0(EC52):}

unnik ['yn:ɪk] *adj.* only, single, unique
[Ccc: **unn** -IK] {S 3; F 3: M *vnnek* (RD.2395) → P: L *ednak* (PV.9848): C W *unig*}

unnikter [y'niktęr] *m.* **+yow** singularity, uniqueness
[Ccc: **unnik** -TER] {S 3; F 0(CE38): +yow I}

unnkorn ['ynkɔrn] *m.* **unnkern** unicorn
[CD: **unn** ¹**korn**] {S 3; F 2: O *uncorn* (VC.562) → L,P: C W *ungorn*: **unnkern** I}

unnlagasek [,ynla'ga·ʒęk] **1.** *adj.* one-eyed **2.** *m.* **-ogyon** cyclops
[CCc: **unn lagas** -¹EK] {S 3; F 3: L *ydn lygadzhak* (AB.) → P: **-ogyon** I}

unnliw ['ynliw] *adj.* monochrome
[CC: **unn liw**] {S 3; F 3: O *unliu* (VC.488) → L,P: M *vnlew* (BK15.21): C B *unliv*; W *unlliw*}

unnplek ['ynplęk] *adj.* singular *(not plural)*
[CC: from **unn pleg**] {S 3; F 0(GK98: J.A.)}

unnrann ['ynran] *adj.* one-piece
[CC: **unn rann**] {S 3; F 0(AnG 1984)}

unnroevya [yn'ro·vja] *v.* scull *(with one oar)*
[CCc: **unn roevya**] {S 1; F 0(GM09: K.J.G.)}

unnros ['ynrɔz] *f.* **+ow** unicycle
[CC: **unn** ¹**ros**]
{S 3; F 0(FTWC): +ow N (FTWC)}

unnsel ['ynzɛl] *adv.* only
[Cc: Compound of **unn**]
{S 8; F 3: M *vnsel* (OM.0971), *vnsol* (OM.1031)
→ P: L *enzol* (AB135b) → P}
unnsol might be a better spelling.

unnson ['ynsɔn] *adj.* unison
[Cl: **unn son**] {S 3; F 0(EC52)}

unnses ['ynzɛz] *m.* **+ow** unity, unit
[Cl: **unn** -SES]
{S 3; F 0(CE38): C B *unded*; W *undod*: **+ow** I}

unnsyllabek [ˌynsɪ'la·bɛk] *adj.* monosyllabic
[CE(F)c: **unn** + root of **syllabenn** + -¹EK]
{S 8; F 0(GK98: G.M.S.): C B *unsilabeg*;
cf. W *unsillafog*}

unnton ['yntɔn] **1.** *adj.* monotonous **2.** *m.* **+yow** monotone
[CL: **unn ton**] {S 3; F 0(EC52): **+yow** I}

unntoneth [yn'tɔ·nɛθ] *f.* monotony
[CLc: **unnton** -¹EK] {S 3; F 0(EC52):}

unnver ['ynvɛr] *adj.* agreed, unanimous
[cC: **unn** + a root *ber*]
{S 3; F 1: M *vnver* (MC.039)}
  bos unnver agree
  bos unnver gans be in accord with

unnveredh [yn'vɛ·rɛð] *m.* solidarity
[cCc: **unnver** -¹EDH] {S 3; F 0(GK98: G.M.S.):}

unnverhe [ynvɛr'hɛː] *v.* reconcile, bring to same opinion
[cCc: **unnver** -HE] {S 3; F 0(CE38)}

unnverheans [ynvɛr'hɛ·ans] *m.* **+ow** reconciliation, settlement, agreement, accordance, wage-settlement
[cCch: **unnverhe** -ANS] {S 3; F 0(EC52): **+ow** I}
  unnverheans gober

unnverhes [ynvɛr'hɛːz] *adj.* reconciled
[cCcc: from **unnverhe** -⁶YS] {S 3; F 2:
M *vnferheys* (BM.2982), *vnwerhys* (BK13.74)}

unnweyth ['ynwɛɪθ] *adv.* once, only, even, just, at all
[CC: **unn** 2¹**gweyth**] {S 3; F 4: M *vn wyth* → P:
L *ynuyth* (AB248c), *enueth* (JCNBL) → P}

unnweyth a if only

unnwoes ['ynwʊz] *adj.* akin, of same blood, related by blood
[cC: **unn** 2**goes**] {S 3; F 1: M *vnwoys* (BM.0235)}

unnyethek [yn'jɛ·θɛk] *adj.* monolingual
[cCc: **unn yeth** -¹EK] {S 3; F 0(AnG 1986)}

unperfect (Eng.) *adj.*
{S 6; F 3: M *vnperfect* (TH.)}

unperfectness (Eng.) *n.*
{S 6; F 1: M *vnperfectnes* (TH09v)}

unpure (Eng.) *adj.*
{S 6; F 1: M *vnpure* (TH10v)}

unseemly (Eng.) *adj.*
{S 6; F 1: M *vnsimile* (TH54r)}

unsimile (Lat.) *adj.* different
{S 6; F 1: M *unsimile* (TH54r)}

unstable (Eng.) *adj.*
{S 6; F 1: M *vnstabyll* (TH18r)}

untya *v.* anoint.   ALT = **ura** or **elia**
[Ec: VN in -YA from MidE]
{S 5; F 3: M *vntye* (MC.035) → P; p.ptcpl. *vnctis* (BM.4272), *vngijs* (BM.4282)}

unworthy (Eng.) *adj.*
{S 6; F 3: M *vnworthy* (TH.)}

unya ['y·nja] *v.* unite, unify
[Cc: UN=YA]
{S 3; F 1: M p.ptcpl. *unyys* (OM.2085)}

unyans ['yn·jans] *m.* **+ow** union, alliance
[Cc: UN=YANS]
{S 3; F 0(CE38): C cf. W *uniad*: **+ow** I}
  Unyans Europek European Union

unyent ['y·njɛnt] *m.* **+ys** ointment, unguent, salve
[L: CLat *unguent*] {S 5; F 2: O *tairnant*:
M *vnnient* (MC.234) → P: **+ys** I} Nance's emendation of OldC *tairnant* is accepted.

unys ['y·nɪz] *adj.* united, unified
p.ptcpl. of **unya**.
[Cc: UN=YS] {S 1; F 1: M *unyys* (OM.2085)}
  Kenedhlow Unys United Nations
  Kernewek Unys Unified Cornish

ura ['y·ra] *v.* anoint, grease, lubricate, besmear, baste
[Cc: VN in -A] {S 3; F 4: M *vre* → P: L *ira* (AB245a) → P: C W *iro*}
The W would suggest *ira*, as written by Lhuyd, but <u> was commoner in MidC.

uras ['y·raz] *m.* **+ow** ointment, salve, unguent, lubricant
[Cc: MN in -²AS] {S 3; F 3: O *urat* (VC.287) → L,P: M *vras* (MC.235, PC.0526): C W *iraid*: **+ow** I}

urdh ['yrð] *f.* **+yow** order *(organization)*
[L: CLat *ôrdô*] {S 1; F 1: M *ord* (BK30.20): C B *urz*; W *urdd*: **+yow** I}
Urdh Rudhvelyn Orange Order

urdhas ['yrðaz] *m.* **+ow** hierarchy
[Lc: **urdh** C{-¹as}] {S 1; F 0(GK98: T.S.): C W *urddas*: **+ow** I}

urdhya ['yrðja] *v.* ordain, initiate
[Lc: **urdh** -YA] {S 1; F 0(GK98: K.J.G.): C B *urzhiañ*; cf. W *urddo*}

urdhyans ['yrðjans] *m.* **+ow** ordination, initiation
[Lh: **urdh** -YANS] {S 1; F 0(EC00): **+ow** I}

-URI ['y·ri] *suffix* (masc. abst. noun ending) e.g. *falsuri* 'falsity' from **fals** 'false'.
[e: MidE *-ury*]

urin ['y·rɪn] *m.* urine
[E(F): MidE < OldF (coe)] {S 4; F 1: M *vryn* (BM.1444):}

Urri name Uriah
[U:] {S 4; F 3: M *vrry* (OM.)}

¹us ['y:z] *coll.* **+enn** chaff
[C: Brit (Fl.)] {S 8; F 0(CE38): C W *us*: **+enn** I}

²us ['y:z] *m.* **+yow** use, custom, habit
[E(F): MidE *us* < OldF *us* (coe)] {S 4; F 3: M *vs*: L *ous* (PV14809): **+yow** N (K.J.G.)}

³us ['y:z] *m.* **+ow** yell, hoot
[C:] {S 8; F 0(CE38): D "eedge" 'to yell': C B *(yud)*: **+ow** I}

-US [ys] *suffix* (adj. ending) [l: CLat *-ôsus* (M)] Although the opposition [-ys] v. [-ɪs] may have been lost in unstressed syllables before 1500, it is restored in the recommended pronunciations in this dictionary.

usa ['y·ʒa] *v.* yell, shriek, scream, roar
[Cc: ³**us** -¹A] {S 1; F 2: M *huga* (TH03v), *ega* (CW.1307): D "eedge, heedge": C W *udo*; cf. B *yudal*}

usadow [y'za·dɔw] **1.** *m.* usage, habit, routine **2.** *adj.* usual, customary, habitual
[E(F)c: ²**us** -ADOW] {S 4; F 1: M *vsadow* (BM.0135):}
herwydh usadow as usual, habitually, according to custom

usi ['y·ʒi] *v. part* is 3 sg. pres. of long form of ¹**bos**, used with definite subjects.
[C:] {S 8; F 6: M *usy, vsy, ugy, vgy*: L *ydzhi* (AB.); *igge*: C May be cognate with W *ydi*}

uskis ['y·skɪs] **1.** *adj.* quick, nimble, fast *(speedy)*, rapid, speedy **2.** *adv.* quickly
[C:] {S 8; F 5: M *vskys* → P: L *iskys* (AB249a): C cf. B *iskis* 'strange'}

uskisell [ɪs'ki·zɛl] *f.* **+ow** accelerator
[Cc: **uskis** -ELL] {S 8; F 0(GM09: G.M.S.): **+ow** I}

uskishe [ɪskɪs'hɛ:] *v.* accelerate
[Cc: **uskis** -HE] {S 8; F 0(Y1)}

uskisheans [ɪskɪs'hɛ·ans] *m.* **+ow** acceleration
[Cch: **uskishe** -ANS] {S 8; F 0(Y1): **+ow** I (K.J.G.)}
uskisheans bryjyek convective acceleration

uskitter [ys'kɪtːɛr] *m.* **+yow** velocity *(in general)*
[Cc: from **uskis** -TER] {S 8; F 0(EC52): **+yow** I}

uskittredh [ys'kɪtrɛð] *m.* **+ow** velocity *(physical quantity)*
[Ccc: from **uskitter** -EDH] {S 8; F 0(GM09: YhaG): **+ow** I}

uskorn ['y·skɔrn] *m.* **-kern** klaxon
[CD: ³**us** ¹**korn**] {S 1; F 0(CE38): **-kern** I}
Nance's meaning was 'trumpet'.

usurpya *v.* usurp ALT = **kammberghennegi**.
[E(F)c: VN in -YA from MidE < OldF *usurper* (coe)] {S 1; F 1: **M** *vrsurpia* (TH31v)}

usya ['yˑzja] *v.* use
ALT = **gul denvydh a** or **devnydhya**.
[E(F)c: ²**us** -YA]
{S 4; F 4: **M** *vsye*: **L** *yuzia* (AB151c)}
dell yw usys usually, as usual

usyans ['yˑzjans] *m.* +ow use
[E(F)h: ²**us** -YANS]
{F 1: **L** *yuzhanz* (CGEL): +ow I}

usyon ['ysjɔn] *pl.* chaff, husks
[Cc: ¹**us** -YON] {S 1; F 3: **O** *usion* (VC.922) → P: **L** *ision* (AB111b) → P: **D** "ishans": **P** Vellenewson: **C** B *uzien*; W *eisin*}

usys ['yˑzɪz] *adj.* used, worn, worn out
P.ptcpl. of **usya**
[E(F)c: ²**us** -⁶YS] {S 1; F 3: **M** *vsijs*}
dell yw usys habitually

utterly (Eng.) *adv.*
{S 6; F 2: **M** *vtterly* (TH30r, 38v)}

uttermost (Eng.) *adj.*
{S 6; F 1: **M** *vttermost* (TH03v)}

uttra *v.* utter. ALT = **leverel**.
[E(E)c: VN in -A from MidE < OldE *ûttra* (coe)]
{S 1; F 3: **M** *vttra*}

uvel ['yˑvɛl] *adj.* humble
[L: CLat *humilis*]
{S 3; F 4: **O** *huuel* (VC.430) → L,P: **M** *vvel* (BM.), *evall* (CW.) → P: **C** B *uvel*; W *ufyll*}

uvelder [y'vɛldɛr] *m.* humility
[Lc: **uvel** -DER]
{S 3; F 3: **M** *vvelder, huuelder* → P:}

uvelhe [ˌyvɛl'hɛː] *v.* humble, humiliate
[Lc: **uvel** -HE] {S 3; F 0(EC52)}

uvelheans [ˌyvɛl'hɛˑans] *m.* +ow humiliation
[Lch: **uvelhe** -ANS] {S 3; F 0(EC00): +ow I}

uvelses [y'vɛlzɛz] *f.* humility
[Ll: **uvel** -SES from BLat **umil'tat* < CLat *humilitâtem* (Gr.)] {S 3; F 2: **O** *huueldot* (VC.431) → L: **C** B *uvelded*; W *ufylltod*:}

uvla *v.* obey ALT = **obaya**.
{S 8; F 2: **L** *hyvla* (AB102a)}

V

Nearly all words beginning with <v-> are loan-words; a few are native words with permanent lenition.

-¹VA *suffix* (suffix denoting a place or an abstract idea)
e.g. **soedhva** 'office'; **bosva** 'existence'.
[C: 2ma] {S 2; F 1: **L** *Va* (PV17824)}

-²VA *suffix* him [C: reduction of -EVA]
{S 2; F 1: **L** *Va* (PV17824)}

vain (Eng.) *adj.* Found in Eng. expression *in vain*. {S 6; F 2: **L** *veine* (TCWK)}

vainglory (Eng.) *n.* {S 6; F 2: **M** *vaynglori* (TH06r), *vaynglory* (TH09r)}

vainly (Eng.) *adv.* {S 6; F 1: **M** *vainly* (TH55r)}

Valentine (Eng.) *name* Name of the saint.
{S 6; F 1: **M** *valentyne* (TH18r)}

vali f. +*s* valley. ALT = **nans**.
[E(F): MidE < AngN *valey* (coe)]
{S 5; F 1: **L** *valy* (CW.0339): +s I}

valiantly (Eng.) *adv.*
{S 6; F 1: **M** *valiantly* (TH16r)}

value (Eng.) *n.*
{S 6; F 2: **M** *valew* (TH16v, 37r)}

vandal ['vandal] *m.* +**s** vandal
[E(L): ModE < Lat *Vandalus* (coe)]
{S 1; F 0(AnG 1985): +s I}

vanity (Eng.) *n.* {S 6; F 1: **M** *vanity* (TH14r)}

-VANN [van] *suffix* (masc. noun ending)
e.g. **loskvann** 'burning' from **losk** 'burning'.
[c: Brit **-mann* (wg)]

Vantusale (Lat.) *name* Methuselah
{S 6; F 1: **M** *vantusale* (CW.1433)}
N.B. soft mutation.

VAR(I)- [E(D): MidE < OldF *vari-* or CLat *vari-* (coe)]

varienn [va'riˑɛn] *f.* +**ow** variant
[E(D)c: VARI=ENN]
{S 1; F 0(GM09: P.H.): +ow I}

variennek [vari'ɛnːɛk] *adj.* variant
[E(D)cc: **varienn** -¹EK] {S 1; F 0(GM09: K.J.G.)}

varya

varya ['va·rja] *v.* alter, change, vary, derange
[E(D)c: VN in -YA; back-formation from **varyes**] {S 5; F 1: M p.ptcpl. *varyes* 'insane' (BM.1006)} Coined by Nance from *varyes*.

varyans ['va·rjans] *m.* **+ow** variance, variation
[E(F): OldF *variance* (soed)] {S 5; F 2: M *variance* (TH16v), *varians* (TH19r): **+ow** I} Treated as an unassimilated loan-word by Edwards.

vayl ['vaɪl] *f.* **+ys** veil
[E(F): MidE < AngN *veil* (coe)] {S 5; F 1: M *veyll* (MC.209): **+ys** I}

vehemently (Eng.) *adv.*
{S 6; F 1: M *vehemently* (TH25r)}

veksya *v.* vex. ALT = **annia** or **serri**.
[E(F)c: VN in -YA from MidE < OldF *vexer* (coe)] {S 5; F 2: M *vexia* (TH22r); p.ptcpl. *vexijs* (BM.2630)}

vel (Lat.) *prep.* like {S 6; F 4: M *vel*: **L** *vel*}

velvet (Eng.) *n.* {S 6; F 1: M *velvet* (BK22.44)}

Venetens (Lat.) *place* {S 6; F 3: M *venetens*, *venetensi* (BM.)} This is the Latin name of the town in Brittany known as Gwened in Breton and Vannes in French.

venim ['vę·nɪm] *m.* **+yow** venom, poison
[E(F): MidE *venim* < OldF *venim* (coe)] {S 5; F 2: M *venym* (OM.1779, 1798): **+yow** N} There is a case for **benim**, in which case the word would be fem.

venimya [vę'nɪ·mja] *v.* poison, envenom [E(F)c: **venim** -YA] {S 5; F 1: M p.ptcpl. *vynymmeys* (OM.1757)}

VENJ- [E(F): MidE < OldF *venger* (coe)]

venja ['vęndʒa] *v.* avenge
[E(F)c: VENJ=A] {S 5; F 2: M *vyngia* (BM.2383), *vyngya* (BM.2396), *venya* (BK31.58)}

venjans ['vęndʒans] *m.* vengeance
[E(F)h: VENJ=ANS < MidE] {S 5; F 5: M *venions*, *vyngeans* → P:} This word is spelled 29 different ways in the texts.

verb ['vęrb] *f.* **+ow** verb

656

Vigilius

[E(D): MidE < OldF *verbe* or Lat *verbum* (coe)] {S 5; F 0(AnG 1984): C B *verb*; cf. W *berf*: **+ow** N}

verbel ['vęrbęl] *adj.* verbal *(concerning verbs)*
[E(D)c: **verb** -²EL] {S 5; F 0(GK98: K.J.G.)}

verement adv. truly ALT = **devri** or **yn hwir**.
[F: cf. ModF *vraiment* 'really'] {S 5; F 2: M *uerement* (PC.1664), *verement* (BM.2927)}

Vernona name Vernona
[E:] {S 5; F 3: M *vernona* (RD.)}

verily (Eng.) *adv.*
{S 6; F 3: M *verely* (TH., SA.)}

verse (Eng.) ALT = **gwers**.
[E(E): MidE < OldE *fers* (coe)]
{S 6; F 1: M *vers* (BM.4435)}

vershyon ['vęrʃjɔn] *m.* **+s** version
[E(F):] {S 5; F 0(EC00): **+s** I}

vertu ['vęrty] *f.* **+s, +ys** virtue, courage, authority
[E(F): MidE < OldF *vertu* (coe)]
{S 5; F 4: M *vertu* → P, *virtu*; pl. *virtues* (TH09r), *vertutis* (CW.0063): **+s** M; **+ys** M}

very (Eng.) *adv.* ALT = **pur**. [E(F): MidE *verray* < OldF *verai* (coe)] {S 6; F 5: M *very*}

veryfia v. verify ALT = **gwirhe**.
[E(F): VN in -A from MidE < OldF *vérifier*] {S 4; F 1: M p.ptcpl. *verefies* (TH03r)}

-VES [vęz] *suffix* **-vesow** (ordinal number ending) e.g. **seythves** 'seventh' from **seyth** 'seven'. [c:] {S 1; F 1: L *az* (AB243b): C B -*ved*, W -*fed*: **-vesow** I}

vessel m. **+s** vessel ALT = **lester**.
[E(F):] {S 4; F 2: M *vecyl* (BM.1519), *vessell* (TH04r): C B *besel*, with pseudo-lenition: **+s** I}

vesta ['vę·sta] *m.* **vestys** vest
[E(F): E < F < It *veste* (co)]
{S 5; F 0(EC52): **vestys** I}

vices (Eng.) *pl.* {S 6; F 3: M *vicys* (TH.)}

victor (Eng.) *n.* {S 6; F 1: M *victor* (BK34.08)}

victory (Eng.) *n.* {S 6; F 3: M *victory*}

Vigilius (Lat.) *name*
{S 6; F 2: M *vigilius* (TH54v, SA64r)}
Vigilius was pope from 537 to 555 A.D.

vikar

vikar *m.* vicar
[E(F): ANor *vicare* (coe)]
{S 5; F 2: M *vicar* (TH42v, 46r, 48v)}

vil ['viːl] *adj.* vile, dreadful, horrible, despicable, base
[F: OldF *vil* (coe)]
{S 5; F 4: O *uil* (VC.154) → L,P: M *vyl*}

vilta ['vɪlta] *f.* vileness, baseness
[F:] {S 5; F 2: M *fyltye* (MC.023), *fylte* (MC.047):}

Vincentius (Lat.) *name*
{S 6; F 1: M *Vincencius* (TH34v)}
St Vincent of Lerins, whose canon defining Catholic orthodoxy dates from 434 A.D.

vineyard (Eng.) *n.* ALT = **gwinlann** *(q.v.)*.
{S 6; F 2: M *vyne yard* (TH40r)}

violation (Eng.) *n.*
{S 6; F 1: M *violacion* (TH28r)}

violatya *v.* violate ALT = **ravna**.
[E(L)c: VN in -YA from MidE < Lat (coe)]
{S 5; F 1: M *violatia* (TH29v)}

virago (Lat.) *n.* bold or violent woman
{S 6; F 1: M *vyrago* (OM.0114)}

virgin (Eng.) ALT = **gwyrghes**.
[E(F): MidE < AngN (coe)] {S 6; F 2: M *virgin* (TH31r, CW.0499), *virgyn* (CW.1908)}

virtues (Eng.) *pl.* {S 6; F 1: M *virtus* (TH26v)}

virtuous (Eng.) *adj.*
{S 6; F 1: M *virtuus* (TH26v)}

virus ['viˑrys] *m.* **+ys** virus
[E(L):] {S 5; F 0(EC00): +ys I}

visible (Eng.) *adj.* ALT = **gweladow**.
{S 6; F 3: M *visibill* (TH.)}

visibly (Eng.) *adv.*
{S 6; F 1: M *visibili* (TH56r)}

visitation (Eng.) *n.*
{S 6; F 1: M *vicitacyon* (TH11v)}

visour ['viˑzur] *m.* **+s** mask
[E(F): MidE *viser* < AngN *viser* (coe)]
{S 5; F 0(CE38): +s I} The spelling in <-our> is that found in a stage-direction in *BM*. p. 76.

Voala place
(name of a parish in Brittany)
{S 8; F 1: M *uoala* (BM.2202)} Stokes read *noala*.

vocation (Eng.) *n.* {S 6; F 1: M *vocation* (TH34r); pl. *vocacyons* (TH39r)}
Tregear also gave the Cor. word, **galow**.

void (Eng.) *adj.* ALT = **gwag**. [E(F): MidE < OldF *voide* (coe)] {S 6; F 1: M *voyd* (CW.0241)}

volt ['vɔlt] *m.* **+ow** volt
[E(O): ModE < Volta (name of Italian physicist) (co)] {S 5; F 0(CE93): +ow I}

voltedh ['vɔltęð] *m.* **+ow** voltage
[E(O)c: **volt** -¹EDH] {S 5; F 0(AnG 1993): +ow I}

Vortigernus (Lat.) *name* Vortigern
{S 6; F 1: M *mortygernus* (BK39.67)}
Anyone who doubts that we know more about Celtic philology than did the author of **Bywnans Ke** has only to consider his treatment of the name *Vortigernus*. This is the Latinized form of the British name **Wortigernos*; The Welsh form of the name is *Gwrtheyrn*, which may be rendered in Cornish as **Gorthern**. Yet the author makes no such attempt at a Cornish form of this Brittonic name; the best he can do is to delenite the <V-> to an <M->. This is entirely inappropriate, since the Latin <V->, so far as we know, actually represented [w-].

vossaw *v. part* vouchsafe
The phrase in MidC is *me an vossaw* 'I vouchsafe it' or 'I vouch it safe'.
[EE: MidE (coe)] {S 5; F 1: M *vossaw* (PC.1793)}

votya ['vɔˑtja] *v.* vote
[E(L)c: VN in -YA from MidE < Lat (coe)]
{S 5; F 0(EC52)}

vow (Eng.) *n.* {S 6; F 1: M *vo* (TH20r)}

voward *m.* vanguard
[F:] {S 5; F 1: M *voward* (OM.2156):}

voyd *adj.* void ALT = **gwag**.
[E(F): MidE < OldF *voide* (coe)]
{S 5; F 1: M *voyd* (CW.0241)}
Other exx. of *voyd* in the texts are the 2 sg. impv. of the aphetic form of the verb **avoydya**.

voys *m.* **+ys** voice ALT = **lev**.
[E(F): MidE < Ang *voice* (coe)]
{S 5; F 4: M *voys*; pl. *voyses* (TH11r): +ys M}

vu ['vyː] *m.* **+ys** view, sight, appearance
ALT = **gwel**. [E(F): MidE < AngN *vewe* (coe)]
{S 5; F 4: M *fu* → P, *vu* → P: +ys I}

¹**vy** ['vɪ],['vɪː] *pron.* me *(enclitic)*
[C: 2my] {S 2; F 7: M *vy, ve* → P: L *vî* (AB.) → P, *vee*} As enclitic.

²**vy** ['vɪː] *pron.* me *(obj.)*
[C: 2my] {S 2; F 5: M *vy, ve* → P: L *vî* (AB247b, 250b), *vee* (M4WK)} As direct object.

³**vy** *pron.* me
[C: 2my] {S 2; F 3: L *ve* (AB247a) → P} Lhuyd's use of *vy* in the passive does not appear genuine.

vyaj ['vɪ·adʒ] *m.* **+yow** journey, venture, expedition, voyage
[E(F): MidE *viage* < AngN *voiage* (coe)] {S 5; F 4: M *vyadge* → P: L *fauge* (M4WK): C B *beaj*, with pseudo-lenition: **+yow** I}

hager vyaj bad business

vyajya [vɪ'a·dʒa] *v.* journey, travel, voyage
[E(F)c: **vyaj** -YA] {S 5; F 1: L *vaggya* (CW.1333) 2 syll.: C cf. B *beajiñ*}

vydh *adj.* any Now spelled **vyth.**

vysytya *v.* visit ALT = **godriga**.
[E(F)c: VN in -YA from MidE < OldF *visiter* (coe)] {S 5; F 1: M p.ptcpl. *vystyys* (BK26.36)}

vytel ['vɪ·tel] *m.* victuals, viands
[E(F): MidE *vitaile* < OldF *vitaille* (coe)] {S 5; F 2: M *vytel* (BM.0275), *vyctuall* (CW.1473):}

vyth ['vɪːθ] *adj.* any *(in neg. expressions)*, none
[C: 2byth] {S 3; F 5: M *vyth, vith*: L *veeth* (NGNB)}

vytholl ['vɪ·θɔl] *adv.* at all
[C: **vyth** oll] {S 3; F 4: M *vythol* → P: L *vethal*}

W

Words beginning with w are either loanwords, or words with permanent lenition.

waist (Eng.) [E(E): MidE *wast* < OldE *waest* (coe)] {S 6; F 1: M *wast* (PC.1889)}

waja ['wa·dʒa] *m.* **wajys** wage, salary
ALT = **gober**. [E(F): MidE < AngN *wage* (coe)] {S 5; F 3: M *wage* (PC.1187); pl. *wagys*: **wajys** M}

walkya v. walk
Why did Tregear not use **kerdhes**?
[E(E)c: VN in -YA from MidE < OldE *wealcan* (coe)] {S 5; F 2: M *walkea* (TH55rN); 3rd sg. pret. *walkias* (SA64v); 2nd pl. impv. *walkyow* (TH16v)}

wantonness (Eng.) *n.* {S 6; F 1: M *wantones* (TH16v)}

¹**war**² [war] *prep.* on, upon
[C: CC *wor < IE *uper (hpb)] {S 2; F 7: M *war* → P: L *u⟶ar* (AB.) → P, var: C B *war*; cf. W *ar*, which according to Fleuriot, is not the same word.} This is NOT pronounced like Eng. *war*. Combines with pronouns as **warnav, warnas, warnodho, warnedhi, warnan, warnowgh, warnedha.**

war euryow now and then

war fordh on the way

war yew onward

²**war** ['waːr] *adj.* aware, wary, cautious
[E(E): MidE < OldE *waer* (coe)] {S 4; F 5: M *war, ware*}

bydh war! take care!, look out!, be cautious!

WAR- [war] *prefix* (adverbial prefix)
Compounds with this prefix imply looking rather than moving; e.g. **mires war-ves a'n fenester** 'to look out of the window'; cf. **mos yn-mes a'n stevell** 'to go out of the room'. [c: Same word as ¹**war**]

war-barth [war'barθ] *adv.* together
[cC: WAR **2parth**] {S 2; F 5: M *warbarth* →P; L *warbarth* (AB248c), var *bar* (G1JB)}

war-barth ha together with

war-bervedh [war'bervęð] *adv.* inwards
[cL: **war- 2pervedh**] {S 2; F 0(GK98: W.B.)}

war-bynn [war'bɪnː] *prep.* against
[cC: **war- 2¹pynn**] {S 3; F 5: M *warbyn* (TH. onwards) → P: L *warbedn* (TCTB), *worbedn* (GCWG)} Late replacement for *erbyn*.

warden

warden *m.* **+yon** warden ALT = **gwithyas**.
[E(F): MidE < AngN *wardein* (coe)] {S 4; F 2: L *warden* (CW.0443, 0997, 1146): **+yon** N}

warder ['wardęr] *m.* wariness
[E(E)c: ²**war** -DER] {S 5; F 0(GM09: G.M.S.):}

war-dhelergh [warðę'lęrx] *adv.* backwards
[ccC: **war-** 2**delergh**] {S 2; F 3: M *war theller*: L *u⤳ar dhelhar* (AB137b, 140b) → P}

war-dir [war'diːr] *adv.* ashore
[cC: **war-** 2**tir**] {S 1; F 0(GM09: YhaG)}

war-ji [war'dʒiː] *adv.* inward(s)
Opposite of **war-ves**.
[cC: **war-** 2**chi**] {S 2; F 1: M *wargy* (TH26v)}

war-lergh [war'lęrx] *prep.* after, according to
May be used in time or in space. Forms pronominal prepositions like **war ow lergh, war dha lergh** etc.
[cC: WAR- **lergh**] {S 2; F 5: M *war lyrgh* → P, *warlergh* → P, *warlyrth* (TH.): L *var ler* (G1JB), *uarlêr* (AB249c)}
gul war-lergh imitate

war-linenn [war'liˑnęn] *adv.* on-line
[CLc: WAR- **linenn**] {S 1; F 0(AnG 2007)}

warlyna [war'lɪˑna] *adv.* last year
[C:] {S 1; F 0(CE38): C B *warlene*}

warn [warn] *adv.* on the
Used only in numbers between 21 and 39 inclusive; e.g. **tri warn ugens** '23'.
[cc: from ¹**war an**] {S 2; F 4: M *warn*: L *warn*}

war'n [warn] *phrase* on the
[CC: Short for ¹**war an**]
{S 2; F 1: M *war n* (SA60v)}

war-nans [war'nans] *adv.* downward(s), downhill
[cC: WAR- **nans**] {S 2; F 2: M *warnans* (MC.177), *war nans* (MC.205, BK10.05)}

warning (Eng.) *n.* ALT = **gwarnyans**.
{S 6; F 1: M *warning* (TH40v)}

war-not [war'nɔːt] *adv.* at once
[cE: WAR- **not**]
{S 5; F 2: M *warnot* (OM.0559, PC.2560) → P}

war-nuk [war'nyːk] *adv.* by return

WEDH-

[cF: WAR- + F *nuque* 'nape']
{S 5; F 2: M *war nuk* (BM.2409), *war nvg* (BK29.79)}

war-rag [war'raːg] *adv.* forward(s)
[cC: WAR- **rag**] {S 2; F 2: M *war rag* (MC.206): L *war rage* (TCJK)}

war-tu [war'tyː] *prep.* toward(s)
[cC: WAR- **tu**, without expected lenition]
{S 2; F 4: M *war tu*: C B *war zu*}
Nance wrote *wor'tu* (short for **worth tu*), but **war-tu** appears correct (J.G.H.), from the spellings in MidC, and by analogy with the other words in **war-**. The absence of lenition may be compared with the unusual mutation in B.

war-tu ha toward(s)

war-vann [war'vanː] *adv.* upward(s)
[cC: WAR- 2**bann**]
{S 2; F 2: M *warvan* (BM.1450, 3671)}

war-ves [war'vęːz] *adv.* outward(s), outwardly
[cC: WAR- 2**mes**] {S 2; F 3: M *warves* (TH.)}

war-woeles [war'woˑlęz] *adv.* downward(s), towards the bottom
[cC: WAR- 2**goeles**]
{S 2; F 2: L *war woles* (OM.0781) → P}

warya ['waˑrja] *v.* beware, take care, watch out
[E(E)c: VN in -YA from MidE]
{S 4; F 1: M 2nd pl. impv. *waryogh* (BM.1558)}

wassel [was'ęːl] *m.* wassail
[E(E): MidE < OldE *was hael* (CE38)]
{S 4; F 1: M *wassel* (PC.2978):}

wast *m.* **+ys** waist. ALT = **kres**.
[E(E): MidE *wast* < OldE *waest* (coe)]
{S 5; F 1: M *wast* (PC.1889): **+ys** I}

wattedh ['watːęð] *m.* **+ow** wattage
[Ec: MN in -EDH from name of Scottish inventor, James Watt] {S 5; F 0(EC00): **+ow** I}

wave (Eng.) *n.* Did Tregear not know the word **tonn** for 'wave'?
{S 6; F 1: M *wave* (TH31r)}

wealth (Eng.) *n.* {S 6; F 1: M *welth* (TH25v)}

WEDH- [C: Brit **wed*-] Used in **plommwedhek**.

wel

wel ['wẹːl] *interj.* well
This interjection is so common in Eng. speech that it is difficult for native Eng. speakers to avoid it when using any other language. It is common in Welsh; it is used as a filler while thinking out what to say. The length of the vowel and of the final consonant varied in Eng.: the consonant is taken to be single, and the vowel, long; the length evidently depends on how quickly the speaker decides what to say! [E(E): MidE < OldE *wel* (coe)]
{S 4; F 3: M *wel* (BM.)}

weight (Eng.) *n.*
{S 6; F 2: M *wyght* (BM.3550), *weight* (TH45v)}

weighty (Eng.) *adj.*
{S 6; F 1: M *weyghty* (TH32r)}

welawo *interj.* woe is me ALT = **go-vy**.
[E(E): MidE < OldE *walawa* (CE38)]
{S 4; F 1: M *welawo* (RD.2044)}

¹*well* (Eng.) *adv.* {S 6; F 4: M *wel*} All except one example in non-Cornish lines.

²*well* (Eng.) *n.* {S 6; F 1: M *wel* (BK26.47)}

west ['wẹːst] **1.** *adj.* west **2.** *m.* west
[E(E): MidE < OldE *west* (coe)]
{S 4; F 3: M *west*: L *west* (NGNB4): P Balwest}

what (Eng.) *adj.* {S 6; F 3: M *what*}

wheest (Eng.) *interj.* Call for silence.
{S 6; F 1: L *huist* (AB249a)}

whole (Eng.) [E(E): MidE < OldE *hâl* (coe)]
{S 1; F 4: M *holl* (TH.)}

wholesome (Eng.) *adj.*
{S 6; F 1: M *holsom* (TH37v)}

wholly (Eng.) *adv.* {S 6; F 1: M *holly* (TH02v)}

wicked (Eng.) *adj.* {S 6; F 2: M *wyckyd* (TH18r, 46v), *wickyd* (TH48r)}

wilderness (Eng.) *n.*
{S 6; F 1: L *wilderness* (M4WK)}

wilfully (Eng.) *adv.*
{S 6; F 1: M *wilfully* (TH40r)}

wily (Eng.) *adj.* [E(N): MidE (coe)]
{S 6; F 3: M *wylly*}

wilyness (Eng.) *n.*
{S 6; F 1: M *wyllnes* (TH42r)}

wise (Eng.) *adj.*
{S 6; F 2: M *wys* (BK23.83), *wis* (BK36.37)}

wor'tiwedh

witchcraft (Eng.) *n.*
{S 6; F 1: M *wichecrafte* (TH16v)}

with (Eng.) *conj.*
{S 6; F 2: M *wyth* (PC.1198), *with* (BK36.38)}

without-a (Eng.) *conj.* Both exx. are disyllabic. It is not clear whether this is a MidE variant of *without*, or a representation of *without a*. {S 6; F 2: M *wythoute* (PC.1655), *wythowte* (PC.2737)}

witness (Eng.) *n.*
{S 6; F 2: M *wytnys* (TH20v, 46r)}

Wm. (Eng.) {S 6; F 1: L *Wm.* (G3WK)} abbreviation for William (Rowe).

wolkomm *adj.* welcome. Usually replaced by **dynnargh**, even though in the texts, **dynnerghi** means 'to send greetings from someone absent to someone present'.
[E(E): MidE *welcume* < OldE (coe)] {S 5; F 5: M *wolcom, welcum*: L *uelkym* (JCNBL)}

wolkomma *v.* welcome ALT = **dynnerghi**.
[E(E)c: **wolkomm** -¹A]
{S 5; F 3: M *wolcumme* (OM.0258), *welcomma* (CW.0866): L p.ptcpl. *welcumbes* (KKTT)}

wondrys ['wɔndrɪs] *adj.* wondrous
[E:] {S 4; F 4: M *wondrys*}

wordhi ['wɔrði] *adj.* worthy, deserving, venerable Often followed by **rag** or **dhe**.
[E(E): MidE < OldE *worðig*] {S 4; F 5: M *worthy*}

worshyp *m.* worship ALT = **gologhas**.
[E(E): MidE < OldE *weorðscipe* (coe)]
{S 5; F 3: M *worshyp:*}

wor'talleth [wɔr'talːẹθ] *adv.* in the beginning By analogy with **wor'tiwedh**.
[cC: from **worth** 4**dalleth**]
{S 2; F 0(CE93: G.M.S.)}

wor'taswerth [wɔr'taswẹrθ] *adj.* second-hand
[ccC: from **worth** 4DAS- 2**gwerth**] {S 2; F 0(Y1)}

worthily (Eng.)
{S 6; F 2: M *worthely* (TH16r, 54v; SA66r)}

wor'tiwedh [wɔr'tiʊẹð] *adv.* in the end, finally [cC: From **worth** 4**diwedh**]
{S 2; F 4: M *woteweth* → P:
L *uar an diuad* 'on the end' (AB054a)}

wosa ['wɔ·ʒa] *prep.* after
Used in time, not in space. The word has permanent lenition like the Welsh cognate.
[C: Brit *wo-tig (Fl.)]
{S 2; F 6: M *wose* → P, *woge* → P, *wosa*: L *ugge* (NGNB), *ụdzhe* (AB.) → P: C B *goude*; W *wedi*}

wosa hemma henceforth
wosa henna thenceforth
a'y wosa afterwards, subsequently

wosa-ma *adv.* after this
[CC: **wosa** ¹**ma** {S 3; F 2: L *ụdzhèma* (AB249a) → P, *guozèna* (AB249a)} The second element appears to be ¹**ma** rather than **hemma**, for the latter would have pre-occlusion.

wosa-na *adv.* after that
[CC: **wosa** ¹**na** {S 3; F 3: L *ụdzhèna* (AB249a) → P, *guozèna* (AB249a) → P}

wostalleth [wɔs'talːęθ] *adv.* at first, in the beginning, to begin with
[cC: from **wosa** 4**dalleth**]
{S 8; F 1: M *wos-talleth* (OM.2762)}

wostiwedh [wɔs'tiƲęð] *adv.* at last, eventually
[cC: from **wosa** 4**diwedh**]
{S 8; F 2: M *wos-teweth* (OM.2762) → P}

woud (Eng.) *adj.* mad ALT = **mus**.
[E: MidE *wood* (38) {S 6; F 3: M *woud*}

wrappya v. wrap ALT = **maylya**.
[E(U)c: VN in -YA from MidE word of unknown origin (coe)]
{S 5; F 1: M 3rd sg. pret. *wrappyas* (TH07v)}

wrath (Eng.) *n.* {S 6; F 1: M *wroth* (TH10v)}

wrestya v. wrest
[E(E)c: VN in -YA from MidE < OldE *wraestan* (coe)] {S 4; F 2: M *restye* (RD.2586) → P, *wrestia* (TH33r)}

wretchedness (Eng.) *n.*
{S 6; F 1: M *wretchedness* (TH03r)}

wretches (Eng.) *pl.*
{S 6; F 1: M *wrytches* (TH09r)}

wrynch ['wrɪntʃ] *m.* +**ys** trick, deceit, subterfuge
[E(E): Apparently the same as MidE *wrench* 'twist, turn' < OldE *wrencan* (coe)]
{S 5; F 2: M *wrynch* (PC.1001) → P: +**ys** I}

Y

²**y**² [ɪ] *pron.* his, its
[c: Brit *esyo- (Fl.) < IE *esyo- (M)]
{S 1; F 5: M *y; e* (BK., SA.): L *e* (JCBNL): C B *e*; W *ei* is mis-spelled in etymological terms.}

⁵**y**⁵ [ɪ] *ptl.* (verbal particle)
[c: Shortened form of **yth** before consonants]
{S 1; F 7: M *y* → P, *i, e* (BK.): L *e, a*; often omitted: C B *e*}

y- (Eng.) *ptl.* (MidE particle)
{S 6; F 1: M *e* (PV.9736)}

ya ['ɪ·a] *interj.* yes The usual affirmative response is made by repeating the verb (stated or implied) in the question. If there is no verb, then **ya** may be used.
[c:] {S 4; F 4: M *ea*: L *îa* (AB068a) → P: C B *ya*}

-**YA** [ja] *v. part* (VN ending) This is the form used for almost all borrowings and neologisms. [c: Brit *-jamâ (pb)]

-**YADES** ['ja·des] *suffix* -**yadesow** (fem. agency noun ending) [c: from -¹YAS -⁴ES] The only example in trad. Cor. is *Seuyades* (AB241a). Lhuyd gave this as an example of the suffix -ES to denote a feminine form. Although he marked the word with a dagger, usually used by him to indicate OldC, there is no *seuyades* anywhere else. It seems that Lhuyd himself attached -ES to OldC *seuyad* (VC.291), thus devising the suffix -YADES. Had there been such a suffix in OldC, then it would have become *-yases* in MidC. There are now dozens of words with -YADES in the revived language. It is best that they remain thus.

Yafet name Japheth
{S 5; F 2: M *jafet* (OM.1054): L *Japhet* (EJJB, L1JB)}

yagh ['jaːx] *adj.* healthy, sound (healthy), fit, well (not ill), hale
[C: Brit *yakko- (Haywood) < IE (lp)]
{S 1; F 4: O *iach* (VC.394) → L,P: M *yagh* → P: L *yâx* (AB230a): C B *yac'h*; W *iach*}

yaghhe [jaɦ'hęː] *v.* cure, heal
[Cc: **yagh** -HE]
{S 1; F 4: M *yaghe* (RD.1687) → P: C B *yac'haat*}

yaghus ['jaˑxys] *adj.* healthful, healing, health-giving, wholesome
[Cl: **yagh** -US] {S 1; F 0(CE38): C B *yac'hus*}

yaghva ['jaxva] *f.* **+ow** health-farm
[Cc: **yagh** -VA] {S 1; F 0(GM09: K.J.G.): **+ow** I}

Yakob *name* Jacob
{S 5; F 2: M *iacob* (OM.1411, RD.1007)}

yalgh ['jalx] *f.* **+ow** purse
[U:] {S 8; F 0(CE93: K.J.G.): C B *yalc'h*: **+ow** N (FTWC)}

yalghas ['jalxaz] *m.* **+ow** disbursement
[Uc: **yalgh** C{-¹as}] {S 8; F 0(GK98: A.S.): C B *yalc'had*: **+ow** I}

-YANS [jans] *suffix* **-yansow** (masc. abst. noun ending)
e.g. **redyans** 'reading' from **redya** 'to read'.
[h: OldC *-iant*, but influenced by -ANS]

yar ['jaːr] *f.* **yer** hen *q.v.*
[C: Brit (lp) < IE *ie* (hpb)]
{S 1; F 4: O *yar* (VC.518) → L,P: M *yar* (OM.0129): L *iâr* (AB062c, 088a); pl. *yêr* (AB243a) → P: C B *yar*; W *iar*: **yer** }

  yar dhowr moorhen
  yar Gyni turkey
  yar wyls hen-grouse

yarji ['jardʒi] *m.* **+ow** hen-house
[CC: **yar** 2chi] {S 3; F 0(CE38): **+ow** I}

-¹YAS [jaz] *suffix* (VN ending) e.g. **batalyas** 'to fight' from **batel** 'battle'. [c: [j] + -¹**as**]

-²YAS [jaz] *suffix* **-asow** -ful e.g. **dydhyas** 'date' from **dydh** 'day'. [c: [j] + -²**as**]

-³YAS [jaz] *suffix* **-ysi** (masc. agency noun ending)
The meaning is often that of a professional agent; cf. **kaner** '(amateur) singer' v. **kenyas** 'professional singer', both from **kan** 'song'. The suffix may also be used to denote E *-ite*, e.g. **Levyas** 'Levite'. [c: Brit *-yatis* (wg)]

-¹YDH [ɪð] *suffix* **-ydhyon** (masc. noun agency ending), -ist Often denotes one exercising a profession, e.g. **breusydh** 'judge' from **breus** 'judgment'. [c: Brit *-iyô-* (wg)]

-²YDH [ɪð] *v. part* (2nd sg. pres. ind. ending) e.g. **prenydh** 'you (sg.) buy' from **prena** 'to buy'. [c:]

ydhil ['ɪˑðɪl] *adj.* feeble, weak, slight, languorous
[U:] {S 8; F 0(CE38): C W *eiddil*}
The form of this word is doubtful; Nance's spelling is retained.

ydhiledh [ɪˑðɪˑlęð] *m.* languor
[Uc: **ydhyl** -EDH]
{S 8; F 0(GM09: K.J.G.): C W *eiddiledd*:}

ydhna ['ɪðna] *m.* **ydhnydhyon** fowler, bird-catcher
[Cc: from EDHN-A -YDH] {S 8; F 2: O *idne* → L,P: C Not in B nor in W: **ydhnydhyon** I}

ydhnik ['ɪðnɪk] *m.* **-igow** young bird, chick
[Cc: EDHN-A -IK]
{S 8; F 2: O *ydnic* (VC.520) → L,P: **-igow** I}

ydhyn ['ɪˑðɪn] *pl.* birds
[Cc: from EDHN-A -¹YN] {S 8; F 4: M *ethyn*: L *idhen* (AB245a)} LateC *hethen* (G1JB) appears to be confused with the sg.

y-do (Eng.) *phrase* done (MidE expression)
{S 6; F 2: M *ydo* (OM.0198), *y do* (PC.1824)}

ye ['jęː] *interj.* yea, affirmative
Not easily distinguishable from **ea** and *yea*, except in verse where it is monosyllabic.
[E(E): MidE < OldE *gê* (coe)]
{S 4; F 4: M *yea, ea*: L *yea* (AB073b): C W *ie*}

yea ['jęˑa] *interj.* yea, affirmative
Not easily distinguishable from **ye**, except in verse where it is disyllabic.
[E(E): MidE < OldE *gê* (coe)]
{S 4; F 3: M *yea*: C W *ie*}

Yedhow ['jęˑɔw] *m.* **Yedhewon** Jew
[L: CLat *Iudaeus* (lp)]
{S 1; F 6: M *ethow* → P, *yethow*; pl. *eʒewon, yethewon*: L *ethewan, idheuon* (AB242c): C B *Yuzev*; W *Iddew*: **Yedhewon** ML}

yedhowek *adj.* Jewish

Yedhowek [jęˑɔʊęk] *m.* Yiddish *(language)*
[Lc: **yedhow** -¹EK] {S 1; F 0(CE38):}

Yedhowes

Yedhowes [jẹ'ðɔƱẹs] *f.* **+ow** Jewess
[Lc: **Yedhow** -⁴ES] {S 1; F 0(CE38): **+ow** I}

yeghes ['jẹ·xẹz] *m.* health
[Cc: from **yagh**A -¹YS with [ɪ] > [ẹ]] {S 3; F 4: **M** *yehes*: **L** *ehaz*: **C B** *yec'hed*, **W** *iechyd*:}
yeghes da! good health!

yeghesel [jẹ'ɦẹ·zẹl] *adj.* sanitary
[Ccc: **yeghes** -²EL]
{S 3; F 0(GK98: A.S.): **C W** *iechydol*}

yeghesweyth [jẹ'ɦẹʒwẹɪθ] *m.* sanitation
[CcC: **yeghes** 2²**gweyth**] {S 3; F 0(GK98: A.S.):}

yegheswith [jẹ'ɦẹʒwɪθ] *m.* health care
[CcC: **yeghes** 2**gwith**]
{S 1; F 0(GM09: G.M.S.):}

-**YEK** [jẹk] *suffix* (adj. ending)
e.g. **howlyek** 'sunny' from **howl** 'Sun'.
[c: Brit *-jâkos (K.J.G.)]

-**YEL** [jẹl] *suffix* (pl.n. and adj. ending)
e.g. **gwydhyel** 'wooded' from **gwydh** 'trees'.
[c: Brit *-jâlos (K.J.G.)]
{S 1; F 0(CPNE): **P** Withiel}

yeman m. **+s** yeoman
[E: MidE ʒ'*eman* (coe)]
{S 5; F 1: **M** *yeman* (BM.3303): **+s** I}

yer ['jẹ:r] *pl.* hens
[C: **yar**A] {S 1; F 2: **L** *yêr* (AB243a) → P}

-¹**YER** [jẹr] *suffix* **-yoryon** (masc. agency noun ending from VN in -YA)
[h: [j] + -¹ER]
Spelled -ior in OldC. It is better to keep this ending for a human agent, e.g. **telynnyer** 'harpist' from **telynnya** 'to play a harp'.

-²**YER** [jẹr] *suffix* (pl. ending) [c:]
Has the meaning 'in general'; e.g. **prennyer** 'pieces of timber' from **prenn** 'timber'.

Yeremi name Jeremiah
{S 5; F 3: **M** *jheremye* (TH06v), *jheremy* (TH07v)}

Yeremias (Lat.) *name* Jeremiah
{S 6; F 1: **M** *Jheremyas* (TH43v)}

yerghik ['jẹrxɪk] *m.* **yerghesigow** fawn
[Cc: **yorgh**A -IK]
{S 1; F 0(CE38): **yerghesigow** I}
Nance wrote *yorghik*, without vowel aff.

yet

yerik ['jẹ·rɪk] *f.* **-igow** chicken
[Cc: **yar**A -IK] {S 1; F 0(CE55): **-igow** I}

yerji ['jẹrdʒi] *m.* **+ow** hen-house
[CC: **yer** 2**chi**] {S 2; F 0(GM09: P.H.): **+ow** I}

Yerom name Jerome
{S 5; F 2: **M** *jherom* (TH47r), *hierom* (TH49r, SA64r)}

Yerusalem *place* Jerusalem
{S 5; F 4: **M** *ierusalem*: **L** *Jerusalem*}

yes ['jẹ:z] *v.* confess (*of sins*), absolve (*of sins*), shrive
[E(E): Back-formation from MidE *y-sayd* < OldE *ge-saed* 'told, said', taken as a p.ptcpl. (CE38)] {S 4; F 3: **M** *ʒeys* (BM.0607); p.ptcpl. *ʒesseys* (BM.)}

-**YES** *v. part* (past ptcpl. ending) [c:]
In MidC, verbs in -*ye* (now -YA) originally had past participles in /-jɪs/ (later simplified to /-ɪs/). The commonest MidC spellings, <-yys> and <-ijs>, are now considered odd, and are replaced by -YES. The ending may be used in loan-words with -YA if one wishes to avoid vowel aff., e.g. **parkyes** 'parked', rather than **perkys**.

Yesmas name
{S 4; F 3: **M** *iesmas* (PC.)}

Yesu ['jẹ·sy] *name* Jesu
[E(O):] {S 4; F 7: **M** *ihesu*; *jesu* (BK.), *jhesu* (TH.): **L** *dzeziu̧* (AB067b)}

Yesus ['jẹ·zys] *name* Jesus
[E(O):] {S 4; F 6: **M** *ihesus*; *jesus* (BK., SA.), *jhesus* (TH.): **L** *Jesus*}

yet ['jẹ:t] *f.* **yetys, yetow** gate
[E(E): MidE < OldE *geat*] {S 5; F 5: **M** *yet* → L,P; pl. *yettys* → P: **L** pl. *yettes* (TCTB): **C W** (dial.) *iet* /jet/: **yetys** ML; **yetow** N (G.M.S.)}
The MidC spellings clearly indicate <-t> in the sg. and <-tt-> in the pl., which appears contrary to the Cor. sound system. This may be mere convention, however; the spelling *yeattys* for the pl., which occurs twice in TH., shows that the vowel was not short. One might expect it to be of mid-length. A more modern substitute for the pl. is **yetow**. The initial [j–] is still found in the northern dialects of Eng.

yeth

yeth ['jɛːθ] *f.* **+ow** language, way of speaking
[C: Brit *yekti- (gpc)] {S 1; F 3: M *eyth* (TH.): C B *yezh*, W *iaith*: **+ow** I} This word has been rejected by Hooper and by Gendall at various times, in favour of **taves**, but for no good reason, since it is found in TH. in the phrase *in agan eyth ny* 'in our language'.

Kowethas an Yeth Kernewek Cornish Language Fellowship

yethador [jɛˈθaˑdɔr] *m.* **+yow** grammar *(book)* [Cl: **yeth** -ADOR]
{S 3; F 0(CE38): C B *yezhadur*: **+yow** I}

yethonieth [jɛθɔˈniˑɛθ] *f.* linguistics, philology
[Cc: **yeth** -ONIETH]
{S 1; F 0(GK98: K.J.G.): C B *yezhoniezh*:}

yethoniethel [jɛθɔniˈɛˑθɛl] *adj.* linguistic, philological
[Cc: **yethonieth** -²EL] {S 1; F 0(GM09: YhaG)}

yethonydh [jɛˈθɔˑnɪð] *m.* **+yon** linguist, philologist
[Cc: **yeth** -ONYDH] {S 1; F 0(GK98: K.J.G.): **+yon** I} Nance suggested *yethyth*.

yethor ['jɛˑθɔr] *m.* **+yon** linguist, grammarian
[Cc: **yeth** -OR]
{S 1; F 0(CE38): C B *yezhour*: **+yon** I}

yeth-plen [jɛˈθˈplɛːn] *f.* prose
[CE(F): **yeth plen**] {S 4; F 0(EC52):}

yethwedh ['jɛˑθwɛð] *f.* **+ow** diction
[CC: **yeth** 2gwedh] {S 1; F 0(GM09: G.M.S.): C W *iethwedd*: **+ow** I}

YEUN- [Cː (Fl.)] The vowel in this root is doubtful; Breton suggests /y/, and many of the attested spellings support this; the spelling <e>, however, suggests /œ/, whose spelling <eu> in **Kernewek Kemmyn** agrees with that of Nance.

yeunadow [jœˈnaˑdɔw] *m.* yearning, craving
[Cc: YEUN=ADOW] {S 8; F 3: M *vnadow*: L *vnadaw* (BOD.108):}

yeunek ['jœˑnɛk] *adj.* desirous
[Cc: YEUN=¹EK] {S 8; F 0(CE55)}

yeunes ['jœˑnɛz] *m.* **+ow** yearning
[Cc: YEUN=²ES < Brit *yuned (Fl.)]
{S 8; F 2: M *yenes* (OM.2125, PC.1046) → P: C cf. MidB -*yunez*: **+ow** I}

yeuni ['jœˑni] *v.* yearn, crave
[Cc: YEUN=¹I] {S 8; F 4: M *vny*}

yeuni war-lergh yearn after, long for

yeunogneth [jœˈnɔgnɛθ] *f.* **+ow** craving
[Cc: YEUN=OGNETH] {S 8; F 0(CE55): **+ow** I}

yew ['jɛw] *f.* **+ow** yoke
[C: IE (lp)] {S 1; F 3: O *ieu* (VC.345) → L,P: C B *yev*; W *iau*: **+ow** I}
Thurneysen suggested CLat *iugum* as a source, but this would give *yow*.

yewa ['jɛˑwa] *v.* yoke. ALT = **naska**.
[Cc: **yew** -¹A] {S 1; F 0(CE38): C B *yevañ*}

yewgenn ['jɛʊgɛn] *m.* **+ow** ferret, stoat, marten, polecat
[CC: **yew** 2kenn] {S 1; F 3: O *yeugen* (VC.575) → L,P: C Not in B nor in W: **+ow** I}

yey ['jɛɪ] *m.* ice
[C: Brit *yag (vkg)]
{S 1; F 2: O *iey* (VC.443) → P: C W *iaː*}

yeyn ['jɛɪn] *adj.* cold
[C: Brit *yagnyo- (lheb)] {S 3; F 4: O *iein* (VC.474) → L: M *yeyn* → P: L *yeine* (P2JJ), *yein* (AB.) → P: P Lanyon: F Lanyon: C B *yen*}

yeynder ['jɛɪndɛr] *m.* cold
[Cc: **yeyn** -DER] {S 3; F 3: M *yender* → P: L *yeindre* (G3WK), *yeinder* (AB141a) → P:}

yeynell ['jɛɪnɛl] *f.* **+ow** refrigerator
[Cc: **yeyn** -²ELL] {S 3; F 0(GK98: K.J.G.): **+ow** N (FTWC)} *yeyner* is often heard, but the editor feels that there is a case here for distinguishing an inanimate agent with a different suffix.

yeynella [jɛɪnˈnɛlːa] *v.* refrigerate
As opposed to **yeynhe** 'to chill'.
[Ccc: **yeynell** -¹A] {S 3; F 0(GM09: K.J.G.)}

yeynellans [jɛɪnˈnɛlːans] *m.* refrigeration
[Cch: **yeynell** -ANS] {S 3; F 0(GM09: G.M.S.):}

yeynhe

yeynhe [jɛɪn'hęː] *v.* chill
[Cc: **yeyn** -HE] {S 3; F 0(CE38): **C B** *yenaat*}

yeynyjyon [jɛɪ'nɪ·dʒjɔn] *m.* cold
[Cc: **yeyn** -YJYON]
{S 3; F 0(CE55): **C B** *yenijenn:*}
Coined by Nance from the Breton.

y'ga[3] [ɪga] *phrase* in their
[cc: from **yn aga**] {S 2; F 2: **M** *ige* (RD.0886), *yage* (BM.2313): **L** *it ge* (NGNB7)}

y'gan [ɪgan] *phrase* in our
[cc: from **yn agan**] {S 2; F 3: **M** *y gen*: **L** *en*}

y'gas [ɪgas] *phrase* in your
[cc: from **yn agas**] {S 2; F 3: **M** *y ges*}

-YJYON ['ɪjjɔn] *suffix* (masc. abst. noun ending from adj.) e.g. **poesyjyon** 'heaviness' from **poes** 'heavy'.
[c: may represent the pl. of -[1]YS]

-YK *suffix* (adjectival suffix) A few words (e.g. **euthyk, diwysyk**) end in -*yk*, where -*ek* might have been expected. This suffix may be an irregular variation of -[1]EK.

ylyn ['ɪ·lɪn] *adj.* limpid, transparent, clear *(transparent)*, bright, nett, lucid
[C:] {S 8; F 4: **M** *ylyn, elyn* → P}

ylynder [ɪ'lɪndęr] *m.* limpidity, clarity, lucidity
[Cc: **ylyn** -DER] {S 8; F 0(CE38):}

y'm [ɪm] *phrase* in my
[cc: from **yn am**] {S 2; F 5: **M** *ym* → P, *om*: **L** *im* (AB244b), *ed* (AB230c): **C B** *em*}

yma [ɪ'maː] *v. part* there is
[CC: [5]*y* [3]*ma*] {S 1; F 7: **M** *yma, ema*: **L** *ema, ma*}

yma'n [ɪ'man] *phrase* the (noun) is, the (noun) are
[Cc: Shortening of **yma an**]
{S 2; F 3: **L** *yma 'n* (AB246a); *ma'n* (AB.) → P}

ymbrasya *v.* embrace. ALT = **byrla**.
[E(F)c: VN in -YA from MidE < OldF *embraser* (coe)] {S 5; F 2: **M** *imbrasya* (TH39v), *ymbrasia* (TH54v), *ymbracya* (TH58r)}

ymons [ɪ'mɔːns] *v. part* they are A rare exception to the rule that clusters of consonants are preceded by short vowels.
[C:] {S 8; F 5: **M** *ymons* → P, *ymowns*: **L** *ymônz* (AB.)}

ymp ['ɪmp] *m.* +**ys** graft
[E: MidE < OldE *impa* (oed)]
{S 5; F 0(CE38): +**ys** I (CE38)}

ympya ['ɪmpja] *v.* graft
[Ec: **ymp** -YA] {S 5; F 0(CE38)}

ympynnya [ɪm'pɪnːja] *v.* think oneself
[Cc: VN in -YA formed from **ympynnyon**] {S 1; F 1: **M** 2nd sg. pres. ind. *ympynnyth* (BK19.46)}

ympynnyon [ɪm'pɪnːjɔn] *pl.* brain
[C: Brit *impenniones* (lheb)]
{S 3; F 4: **O** *impinion* (VC.025) → P: **M** *ympynnyon* → P: **L** *pidnian* (BOD.007, AB.) → P: **C** sg. forms B *empenn*/ W *ymenn-*}
The <y> in <-pynn-> is due to vowel harmony.

[1]**yn** [ɪn] *prep.* in, at *(occasl.)*, to *(occasl.)*, on *(occasl.)*
[c: Brit (lp) < CC < IE (Fl.)]
{S 1; F 7: **M** *in* in BM., BK., TH., SA., CW.; *yn* otherwise: **L** *in, yn, en*: **P** Carrick Loose in Coose: **C B** *en*; W *yn*}
Combines with pers. pronouns as **ynnov, ynnos, ynno, ynni, ynnon, ynnowgh, ynna**. Prepositional phrases with **yn** include:

yn le in place of

yn kyrghynn around

yn mysk among

yn unn -ing The particle causes lenition of the following VN; e.g. **hi a dheuth yn unn gerdhes** 'she came walking'.

[2]**yn** [ɪn] *prep.* (see phrases)
[c: Same as [1]**yn**] {S 1; F 6: **M** *yn, in*: **L** *yn, en*}
Used in set adverbial phrases, such as:

yn chi at home

yn herwydh in the vicinity of

yn hirbren on hire purchase

yn hwir really, sincerely

yn igor openly

yn jydh by day

yn kerdh away

yn kettermyn simultaneously

yn kosk asleep

yn krows on the cross

³**yn**
- **yn mor** at sea
- **yn nos** at night, by night
- **yn rew** single file
- **yn tenn** tautly, outstretched, strained
- **yn tir** on land
- **yn tre** at home
- **yn y oes** ever

³**yn**⁵ [ɪn] *ptl.* -ly *(adv. ptl.)*
[C: CC (Fl.) < IE *en (hpb)]
{S 1; F 7: **M** *yn* → P, *in*: **L** *en*: **C B** *end*, **W** *yn*}
The following are examples of adverbs formed with this particle, which causes 5th state mutation:
- **yn fas** properly
- **yn fen** strongly
- **yn hwir** truly, certainly, in fact
- **yn pell** distantly
- **yn sur** assuredly
- **yn surredi** assuredly
- **yn ta** well, properly
- **yn tien** completely, entirely
- **yn teg** beautifully
- **yn tevri** really

⁴**yn** [ɪn] *ptl.* (particle implying simultaneous action)
[C: CC (Fl.) < IE *en (hpb)]
{S 1; F 6: **M** *yn* → P, *in* → P}

YN- [ɪn] *prefix* (adverbial prefix)
Used to connote movement, as in **yn-bann** '(moving) upwards', as opposed to **war-vann** '(looking) upwards'. [c:]

-¹**YN** *pl.* (pl. noun ending)
[c:] Appears to occur in such words as **temmyn, kerdyn, boemmyn**.

-²**YN** *v. part* (1st pl. pres. ind. ending)
e.g. **prenyn** 'we buy' from **prena** 'to buy'. [c:]

-³**YN** *v. part* (1st sg. impf. ind. ending)
[c:] Applies to verbs in -EL, -ES, -HE, -I and certain others; e.g. **gwelyn** 'I used to see' from **gweles** 'to see'.

-⁴**YN** *v. part* (1st pl. impf. ind. ending)
[c:] Applies to verbs in -EL, -ES, -HE, -I and certain others; e.g. **gwelyn** 'we used to see' from **gweles** 'to see'.

-⁵**YN** *v. part* (1st pl. pres. subj. ending)
e.g. **prennyn** 'we may buy' from **prena** 'to buy'. [c:]

-⁶**YN** *v. part* (1st pl. impv. ending) e.g. **prenyn** 'let us buy' from **prena** 'to buy'. [c:]

¹**y'n** [ɪn] *phrase* in the
[CC: Short for **yn an**]
{S 1; F 8: **M** *yn* → P, *in*: **L** *en*}

²**y'n** [ɪn] *phrase* him, it *(obj.)* e.g. **hwath y'n kar hi** 'still she loves him', **a-vorow y'n jevydh edrek**' 'tomorrow he will have regret'.
[cc: ⁵**y** + infixed pronoun '**n**]
{S 2; F 5: **M** *yn, in*: **L** *an* (M4WK), *e* (G1JB)}

ynanella [ɪnaˈnɛlːa] *v.* inhale, breathe in, breathe
[CCc: ¹**yn anella**] {S 8; F 0(GM09: K.J.G.)}

ynanellans [ɪnaˈnɛlːans] *m.* inhalation
[CCh: from ¹**yn anella** -ANS]
{S 8; F 0(GM09: G.M.S.):}

yn-bann [ɪnˈbanː] *adv.* upward(s)
[cC: YN- **bann**] {S 1; F 5: **M** *yn ban* → P, *in ban*: **L** *a mann* (AB.) → P, *man, yn badn* (PV10925)}

yn-dann² [ɪnˈdanː] *prep.* under, beneath
Combines with pers. pronouns as **yn-dannov, yn-dannos, yn-danno, yn-danni, yn-dannon, yn-dannowgh, yn-danna**.
[cC: YN- 2**tann**] {S 1; F 5: **M** *yn dan* → P, *in dan*: **L** *en dadn* (M2WK), *dadn*: **C** MidW *y dan*; cf. B *dindan*}

yn-dann dhor underground

yndella [ɪnˈdɛlːa] *adv.* like that, thus, similarly
[ccCc: from *y'n* *delw na*] {S 2; F 6: **M** *yn della* → P, *in della*: **L** *an della, della*}

yndellma [ɪnˈdɛlma] *adv.* like this, in this way
[ccCc: from *y'n* *delw ma*] {S 2; F 5: **M** *yn delma, in delma*: **L** *an delma* (M2WK), *dellma* (M2WK)}

yndellna [ɪnˈdɛlna] *adv.* like that
[ccCc: from *y'n* *delw na*]
{S 2; F 3: **L** *an dellna* (LPWP) → P}

yndellna re bo so be it

ynditya *v.* indict
[Ec: VN in -YA from MidE *endite* (coe)]
{S 5; F 1: M *andytya* (BK27.91)}

yndreghi [ɪn'drẹ·xi] *v.* incise
[cCc: YN- 2**treghi**] {S 1; F 0(GM09: YhaG)}

yndrogh ['ɪndrɔx] *m.* **+ow** incision
[cC: YN- 2**trogh**] {S 1; F 0(GM09: YhaG): **+ow** I}

ynflammya [ɪn'flamːya] *v.* inflame
[E(F)c: VN in -YA from MidE]
{S 4; F 1: M p.ptcpl. *inflammyes* (TH03r)}

ynflammyans [ɪn'flamːjans] *m.* **+ow** inflammation
[E(F)h: MN in -YANS based on **ynflammya**]
{S 4; F 0(EC52): **+ow** I}

ynherdhya [ɪn'hẹrðja] *v.* intrude
[cCc: YN- **herdhya**] {S 1; F 0(GM09: K.J.G.)}

ynherdhyans [ɪn'hẹrðjans] *m.* **+ow** intrusion
[cCh: from **ynherdhya** -ANS]
{S 1; F 0(GM09: K.J.G.): **+ow** I}

ynherdhyek [ɪn'hẹrðjɛk] *adj.* intrusive
[cCc: from **ynherdhya** -¹EK]
{S 1; F 0(GM09: K.J.G.)}

yn-hons [ɪn'hɔns] *adv.* yonder
[cC: YN- **hons**]
{S 1; F 3: M *in hans* (BM.0440, CW.1742), *inhans* (BM.3919): L *hunt* (NGNB4): C cf. *a-hont*}

ynjin ['ɪndʒɪn] 1. *adj.* ingenious
2. *m.* **+ys** engine
[E(F): MidE < OldF *engin* (coe)]
{S 5; F 3: M *yngyn* (PC.1886) → P; pl. *ingynnys* (BM.3376): C W *injin*: **+ys** M}

ynjiner [ɪn'dʒiˑnɔr] *m.* **-oryon** engineer
[F: OldF *engignor* (Gr.)] {S 5; F 2: O *inguinor* (VC.232) → L,P: C B *ijinour*: **-oryon** I} The <gu> in OldC *inguinor* apparently meant [dʒ].

ynjinieth [ˌɪndʒɪ'niˑẹθ] *f.* originality, ingenuity
[E(F)c: **ynjin** -IETH] {S 1; F 0(GK98: E.G.R.H.): }

ynjinores [ˌɪndʒɪ'nɔˑrẹs] *f.* **+ow** engineer
[E(F)c: **ynjinor** -⁴ES] {S 5; F 0(Y1): **+ow** I}

ynjinorieth [ɪnˌdʒɪnɔ'riˑẹθ] *f.* engineering
[E(F)c: **ynjinor** -IETH] {S 1; F 0(GK98: A.S.):}

ynk ['ɪnk] *m.* **+ow** ink
[E(F): ModE *ink* < MidE *enke* < OldF *enque* (coe)] {S 4; F 0(CE38): C W *ink*: **+ow** N}

ynkarnatya *v.* become incarnate
[Ec: VN in -YA based on EccL *incarnârî* (coe)]
{S 5; F 1: M p.ptcpl. *inkarnatys* (TH16r)}

yn-kerdh [ɪn'kẹrð] *adv.* away
[cC: ⁵**yn kerdh**] {S 1; F 5: M *yn kerth*: L *akar* (NGNB), *kerr* (AB.), *carr* (M2WK)} lit. 'walking'. Also found as *yn kergh* in MidC, owing to the sound-change [rx] > [rθ]

ynkleudhva [ɪn'klœðva] *f.* **+ow** cemetery, graveyard
[cCc: YN- **kleudh** -VA]
{S 8; F 2: M *an clathva* (PC.1545): **+ow** I}

ynkleudhyas [ɪn'klœˑðjaz] *v.* bury, inter
[cCc: YN- **kleudh** -¹YAS]
{S 8; F 5: M *anclethyas, enclethyes*: L p.ptcpl. *enkledhyz* (AB249c), *ynklithys* (ACJK)}

ynkleudhyans [ɪn'klœˑðjans] *m.* **+ow** burial, interment, funeral The meaning 'funeral' is an extension (EC52).
[cCh: YN- **kleudh** -YANS]
{S 8; F 0(CE38): **+ow** I}

ynklinya *v.* bow, incline ALT = **omblegya**.
[Lc: VN in -YA from Lat *inclînâre*; the MidE form was *encline* < OldF (coe)] {S 4; F 2: M *inclynya* (BM.1094), *inclenya* (BM.1766); 3rd sg. pres. ind. *ynclyn* (BK22100)}

ynkoedhek [ɪn'koˑðɛk] *adj.* incident
Term used in optics, e.g. incident ray of light.
[CCc: ¹**yn koedh** -¹EK] {S 1; F 0(GM09: YhaG)}

ynkressya [ɪn'krẹsːja] *v.* swell, increase, augment
[E(F)c: VN in -YA from MidE]
{S 8; F 3: M *incressya* (CW.1318)}
Both *yn-* and *en-* are found in compounds; this is taken as indicating /ɪn-/: there is also an aphetic form **kressya**.

ynkys

ynkys ['ɪnkɪs] *m.* incense
[L: BLat *incêsum* < CLat *incensum* (Gr.)]
{S 2; F 3: **O** *encois* (VC.774) → L,P: **C** B *(ezañs)*; not in W:} Found in OldC as *incois-* and *encois*, of which the first is more regular; the <oi> would most commonly give MidC <o>, but here <y> is used, for vowel harmony, and following Nance.

ynkyslester [ˌɪnkɪs'lęˑstęr] *m.* **-lestri** censer
[LC: **ynkys lester**] {S 2; F 2: **O** *incoislester* (VC.776) → L,P: **-lestri** I}

yn-medh [ɪn'mę:ð] *v. part* says, quoth
3rd sg. pres. ind. of **medhes**.
[CC: ¹yn ²MEDH-]
{S 1; F 6: **M** *yn meth, y myth*: **L** *meth, medh*}

yn-mes [ɪn'mę:z] *adv.* out, outside
[cC: YN- ¹**mes**] {S 1; F 6: **M** *yn mes* → P, *in mes*: **L** *yn mêz* (AB248c), *meaze* (WK), *meas* (G1JB)}

ynn ['ɪnn] *adj.* narrow, slender, confined
[C: IE (lp)] {S 3; F 4: **M** *yn* (OM.0961, CW.2267) → P: **L** *idden* (NGNB1), *edn* (AB043a): **P** *Street Eden*: **C** B *enk*; W *yng*}
The cognates suggest /-nk/ > /-nn/ in Cor.

-YNN [ɪn] ['ɪnnɔw] *suffix* **-ynnow** (dim. ending) [c:]

ynna ['ɪn:a] *prep.* in them
[C: Compound of **yn**]
{S 1; F 4: **M** *ynne* → P, *inna*: **L** *eta* (G1JB)}

ynnans *prep.* in them Found from TH. onwards.
{S 2; F 3: **M** *ynnans*: **L** *ittanz* (TCTB), *ettanz* (AB244b)}

yn-nans [ɪn'nans] *adv.* down
[cC: YN- **nans**] {S 1; F 1: **M** *yn nans* (OM.0165)}

ynnder ['ɪndęr] *m.* narrowness
[Cc: **ynn** -DER] {S 1; F 0(CE38):}

yn-nes [ɪn'nE:z] *adv.* closer, nearer
[cC: YN- **nes**]
{S 1; F 2: **M** *yn neys* (BM.1309, 3470)}

¹ynni ['ɪn:i] *m.* **+ow** urge, pressure
[U:] {S 8; F 3: **O** pl. *enniou* (VC.825) → P: **M** *ynny* (OM.1942, 2148; PC.1019) → P: **+ow** O}

²ynni ['ɪn:i] *prep.* in her, in it
[C: Compound of **yn**] {S 1; F 4: **M** *ynny* → P}

ynnia [ɪ'niˑa] *v.* urge, incite, force, exhort
[Uc: ¹**ynni** -¹A] {S 8; F 3: **M** 2nd pl. pres. ind. *ynnyough* (MC.099), 3rd sg. pret. *ynnyas* (MC.084, 201) → P: **L** *ynnya* (PV19036, 19037)}

ynniadow [ˌɪni'aˑdɔw] 1. *m.* urgency, incitement 2. *adj.* urgent
[Uc: ¹**ynni** -ADOW] {S 8; F 2: **M** *ynnyadow* (OM.0999) → P: **L** *inniadou* (AB242c):}

ynno ['ɪn:ɔ] *prep.* in him, in it
[C: Compound of **yn**]
{S 1; F 5: **M** *ynno* → L,P; *ynna*: **L** *eta* (G1JB)}

ynnon ['ɪn:ɔn] *prep.* in us
[C: Compound of **yn**]
{S 1; F 4: **M** *ynnon* → L,P; *innan*}

ynnos ['ɪn:ɔz] *prep.* in thee, in you (sg.)
[C: Compound of **yn**]
{S 1; F 3: **M** *ynnos* → L,P: **L** *eta* (Gw.)}

ynnov ['ɪn:ɔv] *prep.* in me
[C: Compound of **yn**]
{S 1; F 4: **M** *ynnof* → P; *inno* (TH.)}

ynnowgh ['ɪn:ɔʊx] *prep.* in you (pl.)
[C: Compound of **yn**]
{S 1; F 4: **M** *ynnow* (TH39v), *inno* (TH39v)}

ynperthi [ɪn'pęrθi] *v.* import
[cCc: YN- **perthi**] {S 1; F 0(GM09: YhaG)}

ynplansa [ɪn'planza] *v.* implant
[cE(F)c: YN- **plansa**] {S 4; F 0(GM09: YhaG)}

ynplansans [ɪn'planzans] *m.* **+ow** implantation
[cE(F)h: YN- **plans** -ANS]
{S 4; F 0(GM09: YhaG): **+ow** I}

ynplansas [ɪn'planzas] *m.* **+ow** implant
[cE(F)c: YN- **plans** -²AS]
{S 4; F 0(GM09: YhaG): **+ow** I}

ynporth ['ɪnpɔrθ] *m.* **+ow** import
[cC: YN- **porth**] {S 1; F 0(GM09: YhaG): **+ow**}

yn-rag [ɪn'ra:g] *adv.* forward, onward
[cC: YN- **rag**] {S 1; F 5: **M** *yn rak, yn rag* → P, *in rag*: **L** *yn râg* (AB250b)}

ynsi

ynsi [ɪn'ʒiː] *pron.* they *(emphatic),*
themselves Reduplicated enclitic pronoun.
[cC: **yns i**] {**S** 1; **F** 0(CE38): **C** B *int-i*}

-YNSI ['ɪnʒi] *suffix* (masc. abst. noun ending) e.g. **sherewynsi** 'depravity'. [c:]

ynsidhla [ɪn'sɪðla} *v.* infiltrate
[cUc: YN- **sidhla**] {**S** 1; **F** 0(GM09: YhaG)}

ynsidhlans [ɪn'sɪðlans] *m.* infiltration
[cUh: from **ynsidhla** -ANS]
{**S** 1; **F** 0(GM09: YhaG):}

yn-sol [ɪn'sɔːl] *interj.* arise, up
[cE(E): YN- **sol**]
{**S** 8; **F** 2: **M** *in sol* (BM.1878), *insol* (BM.2747)}

ynspirya v. inspire. ALT = **aweni**.
[E(F)c: VN in -YA from MidE < OldF *inspirer* (coe)] {**S** 4; **F** 1: **M** p.ptcpl. *inspiris* (TH02v)}

ynstitutya v. institute. ALT = **fondya**.
[E(L)c: VN in -YA from MidE < Lat (coe)]
{**S** 5; **F** 3: **M** *institutia* (TH.)}

ynstruktya v. instruct. ALT = **dyski**.
[E(F)c: VN in -YA from OldF (coe)]
{**S** 5; **F** 2: **M** *instructia* (TH34v);
p.ptcpl. *instructys* (TH20r, 55r)}

yntana [ɪn'taˑna] *v.* excite
[cCc: YN- **tan** -¹A] {**S** 1; **F** 0(GM09: YhaG)}

yntanus [ɪn'taˑnys] *adj.* exciting
[cCl: yn- **tan** -us] {**S** 1; **F** 0(GM09: YhaG)}

yntanys [ɪn'taˑnɪz] *adj.* excited
[cCc: yn- **tan** -⁶ys] {**S** 1; **F** 0(GM09: YhaG)}

yntardha [ɪn'tarða] *v.* implode
[cCc: yn- **tardha**] {**S** 1; **F** 0(EC00)}

yntendya v. intend. ALT = **mynnes**.
[E(F)c: VN in -ya from MidE *intende* < OldF *intendre* (coe)] {**S** 5; **F** 2: **M** *entendie* (TH56r); p.ptcpl. *intendys* (TH44v)}

ynter ['ɪntęr] *prep.* between, among
[c: Appears to be a later form of **yntra**]
{**S** 2; **F** 4: **M** *ynter*, *inter* → P:
L *ýnter* (AB249c08), *ter*}

ynterlud m. **+ys** interlude
[E:] {**S** 5; **F** 2: L *antarlick* (AB049c) → P: **+ys** I}

yntertaynya v. entertain. ALT = **didhana**.

[E(F)c: VN in -ya from MidE < OldF *entretenir* (coe)] {**S** 5; **F** 1: **M** p.ptcpl. *yntertaynes* (CW.0524)}

yntirya [ɪn'tiˑrja] *v.* inter, bury
[CCc: ¹yn tir -YA] {**S** 1; **F** 1: **M** *anterya* (BK35.15)} Could also be interpreted as a VN in -YA from Eng. *inter*.

yntra ['ɪntra] *prep.* between
[C: CC (Fl.) < IE (lp)] {**S** 1; **F** 4: **M** *yntre* → P, *yntre*: L *ýn tre* (AB.), *tre*: C B *etre*; MidW *ythr*}

yntredha [ɪn'tręˑða] *prep.* between them
[C: Compound of **yntra**] {**S** 1; **F** 4: **M** *yn treʒe*} Replaced by *yntredhans* in LateC; this appears as early as *SA*.

yntredho [ɪn'tręˑðɔ] *prep.* between him
Used in the expression **yntredho ha'y gowetha** 'between him and his friends'.
[C: Compound of **yntra**]
{**S** 1; **F** 1: **M** *yntretho* (PC.1288)}

yntredhon [ɪn'tręˑðɔn] *prep.* between us
[C: Compound of **yntra**]
{**S** 1; **F** 4: **M** *yntrethon*: L *trethon* (AB244b) → P}

yntredhowgh [ɪn'tręˑðɔʊx] *prep.* between you
[C: Compound of **yntra**]
{**S** 1; **F** 2: **M** *ynterthogh* (PC.2325), *yntrethough* (RD.2433), *intrethogh* (BM.1543)}

yn-unnik [ɪn'ynːɪk] *adv.* only
[cCc: ⁵yn unnik] {**S** 8; **F** 2: L *en ednak* (AB056a), *idnack* (R1JHG); **C** W *yn unig*}

ynwedh [ɪn'węːð] *adv.* also, likewise, as well
[C:] {**S** 1; **F** 6: **M** *yn weth*, *inweth* → P: L *au̯êdh* (AB.), *a weath*: **C** B *ivez*, cf. W *hefyd*}

ynwedhek [ɪn'węˑðęk] *adj.* additional
Pryce gave 'particularly, in particular' as the meanings. [Cc: **ynwedh** -¹EK]
{**S** 1; **F** 1: L *enuedzhek* (PV.9926b)}

ynworra [ɪn'worːa] *v.* input, insert
[cCc: YN- 2**gorra**] {**S** 8; **F** 0(GM09: YhaG)}

ynworrans [ɪn'worːans] *m.* **+ow** input, insertion
[cCh: YN- 2**gorrans**]
{**S** 8; **F** 0(GM09: YhaG): **+ow** I}

ynyal ['ɪnjal] *adj.* desolate *(of place)*, deserted
[C: Brit **ande-gal-*]
{S 8; F 0(CE55): **P** Nangidnall: **C** **W** *anial*}

ynyalder [ɪn'jaldęr] *m.* desolation *(of place)*
[Cc: **ynyal** -DER] {S 8; F 0(GM09: G.M.S.):}

¹**ynys** ['ɪˑnɪs] *f.* **+ow, +ys** island, isolated place
[C: CC **inissî* (Fl).] {S 1; F 4: **M** *enys* (OM.2592) → L,P; *ynnys* (BK26.19): **L** *ennis* → P; pls. *enezou, enezys*: **P** Innis: **F** Ninnis: **C** B *enez*, W *ynys*: **+ow** L; **+ys** L}

Ynys Wyth Isle of Wight
Ynysow Syllan Isles of Scilly

²**Ynys** ['ɪˑnɪz] *m.* Shrovetide
[L: CLat *initium* (lp)]
{S 1; F 1: **L** *enez* (PV.9910): **C** B *Ened*, W *Ynyd*:}

ynysedh [ɪ'nɪˑzęð] *m.* **+ow** enclave
[Cc: ¹**ynys** -EDH] {S 1; F 0(Y3): **+ow** I}

ynysega [ˌɪnɪ'zęga] *v.* insulate
[Ccc: from **ynysek** -¹A] {S 1; F 0(CE93: A.S.)}

ynysegans [ˌɪnɪ'zęgans] *m.* insulation
[Cch: from **ynysek** -ANS] {S 1; F 0(CE93: A.S.):}

ynyseger [ˌɪnɪ'zęgęr] *m.* **+yow** insulator
[Cch: from **ynysek** -¹ER]
{S 1; F 0(GM09: P.H.): **+yow** I}

ynysek [ɪ'nɪˑzęk] *f.* **-egi** archipelago
[Cc: **ynys** -¹EK] {S 1; F 0(EC52): **-egi** I}

Ynysek Syllan Isles of Scilly

ynysekter [ˌɪnɪ'zęktęr] *m.* isolation
[Ccc: **ynysek** -TER] {S 1; F 0(AnG 1996):}

ynysel [ɪ'nɪˑzęl] *adj.* insular
[Cc: **ynys** -¹EL] {S 1; F 0(GM09. K.J.G.)}
An adj. with -EK was suggested in *EC00*, but this was already in use to mean 'archipelago'.

ynysik [ɪ'nɪˑzɪk] *f.* **-igow** islet
[Cc: **ynys** -IK] {S 1; F 0(EC00): **-igow** I}

yoke (Eng.) *n.* ALT = **yew**.
{S 6; F 2: **M** *yowke*, *yoke* (TH27v), *yocke* (TH28r)}

yogort ['jɔˑgɔrt] *m.* **+ow** yoghurt
[E(O): ModE < Turkish *yôghurt* (co)]
{S 5; F 0(FTWC): **+ow** N (FTWC)}

-YON [jɔn] *suffix* (pl. ending)
e.g. **mebyon** 'sons', from **mab**, with vowel aff.
[c: Brit **-yones* (wg)]

Yona *name* Jonas
{S 4; F 3: **M** *jonas* (TH45v)}

yo'nk See **yowynk**

yonker ['jɔnkęr] *m.* **+s, -oryon** young man, youngster *(male)*
[D: dial. Eng. "younker" (CE38) or from **yowynk** -¹ER] {S 4; F 2: **L** *iÿnkar* (AB041c) → P: **C** W *iangwr*: **+s** I; **-oryon** N (P.H.)}
Nance compared this word with Dutch *jonker*.

yonkores [jɔn'kɔˑręs] *f.* **+ow** young woman, youngster *(female)*
[Cc: from **yowynk** -ORES]
{S 4; F 0(GM09: YhaG): **+ow** I}

Yordan *place* Jordan
{S 4; F 2: **L** *Jordan* (M4WK)}

-YORES ['jɔˑręs] *suffix* **-yoresow** (fem. agency noun ending)
[hc: from -¹YER -⁴ES]

yorgh ['jɔrx] *f.* **yorghes, yergh** roedeer
According to Graves, OldC *yorch* meant 'roedeer'; the male was denoted by *kytiorch* = E *kid* + **yorgh**. This makes inappropriate Nance's forms *yorgh* 'roebuck', *yorghes* 'roedeer', which are based on W.
[C: Brit (Fl.) < IE **yorko-* (hpb)]
{S 1; F 3: **O** *iorch* → L,P: **L** pl. *iorxes* (AB046b): **P** Carnyorth: **C** B *yorc'h*; W *iwrch*: **yorghes** L; **yergh** N (K.J.G.)}

yos ['jɔːz] *m.* pap, hasty-pudding, gruel
[C: IE (lp)] {S 1; F 2: **O** *iot* (VC.865) → L,P: **C** B *yod*; W *uwd*:}

yos kergh porridge

Yosep *name* Joseph
{S 5; F 4: **M** *iosep* (MC., PC.), *ioseph* (RD.): **L** *Joseph* (M2WK)}

Yoswa *name* Joshua
{S 4; F 3: **M** *josue*}

-YOW [jɔw] *suffix* (pl. ending) The second commonest pl. ending; e.g. **dydhyow** 'days' from **dydh**. [c: Brit **-yowes* (pb)]

Yow ['jɔw] *m.* Jupiter *(planet, god)*, Thursday
[L: CLat *Iovis* (M)] {**S** 1; **F** 4: **M** *yow* → P: **L** *ieu* (AB054c), *ẏow* (AB232a):}

Yowann ['jɔʊan] *name* John
This is the preferred form; the later form is **Jowann** ['dʒɔʊan].
[U:] {**S** 1; **F** 6: **M** *iowan*; *johan* (TH.): **L** *Jooan* (JCNBG), *Jowan, Dzhûan* (AB.) → P: **C B** *(Yann),* W *Ieuan*}

Yowannes *name* John
{**S** 4; **F** 3: **M** *Joannes* (TH.)}

yown ['jɔʊn] *m.* **+es** bass *(fish)*
[U:] {**S** 8; **F** 1: **L** *Iawn* (LV090.59): **+es** }

yowynk ['jɔʊɪnk] **1.** *adj.* young, juvenile, youthful **2.** *m.* **+es** youth *(individual)*
[C: IE **ieunko-* (hpb)] {**S** 1; **F** 4: **O** *iouenc* (VC.212), *youonc* (VC.213): **M** *yowynk* → L,P; pl. *yowynkes* (PC.0433): **L** *younk* (M2WK), *iunk* (AB074c): **C B** *yaouank;* W *ieuanc*: **+es M**}

yowynkhe [jɔʊɪnk'hẹː] *v.* rejuvenate, make young
[Cc: **yowynk** -HE]
{**S** 1; **F** 0(CE38): **C B** *yaouankaat*}

yowynkheans [jɔʊɪnk'hẹ·ans] *m.* **+ow** rejuvenation
[Cch: **yowynkhe** -ANS]
{**S** 1; **F** 0(GM09: G.M.S.): **+ow** I}

yowynkneth [jɔ'wɪnknẹθ] *f.* youth *(abst.)* [Cc: **yowynk** -NETH]
{**S** 1; **F** 2: **M** *yowynkneth* (PC.0434) → P:}

yowynkses [jɔ'wɪnkzẹz] *m.* youth *(abst.)* [Cl: **yowynk** -SES]
{**S** 1; **F** 0(CE38): **C B** *yaouankted*:}

Ypolit *name* Hippolyte (name of Duke of Crete)
{**S** 5; **F** 1: **M** *ypolyt* (BK32.24)}

yr ['ɪːr] *adj.* fresh, lush
[U:] {**S** 8; **F** 3: **L** *ẏr* (AB042c) → P, *êr* (AB136c) → P: **P** ?*Lannear:* **C W** *ir*}

yrder ['ɪrdẹr] *m.* freshness
[Uc: **yr** -DER] {**S** 8; **F** 0(EC52):}

yredi [ɪrẹ'diː] *adv.* readily, verily
[E: MidE] {**S** 5; **F** 5: **M** *eredy* → P, *eredy*}

yredieth [ɪrẹ'di·ẹθ] *f.* readiness
[Ec: **yredi** -ETH]
{**S** 5; **F** 1: **M** *eredyeth* (BK38.58):}

yrhe [ɪr'hẹː] *v.* freshen
[Uc: **yr** -HE] {**S** 8; **F** 0(EC00)}

yrinek [ɪ'ri·nẹk] *f.* **-egi** blackthorn brake
[Cc: **yrin** -¹EK] {**S** 8; **F** 0(CE55): **-egi** I}

ys ['ɪːz] *coll.* **+enn** corn
[C: CC (Fl.) < IE (lp)] {**S** 1; **F** 5: **O** *yd* (VC.722) → P: **M** *eys* → P; pl. *esowe* (CW.1128): **L** *îz* (AB.): **C B** *ed;* W *yd*: **+enn** I}

ys brith dredge-corn

¹y's [ɪs] *phrase* her (obj.), it (obj.) e.g. **hwath y's kar ev** 'still he loves her', **seulabrys y's tevo arghans** 'formerly she had money'.
[CC: ⁵**y** + infixed pronoun ⁴**'s**]
{**S** 1; **F** 3: **M** *ys* (MC.160, BM.4436) → P}

²y's [ɪs] *phrase* them (obj.)
e.g. **pell y's gwelav** 'I see them afar'
[CC: ⁵**y** + infixed pronoun ⁷**'s**]
{**S** 1; **F** 4: **M** *ys* → P}

-¹YS *suffix* (masc. abst. noun ending) e.g. **henys** 'old age' from **hen** 'old'.
[c: CC **-o-tûts* (wg)] This is identified here with Padel's suffix *-ys* 'place of'; but the two may not be the same.

-²YS *suffix* (pl. ending) [e: MidE *-ys* (M)] Applies almost exclusively to loan-words, e.g. MidC *rebukys* 'rebukes' (TH.). Nance used *-ys* in loan-words such as *stretys* 'streets', but there is a tendency to replace this sf. by -OW, e.g. **stretow**. In this edition of *GLKK*, the policy is to give -OW for the pl. of loan-words, but if *-ys* is attested, to give that as well. Both forms are given in a few other cases as well, e.g. **stretow** and **stretys**.

-³YS *v. part* (2nd sg. impf. ind. ending)
[c:] Applies to verbs in -EL, -ES, -HE, -I and certain others; e.g. **gwelys** 'you used to see' from **gweles** 'to see'.

-⁴YS *v. part* (Impers. impf. ind. ending)
e.g. **prenys** 'one used to buy' from **prena** 'to buy'. [c:]

-⁵YS *v. part* (Impers. impf. subj. ending)
e.g. **prennys** 'one might buy' from **prena** 'to buy'. [c:]

-⁶YS *suffix* (past ptcpl. ending) e.g. **prenys** 'bought' from **prena** 'to buy'. [c: Brit *-atio* (Gr.)]

Ysak *name* Isaac
{S 5; F 3: **M** *ysac* (OM.) → P}

ysasver [ɪz'azvęr] *m.* **+yow** harvest
[CC: **ys** + a cognate of W *adfer* 'to restore' (Gr.)]
{S 1; F 2: **O** *hitaduer* (VC.340) → L,P: **+yow** I}
Re-spelled from OldC *hitaduer*.

Ysay *name* Isaiah
{S 5; F 2: **M** *ysay* (TH06v), *esay* (TH40r)}

ysek ['ɪ·zęk] **1.** *adj.* rich in corn **2.** *f.* **-egi** cornfield
[Cc: **ys** -¹EK] {S 1; F 1: **L** *isick* (PV12531): **P** Port Isaac: **-egi** I} Thought by Pryce to occur in pl.n. *Port Isaac*, but unconfirmed by Padel.

yskar ['ɪ·skar] *m.* sackcloth, bolting cloth
[U:] {S 8; F 2: **M** *yscar* (TH06v), *yskar* (TH06v):}
YSKYNN- [L: CLat *ascendo*]

yskynna [ɪs'kɪnːa] *v.* ascend, mount, climb
[Lc: YSKYNN=¹A] {S 1; F 4: **M** *yskynne*: **L** 2nd sg. impv. *yskyn* (AB245c): **C** cf. W *esgyn*}

yskynnans [ɪs'kɪnːans] *m.* **+ow** ascent
[Lh: YSKYNN=ANS] {S 1; F 0(Y1): **+ow** I}

yskynnus [ɪs'kɪnːys] *adj.* ascending
[Ll: YSKYNN=US] {S 1; F 0(EC00)}

ysla ['ɪzla] *m.* **ysleow** granary
[Cc: **ys** -LA] {S 1; F 0(CE38): **ysleow** I}

yslann ['ɪzlan] *f.* **+ow** rick-yard, mowhay
[CC: **ys lann**] {S 1; F 0(EC52): **+ow** I}

Ysrael [ˌɪzra'ęl] *place* Israel
[E:] {S 5; F 4: **M** *ysrael*: **L** *Ezarel* (M2WK)}
Found once in LateC metathesized as *Ezarel*. The pronunciation is conjectural, but is certainly trisyllabic.

yssew *m.* issue *(descendants)*
ALT = **has** or **diyskynnysi**.
[E(F): MidE < OldF (coe)]
{S 4; F 3: **M** *asshew* → P:}

ystynn ['ɪ·stɪn] *v.* extend, stretch The VN was previously thought to be **ystynna**.
[L: CLat *extendere* (hpb)]
{S 3; F 4: **M** *ystyn* (BK19.11): **L** *ystyn* (AB242a): **C** cf. B *astenn*, W *estyn*}

ystynnans [ɪs'tɪnːans] *m.* **+ow** extension, supplement, appendix, stretch
[Lh: **ystynn** -ANS] {S 3; F 0(CE38): **+ow** I}
ystynnans lyennek literary supplement

ystynnys [ɪs'tɪnːɪz] *adj.* extended
p.ptcpl. of **ystynn**.
[Lc: **ystynn** -⁶YS] {S 3; F 0(EC00)}

yth [ɪθ] *ptl.* (vbl. ptl.)
[c: Brit **ide* (hpb)] {S 3; F 7: **M** *yth* → P, *y3* (MC.), *eth* (BK., SA.): **L** *th*: **C** B *ez*, MidW *yd*}
Etymologically, this particle should be spelled *ydh*; the spelling **yth** is based on Lhuyd's *thera* for MidC *yth esa* 'there was'.

¹y'th⁵ [ɪθ] *phrase* in thy
[CC: Short for **¹yn ath**] {S 1; F 5: **M** *yth* → L,P}

²y'th⁵ [ɪθ] *phrase* thee e.g. **hwath y'th karav** 'still I love thee'.
[CC: ⁵**y** + infixed pronoun '**th**] {S 2; F 4: **M** *yth*}
There was a tendency to replace *yth* by *y* in MidC.

ytho [ɪ'θɔː] *conj.* therefore, then, so, well then, in that case
[C:] {S 8; F 5: **M** *ytho* → P: **L** *a tho* (M2WK): **C** B *eta*; cf. W *eto* 'still'}

yth-o *phrase* it was
{S 2; F 3: **L** *tho* (G1JB)}
Evolved form of MidC *yth o*

yttew ['ɪtːęw] *m.* **+i** firebrand, log
[C: Brit **at-dew-* (Fl.)]
{S 8; F 1: **O** *itheu* (VC.888): **C** B *etev*; cf. MidW *ettewyn*: **+i** C (CE38)}

Yud *name* Jude
{S 5; F 3: **M** *jud* (PC.0465), *iude* (RD.)}

Yuda *place* Judah
{S 4; F 2: **L** *Judah* (M2WK)}

Yudas *name* Judas
{S 8; F 4: **M** *iudas*, *judas* → P}

Yudi
Yudi place Judeah
{**S** 4; **F** 3: **M** *iudi* (PC.), *iudy* (RD.0010): **L** *Judeah* (M2WK)}

yurl ['jyrl] *m.* **+ys** earl, count *(noble)*, governor of shire
[E(N): OldN *jarl* (Gr.)] {**S** 4; **F** 4: **O** *yurl* (VC.171) → P: **M** *ʒurle* (BM.); pl. *ʒurlys* (BM.0294): **C** W *iarll*: **+ys** M}

yurleth ['jyrlęθ] *f.* **+ow** earldom, county
[E(N): **yurl** -ETH] {**S** 4; **F** 0(GM09: G.M.S.): **+ow** I}

Yust name Just (name of saint)
[U:] {**S** 8; **F** 3: **O** *iust* (LS): **L** *East, yîst* (AB249c): **P** Lannyust}

Yustin name
{**S** 4; **F** 2: **M** *justin* (SA63r), *justine* (SA64r)}

yuv ['jyːv] *m.* **+yon** lord
[C:]
{**S** 3; **F** 0(CPNE): **P** Treeve: **+yon** N (K.J.G.)}

yw [ɪw] *v. part* is
[C:] {**S** 1; **F** 8: **M** *yw, yv; ew* (BK., TH., SA., CW.): **L** *eu, ew, ewe; yû* (CGEL)}

Ywa *name* Ewe (name of Cornish saint) {**S** 8; **F** 1: **O** *euai* (LS)}

ywin ['ɪˑwɪn] *coll.* **+enn** yew
[C:] {**S** 8; **F** 2: **O** *hiuin* (VC.676) → L,P: **C** B *iwin*; cf. W *yw*: **+enn** I} Nance took OldC *hiuin* as a sg., rewriting it as *ewen*, and the CN as *ew*.

y-wys (Eng.) *adv.* indeed {**S** 6; **F** 4: **M** *ywys, yn wys*} The form *yn wys* is not a hybrid with Cor. **y'n**, but an Eng. variant.

Z

<z> is not at present used in Kernewek Kemmyn, except in a few loan-words.

zans bay
[C:] {**S** 9; **F** 3: **L** *zans, zanz* (PRJB) → P}
A LateC word based on a false interpretation of the second elemnt in the pl.n. Penzance as meaning 'bay'; it actually means 'holy'.

Zebulon (Heb.) *place* {**S** 6; **F** 2: **L** *Zebalon* (M4WK.13), *Zebulon* (M4WK.15)}

zian *m.* strand, sea-shore
[C: formed from the mis-division of the pl.n. Marazion] {**S** 8; **F** 2: **L** *zîan* (AB081a) → P}
Not only was the pl.n. Marazion mis-divided, it was also misunderstood as 'the market on the strand' (PV19210). This pl.n. is in fact **marghas vyghan** 'small market'.

zynk ['zɪnk] *m.* **+ow** zinc
[E(G): ModE *zinc*]
{**S** 8; **F** 0(GM09: YhaG): **+ow** I}
One of a few loan-words spelled with <z->.

zypp ['zɪp] *m.* **+ow** zip
[E: ModE *zip* (imitative) (coe)]
{**S** 8; **F** 0(GM09: YhaG): **+ow** I}
One of a few loan-words spelled with <z->.

Numerals

Numerals

The following numerals are found in the traditional texts, and included for the sake of completeness.

30 *num.*
{S 1; F 1: **M** *xxx* (MC.039)}

200 *num.*
{S 1; F 1: **M** *cc* (TH45r)} The term for 200 is **dewkans** without the expected mutation (GMC, para. 101(6)).

300 *num.*
{S 1; F 1: **M** *300* (TH49r)}

1710 *year*
{S 1; F 1: **L** *1710* (LAWG)}

1711 *year*
{S 1; F 2: **L** *1711* (PLOP, LOPWG)}

1736 *year*
{S 1; F 1: **L** *1736* (L3WG)}

21a *num.* 21st
{S 1; F 1: **M** *xxi-ans* (TH42v)}

22a *num.* 22nd
{S 1; F 2: **M** *xxii* (TH13r, 20v)}

24a *num.* 24th
{S 1; F 2: **M** *xxiiii-ans* (TH29v), *xxiiii* (TH56v)}

25a *num.* 25th
{S 1; F 1: **M** *xxv-ans* (TH46v)}

26ves *num.* 26th
{S 1; F 2: **M** *xxvi-ans* (TH46r), *26.* (SA59v)}

28ves *num.* 28th
{S 1; F 1: **M** *xxviii* (TH17r)}

30ves *num.* 30th
{S 1; F 1: **M** *xxx-ans* (TH47r)}

70ves *num.* 70th
{S 1; F 1: **M** *lxx* (TH17r)}

83a *num.* 83rd
{S 1; F 1: **M** *83.* (SA59v)}

99ves *num.* 99th
{S 1; F 1: **M** *99* (TH58r)}

102a *num.* 102nd
{S 1; F 1: **M** *102* (TH48r)}

124a *num.* 124th
{S 4; F 1: **M** *102* (TH46r)}

Ancillary list

Ancillary list

This list comprises unassimilated non-Cornish words which occur in the traditional corpus only in (a) non-Cornish lines; (b) non-Cornish phrases. It is included for the sake of completeness. The language is indicated except in the case of English words.

a (Lat.) *prep.* from {S 6; F 1: **M** *a* (PC.0408)}

acclinata (Lat.) *adj.* inclined
{S 6; F 1: **M** *acclinata* (BK25.21)}

a-come v. part {S 6; F 1: **M** *y com* (PC.1351)}

Actus (Lat.) *n.* act {S 6; F 3: **M** *actus* (TH.)}
Found in the phrase *actus apostolis*, for 'Acts of the Apostles'.

adimplere (Lat.) *v.* fulfil
{S 6; F 1: **M** *adimplere* (BK17.39)}

a-down adv. {S 6; F 1: **M** *adown* (BK23.70)}

aide (Fr.) *v. part* helps
{S 6; F 1: **M** *eyd* (OM.2680)}

all adj. {S 6; F 3: **M** *al*}

alone adv. {S 6; F 1: **M** *a lon* (BK23.44)}

alpha (Gr.) {S 6; F 1: **M** *alpha* (CW.0001)}

am v. part {S 6; F 3: **M** *am*}

ami (Fr.) friend {S 6; F 1: **M** *A my* (BK30.69)}

ampla (Lat.) *adj.* extensive
{S 6; F 1: **M** *ampla* (BK25.20)}

and (Eng.) {S 6; F 4: **M** *and, &, an*}

anon adv. {S 6; F 3: **M** *anon*}

apostolis (Lat.) *n.* {S 6; F 3: **M** *appostolis* (TH., SA.)} Found in the phrase *actus apostolis*, for 'Acts of the Apostles'.

aqua (Lat.) *n.* water
{S 6; F 1: **M** *aqua* (BK10.44)}

Arabi (Lat.) *place* of Arabia
{S 6; F 1: **M** *Arabum* (BK32.78)}

argus (Lat.) *adj.* keen-sighted
{S 6; F 1: **M** *argus* (BK29.53)} Found in a line of Latin comparing visual powers; *argus* refers to the mythical *Argus*, who had 100 eyes.

arm n. {S 6; F 1: **M** *arme* (BK02.65)}

Arthure (Lat.) *name* O Arthur
{**S** 6; **F** 2: **M** *arthore* (BK20.61), *Arthure* (BK27.02)}

Arthuro (Lat.) *name* to Arthur
{**S** 6; **F** 1: **M** *Arthuro* (BK21.17)}

as conj.
{**S** 6; **F** 2: **M** *as* (PC.2830; BK23.80, 36.37)}

at (Eng.) *prep.* {**S** 6; **F** 3: **M** *atta* (PC.1890), *at* (RD.0574, BK27.40) → P} Found in Eng. lines and phrases.

atque (Lat.) *conj.* and also
{**S** 6; **F** 2: **M** *atque* (OM.1977, 2021; BK29.51)}

au (Fr.) *prep.* at the {**S** 6; **F** 1: **M** *an* (BK18.43)} Looks like a misreading for <au>.

audientes (Lat.) *pl.* listeners {**S** 6; **F** 1: **M** *audientes* (BK17.49)} Found in a line of Latin.

ave (Lat.) *v. part* hail! {**S** 6; **F** 3: **M** *ave* (BK.)}

b (Lat.) {**S** 6; **F** 3: **M** *b* (BM.0099): **L** *b*} The letter b, as learned by Meryasek as a schoolboy; it is treated here as Latin, because he goes on to spell the Latin word *est* 'is'.

ballok n. Meaning obscure. Appears in the Eng. phrase *by my ballok*; it does not appear to be *bollock*. {**S** 6; **F** 1: **M** *ballok*}

barbarorum (Lat.) *pl.* of barbarians
{**S** 6; **F** 1: **M** *barbarum* (BK21.42)}

barum (Lat.) *n.* 'a stout fellow' according to Thomas/Williams
{**S** 6; **F** 1: **M** *barum* (BK39.35)}

be v. part {**S** 6; **F** 3: **M** *be, buth*}

bel (Fr.) *adj.* fine {**S** 6; **F** 2: **M** *beal* (BK18.37, 20.45), *boal* (BK30.53)}

belaber n. swift runner, sprinter
{**S** 4; **F** 1: **M** *bel aver* (OM.2271)} 'One who "bears the bell" for swift running' (CE55).

benevistis (Lat.) *adj.* welcome
{**S** 6; **F** 2: **M** *benevistis* (BK20.85, 21.25)}

beshrew v. part {**S** 6; **F** 2: **M** *bescherev* (BM.0957), *byscherev* (BM.1451)}

bien (Fr.) *adv.* well {**S** 6; **F** 2: **M** *by an* (BK20.45, 24111), *bien* (BK30.61)}

bishop n. {**S** 6; **F** 1: **M** *byschyp* (BM.3936)}

blyve v. part {**S** 6; **F** 1: **M** *blyue* (PC.2526)}

bon (Fr.) *adj.* good {**S** 6; **F** 3: **M** *bon* (BK.)}

bonne (Fr.) *adj.* good
{**S** 6; **F** 1: **M** *bona* (2 syll.) (BK18.02)}

bono (Lat.) *adj.* good {**S** 6; **F** 3: **M** *bono* (BK.)}

bonum (Lat.) *n.* good thing
{**S** 6; **F** 1: **M** *bonum* (BK17.40)}

born (Eng.) {**S** 6; **F** 1: **M** *borne* (CW.1390)}

both (Eng.) {**S** 6; **F** 3: **M** *both* (BM., BK.)}

bought v. part
{**S** 6; **F** 2: **M** *boghte* (RD.0733, 0753, 0779)} in the three Maries' lament.

bring v. {**S** 6; **F** 1: **M** *bryng*}

brother n. {**S** 6; **F** 1: **M** *brother* (BK18.46)}

brought v. part
{**S** 6; **F** 1: **M** *brought* (BK07.18)}

brow n. {**S** 6; **F** 1: **M** *brow* (BK07.66)}

by {**S** 6; **F** 5: **M** *by*} Found in English phrases, e.g. *by Godys day, by and by*

call v. part {**S** 6; **F** 2: **M** *cal* (RD.0733, 0753, 0779)} In the three Maries' lament.

can v. part {**S** 6; **F** 2: **M** *can* (BK23.70, 30.82)}

canis (Lat.) *n.* of a dog
{**S** 6; **F** 1: **M** *camis* (BK15.16)}

cari (Lat.) *n.* dear ones
{**S** 6; **F** 1: **M** *cari* (BK20.85)}

cecus (Lat.) *adj.* blind
{**S** 6; **F** 1: **M** *cecus* (BK29.53)}

celorum (Lat.) *n.* of the heavens
{**S** 6; **F** 1: **M** *celorum* (TH31r)}

chari (Lat.) *n.* dear friends
{**S** 6; **F** 1: **M** *chari* (BK27.07)}

christiani (Lat.) *n.* Christians
{**S** 6; **F** 1: **M** *christiani* (BK21.41)}

citizen n. {**S** 6; **F** 1: **M** *pl. citesens* (TH33r)}

clean (Eng.) {**S** 6; **F** 2: **M** *clen* (BK02.29, 30.82)} Both exx. in the Eng. expression *the clean right*.

clothes pl.
{**S** 6; **F** 1: **M** *clothys* (2 syll.) (BK22.43)}

come (Eng.)
{**S** 6; **F** 2: **M** *com* (PC.2528, RD.2144, CW.0198)}

come-ye (Eng.) {**S** 6; **F** 1: **M** *comyth* (PV.0951)}

command n. {**S** 6; **F** 1: **M** *commaund* (BK36.38)}

commande (Fr.) *v. part* command {S 6; F 1: M *commavnd* (BK17.07)} Found in the French order *je vous commande* 'I command you'.

commendo (Lat.) *v. part* I commend
 {S 6; F 1: M *commendo* (BM.4330)}

Comyns (Eng.) {S 6; F 1: L *comyns* (LVWG)}

conservet (Lat.) *v. part* may keep
 {S 6; F 1: M *conseruet* (BK30.13)}

conticeat (Lat.) *v. part* keep quiet
 {S 6; F 1: M *conticeat* (BK29.52)}

contristari (Lat.)
 {S 6; F 1: M *constristari* (BK30.96)}

core {S 6; F 1: M *core* (BK37.12)}

Cornubiae (Lat.) *place* of Cornwall
 {S 6; F 1: M *Cornubiae* (BK18.30)}

crucifige (Lat.) *v. part* crucify
 {S 6; F 1: M *crucifige* (PC.2476)}

dame (Fr.) *n.* lady {S 6; F 1: M *dam* (BK24111)} Monosyllabic, unlike **dama**, which is etymologically the same word.

day n. {S 6; F 4: M *day*}

dead adj.
 {S 6; F 2: M *deyd* (RD.0734, 0754, 0780)}

dear adj. {S 6; F 1: M *dver* (BK18.13)}

death n. {S 6; F 1: M *deth* (PC.2526)}

debiliores (Lat.) *n.* poorer people
 {S 6; F 1: M *debiliores* (BK29.20)}

decus (Lat.) *n.* beauty
 {S 6; F 2: M *decus* (BK18.30, 30.81)}

dedit (Lat.) *v. part* gave
 {S 6; F 1: M *dedit* (BK10.44)}

Dei (Lat.) *n.* of God
 {S 6; F 2: M *dei* (OM.0666, 1975)}

Deo (Lat.) *n.* to God
 {S 6; F 2: M *deo* (RD.2525, 2528; TH46v)}

Deus (Lat.) *name* God {S 6; F 2: M *deus*}

devil n. {S 6; F 2: M *difl* (PC.1636); possessive *develys* (BM.0800, 1623)}

dies (Lat.) *n.* day {S 6; F 1: M *dies* (BK14.18)}

dignitatis (Lat.) *n.* of dignity
 {S 6; F 1: M *dignitatis* (BK23.97)}

dis (Fr.) *v. part* say
 {S 6; F 3: M *dy* (RD.0594, 0653, 1920) → P}
 Found in the French phrase *je vous dis* 'I say to you'; the final <s> of *dis* was silent, as it is today.

dites (Fr.) *v. part* say
 {S 6; F 1: M *dites* (2 syll.) (BK30.05)} Found in the French line *ne dites mot* 'say not a word'.

do v. part
 {S 6; F 2: M *do* (OM.0485, 2689; BK23.80)}

dogga n.
 {S 6; F 1: M *dogga* (BK15.13)} Found in the MidE phrase *dogga driten* 'dog dirt'.

dominus (Lat.) *m.* master The attestation includes also *domine* 'O master' and *domini* 'masters' {S 6; F 3: M *dominus*}

donne (Fr.) *v. part* may give
 {S 6; F 2: M *don* (BK30.53, 30.95, 36.51)} Found thrice in the French phrase *Dieu donne vous bonjour* 'may God give you good day'; in lines of French.

Dorchester place
 {S 6; F 1: L *Dourchester* (PV.9333)}

dread v. part {S 6; F 1: M *dred* (RD.0546)}

dreadful adj.
 {S 6; F 2: M *dredful* (BM.2457, BK26.20)}

driten n. MidE forerunner of the word *dirt*.
 {S 6; F 1: M *dryton* (BK15.13)}

dux (Lat.) *m.* duke, leader
 {S 6; F 1: M *dux* (BK18.30)}

ease n. Found in the Eng. phrase *ill at ease*. {S 6; F 2: M *es* (RD.0574) → P}

ego (Lat.) *pron.* I
 {S 6; F 1: M *ego* (CW.0001)}

eius (Lat.) {S 6; F 1: M *ejus* (OM.1977)}

en (Fr.) *prep.* in
 {S 6; F 1: M *in* (DK10.02)} Found in the French phrase *en bonne foi* 'in good faith'.

eritis (Lat.) {S 6; F 1: M *eritis* (OM.2022)}

es (Lat.) *v. part* thou art
 {S 6; F 1: M *es* (BK20.23)}

est (Lat.) *v. part* is
 {S 6; F 2: M *est* (BM.0106; BK29.28)}

estis (Lat.) *v. part* you are
 {S 6; F 1: M *estis* (BK27.05)}

estote

estote (Lat.) *v. part* be you
{**S** 6; **F** 2: **M** *estote* (BK17.25, 30.47)}

et (Fr.) *conj.* and {**S** 6; **F** 1: **M** *&* (BK17.09)}

et (Lat.) *conj.* and {**S** 6; **F** 4: **M** *et, &*}

êtes (Fr.) *v. part* are
{**S** 6; **F** 2: **M** *et* (OM.1911), *eet* (OM.2680)}

every *adj.*
{**S** 6; **F** 1: **M** *every* (CW.0197)}

everyone *pron.* {**S** 6; **F** 2: **M** *euerych on* (BM.1178), *every chone* (CW.0198)}

ex (Lat.) *prep.* out of
{**S** 6; **F** 1: **M** *ex* (BK15.16)}

excelsis (Lat.) {**S** 6; **F** 1: **M** *excelsis* (RD.2528)}

fable *n.* {**S** 6; **F** 1: **M** *fabel* (OM.2674)}

fail *n.* Found in the phrase *without fail*.
{**S** 6; **F** 1: **M** *fal*}

fair *adj.* {**S** 6; **F** 1: **M** *fayr* (PC.1684)}

fairness *n.* {**S** 6; **F** 1: **M** *fernys* (BK27.32)}

faites *v. part* make
{**S** 6; **F** 2: **M** *fete* (BM30.99, 31.05)}

far *adj.* {**S** 6; **F** 1: **M** *fur* (BM.2326)}

fare *v. part* The Cor. version of the word (**fara**) is disyllabic. {**S** 6; **F** 3: **M** *far* (BM.3543, 3549); 3rd sg. pres. *faryth* (BK30.17, 36.56)}

fast *n.* (cessation of eating)
All 3 exx. found in the expression *by Godys fast* {**S** 6; **F** 2: **M** *fast* (OM.2483, 2679; PC.2767)}

father *n.* {**S** 6; **F** 1: **M** *ffadyr* (BM.3936)}

fetch *v. part* {**S** 6; **F** 2: **M** 2nd pl. pres. *fetch*}

filii (Lat.) *n.* of the Son
{**S** 6; **F** 3: **M** *filii*}

Filippi (Lat.) *name* of Philip
{**S** 6; **F** 1: **M** *philippi* (TH43v)}

fit (Lat.) *v. part* made
{**S** 6; **F** 1: **M** *fit* (BK15.16)}

florea (Lat.) *adj.* exemplary
{**S** 6; **F** 1: **M** *floria* (BK21.19)}

flos (Lat.) *n.* flower
{**S** 6; **F** 1: **M** *flos* (BK30.81)}

foe *n.* {**S** 6; **F** 3: **M** *fo*}

foi (Fr.) *n.* faith {**S** 6; **F** 1: **M** *fay* (BK18.02)}
Found in the French phrase *en bonne foi* 'in good faith'. The spelling *fay* reflects the pronunciation in the *Ancien Regime*.

for *prep.* {**S** 6; **F** 3: **M** *for*}

full *adj.* {**S** 6; **F** 3: **M** *ful*}

fury *n.* {**S** 6; **F** 1: **M** *fury* (TH48r)}

futurae (Lat.) *n.* of the future
{**S** 6; **F** 2: **M** *futurae* (BK20.63), *future* (BK27.04)} probably pronounced with [-e].

Galatiae (Lat.) *place* of Galatia
{**S** 6; **F** 1: **M** *galacie* (TH47r)}

galliarum (Lat.) *n.* of the Gauls
{**S** 6; **F** 1: **M** *galliarum* (BK39.36)}

garde (Fr.) *v. part* may guard
{**S** 6; **F** 2: **M** *gard* (BK18.37, 18.43)} Found twice in the French phrase *Dieu vous garde* 'may God protect you', in lines of French.

gaudebit (Lat.) *v. part* shall rejoice
{**S** 6; **F** 1: **M** *gaudebit* (BK17.73)}

gent (Fr.) *pl.* tribe Found in the French phrase *tout gent pedit & grovnd*. This is for *toute gent petite et grande* 'every tribe, small and great'; or less likely *tous gens, petits et grands*. Either way, the French is the text is imperfect. {**S** 6; **F** 1: **M** *gent* (BK17.09)}

gentes (Lat.) *n.* people
{**S** 6; **F** 1: **M** *gentes* (BK21.42)} pl. of *gens*.

gentis (Lat.) *n.* of people
{**S** 6; **F** 1: **M** *gentis* (BK20.63)} Gen. sg. of *gens*.

gentle *adj.*
{**S** 6; **F** 2: **M** *gentel* (BM.3549), *gentyl* (BK18.03)}

give *v. part* {**S** 6; **F** 3: **M** *yve, yeue*}

glad *adj.*
{**S** 6; **F** 2: **M** *gladt* (RD.2057), *glad* (CW.0195)}

gloria (Lat.) *n.* glory
{**S** 6; **F** 2: **M** *gloria* (RD.2528, BK21.17)}

go *v. part* {**S** 6; **F** 4: **M** *go*}

God *name* Found in English phrases, e.g. *by God*. {**S** 6; **F** 3: **M** *god*}

Godys *name* The MidE forerunner of *God's*; found in English phrases, e.g. *by Godys foe*. {**S** 6; **F** 4: **M** *godys*}

going *v. part* {**S** 6; **F** 1: **M** *goyng* (BK18.45)}

gold *n.* {**S** 6; **F** 1: **M** *gold* (BK22.43)}

gone

gone *v. part* Found in the Eng. phrase *so might I gone.* {**S** 6; **F** 3: **M** *gon* (BK.)}

go'st *v. part* Shortened form of *goest*. {**S** 6; **F** 1: **M** *gost* (BK18.03)}

grande (Fr.) *adj.* great {**S** 6; **F** 1: **M** *grovnd* (BK17.09)}

gratis (Lat.) *adv.* freely {**S** 6; **F** 1: **M** *gratis* (BK21.11)}

great *adj.* {**S** 6; **F** 2: **M** *gret* (BK02.33), *great* (BK30.80, 36.38)}

Grecus (Lat.) *m.* Greek {**S** 6; **F** 1: **M** *grecus* (BK29.51)}

hath *v. part* {**S** 6; **F** 2: **M** *hath* (BK02.25, 02.251; CW.0164)}

hava *v. part* Spelled *hava* here because the word was pronounced with two syllables, in the phrase *have that!.* {**S** 6; **F** 3: **M** *haue, have*}

he *pron.* {**S** 6; **F** 3: **M** *he*}

hear *v.* {**S** 6; **F** 1: **M** *her* (BK02.29)}

heart *n.* {**S** 6; **F** 1: **M** *hart* (BK23.80)}

heaven place {**S** 6; **F** 2: **M** *heaven* (CW.0165, 0196)}

here *adv.* {**S** 6; **F** 2: **M** *her* (RD.1767), *heare* (CW.0164)}

hic (Lat.) *adj.* this {**S** 6; **F** 1: **M** *hic* (BK10.43)}

him *pron.* {**S** 6; **F** 2: **M** *hym* (BM.3479), *hem* (BK23.70)}

his *pron.* {**S** 6; **F** 2: **M** *hys* (RD.0547), *his* (CW.0165)}

hither *adv.* {**S** 6; **F** 2: **M** *hedry* (PC.0951), *hyder* (RD.2144)}

hoc (Lat.) *adj.* this {**S** 6; **F** 1: **M** *hoc* (BM.1446)}

honestatis (Lat.) *n.* of honesty {**S** 6; **F** 1: **M** *honestatis* (BK23.99)}

honestis (Lat.) *n.* honest people {**S** 6; **F** 1: **M** *honestis* (BK27.10)}

honor (Lat.) *n.* honour {**S** 6; **F** 1: **M** *honor* (RD.2525)}

hood *n.* {**S** 6; **F** 3: **M** *hout*} Found in the Eng. phrase *by my hood.*

Horace name

Horsus (Lat.) *name* Horsa {**S** 6; **F** 1: **M** *horsus* (BK39.65)}

latinus

hot *v. part* demand {**S** 6; **F** 2: **M** *hot* (BM.3369; BK18.55, 30.02)} Found in the Eng. phrase *Peace I hot.*

how *adv.* {**S** 6; **F** 2: **M** *how* (BK30.17, 36.56)}

I *pron.* {**S** 6; **F** 5: **M** *y, I*}

Iacobe (Lat.) *name* of James {**S** 6; **F** 1: **M** *iacobe* (RD.0698, 1073)}

if *conj.* {**S** 6; **F** 2: **M** *yf* (OM.2689, BK02.29)}

imperator (Lat.) *m.* emperor {**S** 6; **F** 1: **M** *imp^^ator* (BK30.10)} N.B. ^^ represents an abbreviation in the MS.

in *prep.* {**S** 6; **F** 4: **M** *in*}

in (Lat.) *prep.* in {**S** 6; **F** 4: **M** *in*}

infantes (Lat.) *pl.* children {**S** 6; **F** 1: **M** *infantes* (BK30.47)}

inpendens (Lat.) {**S** 6; **F** 1: **M** *inpendens* (BK21.11)}

insulae (Lat.) *n.* of the island {**S** 6; **F** 1: **M** *insule* (BK32.79)}

is *v. part* {**S** 6; **F** 4: **M** *ys*}

iste (Lat.) *pron.* that {**S** 6; **F** 1: **M** *iste* (BK17.73)}

je (Fr.) *pron.* I {**S** 6; **F** 3: **M** *ie, je*}

jocundare (Lat.) *v.* rejoice {**S** 6; **F** 1: **M** *jocundari* (BK20.87)}

la (Fr.) *art.* the The author of *BK.* was a brilliant playwright, but he did not know the gender of French *terre* 'Earth' (or perhaps the copyist made the error). The MS. reads *leter* for ModF *la terre* 'the Earth', in a line of French. {**S** 6; **F** 1: **M** *le* (BK30.01)}

labour *n.* {**S** 6; **F** 1: **M** *labor* (BK07.20)}

land *n.* {**S** 6; **F** 1: **M** *land* (BK39.68)}

Land. (Lat.) {**S** 6; **F** 2: **M** *Land.* (CGEL)} Short for *Landavensis*.

Landavensis (Lat.) {**S** 6; **F** 2: **M** *Landavensis* (CGEL)}

larga (Lat.) {**S** 6; **F** 1: **M** *larga* (BK21.11)}

large *adj.* {**S** 6; **F** 1: **M** *large* (BK37.12)}

last *adj.* {**S** 6; **F** 1: **M** *last*} Found in the Eng. phrase *at last.*

latinus (Lat.) *m.* Latin {**S** 6; **F** 1: **M** *latinus* (BK29.51)}

lease n. {**S** 6; **F** 1: **M** *les* (PC.1879)}
least adj. {**S** 6; **F** 1: **M** *lest* (PC.0951)}
leave n. {**S** 6; **F** 1: **M** *leve* (BK30.69)}
legionum (Lat.) *n.* of the legion
  {**S** 6; **F** 1: **M** *legionum* (BK17.42)}
legistis (Lat.) *n.* legates
  {**S** 6; **F** 1: **M** *legistis* (BK17.71)}
let v. part {**S** 6; **F** 1: **M** *let* (BK23.44)}
libertatis (Lat.) *n.* of liberty
  {**S** 6; **F** 1: **M** *libertatis* (BK27.03)}
lineage n. {**S** 6; **F** 2: **M** *lynage* (3 syll.)
  (PC.1183), *lignag* (TH06r)}
literas (Lat.) *n.* letters
  {**S** 6; **F** 1: **M** *literas* (RD.1326)}
look v. part
  {**S** 6; **F** 1: **M** *lok* (BM.1451)}
luscus (Lat.) *adj.* one-eyed
  {**S** 6; **F** 1: **M** *luscus* (BK29.53)}
made v. part
  {**S** 6; **F** 2: **M** *mad* (BK02.32), *made* (CW.0194)}
magus (Lat.) *m.* magician
  [L: Lat *magus*] {**S** 6; **F** 3: **M** *magus* (BM., TH.)}
  ALT = **pystrier**.
make v. part {**S** 6; **F** 1: **M** *make* (BM.0600)}
malorum (Lat.)
  {**S** 6; **F** 1: **M** *malorum* (BM.1446)}
man n. {**S** 6; **F** 1: **M** *man* (BK02.251)}
  Probably a mistake for *mam*.
matin (Fr.) *m.* morning
  {**S** 6; **F** 1: **M** *matyn* (BK18.43)}
may v. part
  {**S** 6; **F** 2: **M** *may* (OM.2689, CW.0195)}
¹*me pron.* {**S** 6; **F** 3: **M** *me*}
²*me* (Fr.) *pron.* me {**S** 6; **F** 1: **M** *me* (OM.2680)}
³*me* (Lat.) *pron.* me
  {**S** 6; **F** 2: **M** *me* (PC.0408, RD.0874C)}
mei (Lat.) *pron.* on me
  {**S** 6; **F** 1: **M** *mei* (OM.2252)}
memor (Lat.) *n.* memory
  {**S** 6; **F** 1: **M** *memor* (BK27.05)}
men pl. {**S** 6; **F** 1: **M** *men* (BK23.80)}
meo (Lat.) *pron.* (to) my
  {**S** 6; **F** 1: **M** *meo* (RD.2525)}

merdula (Lat.) *n.* small turd
  {**S** 6; **F** 1: **M** *mordula* (BK15.16)}
meum (Lat.) *pron.* my
  {**S** 6; **F** 1: **M** *meum* (BM.4330)}
mien (Fr.) *pron.*
  {**S** 6; **F** 1: **M** *myn* (OM.1911)}
²*might n.* {**S** 6; **F** 3: **M** *myght*}
mild adj. {**S** 6; **F** 1: **M** *myld* (BK18.47)}
mine pron. Found in the Eng. phrase *by mine hood*. {**S** 6; **F** 2: **M** *myn* (OM.2598, PC.0579)}
mirum (Lat.) *n.* wonder
  {**S** 6; **F** 1: **M** *mirum* (BK10.42)}
miserere (Lat.)
  {**S** 6; **F** 1: **M** *miserere* (OM.2252)}
modo (Lat.) *adv.* just now
  {**S** 6; **F** 1: **M** *modo* (OM.2022, BK10.42)}
Modrede (Lat.) *name* Modred
  {**S** 6; **F** 1: **M** *modrede* (BK36.35)}
mon (Fr.) *pron.* my {**S** 6; **F** 3: **M** *movn*}
Moon n. {**S** 6; **F** 1: **M** *movn* (BK23.68)}
more (Eng.)
  {**S** 6; **F** 1: **M** *more* (BK37.15)} N.Williams interpreted this word as *murrey*.
most adj. {**S** 6; **F** 1: **M** *mest* (PC.0951)}
²*mot* (Fr.) *m.* word
  {**S** 6; **F** 1: **M** *moet* (BK30.05)}
mourning (Eng.)
  [E(E):] {**S** 6; **F** 3: **M** *mornyngh* (RD.)}
Muhammad's (Eng.) {**S** 6; **F** 2: **M** *mahumys* (BK04.35), *mamhumys* (BK07.43)} Both found in the line *By Muhammad's precious blood*.
mulier (Lat.) *n.* woman
  {**S** 6; **F** 1: **M** *mulier* (RD0874C)}
mundare (Lat.) *v. part* to be cleansed
  {**S** 6; **F** 1: **M** *mundare* (BK10.44)}
mundi (Lat.) *n.* of the world
  {**S** 6; **F** 1: **M** *mundi* (BK30.81)}
mundus (Lat.) *m.* world {**S** 6; **F** 2:
  M *mundis* (BK17.73), *mundus* (BK25.20)}
murmurantes (Lat.) *pl.* murmurers
  {**S** 6; **F** 1: **M** *murmvrantes* (BK30.45)}
my pron. {**S** 6; **F** 5: **M** *my* → P}

name

name (Eng.) [E(E): OldE *nama* (coe)]
{S 6; F 3: M *name* (BM.), *nam* (BK18.57)}

Nasareorum (Lat.)
{S 6; F 1: M *Nazareorum* (TH37v)}

nativus (Lat.) *m.* native
{S 6; F 1: M *natiuus* (BK29.52)}

nay n. [E(N): OldN *nei* (coe)]
{S 6; F 2: M *nay* (PC.0987, BM.3462)}
Found in the phrase *without (a) nay*.

ne (Fr.) *ptl.* not
{S 6; F 1: M *ne* (BK30.05)}

near (Eng.) [E(N): OldN *naer* (coe)]
{S 6; F 1: M *ner* (BM.2326)}

²*new* (Eng.) [E(E): OldE *nî(ows)* (coe)]
{S 6; F 1: M *new* (BK07.18)}

nigh adj. [E(E): OldE *nê(a)h* (coe)]
{S 6; F 1: M *nygh* (OM.2670)}

night n. [E(E): OldE *ni(e)ht* (coe)]
{S 6; F 1: M *night* (BK21.79)}

nimis (Lat.) {S 6; F 1: M *nimis* (BM.1447)}

nobis (Lat.) *pron.* to us
{S 6; F 1: M *nobis* (RD.1326)}

nole (Lat.) {S 6; F 1: M *nole* (RD.0874C)}

nolite (Lat.) {S 6; F 1: M *nolite* (BK30.96)}

nomine (Lat.) *n.* name {S 6; F 3: M *nomine*}
Found in the phrase *in nomine* 'in the name'.

²*nor conj.*
{S 6; F 2: M *ne* (RD.0547), *nor* (CW.0274)}

notre (Fr.) *pron.*
{S 6; F 2: M *noter* (BK24111), *notur* (BK36.51)}

nought (Eng.) [E(E): OldE (coe)]
{S 6; F 2: M *noth* (RD.0546), *nowght* (BK07.20)}

nouveau (Fr.) *adj.*
{S 6; F 1: M *novel* (BK18.02)}

novi (Lat.) *v. part* I have known
{S 6; F 1: M *noui* (BK39.35)}

nunc (Lat.) *adv.* now
{S 6; F 2: M *nunc* (BK17.23, 20.87, 29.18)}

o (Lat.) *interj.* O {S 6; F 1: M *o* (RD.0455)}

of conj. {S 6; F 4: M *of*}

omega (Gr.) last letter of the Greek alphabet.
{S 6; F 1: M *omega* (CW.0001)}

omnis (Lat.) *adj.* all

proeliatores

{S 6; F 4} The following declined forms of this word are found in lines of Latin in *BK*: *omne*, *omnes*, *omni*, *omnis*.

on prep. {S 6; F 2: M *on* (BK19.58, 25.79)}

ostendat (Lat.) *v. part* let him show
{S 6; F 1: M *ostendat* (BK10.42)}

our pron. {S 6; F 3: M *our*}

pagani (Lat.) *pl.* pagans
{S 6; F 1: M *pagani* (BK21.43)}

panis (Lat.) *n.* bread
{S 6; F 1: M *PANIS* (SA66r)}

par (Fr.) *prep.* by
{S 6; F 2: M *per* (BK24111, 30.01)}

parens (Lat.) *n.* parent
{S 6; F 1: M *parens* (RD.0455)}

parlez (Fr.) *v. part* speak!
{S 6; F 1: M *parles* (OM.1911)}

parum (Lat.) {S 6; F 1: M *parum* (BK39.36)}

pater (Lat.) *n.* father
{S 6; F 4: M *pater* (BK.)} The gen. sing. *patris* 'of the Father' is found in other texts.

pax (Lat.) *n.* peace {S 6; F 3: M *pax* (BK.)}

peer n {S 6; F 2: M *peare* (CW.0165, 0256)}

per (Lat.) *prep.* by
{S 6; F 2: M *per* (BK25.21, TH58r)}

petite (Fr.) *adj.* small
{S 6; F 1: M *pedit* (BK17.09)}

Picti (Lat.) *name* Picts
{S 6; F 1: M *Picti* (BK21.43, 39.60)}

pluck v. part {S 6; F 1: M *pluk* (BK23.80)}

pollentes (Lat.) *n.* powerful ones
{S 6; F 1: M *pollentes* (BK21.27)}

populi (Lat.) *n.* of the people
{S 6; F 1: M *populi* (BK30.79)}

possum (Lat.) *v. part* I can
{S 6; F 1: M *possum* (BK20.87)}

potens (Lat.) *adj.* powerful
{S 6; F 2: M *potens* (BK20.23), *potentes* (BK29.28)} The second attestation appears to be in error for *potens*.

prick v. part {S 6; F 1: M *pryck*}

proeliatores (Lat.) *n.* warriors
{S 6; F 1: M *prelyatores* (BK29.18)}

pulcher (Lat.) *adj.* pretty
{**S** 6; **F** 1: **M** *pulcher* (BK30.81)}

quatuor (Lat.) *num.* four
{**S** 6; **F** 1: **M** *quatuor* (BK25.21)}

qui (Lat.) *pron.* who
{**S** 6; **F** 1: **M** *qui* (BK10.43)}

quo (Lat.) {**S** 6; **F** 1: **M** *quo* (BK27.04)}

quoi (Fr.) *adj.* what
{**S** 6; **F** 1: **M** *qui* (BK18.02)}

quot (Lat.) *pron.* as many
{**S** 6; **F** 1: **M** *quot* (BK21.44)}

red adj. {**S** 6; **F** 1: **M** *red* (RD.0547)}

reges (Lat.) *pl.* kings (pl. of *rex*
{**S** 6; **F** 2: **M** *reges* (BK32.78, 32.79)}

regnum (Lat.) *n.* kingdom
{**S** 6; **F** 1: **M** *regnum* (TH31.55)}

resurrectione (Lat.) *n.* resurrection
{**S** 6; **F** 1: **M** *RESURRECTIONE* (SA60v)}

rest n. {**S** 6; **F** 2: **M** *rest* (PC.0950, BK27.40)}

retenu (Fr.) *n.* retinue
{**S** 6; **F** 1: **M** *retenv* (BK24113)}

rex (Lat.) *n.* king {**S** 6; **F** 3: **M** *rex* (BK.)}

rid v. part {**S** 6; **F** 1: **M** *ryd* (CW1124B)}

right adj.
{**S** 6; **F** 2: **M** *ryght* (OM.2459; BK02.29, 30.82)}

rood n. Found in a line of Eng., rhyming with *hood.* {**S** 6; **F** 1: **M** *rod* (RD.0547)}

rope n.
{**S** 6; **F** 1: **M** *rop* (BM.0600)}

rubiorum (Lat.)
{**S** 6; **F** 1: **M** *rubrorum* (BM.1447)}

Saba (Lat.) *place* Sheba
{**S** 6; **F** 1: **M** *saba* (BK32.78)}

saltem (Lat.) {**S** 6; **F** 1: **M** *saltem* (BK29.20)}

salui (Lat.) *adj.* cured {**S** 6; **F** 1: **M** *salui*}

salus (Lat.) *n.* salvation
{**S** 6; **F** 1: **M** *salus* (BK30.79)}

salve (Lat.) *interj.* hail! {**S** 6; **F** 3: **M** *salue*}

sanctus (Lat.) *adj.* holy
{**S** 6; **F** 3: **M** *sanct-*} Found with different endings: *sancta, sancti, sanctis, sancto*

sani (Lat.) *adj.* healthy
{**S** 6; **F** 1: **M** *sani* (PC.0408)}

sans (Fr.) *conj.* without {**S** 6; **F** 3: **M** *savns* (BK.)} Found in the phrase *sans pair* 'without equal', written in *BK.* as two separate words, but elsewhere as one, **somper.**

save v. part {**S** 6; **F** 2: **M** *save* (BK18.46, 36.50)}

say v. part {**S** 6; **F** 3: **M** *say*}

Scoti (Lat.) *n.* Scots
{**S** 6; **F** 1: **M** *scoti* (BK21.43)}

seculi (Lat.) *n.* of a generation
{**S** 6; **F** 1: **M** *seculi* (BK27.29)} more usually *saeculi*

sedens (Lat.) *v. part* sitting
{**S** 6; **F** 1: **M** *sedens* (BK30.11)}

[1]*senator n.*
{**S** 6; **F** 3: **M** *senator* (BK.); pl. *senators* (BK.)}

[2]*senator* (Lat.) *n.*
{**S** 6; **F** 1: **M** *senator* (BK30.09)}

shall v. part {**S** 6; **F** 3: **M** *schal*}

shalt v. part
{**S** 6; **F** 2: **M** *schal* (RD.2057), *shalt* (CW.0516)}

shining v. part {**S** 6; **F** 1: **M** *shening* (BK27.33)}

sicut (Lat.) *prep.* like
{**S** 6; **F** 2: **M** *sicut* (BK27.31, 39.35)}

sileat (Lat.) *v. part* be silent
{**S** 6; **F** 1: **M** *sileat* (BK29.50)}

since conj.
{**S** 6; **F** 2: **M** *synth* (BK25.87), *sithe* (CW.1390)}

sing v. part
{**S** 6; **F** 2: **M** *syngh* (RD.0733, 0753, 0779)}

sire (Fr.) *n.* sir
{**S** 6; **F** 2: **M** *syr* (BK30.53, 30.95)}

Sirum (Lat.) *n.* Syrian
{**S** 6; **F** 1: **M** *Sirum* (BK10.43)}

sit (Lat.) *v. part* may there be
{**S** 6; **F** 2: **M** *sit* (RD.2525, BK21.17)}

sitting v. part
{**S** 6; **F** 1: **M** *sitting* (BK19.58)}

skull n. {**S** 6; **F** 1: **M** *skul* (PC.1355)}

small adj. {**S** 6; **F** 1: **M** *smal* (BK02.33)}

socus (Lat.) *n.* {**S** 6; **F** 1: **M** *socus* (BK27.29)}

sold v. part {**S** 6; **F** 1: **M** *solde* (BM.3479)}

solet (Lat.) *v. part* {**S** 6; **F** 1: **M** *solet* (BK17.39)}

some adj. {**S** 6; **F** 1: **M** *sum* (PC.1352)}

sorrow n. {S 6; F 1: M *sorw* (OM.2670) (1 syll.)}

speculi (Lat.) n. of a mirror
{S 6; F 1: M *speculi*}

speed n. {S 6; F 1: M *speed* (BK36.38)}

spiritus (Lat.) m. spirit
{S 6; F 3: M *spiritus*}

splendens (Lat.) adj. glorious
{S 6; F 1: M *splendens* (BK21.09)}

splendor (Lat.) n. splendour
{S 6; F 1: M *splendor*}

stix (Lat.) n. screech-owl
{S 6; F 1: L *stix* (PV16609)} May be an error.

sub (Lat.) prep. under
{S 6; F 1: M *sub* (BK21.44)}

subvenient (Lat.) v. part will help
{S 6; F 1: M *jubuenient* (BK39.60)}

such adj. {S 6; F 1: M *suche* (CW.0195)}

sum (Lat.) v. part am
{S 6; F 1: M *sum* (CW.0001)}

take v. part {S 6; F 1: M *tak* (BK30.69)}

tangere (Lat.) v. touch
{S 6; F 1: M *tangere* (RD.0874C)}

te (Lat.) pron. thou
{S 6; F 1: M *te* (BK39.35)}

tell v. part {S 6; F 2: M *tel* (OM.2688, BK02.26), *tell* (BK30.82)}

telleth v. part {S 6; F 1: M *tellyth* (PC.1352)}

telling v. part {S 6; F 1: M *tellyng* (OM.2674)}

tennenda (Lat.) v. part to be ruled
{S 6; F 1: M *tennenda* (BK25.20)}

terre (Fr.) n. Earth
{S 6; F 1: M *ter* (BK30.01)}

Teuthare (Lat.) name O Teudar
{S 6; F 1: M *Teuthare* (BK14.10)}

Tharsis (Lat.) place of Tharsis
{S 6; F 1: M *Tharsis* (BK32.79)} A land at the western edge of the known world, mentioned in the Bible, possibly in Iberia.

that conj. {S 6; F 4: M *that*}

therefore conj.
{S 6; F 2: M *ther for* (RD.2236, 2257)}

they pron. {S 6; F 1: M *þey* (PC.2526)}

things pl. {S 6; F 1: M *thyngs* (BK02.32)}

this adj. {S 6; F 4: M *thys, this*}

thither adv. {S 6; F 1: M *thether* (BK08.93)}

thou pron. {S 6; F 3: M *thow, thou*}

thought n {S 6; F 1: M *thought* (CW.0194)}

thrive v. part {S 6; F 2: M *thue* (PC.1825), *thryue* (PC.2525), *the* (PC.2736)}

thy (Eng.)
{S 6; F 2: M *thy* (BK02.25, 02.251, 02.26)}

tidings pl. {S 6; F 1: M *tydyngs* (BK07.18)}

time n. {S 6; F 1: M *time* (CW.1390)}

Timothy name {S 6; F 3: M *Tymothe* (TH.)}

Titus (Lat.) name
{S 6; F 3: M *Tytus, Tyte* (TH.)}

to prep. {S 6; F 3: M *to*}

told v. part {S 6; F 1: M *told*}

toute (Fr.) adj. all
{S 6; F 2: M *tout* (BK17.09), *tavt* (BK30.01)}

transite (Lat.) v. part go away
{S 6; F 1: M *transite* (PC.0408)}

trementes (Lat.) n. trembling ones
{S 6; F 1: M *trementes* (BK17.25)}

trono (Lat.) n. throne
{S 6; F 1: M *trono* (BK20.21, 29.26, 30.11)}

truly adv. {S 6; F 1: M *truly* (BK02.30)}

tua (Lat.) pron. thy
{S 6; F 3: M *tua, tuas*} The declined form *tuas* is found in the Latin phrase *in manus tuas* 'in thy hand'.

turba (Lat.) n. group
{S 6; F 1: M *turba* (BK20.63)}

ultra (Lat.) prep. beyond
{S 6; F 1: M *ultra* (BK17.51)}

under prep. {S 6; F 1: M *vnder* (BK23.68)}

unto prep. {S 6; F 1: M *unto* (CW.0164)}

up prep. {S 6; F 3: M *vp*}

urbe (Lat.) n. town
{S 6; F 1: M *urbe* (BK17.42)}

urinum (Lat.) n. Reduced to 2 syll. to fit the line. {S 6; F 1: M *vrum* (BM.1446)}

us pron. {S 6; F 3: M *ovs*}

ut (Lat.) conj. as
{S 6; F 2: M *ut* (BK29.28, 30.10, 30.47)}

valeatis (Lat.) farewell
　{**S** 6; **F** 1: **M** *valeatis* (BK27.01)} Constitutes a 4-syll. line of Latin in itself.

via (Lat.) *n.* way
　{**S** 6; **F** 2: **M** *via* (RD.1326, BK23.99)}

vita (Lat.) *f.* life
　{**S** 6; **F** 2: **M** *vita* (BK21.19, 27.06)}

viventes (Lat.) *n.* living ones
　{**S** 6; **F** 2: **M** *viuentes* (BK17.23, 17.51, 21.44)}

vivus (Lat.) *m.* living person
　{**S** 6; **F** 1: **M** *viuus* (BK29.50)}

vobis (Lat.) *prep.* to you (pl.)
　{**S** 6; **F** 1: **M** *vobis* (BK27.07)}

vos (Lat.) *pron.* you (pl.)
　{**S** 6; **F** 2: **M** *vos* (BK17.71, 30.13)}

vous (Fr.) *pron.* you (pl.)
　{**S** 6; **F** 4: **M** *vo* → P, *vous*}

vous l'avez (Fr.) *phrase* you have it

wait v. {**S** 6; **F** 1: **M** *wyte* (BK18.39)}

was v. part
　{**S** 6; **F** 2: **M** *was* (BK39.68; CW.0194, 1390)}

way v. part {**S** 6; **F** 1: **M** *way*}

we pron. {**S** 6; **F** 3: **M** *we*}

wear v. part {**S** 6; **F** 1: **M** *wer* (BK24.55)}

were v. part {**S** 6; **F** 1: **M** *wer* (BK27.40)}

when conj. {**S** 6; **F** 1: **M** *when* (BK39.68)}

while conj. {**S** 6; **F** 1: **M** *whyl* (BK27.36)}

whither adv. {**S** 6; **F** 1: **M** *whethyr* (BK18.03)}

whitherward adv.
　{**S** 6; **F** 1: **M** *whether ward* (BK18.45)}

who pron. {**S** 6; **F** 1: **M** *ho* (BK02.26)}

wight n. {**S** 6; **F** 1: **M** *wight* (CW.0195)}

wild adj.
　{**S** 6; **F** 2: **M** *wylde* (BM.3369), *wyld* (BK18.55)}

will v. part {**S** 6; **F** 3: **M** *wol, will*}

wilt v. part
　{**S** 6; **F** 2: **M** *wyll* (BK02.29), *wylt* (BK25.87)}

without conj. {**S** 6; **F** 3: **M** *wythovt*}

woe n. {**S** 6; **F** 3: **M** *wo*}

world n {**S** 6; **F** 1: **M** *world* (CW.1124B)}

would v. part
　{**S** 6; **F** 2: **M** *wold* (BK18.39, 27.40)}

ye pron. {**S** 6; **F** 2: **M** *ye* (BK27.36, CW.0195)}

yet adv. {**S** 6; **F** 1: **M** *yet* (BK30.02)}

y-made v. part made (MidE expression)
　{**S** 6; **F** 1: **M** *y made* (OM.2484)}

y-met v. part met (MidE expression)
　{**S** 6; **F** 2: **M** *y met* (PC.1366), *e met* (BK01.40)}

you pron. {**S** 6; **F** 4: **M** *yow, you*}

your pron. {**S** 6; **F** 3: **M** *yowr*}

y-said v. part said (MidE expression)
　{**S** 6; **F** 2: **M** *yseyd* (OM.2459), *y set* (OM.2483), *y seyd* (OM.2679)}

y-wrought v. part wrought (MidE expression)
　{**S** 6; **F** 1: **M** *y-wrought* (CW.0196)}

Paradigms of selected verbs

For other verbs, see Wella Brown's *A grammar of modern Cornish*, or *Verbow Kernewek* (new edition to be published shortly).

Regular verb *prena* 'to buy'   Past participle: **prenys**

	Indicative				Subjunctive		Imperative
	Present	Imperfect	Preterite	Pluperfect	Present	Imperfect	
S 1	prenav	prenen	prenis	prensen	prenniv	prennen	-----
2	prenydh	prenes	prensys	prenses	prenni	prennes	pren
3	pren	prena	prenas	prensa	prenno	prenna	prenes
P 1	prenyn	prenen	prensyn	prensen	prennyn	prennen	prenyn
2	prenowgh	prenewgh	prensowgh	prensewgh	prennowgh	prennewgh	prenewgh
3	prenons	prenens	prensons	prensens	prennons	prennens	prenens
I	prenir	prenys	prenas	prensys	prenner	prennys	-----

Auxiliary verb *gul* 'to do'   Past participle: **gwrys**

	Indicative				Subjunctive		Imperative
	Present	Imperfect	Preterite	Pluperfect	Present	Imperfect	
S 1	gwrav	gwren	gwrug	gwrussen	gwrylliv	gwrellen	-----
2	gwredh	gwres	gwrussys	gwrusses	gwrylli	gwrelles	gwra
3	gwra	gwre	gwrug	gwrussa	gwrello	gwrella	gwres
P 1	gwren	gwren	gwrussyn	gwrussen	gwryllyn	gwrellen	gwren
2	gwrewgh	gwrewgh	gwrussowgh	gwrussewgh	gwryllowgh	gwrellewgh	gwrewgh
3	gwrons	gwrens	gwrussons	gwrussens	gwrellons	gwrellens	gwrens
I	gwrer	gwres	gwrug	gwrussys	gwreller	gwrellys	-----

Auxiliary verb *mynnes* 'to wish'   Past participle: **gwrys**

	Indicative				Subjunctive		Imperative
	Present	Imperfect	Preterite	Pluperfect	Present	Imperfect	
S 1	mynnav	mynnen	mynnis	mynnsen	mynniv	mynnen	not used
2	mynnydh	mynnes	mynnsys	mynnses	mynni	mynnes	-----
3	mynn	mynna	mynnas	mynnsa	mynno	mynna	
P 1	mynnyn	mynnen	mynnsyn	mynnsen	mynnyn	mynnen	
2	mynnowgh	mynnewgh	mynnsowgh	mynnsewgh	mynnowgh	mynnewgh	
3	mynnons	mynnens	mynnsons	mynnsens	mynnons	mynnens	
I	mynnir	mynnys	mynnas	mynnsys	mynner	mynnys	

Auxiliary verb *galloes* 'to be able'   Past participle: *not used*

	Indicative				Subjunctive		Imperative
	Present	Imperfect	Preterite	Pluperfect	Present	Imperfect	
S 1	gallav	gyllyn	gyllis	gallsen	gylliv	gallen	*not used*
2	gyllydh	gyllys	gyllsys	gallses	gylli	galles	
3	gyll	gylli	gallas	gallsa	gallo	galla	
P 1	gyllyn	gyllyn	gyllsyn	gallsen	gyllyn	gallen	
2	gyllowgh	gyllewgh	gyllsowgh	gallsewgh	gyllowgh	gallewgh	
3	gyllons	gyllens	galsons	gallsens	gallons	gallens	
I	gyllir	gyllys	gallas	gallser	galler	galles	

Irregular verb *bos / bones* 'to be'   Short and long forms

	Short form		Long form	
	Present	Imperfect	Present	Imperfect
S 1	ov	en	esov	esen
2	os	es	esos	eses
3	yw	o	usi / yma /eus	esa
P 1	on	en	eson	esen
2	owgh	ewgh	esons	esewgh
3	yns	ens	esons / ymons	esens
I	or	os	eder	eses

Irregular verb *bos / bones* 'to be'   b-tenses

	Indicative				Subjunctive		Imperative
	Future	Habitual Imperfect	Preterite	Pluperfect	Present	Imperfect	
S 1	bydhav	bedhen	beuv	bien	biv	ben	-----
2	bydhydh	bedhes	beus	bies	bi	bes	bydh
3	bydh	bedha	beu	bia	bo	be	bedhes
P 1	bydhyn	bedhen	beun	bien	byn	ben	bedhen
2	bydhowgh	bedhewgh	bewgh	biewgh	bowgh	bewgh	bedhewgh
3	bydhons	bedhens	bons	biens	bons	bens	bedhens
I	bydher	bedhes	beus	bies	ber	bes	-----

Auxiliary verb *a'm beus* 'to have'

	Indicative					Subjunctive	
	Present	Imperfect	Preterite	Pluperfect	Future	Present	Imperfect
S 1	a'm beus	a'm bo	a'm beu	a'm bia	a'm bydh	a'm bo	a'm be
2	a' fydh	a'th o	a' feu	a' fia	a' fydh	a' fo	a' fe
3m	a'n jeves	a'n jevo	a'n jeva	a'n jevia	a'n jevydh	a'n jeffo	a'n jeffa
3f	a's teves	a's tevo	a's teva	a's tevia	a's tevydh	a's teffo	a's teffa
P 1	a'gan beus	a'gan bo	a'gan beu	a'gan bia	a'gan bydh	a'gan bo	a'gan be
2	a'gas beus	a'gas bo	a'gas beu	a'gas bia	a'gas bydh	a'gas bo	a'gas be
3	a's teves	a's tevo	a's teva	a's tevia	a's tevydh	a's teffo	a's teffa

This verb also has a habitual imperfect tense: *a'm bedha* etc.

Irregular verb *mos/ mones* 'to go'   Past participles: **gyllys, es**

	Present	Imperfect	Preterite	Perfect	Pluperfect	Present	Imperfect	Imperative
S 1	av	en	ith	galsov	gylsen	ylliv	ellen	-----
2	edh	es	ythys	galsos	gylses	ylli	elles	ke, a
3m	a	e	eth	gallas	galsa	ello	ella	es
P 1	en	en	ethen	galson	gylsen	yllyn	ellen	deun
2	ewgh	ewgh	ethewgh	galsowgh	gylsewgh	yllowgh	ellewgh	kewgh, ewgh
3	ons	ens	ethons	galsons	gylsens	ellons	ellens	ens
I	er	es	es	-----	-----	eller	elles	-----

Irregular verb *dos / dones* 'to come'   Past participles: **devedhys**

	Indicative					Subjunctive		Impv.
	Present	Impf.	Preterite	Perfect	Pluperfect	Present	Impf.	
S 1	dov	den	deuth	deuvev	dothyen	dyffiv	deffen	-----
2	deudh	des	deuthys	deuves	dothyes	dyffi	deffes	deus
3	deu	do	deuth	deuva	dothya	deffo	deffa	des
P 1	deun	den	deuthen	deuven	dothyen	dyffyn	deffen	deun
2	dewgh	dewgh	deuthewgh	deuvewgh	dothyewgh	dyffowgh	dettewgh	dewgh
3	dons	dens	deuthons	deuvons	dothyens	deffons	deffens	dens
I	deer	des	deuthes	deuves	dothyes	deffer	deffes	-----

NESSA RANN

SOWSNEK – KERNEWEK

PART TWO

ENGLISH - CORNISH

A

a *art.* Formally there is no word in Cornish corresponding to the indefinite articles *a* and *an* in English; **chi** means both 'house' and 'a house'. The word **unn** is sometimes used with the sense 'a certain'.

aardvark *n.* porghell-dor. porghellow-dor

abaft 1. *prep.* a-dhelergh dhe: **2.** *adv.* a-dhelergh

abandon *v.* gasa, gwayvya, {forsakya}

abase *v.* iselhe

abasement *n.* iselheans *m.*

abate *v.* bashe, {slakya}

abattoir *n.* latti *m.* +ow

abbess *n.* abases *f.* +ow

abbey *n.* abatti *m.* +ow

abbot *n.* abas *m.* +ow

abbreviate *v.* berrhe

abbreviation *n.* berrheans *m.* +ow

abdicate *v.* omdhisoedha

abdication *n.* omdhisoedhans *m.* +ow

abdomen *n.* torr *f.* +ow

abduct *v.* denladra

abduction *n.* denladrans *m.* +ow

aberration *n.* averryans *m.* +ow

abet *v.* mentena

abhor *v.* kasa, {aborrya}

abhorrence *n.* kasadewder *m.*

abhorrent *adj.* kasadow

abide *v.* bos, kentreva, triga

abilities *plur.* teythi

ability *n.* galloes *m.* +ow, godhvos *m.*

ablaze *adj.* enowys, gans tan

able *adj.* abel, men; **be able** galloes, godhvos; **more able** appla

ablutions *n.* tronkys *m.*

abnormal *adj.* anreyth; **abnormal person** kanjon

abnormality *n.* (*abst.*) anreythter *m.* +ow; (*specific*) anreythenn *f.* +ow

aboard *adv.* a-bervedh

abode *n.* bos *f.* +ow, trigva *f.* +ow

aboriginal *adj.* genesik, teythyek

aborigine *n.* genesik *m.* -igyon, teythyek *m.* teythyogyon

abort *v.* erthylya

abortion *n.* erthylyans *m.* +ow

abound *v.* palshe

about 1. *prep.* a-dro dhe, yn kever, {ow tochya}: **2.** *adv.* a-dhedro; **round about** a-dhedro; **about you** y'th kever

above 1. *prep.* a-ugh, dres, ugh; **above all** kyns oll: **2.** *adv.* a-vann, a-wartha; **from above** a-wartha

abrade *v.* eskravas

abrasion *n.* eskravans *m.* +ow

abrasive *adj.* eskravus

abridge *v.* berrhe

abroad 1. *adj.* (*overseas*) tramor: **2.** *adv.* (*widely*) a-les

abrupt *adj.* serth

abruptness *n.* serthter *m.*

abscess *n.* gorenn *f.* +ow

absence *n.* estrik *m.* -igow

absent *adj.* estrigys; **be absent** estriga

absentee *n.* estriger *m.* -oryon

absolute *adj.* pur

absolutely *adv.* porres

absolution *n.* (*of a debt*) akwityans *m.* +ow; (*of sins*) purheans *m.* +ow

absolve *v.* (*of a debt*) akwitya; (*of sins*) assoylya, yes, {absolvya}

abstain *v.* skonya a; (*in a vote*) bos war an ke, bos heb tu

abstaining *adj.* (*in a vote*) war an ke

abstract *adj.* berrskrif

abstruse *adj.* kompleth
absurd *adj.* gokki
absurdity *n.* gokkineth *f.*
abundance *n.* kals *m.* +ow, lanwes *m.* +ow, palster *m.* +yow
abuse 1. *n.* tebeldhyghtyans *m.* +ow: **2.** *v.* tebeldhyghtya, {abusya}
abut *v.* amala
abyss *n.* islonk *m.* +ow
academic 1. *n.* akademek *m.* -ogyon: **2.** *adj.* akademek
academy *n.* akademi *m.* +ow
accelerate *v.* uskishe
acceleration *n.* uskisheans *m.* +ow; **convective acceleration** uskisheans bryjyek
accelerator *n.* uskisell *f.* +ow
accent *n.* poeslev *m.* +ow; *(in writing)* ughverk *m.* +ow
accentuate *v.* poesa war, poesleva, tonya
accept *v.* degemmeres, resseva, {akseptya}
acceptability *n.* kemmeradewder *m.*
acceptable *adj.* kemmeradow
access *n.* hedhas *m.* +ow
accessibility *n.* hedhadewder *m.*
accessible *adj.* hedhadow
accessory *n. (in crime)* keskal *m.* +yon
accident *n.* droglamm *m.* +ow, gwall *m.* +ow
accidentally *adv.* dre wall
acclaim *v.* kanmel
acclamation *n.* kanmola *m.* -moledhow
accommodation *n.* ostyans *m.*; *(optical)* omfogyans *m.*
accompaniment *n.* keveylyans *m.* +ow
accompanist *n.* keveylydh +yon

accompany *v.* keveylya
accomplice *n.* keskal *m.* +yon
accomplish *v.* gul, kowlwul
accomplishment *n.* kowlwrians *m.* +ow
accord 1. *n.* **be in accord with** bos akordys orth, bos unnver gans; **in accord** keskolonn; **with one accord** gans unn akord: **2.** *v.* grontya, kesseni
accordance *n.* unnverheans *m.* +ow; **in accordance with** herwydh
according *adj.* **according to** war-lergh
accordion *n.* karjel *m.* +yow
account *n. (financial)* akont *m.* +ow, reken *m.* reknow; *(regard)* govis *m.* +yon; *(report)* derivadow *m.*; **account book** lyver-akontow *m.* lyvrow-akontow; **current account** akont kesres, akont poll; **deposit account** akont arghow, akont kreun; **give an account of oneself** omakontya; **of no account** distyr; **on account of** drefenn; **on account** er; **on any account** war neb 'wos; **on my account** a'm govis; **take account of** gul vri a
accountability *n.* akontyadewder *m.* +ow
accountable *adj.* akontyadow
accountancy *n.* akontieth *f.*
accountant *n.* akontydh *m.* +yon
accumulate *v.* kreuni
accumulation *n.* kreunans *m.* +ow
accumulator *n.* kreunell *f.* +ow
accuracy *n.* kewerder *m.*
accursed *adj.* mollothek
accusation *n.* kabel *m.*, kuhudhans *m.* +ow

accuse *v.* kuhudha, {akusya}
accuser *n.* kuhudhor *m.* +yon, kuhudhores *f.* +ow, kuhudhyas *m.* -ysi
acerbity *n.* hwerowder *m.*
achievement *n.* kowlwrians *m.* +ow
acid 1. *n.* trenkenn *f.* +ow: **2.** *adj.* trenk
acidify *v.* trenkhe
acidity *n.* trenkter *m.*
acknowledge *v.* amyttya, aswonn, avowa
acknowledgement *n.* aswonnans *m.* +ow
acme *n.* ughboynt *m.* +ow
acne *n.* kuriegi
acorn *n.* mesenn *f.* +ow, mes *coll.* **gather acorns** mesa
acorn-cup *n.* byskoen mes *f.* byskoenyow mes, pott-mesenn *m.* pottow-m.
acoustic *adj.* sononiethel
acoustics *n.* sononieth *f.*
acquaintance *n. (knowledge)* aswonnvos *m.; (person)* aswonnesik *m.* -igyon
acquiesce *v.* assentya
acquire *v.* kavoes
acre *n.* erow *f.* erewi
acrid *adj.* hwerow, trenk
acrobat *n. (female)* lappyores *f.* +ow; *(male)* lappyer *m.* -yoryon
acrobatics *n.* lappyans *m.*
across 1. *prep.* a-dreus: **2.** *adv.* a-dreus
act 1. *n.* ober *m.* +ow, {akt} *m.* {+s}; *(of a play)* parth *f.* +ow; **Act of Parliament** Reyth an Senedh *m.* Reythyow an S.: **2.** *v.* gwari
action *n.* gweythres *m.* +ow, gwrians *m.* +ow

activate *v.* bywhe, gweythresa
activation *n.* bywheans *m.* +ow, gweythresans *m.* +ow
active *adj.* byw, snell, strik
activist *n.* gweythresydh *m.* +yon
activity *n.* bywder *m.* +yow
actor *n.* gwarier *m.* -oryon; **leading actors** penngwarioryon
actress *n.* gwariores *f.* +ow
actual *adj.* gwir
actually *adv. (really)* yn hwir; *(at this time)* y'n eur ma
acute *adj.* lymm; **acute angle** elin lymm
Adam *name* Adam
adapt *v.* aswiwa
adaptation *n.* aswiwans *m.* +ow
add *v.* keworra, {addya}
adder *n.* nader *f.* nadres; **adder's tongue fern** taves-nader *m.* tavosow-nader
addicted *adj.* omres dhe
addiction *n.* omgethneth *f.*
addition *n.* keworrans *m.* +ow
additional *adj.* keworransel, ynwedhek
address *n. (place)* trigva *f.* +ow; *(talk)* areth *f.* +yow
adept *adj.* skentel
adhere *v.* glena orth, omlena
adherence *n.* omlenans *m.* +ow
adherent *n.* dyskybel *m.* dyskyblon
adhesion *n.* arlenans *m.*
adhesive *adj.* glenus
adjacent *adj.* kevogas
adjective *n.* hanow-gwann *m.* henwyn-gwann
adjoining *adj.* yn herwydh, ogas

adjournment

adjournment *n.* delatyans *m.* +ow
adjudicate *v.* barna
adjudication *n.* breus *f.* +ow
adjudicator *n.* barner *m.* +yow +yon, breusyas *m.* -ysi, breusyades *f.* +ow
adjustment *n.* desedhans *m.* +ow
administer *v.* menystra
administration *n.* menystrans *m.* +ow
administrative *adj.* menystrek
administrator *n.* menystrer *m.* -oryon
admiral *n.* amiral *m.* -elyon
admission *n.* amyttyans *m.* +ow
admit *v.* amyttya
admittance *n.* amyttyans *m.* +ow
admixture *n.* kemmysk *m.* +ow
admonish *v.* keski
admonishment *n.* kosk *f.* +ow
ado *n.* **without further ado** heb hokya, heb na hirra lavarow
adolescent *n.* lank *m.* +yow, lankes *f.* +ow
adoption *n.* adoptyans *m.* +ow
adoration *n.* gologhas *m.*, gordhyans *m.*
adore *v.* gordhya
adorn *v.* afina
adorned *adj.* **richly adorned** fethus
adornment *n.* afinans *m.* +ow
adroit *adj.* sleygh
adult 1. *n.* *(female)* tevesiges *f.* +ow; *(male)* tevesik *m.* -igyon: **2.** *adj.* tevesik
adulterer *n.* avoutrer *m.* -oryon +s
adulteress *n.* avoutres *f.* +ow, gwannwre'ti *f.*
adultery *n.* avoutri *m.*
advance 1. *n.* *(of wages)* ragarveth *m.* +ow: **2.** *v.* avonsya, mos yn-rag
advanced *adj.* avonsys

affliction

advancement *n.* avonsyans *m.* +ow
advantage *n.* gwayn *m.* +yow, les *m.*, prow *m.*; **advantages and disadvantages** lesow hag anlesow
advantageous *adj.* lesus
advent *n.* devedhyans *m.*; *(ecclesiastical)* Asvens *m.*
adventure *n.* aneth *m.* +ow
adventurous *adj.* aventurus
adversary *n.* eskar *m.* eskerens
adversity *n.* droglamm *m.* +ow
advertise *v.* argemmynna
advertisement *n.* argemmynn *m.* +ow
advertising *n.* argemmynnans *m.*
advice *n.* avis *m.* +yow, kusul *f.* +yow
advise *v.* kusulya; **advise to** kusulya a
advisory *adj.* kusulyek
advocate 1. *n.* *(female)* pledyades *f.* +ow; *(male)* pledyas *m.* -ysi: **2.** *v.* pledya
advowson *n.* avoweson *m.*
aerial *n.* ayrlorgh *f.* +ow: *adj.* ayrel
aerobic *adj.* ayrobek
aerofoil *n.* ayrfolenn *f.* +ow
aeroplane *n.* jynn-ebron *m.* jynnow-ebron
afar *adv.* a-bell
affable *adj.* deboner, hegar
affair *n.* mater *m.* +yow, negys *m.* +yow, tra *f.* +ow
affection *n.* hegaredh *m.*, kerensa *f.*, sergh *m.* +ow
affectionate *adj.* hegar
affirm *v.* afia, afydhya, {affyrmya}
affirmation *n.* afydhyans *m.* +ow
affirmative 1. *adj.* yea: **2.** *int.* ye
affix *v.* glena, takkya
afflict *v.* plagya
affliction *n.* galar *m.* +ow, plag *m.* +ys

affluence *n.* golusogneth *f.*
affluent *adj.* golusek
afforestation *n.* koeswikheans *m.*
affront 1. *n.* skorn *m.* +ys: **2.** *v.* arvedh
afoot *adv.* a-droes
aforesaid *adj.* kampoellys, ragleverys
afraid *adj.* ownek; **be afraid** perthi own, perthi own; **don't be afraid** na borth dout, na borth own
Africa *place* Afrika
African *adj.* Afrikanek: *n.* Afrikan *m.* +s, Afrikanes *f.* +ow
aft *adv.* a-dhelergh
after 1. *adj.* **after part** delergh: **2.** *prep.* **after all** byttiwedh; **after that** wosa-na: **3.** *adv.* a-wosa, war-lergh, wosa
afterbirth *n.* bryghenn *f.* +ow
afternoon *n.* androw *m.* +yow, dohajydh *m.* +yow; **in the afternoon** dohajydhweyth
afternoon-evening *n.* eghwa *m.* eghwoedhow
afternoon-time *n.* androweyth *m.* +yow
after-shock *n.* (*of earthquake*) askrys *m.* +yow
aftertaste *n.* asvlas *m.* +ow
afterwards *adv.* a-wosa, a'y wosa, a'y wosa
again *adv.* arta, hwath, dres keyn; (*with neg.*) namoy; **over again** dres keyn
against *prep.* erbynn, {war-bynn}; **against his will** a'y anvodh; **against this** yn kontrari dhe hemma
age *n.* oes *m.* +ow, {aja} *m.* {ajys}; (*old age*) hender *m.*; (*in years*) bloedh *m.*; (*period of time*) oesweyth *f.* +yow;

Bronze Age Oes Brons; **great age** hiroes *m.*; **of the same age as** kevoes gans; **old age** henys *m.*; **Stone Age** Oes Men; **Middle Ages** Oesow Kres
agency *n.* mayn *m.* +ys
agenda *n.* rol negys *f.* rolyow negys
agent *n.* (*human*) gweythreser *m.* -oryon, gweythresores *f.*
agglutinate *v.* kesklusa
agglutination *n.* kesklusans *m.*
aggravate *v.* gwethhe
aggravation *n.* gwethheans *m.* +ow
aggression *n.* argas *m.* +ow
aggressive *adj.* argasus
aggressor *n.* argasor *m.* +yon
aggrieve *v.* annia, grevya
agitate *v.* amovya
agitation *n.* amovyans *m.* +ow
agnostic *n.* diskryjyk *m.* -ygyon
ago *adv.* nans yw; **a week ago** nans yw seythun
agony *n.* paynys bras
agrarian *adj.* ammethel
agree *v.* akordya, assentya, bos unnver, {agrya};
agree to assentya dhe; **agree with** akordya orth; **agree with** akordya y golonn gans
agreed *adj.* unnver
agreement *n.* unnverheans *m.* +ow, akord *m.*, akordyans *m.* +ow; (*contract*) kevambos *m.* +ow; (*harmony*) kessenyans *m.* +ow, {agryans} *m.* {+ow}
agricultural *adj.* ammethel
agriculture *n.* ammeth *f.*, gonisogeth tir *f.*
ague *n.* kleves seson *m.*; **fit of the ague** kren an leghow

ah *int.* a, ogh
aha *int.* aha
aid 1. *n.* gweres *m.*, sokor *m.*; **first aid** kynweres *m.*; **legal aid** gweres laghel: **2.** *v.* gweres, sokra
aim 1. *n.* amkan *m.* +ow, medras *m.* +ow: **2.** *v.* medra
aimless *adj.* antowlek
air *n.* ayr *m.*: *v.* ayra
air-borne *adj.* nijys
air-conditioning *n.* ayrewnans *m.* +ow
air-conditioner *n.* ayrewnell *f.* +ow
aircraft *n.* jynn-ebron *m.* jynnow-ebron
air-force *n.* ayrlu *m.* +yow
air-freshener *n.* ayrfreskell *f.* +ow
airmail *n.* ayrbost *m.* +ow
airport *n.* ayrborth *m.* +ow
air-pump *n.* pompell ayr *m.* pompellow ayr
airy *adj.* ayrek
aisle *n.* kasel *f.* +yow
akin *adj.* unnwoes
alabaster *n.* alabaster *m.*
alack *int.* ellas
alacrity *n.* toeth *m.*; **with alacrity** a-boynt, toeth da *m.*
alarm *n.* **alarm clock** difunell *f.*
alas *int.* eghan, ellas, ogh, soweth, tru
alb *n.* kams *f.* +ow
alchemist *n.* feryl *m.* +yow
alcohol *n.* las *m.* +ow, alkohol *m.*
alcoholic 1. *n.* lasek *m.* -ogyon, alkoholek *m.* -ogyon: **2.** *adj.* lasek, alkoholek
alcoholism *n.* lasogeth *f.*, medhwynsi *f*
alder-grove *n.* gwernek *f.* -egi
alder-swamp *n.* gwern *f.* +ow
alder-tree *n.* gwernenn *f.* +ow, gwern *coll.*

ale *n.* korev *m.* +ow; **mix of ale and mead** bragas *m.*; **strong ale** kor' gwella
alecost *n.* *(plant)* kosta *m.*
alehouse *n.* diwotti *m.* +ow, hostleri *m.* +s
alert *adj.* hewoel
alias *n.* kenhanow *m.* -henwyn, les-hanow *m.* -henwyn
alien 1. *n.* alyon *m.* +s, estren *m.* +yon: **2.** *adj.* estren
alight *adj.* **set alight** gorra tan yn
align *v.* alinya
alignment *n.* alinyans *m.* +ow
alike *adv.* kehaval, kekeffrys, kepar
alimony *n.* alymona *m.* -monies
alive *adj.* byw, yn fyw
all 1. *pron.* peub; **at all** unnweyth: **2.** *adj.* oll; **all the time** pub eur oll; **all those who** oll myns; **all who** myns; **at all** mann; **All Saints** Ollsyns
all-embracing *adj.* olldhalghus
alleviate *v.* skavhe
alley *n.* skochfordh *f.* +ow, stretynn *m.* +ow; **blind alley** fordh-dhall *f.* fordhow-dall, hyns dall
alliance *n.* unyans *m.* +ow
allotment *n.* pastell-dir *f.* pastellow-dir
allow *v.* gasa, {alowa}
allowance *n.* alowans *m.* +ow
alloy *n.* kemmysk *m.* +ow, kesalkan *m.* -enyow
allure 1. *n.* trayn *m.* +ys: **2.** *v.* dynya
alluring *adj.* dynyansek
alluvial *adj.* fennleysel
alluvium *n.* fennleys *m.* +yow
ally *n.* keffrysyas *m.* -ysi
almighty *adj.* ollgalloesek
almond *n.* alamand *m.* +ow +ys

almoner

almoner *n.* alusener *m.* -oryon
almost *adv.* nammna, nammnag, ogas, ogasti
alms *n.* alusen *f.* +ow
almshouse *n.* alusenji *m.* +ow
aloes *n.* aloes
aloft *adv.* a-ugh, a-vann, a-wartha
alone *adj.* (poss. pron.) + honan
  e.g. ow honan, dha honan.
alphabet *n.* lytherennek *f.* -egi
already *adv.* seulabrys
also *adv.* ynwedh, keffrys, kekeffrys
altar *n.* alter *f.* +yow; **rock altar** karrek sans *f.* karrygi sans
alter 1. *n.* chanjya: **2.** *v.* dihevelebi, di'velebi, varya
alternate *v.* tereylya
alternating *adj.* tereylyadow
alternation *n.* tereylyans *m.* +ow
although *conj.* kyn; *(before vowels and [h-])* kynth
altitude *n.* ughelder *m.* +yow
altogether *adv.* yn tien
alum *n.* alym *m.*
always *adv.* bykken, prest, pub eur, pub termyn, pup-prys
amalgam *n.* kesunnses *m.*
amalgamate *v.* kesunya
amalgamation *n.* kesunyans *m.* +ow
amass *v.* gronna
amateur *n.* bodhesik *m.* -igyon
amazement *n.* marth *m.* +ow
amazing *adj.* aneth, marthys
amazingly *adv.* marthys
ambassador *n.* kannas *f.* +ow, lyskannas *f.* +ow
ambiguity *n.* amstyreth *f.* +ow
ambiguous *adj.* amstyryus
ambition *n.* gorvynn *m.* +ow

anaesthetist

ambitious *adj.* ughelhwansek, gorvynnus
ambulance *n.* karr-klavji *m.* kerri-klavji
ambush *v.* kontrewaytya: *n.* kontrewaytyans *m.* +ow
ameliorate *v.* gwellhe
amen *int.* amen; **so be it** yndellna re bo
amend *v.* amendya
amendment *n.* ewnans *m.* +ow
amends *n.* amendys; **make amends** amendya
amiability *n.* hegaredh *m.*, karadewder *m.*
amiable *adj.* hegar, hegaras, karadow
amice *n.* skoedhlien *m.* +yow
ammunition *n.* {daffar-ladhva} *m.*
among *prep.* yn mysk, ynter; **among them** y'ga mysk; **among us** y'gan mysk; **among you** y'gas mysk
amorphous *adj.* difurv
amount *n.* myns *m.* +ow
ample *adj.* lowr
amplifier *n.* argrevell *f.* +ow
amplify *v.* argrevhe
amplitude *n.* heledh *m.* +ow
amply *adv.* lowr
amputee *n.* mans *m.* +yon, treghesik *m.* -igyon
amulet *n.* soenellik *f.* -igow
amuse *v.* didhana
amusement *n.* didhan *m.* -enyow
amusing *adj.* didhan, didhanus
anachronism *n.* kammamserenn *f.* +ow
anachronistic *adj.* kammamseryek
anaerobic *adj.* anayrobek
anaesthetist *n.* klamderydh *m.* +yon

analogue *n.* analog *m.*
analyse *v.* dielvenna
analysis *n.* dielvennans *m.* +ow
analyst *n.* dielvennydh *m.* +yon
analytical *adj.* dielvennel
anarchy *n.* direwl *m.*
anathema *n.* pla *m.* +ow
anatomical *adj.* korfoniethel
anatomy *n.* (*science*) korfonieth *f.*
ancestor *n.* dehengeugh *m.* +yon; (*grandfather*) hendas *m.* +ow; (*great-great-grandfather*) hengeugh *m.* +yon; **remote ancestor** gorhengeugh *m.* +yon
ancestry *n.* linyeth *f.* +ow
anchor 1. *n.* ankor *m.* +yow: **2.** *v.* ankorya
anchorage *n.* ankorva *f.* +ow, poll *m.* +ow
anchorite *n.* ankar *m.* ankrys
ancient *adj.* hen, koth
anciently *adv.* a-henys; **recently and anciently** a-nowydh hag a-henys
and *conj.* (*before consonants*) ha; (*before vowels*) hag; **and so** ha; **and the** ha'n
Andrew *name* Androw
angel *n.* el *m.* eledh; (*in theatre*) elik *m.* eledhigow; **little angel** elik *m.* eledhigow
anger 1. *n.* sorr *m.*, {anger} *m.*: **2.** *v.* serri, {angra}
angered *adj.* serrys, engrys
angle *n.* elin *m.* +yow; **acute angle** elin lymm *m.* elinyow lymm, lymmelin *m.* +yow; **obtuse angle** elin sogh *m.* elinyow sogh, soghelin *m.* +yow; **right angle** elin pedrek *m.* elinyow pedrek
anglicization *n.* sowsnekheans *m.*

anglicize *v.* sowsnekhe
anglophone *n.* sowsneger *m.* -oryon
angry *adj.* serrys; **be angry with** serri orth; **become angry** fernewi
anguish *n.* angoes *m.*, gloes *f.* +ow
angular *adj.* elinek
animal *n.* best *m.* +es, enyval *m.* +es, mil *m.* +es; **wild animal** goedhvil *m.* +es; **working animal** best-hwel *m.*
animate *v.* bywekhe
animation *n.* bywekheans
animosity *n.* atti *m.*, mikenn *f.* +ow
ankle *n.* ufern *m.* +yow, dewufern *dual*
anniversary *n.* penn-bloedh *m.* pennow-bloedh
announcer *n.* derivador *m.* +yon
annoy *v.* annia, serri
annoyance *n.* anni *m.* +ow
annoying *adj.* annius
annual *adj.* blydhenyek
anoint *v.* elia, ura, {untya}, {anoyntya}
anonymous *adj.* dihanow
anorak *n.* anorak *m.* anoragow
another *adj.* arall, ken
answer 1. *n.* gorthyp *m.* gorthybow: **2.** *v.* gorthybi, gorthybi dhe; **answer back** kewsel a-dreus, kammworthybi
ant *n.* moryonenn *f.* +ow, moryon *coll.*
antagonism *n.* gorthenebieth *f.* +ow
antagonist *n.* gorthenebydh *m.* +yon
antelope *n.* gavrewik *f.* -iges
antenna *n.* tavell *f.* +ow
anthem *n.* antemna *m.* antemnow
ant-hill *n.* krug moryon *m.* krugyow moryon
anti- *pref.* gorth-
antichrist *n.* gorthkrist *m.*, {antekrist} *m.*

anti-clockwise

anti-clockwise *adv.* gorthnaswedhek
anticyclone *n.* gorthtrowyns *m.* +ow
anticyclonic *adj.* gorthtrowynsek
antidepressant *adj.* gorthdhigolonn
antidote *n.* gorthwenon *m.* -wenenyow
anti-freeze *n.* gorthrew *m.* +yow
anti-matter *n.* gorthvater *m.*
anti-node *n.* gorthkolm *m.* +ow
antiquarianism *n.* henstudhyans *m.*
antiquary *n.* henstudhyer *m.* -yoryon, {antikwari} *m.* {+s}
antique *adj.* henbyth
antiquity *n.* hender *m.*, henses *m.*; *(abst.)* kothenep *m.*
anus *n.* gwenn *m.* +ow
anvil *n.* anwan *f.* anwenyow
anxiety *n.* fienas *m.* +ow, preder *m.* +ow
anxious *adj.* prederus
any 1. *(in neg. expressions)* vyth: **2.** *adv.* byttele, neb
anybody *n.* *(with implied neg.)* denvyth *m.*
anyone *pron.* nebonan
anything *n.* neppyth *m.*, neptra, {tramynn} *m.*; *(in neg. phrases)* travyth *f.*; **for anything** awos neb tra, awos tra, awos travyth
anywhere *adv.* neb le, neb tyller, nep-tu
apart *adv.* a-les
apartment *n.* rannji *m.* +ow
ape *n.* apa *m.* apys; **person with ape-like characteristics** apa *m.* apys
aperture *n.* aswa *f.* +ow
apex *n.* barr *m.* +ow
aphelion *n.* howlbellva *f.* +ow
apogee *n.* pellaboynt *m.* +ow

appointment

Apollo *name* Apollyn
apologetic *adj.* diharesek
apologize *v.* dihares
apology *n.* dihares *m.* +ow
apostate 1. *n.* negedhys *m.* +yon: **2.** *adj.* negedhys
apostle *n.* abostol *m.* abesteli, {apostyl} *m.* {apostlys}
apostolate *n.* abosteledh *m.*
apostolic *adj.* abostolek
appalling *adj.* euthyk
apparatus *n.* daffar *m.*
apparel *n.* aparel *m.*, dillas *m.* +ow, gwisk *m.*
apparent *adj.* heveladow
apparently *adv.* dell hevel
apparition *n.* *(ghost)* tarosvann *m.* +ow
appeal *n.* galow *m.* +yow, pysadow *m.*
appear *v.* omdhiskwedhes, {apperya}
appearance *n.* fas *m.* fasow, favour *m.* +s, fisment *m.* fismens, semlans *m.* +ow, vu *m.* +ys; *(an appearance)* omdhiskwedhyans *m.* +ow; *(of a person)* mir *m.* +ow
appease *v.* diserri
appellation *n.* galwans *m.* +ow
appendage *n.* stagell *f.* +ow
appendix *n.* ystynnans *m.* +ow
appetite *n.* *(for food)* ewl boes *f.*
apple *n.* aval *m.* +ow
apple-juice *n.* sugen aval *m.*
apple-tree *n.* avalenn *f.* +ow avalwydhenn *f.* +ow, avalwydh *coll.*
applicable *adj.* a dhesedh
applicant *n.* ombrofyer *m.* -oryon
apply *v.* *(for a post)* ombrofya
appoint *v.* ordena, dyghtya, settya, apoyntya, 'poyntya
appointment *n.* apoyntyans *m.* +ow

apportion *v.* kevrenna
apprehend *v.* sesya
apprehension *n.* ownuster *m.*
apprehensive *adj.* ownus
apprentice *n.* kynser *m.* +i, gwas *m.* gwesyon; **smith's apprentice** mab-gov *m.* mebyon-gov
apprenticeship *n.* kynserneth *m.* +ow
approach *v.* dos nes dhe, neshe; *(intrans.)* nesa
approachability *n.* nesadewder *m.*
approachable *adj.* nesadow
appropriate 1. *adj.* delledhek, gwiw: **2.** *v.* perghennegi, rakkemmeres; **be appropriate** degoedha
approximate *adj.* nesogas: *v. (maths.)* nesriva
approximately *adv.* a-dro dhe
approximation *n. (maths.)* nesriv *m.* +ow
apricot *n.* brykedhenn *f.* +ow, brykedh *coll.*
April *n.* Ebrel *m.*, mis-Ebrel *m.* misyow-E.
apron *n.* apron *m.* +yow
apt *adj.* gwiw
aquarium *n.* pusketti *m.* +ow
aqueduct *n.* dowrbons *m.* +ow,
Arab *n.* Arab *m.* Arabyon
Arabia *place* Arabi
Arabic 1. *n.* **Arabic language** Arabek *m.*: **2.** *adj.* arabek
arable *adj.* aradow; **arable land** havrek
arbitrary *adj.* siansek
arbour *n.* erber *m.* +ow +s
arc *n.* gwarak *f.* -egow
arch *n.* gwarak *f.* -egow; **proscenium arch** fram ragleurenn
arch- *pref.* argh-
archaeological *adj.* hendhyskoniethel
archaeologist *n.* hendhyskonydh *m.* -yon
archaeology *n.* hendhyskonieth *m.*
archangel *n.* arghel *m.* +edh
archbishop *n.* arghepskop *m.* -epskobow
archbishopric *n.* arghepskobeth *f.* +ow
archdeacon *n.* arghdyagon *m.* +yon
archdruid *n.* arghdrewydh *m.* +yon
archer *n.* gwareger *m.* -oryon, sether *m.* -oryon, {archer} *m.* {+s}; **The Archer (star-sign and constellation)** An Sether
arch-fiend *n.* arghjevan *m.* +es
arch-heretic *n.* {argheretik} *m.* {-igyon}
archipelago *n.* ynysek *f.* -egi
architect *n. (female)* pennseres *f.* +ow; *(male)* pennser *m.* +i
architectural *adj.* pennsernethel
architecture *n. (art of)* pennserneth *f.*
archive *n.* kovskrifenn *f.* +ow
ardent *adj.* gwresek, toemm, trewesi
ardour *n.* gwres *f.*
arduous *adj.* kales
are *v.part* **you are** esowgh, owgh
area *n.* arenebedh *m.* +ow; **open working area** lown *m.* +yow
argue *v.* argya, dadhla, disputya; **argue against** disputya erbynn; **argue with someone** argya orth nebonan
argument *n.* dadhel *f.* dadhlow, dadhelva *f.* +ow, argyans *m.* +ow, reson *m.* +s, {argument} *m.* {+ys}
arid *adj.* krin, sygh; **arid land** krindir
aridity *n.* kraster *m.*, krinder *m.*
arise 1. *v.* drehevel, sordya: **2.** *int.* yn-sol

aristocracy

aristocracy *n.* pennsevigeth *f.* +ow
aristocrats *plur.* gwelhevin
arithmetic *n.* niveronieth *f.* +ow
arithmetic(al) *adj.* niveroniethel
ark *n. (e.g. of covenant)* argh *f.* +ow; *(ship)* gorhel *m.* -holyon
arm *v. (limb)* bregh; **having arms** breghyek; *(weapon)* arv: *v.* arva
armament *n.* arvans *m.* +ow
armband *n.* breghwisk *m.* +ow, dewvreghwisk *dual*
armchair *n.* kador-vregh *f.* kadoryow-bregh
armed *adj.* arvek, ervys; **armed man** arvek, den-arvow; **armed forces** arvluyow
armful *n.* breghas *f.* +ow
Armorica *place* {Lesow}
armour *n.* arvow, arvwisk *m.*, gwisk horn *m.*
arm-pit *n.* kasel *f.* +yow, diwgasel *dual*
army *n.* lu *m.* +yow, ost *m.* +ys
aroma *n.* odour *m.* +s
around 1. *prep.* yn kyrghynn; **around me** y'm kyrghynn: 2. *adv.* a-dro; **all around** a-derdro
arouse *v.* movya, sordya
arraign *v.* {araynya}
arrange *v.* ordena, renka, restra, araya; **set in line** resa
arrangement *n.* rester *f.* restri, aray *m.* +ow
array 1. *n.* aray *m.* +ow: 2. *v.* araya, takla
arrears *n.* **in arrears** a-dhelergh
arrest *v.* dalghenna: *n.* dalghennans *m.* +ow
arrival *n.* devedhyans *m.* +ow
arrive *v.* dos

ascent

arrogance *n.* balghder *m.*
arrogant *adj.* balgh
arrow *n.* seth *f.* +ow; *(small)* sethan *f.* -enyow
arrowhead *n.* pil *m.* +ys
arse *n.* tin *f.* +yow
arsenal *n.* arvji *m.* +ow
art *n.* art *m.* +ow +ys
Arthur *name* Arthur
article *n. (object)* tra *f.* +ow; *(of text)* erthygel *m.* erthyglow, skrif *m.* +ow, {artykyl} *m.* {+yklys}
articulate *v.* kevelsi
articulated *adj.* mellek
articulation *n.* kevals *m.* +yow, mell *m.* +ow
artifice *n.* serneth *m.* +ow
artificer *n.* krefter *m.* -oryon, ser *m.* +i
artisan *n.* krefter *m.* -oryon, ser *m.* +i
artist *n.* artydh *m.* +yon; *(painter)* lymner *m.* -oryon
artless *adj.* digreft
artwork *n.* artweyth *m.*
as 1. *conj.* dell, maga; **as eager as a tyrant** maga freth avel turant; **as far as** bys; **as long as** hedre; **as many as** kekemmys; **as much as** kekemmys; **as soon as** kettell, kettoeth; **as well** maga ta; **as white as milk** maga hwynn avel an leth; **in as much as** dell: 2. *adv.* avel, mar, par; **as many as** kemmys; **as many** keniver; **as much as** kemmys
ascend *v.* yskynna, assendya, {ughelas}
ascending *adj.* yskynnus
ascent *n.* yskynnans *m.* +ow

ascribe *v.* askrifa, {askribya}
ashamed *adj.* methek; **be ashamed of** divlasa, bos methek a, kemmeres sham a; **be ashamed** kemmeres meth; **I am ashamed** meth a'm beus
ashes *plur.* lusu
ash-grove *n.* onnek *f.* -egi
ash-heap *n.* lusuek *f.* -egi
ashore *adv.* war-dir; **come ashore** tira
ash-tree *n.* ennwydhenn *f.* +ow, ennwydh *coll.*, onnenn *f.* +ow, onn *coll.*
ashy *adj.* lusuek
aside *adv.* a-denewen
ask *v.* govynn; **ask if** govynn mar; **ask of** govynn dhiworth; **ask someone to do something** pysi nebonan a wul neppyth; **ask something from someone** pysi neppyth diworth nebonan; **ask something of someone** govynn neppyth orth nebonan; **ask why** govynn prag
askew *adv.* a-dreus
asleep 1. *adj.* **one who falls asleep quickly** koskador desempis: **2.** *adv.* yn kosk
aspect *n.* gwedh *f.* +ow, tremmynn *m.* +ow
aspen-tree *n.* edhlenn *f.* +ow, edhel *coll*
aspirate *adj.* *(phonetics)* hwythsonek
aspiration *n.* gorvynn *m.* +ow, medras *m.* +ow
aspire *v.* medra
ass *n.* asen *m.* +es, ronsyn *m.* +es
assassin *n.* denledhyas *m.* -ysi
assassinate *v.* moldra
assault *v.* {assaltya}
assemble *v. (intrans.)* omguntell, {assembla}; *(trans.)* keskorra

assembly *n.* kesva *f.* +ow, kuntelles *m.* +ow; **Cornish Assembly** Kuntelles Kernow
assent *n.* assentyans *m.* +ow: *v.* assentya
asset *n.* kerth *f.* +ow, pyth *m.* +ow
assiduous *adj.* diwysyk
assist *v.* gweres; *(support)* skoedhya
assistance *n.* gweres *m.*
assistant *n.* darbarer *m.* -oryon
assize-court *n.* breuslys *f.* +yow
associate *n.* keskoweth *m.* +a, keskowethes *f.*, kowethyades *f.* +ow, kowethyas *m.* -ysi
associated *adj.* kevrennek
association *n.* kowethas *m.* +ow, kowethyans *m.* +ow
assonance *n.* assenyans *m.* +ow
assonant *adj.* assenyek
assortment *n.* kemmysk *m.* +ow
assuage *v.* sewajya
assume *v.* desevos
assumption *n.* desev *m.* +ow
assurance *n.* surheans *m.* +ow
assure *v.* afydhya, surhe, {assurya}
assuredly *adv.* yn sur, yn surredi
aster *n.* bleujen ster *f.* bleujennow ster
asterisk *n.* sterennik *f.* -igow
asterism *n.* sterennek *f.* -egi
asthma *n.* berranall *m.*
asthmatic *adj.* berranellek
astonishment *n.* marth *m.* +ow
astounding *adj.* marthys, revedh
astoundingly *adv.* marthys
astray *adv.* **go astray** mos yn sowdhan
astrologer *n.* {astronomer} *m.* {+s}
astronaut *n.* stervarner *m.* -oryon
astronomer *n.* steronydh *m.* +yon

astronomical

astronomical *adj.* steroniethel
astronomy *n.* steronieth *f.*
astrophysical *adj.* sterfisegiethel
astrophysicist *n.* sterfisegydh *m.* +yon
astrophysics *n.* sterfisegieth *m.*
asylum *n.* **place of asylum** meneghi *m.*
asymmetrical *adj.* digemusur
at *prep.* dhe, orth; *(occasl.)* yn; **at all vytholl**
Athens *place* Athenys
atmosphere *n.* ayrgylgh *m.* +yow
atmospheric *adj.* ayrgylghyek
atom *n.* atom *m.* +ow
atomic *adj.* atomek
atone *v.* amendya, dehweles
atonement *n.* dehwelyans *m.* +ow, prenedh *m.*
atrocious *adj.* euthwriansek, outrayus
atrocity *n.* euthwrians *m.* +ow, outray *m.* +ow
atrophy *n.* gwedhrans *m.* +ow
attach *v.* staga
attached *adj.* stag; **be attached** serghi
attachment *n.* *(physical and emotional)* sergh *m.* +ow; *(physical)* syg *f.* +ow, sygenn *f.* +ow; *(physical, including e-mail)* stagell *f.* +ow
attack 1. *n.* omsettyans *m.* +ow:
2. *v.* omsettya
attain *v.* hedhes, {attaynya}
attainability *n.* hedhadewder *m.*
attainable *adj.* drehedhadow, hedhadow
attainment *n.* drehedhyans *m.* +ow
attempt *n.* assay *m.* +s, attent *m.* +ys: *v.* assaya
attention *n.* attendyans *m.* +ow; **pay attention** attendya, goslowes sevel dhe serth

autumn

attenuate *v.* tanowhe
attenuation *n.* tanowheans *m.*
attestation *n.* destans *m.* +ow
attic *n.* soler *m.* +yow, talik *m.* -igow
attire *n.* dillas *coll.*, gwisk *m.*
attitude *n.* omdhalgh *m.* +ow
attract *v.* tenna
attraction *n.* tennvos *m.* +ow
attractive *n.* tennvosek
attributes *plur.* teythi
auburn *adj.* gellrudh
auction *n.* strifwerth *m.* +ow: *v.* strifwertha
audacious *adj.* bold, hardh
audacity *n.* bolder *m.*, hardhder *m.*
audible *adj.* klywadow; **easily audible** heglyw
audience *n.* goslowysi
audio-cassette *n.* songist *f.* +yow
audio-tape *n.* sonsnod *m.* +ow
audio-visual *adj.* klywwelyek
audition *n.* kesklywans *m.* +ow
auger *n.* tarder *m.* terder
augment *v.* moghhe, ynkressya
augmentation *n.* moghheans *m.* +ow
August *n.* Est *m.*, mis-Est *m.* misyow-Est
aunt *n.* modrep *f.* modrebedh
Australia *place* Ostrali
Australian *adj.* Ostralek
authenticity *n.* gwiryonses *m.*
author *n.* awtour *m.* +s
authority *n.* awtorita *m.*, vertu *f.* +s; **on the authority of** herwydh
auto- *pref.* om-
automobile *n.* karr-tan *m.* kerri-tan
autonomous *adj.* omrewlys
autonomy *n.* omrewl *f.*
autumn *n.* kynyav *m.* +ow

autumnal *adj.* kynyavel
auxiliary *adj.* heweres
avail 1. *n.* **it is of no avail** ny amont: **2.** *v.* {avaylya}
availability *n.* kavadewder *m.*
available *adj.* kavadow
avalanche *n.* erghslynk *m.* +ow
avarice *n.* krefni *f.*, pithneth *f.*
avaricious *adj.* pith
avaunt *int.* avond
avenge *v.* diella, venja
avenger *n.* dialor *m.* +yon
avenue *n.* rosva *f.* +ow
average 1. *n.* kresek *m.* kresogow, mayn: **2.** *adj.* kresek
avoid *v.* goheles, {avoydya}
avoidable *adj.* goheladow
avoidance *n.* gohel *m.*
avow *v.* avowa
await *v.* gortos
awake *adj.* difun; **wide awake** ughhewoel
awaken *v.* difuna
award 1. *n.* piwas *m.* +ow: **2.** *v.* grontya
aware *adj.* war; **to be aware** arwodhvos
away 1. *adj.* a-ves: **2.** *adv.* a-dre, dhe-ves, yn kerdh, yn-kerdh; **a short distance away** pols alemma; **get away quickly** skeusi; **get away** skapya; **go away** mos dhe-ves, mos dhe wari, {avodya}
awe *n.* agha *m.*, euth *m.*
awful, awfully *adj.* euthyk
awl *n.* mynowes *m.* +ow
awning *n.* howllenn *f.* +ow
axe *n.* boel *f.* +yow
axis *n.* aghel *f.* aghlow
axle *n.* aghel *f.* aghlow

B

babble 1. *n.* klapp *m.*: **2.** *v.* gerya, klappya
baby *n.* baban *m.* +es, babi *m.* +ow
bachelor *n.* bacheler *m.* +s
back 1. *n.* keyn *m.* +ow, kil *m.* +yer; **back of hand** keyn dorn: **2.** *v.* war gamm: **3.** *adv.* dhe-dre
backbite *v.* {bakbitya}
backdate *v.* kildhydhya
backdrop *n. (in theatre)* keynlenn *f.* +ow
backform *v.* kilfurvya
back-formation *n.* kilfurvyans *m.* +ow
background *n.* keyndir *m.* +yow
back-handed *adj.* dre gildhorn
backing *n. (support, abst.)* skoedhyans *m.* +ow
back-pedal *v. (fig.)* kilslynkya
backside *n.* kilgorf *m.* +ow
backwards *adv.* war-dhelergh
backwash *n.* aswolghas *m.*
bacon *n.* bakken *m.*, meghin *m.* +yow
bad *adj.* drog; **bad news** yeyn nowodhow
badge *n.* arwoedhik *m.* -igow
badger *n.* brogh *m.* +es
bag *n.* sagh *m.* seghyer; **put in a bag** sagha
baggage *n.* fardellow
baggage-train *n.* tren-fardellow *m.* trenow-fardellow
bagpipes *n.* pibow sagh
bag-pudding *n.* pott-gwynn *m.* pottow-gwynn
bail *n.* mewgh *m.* +yow; **one who stands bail** mewghyer *m.* -yoryon; **stand bail** mewghya

bailiff *n.* bayli *m.* +s
bait *n. (for fish)* treustrumm *m.* +ow
bake *v.* fornya, pobas
bake-house *n.* chi forn *m.* chiow forn, chi pobas *m.* chiow pobas, popti *m.* +ow
baker *n.* peber *m.* -oryon, pebores *f.* +ow; **baker's shop** popti *m.* +ow
bakery *n.* popti *m.* +ow
bakestone *n.* men-pobas *m.* meyn-pobas
baking-foil *n.* folenn bobas *f.* folennow pobas
baking-pan *n.* padell-bobas *f.* padellow-pobas
balance 1. *n.* mantol *f.* +yow; *(of bank-account)* gasadow *m.* +yow: **2.** *v.* omberthi
balanced *adj.* omborth
balcony *n.* balegva *f.* +ow
bald *adj.* blogh, moel; **bald man** blogh; **make bald** bloghhe, moelhe
baldness *n.* bloghter *m.*, moelder *m.*
bale 1. *n.* pusorn *m.* +ow: **2.** *v.* pusornas
ball *n.* pel *f.* +yow, pellenn *f.* +ow; **roll into a ball** pellenni
ballad *n.* hyllgan *f.* +ow
balloon *n.* pel-ayr *f.* pelyow-ayr
ballot *n.* etholans *m.* +ow
balm *n.* eli *m.* +ow
bamboo *n.* bambouenn *f.* +ow, bambou *coll.*
ban 1. *n.* difenn *m.* +ow: **2.** *v.* difenn, emskemuna
banana *n.* banana *m.* +s
band *n. (group of people)* parsell *m.* +ow; *(musical)* band *m.* +ys; *(strip)* bond *m.* +ow, garlont *f.* +ow; **brass band** band brest
bandage 1. *n.* lystenn *f.* +ow: **2.** *v.* lystenna
bandy-legged *adj.* berrgamm, kammarrek
bang 1. *n. (hit)* bonk *m.* +ys; *(explosion)* tardh *m.* +ow; *(knock)* kronk *m.* +ys: **2.** *v. (hit)* bonkya; *(explode)* tardha; *(knock)* kronkya
banish *v.* divroa, pellhe, {banyshya}
banished *adj.* **banished person** divres
bank *n. (for money)* arghantti *m.* +ow; *(of river)* glann *f.* +ow; *(topographical)* bankenn *f.* +ow, torrlann *f.* +ow
banker *n.* arghanser *m.* -oryon
bank-note *n.* folenn arghansek *f.* folennow a.
bankrupt *adj.* skatt: *n.* den skatt *m.* tus skatt
banned *adj.* difennys
banner *n.* baner *m.* +yow
banns *n.* bannys; **read banns** bannya
banquet *n.* fest *m.* +ow, gwledh *f.* +ow
baptise *v.* besydhya
baptism *n.* besydh *m.* +yow
baptist *n.* besydhyer *m.* -oryon, {baptyst} *m.* {+ys}
bar 1. *n.* barr golowys *m.* barrys g.; *(in pub)* barr *m.* +ys: **2.** *v.* prenna
barb *n.* gorthfagh *m.* +ow
barbaric *adj.* barbarek
barbarity *n.* barbarita *m.*
barbarous *adj.* barbarus
barbed *adj.* drenek
barber *n.* barver *m.* -oryon
barberry *n.* kelynnenn Frynk *f.* +ow
bar-code *n.* kodenn varr *f.* kodennow barr

bard

bard *n. (female)* bardhes *f.* +ow; *(male)* bardh *m.* berdh; **Grand Bard** Bardh Meur; **meeting of bards** gorsedh *f.* +ow
bardic *adj.* bardhek
bare *adj.* lomm, moel
bare-backed *adj.* keyn lomm
barefoot *adj.* diarghen, dieskis
bare-headed *adj.* penn-noeth
barelegged *adj.* fernoeth
barely *adv.* skant
bareness *n.* lommder *m.*, moelder *m.*
bargain 1. *n.* bargen *m.* +yow, chyffar *m.* +s: **2.** *v.* bargenya
barge *n.* skath-hir *f.* skathow-hir
bark 1. *n. (of a dog)* harth *m.* +ow; *(of a tree)* rusk *f.* +enn: **2.** *v.* hartha
barley *n.* barlys *coll.*, heydh *coll.*
barley-field *n.* heydhek *f.* -egi
barley-land *n.* heydhlann *f.* +ow
barm *n.* burm *coll.*
barn *n.* greunji *m.* +ow, skiber *f.* +yow
barnacle *n.* govrennigenn *f.* +ow, govrennik *coll.*
barracks *n.* souderji *m.* +ow
barrage *n.* arge *m.* +ow
barrel *n.* balyer *m.* +yow +s; **open barrel** keryn *f.* +yow; **sawn-down barrel** kuva *m.*
barrel-maker *n.* keryner *m.* -oryon, bonkyer *m.* -oryon
barren *adj. (land)* difeyth
barrier *n.* lett *m.* +ow +ys
barrow *n. (tumulus)* krug *m.* +ow; *(vehicle)* gravath *f.* +ow
barter *v.* kesvargenya
basalt *n.* basalt *m.* +ys
basaltic *adj.* basaltek

baton

base 1. *n.* ben *m.* +yow, goeles *m.* +ow, grond *m.* +ow, sel *f.* +yow; *(military)* selva *f.* +ow: **2.** *v.* grondya, selya: **3.** *adj.* vil, isel
baseball *n.* pelvas *f.*
basement *n.* selder *m.* +yow
baseness *n.* vilta *f.*
base-station *n. (for radio etc.)* selworsav *m.* +ow
bash *v.* dorna
bashful *adj.* gohelus
basic *adj.* selvenel, selyek
basin *n.* **large basin** bason *m.* +yow +ys; **small basin** bolla *m.* bollow bollys
basinet *n. (headgear)* basnett *m.* +ow
basis *n.* grond *m.* +ow
basket *n.* kanstell *f.* +ow, {basket} *m.* {+ys}; **large shallow straw basket** kostenn *f.* +ow; **narrow-mouthed basket** kest *f.* +ow; **pannier basket** kowell *m.* +ow
basketball *n.* pel-ganstell *f.*
bass 1. *n. (fish)* yown *m.* +es: **2.** *adj. (Mus.)* faborden
bastard *n.* bastard *m.* +yon
baste *v.* ura
¹bat *n. (cricket)* batt *m.* +ys
²bat *n. (creature)* askell-groghen *m.* eskelli-kroghen, ughsommys *m.* -es
batch *n.* bagasik *m.* -igow
bath *n.* badh *m.* +ys, kibell *f.* +ow; **take a bath** gul tronkys
bathe *v. (trans.)* badhya; *(intrans.)* omvadhya
bathroom *n.* golghva *f.* +ow, stevell-omwolghi *f.* stevellow-omwolghi
baton *n.* leuvwelenn *f.* -welynni

battering-ram

battering-ram *n.* hor'benn *m.* +ow
battery *n.* batri *m.* +ow
battle *n.* batel *f.* +yow, kas *f.* +ow, kevammok *m.* -ogow, {ar} *f.* {+ow}
battle-axe *n.* kaspoel *f.* +yow
battlefield *n.* kaslann *f.* +ow
battle-horn *n.* kaskorn *m.* kaskern
bay *n. (coastal indentation)* pleg-mor *m.* plegow-mor, kammas *f.* +ow, baya *m.* +ys
baying *n. (of a hound)* harth *m.* +ow
bay-tree *n.* baywydhenn *f.* +ow, baywydh *coll.*
bazaar *n.* basar *m.* +s
be *v.* bones, bos; **so be it** yndellna re bo
beach *n.* treth *m.* +ow
beacon *n. (site)* golowva *f.* +ow; *(torch)* faglenn *f.* +ow
bead *n.* paderenn *f.* +ow; *(of rosary)* pader *m.* +ow
beak *n.* gelvin *m.* +es
beaker *n.* hanaf *m.* +ow
beam *n. (radiation)* dewynn *m.* +ow, golowynn *m.* +ow; *(timber)* jist *m.* +ys, keber *f.* kebrow, prenn *m.* +yer, styll *m.* +yow; **wooden beam in tension** tenn *m.* +ow
beam-engine *n.* jynn-keber *m.* jynnow-keber
bean *n.* favenn *f.* +ow, fav *coll.*
¹**bear** *v. (endure)* godhav, godhevel, perthi; *(support)* doen
²**bear** *n.* ors *m.* +es
bearable *adj.* porthadow
bear-cub *n.* orsik *m.* -igow
beard *n.* barv *f.* +ow
bearded *adj.* barvek, barvus, bervys
bearer *n.* deger *m.* -oryon

bed-sheet

bearing *n. (comportment)* omdhegyans *m.* +ow; *(direction)* tu *m.* +yow
bear-pit *n.* orslann *f.* +ow
beast *n.* best *m.* +es, enyval *m.* +es, lodhen *m.* lodhnow, ehal *m.* +es; **wild beast** goedhvil *m.* +es, mil *m.* +es
beastly *adj.* milus
beastliness *n.* miluster *m.*
beat *v.* dorna, gweskel, kronkya; *(defeat)* fetha; *(with a club)* fusta; **beat down** {abattya}
beaten *adj. (defeated)* fethys; *(hit)* gweskys
beautiful *adj.* fethus, kader, teg
beautifully *adv.* yn teg
beautify *v.* tekhe
beauty *n.* tekter *m.*, {beowta} *m.*
beaver *n.* bever *m.* +s, lost-ledan *m.* +es
because *conj.* awos, drefenn; **because of danger** awos peryll; **because of death** awos mernans; **because of me** a'm govis; **just because of** awos
become *v.* bos, dos ha bos, mos ha bos
becoming *adj. (beautiful)* fethus
bed *n.* gweli *m.* +ow; **feather bed** gweli pluv; **straw bed** gweli kala' *m.* gweliow kala'
bed-clothes *n.* dillas gweli *coll.*
bedding *n.* lienyow gweli
bed-linen *n.* lien gweli *m.* lienyow gweli
bedroom *n.* chambour *m.* +yow; **main bedroom** pennchambour *m.* +s; **master bedroom** pennchambour *m.* +s
bed-sheet *n.* lien gweli *m.* lienyow gweli

bed-sit *n.* annedhik *m.* -igow
bedspread *n.* kolghes *f.* +ow, {kywlett} *m.* {+ow}
bed-time *n.* prys gweli *m.* prysyow gweli
bee *n.* gwenenenn *f.* +ow, gwenen *coll.*
beech-grove *n.* fowek *f.* -egi
beech-tree *n.* fowenn *f.* +ow fow *coll.*, fow-wydhenn *f.* +ow, fow-wydh *coll.*
beef *n.* bewin *m.*, kig bewin *m.*
beehive *n.* kowell gwenen *m.* kowellow gwenen
beer *n.* korev *m.* +ow; **small beer** kor' byghan
beer-jug *n.* kruskynn *m.* +ow
beestings *n.* godrek *m.*, leth boesa *m.*
beet *n. (plant)* betysenn *f.* +ow betys *coll.* **sugar beet** betys sugra *coll.*
beetle *n.* hwil *m.* +es, hwilenn *f.* +ow; **catch beetles** hwilessa; **death-watch beetle** morthelik-ankow *m.* mortheligow-ankow
beetroot *n.* betysenn rudh *f.*,. betysenn rudh *coll.*
befall *v.* hwarvos, koedha
befallen *adj.* hwarvedhys
befit *v.* delledhi; **as befits** dell dhelledh
before *prep.* a-dherag, a-rag, derag, dherag, kyns es lemmyn; *(in time)* kyns; **before now** kyns-lemmyn, kyns es lemmyn; **before that** kyns-ena
beforehand *adv.* a-dherag, {derag-dorn}
befoul *v.* mostya; **befoul water** stronka
beg *v.* beggya, pysi; **beg mercy from someone for something** kria mersi war nebonan rag neppyth
beget *v.* dineythi
beggar *n.* beggyer *m.* +s -yoryon
begging *n.* beggyans *m.*
begin *v.* dalleth; **to begin with** wostalleth
beginner *n.* dallether *m.* -oryon, dallethores *f.* +ow
beginning *n.* derow *m.* +yow, dalleth *m.* +ow; **in the beginning** wor'talleth, wostalleth
begone *int.* avond
beguile *v.* flattra, husa, traynya
behalf *n.* parth *f.* +ow
behave *v.* fara, farya, omdhegi
behaviour *n.* fara *m.*, omdhegyans *m.* +ow, om-dhoen *m.*
behead *v.* dibenna
beheading *n.* dibennans *m.* +ow
behind 1. *prep.* a-dhelergh dhe, a-dryv: 2. *adv.* a-dhelergh, a-dryv; **behind people's backs** a-dryv tus
behold 1. *v.* gweles, mires: 2. *int.* awotta, mirewgh, ott, otta
beholden *adj.* **beholden to** synsys dhe
behove *v.* **it behoves** degoedh
behoves *v.* **it behoves me** y koedh dhymm; **it behoves** koedh
beige *adj.* loesvelyn
being *n. (human)* den *m.* tus; *(existence)* bosva *f.* +ow
belfry *n.* kleghti *m.* +ow, kleghtour *m.* +yow
belief *n.* koel *f.* +yow, kryjyans *m.* +ow
believable *adj.* krysadow
believe *v.* krysi; **as I believe** dell grysav; **believe fully** len-grysi; **believe in** krysi yn; **believe someone** krysi dhe nebonan

believer *n.* kryjyk *m.* kryjygyon
believing *adj.* kryjyk
bell 1. *n.* klogh *m.* klegh; **church bell** klogh meur; **little bell** kleghik *m.*; **refectory bell** klogh dybri: **2.** *v.* kleghi
bellow *v.* bedhygla
bellows *plur.* meginow
bellringer *n.* den an klogh *m.* tus an klogh
belly *n.* kroth *f.* +ow, torr *f.* +ow torrek torrek *m.* -ogyon torroges *f.* +ow
bellyband *n.* **horse's bellyband** torrgyngel *f.*
bellyful *n.* torras *m.* +ow
belong *v.* {longya}; **the dogs belong to the children** an fleghes a biw an keun
beloved *adj.* karadow, kerensedhek, meurgerys; **dearly beloved** kuv kolonn
below 1. *prep.* is: **2.** *adv.* a-is, a-woeles; **down below** a-barth-woeles
belt *n.* grogys *m.* +yow; **safety belt** grogys diogeledh *m.*; **seat belt** grogys kador *m.* grogysyow k.
belvedere *n.* gwelva *f.* +ow
bemoan *v.* kyni
bench *n.* bynk *f.* +yow, form *m.* +ys
bend 1. *n.* kammas *f.* +ow, pleg *m.* +ow, stumm *m.* +ow: **2.** *v.* kamma, kromma, plegya, stumma
beneath *prep.* yn-dann
benediction *n.* bennath *f.* +ow
benefice *n.* benfis *f.* +ow
beneficial *adj.* lesel
benefit *n.* difres *m.* +ow, les *m.*, prow *m.*; **unemployment benefit** gober dilavur

benevolence *n.* helder *m.*
benevolent *adj.* hel
bent 1. *n.* plegyans *m.* +ow: **2.** *adj.* kamm, kromm
bequeath *v.* kemmynna
bequest *n.* kemmynn *f.* +ow, kemmynnadow *m.* +yow
bereave *v. (of parents)* omdhivasa
bereft *adj.* omdhivas; **bereft of wife or husband** gwedhow
berry *n.* morenn *f.* +ow, mor *coll.*
beside *prep.* a-barth, ryb
besides *prep.* dres
besmear *v.* ura
besom *n. (in general)* banadhel *coll.*, *(individual plant)* banadhlenn *f.* +ow
bespatter *v.* lagenna
best *adj.* gwella; **all the best** oll an gwella
bestial *adj.* milus
bestiality *n.* miluster *m.*
bet 1. *n.* kenwoestel *m.* kenwoestlow: **2.** *v.* kenwoestla, {kessynsi}
betony *n. (plant)* les-toesek *m.* lesyow-toesek
betray *v.* trayta, {diskevra}, {betraya}
better *adj.* gwell; **any better** bythwell; **far better** milwell; **get better (be restored to health)** omyaghhe; **no better** bythwell; **you had better know** bysi via dhis godhvos
between *prep.* yntra, ynter, {tredh}; **between him** yntredho; **between them** yntredha; **between us** yntredhon; **between you** yntredhowgh
bevy *n.* bagas *m.* +ow
beware *v.* warya
bewilder *v.* amaya, penndaga

bewildered *adj.* penndegys
bewilderment *n.* sowdhan *m.*
bewitch *v.* pystria
beyond *prep.* dres
bezant *n.* besont *m.* besons
bib *n.* bronnlenn *f.* +ow
Bible *n.* Bibel *m.* Biblow
biblical *adj.* biblek
bicycle 1. *n.* diwros *f.* +ow; **go on a bicycle tour** diwrosya: **2.** *v.* diwrosa
bid *v.* erghi
bidding *n.* arghadow *m.* +yow
biennial *adj.* diwvlydhenyek
bier *n.* geler *f.* +yow, masken *m.* +yow
bifurcation *n.* gowl *f.* +ow
big 1. *n.* **2.** *adj.* bras, {bros}
big-bellied *adj.* torrek; **big-bellied woman** torrek
big-browed *adj.* elek, talek
big-cheeked *adj.* boghek
big-eyed *adj.* lagasek; **big-eyed person** lagasek
bigger *adj.* brassa
big-headed *adj.* pennek
bight *n.* (*of rope*) gwydenn *f.* +ow; (*of sea*) pleg-mor *m.* plegow-mor
big-mouthed *adj.* ganowek
big-tailed *adj.* lostek
bike *n.* diwros *f.* +ow
bilateral *adj.* dewduek
bilberry *n.* lusenn *f.* +ow, lus *coll.* **abounding in bilberries** lusek
bile *n.* bystel *f.*
bilingual *adj.* diwyethek
bilingualism *n.* diwyethogeth *f.*
bill *n.* (*financial*) reken *m.* reknow; (*of bird*) gelvin *m.* +es; (*of lading*) kargrol *m.* +yow; (*financial*) **bill of sale** reken gwerth

billet *n.* (*piece of wood*) keunysenn *f.* +ow, keunys *coll.*
bill-hook *n.* gwydhyv *m.* +yow
billion *n.* bilvil
billionaire *n.* bilvilwas *m.* -wesyon
billow *n.* tonn *f.* +ow
billy-goat *n.* bogh *m.* +es
bin *n.* argh *f.* +ow
binary *adj.* dewek
bind *v.* kelmi, maylya
binder *n.* (*human*) kolmer *m.* -oryon
binding *n.* kolmans *m.* +ow
bindweed *n.* gwyg *coll.*
binge *v.* (*eat*) kwoffi; (*drink*) gordhiwessa
binnacle *n.* bytakyl *m.* bytaklys
binoculars *pl.* diwlagattell
biodegradable *adj.* bywbodradow
biodiversity *n.* bywdhiverseth *f.*
biofuel *n.* bywgeunys *m.* +ow
biological *adj.* bywoniethel
biologist *n.* bywonydh *m.* +yon
biology *n.* bywonieth *f.*
biotic *adj.* bywosek
bipartite *adj.* dewduek
birch-tree *n.* besowenn *f.* +ow, besow *coll.*
bird *n.* edhen *f.* ydhyn; (*male*) kulyek *m.* +es -oges; **young bird** ydhnik *m.* -igow
birdcage *n.* kowell edhen *m.* kowellow edhen
bird-catcher *n.* ednor *m.* +yon, ydhna *m.* ydhnydhyon
birdlime *n.* glus *m.* +ow
birth *n.* dineythyans *m.* +ow, genesigeth *f.* +ow; **give birth** dineythi; **time of birth** genesigeth *f.* +ow

birthday *n.* penn-bloedh *m.* pennow-bloedh; **happy birthday!** penn-bloedh lowen!
birthplace *n.* genesigva *f.* +ow
birthright *n.* ertach *m.* -ajys
biscuit *n.* tesenn gales *f.* tesennow kales; **ship's biscuit** bara kales
bishop *n.* epskop *m.* epskobow
bishopric *n.* epskobeth *f.* +ow
bison *n.* bual *m.* +yon
bit *n.* tamm *m.* temmyn, darn *m.* +ow, tekkenn *f.* +ow brywyonenn *f.* +ow, brywyon *coll.*; *(for horse)* genva *f.* +ow; **little bit** dernik *m.*, temmik *m.* temmigow; **a bit** kamm *m.* +ow; **bit by bit** tamm ha tamm; **I can't see a bit** ny welav banna
bitch *n. (female dog)* gast *f.* gesti
bite 1. *n.* brath *m.* +ow; **make a first cut or bite in** attamya: **2.** *v.* dynsel, bratha, {bitya}
bitter *adj.* a-has, hwerow
bittern *n.* bonngors *m.* +es, klabytter *m.* +s
bitterness *n.* hwerowder *m.*
bitter-sweet *adj.* hwerow-hweg
bivouac 1. *n.* kamp *m.* +ow +ys: **2.** *v.* kampya
bizarre *adj.* gorgoynt
black *adj.* du
blackavised *adj.* mindu
blackberry *n.* morenn-dhu *f.* morennow-du, mor-du *coll.*
blackbird *n.* molgh-dhu *f.* molghi-du
blackboard *n.* bordh du *m.* bordhow du
blacken *v.* duhe
blackhead *n.* penn-du *m.* pennow-du
blacklist *n.* rol-dhu *f.* rolyow-du

blackness *n.* duder *m.* +yow
black-pudding *n.* goesogenn *f.* +ow
blacksmith *n.* ferror *m.* +yon, gov *m.* +yon
blackthorn *n.* spernen dhu *f.*, spern du *coll.*; **blackthorn brake** yrinek *f.* -egi
bladder *n.* gusigenn *f.* +ow
blade *n.* lown *m.* +yow; *(of grass)* gwelsenn *f.* +ow, gwels *coll.*
blame 1. *n.* blam *m.* +ys, kabel *m.*: **2.** *v.* blamya, kabla
blameless *adj.* divlam
blameworthy *adj.* kablus
blanch *v.* kanna
blancmange *n.* kowles gwynn *coll.*
bland *adj.* anvlasus
blank 1. *adj.* gwag: **2.** *n.* gwagenn *f.* +ow
blanket *n.* lenn *f.* +ow, pallenn *f.* +ow
blast 1. *n. (of rain)* kowas *f.* kowasow; *(of wind)* hwyth *m.* +ow: **2.** *v. (of wind)* hwytha
blatant *adj.* apert
blaze 1. *n.* tanses *m.* +yow: **2.** *v.* dewi
bleach *v.* kanna: *n.* kannlin *m.* +yow
bleat 1. *n. (of sheep)* bryv *f.* +yow: **2.** *v.* bryvya
bleed *v.* goesa; *(trans.)* diwoesa
bleep *n.* blipynn *m.* +ow
blemish 1. *n.* namm *m.* +ow; **remove a blemish** dinamma: **2.** *v.* namma
blemished *adj.* nemmys
blend 1. *n.* kemmysk *m.* +ow, myskas *m.* +ow: **2.** *v.* kemmyska, myska
blended *adj.* kemmyskys
blenny *n.* morgroenek *m.* -oges
bless *v.* benniga, soena, {blessya}; **God bless thee** Duwr'soenno dhis; **may God bless** Duwr'soenno

blessed *adj.* bennesik, bennigys, gwynn, gwynnvys; **Blessed Mary** Maria Wynn
blessedness *n.* bennesikter *m.*
blessing *n.* bennath *f.* +ow, ras *m.* +ow, soen *m.* +yow; **God's blessing** benna'tuw; **may blessing follow** benna'sywes
blind 1. *n. (curtain)* lenn dhu *f.* lennow du: **2.** *adj.* dall; **blind fish** lagatter; **blind man** dall; **blind man's buff** margh dall; **blind woman** dalles: **3.** *v.* dalla, dallhe
blinded *adj.* dellys
blind-fish *n.* bothek *m.* -oges
blindness *n.* dellni *m.*
blindworm *n.* anav *m.* +es
blink 1. *v.* dewwynkya: **2.** *n.* dewwynk *dual* +ow
bliss *n.* gwynnvys *m.*, lowena *f.*
blissful *adj.* gwynnvys
blister *n.* bothell *f.* +ow, gusigenn *f.* +ow, gwennenn *f.* +ow
blizzard *n.* erghwyns *m.* +ow, oerwyns *m.* +ow
bloated *adj.* kwoffys
block *v.* lettya, stoppya
blockage *n.* lett *m.* +ow +ys
blockhead *n.* penn-boba *m.* pennow-boba
bloke *n.* polat *m.* +ys
blond *adj.* melyn
blood *n.* goes *m.*; **draw blood from** diwoesa; **hardened blood** mol *m.* +yow; **of same blood** unnwoes
blood-bath *n.* poll-krow *m.* pollow-krow
bloodhound *n.* goeski *m.* -keun
blood-line *n.* linyeth *f.* +ow, goes *m.*

blood-red *adj.* kogh
bloodshed *n.* krow *m.*
bloodshot *adj.* gwythiek
bloodstained *adj.* goesek
bloody *adj.* goesek; **make bloody** goesa
bloom 1. *n.* bleujenn *f.* +ow, bleujyow *coll.*: **2.** *v.* bleujyowa
blossom 1. *n.* bleujenn *f.* +ow, bleujyow *coll.*: **2.** *v.* bleujyowa
blot *n.* namm *m.* +ow: *v.* namma; **blotting paper** paper omsugna
blouse *n.* hevis *m.* +yow
blow 1. *n.* boemm *m.* +yn, boemmenn *f.* +ow, frapp *m.* +ys, hwaff *m.* +ys, klout *m.* +ys, strekys *f.* strokosow, toemmas *m.* +ow; **crushing blow** skwatt *m.*: **2.** *v. (wind)* hwytha
blowfly *n.* kelyonenn gig *f.* kelyonennow kig, kelyon kig *coll.*
blowing *n.* hwyth *m.* +ow
blowing-house *n.* chi hwytha *m.* chiow hwytha, fog *f.* +ow
blows *n.* **flurry of blows** boksas *m.* +ow
bludgeon *n.* blojon *m.* +s
blue *adj.* glas, {blou}
bluebell *n.* bleujenn an gog *f.* bleujennow an gog
bluebottle *n.* kelyonenn gig *f.* kelyonennow kig, kelyon kig *coll.*
blueprint *n.* glasprynt *m.* +yow
blue-tit *n.* penn-pali *m.* pennow-pali
bluff *n. (geog.)* rynn *m.* +ow
blunder 1. *n.* kammwonis *m.* +yow: **2.** *v.* kammwonis
blunt *adj.* sogh
blush *v.* rudha
blustering *n.* hwyflyn

boar *n.* badh *m.* +es, torgh *m.* +es, {bora} *m.* {borys}
board *n.* *(group of people)* kesva *f.* +ow; *(timber)* astell *f.* estyll, bordh *m.* +ow estyllenn *f.* +ow, estyll *coll.*, plank *m.* plenkys +ow, plenkynn *f.* +ow, {bord} *m.* {+ow}; **binding board of a book** aden *f.* +yow; **board and lodging** ostyans *m.*; *(group of people)* **Cornish Language Board** Kesva an Taves Kernewek; **Cornwall Tourist Board** Kesva Tornyaseth Kernow; **examination board** kesva apposyans
boar-spear *n.* hoghwuw *m.* +yow
boast 1. *n.* bost *m.* +ow, braslavar *m.* +ow: **2.** *v.* bostya
boaster *n.* boster *m.* -oryon
boat *n.* skath *f.* +ow; **fishing boat** kok *m.* kokow; **little boat** kokynn *m.*
boatcraft *n.* skathweyth *m.*
bodhran *n.* kroeder-kroghen *m.* kroedrow-k.
bodily *adj.* korfek
Bodmin *place* Bosvenegh; **Bodmin Moor** Goen Brenn
body *n.* korf *m.* +ow, {bodi} *m.* {+s}; **front of body** greuv *m.*
body-fluid *n.* korflin *m.* +yow
bodyguard *n.* korfwithyas *m.* -ysi
Boeolia *place* Bocai
bog *n.* keunegenn *f.* +ow; **reed-grown bog** kors *coll.*
bogus *adj.* fals
Bohemia *n.* Bohem
boil *v.* bryjyon
boiler *n.* *(for domestic heating)* forn-doemma *f.* fornow-toemma
boiling *n.* bryjyon *m.*

boisterous *adj.* trosus
bold *adj.* bold, hardh, kolonnek
boldness *n.* bolder *m.*, hardhder *m.*, kolonnekter *m.*
boll *n.* *(seed-pod)* bolghenn *f.* +ow, bolgh *coll.*
bolster *n.* treuspluvek *f.* -ogow
bolt 1. *n.* ebil *m.* +yer, {bolta} *m.* {+ys}; *(iron)* ebil horn *m.* ebilyer horn: **2.** *v.* prenna, {barrya}
bolting-mill *n.* melin-sidhla *f.* melinyow-s.
bomb 1. *n.* tanbellenn *f.* +ow; **smart bomb** tanbellenn gonnyk: **2.** *v.* tanbellenna
bombard *v.* tanbellenna
bond *n.* *(cord)* raw *f.* +yow; *(link)* kolm *m.* +ow, stagell *f.* +ow, syg *f.* +ow; *(promise)* gorambos *m.* +ow; *link)* kadon *f.* +yow
bondage *n.* kethneth *f.*
bondmaid *n.* kethes *f.* +ow
bondman *n.* keth *m.* +yon, kethwas *m.* -wesyon
bone 1. *n.* askorn *m.* eskern; *(of fish)* dren *m.* dreyn; **knuckle bones** nawmen *m.*: **2.** *v.* *(remove bones)* diaskorna
bonfire *n.* tanses *m.* +yow
bonnet *n.* kogh *m.* +ow
bonus *n.* bonus *m.* +ys, gordalas *m.* +ow
bony *adj.* askornek
book 1. *n.* lyver *m.* lyvrow; **account book** lyver-akontow *m.* lyvrow-akontow; **manuscript book** skriflyver *m.* -vrow, dornlyver *m.* -vrow: **2.** *v.* ragerghi

book-case

book-case *n.* argh-lyvrow *f.* arghow-lyvrow
booked *adj.* ragerghys
booking *n.* ragarghas *m.* +ow; **booking office** tokynva *f.* +ow
booklet *n.* lyvrik *m.* -igow
bookseller *n.* lyverwerther *m.* -oryon
bookshop *n.* lyverji *m.* +ow
boor *n.* chorl *m.* +ys
boorish *adj.* chorlek
boost *v.* kennertha
booster *n. (e.g. vaccination)* kennerthas *m.* +ow; *(e.g. rocket)* kennerthell *f.* +ow
boot *n. (footwear)* botasenn *f.* +ow, botas *coll.; (of car)* trog *m.* +ow
booth *n.* log *f.* +ow
booty *n.* preydh *m.* +yow
booze *v.* diwessa
border *n.* amal *m.* emlow, hin *m.* +yow, min *m.* +yow, or *f.* +yon
borderland *n.* ordir *m.* +yow
bore *v.* tardra; **bore holes** telli
boring *adj.* skwithus
born *adj.* genys
borough *n.* burjestra *f.* -trevow
borrow *v.* chevisya, kavoes kendon
bosom *n.* askra *f.* +ow
boss *n. (stud)* both *f.* +ow
bossed *adj.* bothek
botanical *adj.* losoniethel
botanist *n.* losonydh *m.* +yon
botany *n.* losonieth *f.*
both *adj. (f.)* an dhiw; *(m.)* an dhew
bother 1. *n.* grev *m.* +ow; **no bother** heb grev: 2. *v.* grevya, ankombra, trobla
bottle *n.* botell *m.* +ow, botella
bottleneck *n.* konna-botell *m.*

box

konnaow-botell
bottom *n.* goeles *m.* +ow; **at the bottom** a-woeles; **to the bottom** dhe-woeles; **towards the bottom** war-woeles
bough *n.* skorrenn *f.* +ow, skorr *coll.;* **branching bough** barr *m.* +ow
bounce 1. *n.* aslamm *m.* +ow: 2. *v.* aslamma
bound 1. *n.* lamm *m.* +ow: 2. *adj.* **bound to** synsys dhe: 3. *v.* lamma, lemmel
boundary *n.* kor *m.* +yow, or *f.* +yon; **Boundary Commission** Desedhek an Oryon; **boundary stone** orven *m.* orveyn
boundary-dyke *n.* finfos *f.* +ow
boundless *adj.* difinweth
bountiful *adj.* hel, plentethus
bounty *n.* helder *m.* +ow, larjes *m.*
bouquet *n.* toesenn *f.* +ow
bourgeois *adj.* burjesek
bourgeoisie *n.* burjeseth *f.*
bout *n.* fytt *m.* +ys +ow
bow 1. *n. (arc)* gwarak *f.* -egow: 2. *v.* omblegya, deklinya, {ynklinya}; **bow down** plegya yn dor
bowels *n.* kolodhyon *coll.*
bower *n.* kel *m.* +yow
bowl *n.* bolla *m.* bollow bollys; **small bowl** pojer *m.* +yow
bow-legged *adj.* berrgamm, garrgamm
bowman *n.* gwareger *m.* –oryon
bow-net *n.* ballek *m.* -egow
box *n. (container)* kist *f.* +yow, boks *m.* +ys; **small box** kistenn *f.* +ow; **Christmas box** kalennik *m.* -igow; *(blow)* boks *m.* +ow *(tree)* boks *m.* byksyn

boy *n.* mab *m.* mebyon, maw *m.*; *(page)* {boya} *m.* {boyes}
boy-friend *n.* karer *m.* -oryon
boyhood *n.* mabses *m.*
bra *n.* diwvronner *m.* +yow
bracelet *n.* breghellik *m.* -igow
bracken *n.* krann *coll.*, reden *coll.*
bracket *n.* korbel *m.* korblys +yow; *(punctuation)* krommvagh *f.* +ow
brag *n.* bost *m.* +ow: *v.* bostya
braggart *n.* braggyer *m.* +s
bragget *n.* bragas *m.* +ow
braid 1. *n.* plethenn *f.* +ow: 2. *v.* pletha
braider *n.* *(female)* plethores *f.* +ow; *(male)* plether *m.* -oryon
brain *plur.* ympynnyon
brainwash *v.* bryskartha
braise *v.* braysya
brake 1. *n.* *(curb)* fronn *f.* +ow; *(vegetation)* perth *f.* -i: 2. *v.* fronna
brake-lining *n.* kroghen fronn *f.* kreghyn fronn
bramble *n.* spedhasenn *f.* +ow, spedhas *coll.*; **bramble patch** dreysek *f.* -egi, spedhasek *f.* -egi; **bramble thicket** dreyskoes *m.* +ow
bramble-bush *n.* morbrenn *m.* +yer
brambles. *plur.* dreys *coll.*, spedhas *coll.*
brambly *adj.* dreysek
bran *n.* talgh *m.* telghyon
branch *n.* skorr *m.* +ow, skorrenn *f.* +ow, {branch} *m.* {+ys}; **small branch** barrenn *f.* +ow
branched *adj.* skorrek
brand *n.* merk *m.* +yow
brandise *n.* trybedh *m.* +ow
brandy *n.* brandi *m.* +s
brash *adj.* ankortes

brass *n.* brest *m.* +ow; **brass band** band brest *m.* bandys brest
brassard *n.* breghwisk *m.* +ow
brassiere *n.* diwvronner *m.* +yow
brave *adj.* kolonnek
bravery *n.* bravder *m.*, kolonnekter *m.*
brawl 1. *n.* freudh *m.* +ow: 2. *v.* deraylya, freudhi
brawn *n.* keherekter *m.*; *(meat)* brawn *m.*
bray *v.* begi
breach *n.* aswa *f.* +ow, bolgh *m.* +ow, bolgha, offens *m.* +ys, torrva *f.* +ow; **breach of contract** torrva ambos
bread *n.* bara *m.*; **barley bread** bara barlys, bara heydh; **break bread** soubenna; **leavened bread** bara goell; **oaten bread** bara kergh; **rye bread** bara segal; **soft part of bread** hwigenn *f.*; **underbaked bread** bara toes; **unleavened bread** bara heb goell; **wheaten bread** bara gwaneth; **white bread** bara gwynn, bara kann
bread-knife *n.* kollan *f.* +ow
breadth *n.* les *m.* +yow
break 1. *n.* torr *m.* +ow: 2. *v.* krakkya, terri; *(of day)* tardha; **break bread** soubenna; **break into bits** dralya; **break the force of** goderri
breakable *adj.* torradow; **easily breakable** hedorr
breakdown *n.* moeth *m.* +ow, torrva *f.* +ow
breakfast *n.* hansel *m.* +yow
bream *n.* siw *m.* +yon; **black bream** dama-goth *f.* damyow-koth; **small bream** krommenn *f.*, lommas *m.* +ow
breast *n.* bronn *f.* +ow, diwvronn *dual*; **give the breast** bronna

breastplate *n.* lurik *m.* -igow, {brest-plat} *m.*
breath *n.* anall *f.*, gwyns *m.* +ow; *(one breath)* hwyth *m.* +ow; **be out of breath** dyena; **out of breath** dianall
breathe *v.* anella, hwytha, ynanella
breathing *n.* anellans *m.*
breathless *adj.* dianall
breeches *n.* lavrek *m.* lavrogow
breeder *n.* mager *m.* -oryon, magores *f.* +ow
breeze *n.* awel glor *f.* awelyow klor
brethren *n.* brederedh *m.* +ow
Breton 1. *n. (language)* Bretonek *m.*, {Lesowek}; *(man)* Breton *m.* +yon; *(woman)* Bretones *f.* +ow; *(language)* **Breton speaker** Bretoneger *m.* -oryon: **2.** *adj.* bretonek, {lesowek}
brevity *n.* berrder *m.* +yow
brew *v.* braga
brewer *n.* brager *m.* -oryon
brewery *n.* bragji *m.* +ow
briar *n.* spedhasenn *f.* +ow, spedhas *coll.*
briar-brake *n.* spedhasek *f.* -egi
bribe 1. *v.* falswobra: **2.** *n.* falswober *m.* -wobrow
bribery *n.* falswobrans *m.* +ow
brick *n.* brykk *m.* +ow +ys
brickwork *n.* brykkweyth *m.*
bride *n.* benyn bries *f.* benynes pries, benyn nowydh *f.* benynes nowydh
bridegroom *n.* den-nowydh *m.*, gour pries *m.* gwer bries
bridesmaid *n.* moren bries *f.* morenyon pries
bridge *n.* pons *m.* +yow; **little bridge** ponsik *m.* -igow, ponsynn *m.* +ow
bridle-way *n.* marghlergh *m.* +ow

brief *adj.* berr, kott
briefly *adv.* a verr dermyn
brigand *n.* lader *m.* ladron
brigandage *n.* brig *m.*
bright *adj.* splann, golow, dergh, glow, ylyn, {bryght}; **make bright** splannhe
brighten *v.* klerhe, klerya
brightness *n.* splannder *m.* +yow, golewder *m.* +yow, gwynnder *m.* +yow, kann *m.*, splennyjyon *m.*, broghter *m.* +yow
brill *n.* lugarnleyth *f.* +es
brilliance *n.* splannder *m.*
brilliant *adj.* golow; *(very clever)* pur gonnyk
brim *n.* min *m.* +yow
brimstone *n.* loskven *m.* -veyn
brindled *adj.* brygh, labol
brine *n.* hyli *m.* +ow, {brin} *m.* {+yow}
brine-pit *n.* poll hyli *m.* pollow hyli
bring *v.* dri, hembronk, kyrghes; **bring down** dri dhe'n dor
brink *n.* glann *f.* +ow
Britain *n.* Breten; **Great Britain** Breten Veur
British *adj.* Predennek
Briton *n.* Brython *m.* +yon, {Bryton} *m.* {+s}
Brittany *place* Breten Vyghan, {Lesow}
brittle 1. *adj.* brottel, krin: **2.** *v.* **become dry or brittle** krina
Brittonic *adj.* Brythonek
broach *v.* attamya
broad *adj.* ledan, efan, {bredar}
broadcast *v.* darlesa: *n.* darlesans *m.* +ow
broadcasting *n.* darlesans *m.* +ow

broad-cloth *n.* pann-ledan *m.* pannow-l.
broad-leaved *adj.* ledan-dhelyek
broad-shouldered *adj.* skoedhek
brocade *n.* pali *m.*
broccoli *n.* kowlvleujenn *f.* +ow
broil *v.* broylya
broken *adj.* terrys, bryw, trogh; **broken heart** kolonn drogh; **broken pate** penn-kogh
broker *n.* mayner *m.* -oryon
bronze *n.* brons *m.* +yow
brooch *n.* brocha *m.* brochys
broody *adj.* *(of hen)* gor
brook *n.* gover *m.* +ow, keynres *m.* +yow, stredh *f.* +ow
broom *n.* *(implement)* skubell *f.* +ow; *(plant in general)* banadhel *coll.*; *(individual plant)* banadhlenn *f.* +ow **butcher's broom** kelynn byghan
broom-brake *n.* banadhlek *f.* -egi
broom-stick *n.* gwelenn-skubell *f.* gwelynni-skubell
broth *n.* kowl *m.* +ow, soubenn *f.* +ow; **clear broth** iskell *m.*; **thick broth** bros *m.* +ow
brothel *n.* chi drog-vri *m.* chiow drog-vri, horji *m.* +ow
brother *n.* broder *m.* breder
brotherhood *n.* brederedh *m.* +ow
brother-in law *n.* broder da *m.* breder dha, broder dre lagha *m.* breder dre lagha
brow *n.* tal *f.* +yow
browbeat *v.* arvedh
brown *adj.* gorm; **chestnut brown** gell kesten; **light brown** gell; **russet brown** gellrudh
Brownies *plur.* Gelligesow

714

brownish *adj.* gellik
browse *v.* *(feed)* peuri
browser *n.* *(comp.)* peurell *f.* +ow
bruise 1. *n.* bryw *m.* +yon: 2. *v.* brywi
bruised *adj.* bryw
brunch *n.* hansli *m.* -livyow
brush 1. *n.* *(of artist)* pynsel *m.* +s; *(small)* skubyllenn *f.* +ow; **pastry brush** skubyllenn bast: 2. *v.* skuba
brushwood *n.* kewydh *coll.*
brutal *adj.* milus
brutality *n.* miluster *m.*
brute *n.* milus *m.* milusyon
bubble *n.* hwythenn *f.* +ow, hwythfi
bubbly *adj.* hwythennek
buck *n.* *(male goat)* bogh *m.* +es
bucket *n.* kelorn *m.* kelern; *(large)* kibell *f.* +ow
buckle 1. *n.* bokyl *m.* boklow boklys: 2. *v.* bokla
buckler *n.* bokler *m.* +s
buckthorn *n* spernenn velyn *f.* +ow, spern melyn *coll.*
bucolic *adj.* bugelek
buddle *n.* **head of buddle** pennynn *m.* +ow
budge *v.* remova
budget *n.* towlargh *m.* +ow
buff *n.* *(colour)* liw bual *m.*
buffalo *n.* bual *m.* +yon
buffer *n.* *(of train)* divoemmell *f.* +ow
buffet *n.* boemmenn *f.* +ow
buffoon *n.* jogler *m.* -oryon +s
bug *n.* teurogenn *f.* +ow, teurek *coll.*
bugbear *n.* boekka du *m.* boekkas dhu
bugle-horn *n.* bualgorn *m.* -gern
build *v.* *(trans.)* drehevel, {byldya}; **finish building** kowldhrehevel

build

building

building *n.* chi *m.* chiow, drehevyans *m.* +ow; *(for processing ore)* moendi *m.* +ow
bulb *n.* *(for lamp)* bollenn *f.* +ow; *(of plant)* krennwreydhenn *f.* +ow, krennwreydh *coll.*
bulk *n.* myns *m.* +ow
bulky *adj.* mynsek
bull *n.* tarow *m.* terewi; **papal bull** bolla *m.* bollys
bullace *n.* yrin *coll.*
bullet *n.* pellenn *f.* +ow
bulletin *n.* bollynn *m.* +ow
bullet-point *n.* pennpoynt *m.* +ow
bull-head *n.* penn-tarow *m.* pennow-tarow
bullock *n.* lodhen *m.* lodhnow, lo'n *m.* +ow
bullock-house *n.* lo'nji *m.* +ow
bulrush *n.* pennduenn *f.* +ow, penndu *coll.*
bump *n.* boemm *m.* +yn, bonk *m.* +ys
bumper *n.* *(of car)* divoemmell *f.* +ow
bun *n.* tesenn vyghan *f.* tesennow byghan, torthell *f.* +ow
bunch *n.* bagas *m.* +ow, gronn *m.* +ow, toes *m.* +ow, tyskenn *f.* +ow; **bunch of ore** bonni *m.* +ow
bundle 1. *n.* fardell *m.* +ow, gronn *m.* +ow, pusorn *m.* +ow: 2. *v.* gronna; **bundle together** pusornas
bung *n.* korkynn *m.* +ow
bungle *v.* kammwonis
bunker *n.* dorgell *f.* +ow
buoyancy *n.* neuvelladewder *m.*
buoyant *adj.* neuvelladow; **neutrally buoyant** neuvelladow heptu
burden 1. *n.* begh *m.* +yow, karg *m.* +ow, pusorn *m.* +ow, sawgh *m.* +ow:

but

2. *v.* beghya, kompoesa
burdensome *adj.* beghus
burdock *n.* les-serghek *m.* lesyow-serghek, serghogenn vras *f.* serghek bras
bureau *n.* burow *m.* +yow; **Bureau for Lesser-used Languages** Burow an Yethow Nebes Kewsys
burgher *n.* burjes *m.* burjysi
burglary *n.* torrva ji *f.* torrvaow chi
Burgundy *place* Borgayn
burial *n.* ynkleudhyans *m.* +ow
burn *v.* dewi, leski; **burn up** kowlleski
burning *n.* losk *m.*, loskvann *m.* +ow
burnish *v.* splannhe
bursar *n.* porser *m.* -oryon
bursary *n.* arghas *m.* +ow
burst *n.* tardh *m.* +ow: *v.* tardha
bury *v.* ynkleudhyas, yntirya, kleudhi
bus *n.* kyttrin *m.* +yow
bush *n.* bos *m.* +ow pryskenn *f.* +ow, prysk *coll.*
bushel *n.* bushel *m.* +s
bushy *adj.* bosek; **bushy place** bosek
bushy-browed *adj.* abransek
business *n.* negys *m.* +yow; **bad business** hager vyaj; **business with** negys orth; **business district** ranndra negysyel *f.* ranndrevow *n.*
businessman *n.* gwikor *m.* +yon, negysydh *m.* +yon
bus-station *n.* kyttrinva *f.* +ow
bus-stop *n.* kyttrinva *f.* +ow, savla-kyttrin *m.* savleow-kyttrin
bustard *n.* gwernyar *f.* -yer
bustle 1. *n.* *(rush)* fysk *m.* +ow: 2. *v.* fyski
busy *adj.* bysi
but *conj.* lemen, mes

butcher *n.* kiger *m.* -oryon
butchery *n. (trade)* kigereth *f.*
butler *n.* boteller *m.* -oryon, bot'ler *m.* bot'loryon, menystrer *m.* -oryon, spenser *m.* -oryon
butt 1. *n. (container)* keryn *f.* +yow; *(target for archery)* but *m.* +ys: **2.** *v.* kornya
butter 1. *n.* amanynn *m.* +ow, {aman} *m.*: **2.** *v.* amanynna
butterfly *n.* tegenn Dhuw *f.* tegennow Duw, tykki-Duw *f.* tykkies-Duw
buttery *n.* talgell *f.* +ow
buttock *n.* pedrenn *f.* +ow, diwbedrenn *dual*
buttocks *plur.* diwbedrenn
button 1. *n.* boton *m.* +yow: **2.** *v.* botona
button-hole *n.* toll-boton *m.* tell-boton
buy *v.* prena; **buy back** dasprena; **buy dearly** tynnbrena; **buy on hire purchase** hirbrena
buyer *n.* prener *m.* -oryon, prenores *f.* +ow; *(female professional)* prenyades *f.* -ow; *(male professional)* prenyas *m.* -ysi
buzz 1. *n.* si *m.* +ow: **2.** *v.* hwyrni, sadronenni, sia
buzzard *n.* bargos *m.* bargesyon
buzzy-milk *n.* leth boesa *m.*
by *prep.* ei, gans, orth, par, ren, ryb, tann; **by Christmas** erbynn Nadelik; **hard by** ryb; *(in oaths)* re; **by my faith** tann ow fydh; **by my re'm**; **by the** dre'n, re'n; **by thy** dre'th
by-election *n.* isetholans *m.* +ow, istewisyans *m.* +ow
by-pass *n. (road)* fordh-dremen *f.* fordhow-tremen

C

cab *n. (of lorry)* kab *m.* +ow
cabbage *n.* kavach *m.* +ys, ongel *m.* +yow; *(in general)* kowl *coll.*; *(individual)* kowlenn *f.* +ow; **cabbage plot** kowlek *f.* -egi
cabin *n.* kabynn *m.* +ow, krowji *m.* +ow
cabinet *n.* **bedside cabinet** amari gweli; *(in government)*
cable *n.* fun *f.* +yow, funenn *f.* +ow, korsenn *f.* +ow; kors *coll.*, {kapel} *m.*; **electric cable** korsenn dredanek *f.* korsennow tredanek
cable-car *n.* karr-fun *m.* kerri-fun
cache *n.* kelva *f.* +ow
cackle *v.* grega
cackling *n.* greg *m.* +ow
caddy *n.* karrigell *f.* +ow
cafe *n.* koffiji *m.* +ow
cage 1. *n.* kowell *m.* +ow: **2.** *v.* kowella
cagey *adj.* kelus
cairn *n.* karn *m.* +ow; **abounding in cairns** karnedhek
cake *n.* tesenn *f.* +ow, {kakenn} *f.* {kakys}; **cake of wax** koerenn *f.* +ow, koer *coll.* **cream cake** tesenn dhyenn; **dinner-cake made of pastry** hwiogenn *f.* +ow; **large cake** torth *f.* +ow
cake-tin *n.* kanna-tesenn *m.* kannow-tesenn
calamity *n.* terroes *m.* +ow
calcify *v.* kalghhe
calcification *n.* kalghheans *m.*
calculate *v.* kalkya
calculation *n.* *(an individual)* kalkyans *m.* +ow; *(as a science)* kalkonieth *f.*

calculator *n.* reknell *f.* +ow; *(human)* kalkor *m.* +yon, kalkores *f.* +ow

Caledonian *adj.* {Kelesonek}

calendar *n.* kalender *m.* +yow; *(book)* lyver-dydhyow *m.* lyvrow-dydhyow; *(system)* dydhyador *m.* +yow

calends *plur.* Kalann

calf *n.* leugh *m.* +i; *(of leg)* berr *f.* +ow, bil an garr *m.* bilyow an garr, garrenn *f.* +ow; **small calf** boba *m.* bobys

calf-house *n.* leughti *m.* +ow

calfskin *n.* leughkenn *m.* +ow

call 1. *n.* galow *m.* +yow, galwenn *f.* +ow, kri *m.* +ow; **call to cattle** prouyt; **curtain call** galow omblek; **five-minute call** galow pymp mynysenn; **telephone call** galwenn bellgows *f.* galwennow pellgows: **2.** *v.* gelwel

called *adj.* gelwys

calling *n.* *(vocation)* galwesigeth *f.* +ow

Callington *place* Kelliwik

callosity *n.* kalesenn *f.* +ow

calm 1. *n.* kalmynsi *m.*, teg-awel *f.*: **2.** *adj.* hebask, koselek; *(of sea)* kompes: **3.** *v.* **calm down** omdhiserri

calumny *n.* kabel *m.*

Calvary *place* Kalvari

Camborne *place* Kammbronn

Cambridge *place* Kargront

camel *n.* kowrvargh *m.* -vergh

camera *n.* kamera *m.* +s, jynn-skeusenn *m.* jynnow-s.

camouflage *n.* kudhliw *m.* +yow

camp 1. *n.* kamp *m.* +ow +ys; *(earthwork)* ker *f.* +yow; **holiday camp** kamp-hav *m.* kampow-hav, kamp-hav *m.* kampow-hav: **2.** *v.* kampya

campaign 1. *n.* kaskyrgh *m.* +ow: **2.** *v.* kaskyrghes

campions *plur.* glusles

camp-site *n.* kampva *f.* +ow

can 1. *n.* kanna *m.* kannow, kavas *m.* +ow; **oil can** podik oyl: **2.** *v.* kavasa

canal *n.* dowrgleudh *m.* +yow, goeth *f.* +ow, kanel *f.* kanolyow

cancer *n.* kanker *m.* kankres

candelabrum *n.* kantoler *m.* +yow

candidate *n.* ombrofyer *m.* -oryon; **stand as a candidate** ombrofya

candle *n.* kantol *f.* +yow; **tallow candle** kantol soev; **wax candle** kantol goer

candle-stick *n.* kantolbrenn *m.* +yer

candy-floss *n.* kommolenn-sugra *f.*, kommol-sugra *coll.*

cane *n.* *(stick)* lorgh *f.* +ow; *(sugar)* korsenn *f.* +ow

cannabis *n.* kanabys *coll.*

canned *adj.* kennys

cannon *n.* kanon *m.* +yow

cannot *v.* **I cannot move** ny'm beus gwaya

canoe *n.* kanou *m.* +yow

canon *n.* chenon *m.* +s

canonry *n.* chenonri *m.*

canopy *n.* nenlenn *f.* +ow

canteen *n.* bywdern *m.* +ow

canter *v.* goresek

Canterbury *place* Kargens

cantilever *n.* keber valek *f.* kebrow balek

canvas *n.* kanvas *m.* +ys, kewarghlenn *f.* +ow

cap *n.* kappa *m.* kappow; **little cap** keghik *m.*

capable *adj.* abel
capacitance *n. (physical quantity)* gaveledh *m.* +ow
capacity *n.* dalgh *m.* +ow, dalghedh *m.* +ow, gavel *f.* +yow
cape *n. (geog.)* penn-tir *m.* pennow-tir; *(cloak)* mantell *f.* mantelli
capillary *n.* **capillary tube** korrbibenn *f.* +ow
capital *n. (money)* chatel *coll.* **capital city** pennsita *f.* -sitys
capitulate *v.* omdhaskorr
capon *n.* chapon *m.* +s
caprice *n.* sians *m.* +ow
capriciously *adv.* hwymm-hwamm
capsule *n.* bolghenn *f.* +ow, bolgh *coll.*
captain *n.* kapten *m.* +yon
captive 1. *adj.* keth: **2.** *n.* keth *m.* +yon
captivity *n.* kethneth *f.*
capture *v.* kachya: *n.* kachyans *m.* +ow
car *n.* karr *m.* kerri, karr-tan *m.* kerri-tan; **hire car** karr gobrena; **police car** karr kreslu
carapace *n.* krogen *f.* kregyn
caravan *n.* karavan *m.* +s
carbon *n.* karbon *m.*
carcass *n.* karyn *m.* +yes
carcinogen *n.* kankreginek *f.* -ogow
carcinogenic *adj.* kankreginek
card 1. *n.* kartenn *f.* +ow; **birthday card** kartenn benn-bloedh; **Christmas card** kartenn Nadelik; **small card** kartennik *m.* -igow: **business card** kartennik *m.* -igow: **2.** *v.* **card wool** kribya
Cardiff *place* Kardydh
cardigan *n.* kardigan *m.* +s
cardinal *n.* kardinal *m.* -es

care 1. *n. (keeping)* gwith *m.*, kur *m.* +yow; **take care of oneself** omweres; **child care** floghwith *m.*; **health care** yegheswith *m.*; *(responsibility)* charj *m.* +ys; *(worry)* govisyon *m.*, preder *m.* +ow; *(solicitude)* bern *m.* +yow, rach *m.*; **take care!** bydh war!, kemmer with!; **take care** gwaytyas, warya: **2.** *v.* **care for** kara; **I don't care** ny vern dhymm, ny'm deur, ny wrav fors; **I don't care a bit** ny rov oy; **I don't care a straw** ny settyav gwelenn gala
career *n.* resegva *f.* +ow
carefree *adj.* digeudh
careful *adj.* prederus; **be careful** omwitha; **be very careful** gorwitha
carefully *adv.* gans rach
careless *adj.* dibreder; *(remiss)* lows
carelessness *n.* dibredereth *f.*, fowt preder *m.*
caress 1. *n.* palvas *m.* +ow, palvas kerensa: **2.** *v.* chershya, palva
cargo *n.* karg *m.* +ow
carol *n.* karol *m.* +yow
carp *n. (fish)* lynnbysk *m.* -buskes, karp *m.* +es
car-park *n.* park-kerri *m.* parkow-k.
carpenter *n.* karpenter *m.* -oryon, ser prenn *m.* seri prenn
carpet *n.* leurlenn *f.* +ow: *v.* kessydhya
carping *adj.* krodhek
carrack *n. (great ship)* karrak *m.* +ys
carriage *n. (act of carrying)* karyans *m.*; *(of train)* kocha *m.* kochow kochys
carriageway *n.* karrhyns *m.* +yow; **dual carriageway** diwfordh *f.* +ow
carrier *n.* deger *m.* -oryon
carrion *n.* karyn *m.* +yes

carrot

carrot *n.* karetysenn *f.* +ow, karetys *coll.*
carry *v.* degi, doen; **carry out** kompoesa
cart 1. *n.* karr *m.* kerri, kert *m.* +ow +ys: **2.** *v.* karya, kertya
cart-bridge *n.* karrbons *m.* +ow
carthorse *n.* karrvil *m.* +es
cart-house *n.* kertji *m.* +ow
cartilage *n.* migorn *m.* +ow
cart-rut *n.* rosla *m.* -leow
cart-track *n.* karrhyns *m.* +yow
carve *v.* kervya; *(of meat)* treghi
carver *n.* kervyer *m.* -yoryon, *(of meat)* rennyas *m.* -ysi
carving *n.* kervyans *m.* +ow
car-wash *n.* golghva-gerri *f.* golghvaow-kerri
cascade *n.* froslamm *m.* +ow
case *n.* kas *m.* +ys; *(box)* trog *m.* +ow; **in any case** yn neb kas; **in that case** y'n kas na, ytho
cash *n.* mona *coll.*; **petty cash** mannvona *m.*
cash-card *n.* kartenn-vona *f.* kartennow-mona
casino *n.* chi gwari *m.* chiow gwari
cask *n.* balyer *m.* +yow +s
casket *n.* kofrynn *m.* +ow
cassock *n.* kryspows oferyas *f.* kryspowsyow oferyas
cast 1. *n. (of a play)* parsell *m.* +ow: **2.** *v.* deghesi, tewlel; *(of a play)* parsella; **cast lots** tewlel prenn; **cast out** fesya
castigate *v.* kastiga, kessydhya
castigation *n.* kastik *m.* -igow
castle *n.* kastell *m.* kastylli kestell
castor *n.* rosik *f.* -igow

cause

castrate *v.* spadha
castrated *adj.* spadh
castrato *n.* spadhesik *m.* -igyon
casual *adj.* anformel; *(of labour)* antowlek
cat *n.* kath *f.* kathes
catalogue *n.* menegva *f.* +ow, rolas *m.* +ow
cataract *n. (on eye)* kennenn *f.* +ow
catastrophe *n.* gordhroglamm *m.* +ow
catastrophic *adj.* gordhroglammek
catch *v.* kachya; **catch mice** legessa; **you'll catch it** ty a'n pren
categorize *v.* klassa
category *n.* klass *m.* +ys +ow
caterer *n.* mether *m.* -oryon
catering *n.* metherieth *f.*
caterpillar *n.* pryv del *m.* pryvyon del; **hairy caterpillar** kath vlewek *f.* kathes blewek
cathedral *n.* penneglos *f.* +yow
Catholic *adj.* katholik
Catholicism *n.* katholigieth *f.*
catkin *n.* kath helyk *f.* kathes helyk
cattery *n.* kathji *m.* +ow
cattle *n.* bughes, chatel *coll.*, biw *coll.*; **horned cattle** gwarthek *coll.*
cattle-dung *n.* busel *coll.* **cattle-shed** *n.* chi miles *m.* chiow miles, gredi *m.* +ow
cattle-yard *n.* buorth *m.* +ow, gwarthegva *f.* +ow
cauldron *n.* chek *m.* +ys, kowdarn *m.* +s
cauliflower *n.* kowlvleujenn *f.* +ow
caulk *v.* kalkya
cause 1. *n.* acheson *m.* +yow +ys, kaws *m.* +ys, ken *m.* +yow, skila *f.* skilys; *(person)* kawser *m.* -oryon; **cause for**

causeway
    regret dihedh *m.*: **2.** *v.* kawsya; **cause to** gul dhe
causeway *n.* kons *m.* +ow
caution 1. *n.* rach *m.*: **2.** *v.* gwarnya
cautious *adj.* fur, war; **be cautious!** bydh war!
cavalier *n.* marghek *m.* -ogyon
cavalry *n.* marghoglu *m.* +yow
cave *n.* fow *f.* +ys, gogow *f.* +yow, gwag *m.* +yon, kav *m.* +yow, mogow *f.* +yow
cavern *n.* mogow *f.* +yow
cavity *n.* kowva *f.* +ow
cease *v.* hedhi, astel, difygya, {sessya}
cease-fire *n.* astel-omladh *m.* astelyow-omladh
ceilidh *n.* troyll *m.* +yow
ceiling *n.* nen *m.* +yow; **vaulted ceiling** krommnen *m.*
celandine *n.* losowenn lagas *f.* losow lagas
celebrant *n.* oferyas *m.* oferysi
celebrate *v.* solempnya; **celebrate mass** oferenni
celebrated *adj.* gerys-da
celebration *n.* solempnyans *m.* +ow
celery *n.* kegisenn hweg *f.*, kegis hweg *coll.*
celestial *adj.* nevek
cell *n.* (*Biol.*) kell *f.* +ow; (*monastic*) log *f.* +ow; (*small room*) bagh *f.* +ow; **little cell** gogell *f.* +ow
cellar *n.* dorgell *f.* +ow, selder *m.* +yow
Celt *n.* Kelt *m.* +yon; **Brythonic Celt** Brython *m.* +yon; **Goidelic Celt** Gwydhel *m.* Gwydhyli
Celtic *adj.* keltek; **Brythonic Celtic** brythonek; **Goidelic Celtic** gwydhelek

certificate
cement *n.* lim *m.* +yow
cemetery *n.* ynkleudhva *f.* +ow, korflann *f.* +ow; **old cemetery** henlann *f.* +ow
cenotaph *n.* gwagvedh *m.* +ow
censer *n.* senser *m.* +s, ynkyslester *m.* -lestri
censure 1. *n.* kabel *m.*: **2.** *v.* blamya, kabla
census *n.* niveryans *m.* +ow
cent *n.* **per cent** kansrann *f.* +ow
centenary *n.* penn-kansbloedh *m.* pennow-k.
centipede *n.* kanstroes *m.* -es
central *adj.* kresel
centrality *n.* kresoleth *f.*
centre 1. *n.* (*building*) kresenn *f.* +ow, kresva *f.* +ow; (*in rugby*) kreswas *m.* -wesyon; (*middle*) kres *m.* +yow; **community centre** kresenn gemmynieth; **shopping centre** kresenn brenassa; **youth centre** kresenn yowynkneth: **2.** *adj.* **medical centre** medhegva
centurion *n.* penn-kangour *m.* pennow-kangour
century *n.* kansblydhen *f.* kansblydhynyow
cereal *n.* greunvoes *m.* +ow
ceremonial *adj.* solempnyel
ceremony *n.* devos *m.* +ow, solempnita *m.* -nitys
certain *adj.* diogel, kowgans, sertan; **a certain** neb unn, unn
certainly *adv.* devri, heb wow, sertan, yn hwir
certainty 1. *n.* surneth *f.* +ow: **2.** *adj.* kowganseth
certificate *n.* testskrif *m.* +ow

certify *v.* desta, {sertifia}
cessation *n.* finweth *f.* +ow
chafer *n.* hwil *m.* +es, hwilenn *f.* +ow, {kafor} *m.* {+s}
chaff *n.* doust *m.*, kulyn *coll.*, us *coll.*, usyon
chaffer *n.* chyffar *m.* +s
chaffinch *n.* tynk *m.* -es
chafing-dish *n.* chofar *m.* +s
chain 1. *n.* kadon *f.* +yow, chayn *m.* +ys: **2.** *v.* kadona, chaynya
chair 1. *n.* kador *f.* +yow; *(eccl.)* chayr *m.* +ys; *(professorial)* chayr *m.* +ys; **take the chair** kaderya: **2.** *v.* kaderya
chairman *n.* kaderyer *m.* -oryon
chalet *n.* krow prenn *m.* krowyow prenn
chalice *n.* kelegel *m.* -glow, {chalys} *m.* {+ys}
chalk *n.* krey *m.* +ow
challenge 1. *n.* chalenj *m.* +ys: **2.** *v.* chalenjya, defia
challenger *n.* bedhyas *m.* -ysi
chamber *n.* chambour *m.* +yow; **burial chamber in tumulus** kistven *f.*
chamberlain *n.* chambourlen *m.* +s
chamber-tomb *n.* **megalithic chamber-tomb** krommlegh *f.* +yow
champion *n.* kampyer *m.* -oryon
championship *n.* kampyorieth *f.* +ow
chance 1. *n.* chons *m.* +yow, fortun *m.* +yow, happ *m.* +ys: **2.** *v.* chonsya, fortunya, happya
chancel *n.* chansel *m.* +yow
chancellor *n.* chansler *m.* -oryon
chandelier *n.* kantoler *m.* +yow
chandler *n.* gwikor *m.* +yon, {chownler} *m.* {+s}

change 1. *n.* treylva *f.* +ow; *(alteration)* chanj *m.* +yow; *(money)* mona *coll.*; **small change** mona munys: **2.** *v.* chanjya, varya
changeable *adj.* hedro
changing-room *n.* chambour-gwiska *m.* chambouryow-g., gwiskva *f.* +ow
channel *n.* goeth *f.* +ow, kanel *f.* kanolyow, {chanel} *m.* {+yow}; **television channel** kanel *f.* kanolyow
chant 1. *n.* keurgan *f.* +ow: **2.** *v.* keurgana
chap *n.* gwas *m.* gwesyon
chapel *n.* chapel *m.* +yow, lann *f.* +ow
chaplain *n.* chaplen *m.* +s
chapter *n.* chaptra *m.* chapters; *(of cathedral)* kollji *m.* +ow
char *v.* goleski
character *n.* gnas *f.* +ow, natur *f.*
characteristic *n.* gnasenn *f.* +ow
charcoal *n.* glowbrenn *m.* +yer
charge 1. *n.* kost *m.* +ow; *(responsibility)* charj *m.* +ys: **2.** *v.* *(e.g. a battery)* karga; *(fill up)* argha; *(make responsible)* charjya
charger *n.* *(horse)* kasvargh *m.* kasvergh, kourser *m.* +s
chariot *n.* charett *m.* +ys +ow
charity *n.* cherita *m.*, kerensa *f.*; *(body)* aluseneth *f.* +ow; *(gift of money)* alusen *f.* +ow
Charles *name* Charlys
charm 1. *n.* hus *m.* +ow, soen *m.* +yow; *(item)* soenell *f.* +ow; **remover of charms** peller *m.* -oryon: **2.** *v.* didhana, husa, soena, {charmya}
chart *n.* tresenn *f.* +ow

charter *n.* chartour *m.* +s
chase 1. *n. (for hunting)* helghva *f.* +ow:
  2. *v.* chasya, helghya; **chase along** dehelghya; **chase off** fesya
chasing-tool *n.* kollell ravya *f.* kellylli gravya
chasm *n.* islonk *m.* +ow
chassis *n.* starn *f.* +yow
chaste *adj.* chast, gwar, gwyrgh
chasten *v.* chastia
chastise *v.* chastia, kessydhya
chastisement *n.* keredh *f.* +yow
chastity *n.* chastita *m.*
chasuble *n.* kasul *m.* +yow, ofergugoll *m.* +ow
chat 1. *v.* keskewsel: **2.** *n.* keskows *m.* +ow
chattel *n.* chatelenn *f.* +ow, chatel *coll.*
chatter 1. *n.* klapp *m.*; **noisy chatter** klatter *m.*: **2.** *v.* klappya, klattra
chatterbox *n.* tavosek *m.* tavosogyon
chatterer *n.* klappyer *m.* +s
cheap *adj.* a bris isel
cheat 1. *n.* hyger *m.* -oryon, hygores *f.* +ow; *(act of cheating)* hyg *f.* +ow: **2.** *v.* hyga, toella
check 1. *n.* lett *m.* +ow +ys; *(in chess)* ardak *m.* -dagow: **2.** *v.* chekkya; *(in chess)* ardaga
checkmate *n.* kowlardak *m.* -agow
check out *n.* rekenva *f.* +ow
cheek *n. (Anat.)* bogh *f.* +ow, diwvogh *dual*, grudh *f.* +ow; *(rudeness)* tonteth *f.*
cheeky *adj.* tont; **be cheeky** tontya
cheer *v. (gladden)* cherya; **cheer up!** gwellha dha jer!, gwellha dha jer!; **cheer up** cherya; **cheer oneself up** omjerya, **be of good cheer** omjerya

cheerful *adj.* lowenek
cheese *n.* keus *m.* +yow
cheese-press *n.* keuswask *f.* +ow
Cheesewring *place* **The Cheesewring** An Geuswask
chemical 1. *adj.* kymygiethel, kymyk: **2.** *n.* kymygenn *f.* +ow
chemise *n.* krys *m.* +yow
chemist *n.* feryl *m.* +yow; *(dispensing)* kymyst *m.* +yon; *(scientist)* kymygydh *m.* +yon
chemistry *n.* kymygieth *f.*
cheque *n.* chekkenn *f.* +ow; **blank cheque** chekkenn igor
cherish *v.* kovia
cherished *adj.* drudh, ker
cherry *n.* keresenn *f.* +ow, keres *coll.*
cherry-tree *n.* kereswydhenn *f.* +ow, kereswydh *coll.*
cherub *n.* cherub *m.* cherubim, elik *m.* eledhigow, {cherubyn} *m.* {+s}
chess *n.* goedhboell *m.*; **set of chessmen** mayni *m.*
chest *n.* argh *f.* +ow, kofer bras *m.* kofrow bras; *(Anat.)* kloes-diwvronn *f.* kloesyow-d.; *(box)* trog *m.* +ow; *(container)* kist *f.* +yow; **chest of drawers** argh-dillas *f.* arghow-dillas
chestnut *n.* kestenenn *f.* +ow, kesten *coll.*
chestnut-tree *n.* kestenwydhenn *f.* +ow, kestenwydh *coll.*
chew *v.* dynsel; **chew the cud** dasknias
chick *n.* ydhnik *m.* -igow
chicken *n.* yerik *f.* -igow; **young chicken** mabyar *f.* -yer; **chicken meat** kig yar; **chicken pox** brygh yar

chicken-shed *n.* krow yer *m.* krowyow yer
chickpea *n.* gwygbysenn *f.* +ow, gwygbys *coll.*
chickweed *n.* glydh *coll.*
chief 1. *n.* chyf *m.*: **2.** *adj.* chyf; **chief executive** pennweythresek
chiefly *adv.* dre vras
chieftain *n.* chyften *m.* +s, penntern *m.* +edh
child *n.* flogh *m.* fleghesow; **female child** myrgh *f.* myrghes; **little child** fleghik *m.* fleghigyow; **male child** mab *m.* mebyon
childbed *n.* gwelivos *m.*
child-care *n.* floghwith *m.*
childhood *n.* flogholeth *f.*
childish *adj.* floghel
childishness *n.* floghelder *m.*
childless *adj.* anvap
childlessness *n.* anvabeth *f.*
childlike *adj.* floghek
chill 1. *n.* anwoes *m.* +ow, goyeynder *m.*: **2.** *v.* yeynhe
chilly *adj.* anwoesek
chimney *n.* chymbla *m.* chymblys; **chimney corner** korn an oeles
chin *n.* elgeth *f.* +yow
China *place* China
china-clay *n.* pri gwynn *m.*
china-ware *n.* cheni *coll*
Chinese *adj.* chinek
chink *n.* aswa *f.* +ow
chip 1. *n.* askloesenn *f.* +ow, askloes *coll.*; *(of wood)* skommenn *f.* +ow: **2.** *v.* askloesi
chip-shop *n.* askloetti *m.* +ow
chiropodist *n.* troesvedhek *m.* -ogyon
chiropody *n.* troesvedhegieth *f.*

chirp *v.* gryllya
chirping *n.* gryllyans *m.* +ow
chisel 1. *n.* genn *m.* +ow: **2.** *v.* genna
chivalry *n.* chevalri *m.*, marghogieth *f.*
chocolate *n.* choklet *coll.*, *(piece)* chokletenn *f.* +ow
choice *n.* dewis *m.* +yow, ethol *m.* +ow
choir *n.* keur *m.* +yow
choke 1. *n.* tagell *f.* +ow: **2.** *v.* moga, taga
choked *adj.* megys, tegys
choking *n.* tag *m.* +ow
cholera *n.* kolera *m.*
choose *v.* dewis
choosing *n.* dewisyans *m.* +ow
choosy *adj.* dewisek
chop 1. *n.* tregh *m.* +ow: **2.** *v.* divyn, hakkya, nadha, skethra
chopper *n.* boelik *m.* -igow
chopping *n.* nadh *m.*
chortle 1. *n.* roghwarth *m.* +ow: **2.** *v.* roghwerthin
chough *n.* palores *f.* +ow
Christ *name* Krist
christen *v.* kristonhe, kristoni
christening *n.* besydhyans *m.* +ow
Christian 1. *n.* *(female)* Kristones *f.* +ow; *(male)* Kristyon *m.* Kristonyon; **fellow Christian** keskristyon *m.* keskristonyon: **2.** *adj.* Kristyon
Christianity *n.* Kristonedh *m.*
Christmas *n.* Nadelik *m.* -igow; **Merry Christmas!** Nadelik lowen!
church *n.* eglos *f.* +yow; **Baptist Church** Eglos Vesydhyek; **Catholic Church** Eglos Katholik; **Church of England** Eglos Pow Sows; **endowed church** mynster *m.*; **Methodist Church** Eglos an Vethodysi

church-site

church-site *n.* lann *f.* +ow
churchtown *n.* treveglos *f.* +yow
churchyard *n.* korflann *f.* +ow
churl *n.* chorl *m.* +ys
churlish *adj.* chorlek
chute *n.* slynkva *f.* +ow
cicatrice *n.* kreythenn *f.* +ow, kreyth *coll.*
cider *n.* sider *m.*
cigarette *n.* sigarik *m.*
cinder *n.* kolenn varow *f.* kolennow marow
Cinderella *name* Lusuennik
cinema *n.* sinema *m.* +ow
cinquefoil *n.* pympdelenn *f.* pympdel
circle *n.* kylgh *m.* +yow, ros *f.* +ow; **dress circle (in theatre)** kylghva *f.* +ow; **grand circle (in theatre)** kylghva veur *f.* kylghvaow meur; **stone circle** dons meyn *m.* donsyow meyn
circlet *n.* kylghynn *m.* +ow
circuit *n.* kylghenn *f.* +ow, tro *f.* +yow, trogylgh *m.* +yow, trova *f.* +ow
circular 1. *adj.* krenn, kylghyek, rond: **2.** *n.* kylghlyther *m.* +ow
circularity *n.* rondenep *m.* -enebow
circulation *n.* kylghresyas *m.* +ow
circumcise *v.* trodreghi, {sirkumsisya}
circumference *n.* kompas *m.* +ow
circumspect *adj.* {erwir}
circus *n.* (*show*) syrk *m.* +ow
cistern *n.* dowrargh *m.* +ow
citation *n.* devynn *m.* +ow
cite *v.* devynna, {alejya}
citizen *n.* burjes *m.* burjysi
city *n.* sita *f.* sitys
civil *adj.* sivil
civility *n.* sivilta *m.*

clawed

civilize *v.* hwarhe
civilized *adj.* doeth
claim 1. *n.* chalenj *m.* +ys, kwarel *m.* +s; **miner's claim** bounds: **2.** *v.* chalenjya, perghenna, perghennegi; **claim to be** omwul
claimant *n.* gwiryek *m.* -ogyon
clairvoyant *n.* pellweler *m.* –oryon, pellwelores *f.* +ow
clammy *adj.* oerlyp
clamour *n.* kri *m.* +ow, tros *m.* +ow
clan *n.* kordh *m.* +ow
clap *v.* **clap hands** takya
clarification *n.* klerheans *m.* +ow
clarify *v.* klerhe
clarion *n.* kleryon *m.* +s
clarity *n.* klerder *m.* +yow, ylynder *m.*
clasp *n.* brocha *m.* brochys
clasp-knife *n.* kollell bleg *f.* kellylli pleg
class *n.* klass *m.* +ys +ow; **social class** renkas *m.* +ow; **ruling class** gwelhevin *coll.*; **upper class** renkas ughel *m.* renkasow u.; **middle class** renkas kres *m.*; **working class** renkas ober *m.*
classic *adj.* klassek
classical *adj.* klassek
classification *n.* klassans *m.* +ow
classify *v.* klassa
clatter *v.* klattra
clause *n.* rannlavar *m.* +ow
claustrophobia *n.* klosown *m.*
claustrophobic *adj.* klosownek
claw 1. *n.* ewin *m.* +es; (*of crab*) paw *f.* +yow, diwbaw *dual:* **2.** *v.* kravas, skravinas
clawed *adj.* ewinek

clay

clay *n.* pri *m.* +ow; **clayey place** priek *f.* priegi, prienn *f.* +ow
claymore *n.* kledha meur *m.* kledhedhyow m.
claypit *n.* poll pri *m.* pollow pri
clay-worker *n.* priweythor *m.* +yon
clay-works *n.* priweythva *f.* +ow
clean 1. *adj.* glan, glanyth, pur: **2.** *v.* glanhe
cleaning *n.* glanheans *m.*
cleanliness *n.* glander *m.*, glanythter *m.*
cleanse *v.* kartha, glanhe
cleansing *n.* karth *m.* +yon; **ethnic cleansing** karth ethnek
clear 1. *adj.* kler; *(clean)* glan; *(distinct)* diblans; *(free)* rydh; *(transparent)* ylyn: **2.** *v.* glanhe, klerhe
clearance *n.* *(permission)* kummyas *m.* +ow
clearing *n.* *(in a wood)* lannergh *m.* +i
clearness *n.* klerder *m.* +yow
clearway *n.* fordh-lan *f.* fordhow-glan, klerfordh *f.* +ow; **urban clearway** klerfordh drevel *f.* klerfordhow trevel
cleave *v.* folsa, klyjya
cleavers *n.* *(plant)* serghogenn *f.* +ow, serghek *coll.*
cleft *n.* fols *m.* +yow, ryll *f.* +ow, saven *f.* savnow
clemency *n.* kuvder *m.*
clergy *n.* klerji *m.*, pronteredh *f.*
clergyman *n.* kloerek *m.* -ogyon, mab-lyenn *m.* mebyon-lyenn, pronter *m.* +yon
clergywoman *n.* prontores *f.* +ow
cleric *n.* kloerek *m.* -ogyon, mab-lyenn *m.* mebyon-lyenn

clockwise

clerk *n.* kloerek *m.* -ogyon, skrifwas *m.* -wesyon; **bank clerk** arghanswas *m.* -wesyon; **solicitor's clerk** laghwas *m.* -wesyon
clerkship *n.* kloeregieth *f.* +ow
clever *adj.* konnyk, sleygh, {konnyng}
cleverness *n.* sleyghneth *f.*
click *v.* klykkya
client *n.* kliens *m.* +ow
cliff *n.* als *f.* +yow, kleger *m.* +ow, klog *f.* +ow, leder *f.* ledrow
cliffed *adj.* klegerek
climate *n.* hin *f.* +yow
climatic *adj.* hinek
climatological *adj.* hinoniethel
climatologist *n.* hinonydh *m.* +yon
climatology *n.* hinonieth *f.*
climax *n.* barr *m.* +ow
climb *v.* krambla, yskynna; **climb by ladder** skeulya
climber *n.* krambler *m.* -oryon
climbing *adj.* kramblek
clinch *n.* gwrynyans *m.* +ow
cling *v.* glena, grabalyas, serghi; **cling together** kesklena
clinic *n.* medhegva *f.* +ow
clink *v.* tynkyal
clinking *n.* tynkyans *m.* +ow
clip *n.* *(e.g. paper-clip)* synsell *f.* +ow, klypp *m.* +ys
clippers *n.* gwelsow
clique *n.* klykkas *m.* +ow
clitter *n.* radell *m.* +ow
cloak *n.* klok *m.* +ys, kop *m.* +ys, mantell *f.* mantelli, pylf *m.* +ow; **hooded cloak** huk *f.* +ys; **hooded fur cloak** penngogh *m.* +ow
clock *n.* klokk *m.* +ow
clockwise *adv.* naswedhek

clockwork *n.* klokkweyth *m.*
clod *n.* kesenn *f.* kesow
cloister *n.* kloyster *m.* +s
close 1. *n.* klos *m.* +yow +ys, park *m.*
+ow; **monastic close** lann *f.* +ow:
2. *adj.* ogas, poes; **close to** ryb:
3. *v.* degea
closed *adj.* deges, klos
closer *adv.* yn-nes
close-shaven *adj.* blogh
closet *n.* amarik *m.* -igow
clot 1. *n.* kowlesenn *f.* +ow, mol *m.*
+yow: **2.** *v.* kowla, mola
cloth *n.* kweth *f.* +ow, pann *m.* +ow;
(individual) lenn *f.* +ow; **bolting cloth**
yskar *m.*; **cover oneself with a cloth**
omgwetha; **cover with a cloth**
kwetha; **linen cloth** lien *m.* +yow;
purple cloth purpur *m.*; **woven
cloth** gwias *m.* +ow
clothe *v.* dillasa, gwiska, lenni
clothes *n.* dillas *coll.*
clothing *n.* dillas *coll.* +enn; **item of
clothing** dillasenn *f.* +ow; **put on
clothing** omwiska; **safety clothing**
dillas diogeledh
cloud *n. (as a mass)* kommol *coll.*
{kloudys}; *(individual)* kommolenn *f.*
+ow;
cloudless *adj.* digommol
cloudy *adj.* kommolek
clout 1. *n.* klout *m.* +ys: **2.** *v.* kloutya
clove *n. (of garlic)* ewin kennin *m.*
ewines k.
clover *n.* mellyonen *f.* +ow, mellyon
coll.
clover-patch *n.* mellyonek *f.* -egi
clovery *adj.* mellyonek
clown *n.* lorden *m.* +yon +s

cloy *v.* gwalgha
club *n. (weapon)* fust *f.* +ow
club-footed *adj.* pawgamm
cluck *v.* krykanas
clue *n.* gidyans *m.* +ow
clump *n.* bonni *m.* +ow
cluster *n.* bonni *m.* +ow; **star cluster**
stervonni *m.* +ow
clutch 1. *n. (in car)* krafell *f.* +ow:
2. *v.* grabalyas, klyjya
co- *pref.* kes-, kev-
coach *n. (bus)* kocha *m.* kochow
kochys; *(in sport)* kochyas *m.* -ysi,
kochyades *f.* +ow: *v.* kochya
coagulate *v.* kowla
coagulation *n.* kowles *coll.*
coal *n. (in bulk)* glow *coll.*, koles *coll.*;
(one lump) glowenn *f.* +ow, kolenn *f.*
+ow; **live coal** kolenn vyw,
regydhenn *f.* +ow *coll.* regydh; **place
abounding in coal** glowek *f.* -egi
coalesce *v.* kesteudhi
coalfield *n.* glowek *f.* -egi
coal-heap *n.* glowek *f.* -egi
coal-house *n.* glowji *m.* +ow
coal-mine *n.* poll glow *m.* pollow glow
coal-pit *n.* poll glow *m.* pollow glow
coal-shed *n.* glowji *m.* +ow
coal-tit *n.* penn-glow *m.* pennow-glow
coarse *adj.* garow
coarseness *n.* garowder *m.* +yow
coast *n.* arvor *m.* +yow, morrep
m. -ebow
coastal *adj.* arvorel; **coastal region**
arvorek
coastland *n.* arvor *m.* +yow
coastline *n.* morlinenn *f.* +ow
coat 1. *n.* kota *m.* kotow, pows *f.* +yow;
coat of mail kaspows *f.*; **short coat**

jerkynn *m.*; **sleeveless coat of chainmail** hoberjon *m.*: 2. *v.* gwiska; **coat with film** kenna

coat-hanger *n.* gwarak wisk *f.* gwaregow gwisk

coating *n.* gwiskas *m.* +ow

coat-of-arms *n.* kota arvow *m.* kotow arvow

coax *v.* dynya

co-axial *adj.* kesaghlek

cob *n.* hoba *m.* +s

cobble *v.* kerya

cobbler *n.* eskisyas *m.* -ysi, keryer *m.* -oryon

cocaine *n.* kokeyn *m.*

cock *n.* (*male bird*) kulyek *m.* +es -oges, {kokk} *m.* {+es}; **cock's comb** kribenn gulyek; **turkey cock** {kokk Gyni}

cockcrow *n.* kulyek-kenys *m.*

cockerel *n.* kulyek *m.* +es -oges

cockle *n.* koklysenn *f.* +ow, koklys *coll.*

cockroach *n.* hwilenn dhu *f.* hwilennow du

cocoa *n.* koko *m.*

coconut *n.* knowenn goko *f.* know koko

cod *n.* barvus *m.* +i

code *n.* kodenn *f.* +ow

coffee *n.* koffi *m.* +ow; **instant coffee** koffi desempis

coffee-house *n.* koffiji *m.* +ow

coffee-mill *n.* melin goffi *f.* melinyow koffi

coffer *n.* argh *f.* +ow, kofer *m.* kofrow kofrys

coffin *n.* geler *f.* +yow, logel *m.* +ow, trog *m.* +ow

cog *n.* dansell *f.* +ow

cognate *adj.* keslinek

cohabit *v.* kesvywa

cohabitation *n.* kesvywnans *m.* +ow

coherence *n.* kesklenedh *m.* +ow

coherent *adj.* kesklenus

cohesion *n.* kesklenans *m.*

cohort *n.* (*demographic*) kevoesenn *f.* +ow; (*military*) kohort *m.* +ys

coil *v.* terghi

coin 1. *n.* bath *m.* +ow; **copper coin** koberenn *f.* +ow: 2. *v.* batha

coincide *v.* keslamma

coincidence *n.* keslamm *m.* +ow

coiner *n.* bather *m.* +yon

colander *n.* tellvolla *m.* -vollow

cold 1. *n.* yeynder *m.*, yeynyjyon *m.*; (*in the head*) anwoes *m.* +ow: 2. *adj.* yeyn; **apt to catch cold** anwoesek; **catch cold** anwoesi; **excessively cold** oer

colewort *n.* ongel *m.* +yow

collaborate *v.* kesoberi

collaboration *n.* kesoberyans *m.* +ow

collaborator *n.* kesoberer *m.* +yon

collapse 1. *n.* diskar *m.* +ow: 2. *v.* diskara

collar-bone *n.* kolorenn *f.* +ow, diwgolorenn *dual*

collate *v.* keskorra

collateral *adj.* keslinek

collation *n.* keskorrans *m.* +ow

colleague *n.* kowethyades *f.* +ow, kowethyas *m.* -ysi

collect *v.* (*intrans.*) omguntell; (*trans.*) kuntell; **collect leaves** delyowa

collection *n.* kuntell *m.* +ow

collective *adj.* kuntellek

collector *n.* kuntellor *m.* +yon, kuntellores *f.* +ow

college *n.* kollji *m.* +ow

colliery

colliery *n.* poll glow *m.* pollow glow
collinear *adj.* keslinel
collop *n.* goleyth *m.* +ow
colon *n. (punctuation)* dewboynt *m.* +ow; *(Anat.)* kolon *m.* +yow
colonial *adj.* trevesigel
colonialism *n.* trevesigoleth *f.*
colony *n.* trevesigeth *f.* +ow
coloration *n.* liwans *m.* +ow
colossal *adj.* kowrek
colostomy *n.* kraw-kolon *m.* krawyow-kolon
colour 1. *n.* kolor *m.* +s, liw *m.* liwyow; *(of material)* sewt *m.* +ys: **2.** *v.* kolorya, liwa
coloured *adj.* liwek
colouring *n.* liwans *m.* +ow
colourless *adj.* diliw
colt *n.* ebel *m.* ebeli
coltsfoot *n.* alannenn f. +ow, alann *coll.*
column *n.* koloven *f.* +yow, post *m.* +ow
columnist *n.* kolovenydh *m.* +yon
comb 1. *n.* krib *f.* +ow, restrer *m.*: **2.** *v.* kribas
combination *n.* kesunyans *m.* +ow
combine *v.* kesunya
combings *n.* kribyon
combustion *n.* losk *m.*, loskvann *m.* +ow; **combustion engine** kevloskell *f.* +ow
come 1. *adj.* devedhys: **2.** *v.* devones, devos, dones, dos; **come after** holya; **come and go** daromres; **come back** dehweles; **come in!** deus a-bervedh!, deus a-ji!; **come to pass** hwarvos; **come to** dos ha
comedian *n.* gesyer *m.* gesyoryon, gesyores *f.* +ow

commerce

comedy *n.* komedi *m.* +s
comely *adj.* kader
comet *n.* sterenn lostek *f.* sterennow lostek, {sterenn-leski} *f.* {sterennow-leski}
comfort 1. *n.* es *m.*; *(spiritual)* konfort *m.* +s: **2.** *v.* konfortya, lowenhe; **comfort oneself** omgonfortya
comfortable *adj.* attes
comforter *n.* konforter *m.* +s
comic 1. *n.* gesyer *m.* gesyoryon, gesyores *f.* +ow: **2.** *adj.* hwarthus
coming *n.* devedhyans *m.* +ow
command 1. *n.* arghadow *m.* +yow, arghas *m.* +ow, gorhemmynn *m.* +ow: **2.** *v.* erghi, gorhemmynna, {komondya}
commander *n. (military)* kaslywydh *m.* +yon
commandment *n.* arghadow *m.* +yow, gorhemmynn *m.* +ow, {kommondment} *m.* {+ys}
commandments *plur.* gorhemmynnadow, gor'mynnadow
commemorate *v.* kovhe
commemoration *n.* kovheans *m.* +ow
commence *v.* dalleth
commencement *n.* dalleth *m.* +ow, derow *m.* +yow
commend *v.* kommendya
commendable *adj.* kommendyadow
commendation *n.* kemmynneth *f.* +ow, kommendyans *m.* +ow
comment *n.* **1.** kampoell *m.* +ow: **2.** *v.* kampoella
commentary *n.* derivas *m.* +ow
commentator *n.* derivador *m.* +yon, derivadores *f.* +ow
commerce *n.* kenwerth *m.* +ow

commercial *adj.* kenwerthel
commiserate *v.* keskalari
commiseration *n.* keskalar *m.* +ow
commission *n. (group of persons)* desedhek *m.* desedhogow; *(money)* rannles *m.* +ow; **Boundary Commission** Desedhek an Oryon; **Forestry Commission** Desedhek an Koeswigow
commissioner *n.* desedheger *m.* -oryon
commit *v.* {kommyttya}; **commit something to someone** ri an charj a neppyth dhe nebonan
committee *n.* kessedhek *m.* -sedhogow
commodities *plur.* gwara
common *adj.* kemmyn
commoner *n.* kemmyn *m.* +yon, {komner} *m.* {+s}
commonly *adv.* yn kemmyn
commotion *n.* freudh *m.* +ow
communicate *v.* keskomunya
communication *n.* keskomunyans +ow
communion *n.* komun *m.* +yow, komunyans *m.* +ow; **Holy Communion** Komun Sans, komunyans *m.* +ow, {kommunyon} *m.*; **take Communion** komunya
communism *n.* kemmynegoreth *f.*
communist 1. *adj.* kemmynegorek; **2.** *(female)* kemmynegores *f.* +ow; *(male)* kemmynegor *m.* +yon
community *n.* kemmynieth *f.* +ow
compact *adj.* **compact disc** plasenn arghansek, sidi
companion *n.* keskoweth *m.* +a, keskowethes *f.* +ow, kila *m.*, mata *m.* matys; *(female)* kowethes *f.* +ow;

(male) koweth *m.* +a; **table companion** kevywyas *m.* -ysi
companionship *n.* keskowethyans
company *n.* kowethas *m.* +ow, kowethyans *m.* +ow, {felshyp} *m.*, {kompani} *m.* {+s}; **in the company of** yn herwydh; **keep company** kowethya
comparative *adj.* kehevelus
compare *v.* keheveli, {komparya}
comparison *n.* kehevelyans *m.* +ow
compassion *n.* piteth *f.*, truedh *m.*
compassionate *adj.* pitethus, truedhek
compatible *adj.* kesplegadow
compel *v.* kompella, konstryna
compensate *v.* astiveri
compensation *n.* astiveryans *m.* +ow
compete *v.* kesstrivya
competition *n.* kesstrif *m.* +ow
competitive *adj.* kesstrifus
competitor *n.* kesstrivor *m.* +yon
compilation *n.* kevernyans *m.* +ow
compile *v.* kevernya
compiler *n.* kevernyer *m.* -yoryon, kevernyores *f.* +ow
complain *v.* krodhvolas, plentya; **complain at** krodhvolas war
complainer *n.* grolyek *m.* -ogyon
complaint *n.* gyth *m.* +yow, krodhvol *m.* +yow; *(medical)* kleves *m.* +ow, grevons *m.* +ys
complaisant *adj.* omvodhek; **be complaisant** omvodhya
complete 1. *adj.* dien, kowal: **2.** *v.* kollenwel, kowldhiwedha, kowllenwel, kowlwul
completely *adv.* yn tien, glan, kowal, kwit, teg, oll
completeness *n.* dieneth *f.*

complex

complex *adj.* komplek, kompleth
complexion *n.* fisment *m.* fismens, liw *m.* liwyow
complicate *v.* komplekhe
complicated *adj.* komplek, kompleth
complication *n.* komplethter *m.* +yow
Compline *n.* Komplin *m.*
comprehend *v.* konvedhes, {komprehendya}
comprehension *n.* konvedhes *m.*
comprehensive *adj.* olldhalghus
compress *v.* gwaska
compression *n.* gwaskedh *m.*
compromise *n.* kessoylyans *m.* +ow
compute *v.* amontya
computer *n.* jynn-amontya *m.* jynnow-amontya, amontyell *f.* +ow
  Although **jynn-amontya** is in widespread use, it might be advisable to have a shorter word.
computing *n.* amontieth *f.*
comrade *n.* kothman *m.* +s, mata *m.* matys
con *v. (direct a vessel)* brennya
con- *pref.* ke-, kom-, {kon-}
concave *adj.* kowgromm
conceal *v.* keles, kudha
concealed *adj.* kudh
concealment *n.* dannva *f.* +ow, keladow *m.*, kovva *f.* +ow, kudhans *m.* +ow
concede *v.* amyttya
conceive *v.* konsevya; *(a child)* omdhoen
concept *n.* tybyans *m.* +ow
concern 1. *n.* bern *m.* +yow, kever *m.*; **it is of no concern** ny vern: **2.** *v.* didheuri, {konsernya}; **it does not concern me** ny'm deur

730

confess

concerning *prep.* a-dro dhe, yn kever, {ow tochya}; **concerning me** y'm kever
concert *n.* goel ilow *m.* goelyow ilow, keskan *f.* +ow
conclude *v.* diwedha, gorfenna, {konkludya}
concluded *adj.* gorfennys
conclusion *n.* gordhiwedh *m.* +ow, gorfenn *m.* +ow
concourse *n.* lown *m.* +yow
concrete *n.* kentevynn *m.* +ow
concurrent *adj.* kesresek
concussion *n.* kryghyllyans *m.*
condemn *v.* dampnya
condemnation *n.* dampnyans *m.*
condition *n.* plit *m.* +ys, studh *m.* +yow
conditional *adj.* ambosel; **conditional tense** amser ambosel
condole *v.* keskalari, keskodhevel
condolence *n.* keskalar *m.* +ow
conduct 1. *n.* fara *m.*, {faryng} *m.*, {konduk} *m.*: **2.** *v.* gidya, hembronk, ledya
conductor *n. (person)* hembrenkyas *m.* -ysi
conduit *n.* goeth *f.* +ow
cone *n.* pigorn *m.* pigern
coney *n.* konin *m.* +es
confection *n.* kyfeyth *m.* +yow
confectioner *n.* kyfeythyer *m.* -yoryon
confectionery *n.* melysweyth *m.*
confederate *n.* keffrysyas *m.* -ysi
conference *n.* keskusulyans *m.* +ow; **summit conference** keskusulyans barrek
confess *v.* avowa, konfessya; *(of sins)* yes; **confess sins** meneges

confessor

confessor *n.* konfessor *m.* +s +yon
confide *v.* fydhya, trestya; **confide in** kyfi
confidence *n.* fydhyans *m.*, kresys *m.*, kyfyans *m.*
confident *adj.* fydhyansek
confined *adj.* ynn
confirm *v.* afydhya, fastya, surhe, {konfirmya}
confluence *n.* kemper *m.* +yow
conformity *n.* kesfurvyans *m.* +ow
confound *v.* {konfondya}
confraternity *n.* kenbrederedh *m.* +ow
confuse *v.* kemmyska, penndaga
confused *adj.* kemmyskys, penndegys, sowdhenys; **be confused** sowdhanas
confusion *n.* deray *m.* +s, sowdhan *m.*
confute *v.* {konviktya}
conglomerate *v.* keskronna
conglomeration *n.* keskronnans *m.* +ow
congratulate *v.* keslowenhe
congratulations *plur.* keslowena
congregation *n.* kuntellyans *m.* +ow
congress *n.* kuntelles *m.* +ow; **Celtic Congress** Kuntelles Keltek
conical *adj.* pigornel
conifer *n.* sabenn *f.* +ow, sab *coll.*
conjugal *adj.* priosel
conjugate *v.* kesyewa
conjugation *n.* kesyewans *m.* +ow
conjugational *a.* kesyewansel
conman *n.* kammfydhwas *m.* -wesyon
connect *v.* junya
connection *n.* mell *m.* +ow
conning *n.* **conning tower** brennva *f.*
conquer *v.* fetha, tryghi, {konkerrya}

conspiracy

conqueror *n.* fether *m.* -oryon, trygher *m.* -oryon, {konkerrour} *m.* {+s}
conquest *n.* trygh *m.* +ow, {konkwest} *m.* {+ys}
conscience *n.* kowses *m.* +yow, {konshyans} *m.* {+ow}
conscientious *adj.* diwysyk, prederek
consciousness *n.* omwodhvos *m.*; **lose consciousness** klamdera
consecrate *v.* sakra, {konsekratya}
consecration *n.* sakrans *m.* +ow
consecutively *adv.* yn unn rew
consensual *adj.* bodhel
consensus *n.* kesakordyans *m.* +ow
consent 1. *n.* bodh *m.* +ow: **2.** *v.* assentya
consenting *adj.* bodhek
consequence *n.* sywyans *m.* +ow
consequent *adj.* **be consequent upon** omsywya
consequential *adj.* sywyansel
conservation *n.* gwithans *m.*
conservative *adj. (physics)* omwithek
consider *v.* prederi, ombrederi, {konsydra}
considerable *adj. (sizeable)* mynsek
consideration *n.* avis *m.* +yow
consignment *n.* karg *m.* +ow
consist *v.* {konsystya}
consistent *adj.* kesson; **be consistent with** akordya y golonn gans
consolation *n.* konfort *m.* +s
console *v.* konfortya
consommé *n.* iskell pur *m.*
consonant *n.* kessonenn *f.* +ow
consonantal *adj.* kessonennel
consort *v.* kowethya
conspicuous *adj.* hewel
conspiracy *n.* bras *m.* +ow

conspirator

conspirator *n.* braser *m.* -oryon
constant 1. *n. (in physics)* divarenn *f.* +ow; **decay constant** divarenn a vreynans: **2.** *adj.* sad
constantly *adv.* prest
constellation *n.* ranneves *f.* +ow
constituency *n.* pastell-vro *f.* pastellow-vro
constitution *n.* korf-lagha *m.* korfow-lagha
constitutional *adj.* korf-laghel
constrain *v.* konstryna, stroetha
constraint *n.* konstrynans *m.* +ow
constrict *v.* stroetha, taga
constriction *n.* tagell *f.* +ow
construct *v.* drehevel
construction *n.* drehevyans *m.* +ow
constructive *adj.* drehevyek
consultant *n.* kusulyas *m.* -ysi
consultation *n.* kusulyans *m.* +ow
consultative *adj.* kusulyek
consumer *n.* devnydhyer *m.* -yoryon
contact 1. *n.* kestav *m.* +ow: **2.** *v.* kestava
contagion *n.* plag *m.* +ys
contagious *adj.* plagus
contain *v.* {kontaynya}
container *n.* kofenn *f.* +ow
contaminate *v.* mostya
contamination *n.* mostyans *m.* +ow
contemporary *adj.* kevoes; **contemporary with** kevoes gans
contempt *n.* bismer *m.*; **bring into contempt** gul bismer dhe
contend *v.* debatya, kenkia, strivya
content *n.* dalgh *m.* +ow
contention *n.* strivyans *m.* +ow
contentious *adj.* kavyllek
contents *n.* synsas *m.* +ow

732

controversy

contest *n.* kesstrif *m.* +ow
context *n.* kettestenn *f.* +ow
continent *n.* brastir *m.* +yow
continental *adj.* brastiryel
continual *adj.* heb hedhi, anhedhek
continually *adv.* prest
continuation *n.* pesyans *m.* +ow
continue *v.* pesya, {kontynewa}
continuous *adj.* didorr
continuum *n.* didorrva *f.* +ow
contortionist *n.* omgammer *m.* -oryon
contraband *adj.* noswikorek; **contraband goods** noswara
contrabandist *n.* noswikor *m.* +yon
contraceptive *n.* haslett *m.* +ow
contract *n.* ambos *m.* +ow, kevambos *m.* +ow, torrva ambos
contraction *n.* kottheans *m.* +ow; *(birth-pain)* gloes *m.* +ow
contradict *v.* kontradia
contradiction *n.* kontradians *m.* +ow
contradictory *adj.* kontradiek
contrary 1. *n.* **to the contrary** dhe'n kontrari: **2.** *adj.* gorth, konter, kontrari
contribute *v.* kevri
contribution *n.* kevro *m.* kevrohow
contributor *n.* kevriyas *m.* kevriysi
contrite *adj.* keudhesik
contrition *n.* keudhesigeth *f.*
contrivance *n.* darbar *m.* +ow
contrive *v.* devisya, framya, {fangla}
control 1. *n.* maystri *m.*; **control tower** tour routya; **exercise control over** gul maystri war: **2.** *v.* kontrolya, rewlya, routya
controller *n.* router *m.* +s
controversy *n.* {kontroversita} *m.* {-sitys}

controvert *v.* kontradia
convection *n.* bryjyon *m.*, dardhegyans *m.*
convectional *adj.* dardhegyansel
convective *adj.* bryjyek
convenience *n.* es *m.*
conveniences *n.* *(toilets)* privedhyow
converge *v.* keskeverya
convergence *n.* keskeveryans *m.* +ow
conversation *n.* keskows *m.* +ow
converse *v.* kewsel; keskewsel, {kestalkya}
conversion *n.* kedreylyans *m.* +ow
convert *v.* kedreylya, {konvertya}
convex *adj.* bothkromm
convey *v.* {konvaya}; **convey an estate** statya
conviction *n.* kowses *m.* +yow
convocation *n.* keskalwans *m.* +ow
convulsion *n.* shora *m.* +ys
cook 1. *n.* keginer *m.* -oryon; *(female)* koges *f.* +ow; *(male)* kog *m.* +ow: **2.** *v.* kegina
cooked *adj.* keginys, parys
cooker *n.* kogforn *f.* +ow
cookery *n.* keginieth *f.*
cooking-stove *n.* kogforn *f.* +ow
cool 1. *adj.* goyeyn: **2.** *v.* goyeynhe; **cool off** mygli. **3.** *n.* goyeynder *m.*
coolness *n.* goyeynder *m.*, mygylder *m*
coop 1. *n.* kowell *m.* +ow: **2.** *v.* **coop up** kowella
cooper *n.* keryner *m.* -yoryon, bonkyer *m.* -oryon
cooperage *n.* kerynva *f.* +ow
co-operate *v.* kesoberi
co-operation *n.* kesoberyans *m.* +ow
co-ordinate *v.* kesordena
co-ordination *n.* kesordenans *m.* +ow

co-ordinator *n.* kesordenor *m.* +yon
coot *n.* dowryar *f.* -yer
cope *n.* kop *m.* +ys
copious *adj.* pals
copper *n.* kober *m.*
coppersmith *n.* gweythor kober *m.* gweythoryon gober
copperwork *n.* koberweyth *m.*
copse *n.* kelli *f.* kelliow, pryskwydh *coll.*
copulate *v.* kesya
copy 1. *n.* dasskrif *m.* +ow, daswrians *m.* +ow, kopi *m.* +ow: **2.** *v.* dasskrifa, kopia
copyright *n.* gwirbryntyans *m.* +ow: *v.* gwirbryntya
cord *n.* kordenn *f.* kerdyn; **cord for fastening** sygenn *f.*
core *n.* *(of apple, etc.)* kolonnenn *f.* +ow
cork *n.* *(stopper)* korkynn *m.* +ow: *v.* korkynna
corkscrew *n.* alhwedh-korkynn *m.* alhwedhow-korkynn
cormorant *n.* morvran *f.* -vrini
corn *n.* ys *coll.*; *(one plant)* ysenn *f.* +ow; **ear of corn** penn-ys *m.* pennow-ys; **rich in corn** ysek
corner 1. *n.* korn *m.* kernow, kornell *f.* +ow, sorn *m.* +ow; **chimney corner** korn an oeles: **2.** *v.* kornella
cornerstone *n.* pennmen *m.* -meyn
cornet *n.* tollgorn *m.* tollgern
cornfield *n.* ysek *f.* -egi
Cornicize *v.* Kernewekhe
Cornish 1. *n.* Kernewek *m.*; **Late Cornish** Kernewek Diwedhes; **Middle Cornish** Kernewek Kres; **Old Cornish** Kernewek Koth; **Revived Cornish** Kernewek

Cornishman

Dasserghys; **Unified Cornish** Kernewek Unys; **Cornish by Correspondence** Kernewek Dre Lyther: **2.** *adj.* kernewek; **Cornish Language Board** Kesva an Taves Kernewek; **Cornish Language Fellowship** Kowethas an Yeth Kernewek; **Cornish Gorsedd** Gorsedh Kernow; **make Cornish** Kernewekhe; **Cornish language** Kernewek; **Cornish speaker** Kerneweger
Cornishman *n.* Kernow *m.* +yon
Cornishwoman *n.* Kernewes *f.* +ow
corn-marigold *n.* bodhenn *f.* +ow, kaja velyn *f.* kajow melyn
corn-poppy *n.* myll *f.* +es
Cornwall *place* Kernow; **Cornwall Council** Konsel Kernow; **Cornwall Tourist Board** Kesva Tornyaseth Kernow
corona *n. (solar)* kurungylgh *m.* +yow
coronation *n.* kurunans *m.* +ow
coronet *n.* kurunik *f.* -igow
corporation *n.* korforeth *f.* +ow
corpse 1. *n.* korf *m.* +ow: **2.** *v. (theatre)* stervya
corpulent *adj.* korfek
corpuscle *n.* korfigenn *f.* +ow
corpuscular *adj.* korfigel
correct 1. 2. *adj.* eun, ewn, kewar: **3.** *v.* ewna, kewara, {korrektya}; **correct oneself** omamendya
correction *n.* ewnans *m.* +ow
correctness *n.* kewerder *m.*, kompoester *m.* +yow
correspond *v.* kesskrifa
correspondence *n. (letters)* kesskrifans *m.* +ow

couch

correspondent *n.* kesskrifer *m.* -oryon
corresponding *adj.* kehaval
corroborate *v.* keskwirhe
corrode *v.* kesknias
corrosion *n.* kesknians *m.*
corrosive *adj.* kesknius
corrugated *adj.* kevryllys
corrupt 1. *adj.* podrek, podredhek, poder: **2.** *v.* pedri, legri, {korruptya}
corrupted *adj.* legrys
corruption *n.* legras *m.* +ow, podredhes *m.* +ow
cosine *n.* kosin *m.* +yow
cosiness *n.* klyster *m.*
cosmic *adj.* kosmek
cosmological *adj.* kosmoniethel
cosmologist *n.* kosmonydh *m.* +yon
cosmology *n.* kosmonieth *f.*
cosmos *n.* kosmos *m.*
cost 1. *n.* kost *m.* +ow, kostyans *m.* +ow; **at all costs** awos neb tra, awos travyth: **2.** *v.* kostya
costermonger *n.* stretwikor *m.* +yon
costly *adj.* ker, kostek, {kostli}
costmary *n.* kosta *m.*
costs *n.* **maintenance costs** kostow-mentons
costume *n. (for a play)* gwiskas *m.* +ow
cosy *adj.* klys
cot *n. (small house)* pennti *m.* +ow
co-terminous *adj.* kettermynyek
cottage *n.* pennti *m.* +ow; **one-roomed cottage** krowji *m.* +ow; **small cottage** dyji *m.* +ow
cotton *n.* koton *m.* -enyow
cotton-grass *n.* goenbluvenn *f.* +ow, goenbluv *coll.*
cotton-wool *n.* gwlan koton *coll.*
couch *n.* gorwedhva *f.* +ow

cough

cough 1. *n.* pas *m.* +ow: **2.** *v.* pasa
coulter *n. (of plough)* kolter *m.* koltrow, trogher *m.* +yow
council *n.* konsel *m.* +yow; **Security Council** Konsel Diogeledh
councillor *n.* konseler *m.* -oryon
counsel 1. *n.* kusul *f.* +yow: **2.** *v.* kusulya
counsellor *n.* kusulyador *m.* +yon, kusulyer *m.* -oryon
count 1. *n. (census)* niveryans *m.* +ow; *(noble)* yurl *m.* +ys: **2.** *v.* akontya, amontya, nivera, rekna, komptya; **not counting** heb
countenance *n. (face)* fas *m.* fasow, fisment *m.* fismens, bejeth, {koyntnans} *m.* {+ow}
counter *v. (answer)* gorthybi
counterbalance 1. *n.* gorthpoes *m.* +ow: **2.** *v.* gorthpoesa
counterclaim *n.* klem *m.* +ys
counterfoil *n.* gorthdhelenn *f.* +ow
counterpart *n.* gorthparth *f.* +ow
counterpoint *n. (music)* gorthpoynt *m.*
counterpoise *n.* gorthpoes *m.* +ow
countersink *v.* gorthsedhi
counter-tenor *n.* konternot *m.* +ys
counterweight *n.* gorthpoes *m.* +ow
counting *n.* niveryans *m.* +ow; **counting house** chi komptya *m.* chiow k.
countless *adj.* diniver
country *n.* bro *f.* +yow, gwlas *f.* +ow, pow *m.* +yow; **chief country** pennwlas *f.* +ow; **country seat** trigva *f.* +ow; **pertaining to a country** gwlasek; *(countryside)* pow *m.* +yow; **open country** mes *m.* +yow
countryman *n.* trevesik *m.* -igyon

covenant

countryside *n.* powdir *m.* +yow, pow *m.* +yow
countrywoman *n.* tioges *f.* +ow, trevesiges *f.* +ow
county *n.* konteth *f.* +ow, yurleth *f.* +ow Not to be used to describe Cornwall.
couple 1. *n.* kopel *m.* koplow, parya; *(people)* dewdhen *m.*; **married couple** dewbries *m.*: **2.** *v.* kopla
coupling *n.* koplans *m.* +ow
coupon *n.* kolpon *m.* +s
courage *n.* kolonn *f.* +ow, kolonnekter *m.*, kolonnweyth *f.*, vertu *f.* +s
courageous *adj.* kolonnek
courier *n.* reswas *m.* -wesyon
course *n.* hyns *m.* +yow, kors *m.* +ow, res *m.* +ow, resegva *f.* +ow; *(of meal)* sand *m.* +ow; *(of study)* steus *f.* +ow; **of course** heb mar
¹**court** *n.* kour *m.* +yow, lys *f.* +yow, {kort} *f.* {+ys}; *(in street-names)* garth *m.* +ow; **court of law** breuslys *f.* +yow, lys an lagha; **magistrates' court** lys justisyel *f.* lysyow justisyel; **old court** henlys *f.* +yow
²**court** *v.* tanta
courteous *adj.* kortes
courtesy *n.* kortesi *m.* +s
courtier *n.* lyswas *m.* -wesyon
courtly *adj.* lysyek
courtship *n.* tantans *m.* +ow
courtyard *n.* garth *m.* +ow
cousin *n. (female)* keniterow *f.* keniterwi; *(male)* kenderow *m.* kenderwi; *(either sex)* {kosin} *m.* {+s}
cove *n.* porth *m.* +ow
covenant *n.* ambos *m.* +ow, kevambos *m.* +ow

cover

cover 1. *n.* gorher *m.* +yow, goskes *m.* goskeusow; *(hiding-place)* kudhans *m.* +ow; *(of a book)* kudhlenn *f.* +ow; *(of beehive)* kogh *m.* +ow: **2.** *v.* gorheri, kudha, lenni, goskeusi; **cover oneself** omlenni; **cover oneself with a cloth** omgwetha
covering *n.* gorheras *m.* +ow, gwiskas *m.* +ow, kudhans *m.* +ow; *(material)* pallenn *f.* +ow
covert *adj.* kudh
covet *v.* hwansa, kovaytya
covetous *adj.* hwansek
covetousness *n.* hwansekter *m.*, kovaytis *m.*
cow *n.* bugh *f.* +es; **calfless cow** gownagh *f.* +es
coward *n.* ownek *m.* ownogyon, kilgi *m.* kilgeun, {koward} *m.* {+s}
cowardice *n.* kilgieth *f.*, {kowardi} *m.*
cowardly *adj.* {koward}
cowboy *n.* bughwas *m.* -wesyon
cow-dung *n.* **dried cow-dung used as fuel** glos *coll.*
cower *v.* plattya
cow-fold *n.* bowlann *f.* +ow
cowherd *n.* bugel gwarthek *m.* bugeledh warthek, bugel lodhnow *m.* bugeledh lodhnow
cowhide *n.* bughkenn *m.* +ow
cow-house *n.* bowji *m.* +ow
cowl *n.* kugoll *m.* +ow
co-worker *n.* kesoberer *m.* +yon
cowshed *n.* bowji *m.* +ow, chi miles *m.* chiow miles
coy *adj.* gohelus
crab *n.* kanker *m.* kankres
crabbed *adj.* krabys
crabby *adj.* droktemprys

cream

crab-pot *n.* kowell kankres *m.* kowellow kankres
crack 1. *n.* krakk *m.* +ys: **2.** *v.* krakkya: **3.** *int.* krakk
crack-down *n.* gorgeredh *f.* +ow
cracked *adj.* trogh
cracked-voiced *adj.* grolyek
cradle *n.* kowell lesk *m.* kowellow lesk, lesk *m.* +ow
craft *n.* kreft *f.* +ow, myster *m.* +ys
craftsman *n.* krefter *m.* -oryon, mysterden *m.* +s, ser *m.* +i
crafty *adj.* fel, sotel
crag *n.* kleger *m.* +ow, klog *f.* +ow
craggy *adj.* klegerek
craker *n.* grolyek *m.* -ogyon
craking *adj.* grolyek
cramp *n.* godramm *m.* +ow
cranberry-bush *n.* korswigenn *f.* +ow, korswik *coll.*
crane *n.* garan *f.* +es, {krana} *m.* {kranys}
crankshaft *n.* gwelenn-dhornigell *f.* gwelynni-dornigell
crash-barrier *n.* skoeske *m.* +ow
crate *n.* kloes *f.* +yow
crater *n.* kowdoll *m.* kowdell
crave *v.* yeuni
craving *n.* ewl *f.* +ow, yeunadow *m.*, yeunogneth *f.* +ow
crawl *n.* kramya, pedrevanas
crayon *n.* kreyon *m.* +yow
crazy *adj.* foll
creak *n.* gwigh *m.* +yow
cream *n.* **1.** dyenn *m.* +ow; **clotted cream** dyenn molys *m.* dyennow *m.*; **ice-cream** dyenn rew *m.* dyennow rew; **form cream** dyenna **2.** *v.* dyenna

creamy *adj.* dyennek
crease 1. *n.* pleg *m.* +ow: **2.** *v.* plegya
create *v.* formya, gwruthyl, {kreatya}
creation *n.* gwrians *m.* +ow
creative *adj.* awenek
creator *n.* formyas *m.* -ysi, formyer *m.* -yoryon, furvyer *m.* furvyoryon, gwrier *m.* -oryon, kreador *m.* +yon
creature *n.* kroadur *m.* +yon, {kreatur} *m.* {+s}; **creeping creature** pryv *m.* +es +yon
credentials *plur.* lytherow kresys
credibility *n.* krysadewder *m.*
credible *adj.* krysadow
credit *n.* bri *f.*, kresys *m.*
credit-card *n.* kartenn-gresys *f.* kartennow-kresys
creditor *n.* *(female)* kresysores *f.* +ow; *(male)* kresysor *m.* +yon
credulity *n.* hegoeledh *m.* +ow
credulous *adj.* hegoel
creed *n.* kryjyans *m.* +ow
creek *n.* heylynn *m.* +ow, pyll *m.* +ow, korn dowr *m.* kern dowr
creep 1. *n.* *(in physics)* kreupyans *m.*: **2.** *v.* kramya, kreupya, slynkya; **creep on all fours** pedrevanas
crescent *n.* kromman *f.* +ow
cress *n.* beler *coll.*; *(one plant)* belerenn *f.* +ow
cress-bed *n.* belerek *f.* -egi
cressy *adj.* belerek
crest *n.* krib *f.* +ow, kribenn *f.* +ow
Crete *place* Kreth
crevice *n.* felsynn *m.* +ow
crew *n.* mayni *m.* +ow; *(theatre)* **technical crew** para teknogel *m.* parys t.

¹**cricket** *n.* *(insect)* gryll *m.* +es, krygell *f.* +ow
²**cricket** *n.* *(game)* krykket *m.*
crier *n.* krier *m.* -oryon; **town crier** krier an dre *m.* krioryon an dre
crime *n.* drogober *m.* +ow, galweyth *m.* +yow, hager-ober *m.* +ow, {bad-ober} *m.* {+ow}
criminal 1. *n.* drogoberer *m.* -oryon, gal *m.* +yon: **2.** *adj.* galweythel
crimp *v.* gogrygha
crimson *adj.* rudhgogh
crinkle 1. *n.* krygh *m.* +yow: **2.** *v.* krygha
cripple 1. *n.* evredh *m.* +yon, mans *m.* +yon, {kropyl} *m.* {+s}, evredhek *m.* -ogyon, evredhes *f.* +ow; *(male)* **2.** *v.* evredhi
crippled *adj.* evredh, evredhek, evr'ek, mans
crisis *n.* barras *m.* +ow
crisp *n.* kresik *m.* -igow
criterion *n.* breusverk *m.* +ow
critic *n.* arvreusyas *m.* -ysi, arvreusyades *f.* +ow; **theatre critic** barner gwariva
critical *adj.* *(pertaining to a crisis)* troboyntel, tykkli; *(judgmental)* breusel
criticism *n.* arvreus *f.* +ow
criticize *v.* arvreusi; **criticize oneself** omjastia
critique *n.* breus-skrif *m.* +ow
croak 1. *n.* ronk *m.* +ow: **2.** *v.* renki
croaking *adj.* ronk
crock *n.* chek *m.* +ys, krokkenn *f.* +ow; *(container)* seth *m.* +ow; *(large jar)* per *m.* +yow
crocodile *n.* krokodil *m.* +es

croft

croft *n.* kroft *m.* +ow
cromlech *n.* krommlegh *f.* +yow
crook *n. (for catching sand-eels)* fynngler *m.* +yow; *(staff)* bagel *f.* baglow, bagh *f.* +ow; **use a crook for catching sand-eels** fynngla
crooked *adj.* kamm, kromm; *(crook-shaped)* baglek; **person who is morally crooked** kamm
crookedness *n.* kammder *m.*
crooked-shouldered *adj.* kammskoedhek
crook-shanked *adj.* berrgamm, garrgamm
crop 1. *n.* trevas *f.* +ow; *(of bird)* kroth *f.* +ow: **2.** *v. (truncate)* dibenna
cross 1. *n.* krows *f.* +yow; **little cross** krowsik *f.* -igow; **on the cross** y'n grows, yn krows: **2.** *adj.* serrys, konter, treus: **3.** *v.* treusi; **cross oneself** omsoena
cross-bar *n.* treusprenn *m.* +yer, treuster *m.* treustrow
cross-beam *n.* treuster *m.* treustrow
crossbow *n.* fustwarak *f.* -waregow
cross-examine *v.* gorthapposya
cross-examination *n.* gorthapposyans *m.* +ow
cross-eyed *adj.* kammlagasek
cross-hairs *n.* resell *f.* +ow
crossing *n.* treusva *f.* +ow; **level crossing on a railway** treusva hyns-horn
crossing-place *n.* treusva *f.* +ow
cross-piece *n.* treusprenn *m.* +yer
cross-purposes *n.* **talk at cross-purposes** kewsel a-dreus
crossroads *n.* krowsfordh *f.* +ow, krows-hyns *m.* +yow

738

crush

cross-saw *n.* treus-heskenn *f.* +ow
cross-section *n.* treustregh *m.* +ow
cross-sectional *adj.* treustreghel
cross-shaped *adj.* krowsek
cross-tempered *adj.* krowsek
cross-wire *n.* resell *f.* +ow
crosswise *adv.* **set crosswise** krowsek
crossword *n.* **crossword puzzle** krowseryow
crotch *n.* gowl *f.* +ow
crouch *v.* plattya
croutons *n.* krestenigow
crow *n.* bran *f.* brini; **hooded crow** bran loes, bran Marghas Yow
crowd 1. *n.* bush *m.* +ys, lu *m.* +yow, rout *m.* +ys, routh *f.* +ow:
crowing *n. (of cock)* kenys *m.*
crown 1. *n.* kurun *f.* +yow; *(of hat)* kogh *m.* +ow; **crown of thorns** kurun spern: **2.** *v.* kuruna
crows-staff *n.* krows-prenn *f.* +yer
crozier *n.* bagel *f.* baglow
crozier-bearer *n.* krosser *m.* +s
crucial *adj.* troboyntel
crucible *n.* teudhlester *m.* -lestri
crucifix *n.* krows-prenn *f.* +yer
crucify *v.* krowsya
cruel *adj.* fell, kruel, tynn
cruelty *n.* fellder *m.*, kruelder *m.* +yow
crumb *n.* brywsyonenn *f.* +ow, brywsyon *coll.*, brywyonenn *f.* +ow, . brywyon *coll*; *(of loaf)* hwigenn *f.*
crumble *v.* brywi, brywsi
crumbled *adj.* **crumbled material** bryws
crumhorn *n.* krommgorn *m.* –gern
crusade *n.* krowskas *f.* +ow
crush *v.* skwattya, brywi, {abattya};
crush inwards kropya

crust *n.* krestenenn *f.* +ow, kresten *coll.*, krevenn *f.* +ow
crusty *adj.* krestenyek, krevennek
crutch *n.* kroch *m.* +ow +ys
cry 1. *n.* kri *m.* +ow, lev *m.* +ow: **2.** *v.* kria, oulya; *(weep)* oela; **cry out** garma, leva, skrija
cryptographer *n.* kelskrifer *m.* -oryon
cryptography *n.* kelskrifonieth *f.*
crystal *n.* gwrys *m.* +ow
crystallography *n.* gwrysonieth *f.*
cub *n.* kolen *m.* kelyn
cube *n.* kub *m.* +ow
cubic *adj.* kubek; **cubic capacity** dalghedh kubek
cubit *n.* kevelin *m.* +yow
cuckoo *n.* kog *f.* +es, koukou *f.* +s
cudgel *n.* batt *m.* +ys
cue 1. *n.* lostlavar *m.* +ow; *(snooker)* gwelenn *f.* gwelynni, gwel *coll.*: **2.** *v.* lostleverel
cuff *v.* boksusi, {kuffya}
cuisine *n.* keginieth *f.*
cul-de-sac *n.* fordh-dhall *f.* fordhow-dall
culpable *adj.* kablus
culrage *n.* kulregh *m.*
cultivate *v.* *(crops)* gonedha, gonis
cultivated *adj.* **cultivated land** mesek
cultivation *n.* gonisogeth tir *f.*
cultivator *n.* gonedhek *m.* -ogyon, gonedhyas *m.* -ysi
cultural *adj.* gonisogethel; **cultural diversity** diverseth wonisogethel
culture *n.* gonisogeth *f.* +ow, megyans *m.* +ow
culverhouse *n.* kolommji *m.* +ow
cummerbund *n.* torrgyngel *f.* -gynglow

cunning 1. *n.* felder *m.*, kallder *m.*: **2.** *adj.* fel, kall
cup *n.* hanaf *m.* +ow, kib *f.* +ow; **shallow cup** fiol *f.* +yow
cupboard *n.* amari *m.* +ow +s
cupful *n.* hanafas *m.* +ow
cupidity *n.* pithneth *f.*
cur *n.* **savage cur** brathki *m.* -keun
curb *v.* fronna
curd *n.* kowlesenn *f.* +ow kowles *coll.*
curdle *v.* kowla; **curdle with rennet** godroetha
cure 1. *n.* kur *m.* +yow: **2.** *v.* kurya, yaghhe
curfew *n.* kudhwolow *m.* +ys
curious *adj.* *(strange)* koynt; *(inquisitive)* govynnus, troenek
curl *v.* krullya
curled *adj.* krullys
curlew *n.* gelvinek *m.* gelvinogyon
curly *adj.* krullys
currency *n.* mona kemmyn *coll.*
current 1. *n.* *(flow)* fros *m.* +ow: **2.** *adj.* a-lemmyn
currently *adv.* a-lemmyn
currier *n.* *(one who colours leather)* kroener *m.* -oryon
curry *v.* **apply a curry-comb to a horse** streylya
currycomb *n.* streyl *f.* +yow
curse 1. *n.* molleth *f.* mollothow; **God's curse** molla'tyw: **2.** *v.* milliga, mollethi, emskemuna, {kussya}
cursed *adj.* mollothek
cursor *n.* resell *f.* +ow
curt *adj.* kott
curtness *n.* kottni *m.*
curtain *n.* kroglenn *f.* +ow; **safety curtain** kroglenn dhiogeledh

curtain-down

curtain-down *n. (theatre)* kroglenn-nans *f.* kroglennow-nans
curtain-up *n. (theatre)* kroglenn-bann *f.* kroglennow-bann
curvaceous *adj.* krommedhek
curvature *n.* krommedh *m.* +ow
curve 1. *n.* gwarr *f.* +ow, kromman *f.* +ow: **2.** *v.* kamma
curved *adj.* kromm
cushion *n.* pluvek *f.* pluvogow
custodian *n. (female)* gwithyades *f.* +ow; *(male)* gwithyas *m.* gwithysi
custody *n.* gwith *m.*; **police custody** gwith an kreslu *m.*
custom *n.* gis *m.* +yow, maner *f.* +ow, us *m.* +yow; *(ritual)* devos *m.* +ow; **according to custom** herwydh usadow
customary *adj.* usadow; *(ritual)* devosel
customer *n.* prener *m.* -oryon, prenores *f.* +ow
customs *n.* **customs officer** tollwas *m.* -wesyon
customs-house *n.* tollji *m.* +ow
cut 1. *n. (incision)* trogh *m.* +ow; *(slice)* tregh *m.* +ow; **make a first cut or bite in** attamya: **2.** *adj.* trogh: **3.** *v.* lownya, treghi; **cut out** estreghi; **cut up** divyn
cutlass *n.* kledha kromm *m.* kledhedhyow k.
cutlery *n.* daffar lymm *m.*
cut-off *n. (lake)* stummlynn *f.* -lynnyn
cuttable *adj.* hedrogh
cutter *n.* tregher *m.* -oryon, treghyas *m.* -ysi
cut-throat *n.* torrgek *m.* -gegow
cutting *n. (e.g. on road)* troghva *f.* +ow

damage

cuttlebone *n.* tag-hir *m.* tagow-hir
cycle 1. *n.* kylghres *f.* +ow; *(of motion)* troweyth *f.* +yow: **2.** *v.* diwrosa
cyclic *adj.* kylghresek
cyclical *adj.* kylghresek
cyclone *n.* trowyns *m.* +ow
cyclonic *adj.* trowynsek
cyclops *n.* unnlagasek *m.* -ogyon
cylinder *n.* hirgrennenn *f.* +ow
cylindrical *adj.* hirgrenn
cymbal *n.* symbal *m.* +ys
Czech *adj.* Chekk; **Czech Republic** Pow Chekk

D

dace *n.* talek *m.* taloges
dachshund *n.* broghki *m.* -keun
dad *n.* tas *m.* +ow, tasik *m.* -igyon
daddy *n.* tasik *m.* -igyon
daffodil *n.* lili Gorawys *f.* lilis Korawys; **sea daffodil** omdowl morek *m.* omdowlow morek
daft *adj.* gokki
dagger *n.* dagyer *m.* +s, kledha byghan *m.* kledhedhyow b.
daily *adj.* dydhyek, pub-dydhyek
dainty *adj.* denteth, denti
dairy *n.* lethti *m.* +ow, le'ti *m.* +ow; **dairy produce** askorr lethek
daisy *n.* boreles *m.* +yow, igor *m.* igeryow, kaja *f.* kajow; **ox-eye daisy** kaja vras
dale *n.* nans *m.* +ow
dally *v.* trufla
dam *n.* arge *m.* +ow
damage 1. *n.* kisyans *m.* +ow, damaj *m.* +ys, koll *m.* +ow; **damage by**

damaging weather arnewa; **storm damage** arnow *m.*: **2.** *v.* kisya
damaging *adj.* kisus
dame *n.* dama *f.* damyow damys
damn *v.* dampnya
damnation *n.* dampnyans *m.*
damned *adj.* dampnys
damp 1. *n.* glybor *m.*, gwlygha: **2.** *adj.* glyb, gwylgh; **damp place** soegenn
dampen *v.* leytha
damping *n. (physics)* bleudhyans *m.* +ow
damsel *n.* damsel *f.* +s
dance 1. *n.* dons *m.* +yow; **dance to sung music** karol *m.* +yow: **2.** *v.* donsya; **dance to sung music** karoli
dancer *n. (female)* donsyores *f.* +ow; *(male)* donsyer *m.* -yoryon
dandelion *n.* dans-lew *m.* dyns-lew, les-dynsek *m.* lesyow-dynsek
danger *n.* peryll *m.* +ow, danjer *m.* +yow, hakter *m.*, {hwer} *m.* {+yow}; **danger of loss** argoll *m.*
dangerous *adj.* deantell, peryllus
dapple *v.* britha
dappled *adj.* brithek
dare *v.* bedha, lavasos; **I dare say** bedhav y di
daring *adj.* bedhek, bold
dark *adj.* du, tewal, tewl; **become dark** tewlhe
darken *v.* tewlhe
darkness *n.* duder *m.* +yow, tewlder *m.*, tewlyjyon *m.*, tewolgow *m.*
darling 1. *n.* hweg *m.* +ow, hwegenn *f.* +ow, keresik *m.* -igyon, melder *m.* +yow: **2.** *adj.* hwegoll

darnel *n.* ivrenn *f.* +ow, ivrenn *coll.*
dart *n.* sethan *f.* -enyow, sethik *f.* -igow
dash 1. *n.* fysk *m.* +ow: **2.** *v.* fyski
dashboard *n.* skoestell *f.* +ow
data-stick *n.* kyf-kov *m.* kyfyon-kov
date 1. *n. (specific day)* dydhyas *m.* +ow; **closing date** dydh-degea *m.*; *(meeting)* dydhvetyans *m.* +ow: **2.** *v. (a document)* dydhya; *(a person)* dydhvetya
dative *adj.* riek
datum *n.* datum *m.* data
daub *v.* pria
daughter *n.* myrgh *f.* myrghes
daughter-in-law *n.* gohydh *f.* +ow
David *name* Davydh, Dewi
dawdle *v.* treynya
dawdling *adj.* termynek
dawn 1. *n.* bora *m.* +ow; **hour before dawn** mo *m.* +yow: **2.** *v.* tardha
day *n.* dydh *m.* +yow, jorna *m.* jorneow; *(abbr.)* dy' *m.*; **by day** dydhweyth, yn jydh; **by night and by day** mo ha myttin; **by this day** re'n jydh hedhyw; **day before yesterday** dygynsete *m.*; **day's time** dydhweyth *f.* +yow; **every day** pub-dydh; **first day of month** dy' Halann; **following day** morow *f.*; **good day** duwrdadhejy, Duwrdadhy'hwi, dydh da; **next day** ternos; **on the day after tomorrow** trenja; **period of three days** trydydh *m.*; **the day after** ternos; **the day an** jydh; **third day hence** godrevedh *f.*; **this very day** y'n jydh hedhyw; **two days hence** trenja; **working day** dy'gweyth *m.* +yow

daybreak *n.* bora *m.* +ow, dydh-tardh *m.*, tardh an jydh *m.* tardhow an jydh, terri an jydh

daylight *n.* golow dydh *m.*

daytime *n.* **in the daytime** dydhweyth

dazzle *v.* dallhe, godhalla

deacon *n.* dyagon *m.* +yon

dead *adj.* marow, tremenys; **abode of the dead** annown; **stone dead** marow sygh

deadline *n.* linenn-varow *f.* linennow-marow

deadlock *n.* stagsav *m.* +ow

deadly *adj.* marwel

dead-nettles *n.* koeglinas *f.* +enn

deaf *adj.* bodhar; **become deaf** bodhara; **deaf person** bodharek

deafen *v.* bodharhe

deafness *n.* bodharses *m.*

deal *n.* myns *m.* +ow: *v.* {delya}; **deal with** dyghtya

dealer *n.* rennyas *m.* -ysi, marchont *m.* -ons

dean *n.* deyn *m.* +ys

deanery *n.* deynji *m.* +ow, deynieth *f.* +ow

dear *adj.* drudh, hweg, ker, keresik, kuv; **dear one** keresik, kuv

dearness *n.* kerneth *f.*

dearth *n.* esow *m.*

death *n.* mernans *m.* +ow; *(bloodshed)* krow *m.*; *(personified)* ankow *m.*; **death rate** kevradh mernans *m.* kevradhow *m.*; **point of death** eneworres *m.*; **put to death** ladha, gorra dhe vernans

debate *n.* dadhelva *f.* +ow

debater *n.* dadhlor *m.* +yon

debauchery *n.* {harlotri} *m.*

debit *n.* kendon *m.* +ow; **debit card** kartenn gendon *f.* kartennow kendon

debt *n.* kendon *f.* +ow

debtor *n.* *(female)* kendonores *f.* +ow; *(male)* kendoner *m.* -oryon

debut *n.* derowva *f.* +ow

decade *n.* degblydhen *f.* -blydhyow

decadence *n.* legras *m.* +ow

decanter *n.* kostrel *m.* +s

decarbonize *v.* diskolya

decay 1. *n.* poder *m.*, pesogeth *f.*; *(in physics)* breynans *m.*: **2.** *v.* pedri, breyna, {dekaya}

decayed *adj.* pesek, poder, podrek, breyn

decease *v.* merwel, {desessya}

deceased *adj.* marow; **deceased person** marow

deceit *n.* toell *m.*, fallas *m.* +ow, frows *m.*, gil *m.*, wrynch *m.* +ys, {desayt} *m.*

deceive *v.* toella, {desaytya}, {desevya}

deceiver *n.* *(female)* flattores *f.* +ow, toellores *f.* +ow; *(male)* flatter *m.* -oryon, toeller *m.* -oryon

December *n.* Kevardhu *m.*, mis-Kevardhu *m.* misyow-K.

decency *n.* onester *m.*

decent *adj.* onest

decentralize *v.* digresenni

decentralization *n.* digresennans *m.*

deception *n.* toell *m.*

decide *v.* ervira

decided *adj.* ervirys

deciduous *adj.* kolldhel

decimal 1. *n.* degedhek *m.* -ogow: **2.** *adj.* degedhek

decimalization *n.* degedhekheans *m.* +ow

decimalize

decimalize *v.* degedhekhe
decipher *v.* digodenni
decision *n.* ervirans *m.* +ow
decisive *adj.* ervirus
deck 1. *n.* flour *m.* +yow: **2.** *v.* takla
deck-chair *n.* kador-dreth *f.* kadoryow-treth
declaim *v.* gordhythya
declamation *n.* areth *f.* +yow, gordhythyans *m.* +ow
declaration *n.* diskleryans *m.* +ow
declare *v.* disklerya, {deklarya}
decline *v.* nagha, {deklinya}
declutch *v.* digrafella
decoction *n.* troeth *m.* +ow
decode *v.* digodenni
decoder *n.* digodennell *f.* +ow
decorate *v.* afina
decoration *n.* afinans *m.* +ow
decorum *n.* onester *m.*
decrease 1. *n.* digressyans *m.* +ow: **2.** *v.* digressya
decree *n.* arghadow *m.* +yow, ordenans *m.* +ow
decrepit *adj. (of person)* krebogh
decry *v.* dispresya, fia
dedicate *v.* omri
dedication *n.* omrians *m.*
deed *n.* gweythres *m.* +ow, gwrians *m.* +ow, ober *m.* +ow, obereth *f.* +ow, torn *m.* +ow; **evil deed** drogober *m.* +ow; **good deed** da-ober *m.*, ober mas; *(legal)* titel *m.* titlow; **deed of freehold** chartour *m.* +s
deeds *plur.* gwryth
deep *adj.* down
deepen *v.* downhe
deer *n. (female)* ewik *f.* +ow; *(male)* karow *m.* kerwys

degenerate

deface *v.* difasya
defacement *n.* difasyans *m.* +ow
defamation *n.* kabel *m.*
defame *v.* sklandra, {defamya}
default *n.* defowt *m.* +ow: *v.* defowtya
defeat *v.* fetha: *n.* fethans *m.* +ow
defecate *v.* kawgha; *(of animals or birds)* skombla
defect *n.* defowt *m.* +ow, difyk *m.* difygyow, gwall *m.* +ow, namm *m.* +ow
defective *adj.* difygyek
defence *n.* ammok *m.*, defens *m.* +ow, klem *m.* +ys
defend *v.* defendya
defendant *n.* difenner *m.* -oryon
defensive *adj.* omwithek
defer *v.* {deferya}
deference *n.* revrons *m.*
defiance *n.* defians *m.*, er *m.*
deficiency *n.* difyk *m.* difygyow, fall *m.*, fowt *m.* +ys +ow
deficient *adj.* difygyel
deficit *n.* difygas *m.* +ow
defile *v.* defola
defilement *n.* defolans *m.* +ow, mostedhes *m.*, plos *m.* +yon
define *v.* styrya
definitely *adv.* yn tevri, devri
definition *n.* styryans *m.* +ow
deforest *v.* digoeswiga
deforestation *n.* digoeswigans *m.*
deform *v.* difurvya, dihevelebi
deformation *n.* difurvyans *m.* +ow
defraud *v.* frowsya
defy *v.* defia, erya
degeneracy *n. (morally)* legryster *m.*; *(in nuclear physics)* gordhoester *m.*
degenerate *adj.* legrys

degrade *v.* diredhya
degradation *n.* diredhyans *m.*
degrade *v.* iselhe
degree *n.* degre *m.* degreys, gradh *m.* +ow; *(point)* prykk *m.* +ow; **doctor's degree** doktourieth *f.* +ow; **master's degree** mestronieth *f.* +ow; **bachelor's degree** bachelerieth *f.* +ow
dehumidify *v.* dileytha
dehumidifier *n.* dileythell *f.* +ow
dehydrate *v.* didhowra
dehydration *v.* didhowrans
deity *n.* duwses *m.* +yow
delay 1. *n.* ardak *m.* -dagow, strech *m.* +ys, {delay} *m.* {+s}: **2.** *v.* delatya
delegate *n.* kannas *f.* +ow
delegation *n.* kannasedh *m.* +ow
delete *v.* defendya, dilea
deletion *n.* defendyans *m.* +ow, dileans *m.* +ow
deliberate *adj.* a-borpos: *v.* prederi
deliberately *adv.* a-borpos
delicacy *n.* medhelder *m.*
delicate *adj.* bleudh, fin, medhel, tykkli
delicious *adj.* dentethyel
delight *n.* delit *m.* +ys, fansi *m.* +s
delineate *v.* delinya
delineation *n.* delinyans *m.* +ow
deliver *v.* delivra, **deliver from** delivra diworth; **deliver up** delivra dhe
deliverance *n.* delivrans *m.* +ow
delivery *n.* livreson *m.*
dell *n.* kommynn *m.* +ow, pans *m.* +ow
delta *n.* delta *m.* +ow
delude *v.* flattra
deluge *n.* liv *m.* +ow
demand 1. *n.* gorholeth *m.* +ow:

2. *v.* {demondya}; **demand as a right** chalenjya
demarcation *n.* deverkyans *m.* +ow
demeanour *n.* cher *m.* +yow, fara *m.*
demise *n.* marwoleth *f.* +ow
demist *v.* dilughya
demister *n.* dilughell *f.* +ow
democracy *n.* gwerinieth *f.* +ow
democrat *n.* gweriniethor *m.* +yon
democratic *adj.* gwerinel
demon *n.* jevan *m.* +ow
demonic *adj.* jevanek
demoniac *n.* sagh dyowl *m.* saghow dyowl
demonstration *n.* diskwedhyans *m.* +ow
demoralization *n.* digennerthans *m.*
demoralize *v.* digennertha
den 1. *n.* fow *f.* +ys: **2.** *adj.* **good man** densa
denial *n.* nagh *m.* +ow
denounce *v.* kuhudha
dense *adj.* tew; *(physically)* does
density *n. (physics)* doesedh *m.* +ow; **density of population** doesedh poblans *m.*
dent 1. *n.* brall *m.* +ow: **2.** *v.* brallya
dental *adj.* dynsek
dented *adj.* mortholek
dentist *n.* medhek-dyns *m.* medhogyon-dyns
denude *v.* lommhe
deny *v.* denagha, nagha, skonya
depart *v.* diberth, omdenna, {dilegha}, {departya}
department *n.* asrann *f.* +ow; **Department of Health** Asrann Yeghes; **Department of the Environment** Asrann an

departmental

Kyrghynnedh; **Department of Trade** Asrann Genwerth; **Department of Transport** Asrann Garyans
departmental *adj.* asrannel
departure *n.* dibarth *f.* +ow
depend *v.* **depend on** kregi war
dependant *n.* serghek *m.* -ogyon, serghoges *f.*; **dependants** koskordh *coll.*
dependence serghogeth
dependent *adj.* keth
depict *v.* liwa, {portraya}
depiction *n.* liwans *m.* +ow
deployment *n.* lesarveth *m.* +ow
depopulate *v.* dibobla
depopulated *adj.* dibobel
depopulation *v.* diboblans
deportment *n.* omdhegyans *m.* +ow
deposit *(geog.) n.* godhes *m.*: *v.* godhesa
deposition *n. (geog.)* godhesans *m.*
depositional *adj. (geog.)* godhesansel
depot *n.* gwithva *f.* +ow
depraved *adj.* podrek; **depraved person** podrek
depravity *n.* podrogeth *f.*
depress *v. (spiritually)* digolenni
depressed *adj.* duwenik
depression *n. (medical, economic)* iselweyth *m.*; *(topographical)* seudh *m.* +ow; *(small depression in ground)* godenow *m.* +yow
deprive *v.* esowi
depth *n.* downder *m.* +yow
deputy *adj.* is-
derange *v.* varya
deride *v.* gesya
derision *n.* ges *m.* +yow

descant *n.* dyskant *m.* +ys, konternot *m.* +ys
descend *v.* diyskynna, {diskynnya}, {dessendya}
descendant *n.* diyskynnyas *m.* -ysi
descendants *plur.* henedh
descending *adj.* diyskynnus
descent *n.* diyskynn *m.* +ow; *(genealogical)* devedhyans *m.* +ow; **descended from** sevys a
describe *v.* deskrifa
description *n.* deskrifans *m.* +ow
descry *v.* deskria
¹**desert** *n.* difeyth *m.* +yow, difeythtir *m.* +yow
²**desert** *v.* kilfia
deserted *adj.* dibobel, ynyal
desertification *n.* difeythtiryans *m.*
desertion *n.* kilfo *m.* +yow
deserve *v.* dendil, dervynn, {deservya}; **deserve to** bos gwiw dhe
deservedly *adv.* kwit
deserving *adj.* wordhi
desiccate *v.* desygha
desiccation *n.* desyghans *m.*
design 1. *n.* desin *m.* +yow, porpos *m.* +ys, towl *m.* +ow; *(as a subject)* desinieth *f.*: **2.** *v.* desinya
designer *n. (female)* desinores *f.* +ow; *(male)* desinor *m.* +yon
desirable *adj.* desiradow
desire 1. *n.* desir *m.* +ys, hwans *m.* +ow; **strong desire** ewl *f.* +ow: **2.** *v.* desirya, hwansa
desirous *adj.* hwansek, yeunek
desk *n.* desk *m.* +ys
desolate *adj. (of place)* ynyal
desolation *n. (of place)* ynyalder *m.*
despair *n.* desper *m.*

despicable *adj.* fiadow, vil
despise *v.* dispresya, fia, {despisya}
despite 1. *n.* despit *m.* +yow:
  2. *conj.* awos, yn despit dhe
despot *n.* turant *m.* turans
dessert *n.* melyssand *m.* +ys
destine *v.* destna, tenki
destiny *n.* tenkys *f.* +yow
destitute *adj.* boghosek
destitution *n.* boghosogneth *f.*
destroy *v.* distrui, kisya, {konsumya}
destruction *n.* distruyans *m.*, kollva *f.* +ow, terroes *m.* +ow, kisyans *m.* +ow
destructive *adj.* kisus
detach *v.* digelmi, distaga
detachable *adj.* distagadow
detached *adj.* distag
detachment *n.* distagas *m.* +ow
detail *v.* manylya: *plur.* **details** manylyon
detect *v.* helerghi
detection *n.* helerghyans *m.*
detective *n.* helerghyas *m.* -ysi
detector *v.* helerghell
detergent *n.* lin sebon *m.* linyow s.
deteriorate *v.* gwethhe
deterioration *n.* gwethter *m.*
determine *v.* {determya}
determined *adj.* ervirys
detest *v.* kasa
detestable *adj.* kasadow
detestation *n.* kasadewder *m.*
detour *n.* dihynsas *m.* +ow; **make a detour** dihynsya
detriment *n.* dregynn *m.*
detrimental *adj.* dregynnel
deuce *n.* dyowl *m.* dywolow
devastate *v.* gwastya
develop *v.* displegya

developing *adj.* displegel
development *n.* displegyans *m.* +ow
developmental *adj.* displegyansel
deviate *v.* dihynsya
deviation *n.* dihynsas
device *n.* devis *m.* +yow; **armorial device** arwoedh *f.* +yow
devil *n.* dyowl *m.* dywolow, malan *m.* +es, tebel-el *m.*; **the devil** an jowl; **the devils** an dhywolow
devilry *n.* dewlysi *m.*, dyowlusi *m.*
devise *v.* devisya
devolution *n.* digresennans *m.*
devolve *v.* digresenni
Devon *place* Dewnens
devotion *n.* lel wonis *m.*
devour *v.* devorya
dew *n.* gluth *m.* +ow
dew-claw *n.* gorewin *m.* +es
dewpoint *n.* gluthpoynt *m.* +ow
dexterity *n.* sleyghneth *f.*
diabolical *adj.* **diabolical influence** dewlysi
diacritic *n.* ughverk *m.* +ow
diagonal 1. *adj.* krowslinel:
  2. *n.* krowslinenn *f.* +ow
dial *n.* rivell *f.* +ow
dialect *n.* rannyeth *f.* +ow, {dialek} *m.* {+show}
dialectal *adj.* rannyethel
diamond *n.* adamant *m.* +ow +ys
diarrhoea *n.* skit *m.* +ys
diary *n.* dydhlyver *m.* -lyvrow
dice *n.* dis *m.* +yow: *v.* **dice meat** disya
Dick *name* Hykka
diction *n.* yethwedh *f.* +ow
dictionary *n.* gerlyver *m.* -lyvrow; (*rhyming*) rimyador *m.* +yow
dictum *n.* dyth *m.* +ow

did *v.part* gwrug
¹**die** *v.* merwel, tremena, {desessya};
   die of cold stervya
²**die** *n.* dis *m.* +yow
diesel *n.* disel *m.*
diet 1. *n.* megyans *m.* +ow; *(as in "go on a diet")* rewl voes *f.* rewlow boes; **staple diet** megyans selyek *m.* megyansow selyek: **2.** *v.* rewlya boes
differ *v.* dyffra
difference *n.* dihevelepter *m.* +yow, dyffrans *m.* +ow
different *adj.* dihaval, dyffrans, ken
differential *adj.* dyffransel
differentiate *v. (maths.)* dyffransegi
differentiation *n. (maths.)* dyffransegyans *m.*
difficult *adj.* kales
difficulty *n.* danjer *m.* +yow, kaletter *m.* +yow
diffract *adj.* dyffreythya
diffraction *n.* dyffreythyans *m.*
diffuse *v.* terlesa
diffusion *n.* terlesans *m.* +ow
dig *v.* palas; **dig a trench** kleudhya
digest *v.* tretha
digestible *adj.* trethadow
digestion *n.* trethans *m.* +ow
digger *n.* paler *m.* -oryon
digit *n.* bys *m.* bysies
digital *adj.* bysyel
dignity *n.* dynita *m.*, reowta *m.*
dilate *v.* arlesa
dilation *n.* arlesans *m.* +ow
dilatory *adj.* termynek
diligence *n.* diwysygneth *f.*
diligent *adj.* bysi, diwysyk
dilute *v.* tanowhe
dilution *n.* tanowheans *m.* +ow

dim *adj.* godewl; *(of person)* penn-sogh
dime *n. (U.S. coin)* demma *m.* demmys
dimension *n.* myns *m.* +ow
diminish *v.* tanowhe
diminution *n.* tanowheans *m.*
dimwit *n.* penn-sogh *m.* pennow-sogh
din *n.* tervans *m.*
dine *v.* kinyewel
dingle *n.* komm *m.* +ow, pans *m.* +ow
dining-car *n.* kocha dybri *m.* kochow d
dining-room *n.* stevell-dhybri *f.* stevellow-dybri
dinner *n.* kinyow *m.* kinyewow; **late dinner** koen *f.* +yow; **take late dinner** koena
dinosaur *n.* arghpedrevan *m.* +es
dinted *adj.* mortholek
diocese *n.* epskobeth *f.* +ow
dip 1. *n. (for sheep)* new droghya *f.* newyow troghya; *(geog.)* pans *m.* +ow; **hidden dip** pans kudh: **2.** *v.* sedhi, troghya; *(headlights)* iselhe
diphthong *n.* diwvogalenn *f.* +ow
diploma *n. (certfificate)* testskrif *m.* +ow; *(qualification)* diplomenn *f.* +ow
diplomacy *n.* lyskannasedh *m.*
diplomat *n.* lyskannas *f.* +ow
diplomatic *adj.* lyskannasek
dipper *n. (bird)* sedher *m.* -oryon, stenor *m.* -oryon; **big dipper** sedher meur
dire *adj.* euthyk
direct 1. *adj.* syth, didro: **2.** *v.* brennya, gidya, kevarwoedha, lywya, routya, {direktya}
direction *n.* tu *m.* +yow; *(e.g. of a film)* routyans *m.*; *(guidance)* kevarwoedh *m.* +ow; **give directions** brennya;

director

stage directions kevarwoedhyans gwari
director *n.* lywydh *m.* +yon, pennrewler *m.* -oryon, router *m.* +s; *(female)* kevarwoedhyades *f.* +ow; *(male)* kevarwoedhyas *m.* -ysi
dirge *n.* galargan *f.* +ow
dirt *n.* mostedhes *m.*
dirty 1. *adj.* plos, plosek, strolyek; *(of liquid)* stronk; **get dirty** plosegi: **2.** *v.* mostya
dis- *pref.* dis-
disability *n.* evredhder *m.* +yow
disable *v.* evredhi
disabled *adj.* evredh; **disabled man** evredhek; **disabled woman** evredhes
disadvantage *n.* anles
disappoint *v.* diswaytyas
disappointment *n.* diswaytyans
disarm *v.* disarva
disarmament *n.* disarvans *m.*
disarmed *adj.* diservys
disarray *n.* deray *m.* +s
disaster *n.* anfeusi *m.*, terroesa *m.* terroesedhow; **disaster area** terroesva *f.* +ow
disastrous *adj.* terroesus
disbelieve *v.* diskrysi
disburden *v.* diveghya
disbursement *n.* yalghas *m.* +ow
disc *n.* *(sound-recording)* plasenn *f.* +ow; **compact disc** plasenn arghansek
discern *v.* dissernya
discharge 1. *n.* diskargans *m.* +ow: **2.** *v.* diskarga; *(a debt)* akwitya
disciple *n.* dyskybel *m.* dyskyblon, {dyssipel} *m.* {dyssiplys}

748

disgust

disclose *v.* disklosya, diskudha, igeri
disclosure *n.* disklosyans *m.* +ow
discolour *v.* disliwa
discoloured *adj.* disliw
discomfort *n.* diskonfort *m.* +ow
discontinue *v.* astel
discord *n.* {diskord} *m.*
discordant *adj.* digesson
discount 1. *n.* diskont *m.* +ow: **2.** *v.* diskontya
discourage *v.* digennertha, digolenni, digonfortya, diskonfortya
discouragement *n.* digolonn *f.*
discourse *n.* kows *m.* +ow
discover *v.* diskudha, trovya
discovery *n.* diskudhans *m.* +ow
discreet *adj.* fur, doeth
discretion *n.* furneth *f.*, doethter *m.*
discuss *v.* dadhla, disputya, omgusulya
discussion *n.* dadhel *f.* dadhlow, dadhelva *f.* +ow
disdain 1. *n.* {disdayn} *m.*: **2.** *v.* fia, {disdaynya}
disease *n.* dises *m.* +ys; **venereal disease** pokkys frynk
diseased *adj.* disesys
disembark *v.* dilestra
disembarkation *n.* dilestrans *m.* +ow
disfigure *v.* difasya, dihevelebi
disfigurement *n.* difasyans *m.* +ow
disgrace *n.* diras *m.* +ow, disenor *m.*, meth *f.* +ow, mewl *m.* +ow, sham *m.* +ys
disgraced *adj.* diskrassyes
disgraceful *adj.* dirasek, divlas
disguise 1. *n.* toellwisk *m.* +ow: **2.** *v.* toellwiska
disgust *n.* divlas *m.* +ow

disgusted *adj.* **be disgusted with** divlasa

disgusting *adj.* divlas

dish *n. (bowl)* skala *m.* +ys, skudell *f.* +ow; *(food)* sand *m.* +ow; **wash the dishes** golghi an lestri

dishcloth *n.* kweth lestri *f.* kwethow l.

dishearten *v.* digolenni

dishful *n.* skudellas *f.* +ow

dishonest *adj.* disonest

dishonesty *n.* disonester *m.* +yow

dishonour 1. *n.* disenor *m.*: **2.** *v.* gul anvri dhe, dienora, disenora

dish-washer *n.* jynn-lestri *m.* jynnow-l.

disillusion *v.* didoella

disillusionment *n.* didoellans *m.*

disjoint *v.* digevelsi

dislocate *v.* diskevelsi

dislocation *n.* diskevelsans *m.*

disloyal *adj.* dislel

disloyalty *n.* dislelder *m.*

dismantle *v.* didakla, disevel

dismast *v.* diwernya

dismasted *adj.* diwern

dismay *v.* amaya: *n.* amayans *m.*

dismiss *v. (from job)* gordhyllo

dismissal *n. (from job)* gordhyllans *m.* +ow

dismount *v.* diyskynna

disobedience *n.* disobayans *m.*

disobey *v.* disobaya

disorder *n.* deray *m.* +s, disordyr *m.*

disorderly *adj.* direwl

disown *v.* denagha

disparate *adj.* disparethek

disparity *n.* dispareth *f.* +ow

dispatch *v.* dannvon

dispensible *adj.* hepkorradow

disperse *v.* skoellya a-les, diberth, keskar, {dispersya}

dispersion *n.* keskar *m.*

display 1. *n.* displetyans *m.* +ow: **2.** *v.* displetya

displease *v.* displesya

displeasure *n.* displesour *m.* +s, displesyans *m.*

disposable *adj.* towladow

dispose *v.* desedha, {disposya}

disposition *n.* nas *f.* +ow

disprove *v.* disprevi

dispute 1. *n.* bresel *f.* +yow, dadhel *f.* dadhlow, kedrynn *f.* +ow, kwarel *m.* +s: **2.** *v.* debatya; **dispute with** disputya orth

disquiet *n.* anes *m.*, ankres *m.*

disrespect *n.* anvri *m.*; **show disrespect to** gul anvri dhe

disrupt *v.* goderri

dissect *v.* divyn

dissemble *v.* dolos, {dissembla}

disseminate *v.* kyhwedhla, plontya

dissent 1. *n.* dissent *m.*: **2.** *v.* dissentya

dissenter *n.* dissentyer *m.* -oryon

dissimilar *adj.* dihaval

dissimilarity *n.* dihevelepter *m.* +yow

distaff *n.* kygel *f.* +yow

distance 1. *n.* pellder *m.* +yow; **a short distance away** pols alemma; **at some distance** nep-pell; **short distance** pols *m.* +yow: **2.** *v.* **distance oneself** ombellhe

distant *adj.* pell; **distant but visible** enos

distantly *adv.* yn pell

distaste *n.* divlas *m.* +ow

distasteful *adj.* divlas

distinct *adj.* diblans

distinction *n. (difference)* diblanseth *f.* +ow; *(honour)* bri *f.*
distinctly *adv.* diblans
distinguish *v.* dissernya ynter
distort *v.* omgamma
distorted *adj.* kamm
distract *v.* distenna
distraction *n.* distennans *m.* +ow
distress 1. *n.* ahwer *m.* +yow, ankres *m.*, reudh *m.*: **2.** *v.* reudhi
distressed *adj.* duwenik, reudhys
distributary *n.* mesavon *f.* +yow
distribute *v.* lesranna, ranna, {distributya}
distribution *n.* lesrannans *m.* +ow
distributor *n. (human)* lesrennyas *m.* -ysi; *(elec.)* lesrannell *f.* +ow
district *n.* pastell-vro *f.* pastellow-vro, ranndir *m.* +yow, {kost} *m.* {+ys}: *adj.* ranndiryel
disturb *v.* ankresya
disturbance *n.* ankresyans *m.* +ow, freudh *m.* +ow
ditch *n.* kleudh *m.* +yow, kleys *m.* +yow
dive *v.* sedhi
diver *n.* sedher *m.* -oryon; **deep-sea diver** sedher downvor
diverse *adj.* divers
diversion *n. (of road)* dihynsas *m.* +ow, didreylyans *m.* +ow, gohelfordh *f.* +ow
diversification *n.* diversheans *m.* +ow
diversify *v.* divershe
diversity *n.* diverseth *f.* +ow; **cultural diversity** diverseth wonisogethel
divert *v.* didreylya

divide *v.* kevrenna, ranna, {dividya}; *(mathematically)* disranna
dividend *n.* budhrann *f.* +ow, kevrenn *f.* +ow, ranndal *m.* +ow
divination *n.* dewinieth *f.*
diviner *n. (female)* koelyoges *f.* +ow; *(male)* koelyek *m.* -ogyon
divisible *adj.* rannadow
division *n.* rann *f.* +ow
divorce 1. *n.* torrva dhemmedhyans *f.* torrvaow demmedhyans, didhemmedhyans *m.* +ow: **2.** *v.* didhemmedhi
divorced *adj.* didhemmedh
dizziness *n.* penn-dro *f.*
do *v.* gul, guthyl, oberi; **do again** daswul; **do good to** gul da dhe; **do ill** kammwul; **do strictly** gorwul; **finish doing** kowlwul
doable *adj.* hewul
docile *adj.* dov
dock *n. (plant)* tavolenn *f.* +ow, tavol *coll.*
docker *n.* den-porth *m.* tus-porth
docket *n.* tokyn *m.* toknys tokynyow
dockland *n.* porthlann *f.* +ow
doctor *n.* medhek *m.* medhogyon; *(title)* doktour *m.* +s
doctorate *n.* doktourieth *f.* +ow
doctrinal *adj.* dyskasel
doctrine *n.* dyskas *m.* +ow
document *n.* skrifenn *f.* +ow; **make copies of a document** liesskrifa
dodge *n. (trick)* kast *m.* +ys
dodgem *n.* karr bonk *m.* kerri bonk
doe *n. (female deer)* da *f.* +es, ewik *f.* +ow
doer *n.* oberer *m.* -oryon, oberores *f.* +ow

dog

dog *n.* ki *m.* keun; *(as term of abuse)* hond *m.* hons; *(male)* gorgi *m.* -geun; **biting dog** brathki *m.* -keun
dogfish *n.* morgi *m.* morgeun
dog-louse *n.* lowenn-ki *f.* low-ki
dogma *n.* lagha *f.* laghys laghow
dogmatic *adj.* laghasek
dog-rose *n.* agrowsenn *f.* +ow, agrows *coll.*
dole *n. (employment benefit)* dol *m.*
doleful *adj.* truan
doll *n.* dolli *f.* +ow, popett *m.* +ow, jenna *f.* +ow
dolour *n.* dolor *m.* +s
dolphin *n.* pyffyer *m.* +s
dolt *n.* penn-sogh *m.* pennow-sogh
domain *n.* arloetteth *f.* +ow
dome *n.* krommdo *m.* +how
domesticate *v.* dova, dovhe
domicile *n.* treveth *f.* +ow
dominant *adj.* gwarthevyek
dominate *v.* gwarthevya
domination *n.* gwarthevyans *m.*, maystri *m.*, mestrynses *m.*
domineer *v.* {lordya}
dominion *n.* mestrynses *m.*
donation *n.* doneson *m.* +ow, rians *m.* +ow, ro *m.* rohow
done *adj.* gwrys
donkey *n.* asen *m.* -es
donor *n.* riyas *m.* -riysi
doom *n.* breus *f.* +ow
door *n.* daras *m.* +ow; **back door** daras-dhelergh *f.*; **front door** daras-rag *f.*; **revolving door** daras-tro *m.* darasow-tro; **stage door** porth an warioryon
door-catch *n.* kacha *m.* kachys

draff

doorkeeper *n.* darader *m.* -oryon, porther *m.* -oryon
dormitory *n.* koskti *m.* +ow
dose 1. *n.* dosenn *f.* +ow: **2.** *v.* dosya
dot *n.* dyjynn *m.* +ow
dote *v.* dotya
double 1. *adj.* dewblek: **2.** *v. in theatre)* diwranna
doublet *n. (optics)* dewwedrik *dual*, diwlens *dual*
doubt 1. *n.* dout *m.* +ys, mar *m.*; **without doubt** heb mar: **2.** *v.* doutya, mystrestya
doubtless *adv.* heb falladow
dough *n.* toes *m.*
dove *n.* kolomm *f.* kelemmi, kolommenn *f.* +ow
dove-cote *n.* kolommji *m.* +ow, kolommyer *m.* +s
dovetail *v.* kesplethi
dowel *n.* pynn *m.* +ow
[1]**down** *n. (fine feathers)* mannbluv *coll.*
[2]**down 1.** *prep.* a-nans: **2.** *adv.* dhe'n leur, yn-nans; **down below** dhe-woeles
downfall *n.* terroes *m.* +ow
downhill *adv.* war-nans
downland *n.* goen *f.* +yow
download *v.* iskarga
downpour *n.* glaw bras *m.*
downstage *n.* kilwarila *m.* -leow
downward(s) *adv.* war-nans, war-woeles, isos
dowry *n.* argovrow *m.* +yow
doze 1. *n.* gogosk *m.* +ow, koskas *m.* +ow: **2.** *v.* gogoska
dozen *n.* dewdhek *m.* -egow
drab *adj.* diliw
draff *n.* seg *coll.*

draft *n. (of document)* kyns-skrif *m.* +ow

drag 1. *n.* drayl *m.* +yow: **2.** *v.* draylya

dragon *n.* dragon *f.* +es

dragonfly *n.* nader-margh *f.* nadres-m.

drain *n.* **open drain** dowrgleudh *m.* +yow

drainage *n.* karthkleudhyans *m.*

drainer *n. (rack)* kloes-syger *f.* kloesyow-syger

drainpipe *n.* pibenn-sygera *f.* pibennow-sygera

drake *n.* kulyek hos *m.* kulyoges hos

dram *n.* las *m.* +ow

drama *n.* drama *m.* +s; **kitchen-sink drama** drama-new *m.* dramas-new

dramatic *adj.* dramasek

dramatize *v.* dramasekhe

draper *n.* liener *m.* -oryon, panner *m.* -oryon

drapery *n.* pannweyth *m.*

draught *n. (drink)* swynnenn *f.* +ow, tenn *m.* +ow, {draght} *m.* {+ys}

draught-horse *n.* tennvargh *m.* -vergh

draughtsman *n.* tresyas *m.* -ysi

draughtswoman *n.* tresyades *f.* +ow

draw *v. (a sword)* tenna; *(as in art)* delinya, tresa; *(drag)* tenna; **draw back** kila; **draw blood from** diwoesa; **draw lines** linenna

drawer *n. (furniture)* tregynn *m.* +ow, trog-tenna *m.* trogow-tenna; *(person)* tenner *m.* -oryon

drawing *n.* delinyans *m.* +ow, tresas *m.* +ow

drawing-board *n.* astell-dhelinyans *f.* estyll-delinyans

draw-net *n.* tennroes *f.* +ow

dread *n.* agha *m.*, dout *m.* +ys, euth *m.*, euthekter *m.*, own *m.*

dreadful *adj.* euthyk, vil

dreadfully *adv.* euthyk

dreadlocks *n.* euthkudynnow

dream 1. *n.* hunros *m.* +ow: **2.** *v.* hunrosa

dredge-corn *n.* ys brith *coll.*

dregs 1. *n.* godhes *m.*, {godhow}

drench *v.* gorlybya

dress 1. *n.* pows *f.* +yow; *(clothes)* gwisk *m.*; *(clothing)* dillas *coll.* **2.** *v.* gwiska; **dress oneself** omwiska

dresser *n.* lestrier *m.* +yow; *(female)* gwiskyades *f.* +ow; *(male)* gwiskyas *m.* -ysi

dressing-gown *n.* mantell-nos *f.* mantelli-nos

dressing-room *n.* chambour-gwiska *m.* chambouryow-g.

dribble *v.* devera

drill 1. *n.* tarder *m.* terder: **2.** *v.* tardra; **drill holes** telli

drink 1. *n.* diwes *m.* diwosow; *(spirits)* gwires *f.* gwirosow: **2.** *v.* eva

drinkable *adj.* evadow

drinking *n.* **go drinking** diwessa

drip *v.* devera: *n. (individual)* bannaghenn *f.* +ow; *(continuous)* deverans *m.* +ow

dripping *n. (fat)* deveras *m.*

drive *v.* chasya, lywya, {drivya}; **drive away** fesya; **drive in a spike** kentra

drivel 1. *n.* glavor *m.*: **2.** *v.* glaveri

driver *n.* lywyer *m.* -yoryon

drizzle *n.* niwllaw *m.*: *v.* gul niwllaw

drone 1. *n.* sadronenn *f.* +ow, sadron *coll.*: **2.** *v.* sadronenni

drop

drop 1. *n.* banna *m.* bannaghow, lomm *m.* +ow; *(of fluid)* dager *m.* dagrow; **little drop** dryppenn *m.* +ow, lemmik *m.* -igow; **not a drop** lasvyth *m.*: **2.** *v.* gasa dhe goedha, droppya
drought *n.* syghor *m.*, syghter *m.*
drove *n.* para *m.* parys
drown *v.* beudhi
drowsiness *n.* poesyjyon *m.*
drowsy *adj.* hunyek
drug-addict *n.* stoffki *m.* -keun
druid *n.* drewydh *m.* +yon
druidical *adj.* drewydhek
druidism *n.* drewydhieth *f.*
drum *n.* tabour *m.* +s +yow
drumlin-field *n.* bronnek *f.* -egi
drunk 1. *n. (person)* medhow *m.* medhewon: **2.** *adj.* kyvedhow, medhow; **get drunk** medhwi, omvedhwi
drunkard *n.* penn-medhow *m.* pennow-medhow
drunkenness *n.* medhwenep *m.*; **habitual drunkenness** medhwynsi *f.*
dry 1. *adj.* krin, sygh; **become dry or brittle** krina; **dry land** syghtir; **dry place** syghan, syghla; **dry material** krin: **2.** *v.* sygha; *(in theatre)* ankevi an geryow; **dry up** desygha, heski
dry-dock *n.* syghborth *m.* +ow
dryness *n.* krinder *m.*, syghor *m.*, syghter *m.*
dual *adj.* dewel
duality *n.* dewoleth *f.*
duchy *n.* duketh *f.* +ow
duck *n.* hos *m.* heyji
duckling *n.* heyjik *m.* -igow
duckpond *n.* poll heyji *m.* pollow heyji

dust

duckweed *n.* kellynnenn *f.* +ow, kellynn *coll.*, linosenn *f.* +ow, linos *coll.*
due *adj.* gwaytys; **is due** degoedh; **what is due** dever
duet *n.* **second part in singing duet** diskan *f.*; **singing duet** kan ha diskan
duke *n.* duk *m.* +ys
dulcimer *n.* sythol *m.* +s
dull *adj. (of wit)* talsogh
dumb 1. *adj.* avlavar: **2.** *v.* **dumb down** talsogha
dump *n.* skoellva *f.* +ow
dumpling *n.* pellenn *f.* +ow
dumpy *adj.* berrdew
dun *adj.* gorm
dune *n.* tewynn *m.* +ow
duned *adj.* tewynnek
dung *n.* kawgh *m.*, mon *m.*; **dung of sheep or goats or rodents** kagal *m.*
dungeon *n.* dorvagh *f.* +ow
dung-heap *n.* teylek *f.* teylegi
dung-hill *n.* byjyon *m.* +s
duplicate *v.* dewblekhe; *(a document)* liesplekhe
duplicated *adj.* dewblekhes
duplicity *n.* dewblegeth *f.*
durability *n.* duryadewder *m.*
durable *adj.* duryadow
duration *n.* duryans *m.* +yow
during *prep.* dres
dusk *n.* mo *m.* +yow
duskiness *n.* godewlder *m.*
dusky *adj.* godewl
dust 1. *n.* doust *m.*, polter *m.* +yow; **light flying dust** ponn *m.*: **2.** *v.* diboltra; **sprinkle with dust** poltra

dustbin *n.* atalgist *f.* +yow
duster *n.* doustlenn *f.* +ow, kweth-ponn *f.* kwethow-ponn
dustheap *n.* ponnek *f.* -egi
dust-pan *n.* padell-bonn *f.* padellow-ponn
dusty *adj.* ponnek
Dutch *adj.* Iseldiryek; **Dutch language** Iseldiryek
duty *n.* dever *m.* +ow; *(tax)* toll *f.* +ow; **death duty** toll-vernans *f.* tollow-mernans; **in my duty to you** yn dha gever
duvet *n.* kolghes *f.* +ow
dwarf *n. (female)* korres *f.* +ow; *(male)* korr *m.* +yon
dwell *v.* triga, bos trigys
dweller *n.* triger *m.* -oryon
dwelling *n.* annedh *f.* +ow; **autumn dwelling** kynyavos *m.* +ow; **summer dwelling** havos *f.* +ow; **winter dwelling** gwavos *f.* +ow
dwelling-house *n.* chi annedh *m.* chiow annedh
dwelling-place *n.* trigva *f.* +ow, bos *f.* +ow
dye *v.* liwa
dyed *adj.* liwek
dyer *n.* liwer *m.* -oryon
dyke *n.* tommenn *f.* +ow
dyslexia *n.* gerdhellni *m.*
dynamic *adj.* dynamek
dynamics *plur.* dynamegieth
dynamo *n.* dynamo *m.* +yow

E

each 1. kettep: **2.** *adj.* pub
eager *adj.* freth, ter; **be eager** teri
eagerly *adv.* dihwans
eagerness *n.* frethter *m.*, mall *m.*, terder *m.*
eagle *n.* er *m.* +yon
ear *n.* skovarn *f.* skovornow, diwskovarn *dual;* **ear of corn** penn-ys *m.* pennow-ys
earache *n.* drog-skovarn *m.*
earl *n.* yurl *m.* +ys
earldom *n.* yurleth *f.* +ow
earlier *adv.* kyns; **not earlier** nahyns
early *adv.* a-brys, a-varr
earn *v.* dendil, {fanja}
earnest *adj.* diwysyk
earnings *n.* gober *m.* gobrow
ear-ring *n.* bysow skovarn *m.* bysowyer skovarn, skinenn *f.* +ow, diwskinenn *dual*
¹**earth** *n.* dor *m.* +yow, pri *m.* +ow; *(soil)* gweres *m.* +ow; **ferruginous earth** gossen *f.*
²**Earth** *n. (planet)* norvys *m.*; *(as opposed to Heaven)* an leur
earth-bank *n.* tommenn *f.* +ow
Earthlike *adj.* norvysel
earthnut *n.* kelerenn *f.* +ow, keler *coll.*
earthquake *n.* dorgrys *m.* +yow
earthwall *n.* dorge *m.* +ow
earthwork *n.* dinas *m.* +ow, dorge *m.* +ow, kerweyth *m.* +yow
earthworm *n.* buthugenn *f.* +ow, buthuk *coll.*, pryv nor *m.* pryves nor
earwig *n.* gorlostenn *f.* +ow, gorlost *coll.*

ease 1. *n.* es *m.*; **at ease** attes; **be at ease** omjershya: **2.** *v.* esya, heudhhe; **be eased** heudhhe
eased *adj.* **be eased** heudhi
easel *n.* margh-skrifa *m.* mergh-skrifa
easier *adj.* esya
easily *adv.* heb lett
east 1. *n.* howldrehevel *m.* +yow, howldrevel *m.* +yow, dhuryen *m.*, est *m.*: **2.** *adj.* est
Easter *n.* Pask *m.* +ow
eastern *adj.* a'n est, a'n howldrevel
easy *adj.* es; **make easy** esya
eat *v.* dybri; **eat main meal** kinyewel
eating-house *n.* boesti *m.* +ow
eccentric *adj.* (*off-centre*) eskresek; (*strange*) koynt
ecclesiastic *adj.* eglosyek
echo 1. *n.* dasson *m.* +yow: **2.** *v.* dasseni
eclipse *n.* difyk *m.* difygyow; **solar eclipse** difyk an Howl *m.* difygyow an Howl; **lunar eclipse** difyk an Loer *m.* difygyow an Loer
economic *adj.* erbysiethek
economical *adj.* erbysek
economics *n.* erbysieth *f.*
economist *n.* erbysydh *m.* +yon
economize *v.* erbysi
economy *n.* (*system*) erbysiedh *m.* +ow; (*thrift*) erbys *m.* +yow
ecstasy *n.* transyek *m.*
ectomorphic *adj.* gwelennfurvek
-ectomy *suff.* mestrogh-
eddy *n.* korhwyth *m.* +ow
edge *n.* amal *m.* emlow, min *m.* +yow, or *f.* +yon
edgy *adj.* nervus
edifice *n.* drehevyans *m.* +ow

edify *v.* drehevel, {edifia}
edit *v.* pennskrifa
edition *n.* dyllans *m.* +ow
editor *n.* pennskrifer *m.* -oryon, pennskrifores *f.* +ow
editorial *n.* (*article*) pennskrif *m.* +ow
educate *v.* adhyski
educated *adj.* adhyskys
education *n.* adhyskans *m.* +ow
educational *adj.* adhyskansel
eel *n.* sylli *f.* +es
effect 1. *n.* effeyth *m.* +yow; **greenhouse effect** effeyth chi gweder; **put into effect** kompoesa: **2.** *v.* effeythi
effective *adj.* effeythus
effervesce *v.* ewyni
effervescence *n.* ewyn *coll.*
effervescent *adj.* ewynek
e.g. *abbrev.* r.e.
egg *n.* oy *m.* +ow; **basket of eggs topography** bronnek *f.* -egi; **lay eggs** dedhwi
egg-white *n.* gwynn-oy *m.* gwynnow-oy
egg-yolk *n.* melyn-oy *m.* melynyow-oy
Egypt *place* Ejyp
eight *num.* eth; **eight times** ethgweyth
eighteen *num.* etek
eighteenth *num.* etegves
eighth *num.* ethves
eighty *num.* peswar-ugens
eisteddfod *n.* esedhvos *m.* +ow
either *conj.* **either ..... or** po ..... po
eject *v.* estewel, pellhe, tewel yn-mes, tewel yn-kerdh
ejection *n.* estowl *m.* +ow
elastic *adj.* elastek

elbow

elbow *n.* elin *m.* +yow, dewelin *dual*, penn-elin *m.* pennow-elin
elder *n.* den hen *m.* tus hen, henavek *m.* -ogyon
elderly *adj.* henavek
elder-tree *n.* skawenn *f.* +ow, skaw *coll* **abounding in elder-trees** skewyek; **place of elder-trees** skewys *m.*
elect *v.* etholi
elected *adj.* etholys
election *n.* etholans *m.* +ow, dewisyans *m.* +ow
elector *n.* etholer *m.* -oryon, etholores *f.*, dewisyas *m.* -ysi
electric *adj.* tredanek; **electric cable** korsenn dredanek
electrician *n.* tredaner *m.* -oryon
electricity *n.* tredan *m.*
electrify *v.* tredanhe
electrocute *v.* tredanladha
electroplate *v.* tredangwetha
elegy *n.* galargan *f.* +ow
element *n.* elvenn *f.* +ow
elemental *adj.* elvennel
elementary *adj.* elvennek
elephant *n.* olifans *m.* -es
elevate *v.* ughelhe
elevation *n.* ughelder *m.* +yow
eleven *num.* unnek
eleventh *num.* unnegves
elf *n.* korrigan *m.* +es
eliminate *v. (exclude)* eskeas; *(rule out)* diskontya
elimination *n.* eskeans *m.* +ow
elk *n.* kowrgarow *m.* -gerwys
ellipse *n.* hirgylgh *m.* +yow
elliptical *adj.* hirgylghyek
elm-grove *n.* elowek *f.* +egi
elm-tree *n.* elowenn *f.* +ow, elow *coll.*

756

emolument

elongate *v.* hirhe
elongation *n.* hirheans *m.* +ow
eloquence *n.* frethter *m.*
eloquent *adj.* freth
else *adv.* ken
e-mail 1. *n.* e-bost *m.* +yow: **2.** *v.* **send a message by e-mail** e-bostya
embankment *n.* tommenn *f.* +ow, bour *m.* +yow
embarrass *v.* ankombra
embarrassment *n.* negh *m.* +ow, ankombrynsi *m.*
embassy *n.* kannatti *m.* +ow, lyskannatti *m.* +ow
embellish *v.* afina
embellishment *n.* afinans *m.* +ow
embers *plur.* regydh, lusu
emblem *n.* arwoedh *f.* +yow
emblematic *adj.* arwoedhek
emboss *v.* botha
embossment *n.* bothans *m.* +ow
embrace *v.* byrla, stroetha, {ymbrasya}
embroider *v.* brosya, neusenna
embroiderer *n.* brosyer *m.* -oryon
embroideress *n.* brosyores *f.* +ow
embroidery *n.* brosweyth *m.*
embryo *n.* kynflogh *m.* -fleghes
emerald *n.* gwyrven *m.* -veyn
emergency *n.* goredhomm *m.* +ow
emigrant *n.* omdhivroyas *m.* -ysi, omdhivroyades *f.* +ow
emigrate *v.* omdhivroa
emigration *n.* omdhivroans *m.* +ow
eminent *adj.* flour
emir *n.* emir *m.* +yon
emirate *n.* emireth *f.* +ow
emission *n.* dyllans *m.* +ow
emit *v.* dyllo
emolument *n.* gober *m.* gobrow

emperor *n.* emperour *m.* +s
emphasis *n.* poeslev *m.* +ow
emphasize *v.* poesleva
emphatic *adj.* gans poeslev, trewesi
empire *n.* emperoureth *f.* +ow; **Roman Empire** Emperoureth Romanek *f.*; **British Empire** Emperoureth Predennek *f.*
employ *v.* arveth
employable *adj.* arvethadow
employee *n.* arvethesik *m.* -igyon
employer *n. (female)* arvethores *f.* +ow; *(male)* arvethor *m.* +yon
employment *n.* arveth *m.* +ow; **terminate employment of** gordhyllo
empower *v.* galloesegi
empress *n.* emperes *f.* +ow
emptiness *n.* gwakter *m.* +yow
empty *adj.* gwag, koeg
empty-headed *adj.* penn-koeg
encamp *v.* kampya
enchant *v.* gorhana, husa
enchanter *n.* gorhenyas *m.* -ysi, huder *m.* -oryon
enchanting *adj.* hudel
enchantment *n.* hus *m.* +ow, gorhan *f.*
enchantress *n.* gorhenyades *f.* +ow, hudores *f.* +ow
encircle *v.* kylghya, kyrghynna
enclave *n.* ynysedh *m.* +ow
enclose *v.* degea, keas, parkya
enclosed *adj.* klos
enclosure *n.* garth *m.* +ow, hay *f.* +ow, klos *m.* +yow +ys, korlann *f.* +ow, park *m.* +ow; **enclosure of stakes to trap fish** kores *f.* +ow
encounter *v.* dyerbynna, metya
encourage *v.* kennertha
encouragement *n.* kennerth *m.* +ow, konfort *m.* +s
end 1. *n.* diwedh *m.* +ow, fin *f.* +yow, finweth *f.* +ow, gorfenn *m.* +ow, penn *m.* +ow; **bottom end** penn-goeles *m.*; **come to a sticky end** tebeldhiwedha; **come to an end** gorfenna; **dead end** fordh-dhall *f.* fordhow-dall; **from end to end** a-hys; **end to end** penn dhe benn; **in the end** wor'tiwedh; **to the end** byttiwedh: **2.** *v.* gorfenna, diwedha
endangered *adj.* **be endangered** peryllya; **endangered species** eghenn beryllys
endeavour 1. *v.* assaya: **2.** *n.* attent *m.* +ys
ended *adj.* deu, gorfennys
ending *n.* diwedhva *f.* +ow, diwedhyans *m.* +ow
endless *adj.* dibenn, didhiwedh
endomorphic *adj.* rondfurvek, berrdew
endorse *v.* keynskrifa
endorsement *n.* keynskrifedh *m.* +ow
endow *v.* kemmynna
endowment *n.* kemmynn *f.* +ow
end-to-end *adv.* hys-ha-hys
endue *v.* lenwel, {endui}
endurance *n.* perthyans *m.* +ow
endure *v.* pesya, durya, godhav, pargh, perthi, {endurya}; **I cannot endure being seen** ny besyav bones gwelys
enemy *n.* envi *m.*, eskar *m.* eskerens
energetic *adj.* nerthek
energy 1. *n.* nerth *m.* +ow; **lacking in energy** dinerth; *(in physics)* nerthedh *m.* +ow
enervate *v.* bleudhya, medhelhe

engage v. *(get involved)* omworra; *(hire)* arveth
engaged adj. *(to be married)* ambosys
engagement n. *(to marry)* ambos demmedhyans m. ambosow d.
engine n. jynn m. +ow +ys, ynjin m. +ys
engineer n. ynjiner m. -oryon, ynjinores f. +ow
engineering n. ynjinorieth f.
engine-house n. jynnji m. +ow
England place Pow Sows
English 1. n. **English speaker** sowsneger m. -oryon:
  2. adj. sowsnek; **English language** Sowsnek
Englishman n. Seys m. +on, Sows m. +on
Englishwoman n. Sowses f. +ow
englyn n. eglyn m. +yon +yow
engrave v. gravya
engraver n. gravyer m. -yoryon, gravyores f. +ow
engraving n. gravyans m. +ow
enjoin v. erghi
enjoy v. {enjoya}; **enjoy oneself** omlowenhe; **I enjoy** da yw genev
enjoyable adj. heudhadow
enlarge v. moghhe
enlargement n. moghheans m. +ow
enlightenment n. golowyans m. +ow
enlist v. omrolya
enlistment n. omrolyans m. +ow
enmity n. eskarogeth f. +ow, avi m. +ow
enormity n. kowrogeth f. +ow
enormous adj. kowrek
enough adj. lowr

enquiry n. govynnadow m.; **enquiry office** govynnva f. +ow
enrich v. golusegi
enrichment n. golusegyans m.
enrol v. omrolya
enrolment n. omrolyans m. +ow
ensnare v. maglenna
ensnarement n. maglennans m. +ow
ensure v. surhe
entangle v. maglenna
entanglement n. magel f. maglow
enter v. entra
enterprise n. negysieth f.
entertain v. didhana, {yntertaynya}
entertaining adj. didhanus
entertainment n. didhan m., didhanedh m.
enthusiasm n. tan y'n golonn m.
entice v. dynya, slokkya, traynya
enticement n. dynyans m. +ow, trayn m. +ys
enticing adj. dynyansek
entire adj. dien, kowal, perfydh
entirely adv. yn tien, kowal, oll, yn tien
entitled adj. {entitulys}; **be entitled to** piwa
entrails plur. pottys
entrance 1. n. entrans m. +ow, porth m. +ow; **covered entrance** konvayour m ; **entrance drive** fordh-entra f. fordhow-entra: 2. v. husa, ravshya
entrapment n. maglennans m. +ow
entreat v. pysi
entreaty n. pysadow m.
entrenchment n. kaskleudh m. +yow
entry n. entrans m. +ow
entwine v. keswia
enumeration n. niveryans m. +ow

envelop

envelop *v.* maylya
envelope *n.* maylyer *m.* +s
envenom *v.* venimya
envious *adj.* avius, envius
environment *n.* kyrghynnedh *m.* +ow;
    close environment kyrghynn *m.*;
    Department of the Environment
    Asrann an Kyrghynnedh
environmental *adj.* kyrghynnedhel;
    environmental science
    kyrghynnonieth
environmentalist *n.* kyrghynnedhor
    m. +yon
environs *plur.* kyrghynn
envoy *n.* kannas *f.* +ow
envy 1. *n.* avi *m.* +ow, envi *m.* +ow:
    2. *v.* perthi avi orth
epilepsy *n.* drog-atti *m.*
epilogue *n.* pennlavar *m.* +ow
Epiphany *n.* dy'goel Stoel *m.*
    dy'goelyow Stoel, Stoel *m.*
epistle *n.* epystyl *m.* epystlys
epoch *n.* , prysweyth *f.* +yow; *(period of time)* oesweyth *f.* +yow
equal 1. *n.* par *m.* +ow, pares *f.* +ow:
    2. *adj.* kehaval, {ekwal}; **of equal length** kehys
equality *n.* parder *m.* +yow
equally *adv.* {ekwal}
equator *n.* kehysedh *m.* +ow
equatorial *adj.* kehysedhel
equestrian *adj.* marghogethek
equilibrium *n.* kespoes *m.* +ow,
    kompoester *m.* +yow
equinoctial *n.* *(celestial equator)*
    kehysedh *m.* +ow
equinox *n.* kehysnos *f.* +ow
equip *v.* darbari
equipment *n.* daffar *m.*, darbar *m.* +ow

759

espousal

equipped *adj.* darbarys
equity *n.* ewnder *m.* +yow, reythses *m.*
era *n.* oesweyth *f.* +yow
eradicate *v.* diwreydhya
erase *v.* defendya
eraser *n.* rutyer *m.* +yow
erasure *n.* defendyans *m.* +ow
ere *prep.* kyns
erect 1. *adj.* **erect posture** sav:
    2. *v.* drehevel
erection *n.* *(building)* drehevyans *m.* +ow
ermine *n.* ermin *m.* +es, lovennan *m.* +es
erne *n.* *(bird)* morer *m.* +es
erode *v.* esknias
erosion *n.* esknians *m.*
erosional *adj.* eskniansel
erosive *adj.* esknius
err *v.* errya, kammwul; **err from** errya dhiworth; **err in thought** kammdybi
errand *n.* negys *m.* +yow; **to go on an errand** mones negys
erroneous *adj.* kamm
error *n.* kammwrians *m.* +ow, kammdybyans *m.* +ow, kammweyth *m.*, {error} *m.* {+s}
erudite *adj.* dyskys
erupt *v.* tardha
eruption *n.* tardh *m.* +ow
escalate *v.* eskeulya
escalator *n.* eskeul *f.* +yow
escape 1. *n.* diank *m.* +ow: 2. *v.* diank, skapya, {avodya}
escapee *n.* dianker *m.* -oryon, diankores *f.* +ow
escutcheon *n.* skoes *m.* +ow
especially *adv.* yn arbennik, {speshly}
espousal *n.* demmedhyans *m.* +ow

espouse *v.* demmedhi
espy *v.* aspia
esquire *n.* skwier *m.* +yon
essay *n.* assay *m.* +s
essence *n.* sugen *m.* +yow
essential *adj.* a res
establish *v.* fondya, selya, fastya, {establyshya}
establishment *n.* fondyans *m.* +ow
estate *n.* stat *m.* +ow +ys; **housing estate** trevbark *m.* +ow; **industrial estate** hwelbark *m.* +ow
esteem 1. *n.* bri *f.*: 2. *v.* gul vri a, akontya, {estymya}
estimate 1. *n. (numerical)* dismygriv *m.* +ow; **estimate of cost** towlgost *m.* +ow: 2. *v.* dismygi, amontya; **estimate a numerical value** dismygriva
estimation *n.* dismygyans *m.* +ow
estuarine *adj.* heylyek
estuary *n.* heyl *m.* +yow
etch *v.* trenkravya
etching *n.* trenkravyans *m.* +ow
eternal *adj.* bythkwethek, nevra na dhifyk
ethnic *adj.* ethnek
ethnicity *n.* ethnogeth *f.* +ow
eucharist *n.* oferenn *f.* +ow
eulogistic *adj.* kanmoledhek
eulogize *v.* kanmel
eulogy *n.* kanmola *m.* -moledhow
eunuch *n.* spadhesik *m.* -igyon
euphonious *adj.* kesson
euphony *n.* kessenyans *m.* +ow
euro *n. (currency)* euro *m.* +yow
Europe *place* Europa
European *adj.* europek; **European Union** Unyans Europek

eurozone *n.* eurodiryow
evacuate *v.* gwakhe
evacuation *n.* gwakheans *m.* +ow
evade *v.* kavanskeusa; **evade capture** skeusi
evaluate *v.* arbrisya
evaluation *n.* arbrisyans *m.* +ow
evangelical *adj.* aweylek
evangelist *n.* aweyler *m.* +s
evangelize *v.* aweyla
evaporate *v.* ethenna
evaporation *n.* ethennans *m.*
evasion *n.* kavanskeus *m.* +ow
¹Eve *name* Eva
²eve *n.* **eve of feast** nos *f.* +ow
even 1. *adj.* kompes, leven, suant; *(of numbers)* parow; **be even with** bos kompes gans; **make even** kompoesa: 2. *adv.* hogen, unnweyth
evening *n.* gorthugher *m.* +ow; **in the evening** gorthugherweyth; **this evening** haneth
evenness *n.* kompoester *m.* +yow
evensong *n.* gosper *m.* +ow, gwesper *m.* +ow
event *n.* darvos *m.* +ow, hwarvedhyans *m.* +ow, hwarvos *m.* +ow, kentel *m.* +yow
eventually *adv.* wostiwedh
ever 1. *adj.* prest: 2. *adv.* a'y oes, bykken, bynitha, byth, byttydh, jamm', nevra, yn y oes; *(in past)* bythkweth; **Cornwall for ever!** Kernow bys vykken!; **for ever and ever** trank heb worfenn; **for ever** a-vynitha, bys vykken, bynnari, bys vynitha; **that ever** byth pan
evergreen *adj.* bythlas; **evergreen tree** sybwydhenn

everlasting *adj.* bythkwethek, na dhifyk
evermore *adv.* bys nevra, bys vynnari; **for evermore** bynitha
every *adj.* oll, pub, kettep
everybody *pron.* peub, peub oll, pubonan, pub huni, yn kettep penn, yn kettep poll
everyone *pron.* peub, peub oll, pubonan, pub huni, keniver, yn kettep penn, yn kettep poll, kettep onan, oll; **you are welcome, everyone** wolkomm owgh oll
everything *n.* oll, pup-tra *m.*; **because everything was fine and good** rag bones oll teg ha da
everywhere *adv.* pub le
evidence *n.* dustuni *m.* dustuniow
evident *adj.* apert, kler, playn
evidently *adv.* efan
evil 1. *n.* drog *m.* +ow, drogedh *m.* +ow, droktra *m.* +ow: **2.** *adj.* tebel; **evil one** tebel-el; **evil person** tebel
evil-doer *n.* drogoberer *m.* -oryon
evildoing *n.* tebelwrians *m.* +ow
evoke *v.* sordya
evolution *n.* esplegyans *m.*, omgerdh *m.*
evolve *v.* esplegya, omgerdhes
ewe *n.* **yearling ewe** heskenn *f.* +ow
ewe-lamb *n.* oenes *f.* +ow
ex- *pref.* *(out of)* es-; *(former)* kyns
exacerbate *v.* tromma
exact *adj.* a-dhevis, kewar
exactly *adv.* poran, yn kewar, {harlych}
exalt *v.* avonsya, barrhe, ughelhe, {eksaltya}
examination *n.* apposyans *m.* +ow, arholas *m.* +ow

examine *v.* hwithra; *(of knowledge)* apposya, arholya, {eksamnya};
examine oneself omhwithra
examinee *n.* arholesik *m.* -igyon
examiner *n.* arholyas *m.* -ysi, arholyades *f.* +ow
example *n.* ensampel *m.* -plow -plys, patron *m.* +yow, sampel *m.* samplow; **for example** rag ensampel, yn sampel
Excalibur *name* Kalesvolgh
excavate *v.* palas
excavation *n.* kleudh *m.* +yow, kowans *m.* +ow
excavator *n.* jynn-palas *m.* jynnow-palas
exceed *v.* mos dres, gordremena, {eksedya}
exceedingly *adv.* dres eghenn
excellence *n.* koethter *m.*, bryntinses *m*
excellent *adj.* koeth
except 1. *prep.* a-der: **2.** *conj.* marnas, saw: **3.** *v.* {ekseptya}
exception *n.* namm *m.* +ow
excerpt *n.* devynn *m.* +ow
excess *n.* re *m.*
excessively *adv.* re
exchange 1. *n.* keschanj *m.* +yow: **2.** *v.* keschanjya
excise *v.* estreghi
excite *v.* yntana
excited *adj.* yntanys
exciting *adj.* yntanus
exclude *v.* eskeas, keas mes, eskelmi, {ekskludya}
exclusion *n.* eskeans *m.* +ow
excommunicate *v.* emskemuna
excommunication *n.* emskemunans *m.* +ow

excrement *n.* kawgh *m.*; **void excrement** kagla, kawgha
exculpate *v.* omdhivlamya
excursion *n.* tro *f.* +yow
excuse 1. *n.* digeredh *m.* +ow, askus *m.* +yow, askusyans *m.* +ow: **2.** *v.* digeredhi, askusya, {ekskusya}; **excuse me** gav dhymm; **excuse oneself** omdhihares, omaskusya
excused *adj.* digeredhys
execrable *adj.* mollothek
execrate *v.* mollethi
execute *v.* gorlinya, {eksekutya}; *(by beheading)* dibenna
executioner *n.* dibenner *m.* -oryon
executive *n.* gweythresek *m.* -ogyon; **chief executive** pennweythresek *m.* -ogyon
executor *n.* asektour *m.* +s
exercise 1. *n. (piece of work)* oberenn *f.* +ow; *(physical)* omwith *m.* +ow: **2.** *v.* omwitha, {eksersisa}; **exercise control over** gul maystri war
Exeter *place* Karesk
exfoliate *v.* esfolenna
exfoliation *n.* esfolennans *m.*
exhalation *n.* esanellans *m.* +ow
exhale *v.* esanella
exhibit 1. *v.* diskwedhes: *n.* diskwedhynn **2.** *m.* +ow
exhibition *n.* diskwedhyans *m.* +ow
exhort *v.* ynnia, {eksortya}
ex-husband *n.* kyns-gour *m.* kyns-gwer
exile 1. *n.* divres *m.* +ow, divroedh *m.*: **2.** *v.* divroa, {eksilya}
exist *v.* bos
existence *n.* bosva *f.* +ow

exit 1. *n. (of actor)* kwityans *m.* +ow; **emergency exit** mallborth *m.* +ow: **2.** *v.* kwitya
exodus *n.* eskerdh *m.* +ow
expand *v.* efani, lesa, omlesa
expanse *n.* ledander *m.* +yow
expansion *n.* efanyans *m.*, omlesans *m.* +ow; **coefficient of expansion** omlesedh *m.*
expansive *adj.* omlesek
expansivity *n.* omlesedh *m.*
expatriate *n.* divres *m.* +ow
expect *v.* gwaytyas
expectation *n.* gwaytyans *m.* +ow, trest *m.*
expedition *n.* eskerdh *m.* +ow, vyaj *m.* +yow
expel *v.* estewlel, pellhe, tewlel yn-mes, tewlel yn-kerdh; *(dismiss)* gordhyllo
expend *v.* spena
expenditure *n.* spenans *m.* +ow
expense *n.* kost *m.* +ow; **go to expense** mos yn kost
expensive *adj.* ker, kostek
expensiveness *n.* kerneth *f.*
experience 1. *n.* prevyans *m.* +ow; *(something experienced)* perthyans *m.* +ow: **2.** *v.* previ
experiment 1. *n.* arbrov *m.* +ow, attent *m.* +ys, prevyans *m.* +ow, {eksperyans} *m.* {+ow}: **2.** *v.* arbrevi
experimental *adj.* arbrovel
expert *adj.* konnyk: *n.* konnyk *m.* konnygyon; *(specialist)* arbenniger *m.* -oryon
expiation *n.* prenedh *m.*
expiration *n. (end)* diwedhva *f.* +ow; *(breathing out)* esanellans *m.* +ow

expire

expire *v. (die)* merwel
explain *v.* displegya, igeri, styrya
explanation *n.* displegyans *m.* +ow, styryans *m.* +ow
explanatory *adj.* displegyansek, styryansek
explode *v.* tardha
exploit *v.* gweytha
exploitation *n.* gweythans *m.* +ow
explosion *n.* tardh *m.* +ow
explosive *adj.* tardhadow
export 1. *n.* esporth *m.* +ow: **2.** *v.* esperthi
expose *v.* digudha, {diskevra}
exposed *adj.* digloes
exposition *n.* digudhans *m.* +ow; *(show)* diskwedhyans *m.* +ow
expound *v.* {ekspondya}
expressway *n.* klerfordh *f.* +ow
expunge *v.* defendya dhe-ves, dilea
extend *v.* kressya, ystynn; *(intrans.)* omystynna
extended *adj.* ystynnys
extension *n.* ystynnans *m.* +ow
extensive *adj.* efan
extent *n.* hys *m.* +ow, kehysedh *m.* +ow, kompas *m.* +ow
exterminate *v.* difeudhi
extermination *n.* difeudhans *m.* +ow
extinction *n.* difeudhans *m.* +ow
extinguish *v. (a flame)* difeudhi
extinguisher *n.* difeudhell *f.* +ow
extort *v.* kavoes dre nerth
extra *adj.* pella, moy
extract 1. *n.* devynn *m.* +ow: **2.** *v.* estenna, tenna yn-mes, devynna
extraction *n.* estennans *m.* +ow
extradite *v.* estenna
extradition *n.* estennans *m.* +ow

facilitator

extraordinary *adj.* koynt
extremely *adv.* fest
extrude *v.* esherdhya
extrusion *n.* esherdhyans *m.* +ow
extrusive *adj.* esherdhyek
ex-wife *n.* kyns-gwreg *f.* kyns-gwragedh
eye *n.* lagas *m.* +ow, dewlagas *dual*; *(of needle)* kraw naswydh *m.* krawyow naswydh; *(of potato)* skyllenn *f.* +ow, skyll *coll.*; **black eye** lagas du *m.* lagasow du; **blear eye** lagasow molys; **before the eyes of** a-wel dhe
eyebrow *n.* abrans *f.* +ow, diwabrans *dual*
eyelash *n.* blewenn an lagas *f.* blewennow an lagas
eyelid *n.* kroghen an lagas *f.* kreghyn an lagas

F

fable *n.* henhwedhel *m.* +ow
fabric *n.* gwias *m.* +ow; **woven fabric** pann *m.* +ow
fabricate *v.* gwruthyl
fabrication *n. (tale)* hwedhel *m.* hwedhlow, gow *m.* +yow
facade *n.* talenep *m.* -enebow
face *n.* bejeth *f.* +ow, enep *m.* enebow, fas *m.* fasow, greuv *m.* +ow, min *m.* +yow, tremmynn *m.* +ow; **face to face** orth ganow, bejeth dhe vejeth; **make a face at** omgamma orth
facet *n. (geom.)* enebik *m.* -igow
facilitate *v.* esya
facilitator *n.* esyer *m.* esyoryon, esyores *f.* +ow

facing *prep.* a-dal
facsimile *n.* kopi *m.* +ow
fact *n.* gwirenn *f.* +ow, feth *m.* +ow; **in fact** yn hwir
factory *n.* gweythva *f.* +ow; **factory farm** gweythva vegyans *f.* gweythvaow megyans
factual *adj.* fethyel
faculties *plur.* teythi
faculty *n. (of university)* kevasrann *f.* +ow; **without normal faculties** anteythi
fade *v. (of colour)* diliwa
fail 1. *n.* fall *m.*; **without fail** heb fall, heb falladow: **2.** *v.* difygya, fyllel; **fail to** fyllel dhe
failing *n.* difyk *m.* difygyow
failure *n.* defowt *m.* +ow, difyk *m.* difygyow, fall *m.*, falladow *m.*, meth *f.* +ow
faint 1. *n.* klamder *m.* +yow: **2.** *v.* klamdera; **liable to faint** klamderek
fainthearted *adj.* digolonnek
faintheartedness *n.* digolonn *f.*
fair 1. *n.* fer *m.* +yow, goel *m.* +yow: **2.** *adj.* teg; *(in colour)* gwynn; *(reasonable)* resnadow; **fair to middling** da lowr
fairground *n.* ferla *m.* -leow
fairing *n.* ferenn *f.* +ow
fairness *n. (equity)* ewnder *m.* +yow
fairy *n.* spyrys *m.* +yon +yow
faith *n.* fydh *f.* +yow, fydhyans *m.*, kres *f.*, fay *m.*; *(belief)* kryjyans *m.* +ow; **good faith** lenduri *m.*; **have faith in someone** krysi dhe nebonan; **have faith in** fydhya, krysi
faithful *adj.* lel, len
faithfulness *n.* lelder *m.*
faithless *adj.* dislen
fake 1. *adj.* fug: **2.** *n.* fug *m.* +yow: **3.** *v.* fugya
falcon *n.* falghun *m.* +es
falconer *n.* falghuner *m.* -oryon
falconry *n.* falghunieth *f.*
fall 1. *n.* koedh *m.* +ow; *(autumn, U.S.)* kynyav *m.* +ow: **2.** *v.* koedha; **cause to fall** disevel; **fall down** omhweles; **ready to fall** deantell; **trip and fall** omdhisevel
fallow *adj. (unploughed)* anerys; **fallow in summer** havar, havarel
Falmouth *place* Aberfal
false *adj.* fals, fekyl; **false person** fals
falsehood *n.* gow *m.* +yow, gowegneth *f.*
falsely *adv.* {falslych}
falseness *n.* falsuri *m.*
falsify *v.* falshe
falsity *n.* gowegneth *f.*
falter *v.* hokya
fame *n.* ger-da *m.* geryow-da, klos *m.*
familiar *adj.* aswonnys, koth; **be familiar with** aswonn
family *n.* teylu *m.* +yow; **extended family** kordh *m.* +ow
famine *n.* divoetter *m.* +yow
famous *adj.* gerys-da
fan 1. *n. (appliance)* gwynsell *f.* +ow; *(e.g. of sport)* penn-bros *m.* pennow-bros: **2.** *v.* gwynsella, {fannya}
fanatic *n.* penn-bros *m.* pennow-bros
fan-belt *n.* grogys-gwynsell *m.* grogysyow-gwynsell
fanciful *adj.* siansek

fancy

fancy 1. *n.* devis *m.* +yow, konsayt *m.* +s, sians *m.* +ow: **2.** *v.* si; *(suppose)* tybi
fantastic *adj.* fantasiek; *(ghostly)* tarosvannus
fantasy *n.* fantasi *m.* +s
far *adj.* pell; **nearby and far away** a-ogas hag a-bell
farce *n. (theatre)* fars *m.* +ys
fare *v.* fara, farya; **fare badly** drogfara
farewell *int.* farawell, farwell
farinaceous *adj.* bleusek
farm 1. *n.* bargen-tir *m.* bargenyow-tir; **family farm** hendra *f.*; **home farm** hendra *f.*; **small farm** godrev *f.* +i: **2.** *v.* ammetha
farmer *n.* gonedhek *m.* -ogyon, gonedhyas *m.* -ysi, *(female)* tioges *f.* +ow; *(male)* tiek *m.* tiogow tiogyon
farm-house *n.* chi tiek *m.* chiow tiek
farming *n.* ammeth *f.*: *adj.* ammethel; **the farming world** an bys ammethel
farmstead *n.* tre *f.* trevow, trevenn *f.* +ow, trev *coll.*
farrier *n.* ferror *m.* +yon
farrow *v.* porghella
fart 1. *n.* bramm *m.* bremmyn: **2.** *v.* bramma
farthing *n.* ferdhynn *m.* +ow
fascism *n.* faskorieth *f.*
fascist *n.* faskor *m.* +yon
fashion 1. *n.* gis *m.* +yow: **2.** *v.* shapya
fashionable *n.* herwydh an gis
¹**fast** *adj. (fixed)* fast; *(speedy)* buan, uskis
²**fast** *(stop eating)* **1.** *n.* penys *m.* +yow: **2.** *v.* penys
fasten *v.* fastya, lasya, takkya
fastened *adj.* stag

765

fearful

fastening *n.* kevrenn *f.* +ow, kolmenn *f.* +ow; **cord for fastening** sygenn *f.*
fastidious *adj.* dewisek, denti
fat 1. *n.* blonek *m.* -egow: **2.** *adj.* borr, tew
fatal *adj.* marwel
fatality *n.* marwoleth *f.*
fate *n.* feus *m.*, tenkys *f.* +yow
father *n.* sira *m.* sirys, tas *m.* +ow; **Father Christmas** Tas Nadelik; **spiritual father** tasek *m.* tasogyon; **holy father** tassans *m.* tassens
fatherhood *n.* tasekter *m.*, tasoleth *f.*
father-in-law *n.* hwegron *m.* +yon, sira-da *m.* sirys-dha
father-lasher *n. (fish)* kalkenn *f.* +ow
fathom *n.* gourhys *m.* +ow
fatigue *n.* skwithter *m.*, ludh *m.*
fatness *n.* berri *m.*, tewder *m.*
fatten *v.* peski, tewhe
fault *n.* blam *m.* +ys, fall *m.*, fowt *m.* +ys +ow; **find fault with** blamya; *(geological)* dorfols *m.* +ow; **fault line** linenn fols *f.* linennow fols
fault-finding *adj.* krodhek
favour 1. *n.* faverans *m.*, favour *m.* +s; **out of favour** diskrassyes: **2.** *v. (esteem)* favera
favourability *n.* faveradewder *m.*
favourable *adj.* faveradow
fawn 1. *n.* elen *f.* +es, yerghik *m.* yerghesigow: **2.** *v.* fekla
fawn-coloured *adj.* gell
fax 1. *n. (message)* pellskrifenn *f.* +ow: **2.** *v.* pellskrifa
fear 1. *n.* own *m.*, dout *m.* +ys: **2.** *v.* kemmeres own, perthi own, doutya, {owna}
fearful *adj.* ownek

feasible *adj.* hewul
feast 1. *n.* fest *m.* +ow, goel *m.* +yow, kevywi *m.* +ow; *(meal)* gwledh *f.* +ow: **2.** *v.* goelya; **feast together** kevywya
feast-day *n.* dy'goel *m.* +yow
feather *n.* pluvenn *f.* +ow, pluv *coll.*; **grow feathers** pluva; **little feather** pluvynn *f.* +ow
feathered *adj.* pluvennek
February *n.* Hwevrer *m.*, mis-Hwevrer *m.* misyow-H.
feeble *adj.* difreth, gwann, ydhil, {faynt}; **grow feeble** gwannhe
feebleness *n.* difrethter *m.*, gwannder *m.* +yow
feed 1. *v.* boesa, maga, methya: **2.** *n.* methyans *m.* +ow
feeding *n.* methyans *m.* +ow
feel *v.* klywes, omglywes; **feel one's way** palvala
feeler *n.* tavell *f.* +ow, diwdavell *dual*
feeling *n.* omglywans *m.* +ow
feign *v.* fugya
feigning *n.* fugyans *m.* +ow, fayntys *m.*
feint *n.* fug *m.* +yow
felicity *n.* gwynnvys *m.*, lowenedh *m.*
fellmonger *n.* *(dealer in animal skins)* kroener *m.* -oryon
felloe *n.* *(rim of wheel)* kammek *f.* -ogow
fellow *n.* gwas *m.* gwesyon, koweth *m.* +a, polat *m.* +ys; **fellows** hynsa; **filthy fellow** kawghwas *m.* -wesyon; **hard-bitten fellow** avleythys *m.* +yon, smat *m.* +ys; **hulking fellow** kwallok *m.* +s; **old fellow** kothwas *m.* -wesyon
fellowship *n.* kowethas *m.* +ow, kowethyans *m.* +ow; **Cornish Language Fellowship** Kowethas an Yeth Kernewek
felon *n.* felon *m.* +s
felt *n.* *(material)* leuvbann *m.* +ow
female 1. *n.* benynreydh *f.* +ow: **2.** *adj.* benow
feminine *adj.* benel; *(grammatical gender)* benow
femininity *n.* benoleth *f.*
fen *n.* kors *coll.*
fence 1. *n.* ke *m.* keow, kloes *f.* +yow: **2.** *v. (with swords)* skyrmya
fencing *n. (barrier)* kloesweyth *m.*; *(with swords)* skyrmyans *m.*
fender *n. (of boat)* divoemmell *f.* +ow
fennel *n.* fenogel *f.*
fernbrake *n.* redenek *f.* -egi
fern *n.* redenenn *f.* +ow, reden *coll.*
ferny *adj.* redenek
ferret *n.* lovenn *f.* +ow, yewgenn *m.* +ow
ferric *adj.* hornek
ferrous *adj.* hornus
ferry *n.* kowbal *m.* +yow, treth *m.* +yow; **cross by a ferry** tretha
ferry-crossing *n.* kowbalhyns *m.* +ow
ferryman *n.* trethor *m.* +yon
fertile *adj.* feyth; **fertile ground** gwresenn
fertility *n.* feythter *m.*, gwelsowas *m.*
fertilizer *n.* godeyl *m.*
fervent *adj.* ter
fester *v.* gori, pedri
festering *adj.* podredhek
festival *n.* goel *m.* +yow
fest-noz *n.* troyll *m.* +yow
fetch *v.* hedhes, kyrghes
fetching *adj.* dynyansek

fetid *adj.* flerys
fetidness *n.* flerynsi *m.*
fetter 1. *n.* bagh *f.* +ow, karghar *m.* +ow, sprall *m.* +ow, {hual} *m.* {-elyow}: **2.** *v.* spralla
fever *n.* terthenn *f.* +ow, {fevyr} *m.* {+s}; **scarlet fever** kleves kogh *m.*; **yellow fever** kleves melyn *m.*
feverfew *n. (plant)* les-terth *m.* lesyow-terth
feverish *adj.* terthennek
few 1. *n.* nebes *m.*: **2.** *adj.* boghes, nebes; **very few** neb lies
fiasco *n.* moeth *m.* +ow
fibre-glass *n.* gwlan-gweder *coll.*
fickle *adj.* brottel, hedro
fiction *n.* fugieth *f.*
fictional *adj.* fugiethel
fictitious *adj.* fug
fiddle *n. (Mus.)* fyll *m.* +ow, harfyll *m.* +ow, krowd *m.* +ys; **play the fiddle** fyllya: *v. (cheat)* hyga
fiddler *n. (Mus.)* harfyller *m.* -oryon, harfyllores *f.* +ow, fyller *m.* -oryon, fyllores *f.* +ow, krowder *m.* -oryon, krowdores *f.* +ow
fidelity *n.* lelder *m.*
fidget *v.* fysla
fidgetty *adj.* fyslek
fie *int.* agh, fi; **cry fie on** fia
fief *n. (feudal estate)* fe *m.* +ow
field *n.* gwel *m.* +yow, park *m.* +ow; **arable field after reaping and before ploughing** arys *m.*; **open field** mes *m.* +yow; **small field** parkynn *m.* +ow
fieldfare *n.* molgh-las *f.* molghi-glas
fiend *n.* jevan *m.* +ow
fiendish *adj.* jevanek

fierce *adj.* fell, fers, goedh, gwyls
fiery *adj.* tanek
fifteen *num.* pymthek
fifteenth *num.* pymthegves
fifth *num.* pympes
fifty *num.* hanter-kans
fig *n.* figysenn *f.* +ow, figys *coll.*
fight 1. *n.* kas *f.* +ow, kevammok *m.* -ogow, omladh *m.* +ow: **2.** *v.* batalyas, omladh; **fight against** batalyas orth
fighter *n.* kasor *m.* -oryon
fig-leaf *n.* figdhelenn *f.*
fig-tree *n.* figbrenn *m.* +yer
figure 1. *n. (form)* furv *f.* +ow; *(shape)* figur *m.* +ys; **figure of speech** trop *m.*: **2.** *v.* figura; *(form)* furvya
filament *n.* neusynn *m.* +ow
file 1. *n. (document)* restrenn *f.* +ow; *(tool)* liv *f.* +yow; **single file** yn rew: **2.** *v. (put in a drawer)* restra; *(to scrape)* livya
filing *adj.* **filing cabinet** restrennva
fill *v.* lenwel, leunhe; **fill with** lenwel a
fillet *n.* lystenn *f.* +ow, snod *m.* +ow +ys
fillip *n.* kennerthik *m.* -igow
film 1. *n. (cinema, T.V., video)* fylm *m.* +ow; **feature film** fylm bras; *(covering)* kennenn *f.* +ow; **coat with film** kenna: **2.** *v. (shoot a film)* fylmya
filter 1. *n.* sidhel *m.* sidhlow: **2.** *v.* sidhla
filth *n.* lastedhes *m.*, most *m.* +yon, mostedhes *m.*, plosedhes *m.*, stronk *m.*; **clotted filth on fleece or clothing** kagal *m.*

filthy

filthy 1. *n.* **filthy fellow** plosek *m.* plosogyon, ploswas *m.* ploswesyon: **2.** *adj.* bystyon, plos; **filthy fellow** kawghwas

fin *n.* askell *f.* eskelli

final 1. *n. (game)* pennwari *m.* +ow: **2.** *adj.* finek, finel

finally *adv.* gordhiwedh, wor'tiwedh

finance *n.* arghans *m.*, arghansereth *f.*

financial *adj.* arghansek

financier *n.* arghanser *m.* -oryon

find 1. *n.* trovyans *m.* +ow, dismyk *m.* -ygow: **2.** *v.* kavoes, trovya; **find oneself** omgavoes; **find out** dismygi

fine 1. *n. (penalty)* spal *m.* +yow, {fin} *m.* {+ys}: **2.** *adj.* brav, teg: **3.** *v.* spala

finery *n.* bravder *m.*, tekter *m.*

finger 1. *n.* bys *m.* bysies; **fourth finger** bys bysow; **little finger** bys byghan; **middle finger** bys kres; **ring finger** bys bysow: **2.** *v.* bysya

finger-nail *n.* ewin *m.* +es; **having long finger-nails** ewinek

finish 1. *n.* diwedh *m.* +ow, gorfenn *m.* +ow: **2.** *v.* gorfenna, diwedha, {finshya}

finished *adj.* deu, gorfennys, diwedhys

fir *n.* sybwydhenn *f.* +ow, sybwydh *coll.*

fir cone *n.* aval sabenn *m.* avalow-sabenn

fire 1. *n.* tan *m.* +yow; **back-log of fire** penn-tan *m.* +yow; **consume by fire** kowlleski; **fire brigade** tanlu *m.* +yow; **on fire** gans tan; **set on fire** gorra tan yn: **2.** *v. (a weapon)* tenna; *(dismiss)* gordhyllo

firebrand *n.* yttew *m.* +i

fire-engine *n.* jynn-tan *m.* jynnow-tan

firefighter *n.* tangasor *m.* +yon

fire-grate *n.* tanvaglenn *f.* +ow

fireman *n.* tangasor *m.* +yon

fireplace *n.* oeles *f.* +ow

firer *n. (of pots)* forner *m.* -oryon

fire-ship *n.* tanlester *m.* -lestri

fire-shovel *n.* reuv-tan *f.* reuvow-tan

firewood *n.* keunys *coll.*; **abounding in firewood** keunysek; **gather firewood** keunyssa; **piece of firewood** keunysenn *f.* +ow; **place abounding in firewood** keunysek *f.* -egi

firework *n.* tanweythenn *f.* +ow, tanweyth *coll.*

firm *adj.* fyrv; *(fixed)* fast; *(tight)* tynn: *n.* kowethas *m.* +ow

firmament *n.* ebron *f.*, {fyrmament} *m.*

firmly *adv.* fast

firmness *n.* fyrvder *m.*

first 1. *n.* kynsa: **2.** *adj.* kynsa; **at first** wostalleth; **first of month** Kalann; **first born** kynsa genys

fir-tree *n.* sybwydhenn *f.* +ow, sybwydh *coll.* Used in **A Sybwydhenn**, a modern translation of the German carol *O Tannenbaum.* sabenn *f.* +ow, sab *coll.*

fish 1. *n.* pysk *m.* puskes; **fish and chips** pysk hag askloes: **2.** *v.* pyskessa

fisherman *n.* pyskador *m.* +yon

fishing *n.* pyskessa

fishing-ground *n.* pyskek *f.* -egi

fishing-rod *n.* gwelenn-byskessa *f.* gwelynni-pyskessa

fish-pond *n.* pysklynn *f.* +ow

fish-tank *n.* tank puskes *m.* tankow puskes

fissile

fissile *adj.* omfolsadow
fission *n.* folsans *m.*
fissure *n.* fols *m.* +yow
fist *n.* dorn *f.* +ow, diwdhorn *dual*
fistful *n.* dornas *m.* +ow
fisticuffs *n.* boksas *m.* +ow
fit 1. *n.* shora *m.* +ys; **fit of the ague** kren an leghow: **2.** *adj.* gwiw; *(able)* abel; *(healthy)* yagh: **3.** *v.* desedha, kewera
fitness *n. (suitability)* gwiwder *m.*
fitting *adj.* delledhek, gwiw, kemusur; **is fitting** degoedh
fittingly *adv.* {manerlych}
five *num.* pymp
fix *v.* fastya; *(attach)* staga
fixate *v.* starkhe
fixation *v.* starkheans
fixed *adj.* stag
fixedly *adv.* stark
fixture *n. (match)* fytt *m.* +ow
fizzy *adj.* pik-pik
¹**flag** *n.* baner *m.* +yow; **cross flag** krowsvaner *m.*; **flag of convenience** baner-es; **study of flags** baneronieth *f.*
²**flag** *n. (plant)* elestrenn *f.* +ow, elester *coll.*
flag-bed *n.* elestrek *f.* -egi
flagon *n.* kostrel *m.* +s, kruskynn *m.* +ow
flagstone *n.* leghven *m.* -veyn
flair *n.* awen *f.*
flake 1. *n.* skansenn *f.* +ow, skans *coll.*: **2.** *v.* lownya
flaky *adj.* lownek, skansek
flame 1. *n.* fagel *f.* faglow, flamm *m.* +ow: **2.** *v.* flammya
flammable *adj.* flammadow

flexibility

flannel *n.* gwlanenn *f.* +ow, lenn *f.* +ow
flap 1. *n.* lappa *m.* lappys: **2.** *v.* flappya
flare *v.* dewi
flash *v.* lughesi: *n.* lughesenn *f.* +ow
flask *n.* kostrel *m.* +s
flat 1. *n.* rannji *m.* +ow: **2.** *adj.* gwastas, platt
flat-fish *n.* leyth *f.* +ow
flatten *v.* plattya
flatter *v.* fekla
flattering *adj.* fekyl
flatulence *n.* torrwyns *m.*
flatulent *adj.* torrwynsek
flavour *n.* sawer *m.* +yow, blas *m.* +ow
flavoured *adj.* sawrys
flavouring *n.* blesyon, sawrans *m.* +ow
flaw *n.* namm *m.* +ow
flax *n.* lin *coll.*; *(one plant)* linenn *f.* +ow
flax-field *n.* linek *f.* -egi
flax-land *n.* lindir *m.* +yow
flay *v.* diruska, kroghena
flea *n.* hwannenn *f.* +ow
flee *v.* fia, teghes
fleece *n.* knew *m.* +yow
¹**fleet** *n.* lu lestri *m.* luyow lestri
²**fleet** *adj.* skav
Fleming *n.* Flemen *m.* +yon
Flemish 1. *n.* **Flemish language** Flamanek *m.*: **2.** *adj.* flamanek; **Flemish person** Flemen
flesh *n.* kig *m.* +yow; keher *coll.*: **grow flesh** kiga; **in the flesh** yn trogel; **living flesh** byw *m.*
flesh-coloured *adj.* kigliw
fleshhook *n.* kigver *m.* +yow
fleshless *adj.* digig
flex *n.* korsenn *f.* +ow, kors *coll.*
flexibility *n.* gwedhynder *m.*

flexible

flexible *adj.* gwedhyn, hebleth
flick *v.* flykkya
¹**flight** *n. (escape)* fo *m.* fohow, tegh *m.* +ow; **put to flight** fesya; **take flight** fia dhe'n fo
²**flight** *n. (in air)* nij *m.* +ow
flimsy *adj.* tanow
flinch 1. *n.* plynch *m.* +ys: **2.** *v.* plynchya
fling *v.* deghesi, tewlel; **fling at** deghesi war
flint *n.* flynt *m.* +ys, kellester *m.* +yow
flintstone *n.* men-flynt *m.* meyn-f.
flippers *plur.* botas palvek
flirt *n. (female)* flownenn *f.* +ow
flit *v.* sommys, ternija
float 1. *n. (e.g. for fishing)* neuvell *f.* +ow: **2.** *v.* neuvella
flock 1. *n.* flokk *m.* +ys, para *m.* parys, tonnek; *(animals)* gre *f.* +ow; *(of birds)* hes *f.* +ow: **2.** *v.* hesya
flocking *n.* hevva *f.*
flog *v.* kastiga
flogging *n.* kastik *m.* -igow
flood 1. *n.* liv *m.* +ow; **flood stream** lanwes *m.*: **2.** *v.* liva
flood-gate *n.* livyet *m.* +ow, fennyet *f.* +ow
flooding *n.* livans *m.*
floodlight *n..* livwolow *m.* +ys
flood-plain *n.* fennva *f.* +ow
floor *n.* leur *m.* +yow; **upper floor** soler *m.* +yow
floor-cloth *n.* kweth-leur *f.* kwethow-leur
flop *n. (in theatre)* moeth *m.* +ow
floret *n.* bleujennik *m.* -igow
flotilla *n.* morostik *m.* -igow
flounder *n.* leyth *f.* +ow

flutter

flour *n.* bleus *m.* +yow; **fine flour** bleus fin *m.* bleusyow fin; **white flour** bleus kann *m.* bleusyow kann; **wholemeal flour** bleus gell *m.* bleusyow gell
flourish *v.* {floryshya}; *(of a sword)* gwevya, swaysya; *(of plants)* glasa; *(succeed)* seweni
floury *adj.* bleusek
flow 1. *v.* bera; *(freely)* frosa: **2.** *n.* res *m.* +ow
flower 1. *n.* bleujenn *f.* +ow, bleujyow *coll.*, flour *f.* +ys; *(fig.)* flourenn *f.* +ow: **2.** *v.* bleujyowa
flower-bed *n.* bleujyowek *f.* -egi
floweret *n.* bleujennik *m.* -igow
flowery *adj.* bleujyowek
flu *n.* terthenn *f.* +ow, flu *f.*; **gastric flu** flu lasek *f.*
fluctuate *v.* leskella
fluctuation *n.* leskas *m.* +ow
fluency *n.* frethter *m.*
fluent *adj.* freth
fluff *n.* mannbluv *coll. (one piece)* mannbluvenn *f.* +ow
fluffy *adj.* mannbluvek
fluid 1. *n.* lin *m.* +yow: **2.** *adj.* **fluid ounce** ouns devrek
fluke *n. (of anchor)* paw *f.* +yow, diwbaw *dual*
flume *n.* frosva *f.* +ow
fluorspar *n.* kann *m.*
flurry *n.* kowesik *m.* -igow; **flurry of blows** boksas *m.* +ow
flush *v.* kartha
flute *n.* pib *f.* +ow, tollgorn *m.* tollgern; **The Magic Flute** *(Mozart's opera)* An Tollgorn Hudel
flutter *v.* ternija, trenija

fluvial *adj.* avonyel
fly 1. *n.* kelyonenn *f.* +ow, kelyon *coll.* **horse fly** kelyonenn vargh *f.* kelyonennow margh, kelyon margh *coll.*; **full of flies** kelyonek: **2.** *v.* nija; **fly over** treusnija
flyblown *adj.* kelyonek, kontronek
flyer *n. (aviator)* nijer *m.* -oryon; *(sheet of paper)* folennik *m.* -igow
flywheel *n.* hwelros *f.* +ow
foal 1. *n.* ebel *m.* ebeli; *(of an ass)* asenik *m.* -igow: **2.** *v.* kui
foam *n.* ewyn *coll.*
foamy *adj.* ewynek
focal *adj.* fogel
fo'c'sle *n.* flour-rag *m.* flouryow-rag
focus 1. *n.* fog *f.* +ow **2.** *v.* fogella
focussed *adj.* fogellys
fodder *n.* boes *m.* +ow
foe *n.* envi *m.*, eskar *m.* eskerens
fog *n.* niwl *m.* +ow
fog-bank *n.* niwlenn *f.* +ow
foggy *adj.* niwlek
fog-horn *n.* niwlgorn *m.* -gern
foil *n.* **piece of metal foil** folenn *f.* +ow
fold 1. *n. (bend)* pleg *m.* +ow; *(enclosure)* korlann *f.* +ow, {fold} *m.* {+ys}; *(flap)* lappa *m.* lappys; *(wrinkle)* kris *m.* +yow; **fold forming pocket** askra *f.*: **2.** *v.* plegya
folder *n.* plegell *f.* +ow
foliage *n.* del *coll.*
folk *n.* gwerin *f.*, pobel *f.* poblow
folk-song *n.* kan werin *f.* kanow gwerin
follow *v.* sywya, holya, omsywya, {folya}
follower *n.* holyer *m.* -oryon, sywyas *m.* -ysi, gwas *m.* gwesyon, dyskybel *m.* dyskyblon, {folyer} *m.* {+s}
following *adj.* a syw; **on the following morning** ternos vyttin
folly *n.* follenep *m.* -enebow, follneth *f.*, gokkineth *f.*, foli *m.*, nisita *m.*, {folloreth} *f.*
fondle *v.* chersya
fondness *n.* karadewder *m.*, sergh *m.* +ow
font *n.* besydhven *m.* -veyn
food *n.* boes *m.* +ow, sosten *m.*
fool 1. *n.* foll *m.* fellyon, muskogenn *f.* +ow, muskok *m.* -ogyon, penn-broennenn *m.* pennow-broennenn, penn-pyst *m.* pennow-pyst, pyst *m.* +yon, boba *m.* bobys, penn-bras *m.* pennow-bras, {foul} *m.* {+ys}; **act like a fool** gokkia, dotya: **2.** *v.* toella
foolish *adj.* diskians, foll, gokki, pyst, sempel; **behave foolishly** gokkia; **foolish person** gokki
foolishness *n.* follneth *f.*, gokkineth *f.*, follenep *m.* -enebow
foot *n. (anat.)* troes *m.* treys, dewdroes *dual*; *(base)* ben *m.* +yow; *(unit of length)* troes-hys *m.* treys-hys; **on foot** a-droes
footage *n.* fylmhys *m.* +ow
football *n.* peldroes *f.*
footballer *n.* peldroesyer *m.* -yoryon; *(professional)* peldroesyas *m.* -ysi; *(female)* peldroesyores *f.* +ow
footbridge *n.* troespons *m.* +ow
foothold *n.* troesla *m.* troesleow
footpath *n.* kerdhva *f.* +ow, troe'lergh *m.* +ow
footprint *n.* ol troes *m.* olow troes
foot-rule *n.* skantlyn *m.* +s

foot-soldier *n.* troesek *m.* –ogyon
footstep *n.* kamm *m.* +ow
foot-stool *n.* skavell-droes *f.* skavellow-troes
footwear *n.* arghenas *m.*
for **1.** *prep.* rag, dhe, er, y'th kever; **for her** rygdhi; **for him** ragdho; **for me** ragov; **for thee** ragos; **for us** ragon; **for you** ragowgh; **please do this for me** gwra hemma dhymm, mar pleg; **thank you for giving that to me** meur ras ow ri dhymm henna; **thank you for your fine gift** meur ras a'th ro teg: **2.** *conj.* rag
forbear *v.* {forberya}
forbearance *n.* perthyans *m.* +ow
forbid *v.* difenn, {forbydya}; **forbid someone to do something** difenn orth nebonan a wul neppyth
forbidden *adj.* difennys
force **1.** *n.* fors *m.* +ow, nell *m.* +ow, nerth *m.* +yow; *(quantity in physics)* forsedh *m.* +ow; **police force** kreslu *m.*; **security force** lu diogeledh: **2.** *v.* konstryna, ynnia
forced *adj.* konstrynys
forceful *adj.* trewesi
ford *n.* rys *f.* +yow, roswydh *f.* +yow; *(shallow)* basdhowr *m.* +ow
fore- *pref.* dar-, rag-
foreboding *n.* ragown *m.*
forecast **1.** *n.* dargan *f.* +ow: **2.** *v.* dargana, darleverel
forecaster *n.* dargenyas *m.* -ysi
forecastle *n.* flour-rag *m.* flouryow-rag
forefather *n.* hendas *m.* +ow, ragdas *m.* +ow
forefinger *n.* bys rag *m.* bysies rag
forefront *n.* bleyn *m.* +yow

forehead *n.* korn tal *m.* kern tal, tal *f.* +yow
foreign *adj.* astranj, estren, estrenyek
foreigner *n.* estren *m.* +yon, estrenes *f.*, alyon *m.* +s
foreman *n.* pennweythor *m.* +yon
foremost *adj.* kynsa
forenoon *n.* kynseghwa *m.*, myttin *m.* +yow, myttinweyth *m.*
forerunner *n.* ragreser *m.* -oryon
foresee *v.* ragweles
foresight *n.* ragwel *m.* +yow
foreskin *n.* kudhgenn *m.* +ow
forest *n.* koeswik *f.* -igow, forest *m.* +ys; **wild forest land** gwylvos *m.*
forestall *v.* {preventya}
forester *n.* koeswiger *m.* -oryon, forster *m.* -oryon
forestry *n.* koeswigieth *f.*; **Forestry Commission** Desedhek an Koeswigow
foretaste *n.* ragvlas *m.* +ow
foretell *v.* darleverel, dargana
forethought *n.* ragbreder *m.* +ow
forewarn *v.* darwarnya, darweri
foreword *n.* rager *m.* +yow, raglavar *m.* +ow
forfeit **1.** *n.* gaja *m.* gajys: **2.** *v.* kelli
forfeiture *n.* spal *m.* +yow
forge **1.** *n.* gelforn *f.* +ow, govel *f.* +i: **2.** *v.* govelya; *(counterfeit)* fugya
forgery *n.* fugyans *m.* +ow
forget *v.* ankevi
forgetfulness *n.* ankov *m.*, ankovva *f.*
forgivable *adj.* gavadow
forgive *v.* gava, gava dhe
forgiveness *n.* dehwelyans *m.* +ow, gevyans *m.* +ow

fork *n. (tool)* forgh *f.* fergh; *(Y-shape)* gowl *f.* +ow; **three-pronged fork** tryforgh *f.*
forked *adj.* gowlek
form 1. *n.* furv *f.* +ow, shap *m.* +ys:
 2. *v.* furvya, shapya
formal *adj.* formel
formality *n.* formoleth *f.*
format 1. *n.* furvas *m.* +ow:
 2. *v.* furvasa
formation *n.* furvyans *m.* +ow, formyans *m.* +ow
former *adj.* kyns
formerly *adv.* kyns, kyns es lemmyn, kyns-lemmyn, seulabrys, seuladhydh
formula *n.* furvell *f.* +ow
formulaic *adj.* furvellek
formulate *v.* furvella, framya
forsake *v.* eskasa, {forsakya}
forsooth *adv.* dhe-wir, {forsoedh}
forswear *v.* **forswear oneself** gowlia
fort *n.* din *m.* +yow, dinas *m.* +ow, ker *f.* +yow; **small fort** dinan *m.*
forthwith *adv.* a-dhesempis, desempis, dison, hware
fortification *n.* kerweyth *m.* +yow
fortified *adj. (strengthened}* krevhes; *(of a building)* dinek
fortify *v. (a person)* nertha; *(strengthen a defence-work)* kera
fortitude *n.* kolonnekter *m.*
fortress *n.* kastell *m.* kastylli kestell, skons *m.* +ow
fortuitously *adv.* dre happ
fortunate *adj.* feusik, gwynnvys
fortunately *adv.* y'n gwella prys, yn feusik

fortune *n.* feus *m.*, fortun *m.* +yow, happ *m.* +ys
fortune-teller *n. (female)* koelyoges *f.* +ow; *(male)* koelyek *m.* -ogyon
forty *num.* dewgens, dew-ugens
forward 1. *adv.* a-rag, yn-rag:
 2. *n.* ragwarier *m.* -oryon
forward(s) *adv.* war-rag
fossil *n.* menhesenn *f.* +ow
fossilization *n.* menheans *m.* +ow
fossilize *v.* menhe
foster-daughter *n.* myrgh-veythrin *f.* myrghes-meythrin
foster-father *n.* tasveth *m.* +ow, {methtas} *m.* {+ow}
foster-mother *n.* mammveth *f.* +ow
foster-son *n.* mab-meythrin *m.* mebyon-veythrin
foul *adj.* bystyon, hager, plos; **foul person** ploswas, plos; **foul play** falsuri
fouling *n.* mostyans *m.* +ow
foul-mouthed *adj.* droktavosek, plos y daves
foulness *n.* plos *m.* +yon, plosedhes *m.*; *(of stink)* flerynsi *m.*
found *v.* fondya, grondya, selya
foundation *n.* fondyans *m.* +ow, grond *m.* +ow, sel *f.* +yow; **foundation stone** selven *m.* selveyn; **lay foundations** fondya, grondya
founder *n.* fondyer *m.* -oryon
foundry *n.* teudhji *m.* +ow, teudhla *m.* -leow, teudhva *f.* +ow
fountain *n.* fenten *f.* fentynyow
four *num. (m.)* peswar; *(f.)* peder; **four times** pedergweyth
four-cornered *adj.* peswar-kornek
four-fold *adv.* pedr-

four-footed *adj.* peswar-troesek
four-score *num.* peswar-ugens
fourteen *num.* peswardhek
fourteenth *num.* peswardhegves
fourth *num.* peswora
Fowey *place* Fowydh; **Fowey Moor** Goen Brenn
fowl *n.* **wild fowl** edhen *f.* ydhyn; **young fowl** mabyar *f.* -yer
fowler *n.* edhnor *m.* +yon, ydhna *m.* ydhnydhyon
fox *n.* lostek *m.* -ogyon, lowarn *m.* lewern; **abounding in foxes** lowarnek
fox-cub *n.* lowarnik *m.* lewernigow
foxglove *n.* manek lowarn *f.* manegow lowarn, manek rudh *f.* manegow rudh
foxy *adj.* lowarnek
fraction *n.* darnas *m.* +ow; *(math.)* rannriv *m.* +ow
fractional *adj.* rannrivel
fracture *n.* torr *m.* +ow
fragile *adj.* hedorr, brottel
fragility *n.* hedorreth *f.*
fragment *n.* tamm *m.* temmyn, darn *m.* +ow, brywsyonenn *f.* +ow, brywsyon *coll.*, brywyonenn *f.* +ow, brywyon *coll.*, dral *m.* +yow; *(small fragment)* dernik *m.* -igow
fragmentary *adj.* dernigel
frail *adj.* brottel, gwann
frailty *n.* gwannegredh *m.* +ow
frame 1. *n.* fram *m.* +yow; *(for fishing)* kanter *m.* kantrow; **frame for the moulding of a wooden plough** branell *m.* +ow; **timber frame in mine** stoul *m.*: **2.** *v.* framya

framework *n.* framweyth *m.* +yow, starn *f.* +yow
France *place* Frynk, Pow Frynk
franchise *n.* franchis *m.* +yow
frank *adj.* frank
frankincense *n.* frankynkys *m.*
frankness *n.* frankedh *m.*
fraternal *adj.* broderel
fraternity *n.* brederedh *m.* +ow
fraud *n.* fallas *m.* +ow, frows *m.*, toell *m.*
fraudulent *adj.* frowsus
fray *v.* **fray out** freudha, neusa
freak *n.* kanjon *m.* +s
freckled *adj.* brithennek, brygh
free 1. *adj.* frank, kwit, rydh; *(liberated)* dhe wari; **free hand** rydhambos; **free of charge** heb kost: **2.** *v.* *(set free)* rydhhe, delivra dhe wari, livra, {fryya}
freedom *n.* frankedh *m.*, rydhses *m.*
freeman *n.* frank *m.* +yon
freemason *n.* frankmason *m.* +s
free-wheel *n.* ros-rydh *f.* rosow-rydh
freeze *v.* rewi
freezer *n.* rewell *f.* +ow
freezing *adj.* oer
freight *n.* fres *m.*
French *adj.* frynkek; **French language** Frynkek
Frenchman *n.* Frynk *m.* +yon
French-speaker *n.* Frynkeger *m.* -oryon
Frenchwoman *n.* Frynkes *f.* +ow
frequency *n.* menowghder *m.* +yow; *(quantity in physics)* menowghedh *m.* +ow
frequent 1. *adj.* menowgh: **2.** *v.* daromres

frequently *adv.* menowgh, yn fenowgh
fresh *adj.* fresk, yr; *(of food)* kro
freshen *v.* yrhe
freshness *n.* yrder *m.*
fret *v.* brogha
fretful *adj.* broghek
fricative *adj.* rutsonek
friction *n.* rutyans *m.* +ow; **apply friction** rutya
Friday *n.* dy' Gwener *m.* dydhyow Gwener; **Good Friday** Gwener an Grows
friend *n.* kothman *m.* +s, sos *m.*, kar *m.* kerens; *(companion)* kowethes *f.* +ow, koweth *m.* +a; **familiar friend** koth *m.*; **intimate friend** karer *m.* -oryon, karores *f.* +ow, {speshyal} *m.*
There seems to have been no definite Brythonic word for 'friend'. Breton uses the French borrowings *kamalad* and *mignon*. Welsh uses *frind*. The primary meaning of **kar** is 'relative'; it was used for 'friend' only by Lhuyd and J. Boson.
friendly *adj.* kowethek; **friendly person** kolonnek
frier *n.* **deep-fat frier** leswedh fria-down *m.* leswedhow *f.*
fright *n.* own *m.*; *(shock)* skruth *m.* +ow; **stage fright** skruth-estyll *m.*; **take fright** kemmeres own
frighten *v.* ownekhe
frightful *adj.* grysel
frigid *adj.* oer
frigidity *n.* oerni *m.*
fringe 1. *n.* pilenn *f.* +ow, pil *coll.*: **2.** *v.* neusa
fringed *adj.* pilennek
Frisian *adj.* frisek; **Frisian language** Frisek

frisk *v.* terlemmel
frivolous *adj.* skav
frock *n.* pows *f.* +yow
frog *n.* kwilkyn *m.* +yow
from *prep.* a, a-dhia, a-dhiworth, dhiworth, diworth; **from beneath** a-dhann; **from him** anodho; **from me** ahanav; **from on top of** diwar; **from on** a-dhiwar; **from over** a-dhiwar; **from the** a-dhia'n; **from thee** ahanas; **from under** a-dhann; **from us** ahanan; **from you** ahanowgh
front *n.* tal *f.* +yow; **warm front** tal doemm *f.* talyow toemm; **cold front** tal yeyn *f.* talyow yeyn; **in front of** a-dherag, a-rag, derag; **in front** a-rag
frontage *n.* talenep *m.* -enebow
frontal *adj.* talyel
frontier *n.* or *f.* +yon
fronting *prep.* a-dal
frost *n.* rew *m.* +yow
frosty *adj.* rewek
froth 1. *n.* ewyn *coll.*: **2.** *v.* ewyni
frother *n.* *(for separating tin)* ewynell *f.* +ow
frothy *adj.* ewynek
frown 1. *n.* talgamm *m.* +ow: **2.** *v.* talgamma
frowzy *adj.* flerys
frozen *adj.* rewys
frugal *adj.* tanow
fruit *n.* *(in general)* froeth *coll.*, frut *m.* +ys; *(individual)* froethenn *f.* +ow
fruitful *adj.* feyth
fruitfulness *n.* feythter *m.*
fruitless *adj.* *(useless)* euver
fry *v.* fria

frying-pan

frying-pan *n.* leswedh *m.* +ow, padell-fria *f.* padellow-fria
fry-up *n.* frias *m.* +ow
fuel *n.* keunys *coll.*; **dried cow-dung used as fuel** glos *coll.*; **fossil fuel** keunys menhes *coll.*
fuel-gatherer *n. (female)* keunysores *f.* +ow; *(male)* keunyser *m.* -oryon
fugitive *n.* fowesik *m.* -igyon
fulcrum *n.* kolpes *m.* +ow
fulfil *v.* kewera, kollenwel, kompoesa, kowllenwel
fulfilment *n.* keweras *m.*
full *adj.* leun, kowal; **full of grace** leun a ras
fuller *n.* troghyer *m.* -yoryon
fullness *n.* lanow *m.* +yow, leunder *m.*
full-stop *n.* hedh *m.* +ow
fully *adv.* yn tien, kowal
fume 1. *n.* mog *m.*: **2.** *v.* brogha
fun *n.* delit *m.* +ys, gwari *m.* +ow; **make fun of** gul ges a
function *n.* gweythres *m.* +ow, offis *m.* offisys
functionary *n.* gweythresek *m.* -ogyon
functional *adj.* gweythresel
fund 1. *n.* arghas *m.* +ow: **2.** *v.* arghasa
fundamental *adj.* selvenel
funding *n.* arghasans *m.*
funeral *n. (burial)* ynkleudhyans *m.* +ow; *(cremation)* loskans *m.* +ow
funnel *n. (of ship)* chymbla *m.* chymblys
funny *adj.* didhan, hwarthus
fur *n.* milvlew *coll.*; **fur-lined cloak** pellyst *m.* +ow
furious *adj.* konneryek
furlong *n.* erowhys *m.* +ow

776

Gael

furnace *n.* fog *f.* +ow, fornes *f.* +ow, oden *f.* +yow
furnish *v.* mebla, provia, takla
furniture *n.* mebel *m.*
furrow *n.* fynngel *f.* fynnglow, pellenn *f.* +ow, ryll *f.* +ow
furthermore *adv.* hwath pella
fury *n.* konnar *f.*
furze-brake *n.* eythinek *f.* -egi
furzechat *n.* chekkyar eythin *f.* chekkyer eythin
furze-hook *n.* kromman eythin *f.* krommanow eythin
fuse 1. *n.* teudherik *m.* -igow: **2.** *v.* teudhi
fuse-box *n.* teudherigva *f.* +ow
fuss 1. *n.* trynn *f.* +ow, fyslans *m.* +ow: **2.** *v.* brogha, fysla
fussy *adj.* denti, fyslek
futile *adj.* euver
futility *n.* euveredh *m.*
future 1. *adj.* devedhek: **2.** *n.* termyn a dheu *m.*; *(finance)* devedhek *m.* -ogow

G

gab *n.* klatter *m.*
gabble 1. *n.* klapp *m.*: **2.** *v.* gerya, klappya
gabbler *n.* klappyer *m.* +s
gable *n.* punyon *m.* +s, tal *f.* +yow
gadfly *n.* kelyonenn vargh *f.* kelyonennow margh, kelyon margh *coll.*, stos *m.* +ow
Gael *n.* Goedhel *m.* Goedheli; *(female)* Gwydheles *f.* +ow; *(male)* Gwydhel *m.* Gwydhyli

Gaelic *adj.* gwydhelek; **Gaelic language** Goedhelek, Gwydhelek; **Gaelic speaker** Gwydheleger
gaffer *n.* kothwas *m.* -wesyon
¹gag *v. (choke)* taga
²gag *n. (joke)* ges *m.* +yow
gaiety *n.* lowender *m.*
gain 1. *n.* budh *m.* +ow, gwayn *m.* +yow, prow *m.*: **2.** *v.* dendil, gwaynya
gaiters *plur.* polltrigas
gale *n.* awel *f.* +yow
gall *n.* bystel *f.*
gallant *adj.* galant
gallantry *n.* galantedh *m.*
gallery *n.* soler *m.* +yow, talik *m.* -igow; **shooting gallery** stall tenna
gallop 1. *n.* peswarlamm *m.* +ow: **2.** *v.* peswarlemmel
gallows *n.* kloghbrennyer, krogbrenn *m.* +yer
gallows-bird *n.* skrogenn *f.* +ow
galosh *n.* areskis *m.* +yow, dewareskis *dual*
gamble 1. *v.* happwari: *n.* **2.** happwari *m.* +ow
gambling *n.* happwari *m.* +ow
gambol *v.* terlemmel
game *n.* gwari *m.* +ow; *(competition)* sport *m.* +ow +ys; *(meat)* helgik *m.*; *(object of hunt)* gam *m.*; **the game is up** gallas fasow
gaming-house *n.* chi gwari *m.* chiow gwari
gander *n.* kulyek goedh *m.* kulyoges goedh
gang *n.* para *m.* parys
gannet *n.* sether *m.* -oryon

gaol *n.* prison *m.* +yow
gaoler *n.* jayler *m.* +s
gap *n.* aswa *f.* +ow, bolgh *m.* +ow; **make a gap** gul aswa
gaping *adj.* ganowek
gapped *adj.* aswek
garage *n.* karrji *m.* +ow
garden 1. *n.* garth *m.* +ow, jardin *m.* +yow, jarn *m.* +yow, lowarth *m.* +yow: **2.** *v.* lowartha
gardener *n.* lowarther *m.* -oryon
garfish *n.* garek *m.* -oges
gargle *v.* lonkwolghi
garish *adj.* gorliwys
garishness *n.* gorliwder *m.*
garland *n.* garlont *f.* +ow
garlic *n.* kennin *coll.*, kennin ewinek *coll.*; *(one plant)* kenninenn *f.* +ow; **abounding in garlic** kenninek; **place abounding in garlic** kenninek *f.* -egi
garment *n.* dillasenn *f.* +ow, dillas *coll.*; **garment of fur** pellyst *m.* +ow
garnish 1. *n.* afinans *m.* +ow: **2.** *v.* afina
garret *n.* talik *m.* -igow
garter *n.* gargett *m.* +ow
gas *n.* gass *m.* +ow; **natural gas** gass-dor *m.*
gasket *n.* stanchynn *m.* +ow
gasp 1. *v.* dyena: *n.* **2.** dyenans *m.* +ow
gastric *adj.* glasek
gastritis *n.* fagel-las *f.*
gate *n.* yet *f.* yetys yetow
gateway *n.* porth *m.* +ow
gather *v.* kreuni, kuntell, omguntell
gathering *n.* kuntell *m.* +ow, kuntelles *m.* +ow, kuntellyans *m.* +ow; **informal gathering at which Cornish is spoken** Yeth an Werin
gaudiness *n.* gorliwder *m.*

gaudy

gaudy *adj.* gorliwys
gauge *n.* musurell *f.* +ow
Gaulish 1. *n. (language)* Galianek *m.*:
2. *adj.* galianek
gaunt *adj.* askornek
gauntlet *n.* manek-blat *f.*
manegow-plat, diwvanek-blat *dual*
gauze *n.* niwlwias *m.* +ow
gauzy *adj.* boll
gawk *v.* lagatta
gay *adj. (cheerful)* jolif; *(homosexual)* kethreydhel, rudhwynn
gaze *v.* lagatta
gazer *n.* lagatter *m.* -oryon, lagattores *f.* +ow
¹gear *n. (clothes)* aparel *m.*
²gear 2 *n. (mech.)* maglenn *f.* +ow;
change down maglenna 'nans;
change up maglenna 'bann; **engage gear** maglenna; **reverse gear** maglenn dhelergh
gear-box *n.* kist-vaglenn *f.*
kistyow-maglenn
gear-lever *n.* kolpes-vaglenn *m.*
kolpesow-maglenn
gear-stick *n.* kolpes-vaglenn *m.*
kolpesow-maglenn
gel *n.* jell *m.* +ow: *v.* jella
gelatine *n.* jell *m.* +ow
geld *v.* spadha
gelded *adj.* spadh
gem *n.* gemm *m.* +ow
gender *n.* reydh *f.* +ow
gene *n.* genynn *m.* +ow
genealogist *n.* aghskrifer *m.* -oryon
genealogy *n.* aghskrif *m.* +ow
general 1. *n. (of army)*
pennhembrenkyas *m.*
pennhembrynkysi:

geomorphologist

2. *adj.* ollgemmyn
generally *adv.* dre vras
generate *n.* dineythi
generation *n. (as a process)*
dineythyans *m.* +ow; *(people in a family)* henedh *m.* +ow
generosity *n.* helder *m.* +ow, larjes *m.*
generous *adj.* hel, larj
genesis *n.* dallethvos *m.* +ow
genetic *adj.* genynnek
geneticist *n.* genynnegydh *m.* +yon
genetics *n.* genynnegieth *f.*
genial *adj.* hegar
genitive *adj. (case)* piwek
genius *n.* awen *f.*; *(person)* awenek *m.* -ogyon, awenoges *f.* +ow
Gentile *n.* Jentil *m.* +ys
gentle *adj.* dov, hwar, hweg, jentyl;
make gentler hwarhe
gentleman *n.* den jentyl *m.* tus jentyl
gentleness *n.* jentylys *m.*
gentlewoman *n.* benyn jentyl *f.*
benynes jentyl
genuine *adj.* gwiryon
geo *n.* saven *f.* savnow
geographer *n.* doronydh *m.* +yon, dorydh *m.* +yon
geographical *adj.* doroniethel
geography *n.* doronieth *f.*
geological *adj.* dororiethel
geologist *n.* dororydh *m.* +yon
geology *n.* dororieth *f.*
geometer *n.* mynsonydh *m.* +yon
geometric(al) *adj.* mynsoniethel
geometry *n.* mynsonieth *f.* +ow
geomorphological *adj.*
dorfurvoniethel
geomorphologist *n.* dorfurvonydh *m.*
+yon

geomorphology *n.* dorfurvonieth *f.*
George *name* Jori
Georgian *adj. (historical)* Joriek
germ *n. (microbe)* korrbryv *m.* +es: *adj.* korrbryvel
German 1. *n. (female)* Almannes *f.* +ow; *(male)* Almann *m.* +ow; **German language** Almaynek *m.*:
2. *adj.* almaynek
Germany *place* Almayn
germinate *v.* egina
germination *n.* eginans *m.*
Germoe *place* Germogh
get *v.* kavoes, kyrghes, {fanja}; **get out** {avodya}
ghastly *adj.* skruthus
ghost *n.* boekka gwynn *m.* boekkas wynn, tarosvann *m.* +ow
ghostly *adj.* tarosvannus
giant *n.* kowr *m.* kewri
giantess *n.* kowres *f.* +ow
gibbet *n.* krogla *m.* -leow
gid *n. (disease of sheep)* penn-dro *f.*
giddiness *n.* penn-dro *f.*
giddy *adj.* penn-dro
gift *n.* ro *m.* rohow, doneson *m.* +ow, {present} *m.* {-ens}; **New Year's gift** kalennik *m.* -igow
gifted *adj.* roasek
gigantic *adj.* kowrek
giggle 1. *n.* follhwarth *m.* +ow:
2. *v.* follhwerthin
gild *v.* owra; **gild over** gorowra
gin *n. (drink)* jenevra *m.*; *(machine)* jynn *m.* +ow +ys
giraffe *n.* jiraf *m.* +es
gird *v.* grogysa
girder *n.* keber *f.* kebrow
girdle 1. *n.* grogys *m.* +yow, kyngel *f.* kynglow: **2.** *v.* grogysa
girl *n.* moren *f.* +yon, mowes *f.* mowesi, myrgh *f.* myrghes; **little girl** myrghik *f.* myrghesigow; **pert girl** flownenn *f.* +ow
girl-friend *n.* kares *f.* +ow
girlhood *n.* myrghses *m.*
gitterns *plur. (forerunners of guitar)* {gyttrens}
give *v.* ri; **give back** daskorr; **give out falsely** dolos; **give thanks for something** godhvos gras a neppyth, godhvos gras rag neppyth; **give up** daskorr, hepkorr
given *adj.* res
giver *n.* riyas *m.* -riysi
gizzard *n.* avi glas *m.* aviow glas, krommbil *f.* +yow
glacial *adj. (very cold)* oer
glad *adj.* heudh, heudhik, lowen, lowenek; **be glad** heudhi, heudhhe; **make glad** lowenhe
gladden *v.* heudhhe
glade *n.* lannergh *m.* +i
gladness *n.* lowena *f.*
glance 1. *n.* gowolok *f.* -ogow:
2. *v.* govires
glare *v. (dazzle)* godhalla; *(stare)* lagatta
glass *n.* gweder *m.* gwedrow, dewweder *dual*; **drinking glass** gwedrenn *f.* +ow; **pane of glass** kwarel *m.* +s
glassful *n.* gwedrennas *m.* +ow
glassy *adj.* gwedrek
glaze *v.* gwedra
glazing *n.* gwedrans *m.*
glean *v.* pennowi
glen *n.* glynn *m.* +ow
glisten *v.* terlentri

glitter *v.* dewynnya, glyttra
glittering *adj.* dewynnek
global *adj.* ollvysel
globe *n.* pel an norvys *f.* pelyow an norvys
gloomy *adj.* tewal, tewl, trist
glorify *v.* gormel, {glorifia}
glorious *adj.* gloryus
glory *n.* glori *m.*, golewder *m.* +yow, gordhyans *m.*, gormola *f.* gormoledhow, klos *m.*
glossary *n.* gerlyvrynn *m.* +ow
glossy *adj.* lenter, lentrus
glove *n.* manek *f.* manegow, diwvanek *dual*
glover *n.* maneger *m.* -oryon
glue 1. *n.* glus *m.* +ow: **2.** *v.* glusa
glut *n.* gorfalster *m.* +yow, gorlanwes *m.* +ow, gwalgh *m.* +ow
glutton *n.* gargasenn *f.* +ow, kowlek *m.* -ogyon
gluttonous *adj.* kowlek
gluttony *n.* glotni *m.*, kowlogneth *f.*
gnash *v.* deskerni
gnashing *n.* skrinva *f.* +ow
gnat 1. *n.* gwibesenn *f.* +ow, gwibes *coll.*, {gwibenn} *f.* {+ow}; *(gadfly)* stos *m.* +ow: **2.** *adj.* **infested by gnats** gwibesek
gnaw *v.* knias
gnome *n.* korrik *m.* -igow
go *v.* ke, mones, mos; **go after** holya; **go astray** mos yn sowdhan; **go away** mos dhe-ves, dilegha, {avodya}; **go down** diyskynna; **to go on an errand** mones negys
goad *n.* brosa, piger *m.* +yow
goal *n.* *(aim)* amkan *m.* +ow

goat *n.* gaver *f.* gever; **baby goat** mynnenn *f.* +ow; **wether goat** kynbogh *m.* +es; **young goat** gevrik *f.* -igow, mynn *m.* +ow
goatherd *n.* bugel gever *m.* bugeledh ever
goat-shed *n.* krow gever *m.* krowyow gever
gob *n.* *(mouthful of spit)* klott *m.* +ow; *(slang)* ganow *m.* +ow
goblin *n.* boekka-nos *m.* boekkas-nos, kravlost *m.* +ow
God *n.* Duw *m.*; **for God's sake** a-barth Duw; **God bless thee** Duwr'soenno dhis; **God speed** Duw gweres
god *n.* duw *m.* +ow
god-daughter *n.* myrgh-vesydh *f.* myrghes-besydh
goddess *n.* duwes *f.* +ow
godfather *n.* tas-besydh *m.* tasow-vesydh
godhead *n.* duwses *m.* +yow
godless *adj.* didhuw
godmother *n.* mamm-vesydh *f.* mammow-besydh
gods *plur.* *(in theatre)* talik
godson *n.* mab-besydh *m.* mebyon-vesydh
goes *v.* *(part of irreg. vb.)* a
goffering iron *n.* jynn-krygh *m* jynnow-krygh
goggler *n.* lagatter *m.* -oryon
gold *n.* owr *m.*; **cover with gold leaf** gorowra
golden *adj.* owrek
goldfinch *n.* melynek *m.* -oges, owrdynk *m.* +es
goldfish *n.* owrbysk *m.* owrbuskes

gold-mine

gold-mine *n.* owrek *f.* -egi, poll owr *m.* pollow owr
goldsmith *n.* owrer *m.* -oryon
golf *n.* golf *m.*
golf-links *n.* golfva *f.* +ow
gone *adj.* gyllys; **completely gone** gyllys glan
good 1. *n.* **do good to** gul da dhe: **2.** *adj.* da; *(morally)* mas; **good day** duwrdadhejy, Duwrdadhy'hwi, dydh da; **good enough** da lowr; **good man** den mas, densa, dremas; **good woman** ben'vas
goodbye *int.* Duw genes, Duw genowgh hwi, farwell
goodness *n.* dader *m.*
goodnight! *n.* nos dha!, Duwrnostadha
goods *plur.* stoff *m.* +ys, gwara; **consumer goods** gwara devnydhyoryon; **goods train** tren fres
goodwife *n.* ben'vas *f.*
goodwill *n.* bodh da *m.*
goose *n.* goedh *f.* +ow; **solan goose** sether *m.* -oryon; **stubble goose** sowlwoedh *f.* +ow
gooseberry *n.* growsenn *f.* +ow, grows *coll.*; **gooseberry bush** growsvos *m.* +ow
goosegrass *n.* serghogenn *f.* +ow, serghek *coll.*
goose-green *n.* pras goedh *m.* prasow goedh
goose-house *n.* krow goedhow *m.* krowyow goedhow
goosepond *n.* poll goedh *m.* pollow goedh
gore *n.* goes *m.*; *(blood)* krow *m.*

graduation

¹**gorge** *n.* islonk *m.* +ow, kownans *m.* +ow
²**gorge** *v.* kwoffi
gorilla *n.* gorsim *m.* +yon, gorylla *m.* gorylles
gorse *n.* eythin *coll.*
gorse-bush *n.* eythinenn *f.* +ow
gorse-patch *n.* eythinek *f.* -egi
gorsedd *n.* gorsedh *f.* +ow; **Cornish Gorsedd** Gorsedh Kernow *f.*
gosling *n.* goedhik *m.* -igow
gospel *n.* aweyl *f.* +ys +yow; **the gospel according to** an aweyl herwydh
gossip 1. *n.* kyhwedhlow **2.** *v.* kyhwedhla
gourd *n.* pompyon *m.* +s
govern *v.* governa
government *n.* governans *m.* +ow
governmental *adj.* governansel
governor *n.* governour *m.* +s; **governor of shire** yurl *m.*
gown *n.* goen *m.* +yow, pows *f.* +yow
grab *v.* sesya, dalghenna
grace *n.* gras *m.* grasow, jentylys *m.*, ras *m.* +ow; **full of grace** leun a ras
graceful *adj.* rasek
graceless *adj.* diras, ongrassyes
gracious *adj.* deboner, grassyes
grade *n.* gradh *m.* +ow; **higher grade** ughradh
gradient *n.* *(in general)* ledras *m.* +ow; *(numerical)* ledredh *m.* +ow
gradual *adj.* gradhel
gradually *adv.* tamm ha tamm
graduate 1. *n.* *(female)* gradhesiges *f.* +ow; *(male)* gradhesik *m.* -igyon: **2.** *v.* gradhya
graduation *n.* *(from college)* gradhyans

graffiti
  m. +ow
graffiti *plur.* fosskrif; *(colloq.)* skrifiti
graft 1. *n.* ymp *m.* +ys: **2.** *v.* graffya, ympya
grail *n.* gral *m.*; **The Holy Grail** An Gral Sans
grain *n. (an individual)* greunenn *f.* +ow; *(in bulk)* greun *coll.*
grains *plur.* **brewer's grains** seg
gram *n.* gramm *m.* +ow
grammar *n.* gramasek *m.* -egow, gramer *m.* +yow; *(book)* yethador *m.* +yow; **grammar school** skol ramasek *f.* skolyow gramasek
grammarian *n.* yethor *m.* +yon
grammatical *adj.* gramasek
granary *n.* greunji *m.* +ow, ysla *m.* ysleow
grand *adj.* brav
grandchild *n.* flogh-wynn *m.* fleghes-wynn
granddaughter *n.* myrgh-wynn *f.* myrghes-gwynn
grandeur *n.* meuredh *m.*
grandfather *n.* tas-gwynn *m.* tasow-wynn, hendas *m.* +ow, keugh *m.* +yon, sira-wynn *m.* sirys-wynn; **great-great-grandfather** hengeugh *m.* +yon; **great-great-great-grandfather** gorhengeugh *m.* +yon
grandmother *n.* dama-wynn *f.* damyow-gwynn, henvamm *f.* +ow, mamm-wynn *f.* mammow-gwynn
grandson *n.* mab-wynn *m.* mebyon-wynn
grange *n.* greunji *m.* +ow
granite *n.* growan *m.* -enyow; **granite outcrop** growanek *f.* -egi

granitic *adj.* growanek
granny-knot *n.* kammgolm *m.* +ow
grant 1. *n.* gront *m.* +ow +ys:
  2. *v.* grontya, ri; **grant something to someone** grontya neppyth dhe nebonan
granular *adj.* greunek
grape *n.* grappa *m.* grappys grappow gwinreunenn *f.* +ow, gwinreun *coll.*
grapefruit *n.* aval-paradhis *m.* avalow-paradhis
grape-vine *n.* gwinbrenn *m.* +yer
graph *n.* tresenn *f.* +ow
graphic *adj.* tresennek
grapnel *n.* grabel *m.* grablow grablys
grapple *v.* grabalyas
grappling *adj.* **grappling iron** grabel
grasp 1. *n.* dalghenn *f.* +ow, gavel *f.* +yow, kraf *m.* +ow: **2.** *v.* dalghenna, krafa
grasping *adj.* kraf, pith
grass *n.* gwels *coll. (blade)* gwelsenn *f.* +ow; **bent coarse grass** fynni *coll.*; **couch grass** treuswels *coll.*; **growing grass** gwyrwels *coll.*; **new growth of grass** aswels *m.*; **tussock grass** fynni veur
grasshopper *n.* kulyek-reden *m.* kulyeges-reden
grassland 1. *n.* gwelstir *m.* +yow: **2.** *adj.* gwelstiryel
grass-plot *n.* glesyjyon *m.*, gwelsek *f.* -egi
grasswrack *n.* morwels *coll.*
grassy *adj.* gwelsek; **grassy plot** glesin
grate *v.* rathella
grateful *adj. (beholden)* synsys
grater *n.* rathell *f.* +ow
grating *n.* maglenn *f.* +ow

gratis

gratis *adj.* didal
gratitude *n.* gras *m.* grasow
gratuity *n.* grastal *m.* +yow
¹**grave** *n.* bedh *m.* +ow
²**grave** *adj.* sevur
gravel *n.* grow *coll.*, growynn *coll.*; *(one lump)* growenn *f.* +ow; **gravel pit** growek *f.* -egi, growgleudh *m.* +yow; **gravelly subsoil** growdir *m.*
gravelly *adj.* growynnek
gravel-pit *n.* growynnek *f.* -egi, poll growynn *m.* pollow growynn
gravestone *n.* men-bedh *m.* meyn-bedh
graveyard *n.* ynkleudhva *f.* +ow, korflann *f.* +ow
gravity *n.* *(abst.)* sevureth *f.*; *(in physics)* gravedh *m.*
graze *v.* *(feed)* peski, peuri
grazing-place *n.* peurla *m.* -leow, peurva *f.* +ow, peurwels *m.* +ow
grease **1.** *n.* blonek *m.* -egow: **2.** *v.* ura
greaseproof *adj.* gorthvlonek
greasy *adj.* blonegek
great *adj.* bras, meur, mogh; **great and small** bras ha byghan; **great man** bras; **make great** meurhe
great-aunt *n.* gorvodrep *f.* gorvodrebedh
greatcoat *n.* gorhota *m.* -hotow
great-granddaughter *n.* myrgh-wynn hynsa *f.* myrghes-gwynn hynsa
great-grandfather *n.* tas-kuv *m.* tasow-guv
great-grandmother *n.* mamm-guv *f.* mammow-kuv
great-grandson *n.* mab-wynn hynsa *m.* mebyon-wynn hynsa
greatness *n.* braster *m.* +yow, meurder

grief

m.; *(abst.)* brastereth *f.*
great-uncle *n.* gorewnter *m.* -tres
Greece *place* Pow Grek
greed *n.* kovaytis *m.*, krefni *f.*, pithneth *f.*
greedy *adj.* kraf, pith
Greek **1.** *n.* *(person)* Grek *m.* Grekys: **2.** *adj.* grek; **Greek language** Greka
green **1.** *adj.* gwyr', gwyrdh; *(of plants)* glas; **dark green** dulas; **green revolution** omhwelyans glas: **2.** *v.* *(of plants)* glasa: **3.** *n.* glasenn *f.* +ow
greenhouse *n.* chi gweder *m.* chiow gweder, losowji *m.* +ow; **greenhouse effect** effeyth chi gweder *m.*; **greenhouse gases** gassow chi gweder
greenness *n.* glasneth *f.*, glesni *m.*
greensward *n.* glasenn *f.* +ow, glastonn *m.* +ow
greet *v.* dynnerghi
greeting *n.* dynnargh *m.* +ow
greetings *plur.* gorhemmynnadow, gor'mynnadow
grey *adj.* loes; **light grey** glas
grey-bearded *adj.* minrew
greyhound *n.* milgi *m.* milgeun, milast *f.* milisti, hirgi *m.* hirgeun, {ki-hir} *m.* {keun-hir}; **large greyhound** gwylter *m.* +yow
greyish *adj.* loesik
greyness *n.* loesedh *m.*, loesni *m.*
grid *n.* rastell *f.* restell
griddle *n.* men-pobas *m.* meyn-pobas
grief *n.* anken *m.* +yow, broenn *m.* +ow, duwon *m.*, fienas *m.* +ow, galar *m.* +ow, grev *m.* +ow, guw *m.* +ow, kavow, keudh *m.* +ow, moredh *m.* +ow; **inflict grief** ankenya; **without**

grief dialar
grievance *n.* grevons *m.* +ys
grieve 1. *n. (trans.)* gul grev dhe:
  2. *v.* duwena, duwenhe, galari, grevya, keudhi
grievous *adj.* ankensi
grill 1. *n.* rastell *f.* restell: **2.** *v.* rastella
grim *adj.* asper, fell, grymm
grimace 1. *n.* kammin, mingamm *m.* +ow, mowa *m.* mowys:
  2. *v.* mingamma, omgamma min, skrynkya; **grimace at** omgamma orth, skrynkya orth
grime *n.* hudhygel *m.*
grin 1. *v.* grysla: **2.** *n.* gryslans *m.* +ow
grind *v.* mala, melyas
grinder *n. (person)* maler *m.* -oryon; *(tool)* malell *f.* +ow
grindstone *n.* brywliv *f.* +ow
grip *n.* dalghenn *f.* +ow, kraf *m.* +ow; **get a grip on** kavoes dalghenn yn, settya dalghenn yn
gripe *v.* kartha; *(complain)* krodhvolas *(complaint)* krodhvol
gripes *n.* gyrr *m.*
griping *n.* karth *m.* +yon
grisly *adj.* grysel
grist *n.* arval *m.*, talgh *m.* telghyon
grit *n.* grow *coll.*; *(one piece)* growenn *f.* +ow; *(stone)* growynn *coll.*
gritstone *n.* growven *m.* veyn
gritty *adj.* growynnek
groat *n. (silver coin worth 1/60 of a pound)* grot *m.* +ys
groats *plur. (meal)* brunyon *coll.*
grocer *n.* spiser *m.* -oryon +s, spisores *f.* +ow; **grocer's shop** spisti *m.* +ow
groin *n.* kedhorva *f.* +ow

groom *n. (at a wedding)* gour pries *m.* gwer bries; *(for horses)* paja mergh *m.* pajys mergh
grope *v.* palvala, tava
groping *n.* palvalans *m.* +ow
gross *adj. (fat)* berrik; *(financial)* kowal
grossness *n.* berri *m.*
ground *n.* dor *m.* +yow, grond *m.* +ow, leur *m.* +yow, tir *m.* +yow; *(soil)* gweres *m.* +ow; **fertile ground** gwresenn *f.* +ow; **ground rich in tin** skovenn *f.*; **low ground** stras *m.* +ow; **ore-bearing ground** moenek *f.* moenegi; **soft ground** floukenn *f.*; **the ground** an dor
groundling *n. (theatre)* grondwas *m.* -wesyon
groundnut *n.* knowenn dhor *f.* knowennow dor, know dor *coll.*
groundsel *n.* madra *m.*
group *n.* bagas *m.* +ow, kowethas *m.* +ow; *(of three men)* tryden *m.*
grouse *n.* kulyek gwyls *m.* kulyoges gwyls
grove *n.* kelli *f.* kelliow, {loen} *m.* {+ow}; **pertaining to a sacred grove** nevesek; **sacred grove** neves *m.* +ow; **small grove** kellian *f.*
grow *v.* tevi; **be fully grown** kowldevi; **grow fully** kowldevi; **grow less** difygya
growl 1. *v.* grommya: **2.** *n.* grommyans *m.* +ow
growth *n.* tevyans *m.* +ow
grudge *n.* drogvrys *m.* +yow, envi *m.* +ow
gruel *n.* yos *m.*
gruesome *adj.* grysel

grumble

grumble 1. *v.* krodhvolas:
2. *n.* krodhvol *m.* +yow
grumbling *adj.* krodhek
grunt 1. *n.* rogh *m.* +ow: **2.** *v.* rogha
guarantee 1. *n.* mewgh *m.* +yow:
2. *v.* mewghya
guarantor *n.* mewghyer *m.* -yoryon
guard 1. *n.* gwithyas *m.* gwithysi, gwithyades *f.* +ow; *(of train)* gwithyas tren *m.* gwithysi dren, gwithyades tren *f.* gwithyadesow tren: **2.** *v.* gwitha, {gwardya}; **guard animals** bugelya; **guard from** gwitha orth, gwitha rag; **guard oneself from** omwitha diworth; **guard oneself** omwitha
guardian *n. (female)* gwithyades *f.* +ow; *(male)* gwithyas *m.* gwithysi
guelder-rose *n.* korswigenn *f.* +ow, korswik *coll.*
guerilla *n.* kudhvreselyer *m.* -yoryon
guess 1. *n.* dismyk *m.* -ygow:
2. *v.* dismygi
guest *n. (female)* gwestores *f.* +ow; *(male)* gwester *m.* -oryon
guest-house *n.* gwesti *m.* +ow
guidance *n.* gidyans *m.* +ow, kevarwoedh *m.* +ow, kevarwoedhyans *m.* +ow
guide 1. *n.* gidyer *m.* -oryon, gidyores *f.* +ow, kevarwoedher *m.* +yon, kevarwoedhores *f.* +ow, {gid} *m.* {+ys}; **girl guide** gidyores *f.* +ow:
2. *v.* gidya, kevarwoedha
guild *n.* myster *m.* +ys
guildhall *n.* burjesti *m.* +ow
guile *n.* gil *m.*, trayn *m.* +ys
guillotine *n.* gilotin *m.* +yow
guiltless *adj.* dibegh

785

gyration

guilty *adj.* kablus; **not guilty** ankablus
Guinea *place* Gyni; **New Guinea** Gyni Nowydh
guinea-fowl *n.* gallina *m.* gallinys
Guinevere *name* Gwynnuwer
guitar *n.* gitar *m.* -eryow
guitarist *n.* gitarydh *m.* +yon
gull *n.* goelann *f.* +es, {goella} *m.* {goellys}; **black-headed gull** skraw *m.*, skrawik *m.* -igow
gullet *n.* bryansenn *f.* +ow, gargasenn *f.* +ow, lonk *m.* +ow
gully *n.* lonk *m.* +ow, saven *f.* savnow
gulp *v.* daslenki, terlenki
gum 1. *n. (glue)* glus *m.* +ow: **2.** *v.* glusa
gun *n.* gonn *m.* +ys +ow
gunner *n.* gonner *m.* -oryon
gunpowder *n.* polter-gonn *m.* polteryow-gonn
gurgle *v.* renki
gurnard *n.* penngarn *m.* +es; **grey gurnard** penngarn glas; **red gurnard** elek *m.* eleges, {gevrik} *f.* {-igow}
gush *v.* dewraga, frosa
gushing *adj.* frosyel
gust *n.* hwaff *m.* +ys, kowas wyns *f.* kowasow gwyns
guts *plur.* kolodhyon, pottys
gutter *n.* londer *m.* +yow
guzzler *n.* gargasenn *f.* +ow
gymnast *n. (female)* lappyores *f.* +ow; *(male)* lappyer *m.* -yoryon
gymnastics *plur.* lappyans *m.*; **perform gymnastics** lappya
gynaecological *adj.* bengorfoniethel
gynaecologist *n.* bengorfydh *m.* +yon
gynaecology *n.* bengorfonieth *f.*
gyrate *v.* troyllya
gyration *n.* troyllyans *m.* +ow

H

habergeon *n.* hoberjon *m.* +s
habit *n.* us *m.* +yow, usadow *m.*;
  (*garment*) **monk's habit** goen *m.*
habitable *adj.* annedhadow
habitability *n.* annedhadewder *m.*
habitat *n.* bywva *f.* +ow
habitation *n.* annedh *f.* +ow; **small habitation** bosik *f.* -igow
habitual *adj.* usadow
habitually *adv.* herwydh usadow, dell yw usys
hack 1. *n.* (*horse*) hakney *m.* +s:
  2. *v.* hakkya; **hack to pieces** hakkya dhe demmyn
haddock *n.* korrvarvus *m.* -i
haemorrhage *n.* fros goes *m.* frosow goes
haft *n.* dorn *f.* +ow, diwdhorn *dual*
hag *n.* gwragh *f.* +es
ha-ha *int.* haha
¹**hail 1.** *v.* (*greet*) haylya:
  2. *int.* (*greeting*) hayl
²**hail** *n.* keser *coll.*; **hail shower** kowas geser *f.* kowasow keser; **hail storm** tewedh keser *m.* tewedhow keser
hail-stone *n.* keserenn *f.* +ow
hair *n.* (*as a mass*) blew *coll.*; **coarse hair of mane** reun *f.*; **fine hair** mannvlew *coll.*; **head of hair** gols *m.*; **pubic hair** kedhor *m.*; (*individual*) blewenn *f.* +ow
hairdresser *n.* kempennyas gols *m.* kempennysi gols, kempennyades gols *f.* kempennyadesow gols; (*barber*) barver *m.* -oryon
hairless *adj.* moel, blogh
hair-shirt *n.* hevis *m.* +yow

hairy *adj.* blewek
hake *n.* dynsek *m.* dynsoges
hale *adj.* yagh
half *n.* hanter *m.* +yow
half-back *n.* hanter-delergh *m.*
half-hour *n.* (*duration*) hanter-our *m.* +yow
half-light *n.* tewlwolow *m.*
half-Moon *n.* hanter-Loer *f.* +yow
half-naked *adj.* ternoeth
halfpenny *n.* hanter-diner *m.* +ow
hall *n.* hel *f.* +yow, lys *f.* +yow
hallo! *int.* dydh da, hou
hallow *v.* benniga, sakra, sanshe
Hallowe'en *n.* nos Kalann Gwav *f.* nosow Kalann Gwav
Hallows *plur.* **All Hallows** Kalann Gwav, Ollsyns
halo *n.* (*around Sun or Moon*) golowgylgh *m.* +yow
halt! 1. *v.* hedhi: **2.** *int.* hedh, ho
halter *n.* kabester *m.* -trow, pennfester *m.* +yow
halve *v.* hanteri
ham *n.* mordhos hogh *f.* mordhosow hogh
hamlet *n.* godrev *f.* +i
hammer 1. *n.* morthol *m.* +ow:
  2. *v.* mortholya
hamper *v.* ankombra
hamster *n.* hamster *m.* +s
hand 1. *n.* (*in general*) leuv *f.* +yow, diwla *dual*; (*of clock*) naswydh *f.* +yow; (*pejoratively*) paw *f.* +yow, diwbaw *dual*; (*when used as an instrument*) dorn *f.* +ow, diwdhorn *dual*; **I have the upper hand** an dhorn ughella a'm beus; **on the other hand** y'n kontrari part; **back**

handbag

of hand kildhorn *f.* +ow: **2.** *v.* **hand over** delivra dhe
handbag *n.* tigenn *f.* +ow
hand-barrow *n.* gravath-dhiwla *f.* gravathow-diwla
handbook *n.* dornlyver *m.* -lyvrow, kowethlyver *m.* -lyvrow
hand-breadth *n.* dornva *f.* dornvedhi
handcuffs *plur.* dewgarghar *dual*
handfasting *n.* fastyans diwleuv *m.*
handful *n.* dornas *m.* +ow
handhold *n.* dornla *m.* dornleow
handicap *v.* evredhi
handicapped *adj.* **handicapped man** evredhek; **handicapped woman** evredhes
handicraft *n.* dornweyth *m.* +yow
handkerchief *n.* lien dorn *m.* lienyow dorn
handle 1. *n.* dornla *m.* dornleow; **handle of jar** skovarn *f.* skovornow, diwskovarn *dual*; **having handles** skovarnek: **2.** *v.* handla
handling *n.* dyghtyans *m.* +ow, handlans *m.*; **handling cost** kost handlans *m.* kostow h.
hand-luggage *n.* fardellow dorn, {leuv-gorhel} *m.*
handmill *n.* brow *f.* +yow
hand-rail *n.* kledher *coll.*
handsome *adj.* teg
hang *v.* kregi, {hangya}; **hang back** treynya; **hang oneself** omgregi
hanger-on *n.* draylyer *m.* -oryon
hanging *n.* krog *f.* +ow, kroglenn *f.* +ow
hanging-place *n.* krogla *m.* -leow
hangman *n.* kroger *m.* +yon
hangover *n.* kurun spern

harlot

hanker *v.* si; **hanker after** hwansa
happen *v.* hwarvos, darvos, happya; **happen to** chonsya dhe, dos ha; **make happen** kompoesa; **what's happening?** pandr'a hwer?; **what's happened?** pyth eus hwarvedhys?
happened *adj.* hwarvedhys
happening *n.* darvos *m.* +ow, hwarvedhyans *m.* +ow, hwarvos *m.* +ow
happiness *n.* lowena *f.*, heudhder *m.*, {euruster} *m.*
happy *adj.* lowen; **happy birthday!** penn-bloedh lowen!; **Happy New Year!** Blydhen Nowydh Da!; **make happy** heudhhe
harangue *v.* arethya
harass *v.* arvedh
harbinger *n.* ragreser *m.* -oryon
harbour *n.* porth *m.* +ow
harbour-crab *n.* peberynn *m.* +ow
harbourside *n.* porthlann *f.* +ow
hard *adj.* kales
hard-bitten *adj.* kales; **hard-bitten fellow** smat
harden *v.* avleythi, kaleshe
hardened *adj.* avleythys
hard-headed *adj.* penn-kales
hardly *adv.* skant, skantlowr
hardness *n.* kaletter *m.* +yow
hardware *n.* kalesweyth *m.*
hardworking *adj.* diwysyk
hardy *adj.* smat
hare *n.* skovarnek *m.* -ogyon
harebell *n.* klogh an eos *m.* klegh an eos
hare-brained *adj.* penn-skav
harlot *n.* hora *f.* horys, gast *f.* gesti

harm 1. *n.* dregynn *m.*, drokter *m.*, drog *m.* +ow, meschyv *m.* +yow, damaj *m.* +ys: **2.** *v.* shyndya, pystiga, aperya
harmful *adj.* dregynnus
harmless *adj.* didhregynnus
harmonious *adj.* kesson
harmonize *v.* kesseni; *(abst.)* akordya
harmony *n.* kessenyans *m.* +ow; *(abst.)* akord *m.*; **line of harmony (e.g. tenor)** iston *m.* +yow
harness *n.* herness *m.* +ow, starn *f.* +yow; **put on harness** hernessya
harp *n.* telynn *f.* +ow, {harp} {+ys}; **play a harp** telynnya
harpist *n.* *(female)* telynnyores *f.* +ow; *(male)* telynnyer *m.* -oryon
harpoon *n.* morwuw *m.* +ow
harrow 1. *n.* harow *m.* herwys, kloes *f.* +yow: **2.** *v.* kloesya
harsh *adj.* anhwek, asper, garow, hwerow
harshness *n.* garowder *m.* +yow
harvest 1. *n.* trevas *f.* +ow, ysasver *m.* +yow; **harvest home** goeldheys *m.*; **harvest neck** penn-yar *m.* pennow-yar: **2.** *v.* trevasa, kynyas
harvest-home *n.* dy'goel deys *m.*
hash *n.* brywgik *m.* -gigow
hasp *n.* hesp *m.* +ow
haste *n.* mall *m.*, hast *m.*, hastenep *m.*; *(hurry)* fisten *m.*; *(rush)* fysk *m.* +ow; *(speed)* toeth *m.*; **make haste** fistena, fyski
hasten *v.* fistena, fyski, hastya, stevya
hasty *adj.* fysk
hasty-pudding *n.* pott-gwynn *m.* pottow-gwynn, yos *m.*
hat *n.* hatt *m.* +ow +ys; *(broad-brimmed)* diber-dowr *m.* dibrow-dowr
hat-band *n.* bond-hatt *m.* bondow-hatt
hatch *v.* gori, kovia
hatchet *n.* boelik *m.* -igow, boni *f.* +ow
hate 1. *n.* kas *m.*: **2.** *v.* kasa, {hatya}
hateful *adj.* a-has, hegas, kasadow
hatefulness *n.* kasadewder *m.*
hatred *n.* kas *m.*
haughtiness *n.* goeth *m.*
haughty *adj.* goethus, howtyn
haul *v.* halya, tenna
haulage *n.* halyans *m.*; *(transport)* karyans *m.*
haulier *n.* halyer *m.* -yoryon
haunch *n.* klun *f.* +yow, diwglun *dual*, penn-diwglun *m.* pennow-diwglun
haunt *v.* *(frequent)* daromres
have *v.* a'm beus, kavoes
haven *n.* porth *m.* +ow, skovva *f.* +ow, {hawn} *m.* {+yow}
havoc *n.* terroes *m.* +ow, terroesa *m.* terroesedhow
hawk *n.* hok *m.* +ys
hawker *n.* gwikor *m.* +yon
hawthorn *n.* hogan *m.*, spern gwynn *(one plant)* spernenn wynn *f.*
hay *n.* goera *m.*; **new-mown hay** foen *m.*
hayfield *n.* foenek *f.* +egi
Hayle *place* Heyl
hayrake *n.* rastell *f.* restell
haystack *n.* das woera *f.* deys goera
hazard *n.* peryll *m.* +ow
hazardous *adj.* peryllus, argollus
haze *n.* niwl *m.* +ow
hazel-grove *n.* kollwydhek *f.* -egi
hazelnut *n.* knowenn goll *f.* know koll

hazel-tree

hazel-tree *n.* kollenn *f.* +ow, koll *coll.*, kollwydhenn *f.* +ow, kollwydh *coll.* **abounding in hazel-trees** kollwydhek; **small group of hazel-trees** kollas *f.* +ow
hazlett *n.* kollas *f.* +ow
he *pron.* ev
head *n.* penn *m.* +ow, poll *m.* +ow; *(of family)* penn-teylu *m.* pennow-teylu; *(on a glass of beer)* ewyn *coll.*; **back of the head** kilbenn *m.*; **devil's head** penn-jowl *m.* pennow-jowl; **tatty head** penn-pil *m.* pennow-pil
headache *n.* drog-penn *m.* drogow-penn
head-board *n. (of a bed)* pennweli *m.* +ow
head-dress *n.* pennwisk *m.* +ow
headgear *n.* pennwisk *m.* +ow
heading *n. (in text)* pennlinenn *f.* +ow
headlamp *n.* pennlugarn *m.* pennlugern
headland *n. (on coast)* penn-rynn *m.* pennow-rynn, penn-tir *m.* pennow-tir; *(in field)* talar *m.*
headless *adj.* dibenn
headlight *n.* pennlugarn *m.* pennlugern
headline *n.* pennlinenn *f.* +ow
headlong *adv.* sket
headmaster *n.* penndyskador *m.* +yon
headmistress *n.* penndyskadores *f.* +ow
headquarters *n.* pennplas *m.* +ow, penntrigva *f.* +ow; *(e.g. of a company)* pennsoedhva *f.* +ow; *(military)* kaslys *f.* +yow
head-spring *n.* pennfenten *f.* -tynyow
head-stall *n.* pennfester *m.* +yow

hearty

head-teacher *n. (female)* penndyskadores *f.* +ow; *(male)* penndyskador *m.* +yon
head-wind *n.* gorthwyns *m.* +ow
heal *v.* yaghhe, sawya
healing *adj.* yaghus
health *n.* yeghes *m.*; **Department of Health** Asrann Yeghes; **good health!** yeghes da!; **in good health** yn poynt da; **health care** yegheswith *m.*
health-farm *n.* yaghva *f.* +ow
healthful *adj.* yaghus
health-giving *adj.* yaghus
healthy *adj.* yagh, salow
heap 1. *n.* bern *m.* +yow, graghell *f.* +ow, hogenn *f.* +ow, kals *m.* +ow, klus *m.* +yow, pil *m.* +yow; *(of rocks)* karnedh *m.* +ow; **heap of stones** kals meyn *m.* kalsow meyn: **2.** *v. (put in a heap)* graghella, krugya, manala
heaped *adj.* graghellys, pilek
hear *v.* klywes; **hear about** klywes a; **hear from** klywes gans; **hear of** klywes a
hearer *n.* goslowyas *m.* -ysi, goslowyades *f.* +ow
hearing *n. (sense)* klywans *m.*, klyw *m.*; *(legal)* goslowva *f.* +ow
hearing-aid *n.* klywell *f.* +ow
hearsay *n.* kyhwedhel *m.* -hwedhlow
heart *n.* kolonn *f.* +ow; *(core)* sprusenn *f.* +ow; **broken heart** kolonn drogh *f.* kolonnow trogh
hearten *v.* kolonna
hearth *n.* oeles *f.* +ow, fog *f.* +ow, {eth} *m.* {+ys}
heartless *adj.* dibita
hearty *adj.* kolonnek

heat 1. *n.* gwres *f.*, poethter *m.*, tes *m.*, toemmder *m.*; *(blow)* toemmas *m.* +ow; **be on heat** kyjyves; **extreme heat** poethvann *m.*, trethes *m.*; **great heat** bros *m.* +ow; **on heat** kyjyvek, leusik: **2.** *v.* poetha, poethhe, tesa

heater *n.* toemmell *f.* +ow, jynn-toemma *m.* jynnow-toemma

heath *n.* grugek *f.* +egi; **Cornish heath** *(Erica vagans)* kykesow

heathen *n.* diskryjyk *m.* -ygyon

heather *n.* grug *m.* +ow, mynkek *coll.*; *(one plant)* mynkogenn *f.* +ow

heather-bush *n.* grugloen *m.* +yow

heathery *adj.* grugek

heating *n.* **central heating** toemmheans-kres *m.*

heaven *n.* nev *m.* +ow

heavenly *adj.* nevek

heaviness *n.* poester *m.*, poesyjyon *m.*

heavy *adj.* poes

Hebrew 1. *n.* Ebrow *m.* +yon; *(language)* Ebrowek *m.*: **2.** *adj.* ebrow

Hebron *place* Ebron

hedge 1. *n.* ke *m.* keow, kor *m.* +yow; *(in a mine)* styllenn *f.* +ow; **earth hedge** dorge *m.* +ow; **hedge of bushes** perth *f.* -i; **low hedge** gorge *m.* +ow: **2.** *v.* keas

hedged *adj.* keek, kes

hedgehog *n.* sort *m.* +es

hedger *n.* keor *m.* +yon

hedging *n.* keweyth *m.*, kewydh *coll.*

hedging-bill *n.* gwydhyv *m.* +yow

heed 1. *n.* rach *m.*; **pay heed to** koela orth: **2.** *v.* koela

heedless *adj.* dibreder

heel *n.* seudhel *m.* +yow, dewseudhel *dual*, seu'l *m.* +yow, gwewenn *f.* +ow, diwwewenn *dual*

hefty *adj.* mynsek

he-goat *n.* bogh *m.* +es

heifer *n.* denewes *f.* +ow, lejek *f.* lejegow

height *n.* ardh *m.* +ow, bann *m.* +ow, ughelder *m.* +yow

heighten *v.* ughelhe

heir *n.* her *m.* heryon

heiress *n.* heres *f.* +ow

helicopter *n.* askell-dro *f.* eskelli-tro, tro-askell *f.* troyow-askell

heliotrope *n.* *(flower)* howldro *f.* +yow

hell *n.* ifarn *m.* +ow

hellish *adj.* ifarnek

hello See **hallo.**

helm *n.* lyw *m.* +yow

helmet *n.* basnett *m.* +ow; **safety helmet** basnett diogeledh *m.* basnettow d.

helminthologist *n.* kenogydh *m.* +yon

helminthology *n.* kenogonieth *f.*

helmsman *n.* lywyader *m.* -oryon, lywydh *m.* +yon

help 1. *n.* gweres *m.*: **2.** *v.* gweres; **ready to help** heweres: **3.** *int.* harow; **help me!** gweres dhymm!

helper *n.* gwereser *m.* -oryon, gweresores *f.* +ow, sokor *m.*

helpful *adj.* heweres

helping *n.* *(plateful)* platas *m.* +ow

helpless *adj.* diweres

helplessness *n.* diwerester *m.*

Helston *place* Hellys

helter-skelter *n.* korslynk *m.* +ow

hem *n.* gwremm *m.* +ow

hemisphere *n.* *(of a planet)* hanter-bys *m.* +ow

hemlock

hemlock *n.* keger *coll.*, kegis *coll.*; *(one plant)* kegerenn *f.* +ow, kegisenn *f.* +ow; **abounding in hemlock** kegisek; **place abounding in hemlock** kegisek *f.* -egi
hemp *n.* kewargh *coll.*; *(one plant)* kewarghenn *f.* +ow
hemp-field *n.* kanabyer
hen *n.* yar *f.* yer; **speckled hen** spekkyar *f.* -yer
henbane *n.* gahen *f.*
hence *adv.* ahanan, alemma
henceforth *adv.* alemma rag, wosa hemma
henceforward *adv.* alemma rag
hen-grouse *n.* yar wyls *f.* yer gwyls
hen-house *n.* *(for one hen)* yarji *m.* +ow; *(for several hens)* yerji *m.* +ow
hepatic *adj.* aviek
heptagon *n.* seythkorn *m.* +ow
heptagonal *adj.* seythkornek
her *pron.* hy; *(emphatic)* hyhi; *(obj.)* 's, hi; **to her** dh'y
herb *n.* erba *m.* erbys, losowenn *f.* +ow, losow *coll.*; **herb garden** losowek *f.* -egi
herbal *adj.* losowek
herbalist *n.* losower *m.* -oryon
herbicide *n.* gwelsladh *m.* +ow
herbs *plur.* losowys
herd *n.* gre *f.* +ow
herdsman *n.* bugel *m.* +edh
here 1. *prep.* **to here** dh'omma: **2.** *adv.* omma; **from here** alemma; **here is** otta
hereafter *adv.* alemma rag
heresy *n.* er *m.*, eresi *m.* eresys, gorthkryjyans *m.* +ow, kammgryjyans *m.* +ow

791

hiding

heretic *n.* gorthkryjyk *m.* -kryjygyon, kammgryjyk *m.* -jygyon, {eretik} *m.* {+ys}
heretical *adj.* kammgryjyk
heritage *n.* ertach *m.* -ajys; **Cornish Heritage** Ertach Kernewek
hermit *n.* ankar *m.* ankrys, ermit *m.* +ys
hermitage *n.* ankarji *m.* +ow, penytti *m.* +ow
heron *n.* kerghydh *f.* +yon
heronry *n.* kerghydhva *f.* +ow
herring *n.* hernenn-wynn *f.* hern gwynn *coll.*, {herynn} *m.* {+ys}
herself *pron.* hy honan
hesitate *v.* hokya
hesitation *n.* hokyans *m.* +ow
hew *v.* hakkya, nadha
hewing *n.* nadh *m.*
hexagon *n.* hweghkorn *m.* +yow; **the French Hexagon** an Hweghkorn Frynkek
hexagonal *adj.* hweghkornek
hey *int.* ay, hay, hou
hi *int.* ay, hay, hou
hiatus *n.* gwagla *m.* -leow
hibernate *v.* gwavgoska
hibiscus *n.* kowrvalow *m.* +yow
hiccup 1. *n.* hik *m.* +ow: **2.** *v.* hikas
hidden *adj.* kel, kudh, kudhys
hide 1. *n.* *(skin)* kenn *m.* +ow, kroghen *f.* kreghyn: **2.** *v.* keles, kudha; *(cover)* gorheri; **hide and seek** keles ha kavoes; **hide from** kudha dhiworth; **hide oneself** omgeles, omgudha
hideous *adj.* hager
hideout *n.* kel *m.* +yow, kovva *f.* +ow
hiding *n.* **hiding place** kudhva *f.* +ow, kudh *m.*

hiding-place *n.* dannva *f.* +ow, kovva *f.* +ow
hierarchy *n.* urdhas *m.* +ow
hi-fi *adj.* ughlel
high *adj.* ughel; *(intoxicated)* meri; **as high as a kite** maga feri avel hok; **high place** ardh; **high speed** toeth bras, toeth da; **high water** gorlanow
higher *adj.* gwarthav, gwartha
highland *n.* ugheldir *m.* +yow; **The Highlands** An Ugheldiryow: *adj.* ugheldiryek
high-tech *adj.* ughdek
highway *n.* fordh-veur *f.* fordhow-meur, gorfordh *f.* +ow, karrhyns *m.* +yow
hike *v. (wander)* rosya; *(trudge)* troesya; *(hitch-hike)* meusya
hill *n.* bre *f.* +ow +yer, brenn *m.* +ow, bronn *f.* +ow +ow, menydh *m.* +yow, run *f.* +yow, runenn *f.* +ow; **Kit Hill** Bre Skowl
hill-fort *n.* dinas *m.* +ow, kastell *m.* kastylli kestell, ker *f.* +yow
hillock *n.* knegh *m.* +yow, tolgh *m.* +ow, krug *m.* +ow, pil *m.* +yow, begel *m.* +yow
hillside *n.* run *f.* +yow
hill-spur *n.* ros *m.* +yow
him *pron.* a'n, e', ev, y'n; *(emphatic)* eev
himself *n.* **by himself** y honan
hind *n. (female deer)* ewik *f.* +ow
hinder *v.* lesta, lettya
hind-quarter *n.* pedrenn *f.* +ow, diwbedrenn *dual*
hindquarters *plur.* diwbedrenn
hindrance *n.* lett *m.* +ow +ys
hinge *n.* medyner *f.* +yow
hinterland *n.* pervedhdir *m.* +yow

¹**hip** *n. (plant)* agrowsenn *f.* +ow, agrows *coll.*
²**hip** *n. (anat.)* klun *f.* +yow, diwglun *dual*, penn-klun *f.* pennow-klun
hippopotamus *n.* dowrvargh *m.* -vergh
hips *plur.* diwglun *dual*
hire 1. *n.* arveth *m.* +ow; **on hire purchase** yn hirbren: 2. *v. (employ)* arveth; *(rent)* gobrena; **buy on hire purchase** hirbrena
hireling *n.* arvethesik *m.* -igyon
hire-purchase *n.* hirbren *m.*
hirer *n.* gobrener *m.* -oryon
his *pron.* y; **to his** dh'y
hiss 1. *n.* si *m.* +ow: 2. *v.* sia, tythya
historian *n.* istorior *m.* +yon
historical *adj.* istorek
history *n.* istori *m.* +ow
hit *v.* gweskel, skwattya, bonkya
hitch 1. *v. (hitch-hike)* meusya; *(hook)* higenna: 2. *n. (problem)* kudynnik *m.* -igow
hither *prep.* dh'omma
hitherto *adv.* bys y'n jydh hedhyw, kyns es lemmyn, kyns-lemmyn
hit-man *n.* denledhyas *m.* -ysi
ho! *int.* ho
hoar *adj.* gwynnek
hoar-frost *n.* loesrew *m.* +yow, niwlrew *m.* +yow
hoarse *adj.* hos, kreg, ronk; **hoarse person** kreg
hoarseness *n.* hosyans *m.*, krekter *m.*
hoary *adj.* loes
hoax *n.* toellgast *m.* +ys: *v.* toellgastya
hobble 1. *n.* sprallyer *m.*: 2. *v.* kloppya
hobby *n.* hoba *m.* +s
hobby-horse *n.* {hobihors} *m.* {+ys}

hobgoblin *n.* boekka *m.* +s
hoe 1. *n.* kravell *f.* +ow: **2.** *v.* kravellas
hog *n.* hogh *m.* -es
hogweed *n.* evor *coll.*, losow-mogh *coll. (one plant)* losowenn-vogh *f.* losowennow-mogh, evorenn *f.* +ow
hoist *v.* halya
hold 1. *n.* dalghenn *f.* +ow, gavel *f.* +yow; **lay hold of** sesya; **take hold of** kavoes dalghenn yn, settya dalghenn yn: **2.** *v.* dalgh, dalghenna, synsi; **hold in lap** barrlenna; **hold oneself** omsynsi; **hold out against** perthi orth; **hold out** pargh; **keep hold of** kensynsi
hold-all *n.* kroeder-kroghen *m.* kroedrow-k.
holder *n.* synsyas *m.* -ysi
holding *n.* synsas *m.* +ow; *(of land)* bargen-tir *m.* bargenyow-tir
hole *n.* toll *m.* tell, kraw *m.* +yow, {tergh} *f.* {+ow}; *(small)* tellik *m.* -igow
holiday *n.* dy'goel *m.* +yow; **bank holiday** dy'goel kemmyn, dy'goel arghantti *m.* dy'goelyow arghantti; **go on holiday** dy'goelya; **official holiday** dy'goel soedhogel
holiness *n.* sansoleth *f.*
hollow 1. *n.* kew *f.* +yow, kow *f.* +yow, pans *m.* +ow; *(small)* gobans *m.* +ow: **2.** *adj.* kew, kow; **hollow tree** kowbrenn: **3.** *v.* kowa
hollowed *adj.* kowesik
holly *n.* kelynn *coll.*; **abounding in holly** kelynnek
hollyhock *n.* malowenn *f.* +ow, malow *coll.*
holly-grove *n.* kelynnek *f.* -egi

holly-tree *n.* kelynnenn, *f.* +ow
holt *n.* godegh *m.* +ow, kelli *f.* kelliow
holy *adj.* sans
homage *n.* omaj *m.*
home 1. *n.* tre *f.* trevow; **at home** yn tre, yn chi; **from home** a-dre; **second home** kenkidh *m.* +yow; **stately home** plas *m.* plasow: **2.** *adv.* dhe-dre
home-grown *adj.* teythyek
homeland *n.* mammvro *f.*
homeless *adj.* diannedh, didre; **make homeless** diannedhi
homelessness *n.* dianntter *m.*
homesick *adj.* hirethek, moredhek
homestead *n.* treveth *f.* +ow
homeward(s) *adv.* dhe-dre
homework *n.* ober-tre *m.* oberow-tre
homicide *n.* galanas *m.*
homily *n.* {homyli} *m.* {homylys}
homosexual 1. *n.* kethreydhek *m.* -ogyon: **2.** *adj.* kethreydhek
hone 1. *n.* igolenn *f.* +ow: **2.** *v.* lymma
honest *adj.* onest
honesty *n.* onester *m.*
honey *n.* mel *m.* +yow; **gather honey** mela
honeycomb *n.* kribenn vel *f.* kribennow mel
honeydew *n.* melgowas *f.* +ow
honeyed *adj.* melek, melys
honeysuckle *n.* gwydhvos *coll.*; *(one plant)* gwydhvosenn *f.* +ow
honey-yielding *adj.* melek
honour 1. *n.* enor *m.* +s: **2.** *v.* enora
honourable *adj.* enoradow
honoured *adj.* enorys
hood *n.* hod *m.* +ys, kogh *m.* +ow; *(of monk)* kugoll *m.* +ow; **bard's hood** kugoll bardh *m.* kugollow bardh

hoof

hoof *n.* karn *m.* +ow, ewingarn *m.* +ow
hoofed *adj.* karnek
hook 1. *n.* bagh *f.* +ow, hig *m.* +ow, higenn *f.* +ow: **2.** *v.* higenna
hoop-la *n.* kylghigow
hoot 1. *v.* outya, usa; *(with a horn)* kernya: **2.** *n. (noise)* us *m.* +ow
hooter *n.* korn *m.* kern
hop *v.* **hop like a toad** kroenogas, lyfansas
hope 1. *n.* govenek *m.* -egow, {esperans} *m.* {+ow}: **2.** *v.* fydhya, gwaytyas
hop-garden *n.* hopysek *f.* +egi
hops *plur.* hopys *coll.; (one plant)* hopysenn *f.* +ow
horehound *n. (plant)* les-loes *m.* lesyow-loes
horizon *n.* gorwel *m.* +yow
horizontal *adj.* gorwelyek
horn *n.* korn *m.* kern; **drinking horn** korn eva; **little horn** kernik *f.* -igow
horned *adj.* kornek; *(having two horns)* dewgornek
horner *n.* kernyas *m.* -ysi
hornet *n.* hwyrnores *f.* +ow
horn-player *n.* kernyas *m.* -ysi
horrible *adj.* euthyk, skruthus, vil
horribly *adv.* euthyk, {bilen}
horrid *adj.* euthyk
horrified *adj.* skruthys, **be horrified** skrutha
horrify *v.* euthega
horror *n.* euth *m.*
horse *n.* margh *m.* mergh, {steda} *m.* {stedys}; **horse's skull** penn-glas *m.* pennow-glas
horseback *n.* **be on horseback** marghogeth

hot

horse-cloth *n.* gorheras *m.* +ow, pallenn vargh *f.* pallennow margh
horse-collar *n.* mongar *f.* -ger, mongarenn *f.* +ow
horse-dung *n.* busel vergh *coll.*
horsehide *n.* marghkenn *m.* +ow
horse-load *n.* sawgh *m.* +ow
horseman *n.* marghek *m.* -ogyon
horsemanship *n.* marghogieth *f.*
horsepond *n.* poll margh *m.* pollow margh
horse-pond *n.* marghboll *m.* +ow, marghlynn *m.* +ow
horse-shoe *n.* horn margh *m.* hern margh
horsewoman *n.* marghoges *f.* +ow
horticulturalist *n.* lowarthydh *m.* +yon
horticulture *n.* lowarthieth *f.*
hose *n. (clothing)* hos *coll.*
hose-pipe *n.* pibenn-dhowr *f.* pibennow-dowr
hospice *n.* ospes *m.* +yow
hospital *n.* klavji *m.* +ow
hospitality *n.* helder *m.* +ow, ostyans *m.*
host *n. (army)* lu *m.* +yow, ost *m.* +ys; *(landlord)* ost *m.* +ys
hostage *n.* goestel *m.* goestlow
hostel *n.* ostel *f.* +yow; **youth hostel** ostel yowynkneth *f.* ostelyow yowynkneth
hostelry *n.* ostelri *m.* +ow
hostess *n.* ostes *f.* +ow; **air hostess** ostes ayr *f.* ostesow ayr
hostile *adj.* eskarek
hostility *n.* eskarogeth *f.*, kas *m.*
hot *adj.* tesek; **extremely hot** bros, poeth

hotchpotch

hotchpotch *n.* kabol *m.* +yow, kabolva *f.* +ow
hotel *n.* gwesti *m.* +ow, ostel *f.* +yow
hot-head *n.* penn-bros *m.* pennow-bros
hotplate *n.* chofar *m.* +s, men-poeth *m.* meyn-poeth
hot-tempered *adj.* tesek
hound *n.* hond *m.* hons, ki *m.* keun, rech *m.* +ys; *(hunting)* helgi *m.* -geun; *(coursing)* reski *m.* reskeun
hour *n.* eur *f.* +yow; *(duration)* our *m.* +ys
house *n.* chi *m.* chiow; *(semi-detached)* gevellji *m.* +ow; **ancient house** hendi *m.* +ow, henji *m.*; **doll's house** chi dolli; **House of Commons** Chi an Gemmynyon; **House of Lords** Chi an Arlydhi; **Houses of Parliament** Chiow an Senedh; **public house** diwotti *m.* +ow; **The White House** An Chi Gwynn; *(theatre)* **full house** hel leun *m.* helyow leun
house-builder *n.* gweythor chi *m.* gweythoryon ji
household *n.* koskordh *coll.*, mayni *m.* +ow, teylu *m.* +yow, tiogeth *f.* +yow
householder *n.* tiek *m.* tiogow tiogyon
housekeeper *n. (female)* gwithyades-chi *f.* gwithyadesow-chi
housekeeping *n. (money)* arghans tiogeth *m.*
house-lights *plur. (theatre)* golowys an hel
house-martin *n.* chigok *f.* -goges
housewife *n.* gwre'ti *f.*, ben'vas *f.*
hover *v.* bargesi
how 1. *conj.* dell; **2.** *adv.* fatell, fatla; **how are you?** fatla genes?; **how come** prag; **how long** pes termyn; **how many** pes, pyseul; **how much** pygemmys, pyseul; **see how** ott ha: **3.** *int.* ass, assa
however *adv.* byttegyns
howl 1. *n.* oulyans *m.* +ow: **2.** *v.* oulya
hoyden *n.* {hoyden} *f.* {+s}
hub *n.* both *f.* +ow
huddle *v.* **huddled up** gyllys yn gronn
hue *n.* liw *m.* liwyow
hued *adj.* liwek
huff *n.* moutyans *m.* +ow
hug *v. (cuddle)* byrla; *(squeeze)* gwrynya: *n. (cuddle)* byrl *m.* +ys; *(squeeze)* gwrynyans *m.* +ow
huge *adj.* bras
hulking *adj.* **hulking fellow** kwallok
hull *n.* kogh *m.* +ow
hum *v.* hwyrni: *n.* hwyrnians *m.* +ow
human *adj.* denel; **human being** den; **human nature** denses
humanity *n.* denses *m.*, denseth *m.*
humanize *v.* hwarhe
humble 1. *adj.* uvel: **2.** *v.* uvelhe, {humblya}; **humble oneself** {mekya}
humbug *n. (nonsense)* flows *m.*
humid *adj.* leyth
humidify *v.* leytha
humidity *n. (as a physical quantity)* leythedh *m.*; *(in general)* leythter *m.*
humiliate *v.* shamya
humiliation *n.* uvelheans *m.* +ow
humility *n.* uvelder *m.*, uvelses *f.*
humorous *adj.* hwarthus
hump *n.* both *f.* +ow, bothenn *f.* +ow
hump-backed *adj.* bothek
hunchback *n.* bothek *m.* -oges -ogyon
hundred *num.* kans *n.* +ow; **hundred pound weight** kanspeuns *m.*;

hundredfold

a hundred times kanskweyth; **hundred thousand** kansvil; **100 years** kansblydhen; **three hundred** trihans; **two hundred** dewkans: 2. *n. (land unit)* kevrang *f.* +ow; **hundred of Cornwall** konteth *f.* +ow;

hundredfold *adv.* kansplek
hundredth *num.* kansves
hundredweight *n.* kanspoes *m.* +ow
hunger *n.* nown *m.*
hungry *adj.* nownek
hunt 1. *n.* helgh *m.* +ow: 2. *v.* helghya, helghi, chasya; **hunt vermin** pryvessa
hunter *n.* helghor *m.* +yon, {helghyer} *m.*{-yoryon}, {honter} *m.* {+s}; *(professional)* helghyas *m.* -ysi; *(horse)* helvargh *m.* -vergh
hunting *n.* **go hunting** chasya, helghi, helghya, sportya
hunting-dog *n.* helgi *m.* -geun, gwylter *m.* -tres
hunting-dress *n.* helghwisk *m.*
hunting-ground *n.* helghva *f.* +ow; **open hunting-ground** chas *m.* +ys
hunting-horn *n.* helgorn *m.* -gern, bualgorn *m.* -gern
huntress *n.* helghores *f.* +ow; *(professional)* helghyades *f.* +ow
hurdle *n.* kloes *f.* +yow
hurdy-gurdy *n.* symfoni *m.* +s
hurl *v.* deghesi, hurlya
hurler *n.* hurlyas *m.* -ysi
hurlings *n.* hurlyow
hurricane *n.* annawel *f.* +yow
hurry 1. *n.* fisten *m.*, fysk *m.* +ow, hast *m.*, toeth *m.*; **I am in a hurry** mall yw genev: 2. *v.* dehelghya, fistena, fyski

hysterectomy

hurt 1. *n.* drog *m.* +ow, pystik *m.* pystigow: 2. *adj.* pystigys: 3. *v.* shyndya, pystiga, {hurtya}; *(intrans.)* gloesa, {smartya}
husband *n.* gorti *m.* gwerti, gour *m.* gwer
husbandman *n.* gonedhek *m.* -ogyon
hush *v.* godewel
husk 1. *n.* kodh *f.* +ow, maskel *f.* masklow, pliskenn *f.* +ow, plisk *coll.* 2. *v.* pliskenna
husks *plur.* usyon
husky *adj.* hos
hussy *n.* flownenn *f.* +ow, {skout} *f.* {+ys}
hut *n.* krow *m.* +yow; **rough hut** kryllas *m.* +ow
hybrid *n.* myskreydh *m.* +yow: *adj.* myskreydhek
hybridize *v.* myskreydha
hydroelectric *adj.* dowdredanek
hydroelectricity *n.* dowdredan *m.*
hydromel *n.* medh *m.*
hymn *n.* hymna *m.* hymnys
hypermarket *n.* ughvarghas *f.* +ow
hypermetropia *n.* hirwel *m.*, pellwel *f.*
hyphen *n.* strik *m.* +ys
hypnotic *adj.* huskoskek
hypnotism *n.* huskosk *m.*
hypocrisy *n.* fayntys *m.*
hypocrite *n.* falswas *m.* -wesyon, fekler *m.* -oryon
hypocritical *adj.* fekyl cher
hypothesis *n.* godybieth *f.* +ow
hypothesize *v.* godybi
hypothetical *adj.* godybiethel
hysterectomy *n.* mestrogh-brys *m.* mestroghow-b.

I

I *pron.* my
ice 1. *n.* rew *m.* +yow, yey *m.*: **2.** *v.* **ice a cake** hwegrewi
ice-cream *n.* dyenn rew *m.* dyennow rew
icicle *n.* kleghienn *f.* +ow, kleghi *coll.*
icing *n. (on cake)* hwegrew *m.*
idea *n.* tybyans *m.* +ow
identical *adj.* kehevelep, keth, kethsam
identity *n.* honanieth *f.* +ow
idiom *n.* tavoseth *f.* +ow
idiomatic *adj.* tavosethek
idle 1. *adj.* diek, syger, sygerus: **2.** *v.* krowdra
idleness *n.* diekter *m.*, sygerneth *f.*
if *conj.* a, mar, mara, maras, mars; **even if I die** awos merwel; **if only** unnweyth a
igneous *adj.* tanek
ignite *v.* enowi
ignition *n.* enowans *m.*
ignominious *adj.* bismerus, methus
ignominy *n.* bismer *m.*
ignorance *n.* diskians *m.*, nisita *m.*
ignorant *adj.* diskians
ignore *v.* skonya aswonn
ill 1. *n.* drog *m.* +ow; **do ill** kammwul: **2.** *adj.* klav
ill-deed *n.* drokoleth *f.*
illegal *adj.* direyth, anlaghel
illegality *n.* direythter *m.* +yow
illegitimate *adj.* direyth
ill-favour *n.* droksawer *m.* +yow
illicit *adj.* anlaghel
illiteracy *n.* anlettryseth *f.*
illiterate *adj.* anlettrys
illness *n.* kleves *m.* +ow
ill-pleased *adj.* drok-pes
ill-treat *v.* tebeldhyghtya
ill-treatment *n.* bileni *f.*, drokoleth *f.*, tebeldhyghtyans *m.* +ow
illuminate *v. (of a picture)* lymna; *(with light)* golowi, splannhe
illumination *n.* golewder *m.* +yow
illusion *n.* hus *m.* +ow
illusory *adj.* hudel
illustrate *v.* lymna
illustration *n.* lymnans *m.* +ow
illustrator *n.* lymner *m.* -oryon
ill-will *n.* avi *m.* +ow, drogvrys *m.* +yow, envi *m.* +ow
image *n.* aven *m.* +yow, hevelepter *m.* +yow, imaj *m.* +ys
imaginary *adj.* dismygel
imagination *n.* **poetic imagination** awen *f.*
imaginative *adj.* awenek
imagine *v.* tybi
imbecile *n.* gokki *m.* +es
imbibe *v.* eva
imitate *v.* gul war-lergh
immaculate *adj.* dinamm
immature *adj.* anadhves
immediate *adj.* desempis, tromm
immediately *adv.* a-dhesempis, a-dhihwans, a-dhistowgh, desempis, dison, distowgh, hware, knakk
immense *adj.* kowrek
immensity *n.* kowrekter *m.* +yow
immerse *v.* gorthroghya, troghya
imminent *adj.* degynsywek
immobile *adj.* anwayadow
immobility *n.* anwayadewder *m.*
immodest *adj.* diveth
immoral *adj.* anvas
immorality *n.* anvaseth *f.* +ow

immortal *adj.* anvarwel
immortality *n.* anvarwoleth *f.*
immovable *adj. (physically)* anwayadow; *(spiritually)* anvovadow
immune *adj. (legal)* antavadow; *(medical)* anklevesadow
immunity *n. (legal)* antavadewder *m.*; *(medical)* anklevesadewder *m.* +yow
imp *n.* boekka *m.* +s
impair *v.* aperya
impark *v.* **imparked residence** kenkidh
impartial *adj.* heptu
impassable *adj.* anpassadow, antrethadow, hepfordh
impasse *n.* stagsav *m.* +ow
impede *v.* lettya
impediment *n.* lett *m.* +ow +ys, sprall *m.* +ow
impend *v.* degynsywa
impending *adj.* degynsywek
impenetrable *adj.* andhewanadow
imperfect *adj.* anperfydh, {downek}
imperfection *n.* anperfydhder *m.* +yow
impermeability *n.* andhewanadewder *m.*
impermeable *adj.* andhewanus
impertinence *n.* kammworthyp *m.* -ybow, tonteth *f.*
impertinent *adj.* tont
impertinently *adv.* **reply impertinently** kammworthybi
impervious *adj.* tew
impetigo *n.* kraghdardh *m.*
impetuous *adj.* fysk
impiety *n.* ansansoleth *f.*
impious *adj.* ansans

implant 1. *v.* ynplansa: **2.** *n.* ynplansans *m.* +ow
implantation *n.* ynplansans *m.* +ow
implement 1. *n.* toul *m.* +ys +ow: **2.** *v.* kowlwul
implementation *n.* kowlwrians *m.* +ow
implode *v.* yntardha
implore *v.* {konjorya}
impolite *adj.* diskortes
import 1. *v.* ynperthi: **2.** *n.* ynporth *m.* +ow
importance *n.* bri *f.*, poesekter *m.*, roweth *m.*,
important *adj.* poes, poesek
impose *v.* kompoesa; **impose upon** beghya
impossibility *n.* analladewder *m.* +yow
impossible *adj.* analladow, na yll bos, anpossybyl, {onpossybyl}
impostor *n.* faytour *m.* +s, jogler *m.* -oryon +s
impotence *n.* dialloesedh *m.*
impotent *adj.* dialloes, {dispuissant}
impoverish *v.* boghosekhe
imprecation *n.* molleth *f.* mollothow, ti *m.* +ow
impression *n. (printing)* sel *f.* +yow
imprison *v.* prisonya
imprisonment *n.* prisonyans *m.* +ow
improper *adj.* anwiw
improve *v.* gwellhe
improvement *n.* gwellheans *m.* +ow
improvident *adj.* dibygans
improvisation *n.* dismygwari *m.*
improvise *v.* dismygwari, rydhwari
imprudence *n.* anfurneth *f.*
imprudent *adj.* anfur

impudence *n.* tonteth *f.*
impudent *adj.* tont
impulsive *adj.* fysk
impure *adj.* avlan
impurity *n.* most *m.* +yon, anpuredh *m.* +ow
in *prep.* yn; **in my** y'm; **in our** y'gan; **in the** y'n; **in their** y'ga; **in thy** y'th; **in your** y'gas
inaccessible *adj.* andhrehedhadow, anhedhadow
inadequacy *n.* anlowreth *f.*
inadequate *adj.* anlowr
inane *adj.* gwag
inanity *n.* euveredh *m.*
inappropriate *adj.* anwiw
incandescence *n.* kannboethter *m.*
incandescent *adj.* kannboeth
incantation *n.* gorhan *f.* +ow
incapable 1. *n.* anteythi: **2.** *adj.* anabel, dialloes
incarcerate *v.* prisonya
incarceration *n.* prisonyans *m.* +ow
incarnate *adj.* **become incarnate** {inkarnatya}
incense *n.* ynkys *m.*
incentive *n.* kentrynn *m.* +ow
incessant *adj.* heb hedhi, heb powes
incessantly *adv.* anhedhek, heb lett, prest
inch *n.* meusva *f.* meusvedhi
incident *adj.* ynkoedhek
incinerate *v.* gorleski, kowlleski
incineration *n.* gorlosk *m.*
incinerator *n.* gorloskell *f.* +ow
incise *v.* yndreghi
incision *n.* yndrogh *m.* +ow
incisor *n.* dans-rag *m.* dyns-rag

incite *v.* movya, ynnia
incitement *n.* ynniadow *m.*
inclination *n.* bodh *m.*, plegadow *m.*, plegyans *m.* +ow
incline 1. *n.* goleder *f.* goledrow: **2.** *v.* {ynklinya}
inclined *adj. (sloping)* goledrek; *(disposed)* plegadow
include *v.* {komprehendya}
income *n.* gober *m.* gobrow
incomplete *adj.* andhien
inconceivable *adj.* andhismygadow
incontinently *adv. (unrestrainedly)* dihwans
inconvenience *n.* dises *m.* +ys
incorrect *adj.* ankewar
increase 1. *n.* moghheans *m.* +ow: **2.** *v.* kressya, moghhe, ynkressya
increased *adj.* moyhes, kressys
incredible *adj.* ankrysadow
incriminate *v.* kabla
incrimination *n.* kablans
incubate *v.* gori, kovia
incubation *n.* gorians *m.* +ow
incubator *n.* gorell *f.* +ow
incumbent *adj.* **what is incumbent** dever
indeed *adv.* yn hwir, dhe wir, devri, fest
indemnify *v.* eskelmi
indemnity *n.* eskolm *m.* +ow
indenture *n.* kevambos *m.* +ow
independence *n.* anserghogeth *f.*
independent *adj.* anserghek
index 1. *n. (of a book)* menegva *f.* +ow; *(number)* menegenn *f.* +ow: **2.** *v.* meneges
India *place* Eynda

Indian

Indian 1. *n. (man)* Eyndek *m.* Eyndogyon; *(woman)* Eyndoges *f.* +ow: **2.** *adj.* eyndek
indicate *v.* kevarwoedha, sinya, meneges
indication *n.* menek *m.* -egow
indicative *adj.* menegek
indict *v.* {inditya}
indictment *n.* kuhudhans *m.* +ow
indifference *n.* mygylder *m.*
indifferent *adj.* **grow indifferent** mygli
indigenous *adj.* teythyek
indigent *adj.* boghosek
indigestible *adj.* antrethadow
indignation *n.* sorrvann *m.*
indignities *plur.* moeth *m.* +ow
indirectly *adv.* a-dreus
indispensible *adj.* anhepkorradow
indivisible *adj.* anrannadow
indolence *n.* diekter *m.*
indolent *adj.* diek
indoors *adv.* a-bervedh
indulge *v.* **indulge oneself** omvodhya
industrial *adj.* diwysyansel; **industrial estate** hwelbark
industrious *adj.* diwysyk
industry *n. (hard work)* diwysygneth *f.*; *(manufacture)* diwysyans *m.* +ow
ineffective *adj.* aneffeythus
inequality *n.* dibarder *m.* +yow, dibarowder *m.* +yow
inert *a.* anteythi
inevitable *adj.* anwoheladow
inexpert *adj.* didhysk, digreft
inextinguishable *adj.* andhifeudhadow
inextricable *adj.* andhivagladow
infamous *adj.* drog-gerys, bismerus

information

infamy *n.* bismer *m.*, drog-ger *m.*
infancy *n.* flogholeth *f.*
infant *n.* fleghik *m.* fleghigyow
infantile *adj.* fleghigel
infantry *n.* troeslu *m.*
infantryman *n.* troesek *m.* -ogyon
infect *v.* klevesi
infected *adj.* klevesys
infection *n.* klevesans *m.* +ow; **chest infection** klevesans an skevens *m.* klevesans an s.
infectious *adj.* klevesus
inferiority *n.* iselder *m.*
infernal *adj.* ifarnek
infertile *adj.* anfeyth
infertility *n.* anfeythter *m.*
infidel *n.* diskryjyk *m.* -ygyon
infidelity *n.* dislelder *m.*
infiltrate *v.* ynsidhla
infiltration *n.* ynsidhlans *m.*
infirm *adj.* anven, anyagh, {devallow}
infirmity *n.* gwannegredh *m.*
inflame *v.* fagla, ynflammya
inflammable *adj.* flammadow
inflammation *n.* brywvann +ow, fagel *f.* faglow, losk *m.*, ynflammyans *m.* +ow
inflate *v.* hwytha
inflation *n.* hwythans *m.*
inflexible *adj.* diwedhyn
inflict *v.* kompoesa
influence 1. *n.* delanwes *m.* +ow: **2.** *v.* delenwel; **diabolical influence** dewlysi
influenza *n.* terthenn *f.* +ow, flu *f.*
inform *v.* kedhla
informal *adj.* anformel, anstroethys
informality *n.* anformoleth *f.* +ow
information *n.* kedhlow, derivadow *m*

infra-red
infra-red *adj.* isrudh
infrastructure *n.* isframweyth *m.*
infrequent *adj.* anvenowgh
infuse *v.* troetha
infusion *n.* troeth *m.* +ow
ingenious *adj.* ynjin
ingenue *n.* anfeles *f.* +ow
ingenuity *n.* ynjinieth *f.*
ingenuous *adj.* gwiryon
ingredient *n.* devnydh *m.* +yow
inhabit *v.* annedhi
inhabitable *adj.* annedhadow
inhabitant *n.* annedhyas *m.* -ysi, triger *m.* -oryon, {trevesik-dor} *m.* {trevesigyon-dor}
inhabited *adj.* annedhys
inhalation *n.* ynanellans *m.*
inhale *v.* ynanella
inherit *v.* erita, herya
inheritance *n.* eretons *m.*
inhibit *v.* spralla
inhibition *n.* sprall *m.* +ow
inhospitable *adj.* didhynnargh
iniquity *n.* anewnder *m.* +yow, drogober *m.* +ow, sherewynsi *m.*
initial *adj.* kynsa
initiate *v.* urdhya
initiation *n.* urdhyans *m.* +ow
inject *v.* skitya
injection *n.* skityans *m.* +ow
injunction *n.* gorhemmynn *m.* +ow
injure *v.* hodya, pystiga, meschyvya, shyndya, aperya
injured *adj.* shyndys, pystigys, bryw
injurious *adj.* dregynnus
injury *n.* damaj *m.* +ys, dregynn *m.*, meschyv *m.* +yow, pystik *m.* pystigow
injustice *n.* kammhynseth *f.* +ow

inspection
ink *n.* ynk *m.* +ow
in-law *adj.* da, dre lagha
inlet *n.* (*of sea*) kanel *f.* kanolyow; **inlet of water** logh *m.* +ow
inn *n.* tavern *m.* +yow, hostleri *m.* +s
innings *n.* battyans *m.* +ow
innkeeper *n.* ost *m.* +ys, ostes *f.* +ow, tavernor *m.* +yon
innocent *adj.* ankablus; (*virginal*) gwyrgh
input 1. *n.* ynworrans *m.*: **2**. *v.* ynworra
insane *adj.* muskok, mes a rewl
insanity *n.* muskotter *m.*
inscription *n.* skrifedh *f.* +ow
insect *n.* hweskerenn *f.* +ow, hwesker *coll.*
insects *plur.* anpryvyon
insecure *adj.* andhiogel
insecurity *n.* andhiogeledh *m.* +ow
insert *v.* gorra yn, ynworra
insertion *n.* ynworrans *m.*
inshore *adj.* nesarvorel
inside *adv.* a-bervedh, a-ji, a-ji dhe
insignificant *adj.* distyr
insincerity *n.* falsuri *m.*
insipid *adj.* anvlasus, melys
insipidity *n.* anvlas *m.*
insist *v.* teri
insistence *n.* ter *m.*
insistent *adj.* ter
insolence *n.* tonteth *f.*
insolent *adj.* tont
insolvency *n.* dibyganseth *f.* +ow
insolvent *adj.* dibygans
insomnia *n.* anhun *m.*
insomniac *adj.* anhunek
inspect *v.* hwithra
inspection *n.* hwithrans *m.* +ow

inspector *n. (female)* hwithrores *f.* +ow; *(male)* hwithrer *m.* -oryon
inspiration *n.* awen *f.*
inspirational *adj.* awenek
inspire *v.* aweni, {ynspirya}
instalment *n.* ranndalas *m.* +ow
instance *n.* ensampel *m.* -plow -plys, kas *m.* +ys; **for instance** rag ensampel
instant 1. *n.* pols *m.* +yow, prysweyth *m.* +yow: **2.** *adj.* desempis
instantaneous *adj.* prysweythyel
instantly *adv.* a-dhesempis, kettoeth ha'n ger
instead *adv.* le
instep *n.* konna-troes *m.* konnaow-troes
institute 1. *n.* fondyans *m.* +ow: **2.** *v.* fondya, {ynstitutya}
institution *n.* fondyans *m.* +ow; **institution of higher education** pennskol *f.* +yow
instruct *v.* dyski, {ynstruktya}
instruction *n.* dyskans *m.* +ow
instructions *n.* dannvonadow *m.*
instructor *n.* dyskador *m.* +yon, dyskadores *f.* +ow
instrument *n.* mayn *m.* +ys
insufficiency *n.* anlowreth *f.*
insufficient *adj.* anlowr
insular *adj.* ynysel
insulate *v.* ynysega
insulation *n.* ynysegans *m.*
insulator *n.* ynyseger *m.* +yow
insult 1. *n.* arvedhenn *f.* +ow: **2.** *v.* arvedh, despitya
insulting *adj.* arvedhus
insurance *n.* surheans *m.* +ow
insure *v.* diogeli, surhe

insurgent *n.* sordyas *m.* -ysi
insurrection *n.* omsav *m.* +ow
intact *adj.* dien
intangible *adj.* antavadow
integrity *n.* ewnhynseth *f.*
intellect *n.* skians *m.* +ow
intellectual 1. *n.* skiansek *m.* -ogyon, skiansoges *f.* +ow: **2.** *adj.* skiansek
intelligence *n.* poell *m.* +ow
intelligent *adj.* poellek, skentel
intelligentsia *n.* skiansogyon
intend *v.* mynnes, {sopposya}, {yntendya}
intense *adj.* gluw, tynn
intensification *n.* gluwheans *m.* +ow
intensify *v.* gluwhe
intensity *n.* gluwder *m.*
intensive *adj.* gluwek
intent *n.* mynnas *m.* +ow, porpos *m.* +ys
intention *n.* mynnas *m.* +ow, brys *m.* +yow, entent *m.* +ys
inter *v.* ynkleudhyas, yntirya
inter-Celtic *adj.* keskeltek
interchange *v.* keschanjya
interdependence *n.* kesserghogeth *f.*
interdependent *adj.* kesserghek
interdict *v.* difenn
interdiction *n.* difenn *m.* +ow
interest 1. *n. (concern)* bern *m.* +yow; *(money)* oker *m.*; *(compound interest)* goroker *m.*; **is of interest** deur: **2.** *v.* didheuri
interesting 1. *adj.* dhe les, didheurek
interfere *v.* mellya
interference *n.* mellyans *m.* +ow
interior *n.* pervedh *m.* +ow: *adj.* pervedhel
interlude *n.* {ynterlud} *m.* {+ys}

intermediary *n.* mayner *m.* -oryon
intermediate *adj.* kres
interment *n.* ynkleudhyans *m.* +ow
intermission *n.* spavenn *f.* +ow
internal *adj.* pervedhel
international *adj.* keswlasek
Internet *n.* Kesroesweyth *m.*
interpret *v.* styrya
interpretation *n.* styryans *m.* +ow
interpreter *n.* latimer *m.* +s
interrupt *v.* goderri
interrupted *adj.* goderrys
interruption *n.* godorr *m.* +ow
intertwine *v.* kesplethenna
interval *n.* spys *m.* +ow; *(in theatre)* powes *m.* +ow
interview 1. *n.* keswel *m.* +yow: **2.** *v.* kesweles
interviewee *n.* keswelesik *m.* -igyon
interviewer *n.* kesweler *m.* -oryon, keswelores *f.* +ow
interweave *v.* keswia
intestines *plur.* kolodhyon *coll.*, pottys
intimate *adj.* priva
intimidate *v.* ownekhe
intolerable *adj.* anporthadow
intonation *n.* tonlev *m.* +ow
intone *v.* tonya
intoxicate *v.* medhwi
intoxicated *adj.* medhow
intoxication *n.* medhwenep *m.*
intrepid *adj.* hardh
intricate *adj.* gwius, kompleth
intrinsic *adj.* a-berthek
introduce *v.* kommendya; **introduce oneself** omgommendya
introduction *n.* kemmynneth *f.* +ow, kommendyans *m.* +ow
introspection *n.* omhwithrans *m.*
intrude *v.* ynherdhya
intrusion *n.* ynherdhyans *m.* +ow
intrusive *adj.* ynherdhyek
inundate *v.* liva
inundation *n.* liv *m.* +ow
invalid *n.* klav *m.* klevyon
inveiglement *n.* antell *f.* antylli
invent *v.* dismygi
invention *n.* dismygyans *m.* +ow
inventory *n.* menegva *f.* +ow, rol *f.* +yow
inversion *n.* gorthtro *f.* +yow
invest *v.* gorra arghans dhe, kevarghewi
investigate *v.* hwithra
investigation *n.* hwithrans *m.* +ow
investigator *n. (female)* hwithrores *f.* +ow; *(male)* hwithrer *m.* -oryon
investment *n.* kevarghow *m.* +yow
invincibility *n.* antryghadewder *m.*
invincible *adj.* antryghadow
invisibility *n.* anweladewder
invisible *adj.* anweladow
invitation *n.* galow *m.* +yow
invite *v.* gelwel
invoice *n.* reken *m.* reknow
involve *v.* omvyska
involved *adj.* omvyskys
involvement *n.* omvyskans *m.*
inward(s) *adv.* war-ji, war-bervedh
ire *n.* sorr *m.*
Ireland *n.* Iwerdhon *f.*
iris *n. (plant)* **yellow iris** elestrenn *f.* +ow, elester *coll.*; **bed of yellow irises** elestrek *f.* -egi
Irish *adj.* iwerdhonek; **Irish language** Iwerdhonek
Irishman *n.* Goedhel *m.* Goedheli, Gwydhel *m.* Gwydhyli

Irishwoman *n.* Gwydheles *f.* +ow
iron 1. *n. (appliance)* hornell *f.* +ow;
  (metal) horn *m.* hern; **iron ore**
  kallenn *f.* +ow; **iron-bearing ground**
  hornek *f.* -egi; **like iron** hornek:
  2. *adj.* hernyek: **3.** *v.* hornella
ironic *adj.* ironek, gesedhek
ironing-board *n.* bordh hornella *m.*
  bordhow hornella
ironmonger *n.* hernyer *m.* -oryon
irony *n.* gesedh *m.* +ow
irradiate *v.* dewolowi
irrational *adj.* direson, gorboellek
irrefutable *a.* annaghadow
irregular *adj.* anrewlys, digompes
irregularity *n.* digompoester *m.* +yow
irreproachable *adj.* divlam
irresponsible *adj.* dibreder
irreversible *adj.* ankildennadow
irrigate *v.* dowrhe
irrigation *n.* dowrheans *m.*
irritability *n.* tesogneth *f.*
irritable *adj.* tesek
is *v.part* eus, usi, yw; **there is** yma, 'ma
island *n.* ynys *f.* +ow +ys
islet *n.* ynysik *f.* -igow
-ism *pref.* -ieth
isohyet *n.* glawlinenn *f.* +ow
isolated *adj.* **isolated place** ynys
isolation *n.* ynysekter *m.*
isotherm *n.* tempredhlinenn *f.* +ow
Israel *place* Ysrael
issue 1. *n. (topic)* daldra *f.* +ow;
  (descendants) {yssew} *m.*: **2.** *v.* dyllo
-ist *suff.* -ydh
isthmus *n.* konna-tir *m.* konnaow-tir,
  kuldir *m.* +yow
it *pron.* ev, hi; *(m. emphatic)* eev; *(f.,*
  emphatic) hyhi; *(obj.)* 'n, 's, e', hi

Italian *adj.* italek; **Italian language**
  Italek
Italy *place* Itali
itch 1. *n.* debron *m.* +ow: **2.** *v.* debreni,
  kosa, si
itching *n.* kos *f.* +ow
item *n.* poynt *m.* +ys, taklenn *f.* +ow
itinerary *n.* hynsador *m.* +yow
its *pron.* hy, y; **to its** dh'y, dh'y
ivory *n.* dans-olifans *m.*
ivy *n.* idhyow *coll.; (one plant)*
  idhyowenn *f.* +ow; **ivy-clad place**
  idhyowek *f.* -egi
ivy-clad *adj.* idhyowek

J

jab 1. *n.* gwan *f.* +yow: **2.** *v.* gwana
jabber *v.* klappya
jack *n. (for car)* jakk *m.* +ow
Jack *name* Jakka
jackal *n.* owrgi *m.* -geun
jackdaw *n.* chogha *m.* choghys
jacket *n.* jerkynn *m.* +ow, kryspows *f.*
  +yow; **bullet-proof jacket** kaspows
  f. +yow
jacksnipe *n.* dama kiogh *f.* damyow
  kiogh
jade *n. (precious stone)* lonethven
  m. -veyn
jag *n.* jag *m.* +ys
jagged *adj.* dynsek
jail 1. *n.* bagh *f.* +ow, prison *m.* +yow:
  2. *v.* prisonya
jailer *n.* jayler *m.* +s
jam *n.* kyfeyth *m.* +yow; *(traffic)*
  daromdak *m.* -agow

jamb *n.* kilbost *m.* +ow
James *name* Jamys
Jane *name* Jenna
janitor *n.* porther *m.* -oryon
January *n.* Genver *m.*, mis-Genver *m.* misyow-G.
Japan *place* Nihon
Japanese 1. *n. (language)* Nihonek *m.*: **2.** *adj.* nihonek; **Japanese knotweed** kolmwyk nihonek
jar *n. (shock)* jag *m.* +ys; **large jar** seth *m.* +ow; **small jar** jarrik *m.* -igow
jaundiced *adj.* melynik
javelin *n.* guw *m.* +ow
jaw *n.* awen *f.* +ow, gen *f.* +yow, diwen *dual*, grudh *f.* +ow
jawbone *n.* challa *m.* challys
jawed *adj.* grudhek, awenek
jay *n.* kegin *f.* +es
jealous *adj.* avius
jealousy *n.* avi *m.* +ow
jeans *plur.* jins
jeer 1. *n.* ges *m.* +yow: **2.** *v.* gesya, outya
jelly *n.* kowles *coll.*
jellyfish *n.* morgowlesenn *f.* +ow, morgowles *coll.*
Jeremiah *name* Yeremi
jerk 1. *n.* skwych *m.* +ys: **2.** *v.* skwychya
jerkin *n.* jerkynn *m.* +ow
Jerome *name* Yerom
jersey *n.* gwlanek *m.* gwlanogow
Jerusalem *place* Yerusalem
jest 1. *n.* jest *m.* +ys: **2.** *v.* gesya, jestya
jester *n.* gesyer *m.* gesyoryon
Jesu *name* Yesu
Jesus *name* Yesus

jet *n.* stif *f.* +ow; *(mineral)* men-du *m.*; *(of air)* hwythell *f.* +ow
jet-black *adj.* morel
jet-lag *n.* stifludh *m.*
Jew *n.* Yedhow *m.* Yedhewon, {Jyw} *m.* {+ys}
jewel *n.* jowel *m.* +ys, tegenn *f.* +ow
jeweller *n.* gemmweythor *m.* +yon, joweler *m.* -oryon
jewellery *n.* gemmweyth *m.*
Jewess *n.* Yedhowes *f.* +ow
Jewish *adj.* yedhowek
jigsaw *n.* **jigsaw puzzle** gwari mildamm *m.* gwariow mildamm
job *n.* oberenn *f.* +ow
jog *v.* goresek
jogger *n. (female)* goresegores *f.* +ow; *(male)* goreseger *m.* -oryon
John *name* Yowann, Jowann
join 1. *n. (seam)* gwri *m.* +ow: **2.** *v.* junya
joiner *n.* ser prenn *m.* seri prenn
joint *n.* mell *m.* +ow, kevals *m.* +yow, {junt} *m.* {+ys}
jointed *adj.* mellek
joint-tillage *n.* kevar *m.* +yow
joist *n.* jist *m.* +ys, keber *f.* kebrow
joke 1. *n.* ges *m.* +yow: **2.** *v.* gesya; **tell jokes** gesya
joker *n.* gesyer *m.* gesyoryon
jollity *n.* jolifter *m.*
jolly *adj.* jolif, lowenek
jolt 1. *n.* jag *m.* +ys: **2.** *v.* kryghylli
Jordan *place* Yordan
Joseph *name* Yosep
Joshua *name* Yoswa
jot 1. *n.* banna *m.* bannaghow: **2.** *v.* terskrifa

jotting *n.* terskrif *m.* +ow
journal *n.* dydhlyver *m.* -lyvrow, jornal *m.* +s +yow
journalist *n.* jornalyas *m.* -ysi
journey 1. *n.* kerdh *m.* +ow, vyaj *m.* +yow: **2.** *v.* vyajya
joust 1. *n.* joust *m.* +ys: **2.** *v.* joustya
Jove *n.* Jovyn
jowl *n.* chal *m.* +ys, dewjal *dual*
joy *n.* joy *m.* joyys, lowena *f.*, lowenedh *m.*; **joy to thee!** lowena dhis!
joyful *adj.* heudh, lowen
joyfulness *n.* heudhder *m.*
Judah *place* Yuda
Judeah *place* Yudi
judge 1. *n.* barner *m.* +yow +yon, breusyas *m.* -ysi, breusydh *m.* +yon, {juj} *m.* {+ys}: **2.** *v.* barna, breusi, {jujya}
judgment *n.* barn *f.* +ow, breus *f.* +ow, {jujment} *m.*; **Day of Judgment** Dydh Breus
judo *n.* judo *m.*
jug *n.* podik *m.* -igow; **measuring jug** podik-musura *m.* -igow-musura
juggler *n.* jogler *m.* -oryon +s
juice *n.* sugen *m.* +yow; **fruit juice** sugen froeth
juicy *adj.* sugnek
ju-jitsu *n.* jujutsu *m.*
July *n.* Gortheren *m.*, mis-Gortheren *m.* misyow-G.
jumble *n.* **jumble sale** basar *m.* +s
jump 1. *n.* lamm *m.* +ow: **2.** *v.* lamma, lemmel; **perform the high jump** ughlamma; **perform the long jump** hirlamma

jumper *n.* lammer *m.* -oryon, lammores *f.* +ow; *(garment)* gwlanek *m.* gwlanogow
junction *n.* **junction of streams** kemper *m.* +yow
juncture *n.* kesunyans *m.* +ow; **at this juncture** y'n tor' ma
June *n.* Metheven *m.*, mis-Metheven *m.* misyow-M.
jungle *n.* gwylgoes *m.* +ow, jangal *m.* +ow
junior *n.* bacheler *m.* +s
juniper *n.* merywenn *f.* +ow, meryw *coll.*
junk *n.* *(rubbish)* atal *coll.* *(one item)* atalenn *f.* +ow; **junk food** boes atal *m.* boesow atal
junkie *n.* stoffki *m.* -keun
Jupiter *n.* *(god)* Jovyn; *(planet, god)* Yow *m.*
jurisdiction *n.* arloettes *m.*
juror *n.* tiyas *m.* tiysi
just 1. *adj.* ewn, eun, ewnhynsek, gwiryon: **2.** *adv.* unnweyth; **just as it is** par dell yw; **just as** par; **just now** nammnygen
justice *n.* ewnder *m.* +yow, gwir *m.*, gwirreus *m.*; *(judge)* justis *m.* +yow; *(officer)* **chief justice** pennjustis *m.* +yow
justiciary *n.* juster *m.* +s
justification *n.* ewnheans *m.* +ow
justify *v.* ewnhe, {justifia}
jut *v.* balegi
jutting *adj.* balek, elek
juvenile *adj.* yowynk: *n.* yonker *m.* +s -oryon, yonkores *f.* +ow

K

kale *n.* kowl *coll.*
kangaroo *n.* kangourou *m.* +s
kaolin *n.* pri gwynn *m.*
karaoke *n.* karaoke *m.*
karate *n.* karate *m.*
kayak *n.* kayak *m.* -agow
Ke *name* Ke
keel *n.* keyn *m.* +ow
keen *adj. (sharp)* lymm; **I am keen** mall yw genev
keening *n.* drem *m.*
keenness *n.* mall *m.*
keep 1. *n.* **keep with care** tresorya: **2.** *v.* gwitha; **keep hold of** kensynsi; **keep oneself** omwitha
keeper *n. (male)* gwithyas *m.* gwithysi; *(female)* gwithyades *f.* +ow
keeping *n.* gwith *m.*
keepsake *n.* kovro *m.* kovrohow
keeve *n.* tonnell *f.* +ow
kennel *n. (for one dog)* kiji *m.* +ow; *(for several dogs)* keunji *m.* +ow
kerb-stone *n.* amalven *m.* amalveyn
kerchief *n.* lien *m.* +yow
kernel *n.* sprusenn *f.* +ow, sprus *coll.*
kestrel *n.* krys-hok *m.* +ys, tygri *m.* -es
kettle *n.* kalter *f.* +yow; **open kettle** chekk *m.* +ys
kettle-drum *n.* naker *m.* nakrys
key *n.* alhwedh *m.* +ow; *(of lock)* dialhwedh *m.* +yow; **little key** dialhwedhik *m.* -igow
keyboard *n.* bysowek *f.* -egi
kick 1. *n.* pot *m.* +yow: **2.** *v.* potya
kid *n. (goat)* mynn *m.* +ow; **little kid (goat)** mynnik *m.*
kiddleywink *n.* gwirotti *m.* +ow
kidnap 1. *n.* denladrans *m.* +ow: **2.** *v.* denladra
kidney *n.* loneth *f.* –i, diwloneth *dual*
kidney-stone *n.* lonethven *m.* -veyn
kill *v.* ladha; **kill oneself** omladha; **kill time** delatya an termyn
killed *adj.* ledhys
killer *n.* ladher *m.* -oryon
killing *n.* ladhva *f.* +ow
kiln *n.* forn *f.* +ow, oden *f.* +yow; **tend a kiln** fornya
kilo- *pref.* kilo-
kilogram *n.* kilogramm *m.* +ow
kilt *n.* lostenn vrith *f.* lostennow brith
kin 1. *n.* neskar *m.* -kerens, kar-ogas *m.* kerens-ogas; **next of kin** neshevin: **2.** *adj.* kar-ogas
kind 1. *n.* eghenn *f.* +ow, par *m.* +ow, sort *m.* +ow, ryw *m.* +yow, {kinda} *m.* {+s}: **2.** *adj.* deboner, hweg, kuv
kindergarten *n.* floghva *f.* +ow
kindest *adj.* hwegoll
kindle *v. (intrans.)* dewi
kindly *adj.* hegar, kolonnek
kindness *n.* hwekter *m.*, kuvder *m.*
kindred *n.* neshevin
king *n.* myghtern *m.* +edh +yow, ruw *m.* +yon; **king of kings** penn-vyghternedh *m.*
kingdom *n.* gwlaskor *f.* -kordhow, myghternans *m.* +ow, myghterneth *f.* +ow, ruvaneth *f.* +ow; **United Kingdom** Ruvaneth Unys
kingfisher *n.* pyskador an myghtern *m.* pyskadoryon an m.
kingly *adj.* ruwek, ryel
kingship *n.* myghternses *m.*

kinsman *n.* kar *m.* kerens
kinsmen *plur.* kerens, neshevin
kiss 1. *n.* amm *m.* +ow, bay *m.* +ow, kussynn *m.* +ow, pokk *m.* +ow: **2.** *v.* amma, baya; **kiss someone** amma dhe nebonan
kit *n.* daffar *m.*
kitchen *n.* kegin *f.* +ow
kitchen-garden *n.* erber *m.* +ow +s, losowek *f.* -egi
kitchen-range *n.* slaba *m.* slabow
kite *n. (bird)* skowl *m.* -es; *(toy)* sarf-nija *f.* serf-nija
kitten *n.* kathik *f.* -igow
klaxon *n.* uskorn *m.* -kern
knave *n.* drogwas *m.* -wesyon, jowdyn *m.* +s, {knava} *m.* {knavys}
knead *v.* mola, toesa
knee *n.* glin *m.* +yow, dewlin *dual;* *(ship-building)* esker *f.* +yow, diwesker *dual;* **point of knee** penn-dewlin *m.*
knee-cap *n.* krogen an glin *f.* kregyn an glin, penn-glin *m.* pennow-glin
kneel *v. (on both knees)* mos war benn-dewlin, koedha dh'y benn-dewlin; *(on one knee)* mos war benn-glin
kneeling *adj. (on both knees)* war benn-dewlin; *(on one knee)* war benn-glin
knell *n.* **death knell** klogh an marow *m.: v.* seni
knickers *n.* islavrek *m.* -ogow, skantys
knife *n.* kethel *f.* +i, kollel *f.* kellylli; **bread knife** kollell vara; **carving knife** kollell gervya; **curved knife** kollell gamm; **large sheath-knife** kollan *f.* +ow

knife-handle *n.* karn kollan *m.* karnow kollan
knight *n.* marghek *m.* -ogyon; **Knight Templar** Marghek an Tempel
knighthood *n.* chevalri *m.*, marghogieth *f.*
knightly *adj.* **knightly service** ago-marghogyon
knit *v.* gwia
knitting *n.* gwians *m.*
knob *n.* begel *m.* +yow, talbenn *m.* +ow
knock 1. *n.* bonk *m.* +ys, bonkya, knouk *m.* +ys: **2.** *v.* frappya, gweskel, knoukya; **knock oneself** omgnoukya
knocker *n. (mine-spirit)* kravlost *m.* +ow
knoll *n.* godolgh *m.* +ow; **small knoll** godolghynn *m.*
knot 1. *n.* kolm *m.* +ow; **slip knot** kolm-re *m.:* **2.** *v.* kelmi
knotgrass *n.* kans kolm *coll.*, milgolm *coll.; (one plant)* milgolmenn *f.* +ow
knotty *adj.* kolmek
knotwork *n.* kolmweyth *m.*
know *v. (facts)* godhvos; *(persons or places)* aswonn, aswonnvos; **it is known** godhor; **know inside-out** aswonn mes ha chi
knowing *adj.* skentel
knowledge *n.* aswonnvos *m.*, dyskans *m.* +ow, godhvos *m.*, skentoleth *f.*, skians *m.* +ow, skientoleth *f.*
knowledgeable *adj.* skiansek
known *adj. (persons or places)* aswonnys; *(facts)* godhvedhys

L

label *n.* libel *m.* +s
labial *adj.* gweusel
laboratory *n.* arbrovji *m.* +ow
laborious *adj.* lavurus
labour 1. *n.* lavur *m.* +yow; **Labour Party** Parti Lavur; **unskilled labour** lavur digreft; **go into labour** gwelivesi; **labour intensive** gorlavurus: **2.** *v.* gonis, lavurya, travalya
labourer *n.* lavuryas *m.* -ysi, gonisyas *m.* -ysi; **mine labourer** spalyer *m.* +s
labyrinth *n.* milhyntall *m.* +ow
lace 1. *n.* las *m.* +ow +ys: **2.** *v.* lasya
lacerate *v.* skwardya
laceration *n.* skward *m.* +yow
lacework *n.* lasweyth *m.*
lack 1. *n.* fowt *m.* +ys +ow: **2.** *v.* fyllel a, {lakya}
lackey *n.* paja *m.* pajys
lacking *adj.* heb
lad *n.* maw *m.* mebyon
ladder *n.* skeul *f.* +yow; **climb by ladder** skeulya; **rope ladder** skeul lovan *f.* skeulyow lovan
ladette *n.* {hoyden} *f.* {+s}
ladle *n.* lo-ledan *f.* loyow-ledan, {ladel} *m.* {+yow}
lady *n.* arloedhes *f.* +ow, benyn jentyl *f.* benynes jentyl, madama *f.* madamys; **leading lady (theatre)** pennbenyn *f.* +es
ladybird *n.* bughik-Duw *f.* bughesigow-Duw
ladyship *n.* arloedheseth *f.*
lag *v.* (*delay*) treynya; (*pad*) maylya
lager *n.* korev gwynn *m.* korevow gwynn
lagoon *n.* morlynn *m.* +yn
lair *n.* godegh *m.* +ow, gorwedhva *f.* +ow
laity *n.* lekses *m.*
lake *n.* (*close to sea*) logh *m.* +ow; (*inland*) lynn *m.* +yn; **ox-bow lake** stummlynn *f.* +yn, lynn varow *f.* lynnyn marow; **Lake District** Lynndir
lamb *n.* devesik *f.* -igow, oen *m.* eyn; **little lamb** oenik *m.* eynigow; **pet lamb** oen hoba
lambkin *n.* oenik *m.* eynigow
lamb-skin *n.* oengenn *m.* +ow
lame *adj.* klof, kloppek; **go lame** klofi
lameness *n.* klefni *m.*
lament 1. *v.* kyni, galari, {lamentya}; (*trans.*) oela: **2.** *n.* galargan *f.* +ow, kynvann *m.* +ow
lamentable *adj.* kynvannus, truedhek
lamentation *n.* drem *m.*, kynvann *m.* +ow, oelva *f.*
lamina *n.* lown *m.* +yow
laminated *adj.* lownek
lamp *n.* golowlester *m.* -lestri, lugarn *m.* lugern
lamp-post *n.* golowbrenn *m.* +yer
lamprey *n.* mornader *f.* mornadres
lamp-wick *n.* bubenn *f.* +ow
lance 1. *n.* lons *m.* +yow, guw *m.* +ow: **2.** *v.* lonsya
lancet *n.* lonsik *m.* -igow
land 1. *n.* tir *m.* +yow; (*country*) gwlas *f.* +ow; (*region*) bro *f.* +yow; (*territory*) tiredh *m.* +ow; **arable land** havrek *f.* -egi; **arid land** krindir *m.* +yow; **cultivated land** mesek *f.*; **ley land**

landfill

landfill gwynndonn *f.* +ow; **on land** yn tir; **ploughed land** ar *m.*: **2.** *v.* tira, tirhe, {londya}
landfill *n.* tirlanow *m.*
landform *n.* tirwedh *m.* +ow
landing *n.* tirans *m.* +ow; *(in house)* planchenn *f.* +ow
landlord *n.* ost *m.* +ys
landmass *n.* gronndir *m.* +yow
landrail *n.* *(bird)* kregyar *f.* -yer
landscape *n.* tirwel *m.* +yow
landslide *n.* dorslynk *m.* +yow
land-surveyor *n.* tirvusuryas *m.* -ysi, tirvusuryades *f.* +ow
land-use *n.* devnydh tir *m.* devnydhyow tir
lane *n.* bownder *f.* +yow; *(in town)* stretynn *m.* +ow; *(traffic)* len *m.* +yow
langoustine *n.* legestik *m.* -igow
language *n.* taves *m.* tavosow, yeth *f.* +ow; **native language** mammyeth *f.* +ow
languor *n.* ydhiledh *m.*
languorous *adj.* ydhil
lanky *adj.* eseliek
lantern *n.* lugarn *m.* lugern, {lawntyer} *m.* {+s}, {lantern} *m.* {+s}
lap 1. *n.* barrlenn *f.* +ow; **hold in lap** barrlenna: **2.** *v.* lapya
lappet *n.* lappa *m.* lappys
lapse 1. *n.* gogoedh *m.* +ow, gwall *m.* +ow: **2.** *v.* gogoedha, slynkya
lapse-rate *n.* kevradh difyk *m.* kevrahow d.
laptop *n.* *(computer)* barrlennell *f.* +ow, jynn-barlenn *m.* jynnow-barlenn
lapwing *n.* kornhwilenn *f.* kernhwili
larceny *n.* *(in general)* ladrynsi *m.*; *(individual crime)* ladrans *m.* +ow

Latin

larch-tree *n.* larchwydhenn *f.* +ow, larchwydh *coll.*
lard *n.* blonek *m.* -egow
larder *n.* spens *m.* +ow
lardy *adj.* blonegek
large *adj.* bras, meur; **large person** bras
large-footed *adj.* troesek
lark *n.* *(bird)* ahwesydh *m.* +es; *(prank)* pratt *m.* +ys
larva *n.* pryvenn *f.* +ow
laryngitis *n.* fagel-vryansenn *f.*
larynx *n.* aval-bryansenn *m.* avalow-b.
lash 1. *n.* lash *m.* +ys: **2.** *v.* *(strike)* lashya; *(bind)* kelmi
lass *n.* moren *f.* +yon, mowes *f.* mowesi
last 1. *adj.* an diwettha; **at last** wostiwedh; **to the last man** yn kettep gwas: **2.** *v.* durya, pargh, pesya
lasting *adj.* duryadow
latch 1. *n.* kacha *m.* kachys, klykket *m.* +ys: **2.** *v.* latthya
late *adj.* a-dhiwedhes, diwedhes, helergh; *(deceased)* tremenys
lately *adv.* a-gynsow
latent *adj.* kudhadow
later *adj.* diwettha
lateral *adj.* tenwennel
latest *adj.* an diwettha
lath *n.* lattha *m.* latthys
lathe *n.* troell *f.* +ow, jynn-tro *m.* jynnow-tro
lather *v.* *(with soap)* seboni
Latin *n.* **Latin language** Latin *m.*; **Latin master** latimer *m.* +s, {gramaryon} *m.* {+s}

latitude

latitude *n. (abst.)* efander *m.; (geog.)* dorles *m.* +ow
latitudinal *adj.* dorlesel
latter *adj.* diwettha
lattice *n.* kloes *f.* +yow, lattis *m.* +ow
laud *v.* gormel, kanmel, {lawdya}
laugh *v.* hwerthin; **laugh at** hwerthin orth
laughable *adj.* hwarthus
laughter *n.* hwarth *m.* +ow, hwerthinva *f.*
launce *n.* lavyn *m.* +yon
Launceston *place* Lannstefan
launch 1. *n.* lonch *m.* +ow: **2.** *v.* lonchya
laundry *n.* golghti *m.* +ow
laurel *n.* lowrenn *f.* +ow, lowr *coll.*
laurel-tree *n.* lowrwydhenn *f.* +ow, lowrwydh *coll.*
lava *n.* lava *m.*
lavatory *n.* privedhyow
lavish *adj.* gorhel
law *n.* lagha *f.* laghys laghow; *(act)* reyth *m.* +yow; *(individual)* laghenn *f.* +ow
lawful *adj.* herwydh an lagha, lafyl, laghel
lawn *n.* glesin *m.* +yow
lawn-mower *n.* jynn-glesin *m.* jynnow-glesin
lawsuit *n.* ken *m.* +yow
lawyer *n. (female)* laghyades *f.* +ow; *(male)* laghyas *m.* -ysi
lax *adj.* logh
laxity *n.* logheth *f.*
lay 1. *adj.* leg: **2.** *v.* {laya}; **lay eggs** dedhwi; **lay low** prosternya
lay-by *n.* rypsav *m.* +ow
layer *n.* gwiskas *m.* +ow, gweli *m.* +ow;

leap

soft layer on hard rock kudhenn *f.* +ow
layman *n.* leg *m.* +yon
layout *n.* aray *m.* +ow
lazar-house *n.* loverji *m.* +ow
laziness *n.* diegi *m.*, diekter *m.*; *(sluggishness)* sygerneth *f.*
lazy *adj.* diek; *(sluggish)* syger
lead 1. *n. (electrical)* led *m.* +yow; *(metal)* plomm *m.*: **2.** *v.* hembronk, ledya
leader *n.* gidyer *m.* -oryon, gwalader *m.* -oryon, gwlesik *m.* -igyon, hembrenkyas *m.* -ysi, ledyer *m.* ledyoryon
leading *adj.* chyf
lead-pencil *n.* pynsel plomm *m.* pynsels plomm
leaf 1. *n. (of plant)* delenn *f.* delyow, del *coll.; (of paper)* lyvenn *f.* +ow, pythyonenn **put forth leaves** delya, glasa; **collect leaves** delyowa; **sweep up leaves** delyowa
leaflet *n.* folennik *m.* -igow
leafy *adj.* delyek, delyowek
league *n. (company)* kolmedh *m.* +ow, kesunyans *m.* +ow; *(3 miles)* lew *f.* +yow
leak *n.* dowrfols *m.* +yow, sygerans *m.* +ow
leakage *n. (leak)* dowrfols *m.* +yow; *(dripping)* deverans *m.* +ow
leaky *adj.* syger
lean *v.* poesa; **lean forwards** poesa war-rag
leaning *adj.* ledrek
leap 1. *n.* lamm *m.* +ow, lappya: **2.** *v.* lamma, lemmel; **leap over** treuslemmel

learn *v.* dyski
learned *adj.* dyskys, lettrys, skentel, skientel; **the learned** klerji
learner *n.* dysker *m.* -oryon, dyskores *f.* +ow
learning *n.* dyskas *m.* +ow
lease *n.* gobrenans *m.* +ow
leash 1. *n.* syg *f.* +ow, lesh *m.* +ow: **2.** *v.* **leash hounds** leshya
least *adj.* lyha
leather 1. *n.* ledher *m.* +ow: **2.** *adj.* ledhrek
leathery *adj.* ledhrek
leave 1. *n.* kummyas *m.* +ow, gront *m.* +ow +ys: **2.** *v.* gasa, dilegha, {avodya}; *(bequeath)* **leave by will** kemmynna; **leave me alone!** ke war gamm!; **leave off** gasa; **leave out** gasa yn-mes
leaven *n.* burm *coll.*, goell *m.* +ow
lectern *n.* lennva *f.* +ow
lectionary *n.* lennlyver *m.* -lyvrow
lecture 1. *n.* areth *f.* +yow: **2.** *v.* arethya
lecturer *n..* arethor *m.* +yon, arethores *f.* +ow
ledger *n.* lyver-akontow *m.* lyvrow-akontow
leech *n.* gel *f.* +es
leek *n.* porenn *f.* +ow, por *coll.*
left *adj.* *(opposite of right)* kledh; *(remaining)* gesys; **on the left hand** a-gledh
left-handed *adj.* kledhek; **left-handed person** kledhek
left-overs *plur.* gesigow
leg *n.* esker *f.* +yow, diwesker *dual*, garr *f.* +ow, diwarr *dual*, koes *f.* +ow; **lower leg** fer *f.* +yow,. diwfer *dual*
legacy *n.* kemmynn *f.* +ow, kemmynnro *m.* -rohow
legal *adj.* laghel
legend *n.* henhwedhel *m.* -dhlow
leggy *adj.* garrek
legion *n.* *(divison of army)* lyjyon *m.* +s
legislation *n.* reythyans *m.* +ow
legislative *adj.* reythyansel
legitimate *adj.* laghel, herwydh an lagha
leisure *n.* **at leisure** sygerus
lemon *n.* lymmaval *f.* +ow
lend *v.* ri kendon; **lend something to someone** ri neppyth yn kendon dhe nebonan
length *n.* hys *m.* +ow, hirder *m.* +yow; **at length** dhe-hys; **full length** a-hys; **of equal length** kehys; **the same length as** kehys ha
lengthen *v.* hirhe
lengthy *adj.* hir
lenience *n.* kuvder *m.*
lens *n.* lens *f.* +ow, diwlens *dual*; *(concave)* lens gowgromm *f.* lensow kowgromm; *(convex)* lens vothkromm *f.* lensow bothkromm; *(of glass)* gwedrik *m.* -igow
Lent *n.* Korawys *m.* +yow
leopard *n.* lewpard *m.* +es
leper *n.* klavorek *m.* -ogyon, lover *m.* lovryon, lovrek *m.* -ogyon; **separated leper** klav diberthys, klav diberthys
leper-hospital *n.* loverji *m.* +ow
leprosy *n.* klavor *m.*, kleves bras *m.*, kleves meur *m.*, lovryjyon *m.*
leprous *adj.* klavorek, lovrek
lesion *n.* pystik *m.* pystigow
less *adj.* le; **the less** byttele
lessen *v.* lehe

lessening

lessening *n.* leheans *m.* +ow
lesser *adj.* le
lesson *n.* dyskans *m.* +ow, kentel *m.* +yow
lest *conj.* les
let *v. (allow)* gasa
lethal *adj.* ladhadow
lethargy *n.* diegi *m.*, sygerneth *f.*
letter *n.* skrifenn *f.* +ow; *(epistle)* lyther *m.* +ow; *(of alphabet)* lytherenn *f.* +ow; **covering letter** kenlyther *m.* +ow
letter-box *n.* kist-lyther *f.* kistyow-lyther
lettered *adj.* lettrys
lettuce *n.* letusenn *f.* +ow, letus *coll.*
levée *n.* tommenn *f.* +ow
level 1. *n.* nivel *m.* +yow; *(tool)* levnell *f.* +ow: **2.** *adj.* kompes, leven, suant: **3.** *v.* levena, levenhe, levna
lever *n.* kolpes *m.* +ow
leverage *n. (influence)* roweth *m.*
Levite *n.* Levyas *m.* -ysi
levy *n.* ardoll *m.* +ow
ley *adj.* **ley land** gwynndonn
liability *n.* kendon *f.* +ow
liable *adj.* gostydh
liaise *v.* keskelmi; **liaise with** keskelmi orth
liaison *n.* keskolm
liar *n.* gowek *m.* gowogyon; **inveterate liar** gowleveryas *m.* -ysi
LibDem *abbrev. (i.e. Liberal Democrat)* LivWer
libel 1. *n.* kabel *m.*: **2.** *v.* kabla
liberal *adj.* larj; *(politically)* livrel; *(with money)* hel; *(politically)* **Liberal Democrat** Livrel Gwerinel
liberality *n.* helder *m.* +ow

lighten

liberate *v.* livra
liberation *n.* livreson *m.*
liberty *n.* frankedh *m.*, rydhses *m.*; **at liberty** frank; **at liberty** digabester
Libra *n.* An Vantol
librarian *n.* lyveryas *m.* -ysi, lyveryades *f.* +ow
library *n.* lyverva *f.* +ow
licence *n.* kummyas *m.* +ow, leshyans *m.* +ow; **driving licence** kummyas-lywya *m.* kummyasow-lywya
lick *v.* lapya
lid *n.* gorher *m.* +yow; **put a lid on** gorheri
¹**lie 1.** *n.* gow *m.* +yow; **tell a lie** gowleverel, leverel gow
²**lie** *v.* **lie down** gorwedha, growedha; **lying posture** gorwedh
liege 1. *n.* lij *m.* +ys, sojet *m.* +s: **2.** *adj.* lij
lieutenant *n.* leftenant *m.* +s
life *n.* bywnans *m.* +ow; **bring to life** bywhe; **earthly life** trogel *m.*
lifeboat *n.* skath-sawya *f.* skathow-sawya
life-style *n.* bywedh *m.* +ow
lifetime *n.* bywweyth *f.* +yow
lift 1. *n. (in car)* gorrans *m.* +ow; **give a lift to someone** gorra nebonan: **2.** *v. (lift up)* drehevel, {lyftya}
ligament *n.* giowenn *f.* +ow, giow *coll.*
light 1. *n.* golow *m.* +ys, lugarn *m.* lugern: **2.** *adj. (not heavy)* skav: **3.** *v.* **light a pipe** tochya pib; **light up** enowi
light-bulb *n.* bollenn *f.* +ow
lighten *v. (reduce weight)* skavhe; *(shine)* golowi

lighter

lighter *n. (for making flame)* enowell *f.* +ow
light-house *n.* golowji *m.* +ow
lighting *n.* golowys
lightness *n.* skavder *m.*
lightning *n.* lughes *coll.*; **lightning stroke** lughesenn *f.* +ow
lights *n. (lungs)* skevens
¹**like** *v.* kara; **I like** da yw genev
²**like 1.** *adj.* hevelep: **2.** *conj.* **like that** yndella, yndellna; **like this** yndellma: **3.** *adv.* avel, kepar ha; **just like that** yn kettella; **just like this** yn kettellma
likelihood *n.* chons *m.* +yow
likely *adj.* gwirhaval
liken *v.* hevelebi
likeness *n.* hevelenep *m.*, hevelep *m.* hevelebow, hevelepter *m.* +yow
likewise *adv.* keffrys, yn kepar maner, ynwedh
lily *n.* alowenn *f.* +ow, alow *coll.*, lili *f.* +s; **lily of the valley** losowenn an hav
limb *n.* esel *m.* eseli, lith *m.* +yow
¹**lime** *n. (mineral)* kalgh *m.*, lim *m.* +yow
²**lime** *n. (fruit)* limaval *m.* +ow
lime-juice *n.* sugen limaval *m.*
lime-kiln *n.* oden-galgh *f.* odenyow-kalgh
limelight *n.* kalghwolow *m.*; **in the limelight** yn lagas an bys
limestone *n.* limven *m.* -veyn
limit 1. *n.* finweth *f.* +ow: **2.** *v.* finwetha
limitation *n.* finweth *f.* +ow
limited *adj.* stroethys
limp *v.* kloppya; **one who limps** kloppek

Liskeard

limpet *n.* brennigenn *f.* +ow, brennik *coll.*
limpid *adj.* ylyn
limpidity *n.* ylynder *m.*
limping *adj.* kloppek
linden-tree *n.* owrwernenn *f.* +ow, owrwern *coll.*
line 1. *n.* lin *m.* +yow, linenn *f.* +ow, res *f.* +yow, rew *m.* +yow; **thin line** ribin *m.* +ow: **2.** *v.* **line up** alinya
lineage *n.* linyeth *f.* +ow
linear *adj.* linyek
line-drawing *n.* linennans *m.* +ow
linen *n.* lin *coll.*; **fine linen** sendal *m.*; **linen cloth** lien *m.* +yow
ling *n. (plant)* mynkogenn, *f.* +ow, *coll.* mynkek, grug *m.* +ow
ling-fish *n.* lenes *f.* +ow
linguist *n.* yethonydh *m.* +yon, yethor *m.* +yon
linguistic *adj.* yethoniethel
linguistics *plur.* yethonieth *f.*
lining *n. (of clothes)* ispann *m.* +ow
link *n.* kevrenn *f.* +ow, mell *m.* +ow
linnet *n.* linoges *m.* +ow
lion *n.* lew *m.* +yon; **lion cub** lewik *m.* lewigow
lioness *n.* lewes *f.* +ow
lip *n.* gwelv *f.* +ow, gwelvenn *f.* +ow, gwevel *f.*, gwevlow, musell *f.* +ow, min *m.* +yow; *(human)* gweus *f.* +yow, diwweus *dual*
lipstick *n.* minliw *m.* +yow
liquid 1. *n.* lin *m.* +yow: **2.** *adj.* linyel
liquidate *v.* gorlinya
liquor *n.* las *m.* +ow, gwires *f.* gwirosow, {likour} *m.* {+s}
Liskeard *place* Lyskerrys

lisp

lisp *v.* stlevi
lisper *n.* stlav *m.* stlevyon
lisping *adj.* stlav, stlavedh
list *n.* lystenn *f.* +ow, rol *f.* +yow; *(for jousting)* list *m.* +ys; **short list** rol verr *f.* rolyow berr
listen *v.* goslowes; **listen to** goslowes orth, goslowes dhe
listener *n.* goslowyas *m.* -ysi, goslowyades *f.* +ow
literacy *n.* lyennogeth *f.*, lettryster *m.*
literal *adj.* ger rag ger
literary *adj.* lyennek
literate *adj.* lettrys
literature *n.* lyenn *m.* +ow
litigation *n.* kenans *m.* +ow
litter *n.* *(for carrying)* gravath *f.* +ow; *(of animals)* torras *m.* +ow; *(animal-bed)* nogadh *m.* +ow; *(rubbish)* strol *m.*
litter-bin *n.* strolgist *f.* +yow
little 1. *n.* boghes *m.*: **2.** *adj.* boghes, byghan, munys; **a little** nebes; **so little** mar nebes
littoral 1. *adj.* arvorel: **2.** *n.* arvor *m.* +yow
live *v.* bywa; *(at a place)* triga; **live again** dasvywa; **live on** bywa orth; **live together** kesvywa; **living together** kesvyw
livelihood *n.* pygans *m.*
liveliness *n.* bywder *m.* +yow, bywekter *m.* jolifter *m.*
lively *adj.* bywek, buan, dyllo, jolif
liver *n.* avi *m.* +ow
liver-fluke *n.* eyles *m.*
lizard 1. *n.* pedresyf *f.* -es, pedrevan *f.* -es, peswar-paw *m.* +es: **2.** *place* Lysardh
lo *int.* ott

loft

load 1. *n.* begh *m.* +yow, karg *m.* +ow, sawgh *m.* +ow: **2.** *v.* argha, beghya, karga
loaded *adj.* kargys
loaf *n.* torth *f.* +ow; **loaf of bread** torth-vara *f.*; **small loaf** torthell *f.* +ow
loathsome *adj.* kasadow
loathsomeness *n.* last *m.*, kasadewder *m.*
lobe *n.* lappa *m.* lappys
lobster *n.* gaver-vor *f.* gever-mor, legest *m.* +i
local 1. *adj.* teythyek, leel: **2.** *n.* teythyek *m.* teythyogyon, teythyoges *f.* +ow
locality *n.* tyller *m.* +yow
locate *v.* desedha
location *n.* tyller *m.* +yow, desedhans *m.* +ow
loch *n.* logh *m.* +ow
lock 1. *n.* *(of door)* florenn *f.* +ow, florennik *f.* -igow, klow *m.* +yow; *(of hair)* kudynn *m.* +ow: **2.** *v.* alhwedha, prenna
locker *n.* amari *m.* +ow +s
lockjaw *n.* genbalsi *m.*
locust *n.* lokust *m.* +es
lode *n.* **caunter lode** konter *m.* +s, troenn *f.* +ow; **cross lode** konter *m.* +s, troenn *f.* +ow
lodestone *n.* tennven *m.* tennveyn
lodge *v.* ostya
lodger *n.* *(male)* gwestyas *m.* -ysi, triger *m.* -oryon; *(female)* gwestyades *f.* +ow, trigores *f.* +ow
lodging *n.* annetter *m.* +yow, harber *m.* +ys, ostel *f.* +yow, ostyans *m.* +ow
loft *n.* soler *m.* +yow

lofty *adj.* ardhek, ughel
log *n.* yttew *m.* +i; **sawn log** prenn *m.* +yer
logarithm *n.* logrym *m.* +ow
logarithmic *adj.* logrymek
logic *n.* reson *m.* +s
logical *adj.* herwydh reson
loin *n.* klun *f.* +yow, diwglun *dual*
loiter *v.* krowdra
London *place* Loundres
long 1. *adj.* hir, pell; **how long** pes termyn; **long time** hirneth: **2.** *v.* **long for** hwansa, yeuni war-lergh
long-beaked *adj.* gelvinek
longboat *n.* skath-hir *f.* skathow-hir
long-distance *adj.* hirbellder
long-eared *adj.* skovarnek
longer *adj.* **no longer** na fella
longevity *n.* hiroes *m.*
longing 1. *n.* hireth *f.* +ow, hwans *m.* +ow: **2.** *adj.* hirethek, hwansek
longitude *n.* (*geog.*) dorhys *m.* +ow
longitudinal *adj.* dorhysel
long-lasting *adj.* duryadow
long-legged *adj.* garrek
long-limbed *adj.* eseliek
long-muzzled *adj.* minyek
long-sight *n.* hirwel *m.*
long-sighted *a.* hirwelyek
long-standing *adj.* hen
long-stone *n.* menhir *m.* +yon
long-tongued *adj.* tavosek
Looe *place* Logh
look 1. *n.* golok *f.* -ogow, tremm *f.* +ow, tremmynn *m.* +ow; (*appearance*) mir *m.* +ow: **2.** *v.* mires; **look after oneself** omdhyghtya; **look at** aspia orth, mires orth; **look upon** mires war; **look-out place** goelva:

3. *int.* **look here** awottomma, ottomma; **look out!** bydh war!; **look there** ottena
looking-glass *n.* gweder-mires *m.* gwedrow-mires
look-out *n.* brennyas *m.* -ysi, brennyades *f.* +ow; **look-out place** pennoelva *f.* +ow
loop *n.* gwydenn *f.* +ow, kabester *m.* -trow, sygenn *f.* +ow
loophole *n.* tardhell *f.* +ow
loose *adj.* lows, logh
loosen *v.* lewsel
looseness *n.* lowsedhes *m.*
loot 1. *n.* preydh *m.* +yow: **2.** *v.* preydha
lop *v.* dibenna, skethra
lopping *n.* skethrenn *f.* +ow
loquacity *n.* gerennogeth *f.*
lord *n.* arloedh *m.* arlydhi, yuv *m.* +yon; **the Lord of Hosts** Arloedh an Luyow
lordship *n.* (*domain*) arloetteth *m.* +ow; (*office*) arloettes *m.*
lorry *n.* kert *m.* +ow +ys; **breakdown lorry** kert torrva *m.* kertow torrva
lose *v.* kelli; **lose oneself** omgelli
loss *n.* koll *m.* +ow, kolles *m.* +ow; **danger of loss** argoll *m.*; **state of loss** kollva *f.* +ow
lost *adj.* kellys
Lostwithiel *place* Lostwydhyel
lot *n.* (*in gambling*) chons *m.* +yow, prenn *m.* +yer; **a lot of** meur a, lies; **a lot of houses** meur a jiow, lies chi; **cast lots** tewel prenn
lotion *n.* lin *m.* +yow; **washing-up liquid** golghlin *m.*
lottery *n.* gwari-dall *m.* gwariow-dall

lotus *n.* alowenn dhowr *f.* alowennow dowr, alow dowr *coll.*
loud *adj.* ughel
loudspeaker *n.* ughelgowser *m.* +yow
lounge *n.* esedhva *f.* +ow
louse *n.* lowenn *f.* +ow, low *coll.*
lousy *adj.* lowek
lout *n.* losel *m.* +s
lovable *adj.* karadow
lovableness *n.* karadewder *m.*
lovage *n.* gilles *coll.*
love 1. *n.* kerensa *f.*: **2.** *v.* kara
loved *adj.* **loved one** karadow, kuv kolonn; **much loved** meurgerys
lovely *adj.* teg
lover *n.* *(female)* karores *f.* +ow, keryades *f.* +ow; *(male)* karer *m.* -oryon, keryas *m.* -ysi
loving *adj.* karadow, kerensedhek, kuv
loving-kindness *n.* karadewder *m.*
low 1. *adj.* isel; **low water** iselvor; **lowest part** goeles: **2.** *v. (of cows)* bedhygla
lower 1. *adj.* a-is, is-: **2.** *v.* iselhe
lowering *n.* iselheans *m.*
lowland *n.* iseldir *m.* +yow
lowliness *n.* iselder *m.*
lowly *adj.* isel
loyal *adj.* lel, len
Loyalist *n.* Lelyas *m.* Lelysi
loyalty *n.* lelder *m.*, lelduri *m.*, lowta *m*
lubricant *n.* loub *m.* +yow, uras *m.* +ow
lubricate *v.* louba, ura
lucid *adj.* ylyn
lucidity *n.* ylynder *m.*
luck *n.* chons *m.* +yow, feus *m.*, fortun *m.* +yow, happ *m.* +ys, {luk} *m.*; **good luck** chons da; **ill luck** anfeus *f.*;

817

rotten luck hager dowl
luckily *adv.*
lucky *adj.* feusik
luggage *n.* fardellow
luggage-rack *n.* roes-fardellow *f.* roesow-fardellow
Luke *name* Luk
lukewarm *adj.* godoemm, mygyl
lull 1. *n.* spavenn *f.* +ow, spavnell *f.* +ow: **2.** *v.* spavennhe
lullaby *n.* hungan *f.* +ow
luminosity *n.* splennyjyon *m.*
luminous *adj.* golowek
lump *n.* bothenn *f.* +ow, pellenn *f.* +ow
lunacy *n.* muskotter *m.*
lunar *adj.* loerel; **lunar standstill** loersav
lunatic 1. *n.* loerek *m.* -ogyon, muskok *m.* -ogyon: **2.** *adj.* badus, loerek
lunch *v.* livya
lunch(eon) *n.* li *f.* livyow, liv *f.* +yow; **picnic lunch** kroust *m.* +yow
lunchtime *n.* prys li *m.* prysyow li
lungs *plur.* skevens
lure *v.* dynya, traynya
lurk *v.* skolkya, omgeles, {lurkya}
lush *adj.* yr
lust *n.* lust *m.* +ys
lustrous *adj.* lentrus
lusty *adj.* lustek
luxuriant *adj.* fethus
luxuriance *n.* gordevyans *m.* +ow
luxuriate *v.* gordevi
lye *n.* lisiw *m.* +yow
lying *adj.* gowek, mingow; **lying posture** growedh
lynchpin *n.* aghelbynn *m.* +ow
lyric(al) *adj.* telynnek
lyrics *plur.* geryow

M

ma'am *n.* madama *f.* madamys
machine *n.* jynn *m.* +ow +ys; **answering machine** gorthybell *f.* +ow, jynn-gorthybi *m.* jynnow-gorthybi; *(colloq.)* papynjay-tredanek *m.*
machine-gun *n.* gonn-jynn *m.* gonnow-jynn
machinery *n.* jynnweyth *f.* +ow
mackerel *n.* brithel *m.* brithyli, bri'el *m.* br'yli
mad *adj.* foll, gorboellek, mus, muskok; **mad woman** folles
madam *n.* madama *f.* madamys
made *v.part* gwrug
madman *n.* foll *m.* fellyon, mus *m.* +yon, muskok *m.* -ogyon
madness *n.* muskotter *m.*, muskogneth *f.*
magazine *n. (periodical)* lyver-termyn *m.* lyvrow-termyn
maggot *n.* kontronenn *f.* +ow, kontron *coll.*
maggoty *adj.* kontronek; **become maggoty** kentreni
magic *n.* pystri *m.*, hus *m.* +ow; **work magic** pystria
magical *adj.* hudel
magician *n.* pystrier *m.* -oryon; *(female)* hudores *f.* +ow; *(male)* huder *m.* -oryon
magisterial *adj. (of a magistrate)* justisyel
magistrate *n.* justis *m.* +yow
magma *n.* magma *m.*
magmatic *adj.* magmasek
magnanimity *n.* meurgolonn *f.*

magnanimous *adj.* meurgolonnek, meur y golonn
magnet *n.* tennven *m.* tennveyn
magnetic *adj.* tennvenek
magnification *n.* moghheans *m.* +ow
magnificence *n.* meuredh *m.*, ryelder *m.*
magnificent *adj.* bras-oberys
magnify *v.* brashe, meurhe, moghhe, {magnyfia}
magnitude *n.* braster *m.* +yow, myns *m.* +ow
magpie *n.* piesenn *f.* +ow, pies *coll.*
maid *n. (virgin)* gwyrghes *f.* +ow; *(servant)* maghteth *f.* +yon
maiden *n.* moren *f.* +yon; *(servant)* maghteth *f.* +yon; *(virgin)* gwyrghes *f.* +ow
maidservant *n.* maghteth *f.* +yon; *(mining)* mowes-hwel *f.* mowesi-hwel
mail *n.* post *m.*; **coat of mail** *(armour)* kaspows *f.*
maimed *adj.* mans; **maimed person** mans
main *adj.* chyf
mainland *n.* tir meur *m.*
mainly *adv.* dres oll
mainstream *adj.* pennfrosek
maintain *v.* mentena
maintenance *n.* mentons *m.*; **maintenance costs** kostow-mentons
maintainer *n.* mentenour *m.* +s
majestic *adj.* meuredhek
majesty *n.* meuredh *m.*; **her majesty** hy meuredh (H.M.); **his majesty** y veuredh
major *n. (rank)* ughgapten *m.* +yon

majority

majority *n.* rann vrassa *f.* rannow brassa
make *v.* gul, guthyl; **make out** konvedhes; **make up for** astiveri
maker *n.* gwrier *m.* -oryon, gulver *m.* -oryon, {maker} *m.* {+s}
makeshift *adj.* servadow
make-up *n.* mingreft *m.*
making *n.* gwrians *m.* +ow
makings *n.* devnydh *m.* +yow
maladjusted *adj.* drogewnys
maladjustment *n.* drogewnans *m.*
malady *n.* kleves *m.* +ow
malaria *n.* kleves seson *m.*
male 1. *n.* gorreydh *m.*: **2.** *adj.* gorow; **adult male person** gour
malediction *n.* molleth *f.* mollothow, mollethyans *m.* +ow
malefactor *n.* drogoberer *m.* -oryon
malice *n.* atti *m.*, drogedh *m.* +ow, mikenn *f.* +ow, spit *m.*
malicious *adj.* drog-brederus, spitus
malignant *adj.* kammhynsek
mall *n. (shopping)* marghasva *f.* +ow
mallard *n.* mallart *m.* mallars
mallet *n.* morbenn *m.* +ow
mallow *n.* malowenn *f.* +ow, malow *coll.*
malnourished *adj.* kammvethys
malnourishment *n.* kammvethyans *m.*
malt *n.* brag *m.* +ow
malthouse *n.* bragji *m.* +ow, bragva *f.* +ow
maltster *n.* brager *m.* -oryon
mammal *n.* bronnvil *m.* +es
mammalian *adj.* bronnvilek
mammoth *n.* kowrolifans *m.* -es
man 1. *n.* den *m.* tus; *(as opposed to woman)* gour *m.* gwer; *(fellow)* gwas

manna

m. gwesyon; **good man** den mas *m.* tus vas; **hard man** avleythys *m.* +yon; **leading man (theatre)** penngour *m.* -gwer; **man and woman** dewdhen *m.*; **man of the house** gorti *m.* gwerti; **old man** koth *m.* re goth, kothwas *m.* -wesyon; **to the last man** yn kettep gwas; **young man** bacheler *m.* +s, yonker *m.* +s: **2.** *place* **Isle of Man** Manow
manacles *plur.* dewgarghar *dual* +ow
manage *v.* dyghtya
management *n.* dyghtyans *m.*, rewl *f.* +ys +ow
manager *n.* dyghtyer *m.* -yoryon; **stage manager** ordenor *m.* -yon
manageress *n.* dyghtyores *f.* +ow
mandatory *adj.* a res, gorhemmynnel
mandible *n.* grudh *f.* +ow, awen *f.* +ow, challa *m.* challys
mane *n.* mong *f.* +ow; **coarse hair of mane** reun *f.*
manger *n.* presep *m.* presebow
manhood *n.* gourses *m.*
mania *n.* konnar *f.*
manic *adj.* konneryek
manifest *adj.* hewel
manifestation *n.* heweledh *m.* +ow
manifold 1. *n. (mech.)* kesjunt *m.* +ys: **2.** *adj.* liesplek
maniple *n.* **priest's maniple** stol-leuv *f.* stolyow-leuv
manipulate *v.* handla
manipulation *n.* handlans *m.*
mankind *n.* denses *m.*, mab-den *m.*
manliness *n.* gouroleth *f.*
manly *adj.* gourel
manna *n.* manna *m.*

manner *n.* fordh *f.* +ow, gis *m.* +yow, kor *m.* +ow, maner *f.* +ow; **good manners** kortesi *m.*, norter *m.*
manor *n.* maner *m.* +s
manor-house *n.* manerji *m.* +ow
mansion *n.* plas *m.* plasow
manslaughter *n.* denladh *m.*, galanas *m.*, {ladhden} *m.*
mantelpiece *n.* astell an oeles *f.* estyll an oeles
mantle *n.* pall *m.* +ow, mantell *f.* mantelli
manual 1. *n.* kowethlyver *m.* -lyvrow: **2.** *adj.* dornel
manufacture *n.* gwrians *m.* +ow
manufacturer *n.* gwrier *m.* -oryon
manure *n.* karrdeyl *m.*, mon *m.*, teyl *m.*
manuscript *n.* dornskrif *m.* +ow; **original manuscript** mammskrif *m.* +ow
Manx *adj.* manowek; **Manx language** Manowek
many 1. *pron.* lies, meur, meur a: **2.** *adj.* lies, lower; **as many as** kekemmys, kemmys, myns, seul; **as many** keniver; **how many** pes, py lies; **many houses** lies chi, meur a jiow; **many times** lieskweyth; **not many** neb lies; **so many** keniver
map *n.* mappa *m.* mappow; **map reference** kampoell mappa *m.* kampoellow mappa
maple-tree *n.* gwinwelenn *f.* +ow, gwinwel *coll.*
mar *v.* difasya
marauder *n.* preydher *m.* -oryon, ravner *m.* -oryon
Marazion *place* Marghasyow

marble *n.* *(rock)* marbel *m.*; *(small sphere)* kalesenn *f.* +ow; *(sphere)* marblenn *f.* +ow
¹march 1. *n.* *(tune)* ton kerdh *m.* tonyow kerdh; *(walk)* keskerdh *m.* +ow; *(border district)* ordir *m.* +yow: **2.** *v.* keskerdhes
²March *n.* Meurth *m.*, mis-Meurth *m.* misyow-Meurth
marcher *n.* *(female)* keskerdhores *m.* +ow; *(male)* keskerdher *m.* -oryon
mare *n.* kasek *f.* kasegi
margarine *n.* margarin *m.* +yow
margin *n.* amal *m.* emlow
marginal *adj.* amalek, glannek
marigold *n.* les an gog *m.* lesyow an gog
marijuana *n.* kewargh *coll.*
marine *adj.* morek: *n.* morgasor *m.* +yon
mariner *n.* marner *m.* marners marnoryon, morwas *m.* -wesyon
maritime *adj.* morek
mark 1. *n.* merk *m.* +yow, sin *m.* +ys +yow; **as a mark of** yn tokyn: **2.** *v.* merkya
market 1. *n.* marghas *f.* +ow; *(fair)* fer *m.* +yow; **stock market** marghas stokk *f.* marghasow stokk; **cattle market** marghas warthek *f.* marghasow gwarthek: **2.** *v.* marghasa
marketable *adj.* marghasadow
marketeer *n.* *(female)* marghadores *f.* +ow; *(male)* marghador *m.* +yon
market-house *n.* chi marghas *m.* chiow marghas, marghatti *m.* +ow
marketing *n.* marghasans *m.*

market-place

market-place *n.* marghasla *m.* -leow, marghasva *f.* +ow, plen an varghas *m.* plenys an varghas
market-stall *n.* stall-marghas *m.* stallow-m.
marking *n.* merkyans *m.* +ow
marksman *n.* medror *m.* +yon
marmalade *n.* kyfeyth owraval *m.*
marram *(grass) n.* morhesk *coll.*
marriage *n.* demmedhyans *m.* +ow, {maryach} *m.* {-jys}; **state of marriage** priosoleth *f.*
married *adj.* demmedhys, pries
marrow *n. (of bone)* mer *m.*; *(vegetable)* pompyon *m.* +s, {marrow} *m.*
marry *v.* demmedhi, {marya}
Mars *n.* Meurth *m.*
marsh *n.* gwern *m.* +ow, hal *f.* halow, heskynn *m.* +ow; *(reedy)* keunek *f.* -egi; **rush-grown marsh** broennek *f.* -egi
marshal *n. (military)* kaslywydh *m.* +yon
marshland *n.* gwernek *f.* -egi
marshy *adj.* gwernek
marsupial *n.* porsvil *m.* -es
marten *n.* yewgenn *m.* +ow
martial *adj.* breselek
martian *adj.* meurthek: *n.* meurthwas *m.* -wesyon
martyr 1. *n.* merther *m.* +yon: **2.** *v.* mertherya
martyrdom *n.* mertherynsi *f.*
marvel *n.* aneth *m.* +ow, marthus *m.* +ow
marvellous *adj.* barthusek, marthys
marvellously *adv.* marthys
Mary *name* Maria; **Blessed Mary** Maria Wynn

matchwood

masculine *adj.* gourel; *(grammatical gender)* gorow
masculinity *n.* gouroleth *f.*
mash *v.* brywi
mask *n.* visour *m.* +s
mason *n.* ser men *m.* seri men, menweyther *m.* -oryon, mason *m.* +s
masonry *n.* menweyth *m.*
¹mass *n. (church service)* oferenn *f.* +ow; **celebrate mass** oferenni
²mass 1. *n. (heap)* bush *m.* +ys, gronn *m.* +ow, tysk *f.* +ow; *(in physics)* gronnedh *m.* +ow; **mass destruction** distruyans *m.*: **2.** *adj.* yn rew; **mass production** askorr yn rew
massacre 1. *n.* gorladhva *f.* +ow: **2.** *v.* gorladha
massage 1. *n.* leuvtoesans *m.* +ow: **2.** *v.* leuvtoesa
mast *n.* gwern *f.* +ow
master *n.* arloedh *m.* arlydhi, mester *m.* mestrysi; **Latin master** latimer *m.* +s
masterpiece *n.* pennobereth *f.* +ow
masterwork *n.* pennobereth *f.* +ow
mastery *n.* maystri *m.*, mestrynses *m.*
mastiff *n.* gwylter *m.* -tres, meslenn *f.* +ow
mastless *adj.* diwern
mat *n.* strel; **bedside mat** strel gweli *m.* streylyow gweli; **beer or table mat** strelik *m.* -igow; **table mat** strel moes *m.* strelyow moes; **place mat** strel moes *m.* strelyow moes
match *n. (equal)* par *m.* +ow; *(game)* fytt *m.* +ys +ow; *(lucifer)* tanbrenn *m.* -yer
matchless *adj.* heb par, dibarow
matchwood *n.* skommow

mate

mate *n.* par *m.* +ow; *(male)* koweth *m.* +a; *(married person)* kespar *m.* +ow; *(pal)* kila *m.*, mata *m.* matys
matelot *n.* morwas *m.* -wesyon
materfamilias *n.* mamm-teylu *f.* mammow-t.
material 1. *n.* devnydh *m.* +yow: **2.** *adj.* materyel
materialism *n.* materyoleth *f.*
materialistic *adj.* materyolethek
maternal *adj.* mammel
maternity *n.* mammoleth *f.*
mathematician *n.* mathemategydh *m.* +yon
mathematics *n.* awgrym *m.*, mathematek *f.*
matinee *n. (performance of play)* androwari *m.* +ow
matriarch *n.* mamm-teylu *f.* mammow-t.
matrimonial *adj.* priosel
matrimony *n.* priosoleth *f.*
matrix *n.* mammek *f.* -egi
matron *n.* gwreg *f.* gwragedh
matt *adj.* avlenter
Matt *name (short form of Matthew)* Matthi
matter 1. *n.* mater *m.* +yow; **delicate matter** mater tykkli *m.* materyow t.; **no matter** na fors: **2.** *v.* **it does not matter to me** ny'm deur; **It does not matter** ny vern; **it need not matter to us** ny res dhyn fors
matters *v.part* deur
Matthew *name* Matthew
mature *adj.* adhves
maturity *n.* adhvetter *m.*
maul *n.* hordh *m.* +es

measles

Maundy 1. *n.* **Maundy Thursday** dy' Yow Hablys: **2.** *adj.* Kablys
maw *n.* glas *m.* +ow, penn-gasenn *f.* pennow-g.
maximal *adj.* ughboyntel
maximum 1. *n.* ughboynt *m.* +ow: **2.** *adj.* moyha, ughboyntel
May *n.* Me *m.*, mis-Me *m.* misyow-Me; **May Day** Kala' Me
maybe *adv.* martesen
mayor *n.* mer *m.* +yon; **home of mayor** merji *m.* +ow
mayoress *n.* meres *f.* +ow
maze *n.* milhyntall *m.* +ow
me *pron. (emphatic)* -mevy, evy; *(enclitic)* vy; *(obj.)* 'm, vy
mead *n. (drink)* medh *m.*; **mix of ale and mead** bragas *m.*; **spiced mead** medheglynn *m.*
meadow *n.* budhynn *m.* +ow, pras *m.* +ow
meal *n.* boes *m.* +ow; **meal taken to work** kroust *m.* +yow; **Passover meal** boes Pask
meal-time *n.* prys *m.* +yow, prys-boes *m.* prysyow-boes; *(colloq.)* boes war'n voes *m.*
mean 1. *n. (average)* mayn; **2.** *adj. (stingy)* pith: **3** *v.* styrya, {menya}
meander 1. *n.* kogronn *f.* +ow: **2.** *v.* kogrenni
meaning *n.* styr *m.* +yow
meaningless *adj.* distyr
means *n.* mayn *m.* +ys, pygans *m.*; **by means of** der, dre
measles *n.* brygh rudh *f.*; **German measles** brygh almaynek *f.*

measure

measure 1. *n.* musur *m.* +yow; *(tool)* musurell *f.* +ow; **of full measure** da: **2.** *v.* musura
measured *adj.* musurys; *(balanced)* mantolys
measurement *n.* musurans *m.* +ow
meantime *n.* **in the meantime** ha henna ow kortos
meat *n.* kig *m.* +yow; **roast meat** goleyth *m.* +ow; **tough bit of meat** skennenn *m.* +ow
mechanic *n.* jynnweythor *m.* +yon
mechanical *adj.* jynnweythek
mechanism *n.* jynnweyth *f.* +ow
medal *n.* medalenn *f.* +ow
meddle *v.* mellya
meddling *n.* mellyans *m.* +ow
mediaeval *adj.* kresoesel
mediator *n.* medhador *m.* +yon, medhadores *f.* +ow
medical *adj.* medhegel; **medical centre** medhegva; **medical science** fisek
medicinal *adj.* medhegiethel
medicine *n.* *(as remedy)* medhegneth *f.* +ow; *(as science)* medhegieth *f.*
mediocre *adj.* da lowr, kresek
mediocrity *n.* kresogeth *f.*
meditate *v.* ombrederi
meditation *n.* ombreder *m.* +ow
medium 1. *n.* mayn: **2.** *adj.* kres
medlar *n.* merysenn *f.* +ow, merys *coll.*
medley *n.* kemmysk *m.* +ow
meek *adj.* hwar, klor
meet 1. *adj.* *(suitable)* gwiw: **2.** *v.* dyerbynna, metya; *(intrans.)* omguntell; *(one another)* omvetya; **meet with** dos erbynn, mos erbynn
meeting *n.* kuntell *m.* +ow, kuntelles *m.* +ow, kuntellyans *m.* +ow,

mental

metyans *m.* +ow; **meeting of waters** kendevryon *m.*; **annual general meeting (A.G.M.)** kuntelles kemmyn blydhenyek (K.K.B.) *m.*
meeting-place *n.* kuntellva *f.* +ow
melancholy 1. *n.* moredh *m.* +ow: **2.** *adj.* moredhek
mellow *adj.* adhves
mellowness *n.* adhvetter *m.*
melodrama *n.* melodrama *m.* +s
melody *n.* melodi *m.* +ow, ton *m.* +yow, ilow *f.*
melon *n.* melon *m.* +yow
melt *v.* teudhi
melted *adj.* teudh
melting *adj.* teudh
member *n.* esel *m.* eseli; *(part of body)* lith *m.* +yow; **member of trade-guild** mysterden *m.* +s
membership *n.* eseleth *f.* +ow
membrane *n.* kennenn *f.* +ow
memento *n.* kovro *m.* kovrohow
memorandum *n.* kovskrifenn *f.* +ow
memorial *adj.* **memorial stone** men-kov
memorize *v.* kevenna
memory *n.* kov *m.* +yow, kovva *f.* +ow
memory-stick *n.* kyf-kov *m.* kyfyon-kov
men *plur.* *(human beings)* tus; *(adult males)* gwer
menace 1. *n.* godros *m.* +ow: **2.** *v.* braggya, degynsywa, godros
menagerie *n.* milva *f.* milvaow
mend 1. *n.* ewnheans *m.* +ow: **2.** *v.* ewnhe
Meneage *place* Meneg
meniscus *n.* menisk *m.* +ow
mental *adj.* brysel, a'n brys

mentality

mentality *n.* brysoleth *f.* +ow
mention 1. *n.* kampoell *m.* +ow, menek *m.* -egow: **2.** *v.* kampoella, meneges
mentioned *adj.* kampoellys; **already mentioned** ragleverys
menu *n.* rol-voes *f.* rolyow-boes
merchandise *n.* gwara *coll.*, marchondis *m.*
merchant *n.* marchont *m.* -ons; *(female)* marghadores *f.* +ow; *(male)* marghador *m.* +yon
merciful *adj.* tregeredhus, {mersiabyl}
merciless *adj.* didruedh
mercury *n.* arghans byw *m.*, merkuri *m.*
Mercury *n. (planet)* Mergher *m.*
mercy *n.* mersi *m.*; *(compassion)* truedh *m.*; *(loving kindness)* tregeredh *f.* +ow; **beg mercy from someone for something** kria mersi war nebonan rag neppyth; **have mercy on** kemmeres mersi a, kemmeres truedh a; **pray God for mercy** pysi mersi war Dhuw
mercy-seat *n.* tregeredhva *f.* +ow
mere *n.* lynn *f.* +yn
merely *adv.* hepken
merge *v.* kesunya, omjunya; *(intrans.)* omgelli
merger *n.* kesunyans *m.* +ow
merit 1. *n.* merit *m.* +ys: **2.** *v.* dervynn
mermaid *n.* morvoren *f.* +yon
merry *adj.* digeudh, heudh, lowenek, meri
merry-go-round *n.* res-a-dro *m.* resow-a-dro
mesomorphic *adj.* keherfurvek
mesh *n.* magel *f.* maglow, maglenn *f.* +ow

microclimatological

mesmerism *n.* huskosk *m.*
mess *n. (untidiness)* strol *m.*
message *n.* messaj *m.* +ys +ow
messenger *n.* kannas *f.* +ow, messejer *m.* +s
messy *adj.* strolyek
metal *n.* alkan *m.* alkenyow, metol *m.* metelyow
metallic *adj.* metelyek
metamorphic *adj.* treusfurvyek
metamorphosis *n.* treusfurvyans *m.* +ow
meteorological *adj.* keweroniethel
meteorologist *n.* keweronydh *m.* +yon
meteorology *n.* keweronieth *f.*
meter *n.* musurell *f.* +ow
metheglin *n.* medheglynn *m.* +ow
method *n.* method *m.* +ys
Methodist 1. *adj.* Methodek: **2.** *n.* Methodydh *m.* +yon
metre *n. (unit)* meter *m.* metrow
metric *adj.* metrek
metricate *v.* metregi
metrication *n.* metregieth *f.*
metrology *n.* musuronieth *f.*
metropolis *n.* gorsita *f.* -sitys
mettle *n.* spyrys *m.* +yow
mew *v.* miowal
Michael *name* Mighal
Michaelmas *n.* dy'goel Mighal *m.* dy'goelyow Mighal
micro- *pref.* korr
microbe *n.* korrbryv *m.* +es
microbicide *n.* korrbryvladh *m.* +ow
microbiology *n.* korrvywonieth *f.*
microchip *n.* korrskommynn *m.* +ow
microclimate *n.* korrhin *f.* +yow
microclimatological *adj.* korrhinoniethel

microclimatologist

microclimatologist *n.* korrhinonydh *m.* +yon
microclimatology *n.* korrhinonieth *f.*
micro-enterprise *n.* korrnegys *m.* +yow
microfilm *n.* korrfylm *m.* +ow
microphone *n.* korrgowsell *f.* +ow
microscope *n.* korrwelell *f.* +ow
microscopic *n.* korrwelek
microwave *n.* korrdonn *f.* +ow; **microwave oven** forn-gorrdonn *f.* fornow-korrdonn, korrdonnell *f.* +ow
mid-afternoon *n.* hanter-dohajydh *m.* +yow
midday *n.* hanter-dydh *m.* +yow
midden *n.* teylek *f.* -egi, byjyon *m.* +s
middle *n.* mysk *m.*
middleman *n.* mayner *m.* -oryon
midge *n.* korrwibesenn *f.* +ow, korrwibes *coll.*
midget *n.* korrik *m.* -igow
midnight *n.* hanter-nos *f.*
midst *n.* mysk *m.*
midsummer *n.* **Midsummer's Day** Goelowann *m.*
midwife *n.* gwelivedhes *f.* +ow
mien *n.* cher *m.* +yow
miff *v.* goserri
might *n.* galloes *m.* +ow, krevder *m.* +yow, nerth *m.* +ow
mighty *adj.* galloesek, kevoethek, krev, nerthek
migraine *n.* megrim *m.*
milady *n.* madama *f.* madamys
mild *adj.* hwar, klor
mildness *n.* klorder *m.*
mile *n.* mildir *m.* +yow; *(nautical)* morvildir *m.* +yow

¹mine

milfoil *n. (in general)* minfel *coll*; *(one plant)* minfelenn *f.* +ow
militant *adj.* kasorek
military *adj.* breselek
militia *n.* trevlu *m.* +yow
milk 1. *n.* leth *m.* +ow; **cow's first milk** godrek *m.*, leth boesa; **lose milk** heski; **sweet milk** levrith *m.*: **2.** *v.* godra
milkless *adj. (of cow)* hesk
milky *adj.* lethek; **Milky Way** Fordh Sen Jamys
mill 1. *n.* melin *f.* +yow: **2.** *v.* mala
millennium *n.* milvlydhen *f.* +yow
miller *n.* maler *m.* -oryon, meliner *m.* -oryon
millet *n.* myll *coll.*
mill-house *n.* chi melin *m.* chiow melin, melinji *m.* +ow
million *n.* milvil *m.* +yow, {milyon}
millionaire *n.* milvilwas *m.* -wesyon
millipede *n.* mildroes *m.* -es
millpond *n.* poll melin *m.* pollow melin
mill-pool *n.* kreun melin *m.* kreunyow melin
millstone *n.* men-melin *m.* meyn-melin
mime 1. *n.* mim *m.* +yow: **2.** *v.* mimya
mince *v.* divyn
mincemeat *n.* brywgik *m.* -gigow
mind 1. *n.* brys *m.* +yow; **change his mind** treylya y gowsesyow; **have in mind** {sopposya}; **state of mind** cher *m.*; **to my mind** dhe'm brys: **2.** *v.* gorwitha, gwaytyas
¹mine *n.* bal *m.* +yow; **coffin mine** koghynn *m.* +ow;

²**mine** **dug mine on a lode** koghynn *m.* +ow; **land mine** tanbellenn dir *f.* tanbellennow tir
²**mine** *pron.* **this is mine** hemm yw dhymm
miner *n.* den bal *m.* tus val
mineral 1. *n.* moen *m.*: **2.** *adj.* moenek
mineral-house *n.* moendi *m.* +ow
mine-shaft *n.* shafta *m.* -ys
mine-waste *n.* atal *coll.*
mine-working *n.* hwel *m.* +yow, gweyth *m.* +yow; **opencast mine-working** moengleudh *m.* +yow
mingle *v.* kemmyska, myska; *(oneself)* omgemmyska
miniature 1. *adj.* munys: **2.** *n.* munysenn *f.* +ow
minibus *n.* kyttrinik *m.* -igow
minify *v.* lehe
minimal *adj.* ispoyntel
minimum 1. *n.* ispoynt *m.* +ow: **2.** *adj.* lyha, ispoyntel
mining *n.* balweyth *m.*
minister *n.* menyster *m.* -oryon -trys; **Foreign Minister** Menyster Estrenyek; **Minister for Highways** Menyster a-barth Fordhow; **prime minister** pennmenyster *m.* +yon
ministry *n. (of government)* menystrans *m.* +ow, {menystri} *m.* {+s}; *(religious)* kloeregieth *f.* +ow; **Ministry of Agriculture** Menystrans Ammeth
minstrel *n.* mynstral *m.* +s
minstrelsy *n.* menestrouthi *m.*
mint *n. (for money)* batti *m.* +ow; *(plant)* menta *f.*
minute 1. *n. (a single record)* kovnotenn *f.* +ow, kovnotyans *m.* +ow; *(of time)* mynysenn *f.* +ow: **2.** *adj.* munys
miracle *n.* marthus *m.* +ow, merkyl *m.* merklys
miraculous *adj.* barthusek
mirage *n.* miraj *m.* +ys
mire *n.* leysek *f.* -egi, stag *m.* +ow
mirror *n.* gweder-mires *m.* gwedrow-mires, mirour *m.* +s
mirth *n.* lowender *m.*
misadventure *n.* droglamm *m.* +ow
misbehave *v.* tebelfara
miscarriage *n.* kammdhegyans *m.* +ow
miscellaneous *adj.* divers, a bub sort
miscellany *n.* kemmysk *m.* +ow
mischance *n.* gwall *m.* +ow, meschons *m.* +yow
mischief *n.* dregynn *m.*
mischievous *adj.* dregynnus
miscreant *n.* drogoberer *m.* -oryon
misdeed *n.* drogober *m.* +ow, gwannober *m.* +ow, kammweyth *m.*, kammweythres *m.* +ow, kammwrians *m.* +ow
miser *n.* erbysyas *m.* -ysi, kraf *m.* +ow krefyon
miserable 1. galarek: **2.** *adj.* law, poenvosek, truan
miserly *adj.* kraf
misery *n.* anfeus *f.*, anken *m.* +yow, guw *m.* +ow, kas *m.*, poenvos *m.* +ow, **state of misery** poenvotter *m.*
misfortune *n.* anfeus *f.*
mishap *n.* droglamm *m.* +ow
misinform *v.* kammgedhla
misinformation *n.* kammgedhlow
misjudge *v.* kammvreusi
mislead *v.* kammledya, sowdheni
mispronounce *v.* kammleverel

mispronunciation *n.* kammleveryans *m.* +ow

miss *n. (girl)* damsel *f.* +s; *(of adult women)* Mestres *f.*; *(of girls)* Mestresik *f.*

missel-thrush *n.* tresklenn *f.* +ow, treskel *coll.*

missile *n.* deghesenn *f.* +ow

mission-house *n.* kannatti *m.* +ow

mist *n.* niwl *m.* +ow; **thick mist** kowas niwl

mistake 1. *n.* kammgemmeryans *m.* +ow; *(in writing)* kammskrif *m.* +ow; **make a mistake in writing** kammskrifa; **make a mistake** kammwul: **2.** *v.* kammgemmeres, myskemmeres

mistaken *adj.* kammgemmerys

Mister *n.* Mester *m.*

mistletoe *n.* ughelvarr *coll.*; *(one plant)* ughelvarenn *f.* +ow

mistreat *v.* tebeldhyghtya

mistreatment *n.* tebeldhyghtyans *m.* +ow

mistress *n.* mestres *f.* +ow; *(of a house)* arloedhes *f.* +ow, mamm-teylu *f.* mammow-t.

mistrust 1. *n.* kammfydhyans *m.*, {mystrest} *m.*: **2.** *v.* kammfydhya, {mystrestya}

misty *adj.* niwlek

misunderstand *v.* kammgonvedhes, {kammonderstondya}

misunderstanding *n.* myskemmeryans *m.* +ow, kammgonvedhes *m.* +ow

misuse *v.* kammusya

miswrite *v.* kammskrifa

mite *n.* myjenn *f.* +ow, temmik *m.* temmigow, mita *m.* mitys

mitigate *v.* sewajya

mitigation *n.* sewajyans *m.*

mitre *n.* miter *m.* +s, {mytour} *m.* {+s}

mix *v.* kemmyska

mixed *adj.* kemmyskys

mixture *n.* kemmysk *m.* +ow

mix-up *n.* kabol *m.* +yow, kabolva *f.* +ow

moan 1. *n.* kynvann *m.* +ow: **2.** *v.* kyni

moat *n.* pollgleudh *m.* +yow

mob *n.* rout *m.* +ys

mobile *adj.* gwayadow; **mobile telephone** klappkodh A number of other suggestions have been made for 'mobile telephone'; e.g. **pellgewsell, degigowser, kellgowser, movil**.

moccasin *n.* pawgenn *m.* +ow

mock *v.* gul ges a, gesya, skornya, {mokkya}

mockery *n.* ges *m.* +yow, skorn *m.* +ys

model 1. *n.* patron *m.* +yow: **2.** *v.* shapya

moderate 1. *v.* tempra, musura: **2.** *adj.* temprys

moderation *n.* musur *m.* +yow

moderator *n.* temprer *m.* -oryon

modern *adj.* arnowydh

modernization *n.* arnowydhheans *m.* +ow

modernize *adj.* arnowydhhe

modest *adj.* isel, klor

modesty *n.* klorder *m.*

Mohammed *name* Mahomm

moist *adj.* gwylgh, leyth

moisten *v.* leytha

moisture *n.* glybor *m.*, gwlygha *f.*

molar 1. *n.* dans-dhelergh *m.* dyns-dhelergh: **2.** *adj.* **molar tooth** kildhans

molasses *n.* molas *m.* +ys
mole *n.* godh *f.* +ow, godhor *f.* godhow; *(on skin)* plustrenn *f.* +ow
mole-hill *n.* pil godhor *m.* pilyow godhor
molest *v.* disesya, mellya, trobla
molestation *n.* mellyans *m.* +ow
molten *adj.* teudh
moment *n.* kors *m.* +ow, pols *m.* +yow, prysweyth *m.* +yow, toch *m.* +ys; *(time)* hwers *m.* +ow
momentary *adj.* prysweythyel
momentum *n.* momentom *m.*; *(as a physical quantity)* momentomedh *m.*
monarch *n.* myghtern *m.* +edh +yow, myghternes *f.* +ow
monastery *n.* managhti *m.* +ow
monastic *adj.* managhek
Monday *n.* dy' Lun *m.* dydhyow Lun, Lun *m.*; **Maze Monday** dy' Lun Mus *m.*
monetary *adj.* monesek
money *n.* arghans *m.*, mona *coll.*
money-box *n.* argh vona *f.* arghow mona, kofrik-erbys *m.* -igow-erbys
money-lender *n.* okerer *m.* -oryon
money-order *n.* arghadow-mona *m.* arghadowyow-mona
monitor 1. *n.* gorwoelyas *m.* -ysi, gorwoelyades *f.*: **2.** *v.* gorwoelyas
monk *n.* managh *m.* menegh
monkey *n.* sim *m.* +yon
monk-fish *n.* morvanagh *m.* -venegh
mono- *pref.* unn-
monochrome *adj.* unnliw
monocular *n.* lagattell *f.* +ow
monolingual *adj.* unnyethek
monosyllabic *adj.* unnsyllabek
monotone *n.* unnton *m.* +yow,
monotonous noise drylsi *m.*
monotonous *adj.* unnton
monotony *n.* unntoneth *f.*
monsoon *n.* monsoun *m.* +yow
monster *n.* euthvil *m.* +es
month *n.* mis *m.* misyow; **end of the month** pennvis *m.* +yow; **first of month** Kalann *m.*; **period of a month** miskweyth *m.* +ow; **three months** trymis *m.* +yow
monthly *adj.* misyek
monument *n.* men kov *m.* meyn kov
mood *n.* cher *m.* +yow
moody *adj.* brottel y jer
Moon *n.* Loer *f.* +yow
moonlight *n.* loergann *m.*
moonrise *n.* loerdrevel *m.* +yow
moonset *n.* loersedhes *m.* +ow
moonstruck *adj.* badus, loerek
moor *n.* hal *f.* halow, ros *m.* +yow; *(person)* Sarsyn *m.* +s; *(upland)* goen *f.* +yow
moorhen *n.* lagyar *f.* -yer, yar dhowr *f.* yer dowr
moor-house *n.* goendi *m.* +ow
Moorish *adj.* sarsynek
mop *n.* skubell-wolghi *f.* skubellow-golghi, skubyllenn *f.* +ow; *(squeegee)* gwaskubyllenn *f.* +ow
mope *v.* moutya
moped *n.* hwil-tan *m.* hwiles-tan
moral *n.* dyskas *m.*
morbid *adj.* moredhek
mordant *adj.* tynn
more *adj.* moy; **any more** byth moy, nahen, namoy; **once more** arta, hwath; **what's more** ha gensi
moreover *adv.* gans henna, kekeffrys

morn *n.* bora *m.* +ow

morning *n.* myttin *m.* +yow; **duration of the morning** myttinweyth *m.*; **in the morning** diworth an myttin

morphia, morphine *n.* koskles *m.*

morphology *n.* furvonieth *f.*

morrow *n.* morow *f.*; **on the morrow** ternos

morsel *n.* pastell *f.* +ow

mortal *adj.* marwel, sojet ankow

mortality *n.* marwoleth *f.*

mortgage 1. *n.* marwoestel *m.* marwoestlow, gaja-mernans *m.* gajys-m.; **land mortgage** goestel-tir *m.* goestlow-tir: **2.** *v.* marwoestla

mortify *v.* shamya

mortise *n.* mortes *m.* +ys

mortlake *n.* stummlynn *f.* -lynnyn

mortuary *n.* marowji *m.* +ow

mosaic *n.* brithweyth *m.* +yow

Moses *name* Moyses

mosquito *n.* gwibesenn *f.* +ow, gwibes *coll.*

moss *n.* kywni *coll.*

mossy *adj.* kywniek; **become mossy** kywnia

most *adj.* moggha, moyha; **for the most part** dre vras

mostly *adv.* dre vras

mote *n.* brygh *f.* +i, mott *m.* +ys

motel *n.* karrostel *m.* +yow

moth *n.* goedhan *m.* +es

mother *n.* dama *f.* damyow, mamm *f.* +ow; **nursing mother** mammeth *f.* +ow

motherhood *n.* mammoleth *f.*

mother-in-law *n.* dama dha *f.* damyow da, dama dre lagha *f.* damyow dre lagha, hweger *f.* hwegrow

motherland *n.* mammvro *f.* +yow

motherly *adj.* mammel

mother-of-pearl *n.* askell *f.* eskelli

mother-tongue *n.* mammyeth *f.* +ow

motion *n.* gwayans *m.*

motivate *v. (spiritually)* movya; *(encourage)* kennertha; *(stimulate)* kentrynna

motivation *n.* movyans *m.* +ow

motive *n.* acheson *m.* +yow +ys

motocross *n.* resegva jynn-diwros *m.*

motor *n.* jynn *m.* +ow +ys, motor *m.* +s

motor-bike *n.* jynn-diwros *m.* jynnow-diwros

motor-boat *n.* skath-tan *f.* skathow-tan

motor-car *n.* karr-tan *m.* kerri-tan

motor-cycle *n.* jynn-diwros *m.* jynnow-diwros

motorway *n.* gorfordh *f.* +ow

mottle *v.* britha

motto *n.* lavar koth *m.* lavarow koth

mould 1. *n.* furvell *f.* +ow; *(for casting)* furv *f.* +ow, kowynn *m.* +ow; *(fungus)* kosk *m.*; *(soil)* gweres *m.* +ow: **2.** *v. (for casting)* furvya, mola

mouldy *adj.* loes; **go mouldy** koska

moult *v.* moutya

mound *n.* knegh *m.* +yow, krug *m.* +ow, pil *m.* +yow; **little mound** krugell *f.* +ow, krugynn *f.* +ow; **pile up in a mound** krugya

mount 1. *n.* mont *m.* +ys: **2.** *v.* yskynna

mountain *n.* menydh *m.* +yow

mountain-ash *n.* kerdhinenn *f.* + ow, kerdhin *coll.*

mountaineer *n.* menydhyer *m.* menydhyoryon, menydhyores *f.* +ow

mountainous *adj.* menydhyek
mounting *n.* starn *f.* +yow
mounting-block *n.* marghven *m.* -veyn
mourn *v.* kyni, galari, {mornya}
mourner *n.* kyner *m.* -oryon, kynores *f.* +ow
mournful *adj.* kynvannel
mourning *n.* kynvann *m.* +ow
mourning-dress *n.* galarwisk *m.*
mouse *n.* logosenn *f.* +ow, logos *coll.*; **abounding in mice** logosek; **catch mice** legessa
moustache *n.* minvlew *coll.*
mouth *n.* ganow *m.* +ow, min *m.* +yow; *(of river)* aber *m.* +yow; **roof of mouth** gorheras *m.* +ow; **shut your mouth** syns dha vin, serr dha dhiwen
mouthful *n.* ganowas *m.* +ow
movable *adj.* gwayadow; *(spiritually)* movadow
move *v.* gwaya, remova; *(spiritually)* movya; *(intrans.)* **move about** sommys: *n.* gwaya *m.* gwayow
movement *n.* gwayans *m.*; *(emotional)* movyans *m.* +ow; *(political)* omsav *m.* +ow
mow *v.* felghya
mowhay *n.* yslann *f.* +ow
Mr *n.* Mester *m.*
Mrs, Ms *n.* Mestres *f.* +ow
Ms *n.* Mestres *f.* +ow
much 1. *adj.* lower; **as much as** kekemmys, kemmys, myns; **how much** pygemmys; **so much** kemmys: **2.** *adv.* **not much** nameur; **for as much as** yn mar veur dell
muck *n.* most *m.* +yon

mucus *n. (nasal)* pur *m.*
mud *n.* leys *m.* +yow, stag *m.* +ow
muddle 1. *n.* tervysk *m.* +ow: **2.** *v.* tervyska; **muddle up** tervyska
muddy *adj.* leysek
mugwort *n.* loesles *m.* +yow
mule *n.* mul *m.* +yon, mules *f.* +ow
mullet *n.* meyl *m.* +i; **catch mullet** meylessa
multi- *pref.* lies-
multicoloured *adj.* liesliw
multicultural *adj.* liesgonisogethel
multilingual *adj.* liesyethel
multi-national *adj.* lieskenedhlek
multiple 1. *n. (maths.)* liesriv *m.* +ow: **2.** *adj.* liesek
multiplication *n.* liesheans *m.*
multiplicity *n.* liester *m.* +yow
multiply *v.* kressya, lieshe; *(intrans.)* palshe; *(maths.)* liesriva
multi-purpose *adj.* liesporpos
multi-talented *adj.* liesroasek
multitude *n.* routh *f.* +ow
mum *n.* mammik *f.* -igow
mummy *n.* mammik *f.* -igow
mumps *n.* penn-sagh *m.*
municipal *adj.* burjesel
munificence *n.* helder *m.* +yow
munificent *adj.* hel
murder 1. *n.* moldrans *m.* +ow, galanas *m.*; ladhva *f.* +ow: **2.** *v.* moldra, ladha
murdered *adj.* moldrys
murderer *n.* moldrer *m.* -oryon; *(assassin)* denledhyas *m.* -ysi
murderess *n.* moldrores *f.* +ow
murk *n.* godewlder *m.*
murky *adj.* godewl
murmur 1. *n.* hanas *m.* +ow: **2.** *v.* hanasa

muscle *n.* keherenn *f.* +ow, keher *coll.* bil *m.* +yow
muscular *adj.* keherek
muscularity *n.* keherekter *m.*
muse *n.* awen *f.*
museum *n.* gwithti *m.* +ow
mushroom *n.* skavell-groenek *f.* skavellow-kroenek
music *n.* ilow *f.*; *(melody)* melodi *m.* +ow; *(tune)* ton *m.* +yow; **instrumental music** menestrouthi *m.*; **rock music** ilow rokk *f.*
musical *n.* ilowek; *(play)* ilowari *m.* +ow
musician *n.* ilewydh *m.* +yon
mussel *n.* mesklenn *f.* +ow, meskel *coll.*
must *v.* **we must** bysi yw dhyn, res yw dhyn
mustard *n.* kedhow *m.*
musty *adj.* messent
mutation *n.* treylyans *m.* +ow
mute *adj.* avlavar, mus
mutilated *adj.* mans
mutiny *n.* sordyans *m.* +ow
mutual *adj.* **mutual interest** kesles
my *pron.* ow, {am}, {ma}; **and my** ha'm; **of my** a'w; **to my** dhe'm, dh'ow
myope *n.* berrwelyek *m.* -ogyon
myopia *n.* berrwel *m.*
myrrh *n.* myrr *m.*
myrtle-tree *n.* myrtwydhenn *f.* +ow, myrtwydh *coll.*
myself *pron.* ow honan
mysterious *adj.* kevrinek
mystery *n.* kevrin *m.* +yow, rin *m.* +yow

N

nadir *n.* ispoynt *m.* +ow
nag *n.* *(horse)* ronsyn *m.* -es; **ambling nag** hakney *m.* +s
nail 1. *n.* ebil *m.* +yer, ebil horn *m.* ebilyer horn, kenter *f.* kentrow, kentrenn *f.* +ow; **nail with many nails** kentrewi; **small headless wedge-shaped iron nail** sparbyl *m.*; **small nail** kentrik *f.* -igow: **2.** *v.* kentra, takkya; **nail to** kentra orth, takkya orth
naive *adj.* anfel
naivety *n.* anfelder *m.* +yow
naked *adj.* lomm, noeth
nakedness *n.* noethedh *m.*
naker *n.* **naker shell** askell *f.* eskelli
name 1. *n.* hanow *m.* henwyn; **bad name** gwannhanow *m.*; **false name** fukhanow *m.* -henwyn; **in the name of** a-barth; **name before** rakhenwel; **stage name** hanow gwari: **2.** *v.* henwel
named *adj.* henwys
nameless *adj.* dihanow
nanny *n.* magores *f.* +ow
nap 1. *n.* gogosk *m.* +ow, koskas *m.* +ow: **2.** *v.* gogoska, nappya
nape *n.* gwarr *f.* +ow, poll-kil *m.* pollow-kil; *(of neck)* kil *m.* +yer
napkin *n.* kwethynn *m.* +ow, lien *m.* +yow, lien diwla *m.* lienyow diwla
nappy *n.* brammlenn *f.* +ow
narcissus *n.* fionenn *f.* +ow, fion *coll.*
narrate *v.* derivas
narrative *n.* derivas *m.* +ow; *(tale)* drolla *m.* drollow: *adj.* derivasek

narrator

narrator *n.* derivador *m.* +yon, derivadores *f.* +ow
narrow *adj.* kul, ynn
narrow-boat *n.* skath-ynn *f.* skathow-ynn
narrowness *n.* kulder *m.* +ow, ynnder *m.*
nasal *adj.* troenek
nastiness *n.* last *m.*
nation *n.* kenedhel *f.* -dhlow; **United Nations** Kenedhlow Unys
national *adj.* kenedhlek
nationalist *n. (male)* kenedhloger *m.* -oryon; *(female)* kenedhlogores *f.* +ow
nationality *n.* kenedhlogeth *f.* +ow
nationalize *v.* kenedhlegi
nationalized *adj.* kenedhlegys
native *n.* genesik *m.* -igyon, teythyek *m.* teythyogyon
native-born *adj.* genesik
nativity *n.* genesigeth *f.* +ow
natural *adj.* genesik, naturel; **natural affection** natureth
naturalist *n.* naturor *m.* +yon
nature *n.* natur *f.* +yow; *(character)* gnas *f.* +ow, nas *f.* +ow; **human nature** natureth *f.*; **against nature** erbynn natur, {erbynn kinda}
naughty *adj.* drog
nausea *n.* penn-dro *f.*
nave *n.* korf eglos *m.* korfow eglos; *(of wheel)* both *f.* +ow
navel *n.* begel *m.* +yow
navvy *n.* paler *m.* -oryon
navy *n.* lu lestri *m.* luyow lestri, morlu *m.* +yow
nay *int.* na
neap *adj.* **neap tide** marowvor

negligence

near 1. *adj.* nes, ogas; **draw near to** dos nes dhe; **draw near** nesa; **near to her** yn hy ogas: **2.** *v.* nesa
nearby *adv.* a-ogas; **nearby and far away** a-ogas hag a-bell
nearer 1. *adj.* nessa: **2.** *adv.* yn-nes
nearly *adv.* nammna, nammnag, ogas, ogasti
nearness *n.* nester *m.*
neat *adj.* kempenn
neatherd *n.* bugel lodhnow *m.* bugeledh lodhnow
neatness *n.* kempennses *m.*
nebula *n.* niwl-ster *m.* niwlow-ster
nebulous *adj.* niwlus
necessary *adj.* **it is necessary for us** bysi yw dhyn, res yw dhyn
necessities *plur.* pygans
necessity *n.* res *m.*; **of necessity** porres
neck *n.* konna *m.* +ow
neck-chain *n.* torgh *f.* tergh
necklet *n.* delk *m.* +ow
necktie *n.* kolm konna *m.* kolmow konna
necromancy *n.* nygromons *m.*
need *n.* edhomm *m.* +ow, esow *m.*, res *m.*
needle *n.* naswydh *f.* +yow
needless *adj.* euver
needy *adj.* edhommek; **needy person** edhommek
negate *v.* negedhi
negation *n.* negedh *m.* +ow
negative 1. *n. (photographic)* negedhenn *f.* +ow: **2.** *adj.* negedhek
neglect 1. *n.* gwall *m.* +ow: **2.** *v.* dispresya
neglectful *adj.* logh
negligence *n.* lowsedhes *m.*

negligent *adj.* logh
negotiable *adj.* negysyadow
negotiate *v.* negysyas
negotiation *n.* negysyans *m.* +ow
negotiator *n.* negysydh *m.* +yon
neigh *v.* kryghias
neighbour *n.* *(female)* kentrevoges *f.* +ow; *(male)* kentrevek *m.* -ogyon
neighbourhood 1. *n.* kentreveth *f.* +ow: **2.** *adj.* kentrevel
neighbouring *adj.* kentrevek
neighbourliness *n.* kentrevogeth *f.*
neither 1. *adj.* na byth moy: **2.** *conj.* naneyl; **neither ... nor** na ... na, naneyl ... na
nephew *n.* noy *m.* +ens
nerve *n.* nervenn *f.* +ow, nerv *coll.*
nervous *adj.* es y vovya, nervus
nest 1. *n.* neyth *m.* +ow; **build a nest** neythi: **2.** *v.* neythi
nesting-place *n.* neythva *f.* +ow
net *n.* roes *f.* +ow
Netherlands *n.* Iseldiryow; **pertaining to the Netherlands** Iseldiryek
nett *adj.* ylyn; **nett profit** budh ylyn
nettle *n.* linasenn *f.* +ow, linas *coll.*
nettle-bed *n.* linasek *f.* -egi
network 1. *n.* roesweyth *m.* +yow: **2.** *v.* roesweytha
neuter *adj.* nebreydh
neutral *adj.* heptu, nep-tu
neutrality *n.* heptueth *f.*
neutralize *v.* *(diempower)* dinertha
never *adv.* bynner, byttele, jammes; *(in past)* bythkweth; *(in neg. phrases)* nevra
nevertheless *adv.* byttegyns, byttiwettha

new *adj.* nowydh; **brand new** nowydh flamm
Newlyn *place* Lulynn
Newquay *place* Tewynn Pleustri
news *n.* nowedhys *m.*, nowodhow; **bad news** yeyn nowodhow
newspaper *n.* paper-nowodhow *m.* paperyow-n.
newt *n.* pedresyf *f.* -es, peswar-paw *m.* +es
next *adj.* nessa
nibble 1. *v.* godhynsel: **2.** *n.* godhynsas *m.* +ow
nice *adj.* hweg
niche *n.* neythik *m.* -igow
nick *n.* *(small cut)* treghik *m.* -igow
nickname 1. *n.* les-hanow *m.* -henwyn: **2.** *v.* les-henwel
niece *n.* nith *f.* +ow
nigh *adj.* ogas; **well nigh** nammna, nammnag
night *n.* nos *f.* +ow; **at night** nosweyth, yn nos; **by night and by day** mo ha myttin; **by night** d'wor' an nos, yn nos; **goodnight!** nos dha!, nos da!, Duwrnostadha; **last night** nyhewer; **through the night** dre nos; **Wednesday night** dy' Mergher dhe nos **Nos Vergher** is often heard, but this is calqued on W *nos Fercher*; the Cor. is found at BM.2254: *dumerher dhe nos*.
nightingale *n.* eos *f.* +ow; **little nightingale** eosik *f.* -igow
nightjar *n.* churra-nos *m.* churrys-nos
nightmare *n.* hulla *m.* hullevow, hunlev *m.* +ow; *(in which one is fixed)* stag *m.* +ow
nightshirt *n.* krys nos *m.* krysyow nos
night-time *n.* nosweyth *f.* +yow

nil *n.* mann *m.*
nimble *adj.* skav, strik, uskis
nine *num.* naw
ninepin *n.* kil *m.* +yow +ys
nineteen *num.* nownsek
nineteenth *num.* nownsegves 19ves
ninth *num.* nawves 9ves
nipper *n. (talon)* kraban *f.* +ow; *(claw)* ewin *m.* +es; *(small child)* fleghik *m.* fleghesigow
nipple *n.* tethenn *f.* +ow, hwenenn *f.* +ow
nits *plur.* nedh
no 1. *adj.* **in no way at all** kammenn vyth; **in no way** kammenn: **2.** *adv.* **no longer** na fella: **3.** *int.* na As an answer to a question, 'no' is translated by the particle **na(g)** with the verb in the question, conjugated appropriately; e.g. **eus kath dhis?** 'have you got a cat?' **nag eus** 'no'.
Noah *n.* Noy
nobility *n.* pennsevigeth *f.* +ow, pennsevigyans *m.*
noble 1. *n.* ughelor *m.* +yon; *(coin)* nobyl *m.* noblys: **2.** *adj.* bryntin, nobyl
nobleman *n.* nobyl *m.* +ys
nobody *n.* denvyth *m.*, den y'n bys *m.*
nocturne *n.* noskan *f.* +ow
nod *v.* penn-droppya
nodal *adj.* kolmel
nodality *n.* kolmoleth *f.*
node *n.* kolm *m.* +ow
noise *n.* tros *m.* +ow, son *m.* +yow, {noys} *m.* {+ys}; **monotonous noise** drylsi *m.*
noiseless *adj.* didros, dison
noisily *adv.* tys-ha-tas
noisome *adj.* disawer
noisomeness *n.* last *m.*
noisy *adj.* trosek
nomad *n. (male)* gwandryas *m.* -ysi; *(female)* gwandryades *f.* +ow
nom-de-plume *n.* hanow pluvenn *m.* henwyn pluvenn
nominal *adj.* hanwel
nominate *v.* apoyntya, henwel
nomination *n.* hanwesigeth *f.* +ow
nominee *n.* hanwesik *m.* -igyon
nonchalant *adj.* anprederus
non-clerical *adj.* leg
nonconformist *n.* dissentyer *m.* -oryon
nonconformity *n.* dissentyans *m.*
none *pron.* vyth
non-ferrous *adj.* anhornus
non-flammable *adj.* anflammadow
nonsense 1. *n.* flows *m.*, hwedhlow, treus *m.* +yon: **2.** *int.* tetivali
nook *n.* kornell *f.* +ow, bagh *f.* +ow, kil *m.* +yer, kilenn *f.* +ow, kornett *m.* +ow, korrvagh *f.* +ow, sorn *m.* +ow
noon *n.* hanter-dydh *m.* +yow; **noon to sunset** dohajydh *m.* +yow
no-one *pron.* nagonan
noose *n.* gwydenn *f.* +ow, kabester *m.* -trow, krogenn *f.* +ow, kroglath *f.* +ow
nor *conj.* na, nag; **neither ... nor** na ... na, naneyl ... na
Norman 1. *n.* Norman *m.* -ow: **2.** *adj.* normanek
north *n.* gogledh *f.*, kledhbarth *f.* +ow, north *m.*; **on the north side** a-gledhbarth
north-east *n.* Borlowenn *f.*, north-est *m.*
northern *adj.* kledh, a'n gledhbarth; **northern side** kledhbarth
north-west *n.* north-west *m.*
Norway *place* Norgagh

Norwegian

Norwegian *adj.* norgaghek;
  Norwegian language Norgaghek
nose *n.* troen *m.* +yow, fri *m.* +ow
nostalgia *n.* hireth *f.* +ow
nostril *n.* frig *m.* +ow, dewfrik *dual*
not 1. *conj.* a-der, ny, nyns; **not at all** kammenn; **she loves you not me** hi a'th kar a-der my: **2.** *adv.* **not one** nagonan; **not yet** na hwath; **that not** na, nag; **not many** nameur
notable *adj.* {nosedhek}
notary *n.* noter *m.* -oryon
notation *n.* nosyans *m.* +ow
notch 1. *n.* bolghik *m.* -igow: **2.** *v.* kriba
note 1. *n.* notenn *f.* +ow, notyans *m.* +ow, {not} *m.* {+ys}: **2.** *v. (take note of)* attendya, avisya a, nosya, notya
notebook *n.* lyver notennow *m.* lyvrow notennow
noted *adj.* notys
nothing *n.* travyth *f.*, mann *m.*, lasvyth *m.*
notice 1. *n.* argemmynn *m.* +ow, avisyans *m.* +ow: **2.** *v.* attendya, medra
notification *n.* gwarnyans *m.* +ow
notify *v.* argemmynna, gwarnya
notion *n.* devis *m.* +yow, konsayt *m.* +s, tybyans *m.* +ow
notorious *adj.* drog-gerys
notwithstanding *conj.* yn despit dhe
noun *n.* hanow *m.* henwyn; **collective noun** hanow kuntellek *m.* henwyn kuntellek; **verbal noun** hanow verbel *m.* henwyn verbel
nourish *v.* maga, {norysshya}
nourishing *n.* meth *m.*
nourishment *n.* pask *m.*
novel *n.* romans *m.* +ow

nurse

novelty *n.* {nowejans} *m.* {+ow}
November *n.* mis-Du *m.* misyow-Du, Du *m.*
novice *n.* dallether *m.* -oryon
now *adv.* lemmyn, y'n eur ma, {now}; *(in phrase)* nans; **just now** a-gynsow, degynsow, kynsow; **now and then** war euryow
nowadays *adv.* hedhyw y'n jydh
no-wise *adv.* kammenn
nozzle *n.* troenell *f.* +ow
nuclear *adj.* nuklerek
nucleus *n.* sprusenn *f.* +ow, sprus *coll.*
nude *adj.* lomm, noeth
nudity *n.* lommder *m.*, noethedh *m.*
nuisance *n.* fyslek *m.* fyslogyon, pla *m.* +ow
null *n.* mann *m.*
nullify *v.* mannhe
number 1. *n.* niver *m.* +ow, riv *m.* +ow, {nomber} *m.* {+s}; **random number** happriv *m.* +ow: **2.** *v.* nivera, riva, {nombra}
number-plate *n.* plat-niver *m.* platyow-niver
numbness *n.* ewinrew *m.*, gwynnrew *m.*
numeral *n.* niverenn *f.* +ow
numeration *n.* niverieth *f.*
numerous *adj.* niverus, pals
numskull *n.* klopenn *m.* +ow
nun *n.* lenes *f.* +ow, managhes *f.* +ow
nunnery *n.* lenji *m.* +ow
nurse *n. (female)* klavjiores *f.* +ow; *(male)* klavjior *m.* +yon; *(nanny)* magores *f.* +ow; **staff nurse** pennklavjiores *f.* +ow, pennklavjior *m.* +yon; **wet nurse** mammeth *f.* +ow

nursery *n. (for children)* meythrinva *f.* +ow, floghva *f.* +ow; **nursery school** skol veythrin *f.* skolyow meythrin
nursery-rhyme *n.* gwers veythrin *f.* gwersyow meythrin
nurture *n.* magereth *f.*, meth *m.*, norter *m.*
nut *n. (Bot.)* knowenn *f.* +ow, know *coll.*; **Brazil nut** knowenn gofenn *f.* knowennow kofenn, know kofenn *coll.*; **walnut** knowenn frynk *f.* know frynk; **gather nuts** knowa
nutcrackers *plur.* gevel gnow
nut-grove *n.* kellignowwydh *coll.*, knowek *f.* -egi
nutrient *n.* methynn *m.* +ow
nutriment *n.* megyans *m.* +ow
nutrition *n.* megyans *m.* +ow
nut-tree *n.* knowwydhenn *f.* +ow, knowwydh *coll.*
nutty *n.* knowek
nuzzle *v.* minya

O

O *int. (followed by a name)* A
oak-place *n.* darva *f.* +ow
oak-tree *n.* derwenn *f.* +ow, derow *coll.*, dar *m.* deri; *(evergreen)* glastanenn *f.* +ow *coll.* glastan **abounding in oaks** derwek; **place abounding in oaks** derwek *f.* -egi
oar *n.* roev *f.* +ow, diwroev; **pair of oars** diwroev *f.* +ow
oarsman *n.* roevador *m.* +yon
oarswoman *n.* roevadores *f.* +ow

oasis *n.* dowran *m.* -enyow
oat-field *n.* kerghek *f.* -egi
oat-grass *n.* kerghwels *coll.*
oath *n.* li *m.* +ow, ti *m.* +ow; **false oath** gowli *m.* +ow; **take an oath** lia
oatland *n.* kerghdir *m.* +yow
oatmeal *n.* brunyon *coll.*
oat *n.* kerghenn f. +ow, kergh *coll.*; *(bald)* pilas *coll.*
obdurate *adj.* avleythys
obedience *n.* gostytter *m.*, obayans *m.*
obedient *adj.* gostydh, sotel
obese *adj.* berrik
obesity *n.* berri *m.*
obey *v.* obaya
object *n. (item)* taklenn *f.* +ow
objective *n.* amkan *m.* +ow; **objectives** pennkostennow; **Objective One** Amkan Onan
oblation *n.* ro dhe Dhuw *m.* rohow dhe Dhuw
obligation *n.* **in my obligation to you** yn dha gever
oblivion *n.* ankov *m.*
oblong 1. *n.* hirbedrek *m.* hirbedrogow: **2.** *adj.* hirbedrek
obnoxious *adj.* kasadow
obscure *adj. (unclear)* ankler; *(dark)* tewal
obscurity *n.* tewlyjyon *m.*
obsequious *adj.* goruvel
observatory *n.* mirji *m.* +ow
observe *v.* mires, aspia, avisya, merkya, {observya}
observer *n.* aspier *m.* -oryon, aspiores *f.* +ow, mirer *m.* -oryon
obsessed *adj.* gorgemmerys

obsession *n.* gorgemmeryans *m.* +ow
obstacle *n.* lett *m.* +ow +ys
obstinacy *n.* gorthter *m.*
obstinate *adj.* gorth, penn-kales; **obstinate person** penn-kales
obstreperous *adj.* direwl
obstruct *v.* lettya
obstruction *n.* lett *m.* +ow +ys
obtain *v.* kavoes, {obtaynya}
obtainable *adj.* kavadow
obtrude *v.* omherdhya
obtuse *adj.* avlymm; **obtuse angle** elin sogh, soghelin
obvious *adj.* apert, hewel
occasion *n.* gweyth *f.* +yow, kentel *m.* +yow; *(cause)* acheson *m.* +yow +ys; *(time)* prysweyth *m.* +yow, treveth *f.* +yow
occasional *adj.* treweythus
occasionally *adv.* treweythyow
occult *adj.* kevrinek
occupation *n.* soedh *f.* +ow; **occupation requiring manual skill** kreft *f.* +ow
occupational *adj.* soedhel
occupied *adj.* bysi
occupy *v.* kevannedhi, {okkupya}
occur *v.* dos ha, hwarvos
occurred *adj.* hwarvedhys
occurrence *n.* hwarvedhyans *m.* +ow
ocean *n.* keynvor *m.* +yow, downvor *m.* +yow, {mor-bras} *m.* {moryow-bras}; *(personified)* gweylgi *f.*; **Atlantic Ocean** Keynvor Atlantek; **Indian Ocean** Keynvor Eyndek; **Pacific Ocean** Keynvor Hebask
oceanic *adj.* keynvoryek
oceanographer *n.* moronydh *m.* +yon
oceanographic(al) moroniethel

oceanography *n.* moronieth *f.*
ochre *n.* **red ochre** meles *m.*
o'clock *adv.* eur
October *n.* Hedra *m.*, mis-Hedra *m.* misyow-H.; **first of October** Kala' Hedra
octopus *n.* kollell-lesa *f.* kellylli-lesa
odd *adj. (of numbers)* dibarow; *(strange)* koynt
oddity *n.* koyntys *f.* +yow
odour *n.* ethenn *f.* +ow, odour *m.* +s, {eth} *m.* {+ow}
of 1. *prep.* a: **2.** *conj.* **of her** a'y; **of him** anodho; **of his** a'y; **of its** a'y, a'y; **of me** ahanav; **of my** a'm; **of the** a'n; **of thee** ahanas; **of thy** a'th; **of us** ahanan; **of you** ahanowgh
offence *n.* offens *m.* +ys; *(sin)* peghes *m.* peghosow; *(trespass)* treuspass *m.* +ow
offend *v.* sklandra, treuspassya, divlasa, offendya
offender *n.* treuspasser *m.* -oryon
offensive *adj. (distasteful)* divlas; *(on the attack)* offensus
offer 1. *n.* kynnik *m.* -igow, profyans *m.* +ow: **2.** *v.* kynnik, offra, offrynna, profya; **offer onself** ombrofya
offering *n.* offrynn *m.* +ow
office *n. (abst.)* offis *m.* offisys; *(job)* soedh *f.* +ow; *(work-place)* soedhva *f.* +ow; *(job)* **hold office** soedha; *(work-place)* **register office** soedhva govskrifa *f.* soedhvaow kovskrifa
officer *n.* soedhek *m.* -dhogyon, soedhoges *f.* +ow, {offiser} *m.* {+s}; **officer on watch** brennyas *m.* -ysi, brennyades *f.* +ow

official 838 **opener**

official 1. *n.* soedhek *m.* -dhogyon, soedhoges *f.* +ow, {ordenari} *m.* {+s}: **2.** *adj.* soedhogel
officialdom *n.* soedhogoleth *f.*
offspring *n.* agh *f.* +ow, askorr *m.*
offstage *n.* rybwarila *m.* -leow
often *adv.* lieskweyth, menowgh, yn fenowgh; **as often as** peskweyth may
oggy *n.* hogenn *f.* +ow
oh *int.* ogh, out
oil 1. *n.* oyl *m.* oylys; **castor-oil plants** risin *coll.*; **lubricating oil** loub *m.*: **2.** *v.* louba
oilfield *n.* oylek *f.* -egi
oilwell *n.* oylbuth *m.* +ow
oily *adj.* oylek
ointment *n.* eli *m.* +ow, unyent *m.* +ys, uras *m.* +ow, {oynment} *m.* {+ys}
O.K. *adj.* da lowr
old *adj.* hen, koth; **grow old** kothhe; **of old** a-henys; **old age** kothni; **thousand years old** milvloedh
older *adj.* kottha
old-fashioned *adj.* gis koth
olive *n.* olewenn *f.* +ow, olivenn *f.* +ow
olive-oil *n.* olew *m.* +ow
olive-tree *n.* oliv *m.* +yow, olewbrenn *m.* -yer
-ologist *suff.* -onydh
-ology *suff.* -onleth
omelette *n.* omlet *m.* +ow
omen *n.* koel *f.* +yow
omit *v.* gasa yn-mes, {omyttya}
omnibus *n.* kyttrin *m.* +yow
omnipotence *n.* ollgalloes *m.*
omnipotent *adj.* ollgalloesek

on *prep.* war, {ar}; *(occasl.)* yn; **on the war'n**; *(used only in numerals 21 to 39)* warn
once *adv.* unnweyth: **at once** desempis, hware, distowgh, war unn lamm, yn unn lamm, skon, war-not
one 1. *pron.* huni; *(of two)* eyl; **ones** re; **not one** nagonan; **the red one** an huni rudh: **2.** *adj.* unn: **3.** *num.* onan; **one and all** onan hag oll; **one person** onan; **one thing** onan
one-eyed *adj.* unnlagasek
one-piece *adj.* unnrann
onerous *adj.* beghus, poes
onion *n.* onyonenn *f.* +ow, onyon *coll.*; **string of onions** plethenn onyon
on-line *adv.* war-linenn
onlooker *n.* mirer *m.* -oryon
only 1. *adj.* unn, unnik, unnsel: **2.** *conj.* lemen; **if only** unnweyth a, a + *subj.*: **3.** *adv.* hepken, unnweyth, yn-unnik
onset *n.* dallethvos *m.* +ow
onward *adv.* war yew, yn-rag
oolite *n.* oyven *m.* -veyn
oolitic *adj.* oyveynek; **oolitic limestone** limven oyveynek
ooze 1. *n.* leys *m.* +yow: **2.** *v.* sygera
oozing *adj.* syger
opacity *n.* *(in general)* anvollder *m.*; *(quantity in physics)* anvolledh *m.* +ow
opaque *adj.* anvoll, antreusweladow
open 1. *adj.* apert, igor, rydh: **2.** *v.* igeri, {opia}
opener *n.* igerell *f.* +ow

opening

opening *n. (e.g. of shop)* igeryans *m.* +ow

openly *adv.* yn igor, {open}

opera *n.* gwari-kan *m.* gwariow-kan

operate *v.* oberi

operation *n.* oberyans *m.* +ow

operator *n.* oberador *m.* +yon, oberadores *f.* +ow

opinion *n.* tybyans *m.* +ow, avis *m.* +yow, kusul *f.* +yow, prederyans *m.* +ow, konsayt *m.* +s; **bring to same opinion** unnverhe; **hold an opinion** tybi; **mistaken opinion** kammdybyans *m.* +ow

opium *n.* koskles *m.*

opponent *n.* erbynner *m.* -oryon, erbynnores *f.* +ow

opportunity *n.* chons *m.* +yow

oppose *v.* enebi, omsettya orth, settya orth, settya erbynn

opposed *adj.* gorth

opposer *n.* erbynner *m.* -oryon, erbynnores *f.* +ow

opposite 1. *n.* konter *m.* +s: **2.** *adj.* konter, {kontraryus}: **3.** *prep.* a-dal

opposition *n.* enebieth *f.*, gorthter *m.*, offens *m.* +ys; **in opposition** kontrari

oppress *v.* arwaska, beghya, {kompressa}, {oppressya}

oppression *n.* arwask *m.* +ow, poesyjyon *m.*

oppressive *adj.* arwaskus

optative *adj.* mynnasek

option *n.* dewis *m.* +yow

optional *adj.* a-dhewis, dewisel

optionally *adv.* a-dhewis

opus *n.* obereth *f.* +ow

ordinance

or *conj.* po, py; **or else** poken

oral *adj.* der anow, war anow

orange 1. *n. (fruit)* owraval *m.* +ow: **2.** *adj.* rudhvelyn

orange-juice *n.* sugen owraval *m.*

oration *n.* areth *f.* +yow

orator 1. *n.* arethor *m.* -oryon, arethores *f.* +ow, pratyer *m.* +s

oratory *n.* oratri *m.* +s

orb *n.* pel *f.* +yow

orbit *n.* resegva *f.* +ow

orchard *n. (for apples)* avalennek *f.* -egi, avallann *f.* +ow

orchestra *n.* bagas ilewydhyon *m.* bagasow i.

ordain *v.* apoyntya, kleghi, ordena, sakra, urdhya

order 1. *n.* gorhemmynn *m.* +ow, rewl *f.* +ys +ow, reyth *m.* +yow, arghas *m.* +ow; *(arrangement)* aray *m.* +ow; *(command)* arghadow *m.* +yow; *(organization)* urdh *f.* +yow; *(religious)* ordyr *m.* ordyrs; **holy orders** ordys; **in order to** rag; **mail order** arghadow dre bost; **Orange Order** Urdh Rudhvelyn; **postal order** arghadow-post *m.* arghadowyow-post; **put in order** ordena; **set in order** kempenna: **2.** *v.* araya, erghi, {komondya}; *(command)* gorhemmynna; **order about** kontrolya; **order oneself** omdhyghtya; **order someone to come home** erghi dhe nebonan dos tre

orderly *adj.* kempenn: *n.* kempennyas *m.* -ysi, kempennyades *f.* +ow

ordinance *n.* ordenans *m.* +ow

ordinary

ordinary *adj.* sempel
ordination *n.* urdhyans *m.* +ow
ore *n.* moen *m.* +ow; **iron ore** kallenn *f.* +ow; **seam of ore** skorrenn *f.*
ore-bearing *adj.* **ore-bearing ground** moenek
organ *n.* (*Mus.*) organ *m.* +s
organic *adj.* organek
organist *n.* organydh *m.* +yon
organization *n.* (*abst.*) restrans *m.* +ow
organize *v.* ordena
organizer *n.* ordenor *m.* -yon
orienteer *n.* hwilreseger *m.* -oryon, hwilresegores *f.* +ow
orienteering *n.* hwilresek *m.*
orifice *n.* toll *m.* tell
origin *n.* dalleth *m.* +ow, dallethvos *m.* +ow, devedhyans *m.* +ow
original *adj.* derowel
originality *n.* ynjinieth *f.*
originate *v.* dalleth
ornament *n.* tegenn *f.* +ow
ornamental *adj.* tegennel
orphan 1. *n.* (*female*) omdhivases *f.* +ow; (*male*) omdhivas *m.* +ow: **2.** *v.* omdhivasa
orphanage *n.* omdhivatti *m.* +ow
orpine *n.* (*plant*) kansewinenn +ow, kansewin *coll.*
orthography *n.* (*in general*) lytherennieth *f.*; (*specific spelling-system*) lytherennans *m.* +ow
oscillate *v.* leska
oscillation *n.* lesk *m.* +ow, daromres *m.* +ow
osier *n.* helygenn *f.* +ow, helyk *coll.*
ostrich *n.* strus *m.* +yow
other 1. *pron.* **the other (f.)** hy ben; **the other (m.)** y gila; **the two others** an dhew arall: **2.** *adj.* arall, ken; **any other** nahen; **the other two** an dhew arall
others *pron.* erell
otherwise 1. *conj.* poken, poneyl: **2.** *adv.* ken, kontrari; (*with neg.*) nahen
otter *n.* dowrgi *m.* dowrgeun
ought *v.* **I ought** y koedh dhymm, y tal dhymm; **you ought not** ny dal dhis
ounce *n.* ouns *m.* +yow; **fluid ounce** ouns devrek
our *pron.* agan, 'gan, 'an; **and our** ha'gan
out 1. *adv.* mes, yn-mes; **out of** mes a: **2.** *int.* out
outback *n.* keynvro *f.* +yow, prysk *m.*
outburst *n.* tardh *m.* +ow
outcast *n.* gal *m.* +yon
outcome *n.* diwedh *m.* +ow
outcry *n.* garm *f.* +ow
outfit *n.* aparel *m.*; (*clothes*) gwiskas *m.* +ow
outlandish *adj.* ankoth
outlaw *n.* outlayer *m.* +s
outlay *n.* kost *m.* +ow
outlet *n.* tardhell *f.* +ow
outline *n.* linennans *m.* +ow: *v.* linenna
outlook *n.* gologva *f.* +ow
output *v.* eskorra: *n.* eskorrans *m.* +ow
outrage *n.* outray *m.* +ow
outrageous *adj.* outrayus; **outrageous action** outray
outset *n.* dalleth *m.* +ow
outside 1. *adj.* a-ves: **2.** *prep.* a-der: **3.** *adv.* yn-mes
outspoken *adj.* freth
outstanding *adj.* (*important*) poesek; (*projecting*) balek

outstretched *adj.* a-hys, a-les, yn tenn
outward(s) *adv.* war-ves
outwardly *adv.* war-ves
oval 1. *n.* hirgylgh *m.* +yow: **2.** *adj.* hirgylghyek
ovary *n.* oygell *f.* +ow
ovate *n.* ovydh *m.* +yon
oven *n.* forn *f.* +ow; **microwave oven** forn-gorrdonn *f.* fornow-korrdonn, korrdonnell *f.* +ow; **tender of oven** forner *m.* -oryon
over 1. *prep.* a-ugh, dres: **2.** *adv.* deu
over- *pref.* gor-, ugh-, {over-}
overall *adv.* dre vras
overbalance *v.* omdhisevel
overcast *adj.* kommolek
overcoat *n.* gorhota *m.* -hotow, surkot *m.* +ys
overcome *v.* fetha, {overkommya}
overcook *v.* gorhegina
overdo *v.* gorwul
overeat *v.* kwoffi
overflow *v.* fenna
overfly *v.* treusnija
overgraze *v.* gorbeski
overgrow *v.* gordevi, {overdevi}
overgrowth *n.* gordevyans *m.* +ow
overhead *adv.* a-vann
overheat *v.* gordoemma
overlap *v.* gorgudha: *n.* gorgudhans *m.* +ow
overload 1. *n.* gorvegh *m.* +yow: **2.** *v.* gorharga, gorveghya
overlord *n.* gwarthevyas *m.* -ysi
overpopulate *v.* gorbobla
overpopulated *adj.* gorbeblys
overpopulation *n.* gorboblans *m.*
overseas *adj., adv.* tramor
oversee *v.* gorweles, {overweles}

overseer *n.* gorwoelyas *m.* -ysi
overshadow *v.* gorskeusi
overspend *v.* gorspena
overt *adj.* apert
overtake *v.* tremena dres, passya
overthrow *v.* domhwel
overtime *n.* gordermyn *m.*
over-trousers *n.* raglenn *f.* +ow
overture *n.* ragilow *m.* +yow
overturn *v.* domhwel
overview *n.* gorwolok *f.* -ogow
overwhelm *v.* {oversettya}
overwork 1. *n.* gorlavur *m.*: **2.** *v.* gorlavurya
ow *int. (cry of pain)* ow
owe *v.* tyli
owl *n.* kowann *f.* +ow, oula *m.* oulys
¹own *n.* honan *m.*; **on his own** y honan; **all on his own** y honan oll
²own *v.* perghenna, piwa; **the children own the dogs** an fleghes a biw an keun
owner *n.* perghenn *m.* +ow, perghennek *m.* -ogyon
ownership *n.* perghennieth *f.* +ow, perghennogeth *f.* +ow
ox *n.* ojyon *m.* oghen; **wild ox** bual *m.* +yon
oxen *plur.* oghen
Oxford *place* Rysoghen
ox-goad *n.* garthow *f.*
oyster *n.* estrenn *f.* +ow, ester *coll.*
oyster-bed *n.* estrek *f.* -egi
oystercatcher *n.* morbiesenn *f.* +ow, morbies *coll.*

P

pace *n.* kamm *m.* +ow, pas *m.* +ys; *(speed)* toeth *m.*; *(just one)* kammenn *f.* +ow

pacific *adj.* **Pacific Ocean** Keynvor Hebask

pacify *v.* hebaskhe, koselhe, {pasifia}

package 1. *n.* fardell *m.* +ow: **2.** *v.* fardella

packaging *n.* fardellans *m.*

packet *n.* fardellik *m.* -igow

pact *n.* ambos *m.* +ow

paddle 1. *n.* roev dhewbennek *f.* roevow dewbennek: **2.** *v. (row)* roevya

pagan *n.* ankrydor *m.* +yon, pagan *m.* +ys +yon

page *n. (boy)* paja *m.* pajys; *(of book)* enep *m.* enebow, folenn *f.* +ow, lyvenn *f.* +ow

paginate *v.* folenna

pagination *n.* folennans *m.*

paid *adj.* pes

pail *n.* kelorn *m.* kelern

pain *n.* dolor *m.* +s, payn *m.* +ys; *(of spirit)* poen *m.* +ow; **on pain of death** war bayn mernans; **inflict pain** paynya

painful *adj. (mentally)* ankensi

paint 1. *n.* paynt *m.* +ow: **2.** *v. (a surface)* payntya: *(a picture)* lymna

paint-box *n.* kistenn liwyow *f.* kistennow liwyow

paint-brush *n.* skubyllenn baynt *f.* skubyllennow paynt

painter *n. (artist)* lymner *m.* -oryon; *(of surfaces)* payntyer *m.* payntyoryon

painting *n.* liwans *m.* +ow, lymnans *m.* +ow

pair 1. *n.* dewdhen *m.*, kopel *m.* koplow: **2.** *v.* parya

pal *n.* koweth *m.* +a

palace *n.* lys *f.* +yow, palys *m.* palesyow

palaeozoology *n.* henvilonieth *f.*

palatalization *n.* stevnikheans *m.*

palatalize *v.* stevnikhe

palate *n. (in mouth)* stevnik *f.* -igow

pale *adj.* gwannliwek

palfrey *n.* palfray *m.* +s

palisade *n.* peulge *m.* +ow

pall *n.* pall *m.* +ow

pallid *adj.* gwannliwek

palm *n. (of hand)* palv *f.* +ow, torr an dhorn *f.* torrow an dhorn

palm-branch *n.* palm *m.* +ow +ys

palmer *n.* palmer *m.* -oryon

palm-frond *n.* palm *m.* +ow +ys

palm-tree *n.* palmwydhenn *f.* +ow, palmwydh *coll.*; **place abounding in palm-trees** palmek *f.* -egi

palsy *n.* palsi *m.* +s

pamphlet *n.* lyvrik *m.* -igow

pan *n.* kanna-tesenn *m.*, padell *f.* +ow; **iron pan** padell-horn *f.*; **large boiling-pan** chek *m.* +ys; **preserving pan** chek kyfeyth

pancake 1. *n.* krampoethenn *f.* +ow, krampoeth *coll.* **2.** *v.* **beg for pancakes** krampoetha

panda *n.* panda *m.* +s

pandemic *n.* pandemek *m.* -ogow

pane *n.* **pane of glass** kwarel *m.* +s

panel *n. (of people)* pannell *m.* +ow

panellist *n.* pannellydh *m.* +yon

pang *n.* gloes *f.* +ow

panic 1. *n.* skruth *m.* +ow: **2.** *v.* skrutha

panicky

panicky *adj.* penn-foll
pannier *n.* **pannier basket** kowell *m.* +ow
panorama *n.* leswolok *f.* -ogow
pant *v.* dyena
pantry *n.* spens *m.* +ow, talgell *f.* +ow
pants *n.* islavrek *m.* -ogow
pap *n.* yos *m.*
papacy *n.* pabeth *f.*
papal *adj.* pabel
paper 1. *n.* paper *m.* +yow; **greaseproof paper** paper gorthsaym *m.*; **sheet of paper** folenn *f.* +ow; **toilet paper** paper privedhyow *m.*; **writing paper** paper skrifa *m.*: **2.** *v. (theatre)* **paper the house** ri lies tokyn omaj
paper-work *n.* paperweyth *m.*
par *n.* par *m.* +ow
parable *n.* parabolenn *f.* +ow, {parabyl} *m.* {-blys}
parabola *n.* parabolenn *f.* +ow
parachute *n.* lammlenn *f.* +ow
parade *n.* kerdhva *f.* +ow
paradise *n.* eledhva *f.* +ow, paradhis *f.*
parallel *adj.* kettuel
parallelism *n.* kettuoleth *f.*
paralyse *v.* palsya
paralysed *adj.* palsyes; **paralysed person** palsi
paralysis *n.* palsi *m.* +s
parasite *n.* teurogenn *f.* +ow, teurek *coll.*
parasitic *adj.* teuregel
parasitologist *n.* teuregonydh *m.* +yon
parasitology *n.* teuregonieth *f.*
parasol *n.* howllenn *f.* +ow
parboil *v.* govryjyon, lesvryjyon
parcel *n. (of ground)* pastell-dir *f.*

part

pastellow-tir; *(package)* fardell *m.* +ow
parch *v.* krasa
parched *adj.* kras, krin, sygh
parchment 1. *n.* parchemin *m.* +yow: **2.** *adj.* parcheminek
pardon 1. *n.* gevyans *m.* +ow, {pardon} *m.* {+ow}: **2.** *v.* gava, {pardona}; **pardon me** gav dhymm
pardonable *adj.* gavadow
pare *v.* diruska
parent *n.* kar *m.* kerens
parenthesis *n.* krommvagh *f.* +ow
parents *n.* kerens
parish *n.* pluw *f.* +ow; **seaward portion of a coastal parish in Cornwall** morrep *m.* -ebow
parishioner *n.* pluwek *m.* pluwogyon, pluwoges *f.* +ow
parity *n.* pareth *f.* +ow
park 1. *n.* park *m.* +ow: **2.** *v.* parkya
parliament *n.* senedh *m.* +ow; **European Parliament** Eurosenedh *m.*; **Houses of Parliament** Chiow an Senedh; **Cornish Stannary Parliament** Senedh an Stenoryon *m.*
parlour *n.* parledh *m.* +ow
parochial *adj.* pluwek
parrot *n.* papynjay *m.* +s
parsley *n.* persil *coll. (one sprig)* persilenn *f.* +ow
parsnip *n.* panesenn *f.* +ow, panes *coll.* {panenn} *f.* {+ow}
parson *n.* pronter *m.* +yon, prontores *f.* +ow
parsonage *n.* pronterji *m.* +ow
part 1. *n.* rann *f.* +ow, parth *f.* +ow, darn *m.* +ow, {part} *m.* {+ys}; **second part in plain-song** dyskant *m.*;

partial

second part in singing duet diskan *f*
+ow; **spare parts** sparyon; **take part**
kemmeres rann: **2.** *v.* diberth, ranna
partial *adj.* rannel
partiality *n.* faverans *m.*
participate *v.* kemmeres rann
participating *adj.* kevrennek
participator *n.* kevrenner *m.* -oryon
particle *n.* temmik *m.* temmigow;
(*elementary*) perthygel *m.* -glow;
small particles manylyon
particular *adj.* unn; (*special*) arbennik;
a particular neb unn
particularly *adv.* kyns oll
parting *n.* dibarth *f.* +ow; **before
parting** kyns dibarth
partisan *n.* holyer *m.* -oryon
partition *n.* rannans *m.* +ow
partly *adv.* yn rann
partner *n.* kowethyades *f.* +ow,
kowethyas *m.* -ysi, kespar *m.* +ow
partnership *n.* kespareth *f.* +ow
partridge *n.* grugyar *f.* -yer, korryar
f. -yer; **young partridge** grugyerik
f. -igow, korryerik *f.* -igow
party *n.* (*feast*) kevywi *m.* +ow;
(*political*) parti *m.* +ow; (*feast*) **hold a
party** kevywya
party-goer *n.* kevywyas *m.* -ysi,
kevywyades *f.*
pass 1. *n.* (*gap*) aswa *f.* +ow,
(*topographical*) bolgh *m.* +ow:
2. *v.* passya, tremena; **come to pass**
hwarvos; **pass away** tremena; **pass
by** tremena dres; **pass over** tremena
dres, treusi; **passed away** tremenys
passable *adj.* passadow; (*mediocre*) da
lowr
passage *n.* skochfordh *f.* +ow; (*act of*

pate

passage) tremen *m.* +yow; (*of
scripture*) proses *m.* +ys; (*of time*)
proses *m.* +ys; **passage over water**
treth *m.* +yow
passenger *n.* **passenger on a ferry**
(*female*) trethyades *f.* +ow; (*male*)
passenger on a ferry trethyas *m.* -ysi
passer-by *n.* tremenyas *m.* -ysi,
tremenyades *f.*
passing *n.* **passing away** tremenvann
f. +ow
passing-place *n.* tremenva *f.* +ow
passion *n.* passhyon *m.* +s
passion-fruit *n.* greunavalik *m.* -igow
passive *adj.* godhevus
Passover *n.* Pask *m.* +ow
passport *n.* tremengummyas *m.* +ow
past *prep.* dres
paste 1. *n.* glus *m.* +ow, past *m.* +ow:
2. *v.* glusa
pastor *n.* bugel *m.* +edh
pastoral *adj.* bugelek
pastry *n.* **baked pastry** hogenn *f.* +ow;
dinner-cake made of pastry
hwiogenn *f.* +ow
pasture *n.* peur *m.* +yow; (*land*) peurva
f. +ow; **common pasture** pras *m.*
+ow; **revived pasture** aswels *m.*;
unenclosed pasture goen *f.* +yow
pasty *n.* kofenn *f.* +ow, pasti *m.* +ow;
apple pasty kofenn avalow *f.*
kofennow a.; **meat pasty** kofenn gig
f. kofennow kig
pat *v.* handla: *n.* stiwennik *m.* -igow
patch 1. *n.* klout *m.* +ys; **sandy patch**
trethenn *f.* +ow: **2.** *v.* kloutya
pate *n.* kern *f.* +ow; **broken pate**
penn-kogh *m.* pennow-kogh; **shaven
pate** penn-blogh **scabby pate**

paten
   penn-kreghi
paten *n.* gorher *m.* +yow
patent *n.* lyther apert *m.* lytherow apert
pater *n.* pader *m.* +ow
paternal *adj.* tasek
paternity *n.* tasoleth *f.*
path *n.* hyns *m.* +yow
pathetic *adj.* truedhek
pathos *n.* truedh *m.*
patience *n.* perthyans *m.* +ow
patient *n.* perthyer *m.* -yoryon, perthyores *f.* +ow; *(still suffering)* godhevyas *m.* -ysi, godhevyades *f.* +ow
patriarch *n.* ugheldas *m.* +ow
patriot *n.* gwlaskarer *m.* -oryon
patriotism *n.* gwlaskerensa *f.*
patrol 1. *n.* patrol *m.* +yow: **2.** *v.* patrolya
patron *n.* tasek *m.* -ogyon
patronage *n.* tasogeth *f.*
patronal *adj.* tasek
patroness *n.* tasoges *f.* +ow
patter 1. *v.* gerya: **2.** *n.* gerennow
pattern *n.* patron *m.* +yow, skantlyn *m.* +s
Paul *name* Powl **Powl** appears to be the best spelling; *Pawl* and *Pol* are also in use.
paunch *n.* borr *f.* +ow
pauper *n.* boghosek *m.* -ogyon, boghosoges *f.* +ow
pause 1. *v.* hedhi, powes: **2.** *n.* powes *m.* +ow
pave *v.* konsya
pavement *n.* kons *m.* +ow
pavilion *n.* pabell *f.* +ow
paving-stone *n.* konsven *m.* -veyn
paw 1. *n.* paw *f.* +yow, diwbaw *dual*:

2. *v.* pawa
pawn 1. *n.* goestel *m.* goestlow; *(in chess)* gwerinor *m.* +yon: **2.** *v.* goestla
pay 1. *n. (income)* gober *m.* gobrow: **2.** *v.* pe; **pay for** pe, prena; **pay off** akwitya; **pay poorly** {gwannrewardya}; **pay wages to** gobra; **you'll pay for it** ty a'n pren
payee *n.* talesik *m.* -igyon
payer *n.* taler *m.* -oryon, talores *f.* +ow
payment *n.* talas *m.* +ow, {pemont} *m.* {+ys}; **advance payment** ragdal *m.* +ow
pea *n.* pysenn *f.* +ow, pys *coll.*
peace *n.* kres *m.*, pes
peaceful *adj.* hebask
peach *n.* aval-gwlanek *m.* avalow-gwlanek
peacock *n.* payon *m.* +es
peahen *n.* paynes *f.* +ow
peak *n.* bleyn *m.* +yow, topp *m.* +ys
peaked *adj.* bannek
peanut *n.* knowenn dhor *f.* know dor
pear *n.* perenn *f.* +ow, per *coll.*; **pear orchard** perlann *f.* +ow
pearl *n.* perl *m.* +ys
pear-tree *n.* perbrenn *m.* +yer
peasant *n.* gwerinor *m.* +yon, gwerinores *f.* +ow
peasepod *n.* kodh bys *f.* kodhow pys
peat *n.* towarghenn *f.* +ow, towargh *coll.*
peat-bog *n.* towarghek *f.* -egi
peaty *adj.* towarghek
pebble *n.* bilienn *f.* +ow, bili *coll.*
peck 1. *n.* pigas *m.* +ow; *(small kiss)* kussynn *m.* +ow: **2.** *v.* piga
peculiar *adj. (strange)* koynt
peculiarity *n.* koyntys *f.* +yow

pedagogical *adj.* adhyskoniethel
pedagogue *n.* adhyskonydh *m.* +yon
pedagogy *n.* adhyskonieth *f.*
pedal 1. *n.* troesell *f.* +ow, troesla *m.* troesleow: **2.** *v.* troesella
pedestrian *n.* kerdher *m.* -oryon; **pedestrian crossing** treusva gerdhoryon *f.* treusvaow kerdhoryon
pedigree *n.* aghskrif *m.* +ow
pedlar *n.* troesyas *m.* -yoryon, troesyades *f.* +ow, gwikor *m.* +yon, gwikores *f.* +ow
pedology *n.* gweresonieth *f.*
peel 1. *n.* kenn *m.* +ow, pil *coll.*, rusk *coll.*: **2.** *v.* diruska, pilya
peep 1. *n.* gyk *m.* +ys: **2.** *v.* gyki
peer *n.* koweth *m.* +a; *(nobleman)* gwahalyeth *m.* +ow; **peers** hynsa
peevish *adj.* krowsek
peewit *n.* kornhwilenn *f.* kernhwili
peg *n.* ebil *m.* +yer, kanell *m.* +ow, pynn *m.* +ow; *(iron)* ebil horn *m.* ebilyer horn; *(wooden)* ebil prenn *m.* ebilyer prenn; **iron peg** henkyn *m.* +yow
pelican *n.* pelikan *m.* +es
pelt *v.* pyltya
pen *n.* pluvenn *f.* +ow
penalty *n.* spal *m.* +yow
penance *n.* penans *m.* +ow, penys *m.*, ankenek *m.*; **do a penance** gul penans; **carry out a long penance** hirbenys
pencil *n.* pluvenn blomm *f.* pluvennow plomm
penetrable *adj.* dewanadow
penetrate *v.* dewana, kropya
penetrating *adj.* dewanus, gluw

penetration *n.* dewanans *m.* +ow
penguin *n.* penn-gwynn *m.* pennow-gwynn
penis *n.* kalgh *f.* +yow
penitential *adj.* ankenek
penknife *n.* kellyllik *f.* -igow
pen-knife *n.* kollell bleg *f.* kellylli pleg
penny *n.* diner *m.* +ow
penny-piece *n.* dinerenn *f.* +ow
pennywort *n.* krampoethenn vowesi *f.*, krampoeth mowesi *coll.*
Penryn *place* Pennrynn
pension *n.* gober omdennans *m.* gobrow o.
Pentecost *n.* dy' Fenkost *m.* dydhyow Penkost, Penkost *m.* +ow
penury *n.* boghosogneth *f.*, esow *m.*
Penwith *place* Pennwydh
Penzance *place* Pennsans
people 1. *n.* pobel *f.* poblow, tus; **common people** gwerin *f.*: **2.** *v.* pobla
pepper *n.* puber *m.* +yow
pepper-mill *n.* melin buber *f.* melinyow puber
perceive *v.* gweles, konvedhes, {persevya}
percentage *n.* kansrann *f.* +ow
perch *n.* *(for birds)* treusprenn *m.* +yer
perchance *adv.* martesen, parhapp
percussion *n.* frappyans *m.*
perdition *n.* argoll *m.*, koll *m.* +ow
peremptory *adj.* howtyn
perfect *adj.* flour, perfydh, {parfet}
perfection *n.* keweras *m.*, perfydhder *m.*
perfidious *adj.* fekyl
perfidy *n.* trayson *m.*
perforate *v.* treustelli

perforation *n.* kraw *m.* +yow
perform *v.* gwrythya, oberi, gul, {performya}
performance *n.* gwryth *f.* +yow, gwrythyans *m.* +ow
performer *n.* gwrythyer *m.* -oryon, oberer *m.* -oryon, oberores *f.* +ow
perfume *n.* melyseth *f.* +ow
pergola *n.* deldi *m.* +ow
perhaps *adv.* martesen, parhapp
perihelion *n.* howlnesva *f.* +ow
peril *n.* peryll *m.* +ow
perilous *adj.* peryllus
period *n. (of time)* termyn *m.* +yow, oes *m.* +ow, seson *m.* +yow +s, spys *m.* +ow, trank *m.*; *(menstrual)* amseryow
periodical *n.* lyver-termyn *m.* lyvrow-termyn
peripatetic *adj.* gwandrek
peripheral *adj.* amalek
peripherality *n.* amalogneth *f.*
periphery *n.* amal *m.* emlow
perish *v.* merwel, {perisshya}
perishable *adj.* podradow
periwinkle *n.* gwighenn *f.* +ow, gwigh *coll.*
perjury *n.* gowli *m.* +ow; **commit perjury** gowlia
permanent *adj.* fast
permeability *n.* dewanadewder *m.* +yow
permeable *adj.* dewanadow
permeate *v.* dewana
permissible *adj. (legally)* laghel, lafyl
permission *n.* kummyas *m.* +ow, gront *m.* +ow +ys
permit 1. *n.* kummyas *m.* +ow: **2.** *v.* gasa, lavasos
perpendicular *adj.* serth

perpetual *adj.* heb hedhi
perpetually *adv.* hogen; **for ever** bys vykken
perplex *v.* amaya, penndaga
perplexed *adj.* penndegys
Perran *name* Pyran
Perranporth *place* Porthpyran
persecute *v.* {persekutya}
persecutor *n.* helghyas *m.* -ysi, helghyades *f.* +ow
persicaria *n.* **spotted persicaria** lagas du
persistence *n.* duryans *m.* +yow
person *n.* den *m.* tus, korf *m.* +ow, person *m.* +s; **young person** chett *m.* +ys
personal *adj.* personel
personality *n.* personoleth *f.* +ow
persons *plur.* tus, re
perspective *n.* gologva *f.* +ow
perspiration *n.* hwys *m.* +ow
perspire *v.* hwysa
persuade *v.* dri, {perswadya}
pert *adj.* tont
pertain *v.* {pertaynya}
perturb *v.* amovya, distempra
perturbation *n.* amovyans *m.* +ow, distemprans *f.* +ow
perverse *adj.* gorth
pest *n.* ball *f.* +ow, pla *m.* +ow; *(interjection)* mal
pesticide *n.* plaladh *m.* +ow
pestilence *n.* pla *m.* +ow
pet 1. *n.* enyval dov *m.* enyvales dov, hoba *m.* +s; *(endearment)* hwegenn *f.* +ow: **2.** *adj.* dov
Peter *name* Peder
petrification *n.* menheans *m.*
petrify *v.* menhe

petrol *n.* menoyl *m.* +ys
petrology *n.* menonieth *f.*
petticoat *n.* goelesenn *f.* +ow, islostenn *f.* +ow
petty *adj.* mann-
petulant *adj.* krowsek
pewter *n.* plommsten *m.*
phantom *n.* tarosvann *m.* +ow
Pharaoh *n.* Faro
Pharisee *n.* Farise *m.* +ow +ys
pharmacist *n.* kymyst *m.* +yon
pharmacy *n. (establishment)* ferylva *f.* +ow; *(science)* ferylieth *f.*
pheasant *n.* fesont *m.* fesons
Phillack *n.* Felek
philological *adj.* yethoniethel
philologist *n.* yethonydh *m.* +yon
philology *n.* yethonieth *f.*
phlegm *n.* pur *m.*
phoney *adj.* fug
phonological *adj.* fonologiethel
phonologist *n.* fonologydh *m.* +yon
phonology *n.* fonologieth *f.*
phosphorescence *n.* mordan *m.*
phosphorescent *adj.* mordanek
photocopier *n.* liesskrifell *f.* +ow
photocopy *v.* liesskrifa
photograph *n.* skeusenn *f.* +ow
photographer *n.* skeusenner *m.* -oryon, skeusennores *f.* +ow
photography *n.* skeusennweyth *f.*; *(as a science)* skeusennieth *f.*
phrase *n.* lavarenn *f.* +ow
Phrygia *n.* Fryji
physic *n.* fisek *f.*
physical *adj.* fisegel; *(pertaining to physics)* fisegiethel
physically *adv.* yn kig yn kneus

physician *n.* medhek *m.* medhogyon, {fisyshyen} *m.* {+s}
physicist *n.* fisegydh *m.* +yon
physics *n.* fisegieth *f.*
physiognomy *n.* fisment *m.* fismens
piano *n.* piano *m.* +s
piccolo *n.* hwibanowlik *f.* -igow
pick 1. *n.* pigell *f.* +ow; **use a pick** pigellas: **2.** *v. (e.g. flowers)* kuntell, terri; **pick strawberries** sevia
picnic *n.* **picnic lunch** kroust *m.* +yow
picture *n.* liwans *m.* +ow, lymnans *m.* +ow, skeusenn *f.* +ow
pie *n.* hogenn *f.* +ow
piece *n.* tamm *m.* temmyn, darn *m.* +ow, {pis} *m.* {+ys}; **little piece** dyjynn *m.* +ow
pierce *v.* gwana, pechya, pychya
piercing *n.* gwan *f.* +yow, pych *m.* +ys +ow
piety *n.* sansoleth *f.*
pig *n.* hogh *m.* -es; **barrow pig** torgh *m.* +es; **pigs** mogh; **young pig** porghell *m.* +i
pigeon *n.* kolomm *f.* kelemmi kolommenn *f.* +ow
pigeon-house *n.* kolommji *m.* +ow
piggy-bank *n.* kofrik-erbys *m.* -igow-erbys
piglet *n.* porghellik *m.* -igow
pigmy *n. (female)* korres *f.* +ow; *(male)* korr *m.* +yon
pignut *n.* kelerenn *f.* +ow, keler *coll.*
pigsty *n.* krow mogh *m.* krowyow mogh
pigtail *n.* pleth *f.* +ow
pike *n. (fish)* dynsek-dowr *m.* dynsoges-dowr; *(weapon)* pik *m.* +ys

pilchard

pilchard *n.* hernenn *f.* +ow, hern *coll.*; **salted pilchard** fumado *m.* +s
pilchard-oil *n.* saym *m.*
pile 1. *n.* graghell *f.* +ow, pil *m.* +yow; *(post)* peul *m.* +yow: **2.** *v.* **pile up in a mound** krugya; **pile up** bernya
pilfer *v.* mannladra
pilferer *n.* brybour *m.* +s, lader *m.* ladron
pilgrim *n.* pergherin *m.* +yon, pryerin *m.* +yon; *(from the Holy Land)* palmer *m.* -oryon
pilgrimage *n.* pergherinses *f.* +ow
pill *n.* pellennik *f.* -igow
pillage *v.* pylla
pillar *n.* peulvan *m.* -venyow, post *m.* +ow, {pilar} *m.* {+s}
pillory *v.* karghara
pillow *n.* pluvek *f.* pluvogow
pilot *n. (of aircraft)* lywyer *m.* -yoryon; *(of ship)* brennyas *m.* -ysi, brennyades *f.* +ow
pimpernel *n.* brathles *m.* +yow
pimple *n.* kuriek *m.* kuriegi
pin 1. *n.* pynn *m.* +ow; *(electrical)* ebil *m.* +yer; **drawing pin** pynn meus *m.* pynnow *m.*: **2.** *v.* **pin together** pynna
pincers 1. *n. (pair)* gevel *f.* +yow, pynser *m.* +yow; **torture using pincers** gevelya
pinch 1. *n. (small quantity)* myjenn *f.* +ow: **2.** *v.* pynchya
pine *v.* **pine away** omwetha
pineapple *n.* pinaval *m.* +ow
pine-tree *n.* pinenn *f.* +ow, pin *coll.*, pinbrenn *m.* +yer
pin-game *n.* penn-ha-min *m.*
pining *adj.* moredhek
pink *adj.* rudhwynn

pizza

pinkish *adj.* rudhwynnik
pinnacle *n.* pynakyl *m.* pynaklys
pint *n.* pinta *m.* +ow
pious *adj.* grassyes, sansel
pip *n.* sprusenn *f.* +ow, sprus *coll.*
pipe 1. *n.* pib *f.* +ow, pibell *f.* +ow; *(Mus.)* hwib *f.* +ow: **2.** *v.* piba
pipe-clay *n.* pri pib *m.*
pipe-fish *n.* mornaswydh *f.* +ow, pryv malan *m.* pryves m.
pipeline *n.* goeth *f.* +ow
piper *n.* piber *m.* -oryon, pibydh *m.* +yon
pipework *n.* pibweyth *m.*
pipit *n.* **meadow pipit** bonnik *m.* -iges
pippy *adj.* sprusennek
pirate *n.* morlader *m.* -ladron, morlader *m.* -ladron, preydher *m.* -oryon
piss 1. *n.* pisas *m.*: **2.** *v.* pisa
pit *n.* poll *m.* +ow, pytt *m.* +ow; **china-clay pit** poll pri gwynn *m.* pollow pri; **small pit** dyppa *m.* dyppys; **wheel-pit of a water-wheel** poll-ros *m.* pollow-ros
pitch *n. (point)* prykk *m.* +ow; *(tar)* pyg *m.* +ow
pitchblende *n.* pygvoen *m.*
pitcher *n. (jug)* pycher *m.* +s
piteous *adj.* truedhek
pitiable *adj.* truedhek
pitiful *adj.* pitethus
pitiless *adj.* dibita, didruedh
pity *n.* pita *m.* pitys, truedh *m.*; **have pity on** kemmeres pita orth; **have pity** kemmeres truedh; **I have pity** truedh a'm beus
pivot *n.* pennaghel *f.* -aghlow
pizza *n.* pitsa *m.* +s

pizzle

pizzle *n. (of a bull)* skitlenn *f.* +ow
place 1. *n.* le *m.* leow, tyller *m.* +yow; *(mansion)* plas *m.* plasow; **at that place or time** ena; **from what place** a-ble; **in place of** yn le; **lonely place** tyller kernhwili; **place at table** plas *m.* plasow; **place of employment** soedhva *f.* +ow; **take place** hwarvos; **taken place** hwarvedhys; **to that place** dhi, di: **2.** *v.* gorra, desedha, settya
placement *n.* desedhans *m.* +ow
placid *adj.* hwar
plagiarism *n.* lyennladrans *m.*
plague 1. *n.* ball *f.* +ow, malbew, pla *m.* +ow, plag *m.* +ys; **plague take** malbew damm; **son of the plague** mab an pla *m.* mebyon an pla: **2.** *v.* plagya
plain 1. *n.* plen *m.* +ys: **2.** *adj.* plen, sempel, {playn}
plain-song *n.* plengan *f.* +ow; **second part in plain-song** dyskant *m.*
plaint *n.* plenta *m.* plentys
plaintiff *n.* plentyas *m.* -ysi, plentyades *f.* +ow
plaintive *adj.* truedhek
plait 1. *n. (of hair)* pleth *f.* +ow, diwbleth *dual,* plethenn *f.* +ow: **2.** *v.* pletha, {plattya}
plaited *adj.* plethys; **plaited work** plethweyth
plaiter *n.* plether *m.* -oryon
plan 1. *n.* towl *m.* +ow; **drawn plan** desin *m.* +yow: **2.** *v.* devisya, tewlel towl
plane 1. *n. (tool)* rask *f.* +ow; **carpenter's plane** playn *m.* +ys: **2.** *v.* playnya, raska

play

planet *n.* planet *m.* +ys +ow, {sterenn-wandra} *f.* {sterennow-gwandra}
planetarium *n.* sterji *m.* +ow
plank *n.* astell *f.* estyll, plank *m.* plenkys +ow; **abounding in planks** kebrek
plant 1. *n.* les *m.* +yow, plans *m.* +ow; *(equipment)* daffar *m.*; **umbelliferous plant** kegisenn *f.* +ow, kegis *coll.*; **power plant** tredanva *f.*: **2.** *v.* plansa
plantain *n.* hynledan *m.,* ledanenn *f.* +ow, ledanles *m.* +yow
plantation *n. (of trees)* gwydhlann *f.* +ow; *(of bushes)* boslann *f.* +ow
planter *n.* plansor *m.* +yon
plaster 1. *n.* plaster *m.* +yow; *(small)* plestrynn *m.* +ow: **2.** *v.* plastra
plastic 1. *adj.* plastek: **2.** *n.* plastek *m.* -ogow
plasticize *v.* plastekhe
plasticization *n.* plastekheans *m.*
plate *n.* plat *m.* +yow +ys; **plate metal** plat *m.* +yow +ys
plateau *n.* ughelgompesenn *f.* +ow
plateful *n.* platas *m.* +ow
plate-rack *n.* kloes-platyow *f.* kloesyow-platyow, lestrier *m.* +yow
platform *n.* arethva *f.* +ow, bynk *f.* +yow; *(of railway station)* kay *m.* kayow
platter *n.* tallyour *m.* +s
plausibility *n.* gwirhevelepter *m.*
plausible *adj.* gwirhevelep
play 1. *n.* gwari *m.* +ow; **miracle play** gwari-merkyl *m.,* gwari-mir *m.*; **play having a folk-tale plot** drolla *m.* drollow: **2.** *v.* gwari; *(an instrument)* seni; *(a wind instrument)* hwytha;

play-dough

play a harp telynnya; **play a trick** gul pratt; **play many parts** liesranna; **play tricks** hyga; **play unfairly** fugya
play-dough *n.* toes gwari *m.*
player *n.* gwarier *m.* -oryon, gwariores *f.* +ow
playful *adj.* gwariek
playground *n.* garth-gwari *m.* garthow-gwari
play-group *n.* bagas-gwari *m.* bagasow-gwari
playhouse *n.* (*for drama*) gwaridi *m.* +ow
playing-place *n.* plen an gwari *m.* plenys an gwari
plea *n.* pledyans *m.* +ow, klem *m.* +ys
plead *v.* pledya
pleader *n.* pledyer *m.* -oryon, pledyores *f.* +ow
pleasant *adj.* hweg, {plesont}
pleasantness *n.* hwekter *m.*
please 1. *v.* plesya: (**if you**) **please** mar pleg, dell y'm kyrri
pleased *adj.* pes da
pleasing *adj.* didhan, hweg, jentyl, plegadow; **be pleasing to** plegya dhe, plegya gans
pleasure *n.* plesour *m.* +s, delit *m.* +ys, fansi *m.* +s
pleat 1. *n.* plegenn *f.* +ow: **2.** *v.* plegenna
pledge 1. *n.* arwoestel *m.* -tlow, gaja *m.* gajys: **2.** *v.* arwoestla
plentiful *adj.* pals
plenty 1. *n.* palster *m.* +yow, plenteth *f.*: **2.** *adj.* {plenta}; **in plenty** lowr
pliable *adj.* gwedhyn
pliant *adj.* gwedhyn, {pliant}

plunder

pliers *plur.* geveligow
plight *n.* plit *m.* +ys
plod *v.* troesya
plodder *n.* troesyer *m.* -yoryon, troesyores *f.* +ow
plosive *n.* tardhson *m.* +yow
plot 1. *n.* (*conspiracy*) bras *m.* +ow; (*of ground*) splatt *m.* +ow: **2.** *v.* brasa, {plottya}
plotter *n.* braser *m.* -oryon, brasores *f.* +ow
plough 1. *n.* arader *m.* ereder; **frame for the moulding of a wooden plough** branell *m.* +ow: **2.** *v.* aras; **plough together** kevaras
ploughed *adj.* erys
plough-handle *n.* hedhel *m.* hedhlow
ploughman *n.* aradror *m.* +yon, den-arader *m.* tus-arader, hedhlor *m.* +yon
ploughshare *n.* sogh *m.* +yow
plough-staff *n.* karthprenn *m.* +yer
pluck *n.* (*feathers*) dibluva
plug 1. *n.* kanell *m.* +ow, stoppyer *m.* +s; (*electrical*) ebilyer *m.* +ow: **2.** *v.* ebilya
plum *n.* ploumenn *f.* +ow
plumage *n.* pluv *coll.*
plumb-bob *n.* plemmik *m.* plemmigow
plumber *n.* plommer *m.* -oryon
plume *n.* pluvenn *f.* +ow
plummet 1. *n.* plemmik *m.* plemmigow: **2.** *v.* plommgoedha
plump *adj.* berrik
plum-stone *n.* men ploumenn *m.* meyn ploumenn
plum-tree *n.* ploumbrenn *m.* +yer
plunder 1. *n.* preydh *m.* +yow:

plunge
  2. *v.* pylla
plunge *v.* troghya; **plunge under water** gorthroghya
pluperfect *adj.* gorberfydh; **pluperfect tense** amser worberfydh
plural *adj.* liesek, liesplek
plurality *n.* liester *m.* +yow
plus *conj.* ha
Plymouth *place* Aberplymm
pocket *n.* poket *m.* +ow; **fold forming pocket** askra *f.* askraow
pockmark *n.* pokk *m.* pokkys
pockmarked *adj.* tellek
pod *n.* gwisk *m.*, kodh *f.* +ow, maskel *f.* masklow, pliskenn *f.* +ow, plisk *coll.*; **bean pod** kodh fav *f.* kodhow fav
poem *n.* bardhonek *m.* -ogow, kan *f.* +ow
poesy *n.* bardhonieth *f.*
poet *n.* prydydh *m.* +yon; *(female)* bardhes *f.* +ow; *(male)* bardh *m.* berdh
poetess *n.* prydydhes *f.* +ow
poetic *adj.* awenek, bardhonek, prydydhyek
poetry *n.* bardhonieth *f.*, prydydhieth *f.*; **compose poetry** prydydhi
poinard *n.* kledhevik *m.* -igow, kledha byghan *m.* kledhedhyow b.
point 1. *n.* bleyn *m.* +yow, kolgh *m.* +ow, pig *m.* +ow, poynt *m.* +ys +ow, prykk *m.* +ow; *(of land)* rynn *m.* +ow, troen *m.* +yow, beg *m.* +yow; **point of view** gwelva *f.* +ow; **sharp point** bros *m.* +ow; **there's no point in** ny amont; **turning point** troboynt *m.* +ys; **vantage point** goelva *f.* +ow:
  2. *v.* *(sharpen)* bleynya
pointed *adj.* minyek

852

pollinate
pointless *adj.* euver
poise 1. *n.* kespoes *m.* +ow:
  2. *v.* kespoesa, omberthi
poised *adj.* omborth
poison 1. *n.* gwenon *m.* -enyow, venim *m.* +yow, {poyson} *m.* {+ys}:
  2. *v.* venimya, posna
poisoner *n.* gwenonriyas *m.* -riysi, gwenonriyades *f.* +ow
poisonous *adj.* gwenonek
poke 1. *n.* pok *m.* +yow: 2. *v.* pokya
Poland *place* Poloni
polar *adj.* pennaghlek
polder *n.* strastir *m.* +yow
pole *n.* gwelenn *f.* gwelynni, gwel *coll.*, lorgh *f.* +ow, peul *m.* +yow; *(geog.)* pennaghel *f.* -aghlow
polecat *n.* yewgenn *m.* +ow
police *n.* kreslu *m.* +yow; **police car** karr kreslu; **police station** soedhva greslu; **riot police** kreslu gustel
policeman *n.* gwithyas-kres *m.* gwithysi-gres
policewoman *n.* gwithyades-kres *f.* gwithyadesow-kres
policy *n.* polisi *m.* +s; **insurance policy** ambos surheans
Polish 1. *n.* **Polish language** Polonek *m.*: 2. *adj.* polonek
polite *adj.* kortes
politeness *n.* kortesi *m.* +s
political *adj.* politek
politician *n.* politeger *m.* -oryon, politegores *f.*
politics *plur.* politegieth
poll *n.* *(head)* poll *m.* +ow
pollack *n.* **young pollack** dojel *m.*
pollen *n.* bleus bleujyow *m.*
pollinate *v.* ponnegi

pollination

pollination *n.* ponnegyans *m.* +ow
poll-tax *n.* toll-benn *f.* tollow-penn
pollute *v.* defola; **pollute water** stronka
pollution *n.* defolans *m.* +ow
polygamous *adj.* lieswregek
polygamy *n.* lieswregeth *f.*
polyglot 1. *n.* liesyethek *m.* -ogyon, liesyethoges *f.* +ow: **2.** *adj.* liesyethek
polymath *n.* liesroasek *m.* -ogyon
pomegranate *n.* greunaval *m.* +ow
pomp *n.* meuredh *m.*, ryelder *m.*
pond *n.* poll *m.* +ow, lynn *f.* +yn, lagenn *f.* +ow, stagen *m.* +yow; *(for livestock)* grelynn *f.* +ow; **abounding in ponds** lynnek; **artificial pond** kreun *m.* +yow; **dammed-up pond** poll greun *m.* pollow g.; **salt pond** poll hoelan *m.* pollow h.; **tadpole pond** poll pennynnow *m.* pollow p.
ponder *v.* ombrederi, prederi, {pondra}
ponderous *adj.* poes
pond-weed *n.* dowrles *m.* +yow
pony *n.* hoba *m.* +s, merghik *m.* -igow
pool *n.* poll *m.* +ow, logh *m.* +ow, lynn *f.* +yn; **dirty pool** poll stronk *m.* pollow s.; **swimming pool** poll neuvya *m.* pollow n.; **little pool** pollenn *f.* +ow
poop *n.* aros *m.* +yow
poor *adj. (lacking money)* boghosek; *(in spirit)* truan
poor-cod *n.* gwiber *m.* gwibres
pop *n. (noise)* krakk *m.* +ys
pope *n.* pab *m.* +ow
poplar-grove *n.* edhlek *f.* -egi
poplar-tree *n.* edhlenn *f.* +ow, edhel *coll.*

positivity

poppy *n.* myll *f.* +es
populace *n.* gwerin *f.*
popular *adj. (of the people)* gwerinek; *(much liked)* meurgerys
populate *v.* pobla
populated *adj.* peblys
population *n.* poblans *m.* +ow
populous *adj.* poblus
porch *n.* porth *m.* +ow
pore *n.* tellik *m.* -igow
pork *n.* kig mogh *m.*
porker *n.* porghell *m.* +i
porpoise *n.* morhogh *m.* +es, {porpos} *m.* {porpesow}
porridge *n.* yos kergh *m.*
port *n.* porth *m.* +ow; **cargo port** port *m.* +ys; **entry port** port *m.* +ys
portable *adj.* degadow
portal *n.* {portal} *m.* {+s}
portent *n.* ragarwoedh *f.* +yow
porter *n.* porthores *f.* +ow, porther *m.* -oryon
porthole *n.* port *m.* +ys
portico *n.* {portal} *m.* {+s}
portion *n.* darnas *m.* +ow, rann *f.* +ow
portly *adj.* korfek
portmanteau *n.* portmantell *m.* +ow
portrait *n.* portrayans *m.* +ow
portray *v.* portraya
portreeve *n.* porthver *m.* +yon
Portugal *place* Portyngal
Portuguese 1. *n.* **Portuguese language** Portyngalek *m.*: **2.** *adj.* portyngalek
poseur *n.* fekler *m.* -oryon
position *n. (rank)* gre *m.* +ys, savla *m.* savleow, offis *m.* offisys; *(job)* soedh *f.* +ow; *(location)* le *m.* leow, trig *m.*
positive *adj.* poesedhek
positivity *n.* poesedhogeth *f.*

possess *v.* piwa
possession *n.* kerth *f.* +ow, perghennogeth *f.* +ow, pyth *m.* +ow; **take possession of** degemmeres
possessive *adj.* perghennus
possessor *n.* perghennek *m.* -ogyon, perghennoges *f.* +ow
possibility *n.* galladewder *m.* +yow
possible *adj.* galladow, possybyl; **it is not possible to escape** nyns eus skapya
possibly *adv.* martesen
post *n.* peul *m.* +yow, stykkenn *f.* +ow; *(mail)* post *m.*; *(pole)* post *m.*; **observation post** pennoelva *f.* +ow; **post office** soedhva an post *f.* soedhvaow an post: *v.* postya
postage *n.* lytherdoll *m.* +ow
postage-stamp *n.* stamp *m.* +ys +ow
post-card *n.* kartenn-bost *f.* kartennow-post
post-code *n.* kodenn bost *f.* kodennow post
posterior *n.* diwbedrenn *dual*, tin *f.* +yow
posterity *n.* henedh *m.* +ow
post-horn *n.* trybedh *m.* +ow
postman *n.* lytherwas *m.* -wesyon
post-mark *n.* merk-post *m.* merkyow-post
post-master *n.* postvester *m.* vestryow
post-mistress *n.* postvestres *f.* +ow
post-office *n.* lytherva *f.* +ow
postpone *v.* delatya, hokya
postponement *n.* delatyans *m.* +ow
pot *n.* pott *m.* +ow; **earthenware pot** pott pri; **iron pot** pott horn; **large round earthenware pot** boessa *m.*; **two-handled pot** per-seth *m.*

peryow-seth
potable *adj.* evadow
potato *n.* aval-dor *m.* avalow-dor patatysenn *f.* +ow, patatys *coll.*
pot-bellied *adj.* krothek
potent *adj.* galloesek, nerthek
potential 1. *n.* galladewder *m.* +yow: **2.** *adj.* galladow
pottage *n.* iskell *m.* +ow, kowl *m.* +ow
potter *n.* priweythor *m.* +yon, priweythores *f.* +ow
pottery *n.* priweyth *m.*, priweythva *f.* +ow
pound *n.* *(money or weight)* peuns *m.* +ow; **hundred pound weight** kanspeuns *m.*
pour *v.* dinewi, diveri, skoellya; **pour back** astiveri
pout-fish *n.* bothek *m.* -oges
poverty *n.* boghosogneth *f.*
powder *n.* polter *m.* +yow; *(name of a hundred in Cornwall)* Powdir
power *n.* galloes *m.* +ow, kevoeth *m.* +ow, nell *m.* +ow, nerth *m.* +yow, power *m.* +s; *(quantity in physics)* galloesedh *m.*; **I have power over** galloes a'm beus war; **power station** tredanva *f.* +ow
powerful *adj.* galloesek, kevoethek, nerthek
powerless *adj.* dialloes, difreth, dinerth, {dispuissant}
pox *n.* brygh *f.* +i; **chicken pox** brygh yar
practicable *adj.* hewul
practicality *n.* hewulder *m.*
practice *n.* praktis *m.* +yow
practise *v.* omassaya, praktisya

praise

praise 1. *n.* gormel *m.* gormolys, gormola *f.* gormoledhow, gormoladow *m.*, lawa *m.*, prays *m.* +ys, {lawd} *m.*; **2.** *v.* gormel, praysya; **praise highly** kanmel; **praise him!** dh'y lawa!
pram *n.* pramm *m.* +ow
prank *n.* pratt *m.* +ys
prate *v.* flowsa, gerya
pray *v.* pysi; **I pray thee** my a'th pys; **pray for** pysi rag; **pray to God** pysi war Dhuw; **repeat prayers** padera
prayer *n.* pysadow *m.*; **Lord's Prayer** pader *m.* +ow
pre- *pref.* kyn-
preach *v.* pregoth
preacher *n.* pregowther *m.* -oryon, pregowthores *f.*
preamble *n.* raglavar *m.* +ow
pre-arrange *v.* ragrestra
precarious *adj.* deantell
precaution *n.* ragbreder *m.* +ow
precede *v.* bleynya
precept *n.* kentel *m.* +yow
precinct *n.* klos *m.* +yow +ys
precious *adj.* drudh, {preshyous}
precipice *n.* kleger *m.* +ow, lammleder *f.* -ledrow
precipitous *adj.* deserth, klegerek
precis *n.* berrskrif *m.* +ow
precise *adj.* kewar
precisely *adv.* poran
precision *n.* kewerder *m.*
preclude *v.* keas mes, rakkeas
precocious *adj.* ragadhves
precursor *n.* ragresegydh *m.* +yon
predate *v.* ragdhydhya
predator *n.* preydher *m.* -oryon
predecessor *n.* ragresegydh *m.* +yon

855

presence

predicament *n.* plit *m.* +ys, studh *m.* +yow
predict *n.* darleverel, *v.* dargana
predictability *n.* darganadewder *m.* +yow
predictable *adj.* darganadow
prediction *n.* dargan *f.* +ow
preface *n.* raglavar *m.* +ow
prefer *v.* {preferya}; **I prefer** gwell yw genev
pregnancy *n.* beghyegeth *f.* +ow, torrasneth *f.* +ow
pregnant *adj.* beghyek, torrek
prehistoric *adj.* kynsistorek
pre-judge *v.* ragvreusi
prejudicate *v.* ragvreusi
prejudice *n.* ragvreus *m.* +ow
prelate *n.* parlet *m.* +s
prelude *n.* (music) ragilow *m.* +yow; (play) ragwari *m.* +ow
premature *adj.* kynsadhves
premise *n.* ragsel *m.* +yow
premonition *n.* ragwarnyans *m.* +ow
preparation *n.* darbar *m.* +ow; (e.g. in decorating) ragober *m.* +ow
prepare *v.* pareusi, darbari, dyghtya, {preparya}; **prepare oneself** ombareusi, omdharbari; **prepare something for someone** darbari neppyth dhe nebonan
prepared *adj.* parys
preplan *v.* ragdewlel
preposterous *adj.* avresnel
prerogative *n.* gwir *m.* +yow
presage *n.* ragarwoedh *f.* +yow
prescribe *v.* ragsettya
presence *n.* lok *m.*, presens *m.*; **in the presence of** a-rag, derag; **in my presence** y'm lok

present 1. *n.* ro *m.* rohow, {present} *m.* {-ens}: **2.** *adj.* a-lemmyn; **at present** lemmyn, y'n eur ma, y'n jydh hedhyw: **3.** *v. (introduce)* kommendya, {presentya}
presentiment *n.* ragown *m.*
presently *adv.* y'n eur ma
preservation *n.* gwithyans *m.*, sawder *m.*
preserve 1. *n.* kyfeyth *m.* +yow: **2.** *v.* gwitha, sawya, {preservya}; *(make jam)* kyfeythya; **preserve from** sawya a, sawya dhiworth
preside *v.* kaderya
president *n.* lywydh *m.* +yon
press 1. *n.* gwask *f.* +ow; **The Press** An Wask: **2.** *v.* gwaska, hornella; *(of clothes)* levna
pressure *n.* poes *m.* +ow, ynni *m.* +ow; *(quantity in physics)* gwaskedh *m.* +ow; **air pressure** gwaskedh ayr; **pressure on one's head before a thunderstorm breaks** poester *m.* +yow
prestige *n.* roweth *m.*
presume *v.* bedha, lavasos, {presumya}
presumption *n.* bedhekter *m.* +yow; *(audacity)* bolder *m.*
presumptuous *adj.* bedhek, hardh
presuppose *v.* ragdybi
presupposition *n.* ragdybyans *m.* +yow
pretence *n.* fayntys *m.*
pretend *v.* omwul, dolos, fasya, fekla, {pretendya}
pretext *n.* ragskeus *m.* +ow
pretty *adj.* kader, teg
prevail *v.* gwarthevya, {prevaylya}

prevent *v.* lesta, lettya; **prevent from** lettya rag
prevention *n.* lestans *m.*
preview 1. *n.* kynwel *f.* +yow: **2.** *v.* kynweles
previous *adj.* kyns
previously *adv.* kyns, kyns es lemmyn, kyns-lemmyn
prey 1. *n.* preydh *m.* +yow: **2.** *v.* **prey on** preydha
price 1. *n.* pris *m.* +yow: **2.** *v.* prisya, talvesa
priceless *adj.* dres pris
pricey *adj.* kostek, ker
pricing *n.* prisyans *m.* +ow
prick 1. *n.* gwan *f.* +yow, pigas *m.* +ow, bros *m.* +ow: **2.** *v.* gwana, piga, brosa
prickle *n.* dren *m.* dreyn
prickly *adj.* spernek
pride *n.* goeth *m.*
priest *n.* oferyas *m.* oferysi, pronter *m.* +yon; **high priest** arghoferyas *m.* -ysi
priestess *n.* prontores *f.* +ow
priesthood *n.* pronteredh *f.*
priestly *adj.* oferyasek
primary *adj.* kynradh; **primary school** skol gynradh
primate *n. (cleric)* gwerthevin *m.*
prime *adj.* penn-; **prime number** pennriv
primer *n. (book)* ordenal *m.* +ys; *(paint)* kynliw *m.* +yow
primeval *adj.* kynoesel
primrose *n.* briallenn *f.* +ow, brialli *coll*
prince *n.* pennsevik *m.* -igyon -igyow, pryns *m.* +ys, ughelor *m.* +yon
princess *n.* pennseviges *f.* +ow, prynses *f.* +ow

principal *adj.* penn-, chyf
principality *n.* prynseth *f.* +ow, {prynsipata} *m.* {-tys}
principle *n.* pennrewl *f.* +ow
print 1. *n.* prynt *m.* +ow; *(e.g. of foot)* ol *m.* +ow: **2.** *v.* pryntya, {argrafa}
printer *n. (machine)* jynn-pryntya *m.* jynnow-pryntya; *(person)* prynter *m.* -oryon, pryntores *f.* +ow
printing-office *n.* pryntji *m.* +ow
print-run *n.* pryntyans *m.* +ow
prior *adj.* kyns
priority *n.* ragwir *m.* +yow
prison *n.* prison *m.* +yow
prisoner *n. (female)* prisnores *f.* +ow; *(male)* prisner *m.* +s -oryon
prithee *v.* **I prithee** my a'th pys
privacy *n.* privetter *m.*
private *adj.* priva, privedh
privation *n.* esow *m.*
privet *n.* skeuswydh *coll., (one bush)* skeuswydhenn *f.* +ow
privity *n.* privita *m.* -tys
privy 1. *n. (toilet)* privedhyow, kawghla *m.* -leow, kawghti *m.* +ow: **2.** *adj.* priva
prize 1. *n.* piwas *m.* +ow: **2.** *v.* talvesa
prized *adj.* talvesys
probe 1. *n.* tavell *f.* +ow: **2.** *v. (examine)* hwithra; *(insert)* kropya; *(feel)* tavella
problem *n.* kudynn *m.* +ow, problem *m.* +ys; **no problem** heb grev, kudynn vyth; **solve a problem** digelmi
problematic *adj.* kudynnasek
procedure *n.* dyghtyans *m.* +ow
proceed *v.* mos yn-rag, {prosedya}
proceeds *plur.* prow, budh
process 1. *n.* argerdh *m.* +ow:
2. *v.* argerdhes
procession *n.* keskerdh *m.* +ow
processor *n.* argerdhell *f.* +ow
proclamation *n.* gwarnyans *m.* +ow
procrastinate *v.* hirviga
procure *v.* gwaynya, kavoes, provia, {prokurya}
prod *n.* pethik *m.* -igow
prodigal *adj.* skoellyek
produce 1. *n.* askorr *m.*: **2.** *v.* askorra
producer *n.* askorrer *m.* -oryon, askorrores *f.* +ow; *(theatrical)* router *m.* +s
product *n.* askorras *m.* +ow
production *n.* askorrans *m.*
productive *adj.* askorrus
profanation *n.* disakrans *m.* +ow
profane *adj.* ansans: *v.* disakra
profanity *n.* ansansoleth *f.*
profess *v.* professya
profession *n.* galwesigeth *f.* +ow
professional 1. *n. (man)* galwesik *m.* -igyon; *(woman)* galwesiges *f.* +ow: **2.** *adj.* galwesik
professor *n.* professor *m.* +yon, professores *f.*
proffer *v.* profya
profit 1. *n.* les *m.*, budh *m.* +ow, gwayn *m.* +yow, prow *m.*; **gross profit** budh kowal *m.* budhow kowal:
2. *v.* gwaynya, kavoes prow
profitability *n.* budhadewder
profitable *adj.* budhadow, lesek
profitless *adj.* diles
profligate *adj.* gorskoellyek
profound *adj.* down
profundity *n.* downder *m.* +yow
profuse *adj.* gorfals
profusion *n.* gorfalster *m.* +yow

progeny

progeny *n.* has *coll.*, linyeth *f.* +ow
program 1. *n.* **computer program** programm *m.* +ow: **2.** *v.* towlenna
programme *n.* towlenn *f.* +ow
programmer *n.* towlenner *m.* -oryon, towlennores *f.* +ow
progress *v.* avonsya, spedya
progression *n.* avonsyans *m.* +ow
progressive *adj.* a-gammow
progressively *adv.* a-gammow
prohibit *v.* difenn
prohibited *adj.* difennys
prohibition *n.* difenn *m.* +ow, difennadow *m.*
prohibitionist *n.* difennydh *m.* +yon
project 1. *n.* ragdres *m.* +ow: **2.** *v.* ragdresa; *(stick out)* balegi
projecting *adj. (sticking out)* balek
projection *n. (sticking out)* balek *m.* balogow
proletarian *adj.* gwerinek
proletariat *n.* gwerin *f.*
prologue *n.* raglavar *m.* +ow
promenade *n.* kerdhva *f.* +ow, rosva *f.* +ow
prominence *n. (geog.)* bann *m.* +ow
prominent *adj. (geog.)* bannek; *(famous)* a vri; **prominent place** bann
promise 1. *n.* ambos *m.* +ow, dedhewadow *m.* +yow, {promys} *m.* {+ys +yow}: **2.** *v.* ambosa, dedhewi, {promysya}; **promise to someone** ambosa orth nebonan; **keep a promise** kewera
promontory *n.* garth *m.* +ow, penn-ardh *m.* pennow-ardh, penn-rynn *m.* pennow-rynn, ros *m.* +yow; **little promontory** rosynn *m.* +ow; **rough promontory** garros *m.*

proposition

+ow
promote *v.* avonsya
promotion *n.* avonsyans *m.* +ow
prompt 1. *adj.* tromm: **2.** *v.* lostleverel
prompt-book *n.* ordenal *m.* +ys
promptly *adv.* a-boynt
prone *(lying down) adj.* a'y wrowedh
prong *n.* forghenn *f.* +ow
pronominal *adj.* rakhanwel
pronoun *n.* rakhanow *m.* rakhenwyn
pronounce *v.* {prononsya}
pronunciation *n.* gis-leveryans *m.* gisyow-l., leveryans *m.* +ow
proof *n.* prov *m.* +ow, {eksperyans} *m.* {+ow}
prop *n.* jist *m.* +ys; *(rugby)* peul *m.* +yow; *(in theatre)* **prop table** moes an pythow *f.* moesow an p.
propaganda *n.* plontyans *m.*
propagate *v.* plontya
propel *v.* rakherdhya
propeller *n.* rakherdhell *f.* +ow
proper *adj.* eun, ewn, gwiw, onest; **proper job** ober da
properly *adv.* yn fas, yn ta, yn ewn
property *n.* kerth *f.* +ow, pyth *m.* +ow
prophecy *n.* dargan *f.* +ow
prophesy *v.* dargana, profoesa
prophet *n.* profoes *m.* +i, dargenyas *m.* -ysi, {profet} *m.* {+ys}
propinquity *n.* nester *m.*, ogas *m.*
propitiate *v.* diserri
propitious *adj.* feusik
proportion *n.* kemusur *m.* +yow
proportional *adj.* kemusurel
proposal *n.* kynnik *m.* -igow, profyans *m.* +ow
propose *v.* kynnik, profya
proposition *n.* kynnik *m.* -igow

propriety *n.* glander *m.*, kompoester *m.* +yow, onester *m.*
prose *n.* yeth-plen *f.*
prosecute *v.* darsywya
prosecution *n.* darsywyans *m.* +ow
prosecutor *n.* darsywyas *m.* -ysi, darsywyades *f.* +ow
prosodic *adj.* prosodek
prospect *n.* gwel *f.* +yow
prosper *v.* seweni, {prosperya}
prosperity *n.* sewena *f.*, sewenyans *m.* +ow, {speda}:
prosperous *adj.* sewen
prostitute *n.* hora *f.* horys; *(colloq.)* gast *f.* gesti
protect *v.* difres, kovia; **protect from** gwitha rag; **protect oneself from** omwitha rag
protection *n.* difresyans *m.* +ow
protector *n.* difresyas *m.* -ysi
protectress *n.* difresyades *f.* +ow
protest *v.* {protestya}
Protestant 1. *n.* Protestant *m.* -ans: **2.** *adj.* protestant
protruding *adj.* balek
protrusion *n.* balek *m.* balogow
protuberance *n.* both *f.* +ow; *(of belly)* borr *f.* +ow
proud *adj.* goethus, balgh, orgelus, prout, stout; **become proud** stoutya; **proud person** orgelous, prout
prove *v.* previ, gul prov; **prove oneself** ombrevi
proverb *n.* henlavar *m.* +ow, lavar koth *m.* lavarow koth
provide *v.* provia; **provide for** provia rag
provider *n.* proviyas *m.* -ysi, proviyades *f.* +ow

province *n.* pow *m.* +yow, rannvro *f.* +yow
provincial *adj.* rannvroyel
provision *n.* provians *m.* +ow, daffar *m.*, darbar *m.* +ow
provisional *adj.* servadow
provisions *n.* sosten *m.*
provocation *n.* brosans *m.* +ow
provoke *v.* brosa, {provokya}
prow *n.* flour-rag *m.* flouryow-rag
proximity *n.* nester *m.*, ogas *m.*
prudence *n.* doethter *m.*, furneth *f.*
prudent *adj.* doeth, fur
prune 1. *v.* skethra: **2.** *n.* ploumenn sygh *f.* ploumennow sygh
psalm *n.* salm *m.* +ow
psalter *n.* sowter *m.*
psaltery *n.* sowtri *m.* +s
pseudo- *pref.* fug-
pseudonym *n.* fukhanow *m.* -henwyn
psychological *adj.* brysoniethel
psychologist *n.* brysonydh *m.* +yon
psychology *n.* brysonieth *f.*
pub *n.* diwotti *m.* +ow
puberty *n.* kedhorieth *f.*
public *adj.* poblek
publication *n.* dyllans *m.* +ow
publicity *n.* argemmynnans *m.*
publish *v.* dyllo
publisher *n.* dyller *m.* -oryon
puce *adj.* gellburpur
pudding *n.* podin *m.* +s; **bread pudding** podin bara; **Christmas pudding** podin Nadelik
puddle *n.* lagenn *f.* +ow, pollenn *f.* +ow
puerile *adj.* floghel
puff 1. *n.* hwyth *m.* +ow: **2.** *v.* hwytha, pyffya

puffin *n.* nath *m.* +es, popa *m.* popys
puffy *adj.* hwythek
puke *v.* hwyja
pull 1. *n.* tenn *m.* +ow: **2.** *v.* tenna, tenna yn-mes; **pull back** kildenna; **pull out** tenna yn-mes, estenna
puller *n. (in tug of war)* tenner *m.* -oryon
pullet *n.* mabyar *f.* -yer
pulley *n.* tennros *f.* +ow
pulpit *n.* gogell *f.* +ow
pulsate *v.* polsa
pulsation *n.* polsans *m.* +ow
pulse *n.* pols *m.* +yow
pulverize *v.* mannvrywi
pump 1. *n.* pompell *f.* +ow: **2.** *v.* pompya
pumpkin *n.* pompyon *m.* +s
punch 1. *n. (blow)* hwaff *m.* +ys: **2.** *v.* boksusi, dorna, hwaffa
punctual *adj.* a-boynt
punctually *adv.* a-dermyn
puncture 1. *n.* gwanas *m.* +ow: **2.** *v.* gwana
pungency *n.* mosokter *m.*
pungent *adj.* mosek
punish *v.* kessydhya, {punshya}
punishment *n.* kessydhyans *m.* +ow
punk *n.* penn-pilus *m.* pennow-pilus
pup *n.* kolen *m.* kelyn; **little pup** kelynik *m.* -Igow
pupil *n.* dyskybel *m.* dyskyblon; *(of the eye)* byw an lagas *m.* bywyow an lagas
puppet *n.* popett *m.* +ow
puppy *n.* kolen *m.* kelyn, kenow *m.* -es
purchase 1. *n.* prenas *m.* +ow: **2.** *v.* prena, {purchasya}

purchaser *n.* prener *m.* -oryon, prenores *f.* +ow; *(professional)* prenyas *m.* -ysi, prenyades *f.* -ow
pure *adj.* pur, glan
purge 1. *n.* karth *m.* +yon: **2.** *v.* kartha, purjya
purification *n.* purheans *m.* +ow
purify *v.* purhe
purity *n.* puredh *m.*, glander *m.*
purple *adj.* glasrudh, purpur, rudhlas
purpose 1. *n.* entent *m.* +ys, mynnas *m.* +ow, porpos *m.* +ys; **for the purpose of** rag; **on purpose** a-borpos, der entent: **2.** *v.* porposya
purposely *adv.* a-borpos
purse *n.* pors *m.* +ys, yalgh *f.* +ow
purser *n.* porser *m.* -oryon, porsores *f.* +ow
pursue *v.* helghya, chasya, pursywya
pursuit *n.* pursywyans *m.* +ow
pus *n.* gor *m.*
push 1. *n.* herdhyans *m.* +ow: **2.** *v.* herdhya
push-chair *n.* kador-herdhya *f.* kadoryow-herdhya
¹**pussy** *n.* kathik *f.* -igow
²**pussy** *adj.* gorek
put *v.* gorra, {pottya}; **put aside** gorra a-denewen; **put in a bag** sagha; **put out a fire** difeudhi; **put to death** gorra dhe vernans; **put together** keskorra
putrid *adj.* podrek, breyn
putridity *n.* podredhes *m.* +ow
puzzle *n.* **jigsaw puzzle** gwari mildamm *m.* gwariow *m.*
pylon *n.* peul *m.* +yow

Q

quack *v.* kwakkya
quack-doctor *n.* pomster *m.* +s
quackery *n.* pomstri *m.*
quad-bike *n.* pedros *f.* +ow
quadr- *pref.* peswar-, pedr-
quadrangle *adj.* peswarkorn
quadrangular *adj.* peswar-kornek
quail *n.* rynk *f.* +i
quake **1.** *n.* kren *m.* +yow: **2.** *v.* krysya
quaker *n.* krener *m.* -oryon
quaking *n.* krys *m.* +yow
quaking-grass *n.* kryswels *coll.*
qualities *plur.* teythi
quality *n.* gnas *f.* +ow
qualm *n.* gloes *f.* +ow
quantify *v.* mynshe
quantity *n.* myns *m.* +ow; **large quantity** shour *m.*
quarrel **1.** *n.* hwern *m.* +yow, kedrynn *f.* +ow, trynn *f.* +ow: **2.** *v.* kedrynna, omdhal
quarry **1.** *n.* (stone-pit) mengleudh *m.* +yow: **2.** *v.* mengleudhya
quarrying *n.* mengleudhyans *m.*
quart *n.* renn *m.* +ow, {kwart} *m.* {+ys}
quarter **1.** *n.* (fraction) kwarter *m.* kwartrys, kwartron *m.* +ys; (geog.) kwarter *m.* kwartrys, kwartron *m.* +ys; (of a year) trymis *m.* +yow; **cut in quarters** kwartrona: **2.** *v.* kwartrona
quarterly *adj.* trymisyek
quartermaster *n.* erberjour *m.* +s
quartz *n.* kanndir *m.* +yow
quash *v.* skwattya
quay *n.* kay *m.* kayow
queen *n.* myghternes *f.* +ow, ruvanes *f.* +ow

queer *adj.* (strange) koynt, astranj
quell *v.* gorlinya
quench *v.* difeudhi; (thirst) disygha
quern *n.* brow *f.* +yow
query **1.** *n.* govynn *m.* +ow: **2.** *v.* govynn
question **1.** *n.* govynn *m.* +ow, {kwestyon} *m.* {+ow +s}: **2.** *v.* govynn
questionnaire *n.* govynnek *m.* -egi
queue **1.** *n.* lost *m.* +ow: **2.** *v.* gul lost, lostya
quick *adj.* (rapid) uskis, snell, {kwykk}; (lively) buan, byw
quicken *v.* bywhe
quickly *adv.* dihwans, yn fen, prest, skon, snell, toeth men, uskis
quickness *n.* skavder *m.*
quicksand *n.* lonktreth *m.* +ow
quicksilver *n.* arghans byw *m.*
quiet **1.** *n.* kosoleth *f.*, taw *m.*: **2.** *adj.* hebask, kosel, tawel; **be quiet** gas dha son; **keep quiet** taw taves; **quiet interval** spavenn
quieten *v.* koselhe, {kosoletha}
quietly *adv.* yn kosel
quietness *n.* kosoleth *f.*
quietude *n.* kosoleth *f.*
quill *n.* kwyllenn *f.* +ow, pluvenn *f.* +ow
quilt *n.* kolghes *f.* +ow
quip *n.* ges *m.* +yow
quirk *n.* koyntys *f.* +yow
quit *v.* kwitya
quite *adv.* glan, poran, teg
¹**quiver** *v.* krysya
²**quiver** *n.* goen-sethow *f.* goenyow-sethow
quivering *n.* krys *m.* +yow
quiz *n.* kwys *m.* +yow

quota *n.* klosriv *m.* +ow
quotation *n.* devynn *m.* +ow; **price quotation** towlgost *m.* +ow
quote 1. *v.* devynna: **2.** *n.* devynn *m.* +ow
quoth *v.part* yn-medh

R

rabbit *n.* konin *m.* +es
rabbiting *n.* **go rabbiting** koninessa
rabbit-skin *n.* koningenn *m.* +ow
rabble *n.* rout *m.* +ys
rabble-rouser *n.* predheger *m.* -oryon, predhegores *f.* +ow
rabid *adj.* konneryek
rabies *n.* konnar *f.*
race 1. *n.* res *m.* +ow; *(ethnic)* agh *f.* +ow, hil *f.* +yow: **2.** *v.* resek
racer *n.* resegydh *m.* +yon, reser *m.* -oryon
racial *adj.* aghel
racing-car *n.* karr-resek *m.* kerri-resek
racism *n.* hilgasieth *f.*
racist *n.* hilgasydh *m.* +yon
rack *n.* kloes *f.* +yow, rastell *f.* restell; *(mach.)* rastell dhynsek *f.* restell dynsek; **airing rack** kloes-ayra *f.* kloesyow-ayra
racket *n.* *(noise)* habadoellya *m.*
raconteur *n.* rakker *m.* -oryon
radar *n.* radar *m.* +s
radial *adj.* gwradhel
radiance *n.* golewder *m.* +yow, golowyjyon *m.*
radiate *v.* dewynnya
radiation *n.* dewynnyans *m.* +ow
radiator *n.* dewynnell *f.* +ow

radical *adj.* gwreydhyel
radicalism *n.* gwreydhyoleth *f.*
radio *n.* radyo *m.* +yow, diwiver *m.* +yow
radish *n.* redigenn *f.* +ow, redik *coll.*
radius *n.* gwradh *f.* +ow
raffle *n.* gwari-sagh *m.* gwariow-sagh
raft *n.* skath-kloes *f.* skathow-kloes
rafter *n.* keber *f.* kebrow, kebrenn *f.* +ow, styll *m.* +yow
rag *n.* pilenn *f.* +ow, pil *coll.*
ragamuffin *n.* tellek *m.* tellogyon, telloges *f.* +ow
rage 1. *n.* konnar *f.*, koler *m.* +yow: **2.** *v.* konneri
ragged *adj.* pilennek; **ragged fellow** skethrek
raid 1. *n.* omsettyans *m.* +ow: **2.** *v.* omsettya; **raid on horseback** ehwias
rail 1. *n.* kledhrenn *f.* +ow: **2.** *v.* deraylya, {raylya}
railing *n.* peulge *m.* +ow
railway *n.* hyns-horn *m.* hynsyow-horn
raiment *n.* dillas *coll.*, gwiskas *m.* +ow
rain 1. *n.* glaw *m.* +yow: **2.** *v.* gul glaw; **it is raining** glaw a wra
rainbow *n.* kammneves *f.* +ow
raincoat *n.* kota glaw *m.* kotow glaw
raindrop *n.* glawenn *f.* ɪow
rainfall *n.* glawas *m.*
rain-forest *n.* koeswik law *f.* koeswigow glaw
rainstorm *n.* kowas *f.* kowasow
raise *v.* drehevel; *(of a child)* meythrin; *(of children or animals)*, maga; **raise again** dastrehevel; **raise oneself up** omdhrehevel; **raise up** sevel

rake

rake 1. *n. (licentious person)* ribot *m.* +ys; **garden rake** rakan *m.* +ow: **2.** *v.* rakana

rally *n. (of cars, etc.)* ralli *m.* +s

ram 1. *n.* hordh *m.* +es: **2.** *v.* herdhya, kornya

ramble 1. *n.* rosyas *m.* +ow: **2.** *v.* rosya

rambler *n.* rosyer *m.* -yoron, rosyores *f.* +ow

ramp *n.* ledrynn *m.* +ow

rampart *n.* fos *f.* +ow

ramsons *n.* kennin *coll. (individual)* kenninenn *f.* +ow

ranatra *n. (water-insect)* peswar-paw *m.* +es

rancour *n.* spit *m.*, avi *m.*

random *adj.* **random number** happriv

range *n. (of missile etc.)* towl-hys *m.* towlow-hys; *(of mountains}* kadon *f.* +yow

rank 1. *n.* degre *m.* degreys, gre *m.* +ys, renk *m.* +ow: **2.** *v.* **rank in order** renka

ransack *v.* pylla

ransom 1. *n.* daspren *m.* +yow, ronson *m.* +s: **2.** *v.* dasprena, ronsona

rant *v.* predheges, predhek

ranter *n.* predheger *m.* -oryon, predhegores *f.* +ow

rap *v.* frappya

rapid *adj.* uskis

rap-song *n.* rapp *m.* +ow

rapture *n.* ravshyans *m.* +ow

rare *adj.* tanow, treweythus

rarely *adv.* nammenowgh

rarity *n.* tanowder *m.*

rascal *n.* drokpolat *m.* +ys, javel *m.* +yon, jowdyn *m.* +s, lorel *m.* +s, losel *m.* +s

863

razor

rash *adj.* diswar

rasher *n.* goleythenn *f.* +ow

rasp 1. *n.* liv *f.* +yow, rathell *f.* +ow: **2.** *v.* ratha

raspberry *n.* avanenn *f.* +ow, avan *coll.*

rat *n.* rath *m.* +es

rate *n.* kevradh *m.* +ow; *(on property)* toll-annedh *f.* tollow-a.; **rate of exchange** kevradh chanj *m.* kevradhow chanj; **rate of interest** kevradh oker *m.* kevradhow oker; **rate of tax** kevradh toll *m.* kevradhow toll; **water rate** toll-dhowr *f.* tollow-dowr

rather 1. *adj.* **rather than** a-der; **she loves you rather than me** hi a'th kar a-der my: **2.** *adv.* kyns

ration 1. *n.* ewnrann *f.* +ow: **2.** *v.* ewnranna

rational *adj.* resnel

rationalization *n.* resonheans *m.* +ow

rationalize *v.* resonhe

rattle 1. *n.* ruglenn *f.* +ow: **2.** *v.* kryghylli, rugla

ravage *v.* ravna

rave *v.* muskegi

raven *n.* bran-vras *f.* brini-bras, marghvran *f.* -vrini

ravine *n.* kownans *m.* +ow

ravish *v. (delight)* ravshya

raw *adj. (uncooked)* kriv

rawness *n. (uncooked state)* krivder *m.*

ray *n. (e.g. of light)* dewynn *m.* +ow; *(fish)* karleyth *f.* +ow, rogha *m.* roghys; *(radiation)* golowynn *m.* +ow; *(fish)* **cuckoo ray** kalamajina *m.* +s; **smooth ray** karleyth drylost *f.* karleythow trylost; **starry ray** grija *m*

razor *n.* altenn *f.* +ow

razor-fish *n.* kelligenn *f.* +i, kellik *coll.*
razor-like *adj.* altennek
razor-shell *n.* kelligenn *f.* +i, kellik *coll.*
re- *pref.* as-
reach *v.* drehedhes, hedhes
reachable *adj.* hedhadow
read *v.* redya; **read aloud** lenna
readable *adj. (easy to read)* hered; *(legible)* redyadow
reader *n.* lenner *m.* -oryon; *(female)* redyores *f.* +ow; *(male)* redyer *m.* -oryon
readily 1. *adj.* prest: **2.** *adv.* heb ahwer, yredi
readiness *n.* yredieth *f.*; **in readiness for** erbynn
reading *n.* redyans *m.* +ow, lennans *m.* +ow
reading-matter *n.* mater-redya *m.*
readjust *v.* dastesedha
readjustment *n.* dastesedhans *m.* +ow
read-through *n.* lennas *m.* +ow
ready *adj.* parys; **make ready** darbari, fyttya, pareusi, gul parys; **ready to serve** servabyl
real *adj.* gwir
realistic *adj.* gwirvosek
reality *n.* gwirvos *m.* +ow
realize *v.* aswonn, konvedhes
really *adv.* dhe wir, yn hwir, yn tevri, surredi
realm *n.* gwlaskor *f.* -kordhow, ruvaneth *f.* +ow
reap *v.* mysi
reaper *n.* myser *m.* -oryon, myswas *m.* -wesyon; *(machine)* jynn-mysi *m.* jynnow-mysi
rear 1. *n.* delergh *m.* +ow; **in the rear** helergh: **2.** *v. (bring up)* meythrin, maga
rear-admiral *n.* kilamiral *m.* -elyon
reared *adj.* megys
rearer *n.* mager *m.* -oryon, magores *f.* +ow
rearm *v.* dasarva
rearmament *n.* dasarvans *m.* +ow
rearrange *v.* dasrestra, dasrenka
rearrangement *n.* dasrestrans *m.* +ow
reason 1. *n.* acheson *m.* +yow +ys, ken *m.* +yow, praga *m.*, reson *m.* +s, skila *f.* skilys; *(intelligence)* poell *m.* +ow: **2.** *v.* argya, resna
reasonable *adj.* resnadow
rebate *n.* daskorrans *m.* +ow
rebel 1. *n.* sordyas *m.* -ysi, rebell *m.* +ys: **2.** *v.* rebellya
rebellion *n.* rebellyans *m.* +ow
rebellious *adj.* trehwelek
rebound 1. *n.* aslamm *m.* +ow: **2.** *v.* aslamma
rebuild *v.* dassevel, dastrehevel
rebuke 1. *n.* keredh *f.* +yow, {rebuk} *m.* {+ys}: **2.** *v.* keredhi, {rebukya}
re-buyer *n.* dasprenyas *m.* -ysi
recall *v. (remember)* perthi kov
recede *v.* kila
receipt *n.* akwityans *m.* +ow
receive *v.* degemmeres, resseva, kemmeres, {fanja}
receiver *n. (instrument)* degemmerell *f.* +ow; *(person)* degemmerer *m.* -oryon, degemmerores *f.*
recent *adj.* a-dhiwedhes
recently *adv.* a-gynsow, a-nowydh, degynsow; **recently and anciently** a-nowydh hag a-henys
receptacle *n.* kib *f.* +ow

reception n. kemmeryans m. +ow, ressevans m. +ow; **reception room** degemmerva f. +ow
recess n. kil m. +yer
recession n. kilans m. +ow
recipe n. resayt m. +yow
recipient n. degemmerer m. -oryon, degemmerores f. +ow
recitation n. dyth m. +ow
recite v. dythya
reckless adj. diswar
recklessness n. diswarder m.
reckon v. akontya, nivera, rekna; **reckon fully** kowl'kontya
reckoning n. reknans m., reken m. reknow, akont m. +ow, akontyans m. +ow
reclaim v. daswaynya
reclamation n. daswaynyans m. +ow
recline v. growedha
recluse n. ankar m. ankrys
reclusive adj. ankarus
recognition n. aswonnvos m.
recognize v. aswonn
recognized adj. aswonnys
recoil 1. n. ergilans m. +ow, kildenn m. +ow: **2.** v. ergila, kildenna
recollection n. kov m. +yow, kovva f. +ow
recolonize v. dasannedhi
recommend v. kommendya, {rekommendya}
recommendation n. kemmynneth f. +ow, kommendyans m. +ow
recompense 1. n. attal m. attelyow: **2.** v. attyli, tyli
reconcile v. unnverhe, akordya, {rekonsilya}
reconciled adj. unnverhes

reconciliation n. akord m., unnverheans m. +ow
reconnaissance n. aspians m. +ow
reconstruct v. dastrehevel
record 1. n. kovadh m. +ow, rekord m. +ys; *(a single record)* kovnotenn f. +ow; *(sound-recording)* plasenn f. +ow: **2.** v. kovadha, rekordya, sonskrifa
recorder n. kovadhor m. +yon; *(Mus.)* tollgorn sowsnek m. tollgern s.
recording n. *(sound, etc.)* plasenn f. +ow, rekordyans m. +ow
recourse v. **have recourse to** {reperya}
recover v. *(trans.)* daskavoes
re-creation n. daswrians m. +ow
rectangle n. hirbedrek m. hirbedrogow
rectangular adj. hirbedrek
rectification n. ewnans m. +ow
rector n. reythor m.
rectory n. pronterji m. +ow
recurrence n. das-hwarvos m. +ow
recycle v. eylgylghya
recycling n. eylgylghyans m.
red adj. rudh
redbreast n. rudhek m. -ogyon
redden v. rudha
reddish adj. rudhik
redeem v. dasprena, prena, {redymya}; **redeem oneself** ombrena
redeemer n. dasprenyas m. -ysi, dasprenyer m. -yoryon
redemption n. daspren m. +yow, dasprenans m. +ow
re-development n. dastisplegyans m.
red-haired adj. penn-rudh
red-head n. penn-rudh m. pennow-rudh
redress n. remedi m. +s

Redruth *place* Rysrudh
redstart *n. (bird)* tingogh *m.* +es
reduce *v.* byghanhe, lehe
reduction *n.* leheans *m.* +ow
redundancy *n.* dresnivereth *f.* +ow
redundant *adj.* dresniver
redwing *n.* sevellek *f.* -oges
reed *n.* korsenn *f.* +ow, kors *coll.*; **abounding in reeds** kersyek
reed-bed *n.* kersyek *f.* -egi, keunegenn *f.* +ow, keunek *f.* -egi, korsek *f.* -egi
reedy *adj.* keunek, korsek
reef *n. (in sea)* krib *f.* +ow; *(lode)* kudhenn *f.* +ow
reek *n.* mog *m.*
reel *n. (dance)* plethenn *f.* +ow; *(wooden)* rolbrenn *m.* +yer
re-enter *v.* dasentra
re-entrant *n. (large)* pans *m.* +ow; *(small)* gobans *m.* +ow
re-entry *n.* dasentrans *m.* +ow
refectory *n.* bywdern *m.* +ow
refer *v.* **refer to** kampoella, {referya}
referee *n.* breusydh *m.* +yon; *(for character)* dustunier *m.* -oryon
reference *n. (e.g. in a letter)* kampoellans *m.* +ow; *(for character)* dustuni *m.* dustuniow
references *plur. (for potential employees)* lytherow kresys
refill *v.* daslenwel
refine *v.* purhe
refined *adj.* fin
refinery *n.* purva *f.* +ow
reflect *v.* ombrederi, prederi; *(of light)* dastewynnya
reforestation *n.* daskoeswikheans *m.*
reform *v.* dasfurvya

reformation *n.* dasfurvyans *m.* +ow; **The Protestant Reformation** An Dasfurvyans
refract *v.* dasfreythya
refraction *n.* dasfreythyans *m.*
refractory *adj.* gorth
refrain 1. *n.* **principal refrain in plain chant** pennpusorn *m.*: **2.** *v.* {refraynya}
refresh *v.* diskwitha, {refreshya}; *(with water)* disygha
refreshments *plur.* sosten
refrigerate *v.* yeynella
refrigeration *n.* yeynellans *m.*
refrigerator *n.* yeynell *f.* +ow
refuge *n.* harber *m.* +ys, meneghi *m.* +ow, skovva *f.* +ow
refugee *n.* fowesik *m.* -igyon, fowesiges *f.* +ow
refusal *n.* nagh *m.* +ow, skonyans *m.* +ow
¹**refuse** *v.* denagha, nagha, skonya, {refusya}; **refuse to do something** skonya a wul neppyth
²**refuse** *n.* atal *coll.*
regain *v.* daskemmeres
regal *adj.* ryel
regard 1. *n.* govis *m.* +yon; **in your regard** yn dha gever: **2.** *v.* mires orth, ow tochya, {regardya}
regency *n.* loruvaneth *f.* +ow
regenerate *v.* dastineythi
regeneration *n.* dastineythyans *m.*
regent *n.* lesruw *m.* lesruvow
regime *n.* rewlyans *m.* +ow
regiment *n.* kaslu *m.* +yow
region *n.* ranndir *m.* +yow, rannvro *f.* +yow, pow *m.* +yow, {kost} *m.* {+ys}
regional *adj.* ranndiryel

register 1. *n.* kovlyver *m.* -lyvrow, kovskrifenn *f.* +ow; **register office** soedhva govskrifa: **2.** *v.* kovskrifa
registration *n.* kovskrifans *m.* +ow
registry *n.* kovskrifla *m.* -leow
regress *v.* kildenna
regression *n.* kildenn *m.* +ow
regret 1. *n.* edrega *f.*, edrek *m.* -egow, govisyon *m.*, keudhesigeth *f.*; **cause for regret** dihedh *m.* +ow; **I regret** edrek a'm beus, yma edrek dhymm: **2.** *v.* kemmeres edrek; **I regret** dihedh yw dhymm
regretful *adj.* edregus
regular *adj.* reyth
regulate *v.* governa, rewlya
regulation *n.* rewl *f.* +ys +ow
regulator *n. (elect.)* rewlerynn *m.* +ow
rehearsal *n.* assay *m.* +s, ragober *m.* +ow
rehearse *v.* omassaya, ragoberi
reign 1. *n.* reyn *m.* +ys: **2.** *v.* reynya; **reign together** kesreynya
rein *v.* raynya
reindeer *n.* karow ergh *m.* kerwys ergh
reinforce *v.* krevhe
reject *v.* denagha, skonya
rejection *n.* skonyans *m.* +ow
rejoice *v.* omlowenhe, lowenhe, {rejoysya}
rejoicing *n.* heudhder *m.*
rejuvenate *v.* yowynkhe
rejuvenation *n.* yowynkheans *m.* +ow
relapse 1. *n.* daskoedh *m.* +ow: **2.** *v.* daskoedha
relate *v.* derivas, leverel; **relate to** derivas dhe
related *adj.* **related by blood** unnwoes

relation *n. (member of family)* kar *m.* kerens; **close relation** kar-ogas *m.* kerens-ogas; **near relation** kar ogas, neskar *m.* neskerens, goes nessa *m.*
relative *n.* kar *m.* kerens; **close relative** kar-ogas *m.* kerens-ogas; **near relative** kar ogas, neskar *m.* neskerens, goes nessa *m.*
relax *v.* diskwitha, omdhiskwitha; *(loosen)* lewsel
relaxation *n.* diskwithans *m.*
release *v. (set free)* livra, rydhhe, {relessya}; *(deliver)* delivra; *(publish)* dyllo; *(from trap)* divagla
relent *v.* diserri
relentless *adj.* dibita
reliability *n.* fydhyadewder *m.*
reliable *n.* fydhyadow
reliance *n. (faith)* fydh *f.* +yow; *(confidence)* kyfyans *m.*; *(trust)* trest *m.*
relic *n. (of saint)* krer *m.* +yow; *(of building)* magor *f.* +yow
relief *n.* difres *m.* +ow, difresyans *m.* +ow, solas *m.*; *(mental)* diskeudh *m.* +ow; *(topographical)* tirwedh *m.*; **tax relief** difresyans toll *m.*
relieve *v.* difres, sewajya, sokra, {relevya}; *(mentally)* diskeudhi
religion *n.* fydh *f.* +yow, kryjyans *m.* +ow
religious *adj.* kryjyk
relinquish *v.* eskasa, hepkorr, gwayvya
reliquary *n.* krerva *f.* +ow
relish 1. *n.* blas *m.* +ow, fansi *m.* +s: **2.** *v.* blasa
relocate *v.* daslea
relocation *n.* dasleans *m.* +ow

reluctance *n.* anvodh *m.*, anvodhogeth *f.*, danjer *m.* +yow, dihedh *m.*; *(slowness)* hyllder *m.*
reluctant *adj.* anvodhek; *(slow)* hyll
rely *v.* **rely on** fydhya yn
remain *v.* triga, {remaynya}; **wait for** gortos
remainder *n.* remenant *m.* +ow
remains *plur.* gesyon; *(of building)* kryllas
remake 1. *v.* daswul: 2. *n.* daswrians *m.* +ow
¹**remark** *v.* notya: *n.* kampoell *m.* +ow
²**remark** *v.* *(mark again)* dasverkya
remarkable *adj.* {marthek}
remedy *n.* kur *m.* +yow, remedi *m.* +s
remember *v.* kevenna, perthi kov a, perthi y'n kov, kovhe, perthi kov, {remembra}
remembrance *n.* kovadh *m.* +ow, kovva *f.* +ow, {remembrans} *m.* {+ow}
remind *v.* kovhe
remiss *adj.* logh
remission *n.* gevyans *m.* +ow; *(of sins)* dehwelyans *m.* +ow
remit *v.* gava, {remyttya}
remnant *n.* remenant *m.* +ow
remorse *n.* edrek *m.* -egow
remote *adj.* pell; **remote control** pellvotonek
removal *n.* dileans *m.* +ow, removans *m.* +ow
remove *v.* dilea, kemmeres yn-mes, remova, tenna yn-mes
remover *n.* **remover of charms** peller *m.* -oryon
remunerate *v.* gobra
remuneration *n.* gober *m.* gobrow

renal *adj.* lonethel
rend *v.* skwardya
render *v.* ri, rendra
rendezvous *n.* kuntellva *f.* +ow
renew *v.* nowydhhe
renewal *n.* nowydhheans *m.* +ow
rennet *n.* godroeth *m.*; **curdle with rennet** godroetha
renounce *v.* hepkorr, nagha, gasa, {renownsya}
renovate *v.* nowydhhe
renovation *n.* nowydhheans *m.* +ow
renown *n.* klos *m.*
renowned *adj.* gerys-da
rent *n.* rent *m.* +ow +ys; *(rip)* skward *m.* +yow
renunciation *n.* hepkorrans *m.* +ow
reorganize *v.* dasordena
repaginate *v.* dasfolenna
repagination *n.* dasfolennans *m.* +ow
repair 1. *n.* ewnheans *m.* +ow: 2. *v.* ewnhe
reparation *n.* attal *m.* attelyow
repast *n.* gwledh *f.* +ow
repay *v.* attyli
repayment *n.* attal *m.* attelyow; **as a repayment** yn attal
repeat *v.* dasleverel
repeatedly *adv.* menowgh
repent *v.* kavoes edrek, koedha yn edrek, {repentya}; **cause to repent** keudhesikhe
repentance *n.* edrega *f.*, edrek *m.* -egow, keudhesigeth *f.*
repentant *adj.* edregus, keudhesik
replenish *v.* astiveri, daslenwel
replenishment *n.* astiveryans *m.* +ow
replete *adj.* gwelghys

repletion *n.* gorlanwes *m.* +ow, gwalgh *m.* +ow, kwoff *m.*
reply 1. *n.* gorthyp *m.* gorthybow: 2. *v.* gorthybi; **reply impertinently** kammworthybi
repopulate *v.* daspobla
repopulated *adj.* daspeblys
repopulation *n.* daspoblans *m.*
report 1. *n.* derivas *m.*, ger *m.* +yow; **false report** hwedhel *m.* hwedhlow: 2. *v.* derivas, meneges, {reportya}
reporter *n.* derivador *m.* +yon, derivadores *f.* +ow
repose 1. *n.* powes *m.* +ow: 2. *v.* powes, diskwitha
representative *n.* negysydh *m.* +yon, kannas *f.* +ow
reprimand 1. *n.* keredh *f.* +yow: 2. *v.* keredhi
reprint 1. *n.* daspryntyans *m.* +ow, {dasargraf} *m.* {+ow}: 2. *v.* dapryntya, {dasargrafa}
reproach 1. *n.* keredh *f.* +yow, mewl *m.* +ow: 2. *v.* keredhi
reprobate *adj.* ongrassyes
reproof *n.* keredh *f.* +yow, {reprev} *m.* {+ow}
reprove *v.* keredhi, {represa}
reptile *n.* kramvil *m.* +es
reptilian *adj.* kramvilek
republic *n.* poblogeth *m.* +ow, repoblek *f.* -ogow
republican *adj.* poblogethek
re-publication *n.* dastyllans *m.* +ow
re-publish *v.* dastyllo
repugnance *n.* kasadewder *m.*
repugnant *adj.* kasadow
repulsive *adj.* disawer, hegas, kasadow

reputation *n.* bri *f.*, ger-da *m.* geryow-da, pris *m.* +yow
repute *v.* {reputya}
request 1. *n.* gorholedh *m.* +ow, govynnadow *m.*, desir *m.* +ys, {rekwest} *m.* {+ys}: 2. *v.* govynn
request-stop *n.* savla-govynn *m.* savleow-govynn
require *v.* erghi, {rekwirya}; **require of someone** mynnes orth nebonan
requirement *n.* gorholedh *m.* +ow
requisites *n.* pygans *m.*
requisition *n.* gorholedh *m.* +ow
requittal *n.* **harsh requittal** drog ras
re-read *v.* dasredya
re-reading *n.* dasredyans *m.* +ow
resale *n.* daswerth *f.* +ow
resay *v.* dasleverel
rescue 1. *n.* sawyans *m.* +ow: 2. *v.* sawya
research *n.* hwithrans *m.* +ow; **carry out research** hwithra
researcher *n.* (*female*) hwithrores *f.* +ow; (*male*) hwithrer *m.* -oryon
resemblance *n.* hevelep *m.* hevelebow
resemble *v.* bos haval dhe
resembling *adj.* haval
reservation *n.* ragarghas *m.* +ow
reserve 1. *n.* (*of land*) gwithlann *f.* +ow, gwithva *f.* +ow; **nature reserve** gwithva natur; (*of money or materials*) kreun *m.* +yow: 2. *v.* gorra a-denewen, gwitha; (*e.g. a room*) ragerghi
reserved *adj.* (*booked*) ragerghys
reservoir *n.* kreun *m.* +yow
resettle *v.* dasannedhi
reside *v.* triga

residence *n.* treveth *f.* +ow, annedh; **imparked residence** kenkidh *m.* +yow

resident *n.* triger *n.* -oryon, trigores *f.* +ow

residential *adj.* annedhel

residual *adj.* gasadow: *n.* gasadow *m.* +yow

residue *n.* gasadow *m.* +yow, remenant *m.* +ow

resign *v.* omdhisoedha

resignation *n.* omdhisoedhans *m.* +ow

resist *v.* offendya, settya orth, settya erbynn

resistance *n.* defens *m.* +ow

resolute *adj.* hardh

resolution *n.* (*decision*) ervirans *m.* +ow, digolm *m.* +ow

resolve *v.* ervira, digelmi

resort *v.* {resortya}

resound *v.* dasseni

respect *n.* reowta *m.*, revrons *m.*

respectively *adv.* a-gettep

respiration *n.* anellans *m.*

respire *v.* anella

respite *n.* hedh *m.*; **without respite** anhedhek

respond *v.* gorthybi

response *n.* gorthyp *m.* gorthybow

responsibility *n.* charj *m.* +ys, omgemmeryans *m.* +ow

responsible *adj.* omgemmeryek; **become responsible for** omgemmeres; **make responsible** charjya

¹**rest 1.** *n.* powes *m.* +ow; **state of rest** powesva *f.* +ow: **2.** *v.* powes, {restya}; (*relax*) diskwitha; (*stop*) hedhi

²**rest** *n.* (*remainder*) remenant *m.* +ow

re-start 1. *n.* dastalleth *m.* +ow: **2.** *v.* dastalleth

restate *v.* dasleverel

restaurant *n.* boesti *m.* +ow

resting-place *n.* powesva *f.* +ow

restitution *n.* daskorrans *m.* +ow, {restorita} *m.*

restless *adj.* dibowes

restlessness *n.* dibowester *m.*

restore *v.* daswul, {restorya}; (*fig.*) asver

restrain *v.* chastia, fronna

restraint *n.* fronn *f.* +ow; **wage restraints** fronnow-gober

result 1. *n.* sywyans *m.* +ow: **2.** *v.* sywya

resurrect *v.* dasserghi

resurrection *n.* dasserghyans *m.* +ow

retain *v.* dalghenna, gwitha, {retaynya}

retainer *n.* omajer *m.* +s; (*servant*) den koskordh *m.* tus goskordh

retake *v.* daskemmeres

retard *v.* delatya an termyn

retardation *n.* delatyans *m.* +ow

retch *v.* kartha

retching *n.* karth *m.* +yon

retinue *n.* koskordh *coll.*

retire *v.* omdenna

retired *adj.* (*from work*) omdennys

retirement *n.* omdennans *m.* +ow; **early retirement** omdennans a-varr

retiring *adj.* gohelus

retouch *v.* dastochya

retract *v.* denagha

retranslate *v.* dastreylya

retreat 1. *n.* argel *f.* +yow, fo *m.*, godegh *m.* +ow, kildenn *m.* +ow, tegh *m.* +ow: **2.** *v.* kildenna
retrench *v.* erbysi
retribution *n.* dial *m.*, kessydhyans *m.* +ow
return 1. *n.* dehwelyans *m.* +ow; **by return** war-nuk; **return ticket** tokyn mos-ha-dos *m.* tokynyow mos-ha-dos: **2.** *v.* dehweles; **return to giver** daskorr
reunion *n.* dasunyans *m.* +ow
reunite *v.* dasunya
reurbanization *n.* dastrevelheans *m.*
reveal *v.* disklosya, diskudha
revel *n.* goel *m.* +yow
revelation *n.* disklosyans *m.* +ow
revenge *n.* drog-gras *m.* +ow
revenue *n.* **Inland Revenue** Tollva an Wlas
reverberate *v.* dasseni
reverberation *n.* dassenyans *m.* +ow
reverence *n.* revrons *m.*
reversal *n.* kildro *f.* +yow
reverse 1. *adj.* **reverse gear** maglenn dhelergh: **2.** *v.* kildenna
reversible *adj.* kildennadow
reversion *n.* kildreylyans *m.* +ow
revert *v.* kildreylya, {revertya}
review 1. *n.* daswel *m.* +yow: **2.** *v.* dasweles
revile *v.* milliga
revise *v.* dasweles
revision *n.* daswel *f.* +yow
revival *n.* dasvywnans *m.* +ow
revive *v.* dasvywa
revocation *n.* daskalow *m.* +yow
revoke *v.* daskelwel
revolting *adj.* kasadow
revolution *n.* *(in mechanics)* hweldro *m.* +yow; *(political)* domhwelyans *m.* +ow
revolutionary *adj.* domhwelus
reward 1. *n.* gober *m.* gobrow, gwerison *m.* +s, piwas *m.* +ow, {reward}: **2.** *v.* gobra, ri piwas dhe, {rewardya}
rewrite *v.* dasskrifa
rheumatism *n.* remm *m.*
rhinoceros *n.* troengornvil *m.* +es
rhododendron *n.* roswydhenn *f.* +ow, roswydh *coll.*
rhubarb *n.* trenkles *m.*
rhyme 1. *n.* rim *m.* +yow: **2.** *v.* rimya
rhythm *n.* resyas *m.* +ow
rhythmic *adj.* resyek
rib *n.* asenn *f.* +ow, asowenn *f.* +ow, asow *coll.*
ribbed *adj.* asennek
ribbon *n.* snod *m.* +ow +ys
rib-cage *n.* kloes-diwvronn *f.* kloesyow-d.
rice *n.* ris *coll.*; **grain of rice** risenn *f.* +ow
rich *adj.* golusek, rych; **rich man** golusek; **rich woman** golusoges
riches *plur.* golusogneth *f.* +ow, rychys *m.*
richness *n.* *(e.g. of a culture)* rychedh *m.*
rick *n.* bern *m.* +yow, das *f.* deys
rickets *n.* legh *m.*
rick-yard *n.* yslann *f.* +ow
ricochet 1. *n.* daslamm *m.* +ow: **2.** *v.* daslemmel
rid *v.* kartha, {ryddya}
riddle *n.* *(strainer)* kroeder *m.* kroedrow, rider *m.* ridrow
riddled *adj.* tellek

ride

ride 1. *v.* marghogeth; **ride forth** ehwias: *n.* **2.** *(lift)* gorrans *m.* +ow
rider *n. (female, on horseback)* marghoges *f.* +ow; *(male, on horseback)* marghek *m.* -ogyon
ridge *n.* drumm *m.* +ow, garth *m.* +ow, keyn *m.* +ow, mujovenn *f.* +ow; *(of corn-mow)* pleth *f.* +ow; **long ridge** hirdrumm *m.* +ow, hiryarth *f.* +ow; **ridge of a house** krib ji *f.* kribow chi
ridge-pole *n.* nenbrenn *m.* +yer
ridicule *v.* gul ges a, skornya
ridiculous *adj.* skornyadow, hwarthus
riding-hood *n.* huk *f.* +ys
rifle *v.* pylla
rift *n.* fols *m.* +yow
rig *n.* **flying rig (theatre)** daffar nija *m.*
rigging *n.* lovanweyth *m.*
right 1. *n.* reyth *m.* +yow, ewnder *m.* +yow; *(truth)* gwir *m.* +yow; **legal right** titel *m.* titlow titlys; **right of way** gwir tremen *m.* gwiryow t.: **2.** *adj. (true)* gwir; *(regular)* reyth; *(morally)* kompes; *(opposite to left)* dyghow; **at the right hand of** a'n barth dhyghow dhe; **on the right hand** a-dhyghow; **right angle** elin pedrek; **right away** hware; *(opposite to left)* **right hand** dyghow; **set right** amendya
righteous *adj.* gwiryon
rightly *adv.* poran
rightness *n.* kompoester *m.* +yow
rights *plur.* gwiryow; **civil rights** gwiryow kemmyn
rigid *adj.* diwedhyn
rigidity *n.* diwedhynder *m.*
rigorous *adj.* dour
rigorously *adv.* dour

roach

rill *n.* goverik *m.* -igow
rim *n.* amal *m.* emlow, kammek *f.* -ogow
rind *n.* rusk *coll.*
ring 1. *n.* klos *m.* +yow +ys; *(circle)* kylgh *m.* +yow; *(for finger)* bysow *m.* bysowyer; **large ring for mooring** lagasenn *f.* +ow: **2.** *v. (of a bell)* seni
ringmaster *n.* mester syrk *m.* mestri syrk
ring-road *n.* kylghfordh *f.* +ow
ring-worm *n.* darwesenn *f.* +ow, darwes *coll.*, kenek *m.* -oges
rinse *v.* godroghya
rip 1. *n.* skward *m.* +yow: **2.** *v.* frega, skwardya
riparian *adj.* glannek
ripe *adj.* adhves
ripen *v.* adhvesi; *(of corn)* gwynnhe
ripeness *n.* adhvetter *m.*
ripple 1. *n.* krygh *m.* +yow, tennik *f.* -igow: **2.** *v.* krygha
rise *v.* drehevel, sevel; *(of tide)* morlenwel; **rise again** dasserghi; **rise sharply** serthi; **rise straight up** serthi; **rise up** drehevel, omsevel
rising *n.* sordyans *m.* +ow
risk 1. *n.* argoll *m.* +ow: **2.** *v.* argelli; **at any risk** awos peryll; **incur risk** peryllya
risky *adj.* peryllus
rite *n.* deves *m.* devosow
ritual *adj.* devosel
rive *v.* folsa
river *n.* avon *f.* +yow, dowr *m.* +ow
rivet 1. *n.* gorthkenter *f.* -kentrow: **2.** *v.* gorthkentrewi
rivulet *n.* goverik *m.* +ow
roach *n. (fish)* talek *m.* taloges

road *n.* fordh *f.* +ow, hyns *m.* +yow; **main road** fordh-veur *f.* fordhow-meur, pennfordh *f.* +ow; **no through road** fordh-dhall *f.* fordhow-dall; **single-track road** fordh unnlergh *f.* fordhow u.
road-block *n.* fordhlett *m.* +ow
road-junction *n.* (T or Y) fordh-dhibarth *f.* fordhow-dibarth
road-sign *n.* arwoedh-fordh *f.* arwoedhyow-fordh
road-works *plur.* hwelyow fordh
roam *v.* gwandra, rosyas
roamer *n.* gwandryas *m.* -ysi, gwandryades *f.* +ow
roar *v.* bedhygla, grommya; *(thunder)* tarenna
roaring *adj.* hwyflyn
roast *v.* rostya
roasting-tin *n.* kanna-rostya *m.* kannow-r.
rob *v.* ladra, ravna, robbya
robber *n.* lader *m.* ladron, ladres *f.* +ow, robbyer *m.* robbyoryon, robbyores *f.* +ow
robbery *n.* (in general) ladrynsi *m.*; *(individual crime)* ladrans *m.* +ow
robe *n.* goen *m.* +yow
robin *n.* rudhek *m.* -ogyon
robot *n.* robot *m.* +ow
robust *adj.* nerthek
¹**rock** *n.* karrek *f.* kerrek karregi; **roche moutonnée** karrek vols *f.* kerrek mols; **rock altar** karrek sans *f.* kerrek sans; **underlying rock** karn *m.* +ow
²**rock** *v.* leska: *n.* **rock music** rokk *m.*
rockery *n.* meynek *f.* -egi
rocket *n.* fusenn *f.* +ow

rocking-horse *n.* margh-leska *m.* mergh-leska
rockling *n.* **three-bearded rockling** *(fish)* penn-barvus *m.* pennow-barvus, ploumsugen *m.* +es, ploumsugesenn *f.* +ow
rock-pile *n.* karn *m.* +ow; *(small)* karnan *m.* -enyow
rock-pool *n.* pollenn *f.* +ow
rocky *adj.* karnedhek, karnek; **rocky ground** karnek
rod *n.* gwelenn *f.* gwelynni, gwel *coll.*, lath *f.* +ow
rodent *n.* knivil *m.* +es
roedeer *n.* yorgh *f.* yergh, yorghes *f.* +ow
rogue *n.* drogwas *m.* -wesyon, adla *m.* adlyon, sherewa *m.* sherewys, {harlot} *m.* {harlos}, {harlotwas} *m.* {-wesyon}
roguery *n.* sherewneth *f.*
roll 1. *n.* (bread) bara byghan *m.*; (list) rol *f.* +yow: **2.** *v.* rolya; **roll into a ball** pellenni
roller *n.* (wooden) rolbrenn *m.* +yer; (stone) rolven *m.* rolveyn
roller-skate 1. *n.* roskis *m.* +yow: **2.** *v.* roskisya
roller-skater *n.* roskisyer *m.* -yoryon
rolling-pin *n.* rolbrenn *m.* +yer
Roman 1. *n.* Roman *m.* +s +yon, **2.** *adj.* romanek
romantic *n.* romansek
romanticism *n.* romansogeth *f.*
romanticist *n.* romansegydh *m.* +yon
Rome *place* Rom
rood *n.* krows *f.* +yow
roof 1. *n.* to *m.* tohow: **2.** *v.* ti
roofless *adj.* dido

roof-tree

roof-tree *n.* nenbrenn *m.* +yer
rook *n. (bird)* bran-dre *f.* brini-tre, fraw *m.* +es
rookery *n.* branva *f.* +ow
room *n.* sal *f.* +yow, stevell *f.* +ow; *(chamber)* roum *m.* +ys; **green room (theatre)** stevell wyrdh; **reception room** degemmerva *f.* +ow
roost 1. *n.* klus *m.* +yow: **2.** *v.* klusya
rooster *n.* kulyek *m.* +es -oges
root 1. *n.* gwreydhenn *f.* gwreydhyow, gwreydh *coll.*: **2.** *v.* gwreydhya; *(of pigs)* terghya; **take root** gwreydhya
rootle *v.* terghya
root-stock *n.* kyf *m.* +yon
rope *n.* lovan *f.* lovonow; **long rope** fun *f.* +yow
rope-maker *n.* lovaner *m.* lovanoryon, lovanores *f.* +ow
roper *n.* lovaner *m.* lovanoryon, lovanores *f.* +ow
ropework *n.* lovanweyth *m.*
rosary *n.* paderow
rose *n.* rosenn *f.* +ow, ros *coll.* briluenn *f.* +ow, brialli *coll.*
rostrum *n.* arethva *f.* +ow
rot 1. *n.* breynder *m.*, poder *m.*; **get dry rot** koska; **rot in timber** kosk *m.*: **2.** *v.* pedri; **rot through damp** leytha
rotary *adj.* rosellek
rotate *v.* rosella, troyllya
rotation *n.* rosellans *m.* +ow, troyllyans *m.* +ow
rotatory *adj.* rosellek
rotor *n.* rosell *f.* +ow
rotor-arm *n.* bregh-rosell *f.* breghow-rosell
rotten *adj.* breyn, pesek, poder

874

rowing

rotter *n.* pesek *m.* pesogyon, pesoges *f.* +ow, podrynn *m.* +ow
rotund *adj.* rond
rough *adj.* garow, rust, smat; *(of sea)* tonnek
rough-barked *adj.* ruskek
rougher *adj.* garwa
roughly *adv.* yn harow
roughness *n.* garowder *m.* +yow
roulette *n.* **roulette wheel** rosell *f.* +ow
round 1. *n.* kylgh *m.* +yow; *(song)* kylghgan *f.* +ow; **in the round** y'n plen: **2.** *adj.* krenn, kylghyek, rond
roundabout *n. (at fair)* res-a-dro *m.* resow-a-dro; *(for traffic)* fordh-a-dro *f.* fordhow-a-dro
roundelay *n.* kylghgan *f.* +ow
rounders *n. (disease of sheep)* penn-dro *f.*
roundness *n.* krennder *m.*, rondenep *m.* -enebow
rouse *v.* sordya
route *n.* fordh *f.* +ow; **alternative route** gohelfordh *f.* +ow
route-map *n.* hynsador *m.* +yow
routine *n.* usadow *m.*
rove *v.* gwandra
rover *n.* gwandryas *m.* -ysi, gwandryades *f.* +ow
¹**row 1.** *n. (disturbance)* habadoellya *m.*: **2.** *v. (disturbance)* habadrylsi
²**row** *v. (row a boat)* roevya
³**row** *n. (line of objects)* res *f.* +yow, rew *m.* +yow; **front row (in theatre)** kynsa rew *m.* kynsa rewyow
rowan-tree *n.* kerdhinenn *f.* +ow, kerdhin *coll.*
rower *n.* roevador *m.* +yon, roevadores *f.* +ow
rowing *n.* roevyans *m.*

rowing-boat *n.* skath-roevya *f.* skathow-roevya
royal *adj.* ryel
royalty *n.* ryeleth *f.*
rub *v.* rutya
rubber *n. (eraser)* rutyer *m.* +yow
rubbing *n.* rutyans *m.* +ow
rubbish *n.* atal *coll.*, plosedhes *m.*
rubbishy *n.* skubellek
rubble *n.* radell *m.* +ow
rubella *n.* brygh almaynek *f.*
ruby *n.* rubi *m.* +ow
rudder *n.* lyw *m.* +yow
ruddle *n.* meles *m.* +ow
ruddy *adj.* rudhik
rude *adj.* diskortes
rudeness *n.* anhwekter *m.*
rue *n. (herb)* ruta *m.*
ruffian *n.* avleythys *m.* +yon
ruffle *v.* distempra
rug *n.* strel *m.* +yow
rugged *adj.* garow
ruin 1. *n.* magor *f.* +yow, meschyv *m.* +yow; **ruin of ancient dwelling** kryllas *m.* +ow: **2.** *v.* diswul, meschyvya, shyndya
ruinate *v.* distrui
rule 1. *n.* rewl *f.* +ys +ow: **2.** *v.* governa; *(trans.)* rewlya, routya
ruler *n.* router *m.* +s, ruw *m.* +yon; *(head of state)* rewler *m.* -oryon, rewlyas *m.* -ysi; *(tool)* rewlell *f.* +ow; **ruler by force** turant *m.* turans
ruling *n.* rewlyans *m.* +ow
¹**rum** *n.* roemm *m.*
²**rum** *adj.* koynt
rumble 1. *n.* grommyans *m.* +ow: **2.** *v.* grommya
ruminate *v.* dasknias

rumour *n.* kyhwedhel *m.* kyhwedhlow
rump *n.* tin *f.* +yow
run 1. *n.* **in the long run** war ow fordh hir: **2.** *v.* poenya; *(of liquids and people)* resek; **run away** diank; **run before** ragresek; **run through with a sword** berya; **running of water** res
runaway *n.* fowesik *m.* -igyon, fowesiges *f.* +ow
rune *n.* run *m.* +yow
rung *n.* gris *m.* +yow +ys
runner *n.* resegydh *m.* +yon, reser *m.* -oryon, resores *f.* +ow
runway *n.* hyns-tira *m.* hynsyow-tira
rupture *n.* torr *m.* +ow, torrva *f.* +ow
rural *adj.* powel
ruse *n.* kildro *f.* +yow
¹**rush** *(plant)* broennenn *f.* +ow, broenn *coll.* keunenn *f.* +ow, keun *coll.*, porvenn *f.* +ow, porv *coll.*:
²**rush 1.** *n. (hurry)* fysk *m.* +ow; **2.** *v.* fyski
rush-head *n. (insult)* penn-broennenn *m.* pennow-broennenn
rushy *adj.* broennek
russet *adj.* rudhloes
Russia *place* Russi
Russian 1. *n.* **Russian language** Russek *m.*: **2.** *adj.* russek
rust 1. *n.* gossen *f.* +yow: **2.** *v.* gosseni
rustic *n.* trevesik *m.* -igyon
rusty *adj.* gossenek; **go rusty** gosseni
ruthless *adj.* dibita
rye *n.* sugal *coll.*; **rye ground** sugaldir *m.* +yow
rye-field *n.* sugalek *f.* -egi

S

Sabbath *n.* Sabot *m.* +ys
sacerdotal *adj.* oferyasek
sack 1. *n.* sagh *m.* seghyer:
  2. *v. (dismiss)* gordhyllo
sackcloth *n.* saghlenn *m.* +ow, yskar *m.*; *(garments)* saghwisk *f.*
sackful *n.* saghas *m.* +ow
sacrament *n.* sakrament *m.* +ys; **take the Sacrament** komunya
sacred *adj.* sans
sacrifice 1. *n.* sakrifis *m.* +ow:
  2. *v.* sakrifia, offrynna, {sakrifisa}; **sacrifice oneself** omsakrifia
sacrilege *n.* disakrans *m.* +ow; **commit sacrilege** disakra
sad *adj.* trist; **sad state of affairs** truedh
sadden *v.* tristhe
saddle 1. *n.* diber *m.* dibrow:
  2. *v.* dibra
saddle-horse *n.* palfray *m.* +s
saddler *n.* dibrer *m.* -oryon, dibrores *f.* +ow
sadness *n.* tristans *m.*, tristyns *m.*
safe 1. *n.* kofer horn *m.* kofrow horn:
  2. *adj.* salow, saw
safeguard *n.* skoes *m.* +ow
safely *adv.* heb danjer
safety *n.* sawder *m.*, salowder *m.*
saffron *n.* goedhgennin *coll.*; safron *m.* *(one pinch)* goedhgenninenn *f.* +ow
sagacious *adj.* doeth
sagacity *n.* doethter *m.*
sage *n.* doeth *m.* +yon
Sagittarian *n. (female)* Sethoroges *f.* +ow; *(male)* Sethorek *m.* -ogyon
Sagittarius *n.* An Sether

sail 1. *n.* goel *m.* +yow: **2.** *v.* goelya
sailing *n.* goelyans *m.* +ow
sailing-boat *n.* skath-woelya *f.* skathow-goelya
sailor *n. (professional)* marner *m.* marners marnoryon; *(leisure)* goelyer *m.* -yoryon, goelyores *f.* +ow
saint *n.* sans *m.* syns, den Duw *m.* tus Dhuw, den mas *m.* tus vas, dremas *m.*; *(as title)* Sen *m.*, synt *m.*; *(female)* sanses *f.* +ow; **All Saints** Ollsyns; **patron saint** tasek *m.* tasogyon, tassans *m.* tassens
saintliness *n.* sansoleth *f.*
saintly *adj.* sansel
sake *n.* **for Christ's sake** awos Krist; **for the sake of** a-barth, awos
salad *n.* salad *m.* +ys
salary *n.* gober *m.* gobrow, waja *m.* wajys
sale *n.* gwerth *f.* +ow; *(act of selling)* gwerthas *m.* +ow; **jumble sale** basar *m.* +s; **sale price** gwerthbris *m.* +yow
saleability *n.* gwerthadewder *m.*
saleable *adj.* gwerthadow
salesman *n.* gwerther *m.* -oryon
saleswoman *n.* gwerthores *f.* +ow
salient *adj.* penn-ardhek
saline *adj.* hoelanek, sall
salinity *n.* hoelanedh *m.* +ow
saliva *n.* trew *m.*, trewyas *m.*
sally 1. *n.* ehwians *m.* +ow: **2.** *v.* **sally forth** ehwias
salmon *n.* eghek *m.* eghogyon, {sowmens} *coll.*
salt 1. *n.* hoelan *coll.*; *(one pinch)* hoelanenn *f.* +ow; **salt once used** hoelan koth; **salt water** hyli *m.*:
  2. *v.* salla

Saltash
Saltash *place* Essa
salt-cellar *n.* sallyour *m.* +s
salted *adj.* sellys
salter *n.* hoelaner *m.* -oryon, hoelanores *f.* +ow
salting-pot *n.* **large salting-pot** boessa *m.*
salt-maker *n.* hoelaner *m.* -oryon
salty *adj.* hoelanek, sall
salutation *n.* salusyans *m.* +ow
salute *v.* salusi; *(welcome)* dynnerghi
salvation *n.* selwyans *m.*
salve *n.* eli *m.* +ow, sawment *m.* sawmens, unyent *m.* +ys, uras *m.* +ow ismegenn *f.* +ow, ismek *coll.*
same *adj.* keth; **very same** kethsam; **exactly the same** kethsam; **in the same way** kepar; **the same length as** kehys ha
sample 1. *n.* sampel *m.* samplow: **2.** *v.* sampla
sanctify *v.* sanshe, {sanktyfia}
sanctimonious *adj.* sansolethus
sanctity *n.* sansoleth *f.*
sanctuary *n.* meneghi *m.* +ow, meneghiji *m.* +ow, sentri *m.* +s
sand *n.* tewes *coll. (one grain)* tewesenn *f.* +ow; **coarse sand** grow *coll.*; **scouring sand** growdir *m.* +yow
sandal *n.* sandal *m.* +yow +ys
sand-castle *n.* kastell tewes *m.* kestell tewes
sand-eel *n.* lavyn *m.* +yon
sand-hopper *n.* morhwynnenn *f.* +ow morhwynn *coll.*
sand-pit *n.* poll tewes *m.* pollow tewes
sandspire *n.* morheskenn +ow, morhesk *coll.*
sandstone *n.* krag *coll.*, tewesven *m.* -veyn

sausage
sandwich *n.* baramanynn *m.* +ow
sandy *adj.* tewesek, trethek
sanitary *adj.* yeghesel
sanitation *n.* yeghesweyth *m.*
sap *n.* sugen *m.* +yow
saponaceous *adj.* sebonus
sappy *adj.* sugnek
Saracen *n.* Sarsyn *m.* +s
sarcophagus *n.* logel *m.* +ow, bedh men *m.* bedhow men
sardine *n.* hernenn *f.* +ow, hern *coll.* fumado *m.* +s
sartorial *adj.* tregheriethel
Satan *n.* Satnas
satellite *n. (artificial)* loerell *f.* +ow; **satellite dish** skudell loerell *f.* skudellow l.
satiate *v.* gwalgha
satiated *adj.* gwelghys
satiety *n.* gwalgh *m.* +ow
satin *n.* satin *m.*
satire *n.* ges *m.* +yow
satisfy *v.* {satysfia}, {kontentya}
satrap *n. (Persian official of high rank)* gwahalyeth *m.* +ow
saturate *v.* kowllybya, souba
saturation *n.* kowllybyans *m.*, soubans *m.*
Saturday *n.* dy' Sadorn *m.* dydhyow Sadorn, Sadorn *m.*
Saturn *n. (planet or god)* Sadorn *m.*
sauce *n.* sows *m.* +ow
saucepan *n.* padell-dhorn *f.* padellow-dorn
saucer *n.* padellik *f.* -igow, skala *m.* +ys, sowser *m.* +yow
saucy *adj.* tont
sausage *n.* selsigenn *f.* +ow, selsik *coll.*

savage

savage 1. *adj.* gwyls: **2.** *n.* gwyls *m.* +yon
savanna *n.* savanna *m.*
save 1. *conj.* lemen, marnas: **2.** *v.* difres, selwel; *(amass money)* erbysi; *(from danger)* sawya; **save oneself** omsawya
saving *n. (accumulation)* kreunans *m.* +ow
savings *plur.* erbysyon
saviour *n.* selwador *m.* +yon, salwer *m.* -oryon; *(Christ)* Selwyas *m.*, {Savyour} *m.*
savour 1. *n.* sawer *m.* +yow: **2.** *v.* sawra
savoury *adj.* sawrek
saw 1. *n. (tool)* heskenn *f.* +ow; **band saw** heskenn vond; **bow saw** heskenn warak; **chain saw** heskenn gadon: **2.** *v.* heskenna
sawdust *n.* bleus heskenn *m.*
saw-grass *n.* hesk *coll.*; *(one blade)* heskenn *f.* +ow
saxifrage *n.* mendardh *coll.*, torr-men *m.*
Saxon *n.* Sows *m.* +on
say *v.* leverel, medhes; **say to** leverel dhe
saying *n.* henlavar *m.* +ow
says *v.part* yn-medh Used to introduce quotations from speech.
scab *n.* krevenn *f.* +ow, troskenn *f.* +ow; **scab over sores** krammenn *f.* +ow, kramm *coll.*
scabbard *n.* goen *f.* +yow
scabby *adj.* kragh; **scabby pate** penn-kreghi
scabious *n. (plant)* penn-glas *m.* pennow-glas
scald *v.* skaldya

scent

scale 1. *n.* skeul *f.* +yow; *(of fish)* skansenn *f.* +ow, skans *coll.* **2.** *v.* skeulya
scales *n. (for weighing)* mantol *f.* +yow; **The Scales** An Vantol
scallop *n.* krogen Sen Jamys *f.* kregyn Sen Jamys
scalpel *n.* kollell ravya *f.* kellylli gravya
scaly *adj.* skansek; **scaly creature** skansek
scamp *n.* drogwas *m.* -wesyon
scan *v.* arhwilas
scandal *n.* bismer *m.*, sklander *m.* +yow
scandalize *v.* gul bismer dhe
scanner *n.* arhwilell *f.* +ow
scant *adj.* skant
scapegoat *n.* bogh-diank *m.* boghes-diank
scar 1. *n.* kreythenn *f.* +ow, kreyth *coll.* **2.** *v.* kreythya
scarce *adj.* skant, tanow, treweythus
scarcely *adv.* skant, skantlowr
scarcity *n.* tanowder *m.* +yow
scarecrow *n.* boekka *m.* +s
scarf *n.* lien konna *m.* lienyow k.; *(colloq.)* sarf gonna *f.* serf konna; *(join in timber)* skarf *m.* +ow
scarify *v.* tergravas
scarlatina *n.* kleves kogh *m.*
scarlet *adj.* kogh
scatter *v.* keskar, skattra
scatter-brained *adj.* penn-skav
scattering *n.* keskar *m.*
scene *n.* gwel *f.* +yow
scenery *n.* keyndirwel *m.*
scenic *adj.* tegwelek
scent *n.* ethenn *f.* +ow

scent-hound *n.* flergi *m.* -geun
sceptic *n.* diskryjyk *m.* -ygyon
sceptre *n.* ternwelenn *f.* +ow
schedule *n.* towlenn *f.* +ow; **schedule of work** towlenn ober *f.* towlennow ober
scheme *n.* towlenn *f.* +ow
schism *n.* fols *m.* +yow
scholar *n. (female)* skolores *f.* +ow; *(male)* skoler *m.* -oryon
scholarship *n. (learning)* skolheygieth *f.*, skolheygses *m.*
scholastic *adj.* skolheygyek, dyskansek
school *n.* skol *f.* +yow; *(of whales)* hes *f.* +ow; **elementary school** skol elvennek *f.* skolyow e.; **grammar school** skol ramer *f.* skolyow gramer; **high school** skol nessa *f.* skolyow n.; **night school** skol nos *f.* skolyow nos; **nursery school** skol veythrin *f.* skolyow meythrin; **primary school** skol gynsa *f.* skolyow kynsa; **secondary school** skol nessa *f.* skolyow n.; **Sunday school** skol Sul *f.* skolyow Sul
school-house *n.* skolji *m.* +ow
schoolmaster *n.* skolvester *m.* skolvestri
schoolmistress *n.* skolvestres *f.* +ow
science *n.* godhonieth *f.* +ow, skiens *m.* +ow; **medical science** fisek *f.*; **science fiction** fugieth skiensel
scientific *adj.* godhoniethek, skiensek
scientist *n.* godhonydh *m.* +yon
Scilly *place* Syllan; **Isles of Scilly** Ynysek Syllan; *(colloq.)* Ynysow Syllan
scimitar *n.* kledha kamm *m.* kledhedhyow k.

scintillate *v.* terlentri
scintillating *adj.* terlenter
scissors *n.* gwelsigow
scoff *v. (ridicule)* skornya; *(food)* kollenki
scold *v.* deraylya, tavosa
scolding *n.* deraylyans *m.* +ow, tavosans *m.* +ow, keredh *m.* +ow
scorch *v.* goleski
scorching *adj.* poeth; **scorching heat** poethvann
score **1.** *n.* skot *m.* +ys; *(in game)* kevriv *m.* +ow, skor *m.* +yow; **seven score** seyth-ugens; **tavern score** skot *m.* +ys: **2.** *num.* **nine score** naw-ugens; **six score (120)** hwegh-ugens: **3.** *v. (in game)* kevrivya, skorya
scorn **1.** *n.* skorn *m.* +ys: **2.** *v.* skornya
Scot *n.* Alban *m.* +yon, Albanes *f.* +ow, {Skott} *m.* {+ys}
scot-free *adj.* dispal
Scotland *place* Alban
Scots **1.** *adj.* albanek: **2.** *n. (language)* Lallansek *m.*
Scotsman *n.* Alban *m.* +yon, {Skott} *m.* {+ys}
Scotswoman *n.* Albanes *f.* +ow
Scottish *adj.* albanek, {kelesonek}
scoundrel *n.* bilen *m.* +s
scour *v.* kartha, {skourya}
scourge **1.** *n.* skorja *m.* -jys: **2.** *v.* skorjya
scouring *n.* karth *m.* +yon
scout *n.* aspier *m.* -oryon
scowl **1.** *n.* talgamm *m.* +ow: **2.** *v.* talgamma
scramble *v.* skrambla
scrap *n.* dral *m.* +yow, pastell *f.* +ow, tekkenn *f.* +ow

scrape

scrape *v.* kravas, ratha; *(mechanically)* kravellas; **scrape off skin** diruska
scraper *n.* kravell *f.* +ow
scratch 1. *v.* kravas, skravinas: **2.** *n.* kravas *m.* +ow
scream 1. *v.* usa: **2.** *n.* skrij *m.* +ow
scree *n.* radell *m.* +ow
screech 1. *v.* skrija: **2.** *n.* skrij *m.* +ow
screen *n.* skrin *f.* +yow
screw 1. *n.* trogenter *f.* -gentrow: **2.** *v.* trogentra
screw-driver *n.* trogentrell *f.* +ow
scribe *n.* skrifwas *m.* -wesyon, skrifyas *m.* -ysi; *(Biblical)* skriba *m.* skribys
script *n.* skrif *m.* +ow, skrifenn *f.* +ow
Scripture *n.* Skryptor *m.* +s
scrofula *n.* kleves an myghtern *m.*
scrub *n.* krann *coll.*
scrubby *adj.* krannek
scrubland *n.* kranndir *m.* +yow
scrupulously *adv.* dour
scrutineer *n.* hwithrer *m.* -oryon, hwithrores *f.* +ow
scrutinize *v.* hwithra
scrutiny *n.* hwithrans *m.* +ow
scull *v. (with one oar)* unnroevya
scullery *n.* kilgegin *f.* +ow
sculptor *n.* gravyer *m.* -yoryon, imajer *m.* -oryon
sculptress *n.* gravyores *f.*
sculpture *n. (In abst. sense)* imajri *m.*, *(work of art)* gravyans *m.* +ow
scum *n.* lastedhes *m.*
scummy *adj.* kennek
scurf *n.* kragh *m.* kreghi, kreghi
scurvy *adj.* kragh
scythe 1. *n.* falgh *f.* fylghyer, fals *f.* +yow: **2.** *v.* felghya, falsa
sea *n.* mor *m.* +yow; **at sea** yn mor;

880

season

deep sea downvor *m.* +yow; **The Red Sea** An Mor Rudh: **put to sea** mora
sea-area *n.* rannvor *m.* +yow
seabed *n.* gweli an mor *m.*
sea-board *n.* morrep *m.* -ebow
sea-eagle *n.* morer *m.* +es
sea-food *n.* boes-mor *m.* boesow-mor
sea-fort *n.* merdhin *m.* +yow
seagull *n.* goelann *f.* +es
sea-holly *n.* morgelynn *coll.*
seahorse *n.* morvargh *m.* -vergh
sea-kale *n.* morgowl *coll.*
seal 1. *n. (for document)* sel *f.* +yow; *(mammal)* reun *m.* +yon: **2.** *v.* selya
sealing-wax *n.* koer selya *coll.*; *(one stick)* koerenn selya *f.*
seam *n.* gwri *m.* +ow; **coal seam** gwri glow *m.* gwriow glow
seaman *n.* den mor *m.* tus vor, morwas *m.* -wesyon
sea-marsh *n.* morva *f.* +ow
seamew *n.* goelann *f.* +es
sea-mist *n.* lugh *m.* +ow
seamless *adj.* diwri
seamstress *n.* gwriadores *f.* +ow, sewyades *f.* +ow
sea-pink *n.* brytonenn f. +ow, bryton *coll.*
search *v.* {sarchya}; **search for** hwilas
sea-serpent *n.* morsarf *f.* morserf
sea-shore *n.* morrep *m.* -ebow; *(beach)* treth *m.* +ow
seaside *n.* morrep *m.* -ebow, {treth-vor} *m.* {trethow-mor}
sea-slug *n.* morvelhwenn *f.* +ow
sea-smoke *n.* lugh *m.* +ow
season *n.* prys *m.* +yow, seson *m.* +yow +s

seasoned

seasoned *adj.* sawrys
seasoning *n.* sawrans *m.* +ow
sea-swallow *n.* morwennol *f.* –wennili
seat *n.* esedh *f.* +ow, esedhva *f.* +ow; *(chair)* kador *f.* +yow; *(ecclesiastical)* kevysta *f.* +ow, se *m.* seow; *(professorial)* **chief seat** pennplas *m.*; **country seat** plas *m.* plasow; **in the hot seat** y'n chek; **judge's seat** barr *m.* +ys
seated *adj.* esedhys
sea-voyage *n.* trumach *m.* trumajow trumajys
seaward *adj.* **seaward portion of a coastal parish in Cornwall** morrep
sea-water *n.* hyli *m.* +ow, dowr an mor *m.*
sea-wave *n.* mordonn *f.* +ow
seaway *n.* morfordh *f.* +ow
seaweed *n.* goemmon *coll.*; *(one frond)* goemonnenn *f.* +ow
sea-wrack *n.* morwels *coll.*; *(one frond)* morwelsenn *f.* +ow
secede *v.* distaga, omdhiberth
secession *n.* omdhibarth *f.*
secluded *adj.* argelys
second 1. *n.* *(of time)* eylenn *f.* +ow: **2.** *num.* nessa, {sekond}; **the second (of two)** an eyl; **second home** kenkidh: **3.** *v.* eylya
secondary *adj.* eylradh
second-hand *adj.* wor'taswerth; *(colloq.)* nessa dorn
secrecy *n.* keladow *m.*
secret 1. *n.* kevrin *m.* +yow, rin *m.* +yow; **in secret** yn-dann gel: **2.** *adj.* kevrinek; *(private)* priva, privedh; **keep secret** keles
secretary *n. (female)* skrifennyades *f.*

segregation

+ow; *(male)* skrifennyas *m.* -ysi
section *n.* tregh *m.* +ow
sectional *adj.* treghel
sector *n.* ranngylgh *m.* +yow
sectoral *adj.* ranngylghyel
secure 1. *adj.* diogel: **2.** *v. (make safe)* diogeli; *(make fast)* fastya
security *n.* diogeledh *m.*, {sekerder} *m.*; *(collateral)* gaja *m.* gajys
sedate 1. *adj.* hebask: **2.** *v.* hebaskhe
sedation *n.* hebaskheans *m.*
sedentary *adj.* sedhek
sedge *n.* hesk *coll.*; *(one plant)* heskenn *f.* +ow
sediment *n.* godhes *m.*
sedimentary *adj.* godhosel
seduce *v.* ardhynya, {sedusya}
seduction *n.* ardhynyans *m.* +ow
seductive *adj.* ardhynus
see 1. *v.* gweles: **2.** *int.* ott; **see you!** *(to more than one person)* agas gweles!; **see you!** *(to one person)* dha weles!
seed *n. (an individual seed)* hasenn *f.* +ow; *(in general)* has *coll.*; **run to seed** hasa
seedbed *n.* hasek *f.* -egi
seed-pod *n.* bolghenn *f.* +ow, bolgh *coll.*
seedy *adj. (containing seed)* hasek
seek *v.* hwilas
seem *v.* heveli; **as it seems** dell hevel
seemly *adj.* onest
seer *n.* gwelesydh *m.* +yon, dargenyas *m.* -ysi, dargenyades *f.* +ow
seesaw *n.* astell-omborth *f.* estyll-omborth
seethe *v.* tythya
segregate *v.* diberth
segregation *n.* dibarth *f.* +ow

seine-boat *n.* skath-roes *f.* skathow-roes
seize *v.* sesya, dalghenna, kachya
seizin *n.* **take seizin of a freehold** sesa
seizure *n.* (*fit*) shora *m.* +ys; (*something seized*) dalghennas *m.* +ow
seldom *adv.* boghes venowgh, nammenowgh
select *v.* dewis
selection *n.* dewis *m.* +yow
self *n.* honan *m.*
self- *prefix* om-
self-adhesive *adj.* omlusek
self-awareness *n.* omwodhvos *m.*
self-confidence *n.* omgyfyans *m.*
self-consciousness *n.* omwodhvos *m.*
self-denial *n.* omnagh *m.*
self-determination *n.* omervirans *m.*
self-development *n.* omdhisplegyans *m.*
self-examination *n.* omhwithrans *m.*
self-explanatory *adj.* omstyryansek
self-government *n.* omwovernans *m.* +ow
self-indulgence *n.* omvodhyans *m.* +ow
self-indulgent *adj.* omvodhek
selfish *adj.* omvodhek
selfishness *n.* omvodhogeth *f.*
self-rule *n.* omrewl *f.*
selfsame *adj.* kethsam
sell *v.* gwertha; **sell wholesale** kowlwertha
seller *n.* (*female*) gwerthores *f.* +ow; (*male*) gwerther *m.* -oryon
selvedge *n.* lystenn *f.* +ow
semester *n.* hweghmis *m.* +yow
semicircle *n.* hanter-kylgh *m.* +yow
sempiternal *adj.* duryadow

senate *n.* senedh *m.* +ow
senator *n.* senedher *m.* -oryon
send *v.* dannvon; **send ahead** ragdhannvon; **send far away** pellhe; **send for** dannvon warlergh; **send in order to** dannvon a
sender *n.* dannvoner *m.* -oryon, dannvonores *f.* +ow
seneschal *n.* rennyas *m.* -ysi
senior *adj.* henavek, kottha
sensation *n.* omglywans *m.* +ow
sense 1. *n.* skians *m.* +ow; **out of one's senses** gorboellek; **sense of hearing** klyw *m.*, klywans *m.*: 2. *v.* omglywes
senseless *adj.* (*without reason*) diboell
sensible *adj.* fur
sensitive *adj.* kroghendanow
sensual *adj.* omglywansel
sensuous *adj.* omglywansus
sentence *n.* (*grammatical*) lavar *m.* +ow
sentinel *n.* goelyador *m.* +yon
sentry *n.* goelyador *m.* +yon
separate 1. *adj.* diblans: 2. *v.* diberth, {separatya}
separated *adj.* diberthys
separately *adv.* dibarow
separateness *n.* diblanseth *f.*
separation *n.* dibarth *f.* +ow, diberthva *f.* +ow
September *n.* Gwynngala *m.*, mis Gwynngala *m.* misyow-G.
septennial *adj.* seythblydhenyek
sepulchre *n.* bedh *m.* +ow, logel *m.* +ow
sequence *n.* kevres *m.* +ow
sequencer *n.* kevresell *f.* +ow
sequential *adj.* kevresek
sequester *v.* argeles
sequestered *adj.* argelys; **sequestered**

sequestrate place argel
sequestrate *v.* sesa
sequins *plur.* golowylyon
seraph *n.* serafyn *m.* +yon
serenade *n.* noskan *f.* +ow
serene *adj.* hebask
serenity *n.* hebaska *m.*
serf *n. (male)* keth *m.* +yon, kethes *f.* +ow
serge *n.* **light fine serge** saya *m.*
sergeant *n.* serjont *m.* serjons
serial *adj.* a-gevres, kevresek
serialization *n.* kevresegyans *m.* +ow
serially *adv.* a-gevres
series *n.* kevres *m.* +ow; *(course of study)* steus *f.* +ow
serious *adj.* sad, sevur
seriously *adv.* devri
seriousness *n.* sevureth *f.*
sermon *n.* pregoth *m.* +ow
serpent *n.* sarf *f.* serf, hager-bryv *m.* hager-bryves, {serpont}
serpentine 1. *n. (rock)* sarfven *m.* -veyn: **2.** *adj.* sarfek
servant *n.* servyas *m.* -ysi, gwas *m.* gwesyon, den koskordh *m.* tus goskordh, gonisek *m.* -ogyon, maw *m.*, {servont} *m.* {-ons}
serve *v.* dyghtya, gonedha, menystra, servya; *(in employment)* soedha
server *n.* servyas *m.* -ysi
service *n. (in general, not in church)* gonisogeth *f.* +ow, gonis *m.* +yow; *(including in church)* servis *m.* +yow; **midnight service on Christmas Eve** pellgens *m.*; **knightly service** ago-marghogyon *f.*; **religious service** oferenn *f.* +ow; **Health Service** Gonis Yeghes; **Youth Service** Gonis Yowynkneth
serviceable *adj.* servadow
service-book *n.* ordenal *m.* +ys
service-station *n.* edhommva *f.* +ow
servile *adj.* keth
serving *n. (of food)* platas *m.* +ow
serving-boy *n.* paja *m.* pajys
serving-dish *n.* tallyour *m.* +s
servitude *n.* kethneth *f.*
session *n.* esedhek *m.* +ow
set 1. *n. (group of people)* parsell *m.* +ow; *(in theatre)* desedhva *f.* +ow; **set of opponents** parti *m.* +ow: **2.** *v.* gorra, settya; *(harden)* kaleshe; *(of Sun)* sedhi; **set back up** dassevel; **set in order** kempenna; **set in place** desedha; **set oneself** omsettya; **set something upon** settya neppyth war
setback *n.* pervers *m.* +ys
set-square *n.* skwir *m.* +ys
settee *n.* gweli-dydh *m.* gweliow-dydh
setting *n.* sedhes *m.* +ow; *(location)* desedhans *m.* +ow, settyans *m.* +ow
settle *v. (decide)* ervira; *(agree)* unnverhe; *(on new land)* trevesiga, {settla}; **settle accounts with** pe
settlement *n. (decision)* ervirans *m.* +ow; *(agreement)* unnverheans *m.* +ow; *(pattern of settling on new land)* trevesigeth *f.* +ow; *(process of settling on new land)* trevesigans *m.*:
set-up *n.* framweyth *m.* +yow
seven *num.* seyth; **seven times** seythgweyth
sevenfold *adj.* seythplek
seventeen *num.* seytek
seventeenth *num.* seytegves
seventh *num.* seythves
seventy *num.* deg ha tri-ugens

sever *v.* distaga
severe *adj.* sevur, a-has, kales
severity *n.* sevureth *f.*, {hardigras} *m.*
Severn *place* Havren
sew *v.* gwrias
sewage *n.* karthyon; **sewage works** karthva *f.* +ow
sewer *n.* pibenn-garth *f.* pibennow-karth; **foul sewer** kawghbib *f.* +ow, pibenn-gawgh *f.* pibennow-kawgh
sewer-pipe *n.* karthpib *m.* +ow
sewing-machine *n.* jynn-gwrias *m.* jynnow-gwrias
sex *n.* reydh *f.* +ow
sextant *n.* hweghrannell *f.* +ow
sexton *n.* den an klogh *m.* tus an klogh
sexual *adj.* reydhel
sexy *adj.* reydhek
shack *n.* krow *m.* +yow
shackle 1. *n.* karghar *m.* +ow, sprall *m.* +ow: **2.** *v.* karghara
shad *n.* (*fish*) keynek *m.* -ogow; **allis shad** dama'n hern
shade 1. *n.* goskes *m.* goskeusow, goskotter *m.* +yow: **2.** *v.* goskeusi
shadow *n.* skeus *m.* +ow
shadowed *adj.* goskeusek
shadowy *adj.* skeusek
shady *adj.* goskeusek, skeusek
shaft *n.* palader *m.* adrow; (*rod*) gwelenn *f.* gwelynni, gwel *coll.*
shag *n.* (*bird*) spilgarn *m.* -es, {shaga} *m.* {shagys}
shaggy *adj.* blewek
shake *v.* krena, kryghylli, shakya
shaking *n.* kren *m.* +yow, krys *m.* +yow
shaky *adj.* krenus

shale *n.* kyllas *coll.*
shallow 1. *adj.* bas; **grow shallow** bashe: **2.** *n.* basva *f.* +ow;
shallowness *n.* baster *m.* +yow
shaly *adj.* kyllasek
sham *adj.* fug
shame 1. *n.* bismer *m.*, meth *f.* +ow, sham *m.* +ys: **2.** *v.* shamya
shameful *adj.* methus
shamefulness *n.* methuster *m.*
shameless *adj.* diveth
shamelessness *n.* divethter *m.*
shampoo *n.* golslin *m.* +yow
shank *n.* berr *f.* +ow, fer *f.* +yow diwfer *dual*, garrenn *f.* +ow
shanty *n.* (*song*) morgan *f.* +ow; (*town*) pildrev *f.* +ow
shape 1. *n.* furv *f.* +ow, roeth *m.* +ow, shap *m.* +ys, form *m.* +ow: **2.** *v.* furvya, shapya, formya
share 1. *n.* rann *f.* +ow, {part} *m.* {+ys}, {shara} *m.* {sharys}; (*financial*) kevrenn *f.* +ow: **2.** *v.* kevrenna, ranna
shareholder *n.* kevrenner *m.* -oryon, kevrennores *f.* +ow
shark *n.* morvleydh *m.* +i, {shark} *m.* {+ys}; **blue shark** morast *f.* moristi; **bottle-nosed shark** porbugel *m.*
sharp *adj.* gluw, tynn, {sherp}; (*of taste or smell*) trenk; (*bitter*) hwerow; (*pointed*) lymm
sharpen *v.* bleynya, lymma
sharpness *n.* lymmder *m.*; (*of taste*) trenkter *m.*
sharp-sighted *adj.* **sharp-sighted person** lagasek
shatter *v.* brywi
shave *v.* (*oneself*) omdhivarva; (*trans.*) divarva; **shaving foam** ewyn

shavings divarva
shavings *plur.* reskyon
shawl *n.* gwarrlenn *f.* +ow
she *pron.* hi
sheaf *n.* manal *f.* +ow, tysk *f.* +ow, tyskenn *f.* +ow; **put in sheaves** manala
shear *v. (e.g. sheep)* knyvyas
shears *plur.* gwelsow
she-ass *n.* kasek asen *f.* kasegi asen
sheath *n.* goen *f.* +yow
she-bear *n.* orses *f.* +ow
she-cat *n.* kathes *f.* +ow
shed 1. *n.* krow *m.* +yow: **2.** *v.* dinewi; **shed tears** oela, dagrewi, skoellya dagrow
she-devil *n.* dyowles *f.* +ow, {jyowles}
sheen *n.* lenter *m.*
sheep *n.* davas *f.* deves; *(wether sheep)* lodhen-davas *m.*, mols *m.* mels; **chase sheep** devessa
sheep-cot *n.* devetti *m.* +ow, krow deves *m.* krowyow deves
sheep-dipping *n.* troghya deves
sheepdog *n.* ki-deves *m.* keun-deves
sheep-fold *n.* korlann dheves *f.* korlannow deves
sheep-rot *n.* podh *m.*
sheep-track *n.* kammdhavas *m.*
sheep-worrier *n.* devyder *m.* -oryon
sheer *adj.* serth
sheet *n. (for a bed)* lien gweli *m.* lienyow gweli; **sheet of paper** folenn *f.* +ow
shelf *n.* estyllenn *f.* +ow estyll *coll.*
shell 1. *n.* krogen *f.* kregyn; *(explosive)* tanbellenn *f.* +ow; **having a shell** krogenyek: **2.** *v.* pliskenna
shelter 1. *n.* goskes *m.* goskesow, kel *m.* +yow, skovva *f.* +ow; *(refuge)* harber *m.* +ys; *(building)* kowatti *m.* +ow, glawji *m.* +ow; **without shelter** digloes: **2.** *v.* goskeusi, klysa
shelter-belt *n.* klyswydh *coll.*
sheltered *adj.* goskeusek, klys
shepherd *n.* bugel deves *m.* bugeledh dheves
shepherdess *n.* bugeles *f.* +ow
sheriff *n.* mer *m.* +yon; **high sheriff** ughelver *m.*
she-wolf *n.* bleydhes *f.* +ow
shield *n.* skoes *m.* +ow; **human shield** skoes byw *m.* +ow; **small shield** bokler *m.* +s
shield-bearer *n.* skoeswas *m.* -wesyon
shieling *n.* havos *f.* +ow
shift *n. (shirt)* krys *m.* +yow; *(work)* kor *m.* +ow
Shiite *n. (Muslim)* Shiyas *m.* Shiysi, Shiyades *f.* +ow
shilling *n.* sols *m.* +ow
shine 1. *n.* kann *m.*: **2.** *v.* splanna, lentri, dewynnya, golowi, {shinya}; **shine back** dastewynnya
shingle *n. (timber)* astell *f.* estyll
shining *adj.* splann
shiny *adj.* lenter, lentrus
ship *n.* gorhel *m.* -holyon
shipload *n.* gorhelas *m.* +ow
shipmate *n.* kesvarner *m.* -oryon
shipment *n.* gorhelas *m.* +ow, karg *m.* +ow
shirk *v.* kavanskeusa
shirt *n.* krys *m.* +yow; *(rough)* hevis *m.* +yow
shiver *v.* degrena, rynni
shoal 1. *n. (of fish)* hes *f.* +ow; *(topographical)* basva *f.* +ow:

shoaling
2. *v.* hesya
shoaling *n. (of fish)* hevva *f.*
shock 1. *n.* skruth *m.* +ow; **electric shock** jag tredan *m.* jagys *t.*:
2. *v.* dyegri
shocked *adj.* dyegrys
shock-headed *adj.* penn-bagas
shocking *adj.* skruthus
shoe 1. *n.* eskis *f.* +yow; **make shoes** kerya; **mend shoes** kerya; **put shoes on** arghena: **2.** *v. (a horse)* hernya
shoemaker *n.* eskisyas *m.* -ysi, keryer *m.* -oryon
shoes *plur.* arghenas *m.*
shoot 1. *n.* lows *m.* +ow; *(of plant)* egin *m.* +yow, skyllenn *f.* +ow skyll *coll.*
2. *v.* tenna; *(of plants)* egina
shop *n.* gwerthji *m.* +ow; **baker's shop** popti *m.* +ow; **butcher's shop** kikti *m.* +ow
shopper *n.* prenassores *f.* +ow, prenasser *m.*
shopping *n. (item bought)* prenas *m.* +ow; **go shopping** prenassa
shore *n.* morlann *f.* +ow
short *adj.* berr, kott
shortage *n.* esow *m.*
shortcoming *n.* falladow *m.*
short-cut *n.* skochfordh *f.* +ow
shorten *v.* berrhe, kotthe
shortening *n.* kottheans *m.* +ow
shortlist 1. *n.* berrol *f.* +yow:
2. *v.* berrolya
shortly *adv.* a verr spys, a verr dermyn
shortness *n.* berrder *m.* +yow
shorts *n. (clothing)* lavrek berr *m.* lavrogow berr
short-sight *n.* berrwel *m.*
short-sighted *adj.* berrwelyek, berr y wel
shot *n.* tenn *m.* +ow
shoulder *n.* skoedh *f.* +ow, diwskoedh *dual*; **hard shoulder** glann gales *f.* glannow kales
shoulder-piece *n.* skoedhlien *m.* +yow
shout 1. *n.* garm *f.* +ow: **2.** *v.* garma, leva
shove 1. *n.* pok *m.* +yow: **2.** *v.* herdhya
shovel *n.* pal *f.* +yow, reuv *f.* +ow
shoveller *n.* paler *m.* -oryon
show 1. *n.* diskwedhyans *m.* +ow; **Royal Cornwall Show** Fer Krowswynn *m.*: **2.** *v.* diskwedhes; **show off** ombraysya, payoni
shower 1. *n.* kowas *f.* kowasow; *(domestic)* kowasell *f.* +ow:
2. *v.* kowesi
showery *adj.* kowasek
shred 1. *v.* frega, skethenna: **2.** *n.* sketh *m.* +ow
shredded *adj.* skethennek
shredder *n.* fregell *f.* +ow
shrew *n. (mouse)* hwistel *f.* hwistlow
shrewd *adj.* fel
shriek 1. *v.* skrija, usa: **2.** *n.* skrij *m.* +ow
shrill *adj.* gluw
shrimp *n.* bibyn-bubyn *m.* bibynes-bubyn
shrine *n.* krerva *f.* +ow
shrive *v.* yes
shrivel *v.* krygha
shroud *n.* lien bedh *m.* lienyow bedh, bedhlenn *f.* +ow
Shrovetide *n.* Ynys *m.*
shrub *n.* pryskynn *m.* +ow
shudder 1. *n.* kren *m.* +yow, skruth *m.* +ow: **2.** *v.* degrena, skrutha

shun *v.* goheles, skonya, {avoydya}
shut 1. *adj.* klos; **shut out** digloes:
    2. *v.* degea, keas, serri
shuttle *n.* gwerthys *f.* +ow; **weaver's shuttle** gwennel *f.* gwennili
shy *adj.* gohelus; **be shy of** goheles
sick *adj.* klav; **sick person** klav *m.* klevyon
sickle *n.* kromman *f.* +ow
sickness *n.* kleves *m.* +ow
side *n.* amal *m.* emlow, kern *f.* +ow, parth *f.* +ow, tenewen *m.* tenwennow, tu *m.* +yow; *(in a conflict)* parti *m.* +ow; **opposite side** gorthenep *m.* -ebow; **reverse side** gorthenep *m.* -ebow; **take the side of** assentya gans; **to one side** a'n eyl tu; **on the side** a-denewen
side-lamp *n.* lugarn-byghan *m.* lugern-byghan
sidelong *adv.* dhe-denewen
sideways *adv.* a-denewen
siege *n.* esedhva *f.* +ow
siesta *n.* androwgosk *m.* +ow
sieve 1. *n.* rider *m.* ridrow; **coarse sieve** kroeder *m.* kroedrow; **large sieve** kasyer *m.*: **2.** *v.* ridra
sift *v.* kroedra, ridra, sidhla
sigh 1. *n.* hanas *m.* +ow, hanasans *m.* +ow, hanasenn *f.* +ow: **2.** *v.* hanasa
sight *n.* gwel *f.* +yow, golok *f.* -ogow, tremm *f.* +ow, vu *m.* +ys, {syght} *m.*; **first sight** kynweles *m.*; **in sight of** a-wel dhe; **long sight** pellwel *f.*; **without sight** dall; **partially sighted** rannwelyek
sign 1. *n.* arwoedh *f.* +yow, sin *m.* +ys +yow, tokyn *m.* toknys tokynyow; **as a sign of** yn tokyn; **make a sign** arwoedha; **sign of the cross** sin an grows: **2.** *v.* sina
signal 1. *n.* sinell *f.* +ow:
    2. *v.* arwoedha, sina, sinella
signalman *n.* arwoedhor *m.* +yon
signature *n.* sinans *m.* +ow
significance *n.* styr *m.* +yow
significant *adj.* a vri
signification *n.* styryans *m.* +ow
signify *v.* styrya, arwoedha, {sygnyfia}
sign-post *n.* post arwoedh *m.* postow arwoedh
silage *n.* goera glas *m.*
silence *n.* taw *m.*
silent *adj.* didros, tawesek; **be silent** tewel
silk *n.* owrlin *m.* +yow
silken *adj.* *(made of silk)* owrlinek
silkworm *n.* pryv owrlin *m.* pryves owrlin
silky *adj.* *(feels like silk)* owrlinus
silly *adj.* gokki; **make silly** gokkihe
silt *n.* fennleys *m.* +yow
silty *adj.* fennleysek
silver *n.* arghans *m.*; **ground rich in silver** arghansek *f.* -egi
silversmith *n.* gweythor arghans *m.* gweythoryon a.
silvery *adj.* arghansel; **silvery stream** arghantell
similar *adj.* haval, hevelep, kehaval, kehevelep; **make similar** hevelebi; **similar to** haval dhe
similarity *n.* havalder *m.* +yow, hevelepter *m.* +yow
similarly *adv.* yn kepar maner, yndella
similitude *n.* hevelenep *m.*
simmer *v.* govryjyon
simple *adj.* sempel; **make simple**

simpleton sempelhe
simpleton *n.* boba *m.* bobys
simplicity *n.* sempledh *m.*
simplify *v.* sempelhe
simplistic *adj.* sempledhek
simultaneity *n.* kettermynyekter *m.*
simultaneous *adj.* kettermynek
simultaneously *adv.* yn kettermyn
sin 1. *n.* pegh *m.* +ow, peghes *m.* peghosow: **2.** *v.* pegha
since 1. *prep.* a-dhia; **since Christmas** a-dhia Nadelik: **2.** *conj.* a-ban, dell
sincere *adj.* gwiryon
sincerely *adv.* yn hwir, heb gil
sincerity *n.* gwiryonses *m.*, lenduri *m.*
sine *n.* sin *f.* +yow
sinew *n.* giowenn *f.* giowennow, giow *coll.*, skenna *m.* skennys skennow
sine-wave *n.* sindonn *f.* +ow
sing *v.* kana
singe *v.* goleski
singer *n.* kaner *m.* -oryon, kanores *f.* +ow; *(professional)* kenyas *m.* -ysi, kenyades *f.* +ow
singing *n.* kenys *m.*
single *adj.* unnik; *(unmarried)* andhemmedhys; **and every single door closed** ha'n darasow oll deges; **single file** yn rew
singular *adj. (not plural)* unnplek
singularity *n.* unnikter *m.* +yow
sink 1. *n.* new *f.* +yow: **2.** *v.* sedhi
sink-basket *n.* kowellik *m.* -igow
sinking *n.* sedhes *m.* +ow
sinless *adj.* dibegh
sinner *n.* peghador *m.* +yon, peghadores *f.* +ow
sinning *n.* peghadow *m.*
sinuosity *n.* kogrekter *m.* +yow
sinusoid *n.* sindonn *f.* +ow
sinusoidal *adj.* sindonnel
sip 1. *n.* lommenn *f.* +ow: **2.** *v.* eva
sir *n.* syrr *m.* +ys, syrra *m.* syrrys
sire *n.* sira *m.* sirys
sirrah *n.* syrra *m.* syrrys
sister *n.* hwoer *f.* hwerydh; **little sister** hwerik *f.* -igow
sit *v.* **sit down** esedha
site 1. *n.* le *m.* leow: **2.** *v.* lea
sitting *n.* sedhek *f.* -ogow
sitting-room *n.* esedhva *f.* +ow
situate *v.* desedha; **be situated** omgavoes
situated *adj.* desedhys
situation *n.* desedhans *m.* +ow, le *m.* leow
six *num.* hwegh
sixpence *n.* hwedner *m.* +ow
sixteen *num.* hwetek
sixteenth *num.* hwetegves
sixth *num.* hweghves
sixty *num.* tri-ugens
size *n.* braster *m.* +yow, myns *m.* +ow
sizeable *adj.* mynsek
sizzle *v.* tythya
¹**skate 1.** *n. (fish)* karleyth *f.* +ow, morgath *f.* +es, talverr *m.* +es; **long-nosed skate** minyek *m.* minyoges
²**skate** *(locomotion)* **1.** *n.* skes *m.* +ow: **2.** *v.* skesya
skate-board 1. *n.* rostell *f.* +ow: **2.** *v.* rostella
skate-boarder *n.* rosteller *m.* -oryon
skein *n.* kudynn *m.* +ow
skeleton *n.* korf eskern *m.* korfow e.
sketch 1. *n.* linennans *m.* +ow: **2.** *v.* linenna

skewer

skewer *n.* kigbrenn *m.* +yer, kigver *m.* +yow
ski 1. *v.* skia: **2.** *n.* ski *m.* +ow, dewski *dual*
skid 1. *v.* slynkya: **2.** *n.* slynk *m.* +ow
skilful *adj.* kuryns, sleygh
skill *n.* sleyghneth *f.*; *(craft)* kreft *f.* +ow
skilled *adj.* skentel
skim *v. (remove surface)* levena; *(movement)* skeri; *(in mining)* gobalas
skin 1. *n.* kroghen *f.* kreghyn, kneus *coll.*; *(film on liquid)* kenn *m.* +ow; **like parchment or a thin skin** parcheminek; **scrape off skin** diruska: **2.** *v.* kroghena
skinner *n.* kroener *m.* -oryon
skinny *adj.* kroenek
skip *v.* terlemmel
skirmish *n.* skyrmyans *m.* +ow
skirt *n.* lostenn *f.* +ow
skittle *n.* kil *m.* +yow +ys
skua *n.* gwagel *f.* +es
skulk *v.* skolkya
skull *n.* klopenn *m.* +ow, krogen *f.* kregyn; *(of animal)* penn-pral *m.* pennow-pral; **horse's skull** penn-glas *m.* pennow-glas
sky *n.* ebron *f.*
skylark *n. (bird)* ahwesydh *m.* +es
slab *n.* legh *f.* +yon
slack *adj.* lows
slacken *v.* lewsel, {slakya}
slacker *n.* lowswas *m.* -wesyon
slackness *n.* lowsedhes *m.*
slain *adj.* ledhys
slake *v.* **slake thirst** terri syghes
slander 1. *n.* sklander *m.* +yow: **2.** *v.* sklandra

889

sleight

slang *n.* isyeth *f.* +ow
slant *n.* leder *f.* ledrow
slanting *adj.* ledrek
slap 1. *n.* hwatt *m.* +ys, stiwenn *f.* +ow: **2.** *v.* boksusi, hwettya, stiwenna
slapdash *adv.* hwymm-hwamm
slash 1. *n.* lash *m.* +ys: **2.** *v.* hakkya
slate *n.* kyllasenn *f.* +ow, kyllas *coll.*, leghenn *f.* +ow
slater *n.* tior *m.* +yon
slaughter 1. *n.* ladhva *f.* +ow, {ar} *f.* {+ow}: **2.** *v.* ladha
slaughter-house *n.* latti *m.* +ow
slave *n. (female)* kethes *f.* +ow; *(male)* keth *m.* +yon
slaver *n. (ship)* lester kethyon *m.* lestri k.
slavery *n.* kethneth *f.*
slave-ship *n.* lester kethyon *m.* lestri k.
slay *v.* ladha
sledge *n.* draylell *f.* +ow
sledgehammer *n.* sloj *m.* slejys
sleek *adj.* leven
sleep 1. *n.* hun *m.* +yow, hunes *m.* +ow, kosk *m.*, koskas *m.* +ow: **2.** *v.* hunya, koska
sleeper *n.* koskador *m.* +yon
sleepless *adj.* digosk
sleeplessness *n.* difunedh *m.*
sleep-walk *v.* koskrosya
sleep-walker *n.* koskrosyer *m.* -yoryon
sleepy *adj.* hunyek
sleet 1. *n.* erghlaw *m.* +yow: **2.** *v.* gul erghlaw
sleeve *n.* breghel *m.* bregholow
sleeved *adj.* bregholek
sleigh *n.* draylell *f.* +ow, karr-slynk *m.* kerri-slynk
sleight *n.* sotelneth *f.* +ow

slender

slender *adj.* moen, ynn
slenderness *n.* moender *m.*
sleuth *n.* helerghyas *m.* -ysi, helerghyades *f.* +ow
slice 1. *n.* lownyans *m.* +ow, tregh *m.* +ow: **2.** *v.* lownya, skethenna
slide 1. *n.* slynk *m.* +ow: **2.** *v.* slynkya
slight *adj.* ydhil
slim 1. *adj.* moen: **2.** *v.* moenhe
slime *n.* leys *m.* +yow, loub *m.* +yow, {slim} *m.* {+yow}; **green slime on stones** linos *coll.*
slimness *n.* moender *m.*
slimy *adj.* loubek
sling *n. (weapon)* towlbrenn *m.* +yer
sling-stone *n.* men-towlbrenn *m.* meyn-towlbrenn
slip 1. *n. (woman's undergarment)* islostenn *f.* +ow, goelesenn *f.* +ow: **2.** *v.* slynkya; **slip out** skapya
slipper *n.* pawgenn *m.* +ow
slippery *adj.* slynk
slip-road *n.* rybfordh *f.* +ow
slit *n.* skward *m.* +yow
sliver *n.* lown *m.* +yow, skether *m.* skethrow
slobber 1. *n.* glavor *m.*: **2.** *v.* glaveri
slobbering *adj.* glavorek
sloes *plur.* eyrin
slogan *n.* kaskarm *f.* +ow
slope 1. *n.* leder *f.* ledrow, riw *f.* +yow: **2.** *v.* ledra
sloping *adj.* ledrek
slops *plur.* golghyon, skoellyon
sloth *n. (laziness)* diegi *m.*; *(animal)* lentvil *m.* +es
slothful *adj.* diek
slough *n.* lagenn *f.* +ow
sloven *n.* lavroges *f.* +ow

smith

slow *adj.* hyll, lent, syger
slowly *adv.* yn lent
slowness *n.* hyllder *m.*
slow-witted *adj.* penn-sogh
slow-worm *n.* anav *m.* +es
sludge *n.* loub *m.* +yow
slug *n.* gluthvelhwenn *f.* +ow, melhwenn *f.* +ow
sluggish *adj.* syger
sluice *n.* ladres *f.* +ow
slumber 1. *n.* hun *m.* +yow, hunes *m.* +ow: **2.** *v.* hunya
slump *n.* difyk *m.* difygyow
slush *n.* dowrergh *m.*, teudhergh *m.*
slut *n.* lavroges *f.* +ow
sly *adj.* fel
smack 1. *n. (blow)* hwatt *m.* +ys: **2.** *v.* hwettya
small *adj.* byghan, munys, {bygh}; **make smaller** byghanhe
smaller *adj.* le, byghanna
smallest *adj.* lyha, an byghanna
smallholding *n.* pastell-dir *f.* pastellow-dir
smallpox *n.* brygh *f.* +i, pokkys munys
¹smart 1. *n.* pig *m.* +ow: **2.** *v.* gloesa
²smart *adj. (clever)* konnyk
smartweed *n.* kulregh *m.*
smash *v.* brywi
smear 1. *n.* drogura: **2.** *v. (with oil)* olewi
smell 1. *n.* blas *m.* +ow; **bad smell** fler *m.* +yow: **2.** *v.* blasa; *(stink)* flerya
smelt *v.* teudhi
smelter *n.* teudher *m.* -oryon
smelting-house *n.* teudhji *m.* +ow
smile 1. *n.* minhwarth *m.* +ow, gwen *f.* +yow: **2.** *v.* minhwerthin
smith *n.* gov *m.* +yon

smithy

smithy *n.* govel *f.* +i
smock *n.* hevis *m.* +yow
smocking *n.* hevisweyth *m.*
smog *n.* niwlvok *m.*
smoke 1. *n.* mog *m.*: **2.** *v.* megi
smoked *adj.* megys
smoking *n.* **no smoking** megi difennys
smooth 1. *adj.* gwastas, leven, {smodh}: **2.** *v.* levena, levenhe, levna
smoothing-iron *n.* hornell *f.* +ow
smother *v.* megi
smoulder *v.* goleski
smuggler *n.* noswikor *m.* +yon, noswikores *f.* +ow
smuggling *n.* noswikorieth *f.*
smut *n. (in smoke)* hudhygel *m.*; *(individual)* hudhyglenn *f.* +ow
snack *n.* kroust *m.* +yow
snail *n.* bulhorn *m.* +es melhwesenn *f.* +ow, melhwes *coll.* **catch snails** melhwessa
snail-like *adj.* melhwesek
snake *n.* sarf *f.* serf
snap 1. *n.* krakk *m.* +ys: **2.** *v.* krakkya: **3.** *int.* knakk
snare *n.* antell *f.* antylli, krogenn *f.* ow, kroglath *f.* +ow, maglenn *f.* +ow
snarl 1. *v.* deskerni, grysla, skrynkya; **snarl at** deskerni orth: **2.** *n.* gryslenn *f.* +ow
snatch *v.* kachya, kibya
sneak 1. *n.* kilgi *m.* kilgeun, skolk *m.* +yow: **2.** *v.* skolkya
sneeze 1. *v.* striwi: **2.** *n.* striw *m.* +yow
sniff 1. *n.* frikhwyth *m.* +ow: **2.** *v.* frikhwytha
sniffer-dog *n.* flergi *m.* -geun
snipe *n.* gaver hal *f.* gever hal; *(bird)*

society

kiogh *f.* +yon
snivel *v.* mera
sniveller *n.* merek *m.* -ogyon, meroges *f.* +ow
snivelling *adj.* goverek, merek, purek
snore 1. *n.* ronk *m.* +ow: **2.** *v.* hwyrni, renki
snorer *n. (compulsive)* renkyas *m.* -ysi, renkyades *f.*
snort 1. *n.* ronk *m.* +ow: **2.** *v.* renki
snotty *adj.* purek
snout *n.* troen *m.* +yow
snow *n.* ergh *coll.*
snowdrift *n.* tommenn ergh *f.* tommennow ergh
snowfield *n.* erghek *f.* -egi
snowflake *n.* erghenn *f.* +ow
snowman *n.* den ergh *m.* tus ergh
snowy *adj.* erghek
snuffers *plur.* gevel
snuffling *adj.* goverek
snug *adj.* klys; **make snug** klysa
so 1. *conj.* dell, ytho; **so that** ma, may, mayth; **so that he** ma'n **so that we** ma'gan; **so that you** ma'gas;: **2.** *adv.* mar, ky; **so many** keniver; **so much** kemmys
soak *v.* gwlyghi, segi, souba
soap 1. *n.* sebon *m.* +ow: **2.** *v.* seboni
soap-opera *n.* gwari-sebon *m.* gwariow-s.
soapwort *n.* sebon-les *f.* +yow
soapy *adj.* sebonus
sober 1. *n.* divedhow: **2.** *adj. (in behaviour)* temprek
soccer *n.* pel-droes *f.*
sociable *adj.* kowethyadow
social *adj.* kowethasek, sosyel
society *n.* kowethas *m.* +ow

sock *n.* lodrik *m.* -igow
socket *n.* kraw *m.* +yow; **eye socket** kraw lagas *m.* krawyow l.
sod *n. (turf)* towarghenn *f.* +ow, towargh *coll.*
soda *n.* soda *m.*; **soda water** dowr soda *m.*
soft *adj.* medhel, bleudh, blin; *(of sound)* isel
soften *v.* bleudhya, medhelhe
softness *n.* medhelder *m.*
software *n.* daffar medhel *m.*, medhelweyth *m.*
sogginess *n.* devrogeth *f.*
soggy *adj.* devrek
soil 1. *n.* dor *m.* +yow, gweres *m.* +ow; **the soil** an dor: **2.** *v.* mostya
soiled *adj.* mostys, los
sojourn 1. *v.* godriga: **2.** *n.* godrik *m.* -igow
solace *n.* solas *m.*, hebaska *m.*
solar *adj.* howlek
solder 1. *n.* soder *m.*: **2.** *v.* sodra
soldier *n.* souder *m.* -oryon
sole 1. *n. (fish)* gorleythenn *f.* +ow, gorleyth *coll.*; *(of foot)* godhen *m.* godhnow, dewwodhen *dual*: **2.** *adj.* unn
solemn *adj.* sad, solem
solemnity *n.* solempnita *m.* -nitys
solicitor *n.* noter *m.* -oryon; *(female)* laghyades *f.* +ow; *(male)* laghyas *m.* -ysi
solicitous *adj.* prederus
solicitude *n.* fienas *m.* +ow
solid *adj.* solyd
solidarity *n.* unnveredh *m*
solitary *adj.* digoweth
solitude *n.* unnigedh *m.*

solstice *n.* howlsavla *m.* +ow
solution *n. (to a problem)* digolm *m.*, remedi *m.* +s
solve *v.* assoylya; **solve a problem** digelmi
sombre *adj.* du, tewl
some 1. *n.* nebes *m.*: **2.** *pron.* neb, re
somebody *pron.* nebonan
somehow *adv.* yn neb maner
someone *pron.* nebonan
somersault 1. *n.* kryghlamm *m.* +ow: **2.** *v.* kryghlemmel
Somerset *place* Gwlas an Hav
something *n.* neppyth *m.*
sometime *adv.* nep-prys
sometimes *adv.* treweythyow
somewhat *adv.* nebes; **somewhat long** nebes hir
somewhere *adv.* nep-tu
somnambulate *v.* koskrosya
somnambulator *n.* koskrosyer *m.* -yoryon
son *n.* mab *m.* mebyon; **little son** maban *m.* mebyn; **mother's son** mab-bronn *m.*; **small son** meppik *m.* -igow; **son of the plague** mab an pla
song *n.* kan *f.* +ow; *(choral)* keurgan *f.* +ow
son-in-law *n.* deuv *m.* +yon, mab dre lagha *m.* mebyon dre l.
soon *adv.* skon, a verr spys, tost; **as soon as possible** seulvegyns; **as soon as** kettell, kettoeth, kettost
sooner *adv.* kyns
soot *n.* hudhygel *m.*, {hylgedh} *m.* {+ow}
sooth *n.* soedh *m.*
soothe *v.* hebaskhe, koselhe

soothing *n.* hebaska *m.*
soothsayer *n. (female)* koelyoges *f.* +ow; *(male)* koelyek *m.* -ogyon
sooty *adj.* hudhyglek
sophisticated *adj.* bysfel
sophistication *n.* bysfelder *m.*
soprano *n.* soprano *f.* soprani
sorcerer *n.* huder *m.* -oryon, pystrier *m.* -oryon
sorceress *n.* hudores *f.* +ow, pystriores *f.* +ow
sorcery *n.* pystri *m.*
sore 1. *n.* goli *m.* +ow, gwennenn *f.* +ow; **festering sore** podredhes *m.*; **full of sores** podrek: **2.** *adj.* brywvannek
soreness *n.* brywvann *m.* +ow
sorrel *n.* bara an gog *m.*
sorrow *n.* ahwer *m.* +yow, duwon *m.*, galar *m.* +ow, govisyon *m.*, kavow, keudh *m.* +ow, moredh *m.* +ow, tristans *m.*, tristyns *m.*
sorrowful *adj.* ahwerek, moredhek
sorry *adj.* keudhesik; **be sorry** kemmeres duwon; **I am sorry** drog yw genev, dihedh yw dhymm; **make sorry** keudhi
sort 1. *n.* par *m.* +ow, eghenn *f.* +ow, sort *m.* +ow, {kinda} *m.* {+s}: **2.** *v.* digemmyska, sortya
soubrette *n.* flownenn *f.* +ow
soul *n.* enev *m.* +ow
soulful *adj.* enevek
sound 1. *n. (noise)* son *m.* +yow, tros *m.* +ow; **sound of surf** mordros *m.* +ow: **2.** *adj.* saw; *(healthy)* yagh: **3.** *v. (of an instrument)* seni, kana, {soundya}
sounding *n. (of instruments)* senyans *m.*, kenys *m.*

soundless *adj.* dison
sound-recording *n.* sonskrif *m.* +ow; **make a sound-recording** sonskrifa
sound-track *n.* sonlergh *m.* +yow
soup *n.* kowl *m.* +ow, soubenn *f.* +ow; *(consommé)* iskell *m.* +ow
soup-bowl *n.* skudell *f.* +ow
sour *adj.* trenk
source *n.* fenten *f.* fentynyow; *(of stream)* pennfenten *f.* -tynyow, penngover *m.* +yow
sourness *n.* trenkter *m.*
souse *v.* salla
south *n.* dyghow *m.*, dyghowbarth *f.*, Soth *m.*; **on the South side** a-dhyghowbarth
southern *adj.* a'n Soth, dyghowbarthek
southernwood *n.* dyghowles *f.* +yow
souvenir *n.* kovro *m.* kovrohow
sovereign 1. *n.* sovran *m.* +s, myghtern *m.* +edh +yow: **2.** *adj.* sovran
sovereignty *n.* sovranedh *m.*, myghternses *m.*
sow 1. *n. (pig)* banow *f.* bynewi, gwis *f.* +i: **2.** *v.* hasa
sower *n.* gonador *m.* +yon, gonadores *f.* +ow
sow-thistle *n.* lethegenn *f.* +ow, lethek *coll.*
space *n. (astron.)* efanvos *m.*; *(in general)* efander *m.*; *(not astron.)* spas *m.* +ow
spacious *adj.* efan
spade *n.* pal *f.* +yow
spaghetti *n.* spagetti *coll. (one strand)* spagettienn *f.* +ow
Spain *place* Spayn
span *n. (unit of length)* dornva *f.* dornvedhi

spangles
spangles *plur.* golowylyon
Spaniard *n.* Spayner *m.* -oryon, Spaynores *f.* +ow
spaniel *n.* spayngi *m.* –geun
Spanish 1. *n.* **Spanish language** Spaynek *m.*: **2.** *adj.* spaynek
spanner *n.* alhwedh-know *f.* alhwedhow-know
sparable *n.* sparbyl *m.* -blys
spare 1. *v.* sparya: **2.** *adj.* spar
spares *plur.* sparyon
spark *n.* gwryghonenn *f.* +ow, gwrygh *coll.*, elvenn *f.* +ow
sparkle *v.* sterenni, terlentri
sparkler *n. (firework)* elvennell *f.* +ow
spark-plug *n.* kantol *f.* +yow
sparrow *n.* golvan *m.* +es, golvan ke *m.* golvanes ke, golvan chi *m.* golvanes chi
spasm *n.* gloes *f.* +ow, skwych *m.* +ys
spatter *v.* lagenna; **spatter with filth** kagla
spatterdashes *plur.* polltrigas
spatula *n.* loik *f.* -igow, spadell *f.* +ow
spawn *n.* greun *coll.*
spay *v.* spadha
spayed *adj.* spadh
speak *v.* kewsel, medhes The verb medhes is used to introduce quotations of direct speech; e.g. **yn-medh Davydh** 'David says/said'. **speak about** kewsel a; **speak against** kewsel erbynn; **speak hoarsely** hosi; **speak under one's breath** hanasa
speaker 1. *n.* kowser *m.* -oryon, kowsores *f.* +ow, leveryas *m.* -ysi, leveryades *f.* +ow, medher *m.* -oryon; *(instrument)* kewsell *f.* +ow; **public speaker** arethor *m.*

894

speechlessness
+yon, arethores *f.* +ow
speaking *n.* kows *m.* +ow; **cease speaking** tewel; **way of speaking** tavoseth *f.* +ow, yeth *f.* +ow
spear 1. *n.* guw *m.* +ow, {spera} *m.* {sperys}: **2.** *v.* guwa
special *adj.* arbennik, {speshyal}
specialism *n.* arbennikter *m.* +yow
specialist *n.* arbenniger *m.* -oryon, arbennigores *f.* +ow
speciality *n.* arbennikter *m.* +yow
specialize *v.* arbennigi
specially *adv.* yn arbennik
species *n.* eghenn *f.* +ow
specification *n.* ragnotyans *m.* +ow
specify *v.* ragnotya
specimen *n.* sampel *m.* -plow; **fine specimen** flourenn *f.* +ow
speck *n.* namm *m.* +ow
speckled *adj.* brygh
spectacle *n.* gwari-mir *m.* gwariow-mir
spectacles *n.* dewweder *dual*
spectator *n.* mirer *m.* -oryon, mirores *f.* +ow
spectral *adj. (of ghosts)* tarosvannus
spectre *n.* tarosvann *m.* +ow
spectrum *n.* kammneves *f.* +ow
speculate *v.* aventurya, desevos
speculation *n.* aventur *m.* +yow
speech *n.* areth *f.* +yow, kows *m.* +ow, lavar *m.* +ow; **formal speech** pregoth *m.* +ow; **make a noisy speech** predheges; **make a speech** arethya; **manner of speech** kowsans *m.* +ow
speechless *adj.* dilavar
speechlessness *n.* dilavaredh *m.*

speed

speed 1. *n.* toeth *m.*; **at full speed** toethmen; **high speed train** tren toeth bras (T.T.B.); **high speed** toeth bras, toeth da:
2. *v.* toethya; **God speed** Duw gweres
speed-limit *n.* finweth-toeth *f.* finwethow-toeth
speedometer *n.* musurell-doeth *f.* musurellow-toeth
speedy *adj.* snell, uskis
spell 1. *n. (period of time)* kors *m.* +ow; *(magic)* husenn *f.* +ow: **2.** *v.* lytherenna
spellbound *adj.* yn-dann hus, husys
spelling *n.* lytherennans *m.* +ow
spelling-system *n.* lytherennans *m.* +ow
spend *v.* spena
spending *n.* spenans *m.* +ow
spendthrift *n.* skoellyek *m.* -ogyon, skoellyoges *f.* +ow
sperm *n.* has *coll.*; *(individual)* hasenn *f.* +ow
spermicide *n.* hasladh *m.* +ow
sphere *n.* pel *f.* +yow
spherical *adj.* pelyek
spice *n.* spis *m.* +ys +yow
spicer *n.* spiser *m.* -oryon +s, spisores *f.* +ow
spicy *n.* spisek
spider *n.* kevnisenn *f.* +ow, kevnis *coll.*; *(colloq.)* gwiader *m.* -oryon, ethgarr *f.* +ow
spider-crab *n.* krygell *f.* +ow, tragesort *m.* -es, gryll *m.* +es, gevrik *f.* -igow, pilyek *m.* pilyogyon It is surprising to have so many words for this creature. They are all nicknames, based on its appearance, or in the case of *pilyek*, on its alleged uselessness.

spite

The word **krygell** is recommended for normal use.
spigot *n.* kanell *m.* +ow
spike *n.* kolgh *m.* +ow, {spik} *f.* {+ys}; **drive in a spike** kentra
spikenard *n.* spiknard *m.*
spill 1. *v.* skoellya: **2.** *n. (e.g. of oil)* skoellyans *m.* +ow
spillage *n.* skoellyans *m.* +ow
spin 1. *n.* troyll *m.* +yow: **2.** *v.* rosella; *(a coin)* {spynnya}; *(of yarn)* nedha; **spin around** troyllya; **spin out time** strechya, gwibessa
spinach *n.* spinach *m.*
spindle *n.* gwerthys *f.* +ow
spinner *n. (female)* nedhores *f.* +ow; *(male)* nedher *m.* -oryon
spinney *n.* dreynek *f.* -egi, dreyngoes *m.* +ow
spinning-wheel *n.* ros nedha *f.* rosow nedha
spiral 1. *n.* korhwyth *m.* +ow:
2. *adj.* korhwythel
spirant *n. (consonant)* hwythson *m.* +yow
spire *n.* peul *m.* +yow
spirit *n.* spyrys *m.* +yon +yow; **The Holy Spirit** An Spyrys Sans
spirited *adj.* kolonnek
spirits *plur. (alcoholic)* gwires *f.* gwirosow
spiritual *adj.* spyrysel
spirituality *n.* spyrysoleth *f.*
¹**spit 1.** *n. (for roasting)* ber *m.* +yow; *(point of land)* beg *m.* +yow:
2. *v. (stab)* berya
²**spit** *(saliva)* **2.** *v.* trewa
spite 1. *n.* atti *m.*, drogvrys *m.* +yow, spit *m.*; **in spite of** awos, yn despit

spiteful dhe, spit dhe; **out of spite** rag atti: 2. *v.* despitya, spitya
spiteful *adj.* spitus, drog-brederus
spittle *n.* trew *m.*, trewyas *m.*
splash 1. *n.* **make a great splash** plowghya: 2. *v.* kaboli, lagenna, lagya
splay *v.* displewyas
splay-footed *adj.* troes-plat
spleen *n.* felgh *f.* +yow
splendid *adj.* bryntin, splann
spline *n.* skarf *m.* +ow
splint *n.* astell *f.* estyll
splinter 1. *n.* skyrrenn *f.* +ow, skyrr *coll.*, skommenn *f.* +ow, skether *m.* skethrow, skethrenn *f.* +ow; **little splinter** skethrik *m.* -igow: 2. *v.* skyrra
splintered *adj.* skyrrys
split 1. *n.* fols *m.* +yow: 2. *adj.* felsys: 3. *v.* folsa
spoil 1. *n.* *(plunder)* preydh *m.* +yow; *(mine-waste)* atal *coll.*: 2. *v.* *(despoil)* diswul, pylla
spoke *n.* *(of wheel)* asenn *f.* +ow
spoken 1. *n.* der anow: 2. *adj.* **well spoken of** gerys-da
spokeshave *n.* raskel *f.* rasklow
spokesman *n.* leveryas *m.* -ysi
spokeswoman *n.* leveryades *f.* +ow
sponge 1. *n.* spong *m.* +ow: 2. *v.* spongya
sponsor 1. *n.* skoedhyer *m.* -oryon, skoedhyores *f.* +ow: 2. *v.* skoedhya
spool *n.* rolbrenn *m.* +yer
spoon *n.* lo *f.* loyow
spoonful *n.* loyas *f.* +ow
sporadic *adj.* treweythus
sport 1. *n.* sport *m.* +ow +ys: 2. *v.* sportya
sportsman *n.* *(professional)* sportyas *m.* -ysi
sportswoman *n.* *(professional)* sportyades *f.* +ow
spot *n.* *(location)* tyller *m.* +yow, le *m.* leow; **on the very spot** stag; *(pimple)* **red spot on skin** kuriek *m.* kuriegi; **white spot on forehead** ball *m.* +ow
spotless *adj.* dinamm, kler
spotlight *n.* kulwolow *m.* +ys
spouse *n.* kespar *m.* +ow, pries *m.* priosow
spout 1. *n.* pistyll *m.* +ow: 2. *v.* pistylla
sprat *n.* hernenn vyghan *f.* hern byghan
sprawl 1. *v.* gorlesa: 2. *n.* gorlesans *m.* +ow; **urban sprawl** gorlesans trevel *m.* gorlesansow t.
spread 1. *n.* lesans *m.* +ow: 2. *v.* lesa, {spredya}; *(intrans.)* omlesa
spring 1. *n.* *(coil)* torgh *f.* tergh; *(leap)* lamm *m.* +ow; *(season)* gwenton *m.* -enyow; *(water)* fenten *f.* fentynyow: 2. *v.* lemmel, {spryngya}
springbok *n.* lammvogh *m.* +es
springe *n.* krogenn *f.* +ow, kroglath *f.* +ow
sprout 1. *n.* skyllenn *f.* +ow skyll *coll.*, {lows} *m.* {+ow}; *(Brussels)* kowlennik *f.* -igow, kowlik *m.* -igow: 2. *v.* skylla
spruce-tree *n.* spruswydhenn *f.* +ow
spue *v.* hwyja
spur 1. *n.* *(for boot)* kentrynn *m.* +ow; *(topographic)* ros *m.* +yow: 2. *v.* kentrynna
spur-dog *n.* *(fish)* drenek *m.* -ogyon
spurge *n.* *(plant)* flammgoes *coll.*

spurious

spurious *adj.* fals
spur-shaped *adj.* kentrek
spurt 1. *n.* stif *f.* +ow: **2.** *v.* stifa
sputum *n.* trewyas *m.*
spy 1. *n.* aspier *m.* -oryon, aspiores *f.* +ow; *(professional)* aspiyas *m.* aspiysi, aspiyades *f.* +ow: **2.** *v.* aspia; **spy on** aspia orth
squad *n.* para *m.* parys, parsell *m.* +ow
squalid *adj.* los
squalidness *n.* losedh *m.*
squall *n.* kowas wyns *f.* kowasow gwyns
squander *v.* gwastya, skoellya
square 1. *n.* pedrek *m.* -ogow: **2.** *adj.* pedrek
squash *v.* skwattya
squat 1. *adj.* platt: **2.** *v.* plattya
squeak 1. *n.* gwigh *m.* +yow, mik *m.* +ow: **2.** *v.* gwighal
squeegee *n. (mop)* gwaskubyllenn *f.* +ow
squeeze *v.* gwaska, gwrynya, stroetha
squid *n.* stifek *m.* -oges
squint *n.* kammlagas *m.* +ow
squinting *adj.* kammlagasek
squirm *v.* gwynnel
squirrel *n.* gwiwer *m.* -ow
squirt 1. *n.* skit *m.* +ys, stif *f.* +ow: **2.** *v.* skitya, stifa
St Austell *place* Sen Ostell
St Ives *place* Porthia
stab 1. *n.* gwan *f.* +yow, pych *m.* +ys +ow: **2.** *v.* gwana, pychya; **stab oneself** omwana
stability *n.* faster *m.*
stable *n.* marghti *m.* +ow
stable-lad *n.* paja mergh *m.* pajys mergh

stamp

stack 1. *n.* bern *m.* +yow, das *f.* deys: **2.** *v.* bernya, dasa
stadium *n.* sportva *f.* +ow
staff *n. (group of workers)* mayni *m.* +ow, {pobel-chi} *m.* {poblow-chi}; *(pastoral)* bagel *f.* baglow; *(rod)* lath *f.* +ow, lorgh *f.* +ow
stag *n.* karow *m.* kerwys
stage *n.* gwarila *m.* -leow; **thrust stage** gwarila balek *m.* gwarileow balek
stage-coach *n.* kocha *m.* kochow kochys
stagehand *n.* gwas *m.* gwesyon
stage-whisper *n.* fals-hwystrenn *f.* +ow
stain 1. *n.* mostenn *f.* +ow, namm *m.* +ow: **2.** *v.* namma
stair *n.* gradh *m.* +ow, gris *m.* +yow +ys
stairway *n.* grisfordh *f.* +ow
stake 1. *n.* stykkenn *f.* +ow, peul *m.* +yow; **drive a stake** stakena: **2.** *v.* stykkenna
stakeholder *n.* kevrennek *m.* -ogyon, kevrennoges *f.* +ow
stake-net *n.* kidell *m.* +ow
stalemate *n.* methardak *m.* -dagow
¹stalk *v.* skolksywya
²stalk *n.* garr *f.* +ow, diwarr *dual*
stall *n.* stall *m.* +ow
stallion *n.* margh *m.* mergh, margh kellek *m.* mergh kellek
stalls *n. (in theatre)* seow
stalwart *adj.* men
stamina *n.* nerthogeth *f.*
stamp 1. *n. (of foot)* stank *m.* +yow; *(postage)* stamp *m.* +ys +ow: **2.** *v.* stampya; *(with foot)* stankya, trettya

stance *n.* sav *m.*
stanchion *n.* post *m.* +ow
stand 1. *n.* sav *m.*: **2.** *v.* sevel; **stand against** sevel orth, sevel erbynn; **stand as a candidate** ombrofya; **stand bail** mewghya; **stand by** mentena; **stand upright** serthi; *(command)* **stand up** sa'bann
standard 1. *n.* savon *f.* +ow; *(basis of comparison)* skwir *m.* +ys; *(flag)* baner *m.* +yow: **2.** *adj.* savonek
standard-bearer *n.* baneror *m.* +yon, banerores *f.* +ow
standardize *v.* savonegi
stand-off *n.* stagsav *m.* +ow
standpoint *n.* savla *m.* savleow
standstill *n.* gorsavla *m.* +ow
stannary 1. *adj.* stenek: **2.** *n.* stenek *f.* -egi
stannous *adj.* stenus
¹**staple** *adj.* penn-
²**staple** *n.* krommgenter *f.* -gentrow: *v.* krommgentra
stapler *n.* krommgentrell *f.* +ow
star 1. *n.* sterenn *f.* +ow, ster *coll.*; **little star** sterennik *f.* -igow: **2.** *v. (in film)* sterenni
stare *v.* lagatta
starer *n.* lagatter *m.* -oryon, lagattores *f.* +ow
starfish *n.* pympbys *m.* +ow
starlight *n.* stergann *m.*
starling *n.* troes *m.* treysi, troesenn *f.* +ow
starry *adj.* sterennek
start 1. *n.* dalleth *m.* +ow, derow *m.* +yow; *(starting-point)* dallethva *f.* +ow: **2.** *v.* dalleth
starter *n.* dallether *m.* -oryon

startle *v.* amovya
starvation *n.* divoetter *m.* +yow, famyans *m.*, nown *m.*
starve *v. (intrans.)* famya
state 1. *n.* studh *m.* +yow; *(political)* stat *m.* +ow +ys: **2.** *v.* derivas
statement *n.* derivas *m.*
static *adj.* sevelyek
station *n.* gorsav *m.* +ow; *(rank)* degre *m.* degreys; **police station** soedhva greslu *f.* soedhvaow kreslu; **power station** tredanva *f.* +ow; **underground station** gorsav yn-dann dhor *m.* gorsavow yn-dann dhor
statue *n.* delow *m.* +yow
stature *n.* ughelder *m.* +yow
status *n.* gre *m.* +ys, savla *m.* savleow, stat *m.* +ow +ys
statute *n.* reythenn *f.* +ow
staunch *adj.* stanch
stave *n.* gwelenn *f.* gwelynni, gwel *coll.*; *(of barrel)* asenn *f.* +ow
stay 1. *n.* godrik *m.* -igow: **2.** *v. (at a hotel, etc.)* godriga, ostya, kentreva; **stay overnight** godriga dres nos; **wait for** gortos; **stay still** sevel
steadfast *adj.* fyrv, sad, stedfast
steadfastness *n.* fyrvder *m.*
steady *adj.* fyrv
steal *v.* ladra
steam *n.* ethenn *f.* +ow
steam-engine *n.* jynn-ethenn *m.* jynnow-ethenn
steam-roller *n.* jynn-rolya *m.* jynnow-rolya
steamship *n.* gorhel-tan *m.* gorholyon-tan
steed *n.* {steda} *m.* {stedys}

steel

steel *n.* dur *m.* +yow
steep 1. *adj.* serth; **very steep** deserth, krakk y gonna: **2.** *v.* segi, souba
steeple *n.* kleghtour *m.* +yow, tour *m.* +yow
steepness *n.* serthter *m.*
steer 1. *n.* lodhen *m.* lodhnow, lo'n *m.* +ow; **inadequately castrated steer** ryjer *m.* +s: **2.** *v.* lywya
steering *n.* lywyans *m.*: *adj.* **steering wheel** ros lywya
steersman *n.* lywyader *m.* -oryon, lywydh *m.* +yon
stem *n.* garr *f.* +ow
stench *n.* fler *m.* +yow, flerynsi *m.*
step *n.* kamm *m.* +ow, pas *m.* +ys, gradh *m.* +ow, gris *m.* +yow +ys, {stap} *m.* {+ys}
step-brother *n.* lesvroder *m.* -vreder
step-child *n.* lesflogh *m.* -fleghes
step-daughter *n.* elses *f.* +ow, lesvyrgh *f.* +es
step-father *n.* altrow *m.* +yon, lestas *m.* +ow
Stephen *name* Stefan
step-mother *n.* altrewan *f.* -enyow, lesvamm *f.* +ow
step-sister *n.* les-hwoer *f.* -hwerydh
step-son *n.* els *m.* +yon, lesvab *m.* -vebyon
stereotype *v.* skwirglassya
sterile *adj.* gownagh
sterility *n.* anvabeth *f.*
sterling 1. *n.* sterlyn *m.*: **2.** *adj.* sterlyn
stern 1. *n.* delergh *m.* +ow: **2.** *adj.* asper
stern-deck *n.* aros *m.* +yow
stew 1. *n.* bros *m.* +ow: **2.** *v.* stywya, hirvryjyon
steward *n.* rennyas *m.* -ysi, {styward}

stirrup

m. {+s}; *(at a meal)* mer-boes *m.* meryon-boes
stewardess *n.* rennyades *f.* +ow; *(at a meal)* meres-voes *f.* meresow-boes
stewardship *n.* gwithyans *m.*
stick *v.* glena, glusa; **stick to** glena orth
sticker *n.* glenysenn *f.* +ow
stickleback *n.* keyn-dreynek *m.* -oges
sticky *adj.* glusek
stiff *adj.* diwedhyn
stiffness *n.* diwedhynder *m.*
stifle *v.* megi, taga
stigma *n.* mewl *m.* +ow
stile *n.* kammva *f.* +ow
still 1. *adj.* kosel: **2.** *adv.* hogen, hwath; **still more** byth moy
stillness *n.* kalmynsi *m.*, kosoleth *f.*
stimulant *n.* piger *m.* +yow
stimulate *v.* kentrynna
stimulation *n.* kentrynnans *m.* +ow
stimulus *n.* kentrynn *m.* +ow
sting 1. *n.* bros *m.* +ow, brosa, pigas *m.* +ow: **2.** *v.* gwana, piga
stingy *adj.* pith
stinginess *n.* pithter *m.*
sting-ray *n.* rogha-bros *m.*
stink 1. *n.* fler *m.* +yow, mosokter *m.*, droksawer *m.* +yow, mos *m.* +ow: **2.** *v.* flerya, mosegi
stinkard *n.* flerys *m.* +yon
stinking *adj.* flerys, mosek
stipulate *v.* darambosa
stipulation *n.* darambos *m.* +ow
stir *v.* kaboli, treylouba; *(move)* gwaya; *(intrans.)* {styrrya}; **stir up** sordya
stirrer *n.* kaboler *m.* -oryon
stirrup *n.* gwarthol *f.* –yow, diwarthol *dual*

stitch

stitch 1. *n.* gwri *m.* +ow; *(of land)* len *m.* +yow: **2.** *v.* brosya, gwrias; **stitch roughly** krafa
stitcher *n.* brosyer *m.* -oryon, brosyores *f.* +ow, gwriador *m.* +yon, gwriadores *f.* +ow, sewyas *m.* -ysi
stoat *n.* lovennan *m.* +es, yewgenn *m.* +ow
stock *n.* stokk *m.* +ys +ow; *(broth)* iskell kig *m.*
stocking *n.* loder *m.* lodrow, dewloder *dual*, hosenn *f.* +ow, hos *coll.*
stocks *plur.* karghar-prenn; **in the stocks** y'n stokkys; **put in stocks** karghara; *(financial)* kevrennow
stoke *v.* fogya
stoker *n.* fogor *m.* +yon
stole *n.* stol *f.* +yow
stolen *adj.* ledrys
stomach *n.* glas *m.* +ow, penn-gasenn *f.* pennow-gasen, torr *f.* +ow; *(of animal)* agenn *f.* +ow
stone 1. *n.* men *m.* meyn; *(in body)* mantedhenn *f.* +ow, mantedh *coll.*; **flat stone** legh *f.* +yon; **foundation stone** selven *m.* selveyn; **holed stone** tollven *m.* tollveyn; **individual stones** menow; **loose stones** radell *m.*; **splashing stone** kabolenn *f.* +ow; **standing stone** menhir *m.* +yon, peulven *m.* -veyn; **stone circle** dons meyn *m.* donsyow meyn; **thin flat stone** leghenn *f.* +ow; **turn to stone** menhe: **2.** *v.* labydha
stonechat *n.* chekkyar *f.* chekkyer
stone-dead *adj.* devarow
stone-house *n.* meyndi *m.* +ow
stone-mason *n.* ser men *m.* seri men
stonework *n.* menweyth *m.*
stony *adj.* meynek; **stony place** meynek
stool *n.* skavell *f.* +ow
stoop 1. *v.* gwarrgromma, deklinya: **2.** *n.* gwarrgromm *m.* +ow
stooping *adj.* gwarrgromm
stop 1. *v.* *(intrans.)* hedhi; *(trans.)* astel, stoppya; **stop a cheque** lettya chekkenn; **stop oneself** omlettya: **2.** *int.* ho
stoppage *n.* astel *m.* +yow; **stoppage of work** astel-ober *m.*
stopper *n.* ebil *m.* +yer, stoppyer *m.* +s
stop-watch *n.* hedheuryer *m.* +ow
storage *n.* kreunans *m.* +ow, gwith *m.*
store *n.* gwithti *m.* +ow
store-cellar *n.* talgell *f.* +ow
storehouse *n.* gwithva *f.* +ow
storey *n.* leur *m.* +yow
stork *n.* hwibon *m.* +es, {stork} *m.* {+ys}
storm *n.* hager-awel *f.* +yow, tewedh *m.* +ow; **storm damage** arnow *m.*
storm-damaged *adj.* arnewys
story *n.* drolla *m.* drollow, hwedhel *m.* hwedhlow; **amusing story** rakka *m.* rakkow
story-teller *n.* *(raconteur)* rakker *m.* -oryon, rakkores *f.* +ow
stove *n.* forn *f.* +ow
straddle *v.* garrgamma
straight *adj.* eun, ewn, kompes
straight-edge *n.* linennell *f.* +ow
straighten *v.* **straighten out** digamma
straightforward *adj.* didro
straightway *adv.* dison, sket
strain 1. *n.* tennans *m.* +ow; *(physical quantity)* tynnedh *m.*: **2.** *v.* sidhla
strained *adj.* *(under strain)* yn tenn; *(overstretched)* gordennys

strainer

strainer *n.* sidhel *m.* sidhlow
strait *n.* kulvor *m.* +yow
strand *n.* treth *m.* +ow
strange *adj.* koynt, ankoth, estren, revedh, astranj, {stranj}
strangeness *n.* koynturi *m.*
stranger *n.* den ankoth *m.* tus ankoth, estrenes *f.* +ow, estren *m.* +yon
strangle *v.* taga
strangulation *n.* tag *m.* +ow
strap *n.* kroen *m.* +ow; **leather strap** ledhrenn *m.* +ow
stratum *n.* gweli *m.* +ow
straw *n.* *(in bulk)* kala' *coll.*, kalav *coll.*; *(individual)* gwel'gala *f.*, kalavenn *f.* +ow ; **straw bedding** kala' gweli
strawberry *n.* sevienn *f.* +ow, sevi *coll.* ; **garden strawberry** morenn-gala' *f.* morennow-kala'; **pick strawberries** sevia
strawberry-bed *n.* seviek *f.* -egi
stray *v.* gwandra, sowdhanas
straying *n.* sowdhan *m.*
streak *n.* linenn *f.* +ow, ribin *m.* +ow
streaked *adj.* brith
stream 1. *n.* gover *m.* +ow, goeth *f.* +ow, stredh *f.* +ow, {laka} *f.* {lakys}, {strem} *m.* {+ys}; *(current)* fros *m.* +ow; **silvery stream** arghantell; **stream in spate** livwoeth *f.* livwoethow; **winding stream** koger *m.* kogrow; **place abounding in streams** goethek *f.* -egi: 3. *v.* frosa
streamer *n.* hirvaner *m.* +yow
streamlet *n.* goverik *m.* -igow
streamwork *n.* **streamwork for tin** hal *f.* halow
street *n.* stret *m.* +ow +ys; **little street** stretynn *m.* +ow

striped

street-trader *n.* stretwikor *m.* +yon, stretwikores *f.* +ow
strength *n.* fors *m.* +ow, krevder *m.* +yow, nell *m.* +ow, nerth *m.* +yow
strengthen *v.* krevhe, {krevya}; *(a person)* nertha
strenuous *adj.* nerthek
stress 1. *n.* gwask *f.* +ow; *(emphasis)* poeslev *m.* +ow; *(quantity in physics)* gwaskedh *m.*: 2. *v.* poesleva
stretch *v.* ystynn; **stretch oneself** omystynna: *n.* ystynnans *m.* +ow
stretcher *n.* *(for carrying)* gravath *f.* +ow; *(wooden beam)* tenn *m.* +ow
strict *adj.* stroeth, tynn, straght
strictness *n.* stroethter *m.*
stride 1. *n.* hirgamm *m.* +ow: 2. *v.* hirgamma
strife *n.* bresel *f.* +yow, strif *m.* +ow
strike 1. *n.* *(hit)* frapp *m.* +ys; *(suspension of work)* astel-ober *m.* astelyow-ober, astel *m.* +yow: 2. *v.* *(hit)* frappya, gweskel; **strike oneself** omweskel; **strike the set** diswul an dhesedhva
striker *n.* *(striking worker)* astelyer *m.* -yoryon, astelyores *f.* +ow; *(hitter)* frappyas *m.* -ysi
string *n.* kordenn *f.* kerdyn; **string of onions** plethenn onyon *f.* plethennow o.
stringent *adj.* stroeth
stringently *adv.* dour
strip 1. *n.* sketh *m.* +ow, skethenn *f.* +ow; *(of land)* len *m.* +yow; **narrow strip of land** konna *m.* +ow:2. *v.* destryppya, pilya, {stryppya}; **strip bare** lommhe
striped *adj.* brith, labol

stripling *n.* glaswas *m.* -wesyon
stripper *n.* *(strip-teaser)* omdhi'skores *f.* +ow, omdhi'sker *m.* -oryon
strive *v.* omdhal, strivya; **strive against** offendya
stroke 1. *n.* boemmenn *f.* +ow, kronk *m.* +ys, lash *m.* +ys, strekys *f.* strokosow; *(of hand)* palvas *m.* +ow: **2.** *v.* handla, palva, tava
stroll 1. *n.* rosyas *m.* +ow: **2.** *v.* rosya
stroller *n.* roser *m.* -oryon, rosores *f.* +ow
strong *adj.* krev, men; **make strong** krevhe
strong-backed *adj.* keynek
strong-box *n.* kofer horn *m.* kofrow horn
strongly *adv.* yn fen
strop *n.* raw *f.* +yow
structure *n.* kesweyth *m.* +yow, framweyth *m.* +yow
structural *adj.* kesweythel, framweythel
struggle *v.* gwynnel
strut *v.* payoni
stub *n.* kyf *m.* +yon, stokkynn *f.* +ow; *(of ticket)* gorthdhelenn *f.* +ow
stubble *n.* sowl *coll.*; **stubble field** sowlek *f.* -egi
stubbly *adj.* sowlek
stubborn *adj.* gorth, penn-kales
stubbornness *n.* er *m.*, gorthter *m.*
stud *n.* *(animals)* gre *f.* +ow; **collar stud** garrvoth *f.* +ow
student *n.* skolheyk *m.* skolheygyon, studhyer *m.* studhyoryon, studhyores *f.* +ow
studio *n.* studhla *m.* -leow
studious *adj.* studhyus

study 1. *n.* *(room)* studhva *f.* +ow; *(piece of work)* studhyans *m.* +ow: **2.** *v.* studhya
stuff 1. *n.* devnydh *m.* +yow, stoff *m.* +ys: **2.** *v.* gwalgha, stoffya
stuffing *n.* stoffyans *m.* +ow
stumble *v.* omdhisevel, trebuchya
stumbling-block *n.* sklander *m.*; **be a stumbling-block** sklandra
stump *n.* ben *m.* +yow, kyf *m.* +yon, stokk *m.* +ys +ow
stun *v.* basa
stupefaction *n.* sowdhan *m.*
stupefied *adj.* sowdhenys
stupefy *v.* sowdhanas
stupendous *adj.* gorvarthys
stupid *adj.* gokki, penn-pyst, penn-sogh, talsogh
stupidity *n.* gokkineth *f.*
sturdy *adj.* {stordi}
sty *n.* krow *m.* +yow
style *n.* gis *m.* +yow; *(manner)* kor *m.* +ow; *(literary)* gis-skrifa *m.* gisyow-s.
stylized *adj.* herwydh gis
suave *adj.* melgennek
sub- *pref.* is-
sub-committee *n.* iskessedhek *m.* -ogow
subduct *v.* isledya
subduction *n.* isledyans *m.* +ow
subdue *v.* *(conquer)* fetha; *(calm)* tempra
subject 1. *n.* mater *m.* +yow; *(of a king)* gostoedh *m.*, sojet *m.* +s; *(of study)* testenn *f.* +ow: **2.** *adj.* keth
subjunctive 1. *adj.* islavarek: **2.** *n.* islavarek *f.*
sublime *adj.* gorughel

submarine *n.* lester-sedhi *m.* lestri-sedhi
submerge *v.* sedhi
submission *n.* omblegyans *m.* +ow
submissive *adj.* gostydh, hwar
submit *v.* obaya, omblegya, {submyttya}
subordinate *adj.* isrenkel; **subordinate clause** islavarenn
subscribe *v.* ragbrena
subscriber *n.* ragbrener *m.* -oryon, ragbrenores *f.* +ow
subscription *n.* ragbren *m.* +ow
subsequent *adj.* a syw, iskevresek
subsequently *adv.* a'y wosa
subservient *adj.* gostydh
subside *v.* issedhi, omsedhi
subsidence *n.* issedhes *m.* +ow, omsedhes *m.* +ow
subsistence *n.* omvegyans *m.*
subsistent *adj.* omvegyansek
subsoil *n.* iskweres *m.* +ow; **undug subsoil** kothenn *f.*
substance *n.* stoff *m.* +ys, substans *m.* +ow
sub-standard *adj.* issavonek
substantial *adj.* meur
substitute *v.* gorra yn le
substructure *n.* iskesweyth *m.* +ow, isframweyth *m.*
subterfuge *n.* kavanskeus *m.* +ow, keladow *m.*, wrynch *m.* +ys
subtitle 1. *n.* istitel *m.* istitlow: 2. *v.* istitla
subtle *adj.* sotel
subtlety *n.* sotelneth *f.* +ow
subtract *v.* istenna
subtraction *n.* istennans *m.* +ow
sub-tropical *adj.* istrovannel

sub-tropics *n.* istrovannow
suburb *n.* mestrev *f.* +ow, ranndra *f.* -drevow
suburban *adj.* mestrevek
subversive *adj.* domhwelus
subvert *v.* domhwel
subway *n.* kowfordh *f.* +ow; (*underground walkway*) konvayour *m.* +s
succeed *v.* seweni, spedya
success *n.* sewena *f.*, sewenyans *m.* +ow, {speda} *f.*
successful *adj.* sewen, sewenus
succession *n.* rew *m.* +yow
successor *n.* her *m.* heryon
succour 1. *n.* sokor *m.*: 2. *v.* sokra
succulent *adj.* sugnus
such *adj.* **such people** tus a'n par na
suck *v.* dena, sugna
sucker *n.* (*on plant*) gwylsymp *m.* +ys
sucking-pig *n.* porghellik *m.* -igow
suckle *v.* ri bronn, bronna
suction *n.* sugnans *m.*
sudden *adj.* desempis, tromm
suddenly *adv.* a-dhesempis, distowgh
suddenness *n.* trommder *m.*
suds *plur.* golghyon
suet *n.* soev *m.*
suffer *v.* godhav, godhevel, {suffra}
sufferer *n.* (*female*) godhevyades *f.* +ow; (*male*) godhevyas *m.* -ysi
suffering *n.* duwon *m.*, godhevyans *m.* +ow
suffice *v.* bos lowr
sufficient *adj.* lowr
sufficiently *adv.* lowr
suffocate *v.* taga
sugar 1. *n.* sugra *m.*: 2. *v.* (*sweeten with sugar*) sugra

suggest *v.* profya
suggestion *n.* profyans *m.* +ow
suicide *n.* omladhans *m.* +ow; **commit suicide** omladha
suit *n. (of cards)* sewt *m.* +ys
suitability *n.* gwiwder *m.* +yow
suitable *adj.* gwiw; **be suitable** delledhi
suitcase *n.* trog *m.* +ow
suitor *n.* tanter *m.* -oryon
sulk 1. *n.* moutyans *m.* +ow: **2.** *v.* moutya
sullen *adj.* talgamm
sulphur *n.* loskven *m.* -veyn, sulfur *m.*
sulphuric *adj.* loskvenek
sulphurous *adj.* loskvenus
sultan *n.* sodon *m.* +ys
sultanate *n.* sodoneth *f.* +ow
sultry *adj.* poes, tesek
sum 1. *n.* sommenn *f.* +ow, somm *m.* +ow: **2.** *v.* somma
summarize *v.* berrskrifa
summary *n.* berrskrif *m.* +ow
summer *n.* hav *m.* +ow; **pass the summer** havi
summer-time *n.* havas *m.* +ow
summery *adj.* havek
summit *n.* barr *m.* +ow, gwarthav *m.* -evyow, gwartha *m.* -evyow, penn *m.* +ow, topp *m.* +ys
summon *v.* gelwel, {somna}
summons *n.* galow *m.* +yow
sumptuous *adj.* rych
Sun *n.* Howl *m.*; **towards the Sun** a-Howl
sunbathe *v.* omhowla
sunburn *n.* howllosk *m.*
sunburnt *adj.* howlleskys

Sunday *n.* dy' Sul *m.* dydhyow Sul, Sul *m.* +yow; *(time)* Sulweyth *m.* +yow; **Low Sunday** Pask Byghan
sundew *n.* eyles *coll. (one plant)* eylesenn *f.* +ow
sunflower *n.* howlvleujenn *f.* +ow
sun-glasses *n.* howlwedrow
sunlight *n.* howlwolow *m.*
sunny *adj.* howlyek
sunrise *n.* howldrehevel *m.* +yow, howldrevel *m.* +yow
sunset *n.* howlsedhes *m.* +ow; **noon to sunset** dohajydh *m.*
sunshade *n.* howllenn *f.* +ow
sunshine *n.* Howl *m.*, howlsplann *m.*
sunspot *n.* howlnamm *m.* +ow
sunstroke *n.* towl-howl *m.*
sup 1. *n.* lommenn *f.* +ow: **2.** *v.* eva, sopya, soubenna
superabundance *n.* gorfalster *m.* +yow
superabundant *adj.* gorfals
superb *adj.* bryntin, splann
superficial *adj.* arenebel
superfluous *adj.* dres edhomm
superhumeral *n.* skoedhlien *m.* +yow
superior *adj. (better)* gwell; *(victorious)* trygh
superiority *n.* ughelder *m.* +yow
supermarket *n.* gorvarghas *f.* +ow
superscription *n.* ughskrif *m.* +ow
superstition *n.* euvergryjyans *m.* +ow, hegoeledh *m.* +ow
superstitious *adj.* euvergryjyk, hegoel
superstructure *n.* ughframweyth *m.* +yow, ughkesweyth *m.* +yow
supervise *v.* gorvires
supervision *n.* gorvirans *m.* +ow
supper *n.* boes soper *m.* boesow soper, koen *f.* +yow, soper *m.* +yow

supple *adj.* gwedhyn, hebleth
supplement *n. (to book)* ystynnans *m.* +ow; **literary supplement** ystynnans lyennek *m.* ystynnansow l.; *(to diet)* keworrans *m.* +ow
supplementary *adj.* keworransel
suppleness *n.* gwedhynder *m.*
supplication *n.* pysadow *m.*
supplier *n.* proviyas *m.* -ysi, proviyades *f.* +ow
supply 1. *v.* darbari, provia: **2.** *n.* provians *m.* +ow
support 1. *n.* konfort *m.* +s; *(abst.)* skoedhyans *m.* +ow: **2.** *v.* konfortya, skoedhya
supporter *n.* skoedhyer *m.* -oryon, skoedhyores *f.* +ow
suppose *v.* desevos, tybi, {sopposya}
supposition *n.* tybyans *m.* +ow, desev *m.* +ow
suppress *v.* {suppressya}
suppurate *v.* gori
suppuration *n.* gor *m.*
supremacist *n.* gwarthevydh *m.* +yon
supremacy *n.* gwarthevyans *m.*
supreme *adj.* gorughel
sure *adj.* kowgans, sur; **be sure to** gwaytyas, gwitha
surely *adv.* sur; **most surely** surredi
surety *n.* goestel *m.* goestlow; **of a surety** a-blyght
surf 1. *n.* mordardh *m.*; **sound of surf** mordros *m.*: **2.** *v.* mordardha
surface 1. *n.* arenep *m.* arenebow: **2.** *v.* arenebi
surfeit *n.* gorfalster *m.* +yow
surge *n. (of sea)* hwythfians *m.* +ow
surgeon *n.* leuvvedhek *m.* -ogyon

905

surgery *n. (science)* leuvvedhegieth *f.*; *(treatment)* leuvvedhegneth *f.*; *(place)* medhegva *f.* +ow
surgical *adj.* leuvvedhegel
surly *adj.* deskernus
surmise *v.* dismygi
surname *n.* hanow teylu *m.* henwyn teylu
surpass *v.* gorbassya
surplice *n.* kams *f.* +ow
surplus *n.* gorlanwes *m.* +ow
surprise 1. *n.* marth *m.* +ow: **2.** *v.* sowdhanas
surreal *adj.* gorwir
surrender *v.* hepkorr, omdhaskorr, omri
surround *v.* kyrghynna
surroundings *plur.* kyrghynn
surveillance *n.* aspians *m.* +ow
survey 1. *n.* arhwithrans *m.* +ow; **Ordnance Survey** Arhwithrans Ordnans: **2.** *v.* arhwithra
surveyor *n. (for map-making)* arhwithrer *m.* -oryon, arhwithrores *f.* +ow, musuryas *m.* -ysi, musuryades *f.* +ow
survival *n.* treusvywnans *m.* +ow
survive *v.* treusvywa
survivor *n.* treusvywer *m.* -oryon
susceptibility *n.* gostytter *m.* +yow
susceptible *adj.* gostydh
suspect 1. *v.* gogrysi: **2.** *adj.* gogrysek: **3.** *n.* gogrysek *m.* -ogyon
suspend *v. (interrupt)* astel; *(hang)* kregi
suspension *n. (hanging)* kregyans *m.* +ow, krog *f.* +ow; *(interruption)* astel *f.* +yow

suspicion *n.* gogrys *m.* +yow, skeus *m.* +ow
suspicious *adj.* **be suspicious** gogrysi
sustain *v.* sostena
sustainability *n.* sostenadewder *m.*
sustainable *adj.* sostenadow
sustenance *n.* megyans *m.* +ow, sosten *m.*
suture *n.* gwri *m.* +ow
suzerain *n.* gwarthevyas *m.* -ysi
suzeraine *n.* gwarthevyades *f.* +ow
swaddling-band *n.* lystenn *f.* +ow
swag *n.* ladras *m.*
swagger 1. *v.* payoni: **2.** *n.* payonans *m.* +ow
¹swallow *v.* kollenki, lenki; **swallow down** daslenki, {dislonka}
²swallow *n.* *(bird)* gwennel *f.* gwennili
swamp 1. *v.* liva: **2.** *n.* gwern *f.* +ow
swan *n.* alargh *m.* elergh, {swan} *m.* {+ys}
swap 1. *v.* keschanjya: **2.** *n.* keschanj *m.* +yow
swarm 1. *n.* hes *f.* +ow; *(of bees)* **first swarm** kyns-hes *f.*; **second swarm** tarow-hes *f.*; **third swarm** lost-hes *f.* **2.** hesya;
swarming *n.* hevva *f.*
swarthy *adj.* mindu
swathe 1. *n.* dramm *f.* +ow: **2.** *v.* maylya
swear *v.* *(oath)* ti; *(curse)* mollethi
sweat 1. *n.* hwys *m.* +ow: **2.** *v.* hwysa
sweater *n.* gwlanek *m.* gwlanogow
sweatshirt *n.* krys hwys *m.* krysyow hwys
sweat-shop *n.* hwysti *m.* +ow
sweep 1. *v.* skuba, {skuberya}; **sweep up leaves** delyowa: **2.** *n.* {skuberyas} *m.* {-ysi}
sweeper *n.* {skuberyas} *m.* {-ysi}
sweepings *plur.* skubyon
sweet 1. *n.* hwegynn *m.* +ow; *(dessert)* melyssand *m.* +ys: **2.** *adj.* hweg; **very sweet** melys
sweeten *v.* hwekhe, melyshe
sweetest *adj.* hwegoll
sweetheart *n.* keresik *m.* -igyon, kuv kolonn *m.* kuvyon kolonn
sweeting *n.* hwegenn *f.* +ow
sweetness *n.* hwekter *m.*, melder *m.* +yow
swell *v.* hwedhi, hwythfi, ynkressya; **swell up** kwoffi
swelling *n.* bothenn *f.* +ow, hwedh *m.* +ow, hwythfians *m.* +ow
swerve *v.* {swarvya}
swift *adj.* skav
swig *n.* swynnenn *f.* +ow
swim *v.* neuvya
swimmer *n.* neuvyer *m.* -yoryon, neuvyores *f.* +ow
swimwear *n.* neuvwisk *m.*
swindle *n.* hyg *f.* +ow
swindler *n.* faytour *m.* +s, hyger *m.* -oryon
swine *n.* hogh *m.* -es; *(plural)* mogh
swineherd *n.* bugel mogh *m.* bugeledh vogh
swing 1. *n.* lesk *m.* +ow; *(plaything)* lesk-lovan *m.* leskow-lovan: **2.** *v.* leska; *(one's arms, or a golf club)* swaysya
swirl 1. *n.* troyll *m.* +yow: **2.** *v.* troyllya
switch 1. *n.* *(electric)* skwychell *f.* +ow: **2.** *v.* skwychya; **switch off** ladha,

Switzerland

skwychya yn farow; **switch on** skwychya yn fyw
Switzerland *place* Swistir
swollen *adj.* kwoffys
swoon 1. *n.* klamder *m.* +yow: **2.** *v.* klamdera
sword *n.* kledha *m.* kledhedhyow; **wield a sword** kledhya
sword-dance *n.* dons-kledha *m.* donsyow-kledha
swordsman *n. (amateur)* kledhevor *m.* +yon; *(professional)* kledhevyas *m.* -ysi
sycamore-tree *n.* skawenn-wragh *f.* skawennow-gwragh
syllable *n.* syllabenn *f.* +ow
syllabus *n.* dyskevres *m.* +ow
symbol *n.* arwoedh *f.* +yow
symbolic *adj.* arwoedhek
symbolism *n.* arwoedhogeth *f.*
symmetrical *adj.* kemusur
symmetry *n.* kemusur *m.* +yow
sympathetic *adj.* keskodhevek, tregeredhus
sympathize *v.* keskodhevel
sympathy *n.* tregeredh *f.* +ow
symptom *n.* arwoedh *f.* +yow, sin *m.* +ys +yow, tokyn *m.* toknys tokynyow
synagogue *n.* synaga *m.* synagys
synchronize *v.* kettermynyegi
synchronous *adj.* kettermynyek
synod *n.* senedh *m.* +ow
synthesize *v.* synthesya
synthetic *adj.* synthesek
Syria *place* Syri
syringe 1. *n.* skitell *f.* +ow: **2.** *v.* skitya
system *n.* system *m.* +ow
systematic *adj.* systemasek

T

tab *n.* leppik *m.* -igow
tabernacle *n. (dwelling-place)* skovva *f.* +ow; *(tent)* tylda *m.* tyldow tyldys
table *n.* moes *f.* +ow; *(statistical)* moesenn *f.* +ow
table-cloth *n.* lien moes *m.* lienyow moes
tablespoon *n.* lo-veur *f.* loyow-meur
tablespoonful *n.* loyas-veur *f.* loyasow-meur
tablet *n.* dysklien *m.* +yow, legh *f.* +yon
table-tennis *n.* tennis moes *m.*
table-top *n.* bordh *m.* +ow
taboo *n.* tabou *m.* +s
tabor *n.* tabour *m.* +s +yow
taciturn *adj.* tawesek
taciturnity *n.* tawesigeth *f.*
tack *n. (nail)* **1.** kentrik *f.* -igow: **2.** *v.* kentriga
tact *n.* doethenep *m.*
tadpole *n.* penn-du *m.* pennow-du, pennynn *m.* +ow
tag *n.* lappa *m.* lappys, leppik *m.* -igow
taiga *n.* sabgoes *m.* +ow
tail 1. *n.* lost *m.* +ow: **2.** *v.* holya
tail-back *n. (traffic)* treynas *m.* +ow, lost
tailor *n.* tregher *m.* -oryon
tailoress *n.* treghores *f.* +ow
tailoring *n.* tregherieth *f.*
take *v.* kemmeres, tanna; **take an oath** lia; **take Communion** komunya; **take place** hwarvos; **take someone** gorra nebonan; **take the chair** kaderya; **take the Sacrament**

tale

komunya; **take the side of** assentya gans; **take with one** dri

tale *n. (fabrication)* hwedhel *m.* hwedhlow, kedhel *m.* kedhlow, kyhwedhel *m.* kyhwedhlow; *(folk-tale)* drolla *m.* drollow; *(novel)* romans *m.* +ow; **amusing tale** rakka *m.* rakkow; **tell tales** hwedhla; **tell tales about** kuhudha

talent *n.* roas *m.* +ow

talented *adj.* roasek

talisman *n.* soenell *f.* +ow

talk 1. *n.* kows *m.* +ow; **idle talk** flows *m.*: **2.** *v.* kewsel, kows, {talkya}; **talk about** kyhwedhla; **talk noisily** klattra; **talk nonsense** flowsa

talkative *adj.* tavosek; **talkative man** klappyer; **talkative woman** klappyores

talker *n.* leveryas *m.* -ysi, leveryades *f.* +ow

tall *adj.* hir

tallow *n.* soev *m.*; **tallow candle** kantol soev *m.* kantolyow soev

tally 1. *n.* kevriv *m.* +ow: **2.** *v.* kevriva

talon *n.* kraban *f.* +ow, ewin *m.* +es

Tamar *place (name of river)* Tamer

tame 1. *adj.* dov, {tam}: **2.** *v.* dova, dovhe, tempra

tameness *n.* dovedh *m.*

tamer *n.* dover *m.* -oryon, temprer *m.* -oryon; **lion tamer** dover lewyon

tan 1. *adj. (brown)* gell: **2.** *v. (sunburn)* howlleski; *(beat)* kronkya

tang *n.* lymmvlas *m.* +ow

tangent *n.* tavlinenn *f.* +ow

tangential *adj.* tavlinennel

tangible *adj.* tavadow

tank *n.* tank *m.* tankow

tanker *n.* tanker *m.* +yow; **oil tanker** tanker oyl *m.* tankeryow oyl

tannery *n.* kreghynva *f.* +ow

tap 1. *n. (e.g. of bath)* tapp *m.* +ow +ys: `2. *v.* bonkya; **tap a barrel** tardra

tape *n.* snod *m.* +ow +ys; **gaffer tape** snod gaffer; **masking tape** snod kudha

taper *(become thin)* **1.** *v.* moenhe; *(candle)* **2.** *n.* kantol goer *f.* kantolyow koer

tape-recorder *n.* jynn-snod *m.* jynnow-snod

tape-recording *n.* snodskrif *m.* +ow

tappet *n.* mortholynn *m.* +ow

tar *n.* pyg *m.* +ow

tardiness *n.* hyllder *m.*

tardy *adj.* diwedhes, hyll

tares *n.* gwyg *coll.*, ivra *coll.*

target 1. *n.* kostenn *f.* +ow; **key targets** pennkostennow; **primary targets** pennkostennow: **2.** *v.* kostenna

tariff *n.* toll *f.* +ow

tarpaulin *n.* pyglenn *f.* +ow

tarry *v.* {tarya}

tart *n. (food)* tartenn *f.* +ow

tartan *n.* brith *coll.*, brithenn *f.* +ow

task *n.* oberenn *f.* +ow

tassel *n.* kribell *f.* +ow, toes *m.* +ow; **form a tassel** kribella

taste 1. *n.* blas *m.* +ow, sawer *m.* +yow, sawrenn *f.* +ow, tast *m.* +ys: `2. *v.* blasa, sawra, tastya; *(test)* previ

tasteless *adj.* anvlasus

tastelessness *n.* anvlas *m.*

tasty *adj.* sawrek

tatter 1. *n.* pilenn *f.* +ow, pil *coll.*, sketh *m.* +ow, skethenn *f.* +ow: **2.** *v.* frega, skethenna

tatterdemalion *n.* fregys *m.* +yon, skethrek *m.* -ogyon
tattered *adj.* skethennek, skethrek
tattle *n. (gossip)* hwedhlow; *(idle talk)* gerennow
tattoo *n. (military)* tatou *m.* +s; *(on body)* korfliw *m.* +yow
taunt *v.* tontya
taut *adj.* tynn
tautly *adv.* yn tenn
tavern *n.* tavern *m.* +yow
tawny *adj.* gellvelyn
tax *n.* toll *f.* +ow; **income tax** toll-wober *f.*; **land tax** toll-dir *f.* tollow-tir; **levy tax** tolli; **property tax** toll-annedh *f.* tollow-annedh; **purchase tax** toll-brenas *f.* tollow-prenas; **super tax** gordoll *m.*; **tax collector** toller *m.* -oryon, tollores *f.* +ow; **tax inspector** tellyas *m.* -ysi, tellyades *f.* +ow; **tax relief** difresyans toll; **wealth tax** toll-gevoeth *f.* tollow-kevoeth
taxable *adj.* tolladow
taxation *n.* tollans *m.*
tax-free *adj.* didoll
taxi *n.* tollgarr *m.* -gerri
tax-office *n.* soedhva doll *f.* soedhvaow toll
tax-payer *n.* taler toll *m.* taloryon doll, talores toll *f.* taloresow toll
tea *n.* te *m.* +ow
teach *v.* dyski
teacher *n. (female)* dyskadores *f.* +ow; *(male)* dyskador *m.* +yon
teaching *n.* dyskas *m.*
tea-leaves *plur.* godhes
team *n.* para *m.* parys
teapot *n.* pott-te *m.* pottow-te, tebott *m.* +ow
¹**tear 1.** *n. (rip)* skward *m.* +yow: **2.** *v.* skwardya; **tear down a house** terri chi; **tear up** frega
²**tear** *(weeping)* dager, dagrenn; **shed tears** dagrewi
tease *v.* hyga; **tease out rope** kribella
teaspoon *n.* lo-de *f.* loyow-te
teaspoonful *n.* loyas-te *f.* loyasow-te
teat *n.* teth *f.* +i +ow, tethenn *f.* +ow, hwenenn *f.* +ow
teatime *n.* prys te *m.* prysyow te
technical *adj.* teknogel
technique *n.* teknek *m.* -ogow
technological *adj.* teknegiethel
technology *n.* teknegieth *f.* +ow
tectonic *adj.* tektonek
tectonics *n.* tektonieth *f.*
teddy-bear *n.* orsik *m.* -igow
tedious *adj.* skwithus
tedium *n.* hirder *m.* +yow
tee-shirt *n.* krys T *m.* krysyow T
telecommunication *n.* pellgomunyans *m.* +ow
tele-cottage *n.* pellbennti *m.* +ow
telegram *n.* pellskrifenn *f.* +ow
telegraph *v.* pellskrifa
telephone 1. *n.* pellgowser *m.* +yow; **telephone call** galwenn bellgows *f.* galwennow pellgows: **2.** *v.* pellgewsel
telephony *n.* pellgows *m.*
telescope *n.* pellwelell *f.* +ow
television *n.* pellwolok *f.* pellwologow; **closed-circuit television (CCTV)** pellwolok kylgh deges (PWKD)

tell *v.* derivas, leverel; **tell off** keredhi, keski, tavosa; **tell tales about** kuhudha; **tell tales** hwedhla, leverel anethow
teller *n. (of tales)* leveryas *m.* -ysi, leveryades *f.* +ow
temper *v.* tempra
temperament *n.* gnas *f.* +ow
temperance *n.* temprans *m.*
temperate *adj.* temprek
temperature *n.* tempredh *m.* +ow
tempest *n.* annawel *f.* +yow
template *n.* skantlyn *m.* +s
temple *n. (building)* tempel *m.* templow, templa *m.* templys; *(of head)* tal *f.* +yow
tempt *v.* temptya, godhynya
temptation *n.* temptyans *m.* +ow, godhynyans *m.* +ow
tempter *n.* tempter *m.* -oryon
temptress *n.* temptores *f.* -ow
ten *num.* deg; **ten times** dekkweyth
tenacious *adj.* kraf
tenancy *n.* delghyaseth *f.* +ow, gobrenans *m.* +ow
tenant *n.* delghyas *m.* -ysi, gobrener *m.* -oryon
tend *v.* tuedha
tendency *n.* plegyans *m.* +ow, tuedh *m.* +ow
tender *adj.* bleudh, tender
tenderize *v.* bleudhhe
tenderness *n.* bleudhder *m.*
tendon *n.* giowenn *f.* +ow, giow *coll.*, skenna *m.* skennys skennow
tenfold *adj.* degplek
tennis *n.* tennis *m.*
tenor *n.* tenor *m.* +yon
¹**tense** *adj.* tynn

²**tense** *n. (of verb)* amser *f.* +yow; **imperfect tense** amser anperfydh *f.* amseryow anperfydh; **perfect tense** amser berfydh *f.* amseryow perfydh; **pluperfect tense** amser worberfydh *f.*
tension *n.* tynnder *m.*; *(physical quantity)* tynnedh *m.* +ow
tent *n.* tylda *m.* tyldow tyldys; **erect a tent** tyldya
tentative *adj.* a-gynnik
tentatively *adv.* a-gynnik
tenth *num.* degves
tenuous *adj.* tanow
tenure *n.* **feudal tenure** ago-marghogyon *f.*
tepid *adj.* mygyl
term *n.* termyn *m.* +yow; *(school)* **school term** trymis *m.* +yow
terminal 1. *n. (terminus)* pennhyns *m.* +ow; *(electrical)* pennwivrenn: **2.** *adj. (of illness)* marwel
terminate *v.* gorfenna; *(kill)* ladha; **terminate employment of** gordhyllo
termination *n.* diwedhva *f.* +ow
terminus *n.* pennhyns *m.* +yow
termly *adj.* trymisyek
tern *n.* morwennol *f.* -wennili, skrawik *m.* -igow
terrace *n.* terras *m.* +ow
terrestrial *adj.* norvysel
terrible *adj.* euthyk
terribly *adv.* euthyk
terrier *n.* dorgi *m.* dorgeun
terrific *adj.* euthyk
terrified *adj.* dyegrys
terrify *v.* euthega
territorial *adj.* tiredhel
territory *n.* tir *m.* +yow, tiredh *m.* +ow

terror *n.* browagh *m.* +ow, euth *m.*
terrorist *n. (female)* broweghyades *f.* +ow; *(male)* broweghyas *m.* -ysi
terrorize *v.* broweghi
test 1. *n.* apposyans *m.* +ow, prevyans *m.* +ow, prov *m.* +ow: **2.** *v.* previ; **test by questions** apposya; **test oneself** omassaya
testament *n. (Biblical)* testament *m.* -ns; **New Testament** Testament Nowydh; **Old Testament** Testament Koth
testicle *n.* kell *f.* +ow, diwgell *dual*
testify *v.* desta, dustunia, {testifia}
testimonial *n.* dustunians *m.* +ow, testskrif *m.* +ow
testimony *n.* dustuni *m.* dustuniow, rekord *m.* +ys
testy *adj.* krowsek
tetanus *n.* genbalsi *m.*
tether 1. *n.* stag *m.* +ow: **2.** *v.* staga
tetra- *pref.* pedr-
text *n.* tekst *m.* +ow; **original text** mammskrif *m.* +ow
textiles *plur.* pannweyth *coll.*
texture *n.* gwias *m.* +ow, gwiasedh *m.* +ow
than *conj.* ages, es
thank *v.* grassa; **thank someone for something** grassa neppyth dhe nebonan; **thank you** meur ras, Duw re dallo dhy'hwi, **thankful** *adj.* grasek
thanks *plur.* gras *m.* grasow, grasyans *m.*; **give thanks for something** godhvos gras a neppyth, godhvos gras rag neppyth; **no thanks** na vynnav; **great thanks** {gromersi}; **give thanks for** grassa; **thanks a million** meur ras bras
that 1. *pron. (f.)* honn; *(m.)* henn: **2.** *adj.* na e.g. an chi na 'that house' **that one (f.)** honna; **that one (m.)** henna: **3.** *conj.* **that not** na, nag
thatch 1. *n.* sowl *coll.*; **bundle of thatch** orrenn *f.* +ow; **thatched roof** to sowl *m.* tohow sowl: **2.** *v.* sowla
thatcher *n.* tior *m.* +yon, tiores *f.* +ow
thaw *v.* teudhi
the *art.* an; **to the** dhe'n
theatre *n.* gwaridi *m.* +ow, gwariva *f.* +ow; **open-air theatre** plen an gwari *m.* plenys an gwari; **operating theatre** stevell-oberyans *f.* stevellow-o.
theatrical *adj.* gwaridiel
thee 1. *n.* **2.** *pron.* sy, jy; *(emphatic)* tejy; *(infixed)* 'th
theft *n. (in general)* ladrynsi *m.*; *(individual crime)* ladrans *m.* +ow
their *pron.* aga; **and their** ha'ga
them *pron.* i; *(infixed)* 's
theme *n.* thema *m.* themow
themselves *pron.* ynsi, aga honan
then 1. *conj.* ytho: **2.** *adv.* ena, y'n eur na, {nena}, {dhanna}; **now and then** war euryow; **well then** ytho
thence *adv.* alena
thenceforth *adv.* wosa henna
thenceforward *adv.* alena rag
theoretical *adj.* tybiethel
theory *n.* tybieth *f.* +ow
there *adv.* ena, eno; **from there** alena; **there is** otta
thereby *adv.* dredhi
therefore *conj.* rakhenna, ytho
thermometer *n.* tempredhell *f.* +ow

these

these *pron.* an re ma
they *pron.* i; *(emphatic)* ynsi
thick *adj.* tew
thicken *v.* tewhe
thicket *n.* prysk *m.* +ys, goedhel *m.* goedhyli, kaswydh *coll.*, perth *f.* -i; *(thorny)* dreynek *f.* -egi; *(small)* pryskynn *m.* +ow
thick-head *n.* penn-bras *m.* pennow-bras
thick-lipped *adj.* gwelvek, musellek
thickness *n.* tewder *m.*
thick-shelled *adj.* krogenyek
thief *n.* lader *m.* ladron, ladres *f.* +ow
thigh *n.* mordhos *f.* +ow, diwvordhos *dual*
thimble *n.* byskoen *f.* +yow; **silver thimble** byskoen arghans *f.* byskoenyow a.
thin *adj.* moen, tanow
thing *n.* pyth *m.* +ow, takel *m.* taklow, tra *f.* +ow; **smallest thing** gik *m.*; **things** re
think *v.* prederi, tybi; **think oneself** ympynnya
thinking *n.* **way of thinking** brys *m.* +yow
thinness *adj.* tanowder
third *num.* tressa, trysa; **Third World** Tressa Bys
thirst *n.* syghes *m.*
thirsty *adj.* **I am thirsty** yma syghes dhymm
thirteen *num.* trydhek
thirteenth *num.* trydhegves
this 1. *pron.* *(m.)* hemm; *(f.)* homm: 2. *adj.* ma e.g. **an chi ma** 'this house' **this one (f.)** homma; **this one (m.)** hemma; **this woman** homma

thread

thistle *n.* askallenn *f.* +ow, askall *coll.*
thistle-patch *n.* askallek *f.* -egi
thistly *adj.* askallek
thither *adv.* bys di, dhi, di
Thomas *name* Tommas
thong *n.* kroen *m.* +ow
thorn *n.* dren *m.* dreyn, dreynenn *f.* +ow dreyn *coll.*, spernenn *f.* +ow, spern *coll.*, {spinenn} *f.* {+ow}
thornback *n.* rogha *m.* roghys
thornbrake *n.* spernek *f.* -egi
thorny *adj.* drenek, spernek
thorough *adj.* kowal
thoroughfare *n.* fordh-lan *f.* fordhow-glan
those *pron.* an re na
thou *pron.* ty; *(emphatic)* dhejy; **address someone as "thou"** tyas
though *conj.* awos, kyn; *(before vowels and h-)* kynth; **though I die** awos mernans
thought *n.* preder *m.* +ow, tybyans *m.* +ow; **err in thought** kammdybi; **inward thought** kowses *m.* +yow
thoughtful *adj.* prederus
thoughtless *adj.* dibreder
thousand *num.* mil; **thousand times** milweyth; **thousand years old** milvloedh; **three thousand** trymil
thousandfold *adv.* milblek
thousandth *num.* milves 1000ves
thrash *v.* *(thump)* dorna, kronkya; *(bludgeon)* fusta; *(punish)* kastiga
thrashing *n.* *(flogging)* kronkyans *m.* +ow; *(thumping)* dornans *m.* +ow; *(severe defeat)* fethans *m.* +ow
thread 1. *n.* *(in general)* neus *coll.*; *(individual)* neusenn *f.* +ow: 2. *v.* neusenna

threat *n.* godros *m.* +ow; *(verbal)* braslavar *m.* +ow

threaten *v.* godros, braggya, degynsywa

three *num. (m.)* tri; *(f.)* teyr; **three hundred** trihans

three-bearded rockling penn-barvus, ploumsugen

three-dimensional *adj.* trymynsek

threefold *adj.* tryflek

threescore *num.* tri-ugens

thresh *v.* drushya, fusta

thresher *n. (person)* drushyer *m.* +yoryon, drushyores *f.* +ow

threshold *n.* treudhow *m.*: *adj.* treudhel

thrice *adv.* teyrgweyth

thrift *n. (plant)* bryton *coll.*; *(saving money)* erbys *m.* +yow

thrifty *adj.* erbysek

thrive *v.* seweni

throat *n.* bryansenn *f.* +ow

throb *v.* polsa

throbbing *n.* polsans *m.* +ow

throne *n.* gorsedh *f.* +ow, esedh *f.* +ow, se *m.* seow, tron *m.* +ys +yow

throng *n.* routh *f.* +ow

throttle *v.* taga

through *prep.* dre; *(before vowel)* der; **through his** dr'y; **through the course of** dres

throw 1. *n.* towl *m.* +ow: **2.** *v.* tewlel, {towla}; **throw out** estewlel, tewlel yn-mes, tewlel yn-kerdh; **throw stones at** labydha; **throw up** hwyja

thrush *n. (bird)* molgh *f.* +i

thrust 1. *n.* herdhyans *m.* +ow; *(of weapon)* pych *m.* +ys +ow: **2.** *v.* herdhya, pokya

thug *n.* smat *m.* +ys

thumb *n.* meus *m.* +i, bys bras *m.* bysies bras; **thumb a lift** meusya

thump 1. *n.* boemm *m.* +yn, kronk *m.* +ys: **2.** *v.* dorna, kronkya

thunder 1. *n.* taran *f.*; **like thunder** tarennek: **2.** *v.* tarenna

thunderclap *n.* tardh taran *m.* tardhow taran

thunderer *n.* tarenner *m.* -oryon

thundering *n.* tarennans *m.*

thundery *adj.* tarennek

Thursday *n.* dy' Yow *m.* dydhyow Yow, Yow *m.*; **Maundy Thursday** dy' Yow Hablys

thus *adv.* yndella

¹thwart *v.* lesta

²thwart *n.* treusprenn *m.* +yer

thy *pron.* dha; **to thy** dhe'th

thyme *n.* tim *m.*; **wild thyme** koesfinel *coll., (one plant)* koesfinelenn *f.* +ow

tick *n.* **1.** tykk *m.* +ow; *(insect)* teurogenn *f.* +ow, teurek *coll.* **2.** *v.* tykkya

ticket *n.* tokyn *m.* tokynyow toknys; **complimentary ticket** tokyn omaj *m.* toknynyow o.; **return ticket** tokyn mos-ha-dos *m.* tokynyow mos-ha-dos; **ticket inspector** tokynwas *m.* -wesyon

ticket-office *n.* tokynva *f.* +ow

tickle 1. *v.* debreni, kosa: **2.** *n.* debron *m.* +ow, kos *f.* +ow

ticklish *adj.* hegos

tide *n.* mordid *m.* +ys; **high tide** lanow *m.* +yow, morlanow *m.* +yow; **low tide** mordrik *m.* -igow, trig *m.*; **neap tide** marowvor *m.* +yow; **spring tide** reverthi *f.* +ow

tidiness *n.* glanythter *m.*, kempennses *m.*
tidings *plur.* kyhwedhel, nowedhys
tidy 1. *adj.* glanyth, kempenn: **2.** *v.* kempenna, restra
tie 1. *n.* *(clothing)* kolm konna *m.* kolmow konna; *(link)* kolm *m.* +ow, stagell *f.* +ow, syg *f.* +ow: **2.** *v.* kelmi; **tie to** kelmi orth
tier *n.* nivel *m.* +yow
tiger *n.* tiger *m.* tigri
tight *adj.* stroeth, tynn
tighten *v..* tynnhe
tightness *n.* tynnder *m.*
tightrope *n.* lovan dynn *f.* lovonow tynn, tynnlovan *f.* +ow
tights *plur.* tynnow
tigress *n.* tigres *f.* +ow
tile *n.* prileghenn *f.* +ow
¹**till** *v.* gonedha
²**till** *conj.* bys, bys pan, erna, ernag
³**till** *n.* rekenva *f.* +ow, tylva *f.* +ow
tilth *n.* ar *m.*
timber *n.* prenn *m.* +yer
time *n.* eur *f.* +yow, prys *m.* +yow, termyn *m.* +yow; *(period)* seson *m.* +yow +s; **all the time;** pub eur oll; **at any time** nep-prys; **at some time** war neb tro; **at that place or time** ena; **at that time** y'n eur na; **at the same time** yn kettermyn; **at this time** y'n eur ma, y'n tor' ma; **at what time** p'eur; **by the time that** erbynn; **for a short time** rag tekkenn; **for the time being** rag an termyn; **from time to time** a dermyn dhe dermyn; **how many times** peskweyth; **in good time** a-brys; **in time** a-dermyn; **kill time** delatya an termyn; **long time** hirneth *m.*; **on time** a-brys, a-dermyn; **same time** kettermyn *m.*; **short time** pols *m.* +yow, takkenn *f.* +ow; **time of birth** genesigeth *f.*; **time to go** prys mos; **to the present time** bys y'n jydh hedhyw; **waste time** gwibessa
timely *adv.* a-brys
timetable *n.* euryador *m.* +yow
time-waster *n.* termynek *m.* -ogyon, termynoges *f.* +ow
timid *adj.* ownek
timidity *n.* ownekter *m.*
timpano *n.* naker *m.* nakrys
¹**tin** *n.* *(metal)* sten *m.*; *(unsmelted)* sten du *m.*; *(smelted)* sten gwynn *m.*; *(low-grade)* relystyon
²**tin** *n.* *(container)* kanna *m.* kannow; **baking tin** kanna-pobas *m.* kannow-p.; **loaf tin** kanna-torth *m.* kannow-t.
tin-bearing *adj.* stenus
tin-bounds *plur.* bounds
tinder tinder box *n.* korn tan *m.*
tine *n.* dans *m.* dyns
tinge 1. *n.* skeusliw *m.* +yow: **2.** *v.* skeusliwa
tingle *v.* kosa
tinkle *v.* tynkyal
tinned *adj.* kennys
tinner *n.* stenor *m.* +yon
tin-ore *n.* moen sten *m.*; **rich tin-ore** skov *m.*
tin-pit *n.* poll sten *m.* pollow sten
tinsel *n.* golowylyon
tin-stamp *n.* stamp *m.* +ys +ow
tinstone *n.* pryl *m.* +yon
tint 1. *n.* arliw *m.* +yow: **2.** *v.* arliwya
Tintagel *place* Dintagell

tinted

tinted *adj.* liwek
tin-working *n.* hwel-sten *m.* hwelyow-sten, gweyth *m.* +yow; **area of tin-working** bal *m.* +yow
tiny *adj.* munys
tip 1. *n. (end)* bleyn *m.* +yow, min *m.* +yow, toppynn *m.* +ow; *(for rubbish)* skoellva *f.* +ow; *(money)* grastal *m.* +yow: **2.** *v.* **tip over** omhweles; **tip up** omhweles
tipsy *adj.* govedhow
tire *v.* skwitha, skwithhe; *(annoy)* annia
tired *adj.* skwith; **dead tired** skwith marow; **make tired** skwithhe
tiredness *n.* skwithans *m.*, skwithter *m.*
tiring *adj.* skwithus
tit *n.* **tit for tat** tys-ha-tas; *(bird)* **blue-tit** penn-pali *m.* pennow-pali; **coal-tit** penn-glow *m.* pennow-glow
tithe *n.* dega *m.* degedhow; **pay tithes** degevi; **rectorial tithes** manal *f.* +ow
title *n. (legal)* titel *m.* titlow titlys
titmouse *n.* penn-glow *m.* pennow-glow
to *prep.* bys, dhe; *(occasl.)* yn; **up to** bys dhe; **to the** dhe'n; **to me** dhymm, dhymmo; **to thee** dhis, dhiso; **to you (sg.)** dhis, dhiso; **to him** dhodho; **to her** dhedhi; **to us** dhyn; **to you (pl.)** dhy'hwi, dhywgh; **to them** dhedha; **to my** dhe'm; **to your (sg.)** dhe'th; **to his** dh'y; **to her** dh'y dh'agan; **to your (pl.)** dh'agas; **to their** dh'aga
toad *n.* kroenek *m.* -ogow, lyfans *m.* +es; **dark toad** kroenek du; **hop like a toad** kroenogas, lyfansas; **light toad** kroenek melyn *m.* kroenogow *m.*; **little toad** kroenegynn *m.* +ow;

toll-road

(insult) **ugly black little toad** kroenegynn hager du
toadpool *n.* poll kroenek *m.* pollow k.
toadstool *n.* skavell-groenek *f.* skavellow-kroenek
toast 1. *n. (food)* kras *coll.*; **piece of toast** krasenn *f.* +ow: **2.** *v.* krasa
toasted *adj.* kras
toaster *n. (device)* krasell *f.* +ow
toast-rack *n.* kloes-kras *f.* kloesyow-kras, rastell gras *f.* rastellow kras
tobacco *n.* {tobakko} *m.*
today *adv.* y'n jydh ma, hedhyw
toddle *v.* gogerdhes
toddler *n.* gogerdher *m.* -oryon, gogerdhores *f.* +ow
toe *n.* bys-troes *m.* bysies-troes
toffee *n.* klyji *coll.*; *(one sweet)* klyjienn *f.* +ow
together *adv.* war-barth; **together with** war-barth ha
toil 1. *n.* lavur *m.* +yow, lavuryans *m.* +ow: **2.** *v.* gonis, lavurya
toilet *n.* privedhyow
toilsome *adj.* lavurus
token *n. (mark)* nos *m.* +ow; *(ticket)* tokyn *m.* toknys tokynyow
tolerable *adj.* porthadow
tolerance *n.* perthyans *m.* +ow
tolerate *v.* godhav, godhevel, perthi
toleration *n.* perthyans *m.* +ow
toll *n. (of flour)* arval *m.*; *(tax)* toll *f.* +ow
toll-booth *n.* tollva *f.* +ow
toll-bridge *n.* tollbons *m.* +ow
toll-gate *n.* tollborth *m.* +ow
toll-house *n.* tollji *m.* +ow
toll-road *n.* tollfordh *f.* +ow

tomato *n.* aval-kerensa *m.* avalow-kerensa

tomb *n.* bedh *m.* +ow, logel *m.* +yow; **stone-built tomb** bedh men *m.* bedhow men

tom-cat *n.* gorgath *m.* +es

tomorrow *adv.* a-vorow; **tomorrow morning** ternos vyttin

ton *n.* tonnas *m.* +ow

tone *n.* ton *m.* +yow

tongs *plur.* gevel; *(of iron)* gevelhorn

tongue *n.* taves *m.* tavosow; **hold thy tongue** taw taves, syns dha glapp

tonight *adv.* haneth, haneth dhe nos

tonne *n.* tonnas *m.* +ow

too *adv.* keffrys, re, ynwedh, maga ta; **too many** re; **too much** re

tool *n.* toul *m.* +ys +ow; **garden tool** toul-lowarth *m.* toulow-lowarth

toot 1. *v.* seni korn: **2.** *n.* son korn *m.* sonyow korn

tooth *n.* dans *m.* dyns; **back tooth** dans-dhelergh *m.*; **front tooth** dans-rag *m.*; **molar tooth** kildhans *m.* -dhyns; **show one's teeth** grysla

toothache *n.* drog-dans *m.* drogow-dans, {dyns-klav} *m.*

tooth-brush *n.* skubyllenn dhyns *f.* skubyllennow dyns

tooth-paste *n.* dyenn dyns *m.* dyennow dyns

toothy *adj.* dynsek

top *n. (summit)* gwarthav *m.* -evyow, gwartha *m.* -evyow, topp *m.* +ys; **on top** a-wartha

topiary *n.* keweyth *m.*

topic *n.* testenn *f.* +ow

topical *adj.* testennel; *(current)* a'n jydh

topographic(al) *adj.* tirwedhek

tor *n.* torr *f.* +ow, karn *m.* +ow, {kastell} *m.* {kastylli kestell}; **little tor** kernik *f.* -igow

torch 1. *n.* faglenn *f.* +ow, {torchenn} *f.* {+ow}: **2.** *v.* faglenni

torment 1. *n.* payn *m.* +ys, torment *m.* tormentys: **2.** *v.* tormentya

tormentil *n. (herb)* seythdelenn *f.*

tormentor *n.* tormentor *m.* +ys

tornado *n.* gwyns a-dro *m.* gwynsow a-dro, korwyns *m.* +ow

Torpoint *place* Penntorr

torque *n.* torgh *f.* tergh; *(physical quantity)* torghedh *m.*

torrent *n.* keynres *m.* +yow

tortoise *n.* melhwyoges *f.* +ow, kroenek ervys *m.* kroenogow ervys

tortuous *adj.* gwius

torture 1. *n.* payn *m.* +ys, torment *m.* tormentys: **2.** *v.* paynya, tormentya; **torture using pincers** gevelya

torturer *n.* tormentor *m.* +ys

toss *v.* tewlel, {tossya}

total *n.* sommenn *f.* +ow

totally *adv.* kowal

touch *v.* tava, tochya

touching *adj.* pitethus

touchy *adj.* krowsek

tough *adj.* kales; **tough guy** smat

tour *n.* torn *m.* +ow; **go on a bicycle tour** diwrosya

tourism *n.* tornyaseth *f.*

tourist *n.* tornyas *m.* -ysi, tornyades *f.* +ow, tervyajor *m.* +yon; **summer tourist** havyas *m.* -ysi, havyades *f.* +ow

touristic *adj.* tornyasek

toward(s) 1. *adv.* war-tu, war-tu ha;

towel

2. *prep.* troha, trohag, tu ha; **towards the** troha'n; **towards you** yn dha gever

towel *n.* towell *m.* +ow
tower *n.* tour *m.* +yow; **control tower** tour routya *m.* touryow r.
town *n.* tre *f.* trevow
town-hall *n.* burjesti *m.* +ow, hel an dre *f.* helyow an dre
township *n.* trevlann *f.* +ow
townsman *n.* burjes *m.* burjysi
toxic *adj.* gwenonek
toy 1. *n.* gwariell *f.* +ow, tegynn *m.* +ow: 2. *v.* **toy with** trufla
trace 1. *n.* (*as in art*) tresenn *f.* +ow; (*of a harness*) syg *f.* +ow; (*track*) lergh *m.* +ow, ol *m.* +ow, tres *m.* +ow; (*link*) kadon *f.* +yow: 2. *v.* tresya; (*as in art*) tresa
trachaeotomy *n.* trogh-bryansenn *m.* troghow-b.
tracing *n.* tresas *m.* +ow
track 1. *n.* lergh *m.* +ow, ol *m.* +ow, tres *m.* +ow; **ancient track** henfordh *f.*: 2. *v.* helerghi
tracker *n.* helerghyas *m.* -ysi
trackless *adj.* heb fordh, hepfordh
track-rod *n.* (*mach.*) lorgh-resa *m.* lorghow-resa
tractor *n.* jynn-tenna *m.* jynnow-tenna
trade 1. *n.* kenwerth *m.* +ow, myster *m.* +ys; **Department of Trade** Asrann Genwerth: 2. *v.* kenwertha, marghasa
trade-guild *n.* **member of trade-guild** mysterden *m.* +s
trader *n.* gwikor *m.* +yon, marchont *m.* -ons; **bad trader** gwannwikor *m.* +yon

transcend

tradesman *n.* kenwerther *m.* -oryon
trading *n.* marghasans *m.*
tradition *n.* hengov *m.* +yow
traditional *adj.* hengovek
traffic *n.* daromres *m.* +ow; **through (traffic)** dhe bub le
tragedy *n.* trajedi *m.* +ow
tragic *adj.* trajek
trail *n.* ol *m.* +ow
trailer *n.* draylyer *m.* -oryon
¹**train** *n.* **railway train** tren *m.* +ow; **goods train** tren fres *m.* trenow fres; **high speed train** tren toeth bras (T.T.B.) *m.* trenow toeth bras
²**train** *v.* trenya, dyski; **train someone to sing** dyski dhe nebonan kana
trainee *n.* trenesik *m.* -igyon
trainer *n.* (*instructor*) trenyas *m.*, trenyades *f.*; (*shoe*) eskis sport *f.* eskisyow sport
training *n.* trenyans *m.*
train-oil *n.* saym *m.*
trait *n.* gnasenn *f.* +ow
traitor *n.* traytour *m.* +s
tram *n.* tramm *m.* +ow, karr-stret *m.* kerri-stret
tramp *n.* loselwas *m.* -wesyon, skajynn *m.* +ow
trample *v.* trettya; **trample wet soil** pochya
tranch *n.* tregh *m.* +ow
tranquil *adj.* kosel
tranquillity *n.* diagha *m.*, kalmynsi *m.*, kosoleth *f.*
trans- *pref.* treus-
transact *v.* treuswul
transaction *n.* treuswrians *m.* +ow, negys *m.* +yow
transcend *v.* treuskynna

transcribe *v.* treusskrifa
transcript *n.* treusskrif *m.* +ow
transcription *n.* treusskrifans *m.* +ow
transept *n.* krows eglos *f.* krowsyow eglos
transfer 1. *n.* treusporth *m.* +ow: **2.** *v.* treusperthi, treusworra
transfiguration *n.* treusfigurans *m.* +ow
transfigure *v.* treusfigura, {transfigura}
transfix *v.* treusverya, pychya
transform *v.* treusfurvya, {transformya}
transformation *n.* treusfurvyans *m.* +ow, treylva *f.* +ow
transfuse *v.* treustroetha
transfusion *n.* treustroeth *m.* +ow
transgress *v. (intrans.)* kammdremena, treuspassya
transgression *n.* peghadow *m.*, treuspass *m.* +ow
transgressor *n.* treuspasser *m.* -oryon
transhumance *n.* treustrevans *m.*
transit 1. *n.* treustremen *m.*: **2.** *v.* treustremena
transition *n.* tremenyans *m.* +ow
transitional *adj.* tremenel
transitory *adj.* tremenadow
translate *v.* treylya
translation *n.* treylyans *m.* +ow
translator *n.* treylyer *m.* -oryon, treylyores *f.* +ow; *(professional)* treylyas *m.* -ysi, treylyades *f.* +ow
transliterate *v.* treuslytherenna
translucent *adj.* boll, treussplannadow
transmission *n.* treuskorrans *m.* +ow
transmit *v.* treuskorra
transmitter *n.* treuskorrell *f.* +ow

transnational *adj.* treuswlasek
transom *n.* treusprenn *m.* +yer
transparency *n. (property)* bollder *m.*; *(quantity in physics)* bolledh *m.*; *(slide)* klerder *m.* +yow
transparent *adj.* boll, treusweladow, ylyn
transplant *v.* treusplansa
transport 1. *n.* karyans *m.*, treusporth *m.* +ow; *(of delight)* ravshyans *m.* +ow; **Department of Transport** Asrann Garyans: **2.** *v.* doen, karya, treusperthi
transportation *n.* karyans *m.*
transverse *adj.* treus
transversely *adv.* a-dreus
trap 1. *n.* antell *f.* antylli, maglenn *f.* +ow; **enclosure of stakes to trap fish** kores *f.* +ow: **2.** *v.* bagha, maglenna
trap-door *n.* lo an jowl *m.* loyow an jowl
trap-stile *n.* trapp *m.* +ys
travail *n.* keudh *m.* +ow
travel *v.* lavurya, travalya, vyajya
traveller *n.* tremenyas *m.* -ysi, tremenyades *f.* +ow
traverse *v.* treusi
tray *n.* servyour *m.* +s
treacherous *adj.* traytus, fals
treachery *n.* trayson *m.*, trayturi *m.*
treacle *n.* molas *m.* +ys
tread 1. *n. (of tyre)* godhen *m.* godhnow; **heavy tread** stank *m.* +yow: **2.** *v.* trettya, stankya
treadle *n.* troesla *m.* troesleow
treason *n.* trayson *m.*
treasure 1. *n.* tresor *m.* +yow +ys: **2.** *v.* tresorya

treasurer *n.* alhwedhor *m.* +yon, alhwedhores *f.* +ow, {tresoryer} *m.* {-yoryon}
treasury *n.* arghow, tresorva *f.* +ow
treat *v.* dyghtya; **treat badly** tebeldhyghtya; **treat kindly** chershya
treatment *n.* dyghtyans *m.* +ow
treaty *n.* kevambos *m.* +ow
treble 1. *n. (Mus.)* trebyl *m.* +yon: **2.** *adj.* tryflek
tree *n.* gwydhenn *f.* +ow, gwydh *coll.* gwydh **evergreen tree** sabenn *f.* +ow, sab *coll.*, sybwydhenn *f.* +ow, sybwydh *coll;* **hollow tree** kowbrenn *m.* +yer; **shady tree** goskeuswydhenn *f.* +ow, goskeuswydh *coll.;* **sheltering trees** klyswydh *coll.*
tree-trunk *n.* kyf *m.* +yon
trefoil *n.* **bird's foot trefoil** mellyon melyn
Tregenver *place* Tregenver
trellis *n.* kloes *f.* +yow
tremble *v.* krena, degrena, {trembla}
trembling 1. *n.* kren *m.* +yow: **2.** *adj.* dyegrys
tremor *n.* krenynn *m.* +ow
trench *n.* kleudh *m.* +yow, kleys *m.* +yow; *(for warfare)* kaskleudh *m.* +yow; **dig a trench** kleudhya
trencher *n. (serving-dish)* tallyour *m.* +s; *(digger)* kleudhyer *m.* -yoryon
trend *n.* tuedh *m.* +ow
trespass 1. *n.* kamm *m.* +ow, kammweyth *m.*, treuspass *m.* +ow: **2.** *v.* kammdremena, treuspassya
trespasser *n.* kammdremener *m.* -oryon, kammdremenores *f.* +ow

trial *n.* prov *m.* +ow; *(legal)* trial *m.* +s
triangle *n.* trihorn *m.* trihern
triangular *adj.* trihornek
triangulate *v.* trihornegi
triangulation *n.* trihornegyans *m.* +ow
tribal *adj.* loethel
tribalism *n.* loethelieth *f.*
tribe *n.* kordh *m.* +ow, loeth *m.* +ow
tribunal *n.* barr *m.* +ys, sedhek *m.* -ogow
tribune *n.* tribun *m.* +yon
tributary *n.* avon vaga *f.* avonyow maga, ragavon *f.* +yow
tribute *n.* trubyt *m.*
trice *n.* **in a trice** war unn lamm, yn unn lamm
triceratops *n.* trihornvil *m.* +es
trick 1. *n.* kast *m.* +ys, pratt *m.* +ys, wrynch *m.* +ys; **confidence trick** kammfydhweyth *m.* +ow; **play a trick** gul pratt: **2.** *v.* kastya
trickery *n.* toell *m.*
trickle *v.* devera
trickster *n.* **confidence trickster** kammfydhwas *m.* -wesyon
tricky *adj.* kastek, tykkli
tricycle *n.* teyrros *f.* +ow
trident *n.* tryforgh *f.* -fergh
trifle 1. *n.* truflenn *f.* +ow, {toyt}: **2.** *v.* trufla
trifling *adj.* trufel
Trigg *place* Tryger
trigger *n.* tennell *f.* +ow
trim *v.* dyghtya, godreghi
trimester *n.* trymis *m.* +yow
Trinity *n.* Trynses *f.*, {Trinita} *f.*
trinket *n.* tegenn *f.* +ow, tegynn *m.* +ow

trip *v.* trebuchya; **trip and fall** omdhisevel; **trip up** disevel
tripe *n.* klout bolghenn *m.*
triple *adj.* try-, tryflek
tripod *n.* trybedh *m.* +ow
triumph 1. *n.* gormola *f.* gormoledhow, trygh *m.* +ow, tryghi: **2.** *v.* gormoledha
triumphant *adj.* gormoledhek, trygh
triumvirate *n.* tryden *m.*
trivet *n.* trybedhik *m.* -igow
trivial *adj.* trufel; *(unimportant)* anpoesek
triviality *n.* trufleth *f.* +ow
trolley *n.* *(e.g. in supermarket)* karrigell *f.* +ow; *(for food)* rosvoes *f.* +ow
troop 1. *n.* bagas *m.* +ow, mayni *m.* +ow: **2.** *v.* keskerdhes
trope *n.* trop *m.* +ys
trophy *n.* *(prize)* piwas *m.* +ow; *(cup)* hanaf *m.* +ow
tropic *n.* trovann *m.* +ow
tropical *adj.* trovannel
trouble 1. *n.* ahwer *m.* +yow, anken *m.* +yow, kavow, trobel *m.* troblow, trynn *f.* +ow, {anger} *m.*; **state of trouble** poenvotter *m.* +yow: **2.** *v.* grevya, trobla; **trouble someone** grevya dhe nebonan
troubled *adj.* anes, poenvosek, troblys
troublesome *adj.* fyslek
trough *n.* hester *m.* +yow, new *f.* +yow
trousers *n.* lavrek *m.* lavrogow
trout *n.* truth *m.* +ow
trowel *n.* lo-balas *f.* loyow-palas
truancy *n.* mynchyans *m.* +ow
truant *n.* mynchyer *m.* -yoryon; **play truant** mynchya
truce *n.* powes *m.* +ow

trudge *v.* travalya, troesya
true *adj.* gwir, gwiryon
truly *adv.* dhe wir, devri, heb wow, yn hwir, {verement}
trump *n.* trompa *m.* trompys
trumpet *n.* hirgorn *m.* hirgern, uskorn *m.* -kern; **large trumpet** trompa *m.* trompys
trumpeter *n.* hirgernyas *m.* -ysi, hirgernyades *f.* +ow, trompour *m.* +s
truncheon *n.* fust *f.* +ow
trunk *n.* *(box)* trog *m.* +ow; *(of animal)* troen *m.* +yow
Truro *place* Truru
trust 1. *n.* fydh *f.* +yow, fydhyans *m.*, koelans *m.* +ow, kyfyans *m.*, trest *m.*; **Cornwall Heritage Trust** Trest Ertach Kernow; **Healthcare Trust** Trest Gwith-Yeghes: **2.** *v.* fydhya, koela, koela orth, trestya; **trust me** koel orthiv
trustful *adj.* hegoel
trusty *adj.* lel, len
truth *n.* gwir *m.* +yow, gwirder *m.* +yow, gwiryonedh *m.*, soedh *m.*; **in truth** dhe-wir
truthful *adj.* gwiryon
truthfulness *n.* gwiryonses *m.*
try *v.* assaya, hwilas, previ; *(in court)* tria
tub *n.* kibell *f.* +ow, keryn *f.* +yow, beol *m.* +yow
tube *n.* pibenn *f.* +ow; **capillary tube** korrbibenn *f.* +ow;
tubular *adj.* pibennek
tucker *n.* troghyer *m.* -yoryon, troghyores *f.* +ow

Tuesday

Tuesday *n.* dy' Meurth *m.* dydhyow Meurth, Meurth *m.*; **Shrove Tuesday** dy' Meurth Ynys
tuft *n.* kribell *f.* +ow, toes *m.* +ow
tug *n.* tenn *m.* +ow; *(boat)* tennlester *m.* -lestri
tug-of-war *n.* tennstrif *m.* +ow
tuition *n.* dyskans *m.* +ow
tumble 1. *n.* koedh *m.* +ow: **2.** *v. (fall)* koedha
tumbler *n. (glass)* gwedrenn *f.* +ow
tumour *n.* hwedh *m.* +ow, kalesenn gig *f.* kalesennow kig
tump *n.* **small tump** godolghynn *m.* +ow
tumult *n.* tervans *m.* +ow; *(liquid)* fros *m.* +ow; **make a tumult** terva
tumultuous *adj.* tervansus
tumulus *n.* krug *m.* +ow
tun *n.* tonnell *f.* +ow
tune *n.* ton *m.* +yow; *(music)* ilow *f.*
tuneless *adj.* didon
tungstate *n.* **tungstate of iron** kall *m.*
tungsten *n.* poesven *m.*
tunnel *n.* kowfordh *f.* +ow
turban *n.* tulyfant *m.* +ys
turbary *n.* towarghek *f.* -egi, towarghweyth *m.*
turbulence *n.* terfysk *m.*
turbulent *adj.* terfyskus
turf *n.* tonn *m.* +ow; *(for burning)* towargh *coll.*; *(individual)* kesenn *f.* kesow, towarghenn *f.* +ow
turfwork *n.* towarghweyth *m.*
Turk *n.* Turk *m.* +ys +yon
turkey *n.* yar Gyni *f.* yer Gyni
turkey-cock *n.* kulyek Gyni *m.* kulyoges Gyni
turmoil *n.* tervans *m.* +ow

twinkling

turn 1. *n.* kor *m.* +ow, tor' *m.* tornow, torn *m.* +ow, tro *f.* +yow, troenn *f.* +ow; **backward turn** kildro *f.* +yow; **good turn** torn da; **do a good turn** gul torn da: **2.** *v.* stumma, treylya; **turn from** treylya dhiworth; **turn oneself into** omwul; **turn to** treylya dhe
turncoat *n.* negedhys *m.* +yon
turning *n. (bend)* stumm *m.* +ow; **turning point** *n.* troboynt *m.* +ow, treylva *f.* +ow
turnip *n.* ervinenn *f.* +ow, ervin *coll.*, {turnypenn} *f.* {+ow}
turnstile *n.* kammva-dro *f.* kammvaow-tro
turret *n.* tourik *m.* -igow
turtle-dove *n.* turenn *f.* +ow
tush *int.* tetivali
tut-tut *int.* tetivali
tweak *n.* krog *f.* +ow
twelfth *num.* dewdhegves
twelve *num.* dewdhek
twentieth *num.* ugensves
twenty *num.* ugens
twentyfold *adj.* ugensplek
twice *adv.* diwweyth
twig *n.* barrenn *f.* +ow
twiggy *adj.* barrek
twilight *n.* mo *m.* +yow; **morning twilight** boragweyth *f.*
twin 1. *n. (female)* gevelles *f.* +ow; *(male)* gevell *m.* +yon: **2.** *v.* gevella
twine 1. *n.* lovanenn *f.* +ow: **2.** *v. (plait)* pletha; *(weave)* gwia
twinkle *v.* dewynnya, sterenni, terlentri: *n.* terlenter *m.* -lentrow
twinkling 1. *adj.* terlenter: **2.** *n.* **in a twinkling** war unn plynch

twinned *adj. (of towns)* gevellys
twinning *n.* gevellans *m.* +ow
twist 1. *v.* treylya; *(of yarn)* nedha:
   2. *n.* nedhans *m.* +ow
twitch 1. *n.* skwych *m.* +ys:
   2. *v.* skwychya
two *num. (f.)* diw; *(m.)* dew
twofold *adj.* dewblek
two-score *num.* dew-ugens
type 1. *n.* ryw *m.* +yow: **2.** *v.* jynnskrifa
typewriter *n.* jynn-skrifa *m.* jynnow-skrifa
tyranny *n.* turantieth *f.* +ow
tyrant *n.* turant *m.* turans
tyre *n.* bondenn *f.* +ow, bond-ros *m.* bondow-ros

U

udder *n.* tethenn *f.* +ow
ugh *int.* agh
uglier *adj.* hakkra
ugliness *n.* hakter *m.*
ugly *adj.* hager
ulcer *n.* goli byw *m.* goliow byw
ultimate *adj.* an diwettha
ultrasonic *adj.* ughsonek
ultrasound *n.* ughson *m.* +yow
umbrella *n.* glawlenn *f.* +ow
un- *pref.* an-
unabashed *adj.* diveth
unable *adj.* dialloes
unacceptability *n.* ankemmeradewder *m.*
unacceptable *adj.* ankemmeradow
unalarmed *adj.* diagha
unanimity *n.* keskolonneth *f.*
unanimous *adj.* keskolonn, unnver

unarmed *adj.* anervys
unattached *adj.* anstag
unattainable *adj.* anhedhadow
unavoidable *adj.* anwoheladow
unbearable *adj.* anporthadow
unbeatable *adj.* antryghadow
unbecoming *adj.* anwiw
unbelief *n.* diskryjyans *m.*
unbelievable *adj.* ankrysadow
unbeliever *n.* ankrydor *m.* +yon, ankrydores *f.* +ow, diskryjyk *m.* -ygyon, diskryjyer *m.* -yoryon
unbelieving *adj.* ankryjyk, diskryjyk
unbend *v.* lewsel
unbending *adj.* diwedhyn
unbroken *adj.* didorr, anterrys
unburden *v.* diveghya
unbutton *v.* divotonya
uncastrated *adj.* kellek
uncertain *adj.* ansertan, ansur
uncertainty *n.* ansurneth *f.* +ow
unchained *adj.* digabester
uncle *n.* ewnter *m.* ewntres
unclean *adj.* avlan
unclothe *v.* diwiska, {di'ska}
uncoil *v.* diderghi
unconcealed *adj.* digudh
unconstrained *adj.* digabester
uncork *v.* digorkynna
uncover *v.* diskudha, dislenni
uncrossable *adj.* antrethadow
uncultivated *adj.* goedh, gwyls
undeniable *n.* annaghadow
¹**under** *prep.* yn-dann, {is}, {dann}
²**under** *pref.* is-
underclass *n.* isrenkas *m.* +ow
undercurrent *n.* isfros *f.* +ow
undercut *v.* istreghi

undergarment *n.* pows nessa *f.* powsyow nessa
undergraduate 1. *n.* isradhesik *m.* -ogyon: **2.** *adj.* isradhek
underground *n.* yn-dann dhor; **the Underground** an Metro
underpants *n.* islavrek *m.* -ogow, lavrek byghan *m.* lavrogow byghan
underpass *n.* isfordh *f.* +ow
underpopulate *v.* ispobla
underpopulation *v.* ispoblans
under-seal *v.* isstanchya
under-secretary *n.* isskrifennyas *m.* -ysi, isskrifennyades *f.* +ow
underskirt *n.* islostenn *f.* +ow, goelesenn *f.* +ow
understand *v.* konvedhes, {onderstondya}; **understand each other** omgonvedhes
understanding *n.* konvedhes *m.*; **mutual understanding** keskonvedhes *m.*
undertake *v.* omgemmeres; **undertake to** omsettya dhe
undertaking *n.* omgemmeryans *m.* +ow
undertow *n.* isfros *f.* +ow
underworld *n.* annown *m.*
undo *v.* diswruthyl, diswul, diswuthyl; *(destroy)* distrui
undoing *n.* diswrians *m.* +ow
undone *adj.* diswrys
undoubted *adj.* andhoutys
undoubtedly *adv.* heb mar, heb dout
undress *v.* diwiska, {di'ska}; **undress oneself** omdhiwiska
undrinkable *adj.* anevadow
unearthly *adj.* annorel
uneasiness *n.* anes *m.*

uneasy *adj.* anes
unelected *adj.* anetholys
unemployed *adj.* diweyth
unemployment *n.* diweythieth *f.*
unequalled *adj.* dibarow, heb par, somper
uneven *adj.* ankompes
unevenness *n.* ankompoester *m.* +yow
unfailing *adj.* na dhifyk, byth na fyll, anfalladow
unfair *adj.* anewn, anresnadow; **play unfairly** fugya
unfairness *n.* anewnder *m.* +yow
unfaithful *adj.* dislen
unfamiliar *adj.* anaswonnys
unfasten *v.* difastya
unfavoured *adj.* diskrassyes
unfit *adj.* anwiw; *(out of condition)* anyagh
unfold *v.* displegya; *(spread)* lesa
unfortunate *adj.* anfeusik
unfortunately *adv.* yn gwettha prys
unfurl *v.* displetya
ungrateful *adj.* {unkinda}
unguent *n.* unyent *m.* +ys, uras *m.* +ow
unhappily *adv.* yn gwettha prys
unharmonious *adj.* ankessonus
unhealthy *adj.* anyagh
unholy *adj.* ansans
uni- *pref.* unn-
unicorn *n.* unnkorn *m.* unnkern
unicycle *n.* unnros *f.* +ow
unified *adj.* unys
unify *v.* unya
unimportance *n.* anpoesekter *m.*
unimportant *adj.* anpoesek
uninhabitable *adj.* anannedhadow
uninhabited *adj.* anannedhys

uninterrupted *adj.* heb powes, heb hedhi, heb lett, anwoderrys
union *n.* kesunyans *m.* +ow, unyans *m.* +ow; **trade union** kesunyans lavur, mysterlu *m.* +yow
unique *adj.* dibarow, unnik
uniqueness *n.* unnikter *m.* +yow
unison *adj.* unnson
unit *n.* unnses *m.* +ow
unite *v.* kesunya, kesya, unya
united *adj.* unys
unity *n.* unnses *m.*
universal *adj.* ollvysel
universe *n.* ollvys
university *n.* pennskol *f.* +yow, {universita} *m.* {-sitys}
unjust *adj.* anewn, kammhynsek
unkind *adj.* diguv; **unkind action** droktro
unkindly *adj.* dignas
unknown *adj.* ankoth, anwodhvedhys, anaswonnys; **unknown thing** ankothvos
unlawful *adj.* anlaghel
unleash *v.* dileshya
unleashed *adj.* dilesh
unless *conj.* marnas, mar's, ma's
unlike *adj.* **unlike others** dibarow
unlimited *adj.* heb finweth, difinweth
unload *v.* diskarga, diveghya
unlock *v.* dialhwedha
unlocked *adj.* dialhwedh
unloose *v.* lowsya
unluckily *adv.* yn gwettha prys
unlucky *adj.* anfeusik
unmake *v.* diswul, {diformya}
unmarried *adj.* andhemmedhys
unmatched *adj.* dibarow

unnatural *adj.* dinatur, dignas, {unkinda}
unnecessary *adj.* na res, heb res
unofficial *adj.* ansoedhogel
unquenchable *adj.* andhifeudhadow
unpleasant *adj.* anhwek
unpleasantness *n.* anhwekter *m.* +yow
unplug *v.* disebilya
unpredictability *n.* andharganadewder *m.* +yow
unpredictable *adj.* andharganadow
unprotected *adj.* diwith
unravel *v.* digemmyska
unreachable *adj.* andhrehedhadow
unreal *adj.* anwir
unreality *n.* anwirvos *m.* +ow
unreasonable *adj.* anresnadow
unrecognized *adj.* anaswonnys
unrest *n.* ankres *m.*
unrestrained *adj.* difronn, dilesh
unrighteous *adj.* anwiryon, kammhynsek
unripe *adj.* anadhves; *(raw)* kriv
unroll *v.* dirolya
unruly *adj.* direwl
unsavoury *adj.* disawer
unseat *v.* disedha
unseemly *adj.* anwiw
unskilled *adj.* digreft
unsound *adj. (unwell)* anyagh
unstable *adj.* brottel, deantell
unsteadily *adv.* hwymm-hwamm
unstick *v.* disklusa
unstructured *adj.* anstroethys
unsuitable *adj.* anwiw
unsure *adj.* ansur, ansertan
unswathe *v.* dismaylya
untaught *adj.* didhysk
untether *v.* distaga

untethered *adj.* anstag
untidiness *n.* ankempennses *m.*
untidy *adj.* ankempenn; **make untidy** strolya; **untidy person** skubellek, skubelloges
untie *v.* digelmi; *(loosen)* lewsel, lowsya
until 1. *prep.* bys, bys dhe, bys may, bys pan: **2.** *conj.* erna, ernag, {treleba}
untilled *adj.* anerys; **long untilled** koth
untimely *adj.* re a-varr
unto *prep.* bys, bys yn
untouchable *adj.* antavadow
untrue *adj.* anwir
untruth *n.* anwirder *m.*; *(lie)* gow *m.* +yow
unusual *adj.* anusadow, koynt; **unusual thing** koyntys
unveil *v.* dislenni
unwary *adj.* diswar
unwelcome *adj.* didhynnargh
unwell *adj.* anyagh
unwilling *adj.* anvodhek
unwillingness *n.* anvodh *m.*
unwise *adj.* anfur
unworthiness *n.* anwiwder *m.*
unworthy *adj.* anwiw
unwrap *v.* dismaylya
up 1. *prep.* **up to this point** bys omma: **2.** *adv.* **up from the ground** a-dhiwar-leur: **3.** *int.* yn-sol
upbringing *n.* magereth *f.*
update *v.* nowydhhe
upheaval *n.* omhwelyans *m.* +ow
uphold *v.* mentena
upholding *n.* mentons *m.*
upload *v.* ughgarga

upon *prep.* war
upper *adj.* gwarthav, gwartha; *(in place-names)*
upright *adj.* ewnhynsek, kompes, syth
uprightness *n.* ewnhynseth *f.*
uprising *n.* omsav *m.* +ow
uproar *n.* habadoellya *m.*
upset 1. *n.* *(collapse)* diskar *m.* +ow; *(overthrow)* omhwelyans *m.* +ow; *(distress)* reudh *m.*: **2.** *v.* trehweles, disevel; *(ruffle)* distempra; *(distress)* reudhi
upsetting *adj.* trehwelus
upside-down *adv.* penn a-warth' a-woeles
upstage 1. *n.* ragwarila *m.* -leow: **2.** *v.* ragwari
upward(s) *adv.* war-vann, yn-bann
urban *adj.* trevel
urbanize *v.* trevelhe
urbanization *n.* trevelheans *m.* +ow
urge 1. *n.* debron *m.* +ow, ynni *m.* +ow: **2.** *v.* ynnia
urgency *n.* mall *m.*, ynniadow *m.*
urgent *adj.* ter, ynniadow
urgently *adv.* a-boynt, porres
urinal *n.* pisva *f.* +ow
urinate *v.* pisa
urine *n.* pisas *m.*, urin *m.*; *(fig.)* dowr *m.* +ow
us *pron.* a'n, ni
usage *n.* usadow *m.*
use 1. *n.* devnydh *m.* +yow, us *m.* +yow, usyans *m.* +ow; **in use** bysi; **make use of** gul devnydh a; **it's no use** ny amont: **2.** *v.* gul devnydh a, devnydhya, usya; **use up** spena
used *adj.* usys

useful *adj.* dhe les
usefulness *n.* les *m.*
useless *adj.* didhevnydh, diles, euver, pilyek; **it's useless** ny amont; **useless person** pilyek
uselessness *n.* euveredh *m.*
user *n.* devnydhyer *m.* -yoryon, devnydhyores *f.*
usher *n.* *(female)* sedhvyrgh *f.* +ow; *(male)* sedhwas *m.* -wesyon
usual *adj.* usadow, usys; **as usual** dell yw usys, herwydh usadow
usually *adv.* dell yw usys, herwydh usadow
usurer *n.* okerer *m.* -oryon, okerores *f.* +ow
usurp *v.* kammberghennegi, {usurpya}
usury *n.* *(interest)* oker *m.*
uterus *n.* brys *m.* +yow
utmost *n.* eghenn *f.* +ow; **to the utmost** dres eghenn
utter *v.* leva, leverel, {uttra}
utterance *n.* lavar *m.* +ow, lev *m.* +ow
utterly *adv.* glan
uttermost *adj.* **uttermost end** penn-pella

V

vacancy *n.* gwagla *m.* -leow
vacant *adj.* gwag
vacate *v.* gwakhe
vacation *n.* dy'goel *m.* +yow
vacuous *adj.* gwag
vacuum *n.* gwagva *f.* +ow
vacuum-cleaner *n.* skubell-sugna *f.* skubellow-sugna
vagabond *n.* brybour *m.* +s, faytour *m.* +s, skajynn *m.* +ow, {gadlyng} *m.* {+s}
vagina *n.* kons *f.* +yow
vagrant *n.* brybour *m.* +s, gwyll *m.* +yow, jowdyn *m.* +s, lorel *m.* +s, losel *m.* +s; **worthless vagrant** foul y berghenn
vain *adj.* koeg; *(proud)* goethus
vainglory *n.* goeth *m.*
valiant *adj.* kolonnek
valid *adj.* eun, ewn, kompes
validate *v.* kompoesa
validation *n.* kompoesans *m.* +ow
validity *n.* kompoester *m.* +yow
valley *n.* nans *m.* +ow, {vali} *m.* {+s}; **deep valley** downans *m.* +ow; **flat valley** stras *m.* +ow; **large valley** glynn *m.* +ow; **small valley** golans *m.* +ow, komm *m.* +ow; **streamless valley** syghnans *m.* +ow, syghtnow *m.*
valley-bottom *n.* tnow *m.* -i
valley-land *n.* tir-nans *m.* tiryow-nans
valour *n.* kolonnekter *m.*, vertu *f.* +s
valuable *adj.* a bris, talvosek
valuation *n.* talvosegyans *m.* +ow
value 1. *n.* talvosogeth *f.* +ow, bri *f.*, pris *m.* +yow; **of value** a-vas, talvosek: **2.** *v.* talvos, talvesa
valued *adj.* talvesys
valuer *n.* talvesor *m.* +yon, talvesores *f.* +ow
vampire *n.* sugner-goes *m.* sugneres-goes
van *n.* kertik *m.* -igow
vandal *n.* vandal *m.* +s
vanguard *n.* {voward} *m.*
vanity *n.* goeth *m.*
vanquish *v.* fetha

vaporization
vaporization *n.* ethennans *m.*
vaporize *v.* ethenna
vapour *n.* ethenn *f.* +ow
variance *n.* varyans *m.* +ow
variant 1. *adj.* variennek: **2.** *n.* varienn *f.* +ow
variation *n.* varyans *m.* +ow
variegated *adj.* brith, brygh
variety *n.* eghenn *f.* +ow, sort *m.* +ow
various *adj.* divers, liesek
varnish 1. *n.* gwernis *m.* +yow:
  2. *v.* gwernisya
vary *v.* varya
vassal *n.* omajer *m.* +s
vat *n.* keryn *f.* +yow
vault *n.* dorgell *f.* +ow
vear *n.* porghell *m.* +i
vegetable *n.* losowenn-gegin *f.* losow-kegin **vegetable garden** losowek *f.* -egi
vegetarian 1. *n.* losoweger *m.* -oryon, losowegores *f.*: **2.** *adj.* losowek
vegetation *n.* losowedh *m.*, glasneth *f.*
vehement *adj.* ter
vehicle *n.* karr *m.* kerri
veil 1. *n.* kudhlenn *f.* +ow, vayl *f.* +ys:
  2. *v.* lenni
vein *n.* *(blood)* gwyth *f.* +i gwythienn *f.* +ow *coll* gwythi *(ore)* skorrenn *f.* +ow
veined *adj.* gwythiek
vellum *n.* leughkenn *m.* +ow, parchemin *m.* +yow
velocity *n.* *(in general)* uskitter *m.* +yow; *(physical quantity)* uskittredh *m.* +ow
velvet 1. *n.* pali *m.*: **2.** *adj.* a bali
vendor *n.* *(female)* gwerthores *f.* +ow; *(male)* gwerther *m.* -oryon
veneer 1. *n.* lownyans *m.* +ow:

927

verify
  2. *v.* lownya
venerable *adj.* enoradow, wordhi
venerate *v.* enori
vengeance 1. *n.* dial *m.*, venjans *m.*; **wreak vengeance on** tyli dial war:
  2. *v.* **wreak vengeance** diella
venom *n.* gwenon *m.* -enyow, venim *m.* +yow
venomous *adj.* gwenonek
vent 1. *n.* tardhell *f.* +ow: **2.** *v.* dyllo
ventilate *v.* ayrella
ventilation *n.* ayrellans *m.*
ventilator *n.* ayrell *f.* +ow
ventriloquist *n.* torrleveryas *m.* -ysi, torrleveryades *f.* +ow
venture 1. *n.* aventur *m.* +yow; *(dare)* bedhas *m.* +ow; *(journey)* vyaj *m.* +yow; **make a venture** aventurya:
  2. *v.* bedha, lavasos
venturesome *adj.* bedhek
Venus *n.* Gwener *f.*; *(as morning "star")* Borlowenn *f.*
verb *n.* verb *f.* +ow
verbal 1. *n.* *(spoken)* der anow:
  2. *adj.* *(concerning verbs)* verbel; *(concerning words)* geryel
verbose *adj.* gerennek, tavosek; **be verbose** gerya
verbosity *n.* gerennogeth *f.*
verdant *adj.* glas; **verdant ground** glastir
verdict *n.* breus *f.* +ow; *(decision)* ervirans *m.* +ow
verdure *n.* glasneth *f.*
verge *n.* glann *f.* +ow, amal *m.* emlow
verification *n.* gwirheans *m.* +ow
verify *v.* gwirhe, {veryfia}

verily *adv.* devri, dhe wir, surredi, yredi, {sertus}
verisimilitude *n.* gwirhevelepter *m.*
vermin *n.* lastedhes *m.*; **hunt vermin** pryvessa
verminous *adj.* pryvesek
vernacular *adj.* teythyek
vernal *adj.* gwentonel
versatile *adj.* lieskonnyk
versatility *n.* lieskonnykter *m.*
verse *n.* gwers *f.* +ow
versification *n.* gwersieth *f.*
versify *v.* gwersya
version *n.* vershyon *m.* +s
vertebra *n.* mell keyn *m.* mellow keyn
vertical *adj.* plommwedhek
vertigo *n.* penn-dro *f.*
very *adv.* fest, pur
vespers *n.* gosper *m.* +ow, gwesper *m.* +ow
vessel *n.* {vessel} *m.* {+s}; *(container or ship)* lester *m.* lestri; *(container)* kavas *m.* +ow; *(ship)* gorhel *m.* -holyon
vest *n.* vesta *m.* vestys
vestige *n.* ol *m.* +ow
vestry *n.* gwiskti *m.* +ow
vet *n.* milvedhek *m.* -ogyon, milvedhoges *f.* +ow
veteran 1. *adj.* hen-; **veteran car** hengarr: 2. *n. (soldier)* hensouder *m.* -oryon
veterinary *adj.* milvedhegiethel; **veterinary science** milvedhegieth; **veterinary surgeon** milvedhek, milvedhoges
veto 1. *n.* difennlett *m.* +ow: 2. *v.* difennlettya
vex *v.* serri, annia, disesya, trobla, {veksya}

vexation *n.* negh *m.* +ow, poenvos *m.* +ow
vexed *adj.* poenvosek
vexillologist *n.* baneronydh *m.* +yon
vexillology *n.* baneronieth *f.*
viaduct *n.* ponsfordh *f.* +ow
vial *n.* fiol *f.* +yow
viands *plur.* vytel
vibrate *v.* krena
vibration *n.* kren *m.* +yow
vicar *n.* pronter *m.* +yon, prontores *f.* +ow
vicarage *n.* pronterji *m.* +ow
vice *n.* drog *m.* +ow, drogedh *m.* +ow, drokter *m.*; *(sin)* gwys *m.* +yow; *(tool)* bis *f.* +yow
vice- *pref.* is-
vice-admiral *n.* isamiral *m.* -elyon
vice-chairman *n.* iskaderyer *m.* -yoryon, iskaderyores *f.* +ow
vice-chancellor *n.* ischansler *m.* +s
vice-president *n.* islywydh *m.* +yon
vicinity *n.* kyrghynn *m.* +ow, ogas *m.*; **in the vicinity of** yn kyrghynn, yn herwydh
victor *n.* fether *m.* -oryon, trygher *m.* -oryon
victorious *adj.* budhek, budhogel, fethek, trygh
victory *n.* trygh *m.* +ow, budhogoleth *f.* +ow
victress *n.* fethores *f.* +ow, tryghores *f.* +ow
victualler *n.* mether *m.* -oryon, methores *f.* +ow
victuals *plur.* sosten *m.*, vytel, {brywha}
video *n.* gwydhyow *m.* +yow
video-cassette *n.* gwelgist *f.* +yow

view *n.* gwel *f.* +yow, vu *m.* +ys
viewpoint *n.* gwelva *f.* +ow
vigil *n.* goel *m.* +yow
vigilance *n.* hewoelder *m.*
vigilant *adj.* hewoel
vigorous *adj.* krev
vigorously *adv.* war gamm
vigour *n.* kris *m.*
Viking *n.* ankrydor mor *m.* ankrydoryon vor
vile *adj.* los, vil
vileness *n.* losni *m.*, vilta *f.*
village *n.* tre *f.* trevow, treveglos *f.* +yow, gwig *f.* +ow, kastell *m.* kestell
villain *n.* bilen *m.* +s, gal *m.* +yon
villainous *adj.* bilen
villainy *n.* bileni *f.*
vine *n.* gwinbrenn *m.* +yer
vinegar *n.* aysel *m.* +yow, {gwin-fyllys} *m.* {gwinyow-f.}
vinegary *adj.* ayselek
vinery *n.* gwinji *m.* +ow
vineyard *n.* gwinlann *f.* +ow
viola *n. (plant)* mellyon tryliw *coll.*; *(one plant)* mellyonenn dryliw *f.*
violate *v.* defola, ravna, {violatya}
violation *n.* defolans *m.* +ow
violence *n.* freudh *m.* +ow; **commit violence** freudhi
violent *adj.* freudhek
violet 1. *adj. (colour)* glasrudh: **2.** *n. (flower)* mellyonen *f.* +ow, mellyon *coll.*
violin *n.* fyll *m.* +ow, krowd *m.* +ys
violinist *n. (female)* krowdores *f.* +ow, fyllores *f.* +ow, harfyllores *f.* +ow; *(male)* krowder *m.* -oryon, fyller *m.* -oryon, harfyller *m.* -oryon
viper *n.* nader *f.* nadres

virgin *n.* gwyrghes *f.* +ow
virginal *adj.* gwyrgh
virile *adj.* gourel
virility *n.* gouroleth *f.*
virtual *adj.* gowir
virtually *adv. (nearly)* ogas
virtue *n.* ras *m.* +ow, vertu *f.* +s +ys
virtuous *adj.* mas
virulent *adj.* spitus
virus *n.* virus *m.* +ys
viscount *n.* isyurl *m.* +ys
viscountess *n.* isyurles *f.* +ow
visibility *n.* gweladewder *m.*
visible *adj.* gweladow, a-wel; **easily visible** hewel
vision *n. (faculty of seeing)* gwel *f.* +yow, golok *f.* -ogow; *(apparition)* gwelesigeth *f.* +ow, {besyon} *f.* {+s}; *(dream)* hunros *m.* +ow
visionary *n.* gwelesydh *m.* +yon
visit 1. *n.* godrik *m.* -igow: **2.** *v.* godriga, {vysytya}
visitation *n. (of evil)* plag *m.* +ys
visitor *n.* godriger *m.* -oryon, godrigores *f.* +ow; **summer visitor** havyas *m.* -ysi, havyades *f.* +ow
vista *n.* gwel *f.* +yow
visual 1. *n. (theatre)* gwelesik *m.* -igow: **2.** *adj.* gwelesek
vital *adj. (lively)* bywek
vitality *adj. (liveliness)* bywekter
vivid *adj.* gluw
vivisection *n.* bywdreghyans *m.* +ow
vixen *n.* lowarnes *f.* +ow
vocabulary *n.* gerva *f.* +ow
vocation *n.* galwesigeth *f.* +ow
vocational *adj.* galwansek
vogue *n.* gis *m.* +yow
voice *n.* lev *m.* +ow, {voys} *m.* {+ys}

void
void 1. *n.* gwagva *f.* +ow: **2.** *adj.* gwag, {voyd}: **3.** *v.* kartha
volcanic *adj.* loskvenydhyek
volcano *n.* loskvenydh *m.* +yow
volition *n.* bodh *m.*, mynnas *m.* +ow
volt *n.* volt *m.* +ow
voltage *n.* voltedh *m.* +ow
voluble *adj.* gerennek
volume *n.* *(quantity in physics)* dalghedh *m.* +ow; *(spatial)* dalgh *m.* +ow
voluntarily *adv.* a-vodh
voluntary *adj.* a-vodh, bodhek
volunteer *n.* bodhek *m.* -ogyon, bodhoges *f.* +ow
vomit 1. *n.* hwyj *m.*: **2.** *v.* hwyja
vortex *n.* lonklynn *m.* +ow
vote 1. *n.* raglev *m.* +ow: **2.** *v.* ragleva, votya
vouch *v.* {avochya}
vouchsafe *v.* {vossaw}
vowel *n.* bogalenn *f.* +ow
voyage 1. *n.* vyaj *m.* +yow: **2.** *v.* vyajya
vulgar *adj.* isel, kemmyn
vulnerable *adj.* goliadow

W

wad *n.* klout *m.* +ys
wadding *n.* kloutyans *m.*
waddle *v.* rambla
waffle 1. *n.* flows *m.*: **2.** *v.* flowsa
wag *v.* shakya
wage 1. *n.* gober *m.* gobrow, waja *m.* wajys; **pay wages to** gobra: **2.** *v.* goestla; **wage war** goestla bell

wager 1. *n.* kenwoestel *m.* kenwoestlow: **2.** *v.* kenwoestla, {kessynsi}
wages *plur.* arveth
wage-settlement *n.* unnverheans gober *m.* unnverheansow g.
wagtail *n.* stenor *m.* +es
wail *v.* kyni
wailing *n.* oelva *f.*, kynvann *m.* +ow
waist *n.* kres *m.* +yow, {wast} *m.* {+ys}
wainscoting *n.* *(party wall)* parosweyth *m.* +yow
waistcoat *n.* kryspows *f.* +yow
wait *v.* *(queue)* gul lost; **wait for someone** gortos nebonan; **wait for** gortos
waiter *n.* servyas *m.* -ysi
waitress *n.* servyades *f.* +ow
wake 1. *n.* goel *m.* +yow: **2.** *v.* **wake up** difuna
Wales *place* Kembra
walk 1. *n.* kerdh *m.* +ow; **organized walk** keskerdh *m.* +ow: **2.** *v.* kerdhes, rosyas, {walkya}; **walk far** travalya; **walk together** keskerdhes
walker *n.* kerdher *m.* -oryon, kerdhores *f.* +ow
walking-frame *n.* fram-kerdhes *m.* framyow-kerdhes
walking-stick *n.* lorgh *f.* +ow
walk-out *n.* eskerdh *m.* +ow
wall *n.* fos *f.* +ow, gwall *m.* +ow; **low wall of earth and stone** ke *m.* keow; **party wall** paros *m.* +yow; **small wall** fosynn *f.* +ow, {fossett} *f.* {+ow}
walled *adj.* gwallek
wallet *n.* skryp *m.* +ys
wall-eye *n.* *(spotted Persicaria)* lagasow bysow

wallflower

wallflower *n.* bleujenn fos *f.* bleujennow fos
wall-hanging *n.* foslenn *f.* +ow
wallop 1. *v.* kronkya: **2.** *n.* kronk *m.* +ys
wallpaper *n.* paper paros *m.* paperyow paros
walnut *n.* knowenn frynk *f.* knowennow frynk, know frynk *coll.*
walrus *n.* morvugh *f.* +es
wand *n.* gwelenn *f.* gwelynni, gwel *coll*
wander *v.* gwandra
wanderer *n.* gwandryas *m.* -ysi, gwandryades *f.* +ow
wandering *adj.* gwandrek
want 1. *n.* boghosogneth *f.*, edhomm *m.* +ow, esow *m.*: **2.** *v.* mynnes
war *n.* bel *m.*, bresel *f.* +yow, kas *f.* +ow; **make war** breseli; **wage war** gwerrya
warble *v.* telori
warbler *n.* telor *m.*
ward *n.* *(part of a town)* ranndra *f.* -drevow; *(part of parish)* torn *m.* +ow
warden *n.* {warden} *m.* {+yon}; *(female)* gwithyades *f.* +ow; *(male)* gwithyas *m.* gwithysi
wardrobe *n.* dillasva *f.* +ow
wares *plur.* gwara
warehouse *n.* gwaraji *m.* +ow
war-horse *n.* kasvargh *m.* kasvergh
wariness *n.* warder *m.*
warlike *adj.* breselek, kasek
war-lord *n.* kasyuv *m.* +yon
warm 1. *adj.* toemm: **2.** *v.* toemmhe, toemma; *(in the sunshine)* tesa
warming-pan *n.* padell-doemma *f.* padellow-toemma

waster

warmonger *n.* kaswrier *m.* -oryon
warmth *n.* toemmder *m.*, toemmyjyon *m.*, tes *m.*
warn *v.* gwarnya
warning *n.* gwarnyans *m.* +ow; *(to evildoers)* bysna *m.*
warp 1. *n.* steuv *f.* +ow: **2.** *v.* steuvi
warrant *n.* *(for arrest)* kapyas *m.* +ow
warranty *n.* mewgh *m.* +yow
warren *n.* *(of rabbits)* koneri *m.* +s
warrior *n.* breselyer *m.* -yoryon, gwerryor *m.* +s, kasor *m.* -oryon; *(professional)* breselyas *m.* -ysi
warship *n.* kasworhel *m.* -worholyon
wart *n.* gwennogenn *f.* +ow; **cattle wart** ryg *m.* +yow
wary *adj.* war
was *v.part* esa, o; **I was** esen, en
wash 1. *v.* golghi; **wash oneself** omwolghi: **2.** *n.* golgh *m.* +yon
washable *adj.* golghadow
washerwoman *n.* golghores *f.* +ow
wash-house *n.* golghti *m.* +ow
washing *n.* golghas *m.* +ow
washing-machine *n.* jynn-golghi *m.* jynnow-golghi
washing-powder *n.* lisiw *m.* +yow
washing-up *n.* **washing-up liquid** golghlin *m.*, lin sebon
wash-place *n.* golghva *f.* +ow
wasp *n.* goghienn *f.* +ow, goghi *coll.*
wassail *n.* wassel *m.*
wast *v.part* **thou wast** es, eses
waste 1. *adj.* difeyth, gwast; **lay waste** difeythya, gwastya: **2.** *v.* skoellya; **waste time** gwibessa: **3.** *n.* skoell *coll.*
wasteful *adj.* skoellyek
wasteland *n.* difeyth *m.* +yow
waster *n.* skoellyek *m.* -ogyon

wastrel *n.* skoellyek *m.* -ogyon
watch 1. *n.* *(timepiece)* euryer *f.* +yow; *(vigil)* goel *m.* +yow; **keep watch** goelyas; **night watch** goelyas *f.*: **2.** *v.* mires orth; **watch out** warya; **watch over** gwitha war
watchdog *n.* goelgi *m.* -geun
watchful *adj.* hewoel; **very watchful** ughhewoel
watchfulness *n.* hewoelder *m.*
watchman *n.* goelyador *m.* +yon
water 1. *n.* dowr *m.* +ow; **filthy water** beudhowr *m.* +ow; **foul water** beudhowr *m.* +ow; **ground water** dowr dor *m.* dowrow dor; **high water** gorlanow *m.* +yow; **inlet of water** logh *m.* +ow; **meeting of waters** kendevryon *m.*, kendowrow; **salt water** hyli *m.*: **2.** *v.* diveri, dowra, dowrhe
water-channel *n.* kanel *f.* kanolyow
watercourse *n.* awedh *f.* +yow, dowrhyns *m.* +yow, goeth *f.* +ow
watercress *n.* beler *coll.* *(one plant)* belerenn *f.* +ow
waterfall *n.* dowrlamm *m.* +ow, pistyll *m.* +ow
watering-can *n.* dowrell *f.* +ow
watering-place *n.* dowran *m.* -enyow, dowrla *m.* -leow, dowrva *f.* +ow
waterless *adj.* sygh
watermark *n.* dowrverk *m.* +ow
water-melon *n.* dowrvelon *m.* +yow
water-pepper *n.* kulregh *coll.*
waterproof *adj.* stanch
waterside *n.* dowrlann *f.* +ow, glann *f.* +ow
water-tank *n.* dowrargh *m.* +ow
watertight *adj.* stanch
watery *adj.* devrek, dowrek, deverel, goethel; **watery ground** goethel; **watery place** dowrek
wattage *n.* wattedh *m.* +ow
wattle *v.* pletha
wave 1. *n.* tonn *f.* +ow; *(in sea)* mordonn *f.* +ow; **long wave** tonnhys hir *m.*; **medium wave** tonnhys kres *m.*; **short wave** tonnhys berr *m.*: **2.** *v.* gwevya
wavelength *n.* tonnhys *m.* +ow
wavelet *n.* tennik *f.* -igow
wavy *adj.* tonnek
wax 1. *n.* koer *coll.*, **cake of wax** koerenn *f.* +ow; **wax candle** kantol goer: **2.** koera;
way *n.* fordh *f.* +ow, hyns *m.* +yow, maner *f.* +ow, tu *m.* +yow; **all the way to** bys yn; **in any way** algat; **in no way at all** kammenn vyth; **in no way** kammenn; **in some way** war neb kor; **in the same way** kepar; **in this way** y'n for' ma, yndellma; **on the way** war fordh; **on thy way** y'th fordh; **that same way** kettella *m.*; **there's no way out** nyns eus dhymmo remedi; **this same way** kettellma *m.*; **this way and that** hwymm-hwamm; **way of (+ noun)** fordh a; **way to (+ verb)** fordh dhe
waybread *n.* hynledan *coll.*
we *pron.* ni, nyni
weak *adj.* gwann, anven, ydhil, {devallow}
weaken *v.* gwanna, gwannhe; *(tenderize)* bleudhya; *(soften)* medhelhe
weakling *n.* gwann *m.* +yon

weakness *n.* gwannder *m.* +yow, gwannegredh *m.*
wealth *n.* rychys *m.*; *(affluence)* golusogneth *f.*; **worldly wealth** pyth an bys
wealthy *adj.* golusek, rych
wean *v.* didhena
weapon *n.* arv *f.* +ow; **biological weapons** arvow bywoniethek; **chemical weapons** arvow kymyk; **nuclear weapons** arvow nuklerek
wear *v.* gwiska
wearied *adj.* anes, skwithhes
weariness *n.* skwithter *m.*
wearisome *adj.* skwithus
weary 1. *adj.* skwith: **2.** *v.* annia, skwithhe
weasel *n.* konna-gwynn *m.* konnaow-gwynn, lovenn *f.* +ow
weather 1. *n.* kewer *f.* +yow; **bad weather** hager-awel *f.*: **2.** *v.* tewedha
weather-beaten *adj.* tewedhek
weathercock *n.* kulyek-gwyns *m.* kulyeges-gwyns
weathered *adj.* tewedhys
weathering *n.* tewedhans
weathervane *n.* kulyek-gwyns *m.* kulyeges-gwyns
weave *v.* gwia; **easy to weave** hebleth
weaver *n.* gwiader *m.* -oryon, gwiadores *f.* +ow
web *n.* gwias *m.* +ow; **spider's web** gwias kevnis *m.* gwiasow k.
web-site *n.* gwiasva *f.* +ow
wed 1. *adj.* demmedhys: **2.** *v.* demmedhi
wedding *n.* demmedhyans *m.* +ow
wedge 1. *n.* **iron wedge** genn *m.* +ow: **2.** *v.* genna

Wednesday *n.* dy' Mergher *m.* dydhyow Mergher, Mergher *m.*
weed *n.* hwennenn *f.* +ow, hwenn *coll.*; **climbing weed** gwyg *coll.*
weed-killer *n.* hwennladh *m.* +ow
weed-patch *n.* hwennek *f.* hwennegi
weedy *adj.* hwennek
week *n.* seythun *f.* +yow
weekday *n.* dy'gweyth *m.* +yow
weekend *n.* pennseythun *f.* +yow
weekly *adj.* seythunyek
weep *v.* dagrewi, oela
weeping *n.* oelva *f.*, {oelvann} *m.*
weever *n.* *(fish)* kalkar *m.* -kres
weigh *v.* poesa
weight *n.* poes *m.* +ow; *(quantity in physics)* poesedh *m.* +ow; **hundred pound weight** kanspeuns *m.* +ow; **stage weight** poes *m.* +ow
weightiness *n.* poesekter *m.*
weighty *adj.* poesek
weir *n.* kores *f.* +ow, kryw *m.* +yow
weird *adj.* koynt, astranj
welcome 1. *n.* dynnargh *m.* +ow: **2.** *adj.* {wolkomm}: **3.** *v.* dynnerghi, {wolkomma}
weld 1. *n.* testeudhenn *f.* +ow: **2.** *v.* testeudhi
welding *n.* testeudhans *m.*
welfare *n.* sewena *f.*; **welfare payment** dol *m.*
welkin *n.* ebron *f.*
¹**well** *n.* puth *m.* +ow; **surface well** fenten *f.* fentynyow
²**well 1.** *adj.* *(healthy)* salow, yagh **2.** *adv.* yn ta; **as well** keffrys, kekeffrys maga ta, ynwedh; **very well** fest yn ta: **3.** *int.* wel
well-born *adj.* jentyl

well-disposed *adj.* {da-disposys}
well-doer *n.* masoberer *m.* -oryon, masoberores *f.* +ow
well-formed *adj.* fethus
well-intentioned *adj.* masvrysek
Welsh *adj.* kembrek, {kembrian};
 Welsh language Kembrek
Welshman *n.* Kembro *m.* +yon, {Kembrian} *m.* {+s}
Welshwoman *n.* Kembres *f.* +ow
wen *n.* gwennenn *f.* +ow
wench *n.* benewenn *f.* +ow
went *v.part* eth See verb-tables.
were *v.part* **you (sg.) were** es, eses; **we were** en, esen; **you (pl.) were** ewgh, esewgh; **they were** ens, esens See verb-tables.
west *n.* howlsedhes *m.* +ow, gorlewin *f.*, west *m.*
western *adj.* a'n howlsedhes
wet **1.** *adj.* glyb: **2.** *n.* glybor: **3.** *v.* glybya
wether *n. (sheep)* mols *m.* mels, lodhen-davas *m.* lodhnow-d.
wetness *n.* glybor *m.*, gwlygha *f.*
whack **1.** *n.* hwatt *m.* +ys: **2.** *v.* hwettya
whale *n.* morvil *m.* +es
wharf *n.* kay *m.* kayow
what **1.** *pron.* pandra, pyth, py: **2.** *adj.* pan, pana; **what for** prag: **3.** *int.* dar
whatever *pron.* pynag, pypynag, pyseul, kekemmys
whatsoever *pron.* pynagoll
wheat *n.* gwaneth *coll.*; *(one plant)* gwanethenn *f.* +ow
wheatear *n. (bird)* tinwynn *f.* +ow
wheatfield *n.* gwanethek *f.* -egi
wheatland *n.* gwanettir *m.* +yow

wheedle *v.* flattra
wheedler *n.* flatter *m.* -oryon
wheel *n.* ros *f.* +ow; *(instrument of torture)* troll *m.* +ow; **big wheel** ros veur *f.* rosow meur; **pinion** ros dhynsek *f.* rosow dynsek; **spare wheel** ros parys *f.* rosow parys; **spinning-wheel** ros nedha *f.* rosow n.; **steering wheel** ros lywya *f.* rosow l.; **water wheel** ros dhowr *f.* rosow dowr
wheel-barrow *n.* gravath-ros *f.* gravathow-ros
wheel-chair *n.* kador-ros *f.* kadoryow-ros
wheeze **1.** *v.* ronkanella: **2.** *n.* ronkanall *f.*
whelp *n.* kolen *m.* kelyn
when **1.** *conj.* pan: **2.** *adv.* p'eur
whence *adv.* a-ble, a-byla
whenever *adv.* byth pan, peskweyth may
where **1.** *adv., pron.* ple; **where is** ple'ma: **where they are** ple'mons: **2.** *conj.* le may, may, mayth
wherefore *adv.* prag
wherever *conj., adv.* plepynag, py le pynag
wherewithal *n.* pygans *m.*
whet *v.* lymma
whetstone *n.* igolenn *f.* +ow
whey *n.* meydh *m.* +ow; **cheese whey** keusveydh *m.* +ow
which *pron., adj.* py; *(of two)* pyneyl; **that which** an pyth
while **1.** *n.* **a good while** pol'ta *m.*; **for a little while** rag tekkenn; **in a short while** a verr spys; **short while** hwers *m.*: **2.** *conj.* hedre, ha; *(before*

whim *vowels)* hag
whim *n.* sians *m.* +ow
whimsically *adv.* hwymm-hwamm
whinberry *n.* lusenn *f.* +ow, lus *coll.*
whine *v.* kyni
whinny *v.* kryghias
whip 1. *n.* hwypp *m.* +ys: **2.** *v.* fusta, hwyppya
whirl 1. *n. (for a spindle)* rosellenn *f.* +ow: **2.** *v.* forlya, rosella
whirlpool *n.* lonklynn *m.* +ow, poll troyllya *m.* pollow t., troboll *m.* +ow
whirlwind *n.* gwyns a-dro *m.* gwynsow a-dro, korwyns *m.* +ow
whirr *v.* hwyrni
whisk 1. *v.* forlya: **2.** *n.* forlyell *f.* +ow
whisky *n.* hwyski *m.* +ow
whiskers *plur.* boghvlew, minvlew
whisper 1. *n.* hwystrenn *f.* +ow: **2.** *v.* hwystra
whistle 1. *n. (instrument)* hwibanowl *f.* +yow, hwythell *f.* +ow: **2.** *v. (by mouth)* hwibana
whistler *n.* hwibanor *m.* +yon, hwibanores *f.* +ow
whistling *n. (by mouth)* hwiban *f.*
white *adj.* gwynn; **bright white** kann
white-headed *adj.* penn-gwynn
whiten *v.* gwynnhe
whiteness *n.* gwynnder *m.* +yow
whitewash 1. *n.* gwynngalgh *m.* +yow: **2.** *v.* gwynngalghya
whiting *n.* gwynnek *m.* -oges
whitish *adj.* gwynnek, skyllwynn
Whitsuntide *n.* Penkost *m.* +ow
who 1. *pron.* piw: **2.** *relative pron.* neb
whoever 1. *pron.* kekemmys, piwpynag, pynag, seul: **2.** *relative pron.* myns

whole *adj.* dien, kowal; **the whole world** an bys oll
wholesale *n.* kowlwerth *m.*
wholesaler *n.* kowlwerther *m.* -oryon
wholesome *adj.* da, yaghus
wholly *adv.* oll yn tien, kowal, oll
whooping-cough *n.* pas-garm *m.* pasow-g.
whore *n.* gast *f.* gesti, hora *f.* horys
whorehouse *n.* horji *m.* +ow
whortleberry *n.* lusenn *f.* +ow, lus *coll.*
   Lhuyd gave *îz diu* for 'whortleberries', which is surprising.
whosoever *pron.* pynagoll
why *adv.* prag, praga, pyrag, pyraga
wick *n. (of candle)* porvenn *f.* +ow, porv *coll.*
wicked 2. *adj.* drog, penn-drog, tebel, treus; **wicked person** tebelwas
wickedness *n.* sherewynsi *m.*
wickerwork *n.* helygweyth *m.*
wide *adj.* ledan, efan, {bredar}
widely *adv.* a-les
widow *n.* gwedhwes *f.* +ow
widowed *adj.* gwedhow
widower *n.* gour gwedhow *m.* gwer wedhow, gwedhow *m.* +yon
width *n.* les *m.* +yow, {lester} *m.*
wife *n.* benyn *f.* +es, gwreg *f.* gwragedh
wifeliness *n.* gwregoleth *f.*
wifely *adj.* gwregel
wig *n.* perukenn *f.* +ow
Wight *place* **Isle of Wight** Ynys Wyth
wild *adj.* goedh, gwyls, foll; **wild-natured individual** heller
wildcat *n.* goedhgath *f.* +es
wilderness *n.* gwylvos *m.* +ow

wilful *adj.* omvodhek; **be wilful** omvodhya

will *n.* *(volition)* bodh *m.*, bolonjedh *m.*; **according to my will** orth ow brys; **against his will** a'y anvodh; *(testament)* kemmynnskrif *m.* +ow

willing *adj.* bolonjedhek; **be willing to** mynnes

willow-garden *n.* helyk-lowarth *m.* +ow

willow-plant *n.* helygenn *f.* +ow, helyk *coll.*

wilt *v.* gwedhra; *(swoon)* klamdera

wilting *n.* gwedhrans *m.*

wily *adj.* fel

win 1. *v.* gwaynya: *n.* **2.** gwayn *m.* +yow

wince *v.* plynchya, omwen

winch *n.* gwyns *f.* +ys; **steam-driven winch** gwyns-ethenn *f.* gwynsys-e.

¹**wind** *n.* awel *f.* +yow, gwyns *m.* +ow; **icy wind** oerwyns *m.* +ow

²**wind** *v.* *(turn)* stumma

wind-bag *n.* koeg-kowser *m.* -oryon

windfall *n.* happwayn *m.* +yow

wind-farm *n.* tredanva-wyns *f.* tredanvaow-gwyns

winding *adj.* gwius

windlass *n.* gwyns *f.* +ys

windmill *n.* melin-wyns *f.* melinyow-gwyns

window *n.* fenester *f.* -tri

windpipe *n.* bryansenn *f.* +ow

windy *adj.* awelek, gwynsek

wine *n.* gwin *m.* +yow; **spiced wine** pyment *m.* +ys

wine-glass *n.* gwinwedrenn *f.* +ow

wine-press *n.* gwinwask *f.* +ow

wing 1. *n.* askell *f.* eskelli: **2.** *v.* **wing it** *(theatre)* rydhwari

winged *adj.* askellek

wingless *adj.* diaskellek

wings *plur.* *(for flying)* diwaskell, eskelli; *(of a stage)* emlow

wink 1. *n.* *(of eye)* gwynk *m.* +ow: **2.** *v.* gwynkya

winner *n.* gwaynyer *m.* -yoryon, gwaynyores *f.* +ow

winnow 1. *n.* noetha: **2.** *v.* gwynsa, gwynsella, kroedra

winnowing-sheet *n.* noethlenn *f.* +ow

winter 1. *n.* gwav *m.* +ow; **pass the winter** gwavi; **winter dwelling** gwavos *f.* +ow: **2.** *v.* gwavi

wintercress *n.* kasbeler *coll.*

winter-time *n.* gwavas *m.* +ow

winze *n.* gwyns *f.* +ys

wipe *v.* sygha

wire *n.* *(an individual wire)* gwivrenn *f.* +ow; *(in general)* gwiver

wireless *n.* diwiver *m.* +yow

wisdom *n.* furneth *f.*, furder *m.*; *(knowledge)* skentoleth *f.*, skientoleth *f.*

wise *adj.* fur; *(learned)* skentel, skientel; *(knowledgeable)* skiansek; **make wise** furhe

wish 1. *n.* bolonjedh *m.*, hwans *m.* +ow, mynnas *m.* +ow: **2.** *v.* mynnes

wishful *adj.* hwansek

wistful *adj.* hirethek

wistfulness *n.* hireth *f.* +ow

witch *n.* gwragh *f.* +es; **white witch** pellores *f.* +ow

witchcraft *n.* pystri *m.*

with

with *prep., conj.* gans; **with her** gensi; **with him** ganso; **with me** genev, gene'; **with thee** genes; **with them** gansa; **with us** genen; **with you** genowgh; **along with** a-barth

withal *adv.* ha gensi, kekeffrys

withdraw *v. (retreat)* kildenna, {avodya}; *(retire)* omdenna

withdrawal *n.* kildennas *m.* +ow, omdennans *m.* +ow

wither *v.* gwedhra

withered *adj.* gwedhrys; *(wrinkled)* krebogh, krin; *(dry)* sygh

withering *n.* gwedhrans *m.* +ow

withhold *v.* skonya

within 1. *prep.* a-berth, a-berth yn, a-ji a-ji dhe: **2.** *adv.* a-berveth

without *prep.* a-der, heb

withstand *v.* perthi, sevel orth

witless *adj.* diskians; **become witless** dotya

witness 1. *n.* rekord *m.* +ys, test *m.* +ow; *(person)* dustunier *m.* -oryon; *(testimony)* dustuni *m.* dustuniow; **bear witness** dustunia, doen dustuni: **2.** *v.* dustunia, desta, rekordya

wits *plur.* skians; **out of his wits** mes a'y skians

wizard *n.* pystrier *m.* -oryon

woad *n.* liwles *m.* +yow

woe 1. *n.* guw *m.* +ow; **woe is me** go-vy; **woe to him** go-ev, gwev: **2.** *int.* go, tru

woeful *adj.* moredhek

wolf *n.* bleydh *m.* +es +i; **abounding in wolves** bleydhek

woman *n.* benyn *f.* +es, gwreg *f.* gwragedh; **consort with women**

937

woodworm

benyna; **little woman** benewenn *f.* +ow; **young woman** myrgh *f.* myrghes

womanhood *n.* benynses *m.*

womankind *n.* benynreydh *f.*

womanly *adj.* benynek

womb *n.* brys *m.* +yow, torr *f.* +ow

wonder 1. *n.* aneth *m.* +ow, marth *m.* +ow, marthus *m.* +ow, revedh *m.* +ow: **2.** *v.* omwovynn; **wonder at** gul aneth a

wonderful *adj.* barthusek, marthusek, marthys

wonderfully *adv.* marthys

wondrous *adj.* barthusek, wondrys

woo *v.* tanta

¹**wood** *(trees) n.* koes *m.* +ow; *(coniferous)* sabgoes *m.* +ow; *(forested area used by charcoal burners)* glowwydhek *f.* -egi

²**wood** *n. (timber)* prenn *m.* +yer; *(fuel used to make charcoal)* glowwydh *coll.*

woodbine *n.* gwydhvos *coll.*; *(one plant)* gwydhvosenn *f.* +ow

woodcock *n.* kevelek *m.* -oges; **shoot woodcock** kevelekka

wooded *adj.* gwydhek, gwydhyel

wooden *adj.* prennek

woodland *n.* gwydhek *f.* -egi

wood-louse *n.* gwragh oeles *f.* gwraghes o.

woodpecker *n.* kasek-koes *f.* kasegi-koes

wood-pigeon *n.* kolommenn-goes *f.* kelemmi-koes, kudhon *f.* +es

woodwork *n.* prennweyth *m.*

woodworker *n.* prennweythor *m.* +yon

woodworm *n.* pryv prenn *m.* pryves prenn

woody *adj.* koesek, prennek
wooer *n.* tanter *m.* -oryon
wooing *n.* tantans *m.* +ow
wool *n.* gwlan *coll.*
wool-card *n.* kribin *f.* +ow
woollen *adj.* gwlanek
woolly *adj.* gwlanek
word *n.* ger *m.* +yow; **single word** gerenn *f.* +ow; **without another word** dison; **in a few words** war nebes lavarow
wordly-wise *adj.* bysfel
word-processing *n.* gerdhyghtyans *m.*
word-processor *n.* gerdhyghtyer *m.* +ow
work 1. *n.* ober *m.* +ow, gweyth *m.* +yow, hwel *m.* +yow, lavur *m.* +yow, gonis *m.* +yow; *(opus)* oberenn *f.* +ow; **major work** obereth *f.*; **set to work** gweytha: **2.** *v.* oberi, gweytha, lavurya, gonedha, gonis; **work backwards in mine** kilweytha
worker *n.* gweythor *m.* +yon, gweythores, *f.* +ow, oberer *m.* -oryon, oberores *f.* +ow
work-force *n.* gweythlu *m.* +yow
working *n.* lavuryans *m.* +ow
workman *n.* oberwas *m.* -wesyon, den-hwel *m.* tus-hwel, gweythor *m.* +yon, gonisek *m.* -ogyon, gonisyas *m.* -ysi, gwas-hwel *m.* gwesyon-hwel
workmanship *n.* kreft *f.* +ow
works *plur.* gweythow
work-sheet *n.* folenn ober *f.* folennow ober
workshop *n.* hwelji *m.* +ow
world *n.* bys *m.* +ow, nor *m.*, norvys *m.*; **the world** an nor

worldling *n.* byskeryas *m.* -ysi, byskeryades *f.* +ow
worldly *adj.* a'n bys
worldwide *adj.* treusvysek
worm *n.* pryv *m.* +es, pryvenn *f.* +ow
wormwood *n.* fuelenn *f.*, loesles *m.* +yow
wormy *adj.* pryvesek
worn *adj.* usys; **worn out** lavurys
worried *adj.* prederys
worry 1. *n.* preder *m.* +ow; **no worries** heb grev: **2.** *v.* prederi
worrying *adj.* prederus
worse *adj.* gweth, lakka; **far worse** milweth; **make worse** gwethhe
worsen *v.* gwethhe
worship 1. *n.* gologhas *m.*, gordhyans *m.*: **2.** *v.* gordhya, {worshyp}; **worship fully** leunwordhya
worst *adj.* gwettha
wort *n.* les *m.* +yow; **St John's wort** losowenn Sen Yowann
worth *n.* *(renown)* bri *f.*; *(value)* talvosogeth *f.* +ow
worthiness *n.* gwiwder *m.* +yow
worthless *adj.* koeg, raff; **it is worthless** ny dal mann; **it's absolutely worthless** ny dal oy; **worthless person** koeg, koegas
worthwhile *adj.* dhe les
worthy *adj.* gwiw, wordhi
wound 1. *n.* goli *m.* +ow: **2.** *v.* golia
wrangle *v.* strivya, debatya
wrangler *n.* striver *m.* -oryon, strivores *f.* +ow
wrap *v.* maylya, {wrappya}
wrapper *n.* maylyer *m.* +s
wrapping *n.* maylyans *m.* +ow
wrath *n.* sorr *m.*

wreath *n.* garlont *f.* +ow, torgh *f.* tergh
wreathe *v.* terghi
wreck *n.* gwrekk *m.* +ys
wreckage *n.* skommow
wren *n.* gwrannenn *f.* +ow
wrest *v.* {wrestya}
wrestle *v.* gwrynya, omdewlel, {omdowla}
wrestler *n. (male)* gwrynyer *m.* -yoryon, omdowler *m.* -oryon; *(female)* gwrynyores *f.* +ow, omdowlores *f.* +ow
wrestling *n.* omdowl *m.*
wretch *n.* anfeusik *m.* -igyon, kanjon *m.* +s
wretched *adj.* trogh, truan, anfeusik
wretchedness *n.* poenvotter *m.*, kas *m.*
wriggle *v.* gwynnel, omwen
wrinkle **1.** *n.* kris *m.* +yow, krygh *m.* +yow: **2.** *v.* krygha
wrinkled *adj.* krebogh
wrist *n.* konna-bregh *m.* konnaow-bregh
writ *n.* skrifedh *f.* +ow; **writ of arrest** kapyas *m.* +ow
write *v.* skrifa; *(by hand)* dornskrifa; **write again** dasskrifa; **write wrongly** kammskrifa
writer *n.* awtour *m.* +s, skrifer *m.* +s -oryon, skrifores *f.*; *(professional)* skrifyas *m.* -ysi, skrifyades *f.* +ow
writhe *v.* gwynnel, omwen
writing *n.* skrif *m.* +ow, skrifans *m.* +ow, skrifedh *f.* +ow; *(document)* skrifenn *f.* +ow
wrong **1.** *n.* drokoleth *f.*, kamm *m.* +ow, kammhynseth *f.* +ow: **2.** *adj.* kamm, drog, {bad}: **3.** *v.* dregynna, {droga}

wrongdoing *n.* drogober *m.* +ow, kammweythres *m.* +ow
wronged *adj.* dregynnys
wrong-headed *adj.* penn-kamm
wrought *adj.* gonedhys; **faultlessly wrought** fin gonedhys
wry *adj.* kamm
wrynecked *adj.* penn-kamm

X

X-ray *n.* golowynn-X *m.* golowynnow-X

Y

yacht *n.* lester-gwari *m.* lestri-gwari
yap *v.* klappya
yard *n. (enclosure)* garth *m.* +ow; *(measure)* lath *f.* +ow
yardarm *n.* dela *f.* deledhow
yarn *n. (thread)* neus *coll. (individual)* neusenn *f.* +ow; *(tale)* drolla *m.* drollow
yarrow *n.* minfel *coll.*
yawn *v.* deleva
ye *pron.* hwi, hwyhwi
yea *int.* ye, yea
year *n.* blydhen *f.* blydhynyow; *(of age)* bloedh *m.*; **duration of a year** bloedhweyth *m.* +yow; **end of the year** pennvlydhen *f.* -vlydhynyow; **hundred years old** kans bloedh; **New Year's Day** Kalann Genver, Dydh Vlydhen; **Happy New Year!** ; **last year** warlyna; **this year** hevlyna
yearly *adj.* blydhenyek

yearn *v.* yeuni; **yearn after** yeuni war-lergh
yearning 1. *n.* hireth *f.* +ow, yeunadow *m.*, yeunes *m.* +ow: **2.** *adj.* hirethek
yeast *n.* burm *coll.*, goell *m.* +ow
yell 1. *n.* us *m.* +ow: **2.** *v.* usa
yellow *adj.* melyn; **make yellow** melynhe
yellowhammer *n.* melynek eythin *m.* melynoges eythin
yellowish *adj.* melynik
yellowness *n.* melynder *m.*
yeoman *n.* {yeman} *m.* {+s}
yes *int.* ea, ya
yesterday *adv.* de; **yesterday evening** nyhewer
yet *adv.* byttegyns, hogen, hwath; **nor yet** byth moy; **not yet** na hwath
yew *n.* ywin *coll.*; *(individual tree)* ywinenn *f.* +ow
Yiddish *n. (language)* Yedhowek *m.*
yield *v. (produce)* askorra; *(give back)* daskorr; *(surrender)* hepkorr
yoghurt *n.* yogort *m.* +ow
yoke 1. *n.* yew *f.* +ow: **2.** *v.* naska, yewa; **yoke together** kesyewa
yoke-ox *n.* ehal *m.* -es
yonder *adv.* eno, enos, hons, nos, yn-hons; **yonder house** an chi hons
York *place* Evrek; **New York** Evrek Nowydh
Yorkshire *place* Pow Evrek
you *pron. (pl. obj.)* a's; *(pl.)* 'as, hwi, hwyhwi; *(sg.)* sy, ty; **to you** dhy'hwyhwi
young *adj.* yowynk; **make young** yowynkhe; **young man** bacheler, yonker; **young person** chett, flogh
youngster *n.* yonker *m.* +s -oryon

your *pron. (pl.)* agas; *(sg.)* dha; **and your** ha'gas; **to your** dh'agas
yourself *pron.* dha honan
yourselves *pron.* agas honan
youth *n. (abst.)* yowynkneth *f.*, yowynkses *m.*; *(individual)* yowynk *m.* +es, den yowynk *m.* tus yowynk, maw *m.*
youthful *adj.* yowynk

Z

zeal *n.* diwysykter *m.*
Zealand *place* **New Zealand** Mordir Nowydh
zealous *adj.* diwysyk
zenith *n.* ughboynt *m.*
zenithal *adj.* ughboyntel
zephyr *n. (gentle breeze)* ethenn *f.* +ow
zero 1. *n.* mann: **2.** *num.* **absolute zero** mannboynt
zest *n.* blas *m.* +ow
zimmer *adj.* **zimmer frame** fram-kerdhes
zinc *n.* zynk *m.* +ow
zip *n.* zypp *m.* +ow
zither *n.* sowtri *m.* +s
zodiac *n.* stergylgh *m.*
zone *n.* parth *f.* +ow
zoo *n.* milva *f.* milvaow
zoo-keeper *n. (male)* gwithyas milva *m.* gwithysi vilva
zoological *adj.* miloniethel
zoologist *n.* milonydh *m.* +yon
zoology *n.* milonieth *f.*